第四册目録

行政程式法總部

先秦部

印信分部

綜述

《汲冢周書》 湯放桀，大會諸侯，取璽置天子之座。

《春秋左傳正義》襄公二十九年 季武子取卞，取卞邑以自益。使公冶問，問公起居，公冶，季氏屬大夫。璽書追而與之，璽，印也。

疏：註璽印也。正義曰：蔡邕《獨斷》云：璽印也。信也。天子璽白玉螭，虎紐。古者尊卑共之。《月令》曰：周封璽。季武子使公治問，璽書，此諸侯大夫印稱璽也。衛宏云：秦以前，民皆以金玉爲印，唯其所好。自秦以來，唯天子之印獨稱璽，又以玉，羣臣莫敢用也。案《周禮》掌節貨賄，用璽節，鄭玄云：今之印章也。則周時印已名璽，但上下通用。

（唐）杜佑《通典》卷六三《禮・沿革・嘉禮・天子諸侯玉佩劍綬璽印》 周制，天子佩白玉而玄組綬，公侯佩山玄玉而朱組綬，大夫佩水蒼玉而緇組綬，世子佩瑜玉而綦組綬，士佩瓀玫而縕組綬。古者君子必佩玉。有山玄、水蒼者，視之文色所似也。綬者所以貫佩玉，相承受。綦，文雜色也。縕，赤黃色。王鎮圭，長尺有二寸，鎮，安也，所以安四方。鎮圭者，蓋以四鎮之山爲瑑飾。大圭，長三尺，杼上終葵首，或謂之珽。終葵，椎也。爲椎於其杼上，明無所屈也。杼，殺也。繅藉五采五就以朝日。公執桓圭，九寸；侯執信圭，伯執躬圭，皆七寸，繅皆三采三就；子執穀璧，男執蒲璧，繅皆二采再就，以朝覲宗遇會同於王。三采，朱白蒼。二采，朱緑也。公，二王後及王之上公。雙植謂之桓。桓，宮室之象，所以安其上也。信當爲身。身圭、躬圭，蓋皆象以人形爲瑑飾，文有麤縟耳，欲其慎行以保身。穀所以養人，蒲爲席，所以安人，蓋以穀蒲爲瑑飾。諸侯朝天子所執，諸侯相見亦如之。凡玉天子用全，上公用龍，侯用瓚，伯用將。龍當爲尨。尨謂雜色。瓚讀爲饡饜之饜。龍、瓚、將，皆雜名也。卑者下尊，以輕重爲差，玉多則重，石多則輕。公侯四玉一石，伯子男三玉二石。饜音贊。自五霸迭興，戰兵不息，珮非戰器，韍非兵旗，於是解去綬珮，留其係璲，以爲章表，韍珮遂廢。又三代之制，人臣皆以金玉爲印，龍虎鈕，唯所好也。

（唐）杜佑《通典》卷七一《禮・沿革・嘉禮・錫命》 周制，春官大宗伯以九儀之命，正邦國之位。每命異儀，貴賤之位乃正。《春秋傳》曰：名位不同，禮亦異數。一命受職，始見命爲正吏，謂列國之士，於子男爲大夫。王之下士亦一命。鄭司農云：受職，理職事也。再命受服，謂受玄冕之服。列國之大夫再命，於子男爲卿。卿大夫自玄冕以下，如孤之服。王之中士亦再命，則爵弁服也。三命受位，謂列國之卿，始有列位於王，爲王臣也。王之上士，亦三命也。四命受器，謂公之孤始得有祭器者。《禮運》曰：大夫具官，祭器不假，聲樂皆具，非禮也。王之下大夫，亦四命也。五命賜則，則者，地未成國之名。王之下大夫四命，出封加一等，五命，賜以方百里二百里之地者也。方三百里以上爲成國也。五命中大夫，出爲子男。六命賜官，王六命之卿賜官者，使得自置臣，理家邑，如諸侯也。六命上大夫即卿也。七命賜國，王之卿，六命，出封加一等也。八命作牧，謂侯伯有功德者，加命，得專征伐諸侯，出爲一州之牧，入爲三公。九命作伯。上公有功德者，加命爲二伯，得征五侯九伯者也。鄭司農云長諸侯爲方伯也。封爲上公，入爲伯，分主東西，長於諸侯，賓於天子，曰天子之吏。天子謂之伯父，異姓謂之伯舅。自稱於諸侯，曰天子之老，於外曰公。《王制》云：制，三公一命衮，若有加則賜也。三公八命矣，復加一命，則服龍衮，與王者之後同。故諸侯之服，自衮而下，如王之服。大國之君不過九命，次國之君不過七命，小國之君不過五命。大國之卿不過三命，下卿再命，小國之卿與下大夫一命。《春秋左氏傳》說，諸侯踰年即位，天子賜以命珪。珪者，諸侯所執以朝覲之瑞也。《公羊傳》天生使毛伯來錫公命，加魯以衮龍之服。傳曰：錫者，賜也。命者，加我服也。又諸侯有功，加之九錫。一曰衣服，二曰朱户，三曰納陛，四曰輿馬，五曰樂則，六曰武賁之士，七曰鈇鉞，八曰弓矢，九曰秬鬯。賞賜者陽，數極於九，賜大國不過九，次國七，小國五。

（元）馬端臨《文獻通考》卷一一五《王禮考・圭璧符節璽印》 虞舜輯五瑞，既月，乃曰覲四嶽群牧，班瑞於群后輯，斂。瑞，信也。公執桓圭，侯執信圭，伯執躬圭，子執穀璧，男執蒲璧，五等，諸侯執之，以合符於天子而驗其信否也。《周禮》：天子執冒，四寸，以朝諸侯。鄭氏注云：名玉以冒，以德覆冒天下也。諸侯始受命，天子錫以圭，圭頭斜鋭，其冒平斜，刻小大、長短、廣狹如之。諸侯來朝，天子以刻處冒其圭頭，有不同者，即辨其僞也。既月盡此月。日覲，日日見也。既見之後，審之非僞，則又班還其瑞，以與天下正始也。

程氏《演繁露》曰：《尚書大傳》曰：古者圭必有冒，故瑁圭者，天子與諸侯爲瑞。諸侯執所受圭以朝天子，無過者復得以給，使之歸國；有過者，留其圭三年已上《御覽》八百六。按《大傳》此言必有所本。《舜典》之謂輯五瑞者，即此之執圭而朝者也。輯者，斂之而上乎天子也。又謂班瑞於群后者，即此之復與其圭以歸者也。第其有過，留之三年者，不見所出。然《大傳》此言極有理也。《舜典》下文東巡岱宗而贄五玉，以朝者，即與在朝而輯五瑞者同理也。《正義》曰：五瑞本受之堯，斂而還之，謂如舜新以付改爲舜臣，與之正新君之始。此亦有理。然以上下文推之，則不通矣。四岳巡狩，皆嘗斂玉而復授之矣，至五器之斂復，即是輯班之異名矣。今獨於正月在都所班者爲舜賜，則巡狩之所，如所復在已受新賜之後，何用再班也邪？以此知《大傳》所言有理，蓋分還、留兩端以爲賞罰也者，其説有理也。

按：天子之所佩曰璽，臣下之所佩曰印。無璽書，則九重之號令不能達之於四海；無印章，則有司之文移不能行之於所屬。此後世之事也，三代以前則未之聞。上之所以示信於下者，惟圭璧與符節而已。封建則有圭璧。諸侯朝於天子，則執其所受之圭以合焉，所謂天子執冒，四寸，以朝諸侯，公執桓圭，侯執信圭，伯執躬圭，子執穀璧，男執蒲璧是也。徵召則有符節。《掌節》所謂掌守邦節而辨其用，《典瑞》所謂珍圭以徵守，以恤凶荒，牙璋以起軍旅以治兵守是也。二者皆重器，故俱以玉爲之。古者人樸俗淳，故雖有圭璧符節，而其用甚簡，必大朝會、大徵發則以之示信。後世巧詐日滋，而防制益密，故璽書、印章之用甚煩，而猶懼其不足以防奸，莊周所謂焚符破璽，而民朴鄙，蓋有激也。然則圭璧蓋符節璽印之類，世徒見繪禮圖者繪天子、諸侯被冕服，執圭璧，遂以鎮圭、桓圭以下爲服飾之具；又見《尚書》有五玉、三帛、二生、一死贄之説，遂以圭璧爲贄見之物。然皆非也。《舜典》輯五瑞之下，繼之以班瑞修五禮；五玉之下，繼以如五器卒乃復。蓋索之以别其僞，而復還之耳。《春官·大宗伯》以玉作六瑞，以等邦國，則自王執鎮圭，至男執蒲璧；以禽作六摯，以等諸臣，則自孤執皮帛，以至工商執雞。六瑞在先，六摯在後，明圭璧非贄獻之物也。故今叙符節璽印，而以圭璧先之。

《虞書》言修五禮、五玉、三帛、二生、一死贄，如五器卒乃復。孔注：五器，即五玉，五等諸侯所執也。三帛，諸侯世子執纁，公之孤執元，附庸之君執黄。二生，卿執羔，大夫執鴈。一死，士執雉。五器，終則還之；三帛、生死則否。然則豈諸侯、世子以下則受其物，而於五等諸侯反無所受乎？按《周禮·小行人》：成六，瑞王用鎮圭，公用桓圭，侯用信圭，伯用躬圭，子用穀璧，男用蒲璧。合六幣，圭以馬，璋以皮，璧以帛，琮以錦，琥以繡，璜以黼。此六物者，以和諸侯之好。《康王之誥》，諸侯入應門，皆布乘黄朱，賓稱奉圭兼幣，蓋諸侯之朝天子，有圭璧以爲信、有馬幣以爲贄，並陳於庭。圭璧則合而還之，馬幣則受之。至於諸侯世子以下則無圭璧，直以三帛、二生、一死效贄而已。無璧則不言復矣，然則圭璧蓋似贄而非也。《聘禮》云：以圭璋聘，重禮也。已聘而還圭璋，此輕財而重禮之義也。蓋古者朝聘皆以玉行禮，而並無受玉之文，明玉非幣馬羔鴈之比也。

《周官》典瑞掌玉瑞、玉器之藏，辨其名物，與其用事，設其服飾。王晉大圭，執鎮圭，繅藉五采五就以朝日。繅有五采文，所以薦玉。木爲中幹，用韋衣而畫之。就，成也。天子常春分朝日。鄭司農云：晉讀爲搢紳之搢，謂插於紳帶之間，若帶劍也。五就，五帀也。一帀爲一就。公執桓圭，侯執信圭，伯執躬圭，繅皆三采三就。子執穀璧、男執蒲璧，繅皆二采再就，以朝、覲、宗、遇、會、同於王。三采，朱、白、蒼；二采，朱，緑也。鄭司農云：以圭璧見於王。《覲禮》曰：侯氏入門，右坐奠圭，再拜稽首。侯氏見於天子，春曰朝，夏曰宗，秋曰覲，冬曰遇，時見曰會，殷見曰同。諸侯相見，亦如之。亦執圭璧以相見。《春秋傳》曰：邾子執玉，高其容仰。瑑、圭、璋、璧、琮，繅皆二采一就，以頫聘。璋以聘后夫人以琮享之也。大夫衆來曰頫，寡來曰聘。鄭司農注云：瑑有圻鄂瑑起。珍圭以徵守，以恤凶荒；杜子春云：珍當爲鎮，書亦或爲鎮。鄭司農注云：以徵守者，以徵召守國諸侯，若今時徵郡守以竹使符也。鎮者，國之鎮，諸侯亦一國之鎮，故以鎮圭徵之也。凶荒則民有遠志，不安其土，故以鎮圭鎮安之。元謂鎮圭，王使之瑞節。制大小，當與琬琰相依。王使人徵諸侯，憂凶荒之國則授之，執以往致王命焉，如今時使者持節矣。恤者，開府庫賑救之，凡瑞節，歸又執以反命；牙璋以起軍旅，以治兵守鄭司農云：牙璋，瑑以爲牙，牙齒，兵象，故以牙璋發兵，若今時以銅虎符發兵。元謂牙璋亦王使之瑞節。兵守，用兵所守，若濟人戍遂，諸侯戍周；璧羨以起度鄭司農云：羨長也，此璧徑長尺，以起度量。《玉人職》曰：璧羨度尺以爲度。玄蓋爲羨是不圜之貌，蓋廣徑八寸，袤一尺穀；穀圭以和難，以聘女；穀圭，亦王使之瑞節。穀，善也，其飾若粟文，然難仇讎和之者，若《春秋》宣公及齊侯平莒及郯，晉侯使瑕嘉平戎於王，其聘女則以納徵焉；琬圭以治德，以結好，琬圭，亦王使之瑞節。諸侯有德，王命賜之。及諸侯使大夫求聘，既而爲壇會之，使大夫執以命事焉。《大行人職》曰：時聘以結諸侯之好。鄭司農云：琬圭無鋒芒，故治德以結好。；琰圭以易行，以除慝。琰圭，亦王使之瑞節。鄭司農云：琰圭有鋒芒傷害，征伐誅討之象，故以易行除慝易惡，行令爲善者，以此圭責讓諭告之也。玄謂除慝，亦謂諸侯使大夫來頫，既而使大夫執而命事於壇。《大行人職》曰：殷頫以除邦國之慝。玉人之事，鎮圭尺有二寸，天子守之；命圭九寸，謂之桓圭，公守之；命圭七寸，謂之信圭，侯守之；命圭七寸，謂之躬圭，伯守之。命圭者，王所命之圭也，朝覲執焉，居則守之。子守穀璧，男守蒲璧，不言之者，闕耳）。天子執冒，四寸，以朝諸侯名玉曰冒，言德能覆蓋天下者也。四寸者，方以尊接卑，以小爲貴。天子用全，上公用龍，侯用瓚，伯用將鄭司農云：全，純色也。龍當爲駹，駹，雜色也。元謂全，純玉也。龍、瓚、將，皆雜名也。卑者下尊以輕重爲差，玉多則重，石多則輕。公侯四玉一石，伯、子、男三玉二石。琬圭九寸而繅，以象德，琰圭九寸，判規，以除慝，以易行凡圭、琰上寸半琰圭琰半以上，又半爲瑑飾。璧羨度尺，好三寸以爲度。羨，徑也。好，璧孔也。《爾雅》曰：肉倍好謂之璧，好倍肉謂之瑗，肉、好若一謂之環。元謂羨猶延，其袤一尺而廣狹焉。穀圭七寸，天子以聘女。牙璋、中璋七寸，射二寸，厚寸，以起軍旅，以治兵守。二章皆有鉏牙之飾於琰側，先言牙璋，有文飾也。

陳氏《禮書》曰：大宗伯作六瑞，自王以下，皆言執。小行人掌六瑞，自王以下皆言用。則執者自人言之也，用者自玉言之也。執之所以行禮，用之所以合符。《宗伯》、《典瑞》、《行人》皆言執，獨《小行人》言用，則行禮非小行人所專掌，特掌其合符之事而已。若夫不施於行禮合符，則寶而守之，此《玉人》所以又言守之也。

掌節掌守邦節而辨其用，以輔王命。邦節者，珍圭、牙璋、穀圭、琬圭、琰圭也。王有命，則別其節之用以授使者，輔王命者，執以行爲信。守邦國者用玉節，守都鄙者用角節。謂諸侯於其國中，公卿、大夫、王子弟於其采邑，有命者亦自有節以輔之。玉節之制，如王爲之，以命數爲大小。角用犀角，其制未聞。凡邦國之使節，山國用虎節，土國用人節，澤國用龍節，皆金也，以英蕩輔之。使節，使卿大夫聘於天子、諸侯，行道所執之信也。土，平地也。山多虎，平地多人，澤多龍，以金爲節，鑄象焉，必自以其國所多者，於以相別爲信，明也。今漢有銅虎符。杜子春云：蕩當爲帑，謂以函器盛此節。或曰：英蕩畫函。門關用符節，貨賄用璽節，道路用旌節，皆有期以反節。門關，司門、司關也。貨賄者，主通貨賄之官，謂司市也。道路者，主治五塗之官，謂鄉、遂大夫也。凡民遠出，至於邦國，邦國之民若來入，由門者，司門爲之節，由關者，司關爲之節。其商，則司市爲之節。其以徵令及家徒，則鄉遂大夫爲之節。唯時事而行不出關，不用節也。變司市言貨賄者，璽節主以通貨賄，貨賄非必由市，或資於民家焉。變鄉遂言道路者，容公邑及小都、大都之吏，皆主治五涂，亦有民也。符節者，如今宮中諸官詔符也。璽節者，今之印章也。旌節，今使者所擁節是也，將送者執此節以送行者，皆以道里、日、時課，如今郵行有程矣，以防容奸，擅有所通也。凡節有法式，藏於掌節。凡通達於天下者，必有節以傳輔之；必有節，言遠行無有不得節而出者也。輔之以傳者，節爲信耳，傳説所齎操及所適；無節者，有幾則不達。圈土納之。

陳氏《禮書》曰：節之爲物，或以玉，或以角，或以金，或以竹；或用以守，或用以使，或用以民。《周官》，掌節之所掌者八：玉節也，角節也，虎節也，人節也，龍節也，符節也，璽節也，旌節也。小行人之所達者六：虎節也，龍節也，人節也，旌節也，符節也，管節也。掌節守邦國者用玉節，守都鄙者用角節，此用以守者也；山國用虎節，土國用人節，澤國用龍節，皆金爲之，此用以使者也；門關用符節，貨賄用璽節，道路用旌節，皆有期以反節，此用於使與民者也。行人，凡其使也必以旌節，此使者所執也。此掌之者若徙於他，則爲之旌節以達之，此民執也。析竹爲符節，全竹爲管節，《小行人》有管節，而掌節無之者，掌節所掌，謂之邦節，以輔王命，則所謂邦國之使節，使邦國者所執也。鄭氏謂使卿大夫聘於天子諸侯，誤也。《小行人》所達，謂之天下之節，則所謂龍節、人節、虎節、管節、邦國都鄙使者所執，非王官所掌也。《掌節》無都鄙之使節，以使都鄙者無節，特以旌節行之也。《小行人》無璽節，以其所掌者使節，而貨賄之事不預也。然節不特八節、六節而已。《典瑞》：珍圭以徵守，以恤凶荒；牙璋以起軍旅；琬圭以治德，以結好；琰圭以除慝，以易行；穀圭以和難，以聘女。鄭氏皆以爲王使之瑞節，則珍圭、牙璋、琬圭、琰圭、穀圭，使者爲信於所適者也；龍節、虎節、人節、符節、旌節，行人爲信於道路者也。調人凡和難弗辟，則與之瑞節，而以執之，此琰圭耳。則琰圭不特施於使者，民亦與之也。《書·康誥》曰：越小臣諸節。春秋之時，宋司馬握節以死，司城致節於府人而去，司馬牛致其邑與圭而適齊。杜預曰：圭，守邑之信符。則守節不特於邦國都鄙，雖官府小臣亦有之也。《考工記》：牙璋、穀圭七寸，琬圭、琰圭九寸，漢竹使符竹箭五枚，長五寸。然則先王之節，其長蓋亦不過於此。若夫旌節之制，又加長焉。觀蘇武之杖節，則非以寸計之也。漢竹使符、銅虎各分其半，右留京師，左付郡守。唐符璽郎：凡國有大事，則出納符節，班其右而藏其左。先王之節，其班藏蓋亦如此。然老子曰：執左契不責於人，則藏其右者，非是。

（明）丘濬《大學衍義補》卷九〇《治國平天下之要·備規制·璽節之制》 《周禮·地官》：司市，凡通貨賄，以璽節出入之。掌節，掌邦節，貨賄用璽節。

臣按：璽之名始見於此，然專以出入貨賄，蓋上下通用也。

《左傳》：襄公二十九年，公自楚還及方城，季武子取卞，使公冶問，璽書追而與之。林堯叟曰：璽，印也，印書追公冶而與之。

臣按：用璽於文書謂之璽書，璽書二字始見於此。然此乃季武子書而用璽記之者，是時上下印章皆名璽故也。自秦以來，惟天子印得稱璽，故其制詔謂之璽書，臣下不得用也。

（明）丘濬《大學衍義補》卷九〇《治國平天下之要·備規制·璽節之制》 《周書·康誥》曰：小臣諸節。蔡沈曰：小臣之有符節者。

臣按：符節，小臣皆有之，蓋自周則已然矣。

《周禮》：掌節掌守邦節而辨其用，以輔王命。守邦國五等諸侯之國。者用玉節，守都鄙公、卿、大夫采地者用角節角當作管。凡邦國之使節，山國用虎節，土國用人節，澤國用龍節，皆金也，以英飾也蕩竹也輔之。門關用符節，貨賄用璽節，道路用旌節，皆有期以反節。凡通達於天下者必有節，以傳輔之，無節者有幾察也則不達。

鄭玄曰：邦節者珍圭、牙璋、穀圭、琬圭、琰圭也。王有命則別其節之用以授使者。輔王命者，執以行爲信。必有節者，言遠行無有不得節而出者也。輔之以傳者，節爲信爾，傳謂所齎操及所適。

吳澂曰：辨其用者，以玉、角、金、竹爲符契，或用以守，或用以使，皆以牝牡相合爲驗也。使節者，奉使之節，諸侯講信修睦，爲虎、龍、人三節，執之以爲行道之信。金爲之鑄象，則有堅而不變之義。竹爲之函而加以英飾，則有儀文相接之禮。門關則王畿之門關，貨賄則門關出人之貨賄，道路則王畿及侯國之道路。符節以竹符合之者也，璽節者加印璽其上者也，旌節者用析羽之旌彰其所持也。節所以輔王命，傳所以輔節。無節則幾之，幾之以防奸私而輕重爲不等也。

臣按：節者，古人爲符契，牝牡二者以相合，各持其一以相驗信者也。凡乘傳者必有節，如今世符驗之類。

司關，凡四方之賓客叩猶至也關則爲之告，有外內之送令則以節傳出內之。

鄭玄曰：叩關，猶謁關人也。有送令，謂奉貢獻及文書以常事往來，至關則爲之節與傳以通之。

臣按：有內外之送令則以節傳出內之，謂有文書自外入者則以節傳納之於內，有文書自內出者則以節傳出之於外，後世設人以傳送公文者本此。

《小行人》達天下之六節，山國用虎節，土國用人節，澤國用龍節，皆以金爲之；道路用旌節，門關用符節，都鄙用管節，皆以竹爲之。

鄭玄曰：此謂邦國之節也。達之者，使之四方亦皆齎法式以齊等之也。

臣按：《小行人》之所達者，即掌節之所掌也，但掌節所掌者是主天子之節爲言，而小行人之所達謂諸侯使者之入聘者耳。考漢世有所謂銅虎符，以金爲之，是即虎節之屬；竹使符以竹爲之，是即旌節之屬。

《禮記·玉藻》：凡君召以三節，二節以走，一節以趨，在官不俟屨，在外不俟車。

鄭玄曰：節以玉爲之，所以明信輔於君命者也。君使使召臣有二節時，有一節時，故合云三節也。隨時緩急，急則二節故走，緩則一節故趨。官謂治事處，外謂其室及官府。

臣按：三代以前人君召臣皆必有節，非但在遠，則雖在朝廷、官府、居室皆用焉。

《左傳》：文公十二年，秦使西乞術來聘，曰：不腆先君之敝器，致諸執事以爲瑞節，要結好命。

臣按：此所謂節，蓋用圭玉以爲節爾，非別有一物也。注謂：節，信也，用圭以表信，故爲之節焉。昭公二十九年，公賜公衍羔裘，使獻龍輔玉名於齊侯。

孔穎達曰：《周禮》澤國用龍節，皆金也，以英簜輔之。杜子春謂以函器盛此節，鑄金爲龍，以玉爲函輔盛龍節，謂之龍輔。臣按：以玉爲節，春秋之時皆用之。

紀事

《韓非子·外儲説左下》 西門豹爲鄴令，清克潔慤，秋毫之端無私利也，而甚簡左右，左右因相與比周而惡之，居期年，上計，君收其璽，豹自請曰：臣昔者不知所以治鄴，今臣得矣，願請璽復以治鄴，不當，請伏斧鑕之罪。文侯不忍而復與之，豹因重斂百姓，急事左右，期年，上計，文侯迎而拜之，豹對曰：往年臣爲君治鄴，而君奪臣璽，今臣爲左右治鄴，而君拜臣，臣不能治矣。遂納璽而去，文侯不受，曰：寡人曩不知子，今知矣，願子勉爲寡人治之。遂不受。

《史記》卷六九《蘇秦列傳》 蘇秦爲從約長，并相六國。北報趙王，乃行過雒陽，車騎輜重，諸侯各發使送之甚衆，疑於王者。周顯王聞之恐懼，除道，使人郊勞。蘇秦之昆弟妻嫂側目不敢仰視，俯伏侍取食。蘇秦笑謂其嫂曰：何前倨而後恭也？嫂委虵蒲服，以面掩地而謝曰：見季子位高金多也。蘇秦喟然歎曰：此一人之身，富貴則親戚畏懼之，貧賤則輕易之，況衆人乎。且使我有雒陽負郭田二頃，吾豈能佩六國相印乎。於是散千金以賜宗族朋友。

（晉）王嘉《拾遺記》卷二 武王伐紂，樵夫牧豎探高鳥之巢，得赤玉璽，文曰：水德將滅，木祚方盛。文皆大篆，紀殷之世歷已盡，而姬之聖德方隆，是以三分天下而其二歸周，故蚩蚩之類嗟殷亡之晚，恨周來之遲矣。

書吏分部

綜　述

《周禮注疏》卷一《天官冢宰》　府六人，史十有二人，府，治藏；史，掌書者。凡府、史皆其官長所自辟除。疏：府至二人。釋曰：府，治府藏。史，主造文書也。註府治至除。釋曰：案下宰夫八職云：五曰府，掌官契以治藏。六曰史，掌官書以贊治。故鄭云：府，治藏；史，掌書。又云官長所自辟除者，官長謂一官之長，若治官六十，其下府、史，皆大宰辟召，除其課役而使之，非王臣也。《周禮》之內，府、史大例皆府少而史多，而府又在史上，唯有御史百有二十人，特多而在府上。鄭云以其掌贊書數多也。又有府兼有史，以其當職事繁故也。或空有史而無府者，以其當職事少，得史即足故也。至於角人、羽人等，直有府無史，以其當職文書少，而有稅物須藏之，故直有府也。腊人、食醫之等府、史俱無者，以其專官行事，更無所須故也。《周禮》之內，唯有天府一官，特多於史，以其所藏物重故也。

（宋）王安石《周官新義》卷一《天官一》　府六人，史十有二人，胥十有二人，徒百有二十人。

史之字，從中，從又。設官分職以爲民中，史則所執在下助之而已。胥之字，從疋，從肉。疋則以其爲物下體，肉則以其亦能養人。其養人也，相之而已。故胥又訓相也。卿從皀，胥從肉，皆以養人爲義。則王所建置，凡以養人而已。徒之字，從辵，從土，徒無車從也。其辵而走，則親土而已。故無車而行，謂之徒行也。鄭氏以爲府、史、胥、徒皆其官長所自辟除，蓋自下士以上皆王命也。而穆王命大僕曰愼簡乃僚，則雖以王命命之，而爲之長者得簡之也。府、史、胥、徒雖非士，而先王之用人無流品之異，其賤則役於士大夫而不耻，其貴則承於天子而無嫌。

（宋）王昭禹《周禮詳解》卷一《天官冢宰》　府六人，史十有二人，胥十有二人，徒百有二十人。

府掌官契，以治藏。史掌官書，以贊叙。徒掌官令，以徵令。蓋有藏則置府，有書則置史，有徵令之事則置徒，有徒則置胥。胥以統徒，一胥而十徒從之。故胥十有二人，徒百有二十人。謂之胥，則以其賤而在下亦能養人也。謂之徒，則以其尤卑而行趨走以供役也。鄭氏謂府史胥徒皆其官長所自辟除，蓋自下士以上皆王命也，而穆王命太僕曰愼簡乃僚，則雖以王命命之，而爲之長者得簡之也。府史胥徒雖非士，而先王之用人無流品之異，其賤則役於士大夫而不恥，其貴則承於天子而無嫌。孟子曰，百畝之糞上農夫食九人，上次食八人，中食七人，中次食六人，下食五人，庶人在官，其禄以是爲差。府、史、胥、徒，所謂庶人在官者也，皆供其職以賦禄焉。使足以代其耕，故市不役賈，野不役農，而公私各得其所。

（宋）易祓《周官總義》卷一《天官冢宰第一》　府六人，史十有二人，胥十有二人，徒百有二十人。《周官》府、史、胥、徒，設職甚多而不詳所出。在《天官》者凡二千六百六十有六，在《春官》者凡二千二百四十有一，在《夏官》者凡三千二百六十有五，在《秋官》者凡二千六百五十有七，《冬官》雖散落無紀，亦可類見。唯《地官》無常職，凡職於山林川澤者，其數不可勝計。杜氏《通典》總言其爲六萬三千六百七十五人，不調諸民，其誰實爲之。或謂出於閒民，然閒民轉移執事，乃九職之一，豈足以備六萬三千六百七十五人之數。孟子所言與庶人在官者同禄，謂在官而受田者，非于百姓受田之外而別置府史胥徒之職。考之周典自有成説，大司徒之頒職事其十有二曰：服事。鄭氏謂其服公家之事者也。鄉大夫登其夫家之衆寡，其舍者，服公事者，鄭氏謂其吏之有復除者也。又鄭氏釋府、史，則曰皆其官長所自辟除，非所謂吏之有復除者乎。釋胥、徒，則曰此民之給徭役者，非所謂服公家之事者乎。今以鄭氏之説而考論成周之制，古者王畿千里，提封百萬，井受田者凡九百萬夫，其間有德行道藝之民，及三年大比則升于司徒而不征于鄉餘，則老疾之外皆有所服之事，此府史胥徒之所從出者也。

（宋）王與之《周禮訂義》卷一《天官冢宰》　府六人，史十有二人，胥十有二人，徒百有二十人。王昭禹曰：有藏則置府，有書則置史，有號令之事則置徒，有徒則置胥，有市賈之事則置賈。王氏詳説曰：胥一而徒十，府一而史倍，此例之常也。若夫御史則史多而又在府上者，以所掌贊書之數多也。角人、羽人則有府而無史者，以當職文書之數少也。腊人之類有徒無胥者，以當職事少得徒足矣，不假於胥也。食醫、瘍醫、獸醫則府史胥徒並無者，以當職事絶少，自爲之足矣。曰奄曰奚云者，以宮中之事當用奄者與官女耳。此酒人、漿人、籩人、醢人之類所以曰奄曰奚而以女酒、女漿、女籩、女醢間於其間者，此也。曰賈人者以其出納之吝，當有主市買而知物價者，此庖人、太府、玉府職幣之類各有賈人，而載師亦有所謂賈田者，此也。

陳君舉曰：王金陵論府、史、胥、徒，謂成周用人流品不分，非也。古人用人無他途，自公卿大夫之子弟皆養於學宮以備宿衛，考其德行而升進之。自鄉遂侯國，凡占氏數而爲民者，亦攷察於鄉里，以擇其天民之秀異者，節級而升之。故受命爲士，儻不由此者，終不得以通籍於仕版，故以天子之子，猶不得仕者，《記》所謂無生而貴者也。至於上之不可以爲士，下之不止於爲農，則任以府史之職，司士所謂以久奠食者，此也。頭須守藏猶見於春秋之世，蓋不比胥徒之流更迭爲之，而均謂之庶人在官也。

《周禮注疏》卷三《天官冢宰·宰夫之職》 掌百官府之徵令，辨其八職：一曰正，掌官灋以治要；二曰師，掌官成以治凡；三曰司，掌官灋以治目；四曰旅，掌官常以治數；五曰府，掌官契以治藏；六曰史，掌官書以贊治；七曰胥，掌官敘以治敘；八曰徒，掌官令以徵令。別異諸官之八職，以備王之徵召所爲。正，辟於治官，則冢宰也。治要，若歲計也。師，辟小宰、宰夫也。治凡，若月計也。司，辟上士、中士。治目，若今日計也。旅，辟下士也。治數，每事多少異也。治藏，藏文書及器物。贊治，若今起文書草也。治敘，次序官中，如今侍曹伍伯傳吏朝也。徵令，趨走給召呼。藏，才浪反，註治藏同。別，彼列反。辟於，音譬，本亦作譬，下皆同。傳，直專反。

疏：掌百至徵令。釋曰：言掌百官府之徵令，辨其八職者，謂摠王朝三百六十官，以備王之所徵召及施令，若不分別其職，則徵召無所指斥，故須分辨三百六十職也。一曰正者，正，長也。六卿下各有屬六十，故六卿稱正也。云掌官法者，掌當官之法也。以治要者，要，謂大計要也。註別異至召呼。釋曰：自正已下爲八職，皆備王召呼，則正亦備王召呼及所爲也。言正，辟於治官，則冢宰也者，以其六卿異目，或稱大宰，或稱司徒之等，尊卑相似。正，長也，每職各爲一官之長，故摠謂之正也。以其六者非一，相比辟，故以辟言之。今舉天官一官言之，餘可知。云治要，若歲計也者，案下文，歲終云會，月終云要，旬終云成。此歲云要者，但六卿下云要，不云會，以要當會處，故以治要爲歲計也。云師，辟小宰、宰夫也者，以下文四曰旅，是下士諸官皆名旅。其下士之上，有上士、中士，向上差次，當三曰司。上士之上，向上差次，有小宰、宰夫，故知二曰師當小宰、宰夫也。言辟者，亦是六卿之下，皆有此二者，皆司徒之下小司徒、鄉師之類，故亦言辟也。二者同名師者，亦是六者異目，尊卑相次，故同名師也。云治凡，若月計者，上要既當歲會，故治凡當月計曰要之處也。云司，辟上士、中士者，此亦是題目有異，若大司馬之下，上士曰輿司馬，中士曰行司馬，與諸官上士、中士不同，尊卑相似，故摠謂之司馬，以其各有職司也。六官之下同名司，故亦云辟也。云治目若今日計也者，從治要向下，以次差之，此治目當日計曰成之處，故云今日計也。云旅，辟下士也者，此下士既無所兼，故存本號曰旅，亦是六官下同號曰旅，故亦曰辟也。云治數，每事多少異也者，以上治目當日計，此治數無數，當下士稱旅，理衆事，故以治數爲每事多少解之。云治藏，藏文書及器物者，其名曰府，府者，主以藏物，故藏當司文書及當司器物也。云贊治，若今起文書草也者，起文書草，乃後判決，是爲贊治之法，故稱贊治也。云治敘，次序官中者，既有才智，爲什長，當次序官中，須人驅役之處，則科次其徒，故云次叙官中也。云如今侍曹五伯傳吏朝也者，漢時五人爲伍。伯，長也，是五人之長。言傳吏朝者，傳在朝羣吏諸官事務於朝也。胥爲什長亦然。故舉漢法況之也。云徵令趨走給召呼者，其徒止爲在朝趨走，供給官人召呼使役之事也。

（宋）易祓《周官總義》卷二《宰夫之職》 五曰府，掌官契以治藏；六曰史，掌官書以贊治；七曰胥，掌官叙以治叙；八曰徒，掌官令以徵令。

府謂六官之府，主蓄藏之物，必有契以爲之驗，故掌官契以治藏。史謂六官之史，主事物之籍，必有書以爲之攷，故掌官書以贊治。史下之胥所以掌徒役之次叙，胥下之徒所以掌奔走之召令。前四者皆王臣也，後四者庶人之在官者也。職尊則所掌者大而畧，職卑則所掌者小而詳。以徵令辨之，則六官之職舉矣。

（宋）王與之《周禮訂義》卷五《宰夫之職》　五曰府，掌官契以治藏。才浪反。

王昭禹曰：府主蓄藏，必有要書以爲驗，故掌官契。契，要書也。其用以合驗爲主，故謂之契。藏，則凡所蓄聚之物。史氏曰：府者，主藏之吏也。夫苟欲爲治，則版圖契券可以得其山川之險易户口之多寡也。不爾，則將無所稽，雖欲治要治凡治目治數有不可得，此府所以治藏也。

六曰史，掌官書以贊治。

王昭禹曰：六官之事衆矣，載而述之，必有書史掌官書，則於事無所不贊焉，故曰贊治。蓋正則治要，師則治凡，司則治目，旅則治數，府則治藏，史則無所用，治掌官書以贊之而已。蓋史也者，能文而不能實，可以贊治。

黄氏曰：史，案牘可攷，於治爲贊助。

七曰胥，掌官叙以治叙。

賈氏曰：胥有才智，爲什長，當次序官中，須人驅役之處則科次其徒，故云次序官中也。鄭康成曰：如今侍曹五伯傳吏朝也。王昭禹曰：叙先後之倫，胥雖賤而在下，足次其徒而長之，故掌官中事，治先後之序也。

程限分部

綜述

《呂氏春秋・孟春紀》 一曰孟春紀。

孟春之月：日在營室，昏參中，旦尾中。其日甲乙。其帝太皞。其神句芒。其蟲鱗。其音角。律中太蔟。其數八。其味酸。其臭羶。其祀户。祭先脾。東風解凍。蟄蟲始振。魚上冰。獺祭魚。候雁北。天子居青陽左個，乘鸞輅，駕蒼龍，載青旂，衣青衣，服青玉，食麥與羊。其器疏以達。

是月也，以立春。先立春三日，太史謁之天子曰：某日立春，盛德在木。天子乃齋。立春之日，天子親率三公九卿諸侯大夫以迎春於東郊。還，乃賞公卿諸侯大夫於朝。命相布德和令，行慶施惠，下及兆民。慶賜遂行，無有不當。迺命太史，守典奉法，司天日月星辰之行，宿離不忒，無失經紀，以初爲常。

是月也，天子乃以元日祈穀於上帝。乃擇元辰，天子親載耒耜，措之參於保介之御間，率三公九卿諸侯大夫躬耕帝籍田，天子三推，三公五推，卿諸侯大夫九推。反，執爵於太寢，三公九卿諸侯大夫皆御，命曰勞酒。

是月也，天氣下降，地氣上騰，天地和同，草木繁動。王布農事：命田舍東郊，皆修封疆，審端徑術，善相丘陵阪險原隰，土地所宜，五穀所殖，以教道民，必躬親之。田事既飭，先定準直，農乃不惑。

是月也，命樂正入學習舞。乃修祭典，命祀山林川澤，犧牲無用牝。禁止伐木，無覆巢，無殺孩蟲胎夭飛鳥，無麛無卵，無聚大衆，無置城郭，揜骼霾髊。

是月也，不可以稱兵，稱兵必有天殃。兵戎不起，不可以從我始。無變天之道，無絶地之理，無亂人之紀。

孟春行夏令，則風雨不時，草木早槁，國乃有恐。行秋令，則民大疫，疾風暴雨數至，藜莠蓬蒿並興。行冬令，則水潦爲敗，霜雪大摯，首種不入。

《呂氏春秋・仲春紀》 一曰仲春紀。

仲春之月：日在奎，昏弧中，旦建星中。其日甲乙。其帝太皞。其神句芒。其蟲鱗。其音角。律中夾鐘。其數八。其味酸。其臭羶。其祀户。祭先脾。始雨水。桃李華。蒼庚鳴。鷹化爲鳩。天子居青陽太廟，乘鸞輅，駕蒼龍，載青旂，衣青衣，服青玉，食麥與羊，其器疏以達。

是月也，安萌牙，養幼少，存諸孤。擇元日，命人社。命有司，省囹圄，去桎梏，無肆掠，止獄訟。

是月也，玄鳥至。至之日，乙太牢祀於高禖。天子親往，後妃率九嬪御，乃禮天子所御，帶以弓韣，授以弓矢於高禖之前。

是月也，日夜分。雷乃發聲，始電。蟄蟲咸動，開户始出。先雷三日，奮鐸以令於兆民曰：雷且發聲，有不戒其容止者，生子不備，必有凶災。日夜分，則同度量，鈞衡石，角斗桶，正權概。

是月也，耕者少舍，乃修闔扇，寢廟必備。無作大事，以妨農功。

是月也，無竭川澤，無漉陂池，無焚山林。天子乃獻羔開冰，先薦寢廟。上丁，命樂正，入舞舍采，天子乃率三公九卿諸侯親往視之。中丁，又命樂正，入學習樂。是月也，祀不用犧牲，用圭璧，更皮幣。

仲春行秋令，則其國大水，寒氣總至，寇戎來征。行冬令，則陽氣不勝，麥乃不熟，民多相掠。行夏令，則國乃大旱，煖氣早來，蟲螟爲害。

《呂氏春秋・季春紀》 一曰季春紀。

季春之月：日在胃，昏七星中，旦牽牛中。其日甲乙。其帝太皞。其神句芒。其蟲鱗。其音角。律中姑洗。其數八。其味酸。其臭羶。其祀户。祭先脾。桐始華。田鼠化爲鴽。虹始見。萍始生。天子居青陽右個，乘鸞輅，駕蒼龍，載青旂，衣青衣，服青玉。食麥與羊。其器疏以達。

是月也，天子乃薦鞠衣於先帝。命舟牧覆舟，五覆五反，乃告舟備具于天子焉，天子焉始乘舟。薦鮪於寢廟，乃爲麥祈實。

是月也，生氣方盛，陽氣發泄，生者畢出，萌者盡達，不可以内。天子布德行惠，命有司，發倉窌，賜貧窮，振乏絶，開府庫，出幣帛，周天下，勉諸侯，聘名士，禮賢者。

是月也，命司空曰：時雨將降，下水上騰，循行國邑，周視原野；修利堤防，導達溝瀆，開通道路，無有障塞；田獵罼弋，罝罘羅網，餧獸之藥，無出九門。

是月也，命野虞，無伐桑柘。鳴鳩拂其羽，戴任降于桑。具栚曲筥筐，後妃齋戒，親東鄉躬桑，禁婦女無觀。省婦使，勸蠶事，蠶事既登，分繭稱絲效功，以共郊廟之服，無有敢墮。

是月也，命工師，令百工，審五庫之量，金鐵、皮革筋、角齒、羽箭幹、脂膠丹漆，無或不良。百工咸理，監工日號，無悖于時；無或作爲淫巧，以蕩上心。

是月之末，擇吉日，大合樂，天子乃率三公九卿諸侯大夫親往視之。

是月也，乃合累牛騰馬游牝於牧，犧牲駒犢，舉書其數。國人儺，九門磔禳，以畢春氣。

行之是令，而甘雨至三旬。季春行冬令，則寒氣時發，草木皆肅，國有大恐。行夏令，則民多疾疫，時雨不降，山陵不收。行秋令，則天多沉陰，淫雨早降，兵革並起。

《吕氏春秋·孟夏紀》 一曰孟夏紀。

孟夏之月：日在畢，昏翼中，旦婺女中。其日丙丁。其帝炎帝。其神祝融。其蟲羽。其音徵。律中仲吕。其數七。其性禮。其事視。其味苦。其臭焦。其祀灶。祭先肺。螻蟈鳴。丘蚓出。王菩生。苦菜秀。天子居明堂左個，乘朱輅，駕赤騮，載赤旂，衣赤衣，服赤玉，食菽與雞。其器高以粗。

是月也，以立夏。先立夏三日，太史謁之天子曰：某日立夏，盛德在火。天子乃齋。立夏之日，天子親率三公九卿大夫以迎夏於南郊，還，乃行賞，封侯慶賜，無不欣説。乃命樂師習合禮樂。命太尉，贊傑俊，遂賢良，舉長大。行爵出禄，必當其位。

是月也，繼長增高，無有壞隳。無起土功，無發大衆，無伐大樹。

是月也，天子始絺。命野虞，出行田原，勞農勸民，無或失時。命司徒，循行縣鄙。命農勉作，無伏於都。

是月也，驅獸無害五穀。無大田獵。農乃升麥。天子乃以彘嘗麥，先薦寢廟。

是月也，聚蓄百藥。靡草死。麥秋至。斷薄刑，決小罪，出輕繫。蠶事既畢，後妃獻繭。乃收繭税，以桑爲均，貴賤少長如一，以給郊廟之祭服。

是月也，天子飲酎，用禮樂。

行之是令，而甘雨至三旬。孟夏行秋令，則苦雨數來，五穀不滋，四鄙入保。行冬令，則草木早枯，後乃大水，敗其城郭。行春令，則蟲蝗爲敗，暴風來格，秀草不實。

《吕氏春秋·仲夏紀》 一曰仲夏紀。

仲夏之月：日在東井，昏亢中，旦危中。其日丙丁。其帝炎帝。其神祝融。其蟲羽。其音徵。律中蕤賓。其數七。其味苦。其臭焦。其祀灶。祭先肺。小暑至。螳螂生。鵙始鳴。反舌無聲。天子居明堂太廟，乘朱輅，駕赤騮，載赤旂，衣朱衣，服赤玉，食菽與雞。其器高以粗。養壯狡。

是月也，命樂師，修鞀鞞鼓，均琴瑟管簫，執干戚戈羽，調竽笙塤箎，飭鐘磬柷敔。命有司，爲民祈祀山川百原，大雩帝，用盛樂。乃命百縣，雩祭祀百辟卿士有益於民者，以祈穀實。農乃登黍。

是月也，天子以雛嘗黍，羞以含桃，先薦寢廟。令民無刈藍以染，無燒炭，無暴布。門閭無閉，關市無索。挺重囚，益其食。游牝別其群，則縶騰駒，班馬正。

是月也，日長至。陰陽爭，死生分。君子齋戒，處必揜，身欲静無躁，止聲色，無或進，薄滋味，無致和，退嗜欲，定心氣，百官静，事無刑，以定晏陰之所成。鹿角解。蟬始鳴。半夏生，木堇榮。

是月也，無用火南方。可以居高明，可以遠眺望，可以登山陵，可以處台榭。

仲夏行冬令，則雹霰傷穀，道路不通，暴兵來至。行春令，則五穀晚熟，百螣時起，其國乃饑。行秋令，則草木零落，果實早成，民殃於疫。

《吕氏春秋·季夏紀》 一曰季夏紀。

季夏之月：日在柳，昏心中，旦奎中。其日丙丁。其帝炎帝。其神祝融。其蟲羽。其音徵。律中林鐘。其數七。其味苦。其臭焦。其祀灶。

祭先肺。涼風始至。蟋蟀居宇。鷹乃學習。腐草化爲蚈。天子居明堂右個，乘朱輅，駕赤騮，載赤旂，衣朱衣，服赤玉，食菽與雉。其器高以粗。

是月也，令漁師伐蛟取鼉，升龜取黿。乃命虞人入材葦。

是月也，令四監大夫合百縣之秩芻，以養犧牲。令民無不咸出其力，以供皇天上帝、名山大川、四方之神，以祀宗廟社稷之靈，爲民祈福。

是月也，命婦官染采，黼黻文章，必以法故，無或差忒，黑黄蒼赤，莫不質良，勿敢僞詐，以給郊廟祭祀之服，以爲旗章，以别貴賤等級之度。

是月也，樹木方盛，乃命虞人入山行木，無或斬伐。不可以興土功，不可以合諸侯，不可以起兵動衆。無舉大事，以摇盪於氣。無發令而幹時，以妨神農之事。水潦盛昌，命神農，將巡功。舉大事則有天殃。

是月也，土潤溽暑，大雨時行，燒薙行水，利以殺草，如以熱湯，可以糞田疇，可以美土疆。

行之是令，是月甘雨三至，三旬二日。季夏行春令，則谷實解落，國多風欬，人乃遷徙。行秋令，則丘隰水潦，禾稼不熟，乃多女災。行冬令，則寒氣不時，鷹隼早鷙，四鄙入保。

中央土：其日戊己。其帝黄帝。其神後土。其蟲倮。其音宫。律中黄鐘之宫。其數五。其味甘。其臭香。其祀中霤。祭先心。天子居太廟太室，乘大輅，駕黄駟，載黄旂，衣黄衣，服黄玉，食稷與牛。其器圜以揜。

《吕氏春秋·孟秋紀》 一曰孟秋紀。

孟秋之月：日在翼，昏斗中，旦畢中。其日庚辛。其帝少皞。其神蓐收。其蟲毛。其音商。律中夷則。其數九。其味辛。其臭腥。其祀門。祭先肝。涼風至。白露降。寒蟬鳴。鷹乃祭鳥。始用刑戮。天子居總章左個，乘戎路，駕白駱，載白旂，衣白衣，服白玉，食麻與犬。其器廉以深。

是月也，以立秋。先立秋三日，大史謁之天子，曰：某日立秋，盛德在金。天子乃齋。立秋之日，天子親率三公九卿諸侯大夫以迎秋於西郊。還，乃賞軍率武人於朝。天子乃命將帥，選士厲兵，簡練桀俊；專任有功，以征不義；詰誅暴慢，以明好惡；巡彼遠方。

是月也，命有司，修法制，繕囹圄，具桎梏，禁止奸，慎罪邪，務搏執。命理，瞻傷察創，視折審斷；决獄訟，必正平；戮有罪，嚴斷刑。天地始肅，不可以贏。

是月也，農乃升穀。天子嘗新，先薦寢廟。命百官，始收斂。完堤防，謹壅塞，以備水潦。修宫室，坿牆垣，補城郭。

是月也，無以封侯、立大官，無割土地、行重幣、出大使。

行之是令，而涼風至三旬。孟秋行冬令，則陰氣大勝，介蟲敗穀，戎兵乃來。行春令，則其國乃旱，陽氣復還，五穀不實。行夏令，則多火災，寒熱不節，民多瘧疾。

《吕氏春秋·仲秋紀》 一曰仲秋紀。

仲秋之月：日在角，昏牽牛中，旦觜巂中。其日庚辛。其帝少皞。其神蓐收。其蟲毛。其音商。律中南吕。其數九。其味辛。其臭腥。其祀門。祭先肝。涼風生。候鳥來。玄鳥歸。群鳥養羞。天子居總章太廟，乘戎路，駕白駱，載白旂，衣白衣，服白玉，食麻與犬。其器廉以深。

是月也，養衰老，授幾杖，行麋粥飲食。乃命司服，具飭衣裳，文繡有常，制有小大，度有短長，衣服有量，必循其故，冠帶有常。命有司，申嚴百刑，斬殺必當，無或枉橈，枉橈不當，反受其殃。

是月也，乃命宰祝，巡行犧牲：視全具；案芻豢；瞻肥瘠，察物色，必比類；量小大，視長短，皆中度。五者備當，上帝其享。天子乃儺，禦佐疾，以通秋氣。以犬嘗麻，先祭寢廟。

是月也，可以築城郭，建都邑，穿竇窌，修囷倉。乃命有司，趣民收斂，務蓄菜，多積聚。乃勸種麥，無或失時，行罪無疑。

是月也，日夜分。雷乃始收聲。蟄蟲俯户。殺氣浸盛，陽氣日衰。水始涸。日夜分，則一度量，平權衡，正鈞石，齊鬥甬。

是月也，易關市，來商旅，入貨賄，以便民事。四方來雜，遠鄉皆至，則財物不匱，上無乏用，百事乃遂。凡舉事無逆天數，必順其時，乃因其類。

行之是令，白露降三旬。仲秋行春令，則秋雨不降，草木生榮，國乃有大恐。行夏令，則其國旱，蟄蟲不藏，五穀復生。行冬令，則風災數起，收雷先行，草木早死。

《吕氏春秋·季秋紀》一曰季秋紀。

季秋之月：日在房，昏虛中，旦柳中。其日庚辛。其帝少皞。其神蓐收。其蟲毛。其音商。律中無射。其數九。其味辛。其臭腥。其祀門。祭先肝。候鴈來。賓爵入大水爲蛤。菊有黄華。豺則祭獸戮禽。天子居總章右個，乘戎路，駕白駱，載白旂，衣白衣，服白玉，食麻與犬。其器廉以深。

是月也，申嚴號令。命百官貴賤，無不務入，以會天地之藏，無有宣出。命冢宰，農事備收，舉五種之要，藏帝籍之收於神倉，祗敬必飭。

是月也，霜始降，則百工休。乃命有司曰：寒氣總至，民力不堪，其皆入室。上丁，入學習吹。

是月也，大饗帝，嘗犧牲，告備于天子。合諸侯，制百縣。爲來歲受朔日。與諸侯所稅於民輕重之法，貢職之數，以遠近土地所宜爲度，以給郊廟之事，無有所私。

是月也，天子乃教於田獵，以習五戎。獀馬。命僕及七騶咸駕，載旍旐輿，受車以級，整設於屏外，司徒搢撲，北向以誓之。天子乃厲服厲飭，執弓操矢以射。命主祠，祭禽於四方。

是月也，草木黄落，乃伐薪爲炭。蟄蟲咸俯在穴，皆墐其户。乃趣獄刑，無留有罪。收禄秩之不當者、共養之不宜者。

是月也，天子乃以犬嘗稻，先薦寢廟。

季秋行夏令，則其國大水，冬藏殃敗，民多鼽窒。行冬令，則國多盗賊，邊境不寧，土地分裂。行春令，則暖風來至，民氣解墮，師旅必興。

《吕氏春秋·孟冬紀》一曰孟冬紀。

孟冬之月：日在尾，昏危中，旦七星中。其日壬癸。其帝顓頊。其神玄冥。其蟲介。其音羽。律中應鐘。其數六。其味鹹。其臭朽。其祀行。祭先腎。水始冰，地始凍。雉入大水爲蜃。虹藏不見。天子居玄堂左個，乘玄輅，駕鐵驪，載玄旂，衣黑衣，服玄玉，食黍與彘。其器宏以弇。

是月也，以立冬。先立冬三日，太史謁之天子，曰：某日立冬，盛德在水。天子乃齋。立冬之日，天子親率三公九卿大夫以迎冬於北郊。還，乃賞死事，恤孤寡。

是月也，命太卜，禱祠龜策占兆，審卦吉凶。於是察阿上亂法者則罪之，無有揜蔽。

是月也，天子始裘。命有司曰：天氣上騰，地氣下降，天地不通，閉而成冬。令百官，謹蓋藏。命司徒，循行積聚，無有不斂；坿城郭，戒門閭，修楗閉，慎關籥，固封璽，備邊境，完要塞，謹關梁，塞蹊徑，飭喪紀，辨衣裳，審棺槨之厚薄，營丘壟之小大高卑薄厚之度，貴賤之等級。

是月也，工師效功。陳祭器，按度程，無或作爲淫巧，以蕩上心，必功致爲上。物勒工名，以考其誠；工有不當，必行其罪，以窮其情。

是月也，大飲蒸，天子乃祈來年于天宗。大割，祠於公社及門閭，饗先祖五祀，勞農夫以休息之。天子乃命將率講武，肄射御、角力。

是月也，乃命水虞漁師收水泉池澤之賦，無或敢侵削衆庶兆民，以爲天子取怨于下，其有若此者，行罪無赦。

孟冬行春令，則凍閉不密，地氣發洩，民多流亡。行夏令，則國多暴風，方冬不寒，蟄蟲復出。行秋令，則雪霜不時，小兵時起，土地侵削。

《吕氏春秋·仲冬紀》一曰仲冬紀。

仲冬之月：日在斗，昏東壁中，旦軫中。其日壬癸。其帝顓頊。其神玄冥。其蟲介。其音羽。律中黄鐘。其數六。其味鹹。其臭朽。其祀行。祭先腎。冰益壯。地始坼。鶡鴠不鳴。虎始交。天子居玄堂太廟，乘玄輅，駕鐵驪，載玄旂，衣黑衣，服玄玉，食黍與彘。其器宏以弇。命有司曰：土事無作，無發蓋藏，無起大衆，以固而閉。發蓋藏，起大衆，地氣且泄，是謂發天地之房。諸蟄則死，民多疾疫，又隨以喪，命之曰暢月。

是月也，命閹尹，申宫令，審門閭，謹房室，必重閉。省婦事，毋得淫，雖有貴戚近習，無有不禁。乃命大酋，秫稻必齊，麴蘗必時，湛饎必潔，水泉必香，陶器必良，火齊必得，兼用六物，大酋監之，無有差忒。天子乃命有司，祈祀四海大川名原淵澤井泉。

是月也，農有不收藏積聚者，牛馬畜獸有放佚者，取之不詰。山林藪澤，有能取疏食田獵禽獸者，野虞教導之；其有侵奪者，罪之不赦。是月也，日短至。陰陽争，諸生蕩。君子齋戒，處必弇，身必寧，去聲色，禁嗜欲，安形性，事欲静，以待陰陽之所定。芸始生。荔挺出。蚯蚓結。麋角解。水泉動。日短至，則伐林木，取竹箭。

是月也，可以罷官之無事者，去器之無用者。塗闕庭門閭，築囹圄，此所以助天地之閉藏也。

仲冬行夏令，則其國乃旱，氣霧冥冥，雷乃發聲。行秋令，則天時雨汁，瓜瓠不成，國有大兵。行春令，則蟲螟爲敗，水泉減竭，民多疾癘。

《吕氏春秋·季冬紀》 一曰季冬紀。

季冬之月：日在婺女，昏婁中，旦氐中。其日壬癸。其帝顓頊。其神玄冥。其蟲介。其音羽。律中大吕。其數六。其味鹹。其臭朽。其祀行。祭先腎。鴈北鄉。鵲始巢。雉雊雞乳。天子居玄堂右個，乘玄輅，駕鐵驪，載玄旂，衣黑衣，服玄玉，食黍與彘。其器宏以弇。命有司大儺，旁磔，出土牛，以送寒氣。征鳥厲疾。乃畢行山川之祀，及帝之大臣、天地之神祇。

是月也，命漁師始漁，天子親往。乃嘗魚，先薦寢廟。冰方盛，水澤復，命取冰。冰已入，令告民，出五種。命司農，計耦耕事，修耒耜，具田器。命樂師，大合吹而罷。乃命四監，收秩薪柴，以供寢廟及百祀之薪燎。

是月也，日窮於次，月窮於紀，星回於天，數將幾終，歲將更始。專於農民，無有所使。天子乃與卿大夫飭國典，論時令，以待來歲之宜。乃命太史，次諸侯之列，賦之犧牲，以供皇天上帝社稷之享。乃命同姓之國，供寢廟之芻豢。令宰曆卿大夫至於庶民土田之數，而賦之犧牲，以供山林名川之祀。凡在天下九州之民者，無不咸獻其力，以供皇天上帝社稷寢廟山林名川之祀。

行之是令，此謂一終，三旬二日。季冬行秋令，則白露蚤降，介蟲爲妖，四鄰入保。行春令，則胎夭多傷，國多固疾，命之曰逆。行夏令，則水潦敗國，時雪不降，冰凍消釋。

名諱分部

綜述

《禮記正義》卷三《曲禮上》 卒哭乃諱。敬鬼神之名也。諱，辟也。生者不相辟名。衛侯名惡，大夫有名惡，君臣同名，《春秋》不非。辟音避，下皆同。禮，不諱嫌名，二名不偏諱。爲其難辟也。嫌名，謂音聲相近，若禹與雨、丘與區也。偏，謂二名不一一諱也。孔子之母名徵在，言在不稱徵，言徵不稱在。禹與雨，並于矩反，一讀雨音于許反。丘與區，並去求反，一讀區音羌虯反，又丘于反。案漢和帝名肇，不改京兆郡；魏武帝名操，陳思王詩云脩阪造雲日；是不諱嫌名。逮事父母，則諱王父母。不逮事父母，則不諱王父母。逮，及也。謂幼孤不及識父母，恩不至於祖名。孝子聞名心瞿，諱之由心，此謂庶人。適士以上，廟事祖，雖不逮事父母，猶諱祖。逮音代，一音大計反。瞿，本又作懼，同，俱附反。邑，丁歷反。君所無私諱，謂臣言於君前，不辟家諱，尊無二。大夫之所有公諱。辟君諱也。《詩》、《書》不諱，臨文不諱。爲其失事正。廟中不諱。爲有事於高祖，則不諱曾祖以下，尊無二也。於下則諱上。夫人之諱，雖質君之前，臣不諱也。臣於夫人之家，恩遠也。質猶對也。婦諱不出門，婦親遠，於宮中言辟之。大功、小功不諱。入竟而問禁，入國而問俗，入門而問諱。皆爲敬主人也。禁謂政教，俗謂常所行與所惡也。國，城中也。竟音境。惡，烏路反。

疏：卒哭至問諱。正義曰：此一節論諱與不諱之事，各依文解之。古人生不諱，故卒哭前，猶以生事之，則未諱。至卒哭後，服已受變，神靈遷廟，乃神事之，敬鬼神之名，故諱之。諱，避也。生不相避名，名以名質，故言之不諱。死則質藏，言之則感動孝子，故諱之也。註衛侯至不非。正義曰：證生不相諱也。時君臣同名，《春秋》不譏。案魯襄公二十八年，衛石惡出奔晉；二十九年，衛侯衎卒，衛侯惡乃即位；與石惡不相干，熊氏云：石字誤，當云大夫有名惡。知者，昭七年衛侯惡卒，《穀梁傳》云：昭元年有衛齊惡，今衛侯惡，何謂君臣同名也？君子不奪人親所名也。是衛齊惡不得爲石惡也。禮，不諱嫌名，註若禹與雨、丘與區。正義曰：今謂禹與雨音同而義異，丘與區音異而義同，此二者各有嫌疑，禹與雨有同音嫌疑，丘與區有同義嫌疑，如此者不諱。若其音異義異，全是無嫌，不涉諱限，必其音同義同，乃始諱也。二名不偏諱，註孔子之母名徵在，言在不稱徵，言徵不稱在。正義曰：不偏諱者，謂兩字作名，不一一諱之也。孔子言徵不言在，言在不言徵者，案《論語》云足則吾能徵之矣。是言徵也；又云某在斯，是言在也。案《異義》：《公羊》說譏二名，謂二字作名，若魏曼多也。《左氏》說二名者，楚公子弃疾弑其君，即位之後，改爲熊居，是爲二名。許慎謹案：云文武賢臣有散宜生、蘇忿生，則《公羊》之說非也，從《左氏》義也。逮事王父母者，逮，及也。王父母謂祖父母也，若及事父母，則諱祖也。何以然？孝子聞名心瞿，祖是父之所諱，則子不敢言。既已終不言，若父母已亡，而己言便心瞿憶父母，故諱之也。不逮事父母，則不諱王父母者，孝子若幼少孤，不及識父母，便得言之，故不諱祖父母。庾云：諱王父母之恩，正應由父。所以連言母者，婦事舅姑，同事父母，且配夫爲體，諱敬不殊，故幼無父而識母者，則可以諱王父母也。註此謂至諱祖。正義曰：適士已上，廟事祖者，《祭法》云適士二廟，祖之與禰各一廟，其中士下士亦廟事祖，但祖、禰共廟，則《既夕禮》一廟是也。熊氏云：此適士者，包中下士，對庶人府史亦稱適也。大夫之所有公諱者，今謂人於大夫之所，正得避公家之諱，不得避大夫諱，所以然者，尊君諱也。若兼爲大夫諱，則君諱不尊也。不言士之所諱者，士卑，人不爲之諱故也。或可大夫所有公諱者，君及大夫諱耳，亦無已之私諱。《玉藻》云：於大夫所有公諱，無私諱。但此文上承君所有私諱之下，唯云大夫之所有公諱，故略之，不云無私諱耳。《詩》、《書》不諱，何胤云：《詩》、《書》謂教學時也。臨文謂禮執文行事時也。案《論語》云《詩》、《書》執禮，是教學惟《詩》、《書》有誦，禮則不誦。惟臨文行事，若有所諱，則並失事正，故不諱也。廟中不諱者，謂有事於高祖廟，祝嘏辭說，不爲曾祖已下諱也。爲尊無二上也，於下則諱上也。若有事於禰，則諱祖已上也。夫人之諱，雖質君之前，臣不諱也者，夫人，君之妻。質，對也。夫人本家所諱，臣雖對君前，而言語不爲諱也。臣於夫人之家恩遠，故不諱也。婦諱不出門者，門謂婦宮門。婦家之諱，但於婦宮中不言耳。若於宮外，則不諱也。故臣對君不諱也。註婦親遠，於宮中言辟之之。陳鏗問云：《雜記》：母之諱，宮中諱。妻之諱，不舉諸其側也。此則與母諱同，何也？田瓊答曰：《雜記》方分尊卑，故詳言之。《曲禮》據不出門，大略言之耳。母諱遠，妻諱近，則亦宜言也，但所辟者狹耳。大功小功不諱者，古者期親則爲諱。陳鏗問曰：亦爲父乎？自已親乎？田瓊答曰：《雜記》云：卒哭而諱。王父母、兄弟、世父、叔父、姑、姊妹，子與父同諱。父諱齊衰親也，然則大功小功不諱矣。熊氏云：大功亦諱，小功不諱。若小功與父同諱，則亦諱之。知者，《雜記》云：王父母、兄弟、世父、叔父、姑、姊妹、子與父同諱。是父之世叔父及姑姊妹以下，皆爲之小功，父爲諱，故已從父爲之諱。入境而問禁者，此以下並爲敬主人也。竟，界首也。禁謂國中政教所忌。凡至竟界，當先訪問主國何所禁也。入國而問俗者，國，城中。城中如今國門內也。俗謂常所行也。入主人之城內，亦先問風俗常行也。入門而問諱者，門，主人之門也。諱，主人祖先君名，宜先知之，欲爲避之也。問諱而以門爲限者，主人出至大門外迎客，客入門，方應交接，故於門爲限也。故註云：皆爲敬主人也。

《史記》卷一《五帝本紀》 高辛生而神靈，自言其名。正義：《帝王紀》云：帝佶高辛，姬姓也。其母生見其神異，自言其名曰岌。齠齔有聖德，年十五而佐顓頊，三十登位，都亳，以人事紀官也。普施利物，不於其身。聰以知遠，明以察微。順天之義，知民之急。仁而威，惠而信，脩身而天下服。取地之財而節用之，撫教萬民而利誨之，曆日月而迎送之，明鬼神而敬事之。其色郁郁，其德嶷嶷。其動也時，其服也士。帝嚳溉執中而徧天下，日月所照，風雨所至，莫不從服。

（唐）杜佑《通典》卷一〇四《禮·沿革·凶禮·帝王謚號議》 黃帝之號。按《白虎通》云：先黃後帝者，古者質，生死之稱各特行，合而言之，美者在上。黃帝始制法度，得道之中，萬代不易，後代雖盛，莫能與同。後代德與天同，亦得稱帝；不能制作，故不得復稱黃也。黃者中和美色，黃承天德，最盛淳美，故以尊色爲謚也。

顓頊。按《五經通義》曰：顓頊者，顓猶專，項猶愉。幼少而王，以致太平，時年十三。常自愉儉，嗛苦蕈反約自小之意，故兩字爲謚。帝堯、帝舜，先號後謚也。帝者德盛，與天同，號謚雖美，終不過天也，故如其次道之。

周制，春官太師掌大喪，帥瞽而廞作柩謚。廞，興也，興言王之行，謂瞽諷誦其治功之詩也。廞音許金反。文王、武王，先謚後號。王者德薄，傳位與子，賢不肖同稱王，號者所共，謚者所專，故上謚下號，上其美者。

說曰：按《大戴禮》云：謚者行之跡也，號者功之表也。《樂記》曰：聞其謚，知其行。《白虎通》曰：號，法天也，法日也，日未出而明。謚，法地也，法月也，月已入有餘光。是以大行受大名，細行受小名。行生於已，名生於人。《五經通義》曰：號者亦所以表功德號令天下也。謚之言列，陳列所行。善行有善謚，惡行有惡謚，以爲勸戒也。問曰：天子有天下大號，諸侯寧有國大號乎？答曰：天子居無上之位，下無所屈，故立大號以勸勉子孫。諸侯有爵祿之賞，削絀之義，鈇鉞之誅，故無所有國之號也。趙商問鄭志曰：《曲禮》云：已孤暴貴，不爲父作謚，而武王即位，追王太王、王季、文王，改謚爵，何也？答曰：周道之業，興於二王，功德由之，王跡初焉。凡爲人父，豈能盡賢乎？若夏禹、殷湯則不追謚矣。郊特牲云：死而謚之今也，古者生無爵，死無謚。古謂殷以前也。大夫以上乃謂之爵，死有謚。周制爵及命士，雖及之猶不謚也。當記時死則謚之，非禮也。質家兩言爲謚，成湯是也。文者一言爲謚，文、武是也。號無質文，謚有質文。號者，始也。爲本，故不可變。周以後尤文，以爲本生習事善故有善謚，故合言文王、武王。或以名配者，德薄因名配謚，祖甲是也。質家不連號謚，生則爲號，死則言謚，故不連號謚，成湯是。文家連號。欲但言謚，不忍死之；欲但言號，又是實死，故以號謚，文王、武王是。桀、紂先號後謚者，別誅絕不嫌也。《禮記》曰：唯天子稱天以誄之。以其無尊者也。曾子問曰：賤不誄貴，幼不誄長。天子至尊，故稱天以誄之。又《白虎通》云：天子崩，大臣至南郊謚之。《五經通義》曰：大臣吉服之南郊告天，還素服，稱天而謚之。以爲臣子莫不欲褒稱其君，掩惡揚美者，故於郊，明不得欺天也。

（唐）杜佑《通典》卷一〇四《禮·沿革·凶禮·太子無謚議國君嗣子附》 周制，《士冠禮》云：天子之元子，士也。士無謚。是知太子無謚。以未得有所施行，故不得設謚。

（唐）杜佑《通典》卷一〇四《禮·沿革·凶禮·諸侯卿大夫謚議》 周制，諸侯薨，臣子跡累其行以赴告王，王遣大夫會其葬，因謚之。春秋魯文公元年，天王使叔服來會葬是。春秋魯桓公七年，葬蔡桓侯。然得桓謚者，明謚天子所加，非獨臣子也。又太史掌小喪賜謚，小喪，卿大夫也。小史掌卿大夫之喪賜謚讀誄。其讀誄，亦以太史賜謚爲節，事相成。《曲禮》曰：既葬言謚曰類。王肅曰：謂類象其行，言於天子，以求謚也。又曰：公叔文子卒，衛獻公之孫也，名拔。或作發。其子戍請謚於君。盧植曰：君，衛靈公也。曰：日月有時，將葬矣，葬者其時。請所以易其名者。盧植曰：無謚則當書名，故易其名也。君曰：昔者衛國凶饑，夫子爲粥與國之餓者，是不亦惠乎。謚法曰：愛人好與曰惠。昔者衛國有難，夫子以其死衛寡人，不亦貞乎。魯昭二十年，齊豹、北宮喜、褚師圃、公子朝作亂，靈公奔死鳥。是時文子爲政，靈公克復其國，故曰以其死衛寡人。謚法曰：外內用情曰貞。夫子聽衛國之政，修其班制，以與四鄰交，衛國之社稷不辱，不亦文乎。班，次也，謂位禄之次，法令之制也。謚法曰：道德稱聞曰文。故謚貞惠文子。後不言貞惠者，文足以兼之。《白虎通》曰：卿大夫老歸有謚者，別尊卑、章有德也。大夫歸，無過，猶有禄位，故有謚也。士冠禮生無爵，死無謚。卿大夫有爵故有謚，士無爵故無謚。

（唐）杜佑《通典》卷一〇四《禮・沿革・凶禮・君臣同謚議》 周桓王時，蔡侯卒，謚桓侯。《五經通義》曰：有德則善謚，無德則惡謚，故同也。

（唐）杜佑《通典》卷一〇四《禮・沿革・凶禮・卒哭後諱及七廟諱字議》 周制，《左傳》云：周人以諱事神，名終將諱之。《曲禮》曰：卒哭乃諱。鄭玄曰：敬鬼神之名也。諱，避也。生者不相避名，衛侯名惡，大夫有石惡，君臣同名，春秋不非。王肅曰：周人以諱事神，名終將諱之。始死哀遽，故卒哭乃令諱。禮不諱嫌名。鄭玄曰：爲其難避也。嫌謂音聲相近，若禹與雨，丘與區也。王肅曰：音相似者也。二名不偏諱。偏諱，二名不一一諱也。孔子母名徵在，言徵不言在。逮事父母則諱王父母，不逮事父母則不諱王父母。逮，及也。謂幼孤不及識父母，恩不至於祖名。孝子聞名心瞿，諱之由心。此謂庶人也。嫡士以上廟事祖，雖不逮父母，猶諱祖耳。君所無私諱，盧植曰：但爲公家諱，不得爲私家諱也。鄭玄曰：謂臣於君前，不避家諱，尊無二也。大夫之所有公諱。詩書不諱，教學臨文不諱。盧植曰：教，詩書典籍教訓也。臨文謂禮文也。詩書執禮皆雅言，故不諱。禮執文行事，故言文也。鄭玄曰：爲其失事正也。廟中不諱。盧植曰：不諱新君，厭於祖禰也。鄭玄曰：謂有事於高祖，則不諱曾祖以下，尊無二也。於下則諱上也。王肅曰：祝則名君，不諱君也。大功小功不諱。入門而問諱。盧植曰：鄰國之君猶吾君也。鄭玄曰：皆爲敬主人也。《檀弓》曰：卒哭而諱，生事畢而鬼事始已。盧植曰：喪朝夕奠，尚生事之。虞而立尸，卒哭諱新，是爲以生道事之畢矣，復以鬼道始事之也。已者，辭也。一説生事畢，從生至死也。鬼事始已者，從死至卒哭也。鄭玄曰：謂不復饋食於下室，而鬼神祭之也。已，辭也。既卒哭，宰夫執木鐸，王肅曰：木鐸，鈴也。以木爲舌也。以命於宮盧植曰：宰夫於周禮爲下大夫，小宰之副也。大喪小喪掌小官之戒令，帥執事而理之。大喪，君也。小喪，屬官也。戒令即所謂舍故而諱新之屬。曰：舍故而諱新。鄭玄曰：故爲高祖之父當遷者也。易説帝乙曰：《易》之帝乙爲成湯，《書》之帝乙六代王。天之錫命，疏可同名。王肅曰：故謂五廟毀者。自寢門至於庫門。盧植曰：振木鐸從寢門至庫門也。寢門之內，新君所處；庫門之內，廟所在也。鄭玄曰：百官所在也。庫門，宮外門也。明堂位曰：庫門，天子臯門也。王肅曰：百官所在也。庫門，宮外門。《雜記》曰：王父母兄弟伯父叔父姑姊妹，子與父同諱。鄭玄曰：父爲其親諱，則子不敢不從諱也。爲王父母以下之親諱，是謂士也。天子諸侯爲群祖諱也。王肅曰：王父母之兄弟、伯父、叔父、姑姊妹，皆父之所諱也。

（唐）杜佑《通典》卷一〇四《禮・沿革・凶禮・內諱及不諱皇后名議》 周制，《曲禮》曰：夫人之諱，雖質君之前，臣不諱也。臣於夫人之家恩遠也。質，對也。婦諱不出門。婦親遠，於宮中言避之耳。《檀弓》曰：二名不偏諱。孔子之母名徵在，言在不稱徵，言徵不稱在。《雜記》曰：母之諱，宮中諱。妻之諱，不舉諸其側。與從祖昆弟同名則諱。鄭玄曰：母之所爲其親諱，子於宮中不言。妻之所爲其親諱，夫於其側亦不言也。孝子聞名心瞿，凡不言人諱者，亦爲其相感動也。子與父同諱，則子可盡曾祖之親也。從祖昆弟在其中，於父輕，不爲諱；與母妻之親同名，重，則諱之。王肅曰：同名，同從祖昆弟所諱之名也。從祖昆弟之父，小功之親也，於禮不諱，妻名重則諱之。

秦漢部

公文分部

綜述

(漢) 王隆《漢官解詁》 帝之下書有四：一曰策書，二曰制書，三曰詔書，四曰誡敕。策書者，編簡也，其制長二尺，短者半之，篆書，起年月日，稱皇帝，以命諸侯王。三公以罪免亦賜策，而以隸書，用尺一木，兩行，唯此為異也。制書者，帝者制度之命，其文曰制詔三公，皆璽封，尚書令印重封，露布州郡也。詔書者，詔，告也，其文曰告某官云云，如故事。誡敕者，謂敕刺史、太守，其文曰有詔敕某官。它皆倣此。

《後漢書・光武紀》注，《太平御覽・文部》。

(漢) 蔡邕《獨斷》卷上 策書，策者，簡也。《禮》曰：不滿百丈，不書於策。其制長二尺，短者半之，其次一長一短，兩編下附篆書，起年月日，稱皇帝曰，以命諸侯王三公，其諸侯王三公之薨於位者，亦以策書誄謚其行而賜之，如諸侯之策。三公以罪免，亦賜策文，體如上策，而隸書以尺一木兩行，唯此為異者也。

制書，帝者制度之命也，其文曰制詔。三公赦令，贖令之屬是也。刺史太守相劾奏申下(上)〔土〕遷書文亦如之，其徵為九卿，若遷京師，近臣則言官具言姓名，其免若得罪無姓。凡制書有印使符下，遠近皆璽封，尚書令印重封，唯赦令，贖令召三公詣朝堂受制書，司徒印封露布下州郡。

詔書者，詔誥也，有三品。其文曰：告某官，官如故事，是為詔書。群臣有所奏請，尚書令奏之，下有制曰：天子答之曰可。若下某官云云亦曰昭書。群臣有所奏請，無尚書令奏制字，則答曰已奏，如書本官下所當至，亦曰詔。

戒書，戒敕刺史太守及三邊營官，被敕文曰有詔敕某官，是為戒敕也。世皆名此為策書，失之遠矣。

凡群臣上書于天子者有四名：一曰章，二曰奏，三曰表，四曰駮議。章者，需頭，稱稽首上書謝恩、陳事詣闕通者也。奏者，亦需頭，其京師官但言稽首，下言稽首以聞，其中有所請若罪法劾案公府，送御史臺；公卿校尉，送謁者臺也。

表者，不需頭，上言臣某言，下言臣某誠惶誠恐，頓首頓首，死罪死罪。左方下附曰某官臣某甲上，文多用編兩行，文少以五行，詣尚書通者也。公卿校尉諸將不言姓，大夫以下有同姓官別者言姓，章曰報聞，公卿使謁者將大夫以下至吏民尚書左丞奏聞報可，表文報已奏如書。凡章表皆啓封，其言密事，得皁囊盛。其有疑事，公卿百官會議，若臺閣有所正處而獨執異意者曰駮議。駮議曰某官某甲議以為如是，下言臣愚戇議異，其非駮議，不言議異，其合於上意者，文報曰某官某甲議可。

漢承秦法，群臣上書皆言昧死言，王莽盜位，慕古法，去昧死，曰稽首。光武因而不改，朝臣曰稽首頓首，非朝臣曰稽首再拜，公卿、侍中、尚書衣帛而朝曰朝臣，諸營校尉將大夫以下亦為朝臣。

王者臨撫之別名。天子曰兆民，諸侯曰萬民，百乘之家曰百姓。

天子所都曰京師，京、水也，地下之衆者莫過于水，地上之衆者莫過於人，京、大，師、衆也，故曰京師也。

京師、天子之畿內千里，象日月，日月躔次千里。

天子命令之別名，一曰命，二曰令，三曰政。

(漢) 劉熙《釋名》卷三《釋書契》 奏，鄒也。鄒，狹小之言也。

劄，櫛也。編之如櫛齒相比也。

簡，間也。編之篇篇有間也。

簿，言可以簿疏密也。

笏，勿也。君有教命及所啓白，則書其上，備忽忘也。【略】

籍，籍也。所以籍疏人名户口也。

檄，激也。下官所以激迎其上之書文也。

檢，禁也。禁閉諸物使不得開露也。【略】

謁，詣也。詣，告也。書其姓名於上，以告所至詣者也。【略】

策，書教令於上，所以驅策諸下也。

漢制：約敕封侯曰册。册，賾也。敕使厘賾不犯之也。

示，示也。過所至關津以示之也。

詣，啓也。以君語官司所至詣也。

書，庶也。紀庶物也。亦言著之簡紙，永不滅也。【略】

上敕下曰告，告覺也。使覺悟知己意也。

（漢）應劭《風俗通義佚文·獄法》 律者，法也。《皋陶謨》：虞始造律。蕭何成以九章，此關諸百王不易之道也。時主所制曰令，《漢書》：著于令甲。夫吏者，治也，當先自正，然後正人，故文書下如律令，言當承憲履繩墨，動不失律令也。《唐律疏議·名例篇》、《文選·陳琳檄豫州文》注，《類聚》五四、《書鈔》四五、《翻譯名義集》四、《御覽》六三八、《事始》、《事物紀原》十、《考古質疑》四、《演繁露》二、《路史後紀》七、《玉海》六五、《書林事類韻會》一〇〇、《吏學指南》。

印信分部

綜　述

（漢）許慎《說文解字》卷九《印部》　印：執政所持信也。

（漢）劉熙《釋名》卷三《釋書契》　璽，徙也。封物使可轉徙而不可發也。

印，信也。所以封物為信驗也。亦言因也，封物相因付也。【略】

符，付也。書所敕命於上付使傳行之也。

節，赴也。執以赴君命也。

傳，轉也。轉移所在執以為信也。

券，綣也。相約束繾綣以為限也。

《漢書》卷六《武帝紀》　〔太初元年〕夏五月，正曆，以正月為歲首。師古曰：謂以建寅之月為正也。未正曆之前謂建亥之月為正，今此言以正月為歲首者，史追正其月名。色上黃，數用五，張晏曰：漢據土德，土數五，故用五，謂印文也。若丞相曰丞相之印章，諸卿及守相印文不足五字者，以之足之。定官名，協音律。

《漢書》卷一二《平帝紀》　徵天下通知逸經、古記、天文、曆算、鍾律、小學、史篇、方術、本草及以五經、《論語》、《孝經》、《爾雅》教授者，在所為駕一封軺傳，如淳曰：律，諸當乘傳及發駕置傳者，皆持尺五寸木傳信，封以御史大夫印章。其乘傳參封之。參，三也。有期會累封兩端，端各兩封，凡四封也。乘置馳傳五封也，兩端各二，中央一也。軺傳兩馬再封之，一馬一封也。師古曰：以一馬駕軺車而乘傳。傳音張戀反。遣詣京師。至者數千人。

《漢書》卷一九上《百官公卿表》　相國、丞相，皆秦官，金印紫綬，掌丞天子助理萬機。秦有左右，高帝即位，置一丞相，十一年更名相國，綠綬。【略】

太尉，秦官，金印紫綬，掌武事。武帝建元二年省。元狩四年初置大司馬，以冠將軍之號。宣帝地節三年置大司馬，不冠將軍，亦無印綬官屬。成帝綏和元年賜大司馬金印紫綬，置官屬，祿比丞相，去將軍。哀帝建平二年復去大司馬印綬、官屬，冠將軍如故。元壽二年復賜大司馬印綬，置官屬，去將軍，位在司徒上。有長史，秩千石。【略】

御史大夫，秦官，位上卿，銀印青綬，掌副丞相。【略】

太傅，古官，高后元年初置，金印紫綬。【略】

太師、太保，皆古官，平帝元始元年皆初置，金印紫綬。太師位在太傅上，太保次太傅。

前後左右將軍，皆周末官，秦因之，位上卿，金印紫綬。【略】

諸侯王，高帝初置，金璽盭綬，掌治其國。【略】

凡吏秩比二千石以上，皆銀印青綬，師古曰：漢舊儀云銀印背龜鈕，其文曰章，謂刻曰某官之章也。光祿大夫無。師古曰：無印綬。秩比六百石以上，皆銅印黑綬，大夫、博士、御史、謁者、郎無。師古曰：大夫以下亦無印綬。其僕射、御史治書尚符璽者，有印綬。比二百石以上，皆銅印黃綬。師古曰：漢舊儀云六百石、四百石至二百石以上皆銅印鼻鈕，文曰印。謂鈕但作鼻，不為蟲獸之形，而刻文云某官之印。成帝陽朔二年除八百石、五百石秩。綏和元年，長、相皆黑綬。哀帝建平二年，復黃綬。吏員自佐史至丞相，十二萬二百八十五人。

《漢書》卷六八《霍光傳》　受皇帝信璽、行璽大行前，孟康曰：漢初有三璽，天子之璽自佩，行璽、信璽在符節臺。大行前，昭帝柩前也。韋昭曰：大行，不反之辭也。就次發璽不封。師古曰：璽既國器，常當緘封，而王於大行前受之，退還所次，遂爾發漏，更不封之，得令凡人皆見，言不重慎也。

（漢）蔡邕《獨斷》卷上　璽者，印也，印者，信也。天子璽以玉螭虎紐。古者尊卑共之。《月令》曰：固封璽。《春秋左氏傳》曰：魯襄公在楚，季武子使公冶問，璽書追而與之。此諸侯大夫印稱璽者也。衛宏曰：秦以前，民皆以金玉為印，龍虎紐，唯其所好，然則秦以來天子獨以印稱璽，又獨以玉，群臣莫敢用也。

《後漢書》卷七《孝桓帝紀》　〔建和元年夏四月〕壬辰，詔州郡不得迫脅驅逐長吏。長吏臧滿三十萬而不糾舉者，刺史、二千石以縱避為罪。若有擅相假印綬者，與殺人同弃市論。

《後漢書》志三〇《輿服志》 佩雙印，長寸二分，方六分。乘輿、諸侯王、公、列侯以白玉，中二千石以下至四百石皆以黑犀，二百石以至私學弟子皆以象牙。上合絲，乘輿以縢貫白珠，赤罽蕤，諸侯王以下以綔赤絲蕤，縢綔各如其印質。刻書文曰：正月剛卯既決，靈殳四方，赤青白黃，四色是當。帝令祝融，以教夔龍，庶疫剛癉，莫我敢當。疾日嚴卯，帝令夔化，慎爾周伏，化茲靈殳。既正既直，既觚既方，庶疫剛癉，莫我敢當。凡六十六字。

乘輿黃赤綬，四采，黃赤（紺）縹〔紺〕，淳黃圭，長〔二〕丈九尺九寸，五百首。《漢舊儀》曰：璽皆白玉螭虎紐，文曰皇帝行璽、皇帝之璽、皇帝信璽、天子行璽、天子之璽、天子信璽，凡六璽。皇帝行璽，凡封之璽賜諸侯王書；信璽，發兵徵大臣；天子行璽，策拜外國，事天地鬼神。璽皆以武都紫泥封，青囊白素裏，兩端無縫，尺一板中約署。皇帝帶綬，黃地六采，不佩璽。璽以金銀縢組，侍中組負以從。秦以前民皆佩綬，金、玉、銀、銅、犀、象為方寸璽，各服所好。奉璽書使者乘馳傳。其驛騎也，三騎行，晝夜千里為程。《吳書》曰：漢室之亂，天子北詣河上，六璽不自隨，掌璽者投井中。孫堅北討董卓，頓軍城南，官署有井，每旦有五色氣從井出。堅使人浚得傳國璽。其文曰受命于天，既壽永昌。方圍四寸，上有紐文槃五龍，瑨，七寸管，龍上一角缺。《獻帝起居注》曰：時六璽不自隨，及還，於閣上得。《晉陽秋》曰：冉閔大將軍蔣幹以傳國璽付河南太守戴施，施獻之，百僚皆賀。璽光照洞徹，上蟠螭文隱起，書曰（旻）〔昊〕天之命，皇帝壽昌。秦舊璽也。徐廣曰：傳國璽文曰受天之命，皇帝壽昌。

諸侯王赤綬，徐廣曰：太子及諸王金印，龜紐，纁朱綬。四采，赤黃縹紺，淳赤圭，長二丈一尺，三百首。荀綽晉百官表注曰：皇太子朱綬，三百二十首。

太皇太后、皇太后，其綬皆與乘輿同，皇后亦如之。

長公主、天子貴人與諸侯王同綬者，加特也。

諸國貴人、相國皆綠綬，三采，綠紫紺，淳綠圭，長二丈一尺，二百四十首。《前書》曰：相國、丞相皆秦官，金印紫綬。高帝相國綠綬。徐廣曰：金印綠綟綬。綟音戾，草名也。以染似綠，又云似紫。紫綬名緺綬，〔緺〕音瓜，其色青紫。綟字亦（盭）〔盭〕，音同也，傳寫者誤作縶。公加殊禮，皆服之。何承天云：緺音媧。青紫色綬。綟，紫色也。公、侯、將軍紫綬，二采，紫白，淳紫圭，長丈七尺，百八十首。《前書》曰：太尉金印紫綬。御史大夫位上卿，銀印青綬，成帝更名大司空，金印紫綬。將軍亦金印。《漢官儀》曰：馬防為車騎將軍，銀印青綬，在卿上，絶席。和帝以竇憲為車騎將軍，始加金紫，次司空。公主封君服紫綬。

九卿、中二千石、二千石青綬，三采，青白紅，淳青圭，長丈七尺，百二十首。一號青緺綬。自青綬以上，縌皆長三尺二寸，與綬同采而首半之。縌者，古佩璲也。佩綬相迎受，故曰縌。紫綬以上，縌綬之間得施玉環鐍云。《通俗文》曰：缺環曰鐍。《漢舊儀》曰其斷獄者印為章也。

千石、六百石黑綬，三采，青赤紺，淳青圭，長丈六尺，八十首。四百石、三百石長同。《漢官》曰：尚書僕射，銅印青綬。

四百石、三百石、二百石黃綬，〔一采〕，淳黃圭，（一采）長丈五尺，六十首。自黑綬以下，縌綬皆長三尺，與綬同采而首半之。

百石青紺（綸）〔綬〕，一采，宛轉繆織〔圭〕，長丈二尺。丁孚《漢儀》載太僕、太中大夫襄言：乘輿綬，黃地冒白羽，青絳綠五采，四百首，長二丈三尺。詔所下王綬，冒亦五采，上下無差。諸王綬四采，絳地冒白羽，青黃去（綠）〔緣〕，二百六十首，長二丈一尺。公主綬如王。侯，絳地，紺縹三采，百二十首，長丈八尺。二千石綬，羽青地，桃華縹三采，百二十首，長丈八尺。黑綬，羽青地，絳二采，八十首，長一丈七尺。黃綬一采，八十首，長丈七尺。以為常式。民織綬不如式，没入官，犯者為不敬。二千石綬以上，禁民無得織以粉組。皇太后詔可，王綬如所下。

凡先合單紡為一系，四系為一扶，五扶為一首，五首成一文，文采淳為一圭。首多者系細，少者系麤，皆廣尺六寸。《東觀書》曰：建武元年，復設諸侯王金璽綟綬，公侯金印紫綬。九卿、執金吾、河南尹秩皆中二千石，大長秋、將作大匠、度遼諸將軍、郡太守、國傅相皆秩二千石，校尉、中郎將、諸郡都尉、諸國行相、中尉、內史、中護軍、司直秩皆二千石，以上皆銀印青綬。中外官尚書令、御史中丞、治書侍御史、公將軍長史、中二千石丞、正、平、諸司馬、中宮王家僕、雒陽令秩皆千石，尚書、中謁者、謁者、黃門冗從、四僕射、諸都監、中外諸都官令、都候、司農部丞、郡國長史、丞、候、司馬、千人秩皆六百石，家令、侍、僕秩皆六百石，雒陽市長秩四百石，主家長秩皆四百石，以上皆銅印黑綬。諸署長楫櫂丞秩三百石，諸秩千石者，其丞、尉皆秩四百石，秩六百石者，丞、尉秩三百石，四百石者，其丞、尉秩二百石，縣國丞、尉亦如之，縣、國三百石長相，丞、尉亦二百石，明堂、靈臺丞、諸陵校長秩二百石，丞、尉、校長以上皆銅印黃綬。縣國守宮令、相或千石或六百石，長相或四百石或三百石，長相皆以銅印黃綬。而有秩者侍中、中常侍、光祿大夫秩皆二千石，太中大夫秩皆比二千石，尚書、諫議大夫、侍御史、博士皆六百石，議郎、中謁者秩皆比六百石，小黃門、黃門侍郎、中黃門秩皆比四百石，郎中秩皆比三百石，太子舍人秩二百石。

（唐）杜佑《通典》卷六三《禮·沿革·嘉禮·天子諸侯玉佩劍綬璽印》 秦以印稱璽，以玉，不通臣下，用制乘輿六璽：曰皇帝行璽、皇帝之璽、皇帝信璽、天子行璽、天子之璽、天子信璽。又始皇得藍田白玉為璽，螭虎鈕，文曰受天之命，皇帝壽昌。韍珮既廢，乃以采組連結於璲，光明章表，轉相結受，故謂之綬。秦漢以降，逮於周隋，既多無注解，或傳寫訛舛，有義理難明，雖研覈莫辨。今但約其本史，聊存一代之制，他皆類此。覽之者，幸詳察焉。

漢高帝入關，得秦始皇白玉璽，佩之，曰傳國璽，與斬蛇劍俱為乘輿之寶。韍承秦制，用而弗改，加之以雙印、佩刀。

後漢孝明帝乃為大佩，衝牙雙瑀璜，皆以白玉。《詩》云：雜佩以贈之。毛萇曰：珩、璜、琚、瑀，衝牙之類。《月令》章句曰：佩上有雙衡，下有雙璜，琚瑀以雜之，衝牙蠙珠以納其間。《玉藻》云：右徵角，左宮羽，進則揖之，退則揚之，然後玉鏘鳴也。纂要曰：琚瑀所以納間，在玉之間，今白珠也。乘輿落以白珠，公卿諸侯以采絲，其玉視冕旒，為祭服云。

佩刀，乘輿黃金通身貂錯，半鮫魚鱗，金漆錯，雌黃室，五色罽隱室華。諸侯王黃金錯，環挾半鮫，黑室。公卿百官皆淳黑，不半鮫。小黃門雌黃室，中黃門朱室，童子皆虎爪文，虎賁黃室虎文，其將白虎文，皆以白珠鮫為鏢口之飾。《通俗文》曰：刀鋒曰鏢。匹燒反。乘輿者，加翡翠山，紆嬰其側。《左傳》曰：藻綷鞞鞛。注云：鞞，佩刀鞘上飾。鞛，下飾也。鄭玄詩箋曰：既爵命賞賜，而加賜容刀有飾，顯其能制斷也。《春秋繁露》曰：劍之在左，青龍之象也。刀之在右，白虎之象也。韍之在前，朱雀之象也。冠之在首，玄武之象也。四者，人之盛飾也。梁劉昭曰：自天子至於庶人，咸皆帶劍。劍之與刀，形制不同，名稱各異，故蕭何劍履上殿，不稱為刀，而漢志言不及劍，如為未備。

佩雙印，長寸二分，方六分。乘輿、諸侯王公列侯以白玉，中二千石以下至四百石皆以黑犀，三百石以至私學弟子皆以象牙。上合絲，乘輿以縢貫白珠，赤罽蕤，諸侯王以下綺口故反赤絲蕤，縢綺各如其印質。刻書文曰：正月剛卯既決，靈殳四方，赤青白黃，四色是當。凡六十六字。

（宋）洪邁《容齋續筆》卷四《漢代文書式》 漢代文書，臣下奏朝廷，朝廷下郡國，有《漢官典儀》、《漢舊儀》等所載，然不若金石刻所著見者為明白。史晨祠《孔廟碑》，前云：建寧二年三月癸卯朔七日己酉，魯相臣晨，長史臣謙頓首死罪上尚書，臣晨頓首頓首，死罪死罪。末云：臣晨誠惶誠恐，頓首頓首，死罪死罪上尚書。副言太傅、太尉、司徒、司空、大司農府。樊毅復華下民租碑，前後與此同。《無極山碑》：光和四年某月辛卯朔廿二日壬子，太常臣耽、丞敏頓首上尚書。末云：臣耽愚戇，頓首頓首上尚書。制曰：可。大尚讀為太常。承書從事，某月十七日丁丑，尚書令忠奏雒陽宮。光和四年八月辛酉朔十七日丁丑，尚書令忠下。又云：光和四年八月辛酉朔十七日丁丑，太常耽、丞敏下。《常山相孔廟碑》，前云：司徒臣雄，司空臣戒，稽首言。末云：臣雄、臣戒愚戇，誠惶誠恐，頓首頓首，死罪死罪，臣稽首以聞。制曰：可。元嘉三年三月廿七日壬寅，奏雒陽宮。元嘉三年三月丙子朔廿七日壬寅，司徒雄、司空戒下魯相。又云：永興元年六月甲辰朔十八日辛酉，魯相平，行長史事、卞守長擅，叩頭死罪，敢言之司徒、司空府。末云：平惶恐叩頭，死罪死罪，上司空府。此碑有三公奏天子，朝廷下郡國，郡國上公府三式，始末詳備。文惠公隸釋有之。無極山祠事，以丁丑日奏雒陽宮，是日下太常，孔廟事，以壬寅日奏雒陽宮，亦以是日下魯相，又以見漢世文書之不滯留也。

（元）馬端臨《文獻通考》卷一一五《王禮考·圭璧符節璽印》 秦以印稱璽，以玉，不通臣下，用制乘輿六璽：曰皇帝行璽、皇帝之璽、皇帝信璽、天子行璽、天子之璽、天子信璽。又始皇得藍田白玉為璽，螭虎鈕，文曰受天之命，皇帝壽昌。韍佩既廢，乃以采組，連結於璲，光明章表，轉相結受，故謂之綬。《通典》：秦漢以降，逮於周隋，既多無注解，或傳寫訛舛，有義理難明，雖研覈莫辨。今但約真本史，聊存一代之制。他皆類此，質之者，幸察焉。

漢高祖元年十月，沛公至霸上，秦王子嬰封皇帝璽符節，降軹道旁。

漢初有三璽，天子之璽自佩，行璽、信璽在符節台。

《漢舊儀》：璽皆玉螭虎鈕，凡六璽。皇帝行璽，凡封國用之璽賜諸侯王書；信璽，發兵召大臣；以天子行璽，策拜外國；以天子之璽，事天地鬼神。以天子信璽，皆以武都紫泥封，青布囊白素裏，兩端無縫，尺一板中約署。皇帝帶綬，黃地赤采，不佩璽。璽以金銀縢組。侍中緄負以從。奉璽書使者乘馳傳。其騎也，三騎行，晝夜千里為程。

衛宏曰：秦前民皆佩綬、金、玉、銀、銅、犀、象為方寸璽，各服所好。秦以來天子獨稱璽，又以玉，群下莫得用。其玉出藍田山，題李斯書，其文曰受命於天，既壽永昌。高祖入咸陽，秦王子嬰以璽降，其璽乃始皇藍田玉璽、螭獸鈕，在六璽之外。帝既誅項籍，即天子位，因服其璽，世世傳受，號曰漢傳國璽。平帝崩，孺子未立，璽藏長樂宮。及王莽即位，請璽，太后不肯授莽。莽使安陽侯舜諭指，太后怒罵之，且曰：若自以金匱符命為新皇帝，變更正朔服制，亦當自更作璽，傳之萬世，何用此亡國不祥璽為？我漢家老寡婦，旦暮且死，欲與此璽俱葬。終不可得。太后因涕泣，左右皆垂涕，舜亦悲不能止良久，乃謂太后，臣等已無可言，莽必欲得傳國璽，太后甯能終不與邪？太后聞舜語切，恐莽欲脅之，乃出漢傳國璽，投之地以授舜，曰：我老且死，而兄弟今族滅也。舜既得璽，奏之。莽大説。

皇后璽文與帝同。皇后之璽，金螭虎紐。皇太子黄金印，龜紐印文曰章。下至二百石，皆為通官印。

漢諸侯王，金璽盭綬盭，音戾，緑也。《漢舊儀》云：諸侯王，黄金璽槖駝紐文曰璽。。徹侯，金印紫綬；相國、丞相，金印紫綬。高帝一十年，更名相國，緑綬。太師、太傅、太保、太尉、左右前後將軍，金印紫綬；御史大夫，銀印青綬。凡吏秩比二千石以上，皆銀印青綬，光禄大夫無。秩比六百石以上，皆銅印黑綬，大夫、博士、御史、謁者、郎無。其僕射、御史治書尚符璽者，有印綬。比二百石以上，皆銅印黄綬。綏和元年，長、相皆黑綬。建平二年，復黄綬。

武帝太初元年，改正朔，數用五《紀》注云：謂印文也。若丞相，曰丞相之印章，諸卿及守相印文不足五字者，以之足之。。

《孔氏雜説》：漢時印綬，非若今之金紫銀緋長使服之也，蓋居是官則佩是印，罷則解之，故三公上印綬也。後漢張涣云：吾前後十腰銀艾。銀即銀印，艾即緑綬，十云者，一官一佩之耳。印不甚大，淮南王曰方寸之印，丈二之組是也。

宣帝時始賜匈奴單于印璽，與天子同。

王莽既篡位，遣五威將軍王駿等多齎金帛，遺單于，因易故印。故印文曰匈奴單于璽，莽更曰新匈奴單于章。駿既至，授單于印綬，令上故印綬單。於再拜受詔，譯前，欲解故印，左姑夕侯蘇曰：未見新印文，宜且勿與。單于解故印紱奉上，受。著新紱，不解視印，飲食至夜罷。右率陳饒謂諸將率曰：鄉者姑夕侯疑印文，幾令單于不予人，如今視印，知其變改，必求故印，此非辭説所能距也。既得而復失之，辱命莫大。不如椎破故印，以絶禍根。即引斧椎壞之。明日，單于果言：漢賜單于印，言璽不言章，又無漢字，諸王以下乃有漢言章。今印去璽加新，與臣下無異。願得故印。將率示以破印，單于知無可柰何，又多得賂遺，乃遣使奉牛馬入謝，因上書求故印，後以印文改易，怨恨，勒兵入寇。

高祖與功臣剖符作誓。

文帝二年，初與郡守為銅虎符、竹使符。應劭曰：銅虎符第一至第五，國家當發兵，遣使者至郡合符，符合乃聽受之。竹使符，皆以竹箭五枚，長五寸，鐫刻篆書，第一至第五。張晏曰：符以代古之珪璋，從簡易也。師古曰：與郡守為符者，謂各分其半，右留京師，左以與之。使，音所吏反。。

武帝征和二年，更節加黄旄。初，漢節純赤，以戾太子持赤節，故更為黄旄加上以相别。

文帝十二年，除關無用傳。傳，信也。若今過所也。師古曰：古者或用棨，或用繒帛。棨者，刻木為合符也。。

景帝四年，復置諸關，用傳出入。應劭曰：以七國新反，備非常。。

宣帝本始四年，詔曰：今歲不登，民以車船載穀入關者，得毋用傳。

光武建武三年閏月丙午，赤眉君臣面縛，奉高皇帝璽綬。二月乙未，祠高廟，受傳國璽。

王莽敗時，仍帶璽，商人杜吴殺莽，不知取璽，公賓就斬莽首，並取璽。更始將李松送上更始，赤眉至高陵，奉璽上赤眉。建武三年，盆子降光武，奉以上之。

靈帝熹平六年八月戊辰，袁紹等誅宦官，引兵入宫，張遜、段珪等急迫，劫少帝及陳留王小平津，六璽不自隨。辛未，帝還宫。是日，得六璽，失傳國璽。袁術死，軍破，徐璆得其盗國璽，及還許，上之。

魏受禪，遣使求璽綬，獻穆曹皇后不與。如此數輩後乃呼使者入，親數責之，以璽抵軒下，因涕泣横流曰：天不祚爾。左右莫能仰視。

後漢：皇后赤綬玉璽。

建武元年，復設諸侯王金璽綟綬。公侯金印紫綬。九卿、執金吾、河南尹秩皆中二千石，大長秋、將作大匠、度遼諸將軍、郡太守、國傅相皆秩二千石，校尉、中郎將、諸郡都尉、諸國行相、中尉、內史、中護軍、司直秩皆二千石，以上皆銀印青綬。中外官尚書令、御史中丞、治書侍御史、公將軍長史、中二千石丞、正、平、諸司馬、中宮王家僕、雒陽令秩皆千石，尚書、中謁者、黃門冗從、四僕射、都郡監、中外諸都官令、都侯、司農部丞、郡國長史、丞、侯、司馬、千人秩皆六百石，家令、侍、僕秩皆六百石，雒陽市長秩四百石，主家長秩皆四百石，以上皆銅印黑綬。諸曹長揖擢丞秩三百石，諸秩千石者，其丞、尉皆秩四百石，秩六百石者，丞、尉秩三百石，四百石者，其丞、尉秩二百石，縣國丞、尉亦如之，縣、國三百石長相，丞、尉亦二百石，明堂、靈台丞、諸陵校長秩二百石，丞、尉、校長以上皆銅印黃綬。縣國守宮令、相或千石或六百石，長相或四百石或三百石，長相皆以銅印黃綬。而有秩者侍中、中常侍、光祿大夫秩皆二千石，太中大夫秩皆比二千石，尚書、諫議大夫、侍御史、博士皆六百石，議郎、中謁者秩皆比六百石，小黃門、黃門侍郎、中黃門秩皆比四百石，郎中秩皆比三百石，太子舍人秩二百石《輿服志》注。

後漢諸侯王、列侯始封貴人薨，皆令贈印璽。

建武二十六年，賜南匈奴黃金璽盭緺綬。

建武之初，禁網尚簡，但以璽書發兵，未有虎符之信，杜詩上疏曰：舊制發兵，皆以虎符，其餘調發，竹使而已。間者發兵，但用璽書，或以詔令，如有奸人詐偽，無由知覺。愚以為軍旅尚興，賊虜未殄，調兵郡國，宜立虎符，以絶奸端。書奏，從之。

尚符璽郎中四人。舊二人在中，主璽及虎符、竹符之半者。符節令為符節台率，主符節事。凡遣使掌授節。

中平六年，始復節上赤葆。

徐氏曰：按漢初節旄純赤，武帝以衛太子持赤節，乃更節加黃旄。東都因之。中平六年，董卓議廢立，袁紹掛節於上東門而去。卓以紹棄節，乃改第一葆為赤旄也。

（明）丘濬《大學衍義補》卷九〇《治國平天下之要・備規制・璽節之制》 漢高祖元年，高祖至霸上，秦王子嬰封皇帝璽、符、節降。

顏師古曰：符謂諸印合符以為契者也。節以毛為之，上下相重，取象竹節，因以為名，將命者持之以為信。

胡寅曰：官府百司之印章，一代所為而受之君者也，不可以失，失之則不敬。天子之璽，非一代所用而非受之於天者也，必隨世而改，不改則不新。故漢有天下，當刻漢璽而不必襲之秦，所以正位凝命，革去故而鼎取新也。苟以為不然，曷不於二帝三王監之，後世之璽，以亂亡喪逸者固多矣，必以相傳為貴，又豈得初璽如是之久哉？

臣按：《傳國璽圖說》謂其方四寸，秦始皇並六國，命李斯篆其文，孫壽刻之，子嬰奉其璽降，漢高祖即位服之，世因謂之傳國璽。厥後平帝崩，孺子未立，於長樂宮，王莽篡位，使王舜迫太后求之，出璽投地，刓螭角微玷。其後璽歸光武，至獻帝時董卓亂，掌璽者投於井中，孫堅於井中得之，後徐璆得以送獻帝。尋以禪魏，魏以禪晉，永寧之後為劉石所得，後復歸之東晋，是後宋、齊、梁、陳以至於隋。隋滅陳，蕭後攜之入突厥。唐太宗求之不得，乃自刻玉曰皇帝景命，有德者昌。貞觀四年，蕭後始自突厥奉璽歸於唐。朱温篡唐，璽入於梁。梁亡，入後唐，廢帝自焚，自是璽不知所在。臣嘗考之，其璽之文曰受命於天，既壽永昌，自秦以後相傳以為受命璽，得其璽也遂傳以為真有受命之符，無是璽也乃至目之為白板天子，一何愚且惑哉。且命出於天，必有德者然後足以受之，受命者不於其德而顧區區於一物之用，命果在是乎？三代有道之長享國皆至數百年，初未聞有此璽也，秦自作璽之後僅七八年，遺臭聞於沙丘，肉袒負於軹道，烏在其為壽且昌哉？繇是觀之，是一亡國不祥之物耳，有與無何足為國重輕哉？

蔡邕《獨斷》云：璽，印也，信也。天子璽，白玉螭虎紐。臣按：此漢天子璽之制也。

《漢舊儀》曰：璽皆白玉螭虎紐，文曰皇帝行璽、皇帝之璽、皇帝信璽、天子行璽、天子之璽、天子信璽，凡六璽。皇帝行璽封賜、諸侯王書，信璽發兵、征大臣，天子行璽策拜外國，事天地鬼神。

臣按：此漢朝六璽之制，後世率遵而用之。

《說文》曰：璽，王者印也。以守土，故字從土。籀文從玉。臣按：璽古上下通用，至秦始專以為天子印章之稱。

《霍光傳》：召符璽郎取璽，昌邑王受皇帝信璽、行璽，就次發璽不封。

孟康曰：漢初有三璽，天子之璽自佩，行璽、信璽在符節臺。

臣按：漢之符節台，即今尚寶司，此設官之始。

漢制，符節令一人，六百石為符節臺率，主符節事，凡遣使掌授節。尚符璽郎中四人，舊二人，在中主璽及虎符、竹符之半者。

臣按：《霍光傳》召符璽郎取璽，則在前漢已有符璽郎矣。説者謂符璽令總符璽郎，又趙堯為符璽御史，則符璽又不但有郎而已也。

（明）丘濬《大學衍義補》卷九〇《治國平天下之要・備規制・璽節之制》

《史記》：魏公子無忌用侯生計，得虎符以解趙圍。漢高後八年，襄平侯紀通尚符節令，持節矯納周勃北軍。

臣按：此古人以符節發軍者，其後武帝時又使光禄大夫范昆等衣繡衣持節發兵以興擊，則是古人發兵不但有符又有節也。《漢書・南粵王傳》：漢十一年，立尉佗為南越王，剖符通使。臣按：《説文》：符，漢制以竹，長六寸，分而相合。其後唐人給蕃國符十二，銘以國名，雄者進內，雌者付其國，其國朝貢使各齎至，不合者劾奏，其制蓋始於漢也。今世蕃國朝貢者皆給以勘合，本此。

文帝二年九月，初與郡守為銅虎符、竹使符。

應劭曰：銅虎符第一至第五，國家當發兵，遣使者至郡合符，符合乃聽受之。竹使符皆以竹，箭五枚長五寸，鐫刻篆書第一至第五。張晏曰：符以代古之圭、璋，從簡易也。

呂祖謙曰：漢制，諸侯不得自發兵。魏勃曰非有漢虎符驗，則文帝以前蓋有虎符矣。此謂初作者，豈非用銅於此始乎？臣按：與郡守為符者，各分其半，右留京師，左以與之。

武帝征和二年，更節加黄旄。

臣按：節之為制，以竹為之，柄長八尺，以旄牛尾為其毛三重，人臣出使必杖節自守不可失，若袁盎解節而懷其旄，蘇武杖節而旄盡落，皆所謂不失節也。

昭帝元始元年，遣王平等五人持節行郡國。

臣按：自後宣帝遣使者持節詔郡國二千石，謹牧養民而風德化，則是漢世之節不但以發兵、出使外夷，則雖巡行郡國亦持節矣。

（明）丘濬《大學衍義補》卷九〇《治國平天下之要・備規制・璽節之制》

《説文》曰：印，執政所持信也。

臣按：秦以前民皆以金石為印，惟其所好，自秦以來惟天子之印獨稱璽，又以玉，群臣莫敢用也。

（清）趙翼《陔餘叢考》卷二六《換官不換印》　古時每授一官，必鑄一印，非如後世之官換而印不換也。《漢書》朱買臣為會稽太守，先衣故衣懷印綬步歸郡，與邸吏共食。吏竊見其綬，怪之，視其印，則會稽太守章也。吏驚，出語掾吏，遂白守丞共迎之。是時買臣未莅任與舊守交代，而先已懷印而來，可知漢制每授一官，即刻一印與之。武帝以汲黯為淮陽太守，黯伏謝不受印綬，詔強與之。又可見除官時即予印綬而去，非如後世之到任始接印也。又《張安世傳》：安世薨，天子贈印綬。則印綬且以之送葬矣。《魏志》：王凌被誅，並燒其印綬。誅其人而並燒其印，益可知印不必授後官矣。《魏氏春秋》：許允善相印，將拜鎮北將軍，以印不善，使更刻之，如此者三。晋王瑩拜丹陽尹，鑄印，六鑄六毀。及成，頭缺，補而用之，居職六日而卒。益可見易一官必刻一印矣。其尤明白可據者，《南史》：孔琳之議曰：官莫大於帝王，爵莫尊于公侯。而傳國之寶，歷代遞用，襲封之印，奕世相承。貴在承舊，無取改作。今世惟尉一職獨用一印，至於群官，每遷悉改。討尋其義，實所未喻。若謂官各異姓，與傳襲不同，則未若異代之為殊也。若或因有誅夷之臣，避其凶穢，則漢用秦寶，未聞因數嬰被戮而棄不用也。而終歲刻鑄，喪工消實，金融銅炭之費，不可勝言。請衆官即用一印，無須改作。若新置官及官多印少，然後鑄。益可見古人官印之制。後世換官不換印，其即本於琳之之議歟？

紀事

《史記》卷九《吕太后本紀》　太尉絳侯勃不得入軍中主兵。曲周侯酈商老病，其子寄與吕禄善。絳侯迺與丞相陳平謀，使人劫酈商。令其子寄往紿説吕禄曰：高帝與吕后共定天下，劉氏所立九王，吕氏所立三王，皆大臣之議，事已布告諸侯，諸侯皆以為宜。今太后崩，帝少，而足下佩趙王印，不急之國守藩，迺為上將，將兵留此，為大臣諸侯所疑。足下何不歸印，以兵屬太尉？請梁王歸相國印，與大臣盟而之國，齊兵必罷，大臣得安，足下高枕而王千里，此萬世之利也。吕禄信然其計，欲歸將印，以兵屬太尉。使人報吕產及諸吕老人，或以為便，或曰不便，計猶豫未有所決。吕禄信酈寄，時與出游獵。過其姑吕嬃，嬃大怒，曰：若為將而弃軍，吕氏今無處矣。迺悉出珠玉寶器散堂下，曰：毋為他人守也

左丞相食其免。

八月庚申旦，平陽侯窋行御史大夫事，見相國産計事。郎中令賈壽使從齊來，因數産曰：王不蚤之國，今雖欲行，尚可得邪？具以灌嬰與齊楚合從，欲誅諸吕告産，迺趣産急入宮。平陽侯頗聞其語，迺馳告丞相、太尉。太尉欲入北軍，不得入。襄平侯通尚符節。迺令持節矯內太尉北軍。太尉復令酈寄與典客劉揭先説吕禄曰：帝使太尉守北軍，欲足下之國，急歸將印辭去，不然，禍且起。吕禄以為酈兄不欺己，遂解印屬典客，而以兵授太尉。太尉將之入軍門，行令軍中曰：為吕氏右襢，為劉氏左襢。軍中皆左襢為劉氏。太尉行至，將軍吕禄亦已解上將印去，太尉遂將北軍。

《史記》卷五五《留侯世家》 漢三年，項羽急圍漢王滎陽，漢王恐憂，與酈食其謀橈楚權。食其曰：昔湯伐桀，封其後於杞。武王伐紂，封其後於宋。今秦失德弃義，侵伐諸侯社稷，滅六國之後，使無立錐之地。陛下誠能復立六國後世，畢已受印，此其君臣百姓必皆戴陛下之德，莫不鄉風慕義，願為臣妾。德義已行，陛下南鄉稱霸，楚必斂衽而朝。漢王曰：善。趣刻印，先生因行佩之矣。

食其未行，張良從外來謁。漢王方食，曰：子房前，客有為我計橈楚權者。其以酈生語告，曰：於子房何如？良曰：誰為陛下畫此計者？陛下事去矣。漢王曰：何哉？張良對曰：臣請藉前箸為大王籌之。曰：昔者湯伐桀而封其後於杞者，度能制桀之死命也。今陛下能制項籍之死命乎？曰：未能也。其不可一也。武王伐紂封其後於宋者，度能得紂之頭也。今陛下能得項籍之頭乎？曰：未能也。其不可二也。武王入殷，表商容之閭，釋箕子之拘，封比干之墓。今陛下能封聖人之墓，表賢者之閭，式智者之門乎？曰：未能也。其不可三也。發鉅橋之粟，散鹿臺之錢，以賜貧窮。今陛下能散府庫以賜貧窮乎？曰：未能也。其不可四矣。殷事已畢，偃革為軒，倒置干戈，覆以虎皮，以示天下不復用兵。今陛下能偃武行文，不復用兵乎？曰：未能也。其不可五矣。休馬華山之陽，示以無所為。今陛下能休馬無所用乎？曰：未能也。其不可六矣。放牛桃林之陰，以示不復輸積。今陛下能放牛不復輸積乎？曰：未能也。其不可七矣。且天下游士離其親戚，弃墳墓，去故舊，從陛下游者，徒欲日夜望咫尺之地。今復六國，立韓、魏、燕、趙、齊、楚之後，天下游士各歸事其主，從其親戚，反其故舊墳墓，陛下與誰取天下乎？其不可八矣。且夫楚唯無彊，六國立者復橈而從之，陛下焉得而臣之？誠用客之謀，陛下事去矣。漢王輟食吐哺，罵曰：豎儒，幾敗而公事，令趣銷印。

《史記》卷九五《樊酈滕灌列傳》 高祖之初與徒屬欲攻沛也，嬰時以縣令史為高祖使。上降沛一日，高祖為沛公，賜嬰爵七大夫，以為太僕。從攻胡陵，嬰與蕭何降泗水監平，平以胡陵降，賜嬰爵五大夫。從擊秦軍碭東，攻濟陽，下户牖，破李由軍雍丘下，以兵車趣攻戰疾，賜爵執帛。常以太僕奉車從擊章邯軍東阿、濮陽下，以兵車趣攻戰疾，破之，賜爵執珪。復常奉車從擊趙賁軍開封，楊熊軍曲遇。嬰從捕虜六十八人，降卒八百五十人，得印一匱。

《漢書》卷一上《高帝紀》 元年冬十月，五星聚于東井。沛公至霸上。秦王子嬰素車白馬，係頸以組，封皇帝璽符節，降枳道旁。

《漢書》卷四一《灌嬰傳》 高祖之初與徒屬欲攻沛也，嬰時以縣令史為高祖使。上降沛一日，高祖為沛公，賜嬰爵七大夫，以嬰為太僕，常奉車。從攻胡陵，嬰與蕭何降泗水監平，平以胡陵降，賜嬰爵五大夫。從擊秦軍碭東，攻濟陽，下户牖，破李由軍雍丘，以兵車趣攻戰疾，破之，賜爵執帛。從擊章邯軍東阿、濮陽下，以兵車趣攻戰疾，破之，賜爵執圭。從擊趙賁軍開封，楊熊軍曲遇。嬰從捕虜六十八人，降卒八百五十人，得印一匱。師古曰：時自相署置官之印。

《漢書》卷六四上《朱買臣傳》 初，買臣免，待詔，常從會稽守邸者寄居飯食。拜為太守，買臣衣故衣，懷其印綬，步歸郡邸。直上計時，

會稽吏方相與羣飲，不視買臣。買臣入室中，守邸與共食，食且飽，少見其綬。守邸怪之，前引其綬，視其印，會稽太守章也。守邸驚，出語上計掾吏。皆醉，大呼曰：妄誕耳。守邸曰：試來視之。其故人素輕買臣者入〔內〕視之，還走，疾呼曰：實然，坐中驚駭，白守丞，相推排陳列中庭拜謁。

《漢書》卷九八《元后傳》 其後，莽遂以符命自立為真皇帝，先奉諸符瑞以白太后，太后大驚。

初，漢高祖入咸陽至霸上，秦王子嬰降於軹道，奉上始皇璽。及高祖誅項籍，即天子位，因御服其璽，世世傳受，號曰漢傳國璽。以孺子未立，璽臧長樂宮。及莽即位，請璽，太后不肯授莽。莽使安陽侯舜諭指。舜素謹敕，太后雅愛信之。舜既見，太后知其為莽求璽，怒罵之曰：而屬父子宗族蒙漢家力，富貴累世，既無以報，受人孤寄，乘便利時，奪取其國，不復顧恩義。人如此者，狗豬不食其餘，天子豈有而兄弟邪。且若自以金匱符命為新皇帝，變更正朔服制，亦當自更作璽，傳之萬世，何用此亡國不祥璽為，而欲求之？我漢家老寡婦，旦暮且死，欲與此璽俱葬，終不可得。太后因涕泣而言，旁側長御以下皆垂涕。舜亦悲不能自止，良久乃仰謂太后：臣等已無可言者。莽必欲得傳國璽，太后寧能終不與邪。太后聞舜語切，恐莽欲脅之，乃出漢傳國璽，投之地以授舜，曰：我老已死，〔知〕〔如〕而兄弟，今族滅也。舜既得傳國璽，奏之，莽大說。

（明）梅鼎祚《東漢文紀》卷一四《李尤·印銘》 赤紱在服，非印不明。棨傳符節，非印不行。龜鈕犢鼻，用爾作程。

書吏分部

綜　述

（清）趙翼《陔餘叢考》卷一六《郡國守相得自置吏》　漢時郡國守相皆自置吏，蓋猶沿周制。《唐書》魏玄同疏曰：周穆王以伯冏為太僕正，而命之曰：慎簡乃僚。此令其自擇下吏也。《周官》太宰内史並掌爵禄廢置，司徒、司馬則掌興賢詔事，是分任群臣而統以數職也。漢時諸侯自置吏四百石以下，其傅相大臣則朝廷置之，州郡掾吏、督郵、從事則牧守自置之。按《漢書·高五王傳贊》：漢初，諸侯得自置御史大夫、群卿以下，漢獨為置丞相而已。是諸侯並得置御史大夫等官也。杜佑《通典》云：景帝懲吴、楚之禍，乃罷御史大夫以下不令置。武帝又詔凡王侯吏職秩二千石者，不得自置。則其令漸嚴；然二千石以下猶得置，故《通典》謂自置四百石吏也。此侯國自置吏之故事也。《後漢書》：和帝問陳寵：在郡何以為理？對曰：臣任功曹王涣以簡賢選能。鮑宣為豫州牧，郭欽奏其舉錯煩苛，代二千石署吏。是置吏乃二千石之職，州牧且不得而侵之也。此郡守自置掾屬之故事也。又郡守置掾屬，並皆用本郡之人。杜氏《通典》謂：漢時惟三輔許兼用他郡之人。按《漢書·循吏傳》：黄霸，淮陽人，補左馮翊二百石卒史。如淳曰：三輔郡得用他郡人，其餘則否。京房為魏郡太守，自請得除用他郡人。以欲用他郡人而特奏請，尤可見掾屬無不用本郡人也。魏、晋、六朝猶仍牧守置吏之制。《後周書·蘇綽傳》云：今刺史府官則命於天朝，其州吏以下並牧守自置。是宇文周時尚然。《隋書》：劉炫對牛弘謂：往者州惟置綱紀，郡置守丞，縣置令而已，其具僚則長官自辟；今則大小之官，悉由吏部。據此，則天下官員盡歸部選之制，實自隋始也。唐時亦尚兼用漢制。沈既濟疏云：今諸道節度、都團練、觀察、租庸等使，自判官、副將以下，皆使自擇。則辟吏之法，已試於今，但未及州縣耳。《韓佽傳》云：佽為桂管觀察使，部二十餘州，自參軍至縣令三百余吏員，吏部所補纔十一，餘皆觀察使量才補職。則並州縣亦觀察所置矣。顧寧人引之，以為古時置吏得人，皆由於此。然此亦矯枉過正之論。吏歸部選，則朝廷之權不下移；若聽長官辟置，無論末俗澆漓，貪緣賄賂之風必甚，即其中號為賢智者，亦多以意氣微恩致其私感。觀史策所載，屬吏之于長官已有君臣分誼，降及後世，若行之不變，未有不成黨援門户、背公向私者。春秋時，晋殺欒盈，令欒氏之臣勿從。其臣辛俞行曰：三世仕家，君之；再世以下，主之。自臣之祖，世隸欒氏，於今三世矣，敢忘其死而叛其君乎。魯昭公攻季孫氏，孟孫、叔孫謀救之。叔孫之御者曰：我家臣也，安知公家？有季孫與無季孫于我孰利？皆曰：無季孫則無叔孫。曰：然則救之。於是撞西北隅而入，昭公遂敗。是春秋時家臣之徇其主而忘公家已如此，降及東漢，氣節相矜，並至有甘以身殉者。王充《論衡》云：會稽孟章父英為郡决曹掾，郡將撾殺無辜，英引為己罪，代將死。章為郡功曹，從太守討賊，為賊所迫，亦代將死。《後漢書》：臧洪為太守張超所置功曹，超遣詣幽州，中道為袁紹所留，以洪為東郡太守。會曹操圍超，洪乞師於紹以救超，紹不許，超竟破滅。洪乃與紹絶，紹興兵圍之。至城破被執不悔，卒以死殉。公孫瓚初為劉太守郡吏，太守坐事徙日南，瓚祭先人冢，曰：昔為人子，今為人臣。當詣日南，今與先人辭於北。遂隨太守往。亦見《魏志》。太守歐陽歙欲舉督郵繇延，主簿將引延上，郡吏郅惲起而言曰：延資性貪邪，明府以惡為善，主簿以直從曲，此既無君，亦復無臣。則並顯然有君臣之稱矣。劉表遣從事韓嵩詣許，欲以觀虚實。嵩曰：若至京師，天子假一職，則成天子之臣、將軍之故吏耳，不能復為將軍死也。更可見未仕於朝者猶為私臣也。甚至有為舉主及長官持服者。荀爽為司空袁逢所辟有道，不應，及逢卒。爽制服三年。桓鸞為太守向苗所舉孝廉，除膠東令，始到官而苗卒，鸞即去官奔喪，終三年。此為舉主持服者也。王吉被誅，故人莫敢至者，獨屬吏桓典收斂歸葬，服喪三年。劉瓆以冤死，王允為瓆吏，獨隨至京，送喪還其家，終三年乃歸。此為長吏持服者也。《後魏書》：公孫邃為青州刺史，卒，佐吏疑所服，詔曰：主簿近代相承服斬，過葬便除，可如故事。自餘無服，殊覺寥寥，可齊衰三月。則感恩知己、私自制服之例，且上達朝聽，至發詔為定令矣。《南史》：宋武陵王誕反，或勸其長史範義出走，義曰：吾人吏也，吏不可以叛君。《柳慶遠傳》：梁武初為雍州刺史，辟慶遠為別駕。慶遠謂人曰：天下方亂，定霸者其在吾君乎？因盡誠協贊，遂成帝業。可見六朝猶沿漢時長官得自置吏之制，而為所置者輒有君臣之分，抱節者雖能周旋患難，究何益於公家？桀黠者且至傾心於其主，如慶遠等出死力以抗朝廷，此又長官得自置吏之流弊也。寧人但見後世選法不盡得人，而以為不如古制，抑知古制有不可復用者。唐時固亦嘗兼用辟吏之法，然如韋皋在蜀，幕僚雖官顯，不使入朝，即署為屬州刺史，竟有終身不得見天子者。不特此也，朔方節度使安思順表李光弼為副知留後事，白敏中為邠寧節度使，亦表蔣伸為副，是節度副使亦得由藩鎮自置矣。安禄山之能叛，豈非以數年前請以蕃將易漢將，故得廣樹腹心，一朝舉事，争為效力，遂至傾陷兩京，唐祚幾覆。故德宗晚年，方鎮副倅多自選於朝，防一日有變，則就授以節制，蓋深慮威柄下移，易致尾大之漸也。

名諱分部

綜述

（漢）班固《白虎通義·號》 帝王者何？號也。號者、功之表也。所以表功明德，號令臣下者也。德合天地者稱帝，仁義合者稱王，别優劣也。《禮記·謚法》曰：德象天地稱帝，仁義所生稱王。帝者、天號，王者、五行之稱也。皇者何謂也？亦號也。皇、君也，美也，大也。天〔人〕之揔，美大〔之〕稱也。時質，故揔〔稱〕之也。號之為皇者，煌煌人莫違也。煩一夫，擾一士，以勞天下，不為皇也。不擾疋夫疋婦，故為皇。故黄金棄於山，珠玉捐於淵。巖居穴處，衣皮毛，飲泉液，吮露英，虚無廖廓，與天地通靈也。號言為帝者何？帝者、諦也。象可承也。王者、往也。天下所歸往。《鉤命决》曰：三皇步，五帝趨。三王馳，五霸鶩。

或稱天子，或稱帝王何？以為接上稱天子〔者〕，明以爵事天也；接下稱帝王者，（得）〔明位〕號天下至尊（言）〔之〕稱，以號令臣下也。故《尚書》曰：諮四岳。曰裕汝衆。或（有）〔稱〕一人。王者自謂一人者，謙也。欲言己材能當一人耳。故《論語》曰：百姓有過，在予一人。臣（下）謂之一人何？亦所以尊王者也。以天下之大，四海之内，所共尊者一人耳。故《尚書》曰：不施予一人。或稱朕何？亦王者之謙也。朕、我也。或稱予者，予亦我也。不以尊稱自也。但自我皆謙。

或稱君子何？道德之稱也。君之為言群也。子者、丈夫之通稱也。故《孝經》曰：君子之教以孝也，下言敬天下之為人父者也。何以（言）知其通稱也？以天子至於民。故《詩》云：凱弟君子，民之父母。《論語》云：君子哉若人。此謂弟子，弟子者、民也。

三皇者、何謂也？謂伏羲、神農、燧人也。或曰：伏羲、神農、祝融也。《禮》曰：伏羲、神農、祝融，三皇也。謂之伏羲者何？古之時，未有三綱六紀，民人但知其母，不知其父。能覆前而不能覆後。臥之詓詓，起之吁吁。飢即求食，飽即棄餘，茹毛飲血，而衣皮葦。於是伏羲仰觀象於天，俯察法於地，因夫婦，正五行，始定人道。畫八卦以治下，（治）下伏而化之，故謂之伏羲也。謂之神農何？古之人民皆食禽獸肉，至於神農，人民衆多，禽獸不足。於是神農因天之時，分地之利，制耒耜，教民農作。神而化之，使民宜之，故謂之神農也。

謂之燧人何？鑽木燧取火，教民熟食，養人利性，避臭去毒，謂之燧人也。謂之祝融何？祝者、屬也，融者、續也。言能屬續三皇之道而行之，故謂祝融也。五帝者、何謂也？《禮》曰：黄帝、顓頊、帝嚳、帝堯、帝舜，五帝也。《易》曰：黄帝、堯、舜氏作。《書》曰：帝堯、帝舜。黄（帝）〔者〕、中和之色，自然之（姓）〔性〕，萬世不易。黄帝始作制度，得其中和，萬世常存。故稱黄帝也。謂之顓頊何？顓者、專也。項者、正也。能專正天人之道，故謂之顓頊也。謂之帝嚳者何也？嚳者、極也。言其能施行窮極道德也。謂之堯者何？堯猶嶢嶢也。至高之貌。清妙高遠，優遊博衍，衆聖之主，百王之長也。謂之舜者何？舜猶僢僢也。言能推信堯道而行之。三王者，何謂也？夏、殷、周也。故《禮·士冠經》曰：周弁、殷（哻）〔冔〕、夏收，三王共皮弁也。所以有夏、殷、周號何？以為王者受命，必立天下之美號以表功自克，明易姓為子孫制也。夏、殷、周者，有天下之大號也。百王同天下，無以相别，改制天下之大禮號，以自别於前，所以表著己之功業也。必改號者，所以明天命已著，欲顯揚己於天下也。己復襲先王之號，與繼體守文之君無以異也。不顯不明，非天意也。故受命王者，必擇天下美號，表著己之功業，明當致施是也。所以預自表克於前也。帝王者、居天下之尊號也，所以差優號令臣下。謚者、行之跡也，所以别於後代，著善惡，垂無窮，無自推觀施後世，皆以勸善著戒惡，明不勉也。不以姓為號何？姓者、一字之稱也，尊卑所同也。諸侯各稱一國之號，而有百姓矣，天子至尊，即備有天下之號而兼萬國矣。夏者、大也，明當守持大道。殷者、中也，明當為中和之道也，聞也，見也，謂當道著見中和之為也。周者、至也，密也，道德周密，無所不至也。何以知即政立號也？《詩》云：命此文王，于周于京。此改號為周，易邑為京也。《春秋傳》曰：王者受命而王，必擇天下之美號以自號也。五帝無有天下之號何？五帝德大能禪，以民為子，成于天下，無為立號也。或曰：唐、虞者號也。唐、蕩蕩也。蕩蕩者、道德至大之貌也。虞者、樂也。言天下有道，人皆樂也。故《論語》曰：唐、虞之際。帝嚳有天下，號〔曰〕高辛。顓頊有天下，號曰高陽。黃帝有天〔下〕，號曰（自然）〔有熊〕。〔有熊〕者、獨宏大道德也。高陽者、陽猶明也，道德高明也。高辛者、道德大信也。五霸者、何謂也？昆吾氏、大彭氏、豕韋氏、齊桓公、晉文公也。昔三王之道衰，而五霸存其政，率諸侯朝天子，正天下之化，興復中國，攘除夷狄，故謂之霸也。昔昆吾氏，霸於夏者也。大彭氏、豕韋氏，霸於殷者也；齊桓、晉文，霸於周者也。或曰：五霸、謂齊桓公、晉文公、秦穆公、楚莊王、吳王闔閭也。霸者、伯也，行方伯之職，會諸侯朝天子，不失人臣之義。故聖人與之。非明王之張法。霸猶迫也，把也。迫脅諸侯，把持其政。《論語》曰：管仲相桓公，霸諸侯。《春秋》曰：公朝于王所。於是（時）〔知〕晉文之霸〔也〕。《尚書》曰：邦之榮懷，亦尚一人之慶。知秦穆之霸也。楚勝鄭而不告，從而攻之，又令還師，而佚晉寇。圍宋，宋因而與之平，引師而去。知楚莊之霸也。蔡侯無罪，而拘於楚，吳有憂中國心，興師伐楚，諸侯莫敢不至。知吳之霸也。或曰：五霸、謂齊桓公、晉文公、秦穆公、宋襄公、楚莊王也。宋襄伐齊亂，齊桓公不擒二毛，不鼓不成列。《春秋傳》曰：雖文王之戰不是過。知其霸也。

〔侯〕、伯、子、男臣子於其國中褒其君為公。王者臣子，獨不得（襄）〔褒〕其君謂之為帝何？以為諸侯有會聚之事，相朝聘之道，或稱公而尊，或稱伯、子、男而卑，為交接之時不私其臣子之義，心俱欲尊其君父，故皆令臣子得稱其君為公也。帝王異時，無會同之義，故無為同也。何以〔知〕諸侯德〔稱〕公？〔《春秋》曰〕：〔葬〕齊（侯）桓公。〔齊、侯也〕。《尚書》曰：公曰嗟。秦、伯也。《詩》云：覃公惟私。覃、子也。《春秋》曰：葬（皆）〔許〕繆公。許、男也。《禮·大射經》曰：〔公〕則（擇）〔釋〕獲。大射者、諸侯之禮也，伯、子、男皆在也。

（漢）班固《白虎通義·謚》　謚者、何〔謂〕也？謚之為言引也。引烈行之跡也。所以進勸成德，使上務節也。故《禮·〔郊〕特牲》曰：古者生無爵，死無謚。此言生有爵，死當有謚也。死乃謚之何？〔《詩》云〕：〔靡不有初〕，〔鮮克有終〕。言人行終始不能若一。故據其終，（始）後可知也。《士冠經》曰：死而謚之，今也。所以臨葬而謚之何？因衆會，欲顯揚之也。故《春秋》曰：公之喪〔至〕自乾侯。昭公死於晉乾侯之地，數月歸，至急，當未有謚也。《春秋》曰：丁巳葬。戊午日下側乃克葬。明祖載而有謚也。

黃帝先黃後帝〔者〕何？古者（順）〔質〕，死生之稱，各持行合而言之。美者在上，黃帝始制法度，得道之中，萬世不易，（名黃、自然也）。後世雖聖，莫能與同也。後世得與天同，亦得稱帝，不能立制作之時。故不得復〔稱〕黃也。謚或一言，或兩言何？文者以一言為謚，質者以兩言為謚。故《尚書》曰：高宗殷宗也。湯死後，世稱成湯，以兩言為謚也。號無質文，謚有質文何？號者、始也，為本，故不可變也。周已後，用意尤文，以為本生時號令善，故有善謚。故（舍）〔合〕〔言〕文〔王〕武王也。合言之則上其謚，明別善惡，所以勸人為善，戒人為惡也。帝者、天號也。以為堯猶謚，顧上世質直，死後以其名為號耳。所以謚之為堯何？為謚有七十二品。《禮記·謚法》曰：翼善傳聖謚曰堯，仁聖盛明謚曰舜，慈惠愛民謚曰文，〔剛〕強理直謚曰武。

天子崩，〔大〕臣（下）至南郊謚之者何？以為人臣之義，莫不欲褒（大）〔稱〕其君，掩惡揚善者也。故之南郊，明不得欺天也。故《曾子問》：孔子曰：天子崩，臣下之南郊告謚之。

諸侯薨，世子赴告天子，天子遣大夫會其葬而謚之何？幼不誄長，賤不誄貴，諸侯相誄，非禮也。臣當受謚於君也。

卿大夫老歸死有謚何？謚者、別尊卑、彰有德也。卿大夫歸無過，猶有祿位，故有謚也。

夫人無謚者何？無爵，故無謚。或曰：夫人有謚。夫人一國之母，修閨門之內，群下亦化之，故設謚以彰其善惡。《春秋（傳）》曰：葬（宗）〔宋〕恭姬。《傳》曰：其稱謚何？賢也。《傳》曰：哀姜者何？莊公夫人也。卿大夫妻、無謚〔者〕何？賤也？八妾所以無謚何？卑賤，無所能（務）〔豫〕，猶士卑小，不得有謚也。太子夫人無謚何？本婦人隨夫。太子無謚，其夫人不得有謚也。〔《士冠經》曰〕：天子太子元士也。士無謚，知太子亦無謚也。附庸所以無謚何？卑小無爵也。《王制》曰：〔王者之制〕爵禄，凡五等。附庸〔不在其中〕。〔明附庸〕本非爵也。

後夫人於何所謚之？以為於朝廷。朝廷本所以治政之處，臣子共審謚白之於君，然後加之。婦人、大夫，故但白君而已。何以知不之南郊也？婦人本無外事，何為於郊也？《禮·曾子問》曰：唯天子稱天以〔誄〕〔誄〕之。唯者、獨也。明天子獨於南郊耳。

顯號謚何法？〔號法天也〕。法日〔也〕。〔日〕未出而明。〔謚法地也〕。〔法月也〕。〔月〕已入有餘光也。〔是以大行受大名〕，〔細行受小名〕；〔行生於己〕，〔名生於人〕。

（漢）蔡邕《獨斷》卷上 漢天子正號曰皇帝，自稱曰朕，臣民稱之曰陛下，其言曰制詔，史官記事曰上。車馬、衣服、器械百物曰乘輿，所在曰行在所，所居曰禁中，後曰省中。印曰璽，所至曰幸，所進曰御。其命令一曰策書，二曰制書，三曰詔書，四曰戒書。

皇帝、皇、王后、帝皆君也。上古天子庖犧氏、神農氏稱皇。堯、舜稱帝。夏、殷、周稱王。秦承周末為漢驅除，自以德兼三皇，功包五帝，故並以為號。漢高祖受命，功德宜之，因而不改也。

王者至尊，四號之別名。

王、畿內之所稱，王有天下，故稱王。

天王、諸夏之所稱，天下之所歸往，故稱天王。

天子、夷狄之所稱，父天、母地，故稱天子。

天家、百官小吏之所稱，天子無外，以天下為家，故稱天家。

天子、正號之別名。

皇帝、至尊之稱。皇者、煌也，盛德煌煌，無所不照。帝者、諦也。能行天道，事天審諦，故稱皇帝。

朕、我也。古者尊卑共之，貴賤不嫌，則可同號之義也。堯曰朕，在位七十載。皋陶與帝舜言曰朕言惠可底行。屈原曰朕皇考，此其義也。至秦，天子獨以為稱，漢因而不改也。

陛下者、陛階也，所由升堂也。天子必有近臣，執兵陳於陛側以戒不虞。謂之陛下者，群臣與天子言，不敢指斥天子，故呼在陛下者而告之。因卑達尊之意也。上書亦如之。及群臣士庶相與言曰殿下、閣下、〔足下〕、〔侍者〕、執事之屬皆此類也。

上者、尊位所在也。太史令司馬遷記事，當言帝則依違但言上，不敢渫瀆言尊號，尊王之義也。

乘輿出於律。律曰敢盜乘輿、服御物。謂天子所服食者也。天子至尊，不敢渫瀆言之，故託之於乘輿。乘、猶載也，輿、猶車也。天子以天下為家，不以京師宮室為常處，則當乘車輿以行天下，故群臣託乘輿以言之。或謂之車駕。

天子自謂曰行在所，猶言今雖在京師、行所至耳。巡狩天下，所奏事處皆為宮。在京師曰奏長安宮，在泰山則曰奏奉高宮。唯當時所在，或曰朝廷，亦依違尊者所都，連舉朝廷以言之也。親近侍從官稱曰大家；百官小吏，稱曰天家。

禁中者、門户有禁，非侍禦者不得入，故曰禁中。孝元皇后父大司馬陽平侯名禁，當時避之，故曰省中。今宜改，後遂無言之者。

（唐）杜佑《通典》卷一〇四《禮·沿革·凶禮·皇后謚及夫人謚議國妃命婦附》 《白虎通》云：后夫人謚，臣子共於廟定之。或曰：出之於君，然後加之，婦人天夫，故由君而已。婦人本無外事，是故不於郊。《五經通義》云：婦人以隨從為義，夫貴於朝，婦貴於室，故得蒙夫之謚。或曰：文王之妃曰文母，宋恭公妻恭姬是也。又云：夫人無爵故無謚。或曰夫人有謚。夫人一國之母，修閨門之內，則下以化之，故設謚章其善惡。公羊曰：葬宋恭姬，稱其謚，賢之也。卿大夫妻，命婦也，無謚者，以賤也。妾無謚，亦以卑賤，無所能與，猶士卑小不得謚也。

（漢）應劭《風俗通義佚文·諱篇》 汝南主簿應劭議，宜為舊君諱，論者皆互有異同。《三國志·吳書·張昭傳》，注云：事在《風俗通》。

彭城孝廉張子嬌議云：若君臣不得相襲作名，周穆王諱滿，至定王時，有王孫滿，厲王諱胡，莊王之子名胡。《意林》。

周廣業《意林》注曰：《三國志》：張昭字子布，彭城人，弱冠為孝廉，與王朗共論舊君諱事。裴松之注云：時汝南主簿應劭議，宜為舊君諱，論者皆互有異同，事在《風俗通》。昭著論略曰：周穆王諱滿，

至定王時，有王孫滿者為大夫，是臣協君也。厲王諱胡，莊王之子名胡，其比衆多。【略】

茂才，舊言秀才，避光武諱稱茂才。《漢書·武紀》元封五年詔注引應劭。

（清）劉恭冕《廣經室文鈔·漢人避諱考》　漢《熹平石經》於《尚書》安定厥邦，《論語》邦君爲兩君之好，何必去父母之邦。邦字皆書作國。說者謂爲避諱，然劉熊、樊毅、袁固、圉令趙君、鄭固、楊震、北海相景君、封龍碑皆有邦字，而順帝諱保，桓帝諱志，《石經》皆不諱。《尚書·般庚上》□□□有志。《般庚中》保后胥高母[illegible]懷保小人。《論語》子張□□志其□□。可知漢人傳《尚書》《論語》本作國字，非爲避諱矣。子更取洪氏《隸釋》《隸續》所載各碑證之，如惠帝諱盈而，樊安碑《白石神君碑》《靈臺碑》《唐扶頌張公神碑》《樊敏碑》《州輔碑》皆有盈字，文帝諱恒而《郙閣頌》《樊敏碑》皆有恒字，景帝諱啓而《華山亭碑》《帝堯碑》《靈臺碑》《王純碑》《周公禮殿記》《逢盛碑》皆有啓字，武帝諱徹而《魏元丕碑》有徹字，《義井碑》陰有楊徹，昭帝諱弗陵而《魯峻碑》《北海相景君銘》皆有弗字，宣帝諱詢而《劉熊碑》有詢字，哀帝諱欣而《北海相景君碑》陰有鞠欣，又《郙閣頌》《孔耽神祠》《劉熊碑》《范鎮碑》並有欣字，平帝諱衎而《唐扶頌孫根碑》《袁良碑》皆有衎字，光武帝諱秀而《逢盛碑》《衡方碑》《張納功德叙》《孔彪碑》皆有秀字，明帝諱莊而《武梁祠堂畫象》有莊字，和帝諱肇而《樊敏碑》《衡方碑》《平輿令薛君碑》《周憬功勳銘》皆有肇字，殤帝諱隆而《韓勑碑》《王君石路碑》《丁魴碑》《衡方碑》《華山亭碑》《綏民校尉熊君碑》《周憬功勳銘》皆有隆字，順帝諱保而《衡方碑》靈帝建寧元年。《劉熊碑》王建以爲中郎書。皆有保字，沖帝諱炳而《史晨奏銘》建寧二年。《朱龜碑》中平二年。有炳字，質帝諱纘而《帝堯碑》靈帝熹平四年。《尹宙碑》熹平六年。《張遷碑》靈帝中平三年。皆有纘字，桓帝諱志而《劉脩碑》建寧四年。《婁壽碑》熹平三年。《曹全碑》中平二年。皆有志字。由此言之，民間文字例得通行，故都不諱，惟封事奏記皆當避諱，而以訓詁之字代之。若邦爲國，雉爲野雞，盈爲滿，恒爲常，啓爲開，徹爲通之類。《漢書·宣帝紀》元康二年詔曰：聞古天子之名，難知而易諱也。今百姓多上書觸諱以犯罪者，朕甚憐之，其更諱。詢諸觸諱在今前者赦之。觀此知當時例禁惟上書觸諱爲犯罪，而民閒文字皆不諱可知矣。《武紀》元封元年詔曰：見夏后啓母石。師古曰：景帝諱啓，今此詔云啓母，蓋史追書之，非當時文。許君《說文》作於和帝之世，至安帝十五年奏上，故於東漢自光武至安帝諸名皆避不書，但注云上諱，而於西漢則直寫其字，并爲之解說，此可見當是體制，進呈書與民間通行文字不同。若《石經》，雖東漢諸帝名，亦不避諱，所謂臨文則不諱是也。

然則《史》《漢》凡遇西漢諸帝諱皆代以訓詁之字，此何說？曰西漢時自當避諱，然亦詔文及臣下上書乃避之，若尋常臨文及民間文字亦不諱，故《史》《漢》所載凡避諱處皆當時原文，司馬公及班固亦紀實書之。一書之中，有避諱，有不避諱，體例原是如此。

魏晋南北朝部

公文分部

綜述

《隋書》卷二六《百官志》〔梁〕諸王言曰令，境内稱之曰殿下。公侯封郡縣者，言曰教，境内稱之曰第下。自稱皆曰寡人。相以下，公文上事，皆詣典書。世子主國，其文書表疏，儀式如臣，而不稱臣。文書下羣官，皆言告。諸王公侯國官，皆稱臣。上於天朝，皆稱陪臣。有所陳，皆曰上疏。其公文曰言事。

〔清〕趙翼《陔餘叢考》卷二六《奏本抬頭》凡奏事遇至尊，必高其字於衆行之上，蓋自古已然。《魏志》：景元元年，詔尊崇燕王之禮燕王宇乃常道鄉公之父，凡奏事上書稱燕王者，皆上平。可見古時凡稱君上，高出本文之上，今曰上平，蓋另行起而與本文相平，以殺于天子之式耳。

紀事

《晋書》卷四二《王濬傳》濬復表曰：被壬戌詔書，下安東將軍所上揚州刺史周浚書，謂臣諸軍得孫皓寶物，又謂牙門將李高放火燒皓偽宫。輒公文上尚書，具列本末。

《晋書》卷六六《劉弘傳》時荊部守宰多闕，弘請補選，帝從之。弘迺叙功銓德，隨才補授，甚爲論者所稱。乃表曰：被中詔，敕臣隨資品選，補諸缺吏。夫慶賞刑威，非臣所專，且知人則哲，聖帝所難，非臣闇蔽所能斟酌。然萬事有機，豪氂宜慎，謹奉詔書，差所應用。蓋崇化莫若貴德，則所以濟屯，故太上立德，其次立功也。頃者多難，淳朴彌凋，臣輒以徵士伍朝補零陵太守，庶以懲波蕩之弊，養退讓之操。臣以不武，前退於宛，長史陶侃、參軍蒯恒、牙門皮初，勠力致討，蕩滅姦凶，侃恒各以始終軍事，初爲都戰帥，忠勇冠軍，漢沔清肅，實初等之勳也。司馬法賞不踰時，欲人知爲善之速福也。若不超報，無以勸徇功之士，慰熊羆之志。臣以初補襄陽太守，侃爲府行司馬，使典論功事，恒爲山都令。詔惟令臣以散補空缺，然沶鄉令虞潭忠誠烈正，首唱義舉，舉善以教，不能者勸，臣輒特轉潭補醴陵令。南郡廉吏仇勃，母老疾困，賊至守衛不移，以致拷掠，幾至隕命。尚書令史郭貞，張昌以爲尚書郎，欲訪以朝議，遁逃不出，昌質其妻子，避之彌遠。勃孝篤著於臨危，貞忠厲於強暴，雖各四品，皆可以訓獎臣子，長益風教。臣輒以勃爲歸鄉令，貞爲信陵令。皆功行相參，循名校實，條列行狀，公文具上。

《晋書》卷一二九《沮渠蒙遜載記》其羣下上書曰：設官分職，所以經國濟時；恪勤官次，所以緝熙庶政。當官者以匪躬爲務，受任者以忘身爲效。自皇綱初震，戎馬生郊，公私草創，未遑舊式。而朝士多違憲制，不遵典章；或公文御案，在家卧署；或事無可否，望空而過。至令黜陟絶于皇朝，駁議寢于聖世，清濁共流，能否相雜，人無勸競之心，苟爲度日之事。豈憂公忘私，奉上之道也。今皇化日隆，遐邇寧泰，宜肅振綱維，申修舊則。蒙遜納之，命征南姚艾、尚書左丞房晷撰朝堂制。行之旬日，百僚振肅。

《宋書》卷五《文帝紀》〔元嘉二十一年秋七月〕乙巳，詔曰：比年穀稼傷損，淫亢成災，亦由播殖之宜，尚有未盡。南徐、兖、豫及揚州浙江西屬郡，自今悉督種麥，以助闕乏。速運彭城下邳郡見種，委刺史貸給。徐、豫土多稻田，而民間專務陸作，可符二鎮，履行舊陂，相率修立，并課墾闢，使及來年。凡諸州郡，皆令盡勤地利，勸導播殖，蠶桑麻紵，各盡其方，不得但奉行公文而已。

《魏書》卷七上《高祖紀》〔延興二年夏四月〕癸酉，詔沙門不得去寺，浮遊民間，行者仰以公文。

《魏書》卷九《肅宗紀》〔孝昌元年三月〕壬申，詔曰：丞相高陽王，道德淵廣，明允篤誠，儀形太階，垂風下國，實所以予違汝弼，致治責成，宜班新制，宣之遐邇。其州郡先上司徒公文，悉可改上相府施行，符告皆亦如之。

《周書》卷二三《蘇綽傳》　蘇綽字令綽，武功人，魏侍中則之九世孫也。累世二千石。父協，武功郡守。綽少好學，博覽羣書，尤善筭術。從兄讓爲汾州刺史，太祖餞於東都門外。臨別，謂讓曰：卿家子弟之中，誰可任用者？讓因薦綽。太祖乃召爲行臺郎中。在官歲餘，太祖未深知之。然諸曹疑事，皆詢於綽而後定。所行公文，綽又爲之條式。臺中咸稱其能。

印信分部

綜述

（唐）杜佑《通典》卷六三《禮・沿革・嘉禮・天子諸侯玉佩劍綬璽印》 晋制，盛服則雜寶爲佩，金銀校飾綬，黄赤縹紺四采。太子、諸王纁朱綬，赤黄縹紺。相國緑綟綬，綟與盭同。三采，緑紫紺。郡公玄朱，侯伯青朱，子男素朱，皆三采。公嗣子紫，侯嗣子青，鄉、亭、關內侯紫綬，皆二采。郡國太守、內史青；尚書令僕射、中書監令、祕書監皆黑；丞皆黄，諸府丞亦然。其佩刀者，以木代真刀也。

宋皇太子，金璽龜鈕，朱綬，四采，赤黄縹紺，佩瑜玉。諸王，金璽龜鈕，纁朱綬，四采，赤黄縹紺，佩山玄玉。郡公，金章，玄朱綬，佩山玄玉。太宰、太傅、太保、丞相、司徒、司空，金章，紫綬，佩山玄玉。相國則緑綟綬，三采，緑紫紺。大司馬、大將軍、太尉、凡將軍位從公者，金章，紫綬，佩山玄玉。郡侯，金章，青朱綬，佩水蒼玉。驃騎、車騎、衛將軍、凡諸將軍加大者，征、鎮、安、平、中軍、鎮軍、撫軍、前、左、右、後、征虜、冠軍、輔國、龍驤將軍，並金章，紫綬，佩水蒼玉。諸王嗣子，金印，紫綬，佩山玄玉。郡公侯嗣子，銀印，青綬，佩水蒼玉。侍中、散騎常侍及中常侍，給五時朝服，武冠；貂蟬，侍中左，常侍右，皆佩水蒼玉。尚書令、僕射，銅印，墨綬，佩水蒼玉。中書監令、祕書監，銅印，墨綬，佩水蒼玉。光禄大夫、卿、尹、太子保傅、大長秋、太子詹事、司隸校尉、武尉、左右衛、中堅、中壘、驍騎、遊擊、前軍、左軍、右軍、後軍、寧朔、建威、振威、奮威、揚威、廣威、建武、振武、奮武、揚武、廣武、左積弩、右積弩、強弩諸將軍、監軍，銀章，青綬，佩水蒼玉。領軍、護軍、城門五營校尉、東南西北中郎將，銀印，青綬，佩水蒼玉。縣、鄉、亭侯，金印，紫綬。鷹揚、折衝、輕車、揚烈、威遠、寧遠、武威、材官、伏波、凌江諸將軍，銀章，青綬。奮武護軍，安夷撫軍、護軍，軍州郡國都尉，奉車、駙馬、騎都尉，諸護軍將兵助郡都尉，水衡、典虞、牧官、典牧都尉，度支中郎將、校尉、都尉、司鹽都尉、材官校尉、王國中尉、宜禾伊吾都尉、監淮南津都尉，銀印，青綬。州刺史，銅印，墨綬。御史中丞、都水使者，銅印，墨綬，佩水蒼玉。謁者僕射，銅印，墨綬，佩水蒼玉。諸軍司馬，銀章，青綬。冗從僕射、太子衛率、武賁中郎將、羽林監，銅印，墨綬；其在陛列具備鹵簿，髭尾，絳紗縠單衣。北軍中候、殿中監，銅印，墨綬。護匈奴中郎將、護羌戎夷蠻越烏丸西域戊己校尉，銅印，青綬。郡國太守、相、內史，銀章，青綬；江左止單衣幘，其加中二千石者，依卿、尹。牙門將，銀章，青綬。騎都督、守，銀印，青綬。尚書左右丞、祕書丞，銅印，黄綬。尚書郎、祕書郎、太子中舍人、洗馬、舍人，侍御史。關內、關中、名號侯，金印，紫綬，朝服，進賢兩梁冠。諸博士，水蒼玉。公府長史，諸卿尹丞，諸縣署令秩千石者，諸軍長史，諸卿尹丞，獄丞，太子保傅詹事丞，郡國太守相內史丞、長史，諸縣署令長相，關谷長，王公侯諸署令、長、司理、持書，公主家僕，公車司馬，太史、太醫、太官、御府、內省令，太子諸署令、僕、門大夫、陵令，太子率更、家令、僕，黄門諸署令、僕、長，黄門冗從僕射監，太子寺人監，公府司馬，諸軍城門五營校尉司馬，護匈奴中郎將護羌戎夷蠻越烏丸戊已校尉長史、司馬，廷尉正、監、平，並銅印墨綬。王郡公侯郎中令、大農，銅印青綬。北軍中候丞，銅印黄綬。太子常從武賁督、千人督、校督、司馬武賁督，銅印墨綬。殿中將軍，銀章青綬。宋末不復給章綬。水衡、典虞、牧官、典牧、材官、州郡國都尉司馬，銅印墨綬。殿中中郎將校尉、都尉，黄門中郎將校尉、都尉，殿中太醫校尉、都尉，關外侯，並銀印青綬。左右都候、閶闔司馬、城門候、王郡公侯中尉，銅印墨綬。部曲督護、司馬史、部曲將，銅印；司馬史，假墨綬。太醫校尉、都尉，總章協律中郎將校尉、都尉，銀印青綬。殿中司馬及守陵者、殿中太醫司馬、總章監鼓吹監司律司馬，銅印墨綬。諸縣署丞、太子諸署丞、王公侯諸署及公主家丞，銅印黄綬。太醫丞，銅印。黄門諸署丞、黄門稱長、園監、諸縣尉、關谷塞護道尉，銅印黄綬。洛陽鄉有秩，銅印青綬。宣威將軍以下至裨將軍，銅印；其以此官爲刺史、郡守、千人司馬武賁督以上及司馬長史者，皆假青綬。平虜武猛中郎將、校尉、都尉，銀印；武賁督以上及司馬長史者，皆假青綬。別部司馬、軍假司馬，銀印。圖像都匠、行水中郎將、校尉、都尉，銀印青綬；若非以工巧技能特加此官者，不假綬。羽林郎、羽林長郎，佩武猛都尉以上印者，假青綬。別部司馬以下，假墨綬。武賁在陛列及備鹵簿，服錦文衣；陛長，假銅印墨綬。旄頭。羽林在陛列及備鹵簿，服絳科單衣，假旄頭。舉輦、跡禽、前驅、填街、強弩司馬，守陵武賁，佩武猛都尉以上印者，假青綬。別部司馬以下，假墨綬。守陵武賁、殿中武賁及守陵者持鈒所立反戟冗從武賁，佩武猛都尉以上印者，假青綬。別部司馬以下，假墨綬。持椎斧武騎武賁、五騎傳詔武賁、殿中羽林及守陵者太官尚食武賁、稱飯宰人、諸宮尚食武賁，佩武猛都尉以上印者，假青綬。別部司馬以下，假墨綬。凡此前衆職，江左多不備，又多闕朝服。諸應給朝服佩玉，而不在京都者給朝服，非護烏丸羌夷戎蠻諸校尉以上，及刺史、西域戊己校尉，皆不給佩玉。其來朝會，權時假給，會罷輸還。凡應朝服者而官不給，聽自具之。諸假印綬而官不給鞶囊者，得自具作。其但假印不假綬者，不得佩綬。鞶，古制也。按漢代著鞶囊者，側在腰間。或云傍囊，或云綬囊，然則以此囊盛綬也。或盛或散，各有其時。

齊乘輿制六璽，以金爲之，並依秦漢之制。皇太子諸王金璽，皆龜鈕。公侯五等金章，其公、將軍，金章。光禄大夫、卿、尹、太子傅、諸領護將軍、中郎將、校尉、郡國太守內史、四品五品將軍，皆銀章。尚書令、僕射、中書監令、祕書監丞、太子二率、諸府長史、卿、尹、丞、尉、中丞、都水使者、諸州刺史，皆銅印。

其綬，乘輿黄赤綬，黄赤縹緑紺五采。太子朱綬，諸王纁朱綬，赤黄縹紺色亦同。相國緑綟綬，三采，緑紫紺。郡公玄朱，侯伯青朱，子男素朱，皆三采。公嗣子紫，侯嗣子青，鄉亭侯、關中關內侯墨綬，皆二采。郡國太守、內史青，尚書令、僕射、中書監令、祕書監皆黑，丞皆黄，諸府丞亦然。

梁制，乘輿印璽，並如齊制。皇太子，金璽龜鈕，朱綬，三百首，佩瑜玉，帶鹿盧劍，火珠首，素革帶，玉鉤燮，獸頭鞶囊。諸王，金璽龜鈕，纁朱綬，百六十首，佩山玄玉，垂組，大帶，獸頭鞶，腰劍；若加餘官，則服其加官之服。開國公，金章龜鈕，玄朱綬，百四十首，佩山玄玉，獸頭鞶，腰劍。開國侯、伯，金章龜鈕，青朱綬，百二十首，佩水蒼玉，獸頭鞶，腰劍。開國子、男，金章龜鈕，青綬，百首，佩水蒼玉，獸頭鞶，腰劍。縣、鄉、亭、關內、關中及名號侯，金印龜鈕，紫綬，獸頭鞶，腰劍。關內、關中及名號侯則珪鈕。關外侯，銀印珪鈕，青綬，獸頭鞶，腰劍。諸王嗣子，金印珪鈕，紫綬，八十首，獸頭鞶，腰劍。大司馬、大將軍、太尉、諸位從公者，金章龜鈕，紫綬，八十首，獸頭鞶，腰劍。直將軍則不帶劍。凡公及位從公。言以將軍及以左右光禄開府儀同者，各隨本位號。其文則曰某位號儀同之章。尚書令、僕射、尚書，銅印墨綬，朝服，佩水蒼玉，尚書則無印綬。腰劍，紫荷，執笏。侍中散騎常侍、通直常侍、員外常侍，皆腰劍，佩水蒼玉。舊至尊朝會登殿，侍中常侍夾御，御下輿，則扶左右；侍中參乘，則不帶劍。中書監、令，祕書監，銅印墨綬，水蒼玉，腰劍，獸頭鞶。左右光禄大夫，與加金章紫綬同。但加金紫者，謂之金紫光禄；但加銀青者，謂之銀青光禄。光禄、太中、中散大夫，太常、光禄、弘訓太僕、太僕、廷尉、宗正、大鴻臚、大司農、少府、大匠諸卿，丹陽尹、太子保傅、大長秋、太子詹事，銀章龜鈕，青綬，獸頭鞶，佩水蒼玉。卿大夫助祭，皆佩五采大佩，赤舄絇屨。驃騎、車騎、衛將軍、中軍、冠軍、輔國將軍、四方中郎將，金章紫綬，中郎將則青綬。佩水蒼玉。其屯領、護軍，中領、護軍，五營校尉，銀印青綬，佩水蒼玉，獸頭鞶。其屯騎、越騎，夾御日，假給佩，餘校不給。弘訓衛尉，衛尉，司隸校尉，左右衛、驍騎、游擊、前、後、左、右軍將軍，龍驤、寧朔、建威、振威、奮威、揚威、廣威等將軍，積弩、積射、強弩將軍，監軍，銀章青綬，佩水蒼玉，獸頭鞶。驍、游以下，並不給佩。驍、游夾侍日，假給。國子祭酒，佩水蒼玉。御史中丞、都水使者，銀印墨綬，獸頭鞶，腰劍，佩水蒼玉。謁者僕射，銅印環鈕，墨綬，八十首，獸頭鞶，佩水蒼玉，腰劍。給事中、黄門侍郎、散騎通直員外、散騎侍郎、奉朝請、太子中庶子、庶子、武衛將軍、武騎常侍，腰劍。中書侍郎，腰劍。冗從僕射、太子衛率，銅印墨綬，獸頭鞶。武賁中郎將、羽林監，銅印環鈕，墨綬，獸頭鞶，腰劍。其在陛列及備鹵簿，著鶡尾，絳紗縠單衣。護匈奴中郎將，護羌、戎、夷、蠻、越、烏丸、西域校尉，銀印珪鈕，青綬，獸頭鞶。安夷、撫夷護軍，州郡國都尉，奉車、駙馬、騎都尉，諸護軍，銀印珪鈕，青綬，獸頭鞶。州刺史，銅印墨綬，獸頭鞶，腰劍。郡國太守、相、內史，銀章龜鈕，青綬，獸頭鞶，單衣介幘；加中二千石，依卿尹劍佩。尚書左、右丞，祕書丞，銅印環鈕，黃綬，獸爪鞶。尚書，祕書著作郎，太子中舍人、洗馬、舍人，腰劍。書侍御史、侍御史，腰劍。書侍御史，則有銅印環鈕，墨綬。諸博士，給佩水蒼玉。太學博士，正限八人，著佩，限外六人不給。廷尉律博士，無佩，並簪筆。公府長史，獸頭鞶。諸卿尹丞，黃綬，獸爪鞶，簪筆。諸縣署令秩千石者，獸爪鞶，銅印環鈕，墨綬。公府令史亦同。領、護軍長史，朱服，獸頭鞶。諸軍長史，獸頭鞶。諸卿部丞、獄丞，黃綬，獸爪鞶，簪筆。太子保傅詹事丞，簪筆，獸爪鞶，黃綬。郡國相內史丞、長史，長史獸頭鞶；其丞，黃綬，獸爪鞶。諸縣署令、長、相，獸頭鞶，銅印環鈕，墨綬。州郡大中正、郡中正。太子門大夫，獸頭鞶，陵令、長，獸爪鞶，銅印環鈕，墨綬。率更、家令、僕，獸頭鞶，腰劍。黃門諸署令、僕、長丞，銅印環鈕，墨綬。丞，黃綬。黃門冗從僕射監、太子寺人監，銅印環鈕，墨綬，獸頭鞶。公府司馬，領、護軍司馬，諸軍司馬，護匈奴中郎將護羌戎夷蠻越烏丸戊己校尉長史、司馬，銅印環鈕，墨綬，獸頭鞶。廷尉，建康正、監、平，銅印環鈕，墨綬，皁零辟，獸爪鞶。左、右衛司馬，銅印環鈕，墨綬，獸頭鞶。直閤將軍，銅印珪鈕，青綬，獸頭鞶。諸殿主帥，正直絳紗，從則裲襠衫。諸開國郎中令、大農，公傅、中尉，銅印環鈕，青綬，皆獸頭鞶。諸開國三將軍，銅印環鈕，青綬。開國掌書中尉、司馬，陵廟食官，廄牧長，典醫典府丞，銅印。常侍、侍郎、嗣子、庶子、謁者、中大夫、舍人，不假印。典書、典祠、學官令，典膳丞、長，銅印。限外者不給印。太子衛率、率更、家令丞，銅印環鈕，黃綬，獸爪鞶。太子常從武賁督，銅印環鈕，墨綬，獸爪鞶。殿中將軍、員外將軍。州郡國都尉司馬，銅印環鈕，墨綬，獸頭鞶。殿中內外局監、太子內外監、殿中守舍人，銅印環鈕。諸縣署丞，太子諸署丞，王公侯諸署及公主家令丞、僕，銅印環鈕，黃綬。諸縣尉，銅印環鈕，單衣，黃綬，獸爪鞶。節騎郎其在陛列及備鹵簿者，髭尾，絳紗縠單衣。御節郎、黃鉞郎，簪筆。典儀、唱警、唱奉事、持兵、主麾等諸職公事及備鹵簿。殿中中郎將、校尉、都尉，銀印珪鈕，青綬，獸頭鞶。城門候，銅印環鈕，墨綬，獸頭鞶。部曲督、司馬史、部曲將，銅印環鈕。司馬吏，假墨綬，獸爪鞶。總章協律，銅印環鈕，艾綬，獸爪鞶。黃門後閤舍人、主書、齋帥、監食、主食、主客、扶侍、鼓吹。齋帥，墨綬，獸頭鞶。殿中司馬，銅印環鈕，墨綬，獸頭鞶。總章監、鼓吹監，銅印環鈕，艾綬。諸四品將兵都尉、牙門將、崇毅、材官、折難、輕騎、揚烈、威遠、寧遠、宣威、光威、驤威、威烈、威虜、平戎、綏遠、綏狄、綏邊、綏戎、獸威、威武、烈武、毅武、奮武、討寇、討虜、殄難、討難、討夷、厲武、橫野、陵江、膺揚、執訊、蕩寇、蕩虜、蕩難、蕩逆、殄虜、掃虜、掃逆、掃難、掃寇、厲鋒、武奮、武牙、廣野，領兵滿五十人，給銀章，不滿五十人，除板而已，不給章；以此官爲刺史、郡守，皆青綬。

陳制，永定元年，武帝所定乘輿服御，皆采梁舊制。以天下初定，務從節儉，應用繡、織成者，並可采畫，珠玉之飾，任用蚌也。至天嘉初，悉改易之，令一依梁天監舊事。諸王及開國五等諸侯，縣、鄉、亭、關內、關中及名號侯，關外侯，王嗣子，太宰，太傅，太保，司徒，司空，大司馬，大將軍，太尉，諸位從公者，並如梁制。餘官不見者，亦與梁制同，不復具云。

尚書令、僕射，金章龜鈕，紫綬，八十首，獸頭鞶；尚書無印綬及鞶。侍中常侍夾御，御下輿，則扶左右；侍中驂乘，則不帶劍。中書監令、祕書監，銀章龜鈕，青綬，八十首，獸頭鞶，腰劍。鎮、衛、驃騎、車騎、中軍、中衛、中撫軍、中權、四征、四鎮、四安、四翊、四平將軍，金章獸鈕。其冠軍、四方中郎將，金章豹鈕，紫綬，八十首，獸頭鞶，佩水蒼玉。自中軍以下諸將軍、冠軍、四方中郎將，並官不給佩也。領、護軍，金章龜鈕，紫綬，八十首。中領、護軍，銀章龜鈕，青綬，八十首。其五營校尉，銀印珪鈕，青綬，八十首。官不給佩。左、右衛，銀章龜鈕，不給劍。左右驍騎、游擊、雲騎、游騎、前左右後將軍、左右中郎將，銀印珪鈕。餘服飾同梁，亦官不給佩。其驍、游、雲騎，夾御日，假給。其積弩、積射、強弩，銅印環鈕，墨綬，帶劍。餘服同梁。又有忠武、軍帥、武臣、爪牙、龍騎、雲麾、鎮兵、翊帥、宣惠、宣毅、智威、仁威、勇威、信威、嚴威、智武、仁武、勇武、信武、嚴武，金章豹鈕，紫綬，八十首。官不給。輕車、鎮朔、武旅、貞毅、朔威、寧遠、安遠、征遠、振遠、宣遠等將軍，金章貔鈕，紫綬，並獸頭鞶，佩水蒼玉。中丞，銀章龜鈕，青綬，八十首。庶子以上簪筆。其武衛不腰劍。衛率，銀章龜鈕，青綬，不腰劍。冗從，銅印環鈕，墨綬，腰劍。州刺史，銀章龜鈕，青綬，獸頭鞶，腰劍。典儀但帥、典儀正帥，其本資有殿但、正帥，得帶艾綬，獸頭鞶。殿帥、羽儀帥、員外帥。威雄、猛、烈、振、信、勝、略、風、力、光等十威將軍，武猛、略、勝、力、毅、健、烈、威、銳、勇等十武將軍，並銀章熊鈕，青綬，獸頭鞶。猛毅、烈、威、銳、震、進、智、武、勝、駿等十猛將軍，銀章羆鈕，青綬，獸頭鞶。壯武、勇、猛、烈、銳、威、毅、志、意、力等十壯將軍，驍雄、桀、猛、烈、武、勇、銳、名、勝、迅等十驍將軍，雄猛、威、明、烈、信、武、勇、毅、壯、健等十雄將軍，並銀章羔鈕，青綬，獸頭鞶。忠勇、烈、猛、銳、壯、毅、悍、信、義、勝等十忠將軍，明智、略、遠、勇、烈、威、勝、進、銳、毅等十明將軍，光烈、明、英、遠、勝、銳、命、勇、武野等十光將軍，飆勇、猛、烈、銳、奇、決、超、勝、略、出等十飆將軍，並銀章鹿鈕，青綬，獸頭鞶。龍驤、虎視、雲旗、風烈、電威、雷音、馳銳、追銳、羽騎、突騎、折衝、冠武、和戎、安壘、超猛、英果、掃虜、掃狄、武銳、摧鋒、開遠、略遠、貞威、決勝、清野、堅銳、輕銳、拔山、雲勇、振旅等將軍，銀印兔鈕，青綬，獸頭鞶。超武、鐵騎、樓船、宣猛、樹功、剋狄、平虜、稜威、戎昭、威戎、伏波、雄戟、長劍、衝冠、雕騎、佽飛、勇騎、破敵、克敵、威虜、前鋒、武毅、開邊、招遠、全威、破陣、盪寇、殄虜、横野、馳射三十號將軍，銅印環鈕，墨綬，獸頭鞶。十二件將軍，除並假給章印綬。板則止。建威、牙門、期門以下諸將軍，並銅印環鈕，墨綬，獸頭鞶。其在官，以功次轉進，應署建威以下諸號，不限板除，悉給印綬。若武官署位轉進，登上條九品馳射以上諸戎號，亦不限板除，悉綬印綬。千人督、校督司馬、虎賁督、牙門將、騎督督、守將兵都尉、太子常從督、別部司馬、假司馬，假銅印環鈕，墨綬，獸頭鞶。

北齊制，天子六璽，並因舊式。皇帝行璽，封常行詔敕則用之。皇帝之璽，賜諸王書用之。皇帝信璽，下銅獸符，發諸州征鎮兵，下竹使符，拜代徵召諸州刺史則用之。並白玉爲之，方一寸二分，螭獸鈕。天子行璽，册拜外國則用之。天子之璽，賜諸外國書則用之。天子信璽，發兵外國，若徵召外國及有事鬼神則用之。並黄金爲之，方一寸二分，螭獸鈕。又有傳國璽，白玉爲之，方四寸，螭獸鈕，上交五蟠螭，隱起鳥篆書，文曰受天之命，皇帝壽昌，凡八字，在六璽外，唯封禪以封石函。又有督攝萬機印一鈕，以木爲之，長尺二寸，廣二寸五分。背上爲鼻鈕，鈕長九寸，厚一寸，廣七分。腹下隱起篆文書爲督攝萬機，凡四字。此印常在內，唯以印籍縫。用則左户部郎中、度支尚書奏取，印紇轉納。皇太子璽，黄金爲之，方一寸，龜鈕，文曰皇太子璽。宫中大事用璽，小事用門下典書坊印。

諸侯印綬，二品以上，並金章紫綬；三品銀章青綬；三品以上，凡是五省官及中侍中省官，皆爲印，不爲章者也。四品得印者，銀印青綬；五品六品得印者，銅印墨綬；四品以下，凡開國子、男及五等散品名號侯，皆爲銀章，不爲印。七品、八品、九品得印者，銅印黄綬。金銀章印及銅印，並方一寸，皆龜鈕。四方諸藩國王之章，上藩用金，下藩用銀，並方寸，龜鈕。佐官唯公府長史、尚書二丞，給印綬。六品以下，九品以上，唯當曹爲官長者給印。餘自非長官，雖位尊，並不給。

諸王，纁朱綬，四采，赤黄縹紺，純朱質，纁文織，長二丈一尺，二百四十首，廣九寸。開國郡縣公、散郡縣公，玄朱綬，四采，玄赤縹紺，朱質，玄文織，長丈八尺，百八十首，廣八寸。開國縣侯伯，青朱綬，四采，青赤白縹，朱質，青文織，長丈六尺，百四十首，廣七寸。開國縣子男、名號侯，開國鄉男，素朱綬，三采，青赤白，朱質，白文織，長丈四尺，百二十首，廣六寸。一品、二品，紫綬，三采，紫黄赤，純紫質，長丈八尺，百八十首，廣八寸。三品、四品，青綬，三采，青白紅，純青質，長丈六尺，百四十首，廣七寸。五品、六品，墨綬，二采，青紺，純紺質，長丈四尺，百首，廣六寸。七品、八品、九品，黄綬，二采，黄白，純黄質，長丈二尺，六十首，廣五寸。官品從第二以上，小綬間得施玉環。官有綬者，則有紛，皆長八尺，廣三寸，各隨綬色。若服朝服則佩綬，公服則佩紛。官無綬者，不合佩紛。

其鞶囊，二品以上金縷，三品金銀縷，四品銀縷，五品、六品綵縷，七品、八品、九品綵縷，獸爪鞶。官無印綬者，並不給佩鞶囊及爪。

其佩及劍，一品，玉具劍，佩山玄玉。二品，金裝劍，佩水蒼玉。三品及開國子男、五等散品名號侯雖四品、五品，並銀裝劍，佩水蒼玉。侍中以下，通直郎以上，陪位則象劍。木劍也，言其象真劍。帶劍者，入宗廟及升殿，若在仗内，皆解劍。

後周皇帝八璽，有神璽，有傳國璽，皆寶而不用。神璽明受之於天，傳國璽明受之於運。皇帝負扆，則置神璽於筵前之右，置傳國璽於筵前之左。其六璽，並因舊制，皆白玉爲之，方一寸五分，高一寸，螭獸鈕。三公諸侯金印，皆方寸二分，高八分，龜鈕。七命以上銀，四命以上銅，皆龜鈕。三命以上，銅印銅鼻。其方皆寸，其高六分，文曰某公官之印。

其組綬，皇帝以蒼、青、朱、黄、白、玄、纁、紅、紫、緅、則侯反、碧、緑，十有二色。諸公九色，自黄以下。諸侯八色，自白以下。諸伯七色，自玄以下。諸子六色，自纁以下。諸男五色，自紅以下。三公之綬，如諸公。三孤之綬，如諸侯。六卿之綬，如諸伯。上大夫之綬，如諸子。中大夫之綬，如諸男。下大夫綬，自紫以下。士之綬，自緅以下。其璽印之綬，亦如之。

（元）馬端臨《文獻通考》卷一一五《王禮考・圭璧符節璽印》 晋時，傳國璽與斬蛇劍俱爲乘輿所寶。斬蛇劍至惠帝時武庫火燒之，遂亡。及懷帝没胡，傳國璽没於劉聰，後又没於石勒。及石虎死，胡亂，穆帝世，乃還江南。

傳國璽是秦始皇所刻，其玉出藍田山，是丞相李斯所書，其文曰受命於天，既壽永昌。漢高祖定秦秦，王子嬰獻此璽。及漢高即位，仍佩之，因以相傳，故號曰傳國璽。漢昭帝，殿中一夜相驚，霍光即召持節郎取璽，郎不與，光欲奪之，郎按劍曰：頭可得，璽不可得。光善之。明日，遷郎秩二等。光後廢昌邑王賀，立宣帝，光自手解取賀璽，扶令下殿，至漢平帝，王莽簒位，就元后求璽，乃出璽投之於地，璽上螭一角缺。及莽敗時，帶璽綬避火於漸臺，商人杜吴殺莽，取綬，不知取璽及莽頭。公賓就見綬，問綬主所在，乃斬莽首，並璽與王憲。憲得，無所送。又自乘天子車輦，李松入長安，斬憲，送璽詣宛上更始。赤眉大司馬謝禄至高陵，更始奉璽赤眉。赤眉立劉盆子，建武三年，盆子敗於宜陽，璽還光武。孫堅從桂陽入討董卓時，已焚燒洛邑，徙都長安，堅軍於城南，見井中旦旦有光，軍人莫敢汲，堅乃探得璽。初，卓作亂，掌璽者投於井中，故堅得之。袁術有僭盗意，乃拘堅妻逼求之。紹得璽，見魏武，舉以向肘，魏武惡之。紹敗，得璽還，漢以禪魏，魏以禪晋。趙王倫簒立，使義王王威就惠帝取之，帝不與，強奪之。懷帝永嘉五年，王彌入洛陽，執懷帝及傳國六璽詣劉曜，後爲石勒所並，璽復屬勒，刻一邊云天命石氏，此題今不復存。勒爲冉閔所滅，此璽屬閔，閔敗，璽存閔大將軍蔣幹。晋鎮西將軍謝尚遣督護何融至，購賞得之，以晋穆帝永和八年還江南。晋元帝東渡，歷數帝，無玉璽。北人皆云司馬家白版天子。

晋皇太子金璽龜紐，朱黄綬，四采：赤、黄、縹、紺。貴人、夫人、貴嬪是爲三夫人，皆金章紫綬，章文曰貴人、夫人、貴嬪之章。淑妃、淑媛、淑儀、修華、修容、修儀、婕妤、容華、克華是爲九嬪，銀印青綬。皇太子妃，金璽龜鈕，纁朱綬。諸王太妃、妃、諸長公主、封君，金印紫綬。郡公侯、縣公侯太夫人、夫人、銀印青綬。

程氏《演繁露》曰：晋孔琳之當桓元時，建議曰：古者皇王傳國之璽及公侯襲封之印，皆奕世傳用，無敢改作。今世惟尉之一職獨用一印，至於内外群臣，每遷悉改，終年刻鑄，金、銀、銅、炭之費，不可勝言。愚請衆官印即用一印，無煩改作。則知是時每一官别鑄印也。

宋皇太子，金璽，龜紐，朱綬；諸王金璽，龜紐，纁朱綬；郡公金章，元朱綬；太宰、太傅、太保、丞相、司徒、司空，金章，紫綬；相國緑糸戾綬；大司馬、大將軍、太尉、凡將軍位從公者，金章，紫綬；諸王嗣郡侯，金章，青朱綬；驃騎、車騎以下諸將軍並金章、紫綬；諸王嗣子，金印，紫綬；郡公侯嗣子，銀印，青綬；尚書令、僕射、中書監令、秘書監，銅印墨綬；光禄大夫、太子詹事、左右衛以下諸將軍、監軍，銀章，青綬；諸校尉、中郎將，銀印，青綬；縣、鄉、亭侯，金印，紫綬；鷹揚、伏波以下諸將軍，銀章，青綬；諸都尉、校尉、中尉，銀印，青綬；州郡史，銅印，墨綬；御史中丞、都水使者，銀印，墨綬；諸軍司馬，銀章青綬；護匈奴中郎將，護羌諸校尉，銅印，青綬；尚書左右丞、秘書丞，銅印，黄綬；其下又有假青綬、假墨綬。

齊乘輿制六璽，以金爲之，並依秦漢之制。皇太子諸王金璽，皆龜紐。公侯五等金章，郡太守内史、四品五品將軍，皆銀章。尚書令、僕射至諸州刺史，皆銅印。其綬，乘輿黄赤綬，黄赤縹、緑紺五采；太子朱綬、諸王纁朱綬赤黄縹紺色亦同。相國緑糸戾綬，三采，緑紫紺。郡公玄朱，侯伯青朱，子男素朱，皆三采。公嗣子紫，侯嗣子青，鄉亭侯、關中關內侯墨綬，白二采；郡國太守、內史青；尚書令、僕射、中書監令、秘書監皆墨，丞皆黃。

梁制，乘輿印璽及皇太子諸王五等國封並略如齊制。鄉亭、關內、關中及各號侯、諸王嗣子，金印，龜紐，紫綬。關外侯銀印，龜紐，青綬。大司馬、大將軍、太尉、諸位從公者，金章，龜紐，紫綬。尚書令、僕射、尚書、中書監令、秘書監，銅印，墨綬。左右光禄大夫，加金章紫綬同。其位但加金紫者，謂之金紫光禄；但加銀青者，謂之銀青光禄。太僕、廷尉以下諸卿、丹陽尹，銀章龜鈕，青綬。諸將軍金章紫綬。中郎將則青綬。郡國太守、相、內史，銀章龜鈕，青綬。諸縣署令秩千石者，州郡大中正、郡中正，銅印環鈕，墨綬。公府令史，亦同諸縣尉，銅印，環鈕，單衣黃綬。

梁末，侯景之敗也，以傳國璽自隨，使其侍中兼平原太守趙思賢掌之，曰：若我死，宜沈於江，勿令吳兒復得之。思賢自京口濟江，遇盜，從者棄之草間，至廣陵以告郭元建。元建取之，以與辛術，術送之至鄴。

按：郭元建，侯景之黨。景敗，以廣陵降王僧辨，既而，復降於北齊。齊遣行臺辛術據廣陵，傳國璽自五胡之亂，没於劉、石。石氏敗，璽復南歸於晉。曆宋、齊、梁，至侯景之敗，而璽又北歸於高齊云。

致堂胡氏曰：有天下者必汲汲於一璽，求之不得則歉然，若郡守縣令之官而未視印紱也。夫璽何所本哉？二帝三王不聞傳是物而後爲君也，舜受之堯，禹受之舜，湯受之禹，文武受之湯，先聖後聖，若合符節者，豈璽之謂歟。故《詩》、《書》、《春秋》，紀事詳矣，曾不及璽。獨秦誇大，使李斯以蟲鳥之文，刻之美玉，兼稱皇帝，以識詔令。自是而後，始有璽書。使秦善也，而璽無所本，固不當法；使秦不善也，而璽雖美，擊而破之爲宜，又何足傳也？故嘗論之。官府百司之印章，一代所爲而受之君者也，不可以失，失之則不敬；天子之璽，亦一代所用，而非受之於天者也，必隨世而改，不改則不新，故漢有天下，當刻漢璽，而不必襲之秦；唐有天下，宜刻唐璽，而不必襲之隋。所以正位凝命，革去故而鼎取新也。苟以爲不然，曷不於二帝、三王監之？彼世之璽以亂亡毀逸者固多矣，必以相傳爲貴，又豈得初璽如是之久邪？

陳制，永定元年，武帝所定乘輿服御，皆采梁舊制。以天下初定，務惟節儉。至天嘉中，乃一依梁天監舊事。

北齊制，天子六璽，並依舊式。皇帝行璽，封常行詔敕用之。皇帝之璽，賜諸王書用之。皇帝信璽，下銅獸符，發諸州鎮兵，下竹使符，拜代召諸刺史用之並白玉爲之。方一寸二分，螭獸鈕。天子行璽，册拜外國則用之。天子之璽，賜諸外國書則用之。天子信璽，發兵外國，若徵召外國及有事鬼神用之。並黄金爲之，方一寸二分，螭獸紐。又有傳國璽，白玉爲之，方四寸，螭獸鈕，上交蟠螭，隱起鳥篆書，文曰受天之命，皇帝壽昌，凡八字，在六璽外，唯封禪以封石函。又有督攝萬機印一鈕，以木爲之，長尺二寸，廣二寸五分。皆上爲鼻鈕，鈕長九寸，厚一寸，廣七分，腹下隱起篆文書爲督攝萬機，凡四字。此印常在內，唯以印籍縫。用則左户部郎中、度支尚書奏取，印訖轉納。皇太子璽，黄金爲之，方一寸，龜鈕，文曰皇太子璽。宫中大事用璽，小事用門下典書坊印。諸侯印綬，二品以上，並金章紫綬；三品銀章青綬三品以上，凡是五省官及中侍中省官，皆爲印，而不爲章也；四品得印者，銀印青綬；五品六品得印者，銅印墨綬四品以下，凡是開國子、男及五等散品名號侯，皆爲銀章，不爲印；七品、八品、九品得印者，銅印黄綬。金銀章印及銅印，並方一寸，皆龜鈕。四方諸藩國王之章，上藩用金，下藩用銀，並方寸，龜鈕。佐官唯公府長史、尚書二丞，給印綬。六品以下，九品以上，唯當曹爲官長者給印。餘自非長官，雖位尊，並不給。諸王，纁朱綬，四采，赤、黄、縹、紺，純朱質，纁文織，長二丈一尺，二百四十首，廣九寸。開國郡縣公、散郡縣公，元朱綬，四采，元、赤、縹、紺，朱質，元文織長丈八尺，百八十首，廣八寸。開國縣侯、伯青朱綬，四采，青、赤、白、縹，朱質，青文織，長丈六尺，百四十首，廣七寸。開國縣子男、名號侯。開國鄉男，素朱綬，三采，青赤白，朱質，白文織，長丈四尺，百二十首，廣六寸。一品、二品，紫綬，三采，紫、黄赤，純紫質，長丈八尺，百八十首，廣八寸。三品、四品，青綬，三采，青白紅，純青質，長丈六尺，百四十首，廣七寸。五品、六品，黑綬，二采，青紺，純紺質，長丈四尺，百首，廣六寸。七品、八品、九品，黄綬，二采，黄白，純黄質，長丈二尺，六十，首廣五。寸官品從第二以上，小綬間得施玉環。官有綬者，則有紛，皆長八尺，廣三寸，各隨綬色。若服朝服則佩綬，公服則佩紛。官無綬者，不合佩紛。

後周皇帝八璽，有神璽，有傳國璽，皆寳而不用。神璽明受之於天，傳國璽明受之於運。皇帝負扆，則置神璽於筵前之右，置傳國璽於筵前之左。其六璽，並因舊制，皆白玉爲之，方一寸五分，高一寸，螭獸鈕。三公、諸侯金印，皆方寸二分，高八分，龜鈕。七命以上銀，四命以上銅，皆龜鈕。三命以上，銅印銅鼻。其方皆寸，其高六分，文曰某公官之印。其組綬，皇帝以蒼、青、朱、黄、白、元、纁、紅、紫、緅、則侯反。碧、緑、十有二色。諸公九色，自黄以下。諸侯八色，自白以下。諸伯七色，自元以下。諸子六色，自纁以下。諸男五色，自紅以下。三公之綬，如諸公。三孤之綬，如諸侯。六卿之綬，如諸伯。上大夫之綬，如諸子。中大夫之綬，如諸男。下大夫綬，自紫以下，士之綬，自緅以下。其璽印綬，亦如之。

《晉書》卷二五《輿服志》 乘輿六璽，秦制也。曰皇帝行璽、皇帝之璽、皇帝信璽、天子行璽、天子之璽、天子信璽，漢遵秦不改。又有秦始皇藍田玉璽，螭獸紐，在六璽之外，文曰受天之命，皇帝壽昌。漢高祖佩之，後世名曰傳國璽，與斬白蛇劍俱爲乘輿所寳。斬白蛇劍至惠帝時武庫火燒之，遂亡。及懷帝没胡，傳國璽没於劉聰，後又没於石勒。及石季龍死，胡亂，穆帝世乃還江南。【略】

皇太子金璽龜鈕，朱黄綬，四采：赤、黄、縹、紺。【略】

諸王金璽龜鈕，纁朱綬，四采：朱、黄、縹、紺。【略】

貴人、夫人、貴嬪，是爲三夫人，皆金章紫綬，章文曰貴人、夫人、貴嬪之章。佩于寘玉。淑妃、淑媛、淑儀、修華、修容、修儀、婕妤、容華、充華，是爲九嬪，銀印青綬，佩采瓄玉。貴人、貴嬪、夫人助蠶，服純縹爲上與下，皆深衣制。太平髻，七《金奠》蔽髻，黑玳瑁，又加簪珥。九嬪及公主、夫人五《金奠》，世婦三《金奠》。助蠶之義，自古而然矣。皇太子妃金璽龜鈕，纁朱綬，佩瑜玉。

諸王太妃、妃、諸長公主、公主、封君金印紫綬，佩山玄玉。【略】

郡公侯縣公侯太夫人、夫人銀印青綬，佩水蒼玉，其特加乃金紫。

（明）梅鼎祚《西晉文紀》卷一〇《傅玄·印銘》 惟昔先王，配天垂則。乃設印章，作信萬國。取象晷度，是銘是刻。文明慎密，直方其德。本立道生，歸乎玄默。太上結繩，下無荒慝。

《宋書》卷一八《禮志》 乘輿六璽，秦制也。《漢舊儀》曰：皇帝行璽，皇帝之璽，皇帝信璽，天子行璽，天子之璽，天子信璽。此則漢遵秦也。初高祖入關，得秦始皇藍田玉璽，螭虎紐，文曰受天之命，皇帝壽昌。高祖佩之，後代名曰傳國璽。與斬白蛇劍俱爲乘輿所寳。傳國璽，魏、晉至今不廢；斬白蛇劍，晉惠帝武庫火燒之，今亡。晉懷帝没胡，傳國璽没於劉聰，後又屬石勒。及石勒弟石虎死，胡亂，晉穆帝代，乃還天府。虞喜志林曰：傳國璽，自在六璽之外，天子凡七璽也。漢注曰：璽，印也。自秦以前，臣下皆以金玉爲印，龍虎紐，唯所好。秦以來，以璽爲稱，又獨以玉，臣下莫得用。漢制，皇帝黄赤綬，四采，黄、赤、縹、紺。皇后金璽，綬亦如之。於禮，士綬之色如此，後代變古也。吴無刻玉工，以金爲璽。孫晧造金璽六枚是也。又有麟鳳龜龍璽，馳馬鴨頭雜印，今代則闕也。

皇太子，金璽，龜紐，纁朱綬，四采，赤、黄、縹、紺。給五時朝服，遠遊冠，亦有三梁進賢冠。佩瑜玉。

諸王，金璽，龜紐，纁朱綬，四采，赤、黄、縹、紺。給五時朝服，遠遊冠，亦有三梁進賢冠。佩山玄玉。

郡公，金章，玄朱綬。給五時朝服，進賢三梁冠，佩山玄玉。太宰、太傅、太保，丞相，司徒、司空，金章，紫綬。給五時朝服，進賢三梁冠。佩山玄玉。相國則緑綟綬，三采，緑、紫、紺。綟，草名也，其色緑。大司馬、大將軍、太尉，凡將軍位從公者，金章，紫綬。給五時朝服，武冠。佩山玄玉。郡侯，金章，青朱綬。給五時朝服，進賢三梁冠。佩水蒼玉。

驃騎、車騎將軍、凡諸將軍加大者，征、鎮、安、平、中軍、鎮軍、撫軍，前、左、右、後將軍，征虜、冠軍、輔國、龍驤將軍，金章，紫綬。給五時朝服，武冠。佩水蒼玉。

貴嬪、夫人、貴人，金章，文曰貴嬪、夫人、貴人之章。紫綬。佩于闐玉。

淑妃、淑媛、淑儀、修華、修容、修儀、婕妤、容華、充華，銀印，文曰淑妃、淑媛、淑儀、修華、修容、修儀、婕妤、容華、充華之印。青綬。佩五采瓊玉。

皇太子妃，金璽，龜紐，纁朱綬。佩瑜玉。

諸王太妃、妃、諸長公主、公主、封君，金印，紫綬。佩山玄玉。

諸王世子，金印，紫綬。五時朝服，進賢兩梁冠。佩山玄玉。

郡公侯太夫人、夫人，銀印，青綬。佩水蒼玉。

郡公侯世子，銀印，青綬。給五時朝服，進賢兩梁冠。佩水蒼玉。

侍中、散騎常侍及中常侍，給五時朝服，武冠。貂蟬，侍中左，常侍右。皆佩水蒼玉。

尚書令、僕射，銅印，墨綬。給五時朝服，納言幘，進賢兩梁冠。佩水蒼玉。

尚書，給五時朝服，納言幘，進賢兩梁冠。佩水蒼玉。

中書監令、祕書監，銅印，墨綟綬。給五時朝服，進賢兩梁冠。佩水蒼玉。

光禄大夫、卿、尹、太子保、傅、大長秋、太子詹事，銀章，青綬。給五時朝服，進賢兩梁冠。佩水蒼玉。

衛尉，則武冠。衛尉，江左不置。宋孝武孝建初始置，不檢晋服制，止以九卿皆文冠及進賢兩梁冠，非舊也。

司隸校尉、武尉、左右衛、中堅、中壘、驍騎、游擊、前軍、左軍、右軍、後軍、寧朔、建威、振威、奮威、揚威、廣威、建武、振武、奮武、揚武、廣武、左右積弩、强弩諸將軍、監軍，銀章，青綬。給五時朝服，武冠。佩水蒼玉。

領軍、護軍、城門五營校尉、東南西北中郎將，銀印，青綬。給五時朝服，武冠。佩水蒼玉。

縣、鄉、亭侯，金印，紫綬。朝服，進賢三梁冠。

鷹揚、折衝、輕車、揚烈、威遠、寧遠、虎威、材官、伏波、凌江諸將軍，銀章，青綬。給五時朝服，武冠。

奮武護軍、安夷撫軍、護軍、軍州郡國都尉、奉車、駙馬、騎都尉、諸護軍將兵助郡都尉、水衡、典虞、牧官、典牧都尉、度支中郎將、校尉、都尉、司鹽都尉、材官校尉、王國中尉、宜禾伊吾都尉、監淮南津都尉，銀印，青綬。五時朝服，武冠。

州刺史，銅印，墨綬。給絳朝服，進賢兩梁冠。

御史中丞、都水使者，銅印，墨綬。給五時朝服，進賢兩梁冠。佩水蒼玉。

謁者僕射，銅印，墨綬。給四時朝服，高山冠。佩水蒼玉。

諸軍司馬，銀章，青綬。朝服，武冠。

給事中、黄門侍郎、散騎侍郎、太子中庶子、庶子，給五時朝服，武冠。

中書侍郎，給五時朝服，進賢一梁冠。

冗從僕射、太子衛率，銅印，墨綬。給五時朝服，武冠。

虎賁中郎將、羽林監，銅印，墨綬。給四時朝服，武冠。其在陛列及備鹵簿，鶡尾，絳紗縠單衣。鶡鳥似雞，出上黨。爲鳥强猛，鬭不死不止。復著鶡尾。

北軍中候、殿中監，銅印，墨綬。給四時朝服，武冠。

護匈奴中郎將、護羌夷戎蠻越烏丸西域戊己校尉，銅印，青綬。朝服，武冠。

郡國太守、相、内史，銀章，青綬。朝服，進賢兩梁冠。江左止單衣幘。其加中二千石者，依卿、尹。

牙門將，銀章，青綬。朝服，武冠。

騎都督、守，銀印，青綬。朝服，武冠。

尚書左右丞、祕書丞，銅印，黄綬。朝服，進賢一梁冠。

尚書祕書郎、太子中舍人、洗馬、舍人，朝服，進賢一梁冠。

黄沙治書侍御史，銀印，墨綬。朝服，法冠。

侍御史，朝服，法冠。

關内、關中名號侯，金印，紫綬。朝服，進賢兩梁冠。

諸博士，給皁朝服，進賢兩梁冠。佩水蒼玉。

公府長史、諸卿尹丞、諸縣署令秩千石者，銅印，墨綬。朝服，進賢兩梁冠。【略】

諸軍長史、諸卿尹丞、獄丞、太子保傅詹事丞、郡國太守相内史、丞、長史、諸縣署令長相、關谷長、王公侯諸署令、長、司理、治書、公主家僕，銅印，墨綬。朝服，進賢一梁冠。江左太子保傅卿尹詹事丞，皁朝服。郡丞、縣令長，止單衣幘。

公車司馬、太史、太醫、太官、御府、內省令、太子諸署令、僕、門大夫、陵令，銅印，墨綬。朝服，進賢一梁冠。

太子率更、家令、僕，銅印，墨綬。給五時朝服，進賢兩梁冠。

黄門諸署令、僕、長，銅印，墨綬。四時朝服，進賢一梁冠。

黄門冗從僕射監、太子寺人監，銅印，墨綬。給四時朝服，武冠。

公府司馬、諸軍城門五營校尉司馬、護匈奴中郎將護羌戎夷蠻越烏丸戊己校尉長史、司馬，銅印，墨綬。朝服，武冠。江左公府司馬無朝服，餘止單衣幘。

廷尉正、監、平，銅印，墨綬。給皁零辟朝服，法冠。

王郡公侯郎中令、大農，銅印，青綬。朝服，進賢兩梁冠。

北軍中候丞，銅印，黄綬。朝服，進賢一梁冠。

太子常從虎賁督、千人督、校督、司馬虎賁督，銅印，墨綬。朝服，武冠。

殿中將軍，銀章，青綬。四時朝服，武冠。宋末不復給章綬。

水衡、典虞、牧官、典牧、材官、州郡國都尉、司馬，銅印，墨綬。朝服，武冠。

諸謁者，朝服，高山冠。

門下中書通事舍人令史、門下主事令史，給四時朝服，武冠。

尚書典事、都水使者參事、散騎集書中書尚書令史、門下散騎中書尚書令史、録尚書中書監令僕省事史、祕書著作治書、主書、主璽、主譜令史、蘭臺殿中蘭臺謁者都水使者令史、書令史，朝服，進賢一梁冠。江左凡令史無朝服。

節騎郎，朝服，武冠。其在陛列及備鹵簿，著鶡尾，絳紗縠單衣。

殿中中郎將校尉、都尉、黄門中郎將校尉、殿中太醫校尉、都尉，銀印，青綬。四時朝服，武冠。

關外侯，銀印，青綬。朝服，進賢兩梁冠。

左右都候、閶闔司馬、城門候，銅印，墨綬。朝服，武冠。

王郡公侯中尉，銅印，墨綬。朝服，武冠。

部曲督護、司馬史、部曲將，銅印。朝服，武冠。司馬史，假墨綬。【略】

太醫校尉、都尉、總章協律中郎將校尉、都尉，銀印，青綬。朝服，武冠。【略】

殿中司馬、及守陵者、殿中太醫司馬，銅印，墨綬。給四時朝服，武冠。

太醫司馬，銅印。朝服，武冠。

總章監鼓吹監司律司馬，銅印，墨綬。朝服。鼓吹監總章協律司馬，武冠。總章監司律司馬，進賢一梁冠。

諸縣署丞、太子諸署丞、王公侯諸署及公主家丞，銅印，黄綬。朝服，進賢一梁冠。

太醫丞，銅印。朝服，進賢一梁冠。

黄門諸署丞，銅印，黄綬。給四時朝服，進賢一梁冠。

黄門稱長、園監，銅印，黄綬。給四時朝服，武冠。

諸縣尉、關谷塞護道尉，銅印，黄綬。朝服，武冠。江左止單衣幘。

洛陽鄉有秩，銅印，青綬。朝服，進賢一梁冠。

宣威將軍以下至裨將軍，銅印。朝服，武冠。其以此官爲刺史、郡守、若萬人司馬虎賁督以上、及司馬史者，皆假青綬。

平虜武猛中郎將、校尉、都尉，銀印。朝服，武冠。其以此官爲千人司馬虎賁督以上、及司馬史者，皆假青綬。

別部司馬、軍假司馬，銀印。朝服，武冠。

圖像都匠行水中郎將、校尉、都尉，銀印，青綬。朝服，武冠。若非以工伎巧能特加此官者，不加綬。羽林郎、羽林長郎，佩武猛都尉以上印者，假青綬。別部司馬以下，假墨綬。朝服，武冠。其長郎壯士，武弁冠。在陛列及鹵簿，服絳縠單衣。

陛下甲僕射主事吏將騎，廷上五牛旗假使虎賁，在陛列及備鹵簿，服錦文衣，武冠，鶡尾。陛長，假銅印，墨綬。旄頭。

羽林在陛列及備鹵簿，服絳科單衣，上著韋畫要襦。假旄頭。

舉輦跡禽前驅由基強弩司馬、守陵虎賁，佩武猛都尉以上印者，假青綬。別部司馬以下，假墨綬。守陵虎賁，給絳科單衣，武冠。

殿中宂從虎賁、殿中虎賁、及守陵者持鈒戟宂從虎賁，佩武猛都尉以下印者，假青綬。別部司馬以下，假墨綬。絳科單衣，武冠。持椎斧武騎虎賁、五騎傳詔虎賁、殿中羽林及守陵者太官尚食虎賁、稱飯宰人、諸宮尚食虎賁，佩武猛都尉以上印者，假青綬。別部司馬以下，假墨綬。給絳褠，武冠。其在陛列及備鹵簿，五騎虎賁，服錦文衣，鶡尾。宰人服離支衣。【略】

諸應給朝服佩玉，而不在京都者給朝服，非護烏丸羌夷戎蠻諸校尉以上及刺史、西域戊己校尉，皆不給佩玉。其來朝會，權時假給，會罷輸還。凡應朝服者，而官不給，聽自具之。諸假印綬而官不給鞶囊者，得自具作。其但假印不假綬者，不得佩綬。

《南齊書》卷一七《輿服志》　乘輿傳國璽，秦璽也。晉中原亂没胡，江左初無之，北方人呼晉家爲白板天子。冉閔敗，璽還南。別有行信等六璽，皆金爲之，亦秦、漢之制也。皇后金璽，太子諸王金璽，皆龜鈕。公侯五等金章，公世子金印，侯銀印，貴嬪、夫人金章，公主、王太妃、封君金印，六宫以下公侯太夫人夫人銀印。其公、將軍金章，光禄大夫、卿、尹、太子傅、諸領護將軍、中郎將、校（書）〔尉〕、郡國太守內史、四品五品將軍，皆銀章，尚書令、僕、中書監、令、祕書〔監〕丞、太子二率、諸府長史、卿、尹、丞、尉、中丞、都水使者、諸州刺史，皆銅印。

《隋書》卷二六《百官志》　〔梁〕諸王皆假金獸符第一至第五左，竹使符第一至第十左。諸公侯皆假銅獸符，竹使符第一至第五。

《隋書》卷一一《禮儀志》　陳永定元年，武帝即位，徐陵白：所定乘輿御服，皆採梁之舊制。又以爲冕旒，後漢用白玉珠，晉過江，服章多闕，遂用珊瑚雜珠，飾以翡翠。侍中顧和奏：今不能備玉珠，可用白琁。從之。蕭驕子云：白琁，蚌珠是也。帝曰：形制依此。今天下初定，務從節儉。應用繡、織成者，並可彩畫，金色宜塗，珠玉之飾，任用蚌也。至天嘉初，悉改易之，定令具依天監舊事，然亦往往改革。今不同者，皆隨事於注言之；不言者，蓋無所改制云。

皇太子，金璽龜鈕，朱綬，三百二十首。朝服，遠遊冠，金博山，佩瑜玉翠緌，垂組，朱衣，絳紗袍，皁緣白紗中衣，白曲領，帶鹿盧劍，火珠首，素革帶，玉鉤燮，獸頭鞶囊。其大小會、祠廟、朔望、五日還朝，皆朝服，常還上宮則朱服。若釋奠，則遠遊冠，玄朝服，絳緣中單，絳袴袜，玄舄。講，則著介幘。又有三梁進賢冠。其侍祀則平冕九旒，袞衣九章，白紗絳緣中單，絳繒韠，赤舄，絳韎。若加元服，則中舍執冕從。皇太子舊有五時朝服，自天監之後則朱服。在上省則烏帽，永福省則白帽云。

諸王，金璽龜鈕，纁朱綬，一百六十首。朝服，遠遊冠，介幘，朱衣，絳紗袍，皁緣中衣，素帶，黑舄。佩山玄玉，垂組，大帶，獸頭鞶，腰劍。若加餘官，則服其加官之服。

開國公，金章龜鈕，玄朱綬，一百四十首。朝服，紗朱衣，進賢三梁冠，佩山玄玉，獸頭鞶，腰劍。開國侯、伯，金章龜鈕，青朱綬，一百二十首。朝服，紗朱衣，進賢三梁冠，佩水蒼玉，獸頭鞶，腰劍。

開國子、男，金章龜鈕，青綬，二百首。朝服，紗朱衣，進賢三梁冠，佩水蒼玉，獸頭鞶，腰劍。縣、鄉、亭、關內、關中及名號侯，金印龜鈕，紫綬，朝服，進賢二梁冠，獸頭鞶，腰劍。關內、關中及名號侯則珪鈕。

關外侯，銀印珪鈕，青綬，朝服，進賢二梁冠，獸頭鞶，腰劍。

諸王嗣子，金印珪鈕，紫綬，八十首。朝服，進賢二梁冠，佩山玄玉，獸頭鞶，腰劍。

開國公、侯嗣子，銀印珪鈕，青綬，八十首。朝服，進賢二梁冠，佩水蒼玉，獸頭鞶，腰劍。

太宰、太傅、太保、司徒、司空，金章龜鈕，紫綬，八十首。朝服，進賢三梁冠，佩山玄玉，獸頭鞶，腰劍。陳令加有相國丞相，服制同。

大司馬、大將軍、太尉、諸位從公者，金章龜鈕，紫綬，八十首。朝服，武冠，佩山玄玉，獸頭鞶，腰劍。直將軍則不帶劍。

凡公及位從公、言以將軍及以左右光禄、開府儀同者，各隨本位號。其文則曰某位號儀同之章。五等諸侯，助祭郊廟，皆平冕九旒，青玉爲珠，有前無後。各以其綬色爲組纓，旁垂黈纊。衣，玄上纁下，畫山龍已下九章，備五采，大佩，赤舄，絢履。録尚書無章綬品秩，悉以餘官總司其任，服則餘官之服，猶執笏紫荷。其在都坐，則東面最上。

尚書令、僕射、尚書，銅印墨綬，朝服，納言幘，進賢冠，佩水蒼玉，尚書則無印綬。腰劍，紫荷，執笏。陳尚書令、僕射，金章龜鈕，紫綬，八十首，獸頭鞶。尚書無印綬及鞶。餘並同梁。

侍中散騎常侍、通直常侍、員外常侍，朝服，武冠貂蟬，侍中左插，常侍右插。皆腰劍，佩水蒼玉。其員外常侍不給佩。舊至尊朝會登殿，侍中常侍夾御，御下輿，則扶左右。侍中驂乘，則不帶劍。

中書監、令、祕書監，銅印墨綬，朝服，進賢兩梁冠，佩水蒼玉，腰劍，獸頭鞶。陳制，銀章龜鈕，青綬，八十首，獸頭鞶，腰劍。餘同梁。

左、右光祿大夫，皆與加金章紫綬同。其但加金紫者，謂之金紫光祿，但加銀青者，謂之光祿大夫。陳令有特進，進賢二梁冠，朝服，佩水蒼玉，腰劍。梁令不載。

光祿、太中、中散大夫，太常、光祿、弘訓太僕、太僕、廷尉、宗正、大鴻臚、大司農、少府、大匠諸卿，丹陽尹，太子保、傅，大長秋，太子詹事，銀章龜鈕，青綬，獸頭鞶，朝服，進賢冠二梁，佩水蒼玉。卿大夫助祭，則冠平冕五旒，黑玉爲珠，有前無後。各以其綬采爲組纓，旁垂黈纊。衣，玄上纁下，畫華蟲七章，皆佩五采大佩，赤舄，絇屨。陳宮卿改云慈訓，餘皆同梁。又有太舟卿，服章同。

驃騎、車騎、衛將軍、中軍、冠軍、輔國將軍、四方中郎將，金章紫綬，中郎將則青綬。朝服，武冠，佩水蒼玉。陳令：鎮、衛、驃騎、車騎、中軍、中衛、中撫軍、中權、四征、四鎮、四安、四翊、四平將軍，金章獸鈕。其冠軍、四方中郎將，金章豹鈕，並紫綬，八十首，獸頭鞶，朝服，武冠，佩水蒼玉。自中軍已下諸將軍及冠軍、四方中郎將，並官不給佩。

領、護軍，中領、護軍，五營校尉，銀印青綬，朝服，武冠，佩水蒼玉，獸頭鞶。其屯騎，夾御日，假給佩，餘校不給。陳令：領、護，金章龜鈕，紫綬，八十首。中領、護，銀章龜鈕，青綬，八十首。其五營校尉，銀印珪鈕，青綬，八十首。官不給佩。餘並同梁。

弘訓衛尉，衛尉，陳宮卿云慈訓，服同諸卿，但武冠。司隸校尉，陳無官服。左右衛、驍騎、游擊、前、左、右、後軍將軍，龍驤、寧朔、建威、振威、奮威、揚威、廣威、武威、建武、振武、奮武、揚武、廣武等將軍，積弩、積射、強弩將軍，監軍，銀章青綬，朝服，武冠，佩水蒼玉，獸頭鞶。驍、游已下，並不給佩。驍、游夾侍日，假給。陳令：左、右衛，銀章龜鈕，不給劍。左右驍騎、游擊、雲騎、游騎、前、左、右、後軍將軍，左右中郎將，銀印珪鈕。餘服飾同梁，亦官不給佩。其驍、游、雲騎，夾御日，假給。其積弩、積射、強弩，銅印環鈕，墨綬，帶劍。餘服同梁。又有忠武、軍師、武臣、爪牙、龍騎、雲麾、鎮兵、翊帥、宣惠、宣毅、智威、仁威、勇威、信威、嚴威、智武、仁武、勇武、信武、嚴武，金章豹鈕，紫綬，八十首。官不給。輕車、鎮朔、武旅、貞毅、明威、寧遠、安遠、征遠、振遠、宣遠等將軍，金章貔鈕，紫綬，並獸頭鞶，朝服，武冠，佩水蒼玉。

國子祭酒，皁朝服，進賢二梁冠，佩水蒼玉。

御史中丞、都水使者，銀印，墨綬，朝服，進賢二梁冠，獸頭鞶，腰劍，佩水蒼玉。陳中丞，銀章龜鈕，青綬，八十首，二梁冠。餘同梁。其都水，陳、梁改爲太舟卿，服在諸卿中見。

謁者僕射，銅印環鈕，墨綬，八十首。朝服，高山冠，獸頭鞶，佩水蒼玉，腰劍。

諸軍司，銀章龜鈕，青綬，朝服，武冠，獸頭鞶。

給事中、黃門侍郎、散騎通直員外、散騎侍郎、奉朝請、太子中庶子、庶子、武衛將軍、武騎常侍，朝服，武冠，腰劍。陳令：庶子已上簪筆。其武衛不劍，正直夾御，白布袴褶。

中書侍郎，朝服，進賢一梁冠，腰劍。冗從僕射、太子衛率，銅印，墨綬，獸頭鞶，朝服，武冠。陳衛率，銀章龜鈕，青綬，不劍。冗從，銅印環鈕，墨綬，腰劍。餘並同梁。

武賁中郎將、羽林監，銅印環鈕，墨綬，朝服，武冠，獸頭鞶，腰劍。其在陛牙及備鹵簿，著髦尾，絳紗縠單衣。

護匈奴中郎將，護羌、戎、夷、蠻、越、烏丸、西域校尉，銀印珪鈕，青綬，朝服，武冠，獸頭鞶。陳令，無此官。其庶子，鎮蠻、寧蠻、平戎、西戎校尉，平越中郎將，服章同。

安夷、撫夷護軍，州郡國都尉，奉車、駙馬、騎都尉，諸護軍，銀印珪鈕，青綬，獸頭鞶，朝服，武冠。陳安遠、鎮蠻護軍，州、郡、國都尉，奉車、駙馬、騎都尉，諸護軍，服章同。無餘文。

州刺史，銅印，墨綬，獸頭鞶，腰劍，絳朝服，進賢二梁冠。陳銅章龜鈕，青綬。餘同梁。

郡國太守、相、內史，銀章龜鈕，青綬，獸頭鞶，單衣，介幘。加中二千石，依卿尹冠服劍佩。

尚書左、右丞，祕書丞，銅印環鈕，黃綬，獸爪鞶，朝服，進賢一梁冠。【略】

諸縣署令，秩千石者，獸爪鞶，銅印環鈕，墨綬，朝服，進賢兩梁冠。【略】

諸縣署令、長、相，單衣，介幘，獸頭鞶，銅印環鈕，墨綬，朝服，進賢一梁冠。諸署令，朱衣，武冠。州都大中正、郡中正，單衣，介幘。

太子門大夫，獸頭鞶，陵令、長，獸爪鞶，銅印環鈕，墨綬，朝服，進賢一梁冠。令、長朱服，率更、家令、僕，朝服，兩梁冠，獸頭鞶，腰劍。

黃門諸署令、僕、長丞，朱服，進賢一梁冠，銅印環鈕，墨綬。丞，黃綬。黃門冗從僕射監、太子寺人監，銅印環鈕，墨綬，朝服，武冠，獸頭鞶。

公府司馬，領、護軍司馬，諸軍司馬，護匈奴中郎將，護羌、戎、夷、蠻、越、烏丸、戊己校尉長史、司馬，銅印環鈕，墨綬，獸頭鞶，朝服，武冠。諸軍司馬，單衣，平巾幘。長史，介幘。陳令：公府司馬，領、護軍司馬，諸軍司馬，鎮安蠻安遠護軍，蠻、戎、越校尉中郎將長史、司馬，其服章與梁官同。

公府從事中郎，朱服，進賢一梁冠。諸將軍開府功曹、主簿，單衣，介幘，革帶。廷尉，建康正、監平，銅印環鈕，墨綬，皁零辟，朝服，法冠，獸爪鞶。

左、右衛司馬，銅印環鈕，墨綬，單衣，帶，平巾幘，獸頭鞶。【略】

直閤將軍，朱服，武冠，銅印珪鈕，青綬，獸頭鞶。【略】

諸開國郎中令、大農，公、傅中尉，銅印環鈕，青綬，朝服，進賢兩梁冠，中尉武冠，皆獸頭鞶。

諸開國三將軍，銅印環鈕，青綬，朝服，武冠。限外者不給印。陳制：墨綬，餘並同梁。

開國掌書中尉、司馬，陵廟食官，廐牧長，典醫典府丞，銅印。常侍、侍郎、世子、庶子、謁者、中大夫、舍人，不給印。典書、典祠、學官令，典膳丞、長，銅印。限外者不給印。【略】

太子衛率、率更、家令丞，銅印環鈕，黃綬，皁朝服，進賢一梁冠，獸爪鞶。

太子常從武賁督，銅印環鈕，墨綬，朝服，武冠，獸爪鞶。

殿中將軍、員外將軍，朱服，武冠。

州郡國都尉司馬，銅印環鈕，墨綬，朱服，武冠，獸頭鞶。【略】

殿中內外局監、太子內外監、殿中守舍人，銅印環鈕，朱服，武冠。【略】

諸縣署丞、太子諸署丞、王公侯諸署及公主家令丞、僕，銅印環鈕，黃綬，朱服，進賢一梁冠。太官、太醫丞，武冠。

諸縣尉，銅印環鈕，單衣，介幘，黃綬，獸爪鞶。節騎郎，朱服，武冠。其在陛列及備鹵簿者，髦尾，絳紗縠單衣。御節郎、黃鉞郎，朝服赤介幘，簪筆。典儀、唱警、唱奏事、持兵、主麾等諸職，公事及備鹵簿，朱服，武冠。

殿中中郎將、校尉、都尉，銀印珪鈕，青綬，朱服，武冠，獸頭鞶。

城門侯，銅印環鈕，墨綬，朱服，武冠，獸頭鞶。

部曲督，司馬吏、部曲將，銅印環鈕，朱服，武冠。司馬吏，假墨綬，獸爪鞶。

太中、中散、諫議大夫，議郎、中郎、郎中、舍人，朱服，進賢一梁冠。

諸門郎，僕射，佐吏，東宮門吏，其郎朱服，僕射皁零辟，朝服，進賢冠，吏却非冠，佐吏著進賢冠。

總章協律，銅印環鈕，艾綬，獸爪鞶，朱服，武冠。

黃門後閤舍人、主書、齋帥、監食、主食、主客、扶侍、鼓吹，朱服，武冠。鼓吹進賢冠，齋帥墨綬，獸頭鞶。

殿中司馬，銅印環鈕，墨綬，朱服，武冠，獸頭鞶。

總章監、鼓吹監，銅印環鈕，艾綬，朱服，武冠。

諸四品將兵都尉，牙門將、崇毅、材官、折難、輕騎、揚烈、威遠、寧遠、宣威、光威、驤威、威烈、威虜、平戎、綏遠、綏狄、綏邊、綏戎、獸威、威武、烈武、毅武、奮武、討寇、討虜、殄難、討難、討夷、厲武、橫野、陵江、鷹揚、執訊、蕩寇、蕩虜、蕩難、蕩逆、殄虜、掃虜、掃難、掃逆、掃寇、厲鋒、武奮、武牙、廣野，領兵滿五十人，給銀章，不滿五十，除板而已，不給章，朱服，武冠。以此官爲刺史、太守，皆青綬。此條已下，皆陳制，與梁不同。

典儀但帥、典儀正帥，朱衣，武冠。其本資有殿但、正帥，得帶艾綬，獸頭鞶。殿但帥、正帥，艾綬，獸頭鞶，朱服，武冠。殿帥、羽儀帥、員外帥，朱衣，武冠。

威雄、猛、烈、振、信、勝、略、風、力、光等十威將軍，武猛、略、勝、力、毅、健、烈、威、鋭、勇等十武將軍，並銀章熊鈕，青綬，獸頭鞶，武冠，朝服。

猛毅、烈、威、鋭、震、進、智、武、勝、駿等十猛將軍，銀章羆鈕，青綬，獸頭鞶，武冠，朝服。

壯武、勇、烈、猛、鋭、威、毅、志、意、力等十壯將軍，驍雄、桀、猛、烈、武、勇、鋭、名、勝、迅等十驍將軍，雄猛、威、明、烈、信、武、勇、毅、壯、健等十雄將軍，並銀章羔鈕，青綬，獸頭鞶，武冠，朝服。

忠勇、烈、猛、鋭、壯、毅、捍、信、義、勝等十忠將軍，明智、略、遠、勇、烈、威、勝、進、鋭、毅等十明將軍，光烈、明、英、遠、勝、鋭、命、勇、武、野等十光將軍，飈勇、猛、烈、鋭、奇、決、起、略、勝、出等十飈將軍，並銀章鹿鈕，青綬，獸頭鞶，武冠，朝服。

龍驤、武視、雲旗、風烈、電威、雷音、馳鋭、進鋭、羽騎、突騎、折衝、冠武、和戎、安壘、起猛、英果、掃虜、掃狄、武鋭、摧鋒、開遠、略遠、貞威、決勝、清野、堅鋭、輕鋭、拔山、雲勇、振旅等三十號將軍，銀印菟鈕，青綬，獸頭鞶，朝服，武冠。

超武、鐵騎、樓船、宣猛、樹功、剋狄、平虜、稜威、戎昭、威戎、伏波、雄戟、長劍、衝冠、雕騎、佽飛、勇騎、破敵、剋敵、威虜、前鋒、武毅、開邊、招遠、全威、破陣、蕩寇、殄虜、横野、馳射等三十號將軍，銅印環鈕，墨綬，獸頭鞶，朝服，武冠。幷左十二件將軍，除並假給章印綬，板則止朱服、武冠而已。其動選除，亦給章印。

建威、牙門、期門已下諸將軍，並銅印環鈕，墨綬，獸頭鞶，朱服，武冠。板則無印綬，止冠服而已。其在將官，以功次轉進，應署建威已下諸號，不限板除，悉給印綬。若武官署位轉進，登上條九品馳射已上諸戎號，亦不限板除，悉給印綬。

千人督、校督司馬，武賁督、牙門將、騎督督、守將兵都尉、太子常從督別部司馬、假司馬，假銅印環鈕，朱服，武冠，墨綬，獸頭鞶。

武猛中郎將、校尉、都尉，銅印環鈕，朱服，武冠。其以此官爲千人司馬、道賁督已上及司馬，皆假墨綬，獸頭鞶。已上陳制，梁所無及不同者。陛長、甲僕射、主事吏將騎、廷上五牛旗假吏武賁，在陛列及備鹵簿，服錦文衣，武冠，髾尾。陛長者，假銅印環鈕，墨綬，獸頭鞶。

假旄頭羽林，在陛列及備鹵簿，服絳單衣，上著韋畫腰襦，假旄頭。輿輦、迹禽、前驅、由基強弩司馬，給絳科單衣，武冠。其本位佩武猛都尉已上印者，假墨綬，別部司馬已下假墨綬，並獸頭鞶。

殿中冗從武賁、殿中武賁、持鈒戟冗從武賁，假青綬，絳科單衣，武冠。陳令：絳科單衣，其本位職佩武猛、都尉等印，假鞶綬，依前條。

持椎斧武騎武賁、五騎傳詔武賁、殿中羽林、太官尚食武賁、稱飯宰人、諸宮尚食武賁，假墨綬，給絳褠，武冠。其佩武猛、都尉等位印，皆依上條假鞶綬之例。其在陛列及備鹵簿，五騎武賁，服錦文衣，髾尾。宰人服離支衣。領軍捉刃人，烏總帽，袴褶，皮帶。

絓是羽葆旄鼓吹，悉改著進賢冠，外給系旄。鼓吹著武冠。諸官鼓吹，尚書廊下都坐門下使守藏守閤、殿中威儀騶，武賁常直殿門雲龍門者、門下左右部武賁羽林騶，給傳事者諸導騶，門下中書守閤、尚書門下武賁羽林騶，蘭臺五曹節藏僕射廊下守閤、威儀發符騶，都水使者廊下守給騶，謁者威儀騶，諸宮謁者騶，絳褠，武冠，衣服如舊。大誰、天門士，皁科單衣，樊噲冠。衛士，涅布褠，却敵冠。

諸將軍、使持節、都督執節史，朱衣，進賢一梁冠。自此條已下皆陳制，梁所無。

持節節史，單衣，介幘。其纂戎戒嚴時，同使持節。制假節節史，單衣，介幘。凡節趺，以石爲之。持節皆刻爲鞶螭形，假節及給蠻夷節，皆刻爲狗頭趺。

諸王典籤帥，單衣，平巾幘。典籤書吏，袴褶，平巾幘。

諸王書佐，單衣，介幘。

公府書佐，朱衣，進賢冠。

諸王國舍人、司理、謁者、閤下令史、中衛都尉，朱衣，進賢一梁冠。司理假銅印，謁者高山冠，令史已下武冠。

太子太傅五官功曹、主簿，皁朝服，進賢一梁冠。

太子二傅門下主記、録事、功曹書佐，門下書佐，記室帳下督、都督省事，法曹書佐，太傅外都督，皁衣，進賢一梁冠。

太子妃家令，絳朝服，進賢一梁冠。

太子三校、二將，積弩、殿中將軍，衣服皆與上宫官同。

太子正員司馬督、題閤監，銅印墨綬。三校内主事、主章、扶侍，守舍人，衣帶仗局，服飾衣局，珍寶朝廷主衣統，奏事幹，内局内幹，朱衣，武冠。

諸公府御屬及省事，録尚書省事，太子門下及内外監丞、典事、導客、算書吏，次功、典書函、典書、典經、五經典書諸守宫舍人，市買清慎食官督，内直兵吏，宣華、崇賢二門舍人，諸門吏，朱衣，進賢一梁冠。

《魏書》卷七上《高祖紀》〔延興二年〕五月丁巳，詔軍警給璽印、傳符，次給馬印。

《隋書》卷一一《禮儀志》 自晋左遷，中原禮儀多缺。後魏天興六年，詔有司始制冠冕，各依品秩，以示等差，然未能皆得舊制。至太和中，方考故實，正定前謬，更造衣冠，尚不能周洽。及至熙平二年，太傅、清河王懌，黄門侍郎韋廷祥等，奏定五時朝服，準漢故事，五郊衣幘，各如方色焉。及後齊因之。河清中，改易舊物，著令定制云。

乘輿，平冕，黑介幘，垂白珠十二旒，飾以五采玉，以組爲纓，色如其綬，黈纊，玉笄。白玉璽，黄赤綬，五采，黄赤縹緑紺，純黄質，長二丈九尺，五百首，廣一尺二寸。小綬長三尺二寸，與綬同采，而首半之。衮服，皁衣，絳裳，裳前三幅，後四幅，織成爲之，十二章，緣絳中單，織成緄帶，朱紱，佩白玉，帶鹿盧劍，絳袴襪，赤舄。未加元服，則空頂介幘。又有通天金博山冠，則絳紗袍，皁緣中單。其五時服，則五色介幘，進賢五梁冠，五色紗袍。又有遠遊五梁冠，並不通于下。四時祭廟、圓丘、方澤、明堂、五郊、封禪、大雩、出宫行事、正旦受朝及臨軒拜王公，皆服衮冕之服。還宫及齋，則服通天冠。籍田則冠冕，璪十二旒，佩蒼玉，黄綬，青帶，青袜，青舄。拜陵則黑介幘，白紗單衣。釋奠則服通天金博山冠，玄紗袍。春分朝日，則青紗朝服，青舄，秋分夕月，則白紗朝服，緗舄，俱冠五梁進賢冠。合朔，服通天金博山冠，絳紗袍。季秋講武、出征告廟，冠武弁，黄金附蟬，左貂。禡類宜社，武弁，朱衣。纂嚴升殿，服通天金博山冠，絳紗袍。入温、涼室，冠武弁，右貂附蟬，絳紗服。征還飲至，服通天冠。廟中遣上將，則衮冕，還宫則通天金博山冠。賞祖罰社，則武弁，左貂附蟬。元日、冬至大小會，皆通天金博山冠。四時畋、出宫，服通天冠，並赤舄。明堂則五時俱通天冠，各以其色服。東、西堂舉哀，服白帢。

天子六璽：文曰皇帝行璽，封常行詔勑則用之。皇帝之璽，賜諸王書則用之。皇帝信璽，下銅獸符，發諸州征鎮兵，下竹使符，拜代徵召諸州刺史，則用之。並白玉爲之，方一寸二分，螭獸鈕。天子行璽，封拜外國則用之。天子之璽，賜諸外國書則用之。天子信璽，發兵外國，若徵召外國，及有事鬼神，則用之。並黄金爲之，方一寸二分，螭獸鈕。又有傳國璽，白玉爲之，方四寸，螭獸鈕，上交五蟠螭，隱起鳥篆書。文曰受天之命，皇帝壽昌，凡八字。在六璽外，唯封禪以封石函。又有督攝萬機印一鈕，以木爲之，長一尺二寸，廣二寸五分。背上爲鼻鈕，鈕長九寸，厚一寸，廣七分。腹下隱起篆書爲督攝萬機，凡四字。此印常在内，唯以印籍縫。用則左户郎中、度支尚書奏取，印訖輸内。

皇太子平冕，黑介幘，垂白珠九旒，飾以三采玉，以組爲纓，色如其綬。金璽，朱綬，四采，赤黄縹紺。綬朱質，長二丈一尺，三百二十首，廣九寸。小綬長三尺二寸，與綬同色，而首半之。衮服，同乘輿而九章，絳紱，佩瑜玉，玉具劍，火珠標首，絳袴襪，赤舄。非謁廟則不服。未加元服，則空頂黑介幘，雙童髻，雙玉導。中舍人執遠遊冠以從。其遠遊三梁冠，黑介幘，翠緌纓，絳紗袍，皁緣中單，黑舄。大朝所服，亦服進賢三梁冠，黑介幘，皁朝服，絳緣中單，玄舄。爲宫臣舉哀，白帢，單衣，烏皮履。未加元服，則素服。

皇太子璽，黄金爲之，方一寸，龜鈕，文曰皇太子璽。宫中大事用璽，小事用門下典書坊印。

諸公卿平冕，黑介幘，青珠爲旒，上公九，三公八，諸卿六，以組爲纓，色如其綬。衣皆玄上纁下。三公山龍八章，降皇太子一等，九卿藻火六章，唯郊祀天地宗廟服之。

遠遊三梁，諸王所服。其未冠，則空頂黑介幘。開國公、侯、伯、子、男及五等散爵未冠者，通如之。

進賢冠，文官二品已上，並三梁，四品已上，並兩梁，五品已下，流外九品已上，皆一梁。致事者，通著委貌冠。主兵官及侍臣，通著武弁。侍臣加貂璫。御史大理著法冠。諸謁者、太子中導客舍人，著高山冠。宫門僕射、殿門吏、亭長、太子率更寺、宫門督、太子内坊察非吏、諸門吏等，皆著却非冠。羽林、武賁，著鶡。録令已下，尚書以上，著納言幘。又有赤幘，卑賤者所服。救日蝕，文武官皆免冠，著赤介幘，對朝服。賤者平巾，赤幘，示威武，以助於陽也。止雨亦服之。請雨則服緗幘，東耕則服青幘，庖人則服緑幘。

印綬，二品已上，並金章，紫綬；三品銀章，青綬，三品已上，凡是五省官及中侍中省，皆爲印，不爲章。四品得印者，銀印，青綬；五品、六品得印者，銅印，墨綬；四品已下，凡是開國子、男及五等散品名號侯，皆爲銀章，不爲印。七品、八品、九品得印者，銅印，黄綬。金銀章印及銅印，並方一寸，皆龜鈕。東西南北四藩諸國王章，上藩用中金，中藩用銀，並方寸，龜鈕。佐官唯公府長史、尚書二丞，給印綬。六品已下，九品已上，唯當曹爲官長者給印。餘自非長官，雖位尊，並不給。【略】

皇后璽、綬、佩同乘輿，假髻，步摇，十二鈿，八雀九華。助祭朝會以褘衣，祠郊禖以褕狄，小宴以闕狄，親蠶以鞠衣，禮見皇帝以展衣，宴居以褖衣。六服俱有蔽膝，織成緄帶。皇太后、皇后璽，並以白玉爲之，方一寸二分，螭獸鈕，文各如其號。璽不行用，有令，則太后以宫名衛尉印，皇后則以長秋印。【略】

内外命婦從五品已上，蔽髻，唯以鈿數花釵多少爲品秩。二品已上金玉飾，三品已下金飾。内命婦、左右昭儀、三夫人視一品，假髻，九鈿，金章，紫綬，服褕翟，雙佩山玄玉。九嬪視三品，五鈿蔽髻，銀章，青綬，服鞠衣，佩水蒼玉。世婦視四品，三鈿，銀印，青綬，服展衣，無佩。八十一御女視五品，一鈿，銅印，墨綬，服褖衣。又有宫人女官服制，第二品七鈿蔽髻，服闕翟；三品五鈿，鞠衣；四品三鈿，展衣；五品一鈿，褖衣；六品褖衣；七品青紗公服。俱大首髻。八品、九品，俱青紗公服，偏髾髻。

皇太子妃璽、綬、佩同皇太子，假髻，步摇，九鈿，服褕翟。從蠶則青紗公服。

皇太子妃璽，以黄金，方一寸，龜鈕，文曰皇太子妃之璽。若有封書，則用内坊印。

郡長公主、公主、王國太妃、妃，纁朱綬，髻章服佩同内命婦一品。郡長君七鈿蔽髻，玄朱綬，闕翟，章佩與公主同。郡君、縣主，佩水蒼玉，餘與郡長君同。太子良娣視九嬪服。縣主青朱綬，餘與良娣同。女侍中五鈿，假金印、紫綬，服鞠衣，佩水蒼玉。縣君銀章，青朱綬，餘與女侍中同。太子孺人同世婦。太子家人子同御女。鄉主、鄉君，素朱綬，佩水蒼玉，餘與御女同。外命婦章印綬佩，皆如其夫。若夫假章印綬佩，妻則不假。一品、二品，七鈿蔽髻，服闕翟。三品五鈿，服鞠衣。四品三鈿，服展衣。五品一鈿，服褖衣。内外命婦、宫人女官從蠶，則各依品次，還著蔽髻，皆服青紗公服。如外命婦，綬帶鞶囊，皆準其夫公服之例。百官之母詔加太夫人者，朝服公服，各與其命婦服同。

《隋書》卷一一《禮儀志》〔後周〕皇帝八璽，有神璽，有傳國璽，皆寶而不用。神璽明受之於天，傳國璽明受之於運。皇帝負扆，則置神璽於筵前之右，置傳國璽於筵前之左。又有六璽。其一皇帝行璽，封命諸侯及三公用之。其二皇帝之璽，與諸侯及三公書用之。其三皇帝信璽，發諸夏之兵用之。其四天子行璽，封命蕃國之君用之。其五天子之璽，與蕃國之君書用之。其六天子信璽，徵蕃國之兵用之。六璽皆白玉爲之，方一寸五分，高寸，螭獸鈕。

皇后璽，文曰皇后之璽，白玉爲之，方寸五分，高寸，麟鈕。

三公諸侯皆金印，方寸二分，高八分，龜鈕。七命已上銀，四命已上銅，皆龜鈕。三命已上，銅印銅鼻。其方皆寸，其高六分，文曰某公官之印。

皇帝之組綬，以蒼，以青，以朱，以黄，以白，以玄，以纁，以紅，以紫，以緅，以碧，以緑，十有二色。諸公九色，自黄以下。諸侯八色，自白以下。諸伯七色，自玄以下。諸子六色，自纁已下。諸男五色，自紅已下。三公之綬，如諸公。三孤之綬，如諸侯。六卿之綬，如諸伯。上大夫之綬，如諸子。中大夫之綬，如諸男。下大夫綬，自紫已下。士之綬，自緅已下。其璽印之綬，亦如之。

（唐）杜佑《通典》卷七一《禮·沿革·嘉禮·錫命》 東晉羊玄曰：說者以《左氏》云，天子錫諸侯命珪，以爲符信，珪者，諸侯所執以朝覲之瑞也。按魯成公即位八年，乃得命珪。三年夏，公如晉，此朝也，未有珪，朝何執也？凡命者，謂方策之書也，猶今教令耳。《覲禮》曰：諸公奉篋服，加命書於其上。《尚書·文侯之命》云：平王錫晉文侯秬鬯珪瓚，作文侯之命。命者，王之教令，其事非一策而已。

（明）丘濬《大學衍義補》卷九〇《治國平天下之要·備規制·璽節之制》 北魏太平真君七年，鄴城得玉璽，其文曰受命於天，既壽永昌，刻其旁曰魏所受傳國璽。

臣按：此文疑乃魏文帝所受於漢獻帝以禪位者，但其旁所刻文有少異，然説者又謂璽至晋爲劉石所得，尋復歸東晋，傳宋、齊、梁、陳以至於隋，不知孰爲真物也。

書吏分部

綜述

《晉書》卷二四《職官志》 驃騎已下及諸大將軍不開府非持節都督者，品秩第二，其祿與特進同。置長史、司馬各一人，秩千石；主簿，功曹史，門下督，録事，兵鎧士賊曹，營軍、刺姦、帳下都督，功曹書佐門吏，門下書吏各一人。

【略】三品將軍秩中二千石者，著武冠，平上黑幘，五時朝服，佩水蒼玉，食奉、春秋賜緜絹、菜田、田騶如光祿大夫諸卿制。置長史、司馬各一人，秩千石；主簿，功曹，門下都督，録事，兵鎧士賊曹，營軍、刺姦吏、帳下都督，功曹書佐門吏，門下書吏各一人。

《晉書》卷二四《職官志》 始賈充爲尚書令，以目疾表置省事吏四人，省事蓋自此始。

《晉書》卷二四《職官志》 司隸校尉，案漢武初置十三州，刺史各一人，又置司隸校尉，察三輔、三河、弘農七郡，歷漢東京及魏晉，其官不替。屬官有功曹、都官從事、諸曹從事、部郡從事、主簿、録事、門下書佐、省事、記室書佐、諸曹書佐守從事、武猛從事等員，凡吏一百人，卒三十二人。【略】

州置刺史，別駕、治中從事、諸曹從事等員。所領中郡以上及江陽、朱提郡，郡各置部從事一人，小郡亦置一人。又有主簿，門亭長、録事、記室書佐、諸曹佐、守從事、武猛從事等。凡吏四十一人，卒二十人。諸州邊遠，或有山險，濱近寇賊羌夷者，又置弓馬從事五十餘人。徐州又置淮海，涼州置河津，諸州置都水從事各一人。涼、益州置吏八十五人，卒二十人。

《晉書》卷一〇四《石勒載記》 烏丸審廣、漸裳、郝襲背王浚，密遣使降于勒，勒厚加撫納。司冀漸寧，人始租賦。立太學，簡明經善書吏署爲文學掾，選將佐子弟三百人教之。

《魏書》卷四上《世祖紀》 〔神䴥元年三年〕秋七月己亥，詔曰：昔太祖撥亂，制度草創，太宗因循，未遑改作，軍國官屬，至乃闕然。今諸征鎮將軍、王公仗節邊遠者，聽開府辟召；其次，增置吏員。

《魏書》卷四下《世祖紀》 〔正平元年〕秋七月丁亥，行幸陰山。省諸曹吏員三分之一。

《隋書》卷二七《百官志》 〔後齊〕自諸省臺府寺，各因其繁簡而置吏。有令史、書令史、書吏之屬。又各置曹兵，以共其役。其員因繁簡而立。其餘主司專其事者，各因事立名，條流甚衆，不可得而具也。

不與，以爲陶侃所上，多非實録。尋物之懷私，無世不有，宋末落紐，此巧尤多。又將位既衆，舉卹爲禄，實潤甚微，而人領數萬，如此二條，天下合役之身，已據其太半矣。又有改注籍狀，詐入仕流，昔爲人役者，今反役人。又生不長髮，便謂爲道人，填街溢巷，是處皆然。或抱子并居，竟不編户，遷徙去來，公違土斷。屬役無滿，流亡不歸。寧喪終身，疾病長臥。法令必行，自然競反。又四鎮戍將，有名寡實，隨才部曲，無辨勇懦，署位借給，巫媪比肩，彌山滿海，皆是私役。行貨求位，其塗甚易，募役卑劇，何爲投補？坊吏之所以盡，百里之所以單也。今但使募制明信，滿復有期，民無逕路，則坊可立表而盈矣。爲治不患無制，患在不行，不患不行，患在不久。上省玩之表，納之。乃別置板籍官，置令史，限人一日得數巧，以防懈怠。於是貨賂因緣，籍注雖正，猶強推却，以充程限。

程限分部

紀事

《南齊書》卷三四《虞玩之傳》 建元二年，詔朝臣曰：黄籍，民之大紀，國之治端。自頃氓俗巧偽，爲日已久，至乃竊注爵位，盗易年月，增損三狀，貿襲万端。或户存而文書已絶，或人在而反託死叛，停私而云隸役，身強而稱六疾。編户齊家，少不如此。皆政之巨蠹，教之深疵。比年雖却籍改書，終無得實。若約之以刑，則民偽已遠；若綏之以德，則勝殘未易。卿諸賢竝深明治體，可各獻嘉謀，以振澆化。又臺坊訪募，此制不近，優刻素定，閑劇有常。宋元嘉以前，茲役恒滿，大明以後，樂補稍絶。或緣寇難頻起，軍蔭易多，民庶從利，投坊者寡。然國經未變，朝紀恆存，相揆而言，隆替何速。此急病之洪源，晷景之切患，以何科算，革斯弊邪？ 玩之上表曰：宋元嘉二十七年八條取人，孝建元年書籍，衆巧之所始也。元嘉中，故光禄大夫傅隆，年出七十，猶手自書籍，躬加隱校。隆何必有石建之慎，高柔之勤，蓋以世屬休明，服道脩身故耳。今陛下日旰忘食，未明求衣，詔逮幽愚，謹陳妄説。古之共治天下，唯良二千石，今欲求治取正，其在勤明令長。凡受籍，縣不加檢合，但封送州，州檢得實，方却歸縣。吏貪其賂，民肆其姦，姦彌深而却彌多，賂愈厚而答愈緩。自泰始三年至元徽四年，揚州等九郡四號黄籍，共却七萬一千餘户。于今十一年矣，而所正者猶未四萬。神州奥區，尚或如此，江、湘諸部，倍不可念。愚謂宜以元嘉二十七年籍爲正。民惰法既久，今建元元年書籍，宜更立明科，一聽首悔，迷而不反，依制必戮。使官長審自檢校，必令明洗，然後上州，永以爲正。若有虚昧，州縣同咎。今户口多少，不減元嘉，而板籍頓闕，弊亦有以。自孝建已來，入勳者衆，其中操干戈衛社稷者，三分殆無一焉。勳簿所領，而詐注辭籍，浮遊世要，非官長所拘録，復爲不少。尋蘇峻平後，庾亮就温嶠求勳簿，而嶠

名諱分部

綜　述

（唐）杜佑《通典》卷一〇四《禮・沿革・凶禮・諸侯卿大夫謚議》

魏劉輔等啓論賜謚云：古者存有號則没有謚，必考行跡，論功業而爲之制。漢不修古禮，大臣有寵乃賜之謚。今國家因用未革。臣以爲今諸侯薨於位者可有謚，主者宜作得謚者秩品之限。尚書衛覬奏：舊制，諸王及列侯薨，無少長皆賜謚。古之有謚，隨行美惡，非所以優之。又次以明識昭穆，使不錯亂也。臣以爲諸侯王及王子諸公侯薨，可隨行跡賜謚；其列侯始有功勞，可一切賜謚；至於襲封者則不賜謚。尚書趙咨又奏云：其諸襲爵守嗣無殊才異勳於國及未冠成人，皆不應賜謚。黄門侍郎荀俣議以爲：古之謚，紀功懲惡也，故有桓文靈厲之謚。今侯始封，其以功美受爵土者，雖無官位，宜皆賜謚以紀其功，且旌奉法能全爵禄者也。其斬將搴旗，以功受爵，而身在本位，類皆比列侯。自關内侯以下及名號賜爵附庸，非謚所及，皆可闕之。若列侯襲有官位，比大夫以上；其不涖官理事，則當宿衛忠勤，或身死王事，皆宜加謚。其襲餘爵，既無功勞，官小善微，皆不足録。八座議以爲：太尉荀顗所撰定體統，通叙五等列侯以上，嘗爲郡國太守、内史、郡尉、牙門將、騎督以上薨者，皆賜謚。

（唐）杜佑《通典》卷一〇四《禮・沿革・凶禮・已遷主諱議》　魏王肅議：高皇諱，明皇帝既祔，儒者遷高皇主，尚書來訪，宜復諱不？及引殷家或乃同名。答曰：殷家以甲乙爲字，既二名不偏諱，且殷質故也。禮所謂舍故而諱新，諸侯則五代不諱，天子之制，死不得與諸侯同五代則不諱也。春秋魯諱具敖二山，五代之後，可不復爲諱，然已易其名，則故名不復諱也。猶漢元后父名禁，改禁中爲省中，至今遂以省中爲稱，非能爲元后諱，徒以名遂行故也。春秋時，晋范獻子適魯，名其二山，自以爲不學。當獻子時，魯不復爲二名諱，而獻子自以爲犯其諱，直所謂不學者也。《禮》曰詩書、臨文、廟中皆不諱，此乃謂不諱見在之廟，不謂已毁者也。文王名昌，武王名發，成王時頌曰克昌厥後、駿發爾私。箕子爲武王陳《洪範》曰，使羞其行而國其昌。厲王名胡，其子宣王時詩曰：胡不相畏，先祖于摧。其孫幽王時詩曰：哀今之人，胡爲虺蜴。此則詩書不諱明驗也。按漢氏不名諱，常曰臣妾不得以爲名字，其言事不諱，蓋取諸此也。然則周禮其不諱時，則非唯詩書、臨文、廟中，其餘皆不諱矣。今可太祖以上去墠乃不諱，諱三祖以下盡親如禮，唯詩書、臨文、廟中不諱。自此以後，雖百代如漢氏故事，臣妾唯不得以爲名字，其言事不諱。所謂魏國於漢，禮有損益，質文隨時，亦合尊之大義也。

（唐）杜佑《通典》卷一〇四《禮・沿革・凶禮・皇后謚及夫人謚議國妃命婦附》　東晋穆帝時，彭城國上言，爲太妃李求謚。太常王彪之以爲：由於婦人無爵，既從夫爵，則已無實爵，以從爲稱，則無謚可知。春秋婦人有謚者，周末禮壞耳。故服虔注聲子之謚非禮也。杜氏注惠公仲子，亦云非禮，婦人無謚。泰始以來，藩國王妃無有謚者，中興，敬后登祚乃追謚耳。瑯琊武王諸葛妃、恭王夏侯妃，元帝猶抑蒸蒸之至，不追謚，今彭城太妃不應謚。

（唐）杜佑《通典》卷一〇四《禮・沿革・凶禮・太子無謚議國君嗣子附》　東晋瑯琊世子未周而卒，大司農表瑯琊世子降君一等，宜謚哀愍。太常賀循云：謚者，所以表功行之目也。故古者未居成人之年及名位未備者，皆不作謚也。是以周靈王太子聰哲明智，年過成童，亡猶無謚。春秋諸侯即位之年稱子，踰年稱君。稱子而卒，皆無謚，名未成也。未成爲君，既無君謚，時見稱子，復無子謚，明俱未得也。唯晋之申生以仁孝遭命，年過成人，晋人悼之，故特爲謚，諸國無例也。及至漢代，雖遵之義，過於古禮，然亦未有未踰年之君而立謚也。殤沖二帝，皆已踰年方立謚。按哀沖太孫，各以幼齡立謚，不必依古，然皆即位臨官，正名承重，與諸下定君臣之義，尊成體具，事無所屈。且天下之名至重，體其尊者亦宜殊禮，故隨時定制，有立謚之事也。瑯琊世子雖正體乎上，生而全貴，適可明嫡統之義，未足定爲謚之證也。

（唐）杜佑《通典》卷一〇四《禮・沿革・凶禮・諸侯卿大夫謚議》

東晉元帝大興三年詔：古者皆謚，名實相稱。頃來有爵乃謚，非聖賢本意。通議之。有司表云：劉毅宜謚，以申毅忠允匪躬。贈右光禄大夫、儀同三司，斯誠聖朝考績以著勳之美事也。按謚者行之跡，而號者功之表。今毅功德並立，而有號無謚，於義不體。竊以春秋之事求之，謚主於行而不繫爵。然漢魏相承，爵非列侯，則皆没其高行而不加之謚，至使三事之賢臣，不如野戰之將士。臣願聖代舉春秋之遠制，改近代之舊服。

（唐）杜佑《通典》卷一〇四《禮·沿革·凶禮·君臣同謚議》 晉武帝太康八年十月，太常上謚故太常平陵男郭奕爲景侯。有司議奏，以爲：大晉受命祖宗謚號，群下未有同者。蓋因近代淺情，習於所見也。奕謚與景皇帝同，可改謚曰穆。侍中王濟等議曰：按主者議謚，避帝而不避后，既不脩古典，不嫌同稱，復乖近代不襲帝后之例。至於無窮之祚，若皆有避，於制難全。侍中成粲等議，以爲：號謚國之大典，使上下邁德，罔有荒怠。宜遠稽聖代，同符堯舜，不宜遵襲魏氏近制。詔賜謚曰簡。

東晉孝武太元四年，光禄勳王欣之表：伏尋太康中，郭奕謚曰景，有司執孝宗同號。臣聞姬朝盛明，父子齊稱，諸侯與周同謚，經諸哲王，不易之道也。宜遵古典，訓範來裔。徐邈議：按郭奕謚景，詔實不以犯帝謚而改也。又武帝永平元年詔書，貴賤不嫌同號。周公謚文，君父同稱，名行不殊，謚何得異。自今以後，其各如禮。尚書奏：文武舉其一致，聖賢有時而同，故文王經緯天地，孔文之不恥下問，所以爲文也。遠稽周典，嘉號通乎上下；近惟太康，改謚匪嫌同稱。自頃議者或乖體尚之實，非所以經綸無窮，永代垂式。王欣之所表，抑實舊典，宜如所陳。詔可。

（唐）杜佑《通典》卷一〇四《禮·沿革·凶禮·單複謚議》 東晉時，太常蔡司空謚議云：博士曹耽等議曰：謨可謂善始令終者矣。按謚法布德執義曰穆。司空左長史孔嚴與王彪之書云：博士引禮之義，以通高尚之事。穆，誠是美謚。然蔡公德業既重，又是先帝師傅，居總録之任，則是參貳宰相。考行定名，義存實録，不可不詳。彪之答：按謚法布德執義曰穆，謂此名目殊爲不輕。泰始初張皇后、太寧庾太后，並謚曰穆。魏司空陳泰、王昶、賀循，皆名士也，並謚曰穆。此與蔡公名體相應。中朝複謚亦不勝單，安平獻王孚、齊獻王攸並單謚。自頃複謚者，非大晉舊典必重複謚也，蓋是近來儒官相承近意耳，皆顧命重勳，或居分陝，或處阿衡。蔡公存謙素之懷，不當此任，於今詠之。所以不複謚，欲令異於數公，所以標沖虚述德美也。又中朝及中興曾居師傅及録臺事者，亦皆不複謚。山、李二司徒，吾族父安豐侯，近賀司空，荀太尉顗、周光禄顗，或曾師傅，或曾總録，並不複謚。吾謂此謚弘美，不應翻改。按謚法條有限，而應謚者無限，亦何得令名德必皆齊同。遠準周之文武，則後代不應復得通用此名；近校晉朝舊比，山濤、荀顗、周顗謚康，羊祜、荀勖同謚成。此例甚衆，不可悉載。近朱伯高謚簡，時尚書符卻已不應與和嶠同謚。蔡爲太常，據上論可同，理甚有義，遂便施行。蔡家固當有此故事。準例如此，復無所爲疑。

（唐）杜佑《通典》卷一〇四《禮·沿革·凶禮·卒哭後諱及七廟諱字議》 晉孫毓七廟諱字議：乙丑詔書班下尊諱，唯從宣皇帝以來，京兆府君以上，皆不別著。按禮，士立二廟，則諱王父以下，天子諸侯皆諱群祖，親盡廟遷，乃舍故而諱新。尊者統遠，卑者統近，貴者得申，賤者轉降，蓋所以殊名位之數，禮上下之序也。先代創業之主，唯周追王，夏殷以前，未有聞焉。顯考以下謂之親廟，親廟月祭，屬近禮崇。周武王時，諸盩張流反爲顯考廟。周人以諱事神，固不以追王所不及而闕正廟之諱也。禮，大夫所有公諱。又曰子與父同諱。明君父之諱，臣子不可以不諱也。范獻子聘於魯，問具敖之山，魯人以其鄉對，曰先君獻武之諱也。此時獻武已爲遠祖，鄰國大夫猶以犯諱爲失，歸而作戒，著於春秋。大晉龍興，弘崇遠制，損益因改，思臻其極。以爲京兆府君以上，雖不追王列在正廟，臣下應諱，禮有明義。宜班下諱字，使咸知所避，上崇寅嚴之典，下防僭同之謬。

（唐）杜佑《通典》卷一〇四《禮·沿革·凶禮·上書犯帝諱及帝所生諱議》 晉博士孔晁上書犯帝諱，後自上又觸諱，而引詩書不諱，臨文不諱。有司奏以慢論。詔曰：晁自理，頃所稱引，雖不與今相值，然情有所由，其特原之。然則自今以後，三帝諱情亦瞿然，長吏以上，足閑禮法，可如舊科。其餘散官以下，但用謬語者，不可具責。又古者内諱不出宫，但勿聽以爲名字。至於吾名，但在見避過禮，其或過謬，皆勿御問以煩簡書也。

又都官曹奏，以吴興郡上事有春字，犯會稽鄭太妃諱，下制書推之。王彪之謂：今皇太后臨朝，奏事詣太后，爲故應復犯會稽太妃諱不？都官郎傅讓、尚書王劭議，並謂不應復諱。尚書陸納等並謂故應諱。王尚書謂：朝臣所諱，君之母妻，諱者以是小君故耳。君之所生，非小君也，亦不上諱榜，非群下所應諱。且瑯琊夏侯太妃、章郡恭惠君章皇太妃諱並不頒下令天下同諱。宜更詳之。右丞戴謐議云：朝臣所諱，君之母妻，施於小君，非君之所生。所生之諱，不上諱榜，非群下所宜諱也。竊謂如此則不唯奏事太后不應諱而已，恐門號縣名作，不宜改頒於天下。而闔朝之臣，陳事不避，悠悠人吏，犯者不問，官號獨易，餘莫之諱，將於大體有不通邪？父之所諱，子無不諱，君之所諱，臣其不乎？諱施小君，誠有其文，母以子貴，亦有明義。若以事經至尊應諱，但奏御太后不諱，一朝之事，諱不並行，復是所疑。衆官皆從尚書令王彪之議：凡訓體憲章經典無文者，則當準已行之舊令。議者所從，是右丞議也。按右丞議云：門縣改名，既頒天下，則朝臣不得不諱。意以爲門縣名以犯先帝所生之諱，故先帝時改之，與明穆皇后臨朝除光禄勳字義體同爾，並皆頒下者，令知官名之改，非頒下令人皆諱之也。謂上書奏事詣先帝令上書爲諱耳。太后及朝臣並應諱之義。今者奏事詣太后，何諱之有，而乃稱太后制書遠推之乎。議又喻以父之所諱。竊以父子天性，君臣異族，君之所諱，何必盡同。元、明、哀三帝之朝，無以所生之諱頒于天下，令人皆同諱，則臣不同子之一隅也。明臣之所諱君之母妻諱者，諱小君之諱耳。且四海之人，皆小君之臣妾，非所生之臣妾也。以小君之諱列於諱榜，故天下同諱；所生之諱不列諱榜，故天下不同諱。於時主相賢明，朝多儁彦，今所應準，而議云非今所議，竊所未達。又云母以子貴，三帝之母，不以子貴邪。議又云章皇太妃之喻，殆非今嫌。既不解哀帝所生，何以獨非今嫌。又今上即位，所生李淑妃諱，何以不頒下天下，與簡文皇帝順皇后諱率土同諱之乎？中興有八帝，迄今上五帝有所生，豈可四帝所生普天下不諱，而簡文帝所生獨率土同諱乎？謂王尚書、傅郎議爲允。

（唐）杜佑《通典》卷一〇四《禮・沿革・凶禮・山川與廟諱同應改變議》 東晋康帝諱岳。太學言：被尚書符，解列尊諱無舊詁，是五山之大名。按《釋山篇》曰：山大而高曰嵩。今取諱宜曰嵩。如辭體訓宜詳，其嵩議未允，當更精詳禮文正上。徐禪議：謹按輒關博士王質、胡訥、許翰議。按《爾雅》無舊訓，非可造立。五山之名，取其大而高也。其詩曰：於皇時周，陟其高山。高山則岱、衡、華、恆也。周禮謂之五嶽，詩人謂之高山，字無詁訓，而有二名。今若舉名之别，宜曰高，取義爲訓，宜如前曰嵩。

（唐）杜佑《通典》卷一〇四《禮・沿革・凶禮・上表稱太子名議》

東晋孝武太元十九年七月，義興太守褚爽上表稱太子名，下太學議。助教臧燾議：按《禮記》云：父前子名，君前臣名。又云：君之於嗣子，親則父也，尊則君也。如此則太子雖國之儲貳，猶同於臣例。以君前臣名之義言，則爽表未爲失禮。然史籍所載人臣與人主言及上表，未有稱太子名者，今省無先比，即其驗也。昔武皇帝代，尚書僕射山濤啓事，稱皇太子而不言名。濤中朝名士，必詳典式，其不稱名，當有理趣。特以皇太子儲君，名諱尊重，不敢指斥故耳。古今異儀，禮有損益。今依仗前賢，固循先比，則爽表所稱，爲違舊準。徐乾議：《禮記》曰：夫人之諱，雖質君之前，臣不諱也。按夫人，國之小君，君之一體，太子之母也，而尚不諱，則太子何嫌乎。又禮：君前臣名，父前子名。又周公告父皆稱武王名，益可明矣。徐邈議云：《左傳》：周人以諱事神，名終將諱之。《記》云：卒哭而諱。皆周禮也。名之與謚，並是人倫所以相稱。殷尚質，無諱義，其遇名字如姓位耳。箕子荅武王，而國其昌，知於時未有諱也。周公於成王六年，始制周禮，曲備節文，而諱名稱謚。然猶臨文不諱，廟中不諱，故周頌有克昌厥後。先儒以爲宗廟詠歌，上不諱下，即是父前子名也。

（唐）杜佑《通典》卷一〇四《禮・沿革・凶禮・父諱與府主名同議》 晋右將軍王遐司馬劉曇，父名遐，曇求解職事。博士謝詮曰：按禮，諸侯諱祖與父，大夫士并諱伯父母及姑。又父，子之所天，尊無以比，宜聽解職。博士許幹議曰：按禮，君子不奪人親，故《孝經》云資父以事君而敬同，是以爲尊長諱，爲親者諱。曇自列父與將軍同名，聖朝垂恩，不許曇解，可使換官。

（唐）杜佑《通典》卷一〇四《禮・沿革・凶禮・授官與本名同宜改

及官位犯祖諱議》晉江統上言：臺選臣叔父春爲安成郡宜春縣令，與縣同名，故事皆得改選。臣以爲父祖改選者，蓋以臣子開地，不爲父祖之身也。今身名所加，亦施於臣子，吏人係屬，朝夕從事，官位之號，發言所稱。若指實而語，則違經典諱尊之義；若托辭迴避，則有廢官，擅犯憲制。名號繁多，士人殷富，至使有受寵皇朝，出身宰牧，而令吏人不得表其官稱，子孫不得言其位號。上名嚴父，下爲臣子，體例不通。若改易私名以避官稱，則違春秋不奪人親之義。臣以爲身名與官職同者，宜與觸父祖名爲比。體例既合，於義爲弘。元康七年，尚書敕：自今以後，諸身名與官職同者，與觸父祖諱同例。

東晉康帝咸康八年，詔以王允之爲衛將軍、會稽內史，允之表郡與祖會名同，乞改授。詔曰：祖諱孰若君命之重邪。下八座詳之。給事黄門侍郎譙王無忌議以爲：春秋之義，不以家事辭王事，是上之行乎下也。夫君命之重，固不得崇其私。又國之典憲，亦無以祖名辭命之制也。

（唐）杜佑《通典》卷一〇四《禮・沿革・凶禮・內諱及不諱皇后名議》 晉武帝泰始二年正月，有司奏，故事皇后諱與帝諱俱下。詔曰：禮，內諱不出宮，而近代諱之，非也。勿下。

（清）趙翼《陔餘叢考》卷一六《兩漢六朝謚法》 漢以來謚法，皆與其官爵並稱，大者則曰某王，次曰某侯，蓋猶春秋、戰國之遺法也。《漢書》：霍去病謚景桓侯，周緤謚貞侯，靳歙謚肅侯，傅寬謚景侯之類。其時凡賜謚者，本皆列侯，故皆云某侯，而未有稱伯、子、男者。六朝時，則又按其官位之大小而分别王、公、侯、伯、子。如王琳謚忠武王，劉秀之謚忠成公，王弘謚文昭公，王儉謚文憲公，沈慶之謚忠武公，王敬弘謚文貞公，徐勉謚簡肅公，王茂謚忠烈公，褚淵謚文簡公，劉勔謚昭公，王廣之謚壯公，柳慶遠謚忠惠侯，蕭穎達謚康侯，曹世宗謚壯侯，吕安國謚肅侯，蕭景先謚忠侯，劉善明謚烈伯，蕭赤斧謚懿伯，沈君理謚敬子，沈君高謚祁子，陸繕謚安子，沈炯謚恭子，陸杲謚簡子，庾杲謚貞子，凡謚皆連爵並稱，非如後世但賜某謚也。又《裴子野傳》：先是五等君及侍中以上乃有謚，字野以令望特賜謚貞子。陶弘景賜謚貞白先生，劉瓛賜謚貞簡先生。《北史》：李謐賜謚貞靜處士。此則官位例不及謚，而出於特恩者，乃後世特賜謚之始也。《後漢書》：夏恭卒，諸儒私謚曰宣明君。朱穆父卒，穆與諸儒考依古義，謚曰貞宣先生。及穆卒，蔡邕復及門人共述其體行，謚曰文忠先生。范冉卒，大將軍何進移書陳留太守，累行論謚，僉曰宜爲貞節先生。陳實卒，海內赴吊者三萬餘人，共謚爲文范先生。此又後世私謚之始也。然私謚究非禮，故荀爽嘗著論正之，見《後漢書》爽本傳。又《宋史》：張載卒，門人欲謚爲明誠夫子。司馬光曰：《禮記》言古者生無爵，死無謚。《檀弓》書禮所由失，謂士之有誄，自縣賁父始。曾子曰：賤不誄貴，幼不誄長，惟天子則稱天以誄之。諸侯相誄猶爲非禮，况弟子而誄其師乎？孔子殁，哀公誄之，不聞弟子複爲之謚也。是温公亦以私謚爲非禮，與爽同。按《左傳》：楚太子商臣弑成王，先謚之曰靈，不瞑；曰成，乃瞑。則古人之謚，有在將死時者按：《國語》楚共王將葬議謚，子囊謚之曰共，則古法上謚必在將葬，商臣于成王之死而即謚之，乃悖逆之爲，非常例也。。衛靈公出奔，北宮喜及析朱複之，靈公賜喜謚曰貞子，賜謚曰成子。則又有生前定謚者。楚共王臨卒，謂諸臣曰：我死，請爲靈若厲。蓋自謙也，則又有生前自謚者。又古謚法多用一字，間有二字者，如考烈、慎静之類也。並有用三字者，如貞惠文子是也。然大概用一字居多。近代謚法率用二字，蓋便於其子孫之稱也。《唐書》：吕諲卒，博士獨孤及謚曰肅。嚴郢以故事宰相謚皆二名。及謂：義在美惡，不在多名，文王、周公、晉重耳謚曰文，冀缺、甯俞、隨會謚曰武，二名之謚非古也。漢蕭何、張良、霍去病、霍光以一名不盡其善，故有文終、文成、景桓、宣成之謚。唐興，魏徵以王道佐時，近文；愛君忘身，近貞，二者不可偏廢，故曰文貞。蕭瑀端直，近貞；性多猜，近褊，故曰貞褊。若跡無異稱，則易以一字，故杜如晦、王、陳叔達、温彥博、岑文本皆當時宰相，謚不過一名。而曰故事當二名，殊所未聞。乃不改。後鄭珣瑜卒，博士徐複謚曰文獻。李巽謂：二謚非古。複謂：二謚，周、漢以來有之：威烈、慎静，周也；文終、文成，漢也。乃詔從覆議。此後世二名之謚之所始也。又古人易名之典，必核其人之生平，未嘗專著其美而諱其惡。秦、漢以上不具論，《晉書》：陳准死，太常議謚。嵇紹曰：謚所以垂不朽，大行受大名，細行受細名，准宜謚曰繆。何曾卒，議者以其食日萬錢，謚曰繆醜。謝石卒，範宏之議以因事有功曰襄，貪以敗官曰墨，宜謚墨襄公。《宋書》：何勖謚荒公。《南史》：蕭子顯卒，請謚，手敕曰：恃才傲物，宜謚曰驕。蕭曄卒，謚替侯。沈約卒，謚隱侯。徐陵卒，謚章僞侯。周敷爲周迪所欺被害，謚曰脱。《北史》：鄭羲卒，尚書奏：《謚法》博文多見曰文，不勤成名曰靈。乃謚爲文靈。魏于忠謚武丑。穆崇死，請謚，太祖覽《謚法》述義不克曰丁，遂謚爲丁公。後周薛善謚繆。宇文直謚刺。《唐書》：許敬宗卒，博士以其棄子荒徼，嫁女蠻中，謚曰繆。其孫訟之，始改謚蔡，宋慶禮卒，太常以其好巧自是，謚曰專。他如李程謚繆，房式謚傾，馬暢謚縱，韓宏謚隱，韋綬謚通醜，于頔謚厲，高璩謚刺，裴延齡謚繆。元載初謚曰荒，德宗改爲成縱。楊炎初謚肅愍，孔戣駁之，乃改平厲。宋夏竦初謚文正，司馬温公駁之，因改謚文莊。陳執中卒，韓維上疏，請謚榮靈。是唐、宋時謚猶兼美惡也。近代有謚者，但於美謚之中稍存輕重，而無複加以惡謚者。蓋古時三品以上，例皆贈謚，而其人之賢否不同，故考行易名，不能無褒貶。近代大臣身殁，其應贈謚與否，禮部必先奏請，請而得謚，其人必爲朝廷所眷惜之人，其謚自有褒無貶也。諡之最醜者莫如煬。《左傳》、《史記》所載不具論，漢惟東平王雲、長沙王旦，元魏初有紇那追謚曰煬帝。陳後主死于隋，贈長城公，謚曰煬。此外則隋煬帝、金海陵煬王，皆名實相稱。惟後周齊王憲，身爲賢王而冤死，死後亦謚曰煬，此最枉者。

（清）趙翼《陔餘叢考》卷三一《覿面犯諱》 六朝時最重犯諱。《南史》謝鳳之子超宗，以劉道隆問其有鳳毛，輒走匿不敢對。後超宗謂王僧虔子慈曰：卿書何如虔公書？答曰：如雞比鳳。超宗狼狽而退。蓋各觸父諱故也。殷鈞尚永興公主，公主憎之，每召入，滿壁書其父睿名。鈞輒流涕而去。《北史》：熊安生見徐之才、和士開二人，以之才諱雄，士開諱安，乃自稱觸觸生。雖爲當世所笑，然其時避諱之嚴，大概如此。董弅《燕閑常談》云：許將知西京，有一吏白事云：某錢若干，已有指揮許將來春充預買錢。許厲聲曰：許將如何作得預買錢。其人方悟。元絳知杭州，一吏白事：合依元降指揮。元拱手曰：元絳何嘗指揮？吏惶恐而退。此未免覿面犯諱，故酬接時亦有不可不留意者，古人所以有入門問諱之禮也。

紀　事

《魏書》卷七八《張普惠傳》〔太和〕時靈太后父司徒胡國珍薨，贈相國、太上秦公。普惠以前世后父無太上之號，詣闕上疏，陳其不可，左右畏懼，莫敢爲通。會聞胡家穿壙下墳有磐石，乃密表曰：臣聞優名寶位，王者之所光錫；尊君愛親，臣子所以慎終。必使勳績相侔，號秩相可，然後能顯揚當時，傳徽萬代者矣。竊見故侍中、司徒胡公，懷道含靈，實誕聖后，載育至尊，母儀四海，近樞克唯允之寄，居槐體論道之明。故以功餘九錫，褒假鑾纛，深聖上之加隆，極慈后之至愛，憲章天下，不亦可乎？而太上之號，竊謂未衷。何者？《易》稱：天尊地卑，乾坤定矣。故曰大哉乾元，又曰至哉坤元。明乾坤不可並大。《禮記》曰：天無二日，土無二王。嘗禘郊社，尊無二上。明君臣不可並上。伏見詔書，以司徒爲太上秦公，夫人爲太上秦君。夫人蒙號於前，司徒繫之於後，尊光之美盛矣。竊惟高祖受禪於獻文皇帝，故仰尊爲太上皇，此因上上而生名也。皇太后稱令以繫敕下，蓋取三從之道，遠同文母，列於十亂，則司徒之爲太上，恐乖繫敕之意。《春秋》傳曰：葬稱公，臣子辭。明不可復加上也。《書》曰：茲予大饗于先王，爾祖其從與饗之。司徒位尊屬重，必當配饗先朝，稱太上以爲臣，以事太上皇，恐非司徒翼翼之心。

漢祖創有天下，尊父曰太上皇，母曰昭靈后，乃帝者之事。晋有小子侯，尚曰僭之於天子。司徒，三公也，其可同號於帝乎？孔子曰：必也正名，名不正則言不順，言不順則事不成，事不成則禮樂不興，禮樂不興則刑罰不中，刑罰不中則民無所措手足。《易》曰有大者不可以盈，故受之以謙，謙尊而光，卑而不可踰，天道虧盈而益謙，地道變盈而流謙，鬼神害盈而福謙，人道惡盈而好謙。又曰：困於上者必反於下，故受之以井。比剋吉定兆，而以淺改卜，羣心悲惋，亦或天地神靈所以垂至戒，啓聖情。伏願聖后回日月之明，察微臣之請，停司徒逼同之號，從卑下不踰之稱，畏困上之鑒，邀謙光之福，則天下幸甚。

臣聞見災修德，災變成善。此太戊所以興殷，桑穀以之自滅。況今卜遷方始，當修革之會，愚以爲無上之名，不可假之，脱譏於千載，恐貽不言之咎。且君之於臣，比葬三臨之，禮也。司徒誠爲后父，實人臣也。雖子尊不加於父，乃天下母以義斷恩，不可遂在室之意，故曰女子有行，遠父母兄弟。況乃應坤之載，承天之重，而朔望於司徒之殯，晨昏於郊墓之間，雖聖思蒸蒸，其不虞宜戒。離宸極之嚴居，疲雲蹕於道路，此亦億兆蒼生，瞻仰失圖。伏願尋載馳之不歸，存静方之光大，則草木可繁，人靈斯穆。臣職忝諫司，敢獻狂瞽，謹冒上聞，不敢宣露，乞垂省覽，昭臣微款，脱得奉謁聖顔，曲盡愚衷者，死且不朽。

太后覽表，親至國珍宅，召集王公、八座、卿尹及五品已上，博議其事，遣使召普惠與相問答，又令侍中元叉、中常侍賈璨監觀得失。任城王澄問普惠曰：漢高作帝，尊父爲太上皇。今聖母臨朝，贈父太上公，求之故實，非爲無準。且君舉作則，何必循舊。對曰：天子稱詔，太后稱令，故周臣十亂，文母預焉。仰思所難，竊謂非匹。澄曰：前代太后亦有稱詔，聖母自欲存謙光之義，故不稱耳，何得以詔令之别，而廢嚴父之孝？對曰：后父太上，自昔未有。前代母后豈不欲尊崇其親，王何以不遠謨古義，而近順今旨。未審太后何故謙於稱詔，而不謙於太上。竊願聖后終其謙光。太傅、清河王懌曰：昔在僭晋，褚氏臨朝，殷浩遺褚裒書曰足下，今之太上皇也，況太上公而致疑。對曰：褚裒以女輔政辭不入朝。淵源譏其不恭，故有太上之刺。本稱其非，不記其是。不謂殿下以此賜難。侍中崔光曰：張生表中引晋有小子侯，出自鄭注，非爲正經。對曰：雖非正經之文，然述正經之旨。公好古習禮，復固斯難？御史中尉元匡因謂崔光曰：張表云，晋之小子侯，以號同稱僭。今者，太上公名同太上皇，比晋小子，義似相類。但不學不敢辨其是非。普惠對曰：中丞既疑其是，不正其非，豈所望於三獨。尚書崔亮曰：諫議所見，正以太上之號不應施於人臣。然周有太公尚父，亦兼二名。人臣尊重之稱，固知非始今日。普惠對曰：尚父者，有德可尚；太上者，上中之上。名同義異，此亦非並。亮又曰：古有文王、武王，亦有文子、武子。然則，太上皇、太上公亦何嫌其同也？普惠對曰：文武者，德行之迹，故迹同則謚同。太上者，尊極之位，豈得通施於臣下。廷尉少卿袁翻曰：《周官》：上公九命，上大夫四命。命數雖殊，同爲上，何必上者皆是極尊？普惠厲聲訶翻曰：禮有下卿上士，何止大夫與公。但今所行，以太加上，二名雙舉，不得非極。雕蟲小藝，微或相許，至於此處，豈卿所及。翻甚有慚色，默不復言。任城王澄曰：諫諍之體，各言所見，至於用捨，固在應時。卿向答袁氏，聲何太厲？普惠對曰：所言若是，宜見採用；所言若非，懼有罪及。是非須辨，非爲苟競。澄曰：朝廷方開不諱之門，以廣忠言之路。卿今意在向義，何云乃慮罪罰。議者咸以太后當朝，志相崇順，遂奏曰：張普惠辭雖不屈，然非臣等所同。涣汗已流，請依前詔。太后復遣元叉、賈璨宣令謂普惠曰：朕向召卿與羣臣對議，往復既終，皆不同卿表。朕之所行，孝子之志；卿之所陳，忠臣之道。羣公已有成議，卿不得苦奪朕懷。後有所見，勿得難言。普惠於是拜令辭還。

隋唐五代部

公文分部

綜　述

《隋書》卷二六《百官志》　諸王言曰令，境内稱之曰殿下。公侯封郡縣者，言曰教，境内稱之曰第下。自稱皆曰寡人。相以下，公文上事，皆詣典書。世子主國，其文書表疏，儀式如臣，而不稱臣。文書下羣官，皆言告。諸王公侯國官，皆稱臣。上於天朝，皆稱陪臣。有所陳，皆曰上疏。其公文曰言事。

（唐）長孫無忌《唐律疏議》卷一〇《職制·制書官文書誤輒改定》

諸制書有誤，不即奏聞，輒改定者，杖八十；官文書誤，不請官司而改定者，笞四十。知誤，不奏請而行者，亦如之。輒飾文者，各加二等。

疏議曰：制書有誤，謂旨意參差，或脱剩文字，於理有失者，皆合覆奏，然後改正、施行。不即奏聞，輒自改定者，杖八十。官文書，謂常行文書，有誤於事，改動者，皆須請當司長官，然後改正。若有不請自改定者，笞四十。知制書誤不奏，知官文書誤不請，依錯施行，亦如之：制書誤，得杖八十；官文書誤，得笞四十。依《公式令》：下制、敕宣行，文字脱誤，於事理無改動者，勘檢本案，分明可知，即改從正，不須覆奏。其官文書脱誤者，諮長官改正。輒飾文字者，各加二等，謂非動事，修飾其文，制書合杖一百，官文書合杖六十。若動事，自從詐增減法。

（唐）長孫無忌《唐律疏議》卷一〇《職制·事直代判署》　諸公文有本案，事直而代官司署者，杖八十；代判者，徒一年。亡失案而代者，各加一等。

疏議曰：公文，謂在官文書。有本案，事直，唯須依行。或奏狀及符、移、關、解、刺、牒等，其有非應判署之人，代官司署案及署應行文書者，杖八十。若代判者，徒一年。其亡失案而代者，各加一等：代署者杖九十，代判者徒一年半。此皆謂事直而代者。若有增減、出入罪重者，即從重科。依令：授五品以上畫可，六品以下畫聞。代畫者，即同增減制書。其有制可字，侍中所注，止當代判之罪。

（唐）長孫無忌《唐律疏議》卷一〇《職制·文書應遣驛不遣》　諸文書應遣驛而不遣驛，及不應遣驛而遣驛者，杖一百。若依式應須遣使詣闕而不遣者，罪亦如之。

疏議曰：依公式令：在京諸司有事須乘驛，及諸州有急速大事，皆合遣驛。而所司乃不遣驛非應遣驛，而所司乃遣驛，若違者：各杖一百。又，依儀制令：皇帝踐祚及加元服，皇太后加號，皇后、皇太子立及赦元日，刺史若京官五品以上在外者，並奉表疏賀，州遣使，餘附表。此即應遣使詣闕，而不遣者，亦合杖一百，故云罪亦如之。

（唐）長孫無忌《唐律疏議》卷一〇《職制·驛使不依題署》　諸驛使受書，不依題署，誤詣他所者，隨所稽留以行書稽程論減二等。若由題署者誤，坐其題署者。

疏議曰：文書行下，各有所詣，應封題署者，具注所詣州府。使人乃不依題署，誤詣他所，因此稽程者，隨所稽留，準上條行書稽留之程減二等，謂違一日杖六十，二日加一等，罪止徒一年。若有軍務要速者，加三等。有所廢闕者，從加役流上減二等，徒二年半。以故有所陷敗，亦從絞上減二等，徒三年。若由題署者誤，謂元題署者錯誤，即罪其題署之人，驛使不坐。

《唐六典》卷一《尚書都省》　凡都省掌舉諸司之綱紀與其百僚之程式，以正邦理，以宣邦教。凡上之所以逮下，其制有六，曰：制、敕、册、令、教、符。天子曰制，曰敕，曰册。皇太子曰令。親王、公主曰教。尚書省下於州，州下於縣，縣下於鄉，皆曰符。凡下之所以達上，其制亦有六，曰：表、狀、箋、啓、牒、辭。表上于天子，其近臣亦爲狀。箋、啓于皇太子，然于其長亦爲之，非公文所施。九品已上公文皆曰牒。庶人言曰辭。諸司自相質問，其義有三，曰：關、刺、移。關謂關通其事，刺謂刺舉之，移謂移其事于他司。移則通判之官皆連署。凡內外百司所受之事皆印其發日，爲之程限：一日受，二日報。其事速及送囚徒，隨至即付。小事五日，謂不須檢覆者。中事十日，謂須檢覆前案及有所勘問者。大事二十日，謂計算大簿帳及須諮詢者。獄案三十日，謂徒已上辨定須斷結者。其急務者不與焉。小事判勾經三人已下者給一日，四人已上給二日；中事，每經一人給二日；大事各加一日。內外諸司咸率此。若有事速及限內可了者，不在此例。其文書受、付日及訊囚徒，並不在程限。凡尚書省施行制、敕，案成則給程以鈔之；通計符、移、關、牒二百紙已下限二日。過此已往，每二百紙已上加二日，所加多者不得過五日。若軍務急速者，不出其日。若諸州計達于京師，量事之大小與多少以爲之節：二十條以上，二日；倍之，三日；又倍之，四日；又倍之，五日；雖多，不是過焉。凡制、敕施行，京師諸司有符、移、關、牒下諸州者，必由於都省以遣之。若在京差使者，令使人於都省受道次符、牒，然後發遣。若諸方使人欲還，亦令所由司先報尚書省，所有符、牒，並令受送。凡文案既成，勾司行朱訖，皆書其上端，記年、月、日，納諸庫。凡施行公文應印者，監印之官考其事目，無或差繆，然後印之；必書於曆，每月終納諸庫。其印，每至夜，在京諸司付直官掌；在外者，送當處長官掌。凡尚書省官，每日一人宿直，都司執直簿一轉以爲次。凡諸司長官應通判者及上佐、縣令皆不直也。凡內外百僚日出而視事，既午而退，有事則直官省之；其務繁，不在此例。凡天下制敕、計奏之數，省符、宣告之節，率以歲終爲斷。京師諸司，皆以四月一日納於都省。其天下諸州，則本司推校以授勾官，勾官審之，連署封印，附計帳使納於都省。常以六月一日都事集諸司令史對覆，若有隱漏、不同，皆附於考課焉。

《唐六典》卷八《門下省》 凡下之通於上，其制有六：一曰奏抄，謂祭祀，支度國用，授六品已下官，斷流已上罪及除、免、官當者，並爲奏抄。二曰奏彈，謂御史糺劾百司不法之事。三曰露布，謂諸軍破賊，申尚書兵部而聞奏焉。四曰議，謂朝之疑事，下公卿議，理有異同，奏而裁之。五曰表，六曰狀；蔡邕《獨斷》：凡群臣上書通于天子者四品：一曰章奏，二曰奏，三曰表，四曰駁議。章者，稱稽首上以聞，謝恩、陳事，詣闕通者也。奏者，上言稽首言，下言稽首以聞，其中有所請；若罪法劾案公府送御史臺，卿、校送謁者臺通者也。表者，上言臣某言，下言臣某誠惶誠恐，頓首頓首，死罪死罪，左方下附曰某官某甲上，以詣尚書通者也。公卿、校尉、諸將不言姓，大夫以下皆言姓。報章曰聞，報奏曰可，其表文尚書報所由云已奏如書。凡章、表以啓封，其言密事得皂囊。其有疑事，公卿百官會議而執異意者曰駁議，曰某主甲議以爲如是，下言愚戇議異；其合於上意者，文報曰某官某甲議可。漢承秦法，群臣上書皆言昧死言，王莽慕古，改昧死曰稽首，光武因而不改。章表制度，自漢已後，多相因循。《隋令》有奏抄、奏彈、露布等，皇朝因之。其駁議、表、狀等至今常行。其奏抄、露布侍中審，自餘不審。皆審署申覆而施行焉。覆奏書可訖，留門下省爲案。更寫一通，侍中注制可，印縫，署送尚書施行。

（唐）吴兢《貞觀政要》卷八《論赦令》 貞觀十年，太宗謂侍臣曰：國家法令，惟須簡約，不可一罪作數種條。格式既多，官人不能盡記，更生姦詐。若欲出罪，即引輕條。若欲入罪，即引重條。數變法者，實不益道理，宜令審細，毋使互文。

貞觀十一年，太宗謂侍臣曰：詔令格式，若不常定，則人心多惑，姦詐益生。《周易》稱：渙汗其大號。言發號施令，若汗出於體，一出而不復也。《書》曰：慎乃出令，令出惟行，弗爲反。且漢祖日不暇給，蕭何起於小吏，制法之後，猶稱畫一。今宜詳思此義，不可輕出詔令，必須審定，以爲永式。

（宋）王溥《唐會要》卷五四《省號上·中書省》 武德元年，因隋舊制，曰內書省。三年三月十日，改爲中書省。龍朔二年，改爲西臺。咸亨初，復爲中書省。光宅元年，改爲鳳閣。神龍中，復爲中書省。開元元年，改爲紫微省。五年，復爲中書省。故事，凡王言之制有七：一曰册書，立后建嫡，封樹藩屏，寵命尊賢，臨軒備禮則用之；二曰制書，行大賞罰，授大官爵，釐革舊政，赦宥降恩則用之；三曰慰勞制書，褒賢贊能，勸勉勤勞則用之；四曰發敕，謂御畫發敕日也，增減官員，廢置州縣，徵發兵馬，除免官爵，授六品以下官，處流以下罪，用庫物五百段，錢二百千，倉糧五百石，奴婢二十人，馬五十匹，牛五十頭，羊五百口以上，則用之；五曰敕旨，謂百司承旨，而爲程式，奏事請施行者；六曰論事敕書，慰諭公卿。誡約臣下，則用之；七曰敕牒，隨事承旨，不易舊典，則用之也，皆宣署申覆而施行焉；舊制，册書詔敕，總名曰詔。天授元年，避諱改詔曰制。凡下之通於上，其制有六：一曰奏抄，謂祭祀之支度國用，授六品以下官，斷流以下罪，及除免官爵者，並爲奏抄；二曰奏彈，謂御史糾劾百司不法之事也；三曰露布，謂諸軍破賊，申尚書兵部而聞奏焉；四曰議，謂朝之疑事，下公卿議，理有異同，奏而裁之；五曰表、六曰狀，皆省署申覆而施行焉，覆奏畫可訖，留門下省爲案，更寫一通，侍中注制可印署訖，送尚書省施行者。武德三年，高祖嘗有敕，而中書門下不時宣行，高祖責其遲由，内史令蕭瑀曰：臣大業之日，見内史宣敕，或前後相乖者，百司行之，不知何所承用，所謂易雖在前，難必在後。臣在中書日久，備見其事，今皇階初構，事涉安危，若遠方有疑，恐失機會，比每授一敕，臣必審勘，使與前敕不相乖背者，始敢宣行，遲晚之愆，實由於此。高祖曰，卿能用心若此，我有何憂。

（宋）王溥《唐會要》卷五四《省號上·中書省》　開元七年八月十日敕，中書門下廚雜料，破用外，有餘宜分收。

十三年十月，始用黄麻紙寫詔，至上元三年閏三月，詔制敕並用黄麻紙。

（宋）王溥《唐會要》卷五七《尚書省諸司上·尚書省》　上元三年閏三月二十日制，尚書省頒下諸州府縣，並宜用黄紙。

《全唐文》卷七《太宗·定皇太子與臣工書疏式詔》　皇太子地在震方，禮絶羣后，而令書法式，未著彝章。近代以來，例皆名曰。謙過逼下，書依衆庶，無以别貴賤之差，將何顯尊卑之序？理非通允，宜有更張。凡處分論事之書，皇太子並宜畫令，左右庶子以下署名。宣奉行書，按次畫日。其餘與諸親及師傅等書，不在此限。

《全唐文》卷一一《高宗·頒行新令制》　門下：蓋上帝臨下，覆幬之德彰焉；聖人在上，財成之跡著焉。然則統天理運。微政令不能通其道；經國訓人，非涣汗無以宣其化。故羲爻演繇，后以施命誥四方；《虞典》記言，帝乃敷文被九域。豈惟遒人振鐸，理存乎闡教；象闕懸書，義在於垂法。雖時分步驟，必循先甲之規；代變驪騵，無革達名之軌。既而淳源已往，澆風漸扇，奸宄於是萌生，譎詐以之飇起。相彼羣俗，頗乖於信義；顧茲庶尹，罕嗣於忠勤。尺一交馳，徒有書亭之弊；五條開出，猶招挂壁之譏。非所謂光闡帝圖，作爲人極者也。由此緑綈爰降，尤慎於繁冗；黄素所施，彌崇於喻曉。皇家創業，抑揚前古，粤在貞觀，大啓憲章，浹聲教於幽遐，燭文明於區宇。鴻池洐浩，統理詳密，螭鈕騰文，規模宏遠，固以貽厥將來，懸諸日月。

朕祇肅鴻業，恭臨寶位，握千載之禎符，承百王之末緒，凝神閑館，託軒夢以憂人，採誦康衢，用堯心而拯物。然以萬機事總，恐聽覽之或遺；四海務殷，慮緝訪之多闕。南宮故事，綜覆已殫；内史舊章，搜羅殆盡。自御宸扆，每懷冰谷，身雖處於巖廊，情實係於億兆，比者在外州府，數陳表疏，京下諸司，亦多奏請，朕以爲帝命多緒，範圍之旨載宏，王言如絲，彌綸之道斯洽，前後處分，因事立文，歲序既淹，條流遂積，覽之者滋惑，行之者愈怠，但政貴有恒，辭務體要，道廣則難備，事簡則易從，故自永徽以來，詔勅總令沙汰，詳稽得失，甄别異同，原始要終，捐華摭實，其有在俗非便，事縱省而悉除，於時適宜，文雖煩而必録，隨義删定，以類區分，上稟先規，下齊庶政，導生靈之耳目，闢風化之户牖，俾夫施之萬祀，周知訓夏之方，布之八埏，共識司南之路，仍令所司編次，具爲卷帙施行，此外並停，自今以後，諸有表奏，事非要切，並準勑令，各申所司，可頒示普天，使知朕意，主者施行。

《全唐文》卷一三《高宗·改尚書省制勅用黄紙詔》　制勅施行，既爲永式，比用白紙，多有蟲蠹。自今以後，尚書省頒下諸司諸州及下縣，宜並用黄紙。其承制勅之司，量爲卷軸，以備披簡。

《全唐文》卷七四《文宗·處分斷裂制勅敕》　應中書門下尚書省二十四司制勅及勅甲等，近日檢報，多稱斷裂，無憑勘覆。以此之故，踰濫大行。應從前制勅甲等所有斷裂者，宜各委本司並重黏背，其中書門下仍取本押舍人給事中及甲庫官本司吏，令尚書省委本司郎中甲庫官本行令史同署名印所斷裂縫扶尾，後云某甲勘卷若干。縫斷裂亦同印署，新舊背縫並具年月卷第印署。如庫官令史考滿日，須據實交點。已後檢報稱有斷裂，甲庫官及本行令史節級處分。

《全唐文》卷五四九《韓愈·袁州申使狀》　右，自今月二日後，每奉公牒，牒尾故牒字，皆爲謹牒字，有異於常。初不敢陳論，以爲錯誤。今既頻奉文牒，前後並同，在愈不勝戰懼之至。伏乞仁恩特令改就常式，以安下情。

《全唐文》卷六五三《元稹·制誥自序》　制誥本於《書》。《書》之誥、命、訓、誓，皆一時之約束也，自非訓導職業，則必指言美惡，以明誅賞之意焉。是以讀《説命》則知輔相之不易，讀《允征》則知廢怠之可誅。秦漢以來，未之或改。近世以科試取士文章，司言者苟務刓飾，不根事實，升之者美溢於詞，而不知所以美之之謂；黜之者罪溢於紙，而不知所以罪之之來。而又拘以屬對，跼以圓方，類之於賦、判者流。先王之約束，蓋掃地矣。元和十五年，余始以祠部郎中知制誥，初約束不暇，及後累月，輒以古道干丞相，丞相信然之。又明年，召入禁林，專掌内命。上好文，一日，從容議及此，上曰：通事舍人不知書便其宜，宣贊之外無不可。自是司言之臣，皆得追用古道，不從中覆。然而余所宣行者，文不能自足其意，率皆淺近，無以變例。追而序之，蓋所以表明天子之復古，而張後來者之趣尚耳。

《全唐文》卷一七二《张鷟·給事中楊珍奏狀錯以崔午為崔牛斷笞三十徵銅四斤不伏門下省二條》　沈沈青瑣，肅肅黄樞。望重鸞司，任光龍作。掌壺負璽，步頓於是生光；左貂右蟬，揖讓由其動價。楊珍門承積閥，榮重搢紳，趨左掖之嚴凝，奏上臺之清切。出納王命，職當喉舌之官；光闡帝猷，佐處腹心之地。恪勤之譽，未出於丹闈；舛繆之愆，已塵於清憲。馬字點少，尚懼亡身；人名不同，難爲逃責。准犯既非切唐，原情理或可容。何者？寧失不經，宥過無大。崔牛崔午，即欲論辜；甲申甲由，如何定罪？

《全唐文》卷一七二《张鷟·左補闕陳邃司制勑知勑書有誤不奏輒改所改之次與元勑同付法不伏》　陳邃繆司綸綍，忝掌樞機，參詳蘭葉之文，宣越芝英之字。拾遺補闕，躡山甫之清塵；獻可替否，尋晏嬰之勝迹。設令魚魯絶繆，理合上聞；豕亥參差，無疑下斷。豈容斟酌聖意，加減綸言？用寸管以窺天，持小觚而測海。未經上白，輒敢雌黄。定字雖復無差，據罪終須結正。八十之杖，自作難逃；三千之條，理宜明罰。

《舊五代史》卷一四三《禮志》　周廣順三年冬十月，禮儀使奏：郊廟祝文，禮例云：古者文字皆書于册，而有長短之差。魏、晋郊廟祝文書于册。唐初悉用祝版，惟陵廟用玉册，玄宗親祭郊廟，用玉爲册。德宗朝，博士陸淳議，准禮用祝版，祭已燔之，可其議。貞元六年親祭，又用竹册，當司准開元禮，並用祝版。梁朝依禮行之，至明宗郊天，又用竹册。今詳酌禮例，祝版爲宜。從之。

《全唐文》卷一〇九《後唐明宗·諭諸司寺監敕》　諸司寺監，凡有文簿施行奏覆，司長須與逐司官員同籤署申發，不得司長獨有指揮，其主印官或請假差使，印須依輪次主掌，不得踰越。

《全唐文》卷一一〇《後唐明宗·文書告勑宜粘連逐縫使印敕》　凡是選人，皆有資考，每至赴調，必驗文書，或不具全，多稱失墜，將明本末，須示規程。其判成諸色選人黄甲下後，將歷任文書告勑連粘，宜令南曹逐縫使印，都於後面粘紙，具前後歷任文書，都計多少紙數，具年月日，判成授某官。

《全唐文》卷一一三《後唐末帝·飭中書舍人詔》　近日告勑牒，書寫生疏，裝褫鹵莽，未欲便行罰責。今後書禮裝褫，並宜如法。中書舍人辭告，亦可以其人揚歷功效，或訓或獎，並宜允當。又須體認急切，如有宣取，盡時應副，無令稽緩。

《全唐文》卷九七二《闕名·請詳定明宗朝勑制奏天福三年六月中書門下》　伏睹天福元年十月勑節文，唐明宗朝勑命法制，仰所在遵行，不得更易。今諸司每有公事，見執清泰元年十月十四日編勑施行，稱唐明宗朝勑，除編集外，盡已封□不行。臣等商量，望差官將編集及封□前後勑文，並再詳定，其經文可行條件，別録聞奏施行。

紀事

（唐）張鷟《龍筋鳳髓判》卷一《門下省二條》　給事中楊珍奏狀，錯以崔午為崔牛，斷笞三十，徵銅四斤。不伏。

沉沉青瑣，肅肅黄樞，望重鸞司，任光龍作。掌壺負璽，步頓於是生光；左貂右蟬，揖讓由其動價。楊珍門承積閥，榮重搢紳，趨左掖之嚴凝，奏上臺之清切。出納王命，職當喉舌之官；光闡帝猷，佐處腹心之地。恪勤之譽，未出於丹闈；舛繆之愆，已塵於清憲。馬字點少，尚懼亡身；人名不同，難為逃責。准犯既非切害，原情理或可容。何者？寧失不經，宥過無大。崔牛崔午，即欲論辜；甲申甲由，如何定罪？

（唐）張鷟《龍筋鳳髓判》卷一《門下省二條》　左補闕陳邃司制敕，知敕書有誤，不奏輒改，所改之次，與元敕同。付法不伏。

陳邃繆司綸綍，忝掌樞機，參詳蘭葉之文，宣越芝英之字。拾遺補闕，躡山甫之清塵；獻可替否，尋晏嬰之勝迹。設令魚魯紕繆，理合上聞；豕亥參差，無疑下斷。豈容斟酌聖意，加減繇言？用寸管以窺天，持小瓢而測海。未經上白，輒敢雌黄。定字雖復無差，據罪終須結正。八十之杖，自作難逃；三千之條，理宜明罰。

（唐）李肇《唐國史補》卷中 高貞公郢，爲中書舍人九年，家無制草。或問曰：前輩皆有制集，公獨焚之，何也？答曰：王言不可存于私室。

（唐）裴庭裕《東觀奏記》卷下《孫隱中添改奏表受罰》 度支奏狀言漬污疋段誤書清污，上一見覺之。樞密使、承旨孫隱中謂上未省也，添成漬字。及中書復入，上赫怒，勘添改表奏者，罰責有差。

（宋）洪邁《容齋三筆》卷一〇《禁中文書》 韓魏公爲相，密與仁宗議定立嗣，公曰：事若行，不可中止，陛下斷自不疑。乞内中批出。帝意不欲宫人知，曰：只中書行足矣。淳熙十四年十月二十二日，壽皇聖帝自德壽持喪還宫，二十五日有旨召對，與吏部尚書蕭燧同引。中使先諭旨曰：教内翰留身。既對，乃旋於東華門内行廊下夾一素幄御榻後出一紙，録唐貞觀中太子承乾監國事以相示。蕭先退，上與邁言，欲令皇太子參决萬幾，使條具合行事宜。仍戒云：進入文字須是密。邁奏言：當親自書寫實封，詣通進司。上曰：也只剪開，不如分付近上一箇内臣。邁又言：臣無由可與内臣相聞知，惟御藥是學士院承受文字，尋常衹是公家文書傳達，今則不可，欲俟檢索典故了日，却再乞對面納。上曰：極好。於是七日間三得從容。乃知禁廷機事，深畏漏泄如此。

印信分部

綜　述

《隋書》卷一二《禮儀志》　神璽，寶而不用。受命璽，封禪則用之。皇帝行璽，封命諸侯及三師、三公書，則用之。皇帝之璽，賜諸侯及三師、三公書，則用之。皇帝信璽，徵諸夏兵，則用之。天子行璽，封命蕃國之君，則用之。天子之璽，賜蕃國之君書，則用之。天子信璽，徵蕃國兵，則用之。常行詔勅，則用內史門下印。【略】

皇太子璽，宮內大事用之。小事用左、右庶子印。【略】

皇太后服與皇后同。皇太后璽，不行用，若封令書，則用宮官之印。

皇后璽，不行用，若封令書，則用內侍之印。【略】

皇太子妃璽，不行用，若封書，則用典內之印。

《隋書》卷一二《禮儀志》　古佩印皆貯懸之，故有囊稱。或帶於旁，故班氏謂爲旁囊，綬印鈕也。今雖不佩印，猶存古制，有佩綬者，通得佩之。無佩則不。今採梁、陳、東齊制，品極尊者，以金織成，二品以上服之。次以銀織成，三品已上服之。下以綖織成，五品已上服之。分爲三等。

《隋書》卷一二《禮儀志》　有金璽，盤螭鈕，文曰皇后之璽。冬正大朝，則并黃琮，各以笥貯，進於座隅。

（唐）杜佑《通典》卷六三《禮・沿革・嘉禮・天子諸侯玉佩劍綬璽印》　隋制，神璽，寶而不用。受命璽，封禪則用之。餘六璽，行用並因舊制。

其綬，王，纁朱綬，四綵，赤黃縹紺，純朱質，纁文織成，長丈八尺，二百四十首，廣九寸。公，玄朱綬，四綵，玄赤縹紺，純朱質，玄文織成，長丈八尺，二百四十首，廣九寸。侯、伯，青朱綬，四綵，青赤白縹，純朱質，青文織成，長丈六尺，百八十首，廣八寸。子、男，素朱綬，三綵，青赤白，純朱質，白文織成，長丈四尺，百四十首，廣七寸。正、從一品，綠綟綬，四綵，綠紫黃赤，純綠質，長丈八尺，二百四十首，廣九寸。從三品以上，紫綬，三綵，紫黃赤，純紫質，長丈六尺，百八十首，廣八寸。銀青光祿大夫，朝議大夫及正、從四品，青綬，三綵，青白紅，純青質，長丈四尺，百四十首，廣七寸。正、從五品，墨綬，二綵，青紺，純紺質，長丈二尺，百首，廣六寸。自王公以下，皆有小雙綬，長二尺六寸，色同大綬，而首半之。正、從一品，施二玉環，以下不合。其有綬者則有紛，皆長六尺四寸，廣二寸四分，各隨綬色。

其鞶囊，如北齊制。佩，一品及五等諸侯，並山玄玉；五品以上，水蒼玉。

（元）馬端臨《文獻通考》卷一一五《王禮考・圭璧符節璽印》　隋制，神璽，寶而不用。受命璽，封禪則用之。餘六璽，行用並用舊制。其綬，王，纁朱綬，四采：赤、黃、縹、紺，純朱質、纁文織成，長丈八尺，二百四十首，廣九寸。公，元朱綬，四采：元、赤、縹、紺，純朱質、元文織成，長丈八尺，二百四十首，廣九寸。侯、伯，青朱綬，四采：青、赤、白、縹，純朱質，青文織成，長丈六尺，百八十首，廣八寸。子、男，素朱綬，三采：青、赤、白，純朱質，白文織成，長丈四尺，百四十首，廣七寸。正、從一品，綠綟綬，四采：綠、紫、黃、赤，純綠質，長丈八尺，二百四十首，廣九寸。從三品以上，紫綬，三采：紫、黃、赤，純紫質，長丈六尺，百八十首，廣八寸。銀青光祿大夫，朝議大夫及正、從四品，青綬，三采：青、白、紅，純青質，長丈四尺，百四十首，廣七寸。正、從五品，墨綬，二采：青、紺，純緇質，長丈二尺，百首，廣六寸。自王公以下，皆有小雙綬，長二尺六寸，色同大綬，而首半之。正，從一品，施二玉環，以下不合。其有綬者則有紛，皆長六尺四寸，廣二寸四分，各隨綬色。煬帝幸遼東，命衛玄爲京師留守，樊子蓋爲東都留守，俱賜玉麟符以代銅獸。《六典》云：傳符之制，京師留守曰玉麟符。

（唐）長孫無忌《唐律疏議》卷一〇《職制・用符節事訖稽留不輸》　諸用符節，事訖應輸納而稽留者，一日笞五十，二日加一等，十日徒一年。

疏議曰：依令：用符節，並由門下省。其符，以銅爲之，左符進內，右符在外。應執符人，有事行勘，皆奏出左符，以合右符。所在承用事訖，使人將左符還。其使若向他處，五日內無使次者，所在差專使送門下省輸納。其節，大使出即執之，使還，亦即送納。應輸納而稽留者，一日笞五十，二日加一等，十日徒一年。雖更違日，罪亦不加。其傳符，通用紙作，乘驛使人所至之處，事雖未訖，且納所司，事了欲還，然後更請，至門下送輸。既無限日，行至即納。違日者，既非銅魚之符，不可依此科斷，自依紙券，加官文書稽罪一等。其禁苑門符及交巡魚符，若木契等，於餘條得減罪二等，輸納稽遲者，準例亦減二等。若木契應發兵者，同上符節之罪。

（唐）長孫無忌《唐律疏議》卷一五《廄庫·官物有印封擅開》 諸官物有印封，不請所由官司，而主典擅開者，杖六十。

疏議曰：但是官物，有封閉印記，欲開者皆請所由官司。其主典不請官司而擅開者，杖六十。

（唐）長孫無忌《唐律疏議》卷一九《賊盜·盗官文書印》 諸盗官文書印者，徒二年。餘印，杖一百。謂貪利之而非行用者。餘印，謂印物及畜產者。

疏議曰：印者，信也。謂印文書施行，通達上下，所在信受，故曰官文書印。盗此印者，徒二年。餘印，杖一百，餘印謂給諸州封函及畜產之印，在令、式，印應官給。但非官文書之印，盗者皆杖一百。注云謂貪利之而非行用者，皆謂藉以爲財，不擬行用。若將行用，即從偽造、偽寫、封用規避之罪科之。

《唐六典》卷四《尚書禮部》 凡內外百司皆給銅印一鈕。其吏部、司勳各置二印，兵部置一印，考功、駕部、金部、尚食·尚乘局各別置一印。其文曰某司之印，東都即云東都某司之印。內外諸司有傳符、銅符之處，各給封符印一枚，發驛封符及封魚函則用之。諸司從行者各給行從印，其文曰某司行從之印；駕還，則封納本司。凡內外百官有魚符之制。並出於門下省。

《唐六典》卷八《門下省》 凡國有大事則出納符節，辨其左右之異，藏其左而班其右，以合中外之契焉。一曰銅魚符，所以起軍旅，易守長；兩京留守，若諸州、諸軍、折衝府、諸處捉兵鎮守之所及宮總監，皆給銅魚符。二曰傳符，所以給郵驛，通制命；兩京留守及諸州、若行軍所，並給傳符。諸應給魚符及傳符者，皆長官執。其長官若被告謀反大逆，其魚符付以次官，無次官，付受告之司。三曰隨身魚符，所以明貴賤，應徵召；親王及二品已上散官、京官文武職事五品已上、都督、刺史、大都督府長史·司馬、諸都護·副都護並給隨身魚符。四曰木契，所以重鎮守，慎出納；車駕巡幸，皇太子監國，有兵馬受處分者爲木契。若王公以下、兩京留守及諸州有兵馬受處分，並行軍所及領兵五百人以上、馬五百疋以上征討，亦各給木契。其在內在外及行用法式並准魚符。五曰旌節，《周禮》掌節職曰：凡邦國之使節，山國用獸節，土國用人節，澤國用龍節，皆金也。又云：道路用旌節。《注》云：今漢使所擁是也。《漢書》曰：戾太子遭巫蠱事，懼不自明，取使節發兵，與丞相劉屈氂戰。初漢節純赤，以太子持赤節，故更爲黃旄，加以相別。蘇武在匈奴，執漢節毛落。並其事也。所以委良能，假賞罰。魚符之制，王畿之內，左三右一；王畿之外，左五右一。左者在內，右者在外，行用之日，從第一爲首，後事須用，以次發之，周而復始。大事兼敕書，替代留守軍將及軍發後更添兵馬，新授都督、刺史及改替，追喚別使，若禁推、請假敕許及別敕解任者，皆須得敕書。小事但降符函封，遣使合而行之。應用魚符行下者，尚書省録敕牒，門下省奏請，仍預遣官典就門下對封，封內連寫敕符，與左魚同函封，上用門下省印。若追右符；函盛封印亦准此。傳符之制，太子監國曰雙龍之符，左、右各十；京都留守曰麟符，左二十，其右一十有九；東方曰青龍之符，西方曰騶虞之符，南方曰朱雀之符，北方曰玄武之符，左四、右三。左者進內，右者付外應執符人。其兩京留守符並進內；若車駕巡幸，留右符付留守人。隨身魚符之制，左二右一，太子以玉，親王以金，庶官以銅，隨身魚符皆題云某位姓名。其官只有一員者，不須著姓名；即官名其曹司同者，雖一員，亦著姓名。隨身者，仍著姓名，並以袋盛。其袋三品已上飾以金，五品已上飾以銀。六品已下守五品已上者不佩魚。若在家非時及出使，別敕召檢校，並領兵在外，不別給符契。若須回改處分者，勘符同，然後承用。佩以爲飾。刻姓名者，去官而納焉；不刻者，傳而佩之。若傳佩魚，皆須遞相付，十日之內申報禮部。木契之制，太子監國，則王畿之內左、右各三，王畿之外左、右各五；庶官鎮守，則左、右各十。旌節之制，命大將帥及遣使于四方，則請而假之，旌以專賞，節以專殺。

（唐）杜佑《通典》卷二一《職官·門下省·符寶郎》 周官有典瑞、掌節二官，掌瑞節之事。瑞、節，信也。典瑞屬春官，掌節屬地官。秦漢有符節令、丞，領符璽郎。昭帝幼沖，霍光秉政，殿中夜驚，光召求符璽，符璽郎不肯授。光奪之，郎按劍對曰：臣頭可得，璽不可得也。光壯之，增秩二等。文帝二年，初與郡守爲銅虎符、竹使符之制，又皆屬焉。應劭曰：銅虎符第一至第五，國家當發兵，遣使者至郡合符，符合乃聽受之。竹使符者，以竹箭五枚，長五寸，鐫刻篆書第一至第五。顔師古曰：符，與郡守各分其半，右留京師，左以與之。後漢有符節令，兩梁冠，位次御史中丞。别爲一臺，而符節令一人爲臺率，掌符節之事，屬少府。魏與後漢同。晉泰始九年，省并蘭臺，置符節御史掌其事。宋與晉。齊蘭臺有主璽令史，以治書侍御史領之。梁陳御史臺亦有符節令史。後魏御史臺領符節令，符節令領符璽郎中。北齊有符節署，餘與後魏同。符節令一人，符璽郎中四人。後周有主璽下士，掌國璽之藏。隋初，有符璽局，置監二人，屬門下省，煬帝改監爲郎。大唐因之。長壽三年，改爲符寶郎。神龍初，復爲符璽郎。開元初，復爲符寶郎。天寶五載六月敕，玉璽既爲寶，宜爲璽書。十載正月，改傳國璽爲承天大寶。其符節並納於宮中，有行從則請之，郎掌諸進符寶出納幡節也。

（唐）杜佑《通典》卷六三《禮・沿革・嘉禮・天子諸侯玉佩劍綬璽印》 大唐貞觀十六年，太宗刻受命玄璽，白玉爲螭首，其文曰皇帝景命，有德者昌。

永徽二年四月，敕開府儀同三司及京官文武職事四品、五品，並給隨身魚袋。上元元年八月，敕文武官三品以上，金玉帶，十二銙；四品，金帶，十一銙；五品，金帶，十銙；六品、七品，並銀帶，九銙；八品、九品，服並鍮石帶，八銙；庶人服黄銅鐵帶，六銙。其一品以下，文官並帶手巾、算袋、刀子、磨石，其武官欲帶手巾、算袋，亦聽。武太后天授元年九月，改內外官所佩魚爲龜。至神龍元年二月，京文武官五品以上，依舊式佩魚袋。垂拱二年正月赦文，諸州都督刺史，並准京官帶魚袋。長壽三年，改玉璽爲符寶。久視元年十月，職事三品以上龜袋，宜用金飾，四品用銀飾，五品用銅飾。上守下行，皆依官給。神龍元年，改符寶復爲璽。神龍元年六月赦文，嗣王、郡王有階卑者，特許佩金魚袋。景雲二年四月赦文，敕令內外官依上元元年敕，文官武官咸帶七事謂佩刀、刀子、磨石、契苾真、噦厥針筒、火石袋等也。鞊鞢。其腰帶，一品至五品並用金，六品、七品並用銀，八品、九品並用鍮石。

開元二年七月，敕百官所帶算袋等，每朔望參日著，外官衙日著，餘日停。其年七月敕，珠玉錦繡，既令禁斷，准式，三品以上飾以玉，四品以上飾以金，五品以上飾以銀者，宜於腰帶及馬鐙、酒杯杓依式，自外悉禁斷。天授二年八月，左羽林大將軍建昌王攸寧借紫衫金帶。九月二十六日，除納言，依舊著紫帶金龜。借紫自此始。八年二月敕，都督刺史品卑者，借緋及魚袋，永爲常式。九年八月，諸親王長子先帶郡王官階卑者，亦聽著紫佩魚袋。二十五年五月敕：緋紫之服，班命所崇，以賞有功，不可踰濫。如聞諸軍賞借，人數甚多，曾無甄别，是何道理。自今以後，除灼然有戰功，餘不得輒賞魚袋。

大唐貞觀十六年，太宗刻受命璽，白玉爲螭首，其文曰皇天景命，有德者昌。長壽三年，改玉璽爲符寶。神龍元年，改符寶復爲璽。天寶十載，改傳國寶爲承天大寶。天子之寶八：一曰神寶，所以臣百王，鎮萬國，寶而不用。二曰受命寶，所以修封禪，禮神祇。三曰皇帝行寶，答疏於王公則用之。四曰皇帝之寶，勞來勳賢則用之。五曰皇帝信寶，徵召下臣則用之。六曰天子行寶，答四夷書則用之。七曰天子之寶，慰撫蠻夷則用之。八曰天子信寶，發番國兵則用之。凡大朝會，則奉寶以進于御座。車駕行幸，則奉寶以從于黄鉞車之內。今元正朝會，進神寶及受命寶；若行幸，則合八寶爲五輩，函録封盛以從。其佩玉綬兼臣下之制，具《開元禮序》例。

《舊唐書》卷四三《職官志》 符寶郎四員。從六品上。周有典瑞之職，秦有符璽令，漢曰符璽郎。兩漢得秦六璽及傳國璽，後代傳之。隋置符璽郎二員，從六品。天后惡璽字，改爲寶。其受命傳國等八璽文，並改彫寶字。神龍初，復爲符璽郎。開元初，又改爲符寶，從璽文也。令史二人，書令史三人，主寶六人，主符三十人，主節十八人。符寶郎掌天子八寶及國之符節，辨其所用。有事則請於內，既事則奉而藏之。八寶：一曰神寶，所以承百王，鎮萬國；二曰受命寶，所以修封禪，禮神祇；三曰皇帝行寶，答疏於王公則用之；四曰皇帝之寶，勞來勳賢則用之；五曰皇帝信寶，徵召臣下則用之；六曰天子行寶，答四夷書則用之；七曰天子之寶，慰撫蠻夷則用之；八曰天子信寶，發番國兵則用之。凡大朝會，則捧寶以進于御座。車駕行幸，則奉寶以從于黄鉞之內。凡國有大事，則出納符節，辨其左右之異，藏其左而班其右，以合中外之契焉。一曰銅魚符，所以起軍旅，易守長。二曰傳符，所以給郵驛，通制命。三曰隨身魚符，所以明貴賤，應徵召。四曰木契，所以重鎮守，慎出納。五曰旌節，所以委良能，假賞罰。魚符之制，王畿之內，左三右一；王畿之外，左五右一。左者在內，右者在外。行用之日，從第一爲首，後事須用，以次發之，周而復始。大事兼敕書，小事但降符，函封遣使合而行之。傳符之制，太子監國曰雙龍之符，左右各十。京都留守曰麟符，左二十，其右一十有九。東方曰青龍之符，西方曰騶虞之符，南方曰朱雀之符，北方曰玄武之符，左四右三。左者進內，右者付外。隨身魚符之制，左二右一，太子以玉，親王以金，庶官以銅，佩以爲飾。刻姓名者，去官而納焉；不刻者，傳而佩之。木契之制，太子監國，則王畿之內，左右各三；王畿之外，左右各五；庶官鎮守，則左右各十。旌節之制，命大將帥及遣使於四方，則請而佩之。旌以專賞，節以專殺。《周禮》之制，山國用虎節，土國用人節，澤國用龍節，皆金也。又云，道路用旌節，即漢使所持者是也。

《新唐書》卷五《玄宗紀》〔開元六年十一月〕乙巳，改傳國璽曰寶。

《新唐書》卷二四《車服志》 天子有傳國璽及八璽，皆玉爲之。神璽以鎮中國，藏而不用。受命璽以封禪禮神，皇帝行璽以報王公書，皇帝之璽以勞王公，皇帝信璽以召王公，天子行璽以報四夷書，天子之璽以勞四夷，天子信璽以召兵四夷，皆泥封。大朝會則符璽郎進神璽、受命璽於御座，行幸則合八璽爲五輿，函封從於黄鉞之內。

太皇太后、皇太后、皇后、皇太子及妃，璽皆金爲之，藏而不用。太皇太后、皇太后封令書以宫官印，皇后以內侍省印，皇太子以左春坊印，妃以內坊印。

初，太宗刻受命玄璽，以白玉爲螭首，文曰：皇天景命，有德者昌。至武后改諸璽皆爲寶。中宗即位，復爲璽。開元六年，復爲寶。天寶初，改璽書爲寶書。十載，改傳國寶爲承天大寶。

初，高祖入長安，罷隋竹使符，班銀菟符，其後改爲銅魚符，以起軍旅、易守長，京都留守、折衝府、捉兵鎮守之所及左右金吾、宫苑總監、牧監皆給之。畿內則左三右一，畿外則左五右一，左者進內，右者在外，用始第一，周而復始。宫殿門、城門，給交魚符、巡魚符。左廂、右廂給開門符、閉門符。亦左符進內，右符監門掌之。蕃國亦給之，雄雌各十二，銘以國名，雄者進內，雌者付其國。朝貢使各賫其月魚而至，不合者劾奏。

傳信符者，以給郵驛，通制命。皇太子監國給雙龍符，左右皆十。兩京、北都留守給麟符，左二十，右十九。東方諸州給青龍符，南方諸州朱雀符，西方諸州騶虞符，北方諸州玄武符，皆左四右三。左者進內，右者付外。行軍所亦給之。

隨身魚符者，以明貴賤，應召命，左二右一，左者進內，右者隨身。皇太子以玉契召，勘合乃赴。親王以金，庶官以銅，皆題某位姓名。官有貳者加左右，皆盛以魚袋，三品以上飾以金，五品以上飾以銀。刻姓名者，去官納之，不刻者傳佩相付。

有傳符、銅魚符者，給封符印，發驛、封符及封魚函用之。有銅魚而無傳符者，給封函，還符、封函用之。

天子巡幸，則京師、東都留守給留守印，諸司從行者，給行從印。

木契符者，以重鎮守、慎出納，畿內左右皆三，畿外左右皆五。皇帝巡幸，太子監國，有軍旅之事則用之，王公征討皆給焉，左右各十九。太極殿前刻漏所，亦以左契給之，右以授承天門監門，晝夜勘合，然後鳴鼓。玄武門苑內諸門有喚人木契，左以進內，右以授監門，有敕召者用之。魚契所降，皆有敕書。尚書省符，與左同乃用。

大將出，賜旌以顓賞，節以顓殺。旌以絳帛五丈，粉畫虎，有銅龍一，首纏緋幡，紫縑爲袋，油囊爲表。節，懸畫木盤三，相去數寸，隅垂赤麻，餘與旌同。

（宋）王溥《唐會要》卷五七《尚書省諸司上・尚書省》 故事，內外百司所受之事，尚書省皆印其發日，爲立程限。京府諸司，有符移關牒下諸州府，必由都省以遣之。故事，除兵部吏部外，共用都司印。至聖歷二年二月九日，初備文昌臺二十四司印，本司郎官主之，歸則收於家。建中三年，左丞趙涓，始令納於直廳，其假日及不及日，即都用當郎官本司印，餘印亦都不開。

（明）丘濬《大學衍義補》卷九〇《治國平天下之要・備規制・璽節之制》 唐制，天子有傳國璽及八璽，皆玉爲之，神璽以鎮中國，藏而不用，受命璽以封禪禮神，皇帝行璽以報王公書，皇帝之璽以勞王公，皇帝信璽以召王公，天子行璽以報四夷書，天子之璽以勞四夷，天子信璽以召兵四夷。

臣按：此唐朝璽制。

唐制，有符寶郎四人，掌天子八寶及國之符節，有事則請於內，既事則奉而藏之，大朝會則奉寶進於御座，行幸則奉以從焉。大事出符則藏其左而班其右，以合中外之契，兼以敕書；小事則降符函封，使合而行之。凡命將遣使皆請旌節，旌以顓賞，節以顓殺。

臣按：此唐人設官掌寶及符節之制，今制爲尚寶司專司寶璽及金牌、牙牌之屬。

《全唐文》卷一三七《房元齡·玉璽議》 謹詳前載方石緘封，玉檢金泥，必資印璽，以爲祕固。今請依令用受命璽以封石檢，其玉檢既與石檢大小不同，請更造璽一枚，方一寸二分，文同受命璽，以封玉牒。石檢形制，依漢建武故事。

《全唐文》卷一四九《褚遂良·玉璽記》 秦始皇既并天下，取趙璧琢而爲之，方四寸，紐五盤龍面，曰：受命于天，既壽永昌。丞相李斯之小篆也。璽上隱起爲盤龍文，曰：受天之命，皇帝壽昌。歷代傳之，謂曰傳國璽也。秦滅傳漢，歷王莽，爲元后投之於地，一角小缺。莽滅，校尉公賓龍以璽詣更始，以璽上劉盆子，盆子面縛，入於後漢光武。靈帝崩，少帝失位，掌璽者投於井，爲孫堅所得。袁術拘其妻而奪之。術死，荊州刺史徐璆得，還許獻之。漢滅傳魏，魏又傳晋。懷失政，璽投劉聰。聰死，劉曜得之，傳於石勒、季龍、冉閔。季龍磨其隱起之文，刻其旁曰：天命石氏。冉閔敗，其將蔣幹以璽送建業，歷東晋宋齊梁。侯景陷臺城，簡文以璽上景。景將侯子船盜璽走至棲霞寺，僧惠永得之。陳永定三年僧死，弟子普智奉璽獻陳。陳止傳隋，隋末沒於宇文化及，及又沒於竇建德。至大唐武德四年，太宗文武皇帝爲天策上將軍，東討擒竇建德，德妻曹氏及左僕射裴矩奉璽上獻。天子八寶，有國之符印也。一曰神璽，所以承百王鎮萬國也。二曰受命璽，所以修封禪神祇之用。三曰皇帝之璽，答疏於王公用之。四曰皇帝行璽，勞賚賢臣功勳用之。五曰皇帝信璽，徵召臣下則用之。六曰天子之璽，答四夷書信用之。七曰天子行璽，撫四夷用之。八曰天子信璽。發番國兵用之。衛宏漢議曰：皇后太子，以金爲之。神璽、受命璽皆爲傳國之璽。其六璽皆六螭獸紐，文曰皇帝之璽、皇帝行璽皇帝信璽、天子之璽、天子行璽、天子信璽。虞喜《志林》曰：所封事異。故文字不同。《漢儀》又云：以皇帝行璽爲凡雜，以皇帝之璽賜諸侯書，以皇帝信璽發兵，其徵大臣以天子行璽，外國之事以天子之璽，鬼神事以天子信璽。皆以武都紫泥封，青囊白素裏，兩端縫，尺一板，中約署，有事及發外國兵，用天子信璽；封拜外國及徵召，用天子行璽；賜匈奴單于外國王，用皇帝信璽；諸下銅獸符發郡國兵，用皇帝之璽；封王公以下遣使，皆用皇帝信璽。若駕行幸次，直侍信璽以從。天子之璽合璽，其用以玉，其封以泥。皇后及太子之信，曰凡大朝會，則捧璽以進，其用以金。於御座車駕行幸，則奉璽從於黄鉞之内。今元正朝會，則進神璽。及受命璽，爲五轝。若行幸，則合六璽爲五轝，函籙封盛以從。符璽郎四人，從六品，掌天子六璽及傳國之璽。其所用，有事則於内行，事畢則奉而藏之。

《全唐文》卷三七四《趙良器·印賦以王道正直執契理人爲韻》 域中四大，得一者王，混同區宇，端拱巖廊。運元功而莫測，故神用之無方。穴處巢居，時尚傳於朴略；結繩刻木，化始漸於昭彰。暨夫扇澆薄，事征討，知慧出而下有大僞，忠信興而上失其道。聖人以智周萬物，仰觀俯考，追淳化於往初，發鳥迹而爰造。是鑄至堅之金，騁至巧之性，方圓設象以迴合，雕錯得宜而瑩淨。其道恒，其體正，其君者是效，故有聞於至孚；王者是司，故不待於嚴令。詳觀其貌，且横且直；文繚繞而外轉，字連綿而内逼；迹處泥而髣髴，容因朱而翕艴。迫而察之，若披彩畫之圖；遠而望之，若散晴霞之色。爾其大小咸準，委曲相襲，隨時而行，仗義而立。羣吏則有慮其誕，故合之而給；天子則不責於人，故司契而執。借如九命作伯，三朝謁帝，服冠冕而去來，佩印綬而有繼。當司存之部領，覽職事之巨細，罔不典常作師，圖忱之子。且契之不明，訟之所起；契之既用，人得而理。豈徒中山張氏，化墜鵲而初成；餘不亭侯，感迴龜而相似？光錫忠義，若斯而已。亂曰：古之善爲道者，非以明人，執其左契，欲使還淳，故得永全太朴，不斁彝倫。斯亦爲政之機要，何止更光於搢紳？

〔元〕馬端臨《文獻通考》卷一一五《王禮考·圭璧符節璽印》 唐制，天子有傳國璽及八璽，皆玉爲之。神璽以鎮中國，藏而不用。受命璽以封禪禮神，皇帝行璽以報王公書，皇帝之璽以勞王公，皇帝信璽以召王公，天子行璽以報四夷書，天子之璽以勞四夷，天子信璽以召兵四夷，皆泥封。大朝會則符璽郎進神璽受命璽於御座，行幸則合八璽爲五輿，函封從於黄鉞之内。太皇太后、皇太后、皇后、皇太子及妃，璽皆金爲之，藏而不用。太皇太后、皇太后封令書以宫官印，皇后以内侍省印，皇太子以左春坊印，妃以内坊印。初，太宗刻受命元璽，以白玉爲螭首，文曰：皇天景命，有德者昌。至武后改諸璽皆爲寶。中宗即位，復爲璽。開元六年，復爲寶。天寶初，改璽書爲寶書。十載，改傳國寶爲承天大寶。

初，高祖入長安，罷隋竹使符，班銀菟符，其後改爲銅魚符，以起軍旅、易守長，京都留守、折衝府、捉兵鎮守之所及左右金吾、宫苑總監、牧監皆給之。畿内則左三右一，畿外則左五右一，左者進内，右者在外，用始第一，周而復始。宫殿門、城門，給交魚符、巡魚符。左箱、右箱給開門符、閉門符。亦左符進内，右符監門掌之。蕃國亦給之，雄雌各十二，銘以國名，雄者進内，雌者付其國。朝貢使各齎其月魚而至，不合者劾奏。傳信符者，以給郵傳，通制命。皇太子監國給雙龍符，左右皆十。兩京、北都留守給麟符，左二十，右十九。東方諸州給青龍符，南方諸州朱雀符，西方諸州騶虞符，北方諸州元武符，皆左四右三。左者進内，右者付外。行軍所亦給之。隨身魚符者，以明貴賤，應召命，左二右一，左者進内，右者隨身。皇太子以玉契召，勘合乃赴。親王以金，庶官以銅，皆題某位姓名。官有二者加左右，皆盛以魚袋。三品以上飾以金，五品以上飾以銀。刻姓名者，去官納之，不刻者傳佩相付。有傳符、銅魚符者，給封符印，發驛、封符及封魚函用之。有銅魚而無傳符者，給封函，還符，封函用之。天子巡幸，則京師、東都留守給留守印，諸司從行者，給行從印。木契符者，以重鎮守、慎出納，畿内左右皆三，畿外左右皆五。皇帝巡幸，太子監國，有軍旅之事則用之，王公征討皆給焉，左右各十九。太極殿前刻漏所，亦以左契給之，右以授承天門監門，晝夜勘合，然後鳴鼓。元武門苑内諸門，有喚人木契，左以進内，右以授監門，有敕召者用之。魚契所降，皆有敕書。尚書省符，與左同乃用。大將出，賜旌以顓賞，節以顓殺。旌以絳帛五丈，粉畫虎，有銅龍一，首纏緋幡，紫縑爲袋，油囊爲表。節懸畫木盤三，相去數寸，隅垂赤麻，餘與旌同。

《舊五代史》卷二《梁書·太祖紀》〔天祐二年十一月〕癸未，唐中書門下奏：中書印已送相國，中書公事權用中書省印。

《舊五代史》卷三《梁書·太祖紀》〔開平元年四月戊辰〕詔在京百司及諸軍州縣印一例鑄换，其篆文則各如舊。

《舊五代史》卷四《梁書·太祖紀》〔開平二年八月辛亥〕兩浙錢鏐奏，請重鑄换諸州新印。

《舊五代史》卷一〇《梁書·末帝紀》〔龍德元年二月〕己卯，禮部尚書、充西都副留守兼判尚書省事崔沂奏：西京都省，凡有公事奏聞，常須借印施行，伏請鑄尚書省分司印一面。從之。

《舊五代史》卷二九《唐書·莊宗紀》 天祐十七年春，幽州民於田中得金印，文曰關中龜印，李紹宏獻於行臺。

《舊五代史》卷三〇《唐書·莊宗紀》〔同光元年〕十一月辛丑朔，有司奏：河南州縣見使僞印，望追毁改鑄。從之。

《舊五代史》卷三三《唐書·莊宗紀》〔同光三年八月壬戌〕詔有司，吴越王印宜以黄金鑄成，其文曰：吴越國王之印。

《舊五代史》卷八四《晋書·少帝紀》 開運三年春正月癸巳朔，帝御崇元殿受朝賀，仗衛如式。詔改鑄天下合同印、書詔印、御前印，並以黄金爲之。

《新五代史》卷八《晋本紀》〔天福三年〕秋七月辛酉，以皇業錢作受命寶。作寶不必書，皇業錢者私錢也，天子畜私錢，故書。

〔元〕馬端臨《文獻通考》卷一一五《王禮考·圭璧符節璽印》

晋天福三年六月，中書門下奏：准敕制皇帝受命寶。今按唐貞觀十六年，太宗文皇帝刻之玄璽，白玉爲螭首，其文曰皇帝景命，有德者昌。敕：宜以受天明命，惟德允昌爲文，刻之。

周廣順三年二月，内司製國寶兩坐。詔太常具制度以聞。有司奏：按《唐六典》，符寶郎掌天子八寶，其一曰神寶，其二曰受命寶。其神寶方六寸，高四寸六分，厚一寸七分，蟠龍鈕文，與傳國寶同。傳國寶，秦始皇帝以藍田玉刻之，李斯篆文，方四寸，面文曰受命於天，既壽永昌。

鈕蟠五龍。二寶歷代相傳，以爲神器。又别有六寶：一曰皇帝行璽，二曰皇帝之璽，三曰皇帝信璽，四曰天子行璽，五曰天子之璽，六曰天子信璽。此六寶因文爲名，並白玉螭、虎鈕。歷代相傳，亡則補之。北朝鑄之以金。至則天朝，以璽字涉嫌，改爲寶。貞觀十六年，别製玄璽一坐，其文曰皇天景命，有德者昌。白玉螭，虎鈕。同光中，製寶一坐，文曰皇帝受命之寶。晋天福四年，製寶一坐，文曰皇帝神寶。其同光、天福二寶，内司製造，不見鈕象並尺寸制度。敕：令製寶兩坐，宜用白玉，方六寸，螭虎鈕。詔馮道書寶文，其一以皇帝承天受命之寶爲文，其一以皇帝神寶爲文。

按：傳國寶，自秦始皇後，歷代傳授，至唐末帝自燔之際，以寶隨身焚焉。晋高祖受命，特製寶一座。開運末，北戎犯闕，少帝遣其子延煦送於戎主。戎主訝其非真，少帝上表具述其事。及戎主北歸，賫以入蕃。漢朝二帝，未暇别制，至是始刻之。

紀　事

《隋書》卷六八《何稠傳》　大業初，煬帝將幸揚州，謂稠曰：今天下大定，朕承洪業，服章文物，闕略猶多。卿可討閱圖籍，營造輿服羽儀，送至江都也。其日，拜太府少卿。稠於是營黄麾三萬六千人仗，及車輿輦輅、皇后鹵簿、百官儀服，依期而就，送于江都。所役工十萬餘人，用金銀錢物鉅億計。帝使兵部侍郎明雅、選部郎薛邁等勾覈之，數年方竟，毫釐無舛。稠參會今古，多所改創。魏、晋以來，皮弁有纓而無笄導。稠曰：此古田獵之服也。今服以入朝，宜變其制。故弁施象牙簪導，自稠始也。又從省之服，初無佩綬。稠曰：此乃晦朔小朝之服。安有人臣謁帝而去印綬，兼無佩玉之節乎？乃加獸頭小綬及佩一隻。

書吏分部

綜述

《隋書》卷一一《禮儀志》 内外監典事書吏，朱服，進賢一梁冠。内監朝廷人領局典事、外監統軍隊諮詳發遣局典事，武冠。外監及典事書吏，悉著朱衣，唯正直及齋監并受使，不在例。其東宫内外監、殿典事書吏，依臺格。

《隋書》卷二六《百官志》 國之政事，並由中書省。有中書舍人五人，領主事十人，書吏二百人。書吏不足，并取助書。

《隋書》卷二七《百官志》 自諸省臺府寺，各因其繁簡而置吏。有令史、書令史、書吏之屬。

《全唐文》卷一二八《南唐後主李煜·不敢再乞潘慎修掌記室手表》 昨因先皇臨御，問臣頗有舊人相伴否，臣即乞徐元楀。元楀方在幼年，於牋表素不諳習，後來因出外，問得劉鋹曾乞得廣南舊人洪侃。今來已蒙遣到徐元楀，其潘慎修更不敢陳乞。所有表章，臣且勉勵躬親。臣亡國殘骸，死亡無日，豈敢别生僥覬，干撓天聰？只慮章奏之間，有失恭慎，伏望睿慈，察臣素心。

《舊五代史》卷五《梁書·太祖紀》 開平四年正月壬辰朔，帝御朝元殿，受百官稱賀，用禮樂也。勑：公事難於稽遲，居處悉皆遥遠。其逐日當直中書舍人及吏部司封知印郎官、少府監及篆印文兼書寫告身人吏等，並宜輪次于中書側近宿止。

程限分部

綜述

（唐）長孫無忌《唐律疏議》卷三《名例・以官當徒不盡》 諸流配人在道會赦，計行程過限者，不得以赦原。謂從上道日總計，行程有違者。

疏議曰：行程，依令：馬，日七十里；驢及步人，五十里；車，三十里。其水程，江、河、餘水沿泝，程各不同。但車馬及步人同行，遲速不等者，並從遲者爲限。

注：謂從上道日總計，行程有違者。

疏議曰：假有配流二千里，準步程合四十日，若未滿四十日會赦，不問已行遠近，並從赦原。從上道日總計，行程有違者，即不在赦限。

（唐）長孫無忌《唐律疏議》卷四《名例・略和誘人等赦後故蔽匿》 即有程期者，計赦後日爲坐。

疏議曰：程者，依令：公案，小事五日程，中事十日程，大事二十日程。及公使，各有行程。如此之類，是爲有程期者。律有大集校閱，違期不到之條，亦有計帳等，在令各有期限。此等赦前有違，經恩不待百日，但赦出後日仍違程期者，即計赦後違日爲坐。赦後並須準事給程，以爲期限。

（唐）長孫無忌《唐律疏議》卷五《名例・公事失錯自覺舉》 其官文書稽程，應連坐者，一人自覺舉，餘人亦原之，主典不免；若主典自舉，並減二等。

疏議曰：文書，謂公案。小事五日程，中事十日程，大事二十日程，徒罪以上辯定後三十日程，此外不了，是名稽程。官人自覺舉者，並得全原，唯主典不免。若主典自舉，並減二等者，以官司不舉，故長官以下並減二等；如官人、主典連署舉者，官人並得免罪，主典仍減二等科之。其制敕，案成以後頒下，各給抄寫程：二百紙以下限二日程，過此以外，每二百紙以下加一日程，所加多者不得過五日。注云：其赦書，計紙雖多，不得過三日。此等抄寫程，既云案成以後，據令：成制敕案，不別給程。即是當日成了。違令限日，皆是有稽。稽而自舉者，同官文書法，仍爲公坐，亦作四等科斷，各以所由爲首；若涉私曲故稽，亦同私坐之法。

（唐）長孫無忌《唐律疏議》卷一〇《職制・驛使稽程》 諸驛使稽程者，一日杖八十，二日加一等，罪止徒二年。

疏議曰：依令：給驛者，給銅龍傳符；無傳符處，爲紙券。量事緩急，注驛數於符契上，據此驛數以爲行程，稽此程者，一日杖八十，二日加一等，罪止徒二年。

若軍務要速，加三等；有所廢闕者，違一日，加役流；以故陷敗户口、軍人、城戍者，絞。

疏議曰：軍務要速，謂是征討、掩襲、報告外境消息及告賊之類，稽一日徒一年，十一日流二千里，是爲加三等。有所廢闕者，謂稽遲廢闕經略、掩襲、告報之類。違一日加役流，稱日者，須滿百刻。爲由驛使稽遲，遂陷敗户口、軍人、衛士、募人、防人一人以上及諸城戍者，絞。若臨軍對寇，告報稽期者，自從乏軍興之法。

（唐）長孫無忌《唐律疏議》卷一〇《職制・公事應行稽留》 諸公事應行而稽留，及事有期會而違者，一日笞三十，三日加一等，過杖一百，十日加一等，罪止徒一年半。

疏議曰：凡公事應行者，謂有所部送，不限有品、無品，而輒稽留；及事有期會，謂若朝集使及計帳使之類，依令各有期會，而違不到者：一日笞三十，三日加一等，過杖一百，十日加一等，罪止徒一年半。但事有期限者，以違限日爲坐；無限者，以付文書及部領物後，計行程爲罪。

即公事有限，主司符下乖期者，罪亦如之。若誤不依題署及題署誤，以致稽程者，各減二等。

疏議曰：公事有限，與上文事有期會義同。上文謂在下有違，此文謂主司符下乖期者，罪亦如之，並同違期會之罪。若使人不依題署，錯詣他所及由曹司題署有誤，而致稽程者，各減二等，謂違一日笞三十，減二等，笞十；罪止徒一年半，減二等，各合杖一百。

（唐）長孫無忌《唐律疏議》卷一六《擅興·應給發兵符不給》 諸應給發兵符而不給，應下發兵符而不下，若下符違式，謂違令、式，不得承用者。

疏議曰：依《公式令》：下魚符，畿内三左一右，畿外五左一右。左者在内，右者付外。行用之日，從第一爲首。後更有事須用，以次發之，周而復始。又條：應給魚符及傳符，皆長官執。長官無，次官執。此據元付在外之日，是爲應給發兵符。其符通授官、差使、雜追徵等，以發兵事重，故以發兵爲文。應下發兵符而不下者，謂差兵不下左符。若下符違式，謂不依次第，不得承用者。

及不以符合從事，或符不合不速以聞，各徒二年；其違限不即還符者，徒一年。餘符，各減二等。凡言餘符者，契亦同。即契應發兵者，同發兵符法。

疏議曰：不以符合從事者，謂執兵之司，得左符皆用右符勘合，始從發兵之事。若不合符即從事，或勘左符與右符不合不速奏者，各徒二年。違限不即還符，謂執符之司勘符訖，依公式令：封符付使人。若使人更往别處，未即還者，附餘使傳送。若州内有使次，諸府總附。五日内無使次，差專使送之。若違此令限，不即還符者，得徒一年。餘符各減二等，餘符者，謂禁苑及交、巡魚符之類，若符至不合即從其事，或勘符不合不速奏聞，徒一年；不即還符，杖九十：是名餘符各減二等。注云凡言餘符者，契亦同。即契應發兵者，同發兵符法，依令：車駕巡幸，皇太子監國，有兵馬受處分者，爲木契。若王公以下，在京留守，及諸州有兵馬受處分，并行軍所及領兵五百人以上、馬五百疋以上征討，亦給木契。既用木契發兵，即同發兵符法。監門式：皇城内諸街鋪，各給木契。京城諸街鋪，各給木魚。金部、司農，準式亦並給木契。但是在式諸契，並同餘符。

（唐）長孫無忌《唐律疏議》卷二七《雜律·亡失符印求訪》 官文書、制書，程限内求訪得者，亦如之。

疏議曰：官文書及制書，程限内求訪得者，謂曹司執行案，各有程限，《公式令》：小事五日程，中事十日程，大事二十日程。徒罪以上獄案，辯定後三十日程。其制、敕皆當日行下，若行下處多，事須抄寫，依《公式令》：滿二百紙以下，限二日程；每二百紙以下，加一日程。所加多者，不得過五日。赦書，不得過三日。若有亡失，各於此限内訪得者，亦得免罪；限外得者，坐如法。然制、敕事重，程限一日，如有稽廢，得罪不輕，若許以三旬追訪，稽者皆須注失，所以不與亡失器物同例。若官文書、制書，事已行訖，無程者，亦依三十日爲限。

即雖故棄擲，限内訪得，聽減一等。

疏議曰：器物、符、印之類以下，雖有規避，而故棄擲，限内訪得者，聽減本失罪一等。

《全唐文》卷四八《代宗皇帝·滿限不到任處分敕》 諸州府及縣令，今後每有闕官，宜委本州府當日牒報本道觀察節度及租庸使，使司具闕由，附便使牒中書門下，送吏部依闕準式處分。其所闕官有職務重者，委本府長官於見任及比司官中簡擇，權令勾當。正官到日停，不得更差前資及白身等攝。吏部及制勅所授官，委中書門下及吏部甲制勅出後三日内下本州，準令式計程外，一月不到任，本州報中書門下，吏部用闕。如灼然事故，準勅勸留，不在此限。其違程人，六品以下本色内殿一兩選同會闕不成例，五品以上停一二年。其殿選人，諸州諸使不得奏用。

名諱分部

綜　述

（唐）長孫無忌《唐律疏議》卷一〇《職制・上書奏事犯諱》　諸上書若奏事，誤犯宗廟諱者，杖八十；口誤及餘文書誤犯者，笞五十。

疏議曰：上書若奏事，皆須避宗廟諱。有誤犯者，杖八十。若奏事口誤及餘文書誤犯者，各笞五十。

即爲名字觸犯者，徒三年。若嫌名及二名偏犯者，不坐。嫌名，謂若禹與雨、丘與區。二名，謂言徵不言在，言在不言徵之類。

疏議曰：普天率土，莫匪王臣。制字立名，輒犯宗廟諱者，合徒三年。若嫌名者，則禮云禹與雨，謂聲嫌而字殊；丘與區，意嫌而理別。及二名偏犯者，謂複名而單犯並不坐，謂孔子母名徵在，孔子云季孫之憂，不在顓臾，即不言徵；又云杞不足徵，即不言在。此色既多，故云之類。

（唐）長孫無忌《唐律疏議》卷一〇《職制・府號官稱犯父祖名》

諸府號、官稱犯父祖名，而冒榮居之；祖父母、父母老疾無侍，委親之官；即妄增年狀，以求入侍及冒哀求仕者：徒一年。謂父母喪，禫制未除及在心喪內者。

疏議曰：府有正號，官有名稱。府號者，假若父名衛，不得於諸衛任官；或祖名安，不得任長安縣職之類。官稱者，或父名軍，不得作將軍；或祖名卿，不得居卿任之類。皆須自言，不得輒受。其有貪榮昧進，冒居此官；祖父母、父母老疾，委親之官，謂年八十以上或篤疾，依法合侍，見無人侍，乃委置其親，而之任所；妄增年狀，以求入侍者，或未年八十及本非篤疾，乃妄增年八十及篤疾之狀；及冒哀求仕者，謂父母之喪，二十五月大祥後，未滿二十七月，而預選求仕：從府號、官稱以下，各合處徒一年。注云謂父母喪，禫制未除，但父母之喪，法合二十七月，二十五月內是正喪，若釋服求仕，即當不孝，合徒三年；其二十五月外，二十七月內，是禫制未除，此中求仕，名爲冒哀，合徒一年；若釋去禫服而求仕，自從釋服從吉之法。及在心喪內者，謂妾子及出妻之子，合降其服，皆二十五月內爲心喪。

若祖父母、父母及夫犯死罪，被囚禁，而作樂者，徒一年半。

疏議曰：祖父母、父母及夫犯死罪，被囚禁，而子孫及妻妾作樂者，以其不孝不義，虧斁特深，故各徒一年半。

（唐）杜佑《通典》卷一〇四《禮・沿革・凶禮・帝王諡號議》　大唐元陵諡册文：維某年月日，哀子嗣皇帝臣諱，伏以聖德之大，上與天合，人道近暱，鮮克究知，敢盡其所見，泣以叙財成之業。伏惟大行皇帝，紹休七聖，臨照八極，以至道御群有，以至化懷遠方，登假於上，敷聞在下。肇加元服，頃昇儲闈，生知之敏，動與神契。承順玄宗也，齊栗之容著；奉養肅宗也，愛敬之禮深。履蒸蒸，躬翼翼，不絶馳道，日朝寢門，此則首冠百王，大舜、周文之孝也。其於崇儒尚齒，尊道貴德，窮理盡性之學，經天緯地之文，包荒含垢之量，迪哲允龔之善，斯又睿聖不測，同符乎三五，無得而稱也。當祿山叛亂，陷覆二京，以天人之重，授元戎之律，師之所及，狂寇殲夷，復宗社之阽危，拯生靈於焚燎，則乾維重搆，宸極以安。及史盜閒釁，三河屢梗，在撫軍之際，思明隕命，乘踐祚之初，朝義授首，則梁陳底定，朔易從風。其或屈強於大梁，背誕於南越，莫不朝爲梟鏡，夕爲鯨鯢，此高光之功，神武之略也。自是肅勿群后，賓延萬靈，洿瀦鬱沒之刑寢，焚瘞懸沉之禮備。衣冠有淪於脇從者，釋而靡問；靈祇有闕於禋祀者，秩而致享。聖讒說，求讜言，扇以祥風，浸以膏澤，九譯奉貢，四夷將賓，丕冒出日，罔不率俾。猶復嚴恭寅畏，顧省闕遺，兢兢業業，日昃不暇，故得玄功廣運，協氣旁流，靈契畢發，元符洊至，則瑞璧出於泗，清瀾變於河。其餘見祉鱗羽，呈祥草木者，不可殫記。方議櫜弓偃伯，臻於太和，告禪於石閭，鏤功於金版，遽承憑几之命，奄遘綴衣之酷，號天叩地，罔所依歸。今龍攢就啓，蜃輅將駕，采鴻儒碩生之議，考公卿百辟之請，僉以盛德大業，匪號謚莫宣，是用虔奉古訓，發揚茂實，謹遣攝太尉某奉册上尊謚曰：睿文孝武皇帝，廟曰代宗。伏惟明靈降格，膺茲典禮，誕錫純嘏，貽宴後昆。嗚呼哀哉。

（唐）杜佑《通典》卷一〇四《禮·沿革·凶禮·單複謚議》

大唐之制，太常博士掌凡王公以下擬謚，皆跡其功德而爲之褒貶。諸謚職事官、三品以上散官，佐史録行狀，申考功勘校，下太常擬謚記，申省，議定奏聞。無爵稱子。沈約《謚法》云：晉大興三年，始詔無爵者謚皆稱子。養德丘園，聲實明著，則謚曰先生。大行則大名，小行則小名。舊有《周書·謚法》、《大戴禮·謚法》，又漢劉熙《謚法》一卷。晉張靖撰《謚法》兩卷，又有《廣謚》一卷。梁沈約總集謚法，凡一百六十五稱。告贈謚於柩，如《開元禮》。武德以來，通太常所謚有異議者，略件如後。

咸通三年，太常博士袁思古謚贈揚州大都督、高陽郡公許敬宗曰繆，議曰：敬宗位以才昇，歷居清級，棄長子於荒徼，嫁少女於夷落。聞詩聞禮，事絶於趨庭；納采問名，唯聞於黷貨。白珪斯玷，有累清塵，易名之典，須憑實行。敬宗孫、太子舍人彦伯訴屈。户部尚書戴至德問博士王福畤其故，答曰：昔晉司空何曾，既忠且孝，徒以日食萬錢，所以貶爲繆醜。況敬宗忠孝不逮於曾，飲食男女之累過之，而定謚爲繆，無負於許氏矣。詔令尚書省集五品以上重議。禮部尚書楊思敬議稱：按謚法既過能改曰恭，請謚爲恭。

景雲元年，太常謚贈荊州大都督舒國公韋巨原曰昭，户部員外郎李邕駮曰：三思引之爲相，阿韋託之爲親，無功而封，無德而禄，同族則醜正安石，佗人則附邪楚客。謚之曰昭，良恐未當。博士李處直請依前定。

開元七年，太常博士張星謚贈工部尚書宋慶禮曰專，議曰：慶禮太剛則折，至察無徒。有事東北，所亡萬計，所謂害於家，凶於國。按謚法，好功自是曰專。禮部員外郎張九齡駮之曰：營州鎮彼戎夷，扼喉斷臂，逆則制其死命，順則爲其主人。是稱樂都，其來尚矣。尋罷海運，克廣歲儲，邊庭晏然，河朔無擾。與夫興師之費，轉輸之勞，較其優劣，孰爲利害？而云所亡萬計，一何謬哉。安有踐其跡以制實，貶其謚以徇虚，采慮始之謗聲，忘經遠之權利，義非得所，孰謂其可。請以所議，更下太常。乃謚曰敬。

十八年，太常寺謚贈太師燕國公張説爲文貞，左司郎中楊伯成駮曰：謚者德之表，行之跡，將以激勵風俗，檢束名教，固無虚稱，是存實録。準張説罷相制云，不肅細微之人，頗乖周順之旨。又致仕制云，行虧半古，防闕周身，未免瓜李之嫌，而喧衆多之口。且玉之有瑕，尚可磨也；人之斯玷，焉得逭諸。謚曰文貞，何成勸沮。請下太常，更據行事定謚。工部侍郎張九齡又立議請依太常爲定，未決。玄宗爲製碑文，賜謚曰文貞。

永泰中，太常博士獨孤及謚贈涼州都督、太原郡公郭知運曰威，右司員外郎崔睦駮之曰：郭知運承恩詔葬，向五十餘年，今請易名，竊謂非禮。謹按：《禮經》云：禮，時爲大。又曰：過時不及爲，禮也。昔衛公叔文子卒，將葬，其子戍請謚於君曰：日月有時，將葬矣，請所以易其名者。蓋時不可踰也。節度既没，名不浮行，數紀之前，門生故吏，已合謀謚。今乃申請，竊將有爲而作。嗣子英乂，頃屬多故，屢制方隅。朝廷册勳位，表端揆。附從者竊不中之禮，會無妄之求。況今裂土者接軫，專征者百輩，若率而行之，誰曰無請。不唯有司疲於簡牘，抑恐名器等於草芥。雖欲曲全，竊將不可。又《禮經》云已孤暴貴，不爲父作謚。若知運合謚而不以其時，則嗣子廢先君之德。若不合謚而苟遂其志，則先君因嗣子而見尊。以僕射而言，恐貽越禮之譏；以國家而言，又殊旌善之體。請下太常寺重議。及答曰：禮，時爲大，順次之。將葬易名，時也。有故闕禮，追遠請謚，順也。公叔戍請謚，適當葬前。謹按三百禮經，三千威儀，曾不言已葬則不追謚，況三王殊途，不相沿禮。新禮則死必有謚，不云日月有時。今請易名者五家，無非葬後。苗太師一年矣，吕諲四年矣，盧奕五年矣，顔杲卿八年矣，並荷褒寵，無異同之論。獨知運不幸，遂以過時見抑。苟必以已葬爲節制，則八年與五十年，其緩一也。而居貴位，不當以子之貴，加榮於父。若知運者，處方面重寄，列位九卿，茂勳崇名與衛霍侔，飾終之禮，宜加於他將一等，豈待因嗣子之德然後作謚？今之征鎮者，率多起屠販皁隸之中，雖逢風雲化爲侯王，而其閒有祖父爵位與知運等當請謚者有幾何？乃懼名器等於草芥，以是廢禮。竊謂近誣。竊考載籍，徵諸舊章，易名之禮，請如前議。

獨孤及又謚贈吏部尚書吕諲曰肅。度支員外郎嚴郢駁曰：今所議荊南之政詳矣。而曰在臺司齷齪，無匪躬之能者，乃抉瑕掩德，非中道之言也。國家故事，宰臣之謚皆有二字，以彰善旌德焉。夫以吕公，文能無害，武能禁暴，貞則幹事，忠則利人，盛烈宏規，不可備舉。《傳》叙八元之德，曰忠肅恭懿。若以美謚擬於形容，請謚吕公曰忠肅。及重議曰：謹按舊儀，凡沒者之故吏，得以行狀請謚於尚書省，而考行定謚，則有司存；朝廷辨可否，宜存衆議。今駁議撰謚，異同之説，並故吏專之，伏恐亂庖人尸祝之分，違公器不私之誡，且非唐虞師錫僉曰之道。謚法在懲惡勸善，不在字多。必稱其大而略其細，故言文不言武，言武不言文。三代以下，朴散禮壞，乃有二字之謚，非古也。其源生於衰周。漢興，蕭何、張良、霍去病、霍光俱以文武大略，佐漢致太平，其事業不一，謂一文不足以紀其善，於是有文終、文成、景桓、宣成之謚。雖黷禮甚矣，然猶褒不失人。唐興，參用周秦之制，以魏徵爲文貞，蕭瑀爲貞褊。其杜如晦、封德彝、陳叔達、温彦博、岑文本、唐休璟、魏知古、崔日用並當時赫赫以功名居宰相者，謚不過一字，不聞子孫佐吏有以字少稱屈者，由此言之，二字不必爲褒，一字不必爲貶。若褒貶果在字數，則是堯舜禹湯文武成康不如周威烈、慎靚也，齊桓、晋文不如趙武靈、魏安釐也，杜如晦、王珪以下或成，或明，或懿，或憲，不如蕭瑀之貞褊也。然肅者，以諲之從政，威能閑邪，德可濟衆，故以肅易名而忠在其中矣。亦猶隨會、甯俞之不稱文，豈必因而重之然後爲美。魏晋以賈詡之籌算，賈逵之忠壯，張既之政能，程昱之智勇，顧雍之密重，王渾之器量，劉惔之鑒裁，庾翼之智略，彼八君子者，方之東平，宜無慚德，死之日並謚曰肅，當代不以爲貶，何嘗徵一字二字之降乎。上稽前典，下據甲令，參之禮經，而究其往事，請依前定。大曆十三年，太常謚贈司徒楊綰曰文貞。比部郎中蘇端駁曰：夫道德博聞曰文，清白守節曰貞。且元載與司徒友敬殊深，推爲長者，首舉清要，人莫與京。及司徒寵望漸高，載畏其偪。旋又知載隳壞綱紀，心貳於君，既懼其疑，因爲疏簡。有口皆知載惡，而獨曾無一言。或有發載之惡，證告未明，抱誠坐法者，司徒時居上列，奏達非難，不能因此披衷正詞，全志士之命，露凶狡之私，而乃宴安自泰，優游過日，使元載禍大滅身，竟勞聖上防伺之慮，豈守節不隱邪？豈懷道無毒邪？非謂文貞明矣。洎元載畜恩於下，招怨於上，使北塞人勞，有過時之戍；西郊虜入，無弔災之惠；磁邢堅義之士，將死復生；梁宋傷夷之人，或寒或餒。搜訪旌恤，中外所急，載皆絶之，使王澤不及於下，爲行路所嗟。而楊公當聖上惟新之時，居天下得賢之望，誠宜不俟終日，造次速言，乃寂寥啓悟，噤閉謀猷，貪食萬錢之賜，虚承一心之顧，豈慈惠愛人乎？既曰不慈不惠，何以謂之文。有隱有毒，何以謂之貞乎。古者諸侯有國，卿大夫有家，上以報祖宗，下以處子孫之義也。楊公歷處厚俸，人謂儒宗，曾不立家，又無私廟，寧使人老闕敬祖之禮，位極亡祭禰之宫，凡在衣冠，誰不歎恨，又乖大義克就愍仁接禮之義矣。曰文與貞，曷可以議。聖人立謚，盡公而無私之謂也。所以周宣不敢私於父，謚曰厲；漢宣不敢私於祖，謚曰戾。百王明制，歷聖通則。昔公叔文子有死衛之節，脩班制之勤，社稷不辱，方居此謚。爰及太宗初，魏公徵有匡救公直之忠，中宗末，蘇公瓌有保安不奪之節，所以諸賢甚衆，謚文貞者不過數公。至於燕國公張説，先朝輪能，名節昭著，省司尚謂不可，至今人故稱之。由是言之，焉可比德。請牒太常，更詳他謚，以守彝章。庶乎青史之筆，不乖於周漢；黄泉之魂，免慚於蘇魏。别敕謚爲文簡。

贈司空陳國公竇抗謚曰博。贈左衛大將軍宇文士及初謚爲恭，黄門侍郎劉洎駁之曰：士及居家侈縱，不宜爲恭。竟謚爲縱。工部尚書楊昉謚曰恪。定州刺史定襄郡公于匡濟謚曰果。廣州都督謝方叔謚曰勤。以上五人，按謚法並無，乃有司一時之議，所以不具其年。

（唐）杜佑《通典》卷一〇四《禮·沿革·凶禮·卒哭後諱及七廟諱字議》

大唐武德九年六月，太宗居春宫總萬機，下令曰：依《禮》，二名義不偏諱。尼父達聖，非無前旨。近代以來，曲爲節制，兩字兼避，廢闕以多，率意而行，有違經誥。今其官號人名及公私文籍，有世及民兩字不連讀者，並不須諱避。

顯慶五年正月詔：孔宣設教，正名爲首；戴聖貽範，嫌名不諱。比見鈔寫古典，至於朕名，或闕其點畫，或隨便改換，恐六籍雅言，會意多爽，九流通義，指事全違。誠非立書之本。自今以後，繕寫舊典文書，並宜使成，不須隨義改易。

（唐）杜佑《通典》卷一〇四《禮·沿革·凶禮·已遷主諱議》

大唐永徽二年十月，尚書左僕射于志寧奏言：依禮舍故而諱新，故謂親盡之祖。今皇祖弘農府君神主上遣，請依禮不諱。從之。

（唐）杜佑《通典》卷一〇四《禮·沿革·凶禮·上表稱太子名議》

大唐武太后長安二年正月，麟臺監兼左庶子王方慶上言：謹按典籍所載，人臣與人主言及上表，未有稱皇太子名者，當爲太子皇儲，不敢指斥。晉尚書僕射山濤啓事，稱皇太子，不言名。濤中朝名士，必詳典故，其不稱名，應有憑準。朝官尚猶如此，宫臣諱則不疑。今東宫殿及門名皆有觸犯，臨事論啓，迴避甚難。孝敬皇帝爲皇太子時，改弘教門爲崇教門，沛王爲皇太子，改崇賢館爲崇文館，皆避名諱，以遵典禮。此則成例，並爲軌模。伏請改换。從之。

（唐）杜佑《通典》卷一〇四《禮·沿革·凶禮·授官與本名同宜改及官位犯祖諱議》 大唐延和元年，賈曾除中書舍人，固辭，以父名忠，同音。議者以爲中書是曹司名，又與曾父音同字別，於禮無嫌。曾乃就職。

《全唐文》卷一二《高宗·臨文不諱詔》 孔宣設教，正名爲首，戴聖貽範，嫌名不諱。比見鈔寫古典，至於朕名，或缺其點畫，或隨便改换。恐六籍雅言，會意多爽；九流通義，指事全違；誠非立書之本意。自今以後，繕寫舊典文字，並宜使成，不須隨義改易。

（清）趙翼《陔餘叢考》卷三一《嫌名》 嫌名不諱，韓昌黎《諱辨》已詳論之。然隋文帝以父名忠，凡官名有中字，悉改爲内，已著爲令。至唐時諱嫌名者更多，賈曾擢中書舍人，以父名忠，引嫌不拜，議者引《禮》折之，始受。蕭復爲晉王行軍長史，德宗以其父名衡，乃改爲統軍長史。則朝廷之上，且爲臣子避嫌名矣，毋怪乎李賀應進士舉，當時流俗以其父名晉，遂同聲訾議也。然《唐書》衛洙爲鄭潁觀察使，洙以官號内有一字與臣家諱同，欲乞改授。詔曰：嫌名不諱，著在禮文。成命已行，固難依允。《李磎傳》：宦者摘磎疏中語犯順宗嫌名，磎奏曰：《禮》不諱嫌名。《律》廟諱嫌名不坐。則唐律本有嫌名不諱之條。

（清）趙翼《陔餘叢考》卷三一《二名》 《舊唐書》：太宗詔曰：依《禮》二名不偏諱，近代以來，兩字兼避，廢闕已多。自今官號人名、公私文籍，有世民二字不連續者，並不須諱。是太宗之詔甚明，然唐人凡遇此二字，雖不連屬者亦避之。避世爲代，如代宗本世宗之稱是也。避民爲人，如民部改爲户部，李安民改爲李安人是也。惟虞世南不改世字，蓋世南没于太宗時，正遵奉詔旨故耳。其後李世勣但稱李勣，則當高宗時已諱世字也。

《舊五代史》卷二《梁書·太祖紀》〔天祐二年十一月〕甲申，中書門下奏：天下州縣名與相國魏王家諱同者，請易之。

紀事

（唐）吴兢《貞觀政要》卷七《論禮樂》 太宗初即位，謂侍臣曰：準禮，名，終將諱之，前古帝王，亦不生諱其名，故周文王名昌，《周詩》云，克昌厥後。春秋時，魯莊公名同，十六年《經》書，齊侯、宋公同盟于幽。唯近代諸帝，妄爲節制，特令生避其諱，理非通允，宜有改張，因詔曰：依《禮》二名義不偏諱，尼父達聖，非無前指，近世以來，曲爲節制，兩字兼避，廢闕已多，率意而行，有違經語，今宜依據禮典，務從簡約，仰效先哲，垂法將來，其官號人名，及公私文籍，有世及民兩字不連讀，並不須避。

（唐）李肇《唐國史補》卷中 江淮客劉圓，嘗謁江州刺史崔沆，稱前拾遺。沆引坐徐勸曰：諫官不可自稱，司直評事可矣。須臾，他客至，圓抑揚曰：大理評事劉圓。沆甚奇之。

（宋）洪邁《容齋續筆》卷一一《唐人避諱》 唐人避家諱甚嚴，固有出於禮律之外者。李賀應進士舉，忌之者斥其父名晉肅，以晉與進字同音，賀遂不敢試。韓文公作《諱辯》，論之至切，不能解衆惑也。《舊唐史》至謂韓公此文，爲文章之紕繆者，則一時横議可知矣。杜子美有《送李二十九弟晉肅入蜀詩》，蓋其人云。裴德融諱皋，高鍇以禮部侍郎典貢舉，德融入試，鍇曰：伊諱皋，向某下就試，與及第，困一生事。後除屯田員外郎，與同除郎官一人，同參右丞盧簡求。到宅，盧先屈前一人入，前人啓云：某與新除屯田裴員外同衹候。盧使驅使官傳語曰：員外是何人下及第？偶有事，不得奉見。裴蒼遽出門去。觀此事，尤爲乖剌。鍇、簡求皆當世名流，而所見如此。《語林》載崔殷夢知舉，吏部尚書歸仁晦託弟仁澤，殷夢唯唯而已。無何，仁晦復詣託之，至於三四。殷夢斂色端笏，曰：某見進表讓此官矣。仁晦始悟已姓，殷夢諱也。按宰相世系表，其父名龜從，此又與高相類。且父名晉肅，子不得舉進士，父名皋，子不得於主司姓高下登科，父名龜從，子不列姓歸人於科籍，揆之禮律，果安在哉？後唐天成初，盧文紀爲工部尚書，新除郎中于鄴公參，文紀以父名嗣業，與同音，竟不見。鄴憂畏太過，一夕雉經于室。文紀坐謫石州司馬。此又可怪也。

（宋）王溥《五代會要》卷四《諱》　後唐天成元年六月十二日敕：朕聞古者酌禮以製名，懼廢於物；取其難犯而易避，貴便于時。況徵在二名，仰有前例。恭以太宗皇帝，自登寶位，不改舊稱。時則臣有世南，官有民部，靡聞曲避，止禁連呼。朕以眇躬，託於人上，冀遵聖範，非敢有廢。文書内所有二字，但不連稱，並不得回避。如是臣下之名，不欲與君親同字者，任自更改，務從所便，庶體予懷。

三年正月，詔曰：本朝列聖及新追四廟諱，近日章奏，偏傍文字皆闕點畫。凡當出諱，止避正呼，若迴辟於偏傍，則虧缺於文字，宜從樸素，庶便公私。此後凡廟諱，但避正文，其偏傍文字，不必減少點畫。其年八月，詔曰：凡有姓犯廟諱者，改以本望爲姓。

清泰二年五月，中書門下奏：御名上一字與諸王相連，按太宗、玄宗廟故事，人臣諸王合避相連字，改從單名。從之。

晉天福三年二月，中書門下奏：《禮經》云：禮不諱嫌名，二名不偏諱。注云：嫌名謂聲音相近，若禹與雨、丘與區也。二名不偏諱，謂孔子之母名徵在，言在不稱徵，言徵不稱在。此古禮也。唐太宗、玄宗二名皆諱，人姓與國諱音聲相近是嫌名者，亦改姓氏，與古禮有異。若廟諱平聲字，即不諱側聲，若諱側字，即不諱平聲。所諱字正文及偏傍，皆闕點畫，望令依令式施行。敕：朝廷之制，今古相沿，道在人弘，禮非天降。況以方開曆數，虔奉祖宗，雖逾孔子之文，未爽周公之訓，冀崇孝行，永載簡編。所爲二名及嫌名事，依唐禮施行。

（宋）王溥《五代會要》卷四《册命》　梁開平元年八敕：朝廷之儀，封册爲重，用報勳烈，以隆恩榮，固合親臨，式光典禮。舊章久缺，自我復行。今後每册封大臣，宜令有司備臨軒之禮。

後唐同光二年二月，太常禮院奏：準制，尚書令秦王李茂貞備禮册命，檢詳舊儀，無不帶節度使封册之命，宜準故襄州節度使趙匡凝封楚國例施行。秦王受册，自備革輅一乘，載册犢車一乘，并本品鹵簿鼓吹如儀。從之。

三年六月，太常禮院奏：吳越國王錢鏐將行册命，按禮文合用竹册。敕：宜令有司修製玉册，俾稱元勳。議者以玉册帝王所用，不合假諸人臣，蓋當時樞密院承旨段徊受錢鏐之賂，曲隨其請，樞密使郭崇韜汪詳典禮故也。

天成三年十一月十八日，中書奏：舊制凡降册命，至尊臨軒。伏自陛下纂襲，繼有封崇，但申節度之儀，尚缺臨軒之禮。今後或封册，請御正衙，雖勞厲乘之尊，冀重九天之命。如此則行之時禮備，受之者感深，寧唯轉耀于皇猷，實亦永標於青史。從之。仍付所司。

清泰元年六月，中書門下奏：據太常禮院申，册拜王公，如在京城，所司備鹵簿車輅法物，皇帝臨軒行册禮；如在外鎮，正衙命使押册赴本道行禮。車輅法物，故事不出都城，禮無明文。今奉制命幽州趙德鈞封北平王，青州房知温封東平王，皆備禮册命，其合用車輅法物，在兵部、太常太僕寺，請載往本州行禮後，送納本司。從之。

（宋）王溥《五代會要》卷四《舉人自代舉官附》　後唐清泰二年正月，尚書吏部員外郎劉鼎奏：臣伏覩建中元年正月敕：中外文武臣寮授官上任後三日，舉一人自代，事下中書，如除用選人，所薦多者擬議。多事已來，此敕久廢，今後重乞舉行。從之。

漢乾祐元年正月赦節文：應内外常參官，宜準唐建中故事，上任後三日，表舉一人自代。

後唐天成二年六月，户部尚書李鏻奏：應昇朝官四品以上，各許薦令、録兩人；五品六品官，各行薦簿、尉兩人。敕：所舉人除官後，仍於官告内舉官姓名。赴任之後，或有不公，連坐舉主。兼三品已上，有舊諳行止堪充兩使判官者，各具才業上聞。

周顯德二年正月二十一日御札：一應在朝文資官，翰林學士兩省官内，有曾歷藩郡賓職、州縣官者，宜各舉堪爲令、録者一人，務在強明清慎，公平勤恪。其中有已曾任令、録，亦許稱舉，並當擢用，不拘選限資序。雖姻族近親，亦無妨嫌，祇須舉狀内具言。除官之日，仍署舉主姓名。若在官貪濁不公，懦弱不治，職業廢缺，處斷乖違，並量事狀輕重連坐。仍令御史臺催促本官，旋具奏聞，限兩月舉狀齊足。如出使在外者，候迴日準此指揮。

四年六月敕：一應在朝文資官，各令再舉一人堪充令，録及兩使防禦、團練、軍事判官者。自前或因公過微有殿犯者，亦許稱舉。餘準顯德二年正月二十一日御札處分。其年八月詔：應在朝上將軍、統軍大將、率府副率等，宜令各舉有武勇膽力，騎射趫捷，堪爲軍職者兩三人，仍具年歲及歷職去處聞奏。如已在禁軍者，不在稱舉。候舉到日，並當比試騎射，看驗人材，雖是姻親，亦宜公舉，但于狀内具言。如應任用之後，不副所舉，即量事狀輕重坐舉主。

五年五月詔：在朝文資官各令再舉堪爲幕職令、録者一人。所舉幕職州縣官罷任後，便與除官，仍並許赴闕。

（宋）王溥《五代會要》卷四《牋表例》 後唐同光二年八月敕：四京併諸道州府及京百司應申奏諸色公事奏狀等，先曾指揮，並須實封斜角。其常呈奏狀，於斜封上明題所爲公事；或干軍機言不題事，直至御前開封進呈事。宜指揮四京及諸道，公散下管内諸州，依元宣旨處分。其在京百司，仍令御史臺各録敕文曉告。

天成元年七月敕：三京諸道節度團練使、防禦使、刺吏、文武將吏、州縣職員，皆進月旦起居表，其四孟月旦，並可止絶。

三年七月二十一日敕：今後天下諸州刺史及係屬節鎮、團練、防禦使，除應聖節、冬至、端午外，謝上及每月起居慶賀章表，並付本道封進，其餘公事，準往例，節度、觀察使謄覆奏聞。

長興元年五月，太常禮院奏：皇后今月十四日受册，準舊儀，外命婦並合赴皇后受册正殿門外就次，俟受册訖，司賓引入就位奏賀。今未有命婦院，請準例上表賀。中書門下奏：其諸道節度使上表賀皇帝，其在朝外命婦所上皇后表章，進呈訖，不下令報答。自此不更進表。皇子妻、駙馬、公主及近密親舊，或有慶賀及進起居章表，内中委人主掌，進呈後祇宣示來使，並不下令。從之。其月，太常禮院奏：按儀制令，百官上疏於皇后曰皇后殿下，中外臣寮外命女慶賀，祇呼殿下，不言皇后。中書覆奏：據太常禮院狀，若祇呼殿下，恐未合宜。至如舊制，皇太子亦呼殿下，若無分别，何顯尊卑？凡上皇后表章内，請呼皇后殿下，若不形文字，尋常並呼皇后。從之。

二年五月，樞密院條疏：諸道報軍機表狀，於斜封上不得言爲何事宜二字。

晋天福二年十月，中書門下奏：按《禮閣新儀》，貞元二年十月七日御史臺奏，每月慶賀及諸上表，並合上公行之。制可。今後凡有謝賀上表，望並準元敕上公行之。如三公闕，令僕已下行之。中書門下别貢表章。從之。

（宋）王溥《五代會要》卷六《百官奏事》 晋天福二年五月敕：宜令在朝文武臣僚，每人各進封事一件，仍須實封通進。

（宋）王溥《五代會要》卷一一《雜録》 後唐天成二年七月，中書門下奏：湖南節度使馬殷封楚國王。禮文不載國王之制，請約三公之儀，用竹册。從之。

（宋）王溥《五代會要》卷一二《謚》 德靖，梁贈尚書令、廣王全昱。

文穆，故天下兵馬都元帥、吴越王錢元瓘。初，所司謚曰莊穆，敕改謚曰文穆。

文昭，故天策上將軍、湖南節度使、守尚書令、贈太師馬希範。

文懿，贈尚書令、瀛王馮道。

文忠，太子太保盧質。漢乾祐元年九月，其子尚書兵部員外郎盧瓊上章請謚，故下太常議謚曰文忠。

武穆，故天策上將軍、湖南節度使馬殷。

武懿，贈尚書令、秦王高行周。

武安，贈太師康福。

忠敬，故秦王李茂貞，贈太傅馮行襲。

忠肅，贈太師王處存，贈太師張全義。

忠懿，故福建節度使、閩王王審知，贈太師安元信。

忠武，贈太師、晋國公霍彦威，故成德軍節度使馬全節。

忠正，贈中書令鄭仁誨。

忠惠，贈中書令劉詞。

恭靖，贈尚書左僕射崔協。

恭惠，贈中書令李從敏。

貞懿，贈尚書令羅紹威。

貞憲，贈左武衛上將軍張承業。

貞惠，贈太子少傅朱漢賓。太常博士林弼議曰：漢賓散己俸代逋欠，俾國家蹐富庶，所涖之地，綽有政聲，知進退存亡之理，得善始令終之道。謹按《謚法》：中道不撓，保節揚名曰貞。愛民好學，寬裕慈仁曰惠。請謚曰貞惠。從之。

成穆，贈侍中安審信。

（宋）王溥《五代會要》卷一二《雜録》 漢乾祐二年十二月敕：故荊南節度使、南平王高從誨，宜令太常定謚。故事：臣下請謚，故吏陳行狀，上考功，覆奏下，乃議謚。今降敕，新例也。

（宋）王溥《五代會要》卷一二《當直》 梁開平四年正月敕：其逐日當直中書舍人，及吏部兵部司敕、知印郎官、少府監及篆印文兼書寫告身人吏等，並宜輪次于中書側近止宿。

（宋）王溥《五代會要》卷一三《起居郎起居舍人》 後唐天成四年十二月，尚書比部員外郎崔梲奏：請自今後每遇起居，令左、右史隨宰臣上殿，各齎紙筆，分侍扆旒，或階下發一德音，宰臣陳一時政，事無大小，皆令編録，季終即送史館。左、右史，古官也。唐朝改爲起居。舊制，每視朝，即左、右史兩員，以短卷牋紙，執筆趨立於聽政殿之螭首下，或聞君之言動，每舉必書之。洎莊宗中興，月朔入閣，左、右史夾香案對立，但不持紙筆。自後雖命其官，故事皆廢。

長興二年八月敕：准故事，應朝廷凡行制敕，並宜令起居院抄録，關送史館。

周廣順二年十一月詔：逐月給紙五百幅，付起居院。

（宋）王溥《五代會要》卷一三《符寶郎》 晉天福三年六月，中書門下奏：准敕製皇帝受命寶。今按唐貞觀十六年，太宗文皇帝刻之玄璽，白玉爲螭首，其文曰皇帝景命，有德者昌。敕：宜以受天明命，惟德允昌爲文，刻之。

周廣順三年二月，内司製國寶兩坐。詔太常具制度以聞。有司奏：按《唐六典》，符寶郎掌天子八寶，其一曰神寶，其二曰受命寶。其神寶方六寸，高四寸六分，厚一寸七分，蟠龍紐文，與傳國寶同。傳國寶，秦始皇帝以藍田玉刻之，李斯篆文，方四寸，面文曰受命于天，既壽永昌，紐盤五龍。二寶歷代相傳，以爲神器。又別有六寶：一曰皇帝行璽，二曰皇帝之璽，三曰皇帝信璽，四曰天子行璽，五曰天子之璽，六曰天子信璽。此六寶因文爲句，並白玉螭，虎紐。歷代相傳，亡則補之。北朝鑄之以金，至則天朝，以璽字涉嫌，改之爲寶。貞觀十六年，別製玄璽一坐，其文曰皇天景命，有德者昌，白玉螭，虎紐。同光中，製寶一坐，文曰皇帝受命之寶。晉天福四年，製寶一坐，文曰皇帝神寶。其同光、天福二寶，内司製造，不見紐象并尺寸制度。敕：今製國寶兩坐，宜用白玉，方六寸，螭虎紐。詔馮道書寶文，其一以皇帝承天受命之寶爲文，其一以皇帝神寶爲文。按傳國寶，自秦始皇後，歷代傳受，至唐末帝自燔之際，以寶隨身焚焉。晉高祖受命，特製寶一坐。開運末，北戎犯闕，少帝遣其子延煦送于戎王。戎王訝其非真，少帝上表具述其事。及戎王北歸，齎以入蕃。漢朝二帝，未暇別製，至是始創爲之。

（宋）王溥《五代會要》卷二二《甲庫》 周顯德五年閏七月，吏部甲庫奏：見行公事，甲庫先有專知官一人，於長興二年停廢，後來於令史内選差一人，承受主掌諸雜制敕，及逐季抄録，關報史館。所有選人受官黄甲，備録關送吏部了，出給告身，及具名銜關牒，送格式收附員闕，准格出給新授令、録、判司、主簿籤符。本官每官納朱膠錢一百二十，依除内每貫二百刺送都省，除外供應三銓及本司公使廢置。准敕格，應内外官員亡父追贈，及南曹逐年駁放選人，準《長定格》節文，牒吏部選差五考已上諳事令史五人，共行詳斷。及州縣官名犯廟諱、御名，並准格例改正。

（宋）王溥《五代會要》卷二二《制舉》 周顯德四年十月，詔曰：制策懸科，前朝盛事，莫不訪賢良於側陋，求讜正於箴規，殿廷之間，帝王親試。其或大裨於國政，有益於時機，則必待以優恩，縻之好爵。拔奇取異，無尚於兹，得士者昌，於是乎在。爰從近代，久廢此科，懷才抱器者鬱而不伸，隱耀韜光者晦而不出。遂致翹之楚，多至於棄捐；皎皎之駒，莫就於縻縶。遺才滯用，闕孰甚焉。應天下諸色人中，有賢良方正能直言極諫，經學優深可爲師法，詳閑吏理達於教化者，不限前資，見在職官，册衣草澤，並許應詔。其逐處州府依每年貢舉人式例，差官考試，解送尚書吏部，仍量試策論三道，共三千字已上。當日内取文理具優，人物爽秀，方得解送。取來年十月集上都，其登朝官亦許上表自舉。先是，兵部尚書張昭上章請設制科，故有是詔。

（宋）王溥《五代會要》卷二二《宏詞拔萃》　後唐天成二年四月二日，中書奏：尚書禮部貢院申，當司奉今月六日敕，吏部流内銓狀申，據白院狀申，當司先准禮部貢院牒稱：據成德軍解送到前進士王蟾狀，請罷設深州司公參軍應宏詞舉。前件人准格例應重科，合在吏部。其王蟾解送牒吏部，請准例指蹤者。當司隨具狀申堂，奉判送吏部分析近年事例如何者。伏緣近年别無事例，今檢登科録内，於僞張貽憲。再具狀申堂，奉判送吏部准例指揮。其前進士王蟾請宏詞，伏自近年以來，無人請應，今詳格例，合差應考官二人，又緣祇有王蟾一人請應，銓司未敢奏請差官者。奉中書門下牒：奉敕，宜令禮部貢院就五科舉人考試者。伏以舉選公事，皆有格條，准《新定格》節文，宏詞拔萃，准長慶二年格，吏部差考試官二人，與知銓尚書侍郎同考試聞奏。又准格節文内，准太和元年十月二十三日敕：應禮部諸色貢舉人，及吏部諸色科目選人，凡無出身及未有官，祇合於禮部應舉。有出身有官，方合於吏部赴科目選。其請應宏詞舉，前進士王蟾當年放及第後，尋已聞過吏部訖，若應宏詞，侍南曹判成，即是科選之人，以理合歸吏部。況緣五科考試官祇考學業，難於同考宏詞者。奉敕：王蟾宜令吏部准例差官考試。

長興元年八月三日，尚書吏部據禮部貢院牒稱：送到附試請應書判拔萃，前虢州盧氏縣主簿張岫對六節判，四通二粗，准例入第五等上。其所試判，今録奏聞。奉敕：宜付附所司，今後吏部所應宏詞拔萃，宜並權罷，其貢院據見應進士九經並五科童子外，諸色科名亦宜停罷。

（宋）王溥《五代會要》卷二二《進士》　梁開平三年四月敕：賜劉斤同進士及第，仍編入今年榜内第八人。其年五月敕：禮部所放進士薛均，是左司侍郎薛廷珪男，方持省轄，固合避嫌。其薛均宜令所司落下。

後唐同光三年四月敕：今年新及第進士符蒙正等，宜令翰林學士承旨盧質就本院覆試，仍令學士使楊彦璐監試。其月敕：禮部所放進士符蒙正等四人，既慊羣情，實干浮議，詩賦果有疵瑕。若便去留，慮乖激勸，倘無升降，即味甄明。況王徹體物可嘉，屬詞甚妙；桑維翰林差無紕繆，稍有詞華。其王徹升爲第一，桑維翰第二，符蒙正第三，成僚第四。禮部侍部裴皥放。今後應禮部每年所試舉人雜文策等，候過堂日，委中書門下子細詳覆奏聞。

天成二年十二月敕：新及第進士有聞喜宴，今後逐年賜錢四百貫。

五年正月二十三日，禮部貢院奏：當司准天成三年十二月十八日敕文内，准近敕，自此進士試雜文後，據所習本經，一一考試，須帖得通三已上者，即放及第者。奉敕：進士帖經，本朝舊制，蓋欲明先王之旨趣，閲多士之文章。近代已來，此道稍墜。今且上從元輔，下及庶僚，雖百藝者極多，能明經者甚少。恐此一節，或滯羣才，既求備以斯難，庶觀光而甚廣。今年凡應進士舉，所試文策及格，帖經可不及通三，與放及第。來年秋賦，詞人所習一本經，許令對義目，多少次第，仍委所司條例聞奏。其今年本經内對義，義目五道，考試通二通三，准帖經例放入，策其將來秋賦。諸寺監及諸州府所解送進士第，亦准去年十月十一日敕，考其詩賦、義目、帖由等，並解送省。如或不依此解送當司，准近敕並不引送試。奉敕：宜依。

五年二月九日敕：近年文士，輕視格條，就試時疎於帖經，登第後恥於赴選，宜絶躁求之路，别開獎勵之門。其進士科已及第者，計選數年滿日，許令就中書陳狀，於都堂前各試本業詩賦判文等，其中才藝灼然可取者，便與除官。如或事業未甚者，自許准添選。

長興二年二月敕：其進士並令排年齊入就試，至閉門試畢。内有先了者，上歷□時□旋令先出，其入策亦須晝試。應諸科第對策并依此例，其餘唯準前敕處分。

清泰二年九月，禮部貢院奏：奉長興二年二月敕，進士引試，早入晚出。今請依舊例，進士試雜文，并點門入省，經宿就試。從之。

周廣順三年正月，户部侍郎、權知貢舉趙上交奏：進士元試詩賦各一首，帖經二十帖，對義五道。今欲罷帖經、對義，别試雜文二首，試策一道。從之。至其年八月，刑部侍郎、權知貢舉徐臺符奏：請别試雜文二首外，其帖經、對義，亦依元格。從之。

顯德二年三月敕：禮部貢院奏，今年新及第進士李覃、嚴説、何儼、武允成、王汾、閭丘舜卿、楊徽之、任惟吉、趙鄰幾、周度、張慎微、王翥、馬文、劉選、程浩然、李震等一十六人所試詩賦、文論、策文等。國家設貢舉之司，求俊茂之士，務詢文行，以中科名。比聞近年以來，多有濫進，或以年勞而得第，或因媒勢以出身。今歲所貢舉人，試令看詳，果見紕繆，須至去留。

其李覃、何儼、楊徽之、趙鄰幾等四人宜放及第。其嚴説、武允成、王汾、閭丘舜卿、任惟吉、周度、張慎徽、王翥、馬文、劉選、劉浩然、李震等一十二人，藝學未精，並宜黜落，且令苦學，以俟再來。禮部侍郎劉温叟失於選士，頗屬因循，據其過尤，宜行譴謫，尚未寬恕，特與矜容。劉温叟放罪。將來貢舉公事，仍令所司據條理聞。

其年五月，尚書禮部侍郎知貢舉竇儀奏：

其進士請今後省卷限納五卷已上，于中須有詩、賦、論各有一卷，餘外雜文歌篇，並許同納，祇不得有神道碑、誌文之類。其帖經、對義，並須實考，通三已上爲合格。將來郤覆畫試，候考試終場，其不及人以文藝優劣，定爲五等。取文字乖舛、詞理紕繆最甚者爲第五等，殿五舉；其次者爲第四等，殿三舉；以次者稍優，爲第三等，第二等，第一等，並許次年赴舉。其所殿舉數，並於所試卷子上朱書，封送中書門下，請行指揮及罪發解試官、監官等。其諸科舉人若合解不解、不合解而解者，監官、試官爲首罪，勒停見任，舉送長官聞奏取裁。監官、試官如受賂，及今後進士如有倩人述作文字應舉者，許人言告，送本處色役，永不進仕。同保人知者殿四舉，不知者殿兩舉。受倩者如見任官停任，選人殿三選，舉人殿五舉，諸色人量事科罪。從之。

五年三月，詔曰：比者以近年貢舉，頗國是因循，頻詔有司，精加試練，所冀去留無濫，優劣昭然。昨貢舉院奏，今年新及第進士等所試文書，或有臧否，爰命詞臣，再加考覈，庶涇、渭之不雜，免玉石之相參。其劉坦、單貽慶、李慶、徐緯、張覲等詩賦稍優，宜放及第。王汾據其文詞，未至精敏，念以頃曾駁落，特與成名。熊若谷、陳保衡皆是遠人，深可嗟念，亦放及第。郭峻、趙保雍、楊丹、安玄度、張助、董咸則、杜思道等未甚精者，並從退落，更宜修進，以俟將來。知貢舉、右諫議大夫劉濤選人不當，有失用心，可責授右贊善大夫，俾令省過，以戒當官。先是，濤于東京放榜後，率先及第進士劉坦已下一十五人，來赴行在，且以所試詩賦進呈。上以其詞多紕繆，命翰林學士李昉復試，故有是命。

（宋）宋敏求《唐大詔令集》卷二九《皇太子諸王改名敕》 敕：古之名子，必由象類，人道之大，可無慎乎。皇太子鴻、及慶王潭以下，往所製名，或亦未愜，今以德命，悉宜更之。太子鴻爲瑛，慶王潭爲琮，忠王浚爲璵，棣王洽爲琰，鄂王涓爲瑤，榮王滉爲琬，光王涺爲琚，儀王濰爲璲，潁王澐爲璬，永王澤爲璘，壽王清爲瑁，延王洞爲琦，濟王溢爲環，信王沔爲理，義王泚爲玼，陳王潅爲珪，豐王澄爲珙，坦王漣爲瑱，涼王淀爲璿，汴王滔爲璥，及寧王惠文太子、惠宣太子之子，皆改從玉。

開元二十三年二月。

（唐）白居易《白居易集》卷六六《判·得景為縣官判事，案成後，自覺有失，請舉牒追改。刺史不許，欲科罪。景云：令式有文》 政尚從寬，過宜在宥。苟昨非之自悟，則夕改而可嘉。景乃宋寮，參諸簿領；當推案務劇，詎免毫釐之差？屬褰帷政苛，不容筆削之改。誤而不隱，悔亦可追。縣無罔上之姦，州有刻下之虐。先迷後覺，判事雖不三思；苟有必知，牒舉明無二過。揆人情而可恕，徵國令而有文。將欲痛繩，恐非直筆。

（唐）白居易《白居易集》卷六七《判·得乙盜買印用。法直斷以僞造論。訴云：所由盜賣，因買用之，請減等》 賄以公行，印惟盜用。罪之大者，法可逃乎？伊人無良，同惡相濟：所由既敗官爲墨，予取予求；彼乙乃竊器成姦，不畏不人。潛謀斯露，竊弄難容。猶執薄言，將求末減。用因於買，比自作而雖殊；情本於奸，與僞造而何異？以茲降等，誠恐利淫。

宋朝部

公文分部

論説

（宋）李覯《直講李先生文集》卷二一《慎令》　君出令而臣洱之，何如？曰：下制其上也。民從令而君改之，何如？曰：上欺其下也。上欺下則民心惑，下制上則君權輕。民既惑則不聽，君既輕則不威。上不威而下不聽，其漸亦足憂也。夫爲令之弊有四：初不審，終不斷，言者矜，聞者爭也。《洪範》有大疑則謀及卿士、庶人、卜筮。彼作事不咨於衆，慮不待盡而輒行，使人有以訴病，是初不審也。日月之行則有冬有夏，月之從星則有風雨，謂政治不可從民欲耳，彼有沮之則不計利害大小而遽改，是終不斷也。《君陳》以謀猷入告，而順之于外，曰惟我后之德。彼議一事則夸以爲功，使其黨間而疾之，是言者矜也。《秦誓》曰人之彥聖，其心好之，不啻如自其口出。彼聞人之功，耻居其下，雖善必沮，是聞者爭也。人主能知弊之所在，則可以行令矣。

（宋）曾鞏《曾鞏集》卷三二《劄子·論中書録黄畫黄舍人不書檢劄子》　臣初掌書命，中書吏以録黄畫黄并檢赴臣簽書。其檢，中書舍人稱臣書名，而侍郎押字。至録黄畫黄，然後侍郎舍人皆稱臣書名。臣曾巡廳，言檢草舍人稱臣書名，而侍郎押字，恐於理尚有未盡。且録黄畫黄并檢，一體相須而成，當書之官，未有可以一書一否也。況録黄畫黄侍郎舍人皆稱臣書名者，事君之體固然也。其檢，舍人不書，欲以爲別異執政乎？則録黄畫黄並檢，一體相須而成，事君之體，於例當一，一書之間，方其嚴上，則未有可以復伸下也。伏尋故事，中書舍人分押尚書六曹，天下衆務無不關決，其各執所見，謂之五花判事。故唐太宗嘗謂侍臣曰：中書、門下，機要之司，詔敕有不便者，皆須執論。比來遂無一言駁論，若准書詔敕，行文書而已，人誰不堪？今舍人不押六曹，惟掌書命，而事干書命者，又不書檢。竊尋故事，未有可據而然也。或謂事干書命者，有除改行遣因依，故舍人不當書檢。然向來書檢已連除改因依，況除改因依，參於典故，即無舍人不得預聞之理。臣詳本朝之制，官司佐屬，蓋有得書檢而不得書行移文字者，未有得書行移文字而不得書檢者，此又於理可疑。臣固非欲書檢也，顧緣職分，不敢苟止，伏乞考詳理體，斷自聖裁，令臣得以遵守。取進止。元豐五年七月。

（宋）劉安世《盡言集》卷一《論命令數易》　臣嘗考載籍以推先王之道，雖禮樂刑政，號爲治具，而所以行之者，特在於命令而已。昔之善觀人之國者，不視其勢之盛衰，而先察其令之弛張。未論其政之醇疵，而先審其令之繁簡。惟其慮之既熟，謀之已臧，發之不妄，而持以必行，則堅如金石，信如四時，敷天之下，莫不傾耳承聽，聳動厭服，此聖人所恃以鼓舞萬民之術也。《書》曰：慎乃出令，令出惟行，弗惟反。《易》曰：涣汗其大號。《傳》曰：令重則君尊。又曰：國之安危，在出令。凡此皆聖人慎重之意也。臣伏見朝廷命令，變易頻數，遠不過一二歲，近或期月而已。甚者，朝行而夕改。亦有前詔未頒，而後令蠲除者。吏不知所守，民不知所從。求其弊原，蓋由講議未精，思慮未審，人情有所未盡，事理有所未通，或牽於好惡之私，或溺於迎合之説，是非無所辨，取舍無所宗，故一人言之，而遽爲之紛更也。方平居無事之時，輕嫚多變之如此。緩急有事之際，何以取信於人。伏望聖慈，深鑒前古之戒，謹爲今日之慮，至於法度之廢置，政事之因革，必使大臣公心協謀，博極利病，廣覽詳擇，務當義理，更其所可更，則不嫌於違俗。守其所可守，則無憚於襲故。申敕門下，無使徒爲審讀，以應故事，其有措置失當，前後謬戾者，必舉封駁之職。庶幾詔令清簡，吏民信服，事可久行，不致反汗。取進止。

（宋）岳珂《愧郯録》卷二《聖旨教令之別》　國朝所司承旨之別，乘輿稱聖旨，中宮稱教旨，儲闈稱令旨。天聖以後，母后御東朝廷則稱聖旨，否則稱教。如初孝皇初膺內禪德，壽方具慶，務極尊崇，太上皇后亦得稱聖旨。珂按：秦漢而下天子稱制詔，繼別爲敕，母后、東宮、諸侯王稱令，下雖郡守亦稱教，無名爲旨者。惟自魏晋而下乃有之，然則承旨行事本取指撝之義，以從尋常簡便之稱，大事則有制可，宣布則有詔書，除授則有敕命，互見於用，要不相揜，而實非古制也。《晉書·文帝紀》，司空鄭冲勸進九錫之文曰：明公宜承奉聖旨，受茲介福，允當天人。則聖旨之名，已見於魏矣。詳其義趣，特出一時之文，若曰宜奉承聖上之旨意而已。非文書皆然以爲常式也，唐尚書掌上逮下之制六，無聖旨之名，惟中書王言之制七，五曰敕旨，百官奏請施行則用之。與册書制書慰勞發敕，敕書敕牒，殊析不同，則敕旨本以便事從簡，其意灼然可見，但當時未全稱聖旨耳。如延英面對，或稱進止，則又或進或止，取於宸斷之義。今奏劄猶襲用之五代相承，每事稱進止，亦與此同一源委。若中宮稱教，儲闈稱令，而繫以旨，則史傳雜見，未之考詳。漢尊母后例，得稱詔如薄后，雖非稱制得詔，有司追封竇后父爲安成侯是也。齊梁以來，或稱令，如蕭統《文選》所載，任昉宣德皇后令是也。唐尚書之制，四曰令，皇太子用之；五曰教，親王公主用之，而不明著。母后中宮之所稱，其見於史者，亦旁附随事以立文而已。且旨者，一時之名，而教令則典則之常也。《文選》所載傅亮爲宋公作修張良廟楚元王墓教之類，前稱綱紀如詔書之前以門下爲稱也。唐皇太子令書左庶子畫諾右庶子畫日如制書之後有制可之畫也。則此文書體式之當然，而不可以繫旨以爲稱，其理無疑。還考於唐，則固嘗聯敕以爲稱矣。以教以令上擬於敕，則雖聯其何傷也。然竟莫究其所以始，惟高峻小史《晉書·王沉傳》載，沉爲豫州刺史，下教求言主簿褚䂮曰，奉省教旨，伏用感嘆渚宫故事，載晉羅友在桓温府同府有得郡者，温爲坐叙别友，亦被命至尤遲晚。温問之，答曰，臣昨奉教旨出門見鬼，揶揄云，我只見汝送人上郡，何不見送汝上郡。《南史·鮑泉傳》，梁元帝承制從獄中起王僧辯代泉爲都督，泉拂席坐以待之，僧辯入，乃背泉而坐曰，鮑郎，卿有罪，令旨使我鎖卿，卿勿以故意見期。則二字聯旨以稱，殆習熟，因簡便而遂以爲常耶。然令體重也，教體輕也，漢侯王郡守之用，唐尚書七等之别，亦可稽矣。以東朝而猶稱教，則非所以致人主尊親之誠，此孝宗之孝所以不能安也。既詔太上皇后稱聖旨，而胡忠簡銓在後省，猶執不可。曰大哉乾元，至哉坤元，聖人固當有其辨，其言深切著明，而聖意篤於奉親，竟弗之許，故近世壽慈壽康皆稽以爲據。珂嘗申考治平三年正月丁丑濮議之詔，英皇嘗頒手札稱慈聖光獻太后爲慈旨，紹興元年五月十五日刑部尚書兼權禮部尚書胡直孺等準詔討論昭慈册禮，其於欽聖憲肅皇后元符三年五月之詔，亦止稱慈旨，此乃本朝故事，固不可不条著也。孝皇初詔陳魯公康伯，嘗乞以慈旨稱，而孝皇以爲輕，此盖特制。劉良李周翰注《文選》曰，秦法皇后太子稱令，諸公王稱教令者，命也。教者，教示於人也，蔡邕《獨斷》曰，諸侯言曰教。然則中宮亦當稱令云。

《歷代名賢確論》卷六七《責臣下詔敕有不便者皆應論執》　范祖禹曰，朝廷設官分職，非徒使上下相從，欲交修其所不逮也。《書》曰，百官修輔苟取充位而奉行上令，則是胥史而已。不明之君，自以無過惡人之言，是以政亂而上不聞，太宗敕責而使之言，雖欲不治，不可得也。

綜　述

《宋刑統》卷一〇《職制·代官司署判》　諸公文有本案事直而代官司署者杖八十，代判者徒一年，亡失案而代者各加一等。

疏議曰：公文謂在官文書，有本案事直，唯須依行。或奏狀及符、移、關、解、刺、牒等，其有非應判署之人代官司署案，及署應行文書者，杖八十。若代判者，徒一年。其亡失案而代者，各加一等。代署者杖九十，代判者徒一年半。此皆謂事直而代者，若有增減、出入罪重者，即從重科。依令，授五品以上畫可，六品以下畫聞，代畫者即同增減制書。其有制可字，侍中所注，止當代判之罪。

（宋）宋敏求《春明退朝録》卷下　凡公家文書之稾，中書謂之草，樞密院謂之底，三司謂之檢，今秘府有梁朝宣底二卷，即貞明中崇政院書也，檢即州縣通稱焉。

（宋）宋敏求《春明退朝録》卷下　或問：今之敕起何時？按蔡邕《獨斷》曰：天子下書有四：一曰策書，二曰制書，三曰詔書，四曰戒敕。然自隋唐以來，除改百官必有告敕，而從敕字。予家有景龍年敕，其制盖須由中書門下省，故劉禕之云：不經鳳閣鸞臺何謂之敕。唐時政事堂在門下省，而除擬百官必中書令，宣侍郎奉舍人行進入畫敕字，此所以爲敕也，然後政事堂出牒布於外，所以云牒奉敕云云也。慶歷中，予與藴子美同在館，子美嘗擕其遠祖珦唐時敕數本來觀，與予家者一同，字書不載勑字而近世所用也。

（宋）曾鞏《曾鞏集》卷二三《制誥擬詞·知制誥制一》　典掌書令之任，爲朕左右之臣，非獨在於潤色斯文而已，固當論思治體，以輔朕之不逮。朕博考天下之材，然後有所拔用，則於付授，豈不慎哉。某强識敏學，通於理要。砥節勵行，忠篤不回。朕惟汝嘉，使在茲選。朕有兢兢業業，一日二日萬幾之慮，汝則思輔以謀猷，忠於獻納；朕有作則垂憲，施命以告四方之志，汝則思達以文辭，見於號令。使爾爲稱任，則朕爲得士，豈不休哉？尚其勉矣，以服厥官。

（宋）曾鞏《曾鞏集》卷二三《制誥擬詞·知制誥制二》　贊爲名命之臣，法當得一作侍從，非獨在於討論翰墨，發揮詔號而已，必將講明治具，思獻其可，以弼予違。故非其人，夫豈虛授？某敏有時材，優於學術。擢於不次，俾典訓詞。維能守其所聞，可以輔予不逮，維能明於體要，可以見於文章。其尚懋哉，方觀汝效。

（宋）葉夢得《石林燕語》卷三　唐舊事，門狀，清要官見宰相，及交友同列往來，皆不書前銜，止曰某謹祇候，某官謹狀。其人親在，即曰謹祇候，某官兼起居，謹狀；祇候、起居不並稱，各有所施也。至於府縣官見長吏，諸司僚屬見官長，藩鎮入朝見宰相及台參，則用公狀，前具銜，稱右某謹祇候，某官伏聽處分，牒件狀如前，謹牒。此乃申狀，反闌狀也。元豐以前，門狀尚帶牒件狀如前等語，蓋沿習之久，後雖去，而祇候、起居並稱，猶不改。今從官而上，於某官下稱謹狀，去伏候裁旨四字，略如唐制，而具前銜，謂之小狀。他官則前銜與前四字兼具，而不言謹狀，不知有牒件狀如前，謹牒七字，則謹狀字自不應重出。若既去此七字，則當稱謹狀。以爲恭而反簡，自元豐以來失之也。

（宋）葉夢得《石林燕語》卷三　唐中書制詔有四：封拜册書用簡，以竹爲之；畫旨而施行者曰發日敕，用黄麻紙；承旨而行者曰敕牒，用黄藤紙；赦書皆用絹黄紙，始貞觀間。或云，取其不蠹也。紙以麻爲上，藤次之，用此爲重輕之辨。學士制不自中書出，故獨用白麻紙而已，因謂之白麻。今制不復以紙爲辨，號爲白麻者，亦池州楮紙耳。曰發日敕，蓋今手詔之類；而敕牒乃尚書省牒，其紙皆一等也。

（宋）葉夢得《石林燕語》卷三　唐制，降敕有所更改，以紙貼之，謂之貼黄。蓋敕書用黄紙，則貼者亦黄紙也。今奏狀劄子皆白紙，有意所未盡，揭其要處，以黄紙別書於後，乃謂之貼黄，蓋失之矣。其表章略舉事目與日月道里，見於前及封皮者，又謂之引黄。

（宋）葉夢得《石林燕語》卷四　尚書省文字下六司諸路，例皆言勘會。曾魯公爲相，始改作勘當，以其父名會，避之也。京師舊有平准務，自漢以來有是名。蔡魯公相，以其父名准，亦改爲平貨務。

（宋）葉夢得《石林燕語》卷四　臣僚上殿劄子，末概言取進止，猶言進退也。蓋唐日輪清望官兩員於禁中，以待召對，故有進止之辭。崔佑甫奏待制官候奏事官盡，然後趨出，於內廊賜食，待進止，至酉時放是也。今乃以爲可否取決之辭，自三省大臣論事皆同一體，著爲定式。若爾自當爲取聖旨，蓋沿習唐制不悟也。

（宋）徐度《却掃編》卷上　國朝之制，凡降勅處分事皆有詞，其體與詔書相類，知制誥行，皆用四六文字，元豐官制行罷之。

舊制宰相僕射以上勅尾不書姓，蓋用唐故事也，元豐官制僕射爲宰相，故不計寄禄，官之高下，皆不書姓云。

（宋）佚名《宋大詔令集》卷一九四《政事·誡飭·誡飭廢格詔令詔元豐八年十月戊寅》　比者詔令屢下，冀以均寬民力，便安公私，如聞官吏狃習故態，不切奉行，或致廢格，使遠近之人，未盡被惠。自今仰悉心奉行，監司檢察，倘有戾違，即仰御史臺彈劾奏。

（宋）佚名《宋大詔令集》卷一九五《政事·誡飭·臣僚章疏等虛辭盡行改正詔崇寧元年六月丙寅》　哲宗皇帝聖謨淵博，睿斷英烈，豐功偉績，見於行事，天下何嘗聞有過失。間者臣寮，頓忘君臣分義。乘間伺隙，因彈劾章惇，於章疏中緝構萬端，蕘言自口。且哲宗皇帝元祐紹聖中，未嘗聞有過失，形于天下，又將在法當陵遲之人，謂之釘手足剝皮膚斬頭拔舌之刑，遂致連年水旱災變，百姓餓死者數十萬計。以當時事跡攷驗，則虛辭誕謾，皆無實狀可據。顯是獨任偏見，形于奏章，公肆巧言，詆誣先哲，載在方册，何以傳示無窮。應臣僚章疏有類此者，可盡行改正，無令漏落，以稱朕敦叙天倫紹休前人之意。

（宋）佚名《宋大詔令集》卷一九五《政事·誡飭·焚毀元祐條件詔

崇寧元年七月己酉》 昔在神考，若稽古先，上嘉助華，下陋唐漢，建立政事，著爲典章。適於損益之宜，通乎利害之變，翕受羣策，蔽于淵衷，緩急先後，如農之有畔，本末調理，如網之在綱。非天下之至精，孰能與此。雖後世有作者，何以加諸。而元祐之間，遭家不造，權臣用事，俗學欺愚。恚前言之不行，怨曩志之或失。汲引死黨，沸騰異端，肆行改更，無復忌憚。朕繼志追慕，見于羹墻。儲神燕閒，披閱手澤，歎前烈之幾墜，知邪辭之所離。夫法令滋彰，盜賊多有。天下無事，庸人擾之。敷告多方，率由舊章。乃其不正不極，匪謀匪彝。變古亂常，析言破律。苟尚存于蕪類，將有惑於傳聞。其命有司，悉行燔毀。尚賴弼臣叶濟，庶尹交修。各公厥心，同底于治。今來追復元豐法制，已衝改元祐條件不行者，其元祐條件勾收，申尚書省焚毀。三省今後依此遵守，仍令進奏院遍牒，並依此施行。故茲詔示，想宜知悉。

（宋）佚名《宋大詔令集》卷一九七《政事·誡飭·誡約不許更改已行法令詔政和二年二月一日》 朕躬攬萬幾，講求民瘼，作新憲度，孚於萬邦。事之缺者，悉已完具。法之弊者，隨即更革。熙豐詔令，具在謨訓，思與天下共遵成憲。今貨殖通阜，商旅貿遷，民物按堵，邊隅綏靖，中外經費，頗亦寬舒。持之歲年，其効必著。尚慮妨功害能之士，貪利希進之徒，乘間抵巇，忘意申陳，輕議增損，規避其成，應今日已行法令，三省恪意遵守，無容妄自紛更，非甚窒礙而輒議改易者，以違制論，仍令御史臺覺察彈奏。

（宋）佚名《宋大詔令集》卷一九七《政事·誡飭·誡諭不更改政事手詔政和六年七月九日》 朕嗣先帝盛德大業，繼而述之，罔敢墜失。粤自初載，蔽於朕心。非緣師錫，賴天之休。克篤先烈，法成令具，吏習而民安之。休祥荐臻，四方蒙福，夙夜震慄，其敢自功。而士未革心，乘間輒議，天下生齒日衆，本支繁衍，蠻夷納土，開疆浸廣，惠養以逮天下之窮民，廩禄有及于疲癃不能任事之吏，興事造功，制禮作樂，事在有司，法令施四方，衆建人材，稱事增員，因勞積賞，倍蓰於前遠矣。挾姦罔上者，于太平豐亨豫大極盛之時，欲爲五季變亂裁損之計。朕若稽古，度時之宜，親所建立，審而後行，施之罔極，豈有更自改作。蠹害之人，敢私行智，爲臣不忠，罪莫大此。可令御史臺覺察糾奏，有犯以違御筆論。布告中外，咸使聞知，仍榜朝堂。

（宋）佚名《宋大詔令集》卷一九七《政事·誡飭·誡妄意更革朝政御筆手詔政和八年正月二十一日》 朕惟帝王之盛，以道涖天下而治以法，道者萬世無弊，一定而不易，法則與時宜之變通，而不可以爲常。朕奉承聖緒，夙興夜寐，務循神考之道，以儀以式，以訓以告。政立而法度修，教行而禮樂著，其效在天下，其典在方册。固將傳之無窮，施之罔極。天下後世，豈可復議。若迺事與時行，所當調制者，法也。時運不留，法亦隨之。煦爲春夏，斂爲秋冬。損益盈虚，義存均適。屬者審人情之思斁，窮海内之利否。取法之所當議者，扶其偏，捄其失，去其泰甚者。卿士大夫不深惟國家大體，有不可變之道，而咻惑于衆多之口，蔽蒙于私己之見，妄言大臣有異同之論，妄意朝政有更革之説，以欺愚衆而希世資，未欲致于理。蓋自崇觀以來，繼神考之志，以爲莅天下之道，述神考之事，以爲治天下之具，執此之政，堅如金石，行此之令，信如四時，據此之公，無私如天地。兼嘗親札大字，勅榜揭于朝堂，近日又復申明，此卿士大夫所共知也。今茲播告，是謂申命，其訛乃心，率循毋怠，敢有倡爲異端，致疑衆聽者，御史臺彈劾以聞，當議重行黜責。故茲詔示，想宜知悉，仍出牓朝堂。

（宋）佚名《宋大詔令集》卷一九八《政事·禁約·羣臣御前印紙不得隱匿殿犯常事不在批書詔太平興國六年正月癸酉》 朝廷伸懲勸之道，立經久之規，應羣臣掌事於外州，悉給以御前印紙。所貴善惡無隱，殿最必書。俾因滿秩之時，用伸考績之典。如聞官吏頗紊綱條，朋黨比周，迭相容蔽，米鹽細碎，妄有指説，蠹有巨而不彰，勞雖微而必録，有司披文而校，件析以聞，志既切於澄清，恩或由於僥倖，成命不反，蓋示信以當然，出令不行，於垂勸而何在，宜行誡諭，用儆因循。自今應出使臣，察在任日勞績，非尤異者不得批書，曾有殿犯不得隱匿，其餘經常事務，不在批書之限。

（宋）佚名《宋大詔令集》卷二二三《政事·釋道·泗州僧伽大師加號普照明覺大師伽字公私文字不得指斥詔大中祥符六年六月壬子》 能仁闡教，敷佑於羣生，等覺儲靈，流慈於應物，顧丕切而莫大，在欽尚以攸宜，眷彼清淮，峙茲妙塔，示圓明之惠力，存妙寂之法身，俾薦名稱，用申嚴奉，泗州僧伽大師，宜加號曰普照明覺大師，其伽字公私文字不得指斥，仍遣屯田員外郎孟隆説，往彼致告。

（宋）洪遵《翰苑群書·翰林學士院舊規·草麻例》　新入學士，須見舊學士草麻了，方當合制。已後即據草制遠處，即當制草，第一第三，更有准此。並以命官高卑不次，不繫學士官位，如當制日，遇將相名姓與私諱同者，即請同直替草，遠諱不在此限。

（宋）洪遵《翰苑群書·翰林學士院舊規·沿革》　大順二年十月，止宣每進畫詔書，別録小字本，首留內，承爲定式。乾寧三年，加階爵，止於進狀，不中謝。舊例，宰相及使相官告，並使五色背綾金花紙，節度使並使白綾金花紙，命婦即金花羅紙。乾寧二年十月，李鋋自黔南節相改授京兆尹，兩度諮報，中書使白綾紙。十一月，渤海國王大瑋諧敕，書院中稱加官，合是中書意，諮報中書。乾寧三年，承旨牓子，凡中書覆狀奉錢物。如賜詔徵促，但略言色額，其數目不在言，但云並從別敕處分，中書覆狀。如云中書門下行敕，其詔語不得與覆狀語同。每降制，鈔小字録一本送樞密院。

（宋）洪遵《翰苑群書·翰林學士院舊規·道門青詞例》　維某年月歲次某月朔某日辰，嗣皇帝臣署謹差某銜威儀某大師賜紫某處奉依科儀，修建某道場幾日謹稽首上啓虛無自然元始天尊、太上道君、太上老君、三清衆聖、十極靈仙、天地水三官、五嶽衆官、三十六部衆、經三界官屬、宮中大法師、一切衆靈，臣聞云云，尾云謹詞。

（宋）洪遵《翰苑群書·翰林學士院舊規·祠祭祈賽例》　南郊，維年月日，嗣天子臣署敢昭告于昊天上帝之靈。

北郊，嗣天子臣署敢昭告于。

五帝，嗣天子臣署敢昭告于青帝之靈，諸帝各依方色。

太廟稱孝子孝孫皇帝臣署敢昭告于云云及廟號。並依前項，亦云敢昭告于。

太社太稷各一本，稱天子署敢昭告于太社之靈。

已上尾並云伏惟尚饗。

五嶽，維年月日，皇帝署遣某官某乙致祭于祈禱，即云告賽謝，即云昭賽於某王，尾只云尚饗。自新朝署各應例不署。

東嶽天齊王　中嶽中天王　西嶽金天王　南嶽司天王　北嶽安天王

四瀆唯不御署，其餘並同五嶽。

江瀆廣源公　河瀆靈源公　淮瀆廣潤公　濟瀆清源公

九宮貴神

太一　天一　攝提　咸池　軒轅　招摇　天符　青龍　太陰

已上並云年月朔，嗣天子不稱臣，謹遣某官祭于某貴神之靈，尚饗。

風師　雷師　雨師　諸星帝

北郊嶽鎮海瀆唯此一處望祭，其餘並同一板，風神已下只云皇帝遣某致祭某之神，尚饗。

已上並是舊例，爲水旱災異祈禱處，其諸色神祠特敕賽，而臨時酌量輕重發遣。

（宋）洪遵《翰苑群書·翰林學士院舊規·書詔樣》　凡外藩奏事事使，若是都押衙虞候，即言都押衙虞候某乙至，其餘一例言軍將某乙。若是幕府官，即一例言判官某乙至。如是步奏官，即言奏事官某乙至。若是進奏官，即空言省所奏。如是自奏事，回書即言具悉。若因人奏事，賜書詔即不言具悉。詔內呼卿，後言故茲詔示。想宜知悉。急詔便言故茲，急詔密詔便言故茲密詔。已下語及時候，待詔院有例書，內呼汝，後言故茲示諭。如賜諸蕃鎮將校及內外八鎮將校書，則書頭具本職名。賜諸王詔如是兄叔，不呼名，卿處改爲王。賜國舅詔，官敕某官舅，呼卿處改呼舅。如是國舅駙馬，不繫官位高卑，並賜詔。近准中書記事，國舅詔內，捨族呼名，諸王新婦，只言某國夫人某氏。若中書覆狀，內有云中書門下行敕處分，其詔語不得與覆狀詞同。末云，餘從別敕處分，或命官宣示，亦云今授某官，已後從別敕處分。賜節度使及三軍將士敕書云。敕某乙。三兩聯便云。將士等、及獎將士三軍，故具言。宣慰事意，其除授節使或發兵。尾云專遣某乙，若賜官告即云：專官告使，告使例云等往彼宣賜，下云。便令慰諭，想宜知悉時候，卿與將士各得平安好，參佐官僧道者壽百姓并存問之，遣書指不多及，非節察不同，參佐出師在外，不問僧道已下。

（宋）洪遵《翰苑群書·翰林學士院舊規·承旨歷》　並先賢生狀若干道，遣書詔事，休上歷及署名，並計官位次第，不得記私事。應入內草文書，只言某乙准宜入內，不得言所草文書，仍須真書，并州府去處，以防宣索。

（宋）洪遵《翰苑群書・翰林學士院舊規・號簿例》　不得有行坐人字及諸凶惡文字，及廟諱官諱。

（宋）洪遵《翰苑群書・翰林學士院舊規・草書詔例》　唐天復三年七月二十一日，學士柳璨准宣於思政殿對，便令到院，宣示待詔，自今後寫敕書，後面不得留空紙。

（宋）洪遵《翰苑群書・翰林學士院舊規・答蕃書並使紙及寶函等事例》　新羅渤海書頭云敕某國，云王，著姓名。尾云卿比平安好，遣書指不多及。使五色金花白背紙，次寶函封，使印。黠戛斯書使紙並寶函，與新羅一般。書頭云敕黠戛斯，著姓名。尾云卿比平安好，遣書指不多及。使印。回鶻天睦可汗書頭云，皇帝舅敬問回鶻天睦可汗外甥，尾云想宜知悉時候，卿比平安好，將相及部族男女兼存問之。下同前，使印。如册可汗，即首云敕某王子外甥，尾云問部族男女等。

契丹書頭云敕契丹王阿保機，尾云想宜知悉時候，卿比平安好。下同黠戛斯也。舊使黃麻紙，平使印。自爲朝宣令，使五色牋紙，並使印，及次寶鈿函封。自僭稱神號，奏事多擊軍幾所賜中書內改，例從權，院中無樣。牂牁書頭云敕牂牁，著姓名，尾云想宜知悉時候，卿比好否，遣書不多及。五色牋紙，不使印。退渾黨項吐蕃使首領書頭云，敕與牂牁一般使黃麻紙，不使印。賜國舅詔，著姓名，呼卿，新例不著姓名。諸州刺史書呼汝，南詔驃信書頭云：

皇帝舅敬問驃信外甥，尾與回鶻書一般，至不多及，後具四相名銜，書敕一般，此一件是故待詔李郜云，僖宗在西川日曾行此書，使白紙，亦使印。

（宋）洪遵《翰苑群書・翰林學士院舊規・恩賜近例》　皇帝遷歸西都，應嶽鎮海瀆名山大川及州府靈迹封崇神祠祭告。

中嶽嵩山中天王，東嶽岱山天齊王，在兗州界。西嶽華山金天王，在華州界。北嶽恒山安天王，在定州界。南嶽衡山司天王，在衡州界。北鎮醫無閭山廣寧公，在營州界。西鎮吴山感德公，在隴州界。

東鎮沂山東安公，在沂州界。南鎮會稽山永興公，在越州界。東海廣德王，在萊州界。西海廣潤王，在河中界。南海寧邦王，在廣州界。北海廣澤王，在孟州界。東瀆大淮廣潤公，在泌州界。西瀆大河靈源公，在河府界。北瀆大濟清源公，在孟州界。南瀆大江廣源公，在廣都府界。

右前件一十七處，准中書覆狀録到，勘同待詔院當院伏見舊例。

（宋）李燾《續資治通鑑長編》卷四一〇《哲宗元祐三年》　五月丙午朔，翰林學士兼侍讀蘇軾、户部侍郎蘇轍同轉對。軾言三事：

其一、謹按唐太宗著《司門令式》云：其有無門籍人有急奏者，皆令監門司引奏，不許關礙。臣以此知明主務廣視聽，深防蔽塞，雖無門籍人猶得非時引見。祖宗之制，自兩省、兩制近臣，六曹、寺、監長貳有所欲言，及典大藩鎮、奉使一路出入辭見，皆得奏事殿上，其餘小臣、布衣，亦時特賜召問，非獨以通下情，知外事，亦以考察羣臣能否情僞，非苟而已。臣伏見陛下嗣位以來，惟執政日得上殿外，其餘獨許臺諫官及開封知府上殿，不過十餘人。天下之廣，事物之變，決非十餘人者所能盡，若此十餘人者，不幸而非其人，民之利病不以實告，則陛下便爲天下太平，無事可言，豈不殆哉。其餘臣僚雖許上書言事，而書入禁中，如在天上，不加反復詰問，何以盡利害之實？而況天下事有不可以書載者，心之精微，口不能盡，而況書乎？恭惟太皇太后以至德在位，每加抑損，以謙遜不居爲美，雖然明目達聰，以防壅塞，此乃社稷大計，豈可以謙遜之故而遂不與羣臣接哉？方今天下多事，饑饉、盜賊、四夷之變，民勞、官冗、將驕、卒惰、財用匱乏之弊，不可勝數。而政出帷箔，決之廟堂大臣，尤宜開兼聽廣覽之路，而避專斷壅塞之嫌，非細故也。伏望聖慈更與大臣商議，除臺諫、開封知府已許上殿外，其餘臣僚，舊制許請間奏事出入辭見許上殿者，皆復祖宗故事，則天下幸甚。

（宋）謝深甫等《慶元條法事類》卷六《職制門・批書》　勅

職制勅

諸批書考任、印紙若出給公憑及保明關報功過，而增減不實致誤賞罰、磨勘、差注者，本宫殿侍、下班祗應同。並知情官吏徒二年，不以去官赦降原減；未施行者，減二等；不知情及不誤賞罰、磨勘、差注者，又減一等。供在京所屬家狀，准此。下班祗應年未及格而本家爲供不實者，杖一百。

諸批書印紙不圓，致降名次，及進條式致行會問者，吏人杖八十，職級減二等，簽書官罰俸一月。

諸在任官成考及罷任，而官司批書印紙若申發單狀違限者，各杖一百，下班祗應減二等。

諸差罷任待闕官權攝職任，謂於法許差者。應批書到罷而不批者，杖一百。所差官替罷，未經批書而離任者，罪亦如之。

諸副尉犯罪，應申尚書刑部而不申，應批書印紙而不批書者，杖一百，雖申及批書漏落者同。以故致誤差遣、磨勘者徒二年。

詐僞勅

諸押綱人，任滿妄稱該賞，或再押並所屬官司知情而爲保明供申及批書印紙，雖會恩原免，並奏裁。

雜勅

諸押綱人犯罪，或違程拋欠，應批書印紙而收匿以避批書者，杖一百。

捕亡勅

諸賊盜發，州取索捕盜官印紙批書而違限者，杖一百。監司所至，不取索印紙點檢，減二等。

令

考課令

諸監司印紙應批書者，逐司互批。謂轉運司官印紙，提點刑獄司批書之類。

諸縣令、丞及酒稅官應書考者，本州取索考内催科二稅若課利有無虧欠，覆實批書。

諸巡檢、縣尉、駐泊捉賊並巡轄馬遞鋪使臣，任内比較，合該賞罰，即時批書印紙。

諸命官下班祗應在任成考及罷任，所屬取印紙批書，承直郎以下、下班祗應，仍具單狀録報在京所屬，並限十五日畢。罷任有事應結絶者，以畢日爲始。不得勾公人攢造。

諸批書印紙而紙盡者，本州續紙用印。其批不圓應再批者，具不圓事狀並斷罰元批書官吏次第批上，仍報在京所屬。

諸命官批書印紙及取會應報已事者，聽免簽書。

諸命官權攝職任，有功過應批書而無印紙者，依到罷法批書付身。

諸押綱人功過，所屬官司即時取行程曆、印紙批書。

公用令

諸知州、通判罷任，本州取索公使庫有無少欠行人錢物，批書印紙訖申監司，監司保明申尚書省。

文書令

諸内外命官得替，謂應主管供造文帳者。有入限未供文帳，須候造畢乃聽批書離任。

職制令

諸州縣闕官，而依法合差罷任待闕官權攝者，並令本州取印紙，批書到任月日。替罷，亦批有無不了事件訖方得離任。如無印紙，即取告勅、宣劄，於背後慎謹批書當職官具銜書押用印。

諸在任官轉官循資者，三日内申所在州批書印紙。

諸監司及州使臣，謂指使、准備差使、聽候使喚、緝捕盜賊。任滿雖替人未到而願先罷者，聽批書給據，放令離任。

諸州兵官總管以下，任滿過一季，不候替人批罷。添差不釐務自依本法。

諸命官陳乞恩澤，祖父母、父母老疾合入家便，或本宗同居緦麻以上親在遠權入近地之類同。應召保官申奏者，本州取索保官印紙，限當日批書所保事因，給付訖保明申尚書吏部。

諸命官未入官人同。除、免、官當、停降應叙者，召保官三員，於尚書刑部投狀，非勒停而在外者，於所在州。仍令本州依式開具保明，及取索保官印紙或付身批書，及於所申狀内聲説已批書因依，勒停人再叙及散官准此。已經叙者免召保。具録元犯斷遣後過犯准此。及見存付身文書，再叙者，自初叙後録。差官對讀，本州保明申尚書刑部。

諸巡檢，不得輒勾保户及以巡捕爲名迎送。即因巡捕，不得以家屬自隨，及帶兵甲入州城，或館驛市肆要會處隨行。諸軍常令附近鈐束，無令騷擾。有疾病者，送州縣寄留醫治。即廨宇所在州給印紙，批書行程，每季點檢。

諸巡轄馬遞鋪使臣地分，五百里以下，限三十日巡遍，仍詣鄰界一鋪取曆點檢，不得巡經宿；一千里以下，六十日；過一千里，九十日；過二千里者，半年。兼管著他職有要切公事，不用此限。每巡遍至廨宇所在，無故不得住過十日，經歷州縣不得住過二日。提舉官給印紙，所至州縣批書到發日時，每季申廨宇所在州磨勘，具有無稽違申，提舉官取索印紙覆行點檢。

倉庫令

諸倉庫内無廨舍者，監官不得住家。收支文書，監官廨封鏁，遇替移交，受都簿赤曆足，批上印紙離任。

厩牧令

諸遞馬，州縣及巡轄使臣檢察驃分，死者，批使臣印紙。

營繕令

諸樓店務，省房歲收課利錢，十分内樁留五釐，州軍資庫、縣省錢庫寄收。充修造支用，不足，借本處係省錢，候有樁留錢撥還。縣、鎮、寨無都監，即令、佐主管。遇替移，差官監交訖，乃得離任。仍批書印紙，委監司巡歷點檢。

捕亡令

諸賊盜發，本州即時註籍，强盜及殺人賊，限三日奏，兇惡群盜入界，或已經奏，至出界，雖不曾作過，准此。及申提點刑獄、提舉賊盜司，謀叛及州縣、鎮、寨内劫盜，或諸軍結集强盜若强盜七人以上者，仍申轉運司。仍批書捕盜官印紙。監司所至，取索印紙點檢。提點刑獄司每歲六月、十二月終各具諸州已獲及滿百日未獲火數，限次季以聞。强盜，每月一次具已、未獲人數申尚書刑部。

諸巡檢兼兩州以上者，每州各給印紙，批書本州賊盜已獲、未獲數，任滿牒廨宇所在州類聚，批書尚書吏部印紙。

諸巡捕官，州給印曆，應失覺若獲私鑄錢者，並計火數。見情犯者，限當日取曆依式批書。

諸强盜及殺人賊發，捕盜官承報取索印紙批書者，限一日繳納。

諸巡捕官司捕獲或透漏私販或私賣買茶鹽，候斷訖具巡捕官職位、姓名，關報所屬，依賊盜法批書印紙。仍隨事申提舉茶鹽司。任滿以斤重比折外，應賞罰者，申本司保明，舉劾施行。

諸賊盜證據不明，未知的實人數者，盜發縣保明申州，州爲審察事狀，約數立限，强盜每火以三人，竊盜每火以二人，殺人、放火、發冢以一人爲數，具事因，批書捕盜官並捕盜人印紙。

斷獄令

諸除名者，出身補授以來文書皆毀，當、免者，計所當、免之官毀之。斷後限十日追取批書毀抹，申納尚書刑部。將校應追毀所授文書者，准此。其印紙亦據所追任數批書，用印書字給還。

諸犯過失收贖，而應具案奏及申省、寺，報在京所屬。若批書印紙者，並免，仍不理遺闕。

諸校尉、殿侍、下班祗應犯罪，斷訖具要切情節、刑名、月日批書印紙，無印紙者，批補授文書。仍録報在京所屬。

諸副尉犯罪事發，官司限次日具犯狀申尚書刑部，斷訖具要切情節、刑名再申。仍批書印紙。

式

考課式

命官批書印紙

某處

據某官狀或牒，自某年月日到任至某年月日合成第幾考，替罷零日亦准此。乞批書者，今勘會到功過事件如後：

一勞績推賞。

一請假參假月日。願補填者，展補成考批書，若曾應舉或試刑法准此。發運、監司等官只批請假參假月日。

一差出月日。具准條合差事因。若非條制指定應差者，即聲說係與不係朝旨或不拘常制及急切幹辦差時本官曾與不曾申陳。發運、監司等官唯准朝旨差出則批。

一轉官循資受訖月日。依限批上外，本考更批書。

一曾應舉若試刑法月日。知州及發運、監司以上官不用此項。

一經取勘或追攝及住公事，並責罰案後收坐，及去官自首、釋放之類。

右六項命官通用。如考内有上件事，則批書月日、事因。如無，則稱無或不曾。

一興利除害。謂已施行者。

一薦舉及按劾部内官。有不當者亦批書。餘按察官並准此。

一駁正出入刑名。唯轉運使副、判官，提點刑獄用此。

一本路見管糧草、錢帛都數。唯轉運使副、判官到罷用此。

右四項發運監司官用此。

一所收課利。通管兩務以上，須每務批書，自到任至年終、却自以次全年或替罷月日立兩項。凡收課利並先具祖額一般年月日數目比較有無增虧。如係虧欠年分，則開說係與不係災傷，曾與不曾放稅。如災傷放稅，即具夏秋日限、各放若干分數，仍於祖額內計合免比分數，隨夏秋限所放月分，各於本年內除出若干不比外，計若干應比較。如放三分以上應免比，即依此將祖額今收內免比並合比月分數目，各別開具，至得替，仍將一界內都收錢物衮比年額增虧都數。如不係衮比課額，即別立項。或有差出假故月日，於法應除出者，即據實監月日比較。遇閏則以所附之月爲准。內官物批有無欠剩損敗，畜産批有無孳息死失，各計實數。如係兼監課利場務曾經責罰，並依專監例批書。

右一項專差幹辦倉庫官用此。

一强盜。依强盜賞罰者同，下文稱强盜准此。凡遇盜發，即時取印紙具年月日、事因、人數批書。元申無人數者，即審察事狀約數。其前界未獲數應後人認限者，亦准此。並留空紙候捕獲即批捕獲月日、人數，用印書字。或他處捕獲亦依此批書。其未獲人數，候罷任日仍批未獲□□□□□□事因、曾與未曾勘罰。

一竊盜。每考內批書未獲若干火若干人。

一獲强盜若干火若干人，係第幾限，躬親率衆或設方略遣人或差人捕獲；如捕獲前界及別州縣者，只聲說係前界及某州縣，更不批限。若干火若干人，係他人捕獲。

一獲竊盜若干火若干人，係躬親或差人捕獲，若干杖以上罪，若干笞罪；若干火若干人，係他人捕獲，若干杖以上罪，若干笞罪。

一獲逃軍若干人，係躬親或差人捕獲；若干係禁軍並因犯盜配軍；若干人係廂軍或刺面人及剩員。若干人係他人捕獲。

一獲殺馬牛人若干人，係躬親或差人捕獲。

捕盜官替罷比較：將一界內不獲强、竊盜別立兩項，各將任內躬親或差人捕獲强、竊盜並逃軍、殺馬牛人等依條比折。如有折除不盡火數，並分明開說。

一在任不獲强盜若干火共若干人。將躬親或差人捕獲某賊若干人合折除。不獲竊盜項折除准此。

一在任不獲竊盜若干火共若干人。

一折除外下項。

一在任不獲强盜若干火共若干人。內限未滿承認交付者，則批若干火若干人係第幾限交付，合理或不理强盜、竊盜火數。

一在任不獲竊盜若干火共若干人。內限未滿承認交付者，則批若干火若干人係未滿百日交付，合免理火數。

右一十一項，應捕盜官兼巡檢同。用此。

一交付到人馬數目。到任即批書前界使臣處交到人馬數，候罷任亦具有無添填、死失、逃亡批書。

一經歷州縣到、發月日。經歷州縣並取印紙即時批到、發月日。如有住滯亦批書曾與未曾勘罰。

右二項，諸路巡轄馬遞鋪用此。

一任內請大小添支驛料各若干、年月。

右一項，小使臣替罷用此。

右件如前，事須批書本官第幾考或替罷零日印紙者，年月實日依常式。餘批書式准此。

殿侍下班祗應同下文准此批書印紙

某處

據某處某差遣某班殿侍某人狀，自某年月日到任至某年月日，合成第幾年，所有年內幹辦過事件，乞批書印紙、曆子。今勘會到某人年內合行批書事件，保明並是諳實。

一某人，某年月日准宣頭或樞密院劄子差充某差遣，於某年月日到任公參，在職幹辦至某年月日終，成第幾年。臣僚合被隨行指使，自受朝旨差充到本官任所幹辦日爲在職。本官任滿或非次罷職，就移差遣，自罷任日，隨行指使亦爲罷任。若本官就移差遣，願帶行者，須依條具奏，候准朝旨，許帶行，日後再理爲在職月日，逐年並替移並隨處官司批書。

一任內如有功賞及勞績該減磨勘者，雖無磨減磨勘指揮，令後次通理收使者，亦批。並逐一開坐立功効事狀、年月曰、所得何處指揮、減若干年月日磨勘。

一任內如曾爲諸般公事經追攝及住幹辦並該責罰，或釋放，或經取勘斷決，或案後收坐，並子細批書入禁並出禁月日，計若干日數，在禁日曾與不曾管事，出禁曾與不曾歸任依舊幹辦，及元犯全款事因、年月日，斷遣刑名杖數、公私罪名。

一任内如曾解發呈試，或别有差使離任，即開坐離罷並還任依舊幹辦月日，有無朝旨條例許理爲在任月日。

一任内如曾請假，即開坐請假月日、緣故，曾與不曾住管職事並公參依舊幹辦月日。

一任内如曾認姓更名，即聲説事因、年月日，後承准甚處指揮。

一任滿有條該酬賞者，並於末後一項批書合用條例，所得是何酬賞。如已離任所受到酬賞付身文書，即執付身於所在官司乞行批書。

以上如無，亦於逐項聲説。

右事須批書本人第幾年曆子者。

年月　日依常式

副尉批書差遣功過

某處

據進義或進武副尉某人申乞批書，今勘會到下項事件，合依式批書者：

一某年月日准某官司差到幹辦某事，至某年月日替罷，如别因事故減罷、差替、決替之類，亦聲説。

一無未批、未結絶過名，如有，即依下項開説：未批書某事過名若干，各具某處未批書事因；未結絶某事過名若干，各具某處未結絶事因。

一無在假月日。如有，即具次數、月日。

一無不在職月日。如有，即具次數、月日。

一無展磨減勘指揮。如有，即具爲某事曾展或減若干數、逐次所展減年月日。

右件如前，事須批上本人隨身功過曆，照證施行，别無漏落，保明是實。

年月　日依常式

斷獄式

進義進武副尉犯罪批書

某處

勘到如係所司取勘，亦分明聲説據某處勘到。進義副尉或進武副尉某人，爲先差或見差在何處幹辦時，於某年月日爲某事，節所犯情款。准條斷笞、杖若干，如有贖銅、罰直食錢，亦開斤直錢數，係公、私、贓罪刑名，若會恩亦聲説。已於某年月日斷遣訖。如有故未決，亦聲説。

右事須批上本人隨身功過曆，照證施行。

年月　日依常式

申明

隨敕申明

雜敕

淳熙四年二月八日敕：州縣鄉村市井買賣交易及輸納官錢等，公然將私鑄砂毛錢混雜行使，悉因關津税務不曾搜檢商旅等人，得以循習博易般傳，更無畏憚。劄下江東西、福建、浙東西、湖南路諸州，行下所管關津税場，嚴作關防搜檢拘收，將犯人依法斷罪追賞。其監官依巡、尉有無透漏茶鹽賞罰，及滿考罷任，批上印紙。

旁照法

名例敕

諸稱不以赦降原減，餘緣奸細事或傳習妖教、托幻變之術及故決、盜決江河堤堰已決外，餘犯若遇非次赦或再遇大禮赦者，聽從原免。

衛禁敕

諸巡捕官失覺察本界内停藏，謂經日者。貨易私茶鹽而被他人捕獲，二百斤，罰俸一月，每二百斤加一等，至三月止，追索印紙批書。若有獲到數目，依法比折，不係正官，二斤比一斤。

名例申明

紹興六年九月二十三日尚書省劄子：遇非次赦或再遇大禮赦，既不以赦降原減罪許行原免，所有犯不以去官之罪，亦合原免。

本所看詳上件指揮，在法：不以赦降原減者，遇非次赦或再遇大禮赦，許行原免，所有犯不以去官之罪，亦合原免。竊慮州軍未盡通曉，引用差誤，今編入《隨敕申明》照用。

（宋）謝深甫等《慶元條法事類》卷一六《文書門・詔勅條制》

勅

名例勅

諸稱制書者，詔、告、宣、勅、御劄、御寶、批降及三省、樞密院奉聖旨文書同。謂非有司謄降者。

職制敕

諸被受條制應謄報編録而不謄報編録，及應注冲衡改而不注，若緣邊事應密行下而榜示者，各徒二年。即不應謄報而謄報，或編録不如法若脱誤有害者，各減三等。置册編録不用印，及當職官不以所受真本校讀訖付吏人掌之者，准此。

諸受聖旨寬恤事件，奉行不虔及隱匿曉示者，徒一年。監司知而不按劾，與同罪。

諸事應立法，若勅、律、令、格、式文有未便應改，不具利害申尚書省或樞密院，而輒畫旨創立若衝革者，以違制論。即詔勅不經三省，官司受而施行者，罪亦如之。

諸因職事例受制書而違者，杖一百。躬彼而違者。自從違制本法。

諸承賞功罰罪，不置曆供呈謄下，並編録不如法者，杖一百。

諸官司承受加封神祠爵號及賜觀寺廟額制書，給付訖過三日不申尚書禮部者，杖一百。

諸被受省曹謄降到聖旨若朝旨，或直承處分以民户改作官户，或依官户例減免差役科配之類，應申尚書户部而違限，杖一百。

令

文書令

諸受制勅應翻録行者，給書寫程，急速限當日，滿百紙一日，二百紙以上二日，每二百紙加一日，非急速各加一日，餘文書各加制勅限一日。所加雖多，制勅不得過五日，餘文書不得過十日。即軍務急速不以紙數，皆限當日發出。

諸翻録制勅，其紙用黄。須無粉藥者。奏御文書，不得用屑骨若竹紙、箋紙。

職制令

諸被受手詔，士庶應合通知者，並依德音宣示於衆。

諸被受手詔，以黄紙造册編録。並續頒詔册並於長官廳櫃帕封鎖，法司掌之，無法司者，選差職級一名，縣差押録。替日對簿交受。遇有檢用，委官一員，發運、監司，委主管文字、檢法官；州委司法參軍；縣即令。監視山入。

諸被受手詔及寬恤事件若條制，應謄報者，謄訖，當職官校讀，仍具頒降被受月日行下。仍各以到州縣日時爲始。若有衝改者，録事因、月日，注於舊條。事應民間通知者，所屬監司印給榜要會處，仍每季檢舉。其手詔及寬恤事件即榜監司、州縣門首。手詔，以黄紙録副本連於榜前，仍書臣名。非依界所宜聞而在緣邊者，並密行下。

諸被受手詔及寬恤事件若條制，並置曆供呈，當職官聚廳看詳，務通意義。其應行及衝改，即時批曆，次第簽書，遇官吏更代，仍對籍交受。

諸條制，發運、監司及州縣並置庫，餘官司於本廳封鎖，法司掌之。無法司者，選吏兼掌，縣選二人專管，二年一替，不得差出。替日對簿交受。州每半年具被受條目申監司。須到印册者，止具承受月日申。

諸一路、一州、一縣、一司條制，各置册編寫，仍别録連粘元本架閣。其雖係一時指揮而遍行下者，准此。

諸條制先次行下者，置册，分門編録，仍以所受月日次第連粘，候頒降到印册，以先受者架閣。若續降詔條内有未到或已到而緣路損壞者，申尚書本部録降。以上所頒降册内有闕漏者，准此。去京五百里外，仍先牒鄰州謄寫照用。

諸官司被受條制及文書，謂申牒、符、申帖、辭狀之類。皆注於籍，分授諸案，案别置籍，依式勾銷。州，幕職官掌之；縣，令、佐通簽。

諸受樞密院轉宣劄子，即時謄寫行下，以元降宣劄實封傳遞。以次官司各不得過二日，其最後承受官司謄行訖，繳納本院，不得漏泄。

諸恤刑條制，提點刑獄司歲於四月、十月上旬檢舉下諸州，長官行訖以聞。

諸勅、令、格、式應録付者，紙從官給，無官紙，以不係省頭子或贓罰錢買。

諸事應立法，及勅、律、令、格、式文有未便應改者，皆具利害申尚書省或樞密院。事不可分者，並申省。下文應申而不可分者，准此。即面得旨若一時處分應著爲法，或應衝改條制及傳宣、内降若須索及官司親承處分，或奏請得旨者，並申中書省或樞密院待報。即被旨急速須合供應，待報不及非干他司者，聽隨處審奏，奉行訖申尚書省或樞密院。事經申明不須申審者，准此。

諸被受省曹謄降到聖旨若朝旨，或直承處分以民户改作官户，或依官户例減免差役科配之類，並行訖限當日實封申審尚書户部。

諸受手詔及批降處分被受行下者同。理合申明者，所屬明具利害奏裁。

諸承賞功罰罪，置曆供呈，在任官仍謄下所屬，及以千字文編録爲籍。

辭訟令

諸奉行手詔及寬恤事件違戾者，許人越訴。

諸官司被受續降條制，内有許人告捕者，並曉諭，三日外方許告捕。

雜令

諸詔勑紙高一尺三寸，長二尺者。餘官私紙高長不得至此。及寫宣紙，各不得私造及賣，違者，紙仍没官。

（宋）謝深甫等《慶元條法事類》卷一六《文書門・赦降》

勑

名例勑

諸稱恩者，謂赦降；稱降者，德音疏決同。

諸稱不以赦降原減，除緣奸細事或傳習妖教、托幻變之術及故決、盜決江河堤堰已決外，餘犯若遇非次赦或再遇大禮赦者，聽從原免。

諸赦降稱枉法自盜及入己贓者，並謂已入己；應斷私罪者非。稱刼謀、故鬥殺者，謂正犯。即以邪法藥物與人服食及爲人合藥題疏、針刺故不如本方，造厭魅符書咒詛，並謂欲以疾苦人，或故令畜産及猛獸殺傷人，或故屏去人服用飲食之物，或脯肉有毒，故與人食，或有所規避，將本宗或緦麻以上親遺棄，或誣告人死罪，或詐陷人，或捕罪人已就拘執，别挾仇恨若有所規避而謀殺，或尊長犯死罪被囚禁，不遣雇倩及辭未窮盡而殺，或故入人死罪，或挾情托法，或故爲慘毒各致殺人者，皆同正犯。

諸犯罪，會降稱死罪降從流者，流三千里；本條罪不至死，有編配法者，依不至死編配例。稱流罪降從徒者，加役流、流三千里並徒三年，其餘以次降之，謂流二千五百降徒二年半之類。婦人若諸軍或刺面人各更降一年。應配者，並降杖一百；稱徒罪降從杖者，徒三年降杖一百，餘亦以次降之。流以下放者，編、配並免；徒以下放者，沙門島、遠惡處者，配如法；餘應配者，廣南配三千里，二千里以上配千里，五百里以上配鄰州，鄰州配本州，本州配本城，已係牢城者，配本州一等軍，無，即配鄰州。應配本城者不刺面，應不刺面配者鄰州編管，應降配、移配者並移一等軍，降配者，仍充下名。應編管者免。

諸會赦應改正拘收，雖未經責簿帳，但經問不承者，論如本犯法。不承，謂經當職官立案者。

斷獄勑

諸大禮御劄已到而犯强盜、持仗、竊盜、强姦、謀殺人、毆人折傷以上謀殺、折傷，謂至死應爲正犯者。各罪至徒；官吏犯入己贓；急脚、馬遞鋪兵級、曹司盜匿、棄毁、私拆遞角或將帶逃亡；官司故稽緩刑獄公事；命官亡身，送還人丁憂不解官，所差送喪柩人同。擅自歸或逃亡；及部轄職員、將校、節級並爲首率衆者，各不以大禮赦原減。其故出入人徒以上罪，或容庇罪人拖延及妄爲疏駁會問不圓公案，致會大禮赦者，謂不妨結案或檢斷而故爲方便者。官司及罪人各准此。即罪人故不承伏若翻異，家屬稱冤同。或故自毁傷及詐稱瘡、病、産孕、老幼有蔭告身在遠，或虚稱更曾别作過犯，官司信憑會問，各妨結斷而致會大禮赦者，雖赦前已承，但斷決不及皆是。亦不得原減。若因駁問翻異而改斷從輕，或刑名不移而罪名改輕若刑名雖加而當叙遺闕從輕，謂如贓罪改從私罪，或私罪杖改從公罪徒之類。或干連未經取勘及不曾翻異之人，自從會赦法。

諸大禮御劄已到而犯徒以上罪情理切害，或殺人罪至死，各會大禮赦應原者，奏裁。

諸罪人會降者，但事已發雖未追或不禁，並同見禁。事發逃亡，或逃亡後事發者非。

諸罪人身在他所而犯罪或事發，若首獲處被赦降者，與身遇赦降同。命官他處犯罪，願就四京及畿内聽勑。非鄉貫或舊住家處者，遇疏決不在原減之類。

諸罪人已降斷勑批狀劄子或省符備降朝旨同。餘條稱斷勑或勑斷准此。未到而遇赦降者，於勘所計程，謂赦降日行五百里，斷勑日行四百里，各以入遞日時爲始。應在赦降前到者，不得原減。應死者，奏裁。其斷勑雖應前到而罪人未應行決，謂有瘡、病、孕及禁刑日之類。或應與赦降同日到者，依會恩法。即諸路提點刑獄司覆畢案，牒報論決未到而遇赦降者，並准此。

諸會赦應改正拘收，經當職官詰問不承而不即立案者，杖一百。

賊盜勑

諸犯惡逆以上及殺人應入不道，若劫殺、謀殺，已殺人各罪至死者，雖會大赦得原，大赦，謂常赦所不原減赦除之者。餘條稱大赦准此。皆配二千里，殺人應移鄉者，亦移鄉。

諸赦降稱草寇聚集立限許首者，限内捕獲皆配五百里。若已散，雖捕獲依赦降法。

鬥訟敕

諸大禮御劄已到而翻論公事不實者，不以大禮赦原。

職制敕

諸被受赦降應謄報而不謄報者，徒二年。即不應謄報而謄報，若脱誤有害者，各減三等。

捕亡敕

諸命官犯罪事發逃亡，未獲者，遇赦不原。大禮御劄到後逃亡，雖已獲，遇大禮赦准此。

令

文書令

諸翻録赦書、德音，其紙用黄，須無粉藥者。

驛令

諸赦降入馬遞，日行五百里。

職制令

諸大禮御劄已到，提點刑獄司具録於法不以大禮赦原事，謂翻論公事不實及强盗之類。遍下州縣鄉村榜諭。

諸州准赦降應行下者，每旬具已行未行事因申所屬監司，行畢逐司保明以聞。

諸赦降計程過三日未到者，牒比州即時謄寫，委官校勘畢報，州得報准赦降行。仍以違滯下所屬究治及申尚書刑部。

諸被受赦降應謄報者，謄訖，當職官校讀，仍具頒降、被受月日。行下民間通知者，所屬監司印給，榜要會處，仍每季檢舉。其赦書、德音，州以黄紙印給縣鎮寨鄉村曉示。非外界所宜聞而在緣邊者，並密行下。

諸赦降，發運、監司及州縣並置庫，餘官司於本廳封鎖，法司掌之。無法司者，選吏兼掌，縣選二人專管，二年一替，不得差出。替日對簿交受。

諸赦文舉遺逸並搜訪人物者，自赦到，限一年。

斷獄令

諸州被受赦降，先報屬縣鎮停決。遞限依赦降法。即大禮已肆赦，其日昧爽以前犯罪者，雖赦未到，未得論決。若奏案已降及提點刑獄司詳覆案牒報論決而計程應斷者，不用此令。若非次赦，降雖未到而他處遞已過者，應罪人亦未得論決。

辭訟令

諸赦降内許陳言事限，百日外勿受。即一時指揮，事已經後赦降謂一年外降者。而陳訴者，准此。行未結絶者非。以上元有日限者，不拘此令。仍各以赦降到日爲始。

諸赦降許訴雪及降落過犯，並自降赦降日，一年外投狀者，不得受理。

格

斷獄格

鬥殺遇恩情理輕重格

理直下手稍重，下手稍重，謂以他物毆擊並手足重疊毆頭面、咽喉、胸乳、心腹、肋脅、陰隱處，或刃傷餘處之類。理曲下手輕。

右爲輕。

理直下手重，下手重，謂以刃傷頭面、咽喉、胸乳、心腹、肋脅、陰隱處，及以斧钁之類；雖不用刀刃，毆擊上項要害處並以手足、他物毆至折支以上及項骨折跌，腦骨破損，若墮胎之類。理曲下手稍重。

右爲重。

申明

隨敕申明

名例

元祐七年七月六日尚書省劄子：檢會《編敕》，諸赦降稱劫謀、故鬥殺正犯，所載詳備。其不載者，即係雜犯。緣以鬥殺、以故殺論，並鬥毆誤殺傍人等，既非《編敕》與正犯同，即係雜犯，不得便引律文以者與真犯同定斷。

建中靖國元年十二月七日敕：主毆人力、女使，有愆犯因決罰邂逅致死，若遇恩，品官、民庶之家並合作雜犯。

本所照得逐件指揮，非係淳熙七年六月十三日指揮，看詳止係解釋法意，竊慮州軍檢斷疑誤，今隨門編入《隨敕申明》照用。

令

文書令

諸翻録制勅、赦書、德音，其紙用黄。須無粉藥者。奏御文書及帳籍、獄案，不得用屑骨若竹紙、箋紙。

諸事應奏請者，皆爲表狀，不得輒申三省、樞密院。其奏陳公事，皆直述事狀。若名件不同應分送所屬而非一宗事者，不得同爲一狀。即上表事多，表内不可盡論者，表前畫一條析。

諸臣僚上殿或前宰相、執政官及外官奏軍機密速，聽用劄子。

諸文書奏御者，寫字稍大。臣名小書。上表仍每行不得過十八字，皆長官以臣名款其背縫，然後用印。餘文書無印，則所判者款之。

諸奏事涉機密，若急速及災異，或告妖術若獄案，或臣僚自有所陳，謂非叙述身事者。及被旨分析事狀，皆實封，餘通封。即不應實封而實封者，所屬點檢舉劾。係臣僚陳事，仍繳奏。

諸奏事應實封而無印者，文書及内外封面須一手寫。

諸文書應奏而涉邪穢者，略具其事。即涉毒藥、厭魅咒詛或邪穢甚者，止申尚書省或樞密院。

諸曾任宰相、執政官及節度使、通奉大夫以上，不因上責致仕者，若有章奏，聽於通進司投進。

諸上書及官文書皆爲真字，仍不得輕細書寫。凡官文書有数者，借用大字。謂一作壹之類。

諸申發章奏及公文，皆書實日。應書名者親書，其報應仍具承受月日。要速機密，仍實封其公文。

諸事應奏申，皆先具檢，本司官畫日書字，付司爲案，然後奏申。本官自陳事者，聽自留。官司行移公文，准此。

諸在外官司徑赴樞密院投下通封奏狀者，用號書貼。

諸親王、宗室公文，皆不書姓。宗室任外官而非自上書，即依庶官例。

諸官文書皆印年月日及印封，應奏申者，印縫背，貼黄者，印貼黄。

諸奏狀應用印而無印者，借非錢穀、刑獄印。

諸制書脱誤，於事理無改易者，驗案檢改正，不須覆奏。若官文書脱誤者，諮長官改正，其事理要切處皆用印。

諸官司書判與決，如依所乞，即以從字代之。

諸官司公文，狀後牒前朱書事目發放。符、帖之類准牒。其急速及取稟者，仍貼出。

諸省、臺、寺、監若餘官司會問文書用字號者，於回報公文前朱書來號。

諸在外官司公文，於三省、樞密院、省、臺、寺、監及本路察訪官用申狀。

諸太中大夫、觀察使以上知州及提舉宫觀祠廟者，於察訪及本路應用申狀者，書檢不繫銜，獨員者，聽行牒。任安撫使、都總管、鈐轄若發運、轉運使應申察访者，准此。

諸在外官司奏事，别用内引，具列所奏事目赴門下省。

諸文書應印者，置曆記其事目。

諸官司置都簿，五年一易，具載所轄應用簿曆名數，其有增減，次日報都簿司除附。倉庫准此。

諸州縣應置簿曆，州委簽判，縣委令、丞。類其所置名件申監司，監司置都簿總之。

諸官文書爲水漂壞者，官吏收尋曬暴，内要用而有損爛者，以不係省頭子錢僱人謄寫。爲火所焚應傳寫者准此。

雜令

諸詔勅紙高一尺三寸，長二尺者。餘官司紙高長不得至此。及寫宣紙各不得私造及賣，違者，紙仍没官。

職制令

諸臣僚上殿若内外官司應進圖籍之類，不得用軸及封記。其事干機密須封記若進功德疏用軸頭者，聽。承進當職官開拆，文書非。審驗進入。

諸安撫、總管、鈐轄司，京畿轉運司，承受諸軍補授付身、宣、帖，送住營處差出者，送屯泊處。當官給付。

諸陳乞奏薦、致仕、遺表、恩澤酬賞之類，録白付身，不得添注貼改，對讀官吏供無差漏，結罪保明狀申州，州爲繳申。

諸官司每案承受簿，季别一易，事簡者兩季一易，未應易而紙盡者，續之。餘簿曆紙盡准此。即事未結絶，經易簿後又及兩季者，謄入未絶簿。

諸未絶簿，量事繁簡每二年或三年一易，應易而事仍未絶者，謄入新簿。

式

文書式

平闕

天神、地祇、陵廟、社稷、帝后、朝廷、制勑、聖德、乘輿、服御、宫闕、行幸、皇太子，如此之類皆平闕。

陵廟中林木，擧陵廟號爲官名，待制，如此之類皆不闕字。

表

臣某二人以上，則云臣某等。下文准此。言云云，臣某誠惶誠懼，賀云誠歡誠抃。辭末准此。頓首頓首，辭云云，謹奉表稱謝以聞。稱賀若辭免恩命及陳乞不用狀者，各随事言。臣某誠惶誠懼，頓首頓首謹言。

年月　日具官封臣姓　名　上表

臣下上表陳事，皆用此式。上東宫箋亦仿此，但易頓首曰叩頭，不稱臣。命婦上皇太后、皇后准東宫箋，並稱妾。年月日下具夫或子官封、臣姓名、母或妻封邑、妾姓氏。

奏狀

某司自奏事則具官。某事云云。自奏事而無事因者，於此便云右臣。右云云。列數事，即云右謹件如前云云。謹録奏聞。謹狀取旨者，云伏候勑旨。

年月　日具官止書官職、差遣。餘狀、牒、式准此。臣姓　名狀奏

餘官高者列於左。餘式及狀、牒之類並准此。

臣下及内外官司陳叙上聞並用此式。狀前及封面以黄紙貼事目。在外奏者，仍於狀前帖出至京地里及申發日時。應奏請事非上殿者，於年月旁貼乞降付某省或樞密院。借印者，亦於此帖出。奉使者，仍貼云臣今見在某處，某月日發回某處。以上用表奏請者，各准此。封面具官臣姓名狀奏謹封。實封，即云謹實封。實封者，摺角重封，兩端用印，無印者，具臣名書字。封面不貼黄。在外奏者，止貼係機密或急速字。即臣僚在外自有所陳及被旨分析事狀，雖實封亦略貼事目。其用劄子者，前不具官，不用右，不用年。改狀奏爲劄子，事末云取進止。在京官司例用劄子奏事者，前具司名。用榜子者，唯不用年，不全幅，不封。餘同狀式。

狀

某司自申狀，則具官、姓名。某事云云。自申狀而無事因者，於此便云右某。右云云。謹具申如前列數事，云右件狀如前云云。某司。謹狀取處分，即云伏候指揮。

年月　日具官姓　名　狀。

申所統攝官司，皆用此式。在外申三省、樞密院若省、臺、寺、監者准此。仍於狀前貼出至京地里及申發日時。餘公文往還，亦書入遞年月日。其年月日下舊書主典姓名者，自從舊。

牒

某司　牒　某司或某官。某事云云。牒云云。如前列數事，則云牒件如前云云。謹牒

年月　日

具官姓　書字

内外官司非相統攝者，相移則用此式。諸司補牒准此。唯改牒某司作牒某人，姓名不闕字，辭末云故牒。於年月日下書吏人姓名。官雖統攝而無申狀例及縣於比州之類，皆曰牒上。於所轄而無符、帖例者，則曰牒某司或某官，並不闕字。

關

某司某事云云。

右關某司。謹關本司内諸案相關者，則云故關。

年月　日請領官物仍書字。無印者准此。

官司同長官而别職局者，若有事相關並用此式。

符

某州某事云云。某處主者云云。符到奉行

年月　日下　吏人姓名　具官止書差遣。帖式准此。書字

州下屬縣用此式，本判官一員書字。

帖

某司某事云云。

右帖某處云云。如前列數事，則云右件云云。年月　日帖

具官姓　書字

州下屬縣不行符者，皆用此式。餘上司於所轄應行者准此。

曉示

某司某事云云。

右云云，曉示云云者。前列数事，則云右件。

年月　日書字

內外官司事應衆知者，用此式。用榜者准此。唯年月日下書榜字。友列位依牒式。

都簿

某司本司所管案並列於後，其簿曆名件同者，各立案名，每案具數。倉庫准此。

某案管簿曆若干，餘案准此。某簿量留空行，以備注入、續附之數。餘簿曆准此。第一扇紙若干張，某年月日置。續置者，依此次第抄上，曆准此。

簿後年月、官吏繫書，依常式。

職制式

勾銷承受簿

某月日某處帖、牒或某人狀，爲某事，量留空紙，書鑿行遣。某月日如何行，官書字。某月日再承受帖、牒或狀催促，某月日如何舉催，官書字。某月日某處報訖，官書字。某月日結絶，勾倒官書字。某月日某字號編排架閣某庫訖，手分姓名，官書字。

某月日某處帖、牒或某人狀，爲某事，某月日已連入某年月日事祖訖，勾倒官書字。

（宋）李心傳《建炎以來朝野雜記甲集》卷九《故事・密白》　舊制，樞密院事並過門下省。乾道元年十二月癸卯，言者請自今樞密院已被旨文書，並關中書、門下，依三省式畫黄、書讀，以示欽重出命之意。從之。然密院機速事，則不由中書，直關門下省，謂之密白。慶元三年，樞密院以密白遷補潛邸醫官二人，給事中許深父以非舊典爭之，遂寢其命。

（宋）李心傳《建炎以來朝野雜記乙集》卷一一《故事・從官典藩於制司不用申狀》　謝用光自工部尚書論罷，久之，以太中大夫知夔州，移興元府。時劉仲洪爲蜀帥，故事，嘗任侍從官於制置司申狀，止書檢不繫銜。用光至興元，始用申狀，吏以閣才元故事白。不從。嘉泰二年，用光就除制帥，趙全叔以華文閣待制代之，吏以伏申狀呈。全叔曰：我從官也，何乃爾？吏以用光近例對。全叔不樂。於是楊嗣勳以敷文閣直學士、知潼川府，何同叔自前禮部侍郎起爲夔路安撫使，全叔即檄二公諭之，二公皆不報。全叔不得已，遂復用申狀焉。從官書檢不繫銜，紹興十九年旨也。

（宋）岳珂《愧郯録》卷一〇《皇祐差牒》　今世中臺給黄牒之制，前必曰尚書省牒某官，而右語則曰差充某職替某官成資闕。珂嘗得皇祐五年十二月勅牒一，其詞曰：中書門下牒光禄寺丞錢中立，牒奉勅，宜差知虔州贑縣事，替阮士龍過滿闕，候到交割縣務諸般公事，一一點檢，依例施行，牒至准勅故牒。珂謹按，祖宗朝造命之地，本曰中書門下，制勅院在焉。自元豐分三省，中書取旨，門下省審，尚書奉行，而其職始分。故熙寧以前，士大夫所被受堂帖，多是中書省劄子，而官制後始歸之尚書，非沿襲之誤也。如候到交割點檢数語，祖宗之重民事、謹職守不厭於詳且複，蓋於此有稽焉。

（宋）趙昇《朝野類要》卷二《稱謂・兩制》　翰林學士官謂之內制，掌王言、大制誥、詔令、赦文之類。中書舍人謂之外制，亦掌王言凡誥詞之類。

（宋）趙昇《朝野類要》卷四《文書・白麻》　文武百官聽宣讀者，乃黄麻紙所書制可也。若自內降而不宣者，白麻紙也，故曰白麻。自元和初，凡赦書、德音、立后、建儲、大誅討、拜免三公宰相、命將曰制書，並用白麻，不用印。

（宋）趙昇《朝野類要》卷四《文書・書黄》　凡事合經給事中書讀，并中書舍人書行者，書畢即備録録黄，過尚書省給劄施行。如不可行，即不書而執奏，謂之續駁。故俗諺曰：不到中書不是官。

（宋）趙昇《朝野類要》卷四《文書・進狀》　經檢院者，圓實封奏機密軍期事朝政闕失利害及公私利濟并軍國重事，若經鼓院者，疊角實封陳乞奏薦再任已得指揮恩澤除落過名論訴抑屈事，本處不公及沈匿等事，在京官員不法等事，兩院狀封，皆長八寸。

除工部尚書、三司使，降麻，非故事也。

（宋）宋敏求《春明退朝録》卷中 唐節度使除僕射、尚書侍郎，謂之納節，皆不降麻，止舍人院出制。天禧中，丁晋公自保信軍節度使除吏部尚書、參知政事，先公在西閣當制，至和中，韓魏公自武康軍節度使除工部尚書、三司使，降麻，非故事也。

（宋）徐度《却掃編》卷上 唐之政令雖出於中書門下，然宰相治事之地別號曰政事堂，猶今之都堂也。故號令四方，其所下書曰堂帖。國初猶因此制，趙韓王在中書，權任頗專，故當時以爲堂帖勢力重於勅命，尋有詔禁止。其後，中書指揮事，凡不降勅者曰劄子，猶堂帖也。至道中，馮侍中拯以左正言與太常博士彭惟節並通判廣州，拯位本在惟節之上，及覃恩遷員外郎，時寇萊公爲叅知政事，知印，以拯爲虞部，惟節爲屯田。其後廣州又奏，仍使馮公繫銜惟節之上，中書降劄子處分，升惟節於上，仍特免勘罪。至是，拯封中書劄子奏呈，且論除授不當，并訴免勘之事，太宗大怒曰：拯既無過，非理遭降資免勘，雖萬里之外，争肯不披訴也。且前代中書有堂帖指揮公事，乃是權臣假此名以威福天下，太祖已令削去，因何却置劄子，劄子與堂帖乃大同小異耳。張洎對曰：劄子是中書行遣小事文字，猶京百司有符牒關刺與此相似，别無公式文字可指揮常事。帝曰：自今但干近上公事，須降勅處分，其合用劄子，亦當奏裁，方可行遣。至元豐官制行，始復詔尚書省已被旨事許用劄子，自後相承不廢，至今用之。體既簡易，降給不難，每除一官，逮其受命，至有降四五劄子者。葢初畫旨而未給告，先以劄子命之，謂之信劄。既辭免而不允或允，又降一劄；又或不候受告而俾先次供職，又降一劄，既命其人又必俾其官司知之，則又降一劄，謂之照劄。皆宰執親押，欲朝廷之務簡，難矣。然予觀近代公卿文集中，凡辭免上章止云：准東上閤門告報，則是猶未有信劄也。今諸路帥司指揮所部亦用劄子，其體與朝廷略同。然下之言上，其非狀者亦曰劄子，名同而實異，不知其義何也。

（宋）程俱《麟臺故事》卷一上《官職・選任・進麟臺故事申省原狀》 朝奉大夫守秘書少監程俱奏：竊見車駕移蹕以來，百司文書，例從《省記》，按以從事，蠹敝或生。日者朝廷復置祕書省，稽參舊章，稍儲俊造，而臣濫膺盛選，待罪省貳。竊以謂典籍之府，憲章所由，當有記述，以存一司之守，輒採摭見聞及方册所載，法令所該，比次爲□。□□□□□，分爲三卷，名曰《麟臺故事》，繕寫□□□，□通進司投進。如有可採，許以副本藏之祕省，以備討論。謹録奏聞，伏候勅旨。九月十九日奉聖旨，依奏。

右劄送中書程舍人

紹興元年九月二十日尚書省印

（宋）李燾《續資治通鑑長編》卷二九九《神宗元豐二年》 上批：見修敕令格式，諸所析正，自朝廷立法付有司者，委樞密承旨司詳定聞奏，付諸房遵行。

（宋）李燾《續資治通鑑長編》卷三〇一《神宗元豐二年》 丙子，知審官東院陳襄乞委本院官重定本院敕令式。從之。

（宋）李燾《續資治通鑑長編》卷三〇二《神宗元豐三年》 龍圖閣直學士韓縝言：伏以爲治之法，圖籍爲本。臣竊覩陛下臨御以來，内則講求典禮，總一制度，流斡財幣，審核庶獄；外則團結兵將，討伐違傲，開拓疆境，經制邊用。凡所措置，悉該聖慮，一有奏稟，皆出宸斷。及緣邊州軍與外界移文，往往執爲争端，而官司奉行之外，初無編録之法，官吏一易，不知本末。臣愚欲乞應朝廷置局及專使被受朝廷措畫行遣事節，可遵守檢用者，并緣邊州軍與外界移文，各令元差或見任官，分門編類，責以期限，投進中書、樞密院。檢舉嚴立漏落之法，置籍拘管收貯。詔嚴立中書、樞密院諸房遺失官文書法。縝又言，乞以分定地界、壕堠、鋪舍照用文字，降付河東路經畧司。從之。

（宋）李燾《續資治通鑑長編》卷三三四《神宗元豐六年》 御史張汝賢言：彈奏之文宜存大體，有司議罪欲察細微。乞自今察案劄子徑坐要切因依；且彈辭進呈，别録照用情節條貫在後，以備聖問。從之。

（宋）李燾《續資治通鑑長編》卷三七五《哲宗元祐元年》 四月丙申，吏部言：應大小使臣磨勘，投納文字，内有不圓，但有照驗，並依承務郎以上條貫，委尚書相度，並不取索。從之。

（宋）李燾《續資治通鑑長編》卷三七八《哲宗元祐元年》 詳定重

修敕令所言：應官吏民庶等如見得見行條貫有未盡未便合行更改，或別有利害未經條約者，並許陳述。從之。

（宋）李燾《續資治通鑑長編》卷四〇七《哲宗元祐二年》　詔頒《元祐詳定編敕令式》。先是，蘇頌等奉詔詳定，既成書，表上之曰：臣等今以《元豐敕令格式》并元祐二年十二月終以前海行續降條貫，共六千八百七十六道，取嘉祐、熙寧編敕、附令敕等，講求本末，詳究源流，合二紀之所行，約三書之大要，彌年捃摭，極慮研窮，稍就編臏，麤成綱領。隨門標目，用舊制也，以義名篇，倣唐律也。其間一事之禁，或有數條，一條之中，或該數事，悉皆類聚，各附本門。義欲著明，理宜增損，文有重複者削除之，意有闕略者潤色之，使簡而易從，則久而無弊。

又按熙寧以前編敕，各分門目，以類相從，約束賞刑，本條具載，以是官司便於檢閱。元豐敕則各隨其罪，釐入諸篇，以約束爲令，刑名爲敕，酬賞爲格，更不分門，故檢用之際，多致漏落。今則並依熙寧以前體例刪修，更不別立賞格。

又以古之議刑，必詢於衆，漢以春秋斷疑獄，發自仲舒；唐以居作代肉刑，成於弘獻；復有因人奏請，隨事立條，讞報實繁，去取尤謹。曩時修熙寧敕，止據嘉祐舊文，元豐敕亦只用熙寧前例增損刪定，更不修考日前創法改作之意。今則斷自嘉祐，至今凡二十餘年，海行宣敕及四方士庶陳述利害，參酌可否，互有從違。

又以人情多辟，法意未周，須藉增裨，乃爲詳密。考東都之議，應邵有臣所創造之言，按慶曆之書，羣官有參詳新立之例。今來敕令式內，事有未備，與刪定官等共同討論具爲條目者，即依慶曆故事，注曰臣等參詳新立。

又以法令所載，事非一端，郡、縣、省、臺，紀綱繁委，前紀所述，皆有別書。魏律則尚書、州、郡，著令自殊；唐格則留司散頒，立名亦異。皆所以便於典掌，不使混淆。其元豐敕以熙寧敕令中合尚書六曹在京通用，并一路、一州、一縣事並釐歸逐處，若盡收還，慮致叢脞。今合以該五路以上者，依舊敕修入敕令，其餘有事節相須，條制相類，可以隨事生文，不須別立條法者，雖止該一路、一司，並附本條編載。

又有專爲一事特立新書，若《景德農田》、《慶曆貢舉》，皆別爲條敕，付在逐司。今《元祐差役敕》先已成書，并近歲專爲貢舉、出使立條者，既不常行，遇事即用，並已釐出，不使相參。其有一時約束，三省奉行，廢置、改更、蠲除、省約，既闕治體，須俟僉同，大則奏稟於清衷，次則諮議於執政，既有定論，咸用著篇。又按《刑統》録出律內餘條準此附《名例》後，旁舉諸條，各以類見，今亦以敕令中如此例者六十四件，別爲一篇。

凡刪修成敕二千四百四十條，共一十二卷，內有名件多者，分爲上下，計一十七卷，目録三卷；令一千二十條，共二十五卷；式一百二十七條，共六卷，令式目録二卷，由明一卷，餘條準此例一卷，《元豐七年以後赦書德音》一卷。一總五十六卷，合爲一部。於是雕印行下。

（宋）李燾《續資治通鑑長編》卷四五八《哲宗元祐六年》　丁亥，尚書省言：門下、中書後省詳定諸司庫務條貫，刪成敕令格式，共二百六冊，各冠以元祐爲名。從之。

（宋）李燾《續資治通鑑長編》卷四八七《哲宗元祐八年》　吏部言：品官家狀，欲令尚書、侍郎右選依左選式：父母亡，具已未遷葬；如未遷葬，即具所亡年月。從之。

（宋）李燾《續資治通鑑長編》卷四八四《哲宗元祐八年》　壬戌，門下中書後省言：準朝旨，編修在京通用條貫，取到在京諸司條件，修爲一書。除係海行一路、一州、一縣及省、曹、寺、監、庫、務法皆析出關送所屬，內一時指揮，不可爲永法者，且合存留依舊外，共修成敕令格式若干冊。所有元祐三年十月終以前條貫，已經刪修收藏者，更不施行。其十一月一日以後續降，自爲後敕，及雖在上件月日以前，若不經本省去取，并已行關送者，並合依舊施行。仍乞隨敕令格式名，冠以元祐爲名。從之。

（宋）李燾《續資治通鑑長編》卷四九六《哲宗元符元年》　丙寅，尚書省言：進奏院承受尚書省、樞密院實封及應入急脚遞文字，並即時發。又承受捕盜、賑濟、災傷、河防緊急及制書并朝廷文字應人馬遞者，並當日發。又承受制書及朝廷文字入步遞者，限一日。餘文書不得過三日。限內有故未畢，監官隨宜量展。從之。

（宋）李燾《續資治通鑑長編》卷五一〇《哲宗元符二年》　接伴遼

國泛使朝散大夫、試祕書監曾旼等言：新修《國信敕令》《儀制》等，其中條例不無增損，而事干北人者，恐難改革。又泛使往來，雖係不常，而新令條目，元不該及。乞下元修官審照舊例刊除，略加添修。詳定編敕國信條例所取索合用書狀體式，更切參詳，編修成册，送國信所收管，準備照使。

己酉，詳定重修大禮敕令所言，編修《北郊令式》，請以詳定編修大禮敕令所爲名。從之。

（宋）留正《皇宋中興兩朝聖政》卷二《高宗皇帝·詔執奏傳宣》

〔建炎元年冬十月〕乙巳，詔自今被受中使傳宣者，畫時密具所得旨實封以聞，如事有未便者，許執奏。又詔凡宣旨及官司奏請事元無條貫者，並中書樞密院取旨，非經三省樞密院者，官司毋得受，復舊典也。

（宋）留正《皇宋中興兩朝聖政》卷七《高宗皇帝·敕令重修》

〔建炎四年六月〕庚辰，命宰臣范宗尹提舉詳定重修敕令，參知政事張守同提舉。先是有詔，以嘉祐政和敕令格式對修成書，至是始設官置局，命大理寺及見在敕局官就兼詳定删定等官，仍召人言編敕利害，踰年乃成。

（宋）留正《皇宋中興兩朝聖政》卷一〇《高宗皇帝·式令頒格敕》

〔紹興元年秋七月〕戊辰，參知政事張守等上對修嘉祐政和敕令格式一百二十二卷，看詳六百四卷，詔以紹興重修敕令格式爲名，自來年頒行。

（宋）留正《皇宋中興兩朝聖政》卷二八《高宗皇帝·法成寺監六曹》〔紹興十二年十一月〕壬申，太師秦檜等上重修六曹寺監通用敕令格式四十七卷、申明六卷，看詳四百十卷，詔頒行之。

（宋）留正《皇宋中興兩朝聖政》卷五四《孝宗皇帝·令謹出》

〔淳熙三年冬十月〕庚子，上曰出令不可不審，書云屢省乃成欽哉，事至於屢省，何患不成，凡天下事朕與卿等立談之間，豈能周盡，事情須是再三詳熟思慮方爲盡善。前此正緣不審，故出令多反汗，無以取信于天下，比來甚悟此。龔茂良李彦穎奏：臣等生長閭閻，更歷州縣，見聞不爲不多，然猶思慮有所不及，陛下深居九重，處事無不曲當，非聖智絶人不能及此。上曰，亦賴卿等佐佑，自今當勉之。

（宋）王明清《揮麈録》後録卷一　明清嘗得英宗批可進狀一紙於梁才甫家，治平元年，宰執書臣而不姓，且花押而不書名，以歲月考之，則韓魏公、曾魯公、歐陽文忠公、趙康靖作相、參時也。但不曉不名之義。後閲沈存中《筆談》云：本朝要事對稟，常事擬進入，畫可然後施行，謂之熟狀。事速不及〔待〕報，則先行下，具制草奏知，謂之進草。熟狀白紙書，宰相押字。始悟其理。不知今又如何耳。

（宋）王明清《揮麈録》後録卷三　承平時，宰相入省，必先以秤秤印匣而後開。蔡元長秉政，一日秤匣頗輕，疑之，摇撼無聲。吏以白元長，元長曰：不須啓封，今日不用印。復擕以歸私第。翌日入省，秤之如常日，開匣則印在焉。或以詢元長，元長曰：是必省吏有私用者，偶倉猝不能入。倘失措急索，則不可復得，徒張皇耳。

（宋）洪邁《容齋隨筆》卷九《翰苑故事》　翰苑故事，今廢弃無餘。唯學士入朝，猶有朱衣院吏雙引至朝堂而止，及景靈宫行香，則引至立班處。公文至三省不用申狀，但尺紙直書其事，右語云：諮報尚書省，伏候裁旨，月日押。謂之諮報。此兩事僅存。

（宋）洪邁《容齋四筆》卷八《文書誤一字》　文書一字之誤，有絶係利害者，予親經其三焉，至今思之，猶爲汗下。乾道二年冬，蒙恩召還，過三衢，郡守何德輔問奏對用幾劄，因出草稿示之，其一乞蠲減鄱陽歲貢誕節金千兩事，言此貢不知起於何時，或云藝祖初下江南，郡庫適有金，守臣取以獻長春節，遂爲故事。誤書長春爲萬春，乃金主褒節名也。德輔讀之，指以相告，予悚然面發赤，亟改之。三年，以侍講講《毛詩》，作發題，引孔子於《論語》中説《詩》處云：不學《詩》無以言。誤書言爲立，已寫進讀正本，經筵吏袁顯忠曰：恐是言字。予愧謝之。淳熙十三年在翰苑，作《賜安南國曆日詔》云：兹履夏正，載頒漢朔。書夏正爲周正，院吏以呈宰執，周益公見而摘其誤，吏還以告，蓋語順意同，一時不自覺也。

（宋）李心傳《建炎以來朝野雜記甲集》卷九《故事·舍人引嫌不草制》　紹興初，王剛中居正獨員爲中書舍人，時適當三制：一、其弟居修改京官；二、甥壻劉立道除起居舍人；三、本身磨勘。剛中引嫌自言，乃命左司郎官周綱權舍人，命詞行下。其後，李舍人誼兼直學士院，屬李丞相伯紀辭免潭帥。有詔不允。而李嘗劾伯紀，伯紀免章略曰：當時言路，公肆詆誣。李亦以爲言，乃命劉舍人一止草制焉。都司行制詞，閣下草批答，二事皆東都所未有也。先是，胡尚書交修直學士院，其姝丞公請祠，不許。胡當爲答詔，引嫌於朝，乃命胡明仲舍人爲之，遂爲故事。

（宋）李心傳《建炎以來朝野雜記乙集》卷一一《故事・親筆與御筆內批不同》 本朝御筆、御製，皆非必人主親御翰墨也。祖宗時，禁中處分事付外者，謂之內批。崇、觀後，謂之御筆。其後，或以內夫人代之。近世所謂御寶批者，或上批，或內省夫人代批，皆用御寶。又有所謂親筆者，則上親書押字，不必用寶。至於御製文字，亦或命近臣視草焉。若神宗祭狄青文，中丞滕達道所作也。《實録》誤以爲親製。高宗追廢王安石配享詔，舍人胡明仲所作也。張侍講跋此詔所謂荊舒禍本，可不懲乎？亦誤爲親製也。光宗撰《壽皇聖政録序》，祕監陳君舉所作也。此文見致堂、止齋集中，但人不知爾。

（宋）李心傳《建炎以來朝野雜記乙集》卷一一《故事・御史臺彈奏格》 御史臺彈奏格，舊無有。淳熙初，柴叔懷瑾爲殿中侍御史，奏言：本臺覺察彈劾事件，前後累降指揮，經今歲久，名件數多，文辭繁冗，又有止存事目，别無可考，恐奉行致有牴牾。乞下敕令所逐一删脩成法，各隨事宜，以六察所掌，分門别類，繳申朝廷取旨，降下本臺遵守。仍令刑部鏤板，頒降中外。單夔時以户部侍郎兼敕局詳定，被旨編寫成册，送臺審覆。會謝廓然新除殿中侍御史，與其寮審覆，凡三百五條具奏，乞以《彈奏格》爲名行下。從之。四年七月丙午也。紹熙元年二月，劉德修爲御史，又摘其有關於中外臣寮、握兵將帥、后戚、内侍與夫禮樂詭雜、風俗奢僭之事，凡二十餘條以奏，乞付下報行，令知謹恪。上從之。

印信分部

綜述

（宋）曾鞏《曾鞏集》卷三二《劄子·請給中書舍人印及合與不合通簽中書外省事劄子》 臣檢會中書外省，昨准門下省連到詳定官制所狀內事件，有合申明下項：

一、檢會官制所元豐四年十月七日上殿劄子，元擬門下省印、給事中印，奉聖旨，門下省印、尚書省印、門下給事中印、中書舍人之印，尚書列曹，別具考定取旨，餘兩省官并省務，並用給舍印。

臣今看詳，通進司文字，既隸給事中，合使門下給事中印。

一、給事中廳狀勘會，請到門下外省印，未委合於何處收掌。

臣今看詳，上件印，合係散騎常侍收掌，如闕，則以次官。

一、給事中廳狀，四月二十九日准詳定官制所發到狀二件，爲分撥人吏并院子事，各係申門下外省，今來未審係是何官書判施行。

臣今看詳，應申門下外省文字，合係本省散騎常侍以下通簽書。

一、狀後門下外省批已施行外，五月六日送中書外省施行訖，即却繳送合屬去處。

臣今看詳，逐項事件，並只是指揮門下外省及給事中廳，其中書外省，雖准批送施行，即未有定制。中書外省及舍人廳事務明降指揮，兼官制所狀內一項，稱兩省官并省務並用給舍印，又一項稱門下外省印，合係散騎常侍收掌，如闕，即以次官。是則中書舍人及中書外省，各合有印。今來已有中書外省印，其中書舍人之印，即未給到，未應得官制所狀內元定指揮及右省官，除逐廳各有分職外，其外省事務，見今中書舍人與起居舍人通簽。若將來常侍以下至正言員足，消與未消，逐一通簽。如不通簽，即未審合係是何官書判施行。如合通簽，亦乞明降指揮。

右取進止。

貼黃：今後因逐司申明立法，有與別司事體相同者，亦乞令便據逐司事務立條，責免。更有申請，重煩聖聽，兼免逐司事體相同，施行不一。如允臣所奏，乞立此條，令今後應干修條處並依此。又舍人諫官，舊各有印，蓋緣本職文字，慮有事干機密，難就別官用印。故事，中書舍人判省雜務。

（宋）謝深甫等《慶元條法事類》卷一七《文書門·給納印記》 敕

職制敕

諸奉使印記應納及申尚書禮部而稽違者，論如《官文書稽程》律。使回到闕應申本部及報所屬，稽違者准此。

雜敕

諸臣僚，所賜牌印若不隨葬，過三十日不納官者，徒二年。印因而行用，依《偽寫官文書印》律；印偽文書者，仍依盜用法。

令

職制令

諸官司應鑄印記，先具以某字爲文，保明申所隸，謂如在外，州所轄者，申州審驗，州即隨事申所隸監司，監司申所屬曹部。在京，申所隸寺、監，寺、監申本曹。非隸六曹、寺、監者，申所隸。無所隸者，直申禮部之類。再行審驗，關申尚書禮部。

諸官司舊印應換鑄者，給訖，限當日以舊印申納尚書禮部搥毀。

諸官司印記，不得印私文書。

諸奉使官第二等以上給印，餘給銅朱記，仍皆給幞褥斗匣。

諸奉使應給印記者，以被受付身文書赴尚書禮部驗請。事畢及改差者，限十日送納。其應留給絶，或改差而欲就用若再外寄納者，並限次日申本部。事未畢者，仍每月具事因申知。其使回到闕仍限次日申本部及報所屬官司。

諸臣僚所賜牌印，遇遷除合別賜者，賜訖並事故不應存留者，並限五日納所在州，州限五日申納尚書禮部。

諸印記應納者，封題書字，盛以木匣，限半年附因便命官赴闕，限五日於尚書禮部納。有故不到闕，即於所至州寄納，准此附送。其受寄州仍先申本部。未有因便官可附，每月具因依申。即附帶官已受者再申。

軍防令

諸將校應鑄朱記者，本屬保明報殿前、馬步軍司。非殿前、馬步軍司所轄者，報所隸。應納者，所屬官司寄收，候轉補到人給付。其出軍未轉補到人而軍回者，附帶至住營處官司寄納。

文書令

諸奏狀應用印而無印者，借非錢穀、刑獄印。

諸奉使不及印記而文書應印者，就所在官司借用。

倉庫令

諸受納官物團印、倉庫各別爲樣。長印、稍印，州縣長官監造，起納日以印樣繳送銷簿官司對鈔比驗。至納畢，長官監毁。即公吏並鈔内輒置私記，謂入門司勘问之類。阻節受乞錢物者，許人户越訴。

場務令

諸税務團、條印，知州面勒雕造，歲一易之。舊印送州毁。

服制令

諸臣僚所賜牌印，聽隨葬，葬訖申所屬州縣。

旁照法

詐偽勅

諸盜用官印，朱記、團印、長印同。杖一百。有所規求者，減偽造一等坐之。情重者，配本城。即避罪重者，加所避罪二等。

諸偽造官印，印成偽文書或商税物者，流三千里，已行用者，絞，仍奏裁；行用，謂官司已承受施行或私家已信憑者。未成者，徒三年，已行用者，流三千里。若於官物有犯，干繫人知情減犯人罪一等。以上徒罪皆配本州，流罪皆配鄰州。造偽人再犯流，不以赦前後配五百里，其知情、轉將行用或未行用，各減偽造印偽文書一等坐之。雖會赦而復將行用，准此。

（宋）李心傳《建炎以來朝野雜記甲集》卷四《制作・八寶》 御寶備於政和，自太祖開基，始有大宋受命之寶。後諸聖嗣服，皆自爲一寶，以皇帝恭膺天命之寶爲文。元符間，既得漢傳國璽，因以爲受命寶。受命于天，既壽永昌。大觀初，又得良工，倣古作天子、皇帝六璽。已而，徽宗又作鎮國璽，承天福，延萬億，永無極。通號八寶焉。久之作定命寶，其文有範圍天地，幽贊神明，保合太和，萬壽無疆，凡十六字，實蔡京所賦。號九寶。京城破，自定命寶外，悉爲虜所得。而大宋受命之寶，邵澤民侍郎給以隨葬，乃得全。張邦昌將復辟，遣謝任伯參政奉寶歸於高宗。建炎二年秋，始鑄三御寶，一曰皇帝欽崇國祀之寶，印香合詞表。二曰天下合同之寶，印中書、門下省文字。三曰書詔之寶，印詔書。皆以金爲之。逮紹興十六年郊，始備八寶。八寶者，入内内侍省掌之。紹熙末，上即位於重華宫，時寶藏於大内，太皇太后旨取之。今八寶未知何人所書，其文如政和之制。

（宋）李心傳《建炎以來朝野雜記甲集》卷四《制作・三省樞密院印》 三省樞密院印，建炎三年秋鑄，以銀爲之。時上命滕子濟權知三省樞密院，扈從隆祐皇太后往豫章，故鑄此印。

（宋）李心傳《建炎以來朝野雜記乙集》卷五《制作・寶璽》 國朝南渡之後，御府所藏玉寶凡十有一，金寶三。玉寶：一曰鎮國神寶承天福，延萬億，永無極。二曰受命寶受命于天，既壽永昌。此二寶封禪則用之。三曰天子之寶答外夷書用之。四曰天子信寶舉大兵用之。五曰天子行寶封册用之。六曰皇帝之寶答鄰國書用之。七曰皇帝信寶賜鄰國書及物用之。八曰皇帝行寶降御劄用之。此所謂八寶也。皆高宗作。九曰大宋受命之寶太祖作。十曰定命寶範圍天地，幽贊神明，保合太和，萬壽無疆。徽宗作。十一曰大宋受命中興之寶高宗作。金寶：一曰皇帝欽崇國祀之寶印香合詞表。二曰天下合同之寶印中書門下省文字。三曰書詔之寶印詔書。自秦以前，上下通稱璽。《春秋傳》：季武子取卞璽書，追而與之。《戰國策》：欲璽者，段干子是也。秦有天下，始制天子、皇帝六璽。自是惟諸侯王得稱之。唐武后長壽二年，改璽爲寶。以璽音近死，故易之。天寶十載，又合受命、傳國爲八寶。八寶之稱，自此始矣。唐末喪亂，八寶或亡或失。周廣順中，始造二寶，曰皇帝承天受命之寶皇帝神寶。太祖革命，傳其二寶。至太宗別製承天受命之寶。寶廣四寸九分，厚一寸二分，填以金盤龍紐。檢高七寸，廣二寸四分。自是遂爲定制。鎮國神寶者，仁宗皇祐五年七月所作也。篆如其名。宰相龐籍書。受命寶者，哲宗元符元年五月所受也。其文相傳以爲秦璽，是李斯之魚蟲篆也。其圍四寸。衛宏曰：秦以前，金、玉、銀爲方寸璽，秦以來，天子獨用玉。余嘗按《玉璽圖》，以此璽爲趙氏之璧所刻，璧本卞和所獻之璞，藺相如詭奪者是也。以禮制考之，璧五寸而有好，則不得復刻爲璽，此説謬矣。至漢謂之傳國璽，自是迄於獻帝，所寶用者秦璽也。子嬰所封，元后所投，王憲所得，赤眉所上，皆是物也。董卓之亂失之，《吴書》謂孫堅得之洛陽甄官井中，後爲袁術所奪，徐璆得而上之，殆不然也。若然，魏氏何不實用而又自刻璽乎？厥後歷世皆用其名。永嘉之亂，没於劉、石，永和之世，復歸江左者，晉璽也。魏氏有國，刻傳國璽，如秦之文。但秦璽讀自右，魏璽讀自左耳。晉有天下，自刻其璽，其文曰：受命于天，皇帝壽昌。本書《輿服志》乃以爲漢所傳秦璽，實誤矣。此璽更劉聰、石勒，逮石氏死，其臣蔣幹求援於謝尚，乃以璽送江南。王彪之辨之，亦不云秦璽也。太元之末，得自西燕，更涉六朝，至於隋代者，慕容燕璽也。晉孝武太元十九年，西燕主永求救於郗恢，并獻玉璽一紐，方，闊六寸，高四寸六分，文如秦璽。自是歷宋、齊、梁皆寶之。侯景既死，北齊辛術得之廣陵。獻之高氏，後歷周、隋，誤指爲秦璽。後平江南，知其非是，乃更謂之神璽焉。劉裕北伐，得之關中，歷晉暨陳，復爲隋有者，姚秦之璽也。晉義熙十三年，劉裕入關，得傳國璽而上之，大四寸，文與秦璽同，然隱起而不深刻，隋滅陳得此，指爲真璽，遂以宇文周所傳神璽爲非是。識者謂古璽深刻以印泥，後人隱起以印紙，則此隱起者非秦璽也，姚氏取其文作之耳。開運之亂，没於耶律，女真獲之以爲大寶者，石晉璽也。唐太宗貞觀十六年，刻受命璽，文曰皇帝景命，有德者昌。後歸朱全忠。及從珂自焚，璽亦隨失。德光入汴，重貴以璽上之，云先帝所刻，蓋指石敬瑭也。蓋在當時皆誤以爲秦璽，而秦璽之亡則已久矣。紹聖三年冬，咸陽民段義者，斸地得璽以獻，學士承旨蔡京言於朝，曰此秦璽也。遂以元符元年五月朔大朝會受之。受寶之禮，昉乎此矣。

徽宗崇寧五年，有獻玉印者，只有方寸，其文曰承天福，延萬億，永無極。大觀元年，既得美玉、良工，遂黜皇祐鎮國、元符受命二寶不用，命工更刻，而以九字爲神寶之文，合天子、皇帝六寶爲八寶，以二年正月元日受之。政和七年，復得美玉，大將九寸，乃作定命寶，命蔡京鐫十六字爲文，謂之九寶，以八年正月元日受之。又有皇帝恭膺天命之寶。至道三年，真宗嗣位時所制也。後從葬定陵。乾興元年，仁宗既位更制之。參知政事王曾書。天聖元年，爲火所燔，又制焉。參知政事陳堯佐書。後從葬昭陵。學士范鎮、禮官王珪言：宜爲天子傳器，不當改作。而弗聽也。嘉祐八年六月，英宗又制焉。參知政事歐陽修書。神宗、哲宗皆循此制。哲宗寶，門下侍郎章惇書。靖康之難，金人取玉寶十四，蓋八寶之外，餘寶凡六，而皇帝恭膺天命之寶居其二焉，其一則徽宗元符三年所制也，其一則欽宗靖康元年所制也。高宗渡江，庶事草創，逮紹興十六年再郊，始備八寶，而恭膺天命之寶不復作矣。大宋受命之寶者，建隆開基所創也，史册不載，圍城中副留守邵博取而藏之，張邦昌遣使奉迎大元帥於山東，因以爲獻。定命寶者，宣和内禪，藏龍德宫，虜人不知之，故弗取。受命中興寶者，高宗紹興元年所作也。玉甚美，視定命寶猶大半分。金寶三，皆建炎二年秋所作也。

（宋）李心傳《建炎以來朝野雜記乙集》卷九《時事・金字牌　雌黃青字牌　黑漆紅字牌》 近歲郵置之最速者，莫若金字牌遞，凡赦書及軍機要務則用之，仍自内侍省遣撥，自行在至成都率十八日而至，蓋日行四百餘里。乾道末，有旨令樞密院置軍期急速文字牌，雌黃青字，日行三百五十里。八年十月十三日指揮。淳熙二年，尚書省又置緊急文字牌，亦如之。然率與常遞混淆，故行移稽緩。紹熙末，趙子直在樞密，乃改作黑漆紅字牌，奏委逐路提舉官催督，歲終校其遲速最甚，以議賞罰。四年十月十二日指揮。明年，尚書省亦踵行之，仍令逐州通判具出入界日時狀申省。五年五月二十三日指揮。久之，稽緩復如故。余在成都，見制帥楊端明有命召，以丁卯歲十一月二十九日降旨，而戊辰正月末旬方被受，是日行纔百餘里耳。紹熙末，丘宗卿爲蜀帥，始創擺鋪，以健步四十人爲之，歲增給錢八千餘緡，月以初三、十八兩遣平安報至行在，率一月而達。蜀去朝廷遠，始時四川事，朝廷多不盡知。自創擺遞以來，蜀中動息，靡所不聞。凡宗卿劾疏中所言，皆擺遞之報也。自後私書叢委，每遞至百數，由是往來稍踰期，自成都而東，猶不過月，自行在而西，或三十五、六日云。

（宋）王栐《燕翼詒謀録》卷三《大觀八寶》 漢天子印符曰璽，後世因其名不改。國初御前之印、書詔之印、天子合同之印，其名不正。雍熙三年十月丙午，並改爲寶，別鑄用之。皇祐五年，仁宗以奉宸庫有美玉，廣尺厚半之，命製爲鎮國神寶，宰臣龐籍篆文，劉沆書牌。哲宗元符元年，咸陽民段義獻玉璽云。紹聖三年，河南鄉修造家舍掘得之，色緑如藍，文曰受命于天，既壽永昌，其背螭紐五盤，詔蔡京等議之，咸以爲真秦璽也，詔仍舊爲傳國璽。徽宗大觀元年，詔求美玉，製八寶以易六璽。十一月壬戌，詔曰：永惟受命之符，宜有一代之制，而尚循秦舊六璽之用，自天申命，地不愛寶，獲全玉於異域，得妙工於編氓。八寶既成，敻無前比。可以來年正月朔日御大慶殿，恭受八寶，是舉恩數特厚。政和七年九月辛巳。又製定命寶，範圍天地，幽贊神明，保合大和，萬壽無疆爲文，廣九寸，號九寶，二聖北狩，寶淪異域，高宗皇帝復製八寶，循大觀舊規也。

（宋）王栐《燕翼詒謀録》卷四《乘驛給銀牌》 唐制，乘驛者給銀牌。五代庶事草剏，但樞密院給牒。太平興國三年，李飛雄僞作牒，乘驛謀反，禽捕伏誅。六月戊午，詔復舊制，應乘驛者，並給銀牌。中興以後此制不復講矣。

（宋）趙昇《朝野類要》卷一《故事·八寶》 自秦得和氏之璧以爲傳國玉璽，其文曰受天明命既壽永昌，後子嬰捧以降高祖于軹道者是也。在漢則符璽令掌之，增爲六璽。至晋惠帝北征，亡失六璽，石季龍得之，遂改其文曰天命石氏。迨唐亦有符寶郎，而五代唐末帝遭亂，擕以自焚，故郭周重造八寶，而以天下傳本朝，謂受命之寶、鎮國神寶、天子之寶、皇帝之寶、天子行寶、皇帝御寶、天子信寶、皇帝信寶，且各有所用。如受命之寶，惟封禪用之。其他各朝增置殿寶，不在此數。

（宋）趙昇《朝野類要》卷三《職任·牌印》 印司掌銅木朱記，以牌詣本官請關印，用印畢封匣，復納之。凡牌入則印出，印入則牌出，蓋立法防嚴之意也。

（元）馬端臨《文獻通考》卷一一五《王禮考·圭璧符節璽印》 宋太祖皇帝受禪，傳周廣順中所造二寶。

太宗制承天受命之寶。

真宗制恭膺天命之寶。大中祥符中，又別制恭膺天命之寶、天下同文之寶，用於封禪。昭受乾符之寶，以印密祠。

宋制：天子之寶，皆用玉，篆文，廣四寸九分，厚一寸二分。填以金盤龍鈕，係暈錦大綬，赤小綬，連玉環；玉檢高七寸，廣二寸四分，厚四分；玉斗方二寸四分，厚一寸二分：皆飾以金裝，裏以紅綿，加紅羅泥金夾帊，納於小盝。盝以金裝，內設金牀，暈錦褥，飾以雜色玻璨、碧鈿石、珊瑚，金精石、瑪瑙。大中祥符初，登封泰山，別製寶盝，皆差小其制。又盝二重，皆裝以金，覆以紅羅繡帊，載以腰輿及行馬，並飾以金。又有香爐、寶子、香匙、灰匙、火箸、燭臺、燭刀，皆以金爲之。朝會陳於御前，大禮即列於仗衛中。

累朝每上尊號，有司製玉寶，以尊號爲文。

禁中所用，別有三印：一曰天下合同之印，中書奏覆狀，流內銓歷任三代狀用之；二曰御前之印，樞密院宣命及諸司奏狀用之；三曰書詔之印，翰林詔書敕別録敕榜用之。皆鑄以金，又以鍮石各鑄其一。雍熙三年，並改爲寶，別鑄以金，舊者六印皆毀之。

皇太子金寶，方二寸，厚五寸，係以朱組大綬，連玉環、金斗。金檢長五寸，闊二寸，厚二分。悉裹以紅綿，加紅羅泥金帊，納於小盝。盝以金裝，內設金牀。又盝二重，皆覆以紅羅銷金帊。盝及腰輿、行馬皆銀裝金塗。他法物皆銀爲之，鈒花塗以金。

宋因唐制，諸司皆用銅印。諸王及中書門下印方二寸一分，樞密、宣徽、三司、尚書省諸司印方二寸。惟尚書省印不塗金，餘皆塗金。節度使印方一寸九分，塗金。餘印並方一寸八分，惟觀察使塗金。諸王、節度、使州府、軍、監、縣印，皆有銅牌，其長七寸五分，諸王廣一寸九分，餘廣一寸八分。諸王、節度、觀察使牌塗以金，刻文云牌出印入，印出牌入。或本局無印者，皆給奉使印。景德四年，別鑄兩京奉使印。大中祥符七年，詔自今除國信接伴勾獄勾當財用創寺觀外，其他細務勿給。又有朱記，以給京城及外處職司及諸軍校等，其制長一寸七分，廣一寸六分。士庶及寺觀亦有私記。大中祥符五年，詔禁私鑄，止得雕木爲文，大方寸。

旌節：唐天寶中置，節度使受命日賜之，得以專制軍事，行即建節，府樹六纛。宋凡命節度使，有司給門旗二，龍、虎旗一，旌一，節一，麾槍二，豹尾二。凡製旗以紅繒九幅，髹漆杠，緋纛。旌用塗金銅龍頭，髹漆杠，綢以紅繒，畫白虎，設髹漆木盤於上。節亦用髹漆杠，飾以金塗銅葉，凡三盤，爲三層，以紅絲爲旄，並綢以紫綾旗囊，又加碧絹囊。麾槍、豹尾，亦髹漆杠。麾槍設髹漆木盤，綢以紫繒複囊，又綢以碧油絹袋。豹尾，制以赤黄布，畫豹文。

銀牌，唐制，差發驛遣使，則門下省給傳符以通天下之信。宋符券皆樞密院主之。舊有銀牌，以給乘驛者。闊一寸半，長五寸，面刻隸字曰敕走馬銀牌，凡五字。首爲竅，貫以革帶。其後罷之。樞密院給券，謂之頭子。太平興國三年，李飛雄詐乘驛謀亂，伏誅。遂罷樞密院券，別製新牌，闊二寸半，長六寸。易以分書，上鈒二飛龍，下鈒二麒麟，兩邊年月，貫以紅絲縧。端拱中，使臣護邊兵多遺失之者，又罷銀牌，復給樞密院頭子。

乾興元年三年作受命寶，其文曰恭膺天命之寶，命參知政事王曾書之，遣內侍、諸少府監，文思院視工作。

仁宗明道元年，禁中火，寶册悉焚。其年九月，改作寶及册，命參知政事陳堯佐書受命寶，薛奎書尊號册寶，宰臣張士遜書仁宗爲皇太子册，參知政事晏殊書皇太后尊號册寶。二年，册寶成。三司言，用黃金二千七百兩爲法寶法物。詔易以銀而塗黃金。初，真宗嘗爲昭受乾符之寶，前此亦焚，遂詔宰相陳執中書欽崇國祀之寶刻之，以代昭受乾符之寶，凡齋醮表章用焉。

景祐三年，篆文官王文盛言於少府監曰：在京糧料院印，多偽效之以摹券曆者。謂宜鑄三面印，圓其制，而面闊二寸五分；於外圍周匝篆紀年及糧料院名，凡十二字；以圜篆十二辰，凡十二字；中央篆正字，上連印鈕，令可轉旋，以機穴定之。用時，月分對，年中互建十二月，自寅至丑，終始循環。每改元，即更鑄之云。若此，使奸人無復措其巧矣。少府監以奏，詔三司詳定，請如文盛言。文盛又曰：舊例，親王、中書印各方二寸一分，樞密、宣徽、三司、尚書省、開封府方二寸，節度使寸九分，節度觀察留後、觀察使寸八分半，防禦團練使、轉運使、州縣印寸八分。凡印各上下七分，皆闊寸六分，雖各有差降，而無令式以紀其數。詔從其言，著於令。

康定初，制銅符，上篆文曰某處發兵符，下鑄虎豹爲飾，而中分之。右五符留京師，左符付總管鈐轄州軍事官高者掌之。樞密院下符發兵，第一至第五，周而復始。本處勘以左符，即發兵。

皇祐五年秋九月，作鎮國神寶。時閱奉宸庫得良玉，廣尺，厚半之。上以其希世之寶，不欲以爲服玩，因作鎮國神寶，命宰相龐籍篆文，參知政事劉沆書其上。寶成以進，召近臣、宗室觀於延和殿。是歲，太常禮院引《唐六典》次序曰：一神寶，二受命寶。冬至祠南郊，大駕儀仗，請以鎮國神寶先受命寶爲前導。自是遂爲定式。初，太宗以玉寶二鈕賜太祖之子德芳，其文曰皇帝信寶，至孫從式上之。

英宗即位，別製受命寶，其文曰皇帝恭膺天命之寶。

嘉祐八年，將葬仁宗於永昭陵，翰林學士范鎮上奏曰：竊聞先朝受命寶及法寶物，與平生衣冠器用，皆欲舉而葬之，非所以稱大行皇帝恭儉之意也。其受命寶，望陛下寶而用之，且示有所傳付。若衣冠器玩，則宜陳於陵寢及神御殿，歲時展視，以慰思慕。詔檢討官披繹典故，及命兩制、禮官詳議。學士王珪等上議曰：受命寶者，猶昔傳國璽也，宜爲天子傳器，不當改作。古者藏先王衣服於廟寢，至於平生器玩，則世納於方中，亦不悉陳於陵寢。謂宜從省約，以稱先帝恭儉之實。已而別製受命寶，珪等議格不用，命參知政事歐陽修篆其文，曰皇帝恭膺天命之寶。

治平三年，命知制誥邵必、殿中丞蘇唐卿詳定天下印文，必、唐卿皆通篆籀，尋復廢罷，亦無所釐改焉。

神宗熙寧四年，詔中外奉使除文臣兩省、武臣橫行已上，不以職務緊慢，餘官如使外國接送伴、體量安撫、制勘之類，給奉使印，餘給銅記，以奉使朱記爲名。先是，臣僚差使，不以官序高下、職務慢緊，例給奉使印，而令式節文非劇司者記，故密院有請也。

九年八月，令禮部鑄諸路提舉官印，自是提舉官不帶奉使印以出。十月，詔西作坊鑄造諸銅符三十四副，令三司給左契付諸門，契付內鑰匙庫。諸門輪差人員，依時轉銅契入，赴庫勘同。其鐵牌則請人自執，止宿外仗。本庫依漏刻法發鑰匙，付外驗牌給付，候開門，即執牌納鑰匙，請出銅契。至晚仍依上項請納。其開門朝牌六面，亦隨銅契發放。時上以京城門禁不嚴，素無符契，命樞密約舊契，更造銅契，中刻魚形，以門名識之，分左右給納，以戒不虞，而啓閉之法嚴於舊日矣。

元豐二年，詳定儀注所言：《周禮》：王執鎮圭。釋者曰：祭天地宗廟及朝日、夕月，則執之。若朝覲，諸侯授玉於王，王受玉，撫玉而已。《考工記》：天子執冒四寸，以朝諸侯。蓋諸侯執圭以授天子，天子以冒圭邪刻之處，冒諸侯之圭，以齊瑞信，如後世之合符。未有臨臣子而執鎮圭者。《唐六典》殿中監掌服御之事，凡大祭祀，則進大圭，執鎮圭。若大朝會，止進爵。《開寶通禮》始著元會執圭，出自西房。淳化中，上壽進酒，又令內侍捧圭，於周制、唐禮皆不合。其元會受朝賀，請不執鎮圭上壽。詔可。

三年五月，詳定所言：郊廟之禮，有鎮圭而無大圭，於禮爲闕，詔議大圭尺度。《考工記》：玉人之事，鎮圭尺有二寸，天子守之。大圭長三尺，杼上終葵首，天子服之。說者曰，王所搢大圭也，或謂之珽。後魏以降，又改爲笏。珽以白玉爲之，長尺有二寸，西魏以來皆然。方而不折，雖非古制，蓋後世所得之玉，隨宜爲之。考之《周禮》，大圭長三尺，西魏、隋、唐長尺有二寸。請自朝廷揆玉之有無制之。又按孔穎達言，天子執鎮圭以朝日、夕月及祭天地宗廟，蓋奉祭祀執鎮圭者，摯也；搢大圭者，笏也。唐禮親祀天地神祇，皆搢大圭，執鎮圭。有事宗廟，則執鎮圭而已。王涇《郊祀録》曰：大圭，質也，事天地之禮質，故執而搢之。鎮圭，文也，宗廟之禮亦文，故無兼執之義。不知大圭，天子之笏，通用於郊廟。請自今皇帝親祠郊廟，搢大圭，執鎮圭。奉祀之時，既接神再拜，則奠鎮圭爲摯，執大圭爲笏。當事搢笏，君尊則不搢笏，別於臣下也。《儀注》云：皇帝搢鎮圭，蓋沿襲之誤，宜改爲奠鎮圭，盥手飲福，則授之人。詔俟制大圭畢施行。詳定所言：又古者執玉以行事，前事則不執。《開元禮》、《開寶通禮》：皇帝升輅，不言執圭。祀日，質明，至中壝門外，殿中監進大圭，尚衣奉御，又以鎮圭授殿中監以進。於是始搢大圭，執鎮圭。今皇帝乘玉輅，執鎮圭，赴景靈宮及太廟、青城，皆乘輅執圭，殊不應禮。請自今乘輅不執圭，還內御大輦亦如之。詔可。詳定所又言：大圭中必之制，按《考工記》：天子圭中必。《聘禮記》：元纁，繫長尺絢組。中必與絢組，一也。絢以薦玉，組以約圭，二者皆謂之繅藉。今之鎮圭無此二物，請製薦玉繅藉，以木板爲中幹，廣袤如其玉，然後用韋衣之，乃於韋上畫五采文，前後垂之。又製約圭繅藉長尺，上以元以絳，爲地五采五就，因以爲飾，每奠圭，則以薦玉之繅陳於地，執圭，則以約圭之繅備失墜，因之爲飾。況大圭搢之紳帶之間，不可無中必，明矣。俟明堂服大圭，宜依鎮圭所約之組，令可繫。從之。四年，詔三省印銀銷金塗，給事中印爲門下外省之印，舍人印爲中書外省之印。六年，別鑄禮部貢舉之印。舊制：貢院有印。院廢，印亦隨毀。禮部遇鎖試，則牒印廢事故也。又詔臣僚所授印，亡殁並賜隨葬。八年五月，作受命寶，以皇帝恭膺天命之寶爲文。

哲宗元祐元年，詔：天聖中，章獻明肅皇后用玉寶，方四寸九分，厚一寸二分，龍鈕。今太皇太后權同處分軍國事，宜依章獻明肅皇后故事。又詔：太皇太后玉寶，以太皇太后之寶爲文；皇太后金寶，以皇太后寶爲文。皇太妃金寶，以皇太妃寶爲文。

元符元年五月，得傳國寶，御殿受之。

紹聖三年，咸陽縣民段義斸地得古玉印，光照滿室。四年十二月，上之，詔禮部、御史臺以下參驗。五年三月，翰林承旨蔡京及講義玉璽官十三員奏：按所獻玉璽，色緑如藍，温潤而澤，其文曰受命於天，既壽永昌。其背螭鈕五盤，鈕間有小竅，用以貫組。又得玉螭首一，白如膏，亦温潤，其背亦螭鈕五盤，鈕間亦有貫組小竅，其面無文，與璽大小相合。篆文工作，皆非近世所爲。臣等以歷代正史考之，璽之文曰皇帝壽昌者，晋璽也；曰受命於天者，後魏璽也；有德者昌，唐璽也；惟德允昌，石晋璽也；則既壽永昌者，秦璽可知。今得璽於咸陽，其玉乃藍田之色，其篆與李斯小篆體合。飾以龍鳳鳥魚，乃蟲書鳥跡之法，於今所傳古書，莫可比擬，非漢以後所作明矣。今陛下嗣守祖宗大寶，而神寶自出，其文曰受命於天，既壽永昌，則天之所畀，烏可忽哉？漢、晋以來，得寶鼎瑞物，猶告廟改元，肆眚上壽，況傳國之器乎？其受寶法物禮儀，乞下所屬施行。詔禮部、太常寺考按故事詳定以聞。至四月，禮官言：五月朔，故事當大朝會，宜就行受寶之禮。依上尊號寶册儀，有司豫製受寶法物，並寶進入。俟降出，權於寶堂安奉。前三日，差官奏告天地、宗廟、社稷。前一日，帝齋於内殿。翼日，帝服通天冠，御大慶殿，降坐受寶。群臣上壽稱賀。

徽宗崇寧五年，作鎮國寶。時有以玉印獻者。印方寸，以龜爲鈕，工作精巧，文曰承天福延萬億永無極。《受寶記》言：有以古篆進者，謂是也。帝因次其文，仿李斯蟲魚篆作寶文。其方四寸有奇，螭鈕，方盤，上圓下方，名爲鎮國寶。

大觀元年，制八寶。時得玉工，用元豐中玉琢天子、皇帝六璽，疊篆。紹聖間，得漢傳國璽，無檢，螭又不缺，疑其一角缺者，乃檢也。有《檢傳》，考驗甚詳，傳於世。帝於是取其文而黜其璽不用，因作自受命寶，其方四寸有奇，文皆琢以白玉，篆以蟲魚，帝自爲之記。鎮國、受命二寶，合天子、皇帝六璽，是爲八寶。於是下詔曰：自昔皆有尚符璽官。今雖隸門下後省，遇親祠，則臨時具員，訖事復罷。八寶既備，宜重典司之職。可令尚書省置官，如古之制。又詔：永惟受命之符，當有一代之制，而尚循秦舊，六璽之用，度越百年之久，或未大備。自天申命，地不愛寶，獲全玉於異域，得妙工於編氓，八寶既成，敻無前比，殆天所授，非人能爲，可以來年元日，御大慶殿恭受八寶。尚書省言：請置符寶郎四員，隸門下省，二員以中人充，掌寶於禁中。按唐八寶，車駕臨幸，則符寶郎奉寶以從，大朝會，則捧寶以進。今鎮國寶、受命寶非常用之器，欲臨幸則從六寶，朝會則陳八寶，皆夕納。內符寶郎捧寶出以授外符寶郎，外符寶郎從寶行於禁衛之內，朝則分進於御座之前。鎮國寶、受命寶不常用，唯封禪則用之。皇帝之寶，答鄰國之書則用之；皇帝行寶，降御札則用之；皇帝信寶，賜鄰國書及物則用之；天子之寶，答外夷國書則用之；天子行寶，封册則用之；天子信寶，舉大兵則用之。應合用寶，外符寶郎具奏，請內符寶郎御前請寶、印訖，付外符寶郎承受。從之。二年，詔受命寶字之上，添鎮國二字。三年八月，名八寶：一，鎮國神寶；二，受命之寶。詔：古爲六璽，至唐始名曰寶，增數至八。今天下承平百五十年，其制尚闕，紹聖中，得秦李斯所作制度，雖工，乃藍田青玉。又鎮國寶未有所稽，今寶成祇受，典禮始克大備，實邦家之慶。鎮國、受命二寶，寶而不用，藏置內府，人未知制作之因，可宣付有司。

政和二年，得元圭，御大慶殿受圭。宦者譚稹獻元圭。其制，兩旁刻十二山，若古山尊，上鋭下方。上有雷雨之文，下無瑑飾，外黑內赤，中一小好，可容指，其長尺有二寸。詔付廷議。議官以爲周王執鎮圭，緣以四鎮之山，其中有好，爲受組之地，其長尺有二寸，周人仿古爲之，而王執以鎮四方也。帝乃以是歲冬御大慶殿受圭焉。六年，詔：御寶自祖宗朝行用，今百五十餘年，角刓篆暗，幾不可驗，恐無以示信天下。舊有祖宗所藏御前金寶，宜自冬祀大禮畢行用，而降新舊二寶印文，付外照驗，且以布告中外。七年，制定命寶。時從於闐得大玉逾二尺，色如截肪。帝又制一寶，赤螭鈕，文曰範圍天地，幽贊神明，保合太和，萬壽無疆。凡十六字，篆以蟲魚。制作之工，幾於秦璽。其寶九寸，檢亦如之，號曰定命寶。合前八寶爲九，其後詔以九寶爲稱，以定命寶爲首，應行導排設去處。定命與受命，天子寶在左，鎮國與皇帝寶在右。又詔：得寶玉於異域，受定命於神霄，合乾元用九之數，以明年元日受之。凡兩受寶，皆赦天下。帝曰：八寶者，國之神器也；至定命寶，乃我所自制云。禮部言：政和令：奉使官第二等以上給印，餘給記。差出者遇替移事故，元借印記，隨所在寄納，本部歲終檢舉拘收，而寄納州縣占留給借無以防之。乃詔有司立法，應州縣寄納。禮部印記，非奉朝旨，不許擅行給借。

高宗開大元帥府，謝克家以玉璽來上，文曰大宋受命之寶。

建炎三年，鑄三省、樞密院銀印。舊制：中書門下省印方二寸一分，樞密院印方二寸。元豐中，詔三省印銀鑄金塗。五月，改鑄虎符頒降，令刑部遍下諸處見行虎符，並不得施行，康定所鑄銅符，仍繳納尚書省。又製金字牌，凡赦書及軍機要切則用之，自內侍省遣焉，日行五百里。四年，改造宮殿諸門號，皇城司掌之，舊號不復用。行宮禁衛所言：應官司自給號記，不許用黃色，他色不許入皇城門。又嚴代名借帶之禁，論其罪如律。

紹興元年，製大宋受命中興寶，宣示輔臣。比定命寶大半分。是歲，祀明堂八寶，猶未備也。二年正月，更定行宮殿諸門號，敕入禁衛號，黃綾八角三千道；入殿門，黃絹以方一千道；入宮門，黃絹以圓八千道；入皇城門，黃絹以長八千道。其後，更殿門號以黃絹圓，宮門以緋黃絹方，皇城門以緋紅絹圓。又詔官司輒以黃緋色爲號者，罪賞依僞造大禮敕號法。四年，鑄行宮留守司印。權户部侍郎王俁言：文書以印記防奸僞，錢穀尤爲要切，不可借用他印。今車駕巡幸，凡常程文書，皆留守司裁決，以印記權行立用，如行在所度支用侍郎印，金倉部通用金部印，留守司權本部侍郎用尚書印，太府司農寺並用寺丞印，不惟日下交互，異時必生奸弊，請度支、金倉部、太府司農寺各鑄印，以行在所或巡幸某印爲文，事已發，赴禮部置櫃封鑰掌之，遇巡幸關出行用，庶無窒礙。其他部要切印記，都省依此施行。詔印文添行在所字。十三年四月，行皇后册禮，册用珉玉五十，簡寶用金，方一寸有半，盝，螭鈕，文曰皇后之寶。隆興以後，悉循是制。十六年，郊祀，始陳寶如承平之儀。凡中興御府所藏玉寶十有一：金寶三，八寶皆高宗皇帝作。入內，內侍省掌之。一曰鎮國神寶，文曰承天福延萬億永無疆。二曰受命寶，文曰受命於天，既受永昌。三曰天子之寶，答外夷書用之。四曰天子信寶，舉大兵用之。五曰天子行寶，封册用之。六曰皇帝之寶，答鄰國書用之。七曰皇帝信寶，賜鄰國書及物用之。八曰皇帝行寶，降御札用之。大宋受命之寶，太祖皇帝作。定命寶，文曰範圍天地，幽贊神明，保合太和，萬壽無疆。徽宗皇帝作，併八寶謂之九寶。大宋受命中興之寶，紹興元年作，五月宣示於內殿，寶玉明潤，追瑑精巧。金寶三：皆建炎二年秋所作，八月三日始用之。一曰皇帝欽崇國祀之寶，印香合祠表。二曰天下合同之寶，印中書門下省文字。三曰書詔之寶，印詔書。紹興元年，湖南副總管孔彥舟於潭州得玉，請宣取以刻御寶，詔御寶已備。自艱難以來，華靡之物，一無所用，令其不須投進。三十二年，時孝宗以受禪，詔恭上太上皇帝尊號曰光堯聖壽太上皇帝。禮官討論册寶之制，册用珉玉，簡長一尺二寸，廣一寸二分，數視文之多寡。聯以金繩，首尾組帶，刻龍鏤金。藉以錦褥，覆以紅羅泥金夾帊。花匣塗以朱漆，金飾龍鳳，金鎖、帉錔，上以紅羅繡盤龍帊覆之，承以金裝長竿牀，金龍首、魚鉤。寶用玉，篆文，廣四寸九分，厚二寸二分，以皇祐黍尺爲度，填以金盤龍鈕，係以暈錦大綬，赤小綬，連玉環。玉檢高七寸，廣二寸四分，皆飾以金，裏以紅綿，加紅羅泥金夾帊，納於小盝。盝以金飾之，內設金牀，承以玻璃、碧鈿石之屬。又盝二重，皆飾以金，覆以紅羅繡帊，戴以腰輿行馬，並金飾。香爐、寶子、香匙、灰匙、火箸、燭臺、燭刀，亦以金爲之。命文思院製造。乾道七年，淳熙二年、十二年加上尊號，及紹熙元年上至尊壽皇帝聖尊號，慶元二年上聖安壽仁太上皇帝尊號册寶，悉同此制。又上壽聖太上皇后尊號册寶，如慈寧之制，紹興時，製皇太后册寶，寶用金。文曰：皇太后寶，册以珉或象牙印寶法物皆以金，詔以玉石製册，上親書其文奉慈寧殿。紹熙初，恭上壽聖皇太后、壽成皇后尊號金寶，皆六字。文曰：壽聖皇太后寶、壽成皇后之寶，廣四寸九分，厚一寸二分，填以金盤龍鈕。至四年，加上壽聖隆慈備福皇太后尊號金寶，以十字爲文。慶元二年十月，上壽聖隆慈備福光佑太皇太后、壽成惠慈皇太后、壽仁太上皇后尊號册寶，其制並同嘉泰時。其加上壽成慈惠太皇太后尊號册寶，亦皆如之。謚册唯昭慈聖獻皇后以象牙，餘皆用珉。紹興七年五月，命文思院用玉製顯肅皇后寶二顆。禮官言：國朝禮制，諸后謚寶，曾垂簾聽政者則用玉，餘則比用金。遂詔以金製造。

孝宗隆興二年，金部言：初行會子，權借户部尚書印覆印。今行之已久，恐致混淆，宜專有印記，俾郎官掌之。遂鑄太府寺專一檢察會子印。二年，復鑄尚書覆印會子印。

乾道元年，禮官討論皇太子册寶之制，按《會要》：册用珉玉，簡六十，前後四枚，刻龍填金，貫以金絲，首尾結爲金花，飾以帉錔。襯以紅羅泥金夾帊，藉以錦褥，盛以黝漆匣，長九尺五寸，闊尺二寸，高八寸，裝以金花，刻爲金地合羅枝條隱起花，覆以紅羅泥金帊，絡以紅絲結條，襯以紅錦褥，安以黝漆金葉裝牀，其竿飾以螭首。今請用珉玉，簡七十五，其黝漆匣用金塗銀花鳳葉，加以腰輿行馬，飾以花鳳，條以魚鉤，竿以螭首，寶以黄金爲之，文曰，皇太子寶，係龜鈕。舊制：金寶方二寸，厚五寸，係以朱組大綬，連玉環，金斗。金檢長五十，闊二寸，厚二分。悉裏以紅錦，加紅羅泥金帊，納於小盝。二年，禮部請郡縣假借印記，悉毀而更鑄。南渡之初，有司印章多失，尚方重鑄給之，加行在二字，或冠年號以别新舊，然欺僞猶未能革。至紹熙初，禮部侍郎李巘言：文書有印，以示信防奸，給毀悉經省部，具有條制。然州縣沿循，或以縣佐而用東南將印，以椽曹而用司寇舊章，名既不正，弊亦難防。請令有司制州縣官合用印記，舊印非所當用者毀之。上從其請，由是名實正而真僞别矣。

寧宗嘉定十四年，山東效順，鑄滄景淄密萊登濰德莒濱齊棣青海州、静海州、泰安軍及京東安撫使、馬步軍總管京東河北鎮撫節制大使印，並冠以嘉定二字。十一月，京東、河北節制司繳進北方大將撲鹿花所獻皇帝恭膺天命之寶，並元符三年《御府寶圖》一册。時淮東制置使兼京東、河北節度使賈涉遣京東路鈐轄趙拱、北軍大將撲鹿花獻之，續令吕枏投進。又鎮江副都統制翟朝宗繳進玉寶檢。時獲元符玉寶，而朝宗以玉檢來上，其文若合符契，乃詔以來年元日受寶於大慶殿，時又得玉璽，其文曰受命於天，既壽永昌。禮官條具典禮，請附於皇帝恭膺天命之寶，以獻宗廟。閏十二月，行奏獻之禮。以內侍羅舜舉爲內符寶郎，提舉奉安玉寶。有司豫製沿寶法物及寶輿。明年正月朔，皇帝服靴袍，御大慶殿，設黄麾半仗，受朝賀，畢，次受玉寶。進呈，讀印文訖，於天章閣安奉。己未，大赦天下，監司、帥守、在外從官以上，令上表陳賀，及三衙諸軍都副統制親屬捧表進貢，皆特推恩，臣僚請詔禮官集受寶儀注，勒爲成書，藏之秘閣。十六年七月，置奉安符寶所建殿，以內臣掌之。初，淳熙十四年春，有聶事愿者，獲古印，其文曰皇帝車駕奉祀汾陰之寶。吴琚以獻於朝，詔藏天章閣，下工部考覈，乃銅也。按《汾陰記》：封金匱石匱，用受命寶及天下同文寶。此寶不見於紀載，朝論疑之，卒不加賞云。

（清）徐松《宋會要輯稿·選舉六·舉士·貢舉印》　仁宗天聖七年十月，詔鑄封彌院印三面，謄録所印三面，發解印三面，送禮部收管，遇科場，給付逐處行用。又神宗元豐六年閏六月十四日，尚書禮部言：舊制，貢院專掌貢舉，其印章曰禮部貢舉之印，遇鎖試則知舉官總領。昨廢貢院，毀舊印，以其事歸禮部，准格遇科場牒印並公事。伏緣本部分曹治事，凡十有五，貢舉乃其一事。若遇鎖（事）〔試〕牒印，即佗曹事實有闕。乞別鑄禮部貢舉之印。從之。

紀事

（宋）**宋敏求《春明退朝録》卷中**　予嘗判官告院知制誥時，又提舉兵吏司封官告院，而不白司勳，恐遺之也。凡文臣及節度觀察防團刺史、諸司使副內殿承制崇班，皆用吏部印；管軍至軍校環衛官用兵部印，封爵命婦用司封印，加勳用司勳印。

（宋）**鄭克《折獄龜鑒》卷二《釋冤下·王珣》**　王珣少卿知昭州，有告僞爲州印者，繫獄久不決，吏持其文不類州印，珣爲索景德以前舊牘，視其印文，則無少異。誣者立雪，蓋吏不知印文更時也。見王珪丞相所撰墓誌。按此非告者造誣也，但見其不類而告之耳，所印文書，景德時事，當索景德以前舊版校之，吏不思此，乃令久繫，亦可憐哉，唯珣盡心，於是獲釋。不然，則必冤死矣。

（宋）**鄭克《折獄龜鑒》卷四《議罪·趙抃》**　趙抃參政，初爲武安軍節度推官，有僞造印者，吏皆以爲當死。抃獨曰：造作赦前，用在赦後。赦前不用，赦後不造，法皆不死。遂以疑讞之，卒免死，一府皆服。見蘇軾瑞明所撰墓誌。按刼禁物，造僞印，其論以法，有不當死，而用法者或處死焉，是枉濫也。則如曾與趙者，可謂明且謹矣。昔戴胄參處法意，至析秋毫，此何愧彼哉。

（宋）**李燾《續資治通鑑長編》卷二五《太宗雍熙元年》**　先是，南郊五使皆權用他司印，癸丑，始令鑄印給之。

（宋）**李燾《續資治通鑑長編》卷六〇《真宗景德二年》**　庚申，重鑄門下省等五十四印。先是，印文皆有新鑄字，因判刑部慎從吉上言，改易之。

（宋）**李燾《續資治通鑑長編》卷六六《真宗景德四年》**　初鑄印二十鈕，給在京釐事官，以兩京奉使爲文。先是，給印皆以奉使爲文，內外無別，故改鑄焉。

（宋）**李燾《續資治通鑑長編》卷八三《真宗大中祥符七年》**　戊子，知開封府王曙言：本府解送舉人，承前每場以姓名及奏牒送府印，頗涉漏泄。自今望給奉使一印。從之。

（宋）**李燾《續資治通鑑長編》卷三三六《神宗元豐六年》**　戊子，禮部言：舊制，貢院專掌貢舉，別有印章曰禮部貢舉院之印，遇鎖試則知舉官總領。昨廢貢院，印亦隨毀，以其事歸禮部。準格，遇科場即止牒禮部印用之。緣禮部所掌，貢舉乃其一事，若每遇鎖試牒印，即他曹事實有闕，乞別鑄印曰禮部貢舉之印。從之。

（宋）**李燾《續資治通鑑長編》卷四四五《哲宗元祐五年》**　禮部言：凡議時政得失、邊事軍機文字，不得寫録傳布；本朝《會要》、《國史》、《實録》，不得雕印。違者徒二年，許人告，賞錢一百貫。內《國史》、《實録》仍不得傳寫，即其他書籍欲雕印者，納所屬申轉運使、開實録封府，牒國子監選官詳定，有益於學者方許鏤板。候印訖，以所印書一本，具詳定官姓名，申送祕書省。如詳定不當，取勘施行。諸戲褻之文，不得雕印，違者杖一百。凡不當雕印者，委州縣、監司、國子監覺察。從之。以翰林學士蘇轍言，奉使北界，見本朝民間印行文字多已流傳在彼，請立法故也。

（宋）**李燾《續資治通鑑長編》卷五一〇《哲宗元符二年》**　發運司言：汴河并諸路鹽糧綱，乞並依熙寧四年朝旨，依舊置鎖仗於梁上封鎖，遍用省印。如押綱使臣人員點檢得封印不全，或被盜知覺察損動官物，即畫時申隨處催綱巡鋪官，限當日內同押綱人開封印檢視訖，卻用隨處官印訖，抄上枚歷照驗。從之。

（宋）**王栐《燕翼詒謀録》卷二《册寶法物用塗金》**　真宗皇帝朝，盛禮縟儀婁舉，費金最多，金價因此頓長，人以爲病。仁宗明道二年正月癸未，詔册寶法物凡用金者，並改用銀，而以金塗之。自此十省其九，至今惟寶用金，餘皆金塗也。

《吏部條法·印紙門·印紙門撮要》　應官員已授差遣，繳連真本告劄付身，赴部照驗，納紙二十張，用即給付。應堂除人，出給印紙。本部取索所授告命，照驗出給。如在外陳乞，合經所在州軍保明，繳連録白所授付身，並召保官二員內一員陞朝官。委保，文狀申部，本部據憑出給，候將來赴部照驗。應選人小使臣，初官已授差遣，賫告劄呈驗，出給印紙。應選人批書印紙不圓，召本色保官二員委保。應批書印紙不圓，非隱落過犯，或不依式，並召陞朝官二員委保。應文武官出給印紙，除前項聲説外，餘依本法。

《吏部條法·印紙門·印紙（不分目）》 尚書侍郎左右選通用令

諸已授差遣，於十日內赴本選，納紙二十張，限二日出給印紙，即中書門下省、樞密院除授，及外移差遣者，並從官給。諸堂除人應給印紙者，本部取索出身以來文字，照驗出給。在外或軍期見闕緊切不可待者，令先次之任，後下所在州取索照驗。仍（名）（召）本色保官二員內一員陞朝官。委保，無詐冒，本州驗實保明，申部出給，其去失付身人，即候整會了日方給。諸參選者，録白出身以來應用文書，曾經參選已録白在部者，止録前一任付身印紙，內闕陞人止録差劄印紙。並同真本，於書鋪對讀，審驗無僞冒，書鋪繫書其真本，令本官收掌，候參部日，盡賫赴本選，當官照驗。諸過犯會恩去官，不曾批書印紙，官司失報而自陳者，公罪杖以下。聽取結罪狀，送大理寺約法。若會所屬有欺隱違礙，即結斷改正。諸投納文書，內或揩改而有可照據者，不得會問。即歷子內批書，事節無憑磨勘者，會本處，或在京官司。內獲盜批書不明，關刑部借元斷公案。

《尚書侍郎右選通用令》 諸小使臣，校尉同。至大使臣，及至遥郡橫行，印紙終身不得换易。

《尚書右選令》 諸小處、遠處、遠小處，親民及初叙，或降官與監當者，注授日具事因，批書印紙。

《侍郎左右選通用令》 諸印紙批不獲外界賊盜，能襲逐已退，而無被盜人姓名者，不理遺闕。

《侍郎左選令》 諸引見驗，或初注官不到，及依法注擬而累不伏，並棄毁批書印紙後空紙，各降半年名次。諸批書印紙不圓，謂非隱落過犯。並避親退闕者，並召本色或京朝官二員，具詣實委保。諸已授官，及外移者，並依式批印紙給付。

《侍郎右選令》 諸批書印紙不圓，非隱落過犯，謂如不批罷任月日，而有官司文牒，或批鑒料錢歷可以照據之類。或不依式，元無給到印紙，本處出給公據，聲説到罷月日，無不了事件者，同。初任人仍理爲經任人。並召陞朝官二員委保詣實，與降兩月名次注授。其批書不圓，官吏符轉運司取勘。

《尚書司勛令》 諸攝官差充捕盜，及非捕盜官，親獲强盜一人，聽批書印紙，理爲勞績。

《尚書考功令》 諸批書印紙不圓，致降名次，及違條式，致行會問者，下轉運司取勘幹繫官吏。諸巡尉，每考批書有無獲到逃亡軍人，如有具姓名數目月日，批上印紙，任滿赴部稽考。

《尚書左選申明》 紹熙元年三月四日敕：臣僚奏，官不以文武，當用保員，所以提防不實。其間有改官後作保，却以選人印紙赴所屬應批，甚至腰封其前，隱昧違法。欲望行下有司，申明文武保官之法，一歸於公。所有改官後作保，不得將選人印紙應批於磨勘赴任參選日。不以年歲遠近，並仰所屬取索選人印紙勘驗，如在今日申明之後，有循習故態，官司徇情批放者，覺察以聞。將違犯人，與元批處官吏，重加黜責。奉聖旨：依。慶元元年四月八日敕：吏部申，乞行下四川轉運司，今後如遇有改官之人，類申本部，出給京官印紙，付本路轉運司，給付新改官人，批書行用。奉聖旨：依。

《尚書侍郎右選通用申明》 紹興三年十一月五日，都省批下吏部狀：契勘官員出給印紙，不曾繳到真本，先次據憑録白出給，即用小貼子聲説，候將來繳到出身以來真本文字照驗，如無違礙，即行批書，收使施行。後批送吏部依所申施行。

《尚書侍郎左右選考功通用申明》 慶元二年四月二十四日敕：吏部看詳，乞將沿海、緣邊州知縣、監鎮、巡尉，銜內帶搜捉銅錢下海出界字，逐考批書有無捕獲，透漏得替，參部陳乞比覆較日參考，關所隸選分，照賞罰條格施行。奉聖旨：依。

《尚書右選侍郎左右選考功通用申明》 慶元五年八月二十一日敕：吏、刑、工部狀，今勘當欲從趙善恭所請，於巡尉銜內，添入巡捉私鑄銅器，給降付身，仍自到任逐考並零考罷任，印紙從捕盜賊批書格式項目，添入有無捕獲私鑄銅器，批上印紙，候將來得替，陳乞比覆較日，止照差劄內繫帶據憑參考，有無捕獲私鑄銅器數目聲説，關所隸選分，參照新舊殿最透漏私鑄賞罰條格施行。奉聖旨：依。紹熙二年七月二十八日敕：湖北路德安府、澧州、漢陽軍、鄂州、江西路隆興府、興國軍、江州都監巡尉，江東路南康軍、寧國府、池州、太平州、建康府及兩淮州軍巡尉，於銜内並帶巡捉私鑄鐵錢，任滿批上印紙。

《尚書侍郎右選考功通用申明》乾道五年五月三十日，都省劄子：户部申，臨安府緝捕使臣，輪差往城内外分定界至，緝捉私鹽，依巡尉一般責罰。今後如遇申到透漏去處，即取索印紙批書，若作緣故占留不即批書，從本部先次開具職位姓名，關報吏、刑部、殿前司籍記，候將未陳乞差遣、酬賞、關陞、磨勘日並不放行。劄付户部施行，准此。

《侍郎左右選考功通用申明》乾道九年閏正月九日敕：工、吏部狀，准都省批下，權發遣處州姚述堯措置處州銀銅坑事。除委龍泉縣尉梓亭巡檢不妨巡捕，往來銀銅場巡察，鈢銷錢寳，偷瞞官物，許遞互覺舉，具申所屬追治，仍乞於逐官考内，稽考有無透漏鈢銷錢寳等事件，批書印紙，後批送工、吏部勘當，申尚書省。吏部侍郎左選契勘，内縣尉依本官所乞施行。侍郎右選契勘，巡檢欲依本官所乞施行。考功今勘當，欲依侍郎左右選已勘當到事理施行。奉聖旨：依。本所看詳，上件指揮雖係本處一司專降，緣有稽改批書事件，吏部合要照使。今編節存留，申明照用。

《侍郎左選考功通用申明》乾道九年九月十三日，都省批狀：選人批書六項課績，内一項，不曾批書轉官二字，有出身人不曾批書應舉二字，或應批作轉官循資却誤作循資轉官之類，並作小節不圓放行，陞改注授。

《侍郎右選尚書考功通用申明》慶元二年九月十四日敕：吏部狀，荊湖北路安撫司申，相度知歸州常株，乞令本州巡檢兼主管界内灘峽公事，以防運石堙塞之患，巡鋪兼主管鋪驛道路公事，以防蠱毒採生之害，各令繫銜任責，每考批書事理，委是經久利便。本部今欲從相度到事理，於逐項窠闕内添入施行。奉聖旨：依。

《侍郎左右選通用申明》開禧元年十月空日，尚書省批下：户部申，浙江北郭税官，銜内帶兼行在惠民南外、北外局字所有批書一節，兩税官係是臨安府官屬，如遇本處官到罷，申會太府寺有無綰繫，一併批書印紙。後批：從所申事理施行。

《尚書侍郎左右選通用申明》開禧二年正月二十七日，尚書省劄子：淮西總領申，乞將太平州、南康軍、饒州、寧國府、隆興府、江州、瑞州、袁州、吉州、撫州、臨江軍、建昌軍主管本所錢物官，並采石、蕪湖、施團、雁汊、江洲城下、南康軍城下税場監官，任滿從本所點對，任内催發趕遣過綱運若幹，有無違滯，保明批書，方許離任。如有違戾，申乞朝廷，重作施行。右劄付淮西總領所，從所申事理施行。本所看詳，上件指揮，太平州等處十二州主管淮西總領錢物官，並税務監官，任滿赴總所，批書離任。契勘得雁汊税場，（也）〔已〕有淳祐十年二月十七日指揮省罷。今聲説存留照用。

《侍郎左選申明》嘉定十三年七月九日敕：淮東、兩浙三路鹽場官，奉聖旨：今後歷任考第舉主及格，到任成一考之人，即與批書離任。

《尚書左選侍郎左右選通用申明》嘉定十四年閏十二月二十一日敕：淮東總領所申，淮安、揚、真、泰州、招信軍通判，高郵軍判官，天長、六合知縣，各帶兼淮東總領所受給錢糧職事入銜，其倉庫官除揚州有專官外，餘並於滿替前一季，預申本所於見任官内選差。或見得下政可委，就差承代。其受給並倉庫官差兼滿替。並赴本所批書。如不覺察侵欺，不時交受，綱運欠折，輕者從本所改差，批書解罷，重者申取指揮施行。奉聖旨：依。嘉定十五年八月四日敕：湖廣總領何炳申，均州光化軍、隨棗、信陽軍、郢州、壽昌、荊門軍、德安府、復州、辰、沅、靖州、澧州應城、應山縣、興國軍、永興、大冶縣，並淮西光州、並黄陂、麻城縣，受給通判、簽判、主管官，及知縣，並帶本所簽廳職事入銜，及令赴本所批書。奉聖旨：依。

《尚書侍郎左右選通用申明》嘉定十六年八月空日，尚書省劄子：京西運判淮省劄，朝廷樁積米斛，及和糴改撥綱米，令淮東西運判任責管認，拘権措置，以專一提領措置樁管軍糧入銜。京西、湖北路一體。今京西運判條畫，監樁積倉官任滿，當於運司批書，若提督樁積倉，如郡之通判，縣之令佐，亦合於運司批書施行。右劄付吏部。

《侍郎左選尚書考功通用申明》嘉定十七年三月十六日敕：吏部看詳，臣僚上言，今後應選人，在任三考得替罷任，於印紙内明批本官於何年月日替罷，令項批後官姓名於某年月日交割，並批在前官印紙之上，其後官印紙亦仰當日同批，如前後官所批異同，後官已先批到，前官却作後批，本部點檢諸實，則前後官守臣，具申朝廷重行責降。其承行人決配施行。奉聖旨：依吏部看詳到事理施行。

《尚書侍郎左選通用申明》寶慶三年五月二日，尚書省劄子：知婺州王夢龍申，諸縣都分，間有事力單弱，郡撥錢發下，買田添助義莊，便宜支遣，不許縣官生事苛擾，妄用義莊租課，許守臣監司覺察按劾。知縣任滿，本州取索管下義莊曾無沮壞，批上印紙。右劄付吏部，從所乞事理施行。本所看詳，前項指揮婺州諸縣置義莊充役，戒約縣官不許生事破壞，任滿批書。今存留照用。

《尚書左右選通用申明》寶慶三年五月二十九日，尚書省劄子：知縣推排民户物力，滿替批書，從所屬保明批上，曾於任内推排，候參部日以憑點對，方許注授。若任内推排未畢，本任已滿，或因事去替，或任内未該，並合聲説，批書印紙。如不曾批書因依，從本部行下取會圓備，方許放行參部。右劄付吏部，證應施行。

《尚書侍郎左右選通用申明》寶慶三年六月空日，尚書省劄子：臣僚奏，今後印紙批書不圓，若是行移中漏落一二字，不礙節目，與召在朝職事官二員委保，聽其參注。或闕條件失批，首尾差錯，未得放令參注，須候元批州軍保明，方與放行。奉聖旨：依。寶慶三年十一月十四日，尚書省劄子：左曹郎中梁紘奏，今後知縣、縣令任滿，批書印紙，畫項開説本縣前任内有無預借，本官任内有無預借，其有預借者，並實書數目，以憑到部稽考。若前任預借若幹，而本任不曾增過此數者，與免坐罪。其前任無預借，而本任輒預借，或前任預借少，而本任數外多借，並仰吏部檢舉，申取指揮，未得放行注授。或與特展磨勘，隨輕重議罰。其前任有預借，而本任能通融補折，或能盡補足積年預借之數，許就吏部陳乞，申取指揮，陞擢或遷轉，隨輕重議賞。應知縣、縣令交割，須管前任、新任，並同銜結罪申州，本州從實契勘批書，如有不實，令内外臺官按劾以聞。後批：送吏部，從看詳到事理施行。

《尚書侍郎左選通用申明》紹定元年九月四日敕：潭州申，本州舊有惠民倉，以糴城市之民。有社倉，以貸鄉落之民。獨外十縣細民貧無所仰。今下諸邑，專委令佐，任責措置，收糴米斛，以備賑糶。令佐並以主管惠民倉繫銜，任滿交割見在錢米無欠，方與批書。如有侵移借兑，即行按劾。縣官鐫罷，仍委本路提舉常切覺察。奉聖旨：依。

《尚書侍郎左選通用申明》紹定二年七月二十五日，尚書省劄子：淮西總領所狀，乞劄下江東、西州軍，如遇押綱官折欠糧米，不得放行批書離任，直候補納數足，方許赴部注授。仍下吏部，遇有參部官，取索有無押綱欠折朝典文狀訖，方許參注。已劄下從申劄吏部，證會施行。

《尚書左選考功通用申明》紹定三年七月五日，尚書省劄子：安吉州長興縣申，本縣創立社倉，專爲歉歲濟民之備。慮將來官吏巧作名色，妄有借兑移易，乞劄下吏部，自今爲始，應本縣知縣遇考，及滿替，批書印紙，先次取會社倉，有無支移借兑移易社倉錢米壹項。劄付吏部，從所申事理施行。

《尚書侍郎左右選通用申明》紹定五年十一月空日，尚書省劄子：臨安府條具下項：一、浙江龍山、西興、漁浦渡並隸浙西安撫司。其監務申，自今後遇提舉司申鹽數，先下所隸務場契勘，有無虧欠歲額。候回申，方行下批書離任。如赴部參注，先索印紙點檢。如不曾申務場所契勘，提舉司徑批離任，不許放參。右劄付行在榷貨務，從勘當事理施行。

《尚書左選申明》嘉熙三年八月十四日敕：修纂條例所看詳，知縣批書除保明六項課績之外，節次增批三項，如推排經界物力，有無借兑常平義倉錢米，及預借民户税額，皆合批上。但州郡既已放行批書，明言別無綰繫，其間偶有失批條目，不過是州郡人吏鹵莽。行下監司，追承行人料斷，其本官却聽召保官二員，委保詣實放行，參注具鈔。奉聖旨：依。

《侍郎左選考功通用申明》嘉熙四年十月空日，尚書省劄子：吏部申，今後如有見在任選人，若委的有應避之親，陳乞離任，依條法指揮，知通連銜結罪，同所避官各具無詐僞結罪狀，召陞朝官保二員，甘伏鐫降，保明申部，符下方許批書離任。又照得選人成資離任，依條須在任成二考，並先任考第通實歷及四考以上。除沿邊外，合經本任州軍保明，無規避，申部，候本部勘會得無違礙，符下方許批書離任。劄付吏部，從所申施行。

《侍郎左選申明》嘉熙四年十一月十三日，尚書省劄子：廣西轉運司申，本司措置，收買鹽籮，變賣收錢糴米，專爲備邊之計，創立備邊倉庫，以幹官一員兼掌。任滿日並要批書有無虧欠侵移之弊。乞劄下本司，並静江府照應，已劄付廣西轉運司，從所申事理施行。右劄付吏部，照應施行。

《尚書左選申明》淳祐元年二月二十一日，尚書省劄付：勘會諸路提舉司，選委官隨苗收義倉米，照數任責，拘收本色。令敖認數椿管，不許折納。責令諸州通判專一任責，提舉司常切嚴緊催督。劄付吏部，將來通判任滿，須管批上印紙，於本司所催義倉米斛有無欠少，候足方許離任注授。

《尚書侍郎右選考功通用申明》淳祐二年三月十四日，尚書省劄子：廣西提刑司申，欽、廉兩州沿海溪洞等官，今後任内寧静，方許陳乞批書。如任内不静，不許放行批書。後批：送部常切遵守施行。

《尚書左選考功通用申明》淳祐三年九月空日，樞密院劄子：兩浙、福建州軍，日造鐵甲，每季赴内軍器庫交納。今立規模行下，大郡每季解甲五十副。小郡每季解甲二十五副。責在守倅。每遇滿替，批書並合批上印紙考任内有無拖欠。仍令各路安撫常切遵守催舉。江東、西、湖南、北亦合一體行下。閏八月二十六日，奉聖旨：令諸路安撫司行下諸郡，常切遵守，不許違戾。

《尚書右選侍郎左右選考功通用申明》淳祐四年九月空日，尚書省劄子：淮東提舉常平茶鹽司申，朝廷設巡尉以巡捉私茶鹽辔繫銜。到任及考任滿，各州軍不與契勘有無透漏，徑行批書離任。因此無所畏憚。今後巡尉批考，須管先（甲）〔申〕本司，契勘有無透漏茶鹽，方許放行批書印紙。下本路諸州軍遵守。劄付提舉司，從所申事理施行。

《侍郎左右選考功通用申明》淳祐五年八月二十五日，尚書省劄子：提舉廣東常平義倉茶鹽公事司申，準省劄行下，拘催諸路州軍隨苗義米局之倉司催發，户部看定賞罰。如及額，並本任無侵移欠折，與減磨勘。其有侵支虧欠，則視數多寡，與展磨勘。候補填數足，方許放行批書離任。自今提舉常平司幹官，各以義倉繫銜。提舉司置籍稽考，或有虧欠，將來離任須管責令補還數足，方得放行批書。下吏部，今後應有本路主管義倉官監官，任滿到部參注，若未經本司批書印紙，聲説訖義倉米数發足，未許放行參注。右劄付吏部照應施行。

《尚書侍郎左選考功通用申明》淳祐六年八月空日，尚書省劄子：權發遣廣德軍康植申，創置社倉，立定規約，申欲令兩縣知縣，以兼檢察社倉繫銜。若當代日，取新官抱足狀。方許批書離任。一、每縣選差佐官，爲措置社倉官，候任滿，契勘社倉委無虧欠，批書離任。户部申，檢准紹定三年正月三日，新知婺州王夢龍奏，建立社倉，措置賑貸乎糴。乞自今後應管下金華、東陽、義烏、（水）〔永〕康、蘭溪、浦江、武義七邑知縣、縣丞，赴部注擬，（令）〔令〕於本銜各带提舉義役社倉事務，考理課其勞書之印紙。及至滿罷，令知通考覈，委無疏虞，保明具申本路提舉司行下，方許放行批書。本部勘當，證常平法比附義倉施行。八月九日，奉聖旨：下吏部，自後廣德軍兩縣令佐滿替，照婺州七邑體例，考覈社倉，如無遺闕，方許批書離任。右劄付吏部。

《侍郎左右選考功通用申明》淳祐六年十二月二十六日，尚書省劄子：諸路州軍椿管朝廷米斛，每遇支撥，合照年辰資次，毋得攙支新米，積壓陳腐。今後拘確官倉，任滿所屬勘當，委無攙越陳腐等弊，印紙内分明批書，方許放行離任。右劄付吏部照應施行。淳祐十年三月空日，尚書省劄子：提領轉般倉所申，勘會建康府、鎮江府轉般倉監門官之任，今後赴上，先經本所銓量及呈驗告劄方許交割。候交割訖，本府備申本所，批書到任。右劄付吏部，後從申事理施行。淳祐十年四月十八日，尚書省批下：廣西提刑司申，應沿海州軍巡尉任滿，須從本州保明有無銅錢漏泄出界，申本司契勘的實，行下批書，仍令邕州巡尉依沿海州軍體例，批作本州係沿江極邊，即無銅錢出界，亦照沿海體例，從本司行下，方許批書離任。後批：送吏部，從所申事理施行。

《侍郎左選通用申明》寶祐元年三月空日，尚書省劄子：勘會安邊所拘催諸田錢米，自寶祐元年爲始，州委簽判、縣委佐官任責，拘催未足，不許本州批書離任。具所委官姓名，關吏部照應施行。

《侍郎左右選通用申明》寶祐二年十一月空日，尚書省劄子：朝奉大夫行監察御史陳大方奏，應舉發解士人，各從所司給帖，赴省給歷，如印紙批書，發解年甲三代保官執赴禮部，或赴國子監批書。將來免解免省，到殿亦如之。候出官日，赴吏部繳納，換給印紙，以憑注闕給告。十一月二十七日，奉聖旨：依。

《尚書左選申明》寶祐六年八月十四日，尚書省劄子：白劄子，申嚴選擇知縣之令，應在任知縣，三年内綱解不辦，未許放行批書。且令在任湊補前虧，候足取所屬保明申省部，方許批書離任。如虚批歲月，併所屬官議罰。奉聖旨：令吏、户部遍牒諸州及監司，如違，許御史臺覺察以聞。劄付吏部。

《尚書侍郎左右選考功通用申明》開慶元年八月十八日，尚書省劄子：朝散大夫右諫議大夫戴慶炣奏，比年邊郡侵移，及總所借欠，虧失元額。今朝廷再運米樁積，正爲緩急之備。下各州委通判一員，專督倉官監守，不容（那）〔挪〕兑。如通判在任兩年，樁積米不虧元數，與減三年磨勘。虧欠不許批書離任，重行責降。各路委運司任責覺察。七月二十日，奉御筆：依。

《侍郎左選申明》景定二年正月十二日，尚書省劄子：勘會淮、浙鹽場官，專任收趁支發之責。其昏耄至任，惟事攫拏，鮮廉寡恥，朘削亭丁，盜賣官物。其間或有廉能辦事之人，則不沾薦舉，委無激勸。又一項，辟差之官，挾勢而來，隨司而去，爲補考求舉之計得矣。必須令經任，使之不敢苟且。任事者有賞，不任事者必罰。合議指揮。奉聖旨：今後諸司鹽場官，仰吏部加意銓量，毋注昏耄罷庸之人。仍遍牒浙東、西提舉司、浙西安撫司，各應以舉刺旌别淑慝。凡辟闕鹽場官，並令終滿。考其殿最，赴茶鹽所批書，不許隨司解任。其有貪謬不職者，亦須明正其罰。右劄付吏部，照得兩浙鹽場今隸提領兩浙鹽事司，合聲説照用。

《尚書侍郎右選通用申明》景定三年正月空日，樞密院劄子：循州申，凡循梅守臣，許令以提督贛州、龍南、安遠、會昌、寧都五縣寨兵公事繫銜。如遇寨官滿替，本州保明，申至贛州，方與批書離任。乞將贛州十六寨巡檢，立作選闕。右劄付吏部從所申事理施行。

程限分部

論說

（宋）樓鑰《攻媿集》卷二〇《論責成》　臣仰惟陛下臨政願治，垂二十年，孳孳萬幾，興利除害，誠不爲少。臣愚無知，竊有進焉。凡天下之事，君相講求于上，士夫獻納于下，大綱小紀，略已周徧。而事之已議，議之行，未底于成而遂止者尚多有之。臣嘗攷求其故，葢朝廷議之既熟，成命一頒，則謂事已施行，下之人奉承約束，文移行遣，紛紜良久，則以具文告于上方。其播告之初，天下皆謂其必行。書之記注，亦曰某日行某事，其實事未及竟而止矣。此所以事緒徒繁，奉行者無所適從，良法美意，日講于前，而澤不得下究，事不見成績。故迄今算計見效，未能甚稱陛下大有爲之志也。事有大小，小者可以立辦，一出睿旨，隨即罷行。若事涉大體，所以爲國家深長之訓者，是非磨以歲月不見其成。且如屯田爲富國之本，水利爲農事之要，陛下最所留意，施行不一，然至今不見成效。行之太遽者，或至擾而無。益行之太緩者，或至寢而不報。豈天下之事，終不可爲也。臣愚欲望陛下遇事之欲行者，俾大臣詳加審訂，若度其行之終無益，或利賴微末而不足行者，悉從簡省。若其必可行而稍費歲月者，朝廷置籍記其事端，及施行之日月，約事之大小，爲久近之期，以時舉催，不辦不已。如此則事之欲爲者，皆有端緒。陛下聽納之勤，圖國之妙，日底于成，而後治效可覩矣。

（宋）胡太初《晝簾緒論·期限篇第十三》　凡事非信不集，況一邑之事，至爲總總，一令之威，無甚赫赫。乃使期限不信，號令不肅，其何以行之哉。故其要莫先於立限之堅，然立限有別，應限有程，泛常追會，止給到限，許其三次申展。三展未圓，厥罰訊若干，然後換給定到，許其二次申展，二展又未了。厥罰決若干，仍換給不展引，此則誠不可復展矣。若更稽違，則當勘杖若干，枷監追集。如有督捕緊切之事，則當徑出定到之引，或不展引，拘確如前，然或恐縣道有十分緊急事務，非可以頃刻稽違，斷欲必集者，則當給加牌不展引。此牌引違則有大罰，如勘錮，如傳都，皆當先示戒警。又須以不數用爲尊，一歲之中，才三數次給發，非有大故，不發亦可。凡限當展不展，敢於故意藏匿者，厥罰則視限之重輕，立限之別如此。都有廣狹，地有遠近，當量其力，使之可以趁赴。其去縣五十里以上，及地分稍廣，隔涉溪嶺者，每限以七日或十日爲約，下此者則以五日爲約。此合先考遠近廣狹之數，預立規式，置薄明署某都限例十日或七日，某都限例五日。逮給限之時，須令直日廳吏，就案頭隨即抄記，以俟令之自行稽察。應限之程又如此。夫上之役下，固欲集事；下之應役，亦欲事集，以免過爾。而今之里正，以期會不報，被笞索者纍纍也。其弊在於上之給引，泛濫而無統，甚至一次當限累數十引，追逮百餘輩。其里正之代役者，自知應赴不及，必遭笞決，於是併與其可以辦集者。一切稽違，却徧求被追者之賂。其意以爲十違二三，與十違七八，被杖等爾，何苦不求賂哉。由是事念難集。此葢役之者非宜，自難責其下之必應也。要當先令限司立定規式，每都一限給引不得過十件，如事多，十引之外，餘引與給後限。若里正違引一件，與免笞。兩件量加笞決，三件四件各決若干，甚至十違八九，則勘杖，錮身，不容輕貸。呈比之初，令限司先自具出某都申展若干件，照約束合若何行遣。其追人見到者，謂之著到，別作一沓；其止是申展者，謂之蹺申，又別作一沓，然後令視牘判行，庶乎上不煩而下不慢。此亦拘限之大綱也。

綜述

《宋刑統》卷一〇《職制·公事稽程及誤題署》　諸公事應行而稽留，及事有期會而違者，一日笞三十，三日加一等，過杖一百，十日加一等，罪止徒一年半。即公事有限，主司符下乖期者，罪亦如之。若誤不依題署，及題署誤以致稽程者，各減二等。

疏：　諸公事應行而稽留，及事有期會而違者，一日笞三十，三日加一等，過杖一百，十日加一等，罪止徒一年半。議曰：凡公事應行者，謂有所部送，不限有品無品，而輒稽留；及事有期會，謂若朝集使及計帳使之類，依令各有期會，而違不到者：一日笞三十，三日加一等，過杖一百，十日加一等，罪止徒一年半。但事有期限者，以違限日爲坐；無限者，以付文書及部領物後，計行程爲罪。

又云即公事有限，主司符下乖期者，罪亦如之。若誤不依題署，及題署誤以致稽程者，各減二等。

議曰：公事有限，與上文事有期會義同。上文謂在下有違，此文謂主司符下乖期者，罪亦如之，並同違期會之罪。若使人不依題署，錯詣他所及由曹司題署有誤，而致稽程者，各減二等，謂違一日笞三十，減二等，笞十；罪止徒一年半，減二等，各合杖一百。

（宋）李燾《續資治通鑑長編》卷四六〇《哲宗元祐六年》 吏部請：官員係朝廷差出，除在任人及非在任人，如緣軍期、邊事、刑獄及往水土惡弱處，各理爲在任外，若朝廷差委幹當事務，如無稽違，許以二日折一日理爲考。任及三年以上者，申尚書省、樞密院審察，事體重者取旨，或與理爲一任。從之。

（宋）謝深甫等《慶元條法事類》卷五《職制門·奉使》 敕

職制敕

諸奉使赴闕，應還本任而違限者，論如《官文書稽程律》。

諸奉使印記，應納及申尚書禮部而稽違者，論如《官文書稽程律》。使回到闕，應申本部及報所屬稽違者，准此。

雜敕

諸內侍官，因使私販物者，徒二年。

令

職制令

諸外任官因奉使赴闕，已朝見者，限十日還任。遇假故除之。職事未畢須展日者，申尚書省或樞密院。

諸印記應納者，封題書字，盛以木匣，限半年附因便命官赴闕，限五日於尚書禮部納。有故不到闕，即於所至州寄納，准此附送。其受寄州仍先申本部。未有因便官可附，每月具因依申。即附帶官已受者再申。【略】

諸奉使移文，以所治或所委之書爲名，事應密者，稱某處幹辨公事所。【略】

諸三省及尚書六曹官、寺、監長貳，監察御史，開封府推官以上奉使者，采訪在任官治跡能否奏。【略】

諸奉使官司取會文書，限三日報，急，一日，於法當應副事，限二日。【略】

諸奉使所用錢物，置曆收支，事畢限十日繳申尚書刑部。

諸奉使應給印記者，以被受付身文書赴尚書禮部驗請。事畢及改差者，限十日送納。其應留結絶或改差而欲就用，若在外寄納者，並限次日申本部。事未畢者，仍每月具事因申知。其使回到闕，仍限次日申本部及報所屬官司。【略】

考課令

諸奉使若屬官並謂被旨者。其所差月日，聽理爲資任。

驛令

諸命官奉使屬官及醫人同。並給驛券。【略】

諸奉使應行文書，入馬遞，機速者入急脚遞。須入內內侍省進者，許本省投下。

文書令

諸奉使不給印記而文書應印者，就所在官司借用。

（宋）謝深甫等《慶元條法事類》卷五《職制門·之官違限》 敕

職制敕

諸之官，限滿無故不赴者，罪止杖一百。

諸下班祗應之官而無故違限者，一日杖六十，十日加一等，罪止徒一年。

諸副尉已授在外差遣，應起發而無故違程限者，杖一百。

諸之官限滿不赴所屬，不依限申尚書吏部者，杖一百。吏人三犯仍勒停，所委官奏裁。若故爲隱漏，展磨勘二年，吏人依三犯法。即應再申而不申，若置籍銷注於令有違者，杖一百。

諸祖父母、父母老疾應侍，非委親之官者，不坐委親之罪。

令

職制令

諸之官違限一年，在任請假逾年不還任同。緣邊主兵官半年。不以有無疾故，限三十日內申所屬，别差官。奏舉者，仍報奏舉處。若限外至者，不許放上。

諸之官者，宗室注授宫觀、岳廟及添差不釐務窠闕同。川、廣、福建路，限六十日；本路待闕者減半。餘路，三十日。自外赴在京官依所在路程限。下班祗應事干急速放朝辭者，限五日到。以上並除程，别旨催發或令兼程起發者，不在此限。在京以朝辭日，在外以授勑告、宣劄日，待闕者以闕滿日，非次闕以得報日爲始。

諸之官限滿不赴，每月終，一千里以上每季終。州委通判，帥守，監司委屬官，實封差人賫申尚書吏部，當廳投下。京官、選人、大小使臣須各具狀。仍令所委官置籍銷注，帥守、監司常切檢察。

諸宗室女隨夫、子任外官，因宗室陳乞入京而無近親可托者，本州保明，聽夫、子送至京，除程限三十日還任。

諸副尉受在外差遣，起發限十日，若河防軍期及有定日立界開場之類，皆不給限。

申明

隨勑申明

職制

淳熙三年三月十五日勑：福建路之官，除程限依餘路作三十日。

本所看詳上件指揮，係爲日。令行在去福建不爲遠地，難以衝改舊法，止合編節存留爲申明照用。

（宋）謝深甫等《慶元條法事類》卷五《職制門·到罷》　勑

職制勑【略】

諸之官限滿無故不赴者，罪止杖一百。

諸下班祗應之官而無故違限者，一日杖六十，十日加一等，罪止徒一年。

罷任歸班而違者，減二等。衝替、差替者不減。

諸副尉已授在外差遣，應起發若替罷到部而無故違程限者，杖一百。

令

職制令

諸命官到、罷事故，本處寄居待闕官事故同。及見任官去替半年不曾注授到替人者，每月終一千里以上每季終。州委通判，帥司、監司委屬官，類聚開具，點對無差漏，實封差人賫申尚書吏部，當廳投下。京官、選人、大小使臣須各具狀。仍令所委官置籍銷注，帥司、監司常切檢察。

諸命官到、罷非泛事故，本處寄居待闕官事故同。州委通判，縣委丞，即時申通判。通判限當日，無通判及丞處，委以次官。具狀實封，立千字文號，差人賫申尚書吏部本選，當廳投下。帥司、監司委屬官開具，准上法申。屬官事故，本司徑申。以上已申者，限三日再申。

諸命官赴任，委長吏限當日照驗，初補及見任付身别無僞冒，聽上。即不得稱已奏辟及已差别官。轉阻抑若見闕官處雖已奏辟，其辟書未下而朝省差到人者，合放上。若辟書已下而朝省差到人者，即照勑劄内所差月日與奏辟得旨月日先後放上。仍於十日内取索出身以來文字，長吏辨驗訖，批上印紙，方許放行請給。

請授外任而以疾免朝辭者，監司承尚書吏部符體量驗實奏，若堪釐務，聽先上。

諸監司之官，初入本路界交職事者，牒所替官照會解罷。

諸監司、知通到、罷遷改事故，並限當日申尚書省，諸路兵將官申樞密院，仍各申尚書吏部，並報進奏院。

諸監司守臣滿替及罷任，並開具見管錢物實數，移文後政，或以次官交割，仍申尚書户部、御史臺置籍。其後政，或以次官限一月内保明前政有無妄作名色、虚破錢物及將交到實數申本部、御史臺稽考。

諸守臣因事罷黜指揮已到，就當日將牌印交以次官，批罷離任。如違，監司覺察以聞。【略】

諸大使臣到、罷或有故者，本任官司五日内申所屬州，州十日内謄申樞密院。

諸命官罷任，除程限一年到闕，川、廣、福建路展一季，水路每程各展兩日，文臣衝替輕者，一年後計。無故違滯，據歲月不支請給，不理磨勘。即已被奏舉，聽所至待報，得報不行，計期准上法。承直郎以下不用此令。【略】

諸命官若下班祗應、翰林院醫人到任、罷任及丁憂、身亡，限一日，轉官，限十五日，本任或所在州報所屬官司謂如州報轉運司之類。教授仍申國子監。及元差舉處。小使臣到任，仍聲説本任係請大小添支或驛料之類。非在任人丁憂、身亡，隨處厢耆次第申報。即外任寄禄官横行、大使臣、內常侍、醫官、醫學兼報進奏院。以上丁憂者，並具居止處，寄祿官仍報御史臺。

諸監司及州使臣，謂指使、准備差使、聽候使喚、緝捕盜賊。任滿雖替人未到而願先罷者，聽批書給據，放令離任。

諸小使臣、校尉、下班祗應及翰林院醫人外任者罷任，所屬給行程曆，有故留滯，於所至官司批書月日、事因，候到繳納所屬。下班祗應之官准此，仍到任日點檢。【略】

諸命官外移差遣者，所在州取問待闕州縣，限十五日報元差舉官司及新任並轉運司。即非次移罷者，本州直牒新官待闕州縣催促赴任。

諸命官衝替及降差遣，指揮到日離任；差替者，候替人，願不候而罷者，聽。【略】

諸命官在任，緣職事不在任所而被移改替罷者，舟船或遞馬人從謂當直般擔迎送借事人。及公人之類依在任法差至廨宇所在。

諸歸明人任官遇替移者，待接送人至方得起發。

諸臣僚隨行指使，遇罷任或赴闕外移，遣歸所屬訖奏。其移任而新任亦應差若宰相、執政官及使相，不用此令。

諸下班祗應充隨行指使，而本官移替願帶行者，聽。仍具奏。

諸下班祗應罷任，除程限三十日到闕。川、廣、福建展三十日。即在任生疏怯懦不得力者，依替罷人發遣，歸殿前司。

諸副尉受在外差遣，起發限十日。若河防軍期及有定日立界開場之類皆不給限。其替罷者，短使同。除程限三日到部。

諸命官已授差遣願對換者，資序同而各應差注，須闕期相去一年内，仍於見任官替期百日前親身赴尚書吏部陳乞審驗，召保官二員，不以路分聽換。已對換者，不得再換。即因罪犯應入遠者，不許換近地。如授百日以下闕未滿六十日，及過滿見闕未滿三十日者，亦聽。

考課令

諸命官移任，已受告勅、宣劄者，解罷。守臣任滿或被改除，須候替人方許離任。得宫觀及因罪罷者非。若不因罪犯體量而新任非過滿及見闕願候替人，或於百日内候考滿者，聽，並申尚書吏部。新任未滿未闕者，不在却乞解罷之限。

諸隨行指使罷任無過犯者，本官保明報在京所屬。【略】

格

賞格

命官

繁難縣令闕官及六年以上，如有願授者，候任滿無過犯，減磨勘二年。

式

職制式

諸州通判申闕官狀

具位姓　名

今具本州或管下縣、鎮、寨等申到者，亦依此開具。某月分京朝官以上闕官下項，謂承務郎以上。如無，只具狀申稱無。若修武郎以上，申尚書右選；承直郎以下，申侍郎左選；從義郎以下，申侍郎右選。須至申聞者：

一某官某闕。謂某官緣某事或承宣勅劄罷、改差、替移事故省罷等，並聲説元罷月日、因依，若係見任官乞尋醫侍養、隨侍、隨行指教，假滿百日或省罷，即依條保明有無縉繫、規避事因。如已授差遣之人未到任，仍具某官至今及與未及一年以上，餘程外合與不合作違年別差官之類。

一前項闕各係吏部合使窠闕或某處奏舉並合再任。謂如鈔鹽地分巡、尉，提舉茶鹽司奏舉之類。

右件狀如前，所供前項並是詣實，如後異同，甘罪不辭。謹具申吏部尚書左選。餘三選各具狀依此供申。謹狀

年月　日依常式

帥司監司屬官申闕官狀

具位姓　名

今具本司某年某月分京朝官以上闕官下項，謂承務郎以上。如無，只具狀申稱無。若修武郎以上，申尚書右選；承直郎以下，申侍郎左選；從義郎以下，申侍郎右選。須至申聞者：

一某官某闕。事故依前式開。

一前項闕各係吏部合使窠闕或某處奏舉並合再任。謂如鈔鹽地分巡尉，提舉茶鹽司奏舉之類。

右件狀如前，所供前項並是詣實，如後異同，甘罪不辭。謹具申吏部

尚書左選。餘三選各具狀依此供申。謹狀

年月　日依常式

申明

隨勅申明

職制

紹興五年四月二十三日勅：命官罷任並權聽從便，赴闕仍放行請給，與理爲磨勘。內小使臣免降罰，候事平日依舊法施行。

乾道七年十月九日尚書省批下吏部申：今後官員見得前官委是丁憂事故，即經前官所住州軍陳乞，勘驗詣實，出給公文，一面前去赴任，却從本州保明，限一日申部照會。每一官員排日三次，具申後批送吏部，依所乞施行。

乾道八年三月二十七日樞密院劄子：奉聖旨，令諸州軍將見任離軍添差大小使臣、校副尉、下班祗應並養老將校、兵級等開具職次、姓名、人數，各於名下分明聲説元係某處某軍某年分揀汰到人，於某年月日到州，申樞密院，置簿籍記姓名。仍令諸州軍每月一次，具有無任滿事故之人供申樞密院銷籍。今後准此。

淳熙三年三月十五日勅：福建之官，除程限依餘路作三十日。

本所看詳上件指揮，係爲日，今行在去福建不爲遠地，難以衡改舊法，止合編節存留爲《申明》照用。

淳熙十四年九月十一日勅：諸州總管、路分鈐轄等官，每任之人不得需索禮上從物、帟幕、器皿之屬。

淳熙十六年十二月十九日勅：淳熙九年正月指揮，守臣任滿得替日，將應有錢物交付後政或以次官訖，申省部置籍稽考。新到任人，限一月內將交割到數日從實具申。如此，則財計之盈虛可以周知，得爲之通融；人才之能否可以參考，得爲之陟黜。應外路總領所，於得替日將應有錢物亦從淳熙九年正月指揮施行。

（宋）謝深甫等《慶元條法事類》卷八《職制門·定奪體量》 勅

職制勅**【略】**

諸被受監司定奪公事州委官同。而違限者，論如《官文書稽程》律；各定而不當者，杖八十。計囑請求受財之類自依本法。**【略】**

諸被受三省、樞密院、省、臺、寺、監指揮相度定奪，三省、樞密院、尚書六曹行下應委官定奪，所委官同。若會同取索餘官司被受朝旨而會問取索者同。而違限者，論如《官文書稽程》律。以上催驅官與同罪，即回報不圓致妨定斷，減二等。**【略】**

斷獄勅

諸奉制究治公事，已給限而無故稽違者，徒二年。

令

職制令**【略】**

諸被受朝省委官推治定奪，有所追取、會問應待報，計往回及約行遣程限已過，三經舉催不報，或雖五報而不圓者，申所屬提點刑獄司究治，仍申尚書刑部。若事干監司者，即申尚書省。

諸被受三省、樞密院、省、臺、寺、監指揮相度定奪，三省、樞密院、尚書六曹行下應委官定奪，所委官同。若會問取索，餘官司被受朝旨，而會問取索者同。限五日報，有故者除之。別置籍，委官發運、監司委主管文字、檢法官，州委通判或幕職官。催驅。三省、樞密院急速者，量事給限，其應展限者，具事因申請。展限未報，通計違日理之。

諸監司委官定奪公事，州委官同。聽量事小大立限結絶，小事不得過十五日，大事不得過三十日。置籍催驅、檢察。有故不能如限，具事因申所委官司量展，並不得過元限之半。**【略】**

斷獄令

諸奉制究治公事，月具行遣次第申尚書刑部。事訖，仍具結絶申。其已給限而限內未能結正，即具事因及應展日限申尚書省。事由樞密院付下者，申本院。

（宋）謝深甫等《慶元條法事類》卷一六《文書門·程限》 令

職制令

諸奉使官司取會文書，限三日報，急，一日，於法當應副事，限二日。

諸官司所受之事，皆用日印，當日受，次日付。事速及見送囚徒，皆即時發付。其行遣小事限五日，謂不須檢覆者。中事十日，謂須檢覆案或須勘會者。大事二十日。謂計算簿帳或須議論者。簽審經三人以下，小事別給一日；四人以上，給二日，中事、大事各遞加一日。以上受付之日不計。即限內可畢或急速者，不用此令。

諸承受文書有程限而以故未能回報者，具事因先報。

諸詖受尚書左右司取會邀車駕陳訴事，限當日回報，仍入馬遞。

諸文書應互相取會未報者，每十日一催，三經催舉不報者，聽關申所屬究治。

文書令

諸受制勅應翻録行者，給書寫程，急速限當日，滿百紙一日，二百紙以上二日，每二百紙加一日。非急速各加一日，餘文書各加制勅限一日。所加雖多，制勅，不得過五日，餘文書，不得過十日。即軍務急速，不以紙數皆限當日發出。

（宋）王栐《燕翼詒謀録》卷四《訴水旱立限日》 民間訴水旱，舊無限制，或秋而訴夏旱，或冬而訴秋旱，往往於收割之後，欺罔官吏，無從覈實，拒之則不可，聽之則難信。故太宗淳化二年正月丁酉，詔荆湖江淮二浙四川嶺南管內州縣，訴水旱夏以四月三十日，秋以八月三十日爲限，自此遂爲定制。

名諱分部

綜　述

《宋刑統》卷一〇《職制・誤犯宗廟諱》 諸上書若奏事誤犯宗廟諱者，杖八十，口誤及餘文書誤犯者，笞五十。即爲名字觸犯者，徒三年。若嫌名及二名偏犯者不坐。嫌名，謂若禹與雨，丘與區。二名謂言徵不言在，言在不言徵之類。

　疏：諸上書若奏事誤犯宗廟諱者，杖八十，口誤及餘文書誤犯者，笞五十。議曰：上書若奏事皆須避宗廟諱，有誤犯者，杖八十。若奏事口誤及餘文書誤犯者，各笞五十。

　又云，即爲名字觸犯者，徒三年。若嫌名及二名偏犯者，不坐。注云：嫌名謂若禹與雨、丘與區。二名謂言徵不言在，言在不言徵之類。

　議曰：普天率土，莫匪王臣。制字立名，輒犯宗廟諱者，合徒三年。若嫌名者，則《禮》云：禹與雨謂聲嫌而字殊，丘與區意嫌而理別。及二名偏犯者，謂複名而單犯，並不坐。謂孔子母名徵在，孔子云季孫之憂不在顓臾，即不言徵。又云杞不足徵，即不言在。此色既多，故云之類。

　准：《公式令》，諸寫經史羣書及撰録舊事，其文有犯國諱者，皆爲字不成。

《宋刑統》卷一〇《職制・匿哀》 疏：諸府號官稱犯父祖名而冒榮居之，祖父母、父母老疾無侍，委親之官，即妄增年狀以求入侍，及冒哀求仕者，徒一年。注云，謂父母喪，禫制未除，及在心喪内者。

　議曰：府有正號，官有名稱。府號者，假若父名衛，不得於諸衛任官；或祖名安，不得任長安縣職之類。官稱者，或父名軍，不得作將軍；或祖名卿，不得居卿任之類。皆須自言，不得輒受。其有貪榮昧進，冒居此官；其祖父母、父母老疾，委親之官，謂年八十以上或篤疾，依法合侍，見無人侍，乃委置其親而之任所；妄增年狀以求入侍者，或未年八十及本非篤疾，乃妄增年八十及篤疾之狀；及冒哀求仕者，謂父母之喪，二十五月大祥後，未滿二十七月，而預選求仕；從府號官稱以下，各合處徒一年。注云謂父母喪，禫制未除，但父母之喪，法合二十七月，二十五月内是正喪，若釋服求仕，即當不孝，合徒三年。其二十五月外、二十七月内，是禫制未除，此中求仕，名爲冒哀，合徒一年。若釋去禫服而求仕，自從釋服從吉之法。及在心喪内者，謂妾子及出妻之子，合降其服，皆二十五月内爲心喪。

（宋）葉夢得《石林燕語》卷四 唐人初未有押字，但草書其名以爲私記，故號花書，韋陟五雲體是也。余見唐誥書名，未見一楷字。今人押字，或多押名，猶是此意。王荊公押石字，初横一畫，左引脚，中爲一圈。公性急，作圈多不圓，往往窩匾，而收横畫又多帶過。常有密議公押反字者，公知之，加意作圈。一日書《楊蟠差遣敕》，作圈複不圓，乃以濃墨塗去，旁别作一圈，蓋欲矯言者。楊氏至今藏此敕。

（宋）佚名《宋大詔令集》卷一九〇《政事・誡飭・約束州縣長吏不得出家諱語雍熙二年六月辛丑》 古人云：父母之名，耳可聞而口不可道，則知卒哭而諱，止可施於私家，閨門之事，豈宜責於公府。如聞州縣長吏，頗以私諱責人，甚無謂也。自今内外臣僚，三代名諱，只可行之于己，州軍長吏，不得出家諱。新授職官内有家諱者，除三省御史臺五品文班四品武班三品已上許准式，其餘不在改避之限。

（宋）佚名《宋大詔令集》卷一九九《政事・禁約・禁止不得用君字爲名字御筆政和八年二月十二日》 君出命以尹衆，主道也。古之人言聖君明君人君以尊天子，帝君大君元君以嚴高真，循名而攷實，豈人臣可得而稱者。今則或以制名，或命字，或相謂爲君，紊上下之分，乖君臣之義，不可以訓，宜行禁止，以詔萬世，違者以大不恭論。

（宋）李燾《續資治通鑑長編》卷三七〇《哲宗元祐元年》 中書外省奏：舊制，臣僚封贈父母各有詞，欲乞今後並依舊制。仍應中大夫、防禦使已下用海詞外，其大中大夫、觀察使已上用專詞。從之。

（宋）李燾《續資治通鑑長編》卷五二〇《哲宗元符三年》 禮部言，檢會故事，應天下山、川、地名并人名姓字有犯御名及音同者，令即改；其州、府、軍、監、縣、鎮官司及敕賜名額宮、觀、寺、院，奏取指揮。從之。

（宋）王明清《揮麈録》後録卷一　古之尊稱，曰皇，曰帝，曰王。自秦并天下，始兼皇帝之尊，窮寵極崇，度越前載，後雖有作，亦無加焉。漢哀帝建平二年，待詔夏賀良等言：赤精子之讖，漢家曆運中衰，當再受命，宜改元易號。詔大赦天下，以建平二年爲太初元年，號曰陳聖劉太平皇帝。宇文周宣帝以大象元年禪位於皇太子衍，自稱天元皇帝。唐高宗上元元年，帝自稱曰天皇，皇后曰天后。武后垂拱三年五月，尊爲聖母神聖皇帝；天授元年九月，尊爲聖神皇帝；長壽二年九月，爲金輪聖神皇帝；證聖元年正月，爲慈氏越古金輪聖神皇帝；天册萬歲元年九月，爲天册金輪聖神皇帝。中宗反正後，神龍元年正月，尊爲則天大聖皇帝。中宗神龍元年十一月，尊號應天皇帝；三年八月，尊號應天神龍皇帝。玄宗先天二年十二月，尊號開元神武皇帝；二十七年二月，開元聖文神武皇帝；天寶元年二月，開元天寶聖文神武皇帝；七載五月，開元天寶聖文神武應道皇帝；十三載二月，上開元天地大寶聖文神武證道孝德皇帝；至德元載七月，傳位後，肅宗上上皇天帝；三載正月，上太上至道聖皇天帝；乾元元年正月，改太上聖皇天帝。肅宗正德三載正月，尊號光天文武大聖孝感皇帝；乾元元年正月，上乾元光天孝感皇帝；二年正月，上乾元大聖光天文武孝感皇帝。代宗廣德元年七月，尊號寶應元聖文武仁孝皇帝。德宗建中元年正月，尊號聖神文武皇帝；順宗元和元年正月，傳位後，憲宗上應乾聖壽太上皇。憲宗元和三年正月，尊號睿聖文武皇帝；十四年七月，加元和聖文神武法天應道皇帝。穆宗長慶元年七月，尊號文武孝德皇帝。敬宗寶曆元年四月，尊號仁聖文武至神大孝皇帝；五年正月，加仁聖文武章天成功神德明道大孝皇帝。宣宗大中二年正月，尊號聖敬文思神武光孝皇帝。懿宗咸通三年正月，尊號睿文明聖孝德皇帝；十二年正月，加睿文英武明德至仁大聖廣孝皇帝。僖宗乾符二年正月，尊號聖神聰睿仁哲明孝皇帝。昭宗大順元年三月，尊號聖文睿德光武弘孝皇帝。梁太祖開平三年正月，尊號睿文聖武廣孝皇帝。後唐莊宗同光二年四月，尊號昭文睿武至德光孝皇帝。明宗長興元年四月，尊號聖明神武文德恭孝皇帝；四年八月，聖明神武廣道法天文德恭孝皇帝。晋高祖天福三年，契丹遺使奉尊號英武明義皇帝。周太祖聖明文武仁德皇帝。國朝太祖乾德元年冬十一月，上尊號應天廣運仁聖文武皇帝；開寶元年十一月，上應天廣運聖文神武明道至德仁孝皇帝；四年九月，上應天廣運興化成功聖文神武明道至德仁孝皇帝；九年正月，上應天廣運一統太平聖文神武明道至德仁孝皇帝，帝以汾、晋未平，不欲號一統，詔罷之；至三月，晋王羣臣復上應天廣運立極居尊聖文神武明道至德仁孝皇帝，卒不受。太宗太平興國三年十一月，上尊號應運統天聖明文武皇帝；六年十一月，上應運統天睿文英武大聖至明廣孝皇帝；九年八月，上應運統天睿文英武大聖至明仁德廣孝皇帝。端拱二年十二月庚申，詔：自前所上尊號並宜省去，今後四方所上表，只稱皇帝。宰相呂蒙正等固以爲不可。上曰：皇帝二字，本難兼稱。朕欲稱王，但嫌與諸王同耳。宰相又上表，請改上尊號爲法天崇道文武皇帝，後詔省去文武二字。淳化元年三月，上法天崇道文武皇帝；三年九月，上法天崇道明聖仁孝文武皇帝；至道元年十一月，改法天崇道上聖至仁皇帝。真宗咸平二年十一月，上尊號崇文廣武聖明仁孝皇帝；五年八月，上崇文廣武應道章德聖明仁孝皇帝；景德二年九月，上崇文廣武應乾尊道聖明仁孝皇帝；大中祥符元年十二月，上崇文廣武儀天尊道寶應章感欽明仁孝皇帝；三年七月，上崇文廣武儀天尊道寶應章感欽明上聖至德仁孝皇帝；天禧元年正月，上崇文廣武感天尊道應真佑德上聖欽明仁孝皇帝；三年正月，上體元御極感天尊道應真寶運文德武功上聖欽明仁孝皇帝；乾興元年二月，改應天尊道欽明仁孝皇帝。仁宗天聖二年十一月，上尊號聖文睿武仁明孝德皇帝；八年七月，上聖文睿武體天欽道仁明孝德皇帝；明道二年二月，上睿聖文武體天法道仁明孝德皇帝；景祐二年十一月，上景祐體天法道仁明孝德皇帝；寶元元年十一月，上寶元體天法道欽文聰武聖神英睿孝德皇帝；康定元年，帝以蝗雨之灾，詔省去睿聖文武四字。英宗治平四年正月，上尊號曰體乾膺曆文武聖孝皇帝。神宗元豐三年七月十六日，詔曰：朕惟皇以道，帝以德，王以業，因時制名，用配其實。何必加崇稱號以自飾哉？秦、漢以來，尊天子曰皇帝，其亦至矣。朕承祖宗之休，託士民之上，凡虛文煩禮盡已革去，而近者有司羣辟，猶咸以號稱見請，雖出於歸美報上之忠，然非朕所以稽考先王之意。今後大禮，百官拜表上尊號並罷。先是，百官上尊號翰林學士司馬光當答詔，因言：治平二年，先帝當郊，不受尊號，天下莫不稱頌。末年有建言者，國家與契丹有往來書信，彼有尊號，而我獨無，足爲深恥，於是羣臣復以非時上尊號。昔漢文帝時，單於自稱天地所生日月所置匈奴大單於，不聞文帝復爲大名以加之也。願陛下追用先帝本意，不受此名。上大悦，手詔光曰：非卿，朕不聞此言。善爲答詞，使中外曉然，知朕至誠，非欺衆邀名者。自是終身不受尊號。徽宗大觀元年季秋，將行明堂禮，大臣議檢舉皇祐故事，上爲親降御筆云：粤在季秋，將行宗祀，輔臣有請願舉尊稱。浮實之美毋重，辭費不須上表，今後更不檢舉。政和七年四月己未，羣臣上表尊爲教主道君皇帝，詔止於教門章奏中稱，不可令天下混用。宣和五年七月丁卯，太傅楚國公王黼等上皇帝尊號曰繼天興道敷文成武睿明皇帝，御筆批答曰：朕獲承至尊，兼三王五帝，以臨九有之師，無有遠邇，罔不臣服。荷天之鑒，四序時若，祥瑞洊至。薄言興師，燕、朔歸附，大一統於天下。蓋祖宗之靈，廟社之慶。惟我神考詒謀餘烈，顧朕何德以堪之？而羣公卿士，猶以炎、黄、唐、虞之號爲未足稱，循末世溢美之辭來上，朕甚愧焉，所請宜不允。凡三上表，皆不允。自是内外羣臣、皇子鄆王楷以下、太學諸生耆老等上書以請者甚衆，皆不從。宣和七年十二月二十九日，上尊號曰教主道君太上皇帝。欽宗建炎元年五月初二日，上尊號曰孝慈淵聖皇帝。高宗皇帝紹興六年六月丁未，臣秦檜以太母回鑾之久，和議已定，士民曹溥等一千三百人詣闕進表乞上尊號，上謙抑不受，令有司無得復收。二十一年三月戊寅，上謂宰執曰：聞大金有詔上尊號。前此士庶屢嘗有請，既却而不受。秦檜曰：盛德之事，它國亦知師仰。紹興三十二年六月，上尊號曰光堯壽聖太上皇帝；乾道六年十二月，加號光堯壽聖憲天體道太上皇帝；淳熙二年十月，加號光堯壽聖憲天體道性仁誠德經武緯文太上皇帝；淳熙十二年十月，加號光堯壽聖憲天體道性仁誠德經武緯文紹業興統明謨盛烈太上皇帝。孝宗皇帝淳熙十六年二月，上尊號曰至尊壽皇聖帝。〔今〕上慶元元年十一月，上尊號曰聖安壽仁太上皇帝。前代者見於宋元憲《尊號録》，明清更以他書詳考之。國朝者，以史册及前後詔旨續焉。

（宋）謝深甫等《慶元條法事類》卷三《名諱》 令

文書令

諸犯聖祖名、廟諱、舊諱，舊諱内二字者連用爲犯，若文雖連而意不相屬者，非。御名，改避。餘字謂式所有者。有他音，謂如角、徵之類。及經傳子史有兩音者，許通用，謂如金作贖刑，其贖字一作石欲切之類。正字皆避之。若書籍及傳録舊事者，爲字不成，御名，易以他字。

諸犯濮安懿王、秀安僖王諱者，改避。若書籍及傳録舊事者，皆爲字不成。其濮安懿王諱在真宗皇帝謚號内者，不避，應奏者，以黄紙覆之。

諸文書不得指斥、援引黄帝名，經史舊文則不避。如用從車從干，與帝字或后字相連，並文義應係指黄帝名者，並令迴避。自餘如軒冕、軒輊、轘轅之類，即不合迴避。

軍防令

諸軍姓名犯國家名諱者，所轄官司點檢改易。其願歸姓及更名者，非化外及强惡人，聽，各注籍。節級以上給公憑，禁軍將校仍申樞密院。廂軍，申尚書本部。

雜令

諸同國姓者，立名不得與宗室連名相犯。謂如廷、光、咸、德、惟、從、守、世、令、子、伯、師、希、與、孟、由、元、允、宗、仲、士、不、善、汝、崇、必、良、友、承、克、叔、公、彦、時、若、嗣、嘉、文、可、修、景、遵、端、廣、繼、大、孝、安、居、多、自、有、茂字，係上連；之、夫、甫、卿、中、孫字係下連。單名與式内名諱偏傍相犯者，亦不許用。

式

文書式

名諱

聖祖名

玄，胡涓切。懸、縣、駭、玹、矄、頞、伭、昀、泫、訇、胘、眩、閔、謐、蚿、犳、妶、弦、獧。

朗，盧黨切。俍、崀、樃、㝗、朖、悢、誏、眼、烺、裉、哴、䀶、脼、硠、狼、筤、䆡、閬、浪、埌。

廟諱

匡，去王切。筐、邼、眶、恇、劻、洭、𩬘、𨀁、𧊺、茥、軭、頣、眶、框、閶、眶、廷、軖。

胤、羊晋切。酳、靷、螾、引、朋、釼、軸、酌、鼓、涓、潧、轃、戭、𠃋、杓、螾、𢒋。

炅、古迥切。熲、炯、銅、熨、洞、潁、耿、鬠、界、蝙、顕、杳、鋈、扃、憬、皛。

恒、胡盈切。峘、姮、佷、楦。

禎、陟盈切。楨、貞、偵、郞、媜、徵、旍、癥、湞、隕、寘、損、鄭。

曙、常恕切。署、抒、睹、藷、藷、薯、澤、嬕、樹、殊遇切。尌、鬔、僼、裋、襹、豎、尌、侸、佶、尌、嬁、豰、裻、澍、贖、屬、曥。

項、呼玉切。旭、勗、朐、顓、髗、珛、帣。

煦、吁句切。昫、朐、酌、酗、姁、呴、欨、休、咻、蝺、蚼、霱、遳。

佶、極乞切。姞、郅、趌、拮、鮚、䂤、仡、芞、趌、吉、其吉切。咭。

桓、胡官切。梡、瓛、捖、完、丸、狟、䞊、奐、院、峘、亦作䖘。峘、亦作䚟。峖、洹、汍、絙、紈、綄、垸、芄、萑、莞、荁、萑、萑、萑、鸛、鳩、莧、萈、羦、貆、貆、貆、脘、欪、麂、鴰、貆、粽、狟、䴉、沓、皖、垣、顭、沓、蜿、蒝。

構、古候切。遘、媾、覯、購、嗼、蕁、礴、煹、傋、冓、蔣、篝、韝、𩏼、𩏼、姤、詬、逅、骺、䏑、呴、鴝、句、軥、恂、佝、雊、鉤、鉤、詾、袧、岣、觚、玽、瞉、彀、瞉、瞉、瞉、搆、瞉、瞉、瞉、殸、瞉、瞉、怐、鷇、購、夠、㪌、傋、冓、𧟃。

酉、時認切。慎、眷、㞢、㞢、孖、蜄、釼、欣、鋠。

舊諱

光義、匡乂、德昌、元休、元偘、受益、宗實、仲鍼、傭、瑗、瑋。

御名

惇、都昆切。敦、𢏙、饕、墩、鐓、蘋、敿、嗸、暾、磬、甑、甗、弴、弫、邨、鏊、鶉、蜳、蟞、錞、鐓、墩、懋、擎。

御名

擴、闊鑊切。廓、郭、䴲、𩬈、霩、鞹、鞟、彍、彍、劚、鞹、籗、篧、噋、瀏。

濮安懿王諱讓。

秀安僖王諱偁。

申明

隨勅申明

職制

紹興三十二年十月五日勅：人姓有犯御名及同音從小從真字，今改作填字。音鎮。所有經史書籍文字內有犯御名及同音從小從真字，如係謹戒之意，即定讀曰謹；如係地名、人姓、山川、國名，即定讀曰填。音鎮。其經傳本字即不當改易。

淳熙六年五月二十七日樞密院劄子奏：禮部申，契勘太祖廟諱上一字從匚從王，所有士民姓氏相犯者，改爲王氏，政和間以民姓王爲嫌，並改康氏。今看詳，欲依政和間已行事理施行。奉聖旨依。

淳熙十六年二月二十四日敕：禮部狀，據國子監申，皇帝御名並同音二十五字數內鶉、錞二字，並係殊倫切，與淳字同音，若用殊倫切，不合迴避。又都昆切，即係與御名同音，合各從經傳子史音義避用。奉聖旨依。

本所看詳前項指揮，恭爲太上皇帝御名同音二十四字數內鶉、錞二字，若用殊倫切，不合迴避。所有今上皇帝御名同音一十七字數內郭字，若在姓係古博切，即合從國子監看詳，不合迴避。今聲説照用。

（宋）謝深甫等《慶元條法事類》卷三《避名稱》 令

職制令

諸官稱有所避而授以次官或舊官者，惟序官從所授，餘依所避官法。

諸府號官稱犯父祖嫌名及二名偏犯者，皆不避。

諸命官不得容人過稱官名，有兼官若檢校官者，聽從高稱。其曾任職事官者，雖已替，聽稱職事官。

儀制令

諸命官，不得令人避家諱。

雜令

諸命官未入官人同。曾犯贓私罪，或見有體量事狀，或承直郎以下未及二考，或曾勒停，或流外出身者，各不得更名。

諸父殁，不得更名。若有所避而係籍者，申請易之。

諸色人立名，不得犯祧廟正諱與諸陵名及文武官稱。其將校則以名爲户。

軍防令

諸軍姓名犯國家名諱者，所轄官司點檢改易。與管軍臣僚姓名俱同者，令改名。其願歸姓及更名者，非化外及强惡人，聽，各注籍。節級以上，給公憑，禁軍將校，仍申樞密院。廂軍申尚書本部。

（宋）李心傳《建炎以來朝野雜記甲集》卷三《典禮・尊號》 人主尊號，自漢哀帝用方士之説始有之。本朝沿唐故事，每遇大禮，羣臣必奉册寶，加上尊號。神宗皇帝聖學高遠，以謂虚名無益，遂罷之。紹興十八年，士民曹溥等千餘人，請上尊號。高宗不許。及遜位，孝宗始奉册加號曰光堯壽聖。乾道六年，上皇將加號，時周益公在翰苑，請用唐故事，皇帝率百官詣德壽宫再表以請。太上乃下詔許之。禮文燦然，近古所未有。其後，每因慶典加之，至淳熙末年，累加光堯壽聖憲天體道性仁誠德經武緯文紹業興統明謨盛烈，凡二十四字。孝宗既内禪，乃上尊號曰至尊壽皇聖帝。自後不復加。光宗在壽康宫，亦加聖安壽仁四字，遂爲奉親之典焉。

（宋）李心傳《建炎以來朝野雜記甲集》卷九《故事・大臣謚之極美者》 大臣謚之極美者有二：本勳勞，則忠獻爲大，論德業，則文正爲美。有國二百年，謚忠獻者才三人，趙韓王、韓魏王、張魏公是也。謚文正者亦才三人，王沂公、范汝南公、司馬温公是也，其品可知矣。李司空、王太尉皆謚文貞耳。宣、政間，蔡卞、鄭居中亦謚文正，終不足録。渡江後，秦檜謚忠獻，實博士曹冠爲之。

（宋）李心傳《建炎以來朝野雜記甲集》卷九《故事・渡江後改謚》 渡江後，公卿謚號，王仲言《揮麈録》有之，但殊脱略，今不能盡記。記其更易者，韓師朴丞相初請謚，王剛中爲博士，謚曰文禮，謚法奉議順則曰禮。取其爲禮官時，不主王荆公坐講之議也。而韓氏子謂自來未有以禮爲謚者，以白時相范覺民，覺民語剛中，剛中不爲改。於是用吏部覆議，改爲文定。左選侍郎李長民。京東帥曾孝序之死難也，博士錢葉謚曰剛愍，執政嫌之，乃改曰威。韓都尉嘉彦之請謚也，博士華權定爲夷節，而方庭實在考功，以端節易之。司馬侍郎朴之賜謚也，博士詹林宗定以忠肅，而張敬夫在吏部，以忠潔易之。此四者，皆於謚未定之前更易者也。代州王忠植之死事也，太常謚爲義節，而秦丞相以無忠字疑之，令别議。太常謂若以忠爲謚，則子孫諱之，非易名之義也，遂已。孝宗初立，命有司爲岳飛作謚，太常議：危身奉上曰忠，使民悲傷曰愍。孝宗以爲用愍字，則於上皇爲失政，却之，乃改爲武穆。此二者皆於謚已定未下之前，有所退却者也。劉莘老丞相初謚正肅當矣，而正字犯丞相父名，乃改爲忠肅。趙崇公叔寓初謚敦簡，美矣，而敦字與光宗御名同音，其曾孫德光請於朝，改謚清簡。此二者皆出於謚號已下之後，然迫於名諱，不容不避者也。蓋自紹興至淳熙六十餘年之間，改謚纔六、七，皆有所爲，非京丞相之比矣。張參政綱初謚文定，汪聖錫爲吏部尚書，駁之，乃改章簡。後其孫貴，竟復謚文定焉。

（宋）李心傳《建炎以來朝野雜記甲集》卷一二《官制・功號》 功號始唐德宗，國朝因之，至元豐乃罷。中興後，加賜者三人而已，韓蘄王世忠揚武翊運功臣，張循王俊安民靖難功臣，劉安城王光世和衆輔國功臣。此外，惟安南國王初除及經恩，亦加功號。

（宋）李心傳《建炎以來朝野雜記乙集》卷一一《故事・宣相詔使稱謂不典》 元樞呼樞使，自張俊始。諸州倅呼府判，自陸寘始。皆見於《會要》、《日曆》。舊制，密院官亦止以樞密爲稱。紹興中，張俊爲使，其親吏以俊父名密，請於朝，有旨呼樞使。自是爲例。宣和中，陸寘以宦者王通薦，通守四明，避其名，更稱府判。紹興初，稍稍行於浙路，今遂爲天下通稱，不可易矣。宣撫使呼宣相，自童貫始。近安子文爲四川宣撫副使，得旨恩數視執政，士大夫鄙俗者亦稱宣相，蓋務爲崇重，而不考其始焉。近歲詔客以例呼爲詔使，余在成都見錢伯同丞相與制帥楊端明手書亦然。按朱忠靖《閒居録》，宣和間，大閹李彦按行京西，始呼詔使。蓋唐敕使之稱，今以稱士大夫，誤矣。

（宋）李心傳《建炎以來朝野雜記乙集》卷一四《官制・乾道正丞相官名本末》 虞雍公獨相久，上眷禮極厚。既又以梁叔子靖重，欲遂相之，而無其端。會易三省官名，乃議以僕射之名不正，欲采用漢舊制，改爲左、右丞相，令學士、禮官、史官討論，時乾道七年十二月辛酉也。先是，已有旨令百官依舊制服靴，祖宗時，百官服靴，徽宗將廢釋氏，乃易靴爲履，以示禁胡服之漸。虞公不樂，曰：近已易履爲靴，今又易相名，與北虜奚辨？蓋爲金人詳定官制，已改左、右僕射爲尚書左、右丞相故也。有司知其意，不敢遽上。至八年正月戊寅，僅條具歷代宰相官稱申尚書省，禁中即聞之。翊日，遣中使至學士院細問其事，學士周子充以其事奏。後二十日，御筆付院云：尚書左、右僕射，可依漢制，改作左、右丞相。學士院降詔。子充草詔以進。後二日，付外施行，二月乙巳也。後五日，上自德壽官還，日已晡，召子充對選德殿，上微有酒，袖出御筆云：比來一、二大臣，同心輔政，夙夜匪懈，漸革苟且之風，以副綜覈之意，深可嘉尚！今因除授，宜示褒典。虞允文可特進、左丞相，梁克家可正奉大夫、右丞相。賜茶畢，日已暮矣，遂自複道秉燭歸院。辛亥，百官集文德殿，初謂改易相名耳，雖虞公亦以爲然。及雙制出，在廷愕然。先是，子充嘗奏：並命二相，而遷官或三或四，更取聖裁。上曰：特進一官，即少保，所以允文三官。議者疑學士有所抑揚，而不知上自有旨也。後數月，虞公罷相，乃除少保、節度使，則知聖意先已定矣。是月，臺諫官皆坐論張說罷去，而蕭果卿自察院升副端，三月甲戌也。果卿方以疾在告，後二十日甲午，始入謝。比對，首論前歲浙西夏涝秋旱，江、湖、淮南，歲比不登，民多流離，今正陽之月，天多沈陰，寒氣慘慄，是謂常寒，側身修行，玆其時矣。漢時災異，策免三公以此。上雖嘉果卿稱職，周子充作果卿墓誌，載聖語云：卿所論甚當，可謂稱職。而待虞公素厚，乃戒果卿毋納副本。虞公聞之，上章求去，即出北關門待罪，家屬亦乘舟之仁和館，是日即行。翊日，凡再宣押，虞公力丐免，上許之。已而中悔，復賜御札云：早來面諭，以卿堅辭，欲令卿典近藩，措置邊防，聞卿有歸蜀之語，殊失朕眷倚之意。朕今已堅留卿相位，無復固辭，以體至懷。又翊日，再押赴都堂治事。于是御筆除果卿直祕閣、江東提刑，其月十一日己酉也。制略曰：之敏剛方不撓，質直而明，造膝之詞，有犯無隱，正人去國，豈朕所欲哉！是時李秀叔、林景度爲舍人，恐是秀叔行。劉焞文潛時爲國子司業兼權臨安少尹，或謂文潛實草是疏，以授果卿，故果卿去御史之十九日，文潛亦出爲江西轉運判官，蓋以此也。其年九月，虞公復以蘇季真侍御有言，力求去。因請任入關之事，遂除四川宣撫使焉。

（宋）岳珂《愧郯録》卷一《祖宗徽稱》 國初親廟謚皆二字，藝祖上賓，李文正昉上初謚以六字，而後列聖皆遵用之。大中祥符初，符貺洊臻，登封降禪，彌文具舉，於是始用開元增謚之制。是年十一月甲申，躬謁太廟二室，各增八字，爲十四字。五年十月戊午，聖祖降延恩殿，告以長發之祥。閏月乙亥，復加二字，親廟亦衍而四焉。真宗既謚，仁皇以澶淵之功不著，詔益以武定，爲八字始用。天聖二年，初郊奉册，因郊增謚，蓋昉于此。慶曆七年十一月又郊遂，再增八字，於是十六字之制，定爲不刊，弗復可增益矣。然仁宗英宗之謚增於元豐六年，屢郊之後，神宗之謚增於紹聖二年，大饗之餘，哲宗之謚增於崇寧三年，再郊之際，類皆因時制宜，而初郊舉典禮，猶未爲永制也。徽祖以紹興五年有陟方之哀，七年諱問始至，龍輴未還，緜蕞廟祔。至十二年，既安禹穴之棲，其冬詔加謚。明年正月戊戌奉册，己亥上親饗太廟。蓋清祏甫寧，因山適畢，遂躬謁，追用祥符典故，固有不必俟郊報者，從變禮也。孝宗以後，始定用升祔，後遇郊即前詔議徽號詔書，若曰，某廟宜加上十字爲十六字，如祖宗故事。將郊，攝太傅先以册告本室，而後行躬祼，率以爲常，至于今不廢。乃若僖祖以熙寧王安石之議，正東嚮大觀之元，遂有立道肇基積德起功懿文獻武睿和至孝之號，媲之親廟，增者十二焉，蓋一時之制也。

五字定制 漢制，宗廟必冠以孝，唐特表一字而出之，諸帝類曰某宗某謚孝皇帝，間有不盡然者，不多見也。國朝初定，藝祖謚止曰英武聖文神德，太宗謚止曰神德聖功文武，皆未以孝爲號。祥符始增之，自後列聖稱天之誄，必以百行之首薦於鴻名。蓋嘗攷之徽號中所同稱者，又有四字，文武功德，與孝而五。自初謚中即備其三，曰文曰武曰孝，治平而降，未之或改也。惟徽、欽初謚曰聖文仁德顯孝，曰恭文順德仁孝，當時蓋張忠獻浚陳文正康伯當國，上議初非有他，蓋用太平、淳化、乾興故事。先摭聖德之最盛者而表之。如近歲光考謚曰憲仁聖哲慈孝，不復稱文武，正其比也，及增謚，則無不備者。故藝祖曰啓運立極英武睿文神德聖功至明大孝，太宗曰至仁應道神功聖德文武睿烈大明廣孝，真宗曰膺符稽古成功讓德文明武定章聖元孝，仁宗曰體天法道極功全德神文聖武濬哲明孝，英宗曰體乾膺歷隆功盛德憲文肅武睿神宣孝，神宗曰體元顯道法古立憲帝德王功英文烈武欽仁聖孝，哲宗曰憲元繼道世德揚功欽文睿武齊聖昭孝，高宗曰受命中興全功至德聖神武文昭仁憲孝，孝宗曰紹統同道冠德昭功哲文神武明聖成孝，光宗曰循道憲仁明功茂德温文順武聖哲慈孝，欽既止仍六惠，不復議增已，秩宗因循之失，猶曰禮有未備而已，一旦舉而行之可也。惟徽宗紹興十二年之增謚，以權臣擅命，輙於徽稱有所抑揚，遂去一字，而以烈代德，以德代武，曰體神合道駿烈遜功聖文仁德憲慈顯孝。攷之藝祖、真宗之謚，初亦偏於文德矣。既增，則武功配焉，未聞臣子敢以是而寓意於君父也。是年十二月，户部尚書張澄等集議。庚午，宰臣秦檜自以議上，而議文則檜之兄直學士院梓實爲之。戊寅，詔檜撰册文，則册文又檜之作。士之學典故，每於此不致詳，故至今莫有議者。揆情訂迹，何以慰在天之靈乎。神宗初增謚曰紹天法古運德建功，哲宗曰顯德定功。崇寧三年，詔定神宗今謚。政和三年，又以建立法度之意，增神宗爲二十字。而哲宗易世揚二字以見紹述，盖蔡京當國，用一時歸美之論，務極尊崇，雖非故事，猶愈於檜之無君云。

崇政改謚　宗廟改謚策告，於禮爲重。祥符五年，以聖祖諱因增謚而易藝祖睿文聖功二字，實不得已耳。崇寧、政和間，始用繼述友恭之論，屢定徽稱。神宗凡一改再增，而溢於祖宗者四字，哲宗凡一改一增，皆非舊章。章聖謚有濮園諱，治平親政，初不敢更，後但著於文書，令曰諸濮安懿王諱，其在真宗皇帝謚號内者不避，應奏者以黄紙覆之，如此而已。豈非嚴重宗廟，於禮不得不然耶。若慶曆以来，后謚或更，盖從夫之義，與此異也。

后謚因革　建隆元年二月壬戌，上親廟謚，僖祖曰文獻，后曰文懿；順祖曰惠元，后曰惠明；翼祖曰簡恭，后曰簡穆；宣祖曰昭武，其制皆判太常寺竇儀所定。帝后率聯一字，深得古意。其後杜太后上仙，先謚明憲，繼改曰昭，盖亦配帝以爲稱。大中祥符增上帝謚，始各加睿和、睿明、睿德、睿聖二字，於后無所損益。列聖相循，遂爲故事。故太祖謚大孝，后曰孝惠孝明、孝章。太宗謚聖德，后曰淑德、懿德、明德、元德。真宗謚章聖，后曰章懷、章穆、章獻明肅、章懿、章惠。仁宗謚聖武，后曰慈聖光獻。英宗謚宣孝，后曰宣仁聖烈。神宗謚欽仁，后曰欽聖憲肅、欽成、欽慈。哲宗謚昭孝，后曰昭慈聖獻、昭懷。徽宗謚顯孝，后曰顯恭、顯肅、顯仁。欽宗謚仁孝，后曰仁懷。高宗謚憲孝，后曰憲節、憲聖、闕。恭。紹興七年，祐陵復土，始例從顯。其中盖亦混惠明謚，明達、明節，又紊昭憲已改之稱云。

（宋）岳珂《愧郯録》卷一《宗室聯名》　闕逐時准大宗正司闕到本家所撰名，多是重疊，至有數人而共一名者，又或與別房尊長名諱相犯，或兄弟不相連名，或只取一字爲名，而偏傍不相連者。名稱混殽，難以分明昭穆之序。竊恐年祀寖久，流派逾遠，譜籍漸無統紀，除重疊共一名者，昨來寺司申請，已得朝旨見令改撰外，所有犯別房尊長名諱，兄弟不相連名，并以一字爲名，恐亦合改撰。欲乞宗正司告示，逐宫院將見今名犯尊長諱，并字不相連及單名者，並令改撰，仍從本司定取一相連字取名稍寬者，闕宗正司告示，令依倣撰名，所貴稍得齊一，從之。於是聯名之制始定。珂按：三祖下宗支所聯字，太祖曰德，惟從世令子伯師希與孟由，太宗曰元允宗仲士不善汝崇必良友，宣祖曰德承克叔之公彦夫時若嗣，當時雖先有之，而非一賜名者，猶混殽，故申其禁令耳，非肇始也。英、神近屬又爲之名，如孝安居多自甫有卿茂中孫，其字不一，盖繼別爲宗云。承平時立保州位，其聯名曰咸嘉文可修景遵端廣繼大者，迺四親別族，又不與三祖也。宗寺之請，出於寺丞宋景年。見周益公必大奏議。

（宋）岳珂《愧郯録》卷二《近屬名制》　國朝宗屬，本未定聯名之制，藝祖友悌因心，凡宣祖本支之在子行者，皆冠德字，賜名授爵，俱無等差。熙陵繼序，初更用元字認別大統。自是而後，真皇之子從衣，於藝祖魏王諸孫賜名惟字承字者不聯。神廟之子從人，於英宗諸孫吴益二邸之賜名孝字者，亦不聯。徽祖之子從木，於神祖諸孫吴楚二邸之賜名有字者，又不聯，不惟不聯，且無用一字者。是皆親堂兄弟從姪以降，從可知也。紹興、乾道以来，孝支三邸鼎立，孫枝出閤，始皆用一名。光宗，今上敬叙天彝，務從其厚。莊文魏王之後俱聯所從，以示無間，蕚樓環邸，雍怡之風，盖視藝祖爲有光矣。然宗廟至重，貴於有別，恩義之稱，豈聖心固自有所輕重歟。

（宋）岳珂《愧郯録》卷二《宗廟舊諱》　紹興《文書令》曰：廟諱舊諱正字皆避之。故哲宗、孝宗之舊諱，單字者凡三，皆著令改避。惟欽宗舊諱二字，一則從亠從回從旦，一則從火從亘，今皆用之不疑。又

《令》之注文曰：舊諱内二字連用爲犯，若文雖連而意不相屬者，非。故太宗、仁宗、英宗、神宗之舊諱二字者凡八，皆著令不許竝用。惟孝宗舊諱從伯從玉從宗者，今亦聯書自若，甚至有以爲名者。珂竊謂尊祖事神，固存終諱，祖宗酌禮用中，單字則盡避，二字則不連。不簡不苛，惟情之稱，弗可改也。欽皇祔清祐稱宗，而舊諱之避，乃不得與諸廟比。孝廟初潛，故名雖已賜更，然上擬英祖，亦正同濮邸故事。真、神二廟，初亦與宗藩聯稱，既改復諱，顧今獨不然，皆非也。孝宗《會要》史牒，皆不著初名，殊不知英宗《正史》《實録》《會要》，蓋皆嘗書之，遂使舊諱罕傳，後世莫考。當世士大夫猶不有及知者，容臺史觀之失，不既甚乎。李心傳《繫年要録》載此諱於紹興二年五月辛未，明年二月庚子除和州防禦使，復見焉。他盡則未之載也。

（宋）岳珂《愧郯録》卷二《舊諱訓名》 太宗舊諱，自大中祥符二年六月二十四日，詔中外文字，有與二字相連及音同者，竝令迴避。至寶元元年四月四日，翰林侍讀學士李淑奏請毋得連用真宗舊名。治平元年十一月三日，翰林學士賈黯奏請毋得連用仁宗舊名，自後遂著之文書，令爲不刊之典。珂嘗攷今宗室訓名，或犯舊諱，私謂不安。參稽典故，則可疑者有三，而大可據者有一。景祐四年正月十三日，詔自今宗室訓名，令宗正寺與修玉牒官同議定，勿得重疊。夫重疊猶不可，而可與舊諱重乎，一可疑也。治平三年七月十九日，翰林學士承旨張方平言皇族賜名，其屬絶無服，而異字同音，或上下一字同者，請勿避。從之。則是治平以前，凡同族之名，一字之同，皆在當避之域。曰同族且不可，而況宗廟乎，二可疑也。紹聖三年五月十九日，宗正寺丞宋景年奏請宗室賜名，非袒免親本家命名，於本祖下有服親，雖音同字異，竝避。於本祖下無服親，及别祖下有服親，即音同字異，許用。於别祖下無服親，非連名，即雖本字亦許用。從之。舊諱則非正諱矣。其視音同字異者，不猶重乎，三可疑也。大中祥符八年六月十五日，詔改含光殿名曰會慶，以光字乃太宗舊名之上字，故避之。光字，舊名之偏諱也，自二年已詔但禁連用，而今又六年之後，乃改殿名，豈非殿名常用之稱，與文書偶及者爲不同乎。殿名猶易，而屬籍□□□□□□□。李文簡燾《續通鑑長編》天聖六年九月丙午，兵部郎中集賢院修撰楊大雅知制誥，大雅初名侃，以犯真宗舊諱，詔更之。此乃灼然明據，以此論之，不特宗姓非所當爲。庶姓士大夫或襲用之，亦非也。會慶爲孝宗誕節，與殿名複出。哲宗神御殿名曰重光，又自慈聖后以來，再以入廟號，似違祥符故事云。

（宋）岳珂《愧郯録》卷二《御名不聯字》 熙陵即阼之踰年，二月庚子，有詔更御名。制曰：王者對越上天，祇見九廟。凡因祭告，必著名稱。思稽古以酌中，貴難知而易避。爰遵故事，載易嘉名。此當時播告之旨也。珂按太宗初諱，上字與藝祖聯稱。建隆造邦，已改從光字，復與魏悼王同行。太平興國初，既膺大統，魏悼王改從廷字，以避尊尊之稱。至是甫四閲月，復詔改焉。雖更定之意，具如詔書，其實去聯文，尊王統，所以辨名分，示等威也。真宗本聯元年，既立爲皇太子，遂用單名，而太支八主仍舊字爲行，不復改。仁皇在昇邸，英祖濮藩，名亦二字，及正承祧之名，則皆改焉。聖謨昭昭，可考而見。真宗之子周王祐，本亦二名，以避聖祖諱而損其一，因偏傍有衣字，與仁宗諱偶合，元非初制。如温昌信欽四王，皆徽宗追賜名，具載國史。仁宗三王名皆躔日，是爲皇子諸王一賜，即爲單名之始。然率緣殤折，非既長而並命者。英宗又未及正東宫，神宗初與吴、益二王竝賜名從頁，及治平不豫之際，匆猝中無以故事建明乞更名者。熙、豐友愛天至，遂因循不復議。元豐末，命哲宗自延安王主鬯。時御名與神宗諸王皆聯人字，遂詔改今諱，不復聯，誠得祖宗别微之本意。徽、高自藩邸入登大寶，誤循治平故事，止仍舊名。欽宗雖久在震方，亦嘗一再賜名。然鄆寵方偪，語諱滋繁，固莫容有建言者。宣和内禪，敵師日侵，亟決大議，何暇他及。孝宗猶改之而後升儲。乾道兩下貳極之詔，皆仍舊名以播告。今上承大統，潛躍之名亦不復改，雖曰阜陵制義之重，聖心有所不欲更，而尊君之誼則非矣。

（宋）岳珂《愧郯録》卷三《階官避家諱》 律文有私諱冒榮之禁，故四銓之法，遇磨勘階官之稱，與其三代諱相值者，許其自陳，授以次官，謂之寄理，遂以繫之官稱之首。珂按國朝著令，諸官稱避家諱者，擬以次官。元豐改官制，或有或無，於是元符令又附益之云。或授舊官，歷攷條令，初無以二字入銜者，厲世磨鈍之柄，而下之人得以寄稱，掌故之野亦明矣。士習目睫，恬不知怪。開禧丙寅，李參預壁爲小宗伯，會課，當遷中奉大夫，正其祖諱，援故實，自言不帶寄理，當是時詔從之。繼參大政，復遷中大夫，而稱朝議大夫自若也。朝論皆以李爲得體，然銓法迄今亦遂莫之改也。

（宋）岳珂《愧郯録》卷三《贈官迴避》 避諱之制，雖見於令甲，而贈官告第階稱，或所犯司封，乃無明文。珂在故府，嘗訪其事於天官，竟無曉者。後閲洪文敏邁《容齋三筆》紀李燾仁甫之父名中，當贈中奉大夫。仁甫請諸朝，謂當告家廟，與自身不同，乞用元豐以前官制，贈光禄卿。丞相頗欲許之。予在西垣，聞其説，爲諸公言。今一變成式，則他日贈中大夫，必爲秘書監。贈太中大夫，名諫議大夫，決不可行。遂止。按周人以諱事神，名終將諱之，錫告榮先，焚黄邱壠，爲人子之榮也。而顧犯其所諱，不安孰大焉。父前子名，君前臣名，朝廷之著位，以一人之私而易之，亦非也。況綸告之中，固書所贈官之姓名，而今世士大夫仕於朝者，亦未嘗自避其名。推此言之，雖無避可也。其或祖名某，而贈父官稱實犯之。使父而在，猶將避而不敢當。如此，雖贈以次官亦可也。臆度如此，未知其當與否，更俟博識。

（宋）岳珂《愧郯録》卷一〇《改易職事官名稱》 近制，職事官或犯所授者家諱，每得改它官，皆一時制宜。參用舊官制，間有特免入銜者。珂嘗攷《會要》，頗似不然。熙寧十年十月十三日，新知荆南府提舉本路兵馬巡檢公事吴中復言銜内舉字犯先諱，乞改提轄，中書奏請，批依。神宗忽降奎札曰，朝廷官稱避守臣私諱，於義未安，宜不行。其後宣和四年九月二十五日，臣寮言，近者馬向爲開封府工曹掾，自陳父名開乞避，而本府乃奏乞銜内不書府名，有違熙寧親札指揮，詔别與差遣。即二事而觀之，則典故初未之許也。及博考國史，吴延祚爲樞密使，慕喀廷釗爲殿前都點檢，當拜同平章事，並以父諱改同二品。國初雖存此官制，僅止一再見幾於特創，徐處仁爲資政殿學士，知青州，以祖諱改除端明，它如此比者不一，蓋開國勳臣，上所優禮不容，以常法論而避高就下，不易官稱。今甲所許，又與前制不同云。

（宋）岳珂《愧郯録》卷一〇《李文簡奏稱》 避諱贈官之制，改易官稱之令，珂屢書之。及得李文簡燾《巽巖集》，其載當時乞用元豐以前官制加贈奏藁，于故事特詳，備用剟録，以參所聞。燾之奏云：臣聞事君猶事父也，心有所懷而不敢盡言，則爲隱。蓋臣子之大戒莫重于隱，言之可聽與否，實惟君父所擇，雖不應言而言，固獲罪矣，不猶愈于匿情以犯大戒乎。臣用是輒冒昧一言，恭惟祖宗因前代之制而增修之。凡大禮既成，官自升朝以上，皆得追榮其父母，此國家之彌文至恩也。臣父某，故贈左朝奉大夫，緣臣誤通朝籍，再贈官至左朝議大夫。今次大禮，又當贈中奉大夫，寒儒門户得此，固足以賁飾泉壤，誇嫮鄉邑，其榮多矣。而又奚言，獨臣私義有所不安，不得不自言者，所贈父官，適同父諱，儻拜君賜，若固有之，則恐于冒榮之律，疑若相犯。兼晋江統嘗論身與官職同名，當改選，故事簡册具存，勢不容默，須至呈露，乞朝廷特賜參酌處分，雖以不應言而獲罪，亦所甘心也。據律：諸府號官稱犯祖父名冒榮居之者，徒一年。雍熙二年，有詔凡除官内有家諱者，三省御史臺五品、文班四品以上，許用式奏改，餘皆不許。及嘉祐六年，翰林學士賈黯知審官院大理寺丞雷宋臣除太子中舍，以父名顯忠乞避，朝廷許之。黯謂宋臣不當避嫌名，朝廷既許宋臣，若後有如此而不避，則可坐以冒榮之律，因言自雍熙以來，或小官許改，或大臣不許，或雖二名嫌名而許避，或正犯單諱而不許，前後許與不許，繫于臨時。蓋由未嘗稽詳禮律，立爲永制。口約雍熙詔書，自某品以上，凡除官若犯父祖名諱，有奏陳者，先下有司，若定當避，則聽改，餘不在此限。于是下太常禮院大理寺同議，禮院大理寺言，父祖之名，子孫所不忍道，不繫官品之高下，並當回避。乃詔凡府號官稱犯祖父名，而非嫌名及二名者，不以官品高下，並聽回避。其後韓絳除樞密副使，自言樞字與祖名下一字同，乞避免而不許。事在治平四年，蓋遵嘉祐之詔也。熙甯八年，宋敏求提舉萬壽觀，敏求父名綬，自言壽字犯父嫌名，詔改醴泉觀，則嘉祐之詔復不行矣。及吴中復知荆南兼提舉荆湖北路兵馬，中復父名舉，乞改稱提轄，詔以朝廷官稱不當避守臣私諱，遂不許。自熙甯以來，迄于近年，亦有許改者，既許改，則不繫官品之高下。嘉祐詔書，理宜講明，以崇孝治，然臣前所陳者，皆指身所居官，犯父祖諱，初不及贈父祖官與父祖諱同者，蓋偶無其事，諸儒未暇討論，故闕如也。臣今敢援晋江統所議，乞下禮官議之。按《晋書》及《通典》載江統言，臺統叔父春爲宜春令，與縣同名。故事，父祖與職同名，皆得改選，而未有身與官職同名改選之例。統以爲凡改選者，蓋爲臣子開地，不爲父祖之身，而身名所加，亦施于臣子，凡佐史朝夕必稱厥官，儻指實而語，則觸尊者諱，違背禮經，或詭詞回避，則以私廢公，干繫成憲，若受寵朝廷，出身宰牧，而佐史不得表其官稱，子孫不得言其位號，上嚴君父，下爲臣子，體例不通，苟易私名以避官職，則又非春秋不奪人親之義，統以爲身名與官職同者，宜與斥父祖名爲比，體例既通，義斯允當，武帝許之。臣今所言，實與此相類，且身名與官職同者，猶許改授。若贈父官職乃觸父諱，比江統所謂佐史不得表其官稱，子孫不得言其位號者，不愈重乎。今一命以上，身所授官有觸父祖諱者，于法皆許寄理，但授以次官，父祖當贈官，而所贈官有觸父祖之諱者，亦準此法。然寄理之法，施于贈官，則已似不通。蓋所謂寄理者，特不稱呼耳，雖辭其名，猶享其實。今贈官專以位號爲榮，顧使其家人不得稱呼，豈朝廷加惠臣子榮獎孝治之意乎。況法所謂贈官觸父祖諱者，實指受所贈官之父母，非謂身贈父官自觸父諱者也，蓋贈父祖官，觸父祖之父祖諱，其當得贈官之父祖，宜有所避，順死者孝心，雖寄理可也。身贈父諱，自觸父諱，父何所避，亦使寄理。凡禮固起于義，緣是起禮于義，滋亦不通，兼詳朝廷創法，特許寄理，初不謂身贈父官自觸父諱者設也。身贈父官自觸父諱，則江統所云爲臣子開地之論，因旁搜類長，曲而通之。有難臣者曰，諱非古也。爰自周始，當時作詩書者，亦未嘗以昌發爲諱，人君猶然，況人臣乎。臣謹答之曰：事固當師古，古未始有而今則有之，其可不酌古之道以御今之有，且名諱之式，上下通行，非一世矣。獨于身贈父官而自觸父官，偶未涉歷，故莫有以爲言，臣實自履茲事，其可不表而出之，使知禮者考求其説，因以備國家之彌文，廣祖宗之至恩乎。難臣者又曰：如是，則使朝廷曷爲而可。臣謹答之曰：臣所以敢昧死自言者，政有望于朝廷，使知禮者考求其説也。其敢必乎。然臣有區區之愚，不自知其僭妄，敢私布之。臣謹按今朝請大夫，在未改官制以前，實爲前行郎中，吏部司封司勳考功職方駕部，皆前行也。攟《職官志》前行郎中有出身，則轉太常少卿，無出身，則轉司農少卿。既改官制，太常光禄衛尉司農少卿，皆爲朝議大夫。據《職官志》太常少卿，舊轉光禄卿，既改官制，則光禄實中散大夫。元祐三年，中散大夫分左右，有出身，又轉左中散大夫。大觀二年，除去左右字，特贈中奉大夫，以代左中散大夫。今中奉大夫，其實未改官制以前光禄卿也。中奉大夫，今轉中大夫，中大夫未改官制以前，實秘書監。秘書監舊轉左右諫議大夫，今爲太中大夫。竊伏自念，臣不肖，苟未先狗馬填溝壑，且免于罪疾，當獲備官，使幸而遇天子有事于郊明堂之歲，錫福徧九地之下，則臣父始得贈官，以祖宗故事言之。凡三歲一舉大禮，自中奉大夫至太中大夫，累三官率九歲乃得之，幸得之，而位號卒不可以稱呼，雖朝廷之彌文至恩，不容以臣一人之故，輒議損益，而臣私議誠有所不安。惟明主盡人之情，亦所宜憐也。自改官制，卿監諫議，皆爲職事官，固不當以爲贈官。然天下郡邑薦紳門户，固有以舊官制爲稱呼，未嘗改者，蓋事匪前代，命由列聖，于職制禄秩，初無與焉，特借其名耳。傳所謂道並行而不相悖者，殆指此類。故臣愚以爲若朝廷特推異恩，不限官品高下，今有司于新舊官制，稍加斟酌，使天下當贈官者，苟觸父祖本諱，亦聽改授。如晉王舒除會稽內史，及建隆初慕容延釗除中書門下二品體例，或取今寄理字，加舊官制上，暫聽稱呼，以極人子孝敬之義，自我作古，昭示無窮，顧不美歟。是臣所願也，非臣所敢望也。不應言而言，罪當萬死，惟陛下裁察。

貼黄曰：檢準尚書司封令諸應封贈與祖父名相犯者，即贈以次官，契勘上條，止爲所合封贈父母妻官稱，犯父母妻之父祖名，即與身贈父官所贈官自犯父名不同，雖以準上條施行，須至陳乞參酌。珂按《晉書》《通典》江統之言，專以佐史朝夕之稱爲擬，要非贈典之比。雍熙嘉祐之制，雖在珂所書吳中復事之前，然熙甯實衝改前詔，宣和馬向之命，又申之也。雖或行或尼，而續無名文。若夫加寄理字，則參預壁蓋以爲非故常矣。今司封定制，以天下之大，豈無名諱犯官稱者，迄不知其何所据依，而爲之折衷也。

（宋）岳珂《愧郯録》卷一五《官稱不避曹司》 凡今世避家諱者，不避嫌名，雖著于令，初無官曹官稱之別。珂按：《唐書·賈曾傳》父名言忠，睿宗時擢中書舍人，以父嫌名不拜。開元初，復拜中書舍人，曾固辭。議者謂中書乃曹司，非官稱，嫌名在禮不諱，乃就職。然則中書者，曹司也。舍人者，官稱也，又有差別輕重。唐人最重諱，而所言乃如此，與今制尤不同云。

（宋）王楙《燕翼詒謀録》卷四《禁士大夫避諱》 唐人重於避諱，國初此風尚在，劉温叟以父名岳，終身不聽樂，部曲避監臨家諱尤甚。太宗雍熙二年六月辛丑，詔内外臣僚三代名諱，止可行於己，州縣長吏不得出家諱，新授官職有家諱者，除三省御史臺五品文班四品武班三品以上，許準勅上言，餘不在改請之限。然法令明載，官稱犯高曾祖父諱，冒居者有罪，則是與此詔相反也。豈非此詔既行之後，人無廉恥，習以成風，故又從而禁之耶。

（宋）**王林**《**燕翼詒謀録**》**卷四**《**改判院官名**》　今判部、判寺、判監、判院之稱，乃官制未改以前實稱。今加於實稱之上，可謂重疊。昔有判刑部、判禮部、判兵部、判工部，惟户、吏二部無之，蓋以流内銓三司使易其名矣。官名既正，又加以判，甚無謂也，其他寺監亦然。至於登聞檢鼓院、進奏院，舊稱判。政和五年，言者謂官制之改稱判者悉除去，惟太守正司以官尊者稱判，其次爲知，若六院不可復言判也，遂詔悉改爲監。

（宋）**王林**《**燕翼詒謀録**》**卷四**《**武臣改階官**》　大夫之稱亞於卿，而郎官上應列宿，文臣以爲階官宜也，況其來自古，初非創意立名，故神宗正官名，遠考古制，以大夫郎易職事，舊稱爲寄禄官。若武臣横行正副使之稱，與承制崇班供奉侍禁奉職借職差使借差，非名之不正也。政和乃悉易以大夫郎之稱，此豈被堅執鋭、馳驟弓馬者之所宜稱乎。横行以十二階易十二階，猶之可也，正副使各十九階，並以八階易之，無乃輕褻名器之甚乎。昔之超轉，猶作九資，則是副使四十五年可轉，不過四資，是減四十五年爲十六年矣。

（宋）**趙昇**《**朝野類要**》**卷二**《**稱謂·行在**》　天子駐蹕之所在也，古不聞之，自秦漢方有此稱，本朝百司初稱隨駕某司，自真廟後皆稱行在，唯三省學士院臺諫内侍省之類不云行在，蓋天子之司及常侍之謂也。

（宋）**趙昇**《**朝野類要**》**卷四**《**雜制·家諱**》　授職任而犯三代名諱者避之，如開禧初張嗣古除起居郎，以犯諱辭免，曾改名侍立修注官，其餘若二名偏犯，即不避亦具辭免之。

（宋）**趙昇**《**朝野類要**》**卷五**《**憂難·謚法**》　自古有之，所以定生前之德行，每一字，其義取用之端甚多。本朝立法，有雖無官而有德行者亦賜之，皆有擬文一道，太常博士撰，吏部考功奏行之。

（宋）**趙昇**《**朝野類要**》**卷五**《**餘紀·陶鑄**》　宰相擢用仕宦，謂之陶鑄者，取造化之義，向因留相家諱鑄，遂易爲陶鎔，正如避寇相名，祇書此准字也。

紀事

（宋）**李燾**《**續資治通鑑長編**》**卷五一七**《**哲宗元符二年**》　辛亥，吏部侍郎徐鐸言：文武陞朝官母妻邑號萬年、萬載縣名，皆非人臣母妻所宜稱。乞立法禁止，所有已封者，許改正。從之。

（宋）**留正**《**皇宋中興兩朝聖政**》**卷五〇**《**孝宗皇帝·嚴定謚賜謚法**》　〔乾道八年冬十月丙寅朔〕臣僚言在法光禄大夫節度使已上即合定謚，議於太常，覆於考功，苟其人行應謚法而下無異詞，則以上於朝廷而行焉，紹興間以守臣捍禦臨難不屈死節昭著，而其官品或未該定謚，於是有特許賜謚指揮，故以定謚者給敕，而以賜謚者給告，近來請謚之家却有官品合該定謚，並緣紹興指揮輒經朝廷陳乞賜謚，不議於太常，不覆於考功，獨舍人命詞行下，是太常考功二職俱廢，而美謚乃可以幸得也，此則法令之相戾者也。大凡命詞給告皆三省官奉制宣行，列名於其後，今特恩賜謚，禮命優重，冠王言於其首，而宰相參政給舍並不入御，獨吏部長貳考功郎官於後押字，殊不類告，甚非所以尊王命嚴國家也。況舍人掌詞命之官猶不入御，而賜謚初不議於考功，乃亦押字，理有未安，此則制度之可疑者也。望今後定謚賜謚一遵舊典，至於誥命之制，亦乞令禮官詞臣考尋舊章，詳議續中書後省禮部太常寺議上，今後若有官品合該定謚，即仰其家經朝廷陳乞，下有司遵依定謚條法議謚給敕施行。如係守臣守禦臨難不屈死節昭著，并應得藴德邱園聲聞顯著，條法指揮陳乞賜謚之人，或奉特旨賜謚者即依紹興三年指揮命詞給告施行。從之。

（宋）**王明清**《**揮麈録**》**後録卷一**　又云：是月，奉職程若英乃文臣程博文之子，上書言：皇子名亶，及御名皆犯唐明宗名，宜防夷狄之亂。詔改皇子名。至是，又上書乞换文資，從之。時亦建中靖國元年，後來果驗，亦異事也，因著之。

（宋）**王明清**《**揮麈録**》**後録卷二**　治平初，詔改諸路馬步軍部署爲總管，避厚陵名也。考之前史，總字皆從手，合作摠字，非從絲無疑。出於一時稽考不審，沿襲至今，不可更矣。

（宋）洪邁《容齋三筆》卷一一《帝王諱名》　帝王諱名，自周世始有此制，然只避之於本廟中耳。克昌厥後，駿發爾私。成王時所作詩。昌、發不爲文、武諱也。宣王名誦，而吉甫作誦之句，正在其時。厲王名胡，而胡爲虺蜴，胡然厲矣之名，在其孫幽王時。小國曰胡，亦自若也。襄王名鄭，而鄭不改封。至於出居其國，使者告于秦、晉曰：鄙在鄭地。受晉文公朝，而鄭伯傅王。唯秦始皇以父莊襄王名楚，稱楚曰荊，其名曰政，自避其嫌，以正月爲一月。蓋已非周禮矣。漢代所謂邦之字曰國，盈之字曰滿，徹之字曰通，雖但諱本字，而吏民犯者有刑。唐太宗名世民，在位之日不偏諱。故戴胄、唐儉爲民部尚書，虞世南、李世勣在朝。至于高宗，始改民部爲户部，世勣但爲勣。韓公諱辨云：今上書及詔，不聞諱滸、勢、秉、機，惟宦官宮妾，乃不敢言喻及機，以爲觸犯。此數者，皆其先世嫌名也。本朝尚文之習大盛，故禮官討論，每欲其多，廟諱遂有五十字者。舉場試卷，小涉疑似，士人輒不敢用，一或犯之，往往暗行黜落。方州科舉尤甚，此風殆不可革。然太祖諱下字内有从木从匀者，《廣韻》於進字中亦收。張魏公以名其子，而音爲進。太宗諱字内有从耳从火者，又有梗音，今爲人姓如故。高宗諱内从勹从口者亦然。真宗諱从小从亘，音胡登切。若缺其下畫，則爲恒，遂并恒字不敢用，而易爲常矣。

（宋）洪邁《容齋三筆》卷一一《家諱中字》　士大夫除官，於官稱及州府曹局名犯家諱者聽回避，此常行之法也。李燾仁甫之父名中，當贈中奉大夫，仁甫請於朝，謂當告家廟，與自身不同，乞用元豐以前官制，贈光禄卿。丞相頗欲許之。予在西垣聞其説，爲諸公言，今一變成式，則它日贈中大夫，必爲祕書監，贈太中大夫，必爲諫議矣，決不可行。遂止。李愿爲江東提刑，以父名中，所部遂呼爲通議，蓋近世率妄稱太中也。李自稱只以本秩曰朝散。黄通老資政之子爲臨安通判，府中亦稱爲通議，而受之自如。

（宋）洪邁《容齋五筆》卷三《士大夫避父祖諱》　國朝士大夫，除官避父、祖名諱，蓋有不同。不諱嫌名，二名不偏諱，在禮固然，亦有出於一時恩旨免避，或旋爲改更者。建隆創業之初，侍衛帥慕容彦釗、樞密使吴廷祚皆拜使相，而彦釗父名章，廷祚父名璋，制麻中爲改同中書門下平章事爲同二品。紹興中，沈守約、湯進之二丞相，父皆名舉，於是改提舉書局爲提領，自餘未有不避者。吕希純除著作郎，以父名公著而辭。然富韓公之父單名言，而公以右正言知制誥，韓保樞之子忠憲公億，孫絳、縝，皆歷位樞密，未嘗避。豈别有説乎？

（宋）李心傳《建炎以來朝野雜記甲集》卷九《故事·定謚不許更易》　慶元末，京丞相薨，賜謚文穆，既而其子沆請避家諱，改文忠。於是言者以爲：楊億巨儒，既謚曰文，議者欲加一忠字，竟不之與。夫欲加一字，猶且不可，况謚以二字，又欲極美乎？望敕所司，自今議謚，務當其實。其或不然，當準古法，以選舉不實論。若定謚已下，其子孫請再更易者，以違制論。從之。

（宋）李心傳《建炎以來朝野雜記乙集》卷二《上德·加上光宗尊謚》　嘉泰三年七月癸未，詔加上光宗憲仁聖哲慈孝皇帝尊謚爲十六字。自商、周以來，人主始有謚，大抵節以一字而已。間亦有用二字者，如商之成湯、周之真定是也。嗣後歷漢、魏迄唐初皆然。至高宗改謚太宗爲文武聖皇帝，始用三字。天寶末，又例加至七字，逮元宗、肅宗之歿，遂皆以九字易名，而益非古矣。代宗、德宗初謚皆四字，順宗增爲六字，憲宗又損爲五字。自是終唐之世，皆因之。惟宣宗以復河、湟功，增順宗、憲宗爲九字，其餘則否。五代朱梁初謚亦五字，唐明宗六字，晉、漢、周皆七字，周世宗四字。本朝初謚亦六字，大中祥符元年始增祖宗謚爲十四字，五年又增二字，十六字之謚自此始矣。真宗初加爲八字，再加乃十六字。仁宗以後，初加即十六字，惟神宗累加至二十字，而欽宗之謚無加焉，此其所以異也。詔下之九日，壬辰，宰執、侍從、兩省、臺諫、禮官集議於尚書省，請加謚曰循道憲仁明功茂德温文順武聖哲慈孝皇帝。詔恭依。其年十一月日至，上祀南郊，前一日，親帥羣臣奉上玉册於太廟本室，如故事。

（宋）李心傳《建炎以來朝野雜記乙集》卷七《朝事·淳熙改元本用純字》　乾道癸巳歲冬至日，上祀南郊，肆赦，改明年元爲純熙。既宣制矣，後六日甲辰，中書門下省言：若合淳化、雍熙言之，當用淳熙字，庶幾仰體主上取法祖宗之意。從之。是時，先人在虞雍公宣威幕府，敕制初下，衆未有言，先人語雍公曰：以《周頌》考之，時純熙矣，是用大介。此武王克商事也，豈今日所當用，宜密以奏。雍公從之。奏未達聞，而朝廷已更之矣。

（宋）周密《癸辛雜識》後集《押字不書名》 余近見先朝太祖、太宗時朝廷進呈文字，往往只押字而不書名。初疑爲檢底而末乃有御書批，殊不能曉。後見前輩所載乾淳間禮部有申秘省狀，押字而不書名者。或者以爲相輕致憾，范石湖聞之，笑其陋，云：古人押字，謂之花押印，是用名字稍花之，如韋陟五朶雲是也。豈惟是前輩簡帖，亦止是前面書名，其後押字，雖刺字亦是前是姓某起居，其後亦是押字。士大夫不用押字代名，方是百餘年事爾。

遼金元部

公文分部

論說

（元）王惲《秋澗集》卷八六《烏臺筆補・論品官得上封事狀》 五品以上文資官，如遇赴闕授除，據所管路分內有利病當興除者，得上封事以聞。其條件大不過三，小者五事而已。正本上中書省，副則呈御史臺。庶望下情得以上通而無壅滯之蔽，非惟稍見人材優劣，亦且知任內有無盡心勾當。

（元）王惲《秋澗集》卷九一《事狀・為革部符聽偏辭下斷事狀》 竊見部吏符文之弊，謂如甲以田宅告部，便以偏辭有理，斷付甲主；乙復上訴，新吏不照先行，却以乙辭有理，即付乙主。路官知其徇弊，欲從理長者歸給，二人各倚原符，互相不服。其兩造或赴察司陳告，照卷明見，亦欲與之改正，又緣省例部斷者不許輒改，以致躭悞，有累年經歲不能杜絶者。乞請上司定奪歸一，毋令止憑偏辭輒下斷語，庶免人難。

綜述

（宋）宇文懋昭《大金國志》卷三五《誥勑》 立國之初，多沿遼制，文武官五品除授，並用黄紙爲勑牒，五品以上方用誥，誥用五色綾。三品方用羅，二品、一品加銷金，或曰瑞草，或曰祥鸞，皆遍地焉。軸或木，或牙，或犀，或七寶，皆隨品從。除授依舊，以黄紙爲牒，又加白紙爲宣。唯三品郡夫人以上，誥軸與羅銷金外加錦囊罩，以紅絡飾以小金鈴、金鐸，制作極華麗。

《金史》卷五八《百官志・官誥》 官誥。親王，紅遍地雲氣翔鸞錦褾，金鸞五色羅十五幅，寶裝犀軸。一品，紅遍地雲鶴錦褾，金雲鶴五色羅十四幅，犀軸。二品、三品，紅遍地黿蓮錦褾，素五色綾十二幅，玳瑁軸。四品、五品，紅遍地水藻戲鱗錦褾，大白綾十幅，銀裏間鍍軸，元牙軸承安四年改之，大安二年復改爲金縷角軸。六品、七品，紅遍地草錦褾，小白綾八幅，角軸，大安加銀縷。【略】 金格，一品，紅羅畫雲氣盤龍錦褾，金龍五色羅十七幅，寶裝玉軸。二品，翔鳳褾，金鳳羅十六幅，犀軸。三品、四品，盤鳳褾，金鳳羅十五幅。五品，翔鸞錦褾，金鸞羅十四幅。以上幅皆用五色羅，軸皆用犀。六品，御仙花錦褾，金花五色綾十二幅。七品、八品、九品，太平花錦褾，金花五色小綾十幅。軸皆用玳瑁。凡褾皆紅，幅皆五色。夫人以上制授，餘勑授，皆給本色錦囊。

《蒙古秘史》卷八 又降旨曰：將舉國百姓所分之份，所斷之案，書之青册文書，傳至子子孫孫，其勿更改，失吉忽突忽與我議擬之白紙所造青册文書脱有更改者，則當罪之。

（元）胡祗遹《紫山大全集》卷二二《雜著・即今弊政》 一、案牘者，紀事代言立政而已，闕則廢事，多則紛擾。頻怒則不威，責人不以理則言不行。即今無用之冗文十去其七，則吏簡政清，下不煩勞矣。

（元）胡祗遹《紫山大全集》卷二三《雜著・民間疾苦狀》 一、冗文當革。冗文不革，則冗吏不能減。何爲冗文，無妄受，無越訴，無疏駁不法，無申呈無度，如是則冗文十去其七八。

（元）胡祗遹《紫山大全集》卷二三《雜著・吏治雜條》 一、詞狀置簿，即日便行，毋落吏手。

《廟學典禮》卷三《正録不與教官連署》 國子監，至元二十六年九月二十日，令史張瀛承行指揮：近據淮西道儒學提舉司申，據巢州等處學正朱庭槐等呈，本學應行文書，照依江浙例，正、録與教官一同簽押，乞明降事。得此，照得省部定到教官格例節該：學正、學録不得連銜署文簿。府、州並各處書院，准此，直學掌管本學田産、屋宇、書籍、祭器一切文簿，並見在錢糧，凡有支發，並聽提學、教授公議區處，明立案驗，不得擅自動支，違者從教授申覆本處官司，截日黜罷事。除外，合下仰照驗，行下合屬，照會施行，毋得亂行申覆。下浙東道儒學提舉司。

（元）徐元瑞《吏學指南・儀制》 制可 《史記》曰：下有司曰

制，天子答之曰可。

詔　《釋名》曰：照也。謂人愚暗，不見其事，以此示之，使昭然也。始於秦。

赦　天子寬恕之，命與民更始也。始於舜。

宣　天子親賜命誥也。故無押字，以寶爲信。始於唐。

勑牒　天子制命也。《周官》六典王言之制有七，曰勑、牒、例、令、省、授，爲係上言，故用黄紙，宰相押字。

表　《釋名》曰：下言於上曰表，謂思之於内，表之於外也。漢制。

奏　謂言進於君者。《釋名》曰：鄹也。鄹，狹小之言也。

牋　《説文》曰：表識書也。漢制。

啓　謂通達其意也。漢制。

（元）徐元瑞《吏學指南・旨判》　旨判　立意於内，發言於外，曰旨；剖决是非，著於案牘，曰判。

聖　唐陸贄曰：與天地合德曰聖。

懿　漢蔡邕曰：温柔聖善曰懿。

令　《獨斷》曰：奉而行之曰令。

鈞　掌承萬機之重曰鈞。《詩》云：尹氏大師，維周之氏。秉國之鈞，四方是維。

台　星應三公曰台。漢制。

尊　位高可貴曰尊。

裁　酌量制度曰裁。始於晚唐。

言語　直言曰言，論難曰語。發端曰言，答述曰語。

處分　《通鑑》注云：區處曰處，分别曰分。又，處者，至也，定也；分者，所當然也。

（元）徐元瑞《吏學指南・諸此》　諸此　謂欽此、奉此之類

欽　《字寶》曰：心不敢慢曰欽。謂致恭也。

敬　《字寶》曰：心不敢忽曰敬。謂致誠也。

奉　遵依上命也。

承　受納其事也。

蒙　仰戴上意也。

準　法則也，均平也。

據　謂依憑也。

得　事有所獲也。

（元）徐元瑞《吏學指南・公式》　劄付　《演義》曰：櫛也。以木爲牒，簡牋之屬。又刺著爲書曰劄，以文相與曰付。猶畀賜也。

咨　《左傳》曰：訪問於善曰咨。

符　《説文》曰：符者信也。契合也。符之爲言扶也，兩相扶合而不差也，所以輔信於四方，猶命令也。唐制。

關　唐制：諸司相質問曰關。謂開通其事也。

指揮　示意曰指，戒勑曰揮。猶以指拔斥事務也。

牒　《韻》注：書版曰牒。又，以劄寫書也。古者訴狀稱訟牒，蓋非特官文書之稱耳。

咨申　謀於下，訪於上者。

咨呈　即咨申意耳。

申　伸也，明也。謂所告諄切。

文解　謂發明事端申呈之異名。

付予　謂以文相與，頒行之義也。

付身　謂給授其文也。

批貼　批示也，貼券也，帛書也。

呈　謂布意達於尊者，又陳示其狀也。

引　《漢・志》：引者，信也。蓋取信之文也。

移文　謂公文往來也。昔有《北山移文》，原恐始此。

公文　謂官遣文字，故曰公文。

海行　謂公事天下皆可以奉行者，故曰海行。

生熟事　宋真宗尹開封日，置判官、推官，以獄訟刑名爲生事，户口財賦爲熟事，其名始此。

（元）徐元瑞《吏學指南・發端》　上天眷命　《傳》曰：尊而君之，則稱皇天。《書》曰：皇天眷命，奄有四海，爲天下君。欽惟聖朝，受天明命，肇造區夏，故曰上天眷命。詔勑之首，表而出之。

長生天氣力裏　長生天者，謂天道久遠之義；氣力者，大也；裏

者，內也。欽惟聖朝，荷天地之洪禧，奄有萬邦，薄海內外，悉皆臣屬，故曰長生天氣力裹。舊曰上頭天底氣力裹，或曰上天氣力裹。

大福廕護助裹　大福者，百順之名也；廕者，庇也；護助者，擁衛贊成也。欽惟聖朝，承列聖之丕祚，混一區宇，歷古所無，福庇黎元，咸遂生樂，故曰大福廕護助裹。斡魯朵裹　車駕行在之所，金帳之內也。

會驗　謂事應證條而行者。

照得　謂明述元因者。

契勘　謂事應推驗而行者。

勘會　謂事應檢察而行者。

看詳　謂審視辭理，善爲處決者。

拖詳　謂牽照案牘，評論始末也。

披詳　謂博覽其義而處決者。

參詳　謂仔細尋究也。

相度　謂詳審事理而議。

（元）徐元瑞《吏學指南·結句》　照詳　謂義明於前，乞加裁決也。

照驗　謂證明其事也。

謹牒　謂敬列其文於前也。

故牒　顏師古曰：故者，謂通其旨義也。

主者施行　東漢順帝時天旱，尚書僕射黃瓊言得失，帝以其奏屬主者施行。

符到奉行　唐總章中，裴行儉等定銓注之法，令主者受旨奉行，各給以符。

階銜　《釋名》曰：梯級也。官有尊卑，以此定位也。

（元）徐元瑞《吏學指南·狀詞》　狀　《演義》曰：貌也。以貌寫情於紙墨也。

執狀　待以備用也。

取狀　謂採彼情理也。

送狀　予奪於此，從彼施行也。

責狀　謂一一具說也。漢曰簿責。

告狀　謂述其情而訴於上也。

單狀　簡略之義。

到狀　謂引用入官也。

招伏　招，猶昭也；伏，隱也。《湯誥》曰：罪人黜伏。注云：桀知其罪，退伏遠屏。顏師古曰：伏罪，謂舊罪陰伏未發者也。今之招伏，蓋彰明其罪也。

准伏　謂心願無爭也。

承伏　謂甘當其責也。

服辯　服者，降服也；辯者，判也。舜舉四罪，而天下咸服，謂服其用刑之當也。今之服辯，蓋使犯人家屬知其犯服其罪也。

甘結　所願曰甘，合從曰結，謂心肯也。

詞因　《說文》曰意內言外曰詞。事情所由曰因。

分析　謂開理其事，如破木也。五代將軍寇彥卿殺人，梁帝命其分析。

依准　謂從其所欲也。

依應　謂諾所行也。

（元）徐元瑞《吏學指南·冊籍》　案牘　考察文驗曰案，書字之版曰牘。

卷宗　事始所出，謂之卷宗。宋曰案祖

案沓　謂文卷重重也。

公案　謂公事始末也。

文卷　謂聯編捲舒也。

文案　即文卷也。

簿　簿書也。記事之冊，可以疏密也。

籍　謂書之總名也。

文冊　古之簡牘，今之簿籍也。

帳目　謂攢其數也。

葉子　匭數之文，如枝葉之片片也。始自於唐。

案驗　謂但經印押，堪爲憑據者。

籤表　謂判語簽貼也。五代范質爲相，恐臨文有誤，立此書判。

文字　依類象形曰文，形聲相合曰字。

文書　謂著於竹帛者。

公事　無私曰公，有所作爲曰事。

起數　公事發端曰起，人物多寡曰數。

各件　舉物之爲各，分事之爲件。

款項　別其衷曲，分類事端也。

檢　《説文》曰：書署也。《三蒼解詁》云：檢，法度也。《爾雅》釋云：檢，模範也。《春明退朝録》：三司公文曰檢。

貼説　刪煩取要，以備呈覆也。

似本　摹體其文也。

抹子　簡節切要之文，便於塗抹也。

截白　整齊潔净之名。

事目　謂事之提綱也。取綱目、條目、節目之類。

畫一　《漢書》：蕭何爲法，較若畫一。言整齊也。

云云　《漢·汲黯傳》：吾欲云云。顔師古曰：猶言如此如此也。

（元）徐元瑞《吏學指南·牓據》　牓　書題揭示曰榜。漢曰標牓，猶稱揚也。《吏學指南·牓據》《吏學指南·牓據》

鏤牓　謂刻文遍示也。

板牓　謂昭示於人也。

手牓　謂片著示人也。

曉示　謂明諭其事，與衆共知者。

告示　謂預報通知者。

解由　考滿職除曰解，歷其殿最曰由。

憑由　謂叙其事因也。

公憑　謂官給憑驗也。

文契　謂立約結信。又刻也，刻識其數也。《尚書》注：以書契約其事。

鈔書　取也。謂官取其物，給與照驗也。

勘合　即古之符契也。

（元）徐元瑞《吏學指南·八例》　謂以、准、皆、各、其、及、即、若也。以　罪同真犯謂之以。凡稱以者，悉同其法而科之。假如不枉法，二十貫以上，三十貫以下，解見任別行求叙。其風憲之官，於任所並巡按去處，因而受人獻賀財物，以贓論，故與真犯同。

准　止准其罪謂之准。凡稱准者，止同以贓計錢爲罪。假如官吏毋得指克斂爲名，取要一切撒花拜見禮物，如違並准贓論，故曰止准其贓定罪，不在除名賠贓之例。

皆　罪無首造謂之皆。凡稱皆者，不以造意隨從人數多寡，皆一等科斷也。假如强盗殺人，罪無首從，並皆處死者是也。

各　各主其事謂之各。凡稱各者，彼此各主其事而已。假如和誘人口者，各斷一百七下，蓋爲買主、賣主各主其事，同科此罪也。

其　反於先義謂之其。夫犯罪之人，或先有事而後無事，或先是而後非，文意相違，而不相通，曲直相背，而不相入，若此之類，故稱其以别之。假如偽造寶鈔，但是同情並合處死，其買使、分使者，斷一百七下是也。

及　事情連後謂之及。夫事陳於前，義終於後，進言數事而總之以一，若此類者故稱及以明之。假如結攬税石及自願令結攬與官司者，並斷按打罪戾是也。

即　即者，條雖同而首别陳，蓋謂文盡而後生，意盡而後明也。假如見血爲傷，非手足者，其餘皆爲他物，即兵不用刃亦是。所謂條雖相因，事則别陳也。

若　若者，文雖殊而會上意，蓋因其所陳之事而廣之，以盡立法之意也。變此言彼而未離乎此，捨内言外而未離乎内。假如私宰牛馬，正犯人决杖一百，仍徵鈔二十五兩充賞。若馬牛不堪爲用者，依上申官，辨驗烙印開剝。若禁月内宰殺者，並合一體斷罪。所謂文雖殊而會上意也。

（元）徐元瑞《吏學指南·字類》　謂依、同、加、减、如、止、聽、從、仍、並、論、坐也。依　照其正犯謂之依。凡稱依者，謂所犯照其正犯科斷也。假如諸客販鹽，引數外夾帶，及引不隨行者，依私鹽法科罪是也。

同　比類真犯謂之同。凡稱同者，謂所犯與真犯相類也。假如刼墓賊人，已發墳塚者同竊盗，開棺槨者同强盗，殘毁屍首者同傷人是也。

加　加罪就重次謂之加。凡稱加者，謂於本罪之上增加其罪也。謂如糾彈衙門官吏犯贓，比之有司官吏加一等罪是也。

減　罪就輕次謂之減。凡稱減，謂比之正犯減等得罪也。假如犯私鹽者科徒三年，決杖七十，財產一半沒官，決訖發下鹽司帶鐐居役，犯界鹽貨減罪一等是也。

如　義明於後謂之如。凡稱如者，謂前意雖舉而取結其事於後也。假如投下並諸色户計遇有刑名詞訟，從本處達魯花赤管民官約會本管斷遣；如約會不至，就便斷遣是也。

止　無所加及謂之止。凡稱止者，謂坐罪止此，不可復加於他人也。假如犯界，酒一十瓶以下，追罰鈔二十兩，決二十七下；一十瓶以上，追罰鈔四十兩，決四十七下；酒雖多，罪止杖六十，罰鈔五十兩是也。

聽　從人所欲謂之聽。假如與賣田宅，欺昧親鄰，雖過百日，亦聽依價收贖。又如婦人夫亡，服闋守志，並欲歸宗者，聽其舅姑，不得一面改嫁者是也。

從　酌情就罪謂之從。凡稱從者，驗所犯輕重，就得其罪也。假如諸造作官物，工畢之日，其元給物料雖經覆實，而但有所餘者，須限十日呈解還官；限外不納，從隱盜官錢法科是也。

仍　罪應頻坐謂之仍。凡稱仍者，謂本罪之外應須頻坐者。假如僞造寶鈔者死，首告者賞銀五錠，仍給犯人家產，故曰罪應頻坐也。

並　情無輕重謂之並。凡稱並者，謂不分彼此，首從輕重皆合得罪也。假如諸差科皆用印押公文，其口傳言語科斂者，不得應副；違者所取雖公，並須治罪是也。

論　理爲正罪謂之論。凡稱論者，謂因有所犯，理成正罪也。假如各處過納秋糧，縣官並不得拘留糧米，以點綱爲名，取斂錢物；違者計贓論罪是也。

坐　罪有相連謂之坐。如家人共犯，罪坐尊長是也。

《元典章》卷一三《吏部·公規·署押·圓座署事》　至元十四年，行中書省參照屢降聖旨條畫，比附見行格例，仰照驗施行。

一、京府州縣官員，每日早聚圓坐，參議詞訟，理會公事。除合給假日外，毋得廢務。仍每日一次署押公座文簿，若有公出者，於上標附。

一、所官府凡有保明官吏，推問刑獄，科徵差税，應支錢穀，必須圓簽文字有故者非。今後，非奉上司明文，毋得擅自科斂差役。如承准上司許科明文，須要公廳圓押，不得用白帖子科斂差役，支遣錢穀，亦不得用職印行發係官文字勾攝軍民人等。

《元典章》卷一三《吏部·公規·署押·官暫事故詣宅圓押》　至元二十五年，行中書省爲鎮江路總管府忙古歹爲頭遲滯行移文字，不曾畫字，推稱去大司農計稟公事。省府公議得，本省府官以下所官司，每日公坐圓押文字，理會公事。除公差離職外，若有時暫差委、疾病、事故，仰令當該令史詣宅署押圓備發行，仍置公座簿記録，以備照勘。行移各路施行。

《元典章》卷一三《吏部·公規·署押·文書寫浄公押》　至元二十二年十月二十五日，中書省欽奉聖旨節該，文書的檢子寫浄出來，聽了呵，押者。外頭出去的文書根底，再覷了，交行者。麼道，聖旨了也。欽此。

《元典章》卷一三《吏部·公規·署押·浄檢對同方押》　至元二十六年八月，行御史臺准御史臺咨，今後，應行公事，先須議定詳看檢目，隨即填寫了畢，赴首領官處，書卷完備，對同無差，於浄本浄檢上，標過對同，方許呈押。經日多者，量給程限。並不許將空紙書押，及於元草檢上塗注改抹。如違，初犯，罰俸一月；再犯，二月；三犯，的決。情理重者，自從重論。咨請依上施行。准此。憲臺合下仰遍行照會施行。

《元典章》卷一三《吏部·公規·署押·凡行文書圓押》　至元二十八年正月，行尚書省劄付，尚書省咨，會驗，在先内外諸衙門凡行文字，多不圓簽，事有差池，皆因此弊。自立尚書省以來，事無巨細，右丞相以下皆須圓押。其餘諸衙門尚依前弊。若不遍行照會，深爲未便。都省除外，今後，應有大小公事，官員別無差故，自下至上，須要圓書圓押。

《元典章》卷一四《吏部·行移·品從行移等例》　至元五年十一月，中書吏禮部：據河南府路申，總管府官坐次、行移，乞明降事。照得，下項舊例，呈奉都堂鈞旨，送吏禮部准擬，行下合屬，照會施行。奉此。省部開坐各各座次、行移體例如後。并據各路所申文解，年月日後豎逐官階銜多有不分品從高低，一般平頭，殊失上下體例。仰依奉省部内處分坐去事理施行内一款，照得，諸外路官司不相統攝應行移者，品同，往復平牒正從同。三品於四品、五品，並今故牒，六品以下皆旨揮；回報者，四品牒上，五品牒呈上，六品以下並申。其四品於五品，往復平牒，於六品、七品今故牒，八品以下旨揮；回報者，六品牒呈上，七品以下並申。五品於六品以下，今故牒；回報者，六品牒上，七品牒呈上，七品司縣並申。八品以下並申。六品於七品往復平牒，於八品今故牒；回報者，八品牒上，九品，牒呈上。其七品於八品，及八品於九品，往復平牒。七品於九品今故牒，回報者牒上。即佐官當司有應行移往復者，並比類品從。職雖卑，並今故牒；應申，平咨。

《元典章》卷一四《吏部·行移·執政官外任不書名》　至元七年十月，尚書禮部會驗舊例，內外官司行移，親王、宰相不署姓，執政官署姓，解亦不書名，實古禮尊賢貴德之義。照得，懷孟路總管楊少中曾任參參知政事，係前職執政官，見申部文解書名，似或於禮未宜，有無，照依舊例，止署姓不書名。爲此呈奉尚書省劄付，准呈，仍就便移關各部，及遍行合屬，照會施行。

《元典章》卷一四《吏部·行移·咨文簽省不簽》　至元二十三年十二月，中書省：照得，行省咨文內，簽省書畫批字。爲此議得，今後，行省凡咨都省咨文，簽事止押檢目，其餘行移文字，依舊署押。咨請依上施行。

《元典章》卷一四《吏部·行移·替官在家同見任行移》　至元十二年七月，御史臺：爲前東京路同知韓海山告，北京路因徵錢債直勾赴府取狀事。呈奉中書省，送吏部照擬得，職官任滿得替，在家聽候遷轉，即同見任。有相關公事，合照依行移體例施行。

《元典章》卷一四《吏部·差委·差使留除長官》　至元二十一年八月，御史臺：據監察御史呈：切聞四海百姓宅生於刺史，懸命於縣令，親民之官，民命之所由寄也。如近年以來，差往山場伐木，監造船隻者有之。他州收賣物料，監造軍器者有之。更或遠方押軍，跨海運糧，州縣正官爲之一空，動是經年不得還職。署事之日常少，出外日常多，是以民官無所怨苦，而府縣日以不治，此其由也。莫若今後必合摘官勾當事務，存留長官謂名，路縣官府尹、州牧、縣尹之類，常守其職。呈乞照詳。得此，照得，先奉中書省劄付該，來呈，河北河南道按察司申，府州司縣但奉上司文字，造作工程，押運糧斛，起遣軍役等事，差遣正官離職，辦課人員及吏目、典吏權攝，甚非所宜。今後但凡差故，須要每處存留正官一員，掌管州縣事務外，餘者，依例差遣。又照得，欽奉聖旨節該，諸州縣官選差循良廉幹之人，以充縣尹，專心撫治，以字吾民，布宣新政。仍以五事考較，而爲升殿。除欽依外，今體知得，隨處府州司縣長官，往往雜趁差使，離職不下數月，豈得專心職守，五事似難備舉，有失聖上恤民之意。乞照詳事。又據合肥縣尹徐霆等狀告，亦爲此事。分付行省，就便定奪去來。今有行省官議得，今後但有官爲必用之物，量事大小，如事重，必須委官收賣、監造、押運等物，除長官專守其職外，止許次官從公論輪番差遣。如事小，止差委以次人等勾當，毋致差委正官，耽誤官事。奉此。

《元典章》卷一四《吏部·差委·差使務均勞逸》　至元二十一年十一月，御史臺承奉中書省劄付，據來呈，山東東西道按察司申，照得，今後，府州司縣正官差使，宜分輕重編次等第，自下而上，置簿輪差，務均勞逸。仍將編定名次牒報憲司。若有違越，事輕者決遣，當行人吏判署官以下，罰俸。事重者，提控案牘以下，的決，判署官員，取招申臺究治，似望革除前弊。爲此，送吏部議得，今後凡有必須府州司縣正官差使，擬令各路及直隸省部、散府、諸州明置文簿，編次等第，遇有差遣，驗事輕重，自下而上輪差，合從本道按察司體察，仍將元置簿籍每上下半年與文卷一同照刷，若有不均，就便依理究問。都省准擬，仰依上施行。

《元典章》卷一四《吏部·差委·官員輪番差使》　至元二十四年，御史臺呈奉中書省劄付，據來呈，正官差使事，送吏部議得，今後凡有府州司縣正官差使，擬令各路及直隸省部散府、諸州明置文簿，編次等第，遇有差遣，驗事輕重，自下而上，輪番均差，合從本道提刑按察司體察，仍將元置簿每上下半年與文案一同照刷，若有不均，就便依理究問。都省准擬，仰依上施行。

《元典章》卷一四《吏部·差委·被差不得稽古留》　至元二十七年七月日，行御史臺：照得各道按察司，遇有差人出外幹事，被差之人領訖文字，關訖起馬聖旨或站船劄子，往往稽留不即起發，直至催督緊切，才方就道，致將所委事務耽誤。又將起馬聖旨、起船省劄付私家停放，至甚不宜。爲此議到下項約束，逐款事理，憲臺仰依上施行。

一、被差人員，當日領訖文字，關訖起馬聖旨、站船劄子，即於當日起發。如當日起發不及，許於次日絶早起發。無故稽留一日者，仰本道糾舉，罰俸一月。三日以上别議。

一、被差文字了畢，或有他故次日不能成行，仰被差人親赴司官處覆説。若有故而不行，赴司覆説，亦從罰例。

一、被差之後，忽有疾病，委妨起發，仰呈司照詳，若有病而不呈者，亦從罰例。

一、被差欲行，承奉司官省會，别有等候公事，不得行者，仰每日赴司計稟。若所等之事，猝急未了，將所關起馬聖旨、站船劄子權且於官寄收，不得於私家停放。違者别議。

一、被差回還，所賫起馬聖旨、站船劄子，到司日即便當廳呈納。如當日天晚衙散，許格次日絶早呈納。無故稽留一日者，仰本道糾察，罰俸一月。三日以上者，别議。赴任到司者，同此。

《元典章》卷一四《吏部·差委·委遣從員多處》 諸州府司縣官，掌管軍民差役一切事務，責任非輕。當該上司，事必當委遣者，須從員多事簡去處摘差，或止獨員不許妨占。其司吏人等，若遇須合勾攝之事，責限了畢，即必發還。仍將元勾緣由、來回月日置簿銷附，有不應勾攝或無故停留者，從肅政廉訪司究治。《至元新格》。

《元典章》卷一四《吏部·差委·長官首領官不差》 至元二十九年，湖廣行省劄付，照得，課程、錢糧、獄囚、民訟一切事務，全藉有司辦集。近年以來，各處官吏常時差占，不能在職理事，以致文案稽停，事多壅塞，造作、錢糧，往往不依期次相納。省府議得，今後路府州縣長官、掌司首領官，除省府坐名差遣并軍情緊急勾當外，其餘一切公事，並不得差占，專守其職。年終考較，若税糧不足、課程不升、獄訟不決、文案壅塞，驗輕重，黜罰。如遇和雇和買、監造、押運必合委官事理，其次官輪流差使。省府依上施行。

《元典章》卷一四《吏部·差委·路官州官通差》 元貞二年正月初九日，江西行省：准中書省咨該，奏准起運錢帛，議擬行下各處，輪差司、縣請俸正官前來，管押赴都交納。准此，照得各處差役司縣官，多有違限不到，雖是來到，俱係路官循私受賄，害公妬正。兼已差司縣官，爲是品級在下，其物該水旱路程，官司不即應副脚力，不能督運，以致遲滯。議得，起運赴都錢物，於各路以次路官輪流點差，外據各路起解赴省錢物，從本路於所屬州縣員多事簡去處，以次官内從公差遣，已經遍行去訖。據元貞元年吉州等路税糧、折收木綿，除差官起運外，撫州等路木綿、白布合委長押官，其各路以次正官，俱已差遍。若便再行輪差，似爲重併。省府議得，今後，一應起解赴都錢帛，於所轄各州以次官員内，輪流與路官通行差遣。除外，合下仰照驗施行。

《元典章》卷一四《吏部·差委·長官不得差占》 大德三年十一月，江西行省：據檢校官呈，照得先准中書省咨，赴都送納官物，除各路府州司縣達魯花赤、長官、捕盗官、辦課官依例不得差占外，其餘應合差使官員，明置印押文簿，通行摽附，遇有差使，自下而上輪差，務要均平。若但有看循不均，正官取招，首領官吏嚴行究治。近有朝廷差來官，與省府會議到釐革事内一件，爲各路差委州縣長官，管押錢糧等事。動經半年、周載不能署事，耽誤勾當勸課農桑、理問民訟。爲此遍行合屬，禁治去訖。參詳，長官不得差占，次官務要均差，即係省臺元行，又係朝廷差來官，與省府近新釐革之事。其各路官吏公然違拒，差占正官管解諸物。宜從省府劄付各路，取正官、首領官吏故違元行，以差長官違錯招伏，申省嚴行究治。呈乞照詳。得此。省府仰照驗，禁治施行。

《元典章》卷一四《吏部·案牘·行移月日字樣》 尚書户部承奉省劄，照得隨路申解，干礙錢穀書寫小數目字，無以關防。又該寫去年、今年、前月、今月、當月、此月，不能照勘。今後凡申并行移文字，須明白開寫某年月日承准是何上司，某年月日令史某人承行文書，仍於年月日下，當該司吏繫書名字，毋得似前朦朧申覆。

《元典章》卷一四《吏部·案牘·禁治虚檢行移》 至元九年四月廿二日，御史臺：據監察呈，照刷出大都路，户部支度科令史楊賢行符，奉尚書省判送，金玉府冠冕匠崔寶呈，御用冠冕合用窨子一間，物料和買應付，用過實直價錢申來放支。本路自至元八年六月初八日，至九年正月二十一日，計一十二次申乞除破，不蒙明降。取到户部楊賢行卷，除有九年正月廿一日總府文解一道外，不見元申文解十一道。又本部卷内，却有催檢九檢。照得催檢八道，俱係一樣紙劄，於大都路卷内，並無承到符文。如此虛調行移，呈奉中書省劄付該，除已劄付兵部追問及遍行禁約外，合下仰遍行禁約。承此。

《元典章》卷一四《吏部·案牘·禁治無檢空解》　至元九年十月，中書兵刑部奉中書省判送，御史臺：備監察御史呈，各州縣官司往往有合申報本管上司公事，不押檢目，止使空解，分付人吏，賫赴本路，就便填寫應報。不惟致令總府人吏惧避照刷稽遲，就用填補。又慮一等州縣爲弊人吏，冒行填作其餘文面，有害公事，深爲未便。本臺參詳，若准所呈，禁止相應。批奉都堂鈞旨，送兵刑部准呈，遍行禁止施行。

《元典章》卷一四《吏部·案牘·人吏周年交案》　至元十三年三月内，御史臺奉中書省劄付，來呈，省部以下諸衙門文卷，多有累年未畢物，蓋爲頻頻交案，及有差占，止勒見管人吏根檢，皆言不曾交到，以致遷延推調，不能決絕。若是久年人吏掌管，中間恐有情弊。如是，頻頻交案，實有埋没。擬合周年交案或有差占、事故，明立案驗，相沿交割，不唯照刷，亦是關防去失。送兵刑部，與禮户工部講究得，依御史臺所擬，周年交案，相應。都省准呈，劄付腹裏諸衙門，依上施行。

《元典章》卷一四《吏部·案牘·禁治私放文卷》　至元十七年五月，河北河南道按察司：准襄陽路牒呈，韓伯英争池文卷，本路達魯花赤宣德，將於伊家收頓。候本官進北回來取索歸結，請照驗事。准此，除别行外，憲司照得，大小公事，欽奉聖旨，定立程限，按察司巡行，照刷其卷，别無各官私家頓放體例。牒請遍行合屬，今後凡官司文卷，官吏並不得私家收放。如違，嚴行究治施行。

《元典章》卷一四《吏部·案牘·用蒙古字標譯事目》　至元十九年十月，行御史臺准御史臺咨，承奉中書省劄付，會驗先於至元八年正月内，欽奉聖旨，教習蒙古文字條畫内一款節該，省部臺院，今蒙古子孫弟姪作蒙古必闍赤頭兒，凡有行移文字，止用蒙古字標寫本宗事目，仍令習學漢兒公事。其諸内外諸衙門亦同，並用識蒙古字人員，充必闍赤。欽此。欽依外，照得，别省文字，除行省咨示，皆有蒙古字標譯事目外，樞密院、御史臺、六部呈省文字，止有漢字朱語，别無蒙古字事目。省房就令蒙古必闍赤標譯了畢，方得呈押，中間逗遛遲悞，至甚不便。自今各衙門，各有設立請俸蒙古譯史，都省除外，仰今後應呈都省文字，欽依聖旨處分事意，就令蒙古譯史標寫本宗事目，如係錢穀，備細譯寫錢穀呈省。更爲行移合屬，依上施行。

《元典章》卷一四《吏部·案牘·明立檢目不得判送》　至元二十三年十一月，中書省：據御史臺呈，體問諸衙門議論公事。若衆官主意不同，或有私害公者，首領官不敢書卷，當該人吏迎合官長，止以批送所屬施行，公私甚不便當。又兼有妨照刷。近因南京龐京驢告，舅舅焦漢臣至元十四年買到張阿劉房四間，明立文契。其張阿劉稱是元是典契，南京宣慰司總管府遍斷。追到南京路文卷，照得，在先准録事司所擬，憑契歸結。在後却擬令張阿劉取贖。申奉宣慰司判送元解，批奉司官鈞旨，先與按察司官一同斷定，令張阿劉取贖。追到宣慰司文卷，並無與按察司一同擬斷文案。除已别行取問外，照得，至元十二年，中書省爲户部批送，東平府歸問公事。送吏部議得，止合符下。都省准呈，遍行了當。參詳，除省臺、樞密院於親臨司屬，照擬歸問等事外，其餘内外諸衙門，凡有所行公事，擬合依例明立檢目，首領官書完，然後行移，庶少革私徇奸欺之弊。本臺議得，依准監察御史所呈，似爲允當。都省准呈，請依上施行。

《元典章》卷一四《吏部·案牘·明立案驗不得口傳言語》　至元三十年十一月，中書省咨：近准江浙行省平章阿老瓦丁咨呈，訪聞各處廉訪司施行公事，除文案統攝外，呼唤到有司官吏人等，爲不立案驗，只以言語省會施行。其間差悞無憑講究。今後，廉訪司但有公事，與有司必須公文往來，不得似前言語省會，庶得諸事成就。准此，行據御史臺呈，各道廉訪司係監臨按治諸司職分，不比其餘不相統攝衙門。如遇諸人陳告，或糾察聞知，稽滯逗遛，不決公事。可立案驗者，明白行移，如關追照，不必動文案細務，從便省會催趁理會，却不得因而亂行呼唤，及非理省會公事，耽誤有司事務。具呈照詳。都省議得，廉訪司監治諸司，處置事宜，即非細務。若許言語省會，不立案驗，將來不便，必致差池。如關諸人陳告，事有疑似，必先追照文卷者，亦可從便。已經劄付御史臺照會去訖。今又據本臺呈：肅政廉訪司係按治諸司，凡事俱合一體明立案驗，並不得口傳言語公事，中間弊有多端。乞照詳。都省咨請照驗，凡事一體明立案驗，並不得口傳言語公事，仍行下禁約施行。

《元典章》卷一四《吏部·案牘·文卷已絶編類入架》　至元二十一

年十月　日，行御史臺准御史臺咨該，據山東東西道提刑按察司申，准東昌路牒呈，准本路判官武承務牒呈，切見隨路總管府司吏遷轉，其本處官司止將各人所掌見行文字，交割了畢。移牒所指路分，發遣勾當。在後多有因事發露，或侵官錢，及經手迷失錢穀，被告私罪，未經結絶。更有不了事件，往往行移占怯不撥，以致逗遛，經年不絶，耽誤各掌事務，深爲未便。准此，卑司看詳：今後遷轉人員，將應掌行過文卷明立按驗交割，於内若有侵欺粘帶過犯，候追問完備，給據發遣。兼各處經歷、知事、提控案牘、都吏目、典吏人等，俱係專管案牘人員，年來不爲用心關防，多有去失文憑簿曆。新任官吏不知首尾，中間耽悞公事。擬合自至元二十年已前應行文卷，釐勒盡數分揀已、未結絶卷宗，伺候照刷了畢，將已絶文卷附籍入架，未絶卷宗，依理檢舉施行。已後照刷了絶，依上編類入架。將來滿替，依例相沿交割，於解由内，明白開寫，仍取新官交牒。提控案牘以下，亦取收管抄連，一就申呈，似望不致去失，革除前弊。乞明降事。得此，具呈中書省，照詳，遍行合屬，一體施行去訖。今據本道申，照得本司在先未絶公事，皆不催舉，亦有損失文卷簿籍，及有未曾提押文字，或雖押過，空判不行，中間多有耽滯公事。本司文卷尚然如此。其府州司縣案牘可知，以此參詳，擬自至元二十一年已前應行文卷簿籍，責任經歷司，盡數合陳照勘完備，將已絶文卷編類入架。未絶卷宗，依例催舉。已後結絶，依例編類入架。將來任滿滿替，相沿交割，於解由内，明白開寫，仍取新官交牒。書吏以下亦取收管呈司，然後給據發遣，庶肯盡心照管，革除前弊。本臺議得，若依山東按察司所擬，相應。咨請照驗，行下合屬，依上施行。

又至元新格　諸已絶經刷文卷，每季一擇，各具事目首尾張數，皆以年月編次注籍。仍須當該檢勾人員躬親照過，別無合行不盡事理，依例送庫，立號封題，如法架閣，後遇照用，判付檢取，了則隨即發還勾銷。

又　至元三十一年三月，行御史臺准御史臺咨：中書省劄付：先據本臺呈内，總府州司縣，將國朝收附以來，抄數民籍地畝卷册，不肯用心收掌。爲此送吏部議得，今後擬各路府州縣，將自前至今抄數到諸色户籍地畝千照文册取勘見數，補寫完備，如法架閣。正官、首領官相沿交割，解由依式開寫，許令察官檢舉。不完者究治。近准各省咨到官員解由，多有脱漏户籍地畝卷册。以此送吏部照擬得：今後擬令路府州判官、縣主簿、録事司判官，不妨餘務提調，首領官通行掌管，任滿相沿交割，解由内依式開寫。都省准呈，合下仰依上施行。

《元典章》卷一四《吏部·案牘·不得刮補字樣》　至元二十四年九月，御史臺承奉尚書省劄付，今後，凡行文字，須要真謹書填，首領官、令史用心照勘，對讀無差，親筆標寫訖姓名，隨即發放，毋致中間刮補添改、塗注卜乙字樣。如違，定將當該首領官吏究治。仍遍行合屬，依上施行。

又　元貞二年二月，江西行省准中書省咨：御史臺呈，湖北廉訪司備知事苗從仕呈，照刷鄂州路文卷，其干礙驅良、田宅、婚姻、債負、一切錢糧，往往積年不絶，追索元行，皆稱前界司吏不曾明白交割，中間實無去失埋没。問得本路別無架閣官宗人員。今檢會到，至元十二年，中書户部符文該，隨路各有取勘追會一切公事合用元行文卷回申，多有推稱更換人吏，失落不存，緣各路所設經歷、知事、提控案牘，俱係親臨簿書人員，擬合將本路應行併已絶架閣文卷，編類置立號簿，明白開寫，令提控案牘不妨本職，充架閣庫官，專一與經歷、知事一同掌管。如遇任滿得替，依數交割，代官取收附連申，解由内開寫，申部求仕。據所轄散府州縣亦令提控案牘、都吏目、典史依上兼管，相沿交割。呈奉中書省，准擬施行。參詳，江南歸附二十餘年，各路錢糧，造作并應行文卷，比之腹裏路分，加之事煩。如准前例，便益。得此，呈奉中書省，送吏部照擬得，御史臺呈，路府州縣提控案牘、都吏目、典史係親臨簿書人員，合將應行文卷，不妨本職，兼充架閣庫官，任滿，相沿交割，解由内開寫。宜准所擬。得此。都省准呈。

（元）佚名《詞狀新式·告給文引》　告狀人厶人

右厶狀告見年幾歲，無病，係本縣厶村附籍，當差人户厶，中形身材，籠長面晃白色，有髭髯，趕驢一頭，隨行將帶衣物盤纏等，欲往黃河南看親勾當。若不告給公憑，切恐沿路官司阻滯，隨狀召到保人厶人等，委保是實，今具狀上告某官，伏乞詳狀出給文引施行，所告執結是實，伏取裁旨。

年　月　日告狀人　厶人　狀

（元）佚名《詞狀新式・主首勘當》厶村主首厶人

奉 判下勘當厶人告給文引等事。今來厶依奉勘當得隣佑及保人厶等，並與本人所告相同，甘結是實，連判在前，伏取裁旨。

年 月 日主旨 厶人 狀

《告狀新式》按條格，凡陳詞年七十歲以上、十五歲以下、篤廢疾，法度不合加刑，令以次少壯人丁代訴。若委無代替之人，許自告。婦人不得代替男子告訴詞訟。若寡居無依，及有男子因故妨礙，事須告理者，不拘此例。

若年老篤廢殘疾人等，如告謀反、叛逆及子孫不孝者，聽。其餘公事，合令同居親屬人代訴，若有誣告，合行抵罪，反坐代告之人。子證父、奴訐主、及妻妾弟姪干犯義犯者，一切禁止。應告一切詞狀，並宜短簡，不可浮語泛詞，所謂長詞短狀故也。

應索債告狀式

告狀人姓某

右某年幾歲，無病，係某里某處籍民。伏爲狀告某年某月不記日有某處某人前來，引至某處某人作保，寫立文帖，就某家揭借去行息，至元折中統鈔若干定，每月依例納息三分，約某年某月納本息鈔定一頓歸還。至今過期，累次前去取索，推調不肯歸還，若不告理，於私委無奈何，有此事因，謹狀上告。

某縣伏乞詳狀施行，執結是實，伏取裁旨。

年 月 日 告狀人 姓 某 狀

（元）趙承禧《憲臺通紀・殿中摽記奏事》至大四年六月二十日，本臺官特奉聖旨：不揀那個衙門奏事呵，殿中合一處入來聽，自薛禪皇帝時那般有來。今後省、院爲頭，不揀那個衙門，但奏事呵，殿中聽者，摽記者。完澤你只在這門前坐地者。麽道聖旨了也。欽此。

紀 事

《元史》卷一八《成宗紀》〔元貞元年秋七月戊戌〕札魯忽赤文移舊用國語，勑改從漢字。

《元史》卷二一《成宗紀》夏四月癸亥，太陰犯東井。詔省、臺、樞密院、通政院，凡呼召大都總管府官吏，必用印帖，其餘諸司不得輒召。

《元史》卷二一《成宗紀》〔大德七年夏四月〕庚午，以中書文移太繁，其二品諸司當呈省者，命止關六部。

《元史》卷三一《明宗紀》〔天曆二年六月〕戊子，燕鐵木兒等奏：中政院越中書擅奏除授，移文來徵制敕，已如所請授之，然於大體非宜，乞申命禁止，庶使政權歸一。從之。

印信分部

論　說

（元）胡祗遹《紫山大全集》卷二二《雜著·印書之弊》　立法防姦而不能欺者，良法也。可欺則不惟不能防姦，而因以生姦。即今軍前公文起軍，曰在逃，曰身死，本家赴鄂勒官申訴曰：我家某人見於某處，應不身死，不在逃。官司不信，視此近日印書，鄂勒官憑准合申，無印章白書則不准。且如兩家俱該起軍一行，正係乎有印無印耳。即今軍官自鎮撫、總把、百户、千户、萬户、帥府、招討諸司百局，大小貴賤，有印章者不可勝數，印章出自吏手，計不難得，所刻字畫孰辨真僞？近年省印、部印尚有詐冒，而况卑官小職，江山遥遠，安敢必其無僞？又安知主鄂勒案牘之吏中間不假借以要利，助姦人而爲地，不詐造以取賂乎？兼近日起軍，官却不準印書，須要起遣。

前件愚見：私書使公印不可爲法，雖有印亦不可憑據。請移文軍前，有司毋印私書，有事則公文往來，不敢欺謾，實爲允當。

（元）王惲《秋澗集》卷九〇《便民三十五事·立法·置發兵符契》

竊見朝廷防馬劄妄濫也，御前給發奉使；欲遠方取信也，佩圓符爲徵。况兵戎大事乎？近者，王著矯僞發兵，利害非細，合議關防。契勘歷代緩急調遣軍馬，皆驗符契，然後得發。今後合無依上起置符契，庶免臨時別致事端。

綜　述

《遼史》卷五七《儀衛志·符印》　遥輦氏之世，受印于回鶻。至耶瀾可汗請印於唐，武宗始賜奉國契丹印。太祖神册元年，梁幽州刺史來歸，詔賜印綬。是時，太祖受位遥輦十年矣。會同九年，太宗伐晋，末帝表上傳國寶一、金印三，天子符瑞於是歸遼。

傳國寶，秦始皇作，用藍玉，螭紐，六面，其正面文受命于天，既壽永昌，魚鳥篆，子嬰以上漢高祖。王莽篡漢，平皇后投璽殿階，螭角微玷。獻帝失之，孫堅得于井中，傳至孫權，以歸于魏。魏文帝隸刻肩際曰大魏受漢傳國之璽。唐更名受命寶。晋亡歸遼。自三國以來，僭僞諸國往往模擬私製，歷代府庫所藏不一，莫辨真僞。聖宗開泰十年，馳驛取石晋所上玉璽于中京。興宗重熙七年，以《有傳國寶者爲正統賦》試進士。天祚保大二年，遺傳國璽于桑乾河。

玉印，太宗破晋北歸，得于汴宫，藏隨駕庫。穆宗應曆二年，詔用太宗舊寶。

御前寶，金鑄，文曰御前之寶，以印臣僚宣命。

詔書寶，文曰書詔之寶，凡書詔批答用之。

契丹寶，受契丹册儀，符寶郎捧寶置御坐東。

金印三，晋帝所上，其文未詳。

皇太后寶，制未詳。天顯二年，應天皇太后稱制，羣臣上璽綬。册承天皇太后儀，符寶郎奉寶置皇太后坐右。

皇后印，文曰皇后教印。

皇太子寶，未詳其制。重熙九年册皇太子儀，中書令授皇太子寶。

《遼史》卷五七《儀衛志·印》　吏部印，文曰吏部之印，銀鑄，以印文官制誥。

兵部印，文曰兵部之印，銀鑄，以印軍職制誥。

契丹樞密院、契丹諸行軍部署、漢人樞密院、中書省、漢人諸行宫都部署印，並銀鑄。文不過六字以上，以銀朱爲色。

南北王以下内外百司印，並銅鑄，以黄丹爲色，諸税務以赤石爲色。

杓窊印，杓窊，鷙鳥之總名，以爲印紐，取疾速之義。行軍詔賜將帥用之。道宗賜耶律仁先鷹紐印，即此。

《遼史》卷五七《儀衛志·符契》　自大賀氏八部用兵，則合契而動，不過刻木爲牌合。太祖受命，易以金魚。

金魚符七枚，黄金鑄，長六寸，各有字號，每魚左右判合之。有事，以左半先授守將，使者執右半，大小、長短、字號合同，然後發兵。事訖，歸于內府。

銀牌二百面，長尺，刻以國字，文曰宜速，又曰敕走馬牌。國有重事，皇帝以牌親授使者，手劄給驛馬若干。驛馬闕，取它馬代。法，晝夜馳七百里，其次五百里。所至如天子親臨，須索更易，無敢違者。使回，皇帝親受之，手封牌印郎君收掌。

木契，正面爲陽，背面爲陰，閤門喚仗則用之。朝賀之禮，宣徽使請陽面木契下殿，至于殿門，以契授西上閤門使云：授契行勘。勘契官聲喏，跪受契，舉手勘契同，俛、興，鞠躬，奏內外勘契同。閤門使云：准敕勘契，行勘。勘契官執陰面木契聲喏，平身立，少退近後，引聲云軍將門仗官，齊聲喏。勘契官云：內出喚仗木契一隻，准敕付左右金吾仗行勘。勘契官云合不合，門仗官云合，凡再。勘契官云同不同，門仗官云同，亦再。勘契官近前鞠躬，奏：勘官左金吾引駕仗、勾畫都知某官某，對御勘同。平身，少退近後，右手舉契云：其契謹付閤門使進入。閤門使引聲喏，門仗官下聲喏。勘契官跪以契授，閤門使上殿納契，宣徽使受契。閤門使下殿，奉敕喚仗。

木箭，內箭爲雄，外箭爲雌，皇帝行幸則用之。還宮，勘箭官執雌箭，東上閤門使執雄箭，如勘契之儀，詳具《禮儀志》。

《金史》卷五八《百官志·符》 符制。初，穆宗之前，諸部長各刻信牌，交互馳驛，訊事擾人。太祖獻議，自非穆宗之命，擅製牌號者置重法。自是，號令始一。收國二年九月，始製金牌，後又有銀牌、木牌之制，蓋金牌以授萬户，銀牌以授猛安，木牌則謀克、蒲輦所佩者也。故國初與空名宣頭付軍帥，以爲功賞。

遞牌，即國初之信牌也，至皇統五年三月，復更造金銀牌，其制皆不傳。大定二十九年，製綠油紅字者，尚書省文字省遞用之。朱漆金字者，敕遞用之。並左右司掌之，有合遞文字，則牌送各部，付馬鋪轉遞，日行二百五十里。如臺部別奉聖旨文字，亦給如上制。

虎符之制，承安元年製，以禮官言，漢與郡國守相爲銅虎符，唐以銅魚符，起軍旅、易守長等用之。至是，斟酌漢、唐典故，其符用虎，並五左一右，左者留御前，以侍臣親密者掌之，其右付隨路統軍司、招討司長官主之，闕則次官主之。若發兵三百人以上及徵兵、召易本司長貳官，從尚書省奏請左第一符，近侍局以囊封付主奏者，尚書備録聖旨，與符以函同封，用尚書省印記之，皆專使帶牌馳送至彼。主符者視其封，以右符勘合，然後奉行，若一有參差者，不敢承用。主者復用囊封貯左符，上用職印，具發兵狀與符以本司印封，即日還付使者，送尚書省以進，乃更其封，以付內掌之人。若復有事，左符以次出，周而復始，仍各置曆注付受日月。若盜賊急速不容先陳者，雖三百人以上，其掌兵官司亦許給付，隨即言上，詔即施行之。

貞祐三年，更定樞密院用鹿符，宣撫司用魚符，統軍司用虎符。若發銀牌，若省付部及點檢司者，左右司用匣封印，驗封交受。若發於他處，並封題押，以匣貯之。

《金史》卷五八《百官志·印》 印制。太子之寶。大定二十二年，世宗幸上京，鑄守國之寶以授皇太子。二十八年，世宗不豫，以皇太孫攝政，鑄攝政之寶。貞祐三十年十二月，以皇太子守緒控制樞密院，詔以金鑄撫軍之寶，如世宗時制，於啓稟之際用之。

百官之印。天會六年，始詔給諸司，其前所帶印記無問有無新給，悉上送官，敢匿者國有常憲。至正隆元年，以內外官印新舊名及階品大小不一，有用遼、宋舊印及契丹字者，遂定制，命禮部更鑄焉。三師、三公、親王、尚書令並金印，方二寸，重八十兩，駝紐。一字王印，方一寸七分半，金鍍銀，重四十兩，鍍金三字。諸郡王印，方一寸六分半，金鍍銀，重三十五兩，鍍金三字。國公無印。一品印，方一寸六分半，金鍍銀，重三十五兩，鍍金三字。二品印，方一寸六分，金鍍銅，重二十六兩。東宮三師、宰執與郡王同。三品印，方一寸五分半，銅，重二十四兩。四品印，方一寸五分，銅，重二十兩。五品印，方一寸四分，銅，重二十兩。六品印，一寸三分，銅，重十六兩。七品印，一寸二分，銅，重十六兩。八品印，一寸一分半，銅，重十四兩。九品印，一寸一分，銅，重十四兩。凡朱記，方一寸，銅，重十四兩。

天德二年行尚書省以其印小，遂命擬尚書省印小一等改鑄。大定二十四年二月，鑄行尚書省、御史臺、并左右三部印，以從幸上京。

泰和元年八月，安國軍節度使高有鄰言：本州所掌印三，曰：安國軍節度使之印；曰邢州觀察使印，吏、户、禮案用之；曰邢州之印，兵、刑、工案用之。以名實不正，乞改鑄。辛臣奏謂：節度使專行之事自當用節度使印，觀察使亦如之，其六曹提點所軍兵民訟，則當用本州印，著爲定制。上從之。

泰和八年閏四月，勅殿前都點檢司，依總管府例鑄印，以金、木、水、火、土五字爲號，如本司差人則給之。

《金史》卷五八《百官志・鐵券》 鐵券。以鐵爲之，狀如卷瓦。刻字畫欄，以金填之。外以御寶爲合，半留内府，以賞殊功也。

（元）徐元瑞《吏學指南・璽章》 璽章 天子曰璽，諸侯曰章。

御寶 《釋名》曰：印信也。古者，尊卑共之。秦漢以來，天子曰璽，諸侯曰印。唐開元中，改璽曰御寶。

印信 刻木爲驗曰印。《釋名》曰：信也。所以封物爲信驗也。漢制三公以下，有金、銀、銅三等之印。

長條印 《通典》曰：北齊有督攝萬機長印，以木爲之，唯以印縫。其原始此。

木朱印 宋祥符中，詔寺觀及士庶之家，所用私記，並方一寸，雕木爲文，不得私鑄。

《元典章》卷一三《吏部・公規・掌印・印信長官收掌》 中統五年八月初四日，中書省欽奉聖旨内一款節該，一應京府州縣官員，凡行文字，與本處達魯花赤一同署押，仍令管民長官掌判，其行用印信，達魯花赤封記，長官收掌。如遇長官公出、疾病、在假，即日牒印與以次正官承權參佐同，不得委付私己之人。欽此。

《元典章》卷一三《吏部・公規・掌印・封掌印信體例》 至元元年十二月，左三部承奉中書省劄付，照得，先降條畫該，隨路府州印信，達魯花赤封記，長官收掌。欽此。除外，今據益都路總管游顯呈，凡有課程、差發，總管府不致遲誤，若印，達魯花赤封記。本官但有事故，不在本家，急不能用印，行發文字，見得耽誤。以後課程、差發、詞訟等事，省府相度，仰行下各處總管府，其封掌印信，欽依已降聖旨施行。或達魯花赤事故不在，遇有緊急公事，許令管民官、以次官封記，當該令史、首領官公同開拆，行使長官權行封押，仍將行過事同候達魯花赤來時却說交知者，毋致違錯。奉此。令達魯花赤收，長官封記。

《元典章》卷一三《吏部・公規・掌印・司吏知印信事》 大德元年，行御史臺劄付，據監察御史呈，會驗知奉聖旨條畫内一款，隨處達魯花赤，凡行文字及差發、民訟一切大小公事，與管民官一同署押管領。其行用印信，達魯花赤收管，長官掌判封記。如遇達魯花赤公出、疾病、假故，牒印與長官，却令次官封記，公同行用，不得委付私己之人。除欽依外，今聞，隨路府州司縣，例無額設知印，其掌印官，俱令帶行奴僕人等行使，遇有差發、勾攝、民訟一切大小公事，使印之人，非理刁蹬，取受錢物，或將機密事情因而走泄，不便。參詳，擬令遍行禁治，今後凡行文字，止令直日請俸司吏輪流行使，仍置籍結附，以備照刷，似望公私便益，亦革去擾民之一端也。憲臺除外，仰欽依施行。

《元典章》卷一三《吏部・公規・公事・公事置立信牌二款》 中統二年四月二十日，中書省：奏准條畫一款節該，置信牌事，緣爲各路遇有催督差役、勾追官吏等事，多用委差官并隨衙門勾當人及曳剌、祗候人等，投下文字，不唯搔擾民官，轉致悞官中事務。爲此擬定，今後止用印信催辦一切公事。據置到信牌，編立字號，令長次官圓押，於長官廳示封鏁收掌。如總管府行下州府，科催差發并勾追官吏等事，所用印牌，隨即附簿，粘連文字上，明標日時，定立信牌限次，迴日勾銷，并照勘稽遲限次，究治施行。若雖有文字無信牌，或有印牌無文字，並不准用。迴日即本人賫擎前來，赴總管府，當廳繳納。當該司吏不得一面接受文案，如違究治。據州府行下司縣，司縣行下所管地面，依上施行。欽此。

又 中統五年八月，欽奉聖旨内一款，京府州縣，自來遇有科徵差稅，對証詞訟，及取會一切公事，多令委差及曳剌、祗候人等勾攝，中間不無搔擾。今仰各置信牌，毋得似前差人搔擾作弊。欽此。

《元典章》卷二九《禮部・禮制・印章・軍官窠闕印信》 大德四年，御史臺咨，准樞密院咨，准中書省照會，禮部呈，本部鑄造印信内，管軍官多有承襲、承替、陞轉人員，本管官司隨即將元掌印信拘收，申解樞密院，轉呈都省，發下本部銷毀，歇下窠闕。其補闕人員到任，却行索要印信，本部例須行移吏部，户部架閣庫鑄印局，照勘元除准設月俸及前職印信相同，才方具呈鑄降。中間但有不完，令樞密院，再行照勘，往復文繁，深爲未便。以此參詳，管軍官上百户、下百户行使印信，即係一體篆文，中間即無添減字樣。今後謂如下百户陞充上百户，上百户別有陞轉，將元掌印信，鎮守地面，各處行省，腹裏樞密院拘收封面，聽候補闕人員到任，就便給付。其餘必合追毀。創鑄印信，依例施行。具呈照詳。得此。即不見元拘收印信備細緣由，劄付樞密院，照勘得，至元二十年六月二十八日，准御史臺咨，准行臺咨，備山南湖北道提刑按察司申，江陵路黄保告汪世達自割身死事數內，干連人梁材授到敕牒印信，充總把，爲無軍管，於高宣慰衙內，充總領勾當。又照得，元告人黄保，亦受敕牒銀牌印信，總把無軍管領。照得，江南歸附後，官員多有似此帶行虛受其職，給到印信，見行收掌之人，若不盡行取勘拘收，切恐因而詭詐行用，深爲未便。本臺咨請定奪。准此，於七月十一日，本院官暗伯簽院等奏，大都有底伴當每説將來。御史臺官人每説有。無軍管底軍官每，將着印信行有。管軍時節與印，無軍底軍官每印信，收拾呵，怎生。麽道，奏呵，奉聖旨，是也。那般者。欽此。今准前因，本院參詳，除無軍管軍官印信，合行欽依拘收外，據陞轉病故軍官歇下名闕，雖承襲承替補闕人員，時急未到，其所設衙門軍馬事務，仍舊掌管。拋下印信，如無以次權官，令合干上司封面，聽候補闕人員到任，就便給付行用相應。具呈都省，准擬依上施行。

《元典章》卷二九《禮部·禮制·牌面·改換海青牌面》　至元七年閏十一月，中書兵刑部承奉中書省劄付，准都省咨該，今有和魯火孫文字譯該，欽奉聖旨，海青牌底，罷了那海青者。海青牌替頭裏，蒙古字寫了呵，教行者。朝廷行底金牌，有邊欄臺級字樣者。大王每行底素金牌，平級字樣者。官人每行底銀牌，平級字樣者。大小一般者。欽此。有和魯火孫送到牌樣，先行打造，下項蒙古字牌面玖拾面。都省除樞密院、御史臺，另行取會元關海青牌面外，請劄付合干部分，先行依樣打造，下項蒙古字牌玖拾面，希咨發來。仍下其餘去處，并移咨各處行省，通行照會，各各元發海青牌面，備細數目，咨來，却行關發蒙古字牌面，倒换施行。

《元典章》卷二九《禮部·禮制·牌面·追收牌面》　至元十六年正月，御史臺承中書省劄付，今月十一日，於內裏西暖殿裏有時分奏，如今，官人每帶着大牌子，金牌、銀牌多底一般。又合帶牌子底勾當出來了，不合帶牌子底行當出來了。不合帶牌子底勾當裏入去呵，也不肯納了牌子，不曾好生分揀。兼自出産底金子少有，用着底金子多。衆官人每商量了，如今分揀怎生品從官人合與甚牌子，明白了呵，不合與牌子底，追收入官。這般呵，宜底一般呵，奉聖旨，那般者。欽此。都省除外，照得內外諸官員，懸帶前職牌面，及有金牌換受虎符，亦不曾將前職牌面回納，并罷職身故官員牌面，俱各未曾解納，擬合追收。仰欽依見奉聖旨事意，定立嚴限，行移取勘，將前職牌面，就便追收入官，各見前職根因，呈解赴省。如違限隱匿不納，許諸人首告到官，就便究問施行。先將定訖限次，同管得盡數，追收到官，依准呈省。

《元典章》卷二九《禮部·禮制·牌面·追收軍民官牌面》　至元十六年九月，御史臺承奉中書省劄付，七月初十日，奏准事內一款，樞密院參議，火魯火孫承旨根底説將來，聖旨裏圓牌子上頭寫着蒙古字有，做官底牌子上也寫着蒙古字呵，怎生。奏將來也。奏呵，商量者。麽道，聖旨有來。俺與將文字去呵，阿合馬爲頭省官人每商量將來，牌子每根底，都收拾了呵，寫了蒙古字，軍官每根底，逐旋換與了，管民官根底，與不與，後底商量呵，怎生。奏將來。奏呵，那般者。麽道。欽此。

《元典章》卷二九《禮部·禮制·牌面·身故軍官牌面》　元貞二年二月初二日，中書省：　奏過事內一件節該，不管勾當閑住的官員根底有的牌子，并亡了的官人每的兄弟孩兒每根底收着的牌子，更似這般一體的，都交納了。他每的緣故，册內標寫着，後頭依體例求仕呵，驗着他應得的資品委付。若是合與牌子呵，那其間與也者。欽此。

《元典章》卷二九《禮部·禮制·牌面·拘收員牌》　皇慶元年八月日，欽奉聖旨，自薛禪皇帝時分到今以來，不揀誰根底與來的虎符、金銀牌面有。如今他每受的聖旨宣敕內，不曾該寫着的，但是勾當裏委付來的官人每，不揀是誰，但不係管軍的與了的牌面，他每的都拘收了者。西番地面裏官人每的牌面，宣政院官分揀拘收者。又軍官每，依例合帶兩珠虎符的，要了三珠的有。合帶一珠虎符的，要了兩珠也有。合帶素金牌的，要了一珠的也有。合帶銀牌的，要了素金牌的也有。似這般無體例僭越着要了的牌面有。樞密院官教取數目，依着應得的體例倒换，懸帶的人每有罪過者。又差使員牌、忙勾當裏差使的鋪馬聖旨，關將去了回來，隱藏着不納的也有。如今除常川差使與來的員牌外，其餘不揀甚麽勾當裏差使的員牌、忙勾當裹差使的鋪馬聖旨，都拘收了者。若有拘收不盡呵，管民官好生提調的收者。這般宣論了呵，將合納的牌面隱藏着不納的人每，有人告首出來呵，有罪過者。兩鄰知而不首呵，和隱藏牌面人一般，當罪過者。自今已後，不揀是誰，闕了員牌差使回來了，若不納呵，依着薛禪皇帝聖旨，依例要罪過者。聖旨俺的。鼠兒年二月十五日，大都有的時分寫來。

《元典章》卷二九《禮部·禮制·牌面·軍官解典牌面》 皇慶二年五月，江西廉訪司承奉江南行臺劄付：准御史臺咨，承奉中書省劄付，來呈，周伴叔告，唐兀衛百户即力嵬尼剋落軍人口糧。令史田澤狀首，本官將所帶銀牌分付質當鈔定，令澤替伊承伏剋糧等事。取訖即力嵬尼招伏，另行斷罪外，看詳：金銀牌面，所以著軍旅之符，昭尊卑之等，朝廷公器，法度所關，撲從懷插，尚且不許，擅自質當，褻棄名家，宜立禁令，以戒不虞。具呈照詳。得此，行據刑部呈，議得，金銀牌面，乃國家之公器，著臣子之尊卑，軍官受之，子孫襲替，綿綿不絶，比之民職，特加優重。以此參詳，今後軍官敢有不虞，擅將所佩牌面解典質當者，取問明白，即將所質牌面追給，仍斷五十七下，削降散官一等换受，依舊勾當。受質之家，減犯人罪二等科斷，相應。具呈照詳。得此。都省仰依上施行。

《元典章》卷三七《兵部·遞鋪·不入遞·無印文字不入遞》 至元三十一年四月，行臺，准御史臺咨，照磨承發管勾兼獄丞呈，三月初四日，有總鋪兵張榮，送到迤南文數內，檢得，有無印信呈臺白實封文字一角。於上該寫文桂發陳言公事，拆開讀覷得，該文桂發告論慶遠路總管粘合守忠邀功冒賞等事。唤問得，大都路在城急遞鋪司李德元狀供，委是迤南傳送前來，並不是本鋪接受文字。請行下本道廉訪司，行移合屬，不應接受入遞鋪司人等，就便斷罪，更爲禁治施行。

（元）劉孟琛《南臺備要·行御史臺印并各官職印》 行御史臺行使銀印一顆。御史大夫銀職印一顆。御史中丞職印一顆。侍御史職印一顆。治書侍御史職印一顆。都事印一顆。監察御史印一十顆。刷卷條印一十顆。承發司印一顆。架閣庫印一顆。

（元）劉孟琛《南臺備要·提刑按察司印信》 司印一顆。使職印二顆。副使職印二顆。僉事職印二顆。經歷司一顆。

（元）王士點《秘書監志》卷三《印章》 秘書監印一，分監印一，監、少監亦各有職印。印如其品，皆鑄以銅，直紐，篆以國字。以銀龜爲匣。後職印廢，監陞正三品，印易以銀，給雙銀盝：右貯印，左函朱，聯以韋笈，茵褥副焉。分監印亦如之。幕府曰經歷，曰典簿，印隨號改。秘書郎職管鑰，給印一。管勾掌故牘，給印一，皆鑄以銅，直紐，龜匣。

至元十年二月，秘書監承奉中書省劄，照會本監官員，欽授宣命勾當事。奉此，所有本監行用印信及各官職印，俱未蒙給降，乞賜鑄給施行。秘書監印及龜盒袱褥，各官職印：太中大夫、秘書監。中順大夫，禮部侍郎、知侍儀事、兼秘書少監。中順大夫，引進使、知侍儀事、兼秘書少監。至元十年三月，中書省送吏部，依例鑄造到下項印信、封面，發到：從三品印一樣二顆：秘書監印、秘書監之印。正四品一樣二顆：禮部侍郎、知侍儀事、兼秘書少監印，引進使、知侍儀事、兼秘書少監印。

至元十年五月，秘書監蒙中書省分付下監印、龜盒、袱褥一副，銀葉裹木龜兒一个，銀盒子一个，重五兩九錢。紫羅夾褥一个，紅貯絲褥子一个。

至元十二年六月二十二日，秘書監呈：據本監隨逐車駕，別無分監印信。切見在京諸衙門，俱有分司印信。具呈，奉都堂鈞旨：送吏部依例施行。當部送鑄印局，鑄造到從三品銅印一顆，隨關發去，請照驗收管。

至元十年閏六月初七日，中書吏部承奉中書省判送，爲秘書監扎馬剌丁職印事，送鑄印局翟成，依例鑄造。

至元十四年十二月初一日，中書禮部承奉中書省判送，秘書監焦秘書給職印。奉都堂鈞旨，送部照例鑄訖呈省。奉此，送鑄印局依例鑄到秘書監從三品銅印一顆，隨此發去，請照驗收管。大德九年十月二十五日，准中書禮部關，奉中書省判送，大德九年七月十三日奏過事內一件：秘書監官人每根底與文書，俺的衙門自至元九年設立，定作從三品來，其餘監分即漸陞了有，麽道指例說有。俺商量來：掌管禁書自前立來的，不比其餘衙門有，他每的言語是的一般，依着個監分體例，陞做正三品呵，怎生？奏呵。奉聖旨：那般者。欽此。除外，都省合下仰照驗，據本監行使正三品銀印，依例鑄造完備，封面呈省。却將舊印拘收，依例施行。

大德十年三月十二日，准中書禮部關，奉中書省判送，本部呈准秘書監關。大德九年七月十三日奏准：秘書監改做正三品衙門。本監行使印信二顆，上都鑄訖分監銀印一顆，外有印一顆，并合用櫃盒一付，未經鑄造。本部計料到銀兩等物，議得分監印信，上都已行鑄給。大都行使印信，擬合依例倒鑄秘書監正三品銀印一顆，發付行用，追毁舊印相應。奉都堂鈞旨：送禮部更爲照勘無差，依例鑄給施行。大德十年三月十一日，准中書工部關來文：本監正三品印銀櫃盒二付，却將替下舊小銀盒一付，差委奏差馬克明賫擎隨此發去，請收管施行。

大德十年九月准中書禮部關：奉中書省判送，本部呈准秘書監關：本監典簿并秘書郎關印，本部移准吏部關：照得秘書監陞爲正三品，典簿從七品，秘書郎正七品級，鑄印局申檢照，不見秘書郎印例，於黑印簿内照得典簿印，俱係從七品。上項印信俱未鑄給。議得秘書監典簿等今既照勘，准設品級，印例明白，合准本監所擬，鑄造發付行用相應。具呈。奉都堂鈞旨：秘書郎設置已久，不須降印。外據典簿印信，送禮部依上施行。

至元二十二年六月二十五日，中書禮部關：承奉都堂鈞旨，送秘書監呈照擬經歷司印事，當部得秘書監經歷司既無印信，擬合依例鑄造從七品秘書監經歷司銅印一顆，發下行用相應。呈准，都堂鈞旨：行下鑄印局，依例鑄造。

至元二十四年三月十四日，本監經歷郝景呈：已蒙中書省裁減本監經歷司所有卑職，元掌經歷司銅印一顆，四角篆文全呈，乞禮部照詳。中書禮部送鑄印局，依例銷毁作數。

延祐五年四月十二日，秘書郎任將仕於嘉禧殿西主廊前，有本監卿譚大學士傳，奉聖旨：分付到禮部鑄造到秘書郎銅印一顆，欽依行使。

元統二年八月十六日，准中書禮部關，奉中書省判送本部呈准秘書監關，據管勾苫思丁狀呈：切照設官分職，各有攸司。卑職與太府寺監管勾俱係正八品級，又兼專管御覽圖畫禁書經典一切文字，不爲不重。在前初立本監，權設管勾，止授中書吏部劄付，即與改授勑牒流官大有不同，如蒙比例給降行使印信，庶免白文字窒礙禁例，官不虚設，事得成就。具呈照詳，得此參詳：上項印信即係創索，擬合依尚乘寺管勾承發架閣庫印例，鑄造從八品銅印一顆給付相應。具呈。奉都堂鈞旨：連送禮部，依上施行。

《元史》卷一〇二《刑法志·職制》 諸官府印章，長官掌收，次官封之，差故即以牒發次官，次其下者第封之，不得付其私人。【略】諸有司遺失印信，隨即尋獲者，罰俸一月；追尋不獲者，具申禮部别鑄。元掌印官解職坐罪，非獲元印，不得給由求叙。

（清）嵇璜等《續通典》卷一八《選舉·歷代制中》 元選法，從七品以下屬吏部，正七品以上屬中書，三品以上非有司所與奪，由中書取進止。自六品至九品爲敕授，中書牒署之。自一品至五品爲宣授，以制命之。三品以下用金寶，二品以上用玉寶，有特旨者有告詞。

紀事

（元）胡祗遹《紫山大全集》卷二三《雜著·吏治雜條》 一、印章朱語正貼。無朱語者不得題判。判署官或有照料不及，雖吏題判，若無朱語者，職印不得使印。

（元）陶宗儀《南村輟耕録》卷二《刻名印》 刻名印今蒙古色目人之爲官者，多不能執筆花押，例以象牙或木刻而印之。宰輔及近侍官至一品者，得旨，則用玉圖書押字，非特賜不敢用。按周廣順二年，平章李榖以病臂辭位，詔令刻名印用。據此，則押字用印之始也。

（元）陶宗儀《南村輟耕録》卷二《國璽》 文宗開奎章閣，作二璽，一曰天歷之寶，一曰奎章閣寶，命臣虞集篆文。今上作二小璽，一曰明仁殿寶，一曰洪禧，命臣楊瑀篆文。洪禧璞純白而龜紐墨色。

《元史》卷五《世祖紀》〔至元元年秋七月〕己亥，定用御寶制：凡宣命，一品、二品用玉，三品至五品用金，其文曰皇帝行寶者，即位時所鑄，惟用之詔誥；别鑄宣命金寶行之。

《元史》卷七《世祖紀》〔至元八年二月〕己未，敕軍官佩金銀符，其民官、工匠所佩者，並拘入，勿復給。敕海青符用太祖皇帝御署。

《元史》卷一二《世祖紀》〔至元十九年夏四月戊申〕敕出使人還，不即以所給符上，與上而有司不即收者，皆罪之。凡文書並奏可始用御寶。

《元史》卷一四《世祖紀》〔至元二十四年冬十月〕戊寅，桑哥言：北安王王相府無印，而安西王相獨有印，實非事例，乞收之。諸王勝納合兒印文曰皇姪貴宗之寶，寶非人臣所宜用，因其分地改爲濟南王印爲宜。皆從之。

《元史》卷一四《世祖紀》〔至元二十四年十一月〕丁酉，桑哥言：先是皇子忙哥剌封安西王，統河西、土番、四川諸處，置王相府，後封秦王，綰二金印。今嗣王安難答仍襲安西王印，弟按攤不花別用秦王印，其下復以王傅印行，一藩而二王，恐於制非宜。詔以阿難答嗣爲安西王，仍置王傅，而上秦王印，按攤不花所署王傅罷之。

《元史》卷一八《成宗紀》〔元貞元年夏四月〕庚子，立掌謁司，掌皇太后寶，秩四品，以宦者爲之。

《元史》卷二二《武宗紀》〔大德十一年〕十二月壬辰朔，中書省臣言：舊制，金虎符及金銀符典瑞院掌之，給則由中書，事已則復歸典瑞院。今出入多不由中書，下至商人，結託近侍奏請，以致泛濫，出而無歸。臣等請覈之，自後除官及奉使應給者，非由中書省勿給。從之。

《元史》卷二四《仁宗紀》〔至大四年夏四月〕庚戌，拘收下番將校不典兵者虎符、銀牌。【略】癸亥，敕：諸使臣非軍務急速者，毋給金字圓牌。

《元史》卷三八《順帝紀》〔至元元年〕夏四月癸丑朔，詔：諸官非節制軍馬者，不得佩金虎符。

《元史》卷四一《順帝紀》〔至正七年〕冬十月辛未，享于太廟。丁丑，詔：左右丞相、平章、樞密知院、御史大夫，得賜玉押字印，餘官不與。

書吏分部

綜述

《金史》卷五五《百官志·尚書省》 知事孔目以下行文書者爲吏。

（元）胡祗遹《紫山大全集》卷二二《雜著·時政》 吏人出身太速，才離府州司縣即入省部，才入省部不滿一考即爲府州司縣官。

（元）胡祗遹《紫山大全集》卷二三《雜著·吏治雜條》 一、不倒題日月，不押虛催，無益于事，徒使吏人欺怠。

一、本命刑禁日，當直吏人明書于小銀牌面，置在几案，曰今日某事某事。

一、和好隣境，凡有急速使臣或不測事情，差坐馬人預相報知。

一、六房吏弊，當周知其情，毋爲所賣。鋪兵有人應役，頻勾正身，本是鋪兵守把城池，别無巡哨攻戰。管軍官爲本人會手藝，不放交代，甚爲良苦。近年以來，軍人分撥奇零，輾轉别隷部伍，新管官並無簿籍，或有逃亡事故，不知鄉貫及户頭官名，公文追勾不無差錯，以致吏人受賄作姦，文字來往，逗遛不發。亦有軍人小心謹慎，避怕罪累，重併應役。此段前説備細言之，合申省部密院詳察。

（元）胡祗遹《紫山大全集》卷二三《雜著·折獄雜條》 當置狀簿辭一册，便給縫印，府官押訖。每日新狀，當直司吏隨即當廳附籍，便令承發司布散合該人吏，既畢，隨手朱書吏人姓名於隨狀條下。次日便令覆説，無理者便退與原告人，有理者施行。但凡州縣可决者，隨即批送；必不可決者，狀尾批令自勾。此亦減吏權而除寃滯也。府官五日十日一銷照。

（元）徐元瑞《吏學指南·吏稱》 吏稱 周曰府史胥徒，今謂吏胥掾史

吏 《説文》曰：治人者也。謂吏之治人，心主於一，故從一。《風俗通》曰：吏者治也，當先自正，然後正人。《字寶》曰：執法之人也。

胥 《周禮》曰才智之稱曰胥。謂其有才智爲什長也。

掾 《字寶》云：尊官之屬曰掾。謂分部列局之吏也。

史 記言述事曰史。《周禮》注：史，掌書者。宰夫之職六曰史，掌官書以贊治。

廉吏 謂清儉不貪者，如漢朱邑等也。

循吏 謂上順公法，下順人情者，如漢張釋之等也。

良吏 謂政尚寬和，人懷其惠者，如晉吴隱之等。

能吏 漢谷永曰抱功修職，謂之能吏。

酷吏 謂暴刻殘忍者，如漢嚴延年、唐來俊臣等也。

貪吏 謂因財喪德者，如唐王琚等也。

獄吏 漢路温舒上言：秦有十失，其一尚存，治獄之吏是也。

清白吏 漢楊震公廉，世稱清白吏。

刀筆吏 古者記事於簡册，謬誤者以刀削除，故曰刀筆吏。漢蕭、曹起自刀筆吏。

刻木 漢路温舒上書言尚德緩刑，引俗語曰：畫地爲獄，議不入；刻木爲吏，期不對。此疾吏之辭也。又《前漢·藝文志》曰法家曰刻者。

吏道 《漢·薛宣傳》曰：吏道以法令爲師，可問而知也。

（元）徐元瑞《吏學指南·吏員》 省臺掾 尊官之屬，自秦有之。西漢曰掾史，東漢曰掾屬，今曰省臺掾。

令史 掌法贊治，記言述事者。周曰府史，秦曰令史。

書吏 五代時藩鎮始設。

司吏 職掌曰司，治人曰吏。《周禮》曰掌官法以治民者。宋曰手分，金曰司吏。

知房 分掌六曹之稱。

本把 掌持案牘之稱。

譯史 通四方之言者。周曰象胥，後魏曰譯令史，金曰譯史。

知管 謂主轄綱領之稱。

攢典 會計數目之吏也。漢曰倉庫吏，金、宋曰攢典。

吏人　謂請俸掌管文書者。

人吏　謂無俸貼書之吏。

公吏　謂公人吏人之通稱也。

公人　謂倉庫秤掐、諸司祗候、公使、禁卒之類。

《廟學典禮》卷一《歲貢儒吏》　御史臺，至元十九年九月日，承奉中書省劄付：近爲朝廷選補掾吏無法，擬定中書省掾於樞密院、御史臺內令史勾取，院、臺令史於六部令史內勾取，六部令史以諸路歲貢人吏補充。內外職官材堪省掾及院、臺、部令史者，亦許擢用。已經行下吏部，依上施行去訖。都省議得：省掾考滿，出而臨民，入而事上，資品既高，責任亦重，泝流尋源，皆自歲貢中出。由此言之，歲貢儒吏，若不先加教養，次以銓試收之，必將苟且以求僥倖，人才失真，所關匪細。比及設立科舉以來，定到下項事理。承此，本臺咨請照驗施行。

一、諸州、府直隸者，有受敕教授，仰本路官將管下免差儒户內，選揀有餘閒年少子弟之家，須要一名入府、州學，量其有無，自備束修，從教授讀書，修習儒業。若無餘閒子弟可以讀者，不得椿配責要。本路官朔望拜廟，就加省視，勿令廢替。非儒户而願從學者，並聽。秋季，本司參佐同本學官就學試驗，擇學業有成名子弟近上者，充府、州學生，仍申本州照會，標入學生之籍，依舊住學肄業。若遇本道按察司及本路總管府歲貢之時，仰本司、本路行下本學教授，於係籍儒生內選試行義修明、文書優贍、深通經史、曉達時務，可以從政者保申。本司再行體覆相同，然後貢解。

一、各路司吏有闕，須於所屬諸衙門人吏內，先選行止廉慎，次論材幹時敏，然後勾取，委本路長官、參佐同儒學教授立考試，擇行移有法、算術無差、字畫謹嚴、語言辯利，能通《詩》、《書》、《論》、《孟》一經者爲中程式，仍取考試官保的文狀，然後補充本州司吏。外此不許濫收，違者有辜。按察司書吏有闕，府、州司吏內勾補，至歲貢時，本司、本路挨次上名，再行試驗相同，依額貢解。

一、歲貢人額：按察司、上路總管府，三年一次，貢二名，儒一名，吏一名。下路總管府，二年一次，貢一名，儒、吏遞進。

一、六部令史，除補院、臺令史外，諸道行省掾亦擬差補。咨行御史臺。

（元）王惲《秋澗集》卷八六《烏臺筆補・舉崔國華充省掾狀》　竊見樞密院前官吏人等，往往以貪墨敗黜。其令史崔國華者，練習吏事，通曉譯言，既慎所守，又以能聞。自照刷來，隨房例有違錯，而國華無一事經問者。其掌行簿牘精詳，舉皆可觀。竊詳身居吏職，能自振潔，夙夜在公。罔累所舉，史丞相保。理宜加異，以勸方來。合無將崔國華轉補省掾，倘試諸難，可收實效，非惟於廉污之間黜陟並行，抑亦明公道而勉事功也。

（元）王惲《秋澗集》卷九〇《便民三十五事・試吏員》　竊見方今內而省、部、臺、院百司，外而按察司、府、州、司、縣，合用吏員，俱出自州縣校書、貼寫等人，因而上達，以致僥倖成風，廉恥掃地。只以學術無素，選取無方，中間求其廉慎可稱、熟練吏事者甚鮮。而天下之務繁，而詞訟錢穀重，而刑名銓選，生死曲直，高下與奪，悉出於乳臭若輩之手，欲望治道清明，風俗美好，難矣。合無講究近代考試法式，從府州官公共保舉。其法律、刀筆、行止或不相應，罪及保官。其餘非此而進者，不許補充隨朝勾當。設法既嚴，人自力學，如此非惟用得羣材，禮義廉恥，風動四方，下可以革去僥倖苟且之人，上可以成公平肅清之化。端本澄源，此最急務。

（元）張養浩《爲政忠告・風憲忠告・御下第四・御史》　吏佐官治事，其人不可缺，而其勢最親。惟其親故，久而必至無所畏；惟其不可缺故，久而必至爲姦。此當今之通病也。欲其有所畏，則莫若自嚴；欲其不爲姦，則莫若詳視其案也。所謂自嚴者，非厲聲色也，絶其饋遺而已矣。所謂詳視其案者，非吹毛求疵也，理其綱領而已矣。蓋天下之事無有巨細，皆資案牘以行焉，少不經心，則姦僞隨出。大抵使不忍欺爲上，不能欺次之，不敢欺又次之。夫以善感人者，非聖人不能，故前輩謂：不忍欺在德，不能欺在明，不敢欺在威。於斯三者，度己所能而處之，庶不爲彼所侮矣。

（元）張養浩《爲政忠告・風憲忠告・御下第四・約束》　諸吏曹勿使縱游民間，納交富室，以泄官事，以來訟端，以啓倖門也。暇則召集講經讀律，多方羈縻之，則自然不横矣。

（元）張養浩《為政忠告・風憲忠告・御下第四・待徒隸》 皂卒徒隸，非公故勿與語，非公遣勿使與民相往來。若輩小人，威以涖之，猶恐爲患，一或解嚴，必百無忌憚矣。

（元）張養浩《為政忠告・風憲忠告・御下第四・省事》 爲治之道，其要莫如省心。心省則事省，事省則民安，民安則吏無所資。一或紛然，上下胥罷其擾也。然事亦有必不能省者，則又在夫措畫隄防之術何如耳。古人謂：多筭勝少筭，少筭勝無筭。不特用兵爲然，一役之修，一宴之設，一獄之興，誠能思慮周詳，繁略畢舉，則民之受賜不淺矣。某嘗爲縣，胥吏輩春則追農以報農桑，夏則檄尉以練卒伍，秋則會社以檢義糧，冬則賦芻以飼尚馬，其他若逃兵、亡户、逸盜及積年逋税之民，動集百餘，不賄不釋。某見其然，常揮牘不爲署。暇則將一二謹厚吏，親詣其地而按之，可擬者擬，可行者行。由是一切惟以信版集事，吏人失志，百姓獲安。至今旁郡以爲例。

（元）張養浩《為政忠告・風憲忠告・御下第四・威嚴》 小而爲一邑，大而爲天下，賞罰明，則不煩聲色而威令自行。人徒知治民之難，而不知治吏爲尤難。蓋吏與官比，詭詐易生。民遠於官，不能知理法，誤然而犯，宜若可矜。吏則日處法律中，非不知也，小過不懲，必爲大患，無所忌憚矣。嘗聞：治民如治目，撥觸之則益昏；治吏如治齒牙，剔漱之則益利。《傳》曰：威克厥愛允濟，愛克厥威允罔。功法此而行，斷不至於難治矣。

《元典章》卷一二《吏部・書吏・察司書吏休與省裏勾當》 至元十六年四月，行臺：

據江西湖東道按察司申：本司書吏雷守信蒙行省踏逐，充省掾勾當。移准御史臺咨該：照得至元十四年五月十五日，本臺官奏：俺御史臺裏、監察裏、按察司裏勾當的人每，勾當其間裏，省家俺根底不商量了呵，勾當得麼道，便遠處使喚有。奉聖旨：這的休疑惑者。您根底勾當的人每，您根底不商量了呵，休與者。欽此。

《元典章》卷一二《吏部・書吏・書吏事故還家本道不得就用》 至元十六年七月，行御史臺准御史臺咨該：

照得近爲各處並迤南按察司書吏人等，有因病故還家，保申本道按察司就用。本臺緣爲迤南創立行御史臺外，按察司多係迤北人員，爲處在遠方，有因病故還家，本道就用。若准就用，中間僥倖不無，抑且失誤彼中勾當。已將似此人員革去，咨請行下合屬，照會施行。

《元典章》卷一二《吏部・書吏・更换書吏申臺》 至元十九年二月，行御史臺：

准御史臺咨：書吏有闕，於〔各道〕月日深遠書吏內，精選廉幹才能、有功無過者補充。准此。照得本臺別無各道書吏月日文簿，有礙照勘。仰照驗，即將本司見役書吏勾當、根腳、公參月日開具申臺。仍已後續有更换，隨即申來。

《元典章》卷一二《吏部・書吏・收補書吏奏差》 至元二十二年九月，行御史臺：

近據浙西道按察司申該：奏差劉沂呈：照得立到條式，書吏補宣慰司令史，所有奏差合無補宣慰司奏差事。得此。移准御史臺咨，承奉中書省劄付：送吏部議得：按察司奏差，亦合依准御史臺所呈，遇宣慰司奏差有闕，回避本道收補相應。都省議得：按察司書吏、奏差，擬令一體回避本道收補。除另行外，仰照驗施行。

《元典章》卷一二《吏部・書吏・保選憲司書吏》 至元二十二年十二月，御史臺：

承奉中書省劄付：江淮按察司書吏等出身事，送吏部議擬到：近裏按察司體例，各道遴選廉能不作過犯書吏，每歲貢舉一名，轉補書吏，或於南方各道宣慰司令史內收補。外，用不盡書吏，實歷九十個月，於各路總管府提控案牘內任用。其書吏有闕，卻於各路、府、州司吏內選用。憲臺相度：若令本道書吏補充本道宣慰司令史，中間凡事不無看循，切恐日久害公。仰照驗，除遴選廉能不作過犯書吏歲貢轉補書吏外，就便移牒本道拘該宣慰司，今後如遇令史有闕，即便行移按察司，備申憲臺，所候發補。外，用不盡書吏，候考滿日，申臺定奪施行。

《元典章》卷一二《吏部・書吏・試選書吏條目》 至元二十六年九月，行御史臺劄付：

照得本臺察院並各道按察司職掌，糾彈官吏非違，刷磨諸司文案。爲書吏者，其責甚重，貴在得人。倘選擇不詳，中間悞事，所係非輕。又兼書吏出身，將來必登臺察，不然亦列民官，選取之法不宜不慎。議得：今後發補察院並各道書吏，當面試驗，首論行止，次取吏能，又次計月日多者爲優，保結呈臺，然後發下合屬委用。今將試選條目開坐前去，合下，仰照驗施行。

行止：事父母孝，友於兄弟，勤謹，廉潔，謙讓，循良，篤實，慎默。自來不曾犯贓私罪經斷。

吏能：行遣熟閑，語言辯利，通習條法，曉解儒書，算數精明，字畫端正。

月日：通理繫歷請俸實役月日多者爲優，淺短爲劣。

《元典章》卷一二《吏部・書吏・廉訪司書吏出身》　至元二十八年七月，御史臺呈奉中書省劄付：

來呈：各道廉訪司書吏，於各路上名司吏內選取，九十個月考滿，正九品遷敘。參詳：各道廉訪司通譯史人等出身，比之書吏擬合一體。據奏差考滿，依通譯史例降二等，量於省劄錢穀官並巡檢內任用。都省准呈。

《元典章》卷一二《吏部・書吏・勸農書吏出身》　至元二十八年八月，〔御史臺咨：〕

山東東西道按察司申：先奉中書省劄付：爲未有程試吏員格例，定立貢舉法度。各道按察司、上路總管府三年一次貢舉儒、吏各一名，下路總管府二年貢舉儒、吏一名遞相，籍記姓名，遇部令史有闕收補。比來各路貢到人吏，多有濫泛。都省議得：若令隨路司吏並歲貢儒人先行貢補按察司書吏，經由肅清衙門，練習性行，諳知吏事，然後按察司貢舉，將來庶得人才。外，據按察司書吏有闕，卻依上下路分在先貢部體例，選取儒人、吏人，是以吏業、經史考試，不失隨路貢舉元額等事。除遵依外，今奉御史臺劄付：准大司農司咨：前勸農司書吏李思述並奏差張思恭等，係格例有出身人員，請依例於本道奏差、書吏內遇闕收補事。准此。仰照勘各人委係額設請俸勾當人員，別無窒礙過犯，依例施行。奉此。照得勸農司即係四品，比同上州，據李思述等俱係前勸農司自行踏逐人員，於內亦有聽知例革衙門補充書吏，不曾請俸，雖在前曾於州縣勾當，其腳色多稱告閑。若依見定書吏、奏差格例，未應轉補，擬合發付元籍府、州充司吏勾當，待其練事習熟，卻行選入風憲，延歷歲月，依例貢舉，但望庶得人才。乞照詳事。本臺除外，咨請行下各道，若有此等未應轉補人員，准上施行。

《元典章》卷一二《吏部・書吏・憲司書吏奏差》　至元二十九年閏六月，〔廉訪司：〕

承奉行臺劄付：監察御史呈：准福建廉訪司簽事張承直牒：照得各道肅政廉訪司，糾彈諸司官吏非違，提調成就一切勾當，責任至重。司官固在得人，至於書吏、奏差，名役雖微，亦關風憲，如有名缺，例合從公選舉。今有各路總管府看循面皮，或因請託求幹，並無廉訪司選保牒文，徑將見役及在閑司吏、典史不應之人泛濫牒呈區用，偶遇一缺，群然爭趨，其間營幹不無。內有不識公事、聲迹不好者，止憑牒保，不經體覆相應，便行補填，使諸衙門輕視，無所忌憚，耽悞勾當，不能辦集。既本人素無廉恥，有玷衙門，又使廉能之士恥於同列，實失風憲之體。卑職切詳：各路司吏尚且牒呈廉訪司體覆，廉訪司書吏、奏差有缺，擬合行移各處分司，於本路上名司吏及典史內從公選保，總司體覆相應，然後委用。如總司親臨路分有合補之人，亦移牒所在官司或相鄰分司體覆。各路總管府並不得擅自保舉，庶幾可絕僥倖之門，以清風憲之司。牒請照驗事。呈乞照詳。得此。照得近准御史臺咨：各道肅政廉訪司書吏，於各路總管府請俸司吏並歲貢儒人內詢衆從新公選，奏差於州司吏、縣典史內遴選。已經遍行各道，依上施行去訖。今據見呈，相度：如准簽事張承直所言，實爲公當。仰如遇書吏、奏差有缺，依例選取，行移拘該分司體覆相應，保結牒司收補施行。奉此。除已依上施行。

《元典章》卷一二《吏部・書吏・宣使奏差等出身》　至元二十九年十二月，江南諸道行臺准御史臺咨：承奉中書省劄付：

來(咨)〔呈〕：內外諸衙門宣使、通事、知印、奏差，俱從本衙門自行選保，考滿驗歷過月日，六品至九品皆得除受。又吏部與六部四六發補奏差，各部官將帶白身人自行選用，互相爭奪，致令官僚不協。即令職官係有考滿吏員選用，既吏員等俱有入仕定例，通事、知印、宣使、奏差並合立格填選。具呈照詳。送吏部，照擬到下項事理，仰依上施行。

宣使：行省、行臺、行院宣使，擬令於各道宣慰司請俸一考奏差、本衙門兩考典吏內選補相應。都省、臺、院咨發人員，不拘此例。前件，議得：行省、行院宣使，於正從九品有解由無粘帶職官內選取，如是不敷，於各道宣慰司請俸一考之上奏差、本衙門三考典吏內選取。行臺止於正從九品職官內選取，不敷，於各道廉訪司請俸三考奏差內、並本衙門三考典吏內選取。仍須色目、漢兒相參選取。自行踏逐者，亦須相應人員考滿例降一等，須歷九十個月方許出職。

奏差：六部奏差，照得至元二十四年三月內尚書省准擬，提控案牘、都吏目，於各部奏差內收補。部擬，除已准上項人員外，合依已擬，於宣慰司及考并廉訪司、按察司兩考奏差內選取，不許各部自行踏逐。前件，議得：依准部擬，仍須色目、漢人相參選取。自行踏逐者，亦須相應人員，考滿例降一等，須歷九十個月方得出職。

通事、知印：照得循行舊例，從各衙門自行踏逐選取。部擬，通事從各衙門於本處宣使、奏差內公選通曉蒙古言語人員轉補，知印依上陞轉。如無相應者，許本衙門自行踏逐相應人員內選充。前件，議得：長官選保，亦須相應人員，九十個月方許出職。

《元典章》卷一二《吏部·書吏·選廉訪司書吏》　至元三十一年，御史臺咨：

承奉中書省劄付：來呈，擬到各道廉訪司合設書吏、奏差人數，坐到出身，已經照會去訖。本臺相度，各道前按察司書吏、奏差人等，多爲在先司官循私選取，致有因事取受賄賂、不慎行止之人，致使憲司不振。今既衙門更易，尤宜選擇。本臺除已行下各道廉訪司，於各路總管府請俸司吏並歲貢儒人內從新選行止廉慎、吏事精明者，立式試驗勾補，合設奏差，亦依舊例，於府州司〔吏〕縣典史內遴選施行。

《元典章》卷一二《吏部·書吏·書吏奏差避籍》　大德三年七月，御史臺咨：

奉中書省劄付：准淮西江北道廉訪使乞石烈卒等呈：近蒙差委，欽賚詔書前去江西行省等處開讀。除欽依外，近爲江西行省所轄路、府、州、司、縣司吏多係吏業不通，行（上）〔止〕不廉，苟非上司分付，即係買屬承充。又與所部之民，非其親故，則是讎嫌，假公行私，縣吏暗分鄉都，州吏分縣，府吏分州，起滅詞訟，久占衙門，敗壞官事，殘害良民。爲此，已與行省一同議擬，遍行合屬，州、縣司吏於本路所轄州、縣內避籍遷轉，路司吏於本省所轄路分避貫遷調。外據各道廉訪司書吏、奏差，職役雖微，關繫甚大，多係本道按治路分前後司吏選取，其源既非精選，其流似難得人。各人深知土俗奸弊，暗與路、府、州、縣官吏相通，或爲容隱，或爲透泄，遇有詞訟，恣意起滅，把持官府，實爲傷公害事。若將各道廉訪司書吏、奏差避道遷調，不惟於事有益，實去吏弊之大端。具呈照詳。都省議得：除路、府、州、縣司吏依准已行外，據各道廉訪司書吏、奏差回避元籍一節，甚爲允當。依准所擬，仰依上施行。承此。照得先爲各道書吏回避本司分治元籍路分選用，移咨行臺，及下各道施行。

《元典章》卷一二《吏部·書吏·考試廉訪司書吏等例》　大德七年十月，行臺准御史臺咨：

據監察御史呈：切惟廉訪司受耳目之寄，署路府之右，責任至重，古今號曰外臺。選官固在於得人，而選吏尤戒於匪人。今各道按部寬遠，官吏數多，政繁事冗，文案堆積，間或司官積力不逮，則其應行事務未必不由書吏。倘司官乍居風憲，未能盡諳事體，而其操縱尤出於此輩之手。蓋用得人，可以裨贊其事，用匪其人，則以是爲非，以私害公，過悮錯失豈能無之？況兩臺察院書吏，有例於各道勾補。且廉訪司按治宣慰司、路、府、州、縣，而監察御史分守省、部、寺、監，刷磨諸司案牘，糾察官吏非違，別白利害，舉刺賢否，奉行之吏，其責尤爲不輕。由此觀之，選用之際，可不慎歟？大抵吏人，一須行止可觀，二須吏事熟閑。若更涉獵經史，以儒飾吏，可爲全才。然全才罕得，有能於儒、吏中精通一事者，用之公，選之當，亦足爲衆推服。比年各道廉訪司委用書吏，少由各路貢舉，多致司官議論不同，甚而情意不協，當此首領官未見裨補，各相回護容忍。縱有選之應例，又以循情，考試不精，所以用多泛濫，少得實才，非惟無補憲司，切恐將來歲貢察院，何所取材？宜謂今後廉訪司書吏有缺，照依元例從各路貢舉，行移本司文資官，體察行止廉慎、才堪風憲，然後勾取到司，更爲委官立題守試，考中程式，方許收補。仍將試中程文繳連在案，用印關防，以備照用。如後監察御史復察得稍有不應，罪及試官並判署官吏。如此，則舉用無私，裨贊有益，異時由臺司而貢察院，均薦得人之譽，可無乏才之歎。如或各路司吏試補不應，用非實才，從廉訪司嚴加體究，似望彼此各得其人。具呈照詳。得此。本臺議得：各道廉訪司書吏有缺，依例於所轄路分見役司吏並歲貢儒人內，遴選行止廉慎、才堪風憲之人，委官體察相應，勾取到司，摘文資正官立題守試，考中程式，收補申臺。如後不應，罪及體察試驗官並判署官吏。若各路收補司吏用非實才，廉訪司體究革去，庶望各得其人。除外，咨請依上施行。

《元典章》卷一二《吏部・書吏・臺察書吏出身》　至大三年□月御史臺：

近爲察院並各道廉訪司書吏名微俸薄，責辦非輕，犯罪比常人加等。爲此，於至大二年三月初八日，本臺奏過事內一件：監察每廉訪司文書裏說有：薛禪皇帝時分，監察每根底、廉訪司裏行的書吏每，年分月日滿呵，九品、八品裏委付來。在後省官每故意沮壞臺綱的上頭，將先定立來的體例改了，年分月日滿呵，部令史裏、各路裏的提控案牘裏委付有。俺尋思來，耳目衙門裏，和俺一處做伴當，掌管著大勾當有。似這般，他每根底若不與出身呵，不宜的一般有。麽道，說有。俺商量來：他每說的是有。可憐見呵，俺省裏與文書，依著薛禪皇帝時分立定的體例裏交行呵，怎生？麽道，奏呵，奉聖旨：那般者。欽此。具呈尚書省照詳。去後，今承奉尚書省劄付：送吏部通行議擬。今據本部呈：至大二年九月十一日欽奉詔書內一款節該：中外吏員人等，欽依世祖皇帝定制，以九十月爲滿。欽此。議擬到下項事理，開呈照詳。都省仰照驗，依上施行。

一、各道廉訪司書吏：至元二十八年元定出身，依例貢部，補察院書吏。貢補不盡人數，自廉訪司爲始理算月日，考滿擬正九品內遷用。又大德四年二月議得：廉訪司書吏實歷請俸九十月，擬正九品銓注，任回添一資歷陞轉。大德元年三月初七日已後創入廉訪司人吏，九十月考滿，如無過犯，歷提控案牘一任，於從九品內遷用。通譯史比依上例定奪。前件，議得：各道廉訪司書吏若依舊例貢部，緣即目籍記名排數多，與職官相參，數年發補不盡。如蒙權且住貢，止將上名轉補內臺察院書吏，其轉補不盡人數，欽依詔書事理，以九十月爲滿，於正九品敘用。通事、譯史亦依上例定奪。今後書吏有闕，亦合一體於正從九品無過犯文資流官內選取一半相參勾當，理流官月日，雜職並元係書吏出身者不預。月日未滿者，依例貼補相應。

一、察院書吏：至元二十八年十二月元〔定〕出身，於各道廉訪司內選取，三十月貢部，九十月從八品遷用。不係廉訪司書吏取充者，四十五月轉部；補不盡，九十月考滿降一等，正九品遷用。大德四年二月議得：先役書吏實歷請俸九十月，依已定出身遷用，任回添一資歷陞轉。大德元年三月初七日爲始創入勾當者，止依舊例轉部。前件，議得：察院書吏如係廉訪司書吏補充者，須歷三十月轉部。不係廉訪司書吏取充者，四十五個月轉部。若有年高不任簿書，願不轉部者，欽依詔書事意，通理九十月，於從八品內任用相應。

一、行臺察院書吏：至元（二）〔三〕十年正月元定出身，於廉訪司書吏內選取，歷一考之上，轉補江南宣慰司令史、並內臺察院書吏。補不盡人數，九十月正九品，江南遷用。大德四年二月議得：先役書吏實歷請俸九十月，依已定出身遷用，任回添一資歷陞補。大德元年三月初七日爲始創入勾當者，止依舊例轉補江南宣慰司令史，北人貢內臺察院書吏。前件，議得：行臺察院書吏如係廉訪司轉充者。歷三十月許補江南宣慰司令史，北人貢內臺察院書吏。貢補不盡人數，欽依詔書事意，與廉訪司書吏月日通理九十月，正九品敘用相應。

《元典章》卷一二《吏部・吏制・典史・典史不得權縣事》　至元八年正月，尚書禮部：

承奉尚書省劄付：御史臺呈：據河北河南道按察司申：切見隨路各州、司、縣長次正官，但遇差故，將印信分付吏目、典史權管，多有不敢處決，兩耽事務，恣縱吏目書吏、典吏人等通同作弊，於民不便。批奉都堂鈞旨：送禮部，議擬連呈。奉此。本部議得：隨路職官非奉朝省明文，不得擅自離職。如有摘勾或因公被差，止有獨員者，上司不知，若有委用他處公事，只合回申所屬官司，別行差遣。如所委公事不出本境者，合將州、縣事務兼管勾當，不合令吏目、典史承權。呈奉到尚書省劄付，准呈施行。

《元典章新集至治條例・吏部・吏制・總例・諸衙門吏員出職》　至治元年二月　日，中書吏部承奉中書省劄付：來呈：奉省判，御史臺呈，監察御史言，吏員人等出身，世祖皇帝定制，以九十月爲滿，方許出職。近年省部不能恪謹奉行，諸衙門通譯史、令史、宣使、奏差人等，中間因值例革者，未及考滿，不令相梯衙門帖補，輒令實歷月日除授，紊亂成規，有礙選法。今後擬依舊例，吏員須以九十月爲滿，方許出職。違者，監察、廉訪司糾察追改。照得，奏准《至元新格》内一款諸職官隨朝以三十箇月爲滿，云云，至臨時定奪。欽此。本部再行議得，令譯史、宣使、奏差人等，合依已擬，欽依詔書，九十月爲滿，中間若有例革，或因事離職者，並令帖補考滿，依例遷叙，果有才幹不凡、事跡可考者，臨時定奪。如蒙准呈，本部爲例遵守。具呈照詳。得此。都省准呈，除外，仰照驗就行各衙門照會施行。

《元典章新集至治條例·吏部·吏制·書吏·選補書吏》 至治二年五月，抄到江南行臺，延祐七年八月日，准御史臺咨：延祐七年八月初二日，本臺官奏過事内一件，各道廉訪司書吏、奏差，名役雖微，干係事體重有。爲用的人不當呵，壞着風憲勾當法弊必須更張。若不嚴立格限選用呵，政事上，好生窒礙有。今後廉訪司書吏，於正從九品職官并教授，見任注代得替，有解由的，及應陞教授，到選學正、山長年四十五以下、省得吏事、行止廉慎的人每，遴選教官，一考，理本等月日。職官依例減資。非文資出身及雜職，并察院、廉訪司書吏考滿已除職官者，不預。歲貢儒人，先盡會試，終場下第舉子内選用。如或不敷，照依舊例貢舉。吏員，於路司吏歷俸謹及兩考、儒吏兼通、行止廉慎，自來無過者，選貢。三臺典史，先選貼書，補充架閣庫子，轉補典吏爲始，實歷請俸三十月，發充各道書吏。其奏差，於散府州司吏内，一考之上，通習儒吏、慎行止人内取補。歷俸四十五月，轉補書吏，依例遷調。合選的人每，除三臺典吏，其其餘并教管民文資正官，從公結罪保舉，廉訪司官體覆相同，照依延祐三年四月十四日奏准定例，嚴加面試，中程，開具備細，申奉臺劄，方許補用。三臺典吏，一體試驗，委巡歷監察御史，嚴行體察。如有違例不應人數，及才能無取、行止不慎、曾有過犯、不堪風憲者，隨即革去。仍將元舉、體覆、考試正官、首領官糾呈黜退。當該書吏斷罪勒停。又江南別無北人舉子應試。北人教官，儒人出身，職官亦少，必須用南人。先奉曲律皇帝聖旨，廉訪司裏革了南人，不教做書吏來。世祖皇帝以來，用人不曾分南北。俺尋思來，四海混一，都是皇帝底百姓有。若分南北用人呵，於大體上不宜的一般。俺明白奏知，江南廉訪司裏，每道許用南人書吏四名，内舉子二名，教官及正從九品根脚儒人出身職官二名，回避本貫，元舉道分。這般嚴切做體例拯治呵，也選得好人，不壞了風憲的法度。大勾當裏，便益也者。可憐見呵，這般教行的，上位識者。奏呵，奉聖旨，恁説的是有。以着恁商量來的，行者。欽此，咨請欽依施行。

《元典章新集至治條例·吏部·吏制·書吏·選試書吏》 至治元年五月日，江南行臺准御史臺咨，承奉中書省劄付：來呈，監察御史言，各部令史，元擬腹裏各道廉訪司，并行臺察院，每歲貢舉書吏二員，内儒一名須通吏事，吏一名必達儒書。近年以來，爲選法不能遷調，住罷各道廉訪司書吏，歲貢止以察院書吏及都省典吏轉部，又許儒人職官、秀才内選用。因此大啓倖門，各部往往違例，將不便文資流官、雜進職官取用。又有儒不通吏，吏不通書，循私選用，不拘元額，以致耽悞官事。今既各道廉訪司依例開貢。今將各部諸衙門令史截日取勘見數，即將不應之人盡行沙汰，照依舊例貢舉，籍記名排，挨次試補。如其試驗不應，即須發還，一則革去奸弊，二則庶得其財，不致失悞公務。本部議得，御史臺備監察御史言，各道廉訪司依例開貢。合將各部諸衙門令史截日取勘見數不應之人，盡行沙汰，照依舊例貢部，籍記名排試補。如其不應，即須發還，革去奸弊，庶得其財。以此參詳，上項事理，若便取勘，却緣各衙門補用日久，又係已准人數。擬自今後立格，六部諸衙門令史有闕，須要依例於相應人内試補，以憑准設。所舉不應之人，罪及當該官吏。如蒙准呈，本部爲例遵守。具呈照詳。得此。都省合下仰依上施行。

《至元雜令·吏員書袋》 諸吏員並縣書袋，公私同。省令譯史等並紫紵絲爲之，宗正府六部令澤皮充軍司書澤皮，按察司書皮以狸皮爲之，隨朝吏員及外路吏澤人之類，以赤隨之。各長七寸、闊二寸、厚半寸。違者並委所司糾察。

（元）**趙承禧《憲臺通紀·各道擬設書吏奏差》** 至元二十八年六月，奏准，按察司改立肅政廉訪司，據合設書史、書吏、奏差。承奉中書省劄付：除書史不須設立外，每道擬設書吏二十名，奏差六名。移咨行臺並遍行各道，依上施行。

（元）趙承禧《憲臺通紀·三臺典吏充書吏》 天曆元年十二月初四日，本臺官奏過事內一件：昨前特奉聖旨：各道廉訪司裏委用書吏呵，於終場下第舉子、教授、職官吏員內相參用做書吏者。麽道有聖旨來。三臺典吏，並各道廉訪司奏差，於吏員、書吏窠闕內相參教做書吏用呵，怎生？麽道奏呵，奉聖旨：那般者。欽此。

（元）唐惟明《憲臺通紀續集·書吏聲迹》 至正七年三月二十四日，本臺官奏：俺商量來：三臺察院書吏、各道廉訪司書吏、奏差人等，監察御史、廉訪司官將他每聲迹了的或因事黜退了的，卻隨即辯明，依舊還役行呵，勾當裏好生窒礙有。今後聲迹及因事黜退了的，風憲裏再休用呵，怎生？奏呵，奉聖旨：那般者。欽此。

《元史》卷一〇二《刑法志·職制》 諸有司公事，各官連銜申稟其上司者，並自書其名。有故，從對讀首領官代書之，具述其故於名下，曹吏輒代書其名者，罪之。【略】諸有司案牘籍帳，編次架閣。各路，提控案牘兼架閣庫官與經歷、知事同掌之；散府州縣，知事、提控案牘、都吏目、典史掌之。任滿相沿交割，毋敢不慎。諸樞密院行省文卷，除軍數及邊關兵機不在考閱，餘並從監察御史考閱之。【略】諸吏員遷調，廉訪司書吏、奏差避道，路府州縣吏避貫。

紀事

《金史》卷五三《選舉志·右職吏員雜選》 〔泰和〕八年，以僉東京按察司事楊雲翼言，書吏書史皆不用本路人，以別路書吏許特薦中部者類試，取中選者補用。

（元）許有壬《至正集》卷七五《公移·吏員》 欽奉聖旨節該：漢兒吏道，從七品以上休委付者；教授秀才並職官內取的令史，依舊例委付者。又憲臺奏准，監察御史、廉訪司，依保守令例，每歲各舉諳練刑名者一人，注充推官。竊謂一統萬邦，治雖多術，大經要道，首在得人。論材有長短之不齊，立法貴變通而無弊。故求賢擇善，必自多門；而趨事赴功，庶臻成效。欽惟我朝建元以來，百度修舉，惟科舉條目，議而未行。出官之制，大率由吏；而貢吏之法，必以儒通吏事，吏通經書，然後補用。在後奉行不至，試補之間，多不依法，遂使賢愚混淆，政事敗闕。仁宗皇帝勵精圖治，痛懲其弊而一新之。由吏出身者，限以從七，不使秩高權重，得以縱恣。設立科舉，取人以德行爲首，試藝以經術爲先，求賢之方，視古無愧。但科舉未行之時，以吏取人，實學之士，亦未免由此而進，一概限之，不無同滯。且名器之設，所以陶鑄人才，鼓舞爲善者也。各衙門通事、知印、宣使、奏差之類，勞逸懸絶而出職反高，又得陞轉；獨於吏員，待之既殊，遏之又甚，自非特立堅守之人，亦何勸而爲善耶？目今中縣以上，銓衡有乏材之嘆，郡邑多闕官之所。又欽奉聖旨，歲舉推官一人。推官從六品職，必精曉刑名，洞達事理，慈祥愷悌，歷練老成之人，方可任此。不廣其途，亦難選舉。夫吏弊政蠹，固不爲少。但科舉未行之前，儒皆爲吏，其貪虐鄙俚之徒，限之固宜，而廉慎儒雅之才，恐遂並棄。合無自頒行科舉詔書日爲始，以前該降吏員，量許陞至三品；以後入役者，從五品止。庶賢愚無同滯之患，官府有得人之效。

程限分部

綜　述

《元典章》卷一〇《吏部・職制・赴任・赴任程限等例》　大德八年九月，御史臺咨，奉中書省劄付：吏部呈，承奉中書省劄付，欽奉聖旨節該，受了宣敕不赴任人每，後頭勾當裏不敘用。欽此。照得已除官員裝束赴任暇限，已有定法，各處官司並不遵守。爲此，本部今逐一議擬到下項事理，如准所呈，遍行照會，庶革僥幸紊繁之弊。具呈照詳。都省除外，今開逐項事理前去，仰依上施行。

一、欽奉聖旨條畫內一款節該，三年之喪，古今通例，今後除應當怯薛人員、征戍軍官外，其余官吏，父母喪亡，丁憂終制，方許敘仕。奪情起復，不拘此例。蒙古、色目人員各從本俗，願依上例者，聽。欽此。照得已除內外守缺官員未任其間，若遇父母喪亡應合丁憂者，具職名，隨即行移官司，轉申上司，別行注代，庶望將來不致闕官。如不即申報，從本道廉訪司體察究治。

一、欽奉聖旨節該，做官的人，年到七十，三品以下官員，添與一等散官，交閑者。欽此。照得，受除守闕未任官員，中間年老，或因事故不能赴任者，以致曠職誤事，省部無由得知，銓選有所未便。本部議得，今後受除未任官員，若有例合致仕，並年雖未及衰老，不能赴任人員，具各各緣由，行移申報。身故者，以次親人並鄰佑社長申告。所在官司開具某官職名，申報上司，別注代官。如違，所在廉訪司體察究問施行。

一、承奉中書省劄付，大德八年三月，欽奉聖旨節該，受了宣敕，嫌地里遠，或嫌名分低小不赴任去的人每根底，後頭勾當裏不敘用。欽此。照得近奉都省劄付內一款，已除赴任官員在家裝束暇限，二千里內三十日，三千里內四十日，已上雖遠，不過五十日。其在路行省、大都至本家，自起程到任，馬日行七十里，車日行四十里，乘驛者日兩站，百里以上止一站，舟行上水八十里，下水日百二十里。職當急赴者，不拘此例。違限百日之外者，依例作缺。已經遍行照會去訖，若不再行，慮恐受除人員不遵元行，悮陷不敘之例。議得，今後此等受除官員，須要依期赴任。違者，欽依見奉聖旨處分事意施行。

一、照得省部銓選，止憑官員到任月日注代。今各處官司往往不即申報，蓋因各衙門已委提調首領官不以選法爲重，以致耽誤標附。爲此，議得，今後赴任官員，如到任所，即將禮任署事月日飛申，以憑標附。若有犯贓事故等官，亦仰依上申報。如是依前違慢，不爲用心檢舉申報去處，定將委定首領官取招斷罪施行。

一、近承奉中書省劄付內一款，今後除受守闕官員，吏部照勘行移，各官聽候去處，亦行照會施行。承此，除遵依外，照得近年以來，內外得替官員，解由到部，多有不行開寫聽候去處。若不再行，有礙照會。議得，今後內外得替並初入流品人員，須要開寫某路府州司縣村坊聽候，色目人員亦合依上施行。

一、至元三十一年三月，承奉中書省劄付，議得，作闕之後到任官員、已除人員，准令交代。作闕之後到任官員未曾銓注，准擬標附。已經遍行照會去訖。比年以來，各處行省往往咨到已除未任人員，多有過期一年之上。不行赴任員數，必須照例議擬作闕，別注代官。比之新官到彼，其已擬作闕者却有之任官員，蓋因不知前後交代之例，以致爭訟。各處行省不照元行區處，備咨都省，判送吏部照擬。及有一等受除人員，意嫌所受職名低小，附託當途，旁求巧進，或所圖未遂者，必須却赴任所，以致遷延過期，又恐作闕，假以病患爲由，於有司告給憑據，才方之任。如此僥倖者有之。以此參詳，今後除守闕官員須要依期到任，若果患病，隨即行移所在官司勘當是實。如所患病疾百日之內痊愈，給據，許令之任。已過百日之外，不能赴任者，隨即申覆上司別行注代。若當該官吏給據其間，看循故行捏合，虛稱病故，符同保勘者並行斷罪，仍令監察御史、本道廉訪司嚴行體察究問施行。

一、承奉中書省劄付，奏准條畫內一款，諸行省管轄官員，若有多歲不經遷，過時不到任，及久曠未注，或緊闕官，即須照勘明白，咨省定奪。其到任例合標附人員，每月通行類咨。直隸省部路分。欽此。照得，先爲隨朝諸衙門、腹裏路分，並行省、宣慰司、廉訪司諸見任官員職名、禮任月日、已除未任、不遷、急缺去處各各員數，每季不過次季仲月咨報到省。去後，各處違期，不行季報，有礙標附照勘。都省摘委主事一員，不妨本職提調。遍行諸衙門並合屬，今後須要依期呈報。如有違慢，定將已委官究治。奉此。今照得，各處季報往往不行依期到部，雖有報到，中間脱漏字樣，差訛頭款，多不依式。又事故官員雖稱因事停職，不見曾無歸結，是否作闕，難議注代，必須再行取勘。不惟紊繁，有礙銓注。以此參詳，蓋是已委提調官不以季報爲重，以致耽誤如此。議得，今後腹裏每季不過次季孟月十五日已裏，須要開申到部，行省每季依期咨報到省，以憑標附。如是依前過期不到，或依期報到，照勘得中間但有争差，定將委定首領官取招斷罪。

《元典章》卷一〇《吏部・職制・赴任・官員依限赴任病就任醫》

至大四年四月十四日，御史臺：奏過事内一件，委付了的官人每，嫌名分小、田地遠不肯去的，要罪過者。更非奉聖旨不得擅自離職。世祖皇帝行了聖旨有來。近年，行臺、各道廉訪司官勾當裏委付了不去的也有，推稱病患，不滿百日，離職來了的也有，更推稱有題説的勾當鋪馬裏來的也有，這裏幹别勾當的也有。因那般，各處缺員，耽誤着勾當的緣故，是這的有。俺商量來，今後委付了的官人每，交依限赴任。到任之後，端的有病呵，就任所交醫治。一百日醫治不好呵，依體例作缺，别委付人。推病麽道使見識的，更非奉聖旨，推稱著勾當，擅自離職來的，不交來呵，怎生。奏呵，那般者。麽道，聖旨了也。欽此。咨請欽依施行。

《元典章》卷一〇《吏部・職制・不赴任・做官的不去勾當裏不交行》　至元二十四年六月，御史臺承奉尚書省劄付：至元二十四年閏二月二十六日奏過事内一件，做官去的人每，受了宣敕，一年半年不去有。今後，那般不去的每根底的宣敕要了，勾當裏不交行呵，怎生。奏呵，只那般者。麽道，聖旨了也。

《元典章》卷一三《吏部・公規・公事・行移公事程限》　至元八年月。欽奉聖旨：據御史臺奏，内外諸衙門公事稽遲，乞定立限次，本臺糾察，令中書省、御史臺一同講義，回奏，今後小事限七日，中事十五日，大事三十日。若令史遲慢，斷决令史。説到檢正、都事、主事、經歷、知事以下官印遲慢，中事罰俸，三犯的决，大事但犯的决。以上首領官并其餘官員，小事呈省罰俸，大事聞奏。若書寫聖旨宣命，既用蒙古文字，從中書省依驗紙幅多少，斟酌立定限次寫發，并據各處勘會公事，地里遠近，催舉次第，比附舊例。違者並各治罪。所據决罰體例，驗事理輕重，酌量决罰。准奏，並仰欽依施行。如違，御史臺、按察司合行究治者，就便究治，合呈省者，呈省，合聞奏者，聞奏。欽此。

《元典章》卷一三《吏部・公規・公事・首領官執覆不從許直申部》

至元五年六月，中書左三部，近爲隨路所設經歷、知事，職掌案牘，照領一切公事，務要不致遲錯，所責不爲不重。議得，今後，隨路奏管府，凡有一切所行公事，若有府官所見不同，處决偏枉，如經歷、知事，從正執覆，三次不從，令經歷司官具由，直行申部，詳究定奪。呈奉到中書省劄付，准擬施行。

《元典章》卷一三《吏部・公規・公事・公事隨事舉問》　諸公事違限、違例者，皆當該檢校人員隨事舉問，失舉問者，罪亦及之。其監察御史、肅政廉訪司，常務糾彈，毋容弛慢。

《元典章》卷一三《吏部・公規・公事・公事量程了畢》　諸官司所受之事，各用日印，於當日付絶。事關急速，隨至即付。常事，五日程謂不須檢覆者，中事七日程謂須檢覆者，大事十日程謂須計算簿帳或諮詢者，並要限内發遣了畢。違者，量事大小，計日遠近，隨時决罰。其事應速行，當日可了者，即議須行。若必非常限所拘。臨時詳酌。

《元典章》卷一三《吏部・公規・公事・申事自下而上》　諸應申上司定奪之事，皆自下而上，用心檢校，但有不實不盡，其所由官司，即須疏駁，必用照勘完備，擬議相應，方許申呈。若事未完，例或不當，不即疏駁而輒准申呈者，各將當該首領官吏究治，駁而不益，至於再三，故延其事者，亦如之。

《元典章》卷一三《吏部・公規・公事・公事明白處决》　諸公事明白，例應處决，而在下官司故作有疑申審，若事合申禀，而在上官司不即依理與决者，各隨其事究治，仍從監察御史并肅政廉訪司糾彈。

《元典章》卷一三《吏部・公規・公事・公事從正與决》　諸公事應議者，皆由下而上，長官擇其所長，從正與决。若執見不同，許申合屬上司。六部官所見有異者，赴省稟議。其事例明白，變易是非者，別行糾問。

《元典章》卷一三《吏部·公規·公事·置立朱銷文簿》　至元二十一年三月二十八日，江西行省咨：據御史臺呈，照得今年正月初六日，欽奉詔書節該，應雜犯重典以下罪，盡從釋放。自今以始，各務惟新。欽此。本臺職掌糾彈照刷諸司稽違等事，當上體聖意，作新庶事。合從中書省以下在內大小諸衙門、并各處行中書省以下在外大小諸衙門，各置朱銷文簿，將應行大小公事盡行標附，依程期檢舉勾銷，准備監察御史、提刑按察司官不測比對元行文卷施行月日，照刷稽遲，庶望自今以往，去已前之積弊，俾中外政績煥然一新，不負明詔叮嚀之旨。呈乞遍行，依上施行。都省咨請依上施行。

又　大德二年二月，江西湖東道肅政廉訪司：准分司牒，臨刷各路諸衙門文卷，多有旋寫朱銷文簿，耽誤刷磨。爲此參詳，朝廷立法，以諸司所行公事置簿排日，隨事朱出墨入，逐件銷附，日稽月攷，以革稽違之弊。今各處視爲具文，應行公事並不隨時銷附，以致大小事務無憑稽考，遷延歲月，無由杜絶，徒使文煩，事無成就。牒請施行。准此，可照驗，行移合屬州縣，應合照刷文卷，大小司存，今後須要置立文簿，將應行公事排日隨事銷附，每月一次，首領官檢校。其間但有稽遲，隨即糾舉施行，從本處用印關防，聽候刷磨了畢，如法架閣。

《元典章》卷一三《吏部·公規·公事·三催不報問罪》　至元八年二月，尚書省：來呈，今後應據行下隨處文字，如是稽遲，已過三催不報者，當該遲慢官吏合行取招。除受宣敕人員外，本部就便的決。外路差官，斷遣。如此，庶望不致稽遲。呈乞照詳。省府相度，仰今後應據行下隨處文字，量公事大小、途程遠近，依例三催，不報者，當該遲慢人吏，本部量情，就便斷遣。外據官員取招，擬定呈省。

《元典章》卷一三《吏部·公規·公事·稽遲隨事舉行》　諸公事稽遲，速則易改，久則難追。今後凡各掌行之事，當該省椽，每日一勾銷，都事每旬一檢舉，員外郎每月一審校。錯者，依例改正，違者，隨事舉行，毋使日積月增，文繁事弊。部員外郎、主事，臺院經歷報事，其餘經歷、檢勾文字人員並同。

《元典章》卷一三《吏部·公規·公事·官事用心檢校》　諸官府之衆，事務之繁，弊欲盡除，事難備舉。凡內外官司，各須用心檢校，若事有不便，理當更張者，聽申合屬上司，應呈省者，呈省。

《元典章》卷三七《兵部·遞鋪·入遞·申臺文字重封入遞》　至元二十三年　月，行御史臺：據管勾承發司兼獄丞申，照得元奉御史臺劄付：行下各道按察司，應有申臺文字，須要重封入遞轉送，無致損壞。今據鋪兵人等遞到各道申臺文字，往往不依御史臺所行事理重封，止用單紙封皮，俱各磨擦損壞文解，漏泄事理。合行再下各道，遇有申臺文解，須要如法重封入遞轉送，似爲不致破損。憲臺得此，仰照驗，應有申臺文字，依已今事理，須要重封入遞轉送，毋致損壞，仍具依准文狀申臺。

《元典章》卷三七《兵部·遞鋪·入遞·入遞文字》　大德五年五月，行御史臺，准御史臺咨，奉中書省劄付：來呈，行臺咨，監察御史呈，切照比年守省追問公事，遞申到憲臺劄付察院公文，遲滯月餘。照到入遞月日，扣算地程，每晝夜僅及百里。蓋提調官不爲用心拘挨，亦有夾雜諸衙門不該走遞文字，數內，除省臺軍民錢穀造作各各衙門外，千户所、僧録司、蒙古教授、官醫提領所、馬站等一應司存，詳此微末司屬，不關治政閑慢去所，若此之類，不勝其繁，豈不妨奪正合轉遞重大衙門文字。若不整治，切恐因循廢弛不便。本臺看詳，係爲例事理，令合干部分定擬。又江西行省咨，亦爲此事。送兵部，照得，中統三年，奉聖旨，遇有省裏發的文字，教轉遞者。其餘官府文字，並不得急遞鋪轉送。各路總管府文字，并總管軍官文字直申省者，急遞鋪轉送，若不係申省文字，休轉遞者。又中統五年，奏奉聖旨，據設立宣慰司去處，依舊設立急遞鋪，專一轉遞中書省領左右部、宣慰司、轉運司文字，沿邊軍情公事，差使臣往來勾當。至元八年，兵、刑部奉省判，爲各處成造軍器，應係隨路合申稟事理，今後擬令急遞鋪轉送。又尚書省定例，隨路帳册重十斤已下，可以擔負者，許令入遞。至元二十年奏准，功德使司文字，入遞行者。欽此。至元二十六年，尚書省准擬，釋教總攝所、總統所、凡行文字入遞者。至元二十八年，奉都省照會一款，遞年入遞，封緘雜亂，發遣無時，是故附寫多致差迷，轉遞亦甚不便。今後省部并諸衙門，凡入遞文字，其常事，皆付承發司，隨所役下去處，各各類爲一緘。謂如江淮行省去者，凡江淮行省，不以是何文字，通爲一緘，官府准此，日一發遣，附寫不繁，轉遞亦便，已經遍行了當。今奉前因，本部參詳，亡宋收附以來，諸國悉平，比中統、至元之初，公事浩繁，入遞文字，何啻百倍，鋪兵人數，曾不加多。若必以晝夜四百里責之，切恐往返頻數，疲勞不能送辦。擬合照依元奉聖旨事意，除邊遠軍情緊速等事，差委使臣勾當外，據應合入遞文字，責令總鋪依例類緘發遣，限一晝夜行三百里。渡涉江河，風浪險阻，不拘此限。及除兩都遞送御膳菜菓鋪兵外，其餘應設急遞鋪兵去處，止遞公文，並不得將文冊十斤以上，及一切諸物入遞。如違，悉送所在官司究問。路府州縣，正官提調，廉訪司常切糾治，相應。今將各各遞送文字衙門開坐，具呈照詳。都省議得，急遞鋪晝夜里路，已有定例。所據總鋪見行入遞光禄寺等衙門，擬合依前入遞，餘准所擬。都省，除外，仰依上施行。

一、應入遞文字衙門

中書省、太師府、太傅府、樞密院并行院、御史臺、行臺、行省、宣徽院、扎魯花赤、徽政院、宣政院、大司徒、六部、中政院、通政院、大司農司、兩都留守司、太醫院、泉府司、內史府、提調河道官、王相府、集賢院、崇福寺、總統所、總攝所、太史院、致用院、翰林國史院、將作院、蒙古翰林院、各道宣慰司、各處宣撫司、各衛、武備寺、都元帥府各道廉訪司、尚乘寺、光禄寺、太僕寺、太常寺、闌遺監、利用監、太府監、章佩監、尚舍監、中尚監、都水監、國子監、孛可孫、給事中、侍儀司、司天臺、內宰司、宮正司、拱衛司、教坊司、各處萬户府、省院都鎮撫司、漕運司、監察御史、鹽茶轉運司、護國仁王寺、總管府、納綿總管府、財賦總管府、都水庸田司、大都鷹房都總管府、秘書監、淘金府、兩淮屯田打捕總管府、直隸省部軍器人匠總管府并局院、晉王位下總管府、鐵冶提舉司、道教司、蒙古儒學提舉司、官醫提舉司、府州奧魯官、路府并直隸省部軍州。

一、不應入遞衙門：新舊運糧提舉司、怯憐口提舉司、八作司、衛侯司、牙昔忽司、財賦提舉司、各投下總管府、尚飲局、沙糖局、尚食局、文須庫、文成庫、太廟署、掌教司、帖只官人、天長觀、僧録司、道録司、都綱司、蒙古儒學醫學教授。

《元典章新集至治條例·朝綱·公規·公務·早聚晚散》中書省：

延祐七年五月二十六日中書省奏過事內一件：大都省扎魯花赤、首領官、六部官，必闍赤人等不早聚，怠慢一般有。麽道，大都省官人每説將來。奏呵，聖旨：大都的及這裏的省部諸衙門裏勾當裏行的，不早聚晚散，怠慢呵，打了，勾當裏交出去者。我根底行的，除入怯薛的之外，其餘無怯薛的，交勾當裏早聚晚散者。麽道，聖旨了也。

《元典章新集至治條例·朝綱·公規·公務·使臣公事程限》中書省：

延祐七年六月十四日速速參政特奉聖旨：今後各處來的使臣每的勾當，大事五日，小事三日，完備了交上馬者。各衙門裏行文書，悮了勾當呵，有罪過者。麽道。欽此。

《元典章新集至治條例·朝綱·公規·公務·大小公事限內完不完》

至治元年二月□日，江西行省准中書省咨：

蒙古文字譯該：中書省官人每根底，通政院官人每言語：特奉聖旨：昨前秋間，使臣每的勾當，小事三日，大事五日、七日的其間，他每來的勾當完備了，教上馬者。麽道，不説來那？您如今各衙門裏行印信文書者。今後各衙門裏，三日的、五日的、七日的使臣每，不揀甚麽勾當有呵，完備了教回去者。限內他每的勾當不完備了教上馬的，各衙門官人每的名記著，我根底説着。麽道，聖旨了也。欽此。

《元典章新集至治條例·朝綱·公規·行移·呈省文書不小書削散官》

延祐七年五月二十六日，中書省：

奏過事內一件：各衙門官員，但凡勾當裏呈省呵，不小書，交以次下官人每小書著，呈與俺每文書有。但是行文書的，盡是大勾當有。它每道俺受的散官高麽，呈省的文字不小書有。奏呵，奉聖旨：那般體例那裏有？他每的散官寫將來者。我覷着，削降它每的散官。今後都交小書呈省者。欽此。

《至元雜令·論訴期務》 諸論訴田宅、婚姻、良賤、家財、債負，起自十月一日官司受理，至三月盡斷畢，三月一日住接詞狀。其事關人衆不能結絶者，聽附簿入務，候務開日舉行。若有文案及又相侵奪並于田農入户者，隨時受理決斷。

《通制條格》卷四《户令·務停》 大德三年八月，中書省御史臺呈：百姓争論田宅婚姻良賤之事，有經十餘年未得結絶，往往赴訴朝廷。照得舊例，自十月一日受理至三月一日住接詞狀，事關人衆，不能結絶，候務開日舉行。比年以來凡争田宅户婚公事，調弄淹延，直待務停，及至十月終檢舉，逗遛半年，又復入務，積久不決，寃民受害。都省議得：今後應告上項公事，須自下而上，先從本處官司歸理，比及務停，須要了畢。若事關人衆，依例入務，才至務開，即便舉行。如地遠事難，又復不能了畢，明立案驗，要見施行次第所以不了情節，再許務停一次，本年農隙必要結絶，不許更入務停。其有見問未斷輒亂陳告，本管上司、廉訪司並不得受理。如已斷訖，陳詞告寃，須追元問文卷，參照衆詞。若擬情節别無不完，中間所見不同，從公改議。如緊關情節未問便行擬斷，委有可疑，取元問官吏招伏，聽别委官推理。若事可歸結，不應務停，及多經入務而不了，本管上司、廉訪司官隨事治罪。若事見問而受理並已斷相應改斷者，罪亦如之。

（元）趙承禧《憲臺通紀·人衆委問》 延祐二年正月，本臺奏過事内一件：今後各道，凡有告言不公不法等事，總司合受理者，即與受理。合牒分司者，即與移牒。合親問者，即與親問。果若事幹人衆，卒難結絶，不能親到者，欽依已降聖旨事意施行。不可一概專委府州司縣官員，互相移問。及合取問之事，不爲受理。

（元）趙承禧《憲臺通紀·廉訪分司斷職官會議》 延祐三年六月，欽奉聖旨，《作新風憲》内一款：廉訪分司按治，諸職官有犯公罪，事重者會議總司，事輕者，依例罰贖。其首領官，稽違罪犯，斟酌輕重，依例施行，欽此。

（元）趙承禧《憲臺通紀·人衆委問》 延祐三年六月，欽奉聖旨，《作新風憲》内一款：各道廉訪司，諸人應告官吏不公，合就問者就問，不得轉委。如果事幹人衆，並地里遥遠，卒不能結絶者，許委附近管民廉幹正官歸問。有訴不實不盡者，就爲伸理，毋致偏抑。如違監察糾察。

（元）趙承禧《憲臺通紀·廉訪分司出巡日期》 延祐三年六月，欽奉聖旨，《作新風憲》内一款：各道分司，若不遍歷，百姓利病，官吏貪廉，豈能周知？今後除廉使守司，刷按置司去處，餘擬每年八月中分巡，至次年四月中還司。如不依期出司，及巡曆未遍，託故回還，或依期還司，不曾遍歷，並應結絶之事而不結絶者，聽總司申台區處。審囚日期，不過六月初間。其將引書吏奏差，並仰回避元籍，先役路分，違者究治。

（元）唐惟明《憲臺通紀續集·不拘月日》 至正五年四月，中書省付，御史臺呈，至正四十二月二十一日，本臺官奏：監察御史呈，檢會到《至元新格》内一款：諸職官隨朝三十個月爲滿。在外三周歲爲任滿。錢穀之日，各以得代爲任滿。吏員須以九十個月方許出職。由職官轉補者，同職官例。若未及任滿，本管官司不得動公文，越例保陞。果才幹不凡，有事蹟可考者，從御史臺察舉。其非常選所拘，若急闕人材職相應者，臨時定奪，欽此。除欽遵外，近自元統年間詔旨，天下節該，並依世祖皇帝定制，伏睹聖朝，奄有四海。爰立省部臺院，總握機務。至於錢糧選法，禮樂刑政，糾劾不法，一切軍國重事，靡不關係。所設官吏，若非才德兼茂者，難膺斯任，實要且重。比之其他衙門，大不相侔。世祖皇帝，酌古準今，已有成憲。其用人之際，雖有月日定規，然奬才俊，未嘗惜爵。何也？省院臺衙門，掾譯史吏員人内，果有才器不凡，行能昭著者，不以月日所拘，使之顯達，以備將來之用。所任之才，往往可考，行之百年。近因銓衡之官，本救一時之弊，更易良法，一概將内外大小諸衙門，未換授人員，無論賢否大小，俱以九十個月爲滿，方許出職。是以棄才能而尚年勞，舍英俊而數月日。考之古今，實有任用之盛典。以此參詳，今後選用人員，果有才幹不凡，行能超異者，其中書省，樞密院，御史臺，六部，察院掾譯史，並遵舊制。或以不拘月日選擢，或以近及兩考選取。如此，則賢才不滯於下，後進得達於上。緣系爲例事理，宜從憲臺聞奏，具呈中書省施行。公道幸甚。麼道説有，又南臺家爲這事，諮將文書來有，俺商量來，省院臺掌管重事，有如今行與省家文書，這三個衙門，蒙古必闍赤、掾史，通事，知印，宣使。但是勾當裏行的人每内，將他每好的月日，到兩考的勾當裏委用呵。怎生奏呵。奉聖旨那般者，欽此。除外，具呈照詳，送據吏部呈，議得御史臺奏准。省，院，臺，這三個衙門，蒙古必闍赤、掾史，通事，知印，宣使但是勾當裏行的人每，將他每好的月日，到兩考勾當裏委用，以此參詳，即系憲台奏准聖旨事理。

如蒙准呈，宜從都省欽依聞奏相應，具呈照詳。得此。至正五年，四月初一日，中書省官奏：俺根底，御史臺官，備著監察御史文書奏了。省、院、臺、蒙古必闍赤、掾史、通事、知印、宣使，但是勾當裏行的人每，内將他每好的月日，到兩考的勾當裏委付。麽道呈文書的上頭，教吏部定擬呵，依著臺家奏來的教行的説有，依部家定擬來的行呵，怎生奏呵，奉聖旨那般者，欽此。

（元）劉孟琛《南臺備要·公差人員》 至正十二年正月二十一日，准御史臺承奉中書省劄付：各省使呈：照得都省統領萬機，總裁庶務，凡無直省宣使人等通報事、辦集公務，往往推稱緣故及托病，不經由元行站道，輒乘站船，恣意遠轉，探覷親戚，遷延歲月，不行回還，以致公事遲慢，若不立法，深爲未便。今後公差人員，出使四方，照依水陸路程，往回給限。果有病疾，拘該有司令醫看治，開寫患病緣由、痊可日期，明白具印信文解申達，以憑稽考。若違元限，驗日數遠近定擬罪名。不惟使人知所警畏，庶得公務早爲辦集。以此參詳：上項事理宜從都省劄付合干部分定擬，遍行各處爲例遵守相應。具呈照詳。得此。送據刑部呈：檢會到至正條格内一款：至正十四年四月，湖廣省咨：本省譯史姚朵魯朵海，因押運麯櫱回還，至南京，不由正道馳驛，却與温迪罕參政稍帶家書衣服，經由襄陽府水站還省。都省擬，四十七下，罷役。一款：天曆二年九月二十四日中書省奏：中書省綱維百司，總裁庶政，其餘大小諸衙門裏委付的人每，合遵守中書省節制行有，近間省官每，上位根底奏過，衆人商量定：各處爲錢糧等事被差的人，關訖鋪馬，聖旨差劄，推稱事故不肯去的也有，若便取問呵，罪經釋免。如今遍行文書，今後但凡中書省差使裏，如無緣故不去的記了他的名字，上位根底奏呵，怎生？奏呵，奉聖旨：受宣的咱每根底奏者，受勅的恁就要罪者。欽此。本部議得：各省使臣、公差人員，凡差直省舍人、宣使人等通報事情、辦集公務，往往推稱緣故及托病疾，不行經由元去站道，輒乘站船探親，遷延歲月，不行回還，以致公事遲慢，若不立法，深爲未便。今後公差出使人員，照依水陸路程，往回給限。果有病疾，拘該有司開寫患病緣由、痊可日期，具印信文解申達，以憑稽考。若違元限，驗日數遠近定擬罪名。以此參詳：今後諸衙出使人員，果有營幹己事，故托患病稽違程限，失悞公事，擬合停俸取問，照勘明白，依例治罪。庶幾人知警畏，事免稽違。如蒙准呈，遍行爲例，遵守相應。連呈照詳。得此。除外，都省合下仰照驗，依上施行。承此。除外，咨請依上施行。

紀事

（元）胡祇遹《紫山大全集》卷二一《雜著·官吏稽遲情弊》 稽遲害民，甚於違錯。若詞訟到官，立便決斷，案牘之間雖欲文過飾非，錯失自見，小民銜冤，隨即別有赴訴。司縣違錯，州府辨明改正；州府違錯，按察司辨明改正。小民無淹滯枉屈之冤，官吏當違背錯失之罪。近年姦貪官吏恐負罪責，事事不爲斷決，至於兩詞屈直顯然明白，故爲稽遲，輒則數月，甚則一年二年，以至本官任終，本司吏更換數人，而不決斷。元告，被論兩家公共賄賂，又不決斷，歲月既久，隨衙困苦，破家壞産，廢失農務歲計，不免商和。商和之心，本非得已，皆出於姦吏措勒延遲之計。兩家賄賂，錢多者勝，以屈爲直，以直爲屈，不勝偏倍。條畫雖定大小中三事限次，終無明白罪責。擬合照依違限條畫，初犯職官罰俸一月，兩犯罰俸兩月，三犯的決罷職。吏人初犯的決，再犯決罷。因稽遲而措勒商和者，尤不可准，罪責加稽遲一等。伏乞申臺呈省，如蒙俯允，乞賜遍示天下，將此情弊斷例，省諭府州司縣，大字真書於各衙廳壁，以示懲誡。

（元）胡祇遹《紫山大全集》卷二三《雜著·民間疾苦狀》 一、遞送造作，必不能無弊，姦吏因緣害衆，合著夫匠十名，乃科百名，以至數多則遍科。今後省部立式符下各土，主者置立簿集，鼠尾人民及工匠花名，遇有遞送造作，輪次應當，周而復始。仍令通文墨廉慎官吏封掌。凡有遞送前路文字，及宣使、奏差到路，輒不得便集人夫，先差人於前路探伺到來的實月日，然後集衆。若恐躭誤，既承文字，即於簿集上照勘某人今次該差，計幾名，公文先報得知，管得在家聽候，續聽指揮，某日須要到來應役。如此則公務亦辦，不致稽留農工，妄奪民力，盜養姦吏。

（元）胡祇遹《紫山大全集》卷二三《雜著·折獄雜條》 十月一日務開，三月一日務停，首尾一百五十日。每月先除訖刑禁假日四日，計二十日；又除訖冬節年節前後各一日，計六日；兩月一小盡，除訖三日；立春節，除訖一日；進年節表一日；乙亥日三日；若遇二月清明節，又除訖三日；計二十七日。中間或遇同仕上官下任，吉凶慶弔，迎送上司使客，大約又除訖十餘日。總計五十日。餘外斷決詞訟者，止有一百日。或遇兩衙門約會相關，或干證不圓，或勘會不至，或吏人事故，轉按、疾病、上司勾追刷案之類。經兩吏人手，又虛訖十餘日，中間止有八九十日理問辭訟。又以監視造作、勸農、防送遞運、府州追勾、按察司差委，得問民訟多不過五六十日。聰明？通、公勤廉幹者能決幾事？若賦性愚鈍，稟心私徇，反爲姦吏愚弄，文字逗遛，倏忽之間，又復務停，所以有十年八九年不決之事。此蓋爲十月一日興辭到官者言也。若或正月二月才方告狀，務停三限，更甚迫促。推原務停之政本恐妨農，不知正墮姦吏倚法舞文之巧計。以此觀之，不若不立務停之限，止取稽遲不公之罪，必不敢至於數年之不決。今後品官得代，計在任月日經手事久不决者降黜責罰。得代之日，按無不決之事者陞遷褒美。

（元）王惲《秋澗集》卷八四《烏臺筆補・為驛程量事緩急給限事狀》　竊惟隨路每歲差遣人員赴都，如計稟公事、押運差發課程一切等物者，既還，心欲速得到家，不問鋪馬生受，日行數站，其馬匹不無走損倒死。以惲愚見，今後除軍情急速人員外，其餘所差人員，合無照依舊例，量事緩急，定立往回地程，使各站出給關文，於上分明書寫日行站數，依上走遞，仍令按察司體究，違者治罪施行。如此似望鋪馬少有倒死，站户不致生受。

《元史》卷七《世祖紀》　〔至元八年二月〕戊申，詔以治事日程諭中外官吏。

《元史》卷一〇《世祖紀》　〔至元十五年五月〕甲午，諸職官犯罪，受宣者聞奏，受敕者從行臺處之，受省札者按察司治之。其宣慰司官吏，姦邪非違及文移案牘，從本道提刑按察司磨刷。應有死罪，有司勘問明白，提刑按察司審覆無冤，依例結案，類奏待命。自行中書以下應行公務，小事限七日，中事十五日，大事三十日。選江南鋭軍爲侍衛親軍。

《元史》卷一二《世祖紀》　〔至元十九年六月〕壬子，申敕中外百官立限决事。

《元史》卷八三《選舉志・銓法中》　凡赴任程限：大德八年，定赴任官在家裝束假限，二千里內三十日，三千里內四十日，遠不過五十日。馬日行七十里，車日行四十里。乘驛者日兩驛，百里以上止一驛。舟行，上水日八十里，下水百二十里。職當急赴者，不拘此例。違限百日外，依例作闕。

凡赴任公參：至元二年，定散府州縣赴任官，去上司百里之內者公參，百里之外者申到任月日，上司官不得非理勾擾，失誤公事。

名諱分部

綜述

（宋）葉隆禮《契丹國志》卷七《聖宗天輔皇帝》〔太平十年〕又詔燕京憫忠寺特置真宗御靈，建資福道場，百日而罷。復詔沿邊州軍不得作樂。後因御宴，有教坊都知格守樂名格子眼，轉充色長，因取新譜宣讀，帝欲更遷一官，見本名正犯真宗諱，因怒曰：汝充教坊首領，豈不知我兄皇諱字？遂以筆抹其宣而止。燕京僧録亦犯真宗諱，勅更名圓融。尋下令國中應内外文武百僚、僧道、軍人、百姓等犯真宗諱者，悉令改之。

（宋）洪遵《松漠紀聞補遺》虜中廟諱尤嚴，不許人犯。嘗有一武弁經西元帥投牒，誤斥其諱，杖背流遞。武元初，只諱旻，後有申請云：旻，閔也。遂併閔諱之。

（宋）宇文懋昭《大金國志》卷三〇《楚國張邦昌録》靖康二年四月初十日，邦昌避位。邦昌僭位首尾三十三日，不御正殿，不受常朝，不山呼，見羣臣稱予不稱朕，旨稱面旨，由内降只曰中旨，宣示四方則曰宣旨，手詔則曰手書。至于禁中諸門，悉緘鎖，題以臣張邦昌謹封。大抵每事不敢有僭意，逼迫金國之命耳。其後死于潭州。

《金史》卷五五《百官志·尚書省》〔皇統五年〕凡除拜，尚書令、左右丞相以下，品不同者，則帶守字。左右丞則帶行守字。凡臺官、御史、部官、京尹、少尹、守令、丞、簿、尉、録事、諸卿少至協律、評事、諫官、國子監學官、諸監至丞郎、符寶郎、東宮詹事、率府、僕正副、令丞、王府官，散官高於職事者帶行字，職事高於散官一品者帶守字，二品者帶試字，品同者皆否。

《金史》卷一〇三《完顏佐傳》古者天子胙土命氏，漢以來乃有賜姓。宣宗假以賞一時之功，郭仲元、郭阿鄰以功皆賜國姓。女奚烈資禄、烏古論長壽皆封疆之臣而賜以他姓。貞祐以後，賜姓有格。夫以名使人，用之貴則貴，用之賤則賤，使人計功而得國姓，則以其貴者反賤矣。完顏霆、完顏佐皆賜國姓者，併附于此。

《至元雜令·諸色迴避》諸人姓名與古王及周公、孔子同者，並合迴避。若同音及複名單犯或單名複犯者，不在此限。進士人名祖犯孔子名，並合迴避。

諸人名字不得犯官稱及龍字，其書簡内亦不得用萬福字。諸軍民公吏遇職官，須用下馬迴避。

諸行路街巷，賤避貴，少避老，輕避重，來避去。

《通制條格》卷八《儀制·臣子避忌》至元九年八月，中書省木八剌脱因乃蒙古文字譯該：不揀誰自的勾當裏，争競唱叫、折證錢債其間裏，不揀甚麽田地裏，上位的大名字休題者。那般胡題着道的人，口裏填土者。教省官人每隨處省諭者。聖旨了也。欽此。

至大元年正月十四日，樞密院奏：世祖皇帝登了寶位，在後完澤篤皇帝登了寶位呵，多人每犯着上位名字的教更改了有來。如今皇帝登了寶位也，皇帝在軍上時分，爲軍情勾當上頭，寫着上位的名字，樞密院裏與將來的文字也有，爲人的勾當與將來的也有。皇帝登了寶位之後，在先潛邸時分，聖旨了的勾當來麽道，只寫着上位的名字來的文字也有，多人每犯着上位名字的，俺在先已行了文字裏差寫了的也有。教更改了，省諭多人，各衙門裏行與文字呵，怎生？麽道。奏呵，奉聖旨：各處行與文字，犯着咱每名字的有呵，教更改了者。如今皇太子根底啓知有。麽道。啓呵，奉令旨：那般者。敬此。

明朝部

公文分部

綜述

《大明令·禮令》 凡進賀表箋文詞，皆須典雅，端楷細書，簽名用印，不許犯應合迴避字樣。其袱匣封裹拜送，依見行儀式。

《大明律》卷三《吏律·公式·制書有違》 凡奉制書有所施行而違者，杖一百。違皇太子令旨者，同罪。違親王令旨者，杖九十。失錯旨意者，各減三等。其稽緩制書及皇太子令旨者，一日笞五十，每一日加一等，罪止杖一百。稽緩親王令旨者，各減一等。

《大明律》卷三《吏律·公式·棄毀制書印信》 凡棄毀制書及起馬御寶聖旨、起船符驗，若各衙門印信及夜巡銅牌者，斬。若棄毀官文書者，杖一百。有所規避者，從重論。事干軍機錢糧者，絞。當該官吏，知而不舉，與犯人同罪。不知者，不坐。誤毀者，各減三等。其因水火盜賊毀失，有顯跡者，不坐。

凡遺失制書、聖旨、符驗、印信、銅牌者，杖九十，徒二年半。若官文書，杖七十。事干軍機錢糧者，杖九十，徒二年半。俱停俸責尋。三十日得見者，免罪。若主守官物，遺失簿書，以致錢糧數目錯亂者，杖八十。限內得見者，亦免罪。其各衙門吏典考滿替代者，明立案驗，將原管文卷交付接管之人。違者，杖八十。首領官吏不候交割，符同給由者，罪亦如之。

《大明律》卷三《吏律·公式·增減官文書》 凡增減官文書者，杖六十。若有所規避，杖罪以上，各加本罪二等，罪止杖一百，流三千里。未施行者，各減一等。規避死罪者，依常律。其當該官吏，自有所避，增減文案者，罪同。若增減以避遲錯者，笞四十。若行移文書，誤將軍馬錢糧，刑名重事，緊關字樣，傳寫失錯，而洗補改正者，吏典笞三十。首領官失於對同，減一等。干礙調撥軍馬及供給邊方軍需錢糧數目者，首領官、吏典皆杖八十。若有規避，故改補者，以增減官文書論。未施行者，各減一等。因而失誤軍機者，無問故、失，並斬。若無規避，及常行字樣，偶然誤寫者，皆勿論。

（明）何廣《律解辯疑·卷首·照刷文卷罰俸例》 每俸一石，罰鈔一佰文。

知府例合罰俸十日，該鈔八佰文。若一月，該鈔二貫四佰文。

同知例合罰俸十日，該鈔五佰三十四文。若一月，止該鈔一貫六佰文。

通判十日，三佰三十三文。一月，鈔一貫。

推官十日，二佰五十文。一月，七佰五十文。

知州十日，四佰六十文。一月，一貫四佰文。

州同知十日，二佰三十四文。一月，八佰文。

州判十日，二佰三十四文。一月，七佰文。

知縣十日，二佰五十六文。一月，七佰五十文。

縣丞十日，二佰一十七文。一月，六佰五十文。

主簿十日，一佰八十三文。一月，五佰五十文。

巡檢十日，四十文。一月，一佰二十文。教官、訓導同例。

（明）何廣《律解辯疑·大明律卷第三·制書有違》 凡奉制書有所施行而違者，杖一百。違皇太子令旨者，同罪。

議曰：謂如奉敕、制、詔書，若皇太子令旨，及各衙門欽奉旨意文書，違而不行，依本律科之。其餘在京等衙門奏准一應行移，有違者，依《官文書稽程》及《違令》律論。

失錯旨意者，各減三等。

議曰：詐（僞）〔爲〕制書律令云：傳寫失錯者，杖一百。此云失錯旨意者，各減三等，未知有何分別？

解曰：制書初頒奉行者，衆傳寫失錯，則誤事不淺，故坐杖一百之罪。若失錯旨意者，謂〔制〕書已定，止是不曉本旨，錯誤行事，非如傳寫失錯事之比，故失錯制書及皇太子令旨者，杖七十；親王令旨者，杖六十，謂之各減三等。

其稽緩制書及皇太子令旨者，一日笞五十，每一日加一等，罪止杖一百。稽緩親王令旨者，各減一等。

議曰：謂稽緩奉行制書、皇太子及親王令旨，所司不即謄寫行下者，各減一等。謂如稽緩制書，一日笞五十；親王令旨，一日笞四十。制書、皇太子令旨，罪止杖一百；親王令旨，罪止杖九十，謂之各減一等。

（明）何廣《律解辯疑・大明律卷第三・照刷文卷》 失錯及漏報一宗，吏典笞二十；二宗三宗，笞三十；每三宗加一等，罪止笞五十。（止）罰止一月。

議曰：俸錢，准《大明令》：每米一石，該鈔一佰文。若府、州、縣佐貳官有失錯漏報者，並與正官同。

（明）何廣《律解辯疑・大明律卷第三・磨勘卷宗》 若有隱漏不報磨勘者，一宗笞四十，每一宗加一等，罪止杖八十。事干錢糧者，（止）從重論。

議曰：隱漏，謂曾經監察御史、按察司照刷過卷宗，隱漏而不報磨勘者。

若官吏聞知事發，旋補文案以避遲錯者，錢糧計所增數，以虛出通關論。

議曰：謂如錢糧（數本）不足，聞知上司要問違限之罪，却於文案上補作足備之數者，計所增之數（坐）〔併〕贓，以監守自盜論。刑名等事，以增減官文書論。同僚若本管上司知而不舉，及符同作弊者，同罪。不知情及不同署文案者，不坐。

問曰：假如官吏失出入人杖罪以上，聞知事發，旋補文案，未知若何處斷？

答曰：雖是旋補文案，終〔因〕規避失錯，況失出入，律該紀過，旋補文卷，並應的決，難將紀過之罪加入的決之罪，合依增減以避遲錯者，笞四十。

（明）何廣《律解辯疑・大明律卷第三・同僚代判署文案》 凡應行官文書，而同僚官代判署者，杖八十。若因失文案而代者，加一等。

議曰：加一等，該杖九十。

若有增減出入，罪重者，從重論。

議曰：謂同僚有所規避，或增減文案，或出入人罪名，而代判署者，各從所規避重罪論。

（明）何廣《律解辯疑・大明律卷第三・增減官文書》 凡增減官文書者，杖六十。若有所規避，杖罪以上，各加本罪二等，罪止杖一百，流三千里。

議曰：謂如官吏給假限滿，無故不還職役，該杖八十，將原限增減，以避違限之罪，合（依）〔於〕本罪上加（本罪）二等，杖一百。若此之類，謂之各加本罪二等。若增減及有所規避笞罪者，止依本律，杖六十科之。

（明）何廣《律解辯疑・大明律卷第十七・遞送公文》 凡鋪兵遞送公文，晝夜須行三百里。稽留三刻，笞二十，每三刻加一等，罪止笞五十。（止）犯人罪二等。

議曰：謂如官司不受理者，各於鋪兵所得之罪減二等。如鋪兵該杖六十，官司罪止笞四十；鋪兵該杖八十，官司罪止杖六十之類。故謂之各減犯人罪二等。

凡各縣鋪長，專一於概管鋪分往來巡視，提調官吏每月一次親臨各鋪刷勘。若失於檢舉者，（止）官笞二十。

疏議曰：通計，謂將稽留、磨擦、破壞封皮、不動原封公文各項，通計科算，若至十件以上者，依律坐罪。

若損壞及沉匿公文，若拆動原封者，與鋪兵同罪。提調吏典減一等，官又減一等。府州（止）各遞減一等。

疏議曰：官吏又減一等，（謂如損壞公）文一角，吏典減一等，笞三十，每二角加一等，罪止杖七十；官一角笞二十，每（一）〔二〕角加一等，罪止杖六十之類。沉匿公文及拆動原封者，亦各依上減之遞減。如縣吏笞三十，州吏笞二十，府吏笞一十之類。府州縣官〔各〕遞減，亦准此。

（明）何廣《律解辯疑・大明律卷第十七・邀取實封公文》 凡在外大小各衙門官，但有入遞進呈實封公文至御前，而上司官令人（止）罪亦如之。

議曰：罪亦如之，謂杖一百。

若邀取實封至五軍都督府、六部、察院公文者，各減二等。

議曰：謂邀取之人，於所斬罪上減二等，杖一百，徒三年。不告舉及不即受理者，於杖一百上減二等，杖八十。

《洪武禮制·奏啓本格式》 某衙門某官臣姓某等，謹

奏爲某事備由云云。今將原發事由，照行事理，備細開坐。謹具奏聞

某事云云緣由畢

前件事理，議擬依某律科斷施行

某事云云緣由畢

前件云云伏候

敕旨如有勾問職官或支撥錢糧之類，則依此式寫。

以上某字起至某字止，計字若干，紙幾張。

右謹奏

聞如一事奏請，則於此下寫，伏候。

敕旨謹奏

洪武年印月　日某衙門某官臣姓某

某官臣姓某

年月日下，止列現在某官臣姓僉名，不得於背後書字，或有差故缺員者，不必列銜。

某衙門某官臣姓某，謹

奏爲雨澤事。據某人狀呈，洪武幾年幾月幾日某時幾刻，下雨至某時幾刻止，入土幾分。謹具奏聞

以上爲雨澤字起至入土幾分止，計字若干個，紙幾張。

右謹奏

聞

洪武　年　月　日列銜如前式。

啓本同此式，但奏字寫作啓字。若有請，則敕旨字寫作令旨，餘皆同。

《洪武禮制·署押體式》 **照會式**

某軍都督府爲某事云云，合行照會，可照驗施行，須至照會者。

照會某部

洪武　年印月　日

某事

照會左都督押　同知都督押　僉都督押　右都督押　同知都督押　僉都督押

六部照會各布政使司文移同。

照會尚書押　侍郎押　侍郎押

都指揮使司照會按察司文移同。

照會都指揮使

各布政使司照會按察司同。

照會左布政使押　左參政押　左參議押　右布政使押　右參政押　右參議押

咨呈式

某部爲某事云云，合行咨呈，伏請

照驗施行，須至咨呈者。

右咨呈

某軍都督府

洪武　年印月　日尚書姓名押　侍郎姓名押

某事

各布政使司咨呈六部文移同。

洪武　年　月　日　左布政使姓名押　左參政姓名押　左參議姓名押

右布政使姓名押　右參政姓名押　右參議姓名押

平咨式

某部爲某事云云合行移咨，請照驗施行，須至咨者。

右咨

某都指揮使司。

洪武　年印月　日

某事

咨尚書押　侍郎押　侍郎押

都指揮使司咨各處文移同。

咨都指揮使

各布政使司咨各處文移同。

咨左布政使押　左參政押　左參議押　右布政使押　右參政押　右參議押

劄付式

某軍都督府爲某事云云，合下仰照驗云云，須至劄付者。
右劄付某衛指揮使司，準此。
洪武　年印月　日
某事
劄付左都督押　同知都督押　僉都督押　右都督押　同知都督押　僉都督押
六部劄付各衙門文移同。
劄付尚書押　侍郎押　侍郎押
各都指揮使司劄付各衙門文移同。
劄付都指揮使押
各布政使司劄付所屬衙門文移同。
劄付左布政使押　左參政押　左參議押　右布政使押　右參政押　右參議押

呈狀式

某衛親軍指揮使司、經歷司，承奉
本衛某文爲某事云云，奉此合行，具呈伏乞
照驗施行，須至呈者。
右呈
某軍都督府
洪武　年印月　日　經歷姓名　知事姓名
某事
各護衛經歷司呈各衙門文移同。
應天府爲某事云云合行具呈，
照驗施行，須至呈者。
右呈
某部
洪武　年印月　日　府尹姓名　府丞姓名　治中姓名　通判姓名
推官姓名
某事
太常司、欽天監、太醫院、翰林院、光禄司、太僕寺呈部文移同。
提刑按察司呈五軍都督府、六部文移同。
洪武　年印月　日　按察使姓名　副使姓名　僉事姓名
某事
各都司布政使司呈五軍都督府，外衛呈六部、鹽運司呈布政司、守禦千户所呈各衛同。長史司呈都府、六部等衙門文移同。
洪武　年印月　日　長史姓名
某事

申狀式

某府爲某事云云，合行申覆，伏乞照驗施行，須至申者。
右　申
某處承宣布政使司
洪武　年印月　日　知府姓名　同知姓名　通判姓名　推官姓名
某事
直隸府州申六部，在外府州申都司，應天府申五軍都督府同。
各外衛指揮使司申五軍都督府，鹽運司申部文移同。
洪武　年印月　日　指揮使姓名　同知姓名　僉事姓名
某事
兵馬指揮司申都府、六部同。
守禦千户所申都府都指揮使司文移同。
洪武年印月日　正千户姓名　副千户姓名
某事
各州申府、按察司、各衛等衙門文移同。
洪武　年印月　日　知州姓名　同知姓名　判官姓名
某事
各縣申府州等衙門文移同。
洪武　年印月　日　知縣姓名　縣丞姓名　主薄姓名
某事

平關式

某衛親軍指揮司爲某事云云，合行移關，請照驗施行，須至關者。
右關
某衛指揮使司

洪武　年印月　日

某事

關指揮使押　同知押　僉事押　同知押　僉事押

各府平關各衙門文移同。

關知府押　同知押　推官押　通判押

各州平關各衙門文移同。

關知州押　同知押　判官押

各縣平關各衙門文移同。

關知縣押　縣丞押　主簿押

牒呈式

某府爲某事云云，合行牒呈，伏請照驗施行，須至牒呈者。

右牒呈

某處提刑按察司。

洪武　年印月　日　知府姓名押　同知姓名押　通判姓名押　推官姓名押

某事

應天府牒呈都司布政司，各府牒呈各衛指揮使司、鹽運司，兵馬指揮司牒呈各衛指揮使司。應天府同。

按察司牒呈都指揮使司、布政使司文移同。

洪武　年印月　日　按察使姓名押　副使姓名押　僉事姓名押

某事

長史司及守禦千户所牒呈按察司、應天府、經歷司，國子學典簿牒呈察院磨勘司同。

平牒式

某府長史司爲某事云云，合行移牒，請照驗施行，須至牒者。

右牒

某府

洪武　年印月　日

某事

牒長史押

各府牒長史司文移同。

牒上式

某處守禦千户所爲某事云云，合行牒上，請照驗施行，須至牒者。

右牒上

某府

洪武　年印月　日

某事

牒正千户押　副千户押

兵馬指揮司牒上各外府同。

故牒式

某衛指揮使司爲某事云云，合行故牒，可照驗施行，須至故牒者。

右故牒

某府

洪武　年印月　日

某事

牒指揮使押　同知押　僉事押

都指揮使司故牒各衛及應天府，鹽運司故牒各府，應天府故牒外府並兵馬指揮司同。

下帖式

某府爲某事云云，合下仰照驗云云，須至帖者。

右下某縣準此

洪武　年印月　日

某事

帖知府押　同知押　推官押　通判押

某州爲某事云云，合下仰照驗云云，須至帖者。

右下某倉庫準此

洪武　年印月　日

某事

帖知州押　同知押　判官押

《洪武禮制·行移體式》在京

一、五軍都督府照會六部，劄付各都指揮使司、承宣布政使司並金吾、前後羽林、左右虎賁、左府軍衛及府軍左右前後十衛經歷司、各護衛經歷司、各外衛指揮使司、提刑按察司、應天府各長史司、兵馬指揮司、守禦千户所。其察院磨勘司，凡有事務，各府經歷司令典吏抄案，本司呈府施行。事畢，經歷司回牒監察御史並磨勘司。

一、六部咨呈五軍都督府，平咨各都指揮使司，照會承宣布政使司，劄付太常司、欽天監、太醫院、翰林院、光禄司、太僕寺、提刑按察司、應天府、鹽運司、各外衛指揮使司，金吾、前後羽林、左右虎賁、左府軍衛、府軍前後左右十衛經歷司，各護衛經歷司、直隸府州各長史司、兵馬指揮司、國子學典簿。其察院事務，六部都吏赴院抄案，磨勘司事務，六部令史赴司抄案，呈部施行。事畢，主事回牒監察御史並磨勘司。

一、金吾、前後羽林、左右虎賁、左府軍衛、府軍左右前後十衛，俱係經歷司呈五軍都督府並六部；各布政司平關各外衛並提刑按察司，及在京三品衙門，故牒兵馬指揮司。其察院事務，各衛經歷司令典吏抄案，本司呈衛。磨勘司事務，各衛令史抄案，呈衛施行。事畢，經歷司回關監察御史並磨勘司。

一、在京並直隸各外衛指揮使司申五軍都督府，呈六部；平關各衛並提刑按察司及在京三品衙門，故牒兵馬指揮司。其察院磨勘司事務，俱係令史抄案，呈衛施行。事畢，經歷司回關監察御史並磨勘司。

一、太常司、欽天監、太醫院、翰林院、光禄司、太僕寺呈部，平關提刑按察司並三品衙門。其察院磨勘司事務，俱係令史抄案，呈本衙門施行。事畢，首領官回報監察御史並磨勘司。品級相等者，平關。七品以下者，牒上回報。

一、國子學凡有行移，本學典簿呈六部，平關應天府。其察院事務，典簿抄案呈學。磨勘司事務，令史抄案，呈學施行。事畢，典簿牒呈監察御史磨勘司。

一、應天府申五軍都督府，呈六部，牒呈各都指揮使司、布政使司，平關提刑按察司並國子學，故牒在外各府、兵馬指揮司，帖下州縣。其察院磨勘司事務，本府令史抄案，呈府施行。事畢，經歷司牒呈監察御史磨勘司。

一、察院故牒各道提刑按察司經歷司。其磨勘司事務，察院書吏赴司抄案，呈院施行。事畢，監察御史回關磨勘司。

一、兵馬指揮司申五軍都督府、六部，牒呈金吾、羽林、府軍等衛並各外衛指揮使司。應天府，牒上在外各府，平關各州，帖下各縣。其察院事務，本司首領官抄案，呈司施行。事畢，本司回牒監察御史。

在外

一、各都指揮使司呈五軍都督府，平咨六部。各布政使司照會提刑按察司，故牒各衛並護衛指揮使司、應天府，劄付長史司各府州。

一、各處承宣布政使司呈五軍都督府，咨呈六部，平咨各都指揮使司，照會提刑按察司、應天府，劄付金吾、羽林、府軍等十衛經歷司，長史司並所屬鹽運司各府州。

一、各護衛指揮使司凡有事務，行移本衛經歷司，轉呈五軍都督府、六部並長史司，平關提刑按察司並內外三品衙門，及各衛故牒各府，帖下州縣所屬千百户所。

一、各外衛指揮使司申五軍都督府，呈六部，牒呈都指揮使司，平關提刑按察司，故牒各府，帖下州縣並所屬千百户所。

一、各道提刑按察司呈五軍都督府、六部，牒呈都司布政司，平關在京三品衙門並在外各衛指揮使司、鹽運司，故牒在內四品衙門及在外各府長史司，帖下內外五品至七品衙門。其察院事務，本司經歷司牒呈回報。

一、各鹽運司申六部，呈各布政使司，平關按察司並三品衙門，故牒各府，帖下州縣。

一、直隸各府申六部，在外各府申都指揮使司，布政使司，牒呈按察司，各衛並護衛指揮使司、鹽運司牒長史司，故牒守禦千户所、兵馬指揮司，帖下所屬各州縣。

一、各府長史司呈五軍都督府、六部及各布政使司、都指揮使司，牒呈提刑按察司，牒各府，帖下各護衛經歷司，故牒審理所。

一、各處守禦千户所，直隸申五軍都督府，在外申都指揮使司，呈各衛；牒呈按察司，牒上各府，故牒各州，帖下各縣所屬百户。

一、直隸各州申六部，在外各州直隸布政司統屬，申本司。係各府所屬，止申本府並按察司。各衛並護衛指揮使司，平關兵馬指揮使司，帖下屬縣。

一、各縣申府並按察司，各衛並護衛指揮使司及在京兵馬指揮司。若係各州所屬申州，故牒倉庫稅課司局、遞運河泊所、驛壩等雜職衙門。

一、各處倉庫司獄巡檢稅課司局、遞運河泊所、驛壩等雜職衙門申府，如内有各州所，屬州俱牒呈各縣，各處雜衙門往復平。

《洪武永樂榜文》洪武二十三年三月初三日，爲諸司官吏棄毀簿書黄册等項及不立卷宗事，欽奉聖旨：賢人君子爲官吏，必簿書清，卷宗明，此保身去辱之良能也。且曩古聖立法關防，務在公私利便，所以事成於責任，刑遠於己身。亘古今而行此道，守此法，永不易之良規。方今諸司官吏不究古今之良法，計出千萬，必欲上謾朝廷，下虐小民，將以爲所謀者妙，所計者良，所積之贓數盈千萬，將以肥己榮家。一旦事發，重者不能免其死。其前所謀所計，皆殺身之禍，從而家亡者有之。有等所作之罪本輕，因欲掩其非，故將卷宗不立，因而棄毀者有之，或藏匿民間者有之。孰不知律有明條，棄毀官文書者死。今後敢有簿書不清，卷宗不明，研窮至極，別無規避，止是怠於清理，以致前後錯亂，字樣差訛，理改而後可清者，杖一百，還役。若棄毀訛謬内府貼黄户口黄册，及棄毀錢糧刑名造作孳牧草料供給軍需軍餉軍册者，斬，家遷化外。所在布政司都司備榜刊文如式，紅牌青字，懸於公座之上，朝夕目擊，所在咸知，毋違是令。

一、南昌府刑房吏吴源、劉文德等，將火燒毀文卷及兵工二房，各處斬。

一、江寧縣户房吏段必先、鄭永孫、王會等，將本縣積年文卷盡行燒毀，各處重刑。

一、永平衛後千户所吏楊文秀、軍吏陳貴、劉伯信等，將錢糧卷册盡行燒訖，俱處斬。

一、揚州府通州兵房吏顧茂等，錯填勘合，洗壞收匿在家，不期失火燒毀，各治重罪。

一、松江府户房吏顧德亮等，將錢糧虚出實收，燒毀遞年卷宗，各處斬。

一、太平府刑房吏陶勝等，放火將各房勘合文卷燒訖，凌遲處死。

一、當塗縣知縣孫英、縣丞李嵩、典史席德貴及本府經歷吴從善等，令里甲屠户買辦祭儀，不行立案，處以重刑。

一、嵐縣典史陳良、吏梁庸與知縣陳圭、各吏陳禮等，放火燒卷，各處斬。

一、安福縣吏劉如岡等六十八名，與一般吏王京等五十八名，計文卷，並不立案，節次燒毀，處斬。

一、刑部辦事下第舉人徐復，扣下勘合簿紙滓毀，處斬。

一、潞州同知趙彦直、州判張時孟、吏王文質，燒毀卷宗，各處斬。

一、福州府刑房吏沈叔平等三十六名，不救失火，燒毀卷宗；知府張公勉、同知胡毅、推官錢信可、經歷余鳳各官止作燒了黄册，朦朧具奏，俱各處斬。

一、兵部職方司主事趙伯牧、李從善，所掌收軍重役冒名等項文卷，俱不立案，唤吏楊開等將卷燒毀，俱處死。

一、海鹽縣知縣郎時翔、猾吏繆德名等，隱下卷宗，分寄人家，各處斬。

一、海鹽縣民金傑、姜惟、蔡華等四十三名，隱匿本縣備照黄册，懼追燒毀，俱各處斬。

《洪武永樂榜文》洪武二十三年四月二十二日，爲藏匿文卷事，欽奉聖旨：若有將文卷簿籍不在衙門架閣，却行藏於本家，或寄頓他處，許諸人首發，官給賞鈔一百錠。犯人處斬，家遷化外。

《洪武永樂榜文》洪武二十七年十月十四日，爲官吏作弊，燒毀卷宗事，奉聖旨：貴溪縣知縣張三等，因上司刷出人贓埋没逃軍囚者，令勾追完報，官節次受贓，設計假作遺火，將公廨卷宗燒毀，意在上司無從稽考，得以作弊自由。事發，各處以極刑。

洪武二十七年十一月十六日，爲燒毀卷宗事，奉聖旨：自古智人君子爲官爲吏者，必要簿書清，卷宗明，此乃保身去罪之良法。近年以來，諸司官吏有等不才，貪贓害民，欲掩其非爲，故作遺漏，燒毀公廨，絶滅卷宗，因此殺身亡家。如江西布政司刑房吏胡學魯等，貪贓作弊，將文卷暗行燒毀，又復買求官吏，令妻男妄訴。如此各犯凌遲，家遷化外。

《皇明條法事類纂》卷二七《兵部類・禁約清軍官員不許容令慣熟百

姓投寫文册徇私作弊例》　成化三年七月初七日，太子少保兵部尚書等題，爲陳言事。職方清吏司案呈，該户科給事中劉昊題：夫兵，所以防姦禦侮驅除民害者。無事之時，貴乎足之爲便。苟不足之於無事之時，而欲用之於有事之際，雖使召（穆）〔募〕者有蘇、張之舌，用兵者有孫、吴之功，亦不能濟事克敵也。或者以謂兵不必儲，徒爲費糧，如成周兵農之法、唐太宗義兵之舉，皆用之而自至，豈養之而後得？此不識大體、不達時務、不可與論安危大計者之言。一（但）〔旦〕有警，將如之何？近蒙敕重臣，將在京各營各衛軍士清理分局暫司。無慮臣體訪得在外各處都司所轄衛分軍士，十空五六。見征者多（士）〔是〕餘丁，守城者尚多老幼。以臣湖廣一都司言之，先年全伍之將軍士不下二十餘萬，近年以來日減其數，不上十萬。（從）〔縱〕令不動，惟可各守本衛城池。各邊操備各處調兵分守廣西及漕用等項去之有半，將何以備不虞？故（於一）〔餘丁〕有二三班之輪征，舍人有操備守城之苦楚，雖可綳拽於日前，實難經圖於久遠。湖廣如此，豈料别處亦然。且如直隸真定府城池，周遭將三十餘里，而守城官軍不滿一千。定州城上垛口有八千餘座，而守城官軍惟餘八百。順義縣爲古北口大路，即古順州之地，彼衛軍士輳五百名。是皆京師脣齒之地，切稱邊關，可與胡人相望者。（尚）〔倘〕有不測，將以何人固守城池？臣每思邊城去處，其守城者當日操練，親詣城上，將垛口分定，於下大書軍人姓名，每遇（所）〔朔〕望之日，令自上城演習，認熟自家訊地。其盔甲什物炮火等項日常點視，令各領回，置爲號頭，定以急緩聲數，遇警不問深夜清（辰）〔晨〕，聞聲登城。取其易爲應用，尚恐（懼）〔誤〕事，今若無軍，將何操練？雖有前計，亦將何施？其故實非細小，不可不加意爲然。各處清軍御史已專，清軍官員亦備。其缺乏之由，臣亦不知因何自失。望皇上以遠大是圖，時召該部大臣議計，咨以（是）〔足〕兵之法，果若爲因各軍逃走之故，（舍）〔合〕無定爲嚴禁，今後逃一次者，於本衛枷號一月。逃二次者，調煙瘴極邊衛分。逃三次者，照依《軍政條例》處決，取户（丁）〔下〕人丁補役。仍將各處有司於起解批内明白開寫逃過次數，用印蓋計，不許開作解丁，挨造名目抵過。若謂因各該親管官旗作弊，於填注降册之時，受軍賄賂，改換姓名，挪移籍貫，以致軍伍混淆者，事發全家發充軍役。若爲因取到之時，各該親管官吏旗軍索要銀物，扣用月糧，科斂逼進，以致軍人逃走者，合無計其所逃之軍，過十名以上二次者，本管千百户罰俸一年。旗軍與逃軍同罪。過二十名以上三次者，本管千百户調發邊衛，旗軍亦與逃軍同罪。堂上官員依律發落。臣先任兵科之時，曾知兵部於景泰七年發册清勾各處逃故等項旗軍，其數有五十七萬六千餘名。至天順二年止清三萬壹千五名解衛，餘五十四萬五千不見下落。今經年久，不見有無清出。不及原數及委的無勾者，乞斷自宸衷，或嚴加設法清理，或更立足兵之法，務求全伍以備不虞。臣又訪得各處府州縣有等積年清軍慣（熱）〔熟〕百姓，投在清軍官員名下，作跟隨識字書筭秀才名目，專一作弊。其本處有軍之家來歷緣由無不備知，而軍家人丁無不與情（熱）〔熟〕利通。庸官被其瞞昧，每每洗扣引審文册，隱改衛所姓氏。所在官司架閣又無洪武、永樂年間籍册，縱有一二，又被偷去損壞。清軍御史雖有明斷，亦無如何。合無行移各處，今後清軍官員并兵房吏典，不許容留此等之人在房在官書寫。作弊許諸人首告。得實，官吏爲民，本犯全家編發充軍。邊衛官吏有贓的，以枉法論。此等分寸之識，不敢不陳。伏乞聖裁，幸甚。具題。成化三年六月三十日，本官〔於〕奉天門奏，奉聖旨：所言中間，多有見行的。該衙門看了來説。欽此。欽遵抄出送司。案呈到部。參照户科給事中劉昊奏稱：邊城去處守城官軍，當日操練，親詣城上，將垛口分定，於下大書軍人姓名。每遇（所）〔朔〕望上城演習，認熟自家訊（池）〔地〕。其盔甲什物炮火每日點視。置爲號頭，定以急緩聲數一節，緣各處邊城，上設鋪舍，俱有守城官軍分（寸）〔守〕地方，難於垛口大書軍人姓名。其城上止可分守，亦非操習之所。若無事之時，於城上演習，置爲號頭，定爲急緩聲數，不無反致警疑人心。點視盔甲什物等件，已是見行事例，不須别項定奪。其言要定爲嚴法：今後逃軍一次者，於本衛枷號一月；逃二次者，調煙瘴（池）〔地〕面衛分；三次者，依《軍政條（律）〔例〕》處決，取户丁補役。仍於各處有司起解批文，開寫逃過次數，不許作弊，解丁挨查。照得定襄伯郭登題，要禁約逃軍。本部已經會官議奏：逃軍初犯、再犯者，照依常例發落；三犯依律處絞。俱行各衛，查勘在逃次數明白，送去法司究問。今要止憑有司批文開寫，誠恐逃移他處者，無從查究，反得夤緣爲弊。其有司清解之時，若正軍挨拏不獲，先將户丁查解補伍，已是見行事例。今若止挨拏正軍，而不許户丁解（查）〔補〕，不無愈致缺人補伍。其言各該親管官旗軍作弊，於填寫降册之時，受軍賄賂，改换姓名，（那）〔挪〕移籍貫，以致軍伍混淆者，全家充發軍役。查得：先該御史洪楷奏稱：清勾逃故軍士，衛所作弊，差拗姓名。本部已經議奏，行移各該都司衛所，今後該所官吏人等，將該勾軍士姓名鄉貫，先從本衛軍政指揮及首領官處照依洪武年間備造軍册查對相同，造成小册。連洪武年間賫送本衛地方清軍及巡按御史查對相同，方許造册繳部，轉發清勾。若是本衛官吏仍前作弊，姓名鄉貫查對不同，先將首領官吏及造册軍吏取問，依律照例發落。指揮、千百户等官俱住俸，責限查理，重復清造。違者參送究問。已是見行事例，難再更張。其言各該親管官吏、旗軍索要銀物，扣用月糧，科歛逼迫，以致軍人逃走者，計其所逃之軍，過十名以上二次者，本管千百户罰俸一年。旗軍與逃軍同罪。二十名三次者，本管千百户調發邊衛。旗軍與逃軍同罪。堂（之）〔上〕官員依律發落。查對近該御史康驥奏，要清理軍政，本部已經議奏，在京在外衛所如有私役軍士、索納月錢、及賣放回還者，該管官員問罪，照例不許管軍管事。若新解到衛所軍士（永）〔未〕及一年，其該管官員逼迫在逃、買放回還，十名以上者降一級，每十名遞降一級，帶俸差操。旗軍已有前項事例，難以別再定奪。其言景泰七年本部發册清勾逃故等項軍士五十六萬七千餘名，清勾到衛取回批收止有三萬七十五名。合無（道）〔通〕行浙江等布政司並南北直隸堂上正官，各委本衛佐貳官各一員，用心清理。如是解過旗軍已獲批收數少，未獲批收數多，行移吏部，徑自奏請降（點）〔黜〕。又該本部議奏，差委清單監察御史分投前去，嚴督有司官吏用心清理。若清軍官員果有廉能幹濟、政蹟顯著，許御史奏開讀敕旌異。如有作弊隱瞞者，指實具奏拏問。況有此先年間欽降《軍政條例》，難再別項立法，重於紛更。其言各府州縣清軍，慣（孰）〔熟〕百姓（役）〔投〕在清軍官員名下，專一作弊，寫扣文册，隱改衛所。要行各處，今後清軍官員并兵房吏典，不許容留在房書寫。許諸人首告。得實，官（民）〔吏〕爲民，本犯全家編發邊衛充軍。官吏有贓以枉法論一節，合無行移順天、應天等府，并南北直隸州縣，及浙江等布政司，著落該府州縣清軍官員，不許容留前項民人寫填文册，徇私作弊。仍行各處巡按清軍御史，嚴加禁約。如有前項作弊、埋没軍伍者，事發，就將當該官吏并容（頭）〔留書〕寫之人通行拏問明白，依律照例發落。具題。奉聖旨：是。欽此。

《皇明條法事類纂》附編《京官公差在外遇有急緊密切事情許寫題本例》 成化三年二月二十一日，禮部尚書姚等題，爲簡易事。儀制清吏司案呈，該巡按江西監察御史趙故題：切〔竊〕見内外風憲等衙門官員，在於行事地方遇有機密事情，及貪暴姦邪等項，官員欲行寫本舉奏，皆因不熟韻式，未免尋人書寫，不無泄漏消息，實於政體不宜，及遇無人能寫去處，有事尤爲未便。臣常聞題本不拘，查無事。如蒙乞敕禮部議奏，通行内外衙門：今後除重事，該寫奏本仍依韻式，不許有違；常事許寫題本，惟用字畫楷正，不必拘定韻式從便書寫實爲便益。等因具本。該通政使司官奏。奉聖旨：該部知道。欽此。欽遵。抄出送司，案呈到部。看得：御史趙故奏稱，内外風憲等衙門官員在外行事地方，除重事依式該寫奏本；常事許寫題本，不拘韻式從便書寫一節。除在外衙門照依一體其奏外，今後京官公差在外應行事務，照例仍依韻式書寫奏本。若有緊急密切事情誠恐泄漏，許寫題本，務要字畫真楷，不許草率。具題。奉聖旨：是。欽此。

《皇明條法事類纂》附編《南京刑部都察院係會審參官並緊急重務許寫題本例》 一件修省事。弘治三年十月内，南京刑部左侍郎阮等奏，該本部尚書何等查得：先該監察御史趙敔奏行事則，京官公差在外應行事務，照依韻式書寫奏本。若有緊急密切事情誠恐漏泄，許寫題本。此照題准，行令南京刑部、都察院，常行事務仍（共）〔寫〕奏本，若係會審參官緊急重務，各照前例許寫題本，須要謹慎端楷，不可草率。

《皇明條法事類纂》附編《通傳朝（服）〔報〕例》 弘治元年三月二十日，太子少保禮部尚書等題，爲陳言地方事等。該禮科給事中李，奏言時務五事内，一件通朝報以廣聖德。臣看得：各衙門舊時凡有出自内批者，皆得傳寫通報，其相承已非一日。近年以來，因張隧事發，有詔禁戒，不得仍前傳寫，遂使朝中政令，各衙門皆不得相聞。臣伏念自皇上御極以來，勵精圖治，凡百故令皆一。今維如大明麗天，羣陰屏跡，朝報之傳與不傳，固所不係也。但朝廷四方之極，朝廷政令如雷如霆，四方之人所願共聞也。今一皆秘而不傳，使朝廷政令，四方一無所聞。臣竊謂聖明之朝，不宜壅蔽如此也。況今四海一家，一家之中，而可使家故之不相聞乎？唐虞明目達聰，其氣象恐不如是。昔宋時杜衍罷政居家，一日憂見於色，人問其故。衍曰：間日適睹朝報，行某事非便，所以憂也。一日喜見于色，人又問之。衍曰：今日朝報某人進用。某人進用，社稷之福也。即是而言，則朝報之傳，從古代亦有之。如蒙乞敕各該衙門公〔同〕會議，參之於古、酌之於今，如是無（天）〔大〕礙，容令各衙門照舊傳寫通報，非惟不愜乎人情，而我皇朝光明正大之體，可以常存而不失矣。奉聖旨：該衙門看了來說。欽此。前件竊惟王言如絲，其出如綸；王言如綸，其出〔如〕綍。正當風行雷動，天下之人，得以快於觀聽，莫感發興起，以成聖明從欲而治之效。況其大要尤在於慶賞威〔罰〕之聞，故賞一人而天下知所勸，刑一人而天下知所懲，是亦必須廣傳朝報，以宣布德意，而爲勸懲天下之具也。仰惟聖明御極以來，一政、一事、一賞、一罰，皆當乎天理、合乎人心，固當使天下誦之，以爲美談；後世傳之，以爲盛事。豈可而不傳乎？況禁傳朝報，實自近年。以正大光明之世，而有此壅過蒙昧之制，誠非所宜。一、或有姦邪之人矯詐而行，廷臣莫敢預聞，所司莫敢明辨，其爲害事豈可勝言？其李孟暘所言，深爲有理，伏乞聖明特賜俞允，自今凡奉命仍聽各衙門照舊傳報。奉聖旨：准擬。欽此。（吹乎等項虛張聲勢生事害人。如是，故遵就便指實具奏。挐問施行。）

《皇明條法事類纂》附編《三年一次照刷文卷例》　成化九年四月初九日，四川等道掌道事、江西道監察御史楊守隨等奏，爲照刷文卷事。嘗聞爲治在遵乎舊章；蠹政者，多先於姑息。蓋先王之立法垂憲，悉皆用心周慮於其間，故姦弊不生，國常治安。後人之行法者，往往曲循人情，流於姑息，故法度一弛，萬事瓦裂。詩曰：不愆不忘，率由舊章者，此也。仰惟我祖宗建立鴻圖，法古爲治，首治內外諸司設官別職，以分掌天下，故事必命載於案牘，所以備遺忘也。又恐所司之人，上下蠅營相與搆弊，必命監察御史、按察司分巡官，一二歲或三歲照刷，所以革姦宄也。在內有京畿道，外各有按察司、分巡道，分頒降印信，皆爲照刷文卷而設，尚慮歲久不舉後將無稽，又欽定憲綱載照刷文卷之條目，欽降諸司職掌，分照刷文卷之衙門，廟算神謀，周慎詳密，所謂有典有則，貽厥子孫者也，所謂文武之〔政〕布在方策者也。夫照刷之制專也，革天下貪官污吏之弊，有益於國，無病於民。洪武、永樂、宣德年間，循例舉行，不敢以兵荒災異而或停罷。迨正統年來，始有兵荒停止之議。此皆貪官污吏畏罹刑憲，以求姑息於一時之意耳。就於兵荒之事言之，師旅之興，供賞賚餉，出入不貲。其間能保其悉秉至公乎？兇荒之歲，勸借賑濟賣用無算，其間又能保其盡無私意乎？或用少而作多、或未散而作已散，官吏乘機入己，軍民不蒙實惠。若不照刷其案牘，則神出鬼没，其弊萬端，孰得而知之哉？近年以來，因循不舉，故內外臣工，屍位竊祿，玩（揭）〔愒〕歲月，時於國，罔肯究心，遲違舛錯，倒行逆施，瞢然無知，如同夢里，甚至不顧四維之徒，或侵盜錢糧、或鬻放匠役、或出入人罪、或多派物料、或征斂無藝、或賦役不均，姦弊浸滋，不可悉舉，苞苴彌縫，人莫誰何？皆由案牘不清之故。茲者，都察院查照舊例，具奏舉行。蒙俞允賜敕遣去，繼而因刑科右給事中虞瑶等所奏，以將南北直隸、山東、山西、陝西、河南及兩廣等處，俱暫停止。（今）〔此〕後府等府事太傅會昌侯孫繼宗等又奏稱：地方災傷，用度艱難，奏行停止。此臣等之所以未論也。何則南北直隸、山東、山西等處差去官吏、監生，日食稟給伍升，雖給與公帑，先貸於民家災傷，停止其説猶通。又給事中係言：官民與文案無干。言之宜也。在京官吏、監生，自用常祿紙劄筆墨支給官錢，何病於軍民？何妨於國事？而亦自災傷於言，況孫繼宗等，俱係五府管事官員，照刷文卷，止以稽其情弊事，涉嫌疑即當自啓，不暇痛加修省，嚴督所屬官吏，各盡厥職可也。乃敢肆逞威權，自要停止，又代六部等衙門具奏，以求姑息。且俱文移，俱是當日立案，隨即施行，首尾相連，文卷已定。今遇送刷，每卷一宗，不過用刷尾一張而已，然亦官吏之事，自行補辦，且又與軍民無干。若官吏旋補文案以避遲錯，律有明禁，正係官吏姦弊。而孫繼宗等卻將當行公務奏稱：行移紙劄費用等項難以計數，未（完）〔免〕科擾下人，深爲可憐。其所言比與舊制當日立案不同，蓋是各官，平昔通行所屬官吏，任情（多）〔作〕弊，多無案牘。今若照刷，罪必及身，故設爲姦計，假借災傷，以求倖免而已。臣等查得：天下諸司文卷，自景泰六年以後，不曾照刷。天順四年，都察院舉行，尋蒙停止，以（固）〔故〕因循，不敢再奏，積至一十九年。今本院查例奏行諸司官吏，方知事有文卷案，各有畏心，而孫繼宗等又奏要此例停止，荷蒙皇上仁慈，遂信其果有干於軍民，特允所奏，以候豐年，正所以中其姦計也。以故諸司官吏姦貪如舊不復顧慮。設若後日再奏諸司官吏，必得仍托災傷，奏乞停止，則是在京文卷，終可刷矣。且光禄（司）〔寺〕亦在京衙門，何獨不論災傷按月照刷者，以光禄寺有弊官吏，其五府等衙門官吏，俱無弊乎？況京城者，都會之地，天下瞻仰，既已停止，若不預爲處置，誠恐南京並浙江等處，亦將（緩）〔援〕例，具奏四方之聞，遂以爲例，其流之弊，不可勝言。然既往之難以追，將來之弊猶可救正。伏乞望皇上遵祖宗之舊制，爲社稷之新圖，將照刷文卷之典，斷定年分，永爲遵守。仍將會昌侯孫繼宗、襄城侯李瑾、撫寧侯永永、豐城侯李永、都督同知張欽、趙勝、都督僉事白玘拏送法司，以正其欺罔避事之罪。通行未刷卷衙門官吏各令改正，隨令文案以備照刷，不許仍蹈前非，以圖幸免。如此，則舊制不廢，案牘得清，而官吏不敢作弊矣。臣等照刷文卷，乃其職分正事，得失實所當言，區區犬馬之誠，不勝惓惓焉。國之至緣，遂申明照刷文卷事理，及孫繼宗等係應議並堂上官員，未敢擅便。俱題。次日奉天門奏。聖旨：見刷文卷並停止，待刷的，都從成化元年爲始，至八年終止。以後，三年一次照刷，不許違誤。孫繼宗罷。欽此。

《皇明條法事類纂》附編《各衙門關支食（言）〔鹽〕，預先造册三本，送户部等衙門備照，查放錢糧草料文卷各併一宗，以便查刷例》 成化十三年九月十六日，户部尚書楊等題，爲陳言革弊彌災事。儀制清吏司案呈，奉本部送禮科抄出京畿道監察御史王億題，近該禮部奏准通行各衙門官員，省（射）〔躬〕修業，以弭災異。凡利所當興、弊所當革者，徑自斟酌具奏。臣先蒙都察院奏准，吊取在京五府，六部等衙門文卷，駁出埋没等項五千五百餘宗，發出迴答未完，謹以卷宗刷出，各衙門積年見行致災，實被尤當革之者，三十二事，開奏定奪，及恐南京各衙門，亦有此弊，仍行一體查革等因。具題。奉聖旨：該衙門知道。欽此。欽遵抄出，本部應行事宜一十二件送司，内額設衙門，無印信用一件，除行兵部並國子監徑自查照定奪外，案呈。今將本官所言逐一議擬，開立前件，緣係陳言革弊，及奏欽依，該衙門知道，事理未敢擅便，開坐具題。次日於奉天門奏。奉聖旨：都准擬。欽此。

計開：

一件户口食鹽增數盜領事。臣刷得五府、六部等衙門，每年户口、倉鹽、鈔貫、差人解送户部，送庫納完領賫本衙門公文，徑赴長蘆鹽運司，領迴給散事體，亦明宜無弊。及查成化四年，左軍都督府委官百户朱翔呈文，將總洗改數外，虛增人口六十七口，多支鹽八百四斤，本官原領劄付，俱已盜出。再查成化五年，右府委官迴官劄付既增鈔，多支鹽二百六十斤。成化六年後府案内，又虛數盜支鹽二千一百斤。其各府並各衙門，似此盜支者尤多，難以悉數。蓋以運司止驗到公文放支，不查在部納鈔實數，以故小人得志，遞相增數盜領，流弊有年，所（官）〔宜〕痛革。合無今後各衙門差官管解鈔貫到部，本部領納過實數並該支鹽斤，類造清册一本，送都察院轉行巡鹽御史，（發）〔發〕下該司收候過，有關支比對數目相同，方纔給領。事完之日，仍將放過各衙門類總造册，送御史處查照無差，備由繳報，咨部備照。若是領支公文，運司查算斤重少有虛增，連人呈送御史處，取供明白，止將合得正數，（省）〔行〕令關領，備行本院，通行查提究問。庶幾人知（會）〔守〕法，而增類盜領之弊除矣。

前件查得：在京文武大小衙門官吏，納鈔送領食鹽舊例，每年各造清册二本，連支鈔簿查算無差，送庫納獲長單，行令各該官司差人徑赴長蘆運司關支。本部仍將造完文册一本，發場放纔，今稱關鹽。官員將公文洗改，虛增鹽數，蓋因運司官吏不將發册查算，朦朧支放，誠有此弊，但要本部類造清册，送都察院轉發巡鹽御史，發下該司收候，遇有關支比對數目相同，方纔給領。事完，仍將放過各衙門總數，造册送都察御史處查照一節，固爲有理。緣各衙門鈔貫、文册一時難齊，若候總數造册未完，免耽誤。合無自成化十四年爲始，各衙門户口食鹽，該納鈔貫、該關鹽斤，務要取勘明白，各造清册一樣三本送部存留，一本備照、一本發場，放支内各將一本輳總或十本、二十本、三四十本，該司用印信手本，陸續封送都察院、經歷司呈堂，轉發巡鹽御史，照依本官所擬施行。

一、分拆文卷收放不清事。臣制得五府、六部等衙門送到文卷，每年秋季俸糧各一宗，秋糧卷則准户部該司手本，撥送蘇松等處。民納粳米到官，收受完足，出給通關迴繳。不候俸糧支盡，查盤有無，積出附餘，輒將已絶俸糧卷，則每年按月止是分豁，舊管收除實在。官吏監生該支數目，立案放支，竟不開係何年收受秋糧。收放首尾，本係一事，今分立文卷，若不相關，不惟難以查考，抑恐便於作弊。合無通行在京大小守掌錢糧衙門，今後本部每年會計糧數，與開送納户及各衙門，今後文卷通以官吏俸糧開立硃語，並各該倉場收放文卷，俱各併爲一宗，不論年分，但以收數放盡爲期。如首收完若干，明白立案，出給通關迴繳就行。每月粘連文卷放支，其放過俸帖實支附卷，候照候收數放盡，請官查盤，將出積附餘移付下年卷內，作數支銷，取收迴報，若有虧折浥爛，照例恭送法司，問追明白，卷方作絶。如此，則錢糧收放數明，易於查刷，而無由作弊矣。

前件看得：所奏要將五府、六部，並順天府所屬大小衙門，收放秋糧、官吏俸糧文卷，通作一宗開立硃語。並各該倉場收支文卷，俱各併爲一宗，不論年分遠近，但以收數放盡爲期。其有積出附餘，另於下年卷內作數。若有虧折浥爛，追問明白，卷方作絶。所言有理，合行前項各該衙門、倉場，今後凡有收放秋糧、俸糧，並收放馬匹、草料文卷，俱要依擬各併一宗，以便查例。

《皇明條法事類纂》附編《分巡分守鹽運司文卷送刷》 成化十九年十一月二十九日，都察院右副都御史李等題，該監察御史鄒呈稱：查得：先該本院題稱，在京在外各衙門文卷，自成化十六正月起，至成化十八年十二月月終止，例該差官照刷，合無除有災傷地方暫停外，將直隸各府並浙江等布政司無災地方，另行奏差監察御史及行分巡官照刷，惟復不分災傷有無，通行照刷等因。具題。奉聖旨：是。無災傷處照刷。欽此。欽遵。續該本院題稱：照奉欽依內事理，差御史王等，各照擬定地方，南京大小有印信衙門、浙江等處，將都布按三司、行都司、鹽運司等衙門、並直隸府州縣衛所文卷，逐一照刷。其各布政司所屬府州縣、衛所等衙門文卷，轉行各該分巡官照刷。等因具題。奉聖旨：是。欽此。已經通行欽遵外，及（節）〔今〕年伏睹憲（剛）〔綱〕內一款：凡在京大小有印信衙門，並直隸衛所、府州縣各衙門，在外各都司、布政司、按察司文卷，除干礙軍職重事不刷外，其餘卷宗從監察御史照刷。又一款：凡監察御史行過文卷，從都察院應勘；按察司行過文卷，聽總司磨勘。欽此。欽遵。今巡按浙江監察御史鄒呈稱：浙江布按二司、分巡分守官並鹽運司文案俱不送刷一節。臣等看得：本院十三道並巡按御史，帶迴已完文卷，俱送對照磨勘明白，送迴該道收架，但遇照刷之時，依例照刷。在外布按二司事同一體。仰惟我朝立法嚴明，凡內外諸司文卷，必須風憲官員照刷，所以稽察姦弊，肅清政令也。若分巡、分守等官文卷，止憑本司對照磨勘。凡遇刷卷之時，不送御史照刷，中間錢糧埋没、刑名違枉者等項姦弊，無由稽考。合無申明憲綱事例，通行浙江等處各該刷卷御史，將布按二司、分巡等並鹽運司公文卷一體照刷。敢有隱匿不行送刷及事干埋没等項：應提問者，就便提問；應參奏者，參請提問；追究明白，依律照刷施行。奉〔聖〕旨：是。欽此。

《皇明條法事類纂》附編《各衙門堂上官嚴督所屬官吏，將一應文卷送庫收架》 弘治四年三月初十日，太子太保吏部尚書王等題，爲曾修公廨牆垣蓄水以防火盜等事。驗封清吏司案呈，准工部營繕清吏司手本，奉本部送於工科抄出視中兵馬指揮司山西道監察御史熊達〔奏〕。臣竊惟極患於已然，莫若防之於未然，成功於既濟，莫若處之於未濟。古語云：有備斯無患大。《易》云：繻有衣如，終日戒。古人之通義也。近者，天氣亢陽，兩澤少降，京師之內，火患頗多。弘治四年二月十二日，禮部失火勢如燃（燭）〔竹〕，況京城平易之地，別無池塘溝渠，倉卒失火之際，實難爲計。如禮部失火之時，臣雖督令兵馬司官吏、火甲人等，運水（摸）〔撲〕救，然不遇（波）〔潑〕井之水，以正薰天之勢，正猶以一杯之水而救一車之火也。其克有濟乎？決不可不蓄水以爲之備也。臣見得禮部周圍牆垣低矮，之上又用蜈蚣木架覆蓋，俱惹火之端。若使當夜發火之時，風勢少加猛急，南有軍民房舍，北有户部衙門，俱必有可煨燼之末矣，幸而風勢恬息，人力預防，斯獲全免。況衙門公廨牆垣低矮，既不能禦火患，又不能禦盜與賊。臣訪得：各衙門往往多被盜賊偷盜什物、鋪陳等項，多係越牆而逃，況又有公文在內，寅夜又或有僞姦之徒潛入，（那）〔挪〕移作弊，以此推之，各衙門牆垣亦莫不皆然。其所關係，亦豈輕小云乎哉？此不可不增修牆垣以爲之防也。臣又見得：五府、六部等衙門，朝廷原設有鐵門土庫，蓋用之以收庫錢糧卷宗等項緊要事件，深謀遠慮，不爲不至。但今年以來，各該衙門官吏，因循苟簡，照刷文卷並已完緊要卷宗，俱各堆積卷房架上，不行送庫收貯，視如故紙，略不加意，且即今禮部儀制清吏司等，於前項月日被火，中間遠年近日緊要文卷，不知燒毀其幾。設若他日，遇有難處之事，率爾之間何憑查照此文卷？又不可不致其謹也。如蒙乞敕五府、六部等衙門，合無令大廳之前儀門之外，並各司廳前，俱各設以大瓦缸數十個，每日蓄水於中，或甃以水池，若于座量其闊狹而安置之。仍通行五城内外兵馬指揮司，著落各該地方處更鋪前，每日蓄水二大缸，或甃砌水池一座，以及各倉場，俱各多設水缸、水池，以備不虞。乞敕工部相看五府、六部，各衙牆垣，其高足以備火盜者，不必增修，若牆有低矮，不能禦防火盜者，合無就行會計，推後衙門自行設法處置，或加以磚石，或益以土坯，不必覆以蜈蚣木架以（止）〔上〕。大概通行用磚灰封（衛）〔圍〕牆，詹以絶火盜。其高必須與各衙門（廳）堂相等，使火患不得以相侵、盜賊不得以越踰，而急逃無憂矣。其各衙門文卷已經照刷過並已完結文卷，仍乞敕五府、六部各堂上官，每月終查考，俱令各屬送堂付（簿）〔簿〕照過收庫，以備查照。若各該官吏仍前不行送庫收貯，致有迷失毀壞者，考查得出，聽其堂上官，量其事情經重，徑自參究。又伏望皇上敕内府衙門一體謹慎，仍令每月蓄水，以爲風燭預防之具。如此，度備患幸致於無患，而能（受）〔憂〕卒至於無憂。造次之際，雖有不虞，亦可以助十分之五六矣。等因具題。奉聖旨：該衙門看了來説。欽此。欽遵。抄出送司。看得：所言收庫文卷以備查考一事，隸别部掌行，除稟堂外，合用手本前去吏部，該司煩爲呈堂，徑自覆奏施行等因。到司案呈。看得：五府、六部等衙門各原設有架閣庫，又設典吏一名，專一掌管，於凡照刷過文卷並一應須知等項文冊簿籍，俱送庫架閣，係是見行事例。今御史熊達奏稱前因，中間豈無因循不行送庫，就堆吏典、書辦房内收放者，以致積衆聚數多，誠爲未便，合無通行在京五府、六部等衙門堂上官，今後嚴督所屬官吏，將照刷過文卷，盡數照數收庫入架。其陸續已完文卷，每至月終，送堂赴部照過，亦送部收庫，以備查考。若各該官吏，不行送庫架閣，仍在房致有疏虞者，堂上官量其事情輕重，（經）〔徑〕自參究。如此，則屬吏知儆懼，文卷可保無虞。具題。奉聖旨：是。欽此。

弘治四年柒月十六日，禮部爲建民情等事。禮科抄出直隸武平等衛指揮並省祭等官及民人王溥等，建言民情事件。會同各部、都察院、通政司、大理寺、六科議得：除有例見行及泛言難准外，數内六十五件，合准所言，宜從吏部等衙門查勘定奪，禁約施行。具題。奉聖旨：是。欽此。一件劄案以息姦弊。竊以各衙門行移公文、用使印信，所以預防姦弊，此古今之通義也。近年以來，上司行下所屬公文，多違紙牌，及申呈狀後批仰抄謄施行，將原行先繳，其抄謄行移有失落，易爲作弊。如蒙乞敕法司會議，今後上司行下所屬公文，當用劄帖者，用印；真正應抄案，及批下申呈詞狀，俱用半號印信；仰令施行。下屬衙門六案附卷以備刷考，毋容抄謄先繳。如此，則上下有所憑照，姦吏知懼而弊革矣。前件法司查議禁約。偷抄洗改後湖黄册。

《嘉靖事例・議處積穀造册》看得吏科左給事中趙漢題稱，民之所恃者財力；國之所恃者儲蓄。財力有養，本於賦役之均平；儲蓄有方，施之賑發而不匱。備荒之政，聞古常平之法，建置倉窖，豐歲穀賤，增價收糴；荒歲穀貴，減價糶賣。小饑則散小熟之所斂，大饑則散大熟之所斂，務使盈縮有制，賑恤有等，新陳相續，公私不乏。如遇荒歉，豈有不濟？及稱賦役之弊，莫不善於今之册籍。要查計通縣户口、官民、田地各若干？每甲合總於里，每里合總於都區，都區合總於縣，只造實徵糧册一本，每年用此起科。其均徭，亦將户口、官民、田地，十年各另分載數目照取，只造册一本，各年皆有定數可查。中間賣買田產，止從原户拆辦，糧差不得逐年推會，逐年造册。册籍無弊，則事產的實，賦役可均，財力有養，歲遇荒歉，亦僅支持一節。爲照爲治在於保民，而救數荒貴乎有備。嚴造册以均賦（没）〔役〕；則財力裕而民可安；置倉窖以積稻粱，則儲蓄多而荒可禦。所以我朝酌古準今，著爲法制，大造有册，預備有倉，而又載諸律例，反覆申明，至爲詳盡。奈何各該有司奉行不至，如黄册十年一造，而今則每歲推收。如州縣計里積糧，而今則仰給内帑，致使良法美意，徒爲故事虚文，以致本官目擊時艱，深切民隱，窮源補弊，政體有裨。相應議擬，合候命下，本部移咨各該巡撫都御史及咨都察院，轉行各該巡按御史，備行布、按二司掌印、守巡等官，嚴行所屬府、州、縣、衛、所等衙門掌印正官，照依先年奉行事例，並今左給事中趙漢所言，逐一查處。預備倉場坍塌者，另行起蓋；損壞者量加修葺。務要多方區劃，設法措置。凡遇上司及本衙門，日逐問過贓罰紙價及税契等項一應無礙官錢，悉爲糴本，盡數糴雜糧上倉。照依平價之法，務要貴賤適中，不使農民有所偏困。遇有凶歉，斟酌重輕，分别賑濟。如有妄意低昂，瞞官領（飯）〔取〕監守侵欺等項情弊，查照律例，從重問擬發落。各該承行官員仍遵照前例，一體旌擢降罰，以示勸懲。其賦（没）〔役〕黄册，行各府、州、縣掌印並監造官員，務照節年奏行條件，從公查審。攢造畢日，計其通縣户口、官民田土，各若干？每甲合總於里，每里合總於都區，都區合總於縣，只造實徵糧册一本，每年用此起科。其均徭亦將户口、官民田地，十年各另分載數目。照前取總，只造册一本，使各年事産，皆有定數。中間賣買田産，止從原户口折辦。糧差候下次大造黄册之年，方許推收過割，不許逐年推會，逐年造册，以便查考。但有挪移飛詭税糧，妄作畸零，潛入仕宦，冒頂立籍，或捏作丁盡户絶，以圖影射，變亂版籍等項情弊，亦查照律例，從重問擬發落。干礙職官，應拿問者，徑自拿問；應參奏者，指實參奏施行。惟復别有定奪，伏乞聖裁等因。嘉靖九年五月初一日，本部尚書梁等具題。本月初三日，奉聖旨：是。准議行。

《軍政條例類考》卷一《軍衛條例·收軍文簿》 一、都司衛所各置收軍文簿一扇，每都司一扇，每衛所各一扇。每年發到充軍人犯，原問招由、鄉貫，並著役日期，附寫停當，鈐印收架。年終將收過軍數開造小册，送部查考。弘治三年。

《軍政條例類考》卷一《軍衛條例·造解軍總文册》 一、各衛所依式攢造軍總文册，並清勾軍單完日，各用牢固木櫃鎖封印記，選委的當有職人員，用心管解。在京仍限本年五月以裏，南京、直隸、山東、山西、河南限本年六月以裏，浙江、江西、湖廣、福建限本年七月以裏，四川、兩廣、雲貴限本年九月以裏，俱到部。各都司掌印官員務要嚴行催督。如有違限不到，各都司官與各衛所官一體從重參究。以後年分該造軍册，仍照舊例，俱限五月以裏到部。嘉靖十一年。

《軍政條例類考》卷一《軍衛條例·發單格式》 一、行各該衛所：自嘉靖十一年爲始，除宣德四年以前逃故軍士已經題准住勾外，其宣德四年以後嘉靖十年以前該勾逃故軍士，不必每年造册發清，聽本部定與軍單式樣，令照式刊刷。備將宣德四年以後嘉靖十年以前逃故軍士，每軍一名，用堅白厚紙填單一張，用印鈐記。隸本部者徑送；隸都司者，類送本部，掛號轉發各司、府、州、縣，照名清勾。仍照舊以司、府、州相屬攢造底册一本，送部存照。以後年分，止將本年逃故軍士造册填單，送部施行。已發單者，俱免再造。本部仍每年終將合州、縣逃故軍單總數，類填勘合催勾。其五項册亦不必每年造送，聽本部斟酌定與式樣，更名軍總册。行令各隨該衛原設伍所或十所，俱每所釘作一册，照依發去册式，分别百户，將各軍照充發年月，順序挨寫，不許遺漏。每紙一張，分作八格，每格填寫一户，上列横格，開寫軍祖姓名、籍貫，下分八行，開寫充調、接補、頂替、來歷、先管百户、總小旗姓名，餘行空下。仍於每百户下，除將原額軍役填滿外，各空格紙六張，一樣二本，一本送部，一本存衛。仍照前式，分别各布政司及直隸府、州，各造一本，以憑轉發收貯。以後年分，止將本年新收編發軍由及解補到軍數，開造送部。本部清軍委官督令該管人員，將該年逃故、解到等項，填註原軍格下，新充軍由填註該管百户空餘格内。該衛並各司、府、州，亦行照式填註，以備查照。嘉靖十一年。

《軍政條例類考》卷一《軍衛條例·軍衛造發勾册》 一、今後攢造軍册，務要專委軍政僉書官一員，專管清造。掌印首領官查對無差，然後送部發勾。若每衛造差五十名以上，每所造差十名以上者，將經該委官並管册首領官吏送問。若衛差百名以上、所差二十名以上者，軍職送問。仍照軍政不職官員事例，革去僉書，不許管軍管事。其首領官備咨吏部，查照通考罷黜。該吏人等有贓，問發爲民、調衛。若衛差五十名以下、所差十名以下者，各罰俸兩個月。衛二十名及所五名以下者，各罰俸一個月，俱免送問。其餘違限罰運等項事例，俱照舊行。正德七年。

《軍政條例類考》卷一《軍衛條例·查造逃故文册》 一、各衛所逃故等項官軍，各該清軍御史照例每年督令都司、衛、所，查造文册。其有本布政司所轄者，就彼轉發清勾。仍將底册一本繳部查照。其餘隔别有司，照舊造册，送部發勾。成化十一年。

《軍政條例類考》卷一《軍衛條例·勾軍單册違誤罰治》 一、衛所清勾逃故等項軍册，以後清軍御史督並都司軍政官員，嚴督衛所官吏，依式造送清軍御史，分送布、按、清軍官，查對無差，方許繳部。若將册內軍士更改挪移，查對不同者，先將首領官吏取問，指揮等官住俸，重造。仍限五月以裏送部。都司官員不催違誤者，照衛分多寡，大約十分爲率，三分不完者，軍政並首領官罰俸一月，該吏提問。成化十年。

《軍政條例類考》卷一《軍衛條例·查各營旗軍造册》一、各處清軍御史、三司督同都司衛所，著落各該軍政及首領官，將各管旗軍，逐一查出，要見原額旗軍若干，現在若干，逃故改調若干。務將充軍改調來歷、年月、貫址、節次補役户丁，正餘姓名，通類造册，一樣二本。照依遞年清册，委官查對無差，限次年八月以裏送部。一本存留備照，一本轉發清軍御史收查。仍將前册轉發司、府、州、縣，抄謄一本，仍送御史處，查明收照。如有差訛，即與改正清解。其有原籍册內開稱某衛充軍，即查某衛册內，並無本軍名伍者，解部定奪，或發附近衛所收操。以後但遇發到清勾文册，只將前册查對清理。若有更移鄉貫，捏故妄勾等弊查出，聽清軍御史參問。成化十一年。

《軍政條例類考》卷三《清審條例·清勘開立卷宗》一、各省通行布、按二司清軍道，直隸行各府、州、縣，但遇發到軍單，不拘有無清軍御史，務要嚴行所屬，隨即清解，置立循環文簿，按季查比。如宣德至弘治年間事故軍士，果係結勘數多，别無隱弊者，方准呈送巡按清軍御史覈實，立住勾册繳單。其單許照格眼挨年填注。一年雖審數番，止許開結一次。仍將節年清勘過緣由，如某單于某年、月、日，作何清駁，里鄰人等作何結勘，開立卷宗，候清軍刷卷御史清刷。中間如無成案可查，及有扶捏情弊朦朧繳單者，查照現行條例，從重問遣。其自正德元年以後軍士，雖稱事故，年代未久，該州縣另册編記，原單繳部，候再清勾，不許一概住豁。

《軍政條例類考》卷三《清審條例·繳單不許捏弊》一、各司、府、州、縣照發去軍單，逐一清審。內有丁者，即與解送着伍。遇例優免及免勾者，即與開豁。每年終，將各解過軍丁，取有批回及例免者，開造小册，連原單類送布政司及直隸該管府州，差的當人員送部銷照。若將有勾軍丁，自單到日爲始，三年以上不解者，雖止一名，府、州、縣清軍官俱參問。丁盡户絶並山後人民挨無者，查照《軍政條例》及節年題准事例，候經勘五次以上，送清軍御史處，審實類繳，免其再勾。本部及該司、府、州、縣仍各立住勾册，每衛一本，以備查照。老幼不堪解者，候經勘三次以上，造小册送部。案候原單留該州縣，候出幼解衛及老疾故絶日繳。逃移跟捉者，候三年不獲，該州縣另册編記，原單繳部，行該衛所，另給單勾。如再三年不獲，仍照此例施行。其該年清審過官員職名，及里甲鄰（佑）〔右〕姓名，俱照式填寫單後，各取親押。若里甲人等通同作弊，將有丁捏作故絶，壯丁捏作幼小，非老疾捏作老疾，現在捏作逃移者，事發，應解軍丁照例發邊遠充軍。如原係邊遠，發煙瘴極邊，仍令僉户下一丁補伍。里甲鄰（佑）〔右〕窩家人等，各照例發附近充軍，官吏依律坐罪。嘉靖十一年。

《軍政條例類考》卷三《清審條例·查對軍册》一、各該清軍御史，候各該衛所造到軍册至日，逐一查對。如有原編的確衛所，有貫址、軍由、始末來歷，微有差訛者，即與改正，解衛收補。果係全不相對，失迷衛所者，通將各户貫址、姓名，開報本部定奪。成化十三年。

《軍政條例類考》卷三《清審條例·行查差拗迷失》一、今後清理，除有册清勾逃故等項軍士，即於本户選取壯丁，拘連妻小，差人解補外，但係遠年無勾軍户，俱要審究的確，免將户丁起解。仍於各該衛所，查勘明白回報定奪。仍候造完陳言類造軍册至日，照依先奉事例，一體照名清審。查理者，即與行查，該徑自起解。果有差拗迷失等項，就行解部定奪，或發附近衛所收操。若是衛所因見行查，妄將見役軍人開作事故，朦朧回文勾擾者，事發，聽清軍御史、按察司官參奏拿問。成化十三年。

《軍政條例類考》卷三《清審條例·收貯軍總册》一、各司、府、州如遇本部發到各衛所軍總文册，務要置立本櫃，整齊堆架收貯，以俟百年不忒。各官去任之日，俱要交代明白。如有疏違，接管官具申清軍御史。如無清軍御史，申巡按御史，具呈都察院，移咨本部參究。其賫送册單人員，如有違限損失等項，俱照例送問重治。嘉靖十一年。

（明）雷夢麟《讀律瑣言》卷三《增減官文書》凡增減官文書者，杖六十。若有所規避，杖罪以上各加本罪二等，罪止杖一百，流三千里。未施行者，各減一等。規避死罪者，依常律。其當該官吏自有所避增減文案者，罪同。若增減以避遲錯者，笞四十。若行移文書誤將軍馬錢糧刑名重事緊關字樣傳寫失錯，而洗補改正者，吏典笞三十，首領官失於對同減一等。干礙調撥軍馬及供給邊方軍需錢糧數目者，首領官吏典皆杖八十。若有規避故改補者，以增減官文書論。未施行者，各減一等。因而失誤軍機者，無問故失，並斬。若無規避及常行字樣，偶然誤寫者，皆勿論。

瑣言曰：各衙門官文書，凡有應行事情皆掌印官裁定，若裁定之後，有人增減情節字樣者，杖六十。因有規避而增減者，其規避之罪輕於杖六十者，止以增減之罪坐之。其規避杖罪以上各加所規避本罪二等，罪止杖一百，流三千里。未施行者，於各加本罪二等上減一等。規避死罪依原犯死罪常律，無所用其加矣。其當該官吏自有所避之罪，而故自增減原定文案者，罪與他人增減同。若秖增減以避己遲錯之罪，別無規避者，笞四十。若官府行移文書誤將軍馬錢糧刑名重事緊關字樣傳寫失錯，而洗補改正者，主典吏笞三十，首領官失於照勘對同者，減主典吏一等。若洗補改正字樣干礙調撥軍馬及供給邊方軍需錢糧數目其事重者，首領官吏典皆杖八十。若當該官吏有所規避而故爲改補者，以增減官文書論。各於所規避之罪上加二等。未施行者，減已施行罪一等。因而調撥軍馬不敷、供給軍需不足以致失悮軍機者，不問故改失錯，並斬。若官吏自行增減文書而無所規避及常行字樣偶然誤寫者，皆勿論。

（明）雷夢麟《讀律瑣言》卷三《同僚代判署文案》 凡應行官文書而同僚官代判署者，杖八十。若因遺失文案而代者，加一等。若有增減出入罪重者，從重論。

瑣言曰：各衙門應行官文書，皆須各官親筆判署，以防詐冒。若同僚官代替判押署名而行者，雖無增減，已屬詐冒，杖八十。若因遺失同僚經手文案，而代判署以補卷宗者，既已遺失，又復詐冒，加一等，杖九十。若代判署應行官文書，及原失文案於內事情有增減出入罪重者，從所增減所出入之重罪論。

（明）雷夢麟《讀律瑣言》卷三《照刷文卷》 凡照刷有司，有印信衙門文卷遲一宗二宗，吏典笞一十。三宗至五宗笞二十。每五宗加一等，罪止笞四十。府州縣首領官，及倉庫務場局所河泊等官，各減一等。失錯及漏報一宗，吏典笞二十。二宗三宗笞三十。每三宗加一等，罪止笞五十。府州縣首領官及倉庫務場局所河泊等官各減一等，其府州縣正官巡檢一宗至五宗罰俸錢一十日，每五宗加一等，罰止一月。若錢糧埋沒刑名違枉等事，有所規避者，各從重論。

瑣言曰：遲者，刷出卷内事情稽遲其程限也。失錯者，刷出卷內有失行文移、失僉姓名、失漏印信等項差錯也。漏報者，刷出卷內文移，有不曾粘卷，脱漏而未報也。稽遲情輕，失錯、漏報差重。然皆自無所規避者言，故吏典遲罪止笞四十，錯漏罪止笞五十。府州縣首領官，及倉庫等官，各減一等。倉庫務場局所河泊等官，雖非首領之官，然皆雜職，故與首領罪同。其府州縣正官巡檢，一宗至五宗，罰俸錢十日。五宗加一等，罰止一月。巡檢係正九品衙門，原設方印，故與正官同。夫遲罪原屬稽程，今與巡檢同罰俸者，照刷之年，雖正官亦當催督檢點，與常時不同也。若刷出錢糧埋沒刑名違枉等事，有所規避者，各從其重者，論罪不在違錯之律。

（明）黄佐《翰林記》卷一《文移》 本院公文，凡行六部用呈，三品衙門用平關。應有行移俱由該部轉行，其呈關俱有定式，見《大明會典》。其他掌務則用手本，如官吏職役銓注給授散官勳階則行吏部，俸粮則行户部，領朝會牙牌則行禮部，關皂隸柴薪則行兵部之類，俱用本院印。若左右二春坊、司經局每事惟呈行詹事府，然後轉行云。

《嘉隆新例·吏例》 隆慶四年六月吏部題准，舉劾章疏硃語之下，不必鋪叙繁文，只稱某差已滿，例當舉劾，訪得某某賢能，有何政績，所宜薦揚。某某不職，當黜。或老疾不及，當致仕降調，有何證狀所當糾劾。如此而止。總督、撫、按一體，永遠遵行。

《大明會典》卷七六《禮部·奏啓題本格式》 國初定制，臣民具疏上於朝廷者爲奏本。東宫者爲啓本，皆細字。後以在京諸司奏本不便，凡公事用題本，其制比奏啓本略小，而字稍大，皆有格式列後。

奏本式

洪武間定

某衙門某官臣姓某等，謹奏，爲某事，備事由云云。今將原發事由，照行事理，備細開坐，謹具奏聞某事云云緣由畢。

前件事理擬議依某律科斷，施行。

某事云云緣由畢。

前件云云伏候勑旨如有勾問職官或支撥錢糧之類，則依此式寫。

以上某字起至某字止，計字若干，紙幾張。

右謹奏聞如一事奏請，則於此下，寫伏候勑旨謹奏

洪武印年月日某衙門某官臣姓某

某官臣姓某

年月日下，止列見在某官臣姓僉名，不得於背後書寫，或有差故缺員者，不必列銜。

某衙門某官臣姓某謹奏爲雨澤事，據某人狀呈，洪武幾年幾月幾日某時幾刻下雨，至某時幾刻止，入土幾分，謹具奏聞。

以上爲雨澤事起，至入土幾分止，計字若干箇，紙幾張。

右謹奏

聞洪武印年月日列銜如前式。

啓本同此式，但奏字寫作啓字。若有請則勑旨字寫作令旨，餘皆同。

題本式

某衙門某官臣某等謹題，爲某事。備事由云云。謹題請旨。如不用請旨，止用謹具題御，餘同。

凡啓奏題本事例。洪武十五年定，凡奏啓本內官員，正面真謹僉名，當該吏典，於紙背書名畫字，如有事故官員，不許寫列空銜。年月及正面上，俱用印信，毋致漏使。又六部等衙門，凡差人有事公幹所在府州縣，止是具奏啓本，付差去人回還復命，赴當該衙門發落，批解官物者，令承批人齎批徑赴該部交納，不許泛濫徑申。永樂十年定，凡諸衙門於皇太子前具啓，或敬奉過事件，其本內及行移文書內，止許寫啓本敬奉令旨或止云敬依敬蒙，及啓准具啓外字樣。二十二年，令諸司有急切機務，不得面陳者，許具題本投進，若訴私事，丐私恩者，不許。

嘉靖八年奏准，本式遵照《大明律》後附寫尺寸，參以近年適中式樣。題本，每幅六行，一行二十格，擡頭二字，平行寫十八字。頭行，衙門官銜姓名踈密，俱作一行書寫，不限字數，年月下踈密同。若有連名挨次，俱照六行書寫。奏本，每幅六行，一行二十四格，擡頭二字，平行寫二十二字，頭行衙門官銜，或生儒吏典軍民竈匠籍貫姓名踈密俱作一行，書寫不限字數，右謹奏聞四字，右字平行，謹字奏字，各隔二字。聞字過幅第一擡頭，計紙字在右謹奏前一行，與謹字平行差小，年月下踈密同前。若有連名挨次，俱照六行書寫。

《大明會典》卷七六《禮部・行移署押體式》 各衙門行移有式，署押有式，至今遵行，今備書之，而附事例於後。洪武間定。

在京

一、五軍都督府，照會六部，劄付各都指揮使司，承宣布政使司，并金吾前後羽林左右虎賁，左府軍衛，及府軍左右前後十衛經歷司，各護衛經歷司，各外衛指揮使司，提刑按察司，應天府，各長史司，兵馬指揮司，守禦千户所，其察院磨勘司，凡有事務，各府經歷司令典吏抄案，本司呈府施行。事畢，經歷司回牒監察御史并磨勘司。

一、六部咨呈五軍都督府，平咨各都指揮使司，照會承宣布政使司，劄付太常寺、欽天監、太醫院、翰林院、光禄寺、太僕寺、提刑按察司、應天府、鹽運司、各外衛指揮使司、金吾、前後羽林、左右虎賁、左府軍、衛府軍、前後左右十衛，經歷司、各護衛經歷司，直隸府州、各長史司、兵馬指揮司、國子監典簿、其察院事務，六部都吏赴院抄案，磨勘司事，六部令史赴司抄案，呈部施行，事畢。主事回牒監察御史，并磨勘司。

一、金吾、前後羽林、左右虎賁、左并府軍、衛府軍、左右前後十衛、俱係經歷司呈五軍都督府并六部、各布政司、平關各外衛、并提刑按察司、及在京三品衙門，故牒兵馬指揮司，其察院事務、各衛經歷司令典吏抄案本司呈衛，磨勘司事務各衛令史抄案呈衛施行。事畢，經歷司回關監察御史，并磨勘司。

一、在京并直隸各外衛指揮使司，申五軍都督府呈六部，平關各衛并提刑按察司及在京三品衙門，故牒兵馬指揮司，其察院磨勘司事務，俱係令史抄案呈衛施行。事畢，經歷司回關監察御史，并磨勘司。

一、太常司、欽天監、太醫院、翰林院、光禄寺、太僕寺呈部。平關提刑按察司，并三品衙門，其察院磨勘司事務俱係令史抄案，呈本衙門施行，事畢，首領官回報監察御史，并磨勘司。品級相等者平關，七品以下者，牒上回報。

一、國子學，凡有行移，本學典簿呈六部，平關應天府，其察院事

務，典簿抄案呈學磨勘司事務，令史抄案呈學施行。事畢，典簿牒呈監察御史，并磨勘司。十五年，改國子學爲國子監，其行移六部劄付國子監，國子監徑呈六部。

一、應天府，申五軍都督府，呈六部，牒呈各都指揮使司，布政使司，平關提刑按察司，并國子學。故牒在外各府，兵馬指揮司，帖下州縣，其察院磨勘司事務本府令史抄案呈府施行。事畢，經歷司牒呈監察御史，并磨勘司。

一、察院，故牒各道提刑按察司經歷司，其磨勘司事務察院書吏赴司抄案呈院施行。事畢，監察御史回關磨勘司。

一、兵馬指揮司，申五軍都督府六部，牒呈金吾羽林府軍等衛，并外衛指揮使司應天府，牒上在外各府，平關各州，帖下各縣，其察院事務本司首領官抄案呈司施行。事畢，本司回牒監察御史。

在外

一、各都指揮使司，呈五軍都督府，平咨六部、各布政使司，照會提刑按察司，故牒各衛并護衛指揮使司、應天府，劄付長史司、各府州。

一、各處承宣布政使司，呈五軍都督府，咨呈六部，平咨各部指揮使司，照會提刑按察司、應天府，劄付金吾羽林府軍等十衛經歷司、長史司，并所屬鹽運司、各府州。

一、各護衛指揮使司，凡有事務，行移本衛經歷司，轉呈五軍都督府、六部，并長史司，平關提刑按察司，并內外三品衙門，及各衛故牒各府，帖下州縣并所屬千百户所。

一、各外衛指揮使司，申五軍都督府，呈六部，牒呈都指揮使司，平關提刑按察司，故牒各府，帖下州縣，并所屬千百户所。

一、各處提刑按察司，呈五軍都督府，六部牒呈都司、布政司，平關在京三品衙門，并在外各衛指揮使司、鹽運司，故牒在內四品衙門，及在外各府，長史司，帖下內外五品至七品衙門，其察院事務、本司經歷司牒呈回報。

一、各鹽運司申六部，呈各布政司，平關按察司，并三品衙門，故牒各府，帖下州縣。

一、直隸各府申六部，在外各府申都指揮使司，布政使司，牒呈按察司、各衛并護衛指揮使司，鹽運司，牒長史司，故牒守禦千户所，兵馬指揮司，帖下所屬各州縣。

一、各王府長史司，呈五軍都督府、六部，及布政使司、都指揮使司，牒呈提刑按察司，牒各府，帖下各護衛經歷司，故牒審理所。

一、各處守禦千户所，直隸申五軍都督府，在外申都指揮使司，呈各衛，牒呈按察司，牒上各府。故牒各州，帖下各縣、所屬百户。

一、直隸各州申六部，在外各州，直隸布政司統屬申本司。係各府所屬，止申本府并按察司、各衛并護衛指揮使司，平關兵馬指揮司，帖下屬縣。

一、各縣申府，并按察司，各衛并護衛指揮使司，及在京兵馬指揮司。若係各州所屬申州，故牒倉庫税課司局，遞運河泊所，驛遞等雜職衙門。

一、各處倉庫，司獄，巡檢，税課司局，遞運河泊所，驛遞等雜職衙門，申府。如內有各州所屬，申州，俱牒呈各縣，各處雜職衙門，往復平關。

照會式

某軍都督府爲某事云云。合行照會。可照驗施行，須至照會者。

照會某部洪武印某事年月日

左都督押　同知都督押　僉都督押

照會

右都督押　同知都督押　僉都督押

六部照會各布政使司文移同。

侍郎押

照會尚書押

侍郎押

都指揮使司照會按察司文移同。

照會都指揮使押

各布政使司照會按察司同。

左布政使押　左參政押　左參議押

照會

右布政使押　右叅政押　右叅議押
咨呈式
某部爲某事，云云。合行咨呈，伏請照驗施行，須至咨呈者。
右咨呈某軍都督府洪武印某事年月日尚書姓名押侍郎姓名押
各布政使司咨呈六部文移同左布政使姓名押　左參政姓名押　左參議姓名押
洪武印某事年月日右布政使姓名押　右參政姓名押　右參議姓名押
平咨式
某部爲某事。云云。合行移咨，請照驗施行，須至咨者。
右咨
某都指揮使司
洪武印某事年月日
侍郎押
咨尚書押
侍郎押
都指揮使司咨各處文移同。
咨都指揮押
各布政司咨各處文移同。
左布政使押　左叅政押　左叅議押
咨
右布政使押　右叅政押　右叅議押
劄付式
某軍都督府爲某事。云云。合下仰照驗云云。須至劄付者。
右劄付某衛指揮使司準此
洪武印某事年　月　日
左都督押　同知都督押　僉都督押
劄付
右都督押　同知都督押　僉都督押
六部劄付各衙門文移同
侍郎押
劄付尚書押

侍郎押
各都指揮使司劄付各衙門文移同
劄付都指揮使
各布政使司劄付所屬衙門文移同
左布政使押　左叅政押　左叅議押
劄付
右布政使押　右叅政押　右叅議押
呈狀式
某衛親軍指揮，使司經歷司，承奉本衛某文，爲某事云云。奉此合行
具呈，伏乞
照驗施行，須至呈者。
右呈
某軍都督府
洪武印某事年　月　日經歷姓名　知事姓名
各護衛經歷司，呈各衙門文移司。
應天府爲某事，云云。合行具呈。伏乞
照驗施行。須至呈者。
右呈
某部
洪武印某事年　月　日府尹姓名　府丞姓名　通判姓名
治中姓名　推官姓名
太常寺、欽天監、太醫院、翰林院、光禄寺、太僕寺，呈部文移同。
提刑按察司呈五軍都督府六部文移同。
副使姓名
洪武印某事年　月　日　按察使姓名
僉事姓名
各都司布政使司，呈五軍都督府外衛呈六部，鹽運司呈布政司，守禦
千户所呈各衛同。
長史司呈都府六部等衙門文移同。

洪武印某事年　月　日長史姓名

申狀式

某府爲某事。云云。合行申覆。伏乞照驗施行。須至申者

右申

某處承宣布政使司

同知　推官姓名

洪武印某事年月日知府姓名　通判姓名

直隸府州申六部。在外府州申都司，應天府申五軍都督府，同。

各外衛指揮使司申五軍都督府鹽運司申部，文移同。

同知姓名

洪武印某事年月日指揮使姓名

僉事姓名

兵馬指揮司申都府六部同

守禦千户所申都府都指揮使司文移同

洪武印某事年月日正千户姓名副千户姓名

各州申府按察司各衛等衙門文移同

同知姓名

洪武印某事年月日知州姓名

判官姓名

各縣申府州等衙門文移同

縣丞姓名

洪武印某事年月日知縣姓名　主薄姓名

平關式

某衛親軍指揮使司爲某事。云云。合行移關，請照驗施行，須至關者

右關

某衛指揮使司

洪武印某事年月日同知押　僉事押

關指揮使押

同知押　僉事押

各府平關各衙門文移同

同知押　推官押

關知府押　通判押

各州平關各衙門文移同

同知押

關知州押

判官押

各縣平關各衙門文移同

縣丞押

關知縣押

主簿押

牒呈式

某府爲某事云云。合行牒呈，伏請照驗施行須至牒呈者

右牒呈

某處提刑按察司

同知姓名押　推官姓名押

洪武印某事年月日知府姓名押　通判姓名押

應天府牒呈都司布政司各府牒呈各衛指揮使司鹽運司、兵馬指揮司，牒呈各衛指揮使司應天府，同。

按察司牒呈都指揮使司布政使司文移同。

副使姓名押

洪武印某事年月日按察使姓名押

僉事姓名押

長史司及守禦千户所牒呈按察司、應天府經歷司國子監典薄牒呈察院磨勘司，同。

平牒式

某府長史司爲某事，云云。合行移牒。請照驗施行。須至牒者。

右牒

某府

洪武印某事年月日

牒長史押

各府牒長史司文移同

牒上式

某處守禦千户所爲某事，云云。合行牒上。請照驗施行。須至牒者。

右牒上

某府

洪武印某事年月日

副千户押

牒正千户押　副千户押

兵馬指揮司牒上各外府同

故牒式

某衛指揮使司爲某事，云云。合行故牒，可照驗施行須至故牒者

右故牒

某府

洪武印某事年月日同知押　僉事押

牒指揮使押　同知押　僉事押

都指揮使司故牒各衛及應天府鹽運司故牒各府應天府故牒外府并兵馬指揮司俱同

下帖式

某府爲某事，云云，合下仰照驗云云，須至帖者。

右下某縣準此

洪武印某事年月日同知押　推官押

帖知府押

通判押

某州爲某事，云云，合下仰照驗，云云，須至帖者，右下某倉庫準此

洪武印某事年月日同知押

帖知州押判官押

凡行移往來事例洪武十五年定：一、通政司職掌出納帝命。與諸司無行，有徑行通政司者，以違制論。

一、各王府長史，凡有行移，具牒宗人府經歷司，案呈本府。事畢，抄案回牒長史司。

一、五軍都督府，凡有行移，令經歷司，具牒宗人府經歷司，案呈本府，事畢，抄案回報五軍都督府經歷司。其在京衛所，及在外各都司，各該衛并直隸衛所若有行移，俱由該府轉行。

一、六部，凡有行移，令主事廳牒呈宗人府經歷司，案呈本府。事畢，抄案故牒六部主事廳，其太常寺、應天府、光禄寺、太僕寺、國子監、欽天監、翰林院、太醫院、南北城兵馬指揮司儀禮司、行人司等衙門、及在外各布政司、并直隸府州，應有行移，俱由該部轉行。

一、都察院，凡有行移，令經歷司牒呈宗人府經歷司，案呈本府。事畢，抄案故牒都察院經歷司，其各道監察御史，并在外按察司，遇有行移，俱由都察院轉行。

一、通政司，凡有行移，令經歷司呈宗人府經歷司，案呈本府，事畢。抄案帖下各衛經歷司。

一、五軍都督府有事於都察院，止令經歷司互相文移，轉呈本院。如行六部，則經歷司與主事廳互牒，其在京秩三品者，則與本院並行，仍故牒在京四品，在外按察司，帖下在京五品以下衙門，其在京四品在外按察司，牒呈本院，及在京五品以下衙門，行移本院，俱稱具呈，惟大理審刑磨勘司，止與本院經歷司行移，各道監察御史，亦止由本院行移，與諸司無行。

一、通政司，與在外諸司衙門，别無行移，今後不許申、稟。

一、儀禮司，并内府六科，俱係近侍官員，與内外衙門，並無行移，今後不許申呈。

一、六部有事務各處，必須縣申州，州申府，府申布政司，轉達六部。不許蓦越。

一、五軍都督府，并在京各衛，與在外各衛所，及有司衙門勘合拘定，難以互相行移，除直隸衛所申都督府，其在外衛所，必經本處都司轉呈該府。若有司與在京衛所軍民相干事理俱由合干上司轉達該部定奪，不許徑自行移。

一、六部，凡受五軍都督府照會，不問有施行無施行事理俱於堂上立案，官吏於年月下，小字依次列銜尚書侍郎僉押，郎中以下至該吏，俱僉名。如是錢糧刑名合送該部磨算問擬者，則從堂上正官批寫送某部磨算或

問擬不必判押，其該部推算問擬畢，官吏亦於年月以下，小字列銜僉名，連案呈堂施行。

一、六部，凡准各部咨文，并布政司咨呈，及據各衙門申呈來文，其有係干具奏及應照勘回答即行在京各衙門者俱係堂上立案施行，不必送該部，若係類勘合回答各布政司直隸府州事理，則從堂上立案判押，連送該部移付類勘合科施行，其有錢糧官物磨算收支、刑名應合問擬、印信關領、人材候到，及雖有施行而不係出事公文者，俱係正官於來文批寫，送該部承行，不必判押。其該部立案，則寫奉本部連送某連文云云。當該官吏於年月下，小字列銜僉名，其無施行，止是立案備照，如有施行者連案呈堂施行。

一、凡有創行事務合行各屬部遵守者，則從堂上劄付各部，若屬部該行事理，係干放支錢糧官物等項，及須經堂上定奪，亦從堂上劄付各部，其餘一應常行事理及各類勘合行移各布政司直隸府州者，止是各部自相往復移付施行，及劄付移付公文承行吏典另行置立承發勾銷簿，附寫名件川使日時印記，各科承受該吏於簿上書名畫字收領承行畢，仍於前件項下勾銷，以憑稽考。

一、凡銓選官員，調遣軍馬賞賜物件，處決重刑刱立制度，及爲令爲律事務所奉聖旨，必須文案上出事內欽寫，其餘常行事理，雖有奉到聖旨，止於文簿及案驗內欽録，不必出事開寫。

一、凡議擬奏準事理，止於文簿內云寫奏準，若欽奉聖旨改擬，仍寫欽改緣由。

一、凡差使人員，既有所齎公文，其帖上止寫去某處公幹，不必云寫聖旨。

一、凡差人齎執欽依奉聖旨公文，到於各省各府須要先將公文於公廳中間置放。然後與官員相見毋得收摺在懷，與人講禮。

一、凡五府六部等衙門所奏事件各官既已親奉旨意，奏本明白批寫回本衙門自作施行，其通政司入奏，在外都司布政司按察司等衙門實封軍機錢糧刑名等事，并鼓下受詞，及各處差官徑奏事件，雖有奉到旨意承行衙門。無由知會必合抄出施行，其抄寫人員，將抄到旨意齎從正門入，各該官員起身迎接，奉到旨意，止許本衙門明白立案，不許出事行移內云寫其各科填送勘合，亦不許云寫旨意，止寫某衙門，爲某事奏奉，某衙門如奏施行。

一、凡諸司文移，有奉旨施行者，勿書聖旨二字。凡有陞賞差調等事，悉以欽字代之。十六年，令刑部等衙門，遇有行移判押文書及商議公事，首領官引吏典就齎印信手本開具幾件，於正官處親行稟覆可否，從公署押定奪，仍各照事件，逐一附簿以憑查照相同，不致違錯。十七年，奏定天下諸司文移紙式。凡奏本紙高一尺三寸，一品二品衙門，文移紙三等，皆高二尺五寸，長五尺爲一等，四尺爲一等，三尺爲一等。案驗紙二等，皆長二尺五寸，高一尺八寸爲一等，二尺爲一等。三品至五品衙門，文移紙高二尺，長二尺，案驗紙高一尺八寸，長二尺五寸。六品七品衙門，文移紙高一尺八寸，長二尺五寸，案驗紙高一尺六寸，長二尺八寸。八品九品與未入流衙門，文移紙高一尺六寸，長二尺，案驗紙高一尺四寸，長一尺八寸。官員任內公文紙皆如式者，考爲一最，不如式者罪之。

《大明會典》卷一一六《禮部·行移》 凡行移，洪武二十六年定，凡有一應行移在外事務，儀部等四部，各開事件移付，通具印信手本，赴禮科開填勘合，照會各布政司，并劄付直隸府州，照依坐去勘合內事件，轉行所屬作急理辦。如有違誤不完，仍行催督。每於年終各該有司分豁已未完結事件，連原填去勘合張數，造册差人親齎奏繳，仍用備細開報本部以憑查銷，其填寫勘合禮部照依地方，編寫字號內外底簿二扇，并勘合字號紙，編寫畢，押印完備，外號底簿，發去各布政司并直隸府州收掌內內號底簿，并勘合號紙，禮部收貯，候儀制等四司。凡有一應行移在外事務移付本司發勘合科，填寫號紙，照會各布政司，并劄付直隸府州，赴通政司掛號，送兵部車駕司轉發司府州，比對硃墨字號相同施行。如號紙盡絕，照字號接編如前。各該司府州候年終將發去勘合，并底簿拆粘，具本奏繳，仍具青册一本，送禮部查考。

勘合字號：浙江以字，江西準字，陝西誠字，廣東及字，廣西即字，河南正字，湖廣各字，雲南若字，貴州柔字，山東格字，山西致字，四川其字，福建皆字，安慶府能字，松江府賢字，蘇州府功字，淮安府平字，鳳陽府修字，盧州府勤字，保定府雨字，應天府雲字，楊州府齊字，河間府露字，徽州府貴字，寧國府原字，真定府騰字，順德府麗字，常州府故字，池州府亭字，大名府結字，永平府金字，廣平府霜字，鎮江府親字，太平府賓字，保安州岡字，滁州官字，徐州治字，隆慶州峎字，廣德州列字，和州利字。

萬曆二年議准：凡宗藩勘合，許各王府差來員役執批告領，本司驗批給發即于封袋上填註發行月日，及姓名期限，仍置立文簿登記。其山東、河南、山西、陝西、湖廣每季終，江西、廣西、四川每上下半年，將發過公文號數，領賫日期人役姓名，通行各布政司知會，各布政司亦照所議奉到勘合，將緊要節略，攢造文册報部，其年終奏繳仍舊。

（明）佚名《重刻律條告示活套》卷一《制書有違》 前件巡桉監察御史某爲禁約事。竊惟制書乃時王之法，頒布天下，以齊民心。伏覩《大明律》內一欵，凡奉制書有所施行而違者，杖一百。欽此。除欽遵外，但行之久，人心怠玩。近年以來，累上輕犯，原其所自，皆因風俗偷薄，時尚澆漓，刁詐迭生，奸猾倍出，蔑視制書，不肯遵守。若不禁約，誠恐積習日久，漸爲大惡，貽患匪輕。爲此合出告示，發仰按屬大小衙門張掛曉諭，務要遵守，依制而行，敢有如前故違者，除坐應得罪名議擬外，其官吏者坐以不戢罷黜，民庶者，仍行枷號一個月示衆，決不輕恕。

（明）佚名《重刻律條告示活套》卷一《增減官文書》 前件巡按監察御史某爲禁約事。竊惟庫藏出納，非文書無以考其數目，獄囚情罪，非文書無以詳其輕重。監臨主守，當謹于斯。近訪得按屬衙門司掌庫獄官員或肆一己姦貪，或聽吏胥撥弄，將文書內緊関字樣任意增減，有因而侵尅錢糧者，有因而出入情罪者，又有私套押字另補卷按者，甚至預蓄空印白紙抽換空封公文者，言及于此誠爲可恨，若不禁約深爲未便。爲此合出告示，發仰所屬大小衙門張掛，曉諭出示之後，各要洗心滌慮，勿蹈前轍，如有故違，定行從重問發，決不輕恕。

（明）佚名《重刻律條告示活套》卷一《照刷文卷》 前件巡按監察御史某爲照刷文事。照得當職，欽承上命清刷一省文卷，本當躬親經理，以副重化。柰地方廣闊，一時不能周徧，限期逼近，一時不能完俊。除都布按三司并運司廳候本院吊刷外，各府州縣并衛所大小衙門文卷俱聽分巡道照刷。已經通行去後，緣刷卷一事，弊生多端，難以枚舉，姑以所重言之。其間有軍馬錢糧事干掣肘難行者，卷本未絶揑作已絶，有强竊盗賊事卷本通照揑作照過，又有埋没侵隱稽遲未明等項掩伏在內，俱照刷出，必須多方科取，打點書吏，但圖苟且因循，不顧玷人名節。若不禁約，深爲未便。合出告示，發仰按屬大小衙門張掛曉諭，如有指稱刷卷科斂財物打點吏書者，或被人告發或體訪得出，定從重問遣，決不輕貸。

紀事

（明）佚名《新纂四六合律判語》卷下《兵律·邀取實封公文》 飛行朝見，已無王子仙鳬。圖畫流移，賴有鄭公過馬。宋鄭恢繪《流民圖》發馬遞上之。故發閣嚴誅於史筆，而反汗重戒於《易》書。萬里龍沙寶帳，易軍情之泄。七宵蛟窟玉環，無密旨之通。今某束拘轄屬，蒙瞽朝廷，乃於入遞有司，職敢邀還中路。半方黄帕，取回古木郵亭，一騎紅塵，竟策緑楊古渡。因而入手，逼使脱肩。錦素斜封，空想想明之覽。江湖遠跡，難通廊廟之優。致上司失擅於鷹鸇，使朝廷見難於鬼卒。音書阻隔，機務遲回。似此横行，宜加刑戮。

（明）佚名輯《四川地方司法檔案》 □具，須至册者。

壹，問得：

壹名，李卿，年壹拾捌歲，叙州府高縣梅壹里民，見充本縣首領候缺吏役。狀招：嘉靖貳拾玖年叁月內，蒙縣撥卿帶辦吏房。本年柒月初壹日，本縣江口巡檢司不在官巡檢姚世爵到任，將伊原領奉吏部文字肆百叁拾染號劄付文憑壹道，於本月拾壹日赴縣轉文，批差在官甲首羅從舟領賫，定限赴府，告投輔繳。比從舟行至慶符縣地名五里鋪，陡患傷寒病癥，復回調治。從舟自合將前賫文憑赴縣告明換差爲當，不合一向在家延捱，卿係承行吏，亦不合失於稟官查催，以致遲悮。本年拾月內，蒙本府提取本縣合屬官員賢否文册到府填報，致蒙查出姚世爵原未繳憑，恐有別項情弊，牌行本縣查得本官委於前項月日到任，委因甲首羅從舟違限情實。將本犯行拘問，又蒙本府查提該吏，本縣方將羅從舟拘獲，與卿並姚世爵文憑壹道，於拾壹月貳拾伍日申解到府。責審得：卿等委有稽遲，並無別項情□

壹，議得：

李卿、羅從舟所犯，除官文書稽程笞罪□依不應得爲而爲之事理重者律，各杖捌□減等，各杖柒拾。李卿係吏，羅從舟係民，審無力。申詳允□照例納贖，羅從舟依律的決。完日各還役寧家。

壹，照出：

李卿，官紙穀捌斗，羅從舟，民紙穀肆斗。李卿□壹拾肆石。俱追發本府預備倉收貯備賑□繳照。

具册。

（明）佚名輯《四川地方司法檔案》　敘州府南溪縣呈，今將本縣問完犯人高迪招由理合開具，須至書册者。

計開：

壹，招由：

壹名，高迪，年壹拾玖歲，敘州府南溪縣普安鄉民，充本縣吏房典吏。狀招：嘉靖貳拾玖年伍月内，奉本府帖文該，奉四川等處承宣布政使司劄付，爲革姦弊以清案牘事，仰縣攢造吏、農循環文册，徑自齎報印發倒換查考。迪自合遵依造報，不合故違。至本年拾貳月初伍日，又奉本司信牌，仰將故違該吏高迪問擬應得罪名，同造完循環文册齎報查考。比迪因別卷解府，未曾問報。蒙縣預將前項文册造完，於本月貳拾壹日批差陰陽生史惟儉領齎前赴告投，奉獲批回在卷。迪先已役滿，蒙府省發回縣申核起送，致蒙行拘到官，將迪取問罪犯。

壹，議得：

高迪所犯，合依不應得爲而爲之事理重者律，杖捌拾。有《大誥》減等，杖柒拾。係吏，審有力，照例折納米價贖罪，申詳允日，追完紙贖還役。

壹，照出：

高迪官紙銀貳錢，又贖罪米價白銀叁錢伍分。紙銀扣留肆分買紙公用，餘贖罪銀追發本縣官庫收貯，候秋糴穀備賑。取庫收繳照。

（明）余繼登《典故紀聞》卷一七　嘉靖時，都察院左都御史胡世寧言：書曰詞尚體要。律曰陳言事理並要直言簡易，不許虛飾煩文。弘治以前臣僚章奏皆删煩就簡，故君上得以親覽無遺，及武宗之時，不親政事，臣下遂因循自逸，不事删削，惟聽吏胥全具文移，或一事而重言，或一本而數紙。雖臣等竟日有不能周讀一過者，乃以上勞君父爲治之體，豈宜如是。乞申勑内外諸司，凡事當奏題者，務照弘治以前舊規，删去煩文，務從簡要，不許全録往來文移，而部院議覆者，亦必撮其要語，使無贅詞，又無失事，庶幾少便省覽。世廟深然其言，令諸司章奏，不許煩詞，第宜明白開陳要旨，庶易省閱。

嘉靖時，大學士張璁言，成化以前誥勑之體猶爲近古，其於本身不過百餘字，祖父母父母並妻室不過六七十字言之，無費詞，當之者無愧色。近來藻情飾僞，張百成千，以萬乘之尊下譽匹夫匹婦之賤，殊非事體。世廟是其言，令自今誥勑務崇簡實，不許競飾浮詞，致褻制體。

（明）何棟如《皇祖四大法》卷四《治法》　洪武四年春正月乙酉朔。戊子，命吏部月理貼黄。初吏部以文武百職姓名邑里，及起身歷官，遷次月日，自省府部寺，暨行省府州縣等衙門，皆分類細書于黄紙，貼置籍中，而用寶璽識之，謂之貼黄。有除拜遷調，輒更貼其處，雖百職繁夥，而此法便於勾稽，然拜罷之數，則貼黄有未及改注更貼者，故命吏部月一更貼之。每歲終以其籍進，貯于内庫遂爲定制。

（明）何棟如《皇祖四大法》卷五《治法》　〔洪武六年〕秋九月己亥朔。丁未，更定有司申報庶務法。國初，凡有司庶務，若户口、錢糧、學校、獄訟之類，或每月具其增損見在之數，書於册，縣達於州，州達於府，府達於行省，類咨中書吏牘煩碎，而公私多糜費，又有司決獄笞五十者，縣決之杖八十者，州決之一百者，府決之其徒罪以上，具獄送行省。由是州縣或受贓減重從輕，省府或弄法加輕入重，文移駁議，囚繫淹連。至是，命中書省御史臺詳議務從簡便，乃革月報爲季報，以季報之數類爲歲報。凡府州縣輕重獄囚即依律斷決，不須轉發，果有違枉，從御史按察司糾劾。令出，天下便之。

（明）何棟如《皇祖四大法》卷六《治法》　〔洪武十五年冬十月〕壬寅，刑部尚書開濟奏曰：欽惟聖明，治在復古，凡事務從簡要，今内外諸司議刑奏劄，動輒千萬言，泛濫無紀，失其本情，況至尊一日萬幾，似此煩瑣，何以悉究，此皆胥吏不諳大體，苟非禁格，習以成弊。上曰：虛詞失實，浮文亂真，朕甚厭之。自今有以繁文出入人罪者罪之，於是命刑科會諸司官，定議成式，榜示中外。

（明）沈德符《萬曆野獲編補遺》卷二《内閣密封之體》 弘治十二年九月大學士劉健奏，昨太監陳寬傳旨，今後但有票擬文書，卿等自書自封密進，不許令人代寫，仰見上委任腹心，防閑漏洩之意，但内閣事情誠爲祕密。在祖宗朝，凡有咨訪或親賜臨幸，或召見便殿，屏開左右，造膝密諭，以爲常制，且如宣宗屢幸内閣，今閣臣不敢中坐，英宗不時召李賢，憲宗亦召李賢、陳文、彭時，上有密旨，則用御前之寶封示，下有章疏，則用文淵閣印封進，直至御前開拆，臣等所目見，今朝參講讀之外，不得復見天顔，即司禮監亦少至内閣，上有命令，必傳之内侍，内侍傳之文書房，文書房傳至閣臣等，有陳説亦必宛轉如前，達至御前。今聖上若有咨議，乞仍照祖宗舊事，或召臣等面諭，或親灑宸翰數字封下，或遣太監密傳聖意，庶事無漏洩，上是之。蓋自十年三月一召之後，至是兩期餘矣。上雖納其説，直至次年四月廿九日，始召劉、李、謝三閣臣至平臺，面商英國公張懋等辭兵柄疏。五月初三日又召，亦爲勳臣請解兵權，其後亦不復召，至十七年三月十六日，以聖慈太皇太后崩。復召輔臣劉健等三人至内煖閣，議陵寢祔葬事。蓋自十三年後，又閲四期矣。廿二日又召對，爲祀孝穆皇后奉先殿也。史臣云，自庚申之召，不奉接者已五年。至是始連奉顧問，以爲幸云。本年六月廿二日，上以虜中逃回人口。又召三臣入對於煖閣，至七月十五日，又召三臣對於煖閣，爲邊上用品字坑也。九月三日以來，日開日講，召三臣入對煖閣。又半載爲十八年四月十六日。上又召劉健等至内閣，議吏、户二部事，自此遂不豫，以及大漸矣。故孝宗《實録》，於召對一事，但紀内閣三輔，而劉華容之爲本兵，戴浮梁之爲總憲，其召對頻數，十倍於三輔，而一字不之及，則撰地總裁雅意可知矣。孝宗憑几之詔，僅命三輔臣受遺，而不及劉、戴二公，則内外親疏之别也，二公尚不能見幾而作，華容遠戍，胎於此矣。但孝宗朝最稱宫府一體，而閣臣密奏，與主上密諭，上下傳達，必内臣數轉而始行寓目，蓋捍格之端開已久矣。孝宗雖能與劉、戴諸公屏人謀斷，不免爲政地所忌。至今日内閣之權日輕，百叩不能一答，況部院之長，敢望晝日之接耶。

（明）祁彪佳《按吴親審檄稿・一件票仰常熟縣官吏》 一件票仰常熟縣官吏。行擄申送犯人宗仲等文卷到院，查得陸洲之所訴，不過姻親之事，而宗仲輒開款以告之，錢樓又附和之。兩造如此健訟，不比尋常田土細事。若聽其告息，不爲一剖曲直，重懲曲者，則刁風曷能止息。仰縣仍速審具報。但閲卷内所提人犯太多，此輩即百狀千態，祇拘一二人研審，真情便見。多人則多累。以後即院詞不得不用差役，原、被亦不得出三人之外，干證聽其自唤，即此狀有開款者，亦止先審本狀内事情可也。至於該縣詞狀，一概用本院所頒之原式，或原告自拘，或里長行拘，所省於民間之費累多矣。卷二宗並發，毋得違錯。

右行常熟縣。

（明）李清《三垣筆記》卷上《補遺》 凡按院出巡，用精微批，先送刑科簽押，於直隸巡按監察御史某准此，則用硃筆大直。如按院直推知法，於批後又書候回還日繳五大字，送中官用印。予曾顧同垣笑曰：我輩下筆如此縱放，若上入宫，見必怒矣。一日，果命中官至垣詰責，因告以舊例，取歷年所繳批進覽，次日發出，亦莫稽其故也。大約科臣簽押，疑代皇后爲之者。

《明實録》洪武六年九月 庚戌，詔禁四六文辭。

《明實録》洪武九年十二月 庚戌朔，頒建言格式。時刑部主事茹太素上書論時務五事累萬餘言，上令中書郎中王敏誦而聽之，虚文多而實事少。次夕于宫中復令人誦之再三，采其切要可行者四事終五百餘言。因喟然曰：爲君難爲臣不易，朕所以求直言者，欲其切于事情而益于天下國家。彼浮詞者徒亂聽耳，遂令中書行其言之善者，且爲定式頒示中外，使言者直陳得失，無事繁之，復自序其事于首云。

《明實録》洪武十三年二月 丁亥，户部奏：定文移減繁之式：凡天下郡縣，如歲終所報户口絶者，明言其故，有折合者有司裁定之，不必申請，但五年一具册申報。若租税課程則通類申部征收，既足，則别具通關申報，改科者則具所由。其各衛所給軍士糧草則以簿籍軍士之名及聽支之數，有司庫藏所收，每以歲終起解至京，畿内郡縣經送内藏達數于部。在外税課司局官考滿，就以任内所征課數申呈郡縣，郡縣稽其籍以次申部注代，天下有司倉庫金穀錢帛：其陝西、北平、四川、山東、山西五布政司供給軍需者，兩月一報，其餘布政司并直隸府州半年一報，大軍鹽糧、口糧、學生、樂舞生食米按月齊友。各衛軍士凡有賜給之物，都府籍其名數送部，轉下倉庫支給。如轉輸糧儲，各布政司會計缺糧之處，以鄰近有餘者撥運，不須申請，惟以所撥郡縣之數具報。從之。

《明實録》永樂六年四月〔乙巳〕巡按福建監察御史張壽〔略〕又言：稽考公文册本，以禁革姦弊。近在外諸司，每閏四月造册，各遣人進繳。然倉場庫務水馬驛織染軍器局衙門，額設官吏二人或一人，有故一人進册，所管錢糧造作委之吏胥，欺詐百出端，其弊愈甚。宜令依例造册，賫送本官府縣類進爲便。俱從之。

《明實録》宣德元年三月〔乙卯〕行在都察院奏：遣御史唐舟等二十一人，分往各布政司，直隸諸府州，照刷文卷。上諭舟等曰：刷文卷以察姦弊，正違錯以清潔無私爲本，不然，則是非黑白不能分别，然又當安詳平恕，勿事煩苛。爾等宜識朕意。

《明實録》成化十六年十二月〔丁未〕兵部言：通事人等多扇惑外夷，代之飾詞奏請。宜以今年入貢夷人奏請番文，令大通事詹升輩會本部該司，究其所書夷人，給以筆札，令其覆寫。不能，則究問代書之人，治以重罪，而戒諭諸夷，約無再犯。仍移天下諸邊守臣，各諭所在起送有司，自今諸夷入貢，即取其番文，用印封識具疏，付館伴之人賫至京師，令大通事親爲閲實。其餘果有奏請，大通事仍會本部該司，拘令夷人面書奏詞，已乃封上，如例重譯。庶姦弊可革。從之。

《明實録》嘉靖七年九月〔甲申〕降右春坊右庶子韓邦奇爲南京太僕寺丞、御史周易爲南京府軍右衛經歷，奪右庶子坊鵬俸四月、御史丘首隆等俸二月。先是，邦奇、鵬主順天府鄉試，録中引用經文有曰元首喜哉，股肱起哉。又有曰帝光天之下，萬邦黎獻共惟帝臣。錯亂二語，截除數字，又聖學、先朝、龍飛字樣俱不擡頭，録中訛字復多。提學御史周易劾奏之，而疏中亦誤以於爲扵、海隅爲海宇、光輝爲光暉。部覆，得旨：科舉重事，京闈又文教所先，乃錯謬至此，何以垂示四方。韓邦奇主典文衡粗率不謹，擡頭違式，擅改經文，字義差訛，詞語重複，周易欲舉他人之差謬而己亦差謬，俱降一級，改南京用。萬鵬既同職掌，失于查對，丘道隆等監試不早糾舉，各停俸示罰。同考署員外郎鄧尚義等不係專責，姑宥之。試録仍命順天府校閲改正。

《明實録》嘉靖十三年九月〔己卯〕時應天府進呈試録失裁，山西進呈試録誤夾片紙，上皆謂其不敬。下應天府官于南京法司、山西布政司官于巡按御史逮問。

《明實録》嘉靖十七年三月〔丙戌〕命少傅兼太子太師吏部尚書華蓋殿大學士李時【略】爲殿試讀卷官。時禮部疏名用擬請字，上曰：殿試係朝廷制策，讀卷官何得言請。命改請爲以字。

《明實録》萬曆二十八年二月〔己亥〕以兩京、各省試未擡頭參差，御筆親點命閣臣查對，應天、浙江、江西、湖廣、河南各量加罰治。仍諭：今年後不但進呈試卷，凡一應奏章俱要恪遵舊式。明白簡直，乃是敷陳之體，如有草率及故爲深文隱語，欺上不知，部科指實參奏，重治不饒。

《明實録》萬曆四十七年三月〔辛丑〕賜莊際昌、孔貞運、陳子壯等三百五十名進士及第出身有差。

大學士方從哲題進卷失詳，乞恩認罪。以第一甲第一名莊際昌進呈卷第三行刮補數字，又誤寫醪字爲膠字。故事進呈卷不得差錯。禮科方詩教亦以爲言。至是從哲引咎乞罷。奉旨：簡閲失詳，既引罪，姑宥之。

《明太宗寶訓》卷五《宥過》〔永樂二年〕三月己巳，上召六科都給事中馬麟等諭曰：爲治貴得大體，比爾等疏駁奏牘，一字之誤皆喋喋以言，瑣碎甚矣。吏治文書，叢脞積累，其精力有時而敝，豈免錯謬。自今奏内有數目月日等字錯謬者，皆令從傍改注，用印蓋之，不必以聞。麟等言奏内有不稱臣者，此當罪之。上曰：下豈敢慢上，或一時急遽，漏寫有之，必非故違。亦令從傍增之。因曰：爾等在朕左右，凡天下，何弊當革，何利當興，何處軍民未安，何人姦邪未去，當歷歷言之勿隱。若此細故可略也。

《明仁宗寶訓》卷一《命官》〔洪熙元年〕四月戊辰，命郎中李子潭等分往總兵官楊武侯薛禄等處，專理軍樓文書，賜勅諭之曰：朕命將禦邊，其軍務之殷，重在嚴謹，而文墨所寄，尤重得人。今以爾等重厚達於文理，特命往各總兵官處，凡其軍中機密文書，從總兵官同爾整理，必謹嚴慎密，不可泄漏。其總兵官調度軍馬發號施令等事，爾一切不得干預，總兵官宜以禮待爾，爾亦循守禮法，不可輕慢，庶幾協和相濟，以成國事。欽哉。

《明宣宗寶訓》卷三《嚴選舉》宣德元年三月辛酉，行在湖廣道監察御史謝瑤薦賢奏牘誤書姓，自陳改正。

上謂行在吏部尚書蹇義曰：古人奏牘皆存敬慎，石慶書馬字欠一點懼及死，今薦賢不知其姓，豈能知才，輕率如此，豈御史之職，其改外任。遂爲交阯知縣，所薦者亦不用。

《明宣宗寶訓》卷三《恤舊勞》 宣德七年十二月癸丑，命行在兵部清理貼黃。上諭之曰：軍職貼黃，祖宗時最爲重務，蓋武臣百死一生，致軍功，得蔭及子孫，不清理或有冒濫，則有功者屏棄，無功者反受利矣。爾等宜致詳慎，不可怠忽。

《明憲宗寶訓》卷二《定令》 成化二十三年七月癸丑，致仕右副都御史謝昹奏請初考誥命，吏部言誥已先具，昹以禮致仕者，宜在可與。上命與之，且諭吏部曰：自後誥勑須以奏允歲月塡寫，致免前後牴牾。

《明世宗寶訓》卷六《信任大臣》 嘉靖六年十一月甲子，上諭大學士張璁：朕有密諭，卿勿令他測知，以泄事機。又諭：朕與卿帖皆親書，雖不甚楷正，恐代寫有泄事情。璁疏謝，因舉先朝楊士奇故事，請給圖書爲密封奏對之用。上許之，乃諭大學士楊一清曰：凡朕與卿等可議事情，除軍國重務卿等同官三人議奏外，或有密訪事機欲法祖宗故事，各賜印記一，以封所來帖子。又朕所送下文書，亦不可無封記。令制一套正面畫一雲龍，上批諭某官，中用政事文劄驗記一顆，背封口上用御封二字，庶出納有驗，不致有漏事機，朕無可謀者，用與卿預計可否。通議來聞，并賜印記字樣也，勞撰用密之。一清言：先朝仁宣二廟嘗賜近臣圖書，藹然唐虞吁咈氣象。今此事誠宜修復，但印文止可作責望語，如納誨啓心，責難陳善之類，不必過爲褒美。又當因人而施，不可太濫。時上以擬賜三輔臣印記，及得一清奏，遂欲去大學士翟鑾之賜，以桂萼代之。報曰：思卿之所言，深憂朕也。濫及多人，則謀不成，事易泄。朕意欲止賜卿及璁并尚書桂萼。萼未入閣，又見辦事有翟鑾，所以先鑾後萼，以重輔臣之意。今既得卿奏，朕意決無疑也。於是一清復奏：鑾小心慎密，況在閣同事，乞併賜鑾，以安其心。上報允。乃賜一清、璁、萼各銀圖書二。一清文曰耆德忠敬、曰繩愆糾違，璁曰忠良貞一、曰繩愆弼違。鑾曰清謹學士、曰繩愆輔德，萼曰忠誠静慎，曰繩愆匡違。仍諭一清曰：茲今所賜卿等四人封疏印記，又欠徵驗其真。凡所上密疏可以幅後小書某字號，自一至若千庶上下方如親見，朕慮時人猾詐，倘一失之，我君相必被他人相間也。夫君者，天下之主，可親者二：宗室支屬，私親也，忠良賢佐，公親也。親其私者，以夾輔王室也。親其公者，以治理朝政也。今編四字，仍勞卿密説他三臣，以朕意卿用持字，總用忠字，萼用秉字，鑾用正字。既而諸臣各上疏謝。上手詔答一清等曰：朕念國政重大，事機當謹，兼有過不聞，厥過愈深，故以銀記錫卿以識封疏。覽所陳謝，朕具知悉。夫自古明良相遇，必交相儆戒，朕本不明，上荷天眷，及祖宗付託，特求嘉猷，以匡治改過。卿等宜竭力替襄，用輔不逮，勿憚勿諱，庶盡交修啓沃之體，又答萼曰：卿忠誠體國，静慎持身，故錫卿銀記，以識封疏，卿有所見聞，即宜告朕，俾知過圖改，以奉皇天祖宗之託，卿宜竭力贊襄，勿有所忌，以副朕意。

《明世宗寶訓》卷六《廣聽納》 〔嘉靖六年〕十二月己未，上諭輔臣曰：胡世寧奏，欲大事別具一帖，以便親覽一節，亦是忠意。夫凡奏疏批去之後，朕或忘記者，無從取閱。今宜通行部院等衙門，凡事關重大者，別用一帖，面書御覽略節四字，用印一顆，後不用印，止開堂上官職名，末不必用謹具題知字樣，只以辭終爲結，庶朕得細閲之。若常事不可爲煩卿等再看來。

《明世宗寶訓》卷八《正法紀》 嘉靖三十二年正月己巳。初，直隸安慶府推官郭來朝以三年滿當給由，撫按官因使捧萬壽聖節表入京，既行勿稱疾棄表歸，會聞行取之報，乃就道。於是巡按御史閻東徐栻金淛交章劾來朝棄置表文不敬，并數其任內貪暴無狀，不當濫與行取之選。有旨令吏部陳狀，尚書李默侍郎王用賓葛守禮具疏引罪，且請罷來朝。上命革來朝職爲民，所犯賍私，行巡按御史驗治，仍切責吏部曰：行取官員係用人重典，爾等玩法行私，濫用匪人，默任在來朝行取之後，姑不究用，賓等各奪俸二月。該司郎中職在專理欺蔽爲姦，其降雜職外用，於是文選司郎中楊載鳴坐貶爲福建將樂縣典史。

（清）谷應泰《明史紀事本末》卷一四《開國規模》 〔洪武六年〕九月庚戌，詔禁對偶文辭，命翰林院儒臣擇唐、宋名儒箋表可爲法者。羣臣以柳宗元《代柳公綽謝表》及韓愈《賀雨表》進，令中書省頒爲式。

印信分部

綜述

《大誥武臣·寄留印信》　鎮南衛百户胡鳳，將他掌的印信，寄在小旗方細普家，三日不取。印信是個關防，軍職衙門的更是緊要，必須十分掌得仔細，如何可將寄放在別人家裏。百户的印信，干礙一百户的軍馬，倘或人將去印幾紙文書出來呵，好生不便當。這等人，利害也不知，他如何做得那管軍的官人，所以將他發去金齒充軍了。

《大明律》卷三《吏律·公式·漏使印信》　凡各衙門行移出外文書漏使印信者，當該吏典、對同首領官并承發，各杖六十。全不用印者，各杖八十。干礙調撥軍馬、供給邊方軍需錢糧者，各杖一百。因而失誤軍機者，斬。

《大明律》卷三《吏律·公式·漏用鈔印》　凡印鈔不行仔細，致有漏印及倒用印者，一張笞一十，每三張加一等，罪止杖八十，若寶鈔庫不行用心檢閘，朦朧交收在內者，罪亦如之。

《大明律》卷三《吏律·公式·擅用調兵印信》　凡總兵將軍及各處都指揮使司印信，除調度軍馬、辦集軍務、行移公文用使外，若擅出批帖，假公營私，照送物貨者，首領官、吏，各杖一百，罷職役不叙。正官奏聞區處。

《大明律》卷三《吏律·公式·信牌》　凡府州縣置立信牌，量地遠近，定立程限，隨事銷繳。違者，一日笞一十，每一日加一等，罪止笞四十。若府州縣官，遇有催辦事務，不行依律發遣信牌，輒下所屬守併者，杖一百。謂如府官不許入州衙，州官不許入縣衙，縣官不許下鄉村之類。其點視橋梁圩岸，驛傳遞鋪，踏勘災傷，檢屍、捕賊、抄劄之類，不在此限。

《大明律》卷三《吏律·公式·上書奏事犯諱》　凡上書，若奏事誤犯御名及廟諱者，杖八十。餘文書誤犯者，笞四十。若爲名字觸犯者，杖一百，其所犯御名及廟諱聲音相似，字樣分別，及有二字止犯一字者，皆不坐罪。若上書及奏事錯誤，當言原免而言不免，當言千石而言十石之類，有害於事者，杖六十。申六部錯誤，有害於事者，笞四十。其餘衙門文書錯誤者，笞二十。若所申雖有錯誤，而文案可行，不害於事者，勿論。

《大明律》卷三《吏律·公式·封掌印信》　凡内外各衙門印信，長官收掌，同僚佐貳官，用紙於印面上封記。俱各畫字。若同僚佐貳官差故，許首領官封印，違者，杖一百。

（明）何廣《律解辯疑·大明律卷第三·封掌印信》　凡内外各衙門印信，長官收掌，同僚佐貳官用紙於印面上封記，俱各畫字。（止）杖一百。

議曰：違者，杖一百，謂如長官收掌印信，佐貳官許封押記，長官不與封押托故，長官得杖一百。署文案佐貳官封畫，佐貳官謙不封押，以致長官用印枉法，勾害於民，長官罪名，量□民輕重科之。佐貳官合得不封印，違者，亦杖一百。

（明）何廣《律解辯疑·大明律卷第三·漏使印信》　講曰：漏使印信者，當該吏典，首領官承發各杖六十。全不用者，杖八十。干礙調撥軍馬、軍需錢糧，杖一百。失誤軍機者，斬。其罪不同，不言漏用，而言漏使，何也？

解曰：使者，令也。令行文書而漏使印信者，蓋事有大小，考論罪名，亦有輕重，所得不同也。

（明）何廣《律解辯疑·大明律卷第三·漏用鈔印》　講曰：漏用鈔印者，及倒用印者，罪止杖八十，因何而罪輕？不言漏使，而言漏用，何也？

解曰：用者，以貨也，以貨流通，易用。若漏鈔印，止（妨）〔妨〕行用，難比官文書漏使，故論罪輕。

（明）何廣《律解辯疑·大明律卷第三·擅用調兵印信》　講曰：首領官，杖一百，罷職不叙；正官，奏聞區處。何也？

解曰：正官，九流之官，歷過勛階，不忍遽棄，亦不敢罷職，所（得）〔以〕奏聞區處。奏聞者，嚴重之意也。首領官，九流之外，未入流品官，與白人無異，稍貴，故杖一百，罷職不叙。

（明）何廣《律解辯疑·大明律卷第三·信牌》 本條云不在此限，謂如點視橋梁、驛傳急遞鋪、踏勘災傷、檢屍、捕賊，不在府入州、州入縣、縣下鄉之律，故曰不在此限。

（明）何廣《律解辯疑·大明律卷第三·棄毀制書印信》 凡棄毀制書及起馬御寶聖旨、起船符驗，若各衙門印信及夜巡銅牌者，斬。（止）從重論。

議曰：《制書有違》律云：違親王令旨者，杖九十。何獨本條無棄毀親王令旨之罪？假如有犯者，作何擬斷？

解曰：本條雖無棄毀親王令旨之罪，據《制書有違》條內（或）減一等科罪比之，亦當減等，杖一百，流三千里。

事干軍機、錢糧者，絞。

議曰：謂如調撥軍馬出征，（部）〔卻〕將預備供給糧儲文書棄毀，故謂之事干軍機錢糧。其餘徵收錢糧文書，若通關勘合之類，非干軍機者，止以棄毀官文書擬斷。若有侵欺埋没因而棄毀，有所規避者，從重論。

當該官吏知而不舉，與犯人同罪。不知者，不坐。誤毀者，各減三等。其因〔水火盜賊毀失，有顯跡〕者，不坐。

議曰：誤毀者，各減三等，謂如誤毀制書、御寶、聖旨、符驗、印信、銅牌、軍機錢糧文書者，杖九十，徒二年半；親王令旨者，杖八十，徒二年；其餘官文書者，杖七十，謂之各減三等。

凡遺失制書、聖旨、符驗、印信、巡牌者，杖九十，徒二年半。若官文書，杖七十。（止）限內得見者，亦免罪。

議曰：若遺失親王令旨者，減遺失制書罪一等，杖八十，徒二年。其各衙門吏典考滿替代者，明立案驗，將〔原管文〕卷交付接管之人。違者，杖八十。（止）罪亦如之。

議曰：罪亦如之，亦杖八十。

《皇明條法事類纂》卷九《吏部類·朝參官門籍有公差患病等項用印信手本開註例》 錦衣衛等衙門都指揮同知等官袁彬等題，爲禮儀事。成化九年五月二十七日，該監察御史聶友良等奏，今日朝官數少，合著該衙門吊門籍查。奉聖旨：鴻臚寺、錦衣衛照門籍查。欽此。欽遵，臣等吊門籍點閘，除註公差、患病等項文武官員一千八十二員不開外，今將點閘不到文武官員〔姓〕名開坐具奏。當日奉聖旨：今日朝官數少，恁每既奉旨點閘，如何徇情破調，止將這八十餘人搪塞，好生不公。本當究問，且饒這遭。倪鏞等也都饒了。今後有患病（得）等項的，還照舊例，用印信手本開註。再似這等，必罪不饒。該衙門知道。欽此。

《皇明條法事類纂》卷九《吏部類·用手本開註門籍例》 弘治元年，九月初九日，該給事中宋琮等題，爲查勘門籍事。竊惟朝廷之設門籍，所以防小人之姦，究驗民員之勤怠也。其事亦重，所關非輕。故在京文武衙門遵奉，各置印信門籍簿一扇，參晝隔眼，開寫各官員職銜、姓名，送付東西長安門守衛官處收執。於每日早，令吏典赴彼領簿，於各官名下朝參日期隔眼内，填註進出二字。其不來朝參者，空白不填。中間有公差、患病等項，各執手本於該日内明白附寫。及差回、病痊之日，仍開註進出二字。候至月中，守衛官通將門籍〔簿〕並陸續收到手本，另自開數。文職官者送繳吏科收貯。成化二十三年七月二十一日，奉憲宗皇帝聖旨：說與吏、兵二科，今後月終繳到朝官門籍簿，即查有填註公差、患病，及不寫進出的，都開具來看。欽此。除欽遵外，先於弘治元〔年〕七月三十日，據守衛官千户温景等送繳各衙門七月分門籍簿到科，臣等查看得宗（仁）〔人〕府經歷司（經該官吏）經歷毛智等將儀賓楊淳朝參並祭祀日期俱不開寫進出及公差字樣，止註病字一個，〔所〕加以臣等（遇）〔愚〕昧，只憑〔門〕籍查勘，失於明白開報。荷蒙皇上天地之量，不重責誅，從輕罰俸，誠再造之恩也。今照八月二十九日，據守衛官百户劉洪等送繳各衙門八月分門籍簿到科。臣（到）〔等〕除將吏部等衙門官員公差、患病，及不寫進（的）出等項查看回報，另行具題外，及看得經歷毛智等仍將儀賓楊淳於初七日隔眼内朦朧，亦止註病字一個。又（言）〔看〕無註病手本，其前後日期俱各空白，不行開註。又將儀賓王憲自二十四日差回以後朝參日期，亦俱不（門）〔開〕註進出字樣。照得前項門籍，俱係各該官員管理填註。今經歷毛智等明（智）〔知〕事涉於己，仍敢公（前）〔然〕似前欺玩。臣等若不申明參究，又憑門籍開報，不惟姦頑得計，抑恐獲罪愈深。參照毛智等既係經該官吏，自合用心，將各官門籍明白填註爲當。卻乃視爲泛常，恬不介意，事屬故違，合當究問。及照楊淳連日開稱有病，未（委）〔審〕虚的。伏乞聖明並將臣等另具門籍本内開有不寫進出不朝官員，亦各通行究問，以警將來。仍乞敕五府六部轉行各衙門，今後門籍務要明白從實填寫，以憑查考。若有開註差錯，及因而作弊者，聽臣等查訪，一體參奏治罪。如此，則姦頑知懼而門籍可清矣。奉聖旨：該官吏毛智等，刑部拿了問。楊淳既開有病，罷。今後各衙門官員，門籍務要開註明白。有作弊的，你每指實來説。欽此。

《皇明條法事類纂》附編《查究武職印信有將典當財物革去管伍帶俸差操例》 成化十七年八月初六日，太子少保兵部尚書余等題，爲查究印信事。該整飭兵備雲南按察司副使何純奏。問得：犯人楊禮招係臨安府南長官司，有臨安衛所前百户于廣、方紀，右所百户李昇，於成化十四年月日不等中，各因家人缺用，不合將欽降本印私自約當。于廣當去禮銀一兩，方紀當去客人王昇等人三兩，李昇當去千户李增米三十五石。後禮爲事蒙雲南政司問罪，革役爲民，因于廣銀兩未還，將前印帶迴原籍去訖，李增伊男李珂拘將前印收貯在家，致蒙副使何查訪前弊，行拘于廣到官審供，各供認當銀實情，李昇要得脱兑己罪，又不合捏供被本衛指揮彭淳打傷，一向睡臥在家，有本衛管屯指揮汪嵩，將職原掌印官，暫與錢宗帶管，審出虚情，連于廣等，通發本衛羈候外，案照朝廷欽降諸司衙門印信，所以管軍民，宰制地方，理辨行事。今臨安衛有等所百户李昇、于廣、方紀，卻將本衛印信執當銀兩用度，視官物如私物。李昇又敢倚持撒潑誣害人，衛所官員俱屬有違，應合問罪，誠恐各處亦有此等。如蒙乞敕該衙門議行，將李昇等，行提到官，問擬明白，依律照例發落，革去管伍，帶俸差操，通行天下巡撫、巡按等官，將所屬衛所，掌伍百户印信，通行查究，但有此等官員，一體參提問罪，革去管伍。庶使法度嚴明，人知遵守。具本。該通政使司官奏。奉聖旨：該衙門知道。欽此。欽遵。抄出送雲南道。除將所奏百户李昇等前項違法事情，本道施行外，看得：奏要計議通行，查究管伍百户印信，係隸兵部掌行，抄詞備行到部。照得：兩京並天下衛所衙門，每衛印一顆，篆文其以都揮使司之印，每所印一顆篆文禁千户所之印，各有本等衛所之（各）〔名〕難以借帶使用，至若每所百户印十顆篆文，俱各相同，其間或有遺失，尋無下落，或有典當財物，用過官舍襲替保結，或帖黄文册等項一應公文，因事一般無（辯）〔辨〕，皆可借貸用，使該衛軍政指揮、千户，平常忌事者，率名不管，弊政紛紛。職此之故，今雲南按察司副使何純，因事奏要通行天下巡撫、巡按等官，查究此等百户所一節，至爲有理，合准所擬，仍行都察院轉行副使何純，即將見問李昇依擬發落，以爲修葺軍政官員之戒。仍行各該巡撫、巡按並按察司官，但經過衛所，即拘百户所點視查究一次，及南京衛所，從南京兵部，在京衛所，從在京兵部，每季出其不意，量調一兩衛，點視查究，似此犯者，照此例施行。具題。奉聖旨：是。欽此。

《皇明條法事類纂》附編《處置署掌百户印信》 成化十七年十一月二十八日，兵部爲建言民情等事。禮部咨日不等，於禮科抄出浙江温州府等衛門，福建都司鎮東衛後所百户高福言，一件嚴職以正名分。臣惟印信之設，專〔爲〕衙門職官掌管行事，以遵文移，明有體統，非下一人所得擅專。奈何近年以來，本衛所百户管軍官員，因事故差委等項印信，俱係所内軍吏小甲人等營求署印，況有官所軍餘，多與署掌之人關親，但遇緊急公文，及關納糧賞等項，往往囑托，互相致意，欺瞞官府，無所不爲。及至有官之日，仍前挾制，印雖送與官掌，事實軍吏把持，一應卷箱，俱係經手，不能與争，執掌泛濫，名分倒置，莫此爲甚。如蒙乞敕兵部，轉行福建御史，督着本衛掌印軍政官員，即所屬百户所，但有印信缺官掌管，即於本所推選見任多餘，或帶俸最有力官員署事。如本所官少，則於别處推委帶管，後有官之日，照舊送還，不許軍吏人等，似前濫管。如此，則守嚴名分正，而弊端可彌等因。通政使司何琮等，俱於奉天門，看係建言民情事理，着禮部抄出，會官議。奉聖旨：是。欽此。欽遵。抄出送到部，會同各部、都察院、通政司、大理寺、六科給事中議得：除有見行例及泛言難准外，數内一百五十件，合准所言，宜從吏部等衙門，查勘定奪施行，未敢擅便，各官奏。奉聖旨：是。照例。欽此。欽遵。擬合通行。計開項下：前件查行除，今將所言事件，合行抄單移咨貴部，煩爲施行。移送司，除將申明軍政等事，本司另行呈堂施行外，所擬清屯田以革姦弊等事，係直隸別司掌行，案呈到部，合連送該司，仰前項事例，逐一開單移咨武選、車駕、職方清吏司，查照前項事理，便作施行，連送到司，合就抄單，移付前去武選清吏司，煩爲施行等因。送司，案呈到部。照得：百户之職最近於軍旗，比之千户指揮勢相懸絶者不同，每一百户止管一百户，餘人所有印信，交祖傳之子孫相守，欲其上下安易於差用，非有逃亡故絶，不可更易。如有改調差遣，仍於本家官人收領，此係照例。近年以來，在外衛所官員不知遵奉，往往更張，致有帶管署印之名，〔而無帶管署印之實〕，事有不一、人無所從，弊病叢生，奏告不已。誠如高福所言。今已會官議官奏，奉前項欽依查行事理，合〔無〕連送該司，仰行該府轉行福建等都司，着落鎮東衛，查勘有無前情弊，徑行彼處巡按御史究問。又行在京上值衛分並五府所屬内外都司衛分，今後百户印信，務要行令原任百户掌管，如或父祖兄叔老疾病故，不曾革任，帶俸子孫弟侄等項，襲替職事。如果人物少壯、行止端莊，别無過名，照例申達巡按御史定奪，仍行照舊掌印。甚至逃亡、事故、死絶，先盡本所推選，多餘並自未帶俸官員代補。若本所無官，方許推選别所衛無礙官員，奏行銓選。敢有軍政官員妄將總小旗役、軍吏、軍餘、總小甲名目，署掌印信，此等之人營求掌管及包攬文書、盗用印信、把持〔守〕〔官〕府、繁亂名分等項，指實陳跡，在内轉呈府部，在外轉呈御史，一體究治，不許從容扶同，有乖治體，取罪不便。

《皇明條法事類纂》附編《各處上司遇有印信申文須抄案或扎付不許簡徑抄發施行》 成化十九年九月日，爲公務事。該太子少保户部等衙門尚書等官餘等題准，通行各處上司衙門，今後接受軍民告狀，不係印信公文，許令批行外，其餘但係有印信全文用呈；例當扎付者，扎付用使全印；當令抄案者，令抄案鈐半印。不許不分事情大小輕重，一概安排。

《皇明條法事類纂》附編《在京各衙門印信奏並公議事件照舊封進其餘事情俱送通政司封進》 弘治五年七月初六日，禮部尚書耿等題，爲申明舊制事。儀制清吏司案呈，本部送禮科抄出通政使司掌司事工部右侍中謝等題，奏前事。查得：《諸司職掌》〔所載〕：通政司之設，職專出納，帝命通連下情，凡天下大小衙門奏題本狀，悉由本司參詳封進。祖宗垂世立法，臣下所當遵守者也。臣等見得：近年以來，在京各衙門，除該本衙門有印信奏題本徑自封進外，其間有等或〔違〕〔建〕言、或自陳、或認罪等項奏題本，例該送本司封進，往往徑赴左順門投進，不惟有失事體，抑且變亂成規。如蒙乞敕該部，行移各該衙門，今後凡有前項應該送本司奏題本，務要遵依舊制送本司封進，如有仍前徑進者，該科參定，以警將來。庶使法令昭明，事體歸一。緣申明舊制，事理未敢擅便。等因具本奏。奉聖旨：該部看了來説。欽此。欽遵。抄出送司。查得：《諸司職掌》所載：通政司官職專出納，帝命通逹下情，關防諸司出入公文，奏報四方臣民實對，建言陳情申訴，及軍情聲息、災異等事。案呈到部。看得：通政司職掌關防諸司出入公文、奏報四方臣民實對等事。今掌司事右侍郎謝等奏稱：在京各衙門中間有陳情自認罪等項，徑赴左順門投下，事體不一，要乞俱赴通政使司封進一節。既查有《諸司職掌》所載，合無奏其所奏，通行在京各衙門，除印信題奉本及公議事情照舊封進，庶事歸一，人無異議。緣奉欽依該部看了來説，事理。具題。奉聖旨：是。欽此。

《吏部條例》 弘治十一年七月初六日早，各官於奉天門奏，奉聖旨：是。欽此。欽遵。計開聽選官王价言稱，天下諸司大小衙門官吏、監生、知印、承差，考滿、給由、丁憂、爲事、聞喪、扣俸、附過等項，吏部先年悉有舊例通行，各衙門遵守。緣各處衙門有行而未到者，有到而案卷無存者，中間又有失行者，以致各項官員一遇考滿、丁憂、爲事等項，起文給批，各無定式，及至到部，查駁不同，多至參問。中間雖有中途患帖，十無一實。如蒙乞敕吏部，通將先年行過舊例，重新逐一開款明白，備寫定式，通行天下大小衙門，各置木牌板榜，刊刻齊整，安置公堂左右，永爲遵守。前件吏部查行，續准文選、驗封、考功等清吏司，備將見行事例，各開付前來，擬合通類案呈施行等因到部。參照前事，合就連送本司，仰將後開見行事例，開單移付驗封清吏司，類行浙江等十三布政司並南北直隸府、州各行所屬七品以上衙門，着落當該官吏查照先今事理，將後開條例各置木牌板榜刊刻，安置公堂左右，永爲遵守。此後遇有起復、給由、考滿等項官吏，悉照前例施行。

計開給由紙牌違礙事例：

一、不填字號，漏用印信，墨污有跡，破損及遭風水濕，無告官文憑，俱參問。

一、墨欄偏斜，寫不過幅，擡頭差錯，行款歪斜，用印偏倒，字様潦草；開除授歷俸月日，與貼黄不同；開籍貫、寫官銜不盡，空上司官名；牌面年月下，不僉小日，僉名牌前稱臣，牌後年月下不稱臣；落寫背書及背書吏稱臣不畫字，俱駁候年終類奏。

《皇明詔令》卷一一《英宗睿皇帝下·頒行兩京新印敕正統六年十一月初一日》　今南北二京文武大小衙門，印章悉已新製，即頒給行用。舊印俱送內府收貯。仍行中外通知。故諭。

《軍政條例類考》卷四《解發條例·解軍辨驗批回印信》　一、各處解軍批回，務要（辯）〔辨〕驗，印信真正，方准銷附。若印信模糊及無收管、刁勒財物、軍無下落、印信不的者，查驗得出，申達本處清軍御史，轉行彼處清軍御史，將衛所作弊官吏人等參究挨拿。如是軍解通同作弊，不曾到衛，買求別衙門印信批回收管，務要追究下落，問罪解補。成化十二年。

（明）雷夢麟《讀律瑣言》卷三《信牌》　凡府州縣置立信牌，量地遠近定立程限，隨事銷繳。違者一日笞一十，每一日加一等，罪止笞四十。若府州縣官遇有催辦事務，不行依律發遣信牌，輒下所屬守併者，杖一百。謂如府官不許入州衙，州官不許入縣衙，縣官不許下鄉村。其點視橋梁、圩岸、驛傳、遞鋪，踏勘災傷，檢屍、捕賊，抄劄之類不在此限。

瑣言曰：置立信牌，定立程限，隨事銷繳。若有故違所立程限，計日科罪，則民不擾而事集，不亦逸而有成乎。府州縣官不下所屬守併，欲以集事先致擾民。民既擾矣，事終不集，不亦勞而無功乎，若點視橋梁圩岸、驛傳、遞鋪，踏勘災傷，檢屍、捕賊，抄劄之類，若不躬親其事，則未免於欺玩矣，故曰不在此限。

（明）雷夢麟《讀律瑣言》卷三《擅用調兵印信》　凡總兵將軍及各處都指揮使司印信，除調度軍馬辦集軍務行移公文用使外，若擅出批帖，假公營私照送物貨者，首領官吏各杖一百，罷職役不叙，正官奏聞區處。

瑣言曰：總兵等官印信專爲行移調度軍馬辦集軍務公文而設，故謂之調兵印信，其用至重。若用以出批帖，假托公移營辦私家之事，及爲憑照以防送物貨，非所當用而用之，皆謂之擅用。首領官吏杖一百罷職役不叙，掌印正官奏聞區處，大信之所在，豈得不嚴其防耶。

（明）雷夢麟《讀律瑣言》卷三《漏使印信》　凡各衙門行移出外文書漏使印信者，當該吏典對同首領官并承發各杖六十。全不用印者，各杖八十。干礙調撥軍馬供給邊方軍需錢糧者，各杖一百。因而失誤軍機者，斬。

瑣言曰：文書以印信爲憑，若有漏使，及全不用印者，則姦弊有所託，而文書不足憑矣。故坐以杖六十、杖八十之罪。然此自常行文書言之也，若干礙調撥軍馬供給軍需文書，則關係重大，其漏使與全不用印官吏各杖一百，因而使人疑沮失誤軍機者，斬。

（明）雷夢麟《讀律瑣言》卷三《封掌印信》　凡內外各衙門印信，長官收掌，同僚佐貳官用紙於印面上封記，俱各畫字。若同僚佐貳官差故，許首領官封印，違者杖一百。

瑣言曰：印信者，衙門之公器。故長官收掌，同僚官封記。凡有文案公同判署用印以行之，則姦弊自無所容矣。違者杖一百，謂長官不令同僚官封記及同僚不行封記者皆坐。

（明）張時徹《芝園別集》卷三《禁革詐假關牌需索告示》　一、爲禁革驛傳積弊以甦民困事。訪得蜀中蠹弊甚多，而驛傳爲最。有詐假關文求索夫馬者，有枉道經行希圖折乾者，有不遵事例濫給牌票者，有驛站官吏指以常例需索者，有各驛遞棍徒用强包攬者，以致衙門日漸狼狽，夫役愈加困苦，深爲民害，合行開欵通行禁諭，仰驛遞官吏夫牌支應人等各查照遵奉施行。

計開：

一、關文所以宣傳天命，應酬賓旅，關係政體，非細故也。近因冒濫，題奉欽依，在內有勘合字樣，在外有赴撫按衙門掛號字樣，方許應付。禁例甚嚴，但無籍之徒玩而不遵，有將遠年近日底關或買盜印空紙，或將假印印成假寫前赴某撫按衙門掛號字樣，或詐稱士夫子弟公使人員，有一人而持二關者，有一關而書二名者，各該官吏不行查辯真僞，一槩朦朧應付，習以爲常。仰驛遞等衙門官吏各立簿籍一扇，凡遇各處公使人員關文到日，即查某官某舍某吏某承有何照身批文，某處公幹，是實方許登簿。照依議定廩給口糧則例應付，各於年終將號簿申繳本院查考。如無照身批及無公文公幹者即便裁革不許應付，仍將詐僞之人拏問。

一、驛遞支應皆小民脂膏，訪得各衙門公差人員多有不照原給關牌而分外需索夫馬下程及勒要折乾者，或將肩帕餽送而巧取者，或有該由正路而改由僻路該由水路而故由馬程以圖多取者，或赴縣討馬而又赴驛討舡折乾或赴驛討舡而又赴縣討馬折乾者。稍有不遂，輒便打毁門壁，凌虐支應，或褫其衣而笞其背，或揪其髮而傷其目，憑城社之勢，縱狼虎之貪，驛遞官吏無如之何，甚至有司懦弱，亦派取里甲奉承，小民怨咨，旁觀切齒，本院不得已置立號票格限通行三司各道收候，凡各衙門一應差遣人員俱令填給號票查驗應付，仰驛遞官吏夫牌或有司衙門如遇前項人員驗有賫執原給格限號票及出境關文到彼，查無枉道經行及違例需索，就將應過馬匹舡隻廪糧人夫俱填于後開格限内用印鈐蓋，其餘白頭關文牌票俱不許應付，亦不許分外饋送及夫馬折乾，若有阿縱容隱者，一體治罪不恕。

一、查得各府掌印佐貳及守備提督指揮等官不遵事例，一槩濫起關牌，騷擾驛遞，已該本院行令出示禁約外，仰驛遞官吏遵照。今後遇有越所管部地方濫給牌票者，即與查革，不得一槩應付，違者查出通提治罪。

一、訪得各驛站官吏索受支應户下程每日一小支，三日一大支，米麵酒肉鷄鵝油燭茶果并紙劄筆墨等項，無所不備。及遇當夫人役或庫子館夫到彼索要見面銀多寡不等，遇時節則有節禮，少有不遂，尋事拷打，又縱令家人用强求索及積年慣徒通同勒騙不可枚舉。今後通宜禁革，如有仍蹈前非者，許被害之人指實，近者赴本院，遠者赴守巡該道陳告拏問，輕則革職，重則發遣。

一、訪得各處驛遞積年慣徒，交通官吏，經年包當夫役，每遇各州縣僉解夫頭入役，輒便百計用强逼迫，各夫累苦不過，只得雇覔，乘機多勒工食，仍私去各户原籍加倍追討，寔爲積蠹，今後如有仍蹈前弊者，許被害夫頭指實陳告，照依律例問發充軍。

一、查得見行條例内開：一、使客有職者，俱支廪給，經過非公幹去處，每驛支三升，其跟隨内外官員在外久住，雖是有職，例支口糧。使客有役者，俱支口糧，不拘便道經過止宿及本等公幹經過止宿去處，每驛俱支一升五合，不許多支起關米。今訪得一應公差人員，多不遵依，分外多索，擾害官私，合再申明禁約，仰各衙門查照，今後除京職方面官員外，其餘公差一應人員到彼俱照後開則例應付，不許違例需索，及阿諛奉承，違者一體究治。

（明）蕭良泮《重刻釋音參審批駁四語活套》卷一《參語》 主簿周丁，叨署縣篆，縣篆，縣印也。罔守官箴。用姦吏爲腹心，大開賄賂之門。納苞苴於私囊，不顧違枉之法。官常大壞，擬戍何辭？吴戊既不匡救其官長之失，反通同其弊害之姦。贜私雖無入己，行檢亦屬不臧。不臧，不善也。照例革役，情實相應。趙甲等集黨爲强劫之謀，剽掠於官府之内。情犯深重，例當梟首。内趙甲係子首發，論罪固當得免，但干係城池、倉庫，若使依律准首，不無法外遺姦。按以常人盜庫之例，發遣允宜。趙巳因懷繼母之不慈，敢以攘羊而證父。《語》云：其父攘羊，而子證之。論事雖爲得實，按法亦屬干名。鄭氏心存妬惡，驅逐其前妻之子。據律無文，難免其不應之愆。

（明）佚名《新纂四六合律判語》卷上《吏律·封掌印信》 帶綬懸春，雖表長官之異；印囊封晚，宜資庶寀之同。蓋欲祛其弊端，緣斯防於衆目。使操持獨任，祇知繫肘之榮；是驕蹇自如，寧復和衷之美。今某濫正臨民之位，謬司佩印之權。落落纍纍，暮鎖空呼於小吏；涼涼踽踽，密封無俟於同官。夫爾效子陽之自尊，光武曰：子陽井底蛙耳，而妄自尊大。無容押記；將彼爲王述之虛護，只解逢迎。匪曰賢官，寔違彝憲。豈是仿裴度之失而獨專，裴度在中書時，吏報失印，度與客談笑自若，絶不驚怪。少頃復報曰：印還故處矣。客問之，曰：此不過吏書盜印私契耳。急之則投諸水火，緩之自當出也。時服其雅量。畢竟肆無忌之謀而自便。欲示懲千之戒，宜嚴杖百之刑。

（明）佚名《新纂四六合律判語》卷上《吏律·信牌》 居守别尊卑之分，敷情必假於鈞牌；行途立遠近之規，奉令宜遵乎定限。蓋欲崇上下之體，亦將振怠緩之風。故蕭相入秦，先達三巴之檄；而樊侯將命，戴輪四特之勤。國律大彰，官程孔棘。今某任情太甚，玩法自甘。輕身輒臨於所司，慢令罔恭乎厥職。豈事逢盤錯，虞詡曰：不遇盤根錯節，何以别利器？漢車必候於親臨；抑路阻逶遲，周道徒懷於靡及。稽程者計以日加笞，違律者原情而用杖。

《大明會典》卷七九《禮部·印信》 國初設鑄印局，專管鑄造内外諸司印信。其後又有鑄换辨驗及儒士食糧冠帶等例，具列于後，而以印信制度附之。

洪武二十六年定：凡開設各處衙門，合用印信，劄付鑄印局官依式鑄造給降。其有改鑄銷毀等項，悉領之。弘治三年奏准：鑄印局儒士食糧三年役滿，不願外補者，咨送吏部冠帶，仍舊食糧辦事，候有本局員缺奏補。十三年奏准：兩京兵部，并在外巡撫巡按按察司，點視各衛所印信，如有軍職將印當錢使用者，帶俸差操。十四年議准：在外大小衙門印記，年久印面平乏，篆文模糊者，方許申知上司驗實具奏，鑄換新印，其舊印送上司付公差人員繳部，仍發鑄印局看驗。若印記新降未久，捏奏煩擾，雖已鑄換，仍將申奏官吏治罪。嘉靖八年題准：鑄印局官儒，今後應造印記關防，專以《洪武正韻》爲主。《正韻》不載，方取許氏《説文》。二書無從查考者，方將先儒著述六書等書參考，十六年題准：鑄印局增食糧儒士二名連額設共四名。

印信制度

征西鎮朔平羌平蠻等將軍，銀印，虎鈕，方三寸三分，厚九分，柳葉篆文。宗人府、五軍都督府，俱正一品，銀印，三臺方三寸四分，厚一寸。六部、都察院，并在外各都司，俱正二品，銀印，二臺，方三寸二分，厚八分。衍聖公、張真人、中都留守司，俱正二品，各布政司從二品，銀印，二臺，方三寸一分，厚七分。景泰三年，賜衍聖公三臺銀印。順天應天二府，俱正三品，銀印，方二寸九分，厚六分五釐。通政司、大理寺、太常寺、詹事府，及京衛、并在外各按察司、各衛俱正三品。苑馬寺、宣慰司，俱從三品，銅印，方二寸七分，厚六分。太僕寺、光禄寺，并在外各鹽運司，俱從三品，銅印，方二寸六分，厚五分五釐。鴻臚寺，并在外各府，俱正四品，國子監并在外宣撫司，俱從四品，銅印，方二寸五分，厚五分。翰林院、左右春坊、尚寶司、欽天監、太醫院、上林苑監、六部各司、宗人府經歷司、并在外各王府、長史司、各衛千户所俱正五品，司經局、五府經歷司并在外招討司、安撫司，俱從五品，銅印，方二寸四分，厚四分五釐。在外各州，從五品，銅印，方二寸三分，厚四分。都察院經歷司、大理寺左右寺、五城兵馬司、大興、宛平、上元、江寧各京縣、及僧録司、道録司，并在外中都留守司、經歷司、斷事司，各都司經歷司、斷事司，各衛百户所、長官司、及各王府審理所，俱正六品。光禄寺大官等署，并在外各布政司經歷司、理問所，俱從六品，銅印，方二寸二分，厚三分五釐。吏科等六科、行人司、通政司經歷司、工部營繕所、太常寺典簿廳、上林苑監蕃育等署，并在外各按察司經歷司、各縣，俱正七品，中書舍人、順天應天府經歷司、京衛經歷司、光禄寺典簿廳、太僕寺詹事府各主簿廳，并在外各衛經歷司、鹽運司經歷司、苑馬寺主簿廳宣慰司經歷司，俱從七品，銅印，方二寸一分，厚三分。户部刑部都察院各照磨所、兵部典牧所、國子監繩愆廳、博士廳、典簿廳、鴻臚寺欽天監各主簿廳，并在外各布政司照磨所、各府經歷司，及各王府紀善、典寶、典膳、奉祠、良醫、工正各所、宣撫司經歷，以上正從八品，俱銅印，方二寸，厚二分五釐。刑部都察院各司獄司、順天應天二府照磨所、司獄司、鴻臚寺司儀署司賓署、國子監典籍廳、上林苑監典簿廳、内府寶鈔等各庫、御馬倉草倉、會同館、織染所、文思院、皮作局、顔料局、鞍轡局、寶源局、軍器局、都税等司、教坊司、并在外留守司司獄司、各都司司獄司、各按察司照磨所司獄司、各府照磨所司獄司、及各王府長史司典簿廳、教授典儀所、各府衛儒學、税課司、陰陽學、醫學、僧綱司、道紀司、及各巡檢司，以上正、從九品，俱銅印，方一寸九分，厚二分二釐。各州縣儒學、倉庫驛遞閘壩批驗所、抽分竹木局、河泊所、織染局、税課司、陰陽學、醫學、僧道司，俱未入流，銅條記，闊一寸三分，長二寸五分，厚二分一。以上俱直鈕，九疊篆文。監察御史，銅印，直鈕，有眼，方一寸五分，厚三分，八疊篆文。總制總督巡撫等項，并鎮守，及凡公差官，銅關防，直鈕，闊一寸九分五釐，長二寸九分，厚三分，九疊篆文。文淵閣，銀印，直鈕，方一寸七分，厚六分，玉箸篆文。宣德年賜，惟進呈文字等項用之。

（明）何棟如《皇祖四大法》卷七《治法》〔洪武二十三年八月〕

甲戌復命兵部清理驛傳符驗。先是，上以在外諸司所給符驗過多，官吏不分事務緩急，動輒乘驛，或假以營私，致驛夫勞弊船馬損乏。命悉追奪之，唯都司布政司按察司如舊。至是復有是命，仍命工部更制之。在京止設二百道，各王府及山西、北平、山東、陝西、廣東、福建、遼東、貴州等處都指揮使司布政使司各給六道，雲南都指揮使司布政使司，陝西涼州衛各十道，浙江、江西、湖廣、四川、廣西布政使司及金齒衛各給五道，其都指揮使司不與。如有軍務，止以多槳快船飛報中都留守司，各道按察司，陝西寧夏衛各給四道，山海、密雲、永平、河州、岷州、洮州、大理、臨安、普安、松潘、建昌、茂州諸衛各給三道，畢節、烏撒、永寧、普定、平越、楚雄、曲靖、洱海、五開、鎮遠、興隆諸衛各給二道，各處宣慰使司衍聖公張真人歲一來朝，各給二道，其餘衙門及腹裏軍衛鹽運司俱不給。

（明）沈德符《萬曆野獲編》卷一《璽文》 自秦璽以受命於天既壽永昌八字爲文，後世祖之。然其八字甚少，本朝諸寶皆四字。若敬宗廟則以皇帝尊親之寶，賜親藩則用皇帝親親之寶，賜守令則用敬天勤民之寶，求經籍則用表章經史之寶，又有丹符出驗四方，另爲一璽，以上俱六字爲異。惟建文三年正月朔所受凝命神寶，則大異矣。先是建文皇帝爲太孫時，夢神人致上命，授以重寶，甫即位，有使者還自西方，得青玉雪山，方踰二尺，質理温栗，二年宿齋宫又夢若有所睹，驚寤，遂命匠琢此玉爲大璽，至是功成，賜今名，告天地祖宗，宣示遠邇，百官畢賀，大宴文武四夷於奉天門，璽文曰天命明德，表正萬方，精一執中，宇宙永昌，凡十六字，古來印璽，未有此繁稱。唯宋徽宗政和八年于所用八寶之外，又作一璽，其文曰範圍天地，幽贊神明，保合太和，萬壽無疆，亦十六字。命名定命寶，與此正脗合。靖康之禍，諸寶俱爲金所取，唯此獨留，高宗攜以渡江抑爲十一寶之第十，蓋以蔡京所書，故詘之也。今建文之凝命寶，亦爲文皇所斥不用矣，而兩重器俱爲不祥物也。但宣和間，京甫用事，宜有此夸誕之舉，革除時方黄諸正人在事。又燕兵日南，國如累卵，乃亦粉飾虛文如此，何耶。按自古印章，無大至徑尺者，似此笨物，未知建文朝施用於何所，且宋定命寶號最大，亦不及九寸。又前此，元魏文成帝和平三年，河内人張超得玉印于壞樓故佛圖，其文曰：富樂日昌，永保無疆，福禄日臻，長享萬年。其玉光潤，其刻精巧，時以爲神明所授，詔天下大酺三日。古今十六字印，凡三見。然元魏所得，祇方三寸，形模最小，僅建文所作十之一耳，尚存古式。

（明）沈德符《萬曆野獲編》卷二《符印之式》 秦天子六璽，唐始有八寶，宋世尚循其制，至徽宗而加九，南渡至十一，皆非制也。本朝初有十七寶，至世宗加製其七，今掌在符臺者共二十四寶，蓋金玉兼有之。若中宫之璽，自屬女官收掌，更有太祖所作白玉印，曰厚載之紀，以賜孝慈后者，至今相傳實藏。若歷朝太后，則每進徽號一次，輒另鑄新稱一次，皆用純金，此故事皆然。其臣下印信，則文武一品二品衙門，得用銀造，三品以下俱用銅，惟以式之大小分高卑。兩京兆雖三品，印亦銀鑄，則以天府重也。以上俱用九疊篆文，不知取義謂何，唐宋以來並無此篆法，蓋創自本朝，意者乾元用九之意乎。巡按御史用方印，其式最小，比之從九品巡檢僧道衙門，尚殺四之一。又百官印止一顆，惟巡按則有循環二印，以故拜命即佩印綬，且其文八疊，與大小文武特異，豈以斧繡雄劇，特變其制耶。此外則各鎮掛印總兵官，如征南、征西、鎮西、平羌、鎮朔、征蠻、平蠻、征虜諸將軍俱銀印，視一品稍殺，二品稍豐，獨以虎爲鼻鈕，且篆文爲柳葉，則百僚中所未覩。其他添設大帥，雖事體不殊，而另給關防，與督撫文臣無異矣。明興，無正任大將軍，國初徐武寧達曾一領之，其他則必帶軍號，如徐達、藍玉、馮勝、邱福、盛庸領征虜，楊洪、朱永領鎮朔，仇鸞領平虜，俱得稱大將軍，而印之制無可考據矣。内閣大學士位不過五品，而所用文淵閣印，僅一寸七分，略似御史巡方印，乃亦用銀，視一二品，其重可知，且玉筯篆文，與主上御寶書法相埒，宜其權超百辟也。邱福北征失律，并印亦亡，屢購不得，後於沙漠夜吐光怪，始蹤跡得之。仇鸞病篤，藏印内寢，忽躍出於地有聲，尋奪印暴死戮屍。而文淵閣印，自今上丙戌失後，再鑄則閣權漸削，陵夷以至今日，蓋將相二大柄，關於印章如此。

（明）沈德符《萬曆野獲編》卷二二《方印分司》 太祖平定天下，分十二布政司。十五年增雲南以至按察都指揮司，下及府州縣授方印。此外則每省列分巡爲四十二道，亦以方印治事，其事權特重，俱列銜按察使。其後廢北平，增貴州交阯亦然，若分守雖云道，然而無欽降方印。猶記正嘉間，内地分守，尚刻私印條記，今則外藩大吏，未有不欽降關防者，自是事體宜然，但非國初額設，無改頒方印者。惟都轉運鹽使司，其僚佐爲同知、爲副使、爲判官，各有分地，亦得用方印。蓋太祖特重鹽政，以事關軍國，非他官比，亦猶宋轉運副使，得與其長均體治事，各曰漕司，其遺意尚存。今運司下夷於州郡，爲二司屬官，以知府劣考者爲之，其諸僚則俱貲郎雜流潦倒不堪者充之，鹽政因之大壞，近始議振刷，以兩淮課金，爲天下最，特隆體貌，遴才品最高者任之，至釐明旨，云以道臣體行事，且給專敕與之，終以運司舊爲屬吏，一旦超居等夷，各責以長跪伏謁如故事。至有棄官不赴者，是則聖諭森嚴，尚藐然不遵，爲運使者，安能更展布哉。又如行太僕苑馬一司，其體與京卿頡頏，亦復視爲冗散，以處藩臬中之有議者，後以所屬不奉約束，特加兼按察僉事，而州縣之弁髦如故也。近日因人情厭薄，盡數革去，但屬分巡及兵備兼攝，普天惟存平涼一苑馬而已。鹽政、馬政俱屬國家最切最大事，而廢弛至此，賈生而在，何止歎息。

（明）佚名《重刻律條告示活套》卷一《封掌印信》　前件巡按監察御史某爲印信事。伏覩《大明律》內一款：各衙門印信長官收掌，同僚佐二官用紙于印面上封記，俱各畫字，若佐二差故許首領官封印，違者杖一百，欽此。除欽遵外，今訪淂按屬大小衙門有等不才官員，將所掌本衙門并署掌別衙門印信不遵法律公同封記，惟逞己便，任意用使，或文書發行而房無遺案，或立有虛案而屬無通行，輕則交結下人賣批賣引，重則通同庫役虛出虛收，既無佐二相恊用使，豈有忌憚，似此之端，誠爲可惡，爲此合出告示，發仰按屬大小衙門各于公堂粘貼，曉諭各官，務要將本衙門印信每日正官佐二，眼同驗封，使畢仍同封記畫字，敢有故違不遵，事發一體重治不恕。

（明）佚名《重刻律條告示活套》卷一《擅勾屬官》　前件巡按監察御史某爲禁約事。洪惟我太祖高皇帝建立百司，設官分職，以上而臨下，自有尊卑之等，用下而事上，自有名分之宜，體統凛然，法度昭著。今訪淂按屬地大小衙門各不以職自守，居上者輕自凌下，在下者輕易犯上，或因逢迎不至而觸怒者，或因稍呼不遂而結忿者，或假以公事未完而參請者，擅發信牌勾攝，實要报復私仇，變亂成規，乖張制體，其間知識事體者，必不被其所虧，闒茸不才者終必受其所辱，似此之端，誠爲可惡。合出告示發仰大小衙門知悉，今後除風憲官受有犯脏詞狀告發者，許令徑自提問外，其有司官所犯須要遵制申呈本院，允示之日方許勾攝。如有故違，定行參問不恕。

（明）佚名《重刻律條告示活套》卷一《漏使印信》　前件巡按監察御史某爲印信事。竊惟印之爲用，關係甚大，有則取人之信服，爲人之憑據，無則起人之疑惑，致人之假詐。當用之處，誠不可漏。今照按屬大小衙門，每遇文移在來之除，不行用心檢點，至于文書年月該用印鈐或有漏而不鈐者，錢糧數目該用印蓋或有漏而不蓋者，至于册兼之張縫，勘結之粘連，亦有該印而漏之者，以此而承上不淂爲憑據，以此而臨下不淂爲信服，似此之端，實爲不便。合出告示發仰各屬大小衙門，各於公堂粘貼，每遇文書發行，務要用心檢點，該用印處不許遺漏，如有故違，定行拏問，決不輕恕。

（明）佚名《重刻律條告示活套》卷一《信牌》　前件某府爲公務事。照淂本府所屬州縣，凡應徵税粮馬草歲辦物料等項，并應解輕重囚犯及該觧清出軍匠若大若小一切事務，必須發遣信牌催督，然後克完其事。近來各該州縣掌印官員廉勤公正者，依限完報。懦弱無爲者遷延不銷，或經年累月高閣不行，以至五六牌甚至十數牌。官不經心，吏不動意，如此所爲，何以謂信牌也。除所催事件，查有五牌以上未完者，先將承行吏典提問，十牌以上未完者，職官參究。若不禁約，誠恐習以爲常，一州效尤一州，一縣相倣一縣，人漸玩惰，事漸稽遲，深爲未便，爲此合出告示發仰各州縣貼于公堂曉諭禁約，如有似前將行下信牌不即完報者，官註以罷軟，吏問以受財，決不輕貸。

紀　事

（明）黄佐《翰林記》卷一《印信》　本院印信係銅鑄，方二寸四分，厚四分五釐，九疊篆文，其在南京者則加南京二字。詹事府亦銅印，方二寸七分厚六分左右。春坊司經局，銅印，制度俱與本院同。文淵閣别有印，其印銀鑄，方一寸七分，厚六分，其文玉箸篆文也。各衙門印皆用於行移中，獨內閣印惟機密文宗鈐封進呈御前折始用之。近世訛傳此印爲司禮監所奪，甚或形諸章奏，歸咎三楊，蓋不考之過，一至於此。

（明）佚名《新纂四六合律判語》卷下《兵律·懸帶關防牌面》　周節分於龍虎，《周禮》：山國虎節，澤國龍節。特禁姦欺；唐符辨其兔魚，用防作僞。故檢驗於有無，庶防範其來往。今某腰横寶帶，曾無錢綰牙懸；身掛青衫，未見木垂銅委；無終軍請纓之志，安得投繻；非李白謫仙之才，豈宜解佩？李白號謫仙，嘗解佩换酒。楚公掉臂而去，莫知其由；朝見倚市而歌，孰按其事？職官量罰寶鈔，厨校當服鞭笞。

（明）王世貞《弇州史料後集》卷三八《筆記·用印之等》　皇后、東宮、各王府俱用金寶，東南諸國俱用鍍金銀印，其朝鮮、日本、浡泥國主、哈密忠順王、瓦剌西番王俱金印，宗人府五府六部，都察院各都司布政司、衍聖公、張真人用銀印，應順天府三品俱銀印，文淵閣五品亦銀印，印特小用玉筯篆印，總兵用銀印，柳葉篆。永樂間灌頂國師烏思藏闡化王用玉印，螭紐金匣龍袱。

（明）余繼登《典故紀聞》卷四　洪武十七年二月定，諸司文移紙式，凡奏本紙高一尺三寸，一品二品衙門文移紙三等，皆高二尺五寸，長五尺爲一等，四尺爲一等，三尺爲一等。案驗紙二等，皆長二尺五寸，高一尺八寸爲一等，二尺爲一等。三品至五品衙門文移紙高二尺長二尺，案驗紙高一尺八寸長二尺五寸。六品七品衙門文移紙高一尺八寸長二尺五寸，案驗紙高一尺六寸長二尺八寸，九品與未入流衙門文移紙高一尺六寸長二尺，案驗紙高一尺四寸長一

（明）余繼登《典故紀聞》卷一六　舊制：提人勘事所遣人必賫精微批文赴所在官司比號相符，然後行事，有司仍具由回奏，有不同者執送京師。此祖宗防微杜漸之意，後乃止用駕貼，既不合符，真僞莫辯。弘治初以刑部尚書何喬新言，始命如舊例行。

（明）沈德符《萬曆野獲編》卷一三《不識方印》　本朝印記，凡爲祖宗朝額設者，俱方印，而未入流則用條記，其後因事添設，則賜關防治事，即督撫大臣，及總鎮大帥亦然，俱得帶印綬，則謂之印亦可。近年有一嘉定令，起家癸丑進士，故南產。匹席紈綺，初視事，所屬有二巡司，其一司具申文于縣令，用欽降方印于年月上，此令閱之大怒，批云：何物卑官，輒敢藐視上臺，私用方關防，法當重究。其巡檢駭懼，走謝引過。且訴此印自國初頒降，凡申撫按各臺俱然，今老爺嗔怪，是後再不敢用矣。此令內慚，陽責詈而遣之。凡關防未有方者，此等學問見識，不特可恨，亦可哀哉。

（明）沈德符《萬曆野獲編補遺》卷二《內閣失印》　文淵閣印一顆，用銀鑄，玉筯篆文，乃宣宗所賜，止許閣臣用以進奏，不得施於外廷。歷世相傳珍護，至萬曆十四年四月廿六夜，忽爲何人連篋盜去，大學士申時行等上疏請罪，上命窮追嚴治，竟杳無蹤跡，上不得已重鑄以賜，今所用者是也，自此閣權漸輕，宮府日以隔絶。至今日而天顔咫尺，輔臣不得一望清光，或云失印致然，恐亦揣摩之説。當失印時，典籍吴果司其事，僅奪俸兩月而已，識者以爲罰太輕。果，杭州人，後加官至太僕卿。按失印一事，與唐裴度中書印相類，但裴旋得之，而此終於失耳。嘉靖十一年，大學士李時藏上所賜圖記所謂忠敏安慎者於內閣，亦被竊去，具疏以聞，上命所司遍緝，亦不得。

（明）卜世昌《皇明通紀述遺》卷三《太祖高皇帝》　〔洪武二十三年〕八月，改鑄監察御史印。先是既分察爲河南等十三道，每道鑄印二，其文皆曰繩愆糾繆，守院御史掌其一，每道御史分巡印藏於內府，有事則受印以出，復命則納之。至是，副都御史袁泰言，各道印篆相類。乃命改其制，守院印十三，如浙江道則曰浙江道監察御史印，其巡按印則曰巡按浙江監察御史印，餘亦如之。惟浙江江西直隸府州縣事繁劇每道置印十餘。

（明）李清《折獄新語》卷七《錢糧·一件考選事》　審得王運泰、解應淅之擅接錢倉所印也，何以措喙？有以錢糧爲奇貨，而刓印不與者矣。刓印者變而擅印，又一奇也。豈運泰弄印於手，而熟視應淅者，亦謂無以易應淅乎？疑戲疑真，幾弁髦憲批矣。且憲臺之批查也，原以五日，五日爲期，六日不詹。已無解後至之誅。延至十二月，歲聿其暮矣。若指揮朱胤龍之擅借軍糧也，且以六年之近，借十年之遠也。糾糾者不似吴之虎；營營者有類魏之狗。而名曰胤龍，何名實不稱？且以行同盜泉之酌者，而交口推轂，反若薇可採而羹欲埋，是夷、跖皆可換面也。本當徹底窮究，但胤龍新奉憲批，許其自新，其顧名思義，而不至化龍爲鼠也。將倉蠹自此漸清矣。合與王運泰、解應淅，均罰以儆。

（明）佚名《仁廟聖政記》卷下　〔洪熙元年〕二月，辛卯朔，頒制諭及將軍印于邊將。雲南總兵官太傅黔國公沐晟佩征南將軍印，大同總兵官武安侯鄭亨佩征西將軍印，廣西總兵官鎮遠侯顧興祖佩征蠻將軍印，遼東總兵官武進伯朱榮佩征虜前將軍印，宣府總兵官都督譚廣佩鎮朔將軍印，甘肅總兵官都督費瓛佩平羌將軍印，交阯參將榮昌伯陳智都督方政佩征夷副將軍印，寧夏衆將保定伯梁銘都督陳懷佩征西將軍印，有舊授制諭者封識繳回。

《明實録》洪武十五年春正月〔甲申〕始置諸司勘合，其制，以薄册合空紙之半而編寫字號，用内府關防印識之。右之半在册，左之半在紙。册付天下布政使司、都指揮使司及刑按察司、直司、直隸府、州、衛、所收之，半印紙藏於内府。

《明實録》洪武二十五年九月〔乙酉〕命鑄各按察分司印。先是，各按察分司所分巡按地方多有未當。至是，命察院六部官會議更定，凡四十八道：【略】直隸六道，監察御史印，曰淮西道、曰淮東道、曰京口道、曰江東道。

《明實録》洪武三十五年秋七月〔癸未〕命禮凡内外諸司復舊制者，皆鑄印給之。【略】

〔壬辰〕司禮監請如書制鑄出入精微印，從之。【略】

〔庚戌〕命禮部征南將軍、征西、平羌將軍印。

《明實録》宣德二年二月〔癸酉〕造朵甘衛千户所印。

《明實録》景泰二年二月〔癸酉〕巡撫四川右僉都御史李匡奏：比奉敕俾録詔書備榜撫諭播州苗民緣無印信，苗民致疑。乞給巡撫印。從之。

《明實録》成化十四年六月 丁未，大慈恩寺禪師喃渴領占等，乞給銀印。禮部以大學士商恪奏準，番僧受職不係本土管事者，不與印信，未敢擅擬。有旨與之。

《明實録》成化十五年十二月 戊午，西天佛子並灌頂大國師等官、班卓兒藏卜等，俱乞金銀印。禮部言：番僧不係本土管事者，例不給。從之。

《明實録》成化二十三年八月〔甲戌〕監察御史柯忠巡按真定等府，指揮王熘以私忿奏發其不法事，遣官按問，得其舉用軍職越次署印，又數罰有罪者出粟以充公用之費二事，餘皆誣。以忠有乖憲體，贖罪畢，降一級，調外任，後遇赦還職。

《明實録》弘治十四年六月〔丙午〕府、部等衙門以灾异陳言三十一事：【略】嚴鑄印。乞行都、布二司並直隸府衛等衙門各行所屬，果篆文模糊，方許奏换。若未應鑄换者，究治官吏。上曰：【略】俱准行。

《明實録》嘉靖十三年三月〔癸巳〕禮部奏請【略】言天下都、布、按三司，南北直隸十三省府俱設有經歷司，而經歷即掌印之官。近年之來，經歷印信俱是各該都、布、按掌印官、知府收掌，竟不入經歷之手，不惟典守互移，易致疏虞，而文移違錯，又一概枉坐以罪。非朝廷設官定制，念宜通行更正，違者聽巡按御史糾舉。上從其言，令一體通行改正。

《明實録》嘉靖四十一年六月〔己未〕詔鑄四川東川府印。命故土知府禄位妻寧署掌，授禄氏族子阿採爲土府同知，録位嗣，俟長，以府事歸之。初，阿堂既誅，索府印，不獲，人疑爲水西安萬銓所匿，及是屢勘印，實亡失，而禄位近派悉亡絶，惟同六世祖有幼男阿採，於是撫按官雷賀、陳瓚請以採襲禄氏職，姑予以同知銜，令寧著理府事，後果能撫輯其衆，仍進襲知府。其東川府印不獲，請别立府名。列鑄新印給寧著，護守以防姦僞。疏下部覆。得旨：府名不必更，餘如議。

《明實録》隆慶元年春正月〔戊辰〕鑄給江南、江北監兑主事關防、四川龍安府印，本府經歷司、昭磨所、司獄司、儒學、永盈庫印記，隆昌縣印、本縣儒學、陰陽、醫學、僧道會印記。

《明實録》萬曆四年正月〔丙午〕鑄給分守下川南道關防。

《明實録》萬曆四年十月〔己巳〕鑄給管理淮、鳳水利墾田僉事關防。

《明實録》萬曆六年六月〔辛丑〕吏科都給事中陳三謨疏參福建巡撫右僉都御史龐尚鵬給谿所報年歲支吾，及以前回籍閑住之日遂作實曆本内存樣粗大，誤用印信。已而尚鵬疏辯，上令鵬回籍聽用。

《明實録》萬曆九年四月〔癸丑〕鑄整飭兵巡下川南管理清軍驛傳、屯田、鹽、茶、水利關防二顆。從四川巡撫張士佩請也。

《明實録》萬曆十年五月〔乙丑〕鑄四川松潘、威、茂各管糧通判關防。

《明實録》萬曆十二年九月〔戊戌〕陝西都司李芳奏：番僧進貢，印信模糊，著撫按作速奏换。下禮部知之。

《明實録》萬曆十七年四月〔甲午〕鑄給四川新設新鄉鎮安邊撫夷各通判關防。

《明實録》萬曆二十一年八月〔辛丑〕鑄給四川新設壩驛記，廣西集縣儒學記各一顆，以原記覆舟沉失故也。

《明實録》萬曆二十二年十月〔甲戌〕鑄給邢玠總督川貴軍務關防。

《明實録》萬曆二十三年十月〔癸亥〕鑄給重慶府撫夷同知關防。

《明實録》萬曆四十六年七月〔壬寅〕改造四川布政司印信。

《明實録》萬曆四十六年八月〔壬戌〕改鑄四川布政使司印一顆。

《明實録》萬曆四十六年九月〔癸巳〕福建巡撫王士昌奏，候選司吏林長春，以假印解部審究，今復回籍福清細查其回咨與提咨印信，花押粗不同，行福州府推官周順昌提審，因得解官趙永勛與林時中、趙玄同買放僞咨狀相應題參。乞敕刑部提問正罪。從之。

書吏分部

綜述

《皇明條法事類纂》卷一〇《吏部類·吏典為事查礙行止不待役滿就發為民例》 弘治元年十一月十九日，太子太保吏部尚書王等題，爲做工囚人事。該刑部浙江清吏司問得馮晟，係浙江紹興府會稽縣人，充工部營膳司所典吏。招稱成化六年間，有晟同縣人胡廣，跟隨伊父聽選官胡容來京，應當民匠，撥在内官監上工食糧。成化（十）九年間胡廣因無妻室，入贅與在官錦衣衛軍餘夏文昌女夏氏爲婚。生男胡乾、女九連。成化十三年二月内，胡廣同妻夏氏等自行置（賣）〔買〕房屋，搬出另住。成化十八年八月内，夏氏病故。胡廣又娶到百户高明祖之女高氏爲繼妻，一向當匠不缺。成化二十一年八月内，是晟在本府做吏，兩考役滿來京，因與胡廣同縣，往來相望熟識。弘治元年八月初八日，胡廣患病身故，是晟聞知，前來伊家吊望。（散孝子等）晟因見高氏寡（婦）〔居〕無人，胡廣遺有房屋，要得乘機誆騙，不合向伊言說：胡廣原係姓馮，與我同族。人既死了，你將房屋等項，我與你變賣盤纏，同回原籍等語。高氏知是誆騙，不從，將晟嗔怪。是晟回家，明知有例不干己事奏告者，立案不行，止將原告問擬。不合故違，將胡廣捏是族叔馮靖，跟隨繼父胡容來京，改名胡廣。病故，高氏並伊弟高明聲言要行將屍燒（煨）毁，及信憑高明主使，將家財花費等不干己事情，具狀赴通政使司，告送到司。蒙發南城兵馬司認拿夏文昌、高氏問，各將胡廣係當役匠，與晟委無相干等情，先後（送來家）〔具告〕。審得夏文昌年老，省（盡）〔令〕聽候。將高氏送發該兵馬司催拘。因見夏文昌不在，稽住伊妻王氏並高明冠帶散行同晟等解送到司。蒙將王氏省令，牌唤夏文昌前來與晟等（責）〔質〕對明白。及行工部查勘得胡廣委係木匠在監上工食糧，於前項月日病故。又蒙牌唤胡廣男胡乾到司面審，執稱胡廣生（在）〔前〕與晟止是鄉里往來，並不係同姓，各是實。蒙看得晟所告係不干己事，照例立案不行。及將高氏等各省令外，將晟取問罪犯。議得馮晟犯該違制，減等杖九十，運炭完足，（手）〔將〕本招（招）連人送來，收查發落。查得本部見行事例，吏典但有贓、盗用印信、説事過錢、毁罵官長、誣告本管官員，及犯姦、詐喪、匿喪，求索、恐嚇、聽取財物，枉法不枉法監守自盗、偷盗財物，（曾由隸兵之人俱不入考）發回原籍爲民。及查得見今法司問過聽許財物未曾入己、偷盗財物出（自）首，及誣告本管官員等項，送來收查發落者，俱仍發還役；三考滿日，照例亦發爲民。今照犯人馮晟，因見已故人胡廣妻高氏寡居無人，要得乘機詐騙財產，不合用言向高氏詐説胡廣係伊叔，要與高氏變賣房屋，回還原籍等因。及至不從，卻又捏詞妄告，雖未得錢入己，終是貪圖財利，行止有虧人數。比與求索，恐嚇財物事情相同。緣此等犯若再送發還役，彼既知役滿例該爲民，豈肯顧惜行止，遵守禮法，不無愈加放肆，作弊害人，無所不爲。合無將本吏就發原籍爲民。今後吏典，但違前例及犯誆騙、〔侵〕欺、恐嚇等項取財者，雖未得財入己，係干礙行止，就發原籍爲民當差，不許仍發還役。奏奉聖旨：是。欽此。

《皇明條法事類纂》卷一〇《吏部類·有司掌印官鈐束吏典不許縱容擾民例》 成化十一年五月二十八日，禮部等衙門題，爲建言民情事。成化十一年月日不等，於禮科抄出浙江紹興府等衙門通判等官人等齊施等建言民情事件。該通政使司官奏，看係建言事理，合着禮部抄出會官議。奉聖旨：是。欽此。欽遵，抄出到部。會同各部、都察院、通政使司、大理寺、六科給事中，議得除有例見行及泛言難准外，數内五十二件合准所（宜）〔言〕從吏部等衙門查勘定奪施行。未敢擅便，各官奏，奉聖旨：是。欽此。

計開：

一、直隸河間府寧津縣縣丞闞理言事一件：革吏弊。各府州縣吏典，既蠲免其徭役，復厚其俸給，欲其在房專心書辦，以承役使也。近年以來，有等掌印官員，但知接受民間大小詞狀，准行在房，不知用心鈐記，防範將來。故吏典乘其間隙，有先行勒要錢物而與施行，有受賄授詞而滅跡無存，有無錢而經月不行，以致民之理直者啣冤無詞，理屈者肆爲得志。雖吏（也）〔典〕瞞官作弊，皆由掌印官致然也。今後凡遇民間告理大小詞訟等項，經該官員編其號簿，用印鈐記，以憑查掌，即與次第分理，銷其號薄，庶使吏（典）〔弊〕止息，民冤得伸矣。仍將各房吏典，不時點閘，令讀律算等書，毋得縱容在外游蕩擾民。違者依律究治。

《皇明條法事類纂》卷一〇《吏部類・禁約役滿吏典指以桌椅為名索要新參吏典銀兩例》 吏部驗封清吏司，爲違言民情等事。奉（府）〔本〕部送該本司案呈，准考功清吏司（劄）付，奉本部送准吏部咨，禮科抄出陝西西安府、邠州等州等衙門同知等官人等高鵬等建言事件。該通政使司官奏，看係建言事理，合著禮部抄出會官議。奉聖旨：是。欽此。欽遵，抄單移咨到部送司。看得內一件：貪吏壞法。該聽選官李郁言事：見得各衙門吏典役滿，指以桌椅爲由，問新參吏典索要銀五六十兩者有之，二三十兩〔者〕有之，中間多係貧難，揭借不出，無從交還。各吏恨怪，扶同證佐，赴本管官員稟（出）〔告〕寫字粗拙，不諳行移，其各官明知挾私，不行試驗，卻乃循情聽從，輒將新撥吏典懷恨，搜求別故拶打，送回吏部改撥。因此無奈，只得典男鬻女，棄賣月糧，得（泛）〔銀〕交還，方得收參。着役之後，因無糧米食用，艱難逼迫，未免侵漁。該給事中王讓節次奏准，通行禁約各衙門，不行遵守，愈加勒指多要。乞敕都察院出榜，於各衙門常川張掛禁約，今後但有役滿吏典索要新參吏典銀兩等物，許巡城御史並錦衣衛行事官校緝拿問罪；仍將該管官員參問。如此，則姦弊可革，吏不受害等因，移付到司。案查先該南京吏科給事中王讓奏稱，應天府（上九）〔上元〕、江寧二縣補役吏典，出銀四十兩送與所替當該，名曰替頂錢，不行禁革。及在外府州縣新參吏典要銀三二十兩，名曰公堂錢，府縣官分用入己，要行禁革。已經移咨都察院通行禁約去後。今該前因，案呈，參照聽選官李郁奏稱，各衙門役滿吏典指以桌椅爲名，問新參吏典索要銀兩，要行巡城御史並官吏人等緝拿一節，合就連送該司，仰用手本前去左軍都督等府、户部等衙門照依議奉欽依內事理，一體欽遵，禁革施行。

《皇明詔令》卷二〇《今聖上皇帝中・寬恤詔嘉靖六年二月十三日》

一、各州縣書手之設，初爲書寫文册，磨筭錢糧。其久慣應當者，事體既熟，作弊得慣，往往受姦人賄賂，將本户稅糧飛灑派於別户名下，藏躲影射，弊端不一。不才貪官，其或與之交通營利，小民虛賠糧米，致累家產。今後撫、按及二司官，務要嚴加禁治。敢有仍前違犯，許諸人指實首告，問發邊衛永遠充軍。得過贓銀，儘數財產追完，入官給主。官司縱容不舉，作罷軟官黜退，有贓者以贓論。

《軍政條例類考》卷三《清審條例・軍户不許充兵房吏書》 一、今後司、府、州、縣兵房吏典，並造册清軍書手，俱不許軍户充當。敢有冒充吏典者，問罪革役；冒充書手者，問罪枷號。正德十年。

（明）蕭良泮《重刻釋音參審批駁四語活套》卷一《參語》 孫丁身充里書，蔑視法紀。枉法接受贓私，作弊撒開糧册。相應照例擬戍，用示懲創。李壬行賄飛灑，計在避重，亦宜併究。

（明）蕭良泮《重刻釋音參審批駁四語活套》卷一《參語》 趙金營充書算，積戀爲姦。架稱解册，里遞悉被其科求；飛詭餘糧，縣官獨遭其貽害。受財枉法，證顯跡彰。如律擬遣，允協輿情。

（明）蕭良泮《重刻釋音參審批駁四語活套》卷一《參語》 典吏鄭庚，職司於巡捕，責在防奸。顧乃納賄賂以行私，置兇徒不詰。詰音結，不盤察也。是巡捕無追捕之能，而防姦有縱姦之咎。照例充戍，輿評奚枉。問衛丑誤殺旁人，雖無心於褚子之死，而逞兇趕殺，實有意於趙甲之亡。以故殺，情亦相應。趙九既不能勸阻其父於未盜之先，乃敢竊放其父于桎梏之後。桎梏乃肘鐐也。一本之愛固切，父母一本之恩。三尺之法難逃。李丁姦人妻而謀毒其夫，行同狗彘。狗彘，言其非人也。周戊受寄藏而攘竊其物，跡類穿窬。穿窬，鼠竊狗偷輩。他如張九之説事過錢，王三之左道惑衆，周四之盜決河防，此數犯亦當照例發遣，以爲奸徒玩法者之戒。

（明）佚名《新纂四六合律判語》卷下《刑律・吏典代寫招草》 發身雖吏，必鮮端人。假手獄司，豈無姦弊？故寇準用士，却其恃乎簿書；寇準爲相，用人皆惟才是使，同列忌之，命吏特例簿以進，準卻之。若劉晏理財，但使司乎符牒。於昭明禁，允重於明章。今某媚若妖狐，狡若黠鼠。不嫌卑役，方勤案牘之勞。輒代刑人，捏寫供招之草。肆爾規圖於賄賂，居然增減於情詞。輕重徇於筆端，何以使刑罰之中？出入由於紙上，安能致訟獄之平。宜申按罪之條，用示舞文之警。

（明）方揚《方初菴先生集》卷一六《公移類十七首・禁諭吏書示》

仰六房吏書人等知悉，本職到任伊始，百度維新，凡我吏民，宜知守法。法猶火也，火近則焚。法猶水也，水玩則溺。故法不必殘民，犯之抵罪。水火不必害物，蹈之取凶。假令守法以自衛，儲水火以待養，此有身名俱全，利益日甚耳，何由致禍哉。吏民相須，待守爲治。吏舞文則害及窮氓，民頑嚚則攻擊循吏，此自然之勢也。守至州無所聞知，然不可不先示意，嚮令吏民烝烝趨於繩墨，夫所謂繩墨者，法也。吏民不得法不齊，木不得繩墨不正，故善守法者，令吏民畏法如水火，信法如四時。人皆謂守嚴，嚴者所以成寬也，法嚴而人尊，尊則信，信則從。吏不敢舞法，而民不敢告吏，豈不兩賢相得哉。賄賂不行，決獄平允，上無貪墨之聲，下有安全之利，微獨吏民受賜，即本職不佞亦與有榮施焉，吏獨安取彼而過棄此。本職甫任，與諸吏民約法，行自近始，吏書人等，有犯先行重究，誅株連毛舉，無可瑕疵，即詞訟亦稍稍屏息矣。不然是有胸無心，守將據法而處之，豈有更慮哉。示至，各宜謹守遵依，毋以身試法，且區區之身亦不足試也，故示。

（明）呂坤《實政録》卷三《民務·有司雜禁》　各里書手以本里爲衣食之資，通同富勢奸頑，種種弊端愚騙小民，當盡數裁革，止選善書筭三五十名，報名在官。如有坐派檢查掣籤酌用若干人，換里編造，量給工食，完日即放歸農。

（明）袁黄《寶坻政書》卷一《諭乞休書隸示十六年九月》　水清苦則獺先遁，官清苦則民不樂從。爾輩曩時爭求服役本縣，有不遠數千里而來者，今紛紛告退，豈苦也乎哉。吾與若輩約，書手告退者，勿得補。南人老人告退者，聽。擇可則留，不可則去。民壯告退者，即時選補。皂隸快手告退者，里老報補，不許私相授受。陰陽生告退者，不准。門子告退者，聽。

（明）袁黄《寶坻政書》卷一《禁約吏書榜》　承行上司文移，大事限十日完，中事五日，小事三日，違限一日責五板。申送上司文書，差一字責五板，有規避者從重論，不奉呼喚上堂責五板，呼喚不到責五板，説謊者責十板。

（明）袁黄《寶坻政書》卷一《取各房職掌牌》　爲公務事，照得吏部所給須知冊，新官到任，各吏臨時揑輳無益實用，本職仰遵成命，不敢視爲虚文，看該縣各該吏書人等照依冊内事理依欵置簿攅造書冊，到任次日呈遞以憑本職遵照施行，如有隱漏差錯，定行重治，各取不違甘結同冊送呈，爲此計開：吏房開本衙門各房司吏外典吏幾名，丁憂緣事幾名，候缺農民幾名，書手幾名，所屬吏書幾名，有無完缺，各衙書手幾名，本衙門及各屬各衙書手比舊增幾名，或減幾名。

司吏一名

一名，某人年幾拾幾歲，某府某縣某籍，某年某月某日參充，歷役幾個月。

典吏幾名

一名，某人，年幾十幾歲，某府某縣某籍，某年某月某日參充，歷役幾個月，各吏專管何事。户等房科亦同。

候缺農民幾名

一名，某人，年幾十幾歲，某府某縣某籍，某年某月某日納銀，即今作何差用。

丁憂吏幾名

一名，某人，年幾十幾歲，某府某縣某籍，某年某月某日參充，歷俸幾個月，某年某月某日丁某憂，扣至某年某月某日服闋。

緣事吏幾名

一名，某人，年幾十幾歲，某府某縣某籍，某年某月某日參充，於某年某月某日爲某事未決。

某房某科書手共幾名

一名，某人，年幾十幾歲，某府某縣某籍，於某年某月某日入縣書寫，頂某人名缺，或某衙門某官送入，經今幾年，有無過犯。

各衙門各屬書手照此開寫。

（明）沈德符《萬曆野獲編》卷九《書辦》　書辦爲筦文書者通稱，以故祕殿内閣，凡帶銜中書科，俱以入銜，本不足諱，如輔臣大拜，奉旨則曰入閣辦事。甲科各衙門觀政期滿，未授官者，曰某部辦事進士，蓋俱以政務所自出也。若兩殿各有侍直房，内閣又有制誥兩房，所司不過筆札。今兩房久次者，忽自尊其銜曰掌房事，其次則曰辦事，至效勞者亦稱供事，以自別於書辦，兩殿官亦因而效顰焉，而書辦之名，遂專屬於大小曹署之掌案胥吏矣。今胥吏書辦之權，已超本官之上，而吏、禮、兵三部之權，又超諸書辦之上，恐帶銜中書官，無此炙手也。

（明）**蘇茂相《新鐫官板律例臨民寶鏡》卷九《銜蠹類審語·總書》**

審得陶某輪充十年黄册，本屬散書，前尹以縣總二名似覺難理。君某增之，此固爲國家慮長遠也，但某力綿體簿，方就册局，即嘔血而歸。衆書目擊，諒非詐也。今其妻某氏訴稱：夫無兄弟又乏嗣胤，事屬十年，倘有變故，無人領替，中間或有弊端，不上誤其圖，下累其民乎。事無日前之慮，必有日後之憂，況前總例止二名，今册審未定，事有可更。除去陶某以充散書，未爲不可。仰縣總陳欽、吴順合同驗明丁糧數目，明白過割，庶使日後無弊端。

（明）**張肯堂《㽦辭》卷五《訪犯王好古郭之藩》** 濬之銜役，愚而怠若事者比比。其黠而作姦犯科者，蓋百不得一二也。況霜寒雹煜之下，一切遵成約以馭之，誰則以身試法，走死地如騖乎。至若工書王好古，以及其同黨郭之藩，近跡之亦無他謬巧，然其役於公之日久，故弊之叢於其身也多。今以採訪之廉得者，更一覈真，復以師聽之續聞者，稍爲補牘，總蘄確當其罪，勿使有銖兩之枉縱而已。一曰石灰之侵匿也，三廠共票萬斤，侵其七千斤，價值三兩五錢，劉翦子可證也。一曰胖襖之侵收也，官給價銀一十六兩，止給八兩，袁守節可證也。此之藩事也。一曰保長之延詐也，長壽村之折錢五百，欲改簿而罪愈彰，王二莊折錢二千六百，思掩口而供愈確，以至道口等十處鎮店，托做寨門，每鎮詐銀三兩，盈庭有口誰能諱之。前項惟長壽村錢五百爲之藩事，而其餘則如古事也。此所謂覈真而舉其綱者也。一曰罪囚之凌虐也，傅應舉以罪下獄，絶其橐饘，幾至殞命。詐銀十五兩，始得疏放，李化蛟可證也。此好古爲禁子事也。一曰鹽法之侵欺也，鹽引銀一百二十兩，吞匿四十兩，雖事發革役，輿論猶以法不蔽辜，此之藩爲户書事也。此所謂補牘而存其概者也。總之此二犯者，始則梟分兩棲，既乃兔營一窟，舞文之手與器習，驅阱之智爲利昏。各應一配以清積蠹。陳一鶚、廖自美同爲工書，不能發覺，即非濟惡，亦是保姦。念無贓私，姑從杖革。

（明）**張肯堂《㽦辭》卷七《方國柱》** 攫牙行之物而賤酬其值，此銜官常態也。獨濬邑異甚，矯枉過正，則有之矣。以故典史王應賓在任三年，絶無一事不法，以干憲典。即其取牙行駱應元貨物，通計止二十兩有奇，用亦廉矣。結欠止六兩而餘，負亦薄矣。於其行也，應元尚且邀之署中，取其鞍轡、衣帶等物以償，蓋無纖毫掛欠也。惟是倉卒啓行，本縣復在垣邑，應元方與清算，而同夥方國柱逆料其必負，遂行上控，庸知應賓本無負意乎。迨應賓垂橐以行，而應元亦追悔國柱之多事矣。獨計應賓雖微，亦命職也。應元一牙儈耳，既能尼應賓之行，而毫忽必較，即些須價值，應賓未至悍然。而國柱輒興一詞，亦足以徵應賓之不足畏，而憲禁之未嘗弛矣。滅憲一訟，毋乃自投憲網乎。姑杖代控之國柱，以懲夫罔利而玩視法紀者。

（明）**祁彪佳《按吴親審檄稿·一件號救事》** 行據崑山縣解犯汪七等到院，審得汪七、汪六與金潛争腐毒毆，乃並孫誠和之父孫美及誠和俱被其毆，且孫美因之壞眼。此全令所審明者。折人一指一目，便應與配，況兩目乎。汪六在逃，今鎖押汪七到縣，吊孫美查目果瞎，即將七及嚴提汪六擬徒招報。孫恩與誠和以争産微隙，乘男亥郎病死，輒誣逞於典史，典史輒擅受詞，恩責之，典史行戒飭。汪七之父汪祖泉又復誑告於倉院，批府仰縣申府即轉呈倉院，並究祖泉父子可也。

右行崑山縣。

（明）**祁彪佳《按吴親審檄稿·一件敗訪事》** 一件敗訪事。行據華亭縣解犯王宗俊等到院，審得金有輝原爲經歷司書手，原以唆誘任經歷擅受民詞，經前院王訪實行革，事在天啓七年。有王宗俊、陳大暹，當時同該衙人役。今有輝與宗俊同改爲水利廳書手，想以該廳之承行相争，乃牽起六年以前之事，而又告絶無干之孫君選，刁誣極矣。責不盡辜，仰廳究革，其項首銀發華亭縣修學，用儆刁猾之役。

（明）**李清《折獄新語》卷七《錢糧·一件懇請事》** 審得鄧希禹、别有春，均昌國衛百户，而周全、馬輔，皆本衛糧房書手也。先因希禹、有春兩人，曾領屯糧銀三十兩，解司投納，此非屯價未足扣之軍糧者乎？何嘆亡羊於歧路者，且指爲招招舟子罪也？夫以兩弁挾七件，則一舟子者，安能攝出其銀？問今夜偷兒安在。即此峨冠博帶之二弁，而以攫之私囊者，爲虎其皮而鼠其質之行徑耳。茲一扣再扣，果何名乎？蓋因司催甚嚴，故兩弁與全、輔合謀，且納賄焉。於是司户家犬，輒垂涎片骨之投甘，而有口弗吠，有尾善摇。全、輔不攔路而引道，職此故也。飄泊之舟中無賊，鏚鐍之庫内有賊，兩承行下庫一帖，其勾賊之媒矣。此百三十兩，幾作化蚨去也。合於鄧、别兩弁，周、馬兩書名下，平半追出；仍分别徒罰。若猶刓印不吐，托言覓賊乎？彼兩弁外呼，二書内應，何不穴壁而入掌也。必欲覓賊，請即以此四人當之。

（明）李清《折獄新語》附《疑獄審語·一件倉弊宜清事》 看得倉糧之儲，原以贍軍。所謂取諸其官中而用之也。近有任情那支，爲它人作嫁衣裳者矣。問其故，則刁弁爲之耗鼠，而奸軍爲之蠹魚也。乃又有穿鼻吏書，壎篪其間。於是一帖下倉，則倉官僅如隨風之蓬，轉移惟任所之耳。然則何以永杜其端也？夫今日懲刁弁奸軍者曰：一粒之騙領爲罪；而他日懲刁弁奸軍者曰：一紙之呈請即爲罪。彼吏書輩其能以懸空一帖，翩翩下墜，而飛食如故乎？則請嚴爲申飭可也。

程限分部

綜　述

《大明令・吏令》　凡内外衙門公事，小事伍日程，中事七日程，大事十日程，并要限内結絶。若事干外郡官司追會，或踏勘田土者，不拘常限。

《大明律》卷三《吏律・公式・官文書稽程》　凡官文書稽程者，一日，吏典笞一十，三日加一等，罪止笞四十。首領官各減一等。若各衙門遇有所屬申稟公事，隨即詳議可否，明白定奪回報。若當該官吏不與果決，含糊行移，互相推調，以致躭誤公事者，杖八十。其所屬將可行事件不行區處，作疑申稟者，罪亦如之。其所行公事已果決，行移或有未絶，或不完者，自依官文書稽程論罪。

（明）何廣《律解辯疑・大明律卷第一・公事失錯》　凡公事失錯自覺舉者，免罪。其同僚官吏應連坐者，一人自覺舉，餘人皆免罪。（止）並減二等。

講曰：謂如官文書稽程，官不曾覺舉，當該吏典自覺舉者，官及吏典皆得減罪（三）（二）等。如官獨覺舉者，當該官吏不在減等之例。如官吏同覺舉者，官並得免罪，主典仍減二等科之。

（明）何廣《律解辯疑・大明律卷第二・官員赴任過限》　凡已除官員，在京者以除授日爲始，在外者以領照會日爲始，（止）並附過還職。

議曰：還職者，謂不降等任用。餘條言附過還職者，准此。

若代官已到，舊官各照已定限期，交割户口、錢糧、刑名等項，及應有卷宗、籍册完備，（止）減二等。

議曰：減二等，謂如赴任過限一日，笞一十。違十一日，加一等，笞二十；違二十一日，加二等，笞三十。不離任所者，二十一日，該笞三十；減二等，方笞一十之類。

（明）何廣《律解辯疑・大明律卷第三・官文書稽程》　凡官文書稽程者，一日，吏典笞一十，三日加一等，罪止笞四十。首領官，各減一等。

議曰：稽程，謂文案小事五日程，中事十日程，大事二十日程，此外不了，是名稽程。各減一等，謂吏典四日笞二十，首領官笞一十；吏典罪止笞四十，首領官罪止笞三十。本條躭誤：近因而故違，曰躭；稽緩而乖謬，曰誤。

（明）何廣《律解辯疑・大明律卷第十七・驛使稽程》　凡出使馳違限，

議曰：如違限，常事一日笞二十，每三日加一等，罪止杖六十。軍情重事，加三等。謂違限一日笞五十，每三日加一等，罪止杖九十。驛者，使客傳命曰驛。錯去他所而違限者，減二等。

議曰：謂如常事，四日笞一十，每三日加一等，罪止笞四十。站者，已設船馬車轎之所曰站。

（明）何廣《律解辯疑・大明律卷第十七・多乘驛馬》　凡出使人員，應乘驛船驛馬，數外多乘一船一馬者，杖八十。每一船一馬加一等，（止）各加一等。

議曰：謂如多乘一船一馬，杖八十；因而毆傷驛官，加一等，罪止杖九十。如應乘驢而乘馬，杖七十；因而毆傷驛官，加一等，杖八十。謂之各加一等。

（明）何廣《律解辯疑・大明律卷第十七・多支廩給》　官吏不坐。

議曰：謂出使人員，每日一升五合，行程遇驛及有司之處，强用取要一升七合，内二合以枉法論。驛官、有司官吏，故不坐罪。

（明）何廣《律解辯疑・大明律卷第十七・文書應給驛而不給》　因而失誤軍機者，斬。

議曰：謂調遣軍馬，飛報軍情，故不遣使給驛，杖一百。故若失誤軍機，合得斬刑。機者，軍中之機要細密也。

（明）何廣《律解辯疑・大明律卷第十七・公事應行稽程》　凡公事有應起解官物、囚徒、畜産，差人管送而輒稽留，及事有期限（止）差人不坐。

議曰：各加二等，謂差人管送軍需，隨征供給，而輒稽留及過違原限，一日笞四十，每三日加一等，笞五十，罪止杖一百。失誤軍機者，斬。減二等，謂起解官物、囚徒、畜產，誤不依公文內題寫去處，錯去他所，違限三日笞一十，每三日加一等，罪止笞三十。

（明）何廣《律解辯疑·大明律卷第十七·佔宿驛舍上房》 凡公差人員出外幹辦公事，佔宿驛舍正廳上房者，笞五十。

議曰：公差人員，謂公行事務差遣人員，謂知印、承差、吏典、校尉、人材、祗禁之類。非有職高品之官，若捧旨奉命，不在佔宿上房之律。

（明）何廣《律解辯疑·大明律卷第十七·乘驛馬齎私物》 凡出使人員應乘驛馬，除隨身衣仗外，齎帶私物者，十斤杖六十，（止）驛驢減一等。

議曰：驛驢減一等，謂出使人員應乘驛驢，齎帶私物，十斤笞五十，每十斤加一等，罪止杖九十。

（明）何廣《律解辯疑·大明律卷第二十九·造作過限》 凡各處額造常課緞疋、軍器，過限不納齊足者，以十分爲率，（止）提調官吏減一等。

議曰：若不依期計撥物料者，局官笞四十，提調官吏減一等，謂不坐工匠之罪。

《皇明條法事類纂》卷九《吏部類·新選外任官因水火失去文憑所在官司勘實具奏並申報吏部聽候明文至日方許到任及繳憑違限一年之上俱問罪》 一件，關防詐僞，以清選法事。成化五年閏十月內，吏部題准新除在外官員遇有失去文憑，果因水火盜賊事，有顯跡者，所司方許委官體勘明白，徑將顯跡緣由具奏，仍備由取結，申報本部聽候定奪。明文至日，選去官員方許到任。若無明文，及文憑下落朦朧，到任支俸管事者，聽巡按御史、按察司官查究問罪。若所在上司將（開）〔新〕選官員繳到文憑，常限一年之上不行繳部者，經該官吏查問如律。

《皇明條法事類纂》卷九《吏部類·缺題》 成化六年三月二十日，吏部尚書等題，爲申明舊例禁約事。照得本部銓選考課之法，俱有定制。第緣年久，或至乖違。況近年任路多歧，人材壅塞，奔競偷邪之風益甚。若不因時釐正，隨（尊）〔導〕修革，則弊日以滋，政日以弛。今將舊制及時宜利病所當申明禁約事件，開坐具題。奉聖旨：是。准行。欽此。

計開：

一件，舊列選授在外官員，隨即領憑赴任。近年官員選後，多有不即赴科畫字領憑，潛住京城，一兩月不辭朝出城。或措借錢物，置辦衣裝，娶妻買妾。又有枉道回家，動經三五個月不赴任者。以致各處缺官數多，累申連奏。況有邊方及軍馬錢糧所係，不無有誤。自後，自選授之後，限五日赴科畫字領憑。除有敕人員並京官（出）〔除〕外任，不得過一月之外，其餘若延緩半（年）〔月〕之上不辭朝出城者，行鴻臚寺及各衙門查出，拿送法司問罪。其有已辭出城復入潛住者，改降別用。若過違憑限半年之上不到任者，雖有中途患帖，不准，照例問罪。過一年之上者，不許到任，起送革職爲民。本部通行各處查報施行。

《皇明條法事類纂》卷九《吏部類·申明京官除外任不得過一月之外不出城在外官員自選之後限五日赴科畫字領憑若延緩半月之上不出城者查出送問其已出城復入城潛住者改降別用若過違憑限半年之上不到任者雖有中途患帖不准照例問罪過一年之上者不許到任起送革職為民》 弘治七年八月二十三日，吏部尚書耿等題，爲申明舊例禁約事。文選清吏司案呈，竊照本司職掌選銓內外大小官員。緣天下司府州縣等衙門官，遇有員缺，例該按月申報本部，照缺銓補。其選去官員，自合依限赴任。近年（已）〔以〕來有等大選及考滿復職進表公差等項官員，事完多有不即赴部給領文憑（回）批。及至承領文憑回批，又多託故不行，有詐稱疾病等項在京潛住者，有枉道回家延住日久不行前去到任者，以致各該司府州縣又將前項累次申奏。不惟文移浩繁，前後混雜，難以（情）〔清〕理，（物）〔抑〕且各該衙門缺官理事。稽遲庶務，深爲未便。查得成化六年三月二十日，本部爲照選除在外官員，今後自選之後，限五日赴科畫字領憑，除有敕人員並京官除（出）外任，不得過一月之外，其餘若延緩半月之上不辭朝出城者，行鴻臚寺衙門查出，拿送法司問罪。其已辭出城復入城潛住者，（該）〔改〕降別用。若過違憑限半年之上不到任者，雖有中途患（病）〔帖〕，不准，照例問革。過一年之上者，不許到任，起送革職爲民等因，具題。節該奉憲宗皇帝聖旨：是。欽此。欽遵，已經通行遵守去後。緣今年久，人多玩易，罔知遵守，致有前弊。案呈到部。合無仍將前例再行申明，先行出榜於本部門首，常川張掛，曉諭各該官員一體遵守。今後敢有如前之人聽科道官訪察糾舉。並鴻臚寺及各衙門查出，應送問者，照例拿送法司問罪；應改降别用者，照例送部改降别用。通行各該司府州縣等衙門，如遇選去官員過違憑限，務照前例施行，不許因循姑息，故違事例。如或所司故違，不即（舉）〔奉〕行，從巡按監察御史、按察司官糾舉，一體治罪。如此，庶法令嚴明，人知遵守，事（故）〔例歸一〕，官員不致（矣）久缺矣。緣係申明舊例禁約事理，未敢擅便，具題。次日奉聖旨：是。欽此。

《皇明條法事類纂》卷一一《吏部類·覆奏不許過五日不覆奏事件亦要五日内施行例》 成化元年十月十四日，吏部等衙門尚書等官（等）題，爲檢舉事。准都察院咨，先該本院題，河南道呈，原問犯人葉清等，犯該强盗斬罪，決不待時，審擬合律。成化元年十月初十日，本院具題。次日奉聖旨：既檢舉，且都（曉）〔饒〕這遭。今後一應奏題，有旨意的，六部、都察院衙門抄出，即便明白覆奏發落。不許稽緩。（緩）若過五日不覆奏的，許糾來説。欽此。欽遵，移咨到部。除欽遵外，臣等看得各衙門題奏，有不即完奏旨意事件，委係臣等怠職誤事所致。欽蒙皇上寬宥，不加以罪。限五日完報，恩至渥也。除將該覆奏事件照依欽限上緊打點，具奏發落外，臣等議得，奏題内，中間有奏完銷勘合、解送物料、起送官吏、軍民、竈匠人等項者；有照例考察問過官吏、生員人等，就便（緩）〔援〕例發落者；又有該勘類（造）奏及假建言，本無冤抑，要報私怨，公誇己事，有例見行未完等項妄奏者。各該部院俱照遞年常例，行查完卷，立〔限〕發落施行。今奏前因，合無將前項事例不覆奏事件，亦照該覆奏事例五日完奏。恐致煩瀆聖（旨）〔慮〕，未敢擅便定奪。成化元年十月十四日，各官具奏，次日奉聖旨：是。其餘不該奏的，也要五日發落施行。着司務依限催完，不許怠慢遲誤。欽此。

《皇明條法事類纂》卷一一《吏部類·建言民情緊要事半月内會議奏言利弊緊要事五日内會議》 一件，持公論以保良法事。弘治元年七月内，該刑科給事中胡金奏，該太子少保、本部尚書等題，節該欽奉聖旨：今後民情事有緊要，半月内會議；若奏言利弊等項，係緊要，〔五〕日〔内〕會議。

《皇明條法事類纂》卷一一《吏部類·在外司府衛縣稽緩勘合公文拿問當該官吏例》 成化四年五月二十七日，刑部等衙門尚書等官陸等題，爲陳言修省事。刑科抄出本科給事中白昂題，（一本）陳言事六件：謹命令以全大信、循治化以上流民、禁科徵以蘇民困、專委任以革民姦、（嚴）立期限以集庶務、止虚僞以息刁風，開件具題。奉聖旨：該衙門知道。欽此。欽遵抄出。除謹命令以全大信等件禮部等衙門另行外，今將立期限以集庶務、止虚僞以息刁風二件，本部會同都察院右都御史林等查議明白，各立前件。緣係陳言事理及奉欽依該衙門知道事理，未敢擅便，具題。奉聖旨：是。准議。欽此。

計開：

一件，立期限以集庶務。竊聞惟時亮天（工），則庶績咸熙，此致治之道也。今天下官吏軍民人等來京，有因考滿給由、舉保襲替等項，事跡未明，例應駁勘者，有因奏訴詞訟或申理冤枉，事干在外提人照勘者。在京各衙門類行勘合，前去該司、府、衛仰令勘報，及有累次催行者，所司奉行既久，視爲泛常，動經年載不（節）〔即〕完報，甚至吏胥作弊，索取財物，刁蹬多端，不可枚舉，以致聽候人難。中間貧窮老疾者，誠所不堪。久淹囹圄者，尤（恐）〔堪〕憫恤。此則引領而日望回文，彼則端坐而（致）〔置〕之高閣。致人嗟怨，以（臺）〔召〕不（詳）〔祥〕，莫此爲（其）〔甚〕。乞敕該衙門會議，今後駁勘官吏人等未明事蹟，查理軍民匠竈各項户役，及停囚待對，提人照勘，一應緊〔要〕公務，合無量其事情大小，驗其往來程途，就於勘合劄付内，定立限期，付公差便人順齎，行仰完報。如有仍前違誤，及齎文人員遲延者，或照精微批（限）〔文〕事例，參奏究問，罪坐所由。或定爲（法）〔罰〕俸事例，或紀其違限次數，待朝覲考察之日，通行查究。或從長斟酌，定擬良法，奏請定奪。必使情法俱通，久遠可（以）〔行〕，則庶事不隳，下人得所，而休祥可期矣。

前件議得，在外司、府、衛稽遲勘合公文，經年不即完報，聽候人難，誠如給事中白昂所言之弊。但各衙門勘合發〔送〕，俱（以）〔已〕明註年月日期。所至司、府衛路程遠近，俱有定限。凡官文書稽程，官吏耽誤公文，俱有正律論罪，不須更立限期，別擬其罪。所付公差人順齎行仰完報，固爲良便，亦有公文停久，不遇差人便者，其公差人齎至中途，或有事故稽遲者，難執一定之論。欲爲久遠可行之計，須是該衙門將所行勘合公文，量事緩急，或差人專齎，或遇公差人順齎，或入遞程送，俱要時加催檢。本部通行各司、府、衛等衙門知會，今後府州縣提調官，依律每月一次親臨該管鋪分刷勘一應接遞公文，如有稽留及磨擦破壞無封者，就將鋪長、司兵人等拿問。若承行衙門稽遲者，該管上司即便究問，賫令完報。都察院通行各巡按御史並按察司分巡官，一體督察各該衙門，務將勘合公文隨即完報。如果提人一時未獲，追贓一時未完者，仰令先行明白回報。敢有故違，稽緩常行事務，查提首領官吏及作弊刁蹬之人究問。事干軍機、錢糧重務，並將該官吏拿問，嚴限完報。干礙軍職及五品以上官員，奏請提問。如此，則情法俱通，而久遠可行矣。

《皇明條法事類纂》卷一一《吏部類·巡按御史按察總司年終〔將〕勘合到彼日期已未完數目造册》 成化十八年七月十二日，都察院右副都御史戴等題，爲推避延誤公務事。據陝西等道呈稱，各查得自成化七年以來，該陝西等都司、布政司所屬官吏軍民人等各奏訴人命、强盜賊、奸貪、豪惡、冤抑、田土等項事情，俱已呈行各該按察司並分巡等官。中間干礙錢糧、軍伍，亦有轉行布政司及府、衛等衙門勘問，回報多者五六百件，少者二三百件。其間除田土等項小事陸續完報外，但有人命、姦、盜、豪惡、贓私等項重情，近者一二年，遠者三四年，節經行催，完報者少，顯是各該承行官員推避利害，（循）〔徇〕私苟延。屈直不得剖決，是非不得辨明，以致良善之家累歲含冤，刁詐之徒乘機作弊，甚至（攘）〔釀〕成大患，誤事非輕。今將查出原發去各該衙門問報事件，呈乞查究定奪施行等因，具呈到院。臣等竊惟朝廷既〔設〕該布政司以理錢糧，復置都司以掌兵政，又立按察司者，蓋欲糾察奸惡，伸理冤（抑）枉，其責任不爲不重者。奈何近年以來，該按察司官不體朝廷建官之意，惟（循）〔徇〕〔一〕〔一〕己便安之私。凡遇大小詞訟，度其事無利害者，方與完結。稍有干係，或關於權勢，或礙於官豪，或防於鄉里親識，或牽連同年故舊，輒便遷延，不得斷絕。甚至苟順私情，故委阿順官員，徇私曲斷，以致事情不實，顛倒是非。負屈者不甘，强横者得志。如江西一省，節次差官勘問事情，係按察司遠年承行未結詞訟。其餘四川等按察司亦類此。除各處巡按御史已有奏准事例更替回日，本院照例勤怠具奏定奪外，所據各該按察司並分巡官及都、〔布〕二司各該府、衛等衙門承行官員若不通行查理禁治，不無倣效成風，釀成大患，深爲未便。欲將各道查出各該衙門承行未完事件，開單通行陝西等按察司並各該衙門，俱以文書到日爲始，各限半年之內，務要將原發去勘合事件，逐一對款完報。及今後遇有本院行去勘合劄付，一應詞訟，自文書至日爲始，務要遵依《憲綱》事理，親自從公勘理明白，依律照例發落。亦限半年以裏完報，以憑查銷。如分巡等官並各司、府、衛等衙門承行官，以前牽於私情，（放）〔故〕行推避，有妨治理，聽巡按御史糾奏拿問。（莫）〔並〕巡按御史、按察總司仍要每歲年終，通將一年發去勘合到彼日期，備開承行官員職名，已完未完數目，各造文册呈繳本院。事件數目多寡，斟酌參究久稽，其行事勤（墮）〔惰〕，備行吏部查〔究〕，候考察之日，以憑黜陟。若巡按御史、按察總司官（循）〔徇〕情依阿，不行糾奏，以致誤事，本院一體參奏提問。具題。次日奉聖旨：是。欽此。

《皇明條法事類纂》卷一一《吏部類·軍職帖黄供報違限照官軍馬騾文册事例》 成化二十年四月初一日，兵部尚書張等題，爲清理軍職帖（軍）黄事。該本部查得，先於成化十五年例該都指揮、指揮、千百户等官清理帖黄起，至十七年止，三年已滿，續該清黄。本部等衙門尚書等官張等題稱，先該兵部節咨送道，在京錦衣等衛、所，在外萬全家都司開平等衛、所，指揮、千百户等官腳色親供，通清理寫黄完備，奏送印綬監收貯，陸續抄謄寫誥訖。今照前項半月清理過帖黄，至成化二十年終，又是三年之期，合當清理。但都司衛所官往往違慢。如成化十五年，例該（條）〔清〕理帖黄預爲，成化十四年三月間，行取兩京天下都司衛所軍職備細親供腳色，中間率多延至一年之上，不行齎繳，以致監生人等無從查理。案呈到部，參照兩京並天下都司衛所軍職親供，比先（親）〔清〕理既有違慢之弊，合無今次酌量地方遠近，定（於）〔立〕期限，預先行取，責其依限齎報，庶幾不慢清理。敢有仍前違誤，照依欽定官軍馬騾文册違事例，將官軍人等罰運糧米，取招、住俸。奉聖旨：是。欽此。

《皇明條法事類纂》卷一一《吏部類·通行天下〔都司〕衛所清軍文

一件，清理軍伍事。

册違限差錯照依官軍馬騾文册事例（招取）問罪》

成化二十二年二月内，該兵部尚書馬等〔題〕，查照先年本部奏行在京在外都司衛所該勾逃事故等項軍士文册例，該每年五月以裏賫本部轉發有司清解。故違限期，照依歲報官軍馬騾文册事例。如違十日，差來人員送户部罰米一石。其經該掌（印）〔管〕軍政並首領官員取招，仍照違限日期住俸，吏典依律問罪。如果該衛所依限造册給批，止將差來違誤人員罰運。若將册勾軍士更改、挪移，查對不同者，首領官吏提問，指揮等官住俸。重駁造完，仍限五月以裏送部。各都司官員不行提督、違限者，各照所轄衛分多寡，大率（一）〔以十〕分爲率，三分不完者，〔掌管〕軍政並首領官罰俸一月，該吏提問。緣係申明事例，題准通行天下都司衛所，今後務要依期限造册，查對無差，方許繳部。如賫部册違限，照舊運米、住俸發落。年終不行造完，俱照此例問罪。

《皇明條法事類纂》卷三一《兵部類·申明驛遞應付並處置差使到京人員延住不回及錦衣衛官舍出差違限例》 成化十六年二月二十九日，太子少保兵部尚書余等題，爲申明舊例事。車駕清吏司案呈，該巡按陝西監察御史李敬題，照得在京在外各衙門出使公差人員該支廩給，行三坐五，雖有舊例，但未知以日期而論，抑未審以衙門而論，無卷可查。若以日期而論，每一日行則三升，坐則五升，不准於支。但遇有事情緊急者，一日或行三四程者有之，人未審如何支給？若以衙門而論，倘一日經遇三四處，過處各支叁升，宿處又支五升，則一日卻支一斗以上。議論紛紜，靡有定見。不惟出使人員難於遵守，抑且有司驛遞易於侵欺。天下錢糧日支萬計，事體似小，關繫非輕。如蒙乞敕該部，查照舊例，着爲定法，通行在京在外衙門遵守奉行，庶出使人員無多支之弊，驛分官吏免侵漁之私。具本。該通政司官奏奉聖旨：該部知道。欽此。欽遵抄出送司，案呈到部，照得驛傳之設所繫最重，凡朝廷賫成宣上德、達下情、防奸（究）〔宄〕、誅暴亂、馭夷狄等項機密，且不過旬月之間，賴及天下，可以立待，無成後期者，實非驛使是賴。朝廷着有舊典：應合給驛使，各本部於該賫信字號符驗（站）者，填温字號勘合備開陸路應付驢匹、水路應付站船緣由。於該賫達字號符驗者，則填良字號填合，備開（六）〔水〕路應付站船緣由。於該給驢匹紅舡者，則填恭字號儉字號勘合，俱令會同館應付。有〔職〕名者多支廩給，行路之時，每〔驛〕經過三升，經宿五升。有役者，多支口糧。不拘行路公幹去處，一例俱支一升五合。前項廩給口糧非比俸給，乃是日逐便是使客飯食，以免耽遲所事之故。通計一飯所費，人有貴賤不同。合用柴薪蔬菜、鹽、醬之類僅夠備辦。飯後倘有所剩，盡皆狼籍，撇下在驛，不成別用。以此，使客舊無一日經過兩三驛不支廩給口糧之例。以此小費，是亦加厚使客。揆之事體，計成陪道不得不然。僻静去處或（來）〔未〕貽累，衝要去處，甚是靠損。如（此）〔北〕京抵南京水路，站舡一只，止載一人，舡隻有限，使客無窮，循環遞送，自夜達旦，略無休歇，使人實可矜憫。中間亦有不才官吏人等，〔不〕體朝廷立法初意，凡遇使客到來，廩給口糧，不與做飯，止是支與粗米。知使客人於何處舂搗，人於何處做造，辛苦情狀，此其大概，積弊至此，情可痛恨。方圖舉行禁約間，今該前因，若不體念人情，申明舊例，便利官民，何以杜塞弊源，增重治體，用臻實效，合無先盡舊例無弊、次將事宜可行者，總爲斟酌，刊印榜文，通發天下司府州翻（看）〔刊〕，就用司、府、州印鈐給發所屬驛遞，張掛曉諭禁約。不係司、府、州所屬者一體給發，大意以不致頃刻稽留使客爲主，廩給口糧務須與其做飯，不願做飯者方許支與細米，期在上不虧官、下不損氏，永爲遵守。敢有違誤者，官員聽巡按監察御史按察司等官拿〔問〕，吏典以下聽合干上司行提問罪，使客有犯生事、勒指等罪，赴京者該驛備行本部，回還者備行本管衙門，照例參拿究治，刊印榜文合用匠料紙劄等項，行令順天府支給官錢買用。奉聖旨：是。欽此。欽遵。

計開相沿舊〔例〕今合斟酌申明事宜：

一、使客該支給者多係有職之人，如使（搜）〔便〕道經過非公處，每驛則支三升。如本等公幹去處，經過每驛亦支三升，止宿則支五升。一日經過兩三驛以上俱許支給，但止宿者於次日起程，不許〔擅〕立名色，多支起關廩米，違者，治盜支之罪。其跟隨内外官員，在外久住有職之人，例支口糧，不在此限。

一、從征總領軍官並跟隨頭目，例該日行一程，止許關支。非公幹去處，止支廩給一次。

一、使客該支口糧者，多係有役之人。不拘便道經過、止宿去處，及本等公幹經過、止宿去處，每驛俱支一升五合。一日經過兩三驛以上，俱許支給。多支起關米者，罪同盜支。其跟隨巡撫、巡按、清軍、刷卷、巡監、巡河、盤糧、勘事（勘）〔等〕項有役之人，例支廩給，不在此限。

一、從征官軍例該户部填勘合給與行糧。日行一程，止許關支一次。

一、該賫信字號符驗者，須填温字號勘合，應〔付〕驢匹站船，凡琉（琉）〔球〕、安南、占城等國進貢回還使至，俱支廩給：（六）〔陸〕路與驢匹，水路量與站舡；從人不支米，陸路與驢匹，水路量與舡隻。南京太常寺差守赴京關領香帛等件，支廩給：陸路與驢匹，量撥遞運所人夫扛送；水路與站舡。凡南京並鳳陽差墳户、陵户、杜長赴京關領制帛等項回還，水路與站舡裝送，家人不支米，無腳力，本舡帶去。今擬陸路兩人與驢一頭，並量撥遞軍所人夫扛送。凡南京大理寺差來官，係干請旨待報發落，（囚）〔俱〕支廩給：水路與站舡；若非官，支口糧。凡南京各衙差郎中、主事、御史、給事中等官，並各處鎮守總兵官、巡撫、巡（按）視、撫治、巡按、副參、游擊等官差官赴京奏事公幹等項回還，俱支廩給：內有順（積）〔賫〕緊急旨意公文者，陸路與驢匹，水路與站舡；若非官，〔支〕口糧。

一、該賫達字號符驗者，類填良字號勘合，應付馬匹、站舡。凡賫詔敕諭及飛報軍務重事，及奉特旨差使人員，俱支稟給：陸路雙馬，水路與站舡。公侯駙馬伯都督，各許帶從人一名，支口糧，與驢匹。其公差、巡按、清軍、刷卷、巡鹽、巡河、盤糧、勘事、巡捕等項官員，並旗校一體支廩給：陸路與中等馬，水路與站舡。凡衍聖公並顏孟二氏五經博士年例赴京往回，俱支廩給：內衍聖公往回，俱起上等馬，水路與站舡。如回還用馬快舡一體量撥；陸路與車輛，水路俱要與人夫皂隸等項。二氏博士往回，俱起中等馬匹。內衍聖公差來掌書，支廩給與驢匹，醫獸、家人、廟丁俱支口糧。無腳力，今擬二人與驢一匹。凡親王、郡王、與鎮守總兵官、巡撫、巡按、三司等官差、儀賓、千百户等官進表箋、進貢、繳敕、謝恩，並奏機密賊情、緊急聲息等項重事，俱支廩給：陵路與雙（關）〔馬〕，水路與站舡。有進貢之物者，量撥遞運所人夫扛送。其餘乞恩、回奏、繳册、繳圖、軍器、糧草、燒〔柴〕等項不急常事，一體支廩給：陸路與驢匹，水路與站舡；非官者，支口糧。親王郡王每年春秋各許一次差人奏事，其餘官員常事，雖積五六起以上，類差一人。違者，先將差來人拿問。

凡正一嗣教大真人，並隨行法司人等，自貴溪縣起至南京，大真人陸路與上等馬一匹，法師與驢一匹，俱支廩給。水路與站舡三隻，紅舡二隻，法使、家人俱本舡裝載，家人不支米。南京至北京會同館，水路與站船一隻，馬舡一隻，快舡一隻，陸路與車輛。水路俱與軍衛有司遞運所皂隸火夫。

凡南京各衙門差郎中、主事、御史、給事中等官，並各處鎮守總兵、巡撫、巡視、撫治、巡按，並副參、游擊等官差赴京奏事公幹等項回還，俱支稟給。內有順賫十分緊急旨意公文者，陸路與下等馬，遇夜深與夫馬。水路與站舡，若（夫）〔非〕官，支口糧。

凡非京官在京領敕起任，如提〔舉〕學校、整飭兵備之類，陸路與雙馬，（船）水路站船不支廩給。

凡朝鮮國差來使臣，俱支廩給：與下等馬、車輛；從〔人〕不支米，與驢匹。

凡南京五府、六部等衙門差進表箋官，俱支廩馳驛。水路，府部堂上官，各與馬船一隻，府部屬官共與馬船一隻，原起站船止是倒關，不許重坐。如違，聽該驛舉奏。若河東陸，路仍依舊例而行。兩京太僕寺官止許如府部官馳驛例。

凡來降夷人，俱支廩給：陸路與下等馬，車輛；水路與站船。人多，與馬快船、紅舡。

一、填給恭字號勘合者，應付驢匹、紅船。

凡在京各衙門差郎中、員外郎、主事、御史等官，不及百里巡視倉場等項，止支廩給，不與腳力。

凡南京五府，六部等衙門差郎中、主事、御史、給事中等官，並各處鎮守總兵、巡撫、巡（按）〔視〕、撫治、巡按、副參、游擊等官差官赴京奏事等項回還，俱支廩給。陸路與驢匹，水路與紅船。內有順賫常行旨意公文者並同。若非官，支口糧。

凡親王、郡王差儀賓、千户、百户等官回還，俱支廩給。總小旗俱支口糧。一（例）〔律〕與驢匹。軍校止支口糧。今擬二人與驢一匹。

凡雲南、貴州都、布、按三司，四川、陝西行都司差官進表箋，俱支廩給與驢匹。

凡留守司，並各處都、布、按三司等官，及行太僕寺、苑馬寺，俱不係親管民衙門，今擬差人赴京奏事公幹回還，係官者支廩給。非官者，支口糧。內有順賫十分緊急旨意公文者，陸路與下等馬，遇夜添有夫馬；水路與站船。其餘不拘有職、有役之人，不曾順賫公文並雖賫公文不係緊急者，俱與驢匹。內行太僕寺、苑馬寺所差人來時，亦如此例。

凡虜中走回人口，不堪收充勇士者，與婦女一體支口糧，與驢匹，送回原管官司，給親完娶。

凡各處清軍文册，順付吏部並復職、新除官賫去各該司、府、衛、所清理，俱不支米。陸路與驢匹。水路與紅船。

一、該填德字號勘合者應付驢匹、紅船。

凡在京在外病故官員遺下家口還鄉者，俱支口糧。陸路與驢匹、車輛。水路與紅船。除授雲南官員亦如此例，但不支米。

凡哈密、乩加思蘭、赤斤蒙古等地面差來使臣人等，具支廩給與下馬、車輛，其餘與驢匹。行李等項就前項車（兩）〔輛〕帶去。

凡朵顔三衛、建州等衛差來進貢人員，俱支廩給與給車輛。都督、都指揮俱與下等馬，其餘俱前項車輛帶去。無脚力。

凡四川、雲南、貴州、湖廣（馬）〔烏〕思藏、董卜諱胡土官、通事、把番、僧人等，陝西岷州、洮州，西寧番人、番僧人等，俱支廩給。陸路與驢匹、車輛。水路與紅船。內賫有敕書者，陸路與下等馬。水路與站船。此外貴州、湖廣土官衙門頭目、舍人、官族、土人、從人、土民人等，俱支口糧。無脚力，今擬二人與驢一匹。

一、錦衣衛官舍差賫敕書旨意，往各王府、總兵鎮守等官處，本部務要計算路程遠近，就馳驛關文上定限，幾日到（被）〔彼〕，幾日至京，違限誤事者，具奏定奪。

一、差往山西、陝西、甘肅、寧（下）〔夏〕等處公幹人員，只照陸路應付馬驢。不給水路驛船。事完回至衛輝，止照原關乘坐馬驢回京。若有故違勒要應付船隻者，許該管官司指實呈達奏聞。今擬前項去處赴京公幹人員，亦合如前例，果有患病，事非得已，勘實方准。

一、差使到京人員在京延住半月之上，不行回還者，將所得脚力悉與革去，果有患病，事非得已，勘實方准。

一、南京差撥赴京重載馬快船，軍三分，民七分，上水撥夫一十名，下水五名。

今擬新增事宜：

一、凡赴京奏事公幹人員回還，前項勘合應與站船，係官者二人與一隻，非官者四人與一隻，共關文一紙。應與紅船，係官者四人與一隻，非官者六人與一隻，共關文一紙。紅舡大者遞加。至直隸揚州府驛遞衙門有該分路者，方許分關。若一時無相應同舡官員，要行附帶非官者，聽，從兩官共船之例。

一、前項勘合該載應付已往使客，一時查理恐有未盡，臨期再查比例應付。

一、公差官員人等應有文卷並關領旗牌火印火藥之類，合用人力扛送者，量爲應付遞運所等衙門人夫。

一、兩京會同館並天下都、布、按三司府衛應該職掌驛傳等衙門，凡遇應付使客之時，須將榜文通看一次，既不致遺漏各條相關之意，自可省違條不法之罪。

《皇明條法事類纂》附編《有司行文各衛並管屯官處提人會問，三個月不到，將該管官員參提住俸》一件公務事。弘治五年十月內，該户部等衙門尚書等官題，准今後衛所並管屯軍職，若有司行文前去提人，遷延三個月以上，不行拘帶前來會問者，備申巡撫、巡按官處，將該管官員參提住俸，候事方完，許關支。其該管官員被提之後，若有延推調半年不出官者，俱照此例脱逃事例問發。通行天下問刑衙門，若行文所屬軍衛、有司提人，遷延三個月上不到者，將經該官員住俸，待事完之日，方許關支，半年不到者，經該官員參奏問罪。其不到之人，照依爲事脱逃事例問發。

弘治七年九月初十日，都察院右都御史屠等題，爲修舉職業，裨益鹽法、河道事。河南道呈奉本院劄付，准户部咨山東清吏司，呈奉本部，送該户科抄出巡按直隸監察御史榮華奏前事內，一件申明憲綱。臣伏睹憲綱內一（疑）〔款〕凡都察院並監察御史、按察司，綱紀所係，其任非輕，行事之際，一應諸衙門官員人等，不許挾私沮壞。違，杖八十。若有干礙合問人數，敢無故占吝不法者，與犯人同罪。欽此。欽遵。臣於接管御史汪鋐卷內，查得一宗捉獲私鹽事。弘治六年七月內，牌提泗州衛犯人許衡，至〔今〕不見解院參提，首領官兵不解到。又一宗爲鹽法事。弘治六年十一月內，牌提壽州衛違慢首領官，至今半年之上不到。臣接管之初，又經查提，而各該掌印官中間，或有通同受囑情弊，自恃已行，例該請旨，方許提問人數，一時難以究治，又兼臣職掌只是鹽法一事，以此沮壞占吝不法。看得前御史汪因行事沮滯結憂而死，或由此等官員不肯奉行敕諭，今乃敢仍沮壞占吝。臣一人行事沮滯，不足顧惜，其如輕慢朝廷法度何？臣尤恐所屬各府州聞之一例效尤。臣若逐一舉參，恐煩瀆聖聽，不行參奏，則事事不舉，鹽法大壞。臣固得安靖之名，豈不上欺君父，自速罪戾哉？臣愚乞敕該衙門計議合無行。臣今後但有行屬參提左貳首領官吏，依限解報。如公文到彼一個月，無故占吝不法者，就將例請旨，掌印官住俸，人到方許支俸，三個月不發者，革去冠帶，參奏問罪。如此，則御史免曠職之罪，屬不到占吝沮壞憲體，而鹽法易施行。開坐具本奏。奉聖旨：該衙門知道。欽此。欽遵。（拙）〔抄〕出到部。看係都察院掌印，移咨備劄到院。查得見行事例，今後衛所並管屯軍職，若有司行文前去提人，會同遷延三個月以上不到者，備申巡撫、巡按官處，將該管官員被提之後，若有延（挫）〔誤〕推調半年不出官者，俱照爲事脫逃事例問得，具呈到院。看得：巡按監察御史榮華奏稱：今後，行屬參提佐貳首領官吏，依限解報。如公文到彼一個月，無故占吝發者，就將例該請旨；印掌官住俸，人到方許支俸，三個月不到者，革去冠帶，參奏問罪一節。緣在外官吏，玩法者多誠有前弊，合當究治，雖查有前例，止言軍衛，不及有司，然撥之事，一體難分兩途，合無通行天下問刑衙門，今後若行文所屬軍衛、有司提人，遷延三個月以上不到者，將該管官員住俸，待事完之日，方許關支，半年不到者，經該官員參奏問罪。其不到之人，照爲事脫逃事例問發如法。則法令歸一，姦頑（之）〔知〕儆。關係事例及奉欽依該衙門知道，事理未敢擅便，具題。次日奉聖旨：是。欽此。欽遵。

《吏部條例・除授給由官員違礙新例》 一、今後新官到任，比對本部文憑字號，期限相同，方許到任管事。如字號期限不相同，即係詐僞，拿送合干上司究問。

一、今後給由官員給領批文之後，除水程外，但過違四個月之上到部者，照例送問。若過違一年之上到部者，聽本部備查曠職廢事緣由，奏請革職。中間雖有患病印信文憑，俱不准理。

一、今後到任官員，若有過違限期、水程憑限外，河南、山東、山西、陝西、南北直隸，違憑限二個月之上；浙江、江西、湖廣、福建，違限三個月之上；雲南、貴州、四川、廣東、廣西，違限四個月之上：應奏者，指實參奏；應提問者，徑自提問。中間若果係患病三個月之上，不能痊愈者，具告本管官司，明白具奏，行勘明白，方免提問。若所在官朦朧出給患帖、結狀者，事發，問擬枉法贓罪。若違限一年之上，照例就將本官起送赴部，革職爲民。其布、按二司齎進賀慶表箋官員違限者，一體參究。

（明）佚名《新纂四六合律判語》卷下《兵律・驛使稽程》 諮諏拜教，既分使節之榮。靡及興懷，當職皇華之義。蓋璽書之鄭重，宜驛馬之馳驅。能勤接淅之行，庶事在公之役。今某徒然泄泄，罔效駪駪。奔走候人虛糜廩餼，徘徊驛路頓越程期。真爲玩日愒時，何以達情宣德。豈心懷於畏道，抑志切於埋輪。張綱事見前。得無謂使虜之蘇卿，蘇武使北虜，留十九年，始歸。數載尚羈於北海。獨不問城齊之山甫，八鸞遄返於東方。欲懲驛使之愆，合正刑官之法。

《節行事例・官吏更姓給由丁憂起復等項事例》 一、官吏給由，以考滿日爲始，各照原定年限赴部。如年限已滿，限內在途患病半年或七八個月者，以所在官司病痊起程日期爲始，每日一站算程，到京有病帖者准。若病八個月之上者，雖有病帖亦不准。遭風者有所在官司文憑者，准三個月。若給由到部，違年限四日者，不問；四日之上者，送問。【略】

一、凡官吏給由赴部水程，其十三布政司與南直隸俱限一年到部，北直隸限半年。

一、領憑赴任，若違憑限半年之上不到任者，雖有中途患病文帖，不准照例送問。過違一年之上者，不許到任，起送革職爲民。成化六年三月二十五日奏行。

《皇明詔令》卷一二《景皇帝・上皇還京寬恤詔景泰元年八月十九日》

一、考滿給由、丁憂起復、公差等項官吏人等，往回各有程限，如遇事故，俱有可信文憑。或文憑過違十日以下，悉免送問。

《皇明詔令》卷一七《孝宗敬皇帝·即位詔成化二十三年九月初六日》

一、給由、給假、起復等項官吏人等，除例限外，有違一月之上者，雖無文憑，免其問罪。其吏典或因地方災傷及告上納糧草違限，例該重歷者，悉免重歷；已發重歷者，聽發實歷。

《大明律疏附例所載續例附考及新例·新例·吏例·官員赴任過限》

一、弘治十五年九月內，吏部議擬到任官繳憑違限，除水程憑限外，河南、山東、山西、陝西、南北直隸違限二個月，浙江、江西、湖廣、福建違限三個月，雲南、貴州、四川、廣東、廣西違限四個月之上，提問參奏。若果着實患病三個月之上，具告本管官司，備由具奏勘明，方免提問。一年之上者，照例革職爲民。其布按二司賫進慶賀表箋官員違限者，一體參究等因題。奉孝宗皇帝聖旨：是。你們便出榜禁約，敢有違犯的，治罪不饒。欽此。嘉靖三年九月又該本部題稱：赴任官員，但有憑限並水程外違限半年之上者，不許准信患帖，照例送部別用，一年之上，革職爲民。嘉靖七年五月本部通查前例申明題，奉聖旨：是。你部裏還申明舊例，通行在外各該衙門，今後選除陞遷、公差、考滿、赴任等項官員，務要着實扣算，但有託故違限的，提問參究，不許容隱。欽此。

《大明律疏附例所載續例附考及新例·新例補遺·吏例》　一、嘉靖十四年正月，吏部題准：來朝官員回任，將原來批文，查照水程，定與限期。有過違一月之上者，問罪；兩月之上者，送部別用；三月之上者罷職不叙。監司容隱不舉者，同罪。

《大明律疏附例所載續例附考及新例·續例附考·吏例·官員赴任過限》　一、朝覲官照進表官事例，事畢之日，給批回任。過違期限，將俸糧截日住支，到日方許支俸管事。若限外過違二月之上到任者，暫令管事，仍不支俸，聽巡撫、巡按查提問罪。若過限一年之上不到任者，起送赴部，革職爲民。

《重修問刑條例》　一、凡官員三年任滿給由，以領文日爲始，除水程外，若到部過限四個月之上，送問。一年之上，發回致仕。其九年任滿者，一年之上，送問；二年之上，發回致仕。雖有事故，並不准理。附官吏給由條後

《重修問刑條例》　一、在外赴任官員過違限期，除水程憑限外，河南、山東、山西、陝西、南北直隸違限兩個月之上，浙江、江西、湖廣、福建違限三個月之上，雲、貴、四川、兩廣違限四個月之上。應提問者提問，應參奏者奏請提問。仍將問過招由，繳吏部查考。中間若果患病三個月之上不愈者，許告所在官司，具奏行勘明白，方免提問。所在官司朦朧出給患帖結狀，事發一體參提究問。有贓者以枉法科斷。若違限一年之上，起送赴部，革職爲民。其布、按二司賫進慶賀表箋，並給由官員復任違限者，一體參問。附官員赴任過限條後。

《軍政條例類考》卷三《清審條例·催比勘合》　一、今後司、府、州、縣、衛、所等衙門，但有承行查理勘合，隨即開報清軍御史，每年三月終，將上年十一月終止勘合比較。近者五日內，遠者十日內完報。以十分爲率，一分不完者，司、府、州、縣、衛、所委官取招住俸。三分不完者，前項經該官員取招住俸，該吏委官提問住俸。五品以上並軍職，照例奏請，責令通行完報，方許支俸。取問過招由，俱繳本部，轉行吏部紀録，以稽勤怠。成化十四年。

《軍政條例類考》卷三《清審條例·司府號簿》　一、各處布政司並所屬南北直隸府、州、縣，各置空白簿一扇，送清軍察院，用印鈐記，領回收住。每遇屬縣例解軍丁，將充發來歷，連軍解妻小姓氏，赴院掛號解發。嚴限取獲批收至日，辨驗真僞並有無違限，明白註銷。清軍御史並布、按、清軍官巡歷至日，吊簿查考。如徒置號簿而漫不經心致有弊者，參究施行。正德六年。

《軍政條例類考》卷三《清審條例·比較批回》　一、各處清軍御史，嚴督各該清軍官，將每年解過軍士查案，照名依限比較取獲批收銷照。毋容下人作弊。成化十三年。

《軍政條例類考》卷三《清審條例·後湖查册》　一、後湖查理管册科道官，今後如有解到查册者，務要躬親前去監督，檢出該圖歷年文册，備細揭查，抄謄一樣三紙在官。仍將解去原、被里老人等公同審驗是的，即將前抄册由用印鈐號。原、被各給一紙，送該衙門回文查照。正德六年。

《軍政條例類考》卷四《解發條例·長解違限一年充軍》　一、各處

有司起解逃軍及軍人軍丁，務要量地遠近，定立程限，責令長解人等依限管送。送長解人等縱容在家，遷延不即起程，照依傍例，違限半年之上者，依律坐罪。一年之上者，收發附近衛所充軍。犯人發邊遠充軍。宣德四年。

《軍政條例類考》卷四《解發條例·長解受財違限充軍》 一、今後凡有新發充軍，長解人等受財脱放及違限者，比照違限一年事例，亦發附近衛所充軍。正德七年。

（明）雷夢麟《讀律瑣言》卷二《官員赴任過限》 凡已除官員在京者，以除授日爲始，在外者以領照會日爲始，各依已定程限赴任。若無故過限者，一日笞一十，每十日加一等，罪止杖八十，竝附過還職。若代官已到，舊官各照已定限期交割户口、錢糧、刑名等項，及應有卷宗籍册完備，無故十日之外，不離任所者，依赴任過限論減二等。其中途阻風被盜患病喪事不能前進者，聽於所在官司給憑，以備照勘。若有規避詐冒不實者，從重論。當該官司符同保勘者，罪同。

瑣言曰：已除官員在京者，以除授日爲始，在外者以領照會日爲始。在外惟布政司官闕照會，其餘衙門皆闕劄付，言照會舉其重者，以例其餘也。夫外官以領照會日爲始，則自領照會之日算起，過違限期方坐其罪。近來多自出給照會之日算起，輒問違限，遂有照會未領而限期已過者，殊失律意，且非人情。若京官已承除授，外官已領照會，無故而過違憑限者，一日笞一十。每十日加一等，至七十一日上，罪止杖八十，不論京外官，竝附過還職。若代官已到，舊官不行照依已定親官憑限交割該管事務，無故十日之外不離任所者，依赴任過限減二等。七十一日之上，罪止杖六十，其中途阻風、被盜、患病、喪事不能前進者，即非無故聽於所在官司告給印信文憑，以備到任之日照勘免罪。若有規避詐冒不實者，從所規避詐冒之罪重者論。符同保勘者，與規避詐冒之人罪同。若有受財者，仍以枉法論。

（明）雷夢麟《讀律瑣言》卷三《官文書稽程》 凡官文書稽程者，一日吏典笞一十，三日加一等，罪止笞四十，首領官各減一等。若各衙門遇有所屬申稟公事隨即詳議可否，明白定奪，回報。若當該官吏不與果決，含糊行移，互相推調，以致耽誤公事者，杖八十。其所屬將可行事件不行區處，作疑申稟者，罪亦如之。其所行公事已果決行移或有未絶或不完者，自依官文書稽程論罪。

瑣言曰：諸衙門文書，小事五日程，中事十日程，大事二十日程，此外不了而稽遲程限者，一日吏典笞一十，三日加一等，罪止笞四十。首領官各減一等，長官佐二官不坐。若各衙門上司官遇所屬有事申稟公事，即當詳議可行與否，明白定奪，回報所屬衙門，使其知所遵守，或行或止，不致耽誤稽程。若不與果決，含糊行移，所屬衙門互相推調，以致耽誤公事，則上司無定處矣。罪在上司官吏，杖八十。下司將可行事件不行區處，作疑申稟，以致上司難於果決者，則下司無定論矣。罪在下司官吏，亦杖八十。其所行公事若上司已果決行移，而所屬衙門有所遵行而未絶，或不完者，自依官文書稽程論。曰未絶者自一事言，雖已遵行猶未結絶。曰不完者自數事言，雖有了當尚不全完，亦各計日科之。

《嘉靖新例·吏例·職制·官員赴任過限》 一、嘉靖叁年玖月拾肆日題準，赴任過限官員，提問如律科罪。違限半年以上，不許准信患帖，送部調用。一年以上，革職爲民。考滿公差復任違限，通照例行。

一、嘉靖柒年伍月吏部題准，選除陞遷公差考滿赴任等項官員，俱照弘治拾伍年玖月本部議准繳憑違限事例，除水程憑限外，河南、山東、山西、陝西、南北直隷違限貳個月，浙江、江西、湖廣、福建違限三個月，雲南、貴州、四川、廣東、廣西違限肆個月之上者，提問參奏。若果着實患病叁個月之上，具告本管官司，備由具奏勘明，方免提問。若所在官司朦朧出給患病結狀，事發問以枉法贓罪。違限壹年之上者，革職爲民。其布按貳司賫進慶賀表箋官員違限者，一體參究。

《嘉隆新例》 嘉靖三年九月十四日吏部題，奉欽依：赴任過限官員提問如律科罪。違限半年之上者不許准信患帖，照例起送赴部調用。一年之上，革職爲民。考滿公差復任違限，通照例行本部新題准重定水程例限：

北直隷：

順天府水程二日；隆慶州水程四日；
保安州水程五日；保定府水程五日；
河間府水程七日；真定府水程九日；
永平府水程九日；順德府水程十五日；
廣平府水程十六日；大名府水程二十日。
以上水程外，限二個月。

南直隸：
徐州原水程三十七日，今改擬二十七日；
淮安府水程三十日；
鳳陽府原水程三十日，今改擬三十五日；
廬州府水程三十五日；和州水程三十六日；
滁州水程三十六日；揚州府水程三十九日；
應天府水程四十日；鎮江府水程四十日；
太平府水程四十三日；常州府水程四十五日；
寧國府水程四十五日；池州府水程四十六日；
廣德州水程四十六日；蘇州府水程四十九日；
安慶府水程五十日；松江府水程五十二日；
徽州府水程五十六日。
以上水程外，限二個月。

山西布政司：
遼州水程十七日；大同府水程十七日；
太原府水程二十日；
汾州原水程三十日，今改擬二十三日；
潞安府水程二十五日；沁州水程二十八日；
澤州原水程二十四日；今改擬二十八日；平陽府水程三十二日。

山東布政司：
東昌府水程十八日；濟南府水程二十日；
青州府水程二十日；兗州府水程二十五日；
萊州府水程二十六日；登州府水程二十八日。
以上水程外，限二個月。

河南布政司：
彰德府原水程三十二日，今改擬二十六日；
衛輝府原水程三十五日，今改擬二十九日；
開封府水程三十日；汝州水程三十二日。
懷慶府原水程三十日，今改擬三十二日；
河南府水程三十三日；
南陽府原水程三十二日，今改擬三十七日；
汝寧府原水程三十二日，今改擬三十九日；
以上水程外，限二個月。

陝西布政司：
西安府水程四十二日；鳳翔府水程四十五日；
慶陽府水程五十日；
延安府原水程四十日，今改擬五十二日；
平涼府水程五十二日；鞏昌府水程五十五日。
以上水程外，限二個月。
臨洮府水程六十一日；漢中府水程六十二日。
以上水程外，限二個月，寬一十日。

浙江布政司：
嘉興府水程五十日，杭州府水程五十二日；
湖州府水程五十二日；紹興府水程五十六日；
嚴州府水程五十八日。
以上水程外，限二個月。
寧波府水程六十一日；金華府水程六十四日；
衢州府水程六十七日；
臺州府原水程七十一日；今改擬六十八日；
處州府水程七十日；温州府水程七十七日。
以上水程外，限二個月，寬一十日。

江西布政司：
南康府水程五十一日；九江府水程五十五日；
以上水程外，限二個月。

南昌府水程六十日；饒州府水程六十一日；
瑞州府水程六十四日；臨江府水程六十五日；
廣信府原水程七十五日，今改擬七十一日；
吉安府水程七十一日；撫州府水程七十三日；
建昌府水程七十五日；袁州府水程七十九日。
以上水程外，限二個月，寬一十日。
贛州府水程八十二日；南安府水程九十日。
以上水程外，限二個月，寬二十日。
湖廣布政司：
黄州府水程五十日；
襄陽府原水程九十日，今改擬五十日；
德安府原水程七十二日，今改擬五十二日；
承天府原水程八十三日，今改擬五十二日；
鄖陽府原水程九十三日，今改擬五十二日；
武昌府水程五十四日；
漢陽府原水程六十五日，今改擬五十六日；
以上水程外，限二個月。
沔陽州水程七十日；岳州府水程七十一日
荊州府原水程八十日，今改擬七十一日；
以上水程外，限二個月，寬一十日。
常德府原水程八十三日；長沙府水程八十日；
辰州府原水程九十日，今改擬八十三日；
寶慶府原水程九十五日，今改擬八十三日；
衡州府水程九十日；
郴州原水程一百日，今改擬九十日；
永州府原水程八十七日，今改擬九十二日；
靖州原水程一百二日，今改擬九十五日；
以上水程外，限二個月，寬二十日。
福建布政司：
建寧府水程七十三日；延平府水程七十五日；
邵武府水程七十八日。
以上水程外，限二個月，寬一十日。
福州府水程八十日；汀州府水程八十五日；
興化府水程八十五日；泉州府水程九十日；
漳州府水程九十四日。
以上水程外，限二個月，寬二十日。
四川布政司：
保寧府原水程一百日，今改擬七十日；
夔州府原水程一百日，今改擬七十五日；
成都府原水程一百四十五日，今改擬七十五日；
以上水程外，限二個月，寬一十日。
重慶府原水程一百二十五日，今改擬八十日；
順慶府原水程一百一十八日，今改擬八十日；
潼川州原水程一百六日，今改擬八十日；
眉州原水程一百三十日，今改擬八十日；
瀘州原水程一百二十三日，今改擬八十二日；
嘉定州原水程一百三十日，今改擬八十五日；
叙州府原水程一百二十日，今改擬八十五日；
邛州原水程一百三十五日，今改擬八十五日；
馬湖府原水程一百日，今改擬八十五日；
雅州原水程一百三十二日，今改擬八十五日。
以上水程外，限二個月，寬二十日。
廣東布政司：
南雄府原水程一百日，今改擬九十五日；
以上水程外，限二個月，寬二十日。
韶州府水程一百日；
肇慶府水程一百一十三日；
廣州府水程一百一十三日；
高州府水程一百三十七日，今改擬一百二十日；
潮州府原水程一百四十九日，今改擬一百二十日；

惠州府水程一百二十二日；
瓊州府水程一百三十三日；
廉州府水程一百三十六日；
雷州府水程一百三十七日。
以上水程外，限二個月，寬一個月。
廣西布政司：
桂林府原水程一百一十四日，今改擬一百日；
平樂府原水程一百二十二日，今改擬一百一十日；
梧州府水程一百二十六日；
柳州府水程一百二十七日；
慶遠府水程一百三十日；
潯州府水程一百三十八日；
田州府水程一百三十九日；
龍州水程一百三十九日；
泗城州水程一百四十四日；
南寧府水程一百四十七日；
太平府水程一百五十九日；
思明府水程一百六十日。
以上水程外，限二個月，寬一個月。
雲南布政司：
曲靖軍民府水程一百一十六日；
雲南府水程一百二十日；
澂江府水程一百二十四日；
姚安軍民府原水程一百三十日，今改擬一百二十五日；
廣西府水程一百二十六日；
臨安府水程一百二十六日；
楚雄府水程一百二十七日；
蒙化府水程一百二十八日；
廣南府水程一百三十四日；
大理府水程一百三十四日；
鶴慶府水程一百三十八日；
景東府水程一百三十七日，今改擬一百四十日。
以上水程外，限二個月，寬一個月。
貴州布政司：
黎平府水程一百三日；
思南府水程一百一十二日；
銅仁府水程一百一十三日；
石阡府水程一百一十三日；
思州府水程一百一十六日；
鎮遠府水程一百一十八日；
貴州宣慰使司水程一百三十五日。
以上水程外，限二個月，寬一個月。

《嘉隆新例·吏例》 隆慶二年二月吏部題准，陞除州縣正官，赴任過違憑限者，聽巡按御史照依《朝覲回任事例》，一月之上問罪，兩月之上送部別用，三月之上罷職不叙。監司不舉者，同罪。

《嘉隆新例·吏例》 嘉靖　年　月吏部申明舊例題，奉欽依：來朝官員回任，將各官原來批文，查照水程定與限期，但有過違原限一月之上者，問罪；兩月之上者，送部別用；三月之上者，罷職不叙。監司容隱不舉者，同罪。

《嘉隆新例·吏例》 隆慶四年七月吏部題准，申明京官養病及期赴部，方准叙用。若到部在三年之外，雖稱三年之内給文，仍照違限罷職不叙其三年赴部。又稱中途患病者，照有疾致仕。

《嘉隆新例·吏例》 萬曆三年五月吏部題准，今後赴任違限，方面佐貳大小官員，俱照弘治十五年、嘉靖三年題准事例。違限半年以上者，送部別用。一年以上者，革職爲民。半年以下者，止照律例問罪發落。五品以上，照舊奏奪。六品以下官，應該提問、起送、革職者，徑自照例施行，不必瀆奏。

（明）佚名《新纂四六合律判語》卷上《吏律·官員赴任過限》 因材授官，昭代重群英之選；計程註日，銓司嚴一定之期。既捧檄以榮行，宜快鞭於先着。今某公朝通籍，私路多岐。故爲關節之防，敢越及瓜之限；道無豺虎，空埋華轂於都亭；醉別鵷鸞，遂詫錦衣於故里。不念除書之鄭重，只知光景之流連。海隅假疾病之稱，淮浦詭風波之險。狥情行止，何如張浚之單舟；張浚爲鄢陵令，即單舟赴任，家屬悉置之。肆意優游，反笑王尊之叱馭。合收威於夏楚，《記》：夏楚以收其威。夏、楚，二物也，鞭扑之刑。庸示警於臣工。

（明）佚名《新纂四六合律判語》卷上《吏律·官文書稽程》 公事無大小，推行允籍於移文；官守貴慎勤，裁決宜循於程限。安可之勵精之政，豈宜習怠緩之風。今某玩法自甘，欺公太甚，罔念簿書之鞅掌；《詩》：王事鞅掌。肆爾荒寧，弗思案牘之勞形，居然逸豫。籍言孔子政成於三年，反笑劉公事決於一日。積滯無嫌於盈几，優游不免於經旬。穆文斷決如流，固非所望；孫賀恪謹匪懈，獨不可師。宜膺市撻之羞，薄示齊刑之警。

（明）佚名《新纂四六合律判語》卷上《户律·收糧違限》 軍國之需，既有資於田賦；粟米之入，宜無越於程期。雖用一緩二之規，孟書備載；而兩税三限之法，唐史恪遵。欲富積於公儲，先嚴申於甲令。今某心安厭怠，事樂因循。五月鳴蜩，夏税尚虚於倉廩；三陽成象，秋徵猶滯於閭閻。凶年寧值於堯災，蠲租豈承於漢詔？縱此心專保障，然非尹鐸之賢；毋謂政拙催科，自附陽成之美。徒恤編民之蛇毒，竟忘戍卒之龜腸。龜不食，善於導息，故稱空腹曰龜腸。罰無貸於姦民，罪嫌加於慢令。

（明）佚名《新纂四六合律判語》卷上《兵律·公事應行稽程》 土工荒度，娶塗山四日即行。玁狁内侵，載常服六月就道。故遲速關事機之成敗，而呼吸係軍國之安危。使徇意以稽違，豈盡心於職分。今某惟思便己，罔恤偷安。自謂懷光之逗留不進，敢云桓温之拜表即行。視公事爲緩圖，置移文於高閣。連瓜及代，不思齊侯見殺管連。按事緩行，安忍絮舜受誅張敞。張敞以嚴延年事連及，命吏絮舜探之。舜還，私語曰：五日京兆耳。敞以他事殺絮舜。無心效職，故意淹留。昔莊賈違日中之期，穰苴爲齊將，請齊侯愛臣爲監軍，齊侯以莊賈往，苴約曰：日中當至。賈過期方至，苴立斬之，三軍電肅。在穰苴則不赦。顧淮陰負同陵約，爲吕后斷而必誅。合寘憲章，用警荒怠。

（明）佚名《新纂四六合律判語》卷上《工律·造作過限》 造作之巧，固有籍乎良工。省試之勤，當弗違於定限。庶幾居肆之美，自無漫令之愆。今某罔習精專，惟知怠緩。漫勞杼柚，機絲尚寄於虚名；徒事爐錘，戎器猶虧於實數。況無充於歲課，固已越夫常期。踰歷春冬，不濟緩急之用。稽多歲月，徒知餼廩之糜。弗念雲錦段匹也。之麗朝霞，將入篚筐之貢。豈思霜鋒寶劍也。之淬秋水，欲資寇敵之防。工匠之罰攸宜，官吏之刑應坐。

《大明會典》卷一六七《刑部·律例·郵驛·遞送公文》 凡鋪兵遞送公文，晝夜須行三百里，稽留三刻笞二十，每三刻加一等，罪止笞五十。其公文到鋪，不問角數多少，須要隨即遞送，不許等待後來文書，違者鋪司笞二十。

凡鋪兵遞送公文，若磨擦及破壞封皮，不動原封者，一角笞二十，每三角加一等，罪止杖六十。若損壞公文一角，笞四十。每二角加一等，罪止杖八十。若沉匿公文，及拆動原封者，一角杖六十，每一角加一等，罪止杖一百。若事干軍情機密文書，不拘角數，即杖一百。有所規避者，各從重論。其鋪司不告舉者，與犯人同罪。若已告舉而所在官司，不即受理施行者，各減犯人罪二等。

凡各縣鋪長，專一於槩管鋪分，往來巡視，提調官吏，每月一次，親臨各鋪刷勘。若失於檢舉者，通計公文稽留，及磨擦破壞封皮，不動原封，十件以上，鋪長笞四十，提調吏典笞三十，官笞二十。若損壞及沉匿公文，若拆動原封者，與鋪兵同罪，提調吏典減一等，官又減一等。府州提調官吏，失於檢舉者，各遞減一等。

一、各鋪司兵，若有無藉之徒，不容正身應當用强包攬多取工錢，致將公文稽遲沉匿等項，問罪，旗軍發邊衛，民並軍丁人等發附近，俱充軍。其問調官，該吏鋪長，各治以罪。

《大明會典》卷一六七《刑部·律例·郵驛·驛使稽程》 凡出使，馳驛違限，常事一日笞二十，每三日加一等，罪止杖六十。軍情重事加三等，因而失誤軍機者，斬。若各驛官，故將好馬藏匿，推故不即應付，以致違限者，對問明白，罪坐驛官，其遇水漲路道，阻礙經行者不坐。若驛使承受官司文書，誤不依題寫去處，錯去他所而違限者，減二等，事干軍務者不減，若由公文題寫錯者，罪坐題寫之人，驛使不坐。

一、各處水馬驛遞運所夫役，巡檢司弓兵，若有用强包攬，不容正身著役，多取工錢害人，攪擾衙門者，問罪。旗軍調發邊衛，民並軍丁人等發附近，俱充軍，其官吏通同縱容者，各治以罪。若不曾用强多取工錢者，不在此例。

一、南北直隸山東等處，各屬馬驛，僉到馬頭，情願雇募土民代役者聽。若用强包攬者，問罪。旗軍發邊衛，民並軍丁人等發附近，俱充軍。其有光棍交通包攬之徒，將正身姓名，捏寫虛約，投託官豪勳戚之家，前去原藉，妄拏正身家屬，逼勒取財者，所在官司，應提問者提問，應奏人員羈留奏請提問，俱照前例充軍。該管官司，坐視縱容者，叅究治罪。

一、會同館夫供役三年，轉發該管官司，收當民差，另僉解補。不許過役，更易姓名，捏故僉補，違者，官吏一體坐罪。若五年以上，不行替役，及近館無籍軍民人等，用强攬當者，俱問發邊衛充軍。

《大明會典》卷一六七《刑部·律例·郵驛·公事應行稽程》　凡公事，有應起解官物，囚徒畜產差人管送，而輒稽留，及事有期限而違者，一日笞二十，每三日加一等，罪止笞五十。若起解軍需隨征供給，而管送違限者，各加二等，罪止杖一百。以致臨敵缺乏誤軍機者，斬。若承差人誤不依題寫去處，錯去他所，以致違限者減二等。事干軍務者，不減。若由公文題寫錯者，罪坐題寫之人。

（明）余繼登《典故紀聞》卷一六　孝廟勵精政事，恐諸司題覆躭延，特諭六部都察院，凡天下奏事有旨令即看詳以聞者，覆奏無過二日。看詳以聞者，無過三日。事干他司須行查者，無過十日。遇有軍機重務及重大事情，寬五日。

（明）余繼登《典故紀聞》卷一六　弘治十二年九月有旨諭內閣，今後凡有擬票文書，卿等自行書封密進，不許令人代寫。於是大學士劉健等言，內閣之職，輔佐朝廷，裁決政務，中間事情誠爲秘密，在祖宗朝凡有諮訪論議，或親賜臨幸，或召見便殿，或奉天門或左順門，屏開左右，造膝面諭。如宣宗屢幸內閣，御座所在，至今臣等不敢中座。英宗視朝將罷，不時面召李賢。憲宗嘗召李賢、陳文彭，時上有密旨則用御前之寶封示，下有章疏則用文淵閣印封進，直至御前開拆。今朝叅講讀之外，不得復奉天顔，朝廷有命令必傳之太監，太監傳之管文書官，管文書官方傳至臣等。內閣有陳說必達之管文書官，管文書官達至太監，太監乃進至御前。至于謄寫，例委之制勑房，中書耳目太廣，不無漏泄，緣臣等不習楷書，字畫鈍拙，不能一一自寫，除事理重大者自行書寫封進，其餘乞容中書代寫，皇上若有諮議，乞照祖宗故事，或詔臣等面諭，或親賜御批數字封下，使臣等有所遵奉，庶情得通達，事無漏泄，孝廟嘉納之。

（明）史繼辰等《增修條例備考》卷二《都察院·覆奏限期二十二》

一、嘉靖九年四月內都察院題該刑科給事中趙廷端等題爲申飭誕慢以重詔令事，內稱邇來陛下明習庶政，事多親裁，凡在臣僚所宜夙夜奮庸夫何怠玩承之絶無明作之實姑，即臣等該科抄出者論之，有奉上緊字樣旨意公文延至數月未覆者，有司中送道互相推調不收問者，有勘問未終輒調司改道者，有託以行提訪拿未到故爲延緩任其訴辯抗擾者，有在外撫按勘奏事情及轉詳等項經久不與覆奏致使奏辯踵至未得正法者，其餘循常准行事件動經旬朔，其在外撫按等官奉行部院咨行勘劄等項，事涉難處則延挨停閣以須交代，至有經數年而未報者。凡此非狥情則避怨，其能不使無辜逮繫久淹而姦頑展轉得計乎。伏願斟酌緩急，更爲裁定覆奏之期，申勑部院永久遵奉等因，該本院覆議得合行府部司院各衙門，查照嘉靖三年欽奉聖旨便看了來說的覆奏不過三日，看了來說的不過五日，若事干隔別衙門該行查的不過半月，其餘但有上緊字樣，傳奉事理及干涉權姦勘問覆奏重事，並撫按奏報轉詳等項，毋得互相推調故爲延緩，本院仍將歷年咨劄各撫按官勘合通行查出催行完報，仍有過期違慢，本院查較叅究，覆奉欽依備行遵照。

（明）佚名《重刻律條告示活套》卷一《官文書稽程》　前件巡按監察御史某爲禁約事。照得公文往來所以宣上德而達下情，固不可緩。官吏奉行，所以盡職而修業，亦不可惰。今訪得按屬衙門將一應公文或鋪舍稽遲，全不查究，以致司兵倣傚，有一二時不肯遞送者，甚至五六日不肯遞送者，時延一時，日延一日，事本緊急如石投水，或官吏沉匿全不舉行，以致事務躭悞，有一二月不肯完銷者，甚至終年不肯完銷者。月延一月，年復一年，事本重大如視故紙，似此弊端實爲可恨。若不禁約，深爲未便，合出告示發仰按屬大小衙門並各鋪舍常川張掛曉諭，今後文書到鋪，務要明開某時人某時出，遞送司兵某人。文書到官亦要明開某日到，某日銷，承行該吏某人。待月終舖送經該州縣官送經管分巡一一備細查考。如有稽遲，各徑提問，其私開實封，增減情罪者，申呈本院從重問遣，決不輕恕。

《明實録》景泰三年八月　乙亥，兵部奏：山東、河南在京更番操備官軍，都指揮吴勣等三百餘人，過限三月，而猶未至。乞移文巡按御史執問解京，依例將旗軍人等，全家調戍邊衛，官降三等，終身守邊。從之。

《明實録》成化元年十月　甲申，命諸司覆奏毋過五日。時都院决囚失於覆奏，檢舉請罪，上俱宥之，仍諭六部臣曰：天工人其代之，若事當行而緩於覆奏，是怠天工也，其可乎？自今各衙門一應奏題旨意即明白覆奏發落，毋得稽緩，五日不覆奏者，該科劾之。

《明實録》成化十年六月　己巳，山東按察使王琳歲報勘合劄付違限。御史請治其罪，詔宥之。

《明實録》弘治十三年正月　〔己卯〕巡按福建監察御史胡華言六事：一、嚴期限。郡縣有司不可乏人，邇來朝覲給由者，曠越日久，廢改爲甚。乞以出京爲率，除水程外，違一月者逮問，二月以上者不許到任，給由者，除往回水程外，再除二月在京聽考。此外，違一月者逮問，二月以上，不許到任，悉聽巡按監察御史稽考。

《明實録》正德三年二月　〔庚辰〕勒服闋稱病四川道監察御史吴學爲民，學違限八月，吏部擬致仕。劉瑾矯命黜之。

《明實録》正德五年六月　戊申，調行人司副蔣愷爲霸州判官。愷華亭人，因差往南京枉道至武進，請其父一見，被逮命降二級，調外。吏部言新例公差枉道過三程，在家一日者不原，今愷止枉一日，宜免降。乃得對品調焉。

《明實録》嘉靖三十年六月　〔壬戌〕革大理寺卿李香職，閑住，以赴任違限故也。

《明實録》嘉靖三十一年七月　癸巳，以赴任違限革浙江布政使司參政曹汴職，閑住。

《明實録》嘉靖三十三年十一月　甲子，降順天府尹扈永通爲河南按察司副使。永通自應天府升任至京，吏部劾其赴任違限，請罰治。得旨：近年升任官肆意回籍，曠廢職業，永通姑降二級，調外任用。今後兩京大臣凡到任延遲者，從實參奏。

《明實録》天啓六年十一月　〔辛巳〕削太僕寺寺丞韓于宣籍，爲民，以奉差違限及門户私人之罪止。升尚寶司卿馮時行爲太僕寺少卿。

《明仁宗寶訓》卷二《宥過》　永樂八年二月甲辰，上爲皇太子監國，南京廣德州知州楊翰以公事稽程被逮，州民耆老二百餘人詣闕言翰善於撫字，百姓賴之，乞貸罪還職。上曰：有耆老二百餘人言其事，必有及民之政矣，稽緩公事小過，可恕也。遂遣行人齎書就道諭之復職，仍賜鈔三百貫。

名諱分部

綜　述

《洪武永樂榜文》　洪武二十六年十二月十五日，爲禁約事。照得各處軍民人等，多有將太祖、聖孫、龍孫、黃孫、王孫、太叔、太兄、太弟、太師、太傅、太保、大夫、待詔、博士、太醫、太監、大官、郎中字樣，以爲名字稱呼，有乖名分，理合出榜曉諭改正。敢有仍前違犯，治以重罪。奉聖旨：是。醫人止許稱醫士、醫人、醫者。不許稱太醫、大夫、郎中。梳頭人止許稱梳篦人，或稱整容，不許稱待詔。官員之家火者，止許稱閽者，不許稱太監。

（明）何廣《律解辯疑・大明律卷第三・上書奏事犯諱》　凡上書，若奏事誤犯御名及廟諱者，杖八十。餘文書誤犯者，笞四十。（止）皆不坐罪。

議曰：聲音相似，如，禹與雨之類。

若上書及奏事錯誤，當言原免而言不免，當言千石而言十石之類，有害於事者，（止）勿論。

議曰：若上書奏事，謂不僉書姓名，不填小日之類，及行款不依式者，並依奏事錯誤論。其在外州縣等衙門，與在京六部等衙門，本無行移，若或錯誤驀越申者，亦依申六部及其餘衙門錯誤論。

（明）何廣《律解辯疑・大明律卷第十二・失誤朝賀》　凡朝賀及迎接詔書，所司不預先告示者，笞四十。其已承告示而失誤者，罪亦如之。

議曰：罪亦如之，謂已承告示而失誤，笞四十。故云罪亦如之。

《節行事例・官吏更姓給由丁憂起復等項事例》　一、凡官吏人等，或年幼過房乞養，欲復本姓者，經由吏部移文原籍官司，體勘是實，及官幼名改諱具奏，改正貼黃，仍行知會移咨户部，改附籍册，吏員人等幼名改諱者，移文本部准改。

一、凡軍官或年幼過房乞養，今將本姓或幼名到兵部更改，必須明著緣由，奏聞准改，仍將改換緣由續附貼黃。

《嘉靖新例・吏例・公式・上書奏事犯諱》　一、嘉靖元年都察院題准，今後各衙門題本文書内，權字不必迴避。

（明）沈德符《萬曆野獲編》卷一《避諱》　古來帝王避諱甚嚴，如唐元宗諱隆基，則劉知幾改名。宋欽宗諱桓，則併嫌名丸字避之，科場韻脚用丸字者，皆黜落。高宗諱構，則併勾字諱之，至改句龍氏爲緱氏。蓋同音宜避，亦臣子至情宜然，唯本朝則此禁稍寬，然有極異者，如懿文太子既有謚號矣，何以少帝仍名允炆，蓋當時已改尊稱爲興宗康皇帝，猶爲有説，而建年號音同御名，舉朝稱之凡四年，何以不少諱也。至建文二子，長名文奎，次曰文圭，其音又與炆字無少異，又何也。豈拘於太祖所定帝系相傳之二十字耶，似亦宜變而通之。當時方、黃諸大儒在事，紛紛偃武修文，何以不議及此。至後章謚號。又犯太祖御諱，抑更異矣。

《明實録》正統十二年九月　丙申，禮部奏：山西布政司正統十二年鄉試，小録所出《詩經》題内維周之楨，其楨字犯楚昭王諱，不曾回避。考試官學録郭明鬱、教諭吴驥，同考試官知縣黄子嘉，提調官左布政使右璞、左參政來鑒；監試官按察使林文秩、僉事黄文政，俱應問罪。上宥之，但令巡案監察御史取各官罪狀，考試官及同考俱罰俸一月，提調、監試官紀録還職，仍移文申諭，戒毋再犯。

《明實録》嘉靖十七年十一月　丙子，詔禁各處游民及罷黜生員潛居京師，建言希用者。時，定遠縣生員黃淮獻《大明中興頌》，誤書獻皇帝廟號承天府名。章下禮部，以爲宜加禁治，故有是命。

《明史》卷五一《禮志・廟諱》　天啓元年正月從禮部奏，凡從點水加各字者，俱改爲雒，從木加交字者，俱改爲較。惟督學稱較字未宜，應改爲學政。各王府及文武職官，有犯廟諱御名者，悉改之。

清朝部

公文分部

論　說

《清實録》雍正三年六月　丁卯朔，諭內閣：昔聖祖仁皇帝明目達聰，無微不照，而關係國計民生之事，尤殷採訪，屢降諭旨，令內外臣工各抒所見，不時條奏。無非欲洞悉下情，興利剔弊，期臻上理也。在廷諸臣不能仰體聖懷，未見有剴切敷陳，裨益政事者。如科道等官之章奏，或請開例捐納，或請開設礦廠，或請節省錢糧，種種假公濟私之處，不可枚舉，皆在聖祖仁皇帝洞鑒之中。故近年來，條奏之事，聖心裁擇其可行者，見之施行，其不可行者，概置勿用。而言官之不得遂其私者，反有聖祖仁皇帝不甚納諫之妄議。此等小人情狀，朕在藩邸，知之甚悉，疾之甚深。故臨禦以來，諄諄告誡，期其各矢公忠，直陳無隱。夫條奏者，原欲上以匡君，下以澤民，非爲臣子沽名之具也。朕原有旨，即密奏中朕不行者，若有真知灼見，力懇施行，仍准其露章陳奏，非必止於密奏也。因念諸臣之欲進言者，或多所顧忌，或恐招怨尤，或有牽制之情，或有不便顯言之處，故令各人密封進呈。其中言有可采，而易於招怨者，朕將摺內職名裁去發出，或令諸臣會議，或即見諸施行，而外間不知何人所奏。其所以如此者，無非欲人人盡其所言，無所瞻顧回避，而朕得收聽言之實效，于治理大有裨益也。乃有詐偽之人，因所奏既行，而誇耀於人者，亦有因裁去銜名無可稽考，竟將他人陳奏之事據爲己有者，亦有謂出之自朕托言諸臣而實非諸臣之條奏者，種種浮言，深可痛恨。又常見人文集中，有擬稿未上之奏疏。夫既有此疏，何以未上。既云未上，何故存稿。此乃欺罔之徒，內懷詐偽，外托忠誠。遇事不敢直言，故飾虛詞，傳播人口，以欺世盜名也。且更有以特恩施行之事，而冒爲己功者。如蠲免蘇松浮糧一事，系户部所奏，恩自朕出，並無一人條陳，近聞有人自稱爲彼之密奏者，人而無恥，至於此極。朕念爲政之道，首在得人，故自即位以來，于文武大小臣工，皆留意簡選。而于伊等陛見之日，必召入面詢，親加訓誨，欲其潔己奉公，勤修職業，謹守法度，愛養兵民，丁寧誥誡，至再至三。無非諭及內外事務，及勉勵官方之語，而諸臣出外，每每任意增減，多方粉飾，以誇示於衆，竟有與原降諭旨，甚不相符者，此皆大有關係。著凡文武官員曾經面奉諭旨，除不能記載者，俱將訓旨，一一詳細將年月日一同繕寫進呈。內外文武大臣，著自行封進，其不應摺奏之員，著封固交與該上司轉奏。自今以後，凡面奉諭旨者，俱著繕寫進呈，若不繕寫進呈，但私相傳播，及私自記載者，即係假捏旨意，定當從重治罪。

綜　述

《盛京滿文檔案中的律令》崇德元年六月　初六日，聖汗諭曰：初我國之人，未諳典禮，無論言語書詞，不分上下尊卑。今閱古制，凡上言下對，各有分別。自今伊始，定其上下之別。嗣後，凡其文上報，達於汗者，謂之具奏聖汗。達於親王、郡王、貝勒者，謂之啓。達於大臣者，謂之呈。汗之所言，無論書之言之，俱謂之上諭，凡汗出言，謂之降旨，臣工對汗問答，謂之奏言。各庫分稱銀庫、財庫、糧庫。橋謂之市井，舖子謂之商家。各地所用牲畜，謂之户部牧養畜群。教場謂之演武場。沙金者佛法也，嗣後，勿言之爲沙金，以我國語説之爲發芬。至大臣等，勿謂之有職者，曰爲官員們。道喇密一詞爲蒙語，嗣後，無論書之言之，概禁用道喇密一詞，皆用阿爾胡達密一詞。外藩歸降蒙古使者，勿稱額兒欽，若來進牲畜財物，即稱之爲來朝進牲畜財物，若來告事，則謂之來奏言。內外和碩親王、多羅郡王、多羅貝勒等互派之使者，則謂之額兒欽，親王、郡王下遣使者往貝勒、貝子等處，亦謂之額兒欽。未封王之大小貝勒、貝子等之使者，若來親王、郡王處餽送諸物，則不稱額兒欽，謂之餽送之人。〔《滿文老檔》〕

《大清律集解附例》卷三《吏律・公式・增減官吏文書》　凡增減官文書內情節、字樣。者，杖六十。若有所規避，而增減者。杖罪以上，至徒、流。各加規避本罪二等，罪止杖一百、流三千里。未施行者，於加本罪二等上。各減一等。規避死罪者，依常律。其當該官吏自有所避，之罪。增減原定。文案者，罪規避。同。若增減以避遲錯者，笞四十。若行移文書，誤將軍馬、錢糧、刑名重事緊關字樣，傳寫失錯而洗補改正者，吏典笞三十。首領官失於對同，減一等。若洗改而有干礙調撥軍馬，及供給邊方軍需錢糧數目者，首領官、吏典皆杖八十。若有規避故改補者，以增減官文書論。各加本罪二等。未施行者，各於規避加罪上。減一等。若因改補而官司涉疑有礙應付，或至調撥軍馬不敷供給，錢糧不足。因而失誤軍機者，無問故、失，並斬。監候。以該吏爲首。若首領及承發吏，杖一百、流三千里。若非軍馬、錢糧，刑名等事文書，而無規避及常行字樣，偶然誤寫者，皆勿論。

《大清律集解附例》卷一七《兵律·郵驛·邀取實封公文》 凡在外大小各衙門官，但有入遞進呈實封公文至御前，下司被上司非理凌虐，亦許具實封奏。而上司官令人於中途急遞鋪，邀截取回者，不拘遠近，從本鋪鋪司、鋪兵赴所在官司告舉，隨即申呈上司，轉達該部，追究邀截之情。得實，斬。監候。邀截進表文比例。其鋪司、鋪兵容隱不告舉者，各杖一百；若已告舉，而所在官司不即受理施行者，罪亦如之。若邀取實封至六部、察院公文者，各減二等。下司畏上司劾奏而邀取者，比此。

《大清律集解附例》卷一七《兵律·郵驛·遞送公文》 凡鋪兵遞送公文，晝夜須行三百里。稽留三刻，笞二十；每三刻加一等，罪止笞五十。其公文到鋪，不問角數多少，鋪司須要隨即附曆遣兵。遞送，不許等待後來文書。違者，鋪司笞二十。

凡鋪兵遞送公文，若磨擦及破壞封皮，不動原封者，一角笞二十；每三角加一等，罪止杖六十。若損壞公文，不動原封者。一角笞四十，每二角加一等，罪止杖八十。若沉匿公文及拆動原封者，一角杖六十，每一角加一等，罪止杖一百。若事干軍情機密文書，與漏泄不同。不拘角數，即杖一百。有所規避而沉拆者，各從重論。規避罪重，從規避；沉拆罪重，問沉拆。其鋪司不告舉者，與犯人同罪；若已告舉，而所在官司不即受理施行者，各減犯人罪二等。

凡各縣鋪長，專一於概管鋪分往來巡視，提調官吏，每月一次親臨各鋪刷勘。若有奸弊，失於檢舉者，通計公文稽留，及磨擦破壞封皮不動原封，十件以上，鋪長笞四十，提調吏典笞三十，官笞二十。若損壞及沉匿公文，若拆動原封者，鋪長與鋪兵同罪，提調吏典減一等，官又減一等。府、州提調官吏失於檢舉者，各遞減一等。

條例

一、無印信文字，不許入遞。

一、各鋪司兵，若有無稽之徒，不容正身應當，用強包攬，多取工錢，致將公文稽遲、沉匿等項，問罪，旗軍發邊衛，民並軍丁人等發附近，俱充軍。其提調官，該吏鋪長，各治以罪。

（清）鄭端《日知堂文集》卷三《狀式》 爲酌發狀式事，照得古以金矢聽辭，懸式象魏，明白顯易，共知共聞，雖兩造俱陳而天良難昧，枉直不謬而是非自明。及至人心不古，以健訟爲能，口不能達又惟代書是聽。彼代書者，止罔利己，何惜陷人，若不酌定程式，勢必蔓引無辜，除而諭長吳兩縣，親查考土著誠實之人，給以花押圖記，臨期書寫外，合再示知□屬人等，一體遵行，並將狀式開列於後，違式者一槩不准。

人命告辜式不許多報一處，不許妄增一分，進者看明重究，路遠告辜不得過五日。

本縣某里某人爲毆傷事，有某父伯叔姪兄弟妻子年若干歲。本月某日某時，與某人爲某事多不過四字相争，被某執拏磚石金刃他物，或用拳腳將某父伯叔侄兄弟妻子打有某處傷痕，青紅色長若干濶若干凹若干橫若干，有無骨破，見今着床、不食某人某人見証，爲此據實呈報，伏乞相看案候保辜，責令本犯尋醫調治，上告。

人命告檢式

本縣某里某人爲人命事，某月某日有某父伯叔姪兄弟妻子被某人毆打傷重，某醫調治不痊，至某日某時身死，除傷痕已經報官案候外，伏乞檢驗施行，上告。

告盜情狀式不許多開一物，不許多報一盜，違者重究，仍不准理。

某州某縣人某人爲盜情事，某月某日某更時分強竊盜約有幾名，各持兇器剜透墻房暗偷出，或打開門窗將某拏住用刀割火燎劫去。某物某物若干件，係甚花樣，有何記號。銀錢若干數。整錠散碎，或人口俱驚散，或輪姦某婦女。保甲人等，俱來、通不。救護，或追趕不前，或不知去向。伏乞案候嚴拏，上告。

告辯盜狀式

某府州縣某人爲辯寃事，某平日作何生理，原因某事，不過四字。與現獲賊犯某人有讐，某人某人知證某日某夜某實在某處何幹，某人某人見證今被某賊攀誣，同盜況某見在某鄉約保甲住居，人人共知，乞傳本鄉甲查訪平日果否非爲，容其保救，庶不苦死黑獄，上告。

告姦情狀式

某府某縣某人爲姦情事，財娶到妻、兒婦某氏或妹、女某名，年若干歲，被某人誘姦日久，拐帶財物若干到某地方潛住，或云強姦不從見打劄某處傷痕，或強姦已成見扯破何衣奪下何物氏喊叫何人聽証。或不堪羞忿某日某時自縊刎頸投井。身死某人某人證，上告。

告打詐狀式

某府州縣某人爲打詐事，某月日某人某人指稱衙門指拏盜情將某拏住指何情由，用何兇器，在於某處拷打，見有某傷，詐去財物若干，某人某人證，上告。

告地土狀式田宅同

某府某縣人某人爲地土事，某年月同中某人某人買到某人地若干，價錢若干，已、未經過割，被某人侵占，自量得幾十幾畝幾分幾釐，鄰佑某人某人證，上告。

告婚姻狀式

某府某縣人爲婚姻事，某年月日同媒某人將第幾男某人用財禮或聘禮若干，定某人第幾女某名爲妻，一向，未曾行禮，行禮幾次。至某月日不行知會，用某人某人爲媒改定與某人爲妻，未曾已經成婚，上告。

告賭博狀式

某府某縣某人爲賭博事，某月日某人某人幫某弟姪子孫陸續贏去錢若干，物若干，賣房地若干，某人開場見奪攤場某物，上告。

告陵奪狀式孤幼被人陵奪同此式。

某府某縣某人爲陵奪事，氏某年月喪夫，有子女，無子女。遺下房若干，地若干，頭畜若干，糧食若干，衣服若干。情願守節，被某伯叔兄弟上門打幾次，罵幾次，奪賣某物，又將氏暗許某人強來過取，某人某人證，上告。

告保盜狀式不在本鄉約保甲者，不准保救

某府某縣鄉約保甲鄰佑某人等，共　百　十人，爲寃枉事，本鄉幾甲某人平日作何生理，本分善良並無非爲等事，委因與某有讐，或係快壯某人詐財唆咬。伏乞審明保在，倘有狗情懼惡，妄保真賊者，事發某等同罪，脱逃某等訪拏結狀，情願入招粘卷，所保是實，上告。

告貪汚狀式

某府州縣某人爲貪汚事，某年月日爲何緣故被某官吏某人索詐某銀物若干，某人過付可審，上告。

告故勘狀式

某府州縣某人爲故勘事，某年月日被某官吏挾讐詐財，故將某人拘拏，監禁、拷打身死，某人證，上告。

告科歛狀式

某府州縣某人爲科歛事，某年月日被某官吏某人某人指稱何項名色，科派某人某人銀物若干，某人審證，上告。

告侵欺狀式

某府州縣某人爲侵欺事，某年月日被庫吏、收書某人收掌某項銀物，某人侵盜或於內侵欺若干，某人某簿審證，上告。

告詐騙狀式

某府州縣某人爲詐騙事，被某人專一纂捏無影事蹟，交結衙門人役，某年月日挾騙銀物若干，某人證，上告。

告勢豪狀式

某府州縣某人爲勢豪事，某年月日有某缺用食向某借銀若干兩粟若干石算利過本幾倍，伊將某私家拷打，逼將妻妾子女房地頭畜准折，某人證，上告。

告財產狀式

某府州縣某人爲財產事，某祖父某故遺下房幾所地若干畝、資本銀若干兩、首飾衣物若干件應該某與某伯叔或兄照枝派均分，今某某倚恃尊長，盡行霸去不分，遺約或親隣某人證，上告。

告錢物狀式

某府州縣某人爲錢物事，某人因缺用、食於某年月日向某借去銀若干兩，粟若干石中人某人并借約証，今某人至今幾年，分文不還，屢討延調不與，上告。

告欺害狀式

某府州縣某人爲欺害事，被某與某素有某隙，今某倚恃豪强，於某月日將某無故羅毆，某人証。又至某月日將某田地房舍占去，約有幾畝幾間，上告。

告唆誣狀式

某府州縣某人爲唆誣事，某里某人與某或地土相争、酒醉互嚷以此結讐，某人証。今某或因盗賊或因人命事犯，被某唆某將某掛告同盗、毆，乞准審豁，上告。

告詭隱狀式

某府州縣某人爲詭隱事，被某里某人將自己地土詭寄欺隱若干，□避重差，減扣額糧。某人某册証據，上告。

告抗糧狀式

某府州縣某人爲抗糧事，某人見種地若干糧石，至今升合不納詭作荒逃致某受比賠累，乞准拘究，上告。

告重收狀式

某府州縣某人爲重收事，庫吏、收書某人徵收某項錢糧，不遵部司法馬，大等高稱每兩加耗若干，某人某人證，上告。

以上約畧有此數件，類此者倣而行之，總以直書真情，不必泛引虚詞。

（清）盧崇興《守禾日紀》卷二《告示類·堂規》 照得：本府莅任伊始，振刷方新，酌量寬嚴，申明約束，所有堂規，開列於後：

一、朔望排堂，衆謁晝卯及每日早堂，領文、投文、禀事各項事宜，俱照舊規。

一、晨發頭梆，門皂禀領大門、二門匙鑰，放值宿人出，吏書入廊，辦事皂快齊集伺候。二梆畢，承發科到宅門總領僉套，分發各房門皂禀送薪蔬。三梆畢，門子禀進，捧領印匣籤箱伺候，本府陞堂。其餘吏書，非有公事，不許擅進宅門，違者責革。

一、各房日行稿案，務連原行送查。如已經本府判行一次，即以前次所判印稿，粘同後稿，不必復送原行，慎毋舛漏取咎。

一、稿内錢糧數目俱寫大數，不許寫小一、二等字樣。有應抬頭者，止空一字，即接行直寫，不許高抬空白及遺落旁註語句。如有本府改抹之處，照樣另謄一稿，同僉押送進，其廢稿仍繳，違者重責。

一、每日僉押，務於先一日午、未二時送衙磨對，次早標印封發。如有上司緊急事件，刻不容緩者，許即另束具禀印發，不必匯人僉套。至寫清文内務，須筆畫端正，如潦草錯落至一二字者，責五板，多者遞加懲儆。

一、吏書不將應行文案預送内衙查核登記，乘本府出堂理事，假稱緊件，混請僉發，以致内號無查者，即照舞弊論，當堂責革，不許復入。

一、各房科承行事件，或錢糧舛謬，或供招未協，有應禀駁、禀改者，俱用編號印單具禀，自某科、某字一號起至百號止，完日匯繳，週而復始，其白紙無印、無號禀單，概不許用，違者重責。

一、各屬解到錢糧人犯，批迴先登内號，後方發房。應點發者，具禀點發；應存查者，禀明存查，以便註登内號。如若故違，蔽匿不發，希圖勒措解役者，查出重責。

一、申飭所屬解府錢糧，批迴數目字畫粗大，不許蛛絲蠅脚，致滋弊竇。

一、詞訟止准一原一訴，其續投詞禀，經承不許出牌拘累，違者必究。

一、上司差員，俟放禀事牌，把門人役先取來文送閲，傳諭問話，方許挨序入禀。如有一概縱放上堂嘈雜溷瀆者，把門人役定行重責。

一、本府午堂審事，東西巡風二名，上下巡視，不許閒雜人等在於堂口兩傍站立竊探，止許值日寫供招書二名、經承一名、門子一名，遠侍以備呼唤。如有環擁觀望，土語傳言指點作弊者，除本人重責外，巡風人役併責不饒。

一、皂隸行杖，除真正强盗殺人行兇，大蠹大惡，俱用頭號大板，其餘人犯不得概用重刑，亦不許喘打腿彎。如皂隸受賄聽屬，輕重倒施，立行責革。

一、欽部命盗等案，立有定限，經承務必五日一催，除初次原牌外，五日後第一催牌，又五日發第二催牌，再五日發雷牌。雷牌五日後不至，方發雷籤差催鎖拿經承，不論事之完否，務帶經承回話。若差役以空文回銷，重責四十板，仍另差鎖提，經承倍處。

一、賣差、買差，積弊可恨。今本府事非緊限，總不票差一役。其雷籤之式，高可尺許，闊可六寸，上寫爲某事，註語銷拿違限經承云云，等項緣由。該房於僉押內送進，以憑掣籤標差。其差出役籤，提出另貯，俟差回銷號，再入聽差筒內。則謀差之弊，庶幾可杜。如有經承揑寫原差，希圖套僉者，查出重究。

一、着承發科將奉行一應欽憲等件，另立一簿，開列一件，爲某事、某日奉某衙門牌檄緣由，前件下仍註明經承某人承行，以便按期比較。如奉行怠玩，及違限等情，輕則責革，重則解究。

一、未完號件，本府斷不輕差一役。設有緊急，必需差人者，務依硃限回銷。如違一日，責　板；違三日，責　板；違五日不回銷，收屬監此。

一、監獄重地，提牢吏役，協同司獄，時加巡警，仍設迴風監簿，挨次開列管收，除在四柱，其非奉本府發收，亦必開明某犯奉某衙門收禁，按期送閱，以備查考。

以上各條，爾等務宜洗心滌慮，竦切祗遵。倘以具文褻視，一有干犯，法不稍寬，勿謂本府告誡之不預也。

《大清會典（康熙朝）》卷一二《吏部·處分雜例》　文職處分，職在功司。各衙門因事分類，其處分則例，即附載本條，以便稽考。遇有条劾官員，仍送功司議覆。至有事異例殊，諸司所不能悉載者，彙附於此。

凡官員違悮。康熙九年議准：慶賀表文朝覲計册，舛錯、及遺漏不奏，或遺漏字樣，併借端推諉，或遲延、及不差的當人，途中躭悮遺失者，俱罰俸一年。如用印歪斜模糊顛倒，及未用印信，繕寫潦草，不列職名，併破裂染污者，俱罰俸六個月。督撫亦照此例處分。

凡本章錯悮。康熙六年議准：疏内錯寫官銜，或從旁添註字樣，或舛錯遺落者，啓奏官，及不加詳對之主事，各罰俸一個月。有品級筆帖式錯寫者，罰俸兩個月。無品級筆帖式錯寫者，交刑部議罪。校對字跡與尚書侍郎無涉，免議。

凡貼黄本章互異。康熙十年題准：督撫疏内所有字樣，貼黄内遺漏者，或貼黄内所有字樣，疏内遺漏者。罰俸三個月。

凡墨污本章。康熙六年題准：官員翻譯本章，被墨污者，罰俸一個月。

凡錯寫票籤。康熙九年議准：官員批寫票籤，如將工部知道，錯寫兵部知道者，堂官罰俸一個月，錯寫官罰俸兩個月。

凡刷卷舛錯。康熙九年議准：官員將送刷文卷數目舛錯者，罰俸一個月。十四年議准：堂官罰俸一個月，司官罰俸三個月。

凡錯悮儀注。康熙三年題准：官員不照部定儀注行文，彼此文移舛錯者，罰俸六個月。

凡遺失科抄。康熙六年題准：罰俸兩個月。

凡遺失紅本。康熙十七年議准：遺失紅本者，降一級留任。已奉旨到科，未經到部，即行抄傳報知者，該科官罰俸六個月。傳報之人，交刑部治罪。

凡遺漏行咨。康熙九年題准：官員將革職緣由遺忘，未咨該部者，罰俸兩個月。

《大清會典（康熙朝）》卷五〇《禮部·題奏本式》　國朝定制：臣民具疏上聞者，爲奏本。諸司公事爲題本。順治初，奉諭旨：章奏有體，辭取達意，不貴繁文。着禮部傳示内外各衙門，永爲遵守，迄今奉行，格式列後。順治二年定：凡内外官民題奏本章，不得過三百字。雖刑名錢穀等本，難拘字數，亦不許重複冗長。仍將本中大意，撮爲貼黄，以便覽閲。其貼黄不許過一百字，如有字數溢額，及多開條欵，或貼黄與原本參差異同者，該衙門不得封進，仍以違式糾条。八年議準：題本奏本，各有格式，字畫多少，長短寬窄，原自不同。禮部查照原定格式，通行頒發。申飭：如有違錯，照例察条。一、題本式。每幅六行，一行二十字，格内擡頭二字，平行十八字，出格擡頭加一字，頭行衙門官員姓名疎密，各作一行寫，不限字數，年月下同。若有連名挨次，俱照六行書寫。某衙門某官臣某等謹題爲某事。備事由云云緣係云云事理。未敢擅便，謹題請旨。如不用請旨。止用謹具題知。

某年某月某日某衙門某官臣某題本面上，寫一題字。

此題本體式，長濶照依線限爲準。凡公事用題本，其制比奏本畧小，而字稍大。

一、奏本式。每幅六行，一行二十四字，格内擡頭二字，平行寫二十二字，出格擡頭加一字，衙門官銜或生儒吏典軍民竈匠籍貫姓名疏密，俱作一行書寫，不限字數。右謹奏聞四字，右字平行。謹字奏字，各隔二字。聞字，過幅擡頭，計紙字，在右謹奏前一行，與謹字平，字畫稍小。年月同前，若有連名挨次，俱照六行書寫。

某衙門某官臣某謹奏爲某事。備事由云云。爲此具本。專差原役齎捧、親齎謹具奏聞。

自爲字起，至齎字止，計幾百幾十幾字，紙幾張。

某年某月某日某衙門某官臣某奏本面上，寫一奏字。

此奏本題式。長濶照依線限寫準。若奏私事，不用印。

一、貼黄式。題本後貼黄，用單紙一幅，式與本齊行，字連出格二十一字。前列官銜，後列謹題請旨，同本式。中間照所題情由，簡明撮要，不得冗長，但行數不拘定限，期於幅滿而止。奏本貼黄式，與題本貼黄式同，但奏本貼黄，每行連出格二十五字，後稱謹具奏聞。

（清）陳枚輯《憑山閣增輯留青新集》卷一八黄六鴻《臨政事宜·詳文辯體》 夫詳文者，詳言其事而申之上臺者也。貴在源委清楚，詞意明切，而陳以可否之義。仰候憲裁，其大旨不過刑名錢穀，地方利弊之事。如言刑名，應寬者則據其實可矜恤之情，應嚴者則舉其法無可宥之狀。如言錢穀，應追者則舉其侵呑逋抗之奸，應免者則舉其艱難窮困之苦。至于利所當興，則舉其所以利民者何在。弊所當革，則舉其所以害民者何存。總宜事理透徹出之，委曲詳盡，使閲者誦之，其可喜可怒可泣可悲之情不覺其油然而動，勃然而生，則雖欲不從吾言，以爲可否得乎。夫詳文，亦有司之要務。且詳之其行與否均關有司體面，故事非不得已，亦不可輕易動詳。某昔在郯，有關錢糧驛站數詳，俱蒙上臺充行，豈敢云言堪動聽，亦上臺虚懷憫吏爲然耳。

（清）陳枚輯《憑山閣增輯留青新集》卷一八失名《臨政事宜·告示辯體》 文告以閑邪救敝爲務，然憲示所該者廣，不比監司郡邑止據一地而言。即如兩浙，則澤國之民情土俗異於麓陬，八府之繁簡澆淳，異於三府，然其錢穀刑名，吏治官方，以暨料氓履畆，社鼠城狐，約畧從同耳，故雜舉數端以檃括之。蓋誡約必切中時弊，方於振肅有資。若籠統揣摩，旁見側出，以致依樣葫蘆，胸無成竹，何裨於整頓剔釐之助。抑盡文告而登之不勝書也，將奚借箸乎。亦祇先辨其體，後備其式。如新臨之總約，則於簡切之中，務將崇卑貴賤逐項申明透徹，勿以臚列而反致漏逃。若一節之摘釐，則於詳晰之中，務將前後利弊，徹底拈出指明，勿以單詞而視爲可畧。蓋上行下效，風草相因，事久弊生，提撕警覺，則於久暫之中，又宜隨時申飭也。兹類浙牘較多，然俱挈綱攬要，推行寰寓無不從同，而尤有蒭陳者，未示之前，告誡必先于亟務而次第舉行，既示之後頑梗當申其創懲，而信賞必罰，毋俾下視具文，民嗟套語。則地方之補救。憲紀之。嚴明可爲當世楷模者，實於當事有厚望焉。

（清）陳枚輯《憑山閣增輯留青新集》卷一八黄六鴻《臨政事宜·稟帖辯體》 夫稟帖者，或詳文有不便言，與不必見之詳文，而乃以稟通之也。其詞貴簡凈毋冗，其意貴誠實無欺，其商酌請示之處貴婉曲毋徑情，其申辯剖晰之處貴和平毋躁急，然後覽者易于入目，而亦易于見聽，否則紛紜滿紙，徒費筆墨，恐有未當于上官之意耳。

（清）陳枚輯《憑山閣增輯留青新集》卷一八黄六鴻《臨政事宜·看審辯體》 夫所謂看語，乃上司告詞批審，與本縣詳憲之事，覆批究提而審明具獄之情罪以讞者也。不曰審語而曰看語者，以所讞不敢自居成案，僅看其原情以引律擬罪而仰候憲裁也。所謂審語，乃本縣自准告詞因情判獄，叙其兩造之是非，而斷以己意者，夫不曰看語而曰審語，以王惟在我，直決之以爲定案，而要書其判獄之詞以昭示之也。然看語之難，不在引律，在詞中之頭緒煩多情罪紛雜而能使上官一目已瞭如指掌，固無俟詳覽供招之爲難也。審語之難，不在合式，在原被之匿情膚愬兩証之左袒飾虚而我能折之使彼此輸心允服，因筆之以爲不可移易之爲難也。其法或先斷一語而後序事，或先序事而後斷，必須前後照應。有貼狀附審者，亦須一一序之而又要不失首詞位置，猶乎作文之有輕重也。大事據招供以序事，依律例以斷罪，辯論精詳，使無駁竇能事畢矣。辯論精詳使無駁竇是矣，但係申詳上司之案，未有不駁者，若係欽部件愈駁而其案始可定也。每有招看極妥似無可駁，而上司必尋一滲漏處駁之，故有司比擬既當與不緊要處故留一破綻使爲駁地再詳則爲批允，不則恐將律例未相允協或供招尚屬含糊駁下，未免從頭審理，取供雖仍照原擬具申，不又多費精神而煩紙筆乎，此又不可不知也。

（清）陳枚輯《憑山閣增輯留青新集》卷一八失名《臨政事宜・批駁辯體》　檄批允駁，以簡切謹嚴爲第一義，然亦體有異同，不可不辯。如具詳應允者，條議則覆加看語，批依議。遽飭。行繳內有或允或駁則分別摘發另詳。遇有大同小異則須批某項某條，俱如議可行，但某項未協，亦發另詳。錢糧則掛號批發，察收掣銷。查或欠多解少，務即添檄嚴批速催追。完解，再遲官叅吏究等語。葢隨批檄催，下知儆畏，否則解過些須便將此項又稽矣。故須隨催以緊之耳。刑名則批某犯云云依擬發落繳有贓加批。贓着照追，取庫收繳。有給主，加批取領狀。繳案若別院有行加批，仍候某衙門批示行繳。如具詳應駁者，條議難行單件亦須細摘多欵逐項分臚，務將時勢情法揆度喝明，使受駁者心服。錢糧則批此係解部寺，或撥某餉，刻不容緩，何得混稱民欠莫追恣延，仰速嚴催比限幾日內完解，如再遲延經承提解重處官聽飛叅等語。刑名則據招細勘，或重或輕，簡切扼批駁不可浮蔓游移，反滋疑竇。至于欽案，及詳重獄，更須詳慎推敲，所謂求其生而不得，則死者生者俱無憾矣。若有偏執驀詳，及請發審尤當明辯別批，勿輕狥發，使下懸其穽而不罷，則任喜任怒俱莫施矣。

（清）陳枚輯《憑山閣增輯留青新集》卷一八失名《臨政事宜・咨移辯體》　三臺題稿之外，合用咨移，但咨移有辯，咨則內部外省或本省同官，遇有軍國重務，體須詳明愷切，末用今據准前合咨貴部、貴院煩爲查照咨內事理，速覆施行須至咨者，或銜尊咨，次須用請，爲查照云云。移則同省同官，如總督、將軍、巡撫、提督衙門移會查理禁飭等項，末用今據、惟前因合用手本前去移會貴某衙門煩爲查照施行，或查賜移覆施行須至手本者。至咨、移覆內備來文畧節，遇有奉旨，須全備欽此欽遵。或事在可商未決，亦須婉轉覆明，勿遽率釁開隙。以上體雖易辨，苐於輕重詳畧之間，就事權衡，慎重裁決。爾來世澆下譎，嘗于不經意之中，釀日後費解之竇，故於篇中三致省焉。如開銷一項，近多內部核減，然俱先發後辦而方造報，有經年達部者，有數月達部者，及核減復至而追補之難，反爲經發之累，莫若案驗一到，事緩則估數咨定而後給發，事急則先行量給而即具咨商，得覆在先可免批駁而無核減難覆之慮。總之，一涉錢糧，便當詳慎。若備民瘼，更當痛切。倘係出入刑名，尤當哀矜民命，百分謹凜，方獲萬全。一念好生，九天垂鑒，幸省藿言，功德無量。

（清）陳枚輯《憑山閣增輯留青新集》卷一八失名《臨政事宜・題奏辯體》　疏章以明白愷切爲率，此古今定體也。第於從政，則有題、奏之分。任內公務，具以狀聞則用題本，如薦舉則宜考覈詳慎，葢奉新例，一等二等稱職，俱着保奏則爲數甚多，不比舊舉卓異，僅一二人，稍有未實，貽譽舉主，保後或有改操，亟須摘明預奏，庶免別糾滋累也。如糾核則宜確核備臚。近奉新例，督撫題叅所屬要據實事，必提明揭報，不比臺省風聞，便行入□告，倘無實事，每致駁查，或有所叅，不處不特憲網刓鈍。抑恐被劾心輕也。如奏銷，須磨對欵項，慎清數目，雖已查明，臨發不妨再核，勿可憚煩，以致部駁也。如回奏，須細體外行之意，備揣內慎之因。一切發審，成招具覆，務期得情，協法即有難結展限，雖已得展，亦須作速催完，勿以獲寬泄視，及至限滿，又請再展，益滋迫促也。至如具題犯案，須遵備提刑理刑看語，確符律例罪贓，勿以喜出怒入，致成寃濫漏網。古人判牒不輕下筆，誠以上體好生曲全不忍，不啻陰功無量，抑且夢寐俱安也。至於己事具疏，如請封、請廕、請恩、請卹，以及承襲便明之類，不論官民具奏，俱必援例上請，以便部據覆行，尤當婉轉陳情，謙恭巽順。總之，明白愷切者其體，敬慎凜者其心。雖以疏章具奏，要如面君廷對，則下語自無隕越，所謂天威不違顏咫尺者是也。

（清）陳枚輯《憑山閣增輯留青新集》卷一九《文移便覽》　五軍都督府行照會六部，六部用咨呈五府，六部照會各布按，布按咨呈六部。守省將軍總督提督巡撫總兵官往來用咨文，與總兵照會。總兵上總督等咨呈，督撫鹽三院並關。學院行布按各府仰各經歷呈堂，三司各府照會經歷呈院。布政劄付府縣，各府縣上布政用申文。按察故牒府，府上按察牒呈。各司道分司運使與總兵官提督用咨呈，總兵官提督與司道用照會，副使與各部分司運使往來俱手本，與總兵官用咨文。各道掌印操屯捕等都司簽書守備分司運司及知府往來俱手本移會，副使與州縣用照會，州縣上副使牒呈。府三舘與提督總兵官牒呈，提督用劄付。府三舘與總兵用咨呈，總兵用照會。府行州、州行縣用帖文及牌票，縣上州、州上府用申文，府與同知來往關文，府與通判推官用牒，府行經歷知事用照會牌票仰，經歷知事文府俱呈，府行照磨簡較用故牒牌票仰，照磨簡較上府用牒。一縣與縣丞關，主簿牒，典史照會。典史呈縣，縣丞主簿典史上府俱呈。縣行司獄故牒，司獄牒呈縣，府縣行儒學故牒，府縣學牒呈府縣，府與千戶故牒，千戶牒呈府、府行衛經歷照會，叅將以下各武官見總督用履歷手本，叅遊守備與府三館及縣往來平關手本，掌印屯操捕都司守備千摠等官上巡撫俱用申，巡撫行都司劄付與守備千總用牌票。都司與府館州縣往來平關，劄委都司與布按往來用手本分防標下中軍係部推守備上巡撫用申文。巡撫用劄付，守備與布按及各道俱牒呈，二司各道照會守備，守備與府館州縣及等處分防俱用手本。凡奉行咨關牒曰准、准此。照會曰承准、准此。牌票驗曰抄蒙、蒙此。劄付曰承奉、奉此。凡案照二字是行有前案者，照驗者申上無發下，照詳者申上再發下也。

（清）周夢熊輯《合例判慶雲集·遞送公文兵》 奏申付馬步，爲通遠近之情。封押注日時，用嚴稽留之悮。故披星帶月，不辭跋涉以奔馳。即冒雨衝寒，毋致文函之損壞。今某職司傳送，情屬玩違，三百里之程途，竟忘插羽。十二時之期限，莫問追風。將州縣水旱之情形上達何自，且邊境軍需之申索接引奚從。緩則計刻以予笞，因而失悮者從重。

新例：凡鋪兵遞送公文，晝夜須行三百里。稽留三刻，笞二下。每三刻加一等，罪止笞五十。若磨擦及破壞封皮不動原封者，一角笞二十。每三角，加一等，罪止杖六十。若損壞公文，不動原封，一角，笞四十。每二等，罪止杖八十。若沉匿公文，及拆動原封者，一角，杖六十。每一角加一等，罪止杖一百。若事干軍情機密文書，不拘角數，即杖一百。

（清）周夢熊輯《合例判慶雲集·照刷文卷吏》 文卷者，功罪之憑。治察必由書契照刷者，綜核之法，名實貴乎精詳，倘失漏之，有心便爲奸利。即稽遲之偶遇，亦屬悮公。今某怠玩成習，欺隱爲心，考其遲速于日時，既愆程限。察其文移之首毛，更有乖違。當按其一宗至五宗，以定其罪輕與罪重。官宜減祿，吏合加刑。

新例：凡照刷有司有印信衙門文卷，遲一宗二宗，吏與笞一十。二宗至五宗，笞二十。每五宗加一等，罪止笞四十。府州縣首領官，及倉庫務場局所河泊等官，各減一等。失錯及漏報一宗，吏典笞二十。二宗三宗，笞三十。每三宗加一等，罪止笞五十。官等各減一等。

《大清律例》卷七《吏律·公式·增減官文書》 凡增減官文書內情節、字樣者杖六十。若有所規避，而增減者，杖罪以上至徒流，各加規避本罪二等，罪止杖一百、流三千里，未施行者，於加罪上各減一等。規避死罪者，依常律。其當該官吏，自有所避之罪，增減原定文案者，罪與規避同。若增減以避遲錯者，笞四十。

若行移文書，誤將軍馬、錢糧、刑名重事緊關字樣，傳寫失錯，而洗補改正者，吏典，笞三十。首領官失於對同，減一等。若洗改而有干礙調撥軍馬及供給邊方軍需、錢糧數目者，首領官、吏典、皆杖八十。若有規避故改補者，以增減官文書論。各加本罪二等。未施行者，各於規避加罪上減一等。若因改補，而官司涉疑，有礙應付，或至調撥軍馬不敷，供給錢糧不足，因而失誤軍機者，無問故、失，並斬。監候。以該吏爲首，若首領及承發吏，杖一百、流三千里。若非軍馬、錢糧、刑名等事文書，而無規避，及常行字樣偶然誤寫者，皆勿論。

《大清律例》卷二二《兵律·郵驛·邀取實封公文》 凡在外大小各衙門者，但有入遞進呈實封公文至御前，下司被上司非理陵虐，亦許據實對奏，而上司官令人於中途急遞鋪邀截取回者，不拘遠近，從本鋪鋪司、鋪兵赴所在官司告舉，隨即申呈上司轉達該部奏聞，追究邀截之情得實，斬。監候。邀截進表文比此。其鋪司、鋪兵容隱不告舉者，各杖一百。若已告舉，而所在官司不即受理施行者，罪亦如之。

若邀取實封至六部、察院公文者，各減二等。下司畏上司劾奏而邀取者，比此。

《大清律例》卷二三《刑律·賊盗上·盗制書》 凡盗制書者，若非御寶原書，止抄行者，以官文書論。皆斬。不分首從。

盗各衙門官文書者，皆杖一百，刺字。若有所規避者，或侵欺錢糧，或受財買求之類。從重論。事干係軍機、之錢糧者，皆絞。監候。不分首從。

《大清律例》卷三一《刑律·詐僞·詐為制書》 詐爲，以造作之人爲首從坐罪，轉相謄寫之人非是。凡詐爲原無制書，及增減原有者，已施行，不分首從。皆斬；監候。未施行者，爲首絞。監候；爲從者，減一等。傳寫失錯者，爲首杖一百。爲從者，減一等。

詐爲六部、都察院、將軍、督撫、提鎮守禦緊要隘口衙門文書，套畫押字，盗用印信，及將空紙用印者，必盗用印方坐。皆絞。監候。不分首從。

未施行者，爲首，減一等；爲從，又減一等。詐爲察院、布政司、按察司、府、州、縣衙門印信文書者，爲首杖一百、流三千里；詐爲其餘衙門印信文書者，爲首杖一百、徒三年；爲從者，減一等。未施行者，各分首從減一等。若有規避事重於前事者，從重論。如詐爲出脱人命，以規避抵償，當從本律科斷之類。其詐爲制書文書已施行，及制書文書所至之處。當該官司知而聽行，各與同罪。至死減等。不知者，不坐。一、將印信空紙，捏寫他人文書，投遞官司害人者，依投匿名文書告言人罪者律。盗用欽給關防與印信同有例。

條例

一、詐爲六部等衙門文書，依律問斷外，若詐爲察院、布政司、按察司、府、州、縣及其餘衙門文書，誆騙科斂財物者，問發邊衛充軍。

一、凡詐爲各衙門文書，盗用印信者，不分有無押字，依律坐罪。若止套畫押字，各就所犯事情輕重，查照本等律條科斷。其詐爲六部各司、軍衛各所文書者，俱與其餘衙門同科。

一、通政使司、大理寺、鹽運司部屬各管軍所，仍照其餘衙門擬斷。若情犯深重者，聽臨時查照比依何衙門，具由奏請定奪。

《大清律例》卷三二《刑律・詐僞・詐傳詔旨》 詐傳，以傳出之人爲首從坐罪，轉相傳説之人非是。

凡詐傳詔旨自内而出者，爲首斬；監候；爲從者，杖一百、流三千里。詐傳皇后懿旨、皇太子令旨者，爲首絞。監候；爲從者，杖一百、流三千里。

若詐傳一品、二品衙門官言語，於各屬衙門分付公事，自有所規避者，爲首杖一百、徒三年；三品、四品衙門官言語，有所規避者，爲首杖一百；五品以下衙門官言語者，杖八十；爲從者，各減一等。若得財而詐傳，無礙於法者，計贓，以不枉法；因得財詐傳而變動事情，枉曲法度者，以枉法，各以枉法、不枉法贓罪，與詐傳規避本罪權之。從重論。

其詐傳詔旨，品官言語所至之處，當該官司知而聽行，各與同罪；至死減一等。不知者，不坐。

若内外各衙門追究錢糧，鞫問刑名公事，當該官吏將奏准合行免追免問事理，妄稱奉旨追問者，是亦詐傳之罪。斬。監候。

《大清會典則例（乾隆朝）》卷二一《吏部・考功清吏司・本章》

一、本章違誤。康熙六年題準：本章被墨汚者，將墨汚本章之員罰俸一月。又議準：本章内錯寫官銜、或從旁添字、或錯字者，將不加詳對之主事罰俸一月，錯寫之筆帖式罰俸兩月，堂官免議。九年議準：官員將題本遺漏印信者，罰俸一月。又議準：批寫票籤，如將工部知道錯批兵部知道等類者，大學士罰俸一月，學士罰俸兩月。又題準：督撫將奉旨駁察案件含糊具題者，降一級留任。又題準：督撫將會議事件並未會同議定畫題遽稱合辭題覆者，罰俸六月。十年題準：督撫本内有緊要字貼黄内遺漏或貼黄内所有之字本内遺漏者，罰俸三月。十五年議準：凡官員將慶賀表文計册舛錯或遺漏不奏或遺漏字樣及藉端推諉或遲延及不差的當人塗中躭誤以致水火盗失者，皆罰俸一年。如用印歪斜模糊顛倒失用及繕寫潦草不列職名或破裂染汚者，皆罰俸六月。督撫亦照此例處分。五十四年議準：凡定議事件間有兩議者，每議各有滿漢堂官署名具奏免議。如滿堂官與滿堂官一處，漢堂官與漢堂官一處，各自署名具奏，其奉旨準行者，免其議處，不準行者罰俸六月。又議準：凡奉旨交九卿會議具奏者，九卿意見相同照例畫題，倘別有所見者，各書其意，另寫一欵，一并啓奏。雍正二年諭：嗣後本内援引新例之處不可用新例字樣，繫何年所定之例，只將年分寫入，傳諭内閣交各部衙門通行各省，欽此。三年議準：地方民務大小公事皆用題本，本身私事皆用奏本。如有應用題本而用奏本，應用奏本而用題本者，罰俸三月。六年遵旨議定：凡議革議降官員，除在京各官不必夾籤，外官先經别案革職休致者亦毋庸夾籤外，其見在議處之外官，自知縣以上，遇有降調革職案件，及外任補授之京官因伊原任内案件議處降調革職者，察明該員從前何官，升補及奉有褒嘉諭旨，或經督撫保題並曾奉特旨寬免者，均於本内夾籤進呈。十二年覆準：凡各部院題奏内會稾事件有應行之處皆責令主稾衙門通行知會，不得推諉遲延以專責成。如有推諉遲延及遺漏之處，將主稾衙門照例分别議處。乾隆四年奏準：屬官呈請上司代題代奏事件，如將實在情節不行逐細聲明，含糊呈請，將呈請之員降一級留任。五年議準：凡交代遲延承審遲延與承緝承追不力事件，該督撫皆不必具題，止照例限咨明各部，其處分入彙題完結。又議準：錢糧盗案限滿之日，該督撫停其具題，止咨各部覈明。聽該部照例處分具題。又奏準：凡見任州同縣丞以下微員遇有革職解任事故年老有疾休致並患病調理丁憂終養等項，經各督撫叅送到日，皆照例行文辦理，一面開闕銓選，一面照例彙題。遇有降罰處分，亦照例彙題。降罰革職解任均繫一月彙題，老病休致患病調理丁憂終養均繫半月彙題。其候補州同縣丞以下微末職銜督撫咨叅到日，照例據咨斥革，均附入一月彙題。七年議準：凡題奏內校對册籍事件如司官未經詳察致有遺漏舛錯者，將司官照例議處，未經察出之堂官，免議。十三年諭：向來各處本章有題本、奏本之別，地方公事則用題本，一己之事則用奏本。題本用印，奏本不用印。其式沿自前明，蓋因其時綱紀廢弛，內閣通政司藉公私之名以便上下其手，究之同一入告何必分別名色，著將向用奏本之處槩用題本以示行簡之意，將此載入《會典》，該部通行傳諭知之。欽此。十九年諭：户部議覆陝西廵撫奏請估變西寧縣庫收貯段疋一摺。此案先經該撫咨請部示，户部以不便據咨遽議駁令具奏到日再行辦理。一切政務，惟論其事之可行與否，若事在可行，督撫業已咨部該部復行令具奏及奏到之時原不過照議覆準，徒多往返案牘之繁，甚屬無謂。況部臣奏準與督撫自行陳奏又有何別耶，嗣後督撫咨商各部事件，著該部將應駁者，即行咨駁，準者亦即定議奏聞，毋得沿襲陋習，仍以具文從事，將此傳諭各該部知之。欽此。

一、漏洩本章。康熙十七年議準：凡奉旨事件未到部之先，即行鈔傳報知者，將傳報之人交部治罪，該科給事中罰俸六月。雍正五年遵旨議定：凡陳奏本章，除尋常通行事件照舊承辦外，凡關涉緊要之事，督撫提鎮陳奏本章將副本揭帖用密封字樣投遞，通政使司收到密封副本堂官親拆，別載册籍封固收貯。各部院收到密封揭帖，堂官親拆，交司官密行收貯，謹慎辦理。其督撫提鎮有緊要事件及緝拏人犯之案移咨各部院，亦密封投遞。各部院堂官親拆交司官承辦，在京各部院有緊要事件文移咨呈，亦必密封投遞。其知照各省督撫提鎮文書亦必密封遞發。該督撫提鎮親拆收貯。各省督撫提鎮以至州縣往來公文亦將緊要事件密封投遞，各本官親拆收貯。如將應密之事並不密封以致漏洩者，將封發官察叅。如收受承辦官不行謹慎以致漏洩者，將收受之承辦官察叅。事理重者，降一級留任，輕者罰俸九月。科道官察出不糾叅，罰俸六月。又議準：凡提塘與衙役人等漏洩密封事件，仍照定例分別議處外，其雖非密封，但未經御覽批發之本章即鈔寫刊刻圖利者，該管官失於覺察，該管科道不行察叅，皆照漏洩密封事件例分別議處。其紅本科鈔遍傳天下，應令承辦官詳悉校對，敬謹奉行，如有增減錯漏者，將承辦校對之員照錯誤本章例議處。

一、遺失本章。康熙六年題準：遺失科鈔者，罰俸兩月。十七年議準：遺失紅本者，降一級留任。二十五年議準：官員將誥勅質當者，革職。或蟲蛀損傷，或潮濕破壞染汚，及差人道路差錯者，皆罰俸六月。如被水火盜賊燬失者，免議。仍準題請重給。雍正二年山西廵撫疏稱，河東運判護理運司將欽頒運司上諭並未察收交代，題叅。奉旨著免議，此不過朕之訓飭諭旨，無甚關礙。嗣後朕之訓旨或致遺失水濕染汚毁壞，該督撫提鎮行文內閣奏明給與，不必題叅，該部知道。欽此。乾隆四年遵旨議定：凡已進呈之本章應行發出者，如批本處未發內閣，即行叅奏。內閣未發部院，即行叅奏。該部院未經行文督撫，即行叅奏，不必轉相詢問。若將進呈後之本章，批本處及內閣遺漏未曾交出，別經發覺始行察發，將經手遺漏之員比照將表文遺漏遲延例，罰俸一年。同日該班不行檢察之員照不行詳察例罰俸六月，奏事處亦照此例。若已經交出到部而遺漏，不行知照該處各咨行事件已經議結不行文該處者，將遺漏行文之員照議處經手遺漏各員例察議。至於已經移咨該處，而他處或有遺漏未經知照者，照遺漏行咨例罰俸兩月。又議準：凡有降罰承追等案，一經奉旨，考功司即行文知照文選司，其補官日帶於新任降罰者，應於該員補官日，文選司行文知照，如有遺漏不行知照者，將司官照遺漏行咨例罰俸兩月，書吏治罪。

（清）沈書城《則例便覽》卷八《本章·題奏錯誤》 一、地方公事用題本，本身私事用奏摺。如應題而奏，應奏而題，罰俸三個月。若將應題應奏事件違例咨部者，各該部即據咨分別題奏，將違例之督撫隨案查叅，照違令律議處。如各部推諉咨駁者，照推諉事件例議處。

錯誤本章

一、本章內錯寫官銜，或從旁添字，或錯字者，將不加詳對之主事，罰俸一個月，錯寫之筆帖式，罰錢糧兩個月。其尚書侍郎免議。

貼黄本章互異

一、督撫將本內緊要字貼黄內遺漏，或貼黄內字本內遺漏者，罰俸三個月。

墨汚本章

一、官員將本章被墨汚者，罰俸一個月。

本章失印

一、官員將題本遺漏印信者，罰俸一年。

督撫合詞具題

一、督撫會議事件並未會同議定，晝題遽稱合詞題覆，或未經詳查即行列名者，均罰俸六個月。

含糊具題附含糊呈請題奏

一、督撫將奉旨駁察案件含糊具題者，降一級留任。其屬員呈請上司代題代奏事件不逐細聲明情節含糊呈請者，亦降一級留任。

遺漏沉擱條奏事件

一、歷年准行條奏事件，如有沉擱未行者，准其查明定限補行。若有不便行者，該衙門據實題明更正。倘有陽奉陰違遺漏沉擱等弊，一經發覺，查係遺漏，照經手遺漏例議處。如係沉擱，照沉匿官文書律查議。

漏洩密封本章

一、應密之事封發官並不密封以致漏洩，或收受承辦官不行謹慎以致漏洩，事理重者，降一級留任，輕者罰俸九個月。科道官不查出糾參，罰俸六個月。

違誤表文計册

一、官員將慶賀表文計册舛錯，或遺漏不奏，或遺漏字樣，及藉端推諉或遲延，及不差的當人途中躭誤以致水火盜失者，俱罰俸一年。如用印歪斜糢糊顛倒失用，及繕寫潦草不列職名，或破裂染汚者，俱罰俸六個月，督撫亦照此處分。

遺失紅本科抄

一、官員將科抄遺失者罰俸兩個月，將紅本遺失者，降一級留任。

抄傳未到部事件

一、凡奉旨事件未到部之先即行抄傳報知者，將傳報之人交刑部治罪，該科給事中罰俸六個月。

毀失誥勅

一、官員將誥勅質當者，革職。或蟲蛀損傷，或因潮濕破壞染汚，及差人道路差錯者，俱罰俸六個月。如被水火盜賊毀失者，免議，仍准題請重給。

本章咨文遺漏未發

一、進呈後之本章，批本處及內閣遺漏未曾交出，將經手遺漏之員罰俸一年，同日該班不行檢查之員罰俸六個月，奏事處亦照此例。若已經交出到部而遺漏，不知照該處，及咨行事件已經議結，不行文該處者，將遺漏行文之員照經手遺漏各員例查議。至已經移咨該處，而他處或有遺漏未經知照者，罰俸兩個月。

恭奉諭旨不謄黃宣示

一、恭奉諭旨內有宣示中外知之者，內外文武該管旗民各衙門不行刊刻謄黃張掛曉諭，將該管官照經手遺漏例，罰俸一年。

內行文移兼寫清漢

一、各部院衙門內行文移務須兼寫清漢，如怠於繕寫，該堂官查參，照文册舛錯例罰俸三個月。

在京各衙門文移填寫日期

一、各部院及八旗都統等衙門一應文移倘有僅寫年月不填日期者，收文衙門於每月註銷時送該科道驗明，於註銷本內聲明附參，照造報各項文册遺漏例，罰俸三個月。倘各衙門收文不行查出，照失查檔案例，罰俸兩個月。自填日期者，照官文書增減律，罰俸九個月。

知照降罰等案

一、官員有降罰承追等案，考功司即知照文選司，其補官日帶於新任降罰者，文選司於該員補官日行文知照，如有遺漏照遺漏行咨例，罰俸兩個月，書吏送刑部治罪。

會稿案件主稿衙門行文

一、各部院衙門會題案件兵部係專管武職，凡應行文之處體統與文職各别，聽兵部自行行文。其餘各部俱令主稿衙門通行知會，如有推諉遲延及遺漏之處，將主稿衙門照例議處。

提塘人等抄刻本章

一、凡提塘人等漏洩密封事件，照定例分别議處外，其雖非密封但未經御覽批發之本章即抄寫刋刻圖利者，該管官失於覺察，該管科道不行查參，俱照漏洩密封事件例分別議處。至紅本科抄遍傳天下，承辦官應詳悉較對，如有增減錯漏照錯誤，本章例議處。

應結駁查

一、部院將應結之事駁查者，該稽察之科道查出參奏，將司官罰俸六個月，堂官罰俸三個月。

議叙不得藉端駁查

一、議叙案件間有重複錯誤原卷可以查明者，即查明改正，准與議叙，如混行駁詰，照應結駁查例議處，或不肖官吏藉此需索，交刑部治罪。

刷卷舛錯

一、送刷文卷數目舛錯者，將司官罰俸三個月。

各部院領過物料造册核對

一、各部院所領三庫銀緞顔料等項務於下月初十日内造册咨送都察院交江南道按月查核呈堂於年底彙題，倘不按月咨送遺漏遲延及數目不符，該道參奏，照部院衙門事件遲延註銷遺漏例，分別議處。倘有重支冒領等弊，該道不行查參，照不行詳查例，罰俸六個月，該堂官照疎忽例罰俸三個月。

（清）趙翼《陔餘叢考》卷二七《誥敕》 本朝之制，凡内外文武官所得誥命，皆有撰定文字，各按其品級填寫，雖有大勢力者，欲增損一字不能，所以杜浮僞之風也。按《宋史·孫洙傳》百官遷叙用一定之詞，洙建言羣臣進秩，事理各殊，而同用一詞，或一門之内，數人拜恩，而格以一律，殊爲苟簡，詔自今封贈廕補，每大禮一易，他皆隨等撰定。是宋制所謂大禮一易者，蓋亦有一定誥詞。至明則否。《湧幢小品》云：國朝文臣誥敕，窮工極巧，大失絲綸之體。高拱、張居正雖皆有禁，終不能改。惟勳戚武弁勒爲定式，篇篇一律，即王府至重，然親王而下，壙志亦有定式，未免太泥，倘有應叙功蹟，從何記載乎。則前明之有定式者，惟勳戚武弁，而文臣皆隨時撰作，毋怪乎諛詞滿紙也。《明史·許士柔傳》：故事，贈官誥，屬誥敕房中書職掌。崇禎初，追卹被魏奄所害諸忠臣，則翰林能文者亦爲之。後中書以爲侵官，崇禎三年，仍令誥敕中書爲之。本朝則誥敕不論文武，皆有定式，而碑文祭文，臨時令翰林諸臣撰擬，於禁絶諛僞之中，仍不没人之實，可謂盡善矣。

（清）趙翼《陔餘叢考》卷二二《旨》 旨字古人亦不專以爲君上之稱，《後漢書·曹褒傳》褒爲圉令，有他郡盗入，捕得之。太守馬嚴諷縣殺之，褒敕吏曰：皋陶不爲盗制死刑，令承旨而殺之，是逆天心、順府意也。《三輔決録》游殷以其子託張既，既難違其旨。《宋書》江夏王義恭請以庶人義宣還其屬籍，文帝答詔曰：以公表付外，依旨奉行。是上於臣下所云，亦謂之旨矣。《梁溪漫志》記宋時士大夫名刺未稱裁旨。《甕牖閒評》云本朝君相曰聖旨、鈞旨，太守而下曰台旨，又次曰裁旨。則宋時旨字猶上下通用。

（清）趙翼《陔餘叢考》卷二二《敕》 詔敕爲君上之詞，本漢制。《文心雕龍》曰：漢初定儀命，有四品：一曰策書，二曰制書，三曰詔書，四曰戒敕。蓋本《尚書》敕天之命也。又云：戒敕爲文，實詔之切者。然漢以後敕字猶通用，凡官長之諭其僚屬，尊長之諭其子弟，皆曰敕。《漢書·成帝紀》詔公卿大夫部刺史明申敕守相。又詔公卿申敕百寮，深思天誡。元帝詔吏妨農事，公卿其申敕之。又王尊出教，敕掾功曹各自砥厲。丙吉敕乳母善視皇曾孫。《後漢書》陳寵爲廣漢太守，府中多積骸，寵敕縣盡葬之。《魏略》鮮卑求互市，梁習與之約，相會空城中，遂敕郡縣自將兵往就之。《三國志》高堂隆以郡督軍呼其太守薛悌名，隆即按劍督軍曰：臨臣名君，義之所討也。又高貴鄉公被弑，司馬昭上言：高貴鄉公率兵向臣，臣懼兵刄相接，即敕將士不得有所傷害，乃成濟横入兵陣，公遂隕命。臣今輒敕侍御史收濟家族，結正其罪。龐淯懷匕首欲殺太守張猛，猛知其義士，敕遣不殺。此長官之敕僚屬也。《漢書》韋賢以長子當爲嗣，敕令自免。《後漢書·張純傳》純臨卒敕家丞死後勿議傳國，光武詔其子奮襲爵，奮稱純遺敕，固不肯受。《逸民傳》向子平男女婚嫁既畢，敕斷家事。《魏略》曹操征陶謙，敕家曰：我若不還，往依孟卓。卓謂張邈也。又李豐少時聲稱日隆，其父不願其然，遂令閉門，敕使斷客。《吴書》李衡密於龍門上種橘千株，敕其子曰：千頭木奴，不責汝衣食，歲上絹千匹。《世語》薛夏，天水人，臨終敕其子無還天水。《北史》雷紹臨卒敕其子薄葬。又崔光疾甚，敕子姪等曰：吾荷先帝厚恩，史功不成，殁有遺恨。此尊長之敕子弟也。惟北齊樂陵王百年之被害，因賈德胄奏其嘗作敕字，武成帝因發怒，召使作敕字，與賈所封進相似，乃殺之，則又似專爲君上之用。蓋古時詔敕本自朝廷，而民間口語相沿，亦得通用。至唐顯慶中再定制，必經鳳閣鸞臺，始名爲敕，而其令始嚴。然《唐書》安禄山討契丹，敕人持一繩，欲盡縛之。李愬生母早卒，爲嫡母晋國夫人所養，晋國卒，父晟以愬非嫡子，敕愬服緦，愬不肯。則臣下猶有用敕字者，此或脩書者習用古文之字以爲文，非必當日實事也。《甕牖閒評》云：敕字從束從攴，不從來從力，或作敕字，乃變體書，猶可用也，至乃作勑字，則賚字，非敕字矣。

（清）趙翼《陔餘叢考》卷二六《奏本擡頭》　凡奏事遇至尊，必高其字于衆行之上，蓋自古已然。《魏志》景元元年，詔尊崇燕王之禮，燕王宇乃常道鄉公之父。凡奏事上書稱燕王者，皆上平。可見古時凡稱君上高出本文之上，今曰上平，蓋另行起，而與本文相平，以殺於天子之式耳。

（清）佚名輯《乾隆朝山東憲規》第五册《交代册結先送司彙轉》

東藩粱爲各屬造送交代册結，類多舛錯不符，臚列指飭，以期共相策勵事。云云。嗣後交代册結，務須加意檢點。如無前項所指舛錯遺漏等類，原可隨送隨轉，或因所造款册不甚明晰，不妨於正限未滿之前，先造册結一套，專差經承帶齊緊要卷宗及應需空白具稟投司較覈改正，便可飭令在省繕清，並送府一套，加結投司彙轉。乾隆二十九年九月通行。

（清）佚名輯《乾隆朝山東憲規》第六册　遵旨議奏事。乾隆三十九年八月，府轉布政司通飭，遵照、二十八年廣東巡撫明山奏准，嗣後題報收成分數删除鳌毛零尾開明幾分，或開寫幾分有餘字樣，不得強爲牽合補刊例册通飭。【略】

濟東道章通飭應付過勘牌差使印花，仍照例按月逕送道憲黏貼轉呈並送本府查考。其運銅鉛、銀兩等項，照例黏貼兵牌印花，以免潛行直過失於撥護。乾隆四十年四月。

（清）佚名輯《乾隆朝山東憲規》第五册《各憲通飭》　通飭遵照事。東撫富通飭凡有稟辦地方公務，紅稟内註明所稟事由，以憑批發備查。乾隆三十四年正月行。

（清）佚名輯《乾隆朝山東憲規》第五册《恩賞老民老婦定規》　東撫崔爲通飭遵照事。各州縣嗣後報兩文摺，務將得兩分寸注明，以便覈奏，不得以深透普霑等事了結。乾隆三十一年四月初七日行。

（清）佚名《刑事命案開参・正犯未獲審詳・命案正兇未獲餘犯監候待質已過三年取保釋放詳式》　爲強摘毆傷等事。竊照卑職於乾隆五十五年五月初十日到任，接准前縣鄭移交前署縣馬見龍詳稱：乾隆五十二年九月十四日，據縣民劉卜吉稟稱嗣卜吉傷重死，屍妻張氏報叙，報呈相驗，問供。訊據屍妻劉張氏供。云云。

訊據屍子劉明録、劉衡録同供。云云。

訊據保正李澤秀供因病未同報。云云。

訊據胡維臣、胡良臣同供。云云。

訊據覃先一供。云云。

訊據覃劉氏供。云云。

訊據楊萬輔供。云云。

等供。據此，並據呈繳劉卜吉當約一紙除附卷外，正在具文通報。復於十二月初十日，據該差等拿獲楊萬九到案，隨訊。據楊萬九供。云云。等供。據此，除將楊萬輔、楊萬九收禁，餘俱保候移會鄰邑營汛，並懸立重賞，比差勒拘覃先華，務獲另行究擬外，理合先行通報，奉批。云云叙各憲批。等因。奉此。卑職接任屢經比差勒緝逃兇覃先華未獲。兹查楊萬輔、楊萬九自五十二年十月十九日及十二月初十日先後獲案，監候待質已届三年，未便因正犯未獲，久羈囹圄。隨提案内人證，並監提楊萬輔等研審。除某某等各供俱與原審相同不叙外，審據楊萬輔供。云云。照録初供，添叙：蒙前縣主審訊，小的已經據實供明，劉卜吉實因混罵覃先華，被覃先華用鐵尺打傷領頦，傷重身死。小的並無謀毆情事。現已羈禁三年，只求超釋。

審據楊萬九供。云云。後叙：蒙前縣主審訊已經供明在案。劉卜吉實因向覃先華混罵，被覃先華打傷領頦，傷重身死。小的監禁三年，只求開釋。俟拿獲覃先華到案，赴案質對就是。各等供。據此，該署石門縣知縣馮城審看得，覃先華毆傷劉卜吉身死脱逃未獲，將楊萬輔、楊萬九監候待質一案，緣劉卜吉向租胡維臣等雙窩坑等處地土耕種，乾隆五十二年四月二十三日劉卜吉乏用，將地轉典與楊萬輔、得銀四兩三錢。約是年十月取贖後，劉卜吉將地自種。楊萬輔查知理論，並索典價。經原中李澤秀等約期九月初二日清償。至期劉卜吉無償，楊萬輔氣忿，初九日同妻陳式並邀楊萬九、覃先華、覃先一及鄰婦覃劉氏、陳吴氏、陳孫氏往摘包谷作抵。劉卜吉見而嚷罵趕阻。楊陳氏、覃先一、覃劉氏、陳吴氏、陳孫氏均背簍先走。楊萬九行走落後，劉卜吉趕上抓背簍。楊萬九向後仰跌，順拾柴棍向毆，劉卜吉用手接奪，致傷左手腕。楊萬九跑走，又被劉卜吉趕抓衣服。楊萬九復用柴棍毆傷劉卜吉額顱。經楊萬輔、覃先華勸散。劉卜吉以覃先華不應幫摘向詈。覃先華氣忿，隨用身帶鐵尺打傷劉卜吉頷頦，仰跌墊傷髮際、左脊背。時劉卜吉之妻劉張氏趕赴幫護，被絆跌地磕傷額顱。楊萬輔各自走散。十四日劉卜吉赴縣呈控。經前署令馬見龍驗明傷痕，飭醫調治。飭差拘訊。詎劉卜吉傷重，延至十八日殞命。旋據屍妻報驗，緝獲楊萬輔、楊萬九到案。經該縣訊供通詳，將該犯等監候待質。嗣因限滿，正兇覃先華未獲，將承緝、接緝各職名，分别詳參。奉準部覆在案。卑職到任接准移交，遵即查案。比差勒緝覃先華尚未弋獲。查楊萬輔等監候三年期滿，正犯未獲，例應先將餘犯審結。隨集一干人證，並監提該犯等，逐一研訊。堅供劉卜吉實係在逃之覃先華毆傷頷頦致死，似無遁飾。查例載，人命等案，有正犯未獲，將牽連餘犯監候待質已過三年者，取具的保釋放在外，俟緝獲正犯之日，再行質審。又例載，共毆人傷皆致命，過後身死者，當究明何傷致死，以傷重者坐罪。又律載，餘人各杖一百。各等語。此案楊萬九用棍先毆劉卜吉左手腕，並非致命。後毆額顱雖屬致命，當時劉卜吉尚能詈罵。後被覃先華用鐵尺毆傷頷頦，即仰跌倒地，越九日身死。查原驗屍傷頷頦骨損色紫，其爲覃先華毆傷致死無疑。楊萬九應照餘人律杖一百。楊萬輔邀家強摘包谷雖因劉卜吉施騙典價，事出有因，究屬肇釁釀命，應照不應重律杖八十。覃先一、陳吴氏、覃劉氏、陳孫氏等聽從楊萬輔幫摘包谷，殊屬不合。楊陳氏隨夫邀人摘谷，事犯侵損，應以凡論，均應照不應輕律笞四十。陳吴氏、覃劉氏、陳孫氏、楊陳氏俱係婦人，照例收贖。事犯在乾隆五十五年正月初一日，欽奉恩詔以前，各所得杖笞罪應予援免。陳吴氏等並免追贖。楊萬九、楊萬輔均請照例提禁取具的保，勒緝覃先華務獲到案再行喚質。無干省釋。是否允協，理合詳請憲台俯賜核轉。爲此。

照詳。云云。

（清）佚名《刑事命案開參·正犯未獲審詳·抄録楊萬九在監患病尚未滿三年縣詳請釋司駁批語》 查定例人命等案，有正兇未獲，將餘犯監候待質已過三年者，取具的保釋放在外，俟緝獲正兇之日，再行質審。又乾隆三十五年大理寺奏請。删除等質之例，經部議覆，内稱：案内正犯未獲，而餘犯必藉以證據者，不得不監候待質，庶使正犯獲時無從卸。而又恐弋獲無期，囹圄久繫，是以有監禁三年取保釋放，俟獲犯再質之例。蓋讞獄全以證佐爲憑，不得以正犯待餘犯；不妨以餘犯待正犯，未便將待質之例删除。等語。此案劉卜吉被毆身死，先獲之楊萬輔供認在場並未下手。續獲楊萬九止認棍毆二傷，其最後下手重傷稱係在逃之覃先華所毆。是以將該二犯羈候待質。查係五十二年十二月十二日到案，尚未滿三年之限，未便保釋。如果楊萬九患病，應即撥醫加意調治，務痊候質。仰澧州即飭遵照，仍勒緝覃先華務獲，仍候兩院憲暨守道批未繳。

限滿州詳，請飭文内將犯病請釋詳文裝入。此可不必司詳，已删去。

（清）佚名《刑事命案開參·詳緝·命案兇犯脱逃詳請通緝式》 爲報驗事。據辰州府知府陳廷慶詳，據辰谿縣知縣詳稱：乾隆五十五年六月十七日，據坨地坪鄉保向萬録報稱：本月二十六日，有保内譚潤文來家投稱，伊有油房一所，竪蓋溪灣，平時空閑並無門扇墻壁。今早赴山工作，路過油房，瞥見不知姓名乞丐被刀戳傷身死，兇犯脱逃等情。業經卑職驗訊，通報在案。迄今日久，犯尚無獲，勢必遠揚。除再選差勒限比緝務獲究報，俟限滿無獲，開列承緝不力職名，另詳請參外，理合造具案由、屍傷清册，由府通請通緝等情到司。據此，本署司覆查無異，除仍批飭分移本省各府州一體協拿外，相應據册，詳請憲台查核，分咨通緝。

（清）佚名《刑事命案開參·詳緝·詳請通緝兇犯》 爲詳請通緝事。年月日，據卑縣喎家廟團總謝豈常報稱：本月二十八日有團内廖青純等投稱，伊等於是日早晨路經喎家廟，瞥見廟後棚内有一受傷男屍。查據村人徐老二告稱，該屍係巴陵縣人名叫王么，被更夫何啓禮、楊在學等毆傷致斃。兇犯脱逃，等情。業經卑職驗訊通報在案。迄今日久，犯尚無獲，勢必遠揚。除再選差勒限比緝務獲究報，俟限滿無獲，開列承緝不力職名，另詳請參外，理合造具案由、屍傷清册，詳請憲台俯賜察核，轉請咨緝，爲此。云云。

照詳。云云。

詳申賫： 逃兇何啓禮等並緝役姓名册四十本。

若係無名兇犯册内須造具屍傷

申府

（清）佚名《刑事命案開參・停緝・詳請停緝兇犯》 爲詳請停緝事，案奉憲台批據，卑縣前張振翔詳報，乾隆五十八年十二月二十九日戌刻，北鄉保正郭喬書具報，筲箕坡無名男子受傷身死一案。卑職遂即具文詳請通緝，一面選差幹役關移營訊，懸賞勒緝去後，兹於五月初三日據緝役承獲楊昌元到案，訊據該犯供認不諱。當即會營詣勘，叙録各供，具文通報在案。理合具文詳請憲台俯賜核移鄰近一體停緝。爲此備由繕册，同申伏乞照詳施行。須至詳者。

（清）佚名《刑事命案開參・停緝・詳請停緝》 爲詳請停緝事。案查年月日據團總謝豈常呈報，更夫何啓禮毆傷王么身死，兇犯潛逃一案。當經（渴）〔喝〕令訊供通詳，奉批飭緝，（渴）〔喝〕令於五十九年十二月十六日緝獲何啓禮。又於本年二月十五日緝獲楊在學。因奉調赴軍局未及詳辦，到任訊供通詳，奉批飭審，除一面審擬招解外，所有獲犯緣由，理合具文詳請。憲台俯賜轉請停緝。爲此。云云。

照詳。云云。

詳。府。

（清）佚名《刑事命案開參・諱命開參・失察未報命案州縣歷任職名司詳式》 爲泣伸父冤事。乾隆五十五年六月二十七日，奉撫部院浦抄案内開。乾隆五十五年六月二十七日，准兵部火票遞到刑部咨開。刑科抄出兼署湖南巡撫畢題前事。等因。乾隆五十四年十一月初四日題，二十八日奉旨：三法司核擬其奏。欽此。本部會同院寺會看得，平江縣審解，饒開文捉姦殺死胞兄饒名文一案。云云。全録部文。等因。咨院行司奉此。當經轉飭去後，今據岳州府知府余廷良據署平江縣知縣褚爲章詳稱：除斬犯饒開文欽遵牢固監候，俟來歲秋審解勘，絞婦小劉氏已奉委員監決另報外，此案失察人命各職名，自乾隆三十八年八月初六日夜犯事起，至三十九年六月十六日止，係前任平江縣知縣吴鑒。又自六月十七日起，至四十一年四月初八日止，係前任平江縣知縣范元琳。又自四月初九日起，至四十二年八月十七日止，係前署平江縣、瀏陽縣縣丞潘從龍。又自八月十八日起，至四十三年三月二十五日止，係前任平江縣知縣陳玉墀。又自三月二十六日起，至七月十一日止，係前署平江縣事孟陽縣縣丞王祖馨。又自七月十二日起，至四十七年六月二十六日止，係前任平江縣知縣成明。又自六月二十七日起，至四十八年七月二十四日止，係前署平江縣、永順府同知趙德潤。又自七月二十五日起，至九月初七日止，系代理平江縣事試用知縣范廷模。又自九月初八日起，至四十九年二月初二日止，亦係前署平江縣事永（州）順府同知趙德潤。又自二月初三日起，至十二月十五日止，亦係前任平江縣知縣成明。又自十二月十六日起，至五十一年十二月初三日止，係前任平江縣知縣范廷模。又自十二月初四日起，至五十二年七月三十日止，係前署平江縣知縣戴高。又自八月十二日起，至五十三年二月初六日止，系前署平江縣許順。又自二月初七日起，至七月二十六日奉調入（闈）闈，係署平江縣事試用知縣卑職褚爲章。又自七月二十七日至八月二十五日，系代理平江縣事督糧道庫大使趙曾益。又自八月二十六日起，至五十四年閏五月初一日，亦係卑職褚爲章。又自閏五月初二日起，至七月二十三日，據屍子饒金鸞具報，經前縣戴高獲犯審辦在案。所有歷任失察各職名，理合查明開列，詳轉請咨參，等情，由府到司。據此，本署司覆查無異。云云。

查例由，州縣官諱命，該管各上司均有處分。若州縣官不知情，不申報者，州縣降一級，留任。上司免議。等語。此案該縣係不知不報並非諱命，是以未開各上司職名。

（清）佚名《刑事命案開參・承緝兇犯初參式》 湖南辰州府爲事。案奉憲台批。據瀘溪縣詳稱云云叙初報全案各批。等因。奉此。當經轉行去後，兹據署瀘溪縣李高翔詳稱：卑職到任，接准移交，遵復添差干役，懸立重賞，並問移鄰知營邑，一併協拿在案。今自年月日報官之日起，扣至十一月十二日六個月，初參限滿。犯未弋獲。再添差勒拿，務獲究報外，所有此案承緝不力職名，係前署瀘溪縣另案降調永順府經歷莊慶齡。接緝職名，係前署瀘溪縣知施廷梃也。相應開列，詳請查核，務獲究報外，合將送到承緝、接緝不力各職名，具文詳請憲台俯賜查核，轉詳請參。再照前署瀘溪縣事，自年月日，報官日起，至八月初二日奉參卸事止，計承緝若干月日，前代理縣事於月日到任起，至日卸事，計接緝若干月日。前署知縣於月日卸事，計接緝若干月日。現署瀘溪縣知縣李自月日到任起，至月日六個月，初參限滿止，計再接緝若干月日。該署縣李令係再接緝之員，係無處分，應免開據。再此案應扣至十一月十二日初參限滿至。今始行詳參到府所有遲延職名，系瀘溪縣知縣。相應開報云云。此案沅陵縣捕役張富奉差緝拿不敬，遂被竊賊犯致交界之瀘溪縣見楊大伯娘船内多人，内有刺字舊匪。張富上前磐問，被楊大伯娘等毆傷身死。各犯逃逸。查此案系畏罪拒捕，並非奪殺傷差。故只照緝兇扣限查參，不開疏防。

按開參疏防緝兇初參職名，均應全叙初二、三、四參叙部文。

（清）佚名《刑事命案開參·二參緝兇不力式》 爲某事。案奉本府票開，年月日奉按察司牌，年月日奉撫部院票，年月日准刑部咨云云。年月日准吏部咨云云。等因。遵即嚴飭捕役，勒限踩緝。無如兇犯至今尚未弋獲。除一面責捕嚴緝，獲日另文詳報外，查此案於年月日初參限滿之日起，限接扣至年月日，一年限滿，所有二參限滿無獲職名，係卑職也，相應開報。

照案緝兇可也。

前叙部文於人如何身死，下添前因一年限滿兇犯無獲將承緝不力職名詳奉核參在案。嗣蒙准咨飭緝云云。下與前稿無異。

（清）佚名《刑事命案開參·初參緝兇近式》 湖南某府某縣爲報明事。案查乾隆五十年月日，據保正具報：長湖口河内無名男子受傷身死，兇犯脱逃一案。當經卑職驗訊通詳。奉批飭緝詳參。卑職遵即選差勒緝，並遵例詳請通緝在案。兹承緝例限已滿，兇犯無獲，除再飭差勒緝逃兇務獲究報外，查此案應以乾隆年月日報官之日起，扣至月日六個月初參限滿。所有承緝不力職名，係現在縣知縣卑職也。相應開列，具文詳請憲台俯賜查核。轉請咨參。爲此云云。

（清）佚名《刑事命案開參·初參緝兇不力式》 爲某事，蒙本府票，蒙按察司牌，蒙院批據。卑縣申前事，申稱：某年月日，據地方報前事，報稱：叙報呈等情。據此，卑職隨單騎減從，帶領吏仵人等親詣屍所，督仵作驗得。叙屍傷卑職復親驗無異，隨捐棺收殮，淺厝，取具仵作不致增減遺漏傷痕甘結在卷。除差捕勒緝兇犯務獲，並招訪屍親認領外，事關人命，理合填圖通報等情。據此，仰按司云云。律擬招解依限查參云云。等因。批司行府到縣。奉此，該知縣查得不知姓名男（女）子云云。隨事查叙隨經卑職驗訊通詳。奉批，飭緝遵即添差干役，四散嚴緝。至今尚無弋獲。查此案年月日報官，扣至年月日六個月，限滿無獲。除仍勒緝正兇務獲，訊明仇盜審解外，所有承緝不力職名，系卑職也。相應開報，凡承緝之案，必正限滿日方詳，不在分限之例。

《大清會典事例（嘉慶朝）》卷四八七《兵部·八旗處分例》 奏章文册。康熙十一年題准：内外旗員有不係密事妄稱密奏，及借公行私，以私事具奏者，降二級調用。其一應本章，有不應密而密者，罰俸六月。又奏准：將軍都統副都統等本内緊要字貼黄内遺漏，或貼黄内所用之字本内遺漏，或册疏互異者，俱罰俸三月。雍正五年議准：在京八旗，除行文傳集在京官員人等不用封套外，凡咨行部院衙門及外省一應公文，均加封套實封。事關重大者用釘封，至駐防將軍都統副都統等題奏本章事關緊要者，將副本揭帖用密封字樣對固，投遞通政使司，咨行各旗及各部院並與屬官來往公文，係緊要事，亦用密封。以上内外都統將軍副都統等，收到緊要密封公文，均親拆收貯。如將應密之事不密，以致洩漏，重者降一級留任，輕者罰俸九月。六年議准，印文及出關票引有遺失者，官罰俸三月，兵鞭五十，均仍補給。十一年議准：八旗各官具摺奏事，奉有硃批諭旨者，在京即行恭繳，在外於下次奏事之便封固恭繳。若任意遲延及隱匿不繳者，革職。十二年議准：八旗傳事印文，傳畢即行取回銷燬。儻不查收，致人藉以夜行者，承辦官罰俸兩月，若將豫備傳事印文收貯不謹，被人竊去夜行者，承辦官罰俸六月。乾隆三年奏准：外任將軍都統副都統等，奉有硃批諭旨，未及恭繳之先，有緣事降革及病故者，於回旗之日，或本人或親屬呈明該旗都統等代爲恭繳，如隱匿收存查出治罪。二十四年諭：凡定例應行題奏之事，各該管大臣或僅咨部辦理，此實畏奏規避之惡習，該部即應據咨查奏，將不行題奏之處請旨申飭。若事關緊要，即於奏内聲明叅處，庶於政務不致遲延，而外省大吏亦曉然於違例咨部之非，方克稱部院大臣職掌。若必駁令具奏交部，始行定議，則簿書期會，徒滋案牘，於實政究何裨益。嗣後各部院衙門及八旗都統等，凡遇此等事件，俱遵此旨行。又奏准：內外旗員造册舛錯遺漏，非關錢糧之案者，造册官罰俸三月，轉報官罰俸一月。二十五年奉旨：曉諭各部院衙門八旗，嗣後接到外省咨文應行具奏辦理者，即行具奏辦理，應行參奏辦理者，即行參奏辦理。三十四年奏准：嗣後恭遇諭旨內有宣示中外知之者，在京武職以及在外駐防等衙門，俱刊刻謄黄，張掛曉諭，如不行宣示者罰俸一年。三十五年諭：部院八旗各衙門，嗣後凡遇各該處請示咨報之案，除有例可循者，仍照常覈議咨覆外。若係必須奏請定奪之事，無論應准應駁，即著據咨議准議駁奏聞，並將應奏不奏之大臣等附參交議，不得狃於推諉錮習貽誤公事。儻不知悛改，復蹈故轍，一經察出，定將違例咨駮之大臣等，一併嚴加議處，著爲令。三十九年奏准：官員將欽奉上諭及特旨交辦事件，遺失遺漏者，經手之員，降一級留任，罰俸一年。如係尋常事件，降一級留任。四十九年奏准：健鋭營咨行各處事件，該翼長呈明該管大臣查明轉報。如有遺漏，該管大臣與轉報官一例議處，嘉慶六年奏准：八旗各營公署所存檔案，被竊在一百件以上者，將防守不嚴之該班章京，降一級留任，該管參領副參領，罰俸一年，失察之都統副都統，罰俸六月。一百件以下者，該班章京罰俸一年，該管參領副參領罰俸六月，都統副都統罰俸三月。又奏准：八旗具奏事件，奉旨後，將奏摺及所奉諭旨黏連一處，合縫處鈐印收貯，另設號簿，將具奏年月事由，及所奉諭旨謄寫簿內，用印備查。承辦官遇有陞轉事故，不行交代明白者，罰俸三月。又奏准：將軍都統副都統等題奏本章內錯寫官銜，或從旁添字，或錯字者，罰俸一月。又奏准：八旗宗人府咨行各省文移備文移咨兵部，加具隨咨轉行，不准徑行外省，違者，承辦官罰俸九月，該管大臣罰俸一月。又奏准：官員因揀選補放引見，將本身年歲行定年分履歷造報舛錯者，罰俸一年。如非本身履歷，承辦官造報舛錯者，罰俸九月。未能查出更正之轉報官，均罰俸六月。休致官員呈報出兵打仗殺賊受傷數目舛錯，承辦官不行詳查轉報者，罰俸六月。又奏准：官員將襲官勅書收貯不慎，以致遺失，當即具報者，降一級留任。隱匿不報者，降二級留任。該管各官並未查出呈報者，將佐領驍騎校罰俸一年，參領副參領罰俸六月。若外省駐防官員因公進京，代領他人襲官勅書，收貯不慎，中途遺失者，罰俸一年。

《大清會典事例（嘉慶朝）》卷五〇一《兵部·緑營處分例》 奏章文册。順治初年定：提鎮將慶賀表箋遺忘推諉不奏或將字樣舛錯遺漏者，均罰俸一年，不列職名。失用印信，及用印歪斜、模糊顛倒、繕寫潦草、破裂染汚者，均罰俸六月。康熙十一年題准：提鎮本章緊要之字、貼黄內遺漏、貼黄所有之字、本章內遺漏、或疏册互異者，皆罰俸三月。又議准：提鎮將督撫職掌之事，擅自題奏者，罰俸三月。越參文職者，罰俸一年，所參之事不議。又議准：提鎮有不係密事妄稱密奏，及借公行私，以私事具奏者，降二級調用。至一應本章，有不應密而密者，罰俸六月。又議准：前任官題奏准行之事，續經題奏停止，後任官不查停止緣由，仍照舊行者，罰俸六月。又議准：武職各官，將勅書、誥命質當者革職。其勅書誥命，及劄付關防收藏不謹，以致朽爛並損壞者，罰俸六月。如被水火盜賊毁失者免議，均仍補給。三十八年議准：提鎮不許於遺本內薦舉屬官。四十二年議准：督撫提鎮會題之事，有因錯謬遲誤，奉旨議處者，查明孰係承行具題，孰係列名具題，分別輕重議處。如承行具題官例應議以革職者，將列名具題官降四級調用。承行具題官降級調用者，列名具題官降一級留任。承行具題官降級留任者，列名具題官罰俸一年。承行具題官罰俸一年者，列名具題官罰俸六月。承行具題官罰俸六月者，列名具題官罰俸三月。承行具題官罰俸三月者，列名具題官免議。又覆准：督撫提鎮會議之事，並未曾議畫題，揑稱合辭具題者，罰俸六月。又議准：革職降級之武職各官，以寃枉控告者，如果有寃枉，該督撫提鎮方許題奏。如將並無寃枉之事，混行題奏者，將督撫提鎮降一級留任，轉詳官降二級調用。若將實無寃枉之事，並不詳查推卸咨部者，將具咨之督撫提鎮罰俸一年。五十三年議准：各省提塘，除傳遞公文本章，並奉旨科抄事件外，其餘一應小抄，概行嚴禁。違者照刷造小説注辭例，革職治罪。雍正五年議准：凡提鎮本章，事關緊要者，將副本揭帖用密封字樣對固投遞通政使司。咨呈各本部院公文，有關緊要之事者，亦密封投遞。在京各部院有緊要之事，咨劄各省提鎮，亦密封發遞該提鎮親拆收貯。至提鎮與督撫並屬官往來公文，係緊要之事，亦用密封投到，親拆收貯。如將應密之事不密，以致漏洩，重者降一級留任，輕者罰俸九月。六年議准：提鎮辦理大小公事，均用題本鈐印。本身私事，均用奏摺，不准鈐印。如有應用題本而用奏摺，應用奏摺而用題本者。罰俸三月。又議准：提鎮等題奏本章，如奉旨飭行者，遵旨飭行。若奉旨交部察議者，將該提鎮等照在京各衙門錯誤本章例，罰俸一月。九年奉旨：文武官有將地方不可施行之事，妄行條奏舉行，經後人復請更改者，將原奏之人交部議處。儻原奏本是而後人妄行指摘，或有意翻案者，經朕察出，亦必從重議處，將此永著爲例。十一年議准：提鎮摺奏之事，奉有硃批諭旨，於下次奏事之時，封固恭繳。儻任意遲延，及隱匿不繳者，革職。乾隆三年奏准：提鎮官本身病故，任內有應繳硃批，如子孫隨任者，即於原任省分督撫提鎮，就近代爲恭繳。如子孫有在他省者，即呈明現在省分督撫提鎮代爲恭繳，如隱匿收存，查出治罪。又議准：提鎮密封陳奏之事，關繫重大，彼此關通商酌，以致漏洩，一經發覺，按事輕重議處。又奏准：各省提塘發抄本章，必須謹慎。應密之事，必俟科抄到部，十日之後，方許抄發。如有邸報先於部文者，該督撫將提塘叅處。又奏准：提鎮題奏本章錯誤，罰俸一月。三十四年奏准，恭遇諭旨內有宣示中外知之者，該提鎮等衙門，俱刋刻謄黄張掛曉諭，如有不行宣示者，罰俸一年。又議准：外省文武各衙門，凡有奏事之責者，毋論正任署任，所有奏案稿底，如奉旨准行事件，辦理未竣，必需後任接辦，及所奏雖未准行，仍應存案備查者，均於內署彙册鈐蓋印信，恭照廷寄諭旨密封面交之例，封交後任，以便查覈接辦。儻舊任官不行移交者，即照經手遺漏例議處。三十五年議准：提鎮請示咨報之案，若係必須奏請之事。無論應准應駁，兵部即據咨議准議駁具奏，並將應奏不奏之提鎮附叅，交部查議。又奏准：職任官員違例填給牌文，給與不應給之人者革職。又奏准：凡副將叅將游擊都司等衙門一切案件，如不自作主張，假手營書，致令作姦者，照溺職例革職，總督巡撫提督總兵不行題叅，照不叅劣員例，降二級調用。三十八年覆准：各部院衙門如有奏准及議覆應行發抄事件，該承辦衙門即將原奏抄録鈐蓋印信，發交值季提塘按日刋刻頒發，仍令該提塘將發抄底本，及原奏印文，按十日彙報兵部存案。若承辦衙門，並未發交，該提塘等混行刋刻傳布者，一經查出，即將該提塘查叅，照例議處。四十一年議准：嗣後各省營縣，承造一切册結，有不合式，可於題咨後補送者，由司道覈轉即行更正彙造，將底册發换存案。其中並無因舛錯遺漏，以致遲延之處，該督撫量爲記過，統入年終彙報功過册內，咨部查覈。若必須營縣另造隨同送部之件，如有舛錯遺漏，覈明更正駁回另造，以致遲延，該督撫仍於題咨時，將遲延緣由隨案聲明，覈其或因舛錯，或係遺漏，悉按例分别議處。其豫印空白之處，著嚴行禁止。嘉慶六年奏准：保題官員，督撫提鎮，有應列名會稿者，出具會題印結，隨本送部。如有遺漏，照經手遺漏例，罰俸一年。又奏准提鎮題奏本章內，錯寫官銜，從旁添字或錯字者，照本章錯誤例議處。又奏准：督撫提鎮請示咨報之案，若係必須奏請，兵部於議准議駁時，並將應奏不奏之提鎮附叅，議以降二級留任，督撫交吏部查議。又奏准：提鎮將督撫職掌事件，擅自題請，照違令公罪例，罰俸九月。又奏准：武職官將地方不可施行之事，妄行條奏舉行，經後人復請更改者，將原奏之員，照言官摭拾具奏例，降一級調用。儻原奏本是，而後任官妄行指摘，或有意翻案者，照與前任不合有意苛求例，降二級調用。又奏准：武職守備以上等官，緣事實降實革，題本送閣時，兵部將該員出身歷任，及出兵何處，併本案議革議降緣由，夾片聲明，其因海洋盗案實降實革題本送閣時，毋庸夾片聲明。又奏准：官員將襲官勑書，收貯不慎以致遺失，當即具報者降一級。隱匿不報者，降二級，俱留任。又奏准：勑書、誥命劄付關防等項，如係自行疎失者，罰俸一年。十二年奏准官員將誥命、勑命自行疎失者議處，其被水火盗賊燬失，查有實據，免其議處，另行題請重給。其襲官勑書，被水火盗賊燬失，亦應一律免議，仍准題請重給。

《大清會典事例（嘉慶朝）》卷七八一《通政使司》格式。順治八年題准：每幅六行，每行二十格，平行爲十八字，章內稱宫殿者，擡一字。稱皇帝、稱上諭、稱旨、稱御者，擡二字。稱天地、宗廟、山陵、廟號、列祖諭旨者，均出格一字寫。首行列衙門官銜，具奏人姓名。末幅具年月日。內外一式遵行。又定，本內擡頭錯誤，應擡書不擡書，不應擡書而擡書，本面挖補摺皺，沾污破損，訛字、遺字、接縫處遺漏者背印、空白、空幅、頭行官銜雙列、年月下遺書官銜、前後官銜不符、本內僅書某官不書名者，均屬違式，由司揭送內閣叅處。又定，貼黄違式，一並揭叅。康熙三年題准：督撫提鎮等官題奏本章，無貼黄者，由司題叅。四年題准：內外衙門清漢字黏連本章無貼黃者，免衆。若止具漢字而無貼黃者，題衆。四十七年議准：本章有不合式者，由司駁回於每月終，將駁回幾件所駁何事，彙本具奏。雍正二年，停止駁回本章。乾隆三年議准：直省本章，除緊要事件停止駁回，其謝恩陳請等本，或本官品級未到，或賞賜物件不應奏謝者，由內閣交司轉駁，仍詳載册籍，按季彙奏。七年議准：直省將軍、都統、督撫、提鎮、副都統一應本章，如有奉旨飭行者，仍遵旨飭行，其奉特旨交部議處者，均照在京各衙門錯誤本章之例議處。嘉慶九年諭：題本末後填寫年月，例用印信鈐蓋，原以防吏胥竄改情弊。近來外省題本，往往於填寫年月之處，多有挖補，即經內閣票出飭行，亦復不加查察，殊非杜弊之道。題本書寫年月之處，乃係末幅，字數無多，若有錯誤，何難接扣另繕，嗣後外省各督撫凡遇題本，年月日俱不准挖改。一有錯誤，即著另換一扣，黏尾接寫，仍將黏接之處鈐印，以杜弊端而符體制。

《大清會典事例（嘉慶朝）》卷七八一《通政使司·外省册報》 乾隆三年議准：直省所進本章，僅有隨本批文一紙，並無註銷總册，其間遲誤，無由稽考，遺失更難覺察，且督撫提鎮一遇陞遷轉調，新舊交代之際，儻有不法書吏提塘營私作弊，將緊要本章藏匿沉擱，均未可定。嗣後直省督撫提鎮等官，無論陞任調任現任，務將奏過本章開明月日，備註事由，詳列數目，按季造具印册二本，一送司，一送內閣，以便察覈。又議准：各省將軍副都統，均防守大員，各有題奏本章，應照督撫提鎮之例，將奏過本章，每季造具印册，咨送內閣及本司察覈。

《欽定王公處分則例》卷二《本章》 一、呈遞引見緑頭牌錯誤

凡王公於兼攝職任內，呈遞引見緑頭牌錯誤者，應照承旨書諭，致有字句錯誤之承辦官，罰職任俸三個月。公罪。本府舊例。

一、汚損失誤本章緑頭牌

凡王公題奏本章，並帶領引見緑頭牌以及該班奏事名單，如有汚損，罰職任俸一個月。失誤者，罰職任俸一年。公罪。《吏部則例》。

一、本章錯誤

凡王公題奏本章內錯寫官銜，或從旁添字，或錯字，或擡頭錯誤者，俱罰職任俸一個月。公罪。《兵部則例》。

一、奏事牽混

凡王公於兼攝職任內，遇有未經奉旨允准之件，誤稱奉旨允准，牽混具奏者，應照制書傳寫失錯杖一百律，於職任內議以革職留任。公罪。本府舊例。

一、漏請議處

凡王公於兼攝職任內，遇有應行自請交議之件，不行奏請者，應照不應輕私罪，罰俸九個月例，罰職任俸九個月。私罪。本府舊例。

一、陵寢字樣繕寫歧誤

凡王公於兼攝職任內，失察屬員將本章內陵寢字樣繕寫歧誤者，應照不行檢查例，罰職任俸六個月。公罪。本府舊例。

一、應奏不奏

凡王公於事應奏而不奏者，按杖八十律，係公罪，降二級留任。私罪，降三級調用。《吏部則例》。

一、含糊題奏

凡於奉旨飭查事件，含糊題奏者，降一級留任。私罪。此係部例。

一、題奏舛錯

凡王公於應題事件而奏應奏事件而題者，罰職任俸三個月。公罪。《吏部則例》。

一、遺漏

上諭凡王公失察屬員將應傳上諭遺漏未傳者，罰職任俸一年。公罪。本府舊例。

一、本章遺漏鈐印

凡王公於本章遺漏蓋印，用印歪斜，繕寫潦草，俱罰職任俸六個月。公罪。《吏部則例》。

一、刊刻御製詩章等項錯誤

凡王公於刊發御製詩章等項，未能詳校以致錯誤者，應照紅本科鈔、傳、寫錯漏者，罰俸三個月，加議罰職任俸六個月。公罪。本府舊例。

一、表文奏章繕寫潦草錯誤

凡王公於慶賀表文、奏章繕寫潦草、錯誤，不列職名者，俱罰職任俸六個月。公罪。本府舊例。

一、表文舛錯遺漏遲延

凡王公於慶賀表文舛錯、遺漏、遲延，俱罰職任俸一年。公罪。《兵部則例》。

一、妄行條奏

凡王公將奏准成案妄行指摘，有意翻案者，降二級調用。私罪。本府舊例。

一、妄稱密奏

凡王公陳奏事件，如有不係密事妄稱密事，藉公行私，將私事密奏者，降二級調用。私罪。其題奏本章不應密而密者，罰職任俸六個月。公罪。《兵部則例》。

一、進值六班遇有事件應奏不奏

凡王公紫禁城內輪應值班，無論聖駕在宫，駕臨圓明園及巡幸各處，倘有應奏不奏，降二級留任。公罪。《兵部則例》。

一、不行查明率爲題奏

凡王公於屬員呈請代題、代奏事件，如不將實在情節逐細查明，率爲題奏者，罰職任俸一年。公罪。本府舊例。

一、呈遞奏章擅自撤出

嘉慶二十一年上諭：王公大臣有似此者，俱降三級調用等因。欽此。《兵部則例》。

一、陳奏事件不親自呈遞

凡王公陳奏事件及本身謝恩，並不親自呈遞奏摺者，罰職任俸一年。私罪。奏事官率行，按收罰俸六個月。公罪。《吏部則例》。

一、傳旨錯誤

凡王公奉有諭旨，傳宣錯誤者，按兵部律載，凡奉制有所施行而違者，仗一百。失錯旨意者，減三等，杖七十，公罪，降一級留任。本府舊例。

一、承旨書諭字句錯落

凡王公承旨書諭，字句間如有錯落，未能查出者，罰職任俸三個月。公罪。照案入例。

一、帶領引見未出宫門傳旨

凡王公帶領引見，未出宫門即宣旨者，罰職任俸九個月。公罪。《吏部則例》。

一、特旨議處議叙事件歸入彙題

凡王公於特旨議處議叙事件歸入彙題者，罰職任俸三個月。公罪。《吏部則例》。

一、被人參劾妄自陳辯

凡王公被人參劾，實有其事而猶妄自陳辯者，降三級調用。私罪。《吏部則例》。

一、含糊參奏

武職大臣糾參屬員，如有不列款蹟，不據實情，含糊參奏者，降一級留任。私罪。《兵部則例》。

一、失察匿名揭帖

凡王公在步軍統領總兵任內，失察匿名揭帖，罰職任俸一個月。公罪。《兵部則例》。

一、妄行申理匿名揭帖

凡匿名揭帖，除軍國大事准理外，其餘案件見即燒毁，若誤爲申理者，杖一百。公罪。被告人雖實不坐。《吏部則例》。

一、具摺奏聞摺内空白十餘字

凡王公有具摺奏聞事件，摺内空白十餘字者，應照上書奏事錯誤公罪律，罰職任俸一年。照案入例。

一、引見牌單舛錯

凡王公帶領引見，於所屬官員將旗員誤寫漢籍者，罰職任俸一年。公罪。照案入例。

一、具摺請假繕名錯誤

凡王公於本身請假摺内繕名錯誤者，按私事罰本爵俸半年。公罪。照案入例。

一、公事摺奏書名處漏未填寫

凡王公於公事摺奏，列名處下空一字未經填寫呈遞，罰職任俸六個月。公罪。照案入例。

一、具奏日期未遞膳牌

凡王公於具奏會議事件之日，並未呈遞膳牌者，罰職任俸三個月。公罪。照案入例。

一、應奏事件咨部辦理

凡王公於兼攝職任內，遇有應行請旨事件，僅止咨部辦理者，降二級留任。公罪。照案入例。

一、具摺誤請嚴議

凡王公於毋庸具摺自請處分之件，自請嚴議，因措詞失當，奉旨改爲察議者，罰職任俸三個月。公罪。照案入例。

一、校刻聖訓字多訛誤

凡王公管理武英殿御書處校刻聖訓，如卷內字多訛誤未能更正者，罰職任俸三年。公罪。照案入例。

一、具摺覆奏不按奏事時刻

凡各衙門陳奏事件，奉有諭旨，除御前大臣、軍機處、内務府、南書房四處例准本日述遞外，如奉特旨當日述旨者，不在此例。其餘部院衙門，俱應於次早述旨，如當日午刻即行覆奏者，罰職任俸六個月。私罪。《吏部則例》。

一、具摺謝恩未能親至

凡王公於兼攝職任內，如遇屬員呈遞謝恩摺，並不向堂官回明，以致該王公未能親至者，罰職任俸三個月。公罪照案入例。

《福建省例》卷一《公式例·公牘内犯名地名勿用土音俗字》　一件通飭事。照得本司蒞任以來，披閱各屬詳稟及民間呈詞，每有人名書寫土音俗字，任意杜撰，遍查《康熙字典》所無。查犯人名字，有關題咨；即外結案件，亦不宜以不經見之字形於案牘之中，使閱者費解，莫辨真僞，至滋淆混。亟應通飭各屬，嚴禁代書及各房書吏，嗣後原被犯證名字，如有俗字土音，應以其俗字之下，即以同音之字聲叙明白，使閱者易曉名字，不致舛錯，案牘益昭詳慎。地名遇有俗字，亦應以同音之字聲叙明白。除通飭各府州轉飭各屬一體遵照外，合行札飭。爲此札仰該府州立即轉飭各屬一體遵照，仍將遵辦緣由具文申覆，毋違。同治十年十二月十五日，臬司葆札行。

《福建省例》卷一《公式例·申投詳驗、稟報册結，務須繕寫端楷，分列稀朗；其於筆畫，不妨稍為寬大，毋得細密》　一件通飭遵照事。乾隆四十四年五月初九日，奉總督閤部堂三憲牌：照得本閤部恭膺簡命，節制閩浙，統轄文武，案牘紛繁，責任攸繫，所屬公文，事無鉅細，皆須親自披閱裁奪。兹查各屬一切詳驗稟報册結，類多蠅頭小楷，雖爲誠敬起見，其實易於洗除滋弊。即書册印信蓋於字面之上，每有油污不明，礙難查閱。合亟通飭，備牌行司，即便轉飭所屬一體遵照。嗣後凡有申投本閤部堂衙門詳驗稟報，責令經承務須繕寫端楷，分列稀朗。其於筆畫，不妨稍爲寬大，毋得細密。即書册格限，亦宜略放開濶。印信關防務鈐字格之上，切勿混蓋字跡，致礙察覽。一切詳册驗文面上，尤當摘書簡切由語，以便查核，不得仍前草率從事。均各凜遵，慎毋違忽等因。奉此，隨即轉飭所屬一體遵照。

（清）江峰《大清律例略記》卷一《同僚代判署文案略記吏律》　應行上下文書，全憑判署相符，各官親筆書畫，免致奸冒堪虞。一官有故不與，何妨暫闕直敷，同僚代爲判署，反將實者爲虛，詐僞由此而起。擬杖以儆奸徒。若因遺失文案，代爲判署補苴，律應加等治罪，假冒終非良圖。倘或增減出入，罪合從重匪誣。

（清）江峰《大清律例略記》卷一《增減官文書略記吏律》　增減官司文書，情節字樣各殊。其中有所規避，擬以杖罪匪虛。事未施行減等，欲避重罪難舒。官吏因事遲錯，增減笞罪莫除。行移傳寫錯謬，洗補改正以敷吏典首領異等，律應擬笞各區。若干調撥軍馬，及應軍需要圖。故行作弊改補，加以重杖不誣。倘致軍機失誤，皆因改補貽辜。無論爲故爲失，並以斬罪同誅。

（清）薛允升《唐明清三律彙編·吏律·公式·制書有違天子之言曰制，書則載其言者，如詔、赦、諭、敕之類。若奏准施行者，不在此内**》**《唐律》：諸稽緩制書者，一日笞五十，謄制、敕、符、移之類皆是。一日加一等，十日徒一年。

《疏議》曰：制書在令，無有程限。《成案》皆云：即日行下。寫程：通計符、移、關、牒，滿二百紙以下，給二日程。過此以外，每二百紙以下，加一日程。所加多者，不得過五日。其赦書計紙雖多，不得過三日。

宋王曾知審刑院初，違制之法無故失，率坐徒二年。曾請分故失，非親被制書者，止以失論。上不悅，曰：如是，無復有違制者。曾曰：如陛下言，亦無復有失者矣。自是，違制遂分故失。見李元綱《厚德録》。

諸被制書有所施行而違者，徒二年；失錯者，杖一百。失錯，謂失其旨。

諸受制忘誤及寫制書誤者，事若未失，笞五十；已失，杖七十。轉受者，減一等。

諸制書有誤，不即奏聞輒改定者，杖八十；官文書誤，不請官司而改定者，笞四十。知誤不奏請而行者，亦如之。輒飾文者，各加二等。

愚按：此條科罪之處，《明律》均較《唐律》爲輕，其詞意亦較《唐律》爲略。《唐律》凡分三層，《明律》有違制、有稽緩而無制書有誤一層。

（清）薛允升《唐明清三律彙編・吏律・公式・增減官文書》《唐律・詐偽門》：諸詐偽官文書及增減者，杖一百。《明律》詐偽另見《詐偽門》，增減杖六十。准所規避，徒罪以上，各加本罪二等。《明律》係杖罪以上。未施行者，減一等。

即主司自有所避，違式造立及增減文案，杖罪以下，杖一百；徒罪以上，各加所避罪一等。《明律》增減文案者，罪同。若增減以避稽違者，杖八十。《明律》笞四十。

《疏議》曰：若增減以避文案稽違，並於本罪之外加杖八十。未發者，從二罪法。

與下錢糧奏銷條例參看。

愚按：《唐律》在《詐偽門》，與詐偽官文書同論，以均係詐偽之事也。《明律》分列兩門，未知其故。

《大清會典事例（光緒朝）》卷一一四《吏部・處分例・本章違誤》

康熙六年題准：本章被墨汙者，將墨汙本章之員，罰俸一月。又議准：本章內錯寫官銜，或從旁添字，或錯字者，將不加詳對之主事，罰俸一月。錯寫之筆帖式，罰俸兩月。堂官免議。今增爲督撫題本內，如有前項錯誤，亦罰俸一月。擡頭錯誤，照此例議處。九年議准：官員將題本遺漏印信者，罰俸一月。今改爲罰俸一年。又議准：批寫票簽，如將工部知道錯批兵部知道等類者，大學士，罰俸一月。學士，今改爲批寫之侍讀中書。罰俸兩月。又題准：督撫將奉旨駁查案件，含糊具題者，降一級留任。又題准：督撫將會議事件，並未會同議定畫題，遽稱合辭題覆者，罰俸六月。十年題准：督撫本內緊要字，貼黃內遺漏，或貼黃內所有之字，本內遺漏者，罰俸三月。十五年議准：凡官員將慶賀表文計册舛錯，或遺漏不奏，或遺漏字樣，及藉端推諉，或遲延及不差的當人，途中耽誤，以致水火盜失者，皆罰俸一年。如用印歪斜模糊顛倒失用，及繕寫潦草，不列職名，或破裂染汙者，皆罰俸六月。督撫亦照此例處分。五十四年議准：凡定議事件，間有兩議者，每議各有滿漢堂官署名具奏免議。如滿堂官與滿堂官一處，漢堂官與漢堂官一處，各自署名具奏，其奉旨准行者，免其議處，不准行者，罰俸六月。又議准：凡奉旨交九卿會議具奏者，九卿意見相同，照例畫題。儻別有所見者，各書其意，另寫一款，一併啓奏。雍正二年諭：嗣後本内援引新例之處，不可用新例字樣，係何年所定之例，止將年分寫入。傳諭內閣，交各部衙門，通行各省。三年議准：地方民務，大小公事，皆用題本，本身私事，皆用奏本。如有應用題本而用奏本，應用奏本而用題本者，罰俸三月。六年議定：凡議革議降官員，除在京各官不必夾籤，外官先經別案革職休致者，亦毋庸夾籤外，其現在議處之外官，自知縣以上，遇有降調革職案件，及外任補授之京官，因伊原任內案件議處降調革職者，查明該員從前何官升補，及奉有褒嘉諭旨，或經督撫保題，並曾奉特旨寬免者，均於本內夾籤進呈。今增爲如係督撫司道任內，有降革留任處分，亦一併叙入。八年諭：各省文武諸臣奏摺，經朕硃筆批示者，俱令呈繳，以備稽查。但向來未定呈繳之期，以致各員遲早不一，有二三月後，乘便呈繳，有於年底彙齊呈繳者。夫既奉硃批查辦此事，下次查辦奏事之時，即應將硃批原摺呈繳，以備朕之檢閱。若具奏此事，而仍留硃批原摺於外，則朕處無檔案可稽，未免難於辦理。著通行曉諭：凡接到硃批者，仍照舊乘便呈繳，若具奏此事，應將原批一併呈進。若所批查辦之事，尚未就緒，准將硃批存留。俟辦理具奏之時，一併呈繳。十二年覆准：凡各部院題奏內會稿事件，有應行之處，皆責令主稿衙門，通行知會，不得推諉遲延，以專責成。如有推諉遲延及遺漏之處，將主稿衙門，照例分別議處。今增爲武職駐紮地方，文衙門不能徧悉，聽兵部自行行文，其餘各部院會稿事件內應行之處，俱責令主稿衙門通行知會，推諉遺漏者，俱罰俸一年，遲延者，照事件遲延例，按月日查議。乾隆四年奏准：屬官呈請上司代題代奏事件，如將實在情節，不行逐細聲明，含糊呈請，將呈請之員，降一級留任。五年議准：凡交代遲延，承審遲延，與承緝承追不力事件，該督撫不必具題，止照例限咨明各部，其處分入彙題完結。又議准：錢糧盜案，限滿之日，該督撫停其具題，止咨各部覈明，聽該部照例處分具題。又奏准：凡現任州同縣丞以下微員，遇有革職解任事故，年老有疾休致，並患病調理，丁憂終養等項，經各督撫咨送到日，皆照例行文辦理，一面開缺銓選，一面照例彙題，遇有降罰處分，亦照例彙題，降罰革職解任，均係一月彙題，老病休致、患病調理、丁憂終養，均係半月彙題。其候補州同縣丞以下微末職銜，督撫咨叅到日，照例據咨斥革，均附入一月彙題。七年議准：凡題奏內校對册籍事件，如司官未經詳查，致有遺漏舛錯者，將司官照例議處，未經查出之堂官免議。十三年諭：向來各處本章，有題本奏本之別。地方公事，則用題本。一己之事，則用奏本。題本用印，奏本不用印。其式沿自前明，蓋因其時綱紀廢弛，內閣通政司藉公私之名，以便上下其手。究之同一入告，何必分別名色，著將向用奏本之處，概用題本，以示行簡之意。又諭：鄉賢崇祀，所謂祭於瞽宗，必有功德可稱，方足膺茲鉅典。近來率以仕宦通顯者當之，已非覈實之道。今雲南巡撫題請原任侍郎許希孔崇祀鄉賢本內，則更有過甚其辭者，許希孔本一硜硜自守小心之人，在朝未有所建立，但曾爲卿貳，或者居家孝友，滇省人物寥寥，節取充數，自無不可。而本內乃有文堪華國品足型方二語，朕則知實非許希孔所能當，案呈內又以湯斌陸隴其爲比，許希孔何如人，豈可方之湯斌陸隴其，儗人既不於其倫，且本朝臣工不書其名，而稱爲陸當湖湯潛庵，尤非奏章之體。此等幕賓沿襲套語，明季已成濫觴，然彼時即軍國重務，人君尚概不經目，何論尋常章奏。我朝家法，通本部覆，無不詳細披覽，督撫題奏事件，豈可勦襲陳言，任意草率。今後有似此者，必加處分。此本著發還該撫，另行具題。十九年諭：户部議覆陝西巡撫奏請估變西甯縣庫收貯緞疋一摺。此案先經該撫咨請部示，户部以不便據咨遽議，駮令具奏到日，再行辦理。一切政務，惟論其事之可行與否，若事在可行，督撫業已咨部，該部復行令具奏，及奏到之時，原不過照議覆准，徒多往返案牘之煩，甚屬無謂，況部臣奏准，與督撫自行陳奏，又有何別耶，嗣後督撫咨商各部事件，著該部將應駮者即行咨駮，應准者亦即定議奏聞，毋得沿襲陋習，仍以具文從事。二十四議定：各部院題覆案件，無論科抄轉咨，於具題本內，俱將原奉諭旨日期載入，以憑查覈。三十年奏准，各省督撫大臣，將應題應奏事件，違例移咨部院者，毋庸駮令題奏，即據咨文分別辦理，應題者即行具題，應奏者即行具奏，仍將違例之督撫等，隨案查叅，照違令律議處。如各部院衙門，不據咨題奏，任意推諉咨駮者，照推諉事件例議處。又奏准：部院將應結之事駮查者，該稽查之科道，查出叅奏，將該司官罰俸六月，堂官罰俸三月，又奏准：議叙案件，閒有重複錯誤，原卷可以查明者，即查明改正，准予議叙，不得藉端駮查，巧爲需索，如混行駮詰，照應結駮查例議處，或不肖官吏，藉此需索，交刑部治罪。又奏准：各部院衙門欽奉漢字上諭：及行文外省事件，仍照例止用漢字，其餘一切內行文移，務須兼寫清漢，不得仍寫漢字黏單。如仍有怠於繕寫，令各堂官查叅，照文册舛錯例罰俸三月。又奏准：各部院所領三庫銀緞顏料等項，務於下月初十日內，造具細數總册，並原稿咨送都察院，交江南道按月查覈，呈堂稽查，於年底彙題。儻不按月咨送，遺漏遲延，及數目不符，該道叅奏，照部院衙門事件遲延註銷遺漏例，分別議處。儻有重支冒領等弊，該道不行查叅，別經發覺者，將該道照不行詳查例罰俸六月，該堂官照疏忽例罰俸三月。又諭：內外各衙門題奏事件，遇有地名字面，理應遵照全寫，乃向來章疏，止圖省便，每將地名節稱一字，其謬不可枚舉，如熱河之但稱爲熱，多倫諾爾之但稱爲諾，則其尤甚者。嗣後凡有地名字面，一概全寫，不得僅趨簡易，致乖體制。三十一年諭：前因各省奏報動用耗羨章程各摺，批交該部知道者，仍令户部按例查覈辦理，不得僅以動支各數存案了事。並令將辦過准駮各案，於年終彙奏。至於吏部甄別教職佐雜，兵部之千總，定以六年俸滿，分別保薦留任勒休，並令各督撫於年終彙奏，原恐督撫等或曲意姑容，致有衰庸戀棧，是以批令該部知道，以便比較查覈。若一概存而不論，則亦毋庸批交該部矣。蓋此等甄別年滿員弁，其列入保薦者，合例與否，俱由部覈議請旨，惟例應留任之員，該部止照督撫等所議存案，向未復加查覈。但各員弁分別留任，初次定以六年，迨下次再行甄別時，前後已有十餘年之久，其中豈無衰邁龍鍾，年歲已逾定例之人，若該督撫等，或因循姑息，不行裁汰，該部又以向無查覈之責，聽其蒙混濫等，殊非覈實官方之道。嗣後著各該部遇有此等照例彙奏事件，及一切督撫等題奏，經朕批交該部知道者，將應否准駁之處，俱於年終詳查覈議具奏。三十三年諭：嗣後八旗宗人府，凡有行文外省事件，俱行該部轉行，不得徑行外省，將此永著爲例。又奏准：各部院及八旗都統等衙門，一應文移，俱令本衙門填寫日期，儻有僅寫年月，不填日期者，許收文衙門，於每月註銷時，送該科道驗明，於註銷本內聲明附參，照造報各項文册遺漏例罰俸三月。儻各衙門有收受無日期文書，及自填日期，經該科道等查出，一併題參，將收文不行查出之員，照失察檔案例罰俸兩月。自填日期者，照增減官文書例罰俸九月。三十四年諭：聞向來御門日期，奏事處人員，遇各衙門及科道封口奏章，概不轉遞，此乃伊等拘泥舊例，甚屬無謂。朕總理庶政，凡內外臣工奏章，無日不進御披覽，豈有納之於平時，而於御門聽政之日，轉卻而弗納之理。且御門不過片刻，既退仍照常辦事，亦屬兩不相妨。而此等封口奏章，或係糾彈，或關建白，其中緊要之事，並有須即予施行者。若既至宮門，復行駁回，於公務既不無延緩，且恐無識者致疑封函有壅於上聞之事，於政體亦屬未協。在前明朝政廢弛，君上每不樂親爲聽覽，臣下望風希旨，往往藉故稽留，以售其蒙蔽之術。我國家綱紀肅清，朕夙夜孜孜，勤求治理，奏牘上陳，豈宜稍有屏遏。嗣後御門日期，凡有封奏事件，俱著一體接收呈覽，著爲令。又議准：嗣後恭遇諭旨內有宣示中外知之者，令內外文武該管旗民各衙門，俱刊刻謄黃，張挂曉諭。儻仍前不行宣示者，照經手遺漏例罰俸一年。三十五年諭：雅德奏查辦收存䶑舊盔甲，俟吉林等處需用鐵斤時，按鎔化净鐵之數折給，應需驛車，照例撥用，先經咨部請示，茲准兵部行令具奏再議等語。兵部所辦非是，前因各部院將應行奏辦事件，駁回該處，令其自奏，以致輾轉稽延，最爲惡習，屢經嚴切飭諭，並定有咨駁處分。今兵部辦理此案，何得復行駁令自奏，著將該堂司官交部議處，並再行通諭部院八旗各衙門，嗣後凡遇各該處請示咨報之案，除有例可循者仍照常覈議咨覆外，若係必須奏請定奪之事，無論應准應駁，即著據咨議准議駁奏聞，並將應奏不奏之大臣等，附參交議，不得狃於推諉錮習，貽誤公事。儻不知悛改，復蹈故轍，一經查出，定將違例咨駁之大臣等，一併嚴加議處，著爲令。三十六年諭：昨閱工部題銷順天庚寅科鄉試添補器具等項一本，裘日修即係兼管順天府之人，乃於工部堂官內，仍行列銜，以自行報銷之案，旋復自行考覈，於事理實屬未協。在同堂大員，秉公覈實，或不敢彼此瞻顧，而司員書吏人等，以承辦之人，現爲本部堂官，豫操覈銷之柄，難保無畏懼迎合情事，何可爲訓，由此類推，如户工二部，錢法堂侍郎專管局務。若遇本部覈奏時，該侍郎亦行列銜，均非覈實辦公之道。嗣後在京各衙門，凡有似此者，俱著一體迴避，著爲例。又諭：前據范宜賓奏各省藩臬陳奏事件，不應先行呈送督撫一摺。曾諭令各該督撫明白回奏，今據先後奏到十餘處，大率稱督撫藩臬於奏報收成晴雨等事，恐其錯誤，往往互相質證，至條奏地方公事，兩司亦有稟商督撫者，若不呈閱，亦不向其索看等語，朕殊不以爲然。向來藩臬條陳，不過各就該省之錢穀刑名事件，摭拾敷衍。朕或批交督撫議覆，或批令告知督撫，酌量可行則行，是地方公務，原不妨彼此商搉。其事轉無甚關礙。至收成晴雨等事，令藩臬亦得專摺奏聞者，誠以水旱豐歉情形，事關民隱，冀得互相參覈，不致粉飾欺蒙，以收兼聽並觀之益。若彼此商同入告，依様葫蘆，無裨覈實，則督撫一奏足矣，安用是重見疊出者爲。至若督撫果有不公不法之事，藩臬聞見既真，原應據實入告，然朕並不以此責之兩司，俾得鈐制上官，致開告密之漸，而兩司從未有劾奏督撫者。即如近年以來，良卿方世儁等，枉法營私，爲天道所不容，惡迹自然敗露，各正刑誅，而該省藩臬，初何嘗於朕前奏及一語，則大吏之自取重戾，又豈必待兩司之舉發乎。且督撫既膺委任，豈轉不及藩臬之足信，朕亦不肯過爲逆億，若使藩臬中實有廉正可信，逾於督撫者，亦即以督撫任之，又何肯不加擢用，轉令其隱爲糾伺乎。總之整飭吏治大要，惟恃朝廷綱紀肅清，自不敢有扶同蒙蔽之事，初不在乎設法峻防，若燭照稍有不周，則雖檢制加嚴，適以滋弊，此爲君之難也。即如近日范宜賓與胡文伯意見牴牾，朕因高晋奏到，留心查覈，初未有所偏向，及見胡文伯在任辦事，種種未協，難以復膺封疆重寄，因予罷斥，並非由范宜賓之劾奏，而范宜賓查奏捕蝗不力一事，彼亦同干吏議，又何嘗因其不畏巡撫，特爲獎賞乎。朕辦理庶務，惟崇實政，不欲斤斤於禁令之具文。呈閱摺稿一節，督撫與聞及不與聞，皆無關事理輕重，如兩司慎密自矢，固屬分所宜然，設欲藉此爲諂事逢迎，亦彼自甘庸下，總不能逃朕之洞鑒，督撫等覆奏之初，曾交軍機處彙齊再奏，今奏到定奪者已及大半，想續奏者亦不過如此，毋庸俟奏齊再爲定議，即以此明降諭旨，通諭中外知之。三十八年諭：本日御史天保馬人龍奏監考教習，查出代倩之弊一摺，已交部查辦，至其摺內書銜，因天保在前，遂概稱奴才。向來奏摺滿洲率稱奴才，漢官率稱臣，此不過相沿舊例，且亦惟請安謝恩，及陳奏己事則然，若因公奏事，則滿漢俱應稱臣。蓋奴才即僕，僕即臣，本屬一體。朕從不稍存歧視，不過書臣覺字面冠冕耳，初非稱奴才即爲親近而盡敬，稱臣即爲自疏而失禮也。且爲君者，豈繫臣下之稱臣稱奴才爲榮辱乎。今天保馬人龍之摺如此，朕所不取，若不即爲指斥，恐此後轉相效尤，而無知之徒，否或因爲獻媚，否或竊爲後言，不可不防其漸。即如各部院衙門題奏摺本，雖至微之筆帖式，無不稱臣，又何用强爲區别於其間耶。嗣後凡内外滿漢諸臣，會摺公事，均著一體稱臣，以昭畫一，著爲令。五十四年奏准：凡内外議處官員題本内，除奉特旨交部議處者，毋庸夾單外，其隨案叅處聲叙職名，或未送職名，查取職名，或咨送尚有遺漏補送職名者，吏部本上時，俱令摘叙案由略節，於本内夾單，一併進呈。嘉慶五年奏准：京官三品以上，議叙處分開復，俱專案具題，四品以下，降革處分，專案具題，其降革留任罰俸處分，以及議叙開復，入於十日彙題，外官三品以上，議叙開復，及降革處分，俱專案具題。道府，降革處分，及降革後開復原官者，俱專案具題。降調處分，有加級抵銷者，亦專案具題。其降革留任罰俸等項處分，以及議叙，並開復降革留任等項，又數案降革，止開復一二案者，俱入於十日彙題，丞倅州縣降革處分，及降革後開復原官者，俱專案具題。其降調處分，有加級抵銷，並降革留任罰俸等項處分，以及議叙開復降革留任，又數案降革，止開復一二案者，俱入於十日彙題。教職首領佐雜議叙處分開復，俱入於一月彙題，盜案處分，另作一項，一月彙題。州縣以上，降調未補，及革職官原任内處分，俱入於十日彙題。其降革之案，奉旨引見者，原任内復有降革處分，照丞倅州縣現任之例，分别專題彙題。又奏准：京官三品以上，告病告休，由本衙門具奏奉旨後，知照吏部，四五品以下，告病告休，具呈本衙門咨明吏部，由考功司移付稽勳司，入於半月彙題。督撫告病告休，自行具奏。藩臬告病告休，由本省督撫代奏。道府告病告休，由本省督撫具題。奉旨議奏者，吏部專案題覆，丞倅州縣告病告休，亦由該督撫具題，教職首領佐雜告病告休，該督撫咨明吏部，俱由考功司移付稽勳司，入於半月彙題，道府以下，在京告病告休，具呈吏部，在途告病告休，由該省督撫咨部，道府專案具題，丞倅州縣以下，考功司移付稽勳司，入於半月彙題。又奏准：題奏應密不密，不應密而密者，俱各罰俸六月。又奏准：官員妄行條奏者，照言官摭拾具奏例降一級調用，妄行指摘者，照與前任不合有意苛求例，降二級調用。又奏准：各處印文到部，該收文司員，不行回堂，擅自駁回者，照不應重私罪律降三級調用。又諭嗣後凡遇齋戒日期，如圜丘、祈穀、常雩親宿齋宫之日，各部院仍照向例不進本章。至方澤、太廟、社稷壇致祭之日，内除刑部不必進本，及各部院外省本章有關涉刑名者，俱不呈進外，其餘尋常事件，著各該衙門照常進本，即以本年方澤大祀爲始，著爲令。又諭：向來外省各督撫遞發本章及摺奏事件，皆先行跪拜，親授所差員弁捧賫，理固宜然。至在京王公内閣部院八旗各營大臣等，應奏事件較多，固非外省可比，然亦應親身遞奏。乃近來王公大臣等，日久相沿，多不親赴宫門，率令護衛太監司員筆帖式章京驍騎校等，代爲遞奏，殊非敬謹之道。嗣後各王公大臣等，於自行陳奏事件，務須親自呈遞，即如各旗衙門公遞事件，亦應輪直堂官一人，遞交奏事官員轉奏。如有仍前派交護衛太監司員章京等代遞，並無一人親到者，奏事官不准接收，並將該堂官交部議處。又議定：不親身遞奏，照推諉曠班例罰俸一年。七年諭：近來臣工等遇有派令兼署部旗事務，或具摺謝恩，或僅在道旁叩頭，不復繕摺陳謝。前經降旨令滿漢文武大臣，有派令兼署部旗事務，僅在一月以内者，不必專摺謝恩。嗣後滿漢文武大臣，仍遵前旨，於署缺在一月以外者，均具摺陳謝，以符體制。八年諭：明亮奏烏魯木齊所屬地方，應辦刑名錢糧漢字事件較多，請仍令原任山西潞安府經歷陳聖域辦理一摺，著照所請行，惟摺内將烏魯木齊截去下三字，於文義殊屬不合，向來各省地名，如用漢文書寫，已不應僅用一字。若於清文内率行裁截，尤不成話。嗣後内外各衙門，遇有陳奏事件，於應載地名，惟當全行書寫，不得任意截去。九年諭：嗣後外省各督撫，凡遇題本年月日，俱不准穵改，一有錯誤，即著另換一扣，黏尾接寫，仍將黏接之處鈐印，以杜弊端而符體制。又諭：前因原任河道總督嵇承志具奏本章七件，均將本章後寫五月字樣，穵補蓋印，特降旨令嵇承志明白回奏，並交徐端詳查其中有無情弊。茲據徐端奏稱，查得此項題本，均係循例應辦之事，該本房經承先將正本填寫四月，前因字頁過繁，查對有需時日，至五月初二日始行拜發，是以穵補五月字樣，係在未奉定例以前，委無別項情弊，此事雖查無弊竇，但嵇承志於進呈本章，並未敬謹詳閱，任令書吏於用印處穵改，究屬不合，嵇承志著交部議處，欽此。遵旨議准：嗣後本内穵補年月者，罰俸六月。又諭：六部衙門，政務殷繁，臣工等理宜敬共朝夕，遇有應奏事件，隨時陳奏，方免叢脞之虞，從前我皇祖世宗憲皇帝，因駐蹕圓明園，道路稍遠，特令文職各衙門，輪日奏事，原以示格外體恤之意。至進宫後，各衙門並不輪班直日奏事者，原以宫廷密邇，無難日日進内。乃近來各部堂官，意圖安逸，每聞有御門日期，將應奏事件，及引見人員，俱於是日彙齊奏辦，其前後兩三日間，竟不入内，奏事者絶少，朕留心察看，已非一次，朕未明求衣，鐙下辦事，同此勞者，惟軍機内廷數人耳。别部堂官，遇應奏事件，及應帶領引見人員，延玩不奏，在家高臥，以避曉寒，於心安乎，於理得乎。京員如此怠惰，外任尚可問乎。即如本日御門後，吏部帶領月官，正黄旗直日帶領引見，俱屬照例按期辦理，而禮部兵部及三庫，亦均於此日帶領引見，實屬趁便。試思禮兵二部，並非吏部月官可比，而三庫引見之事，更屬無多，何以必於今日帶領。朕日理萬幾，從不稍延晷刻，並非因本日事多，略有憚煩，特因兩日前，各衙門奏事，太覺寥寥耳。前月三十日，永思殿用膳辦事，僅有都察院步軍統領衙門陳奏事件，昨日又止有鑲黄旗引見官十三員，禮兵等部及三庫應行引見人員，何不可移前帶領，而必湊集於御門之日，謂非有心積壓希圖便逸而何，此内如内廷行走諸臣，每日進内，本無可偷安，自係外廷各員，憚於早起，故乘御門奏事之便，相率爲此，殊非敬事之道。至小京堂衙門，事務較簡，該堂官甚至日高未起，而於進署辦事，猶復各定堂期，此等積習，豈所謂靖共匪懈者乎。朕此時不難降旨令各部堂官，每晨趨直，以儆怠惰，但念此中尚有年老諸臣，趨走維艱，朕亦不爲已甚。嗣後各部臣務宜力加振作，於應辦之事，隨時陳奏，即朕拜廟拈香各處所，無不照常辦事，非務游觀，各衙門儘可呈遞奏章，其有可帶領引見之處，並應酌量帶領，何必因朕偶有臨莅，輒稱不便奏事，自耽安逸，轉以爲仰體朕躬耶。著將此旨通諭六部衙門各堂官共知儆省，各思夙夜在公之義，無負朕拳拳訓誨至意。十年諭：每年十二月中，各省文武大臣，及新疆各等處駐紮之將軍大臣等，均有恭賀元旦奏摺。自應以時呈遞。嗣後外省及新疆各等處具奏慶賀元旦之摺，著以十二月初十日以後，二十五日以前爲率，總於此半月内一律遞到，毋得前後紛歧，有乖體制。十一年諭：滿漢文武大臣等，年逾六旬以外者，前經准令於趨朝入直之期，差人先遞膳牌，以示體恤。至遇有自行陳奏事件，及本身謝恩等事，自仍當躬親呈遞，其年在六旬以内者，無論膳牌摺奏，俱不准差人代遞，該文武大臣等，各宜懔遵訓諭。嗣後儻復有率意差人代遞者，奏事官著不准接收。又奏准：督撫將奉旨駁查事件，含糊具題者，降一級留任。其屬員呈請上司代奏代題事件，如不將實在情節，逐細聲明，含糊呈請者，將呈請之員，降一級留任。該上司並不查明，率行代爲題奏者，罰俸一年。十二年奏准：各省具題本章，通政司於交送内閣之日，即將揭帖備文移送各衙門辦理，並聲明交送内閣日期，以憑查覈，本内年月日，俱不准穵補，如蓋印之處，有穵補痕迹，即照書寫違式之例，票旨飭行，仍將經手人等，分别究辦。十三年諭：朕每日召見各部院衙門尚書侍郎及卿員等，詢及該衙門事務，或伊等將現辦案件，自行奏言，及退出時轉向同官傳述，即爲業經奏明，請旨遵辦，朕輪次召對臣工，一時面諭之言，豈能向其同署諸臣徧行曉示，而本人一經傳述，各同官又不敢復行請旨，其中每不免有隨同遷就之弊。且各部院事件，如同官尚未公商定議，本不應於獨對之時，先行奏探意旨，或其人先有異見，於召對時輒以意敷陳，及出述時辭氣抑揚輕重之間，復稍增減，而同官莫能辨正，則以影射漸啓專擅，其弊尤不可不防。嗣後各部院衙門臣工，經朕於召見時，詢及現辦事件，或有面諭之言，本人退出後，傳知各同官，俱著於次日公同繕片述旨，如所述不誤，發下後再行遵辦，或所述事件，其人面奏之辭，與該衙門現在公同商辦之處，情節不符，即著於奏片内據實聲叙，另候諭旨遵行。此係朕防微杜漸之苦心，各臣工等懔遵毋忽。又諭：朕此次由熱河回鑾，於途次要亭時，部旗文武各衙門尚有附本報陳奏事件者，至前日駐蹕南石槽，各衙門即無附報具奏之摺，本日朕回園已閲一日。惟吏部奏事，帶領月選各員引見，其餘各衙門，並無一陳奏事件者。豈有五日之久，在京文武各部院二十四旗，無一件可奏之事，在該堂官之意，自以爲甫經回蹕，若仍照常奏事，恐致披閱煩勞，殊不知轉增朕之煩悶矣。朕綜理庶務，從不厭繁多，乃各衙門將應奏事件，相率延閣，勢必積壓多件，併於一日呈遞，轉至叢冗，殊非朕萬幾無曠之意。本應加以懲處，惟念該衙門，或有事務較簡，本無應奏事件者，此次姑免逐一查究。但大小臣工，因循怠玩，甚有關繫，不可不加以訓誡，除吏部本日業經奏事外，餘俱著傳旨嚴飭。此後文武各衙門，若仍似此將應奏事件，有意積壓，必當隨時懲處不貸。又諭：朕因部院衙門，向來辦事，每多因循延閣，節經降旨訓諭，乃昨日遞事者，僅止禮部會同内務府奏事一件，除此無一件陳奏者，又無一引見人員。本日則各衙門多有陳奏事件，並各帶員引見。兩日之間，事務繁簡不同，殊非認真辦公之道。嗣後各大臣務宜恪勤供職，隨時辦事隨時具奏，毋得稍存遷就觀望，致有耽延。若再有積壓不奏者，即以違旨論罪，其無悔。十四年諭：本日係刑部輪班直日，止有三名引見官員，並未奏事，當經召見尚書金光悌，及滿漢侍郎等，詢以該部因何未有陳奏事件，據稱本日係恭寫神牌吉期，若早間刑部遞摺，正與書寫時候相值，是以未經專摺奏事，刑名本章，仍照常恭進等語，所見殊屬拘泥，該部即因本日係書寫神牌吉期，或將處決重案，暫緩陳奏。其尋常事務，儘可於早間奏遞，乃率將一切事件，全行閣壓，因循疲玩。刑部堂官，均著傳旨申飭。嗣後各部院衙門，如再有假託避忌，實圖安逸者，定行懲處不貸。又議定：各部院摺奏事件，如有特降諭旨，應俟内閣發鈔遵辦理外，仍將原摺並所奉諭旨，鈔録移送内閣，與具題紅本，一併收存，以備查覈，其由奏事處口傳旨意，該衙門於領出後，即於摺面恭繕諭旨，鈐蓋印信，與奏稿一併存案，仍於月終將一月所奏事件，摘叙事由，並恭録所傳諭旨，移交外奏事處，互相覈對，以昭敬謹。十五年諭：萬承風具題學政任滿一本，朕詳加披覽，其年月未經另頁書寫，已照擬飭行矣。至其所書前銜，有内廷供奉字樣，尤爲不合，《會典》所載官職，本無此等名目，若萬承風因在尚書房行走，則周系英黄鉞俱係尚書房南書房行走之員，同日題接替學政各本，並未列有内廷供奉前銜，萬承風何得任意形諸章奏。著交部察議，伊原係尚書房行走，本欲俟到京之日，仍令其在尚書房行走，今觀其近日情形，念念不忘内廷，殊屬躁妄，不必在内廷行走。嗣後凡在内廷行走人員，於奏牘内止列本銜，不得再書内廷供奉字樣，以符體制。十七年奉旨：松筠等奏因未親遞月摺，請交都察院察議一摺，昨日兵部呈遞月摺，有堂官三人到園，俱經召對。吏部呈遞月摺，堂官並無一人來園，奏事處未敢將月摺接收，茲該堂官奏請處分，固係咎有應得。但查詢松筠鄒炳泰，係在本部開印，桂芳陳希曾凱音布帥承瀛，各赴内務府錢局本旗開印，尚非無故曠班，惟未曾公同商議，酌分一二人來園，其過止於疏忽，所有奏請察議之處，俱著加恩寬免。嗣後遇事各加意勤慎。又諭：本月十八日，據明志成格聯銜具奏，現屆軍政之期，分赴保定寶坻等處，校閲駐防官兵，當即召見訓諭。據奏定於二十二日起程，其明志所兼護軍統領，成格所管錢法堂印鑰，並已派員署理，本日明志成格復聯銜遞摺請訓，殊屬重複。嗣後在京大員出差，俱著於啓程前一二日具摺請訓，召見後各按期前往，毋得重複具摺。二十一年議定，嗣後王公大臣，及各衙門官員，如有已將奏摺呈遞，復向奏事處私行撤出者，照不應重私罪律降三級調用，奏事處官員，聽其撤下，照不應重公罪律降二級留任。二十四年諭：嗣後凡遇應用黄摺奏事時，其刑名事件，俱毋庸黏貼黄面，以歸畫一。又議定：官員黏貼摺面錯誤，照違令公罪律罰俸九月。道光四年奏定：題奏事件，如有止圖省便，將官名地名節稱一字，如烏魯木齊提督稱爲烏提，熱河但稱爲熱，多倫諾爾但稱爲諾之類。以及列銜列名不符體制者，如知州知縣但書爲某牧某令，止稱某姓，不列其名之類。俱罰俸三月。又奏定：各省題奏命盜案件，當於州縣之下，犯名之上，添寫旗人民人字樣，以清眉目，如有於州縣下直接犯名，以及捏寫字面，致乖文義者，如賊犯係屬回民，即捏寫爲回賊之類。俱罰俸三月。八年奏定：部院衙門，將特旨議處議叙事件，歸入彙題者，司官罰俸六月，堂官罰俸三月。十年奏定：各省題本違式錯誤，通政司未經看出者，承辦官罰俸三月，堂官罰俸一月，若内閣漏票飭行，亦照此例議處。又奏定：凡各衙門陳奏事件，奉有諭旨：除御前大臣、軍機處、内務府、南書房四處，例准本日述遞外，其餘部院衙門，俱應於次早述旨。儻該堂官有於本日述遞者，罰俸六月。奏事官率行接收，亦罰俸六月。

《大清會典事例（光緒朝）》卷一一四《吏部・處分例・遺失本章》

康熙六年題准：遺失科鈔者，罰俸兩月。十七年議准：遺失紅本者，降一級留任。二十五年議准：官員將誥敕質當者革職，或蟲蛀損傷，或潮溼破壞染汙，及差人道路差錯者，皆罰俸六月。如被水火盜賊毀失者免議，仍准題請重給。今增爲文武官員劄付旗牌等項，被水火盜賊毀失者，亦照此例辦理。雍正二年，山西巡撫題叅河東運判護理運司，將欽頒運司上諭，並未查收交代，奉旨，著免議，此不過朕之訓飭諭旨，無甚關礙。嗣後朕之訓旨，或致遺失水溼染汙毀壞，該督撫提鎮，行文內閣奏明給予，不必題叅。乾隆四年議定，凡已進呈之本章應行發出者，如批本處未發，內閣即行叅奏，內閣未發，部院即行叅奏。該部院未經行文，督撫即行叅奏，不必轉相詢問，若將進呈後之本章，批本處及內閣遺漏未曾交出，別經發覺，始行查發，將經手遺漏之員，比照將表文遺漏遲延例罰俸一年。同日該班不行檢查之員，照不行詳查例罰俸六月，奏事處亦照此例。若已經交出到部，而遺漏不行知照該處，各咨行事件，已經議結不行文該處者，將遺漏行文之員，照議處經手遺漏各員例察議。至於已經移咨該處，而他處或有遺漏，未經知照者，照遺漏行咨例罰俸兩月。又議准：凡有降罰承追等案，一經奉旨，考功司即行文知照文選司，其補官日帶於新任降罰者，應於該員補官日，文選司行文知照。如有遺漏不行知照者，將司官照遺漏行咨例罰俸兩月，書吏治罪。三十年奏准：在內在外議降議革大員，奉旨後，吏部將該員緣事原案備細鈔録，一體行文原籍督撫，以便稽查。又奏准：歷年准行條奏事件，如有沈閣未行者，即查明定限補行。若有不便行者，該衙門據實題明更正，並造具遵依清册，咨部查覈。儻有陽奉陰違遺漏沈閣等弊，一經發覺，查係遺漏，照經手遺漏例議處，如係沈閣，照沈匿官文書律查議。又奏准：吏部文選司題稿房、筆帖式科二處，專司滿官銓選，往來文移，多係清字，揀選諳練事務掌稿筆帖式各二人掌管。如所辦檔案，有遺漏及舛錯，照處分司官例議處。至隱匿印文，更改檔案等弊，查出題叅治罪。又奏准：除咨部院密奏事件，毋庸開送內閣外，其摺奏事件奉旨准行之後，即將原摺並所奉諭旨，一併鈔送內閣，與具題紅本一體收藏，以備稽查。

（清）沈家本《叙雪堂故事・停止刷送舊事緩决招册》秋審九卿會審，向例分送招册，不論新舊緩决，一體彙册會核。乾隆三十四年刑部奏准，止將本年新事招册刷印分送，其舊事已入緩决者，毋庸再行刷印，仍將歷年緩决各犯姓名，於會審時逐一唱名。至進呈秋審本章，亦開列起數、名數具題。

（清）沈家本《叙雪堂故事・秋朝審招册删去撫看語止叙部看》奏爲刊刷秋審招册，請酌量變通辦理，以歸簡易以昭詳慎事。內閣抄出掌江南道監察御史九成奏前事等因，乾隆十九年十月二十九日奉硃批：該部議奏。欽此。欽遵於本月十三日抄出到部。臣等議得，據掌江南監察御史九成奏稱：竊查每年秋審到部，將直省重囚案情罪名，刊刷招册，分送九卿、詹事、科道，公同詳閱，分別情實，緩决，可矜，請旨定奪，典至重也。招册內理宜全録情節，以備參詳，庶幾輕重合宜，不至錯誤。惟是向例刊刷招册，必將法司看語與督撫看語一併叙入，承辦之員恐刊刷工價多有糜費，遂删去繁冗以圖節省。迨辦理日久，承辦各員遞年更換，非出一手，間有將緊要情節遺漏不載致淆裁酌者。如本年山西省情實斬犯張起雲，原案內開：因布客殷廣録屢次調戲伊女大姐兒，忿恨將殷廣録掐死。張起雲見其擔內貯有錢布，當即取藏。復剥取屍衣，將屍背棄土窑滅跡。嗣經屍弟舉控，差役訪獲。乃招册內止將掐死緣由叙出，九卿見其因女屢被調戲致斃，情稍可原，有欲改擬緩决者。及刑部查出原案，知有收藏錢布、剥衣、棄屍滅跡等情，始行照覆，此其明驗也。詳查秋審招册內所述督撫看語，業將案犯情節再爲聲叙，案係兩層而語實重複。與其聲叙兩層慮有糜費節删字句，曷若省去一層，照稿全録以杜遺漏。且查現在朝審招册內，法司題結直省解部監候之案，只叙該督撫題某一案擬罪數語於前，其奉旨三法司核擬具奏之下，則叙法司會稿原看，該督撫原題看語內情節概不叙入，翻閱既不重複而案情亦覺詳備。請勅諭刑部，嗣後刊刷秋審招册，俱照此一體辦理，只將法司會稿原看全行開載，務令承辦各員詳加覈對，不得將緊要情節稍有遺漏。如有率意删減，致案情與原稿不符者，經九卿、詹事、科道查出，即行指參，將承辦各員交部嚴加議處。如此則案歸簡易，既無重複之繁文而案情全備，愈昭讞獄之詳慎矣，等因，具奏前來，查秋審招册首列督撫看語，所以叙原招情節；次列法司會看，所以詳定擬罪名，舊制相沿，遵行日久。每年秋審時，臣部會同九卿、詹事、科道等官，將各省案件逐起審定，惟期虛衷詳慎，無枉無縱，原不在招册款式及一、二字句之繁簡也。今該御史奏稱，秋審招册理宜照稿全録，以備參詳等語，查臣部向來辦理招册，務令承辦司員摘叙緊要案情，刊刻分送。仍令各該司員將原稿揭帖俱攜送秋審棚內，以備詳查。儻有商酌之處，俱可隨時檢閲，不獨如該御史所奏，本年山西省張起雲謀殺殷廣禄一案始行備卷查覈也。是秋審時各案稍有疑義，原屬有卷可查，并不因不照稿全録致淆裁酌。且原稿內有一案數犯，各有罪由與現入秋審全不相涉者；亦有一犯數事并發，罪有重輕，已從重定罪，而餘罪無庸贅叙者。若必全行載入，頭緒紛紜，反難查閲，應將該御史所稱照稿全録之處毋庸議。再，該御史奏稱，招册內止叙法司會稿原看，將該督撫原題看語概不叙入等語。查本年新舊各案共計七千餘起，若將現在刊舊之板概行删改另刻，不特工價浩繁，且計明歲秋審之前，爲期不過數月，勢難趕辦。惟將明年新事删去撫看。止叙部看，每案約可節省數佰字，似與删繁就簡之意相符，事屬可行。除乾隆十九年以前舊事毋庸删改另刻外，其自乾隆乙亥年新事起，應如該御史所奏，止載部看，以省重複。至該督撫審擬原題，間有因供情互異及律例不符，經法司題駁改正，或蒙睿覽改定，與尋常照覆之案不同者，應仍摘叙督撫原看，以備參閲等因，十一月十四日奉旨依議。

（清）張之洞《張文襄公全集》卷八六《公牘·咨札·札臬司整飭郵政光緒八年七月十三日》　照得例設驛馬，原以備警急非常之需。查定例，遞送公文，定限日行六百里者，有驛州縣遲延至三刻以上，降一級調用。定限日行五百里、四百里者，遲延三刻以上，降一級留任。虧短驛馬，吏議綦嚴。查晋省州縣積習，專以侵蝕額領馬乾爲事，竟視爲州縣進款，居之不疑。驛站馬匹，絶不買補，不及原額之半。遇有差使，拉扣過客騾馬，勒令支差，怨咨載道。且查閲各屬投院文報，往往遲逾。其他衙門公文，稽延更不可問。郵政廢弛至此，既屬擾累商民；兼之遇有重情急遞，必至貽誤。亟應認真整飭。今養廉三成已復，公費已分别減裁，常年攤捐已定議，自冬季爲始，一概裁免。若再欲坐擁馬乾，盡歸囊橐，則是貪得無厭，斷斷無可原恕。爲此札，仰按察司即便轉飭有驛州縣，趕將缺額馬匹，如數買補，務令壯健足用。倘或仍前缺額，于往來文件致有躭延，混拉民馬支差應用，一經本部院不時委員查出，定即嚴參不貸。

《清實録》康熙四十三年正月　兵部議覆，四川巡撫能泰疏言：土司爭告詞狀俱系漢字，而原告全不知漢語，皆內地不法之徒潛住土司地方，代寫詞狀之故，請嚴禁外省游棍，不許擅入土司。土司自有土字，此後一切往來公文詞狀，俱用土司之字。更請于土司屬內年力精壯之人，選三四十名，于臣標、及提鎮標下，勻撥頂補額兵之缺，倘遇土司事務，責令跟隨差遣之同往，可以得彼處實情。應如所請。從之。

《清實録》咸豐元年正月　又諭：倭仁等奏，大計届期未接部文懇請展限一摺。奉天省本年大計，尚未接到吏部行知，著準其展至二月內具題。至此項公文，如系在途遺失，即著該部補録行知，以憑辦理。或系該部發文遲誤，亦著查明具奏。

《清實録》同治九年七月　諭內閣：曾璧光奏，夾板被拆請飭稽查以杜弊端等語。據稱本年正月間，接到兵部同治八年十二月二十一日封發夾板一事，查看黄布包印花內外封筒釘封均有拆損，上有隆橋驛黏簽聲明前途拆損字樣，顯系隆橋驛以前各站私行拆閲等情。夾板公文最關緊要，竟敢中途私拆，實屬膽大已極。若不嚴行根究，何以重郵政而昭慎密。著四川總督迅飭臬司確切查明此項夾板究系何站拆動，從嚴懲辦，不得含糊了事。至各省驛站，亦往往有私拆公文之弊，嗣後著各該督撫責成臬司妥議章程，于上下站接遞詳細稽察以杜弊端，如查有拆損情事，即將私拆之人加等治罪，并將管驛之各該地方官從嚴參處，以儆效尤，將此通諭知之，尋吳棠奏，遵查川省接遞夾板并無私拆，業經飛咨曾璧光確查黔省何處拆動，從嚴懲辦。報聞。

《清實録》光緒四年七月　甲寅。諭內閣：給事中王道源奏，部例日繁請飭删並一摺。《六部則例》向届十年增修一次，自應詳加考定，參酌事宜。著各該堂官於興修則例之時，督率司員，悉心檢校。將應行增輯稿件，擇要覈纂，至舊例中有應酌改者，永即詳慎厘定，其有例所未協，案涉兩岐者，即行删汰合併，以歸簡要。現月

《宣統新法令》第二十三册《禮部會奏議覆浙撫奏請將誥、敕改用紙幅摺》　內閣鈔出，浙江巡撫增韞奏織造工料需款甚巨量爲變通借節糜費一摺，奉硃批：該部會議具奏，欽此。欽遵到部。查原奏內稱：應需誥軸一項，仿照敕書之例，改用紙幅，分别品級頒發只領，計從前每軸須動

帑銀數兩者，今不過數錢而止，所省奚啻十倍，而恩禮優隆，初無歧异，似於整頓財政實有裨益等語。查《會典事例》内開：誥命用五色及三色紵絲，文曰奉天敕命；敕命用純白綾，文曰奉天敕命，均織昇降龍文兼清漢字。

又開：文武誥、敕，一品玉軸，鶴錦及獅錦面；二品犀軸，赤尾虎錦西；三、四品貼金軸，瑞荷錦面；五品角軸，瑞草錦面；六品以下俱角軸，葵花錦面。五品以上授以誥命，六品以下授以敕命各等語。今該撫請將誥軸仿照敕書之例，改用紙幅，自係爲撙節經費起見，臣等公同商酌，所有誥命應用五色及三色紵絲，敕命應用純白綾，擬請均如該撫所奏改用紙幅。至昇降龍文兼清漢字，一律改織爲繪，惟顔色尺寸及軸頭、錦面不得稍易舊制，庶於節省款項之中，仍不失分别等差之意。統由杭州織造制辦解京，以專責成，而應要需至經費一節，應由該撫按照原奏所稱，會同杭州織造，估計確數報部，並將所改式樣先行分送部科等衙門，查看是否有當。伏候命下，遵奉施行。再，此折係禮部主稿，會同度支部、内務府、中書科具奏，合併聲明。爲此，謹奏。宣統二年七月十八日奉旨：依議，欽此。

紀　事

（清）陳枚輯《憑山閣增輯留青新集》卷一八《筮仕要規・新任預諭衙役單》　新選某府某縣正堂某姓爲公務事，照得本縣叨膺新命除授某邑，擬于某月某日辭陛出都。凡一切應行事宜，合行諭知，爲此諭六房吏書，併各役人等知悉。遵將司道府廳各上司稟啓，禮房照單，逐一星馳投遞。如舊例尚有應具稟啓，單内未備者，該房具稿稟呈兩衙填寫補投。所有里役賦役各全書、總制册、并奉裁欵目，及儀注憲綱等册、縣誌書、堂規稿、各年錢糧、逐都圖完欠册、各房須知文册俱應頭接吏書，賚馳中途送閲。其衙宇器皿，照常修備，不許藉此科派里中一應夫馬，悉照舊規，不得遠迎，以滋煩跋。至于錢糧交盤册籍，上關國課，下切民瘼，尤宜清楚。起解者務獲批廻，支給者惟憑領狀，徵收完欠，查覈流水，須要分明，銷算總撒相符，除另票行令造報外，其餘未盡事宜，各預爲料理，毋得臨期違悞。本縣賦性經執，言出真切，法在必行，各宜恪遵，特諭。

諭帖式

新任某府某縣正堂某姓爲公務事，照得本縣擇於某月某日出京，由水陸路上任，迎接書吏各役，俱在某處伺候，不許遠迎。上任日期，另行知會，來役不得僱替，執事務要簡明，衙門應各修整，必須精潔，勿得太侈，六房科職掌事宜，須知册，吏房吏先行賚投查閲毋得違錯取究，須至諭者。右諭六房吏書准此。年月日行定限按臨日繳。

牌式

新任某省某府某縣正堂某姓爲公務事，照得本縣的于某月某日某時上任，應用夫馬，合先遣牌知會，爲此仰役前去着落兵房各該吏書照依開後夫馬轎擯名數，一一遵行，毋得違悞取究，未便須至票者。

計開

大轎幾乘、中轎幾乘、小轎幾乘、坐馬幾匹、擯架幾副、椋□□件，其餘鋪兵吹手傘夫皂隸執事各役等項，悉照舊例，俱於某處伺候。

右仰兵房吏書准此。

年月日行定限上任口繳。

寫諭帖封筒式除新任一行宜大書，餘照□字様

正面　　右仰

新任某府某縣正堂某封

本縣吏書門皂等役開拆

背面

康熙某年某月某日某處發行

寫諭帖法

凡寫諭帖，宜用白全柬或用紅單，若不寫硃語後面止用某月日，若有硃語後面當書年月日，如票只用白紙一張書之，不得概用白全，寫法亦異。

稟帖式

新選某縣知縣某謹稟卑職猥以庸材，謬叨重寄，百凡事體，並無知識。仰黄台臺指南，近奉台此，遣役遠來，感激殊深。卑職謹擇某月某日到任，

役旋先合具稟，伏乞台慈照□，感激無涯，須至稟者。

起馬牌式

新任某府某縣正堂爲公務事，照得本縣某月某日吉時上任，合遣牌知會，爲此仰本役前去，着仰兵禮工庫等房，并屬驛知悉。查照舊規，各將新任合辦事宜，火速齊備，毋得臨岐遲悮，經管庫役人等，不託擅離迎接，須至牌者。

右牌仰吏兵等房并屬驛衙門准此。仰工房查照舊規，速將私衙等處上用頂桶，下用地板或竹簟，上緊修完。宜用家伙，一一齊備，具册開送，以憑查點，其牆垣多加棘茨，轉斗及放水之處俱行密固，不留罅隙，以便内外封鎖，毋得遲悮，須至票者。

右仰工房該吏准此。

仰禮房知悉，本縣到任日，除辦祭門猪羊牲醴外，再辦三牲酒菓二副，内□副候本縣升堂事畢致祭本縣土地祠，一副送内衙祭竈，其發來祭文，抄録轉發禮生候用，俱毋違錯須票，右仰禮房該吏准此。

凡選出，候命下謝恩後方發本縣諭帖，併各上司稟啓，大啓用伏以起，小啓用恭惟起。其諭帖有三次諭者，有兩次諭者，不拘。如有三次諭者，當于謝恩後發第一次諭，擇吉起馬時，發第二次諭，中途擇吉上任時，發第三次諭，惟第一次諭用硃語，餘不必。

《比照案件・刑律・詐為・制書》 **雲南司嘉慶二十年**

雲撫咨：朱連貴向縣書余上選買備官發緝拿逆犯文票，冒差嚇詐余上選。因給印票粘單漏鈐縫印，恐補印致承差盤詰敗露，即用文移印花粘貼。例無明文，第文票係由官發給，既與詐偽不同，而印花係别項文内挖取，亦與盜用有間。余上選於詐爲州縣文書杖流律上，量減一等，滿徒。係舞文作弊，加等流二千里。

廣西司嘉慶十八年

廣西撫奏：幕友羅修遠將陳姓薦與董邦本管理筆墨，詢係董邦本情願延請，尚非仰勒。惟以有印未用之官封，輒敢入裝私札，薦賣娼之婦女，且係身爲幕友，更屬知法犯法。查例内並無幕友以有印未用之官封，裝入私書，作河治罪明文，將羅修遠比照僞造府州縣衙門印信文書，杖一百，流三千里例上，量減一等，擬徒。係知法犯法，仍加一等，杖一百，流二千里。

《比照案件・兵律・郵驛・違送公文》 **陝西司道光二年**

陝督奏：外委宋炳喜遞送摺奏要件，在途遺失，非尋常官文書可比，於臨水驛站枷號三個月。

四川司嘉慶二十五年

順尹奏送：良鄉縣馬夫史玉於兵部遞到公文，既經兵書申自添告知件數，乃急忙未及檢點，致遺漏一件未經遞送。嗣查獲原封並未損動，訊明實係無心遺漏。惟係軍機處緊要公文，未便僅照平常公文問擬。應比照沉匿軍情機密文書，馬夫杖六十徒一年上，量減一等，杖一百。

（清）張之洞《張文襄公全集》卷三二《奏議・查辦湖南刊佈揭帖僞造公文一案摺光緒十八年三月二十五日》 竊臣等前經承準總理各國事務衙門咨開：匿名揭帖，本干例禁，立法甚嚴。自髮逆掃平後，地方乂安，而散勇惰民，思欲藉端爲亂，輒假西人傳教爲言，刊爲書説，編作歌謠，繪爲圖畫，率皆鄙俚不經，不堪寓目，而愚民無識，往往爲所煽惑，甚或釀成巨案。迭準德國使臣屢次送到刊板、書籍、説詞、歌曲、畫圖種種，并有捏造總理衙門公文及督撫文函各件，居心甚爲詭誕。此等謠言，微特有礙邦交，即中國内治，亦宜嚴懲。咨行通飭各屬查禁，究查捏造之人，從重懲辦，以消隱患。并迭次承準電開：長沙府有周漢開設寶善堂，鄧懋華書鋪刊刻詆毁洋教書籍，布散甚多。查各處教案之起，皆由造言生事者摇惑人心。各書皆由湖南而來，有三家書鋪，鄧懋華、曾郁文、陳聚德皆代周漢刻書各等因。均經通飭嚴禁，并行湖南臬司嚴切查究。本年二月，承準總理衙門電催辦理，當經臣之洞電請總理衙門代奏，派委湖北督糧道惲祖翼馳往湘省，會同湖南臬司確查稟覆，奏明懲辦，奉旨允準在案。茲據該道惲祖翼自湘回鄂，會同署湖南按察使吕世由稟稱：查此案先經該臬司飭據長沙府知府趙環慶稟稱：查得周漢，系寧鄉縣人，由軍功薦保道員，留陝西補用，向以寶善堂之名在湖南省城刊刻善書，蹤跡無常，現在遠出未歸。鄧懋華、曾郁文、陳聚德三人均以刻字爲業，曾郁文已于上年身故。當訊據鄧懋華供，向在長沙省城小西門内路邊井獨自開店，刷賣帳簿，并未與周漢合伙刊刻書籍，惟與之熟識往來。上年周漢曾至店中寄居數日，隨即出省，有時言語荒誕，狀似瘋迷。其所輯各種善書，聞系陳聚德、曾郁文代爲刊刻。據陳聚德供，開設刻字店多年，曾代周漢刊刻《得一録》、《官紳實訓》、《育嬰良法》、《拯溺寶筏》、《格言聯璧》、《傳家寶訓》、《擴充惻隱》各種善書，所有板片，隨時取去自行刷印，伙店人數衆多，不諳文義，向來刻書，照字算錢，不問來歷，所有《辣手文章》等書并一切畫圖，是否間有店伙代刻，實在記憶不清。據曾郁文店伙吴東海供，店主曾郁文曾代周漢刊刻善書，已于上年身故。至于毁罵洋教書本曾否刊刻，實不知情，自奉將店門封閉，各伙俱已散去。各等供。該道到湘，當即會同該司派委湖南候補通判蔣聯庚馳赴寧鄉，查傳周漢，解省訊究。旋據該員會同寧鄉縣知縣鄭之梁禀稱：周漢自光緒十年由新疆請假回籍，隨即攜眷出外，至今并未復回原籍。當將周漢胞侄周德之、户族周昆玉、團總唐篠楠、鄰右黄樹秋一并傳解來省，經該府訊，據周德之供，周漢系其胞叔，自光緒十年回籍後即攜眷出外，隨意遨游，六、七年來，并未回至寧鄉。近患痰疾，時發時愈，病劇時言語不清，有似癲狂。又羡慕神仙，自稱鐵道人，最信扶箕。平日雖不信洋教，并未編刊書歌圖畫，各處布散。或系不逞之徒，因伊叔周漢保至監司大員，托名刊刻，并捏造總署、湘撫公文及致鄂撫書信，希圖聳聽，亦未可知。質之户族周昆玉、團鄰黄樹秋、唐篠楠等，各供相同，惟所有書歌圖畫，究系何人秉筆，未能得其主名，自應先將板片搜獲，銷毁净盡，以副朝廷輯睦中外之至意。當經該府督同長沙、善化兩縣懸賞購覓，并恐民間心懷疑懼，知而不舉，特于賞格内聲明隨繳隨賞，并不追究來歷，復派差分路搜尋，始據長沙縣民萬富安等陸續繳到《鬼叫該死》、《辣手文章》、《擎天柱》、《滅鬼歌》、《禀天主邪教》并圖畫各種板片計三十一面共二十五塊，内多殘缺不全，自系畏罪毁棄。所有板片及人證供結，均由該府禀解該司道等親提覆訊，所供均與該府原訊相同。誠恐尚有不實不盡。究竟周漢是否在家避匿，并該書鋪等有無諱飾情事，復向周德之究詰，據供：伊叔周漢實系由新疆請假回籍，後攜眷外出，行蹤靡定，平日不喜洋教，僅止信口詆訾，委無刊刻書畫各處散布情事。且身系職官，斷不敢偽造公文。其致湖北巡撫信函，伊叔并未到鄂省，從不好與官場往來，顯系他人假托，總因伊叔是四品大員，平日好發議論，是以匪徒盜竊姓名，希圖易于煽惑。提訊户鄰周昆玉等，供詞俱同。覆訊據陳聚德供，曾經代周漢刻過善書數種，實未刻過毁教書畫。該鋪在省開設多年，代人刊刻善書，主顧甚多，向來照字算錢，書板隨刻隨取，其帳簿或僅記一姓，或僅記一堂名，或系輾轉交來，實不能概行登記姓名。且店伙甚多，來去無常，這《辣手文章》等書，其中是否有店伙刊刻者，委實無從查悉，如有代周漢刻過毁教諸書，亦只系工匠受雇，該鋪并不知情，盡可據實供明，何必代爲捏飾，自受拖累。又提鄧懋華再三質對，堅不承認代刻書畫，惟據供與周漢熟識，遇其肆口妄論之時，不免群相稱贊，事所時有。反覆研鞫，供仍如前，加以刑嚇，矢口不移。該司道等因案關重大，不厭精詳，復飭長、善兩縣確查，周漢實系早經外出，久未在省。又經派員明查暗訪，咸謂周漢患有心疾，語言怪誕，近來痰迷更甚，見人動輒謾罵。至刊刻毁教等書圖等事，并無聞見，異口同聲，供證既屬確鑿，應即據供擬結。查周漢遠出未歸，痰疾既劇，言語支離，即使傳唤到案，亦難訊取供詞，業已傳到該家屬及户族團鄰人等，嚴訊明確，僉供周漢并無刊播揭帖及捏造公文等件情事，衆供如一，稱系匪徒托名偽造，希圖煽惑，尚屬可信。即如致鄂撫信函一節，湖北撫署號房并未接收，此信其爲假托捏造，更屬無疑。惟周漢以在籍道員，專好扶箕，諂信鬼神，語言怪誕，跡類瘋狂，病發之時，乖謬尤甚，逢人輒罵。此等形狀，仕途罕見，自應禀請奏明，予以懲處，以儆謬妄而免生事。書賈鄧懋華，既知周漢形類瘋狂，性好生事，仍復與之往來，遇事稱贊，殊屬無知附和；陳聚德平日代人刊刻書籍，并不查詢來歷，又不看明書畫内文義有無流弊，任令店伙誤行刊刻，以致滋生事端，均有不合。鄧懋華、陳聚德均請照不應重律各擬杖八十、加枷號三個月滿日折責發落；吴東海訊系曾郁文幫伙，不知店務，應與病故之曾郁文均無庸議，仍將各該鋪永行封閉，不準復開；無干人證，省釋免累。至匪徒竊名造言，刊播揭帖，希圖煽惑，已屬可惡，并膽敢偽造總署，督撫公文，四處傳播，尤爲大干法紀。除由司道飭湖南各屬一體訪查，務得主名，嚴拿究辦外，合將查起書圖各種板片匯同供招户族、團、鄰甘結并地方官印結呈繳，禀請會核具奏等情前來。臣等查，西人傳教，乃條約所準行，久已中外相安，民人入教與否，聽其自便，西人亦不強人必從。其教教堂如實有不近情理、不合條約之事，盡可禀官照會查辦，何得捏造不根之言，惑衆生事，況現值沿江各省嚴辦會匪之際，豈容推波助瀾，擾動大局。此案周漢雖查無刊播揭帖及偽造公文情事，惟該員以在籍四品職官，理應謹言慎行，矜式鄉里，乃平日專以扶箕爲事，惑于鬼神，言語荒誕，跡類瘋狂，近來痰迷更甚，見人動輒謾罵，以致匪徒假托其名，僞造公文，造言煽惑，自未便漫無懲戒，致令滋生事端，相應請旨，將在籍花翎、陝西補用道周漢暫行革職，查傳到籍，交地方官嚴加管束，不準潛至省城，妄爲生事，仍隨時查看，將來痰疾如能痊愈，果能謹飭改過，再行申請核辦。儻瘋狂益甚，滋生事端，即據實稟請奏明嚴懲。至竊名刊播揭帖、僞造公文信件之匪徒，臣等自當督飭該臬司嚴飭各屬實力查緝，務獲究辦，以儆效尤。其書賈曾文郁業經身故，鄧懋華、陳聚德自應各予懲儆，應照該司道等所擬辦理。其起到書圖各種板片，由臣之洞派委江漢關道孔慶輔眼同漢口領事銷毀。

硃批：該衙門議奏。欽此。

《清實録》嘉慶十年五月〔己酉〕又諭：顏檢奏，究出匿名正犯審明定擬一摺。此案馬天德身充户書，因該縣杖責微嫌，膽敢捏寫款迹，匿名訐告本官，并將平日不睦之人，概行羅織，編成不法語句，密用黄紙謄寫，乘隙裝入公文内，交馬夫遞至藩司衙門拆閲，冀圖陷害洩憤，實屬目無法紀。向例投遞匿名書信人犯，本應問擬絞候，該犯捏造虚詞，肆行悖妄，竟系詐傳詔旨，不法已極，并應問擬斬候。詳核所犯應死之罪有二，馬天德著照匿名揭帖本律問絞，即行處決，以示懲儆。

《清實録》咸豐十一年四月　庚午，諭内閣：據文煜奏，請將疏防搶案之知縣摘頂勒緝一摺。直隸新樂縣知縣蘇汝謙，于捕務未能整頓。以致貴州摺差楊鳳鰲等，中途被搶，并遺失隨摺公文，實非尋常疏忽可比。蘇汝謙著摘去頂帶，先行交部議處，并勒限一個月，將贓盜務獲。儻限滿無獲，即著從嚴參辦。

《清實録》同治十年二月　乙亥，諭軍機大臣等：蘇鳳文奏，據越南國王來咨：都司馬雲標遞到馮子材照會，内稱該都司前往河内，購買玉桂等項銀兩被搶，欲往清化追究，劄令派兵護送。該都司又欲往河内海陽等省，行徑甚爲詭譎，并接到廣東陽江鎮照會内敘派李得安等前往該國拏犯又古之人一名僞造劄文捏稱前往清查軍情，懇請究辦等語。都司馬雲標，與盜削桂皮之張禄交通，欲往該國買桂。又以銀兩被搶爲詞，意圖詐索，情殊可惡。馬雲標著即行革職拏問，古之實在係何姓名，僞託清查軍情，意欲何爲，有無夥黨，亦應徹底根究。馬雲標、古之人均著交蘇鳳文、李福泰嚴行審訊，從重懲辦。張禄亟應飭拏務獲，與李四一并訊究，馮子材曾否給予馬雲標照會，著該提督嚴切根究，以期水落石出，毋稍含糊。廣東陽江鎮照會拏犯一節，著瑞麟飭屬嚴拏李得安、王慓詳到案，與陳涓一并究出確情，盡法懲治。事關交涉外藩，瑞麟、蘇鳳文、李福泰、尤當認真查辦，不可稍有不實不盡，啓外邦輕視之心。至廣東廣西咨行越南文件，向有定例，著知照該國嗣後如有違越向章擅遞公文者，即一面將遞送之人看押一面咨照該督撫等查辦，以杜假冒。此外有匪類在該國境内滋事者，立將該犯拏交該督撫從嚴究辦，毋稍姑容。另片奏，據該國咨稱，蘇幗漢等在沿邊擾掠等語該國既有匪蹤，未可恝然膜視，應否派兵會剿或派員會同該夷官拏辦，著蘇鳳文、李福泰、馮子材會商該國，妥爲辦理。至蘇幗漢等，難保非吴亞終餘黨，蘇鳳文等亦應確切查明，不得稍涉回護，將此由五百里各諭令知之。

《清實録》同治十年六月〔戊辰〕兩廣總督瑞麟奏，遵查署陽江鎮總兵官彭玉派弁前赴越南偵緝，事本因公，惟擅用公文，照會越南地方官，究屬不諳體制。業經撤任，應免置議。把總李德安等，奉派偵緝，查無别項情弊。其陳涓一名，現已照會越南國王查辦。報聞。

《清實録》同治十年七月〔癸巳〕又諭：楊昌浚奏，遵查私拆夾板公文人犯，審明定擬一摺。上年九月間，由兵部遞回福建夾板公文，行至浙江龍游縣亭步驛地方，驛書王楚青將黄布封面兵部印花擅行拆動。雖據訊無漏洩情事，究屬罪有應得。王楚青著從重發往黑龍江，到配後加枷號三個月，仗一百，折責安置。其率行轉遞之上航驛專管西安縣知縣張廷璜著交部議處。

印信分部

綜述

《大清律附·真犯死罪監候，再審奏決·斬罪監候·吏律》漏使印信，因而失誤軍機者。

《大清律附·真犯死罪監候，再審奏決·絞罪監候·刑律》詐爲將軍，總兵官衙門，六部，都察院、都指揮使司、內外各衛指揮使司、守禦千户所文書，套畫押字，盜用印信，及空紙用印者。

《大清律集解附例》卷三《吏律·公式·漏使印信》凡各衙門移出外文書漏使印信者，當該吏典對同首領官並承發，各杖六十。全不用印者，各杖八十。若漏印及全不用印之公文。干礙調撥軍馬、供給邊方軍需錢糧者，各杖一百。因其漏使不用，所司疑慮，不即調撥供給。而失誤軍機者，斬。監候。亦以當該吏爲首；首領官並承發，止坐杖一百、流三千里。若倒用印信者，照漏用律，杖六十。

《大清律集解附例》卷三《吏律·公式·封掌印信》凡內外各衙門印信，長官收掌。同僚佐貳官用紙於印面上封記，俱各畫字。若同僚佐貳官公差事故，許首領官封印，違者，杖一百。

《大清律集解附例》卷三《吏律·公式·棄毀制書印信》凡故意棄毀制書及起馬御寶、聖旨、謂兵部起鋪馬、脚力，必關領內府御寶、聖旨是也。起船符驗，係織成符篆以爲證驗，二項皆使臣行於四方者。若各衙門印信及夜巡銅牌者，斬。監候。若棄毀官文書者，杖一百。有所規避者，從重論。事干軍機、錢糧者，絞。監候。事干軍機，恐至失誤，故雖無錢糧，亦絞。若侵欺錢糧，棄毀欲圖規避，以至臨敵告乏，故罪亦同科。當該官吏知而不舉，與犯人同罪。至死減一等。不知者，不坐。誤毀者，各減三等。其因水火、盜賊毀失，有顯跡者，不坐。若遺失制書、聖旨、符驗、印信、巡牌者，杖九十，徒二年半。若官文書、杖七十。事干軍機、錢糧者，杖九十、徒二年半。俱停俸責尋，三十日得見者，免罪限外不獲，依上科罪。若主守官物，遺失簿書，以致錢糧數目錯亂者，杖八十。亦住俸責尋。限內得見者，亦免罪。其各衙門吏典，考滿替代者，明立案驗，將元管文卷交付接管之人，違而不立案交付者，杖舊吏。八十。首領官吏不候吏典。交割，扶同給由起送離役。者，罪亦如之。

《大清律集解附例》卷三《吏律·公式·擅用調兵印信》凡總兵將軍，及各處都指揮使司印信，除調度軍馬，辦集軍務，行移公文用使外，若擅出批帖，假公營私，及爲憑照防送物貨圖免稅。者，首領總兵參謀，贊畫，都司之經歷。官吏各杖一百，罷職役不敘。罪其贊佐無補。正官，即將軍都司掌印。奏聞區處。

（清）潘杓燦《未信編》卷五《幾務上·筮仕·嚴印信》印信關係甚重，每日封印須親驗固封，開印亦驗。每日僉押，俱必內衙親丁用印。即使該吏用印，不得隔遠。用時必報坐印鈐印數目，用畢即呈看，以防盜欺。須置一牌，牌入印出，印入牌出，鎖匙當須親帶，在內必須密藏，毋爲家人透漏，宜置之便處以備不虞，遠出須帶印隨身，以便急用。

《大清會典（康熙朝）》卷一二《吏部·處分雜例》凡本章失印。康熙九年議准：官員於本章年月上未用印信者，罰俸一個月。

凡印信模糊。康熙九年題准。印信年久字畫不清，理應詳請更換。如不行申請，以致本章咨文用印模糊，由部查出者，本官罰俸六個月。如本官已請更換，而督撫不行咨題者，與本官無涉，免議，督撫照此例處分。如印信損壞，或舊印不繳送者，處分同。

凡悞用印信。康熙九年議准：官員應用堂印事件悞用司印，應用司印事件悞用堂印，及署事官與兼轄官錯用印信者，俱罰俸三個月。

凡預給用印白結。康熙十五年議准：罰俸一年。

《大清會典（康熙朝）》卷五四《禮部·印信》本朝定制：御前寶璽，舊設尚寶司掌之。後尚寶司既裁，專屬內府管理。其鑄造印信，皆係禮部職掌。印文由內閣翰林院擬定，發鑄印局鑄造，滿文居左，漢文居右，頒給內外直省，以及外國，皆同文焉。茲備載其制度，而封印開印之例，亦附列於後。

順治元年定：凡鑄造金寶銀印，字樣由內院撰發。金銀硼砂，於户部移取。物料於工部移取，祭物於光禄寺移取。凡鑄造内外諸司印信關防條記，吏兵二部具題，咨送禮部，禮部復行奏請，方行鑄造物料於工部移取。凡文武衙門，乞請印信關防條記，在京者該衙門自題，在外者，該督撫代奏，請旨下吏兵二部查議，咨送禮部鑄造。凡在外文武大小衙門，印信關防條記，年久篆文模糊者，許申督撫驗實具奏，换鑄新印，其舊印繳部銷燬。凡應給印信鑄印局照式篆文，呈送内院撰發滿字，送部發局鑄給。二年定：凡巡鹽巡按御史各差，每差鑄印二顆，循環給發。四年定：凡應給印信，俱照吏兵二部咨文鑄給，不必復行具奏。六年定：六部都察院鑾儀衛等衙門官，遇行幸扈從，每衙門禮部另鑄印一顆，加行在二字，携用。其特差侍衛等，俱用鑾儀衛印信。十年定：凡有新推選各官，應給印信者，文官報憑，武官執劄，赴部親領。在外文官，請給印信，執該督撫或布政司文批，武官請給印信，執該督撫或總兵官文批，差役赴部領，每文一件，請印一顆，文内開明請印差齎姓名，方准給發。朝鮮國王原領印文，有滿字無漢字，禮部改鑄滿漢篆文金印，賜給該王，仍將舊印繳進。十一年，鑄造琉球國王，鍍金銀印。十二年，改鑄六部銀印七顆，内三院等衙門，銀印七顆，改正各直省督撫關防二十九顆，巡按御史循環印四十八顆。十四年，改遼陽府爲奉天府，更鑄銀印。十五年，改内秘書院國史院弘文院爲内閣，以銀印三顆，繳送到部，改鑄内閣典籍廳關防一顆。十六年，鑄造通政司、大理寺、翰林院、大常寺、太僕寺、光禄寺、鴻臚寺、欽天監、太醫院、行在印信。康熙五年，鑄造安南國王鍍金銀印。六年，皇上行幸，以玉寶重大，查照太宗文皇帝事例，造香寶，以便携行。

《大清會典（雍正朝）》卷一八《吏部・處分雜例》 凡本章失印。康熙九年議准：官員於本章年月上，未用印信者，罰俸一個月。

凡印信糢糊。康熙九年題准：印信年久字畫不清，理應詳請更换。如不行申請，以致本章咨文用印糢糊，由部查出者，本官罰俸六個月。如本官已請更换，而督撫不行咨題者，與本官無涉，免議，督撫照此例處分。如印信損壞，或舊印不繳送者，處分同。

凡誤用印信。康熙九年議准：官員應用堂印事件誤用司印，應用司印事件誤用堂印，及署事官與兼轄官錯用印信者，俱罰俸三個月。雍正三年議准：本身私事俱用奏本，不准用印。

凡預給用印白結。康熙十五年議准：罰俸一年。雍正元年覆准：堂官降一級罰俸一年，司官降三級調用。

凡私用印信。雍正元年覆准：各部院衙門堂印甚屬緊要，凡有行移事件，務須該各司官回明各該堂官，方許用印。數目登記號簿，倘有不行回明本堂用印行文者，事雖無涉於私，將司官嚴加治罪。

凡書辦偷用印信司官失於覺察者，雍正元年諭：革職，不准援赦。

凡私書擅用官印。雍正四年諭：各省文武大小官員，嗣後有以官印用於私書手本者，從重治罪。

《大清會典（雍正朝）》卷五七《禮部・鑄造寶印》 御前寶璽，舊設尚寶司掌之，後尚寶司既裁，專屬内府管理。式例詳見内閣。其鑄造係禮部鑄印局職掌。印文滿左漢右，頒給内外直省以及外國，皆同文焉。茲備載其制度，而封印開印之例，亦列於後。凡鑄造金寶銀印。順治元年定：字様由内院撰發，金錫硼砂於户部移取，物料於工部移取，祭物於光禄寺移取。又定：鑄造内外諸司印信關防條記，吏兵二部見題，咨送禮部，禮部復行奏請，方行鑄造。又定：凡文武衙門乞請印信關防條記，在京者，該衙門自題。在外者，該督撫代奏，請旨下吏兵二部查議，咨送禮部鑄造。又定在外文武大小衙門印信關防條記，年久篆文模糊者，許申督撫驗實具奏，换鑄新印，其舊印繳部銷燬。又定：應給印信，鑄印局照式篆文，呈送内院撰發滿字，送部發局鑄給。二年定：凡巡鹽巡按御史各差，每差鑄印二顆，循環給發。四年定：凡應給印信，俱照吏兵二部咨文鑄給，不必復行具奏。六年定：六部都察院鑾儀衛等衙門官，遇行幸扈從，每衙門禮部另鑄印一顆，加行在二字携用，其特差侍衛等，俱用鑾儀衛印信。十年定：凡有新推選各官應給印信者，文官執憑，武官執劄，赴部親領。在外文官請給印信，執該督撫或布政司文批，武官請給印信，執該督撫或總兵官文批，差役赴領，每文一件，請印一顆。文内開明請印差齎姓名，方准給發。又覆准：朝鮮國王原領印文，有滿字無漢字，禮部改鑄滿漢文金印，賜給該王，仍將舊印繳進。十一年，鑄造琉球國王鍍金銀印。十二年，改鑄六部銀印七顆，内三院等衙門銀印七顆，改正各直省督撫關防二十九顆，巡按御史循環印四十八顆。十四年，改遼陽府爲奉天府，更鑄銀印。十五年，改内秘書院國史院弘文院爲内閣，以銀印三顆，繳送到部，改鑄内閣典籍廳關防一顆。十六年，鑄造通政司、大理寺、翰林院、太常寺、太僕寺、光禄寺、鴻臚寺、欽天監、太醫院、行在印信。康熙五年，鑄造安南國王鍍金銀印。六年定：行幸所在，遵太宗文皇帝時例，造香寶以便攜賫。二十九年論：凡差遣審事官員，不必鑄給印信，事情完日，其本章即寫明啓奏日期，用地方督撫印信。如事關督撫，即用藩臬印信，事關督撫藩臬，則用提鎮印信。四十年題准：山東青州道，裁歸登萊道兼轄，改爲分守登萊青道整飭海防關防字樣，仍駐劄萊州府。四十二年定：鑄禮部總管牛羊羣官關防。四十六年。題准：四川重慶府，改設同知、巡檢，係專管酉陽等五土司苗民事務。著給同知關防，鑄重慶府分防黔江縣管理土司關防字樣。給巡檢印信，鑄黔江縣巡檢字樣。六十年定：凡鑄造銀印。禮部於户部領出紋銀十分，配銅三分鑄給，餘銀照依分兩，仍傾紋銀，交還户部。銅印銅關防，皆用黄銅之精鍊者。雍正元年定：鑄造總理户部三庫事務銀印，改鑄内務府太常寺銀印，總督巡撫銀關防。又論：印信係一切事件之憑據，不惟藩臬印信，即州縣印信，亦屬緊要，著禮部俟有數印，一同交與欽天監，選擇吉日鑄給。倘若怠忽不謹，察出將堂官一并治罪，遵旨議定：凡鑄給印信關防，令欽天監擇吉日，專委禮部司官監造，務期鎸刻精工，字畫端楷。鑄造完日，禮部堂官驗明，將監造司官名姓登記檔案。倘有銀色不足，銅質不精，及字畫不清，怠忽從事者，將監造司官指条，交與該部從重議處，并令加倍賠補。所領户部鑄造銀印銀兩，仍照舊例，將除剩銀兩傾銷紋銀，交還户部。二年，設巡察江寧安徽等處官一員，巡察山東等處官一員，巡察湖北湖南等處官一員，巡察河南等處官一員，各鑄給關防。又覆准：鑄給臺灣捕盗同知關防，及新設彰化縣印信。又覆准：鑄給河南分管黄河南北兩岸同知懷慶府同知各關防。又鑄給寧夏將軍銀印。又增設湖南提督學政，鑄給關防。又題准：河東復設運同，鑄給關防。又覆准：河西各廳，改設寧夏等府州縣，并西寧大通衛守備等印信，照例鑄給。三年，論：武進士侍衛，另派大臣統領，鑄給印信。又題准：直隸守道巡道，改爲布政使司，按察使司照各省藩臬例，換給印信。又題准：直隸督標中軍游擊，改爲副將，鑄給中軍副將關防。又題准：巡鹽各差，舊例有印二顆，新任帶一印前往，舊任帶一印回繳，以備中途有事具奏用印。但鹽差專爲鹽務而設，必到任受事，方用印信，若新舊官各有一印，恐滋弊端。嗣後鹽差，止給一印，令新舊官交代職掌。又議准：潼關係陜西要隘，新設城守禦，辦理錢糧事務，鑄給關防。又增設江南安徽等處提督學政，鑄給關防。四年，特設水利營田府，鑄給總理水利營田使關防。又定：新設天津水師營都統，鑄給銀印。又鑄給河南彰德府管河同知、陜西寧夏府監理水利同知，各關防。又新設安西監收同知，并守備等官，鑄給關防印信。又覆准：鑄給福州府糧捕通判關防。又題准：天津衛向設守備，今改爲直隸天津州，鑄給州官印信。又覆准：鑄給總理西海番子等事務關防。又定：各省衛所改設府州縣者，其知府州縣官及教授學正教論訓導等官，鑄給印信條記。凡有新設衙門及增改職守者，其印信關防，俱准換給。五年，設浙江觀風整俗使，鑄給關防。又鑄給臺灣巡察兼管學政關防。又覆准：鑄給杭州府總捕同知關防。【略】

凡封開印信。順治間定：部院等衙門，每年封開印信，預期禮部行欽天監選擇日期，俱照期封開。封印後，不理刑名，不辦事。如有緊要事，仍行辦理。

（清）周夢熊輯《合例判慶雲集・封掌印信吏》 封者不掌，政戒多門。掌者不封，權防獨攬。故長吏固爲專職，行旨帶綬在懸而寮寀亦屬同官，應見印襲有記。今某共居曾屬同譜寅恭。既擁黽文，豈可孤行。其題畫同隨鷺序，何容袖手以旁觀。如其借此行私，咎將誰諉。所當不分堂屬，杖有同科。

新例凡内外各衙内印信，長官收掌，同僚佐貳官，用紙於印面上封記，俱各畫字。若同僚佐貳官差，故許首領官封印，違者仗一百。

《大清律例》卷六《吏律・職制・信牌》 凡府州縣置立信牌，拘提人犯，催督公事。量地遠近，定立程限，隨事銷繳。違者，指差人違牌限。一日，笞一十，每一日加一等，罪止笞四十。若府、州、縣官遇有催辦事務，不行依律發遣信牌，輒親下所屬坐守催併者，杖一百；所屬，指州縣鄉村言。其點視橋梁、圩岸、驛傳、遞鋪，踏勘災傷，檢屍，捕賊，抄劄之類，不在此限。

條例

一、道、府上以官員，凡關係叛逆、軍需、驛遞公文等緊要重大事情，照例差人外，其餘細事止許行牌催提。如違例差遣人役者，督撫指名題參，徇情不參者，事發一併議處。其督撫於平常細事差役害民者，亦交部議處。

《大清律例》卷七《吏律・公式・漏使印信》凡各衙門行移出外文書，漏使印信者，當該吏典對同首領官並承發，各杖六十。

全不用印者，各杖八十。

若漏印及全不用印之公文，干礙調撥軍馬、供給邊方軍需、錢糧者，各杖一百。因其漏使不用，所司疑慮不即調撥供給，而失誤軍機者，斬。監候。亦以當該吏爲首，經管首領官并承發，止坐杖一百，流三千里。若倒用印信者，照漏用律，杖六十。

條例

一、各部院稿案有應行添改之處，俱用印鈐蓋，如有疏忽照例參處。

一、奏銷册内錢糧總數遺漏印信，及有洗補添註字樣，造册之員交部議處，繕書册吏，按律治罪。

《大清律例》卷七《吏律・公式・擅用調兵印信》凡統兵將軍及各處提督、總兵官印信，除調度軍馬，辦集軍務，行移公文用使外，若擅出批帖，假公營私，及爲憑照防送物貨圖免税者，首領官、吏，各杖一百，罷職，役不敘。罪其不能稟阻。正官，奏聞區處。

條例

一、凡各省文武大小官員，有以官印用於私書者，照違制律治罪，有所求爲從重論。

《大清律例》卷七《吏律・公式・封掌印信》凡内外各衙門印信，長官收掌，同僚佐貳官，用紙於印面上封記，俱各畫字。若同僚佐貳官公差事故，許首領官封印，違者，杖一百。

《大清律例》卷四七《總類・比引律條》一、打破信牌，比依毁官文書律，杖一百。

《大清會典（乾隆朝）》卷二八《禮部・鑄印》凡鑄造銀印關防，内外文職一二品尚方大篆。内三品順天奉天二府以上，外承宣布政使司，尚方小篆均直紐。内外武職一二品均柳葉篆虎紐。衍聖公尚方大篆直紐。

蒙古諸部扎薩克盟長右鐫清文左鐫蒙古文虎紐。

凡鑄造銅印關防鈐記，内文職三品詹事府以下，外提督學政提刑按察使司，尚方小篆。内四五品，外三四品，鐘鼎篆。内六品，外五品以下，垂露篆。内外武職三四品，殳篆。四五品以下，懸鍼篆。均直紐。

凡增鑄之印，内外文武官新設者，改調職守者，由吏兵二部會部擬定印文字數題準咨部付局鑄給。

凡改鑄之印，内外官印歲久糢糊應改鑄者，題咨到部鑄給。

凡發印各印鑄成，呈堂驗閲發司封固，鈐以司印。在内各部院寺監遣官賫文赴領，在外文職府通判武職總兵官以上專差賫文赴領。文知縣武副將以下發提塘郵寄，於印四角加柱鈐封如前。本官得印去柱啓封以用印年月日報部存案。

凡繳印内外官接到新印，於舊印篆文中加鐫繳字，送部銷燬。

凡封印開印前期劄欽天監擇吉具疏通行中外遵行。

《大清會典則例（乾隆朝）》卷二一《吏部・印信》一、漏用印信。乾隆四年議準：地方各官往來文移以及呈報上司事件均於正面鈐印，如有刮補字樣以及增注錯落接扣之處，均鈐蓋印信。倘有遺漏鈐蓋者，照各衙門行移文書漏使印信律，罰俸一年。

一、印信糢糊。康熙九年題準：印信糢糊，或不請換、或本章咨文用印糢糊，由部察出者，將不請換印之官罰俸六月。如督撫將更換情由不行咨題者，亦照此例處分，詳請更换之官免議。如印信損壞，已换給新印不將舊印繳送者，亦照此例處分。雍正八年議準：鑄印局鑄送印信關防筆畫錯誤，將不行磨對之鑄印局各官罰俸六月，不行驗明之堂官罰俸三月。其領印之員於領受之時不將錯誤之處驗看聲明，日後被人察出者，將領印之員亦罰俸六月。

一、妄用印結牌文。康熙十五年議準：官員豫給用印白結者，罰俸一年。又題準：職官擅寫牌文給與族人者革職。又議準：濫給家僕門子印結捐納官職及濫給因罪革退衙門人役印結復入衙門者，皆革職。雍正四年議準：地方各官妄用印信，及非正印官而擅用印信者，皆降一級調用。十二年議準：各省藩臬鹽道知府設有經歷，凡文移往來，令其公同用印。其經歷印信悉歸經歷自掌，如擅將歷印信收掌自用，致生那移情弊，該督撫題參將擅收經歷印信自用之員，照妄用印信例，降一級調用。又議準：五城一應曉諭禁約等事，應於各該地方通衢張貼印示外，其一切官民舖户門首應令五城御史嚴飭各該司坊官不得濫給印示。倘有不肖之人仍前濫給者，該御史一經見聞，立即題參，將該員照妄用印信例議處。若繫吏役人等受賄求託本官給發者，除該員照例議處外，並將吏役交刑部治罪。若該城御史見聞既實並不參奏者，或別經察出或被科道糾參，即將該城御史照不行詳察例議處。再，順天府經歷照磨及大、宛兩縣間有出給印示者，應一例嚴禁。倘有徇情濫給者，亦照司坊官之例，議處其不行參察之各該上司照巡城御史之例議處。

一、空白印信。乾隆二年覆準：各部院衙門行移事件司官回明堂官用印，將所行事件並用印數目登記號簿。其在外各衙門下行牌票並上行平行文移均令鈐印編號，一應空白悉令嚴行禁止。倘有仍用空白，事發將不行稽察之在內堂官在外督撫司道照不行詳察例，罰俸六月。不行回明用印之司官，及仍用空白之府州縣等官，皆照豫給用印白結例，罰俸一年。如有督撫司道向州縣提取空白文結者，亦照此例，罰俸一年。五年覆準：內外大小凡有印信衙門，均於封印前一日酌量件數各用空白印紙並文移封套以備封印，後遇有緊要公文之用，仍各登記號簿。在京衙門呈堂收貯，外省衙門同印信在內衙存貯。有緊要文書方行填用，開印後除用去者，登記册籍外，將所存件數各堂官及各印官驗明銷燬。如有官吏藉端作弊及該堂官該督撫及各上司不行察出者，皆照禁止空白印信例，分別議處，書辦照例治罪。

一、濫行出結。康熙二十九年題準：地方官代頂冒人員出結者，革職。雍正十二年覆準：候選簡選人員例，用同鄉京官印結。凡出結各官務令本衙門設立號簿，將出過印結緣由登記簿內，每至月終按照數目緣由彙造清册呈堂咨部察覈，如册內無名即傳赴選人員究問。倘有豫用空白印結者，令該堂官照豫給空白例參處。

一、給結冒領建坊銀。乾隆四年議準：凡請領節婦建坊銀，如繫再醮之人應行議處，出結官者，令各該處即將知情濫結與並不知情之處，於咨疏內據實聲明，如知繫再醮不應請領之人濫行出結請領者，將出結之人照徇情給結例降二級調用。如實繫不知再醮緣由冒昧給結後經自行檢舉者，照不行察明給結例罰俸一年，不行詳察之該管官照不行詳察遽爲轉報例罰俸六月。

一、隔屬用印買人。康熙八年題準：旗人買民人者，用本管地方官印信。若在隔屬官用印給與之官照拏解良民例降一級留任。如有將定例以後所買之人説作定例以前年月日用印給與者，將地方官并買賣之人皆加等治罪。

一、那移年月用印。康熙八年議準：凡將定例後事件作爲定例以前年月日期用印給與者，將用印之官降一級調用。

一、禁止無印小票。乾隆六年覆準：各省文武大小衙門，凡一切差票均令鈐蓋印信，如無印信衙門即用鈐記，所有硃標小票銜單永行禁止。倘有仍用無印小票銜單者，令該上司不時察報題參，將出無印小票之員照文移遺漏鈐蓋印信例，罰俸一年。

（清）沈書城《則例便覽》卷九《印信・誤用印信》 一、應用堂印事件誤用司印，應用司印誤用堂印，及署事官兼轄官錯用印信，俱罰俸三個月。若將印信倒用者，亦照此處分。表文計册倒用印信另有定例。

奏摺粘貼印花

一、督撫等拜發奏摺夾板之外用棉榜紙封固，接縫處粘貼印花，其奉差出京官員照例領取兵部印花備用。如用遺漏粘貼印花照遺漏用印例罰俸一年。

印信模糊

一、印信模糊不行請換罰俸六個月，已換新印不將舊印繳送者，亦照此處分。繳銷舊用於篆文正中鐫一繳字。

印文錯誤

一、鑄造印信關防筆錯誤，將不行磨對之鑄印局各官罰俸六個月，不行查驗之堂官罰俸三個月，其領印之員於領受之時不查驗聲明日後被人查出者將領印之員亦罰俸六個月。

禁止預印空白

一、內外各衙門有空白及白結事發不行查察之堂官及督撫司道俱罰俸六個月，司屬及府州縣官俱罰俸一年。如督撫司道向州縣提取空白印信文結者，亦罰俸一年。

封印用空白印文記檔

一、封印前酌用空白印紙文移封套，遇有緊要文書填用記檔開印後將所存件數驗明銷燬。如有官吏借端作弊及該堂官督撫各上司不行查出題叅，俱照禁止空白例議處。

妄用印信

一、妄用印信，如以官印用於私書手本之類。及非正印官而擅用印信者，如田房稅契等項佐貳官將關防條記鈐蓋者。俱降一級調用。

遺漏用印

一、往來文移及呈報上司事件俱於正面鈐印，如有刮補字樣及添註錯落接扣之處俱鈐蓋印信，倘有遺漏鈐蓋者，罰俸一年。

經歷印信自掌

一、鹽道衙門設經歷公署，凡有文移往來令其公同用印，併各省藩臬知府凡經歷印信悉歸經歷自掌。如有擅將經歷印信收掌自用，致生那移情弊，該督撫題叅，將擅收經歷印信自用之員照妄用印信例降一級調用。

違例給牌文

一、官員違例填寫牌文給與不應給之人者，革職。

混出印結

一、地方官混給頂替人員及因事問罪過犯或出身不正之人印文，捐納職官并混給因罪革退衙門人役印文復入衙門者，俱革職。轉詳之府州降一級調用，失察之道員降一級留任，督撫布政使罰俸一年，出結之同鄉京官非關本身承辦之事降一級調用。如於赴部後另有頂替情事及止憑京官印結者，將出結之同鄉京官革職，地方官免議。吏部文選司遇有銓選等事，概不准其出結。如有率行出結應行議處者，降二級調用。各部院衙門遇有本司事件出結者，該堂官指名叅奏，均照此例議處。

給結冒領坊銀封典

一、給結請領節婦坊銀如係再醮之人，及請領封典係屬違礙隱匿係知情濫行出結，請領者照狥情給結例降二級調用，不查明之該管官降一級留任。係不知情冒昧給結者，照不行查明給結例罰俸一年，不詳查之該管官罰俸六個月。

濫給印示

一、官民鋪户門首不得濫給印示，倘有濫給者照妄用印信例議處。該管官並不叅奏者，照不行詳查例議處。

隔屬用印買人

一、旗下人買民人用本管地方官印信，若係隔屬官用印，將用印之官降一級留任。

那移年月用印

一、將定例後事件作爲定例以前年月日期用印給與者，將用印之官降一級調用。

禁止無印小票

一、差票俱鈐蓋印信，無印信衙門即用鈐記。倘有用無印小票衙單者，照遺漏用印例罰俸一年。

（清）張五緯《風行録》卷二《兵州府・曉諭代書慎蓋戳記》　示諭代書知悉：照得設立代書，給發戳記，原以杜訟棍包告代遞之弊，伸庶民負屈受害之情，並有所稽查。而無情不經者莫得逞其私忿，法至善也。本府回署半月以來，公事次第舉行。恐民隱壅聞，其一切攔輿呈稟，概准投收。批示閱批，一切呈詞，均係親自裁決。今本府查閱所收呈稟，多有內用怪誕字樣，駡人語句，或有案已審結，隱瞞前案，捏情瀆翻，希圖朦准，互爭洲土山場之案未經審斷者，輒行先請示禁，種種無情不經之事，業經本府查核批飭。但作詞人狃於積習，昧於事理，自謂不妨一試，或可僥倖朦准，殊不知本府勤求民隱，熟悉民情，於閱批一應文稟及審理一切訟案，惟秉此公心實心以應，悉由此虚心耐心而爲，誠求保赤，志切除奸，無一毫私意留於心曲之間。故能有以察其機械變詐之隱，除將具呈敢露現已拿獲之丁得恕，訊供羈禁，照例究辦外，引以再諭作詞人知悉外，合行諭知。爲此，曉諭代書知悉，嗣後代寫呈詞務須詢查本人確實情節，平鋪直叙，不得捏詞裝點，故用怪悖字樣駡人惡語。有原案者聲叙原案，毋圖朦混及煽誘告狀人幹營買批，撞騙得財，有干拿究。至告狀之人自有呈詞，亦必令將作稿人姓名填註狀尾，方准蓋戳。如告狀人不遵用格式戳記，仍用白呈白稟，攔輿叫冤，本府定即查核情節，分别究處，並嚴究訟師，以儆刁玩。其蓋戳錢文，應聽來人量給，亦毋居奇勒索，致干咎戾。凛之毋違。

《大清會典》卷二七《禮部・鑄印局》 凡印之别有五：一曰寶，【略】二曰印，【略】三曰關防，【略】四曰圖記，【略】五曰條記，【略】各辨其質與其文而鑄焉，鈐記不鑄。凡印，官有更建則給新印而廢其故印敝亦如之。【略】印成則付儀制司以頒發，【略】而定其存貯焉。

《大清會典事例（嘉慶朝）》卷九二《吏部・處分例・誤用印信》

康熙九年議准：官員應用堂印事件誤用司印，應用司印誤用堂印，及署事官兼轄官錯用印信，皆罰俸三月。倒用印信，亦照此例處分。雍正三年議准：地方民務大小公事，皆用題本，用印具題。本身私事，皆用奏本，雖有印信之官亦不准用印，若違定例題奏，通政使司衙門查參，交部照誤用印信例，罰俸三月。

《大清會典事例（嘉慶朝）》卷九二《吏部・處分例・漏用印信》

乾隆四年議准：地方各官往來文移以及呈報上司事件，均於正面鈐印。如有刮補字樣，以及增註錯落，於接扣之處，均鈐蓋印信。儻有遺漏鈐蓋者，照各衙門行移文書漏使印信律，罰俸一年。三十七年奏准：各省督撫等拜發奏摺，俱於夾板之外用棉榜紙封固，接縫處黏貼印花，其奉差出京官員，照例領取兵部印花備用。如有遺漏黏貼印花者，照遺漏用印例，罰俸一年。

《大清會典事例（嘉慶朝）》卷九二《吏部・處分例・印信模糊》

康熙九年題准：印信模糊，或不請換，或本章咨文用印模糊，由部查出者，將不請換印之官，罰俸六月。如督撫將更換情由不行咨題者，亦照此例處分，詳請更換之官免議。如印信損壞，已换給新印，不將舊印繳送者，亦照此例處分。雍正八年議准：鑄印局鑄造印信關防，筆畫錯誤將不行磨對之鑄印局各官，罰俸六月。不行驗明之堂官，罰俸三月。其領印之員，於領受之時，不將錯誤之處驗看聲明，日後被人查出者，將領印之員，亦罰俸六月。

《大清會典事例（嘉慶朝）》卷九二《吏部・處分例・妄用印結牌文》

康熙十五年議准：官員豫給用印白結者，罰俸一年。今改爲降一級調用。

又題准：職官擅寫牌文，給與族人者革職。今改爲給與不應給之人者，革職。

又議准：濫給家僕門子印結捐納官職，及濫給因罪革退衙門人役印結復人衙門者，皆革職。雍正四年議准：地方各官，妄用印信，及非正印官而擅用印信者，皆降一級調用。十二年議准：各省藩臬鹽道知府設有經歷，凡文移往來，令其公同用印，其經歷印信，悉歸經歷自掌。如擅將經歷印信收掌自用，致生挪移情弊，該督撫題參，將擅收經歷印信自用之員，照妄用印信例，降一級調用。又議准：五城一應曉諭禁約等事，應於各該地方通衢張貼印示外，其一切官民鋪户門首，應令五城御史，嚴飭各該司坊官，不得濫給印示。儻有不肖之人，仍前濫給者，該御史一經見聞，立即題參，將該員照妄用印信例議處。若係吏役人等受賄，求託本官給發者，除該員照例議處外，並將吏役交刑部治罪。若該城御史見聞既實，並不參奏者，或别經查出或被科道糾參，即將該城御史照不行詳查例議處。今改爲不行查參者罰俸一年。再順天府經歷照磨，及大、宛兩縣間有出給印示者，應一例嚴禁。儻有徇情濫給者，亦照司坊官之例議處，其不行查參之各該上司，亦照巡城御史之例議處。

《大清會典事例（嘉慶朝）》卷九二《吏部・處分例・空白印信》

乾隆二年覆准：各部院衙門行移事件，司官回明堂官用印，將所行事件，並用印數目，登記號簿，其在外各衙門下行牌票，並上行平行文移均令鈐印編號，一應空白，悉令嚴行禁止。儻有仍用空白事發，將不行稽察之在内堂官，在外督撫司道照不行詳察例，罰俸六月。今改爲罰俸一年。不行回明用印之司官，及仍用空白之府州縣等官，皆照豫給用印白結例，罰俸一年。今改爲降一級調用。如有督撫司道，向州縣提取空白文結者，亦照此例罰俸一年。今改爲降一級調用。五年覆准：内外大小凡有印信衙門，均於封印前一日，酌量件數，各用空白印紙，並文移封套，以備封印後，遇有緊要公文之用，仍各登記號簿，在京衙門呈堂收貯，外省衙門同印信在内衙存貯，有緊要文書，方行填用。開印後除用去者，登記册籍外，將所存件數各堂官及各印官，驗明銷燬。如有官吏藉端作弊，及該堂官該督撫各上司不行查出者，皆照禁止空白印信例分别議處，書辦照例治罪。

《大清會典事例（嘉慶朝）》卷四八七《兵部・八旗處分例》 印信。

如有倒用印信，及漏用印信者，俱罰俸一年。如署事官及兼管官員錯用印信者，罰俸三月。署事官如應用本任印信而錯用署任印信，兼任官如參領兼佐領應用參領關防而錯用佐領圖記之類。雍正六年議准：八旗衙門封印前一日，於空紙及封套上豫行用印，登記數目，該都統等收貯，以備封印後遇有緊要之事填用，仍登記用過數目。開印日將未用者驗明銷燬，有借端作弊者，交部治罪。該都統等不行詳查，罰俸六月。十二年奏准：差往馬廠副都統起程之前，將空紙封套鈐用本旗都統印信，酌量足用數目帶往，以備咨行之用。回日將用過數目開明，知照都統存案，未用者當面銷燬。儻有遺失者，將差往副都統罰俸三月。乾隆七年奏准：諸王貝勒貝子公等，有行文該旗之事，該長史並辦理家務之人列名，用府屬參領關防，送至該旗。其有行文部院各衙門者，用府屬參領關防送至該旗，由該旗用印轉行。如長史等不鈐用參領關防，仍用白文，及該旗將白文接受者，各罰俸一年。三十五年奏准：八旗駐防武職署事官兼轄官，錯用倒用印信，罰俸三月。至將定例後事件作爲定例以前年月日期，用印給與者，均降一級調用。又奏准：官員領受印信關防圖記之時，如查驗所刻印文錯誤，即行呈明更換，若不將錯誤之處查驗聲明，日後被人查出者，將領印之員，罰俸六月。嘉慶六年奏准：佐領因本身借貸銀錢押典房地並代人作保，於契券內妄用圖記者，降一級調用。又奏准：旗人捏造假契，希圖誆騙，該佐領徇情私用圖記者，降三級調用。如該佐領漫無查察，輒於假契內擅用圖記者，降二級調用，失察之參領、副參領，罰俸一年。旗人捏造假契，賄囑佐領私用圖記，或佐領通同捏契，私用圖記誆騙銀錢者，將該佐領革職治罪，失察之參領、副參領，降一級留任，都統、副都統罰俸一年。

《大清會典事例（嘉慶朝）》卷五〇一《兵部・緑營處分例》 印信。

順治初年定：武職各官一應文移，皆鈐用印信，無印信者，鈐用關防條記，均編列號數封發，不許擅用空白，致滋假捏增減之弊。若有擅用空白者，罰俸一年。督撫提鎮不能查出者，罰俸六月。康熙三十三年議准：武職各官印信模糊不詳請換鑄者，罰俸六月。督撫提鎮不據詳題咨者，亦罰俸六月。若已換新印，不將舊印繳部者，亦照此議處。又議准：提鎮到任前一日，署事官將印信關防等項遣官賫送。乾隆四年議准：武職各官來往文移，及呈報上司事務，均於正面及年月之上，鈐用印信。內有黏補字樣，及增註錯落，接扣之處，皆以印信鈐蓋，有漏用者，罰俸一年。五年議准：武職衙門有印信者，於封印前一日，酌量應需文冊封套牌劄等項之數，准將印信豫用空白，加謹收貯，以備封印後遇有緊要之事填用，仍登記用過數目，開印日將未用者，驗明銷燬。如收用不謹，以致混冒作弊，按其事之大小，照例議處。不能查出之上司，罰俸六月。三十五年奏准：武職署事官兼轄官，錯用倒用印信，罰俸三月。至於私書手本，及田房稅契等項，用關防條記鈐蓋，並將定例後事件，作爲定例以前年月日期用印給與者，均降一級調用。又奏准：武職各官領受印信關防，及官刻圖記鈐記條記之時，不將錯誤之處查驗呈明更換，日後被人查出者，罰俸六月。嘉慶六年奏准：封印前一日，所用空白文移封套併牌劄等項，如官吏借端作弊，交部治罪，其該上司不行查參，罰俸一年。又奏准：各省武職應領印信關防，經部題准，均以接准部覆之日，限四月內領取，提鎮派員赴部呈領，副將以下詳明督撫派員，或附差便委員咨領，如逾四月之限，不派員呈領之提鎮，及不行詳明請領之副將以下等官，均罰俸三月。十二年議定：查吏部條奏內稱吏役私雕本官印信，姦徒私雕僞印，行用後自行訪聞，與別經告發始行拏獲者，情節不同。如行用後，自行訪聞，應予免議。若行用後直至告發始行拏獲，應照本例減等議處。文武事同一律，應照吏部原奏辦理。如兵丁私雕本官印信，失察之本官，降二級調用。描摹本官印信，降一級調用。如姦徒私雕僞印，已經行用，失察行用之地方武職，降一級留任，未經行用，罰俸六月。描摹印信，已經行用，該地方武職罰俸三月。自行訪聞拏獲者，均免議處。若別經告發，始行拏獲者，仍各照本例酌減議處。應降級調用者，減爲降級留任。降級留任者，減爲罰俸一年。罰俸一年者，減爲罰俸六月。罰俸六月者，減爲罰俸三月。罰俸三月者，減爲罰俸一月，如犯被鄰境別汛拏獲仍照本例議處。又議定：原例武職署事兼攝等官，錯用印信，俱罰俸三月。若將印信倒用者，亦照此例處分。查律載倒用印信杖六十，定例官員犯杖六十公罪者罰俸一年。此條語涉含混，應將倒用印信處分，改爲罰俸一年。

《比照案件・吏律・公式・棄毀制書印信》 **四州司**嘉慶二十五年

川督咨：外結徒犯內，武生戴廷彪、阮已連名具稟，應即赴縣聽審，輒敢不服傳喚，扯毀印票，應比照棄毀官文書杖一百。

直隸司嘉慶二十二年

本部咨：户部書吏韓懷書經手公文，因值役滿，未即辦理，以未囑令接手書吏趕辦，以致日久漏未咨覆，即與遺失無異。韓懷書應比照遺失官文書律，杖七十，自行投旨減一等，杖六十。

《比照案件·刑律·詐僞·詐爲印信時憲書等》 **陝西司**道光元年

烏魯木齊都統奏：步兵全恒等因指該管佐領之名，私向舖户賒物，該佐領查知欲責，該犯等適偷該佐領圖記，復因該佐領找尋緊急，將圖記毁壞，意冀陷害。經該都統以偷盜印信與關防印記罪名懸絶，律無偷盜圖記正條，因該佐領圖記係奏明部頒，將全恒等依盜各衙門印信不分首從皆斬候。部議佐領圖記係屬部頒，並不在例載欽給之列，自未便照印信擬斬。惟該犯挾忿盜取該管佐領圖記毁棄。蓄意陷害，亦未便照關防印記律擬杖。應比照盜各衙門印信斬候律上，量減一等，滿流。

湖廣司道光二年

北撫咨：潘潮綱係已革清書，私造假券，誆騙花户糧銀九兩八錢，未僅照誆騙科斷，應比照描摸印信誆騙財物一兩以下例，杖六十，徒一年。花户葉長發等將例應親納錢糧托完被騙，應比照業户將契混交匪人代投，致被誆騙者，照不應重律。

四川司嘉慶二十四年

川督咨孔繼銘僞造衍聖公府執照木戳，誆騙銀兩一案。查執照非憑札可比，即私刻木戳，亦與關防印信不同。惟誆騙計贜一百二十餘兩之多，若僅照詐欺官司計贜准竊盜擬流，意置僞造木戳於不論，未免輕縱。將孔繼銘比照關防印記誆騙財物爲數多者例，將爲首雕刻之人發烟瘴少輕地方充軍。

河南司嘉慶二十二年

河撫咨：滿克恭向在典史歐陽時鳴署内充當火夫時，受該典史斥詈。嗣因使女青蓮亦被主母責打，向該犯哭訴。該犯縱令將典史木印偷出，用刀劈碎。查僞造印信與棄毁印信罪名相等，則棄毁鈐記自應比照僞造關防印信律滿徒。青蓮爲從，減一等。該典史於所掌鈐記被使女竊去劈毁，事隔多日始行查出，殊屬疏忽。咨部議處。

（清）沈衍慶《槐卿政蹟》卷一《示諭·泰和到任關防告示道光二十三年七月**》** 爲關防詐僞以肅法紀事，照得本縣世業詩書，素甘澹泊，服官七載，權篆三邦，祇知潔己奉公，惟冀安民戢暴。今蒙恩准補授斯邑，愈切兢持，力圖報稱。事無巨細，悉出親裁；政有權衡，不假旁貸。賓僚、親友延訪者共砥廉隅；僕從、輿臺在署者維嚴約束。茲下車伊始，爲政方新，誠恐外來匪徒，或詭稱本縣姻親，或假託賓僚知好，潛匿境内，遇事招摇，惑我良民，肆其撞騙。除密訪查拏外，合先出示曉諭，爲此示仰闔邑士民人等知悉。倘有前項不法棍徒在境招摇撞騙者，許即隨時扭禀送縣，以憑究辦。倘敢扶同狥隱，墮其術中，一經訪聞，定即一體治罪，决不姑寬。本縣言在必行，勿輕嘗試，凡我士庶各宜凛遵毋違。特示。

《欽定王公處分則例》卷二《印信》 一、遺失印鑰

凡王公於兼攝職任内，失察屬員遺失印鑰者，應由該屬員處分上減等，照失察例罰職任俸三個月。公罪。本府舊例。

一、失察屬員擅用圖記

凡王公於兼攝職任内，失察所屬擅用關防者，罰職任俸一年。公罪。本府舊例。

一、失察封印後以空白印信作弊

每居封印前一日，於空白紙及封套上用印，計明數目收存以備緊要事件填用，開印後將未用者銷燬。儻有藉端作弊，該管官失於詳查，罰職任俸六個月。公罪。《兵部則例》。

《福建省例》卷一《公式例·夾單禀須用鈐縫印信》 一件飭遵事。同治七年三月初十日，奉總督部堂英憲行：照得衙門上下文移詳禀以及書册片禀等件，無論正詳簡文，紅白禀摺夾單，例應蓋用關防、印信、鈐記。如有接扣，亦應加蓋鈐縫。紅禀銜名之下書明案由，片禀鈐蓋騎縫。此外册籍等件，尤應逐頁鈐印。原以備稽考而昭信守。乃近查閩浙兩省鎮協各營，或於詳文之内夾用片禀，或專用夾單具禀，而查之手版，既不書明所陳案由，即核片單，亦不盡加騎縫。似此草率違混，漫無稽考，將何以照信守而杜流弊，殊非慎重公務之道。除通飭遵辦外，合併飭遵。爲此牌仰該司官吏，即便會同臬司，一體移飭遵辦，毋違等因。奉此，移行遵照在案。

《福建省例》卷一《公式例·辦理案件，遵用長方戳式，分别酌記功過》 一件再行飭遵事。乾隆五十二年二月初五日，奉巡撫部院徐憲牌：照得閩省吏治廢弛，經本部院三令五申，曲爲設法，頒給戳式二方，譬如

振裘，揭領無不就緒。乃自上年九月行文以後，迄今五閱月之久，雖經各屬陸續報遵，而辦理有無逾期及記功、記過清册，竟無造送。在各屬固因怠緩相沿，亦由未經兩司議詳，尚無一定章程，以致遵循無自。合行飭議。爲此仰司官吏即便會同臬司，遵照各前檄，照依差等，分別議成省例，記功，記過，年終彙報，俾上下衙門共爲法守。至各屬每有按月循環報册等語，此例設法之初，未嘗不善，但行之日久，竟成虛飾。業於延平張守詳內駁飭。所有此案遵用戳式加設循簿之處，竟可毋庸議及。倘因提取卷案，查出並無遵辦，即行嚴參示懲。想各屬自顧考成，斷無抗不遵守之理。該司速即會同妥議，列款詳覆察奪，毋違等因。

奉此，案照先爲通飭遵照事，乾隆五十一年九月初十日，奉巡撫部院徐憲牌：照得地方各官，才具有長短之不齊，辦事有敏鈍之各異，故議敘、議處之外，又有記功、記過之條。蓋急公任事，分所當然，而善不可掩，准予記功；微瑕偶誤，事出無心，而漸不可長，則予記過。其實鼓勵勸懲，皆由上司設法造就。玆閩省吏治廢弛，命盜重案，每届二參，始行審解。而兇犯逃脱，無案不然，其中捏飾，已可概見。至一切批行詞訟，經年累月，杳無詳覆。業經本部院三令五申，而疲玩成風，牢不可破。除查明實在廢弛之員嚴參治罪外，再爲該屬等擬定戳式二方，註明章程，發令遵照辦理。俾衙門內外上下，誰勤誰惰，無不一望了然，觸目即可警心，責成各有專主。行之日久，總無十日不辦之事。似屬妥善。合行通飭，爲此仰司官吏照依事理，即將發來戳式照樣摹寫，轉移各道，通飭各府廳州縣，遵照後開款項辦理。仍將奉文日期通飭具報查考。其記過之例即以此案爲始。如申覆之日，查在奉文五日以後者，即予記過。自後一切常行事件，俱照辦理，歲終報部。記過太多，於陞遷調補既有違礙，而本部院即以此爲苦差苦缺之罰。倘實係因公出境，或驗勘遠出，俱於詳尾切實聲明，不得捏飾。或遇案件提卷到院，查無此戳，或遲延多日者，分別嚴參，記過示懲。至經書送稿遲延，自應立定章程，按限責罰報查。若本官自行積壓，則顔面所關，不惟無以對上司，亦何以對胥役家人？苟有天良，自當勉遵辦理。其重犯到案日期，若經本部院審係捏飾，即行參革。上司率轉，並附參聽議。本部院一片誠心，爲該屬委曲設法，總期各矢丹誠，既可勉爲循吏，亦可稍免處分。如仍以爲虛文，閑閑泄泄，則惟有立登白簡，嚴參治罪而已。凜慎凜慎，計發戳式一紙。奉此，隨經移行各道府州轉飭遵辦在案。

又爲再行通飭遵照事，乾隆五十一年十一月十九日，奉巡撫部院徐憲牌：照得各屬户婚田土控案，經本部院三令五申，並給發戳式飭遵在案。兹據查各屬詳到各件，其情節支離未便率結者，自應飭駁另審。至供情本無可疑，惟擬議稍有未協，是以批發該管上司議詳核奪。此等案件，只須照案核議，即可具覆，何以任意延擱，竟至經年累月，杳無文報？似此疲習，官或無心疎忽，吏則有意抗延。案牘塵封，皆由於此。合再通飭。爲此仰司官吏照依事理，除駁飭親提及轉行另審各案外，立即着書查明該衙門凡有由縣詳批發議覆毋庸喚審者共有若干案，勒限按日送稿，加看詳覆。如有新奉批發之件，務須遵照戳式，限五日送稿，十日出詳，如有逾違，先將經胥懲責，並於詳尾聲明，自請記過。如此立定章程，則內外肅然，自可不勞而理，毋得仍狃故習，致干未便。並將戳式章程刊入省例，頒發各屬遵照毋違等因。奉此，又經移行遵照辦理，並將戳式章程刊入省例通頒，仰見憲臺整飭吏治、澄清積案之至意。

查各屬中辦事尚知勤勉者固不乏人，而疲玩成性者亦復不少。先於一件詳請通飭事案内經前司等會詳。酌定功過條款，令各屬按月册報。原期共矢天良，於一切憲行及自理各件，次第分别趕辦，不致因循積壓；無如行之日久，竟至視爲具文，以致節檄頻催，徒煩案牘。若不示以懲創，誠如憲行命盗重案，每届二參，始行解審。以關係考成之案當復任意泄延，如爲兇犯脱逃，批行詞訟，經年累月，迄無獲報詳覆者，更難悉數。廢弛將無底止，兩本司遵將奉頒戳式，分别議立功過，俾上下共爲法守。謹將款條開列於後：

一、奉頒長戳記式，令註明某月日時承發房經書某某接奉，當即交某房經書某某收訖。此戳交承發房耑管，鈐於一切公文年月之後等因，固以杜承發經管各書遲延之弊，但承發一書耑司收發，若不將奉文轉交日期逐一登填，尚不足以備稽考。應請嗣後内署於文書投到時發交承發房，承發房即於戳記下註明接收及轉交該管經承各日期，限各經承統於五日內送稿，本官於十日內出詳，倘有逾違，即可按日而稽。如承發房轉交日期或逾至一、二日，或承發房業已逾期轉交而承辦經書不即依期送稿，將各書分別責處。如係有心延捺，即究明是何情弊，從重辦理。若係內署發出遲延，其經承已經送稿而遲至十日外始行發繕者，其咎在本官，應令本官於詳尾自行聲請記過一次。由本司藩司衙門註册，於年終造報，核其記過在五案以上者不准陞調，十案以上者即以廢弛嚴揭請參。其於命盗重案實有供情未確、證佐不齊、不能照限註解者，許將緣由預行稟明，總不得遲至一月以上始行詳報。其有遵依十日之限通詳起解，無論命盗及批行事件，每三案准其記功一次。亦於年終彙報，以示鼓勵。如此立定勸懲，在官吏各有責成，經胥既不敢貽累本官，致受處分；而本官亦無由諉卸於吏胥，因循惡習，庶可從此滌除。

一、奉頒方戳記式，令註明某月日發房、送稿、發抄、送簽、發驛、發舖、耑差及分別常稿、急稿，將戳記鈐於官銜書行之下等因，似此層層考核，不獨案牘無塵積之虞，更足杜不肖吏書觀望遷延之弊，實屬法良意美，應通飭各屬遵照辦理。惟本司等更有請者，凡一切申詳文禀，除驛舖遞，其發行時日不能稍有挪移，若耑差非親信家丁，即係快當之役，均可限日馳賫，其中難免無倒填月日之弊。應請嗣後如有實係緊要事件，方準耑差投遞外，此外一應申文，概由驛舖分另遞送，不必混行耑差，以別緩急而杜弊混，稽察亦易於周密。

以上本司等公同會核，明立勸懲，務使各屬咸知憲意委婉設法，既可勉爲循吏，亦可稍免處分。倘仍視爲具文，泄延如故，本司等當即隨時據實嚴參，以儆積玩。至於擬議未協、批發該管上司議詳核奪之案，原可即時核覆，本司等現已飭各府州查明批發者共有若干案，勒限刻日加着具詳。本司等奉到憲行事件，亦即次第查辦，不致逾違。緣奉飭議，是否理合詳覆，伏候憲臺察核批示，以便移行遵照，並刊入省例遵行等由。奉總督部堂李批：如詳移行遵照，並刊入省例，仍候撫部院批示，繳。經即移行，並刊入省例通頒遵辦在案。

《福建省例》卷一《公式例・擬定戳式二方，註明章程，發令遵照辦理》 一件通飭遵照事。乾隆五十一年九月初十日，奉巡撫部院徐憲牌：照得地方各官，才具有長短之不齊，辦事有敏鈍之各異，故議叙、議處之外，又有記功、記過之條。蓋急公任事，分所當然，而善不可掩，准予記功；微瑕偶誤，事出無心，而漸不可長，則予記過。其實鼓勵勸懲，皆由上司設法造就。茲閩省吏治廢弛，命盗重案，每届二參，始行審解。而兇犯逃脱，無案不然，其中揑飾，已可概見。至一切批行詞訟，經年累月，杳無詳覆。業經本部院三令五申，而疲玩成風，牢不可破。除查明實在廢弛之員嚴參治罪外，再爲該屬等擬定戳式二方，註明章程，發令遵照辦理。俾衙門內外上下，誰勤誰惰，無不一望了然。觸目即可警心，責成各有專主。行之日久，總無十日不辦之事。似屬妥善。合行通飭。如此仰司官吏即將發來戳式，照樣摹寫，轉移各道，通飭各府廳州縣，遵照後開各款項辦理。仍將奉文日期，通飭具報查考。其記過之例，即以此案爲始。如申覆之日，查在奉文五日以後者，即予記過。自後一切常行事件，倶照辦理，歲終報部。記過太多，於陞遷調補既有違礙，而本部院即以此爲苦差苦缺之罰。倘係因公出境，或驗勘遠出，倶於詳尾切實聲明，不得揑飾。或遇案件提卷到院，查無此戳，或遲延多日者，分別嚴參，記過示懲。至經書送稿遲延，自應立定章程，按限責罰報查。若本官自行積壓，則顔面所關，不惟無以對上司，亦何以對胥役家人？苟有天良，自當飭遵辦理。其重犯到案日期，若經本部院審係揑飾，即行參革。上司率轉，並附參聽議。本部院一片誠心，爲該屬委曲設法，總期各矢丹誠，既可勉爲循吏，亦可稍免處分。如仍以爲虛文，閑閑泄泄，則惟有立登白簡，嚴參治罪而已。凛慎凛慎等因。計發戳式一紙。奉此，遵將奉發戳式照繕，移行道府廳州縣遵照在案。

長戳記式

某月某日某時承發房經書某某

接奉當即交某房經書某某收訖

此戳承發房耑管，鈐於一切公文年月之後。凡某字皆空，臨時填。

方戳記式

某月某日發　房

某月某日送　稿

某月某日發　抄

某月某日送　簽

驛遞

某月某日發舖遞

耑差

此戳各房皆用，送稿時鈐於官銜書行之下。送稿之日如在發房五日之後，則責在經書。發抄之日與送稿相去兩日，則責在本官。送簽計其字數，約略二日，遲仍責在經書。送簽次日不發，則責在管印之人。至遞送遲延，則有定例。然驛舖耑差亦瞭然可考。數十年之後，吊查原卷，經書姓氏具在，不致彼此混推，無可查核。其額左稿字，乃空其右方以分緩急也。急稿本日即送，右填急字。常稿不許過五日，右填常字。自上司牌檄以及同官移關，下屬申詳，民間辭稟，皆照此辦理。譬如振裘，揭領無不就緒。行之既久，習爲尋常，而起視地方，可無不辦之事矣。凛之毋違。

（清）江峰《大清律例略記》卷一《封掌印信略記吏律》　内外各衙公文，皆以印信爲憑。印屬長官收掌，佐貳封記轉呈。凡有應行事件，公同判署印行。佐貳若有差故，首領代封相承。長官不令封記，佐貳首領弗遵。即係私行舞弊，杖以一百責懲。

（清）江峰《大清律例略記》卷一《漏使印信略記吏律》　凡有文書外行，全以印信爲憑。如或漏使印信，不免百弊叢生。罪坐當官吏典，與夫首領承行。雖屬尋常事件，亦應各杖示懲。至有全不用印，杖較漏使加增。若擬調撥重務，各擬滿杖匪輕。倘因漏使不用，失誤軍機重情。當該官吏處斬，餘以杖流定刑。

（清）江峰《大清律例略記》卷一《擅用調兵印信略記吏律》　官至統兵將軍，以及提督總兵。所有調兵印信，關係軍務匪輕。除調軍馬糧餉行移用印公文。此外若擅用使，漫出批帖通行。假公營辦私事，憑照防送紛紜。首領官吏皆罪，各杖一百示懲。爲其不能稟阻，罷職不叙有因。正官係列應議，區處還須奏聞。

《六部處分則例（光緒朝）》卷一〇《印信・换鑄印信》　一、官員印信模糊不詳請更换者，罰俸六個月。公罪。如屬員詳請更换而督撫不爲咨題者，罰俸六個月。公罪。詳請之員免議。

一、屬員請换印信，該上司收取使費者，革職。私罪。

一、官員接到新印不繳還舊印者，罰俸六個月。上司不行催繳，罰俸三個月。俱公罪。

一、禮部鑄印局鑄造印信關防如有筆畫錯誤，將不行磨對之鑄印局各官罰俸六個月。失於查驗之堂官，罰俸三個月。俱公罪。其領受新印之處，將鑄造錯誤之處失於查驗報部者，罰俸六個月。公罪。

一、道光十七年十二月初五日本部具奏：嗣後各省官員請領新印繳銷舊印如逾例限四月以外，應由禮部核明遲延月日咨報臣部，照欽部事件遲延例，按逾限遠近分别議處。其接到新印不繳還舊印者，未便仍照原例議以罰俸六個月，轉滋輕縱，亦應照事件遲延例議處。如逾限一年以上，即照例議以降一級留任。上司不行催領，及不行催繳者，俱罰俸三個月。新增。

《六部處分則例（光緒朝）》卷一〇《印信・用印舛錯遺漏》　一、在京各衙門，應用堂印事件誤用司印，應用司印事件誤用堂印，及在外兼署各官將此任之事誤用彼任印信者，俱罰俸三個月。將印信倒用者，亦罰俸三個月。俱公罪。其外省表文計册用印顛倒者，罰俸六個月。公罪。

一、在外各衙門來往文移及呈報上司事件俱於正面鈐印，其有添註挖補及接扣之處，亦俱用印鈐蓋，儻有遺漏者，罰俸一年。公罪。

一、各省督撫大員拜發奏摺俱用棉榜紙將摺封固再於接縫處黏貼印花，其奉差出京官員照例領取印花備用，遺漏黏貼者，罰俸一年。公罪。

《六部處分則例（光緒朝）》卷一〇《印信・預用空白》　一、各部院衙門應用堂印事件俱設立號簿逐細登記用印顆數，其各司處應用案件印結等事該司亦設立號簿登記，在外各衙門上行平行下行文移牌票俱令鈐印編號。儻有預印空白文結者，降一級調用。私罪。失於查察之堂官及該管上司罰俸一年。公罪。至督撫兩司道府有向州縣提取空白印信交結者，降一級調用。私罪。

一、内外有印衙門俱於封印前一日酌量繁簡預用空白印紙並文移封套，以備封印後緊要公文之用，仍各登記號簿，詳慎檢查。其在京各衙門交與當月司員隨堂一併收貯，外省各衙門同印信在内衙存貯，遇有緊要文書方准填用。開印後，除覈封號簿用去若干件外，將所存件數驗明銷燬。如失察書吏借端作弊，該管官照失察書吏舞文弄法例議處。例載《書役門》。通同舞弊者，革職。私罪。失察之該堂官及該上司不行查參，罰俸一年。公罪。道光二十三年酌改更正。

《六部處分則例（光緒朝）》卷一〇《印信・稽查印結》　一、凡例應取具同鄉京官印結事件如該省並無五六品有印京官，准令取具同鄉七品以下京官圖結加具鄰省五六品京官印結投遞。若有違礙將出具圖結之員，各照本例議處，加具印結之員減等議處。

一、鄉會試及一切考試應試之人如有頂替情弊，出結官降一級留任。公罪。至入場以後另有聯號换卷代倩等事，弊在内場，出結官免議。

一、凡身家不清之人捐納職銜貢監只係頂帶榮身無關銓選者，出結之同鄉京官罰俸一年。州縣官不行查明揭報，降一級調用。俱公罪。如州縣官於該衙門現充隸卒之子孫，及本任内吏役曾犯案治罪者，縱容冒捐即實降一級調用，不准抵銷。私罪。轉詳之府州，罰俸一年。公罪。督撫藩司免議。

一、各項違礙之人請領覃恩封典，及捐請封典，同鄉官不行查明給與印結者，罰俸一年。公罪。

一、各部院司員於本司應辦事件概不准自行出結，如文選司不准爲月選官出其投供印結之類。其有率行出結者，照違令私罪律罰俸一年。私罪。

一、凡冒濫出結應行議處之案由吏部徑咨各該衙門，如捐納則咨户部，考試則咨禮部之類。查取原出結官職名照例議處，不必行查原籍。

一、各省人員投供赴選，以及報考報捐等事，五城正指揮實授者，准其出結。其揀選候補署事代理者，不准出結。新增。

《六部處分則例（光緒朝）》卷一〇《印信·經歷印信自掌》 一、各省布政司經歷按察司經歷鹽運司經歷府經歷等官印信悉歸該經歷自行收掌，如該上司擅將經歷印信收掌自用致生挪移情弊者，降一級調用。私罪。

《六部處分則例（光緒朝）》卷一〇《印信·妄用印信》 一、地方官妄用印信，如以官印用於私書稟啓之類。及非正印官而擅用印記者，如田房税契等項皆正印官該管之事佐貳官擅將伊關防戳記給蓋者。俱降一級調用。私罪。

一、地方官給與居民鋪户門首印示者，降一級調用。該管官不行查參，罰俸一年。俱公罪。

一、職任官員填寫印牌印文給與不應給之人者，革職。私罪。

《六部處分則例（光緒朝）》卷一〇《印信·挪移年月用印》 一、内外衙門案件有挪移年月等弊該管官知情用印者，革職。私罪。止於失察者，降一級留任。公罪。

《六部處分則例（光緒朝）》卷一〇《印信·禁用無印差票》 一、直省大小衙門一切差票俱令鈐蓋印信，其無印信衙門亦令鈐用關防戳記。儻有用無印小票衙單者，罰俸一年。公罪。

《六部處分則例（光緒朝）》卷一〇《印信·失察盜用印信》 一、盜用印信之案該管官能自行查出者，免議。若失察盜用已行者，降一級調用。未行者，罰俸一年。俱公罪。如於行用後自能查出究辦，減爲降一級留任。公罪。尚未行用別經發覺自能獲犯究辦，減爲罰俸六個月。公罪。

《六部處分則例（光緒朝）》卷一〇《印信·失察假印》 一、本官失察吏役雕造印信於未經行用之先自行訪拏者，免議。別經發覺始行查拏，降一級留任。別經拏獲，降一級調用。若已經行用別經發覺始行查拏，或自行訪拏者，俱降二級留任。別經拏獲，降二級調用。以上俱公罪。描摹印信於未經行用之先，本官能先自訪拏者，亦免議。別經發覺始行查拏，罰俸一年。別經拏獲，降一級留任。若已經行用，別經發覺始行查拏，或自行訪拏者，俱降一級留任。別經拏獲，降一級調用。以上俱公罪。

一、奸徒雕造印信於未經行用之先，地方官能先自訪拏者，免議。別經發覺始行查拏，罰俸一年。別經拏獲，降一級留任。已經行用別經發覺始行查拏，或自行訪拏者，俱降一級留任。別經拏獲，降一級調用。以上俱公罪。描摹印信於未經行用之先，地方官能先自訪拏者，免議。別經發覺始行查拏，罰俸九個月。別經拏獲，罰俸一年。若已經行用別經發覺始行查拏，或自行訪拏者，罰俸一年。別經拏獲降一級留任。以上俱公罪。

《六部處分則例（光緒朝）》卷一〇《印信·遺失印信新增》 一、在外各官印信如在署存儲或係行寓存儲被賊徑行竊去，有印官革職。公罪。五日内自行拏獲究辦開復原參處分，未經行用減爲降一級調用，已經行用減爲二級調用。俱公罪。一月内自行拏獲未經行用減爲三級調用，已經行用減爲降四級調用。俱公罪。如非自行拏獲仍不准減議。至適遇公出派有員并隨行齎送或乘船偶遇風浪沉溺或被火延燒有顯蹟者，一時倉卒失檢不能尋緝拏獲，將轉派員并革職留任，本員未能先事預防應議以降三級留任。俱公罪。若在署封儲遇有水火猝不及防以致毁失者，將本員革職留任。公罪。五日内自行拏獲開復原參處分，係革職留任者減爲降一級留任，係降三級留任者減爲罰俸二年。俱公罪。一月内自行拏獲係革職留任者減爲降二級留任，係降三級留任者減爲降一級留任。俱公罪。

一、在京各衙門印信係封儲在署當月值宿官員專司監守，如有竊失，專司監守之員革職，有印官革職留任。俱公罪。五日內拏獲究辦開復原參處分未經行用專司監守之員，減爲降一級調用，有印官減爲降一級留任。俱公罪。已經行用專司監守之員減爲降二級調用，有印官減爲降二級留任。俱公罪。一月內尋獲未經行用專司監守之員減爲降三級調用，有印官減爲降三級留任。俱公罪。已經行用專司監守之員減爲降四級調用，有印官減爲降四級留任。俱公罪。至在署封儲偶遇水火猝不及防以致毀失者，專司監守之員革職留任，有印官降三級留任。俱公罪。五日內尋獲開復原參處分係革職留任者減爲降一級留任，係降三級留任者減爲罰俸二年。俱公罪。一月內尋獲係革職留任者減爲降二級留任，係降三級留任者減爲降一級留任。俱公罪。

一、遺失印鑰印牌之案即將遺失之員降一級留任，不准抵銷。遇有應行陞轉之缺，概行停其陞轉三年，無過開復。其僅止遲誤請領印鑰並無遺失情事者，罰俸一年。公罪。

（清）**薛允升《唐明清三律彙編・吏律・職制・信牌》** 吏部議得據江蘇按察使錢琦奏稱：州縣給賞差票，應嚴定處分也。江蘇所屬有討票賞差之弊，皆因胥役平日或以小信取容，或以微勞見賞。每遇鼠牙細事，探知家道殷實，輒敢具稟而求。該役執票到手，引類呼朋，任意勒索，事一涉於公庭，未知審斷如何，兩造家資先飽囊橐，恐致案外釀成事端，種多滋累。應請嗣後凡州縣失察及故縱衙役犯贓仍照例分別議處外，其詞訟事件並不循例秉公喚訊輒行給賞差票者，本官即照知情故縱者革職。一經查出，即行參處等語。查失察衙役詐贓，本官按贓數多寡分別參處。知情故縱者，例應革職。此定例也。凡有告案應行票差之事，自應就各役中慎選勤謹奉法者，方可票差。既差之後，仍須按期查催，以防卧票需索等弊。若州縣官將差票作爲賞號，各役竟敢指案討差，是官以出票爲看顧差役之事，各役承票更以奉差爲生發之端，無論案情大小虛實，未有不竭力飽索者。該按察使所陳，原屬州縣衙門相沿之惡習流弊，應如所請嚴定處分，以杜流弊。嗣後凡有州縣將票差作爲賞差之事及衙役乘機求恩討賞承票者，遇有需索詐贓等弊，將州縣官照故縱例革職。倘州縣回護前非，將賞票討賞情節隱瞞者，責成道府不時稽查。或經告發，或經訪聞，將州縣揭參，道府免議。如道府不行查出，別經院司查出，將知府、直隸州降一級留任，道員罰俸一年。再查各役所執差票，拘到之後，應於審結時當堂呈出繳銷，不令久留，以防各役卧票匿票、暗地嚇索之弊。並請嗣後大小各告案，凡有差票，務須隨時繳銷。如遇封印而案未完結，於封時將票暫行繳銷。俟開印差拘，另行給票。庶不致有卧票匿票、暗地嚇索之弊。如違，並將州縣分別議處。等因具奏。奉旨：依議。欽此。

（清）**薛允升《唐明清三律彙編・吏律・公式・擅用調兵印信》**

《唐律・擅興門》：諸應給發兵符而不給，應下發兵符而不下，若下符違式及不以符合從事，或符不合不速以聞，各徒二年；其違限不即還符者，徒一年。

愚案：古有兵符，即《唐律》之發兵符也。調兵印信，或即此歟。

（清）**薛允升《唐明清三律彙編・吏律・公式・棄毀制書印信》**

《唐律》：諸棄毀符、節、印及門鑰者，各准盜論；亡失及誤毀者，各減二等。

棄毀制書及官文書者，准盜論；亡失及誤毀者，各減二等。毀，須失文字。若欲動事者，從詐增減法。其誤毀失符、移、解、牒者，杖六十。謂未入所司而有本案者。

諸主守官物而亡失簿書，致數有乖錯者，計所錯數，以主守不覺盜論。

其主典替代者，文案皆立正案，分付後人，違者杖一百。

諸亡失器物、符、印之類應坐者，皆聽三十日求訪，不得然後決罪。若限內能自訪得及他人得者，免其罪。限後得者，追減三等。官文書、制書，程限內求訪得者，亦如之。

即雖故棄擲，限內訪得，聽減一等。

諸棄毀、亡失及誤毀官私器物者，各備償。謂非在倉庫而別持守者。若被强盜者，各不坐、不償。即雖在倉庫，故棄毀者，徵償如法。其非可償者，坐而不備。謂符、印、門鑰、官文書之類。

刑部議得左副都御史羅源漢奏稱：州、縣衙門辦理詞訟，定案之後，凡兩造之呈詞，訊結之供勘，俱應粘連成帙，於接縫處所蓋印存案，方成信讞，以貽永久。乃近來有司辦理詞訟案件，除徒罪以上及例用詳轉者，始令書吏另繕清稿，粘連用印存案。其餘户婚、田土自理細事，審斷之後，其呈詞、供勘惟用撅筆標填日月發房，棄不粘連用印存案。遇有別案干連，或舊事復發，查檢文卷，往往零星遺失不全。甚有奸民猾吏勾通舞弊，於新舊交代之際，將文卷抽換，改抹批語，顛倒是非，復行翻控。事情雖小，輾轉詰訟，拖累無窮，甚且釀成巨案。即如去歲武清縣之革吏李光玉，商同李鋭改換争産，原比臣在府尹任内，查出將李光玉等奏交刑部治罪在案。因詢及各縣自理事件，其不粘連用印者頗多。是順屬如此，他省可知。相應請旨敕下直省督撫，轉飭所屬州縣，凡一切自理詞訟審斷之後，即令該吏將通案犯證呈狀，口供勘語，即日粘連成帙，於接縫處所鈐印存案。倘該州、縣希圖省事，或卷不粘連及粘連而不用印，一經上司察出，或他事發覺，即將該州、縣題參議處。等因。奉旨：該部議奏，欽此。查辦理詞訟，凡一切呈詞供勘審結之後，自應粘連存案。其接縫處所若不鈐蓋印信，則日積月累散漫無稽，何以防弊端而垂永久？向來州、縣交代本有成例，因日久廢馳，州、縣各官平時辦理事件，往往視爲無關輕重，或卷按竟不粘連，或粘連而不用印，以致奴民猾吏抽換改抹，滋生事端。今據該副都御史奏稱：近來有司辦理詞訟，除徒罪以上及例應詳轉者粘連用印，其餘自理詞訟，户婚、田土細事，審斷之後，其呈詞供勘惟用撅筆標填日月發房，並不粘連用印，遂致文卷遺失不全，並且奸猾勾通滋弊。應請一例粘連，鈐印存案等語，應如所奏，嗣後州、縣凡一切自理詞訟審斷之後，即令該吏將通案犯證呈狀，口供勘語，即日粘連成帙，於接縫處所鈐印。遇交代時，匯録印簿，摘取事由，照依年月編號登記，注明經承姓名，加具並無藏匿抽改甘結，造入交盤册内交代，仍報明上司存案。倘該州、縣希圖省事，或卷不粘連，或粘連而不用印，一經上司察出，或他事發覺，即將該州、縣題參，將不粘連卷宗之員，照遺失官文書律降一級留任。其已粘連而不鈐印者，照漏用印信例罰一年。倘因不粘連卷宗，以致抽匿改抹，滋事舞弊者，將不粘連鈐印之官，照失察書吏舞文弄法例降二級調用等因。乾隆二十九年三月二十日奏，奉旨：依議。欽此。

刑部議得據廣西布政使淑寶奏稱：竊照藩臬分司，職守並重，而臬司有明刑弼教之責。一切案卷均關緊要，膺斯任者身受天恩，自不敢稍存懈忽。惟交代之際，向無一定章程，積習相沿，除參審之案卷移送外，餘概存房收貯，必待新任吊查經承等，始陸續呈閲。而此吊查之先後遲速間，奸胥猾吏已不免乘隙滋弊。况州、縣交代，尚有彙卷編號、出結申報之定例，豈宜於刑名總彙轉失慎重？擬請嗣後臬司交代，無論正、署，離任時即先將奉行欽部事件及所屬通報未結各案，與鄰省咨查，督撫批發。並自理諸務，俱徹底檢齊，分類造册，連各卷宗封固蓋印，一體移交。俾接任之員披册了然，於事之輕重、次第得以覈卷趕辦。並將在班書吏照舊防閒，不許藉端出署，統俟新任接管，庶案無沉滯而書吏抽漏之弊可杜。仍請令接任臬司於蒞事一月内，將交代清楚情由照藩司交代例自行陳奏，並具交清文結詳請督撫咨部。如舊任草率，新任因循，督撫查參。其或臬司離任，別因事故不及親辦者，該署任之員即責成首領官關防書吏，限三日内造册封卷隨時呈辦。倘遲逾朦混，即將經承嚴究。再查例義，該括既於交代案卷指出州、縣，則凡有刑名之道、府廳員已在其中，但多有拘泥未遵者，應請一體通飭辦理具奏。前來查臬司爲刑名總彙，其事關題達者，案情重大。固應登記卷宗，造册交代。即自理詞訟例得外結之案，若於接署之時不列入册籍交代，其奸胥猾吏抽呈換卷，改供捏勘，種種作奸，勢所必有。查臣部議覆左副都御史臣羅源漢條奏：州、縣辦理户婚、田土自理詞訟，於審斷之後，其呈詞供勘粘連用印存案，庶新舊交代之時，不致奸民猾吏勾通舞弊等因。經臣部議覆，並請内外審理詞訟衙門，均應一例辦理。奉旨：依議，通行各直省。欽遵在案。今該布政司淑寶奏請嗣後臬司交代，無論正、署，離任時即先將欽部事件及所屬通報未結各案，與鄰省咨查，督撫批發並自理諸務分類造册，連各卷宗封固蓋印，一體移交接任之員。將在班書吏照舊防閒，不許藉端出署。並請令接任臬司於蒞事一月内，將交代清楚情由，照藩司交代例自行陳奏，並具交清文結詳請督撫咨部。其或臬司離任，別因事故不及親辦者，即責成首領官關防造册封卷呈辦等語。應如所奏，嗣後臬司交代，無論正、署，離任時將一應卷宗及自理詞訟，毋論已結、未結，俱造册鈐印封固，一體移交。其接任臬司，將交代清楚情由自行陳奏，並具結詳請督撫報部。並將在班書吏照舊防閒，不許藉端出署。如遲延朦混，即將經承嚴究。其臬司離任，或別因事故不及親辦者，應即責成首領官關防造册封卷呈辦。再，該布政使奏稱：凡有刑名之道、府廳員，於新舊交代案卷，應請一體通飭辦理等語，亦應如所奏。嗣後道、府廳員，凡一切卷宗，俱遵照臣部奏準新例鈐印，彙録印簿，摘叙事由，照依年月編號登記造册交代，仍報明上司存案等因。乾隆二十九年四月十九日奏，奉旨：依議。欽此。

《大清會典（光緒朝）》卷三四《禮部·鑄印局》

凡印之別有五：一曰寶，親王之印曰寶，其制金質龜鈕平臺，方三寸六分，厚一寸，清漢文芝英篆。親王世子之印亦曰寶，方三寸五分，餘制同。二曰印，印用金質麒麟鈕平臺者，多羅郡王印，清漢文芝英篆，方三寸四分，厚一寸。用銀質直鈕三臺者，宗人府印、衍聖公印，均清漢文尚方大篆，方三寸三分，厚一寸。六部印、户部鹽茶印、都察院印、行在部院印，均清漢文尚方大篆，理藩院印，清漢蒙古三體字，清漢文尚方大篆，蒙古字不篆，均方三寸三分，厚九分。直鈕二臺者，盛京五部印、户部總理三庫事務印，均清漢文尚方大篆，方三寸三分，厚八分。辦理軍機事務印記、總管内務府印、盛京内務府印、翰林院印、鑾儀衛印，均清漢文尚方大篆，方三寸二分，厚八分。虎鈕三臺者公印，提督總兵官印。虎鈕二臺者，侯伯印、領侍衛内大臣印、八旗滿洲蒙古漢軍都統印、前鋒統領印、護軍統領印、提督九門巡捕五營步軍統領印、總管滿洲火器營印、神機營印、圓明園總管八旗包衣三旗官兵印、經略大臣印、大將軍印、鎮守將軍印、科布多參贊大臣印、鎮守挂印總兵官印、均清漢文柳葉篆。西甯辦事大臣印、駐藏辦事大臣印，均清漢回子三體字。伊犁將軍印，清漢托忒回子四體字。定邊參贊大臣印，清漢托忒三體字，清漢文均柳葉篆。駐紮塔爾巴哈台參贊大臣印，清文托忒二體字，清文柳葉篆。辦理烏里雅蘇台等處大臣印，清漢文，清文不篆，漢文柳葉篆。駐紮庫倫辦事大臣印，清漢蒙古三體字，清漢文柳葉篆。總理察哈爾八旗管理張家口官兵都統印，清文蒙古二體字，清文柳葉篆。外藩札薩克印、各盟長印，均清文蒙古二體字不篆。以上各印，均方三寸三分，厚九分。嚮導總領印、各省駐防副都統印，均清漢文柳葉篆，方三寸二分，厚八分。直鈕者，各省承宣布政使司印，清漢文小篆，方三寸一分，厚八分。通政使司印、大理寺印、太常寺印、順天府印、奉天府印，均清漢文小篆，方二寸九分，厚六分五釐。用銅質直鈕者，詹事府印、各省提刑按察使司印，均清漢文小篆。管理額魯特公一族總管印，清漢蒙古三體字，清文殳篆。宣慰使司印、指揮司印，均清漢文殳篆。以上各印，均方一寸七分，厚九分。光禄寺印、太僕寺印、武備院印、上駟院印、奉宸苑印，均清漢文小篆。各省鹽運使司印、清漢文鐘鼎篆。旗手衛印、城守尉印，均清漢文殳篆。衛守備印，清漢文懸鍼篆。游牧察哈爾總管印，清文蒙古二體字，清文殳篆。以上各印，均方二寸六分，厚六分五釐。宣撫司印，清漢文懸鍼篆，方二寸五分，厚六分五釐。各府印，清漢文垂露篆，方二寸五分，厚六分四釐。鴻臚寺印、國子監印，均清漢文鐘鼎篆，方二寸五分，厚六分。宗人府左右司印、左右春坊印、司經局印、六部理藩院各司印、鑾儀衛左右等所印、欽天監印、太醫院印、盛京五部各司印，均清漢文鐘鼎篆。宗人府經歷司印、各省鹽課提舉司印，均清漢文垂露篆。以上各印，均方二寸四分，厚五分。宣撫司副使印、安撫司印、領運千總印，清漢文懸鍼篆，均方二寸四分厚五分五釐。各州印，清漢文垂露篆，方二寸三分，厚五分。土千户印，清漢文懸鍼篆，方二寸三分，厚四分五釐。内務府各司印、鑾儀衛馴象等所印，均清漢文鐘鼎篆。吏兵二部稽俸廳印、都察院經歷司印、大理寺左右司印、太僕寺左右司印、光禄寺四署印、樂部和聲署印、五城兵馬司印、大興宛平兩縣印、盛京承德縣印、布政使司經歷司印、理問所印，均清漢文垂露篆。旗手衛左右司印、九姓長官司印、指揮僉事印，均清漢文懸鍼篆。以上各印，均方二寸二分，厚四分五釐。六科印、欽天監時憲書印，均清漢文鐘鼎篆。中書科印、通政使司經歷司印、鑾儀衛經歷司印、太常寺典簿印、光禄寺典簿印、詹事府主簿印、太僕寺主簿印、各部院寺司務廳印、各縣印、按察使司經歷司印、鹽運使司經歷司印、各衛經歷司印、宣慰司經歷司印，均清漢文垂露篆。以上各印，均方二寸一分，厚四分四釐。國子監三廳印、鴻臚寺主簿印、欽天監主簿印、京府儒學印、各壇廟祠祭署印、布政使司照磨所印、各府經歷司印，均清漢文垂露篆。土百户印、清漢文懸鍼篆。以上各印，均方二寸，厚四分二釐。刑部司獄司印、國子監典簿廳印、神樂觀犧牲所印、光禄寺銀庫印、太醫院藥庫印、寶泉局印、寶源局印，均清漢文垂露篆，方一寸九分，厚四分二釐。京府照磨所印、司獄司印，布政使司庫大使印、按察使司照磨所印、司獄司印、各府照磨所印、司獄司印、庫大使印，各府衛儒學印、巡檢司印、都税司印、税課司印、茶馬司印，均清漢文垂露篆，方一寸九分，厚四分。直鈕有孔者，各道監察御史印。稽察宗人府御史印、稽察内務府御史印，均清漢文鐘鼎篆，方一寸五分，厚三分。喇嘛呼圖克圖印，或金質、或銀質。札薩克大剌嘛印，銅質，均雲鈕。由欽賜，其文或用清文蒙古唐古特字，不篆，或清漢文轉宿篆，雲鈕，其質及式均無定，候旨遵鑄。正一真人印、銅質直鈕，清漢文鐘鼎篆，方二寸六分，厚六分五釐。僧録司道録司印，銅質直鈕，清漢文垂露篆，方二寸二分，厚四分五釐。三曰關防，關防俱直鈕。銀質者，景運門直班大臣關防、總理雲梯健鋭營事務關防、八旗傳事關防，均清漢文柳葉篆。各省總督關防、巡撫關防、倉場河道漕運各總督關防，均清漢文小篆，長三寸二分，闊二寸。銅質者，欽差出使各國大臣關防、清漢文尚方大篆，萬年吉地工程處關防、清漢文鐘鼎篆、鎮守總兵官關防、管理青海番子等事務關防，均清漢文柳葉篆。以上各關防，均長三寸二分，闊二寸。欽差三品以上大臣關防、參贊大臣關防、清漢文尚方大篆、清漢文小篆，均長三寸二分，闊二寸。欽差四品以下官員關防，清漢文鐘鼎篆，長三寸，闊一寸九分。陵寢總管事務關防、陵寢看守山河關防、督理京省錢法堂關防、總理各國通商事務衙門關防、兩廣鹽政關防，均清漢文尚方大篆。知貢舉關防、知武舉關防、順天鄉試監臨關防，均清漢文小篆。宗人府銀庫關防、內閣典籍廳關防、翰林院典簿廳關防、禮部鑄印局關防、刑部贓罰庫關防、理藩院銀庫關防、工部料估所關防、製造庫關防。各部院督催所關防、辦理烏里雅蘇台糧餉關防、辦理科布多糧餉關防、經牧處關防、駐紮庫倫辦理買賣民人事務關防，均清漢文垂露篆。左右翼管税關防、户部銀庫緞疋庫顔料庫關防、户部辦理八旗俸餉處關防、八旗現審處關防、辦理井田關防、工部管理街道關防、各倉監督關防、順天府府丞督學關防、奉天府府丞督學關防、陵寢奉祀禮部關防、提督會同四譯館關防、崇文門税務關防、督理鈔關抽分關防、工部木倉監督關防、兩窯廠分司關防、節慎庫分司關防、兵部管理館所車馬事務監督關防、各省守巡道關防、各關監督關防、盛京驛站監督關防，均清漢文鐘鼎篆。御茶膳房總管關防、內務府護軍統領關防、各營參領關防、各處協領關防、雲梯健鋭營火器營各翼長關防、興京等處城守尉關防、盛京宗室覺羅總族長關防、各省副將參將遊擊關防、各省駐防左右司關防、各處三品總管關防，均清漢文殳篆。內繙書房關防、總管邊口官關防，均清漢文小篆。看守通州三倉首領關防、各省都司僉書關防、各處四品總管關防，均清漢文懸鍼篆。辦理伊犁糧餉馬駝事務關防、伊犁協領關防，均清文托忒回子三體字，清文殳篆。大通橋抽查漕糧御史關防，清漢文鐘鼎篆。以上各關防，均長三寸，闊一寸九分。順天府治中關防、稽查盛京五部將軍衙門關防、稽查黑龍江官關防、稽查甯古塔官關防、巡察歸化城官關防、巡察游牧等處官關防、盛京工部估計所關防，均清漢文垂露篆。各省提督學政關防，清漢文小篆。各省織造關防、盛京户部工部各庫關防，均清漢文鐘鼎篆。以上各關防，均長二寸九分，闊一寸九分。巡視五城御史關防，清漢文鐘鼎篆。各同知通判關防、淮南衛所監掣官關防，均清漢文垂露篆。吐魯番同知鐫回子字，綏化同知鐫托忒字。營都司關防、守禦所千總關防、阿爾楚喀倉監督關防、牛羊羣左右翼副總管關防、商都達布遜諾爾馬駝總管關防、管理三旗達里岡愛牛羊牧廠總管關防，均清漢文殳篆。前藏監鑄銀錢事務關防，清漢文，垂露篆。防守尉關防，清漢文。三品者殳篆，四品者懸鍼篆。管理口外驛務關防、總管各牧廠關防，均清漢文，四品任者鐘鼎篆，五品任者垂露篆。以上各關防，均長二寸八分，闊一寸九分。各州分駐及直隸州州同州判關防，均清漢文，垂露篆，長二寸六分，闊一寸九分。後藏管理糧務關防，清漢文，垂露篆，長二寸四分，闊一寸四分。國子監算學助教廳關防，清漢文，垂露篆，長二寸四分，闊一寸三分。四曰圖記，圖記俱銅質直鈕方者。管理伊犁索倫領隊大臣圖記、管理額魯特領隊大臣圖記、管理錫伯營領隊大臣圖記、管理察哈爾領隊大臣圖記，均清文托忒回子三體字，方二寸七分，厚六分五釐。塔爾巴哈台領隊大臣圖記，清文托忒文二體字，清文殳篆，方二寸七分，厚六分。烏里雅蘇台札薩克班上辦事圖記，清文蒙古文二體字，不篆，方二寸五分，厚六分。八旗佐領圖記，清漢文，懸鍼篆。盛京防禦圖記、移駐宗室正旗長圖記、宗室覺羅族長圖記、盛京八旗吉林黑龍江伊犁駐防各佐領圖記，均清文，懸鍼篆。以上各圖記，均方一寸七分，厚四分五釐。惠甯城靖遠城孤爾札各管倉務官圖記、駐紮伊犁沙畢納爾各佐領圖記、塔爾巴哈台佐領圖記、清文托忒二體字清文均懸鍼篆。以上各圖記，均方一寸七分，厚四分。各省協領圖記，清漢文，殳篆，長二寸六分，闊一寸六分五釐。甯古塔臺站筆帖式圖記，清漢文，垂露篆，長二寸四分，闊一寸三分。五曰條記，條記俱銅質直鈕。管理御園條記，清漢文，鐘鼎篆。禮部鑄印局大使條記、官房租庫條記、各州縣儒學條記，均清漢文，垂露篆。各省守備條記、各省駐防旗營佐領條記、均清漢文，懸鍼篆。以上各條記，均長二寸六分，闊一寸六分五釐。盛京户部六品管莊條記、庫大使條記、縣丞條記、主簿條記、吏目條記、鹽課所條記、批驗所條記、各驛丞條記、各局各倉條記各牐條記，均漢文垂露篆。黑龍江齊齊哈爾城墨爾根城、呼蘭城等處各七品管屯莊條記，均清漢文懸鍼篆。守邊門官條記，清漢文，文職任者垂露篆，武職任者懸鍼篆。以上各條記，均長二寸四分，闊一寸三分。各辨其質與其文而鑄焉，凡篆寫印文，由儀制司查據原定字樣發局。清漢篆字由局書寫，蒙古唐古特托忒回子等字，備具印模，送內閣書寫。印文清漢本字鐫於印背，年月號數鐫於印旁。直省同名之府州縣印文，上冠以某省。偶有遺失換鑄者，亦加某省字，以別新舊。篆書清文有與御名同音者，奏明闕筆敬避。直隸陝甘四川總督關防，鐫兼巡撫字樣。安徽江西河南山東巡撫關防，鐫兼提督字樣。山西巡撫關防，鐫兼提督鹽政字樣。各省按察使司印，鐫管驛傳字樣。凡添設衙門應鑄印信，由各該處奏准，奉旨指定字體，欽遵鑄給。其未經指定者，伊犁等處，移送軍機處定議。蒙古等處，咨理藩院定議。惟鈐記不鑄。文職佐雜，及無兼管兵馬錢糧之武職官，所用木鈐記，均由布政司發官匠刻給。各府州縣僧道陰陽醫官等鈐記，亦如佐雜之例，由官匠鐫刻正字給發。

凡冊立皇后則鑄寶，皇后寶，金質交龍鈕平臺，清漢文玉筯篆，方四寸四分，厚一寸二分。封皇貴妃、貴妃亦如之，皇貴妃寶、貴妃寶，均金質蹲龍鈕平臺，清漢文玉筯篆，方四寸，厚一寸二分。封妃則鑄印，妃印，金質龜鈕平臺，清漢文，玉筯篆，方三寸六分，厚一寸。各敬共其事。

凡鑄印，金銀銅鉛各鎔合而加磨鑢焉，皇后金寶，用三等赤金五百五十兩。皇貴妃、貴妃金寶，用六成金四百兩。妃金印，用五成金三百兩。親王、親王世子金寶，用五成金三百兩。釬寶印，紋銀皆二錢五分。均先撥造蠟模，按臺鈕分寸定式進呈後，鑄印局官會同內務府官，於造辦處祭鑪監造。鍍金銀印，用紋銀一百八十兩，十成金葉一兩二錢。銀印，用紋銀一百四十兩，次一百二十兩，又次一百兩不等。銀關防，用紋銀六十兩，金銀每兩俱准折耗二分，金於內務府支取，銀及銅鉛於户部支取，金葉以餘賸回殘銀兩採買。銅印，用紅銅白鉛三七相配，每次支取紅銅五百二十五斤，白鉛二百二十五斤，由局鎔成黄銅七百五十斤，俟鑄成印信關防共若干顆，除剉磨補刮見光，每斤准折耗三兩外，總計覈銷。鑄造金寶、金印、鍍金印及撥造蠟模，行文都察院轉傳五城揀選精工匠役送部應用，工部發工價。局設工匠八名，內鑄匠二名，剉匠三名，磨鑿二名，鎸字一名。凡鑄造時所需物料，均於户工二部支取。定其工限。鑄造銀印，虎鈕者限三十日。無虎鈕者二十日，銅印關防柳葉鐘鼎殳篆者二十日，其餘懸鍼垂露篆均限十日。銀印由户部領到銀兩之日起限，銅印由儀制司付局之日起限。

凡印官有更建則給新印而廢其故印，敝亦如之。文武官印信、關防、圖記、條記應改鑄者，在京由該衙門，直省由督撫，伊犂等處由將軍大臣具題。文職由吏部，武職由兵部，蒙古等處由理藩院議准，選擬字樣到部。模糊换鑄者，照原模字樣發局，依限鑄造。親王、郡王寶印應繳銷者，由部奏准，俟繳到日，金寶交內務府銷毁。鍍金銀印交工部刮金還局銷毁。繳銷舊印，於接到新印時，將舊印清漢文正中加鎸繳字封固，限四月繳部。銀印關防，由儀制司付局確估成色儲庫，俟鑄造新印時鎔化充鑄。銅印、關防、圖記、條記查收儲庫，彙送户部充鼓鑄。方外人等曾奉敕諭頒有印信，給予本人。非傳授承用者，本人身故後，繳部銷毁。印成，則付儀制司以頒發，親王、郡王寶印，於册封日遣正副使隨册賫授。文武官印信、關防、圖記、條記，鑄成呈堂驗明，付儀制司儲庫，分别頒發。在京各部院衙門及各省督撫藩臬提鎮道府副將參將等官，統限接到部文四月內，派員賫文請領。其需用緊急者，奏明交兵部驛遞，或交提塘賫送，同知通判遊擊以下發交提塘。東三省及綏遠城伊犂等處，皆令派員請領。蒙古等處由理藩院行文該處委員請領。各土司印應改篆者，承襲時改鑄，交提塘賫送頒發。印信、關防、圖記、條記四角無字處各留一柱，仍用重紙密糊膠封，印面騎縫處鈐蓋司印，發本官去柱啓封。户部鹽茶印，鑄給兩顆如一式，以備印引之用。特差侍衛用鑾儀衛印。凡頒發印信，每季發過各衙門印信、關防、圖記、條記共若干顆，彙列清單按季具奏。而定其存儲焉。內外各官印信，均存儲公署。部院各衙門、行在印信，由各部院收儲，惟行在鑾儀衛印儲禮部。各省欽天監時憲書印各一，儲該省布政使司庫，惟直隸省時憲書由監用印頒發。知武舉關防一，儲兵部。巡視吉林關防一，巡視黑龍江關防一，儲盛京禮部。欽差大臣關防十八，欽差官員關防二十，知貢舉關防一，監臨關防一，均儲禮部。以上各印應用時，由該衙門知照到部，或委員或差役具文祇領，事竣封固送部儲庫。其官之不常設者，經略印一，大將軍印將軍印各七，俱儲皇史宬。

《大清會典事例（光緒朝）》卷一一五《吏部・處分例・遺失印信》

康熙二十五年定：在外各官印信，如在署存儲，或係行寓存儲，被賊徑行竊去，有印官革職。五日內自行拏獲究辦，開復原參處分，未經行用減爲降一級調用，已經行用減爲降二級調用。一月內自行拏獲，未經行用減爲降三級調用，已經行用減爲降四級調用。如非自行拏獲，仍不准減議。至適遇公出，派有員弁隨行賫送，或乘船偶遇風浪沈溺，或被火延燒，有顯迹者，一時倉猝失檢，不能尋獲，將轉派員弁革職留任。本員未能先事豫防，議以降三級留任。若在署封儲，遇有水火，猝不及防，以致毁失者，將本員革職留任。五日內自行尋獲，開復原參處分，係革職留任者減爲降一級留任，係降三級留任者減爲罰俸二年。一月內自行尋獲，係革職留任者，減爲降二級留任。係降三級留任者，減爲降一級留任。在京各衙門印信，係封儲在署，當月直宿官員，專司監守，如有竊失，專司監守之員革職，有印官革職留任。五日內拏獲究辦，開復原參處分，未經行用，專司監守之員減爲降一級調用，有印官減爲降一級留任。已經行用，專司監守之員減爲降二級調用，有印官減爲降二級留任。一月內尋獲，未經行用，專司監守之員減爲降三級調用，有印官減爲降三級留任。已經行用，專司監守之員減爲降四級調用，有印官減爲降四級留任。至在署封儲，偶遇水火，猝不及防，以至毁失者，專司監守之員，革職留任。有印官降三級留任。五日內尋獲，開復原參處分，係革職留任者減爲降一級留任，係降三級留任者減爲罰俸二年。一月內尋獲，係革職留任者減爲降二級留任，係降三級留任者減爲降一級留任。雍正三年議准：遺失印鑰印牌之案，即將遺失之員，降一級留任，不准抵銷。遇有應行升轉之缺，概停升轉。三年無過開復，其僅止遲誤請領印鑰，並無遺失情事者，罰俸一年。

《大清會典事例（光緒朝）》卷一一五《吏部・處分例・誤用印信》

康熙九年議准：官員應用堂印事件誤用司印，應用司印誤用堂印，及署事官兼轄官錯用印信，皆罰俸三月。倒用印信，亦照此例處分。雍正三年議准：地方民務大小公事皆用題本，用印具題。本身私事皆用奏本，雖有印信之官，亦不准用印。若違定例題奏，通政使司衙門查參，交部照誤用印信例，罰俸三月。

《大清會典事例（光緒朝）》卷一一五《吏部・處分例・漏用印信》

乾隆四年議准：地方各官往來文移，以及呈報上司事件，均於正面鈐印。如有刮補字樣，以及增註錯落，於接扣之處，均鈐蓋印信。儻有遺漏鈐蓋者，照各衙門行移文書漏用印信律，罰俸一年。三十七年奏准：各省督撫等拜發奏摺，俱於夾板之外，用棉榜紙封固，接縫處黏貼印花，其奉差出京官員，照例領取兵部印花備用。如有遺漏黏貼印花者，照遺漏用印例，罰俸一年。

《大清會典事例（光緒朝）》卷一一五《吏部・處分例・印信模糊》

康熙九年題准：印信模糊，或不請換，或本章咨文用印模糊，由部查出者，將不請換印之官罰俸六月，如督撫將更換情由不行咨題者，亦照此例處分，詳請更換之官免議。如印信損壞，已換給新印，不將舊印繳送者，亦照此例處分。雍正八年議准：鑄印局鑄造印信關防，筆畫錯誤，將不行磨對之鑄印局各官，罰俸六月。不行驗明之堂官，罰俸三月，其領印之員，於領受之時，不將錯誤之處驗看聲明，日後被人查出者，將領印之員，亦罰俸六月。又議准：屬員請換印信，該上司收取使費者，革職。乾隆二年議准：官員請領新印遲延，如逾四月以外，由禮部覈明月日，咨明吏部，照欽部事件遲延例議處，其接到新印，不繳還舊印者，亦照事件遲延例議處。上司不行催領，及不行催繳者，俱罰俸三月。

《大清會典事例（光緒朝）》卷一一五《吏部・處分例・盜用印信》

乾隆十年奏准：盜用印信之案，該管官自行查出者免議。若失察盜用，已行者降一級調用。未行者罰俸一年。如於行用後，自行查出究辦，減爲降一級留任。尚未行用，別經發覺，自能獲犯究辦，減爲罰俸六月。

《大清會典事例（光緒朝）》卷一一五《吏部・處分例・妄用印結牌文》

康熙十五年議準：官員豫給用印白結者，罰俸一年。今改爲降一級調用。又題準：職官擅寫牌文，給予族人者，革職。今改爲給予不應給之人者革職。五十二年議準：濫給家僕門子印結，捐納官職，及濫給因罪革退衙門人役印結，復入衙門者，皆革職。雍正四年議準：地方各官，妄用印信，及非正印官而擅用印信者，皆降一級調用。十二年議準：各省藩臬鹽道知府，設有經歷。凡文移往來，令其公同用印，其經歷印信，悉歸經歷自掌。如擅將經歷印信收掌自用，致生挪移情弊，該督撫題參。將擅收經歷印信自用之員，照妄用印信例，降一級調用。又議準：五城一應曉諭禁約等事，應於各該地方通衢張貼印示外，其一切官民鋪户門首，應令五城御史，嚴飭各該司坊官，不得濫給印示。儻有不肖之人，仍前濫給者，該御史一經見聞，立即題參，將該員照妄用印信例，議處。若係吏役人等受賄，求託本官給發者，除該員照例議處外，並將吏役交刑部治罪。若該城御史見聞既實，並不參奏者，或別經查出，或被科道糾參，即將該城叅史，照不行詳查例，議處。今改爲不行查參者罰俸一年。再順天府經歷照磨，及大、宛兩縣，間有出給印示者，一例嚴禁。儻有徇情濫給者，亦照司坊官之例，議處。其不行查參之各該上司，亦照巡城御史之例，議處。

《大清會典事例（光緒朝）》卷一一五《吏部・處分例・空白印信》

乾隆二年覆準：各部院衙門行移事件，司官回明堂官用印，將所行事件，並用印數目，登記號簿。其在外各衙門下行牌票，並上行平行文移，均令鈐印編號。一應空白，悉令嚴行禁止。儻有仍用空白，事發，將不行稽查之在內堂官，在外督撫司道，照不行詳查例，罰俸六月。今改爲罰俸一年。不行回明用印之司官，及仍用空白之府州縣等官，皆照豫給用印白結例，罰俸一年。今改爲降一級調用。如有督撫司道，向州縣提取空白文結者，亦照此例，罰俸一年。今改爲降一級調用。五年覆准：內外大小凡有印信衙門，均於封印前一日，酌量件數，各用空白印紙，並文移封套，以備封印後遇有緊要公文之用，仍各登記號簿。在京衙門，呈堂收存。外省衙門，同印信在內衙存儲。有緊要文書，方行填用。開印後，除用去者登記冊籍外，將所存件數，各堂官及各印官，驗明銷毀。如有官吏藉端作弊，及該堂官、該督撫，各上司不行查出者，皆照禁止空白印信例，分別議處。書吏照例治罪。今增爲如失察書吏藉端作弊，該管官照失察書吏舞文弄法例，議處。通同舞弊者革職。失察之該堂官及該上司，罰俸一年。

《大清會典事例（光緒朝）》卷一一五《吏部・處分例・濫行出結》

康熙二十九年題准：地方官代頂冒人員出結者，革職。雍正十二年覆准：候選揀選人員，例用同鄉京官印結。凡出結各官，務令本衙門設立號簿，將出過印結緣由，登記簿內。每至月終，按照數目緣由，彙送清冊呈堂，咨部查覆，如冊內無名，即傳赴選人員究問。儻有豫用空白印結者，令該堂官照豫給空白例，參處。乾隆三十七年奏准：凡一切甘結，及同鄉京官印結，向例不用印文，並户部衙門有關錢糧案件，照舊取結辦理外，其餘具題事件，及詳咨移文內，向例於文外復取結者，停止印結。如遇有濫冒出結之案，各該衙門即據其文查明應議職名，開送吏部，照例議處。嘉慶五年奏准：鄉會試及一切考試入場之人，如有頂替情弊，出結官降一級留任。至入場後另有聯號代倩等弊，出結官免議。如該省並無五六品京官認識出結，即取具七品以下同鄉京官圖結，出具隔省五六品京官印結投遞。如有違礙，將出具圖結之員，照本例議處。加具印結之員，減一等議處。又奏准：凡身家不清，及頂冒之人，有捐納職官者，出結之同鄉京官，降一級留任。州縣官不行查明，濫給文結赴選者，革職。轉詳之府州，降一級調用。督撫藩司，罰俸一年。其赴部後另有頂替情弊，於地方官無涉者，即將出結之同鄉京官，革職。其有捐納職銜貢監者，止係頂戴榮身，無關銓選。出結之同鄉京官，罰俸一年。州縣官不行查明，率行結報者，降一級調用。今改爲降一級留任。如係現充該衙門皁隸之子孫，及本任內曾經犯案治罪者，查明係屬縱容，加級不准抵銷。轉詳之府州，罰俸一年。督撫藩司免議。道光九年諭：嗣後捐納各官，例由本籍起文赴選者，著責成地方官取具該員族鄰甘結，加具印結送部。其隨任赴選人員，著責成本任官出具文結。至例由本員具呈註册銓選者，即責成同鄉京官出具確實印結，均令於文結內詳叙捐生出身履歷。此內如有降革人員報捐，並令將該員從前曾任何項官職，緣事降調案由，一併詳細註明，以憑查覈。儻有徇隱，除將蒙捐原官之員，隨時奏明辦理外，並將出具文結各官，照徇隱例議處。十二年奏准：各部院衙門司員，遇有本司辦理事件，概不准其出結。如有率行出結者，照違令私罪律，議處。又議准：各省人員投供赴選，以及報考報捐等事，五城正指揮實授者，准其出結。其揀選候補署事代理者，不准出結。二十九年議准：凡冒濫出結應行議處之案，由吏部徑咨各該衙門。如捐納則咨户部，考試則咨禮部之類。查取原出結官職名，照例議處。不必行查原籍。咸豐十一年諭：給事中高延祜奏，捐官流品混雜，請飭令出結官認真稽查等語。近來捐例繁多，流品不一，全賴各省出結官認真稽查，以杜弊混。若如該給事中所奏，近日各官出結，多虛應故事，有名無實，以致身家不清白之人，皆得蒙捐出仕，無從指摘，更難保無匪徒混迹其閒，實屬有干禁令。嗣後各省有自俊秀貢監以及雜職虛銜捐官者，先令取具親友互保，到局對認無誤方准出結，其餘各項報捐人員，亦皆詳究來歷，毋任蒙混。儻有前項情弊，除出結官照例議處外，其管理印結局官員，該部查取職名，一併嚴加議處。同治元年諭：御史興奎等奏：請飭吏部查辦職官冒名頂替，並嚴定出結官失察處分等語。職官冒名頂替，俗有飛過海之稱，名是人非，相率爲僞，實屬大干法紀，著吏部認真查辦，如何稽覈祛弊，嚴定章程具奏。至各省京官印結，係爲防弊而設。嗣後各省出結官員，如有失察捐生舞弊革職者，不准援照向例捐復，以重責成而除積弊，欽此。遵旨議准：嗣後有身家不清，假冒頂替之人，報捐以前，另犯姦贓不法等事，因案發覺，其同鄉京官，濫覈之員，減等定擬。如查結官知情容隱，即議以降三級調用。通同舞弊者，仍革職，不准捐復。十三年定：捐納候選京外各官，及各項分發人員，各省五六品出結京官。旗員由本佐領出具圖結。務須查明該員實係身家清白，並無隱匿犯案改名蒙捐等弊，方准銓選分發。如有身家不清，及假冒頂替，同鄉京官濫行出結者，照例議處。其報捐指省，及勞績保舉留省分發驗看人員，應於印結內聲明並未在該省先行寄籍置買田產，並非向來流寓，及祖父亦未置有產業，本身及父子胞兄弟胞伯叔姪，向未在該省開設典鋪，及各項經商貿易，亦未曾在該省督撫司道府廳州縣衙門，襄辦刑錢等事，方准驗看分發。仍行文該省，查明有無隱匿等弊，專咨報部。如有隱匿不報，或捏稱前項，希圖改省者，將本員從嚴懲辦，出結官照例議處。由俊秀監生初捐人員，及各館供事京外吏員出身者，無論月選、分發、揀選，概令取具同鄉京官實係本身並無頂替印結，出結官於欽派驗看大臣面前呈遞。旗員由本佐領出具圖結呈遞。驗看揀選分發到省後，令該員在省同鄉官員識認取結，報部存案。捐納人員內，如有報捐以前犯有姦贓不法等事，因案發覺，其同鄉京官濫行出結者，從嚴議處。總司稽查之員，減等議處。取結人員，有無各項違礙情弊，出結官須先期查明，再行出結，不准於驗看及引見後，呈請扣留執照。業經銓選分發人員，有身家不清等弊，續經出結之員查出，准其據實檢舉，寬免處分。

（清）李鴻章《李文忠公全集·奏稿》卷四六《刊刻木質關防片光緒

九年四月二十四日》 再，臣抵滬後，籌商兵餉與中外及各省交涉事件煩多，所有奏報并咨行文牘未便，仍借地方官印信。已刊刻木質關防，以便鈐用。其文曰：前大學士署北洋通商大臣行營關防。即日開用，理合附片陳明。伏乞聖鑒。謹奏。

（清）張之洞《張文襄公全集》卷一四五《公牘·咨札·札各屬新制官錢票反面不準加蓋州縣印信光緒二十七年三月初四日》 爲札飭事。案據布政司、善後總局司道呈報：札發各屬新制官錢票，準各州縣于錢票反面，蓋用印信，以資辨認等語。查此票乃外洋制造，紙質堅厚，花紋精工，紙内藏有暗字，最易照認，正面蓋藩印，及善後局關防，印色鮮明，足昭憑信。且正面、背面，均編有號數，各州縣所發之票，自某字第幾號起，至某字第幾號止，該縣所領系某號之票，皆可按號稽查，無虞混淆。官票原期全省流通，若于反面，由各州縣再鈐印信，一出該縣，即不能用，畛域自分，實多窒礙，萬不可行。該守、該牧，即飛飭各州縣，于奉到此票後，不得于背面蓋印，若將官票蓋印，定行罰賠，此事萬分緊要。除先行電飭照辦，迅即電復外，合就札行，札到該，即便轉飭遵照辦理。

（清）孫鼎烈《四西齋决事》卷四《會稽治牘約示辯正·到任關防示》 照得州縣爲親民之官，而假官之權者曰丁、曰書、曰役，但欲杜書役之弊，須先從家丁做起。本縣服官斯土，事無大小，悉出親裁，凡隨帶僕從，大半非昔日舊人，然亦幾經選擇，幾申誡諭，諒能奉公守法。特恐下情叵測，耳目難周，日久玩生，或有在外招摇索擾情事，爲特示仰闔邑商民人等知悉，如有本署家人在外招摇生事，藉端嚇詐，許即指名喊控，以憑訊明究辦。其各祗遵。

《清實録》康熙五年五月 吏部議覆，科臣碩穆科疏言，吏員一途雖系微末，亦關系國家名器，乃竟有冒名頂替之人。嗣後各衙門起送年滿吏員，應給與印信執照，開明年貌籍貫，并充役咨部日期，付本人收執。于畫憑領憑之日，送部科查驗，以杜頂冒之弊。應如所請。從之。

《清實録》康熙三十九年三月 禮部議覆，河南道御史鄭惟孜疏言，奉差審事官員宜給印信，應準行。得旨：凡差遣審事官員，若另給與印信，甚滋煩擾，不必鑄給。嗣後審事官員，定招審結，即行疏内寫明具題日期，鈐本用督撫印。事關督撫則鈐藩臬印，事關督撫藩臬則鈐提鎮印。

《清實録》乾隆十二年八月 又議覆，保德奏稱，喀爾喀各盟長督理一部落事務，向無印信，請另行鑄給等語，應如所請。内紮薩克六盟長，亦應一體鑄給印信，從之。

《清實録》乾隆十四年夏四月 諭：現因辦理清文篆書，將一切印信，悉照篆文鑄造。據禮部查奏，有婁近垣所掌大光明殿住持及龍虎山上清宫提點司兩銅印，應行徹回，無庸徹回，無庸改鑄。再，道士婁近垣，妙正真人，僧人元信交覺禪師、超盛無閡永覺禪師之銀印，俱無鈐用之處，無庸改鑄，其應否徹回，候命下遵行等語。大光明殿住持，及上清宫提點兩印，應照部議徹回。其婁近垣、元信、超盛三銀印。系雍正年間，并敕諭一同頒發，乃賜給本人，不過圖章之類，非外藩喇嘛傳授承用印信可比，無庸改鑄，亦無庸徹回，應俟本人身後繳部銷毁。著該部詳查，現在似此者尚有幾何，奏明遵照辦理。該部存記檔案，嗣後如有特賜方外人等敕印，俱照此例行。

《清實録》乾隆十四年六月 壬午，鑄經略等清篆印信。諭：近用新定清文篆書，鑄造各衙門印信，所司檢閲庫中所藏經略、大將軍、將軍諸印，凡百餘顆。皆前此因事頒給，經用繳還未經銷毁者。《會典》復有命將出師，請旨將庫中印信頒給之文，遂致濫觴。朕思虎符鵠紐，用之軍旅，所以昭信，無取繁多。庫中所藏，其中振揚威武，建立膚功者，具載歷朝《實録》，班班可考。今擇其克捷奏凱，底定迅速者，經略印一，大將軍將軍印各七，分匣收貯，稽其事蹟始末，刻諸文筍，足以傳示奕禩。即仍其清漢舊文，而配以今制清文篆書，如數重造。遇有應用，具奏請旨頒給，一併藏之皇史宬，其餘悉交該部銷毁。自後若遇請自皇史宬而用者，蕆事仍歸之皇史宬。若偶因一事，特行頒給印信者，事完交部銷毁，將此載入《會典》。

《清實録》嘉慶五年三月 又諭：荊州將軍弘豐、副都統海興阿，題報交印接印日期各一本，殊不可必。向來督撫因公離省，爲時稍久，有具題交代印信日期者。若帶印公出，未離本省，即無交卸印篆之事。今弘豐雖帶兵協剿，尚在湖北境内，即帶即前往，未爲不可，且既奏明將印信交與海興阿代管，亦何必復行具題，實屬重復。嗣後有似此代管印信，爲時不久業經奏明者，均無庸具題，以歸簡易。著爲令。

《清實録》同治元年十月　丙子，諭内閣：户部奏，庫存行在印信被竊請旨辦理一摺。户部行在堂印，向在印庫存儲，現經該部派出隨扈司員查驗。印箱封鎖脱落，印信遺失無存。該看庫官兵，著即送交刑部嚴行訊究。看庫官員，著查取職名，先行交部議處。并著步軍統領衙門、順天府、五城一體嚴密訪拏賊犯，送部究辦。并將印信查獲繳銷，所有失于覺察之該堂司各官，著一并交部議處。尋議尚書載齡、董恂，侍郎潘祖蔭、桂清、温葆深均照例，革職留任。從之。

《清實録》同治十二年二月　丙子，諭内閣：户部奏，庫存行在印信被竊請旨辦理一摺。户部行在堂印向在印庫存儲，現經該部派出隨扈司員查驗，印箱封鎖脱落，印信遺失無存。該看庫官兵，著即送交刑部嚴行訊究。看庫官員，著查取職名，先行交部議處。并著步軍統領衙門順天府五城一體嚴密訪拏賊犯，送部究辦。并將印信查獲繳銷，所有失于覺察之該堂司各官，著一并交部議處。尋議尚書載齡、董恂，侍郎潘祖蔭、桂清、温葆深，均照例革職留任。從之。

《宣統政紀》光緒三十四年十二月　庚申，添鑄奉天省高等審判廳、高等檢察廳，奉天府地方審判廳、地方檢察廳，第一初級審判廳、檢察廳，第二初級審判廳、檢察廳，第三初級審判廳、檢察廳，第四初級審判廳、檢察廳，第五初級審判廳、檢察廳，第六初級審判廳、檢察廳等印信。從東三省總督徐世昌等請也。

《宣統新法令》第三十四册《内閣奏接收吏部印信文件分别歸并酌擬暫行章程摺并單》　宣統三年五月二十七日内閣奉上諭，内閣奏酌擬内閣屬官官制及内閣法制院官制繕單呈覽一摺，朕詳加披覽尚屬妥協，著先將此兩項官制頒佈，除應簡之閣丞各員另行簡補外，著即遵照設内閣承宣廳及制誥、叙官、統計、印鑄各局，應設之内閣法制院亦即同時並設，所有憲政編查館、吏部中書科、稽查欽奉上諭事件處、批本處等衙門，著一並裁撤，其所管事項與已經裁撤之舊設内閣軍機處、會議政務處所管事項，凡應並入内閣辦理者統即分别接管。舊隸軍機大臣之繙書房著改隸於翰林院，至各衙門應行劃入事項及應劃歸各衙門事項均著妥慎交接，以清權限而專責成等因，欽此。二十八日奉上諭，内閣現在接收吏部事宜，著派達壽幫同清理歸併，欽此。查吏部職掌以隸於叙官、制誥兩局爲多，當由臣等飭令閣丞華世奎及各該局正副局長妥慎歸併，復由臣達壽先後赴吏部會同清理。兹於本月初八日準吏部將印信官册文件一一點交，另由裁缺吏部尚書李殿林等分别造具清册存案，專摺具奏。原有吏部衙門擬即給予叙官局爲暫時接辦之所克日開辦，尚有吏部籌款置備公所並借用公所共七處爲入值辦公之地，自應仍發交叙官局接管，藉資辦公印信九顆即日飭交印鑄局照例辦理。臣等查吏部舊管四司一廳，另設收支監印稽俸收發各處所，卷牘浩繁，事體紛雜，其每日之公事以千計，每司之用人以百計，當此接續過渡之交，新制既未頒行，舊章亦詎能遽廢，自當删繁就簡，因時制宜，庶利目前之施行，兼備維新之基礎。謹將吏部舊管事件酌量劃分歸併擬定暫行章程共十條開列清單恭呈御覽，請旨遵行，至郎中以下裁缺及候補各人員應由臣等詳加考察，分别留改以資任使而免向隅，其餘未盡事宜均由臣等隨時奏明辦理。謹奏宣統三年六月十一日奉旨，著依議，欽此。

謹將吏部舊管事件酌量劃分歸併擬定暫行章程十條繕具清單恭呈御覽

計開

一　京官不分滿漢一律酌補也。查改定官制以來，各部官缺或尚分滿漢，或只分酌序，或均歸酌題，各爲風氣殊非畫一之制，擬請嗣後將滿漢序補名目概行化除，遇有缺出通行酌量才具昇補，學習未經期滿之員仍不準，其請補其昇補時，官階事故應先行咨送查核。

一　州縣以上外補各缺酌量變通也。查道府同通直隸州，州縣題調要缺關係綦重，爲地擇人未便稍涉遷就，嗣後題調要缺出時除坐補原缺即行補用外，應無論何項缺分何項班次，悉準擇其人地相宜者，昇調補三項兼行。昇調舊例之準其聲明及不準聲明各事項概予删除，惟特旨發往及卓异候昇截取記名分發人員，應先儘酌量昇補，如果人地不宜方準以他項人員昇補，應扣甄别考驗，未經期滿留省者仍不準補用。其中簡各缺補班仍暫按現行例章辦理，至初任候補試用及河工人員補缺試署試俸名目應一並化除，以昭核實而歸簡易。

一　佐雜各缺一律酌補也。查佐雜等官向歸咨補本與奏任不同，嗣後無論何項缺分均無庸分别花樣班次，科分到省先後準其統行酌量咨補，並仿照州縣匯奏辦法每半月匯咨一次，以省繁文。其坐補原缺試署試俸以及應扣甄别考驗之處，均照州縣以上各官一律辦理，其簡缺中遇有裁缺，即用迴避即用應補人員仍先儘補用。

一　停止京外各項選班也。查京官自司員停選後尚有小京官筆帖式兩項選班，外省州縣鹽務官外均尚照常銓選辦理，仍未一律，自應將京外選班概行停止，其道府兩項請旨之缺仍照例辦理，應行咨選之缺擬請將特旨候選及以簡缺用並曾任實缺服滿起復等項，應選人員一並開單奏請簡放，其有願呈請分發者應準其分發，至其餘停選各員應如何給予分發，妥籌安置，俟酌定後再行奏明辦理。

一　陵寢各缺應劃歸內務府也。查在京各部郎員主缺分業經吏部於光緒三十二年奏請停選，分別酌序兩班補用，陵寢郎員主各缺，則仍由吏部按班銓選，現吏部既經裁撤，此項人員爲典守陵寢重地及供應祭祀要差，由行政衙門選用，人員多係初任，於一應祀典究非素習，擬請將此項額缺劃歸內務府核辦，遇有缺出由該堂官詳細查覈，奏明辦理以昭慎重，未經出缺以前不得遽行更換致形紛擾。至吏部冊載候選人員應另案奏明辦理。

一　丁糧等項處分宜定畫一辦法也。查各省奏報丁糧之案有由度支部會同吏部具奏者，有由度支部具奏後咨送吏部核辦者，辦理未能一律，擬請嗣後關於丁糧等項之案應由該部先行具奏，俟奉旨後按照原冊將已未完分數及經征任卸年月開具職名清單，並標明正項雜項移咨到閣，另行具奏以歸簡易。

一　命盜匯奏案件宜暫行停辦也。查各省命盜展參之案每月多至千數百件，然所辦處分半成具文，擬五月以前吏部移交未辦之案仍照舊例辦理，自六月初一日起暫行停辦，俟各項官規頒佈後再行遵辦。

一　丁憂起復等項分別劃歸也。查丁憂起復更名復姓歸宗過繼改籍向係吏部稽勛司專掌，今裁併之後自應劃分承辦所有丁憂起復更名終養修墓五項並入敘官局辦理，向例駁查事項無關弊竇者均行刪除，實缺丁憂人員並無庸每月匯奏以省煩瀆，至復姓歸宗過繼改籍事關戶籍，應俟奉旨後咨送民政部接收承管。

一　封典蔭襲等項分別劃歸也。查吏部驗封司專司請封給蔭世襲議恤並承辦查齋坐朝及書吏充補考職供事著役各事，現既設立制誥局，所有封典蔭襲議恤應劃歸該局承辦，其書吏供事底冊案卷並入敘官局分別釐定辦理，其查齋等項事關典禮並文選司承辦大員吃肉牌冊司員後管等項，均應劃歸禮部。又文選司所管之縉紳並篆擬印模應劃歸印鑄局管理，以清權限而專責成。

一　學治館宜並歸學部也。查該館法政班原奏定一年半畢業，復經吏部酌照法政別科章程延長學期改爲三年畢業並附設研究一班，本年正月二十一日具奏，奉旨允準在案。現在研究班自當停止，惟法政班學員七十餘人計至明年十二月始爲期滿畢業，該學員等成績尚有可觀未便聽其中廢，自應並歸學部，並由吏部存款酌提若干兩以便接辦。

以上各條，俟奉旨後均照暫行章程辦理，以清界限而歸畫一。

紀　事

（清）陳朝君《莅蒙平政録·諭三鄉知悉凡票以鈐印為憑》　諭三鄉父老知悉：照得差役之拘提人也，原以催辦公事爾，乃有以牌票爲奇貨，視小民若魚肉，往往嚇詐愚民，而莫敢誰何，以縣票無印故。本縣仰遵功令，下惜百姓，決不忍輕發一役以擾我鄉井。故凡票非用印鈐蓋者弗遣，間有奉公號件急如星火，非差不結，亦必硃標印字于單票之上，乃敢布之三鄉，其僅標日字而硃行者，即係使鬼。爾百姓得執之以聞，特諭。

（清）李桓《寶韋齋類稿》卷一《奏疏·奏為恭報微臣暫行兼署藩篆日期叩謝天恩仰祈聖鑒事》　奏爲恭報微臣暫行兼署藩篆日期叩謝天恩仰祈聖鑒事。竊臣於本年三月初一日承准，撫臣惲光宸行知以藩司印務奏明委臣暫行兼署等因，當經布政使臣毓科將藩司印信文卷移交前來。臣當即恭設香案、望闕叩頭，祇領任事。伏念臣南楚庸材，受恩深重，糧儲供職，隕越滋虞，臬事兼權，益深悚惕，兹復暫兼藩篆，拊躬彌切冰兢，惟有勉竭駑駘，將一切應辦事宜認真經理，以冀仰答高厚生成於萬一。所有微臣暫兼藩篆日期理合繕摺，恭謝天恩。伏祈皇上聖鑒。謹奏。

咸豐十年三月初一日

（清）李桓《寶韋齋類稿》卷一《奏疏·奏為恭報微臣署理藩司印務日期叩謝天恩仰祈聖鑒事》　署理江西藩司恭謝天恩摺子。

奏爲恭報微臣署理藩司印務日期叩謝天恩仰祈聖鑒事。竊臣於本年七月二十七日接奉撫臣毓科行知以藩司印務奏明委臣接署等因，旋准前署布政使臣張集馨將藩司印信文卷移交前來。臣謹恭設香案，望闕叩頭，祗領任事訖。伏念臣糧儲供職，報稱毫無，本年四月奉委署理臬司，軍務方殷，詰奸尤亟，昕宵黽勉，悚惕滋深。茲復權綰藩條，用人理財，仔肩益重，拊躬循省，彌懼弗勝。臣惟有矢慎矢勤，將一切應辦事宜隨同撫臣悉心綜覈，不敢以暫時署篆稍涉因循，以冀仰酬高厚生成於萬一。所有微臣署理藩篆日期，並欽悚下忱，謹繕摺，恭謝天恩，伏祈皇上聖鑒，謹奏。

咸豐十一年七月二十七日

（清）李桓《寶韋齋類稿》卷一《奏疏·兼署江西臬司恭謝天恩摺子奏為恭報微臣署理臬篆日期叩謝天恩仰祈聖鑒事》 兼署江西臬司恭謝天恩摺子奏爲恭報微臣署理臬篆日期叩謝天恩仰祈聖鑒事。竊臣於本年四月二十四日接奉撫臣毓科行知以臬司印務奏明，委臣署理等因，當經署按察使臣張敬脩將臬司印信文卷移交前來，臣當即恭設香案，望闕叩頭，祗領視事訖，伏念臣楚南下士，江右備員，奉職糧儲，毫無報稱，上年捐助軍餉，渥蒙賞加按察使銜，感激悚惶，刻虞隕越。茲復暫權臬篆，拊躬彌切冰兢，惟有實力實心，將一切應辦事宜，隨同撫臣妥爲經理，以冀稍酬高厚鴻慈於萬一，所有微臣署理臬篆日期理合繕摺叩謝天恩。伏乞 皇上聖鑒。謹奏。

咸豐十一年四月二十四日

（清）李桓《寶韋齋類稿》卷三《奏疏·題報接署巡撫印務日期疏同治元年正月二十日》 題爲恭報微臣接署巡撫印務日期仰祈聖鑒事。竊臣於同治元年正月初六日承准兵部火票遞到議政王軍機大臣字寄咸豐十一年十二月十八日奉上諭：毓科以四品京堂候補，沈葆楨補授江西巡撫，李桓補授江西布政使，沈葆楨未到任以前，著李桓署理等因。欽此。同日又奉到咸豐十一年十二月十八日内閣奉上諭：江西巡撫著沈葆楨補授即行馳赴新任，毋庸來京請訓，江西布政使著李桓補授並著毋庸來京，沈葆楨未到任以前江西巡撫著李桓暫行署理，欽此。茲於同治元年正月初八日經撫臣毓科將欽頒乾字六百十一號江西巡撫銀關防一顆，王命旗牌八面桿副，並火牌文卷等項委署南昌府知府王必達署撫標中軍參將榮翰賫交查收，暫署。臣謹於同治元年正月初八日恭設香案，望闕叩頭，接印視事，所有微臣接署撫篆日期相應恭疏題報。伏乞皇上聖鑒施行再此本因，值封篆期內，是以於開印後，具題合併陳明，謹具題聞。

（清）李鴻章《李文忠公全集·奏稿》卷二三《夾板印封仍由驛遞片同治十三年六月初十日》 再，疊奉寄諭，沈葆楨及文煜、李鶴年夾板印封等件，由臣發交輪船，速爲分別投遞。遵查五月二十五日寄諭，夾板文件當交沈葆楨齊摺，千總鄭漁原輪船賫回。五月二十七、三十等日，夾板印封各件，適用招商局輪船運糧來津，即發交該船帶至上海，飭由江海關道沈秉成專弁搭輪遞閩，分別轉投，當不致誤。惟查天津僅有駐防輪船二只，一系滬局操江船，前因船身損壞，回滬修整，暫北來；一系奏調閩局之海船，現今專防要地，未便遠離。所奉夾板文件，實無官船可遞。目下招商輪船漕米運竣，來津甚稀，若搭洋商輪船，究恐展轉貽誤。況查由原五、六百里驛遞至閩，不過十五、六日，而輪船由津至滬，須五、六日，又由滬至閩，須三、四日，至速僅早到數日耳。若無便船，往往候過兼旬，即如臣于五月初一、二日商覆沈葆楨調兵之函，由商輪轉寄。昨沈葆楨五月二十一日發信尚未接到，是輪船遲速無常，確有明證，擬請嗣後寄諭，夾板等件，除發交賫摺原輪船遞回可期迅速外，其餘似應仍由驛遞，逕發閩省，庶昭慎重而免遲誤。是否有當，伏乞聖鑒，訓示。附片具奏。

《清實録》乾隆二十年十二月 鑄給四川改移之蓬溪縣分駐蓬萊鎮縣丞、遂寧縣分鑄梓潼鎮縣丞、射洪縣洋溪鎮巡檢、巴州江口鎮巡檢、華陽縣太平鎮巡檢、各關防印信。從總督開泰請也。

《清實録》嘉慶五年六月 又諭：王大臣審訊刑部貼寫金明淦編造逆詞，將該犯比照大逆律凌遲處死一摺。朕細閱該犯所造逆詞，共二十字。如嘉慶傳位動刀兵，至今五歲賊未净等十四字，尚無悖逆情事。且教匪滋事以來，現在本未剿除净盡。朕心時以爲愧，若止系如此編寫，其罪尚不至死。其余所寫六字，則顯然狂悖，即照王大臣等所定，予以凌遲處死，實屬罪所應得。第該犯究系意圖傾陷經承富懋齡，并非肆行編造逆詞，長篇累牘，與從前曾静等逆迹昭著者，亦屬有間。金明淦著從寬改爲斬決。壽長庚于遺失文書後，若回明本管司員，罪止杖責，乃因糊涂害怕，希冀掩飾，輒私行畫付，盗用印信補發，圖避輕罪，輕蹈重罪，實由自取，著照所擬，依律絞候。朱衡峰酒後與金明淦頑罵，因金明淦用言激怒，輒敢于印文內，涂寫岳起革職四字，亦屬謬妄。但所寫字迹，若有奉旨欽此等字發行，自應即照詐傳詔旨本律問擬，今該犯系酒後被激涂寫，旋欲撕去，情稍可原。王大臣等減等問擬，發往伊犁充當苦差，已足蔽辜，亦著照議行。至發文畫押之候補員外郎歐陽慎，主事吴元慶，于用印後，并不親自封交該吏發行，以致延擱滋弊，及該司承辦失察之滿漢司員，均著交部分别嚴加議處。至大學士董誥，在軍機處行走，事務較多，不能常時到部，侍郎高杞，到任甫經六日，均著加恩改爲交部議處。其餘失察之刑部各堂官，著交部嚴加議處。

《清實録》咸豐五年二月　諭軍機大臣等：本日據軍機大臣會同户部詳議鈔法章程一摺。民間完納錢糧，自咸豐六年上忙起，凡應搭官票，改换實鈔。議令直隸、山東、河南三省，先行遵辦。内如部頒實鈔，令各省藩司編立號簿，蓋用印信，再行解部。所有騎縫印信，篆文大略相同，恐小民難于辯認，應否添設簡明標識之處，著各該督撫斟酌奏辦。其各省收到實鈔，并準由各官銀錢號兑賣。事屬官民交涉，防范稍有未周，易啓勒措把持之弊。至酌給羨餘一層，應由該督撫體察所屬情形，通盤核計，酌立定額。固未可過于苛刻，亦豈容稍涉冒濫。立法之始，不厭周詳。著桂良、崇恩、英桂，各就該地方情形，悉心斟酌，妥擬詳細章程，迅速具奏，總期實鈔得以流通，而兵民亦藉紓困累。原摺著鈔給閲看，將此各諭令知之。

《清實録》同治二年四月　又諭：前因興泰等奏參署副將恩賢，于錢糧重款并不留心查察，以致該營書識藉端侵扣，當經降旨將恩賢革職，交平瑞等查辦。護都司全齡放餉牽混，復行交部嚴加議處，一并歸案。兹據興泰等奏稱，恩賢等被參後，所有副將都司印務，委令章京達薩杭阿，護都司丁國泰，前往暫行接管，該參員等抗不交印，復經護巴里坤總兵派員前往接印，仍敢抗不遵交。且將案内應訊之字識李兆幅等隱匿署内，并不交出，請旨定擬等語。此案已革副將恩賢等既經被參，自應將印信移交委員接管，聽候查辦，乃敢把持印信，抗違不交，并將案内應訊字識隱匿，實屬膽大謬妄。業經明降諭旨，將恩賢、全齡革職拏問，交平瑞等嚴行查辦。著平瑞仍遵前旨，迅派公正妥靠之員，秉公查訊。文祥、已經到任，著會同興泰、端昌，并平瑞派出之員。

提集全案人證卷宗，詳細研鞫，按律懲辦。李兆福等犯，并著飭令恩賢等迅即交出，歸案審究。儻敢仍前隱匿，即著嚴參從重治罪。哈密協副將印務，前經陝甘總督委令穆克金布前往護理，即著熙麟，恩麟催令迅赴署任，以重職守。將此諭知熙麟、平瑞、興泰、文祥端昌，并傳諭恩麟知之。

《清實録》同治六年十一月　又諭：巡視中城御史和琨、御史畢應辰奏，查出盗用印信自行檢舉一摺。據稱接吏部文稱，書吏邢德成等既經斥革，是否懸缺，當即檢查行文號簿，并未行過此件，顯有盗用印信捏造文書情事等語。著和琨等將盗用印信人犯確查，嚴拏懲辦。和琨、畢應辰失于覺察，現據自行檢舉，均著交部議處。

書吏分部

論說

（清）魏際瑞《四此堂稿》卷一《告示·飭本院書吏》 爲嚴飭事，

照得該房書吏，各有專司其事例之應否，數目之總撒，前後之首尾，率皆經手經目，積年習熟。凡承到事件自應按例叅詳，細心查對。乃該吏不思勤慎，怠忽多端，查對册籍者，則屢笄屢差，舉行事例者，則常違常錯，或已行之後，方始禀明，或現在駁查又叙送判，或本院公冗緊急，則朦朧擬稿，竟不禀明。或本院已經駁查，仍不加對磨，堅稱未錯，以及失填揭咨日月，甚至錯用前院押牌，怠玩狥私，不一而足。本院每念汝等夙夜在公，養其廉恥，姑未即行究治。然事經屢犯，則法所不容。申飭既頻，則情無可恕。汝等盍念設官置吏，各有攸司，若須本院逐件費煩，設汝吏書何用。合行嚴示，再飭，爲此示，仰各房書吏人等知悉。此後務宜必詳必慎，守法奉公，不得懷私狥情，符同欺罔。凡發對册籍必用心查駁，徹底澄清。凡新舊定例，必引據精詳，纖毫無錯，以及應催應銷不得怠延時日，應禀明者預先禀明，應判行者慎擬送判。此後所發册籍，本院更不自費煩，查所引事例亦不再行申飭，但或經部駁或據申詳，惟將經手錯悮之人，逐件從重究處，其有舞文弄法受賄作奸者。一經察出，小則責革枷示，大則立置重刑。汝等各宜顧恤體面身家，勿以小貪自干法大，申飭之後，法在必行。本院鐵面無私，毫不假借，皆汝等所深知也，慎之慎之。

（清）趙士麟《讀書堂綵衣全集》卷四五《撫吴條約上·條政要》

一、吏書皁快取其校簿書給筆札供驅策而已，爲官長者當隨材器使，公聽並觀，不可以偶承意旨便假怡顔，苟用事之姓名一揚，斯招摇之風聲四播。苞苴無幾而污蹟多端，過付有徵而冤詞疊控矣。通屬各官由司道以迄州縣，當時時深凜此戒，其有積蠹老饕盤踞衙門者，嚴行痛革，以免被訪失察之咎。至於掌家內丁，尤關防所係，毋得縱其出入民間，交通書吏，必門庭肅清而後可以鋤奸除暴。

（清）陳璸《陳清端公文集》卷二《條陳·古田縣條陳八事》 一、除蠹書蠹役。蠹書盤踞衙門最爲民害。查全書古田縣知縣書辦止十四名，給有工食，其工食奉裁已久今即十四名不足料理公務，加至二十八名，又加至五十六名，最多至七八十名，料理六房公務亦應已足。乃查古田縣書辦現有吏房十七名，户房十九名，禮房七名，兵房二十六名，刑房十二名，工房八名，六房外倉房七名，庫房二名，庫子四名，承發五名，舖長房五名，屯房十七名，更有册房八名，里書二十一名，通共一百五十八名。此輩既無工食，豈肯食以辦公事，勢必瞞官嚼民，無所不至，聚羣羊而牧以一狼，已不可言，況百十成隊乎。職欲考驗通曉文移及寫字端楷者留存七八十名，開造姓名年貌都鄙住址詳請批奪存案，永絶後弊，餘則盡數裁汰，令其歸農當差。語云興利不如除害，此亦爲民除害之最先者矣。至於奉文各省州縣禁革里長名色，原爲里長□食花户起見，又現行例民間納糧令自封投櫃，原爲包頭攬納，恐有多收入已等弊起見。查古田縣有四十八都，又在城有五都，通共五十三都，每歲征糧每都差押管催名爲押差，又差督催八名，通共五十餘人，下鄉催糧。又聞得每一正差俱帶白役數人爲爪牙，并轎夫隨丁至十數人不等，通共有數百人下鄉分路四處騷擾。所過鷄豚一空。愚民敢怒而不敢言，積有年所，徃日里長之害有至此極乎。職以爲古田錢糧之積欠皆歸此輩囊橐，任意侵收，不爲輸納，捱比捱責，仍在窮民，實則愚民何肯欠，何敢欠也。況省都飲食舟車之費已足完正供錢糧，似宜徧諭各都各鄉百姓自出完糧，或秋收之後縣令親赴遠鄉查比勸輸，永除押催督催等役。伏惟憲裁。

（清）戴兆佳《天台治畧》卷七《告示·再行嚴飭吏書事》 一件再行嚴飭吏書事

照得茸闒因循最易悮事，所以一切上行事件，無論緩急大小，俱要依期完結。應審結者審結，應申發者申發，應具結者具結，務使案無留牘，事無廢弛。至於錢糧事件，隨到隨查，隨查隨覆，征收解給欵項册籍，更要清楚一目了然。前經出示，飭遵在案，何爾等書吏疲頑成習，無論事情之難易輕重，竟置高閣，一任上司大聲疾呼，催牌絡繹，總然不理，法紀全無，深可痛恨。本應逐件查究，姑寬以往，外合再出示嚴飭。爲此示仰東西兩廊各吏書知悉，速將各名下從前經管刑名錢穀未完事件立刻料理，統限三日內逐案完結，示後奉行新案，或審或解，限半月內分別詳解。若止須申覆者，限二日即具文申覆。倘敢怙終不悛，仍前泄視玩延，察出定行重責革役，以儆疲頑。我言不再，各宜恪遵，特示。

（清）戴兆佳《天台治略》卷七《告示·嚴飭吏書事》　一件嚴飭吏書事

照得本縣每日所行事件，俱係錢穀刑名，所關甚重，一切文稿必須明白簡易，有原有委，字字全寫端楷清朗，不但披閲之下一目了然，即粘入卷內，亦便稽查，送稿放行之後，繕寫停當，核對清楚，方可送簽。至詳上司文書，其書册與長詳不同，蓋書册乃上憲寓目，其字要稀而大，毋密而小，若事關錢糧，所有數目年月等項愈當小心磨對，此一定不易之章程也。何爾等經承漫不經心，一味草率從事，其于緊要案稿或加入前詳，或叙入憲行，竟不全備，止寫云云。全抄字樣放行繕寫，又不核對，差訛甚多，公然送簽，積頑成習，各房皆然，而兵工兩房尤爲膽玩，逐日所送文移稿案，全不檢點，潦草歪斜如蟲形鳥跡，兼之任意塗註，細小糢糊，無從觀看，言之真可痛恨。除已往不究外，合行嚴飭。爲此示仰各房吏書人等知悉：嗣後送稿毋論大小案件，俱要前後全寫，不得混寫云云。全抄字樣更要筆畫端楷，字眼疎朗，不得潦草細小。簽押文票必要磨核清楚毫無差落，方許送進。倘敢藐玩不遵，仍踵故智，除發換外，定提本承重責，仍罰修城工。法在必行，決不輕貸。至於每日簽稿各套承發房催齊，遵照前示，于未時彙送。如有挨至昏黑始行送進，以及零星傳遞，惟值日承發書自問。各宜凛遵，毋再玩愒，自貽伊戚，特示。

（清）田文鏡《撫豫宣化録》卷三下《文移·為再行嚴禁各衙門書役在州縣招摇以肅功令事（嚴禁各衙門書役不許在州縣招摇）》　照得各上司衙門書役不過辦本衙門之事，聽本衙門之差，衙門雖有大小，而役則并無尊卑也，各書役得免本身門差已幸矣。乃訪得豫省惡蠹一入衙門，即恃爲護符，竟同職銜，狀詞手本則書某衙門書吏某人、某衙門某役某人，公然出入，或在經過州縣招摇撞騙，或在原籍地方惹是生非。有等庸碌有司視爲上司衙役，竭力奉承，或送下程，或送銀兩。甚至有開正門延見，親自回拜，聽其説情詐錢，而且争田奪地、告債稟租，無不瞻徇情面。以致曲直不分，小民被其魚肉。各役遂忘其本來面目，高睨闊步，足高氣揚。倘或少有拂意，則一種酒肉臉皮變作牛頭馬面，一張瀾翻口舌慣能海市蜃樓，使州縣官不得不懼怕，不敢不容情。即有一、二强項之吏受不得如此委曲者，未嘗不欲詳稟懲治，無如投鼠忌器之心人所不免。更有一等不肖上司，一聞屬員與自己書役作對，外則笑顔可掬，極口贊揚，而內則挾恨懷仇，代爲報復，并有愚魯而直率者即形諸顔色，口角之間不責己之約束不嚴，而曰屬官目中無我。此所以屬官鉗口不言，各役猖狂無忌也。再：各衙門書役甚多，在衙門辦事應差者不過十之二、三，其余俱屬掛名幫貼，并有足從未至衙門之中，目從未識本官之面目者，在外更屬招摇，地方官何從而辨？即一、二在衙門值役之人，豈能在本官之前説長道短乎？陰中暗傷乎？本官稍加嚴厲，此輩站立在旁亦必汗流肉顫，有何權柄能害人乎？如本官聽信其言，護庇其人，則其本官可知矣。苟能密稟，本都院當先去其大者也。合再通飭，爲此牌仰該司道府州官吏照牌事理，即便轉行各屬，嗣後如有各衙門書役人等在外招摇撞騙、説情詐錢，立即鎖解轅門審實，按以大法，定將拿解之州縣，以强項保題。如在地方官告理詞訟，與民一體審斷，理曲而情虧者即行責治。倘敢把持抗違，仍行解究。各上司亦自嚴加約束，毋得代役報仇，與屬官爲難，上負朝廷，下慚幽獨也。如因此輩掛名彈章，亦可恥之甚。慎之，慎之。

（清）朱奇政《同安紀略》卷首《告示·飭書吏示》　爲訪聞積弊未除亟行飭禁以通民情事。照得收受詞稟情理明晰者，立刻明晰批示，無非免爾民守候，免承胥招摇詐騙耳。至於有事關舊案者，有册籍當查者，有舊例與他處不同者，人情土俗勢難周知，故批該房查覆，此官常之例，不得不出於是也。乃訪得同俗積弊每查覆之詞到房承胥視爲奇貨，有錢打點者，即爲左袒回稟，隨到隨覆，無利之稟，停閣者有之，上下其手者有之，習爲故常，於今不改。朦弊官長，冤抑民情，殊可痛恨。合行飭禁，爲此嚴飭各房吏書並投詞人等知悉：嗣後查覆之詞着該房即秉公明白具覆，如仍沉擱需索，許本人扭稟訊究，輕則枷責革役，重則詳治律擬，本縣執法如山，誓在澄清，各宜體悉，毋忽。

（清）雅爾圖《雅公心政録》卷三《檄示·為通飭事》　爲通飭事。照得衙門人役，本非良善之輩，多留一名則民間多添一虎。本部院前經通飭毋許多留冗役，今訪聞信陽州十一科房正身書辦已有三四十名，又每科留掛名書辦八九十名，或一百餘名，四班皂快已有六七十名，每名又收幫差二三人，每班復有掛名差役一百餘名，通共掛名書辦差役不下一千六七百名，以一州之中而有此虎役一二千人，小民之脂膏焉得不竭。無怪乎信民之貧且盜也。該府毫無覺察，咎固難辭，該道同在一城，不知所司何事，豈亦以冗役爲應留而不過問耶？一處如此，其餘衙門未盡遵行大槩可知。合再通飭，爲此仰司官吏照牌事理即便移會各司道並通行各府州縣及一應佐雜各官，各將本衙門實在辦事書辦貼寫及實在應差皂快開具花名細册，限文到一月申送存案，其餘一切掛名胥役幫差盡行革除，出具並無容隱印結送查。嗣後如有頂替事故，俱於年底另造一册，申送出結之後如再有容隱一名者，定行叅處。再衙門人役從無免差之例，今各屬擅將衙役違例優免門差，以致奸猾之徒俱思掛名應役。以後敢再濫免者，定以溺職題叅，該上司狥隱失察，一并叅處。仍將此檄出示曉諭，如有冒免門差及掛名充役之人，不拘諸色人等，許其赴轅呈控，以憑拿究。本部院執法如山，言出必行，各屬慎勿以功名身家庇此害苗之稂莠也，慎之毋違。

乾隆五年五月十一日

（清）汪輝祖《佐治藥言·檢點書吏》 衙門必有六房書吏，刑名掌在户書，錢穀掌在後書，非無諳習之人而惟幕友是倚者，幕友之爲道所以佐官而檢吏也。諺云清官難逃猾吏手，葢官統羣吏，而羣吏各以其精力相與乘官之隙，官之爲事甚繁，勢不能一一而察之，唯幕友則各有專司，可以察吏之弊，吏無禄人其有相循陋習資以爲生者，原不必過爲搜剔。若舞弊累人之事，斷不可不杜其源。總之幕之與吏擇術懸殊，吏樂百姓之擾而後得藉以爲利，幕樂百姓之和而後能安於無事無端，而吏獻一策事若有益於民其說往往甚正，不爲徹底熟籌輕聽率行，百姓必受累無已，故約束書吏是幕友第一要事。

衙門公事全憑文案，平時宜令書吏將所辦稿件挨順年月粘卷隨時呈閱用記。一案既結，鈐印歸檔。此有四便，奸胥不能抽添改匿，有時檢查始末具在，上司提卷不必另做，官幕離任去館免致臨時周章。

此公私之別，禍福之原，當嚴以律己，靜以制人。

（清）劉衡《庸吏庸言》卷上《勸諭書吏告示》 爲曉諭書吏守法行善事，照得各衙門設立書吏。佐助本官分辦公事，期滿之日例準考職授官，理宜守法。本縣以爲公門中好修行，爲書吏者不但守法兼可積德。若果能隨事隨時留心行善，必有好報。是以本縣於書吏中遇有無心過失多從寬宥，原以書吏雖係在官人役，究有體面，與各班差役不同，養爾等之廉恥即以激發爾等之天良也。試觀前明表表名臣，如徐況諸公，皆由吏員出身。本朝吏員仕至大位者，不一而足。至於吏員之子孫顯秩清班，更難枚舉。那一個不從行善得來。若不肯行善，又復行惡，即使獲免王章，斷不能倖逃陰譴。屈指算去，歷歷無差。報應之機，公門尤捷，良可畏也。爲此示仰各房知悉，爾等務將後開各條懔懔奉行，便是行善。各宜自愛，毋以本縣之言爲迂闊也。

計開

一、該房親族有田土錢債婚姻及一切細故可以調處者，急宜勸令和息，不許倚恃身在衙門，唆令興訟。

一、不許唆令人犯妄攀以致開花搭橋拖累多人。

一、訊明釋放人証不許私押，若差役有私押情事，亦責成該房稽查密稟。

一、出票喚人最宜慎重，語云一人到官，一家不安。嗣後差票內不許妄用拘字，及濫用鎖拏二字。

一、案內有押候人証亟宜稟催速審，如本縣别有公事偶爾遺忘，準爾每日催稟一次。

一、案內緊要人証已到一二可以審訊者，立即送審。不得以人証尚未齊全，延不稟請，致滋拖累。

一、詞內及供內情節牽涉閨閫婦女，或事屬曖昧，準爾回明摘删，不許徑行列名叙稿送簽。

一、叙供不許增删情節，其有語太支離，本應節删者，回明定奪。

一、禁押枷號各犯，時加照料，大寒大暑，尤宜加意。

一、舊有漏規，如紙張飯食之類，以資辦公，且爲數無多，相沿已久，原難遽革。但不許額外多索，至命案紙張油燭概係本縣逐案捐廉辦理，爾等不得索取分文，如敢違禁私取，計贓嚴辦。

以上各條各宜懔遵，違者決不寬宥。

（清）桂超萬《宦游紀略》卷六 諭各房各班書役知悉，照得本道蒞任半載有餘，察知衙門書役奉公守法者自多，但以人衆則賢愚不等，地隔則耳目難周，恐有不肖之徒從中作奸，出外滋事，不特有累本官聲名，并亦有玷同夥體面。因倡互相糾察之法，與同城鎮營府縣熟商不分畛域，隨時訪咨，一有所聞，無徇無隱。曾經分别行文移飭在案，爲此抄稿張貼示諭爾等知悉，自後房長班頭各自約束，同事務須自愛，毋或妄爲。倘有不法事端，難逃外間衆論。一經别衙門告知，本道必定革辦。體面無存，總要互相勸勉，弊絶風清，以無負諄諄告誡之意。特諭。

（清）張修府《谿州官牘乙集・示二十九首・到任訓僕示》 一、書吏差役奉命傳喚及有事稟達，立即引進入署，無故不許邀人門房閒坐，違者究辦。如有串通詐索等弊，除將書役責革外，該家人加等治罪。

（清）張修府《谿州官牘乙集・示二十九首・勸戒書吏示》 爲諄切勸戒事，照得衙門設立書吏，分科辦公，期滿例准考職，子孫均許應試，原與各班差役不同。近來蠹弊叢生，本府所見江浙等省大小衙門書吏，舞文玩法，幾如衣鉢相傳，而報應昭彰，百無一爽。此地風俗素醇，在官人等尚知畏法，惟積習相沿，未免疲玩二字，若非先行諄切開導，不教而誅，情殊不忍。除嚴飭各縣書吏外，合亟曉諭爾等務將後開各條詳觀切記。如果辦事勤慎，隨時記功酌賞，倘敢陽奉陰違，一經查出，决不姑容。更有勸者，公門中造孽最多，造福尤易，自前明至本朝名公鉅卿，由吏員出身者不一，其人或身行善事報及子孫，當今顯秩清班更難悉數，爾等同具天良，各培陰騭，修德獲報，理有可憑，否則國法雖逃，冥誅難逭，悔之何及，代爲寒心。且本府立法從嚴，用心甚恕，但願爾等安分盡職，並不强人所難。幸毋視爲具文，且笑其言之迂闊也。切切特示。

一、各書親族人等有田土錢債婚姻及一切細故可以勸解者，急宜設法調處，毋得自恃身在衙門，唆訟生事，察出究懲。

一、遇有提審案件，不許唆令人犯誣扳拖累，違者查明加等治罪。

一、三八放告本府親自收呈不准私代傳遞，如違立革。敢有串通代書，勾結訟棍捏飾聳聽者，斥革重究。

一、本府家丁約束極嚴且並無事權在手，毋得誤聽招摇妄思勾串，有犯者雖細事必行嚴究。

一、舊有陋規，如紙張飯食之類，相沿已久，原難遽革，但不許額外需索，至提審招解案件，不得向案中人索取分文，如敢違禁私取，計贓嚴辦。

一、本府詢問舊章不許隱漏，各科辦理事件務宜勤速，倘敢任意欺飾，及種種延擱舞弊，輕則斥革重則究治。

一、設立科房原爲辦公之所，若不因患病及公務差遣不得擅離，如違查出照律究懲。

一、戒食牛肉，吾人日食五穀，莫不有賴牛力，行泥負重，辛苦備嘗，故古者諸侯無故不殺牛。何物不可食，而獨於牛以快朵頤，殊非愛物之道。况牛爲元武之精，非但不忍食且不敢食。如謂食之無罪，罪在殺者，試思人人不食，貨賣無門，則私宰之風不禁自息，理勢必然。該書等如有素食牛肉者，亟當猛省戒除。凡該書親族人等以及各班差役並望隨時互相勸戒，亦培植陰騭之一端，違者查究。

（清）張聯桂《問心齋學治雜録》卷下《勸各房書吏行善論》 諭各房書吏知悉：本署縣到任以來，細看爾等所辦公事，勤慎明白者，原不乏人，而疲玩奸詐者，亦復不少。本署縣以爲公門中好修行爲書吏者，不但守法大可積德，若果能隨事隨時，留心體察，平時例案既熟，臨事自無舛錯，一切公事隨到隨送，稟中如有實在代累各人稟請，删除既無捺擱遲延，又省無辜拖累。遇親戚朋友中有以田土錢債婚姻及一切細故争訟者，平心調處，苦口勸和，化有爲無，化大爲小，斷不唆令人證妄扳以致開花搭橋。若見班役中有私押已經釋放人證者，先行告以陰騭有虧，勸令速放，如不聽即行稟官究辦。倘案内有押候人證，官偶爾遺忘，亟宜稟催速審。如此存心，種種行善，必有好報。試觀前明，表表名臣，如徐況諸公，皆由吏員出身。本朝吏員仕至大位者，指不勝屈，至於吏員之子孫，科第連緜，更難枚舉，那一個不從行善得來，若不肯行善，又復作惡，即使獲免王章，斷不能倖逃陰譴。禍福無門，惟人自召。報應之速，不爽毫釐。而公門中尤捷於影響，良可畏也。本署縣已將清白自矢告示，張掛城鄉，每逢公事送入，無論何時，即行披閱。陞堂訊案非不可以刑鳴威，三木之下，何求不得，唯恐小民含冤負屈，上負憲恩，下累百姓，是以平心靜氣，不憚煩言，以期真情畢露，枉縱皆無，庶幾可以少損陰德也。除爾等有心舞弊，任意偷安，按律從重懲辦外，如係無心過失，本署縣必從寬宥，誠以書吏雖屬在官人役，究有體面，與各班差役不同。養爾等之廉恥，即以激發爾等之天良。爾等務當仰體本署縣愛民之意，勤緊當差，守法行善，期滿之日，考職授官，自己既不愧循良之吏，子孫必且登清貴之班，本署縣實有厚望焉。同治九年正月。

（清）薛允升《唐明清三律彙編・禮律・儀制・禁止迎送》 乾隆二年二月內，吏部議覆浙江布政使張若震條奏定例。吏部議得浙江布政使張若震奏稱：各衙門書役最易奸詐，是以督撫藩臬以及監政、學政門衙嚴密封閉，不許出入，按期換班。嗣又給與薪水飯食以資養贍，無非剔釐弊竇之意。近來外任諸臣亦皆知防微杜漸，時加約束，但迎接新官尚未禁止。查新官未經出京，一見邸抄，書役持批往接，是爲頭接；行至中途往迎，是爲二接；抵任，或攜文卷，或帶執事，在交界等候，是爲三接。三次接官，最少數十人，多則百餘人不等。而舊官以事權已去，只得亦循舊習，任其前往。於是不肖書役沿途需索，舟車結隊招搖生事。每乘交代之會舞文弄法，無所不至，而且先期句串新任家人，希通綫索。況書役各有承行，在官一日即有一日應辦之事，豈可聽其遠行致誤公務。是迎接新官實爲陋例，仰懇皇上敕諭各省，將新官到任頭接、二接、三接之處永行禁止。一切書役，總令隨印交代，不許一人出署。倘舊任不行約束，新官聽其遠迎，一經發覺交部議處。等因具奏。前來查新授官員，或甫經出京，或行至中途，書役持批長途遠接，非特曠誤公務，且恐不肖書役沿途需索，招搖生事。自應嚴行禁止，以肅吏治。應如所奏，嗣後新官到任，令舊任於書役內量撥數人，只准在交界處所等候，呈送須知册籍。其餘書役概令隨印交代，不許約結多人執批遠迎，並將頭接、二接、三接陋習嚴行禁止。如舊任官一任書役多人中途遠接，將舊任官照不行管教例罰俸六個月。新任官令其遠迎，將新任官照上司令屬員出界遠迎例罰俸一年。如書役不遵約束，邀結多人遠出迎接者，照律治罪。如此庶長途遠接之習除，而亦無誤公滋事之虞矣。等因。奉旨：依議。

《清實録》嘉慶四年十一月 又諭：内外衙門書吏，積慣舞弊，最爲惡習。外省各官，遇有題升、調補、議叙、議處、報銷各項，并刑名案件，每向部中書吏賄囑，書吏乘機舞弊，設法撞騙，是其常技。至運京餉銅顔料各項解員，尤受其累，自投文以至批回，稍不滿欲，多方勒掯，任意需索，動至累百盈千，名曰部費。公然斂派，即督撫亦往往明知故縱。至外省督撫藩臬以及州縣各衙門，凡應辦事件，亦不能不經書吏之手，藉端滋弊，甚至上下勾通，均所不免。現當吏治肅清之時，豈容猾吏蠹書，從中播弄。嗣後各省官員，務須正己率屬，廉潔自持，嚴明馭吏，汰除冗散，懲創奸胥，以杜外省書吏之弊。在京各部院堂官，惟當督飭司員等，每事躬親，熟觀例案，實心勤職。儻有積猾吏胥，密訪得實，即行嚴辦，以杜在京書吏之弊。儻經此次訓諭之後，内外各衙門，仍視爲具文，尚有前項情弊，别經發覺，或被科道糾參，必將該管各管分别議處，勿謂誥誡之不豫也。將此通諭知之。

《清實録》嘉慶五年閏四月 辛未，諭内閣：朕恭閲皇考高宗純皇帝《實録》，以在京各部院之弊，多由于書吏之作奸，司官庸懦者往往爲其所愚，而不肖者則不免從中染指，堂官事務繁多，一時難以覺察，以致事件之成否，悉操于書吏，飭令各督撫嚴行查禁。仰見我皇考整飭吏治，懲創奸胥之至意。朕上年因内外各衙門，多不免有猾吏蠹書串通弄法之事，明降諭旨，令一體秉公查辦。但思部中書吏藉端需索，總以例案爲詞。外省承辦事件，原有例案可稽，何難詳細檢查，循照辦理。若本係合例事件，又何慮部中指駁，焉有内外準駁事權全憑一二猾吏之手，最爲錮習。特再明切申諭，各部院堂官，務宜督飭司員，每事躬親查核，嚴防弊竇。其各省督撫，如遇書吏等有仍前訛索者，即時奏聞，寘之于法。庶作奸犯科之徒，知所儆畏。儻經此次訓戒後，内外衙門視爲具文，仍不認真查察，任聽若輩勾通舞弊，别經發覺，惟該堂官各督撫是問。

《清實録》道光三十年八月 又諭：向來各衙門書吏，因承辦稿件，往往藉端詐騙，影射婪贓，種種作奸犯科，雖經重懲嚴辦，無如此輩積習相沿，惟利是圖，肆無忌憚。即如刑部現審之書吏陳鴻，輒敢寄信外省，任意索詐。此外未經破案者，尚不知凡幾。若不隨時查察，何以儆貪蠹而杜弊端。嗣後著責成各部院堂官，嚴飭司員，認真查察，承辦書吏，儻有身後辦事，及指騙訛索等情，一露端倪，立即回堂究辦。庶鬼蜮技窮，不致爲若輩所蒙蔽也。將此通諭知之。

綜述

《大清會典（康熙朝）》卷一五《吏部・吏員》 國初各衙門分設都吏、通吏、典吏、攢典，俱以政事繁簡爲額。康熙七年，始定經制數目，冗吏悉行裁革。今以見設都吏書吏等役，備列於後。

在京衙門

宗人府：書吏十一名，知印二名，門吏二名，火房二名。

内閣：供事五十名，門吏六名，火房六名。

吏部：都吏四名，堂吏四名，知印六名，書吏八十四名，火房十五名。

户部：知印一名，門吏一名，書吏七十八名，火房十七名。

金銀庫：書吏三名。

緞疋庫：書吏二名。

顏料庫：書吏二名。

所屬衙門：

左右翼税課：書吏各二名，火房各一名。

崇文門税課：書吏八名。

張家口：書吏六名。

殺虎口：書吏三名。

天津、臨清、淮安、揚州、蕪湖、滸墅、北新、湖口、贛關、太平橋等關：書吏各八名。

總督倉場：堂吏一名，知印一名，書吏五名，門吏一名，火房一名。

所屬衙門：

坐糧廳：書吏十二名，催糧役十名。

通濟庫：書吏一名。

在京左右翼八倉：書吏各八名，攢典各八名。

大通橋：書吏三名。

通州中南倉西倉：書吏共六名，攢典共四十名。

督理錢法：書吏一名，知印一名，火房一名。

寶泉局：書吏四名，大使下書吏一名。

禮部：知印二名，門吏二名，書吏四十名，火房十一名。

所屬衙門：

會同館：書吏三名，火房三名，大使下書吏一名，火房一名。

兵部：都吏二名，書吏五十三名，火房三名。

所屬衙門：

金吾等六衛守備：書吏各三名。

六衛千總：書吏各一名。

六衛經歷司：書吏各一名。

經衛武學：書吏一名。

遞運所：書吏一名。

會同館：書吏一名。

督捕：書吏十六名，獄典二名，火房二名。

刑部：堂吏一名，知印一名，書吏九十八名，火房十九名，獄典三名。

工部：都吏四名，知印二名，門吏二名，書吏六十名，火房十一名。

所屬衙門：

製造庫：書吏八名。

寶源局：書吏五名。

街道廳：書吏三名，火房一名。

兩窑廠：書吏六名。

管河磚倉：書吏共六名。

龍江南新二關：書吏各八名。

理藩院：書吏十二名，火房二名。

都察院：書吏二十八名，知印二名，門吏一名，火房三名。

經歷司：書吏二名，知印一名，火房一名。

總督：典吏，轄兩省者三十名，轄一省者二十名。承差。轄兩省者二十名，轄一省者十名。

總漕：書吏二十名，承差二十名。

總河：書吏二十名，承差二十名。

巡撫：書吏，江蘇安徽各三十名，餘省各二十名。承差。直隸五名，廣東二十名，餘省各十名。

河南道：書吏八名，知印一名。

京畿道：書吏四名。

江南道、浙江道、四川道、福建道、雲南道：書吏各三名。

山東道、山西道：書吏各四名。

江西道、廣東道、湖廣道、廣西道、陝西道、貴州道：書吏各二名。

巡鹽御史：書吏，長蘆五名，兩淮十二名，兩浙十名，河東六名。承差二十名。

中東南西北五城御史：書吏各四名。

中城兵馬司：書吏七名。

東南西北四城兵馬司：書吏各九名。

通政使司：書吏十三名，火房四名。

大理寺：書吏二十四名，知印二名，門吏一名，火房三名。

內務府：書吏二十名。

慶豐司：書吏四名。

上駟院：書吏四名。

武備院：書吏四名。

奉宸院：書吏四名。

翰林院：供事十二名，火房四名。

直隸江南提督學政浙江未設：書吏各五名，承差各十名。

四譯館：書吏一名，火房一名。

詹事府：供事五名，火房二名。

左右春坊：供事二名。

司經司：供事一名。

太常寺：書吏六名，火房二名。

光禄寺：書吏十八名，火房七名。

太僕寺：書吏六名，火房二名。

種馬場：書吏二名。

鴻臚寺：書吏七名，火房一名。

國子監：書吏七名，火房二名。

吏科：書吏二十名。

户科：書吏二十三名。

禮科：書吏十三名。

兵科：書吏二十名。

刑科：書吏二十二名。

工科：書吏十五名。

鼓廳：書吏六名。

中書科：書吏八名。

行人司：書吏二名，火房一名。

欽天監：書吏八名。

太醫院：書吏七名，火房一名。

上林苑監：書吏四名。

鑾儀衛：書吏十名。

順天府：書吏四十三名。

照磨所：書吏二名。

司獄司：書吏一名。

庫：書吏一名。

所屬衙門：

宛平縣：書吏十六名。

大興縣：書吏十六名。

儒學：書吏一名。

崇文門大使：書吏一名。

張家灣大使：書吏一名。

盛京刑部：户、禮、工三部，未設書吏。書吏四名。

奉天府：書吏二十四名。

司獄司：書吏一名。

所屬衙門：

承德縣：書吏十五名。

儒學：書吏一名。

在外衙門：直隸各衙門事體繁簡不同，吏典數目多寡不等。

《大清會典（康熙朝）》卷一五《吏部・吏員著役考職》 內外衙門書吏，以着役五年爲滿，咨部考職。舊例考覈事隸功司，叅撥事隸封司。康熙四年，考覈改併封司，其後叅撥之例亦停止。

凡着役，舊例按納銀多寡，分送各衙門辦事。事隸部。康熙二年覆准，停止援納，俱令各衙門召募出給執照開註姓名年歲着役日期，並地方官印結，按季彙册咨部。六年覆准：內外各衙門召募吏攢，查明並無投充重役，假捏姓名，及文武生員等弊，取原籍地方官印結，方准着役，咨部註册。十二年題准：召募吏員，取具印結，停止咨部，令在內該衙門，在外督撫，查明註册，有未取印結，先令着役者，即除名。十四年題准：照舊例援納，惟在京及奉天各州縣衙門，仍行召募。

凡吏員役滿。順治十四年題准，在京及督撫巡按衙門書吏，連閏月計算。着役五年，俱令起送。其餘在外衙門，一年一次送部轉撥各衙門辦事，通計五年役滿送考。康熙五年題准：在外吏員，聽該撫轉撥。十二年題准：停止轉撥，俟着役五年，咨部考職。

凡考職舊例，吏員役滿，先由功司查准收考，次送選司覆考授職。順治十二年題准：文選考功二司，會同考試一次。在外取具原籍印文，在京取具同鄉京官印結，并五人互結投部，復查照前册磨對相符者，方准收考。如文到部後，一考不到，次年仍准補考，兩考不到者除名。試期定於每年八月，考試申文告示各一道，論文義優劣分別等第。康熙四年題准：吏員改隸驗封司考定品級，付送選司，照考案年分截取人文到部聽選。十二年覆准：吏員送考時，或有丁憂事故者，令各部院該督撫確查，如果勤勞無過，取具印結，並着役及役滿日月，年貌籍貫，造册，各部院督撫出印文保送到部，攄册結爲憑，准其收考。

凡吏員出身。順治十二年題准：分爲正八品、從八品、正九品、從九品、一等雜職、二等雜職、三等雜職。十五年題准：吏員出身，止與九品以下職銜，分爲五等。一等授正九品，二等授從九品，三等授一等雜職，四等授二等雜職，五等授三等雜職。康熙三年題准：吏員考職，分爲四等。一等以正八品經歷用，二等以正九品主簿用，三等以從九品用，四等以未入流雜職用。

（清）施宏《未信編二集》卷三《護書條約貼護書內》 正堂示諭各房吏書知悉：方今功令森嚴，憲限緊急，各將後開條約，恪守謹遵。一有違犯，斷不寬宥，凜之凜之。須至條約者，計開：

一、凡衙役犯贓，至十兩以上者，照新例流徒。十兩以下，依律徒杖。知或有犯，申詳正典。同房不舉，一體連坐。

一應上件，務要隨到隨覆，延至三催者，責五板，四催責十板，五催責十五板，仍申解回覆。事或不能即覆者，于二催到日，具摺稟明，量予展限。

一、自理詞訟，限本日送票，遲一日，責三板。

一、日行雜事，奉批即行，遲一日，責三板。

一、發行籤票，務將差名限期，填入稟僉簿內，違限二日，寫催條示催。違限五日，開送承發房登比。不催責五板，不送與該差同責。

一、寫録口供務要逐名全寫，遺失一名，責五板。

一、審理號件，若書供者，要填犯人年歲。遺失一名，責二板。

一、稿案字行要稀，便於註改，違者責三板。

一、筭差起解錢糧數目者，責二十板。

一、寫差錢糧批□者，數目字責十板，餘字責五板。

一、申文寫差官銜者，責五板。

一、寫清文移，務要對讀，若有差失，每三字，責一板。計字彙筭，若有差失對出，每一張內，許改補三字。三字之外，雖已改補，仍作差失筭。至六字者，記責之外，仍塗抹另寫。

一、文移不先送稿候判，竟自寫清，與稿同送者，每件責五板。

一、文稿籤票，不登稟僉簿者，每件責五板。

一、送護書，不送稟僉簿者，責十板。

一、護書定於申刻送齊，遲至日落送者，責五板。

一、護書內不粘抄條約者，責十板，如經損壞另寫，違者責五板。

以上各條除犯贓，與遲悞上件之外，俱立時究結。其餘過悞，五板以上，次日早堂領責。五板以下者，朔望彙責。

（清）趙吉士《牧愛堂編告諭》卷九《訓誡・為録功紀過以彰激勸示》 照得法度在乎嚴明，吏書貴于勤慎。交邑廢弛之後，諸事塌茸。本縣新蒞振作剔釐，漸有成規，弟奸蠹雖去而愚拙仍存，諸務未嫻，勢難刑措。若槩加箠楚，又罰不勝罰。特立功過簿一扇，諸吏書門子一事勤慎紀功一次，一事怠錯記過一次。功過相準，許其免責。有功無過，破格獎賞。有過無功，三次必責。若作弊玩法，立時枷責，不在將功折過之數。爾等各宜自愛，毋負本縣激勸之意。特諭。

《大清會典（雍正朝）》卷二一《吏部・吏員著役考職》 內外衙門書吏，以著役五年爲滿，咨部考職。舊例，考覈事隷功司，叅撥事隷封司。康熙四年，考覈改併封司，其後叅撥之例亦停止。

凡著役舊例，按納銀多寡，分送各衙門辦事，事隷户部。康熙二年，覆准：停止援納，俱令各衙門召募，出給執照，開註姓名年歲，著役日期，並地方官印結，按季彙册咨部。六年，覆准：內外各衙門召募吏攢，查明並無投充重役，假捏姓名，及文武生員等弊，取原籍地方官印結，方准著役，咨部註册。十二年，題准：召募吏員，取具印結，停止咨部，令在內該衙門，在外督撫，查明註册，有未取印結先令著役者，即除名。十四年，題准：照舊例援納，惟在京及奉天各州縣衙門，仍行召募。二十八年，覆准：有願充各部院衙門書吏者，令其具呈考試，選擇文理明通者，取具地方印結，赴各該衙門掣簽著役，將補完，再行考取。如有私行索取缺銀，或被頂缺之人首告，或被本官查出，立送刑部從重治罪。雍正元年，覆准：各部院考取書辦，於京城出示，召募各省流寓之人，有熟於律例，工於寫算者，赴該衙門報名，取具同鄉甘結，定期考試，擇取撥補。如有假冒籍貫詭名應考者，察出從重治罪。其各省有通曉律例，或能寫算，情愿充應部辦之人，亦令赴地方官報名試驗，取具印甘册結，開明年貌籍貫，申報該撫咨部撥用。又覆准：現在各衙門所有假冒籍貫書辦，定限兩箇月，飭令於本衙門遞呈，改填實在籍貫，仍移咨各原籍地方取結存案。如有逾限不改者，一經發覺，從重治罪。二年，覆准：各省督撫所屬文職大小衙門內，有掛名吏員及革除假冒食糧之兵丁，改易姓名，潛充掛名吏員者，盡行革去，仍取各該管官印結送部存查，並嚴飭各該管官查察點驗實在正身吏役，方令充當。至貼寫幫差人等，亦擇忠誠樸實之人充役。如有刁猾不堪者，即行黜革，該管官有狥庇容留，奸民指稱吏胥，躲避差徭，擾害地方者，將該管官照例議處，掛名吏役嚴加治罪。四年，覆准：各衙門考取書辦，宗人府令府丞，六部令漢右侍郎，都察院令僉都御史，通政司令漢右叅議，內閣令典籍翰林院令典簿，詹事府令漢少詹，國子監令漢司業，京堂衙門并四譯館俱令漢少卿，欽天監令漢右監副，太醫院令右院判，六科令漢給事中，中書科令漢掌印中書，行人司令司正，專管稽查書辦。其內務府理藩院並無漢官，應令內務府總管，理藩院右侍郎專管。凡書役投充之初，務查該役本籍本姓，取具印甘保結，方准著役。其年滿書吏考職之時，務於移咨內填註並無假姓冒籍字様，方准收考。若有冒籍冒名等弊事發者，除本員革去職銜，不准銓選。照律杖一百外，其不能稽查之該管等官，俱照失察例，罰俸六箇月。又覆准：缺主之弊，外省猶未盡去，應通飭直省督撫，轉飭所屬，將現有缺主，盡行除革。書役年滿缺出，遵例另募，取具鄰佑親族保結，方准收録。如有暗行頂買，索取租銀之處，缺主照枉法受財律，計贓定擬。至八十兩者絞。頂缺之人，照以財行求律，至五百兩者杖一百徒三年。出結人等，照不應重律，杖八十。該管官員，依衙役犯贓失於覺察例，十兩以上者革職。倘督撫陽奉陰違，照徇庇例，降三級調用。

凡吏員役滿。順治十四年，題准：在京及督撫等衙門書吏，連閏月計算，著役五年，俱令起送。其餘在外衙門，一年一次送部，轉撥各衙門辦事，通計五年役滿送考。康熙五年題准：在外吏員聽該撫轉撥。十二年，題准：停止轉撥，俟著役五年咨部考職。二十八年，覆准：各部院衙門考授職銜之吏員，一經吏部榜示，即令司坊官嚴催回籍，限一月內起行，取具印甘各結，一并報部。回籍後，再取本地方官到籍日期印結，申報該督撫報部。如有潛住京師者，其藏頓之家，一併從重治罪，不行查催之司坊官，照容留廢官例處分。至各部院等衙門責革書吏，並令該司坊官嚴行查催，定限一月內起程回籍。如仍潛住京城，亦交刑部從重治罪，遞解押回，失察之司坊官，亦照例議處。六十一年，十二月，題准：盛京工部召募書辦四名，照在京各部院書辦之例，五年役滿，咨部考職。

凡考職，舊例，吏員役滿，先由功司查准收考，次送選司覆考授職。順治十二年，題准：文選考功二司，會同考試一次。在外取具原籍印文，在京取具同鄉京官印結。并五人互結，投部，復查照前册磨對相符者，方准收考。如文到部後，一考不到，次年仍准補考，兩考不到者除名。試期定於每年八月，考試申文告示各一道，論文義優劣，分別等第。康熙四年，題准：吏員改隸驗封司考定品級，付送選司，照考案年分截取人文到部聽選。十二年，覆准：吏員送考時，或有丁憂事故者，令各部院該督撫確查，如果勤勞無過，取具印結，並著役，及役滿月日，年貌籍貫，造册各部院，督撫出印文保送到部，據册結爲憑，准其收考。五十七年，題准：吏員考職，照監生考職之例，交與九卿會同校試，考定職銜。其各省領文赴考者，令該督撫轉行各地方官，取具本吏親筆親供，里鄰結狀，粘連印結，該督撫結與印文，保送赴部。其在京各部院衙門領文赴考者，令各該管官，取具本吏親供，粘連印結，保送赴部考試。如試卷筆跡，與親供筆跡不同者，即係假冒頂替，察出將本吏黜革，與頂替之人一併從重治罪。雍正元年，題請：内外吏員攢典，役滿考職，令本部該司官按名驗到，詳細查對。如有年貌不符，聲音不合者，不准收考。其實係本身應試者，照例考取，分定職銜，臨期照監生考職例，將九卿大臣翰林等官職名，開列具題。

欽點數員閱卷，奉旨：年貌不對者裁去，伊等寂然則已。若説伊是正身情願考試者，照常考試，將此人留在此處，行文原籍地方徹底查明，俟送到之日，若有頂替情弊顯出，從重治罪。若係正身，即用。

凡吏員出身。順治十二年，題准：分爲正八品、從八品、正九品、從九品，一等雜職、二等雜職、三等雜職。十五年，題准：吏員出身，止與九品以下職銜，分爲五等。一等授正九品，二等授從九品，三等授一等雜職，四等授二等雜職，五等授三等雜職。康熙三年，題准：吏員考職，分爲四等。一等以正八品經歷用，二等以正九品主簿用。三等以從九品用，四等以未入流雜職用。

凡吏員銓選。雍正二年，題準：大選雜職，暫將年滿供事，禮部儒士，及應陞應補，併捐納即用、先用人員，教職改選縣丞、主簿等官，照例選用。其京、外應選雜職，暫停銓選。行文各該撫，將康熙十七年至四十三年已未截取，應選正八品以下等官令原籍該州縣，驗看確實，詳開履歷年貌，加具印甘各結，按年逐項造册，申送該撫，詳加查核，彙爲總册，註明人數，用紙封固，由驛遞送部。查對考册，内外相符，方行銓選。其四十三年以後至雍正元年各員，亦照前陸續造册送部。嗣後每次考職，行文本省，按年查對造送，其寄籍順天府屬州縣者，取本衙門著役，前後同辦事考職書吏五人連名互結，仍令呈送各該員到部驗看，如仍有假冒頂替者，將該撫司、府尹及保送府州縣官，均照通同徇庇例嚴加議處。

《大清會典則例（乾隆朝）》卷一三《吏部·書役》 一、書役。國初定，凡在外大小各衙門有侵尅錢糧婪贓遇赦免罪之衙役，如復入衙門著役，被傍人出首者，將復令入役官以知情縱令論革職。若有百姓告發，或傍人指摘督撫題參，降一級留任。如非本任内革役不行察出收用者，本官降一級調用，其不察參之督撫罰俸一年。康熙十四年題准：在京部院衙門書辦指稱本司事件犯贓將本犯照律治罪外，贓數至十兩以上者，將該司官員降一級留任，不及十兩者罰俸一年。如各員有知情縱令作弊者革職，有扶同營私婪贓者照貪官例革職提問。又題准：凡正身衙役及額定貼寫幫差之外有白役隨所差衙役嚇詐未經察出之官罰俸六月，若官員知繫白役於定數之外濫留應役發牌票差遣公事婪贓累民按其所犯贓數一兩以下者，將本官降一級調用，一兩以上者降二級調用，十兩以上者革職。二十五年題准：衙蠹害民令督撫訪拏司道府州縣等官舉報，若司道府州縣等官不報上司照徇庇例降三級調用，不行題參之督撫罰俸一年，其訪拏衙蠹並贓私數目年終造册題報。雍正四年覆準：各衙門考取書辦細加察覈毋致有冒籍冒姓頂替諸弊，其書役投充時務遵照定例，取具確實親供印甘各結，方準著役。如無原籍地方官印結者，不得收用。其年滿送部考職之時，各衙門於咨内填寫並無假姓冒籍字樣，本部方準收考。若有冒籍冒姓等弊事發，本人革去職銜，照律治罪。其不能稽察之該管官，照失察例，罰俸六月。又覆準：凡額設書役年滿出闕，該管官員慎擇僉點取具鄰右及親族並無重役買闕等弊連名保結方準收録，該管官員加具印結申報上司衙門存案。如有暗行頂買索取租銀之處，將該管官員革職，闕主人等按律治罪。倘督撫陽奉陰違，不除積弊，將該督撫照徇庇例，降三級調用。七年議準：外省府州縣各衙門書役投充，務取具並無重役冒充親供互結，該地方官加具印結彙造役册申送該管稽察衙門，方準著役。每於年終該役出具並無過犯連名互結，地方官加具印結申送該管道員衙門。如無巡道地方，責成守道，無道員地方責成按察使，令其專管稽察。倘有五年役滿不退者，將該役斥革治罪，或舞文弄法招摇撞騙包攬辭訟侵欺錢糧者，該司道訪拏按律治罪。府州縣官不行察出，照徇情例降二級調用。專管司道不行察出，失察一二名者罰俸三月，失察三四名者罰俸六月，失察五名以上者罰俸一年，失察十名以上者降一級留任。其司道鹽道關差書役責成督撫稽察，督撫及總河總漕鹽院書役令各自行稽察。如失察者皆照司道例處分。書辦有指官撞騙招摇作弊平民畏其本官庇護不敢控告者，許赴該管稽察衙門控告，事實按律治罪。又議準。外省衙門革退書吏將緣事情由及革退日期一并注明詳報督撫，一經犯事發覺革前革後不難按册稽覆。如犯事吏役册上無名，將該管官照造册遺漏例議處。如規避失察捏稱革役在先犯事在後經督撫察出題參者，將該管官革職。又議準：在京部院等衙門闕主如仍有潛匿京師及附近州縣地方者，事發將該管地方官失察，一名者降一級留任，二三名者降一級調用，四五名者降二級調用，六七名以上者革職。有能實力奉行拏獲一名者紀録一次，二名者紀録二次，三名者紀録三次，四名以上者加一級。至有罪書吏遞回原籍之後仍潛入京師及附京州縣地方者，事發亦將該地方官失察一二名者罰俸六月，三四名者罰俸一年，五六名者降一級調用。有能拏獲二名者，紀録一次，三四名者紀録二次，五六名者紀録三次，十名以上者加一級。八年議準：在外大小各衙門有鄉紳奴僕承充書役者，該督撫轉飭該管地方官察明革除，取具並無宦僕充當書役印結彙齊送部存案。凡充補書役皆確覈實非宦僕，取具鄰里押結，地方官加具印結，送上司報部存案。倘有實繫宦僕捏稱農民充當，其主知而不行首明者，照徇庇例降三級調用。又遵旨議定：各省衙役犯贓本官知情故縱者，照縱役犯贓例革職。其止於失察實無知情故縱者，照在京部院司官之例，十兩以上者，將該管官降一級留任。不及十兩者，罰俸一年。令各省督撫於題參疏內將本官或繫知情故縱或繫失於覺察詳悉聲明，分别議處。十一年議準：凡各衙門官員如有聽信請託將役滿及革退書役聽其更易姓名改移籍貫濫準入册及掛名曠役營求批準等弊，别經發覺如繫役滿革退書役本官明知故縱濫準入册，將該本官照革役復入衙門例革職。其役滿革役本官實不知情止繫一時失察準其承充者，降一級調用。如繫掛名曠役營求批準，將該本官照徇庇例降三級調用。倘前官將役滿革退書役及掛名曠役濫準承充，接任官未經察出揭報，經上司察出，如繫役滿革退書役，將未經察出之接任官降一級調用，如繫掛名曠役營求批準，將未經察出之接任官降一級留任。十二年議準：各部院衙門役滿書吏於考定職銜後，即著五城司坊官限一月內令其回籍。倘司坊官將册內有名之人不行催令回籍，容留在京城，並復行來京潛住，將容留之司坊官照容留廢官例，按名數分别議處，其各部院衙門責革書辦，亦交與該司坊官嚴催令於一月內起程回籍，並行文本籍地方官嚴行管束，如潛住京城，將容留之司坊官亦照容留廢官例議處。倘實繫失於覺察以致役滿逗遛，或業經催令回籍後來京潛住者，照失於覺察例罰俸一年。其籍隸大、宛二縣者，令該縣將各役年貌住址三代墳墓造册咨送都察院，令該城御史按册確察。果繫本京籍貫有墳墓房產可據者，仍準其照例居住。其非實在大、宛籍貫，倘有潛住招摇等弊，經該御史密出，將濫送册結之知縣，照造册舛錯例，罰俸一年。如該城御史不行察出，一經發覺，將從前失察之該御史，照不行詳察例，罰俸六月。乾隆元年覆準：在京各衙門書吏額闕，務令承充之人報明實在籍貫，取具同鄉書吏保結，將原籍何處並見在居址地方三代姓氏於結內詳悉聲明，該衙門務於十日內即照保結內所開籍貫居址三代姓氏咨行吏部，轉行各該省督撫嚴飭該地方官於文到日照例出具印結，並取具鄰族人等甘結，照各省地方遠近，順天府定限四十日，直隸、奉天、山東、河南等省定限三月，江蘇、安徽、江西、浙江、湖北、湖南、陝西、甘肅等省定限四月，福建、四川、廣東、廣西、雲南、貴州等省定限六月，務於所定限內將印甘各結咨送到部，轉送各該衙門，以結到之日準其著役。仍令該督撫飭令該管上司稽察，如該地方胥吏人等抑勒遲延不依限出結者，除將勒索之書吏計贓治罪外，仍將該地方官照失察衙役犯贓例，分别議處。若繫該地方官抑勒遲延，即將該地方官照抑勒遲延例，降二級調用。如無抑勒情事遲延者，仍照事件遲延例議處，該管上司不行稽察督催，照督催不力例，罰俸六月。倘有外省書吏捏稱大、宛二縣土著之民，該地方官不行詳察，朦朧出結，將濫行出結之地方官照頂冒出結例，革職。二年議準：各衙門於正額書役並酌增之貼寫幫役外，復行多留者，降一級留任。四年奏準：在京各衙門吏役犯贓該司官員失於覺察及後雖經自行訪出而承辦案件已屬錯誤者，仍照例分别議處，其有案件並無舛錯而書役在外指騙得贓，該司司官能首先訪出究治，準其紀録二次，其會同稟究之同司各官亦免其議處。五年奏準：在京各部院衙門書吏，凡外省府州縣民人充役者，若繫各衙門事簡書吏及宗人府律例館供事統俟五年役滿，該衙門咨部考職，由部彙至三月考試一次。考試之後即將該書吏姓名籍貫造册咨送都察院，轉交五城司坊官，務令一月内回籍取具印結，送院存案。仍行文該書吏原籍督撫取具地方官到籍日期印結，送院備案。至内閣即用供事，及各部院衙門繁闕即用書吏，亦於役滿之後該衙門出具考語咨送到部，掣定職銜照例行文，該衙門飭令回籍其中有情願簡選人員，該書吏呈明本衙門咨送到部，照例三月簡選一次。簡選之後亦即將該書吏姓名籍貫造册咨送都察院，轉交五城司坊官，亦限一月内令其回籍。

《大清會典則例（乾隆朝）》卷三〇《吏部・書吏》　一、吏員考職。康熙三年題準：吏員考職分爲四等。一等正八品，二等正九品，三等從九品，四等未入流。十二年覆準：吏員送考時或有丁憂事故者，令各部院該督撫確察，如果勤勞無過，取具印結並著役及役滿月日年貌籍貫造册，該部院督撫出印文保送到部，據册結爲憑，準其收考。雍正十二年議準：直省吏攢五年期滿，該管衙門申送督撫，每年七月内關防考試。其試卷封固並原著役日期履歷册送部，限每年十月内到部，歲終合内外吏員試卷校定等第，將授職執照封發原籍省分給發。乾隆二年題準：内閣事繁供事，各衙門事繁書吏五年役滿無過犯者，送部免其考職，以從九品未入流兼掣選用。供事赴軍營效力者，亦免考職，給正八品銜先用。其事簡供事書吏，役滿報部考試。事繁供事書吏送修書各館者，亦考職，以館班別選。告示申文各一道，論文義優劣分別等第。十五年議準：嗣後京外吏攢役滿，仍照例考試。年終彙齊一并校閱，分別去取，不準全録，以示慎重。又奏準：嗣後京外吏攢試卷於年終彙齊校閲時，將九卿翰林等官職名開列，請旨欽點數人在朝房内秉公校閲，分别去取，按其等第名次奏聞後，交部拆封填寫姓名揭榜曉示，注册銓選。二十年奏準：書吏役滿報部，彙至三月考試一次。考試後知照都察院，飭五城司坊官勒令回籍。其試卷封固存貯，俟年終各省吏員試卷到齊，一并校閲，將考定品級執照封發原籍給領。一考不到者，下次準補。兩考不到者，除名。

一、各衙門調補書吏。乾隆五年議準：各衙門調補書吏，除以繁調繁，仍以原著役日期接算外，若由簡調繁，其著役未過二年調補者，以原著役之日接算，年滿即用。如已過二年調補者，以簡額著役之日接算，役滿考職，不得濫入即用。

一、書吏著役。康熙六年覆準：内閣供事各衙門書吏召募考補，或貼寫内遴選掣補，察明並無投充重役假捏姓名暨文武生員等弊，取具原籍地方官印結，方準著役，咨部注册。外省吏攢司道府州縣爲典吏，首領雜職等衙門爲攢典。經制闕，擇勤慎無違礙者承充，具結送該管衙門著役。每歲終仍取結送部察覈。二十八年覆準：有願充各部院衙門書吏者，令其具呈考試選擇文理明通者，掣籤著役，將補完再行考取。如有私行索取闕銀或被頂闕之人首告，或被本官察出送刑部治罪。雍正二年覆準：各省督撫所屬文武大小衙門内有掛名吏員及革除食糧之兵丁改易姓名潛充掛名吏員者，盡行革去。察驗實在正身吏役，方令充補，至貼寫幫差人等亦擇忠誠樸實之人充役。如有不堪供役者，即行黜革，該管官有徇庇容留姦民指稱吏胥躲避差徭擾害地方者，將該管官照例議處，掛名吏役嚴加治罪。四年覆準：各衙門書吏，宗人府令府丞，六部令漢右侍郎，都察院令副都御史，通政使司令漢右參議，内閣令典籍，翰林院令典簿，詹事府令漢少詹，國子監令漢司業，京堂衙門均令漢少卿，欽天監令漢監副，太醫院令漢右院，判六科令漢給事中，中書科令漢掌印中書專管稽察。其内務府、理藩院令内務府總管，理藩院右侍郎專管。乾隆元年覆準：書吏著役務令報明實在籍貫居址地方三代姓氏，該衙門於十日内咨部轉行該省，嚴飭地方官出具印結。順天限四十日，直隸、奉天、山東、山西、河南限三月，江蘇、安徽、江西、浙江、湖北、湖南、陝西、甘肅限四月，福建、四川、廣東、廣西、雲南、貴州限六月，均於限内送部轉送各該衙門以結到之日著役連閏計算，五年期滿。

（清）沈書城《則例便覽》卷一四《書役・在京衙門考取書吏》

一、各衙門考取書辦細加查察，毋致吏員有冒籍冒姓頂替諸弊。凡書役投充時，務遵定例，取具親供印甘各結方准著役。如無原籍地方官印結者，不得收用。其年滿各衙門考試後於咨内填寫並無假姓冒籍字樣，將原卷封送吏部年終彙同外省咨到各卷一體校閲。若有冒籍冒姓等弊事發，本員革去職衔，照律治罪。其不能稽查之該管侍郎等官，俱罰俸六個月。

在京各衙門充補書吏

一、在京各衙門書吏缺出，承充之人取具同鄉書吏保結，將原籍居址三代姓氏於結內詳悉聲明，該衙門於十日內咨行吏部，轉行各該省督撫嚴飭地方官於文到日出具印結，并取鄰族人等甘結，照各省地方遠近，順天府定限四十日，直隸、山東、河南、山西奉天限三個月，江蘇、安徽、陝西、湖北、浙江、江西、甘肅、湖南限四個月，雲南、貴州、廣東、廣西、四川、福建限六個月，務於限內將印甘各結咨送到部，轉送各該衙門，照例以結到之日准其著役。如該地方胥役人等有索詐勒措遲延不出結者，計贓治罪，該地方官照失察衙役犯贓例議處。若係地方官勒措遲延，降二級調用。如無勒措情事遲延者，仍照事件遲延例議處。該管上司不行稽察查催，罰俸六個月。倘有外省書吏投充時捏稱大宛二縣土著之民，該地方官不行詳查，朦朧出結，照頂冒出結例革職。

外省稽察書吏

一、府州縣書役責成巡道，無巡道地方責成守道，無道員地方責成按察使，令其專管稽察。凡府州縣書役投充務查該役的名取具竝無重役冒充親供互結。該地方官彙造役册申送該管稽察衙門方准著役。每於年底該役出具竝無過犯連名互結。地方官申送該管司道仍不時稽察。倘有五年役滿不退者，將該役斥革治罪。或舞文弄法招摇撞騙包攬詞訟侵欺錢糧者，該司道訪拿按律治罪，府州縣官不行察出照狥情例降二級調用，專管司道不行察出失察一二、三四人罰俸三、六個月，五人以上罰俸一年，十人以上降一級留任。其司道鹽道關差書役責成督撫稽察，督撫及總河總漕鹽院書役令各自行稽察，如失察者均照司道例處分。

外省未滿典吏混戴帽頂

一、外省各衙門未滿典吏混戴帽頂，本管官未經查出，照失於查察例，罰俸一年。有意故縱，照狥庇例，降三級調用。地方官不能查出，亦照失於查察例，罰俸一年。若已經查出，瞻狥情面，不即舉報，照狥情例，降二級調用。

督撫衙門裁汰冗役

一、督撫等除經制衙役外，不得私自添設儲將隨征戎旗傳宣轅門材官聽用長隨在標效用，如不行裁革，將該督撫等俱照狥情例議處。

藩司衙門書役關防

一、藩司衙門書吏照臬司衙門一體關防按班遞換，如不將書吏封鎖署內，任其出入者，照違制律降四級調用。

濫留衙役

一、各衙門正額書役若不敷用，於貼寫幫役中酌量存留。倘官員於經制書役并酌增額數貼寫幫役之外多留者，降一級留任。

吏攢投充掛名

一、各衙門經制書吏即於現充經承及書識內擇其勤慎辦事之人驗看取結承充，若不於經承書識中慎擇僉點仍有狥私掛名等情，將本官照狥庇例議處。

案卷不存貯科房

一、書吏不入科房并將案卷攜歸私室，本官照約束不嚴例，降一級調用。

各衙門差票事竣失銷

一、各衙門差票事竣即行查銷，如遇封印而案未完結，將票暫行繳銷，俟開印另給。如不銷差票以致衙役持票恐嚇，釀成事端，將本官照約束不嚴例降一級調用。若止於詐贓，照失察衙役犯贓例，不及十兩罰俸一年，十兩以上降一級留任。如止係遲延不銷，照事件遲延例議處。

嚴禁革役復充書役

一、官員聽信請託，將役滿革役書役聽其更易姓名改移籍貫濫准入册，將該本官革職。此指明知故縱而言，若役滿革役本官實不知情，止係一時失察，似與接任官失察無異，應照本條內接任官例議處。如係掛名曠役營求批准，將該本官降三級調用。如係刺字革役濫准承充，無論正役曠役，將該本官革職。督撫不行題參，降一級留任。署事官任聽原官已刺蠹役復充，及鄰封官收用別邑已刺蠹役，俱照此一例處分。倘前官將役滿革役書役濫准承充，接任官不行查出收用，及非本任內役滿革役，不查出收用者，俱降一級調用。如係掛名曠役營求批准，接任官不行查出，降一級留任。接任官於前官已刺蠹役復充，無論正役曠役，不行查出者，均降二級調用。督撫不行查參，罰俸一年。

嚴禁吏役合夥及革退註册詳報

一、各衙門吏役遵照經制名數補用，該地方官查明竝無復設白役分頂合夥於年底照經制名數註明更替著役年月竝役滿日期，具文申送彙造總册送部存案。倘狗庇濫用，仍有分頂合夥及捏名倒提年月等弊，降三級調用。至革退書吏將緣事情由，及革退日期註明詳報。如犯事吏役册上無名，照造册遺漏例議處。如規避失察捏稱革役在先犯事在後者，革職。

粵西承充書役確查户籍

續纂 一、廣西南寧太平鎮安泗城等府書役擇該地現有身家之人具結充當，其隻身流寓者概令退役回籍，如明知竝非土著准令投充者，本管官照混行收用例，降一級調用。竝不知情者，照失於查察例，罰俸一年。

書役犯贓

一、内外各衙門書役犯贓，本官知情故縱者，革職。止於失察贓數十兩以上者，降一級留任，不及十兩者，罰俸一年。有扶同營私婪贓者，照貪官例，革職提問。

白役犯贓

一、正身衙役及額定貼寫幫差之外，有白役隨所差衙役嚇詐，未經查出之官，罰俸六個月。若明知白役濫留應役差遣累民，按其所犯贓數，一兩以上、下降一、二級調用，十兩以上革職。

訪拿衙蠹

一、衙蠹害民令督撫訪拿，司道府州縣等官舉報。若司道府州縣等官不報，降三級調用。督撫不行題參，罰俸一年。

宦僕承充書役

一、宦僕捏稱農民承充書役，其主知而不首者，降三級調用，申報之該管地方官降二級調用。

官員失察家人犯法

一、官員家人在署招摇弄法及倚勢逞兇者，失察之主照約束不嚴例降一級調用。或係酗酒宿娼等事未經查察，及鬭毆斃命釁起倉猝不及預加防範者，概照失於查察例罰俸一年。

犯罪僉緣掛名

一、犯罪未經到案向上司衙門暗攞年月僉緣掛名者，許地方官一面差提，一面申報上司斥革。如上司庇護不革，及地方官不行差拘，竝不詳明斥革反爲開釋者，均照狗庇例降三級調用。

嚴禁缺主

一、經制書役年滿缺出，在現充書識内僉點，如有暗行頂買，索取租銀之處，將該管官革職，缺主人等按律治罪。倘督撫陽奉陰違，不除積弊，照狗庇例，降三級調用。

容留在京吏員

一、在京各衙門書吏五年役滿，考試後令一月内回籍，仍行文原籍將到籍日期報查。倘司坊官明知逗遛，不行驅逐，容留在京，竝復行來京潛住，照容留廢官例按名議處。如實係失於查察，罰俸一年。責革書辦亦照此例。其籍隸大、宛二縣，有墳墓房屋可據者，仍准居住。其非實在大、宛籍貫，倘有潛住招摇等弊，經該御史查出，將混送册結之知縣照造册舛錯例，罰俸一年。如該城御史不行查出，照不行詳查例，罰俸六個月。

失察缺主及有罪書吏

一、凡在京部院等衙門缺主仍有潛匿京師及附京等州縣地方者，該管地方官失察一名降一級留任，二三、四五名降一、二級調用，六七名以上革職。有能實力奉行拿獲一、二、三名者，紀録一、二、三次，四名以上加一級。至有罪書吏遞回原籍之後，仍潛入京師及附京等州縣地方者，該管地方官失察一二、三四名，罰俸六個月、一年五六名降一級調用。有能拿獲一二、三四、五六名者，紀録一、二、三次，十名以上加一級。

（清）佚名輯《乾隆朝山東憲規》第五册《司書優免雜差》 東藩崔爲飭行遵照事。照得本司衙門現在有名書吏，皆係按輪流進署辦公，家居日少，若地方一切雜項差徭，將該吏等一例派撥出夫當差，勢難分身料理，自應量爲分别優免，合行開單飭知。爲此仰縣官吏，文到除皇差撲蝗搶□酌量分撥照常供應外，其雜項差徭，將本户概行優免，並飭知約地保人等，勿得仍前濫派滋擾。該吏等亦不得任其將親戚宗族人等，藉名影射，抗違公務，毋違。乾隆二十八年六月十二日。

《大清會典事例（嘉慶朝）》卷一二二《吏部·書吏·承充》 舊例：書吏承充，按納銀數多寡分送各衙門辦事。康熙二年覆准：停止援納，俱令各衙門召募，給與執照，開註姓名年歲，著役日期，並地方印結，按季彙册咨部。六年覆准：内閣供事，暨各衙門書吏，召募考補，或貼寫内遴選掣補，查明並無投充重役，假捏姓名，暨文武生員等弊，取具原籍地方官印結，方准著役，咨部註册。外省典吏攢典經制額缺，擇其勤慎無違礙者承充，具結送該管衙門著役，每歲終仍取結送部查覈。十二年題准：召募書吏，取具印結，停止咨部。在內令該衙門，在外令該督撫，查明註册。有未取印結先令著役者，即行除名。十四年題准：書吏承充，仍照舊例援納，惟在京及奉天府各州縣衙門，仍行召募。二十八年覆准：有願充各部院衙門書吏者，令其具呈考試，選擇文理明通者，掣籤著役，漸次補完，再行考取。如有私行索取缺銀，或被頂缺之人首告，或被本官查出者，送交刑部治罪。雍正元年諭：從來各衙門募設書辦，不過令其繕寫文書，收貯檔案。但書辦五年方滿，爲日既久，熟於作弊，甚至已經考滿，復改換名姓，竄入別部，潛縱掩跡，無所不爲。更有一等積棍，名曰缺主，獨掌一司之事，盤踞其中，事無大小，一手握定，而不肖司官交通賄賂，倚爲心腹，上下朋姦，莫可查究。書辦尚有更換，缺主總無改移，子孫相承，竟成世業。各衙門姦弊叢生，未有不由於缺主者。自今以後，書辦五年考滿。各部院堂司官查明，勒令回籍候選。逗遛不歸者，著都察院飭五城坊官稽查遣逐。至於缺主多捐納職官，原有勢力可以抗違，爾衙門職掌糾參，立刻查明缺主的名，題參革究，押解回籍，庶作弊之本原永絶，而官方可以肅清矣。又諭：嗣後缺主與年滿書辦發回原籍之處，著各部院一年一次保結具奏。儻仍有潛居京師者，或經朕聞知，或被科道題參將保結具奏之大臣官員，一併治罪。又覆准：各部院考取書辦，於京城出示召募各省流寓之人，有熟於律例工於寫算者，赴該衙門報名，取具同鄉甘結定期考試，擇取撥補。如有假冒籍貫詭名應考者，察出從重治罪。其各省有通曉律例，或能寫算，情願充應部辦之人，亦令赴地方官報明試驗，取具印甘册結，開明年貌籍貫，申報該督撫咨部撥用。又覆准：現在各衙門所有假冒籍貫書辦，定限兩個月，飭令於本衙門呈遞，改填實在籍貫，仍移咨各原籍地方取結存案。如有逾限不改者，一經發覺，從重治罪。二年覆准：各省督撫所屬文武大小衙門內，有掛名吏員及革除食糧之兵丁，改易姓名，潛充掛名吏員者，盡行革去，查驗實在正身吏役方令充補。至貼寫幫差人等，亦擇忠誠樸實之人充役。如有不堪供役者即行黜革，該管官有徇庇容留，姦民指稱吏胥，躲避差徭，擾害地方者，將該管官照例議處。掛名吏役，嚴加治罪。四年覆准：各衙門書吏，宗人府由府丞，六部由漢右侍郎，都察院由副都御史，通政使司由漢叅議，內閣由典籍，翰林院由典簿，詹事府由漢少詹事，國子監由漢司業，京堂衙門均由漢少卿，欽天監由漢監副，太醫院由漢右院判，六科由漢給事中，中書科由漢掌印中書專管稽察。其內務府、理藩院，令內務府總管，理藩院右侍郎專管。凡書役投充之初，務查該役本籍本姓，取具印甘保結方准著役，其年滿書吏考職之時，務於移咨內，填註並無假姓冒籍字樣，方准收考。若有冒籍冒名等弊事發者，除本員革去職銜，照律治罪外，其不能稽察之該管等官，照例議處。又覆准：缺主之弊，外省猶未盡去，應通飭直省督撫，轉飭所屬，將現有缺主盡行除革，書役年滿缺出，遵例另募，取具鄰佑親族保結，方准取録。如有暗行頂買索取租銀之處，缺主及頂缺之人，照律治罪，該管官照例議處。七年覆准：外省各衙門書役投充，務取具並無重役冒充親供互結，該地方官加具印結，彙造役册，申送該管稽察衙門，府州縣書吏，責成本道稽查，無道員地方，責成按察使稽查。藩臬兩司及各道關差書吏，責成督撫等稽查，督撫及總河總漕學政鹽院書吏，責令自行稽查，每於年終，令該役出具並無過犯連名互結，地方官申送該管稽察衙門存查。儻有役滿不退，或舞文弄法，招搖撞騙等情，將該吏攢黜革治罪，該府州縣併專管之督撫司道等，均照例議處。十二年覆准：凡各部院衙門貼寫，令該管官將其姓名年貌籍貫，詳註册檔，取具雇募之經承保結，移送司務廳註册備查，遇有貼寫辭去及逐去者，保結之經承呈明該司官，將緣由移送司務廳除名。儻有隱匿本名籍貫，揑報詭名，及經承扶同揑飾，一經查出，一體按律治罪。乾隆元年諭：朕惟州縣爲親民之吏，自宜廉平不擾，懋著循聲，乃獄訟催科之際，官民情意易致暌隔，百姓潛受苦累，而無由自訴者，則以書役之爲害甚劇，州縣官不知所以振刷而剔除之也。朕訪聞直省州縣衙門，經承之外，必有貼寫，正役之外，每多白役。聚此數十輩無賴之徒，假託公務，横肆貪饕，其爲小民擾累，何可勝言。故有訟獄尚未審結，而耗財於若輩之手，兩造已經坐困者矣。額糧尚未收納，而浮費於催徵，中飽於蠹胥，已什去二三矣。其餘勾緝命盜，因緣舞弊，遇事風生，株連無辜，賄縱要犯，大率貼寫白役之爲害居多，各直省督撫務宜嚴飭各該州縣，將所有吏役按籍鈎考。其有私行充冒者，悉行裁革。設正額書役，實不敷用，不妨於貼寫幫役中擇其淳謹者，酌量存留，亦必嚴加約束。毋得非時差擾。至於經承正役，務須時刻稽查。儻有壞法擾民之事，立即按律重懲，庶使若輩知所顧忌，不得肆其伎倆，儻或明知胡縱，姑息養姦，又或喜其巧於趨承，受其蒙蔽，此則不愛百姓而愛吏役，即屬戕害吾民之甚者也。爲民父母，其忍出此乎。且胥吏之爲害，不止州縣衙門已也。凡徵解錢糧，上司書吏輒向州縣書吏索取費用，因而縣吏假借司費紙張名色派索花戶。又如徵解漕糧時，糧道衙門書吏需索縣吏規禮，因而縣吏遂勾通本縣家人盤踞倉廒，於正額外多收耗米，稍不遂意百般留難，遠鄉小民以得收爲幸，守候爲難，不得不飽其貪壑。又聞司院衙門，凡州縣申詳事件，每先發各房書吏擬批送簽，書吏從此作姦射利，遲速行駁之間，得以上下其手。蓋衙蠹之爲擾，自上及下，正不自州縣始也。是在爲督撫者，整肅紀綱，立閫省之表率，而監司守令，各奉厥職，互相糾正，則弊絶風清，民安衽席。朕惠養元元之恩意，得以周浹閭閻矣。又覆准：書吏著役，務令報明實在籍貫居址地方三代姓氏，該衙門於十日內咨部轉行該省，嚴飭地方官出具印結。順天限四十日，直隸、奉天、山東、山西、河南限三月，江蘇、安徽、江西、浙江、湖北、湖南、陝西、甘肅限四月，福建、四川、廣東、廣西、雲南、貴州限六月，均於限內送部，轉送各該衙門，以結到之日著役，連閏計算，五年期滿。五年議准：查各省吏攢五年考職，原以親身著役，頗習簿書，考試進身，可備將來任使之用。若在官辦事之人，既希圖久役，不願充點吏攢，而充點者多屬市井殷實各經承親族掛名之人，甚至以童稚入册內，希圖期滿考職，以爲護符。此輩文義既有未諳，事務亦多未習，即異日得官，難效驅策任使之用。且該吏非衙門久熟之人，遇考時難於稽查，不免假冒頂替之弊，殊非愛惜名器慎重吏途之道。嗣後各省大小衙門經制書吏，即在於見充書識內，擇其勤慎辦事之人，驗看覈實，著令取結承充。若該本官不於經承中慎擇僉點，仍有徇私掛名等情，或經上司查出，除將本人照吏典人等額外濫充律辦理外，將本官照徇庇例議處。三十九年議准：都察院科道兩廳，並各城司坊等處缺出，即照各部院之例於貼寫內，揀選年久歷練者充補。如本無貼寫，責令該管官照例出示招考，不許已滿書吏從中緣引，仍照定例取結著役，並飭令該管官出具並無緣引等弊，確實印結，呈送都察院查覈。儻有前項情事，經都察院訪聞或係告發即將賣缺及營求之人，送部治罪，並將該管官指名叅處。五十六年奏准：在京各衙門書吏供事，及各直省書吏，無論已滿未滿，概不准其改籍歸宗更名復姓以杜弊端。五十九年議准：內外大小各衙門書吏充補時，該管官務須實力查驗年過二十歲以上者，擇其老成馴謹之人，方許充補，其年齒太輕者，概不准充。嘉慶四年諭：內外衙門書吏，積慣舞弊，最爲惡習，外省各官遇有題陞調補議叙議處報銷各項，並刑名案件，每向部中書吏賄囑，書吏乘機舞弊，設法撞騙，是其常技。至運京餉銅顔料各項解員，尤受其累，自投文以至批迴，稍不滿欲，多方勒掯，任意需索，動至累百盈千，名曰部費，公然斂派。即督撫往往明知故縱，至外省督撫藩臬，以及州縣各衙門，凡應辦事件亦不能不經書吏之手，藉端滋弊，甚至上下勾通，均所不免。現當吏治肅清之時，豈容猾吏蠹書從中播弄。嗣後各省官員，務須正已率屬，廉潔自持，嚴明馭吏，汰除冗散，懲創姦胥，以杜外省書吏之弊。在京各部院堂官，惟當督飭司員等，每事躬親，熟觀例案，實心勤職。儻有積猾吏胥，密訪得實，即行嚴辦，以杜在京書吏之弊。儻經此次訓諭之後，內外各衙門，仍視爲具文，尚有前項情弊，別經發覺，或被科道糾叅，必將該管各官分別議處。勿謂誥誡之不豫也，將此通諭知之。五年奏准：各衙門新補供事書吏限十日內開明年貌籍貫住址，三代姓名，及同鄉書吏保結，一併送部查覈，轉行取結。如不遵定限，抑或舛錯遺漏，藉得輾轉行查，稽延時日，併不將該吏同鄉保結送部者，概不准其轉行取結，至已經取結，而該吏原籍咨覆文結內舛錯遺漏往返駁查，尤需時日。除飭駁更正外，應仍照原文行到日期著役以杜弊端。其有行查取結時，該本籍官查明實有不能按期取結情形，據實聲明，先行咨覆，旋即補具印甘各結到部，查其逾限未久，該衙門尚未開缺另補，將印甘各結，轉行該衙門，仍准著役。如該督撫業已咨覆，無憑取結申送，該吏藉詞搬移併寄籍原籍等故，復請行查之處，概不准行，仍照例黜革。又奏准：書吏五年役滿，即行報明開缺。儻各衙門以該吏經手事件未完，暫請留辦，概不准行，其修書各館供事，報滿後，仍留館辦事者，准其咨留。又奏准：各衙門供事書吏，不得曠役戀役，其有在役，聲稱省親修墓告假他往者，概不准行。如實係患病，准其在本管官處告假調治，該科房事務，另派別房書吏兼理。如一月不痊，即行報部開缺另補。

十六年諭：各部院經承書吏，向來設有額缺，或多或寡，本隨部務之繁簡，酌定章程，各該衙門現俱照舊辦理，並非參差不齊，毋須另議增添。至貼寫一項，俱由書吏雇覓，不過幫謄稿案。近來人數過多，紛紛入署，居然託名辦公，從中朋比爲姦，固不免滋生弊竇。若概行裁去，則司曹稿件繁多，責令書吏經承一手謄寫，亦恐難行。且伊等既非額設，即係閒散之人，並無所庸其裁革，總在該衙門堂官督率司員等遇事認真，一切查例辦稿，悉心參酌，不稍假手經胥，至猾吏輾轉滋弊，並留心稽察，嚴切防閑，隨時飭令書吏毋許多雇貼寫。如見人數稍多，即嚴行查禁，勿令混跡，則不安本分之徒，自無由作姦犯科。

《大清會典事例（嘉慶朝）》卷一二二《吏部·書吏·考職》　順治十二年題准：文選考功二司，會同考試吏員，在外取具原籍印文，在京取具同鄉京官印結，並五人互結，投部覆查，照前磨對相符者，方准收考。如文到部後，一考不到，次年仍准補考，兩考不到者除名。試期定於每年八月，考試申文告示各一道，論文義優劣，分別等第。又題准：吏員考職，分爲正八品，從九品、正九品、從九品。一等雜職、二等雜職、三等雜職。十五年題准：吏員出身止於九品以下職銜，分爲五等。一等授正九品，二等授從九品，三等授一等雜職，四等授二等雜職，五等授三等雜職。康熙三年題准：吏員考職，分爲四等。一等以正八品經歷用，二等以正九品主簿用，三等以從九品用，四等以未入流雜職用。四年題准：吏員改隸驗封司，考定品級，付送文選司，照考授年分截取，人文到部聽選。十二年覆准：吏員送考時，或有丁憂事故者，令各部院該督撫確查，如果勤勞無過，取具印結，並著役及役滿月日年貌籍貫造册，該部院督撫出印文保送到部，據册結爲憑，准其收考。五十七年題准：吏員考職，照監生考職之例，交與九卿會同校試，考定職銜，其各省領文赴考者，令該督撫轉行各地方官，取具本吏親筆親供，里鄰結狀，黏連印結，該督撫給與印文，保送赴部。其在各部院衙門領文赴考者，令各該管官，取具本吏親供，黏連印結，保送赴部考試。如試卷筆跡，與親供筆跡不同者，即係假冒頂替，查出將本吏黜革，與頂替之人，一併從重治罪。雍正元年題准：內外吏員攢典，役滿考職。令本部該司官按名驗到，詳細查對，如有年貌不符，聲音不合者，不准收考。其實係本身應試者，照例考取。分定職銜，臨期照監生考職例，將九卿大臣翰林等官職名開列具題，派出閱卷。又奉旨：年貌不對者裁去，伊等寂然則已，若説伊是正身，情願考試者，照常考試，將此人留在此處，行文原籍地方徹底查明，俟送到之日，若有頂替情弊顯出，從重治罪，若係正身即用。二年題准：大選雜職，暫將年滿供事禮部儒士及應陞應補並捐納即用先用人員，教職改選縣丞主簿等官，照例選用，其京外應選雜職，暫停銓選，行文各督撫將康熙十七年至四十三年已未截取應選正八品以下等官，令原籍該州縣驗看確實，詳開履歷年貌加具印甘各結按年逐項造册申送。該督撫詳加查覈，彙爲總册，註明人數，用紙封固，由驛遞送部，查對考册，內外相符，方行銓選。其四十三年以後，至雍正元年各員，亦照前陸續造册送部。嗣後每次考職行文本省，按年查對造送。其寄籍順天府屬州縣者，取本衙門著役前後同辦事考職書吏五人連名互結，仍令呈送，各該員到部驗看，如仍有假冒頂替者，將該督撫府尹及保送府州縣官，均照通同徇庇例，嚴加議處。十二年議准：直省吏攢，五年期滿，該管衙門申送督撫，每年七月內關防考試，其試卷封固，並原著役日期及履歷，造册送部。限每年十月內到部，歲終合內外吏員試卷，校定等第，將其授職執照，封發原籍省分給發。乾隆二年題准：內閣事繁供事，各衙門事繁書吏，五年役滿無過犯者，送部免其考職，即以從九品永入流兼掣選用，其供事，有投赴軍營效力者，亦免考職，給與正八品銜先用。其事簡供事書吏，役滿報部，考試告示申文各一道，論文義優劣，分別等第。其事繁供事書吏，送修書各館者，亦考職以館班別選。十五年議准：嗣後京外吏攢役滿，仍照例考試，年終彙齊解部，嚴加校閱，分別去取不准全録，以示慎重。又奏准：嗣後京外吏攢試卷，於年終彙齊校閱時，將九卿翰林等官職名，開列奏請欽點數人，在朝房內秉公校閱，分別去取等第，按其所定名次奏聞後，交部拆封，填寫姓名，揭榜曉示，註册銓選。二十年奏准，書吏役滿報部，彙至三月，考試一次。考試後，知照都察院飭五城司坊官，勒令回籍。其試卷封固存貯，俟年終各省吏員試卷到齊，一併校閱。將考定品級執照，封發原籍給領。一考不到者，下次准補。兩考不到者，除名。三十四年奏准：嗣後在京簡缺書吏，役滿時，即由各該衙門，自行考試，以便就其平日所熟識者，一一覈對年貌，庶頂替代倩之弊無可復施。試畢，一面知照都察院，飭令回籍。一面將考過各卷，加具册結，封送吏部，於年終彙人外省各卷，一體奏請校閲。五十五年奏准：在京各衙門繁缺供事書吏五年役滿，送部以從九品未入流兼掣選用，毋庸考職，其事簡供事書吏，併在外各省吏攢役滿時，令各堂官及各督撫於每年七月内彙齊，嚴密考試，自行録取，分爲二等，以從九品未入流兩項咨部註册，填給執照，應將吏員録取正八品正九品兩項，併年終彙齊奏請欽點校閲試卷之處，概行停止。至供事書吏有撥送修書各館者，應以原衙門著役日期前後，接算五年報滿，刑部律例館供事，由各衙門著役四年以上書吏咨送，定以到館補缺後，限二年報滿，無分繁簡，一體考授職銜，以館班别選，考職後有咨明留辦者，遇有議叙，准其照銜議叙選用。其録取定額，在京各衙門，不得過十分之七。在外各省，不得過十分之五。其僅止一名，不敷録取者，如實係當差勤慎，文理明通，仍准録取。如已届期滿，因見本年同考人多，趨避去取，不即報明考試，朦混入下年送考者，查出將本人黜革，該管官一併議處。又奏准：役滿吏攢，定以每年七月内彙齊考試，令各堂官及各督撫將録取試卷並該吏年貌籍貫三代姓氏，造具清册，限於本年十月内送部註册，如有已過七月後試期報滿者，應俟下年彙辦，不得歸於本年送考，以免參差。又奏准：凡京外各衙門簡缺供事書吏，應考時遇有丁憂患病事故，不能赴考，該管官查驗屬實，咨明吏部存案，准其下次補考。如過兩次不補考者除名，其考試一次不取，不得再考。令各處將不取之姓名籍貫，隨同録取吏員册卷，送部存查以杜重考之弊。如該管官有將上次未經録取之人，混行送考，併有將未曾親身充役之人，濫行送考者，别經發覺，將書吏治罪，該管官照例議處。五十六年奏准：在京各衙門役滿書吏，於文到日，查明合例，將執照封發著役衙門限一月内給發。在外役滿書吏，於文到日查明合例，將執照封發各督撫，轉發該地方官，限兩月内傳令本員，驗明給發。如有違限，即將執照繳銷，停其銓選。其在京在外給發執照，俱取具本員親供甘結，年終彙册報部，以備查覈。嘉慶五年奏准：凡吏員授職執照，遇有水火盗賊遺失無存者，報明該處地方官出具印結，開明本員年貌籍貫、著役衙門、授職年分，咨部查覈，與原報之案相府，准其補給。又奏准：在京簡缺書吏供事役滿，由各衙門自行考試，授定職銜。俟吏部覈明將執照發交本衙門，傳令收領後。該衙門即將書吏姓名籍貫，咨送都察院轉交五城司坊官，勒限一月内回籍，報院存案，仍行文該吏原籍督撫轉飭地方官將到籍日期報院備查。至内閣即用供事，各部院衙門繁缺即用書吏，於役滿後該衙門出具考語，咨送吏部，掣定職銜，照例行文該衙門飭令回籍，即將該書吏姓名籍貫造册咨送都察院，轉交五城司坊官，限一月内令其回籍。儻司坊官不行催令回籍，容留在京，併復行來京潛住，將失察之司坊官，按依名數，分别議處。

《大清會典事例（嘉慶朝）》卷一二二《吏部・書吏・役滿》　順治十四年題准：在京及督撫等衙門書吏，連閏月計算著役五年，俱令起送。其餘在外衙門，一年一次送部，轉撥各衙門辦事，通計五年役滿送考。康熙五年題准：在外吏員，該撫轉撥。十二年題准：停止轉撥，俟著役五年，咨部考職。二十八年覆准：各部院衙門考授職銜之吏員，一經吏部榜示，即令司坊官嚴催回籍，限一月内起行，取具印甘各結，一併報部。回籍後，再取本地方官到籍日期印結，申報該督撫報部。如有潛住京城者，其藏留之家，一併從重治罪。其不行查催之司坊官，照容留廢官例處分。至各部院等衙門，責革書吏，並令該司坊官嚴行查催，定限一月内起程回籍，如仍潛住京城者，亦交刑部從重治罪，遞解押回。其失察之司坊官，亦照例議處。六十一年題准：盛京工部召募書辦四名，照在京各部院書辦之例，五年役滿，咨部考職。嘉慶十五年諭：向例各衙門書吏役滿，即行飭令回籍，原以防積久弊生，立法至爲嚴密，新疆地處遥遠，尤非内地可比。若該書吏等役滿後，仍以藉資熟手，留而再留，狡譎之徒，因緣爲姦，不可不防其漸。嗣後新疆各處書吏，五年役滿，照例速飭回籍，勿任逗遛。如因新吏生疎，暫留幫辦者，亦不得留過二年，其已留再留之例，永遠停止。

《六部處分則例（光緒朝）》卷一六《書役・充補書吏》　一、内外各衙門書吏俱應確查身家清白，取具鄰里押結，加具地方官印結，詳咨吏部存案。如有身家不清，地方官於出結後查明稟揭者，免議。未經查出降二級調用。公罪。若係由宦僕子弟承充，其主知而不首，係官降三級調用，私罪。不知情者免議。

一、内外各衙門書吏務擇其年過二十老成馴謹之人充補，實缺若令年幼者承充，本管官降二級留任。公罪。

一、內外各衙門經制書吏於額增貼寫之外，尚有多留者，該管官降一級留任。公罪。若官府稅糧由帖户口籍册雇募攢寫者，勿論。

一、在京各衙門書吏俱以本籍地方官結到之日准其充役，順天限四十日，直隸、山東、河南、山西、奉天限三個月，江蘇、安徽、陝西、湖北、浙江、江西、甘肅、湖南限四個月，雲南、貴州、廣東、廣西、四川、福建限六個月，務於限內咨送到部。如本籍書吏有索詐勒措不依限出結者，將該吏計贓治罪外，地方官仍照失察書役犯贓例議處。例載本卷。若係地方官勒措不給，將該地方官降二級調用。私罪。其止於出結遲延逾限不及一月者，罰俸三個月。一月以上者，罰俸一年。半年以上者，罰俸二年。一年以上者，降一級留任。俱公罪。

一、籍隸外省之書吏，捏稱大、宛二縣土著，該縣官知情出結者革職。私罪。失於查察者，降一級調用。公罪，該吏按律治罪。查定例，外省吏攢經制缺出，該本官選擇勤慎無違礙者，方准承充。務查該役的名，取其並無重役冒充親供互結，該地方官彙造役册申送該管稽察衙門存查。倘有役滿不退或舞文弄法招摇撞騙包攬詞訟等情，除將該吏攢斥革治罪外，該府州縣並專管之督撫司道等均照例議處。又定例，正額書吏原因該衙門事務之繁簡定其額數之多寡，不容擅自增益，若實不敷用，不妨於貼寫幫役中擇其醇謹者，協同辦事。倘各官員於經制書役擅自酌增額數，除將本人照例斥革外，該管官一併議處。道光二十六年浙省通行。

書吏辦理清查議叙

一、外省書吏辦理清查出力經該督撫保奏准其以未入流歸部即選，咸豐元年正月十一日奏定。

在京衙門管查書吏

一、在京各衙門書吏，宗人府令府丞專管，六部令漢右侍郎專管，都察院令漢左副都御史專管，通政司令漢參議專管，內閣令典籍廳專管，翰林院令典簿廳專管，詹事府令漢少詹事專管，國子監令漢司業專管，京卿衙門令漢少卿專管，欽天監令漢右監副專管，太醫院令右院判專管，六科令漢給事中專管，中書科令漢掌印中書專管，其並無漢官之內務府令總管大臣專管，理藩院令右侍郎專管，並令責成司廳各員稽察。儻有頂冒朦混等弊，除將該吏治罪外，專管之員罰俸六個月。公罪。

外省管查書吏

一、藩臬衙門書吏該司務嚴密關防按班遞換，如有不將書吏封鎖，任其出入自由者，照違制私罪律，革職。私罪。失於覺察者，降一級調用。公罪。

一、府州縣衙門書吏責成巡道稽查，無巡道地方責成守道稽查，無道員地方責成按察使稽查。儻有久戀衙門，把持官府，舞文弄法，招摇撞騙，說事過錢，包攬詞訟，侵欺錢糧，飛灑稅糧，賣放强盜，誣執平民等弊，該司道即訪拏治罪。係本管官故縱者，革職。私罪。如止失於覺察犯該杖徒者，降一級留任。該犯軍流者，降一級調用。犯該斬絞者，降二級調用。俱公罪。總以首犯之罪名爲斷。司道失察者，每案罰俸一年。公罪。其藩臬道員運使關差書吏責成督撫稽察，督撫及總河總漕學政鹽院書吏責令自行稽察，如有失察者，每案罰俸六個月。公罪。若本管各官自能訪出究辦，均予免議。

一、各衙門書吏俱連閏扣算五年役滿，其所出之缺，限一月內即行充補。如已滿書吏係現充之人，于限外戀缺把持，照府州縣衙門書役久戀衙門把持官府例，本管官知情故縱者革職，私罪。如止失于覺察，犯該杖徒者降一級留任，犯該軍流者降一級調用，犯該斬絞者降二級調用。俱公罪。若僅充補遲延，照事件遲延例議處。逾限不及一月者罰俸三個月，一月以上者罰俸一年，半年以上者罰俸二年，一年以上者降一級留任。俱公罪。道光二十六年浙省通行。

書吏額缺及懸缺未補新增

一、各值省大小衙門書吏俱有定額，不准擅自增益，令各督撫實力稽查，一有挂名典吏即嚴加裁汰。如正額典吏實不敷用，准其視地方之繁簡量設幫書，著爲定額，將幫書姓名籍貫充役日期隨同正額書吏造册咨部。儻於正額書吏及幫書定額之外，有私增濫設情弊，由該督撫查參，均照內外各衙門經制書吏之外，儻有多留，即將該管官降一級留任。公罪。

一、各衙門書吏缺出，限一月內即行充補，於年終彙造總册，聲明充補月日報部。如以滿書吏於限外仍復懸缺未補，由該督撫分別查參。如係現充之人戀缺把持，照府州縣衙門書吏久戀衙門把持官府例，將該管官分別議處。例載《書役門》。如僅止充補遲延，照事件遲延例議處。例載《限期門》。道光二十六年四月二十六日奏定。

書吏進署辦事

一、各衙門書吏如有不入科房辦事并將案卷攜歸私室不於官署存貯等弊，該管官自行查出究辦者，免議。失於覺察，降一級調用。公罪。

嚴禁缺主

一、直省經制書吏年滿缺出，如有暗行頂買索取租銀者，將缺主人等按律治罪，該管官故縱者革職。私罪。失察者降一級調用。公罪。該督撫知而不參降三級調用，私罪。失察者免議。

一、各部院衙門缺主有潛住京師及近京各州縣地方者，該管官失於查察一名降一級留任，二三名降一級調用，四五名降二級調用，六七名以上革職。俱公罪。其有能拏獲者一名紀録一次，二名紀録二次，三名紀録三次，四名以上加一級。

年滿書吏留京

一、各部院衙門已滿已革書吏潛住京師，或在近京各州縣地方潛住，該司坊州縣等官失於查察，一二名者罰俸六個月，三四名者罰俸一年，五六名者罰俸二年，十名以上者降一級留任。俱公罪。

一、已滿已革書吏潛住京城及附近州縣，地方官能拏獲二名者紀録一次，三四名者紀録二次，五六名者紀録三次，十名以上者加一級。

一、在京各衙門書役犯贓，如係舞文弄法案件舛錯，該司員失于覺察，犯該杖徒者罰俸一年，犯該軍流者降一級留任，犯該斬絞者降一級調用。俱公罪。俱以首犯之罪名爲斷，自行訪拏究辦免議。道光二十三年增修。

内外衙門書役犯贓

一、内外大小衙門書役犯贓，除本犯照例治罪外，本管官如通同婪索，不論銀數多寡，皆革職提問。若縱令作弊得贓，亦不論銀數多寡，皆革職。私罪。其止係失於覺察，如犯該杖徒者本管官罰俸六個月，犯該軍流書本管官罰俸一年，犯該斬絞者本管官降一級留任。以上俱公罪。俱以首犯之罪名爲斷，自行訪拏究辦者免議。

一、書役犯贓脱逃，將本管官先照犯該軍流例罰俸一年。公罪。俟日後獲犯審明，再照罪名輕重改議。

一、在京各衙門失察書役犯贓，以致案件錯誤，該司員雖於事後自行訪出，仍照檢舉例分别覈議。例載《公式門》。其有案件並無舛錯，而書役在外撞騙得贓，該司員能首先訪出究辦者，准其紀録二次，同司各員均免議。

一、蠹役得贓，承審官已將索詐實情審出，故爲改重就輕者，革職。私罪。

一、婪贓人犯，原問官未能究出得贓，後經别員審出，或原審之贓無幾，經别員審出多贓，如罪名有關出入，將原問官照不能審出實情例議處。如罪無出入，將原問官照漏取緊要口供例議處。例載《審斷門》。儻將審出贓數私自删減者，革職。私罪。

一、官役婪贓之案，承審官因適遇恩赦竟不質訊明確者，罰俸一年。公罪。審轉之上司罰俸六個月，督撫罰俸三個月。俱公罪。

一、在京各衙門書役犯贓，如係舞文弄法案件舛錯，該司員失于覺察，犯該杖徒者罰俸一年，犯該軍流者降一級留任，犯該斬絞者降一級調用。俱公罪。俱以首犯之罪名爲斷，自行訪拏究辦者免議。

吏役復充

一、凡革退吏役，該管官將緣事情由革退月日造册詳報督撫，如造册遺漏罰俸三個月。公罪。儻有規避處分捏稱革退在先犯事在後者，將該管官革職。私罪。

一、各衙門官員於本任内已滿已革書役，聽其更易姓名改移籍貫濫准承充者，革職。私罪。失於查察照不行裁革冗役例，降二級調用。公罪。接任官不行查出，降一級留任。公罪。若收用前任及隔屬已滿已革書役者，降一級調用。公罪。

一、官員於本任内刺字書役濫准復充者，革職。私罪。接任官不行查出及收前任隔屬刺字書役者，均降二級調用。公罪。

挂名吏役

一、各省大小衙門有素不在官之人挂名吏役，圖避差徭，本管官知情者，降三級調用。私罪。不知情者降一級留任。公罪。接任官失於查出，亦降一級留任。公罪。

一、姦民犯罪冀免拘拏，於未經到案之先暗向上司衙門倒提年月挂名吏役者，許地方官一面出差拘訊，一面申請上司斥革。如地方官不行差拘詳革，以及該上司轉爲庇護不即除名，均降三級調用。私罪。

濫賞差票

一、各州縣官有將差票故賞衙役者，革職。私罪。該上司自行訪聞揭參者，免議。如失於查察府州降一級留任，道員罰俸一年。俱公罪。

一、各州縣官濫給白役牌票差遣公事者，降三級調用。私罪。致有婪贓累民者，照故縱例革職。私罪。

嚴禁白役

是外省州縣額設官役原有定數，豈容任意增添。近來各州縣俱有無名白役，什百爲羣，遇有詞訟事件，官出票差，伊等即隨同滋擾，勒索訛詐，威逼良民，大爲閭閻之害，實可痛恨。本年直隸正定縣生員王之選等呈控吏役包攬車輛一案，審出該縣吏役多至九百餘名，已屬可駭。然正定係九省通衢，猶得以差務繁冗需人幫辦爲詞。若該御史摺内所稱浙省仁和錢塘兩縣正身白役不下一千五六百名，該二邑更非直隸州縣可比，何得紛紛募雇，倚勢病民，不可不嚴申例禁，著名省該管上司官員嚴加查覈，將各衙門所有白役立即裁汰務盡。一面將現設官役按名報部，將來如有蠹役滋事之案部中檢查原册，如係正身官役將該管官照例議處外，若係原册無名即應治州縣官以違制之罪，并將失察該上司從嚴議處不貸。欽此。

一、督撫衙門除經制衙役外，如有添設儲將隨征戎旗傳宣轅門材官聽用長隨在標効用不行裁汰者，將該督撫降二級調用。私罪。

一、各州縣衙門如有白役分頂合夥詭捏姓名倒提著役年月等弊，該管官知情者，降三級調用。私罪。失於覺察照不行裁革冗役例，降二級調用。公罪。白役人等治罪。

一、各州縣衙門經制衙役於額增幫役之外，尚有多留者，該管官降一級留任。公罪。如正身衙役私帶白役，將未經查出之該管官罰俸六個月。公罪。

衙役滋事

一、地方官故縱衙役滋事者，革職。私罪。

一、地方官所差衙役於例應拘提之犯有因索詐使費教串供詞私用非刑拷逼致死者，失察之該管官降二級調用，未經致死者降一級調用，俱公罪。若並未用刑拷逼而正犯及該犯家屬有因凌逼嚇詐情急自盡者，失察之該管官亦降二級調用。公罪。其但因鬬毆口角别項滋事致釀人命，無論奉差不奉差，將失察之該管官降一級調用。未釀命者降一級留任。俱公罪。

一、凡衙役致死人命，致釀人命之案地方官，雖咎止失察，俱應照例議處。該督撫隨案附參，不得以訪拏究辦爲詞冀邀寬免。若但滋事而無人命，地方官能自行查出究辦者，仍准免議。

一、人犯到案，地方官務先查驗有無拷逼傷痕。如有痕據即將該差役訊明治罪，若不行查驗别經發覺，降三級調用。公罪。

一、衙役藉差滋事，以致被人毆斃者，地方官降一級留任。公罪。如奉差辦公，並未滋事，以及本身私事被人毆死者，地方官俱免議。

一、嗣後書差勒索平民，及例應拘提之案索詐得贓，致斃人命，拷打致死，犯應絞决，如本管官知情徇隱者，革職提問。未經致死知情徇隱者，降三級調用。私罪。

一、解犯進省如有上司衙門書差藉端勒索規費，許該府州縣直揭上司，立即嚴拏懲辦。儻該州縣瞻顧容隱，别經發覺，照徇庇例降三級調用。私罪。咸豐五年二月十七日刑部會議奏定。

番役獲犯滋弊

一、番役拏獲人犯限即日送交營弁轉送提督衙門審訊，儻有不即送官羈留鎖押拷逼勒索私行取供，該管官自行查出究辦者，免議。如别經發覺，係誣良而已致死者，將該管官革職，上司罰俸一年。係誣良而未致死者，將該管官降三級調用，上司罰俸六個月。以上俱公罪。若將例應緝拏之犯鎖押拷逼已致死者，該管官降二級調用，未致死者該管官降一級調用。俱公罪。其有得財縱放者，該管官照失察書役犯贓例議處。例載本卷。如止係私行取供並無拷勒逼索情事，將該管官罰俸一年。公罪。其五城坊捕屬御史管轄者，亦限即日交送該管官轉送巡城御史審訊，如有獲犯滋弊，悉照前例議處。

在官人役滋事

一、五城司坊總甲有借端滋事需索居民鋪户者，按律治罪。司坊官故縱者，革職。私罪。失於覺察照失察衙役犯贓例議處，例載本卷。自行查出究辦者免議。

一、地方總甲保正鄉約甲長墟長社長及一切在官人役滋事已釀命者，地方官降一級留任。未釀命者地方官罰俸一年。俱公罪。如已經釀命地方官雖訪拏究辦仍照例處分，未經釀命地方官能自行查出究辦者，免議。故縱者，革職。私罪。其已革衙役滋事，亦照此例議處。

《大清會典（光緒朝）》卷一二《吏部・驗封清吏司》 設在官之人以治其房科之事，曰吏。凡京吏之別三：一曰供事，宗人府、内閣、上諭館、文淵閣、翰林院、詹事府、中書科、内廷三館、及修書各館、各衙門則例館，皆曰供事。二曰儒士，禮部於經承之外，復有儒士。三曰經承。部院衙門之吏，以役分名，有堂吏、門吏、都吏、書吏、知印、火房、獄典之别，統名曰經承。外吏之別四：一曰書吏，總督巡撫學政各倉各關監督之吏，皆曰書吏。二曰承差，總督巡撫於書吏之外，復設承差。三曰典吏，司道府廳州縣之吏，皆曰典吏。四曰攢典。首領官佐貳官雜職官之吏，皆曰攢典。皆選於民而充之，宗人府、内閣、翰林院、詹事府、供事，由考取。内廷三館、及修書各館供事，由内閣翰詹等衙門供事送館，則例館供事，由本衙門經承貼寫充補，儒士由經承轉補，餘皆募充。役五年而更焉，非經制者，曰貼寫、曰幫差，其濫者禁之。

凡各衙門之吏，在京則任其管轄之官而稽察之。在京衙門之吏，宗人府以府丞專管，内閣以典籍專管，翰林院以典簿專管，詹事府以漢少詹事專管，六部以漢右侍郎專管，理藩院以右侍郎專管，都察院以副都御史專管，通政司以參議專管，各寺以漢少卿專管，國子監以漢司業專管，欽天監以漢監副專管，太醫院以院判專管，六科以漢掌印給事中專管，中書科以漢掌印中書專管，内務府亦以總管大臣一人專管，其各衙門有司廳者，司廳承辦官，並責成稽察。外省則任稽察衙門，府州縣之吏，以本管道爲稽察衙門，無本管道者，以按察司爲稽察衙門，兩司及各道衙門之吏，以督撫爲稽察衙門，督撫總河總漕學政衙門之吏，則自行稽察。歲終，本管官取其結而申焉。有重役者，朋充者，役滿不退者，舞文弄法者，皆治以法。

凡經制之吏，五年役滿則考職，京吏事簡者，及外吏皆考職。孟秋之月，在京則堂官，外省則總督若巡撫，彙其已滿之吏而考焉。試以告示申文各一，取者，京吏無過十之七。外吏無過十之五，其僅止一人不敷録取者，如果當差勤慎，文理明通，亦准録取。一等爲從九品，二等爲未入流，咨部給照，遂註册入於銓選。惟京吏事繁者，及烏里雅蘇台效力之供事，役滿皆免考職。京吏掣籤，授從九品未入流職。烏里雅蘇台供事議叙，授府經歷職，皆註册入於銓選。

額外郎中、員外郎、主事、七品小京官，無定員，由堂官分派四司，一體辦事。

筆帖式，滿洲五十有七人，蒙古四人，漢軍十有二人。由堂官分派四司。

（清）李桓《寶韋齋類稿》卷五《官吏・嚴飭各書吏諭庚申年二月江西督糧道任内》 各科承辦公務，理宜隨時留心。應照例行者，即速查照辦理。其有稍涉懷疑不得辦法者，應即時具稟請示候批遵辦，豈能任意延置高閣不理。如藩司移催辦蠲各縣多次，早應將現在詳候院批緣由簡明登復，以杜鱗催。乃任催不應，以致昨次來文曲筆煩言，若譏若諷。書云行有不得者，必反求諸己。本道批閲此文，實用慙媿。溯自莅任以來，於今五載，凡各科度歲開局之類，無不津貼經費。又一切稟請札提飯食等件，無不俯如所請，曲爲體恤。本道待爾等不爲不優，乃爾等喪心昧良，不遵訓誨，狃於怠玩之習，全不以公事爲重。豈以爲本道可欺耶，抑以爲非爾等經承即不能辦公耶，反復思之，痛憾之至。除此案蠲緩局各書應如何示罰，即飭爾等公同稟奪外。今與爾等約，嗣後一切辦公，除查出關涉弊混情節重大立即按律懲辦，其一切上下平移文件，有一定辦法而不速辦，無一定辦法而不即時稟示速辦，任意玩忽，以致嚴札查催，及咨稟請催，並錯誤遺漏者，定將該科經承即日槩行革退，決不寬貸一名。本道諄諭已盡於此，定不食言，其各凜之慎之。特諭。

《清實録》乾隆二年七月 總理事務王大臣等，議覆尚書那蘇圖奏，各部院册檔，俱交書吏收貯，恐有任意更改，應特派人員管轄。請於每旗佐領下，選通曉漢文者三十名。另設一學，由八旗廢員内，另擇熟諳律例者三員，作爲教習。俟三年期滿，令内務府大臣等考試，分部行走等語。應如所請，准其揀派習學，俾于衙門事務有益，且書吏弊端亦可漸除。從之。

《清實録》乾隆三年十一月 吏部議準，盛京刑部侍郎覺羅吴拜疏言，盛京刑部本章，請照京刑部之例，漢本備載案呈，清本繕寫看語。並添設繕本書吏三名，五年役滿，照例送部考職。從之。

《清實録》乾隆十二年三月 吏部等部議準，湖南巡撫楊錫紱奏稱，各府州縣，設立科房，原以收貯案卷，最關緊要。查湖南府州縣，竟有書吏不入衙門，一切案卷，俱存私室。請嗣後如書吏不入科房，並將案卷攜歸私室等弊，該管官不行查出者，照約束不嚴例，降一級調用，並請邊遠省分，有似此者，亦一體飭查。從之。

《清實録》嘉慶二十四年五月　己巳，諭内閣：向來各部院衙門，設有筆帖式，原爲繕寫清文。該部院衙門遇有繕寫清文之事，應令筆帖式等繕寫。若系漢字，則應書吏繕寫。昨因帶領侍衛引見緑頭牌内有誤寫字樣，查系侍衛處書吏李英華代寫，殊屬非是。已另降諭旨，將侍衛處書吏逐出。惟思各部院衙門，亦有令書吏代寫清文者。此等習氣不除，則將來筆帖式等，必致不能繕寫清文矣。著通諭各部院衙門：嗣後凡有繕寫清文事件，俱著筆帖式繕定，不準令書吏代寫。此時各部院衙門，如有代寫清文書吏，著即行逐出，永遠禁止。

紀事

（清）李漁《資治新書二集》卷一二《官常·清查吏書履歷》　漳南守憲陳大來諱啓泰閩東人照得各房書吏承行憲件，繕寫文移，爲衙門必需人役，但須從無過犯之人，始可投用。若以匪類厠足，未有不爲舞文壞法之事者。但從來下司衙蠹造惡多端，慮人告發，必向上司衙門買缺，竄身以避風浪，是上司兩廊久爲藏垢納汚之地。本道熟知其弊，兹當涖任之始，合行清查。爲此示仰六房吏書，各人自具手本，細開履歷，從前在某衙門跟過某官，曾否犯事，一一開載明白，以便稽察。嗣後各房有缺，需人頂補者，亦必稽察履歷。如係某衙門舊役必須問過本官有無壞法，如其可用方准收留。此遡本窮源之法也。如有過犯實蹟，隱匿不開，計圖留用者，或經本道查出或遇讐家告發，除革出不用外，仍加痛懲擬罪，以杜欺朦。特示。

（清）朱奇政《同安紀略》卷首《告示·丁口諭》　諭造册書吏人等知悉：此回清查米額匀配丁口務要徹底澄清，使以後餉銀、丁口銀井井畫一，無隱匿無包賠，爲主查得多出一石即爲五十三圖都百姓於餉銀、丁口銀額匀減一石。本縣一不圖做富國瘠民，假有才能，其實陰害了自己子孫的官。一不想查出弊來生端挐問做賊打刼的官。總以民得均匀沾實惠爲主，你們各有子孫，亦各宜猛省。其查出舊册有澇者，造明之後本縣爲汝等印封存庫，以免爾等之後害，用心收撿。特諭。

（清）張五緯《風行録》卷四《衡州府·嚴諭各縣書差》　嚴諭該縣書役人等知悉：爾等服役公門，應知法紀，豈容枉法取財，玩法滋擾。訪聞各屬遇有詞訟事件，一票四差，乘坐兜轎，私帶白役多名，嚇詐資財，勒索酒食，逼騰卧室，任意蹂躪，枉拿賣放，無所不爲。迨至到縣，書吏復曾擱壓，高下其手，或串通私押，暗室空房，致使不得坐卧，或與賊匪一同收管，囑賊百般凌辱，使之極苦，自然哀乞告饒，重賄求脱。經差分肥既飽慾壑，原差始遞到單，經承方送牌卷，種種弊害，實難枚數。更有異聞者，每逢報驗命案，吏仵門皂以及轎傘執事人夫、白役人等，竟有七八十及百餘名之多，蜂擁滋擾，盡情需索。果係真正命犯，自有應抵之條，豈容因其有罪，任意勒取資財？若自縊、自溺之案，多因誣告牽連，廉明當廠訊明，即可省釋，更不應威逼其賣産失業。及到縣中，或屍親所訛未能如意，經差索詐未能盡得，此案竟可屢月不結。並有屢結屢翻，經年不能結案者。其間豈盡屍親刁健耶？案完之後，其被告被誣，及案外生發等弊正多，恐不止於破家蕩産已也。天鑒分朗，爾輩作惡者，孽報其不遠矣。諺云公門好修行，人力可回天。苟能痛改前惡，力行善事，尚有功過相抵之希冀。倘怙惡不悛，雖天報有早遲之分，恐官法無倖逃之日。除飭縣禁革各弊並諄切曉諭外，本府不時密訪確查，一經查出，定將惡蠹經差先行提府，立斃杖下。所有貪索酒食圖分下廠規禮者，逐名鎖拿到案，按名從重究治。本府執法如山，各宜猛省，以保身命，勿謂言之不早也。此諭。

（清）張五緯《風行録續集》卷一《岳州府續集·嚴禁書役濫收規例》　爲嚴禁書役濫收規例以除積弊事：照得農民一絲一粟，盡屬脂膏，豈容在官人役無端苛索？本府莅任以來，訪聞各屬户糧册，差人等均照分，定都申。每遇秋收之後，私行下鄉，勾通各甲牌保，每糧一石，收規穀五六斗、棉花七八斤不等。雖經嚴切示禁，誠恐此風尚未盡除。兹届秋收，除飭縣密訪查拿外，合亟出示曉諭。爲此，示仰各該縣書役人等知悉，嗣後毋得私行下鄉，濫收規例，苛索小民。倘敢故違，或被告發，或經訪聞定，提該書役到府治以索詐之罪。本府言出法隨，決不寬貸。各宜凛遵毋違。特示。

《大清會典（嘉慶朝）》卷九《吏部・驗封清吏司》　設在官之人以治其房科之事曰吏。凡京吏之别三：一曰供事，宗人府、内閣、上諭館、文淵閣、翰林院、詹事府、中書科、内廷三館，及修書各館，各衙門則例館，皆曰供事。二曰儒士，禮部於經承之外復有儒士。三曰經承。部院衙門之吏以役分名，有堂吏、門吏、都吏、書吏、知印、火房、獄典之别，統名曰經承。外吏之别四：一曰書吏，總督、巡撫、學政、鹽政、各倉、各關監督之吏，皆曰書吏。二曰承差，總督、巡撫、鹽政於書吏之外復設承差。三曰典吏，司道府廳州縣及司府首領官之吏皆曰典吏。四曰攢典。州縣佐貳官雜職官之吏皆曰攢典。皆選於民而充之，宗人府、内閣、翰林院、詹事府供事由考取。内廷三館及修書各館供事由内閣翰詹等衙門供事送館，則例館供事由本衙門經承貼寫充補。儒士由經承轉補，餘皆募充。役五年而更焉。非經制者，曰貼寫，曰幫差，其濫者禁之。

凡各衙門之吏，在京則任其管轄之官而稽察之。在京衙門之吏，宗人府以府丞專管，内閣以典籍專管，翰林院以典簿專管，詹事府以漢少詹事專管，六部以漢右侍郎專管，理藩院以右侍郎專管，都察院以副都御史專管，通政司以叅議專管，各寺以漢少卿專管，國子監以漢司業專管，欽天監以漢監副專管，太醫院以院判專管，六科以漢掌印給事中專管，中書科以漢掌印中書專管，内務府亦以總管大臣一人專管，其各衙門有司廳者，司廳承辦官並責成稽察。外省則任稽察衙門，府州縣之吏，以本管道爲稽察衙門，無本管道者以按察司爲稽察衙門，兩司及各道衙門之吏以督撫爲稽察衙門，督撫總河總漕學政鹽政衙門之吏，則自行稽察。歲終本管官取其結而申焉。有重役者役滿不退者，舞文弄法者，皆治以法。

凡經制之吏，五年役滿則考職。京吏事簡者，及外吏皆考職。孟秋之月，在京則堂官，外省則總督若巡撫，彙其已滿之吏而考焉。試以告示申文各一，取者京吏無過十之七，外吏無過十之五。其僅止一人不敷録取者，如果當差勤慎文理明通亦准録取。一等爲從九品，二等爲未入流，咨部給照，遂註册入於銓選，惟京吏事繁者，及烏里雅蘇台效力之供事，役滿皆免考職。京吏掣籤授從九品未入流職，烏里雅蘇台供事議叙授府經歷職，皆註册入於銓選。

額外郎中員外郎主事七品小京官。無定員，由堂官分派四司一體辦事。

筆帖式，滿洲五十有七人，蒙古四人，漢軍十有二人，由堂官分派四司。

掌繙譯，給使令。

《大清會典（光緒朝）》卷五五《刑部・尚書侍郎職掌》　據供以定案。凡有司讞獄，令招房書吏照供録寫，當堂讀與兩造共聽，果與所供無異，方令該犯畫供。該有司親自定稿，不得假手胥吏，致滋出入情弊。如有司將供詞輒交與經承，致有增删改易者，許被害人首告，題參議處。書吏受財者，以枉法論。若犯人果不識字，許令在官不干礙之人，依招代寫。若吏典代寫，即罪無出入，亦以違制論。初次供招，不許擅自删改，俱應詳載揭帖。若承問官增減原供，希圖結案。按察使依樣轉詳，令督撫嚴察叅處。按察使亦不得借簡招之名，故爲删改。儻遇有意義不明，序次不順，與情罪並無干礙，即就近覈正申轉，將改本備案，不得發换銷毁。如承審官改造口供，故行出入，或草率定案，證據無憑，枉坐人罪者，並行革職。

（清）張之洞《張文襄公全集》卷一六一《公牘・批牘・批襄陽稟裁革路差出示曉諭光緒十六年十月二十六日》　查路差假催糧爲名，凡詞訟案件，遇事指詐，高下其手，種種弊端，實爲民間大害。州縣經徵錢糧定例，花户自封投柜，本不準假手書吏，但零星小户，距城窵遠，一切飯食費用，轉多于正項。該府所擬量地遠近，分設鄉柜數處，選派司事，分撥書吏，比對簿册，裁給板串各節，自系爲便民起見。惟其間章程，應如何方臻妥協，應由司妥爲核議詳覆，并即將路差名目，永遠革除。命盜詞訟案件，照例票差，緝拿拘傳。倘仍冒路差名色，借案詐索，一經指控，即行嚴究。仰北布政司會同按察司，一并出示頒發，張貼曉諭，務使民間周知路差業經裁革，不致仍前受其欺混。并飭該縣遵照，仍候撫部院批示。繳。

（清）薛允升《唐明清三律彙編・刑律・受贓・官吏受財》　雍正七年九月間，刑部議覆貴州按察使趙宏本條奏内稱：嗣後直省刑名大小衙門於每房書吏，各給循環號薄二本，一存内署，一存科房。凡欽部案件及自理民詞，務須逐件登記明白。已結者，將緊要批飭看斷摘録事件之下。隸結者，註明月日緣由按限完結。其有本官删改各稿，亦皆逐一謄清鈐印粘卷。如遇官員交代，即將循環號薄造入交代册内申報上司。至書吏頂充，亦令交割清楚，送本官按薄查覈。如有改换抽匿等弊，書吏照增減官文書治罪。至承審事件，倘有書吏朦隱耽擱以致遲延逾限，除本官照例參處外，將朦擱書吏照隱漏磨勘卷宗律治罪。如係受賄擱者朦擱者，書吏計贜以枉法從重論，並將賄屬之人照律治罪。本官失於覺察者，照例參處。等因具奏。奉旨：依議。欽此。在案，因纂定此以預謀不受財者，事若枉法，止依曲法首從論，不合據贓爲罪。又，《疏議問答》問曰：依律：共盜者併贓論。其有共受枉法之贓，合併贓科罪否？答曰：《枉法》條中無併贓之語，惟云官人受財，復以所受之財分求餘官，元受者併贓論，餘各依已分法。其有共謀受者，不同元受者之例，不合並贓得罪，各以已分爲首從科之。

《清實録》乾隆十二年三月　湖北巡撫陳宏謀奏：嚴禁各州縣書吏徵收錢糧，抽取侵蝕積弊。得旨：是。自可嚴其將來，不必究其已往。

《清實録》乾隆三十九年八月　己丑，吏部議覆：御史范宜賓奏，請嚴書吏充補一摺。查各衙門額設書吏缺出，該管官於辦事貼寫內，揀選充補，咨報吏部，轉行原籍地方官，取具印結，准其著役。至事簡衙門，向有未設貼寫，遇書吏缺出，招募願充之人，考其字畫，足供繕寫者，按名充補，仍取本籍地方官印結，定例遵行已久。今據該御史奏稱，科道書吏，系自行充補，恐有互相緣引，及買缺營求等弊。請自今年始，隔三年招考一次，選取百餘名，缺出按册掣簽充補等語。查科道城廳司坊，書吏多寡不同，辦事亦繁簡不一，若必三年一次，考取充補，不特事涉紛繁，且其人之果否諳習，無從豫知。請嗣後都察院科道兩廳，並各城司坊等處，如有書吏缺出，即照各部院之例，於貼寫内揀選年久歷練者充補。如本無貼寫令該管官，照例出示招考，不許已滿書吏，從中緣引，仍照例取結著役。得旨允行。

《清實録》嘉慶四年八月　諭内閣：光禄寺少卿戴均元條奏各省倉儲乘時買補以歸實貯一摺。内稱外省州縣設立常平倉谷，原恐民間偶有荒歉爲賑恤平糶之用。近年以來多有缺額，或因公動用尚未買補，或有司虧缺，未經交代。多半按照部價，將銀兩存貯庫内輾轉流抵以圖省便。其照額實貯在倉者，十無二三。每遇秋收，上司間亦催令領價買補，而各州縣多以糧石短少，恐妨民食爲詞。實則因領價之時，上司衙門書吏人等克扣使費，必致谷價不敷，是以視買補爲畏途等語。所奏深中時弊，國家設立常平倉谷，原備民間緩急之需。若不照額存貯，僅將谷價貯庫，猝遇需米之時，豈銀兩所能濟用。日久挪移，并有谷價亦屬懸宕者。有名無實，均屬不成事體。且當軍務轉輸，鄰省均須協撥米石，每遇奉文碾運，往往周章失措，所關尤爲緊要。著通諭直省各督撫，通行所屬，一體稽查。據實具報，如有缺額，及存貯谷價之處，以栖年秋收爲期，除被災州縣，酌量情形另行勒限買補外，其餘各州縣，務令及此豐收買補實貯，不得仍前僅存谷價。或恐市價增昂，惟當臨時調劑，不得藉詞搪塞。并嚴禁各衙門書吏克扣抑勒諸弊，儻敢虚應故事，並不實力整飭，一經發覺，必將各督撫，及原虧各員，分別治罪。勿謂誥誡之不豫也，將此通諭知之。

《清實録》嘉慶五年正月　特諭各省督撫：國家設立倉庫，原備各省緩急之用，豈容稍有虧缺。若清查過急，州縣借彌補爲名，復有勸捐派累之事，是爲民反成害民之舉，理財變爲聚斂之弊矣。若勒限在任彌補，則是剜肉補瘡，無益有害。朕深知此弊。大抵州縣虧空，不畏上司盤查，而畏後任接手。上司不能周知，盤查仍須書吏，臨期挪湊，賄囑簽盤，況爲期迫促，焉能得其真實，此所以不畏上司盤查也。惟後任接手，自顧責成，無不悉心查核，書吏亦自知趨向新官，不能隱藏册簿。然此皆向來之弊，非近年情形。近年則新舊交相聯絡，明目張膽，不特任内虧空未能彌補，竟有本無虧空，反從庫中提出帶去，名曰仿虧空，竟移交後任。後任若不肯接收，則監交之員，兩邊説合，設立議單。其不肯説合者，又令寫具欠券，公同書押，以國家倉庫作爲交易，實屬從來未有之創舉。凡此弊端，朕在深宫皆知，況親臨之督撫獨不知乎。即知而不辦之故，則因三節兩生日之私情，有礙顔面，間有一二清正大員，又以不辦不積陰功。殊不知保全一貪官，害百萬生靈，其損陰功大矣。總之百姓不可剥削，倉庫不可虧損，其如何從容彌補之法，則在督撫悉心講求，無欺無隱。密奏章程，候朕酌定，亦不拘年限也。特諭。

《清實録》道光三十年九月　諭内閣：御史文光奏，請飭查禁貪污一摺。據稱直隸易州知州朱家學署内，有書吏胡人槤，在該州署外土地祠私立銀柜，包攬租糧，任意折算錢文。糧銀租銀折錢，俱較市價增昂。該州錢糧，本年三月間，降旨蠲免十分之七，該書吏竟敢捏稱梓宫經過道路兩旁，三里爲度，按三分蠲免，餘俱照舊催徵。似此蠹吏殃民，該州豈竟毫無知覺，若不嚴加懲辦，何以除積蠹而重民生。著訥爾經額，提集人證，徹底根究。如該州有知情故縱情事，著一并從嚴參辦。至勒折浮收，貽害閭閻，恐他省亦所不免。著各直省督撫，隨地隨時，嚴查密訪。如有蠹吏貪官，仍行浮收勒折，一經查出，即行參辦，毋得姑息容隱。將此通諭知之。

《清實録》**咸豐元年八月**　諭内閣程矞采奏：湖南吏治廢弛，皆因大員未能表率，致各州縣相率因循，前任布政使現任大理寺卿萬貢珍，在任七年，馭下過于寬縱，因而屬員膽大妄爲，丁役營私舞弊，門丁書吏因緣爲奸，弊端百出，吏治所由日壞。現在告病之辰永沅靖道吕恩湛，由捐納知府，在省數十年，專事逢迎，廣爲結納。辰沅道任内所管屯糧經費，虧欠甚多，交代難于結報，似此顢頇辦事，貽誤地方，若不嚴行懲創，何以除積習而儆將來。萬貢珍、吕恩湛均著先行交部嚴加議處，即著程矞采查明該二員任内劣跡，并吕恩湛虧欠屯糧曾否交代清楚，據實具奏，毋稍徇隱。至現經查出各州縣門丁書吏因緣舞弊各案，亦即逐款嚴行究辦，以挽頽風。

《清實録》**咸豐三年三月**　諭軍機大臣等：據春山等奏，本月初七日，鑲黄旗漢軍都統衙門，接到琦善由六百里咨送文書一件，内稱，現準鑾儀衛使武慶文稱，伊子海興報捐通判，情愿自備資斧，跟隨軍營效力，該大臣以需人孔亟，準其隨營，咨明該都統查照。惟細閲來文，内外關防五顆，篆文糢糊，難以辨認，且核計驛遞日程，亦不符合等語。著琦善查明武慶之子海興，曾否準其隨營效力，本年二月二十三日，是否自滁州封發咨文，因何用六百里驛遞，一并據實具奏。原摺鈔録，并咨文，均發給閲看，將此諭令知之。尋奏，鑾儀使武慶之子海興，隨營效力，咨明該旗，文書系本年二月二十三日，自滁州封發，書吏誤填六百里字様，正值軍務紛繁，一時未及覆核。報聞。

《清實録》**同治五年十二月**　〔己酉〕諭内閣：御史盧士杰奏，各省鄉試請飭部先期發條例暨續增事宜一摺。鄉試爲國家掄才大典，理宜整肅場規，力祛弊竇。禮部科場條例本極詳備，久經頒發，各省一體遵辦。乃日久視爲具文，弊端百出，承辦鄉試書吏往往于彌封等所，互相句串，暗通消息。若不申明條例，嚴加防范，流弊伊于胡底。嗣後，每遇鄉試年分，著禮部將科場條例及續增事宜先期頒發各省，該提調監試房考各官務當恪守成規，力杜關節，以副朝廷拔擢真才至意。

程限分部

論說

（清）鄭端《日知堂文集》卷一《湖南奏疏》 巡撫偏沅等處地方提督軍務兼理糧餉都察院右副都御史臣鄭端謹題。爲歸旗違限有因遲留原非無故祈請分別查處以邀皇恩事。該臣看得漢軍官員向因卸事之後，每多遲延不肯回旗，經過地方往往私自容留，不行驅逐，所以定有處分之例。蓋漢軍既卸原任之事，自應作速回旗，乃規避逗遛日久不歸，經過地方各官自當上緊督催，乃敢狥私縱容，潛住不去，一體處分，誠不爲枉。但旗員之中有萬不得已之情而經過遲留亦有不得不然之勢，又當分别查議，難以一槩而論。如旗員之貪汚暴横，一掛彈章，奉旨審結，立驅就道，亦復何辭。若夫裁鈌丁憂降級解任病故人員或遇盛暑，或際嚴寒，或父母年逼風燭不耐長途，或妻子病勢纏綿不能前進，或不幸遇水火盗賊勢必求助親友，如此而稍緩時日，尚可支持。惝刻期驅迫，難免困苦。再查旗員攜有家口多由水路，湖南限隔洞庭周圍八百餘里，水天相際，不遇順風，勢難飛渡，坐候湖濱，十朝半月，俱不可料，此真天時之無可奈何者。旗員至此欲捨舟登陸，而家口衆多又無口岸，何處僱覔腳力，只得停舟久候，本身已違定限，地方官同受處分。再查旗員經過或眷口死亡或暴病求醫棺木藥物亦須製備暫留數日，此亦人情。乃地方各官迫於定例，自愛功名不管他人性命，差役驅逐立刻出境，甚至氣憤不平，兩不相下，交口争鬧，全無雅道，此又人事出自意外，而其情更苦者也。臣查當日部議，原因回旗人員未定有到京之限恐在途逗遛規避，所以此照赴任違限之例計日降罰，分别治罪並容留地方官一併議處。在部臣既此照赴任違限之例議處，而赴任違限有因取有地方官印結報部者，例得免議。今回旗人員如果有疾病事故亦宜照例取具印結報部，與經過地方官一體免議。再查定例，流徙人犯若遇嚴冬停其發遣，此乃有罪之人，尚蒙皇上寛恩憐憫，令回旗人員多係解任之官，除資斧有餘者不議外，其中有貧苦無奈，時遇嚴寒亦應暫停押解，以免凍餒。至於洞庭阻風，歲暮封印，所當按日扣算報部開除，同邀寛典。如此體恤，倘再有强横恣肆遷延規避者，即許所過地方官據實申報，輕則咨部，重則題叅，加等治罪。經過地方各官如果容留狥庇，不行申報，一並查叅議處，則回旗人員無故不敢停留，而事出有因者，亦得邀皇上浩蕩弘恩矣。臣謹具題，伏乞勅部議覆施行。

（清）張之洞《張文襄公全集》卷六《奏議·請免造交代細册片光緒九年六月二十九日》 再，州縣交代算結後，歷造細數清册，由本管道府州并監交加結，申送咨部。近年晋省交案，陳積太多。册結并非現交，皆系補造。而此項細册，每一州縣，均十數款。每款一册存案，及本管道、府、州、藩司、臣衙門、户部，各一分，共須册八九十本，結八九十張。一任即須此數。若一人而接數任、十數任交代，則須代爲補造册結四五百分，以至八九百分不等。而此册到部之時，距本員在任時，已在數年、數十年之後。其款早已支用。奏銷之人，早已升、調、參、故，于綜核之方，勸懲之道，毫無關涉。徒令勞費紙墨，耽延時日，而款目繁碎，豈能絶無點畫錯誤。不過爲各上司衙門書吏挑駁勒索之資而已。查州縣經管款項，若丁糧、耗羡、雜税、常年倉谷、兵米、學租之屬，其常年實征、實欠、動支各數；有本管道、府、州按季盤查册，有藩司衙門按年奏銷册。又有後任正雜無虧總結，層層覆核，防制極嚴。其有無虧短，原不待檢此細册而後知。交代定章，以最後出結之員是問。設有舛錯，責有攸歸。況現在辦理清查，各屬錢糧，虚實畢露。如其交結未清，咎在何任？不難按籍鈎考，分别參辦。即無此册，亦屬無從弊混。且晋省未結新舊各案交代，尚有二百余起。其已結而未經册報者，不下四五百起。光緒七年十二月，經前撫臣衛榮光奏準，將七年三月以前未結交案，寛免遲延處分，勒限清算。臣于上年十二月間，擇尤奏參，勒限清理。現在甫據各屬陸續呈送總結，若必責令挨任造具細册，奪其句稽之日力，無關庫帑之虚盈。且吏胥勒索，挑駁换造，必致遷延時日，欲速不能。惟有將光緒八年十二月以前新舊各案，例造細册，一概免其造送，俾得專力核報，庶幾積案可望速清。由清源局司道詳請具奏前來。臣查該司道等所請，均係實在情形，合無仰懇天恩，俯念晋省交案陳積，細册繁難，準令將光緒八年十二月以前各案，取具倉庫正雜無虧印加各結，咨部備案，免其造送細數清册，以歸簡速。所有城垣衙署，例應造報各項，臣仍隨時察看，不任稍有廢弛。其自九年正月起，仍照定例辦理。臣爲核實際以清交案起見，伏祈聖鑒。

旨：著照所請。該部知道。欽此。

（清）張之洞《張文襄公全集》卷一六《奏議·學臣出缺請旨簡放摺》

光緒十二年四月二十七日

奏爲學臣因病出缺，請旨迅賜簡放恭摺馳陳仰祈聖鑒事。竊據羅定直隸州知州杜庭璆稟稱：廣東學政胡瑞瀾于本年四月初一日，按試到州，已患氣喘腹瀉，照常校閱，積患辛勞，至是月十四日試竣，十五日力疾就道，赴連州。詎料開船行未十里，忽轉痰癥，醫藥罔效，即于是日酉刻因病出缺。據該學政家丁稟報，經該州會督同在城文武將身後事宜妥爲照料，委員將學政關防賫送赴省等因前來。臣等伏查學臣胡瑞瀾前曾督學粵東，清勤夙著。上年銜命復莅此邦，正承惠州一案物議紛紜之後，先聲所至，士氣已伸。到粵後，以沿途勞頓，即患氣喘，按試肇慶、羅定兩棚，關防嚴密，考校公明，場内監試、督察，必躬必親，摘發槍替弊端，評騭文字高下，力疾從事，不肯稍加休息，真才振奮，衆論翕然，實爲粵省士林之幸。乃以抱疚勤勞，遽至不起，深堪惋惜，應俟棺柩到省，由地方官接送回湖北原籍。所有廣東學政一缺，相應請旨迅賜簡放，以重學校。查各省學政遇有事故，例由督撫暫行署理。又雍正十二年、乾隆二十四年，先後議準學政離任將印信交巡撫代理，歷經辦有成案。兹學臣胡瑞瀾出缺，該衙門逐日均有應辦公事，臣等公同商酌，即由臣文蔚循例暫行兼理，至本年連州等處歲試，尚未舉行，應俟新任學臣到日再行補考。除兼理接任日期由臣文蔚另疏題報并咨部外，謹合詞由驛具陳伏乞皇太后、皇上聖鑒訓示。謹奏。

綜述

《大清律集解附例》卷二《吏律·職制·官員赴任過限》 凡已除官員，在京者，以除授日爲始；在外者，以領吏部所給。照會日爲始，各依已定程限赴任。若無故過限者，一日笞一十，每十日加一等，罪止仗八十，贖。並附過還職。若代官已到，舊官各照已定期，交割户口、錢糧、刑名等項，及應有卷宗籍册完備，無故十日之外不離任所者，依赴任過限論，減二等。亦附過還職。其中途阻風、被盗、患病、喪事不能前進者，聽於所在官司告明。給印信文憑，以備後日違限將文憑送官。照勘。若有規避詐冒不實者，從重論。當該官司扶同保勘者，罪同。

條例

一、官員赴任，兩司方面，行太僕、苑馬寺卿、少卿及鹽運司、府、州、縣正官，除原定硃限外，有違至一月以上，問罪；三月以上，送部别用；半年以上，罷職。内外凡領劄憑官員及佐貳、首領、雜職等官，違限一月以上，問罪；半年以上，降級别用；八個月以上，罷職。雖有中途患帖並不准理。其進表、朝覲、給由、公差等項，復任官員違限者，各照前例擬斷。

一、陞除出外文職，已經領敕、領憑，若無故遷延過半月之上，不辭朝出城者，參提問罪；若已辭出城，復入城潛住者，改降别用。

《大清律集解附例》卷三《吏律·公式·官文書稽程》 凡官文書稽程者，一日吏典笞一十，三日加一等，罪止笞四十。首領官首領官，吏典之頭目。凡言首領，正官、佐貳不坐。各減一等。若各衙門遇有所屬申稟公事，隨即詳議可否，明白定奪、批示。回報，若上司當該官吏不與果決，含糊行移，上下。互相推調，以致耽誤公事者，上司官吏杖八十。其所屬將可行事件不行區處，無疑。而作疑申稟者，下司官吏。罪亦如之。

條例

一、内外衙門公事，小事五日程，中事七日程，大事十日程，並要限内結絶。若事干外郡官司，追會或踏勘田土者，不拘常限。

《大清律集解附例》卷一七《兵律·郵驛·驛使稽程》 凡出使馳驛違限，常事，一日笞二十，每三日加一等，罪止杖六十；軍情重事，加三等；因而失誤軍機者，斬監候。若各驛官故將好馬藏匿，及推故不即應付，以致違限者，對問明白，即以前應得笞、杖、斬。罪坐驛官。其遇水漲路道，阻礙經行者，不坐。若驛使承受官司文書，誤不依原行題寫所在公幹。去處，錯去他所而違限者，減二等。四日笞一十，每三日加一等，罪止笞四十。事干軍務者，不減。若由原行公文題寫錯者，罪坐題寫之人，驛吏不坐。

條例

一、順治三年五月十五日，欽奉上傳：凡滿洲官，奉差往還，及在外緊急軍情賫奏，沿途經過地方，有司驛站等衙門，務要照依勘合、火牌、糧單，即時應付馬匹，並廩給、口糧、公所，如或違翫稽遲，許差官據實奏聞，定將本地方官並經管衙門員役，按其事體輕重，分別究治。雖本地方官公出，亦係平日怠翫，不能預飭，必不姑恕。着兵部傳諭。

一、各王府公差人員，但係尋常事務，及各王禮節往來，不許馳驛。有擅應付及假以軍情爲由馳驛者，處死。

一、各處水馬驛、遞運所夫役，巡檢司弓兵，若有用强包攬，不容正身著役，多取工錢，害人、攬擾衙門者，問罪。旗軍調發邊衛，民並軍丁人等，發附近，俱充軍。其官吏通同縱容者，各治以違制罪。若不曾用强多取工錢者，不在此例。多取工錢，問求索，計贓，依不枉法論。

一、直隸、江南、山東等處，各屬馬驛，僉到馬頭，情願僱募土民代役者，聽。若用强包攬者，問罪。旗軍發邊衛，民並軍丁人等，發附近，俱充軍。其有光棍交通包攬之徒，將正身姓名捏寫虛約，投托官豪勳戚之家，前去原籍妄拿正身家屬，逼勒取財者，所在官司應提問者，提問；應奏請者，將人員羈留，奏請提問。俱照前例充軍。該管官司坐視縱容者，參究治罪。光棍妄拿逼勒，問恐嚇詐欺罪律。餘同上。

一、會同館夫，供役三年，轉發該管官司，收當民差，另僉解補，不許過役，更易姓名，捏故僉補。違者，官吏一體坐違制罪；若五年以上不行替役，及近館無籍軍民人等，用强攬當者，俱問發邊衛充軍。

《大清律集解附例》卷一七《兵律·郵驛·公事應行稽程》 凡公事有應起解官物、囚徒、畜產，差人管送而輒稽留，及一切公事有期限而違者，一日笞二十，每三日加一等，罪止笞五十。若起解軍需，隨征供給而管送兼稽留違限者，各加二等，罪止杖一百。以致臨敵缺乏，失誤軍機者，斬。監候。若承差人誤不依題寫去處，錯去他所，以致違限者，減本罪二等；事干軍務者，不減。或笞、或杖、或斬，照前科罪。若由公文題寫錯而違限者，罪坐題寫之人，承差人不坐。

條例

一、各處有司，起解逃軍並軍丁，及充軍人犯，量地遠近，定立程限，責令管送。若長解縱容在家遷延，不即起程，違限一年之上者，解人發附近；正犯原係附近，發邊衛，原係邊衛，發極邊衛分，各充軍。

《刑部現行則例》卷上《公式》 一、凡在京畿內地事件，限一個月審結。如有內外咨查者，以回文到日爲始。在外者以被證到齊日爲始，限一個月審結。凡內外有催文三次全無回文者，題參。又九卿、詹事、科道會議，凡行提控告案內人犯，咨行八旗并總管內務府行提。於文到之日，即行查送過部。若越二日不行送部者，將該管官交與該部。若行提屯內居住人等，每日定限五十里送部，若違此限不送部者，差去之人，刑部鞭五十。及行直隸府州縣等處提人者，亦每日定限五十里，以文到五日內起解，若不照限申解，將該管官提參，交與該部，或有別故，詳開報部。若刑部司官，將應速結案件不行完結，故意推諉，行查提人遲延者，堂官指名題參，交與吏部從重議處，及刑部另議摺子一併進呈。奉旨：若依刑部之議，刑部并無事了，著依九卿、詹事、科道之議。嗣後將刑部議結細事照熱審減等例十日一次彙寫具題，其具題時，著將到部之日審起、完結之日俱行寫出。

一、直隸各省民間首告事件，凡關强盜情者，以首告到官之日爲始，定限一年，務要具題結案。若罪犯已獲，證佐已齊，情事已真，至一年已滿，承問官再爲遲延不行詳結，應聽該督撫查明題參，交該部議處。如該督撫徇情不參，被科道查出題參之日，應將該督撫一併交與該部議處。如案內或因正犯及要證未獲，情事未得真確者，該督撫題明展限等因具題。奉旨：凡應速結之事仍著速結。若并無可候之處，復因有一年之限，遷延日期，以致遲延者，從重治罪。餘依議。又各省、府、州、縣自理應結首告事件，俱限二十日內審明結案。若案內隔地提人行查，俟人文到日爲始，再限二十日內審明結案。至於該督撫批審事件，限一個月審明詳報。若案內提人行查，以人文到日爲始，再限一個月審明詳報，該督撫審明速結。俟年終該督撫將該府、州、縣審結事件查明。若有遲延隱瞞情弊，借端逾限者，即將該官職名開明題參，交與該部議處。督撫不行查參，別有發覺者，將該督撫亦行議處。其按察司親理事件，限一月內完結。如有遲延，限內不行審結，以致拖累人犯者，該督撫即行查參，交與該部議處。

如該督撫徇情不行題參，或被科道糾參，或被犯人首告，將督撫亦交與該部議處。

一、直隸各省人命事件，限六個月完結。如有逾限不結者議處。

一、督撫有公務在本省內行走者，不准展限。如監臨科場，准其按日扣限。及隔省提人，准其以人到之日扣限。若隔省出境行走者，准令題請展限。

一、督撫到新任接署者，俱以到任接署日期扣算。係四個月限期者，准展限兩個月完結。係六個月限期者，准展限三個月完結。餘仍照舊例遵行。

一、欽部緊要事務，仍速行完結。如有難於完結者，應准以到任之日爲始，照例展限兩個月完結。督撫有新到任者，均應停其具疏題請，照此例遵行。

一、奉天將軍并府尹，盛京刑部等部，凡一切咨文咨部者，兩個月回文不到即行查過部。寧古塔將軍，凡一切咨文咨部者，三個月回文不到亦即行咨查過部，以憑稽查。若違此定限始行咨查者，將行文官員，交與該部議處。

一、凡各省審結叛案內，凡有移咨解部流徙入官人口、家產，俱立限兩個月。自該省起解路途，解送人役，仍定限起發，違者題參。

一、凡五城應結之杖，若等小事俱應停送刑部，該城即行完結。

《大清會典（康熙朝）》卷一一《吏部・欽件部件限制》 國家懲官員之怠荒厥職，凡事下部議，及行查內外各衙門諸務，俱勒限完結。若逾期不覆者，則治以遲延之罪，所以儆曠官也。

順治十二年諭：事下部議者，限十日內具奏。需咨會各衙門者，限二十日內具奏。其事關刑名錢穀，不能如限即結者，先期題明。十三年議准：事由本衙門覆奏者，限二十日。由咨會各衙門覆奏者，限一個月。如有限內難結事情，聽該衙門預行題明展限。

又題准：直省欽件限期：地有遠近事有繁簡，直隸限三個月，奉天同。山東、山西限三個月，河南限四個月，江南、湖廣、陝西、延綏通限五個月，浙江、湖南、寧夏通限六個月，南贛限六個月半，福建、四川、廣西、甘肅、廣東通限七個月，各命依期奏結。如事有限內難結者，聽該督撫按詳開事由，於限內題請展限。十八年題准：凡行查在外事件，按地方遠近立限，以文到日爲始。直隸、山東、山西、河南、陝西限四個月，江南、浙江、湖廣、江西限五個月，福建、廣東、廣西限六個月，雲南、貴州四川限七個月。倘有繁重事情，限內不能即結者，許題明展期，其違限一月者，罰俸三個月。違限二月者，罰俸六個月。違限三月者，罰俸九個月。違限四五月者，罰俸一年。違限半年以上者，降一級調用。一年以上者，降二級調用。二年以上者，革職。違限不及一月者，免議。至各部院題覆一應事件，違限者俱照此例治罪。其本章咨文，送到日期，務于疏內註明。又議准：甘肅巡撫照四川例，限七個月報完。又議准：直省督撫，凡遇部院移行欽件，必逐一查明某部某事，係何月何日咨到。或前任督撫已違限期，方行交代者，命其明白具題。康熙元年議准：直省衙門事件，由督撫行司道府，司道府行州縣者，俱不得過二十日之限。若事不能如限即結，亦必預請展期。違者聽督撫糾參，照例治罪。三年議准：督撫題參遲延官員，必開明違限月日，違者聽該部院糾參，督撫罰俸六個月，其違限緣由，仍駁回查明。九年議准：直省巡撫遇欽件部件，以文到日爲始，通限四個月具題。其總督駐劄本省地方事件，照巡撫限期，通轄隔省地方事件，限六個月具題，違限者罪坐督撫，不得分坐道府州縣等官。又題准：陝西總督所管甘肅，兩廣總督與廣東巡撫所管瓊州，因相隔遥遠照隔省例限六個月具題。十五年議准：各直省事件，督撫違限半年以上者，降一級留任。違限一年以上者，降二級留任。違限二年以上者，降三級調用。違限不及半年以下者，處分仍照前例。如承問官將易結之事遲延不結，或將難結之事不預行申詳，經督撫題參雖期限未滿，及逾限不及一月者，承問官亦罰俸三個月，如事已完結者免議。至逾限一月以上者，不分事件已結未結，承問官罰俸一年，督撫計月處分。二十二年議准：督撫監臨科場日期，准其按日扣限，隔省出境者，准令題請寬期。若有公務在本省境內者，不得援例題請。又題准：奉天將軍府尹，及盛京各部，一切移部咨文，兩個月回文不到，即咨部請查。寧古塔將軍一切移部咨文，三個月回文不到，亦令咨部請查，逾此限者議處。二十三年議准：凡督撫新任接署事件，俱以到任署任日期扣算。原限四個月者，准展限兩個月。原限六個月者，准展限三個月，各遵照完結。又題准：新任督撫，有欽部事件難結者，准以到任日期爲始，展限兩個月，停其具疏題請。又議准：州縣官易結之事，遲延不結，違限三個月者，降三級調用，四個月者，革職。二十四年議准：凡本章揭帖，不論密題并平常事件，俱令原題衙門，計程定限發行，揭帖內即註明日期，於日期上鈐蓋印信，以便稽察。所給火牌，命經過驛遞用印，即填註所到起發日時，同本章投遞通政使司。至交與驛遞賫送本章，所給傳牌，亦令經過驛遞，填註所到起發日時，投遞通政使司查明。有違限者將提塘承差，交該部治罪。如有作弊事情從重究擬。若原題衙門，於本章揭帖批迴內，不寫日期，到京之後，在印信上填註日期者，除提塘承差交部治罪外，將原題將軍督撫提鎮等官，題叅議處。

又議准：福建督撫管理臺灣府事件，因阻隔重洋，以八個月爲限。二十五年覆准：臺灣欽部事件，限十個月具題。

《大清會典（康熙朝）》卷九九《兵部·處分雜例》 凡奉行事件限期。康熙十一年題准，督撫提鎮奉行欽部事件，俱以文到日爲始，通限四個月具題。總督駐劄本省地方，仍照巡撫限期外，所管隔省地方，亦以文到日爲始，限六個月具題。違限不及一月者，免議。違限一個月者，罰俸三個月。兩個月者，罰俸六個月。三個月者，罰俸九個月。四五個月者，罰俸一年。半年以上者，降一級調用。一年以上者，降二級調用。二年以上者，革職。倘有重大事情，限內難完者，許其題明寬限。若承管官將易結之事，遲延不結，或將難結情由不預行申詳，經督撫提鎮題叅者，違限一月以內罰俸三個月，一月以外罰俸一年。二十三年題准：督撫提鎮，違限半年以上者，降一級留任。一年以上者，降二級留任。二年以上者，降三級調用。

凡廻避。順治初定，武職官員有考核賢否等項，屬其管轄者，不論族屬遠近，令官卑者廻避。十八年議准：巡撫不管軍務，武職免其廻避。康熙十二年題准：各省巡撫俱管軍務，武職官員，仍令從卑廻避。

（清）周夢熊輯《合例判慶雲集·公事應行稽程兵》 吕蒙夜破荊州、赴援寔□于麋傳，孟明達襲鄭國，先馳伊賴于弦高，故欲濟軍國之需，須交勉馳驅之力。今某郵筒欵叚，驛置逡廵，横江舘前津吏迎，尚有風波之怯，石頭城畔音書絶，何無香火之情。不思王伽解縱之徒，如期而至，亦念仲達新城之捷，惟□乃成。違限期者議笞，誤軍機者論斬。

新例凡公事有應起解官物囚徒畜產，差人管送，而故稽留及事有限期，違者一日笞二十，每三日加一等，罪止笞五十。若起解軍需，隨征供給，而管送違限者，各加二等，罪止杖一百。以致臨敵缺乏失誤軍機者，斬。

（清）周夢熊輯《合例判慶雲集·官員赴任過限吏》 內職限以除授量日月而定後先，外官給以文憑揆道里而分遠近。程限既定，將奔走以何辭。職守攸關，雖艱難而益進。今某有志偃床，無心叱馭，在部無寬轉之限，何事稽留中途。乏事故之文，安從照勘。乃使文職無任事之吏，以致所司多代辦之虞。當計日以議笞，若規避者加罪。

新例凡已除官員，在京者以除授日爲始，在外者以領照會日爲始，各依已定程限赴任。若無故過限者，一日笞一十，每十日加一等，罪止杖八十，並附過還職。

（清）周夢熊輯《合例判慶雲集·官文書稽程吏》 小事五日，大事十日，責辦本有當期，在上有報，在下有申，區畫皆爲公務。判如流水，非曰勞臣。見事生風，豈云俗吏。今某任意擔延，罔知職守公移盈案，等掛壁之空文，程限移期，輙糊塗而了事。咎止違限，應加吏典之笞，事若誤公，即定本官之杖。

新例凡官文書稽程者，一日，吏典笞一十。三日加一等，罪止笞四十。首領官各減一等，若各衙門遇有所屬，中稟公事隨即詳議可否，明白定奪，回報。若當官該吏，不與果決，含糊行移，互相推調，以致躭悞公事者，杖八十。

（清）周夢熊輯《合例判慶雲集·驛使稽程兵》 金函捧詔，宜飛鄰令之鳧；玉節臨軒，難滯使臣之馬。故省災淮右，長孺不越三旬；鞫獄陝州，李侯未踰數日。今某故緣星軺，罔承日馭，九閽邃密，孤臣終遠于長安；萬里迢遥，龍命久稽于原隰。抑因煙雨堪留于北海，豈以丝竹可戀于東山。事分或重或輕，罪則由笞至斬。

新例凡出使馳驛違限，常事一日笞二十，每三日加一等，罪止杖六十。軍情重事加三等。因而失誤軍機者，斬。若各驛官。故將好馬藏匿及推故不即應付，以致違限者，對問明白，罪坐驛官。

（清）周夢熊輯《合例判慶雲集·造作過限工》 冬官列職，功嚴刻日之程。夏正司刑，法重愆期之戒。故成風運校，信庶而效人，官揆日呈，能餙材以辨民器。今某課功有地，居肆無時，候雁横秋，未覩戈予之利。寒蛩泣露，徒聞杼軸之聲。倘入駕樓船，王濬萬軸之舟莫應。設出需軍器，子儀千人之甲誰供。率以十分，笞之五十。

新例凡各處額造常課段疋軍器，過限不納齊足者，以所造之數十分爲率，一分工匠笞二十，每一分加一等，罪止笞五十。局官減工匠一等，提調官吏又減局官一等，若不依期計撥物料者，局官笞四十，提調官吏，減一等。

《大清會典（雍正朝）》卷一六《吏部·欽件部件限期》 國家懲官員之怠荒厥職，凡事下部議，及行查內外各衙門諸務，俱勒限完結。若逾期不覆者，則治以遲延之罪，所以儆曠官也。

順治十二年諭：事下部議者，限十日內具奏。需咨會各衙門者，限二十日內具奏。其事關刑名錢穀，不能如限即結者，先期題明。十三年議准：事由本衙門覆奏者，限二十日。由咨會各衙門覆奏者，限一箇月。如有限內難結事情，聽該衙門預行題明展限。又題准：直省欽件限期，地有遠近，事有繁簡。直隸限三箇月，奉天同。山東、山西限三箇月半，河南限四箇月，江南、湖廣、陝西、延綏通限五箇月，浙江、湖南、寧夏通限六箇月，南贛限六箇月半，福建、四川、廣西、甘肅、廣東通限七箇月，各令依期奏結。如事有限內難結者，聽該督撫按詳開事由，於限內題請展限。十八年題准：凡行查在外事件，按地方遠近立限，以文到日爲始。直隸、山東、山西、河南、陝西限四箇月，江南、浙江、湖廣、江西限五箇月，福建、廣東、廣西限六箇月，雲南、貴州、四川限七箇月。倘有繁重事情，限內不能即結者，許題明展期。其違限一月者，罰俸三箇月。違限二月者，罰俸六箇月，違限三月者，罰俸九箇月。違限四五月者，罰俸一年。違限半年以上者，降一級調用。一年以上者，降二級調用。二年以上者，革職。違限不及一月者，免議。至各部院題覆一應事件違限者，俱照此例治罪。其本章咨文送到日期，務於疏內註明。又議准：甘肅巡撫，照四川例，限七箇月報完。又議准：直省督撫，凡遇部院移行欽件，必逐一查明某部某事係何月何日咨到，或前任督撫已違限期方行交代者，令其明白具題。康熙元年議准：直省衙門事件，由督撫行司道府司道府州縣者，不得過二十日之限。若事不能如限即結，亦必預請展期，違者聽督撫糾參，照例治罪。三年議准：督撫題參遲延官員，必開明違限月日。違者聽該部院糾參，督撫罰俸六箇月，其違限緣由，仍駁回查明。九年議准：直省巡撫遇欽件部件，以文到日爲始，通限四箇月具題。其總督駐劄本省地方事件，照巡撫限期。通轄隔省地方事件，限六箇月。具題違限者，罪坐督撫，不得分坐道、府、州、縣等官。又題准：陝西總督所管甘肅，兩廣總督與廣東巡撫所管瓊州，因相隔遥遠，照隔省例，限六箇月具題。十五年議准：各直省事件，督撫違限半年以上者，降一級留任。違限一年以上者，降二級留任。違限二年以上者，降三級調用。違限不及半年以下者，處分仍照前例。如承問官將易結之事遲延不結，或將難結之事不預行申詳，經督撫題參，雖期限未滿，及逾限不及一月者，承問官亦罰俸三箇月。如事已完結者，免議。至逾限一月以上者，不分事件已結未結，承問官罰俸一年，督撫計月處分。二十二年議准：督撫監臨科場日期，准其按日扣限，隔省出境者，准令題請寬期。若有公務在本省境內者，不得援例題請。又題准：奉天將軍、府尹及盛京各部一切移部咨文，兩箇月回文不到，即咨部請查。寧古塔將軍一切移部咨文，三箇月回文不到，亦令咨部請查，逾此限者議處。二十三年議准：凡督撫新任接署事件，俱以到任署任日期扣算，原限四箇月者，准展限兩箇月，原限六箇月者，准展限三箇月。各遵照完結。又題准：新任督撫有欽部事件難結者，准以到任日期爲始，展限兩箇月，停其具疏題請。又議准：州縣官易結之事遲延不結，違限三箇月者，降三級調用。四箇月者，革職。二十四年議准：凡本章揭帖，不論密題并平常事件，俱令原題衙門計程定限發行，揭帖內即註明日期，於日期上鈐蓋印信，以便稽察。所給火牌，令經過驛遞用印，即填註所到起發日時，同本章投遞通政使司。至交與驛遞賫送本章，所給傳牌，亦令經過驛遞，填註所到起發日時，投遞通政使司查明。有違限者，將提塘、承差交該部治罪。如有作弊事情，從重究擬。若原題衙門，於本章揭帖批迴內不寫日期，到京之後在印信上填註日期者，除提塘、承差交部治罪外，將原題將軍督、撫、提、鎮等官，題參議處。又議准：福建督撫管理臺灣府事件，因阻隔重洋，以八箇月爲限。二十五年覆准：臺灣欽部事件，限十箇月具題。三十七年覆准：嗣後督撫題參違限者，務將易結不結情由詳查註明題參，照違限月日定例議處。如督撫將易結之事以爲難結，不行註明，朦混題參者，經部查出易結不結情由，將該督撫照徇庇例處分。四十六年諭：部院事務，科道官員於每月稽查其完結與未完結之處具題。其各省事務，並無稽查具題之處，以致錢糧盜案人命事務，往往遲延數年數月，至事務完結具題之時，始將逾限處一併題叅。嗣後凡奉旨之事，交與何官料理究審，完結與未完結之處，令該督撫等於春夏秋冬四季奏聞。其各部所交之事，完結與未完結之處，亦令各部稽察，於四季奏聞。五十二年恩詔：内外文武官員，除大計軍政處分外，其現在議革議降議罰戴罪住俸等項，各該衙門悉與奏明寬宥。遵旨議定：違限初叅各官，援赦免議。嗣後復以違限題叅者，照初叅例處分。若未經遇赦初叅各官，復經題叅者，仍照復叅例議處。五十七年覆准：嗣後凡交代承審遲延與追緝不力等應叅事件，該督撫不必另本具題，各照例限咨明各部處分，俱入彙題完結。又覆准：嗣後部駁再審事件，令該督撫虛心按律改正具題，承審官從前舛錯之處，免其議處。若駁至第三次，該督撫不爲酌量情罪改正，仍執原擬具題者，該部院衙門覆核改正，將承審各官併該督撫交部議處。雍正元年諭：各省已未完結事件，停其四季造册奏聞。又諭：户部事繁，科抄取三十日，會稿限四十日。又覆准：盛京一切事件，均照京城之例，勒限完結。又覆准：定例部院衙門案件，皆有二十日限。嗣後各部院堂司皆立用印檔案，事件一到，即行定稿。定稿後即行翻譯説堂，不得彼此推諉觀望，堂號簿用堂印，司號簿用司印，以便稽察。二年諭：凡交下速議事件，限五日内完結。五年覆准：各省州縣奉到部文查審事件。定例：均以督撫准咨日扣算四箇月咨題，州縣距省程途遠近不一。若俱一例扣限叅處似未均平。嗣後奉部查審事件，除臺灣瓊州苗疆地方，仍照定例遵行外，其各省内地，均以州縣奉文之日起，扣限四箇月咨題完結。其州縣距省水陸里數遠近不一之處，行令各省督撫查明程限，扣定日期造册報部存案，於限滿咨叅之日，即將程途里數咨内聲明，各衙門照册查對，以杜捏飾遲延之弊。各該督撫與該上司接准部文，俱限於三日内，即行檄飭所屬，不得遲緩。如逾三日之限，照遲延事件例叅處。至督撫將部文行司，必由司而府轉行州縣，未免遲緩時日，應令各該督撫行司之後，即飭該司一面竟行州縣，一面仍行各該道府，轉行所屬。又諭：議政大臣、九卿、各部院衙門、八旗將應奏事件遲延者甚多，從來寬定限期者，特爲難辦之事應待行查，有需時日故耳。今看三兩日内可以完結之易事，亦謂尚未及限，怠慢推諉，置之即辦理具奏，及至屆限，始行具奏，與原定限期之意，實屬相違。凡事應隨到隨即辦理完結，乃將並非難辦之事，稽延時日，此不過從中作弊，以爲請托之地而已，毫無裨益。著議政大臣九卿，將易於辦理事務，作何另定限期之處，詳悉議奏。遵旨議定。嗣後除兩衙門會稿八旗會議，仍照定限完結外，一應不待查核易於辦理事件，如吏禮兵刑工等衙門，向例二十日完結者，今定限十日完結。户部向例三十日完結者，今定限二十日完結。其八旗及當月旗分所辦易結事件，俱定限十日完結。至議政及九卿會議，向無定限，嗣後如有行查事件，定限三十日完結。不待行查易完之事，限十日完結。定限之後，倘仍有怠緩遲延，互相推諉，以致違限未結者，内閣科道察出糾叅，照例議處。再兩衙門會稿，雖有定限，但止有主稿衙門逾限處分，以致稿案咨送去後，會稿衙門往往任意遲延，嗣後會稿移送之處，定限十日送回。如逾限不行送回，主稿衙門，即知會科道等題叅。

《大清會典（雍正朝）》卷一四〇《兵部·處分雜例》

武臣宣力四方，既厚奬賞以旌其能，復嚴處分以警其失。自督提以至將弁，職守所關，務期勤慎奉公，無曠無越。其一切通行事例分載各司，而處分則專屬職方，故以條例列如左。

凡奉行事件限期。康熙十一年題准：督撫提鎮奉行欽部事件，俱以文到日爲始，通限四個月具題。總督駐劄本省地方仍照巡撫限期外，所管隔省地方亦以文到日爲始，限六個月具題。違限不及一月者，免議。違限一個月者，罰俸三個月。兩個月者，罰俸六個月。三個月者，罰俸九個月。四五個月者，罰俸一年。半年以上者，降一級調用。一年以上者，降二級調用。二年以上者，革職。倘有重大事情，限内難完者，許其題明寬限。若承管官將易結之事，遲延不結，或將難結情由不預行申詳，經督撫提鎮題叅者，違限一月以内，罰俸三個月。一月以外，罰俸一年。二十三年題准：督撫提鎮違限半年以上者，降一級留任。一年以上者，降二級留任。二年以上者，降三級調用。三十九覆准：嗣後土司事件，奉准部咨者照各省六個月例報結，未奉部行者總以督撫檄查明確之日，據文題請。四十七年題准：湖南有苗二十六州縣，以及乾州平溪等處，距省寫遠，其奉行事件，并命盜等案，俱於定限之外，各展限兩個月。四十八年議准：總兵官到新任接署者，以到任接署日期扣筭，係四個月限期者，准展限兩個月完結。

《西寧青海番夷成例》卷七《赴任・獲逃解送》　一、凡勿論何處逃人，不拘何處頭目捉獲者，將爲首之逃人限二日內速行解送西寧。如違二日之限者，千户等罰犏牛七條，百户等罰犏牛五條，管束部落之百長等罰犏牛三條。

《大清律例》卷六《吏律・職制・官員赴任過限》　凡已除官員，在京者，以除授日爲始，在外者，以領該部所給文憑限票日爲始，各依已定程限赴任。若無故過限者，一日，笞一十，每十日加一等，罪止杖八十，並留任。

若代官已到，舊官各照已定限期，交割户口、錢糧、刑名等項，及應有卷宗、籍册完備。無故十日之外不離任所者，依赴任過限論，減二等。亦留任。

其中途阻風、被盜、患病、喪事，不能前進者，聽於所在官司告明給印信者狀，以備後日違限將結狀送官照勘。若有規避、詐冒不實者，從重論。當該官司扶同保勘者，罪同。

條例

一、陞除出外，文職已經領敕、領憑，若無故遷延至半年之上不辭朝出城者，參提依違制律問罪。若已辭出城復入城潛住者，交部議處。

一、外任漢軍官員有陞轉來京，及年老有病降級、革職歸旗者，務於定限之內起程。令該督撫、提鎮照依各省遠近，大路有驛站者日行一站，僻路無驛站者日行五十里，酌定到京期限，咨報該部、該旗。其中途阻風、被盜、患病、喪事不能前進，仍照律聽其於所在官司給狀，以備照勘外，如有無故不速起程，或已起程中途逗遛，或在別處居住，或本身進京而令家口在別處居住者，督撫、提鎮題參，交部均照違制律治罪。地方官不行詳報，督撫、提鎮不行題參，交部議處。或已經起程，地方官不行申報，督撫、提鎮不行咨明該部、該旗，以致沿途逗遛生事者，亦交部議處。其革職、免罪人員，别無未清事件，亦遵照此例給咨，催令回旗，免其沿途押解。

一、漢官革職離任，交代完日即令起程，不得過五個月之限。該督撫將起程日期報部，並知會原籍地方官。倘違限不即起程，一月以上照舊官十日之內不離任所律治罪。該管及地方官不行查出，交部議處。革職免罪人員亦令按限起程，免其請咨押解。其有冤抑，欲赴都察院具呈申理者，地方官給咨來京，事竣之日發回原籍，如借端留滯，照例治罪，五城司坊官徇情容留，交部議處。

一、京官革職，曾經問有罪名者，限一月內起程。五城司坊官將起程日期報部，並知會原籍地方官。倘違限不即起程，一月以上照例治罪。五城司坊官及地方官不行查出，亦交部議處。

《大清律例》卷七《吏律・公式・官文書稽程》　凡官文書稽程者，一日，吏典，笞一十，三日加一等，罪止笞四十；首領官，各減一等。首領官，吏典之頭目。凡言首領，正官、佐貳不坐。

若各衙門上司遇有所屬申稟公事，隨即詳議可否，明白定奪批示回報。若當該上司官吏，不與果決，含糊行移，上下互相推調，以致耽誤公事者，上司官吏杖八十。其所屬下司將可行事件，不行區處，無疑而作疑申稟者，下司官吏罪亦如之。

條例

一、內外衙門公事，小事五日程，中事十日程，大事二十日程，並要限內完結。若事干外郡官司，關追會審，或踏勘田土者，不拘常限。

一、部院衙門一切應行事件，俱於到司五日之內行文。其有詿誤舛錯之處，將專管值日之滿、漢司官交部議處。如遺漏未行，或遲延日久，將滿、漢司官交部分別議處。

一、刑部應會三法司畫題事件，將稿面鈐蓋司印，註明緣由，付督催所彙齊，轉交大值日司，分用印文移送法司衙門。畫題限十日內，亦用印文送回。如稿內有酌議改易之處，限五日內即將應酌議改易之處，用印文聲明緣由，送回刑部查核定議。刑部仍用印文將應否改易之處聲明，再行會送法司衙門。

一、凡州、縣官承審案件，或正犯或緊要證佐染患沉疴，即將患病日期詳報，俟該犯病愈之日起解，其患病日期准於原限內扣除。府、州司、道審轉之時，或遇犯、證患病，亦准報明扣除。若帶病起解，以致中途病斃，照解犯中途患病不行留養例，交部議處。若無故遲延，揑報患病，希圖扣限，及上司徇隱，並交部議處。

《大清律例》卷二二《兵律·郵驛·公事應行稽程》　凡公事有應起解官物、囚徒、畜産，差人管送而輒稽留，及一切公事有期限而違者，一日，笞二十，每三日加一等，罪止笞五十。若起解軍需，隨征供給，而管送兼稽留違限者，各加二等，罪止杖一百；以致臨敵缺乏，失誤軍機者，斬。監候。若承差人誤不依題寫去處，錯去他所，以致違限者，減本罪二等，事干軍務者不減。或笞，或杖，或斬，照前科罪。若由公文題寫錯而違限者，罪坐題寫之人，承差人不坐。

條例

一、各處有司起解在逃軍犯，及充軍人犯，量地遠近，定立程限，責令管送。若長解縱容，在家遷延，不即起程，違限一年之上者，解人發附近；正犯，原係附近發邊衛，原係邊衛發極邊衛分，各充軍。

一、夫役、工匠人等，遇有緊要差使，傳集公所，立待應用。如不遵官長約束，爲匪不法，逞刁挾制，因而率衆颺散，以致誤差，審明，爲首者，擬斬監候；爲從，均枷號一個月，杖一百。倘係偶爾違禁，干犯賭博、鬥毆等事，並未挾制官長，颺散誤差者，仍按本律治罪。

《大清律續纂條例》卷五《吏律條例·官文書稽程》　一、凡刑部衙門尋常移咨外省案件，如行查家産，關提人犯，俱以文到之日爲始，依限查覆，於覆文內將何日接到部咨，有無逾限之處，隨案聲明。倘一時未得清晰，必須輾轉咨查，不能依限查覆者，亦即聲請展限。如逾限不完，又不聲明緣由，經部行催之後，即行查參，將承辦之州、縣，及各該上司，俱交部議處。

一、凡州、縣承審命案，詳請檢驗，上司并未批駁者，仍按限審解外，其有屢次駁查後，經批准遲延有因之案，該督撫據實聲明報部，准其另行扣限。如有捏飾，照例嚴參。

一、凡各部事件，在本部題結者，吏、禮、兵、工等部，及各衙門，俱定限二十日；户、刑二部，定限三十日，行查會稿。係吏、禮、兵、工及各衙門主稿者，定限四十日；户、刑二部，定限五十日內。所會各衙門，各定限五日；户、刑二部，各定限十日。逾限即行參處。

《大清會典（乾隆朝）》卷六《吏部·期限》　凡政事期會，計各部院所受之日立之程限，事易決者各部院衙門二十日，户部刑部三十日，待咨詢及會稾各展二十日，所會衙門吏禮兵工五日，户刑十日，九卿會議三十日；户部奏銷四十日，月終則會計已結未結之案，具册送科道察覈。無故逾限者，計日議處。外省奉旨及部咨應題覆者，限文到後四閱月具題，兼轄兩省之總督於所轄隔省事件限六閱月，違限者計月降罰有差。如案情繁重，限內不能完結者，確覈具題展限。

凡承審限期，盗案以十月爲限，命案以六月爲限，一切審案以四月爲限。限滿不結，均再限四月。定限之內，自州縣至督撫又各有分限。定限十月者，州縣限五月解府州，府州限兩月解司，司限一月有半解督撫，督撫限一月有半題結，餘仿此。州縣初叅逾限罰俸，二叅逾限奪職，知府直隸州知州并議處。其事屬難結，二限不能審解者，題叅展限，承審官革職留任，復限四月審結，再逾革任。朦溷請展者，州縣至督撫降革有差。承審官公出及人犯患病解審在途各日期均許於定限内扣除，接審官視前官承審過日期分别展限，上司苛駁以致遲延，許承審官直揭三法司刑科覈實議處，妄揭者罪之。甘肅各屬、廣東瓊州，及湖南苗疆州縣，均於正限外展限兩月，臺灣限十閱月。

凡承緝限期，命案初限半年，盗犯初限四月，限滿不獲罰俸再限一年嚴緝，三限亦如之。如仍不獲，命案降級留任。盗案降級調用。詳見則例。其餘一切承追接緝等事，均以一年限滿察叅分别議罰，公出日期不準扣除。

凡各官承督未完遇赦免議即於赦後起限，限滿不結仍作初叅處分，其限未滿而告病終養者，仍照例議處。其特旨升調及丁憂别案降革者，皆以罰俸完結。

凡督撫題案違限不及一月者免議，一月以上降罰有差。因公出境入闈監臨並計日展限，新任及接署者按定限展半，通行各屬詳議之案視事理難易分别展限。

《大清會典則例（乾隆朝）》卷一三《吏部·期限》　一、在京衙門事件期限。康熙四十六年定：部院事務，每月將已未完結之處造册分送六科科鈔，並見理事件造册分送各道勘對限期，有遲延違誤者察叅。將遲誤之人。照遲延例分别議處。注銷册内遺漏事件者，照失察案件例罰俸兩月。行察月日難結情由不行聲明，及已經聲明尚有舛錯朦溷者，照行察未結槩稱已結注銷例，罰俸三月。又議準：各部院承辦科鈔事件，凡行詢各部及外省不能依限完結者，於每月注銷册内將行察緣由逐一聲明。如有行察未結之案槩稱完結注銷者，察出將承辦注銷之人照文卷舛錯例議處。雍正十二年定部院一切應行文事件均於到司五日之内即令行文，其有訛誤舛錯之處未經察出者，將專管直日之漢司官照文卷舛錯例議處。至於應行文事件遺漏未行或遲延日久，滿漢各官均難辭咎，應將滿漢各官一并察叅，遺漏未行者照例罰俸兩月。再各部院衙門彼此文移均兼清漢，嗣後如字内有舛錯訛誤之處，未經察出並將專管直日之滿司官照例議處。又議準：各部院咨文事件於文到之日，該司務廳按日登紀號簿呈堂標到部日期分發各司，該司又按每日所收咨文注明日期，定稾即將原咨黏連稾後，並於稾内將咨文到司日期注明。如有辦理遲延者，該堂官計日扣限，易於稽察。如有行察各衙門者，亦令按次詳載，以憑察覈。乾隆五年議準：各衙門具題事件，以交繕本處日期爲止，九卿會議事件以九卿上班日期爲止。如應行察者，承辦衙門除去咨詢日期，按限完結。遲延一日至十日者，罰俸一月。十日以上，罰俸三月。二十日以上，罰俸六月。三十日以上，罰俸一年。該堂官於屬官逾限事件自行察叅者、免議。倘逾限既未完結，又未察叅，經別衙門察叅，如承辦官罰俸一月者，堂官免議。承辦官罰俸三月者，堂官罰俸一月。承辦官罰俸六月者，堂官罰俸三月。承辦官罰俸一年者，堂官罰俸六月。十四年奉旨：嗣後各部事件在本部題結者，吏禮兵工等部及各衙門均定限二十日，户刑二部定限三十日，行察會稾繫吏禮兵工及各衙門主稾者定限四十日，户刑二部定限五十日内所會各衙門各定限五日，户刑二部定限十日，逾限即行叅處。十五年諭：嗣後各該衙門支領文移，遇有不兼清漢及一切應駁事件，皆令收文之員回明堂官，移察本處，並將移文之員留待咨覆，收文處不得隨收隨駁，無可稽考。如此則察覈尤爲詳密，而作偽者無所容，將此永著爲例。欽此。十六年户部覆準：各衙門如有自行奏準工程，及事非常格外支領等項，務將辦理緣由備具清漢文移報明户部，户部驗確即知會該衙門出具印領，委官齎赴户部覈對相符，然後劄庫給發。十七年議準：部院衙門各司屬中移付事件，凡有闕題奏等案，均照各衙門會稾定限移覆，付督催所稽察，照例注銷。

一、稽察八旗事件。乾隆二年覆準：凡各旗都統叅領所辦事件有未妥協，以及遲延者，稽察該旗御史不行察出叅奏，别經發覺者，將察旗之御史照不行詳察例，罰俸六月。倘有瞻徇情面，明知錯謬，不行叅奏者，照徇情例降二級調用。三年定：稽察内務府衙門並上三旗之御史亦照稽察八旗之例，不必逐年更换。如該御史有升遷離任等項事故，即令新補之人辦理稽察。倘有遲延違限，該御史察出題叅，將承辦之郎中員外郎等官，及徇隱之内務府總管，均照事件違限例議處。如該御史徇隱不叅，照不據實陳奏例，降一級調用。

一、筆帖式繙譯限期。雍正元年覆準：各部院繙譯筆帖式於漢稾既定後限一日即行繙譯，繁難者限二日具稾説堂。倘有誤承辦事件記過一次，再有犯者將該筆帖式即行革退。倘有串通經承洩漏招摇等弊，將該筆帖式與經承一例治罪。

一、各省承辦欽部事件限期。康熙九年議準：凡欽部事件，以文到之日爲始，通限以四月具題。其兼管二省之總督所管隔省事件，限以六月具題。陝西總督所管甘肅、兩廣總督與廣東巡撫所管瓊州，雖繫本省地方，相隔窵遠，應照隔省例，限以六月具題。臺灣遠在海中，限以十月具題。其承辦官已經辦理完結，申詳督撫督撫具題。遲延所有違限月日，專責督撫，計月處分不得分坐道府州縣等官。又議准：督撫違限一月者，罰俸三月。違限二月者，罰俸六月。違限三月者，罰俸九月。違限四五月者，罰俸一年。違半年以上者，降一級留任。違一年以上者，降二級留任。違二年以上者，降三級調用。十五年議準：承辦欽部事件各官，均照定限辦理完結。如案情繁重，限内必不能完結者承辦官將此情由申詳督撫，題明展限。如承辦官將易結之事遲延不結，或將難結情由不豫行申詳督撫，經督撫題叅，雖期限未滿，及逾限不及一月者，將承辦官罰俸三月。至逾限一月及一月以上者，不論事件已結未結，將承辦官罰俸一年，督撫計月處分。乾隆十五年奏準：官員辦理欽部事件，逾限不及一月完結者，比照逾限不及一月事未完結罰俸三月之例，量爲酌減罰俸一月。又奏準：凡接扣限期，均請於初叅限滿之日接扣，二叅限期不得以接到部覆之日始行起限，致滋延展。

一、督撫展限。康熙二十二年議準：督撫監臨科場日期，準其按日扣限，隔省出境者，準令題請展限。若在本省内，不準展限。二十三年議準：督撫新任接署者，均以接署日期扣算。原限四月者，準展限兩月。原限六月者，準展限三月完結。又議準：布政使暫行護理巡撫印務者，不準展限。乾隆三年覆準：凡通行各省督撫妥議等案，或應博採輿論，或應相度情形，必須轉行所屬詳悉妥議申報該督撫，始能彙覈咨題。及至各屬察覆到齊，該督撫彙行詳定，或有未協之處又須駁詰，往返均需時日，嗣後凡通行各省督撫提鎮，按伊本地情形詳悉妥議察議案件，各該督撫於四月六月正限之外，若事理易結者，準其展限兩月，事理難結者，準其展限四月，該督撫分別咨題事件，按限完結。十五年奏準：通行各省察議事件。凡專行一府一州者，限四月完結。原屬寬嚴允協，毋庸酌減，請將通行各府州察議事件易結者，定限六月之外，不準加展兩月。其難結者，六月之外加展兩月完結，不準展限四月。至有不需地方官察議，在省司道可以覈定聲覆者，若照四月扣限，未免延緩，應酌減兩月，以兩月扣限題咨。

一、邊遠展限。康熙九年議準：各省苗疆繫邊遠地方承辦事件，於正限外展限兩月。又題準：廣東瓊州欽部事件，限六月具題。命案於六月正限之外，準展限兩月。乾隆十五年議準：廣西苗疆潯州府屬之武宣縣，南寧府屬之宣化縣、横州永淳縣，柳州府屬之馬平縣、雒容縣、柳城縣、羅城縣、融縣、懷遠縣、象州來賓縣，思恩府屬之賓州遷江縣、上林縣、慶遠府屬之思恩縣，共十六州縣。湖南苗疆永州府屬之道州寧遠縣、永明縣，寶慶府屬之邵陽縣、武岡縣、新寧縣，辰州府屬之沅陵縣、瀘溪縣、辰溪縣、漵浦縣，沅州府屬之黔陽縣、麻陽縣，郴州屬之桂陽縣、桂東縣、宜章縣、興寧縣，靖州并靖州屬之會同縣，澧州屬之永定縣，桂陽州并桂陽屬之臨武縣、藍山縣，二十二州縣。細察情形與内地無異，不準展限。其餘仍照舊加展。

一、應結事件故爲駁詰。乾隆四年覆準：凡部院將應結之事駁詰者，如各該稽察之科道衙門察出叅奏，交部將該司官罰俸六月，堂官罰俸三月。又議準：凡議叙案件，一案之中有一二字重複錯誤，原卷可以察明者，即察明改正，準與議叙，不得藉端駁詰。及巧爲需索，如有濫行駁詰者，將承辦之員察明題叅，照應結駁察例議處。如有不肖官吏藉此需索者，訪明嚴叅交部治罪。

《大清會典則例（乾隆朝）》卷一四六《都察院》　一、武職畫憑。順治初年定：凡推補副將叅將游擊都司守備千總各官兵部職方武選兩司送到限票，由兵科定期令各官齊集畫憑，依限填注，送部。自副將至守備，行一揖一跪三叩禮，千總以下行一跪三叩禮。如三次不到將限票移送兵科銷訖仍將本人題叅。又議準：凡武職選後不遵限赴兵科畫憑者，照規避例革職。康熙三年議準：武職赴任每日限行六十里。又議準：凡武職在外推升不送部引見者，兵部將限票送科填限，仍送部行督撫轉發該員赴任。十一年題準：凡武職各官赴任，在塗有躭延事故及患病者，取具中塗地方官印結，咨報兵科免叅。雍正十三年議準：凡武職赴任，有中塗患病，及風水阻滯實情，如違限一二月，不及取具地方官印結者，提鎮移咨兵科，免其題叅。若違限至三月以上，果有阻滯實情，取具地方官印結，報科亦免題叅。如無地方官印結，即行題叅。乾隆八年議準：嗣後武職赴任各官自京師到該省會城及府治驛站，分別遠近，悉照文職之例。其在外推升各官，由原任地方赴新任者，應以新任省分與原任地方比較遠近酌定憑限，均照吏部文職到任印册鈔録鈐印存案，一應文憑均照册填限給發。

《乾隆朝旗鈔各部通行條例》　乾隆九年十一月三十日一件，當月旗鈔來文，爲兵部具奏：議覆鑲藍旗察旗御史伊克善具奏定議展限一事：嗣後八旗所辦事件，倘限内實不能完結，務在餘限之内聲明展限，仍知照承辦衙門并察旗御史。欽奉上諭事件處一摺。奉旨依議。欽此事。

《蒙古律例》卷一二《斷獄・内扎薩克喀爾喀等處移覆土默特旗下咨文定限》　乾隆三十八年正月，本院議覆綏遠城將軍容保等具奏定例：

一、歸化城土默特地方之命盜案内，有關提扎薩克等旗下之人犯及咨查事故並特令緝拿者，喀爾喀四愛曼定限六個月，内扎薩克各旗定限四個月。該扎薩克等如逾限推諉，不將人犯解送，不即查覆案情，遲延日月者，由承辦官員申報該上司，即行指名參奏，報院嚴加查議。

（清）沈書城《則例便覽》卷五《赴任・文憑違限》　修改　一、官員一月以上不領憑赴任者，罰俸一年。兩月以上，照規避例議處。其領憑赴任官員違限一、兩月以上罰俸三、六個月，三、四、五月以上降一、二、三級調用，半年以上革職，不及一月者免議。若實係中途患病，呈明該地方官驗報該省督撫咨明任所督撫，俟病痊之日將起程日期一并咨報部科免議。如至兩月以上不痊，該處地方官再行驗看申報，該省督撫分別題咨開缺。如係沿途風水阻滯，其停滯日期於起程時報明地方官查實詳報督撫轉咨任所省分，於繳憑文內聲明咨部免議。其違限者即有確實文據，中途患病風水阻滯，違限至兩三月以外，止准其扣除兩三月之限，其餘仍按違限月日查議。倘無故遲逾并遠道歸里揑稱患病風水阻滯等情，除不准扣限外，仍照違限例加等議處。逾限三、四月以上降二、三級調用，五月以上革職，其驗看患病并查訪風水阻滯之地方官並不親往驗看查訪實情，或瞻顧親友故為詳報者，照狥情給結例降二級調用，轉詳官罰俸一年。如有中途患病風水阻滯違限，止一、二月以上，未屆兩、三月，不及報明地方官者，許該員呈明督撫查確咨部免議。外官陞京職赴任違限官員赴部引見照憑限給咨發往，各省人員繳照違限並同。

（清）沈書城《則例便覽》卷一〇《限期・欽部事件督撫具題遲延》

一凡欽部事件督撫以文到之日為始，限四個月具題。兼管二省之總督，所管隔省事件，限六個月具題。陝甘總督所管甘肅、兩廣總督與廣東，巡撫所管瓊州雖係本省地方，相隔窵遠，照隔省例限六個月具題。臺灣遠在海中，限十個月具題。至於違限月日俱專責督撫計月處分，不許分坐道府州縣等官，督撫違限不及一月者，免議。違一、二、三月者，罰俸三、六、九個月。違四五個月者，罰俸一年。違半、一年以上者，降一、二級留任。違二年以上者，降三級調用。

欽部事件承辦官遲延

修改一、凡欽部事件承辦官俱應按照定限辦理，如案情繁重限內必不能完結，申詳督撫題明展限。如將易結之事遲延不結，或不將難結情由預行申詳，該督撫查叅如正限內不能完結，或限內卸事，或逾限不及一月，事已、未完結者，罰俸一、三個月。至事件已結未結逾限一月併一月以上者，罰俸一年。半年以上者，罰俸二年。一年以上者，降一級留任。督撫照具題遲延例計月處分。

督撫展限

一、督撫有公務在本省行走者，不准展限，如監臨科場，准按日扣限。若隔省行走者，准題請展限。

一、督撫新任四個月限者，准展限兩個月。六個月限者准展限三個月。

一、督撫新任例將欽部緊要事務仍速行完結，如有難於完結者，准以到任之日起展限兩個月，停其具疏題請。

一、通行各省查議事件專行一府者，限四個月。通行各府州易結者，限六個月。難結者，於六個月之外准展限兩個月。如不須地方官查議在省司道可以核定聲覆者，扣限兩個月。該督撫分別咨題，按限完結。

一、布政使暫護巡撫印務不准展限。

在京衙門事件限期

一、吏禮兵工等衙門事件限二十日完結，户刑二部限三十日完結。行查會稿所會各衙門限五日送回，係户刑二部限十日送回。主稿衙門准扣除分會日期，如逾限不行送回，主稿衙門即知會科道題叅，照例議處。凡應具題事件扣至交本日期為止，九卿會議事件扣至九卿上班會議日期為止，行查事件承辦衙門除去行查日期，按限查核如限內不能完結，逾限一日至十日者罰俸一個月，十、二十、三十日以上罰俸三、六個月、一年該堂官不行查叅，經別衙門叅奏如承辦官罰俸一個月者，堂官免議。承辦官罰俸三、六個月、一年者，堂官罰俸一、三、六個月。

都察院行查外省案件

一、都察院據呈咨查案件該督撫將准咨日期先行咨報，一面飭屬依限查覆，果有難結緣由，即於限內詳報咨展，如並無難結，逾限不行咨覆，照事件遲延例議處，如限內任意耽延，及至逾限揑詞朦混托故申覆者，經都察院叅奏將承辦官照朦混造册例降一級調用，轉報之上司罰俸一年，不行詳查之督撫罰俸六個月。

盛京衙門註銷違限

一、盛京各部衙門事件禮、兵工三部並將軍等衙門，限十五日完結註銷，户刑二部限二十五日完結註銷。其行查會稿及逾限叅處俱與在京衙門同。

撰發誥勑限期

一、遇覃恩封贈，吏部於二十日內將應封官員具題請旨通行各省以文到之日扣算，係八旗并京城附近地方，限一月內造册送部。外省官員取具同鄉官印結。如本省無同鄉官則於別省移取。令該督撫於一年內造册送部。吏部於三月內一次四季彙題交內閣發中書科繕寫，於一月內寫完一千軸送內閣用寶發部。在京官員於十日內給完，外省官員亦於十日內發各省提塘。至翰林院所撰文章，五六百篇者，令於十個月撰完，一百篇以內者兩個月內撰完。如造册撰寫違限，及將誥勅遲延不給，俱照欽部事件違限例議處。請領誥勅以二年爲限，過期即毋庸頒給。

部院衙門行文事件

一、部院衙門應行文事件俱於到司五日內行文，其有訛錯未經查出者，將值日漢司官照文卷舛錯例議處。如清字訛錯將滿司官議處。至應行事件遺漏未行或遲延日久，滿漢各員均難辭咎，應將滿漢司官一併查參。遺漏未行者，罰俸兩個月。已經知照該處他處或有遺漏照此例議處若全不行文處分自應加重，詳載本章咨文遺漏未發條。遲延日久者照事件遲延例議處。

部院事件造册分送科道

一、部院衙門每月將已未完結科抄事件造册分送六科科抄，並現理事件造册分送各道勘對限期。有遲延違誤者，將遲誤之員照遲延例議處註銷。册內遺漏事件者，照失查檔案例罰俸兩個月。行查日月難結情由，不行聲明，及已經聲明尚有舛錯朦混者，照行查未結概稱已經註銷例罰俸三個月。

各部會稿

一、各部初任司員於一年後方准承辦會稿事件。倘互相推諉，令初選之員辦理以致事有舛錯，將推諉之滿漢司員照推諉事件例罰俸一年。

一、各部會稿內有關現任文武官員實降實革者，主稿衙門於會齊之後限三日內具題。刑部題案繁多限十日具題。

各省展限案件報明科道

一、各省難結案件咨部展限時，報明科道事結後題本內聲明註銷，科道於年底分別已未完結造册彙奏。如久不題覆又不展限者，查明題參。

各省年終彙奏事件定限

一、各省年終彙奏事件，如甄別教職佐雜千總扣展公出，及盤查倉庫耗羨民穀數常平義倉穀數，城垣完固、修造船隻、估變物料，以及官員不准濫行宴會，均於年內即行具摺。其藩庫實存銀數及緝拿命盜竊尋常各案犯已結未結已獲未獲各數。並新疆遣犯有無脱逃均於開印後彙齊具摺，概不得過正月。軍機處統於三月中查明有無逾限彙核具奏，如有逾限遲延請旨交部察議。

各省彙題事件具題違限

一、各省彙題事件限開印後兩月內具題，如有遲延該部隨本查參，交吏部議處。

呈詳案件定限并駁飭捏改處分

一、凡官民自下達上如起文赴選赴補呈請開復，及民人留養贖罪等項一切呈詳案件，俱以呈報日爲始，限三個月咨題完結。如有逾限，照欽部事件遲延例議處。倘原呈實有舛錯遺漏，應行駁查者，於案內將初次呈報及批駁換詳月日簡明聲叙，如有毛舉細疵，故爲駁飭，并捏改月日者，除按遲延日期議處外，係故爲駁飭，仍照故意駁查例再罰俸六個月。係捏改月日仍照官文書增減以避舛錯律，再罰俸九個月。

交代承查承追承變承緝停扣封印日期

一、各省交代承查承追承變承緝案件，俱停其扣除封印日期。

官員到任日期不按月咨報

一、官員到任日期該督撫每月彙報一次、上月到任之官務於次月報部，廣東瓊州府準展限一月，雷州廉州二府准展限半月。倘有不按月咨報者，照事件遲延例議處。

保送提塘遲延

一、各省提塘令各督撫於本省武進士及候補候選守備內揀選，以文到日起限，四個月送部充補，如保送遲延照欽部案件違限例議處。

行查外省職名限期

一、各部院查取職名於封面上註明限何日到省，該省咨覆公文亦將限何日到京之處於封面上註明。如有逾違，查係何處遲延，即將該管官照例議處。該省接奉部咨定限十日出文咨送，如須行查所屬者，扣明轉查程途咨部吏部將何日咨行何日覆到叙入本內。如有遲延或在上司或由所屬均照事件遲延例議處。

移咨外省案件逾限

一、各省督撫移咨外省查緝追變等項，俱以文到之日按各定例限期，令承辦之地方官依限完結。如有推諉延挨，逾限不行查覆關解及追變不力等弊，該上司按限咨參照例分別議處。

瓊州府所屬展限

一、廣東瓊州府屬承辦欽部事件及承查等項俱各展限一個月。

由部行查事件限期乾隆五十五年

續纂一、由部行查事件，該督撫即於在省各衙門查覆者，以文到日爲始，限二十日查覆，如必須轉行各屬者，扣除程途外以一月內轉詳該督撫分別題咨辦理，或應報銷錢糧册籍繁多一時不能確核者，亦即於限內咨明扣展。如有遲延或咎在上司或係所屬遲延均照事件遲延例分別議處。該部仍計各省程途遠近查有例限已届尚未覆到者，即行嚴催。如承辦司員並不查催，該堂官即將承辦之員查參議處。倘咨駁至再仍未詳悉聲覆者，不得仍行咨駁，即核明本案題駁並將該督撫及承辦之員嚴參議處。

（清）佚名輯《乾隆朝山東憲規》第二册《運河程限腳價》 濟寧水次至德州水次，計水路七百五十一里，每百里每石發價銀二分，由德州水次至通州水次，計水路九百里，此係歷年造報之里數。東省運河南至嶧縣，交接江南邳州之黄林莊界起，址至德州衛桑園鎮没頭龜入直隸界止，共長一千三百零七里。其間河流有逆有順，自嶧縣南界至分水口止，計長四百二十七里，係屬逆流，按依漕規定例，重運糧船，逆流每二十里限一日，順流每四十里限一日，順逆通計，共該扣程限四十三日半，應出東省之境。

聊城縣境，自永通閘至吕家灣鋪止，計河道十八里，按堂邑縣境内，所管河道計長十七里半，縣城離河四十里。又博平縣境內，河道計長十七里，縣城離河四十里。又清平縣境內，河道計長一十九里，縣城離河三十里。臨清州河道，計長四十里，縣城離河□□里。清河縣河道，計長三十里，縣城離河四十里。夏津縣河道，計長四十三里，縣城離河五十里。

（清）佚名輯《乾隆朝山東憲規》第三册《入闈官毋庸交代回署將署事任内經手錢糧清查交代結報》 東藩崔爲詳請委署事。乾隆二十五年九月初七日，奉撫部院阿批本司詳調取入闈各官，本任毋庸交代，請以各員回任之日起限，將署事任内經手錢糧等項，清查交代結報緣由，奉批仰候咨明户部繳等因。爲此仰府官吏，即便轉飭遵照，毋違。

（清）佚名輯《乾隆朝山東憲規》第六册 傳付事。户部咨開江南司案呈查定例。欽部事件各省督撫俱於文到之日爲始起限：如專行一府州者，定限四個月；通行各府州者，定限六個月；在省司道經行覈覆者，定限兩個月，扣限題咨。今查各該處登覆事件文内俱未聲明例限，又不扣明程限，其有無違限之處，本部無憑查覈，嗣後凡有部查登覆事件，務將例限程限隨案聲明報部。乾隆三十九年二月初二，糧道奉文。【略】

請申嚴交代等事。乾隆三十五年七月内，東撫富通飭各屬□代於頂限半月前造具册結申送，並到任一月内查明有無虧缺先行具稟。如無虧缺即隨稟出結，仍於限内造册申送。

（清）佚名輯《乾隆朝山東憲規》第六册《賣契當契定式》 二十年五月初二恩詔【略】

一、東省馬鋪二遞，遲誤一切公文，前經詳定章程：遲誤一、二、三時者，飭縣責懲；四時至七時者，飭府提究；遲誤至八時以上及一日外者，本道親提究處等語。清釐等户，四十二年八月十三日護院國准户部咨奏，請通飭各省承返未完覈減分賠銀兩，仍照二十九年、三十五年定例，勒限返繳辦理。

《大清會典事例（嘉慶朝）》卷六九《吏部·處分例·各部院事件限期》 順治十二年事下部議者，限十日内具奏。須咨會各衙門者，限二十日内具奏。其事關刑名錢穀，不能如限即結者，先期題明。十三年議准：事由本衙門覆奏者，限二十日。由咨會各衙門覆奏者，限一個月。如月限内難結事情，聽該衙門豫行題明展限。康熙四十六年定：部院事務，每月將已完結及未完結之處，造册分送六科科抄並現理事件造册分送各道，勘對限期。有遲延違誤者，查參。將遲誤之人，照遲延例分別議處。註銷册内，遺漏事件者，照失察案件例罰俸兩月。行查月日，難結情由，不行聲明及已經聲明，尚有舛錯朦混者，照行查未結概稱已結註銷例，罰俸三月。又議准：各部院承辦科抄事件，凡行詢各部及外省，不能依限完結者，於每月註銷册内，將行查緣由，逐一聲明。如有行查未結之案，概稱完結註銷者，查出將承辦註銷之人，照文卷舛錯例議處。雍正元年諭：户部事繁，科抄限三十日，會稿限四十日。又覆准：各部院繙譯筆帖式，於漢稿既定後，限一日即行繙譯，繁難者限二日，具稿呈堂。儻有誤承辦事件，記過一次。再有犯者，將該筆帖式即行革退。儻有串通經承，洩漏招摇等弊，將該筆帖式與經承，一例治罪。又覆准：定例部院衙門案件，皆有二十日限，嗣後各部院堂司，皆立用印檔案，事件一到，即行定稿，定稿後即行繙譯説堂，不得彼此推諉觀望，堂號簿用堂印，司號簿用司印以便稽察。二年諭：凡交下速議事件，限五日内完結。五年諭：議政大臣九卿各部院衙門八旗將應奏事件，遲延者甚多。從來寬定限期者，特爲難辦之事，應待行查，有需時日故耳。今看三兩日内可以完結之易事，亦謂尚未及限，怠慢推諉，不即辦理具奏，及至屆限，始行具奏，與原定限期之意，實屬相違。凡事應隨到隨即辦理完結，乃將並非難辦之事，稽延時日，此不過從中作弊，以爲請託之地而已，毫無裨益，著議政大臣九卿，將易於辦理事務，作何另定限期之處，詳悉議奏，欽此。遵旨議定：嗣後除兩衙門會稿，八旗會議，仍照定限完結外，一應不待查覈，易於辦理事件，如吏禮兵刑工等衙門，向例二十日完結者，今定限十日完結。户部向例三十日完結者，今定限二十日完結。其八旗及當月旗分，所辦易結事件，俱定限十日完結。至議政及九卿會議，向無定限，嗣後如有行查事件，定限三十日完結，不待行查易完之事限十日完結。定限之後，儻仍有怠慢緩遲延，互相推諉，以致違限未結者，内閣科道查出糾叅，照例議處。再兩衙門會稿，雖有定限，但止有主稿衙門逾限處分，以致稿案咨送去後，會稿衙門，往往任意遲延，嗣後會稿移送之處，定限十日送回。如逾限不行送回，主稿衙門即知會科道等題叅。十二年定：部院一切應行文事件均於到司五日之内，即令行文。其有訛誤舛錯之處，未經查出者，將專管值日之漢司官，照文卷舛錯例議處。至應行文事件，遺漏未行，或遲延日久，滿漢各官，均難辭咎，應將滿漢各官一併查叅。遺漏未行者，照例罰俸兩月。再各部院衙門，彼此文移，均兼清漢，嗣後如字内有舛錯訛誤之處未經查出，並將專管值日之滿洲司官，照例議處。又議准：各部院咨文事件，於文到之日，該司務廳按日登記號簿，呈堂標到部日期分發各司，該司又按每日所收咨文，註明日期定稿，即將原咨黏連稿後，並於稿内將咨文到司日期註明。如有辦理遲延者，該堂官計日扣限，易於稽查。如有行查各衙門者，亦令按次詳載以憑察覈。乾隆四年覆准：凡部院將應結之事，故爲駁詰者，各該稽查之科道衙門即行叅奏，交部將該司官罰俸六月。堂官罰俸三月。又議准：凡議叙案件，一案之中有一二字重複錯誤，原卷可以查明者，即查明改正，准與議叙，不得藉端駁詰，及巧爲需索。如有濫行駁詰者，將承辦之員，查明題叅，照故爲駁詰例議處。如有不肖官吏，藉此需索者，訪明嚴叅，交部治罪。五年議准：各衙門具題事件，以交繕本處日期爲止，九卿會議事件，以九卿上班日期爲止。如應行查者，承辦衙門除去咨詢日期，按限完結。遲延一日至十日者，罰俸一月。十日以上，罰俸三月。二十日以上，罰俸六月。三十日以上，罰俸一年。該堂官於屬官逾限事件，自行查叅者免議。儻有逾限既未完結。又未查叅，經别衙門查叅，如承辦官罰俸一月者，堂官免議。承辦官罰俸三月者，堂官罰俸一月。承辦官罰俸六月者，堂官罰俸三月。承辦官罰俸一年者，堂官罰俸六月。十四年諭：嗣後各部事件，在本部題結者，吏禮兵工等部，及各衙門均定限二十日，户刑二部定限三十日。行查會稿係吏禮兵工及各衙門主稿者，定限四十日，户刑二部，定限五十日。内所會各衙門，各定限五日。户刑二部，定限十日，逾限即行叅處。十五年諭：嗣後各該衙門支領文移，遇有不兼清漢，及一切應駁事件，皆令收文之員，回明堂官移查本處，並將移文之員留待咨覆，收文處不得隨收隨駁，無可稽考。如此則察覈尤爲詳密，而作僞者無所容，將此永著爲例。十六年覆准：各衙門如有自行奏准工程及事非尋常係格外支領等項，務將辦理緣由，備具清漢文移報明户部驗確，即知會該衙門出具印領，委官齎赴户部，覈對相符，然後劄庫給發。十七年議准：部院衙門，各司屬中移付事件。凡有關題奏等案，均照各衙門會稿定限移覆，付督催所稽查，照例註銷。二十九年覆准：各部院衙門封印期内，各省投到公文，仍令各提塘照常隨時投遞，標寫開印日期發司，緊要者隨時趕辦，如係尋常事件，次第查案辦稿。又奏准：各部會稿，有應送數衙門會議者，主稿衙門，即一面查辦一面將所會各衙門事理分繕副稿，同日咨送會議，俱令依限送回，仍於註銷册内，將會稿定議日期，逐一詳開，移會科道以便查覈。會稿内有關現任文武官員實降革者，主稿衙門於會齊之後，限五日内即行具題刑部。題案繁多，限十日具題。仍將出本日期，按月造册，交科道稽查。三十年奏准：户部承辦奏銷案件於科抄到部日，限十日内，先將應行查覈款項，摘出呈堂，行文各衙門查覈。一面將不待行查款項，逐一詳悉覈算明確，即行具稿呈堂辦理，俟各衙門咨覆到齊之日，一併叙入稿内。如有遲延，該堂官即將遲延之司員查參，至行查各衙門，逾限不行查覆者，亦令該堂官，將該司員查參。又奏准：各部司員係已仕歷任者，遇有會稿事件令其辦理。儻係初任之員，務於一年後，稍諳部務，方准承辦。如未滿一年，果能辦事無誤，亦必經該堂官派出，准其一體辦理。儻互相推諉，仍令初選不諳之員承辦，以致事有外錯，應將該司推諉之滿漢司員，照推諉事件例，罰俸一年。三十二年覆准：各部院衙門應題事件，吏禮兵三部專題案件，呈堂定議後，即於二十日限内，交本房繕本。交本房後，限十日内具題。彙題案件，均於交本房後，限二十日内具題。户部題本，於交本房後，限二十五日内具題。刑部專題彙題案件，於交本房後，限五十日内具題。工部題本，於交本房後，限三十内日具題。都察院以及事簡各衙門專題彙題案件，俱於交本房後，限十日内具題。會題案件，交本房後，如有應送會稿衙門，更改事故者，照限扣展各衙門。具題時，適届限滿，遇例不進本日期，仍按日扣除。刑部參案，立決情罪重大案件應即時趕辦具題。禮部題本案件，有各省壽民壽婦本章，酌留二三件，以備御門恭進，均毋庸定限。三十七年奏准：刑部現審尋常案件，如遇鞫訊難結之事，呈堂時適已届限，堂官内未能畫全者，即將未曾畫全緣由，於册内聲明，准入註銷俟完竣行文後，於下次註銷時知照科道查覈。四十五年奏准：吏部承辦議叙議處彙題案件，有十日、一月、半月盜案之别，每題一次，自一百件，至二三百件不等，除堂畫小稿，及繕本各限期，仍照例扣算外，其彙辦行文行付，註册繙清，查抵加級紀録各事宜，統限以三十日辦竣，即交與檔房繕本具題。五十五年奏准：在京各部院衙門行查事件，單片聲覆者，如查例及現辦易覆各案，限五日咨覆辦稿呈堂聲覆者。如查覈錢糧，及遠年舊事難覆各案，吏禮兵工四部，限十日咨覆，户刑二部限十五日咨覆。五十六年奏准，各部院會稿内，如文武各員，均應議處。其一人任内或僅止會銜，無關處分者，均令主稿衙門查註各兼銜。無庸會議。又諭：向來户刑二部案件繁多，定例題本限期較寬，但察覈錢糧，研求情罪，雖比别部事件，稍需時日，亦不宜過於稽緩。嗣後户刑二部題本，俱著統以八十日爲限，刑部八九兩月應題之本，仍准照百日之限，其各部題本限期，俱照舊例辦理，毋任遲延。嘉慶五年奏准：部院衙門，一切先行及專題事件，俱限五日内行文，彙題事件限一月内行文，如有遲延，照在京衙門事件遲延例議處。八年諭：近來各部院衙門承辦事件，每有遲延。昨日朕偶思及通政司參議誠存，早經加恩議叙，何以日久未據該部具題，諭令軍機大臣查明覆奏。兹據奏稱此件諭旨，自四月初三日傳抄到部，吏部於初八日定稿，移文繙書房，繙譯諭旨，至二十二日經繙書房繙出交部，二十九日送交本房繕寫等語。此等議叙之本，有何難辦，既無須輾轉行查，多爲商酌，何以必待頂限，始行具題耶。乃繙書房遲至十五日，而吏部承辦司員又不趕緊交辦，復遲六日，始交本房繕寫。雖未逾定限，究屬因循疲玩，著將繙書房及吏部承辦各員交各該衙門察議。其管理繙書房及吏部各堂官，俱著分别察議。嗣後各部院衙門辦理題奏事件固須詳慎，但必當督飭承辦之員，認真趕辦，毋任稽延，致滋曠廢，將此通諭各部院衙門知之。九年諭：御史王瑶臺奏請定陞遷人員引見限期，以防流弊，所奏甚是。各衙門陞遷員缺，事關職守，豈得任意遲緩。此後各衙門，出缺引見以及外省送部引見人員，著該部酌定限期，以杜流弊，仍隨時知照稽察各衙門。如有逾限，即行參處示儆。欽此。遵議定：嗣後除滿漢月官月選筆帖式，各省保薦俸滿教職，及現任人員陞補，有關開缺者，各按截缺日期，先期帶領引見外。至在京各衙門應行題補之缺，出缺後限二十日内帶領。如有須行查者，酌寬十日，定限三十日内帶領。再内外雜項人員到部驗到後，統限二十日内帶領。其有須行查者，亦酌寬十日，定以三十日内帶領。其雜項人員隨時驗到，積至一二十員，即作爲一班，儘數帶領。設人數過多，不能按限儘數帶領者，總以有關積缺開缺人員，先儘引見。至應行帶領人員内，有驗到後呈報事故，或遇值日推班併封印日期，不能帶領引見者。仍將詳細緣由，移咨稽察衙門查覆，其各衙門應行帶領引見之員，均定限在三十日之内。如有不能依限帶領之處，亦即自行知照稽察各衙門，以憑查覈。十年諭：據兵部彙題議覆盜案等項尋常事件一本，向來吏兵二部於此等議覆各案，俱歸入彙題本内，或十日具題一次，或十五日具題一次，即遇有特旨交議事件，亦並不另本題覆，以致本内臚列案件紛繁，多者篇幅盈尺，少者數百頁，朕披覽章疏，固不厭繁多，而部中於應辦事件，積壓遲延，久懸案牘，殊非慎重辦公之道。即如本内議叙司鑰長舒隆阿，拏獲書吏陳瑞華偷盜印册一案，係於三月十六日經奕紹具奏，奉旨特交議叙之件，迄今已閲三月，始據歸入彙題案內議覆，實屬任意遲緩，試思此等議叙案件，非如議處各案尚須輾轉咨查，致稽時日者可比。嗣後吏兵二部，於尋常交議案件，固不得怠緩遲逾，若有特旨交議案件，或專摺具奏，或另爲一本，及早議覆，不得歸入彙題本内併案辦理以致因循延擱，若再有特旨交議，歸入彙題者，該堂司各員，一併嚴議，著爲令。欽此。遵旨議准：將承辦此案之司員，罰俸三月，堂官罰俸一月。十一年諭：嗣後吏部等衙門，遇有特旨交議之件，該堂官等祇須將該員應得降級罰俸處分，查覈例案，定議具奏，並於摺內聲明，係奉特旨交議之件，毋庸查取加級紀録議抵，俟奏上時，朕覈其情節輕重量予區分。其加恩准抵者，於奉旨後，再將該員有無加級紀録，詳覈彙題該堂官等不得仍以咨查爲詞，藉端遲滯。儻復任意延擱，必將該堂官懲處不貸。又諭：吏部具題湖南嶽麓書院掌教羅典，主講又屆六年，照例准其紀録二次一本，已依議行矣。此係十月初九日，批交該部議奏之摺。距今已及一月，此等照例議叙掌教之件，祇須遵照上次成案，予以紀録二次，毋庸輾轉咨查，何至稽延一月之久，始行繕本具題，殊屬延緩，所有吏部堂官，著傳旨申飭。嗣後各部院衙門，遇有特交事件，俱著隨時具摺覆奏，不得延至頂限之期，始行具題。又奏准：凡奉特旨交議事件，除宗人府內務府各官，有無加級紀録等項，必須行文咨取者，先將該員應得降罰處分，定擬具奏，俟命下之日，移咨辦理外，至各部院以及各省大小官員，向有册檔可稽者，仍將該員有無加級紀録革職留任之處，隨摺聲叙。俟奉旨後，將准抵者，即行註册，其不准抵者，即行開缺。又奏准：八旗官員，俸米册檔具領，於每上月初十內送部，八旗甲米併家口册檔具領，於每月十五日內送部。如有逾限：照造册遲延例議處。倉場限兩月內放完俸米，一月內放完甲米，仍將各旗送檔，户部劄倉，各倉開放月日，咨明都察院查覈。如有逾限，係何衙門遲延。查明參奏，至補領米檔，於劄倉之日，限十日放完。交查旗御史，就近稽查，如限內不完，將監督併監放米石旗員議處。違限一日至十日者，罰俸一月。十日以上者，罰俸三月。二十日以上者，罰俸六月。一月以上者，罰俸一年。兩月以上者，罰俸二年。凡官兵俸餉，亦照此例辦理。又定：京通各倉支放米石如有倉役人等，攙和沙土支放，該監督不行查出者，降一級調用。十四年諭：現届封印日期不遠，各衙門自應將應辦事件，上緊趕辦，次第陳奏，庶不致有積壓之虞，乃本日悅心殿傳膳辦事，祇有步軍統領衙門封奏一件，此外六部俱不奏事，將來封印期迫，勢必至一日之內紛紛陳奏，轉多擁擠，殊非辦公之道。嗣後各衙門，務將應辦事件，隨時上緊陳奏，毋得仍前延緩。十六年奏准：各衙門滿漢各官應題之缺，查覈到部時，吏部以堂到後發司之日起，文選司限五日內具稿呈堂，堂官亦限五日內畫齊，扣滿十日行文，不得故違，亦不得少速，以杜積壓之弊。儻有不合例事故，例應駁查本衙門者，以後次咨到之日，另行起限。各衙門於出缺之日起，限十日內查覈過部，吏部按限查覆各衙門，限十日內帶領引見。前後統限二十日仍於引見後，將日期知照吏部及稽查各衙門，查明有無往返駁查日期。如有遲延，即查取職名議處。

（清）常恩《安順黎平府公牘・道光二十八年黎平府書稟稿・稟各憲到任日期》　稟到任日期由紅白稟　臘月廿六日發

敬稟者，竊一介庸愚，毫無知識，荷蒙　憲檄委署黎平府事，遵於十二月十五日到任。現在民情安堵，閭閻恬熙。惟查黎平地方幅幀遼闊，苗蠻雜處，山高林密，匪徒實易潛踪。惟有振作精神，益加勤慎，以期仰副格外栽培之至意。除將到任日期具文通報，并查明前署府經營倉庫錢糧等項盤收清楚，依限結報外，理合肅稟。伏乞　大人俯賜查核。恭叩　鴻慈處請　鈞安伏乞　垂鑒除稟暨憲外，謹稟。

《欽定王公處分則例》卷二《限期》　一、欽部事件遲延承辦

欽部事件逾限一月以上者，罰職任俸一年。公罪。本府舊例。

一、官員謝恩逾限

升遷、調補及議叙加級、紀録應行謝恩，如無故逾限不行謝恩，罰俸一年。私罪。《兵部則例》。

一、在京衙門事件遲延

在京各衙門承辦行查會議具題行文事件，如有遲延逾限，該堂官自行查參者，免議。倘別經參奏，如承辦官罰俸一年者，堂官罰職任俸六個月。罰俸六個月者，堂官罰職任俸三個月。罰俸三個月者，堂官罰職任俸一個月。公罪。本府舊例。

一、失察回繳官物遲延

凡王公承修工程，於工竣後失察，屬員將應繳回殘物料回繳遲延者，

降一級留任公罪。本府舊例。

一、送文遲誤

凡王公失察，接收文移知會並一應行文、抄寫、傳送等事辦理遲延違誤者，罰職任俸三個月。公罪。本府舊例。

（清）江峰《大清律例略記》卷一《官員赴任過限略記吏律》 新除官員領憑，赴任定有限程。京以除授日始，外照文票爲衡。無故若過期限，按日計以罪名。舊官得代離任，交割公事宜清。一應卷宗藉册，十日遞卸分明。逾限不離任所，即以違制並論。其有中途阻滯，官司給狀核真。倘屬規避詐冒，並將保勘同懲。

（清）江峰《大清律例略記》卷一《官文書稽程略記吏律》 文書原有定期，程限勿得稽遲。踰限不完致誤，一日一十應笞。三日即加一等，罪以吏典相推，首領得減一等，承行自有所司。下屬申稟公事，上司議定批回。不與定決可否，一任含糊行移。以致耽誤公事，擬杖罪不容辭。下屬應行事件，可自區處勿疑。故爲申稟延滯，反於公事有違。上下互相推調，按律罪亦如之。

（清）江峰《大清律例略記》卷三《公事應行稽程略記兵律》 起解官物罪囚，急宜付入置郵。差人管送前進，勿得故意稽留。公事原有期限，違者罪亦自求。一日應笞二十，三日加等相籌。起解軍需物件，隨征糧餉俱周。管送如有違限，加等以杖相投。倘致軍機有誤，問以斬罪何尤。公文題寫有錯，違限罪坐所由。

（清）江峰《大清律例略記》卷一《信牌略記吏律》 公事信牌傳知，量地遠近限期。人役隨事銷繳，如違計日坐笞。若遇催辦事務，官無信牌行移。輒下所屬守併，違制應以杖施。其有點視驛鋪踏勘捕賊檢屍必應躬親等事，不與此限同規。

《六部處分則例（光緒朝）》卷七《赴任·陵寢官員出差告假回任遲延》 一、陵寢衙門官員差派來京，差竣領取回票，於是日起限回任銷差。如有任意逗遛者，除去往返程限外，按其違限日期嚴予處分。不及十日者，免議。十日以上，罰俸三個月。一月以上，罰俸六個月。兩月以上，降一級留任。三月以上，降一級調用。四月以上，降二級調用。五月以上，降三級調用。半年以上，革職。俱私罪。至有因掃墓取租等事告假期滿不銷假當差以及升補人員領照後延不到任者，均照此一律議處。咸豐六年三月十九日奏定。

《六部處分則例（光緒朝）》卷一一《限期·外省展限》 一、督撫兩司因公已出本省者准其題請展限，未出省者不准展限。如督撫監臨科場及布政使代辦監臨，俱准其按日扣展。

一、督撫兩司遇前官任內承審承查等案俱以到任之日起扣，凡前官歷限已逾者，准其扣展全限，歷限過半者，准其扣半加展。至欽交緊要事件，仍令速行完結，如實有難以完結者，准其展限一個月。布政使暫行護理巡撫者，不准展限。

一、道員知府直隸州知州因公已出所屬之境者，准其申請展限。未出所屬之境者，不准展限。如入闈監試提調，准其按日扣展。

一、道府以下前官任內事件其展限與督撫兩司同如入闈辦事者，亦准其按日扣展。

一、各省難結案件咨部展限時，并令報明科道案結後於題覆本內聲明註銷，該科道於每年年底分別已結未結造册彙奏，其有久不題覆又不展限者，查出即行題參。

查緝等事不扣封印公出日期

一、各直省地方官遇有承查承緝承追承變及交代等案俱不准扣除封印並公出日期。若封印期內有疎防失防犯逃之事，該地方官立即僉差追捕通詳上司，並分關鄰境一體協拏。該督撫於限滿查參，亦不得將封印日期扣展。

一、凡查緝追變等案，該督撫有應移咨別省承辦者，如逃犯分關協緝及移咨任所著追移咨原籍變抵之類。令承辦之該地方官各按定限完結。如有推諉延挨逾限不行查覆關解及追變不力等弊，即令該管各上司按限咨參，照例分別議處。

一、福建臺灣、廣東瓊州二府承辦欽部事件，及查緝追變等案，瓊州准展限一個月，臺灣准展限兩個月。

欽部事件遲延

一、凡欽部事件，該督撫發與道府等官承辦者，務令按限速結，如遇案情繁重限內實難完結之處，准其申詳督撫題明展限。儻不預行詳請，承辦官逾限不及一月者，罰俸三個月，一月以上者，罰俸一年。半年以上者，罰俸二年。一年以上者，降一級留任，俱公罪。凡外省承辦一切事件遲延俱照此例。

一、凡欽部事件該督撫應具題者，以文到之日爲始，督撫駐劄省分事件限四個月具題，總督兼管省分事件限六個月具題，其陝甘總督所管之新疆、兩廣總督廣東巡撫所管之瓊州，與省城相距較遠，限六個月具題，福建臺灣遠在海中，限十個月具題。如該督撫具題遲延違限，不及一月者免議，一月以上者罰俸三個月，兩月以上者罰俸六個月，三月以上者罰俸九個月，四五月以上者罰俸一年，半年以上者降一級留任，一年以上者降二級留任，二年以上者降三級調用。俱公罪。

題銷錢糧遲延

一、嘉慶二十五年五月十八日奉上諭：户部題銷恩賞直隸兵丁錢糧一本，嘉慶十二年恭奉皇考高宗純皇帝《實録》《聖訓》前赴盛京尊藏禮成，朕普錫恩施內有賞給沿途護送兵丁半月錢糧一款，乃遲至本年始行題銷，計已越十三年之久，外省於應行報銷事件任意躭延，因循疲玩，相習成風，而直隸爲尤甚，屢經降旨訓飭，恬不知改，非明定處分不足示儆，著吏兵二部酌議。嗣後各省題銷事件，遲延在三年以內者，免議。其有越三年以上者，分別議以罰俸。六年以上者，分別議以降調。九年以上者即行革職，酌定條款，奏准後通飭各省，一體遵行。欽此。又五月二十七日奉旨：吏兵二部會議題銷遲延處分條款內遲延三年以上者，著改爲罰俸一年。四年以上者，改爲罰俸二年。五年以上者，改爲罰俸三年，六年以上者，均照所議分別降調革職，吏兵二部一律辦理。至題銷冊籍舛錯經部駁查准具分別扣除程限，吏兵二部亦一律辦理，以歸畫一。欽此。

一、各省題銷錢糧事件，由户工二部覈明月日，遲延在三年以內者，免議。如遲延在三年以上者，將該督撫罰俸一年。四年以上者罰俸二年，五年以上者罰俸三年，六年以上者降一級調用，七年以上者降二級調用，八年以上者降三級調用，九年以上者革職。俱公罪。係藩司承辦遲延即將該藩司照此議處。如題銷時尚在三年以內，因部駁以致遲延者，除扣去往返程限以外，統計先後遲延月日，按其所逾年限，各照本例減等議處。若題銷時已在三年以上，雖經部駁，祇准其扣除往返程限，仍按其所逾年限，各照本例議處。

官民呈請事件遲延

一、凡官民呈請上行事件，如起文赴選赴補呈請開復及民人留養贖罪等項。俱以呈報之日爲始，限三個月詳咨完結，并將具呈月日聲明以憑查覈，如有逾限不及一月者，罰俸三個月，一月以上者罰俸一年，半年以上者罰俸二年，一年以上者降一級留任。俱公罪。儻原呈內實有舛錯遺漏應行駁查者，該上司俱於案內將何日呈報及批駁換詳月日摘取簡明情由聲叙，如有毛舉細故任意駁飭以致遲延者，除照例議處外再罰俸六個月。私罪。係捏改月日者，除照例議處外，再罰俸九個月。私罪。

各省彙咨彙題事件定限

一、直省彙咨事件該督撫於每年十月截數咨報各部及軍機處，均限十二月初間咨齊由各部分別覈議照例具題。如該督撫等逾限不報，請旨交部察議。

一、各省一切彙題事件統限開印後，兩月具題。如有遲延，各該部隨本查參交部議處。

《六部處分則例（光緒朝）》卷一一《限期・在京衙門承辦限期》

一、各部院收到科抄咨文，司務廳按日登記號簿，呈堂標寫到部日期，分發各司，該司亦標寫到司日期，定稿時將抄原咨黏連稿後，並於稿內將堂到司到日期注明。如有行查各衙門者，亦將咨查咨覆日期按次詳載稿內，以憑稽覈。至封印期內各省公文仍令該提塘照常隨時投遞，各部院標寫開印日期發司，其有緊要事件仍隨時趕辦。如係尋常事件，按照收文日期次第辦稿。

一、在京各部院衙門辦理事件，除去行查會滿議限期外，吏禮兵工等衙門限二十日呈堂完結，户刑二部限三十日呈堂完結。

一、各部院繙譯筆帖式於漢字稿辦定後易於繙譯者，限一日具稿呈堂。繙譯繁難者，限二日具稿呈堂。如承辦遲誤，記過一次。有再犯者，將該筆帖式即行革退。儻有串通書吏漏洩招搖等弊，將該筆帖式與書吏一體治罪。

在京衙門行查限期

一、在京各衙門行查事件應用片文聲覆者，統限五日查覆，應辦稿呈堂聲覆者，吏禮兵工四部限十日查覆，户刑二部限十五日查覆。

一、部院衙門所屬各司中付查付覆事件，凡有關題奏及緊要等案，付查之司俱於移付内切實聲明，令付覆之司照各衙門會稿限期辦理，仍先移知督催所查照，如付覆之司有必須具稿呈堂及實難依限覆回之處，亦令該司將實在情節先行付覆，並移知督催所准其展限。

一、户部各司承辦奏銷案件，於科抄到部後，限十日内一面將應行咨查款項摘出呈堂，行文各衙門敷覆，一面將無牌行查款項逐一銷算明確即先具稿呈堂，俟各衙門咨覆到齊，一併覈明，添叙入稿。如該司承辦遲延，户部堂官即行參奏。儻係各衙門逾限未覆，亦令各衙門堂官將該司查參，均照在京衙門事件遲延例議處。例載本卷。

會稿限期

一、會稿事件係户部主稿者，其會稿衙門限十日送回，係吏禮兵刑工等部主稿者，其會稿衙門限五日送回，所會係户刑二部亦限十日送回。如具題時有應送會稿衙門更改事故者，均限五日送回。

一、各部會稿有應送數衙門會議者，主稿衙門一面查辦，一面將所會各衙門事理分繕副稿。同日咨送會議，俱令依限送回。

一、文武官員有同案議處者，如文職在先則由吏部主稿，移送兵部會議。如武職在先，則由兵部主稿移送吏部會議，俱令依限送回。

一、會稿内有關現任文武官員實降實革者，主稿衙門於會齊之日，限五日内即行具題。刑部題案繁多，限十日内具題。

一、各部院衙門會題案件兵部係專管武職，其行文體制與文職各殊，且駐劄地方文衙門不能徧悉，應聽兵部自行辦理外，其餘各部院會稿事件，凡應行行文之處，俱令主稿衙門通行知照，不得推諉遺漏遲延以專責成。如經手之員推諉行文者，罰俸一年。私罪。遺漏行文者，亦罰俸一年。公罪。遲延者，照在京事件遲延例，按其月日議處。例載本卷。

一、刑部會稿到部時如該員例應罰俸，亦即查明有無紀録，是否敷抵，即於稿内一併叙入，毋庸再俟刑部將原稿送回查核，更改事故時始行查明議抵。新增

具題限期

一、吏禮兵三部專題案件呈堂定議後，限二十日交本，本房限十日内具題。

一、吏部彙題案件呈堂定議後辦理行文行付註册繙清查抵加級紀録各事，統限三十日交本。如十日彙題係初一至初十日辦結之案，即於十一日起限，餘倣此。本房限二十日内具題。

一、禮兵二部彙題案件交本後限二十日内具題。

一、户部題本於交本後限二十五日内具題。

一、刑部專題彙題案件於交本後限五十日内具題。

一、工部題本於交本後限三十日内具題。

一、都察院及事簡各衙門專題彙題案件俱於交本後限十日内具題。

一、會題案件出本時有應送會議衙門更改事故者照例扣展。

一、題本限滿適遇例不進本日期准其按日扣除。

一、刑部參案立決情罪重大案件應即時趕辦具題。

一、禮部題本内應酌留各省請旌壽民壽婦本章二三件以備衙門恭進，無庸定限。

一、考功司議處議叙彙題事件於行文三十日限内將二十日歸入稿件呈堂定議後行查行付註册繙清查抵加級紀録五項，共限五十日。其餘限十日，仍作具題。奉旨後行文限期。道光二十八年八月二十六日奏定。

行文限期

一、各部院衙門一切先行及專題事件俱限五日内行文，彙題事件限一月内行文。如有遲延，照在京衙門事件遲延例議處。例載本卷。

一、各衙門欽奉漢字諭旨，及行文外省事件，只用漢字，其一切内行文移務須兼寫清漢，不得單寫漢字，如有漏寫清字者，將承辦之員罰俸三個月。公罪。

一、行文訛誤舛錯者，係清字將專管之滿洲司員罰俸三個月，係漢字將專管之漢司員罰俸三個月。俱公罪。

一、部院辦理京外事件於應行知照之處遺漏全不行文者，將經手之員罰俸一年。公罪。若應行之處已行止遺漏一二處者，罰俸兩個月公罪。

一、乾隆三十三年十一月初十日奉上諭：嗣後八旗宗人府凡有行文外省事件，俱行該部轉行，不得經行外省，將此永著爲例。欽此。查内務府外行事件亦由各部轉行。

在京衙門事件遲延

一、在京各衙門承辦行查會議具題行文事件如有遲延，逾限一日至十日罰俸一個月，十日以上罰俸三個月，二十日以上罰俸六個月，三十日以上罰俸一年。俱公罪。該堂官於屬員逾限事件，自行查參者免議。儻別經參奏如承辦官罰俸一個月者，堂官免議。罰俸三個月者堂官罰俸一個月，罰俸六個月者堂官罰俸三個月，罰俸一年者堂官罰俸六個月。俱公罪。

道光二十五年六月十六日奉上諭：前據御史張錫庚奏請飭核對文簿以免積壓，當有旨交各衙門堂官悉心議奏，節據各該衙門分別情形或量爲變通或照舊辦理，均經定議具奏，各衙門文移往來皆有簿册可憑，如果實力稽查，何致有延擱不辦之事，現既據議立章程，嗣後著各照所議責成該司員等詳細核對認真辦理。其有已發咨移而承辦衙門日久未辦者，內而大小衙門，外面督撫，均著將所發文移註明月日一體查催。係由何處捺擱，不難從此根究，立予嚴懲。經此次嚴諭之後，各該司員等仍敢漫不經心，任令不肖書吏將所收文移延擱，科房並不稟請標畫接到，以致積壓日久不行辦稿，一經發覺即將專管之司員革職，永不叙用。其承行書吏立即鎖拏，交刑部治罪，並將該堂官等照例議處，其各懔之將此通諭知之。欽此。新增。

部院事件科道註銷

一、各部院衙門每月將已結未結科抄事件造册分送六科科抄，並現理事件造册分送各道勘對限期，其各部院會稿即於註銷册內將行查會議更改事故，及出本日期並限內難以完結緣由，逐一詳開移會科道查覈，遇有逾限，該科道即行查參。至各部設立督催所，酌派司員專管，令承辦各司將已結未結事件每月造送該所司員，就近調取號簿查對明確畫押鈐印至科道註銷之期，令該經承赴科道衙門註銷，其未設立督催所之衙門，即專派司員一人管理。

一、註銷册內遺漏事件者，該司員罰俸兩個月，公罪。聲叙舛錯不明者，該司員罰俸三個月。公罪。

一、刑部現審尋常事件，如遇反覆推鞫難以速結之案，堂畫未全適届限滿，該司即將未曾畫全緣由，於註銷册內預行聲明，俟下次註銷知照該科道查覈。

一、部院將應行議結之案，轉爲駁查者，經科道查出參奏將該司員罰俸六個月，堂官罰俸三個月。俱公罪。

一、咨請議叙之案間有重複錯誤，若原卷可以查明者，即查明改正給予議叙，不必轉查。如率行駁詰，將該司員罰俸六個月，堂官罰俸三個月。俱公罪。儻不肖官吏藉端指駁，巧爲需索，交刑部治罪。

一、各部院及八旗等衙門一應文移，俱令本衙門填寫日期。儻有止寫年月不填日期書，許收文衙門於每月註銷時送該科道驗明，附入註銷本內參奏，將該處行文之員罰俸三個月。公罪。如收文之員不行查出，罰俸兩個月。公罪。自爲補填日期者，照違令公罪律罰俸九個月。公罪。罰俸一年。私罪。道光二十七年增修。

刷卷領卷舛錯遲延

一、在京衙門送刷文卷數目舛錯者，將司員罰俸三個月。公罪。

一、在京衙門領取刷過卷宗定期於每年二月內河南道御史照大小衙門次序預定領卷日期知照各衙門，令該經承依期赴領，該御史查明即行給發。儻該道衙門書役有借端勒索等弊，交刑部治罪。該御史知情者，革職。私罪。不知情者，照失察書役犯贓例議處。例載《書役門》。如各衙門承辦司員赴領遲延，經該御史查參，將遲延不及一月者罰俸一個月，一月以上者罰俸三個月。俱公罪。若該衙門已依期赴領，而該御史不按期給發者，罰俸一個月。其或將案卷遺失，或不照數全給者，罰俸兩個月。俱公罪。

稽查八旗內務府事件

一、八旗都統參領所辦案件有未妥協以及錯謬遲延等事，稽查該旗御史失於參奏，罰俸六個月。公罪。儻係瞻徇情面，降二級調用。私罪。

一、內務府衙門七司三院并上三旗包衣佐領管領下事件，儻有遲延違限經該御史查出題參，將承辦之郎中員外郎等官及內務府總管俱照在京衙門事件遲延例議處，例載本卷。如該御史失於參奏罰俸六個月，公罪。徇隱者降二級調用。私罪。

京官開送職名限期

一、在京各衙門遇有應行議處事件，除本衙門自將應議職名列入摺內，奉旨後即咨部議處者無庸另行立限外，其應由部院查取職名者，定限五日內開送。若有關歷任處分必須詳查開送者，定限十日內開送，俱於咨送文內逐細聲明，該部院於題奏議處本內將查取開送，各月日分晰聲叙，如有逾違，隨本附參，照在京衙門事件遲延例議處。例載本卷。

盛京各衙門註銷限期

一、盛京各部衙門辦理事件禮兵工三部並將軍等衙門限十五日完結註銷，户刑二部限二十五日完結註銷，如有遲延照在京衙門事件遲延例議處。例載本卷。

一、行查及會稿係禮兵工三部並將軍衙門主稿者，其會稿衙門，限五日送回。係户刑二部主稿者，其會稿衙門限十日送回。如逾限送回，亦照在京衙門事件遲延例議處。例載本卷。

行查外省咨覆限期

一、凡各部院行查外省事件俱以接到部文之日爲始，除扣去屬員查覆往返程途外統限二十日，出文咨部，其有必須輾轉行查以及款項過多應行造册咨覆者，限一個月内出咨。若係報銷錢糧册籍繁多一時不能確覈者，即於限内先行咨部展限。如有遲延，照事件遲延例議處。例載本卷。

《六部處分則例（光緒朝）》卷七《赴任·官員到任日期按月咨報》

一、各省官員到任日期，該督撫按月報部一次，凡上月到任之員務於下月咨報，其有離省窵遠之區，該員申報到司，已在彙咨之後，即令造册補送，不必再俟下月彙齊始行報部。如有遲延，照事件遲延例議處。例載《限期門》。

官員調署別缺按季咨報

一、各省道府直牧丞倅等官並實缺州縣非遇有地方緊要公事，概不准藉詞調署別缺。如有必須調署者，該督撫聲明緣由，照依例限，按季造册報部，如有遲延，即將該督撫加等議處。如有州縣缺出請以佐雜人員委署者，該督撫必須將該員署理緣由詳晰聲明，隨時專咨報部查覈。若查與定例不符，除不准行外，仍將該督撫照違令公罪律罰俸九個月。公罪。

一、各省實缺州縣佐雜共有若干，吏部合計一年之内該省調署員數已逾十分之二，即行奏參，將該督撫藩司俱降二級調用。公罪。

《六部處分則例（光緒朝）》卷七《赴任·給憑限期》 一、在京領憑官員自奉旨之日起限，十日内給發文憑，係旗員自給發之日起交與該旗，限十日内嚴催赴任，係漢員自給發之日起，交都察院轉行五城該兵馬司指揮亦限十日内嚴催赴任。其在外得缺及推陞官員亦自奉旨之日起，限十日内將憑封發交與各該督撫，令於憑到十日内行知該員，仍分別有無交代，以該員領憑之日起，亦依限嚴催赴任。先將起程日期報部存案。如不於十日内將文憑給發者，照欽部事件遲延例處分。例載《限期門》。如文憑照限給發而不速催赴任，將督催之員罰俸六個月。公罪。至兵部陞選武職給發限票，如該督撫轉給遲延，及不速催赴任，亦照此例議處。

一、由京赴任並揀發分發赴省官員有告假回籍修墓省親等事，於承領憑照後定限十日内赴部呈明，由文選司即比照十日發憑之例，於十日内標發，照其赴任赴省回籍程限即以給發假照之日起限。

如於十日限外始行具呈請假，或雖於十日限内呈明，直至標發假照限滿後赴部承領者，俱不准其扣展，統俟呈繳憑照到部仍按初次承領憑照之日除去告假日期，並回籍修墓省親及赴任赴省各程限外，覈計有無逾限分別辦理。新增。

領照限期新增

一、各省奏請揀發並進士即用大挑一等拔貢朝考以知縣用者，均限一月内赴部領照，並各項分發已經驗看人員適因事故不克領照，令於限内呈明扣展至兩個月止，如並無事故兩個月限滿仍未赴部領照即照給憑之例議處。其一月内呈明事故至兩個月不領照者，即以兩個月限滿之日起其逾限日期按領照赴省逾限之例分别議處。咸豐元年二月二十六日奏定。

陞調奏留官員給憑例限

一、外省官員有在任奉旨陞調經該督撫奏請暫行緩赴新任，復奉諭旨准留者，俱以交代清楚之日作爲領憑之日，其未經卸事以前月日皆准扣除，迨已抵新任後仍令該督撫於繳憑文内將原省之上司曾否將該員奏留之處詳晰咨報部科，以憑覈計。如有未經奏留而逾限及奏留已經卸事而逾限者，均按其遲延月日照例議處。

推陞官員給憑例限

一、月選郎中以下知縣以上官員，並在内京職陞用及在外現任推陞之道府運同同知州縣各官，仍照例送部引見外，其現任論俸推陞例不引見人員，該督撫接到部文後，詳加驗看，如果居官素好，有才能者，於十日内給憑催令赴任，如有年老並才力不及者，即行具題由部另行銓選。儻不加驗看率行給憑，該員到新任後經該上司以衰庸揭參，將給憑之督撫降二級留任。公罪。

一、外省推陞京職及推陞外任人員有交代者，文到後該督撫即責令依限交代，查明該員任內並無未完事件於交卸清楚後，限二十日內起程赴任。其有承辦事件約計半年內可以完竣者，催令趕辦，仍將緣由於兩月內報部。如半年以上方可完竣者，亦於兩月內分別題咨，開缺另選，如題咨遲延照事件遲延例議處。例載《限期門》。儻本員有託故規避等情，照規避例革職。私罪。該督撫不行揭參降二級留任，公罪。若代爲徇隱降三級調用。私罪。

教佐等官在籍給憑例限

一、在籍候選候補之教職文憑到省，該督撫即轉飭布政使嚴催，以文憑到司之日起，該司於十日內行知該員，該員以接奉行知之日起，限二十日內赴省考驗，准其扣除程限。如並無事故不即赴省考驗，照不領憑赴任例議處。係該司不行嚴催以致違限，將該司罰俸六個月。公罪。其考驗後該司於十日內給憑，該員領憑後於二十日內起程赴任。如該司給憑逾限照欽辦事件遲延例處分。例載《限期門》。如該員領憑後不即赴任，照赴任違限例處分。

一、在籍候選候補之佐雜人員文憑到省，該司亦於十日內行知該員，該員接奉行知亦限二十日內赴省驗看。經督撫驗看後，該司亦於十日內將憑給發，令於領憑後二十日內起程赴任。如該司不行嚴催，及給憑違限，將該司照例處分。如該員不即赴省赴任，將該員照例處分。

一、凡教職佐雜文憑到省，適該員有出外教讀游幕等事，未能於二十日內赴省考驗者，准該家屬呈明由地方官詳報該督撫，於憑限兩月以內即行咨部扣展，不得於憑限已滿之後始行咨部，仍以該家屬接奉行知之日起按其外出省分遠近除去往返程限之外，統限三十日內考驗領憑。若再遲逾，照不領憑赴任例議處。

考試新選教職

一、各省新選教職由本省督撫考試，考列一二三等者，俱准給憑赴任。考列四等五等者，令其回籍學習三年再行考試。考六等者，革職。公罪。

官員不領憑赴任

一、官員一月以上不領憑赴任者，罰俸一年。兩月以上不領憑赴任者，革職。俱公罪。

京官到任違限

一、在京滿漢月選官員無論初任補任，俱以吏部具題奉旨之日起，定限十日內到任。如引見補放人員無庸具題者，以該衙門接准部咨之日起，亦定限十日內到任。均於到任後五日內，由該衙門咨報吏部，并聲明接準部咨月日，以憑查覈。如遇患病及別項事故不及限內到任者，漢官取具印結，滿官出具圖結，呈明吏部存案。如無故逾限不到，將本官罰俸三個月。公罪。若已經到任，該衙門不按限咨報，將承辦之員照在京衙門事件遲延例議處。例載《限期門》。其各學教習傳補行文後亦限十日內到學，如有違限於補官日罰俸三個月。公罪。

外官赴任違限

一、由京給憑赴任人員有在部呈請回籍省親修墓等情，無論是否順道，俱准給假，並准其扣算程限。如於假限程限之外，尚有逾違，仍由吏科摘參交部分別議處。如並未在報呈明給假輒自回籍者，照違令私罪律罰俸一年，私罪。其程途各限俱不准扣展，仍按赴任遲延例議處。

一、赴任各官如有中途患病難以前進者，准其調理兩個月，仍報明該地方官親驗確實，詳報該省督撫，轉咨任所督撫，於繳憑文內將病痊起程日期一併咨報部科免議。如兩月以外不痊，該地方官再行前往諱驗申報。該省督撫分別題咨開缺，准其回籍調理，俟病痊之日照告病人員例辦理。如遇中途風水阻滯，難以前進，例應按日扣除通行接算，總不得過三個月之限，仍隨時將停滯日期於起程時詳悉開報，該地方官訪查確實，詳報該省督撫轉咨任所督撫，於繳憑文內逐一聲扣，咨報部科以憑查覈免議。若患病過兩月以外，止准扣除兩月之限，阻風過三月以外，止准扣除三月之限，雖經取有地方官文結，仍按其所餘違限月日分別查議。其患病止及一月，阻風止及一兩月，不及報明地方官者，許該員於繳憑時呈明該督撫咨報部科，亦予免議。

一、領憑赴任官員除去正展限期，如有逾違，統由吏科題參，移會吏部議處。違限不及一月者免議，一月以上罰俸三個月，兩月以上罰俸六個月，三月以上降一級留任，四月以上降一級調用，五月以上降二級調用，半年以上降三級調用，一年以上革職。俱公罪。其違限不及四月，各員吏科將應否寬免之處聲明請旨，其領憑後並未赴任在京在途繳憑者，如有遲延亦照此例議處。

一、赴任官員有沿途藉事稽留借端觀望，或私行繞道歸里捏稱阻風患病等情，一經查出除不准其扣展外，將該員照不應重杖八十私罪律降三級調用。私罪。其違限不及四月，各員吏科亦無庸聲明請旨。

一、赴任官員並未在部呈請告假私行繞道歸里者，一經查出即將該員照違令私罪律罰俸一年，仍按其遲延月日，照例議處。

一、赴任官員遇有中途患病阻風核計在正限以外，展限以內，應照例准其扣展。至發往各省人員，亦照赴任官員一體辦理。新改。

一、部選人員領憑到省後經該上司因地方緊要留省察看或劄調入闈及派委各項差使，應隨時分別奏咨立案，除闈差有定限可計，准其照扣，其留省察看及派委各項差使統限三個月，不得分扣。如有未經立案僅於繳憑文內聲扣者，除本員毋庸置議外，仍將該管上司查明參處。新改。

一、領憑到省後既經該上司留省察看，自應隨時分別奏咨立案。檄調入闈及派委各項差使即照此辦理。嗣後如有未經立案僅於繳憑文內聲扣者，除本員無庸查議外，仍將該上司查明參處。

一、官員赴任中途阻風患病，如有已報明地方官日期，又有未及報明日期不准兩項分扣統計。阻風報明不及三個月，患病報明不及兩個月，准將未報明日期補扣，總不逾三個月、二個月之限，仍按正限外展限內核辦。新改。

一、官員自領憑之日起，直至正限已滿後始聲扣阻風患病者，不准扣展。其正限之內或展限內聲扣阻風患病日期仍不得逾例限，至展限外阻風患病不得再扣，即限內所扣阻風尚不及三兩個月、患病尚不及一兩個月，亦不准將展限外日期補扣。新改。

一、查大學士覺實興等原奏內稱查各省憑限日期多寡不一，如憑限僅止四十五日，該員中途患病於兩月病限届滿始行痊愈已在憑限以外，設遇風水阻滯若不准其扣展，不獨本員動罹參罰，即風水阻滯展限三月例文亦成虛設。當即移咨吏部檢查是正限以外展限以內阻風已有准展成案，該科援引普慶等成案不准扣展殊屬歧誤，應由吏部查明更正並妥議章程奏明請旨通行等因。

一、凡驗看患病查訪阻風之地方官但據該員呈報未經親往查驗者，照違令公罪律罰俸九個月。公罪。

一、若瞻顧親友扶同出結者，降二級調用。私罪。轉詳官罰俸一年。公罪。

一、發往各省人員繳照逾限概照赴任違限例議處，遇有中途患病阻風等情，正限以外展限以內者，自應照赴任官員一體辦理。

赴任分發候補候選人員遺失憑照新增

一、赴任分發及候補候選領有憑照各員呈報遺失，除實係水火盜劫經地方官驗明確有顯蹟者，免議。

其呈報遺失被竊者照防範不發例降一級留任。公罪。如有私行典押赴省遲延規避處分捏報竊失者，別經發覺即照違制私罪律革職。

患病繳憑繳照

一、由京赴任及分發人員領憑領照後又復呈報，患病若兩月內痊愈無庸繳進憑照，至兩月以外不痊即應送部查銷。如患病兩月以外未經呈繳者，此專指領憑照後患病兩月不痊，經該督撫分別題咨到部實任業經開缺分發業經銷除試用省分無關缺分省分人員而言。將該員罰俸一年。公罪。其因省親修墓告假回籍，又復呈報患病者，亦照此例辦理。如該員業經呈繳，地方官漏未送部，罰俸一年，公罪。係詳繳遲延照事件遲延例議處。例載《限期門》。如有丁憂等項事故，業經開缺，僅止不繳還憑照者，亦照此例議處。

一、官員領憑照後有遵例捐陞加捐離任在部呈請繳應照者，准除去告假等項事故，如遲至兩月以上者，照患病兩月以上未經呈繳之例議處。

呈繳文憑

一、官員到任以後呈繳文憑，該布政使查明部科印信期限月日相符者，即行咨繳或有油痕水蹟破損等事不得任意駁回。儻有書吏借端需索，許本官據實詳報，將該書吏即行究處。

一、官員領憑照後有遵例捐陞加捐離任在部呈請繳憑照者，除去告假等項事故，如遲至兩月以上者，照患病兩月以上未經呈繳之例議處。

繳照違限

一、發往各省人員由吏部給照前往，俟到省後繳銷如中途有患病阻風等情，俱准其照例扣展，其有繳照逾限者，即照赴任違限例議處，仍將違限不及四月各員應否一體寬免之處聲明請旨，其領照後並未赴省在京在途繳照者，如有遲延亦照此例議處。至陵寢官員距京最近不難依限赴任，如有繳照違限無論四月內外，悉照赴任違限例議處無庸再議請旨。

現任官員赴部照依憑限給咨

一、現任外官赴部引見，該督撫照依憑限給咨，即令依限遵行。若有遲逾照赴任違限例議處，其中途有患病阻風等事，報明地方官查驗申報。儻有不實，將本員與地方官照例議處，或患病至兩月以上不痊，地方官即驗看確實報明該督撫，分別題咨開缺，病痊仍照例查辦。

旗員回任知照本旗查催

一、外任文武旗員或因引見，或因奉差來京者，俱由部院衙門將該員來京緣由并給照回任各月日咨明本旗，以便查催。

回任官繳照違限

一、來京引見及差委赴部人員事竣回任，吏部等衙門照憑限給與報照。俟該員到省該督撫查明回任日期報部，並將原照咨繳，如有遲逾照赴任違限例議處。其中途患病阻風等情，仍照例准其扣展。

至京官奉差外省及外官委赴別省者，俱照此例覈辦。

《大清會典（光緒朝）》卷二四《户部三庫·管理大臣職掌》　凡解官，各定其程限。各省起解京餉，以領批起程之日爲始。直隸限二十日，山東限三十日，奉天、山西、河南限三十五日，江蘇、陝西、湖北、安徽限六十日，浙江限七十日。甘肅、江西限七十五日。湖南限八十日。福建、四川限一百日，廣東、廣西限一百十日，貴州限一百十五日，云南限一百二十五日，到部。一面將銀兩數目，解員職名，及起解日期，先行咨報。其領解物料，由起解省分批限，亦令先行咨報。解員事竣回任，自填給限照後，直隸限二十日，奉天、山東、山西河南限三十日，江蘇、湖北、陝西限五十日，安徽、浙江、甘肅限五十五日，江西限六十日，湖南限七十日，福建四川限八十日，廣東限九十日，廣東、貴州限一百日，云南限一百十日，所領限照，於回任後咨部查銷。如有中途患病情事，準其報明扣展。既事則引見。解官自知縣以上，事竣，由三庫大臣引見。其引見後未滿三年者，毋庸帶領。

《大清會典（光緒朝）》卷八六《八旗都統·馬册房》　凡馬册之咨部者立其限每月關領馬銀馬錢，左翼四旗於初六日，右翼四旗於初七日。關領料豆，左翼四旗於十四日，右翼四旗於十五日。馬銀馬錢册於上月十八日送部，馬豆册於上月終送部，回回圜廠馬册，於將次回京之先，覈計數目送部，回京後即關領，官兵拴馬，將官兵姓名造册送部關支。每年九月自廠回京，至次年三月出廠以前，官拴馬月支料豆一石二斗，兵拴馬月支料豆一石，四月至八月留京馬匹不給料豆。漢軍旗分官兵拴馬册檔，派印房參領章京兼管。各營之支領者皆附焉。本旗各營及侍衛拜唐阿馬銀馬豆，皆隨旗支領。

《大清會典（光緒朝）》卷八六《八旗都統·直年旗》　凡事之應結者立其限。各旗易結之事，限十日完結。參領以下官員，以出缺日期起限二十日，承管佐領限三十日，各處駐防官員出缺來京者，以人文到日起限二十日，終養、告病、丁憂等事回旗例應引見者，亦如之。其不能依限完結者，聲明緣由，於原限外寬限十日。有行查調取稽延時日者，隨時咨會查旗御史查覈，仍速行辦結註銷，各衙門查辦檔册，於到旗日，酌量事務繁簡定限，各處駐防大臣承辦緊要案件，限一月完結。其奉部駁查事件，以文到日爲始。近在同城者，限二十日出咨送部，其不同城須行文轉查者，聲明程途遠近扣限外，限一月咨送部。有特交者則會各旗大臣以定議。歲終，則彙已結未結與其年例之事而具奏焉。歲終，將八旗已結未結事件，及官兵人等有無放重利債，官房有無租典，送挑各處拜唐阿大臣官員子弟分别已去未去，分給罪人爲奴有無逃亡，俱由直年大臣彙奏。

《大清會典事例（光緒朝）》卷八八《吏部·處分例·各部院事件限期》　順治十二年諭：事下部議者，限十日内具奏，須咨會各衙門者，限二十日内具奏。其事關刑名錢穀，不能如限即結者，先期題明。十三年議准：事由本衙門覆奏者，限二十日，由咨會各衙門覆奏者，限一箇月。如有限内難結事情，聽該衙門豫行題明展限。康熙四十六年定：部院事務，每月將已完結及未完結之處，造册分送六科，科鈔並現理事件，造册分送各道，勘對限期，有遲延違誤者查(?)，將遲誤之人照遲延例。分别議處。註銷册内，遺漏事件者，照失察案件例。罰俸兩月。行查月日，難結情由，不行聲明，及已經聲明，尚有舛錯蒙混者，照行查未結概稱已結註銷例，罰俸三月。又議准：各部院承辦科鈔事件，凡行詢各部及外省，不能依限完結者，於每月註銷册内，將行查緣由。逐一聲明。如有行查未結之案，概稱完結註銷者，查出，將承辦註銷之人，照文卷舛錯例議處。雍正元年諭：户部事繁，科鈔限三十日，會稿限四十日。又覆准：各部院繙譯筆帖式，於漢字稿既定後，限一日即行繙譯，繁難者限二日，具稿呈堂。儻有誤承辦事件，記過一次，再有犯者，將該筆帖式即行革退。儻有串通經承，洩漏招摇等弊，將該筆帖式與經承一例治罪。又覆准：定例，部院衙門案件，皆有二十日限，嗣後各部院堂司，皆立用印檔案，事件一到，即行定稿。定稿後，即行繙譯説堂，不得彼此推諉觀望，堂號簿用堂印，司號簿用司印，以便稽察。二年諭：凡交下速議事件，限五日内完結。五年諭：議政大臣九卿各部院衙門八旗將應奏事件，遲延者甚多，從來寬定限期者，特爲難辦之事，應待行查，有需時日故耳。今看三兩日内可以完結之易事，亦謂尚未及限，怠慢推諉，不即辦理具奏，及至届限，始行具奏，與原定限期之意，實屬相違。凡事應隨到隨即辦理完結，乃將並非難辦之事，稽延時日，此不過從中作弊，以爲請託之地而已，毫無裨益。著議政大臣九卿，將易於辦理事務，作何另定限期之處，詳細議奏。欽此。遵旨議定：嗣後除兩衙門會稿，八旗會議，仍照定限完結外，一應不待查覈易於辦理事件，如吏禮兵刑工等衙門，向例二十日完結者，今定限十日完結。户部向例三十日完結者，今定限二十日完結，其八旗及當月旗分，所辦易結事件，俱定限十日完結。至議政及九卿會議，向無定限，嗣後如有行查事件，定限三十日完結。不待行查易完之事，限十日完結。定限之後，儻仍有怠緩遲延，互相推諉，以致違限未結者，内閣科道查出糾參，照例議處。再兩衙門會稿，雖有定限，但止有主稿衙門逾限處分，以致稿案咨送去後，會稿衙門，往往任意遲延，嗣後會稿移送之處，定限十日送回，如逾限不行送回，主稿衙門，即知會科道等題參。十二年定：部院一切應行文事件，均於到司五日之内，即令行文，其有訛誤舛錯之處未經查出者，將專管直日之漢司官，照文卷舛錯例議處。至應行文事件遺漏未行，或遲延日久，滿漢各官，均難辭咎，應將滿漢各官一併查參。遺漏未行者，照例罰俸兩月，再各部院衙門，彼此文移，均兼清漢。嗣後如字内有舛錯訛誤之處，未經查出，並將專管直日之滿洲司官，照例議處。又議准：各部院咨文事件，於文到之日，該司務應按日登記號簿，呈堂標到部日期，分發各司。該司又按每日所收咨文，註明日期定稿，即將原咨黏連稿後，並於稿内將咨文到司日期註明。如有辦理遲延者，該堂官計日扣限，易於稽查。如有行查各衙門者，亦令按次詳載，以憑查覈。乾隆四年覆准：凡部院將應結之事，故爲駁詰者，各該稽查之科道衙門，即行參奏，交部將該司官罰俸六月，堂官罰俸三月。又議准：凡議叙案件，一案之中有一二字重複錯誤，原卷可以查明者，即查明改正，准予議叙，不得藉端駁詰，及巧爲需索。如有濫行駁詰者，將承辦之員，查明題參，照故爲駁詰例議處。如有不肖官吏，藉此需索者，訪明嚴參，交部治罪。五年議准：各衙門具題事件，以交繕本處日期爲止。九卿會議事件，以九卿上班日期爲止。如應行查者，承辦衙門除去咨詢日期，按限完結，遲延一日至十日者，罰俸一月。十日以上，罰俸三月。二十日以上，罰俸六月。三十日以上，罰俸一年。該堂官於屬官逾限事件，自行查參者免議。儻有逾限既未完結，又未查參，經別衙門查參，如承辦官罰俸一月者，堂官免議。承辦官罰俸三月者，堂官罰俸一月。承辦官罰俸六月者，堂官罰俸三月。承辦官罰俸一年者，堂官罰俸六月。十四年諭：嗣後各部事件，在本部題結者，吏禮兵工等部，及各衙門均定限二十日。户刑二部，定限三十日。行查會稿，係吏禮兵工及各衙門主稿者，定限四十日。户刑二部，定限五十日。内所會各衙門，各定限五日。户刑二部，定限十日，逾限即行參處。十五年諭：嗣後各該衙門支領文移，遇有不兼清漢，及一切應駁事件，皆令收文之員，回明堂官，移查本處，並將移文之員，留待咨覆。收文處不得隨收隨駁，無可稽考。如此則查覈尤爲詳密，而作僞者無所容，將此永著爲例。十六年覆准：各衙門如有自行奏准工程，及事非尋常，係格外支領等項，務將辦理緣由，備具清漢文移，報明户部。户部驗確，即知會該衙門，出具印領，委官齎赴户部，覈對相符，然後劄庫給發。十七年議准：部院衙門，各司屬中移付事件。凡有關題奏等案，均照各衙門會稿定限移覆，付督催所稽查，照例註銷。二十九年覆准：各部院衙門封印期内，各省投到公文，仍令各提塘照常隨時投遞，標寫開印日期發司，緊要者隨時趕辦。如係尋常事件，次第查案辦稿。又奏准：各部會稿，有應送數衙門會議者，主稿衙門，即一面查辦，一面將所會各衙門事理，分繕副稿，同日咨送會議，俱令依限送回，仍於註銷册内，將會稿定議日期，逐一詳開，移會科道，以便查覈，會稿内有關現任文武官員實降革者，主稿衙門，於會齊之後，限五日内即行具題。刑部題案繁多，限十日具題，仍將出本日期，按月造册，交科道稽查。三十年奏准：户部承辦奏銷案件，於科鈔到部日，限十日内，先將應行查覈款項，摘出呈堂，行文各衙門查覈，一面將不待行查款項，逐一詳悉覈算明確，即行具稿呈堂辦理，俟各衙門咨覆到齊之日，一併叙入稿內。如有遲延，該堂官即將遲延之司員查參。至行查各衙門，逾限不行查覆者，亦令該堂官，將該司員查參。又奏准：各部司員，係已仕歷任者，遇有會稿事件，令其辦理。儻係初任之員，務於一年後，稍諳部務，方准承辦。如未滿一年，果能辦事無誤，亦必經該堂官派出，准其一體辦理。儻互相推諉，仍令初選不諳之員承辦，以致事有舛錯，應將該司推諉之滿漢司員，照推諉事件例罰俸一年。三十二年覆准：各部院衙門應題事件，吏禮兵三部專題案件，呈堂定議後，即於二十日限內，交本房繕本，交本房後，限十日內具題。彙題案件，均於交本房後，限二十日內具題，户部題本，於交本房後，限二十五日內具題，刑部專題、彙題案件，於交本房後，限五十日內具題。工部題本，於交本房後，限三十日內具題。都察院以及事簡各衙門，專題彙題案件，俱於交本房後，限十日內具題。彙題案件，交本房後，如有應送會稿衙門，更改事故者，照限扣展。各衙門具題時，適届限滿，遇例不進本日期，仍按日扣除。刑部叅案，立決情罪重大案件，應即時趕辦具題。禮部題本案件，有各省壽婦本章，酌留二三件，以備御門恭進，均毋庸定限。三十七年奏准：刑部現審尋常案件，如遇鞫訊難結之事，呈堂時，適已届限，堂官內未能畫全者，即將未曾畫全緣由，於册內聲明，准入註銷，俟完竣行文後，於下次註銷時，知照科道查覈。四十五年奏准：吏部承辦議叙議處彙題案件，有十日一月半月盗案之別，每題一次，自一百件，至二三百件不等，除堂畫小稿，及繕本各限期，仍照例扣算外，其彙辦行文行付，註册繙清，查抵加級紀録各事宜，統限以三十日辦竣，即交與檔房繕本具題。五十五年奏准：在京各部院衙門行查事件，單片聲覆者，如查例及現辦易覆各案，限五日咨覆。辦稿呈堂聲覆者，如查覈錢糧，及遠年舊事難覆各案，吏禮兵工四部，限十日咨覆。户刑二部，限十五日咨覆。五十六年奏准：各部院會稿內，如文武各員，均應議處，其一人任內，僅止會銜，無關處分者，均令主稿衙門查註各兼銜，毋庸會議。又諭：向來户刑二部，案件繁多，定例題本限期較寬，但查覈錢糧，研求情罪，雖比別部事件，稍需時日，亦不宜過於稽緩。嗣後户刑二部題本，俱著統以八十日爲限，刑部八九兩月應題之本，仍准照百日之限，其各部題本限期，俱照舊例辦理，毋任遲延。嘉慶五年奏准：部院衙門，一切先行及專題事件，俱限五日內行文。彙題事件，限一月內行文，如有遲延，照在京衙門事件遲延例議處。八年諭：近來各部院衙門承辦事件，每有遲延，昨日朕偶思及通政司參議誠存，早經加恩議叙，何以日久未據該部具題，諭令軍機大臣查明覆奏，兹據奏稱此件諭旨，自四月初三日傳鈔到部，吏部於初八日定稿，移交繙書房，繙譯諭旨，至二十二日經繙書房繙出交部，二十九日送交本房繕寫等語，此等議叙之本，有何難辦，既無須輾轉行查，多爲商酌，何以必待頂限，始行具題耶。乃繙書房遲至十五日是，而吏部承辦司員，又不趕緊交辦，復遲六日，始交本房繕寫，雖未逾定限，究屬因循疲玩。著將繙書房及吏部承辦各員，交各該衙門察議，其管理繙書房及吏部各堂官，俱著分別察議。嗣後各部院衙門，辦理題奏事件，固須詳慎，但必當督飭承辦之員，認真趕辦，毋任稽延，致滋曠廢，將此通諭各部院衙門知之。九年諭：御史王瑶臺奏請定升遷人員引見限期，以防流弊，所奏甚是，各衙門升遷員缺，事關職守，豈得任意遲緩，此後各衙門出缺引見，以及外省送部引見人員，著該部酌定限期，以杜流弊，仍隨時照稽察各衙門，如有逾限，即行叅處示儆。欽此。遵旨議定：嗣後除滿漢月官月選筆帖式，各省保薦俸滿教職，及現任人員升補，有關開缺者，各按截缺日期，先期帶領引見外，至在京各衙門應行題補之缺，出缺後，限二十日內帶領。如有須行查者，酌寬十日，定限三十日內帶領。再內外雜項人員，到部驗到後，統限二十日內帶領。其有須行查者，亦酌寬十日，定以三十日內帶領。其雜項人員，隨時驗到，積至一二十員，即作爲一班，儘數帶領。設人數過多，不能按限儘數帶領者，總以有關積缺開缺人員，先儘引見，至應行帶領人員內，有驗到後呈報事故，或遇直日推班，並封印日期，不能帶領引見者，仍將詳細緣由，移咨稽查衙門查覆，其各衙門應行帶領引見之員，均定限在三十日之內，如有不能依限帶領之處，亦即自行知照稽察各衙門，以憑查覈。十年諭：據兵部彙題議覆盗案等項尋常事件一本，向來吏兵二部，於此等議覆各案，俱歸入彙題本內，或十日具題一次，或十五日具題一次，即遇有特旨交議事件，亦並不另本題覆，以致本內臚列案件紛繁，多者篇幅盈尺，少者數百頁，朕披覽章疏，固不厭繁多，而部中於應辦事件，積壓遲延，久懸案牘，殊非慎重辦公之道。即如本內議叙司鑰長舒隆阿拏獲書吏陳瑞華偷盗印册一案，係於三月十六日經奕紹具奏，奏旨特交議叙之件，迄今已閲三月，始據歸入彙題案内議覆，實屬任意遲緩，試思此等議叙案件，非如議處各案，尚須輾轉咨查，致稽時日者可比。嗣後吏兵二部，於常交議案件，固不得怠緩遲逾，若有特旨交議案件，或專摺具奏，或另爲一本，及早議覆，不得歸入彙題本内，併案辦理，以致因循延閣，若再有特旨交議歸入彙題者，該堂司各員，一併嚴議，著爲令。欽此。遵旨議准：將承辦此案之司員罰俸三月，堂官罰俸一月。十一年諭：嗣後吏部等衙門，遇有特旨交議之件，該堂官等止須將該員應得降級罰俸處分，查覈例案，定議具奏，並於摺内聲明係奉特旨交議之件，毋庸查取加級紀録議抵，俟奏上時，朕覈其情節輕重，量予區分。其加恩准抵者，於奉旨後，再將該員有無加級紀録，詳覈彙題，該堂官等不得仍以咨查爲詞，藉端遲滯。儻復任意延閣，必將該堂官懲處不貸。又諭：吏部具題湖南嶽麓書院掌教羅典，主講又届六年，照例准其紀録二次一本，已依議行矣。此係十月初九日，批交該部議奏之摺，距今已及一月，此等照例議叙掌教之件，止須遵照上次成案，予以紀録二次，毋庸輾轉咨查，何至稽延一月之久，始行繕本具題。殊屬延緩，所有吏部堂官，著傳旨申飭。嗣後各部院衙門，遇有特交事件，俱著隨時具摺覆奏，不得延至頂限之期，始行具題。又奏准：凡奉特旨交議事件，除宗人府内務府各官，有無加級紀録等項，必須行文咨取者，先將該員應得降罰處分，定擬具奏。俟命下之日，移咨辦理外，至各部院以及各省大小官員，向有册檔可稽者，仍將該員有無加級紀録。革職留任之處，隨摺聲叙。俟奉旨後，將准抵者即行註册，其不准抵者即行開缺。又奏准：八旗官員俸米册檔具領，於每上月初十日内送部，八旗甲米並家口册檔具領，於每月十五日内送部。如有逾限，照造册遲延例議處。倉場限兩月内放完俸米，一月内放完甲米，仍將各旗送檔、户部劄倉、各倉開放月日，咨明都察院查覈。如有逾限，係何衙門遲延，查明叅奏。至補領米檔，於劄倉之日，限十日放完，交查旗御史，就近稽查。如限内不完，將監督並監放米石旗員議處，違限一日至十日者，罰俸一月。十日以上者，罰俸三月。二十日以上者，罰俸六月。一月以上者，罰俸一年。兩月以上者，罰俸二年。凡官兵俸餉，亦照此例辦理。十四年諭：現届封印日期不遠，各衙門自應將應辦事件，上緊趕辦，次第陳奏，庶不致有積壓之虞，乃本日悦心殿傳膳辦事，止有步軍統領衙門封奏一件，此外六部俱不奏事，將來封印期迫，勢必至一日之内，紛紛陳奏，轉多擁擠，殊非辦公之道。嗣後各衙門務將應辦事件，隨時上緊陳奏，毋得仍前延緩。十六年奏准：各衙門滿漢各官應題之缺，查覈到部時，吏部以堂到後發司之日起，文選司限五日内具稿呈堂，堂官亦限五日内畫齊，扣滿十日行文。不得故違，亦不得少速，以杜積壓之弊。儻有不合例事故，例應駁查本衙門者，以後次咨到之日，另行起限，各衙門於出缺之日起，限十日内查覈過部。吏部按限查覆各衙門，限十日内帶領引見，前後統限二十日，仍於引見後，將日期知照吏部及稽查各衙門，查明有無往返駁查日期。如有遲延，即查取職名議處。十八年諭：嗣後部中題奏事件，著照該御史所奏，將科鈔咨文何日到部，該衙門何日具題，俱於本尾聲明。如有遲延即行附叅，至題本奉旨後行文，以及咨行外省事件，著各衙門設立號簿登記。如有遲延，分別記過叅處。二十二年諭：向來部院遇有議處事件，每因查被議之員，有無加級紀録，以致議奏遲延。嗣後著於奉旨五日之内，即行議上，其例不准抵者，於摺尾聲明，即係應以級紀議抵者，亦毋庸先行查計，著於摺尾聲叙。例係應行議抵之案，可否准其抵銷，請旨遵行。如奉旨不准抵銷，毋庸查計，若准其抵銷，再行查明覈辦。又諭：吏部議處事件，奉特旨交議者，仍依定限於五日内專摺具奏，其各衙門自請議處，及叅奏議處者，事件繁多，若概用摺奏，未免煩瑣，均著照例具題。惟此内應專案具題之件，亦當予以限期，著定限二十日具題。如有違逾，將該部堂司官議處。道光四年奏定：文武官員，有同案議處者，如文職在先，則由吏部主稿，移送兵部會議，如武職在先，則由兵部主稿，移送吏部會議，俱令依限送回。二十五年諭：前據御史張錫庚奏請飭覈對文簿，以免積壓，當有旨交各衙門堂官悉心議奏，節據各該衙門分别情形，或量爲變通，或照舊辦理，均經定議具奏，各衙門文移往來，皆有簿册可憑。如果實力稽查，何致有延閣不辦之事，現既據議立章程。嗣後著各照所議，責成該司員等詳細覈對，認真辦理，其有已發咨移，而承辦衙門日久未辦者，内而大小衙門外而督撫，均著將所發文移，註明月日，一體查催，係由何處捺閣，不難從此根究，立予嚴懲。經此次嚴諭之後，如該司員等仍敢漫不經心，任令不肖書吏，將所收文移，延閣科房，並不稟請標畫司到，以致積壓日久，不行辦稿，一經發覺，即將本任專管之司員革職，永不敘用。其承行書吏，立即鎖拏，交刑部治罪，並將該堂官等照例議處。咸豐七年諭：嗣後凡有加恩諭旨，均著於五日內行文，毋得遲延。

《大清會典事例（光緒朝）》卷八八《吏部・處分例・直省承辦欽部事件限期》 順治十三年題准：直省欽件限期，地有遠近，事有繁簡。直隸限三箇月，奉天同。山東、山西限三箇月半，河南限四箇月，江南、湖廣、陝西、延綏通限五箇月，浙江、湖南、甯夏通限六箇月，南贛限六箇月半，福建、四川、廣西、甘肅、廣東通限七箇月，各令依限奏結。如事有限內難結者，聽該督撫按詳開事由，於限內題請展限。十八年題准：凡行查在外事件，按地方遠近立限，以文到爲始，直隸、山東、山西、河南、陝西限四箇月，江南、浙江、湖廣、江西限五箇月，福建、廣東、廣西限六箇月，雲南、貴州、四川限七箇月。儻有繁重事情，限內不能即結者，許題明展期。其違限一月者罰俸三月，違限二月者罰俸六月，違限三月者罰俸九月，違限四五月者罰俸一年，違限半年以上者降一級調用，一年以上者降二級調用，二年以上者革職，違限不及一月者免議。至各部院題覆一應事件，違限者俱照此例治罪。其本章咨文送到日期，務於疏內註明。又議准：甘肅巡撫，照四川例，限七箇月報完。又議准：直省督撫，凡遇部院移行欽件，必逐一查明，某部某事，係何月何日咨到，或前任督撫已違限期，方行交代者，令其明白具題。康熙元年議准：直省衙門事件，由督撫行司道府，司道府行州縣者，俱不得過二十日之限，若事不能如限即結，亦必豫請展期，違者聽督撫糾參，照例治罪。三年議准：督撫題參遲延官員，必開明違限月日，違者聽該部院糾參，督撫罰俸六月，其違限緣由，仍駁回查明。九年議准：直省巡撫，遇欽部事件，以文到之日爲始，通限以四箇月具題，其總督駐紮本省地方事件，照巡撫限期，統轄隔省地方事件，限六箇月具題，違限者罪坐督撫，不得分坐道府州縣等官。又題准：陝甘總督所管甘肅，兩廣總督與廣東巡撫所管瓊州，雖係本省地方，相隔遥遠，應照隔省例限以六箇月具題。十五年議准：各直省事件，督撫違限一月者，罰俸三月，違限二月者，罰俸六月。違限三月者，罰俸九月。違限四五月者，罰俸一年。違限半年以上者，降一級留任。違限一年以上者，降二級留任。違限二年以上者，降三級調用。又議准：承辦欽部事件各官，均照定限辦理完結。如案情繁重，限內必不能完結者，承辦官將此情由，申詳督撫，題明展限。如承辦官將易結之事，遲延不結，或將難結情由，不豫行申詳督撫，經督撫題參。雖期限未滿，及逾限不及一月者，將承辦官罰俸三月，至逾限一月及一月以上者，不論事件已結未結，將承辦官罰俸一年，督撫計月處分。二十三年議准：凡督撫新任接署事件，俱以到任署任日期扣算，原限四箇月者，展限兩月。原限六箇月者，展限三月，各遵照完結。又題准：新任督撫，有欽部事件難結者，以到任日期爲始，展限兩月，停其具疏題請。四十六年諭：部院事務，科道官員，於每月稽查其完結與未完結之處具題，其各省事務，並無稽查具題之處，以致錢糧盜案人命事務，往往遲延數年數月。嗣後凡奉旨之事，交與何官料理究審，完結與未完結之處，令該督撫等於春夏秋冬四季奏聞，其各部所交之事，完結未完結，亦令各部稽察，於四季奏聞。五十二年恩詔：內外文武官員，除大計軍政處分外，其現在議革、議降、議罰、戴罪、住俸等項，各該衙門悉與奏明寬宥，欽此，遵旨議定，違限初參各官，援赦免議，嗣後復以違限題參者，照初參例處分，若未經遇赦初參各官，復經題參者，仍照復參例議處。五十七年覆准：凡交代承審遲延，與追緝不力等應參事件，該督撫不必另本具題。各照例限咨明各部，處分俱入彙題完結。又覆准：部駁再審事件，令該督撫虚心按律改正具題。承審官從前舛錯之處，免其議處，若駁至第三次，該督撫不爲酌量情罪改正，仍執原擬具題者，該部院衙門覆覈改正，將承審各官，並該督撫交部議處。雍正元年諭：各省已未完結事件，停其四季造册奏聞。五年覆准：各省州縣奉到部文查審事件，定例均以督撫准咨日期扣算四箇月咨題，州縣距省程途，遠近不一，若俱一例扣限參處，似未均平。嗣後奉部查審事件，除臺灣、瓊州、苗疆地方，仍照定例遵行外，其各省内地，均以州縣奉文之日起，扣限四箇月咨題完結，其各州縣距省水陸里數，行令各督撫查明，造册報部存案，於限滿咨參日，將里數咨內聲明，各衙門照册查對，以杜捏飾遲延之弊，至各督撫接准部文，俱限於三日內，即行檄飭所屬，不得遲緩。如逾三日之限，照遲延例參處。又督撫將部文行司，必由司而府，轉行州縣，未免遲緩時日，應令督撫行司之後，即飭該司一面徑行州縣，一面仍行該道府，轉行所屬。乾隆十五年議准：凡都察院據呈咨行案件，該督撫即將准咨日期先行咨報，一面速飭承辦各官，依限查覆。果有難結緣由，即於正限內，詳報咨展。如並無難結而逾限不行咨覆者，照事件遲延例分別議處，如限內任意耽延，及至逾限之後，捏詞蒙混，託故申覆者，經都察院參奏，將承辦官照蒙混造册例降一級調用，轉報之上司罰俸一年，不行詳察之督撫罰俸六月。又奏准：官員辦理欽部事件，逾限不及一月完結者，比照逾限不及一月事未完結罰俸三月之例，量爲酌減罰俸一月。又奏准：凡接扣限期，均於初參限滿日，接扣二參限期，不得以接到部覆之日，始行起限，致滋延展。四十七年奏准：官員承辦欽部事件，逾限一月並一月以上者，仍照舊例罰俸一年，若遲延半年以上者罰俸二年，一年以上者降一級留任。五十四年奏准：凡通行各省督撫按依本地情形，詳細妥議案件，及奉部咨取駁查事件，俱以接到部文之日爲始，除道路遠近，按例扣算往返程途外，統限二十日內。出文咨部，如有必須輾轉行查所屬，以及行款過多，應行造册咨覆者，以一月造册咨覆。有因報銷錢糧册籍繁多，一時不能確覈者，即於限內咨明扣除。如有遲延，照例議處，新疆辦事大臣，遇行查事件，亦照此例扣算議處，該部仍計各省程途遠近，按月查覈。其有例限已屆，尚未覆到者，即行嚴催。如承辦司員，不行查催，該堂官查參議處。儻部駁至再，仍含糊聲覆，即覈明本案題駁，將督撫及承辦之員，隨時查參議處。嘉慶七年諭：嗣後各直省督撫，凡遇地方應辦事件，務須依限完結，不可遲延，至奉旨特交之件，尤當迅速辦理，若再有延玩，定當嚴行懲治不貸。九年諭：嗣後各該督撫等於部行事件，總當嚴飭屬吏，上緊辦理，毋得玩愒從事，自干咎戾。十二年諭：近來各省交審事件甚多，而奏結者甚少，該督撫於奉文之後，任意延宕，經年累月，怠惰因循，以致善良赴訴不休，而姦民告訐愈甚。獄訟之繁，皆由於此。第各衙門奏交咨交之件，其情事輕重，竟有不同，尚應分別覈辦，即如特旨交審事件，此與派欽差前往無異，何以欽差馳至該省，無不迅速奏結，而督撫承審之案，動輒稽延，即云案犯不齊，亦無難勒限嚴提，何得有心泄泄。嗣後特交事件，著該督撫於奉文之後，隨時咨報軍機處，自原告到省之日起，依限審結，即有因人證難齊，或該督撫有公出事件，不得不稍爲展緩，亦當隨案報明。儻涉遲逾，即行分別參奏，其各衙門咨交事件，亦著照此登記檔案，依限飭催，如違，分別辦理。至各省距京，道路遠近不同，案情亦繁簡互異，即各省交審案件，亦多少不一，其應如何分別立限，酌定處分，並著吏部參考舊例，定議具奏。欽此。遵旨議定：凡特旨交審案件，以提齊人犯之日起，限兩月完結，部院咨交之件，以接奉咨文之日起，限四月完結，俱令該督撫親提審訊，不得有逾例限。如或因隔省行提人證，或該督撫有公出事件，限內實有難結緣由，係特交之件，令其隨時咨報軍機處，係咨交之件，隨時咨報原交衙門。俟審結之日，仍於奏摺後並咨覆文內，將例限起止，及曾經咨報展限若干月日之處，逐細聲明，兼報吏部查覈，照例准其扣除。儻無故遲延，逾限不及一月者，將該督撫罰俸三月，逾限一月以上者，將該督撫罰俸一年，如無故遲延至三月以上，即將該督撫照任意耽延例，降一級調用。如無故遲延至半年以上，即將該督撫照易結不結例，革職。十六年奏准：部院衙門咨交案件，督撫因公務繁劇，將情節較輕之案，轉委屬員訊辦者，應給予分限兩月。如有遲延議處，逾限不及一月者，罰俸三月。逾限一月以上者，罰俸一年。如無故遲至三月以上者，即照任意耽延例降一級調用。如無故遲至半年以上者，照易結不結例革職。其委員審辦遲延，每届彙參之期，將督催不力之督撫藩臬，併計覈議，將藩臬兩司罰俸一年，督撫罰俸六月。應令各督撫於每届半年逾限未結者，即分別奏請議處。至關提人犯，務令各該管地方官迅速拏解，歸案審辦，免差至拖累。如有人犯潛逃，要證遠出，令該地方官確切查明，取具鄰族甘結，該縣加具切實印結，詳報上司備案。仍依限完結者，均著分別奏咨，以備查覈。即聲覆部院咨查事件，亦著將何日接准部文，何日咨覆，一併詳敘，違限者均予參處。二十三年奏准：直省督撫於各部院查催事件，咨覆遲延，自十一案至二十案者，罰俸六月。二十一案至四十案者，罰俸二年。四十一案至六十案者，降二級留任。六十一案至八十案者，降四級留任。八十一案以上者，降二級調用。其由司道府州縣等官詳覆遲延者，仍照承辦欽部事件遲延例議處。道光五年諭：御史劉光三奏請嚴定咨查直省事件，逾限不覆章程一摺。向來六部等衙門咨查各省事件，無論案關題奏，俱應依限咨覆，所以熙庶績而儆泄玩也。如該御史所奏，近日外省接到部咨，大半視爲具文，任意遲逾，案懸不結，以致書吏夤緣爲姦，員弁規避取巧，弊端百出。著六部等衙門，將歷年咨查直省各案，派員逐一檢出，分別奏催咨催。如該省仍延閣不辦，即著查取遲延職名，參奏辦理。

《大清會典事例（光緒朝）》卷八九《吏部·處分例·直省衙門事件限期》 康熙元年議准：直省衙門事件，由督撫行司道府，司道府行州縣者，俱不得過二十日之限。若事不能如限即結，亦必豫請展期，違者聽督撫糾參。二十三年議准：州縣官易結之事，遲延不結，違限三箇月者，降三級調用。四箇月者革職。二十四年議准：凡本章揭帖，不論密題並平常事件，俱令原題衙門計程定限發行，揭帖內即註明日期，於日期上鈐蓋印信，以便稽察，所給火牌，令經過驛遞用印，即填註所到起發日時，同本章投遞通政司，至交與驛遞齎送本章，所給傳牌，亦令經過驛遞，填註所到起發日時，投遞通政司，查明有違限者，將提塘承差交該部治罪，如有作弊事情，從重究擬。若原題衙門，於本章揭帖批迴內，不寫日期，到京之後，在印信上填註日期者，除提塘承差交部治罪外，將原題將軍督撫提鎮等題參議處。三十七年覆准：嗣後督撫題參違限者，務將易結不結情由，詳查註明題參，照違限月日定例議處。如督撫將易結之事，以爲難結，不行註明，蒙混題參者，經部查出易結不結情由，將該督撫照徇庇例議處。乾隆十八年議准：各省官員到任日期，該督撫每月彙報一次，其中有即應升用者，上月到任之官，務於次月報部，以憑升用。其廣東瓊州、雷州、廉州三府距省較遠，瓊州府准展限一月，雷州、廉州二府准展限半月。上月下旬到任官，准彙入下一月詳報。儻有不按月咨報者，照事件遲延例議處。二十三年奏准：各省一切彙題事件，限開印後兩月內具題。如有遲延，該部隨本查參，交部議處。二十七年覆准：各省承緝承查承追承變交代，各督撫按限查參，俱停其扣除封印日期。若封印期內，有一切犯逃之案，地方官立即籤差追捕，通詳各上司，分關鄰境地方，一體查拏，各督撫按限分別查參，亦不得扣除封印日期。三十年奏准：各省督撫移咨外省查緝追變等項，俱以文到之日，按各定例限期，令承辦之地方官依限完結。如有推諉延挨，逾限不行查覆關解，及追變不力等弊，即令該管各上司，按限咨參，照例分別議處。三十三年覆准：凡官民呈請上行事件，如起文赴選赴補，呈請開復，及民人留養贖罪等項，俱以呈報之日爲始，限三月分別咨題完結，並將具呈月日聲明，以憑查覈。如有逾限，照欽部事件遲延例議處。儻原呈內實有舛錯遺漏，應行駁查者，俱將本案內初次呈報，及批駁換詳月日，摘取簡明情由聲叙。如有毛舉小疵，故爲駁飭，以致遲延逾限，並捏改月日者，按遲延日期照例議處。係故爲駁飭，再罰俸六月。係捏改月日，再罰俸九月。三十七年奏准：各省彙查遣犯，及班館門包、依纖脱韡，抽改綱目，發明廣義，民穀數，護送銅斤，工程已未完，扣展公出，通省城垣，改修船隻，坐補防禦，收繳鳥槍，禁用紙繩，著賠盜贓等十五件，及河灘並無新添村莊，陶北河有無淤墊二件，於每年十月內，截數咨報軍機處及該部，均限十二月初閒咨齊。即由軍機大臣會同該部，彙開清單，於年底先行具奏，仍交部分別覈議具題。至常義各倉實存及甄別教職佐雜千總二件，及拏獲盜竊功過，各屬倉庫無虧藩庫實存二件，於每年十一月底出咨，不得遲至臘底正初，均由軍機大臣彙覈查辦。道光二年改定，由各部分別覈議，照例具題。其各省咨到各件，出咨日期有無逾限，彙覈奏聞，如有遲逾，即行查明具奏，交部察議。四十九年諭：嗣後著通行飭禁，無論大小文武各官，現有去思德政等碑，俱查明仆毁，該督撫務須實力查辦，毋得視爲具文，並著每年年終奏聞。五十一年諭：户部彙奏各直省錢糧報銷未結事件一摺，內有經部駁查二次未覆，及至三次未覆，各省動用錢糧報銷俱有定例，該督撫等自應覈實速行具題，乃經部駁查後，復輾轉行查。至數次尚未題覆，實屬疏玩，所有駁查二次未覆者，姑免議處。其駁查三次尚未題覆者，俱著交部議處，著爲令。嗣後該督撫等務須覈實查辦妥速。五十八年諭：前因各省士子，有肄習坊閒刪本經書一事，降旨令各督撫嚴行查禁，將此項刪本起出解京銷毁，節據該督撫等陸續查繳。但恐日久懈弛，不可不再申厲禁，以端士習而崇實學。夫經籍自孔子刪定，豈容後人妄爲芟節，皆由不通士子，或落第之人，不能通經致用，遂以弋名之心轉而弋利，往往於經書內，避去諱用語句，任意刪減，或標寫擬題，以爲庸陋士子場屋揣摩之具，而坊閒即爲刊刻傳播，彼此沾潤，此等貪鄙之見，不特非讀書上進者所爲，亦且有玷士林，自慚名教。各督撫當飭屬留心查辦，使若輩知所儆懼，自不敢復蹈故轍，而坊間既無此種書本，亦無從利布漁利。況六經爲聖賢垂教之書，字字俱有精義，乃竟臆爲揀擇，作此刪本經書，而躁進之士，又欲於糟粕之中，另標捷徑，不但失前聖立言之意，於士風亦大有關繫，想自用制義取士以來，或即有此項刪本經書，亦非起於今日，然不清其源，安能禁其流之不滋甚耶。該督撫若以此次查繳之後，即視爲具文，弛其禁令，則牟利書坊，又復漸行出售，輾轉流傳，終難盡絶。嗣後仍著落各省督撫嚴飭所屬，認真查禁，並將繳過刪本經書數目，及有無傳習之處，三年彙奏一次。嘉慶十一年諭：各省審辦事件，懸宕甚多，上司既輾轉派委，致稽時日，而州縣復不以地方公事爲重，每日自辰至午，在上司衙門，趨承伺候，精力先已疲耗，以應酬之餘，辦理公事，勢不能不草率因循，多所積壓，殊非所以整飭吏治。此種怠玩習氣，亦非獨外省爲然。近來京中部院各衙門辦事，亦覺遲緩積壓，司員等到署不早，難免怠惰偷安。朕孜孜勤政，近皆秉燭閲事，從不憚勞，乃大小臣工，於入内遞事之日，尚知起早進朝，而尋常進署辦事，輒遲至巳刻以後，是豈急公趨事之道。至外省督撫等偷安晏起，及屬員等伺候上司，彼此貽誤公事，更屬不免。嗣後務當痛改積習，振作有爲，於應辦公事，認真經理，慎毋仍前遲誤積壓，視清釐積案爲歷任交代之具文，庶吏治民生，稍有裨益。十二年諭：外省詞訟案件，如果大小各衙門，悉皆認真經理，各自清釐，自可無虞壓積，乃州縣官狃於積習，一味怠惰偷安，置民事於不問，以致小民冤憤莫伸，層層上控，而上司衙門，又不過以批發了事，日久宕延，前任付之後任，塵案堆積，漠不經心。是以近來京中控案日多，都察院及步軍統領衙門具奏發審之件，幾至每日皆有，總由地方官因循疲玩所致。各省承審案件，動以人證不齊爲詞，試思案證如果不齊，何難勒限催提。若催提不到，原當照例參辦。如欽差審辦案件，一經到彼，從無因案證未齊，延閣不辦者，乃無識者流，每以伸理控案，易啓百姓刁風，殊不知刁風之長，正係地方官審斷不勤之故。如果地方官勤於聽斷，並無壅滯，則案情立分虚實。在衙冤控告者，既可立時剖雪，自不致再行赴愬，若姦徒逞刁捏控，一經審明，速行懲辦，凡在地方不法之徒，孰敢輕爲嘗試。今案件延閣不審，良民既多負屈，而姦徒懷私挾詐，遂得私意訐訟，陰快其拕累之計，效尤無已，實由積案不清，有以啓之。嗣後外省大小各員，務當隨時清理案件，毋得仍前闒冗。儻再有積壓多案，延不審結者，一經查出，必當從嚴懲治，慎無泄泄。十七年諭：刑部奏各省秋審後尾到部遲延，請旨飭催，各省秋審後尾，定例限於四月内具題到部，本年將屆五月下旬，未到者尚有十一處，而其中山東、山西、直隸、熱河道里俱近，亦復遲延，恐不免有意觀望，私向部中書吏，探聽實緩情節，再行改合，冀免將來失入失出處分，不可不嚴防流弊，所有此次辦理遲延之山東、山西、直隸各督撫及臬司，並熱河都統，均著交部議處，其貴州、廣西、廣東、福建、湖南、湖北、浙江各督撫及臬司，均著交部察議，並將此旨由四百里發往，令其速行具題達部。嗣後俱著遵照定限，如有遲延，刑部查參，即照此次一律懲處。欽此。遵旨議定：各省秋審後尾，定限於四月具題到部。如有遲延，經刑部查參，將道里較近之直隸、山東、山西、河南、熱河都統、盛京刑部，照事件遲延例議處。道里較遠之安徽、江蘇、湖北、湖南、浙江、江西、陝甘、四川、福建、廣西、廣東、雲南、貴州等省，照事件遲延例減等議處。二十五年諭：户部題銷恩賞直隸兵丁錢糧一本。嘉慶十二年恭奉皇考高宗純皇帝《實録》《聖訓》前赴盛京尊藏禮成，朕普錫恩施，内有賞給沿途護送兵丁半月錢糧一款，乃遲至本年，始行題銷，計已越十三年之久。外省於應行報銷事件，任意耽延，因循疲玩，相習成風，而直隸爲尤甚。屢經降旨訓飭，怙不知改，非明定處分，不足示儆。著吏兵二部酌議，嗣後各省題銷事件，遲延在三年以内者免議。其有越三年以上者，分别議以罰俸。六年以上者，分别議以降調。九年以上者，即行革職。酌定條款，奏准後通飭各省，一體遵行。欽此。遵旨議定：各省題銷錢糧事件，由户工二部覈明月日，遲延在三年以内者免議。如遲延在三年以上者，將該督撫罰俸一年。四年以上者，罰俸二年。五年以上者，罰俸三年。六年以上者，降一級調用。七年以上者，降二級調用。八年以上者，降三級調用。九年以上者革職，係藩司承辦遲延，即將該藩司照此議處。如題銷時尚在三年以内，因部駁以致遲延者，除扣去往返程限外，統計先後遲延月日，按其所逾年限，各照本例減等議處。若題銷時已在三年以上，雖經部駁，止准其扣除往返程限，仍按其所逾年限，各照本例議處。

《大清會典事例（光緒朝）》卷八九《吏部・處分例・盛京衙門事件》

限期》 康熙二十二年題准：奉天將軍府尹及盛京各部，一切移部咨文，兩箇月回文不到，即咨部請查，甯古塔將軍，一切移部咨文，三箇月回文不到，亦令咨部請查，逾此限者議處。雍正元年覆准：盛京一切事件，均照京城之例，勒限完結。乾隆十七年覆准：盛京各部衙門辦理事件，禮兵工三部，並將軍等衙門，限十五日完結註銷。户刑二部，限二十五日完結註銷。如遲延未完者，該巡察御史查叅，照在京衙門事件遲延例議處。其行查及會稿，係禮兵工三部，並將軍衙門，各限五日送回。户刑二部，各限十日送回。主稿衙門，准其將行查分會日期扣除，如逾限送回者，該主稿衙門，知會該巡察御史題叅，行提人犯，以人文覆到之日扣限，完日註銷。如違限未完，該巡察御史題叅。謹案：巡察御史續經裁撤，道光四年改定。如有遲延及逾限送回，仍均照前例議處。

《大清會典事例（光緒朝）》卷八九《吏部·處分例·直省事件展限》

康熙二十二年議准：督撫監臨科場日期，准其按日扣限，隔省出境者，准令題請展限。若有公務在本省內，不准展限。二十三年議准：督撫新任接署者，均以接署日期扣算，原限四月者，展限兩月。原限六月者，展限三月完結。又議准：布政使暫行護理巡撫印務者，不准展限。乾隆三年覆准：嗣後凡通行各省督撫提鎮，按依本地情形，詳細妥議，及查議案件，該督撫於四月六月正限之外，若事理易結者，展限兩月，事理難結者，展限四月，該督撫分別咨題事件，按限完結。十五年奏准：通行各省查議事件，凡專行一府一州者，限四月完結，原屬寬嚴允協，毋庸酌減，應將通行各府州查議事件易結者，定限六月之外，不准加展兩月，其難結者，六月之外，加展兩月完結，不准展限四月。至有不需地方官查議，在省司道可以覈定聲覆者，毋庸照四月扣限，應酌減兩月，以兩月扣限題咨。三十年奏准：各省難結案件，咨展限時，並報明科道，事結後題覆本內，聲明註銷，科道於年底分別已未完結，造册彙奏，其有久不題覆。又不展限者，科道查明題叅。五十五年議准：督撫兩司到任，前任內承審承查等案，俱以到任日期，扣算前官歷過日期，准其扣展，歷限過半者，准其扣半加展，至欽部緊要事務，仍速行完結。如有難於完結者，展限一月完結。嘉慶五年奏准：道員任內事件，如值入闈充監試提調者，按日扣限，因公出所屬境內者，申請展限，未出所屬境內者不准。又奏准：知府以下，因公展限，分別是否出境，與道員同。道府以下，舊任內事件展限，與督撫兩司同。

《大清會典事例（光緒朝）》卷八九《吏部·處分例·邊遠事件展限》

康熙九年議准：各省苗疆，係邊遠地方，承辦事件，於正限外展限兩月。又題准：廣東瓊州欽部事件：限六月具題，其命案於六月正限外，展限兩月。二十四年議准：福建督撫管理臺灣府事件，因阻隔重洋，以八箇月爲限。二十五年覆准：臺灣欽部事件，限十箇月具題。乾隆十五年議准：廣西苗疆潯州府屬之武宣縣，南甯府屬之宣化縣、横州、永淳縣，柳州府屬之馬平縣、雒容縣、柳城縣、羅城縣、融縣、懷遠縣、象州、來賓縣，思恩府屬之賓州、遷江縣、上林縣，慶遠府屬之思恩縣，共十六州縣。湖南苗疆永州府屬之道州、甯遠縣、永明縣，寶慶府屬之邵陽縣、武岡州、新甯縣，辰州府屬之沅陵縣、瀘溪縣、辰溪縣、溆浦縣，沅州府屬之黔陽縣、麻陽縣，郴州屬之桂陽縣、桂東縣、宜章縣、興甯縣，靖州、並所屬之會同縣，澧州屬之永定縣，桂陽州並所屬之臨武縣、藍山縣，二十二州縣，細察情形，與内地無異，不准展限，其餘仍照舊加展。二十五年覆准：廣東瓊州府屬，承辦欽部事件及承查等項，展限一月。臺灣展限兩月，領取刷卷限期。乾隆二十年奏准：在京大小衙門，領取刷過卷宗，定期於每年二月內河南道監察御史，照衙門次序，豫定領卷日期，知照各衙門，令各經承按知照日期，赴河南道衙門領卷該御史查明，即行給發。

《清實録》康熙十八年夏四月 戊辰，諭吏部等衙門：向來各衙門議覆本章，系一衙門者，限二十日。與別衙門會議者，限一月。其限內難完者，具題寬限。近見各衙門。曾經題請寬限，因無再定期限，往往任意遷延貽誤。以後各衙門事務，必須限內完結。如限內難完，題明寬限，自寬限之日計算。一衙門者仍限二十日，會議者限一月完結。若不能完，將緣由開明具奏。其行文直隸各省察問事情，及提取人犯等事，以回文及人犯到日計算，亦照前限完結。如仍前含糊遲誤，任意遷延，治罪不貸。

《清實録》乾隆十八年六月 吏部議奏：前經給事中朱若東奏，查新設地方，領憑程限，當經咨查各省。茲據江蘇、福建、廣東各該撫、咨覆到部。查文武官自京領憑赴任，應分別限期。江蘇省之徐州府、海州均定限四十日，通州五十日，太倉州五十五日，福建省之永春州定限九十日，龍岩州一百日，廣東省之嘉應州、連州均定限一百日，羅定州一百五日。飭行遵照，並載入現行列册及《會典》。從之。

《清實録》**乾隆二十七年十二月**　吏部等部議覆：江西按察使顔希深奏稱，現任文武各官，遇卓異俸滿，赴部引見，沿途每多逗遛，致曠職守。請嗣後各官離任，于督撫給咨時，按各省程限，註定到部日期。如中途有故，取具地方官印結，以三月爲限，逾期查議。應如所請。從之。

《清實録》**嘉慶十一年九月**　諭内閣：張師誠奏沿途塘兵遞送部文積壓遲延情形一摺。據稱各省塘站撥設塘兵，凡部中發出公文，由駐京提塘發交塘兵逐站遞送，江西省距京三十餘站，部文遲至八十餘日始行遞到，本年八月初二日，接到京塘發遞文報二十六封，共有三百餘件，多係五六月間所發。據安徽固塘鎮管隊稟稱，係定遠縣塘兵朱廣業積壓，隨赴定遠縣稟送縣差兵書等阻不容稟，現經飛咨安徽撫臣飭提嚴究等語。各省塘兵之設，以備遞送部文，自應沿途迅速賫遞，方不致有貽誤，乃江西省所接部文，多有遲逾。此次定遠縣塘兵，竟敢將應遞江西部文積壓至二十六號之多，怠玩已極。此項塘兵，皆由地方官召選承充，且本有稽查之責。今似此積壓疲玩，地方官視爲無足重輕，並不查明整頓，實爲外省惡習。江西一省如此，則各省可以概見。除定遠縣塘兵一案，業據張師誠咨行安徽巡撫究辦外。嗣後著各該督撫，嚴飭管有塘站之州縣，設立章程，實力稽查。遇有遞送各省部文，務須按限馳送，毋許稍有延擱，違者即行懲處。儻州縣漠不關心，致有貽誤，並著該督撫查明參處，以專責成肅郵傳。將此通諭知之。

《清實録》**嘉慶二十一年十二月**　諭内閣：康紹鏞奏，查明赴京呈控已未完各案一摺。安徽省本年四月以後，奏咨各案，除經康紹鏞審明擬結八案外，其遲延逾限未經審結者，尚有七案。自係從前承審各員，因循疲玩所致。務即督飭迅速審辦，毋任稽延。朕聞外省發審案件，承審各衙門接到公文時，往往爲書吏壓擱，先向原被告輾轉關説，將届限滿，始將公文呈出。承審官慮干逾限處分，不及詳細推求聽斷，草率出詳，以致案情不確。且有任意遲延不結者，是該府州縣不過虚有其位，而其權悉歸書吏，殊屬廢弛。嗣後該督撫等務當嚴飭所屬，於接到發審公文時，先計其道路遠近，核算時日，如有遲逾，即將該書吏究明懲處，庶積壓公文之弊可除，而積案自可漸次清厘矣。將此通諭知之。

《清實録》**嘉慶二十四年三月**　又諭：御史蔣云寛奏，請禁報缺遲延一摺。各省應行咨部銓選之缺，向無行文報缺期限，如湖南省酃縣教諭，寧遠縣訓導兩缺，遲至一年之久，始行報部，固屬遲延。若如該御史所請，統限一月内咨部，爲期亦未免太促。著吏部核議章程具奏。尋議，外省應咨部之缺，由縣府司申院咨部，各予限十日。除程限外，計有五十日之期。惟督撫咨部與具題事件，當有區别，以後督撫具題，凖於定限十日外，加展十日，以便詳核。從之。【略】

己酉，諭内閣：盛京各衙門二月内具題本章。據通政司查明按照例限，均遲逾二十餘日，及一月以上。其本内，及批文内，填寫日期，亦前後互异。著盛京禮部、兵部、刑部、奉天府尹，各將該衙門二月内具題之本，因何發交遲延，其填寫日期何以前後不符，即行查明據實覆奏。至盛京遞本程限，定例無論專差塘遞，俱限八日到京，亦覺爲期太迫，著兵部酌量加展。核議具奏，尋盛京禮部等衙門奏，各部題本，向係五部輪流匯總委員馳遞，本内填注畫稿日期，批文填注起程日期。每月初次本章，通題以十五日止，以三十日送齊。二次本章，通題以三十日止，以下月十五日送齊。本内日期，與匯總批發日期，向來未能畫一。報聞。【略】

又諭：前據奎耀等奏，盛京具題本章歷來不能依限到京，本年二月内題本，既多逾限，復與批文内填寫日期互异，當經降旨飭查，並令兵部酌展程限。兹據該部核議，奏請將盛京於例定程限八日外，加展二日。並將吉林於例定程限外，加展三日。黑龍江加展四日，仍覺爲期太迫，著兵部再詳查各直省遞本程限，比照核議具奏。尋奏，盛京原限八日，加展五日。吉林原限十二日，加展八日。黑龍江原限十八日，加展十二日。

《清實録》**咸豐十一年七月**　諭軍機大臣等：色克通額等奏，俄人往來，每日行五六站，驛丁疲乏，恐有貽誤，應日行三站。以紓烏拉之力。又寄京公文信函，漸見加增，應按照和約，每月一次，請飭令總理衙門行知該國各等語。俄使來往行走，均須驛丁支應，若每日行五六站之遠。則丁力疲乏。必致貽誤，恐失和好之道，既據色克通額等奏稱，應日行三站，以紓烏拉之力，即著奕訢等，行知俄國使臣伊格那提業幅，或飭諭巴里玉色克行文該國，以此後俄使往來，至速亦須日行三站，丁力方能支應。儻必欲每日行五六站，轉恐貽誤，有失和好。至該國由恰克圖寄京公文信件，和約内載明每月一次，兹據色克通額等奏，自本年正月至五月，該國寄京公文書信等，已有十餘次之多，似此逐漸加增，伊於胡底。並著奕沂等，行文伊格那提業幅，嗣後寄京公文信函，務須按照條約，每月一次，不得加增，以敦和好。原摺著鈔給閱看，將此諭令知之。

《清實録》同治元年二月 又諭：毓科奏，道員延不到任，請旨嚴催等語。江西廣饒九南道廷曙，自上年五月間簡放後，迄今半載有餘，尚未到省，殊屬延玩，著吏部嚴催該員迅速前赴江西。儻再遲逾，即著照例參處。各省實缺人員到任日期，歷經吏部奏定章程，立以程限，現在各該員等仍未能按限赴任，實屬不成事體，著吏部申明成例，隨時詳查。如有仍前玩泄，日久不報到省者，即著指名嚴參，以重職守。

《清實録》同治元年閏八月 乙未，諭内閣：阿克蘇辦事大臣一缺，本年四月二十日簡故崇恩，迄今四月有余尚未據具摺請訓，查無啓行日期，殊不可解，崇恩歷任山東巡撫有年，逸豫是耽，廢弛貽誤，荷文宗顯皇帝不加重譴，棄瑕録用，改任京卿，本年復畀以阿克蘇辦事大臣之職，宜如何感恩圖報，迅速起程，以重職守，乃竟視爲畏途，觀望耽延，全不以公事爲重，膽玩已極，甚屬可惡。此時若竟予罷斥，轉得遂其自便之私，著該旗查明，嚴催起程，如敢遲延，即著嚴參懲辦。西北兩路各城，若派往换班人員，兵部向未定有程限，以致該員等任意逗遛，恬不爲怪。若不明定章程，何以重邊防而儆疲玩。著兵部迅將西北兩路將軍都統，暨各該大臣等駐扎處所，逐一查明，各按程途遠近，嚴定起程并赴任限期具奏，以杜規避。尋議，起程以兩月爲限，至赴任限期，伊犂一百九十三日，塔爾巴哈臺一百六十一日，烏什一百七十七日，葉爾羌一百九十五日，阿克蘇一百七十三日，和闐二百八日，喀什噶爾二百三日，英吉沙爾二百二日，庫車一百六十一日，喀喇沙爾一百四十五日，吐魯番一百三十四日，烏嚕木齊一百四十二日，古城一百三十七日，巴里坤一百二十三日，哈密一百十七日，庫爾喀喇烏蘇一百五十一日，烏里雅蘇臺八十三日，庫倫四十八日，科布多一百五日。如有逾限，照武職官員赴任違限例核辦。從之。

《宣統新法令》第四册《郵傳部通飭各路局按季將出入款項遵照部章匯造總册呈部文宣統元年三月》 路政司案呈：各路收支款項例應按月造報，乃查各路局有遲至數月始行造報者，或逾年始報者，迭經本部札催在案。至于款項之鈎搭、眉目之混淆，時所不免。現準度支部咨送奏定清理財政章程前來，查該章程第十二條開，在京各衙門所管出入各款，屬于光緒三十四年者，應編造詳細報告册并附説明書，限至宣統元年年底陸續咨送到部。第十三條開，在京各衙門所管出入款項，屬于宣統元年二年者，應按季編訂報告册咨送到部。第二十九條開，本章程各項報告册，應分别門類，每類細别爲款，每款細别爲項，每項細别爲目，不得籠統含混。各等語。期限既迫，考成復嚴。

本部所管四政，以鐵路之出入款項爲最巨，亟應重申誥誡，免涉稽延。爲此通飭各路局，嗣後每月收支款項除仍遵照按月造送外，每季應將該三個月之出入款項遵照度支部新定章程匯造總册，分别類款項目并附以説明書，于次季之第二個月内報部，如春季清册則于五月内到部，夏季清册則于八月内到部，其餘以此類推。再由本部復加稽核，查照章程第十一條辦理咨送度支部備查。光緒三十四年分收支月册有未經報部者，亦須克期補送，此次通飭之後，所有各項報告清册均須詳細分明以便查核。此系奉旨飭辦之件，本部考成所在，如再有逾限不報或報不如式者，非有特别情由，定當予以懲處，勿得視爲具文。

紀事

（清）沈書城《則例便覽》卷一《陞選・降調人員赴補定限》 一、降調人員任内有未完事件，責令接任及地方各官嚴催趕辦交代清楚後，定限三個月分别給咨赴部及回籍候補，果有不能起程緣由，詳明咨部展限。設遇患病，該督撫委驗結報許展限三個月，逾限不痊即給咨勒令回籍，病痊由原籍督撫給咨赴補。倘無故逗遛任所，逾例限一二月補官日罰俸一年，三月再降一級用，四五月降三級用，半年以上革職。地方官不上緊催令起程者罰俸一年，徇情濫結者降二級調用。

（清）沈書城《則例便覽》卷一《陞選・捐納人員起文赴選限期》

一、凡捐納官員本籍起文除未奉户部咨文本員將部照呈驗者，該州縣即以具呈驗照之日爲始，統限一月咨部外，若已奉户部知照者，該州縣於奉文之日爲始，無庸俟本員具呈，即查明該員有無違礙事故，取具鄰族甘結，定限半月出詳府司轉詳督撫出咨，扣除程途再限半月統以一月咨部。文結內偶有書寫舛籍，於定例無礙，即由府司院查明更正，不得藉稱駁換聲明扣展。州縣官逾限降一級留任，轉詳出咨遲延俱照事件遲延例分別議處，此內有親身候領咨文者，即由藩司衙門給本員賫領，其有在部報捐未及回籍各員及八品以下例應在籍候選之員，即遵定限徑詳督撫咨部銓選，無庸本員親賫。乾隆三十九年例。

（清）沈書城《則例便覽》卷五《赴任・給憑赴任限期》 一、在京領憑官員自奉旨之日起限十日内給發文憑，自給發之日起亦限十日内係旗員交與該旗，係漢官交與都察院轉行五城，該兵馬司指揮嚴催照限令其赴任。

在外推陞官員亦自奉旨之日起，限十日内將文憑發與各該督撫，俟交代清楚赴省領憑之日起，亦限十日内該督撫嚴催照限令其赴任，仍將起程日期報部。如不於十日内將文憑給發者，照欽部事件違限例處分，如不速催赴任者，將督催之員罰俸六個月。

（清）佚名輯《乾隆朝山東憲規》第二册《儒學交代改限一月》 布政司爲通飭作速交代等事。飭知現奉新例，學官交代兩月之限，酌減一月。乾隆十五年十月。

（清）佚名輯《乾隆朝山東憲規》第五册《各憲通飭》 通飭事。藩臺飭糧價每月月報，二十五前到司，十五日到府。

鹽道蔣通飭封筒按季彙繳，並有前號不到後號先到者，詳請查究。

通飭事。乾隆三十四年三月初九日，奉府轉布飭，照得倉穀奏銷，原應地丁奏銷之後題報屬册，於二月中三月初陸續到司，册内完欠之數，總截至年底爲止，司中照造總册原不甚難，無如屬册或舊管不符上届實在，或新收已載而開除未列，或收除相符，而實在仍有舛錯，或應六麥抵一之項，仍按一麥抵二開造，甚至糶穀未買，價值不開，或開有價值，而復截去原糶穀數，諸如此類，難以盡舉，逐處駁更，往返經旬累月。是以三十二年奏銷，遲至三十三年十月方始呈院，此完欠截至年底已屬如此周章，設因春間或麥後復有徵收，隨時據報更添，則遲滯將無底止。昨據平度州稟稱，該州三十二年春借倉糧，於三十三年七月全完，陞司於十月詳題，猶以未完開參，係書辦需索未遂等語。雖係不知司中辦理原委，朦混具稟，已交歷城縣嚴審究擬斷，不含糊了事，致滋弊端。本司辦事，務守章程，總不游移假借任聽胥吏高下其手，屬員以財行求有犯必懲，誠恐尚□周知，合行通飭。爲此仰府官吏，文到即便轉飭所屬，嗣後凡□借倉糧，一至秋收，務須加緊催徵，趕歲内全完造報。儻秋後惰徵，年底已經截數，即正二月復有徵收，本司仍以未完開報，斷不能以歲外徵收之數，通融作歲内已完之數也。凜之毋違。云云。

通飭遵照事。東藩尹乾隆三十六四年二月通飭，嗣後徵收錢糧，以及出借倉穀，有於奏銷前全數徵完報解者，即將全完緣由具文通詳。其有例得議叙者，亦將經徵職名隨詳開報。如有奏銷時未能全完，亦即查明未完確數具詳，將經徵不力職名，自行隨詳開報請參。其有開參之後於未奉部議之前全數續完者，即詳府覈明詳司轉請咨部扣除免議。如於奉准部覆之後，續經全完，例得開復者，亦即詳府轉請開復。儻有仍前玩忽，僅造欠册了事，並不分晰具詳者，即以玩視帑項揭報，並提承重究。其有已經開參，續經全完，並不分别詳請扣除開復者，則係情願甘罹處分，各宜凜遵。云云。

（清）佚名輯《乾隆朝山東憲規》第二册《奉天買米酌定設法稽查辦理之法》 乾隆十三年六月，布政司唐議詳，應請通飭沿海州縣，出示曉諭，招徠商人，有願赴奉天販運米糧，來東糶賣者，州縣官給與印照，將商人、駝工、水手姓名，年貌籍貫，出口日期，逐一注明，令其前往販運，奉省地方官，驗明照票，聽其糴買，俟該舡裝載完日，查明米糧數目，出口日期，於原票内填註，鈐蓋印信，取具商舡牙行甘結存案，令其來東發賣，東省州縣查驗照内米糧數目相符，即令糶賣。若所載米糧比照内數目短少，即將駝工、水手人等詰訊。如回空船隻赴東：驗有東省照票，許其再行運販；若無東省照票，則係販運他處，即行根究治罪。仍飭守口各員，□查夾帶違禁貨物，更不得需索留難。其奉天商船有情願販買米糧，赴東糶賣者，應令東省州縣官，給與印照，稽查亦請一例辦理，仍令沿海州縣，按月將出口商船姓名，裝載數目，發往何地方，進何海口，逐一登註，造册詳報，由該管道府呈送，以憑□明咨送盛京將軍、奉天府尹查覈，東省亦照例造册，咨明東省互相稽查，俟東省秋收成熟，登、萊、青三府民食有資，即請咨明，停其販運。批如詳飛飭沿海各屬遵照辦理。並咨明，盛京將軍、奉天府尹繳。

（清）佚名《刑事命案開參·緝兇之案暫行代理之員毋庸開參俟接署官到任日勒限飭緝扣參》 川督阿以東鄉縣民周奇昌具報伊兄玉昌被毆身死一案。兇犯脱逃，於乾隆二十九年九月初二日報官之日起，扣至三十年閏二月初二日六個月。承緝限滿，兇犯未獲。所有承緝不力職名，係前任東鄉丁憂知縣陳宗謙，但該員即於二十九年十月二十一日丁憂離任。前代辦縣新寧縣知縣王聖謨即於是日至彼暫爲代理，十一月二十五日卸事。現署東鄉縣事成都縣縣丞沈淇即於是日到任接署，均未滿一年之限。再查乾隆二十九年六月内奉准部咨議覆，巡撫熊×條奏内，嗣後州縣丁憂，該管知府同城即就近收取印信，暫行兼理。如知府不在同城即遴委比鄰州縣兼能丞倅暫爲代行，仍遵例即日申詳督撫剋期委員署理。等語。查暫爲代行之員，遇有地方疏防及承緝接緝之案，應否即照署事人員開參？例内並未指明。今此案代辦之王聖謨應否開參接緝？抑或將沈淇照例查參，扣接緝限期開參之處，相應咨請部示。等因。前來。除將初參承緝不力之前任東鄉縣知縣陳宗謙照例議處，附入彙題外，再查署事官員任内有接緝案件等項，自應以接印到任之日起，照例扣限查參議處。至州縣丁憂該管同城知府收取印信暫行兼理及委員暫爲代行，原應即日申詳督撫，剋期另行委員署理。是兼理代行之員，爲日無多，若將該員照接緝官開參，則接緝多係不及一月，例得免議。其奉委署理之員，係再接緝，例官内已無處分，轉得逐層脱卸，必致懈於緝捕，殊非責成接緝官之意。自應俟委署官到任，照接緝例按限扣參。其暫爲兼理代行之員，毋庸照接緝官例查參，或兼行代理行期内，遇有疏虞失察等事，責無旁貸，即行將代理之員參處。此案代辦東鄉縣事新寧縣知縣王聖謨既係代理之員，毋庸照接緝例扣限議處，仍將未獲兇犯交與接緝署東鄉縣事成都縣丞沈淇勒緝，限一年緝拿。俟限滿無獲查參到日再議。相應咨覆該督並通行各該督撫等，一體查照辦理可也。乾隆三十年

（清）佚名《刑事命案開參·初參延遲有因》 爲報明事。案據前署永定縣知縣趙宗周通詳，覃安周被無名兇犯毆傷身死，移屍田茂登田内，田茂登疑係路斃乞丐報明，村民胡頂貫等湊錢雇人掩埋一案，奉兩院批司行州飭緝正兇，逾限無獲。照例詳參去後，即經前司疊檄嚴催，未據弋獲。嗣於乾隆三十一年四月十五日，據屍子覃廷遠赴司具控：伊父覃安周因欠胡頂貫肉錢往彼清算，被胡頂貫毆傷身死，等情。隨經前司飭州提審訊明。覃安周逋欠胡頂貫肉價屬實，已經控追清償，委無索錢毆打情事。覃廷遠因伊父生前少欠胡頂貫肉錢，曾經控追，迨後胡頂貫又曾湊錢雇人掩埋，心疑具控。將各犯分別擬杖責，詳請另緝正兇。擬議詳司轉奉駁飭，另緝正兇在案。其承緝不力職名，應查明補參。今催據署澧州知州詳稱：永定縣覃安周受傷身死一案，正兇屢緝無獲，應以乾隆三十年十二月二十七日報官起限承緝，不除封印，扣至乾隆三十一年六月二十七日六個月限滿。所有承緝不力職名，係前署永定縣事今補祁陽縣知縣趙，接緝現任永定縣知縣也。相應開報。查前署知縣趙於乾隆三十一年四月二十五日卸事，計承緝三個月零二十八日。接任知縣周於四月二十六日任事，至限滿止計承緝兩個月零二日。再此案因承緝限内（兇）〔屍〕子赴司指控胡頂貫，今審明實非正兇。詳結之後，始行補參，以致稽延時日，並非揭報遲延，合併聲明。

部覆，趙照離任官罰俸一年。周以到任日起，扣滿年限，再參。

（清）佚名《刑事命案開參·承緝兇犯承緝官於初參限滿入闈俟回任後接算補參代理之員照接緝議處》 臬司詳查，此案應以乾隆四十四年二月十四日報官起限承緝，扣至八月十四日六個月初參限滿。前縣楊璉於七月二十八日奉調入闈卸事，計承緝五個月零十四日。前代理縣事長沙府通判英安於七月二十八日代理至限滿止，接緝十六日。將承緝、接緝不力各職名，開送在案。奉部覆，楊璉應俟回任後扣滿限期查參。英安應俟離任後署縣有無弋獲查參，到日再議。等因。今楊璉於四十四年八月二十四日回任後前接算，扣至四十四年九月初十日六個月初參限滿。所有承緝不力職名，係寧鄉縣知縣楊璉也。英安於七月二十八日到任起，至八月二十三日卸事止，計接緝二十五日。兇犯無獲。所有初參限内接緝不力職名，係前代理寧鄉縣事長沙府通判英安也。相應一併開報。至此案楊璉扣至四十四年九月初十日六個月初參限滿，今於四十五年七月二十八日奉調入闈，

未經開送職名。所有遲延一月以上職名，亦係寧鄉縣知縣楊璉也。相應附參等情，四十五年十月初五日奉撫部院批，仰候咨參。

繳

四十六年五月奉准吏部咨，一件爲身死等事。准刑部稱咨，湖南巡撫劉以寧鄉縣羅廷富、羅二保被無名兇犯殺傷身死一案，將承緝職名附參，應聽吏部議處。等因。前來。應將初參緝兇不力之寧鄉縣知縣楊璉照例住俸，勒限一年緝拿。又開報遲延一月以上，應照例再罰俸一年。初參限内接緝不力之前代理寧鄉縣事長沙府通判英安，照例罰俸一年，再限一年緝拿。係署事官已經卸事，應照離任官例於現任内罰俸一年。楊璉已患病調理，其應照例議結之處，俟覆參到日再議。

《大清會典（嘉慶朝）》卷一七《户部三庫・管理大臣職掌》 凡解官，各定其程限。各省起解京館，以接到部文之日爲始，委員扣限起解。直隸、山東、山西、河南限六十日到部，江南、江西、浙江、湖北、湖南限八十日，福建、廣東、廣西限一百日，與原省批限不得逾一月以外。解員回任，自填給限照後，直隸限二十日，奉天、山東、山西、河南限三十日，江蘇、湖北、陝西限五十日，安徽、浙江限五十五日，江西限六十日，湖南限七十日，福建限八十日，廣東限九十日，廣西限一百日。如有中途患病情事，准其報明扣展。既事則引見。解官自知縣以上，事竣由三庫大臣引見。其引見後，未滿三年者，毋庸帶領。

《大清會典（嘉慶朝）》卷四三《刑部・尚書侍郎職掌》 凡審案，必定其期限。凡審理尋常命案，限六月。盜刼及情重命案、欽部事件、並搶奪掘墳一切雜案，俱定限四月。其限六月者，州縣三月解府州，府州一月解司，司一月解督撫，督撫一月咨題。限四月者，州縣兩月解府州，府州二十日解司，司二十日解督撫，督撫二十日咨題。如案内正犯及要證未獲，情事未得確實者，題明展限，按察司自理事件，限一月完結。府州縣自理事件，俱限二十日審結。上司批審事件，限一月審報。若隔屬提人及行查者，以人文到日起限，限滿不結。督撫照例咨部，即於限滿之日接算，再限二叅四月，仍令州縣兩月解府州，府州臬司督撫各分限二十日。如逾限不結，督撫將易結不結情由詳查註明題叅議處，至卑幼擅殺期功尊長、屬下人毆傷本管官、并妻妾謀死本夫、奴婢毆故殺家長等案，承審官限一月内審解府司督撫各限十日審轉具題。如限滿未結，即接扣二叅限期，州縣限二十日，府司督撫仍各限十日完結。如有遲延，分别初叅二叅照例議處。其殺死三命四命之案，該督撫即提至省城，督同速審，其審解限期即照此例。承審官内有陞任革職降調，及因公他往委員接審者，如前官承審未及一月者，准其按審過日期扣展。一月以上離任者，准其展限一月，分限兩月三月事件，前官承審歷限過半離任者，准其扣半加展。如前官於二叅限内離任者，接任官准其以到任之日起，無論六月四月事件，俱扣限四月審結，至原問官審斷未當及犯供翻易情節，督撫另委賢員或會同原問官審理，委審之員展限一月，該管各上司亦統限一月覈轉具題，總以兩月完結，督撫叅遲延時將解審月日駮查次數聲明，聽部查覈，凡案内正犯要證及首從人犯已經結案，問有餘犯未獲者，即將現獲之犯據情研審，按限完結。遇有續獲之犯到案在州縣分限以内者，即一併審擬，毋庸另展限期。如到案在分限外，不能併案審擬者，將續獲人犯另行展案，扣限四月完結。如到案在州縣分限將滿者，亦不得逾違統限。凡總督兼轄兩省，遇有欽部等事件例限四月具題者，隔省事件准六月具題，兩廣總督廣東巡撫所屬瓊州，亦照隔省例。福建臺灣府。限十月，湖廣衡州等府所屬有苗民二十六州縣，及乾州平溪距省寫遠，凡命盜案件。俱於定限外展限兩月。督撫新任及署理印務，如欽部事件原限内難於完結，准分別展限。原限四月展兩月，原限六月展三月，遇公事出境，一切事件，准題展限。若監臨科場，准按日扣限。凡叅審之案，督撫於具題後，即行提人犯要證到省。俟奉旨文到日，率同司道審理，即扣限起，舊限四月者限兩月。總督隔省舊限六月者限四月具題。如果案情繁重，奏請展限，亦總須在四月六月内完結。凡在京衙門承審事件，限一月内審結。被證在外者，以到齊日爲始。内外移咨行查者，以文到爲始。本部現審事件應會三法司者，仍限一月。杖責等罪限十日。發遣軍流等罪限二十日。案内有應行提質及患病之犯，以提到及病愈之日爲始，仍將應行扣限及三法司會審日期，並於科道衙門註銷内聲明。凡本部行文入旗内務府五城順天府提人，限交到三日内即行查送過部，或人犯有他故不到，即將情由報明。如違叅處，尋常移咨外省案件，如行查家產、關提人犯，俱以文到之日爲始，依限查覆，於覆文内將何日接到部咨，有無逾限之處隨案聲明。儻一時未得清晰，必須輾轉咨查，不能依限查覆者，亦即聲請展限。凡州縣承審案件，遇正犯要證患病者，准其計日扣展期限，將起病病痊月日，及醫生醫方，先後具文通報，成招時出具甘結附送，令該管府州於審轉時查察，加結轉送。如府州司道審轉之時，或遇犯證患病，亦准報明扣除，毋論司府州縣，凡犯病逾一月以上者，止准扣限一月，若州縣揑報籍延，府州扶同加結，一併開叅。

州縣自理之案，則責其上司督之。州縣將每月自理事件，作何審斷，與准理拘提完結之月日，逐件登記。按月造册申送該府道司撫督查考，其有隱飾，按其干犯别其輕重，輕則記過，重則題叅。仍照在京衙門按月註銷之例，設立循環簿，將一月内事件填註簿内，開明已未結緣由。其有應行展限及覆審者，亦即於册内註明，於每月底送該管知府直隸州知州查覈，循環輪流註銷。其有遲延隱漏，詳報咨叅，該管巡道巡歷所至，即提該州縣詞訟號簿，逐一稽查。如有未完之案，號簿未經造入，即係任意遷延，先提書吏責處，併將州縣揭報，督撫分别嚴叅，其事雖審結，斷理不公，該道覈其情節可疑者，立提案卷查覈改正，若關緊積賊刁棍衙蠹及胥役弊匿等情即令巡道親提究治。凡民間詞訟細事，如田畝之界址溝洫，親屬之遠近親疎，許令鄉保查明呈報，該州縣官當即親加剖斷，不得批令鄉保處理完結。農忙則停訟。自四月初一日至七月三十日，時正農忙，一切民訟，除反叛命盗及貪贓壞法等重情，併姦牙鋪户騙劫客貨查有確據者，俱照常受理外，其餘户婚田土細事一概不准受理，自八月初一日以後方許聽斷。若查勘水利界址等事，現涉爭訟，清理稍遲必致有妨農務者，即令州縣親赴該處審斷速結不得票拘至城，或至守候病農，其一切呈訴無妨農業之事，照常辦理，不許藉稱停訟任意稽延，仍令該管巡道嚴密申報，據實叅處。案犯之應禁者，如侵欺錢糧一千兩以上，皆鎖禁監追，奉旨遞回原籍，及犯徒罪以上拔免，解交地方官管束之犯，經過州縣照例收禁之類。凡鞫獄管獄等官，於罪囚應鎖杻而不用鎖杻，及應杻而鎖，應鎖而杻者，照例問擬。應保釋者，問刑衙門，除重犯例應監禁外，其餘干連並一應輕罪人犯，即令地保保候審理，部發取保犯證。如係五城送部之案，其案犯住址即在原城所管地方，仍發交原城司坊官取保，其餘各衙門移送案内應行取保人證，俱按其居址坐落何城，發交該城司坊官就近取保。其由外省州縣提到人證，即令本人自舉親識，寓居所在，交城就近發保，仍將保人姓名報部查覈，其並無親識者，酌量交城看守，凡詞訟對問得實，被告人已招認服罪，原告人別無應對事理者，隨即放回，毋得拘留。其挾讐扳害者，申解督撫詳審，果係誣枉，即行釋放，不得令候結案，內外枷杖輕罪，竟行發落，軍流徒罪，於審結之日先行發落，按季彙題，若非尋常經見之事，及酌重酌輕之案，併犯罪文自生監以上，武自驍騎校以上，或本身雖白丁係現任大員子弟，犯該遣軍流徒者，俱詳叙供招，不拘件數時日隨結隨題，仍於酌重酌輕之處黏貼黄籤，恭呈御覽，俟奉旨之日發落，至案内贓證未明，監候待質之犯。如發遣軍流罪已過十年，徒罪已過五年，杖罪已過三年者，督撫查明咨部覈覆。應遣軍流徒者，照原擬罪名即行發配，應杖罪者，取具的保釋放在外，俟緝獲正犯之日再行質審。若監候年限内恭遇恩赦，如在逃本犯拏獲時例得減免者，待質之犯，准其即行查辦省釋。應關提者，凡推問罪囚，有起内人伴現在他處官司停囚待對者，雖彼此職分不相統攝，皆聽直行勾取，若應對之囚已在他處事發見問者聽輕囚就重囚，罪相等者，少囚從多囚，數相等者，以後發之囚送先發官司併問。若兩縣相去三百里之外者，往返移就，恐致疎虞，各從事發處歸斷，移文知會。若將重就輕，將多就少，當處官司隨即收問，仍申達所管上司究問違法移囚之罪。凡鄰縣關提人犯，限文到二十日拏解，不得聽信並保差役捏稱並無其人，及久經出外空文回覆，捐不發人，尋常對質人犯，隔省關提者，一面詳明督撫移咨，一面差人關會該地方官添差協緝，不得擅給批牌竟行拘提，在本省隔屬者亦如之，若探實贓盗之處，無論隔縣隔府隔省，一面差役執持印票即行密拏，一面移文關會，拏獲之後，仍報明地方官添差移解。一應窩匪窩賭窩娼等類，有竄入鄰境者，亦照此例。凡調提人犯，務將緊要緣由及關提月日，通報各上司稽考，至審結題咨時，亦將關到日期扣明程限，聲明有無遲延，聽候部議。其並非緊要案犯，不得藉稱關提希圖展限。凡關提人犯及閲查口供，皆得展限兩月。應解審者，秋審案犯緩决者解審一次之後情罪無可更定者，祇令有司叙由詳報，停其解審，其曾擬情實未經勾决之犯，及前擬緩決後改情實併緩決人犯內情可矜疑者，仍照例飭提解審。凡解審，令州縣報明該管府州，徑行解司，押解之員。逐程更替，將人犯併解役當面點交，前站委員接解，審畢發回，由司給發護牌，逐程遞回州縣收禁，仍彙文行知各該府。其距省窵遠之府州，秋審人犯免備審者，湖北省，則鄖陽宜昌施南三府所屬之各州縣。湖南省，則永順沅州二府，鳳凰乾州永綏三廳，及靖州所屬各縣。陝西省，則榆林延安漢中西安四府，及綏德州所屬。四川省則寧遠重慶夔州綏定四府，及西陽州忠州叙永廳各所屬。廣東省，則高州廉州雷州潮州四府所屬。廣西省，則泗城、鎮安、太平、思恩四府所屬之凌雲西林西隆小鎮安天保歸順奉議崇善龍州寧明永康左州養利武緣百色各廳州縣。雲南省，則永昌、順寧、麗江、昭通、廣南、普洱六府景東、永北兩廳。鎮沅直隸州。及州屬思樂縣俱責成不由審轉之道員。於冬季巡歷時。逐一親鞫。造册加結移報院司彙覈。不必會同知府。儻有鳴寃翻易者，即將該犯解省聽候院司覆覈，如有續行補入秋審之案，補勘移報。必求其當以無累於民。每遇清理庶獄恩旨，必將因事牽涉拘繫待質各犯，速行訊明省釋，一切案件，俱令速爲完結以免拖累。凡地方官審理詞訟，不得任意遲延，使民朝夕聽候，以致廢時失業，牽連無辜，小事累及婦女，甚至賣妻鬻子者，該管上司不時查察，毋得徇庇。

《大清會典事例（嘉慶朝）》卷四九六《兵部・緑營處分例赴任》

雍正八年議准：八旗外任武職各官，於到任三月内，將所帶家人姓名籍貫。册報督撫提鎮，如管事家人有更换者，亦隨時册報。儻本官有虧空等弊，將管事家人一併審究。若册報不實，或聽其贖身爲民，將該員照隱匿逃人例議處，不詳查之該管上司，照失察逃人例議處，得財者並計贓以枉法從重論。嘉慶六年奏准：旗員身任緑營，如接任官不將起程日期申報者，罰俸六月。如不將該故員眷口查明造具册結呈報或不代爲請咨依限歸旗者，將接任官罰俸一年。又奏准：接任官將前任旗員家口聽其隱匿，不行造報者降一級留任，不行查叅之兼統各官罰俸一年，督撫提鎮俱罰俸六月。七年諭：嗣後滿漢文武大員，簡放之後，雖不必定以限期，亦須兩三日即行請訓，請訓後總當迅速起程赴任，毋得藉詞濡滯，致曠職守，並將此通諭知之。

（清）賈臻《退厓公牘文字》卷七《河南布政使任·頒發各屬簡明報銷條款並酌定報銷限期咨軍需局》　爲移咨核辦事。查近年各州縣交代虧空，多有挪用正項錢糧以墊辦兵差爲詞，以致交案轇轕不清，正項虛懸無着。其實核明准銷者，不過十分之三四，浮列濫開，類多不經名目。查官兵鹽糧馬乾以及應付車輛，皆有成例可循。豫省辦理兵差已歷數年，豈該州縣尚不諳例案，無非借此影射，爲暫掩虧空之地，亟應設法整飭，以重帑項。本司再四思維，惟有摘録簡明報銷條款，刊刷成帙，通行頒發，並酌定報銷限期。如一起兵差過境，州縣限幾日報銷，總局限幾日核明准銷，數目移司總不得逾一月之限。倘州縣不按條款造報，仍有以不經名目浮列濫開者，如何分別示懲，亦應詳悉定議，詳明撫部院照如此辦理，在總局則兵差易於核銷，在本司衙門則錢糧無可影射，得以隨時參辦，不致日久虛懸，擬合移咨爲此合咨貴局，請煩查照迅速核辦，並祈見覆施行。

《福建省例》卷一《公式例·題咨事件按限完結》　一件特檄嚴飭事。乾隆四十七年七月二十四日，奉巡撫部院雅憲牌：照得欽部事件，例有定限。若專行一府州者，限四個月。通行各府州查議事件，限六個月。如難結者，於六個月之外，准其展限兩個月。案内有不須地方官查議，在省司道可以核定聲覆者，扣限兩個月。該督撫分別題咨事件，按限完結。又例載由各部院查取職名，該省以接奉部令之日爲始，定限十日出咨。如有必須行查所屬事，即按轉查程途月日若干，逐一扣明，咨部查核。如有逾遲之咎，在上司或在所屬，均照事件遲延例分別議處。又例載命盜案件限六個月、雜案限四個月完結等因。是案件情節縱有不同，而定例初無二致。乃本部院涖任以來，披閱應行題咨事件，疊檄嚴催，不啻穎禿，而詳報之案無不逾違例限。甚至如捐納監生，飭查加結監照之案，例限六個月，竟遲至年餘尚不詳報。又或限止十日，而延至三四月之久，始行具詳。殊堪駭異，夫遲早總須辦理，必待臨渴掘井，坐致輾轉稽延，動罹參處，是誠何心。推原其故，皆由地方有司平時不以公事爲事，一任經胥玩延；該管司道府州復不隨時查察，按限催提，迨至院中嚴催，不過轉行了事。遂致怠玩成習，牢不可破。獨不思閩省獄訟紛繁，民刁俗悍，駁查翻異，事所時有。若待分限屆滿始行查辦，則一驗駁飭，定致逾違。此事理顯而易見。乃查各屬竟有前案甫受處分，而後案遷延如故。雖該員縱不自惜考成，上司應當隨時提警。除現在查核遲延已甚者據實辦理以儆玩愒外，合亟列單嚴催，備牌行司，照依事理，立即查照單開各案，嚴督經胥刻日分案具詳，仍將限期隨案聲叙，開具遲延職名揭報請參。倘各案内實有難結事件，亦將難結緣由分案詳奪。並即通飭各屬，嗣後振作精神，無論大小事件，凡有例限者，務於未屆限之先，即行督承妥辦，應審解者速即審解。該管府州亦即指限查催。並責成道府催提。務使案無留牘，庶積疲可挽，而州縣不致動罹處分。倘再視爲泛常，任意玩延，本部院惟有將承辦之員立掛彈章，斷不隨閩省風氣，惟博寬厚之名，聽其易結不結也。凜遵等因。奉此，經即核行遵照在案。

《福建省例》卷一《公式例·部院行查應行咨覆事件，分別立定限期》　一件爲遵批覆核會議詳請憲示事。乾隆五十四年十二月十五日，奉總督部堂覺羅伍批臬司會詳：奉准吏部咨，嗣後各省奉部院咨取事件，俱以接到部文之日爲始，除往返程途外，如係耑行咨覆之案，統限二十日出咨；如有輾轉行查所屬，以及行款過多應行造册咨覆者限一個月造册咨覆。如有遲延，照例議處等因。隨經本署司會議：嗣後除開參文武疎防及承緝兇盜、承追、承變、承審各案事件本有耑案例限者仍照舊各於本案例限扣算查辦外，其奉部院行查應行咨覆事件，雖無耑案定限，而歷來辦理，俱照欽部事件扣明限期咨部者，仍照向辦章程，概遵原定例限，均以准咨之日起，通行各府州者扣限六個月，耑行一府者扣限四個月，不需地方查議，在省司道可以核定聲覆者扣限兩個月，俱於限内咨覆。仍照向例，分定限期，凡通行各屬扣限六個月之件，院司各分限一個月，各府州廳縣暨提鎮副參遊守千把汛弁統限四個月以内覆齊到省；其耑行一府扣限四個月之件，院司各分限二十日，各府州廳縣暨提鎮副參遊守千把汛弁統限兩個月零二十日查覆到省。如有遲逾，查明何員遲延，同查催不力之上司一併附參。其無需地方查議，在省司道可以核定聲覆，扣限兩個月之件，司道與兩院各分限一個月查辦。至奉部查取事件，造册查覆，向無定限，歷辦亦不聲扣限期，咨部查參遲延者，自應遵照新定例限，請照前議，如係司中堪以查覆，毋庸轉行者，扣限二十日，院司衙門各勻十日辦理；如必須轉行府州廳縣及提鎮副參遊守千把汛弁查覆方可彙造詳咨者，即與輾轉行查無異，應同行款過多者請依一月之限，除去往返程途，令承辦之員以奉文之日爲始，限半個月内速辦具詳；核轉之員於接到回文之日起，限五日内轉詳；尚餘十日，留爲院司衙門各勻五日查辦。如有遲逾，亦照例查參。如此分別立定限期，庶各屬查辦，不致逾違例限，上下各衙門辦理，亦不至於十分掣肘。若將開參文武職名及一切奉部行查事件概遵新例扣限，遇有員弁公出，輾轉移查，必至遲逾，則承辦之員開參遲延，實無底止矣。是否有當，合將會查核議緣由，具文詳候察核等緣由。奉批：仰候撫部院核示録報，繳。又奉巡撫部院徐批：如詳，照議移行遵照辦理。至閩省離京遥遠，一切刑錢達部事件均係彙齊隨本出咨，今新定二十日例限之件爲期甚迫，務須隨到隨辦，毋使此案限滿甫經出咨，彼案限滿詳到，又須辦發，致多掣肘也。仍候督部堂批示。繳。奉此。

《律例校勘記·公式·官文書稽程》　條例

一、刑部應會至法司衙門。

薛云：舊係由十日改爲五日，此又由五日改爲八日，以事關刑名最宜詳慎故也。然仍復舊例改爲十日，亦屬允妥，且與下户、刑二部十日限期一條亦屬相符，改爲八日殊覺無謂。本按：近年都、大兩衙門公事遲延，即改爲十日亦不能照限送回，況八日乎？都察院雖有雙日衙門，而六堂常來之時甚少，大理更無論矣。

一、州縣官承審至議處。此例原係四條。

薛云：病愈之日起解與下文帶病起解語互相照應，修併之例删去上句，便不明顯。第一條言案犯患病毋庸按限起解。一案有數犯，此犯病甫痊愈，彼犯復經患病，亦係情理所有之事，下條所以又有犯多之案不能依限痊愈者，奏請定奪之語也。後將此條删去，是無論案犯多寡，均祇准一人患病矣。第二條言犯病應勒定限期。從前犯病係以三個月爲限，監犯雖多，其病限總不得過三個月，限期本寬，若再延緩，則無了期矣，是以不准再展。後統改爲一月限期，在一案祇係一犯尚可趕辦，倘犯多之案，轉難禁其不病，此等處似應酌改。第三條言犯病委正印官確驗，第四條言犯病止准扣展一月。此條例文專爲犯病扣限而設，與官文書無涉，似應移改於斷獄門内。承審逾限，捏報犯病者固所不免，是以定有祇准一個月之例，惟原例本爲帶病起解而設，後則防其捏報假病之意居多，本係寬典，後則涉於嚴矣。本按：一案一犯，祇准一月尚可説也。一案數犯亦只准一月，實不近情理，似應改爲一犯一月，二犯兩月，三犯以上無論人數多寡，不得逾三月之限，較爲平允，與定例之意亦不悖。此條如爲勒限起見，在此門亦無不可，如爲恤犯起見，似非此條律文之意，應酌。

一、凡各部事至參處。

薛云：此亦專指科抄題覆之件而言，與下刑部議覆斬、絞監候一條限期不符。此統言各部，下則刑部專條，然三十日、五十日究與下條參差。

一、凡州縣至嚴參。

薛云：《處分則例》，州縣審辦命案，有詳請開棺檢驗者，准其以開檢之日起，另扣承審限期，并無分别曾否批駁之處，與此例稍有參差，似應删改畫一。承審命、盗案件限期，刑律并未列有專門，條例則分見於官文書稽程及盗賊捕限并鞫獄停囚待對各門，既均係審限例文，似應均歸於斷獄門内。

一、各省報部至質明辦理。

薛云：報部難結事件，大抵多指要犯在逃而言，似可移於盗賊捕限門，以核計逸犯年歲，未必尚存也。遣犯有無脱逃，從前均係年終彙奏，後於乾隆五十九年改爲每年十月截數咨報軍機處、刑部，均限十二月咨齊，即由軍機大臣會同刑部於年底具奏，仍交部照例具題，纂入例册。是通緝人犯并不由外省彙奏，似應將通緝已届四十年一層與捕亡門逃犯、徒流人逃門以年逾七十一層修併爲一。

一、刑部議覆至附參。

薛云：立決本不得過八件，尋常本不得過若干件亦應添入。現在辦法總不得過三十三件。此例監候者八十日，立決者七十日，與上三十日、五十日一條限期不符。現在刑部辦法，題本則按照此條，議奏則按照上條，似應修改詳明，且奏案内亦有奉旨速議者，其限期仍應叙明。

又云：處分例，一、刑部現審尋常事件，如遇反覆推鞫難以速結之案，堂畫未全，適届限滿，該司即將未曾畫全緣由於注銷册内預行聲明，俟下次注銷知照該科道查核。此刑部專條，例内轉無明文，似應添入。

（清）薛允升《唐明清三律彙編·禮律·儀制·匿父母夫喪》　《唐律》：諸聞父母喪若夫之喪，匿不舉哀者，流二千里；喪制未終，釋服從吉，若忘哀作樂，自作、遣人等。徒三年；雜戲，徒一年；即預樂而聽及參預吉席者，各杖一百。

《疏議》曰：其嫡孫承祖者，與父母同。其父卒母嫁，及爲祖後者祖在爲祖母，若出妻之子，並居心喪之内，未合從吉。

聞期親尊長喪匿，不舉哀者，徒一年；喪制未終，釋服從吉，杖一百。大功以下尊長，各追減二等；卑幼，各減一等。

《疏議》曰：出降者，謂姑、姊妹本服期，出嫁九月。若於九月内釋服從吉者，罪同期親尊長科之，其服數止准大功之月。餘親出降准此。若有傷降爲七月之類，亦准所降之月爲服數之限，罪依本服科之。其妻既非尊長，又殊卑幼，在《禮》及《詩》比爲兄弟，即是妻同於幼。

乾隆元年，吏部議准外任旗員丁憂，亦以聞訃之日爲現在遵行。至内外官員，例文已俱包括，此條在外旗員二語應删。因改定此例。吏部查得外任旗員丁憂，向例俱令歸旗，守制以在任聞訃之日爲始，不計閏二十七個月，服滿由該旗咨部補用。嗣因旗員聞訃多因事逗遛，至届期起復始行歸旗赴補。復經臣部議，令旗員歸旗後，以部驗到之日爲始，按月起復，現在遵行。但其中或有差辦公務一時不能告竣，延至數年始得請咨歸旗。仍照以赴部驗到之日接算二十七個月，是該員起復之期轉致因公遲誤，於例限亦未允協。伏思外省差務委解原不乏員，似不應以已經丁憂仍應委派，致開逗遛之端。請嗣後外任旗員呈報丁憂，凡一切公務概不准其差委。於該員聞訃時詳明督撫，即行委員署理，飭令交代清楚，各按省分遠近計程定限，給咨歸旗。將該員聞訃及起程日期咨明臣部，並咨該旗存案。該旗於該員歸旗後，以在任聞訃之日爲始，不計閏扣算二十七個月，服滿咨部起復補用。至該員未經丁憂先奉差委，如實係緊要公務，聞訃後勢難另委接辦者，令該督撫將緣由聲明，俟事竣後給咨歸旗，亦准其以聞訃之日丁憂，按月起用。若該員所辦差事可委員接辦者，仍飭令交代清，勒限歸旗。其歸旗定限或有逾違，按其遲延月日，照官員領憑赴任例分别議處。倘該員在任並無差委事件，於聞訃後希圖逗遛鑽營差委，及所奉差事已經委員接授，仍故意延挨不行交代者，照同聞父母喪仍行戀職例革職。各該上司於該員聞訃後，不即催令歸旗復行差委，及可以另委事件，不勒令交代，任甚其借端留滯者，將差委之各上司照濫委廢官例降一級調用等因。乾隆元年七月二十二日奉旨：知道了。欽此。

（清）薛允升《唐明清三律彙編·吏律·公式·同僚代判署文案》

《唐律》：諸公文有本案，事直而代官司署者，杖八十；代判者，徒一年。亡失案而代者，各加一等。愚按：《唐律》云代官司署者、判者，係指非應判、署之人而言。《明律》改爲同僚，已屬不同，且代判重於代署，《明律》並無分别，尤未盡允協。

刑部議得安徽按察使閔鶚元奏稱：查外省參審案件，由藩臬兩司會勘招解，督撫審題，此定例也。但審理案件出入攸關，主稿衙門責成尤重，各省辦理往往不盡畫一，或有統歸臬司衙門主稿者，或有以所參條款爲准，如第一款係屬錢糧則歸藩司主稿，係屬刑名則歸臬司主稿者。伏思讞獄持平爲臬司專責，設有辦理未協及有出入枉縱之處，臬司之處分尤嚴，似不應以有款可審、有罪應擬之案可卸之藩司主稿，以啓推委觀望之漸。且查各省參審之案到部，無論刑名、錢穀以及别項罪由，悉歸刑部主稿，會同各部院覈擬。蓋由刑部爲刑名總彙，條例僕極精詳，援引不致歧異也。外省臬司專理刑名，似與内部事同一例。請嗣後凡有參革發審之案，不論何項事由，俱由臬司主稿，會同藩司審勘招解，一昭畫一，以杜推諉觀望之弊。等因具奏。奉[扌獻]批：該部議奏，欽此。查參革發審之案犯由，雖分别議罪，總屬刑名。所以向來參審案件，無論關係倉庫、錢糧以及濫刑、枉法等款，各該督撫審擬具題到日，俱係臣部主稿覈覆。如有應行會覈者，會同各該部院覈擬，仍將主稿衙門於本内聲明，所以慎刑憲、照畫一也。至臬司爲一省刑名總彙，審擬招解是其專責，該省遇有參審案件，督撫雖委藩司會審，究非藩司衙門專政。是不惟案屬刑名者應歸臬司覈轉，即侵虧挪移等案，事關倉庫、錢糧，既有議罪之處，其間輕重權衡，折衷條例，自應臬司主稿，以專責成。惟是各省辦理，往往不盡畫一。應如該按察使司所奏，嗣後參革發審案件，無論侵貪挪移以及濫刑枉法等項，俱由臬司主稿，會同藩司審勘招解。倘藩司以事非己責，並不實心會鞫，或臬司因事由自主，遂偏執己見，致罪有出入，該督撫即行查參交部，照例分别議處。如此則責成既專，事歸畫一，亦可以杜推諉觀望之弊矣。等因。乾隆二十九年五月初八日奏，奉旨：依議。欽此。

（清）薛允升《唐明清三律彙編·吏律·公式·官文書稽程》《唐

律》：官文書稽程，一日笞十，三日加一等，罪止杖八十。

又名例公事失錯門：其官文書稽程，應連坐者，一人自覺舉，餘人亦原之，主典不免；若主典自舉，並減二等。

《唐律疏議》：官文書，謂在曹常行，非制敕奏抄者。依令：小事五日程，中事十日程，大事二十日程，徒以上獄案辦定須斷者，三十日程，若有機速，不在此例。律所謂程，即指此也。此例似本於此，而無徒以上獄案一層。刑部案件，笞、杖限十日，徒、流以上限二十日，死罪限三十日，與此不同。即外省審限，亦未照此辦理。

此條亦係具文。

雍正八年三月，吏部議得刑部尚書勵奏稱：部、院事件如有遲延，滿、漢司官例應參處等語。應如所奏，嗣後部、院各司一切行文事件，俱於五日內行文。其有舛錯未經查出者，將專管值日之司官，照文卷舛錯例議處。至於應行文事件遺漏或遲延日久，將滿、漢司官一併查參。遺漏未行者，照遺漏行咨例議處。遲延日久者，照事件遲延例議處。再，各部、院文移俱兼滿、漢，嗣後如滿字內有舛錯未經查出，並將管對值日之滿司官照例議處。奉旨：依議。

刑部會同吏部議得據山西按察使㐌奏稱：承審命盜雜案內緊要犯證，於未曾解審之先在監患病，向來原無展限之例。嗣於乾隆元年，前任山西撫臣石麟以案犯患病，州、縣迫於限期，每有帶病起解中途身故者，情殊堪憫。奏請將承審案件當招解之時犯證患病，申請委員驗明醫治，取結通報。俟病痊愈起解，其患病日期准於原參內扣除。等因奉部議准，通行在案。自定例以來，應行解審犯證與有患病賴以調養生痊者實爲不少。然其中如宿有癆積舊疾，與感患寒暑重病不同，原可審理。即寒暑重病加謹醫治，二、三月內亦可痊愈。乃定例日久，承審各官漸玩延之習。每有犯證患病，不爲加謹調理，延挨半載期年，尚未報痊上司。非不勤限嚴催，總以未痊申覆。是承審分限有定，病犯展限無期。在上司礙於例得扣除，未便揭參遲延，而州、縣一有病犯，而限期竟可勿問。微特怠惰偷安者，雖免捏病之端，即牽連犯證轉輾拖累，轉不免有病斃之虞。竊思犯證患病展限之例，固不便遽行停止，第不定以限期勒令醫治，流弊終無底止。嗣後一切緊要犯證，於未曾解審之先感患重病，照例申請委驗結報。自得病之日起，勒限兩月內，務令加緊醫痊審解。限滿不痊，即將作何調理以及病勢情形詳明，准再限一個月。限內痊愈，按患病日期扣除統計，止准展限三個月。如再稽延，將承審之州、縣除去應得分限並患病展限月分扣算，照事件違延月日例揭參。倘患病早痊，捏報三個月方始治痊，一經察出，照無故遲延例嚴參。該管上司不上緊查催依限揭報，照查揭遲延例一併參處。等因具奏。前來查州、縣承審命盜案件，例有定限。乾隆元年，臣部議准山西巡撫石麟條奏，州縣官如遇案犯患病，申請委員驗明醫治，取結通報。俟病痊起解，與患病日期准於原限內扣除，等因在案。乃州、縣官藉有報病展限之例，竟得率意遲延，不行速結。該上司亦因例得扣除病限，未便揭參，以致案件稽遲。今該按察使奏稱：承審之分限有定，而病犯之展限無期，若非勒定期限，流弊終無底止。請嗣後犯證於未解之先患病，勒限兩個月醫痊，除限滿未痊，再限一月，統止展限三個月。如有遲延，照事件違限例揭參等語。查人犯患病之輕重，痊愈之遲速，各有不同，若概予以三月之限，勢必輕病報重，已痊者捏報未痊，轉得藉延時日。應請嗣後如遇案犯偶患寒暑輕病，委員驗實，責令上緊醫痊，隨愈隨解，不准扣限。其或病勢果係沉重，必須調理者，驗報確實即將病起日期連結詳報，務於一月內醫痊審解。如不能報痊，方准驗實展限，統計前後總不得過三月限期，承審務即速審招解。再查定例內開：承審案件，逾限一月以上者罰俸一年，逾限不及一月者罰俸三個月。即於限滿之日接扣二參限期，承審官如再逾分限不能完結，照易結不結例革職。（人）又，定例承審人犯，若無故遲延，捏報患病，希圖扣限者，照無故遲延例革職。委員及各工司通同徇隱，照徇庇例降三級調用等語。今人犯患病，既經勒定限期，倘承審官如有稽遲，應計算違限月日，照例分別議處。如以輕報重，已痊捏報未痊，有意遲玩，希圖扣展者，令該管上司將各州、縣報病日期事件隨時稽察，覈實嚴催。如該上司不上緊查催依限結報者，照查揭遲延例議處。如此承審官庶無玩延之弊，而案件亦可速結矣等因。乾隆二十一年五月二十五日題，二十七日奉旨：依議。欽此。

刑部議得據河南按察使圖奏稱：竊查州、縣承審案件，如遇犯證患病，即將患病日期詳報該管上司，委員查驗患病屬實，出結通詳，俟病愈之日起解，其患病日期准於原限內扣除。此向來辦理之定例也。嗣於酌歸簡易案內，以人犯患病，正印官互相委驗，扶同率結，改委佐雜驗報，議准通行，遵照在案。查承審命盜雜案，定有例限。犯證患病，州、縣迫於限期帶病起解，難免中途拖累之苦。是以準其留養調治，患病日期於限內扣除。在承審官可無逾限之虞，在犯證得免中途病斃之慘，實爲矜恤罪囚之至意。無如定例日久，遂起玩忽之習，應解審犯證偶患寒暑，或素有舊疾，並非重症，遽行報病，經年累月，任催罔解。此種錮習，牢不可破。是以定有新例，犯病不得過三月，違者參處。立法固屬嚴密，但現在州、縣承審案件，恃有展限三月之例，往往先以證犯患病申詳。甲痊乙病，因循遲誤。或犯證病愈，解審復經駁勘，因例限已屆，續又報病，以致案件耽延，不能按限完結。伏思欲絶捏病之弊，必先清委驗之源。夫報病之真僞，全憑委員之驗看，如委員秉公查驗，承審官何敢混行捏詳，任意遲延？是流弊全在委員驗報不實，扶同率結之中，則委驗之員不可不慎也。查從前定例，監犯患病俱委州、縣查驗。而州、縣功名自重，或者不敢代人受過，甘蹈嚴譴，是以捏結之弊較今尚少。茲遵新例改委佐雜驗報，而佐雜均屬微員，州、縣皆伊上司。州、縣既恃有佐雜驗報之例，無所顧忌，任意捏報。而委驗之佐雜又多欲取悦於上司，附和率結。是現在佐雜委驗之弊，尤甚於從前州、縣之互相驗看。如此辦理，誠恐有委驗之名而無杜弊之實也。請嗣後監犯患病，仍委州、縣查驗，以昭重要。該州、縣奉委，必親詣監所。如犯證無恙，係屬捏報，即據實詳揭。若病情屬實，該委員必將所患何病於結內詳細開明，照例由知府、直隸州覈實加結，詳送撫司備案。撫司覈其病症之輕重，定限批飭醫痊。如果病勢沉重，驟難痊愈，准詳明展限，總不得過三個月限期。倘仍有捏報率結舞弊，一併嚴參，照例議處。等因具奏。前來查州、縣官承審命盜等案，自應速結，俾案無留獄。乃以監犯患病例得展限，率皆捏報，任意稽遲，是以定有案犯患病不得逾三月之例。並臣部從前議定犯多之案，惟要犯、要證方准開除。其應審牽連之人即患病屬實，亦不准扣限。奏准通行各在案。比年以來，節奉諭旨，嚴加訓飭。積年塵案業已漸次澄清，即承審新案逾限比前較少。唯是立法固貴周，防弊尤期嚴密。今該按察使奏稱：監犯患病委令佐雜官驗報，多有附和率結，請復州、縣正印官查驗舊例，以昭慎重等語。是誠杜絶驗報不實之一法。臣等詳加酌議，犯病之虚實，自應責令委驗之員確實具報。而病症有輕重，案犯有多寡，若不嚴立科條，猶恐案犯偶患輕病輒行申報，及犯多之案，甲痊乙病，層迭開除。不特委員僕僕道途徒妨公務，而案件仍不免有稽延之弊。應請嗣後案犯如係偶染寒暑輕病，可以即時痊愈及素有舊症隨發隨愈，仍可質審口供者，一概不准報病。唯實係重罪要犯並疑似之案，非其人不能質辨之要證，果係患病沉重勢難鞫訊起解者，方准申報該管上司，派委鄰近州、縣正印官查驗。奉委之員親詣確驗，將該犯所患何病具結開明，申報該管上司，加結詳送存案，仍令上緊醫痊。即要犯、要證，亦不准分別層迭開除。每案總不得逾三月之限。設有犯多之案，必須質訊之要犯、要證，接患重病不能依限痊愈者，該督撫委正印官確驗情形，酌量展限，據實奏聞，請旨定奪。如承審官捏報犯病及委員扶同率結者，察出一併嚴參重處，則捏飾之弊可杜而案件亦無留滯矣。等因。乾隆二十三年十月二十日奏，奉旨：依議。欽此。

江西按察使顏希深奏稱：竊承審案件，理宜速結。即遇犯病，亦應上緊醫痊。若使情罪重大之犯久繫囹圄不即正法，甚至瘦斃，倖逃顯戮，何以使愚氓觸目警心？殊非仰體聖天子刑期無刑之至意。查定例，案犯偶患寒暑輕病，隨愈隨解，不准扣限。果係沉重，務於一月內醫痊審解。如仍不能報痊，方准驗實展限，統計前後總不得過三月等語。承審官恃有三月之限，每遇犯病，俱云沉重難痊。委驗之員，鄰邑正印，莫非同寅，難免扶同。佐雜皆爲屬吏，尤多瞻顧。是以報病每届三月，無可再延始報病痊。竊思監犯之病不過寒暑感冒，旬日可愈。即或沉重，州、縣如果親加查視，選撥良醫調治，匝月已可痊愈。若謂三月之內昏沉不省，無供可取，必待三月届滿一旦霍然，此情理所必無之事。現在江西一切案件，經撫臣暨臣留心稽察前弊，嚴飭各屬趕辦，毋許借病遲延。二十七年以前起限之舊案，已於二十八年開印後趕辦清楚。二十八年春季三月以前起限之新案，已完十之九，內無一案扣展病限者。可見案多犯病，病必三月，皆係因循積習也。請嗣後監犯患病，除輕病旬日即痊者仍照例毋庸展限外，如遇病果沉重，責令州、縣於一月內醫痊解審。若並不上緊調治，延至一月之外始痊，亦係州、縣玩忽所致，仍止許展限一月。如有違逾，即按承審遲延月日照例處分。再查犯病痊後解審有無病容，何日起病，何日病痊，所撥何醫，所服何藥。上司於審轉時留心查察，似無循情。是上司據現審之犯親加驗訊，較之同寅屬吏扶同瞻顧之紙上空談更爲確切。請嗣後監犯患病，州、縣將起病、病痊月日及醫生醫方先後具文通報。成招時，出具實係患病、並無虛捏甘結附送，責令該管府、州於審轉時查察得實加結轉送，准其扣限一月。倘係假病籍延，立即報參。如府、州扶同加結，院、司察出，將府、州一併開參。等因。奉撫批：該部議奏，欽此。查乾隆二十一年議覆山西按察使拖穆齊圖條奏：案犯偶患輕病，委員驗實，責令上緊醫痊，隨愈隨解，不准扣限。其或病勢果係沉重必須調理者，驗報確實即將病起日期連結詳報，務於一月內醫痊審解。如仍不能痊，可驗實展限，統計前後總不得逾三月限期，承審各官務即速審招解。其有逾限徇隱及以輕報重、已痊捏報未痊者，均照例議處等因。（人）又，乾隆二十二年，奏請嗣後案内惟要犯、要證委實患病，方准各自依限開除。若係應審牽連人犯、與本案不關緊要者，即患病屬實亦應先將本案審結，不准扣限。並令各該督撫，將州、縣通報案犯到官起限日期按月造册咨部，存案查覈。等因俱經通行，遵照在案。是定例之意，原不輕准案犯因病扣限。其果係沉重者，務於一月内醫痊審解，並非必待三月始爲滿限也。因案犯人多，恐甲病甫痊乙復見告，層遞接扣以圖展限，復起藉延之弊。是以統計前後，總不得過三月。若一犯患病，自仍以一月醫痊審解爲期，固已著有明文。但恐承審各官恃有三月之語，或遇案犯患病，即假以沉重捏報，希圖支延。而委驗之員，又復扶同捏飾加結具報。以致上司無從考察，案件因而稽遲，亦未可定。應如該按察使所奏，嗣後監犯患病，除輕病旬日即痊者仍照例毋庸展限外，如遇病果沉重，州、縣將起病、病痊月日及醫生醫方先後具文通報。成招時，出具甘結附送，令該管府、州於審轉時查察，加結轉送，准其扣展一月。倘係假病藉延，立即報參。如府、州扶同加結，院、司察出，將府、州一併開參，其委員驗看取結一概删除。以杜虛捏之弊而省無益之虛文，案件更可速結矣。等因。乾隆二十八年七月十一日奏，奉旨：依議。欽此。

刑部議得江南道監察御史胡奏各省難結案件查明覈實辦理一摺内開：各省難結案件，憑刑部開報移送科道，每届歲底彙奏一次。臣等已循例具題在案。伏查福建省四件俱有清册可稽，内吴琛居物脱逃二案，俱係雍正五年之事，各官俱經參處，兇犯想已物故。可否請旨敕部查明原案，准其銷案，俾案牘漸歸簡易。至江西司九件，只有該犯事由，並無年月、州、縣可考。臣等傳詢刑部書吏，據稱原案被毁，無從查送。竊思刑名原貴覈實，既無册籍可稽，未便相沿具文，年底彙題塞責，徒滋案牘之煩而於政體無裨。請敕部行查該省備録原案補行送部，其有在雍正年以前之事者，查銷。有在乾隆元年以後之事者，一面飭催該省完結，以備次年覈查等因。查各省難結事件，多係要犯在逃遠年通緝未獲之案，而於每年歲杪由臣部各司開單，移會科道衙門准奏。現在祇有福建司開移難結事四件，江西司九件，山西司一件，共計一十四件。上年臣部回祿之後，所有各司被毁案卷，當經通行各省抄録送部。近雖據將近年易查事件陸續抄送，其遠年難查者尚多，未據抄送前來。是以前將難結事件開移科道時，祇福建一司開有清册，江西、山西二司則祇有人名注語，並無本案事由。今據該御史奏稱請行查各省備録原案，補行送部之處，臣部業於上年通行，並經屢次行催。應俟各該省查明録送，到日察覈。至所稱雍正年以前之事，查銷。乾隆元年以後之事，飭催該省完結，以備次年覈查之處。查雍正年以前通緝未獲之案，距今已有四十餘年，覈計逸犯、年歲，未必現存，照例彙奏，未免徒滋案牘。應如所奏即予查銷，以歸簡易。即使此後偶有獲破之犯，仍可質明辦理，亦於重案無礙。至乾隆元年以後之事，爲時稍近，臣部隨時咨催，以期完結。並請嗣後遇有各省開報難結事件，到部覈計通緝。已届四十年者即行查銷，無庸列入彙奏，以清塵積。庶案牘不致紛煩，而事理亦歸覈實矣。等因。乾隆三十七年十二月二十日奏，奉旨：依議。欽此。

（清）薛允升《唐明清三律彙編·吏律·職制·官員赴任過限》

《唐律》：諸之官限滿不赴者，一日笞十，十日加一等，罪止徒一年。即代到不還，減二等。

愚按：《唐律》此條辭簡而意賅，《明律》則較煩矣。未假增阻風被盜等項亦可，若必將規避、詐冒不實一一添入似可不必。至所載條例，均係雍正年間纂定。後乾隆年間奏明各條，均載《吏部則例》。以致互有參差，似應查改一律。

雍正三年七月，吏部議覆正藍旗蒙古都統穆賽奏稱：竊查旗員歸旗，原有定例並違限處分，非不甚嚴。但發覺之後方行議處，不如預先定例等語。應如所請，嗣後外省官員有陞轉、年老、有疾、降級革職應歸旗者，務於定限之內，該管各官親看起程，照依各省遠近程途定限。大路有驛站者，每日令行一站。僻路無驛站者，每日行七十里。自伊本任地方，照站數、里數按日計算，扣定日期到京。起程之日，即將日期咨報該部、該旗，以憑稽查。如有無故不速起程，或已起程中途逗留，或既來而不進京，在別處居住，或本身已來，家口在別處居住者，即令該地方官報明督撫查參，照例革職，交刑部從重治罪。如該地方官不報，督撫不行題參，經該部、旗員查出，科道糾參，將該地方官並督撫仍照定例議處。至該員已經起程，地方官不將起程日期申報，或已報而督撫、提鎮不行咨明該部、該旗，以致逗留生事，一經發覺，亦照容留之例議處。奉旨：這事內議稱：應令歸旗人員，僻路無驛站之處，每日行七十里等語，未免緊迫，著改爲五十里。餘依議。

吏部爲遵旨議奏事，雍正三年十二月二十六日奉上諭：凡旗員革職離任者，俱勒限歸旗。康熙二十九年定例，漢官革職離任者，亦照旗員之例勒限回籍。嗣經陸續條陳，前後更改，且日久廢弛，奉行不力。朕思革職之員，既無官守，又無約束，或逗留原任地方，或潛住京師，或遨游他省，自甘放棄，不惜聲名，甚至關說事情，希圖僥倖，夤緣苟且，多生事端。嗣後凡漢軍革職之員，於任內事結之後，應勒限令其回籍。若有逗留任所及潛住京師、遨游他省者，照例治罪。其擅自容留之五城及各地方官，亦分別處分。至朕從前曾令，革職解任官員或有冤抑，俱赴都察院申理。以後如有此等人員，著在本地方取具文書，然後來京。事竣之後，仍舊發回原籍，不得借端留滯。該部定議具奏。欽此。欽遵。查定例內革職解任漢官，照旗員例勒限五個月起程回籍等語。嗣後凡革職漢官離任者，外官交代完日即令起程，不得過五個月之限，京官限一月內起程。該督撫、五城司坊官即將起程日期報部，並知會原籍地方官，仍照旗員歸旗例，照依各省遠近路程定限。大路有驛站，每日令行一站。僻路無驛站者，每日行五十里。自伊本任地方，照站數、里數按日計算，扣定日期回籍。到籍之日，該督撫即將到籍日期報部查覈。倘違限不即起程及逗留中途並回籍遲延，違限一月以上者，都察院並該督撫題參，到日照議處旗員例將該員交與刑部分別治罪。如該管各官不於限內催令起程徇情容留，或他省官員聽革職人員遨游境內或潛住京師，五城司坊官、專汎武官不行查出驅逐，均照容留旗員例，容留一人居住者降二級調用，二人者降四級調用，三人以上者革職。道官及兼轄武官在伊等所轄地方，容留一人居住者降一級調用，二人者降二級調用，三人者降三級調用，四人者降四級調用，五人以上者革職。督撫、提鎮所管地方，容留一、二人者罰俸六個月，三、四人者罰俸一年，五名以上者降一級留任，十名以上降二級留任。同城知府照州、縣例議處，不同城知府照道官例議處，司坊官、巡捕營、專汎武官照地方官、文武官、同城知府例議處，巡捕營兼轄官亦照兼轄例議處，巡城御史、九門提督照督撫、提鎮例議處。其革職解任廢員或有冤抑，赴都察院申理者，應遵旨在本地方官具呈詳請督撫給咨來京。事竣之日，都察院轉行五城司坊官發回原籍，仍知會原籍地方官。如敢借端留滯，亦照例治罪。五城司坊官徇情容留，亦照例議處。奉旨：依議。欽此。

（清）薛允升《唐明清三律彙編·吏律·職制·原例本係一條》

一、凡漢官革職離任者，交代完日即令起程，不得過五個月之限。京官限一月內起程。該督撫、五城司坊官將起程日期報部，並知會原籍地方官，仍照旗員歸旗例，自本任地方起至伊原籍，照驛數、里數計算，扣定到籍日期。到籍之日，該督撫將並無違限之處報部查覈。倘違限不即起程及逗留中途並違限一月以上者，都察院並該督撫題參到日，照議處旗員例將該員交刑部分別治罪。該管官徇情容留及他省官員聽革職人員遨游境內或潛住京師，五城司坊官、專汎武官不行查出驅逐，俱照容留旗員例議處。其有冤抑欲赴都察院具呈申理者，應赴本地方官具呈詳請督撫給咨來京。事竣之日，都察院轉行五城司坊官發回原籍，仍知會原籍地方官。如借端留滯，照例治罪。五城司坊官徇情容留者，亦照例議處。

《大清會典（光緒朝）》卷五一《兵部·報捷處》 捷報處郎中、員外郎、主事、筆帖式無定員，由堂官酌委。掌接馳奏之摺而遞於宮門。各省由驛馳奏之摺，均至捷報處，由司官遞交奏事處入奏。凡軍機處寄信批摺，皆加封而交發焉。軍機處交出奉旨字寄密封，由本處加兵部釘封，外加夾板，發兵部差官分交下站馳遞，其各省馳奏之摺。奉硃批後由軍機處發回者。或報匣或夾板，亦由本處加封發遞。皇帝巡幸隨行在以遞報亦如之。駕至木蘭，則分駐哨門以接遞。進哨以後，分派司員二人住哨門外，各省差人呈遞之摺齎至哨門，俱交該司員接收，每收兩起，即由臺轉遞行營。如適遇本報及各省驛遞奏報經過之日，附便馳送，批回後仍由該司員付各齎摺人領回。凡本報之達行在者，令分駐東華門以接遞。巡幸時由京達行在各設臺，分撥驛馬，派各省武弁坐臺，自京排日發報，以遞內閣題本及各衙門奏章，其每日所奉諭旨，及批摺紅本，皆按報遞京，由部委司員筆帖式同聽差領催專駐東華門外豫備馳遞，並將筆帖式領催姓名知會景運門直班護軍統領至每年駕駐熱河，本部派滿洲司員二人，輪流駐紮土溝河干豫備人夫船隻，照料遞報，毋致阻滯，遇大雨時。滿洲堂官亦輪換一人來往查看。俟秋分後雨水稀少，將駐紮司員酌量撤回。

宮報亦如之。恭遇皇帝巡幸，應發宮報，由敬事房封固，交內務府轉交內閣與本報同發，其馳送果報，由內務府揀派庫使一人，本部給予驛馬馳遞。凡宮報與本部同發者。內務府移會內閣，將發報日期務先知會，以便同發。儻有更換日期，亦於前一日知會，至發果報之日，均有由內交出公事包同發。

《大清會典（光緒朝）》卷五六《刑部・尚書侍郎職掌》凡審案，必定其期限。凡審理尋常命案，限六月。盜劫及情重命案，欽部事件，並搶奪掘墳一切雜案，俱定限四月。其限六月者，州縣三月解府州，府州一月解司，司一月解督撫，督撫一月咨題。限四月者，州縣兩月解府州，府州二十日解司，司二十日解督撫，督撫二十日咨題。如案內正犯及要證未獲，情事未得確實者，題明展限，按察司自理事件，限一月完結。府州縣自理事件，俱限二十日審結。上司批審事件，限一月審報。若隔屬提人及行查者。以人文到日起限。限滿不結，督撫照例咨部，即於限滿之日接算，再限二參四月，仍令州縣兩月解府州，府州臬司督撫，各分限二十日。如逾限不結，督撫將易結不結情由，詳查註明題參議處，至卑幼擅殺期功尊長，屬下人毆傷本管官，並妻妾謀死本夫，奴婢毆故殺家長等案，承審官限一月內審解，府司督撫各限十日審轉具題。如限滿未結，即接扣二參限期，州縣限二十日，府司督撫。仍各限十日完結，如有遲延，分別初參二參，照例議處，其殺死三命四命之案，該督撫即提至省城，督同速審，其審解限期，即照此例。承審官內有升任革職降調，及因公他往，委員接審者，如前官承審未及一月者，准其按審過日期扣展。一月以上離任者，准其展限一月。分限兩月三月事件，前官承審，歷限過半離任者，准其扣半加展。如前官於二參限內離任者，接任官准其以到任之日起，無論六月四月事件，俱扣限四月審結。至原問官審斷未當，及犯供翻易情節，督撫另委賢員，或會同原問官審理，委審之員，展限一月。該管各上司，亦統限一月覈轉具題，總以兩月完結。督撫參遲延時，將解審月日，駁查次數聲明，聽部查覈。凡案內正犯要證，及首從人犯，已經到案，間有餘犯未獲者，即將現獲之犯，據情研審，按限完結。遇有續獲之犯，到案在州縣分限以內者，即一併審擬，毋庸另展限期。如到案在分限外，不能併案審擬者。將續獲人犯，另行展案，扣限四月完結。如到案在州縣分限將滿者，亦不得逾違統限。凡總督兼轄兩省，遇有欽部等事件例限四月具題者，隔省事件，准六月具題。兩廣總督廣東巡撫所屬瓊州，亦照隔省例。湖廣衡州等府所屬有苗民二十六州縣，及乾州平溪距省窵遠。凡命盜案件，俱於定限外展限兩月。督撫新任及署理印務。如欽部事件，原限內難於完結，准分別展限，原限四月展兩月，原限六月展三月。遇公事出境，一切事件，准題展限，若監臨科場，准按日扣限。凡參審之案，督撫於具題後，即行提人犯要證到省，俟奉旨文到日，率同司道審理，即扣限起，舊限四月者限兩月。總督隔省。舊限六月者，限四月具題。如果案情繁重，奏請展限，亦總須在四月六月內完結。凡在京衙門承審事件，限一月內審結。被證在外者，以到齊日爲始。內外移咨行查者，以文到爲始。本部現審事件，應會三法司者，仍限一月，杖責等罪限十日。發遣軍流等罪，限二十日。案內有應行提質及患病之犯，以提到及病愈之日爲始，仍將應行扣限，及三法司會審日期，並於科道衙門註銷內聲明。凡本部行文八旗內務府五城順天府提人，限文到三日內，即行查送過部，或人犯有他故不到，即將情由報明。如違參處，尋常移咨外省案件，如行查家產，關提人犯，俱以文到之日爲始，依限查覆，於覆文內將何日接到部咨。有無逾限之處。隨案聲明。儻一時未得清晰，必須輾轉咨查，不能依限查覆者，亦即聲請展限。凡州縣承審案件，遇正犯要證患病者，准其計日扣展期限，將起病病痊月日，及醫生醫方，先後具文通報，成招時出具甘結附送，令該管府州於審轉時查察，加結轉送。如府州司道審轉之時，或遇犯證患病，亦准報明扣除，毋論司府州縣，凡犯病逾一月以上者止准扣限一月。若州縣揑報藉延，府州扶同加結，一併開參。

《大清會典（光緒朝）》卷五八《工部・尚書侍郎職掌》鳩工則定其限，在京工程，一千兩以內者，備料二十日，工作四十日，二千兩以內者，備料三十日，工作五十日，五千兩以內者，備料四十日，工作六十日。如工程較大，酌量遞加，各省工程所需料物，或係本地出產，或須越境購辦，由各該處自行酌定限期報部，工竣後依限報銷。若勘估，若報銷，亦如之。在京工程，由各衙門奏咨到部者，約估以十日，查估以二十日造册呈遞，其承辦司分覈算錢糧細數，亦以二十日造册呈堂。查估後，如因款項繁多，錢糧費距，不能依限覈算者，准呈明展限，其由欽派大臣查估者，造册送部，及本部覈算錢糧，亦以二十日爲限，工竣後，欽派大臣查驗，及由部委員查驗者，俱限十日。管工官造册報銷亦如之，承辦司員覈銷限十五日，二千兩以外增限五日，各省修建工程，數在千兩以上者，該管道府親往勘估，千兩以下者，委附近府廳直隸州親往勘估，其工鉅費繁者，督撫藩司親往覆勘，其造報册籍，如銀數在千兩以内者，該管官於奉文之日起，内地限四月造報，邊疆海外限六月造報，銀數在萬兩内外者，該督撫酌定限期，嚴飭辦理完結，統於報銷時，將起限限滿日期詳細聲明，直隸河工歲修，於三汛後將次年約估銀數具題，搶修各工，於三汛後將本年約估銀數具奏，河南、山東歲修各工，於三汛後造册題估搶修各工，於三汛後咨送工段不題估，均於次年四月題銷。其有故不能依限估銷者，咨明展限。各省城工完竣，委勘之藩司道府，各限一月。不及估即給帑，凡遇有緊急工程，不及先行料估覈算者，酌量工程大小，速行修竣，覈實報銷。增估者，先事以達於部，原估工料不敷，必應添用，及興工後有增加之工者，務須先行估報。即工程險急，勢難緩待，亦應隨修隨估，不得於報銷案内一併開報。節省則准抵，工程節省，如所用匠夫，原估需匠十名，工竣止開九名，需夫十名，工竣止開八名，係實在節省，覈銷時，遇有别項覈減銀兩，准其抵銷。如原估修工十丈，工竣止修九丈，物料例價一兩，今按時價止須九錢，此項銀兩，仍照數歸款。凡歲修，有大修，有小修，皆定以歲額，而覈其增減之數。各項歲修，及大修小修工程，皆有歲額定數，如歲額之外，需費加倍，先行奏請，得旨：則准其興工報銷，如酌量節省，及可緩修者，照數歸款，遇應行改造之年，停支歲額錢糧。浮冒，則議駁而更正焉。估報工程，以原奏爲憑。如段落丈尺與原奏不符，及報銷册開載工料浮多，俱隨案奏駁。如款項繁多，開單不能詳盡者，將原册黏籤指示發還，令改正後另造妥册，同原册一併繳送。其駁款無多，易於申説者，即開單指駁，除開單黏籤之外，其餘款項如可另爲銷算者，即將應准者准銷給發，應減者覈減著追，餘俟另册到日再覈。至工程本小，銀數無多者，即徑行覈減追繳。凡例應駁查者，駁至三次後，仍不覈實造報。即詳覈本案情節，或按例減銷，或據情請豁。以清積案，隨將該督撫及承辦各官，分别奏請議處。又修建工程。未經聲明前次保固限期，有無舊料。及工料做法並不遵照部頒則例分析註明者，俱分别奏請議處。

《大清會典（光緒朝）》卷八六《八旗都統·俸餉房》 凡俸册餉册之咨部者立其限。俸銀俸米册春季於上年十二月十五日以前，秋季於六月十五日以前，餉册於上月十五日以前，咨送户部。展限無過五日，俸餉册檔，如因款項繁多，不能依限，准展限五日，如册檔舛錯不符。本旗俸餉房章京赴户部更正，領回鈐印，亦不得踰五日之限。餉銀序以月，餉銀兼放錢文，每月初一二日關支錢文，初三四日關支銀兩。餉米序以季，餉米分四季支領，鑲黄正黄二旗以孟月，正白正紅鑲白三旗以仲月，鑲紅正藍鑲藍三旗以季月，遇閏則另造册檔支領。六品以下官，則入於餉册。驍騎校及前鋒校、親軍校、護軍校、筆帖式等官應領俸餉，俱造入兵丁餉册内，按月支領。如遇閏月，一體支給。凡官兵之别爲營者皆附焉。圓明園八旗、内務府三旗、健鋭營、内外火器營、前鋒護軍步軍各營官兵俸餉册，俱附於各旗彙總咨部。

（清）沈家本《叙雪堂故事·秋朝審進呈黄册及呈進日期》 順治十年題准：朝審於每年霜降後，三法司會同九卿、詹事、科道等官，逐一審録。刑部司官先期將重囚招册略節删正呈堂，刊刻刷印進呈，并分送各該會審衙門。會審時各犯有情真、緩決、矜疑者，例該吏部尚書舉筆分爲三項，各具一本，俱刑部具題請旨。内有御筆勾除者方行處決，未經勾除者照舊監候。又，康熙十二年題准，直省秋審，令該督撫會擬，情真、緩決、矜疑分别具題。刑部將該督會審情真、緩決、矜疑看語刊刻招册，送呈御覽，復分送九卿、科道官員各一册，會議分擬具題，請旨定奪。其盛京等處監禁重犯，亦造黄册，入在直省秋審内具題完結各等語《會典》。以上二條，係秋、朝審呈進黄册之始。其進呈日期係在九卿未經審定以前。又，雍正三年奉旨將情實、緩決、可矜分爲三項，各依省分，以雲南省起，照該督撫看語刊刻招册，并九卿看語一并進呈等因《會典》。此一條進呈黄册日期，係在九卿審定以後。迨乾隆十四年奏准，秋審、朝審初次進呈招册，俱屬九卿未經審擬之案，遵旨删除。嗣後秋、朝審呈進黄册，俱係九卿審定之後，始行刷印，繕録進呈。

（清）沈家本《叙雪堂故事·新疆秋審截止日期》 新疆秋審向無截止日期，惟據該將軍、都統、辦事大臣具奏到日，凡在秋審未經具奏以前者，悉歸本年辦理。嘉慶三年始經刑部議定，以六月三十日爲限，如三十日以前該將軍等奏到者，歸於本年辦理，其七月初一日以後奏到之案，俱入下年核辦。

（清）沈家本《叙雪堂故事·秋審截止日期》 嘉慶四年奏定秋審截止日期：雲南、貴州、廣西、廣東四省截至年前封印日，四川、福建二省截至正月三十日，奉天、陝西、甘肅、湖南、湖北、浙江、江西、安徽、江蘇九省截至二月初十日，河南、山東、山西三省截至三月初十日，直隸截至三月三十日，新疆、察哈爾截至六月三十日，均以刑部題結之案爲止。嗣於嘉慶七年四川省以四川距省窵遠州縣人犯，四月尾方可解省，實難趕辦，請將川省秋審截止日期以年前封印題結之案爲止，經刑部奏准。

《清實録》**乾隆六年秋七月**　己巳，定順天鄉試同考官閲卷回避例。諭：從前給事中朱鳳英奏請，順天鄉試同考官照會試分省回避之例，北籍祇閲南卷，南籍祇閲北卷。該部以房官南北籍人數不一，分閲之卷多寡不齊，難以均派，未議準行。蓋部議祇將南北二皿較論，固難分派，若將通場滿漢生員貢監各卷並數合算，自無不均之慮。且立法必期無間，而防範不嫌過周，與其留滲漏以滋弊端，無寧嚴界限以絶物議。嗣後順天鄉試同考官，南省人概令回避南皿卷，北省人概令回避北皿卷，邊省人概令回避中皿卷，滿洲漢軍概令回避滿字合字卷。如此分別，可以清弊竇而息浮議，亦防微杜漸之道也。

《清實録》**乾隆三十六年冬十月**　諭軍機大臣等：本日遞到阿勒泰奏摺。系九月二十九日章穀拜發，六百里馳奏，以程限而計，六百里之報，半月應行九千里。章穀至京，不及七千里，今阿爾泰奏摺，半月始到，約計逾限三日。郵政若此，尚可問乎。前因桂林參奏，山西省驛站，非若直隸之專派弁員遞送，率憑馬夫任意稽遲。曾通諭經過各督撫，一體稽查妥辦，何仍前玩忽若此。著再通飭各督撫，嗣後務須實力妥辦，遇有川省緊要文報，毋再延緩幹咎，並挨查阿勒泰此次奏摺，於何處稽延時刻，據實覆奏。

《清實録》**同治五年七月**　乙亥，諭内閣：御史寶麟等奏，各衙門送刷卷册遲延，請嚴定期限等語。各部院大小衙門錢糧文卷，向例于八月内送河南道核對，近來各衙門送刷卷册，未能依期造送，往往遲至九月十月送刷，而各倉及大興、宛平兩縣，竟至十一月十二月始行移送，實屬有意遷延，著各該衙門將應刷卷册，于八月初旬，移送河南道，以憑磨對查刷。儻逾期仍蹈故轍，延不造送，即著該御史等查明參處。

名諱分部

論　說

（清）田文鏡《撫豫宣化録》卷三上《文移・嚴飭事（避諱聖號）》

照得人臣品職有大小，爵位有崇卑，而尊君敬君之心自無岐二。故咫尺天威，羹墻如見，原不止在堂簾殿陛升降拜跪間也。即一矢口、一舉筆間，自當兢兢業業，若監若對，方不爲昭昭申節、冥冥隨行之人。何況文移達上官之前而爲萬年備案之件，豈容忽略？即我皇上寬弘廣大，如天如地，凡與聖號同音旁字相類者，俱免避忌，豈聖號本字而竟可以不避乎？近見祥符縣爲據復呈報事詳寇三砍死王日正一案，又洛陽縣爲稟報事詳李起祥同胞兄李起正砍死李玉生一案，日正、起正等字俱未避改。雖草野愚民不知忌諱，而居官食禄之人何可不觸目驚心，一任無知胥吏混呼混寫。祥符王令出自黄榜詞臣，洛陽郭令又系簪纓世胄，尚不知聖號之當避，則其他魚魚鹿鹿，如醉如癡，何望其復知天日乎？即使該縣簿書鞅掌，署中寧無佐理之人；即使書辦漫不經心，從旁豈盡聱音之輩茫乎？不知君父之尊，靦顔列于臣子之位，苟非木石，能不驚惶？假令本都院據此咨題，不較之夕惕朝乾，而獲罪更甚耶。合行嚴飭，爲此牌仰該司官吏照牌事理，即使轉飭所屬，嗣後詳驗文移，務托忠實勤謹之人小心磨對，毋得仍前疏忽。如再不知避忌，不忠不孝已見一斑。禽獸無異，又何難焉。本都院唯有付之一嘆而已，不齒而已。各宜慎之，毋忽。

（清）盧文弨《抱經堂文集》卷二二《議・名諱辨一丁巳》　諱之興也，始於周。生則名之，死則諱之。自周以來，未之或改，近臨川李氏獨反其説，謂生則諱，死則不諱。豈有見於春秋諸侯不生名死則赴以名之例，故云。然信若是誤矣，諸侯不生名而盟會載書則亦名之，然則死未葬而赴同盟之國以名，禮固當爾。《記》曰：卒哭而諱。赴在於未葬之前，則猶未諱也，何不可也。李氏之意又因《檀弓》有舍故而諱新一語，謬以故爲故君，新爲新君。攷之先儒之解，皆謂故者親盡之君，高祖以上是也，新即新死之君。豈有若李氏之所解哉。位有尊卑則諱亦有遠近，故曰逮事父母，則諱王父母，不逮事父母則不諱王父母，此非所論於天子諸侯也。天子諸侯祧而後不諱也，魯以獻武廢二山而後之來聘者且以犯其先君之諱爲恥，釁夏之答哀公諱宋爲商皆死而後諱也。此皆昭然易睹者也，曰君前臣名必君前而子乃得以名其父，然則諱之久矣。曰豈以爲諱不敢也，父母之名可得而聞不可得而稱。古人言之矣。豈有爲人臣爲人子而顯斥君父之名以爲安者乎？曰不敢名亦何異於諱。曰此固有異，父生前之名獨其子不敢稱耳，他人及之，其誰禁。至於諱，凡入其門者，皆兢兢焉不敢道。自周以來皆如是。李氏博學人，其議論宜有據。獨是説余未敢信，故爲之説，以辨之。

（清）盧文弨《抱經堂文集》卷二二《議・名諱辨二》　李氏既云生則諱死則名，而又云生死皆諱，是兩説者皆非也。而生死皆諱之説於理差近，始亦將信之，又平心折衷於古人之説，知其言之無徵而不足信也。晋唐之世，君在併其嫌名亦避之，然亦不敢名耳，非諱也。夫生不敢名，與諱有別者，非吾之臆説也。杜預解《左傳》於周人以諱事神句名經將諱之則曰：君父之名，固非臣子所斥。然禮既卒哭以木鐸，徇曰舍故而諱新。謂舍親盡之祖，而諱新死者。孔氏《正義》亦云：終將諱之，謂死後乃諱之。然則謂不名即諱者，殆未考諸此矣。蓋古人於死生之際，禮各不同，名亦不苟。如生曰父曰母曰妻，死則曰考曰妣曰嬪，此亦無甚大異，而且斤斤焉辨之。今以考妣嬪之名加之未死者，於心安乎？乃儼然在室而遽謂諱之。諱之是死之也。故爲子而名其父母不安也，不敢名而後其心安，而以不敢名之故即謂之諱，則尤不安也。且不名而即可謂之諱，則古者天子遇其所敬禮之臣入朝不名，亦將謂天子而諱其臣乎？夫生名死諱，數言可決。諸侯不生名尊爵也，諸侯而下不盡然也。失地名滅，同姓名朝，弑君者亦名變禮，示貶也。同盟稱名，薨則赴以名，欲其不忘好也。卒哭乃諱，以諱事神，不通於生前也。謚曰易名，名將諱也。子蒲卒，哭者呼滅，子臯譏其野。蓋狃於生前之所稱也，且言諱止於門內者，亦非諸侯之諱，通乎國中。故曰大夫之所有公諱，大夫之諱君所亦諱之，故曰士於君所言，大夫没矣則稱謚，若字常人之諱，亦不獨一室之人諱。故曰唯大功小功不諱。又曰入門而問諱也。後世之事既不可爲據矣。禮制具在，而亦不可據乎哉。

（清）張修府《谿州官牘乙集·示二十九首·諭諸童恪遵應避字樣示》　爲飭遵功命，以端士習事，照得文風隨地不同，功令盡人當守。本府前舉歲試，因諸童不諳應避字樣，曾經恭録牌示，訓誨再三，乃此次科試正場於例應改寫缺筆之字，仍復任意謄寫，甚至直書聖諱，恬不知非，鑾俗相沿，至於此極，深可痛恨。本府待士從寬，扣除覆試，仍准附長案之末，猶恐諸童狃於積習，漫不經心，爲此示仰四邑文童知悉，務將本府前次牌示細觀，切記嗣後試卷如於應避諸字，不知缺筆改寫者，雖有佳文決不録取，至直書聖諱、廟諱，尤爲悖謬，除長案除名外，必以夏楚威之。本府職兼教養，諸童志奮雲霄，慎勿負予苦心，自貽伊戚也。懍之。特示。

綜　述

《大清律集解附例》卷三《吏律·公式·上書奏事犯諱》　凡上書若奏事誤犯御名及廟諱者，杖八十。餘文書誤犯者，笞四十。若爲名字觸犯者，誤非一時，且爲人喚。杖一百。其所犯御名及廟諱，聲音相似，字樣各別，及有二字止犯一字者，皆不坐罪。　若上書及奏事錯誤，當言原免而言不免，相反之甚。當言千石而言十石相懸之甚。之類，有害於事者，杖六十。中六部兼都察院等衙門。錯誤有害於事者，笞四十。其餘衙門文書錯誤者，笞二十。若所申雖有錯誤，而文案可行，不害於事者，勿論。

《大清律例》卷七《吏律·公式·上書奏事犯諱》　凡上書若奏事，誤犯御名及廟諱者，杖八十。餘文書誤犯者，笞四十。若爲名字觸犯者，誤非一時，且爲人喚。杖一百。其所犯御名及廟諱，聲音相似，字樣各別，及有二字，止犯一字者，皆不坐罪。

若上書及奏事錯誤，當言原免而言不免，相反之甚。當言千石而言十石相懸之甚。之類，有害於事者，杖六十。中六部錯誤有害於事者，笞四十。其餘衙門文書錯誤者，笞二十。若所申雖有錯誤，而文案可行，不害於事者，勿論。

（清）趙翼《陔餘叢考》卷三一《避諱》　避諱本周制，《左傳》所謂周人以諱事神名終將諱之是也。然周公制禮時，恐尚未有此。雖《金縢》有以旦代某之語，然《金縢》之真僞不可知，而祀文王之詩曰：克昌厥後。《戒晨官》之詩曰：駿發爾私。皆直犯文武之名，雖曰臨文不諱，然臨文者但讀古書遇應諱之字不必諱耳，非謂自撰文詞亦不必諱也。而周初之詩如此，則知避諱非周公制也。今以意揣之，蓋起於東周之初，晋以僖侯廢司徒，宋以武公廢司空，魯以獻武廢具敖，考數公之生，皆在西周。若其時已有避諱之例，豈肯故犯之，而使他日改官及山川之名乎。孔門以想其命名時尚未有禁，及後避諱法行，乃不得不廢官及山川名耳。孔門以後，習禮者益加講求，如《禮記》所載，嫌名不諱，二名不偏諱，逮事父母，則諱王父母，不逮事父母，則不諱王父母。君所無私諱，大夫之所有公諱，臨文不諱，廟中不諱之類，可謂情義兼盡。然朝廷之上，猶未有聽以私諱避官名之制。故漢時孔安國爲侍中，以王瑜名犯其私諱，不肯連署，求解官，有司以公所無私諱駁之，遂不許。至晋江統疏曰，故事，祖父名與官同者皆許改，若身與官同名，不在改選之列，但身没之後，子孫難以稱其位號，宜聽其一并迴避。詔從之。則是時已著爲令甲矣。《宋史·賈黯傳》律載府號官稱犯祖父名，而冒榮居之者有罪，則并有不避諱而議罪之律矣。雍熙中，詔除官若犯私諱者，三省御史臺五品，文班四品以上，許用式奏改，則更有因私諱而改官之律矣。合而觀之，蓋自晋、六朝以至唐、宋，無不以避諱著爲律文也。其見於史傳者，《宋書》范蔚宗爲太子詹事，以父名泰，遂不拜。《陳書》孔奂欲以王廓爲太子詹事。後主曰：廓父名泰，不可爲太子詹事。《唐書》源乾曜遷太子少師避祖名更授少傅。裴冑授京兆少尹以父名不拜，换國子司業。蕭儼拜太僕少卿，以父名不拜，徙太子右衛率。李涵爲太子少傅，吕渭謂其父名少康當避。《宋史》。仁宗命胡瑗修國史，瑗以避祖名不拜。李建中直昭文舘，以父名昭懇辭，乃改集賢院。吕希純擢著作郎，以父名公著不拜，遂改授。此皆以私諱而改授官者也。《宋史》張亢授慶州，亢以父名餘慶，力辭不許。李若拙授太子贊善，若拙以父名光贊，辭不許，則亦有不許避者。晋咸和中，以王舒爲會稽内史，舒以父名會不拜，詔改會爲鄶。後唐以郭崇韜父名宏，乃改宏文舘爲崇文舘。宋慕容延釗父名章，太祖乃授延釗同中書門下三品，去平章二字。吳延祚亦以其父名章，授同中書門下三品，程元鳳拜右正言兼侍講，以祖諱辭，詔權以右補闕繫銜。此因私諱而并爲改官名者也。張世南《游宦紀聞》云：生曰名，死曰諱。世俗往往有台諱尊諱之語，是稱生人名亦曰諱，乃不祥之甚也。今時俗口語亦尚多如此，不可不檢。

《大清會典（嘉慶朝）》卷八《吏部·稽勳清吏司》 凡名，避與王公大臣同者，避一省而兩官並者，如司道同名者，將道改名，道府同名者，將知府改名。避其稱之不協於義者，如周元良、張聖謨，皆經奉旨飭改。避同於陵名者，清語恩特和墨、瑚圖靈阿、額勒登額、孝順阿、安巴靈武、額勒和、托謨宏武。漢字若永福昭孝景泰裕字下，屬以齡靈音字者皆避。滿洲蒙古之名，不繫以姓。如覺羅太、完顏扎拉芬，皆經奉旨訓飭。對音不依附漢義，如甘珠露、嘉木燦，皆經奉高宗純皇帝諭旨訓飭。不似漢姓名。如何督、廣明福，皆經奉高宗純皇帝諭旨訓飭。凡官之名有蹈於是者，則皆更焉。

（清）杜受田等《欽定科場條例》卷四二《違式·敬避廟諱御名至聖諱》 現行事例

一、鄉會試卷内遇聖祖仁皇帝聖諱，上一字寫元字，下一字寫煜字。世宗憲皇帝聖諱，上一字寫允字，下一字寫禎字，高宗純皇帝聖諱，上一字寫宏字，下一字寫歷字。仁宗睿皇帝聖諱，上一字寫顒字，下一字寫琰字。宣宗成皇帝聖諱，上一字寫旻字，下一字寫寧字。皇上御名，上一字奉旨仍舊書寫，毋庸改避，下一字寫詝字，至遇有加偏旁之字，敬缺一筆。

一、至聖先師諱，亦應敬避，加阝字於右旁，其音從古文讀作期，如作丌字者，仍以違禁論。如用圜丘字者，不加阝旁。

一、試卷内，直書廟諱、御名、至聖先師諱本字者，該生前停三科，主考同考官雖經指出，不准免議。仍交吏部議處。受卷官未經貼出者，照應貼不貼例議處。

一、端慧皇太子名璉，臣下不得以此命名，士子臨文，酌量敬避，其不避者免議。

例案 雍正三年，奉上諭：朕臨御以來，屢降諭旨，凡與御名聲音相同字樣，不必迴避，近見各省地名以音同而改易者頗多。朕爲天下主，而四海臣民竭誠盡敬如此，況□子道高千古，自天子以至於庶人，皆受師資之益，而直省郡邑之名，如商丘章丘之類，今古相沿未改，朕心深爲不安，自今凡直省地名，有同聖諱者，或改讀某音，或另易他字，其於當用之際，作何迴避，著九卿會議具奏。欽此。遵旨會議，至聖諱理應迴避，除祭天於圜丘，丘字不用迴避外，若各府州縣地名，有同先師聖諱者，交内閣選擇字樣，進呈欽定。其山川市鎮等處命名，交該地方督撫更易字樣報部。其姓氏相同者，按《通考》云：太公望之後，食采于營邱，子孫姓丘氏，今擬加阝旁作邱，常用之際，書從古體，寫作丌字，奉上諭：今文出於古文，若書從古體，是仍未嘗迴避也。此字本有期音，毛詩及古文作期音者甚多，嗣後除五經四子書外，凡遇此字，並加阝爲邱。地名亦不必改，但加阝旁。讀作期音。庶乎允協，足副朕尊崇先師至聖之意。欽此。雍正十三年，奉上諭：據大學士鄂爾泰等奏請迴避朕之御名，上一字擬書宏字，下一字擬書歷字。朕思尊君親上，乃臣子分誼，當然但須務其大者以將恭敬，至于避名之典，雖歷代相沿，而實乃文字末節無關於大義也。中外臣工，如身膺文職者，當思宣猷布化，裨益於國計民生。官民武職者，當思效力抒忠，奏績于疆場牧圉。士子讀書勵行，黎民守法奉公，方爲克盡愛戴尊崇之實，若但於御名謹避，將字畫更改，並失其字之本義。揆之古人二名不偏諱之禮，既不相符且區區拘泥之見，亦不足以昭忱悃，甚無取焉。所請改寫宏字歷字不必行，嗣後凡遇朕御名之處不必諱，若臣工名字有同。而心不自安者，上一字少寫一點，下一字將中間禾字書爲木字。即可以存迴避之意矣，該部可傳諭中外，一體遵行。欽此。謹按現行例，高宗純皇帝聖諱，上一字敬寫宏字，下一字敬寫歷字，詳本卷乾隆二十八年議准案内。乾隆二十五年，議覆侍郎錢汝誠條奏字面違式，有干例禁者，宜預行頒示，俾多士知所程式，所有各條，謹擬於後。聖祖仁皇帝聖諱，上一字寫元字，下一字寫燁字。世宗憲皇帝聖諱，上一字寫允字，下一字寫正字。謹按，現行例聖祖仁皇帝聖諱，下一字寫燁字。世宗憲皇帝聖諱，下一字寫禎字，詳本卷。嘉慶八年議准案内。至聖先師諱偏旁加阝字，如作工字者，仍以違禁論。如用圜丘字者，仍不加阝旁。餘詳載擡寫格式。又大學士等，議覆太僕寺卿宮煥文條奏，嗣後試卷内，於應行敬避字樣，不知敬避，及失格違禁，應照不諳禁例議處者，此等所犯較重即非應中之卷雖經指出，仍將主考同考官，一體議處。乾隆二十八年，大學士公傅恒等，議覆福建學政紀昀奏稱，鄉會試卷，於應行敬避字樣不知敬避，處分□嚴，其小試文字，應一體敬避。現在考閲生童試卷，不知敬避者甚多，詢厥所由，蓋因所誦經書，係坊間刊板，皆未嘗遵例缺筆士子童而習之，罔知所避，殊非敬謹之義。伏考唐代石經，宋時監板，於常時諱字，皆缺一筆，應援據此例，請勅部通飭各省書坊，凡四書五經中，皆遵例缺筆，其舊板亦令刊補，再現在所行官韻，乃雍正年間所刊。聖祖仁皇帝世宗憲皇帝聖諱，皆已敬避不載，而蒸韻錫韻内，尚全書御名，考試古學時，生童多據韻押用，亦屬致誤有因，請照宋人《禮部韻略》之例，勅武英殿敬避重刊等語，查鄉會試卷應行敬避，科場久爲定例，惟坊本經書，尚全刻本字，自應仿照唐石經朱監本之例，凡遇廟諱，俱刊去末一筆，再聖祖仁皇帝聖諱，上一字加有偏旁之字，在武英殿官韻，業經一體缺筆，而坊刻經書，亦未刊缺，今恭擬聖祖仁皇帝聖諱，上一字加偏旁，如有弓金等字，並缺一點。世宗憲皇帝聖諱，無加偏旁之字，無庸另爲校正。伏惟御名，於雍正十三年恭奉諭旨，上一字減一點，下一字中秝字寫作林字，俱查武英殿所刊官韻。既各經書内，於御名本字。尚係全書，而加有偏旁之字，亦俱未行缺筆，今應欽遵從前諭旨恭寫，至御名上一字加偏旁，如有水糸等字，並行缺筆，所有經書，悉依此更正，其宗室王公大臣名内，有與御名上一字相同，在雍正十三年以前者，久經遵照從前諭旨，缺筆書寫，若乾隆元年以後，自宗室王公等外，斷無敢以御名命名之理。至科場文字，及一切文移書奏，凡遇應用御名上一字者，敬擬寫宏字，應用御名下一字者，俱寫歷字，庶爲臣子敬謹之道而於音義亦協，如蒙俞允，臣等行知武英殿，令將所刻書板，詳悉校正，並交禮部纂入科場條例，如有誤書者，依不諳禁例處分，並行文各省，一體遵奉，並令各省學政，轉飭各教官刻成式樣，曉諭士子，並飭書坊人等，將經書舊板，詳加改刊，毋致貽誤。乾隆二十九年，武英殿修書處具奏，遵旨率同翰林並行走貢生等，將經史之現存有板者，官韻之未經缺筆者約計二十萬篇，上緊趕辦，今校對完竣，已經改板。竊惟内府之書。通行天下，但窮鄉僻壤，士子所誦習者率多坊本，仰請勅下禮部，發交該地方官，將敬避字樣，飭令坊間於經史宫韻，一體照改，以免傳訓。乾隆三十年，奉旨頒行字樣，及改刊經書之處，俱不必行。再明年係鄉試之期，字樣冒犯，大干禁例，而偏旁等字，甫經改正，深恐未及周知，並請勅下順天府，各省布政使預行通飭曉諭，再於士子投納試卷時，各給應避字樣一紙，令其詳細明白，自免不諳禁例之咎。乾隆三十年，奉上諭：前據福建學政紀昀條奏，敬避廟諱御名一摺。經大學士會同禮部議覆，請將偏旁各字缺筆書寫，原屬臣子敬避之意，嗣經武英殿校改書板，推廣字數，如率衔等字亦俱一律缺筆。朕思廟諱御名偏旁字畫，前代如石經刊本，俱係缺筆，自應仿照通行，但祇可令現在臨文繕寫，及此後續刊書板。知所敬避，若將從前久經刊刻之書，一概追改，未免事涉紛擾，至上中嵌寫之字，與本字全無關涉，更可毋庸迴避。嗣後如遇廟諱御名，應行敬避缺筆之處，仍照舊例遵行外，所有武英殿頒行字樣，及紀昀所請改刊經書之處，俱不必行，將此通諭中外知之。欽此。乾隆三十四年，奉上諭：本日内閣進呈河南巡撫題本一件，票籤内於宏字缺寫一點，甚屬無謂，避名之説，朕向不以爲然，是以即位之初，即降旨於御名上一字，只須少寫一點，不必迴避，後因臣僚中有命名相同者，心切不安，屢行呈請，始許其易寫宏字，其實臨文之體，原可不必。故於前代年號地名，凡有引用之處，概行從舊，不准改易。至於臣子尊君親上，惟在殫心宣力，爲國爲民，克盡厥職，豈在字畫末節，拘拘於小廉曲謹哉。且宏字已屬避寫，即於本字無涉，若因字異音同，亦行缺筆，輾轉相似，必至八紘等字，概從此例，勢將無所底止，復成何字體耶。此籤即著補點，嗣後俱照此寫。將此通諭中外知之。欽此。嘉慶四年，奉上諭：現在會試届期，士子文藝詩策内，於朕名自應敬避，如遇上一字，著將頁字偏旁，缺寫一撇一點，書作顒字，下一字將右旁第二火字，改寫又字書作琰字，其單用禺字頁字炎字，俱毋庸缺筆。至乾隆六十年以前所刊書籍，凡遇朕名字樣，不必更改。自嘉慶元年以後所刊書籍，均著照此缺筆改寫。欽此。又奏准：宋代官韻，於當時避諱字樣，皆不收載，有《禮部韻畧》可考。又各韻部首之字有當避者，則改標一字爲部首，有《重修廣韻》改二十一殷爲二十一欣可考者，現在者試所用官韻，係屬舊刊，於廟諱尚未盡避，而上聲第二十八部之首，又直同御名下一字，應於本韻内，請旨另定一字爲部首，交武英殿重刻頒行以符體制等因，奉旨詩韻内上聲第二十八部，已改儉字爲部首，業於春間經武英殿奏明，刊刻通行矣。欽此。嘉慶八年，大學士等奏准：奉上諭：禮部進呈科場條例，於敬避廟諱條内，聲明纂修《四庫全書》時，曾奉高宗純皇帝諭旨，於聖祖仁皇帝聖諱下一字用熤字恭代，世宗憲皇帝聖諱，下一字用禛字恭代，緣彼時未經通行知照，是以上次纂修科場條例，仍用舊文，可否改歸一律等語。列聖廟諱，恭避字樣久載科場條例，今禮部請照《四庫全書》改定通行，其應如何恭避，以昭畫一之處，著滿漢大學士六部尚書，會同詳議具奏。欽此。臣等會同敬謹查得科場條例内開，聖祖仁皇帝聖諱下一字用熤字恭代，世宗憲皇帝聖諱，下一字用正字恭代，伏思字有古今體之分雖筆畫稍殊，究仍屬一字，又恭代之字，須與本字相近，於避用之中，仍不失本文意義，方爲明備。今條例内開，聖祖仁皇帝聖諱，下一字恭代之字，係屬本字古體。世宗憲皇帝聖諱，下一字恭代之字，與本字體制迴殊音義亦别，是以從前纂修《四庫全書》時，高宗純皇帝諭令館臣，以熤字代煜字，以禛字代正字聖意周詳，至精至當，自應敬謹遵照，以昭畫一。所有此次新纂科場條例，應請旨飭交該部查明。《欽定四庫全書》於聖祖仁皇帝聖諱，下一字定爲熤字恭代。世宗憲皇帝聖諱，下一字定爲禛字恭代。並通行内外大小各衙門，一切官私文字，一體遵照書寫。再禮部新修條例，頒發尚須時日，應請旨飭下各直省學政，於考試時詳細曉喻，至明年甲子科鄉試，各監臨先期明白出示，俾士子敬謹避寫，其有仍用舊文者，以違式論。嘉慶九年，據户部咨，奉天鑲黄旗附生王璉報捐貢生等因到部，查本年奉上諭奉天錦州府知府員缺，著善璉補授，璉字係朕兄瑞慧皇太子之名，不應用，著改連字，欽此。今附生王璉，璉字令應敬謹迴避缺寫玉旁，王璉應改名王連。嘉慶九年，奉上諭。昨據紀昀奏稱四川省職官生員等，有因敬避陵名漢字呈請改名咨部核辦之案，因令查取原案呈覽一係該省縣丞樊泰，詳請改名樊仲翊，經勒保咨請部示，業據禮部咨駁，一係貢生張景超，由該學政錢栻，飭令改名步超，咨請换給貢單，禮部尚未劄覆。前因山陵稱號各清語，非臣下所當命名，應行一律更改，當經明降諭旨，專指清語而言。至各陵稱號漢字臣民等如有以景字泰字等字命名，而下一字係齡林等字者，兩字相連，兩音相叶，如策丹玉福之原名者，是以更改。其專用景字泰字等字命名者，原不在敬避之例，勒保係滿洲大臣，非不曉文義者，且久任封疆，乃率據樊泰原詳，咨請部示，已屬拘泥不曉事體，禮部所駁甚是。錢栻身任學政，輒將貢生張景超，易名步超，呈請换給貢單，尤屬不通。勒保、錢栻，均著傳旨申飭。並將此通諭中外，一體遵照。欽此。嘉慶二十五年，奉上諭：乾隆四十一年，恭奉皇祖高宗純皇帝諭旨：綿字爲民生衣被常稱，尤難迴避，將來繼體承緒者，當以綿作旻，則係不經用之字，缺筆亦易等因，欽此。今朕欽遵成命，將御名上一字敬改，至臣下循例敬避，上一字著缺一點，書作旻字，下一字將心字改寫一畫一撇書作寧字，其奉旨以前，所刻書籍，俱毋庸追改。欽此。道光二十九年，准吏部片查。據湖廣總督奏湖北官紳士民捐輸米石，請給獎叙，查名單内有從王從連一字，又有以從示從貞一字，應否敬避，移咨禮部查明聲覆等因，查本部科場條例内載，從王從連。應敬謹迴避，缺寫玉旁，禛字係廟諱下一字恭代之字，並無應行迴避之例。道光三十年，奉上諭道光二十六年三月，皇考特降諭旨：以二名不偏諱，將來繼體承緒，上一字仍舊毋庸改避，亦毋庸缺筆。其下一字應如何缺筆之處，臨時酌定，以是爲令典等因，欽此。今朕謹遵成命將御名上一字，仍舊書寫，毋庸改避，下一字缺寫末一筆，書作訢字，以示改避之意，其奉旨以前所刻書籍，俱毋庸議。欽此。又據江蘇舉人沈奕齡，拔貢沈奕豹，俱呈請敬避御名等情。查該舉人呈請更名之處均係敬避御名，自未便照會試前不准更名之例辦理，沈奕齡應准其更名錫齡，沈奕豹應准其更名錫豹。

（清）張之洞《張文襄公全集》卷二七三《輶軒語·敬避字第五》

聖祖仁皇帝廟諱，上一字，《書》□德升聞，用元字恭代，然元德、元黄、元鳥等字，皆不可用。弦、絃、炫、眩、衒等字，敬缺末點。率字亦缺點，惟慉、蓄、鄐、畜等字，不缺點。今茲之茲，從艸。上半不得寫作艹。其上從䒑、下從𢆶者，別是一字，即兩諱字相并，義同黑也，今音滋，古音與諱字同，不可用。牽字，上寫作兩厶。

下一字，韓愈文，其膏沃者，其光□，用熤字恭代。又從火、從蕐之字，《詩》：□□震電，《字典》作（熤）〔熤〕。從日、從華之字，《後漢書·張衡傳》，列缺□其照夜，《字典》作（曅）曄，三體本是一字，一律敬避。

世宗憲皇帝廟諱，上一字，《詩》永錫祚□，用允字恭代，然祚允、允征等字，皆不可用。酳字亦不可用。胤字敬缺乙旁，亦不可用。

下一字，左從示，右從真，用禎字恭代。禎祥之禎，别是一字，音、義皆别，不避。真字不可書眞。

高宗純皇帝廟諱，上一字，《論語》人能□道，用宏字恭代，然宏道、宏毅等字，皆不可用。泓、紘、軦字，敬缺末點，場屋不用。強弱字上寫作口，不可作厶，上半本是諱字。厷、肱、纮、宏、閎等字，不得缺末點。

下一字，《書》：天之□數，在爾躬，用歷字恭代。歷字，本從厂，從秝，從止，今從厂，從林，從心。然歷象、歷數、治歷等字，皆不可用。試策、公牘，如有言及歷象者，以術字或憲字代之。列朝史律歷志，可但稱歷志。閱歷、瀝誠等字不避。

仁宗睿皇帝廟諱，上一字，《詩》：□□卬卬，無恭代之字，敬缺頁旁末兩筆，然□若、周□等字，皆不可用。

下一字，《書》：宏璧琬□，無恭代之字，欽奉諭旨，改右下火字作又，然琬□、翠□等字，皆不可用。單用炎字及談、淡偏旁，音、義各别，不得改炎作𤆍。

宣宗成皇帝廟諱，上一字，《爾雅》：秋爲□天，敬缺中點，作旻。

下一字，《易》：萬國咸□，敬改作寧，二字雖奉諭旨，然上字如蒼□、高□，下字如咸□、攸□等字，以及加偏旁者，究不敢用。下字寫刻舊書有用甯字代者，或敬缺末筆，從宀從心從皿。行文改寫，亦不可用。

文宗顯皇帝廟諱，上一字，《詩》：□□梁山，《孟子》弈秋之弈，下從廾，别是一字，不避。

下一字，左從言，右從寧，無恭代之字，敬缺末筆。當寧、緒紵、積貯、延佇等字，形近音同，寫刻舊書有缺筆作□者，場屋不用。

穆宗毅皇帝廟諱，上一字，《爾雅》：唐虞曰□。

下一字，左從氵，右從隸書之享，《后漢書》及《文選・張衡・思元賦》何道真之□粹兮，無恭代之字，右旁敬避作亯。從酉、從亯之字，音同義近，場屋不用。單用享字不得寫作亯，緣諱字篆文非從享故也，敦、惇、錞等偏旁皆然。孰、熟等字，不得寫作䚭。郭字左畔篆文本非亯字，更不可寫作郶。

皇上御名，上一字，《爾雅》：唐虞曰□。

下一字，左從氵，右從《書》：引養引□，無恭代之字，敬缺末筆。恬愉、神恬等字，形全、音同、義近，皆不可用。若止用舌字者，不宜缺。

端慧太子諱，上一字永不諱，下一字，左玉右連。仁宗睿皇帝面諭臣工，避書作連，然瑚連字，仍不可用。

至聖先師孔子諱，加偏旁作邱，古書有缺筆作丘者。公牘中言及圜丘太祀，則不避，并不必改寫。然行文斷不可用此二字，可以郊壇、南郊等語代之發。

孟子諱一體敬避。

凡恭代缺筆及加偏旁者，皆指寫刻舊書而言，然奏疏文移道及今日地名、人姓者，不便改字，止可代寫缺筆。若江蘇江□府，用甯字恭代；江蘇高□縣，右書作亯；山東章邱縣及邱姓者，（如）〔加〕偏旁之類。若應試命名及一應公牘、私書，非言地名、人姓，概不可用。若私家著述中有考辨偁引古書涉及諱字者，代寫、缺筆，或作一方空，如上式。至聖諱，加偏旁，或缺筆。

（清）薛允升《唐明清三律彙編・吏律・公式・上書奏事犯諱》

《唐律》：諸上書若奏事誤犯宗廟諱者，杖八十；口誤及餘文書誤犯者，笞五十。即爲名字觸犯者，徒三年。若嫌名及二名偏犯者，不坐。

上書若奏事而誤，杖六十，口誤，減二等。口誤不失事者，勿論。

上尚書省而誤，笞四十。餘文書誤，笞三十。

即誤有害者，各加三等。謂當言勿原而言原之，當言千疋而言十疋之類。

若誤可行，非上書奏事，勿論。可行，謂案省可知，不容有異議，當言甲申而言甲由之類。

愚按：古人最重祖父之諱，《唐律》有府號、官稱犯祖父名而冒榮居之者，徒一年之文，故爲名誤犯廟諱者徒三年，則更輕矣。《明律》云：有害於事者，杖六十；無害於事，並無罪名，殊覺疏漏。且末假言：所申雖有錯誤，而文案可行，不害於事者，勿論。既專言所申，則上書奏事不在其內可知矣。

再《唐律》：上書若奏事而誤，杖六十；即誤有害者，加三等。《疏議》謂應杖九十，本係兩層。《明律》則併作一層，蓋不論有害、無害，均杖六十矣。《唐律》又云：若誤可行，非上書奏事者，勿論。則上書奏事，即不能勿論可知。末假云：所申雖有錯誤，而文案可行，不害於事者，勿論。既專言所申，則上書奏事不在其內亦可知。彼此參覷，益知上文倂作一層之非，是六部及其餘衙門亦然。

《清實録》**雍正二年正月** 甲午，諭内閣：嗣後本章奏摺內，字樣及人名，有與朕名同者，應回避更改外，其餘與朕名音同字異，及邊傍字樣略同者，俱不必回避更改。

《清實録》**雍正三年十二月** 庚寅，禮部等衙門遵旨議覆，先師孔子聖諱，理應回避。惟祭天於圜丘，丘字不用回避外，凡系姓氏，俱加偏旁爲邱字。如系地名，則更易他名。至於書寫常用之際則從古體口字，得旨：今文出於古文，若改用口字，是仍未嘗回避也。此字本有期音，查《毛詩》及古文，作期音者甚多。嗣後除四書五經外，凡遇此字，並用邱字。地名亦不必改易，但加偏旁，讀作期音，庶乎允協，足副朕尊崇先師至聖之意。

《清實録》**嘉慶八年四月** 大學士等議奏，此次新纂科場條例，于列聖廟諱恭避字樣，請敕該部謹遵高宗純皇帝《欽定四庫全書》。于聖祖仁皇帝聖諱下一字，用煜字恭代。世宗憲皇帝聖諱下一字，用禎字恭代。并通行內外大小各衙門，一切官私文字，一體遵照書寫。從之。

《清實録》**嘉慶二十五年八月**（癸巳）又諭：乾隆四十一年十一月，恭奉皇祖高宗純皇帝諭旨：綿字爲民生衣被常稱，尤難回避，將來繼體承緒者，當以綿作旻，則系不經用之字，缺筆亦易等因。欽此。今朕欽遵成命，將御名上一字敬改，至臣下循例敬避，上一字著缺一點，下一字，將心字改寫一畫一撇。其奉旨以前所刻書籍，俱無庸追改。尋肅親王永錫等奏臨文不諱，聖主不以爲嫌，而臣子之心，究多惶悚。謹案《康熙字典》。甯字注，乃定切。引《漢書》永以康甯一語，與御名下一字音義相通，嗣後文移奏牘，恭請避寫甯字。得旨：既知臨文不諱，何用瑣瑣。仍遵前旨，改寫一畫一撇，又奏：前代避諱，原有改用音相近者。批：不可爲法。

《大清法規大全·禮制部》卷四《避名·禮部奏擬改職司署門字樣摺》 光緒三十四年十月二十二日奉上諭：道光二十六年三月，宣宗成皇帝特降諭旨：以二名不偏諱，將來繼體承緒者上一字仍舊毋庸改避，亦毋庸缺筆，其下一字應如何缺筆之處，臨時酌定，以是著爲令典等因，欽此。今朕敬遵成憲，將御名上一字仍舊書寫，毋庸改避，下一字敬缺一撇書作儀，其奉旨以前所刻書籍俱毋庸議，欽此。欽遵在案查臣部所屬四司首曰儀制，專司一切典章制度，職務繁重，實合周禮大宗伯所屬典命典同典瑞諸職而集於一司，謹擬改爲典制司，從前郎中員外郎主事等缺隸於該司者，悉改今名，並改鑄司印。又恭遇大祀皇帝親旨行禮，例應臣等侍儀，謹擬敬避改爲侍禮。又太常司例有典儀官，考《前漢書·儒林傳》善禮樂者謂之容，謹擬敬避改爲典容。又衙署之儀門爲五祀之一，考漢劉熙《釋名》云：儀，宜也；得事宜也。謹擬改爲宜門，以存舊制。如蒙俞允，即由臣部咨行京外各衙門一體敬避遵改，其各衙門有應敬避者，應由各衙門自行改定，奏明辦理，謹奏。宣統元年正月十六日奉旨依議。欽此。

紀事

《清實録》**雍正三年八月** 癸酉：諭內閣九卿等，古有諱名之禮，所以昭誠敬，致尊崇也。朕臨御以來，恐臣民過于拘謹，屢降諭旨，凡與御名聲音相同字樣，不必迴避。近見各省地名，以音同而改易者頗多，朕爲天下主，而四海臣民，竭誠盡敬如此。況孔子德高千古，道冠百王，正彝倫，端風化，爲往聖繼絶學，爲萬世開太平。自天子以至于庶人，皆受師資之益，而直省郡邑之名，有聖諱字在內者，古今相沿未改，朕心深爲不安。爾等會議，凡直省地名，有同聖諱者，或改讀某音，或另易他字，至于常用之際，于此字作何迴避，一并詳議具奏。

《清實録》**嘉慶十年十二月** 戊戌，諭內閣：朱圭等奏，覆勘各省歲科考前列試卷，分別應議免議，開單呈覽，請交禮部比較科場之例酌量減議分別辦理一摺。此項磨勘歲科考前列試卷，自與鄉會試中卷有間。但應議各卷內，如直隸大名鄉學歲一等三名之崔應宿，保定府學歲若一等三名之王嶙，文內于廟諱俱未經敬避，而王嶙卷內，高宗純皇帝廟諱次一字，直行書寫。該生等身列膠庠，且近在畿輔，非遐陬僻壤可比，乃于廟諱不知敬避，實屬粗率。該學政于此等有干磨勘之卷，斷不應拔置前列，現系立法之初，向未定有章程。著禮部將考取前列之卷，經原勘及覆勘官簽出應議者，查明學政系屬何人，與本生俱照鄉會試之例，酌減議定處分，此次即照新例辦理。

《大清法規大全·禮制部》卷四《避名·汴撫吴奏擬改蘭儀縣名為蘭封摺》竊據蘭儀縣知縣沈福源稟，該縣原名蘭陽，嗣因儀封縣歸併，始改今名。現以下一字應避御名，並無可以恭代之字，若僅缺末筆而字音無異，不足以昭誠敬。擬將該縣改爲蘭封縣，並將儀封鄉學改爲蘭封鄉學，以歸一律。由布政使朱壽鏞詳請具奏，前來。臣覆核無異，除咨部查照外，理合恭摺具陳，如蒙俞允，所有該縣印信並教佐各員鈐記均應改换另鑄，容飭造呈模册分别咨部，飭司更换合併陳明謹奏。宣統元年二月二十一日奉硃批：著照所請，該部知道。欽此。

《大清法規大全·禮制部》卷四《避名·江督端奏改儀徵縣舊名等片》再據江甯布政使樊增祥詳據儀徵縣稟該縣舊名揚子縣，又名儀真縣。雍正元年因避聖諱嫌名改儀徵縣，現以上一字應避御名並無可以恭代之字，應請仍復舊名改爲揚子縣，所有該縣印信並教佐各員鈐記均應改换另鑄，容飭造呈模册分别咨部飭司更换。再江南省城有儀鳳門，並擬改爲威鳳門，以歸一律，謹奏。宣統元年三月初四日奉硃批：該部知道。欽此。

《光緒新法令·諭旨·光緒三十四年·十月二十二日上諭》道光二十六年三月，宣宗成皇帝特降諭旨，以二名不偏諱。將來繼體承緒者，上一字仍舊毋庸改避，亦毋庸缺筆；其下一字應如何缺筆之處，臨時酌定，以是著爲令典等因。欽此。今朕敬遵成憲，將御名上一字仍舊書寫，毋庸改避，下一字敬缺一撇，書作儀字，其奉旨以前所刻書籍，俱毋庸議。欽此。

《宣統新法令》第一册《禮部奏擬改職司署門字樣摺》光緒三十四年十月二十二日奉上諭：道光二十六年三月，宣宗成皇帝特降諭旨，以二名不偏諱。將來繼體承緒者，上一字仍舊毋庸改避，亦毋庸缺筆，其下一字應如何缺筆之處，臨時酌定，以是著爲令典等因。欽此。今朕敬遵成憲，將御名上一字仍舊書寫，毋庸改避，下一字敬缺一撇，書作儀，其奉旨以前所刻書籍，俱毋庸議。欽此。欽遵在案。

查臣部所屬四司，首曰儀制，專司一切典章制度，職務繁重，實合《周禮·大宗伯》所屬典命、典同、典瑞諸職而集于一司。謹擬改爲典制司，從前郎中、員外郎、主事等缺，隸于該司者，悉改今名，并改鑄司印。又恭遇大祀皇帝親詣行禮，例應臣等侍儀，謹擬敬避，改爲侍禮。又太常司例有典儀官，考《前漢書·儒林傳》，善禮樂者謂之容，謹擬敬避，改爲典容。又衙署之儀門，爲五祀之一，考漢劉熙釋名云：儀，宜也，得事宜也，謹擬改爲宜門，以存舊制。如蒙俞允，即由臣部咨行京外各衙門，一體敬避遵改。其各衙門有應敬避者，應由各衙門自行改定，奏明辦理。謹奏。宣統元年正月十六日奉旨：依議。欽此。

監察法總部

先秦部

夏朝分部

綜述

《尚書正義》卷七《夏書・胤征》　每歲孟春，遒人以木鐸徇于路，遒人，宣令之官。木鐸，金鈴木舌，所以振文教。遒，在由反。鐸，待洛反。鈴音令。官師相規，工執藝事以諫。官衆，衆官。更相規闕，百工各執其所治技藝以諫，諫失常。藝，本又作埶。更音庚。技，其綺反。其或不恭，邦有常刑。言百官廢職，服大刑。

疏：告于至常刑。正義曰：胤侯將征羲和，告于所部之衆曰：嗟乎，我所有之衆人，聖人有謨之訓，所以爲世之明證，可以定國安家。其所謀者，言先王能謹慎敬畏天戒，臣人者能奉先王常法，百官修常職輔其君，君臣相與如是，則君臣俱明，惟爲明君明臣。言君當謹慎以畏天，臣當守職以輔君也。先王恐其不然，大開諫争之路。每歲孟春，遒人之官以木鐸徇于道路，以號令臣下，使在官之衆更相規闕；百工雖賤，令執其藝能之事以諫上之失常。其有違諫不恭謹者，國家則有常刑。傳徵證至安家。正義曰：成八年《左傳》稱晋殺趙括，欒、郤爲徵。徵是證驗之義，故爲證也。能自保守是安定之義，故爲安也。聖人將爲教訓，必謀而後行，故言所謀之教訓。聖人之言，必有其驗，故爲世之明證。用聖人之謨訓，必有成功，故所以定國安家。傳言君至常法。正義曰：王者代天理官，故稱天戒。臣人奉主法令，故言常憲。君當奉天，臣當奉君，言君能戒慎天戒也，臣能奉有常法，奉行君法也。此謂大臣，下云百官修輔，謂衆臣。傳遒人至文教。正義曰：以執木鐸徇于路，是宣令之事，故言宣令之官。《周禮》無此官，惟《小宰》云：正歲，帥理官之屬而觀治象之法，徇以木鐸曰：不用法者，國有常刑。宣令之事，略與此同。此似别置其官，非如周之小宰。名曰遒人，不知其意，蓋訓遒爲聚，聚人而令之，故以爲名也。《禮》有金鐸、木鐸，鐸是鈴也，其體以金爲之，明舌有金木之異，知木鐸是木舌也。《周禮》教鼓人以金鐸通鼓，大司馬教振旅，兩司馬執鐸，《明堂位》云振木鐸於朝，是武事振金鐸，文事振木鐸。今云木鐸，故云所以振文教也。傳官衆至失常。正義曰：相規，相平等之辭，故官衆謂衆官，相規謂更相規闕。平等有闕，已尚相規，見上之過，諫之必矣。百工各執其所治技藝以諫，謂被遣作器，工有奢儉，若《月令》云無作淫巧，以蕩上心，見其淫巧不正，當執之以諫，諫失常也。百工之職，猶令進諫，則百工以上，不得不諫矣。傳言百至大刑。正義曰：百官廢職，服大刑，《明堂位》文也。顧氏云：百官衆臣其有廢職懈怠不恭謹者，國家當有常刑。

《史記》卷二《夏本紀》　禹曰：於，帝，慎乃在位，安爾止。集解：鄭玄曰：安汝之所止，無妄動，動則擾民。輔德，天下大應。清意以昭待上帝命，天其重命用休。集解：鄭玄曰：天將重命汝以美應，謂符瑞也。帝曰：吁，臣哉，臣哉，臣作朕股肱耳目。予欲左右有民，女輔之。集解：馬融曰：我欲左右助民，汝當翼成我也。余欲觀古人之象。日月星辰，作文繡服色，女明之。予欲聞六律五聲八音，來始滑，以出入五言，女聽。集解：《尚書》滑字作曶，音忽。鄭玄曰：曶者，臣見君所秉，書思對命者也。君亦有焉，以出内政教於五官。索隱：《古文尚書》作在治忽，今文作采政忽，先儒各隨字解之。今此云來始滑，於義無所通。蓋來采字相近，滑忽聲相亂，始又與治相似，因誤爲來始滑，今依今文音采政忽三字。劉伯莊云聽諸侯能爲政及怠忽者，是也。五言謂仁、義、禮、智、信五德之言，鄭玄以爲出納政教五官，非也。予即辟，女匡拂予。女無面諛，退而謗予。敬四輔臣。集解：《尚書大傳》曰：古者天子必有四鄰，前曰疑，後曰丞，左曰輔，右曰弼。諸衆讒嬖臣，君集解：徐廣曰：一作吾。索隱：諸衆讒嬖臣爲一句，君字宜屬下文。德誠施皆清矣。禹曰：然。帝即不時，布同善惡則毋功。集解：孔安國曰：帝用臣不是，則賢愚並位，優劣共流故也。

商朝分部

紀事

《尚書正義》卷八《商書·伊訓》 先王肇修人紀，從諫弗咈，先民時若。言湯始修爲人綱紀，有過則改，從諫如流，必先民之言是順。咈，扶弗反。

疏：先民時若。正義曰：賈逵注《周語》云：先民，古賢人也。《魯語》云古曰在昔，昔曰先民，然則先民在古昔之前，遠言之也。遠古賢人亦是民内之一人，故以民言之。先民之言於是順從，言其動皆法古賢也。

《尚書正義》卷一〇《商書·説命上》 説復于王曰：惟木從繩則正，后從諫則聖。言木以繩直，君以諫明。后克聖，臣不命其承，君能受諫，則臣不待命，其承意而諫之。疇敢不祇若王之休命？言王如此，誰敢不敬順王之美命而諫者乎？

《史記》卷三《殷本紀》 西伯滋大，紂由是稍失權重。王子比干諫，弗聽。【略】紂愈淫亂不止。微子數諫不聽，乃與大師、少師謀，遂去。比干曰：爲人臣者，不得不以死爭。迺強諫紂。紂怒曰：吾聞聖人心有七竅。剖比干，觀其心。

周朝分部

綜　述

《周禮注疏》卷三《天官冢宰·小宰》　小宰之職，掌建邦之宫刑，以治王宫之政令，凡宫之糾禁。杜子春云：宫，皆當爲官。玄謂宫刑，在王宫中者之刑。建，明布告之。糾猶割也，察也，若今御史中丞。宫刑，鄭如字，干同。杜作官。

疏：【略】云糾猶割也，察也者，既言糾，謂糾舉其非。事已發者，依法斷割之；事未發者，審察之。云若今御史中丞者，應劭云秩千石，朝會獨坐，副貳御史大夫，内掌蘭臺圖籍，外督刺史，糾察百寮，故舉漢法況之。

掌邦之六典八灋八則之貳，以逆邦國都鄙官府之治。逆，迎受之。鄭司農云：貳，副也。治，直吏反，下及注皆同。

疏：掌邦至之治。釋曰：大宰本以六典治邦國，今還以六典逆邦國之治，逆，謂迎受句考之也。大宰本以八法治朝廷官府，今還以八法句考官府之治。大宰本以八則治都鄙，今還以八則句考都鄙之治，皆句考使知功過所在也。

《周禮注疏》卷三《天官冢宰·宰夫》　宰夫之職，掌治朝之灋，以正王及三公、六卿、大夫、羣吏之位，掌其禁令。治朝，在路門之外。其位，司士掌焉，宰夫察其不如儀。治，直吏反，注及下之治、贊治、官掌其治皆同。朝，直遥反，後皆同。

疏：宰夫至禁令。釋曰：言掌治朝之法，以正王及三公、六卿、大夫、羣吏之位者，案《司士》云：正朝儀之位，辨其貴賤之等。王南鄉，三公北面東上，孤東面北上，卿大夫西面北上。王族、故士、虎士在路門之右，南面東上；大僕從者在路門之左，南面西上。此羣吏即羣士，是其位也。掌其禁令，即察其不如儀耳。注治朝至如儀。釋曰：知此治朝在路門外者，燕朝在路寢庭，外朝在庫門外，其事希簡，非常治政之所。此云治朝，是常治事之朝，故知是路門外，夏官司士所掌者。知察其不如儀者，宰夫與司士俱是下大夫，非贊治朝。又見經云禁令，知直察其不如儀式者也。

叙羣吏之治，以待賓客之令，諸臣之復，萬民之逆。恒次叙諸吏之職事。三者之來，則應使辨理之。鄭司農云：復，請也。逆，迎受王命者。宰夫主諸臣萬民之復逆，故詩人重之，曰家伯維宰。玄謂復之言報也，反也。反報於王，謂於朝廷奏事。自下而上曰逆，逆謂上書。

疏：叙羣至之逆。釋曰：此宰夫次叙羣吏、諸臣等之治職，即以待賓客已下三事，使之應答，不闕於事也。言以待賓客之令，此一者，謂若《大宗伯》朝覲會同則爲上相，《肆師》云大朝覲佐儐，及大小行人、掌客、掌訝、委人、遺人之屬，皆是待賓客之官，使辨理之也。云諸臣之復，此其二者。案《夏官·小臣職》云掌三公及孤卿之復逆。復逆並掌之。此不言逆者，但宰夫直次之，不掌事，故於文略也。又案《夏官·大僕職》云掌諸侯之復逆。此諸臣中兼之。此宰夫恒叙大僕、小臣等辨理此復逆之事也。云萬民之逆，此三也者。案《夏官·御僕職》掌羣吏、庶民之復逆。彼羣吏與此經羣吏爲羣臣别，故鄭彼注：羣吏，府史以下。此不言羣吏及復，亦是文略也。此宰夫次叙御僕，使辨理府史萬民復逆也。注恒次至上書。釋曰：鄭司農云復，請也。逆，迎受王命者。復，是報白之義，不得爲請，故後鄭不從。又王命既出，在下受而行之，不得云逆。逆者，向上之言，不爲向下之義，故後鄭亦不從。云宰夫主諸臣萬民之復逆，故詩人重之曰家伯維宰者，知彼宰非大宰，而當此宰夫者，維宰在司徒下、膳夫上，故知是宰夫也。此先鄭以官次第當宰夫。案鄭彼注冢宰掌建邦之六典，皆卿也，不從司農者，諸經單稱宰者，皆大宰。若宰夫，無單言宰者，故爲大宰解之。若然，大宰在司徒下者，彼以權寵爲次，不以尊卑。故内史中大夫在膳夫上士之下，師氏中大夫在趣馬下士之下。玄謂復之言報也，反也者，謂羣臣受王命，使臣行之，訖，反報於王，故云朝廷奏事也。云自下而上曰逆者，謂自上而下曰順，故自下而上曰逆也。言上書者，則今之上表也。若然，據《夏官》諸侯諸臣萬民皆復逆並有，則此亦皆有上書奏事耳。司農於此注復爲請，逆爲迎受王命，後鄭不從。及至《夏官·大僕》先鄭注云復謂奏事，逆謂受下奏，即與後鄭義同，故彼後鄭從之。若然，是先鄭兩解也。案《内豎》云掌外内之通令，凡小事。鄭注云：内，后六宫。外，卿大夫也。使童豎通王内外之命。給小事者，以其無與爲禮，出入便疾。内外以大事聞王，則大事俟朝而自復。若然，何須更有小臣等復逆乎？然王者，一日萬機，或有俟朝自復，有大事急促不得待朝，即須非時通傳，使聞徹在上者也。

【略】

掌治灋以考百官府、羣都縣鄙之治，乘其財用之出入。凡失財用物辟名者，以官刑詔冢宰而誅之。其足用長財善物者賞之。羣都，諸采邑也。六遂五百家爲鄙，五鄙爲縣。言縣鄙而六鄉州黨亦存焉。乘猶計也。財，泉穀也。用，貨賄也。物，畜獸也。辟名，詐爲書，以空作見，文書與實不相應也。官刑，在《司寇》五刑第四者。辟名，徐芳石反，劉芳益反，干云：不當也。畜，許又反。見，賢遍反。

疏：掌治至賞之。釋曰：宰夫是句考之官，故以治法考百官府及羣都縣鄙鄉遂之内治功善惡也。言乘計其財用之出入者，謂上數處用官物者，當乘計其用財之出入，知其多少。云凡失財用物辟名者，謂失官家財及用與物三者而辟名者，以官刑詔告冢宰，長官誅責之也。有足用，用之能足。長財，財又能長。善物，物又能善。如此者，賞之。注羣都至四者。釋曰：云羣都，諸采邑也者，謂大都、小都、家邑三處也。云六遂，五百家爲鄙，五鄙爲縣者，《遂人》文。云六鄉州黨亦存焉者，六遂在外，尚考之；六鄉在内，考之可知。不言者，舉外以包内也。云乘猶計也者，計者，筭法乘除之名，出於此也。云財泉穀也者，上九賦斂財賄已釋訖。云用貨賄也者，案《内府》云：掌受九貢、九賦、九功之貨賄，以待邦之大用。故知用中有貨賄也。云物畜獸也者，案《獸人》云掌罟田獸，辨其名物，及春秋獻獸物。又《牧人》云掌牧六牲而阜蕃其物，以此知物中有畜有獸也。云辟名，詐爲書，以空作見，文書與實不相應也者，其人失財用物者，則詐爲文書，以空物作見在，文書與實物不相應，是罪人也。云官刑在《司寇》五刑第四者，彼司寇掌五刑，其四曰官刑，上能糾職是也。【略】

歲終則令羣吏正歲會，月終則令正月要，旬終則令正日成，而以攷其治。治不以時舉者，以告而誅之。歲終自周季冬。正猶定也。旬，十日也。治不時舉者，謂違時令失期會。會，如字。

疏：歲終至誅之。釋曰：言周之歲終十二月則令羣吏，羣吏則六十官。正歲會，正猶定也，謂一年會計文書，摠句考之。歲計曰會也。月終則令正月要者，謂每月終，則令羣吏正其月要。月要，謂月計曰要也。旬終，謂每旬終，則令羣吏正其日成。日成，謂日計曰成也。云而以攷其治者，言會要成，摠考之。云治不以時舉者，謂文書稽滯者，故鄭云違時令失期會也。云以告而誅之者，謂告冢宰而誅責之也。注歲終至期會。釋曰：知歲終是周之季冬者，以其正月之吉始和，彼正月是周之正月，始和布治于天下，至今歲終考之，是一歲之終。故知非夏之歲終也。云正猶定者，以其文書定乃可攷之，故爲定也。云旬，十日也者，上文云前期十日，《少牢》云旬有一日，旬與十日正同，故知旬十日也。

正歲，則以灋警戒羣吏，令脩宫中之職事。警，勑戒之言。鄭司農云：正歲之正月，以法戒勑羣吏。警，京領反。

疏：正歲至職事。釋曰：正歲乃夏之正月，是其歲始，故以法警戒羣吏，令脩宫中之職事，以謹勑之也。

書其能者與其良者，而以告于上。良猶善也。上謂小宰、大宰也。鄭司農云：若今時舉孝廉、賢良方正、茂才異等。

疏：書其至于上。釋曰：上云令脩宫中之職事，則此謂宫中諸吏也。正歲之正月，則豫選之，擬至歲終當舉之也。注良猶至異等。釋曰：知上是小宰、大宰者，以其承上文歲始，未是賞時，且長自告于王，知上非王，是小宰、大宰。先鄭云若今舉孝廉者，謂孝弟、廉潔。賢良，即經中良者，謂有賢行而良善也。云方正者，人雖無别行而有方幅正直者也。云茂才者，漢光武諱秀，時號爲茂才，即經云能者也。云異等者，四科不同，等級各異，故云異等。此經據宫中子弟，先鄭所云不要宫中之人，引之況義耳。

《周禮注疏》卷三《天官冢宰·宫正》 宫正掌王宫之戒令、糾禁。糾猶割也，察也。

疏：注糾猶至察也。釋曰：案下經王宫中有官府，故掌王宫之戒令之事。有過失者，已發則糾而割察之，其未發則禁之也。

以時比宮中之官府次舍之衆寡，時，四時。比，校次其人之在否。官府之在宮中者，若膳夫、玉府、內宰、內史之屬。次，諸吏直宿，若今部署諸廬者。舍，其所居寺。比，徐方履反，一音毗志反，注下並同。宿，戚如字，劉息就反，下同。

疏：以時至衆寡。釋曰：以四時校比宮中見住在王宮中者之官府，及宿衛者次舍之衆寡也。注時四至居寺。釋曰：此時是尋常事，故爲四時解之。案《地官·鄉師》云：以歲時巡國及野，而賙萬民之囏阸，鄭彼注：時，隨其事之時。不爲四時解者，彼據囏阸非常，故爲隨其事之時，不得爲四時也。云官府之在宮中者，若膳夫、玉府等者，以其言在宮中之官府，是執掌重事、美物及飲食，乃得在王宮，故知是此人等。云次，諸吏直宿，若今時部署諸廬者，此次，謂若《匠人》云外有九室，九卿治之，即《詩》云適子之館兮，鄭云卿士所之之館，在天子之宮中，如今部署諸廬。彼二者與此次爲一物，此據宮中之官府。下《宮伯》云授八次八舍，鄭注衛王宮者。彼據宮中官府子弟。云舍，其所居寺者，寺即舍也，是官府退息之處。

爲之版以待，鄭司農云：爲官府次舍之版圖也。待，待比也。玄謂版其人之名籍。待，待戒令及比。

疏：爲之版以待。釋曰：版，謂宿衛人名籍，爲宮正執籍校比之也。注鄭司農至及比。釋曰：先鄭以版爲官府次舍之版圖者，先鄭於八成注云：版，名籍。圖，地圖。此注連言圖，其版即名籍，與後鄭義同。後鄭以爲人名籍者，增成先鄭義也。

夕擊柝而比之。夕，莫也。莫行夜以比直宿者，爲其有解惰離部署。鄭司農云：柝，戒守者所擊也。《易》曰：重門擊柝，以待暴客。《春秋傳》曰：魯擊柝，聞於邾。柝，吐各反。莫，音暮，本亦作暮。行，下孟反。爲，于僞反，下注皆同。解，佳賣反。惰，徒帥反。離，力智反。重，直龍反。聞，音問，又如字。

疏：夕擊柝而比之。釋曰：既得名籍，至夕暮擊柝校比之，恐其解惰也。注夕莫至於邾。釋曰：後鄭云莫行夜以比直宿者，謂直宿，即坐持更之人，則行夜者，擊柝校比直宿人。故先鄭云柝，戒守者所擊也。《易》曰者，是《易·繫辭》文。彼又云蓋取諸豫。鄭玄注云：豫，坤下震上。九四體震，又互體有艮。艮爲門，震，日所出，亦爲門，重門象。艮又爲手。巽，爻也，應在四，皆木也。手持二木也。手持二木以相敲，是爲擊柝，擊柝爲守備警戒也。四又互體爲坎，坎爲盜，五離爻爲甲冑戈兵。盜，謂持兵是暴客也。又以其卦爲豫，有守備，則不可自逸是也。云《春秋傳》曰者，《左氏》哀七年：秋，魯伐邾。茅成子請告于吳，不許，曰：魯擊柝，聞於邾，吳二千里，不三月不至，何及於我。引之證擊柝之義也。

國有故，則令宿，其比亦如之。鄭司農云：故謂禍灾。令宿，宿衛王宮。玄謂故，凡非常也。《文王世子》曰：公有出疆之政，庶子以公族之無事者守於公宮，正室守大廟，諸父守貴宮、貴室，諸子、諸孫守下宮、下室。此謂諸侯也。王之庶子職掌國子之倅，國有大事則帥國子而致於大子，唯所用之者。令宿之事，蓋亦存焉。守，手又反，又音手。疆，居良反。倅，七內反。

疏：國有至如之。釋曰：有故，有灾禍，及王時出行不在，皆是也。云則令宿，其比亦如之者，亦如比夕擊柝已上之事，與平常同也。注鄭司至存焉。釋曰：先鄭引《春秋傳》者，左氏昭十八年：夏，五月，宋、衛、陳、鄭灾。子產授兵登陴，子大叔曰：晉無乃討乎？子產曰：小國忘守則危，況有灾乎？彼爲則，先鄭云必，讀字不同也。玄謂故，凡非常也。《文王世子》曰公有出疆之政者，謂出朝覲也。云庶子以公族之無事者守於公宮者，此言與下爲目。庶子謂諸侯庶子之官，掌卿大夫士之適子，并掌公家之事。云正室守大廟者，謂公族之內，適子名爲正室，使守大廟。大廟尊故也。云諸父守貴宮、貴室者，謂同族諸爲父行者。貴宮、貴室，同爲路寢。路寢對大廟，生人之尊也。云諸子、諸孫者，亦謂同族之內諸爲子行孫行者也。云守下宮、下室者，下宮謂親廟四，下室謂燕寢也。云此謂諸侯也者，謂《文王世子》文是諸侯法也。云王之庶子職掌國子之倅已下者，是《夏官·諸子》職文。云庶子者，諸、庶一也，於諸侯即爲庶子，於天子則爲諸子。今因諸侯言庶子，其實《夏官》所云是諸子職也。彼鄭注倅謂副倅之倅，國子謂諸侯卿大夫士之子者。云國有大事則帥國子而致於太子，唯所用之者，彼云大事，寇戎之事，卿大夫士之子屬太子，故唯太子所使用也。彼是甲兵，不云宿衛，故鄭云令宿之事蓋亦存焉。存焉者，宿衛之事亦在唯所用中。引之言，欲見國有故中有王出疆巡守征伐，皆須令宿，增成先鄭義也。

辨外內而時禁，鄭司農云：分別外人、內人，禁其非時出入。別，彼列反。

疏：辨外內而時禁。釋曰：先鄭云分別外人內人，禁其非時出入者，謂住在王宮中有卿大夫士等，外人謂男子，內人謂婦女皆是也。此男女自相對爲外人內人。其內人非謂內宰職所云內人，是刑女在宮中者也。

稽其功緒，糾其德行。稽猶考也，計也。功，吏職也。緒其志業。行，下孟反。

疏：稽其至德行。釋曰：緒，業也。宮正考計其宮中卿大夫士功狀，及職業多少，糾察其在身爲德，施之爲行二者也。

幾其出入，均其稍食，鄭司農云：幾其出入，若今時宮中有罪，禁止不能出，亦不得入，及無引籍不得入宮司馬殿門也。玄謂幾荷其衣服、持操及疏數者。稍食，禄稟。荷，呼可反，又音何。操，七曹反。數，音朔。稟，彼錦反。

疏：注鄭司至禄稟。釋曰：先鄭引今時者，謂漢法。言引籍者，有門籍及引人，皆得出入也。又云司馬殿門者，漢宮殿門，每門皆使司馬一人守門，比千石，皆號司馬殿門也。玄謂幾荷其衣服持操及疏數者，案《閽人》云：喪服凶器不入宮，潛服賊器不入宮，奇服怪民不入宮。《殿門》云幾出入不物者。謂衣服視古不與衆同，及所操物不如品式者。職雖不同，皆是守禁。此經直云幾其出入，明知漢有此呵其衣服持操及疏數，此增成司農義也。云稍食，禄稟者，稍，則稍稍與之，則月俸是也。則下士食九人，中士倍下士，上士倍中士，大夫倍上士之類。其禄與之米稟，故云禄稟也。

去其淫怠與其奇衺之民，民，宮中吏之家人也。淫，放濫也。怠，解慢也。奇衺，譎觚非常。去，起吕反。奇，音羈，徐去宜反。衺，似嗟反。亦作邪。譎，古穴反。觚，音孤。

疏：注民宮至非常。釋曰：此一經並是吏之民。云淫，放濫也。怠，解慢也，爲此惡行也。云民，宮中吏之家人也者，吏即宅在宮中卿、大夫、士，其家人爲此惡行也者，使之不爲，即是去也。此民謂若秋官隸民之類。云奇衺譎觚非常者，兵書有譎觚之人，謂譎詐桀出，觚角非常也。

會其什伍而教之道義。五人爲伍，二伍爲什。會之者，使之輩作輩學相勸帥，且寄宿衛之令。鄭司農云：道謂先王所以教道民者，藝謂禮樂射御書數。會，如字，注同。教道，徒報反，下道、導同。

疏：注五人至書數。釋曰：宮正掌宮中卿大夫士，亦兼掌子弟。會，謂會合其宮中子弟，使之以五人爲伍，二伍爲什。必會合之者，欲使之宿衛時語言相體，服容相識，是其輩作也。及其學問，又相親及切瑳琢磨，是其輩學。摠是相勸帥也。云且寄宿衛之令者，《管子》云因內政，寄軍令，在家時五家爲比，在軍還五人爲伍之類。此亦五人爲伍，二伍爲什，使之輩學，似若在家也，因使之宿衛，以寄軍令也。先鄭云道謂先王所以教道民者，謂若《保氏》云掌養國子以道而教之六藝。道，則師氏三德、三行也。藝，謂禮樂射御書數，亦《保氏職》文也。

月終則會其稍食，歲終則會其行事。行事，吏職也。

疏：月終至行事。釋曰：稍食謂宮中官府等月禄，故至月終會計之。歲終則會計行事吏職，當考知功過也。

《周禮注疏》卷七《天官冢宰・寺人》 寺人掌王之內人及女宮之戒令，相道其出入之事而糾之。內人，女御也。女宮，刑女之在宮中者。糾猶割察也。相，息亮反，下及注同。道，徒報反，後同。

疏：注內人至察也。釋曰：女宮，刑女之在宮中者，謂男女没入斯宮爲嬪者也。

若有喪紀、賓客、祭祀之事，則帥女宮而致於有司，有司謂宮卿世婦。

疏：注有司至世婦。釋曰：知有司是宮卿世婦者，案《春官》宮卿《世婦》云：掌樂宮之宿戒，及祭祀，比其具。此既言致於有司，明是男子官宮卿所掌女宮也，非是下文世婦之帥女宮者也。

佐世婦治禮事。世婦，二十七世婦。

疏：注世婦至世婦。釋曰：上云有司是宮卿世婦，恐此亦是彼世婦，故鄭云二十七世婦。以寺人是奄者，故得佐世婦治喪事。禮事即世婦所掌祭祀、賓客、喪紀之事是也。

掌內人之禁令，凡內人弔臨于外，則帥而往，立于其前而詔相之。從世婦所弔，若哭其族親。立其前者，賤也。賤而必詔相之者，出入於王宮，未可以閑於禮。臨，良鴆反，後同。

疏：注從世至於禮。釋曰：鄭知從世婦不自弔臨者，此直言凡內人弔臨于外，不指斥其事，故知不自弔臨。案《世婦職》云掌弔臨于卿大夫之喪，故內人得從之也。云若哭族親者，世婦所掌弔，唯云弔卿大夫。

云哭族親，據理而言，王后有哭族親之法，則內人女御亦往哭之。

《周禮注疏》卷九《地官司徒》 司諫，中士二人，史二人，徒二十人。諫猶正也，以道正人行。行，下孟反。

疏：司諫至十人。釋曰：司諫在此者，案其職云掌糾萬民之德，勸之朋友，正其行而強之道藝，此官則主諫萬民，亦是教之義。此官徒二十人，無胥者，以得徒則了，不假長師。上下文有徒無胥者，皆此類，故無胥也。注諫猶至行人。釋曰：鄭訓諫爲正，言以道正人行者。案其職云正其行，故鄭就而解之。

司救，中士二人，史二人，徒二十人。救猶禁也，以禮防禁人之過者也。

疏：注救猶禁也以禮防禁人之過者也。釋曰：案其職云：掌萬民之衺惡過失而誅讓之，以禮防禁而救之。是其以禮防禁人之過者。亦是教之類，故在此。

《周禮注疏》卷一四《地官司徒·保氏》 保氏，掌諫王惡。諫者，以禮義正之。《文王世子》曰：保也者，慎其身以輔翼之，而歸諸道者也。

疏：保氏掌諫王惡。釋曰：掌諫王惡者，師氏掌三德、三行，以美道詔王；保氏以師氏之德行審喻王，王有惡則諫之，故云掌諫王惡。注諫者至者也。釋曰：云諫者以禮義正之者，君臣主義，故知諫者以禮義諫正王也。引《文王世子》者，彼亦是教世子法，以教世子法保護王身同，故引之。以其保者是保安之義，故使王謹慎其身而歸於道。

而養國子以道，乃教之六藝：一曰五禮，二曰六樂，三曰五射，四曰五馭，五曰六書，六曰九數；乃教之六儀：一曰祭祀之容，二曰賓客之容，三曰朝廷之容，四曰喪紀之容，五曰軍旅之容，六曰車馬之容。養國子以道者，以師氏之德行審諭之，而後教之以藝儀也。五禮，吉、凶、賓、軍、嘉也。六樂，《雲門》、《大咸》、《大韶》、《大夏》、《大濩》、《大武》也。鄭司農云：五射，白矢、參連、剡注、襄尺、井儀也。五馭，鳴和鸞、逐水曲、過君表、舞交衢、逐禽左。六書，象形、會意、轉注、處事、假借、諧聲也。九數，方田、粟米、差分、少廣、商功、均輸、方程、贏不足、旁要。今有重差、夕桀、句股也。祭祀之容，穆穆皇皇。賓客之容，嚴恪矜莊。朝廷之容，濟濟蹌蹌。喪紀之容，涕涕翔翔。軍旅之容，闞闞仰仰。車馬之容，顛顛堂堂。玄謂祭祀之容，齊齊皇皇。賓客之容，穆穆皇皇。朝廷之容，濟濟翔翔。喪紀之容，纍纍顛顛。軍旅之容，暨暨詻詻。車馬之容，匪匪翼翼。馭，音御。德行，下孟反，下文及注同。剡，羊甚反。注，之樹反，下同。襄，音讓，本作讓，諸音非。差，初佳反，又初宜反，下同。重，直龍反。夕桀，音的，沈祥易反，此二字非鄭注。嚴，如字，又音儼。濟，子禮反。蹌，七良反。闞，呼檻反。仰，本又作卬，五剛反。濟皇，上子禮反，又音齊；下于況反，又音往。纍顛，上律悲反；下音田，又如字。暨，其器反。詻，五格反。匪，芳非反。

疏：而養至教之。釋曰：此道即上《師氏》三德、三行，故鄭云以師氏之德行審喻之，乃教之六藝已下。此乃保氏所專教也。注養國至翼翼。釋曰：案《文王世子》云：大傅審父子、君臣之道以示之，少傅奉世子以觀大傅之德行而審喻之。師也者，教之以事而喻諸德者也；保也者，慎其身以輔翼之而歸諸道者也。不云保氏以師氏之德行審喻之者，鄭以義約之。少傅既以大傅之德審喻之，明保氏亦以師氏之德行審喻之可知，故鄭言之耳。云五禮，吉凶賓軍嘉，《大宗伯》文。六樂《雲門》已下，《大司樂》文。先鄭云五射白矢已下，無正文，或先鄭別有所見，或以義而言之。云白矢者，矢在侯而貫侯過，見其鏃白。云參連者，前放一矢，後三矢連續而去也。云剡注者，謂羽頭高鏃低而去，剡剡然。云襄尺者，臣與君射，不與君並立，襄君一尺而退。云井儀者，四矢貫侯，如井之容儀也。云五馭者，馭車有五種。云鳴和鸞者，和在式，鸞在衡。案《韓詩》云：升車則馬動，馬動則鸞鳴，鸞鳴則和應。先鄭依此而言。云逐水曲者，無正文，先鄭以意而言，謂御車隨逐水勢之屈曲而不墜水也。云過君表者，謂若《毛傳》云：褐纏旃以爲門，裘纏質以爲槸，間容握，驅而入，轚則不得入。《穀梁》亦云艾蘭以爲防，置旃以爲轅門，以葛覆質以爲槷，流旁握，御轚者不得入。是其過君表即褐纏旃是也。云舞交衢者，衢，道也，謂御車在交道，車旋應於舞節。云逐禽左者，謂御驅逆之車，逆驅禽獸使左，當人君以射之，人君自左射。故《毛傳》云：故自左膘而射之，達于右腢，爲上殺。又《禮記》云佐車止，則百姓田獵是也。云六書象形之等，皆依許氏《說文》。云象形者，日月之類是也，象日月形體而爲之。云會意者，武信之類是也，人言爲信，止戈爲武，會合人意，故云會意也。云轉注者，考老之類是也，類一首，文意相受，左右相注，故名轉注。云處事者，上下之類是也，人在一上爲上，人在一下爲下，各有其處，事得其宜，故名處事也。云假借者，令長之類是也，一字兩用，故名假借也。六曰云諧聲者，即形聲，一也，江河之類是也，皆以水爲形，以工可爲聲。但書有六體，形聲實多，若江河之類是左形右聲，鳩鴿之類是右形左聲，草藻之類是上形下聲，婆娑之類是上聲下形，圃國之類是外形內聲，闕闠衡銜之類是外聲內形，此聲形之等有六也。依鄭義，案《孝經緯・援神契》，三皇無文，則五帝已下始有文字，故説者多以蒼頡爲黄帝史，而造文字起在黄帝，於後滋益而多者也。云九數者，方田已下，皆依《九章筭術》而言。云今有重差、夕桀，句股也者，此漢法增之。馬氏注以爲今有重差、夕桀，夕桀亦是筭術之名，與鄭異。案今《九章》以句股替旁要，則旁要，句股之類也。云祭祀之容穆穆皇皇至堂堂者，皆是先鄭以意所釋，不依經典，故後鄭不從。後鄭云祭祀之容齊齊皇皇，賓客之容穆穆皇皇，朝廷之容濟濟翔翔，已上皆《禮記・少儀》文；喪紀之容纍纍顛顛，軍旅之容暨暨詻詻，《禮記・玉藻》之文；車馬之容匪匪翼翼，亦《少儀》文。故鄭《少儀》注還引此六儀以證彼也。凡祭祀、賓客、會同、喪紀、軍旅，王舉則從。聽治亦如之。使其屬守王闈。闈，宫中之巷門。闈，音韋。

疏：凡祭至王闈。釋曰：言亦如之已上，與師氏同從王之事。其屬守王闈者，亦謂在國，其師氏守中門外，此保氏守王闈門。

《周禮注疏》卷一四《地官司徒・司諫》　司諫，掌糾萬民之德而勸之朋友，正其行而強之道藝，巡問而觀察之，以時書其德行道藝，辨其能而可任於國事者。朋友，相切磋以善道也。強猶勸也。《學記》曰：強而弗抑則易。巡問，行問民間也。可任於國事，任吏職。強，其丈反，注同。易，以豉反。

疏：司諫至事者。釋曰：以時書其德行道藝者，此萬民時所習，即《大司徒》所云：以鄉三物教萬民，一曰六德，知仁聖義忠和；二曰六行，孝友睦婣任恤。此德行也。彼又云：三曰六藝，禮樂射御書數。即此道藝也。云辨其能而可任於國事者，案《卿大夫職》云興賢者能者，賢謂德行，能謂道藝。彼則賢能俱興，此直云辨其能可任於國事，不言賢者，既辨其能，則賢者自然亦辨而舉之可知也。注朋友至吏職。釋曰：案鄭注《論語》同門曰朋，同志曰友，則彼其共在學者，切磋以道義。此勸萬民爲友朋，則若《孟子》所云守望相助，出入相友者同，故鄭云切磋以善道也。云任吏職者，案《卿大夫》，所舉者謂鄉民之有德行道藝。云辨其能爲吏職者，亦謂以人治之。若然，任吏職者謂使爲比長、閭胥、族師之類是也。

以攷鄉里之治，以詔廢置，以行赦宥。因巡問勸強萬民，而考鄉里吏民罪過，以告王所當罪不。行，下孟反，注同。

疏：注因巡至罪不。釋曰：司諫考鄉里之治者，由上文巡問即察官民善不也。云而考鄉里吏民罪過者，以巡問觀察萬民，則知吏之治不，故鄭兼吏民揔言之。

《周禮注疏》卷一四《地官司徒・司救》　司救，掌萬民之衺惡過失而誅讓之，以禮防禁而救之。衺惡，謂侮慢長老、語言無忌而未麗於罪者。過失，亦由衺惡酗醟好訟，若抽拔兵器，誤以行傷害人麗於罪者。誅，誅責也。古者重刑，且責怒之，未即罪也。救，如字，劉音拘。衺，似嗟反，注作邪，同。酗，況付反。醟，音詠。好訟，呼報反。

疏：司救至救之。釋曰：云掌萬民之衺惡過失而誅讓之者，此經與下文二經爲揔目也。則云衺惡謂坐嘉石之罷民，不入圜土者。過失謂不坐嘉石入圜土者也。云而誅讓之者，即下二文三讓是也。云以禮防禁而救之者，此衺惡及過失，皆去冠飾，其過失者又使入圜土耳。云救之者，皆使困苦而令改惡從善，是救之也。注衺惡至罪也。釋曰：衺惡云未麗於罪者，謂未附於圜土之罪也。云酗醟者，孔注《尚書》曰：以酒爲凶曰酗。此據字酒旁爲凶，是因酒爲凶者也。若然，醟者，榮下作酉，小人飲酒，一醉日富，亦因酒爲榮。俱是酒之省水之字也。云麗於罪者，謂附圜土罪者也。云古者重刑，且責怒之，未即罪也者，鄭云古者重刑者，據周時爲古。云責解經誅，怒之解經罰也。云未即罪者，各有所對，此圜土對五刑之刑人，則是未即罪也。以其未入五刑之罪，且役之耳。鄭必知過失亦由衺惡者，《司寇職》云以嘉石平罷民，又云圜土收教罷民，二者同名罷民，以其爲惡大者皆因小以致大，故知過失之重亦因衺惡之輕也。

凡民之有衺惡者，三讓而罰，三罰而士加明刑，恥諸嘉石，役諸司空。罰謂撻擊之也。加明刑者，去其冠飾，而書其衺惡之狀，著之背也。嘉石，朝士所掌，在外朝之門左，使坐焉以恥辱之；既而役諸司空，使事官作之也。坐役之數，存於司寇。去，起吕反。著，直略反，一音丁略反。

疏：凡民至司空。釋曰：此一經論衺惡嘉石之罷民也。云三讓而罰者，凡欲治罰人者，皆先以言語責讓之，乃行治罰。云三罰而士加明刑，三罰既訖，乃送司寇，使朝士於外朝坐嘉石恥之也。云役諸司空者，坐訖，乃送司空，使役之也。注罰謂至司寇。釋曰：云加明刑者，去其冠飾者，案《司圜》云凡害人者弗使冠飾，彼據過失入圜土者。但冠尊，不居肉袒之體，豈嘉石之罷民而著冠乎？明其去冠飾也。知書其罪狀者，以其稱明刑，既不虧體，明知書其罪狀著於背爲明刑也。云嘉石朝士至外朝之門左，並《朝士職》文。故彼云左嘉石，平罷民也。云役諸司空，使事官作之也者，以其司空主事故也。云坐役之數存於司寇者，《司寇》云：重罪，旬有三日坐，朞役；其次九日坐，九月役；其次七日坐，七月役；其次五日坐，五月役；其下罪三日坐，三月役。是其坐役之數也。

其有過失者，三讓而罰，三罰而歸於圜土。圜土，獄城也。過失近罪，晝日任之以事而收之，夜藏於獄，亦如明刑以恥之。不使坐嘉石，其罪已著，未忍刑之。近，附近之近。

疏：其有至圜土。釋曰：此經論圜土之刑人。云三讓而罰者，亦如上三度責讓乃治罰之，三罰訖，乃歸與司寇，使納之圜土也。注圜土至刑之。釋曰：云過失近罪者，謂對衺惡未近罪，此圜土之刑人，近五刑之罪，故入圜土也。云晝日任之以事者，亦使司空使之。云收之者，以其罪重，使人收斂之，不使漫游。云夜藏於獄者，此與嘉石者異。云亦加明刑者，亦如嘉石以書其罪狀著於背以恥之。云不使坐嘉石，其罪已著者，彼坐嘉石者，罪輕未著，須坐嘉石，使衆人知之。此等罪重已著，不須坐嘉石也。云未忍刑之者，比五刑之罪又輕，故未忍刑之也。

凡歲時有天患民病，則以節巡國中及郊野，而以王命施惠。天患，謂烖害也。節，旌節也。施惠，賙恤之。

疏：注天患至恤之。釋曰：天患，謂烖害也者，謂天與人物爲烖害，謂水旱之烖及疫病之害也。知節是旌節者，道路用旌節，此經巡國及郊野是道路之事，故知旌節也。

《周禮注疏》卷三五《秋官司寇·小司寇》 小司寇之職，掌外朝之政，以致萬民而詢焉。一曰詢國危，二曰詢國遷，三曰詢立君。外朝，朝在雉門之外者也。國危，謂有兵寇之難。國遷，謂徙都改邑也。立君，謂無冢適選於庶也。鄭司農云：致萬民，聚萬民也。詢，謀也。《詩》曰詢于芻蕘，《書》曰謀及庶人。難，乃旦反。適，丁歷反。蕘，而招反。

《禮記正義》卷五《曲禮下》 爲人臣之禮，不顯諫。爲奪美也。顯，明也。謂明言其君惡，不幾微。爲奪，于偽反。三諫而不聽，則逃之。逃，去也。君臣有義則合，無義則離。

疏：爲人至逃之。正義曰：案莊二十四年，曹羈出奔陳。《公羊傳》云：戎將侵曹，曹羈諫曰：戎衆以無義，君請勿自敵也。曹伯曰：不可。三諫不從，遂去之。何休云諫有五，一曰諷諫者，案定十二年《公羊傳》云：孔子以季氏之強謂季孫曰：家不藏甲，邑無百雉之城。季孫聞之，墮費邑。是諷諫也。何休又云：二曰順諫，曹羈是也。即上諫曹君，無以戎敵，三諫不從，遂出奔陳。所謂以道事君，不可則止，此是順諫也。何休又云：三曰直諫，子家駒是也。案昭二十五年《公羊傳》云：昭公將弑季氏，子家駒諫曰：諸侯僭於天子，大夫僭於諸侯久矣。是不辟君僭而言之，是直諫也。何休又云：四曰争諫，子反請歸是也。案宣十五年《公羊》云，楚莊王圍宋，子反、華元乘堙相對語。華元謂子反云：易子而食之，析骸而炊之。子反謂華元：吾軍有七日之糧。子反勸楚王赦宋而歸，楚王不可。子反頻諫不聽，乃引師去，楚王亦歸。是争諫也。何休又云：五曰贛諫，百里子、蹇叔子是也。案僖三十三年《公羊》云，秦穆公將襲鄭，百里子與蹇叔子諫。穆公不從，百里子、蹇叔子從其子而哭之。是贛諫也。凡諫，諷諫爲上，贛諫爲下。事君雖主諫争，亦當依微納進善言耳，不得顯然明言君惡以奪君之美也。三諫不聽，則逃之者。聽猶從也。逃猶去也。君臣有離合之義，有義則合，無義則離。若三諫不聽，則待放而去也。

《禮記正義》卷一一《王制》 天子使其大夫爲三監，監於方伯之國，國三人。使佐方伯領諸侯。監，古蹔反。監於，古銜反，卷末同。

疏：天子使其至三人。正義曰：此一節論天子遣大夫往監方伯之國，州別各置三人之事。天子使其大夫者，謂使在朝之大夫，往監於方伯，每一州輒三人，三八二十四人。崔氏云：此謂殷之方伯，皆有三人以輔之。佐其伯，謂監所領之諸侯也。周則於牧下置二伯，亦或因殷使大夫爲三監，故《燕禮》云設諸公之坐，鄭云公，孤也。大國孤公一人，而云諸公者，容牧有三監。然則天子於州牧之國，則置三大夫以輔之，其尊卑之差，則下文其禄視諸侯之卿，其爵視次國之君。其禄視諸侯之卿者，謂公之孤也，故《燕禮》謂之諸公，與公孤同也。《尚書》使管叔、蔡叔、霍叔爲三監者，爲武庚也。與此别也。

《禮記正義》卷一一《王制》 天子五年一巡守。天子以海内爲家，時一巡省之。五年者，虞、夏之制也。周則十二歲一巡守。守，手又反，本又作狩，後巡守皆同。省，色景反。

疏：【略】注五年至巡守。正義曰：知五年是虞、夏之制者，《堯典》云五載一巡守，此正謂虞也。以虞、夏同科，連言夏耳。若夏與殷，依《鄭志》，當六年一巡守也。云周則十二歲一巡守者，《大行人》云十有二歲，王巡守殷國，故知周制十二年也。按《白虎通》云：所以巡守者何？巡者循也，守者收也。爲天子循行守土，收民道德大平，恐遠近不同化，幽隱不得其所者，故必親自行之，謙敬重民之至也。所以不歲巡守何？爲大煩。過五年，爲其大疏。因天道三歲一閏，天道小備，五歲再閏，天道大備，故五年一巡守。以此言之，夏、殷六歲者，取半一歲之律吕也。周十二歲者，象歲星一周也。

歲二月，東巡守，至于岱宗。岱宗，東嶽。岱音代。柴而望，祀山川。柴，祭天告至也。柴，仕佳反，依字作祡。覲諸侯，覲，見也。覲見，如字，舊賢遍反。問百年者就見之。就見老人。命大師陳詩，以觀民風。陳詩，謂采其詩而視之。大音泰，後大學、大祖、大子、大樂正、大史皆同。命市納賈，以觀民之所好惡，志淫好辟。市，典市者。賈，謂物貴賤厚薄也。質則用物貴，淫則侈物貴，民之志淫邪，則其所好者不正。賈音嫁，注同。好，呼報反，下及注同。惡，烏路反。辟，匹亦反，徐芳亦反。侈，昌氏反，又式氏反。邪，似嗟反。

《禮記正義》卷三五《少儀》 爲人臣下者，有諫而無訕，有亡有無疾，亡，去也。疾，惡也。訕，所諫反，徐所姦反。惡，烏路反。頌而無讇，諫而無驕。頌，謂將順其美，匡救其惡。驕，謂恃知而慢也。讇，稔變反。怠則張而相之，怠，墮也。相，助也。相，息亮反，注同。惰，徒臥反。廢則埽而更之，廢，政教壞亂，不可因也。更音庚。謂之社稷之役。役，爲也。

疏：爲人至之役。正義曰：此明臣事君之道。有諫而無訕者，訕爲道説君之過惡及謗毁也。君若惡，臣當諫之，不得嚮人道説謗毁。故《論語》云：惡居下流而訕上者。有亡而無疾者，亡，猶去也。疾，猶憎惡也。君若有過，三諫不從，乃出境而去，不得强留而而憎惡君也。頌而無讇者，頌，美盛德之形容也。讇，謂横求見容。若君有盛德，臣當美而頌之也。君苟無德，則匡而救之，不得虚妄以惡爲美，横求見容。故《孝經》云：將順其美，匡救其惡。諫而無驕者，君若從已諫，則已不得藉己言行謀用，恃知而生驕慢。怠則張而相之者，怠，隋也。相，助也。若君政怠隋，則臣當爲張起而助成之也。《隱義》云：若怠隋，當張設法而助之，或張强其志，以廣大之也。廢則埽而更之者，君政若已廢壞，無可復張助者，則當埽蕩而更創立爲新政也。謂之社稷之役者，役，爲，謂事君如上者，是可謂爲社稷之臣也。故衛君云：柳莊者，是社稷之臣也。注役，爲也。正義曰：爲，謂助爲也。社稷之臣，謂爲助社稷之臣也。

《禮記正義》卷五四《表記》 子曰：事君遠而諫，則讇也；近而不諫，則尸利也。尸，謂不知人事無辭讓也。讇，本亦作諂，勑撿反。子曰：邇臣守和，宰正百官，大臣慮四方。邇，近也。和，謂調和君事者也。齊景公曰：唯據與我和。宰，冢宰也。冢宰主治百官。子曰：事君欲諫不欲陳。陳，謂言其過於外也。《詩》云：心乎愛矣，瑕不謂矣。中心藏之，何日忘之。瑕之言胡也。謂，猶告也。藏如字，鄭解《詩》作藏，云善也。

疏：子曰至忘之。此一節明臣事君諫諍之道。遠而諫則讇也者，若與君疏遠，强欲諫諍，則是讇佞之人，望欲自達也。近而不諫，則尸利也者，若親近於君而不諫，則似如尸之受利禄也。祭祀之尸，無言辭而受享祭時，猶似近臣不諫，不知人事，無辭讓之心，如尸之受利然也。子曰邇臣守和者，邇，近也；和，謂調和。言親近之臣，獻可替否，毗輔贊助於君，守其調和之事也。宰正百官者，宰，謂冢宰；正，治百官。大臣慮四方者，謂二伯州牧之等，謀慮四方。此大臣亦兼冢宰，但冢宰居於中，故言正百官耳。《詩》云：心乎愛矣，瑕不謂矣，此《小雅·隰桑》之篇，刺幽王之詩。君子在野，詩人念之，云心乎愛此君子矣。瑕，遠也。謂，勤也。言念此君子遠離，此不勤乎，言近於勤矣，終當念之。中心藏之，何日忘之者，藏，善也。言中心善此君子，何日忘此君子矣。《詩》之本文如此，今記人所引此，云心乎愛此君子矣。瑕之言胡，胡，何也。謂，猶告也。言何不以事告諫於君矣。中心藏之，與《詩》文同。王肅以爲藏，善，鄭亦然也。皇氏以爲人臣中心包藏君惡，不欲嚮人陳之，非其義也。凡諫者，若常諫之時，天子諍臣七人，諸侯五人，大夫三人。唯大臣得諫，若歲初則貴賤皆得諫也，故襄十四年《左傳》師曠對晉侯云：自王以下，各有父兄子弟，以補察其政。史爲書，瞽爲詩，工誦箴諫，大夫規誨，士傳言，庶人謗，商旅于市，百工獻藝。《國語》又云：天下聽政公卿，至於列士獻詩，瞽獻典，史獻書，師箴，瞍賦，矇誦，百工諫，庶人傳語，近臣盡規。此皆孟春之月，上下皆諫，故傳引《夏書》曰每歲孟春，遒人以木鐸徇於路是也。

《漢書》卷二四上《食貨志》 孟春之月，羣居者將散，行人振木鐸徇于路，以采詩，（師古曰：行人，遒人也，主號令之官。鐸，大鈴也，以木爲舌，謂之木鐸。徇，巡也。采詩，采取怨刺之詩也。）獻之大師，比其音律，以聞於天子。故曰王者不窺牖户而知天下。

（元）馬端臨《文獻通考》卷六一《職官考·州牧刺史》 黄帝立四監，以治萬國。唐有九州。舜置十二州，有牧。夏爲九州牧。殷、周八命曰牧。

紀事

《史記》卷四《周本紀》 穆王將征犬戎，祭公謀父諫曰：不可。先王燿德不觀兵。夫兵戢而時動，動則威，觀則玩，玩則無震。是故周文公之頌曰：載戢干戈，載櫜弓矢，我求懿德，肆于時夏，允王保之。先王之於民也，茂正其德而厚其性，阜其財求而利其器用，明利害之鄉，以文脩之，使之務利而辟害，懷德而畏威，故能保世以滋大。昔我先王世后稷以服事虞、夏。及夏之衰也，弃稷不務，我先王不窋用失其官，而自竄於戎狄之閒。不敢怠業，時序其德，遵脩其緒，脩其訓典，朝夕恪勤，守以敦篤，奉以忠信。奕世載德，不忝前人。至于文王、武王，昭前之光明而加之以慈和，事神保民，無不欣喜。商王帝辛大惡于民，庶民不忍，訢載武王，以致戎于商牧。是故先王非務武也，勤恤民隱而除其害也。夫先王之制，邦内甸服，邦外侯服，侯衛賓服，夷蠻要服，戎翟荒服。甸服者祭，侯服者祀，賓服者享，要服者貢，荒服者王。日祭，月祀，時享，歲貢，終王。先王之順祀也，有不祭則脩意，有不祀則脩言，有不享則脩文，有不貢則脩名，有不王則脩德，序成而有不至則脩刑。於是有刑不祭，伐不祀，征不享，讓不貢，告不王。於是有刑罰之辟，有攻伐之兵，有征討之備，有威讓之命，有文告之辭。布令陳辭而有不至，則增脩於德，無勤民於遠。是以近無不聽，遠無不服。今自大畢、伯士之終也，犬戎氏以其職來王，天子曰予必以不享征之，且觀之兵，無乃廢先王之訓，而王幾頓乎？吾聞犬戎樹敦，率舊德而守終純固，其有以禦我矣。王遂征之，得四白狼四白鹿以歸。自是荒服者不至。

《史記》卷四《周本紀》 王行暴虐侈傲，國人謗王。召公諫曰：民不堪命矣。王怒，得衛巫，使監謗者，以告則殺之。其謗鮮矣，諸侯不朝。三十四年，王益嚴，國人莫敢言，道路以目。厲王喜，告召公曰：吾能弭謗矣，乃不敢言。召公曰：是鄣之也。防民之口，甚於防水。水壅而潰，傷人必多，民亦如之。是故爲水者決之使導，爲民者宣之使言。故天子聽政，使公卿至於列士獻詩，瞽獻曲，史獻書，師箴，瞍賦，矇誦，百工諫，庶人傳語，近臣盡規，親戚補察，瞽史教誨，耆艾脩之，而后王斟酌焉，是以事行而不悖。民之有口也，猶土之有山川也，財用於是乎出；猶其有原隰衍沃也，衣食於是乎生。口之宣言也，善敗於是乎興。行善而備敗，所以産財用衣食者也。夫民慮之於心而宣之於口，成而行之。若壅其口，其與能幾何？王不聽。於是國莫敢出言，三年，乃相與畔，襲厲王。厲王出奔於彘。

《史記》卷四《周本紀》 宣王不脩籍於千畝，虢文公諫曰不可，王弗聽。三十九年，戰于千畝，王師敗績于姜氏之戎。

宣王既亡南國之師，乃料民於太原。仲山甫諫曰：民不可料也。宣王不聽，卒料民。

《史記》卷四《周本紀》 王怒，將以翟伐鄭。富辰諫曰：凡我周之東徙，晉、鄭焉依。子穨之亂，又鄭之由定，今以小怨弃之。王不聽。十五年，王降翟師以伐鄭。王德翟人，將以其女爲后。富辰諫曰：平、桓、莊、惠皆受鄭勞，王弃親親翟，不可從。王不聽。十六年，王絀翟后，翟人來誅，殺譚伯。富辰曰：吾數諫不從。如是不出，王以我爲懟乎？乃以其屬死之。

春秋戰國分部

論說

《管子・小匡》　桓公曰：甲兵大足矣，吾欲從事於諸侯，可乎？管仲對曰：未可。治内者未具也，爲外者未備也。故使鮑叔牙爲大諫，王子城父爲將，弦子旗爲理，甯戚爲田。【略】犯君顔色，進諫必忠，不辟死亡，不撓貴富，臣不若東郭牙，請立以爲大諫之官。

《管子・君臣上》　吏嗇夫盡有訾程事律，論法辟，衡權斗斛，文劾不以私論，而以事爲正。如此，則吏嗇夫之事究矣。

《管子・君臣上》　是故有道之君，上有五官以牧其民，則衆不敢逾軌而行矣；下有五横以揆其官，則有司不敢離法而使矣。

《論語注疏》卷一九《子張》　〔子夏曰〕信而後諫，未信則以爲謗己也。

疏：【略】若爲人臣，當先盡忠於君，待君信己，而後可諫君之失。若君未信己，而便稱君過失以諫諍之，則君以爲謗讟於己也。

《孟子注疏》卷一〇《萬章章句下》　王曰：請問貴戚之卿。問貴戚之卿如何。曰：君有大過則諫，反覆之而不聽，則易位。孟子曰：貴戚之卿，反覆諫君，君不聽，則欲易君之位，更立親戚之貴者。

《荀子・臣道篇》　君有過謀過事，將危國家隕社稷之懼也，大臣父兄有能進言於君，用則可，不用則去，謂之諫；有能進言於君，用則可，不用則死，謂之爭；有能比知同力，率群臣百吏而相與彊君撟君，君雖不安，不能不聽，遂以解國之大患，除國之大害，成於尊君安國，謂之輔；有能抗君之命，竊君之重，反君之事，以安國之危，除君之辱，功伐足以成國之大利，謂之拂。故諫、爭、輔、拂之人，社稷之臣也，國君之寶也，明君之所尊厚也，而闇主惑君以爲己賊也。故明君之所賞，闇君之所罰也；闇君之所賞，明君之所殺也。伊尹、箕子可謂諫矣，比干、子胥可謂争矣，平原君之於趙可謂輔矣，信陵君之於魏可謂拂矣。《傳》曰：從道不從君。此之謂也。故正義之臣設，則朝廷不頗；諫争輔拂之人信，則君過不遠；爪牙之士施，則仇讎不作；邊境之臣處，則彊垂不喪。故明主好同而闇主好獨，明主尚賢使能而饗其盛，闇主妬賢畏能而滅其功，罰其忠，賞其賊，夫是之謂至闇，桀紂所以滅也。

《韓非子・有度》　夫爲人主而身察百官，則日不足力不給。且上用目則下飾觀，上用耳則下飾聲，上用慮則下繁辭。先王以三者爲不足，故舍己能而因法數，審賞罰。先王之所守要，故法省而不侵。獨制四海之内，聰智不得用其詐，險躁不得關其佞，姦邪無所依。遠在千里外，不敢易其辭；勢在郎中，不敢蔽善飾非。朝廷群下直湊單微，不敢相踰越。故治不足而日有餘，上之任勢使然也。

《韓非子・說難》　凡說之難，非吾知之有以說之之難也；又非吾辯之能明吾意之難也；又非吾敢横失而能盡之難也。凡說之難：在知所說之心，可以吾說當之。所說出於爲名高者也，而說之以厚利，則見下節而遇卑賤，必棄遠矣。所說出於厚利者也，而說之以名高，則見無心而遠事情，必不收矣。所說陰爲厚利而顯爲名高者也，而說之以名高，則陽收其身而實疏之；說之以厚利，則陰用其言顯棄其身矣。此不可不察也。

夫事以密成，語以泄敗，未必其身泄之也，而語及所匿之事，如此者身危。彼顯有所出事，而乃以成他故，說者不徒知所出而已矣，又知其所以爲，如此者身危。規異事而當，知者揣之外而得之，事泄於外，必以爲己也，如此者身危。周澤未渥也，而語極知，說行而有功則德忘，說不行而有敗則見疑，如此者身危。貴人有過端，而說者明言禮義以挑其惡，如此者身危。貴人或得計而欲自以爲功，說者與知焉，如此者身危。彊以其所不能爲，止以其所不能已，如此者身危。故與之論大人則以爲閒己矣，與之論細人則以爲賣重，論其所愛則以爲藉資，論其所憎則以爲嘗己也，徑省其說則以爲不智而拙之，米鹽博辯則以爲多而交之，略事陳意則曰怯懦而不盡，慮事廣肆則曰草野而倨侮。此說之難，不可不知也。

凡說之務，在知飾所說之所矜而滅其所恥。彼有私急也，必以公義示而強之。其意有下也，然而不能已，說者因爲之飾其美而少其不爲也。其心有高也，而實不能及，說者爲之舉其過而見其惡而多其不行也。有欲矜以智能，則爲之舉異事之同類者，多爲之地；使之資說於我，而佯不知也以資其智。欲内相存之言，則必以美名明之，而微見其合於私利也。欲陳危害之事，則顯其毁誹而微見其合於私患也。譽異人與同行者，規異事與同計者。有與同汙者，則必以大飾其無傷也；有與同敗者，則必以明飾其無失也。彼自多其力，則毋以其難概之也；自勇其斷，則無以其謫怒之；自智其計，則毋以其敗窮之。大意無所拂悟，辭言無所繫縻，然後極騁智辯焉。此道所得親近不疑而得盡辭也。伊尹爲宰，百里奚爲虜，皆所以干其上也，此二人者，皆聖人也，然猶不能無役身以進，如此其汙也。今以吾言爲宰虜，而可以聽用而振世，此非能仕之所恥也。夫曠日彌久，而周澤既渥，深計而不疑，引争而不罪，則明割利害以致其功，直指是非以飾其身。以此相持，此說之成也。昔者鄭武公欲伐胡，故先以其女妻胡君以娱其意，因問於群臣：吾欲用兵，誰可伐者？大夫關其思對曰：胡可伐。武公怒而戮之，曰：胡，兄弟之國也，子言伐之何也？胡君聞之，以鄭爲親己，遂不備鄭，鄭人襲胡，取之。宋有富人，天雨牆壞，其子曰：不築，必將有盗。其鄰人之父亦云。暮而果大亡其財。其家甚智其子，而疑鄰人之父。此二人說者皆當矣，厚者爲戮，薄者見疑，則非知之難也，處知則難也。故繞朝之言當矣，其爲聖人於晋而爲戮於秦也，此不可不察。

昔者彌子瑕有寵於衛君。衛國之法，竊駕君車者罪刖。彌子瑕母病，人聞，往夜告彌子，彌子矯駕君車以出。君聞而賢之，曰：孝哉，爲母之故，忘其刖罪。異日，與君遊於果園，食桃而甘，不盡，以其半啗君。君曰：愛我哉，忘其口味，以啗寡人。及彌子色衰愛弛，得罪於君，君曰：是固嘗矯駕吾車，又嘗啗我以餘桃。故彌子之行未變於初也，而以前之所以見賢而後獲罪者，愛憎之變也。故有愛於主則智當而加親，有憎於主則智不當見罪而加疏。故諫說談論之士，不可不察愛憎之主而後說焉。夫龍之爲蟲也，柔可狎而騎也，然其喉下有逆鱗徑尺，若人有嬰之者，則必殺人。人主亦有逆鱗，說者能無嬰人主之逆鱗，則幾矣。

《呂氏春秋·貴直論·貴直》 賢主所貴莫如士。所以貴士，爲其直言也。言直則枉者見矣。人主之患，欲聞枉而惡直言，是障其源而欲其水也，水奚自至？是賤其所欲而貴其所惡也，所欲奚自來？能意見齊宣王。宣王曰：寡人聞子好直，有之乎？對曰：意惡能直？意聞好直之士，家不處亂國，身不見汚君。今身得見王，而家宅乎齊，意惡能直？宣王怒曰：野士也。將罪之。能意曰：臣少而好事，長而行之，王胡不能與野士乎，將以彰其所好耶？王乃舍之。若能意者，使謹乎論於主之側，亦必不阿主。不阿主之所得豈少哉？此賢主之所求，而不肖主之所惡也。

狐援說齊湣王曰：殷之鼎陳於周之廷，其社蓋於周之屏，其干戚之音，在人之游。亡國之音，不得至於廟。亡國之社，不得見於天。亡國之器陳於廷，所以爲戒。王必勉之。其無使齊之大呂陳之廷，無使太公之社蓋之屏，無使齊音充人之游。齊王不受。狐援出而哭國三日。其辭曰：先出也，衣絺紵；後出也，滿囹圄。吾今見民之洋洋然東走而不知所處。齊王問吏曰：哭國之法若何？吏曰：斮。王曰：行法。吏陳斧質於東閭，不欲殺之，而欲去之。狐援聞而蹶往過之。吏曰：哭國之法斮。先生之老歟？昏歟？狐援曰：曷爲昏哉？於是乃言曰：有人自南方來，鮒入而鯢居，使人之朝爲草而國爲墟。殷有比干，吴有子胥，齊有狐援。已不用若言，又斮之東閭。每斮者以吾參夫二子者乎？狐援非樂斮也，國已亂矣，上已悖矣，哀社稷與民人，故出若言。出若言，非平論也，將以救敗也，固嫌於危。此觸子之所以去之也，達子之所以死之也。

趙簡子攻衛，附郭，自將兵。及戰，且遠立，又居於屏蔽犀櫓之下，鼓之而士不起。簡子投桴而歎曰：嗚呼，士之速弊，一若此乎？行人燭過免胄横戈而進曰：亦有君不能耳，士何弊之有？簡子艴然作色曰：寡人之無使，而身自將是衆也，子親謂寡人之無能；有說則可，無說則死。對曰：昔吾先君獻公即位五年，兼國十九，用此士也。惠公即位二年，淫色暴慢，身好玉女，秦人襲我，遜去絳七十，用此士也。文公即位二年，底之以勇，故三年而士盡果敢；城濮之戰，五敗荆人；圍衛取曹，拔石社；定天子之位，成尊名於天下，用此士也。亦有君不能耳，士何弊之有？簡子乃去屏蔽犀櫓，而立於矢石之所及，一鼓而士畢乘之。簡子曰：與吾得革車千乘也，不如聞行人燭過之一言。行人燭過可謂能諫其君矣。戰鬥之上，枹鼓方用，賞不加厚，罰不加重，一言而士皆樂爲其上死。

《吕氏春秋·貴直論·直諫》 言極則怒，怒則説者危；非賢者孰肯犯危？而非賢者也，將以要利矣。要利之人，犯危何益？故不肖主無賢者。無賢則不聞極言；不聞極言，則姦人比周、百邪悉起，若此則無以存矣。凡國之存也，主之安也，必有以也。不知所以，雖存必亡，雖安必危，所以不可不論也。

齊桓公、管仲、鮑叔、甯戚相與飲酒酣，桓公謂鮑叔曰：何不起爲壽？鮑叔奉杯而進曰：使公毋忘出奔在於莒也，使管仲毋忘束縛而在於魯也，使甯戚毋忘其飯牛而居於車下。桓公避席再拜曰：寡人與大夫能皆毋忘夫子之言，則齊國之社稷，幸於不殆矣。當此時也，桓公可與言極言矣；可與言極言，故可與爲霸。

《孔子家語》卷三《辯政》 孔子曰：忠臣之諫君，有五義焉。一曰譎諫，二曰戇諫，三曰降諫，四曰直諫，五曰風諫。唯度主而行之，吾從其風諫乎。風諫依違遠罪避害者也

紀　事

《晏子春秋·内篇諫上·莊公矜勇力不顧行義晏子諫》 莊公奮乎勇力，不顧于行義。勇力之士，無忌于國，貴戚不薦善，逼邇不引過，故晏子見公。公曰：古者亦有徒以勇力立于世者乎？

晏子對曰：嬰聞之，輕死以行禮謂之勇，誅暴不避彊謂之力。故勇力之立也，以行其禮義也。湯武用兵而不爲逆，並國而不爲貪，仁義之理也。誅暴不避彊，替罪不避衆，勇力之行也。古之爲勇力者，行禮義也。今上無仁義之理，下無替罪誅暴之行，而徒以勇力立于世，則諸侯行之以國危，匹夫行之以家殘。昔夏之衰也，有推侈、大戲，殷之衰也，有費仲、惡來，足走千里，手裂兕虎，任之以力，凌轢天下，威戮無罪，崇尚勇力，不顧義理，是以桀紂以滅，殷夏以衰。今公自奪乎勇力，不顧乎行義，勇力之士，無忌于國，身立威強，行本淫暴，貴戚不薦善，逼邇不引過，反聖王之德，而循滅君之行，用此存者，嬰未聞有也。

《晏子春秋·内篇諫上·景公飲酒酣願諸大夫無爲禮晏子諫》 景公飲酒酣，曰：今日願與諸大夫爲樂飲，請無爲禮。晏子蹴然改容曰：君之言過矣，群臣固欲君之無禮也。力多足以勝其長，勇多足以弑君，而禮不使也。禽獸以力爲政，彊者犯弱，故日易主，今君去禮，則是禽獸也。群臣以力爲政，彊者犯弱，而日易主，君將安立矣。凡人之所以貴于禽獸者，以有禮也。故《詩》曰：人而無禮，胡不遄死。禮不可無也。

公湎而不聽。少間，公出，晏子不起，公入，不起；交舉則先飲。公怒，色變，抑手疾視曰：嚮者夫子之教寡人無禮之不可也，寡人出入不起，交舉則先飲，禮也？

晏子避席再拜稽首而請曰：嬰敢與君言而忘之乎？臣以致無禮之實也。君若欲無禮，此是已。

公曰：若是，孤之罪也。夫子就席，寡人聞命矣。觴三行，遂罷酒。蓋是後也，飭法修禮以治國政，而百姓肅也。

《晏子春秋·内篇諫上·景公燕賞無功而罪有司晏子諫》 景公燕賞于國内，萬鍾者三，千鍾者五，令三出，而職計莫之從。公怒，令免職計，令三出，而士師莫之從。公不説。晏子見，公謂晏子曰：寡人聞君國者，愛人則能利之，惡人則能疏之。今寡人愛人不能利，惡人不能疏，失君道矣。

晏子曰：嬰聞之，君正臣從謂之順，君僻臣從謂之逆。今君賞讒諛之臣，而令吏必從，則是使君失其道，臣失其守也。先王之立愛，以勸善也，其立惡，以禁暴也。昔者三代之興也，利于國者愛之，害于國者惡之，故明所愛而賢良衆，明所惡而邪僻滅，是以天下治平，百姓和集。及其衰也，行安簡易，身安逸樂，順于己者愛之，逆于己者惡之，故明所愛而邪僻繁，明所惡而賢良滅，離散百姓，危覆社稷。君上不度聖王之興，而下不觀惰君之衰，臣懼君之逆政之行，有司不敢争，以覆社稷，危宗廟。

公曰：寡人不知也，請從士師之策。國内之禄，所收者三也。

《晏子春秋·内篇諫上·景公信用讒佞賞罰失中晏子諫》 景公信用讒佞，賞無功，罰不辜。晏子諫曰：臣聞明君望聖人而信其教，不聞聽讒佞以誅賞。今與左右相説頌也，曰：比死者勉爲樂乎，吾安能爲仁而愈黥民耳矣。故内寵之妾，迫奪于國，外寵之臣，矯奪于鄙，執法之吏，並荷百姓。民愁苦約病，而姦驅尤佚，隱情奄惡，蔽諂其上，故雖有至聖

大賢，豈能勝若讒哉。是以忠臣之常有災傷也。臣聞古者之士，可與得之，不可與失之；可與進之，不可與退之。臣請逃之矣。遂鞭馬而出。公使韓子休追之，曰：孤不仁，不能順教，以至此極，夫子休國焉而往，寡人將從而後。晏子遂鞭馬而返。其僕曰：嚮之去何速？今之返又何速？晏子曰：非子之所知也，公之言至矣。

《晏子春秋・内篇諫上・景公愛嬖妾隨其所欲晏子諫》 翟王子羡臣于景公，以重駕，公觀之而不説也。嬖人嬰子欲觀之，公曰：及晏子寢病也。居囿中臺上以觀之，嬰子説之，因爲之請曰：厚禄之。公許諾。

晏子起病而見公，公曰：翟王子羡之駕，寡人甚説之，請使之示乎？晏子曰：駕御之事，臣無職焉。公曰：寡人一樂之，是欲禄之以萬鍾，其足乎？對曰：昔衛士東野之駕也，公説之，嬰子不説，公因不説，遂不觀。今翟王子羡之駕也，公不説，嬰子説，公因説之；爲請，公許之，則是婦人爲制也。且不樂治人，而樂治馬，不厚禄賢人，而厚禄御夫。昔者先君桓公之地狹于今，修法治，廣政教，以霸諸侯。今君，一諸侯無能親也，歲凶年饑，道途死者相望也。君不此憂恥，而惟圖耳目之樂，不修先君之功烈，而惟飾駕御之伎，則公不顧民而忘國甚矣。且《詩》曰：載驂載駟，君子所屆。夫駕八，固非制也，今又重此，其爲非制也，不滋甚乎。且君苟美樂之，國必衆爲之，田獵則不便，道行致遠則不可，然而用馬數倍，此非御下之道也。淫于耳目，不當民務，此聖王之所禁也。君苟美樂之，諸侯必或效我，君無厚德善政以被諸侯，而易之以僻，此非所以子民、彰名、致遠、親鄰國之道也。且賢良廢滅，孤寡不振，而聽嬖妾以禄御夫以蓄怨，與民爲讎之道也。《詩》曰：哲夫成城，哲婦傾城。今君不免成城之求，而惟傾城之務，國之亡日至矣。君其圖之。

公曰：善。遂不復觀，乃罷歸翟王子羡，而疏嬖人嬰子。

《晏子春秋・内篇諫上・景公敕五子之傅而失言晏子諫》 景公有男子五人，所使傅之者，皆有車百乘者也，晏子爲一焉。公召其傅曰：勉之，將以而所傅爲子。及晏子，晏子辭曰：君命其臣，據其肩以盡其力，臣敢不勉乎。今有車百乘之家，此一國之權臣也，人人以君命命之曰：將以而所傅爲子，此離樹別黨，傾國之道也，嬰不敢受命，願君圖之。

《晏子春秋・内篇諫上・景公欲廢適子陽生而立荼晏子諫》 淳于人納女于景公，生孺子荼，景公愛之。諸臣謀欲廢公子陽生而立荼，公以告晏子。

晏子曰：不可。夫以賤匹貴，國之害也；置大立少，亂之本也。夫陽生，生而長，國人戴之，君其勿易。夫服位有等，故賤不陵貴；立子有禮，故孽不亂宗。願君教荼以禮而勿陷于邪，導之以義而勿湛于利。長少行其道，宗孽得其倫。夫陽生敢毋使荼饜粱肉之味，玩金石之聲，而有患乎？廢長立少，不可以教下；尊孽卑宗，不可以利所愛。長少無等，宗孽無別，是設賊樹姦之本也。君其圖之。古之明君，非不知繁樂也，以爲樂淫則哀，非不知立愛也，以爲義失則憂。是故制樂以節，立子以道。若夫恃讒諛以事君者，不足以責信。今君用讒人之謀，聽亂夫之言也，廢長立少，臣恐後人之有因君之過以資其邪，廢少而立長以成其利者。君其圖之。公不聽。

景公没，田氏殺君荼，立陽生；殺陽生，立簡公；殺簡公而取齊國。

《晏子春秋・内篇諫上・景公欲使楚巫致五帝以明德晏子諫》 楚巫微道裔款以見景公，侍坐三日，景公説之。楚巫曰：公，明神之主，帝王之君也。公即位有七年矣，事未大濟者，明神未至也。請致五帝，以明君德。景公再拜稽首。楚巫曰：請巡國郊以觀帝位。至于牛山而不敢登，曰：五帝之位，在于國南，請齋而後登之。公命百官供齋具于楚巫之所，裔款視事。晏子聞之而見于公曰：公令楚巫齋牛山乎？公曰：然。致五帝以明寡人之德，神將降福于寡人，其有所濟乎？晏子曰：君之言過矣。古之王者，德厚足以安世，行廣足以容衆，諸侯戴之，以爲君長，百姓歸之，以爲父母。是故天地四時和而不失，星辰日月順而不亂，德厚行廣，配天象時，然後爲帝王之君，明神之主。古者不慢行而繁祭，不輕身而恃巫。今政亂而行僻，而求五帝之明德也？棄賢而用巫，而求帝王之在身也？夫民不苟德，福不苟降，君之帝王，不亦難乎。惜夫，君位之高，所論之卑也。公曰：裔款以楚巫命寡人曰：試嘗見而觀焉。寡人見而説之，信其道，行其言。今夫子譏之，請逐楚巫而拘裔款。晏子曰：楚巫不可出。公曰：何故？對曰：楚巫出，諸侯必或受之。公信之，以過于內，不知；出以易諸侯于外，不仁。請東楚巫而拘裔款。公曰：諾。故曰：送楚巫于東，而拘裔款于國也。

《晏子春秋・內篇諫上・景公欲祠靈山河伯以禱雨晏子諫》 齊大旱逾時，景公召群臣問曰：天不雨久矣，民且有饑色。吾使人卜，云祟在高山廣水。寡人欲少賦斂以祠靈山，可乎？群臣莫對。晏子進曰：不可，祠此無益也。夫靈山固以石爲身，以草木爲髮，天久不雨，髮將焦，身將熱，彼獨不欲雨乎？祠之無益。

公曰：不然，吾欲祠河伯，可乎？

晏子曰：不可，河伯以水爲國，以魚鼈爲民，天久不雨，水泉將下，百川將竭，國將亡，民將滅矣，彼獨不欲雨乎？祠之何益。

景公曰：今爲之柰何？

晏子曰：君誠避宮殿暴露，與靈山河伯共憂，其幸而雨乎。于是景公出野暴露，三日，天果大雨，民盡得種時。

景公曰：善哉，晏子之言，可無用乎，其維有德。

《晏子春秋・內篇諫上・景公遊公阜一日有三過言晏子諫》 景公出遊于公阜，北面望睹齊國曰：嗚呼，使古而無死，何如？晏子曰：昔者上帝以人之死爲善，仁者息焉，不仁者伏焉。若使古而無死，太公丁公將有齊國，桓、襄、文、武將皆相之，君將戴笠衣褐，執銚耨以蹲行畎畝之中，孰暇患死。公忿然作色，不說。無幾何而梁丘據乘六馬而來，公曰：是誰也？晏子曰：據也。公曰：何以知之？曰：大暑而疾馳，甚者馬死，薄者馬傷，非據孰敢爲之。公曰：據與我和者夫。晏子曰：此所謂同也，所謂和者，君甘則臣酸，君淡則臣鹹。今據也甘君亦甘，所謂同也，安得爲和。公忿然作色，不說。無幾何，日暮，公西面望睹彗星，召伯常騫，使禳去之。晏子曰：不可，此天教也。日月之氣，風雨不時，彗星之出，天爲民之亂見之，故詔之妖祥，以戒不敬。今君若設文而受諫，謁聖賢人，雖不去彗，星將自亡。今君嗜酒而并于樂，政不飾而寬于小人，近讒好優，惡文而疏聖賢人，何暇去彗。茀又將見矣。公忿然作色，不說。及晏子卒，公出屏而立曰：嗚呼，昔者從夫子而游公阜，夫子一日而三責我，今誰責寡人哉。

《晏子春秋・內篇諫上・景公遊寒涂不恤死胔晏子諫》 景公出游于寒涂，睹死胔，默然不問。晏子諫曰：昔吾先君桓公出游，睹饑者與之食，睹疾者與之財，使令不勞力，藉斂不費民。先君將游，百姓皆說曰：君當幸游吾鄉乎，今君游于寒涂，據四十里之氓，殫財不足以奉斂，盡力不能以周役民氓，饑寒凍餒，死胔相望，而君不問，失君道矣。財屈力竭，下無以親上；驕泰奢侈，上無以親下。上下交離，君臣無親，此三代之所以衰也。今君行之，嬰懼公族之危，以爲異姓之福也。公曰：然，爲上而忘下，厚藉斂而忘民，吾罪大矣。於是斂死胔，發粟于民，據四十里之氓不服政其年，公三月不出游。

《春秋左傳正義》隱公五年 傳五年，春，公將如棠觀魚者，臧僖伯諫曰：凡物不足以講大事，臧僖伯，公子彄也。僖，謚也。大事，祀與戎。觀魚者，本亦作漁者。其材不足以備器用，則君不舉焉。材謂皮革齒牙、骨角毛羽也。器用，軍國之器。君，將納民於軌、物者也。故講事以度軌量謂之軌，取材以章物采謂之物，不軌不物謂之亂政。亂政亟行，所以敗也。言器用衆物不入法度，則爲不軌不物，亂敗之所起。度，待洛反，一音如字。亟，欺冀反，數也。

《韓非子・內儲説上》 卜皮爲縣令。其御史污穢，而有愛妾，卜皮乃使少庶子佯愛之以知御史陰情。

《史記》卷四三《趙世家》 孝成王元年，秦伐我，拔三城。趙王新立，太后用事，秦急攻之。趙氏求救於齊，齊曰：必以長安君爲質，兵乃出。太后不肯，大臣彊諫。太后明謂左右曰：復言長安君爲質者，老婦必唾其面。左師觸龍言願見太后，太后盛氣而胥之。入，徐趨而坐，自謝曰：老臣病足，曾不能疾走，不得見久矣。竊自恕，而恐太后體之有所苦也，故願望見太后。太后曰：老婦恃輦而行耳。曰：食得毋衰乎？曰：恃粥耳。曰：老臣閒者殊不欲食，乃彊步，日三四里，少益嗜食，和於身也。太后曰：老婦不能。太后不和之色少解。左師公曰：老臣賤息舒祺最少，不肖，而臣衰，竊憐愛之，願得補黑衣之缺以衞王宮，昧死以聞。太后曰：敬諾。年幾何矣？對曰：十五歲矣。雖少，願及未填溝壑而託之。太后曰：丈夫亦愛憐少子乎？對曰：甚於婦人。太后笑曰：婦人異甚。對曰：老臣竊以爲媼之愛燕后賢於長安君。太后曰：君過矣，不若長安君之甚。左師公曰：父母愛子，則爲之計深遠。媼之送燕后也，持其踵，爲之泣，念其遠也，亦哀之矣。已行，非不思也，祭祀則祝之曰必勿使反，豈非計長久，爲子孫相繼爲王也哉？太后曰：然。左師公曰：今三世以前，至於趙主之子孫爲侯者，其繼有在者乎？曰：無有。曰：微獨趙，諸侯有在者乎？曰：老婦不聞也。曰：此其近者禍及其身，遠者及其子孫。豈人主之子侯則不善哉？位尊而無功，奉厚而無勞，而挾重器多也。今媪尊長安君之位，而封之以膏腴之地，多與之重器，而不及今令有功於國，一旦山陵崩，長安君何以自託於趙？老臣以媪爲長安君之計短也，故以爲愛之不若燕后。太后曰：諾，恣君之所使之。於是爲長安君約車百乘，質於齊，齊兵乃出。

《史記》卷一二六《滑稽列傳》 優孟，故楚之樂人也。長八尺，多辯，常以談笑諷諫。楚莊王之時，有所愛馬，衣以文繡，置之華屋之下，席以露牀，啗以棗脯。馬病肥死，使羣臣喪之，欲以棺槨大夫禮葬之。左右爭之，以爲不可。王下令曰：有敢以馬諫者，罪至死。優孟聞之，入殿門。仰天大哭。王驚而問其故。優孟曰：馬者王之所愛也，以楚國堂堂之大，何求不得，而以大夫禮葬之，薄，請以人君禮葬之。王曰：何如？對曰：臣請以彫玉爲棺，文梓爲椁，楩楓豫章爲題湊，發甲卒爲穿壙，老弱負土，齊趙陪位於前，韓魏翼衛其後，廟食太牢，奉以萬户之邑。諸侯聞之，皆知大王賤人而貴馬也。王曰：寡人之過一至此乎。爲之柰何？優孟曰：請爲大王六畜葬之。以壠竈爲椁，銅歷爲棺，齎以薑棗，薦以木蘭，祭以糧稻，衣以火光，葬之於人腹腸。於是王乃使以馬屬太官，無令天下久聞也。

《史記》卷一二六《滑稽列傳》 髡曰：賜酒大王之前，執法在傍，御史在後，髡恐懼俯伏而飲，不過一斗徑醉矣。若親有嚴客，髡帣韝鞠䠊，待酒於前，時賜餘瀝，奉觴上壽，數起，飲不過二斗徑醉矣。若朋友交遊，久不相見，卒然相覩，歡然道故，私情相語，飲可五六斗徑醉矣。若乃州閭之會，男女雜坐，行酒稽留，六博投壺，相引爲曹，握手無罰，目眙不禁，前有墮珥，後有遺簪，髡竊樂此，飲可八斗而醉二參。日暮酒闌，合尊促坐，男女同席，履舄交錯，杯盤狼藉，堂上燭滅，主人留髡而送客，羅襦襟解，微聞薌澤，當此之時，髡心最歡，能飲一石。故曰酒極則亂，樂極則悲；萬事盡然，言不可極，極之而衰。以諷諫焉。

《戰國策·齊策一·鄒忌脩八尺有餘》 〔齊威王〕乃下令：群臣吏民，能面刺寡人之過者，受上賞；上書諫寡人者，受中賞；能謗議於市朝，聞寡人之耳者，受下賞。

令初下，群臣進諫，門庭若市。數月之後，時時而間進。期年之後，雖欲言，無可進者。燕、趙、韓、魏聞之，皆朝於齊。此所謂戰勝於朝廷。

《戰國策·韓策三·段產謂新城君》 段產謂新城君曰：夫宵行者能無爲姦，而不能令狗無吠己。今臣處郎中，能無議君於王，而不能令人毋議臣於君。願君察之也。

（明）董説《七國考》卷一《魏職官·御史》 《國策》安邑之御史死，注六國已遺御史監郡不自秦始也。

秦漢部

監察系統分部

秦朝

論說

（漢）劉向《説苑》卷九《正諫》 秦始皇帝太后不謹，幸郎嫪毐，封以爲長信侯，爲生兩子。毐專國事，浸益驕奢，與侍中左右貴臣俱博飲，酒醉争言而鬥，瞋目大叱曰：吾乃皇帝之假父也，窶人子何敢乃與我亢。所與鬥者走行白皇帝，皇帝大怒，毐懼誅，因作亂，戰咸陽宮。毐敗，始皇乃取毐四肢車裂之，取其兩弟囊撲殺之，取皇太后遷之于萯陽宮，下令曰：敢以太后事諫者，戮而殺之。從蒺藜其脊肉，幹四支而積之闕下，諫而死者二十七人矣。齊客茅焦乃往上謁曰：齊客茅焦願上諫皇帝。皇帝使使者出問客，得無以太后事諫也，茅焦曰然，使者還白曰：果以太后事諫。皇帝曰走往告之，若不見闕下積死人邪？使者問茅焦，茅焦曰：臣聞之天有二十八宿，今死者已有二十七人矣，臣所以來者，欲滿其數耳，臣非畏死人也。走入白之，茅焦邑子，同食者盡負其衣物行亡。使者入白之，皇帝大怒曰：是子故來犯吾禁，趣炊鑊湯煮之，是安得積闕下乎。趣召之入，皇帝按劍而坐，口正沫出，使者召之入，茅焦不肯疾行，足趣相過耳，使者趣之，茅焦曰：臣至前則死矣，君獨不能忍吾須臾乎？使者極哀之，茅焦至前再拜謁起，稱曰：臣聞之，夫有生者不諱死，有國者不諱亡；諱死者不可以得生，諱亡者不可以得存。死生存亡，聖主所欲急聞也，不審陛下欲聞之不？皇帝曰：何謂也？茅焦對曰：陛下有狂悖之行，陛下不自知邪。皇帝曰：何等也？願聞之。茅焦對曰：陛下車裂假父，有嫉妒之心；囊撲兩弟，有不慈之名；遷母萯陽宮，有不孝之行；從蒺藜於諫士，有桀紂之治。今天下聞之，盡瓦解無嚮秦者，臣竊恐秦亡爲陛下危之，所言已畢，乞行就質。乃解衣伏質。皇帝下殿，左手接之，右手麾左右曰：赦之。先生就衣，今願受事。乃立焦爲仲父，爵之爲上卿；皇帝立駕，千乘萬騎，空左方自行迎太后萯陽宮，歸於咸陽；太后大喜，乃大置酒待茅焦，及飲，太后曰：抗枉令直，使敗更成，安秦之社稷；使妾母子復得相會者，盡茅君之力也。

（宋）李昉等《太平御覽》卷二五五《職官部・刺史下》 黄恭《交廣記》曰：秦兼天下改州牧爲刺史，朱明之時則出巡行封部，玄英之月則還詣天府表奏。刺史言其刺舉不法。史者使也。

綜述

《晉書》卷二四《職官志》 御史中丞，本秦官也。秦時，御史大夫有二丞，其一御史丞，其一爲中丞。中丞外督部刺史，内領侍御史，受公卿奏事，舉劾案章。

（唐）杜佑《通典》卷二四《職官・御史大夫》 御史大夫，秦官。侍御史之率，故稱大夫。

（唐）杜佑《通典》卷二四《職官・侍御史》 侍御史，於周爲柱下史，老聃嘗爲之。秦時，張蒼爲御史，主柱下方書，亦其任也。又云蒼爲柱下御史，明習天下圖書計籍。見《史記》。如淳曰：方，板也，謂書事在板上也。秦以上置柱下史，蒼爲御史，主柱下事。或曰主四方文書也。又《職官録》曰：秦改御史爲柱下史。一名柱後史，謂以鐵爲柱，言其審固不橈也。一云冠法冠，一名柱後惠文，以鐵爲柱也。法冠者，《秦事》云：始皇滅楚，以其君冠賜御史，亦名獬豸冠。獬豸，獸名，一角，以觸不直也，故執法者冠之。亦爲侍御史。

（唐）杜佑《通典》卷二一《職官・門下省・侍中》 諫議大夫。秦置諫議大夫，掌論議，無常員，多至數十人，屬郎中令。

紀事

《史記》卷六《秦始皇本紀》 三十六年，熒惑守心。有墜星下東郡，至地爲石，黔首或刻其石曰始皇帝死而地分。始皇聞之，遣御史逐問，莫服，盡取石旁居人誅之，因燔銷其石。

《史記》卷六《秦始皇本紀》 諸生在咸陽者，吾使人廉問，或爲訞言以亂黔首。於是使御史悉案問諸生，諸生傳相告引，乃自除犯禁者四百六十餘人，皆阬之咸陽，使天下知之，以懲後。

圖表

（明）王光魯《古今官制沿革圖・御史沿革》

秦漢

御史府
御史大夫爲次相
御史中丞即中執法
侍御史
持書侍御史
監御史監郡國，後廢

東漢名蘭臺寺
成帝改司空
哀帝改御史長史

侍御五曹
令曹
印曹
供曹
尉馬
乘曹

魏

初改中丞爲宮正尋復舊
治書執法
治書侍御史

自御史大夫改爲司徒遂專爲政府之官不與臺涉歷，代乃以中丞爲臺長，及隋避忠諱始復設大夫而省史丞

晋江左皆同

有中丞無大夫制同魏

侍御史十三曹西晋
史曹
課第
直事
印曹
媒曹
中都督
外都督
符節
水曹
中壘
營軍
法曹
算曹
東晋省課第
庫曹宋齊漸併省

北魏北齊

改中丞爲中尉，謂之南臺

北周

司憲中大夫爲秋官

隋

御史臺
御史大夫
治書侍御史御前省文書
侍御史糾察內官
殿內侍御史殿中侍從直宿
監察御史糾察州郡官
知雜事御史

唐

御史大夫
御史中丞玄宗始設
臺院侍御史稱端公
殿中侍御史
察院監察御史
知雜事御史
御史裏行在御史班中行也，即今試御史

宋

如唐制
雜屬官有推直、簡法、主簿

元

御史大夫
御史中丞
侍御史
治書侍御史

秦漢

郡有監御史

御史監三輔諸州

繡衣直指 皆無定制

丞相長史分刺諸州 謂之刺史，詔書六條察吏，此爲定制

成帝

改刺史爲州牧 尋復舊

靈帝

復改州牧

魏晉南北朝同

刺史 刺史任重者皆加將軍加持節，次曰假節，無者謂之單車刺史，亦加都督

漢武以後皆以刺史督察郡國，隋開皇間改郡爲州，則以刺史行守牧之事，職替而權輕，故唐宋諸州之上復有監司

唐

巡簡 安撫 存撫 採訪 黜陟 皆稱大使無定制

觀察使民

團練使兵

又有轉運營田兩稅支度鹽鐵等使。自藩鎮盛而兩使之權輕，或有以觀察團練之任陞爲節度者

宋

轉運使初爲漕司後遂周知一道吏民之事

常平提舉使初爲常平倉而設後亦爲監司

提刑使

觀察團練等使悉爲加官，又有茶礬監提舉茶馬坑冶，本路勸農鑄錢提舉皆監司兼之 屬官有幹辦勾當公事勾管文字提刑有簡法孔目

元

中書行省 僚屬如內省

御史行臺 屬中書

按察使 改肅政廉訪使屬御史

秦漢	給事中 爲加官，無定員，以名儒國親爲之，東方朔以大中大夫給事中，劉向以諫議大夫給事中
魏晉	屬門下省，位散騎常侍下給事黄門侍郎上
齊宋梁陳	屬集書省
隋	初屬吏部名給事郎後改屬門下省始主封駁
唐	給事中
	中給事中 屬門下省，高宗改東臺舍人，武后改鸞臺舍人
宋	初置封駁司屬銀臺，神宗改屬門下，後改門下後省與中書後省相對

漢朝

論説

（漢）劉向《説苑》卷九《正諫》 《易》曰：王臣蹇蹇，匪躬之故。人臣之所以蹇蹇爲難，而諫其君者非爲身也，將欲以匡君之過，矯君之失也。君有過失者，危亡之萌也；見君之過失而不諫，是輕君之危亡也。夫輕君之危亡者，忠臣不忍爲也。三諫而不用則去，不去則身亡；身亡者，仁人之所不爲也。是故諫有五：一曰正諫，二曰降諫，三曰忠諫，四曰戇諫，五曰諷諫。孔子曰：吾其從諷諫乎。夫不諫則危君，固諫則危身，與其危君寧危身。危身而終不用，則諫亦無功矣。智者度君權時，調其緩急而處其宜，上不敢危君，下不以危身，故在國而國不危，在身而身不殆。昔陳靈公不聽泄冶之諫而殺之，曹羈三諫曹君不聽而去，春秋序義雖俱賢而曹羈合禮。

（漢）班固《白虎通義·諫諍》 臣所以有諫君之義何？盡忠納誠也。愛之能無勞乎？忠焉能無誨乎？《孝經》曰：天子有諍臣七人，雖無道，不失其天下；諸侯有諍臣五人，雖無道，不失其國；大夫有諍臣三人，雖無道，不失其家；士有諍友，則身不離於令名；父有諍子，則身不陷於不義。

天子置左輔、右弼、前疑、後丞，以順。左輔主修政，刺不法。右弼主糾，周言失傾。前疑主糾度，定德經。後丞主匡正，常考變天。四弼興道，率主行仁。夫陽變於七，以三成，故建三公，序四諍，列七人，雖無道，不失天下，仗群賢也。

諸侯諍，不從得去何？以屈尊申卑，孤惡君也。去曰：某質性頑鈍。言愚不任用，請退避賢。如是之是待以禮，臣待放；如不以禮待，遂去。君待之以禮奈何？曰：予熟思夫子言，未得其道。今子不且留，聖王之制，無塞賢之路，夫子欲何之？則遣大夫送至於郊。

必三諫者何？以爲得君臣之義，必待於郊者，忠厚之至也，冀君覺悟能用之。所以必三年，古者臣下有大喪，君子年不呼其門，所以復君恩。今己所言，不合於禮義，君欲罪之，可得也。《援神契》曰：三諫待放，復三年，盡惓惓也。所以言放者，臣爲君諱，若言有罪放之也。

所諫事已行者，遂去不留。凡待放者，冀君用其言耳，事已行簒，各去無爲留之。《易》曰：介如石，不終日，貞吉。《論語》曰：三日不朝，孔子行。

臣待於郊者，君絶其禄者，示不欲去也，道不合耳。禄參二與之，一留與其妻、長子，使終祭宗廟。賜之環則反，賜之玦則去，明君子重恥也。《王度記》曰：反之以玦，其不待放者，亦與之物。明有介主無介民也。《詩》曰：逝將去汝，適彼樂土。

或曰：天子之臣，不得言放。天子以天下爲家也。親屬諫不待放者，骨肉無相去離之義也。《春秋傳》曰：司馬反曰：請處乎此，臣請歸。子反者，楚公子也，時不待放。

士不得諫者，士賤，不得豫政事，故不得諫也。謀及之，得固盡其忠耳。《禮·保傅》：大夫進諫，士傳民語。

妻得諫夫者，夫婦榮恥共之。《詩》云：相鼠有體，人而無禮。人而無禮，胡不遄死？此妻諫夫之詩也。諫不從不得去之者，本娶妻，非爲諫正也，故一與齊，終身不改。此地無去天之義也。

子諫父，不去者，父子一體而分，無相離之法，猶火去木而滅也。《論語》：事父母，幾諫。下言：又敬不違。臣之諫君何取法？法金正木也。子之諫父，法火以揉木也。臣諫君以義，故折正之也。子諫父以恩，故但揉之也，木無毀傷也。待放木取法於水火，無金則相離也。

諫者何？諫間也，因也，更也，是非相間革更其行也。人懷五常，故有五諫：謂諷諫，順諫，窺諫，指諫，伯諫。諷諫者，智也，患禍之萌，深睹其事，未彰而諷告，此智性也。順諫者，仁也，出詞遜順，不逆君心，仁之性也。窺諫者，禮也，視君顔色，不悦且卻，悦則復前，以禮進退，此禮之性也。指諫者，信也，指質相其事也，此信之性也。伯諫者，義也，惻隱發於中，直言國之害，厲志忘生，爲君不避喪身，義之性也。孔子曰：諫有五，吾從諷之諫。事君，進思盡忠，退思補過，去而不訕，諫而不露。故《曲禮》曰：爲人臣不顯諫。纖微未見於外，如詩所刺也。若過惡已著，民蒙毒螫，天見災變，事白異露，作詩以刺之，幸其覺悟也。

明王所以立諫諍者，皆爲重民而求己失也。《禮・保傅》曰：於是立進善之旌，懸誹謗之木，建招諫之鼓。王法立史記事者，以爲臣下之儀樣，人之所取法則也。動則當應禮，是以必有記過之史，撤膳之宰。《禮・玉藻》曰：動則左史書之，言則右史書之。《禮・保傅》曰：王失度，則史書之，工誦之，三公進讀之，宰夫徹其膳。是以天子不得爲非。故史之義，不書則死，宰不徹膳亦死。

所以謂之史何？明王者使爲之也。謂之宰何？宰，制也，使制法度也。宰所以撤膳何？陰陽不調，五穀不熟，故王者爲不盡味而食之。《禮》曰：一穀不升，不備雞鶩；二穀不升，不備三牲。人臣之義，當掩惡揚美，所以記君過何，各有所緣也。掩惡者，謂廣德宣禮之臣。所以爲君隱惡何？君至尊，故設輔弼，置諫官，本不當有遺失。故《論語》曰：陳司敗問昭公知禮乎？孔子曰：知禮。此爲君隱也。

君所以不爲臣隱何？以爲君之於臣無適無莫，義之與比，賞一善而衆臣勸，罰一惡而衆臣懼。若爲卑隱，爲不可殆也。故《尚書》曰：必力賞罰，以定厥功。

諸侯臣對天子，亦爲隱乎？然。本諸侯之臣，今來者，爲聘問天子無恙，非爲告君之惡來也。故《孝經》曰：將順其美，匡救其惡，故上下治，能相親也。

君不爲臣隱，父獨爲子隱何？以爲父子一體，而分榮恥相及，故《論語》曰：父爲子隱，子爲父隱，直在其中矣。

兄弟相爲隱乎？曰：然，與父子同義，故周公誅四國，常以祿甫爲主也。

朋友相爲隱者，人本接朋結友，爲欲立身揚名也。朋友之道有四焉，通財不在其中，近則正之，遠則稱之，樂則思之，患則死之。

夫妻相爲隱乎？《傳》曰：曾去妻，梨蒸不熟。問曰：婦有七出，不蒸亦預乎？曰：吾聞之也，絶交令可友，棄妻令可嫁也。梨蒸不熟而已。何問其故乎？此爲隱之也。

《漢書》卷八六《王嘉傳》〔嘉上疏曰〕孝文時，吏居官者或長子孫，以官爲氏，倉氏、庫氏則倉庫吏之後也。其二千石長吏亦安官樂職，然後上下相望，莫有苟且之意。其後稍稍變易，公卿以下傳相促急，又數改更政事，司隸、部刺史察過悉劾，發揚陰私，吏或居官數月而退，送故迎新，交錯道路。中材苟容求全，下材懷危內顧，壹切營私者多。二千石益輕賤，吏民慢易之。或持其微過，增加成辜，言於刺史、司隸，或至上書章下；衆庶知其易危，小失意則有離畔之心。

（漢）王符《潛夫論》卷二《明闇》 國之所以治者君明也，其所以亂者君闇也。君之所以明者兼聽也，其所以闇者偏信也。是故人君通必兼聽，則聖日廣矣；庸說偏信，則愚日甚矣。《詩》云：先民有言，詢於芻蕘。

夫堯、舜之治，闢四門，明四目，通四聰，是以天下輻湊而聖無不照；故共鯀之徒弗能塞也，靖言庸回弗能惑也。秦之二世，務隱藏己而斷百僚，隔捐疏賤而信趙高，是以聽塞於貴重之臣，明蔽於驕妒之人，故天下潰叛，弗得聞也。皆高所殺，莫敢言之。周章至戲乃始駭，閻樂進勸乃後悔，不亦晚矣。故人君兼聽納下，則貴臣不得誣，而遠人不得欺也；慢賤信貴，則朝廷讜言無以至，而潔士奉身伏罪於野矣。

（漢）馬融《忠經・觀風章》 惟臣以天子之命，出於四方，以觀風。聽不可以不聰，視不可以不明。聰則審於事，明則辨於理，理辨則忠，事審則分。君子去其私，正其色，不害理以傷物，不憚勢以舉任。惟善是與，惟惡是除。以之而陟則有成，以之而克則無怨，夫如是，則天下敬職，萬邦以寧。《詩》云：載馳載驅，周爰諮諏。

（漢）馬融《忠經・忠諫章》 忠臣之事君也，莫先於諫，下能言之，上能聽之，則王道光矣。諫於未形者，上也；諫於已彰者，次也；諫於既行者，下也。違而不諫，則非忠臣。夫諫，始於順辭，中於抗議，終於死節，以成君休，以寧社稷。《書》云：木從繩則正，后從諫則聖。

（漢）荀悅《申鑒》卷二《時事》 或問曰：州牧刺史監察御史，三制孰優？曰：時制而已。曰：天下不既定其牧乎？曰：古諸侯建國家，世位權柄存焉。於是置諸侯之賢者以牧，總其紀綱而已，不統其政，不御其民。今郡縣無常，權輕不固，而州牧秉其權重，勢異於古，非所以強幹弱枝也，而無益治民之實，監察御史斯可也，若權時之宜，則異論也。此一首所謂議州牧也。

《後漢書》卷六〇下《蔡邕傳》 四事：夫司隸校尉、諸州刺史，所以督察姦枉，分別白黑者也。伏見幽州刺史楊憙、益州刺史龐芝、涼州刺史劉虔，各有奉公疾姦之心，憙等所糾，其効尤多。餘皆枉橈，不能稱職。或有抱罪懷瑕，與下同疾，綱網弛縱，莫相舉察，公府臺閣亦復默然。五年制書，議遣八使，又令三公謠言奏事。是時奉公者欣然得志，邪枉者憂悸失色。未詳斯議，所因寢息。昔劉向奏曰：夫執狐疑之計者，開羣枉之門；養不斷之慮者，來讒邪之口。今始聞善政，旋復變易，足令海内測度朝政。宜追定八使，糾舉非法，更選忠清，平章賞罰。三公歲盡，差其殿最，使吏知奉公之福，營私之禍，則衆灾之原庶可塞矣。

《三國志》卷九《魏志·夏侯玄傳》 漢家雖有刺史，奉六條而已，故刺史稱傳車，其吏言從事，居無常治，吏不成臣，其後轉更爲官司耳。

（宋）趙彦衛《雲麓漫抄》卷八 漢刺史以八月巡行所部，歲盡詣京師奏事，不言所處之地。唐戴叔倫《撫州刺史廳壁記》云，漢置十三郡刺史，以察舉天下非法，通籍殿中，乘傳奏事，居靡定處，權不牧人。

（清）顧炎武《日知録》卷九《部刺史》 漢武帝遣刺史周行郡國，省察治狀，黜陟能否，斷治冤獄，以六條問事：一條，強宗豪右，田宅逾制，以強陵弱，以衆暴寡。二條，二千石不奉詔書，倍公向私，旁詔牟利，侵漁百姓，聚斂爲奸。三條，二千石不恤疑獄，風厲殺人，怒則任刑，喜則任賞，煩擾刻暴，剝削黎元，爲百姓所疾，山崩石裂，妖祥訛言。四條，二千石選署不平，苟阿所愛，蔽賢寵頑。五條，二千石子弟怙倚榮勢，請托所監。六條，二千石違公下比，阿附豪強，通行貨賂，割損政令。又令歲終得乘傳奏事。夫秩卑而命之尊，官小而權之重，此小大相制，内外相維之意也。《元城語録》，漢元封五年，初置刺史，部十三州，秋分行郡國。秩六百石，而得按二千石不法，其權最重。秩卑則其人激昂，權重則能行志。本自秦時遣御史出監諸郡。《史記》言秦始皇分天下以爲三十六郡，郡置守尉監。蓋罷侯置守之初，而已設此制矣。《漢書·百官表》：監御史，秦官，掌監郡。漢省，丞相遣史分刺州，不常置。武帝元封五年，初置部刺史，掌奉詔條察州，秩六百石，員十三人。成帝末，翟方進、何武乃言，《春秋》之義，用貴治賤，不以卑臨尊。刺史位下大夫而臨二千石，輕重不相准，請罷刺史，更置州牧，秩二千石。而朱博以漢家故事，置部刺史，秩卑而賞厚，咸勸功樂進。州牧秩真二千石，位次九卿，九卿缺，以高第補，其中材則苟自守而已。恐功效陵夷，奸軌不勝，於是罷州牧，復置刺史。《後漢書·劉焉傳》，靈帝政化衰缺，四方兵寇。焉以刺史威輕，建議改爲牧伯，請選重臣以居其任。從之。州任之重，自此而始。劉昭之論，以爲刺史監糾非法，不過六條，傳車周流，匪有定鎮，秩裁六百，未生陵犯之釁。成帝改牧，其萌始大。唐戴叔倫《撫州刺史廳壁記》云：漢置十三部刺史，以察舉天下非法，通籍殿中，乘傳奏事，居靡定處，權不牧人。合二者之言觀之，則州牧之設，中材僅循資自全，強者至專權裂土。《新唐書》：李景伯爲太子右庶子，與太子舍人盧俌議：今天下諸州，分隸都督，專生殺刑賞，使授非其人，則權重釁生，非強幹弱枝之誼。願罷都督，留御史，以時按察，秩卑任重，以制奸宄。便繇是停都督。然後知刺史六條，爲百代不易之良法。而今之監察御史，巡按地方，爲得古人之意矣。《唐書》：監察御史掌分察百寮，巡按州縣。又其善者，在於一年一代。夫守令之官，不可以不久也。監臨之任，不可以久也，久則情親而弊生，望輕而法玩。故一年一代之制，又漢法之所不如，而察吏安民之效，已見於二三百年者也。唐李嶠請十州置御史一人，以周年爲限，使其親至屬縣，或入閭里，督察姦訛，觀採風俗。此法正明代所行。若夫倚勢作威，受賕不法，此特其人之不稱職耳。不以守令之貪殘而廢郡縣，豈以巡方之濁亂而停御史乎？至於秩止七品，與漢六百石制同。《王制》：天子使其大夫爲三監，監於方伯之國，國三人。金華應氏曰：方伯者，天子所任以總乎外者也，又有監以臨之。蓋方伯權重則易專，大夫位卑則不敢肆。此大小相維，内外相統之微意也。何病其輕重不相准乎？夫不達前人立法之意，而輕議變更，未有不召亂而生事者。吾於成、哀之際，見漢治之無具矣。

（清）顧炎武《日知録》卷九《六條之外不察》 漢時部刺史之職，不過以六條察郡國而已，不當與守令事。《三國志》，司馬宣王報夏侯太初書曰：秦時無刺史，但有郡守長吏。漢家雖有刺史，奉六條而已，故刺史稱傳車，其吏言從事，居無常治，吏不成臣。其後轉更爲官司耳。故朱博爲冀州刺史，敕告吏民：欲言縣丞尉者，刺史不察，黄綬各自詣郡。鮑宣爲豫州牧，以聽訟所察過詔條，被劾。而薛宣上疏言：吏多苛政，政教煩碎，大率咎在部刺史，或不循守條職，舉錯各以其意，多與郡縣事。《翟方進傳》，言遷朔方刺史，居官不煩苛，所察應條輒舉。自刺史之職下侵，而守令始不可爲，天下之事，猶治絲而棼之矣。

綜　述

（漢）王隆《漢官解詁》　建武以來，省御史大夫官屬入侍蘭臺。蘭臺有十五人，特置中丞一人以總之。此官得舉非官，案：《北堂書鈔》引作舉法，皆誤。當作舉非法。其權次尚書。《北堂書鈔·設官部》、《太平御覽·職官部》。

惠帝三年，相國奏遣御史監三輔。《北堂書鈔·設官部》。

（漢）衛宏《漢官舊儀》卷上　御史，員四十五人，皆六百石。其十五人衣絳，給事殿中爲侍御史。宿廬（左右）〔在石〕渠門外。二人尚璽，四人持書給事，二人按：《漢書·百官公卿表》：僕射、御史治書尚符璽者，有印綬。《續漢書·百官志》治書侍御史二人，此文持字疑當作治。侍〔前〕，中丞一人領。按：《漢書》表志：漢改御史大夫爲司空，别留中丞，爲御史臺率。而侍中乃列侯以下入侍禁中者所加官名，並無侍中丞之官。侍字疑衍文。餘三十人留寺，按：寺，御史署也，在司馬門内。《前漢書·蕭望之傳》注作三十人留守者，非。理百官也。

（漢）衛宏《漢官舊儀》卷上　日食，即日下赦曰制。詔御史，其赦天下自殊死以下。及吏不奉法，乘公就私，凌暴百姓，行權相放，治不平正，處官不良，細民不通，下失其職，俗不孝弟，不務于本，衣服無度，出入無時，衆彊勝寡，盜賊滋彰，丞相以聞。於是乃命刺史出刺并察監御史。元封元年，御史止不復監。

（漢）衛宏《漢官舊儀》卷上　御史中丞督司隸，司隸督司直，司直督二千石以下至黑綬。按：《北堂書鈔》引《漢舊儀》作司隸督丞相，丞相督司直，司直督刺史，刺史督二千石云云，與此文略異。又御史中丞上有武帝時三字。【略】

御史大夫寺在司馬門内，門無塾，門署用梓板，不起郭邑，題曰御史大夫寺。

大夫初拜，策曰：惟五鳳三年正月乙巳，御史大夫之官，按：《百官公卿表》：五鳳三年六月辛酉，西河太守杜延年爲御史大夫。與此文月日不合。皇帝延登，親詔之曰：御史大夫其進，虚受朕言。朕鬱于大道，獲保宗廟，兢兢師師，夙夜思己失，不遑康寧，晝思百姓未能綏。於戲御史大夫，其帥意盡心，以補朕闕。於戲九卿、群大夫，百官慎哉。不勗於厥職，厥有常辟，往悉乃心，和裕開賢，俾賢能反本乂民，靡諱朕躬。天下之衆，受制于朕，以法爲命，可不慎歟？於戲御史大夫，其誡之。敕上計丞、長史曰：詔書數下，布告郡國：臣下承宣無狀，多不究，百姓不蒙恩被化，守、丞、長史到郡，與二千石力爲民興利除害，務有以安之，稱詔書。有郡國茂材不顯者言上，殘民貪污煩擾之吏，百姓所苦，務勿任用。方察不稱者也。

《漢書》卷一九上《百官公卿表》　御史大夫，秦官，位上卿，銀印青綬，掌副丞相。有兩丞，秩千石。一曰中丞，在殿中蘭臺，掌圖籍祕書，外督部刺史，内領侍御史員十五人，受公卿奏事，舉劾按章。成帝綏和元年更名大司空，金印紫綬，禄比丞相，置長史如中丞，官職如故。哀帝建平二年復爲御史大夫，元壽二年復爲大司空，御史中丞更名御史長史。侍御史有繡衣直指，出討姦猾，治大獄，武帝所制，不常置。

（漢）應劭《漢官儀》卷上　綏和元年，罷御史大夫官，法周制，初置司空。議者又以縣道官獄司空，故覆加大，爲大司空，亦所以别大小之文。《續漢志補注》。

御史大夫、尚書令、司隸校尉，皆專席，號三獨坐。《後漢書·王常傳》注。

大司空朱博奏：高皇帝置御史大夫，位次丞相。《北堂書鈔·設官部》。【略】

御史中丞二人，本御史大夫之丞。其一别在殿中，兼典蘭臺秘書。外督部刺史，内領侍御史，受公卿章奏，糾察百寮。《後漢書·周紆傳》注、《初學記·職官部》、《太平御覽·職官部》案：《周紆傳》注引寮作司。

御史，秦官也。案：周有御史，掌邦國都鄙，及萬民之治，令以贊冢宰。《北堂書鈔·設官部》、《太平御覽·職官部》案：引皆曰《漢官儀·侍臣》下曰，蓋其篇名也。

侍御史，周官也，爲柱下史，冠法冠。一曰柱後，以鐵爲柱。或説古有獬豸獸，觸邪佞，故執憲者以其角形爲冠耳。余覽奏事云：案：奏當作秦，見《通典》。始皇滅楚，以其君冠賜御史。漢興襲秦，因而不改。《後漢書·何敞傳》注、《初學記·職官部》、《服食部》、《太平御覽·職官部》、《服章部》。

《後漢書》志二六《百官》 御史中丞一人，千石。本注曰：御史大夫之丞也。舊別監御史在殿中，密舉非法。《周禮》：〔小宰〕掌建邦之宮刑，以主治王宮之政令。干寶注曰：若御史中丞。及御史大夫轉爲司空，因別留中，爲御史臺率，《風俗通》曰：尚書、御史臺，皆以官蒼頭爲吏，主賦舍，凡守其門户。蔡質《漢儀》曰：丞，故二千石爲之，或選侍御史高第，執憲中司，朝會獨坐，內掌蘭臺，督諸州刺史，糾察百寮，出爲二千石。《魏志》曰：建安置御史大夫，不領中丞，置長史一人。後又屬少府。治書侍御史二人，六百石。本注曰：掌選明法律者爲之。凡天下諸讞疑事，掌以法律當其是非。蔡質《漢儀》曰：選御史高第補之。胡廣曰：孝宣感路温舒言，秋季後請讞。時帝幸宣室，齋居而決事，令侍御史二人治書，御史起此。後因別置，冠法冠，秩百石，有印綬，與符節郎共平廷尉奏事，罪當輕重。荀綽《晉·百官表》注曰：惠帝以後，無所平治，備位而已。侍御史十五人，六百石。本注曰：掌察舉非法，受公卿羣吏奏事，有違失舉劾之。凡郊廟之祠及大朝會、大封拜，則（一）〔二〕人監威儀，有違失則劾奏。蔡質《漢儀》曰：其二人者更直。執法省中者，皆糾察百官，督州郡。公法府掾屬高第補之。初稱守，滿歲拜真，出治劇爲刺史、二千石，平遷補令。見中丞，執板揖。

（唐）杜佑《通典》卷二四《職官·御史臺》 御史之名，《周官》有之，蓋掌贊書而授法令，非今任也。王有命，則贊爲之辭，寫其理之法令，命來受者即授之。戰國時亦有御史，秦趙澠池之會，各命書其事，又淳于髠謂齊王曰御史在後，則皆記事之職也。

至秦漢，爲糾察之任。秦以御史監郡。漢初，叔孫通新定禮儀，以御史執法，舉不如儀者輒引而去是也。所居之署，漢謂之御史府，亦謂之御史大夫寺，漢御史大夫寺，在大司馬門內，無塾，其門署用梓板，不膢色，題曰御史大夫寺。亦謂之憲臺。成帝時，御史府吏舍百餘區，井水皆竭，又其府中列栢樹，常有野烏數千棲宿其上，晨去暮來，號曰朝夕烏，烏去不來者數月，長老異之，後果廢御史大夫爲大司空，是其徵也。後漢以來，謂之御史臺，亦謂之蘭臺寺。顔師古曰：官曹通名爲寺。後漢趙岐本名嘉，以生於御史臺，因字臺卿。又應劭《官儀》曰：廷尉案責上御史臺。又謝靈運《晉書》曰：漢尚書爲中臺，御史爲憲臺，謁者爲外臺，是謂三臺。後漢蔡邕以侍御史轉持書御史，遷尚書，三日之間，周歷三臺。

（唐）杜佑《通典》卷二四《職官·御史大夫》 御史大夫，秦官。侍御史之率，故稱大夫。漢因之，位上卿，銀印青綬，掌副丞相。故事，選郡守相高第爲御史大夫，任職者爲丞相。《漢舊儀》：拜御史大夫爲丞相，左右前後將軍贊，五官中郎將授印；拜御史大夫，二千石贊，左右郎將授印。成帝綏和元年，更名大司空。成帝欲修璧雍，通三公官，故改御史大夫爲大司空。金印紫綬，秩比丞相。御史大夫月俸四萬。哀帝建平二年，朱博奏請罷大司空，以御史大夫爲百僚帥，帝從之，遂復爲御史大夫，皆宰相之任。事具《宰相篇》。元壽二年，復爲大司空。漢高帝以御史大夫周昌爲趙王相。上持御史大夫印，弄之，曰：誰可以爲御史大夫者？視趙堯曰：無以易堯。遂拜之。始堯爲昌符璽御史，有人謂昌曰：君之吏趙堯奇才，必代君爲相。昌曰：堯刀筆小吏，何至是乎？後果然。又倪寛爲御史大夫，以稱意任職，故久無所匡諫於上，官屬易之。張湯爲御史大夫，每朝奏事，日旰，天子忘食，丞相充位而已。又趙綰爲御史大夫，請無奏太皇太后事，即竇太后也，好黄老言，患其不用儒，故奪其政。又杜周爲御史大夫，後周子延年又爲御史大夫，以居父官，不敢當舊位，坐卧皆易其處。又貢禹字少翁，爲御史大夫，列於三公。自禹在位，數言得失，書數十上。凡爲御史大夫，而丞相次也，其心冀幸丞相物故，物，無也。故，事也。言無所復能於事。或乃陰私相毁害，欲代之。見《史記》。又曰：鄭弘爲大夫，守之數年不得。匡衡居之，未滿歲而丞相死，即代之。後漢初，廢御史大夫。更始至長安，以隗囂爲御史大夫。中元元年，光武東巡泰山，以張純視御史大夫，從封禪，禮畢罷。至建安十三年，罷三公官，始復置之，以郗慮居焉，華歆亦爲之。不領中丞，置長史一人。

（唐）杜佑《通典》卷二四《職官·中丞》 初，漢御史大夫有兩丞，一曰御史丞，一曰中丞，亦謂中丞爲御史中執法。漢高帝詔徵賢良，御史大夫下相國，相國下諸侯王，御史中執法下郡守。晉灼曰：中執法，中丞也。中丞在殿中蘭臺，掌圖籍祕書，漢中丞有石室，以藏祕書、圖讖之屬。以其居殿中，故曰中丞。外督部刺史，內領侍御史十五員，受公卿奏事，舉劾案章，蓋居殿中，察舉非法也。及御史大夫轉爲大司空，而中丞出外爲御史臺率，即今之御史大夫任也。自此以後，並如今御史大夫也。《周官》小宰之職，掌建邦之宮刑，以理王宮之政令，凡宮之糾禁，又其任也。《周禮》小宰注曰：若今御史中丞。初，御史大夫更名大司空，置長史，而中丞官職如故。武帝時，以中丞督司隸，司隸督丞相，丞相督司直，司直督刺史，刺史督二千石下至黑綬。漢中丞，故二千石爲之，或選侍御史高第，執憲中司，出爲二千石。哀帝元壽二年，御史中丞更名御史長史。後漢光武復改爲中丞，兩梁冠，銅印青綬。與尚書令、司隸校尉朝會，皆專席而坐，京師號爲三獨坐，言其尊也。凡中丞以下，並文官，屬少府。以下謂侍御、侍書等。

（唐）杜佑《通典》卷二四《職官·侍御史》 漢因之，凡十五員。又《漢舊儀》曰：漢御史員四十五人，皆六百石。其十五人衣絳，給事殿中，爲侍御史，宿廬在石渠門外，二人尚璽，四人持書給事，二人侍前，中丞一人領。餘三十人留寺，理百官事。侍御史，御史大夫自調更告入歸官，比丞相掾史，史白録。白録，著録而已。惠帝初，遣御史監三輔郡，其後又置監御史。《漢官儀》曰：侍御史出督州郡盜賊，運漕軍糧，言督軍糧侍御史。至後漢，復有護漕都尉官，建武七年省。晉太元六年，又置督運御史官。其舉郡國孝廉第四科云：有能按章覆問，文中御史。嚴延年遷侍御史，劾霍光專廢立。武帝時，侍御史又有繡衣直指者，出討姦猾，理大獄，而不常置。直指而行，無苟私也。衣以繡者，尊寵之也。江充拜直指繡衣使，督三輔盜賊，禁察踰侈。時近臣多奢僭，充皆舉劾，請没入車馬，令身侍北軍擊匈奴，奏可。貴戚惶恐，見上叩頭，願得入錢贖罪。又王賀字翁孺，武帝時爲繡衣御史，逐捕群盜，皆縱而不誅。暴勝之亦爲之。至後漢，譙玄爲繡衣御史，持節，分行天下，觀覽風俗，所至專行誅賞。沈約云：繡衣御史，光武省，順帝復置，魏罷之。後漢亦有侍御史員，察舉非法，受公卿群吏奏事，有違失舉劾之。凡郊廟之祠及大朝會、大封拜，則二人監威儀，有違失則劾奏。以公府掾屬高第補之，或故牧守、議郎、郎中爲之，唯德所在。初上稱守，滿歲拜真，出劇爲刺史、二千石，平遷補縣令。見中丞，執板揖。順帝復絶他選，專用辛士，有三缺，三府各一，舉劾案章，事無大小，尚書受成而已，威烈赫奕，莫之敢犯。真御史守中丞、持書，服其冠紱，上事言守，闕移稱真。又按二漢侍御史所掌凡有五曹：一曰令曹，掌律令。二曰印曹，掌刻印。三曰供曹，掌齋祀。四曰尉馬曹，掌廏馬。五曰乘曹，掌車駕。豹尾之內，便爲禁省。後漢桓典爲侍御史，執政無所避，常乘驄馬，京都畏之，爲之語曰：行行且止，避驄馬御史。又張綱爲侍御史，順帝漢安時，遣八使按行風俗，唯綱最年少官卑，餘皆宿儒重位，同日受命，各之所部。綱獨埋其車輪於洛陽都亭，曰：豺狼當路，安問狐狸，遂奏大將軍梁冀兄弟罪惡。又陳翔字子麟，拜侍御史，正旦朝賀，大將軍梁冀威儀不整，翔奏請收冀理罪，時人奇之。又楊秉字叔節，拜侍御史，京師咸稱有宰相之才。

（清）趙翼《陔餘叢考》卷二六《御史》 漢《百官表》謂：御史本秦官，掌監郡。然《周官》宗伯之屬已有御史，以中士、下士爲之，不過小臣之傳命者。至戰國而稍變其制，不特秦有是官也。《史記·藺相如傳》：秦、趙之會，各令御史書事。則趙亦有御史。《國策》：安邑之御史死。此魏亦有御史。淳于髡曰：御史在前，掌記事糾察之任。則齊亦有御史。故張儀爲秦説韓説趙，皆曰：秦王使臣獻書大王御史。可知列國各有是官，蓋親近之職，掌文書及記事者也。張蒼初爲秦御史，主柱下方書。如淳曰：主四方文書也。則秦御史亦專掌文書及記事，如周制老子柱下史之類，原非任以彈劾也。其後又使之監郡，蓋以近臣使作耳目於外，於是職司糾察，而有彈劾之任。漢初因之，遂專爲風憲官，而掌文書記事歸之太史，判然分兩職矣。按《三王世家》請立閎、旦等爲王疏，則丞相莊青翟居首，而御史大夫張湯次之。既奉制可，則制書由御史大夫湯下丞相，丞相下中二千石，二千石下守相。是猶沿秦制，御史爲掌文書之官，故先從御史，方下丞相也。王充《論衡·量知篇》亦云：御史之遇文書，不失分銖，以其習而熟也。

《漢書》卷一九上《百官公卿表》 司隸校尉，周官，武帝征和四年初置。持節，從中都官徒千二百人，捕巫蠱，督大姦猾。後罷其兵。察三輔、三河、弘農。元帝初元四年去節。成帝元延四年省。綏和二年，哀帝復置，但爲司隸，冠進賢冠，屬大司空，比司直。

（漢）應劭《漢官儀》卷上 司隸校尉部河南、內、案：內上當有河字。右扶風、左馮翊、京兆、河東、弘農七郡案：《後漢書·魯恭傳》注引作董領京師及三輔、三河、弘農。《段熲傳》注引作部河南洛陽，管三輔、三河、弘農七郡。於河南洛陽，故謂東京爲司隸。《後漢書·光武紀》注。

司隸校尉，征和中，陽石子孫敬聲案：子當作公。巫蠱之獄，乃依周禮，置司隸校尉，持節都督大姦猾事，復置其司。今董領京師、三輔、三河、弘農者。《北堂書鈔·設官部》。

《後漢書》志二七《百官》 司隸校尉一人，比二千石。蔡質《漢儀》曰：職在典京師，外部諸郡，無所不糾。封侯、外戚、三公以下，無尊卑。入宮，開中道稱使者。每會，後到先去。本注曰：孝武帝初置，荀綽《晉百官表》注曰：司隸校尉，周官也。征和中，陽石公主巫蠱之獄起，乃依周置司隸。臣昭曰：周無司隸，豈即司寇乎？持節，掌察舉百官以下，及京師近郡犯法者。《前書》曰：置從中都官徒千二百人，捕巫蠱，督大姦猾，後罷其兵。元帝去節，成帝省，建武中復置，并領一州。蔡質《漢儀》曰：司隸詣臺廷議，處九卿上，朝賀處公卿下陪卿上。初除，謁大將軍、三公，通謁持板揖。公儀、朝賀無敬。臺召入宮對。見尚書持板，朝賀揖。從事史十二人。本注曰：都官從事，主察舉百官犯法者。蔡質《漢儀》曰：都官主雒陽百官朝會，與三府掾同。《博物記》曰：中興以來，都官從事多出之河內，掊擊貴戚。功曹從事，主州選署及衆事。別駕從事，校尉行部則奉引，録衆事。簿曹從事，主財穀簿書。其有軍事，則置兵曹從事，主兵事。其餘部郡國從事，每郡國各一人，主督促文書，察舉非法，皆州自辟除，故通爲百石云。假佐二十五人。本注曰：主簿録閤下事，省文書。門亭長主州正。門功曹書佐主選用。《孝經》師主監試經。《月令》師主時節祠祀。律令師主平法律。簿曹書佐主簿書。其餘都官書佐及每郡國，各有典郡書佐一人，各主一郡文書，以郡吏補，歲滿一更。司隸所部郡七。

（唐）杜佑《通典》卷三二《職官・州郡上・司隸校尉》 司隸，周官也，掌五隸之法，辨其物而掌其政令，五隸，謂罪隸、四翟之隸也。物謂衣服、兵器之屬。帥其民而捕盜賊。

漢武帝征和四年，初置司隸校尉，持節，從中都官徒千二百人，中都官，京師諸官府。捕巫蠱，督大姦猾。督謂察視之。後罷其兵。察三輔、三河、弘農。《晉志》曰：漢武帝初置十三州刺史各一人。又置司隸校尉，察三輔、三河、弘農七郡。元帝初元四年，去節，後諸葛豐爲司隸又加節，尋復去之。司隸去節，自豐始也。諸葛豐爲司隸，無所迴避，京師語曰：間何闊，逢諸葛。言間者何久闊不相見，以逢諸葛故也。侍中許章以外屬貴幸，賓客犯法，與章相連。豐欲劾奏，適逢章出，豐駐車舉節招章曰：下，欲收之。章馳去，豐奔車逐之，章突入殿得免。因此成帝遂收豐節。成帝元延四年省。綏和二年，哀帝復置，但爲司隸，除校尉字。冠進賢冠，屬大司空，比司直。司隸掌察皇太子以下，行馬内事皆主之。專道而行，專席而坐。初除，皆謁兩府。兩府謂丞相、御史也。惟涓勳初爲司隸，不肯謁丞相、御史大夫，後爲翟方進奏免。又《漢書》曰：鮑宣字子都。明經，爲司隸。丞相孔光行園陵，官屬行馳道中，宣使斂止丞相掾史，没入其車馬，摧辱宰相。事下御史中丞，官欲捕，從事閉門不納。宣坐閉拒使者，大不敬，下獄。博士弟子王咸舉幡太學下，曰：欲救鮑司隸者，會此下。諸生會者千餘人。朝日，遮丞相孔光自言，丞相車不得行。宣罪減死一等。《列異記》曰：自宣至子永孫昱，俱爲司隸校尉，其爲公皆復乘驄馬。京師歌之曰：鮑氏驄，三入司隸再入公。馬雖疲，行步工。又王駿爲司隸校尉，奏免丞相匡衡。又蓋寬饒爲司隸，亦無所迴避。

後漢復爲司隸校尉，所部河南尹、河内、右扶風、左馮翊、京兆尹、河東、弘農凡七郡，治河南洛陽。《北齊書》曰：後漢凡皇族不得典三河，蓋忌其親而惜形跡之地。無所不糾，唯不察三公。後漢江馮上言宜令司隸校尉督察三公，陳元議以爲不宜使有司省察公輔，乃止。廷議處九卿上，朝賀處公卿下。鮑永爲司隸，鮑恢爲都官從事，並不避強禦。詔策曰：貴戚且當斂手，以避二鮑。鮑永子昱，復爲司隸，初拜，使封胡降檄。光武遣問昱曰：有所怪否？對曰：臣聞故事，通官文書不著姓，又當司徒露布，怪使司隸下書而著姓也。上曰：吾欲令天下知忠臣之子復爲司隸。又中常侍王甫、曹節等用事，尚書令陽球常唾手拊髀曰：當令陽球作司隸，此輩敢爾。後及拜司隸，球列車騎導從，當入司隸府，雒陽賊捕掾皆故墨綬公府掾孝廉也，邀見道側。球怒曰：雒陽都邑，吏當得熊虎敢搏噬者，乃用鼷鼠當校尉車耶？不足汙鞭杖，且舉撲之。於是威風振烈。明日詣闕謝恩，遂表劾王甫，自臨考，父子皆死於杖下，乃磔甫屍，署曰賊臣王甫。於是權門股慄，皆雀目鼠步。曹節見甫屍，乃收淚入言球罪。帝徙爲衛尉。球叩頭曰：願假臣一月，必令豺狼鴟鴞悉伏其辜。又，李膺字元禮，拜司隸校尉。張讓弟朔爲野王令，貪殘無道，畏膺而逃藏讓舍柱中。膺率將吏破柱取朔，付獄殺之。讓訴冤於帝，帝召讓膺。膺曰：昔仲尼爲魯司寇，七日而誅少正卯。今臣到官已積旬，懼以淹流爲諐，不意獲速疾之罪。乞留五日，克殄元惡。帝謂讓曰：汝弟之罪也。自是宦官屏氣，休沐不敢復出。帝問其故，並叩頭泣曰：畏李司隸。凡司隸屬官，有從事史十二人。其都官從事史，至爲雄劇，主察百官之犯法者。胡騰字子升，辟荊州部南陽從事，遇桓帝南巡至南陽，千騎萬乘，呼召求索，不可堪。騰奏曰：天子無外，乘輿所在，即爲京師。請荊州刺史比司隸，臣比都官從事，南陽守比河南尹，宛令比雒陽令。許之。於是大將軍亡馬，西曹掾召騰。騰乃作都官從事鵠頭召掾，掾乃覺，膝行辭謝，由是不敢輒有呼召。

（漢）衛宏《漢官舊儀》卷上 丞相府司直一人，秩二千石，職無不監。武帝初置，曰馬直官，今省。按：馬直官當作司直官。《百官志》本注曰：世祖以武帝故事，置司直，居丞相府助督録諸州，建武十八年省。

《漢書》卷一九上《百官公卿表》 武帝元狩五年初置司直，秩比二千石，掌佐丞相舉不法。

《後漢書》志二四《百官》　本注曰：世祖即位，以武帝故事，置司直，居丞相府，助督録諸州，建武十八年省也。（漢）《〔獻〕帝起居注》曰：建安八年十二月，復置司直，不屬司徒，掌督中都官，不領諸州。九年十一月，詔司直比司隸校尉，坐同席在上，假傳置，從事三人，書佐四人。

（唐）杜佑《通典》卷二一《職官·宰相》　丞相司直。漢武元狩五年置，掌佐丞相舉不法，位在司隸校尉上。翟方進爲司直，旬歲間免兩司隸。旬歲猶言滿歲，若十日之一周。後漢罷丞相，光武以武帝故事，置司徒司直，居司徒府，助司徒督録諸州郡所舉上奏，司直考察能否，以徵虚實。建武十一年省。獻帝建安八年，復置司直，不屬司徒，掌督中都官，不領諸州。九年，詔司直皆比司隸校尉，坐同席，在上，假傳置也，伏湛字惠公，光武以湛才任宰相，拜爲司直，行大司徒事。後無。石勒置都部從事，各部一州，秩二千石，准丞相司直。

（清）趙翼《廿二史劄記》卷二《漢書》　武帝又置丞相司直，助丞相舉不法者。如鮑宣爲冀州牧，司直奏宣舉錯煩苛，代二千石置吏。

（漢）王隆《漢官解詁》　刺史十有三牧，分土食焉。《北堂書鈔·設官部》。

京畿師外，案：當有謁。十有三牧，分部馳郡行國，督察在位，奏以言，案：奏上當有敷字。録見囚徒，案：見當作視。考實侵冤，退不録職，案：録當作稱。狀狀進一奏事焉。案：當有謁。《北堂書鈔·設官部》。

巡謂驛馬也，縣次傳駕之，以走疾，猶古言附遂。《續漢志補注》。

縣邑囚徒，皆閲録視，參考辭狀，實其真偽。有侵冤者，即時平理。《續漢志補注》。

課第長吏不稱職者爲殿，舉免之。其有治能者爲最。察上尤異州，又狀州中吏民茂才異等，歲〔舉〕一人。《續漢志補注》。

所察有條應繩異者，輒覆問之，不茹柔吐剛也。歲盡，齎所狀納京師，名奏事，差其遠近，各有常會。《續漢志補注》。

中興不復自詣京師，其所道皆如舊典。《續漢志補注》。

《漢書》卷一九上《百官公卿表》　監御史，秦官，掌監郡。漢省，丞相遣史分刺州，不常置。武帝元封五年初置部刺史，掌奉詔條察州，秩六百石，員十三人。成帝綏和元年更名牧，秩二千石。哀帝建平二年復爲刺史，元壽二年復爲牧。

（漢）衛宏《漢官舊儀》卷上　丞相初置，吏員十五人，皆六百石，分爲東西曹。東曹九人，出督州爲刺史。西曹六人，其五人往來白事東廂爲侍中，一人留府曰西曹，領百官奏事。【略】

丞相、刺史常以秋分行部，御史爲駕四封乘傳。按：《漢書·平帝紀》如淳注：律，當乘傳及發駕置傳者，皆持尺五寸木傳信，封以御史大夫印章。其乘傳參封之。參，三也。有期會累封兩端，端各兩封，凡四封也。乘置馳傳五封也，兩端各二，中央一也。軺傳兩馬再封之，一馬一封也。据此則前文所云奉璽書使者乘馳傳當駕五封矣。到所部，郡國各遣吏一人迎界上，得載别駕自言受命移郡國，與刺史從事盡界罷。行載從者一人，得從吏所察六條。刺史舉民有茂材，移名丞相，丞相考召，取明經一科，明律令一科，能治劇一科，各一人。詔選諫大夫、議郎、博士、諸侯王傅、僕射、郎中令，取明經。選廷尉正、監、平，案章取明律令。選能治劇長安、三輔令，取治劇。皆試守，小冠，滿歲爲真，以次遷，奉引則大冠。【略】

武帝元封五年，初分十三州，刺史假印綬，有常治所。按：《漢志》書太守、都尉之治，而刺史無有，故沈約、劉昭皆以爲傳車周流，無常治所。但刺史行部，必待秋分，則秋分以前當居何所耶？《漢書·朱博傳》：博遷冀州刺史，敕告吏民：欲言二千石墨綬長吏者，使者行部還，詣治所。師古曰：治所，刺史所止理事處。是刺史本有治所，《漢志》特略而不載耳，《舊儀》所云可取證也。奏事各有常會，擇所部二千石卒史與從，傳食比二千石所傳。刺史奏幽隱奇士，拜爲三輔縣令，比四百石。居後六卿，一切舉試守令，取徵事。本注曰：徵事，比六百石。皆故吏二千石不以贓罪免，降秩爲徵事。

《漢書》卷二八上《地理志》　漢興，因秦制度，崇恩德，行簡易，以撫海內。至武帝攘卻胡、越，開地斥境，南置交阯，北置朔方之州，兼徐、梁、幽、并夏、周之制，改雍曰涼，改梁曰益，凡十三（郡）〔部〕，置刺史。

《後漢書》志二八《百官》　外十二州，每州刺史一人，六百石。本注曰：秦有監御史，監諸郡，漢興省之，但遣丞相史分刺諸州，無常官。孝武帝初置刺史十三人，秩六百石。《古今注》曰：常以春分行部，郡國各遣一吏迎界上。諸書不同也。成帝更爲牧，秩二千石。建武十八年，復爲刺史，十二人各主一州，其一州屬司隸校尉。諸州常以八月巡行所部郡國，胡廣注曰：巡謂驛馬也。縣次傳駕之，以走疾，猶古言附遂。録囚徒，胡廣曰：縣邑囚徒，皆閲録視，參考辭狀，實其真僞。有侵冤者，即時平理也。考殿最。胡廣曰：課第長吏不稱職者爲殿，舉免之。其有治能者爲最。察上尤異州，又狀州中吏民茂才異等，歲舉一人。初歲盡詣京都奏事，胡廣曰：所察有條應繩異者，輒覆問之，不茹柔吐剛也。歲盡，齎所狀納京師，名奏事，差其遠近，各有常會。中興但因計吏。胡廣曰：不復自詣京師，其所道皆如舊典。《東觀書》曰：和帝初，張酺上言：臣聞王者法天，熒惑奏事太微，故州牧刺史入奏事，所以通下問知外事也。數十年以來，重其道歸煩擾，故時止勿奏事，今因以爲故事。臣愚以爲刺史視事滿歲，可令奏事如舊典，問州中風俗，恐好惡過所道，事所聞見，考課衆職，下章所告，及所自舉有意者賞異之，其尤無狀，逆詔書，行罪法，冀勑戒其餘，令各敬慎所職，於以衰滅貪邪便佞。《韓詩外傳》曰：王者必立牧，方三人，所以使闚遠牧衆也。遠方之民，有飢寒而不得衣食，獄訟而冤失，職賢而不舉者，入告天子。天子於其君之朝也，揖而進之曰：意朕之政教，有不得爾者邪？如何乃有飢寒而不得衣食，獄訟而冤失，職賢而不舉？然後其君退而與其卿大夫謀之。遠方之民聞，皆曰誠天子也。夫我居之辟，見我之近也；我居之幽，見我之明也。可欺乎哉，可欺乎哉。故牧者所以開四目，通四聰。

皆有從事史、假佐。本注曰：員職略與司隸同，無都官從事，其功曹從事爲治中從事。

豫州部郡國六，冀州部九，兗州部八，徐州部五，青州部六，荊州部七，揚州部六，益州部十二，涼州部十二，并州部九，幽州部十一，交州部七，凡九十八。其二十七王國相，其七十一郡太守。其屬國都尉。屬國，分郡離遠縣置之，如郡差小，置本郡名。世祖并省郡縣四百餘所，後世稍復增之。臣昭曰：昔在先代，列爵殊等，九服不同，畿荒制異。雖連帥相司，牧伯分長，而封疆置限，兼庸有數，如身之使臂，手之使指，故能高卑相固，遠近維緝，羣后克穆，共康兆庶。爰及周衰，稍競吞廣，邦國侵争，遞懷貪略，猶歷數百年，乃能成其并一，豈非樹之有本，使其然乎？秦兼天下，開設郡縣，孤立獨王，即以顛亡。漢祖因循，雖不頓革，分置子弟，終鼃諸吕之難，漸剖列郡，以減大都之權。後嚴安之徒，猶忼慨發憤，謂千里之威，即古之强國，慮非安本無窮之計也。孝武之末，始置刺史，監糾非法，不過六條，傳車周流，匪有定鎮，秩裁數百，威望輕寡，得有察舉之勤，未生陵犯之釁。成帝改牧，其萌始大，既非識治之主，故無取焉爾。世祖中興，監乎政本，復約其職，還遵舊制，斷親奏事，省入惜煩，漸得自重之路。因茲以降，彌於歲年，母后當朝，多以弱守，六合危動，四海潰弊，財盡力竭，綱維撓毁，而八方不能内侵，諸侯莫敢入伐，豈非幹強枝弱，控制素重之所致乎？至孝靈在位，横流既及，劉焉徼僞，自爲身謀，非有憂國之心，專懷狼據之策，抗論昏世，薦議愚主，盛稱宜重牧伯，謂足鎮壓萬里，挾姦樹筭，苟罔一時，豈可永爲國本，長期勝術哉？夫聖主御世，莫不大庇生民，承其休謀，傳其典制。猶云事久弊生，無或通貫，故變改正服，革異質文，分爵三五，參差不一。况在暨駭之君，挾姦詐之臣，共所創置，焉可仍因？大建尊州之規，竟無一日之治。故焉牧益土，造帝服於岷、峨；袁紹取冀，下制書於燕、朔；劉表荊南，郊天祀地；魏祖據兗，遂構皇業：漢之殄滅，禍源乎此。及臻後代，任寄彌廣，委之邦宰之命，授之斧鉞之重，假之都督之威，開之征討之略。晉太康之初，武帝亦疑其然，乃詔曰：上古及中代，或置州牧，或置刺史，置監御史，皆總綱紀，而不賦政，治民之事，任之諸侯郡守。昔漢末四海分崩，因以吴、蜀自擅，自是刺史内親民事，外領兵馬，此一時之宜爾。今賴宗廟之靈，士大夫之力，江表平定，天下合之爲一，當韜戢干戈，與天下休息。諸州無事者罷其兵，刺史分職，皆如漢氏故事，出頒詔條，入奏事京城。二千石專治民之重，監司清峻於上，此經久之體也。其便省州牧。晉武帝又見其弊矣，雖有其言，不卒其事，後嗣纘繼，牧鎮愈重，據地分争，竟覆天下。昔王畿之大，不過千里，州之所司，廣袤兼遠。争强虎視之辰，遷鼎革終之日，未嘗不藉蕃兵之權，挾董司之力，逼迫伺隙，陵奪沖幼。其甚者臣主揚兵，骨肉戰野，昆弟梟懸，伯叔屠裂。末壯披心，尾大不掉，既用此始，亦病以終。傾輈愈襲，莫或途改，致雒京有銜璧之痛，秦臺有不守之酷。胡、羌遞興，氐、鮮更起，摩滅羣黎，流禍百世。堅冰所漸，兼緣茲釁。嗚呼，後之聖王，必不久滯斯迹，靈長之終，當有神筭。不然，則雄捍反拒之事，懼甚於此心，憑强作害之謀，方盛於後意。

（唐）杜佑《通典》卷三二《職官・州郡上・州牧刺史》

秦置監察御史。

漢興省之。至惠帝三年，又遣御史監三輔郡，察詞訟，所察之事凡九條，監者二歲更之。常以十月奏事，十二月還監。其後諸州復置監察御史。文帝十三年，以御史不奉法，下失其職，乃遣丞相史出刺并督監察御史。武帝元封元年，御史止不復監。至五年，乃置部刺史，掌奉詔六條察州，凡十二州焉。漢制，刺史以六條問事，非條所問即不省。一條，强宗豪右田宅踰制，以强凌弱，以衆暴寡。二條，二千石不奉詔書，遵承典制，背公向私，旁詔守利，侵漁百姓，聚斂爲姦。三條，二千石不卹疑獄，風厲殺人，怒則任刑，喜則任賞，煩擾刻暴，剝截黎元，爲百姓所疾，山崩石裂，妖祥訛言。四條，二千石選署不平，苟阿所愛，蔽賢寵頑。五條，二千石子弟恃怙榮勢，請託所監。六條，二千石違公下比，阿附豪強，通行貨賂，割損正令。居部九歲，舉爲守相。成帝綏和元年，以爲刺史位下大夫而臨二千石，輕重不相準，乃更爲州牧，秩真二千石，位次九卿，九卿缺以高第補。是時，何武與翟方進奏曰：古選諸侯賢者以爲州伯。今部刺史居牧伯之位，選第大吏，所薦位高至九卿，所惡立退，任重職大。《春秋》之義，用貴理賤，不以卑臨尊。刺史位下大夫，而臨二千石，輕重不相準。請罷刺史，更置州牧，以應古制。奏可。哀帝建平二年，復爲刺史。時朱博又奏曰：漢家立置郡縣，部刺史奉使典州，督察郡國，吏人安寧。故事，居部九歲舉爲守相，其有異材功效著者輒登擢。秩卑賞厚，咸勸功樂進。今增秩爲牧，以高第補九卿，其中材則苟自守而已，恐功效陵夷，姦宄不禁。臣請罷牧，置刺史如故。奏可。元壽二年，復爲牧。何武字君公，爲揚州刺史，舉奏二千石吏必先露章，服罪者爲虧除，免之而已，不復極法。九江太守戴聖行治多不法，前刺史以其大儒，多優容之。武使從事廉得其罪，聖懼，自免。後毀武於朝，武聞之，終不揚其惡。黃霸爲揚州刺史，治有績，漢宣詔賜車蓋，特高一丈，別駕主簿車，緹油屏泥於軾前，以彰有德。

後漢光武建武十八年，復爲刺史。外十二州各一人，其一州屬司隸校尉。漢刺史乘傳周行郡國，無適所治，中興所治有定處。舊常以八月巡行所部，常以秋分行部，郡國各遣一吏迎之界上。録囚徒，考殿最。不稱職者爲殿，其有能者爲最。初歲盡詣京都奏事，中興但因計吏，不復自詣京師。建武十一年，初斷州牧自還奏事。雖父母之喪，不得去職。元嘉元年，初聽刺史二千石行三年服。延熹二年復斷之。或謂州府爲外臺。謝夷吾爲荊州刺史，第五倫薦之曰：尋功簡能，爲外臺之表；聽聲察實，爲九伯之冠。靈帝中平五年，改刺史，唯置牧。是時天下方亂，豪傑各欲據有州郡，而劉焉、劉虞並自九卿出領州牧，州牧之任，自此重矣。舊制，州牧奏二千石長吏不任位者，事皆先下三公，三公遣掾史按驗，然後黜退。光武即位，用法明察，不復委三府，故權歸舉刺之吏。李膺爲青州刺史，守令畏威明，聞風棄官。郭伋字細侯，再爲并州，請州中雄俊以爲師友，朝夕參政，分禄以養之。初行部到美稷，數百小兒騎竹馬迎送，問使君何日還，伋令別駕計日告之。及還入美稷，先期一日，伋即止野亭，須期乃往。又种暠字景伯，爲梁州，被徵還。吏民詣闕，復留一年。遷漢陽太守，戎夷男女至界共相辭，十里不得乘車。又賈琮字孟堅，爲交趾刺史，時州人反，琮到乃安。巷路歌曰：賈父來晚，使我先反，今見清平，吏不敢飯。遷冀州，舊典，傳車驂駕，垂赤帷裳，琮曰：刺史當遠視聽，反自掩塞乎？乃令褰之，百城聞風振悚。又，百里嵩爲徐州刺史，州旱，傳車所經，甘雨必注。又，郭賀字喬卿，爲荊州，百姓歌曰：厥德仁明郭喬卿。帝賜三公之服，去襜露冕，使百姓見之，以彰有德。又，周乘爲交趾刺史，舉奏二郡穢濁太守，屬縣解印綬棄官者四十餘城。又，韋康代父爲荊州，父出止傳，康入官，時人榮之。

（唐）杜佑《通典》卷三二《職官・州郡上・總論州佐》 州之佐吏，漢有別駕、治中、主簿、功曹書佐、簿曹、簿曹從事史，主錢穀簿書。兵曹、兵曹從事史有軍事則置之，以主兵馬。部郡國從事史、典郡書佐等官。又有《孝經》師，主監試經。月令師，主時節祠祀。律令師，主平法律。皆州自辟除，通爲百石。又《後漢書》或云秩六百石。職與司隸官屬同，唯無都官從事。漢魏之際，復增祭酒、文學從事員。

（清）陳樹鏞《漢官答問》卷五《刺史》 惠帝三年，遣御史監三輔郡察詞訟，所察凡九條，二歲更，常以十月奏事，十二月還監。其後諸州復置監察御史，文帝十三年，以御史不奉法下失其職，乃遣丞相史出刺州并督監察御史。武帝元封五年初置部刺史，秩六百石，員十三人。成帝綏和元年更名牧，秩二千石，哀帝建平二年復爲刺史，元壽二年復爲牧，掌奉詔條察州，督察藩國。有常治所，常以秋分行部，御史爲駕四封傳。所到郡，各遣吏迎之界上。考殿最，省察治狀，黜涉能否，斷治寃獄，以六條問事，非條所問不省。録囚有所平反則舉以屬郡，黜涉郡守，所薦至九卿，所惡立退，黃綬以下不察，歲舉茂才異等一人，歲盡詣京師奏事。舉錯煩苛，代二千石署吏聽訟，所察過詔條。行部乘傳去法駕，駕一馬，舍宿鄉亭則爲失職。初除持板揖不拜，然權雖重而內隸御史中丞，中丞考其功罪而進退之，稱卿不得言君，以州大小設吏員，治中別駕諸部從事，秩皆百石。選所部二千石卒史爲從事，部各一人，分屬而治其事焉，從事有罪得擅殺之。居部九歲舉爲守相。

（唐）杜佑《通典》卷二一《職官・門下省・侍中》〔諫議大夫〕至漢武帝元狩五年，始更置之。劉輔以美才，擢爲諫大夫。成帝欲立趙婕好爲皇后，輔上書曰：陛下乃觸情縱欲，以卑賤之女母天下乎？里語曰：腐木不可以爲柱，卑人不可以爲主。臣辱諫諍之官，不敢不盡死。書奏，收輔繫掖庭祕獄。又王褒、貢禹、王吉、匡衡、何武、夏侯勝、嚴助等並爲之。後漢增諫大夫爲諫議大夫，《後漢書》曰：來歙父仲，哀帝時爲諫議大夫。誤矣。亦無常員。更始拜鄭興爲諫議大夫，使安集關西。二漢並屬光祿勳。韋彪字孟達，上疏曰：諫議之職，應用公直之士，通才謇正，有補益於朝者。今或從徵試輩爲之，不宜也。自後無聞矣。

（清）王鳴盛《十七史商榷》卷一四《刺史隸御史中丞》 刺史權重矣，而又內隸於御史中丞，使內外相維。陳萬年、傅子咸為御史中丞，總領州郡奏事，課第諸刺史。《薛宣傳》為御史中丞執法殿中，外總部刺史，上疏曰聖化不洽，吏多苛政，大率咎在部刺史。宣數言政事便宜，舉奏部刺史郡國二千石，所貶退稱進，白黑分明，是也。《續百官志》云御史中丞一人，劉昭注引蔡質《漢儀》云：丞故二千石為之，或選侍御史高第執憲中司，朝會獨坐，內掌蘭臺，督諸州刺史。又《後書・酷吏・周紆傳》注引《漢官儀》曰：御史中丞外督部刺史內領侍御史，糾察百司。

紀事

《史記》卷六〇《三王世家・齊王策》 六年四月戊寅朔，癸卯，御史大夫湯下丞相，丞相下中二千石，二千石下郡太守、諸侯相，丞書從事下當用者。如律令。

《漢書》卷四二《周昌傳》 及高帝欲廢太子，而立戚姬子如意爲太子，大臣固争莫能得，上以留侯策止。而昌庭争之強，上問其說，昌爲人吃，又盛怒，曰：臣口不能言，然臣（心）〔期期〕知其（其）不可。陛下欲廢太子，臣期期不奉詔。上欣然而笑，即罷。

《漢書》卷六六《陳咸傳》 萬年死後，元帝擢咸爲御史中丞，總領州郡奏事，課第諸刺史，內執法殿中，公卿以下皆敬憚之。

《漢書》卷七五《李尋傳》 賀良等反道惑衆，姦態當窮竟。皆下獄，光祿勳平當、光祿大夫毛莫如與御史中丞、廷尉雜治，當賀良等執左道，亂朝政，傾覆國家，誣罔主上，不道。賀良等皆伏誅。

《漢書》卷八六《王嘉傳》 初，廷尉梁相與丞相長史、御史中丞及五二千石雜治東平王雲獄，時冬月未盡二旬，而相心疑雲冤，獄有飾辭，奏欲傳之長安，更下公卿覆治。

《漢書》卷九〇《酷吏傳・嚴延年》 宣帝初即位，延年劾奏光擅廢立，亡人臣禮，不道。奏雖寢，然朝廷肅焉敬憚。延年後復劾大司農田延年持兵干屬車，大司農自訟不干屬車。事下御史中丞，譴責延年何以不移書宮殿門禁止大司農，而令得出入宮。於是覆劾延年闌內罪人，法至死。

《後漢書》卷二七《宣秉傳》 建武元年，拜御史中丞。《前書》曰，御史中丞，秦官，秩千石，在殿中蘭臺，掌圖籍秘書，外督部刺史，內領侍御史，糾察百寮。光武特詔御史中丞與司隸校尉、尚書令《續漢志》曰尚書令一人，千石，秦官。武帝用宦者，成帝用士人也。會同並專席而坐，故京師號曰三獨坐。

《漢書》卷六《武帝紀》 泰山、琅邪羣盗徐勃等阻山攻城，道路不通。遣直指使者暴勝之等衣繡衣杖斧分部逐捕。刺史郡守以下皆伏誅。

《漢書》卷四五《江充傳》 充因自請，願使匈奴。詔問其狀，充對曰：因變制宜，以敵爲師，事不可豫圖。上以充爲謁者，使匈奴還，拜爲直指繡衣使者，督三輔盗賊，禁察踰侈。貴戚近臣多奢僭，充皆舉劾，奏請没入車馬，令身待北軍擊匈奴。

《漢書》卷六六《王訢傳》 武帝末，軍旅數發，郡國盗賊羣起，繡衣御史暴勝之使持斧逐捕盗賊，以軍興從事，誅二千石以下。

《漢書》卷九六下《西域傳》 民力屈，財用竭，因之以凶年，寇盗並起，道路不通，直指之使始出，衣繡杖斧，斷斬於郡國，然後勝之。

《漢書》卷九九中《王莽傳》 莽令七公六卿號皆兼稱將軍，遣著武將軍逯並等填名都，中郎將、繡衣執法各五十五人，分填緣邊大郡，督大姦猾擅弄兵者，皆便爲姦於外，撓亂州郡，貨賂爲市，侵漁百姓。

《後漢書》卷八一《獨行傳・譙玄》 四年，選明達政事能班化風俗者八人。時並舉玄，爲繡衣使者，持節，與太僕（任）〔王〕惲等分行天下，觀覽風俗，所至專行誅賞。事未及終，而王莽居攝，玄於是縱使者車，變易姓名，閒竄歸家，因以隱遁。

《漢書》卷七七《蓋寬饒傳》 宣帝嘉之，以寬饒爲太中大夫，使行風俗，多所稱舉貶黜，奉使稱意。擢爲司隸校尉，刺舉無所迴避，小大輒舉，所劾奏衆多，廷尉處其法，半用半不用，公卿貴戚及郡國吏繇使至長安，皆恐懼莫敢犯禁，京師爲清。【略】

太子庶子王生高寬饒節，而非其如此，予書曰：明主知君絜白公正，不畏彊禦，故命君以司察之位，擅君以奉使之權，尊官厚禄已施於君矣。

《漢書》卷七七《諸葛豐傳》　諸葛豐字少季，琅邪人也。以明經爲郡文學，名特立剛直。貢禹爲御史大夫，除豐爲屬，舉侍御史。元帝擢爲司隸校尉，刺舉無所避，京師爲之語曰：間何闊，逢諸葛。上嘉其節，加豐秩光禄大夫。

時侍中許章以外屬貴幸，奢淫不奉法度，賓客犯事，與章相連。豐案劾章，欲奏其事，適逢許侍中私出，豐駐車舉節詔章曰：下，欲收之。章迫窘，馳車去，豐追之。許侍中因得入宮門，自歸上。豐亦上奏，於是收豐節。司隸去節自豐始。

豐上書謝曰：臣豐駑怯，文不足以勸善，武不足以執邪。陛下不量臣能否，拜爲司隸校尉，未有以自效，復秩臣爲光禄大夫，官尊責重，非臣所當處也。又迫年歲衰暮，常恐卒填溝渠，（德）無以報厚〔德〕，使論議士譏臣無補，長獲素餐之名。故常願捐一旦之命，不待時而斷姦臣之首，縣於都市，編書其罪，使四方明知爲惡之罰，然後卻就斧鉞之誅，誠臣所甘心也。夫以布衣之士，尚猶有刎頸之交，今以四海之大，曾無伏節死誼之臣，率盡苟合取容，阿黨相爲，念私門之利，忘國家之政。邪穢濁溷之氣上感于天，是以災變數見，百姓困乏。此臣下不忠之效也，臣誠恥之亡已。凡人情莫不欲安存而惡危亡，然忠臣直士不避患害者，誠爲君也。今陛下天覆地載，物無不容，使尚書令堯賜臣豐書曰：夫司隸者刺舉不法，善善惡惡，非得顓之也。免處中和，順經術意。恩深德厚，臣豐頓首幸甚。臣竊不勝憤懣，願賜清宴，唯陛下裁幸。上不許。

《漢書》卷八四《翟方進傳》　會北地浩商爲義渠長所捕，亡，長取其母，與豭豬連繫都亭下。商兄弟會賓客，自稱司隸掾、長安縣尉，殺義渠長妻子六人，亡。丞相、御史請遣掾史與司隸校尉、部刺史并力逐捕，察無狀者，奏可。司隸校尉涓勳奏言：《春秋》之義，王人微者序乎諸侯之上，尊王命也。臣幸得奉使，以督察公卿以下爲職，今丞相宣請遣掾史，以宰士督察天子奉使命大夫，甚誖逆順之理。宣本不師受經術，因事以立姦威。案浩商所犯，一家之禍耳，而宣欲專權作威，乃害於乃國，不可之大者。願下中朝特進列侯、將軍以下，正國法度。議者以爲丞相掾不宜移書督趣司隸。會浩商捕得伏誅，家屬徙合浦。

《漢書》卷九八《元后傳》　歲餘，成帝崩，哀帝即位。太后詔莽就第，避帝外家。哀帝初優莽，不聽。莽上書固乞骸骨而退。上乃下詔曰：曲陽侯根前在位，建社稷策。侍中太僕安陽侯舜往時護太子家，導朕，忠誠專壹，有舊恩。新都侯莽憂勞國家，執義堅固，庶幾與爲治，太皇太后詔休就第，朕甚閔焉。其益封根二千户，舜五百户，莽三百五十户。以莽爲特進，朝朔望。又還紅陽侯立京師。哀帝少而聞知王氏驕盛，心不能善，以初立，故優之。

後月餘，司隸校尉解光奏：曲陽侯根宗重身尊，三世據權，五將秉政，天下輻湊自效。根行貪邪，臧累鉅萬，縱横恣意，大治（第宅）〔室第〕，第中起土山，立兩市，殿上赤墀，户青瑣，遊觀射獵，使奴從者被甲持弓弩，陳爲步兵，止宿離宮，水衡共張，發民治道，百姓苦其役。内懷姦邪，欲筦朝政，推親近吏主簿張業以爲尚書，蔽上壅下，内塞王路，外交藩臣，驕奢僭上，壞亂制度。案根骨肉至親，社稷大臣，先帝棄天下，根不悲哀思慕，山陵未成，公聘取故掖庭女樂五官殷嚴、王飛君等，置酒歌舞，捐忘先帝厚恩，背臣子義。及根兄子成都侯況幸得以外親繼父爲列侯侍中，不思報厚恩，亦聘取故掖庭貴人以爲妻，皆無人臣禮，大不敬不道。於是天子曰：先帝遇根、況父子，至厚也，今乃背忘恩義。以根嘗建社稷之策，遣就國。免況爲庶人，歸故郡。根及況父商所薦舉爲官者，皆罷。

《後漢書》卷一上《光武帝紀》　更始將北都洛陽，以光武行司隸校尉，使前整修宮府。於是置僚屬，作文移，從事司察，一如舊章。時三輔吏士東迎更始，見諸將過，皆冠幘，而服婦人衣，諸于繡镼，莫不笑之，或有畏而走者。及見司隸僚屬，皆歡喜不自勝。老吏或垂涕曰：不圖今日復見漢官威儀。由是識者皆屬心焉。

《後漢書》卷一下《光武帝紀》　〔建武六年〕六月辛卯，詔曰：夫張官置吏，所以爲人也。今百姓遭難，户口耗少，而縣官吏職所置尚繁，其今司隸、州牧各實所部，省減吏員。縣國不足置長吏可并合者，上大司徒、大司空二府。於是條奏并省四百餘縣，吏職減損，十置其一。

《後漢書》卷一〇上《皇后紀》　詔告司隸校尉、河南尹、南陽太守曰：每覽前代外戚賓客，假借威權，輕薄謥詷，至有濁亂奉公，爲人患苦。咎在執法怠懈，不輒行其罰故也。今車騎將軍騭等雖懷敬順之志，而宗門廣大，姻戚不少，賓客姦猾，多干禁憲。其明加檢勑，勿相容護。自是親屬犯罪，無所假貸。

《後漢書》卷二七《宣秉傳》　更始即位，徵爲侍中。建武元年，拜御史中丞。光武特詔御史中丞與司隸校尉、尚書令會同並專席而坐，故京師號曰三獨坐。明年，遷司隸校尉。務舉大綱，簡略苛細，百僚敬之。

《後漢書》卷二九《鮑永傳》　建武十一年，徵爲司隸校尉。【略】永行縣到霸陵，路經更始墓，引車入陌，從事諫止之。永曰：親北面事人，寧有過墓不拜。雖以獲罪，司隸所不避也。遂下拜，哭盡哀而去。西至扶風，椎牛上苟諫冢。帝聞之，意不平，問公卿曰：奉使如此何如？太中大夫張湛對曰：仁者行之宗，忠者義之主也。仁不遺舊，忠不忘君，行之高者也。帝意乃釋。

《後漢書》卷七七《酷吏傳·陽球》　時中常侍王甫、曹節等姦虐弄權，扇動外內，球嘗拊髀發憤曰：若陽球作司隸，此曹子安得容乎？光和二年，遷爲司隸校尉。王甫休沐里舍，球詣闕謝恩，奏收甫及中常侍淳于登、袁赦、封昻、中黄門劉毅、小黄門龐訓、朱禹、齊盛等，及子弟爲守令者，姦猾縱恣，罪合滅族。太尉段熲諂附佞倖，宜並誅戮。於是悉收甫、熲等送洛陽獄，及甫子永樂少府萌、沛相吉。球自臨考甫等，五毒備極。萌謂球曰：父子既當伏誅，少以楚毒假借老父。球曰：若罪惡無狀，死不滅責，乃欲求假借邪？萌乃罵曰：爾前奉事吾父子如奴，奴敢反汝主乎，今日困吾，行自及也。球使以土窒萌口，箠朴交至，父子悉死杖下。熲亦自殺。乃僵磔甫屍於夏城門，大署牓曰賊臣王甫。盡没入財產，妻子皆徙比景。

《漢書》卷八四《翟方進傳》　方進旬歲間免兩司隸，朝廷由是憚之。丞相宣甚器重焉，常誡掾史：謹事司直，翟君必在相位，不久。是時起昌陵，營作陵邑，貴戚近臣子弟賓客多辜榷爲姦利者，方進部掾史覆案，發大姦贓數千萬。

《後漢書》卷九《孝獻帝紀》　〔建安八年冬十月〕初置司直官，督中都官。司直，秩比二千石，武帝元狩五年置，掌佐丞相，舉不法也。建武十一年省，今復置之。

《漢書》卷八三《朱博傳》　博本武吏，不更文法，及爲刺史行部，吏民數百人遮道自言，官寺盡滿。從事白請且留此縣録見諸自言者，事畢乃發，欲以觀試博。博心知之，告外趣駕。既白駕辦，博出就車見自言者，使從事明敕告吏民：欲言縣丞尉者，刺史不察黄綬，各自詣郡。欲言二千石墨綬長吏者，使者行部還，詣治所。其民爲吏所冤，及言盜賊辭訟事，各使屬其部從事。博駐車決遣，四五百人皆罷去，如神。吏民大驚，不意博應事變乃至於此。【略】

初，何武爲大司空，又與丞相方進共奏言：古選諸侯賢者以爲州伯，《書》曰咨十有二牧，所以廣聰明，燭幽隱也。今部刺史居牧伯之位，秉一州之統，選第大吏，所薦位高至九卿，所惡立退，任重職大。《春秋》之義，用貴治賤，不以卑臨尊。刺史位下大夫，而臨二千石，輕重不相準，失位次之序。臣請罷刺史，更置州牧，以應古制。奏可，及博奏復御史大夫官，又奏言：漢家至德溥大，宇内萬里，立置郡縣。部刺史奉使典州，督察郡國吏民安寧，故事居部九歲舉爲守相，其有異材功效著者輒登擢，秩卑而賞厚，咸勸功樂進。前丞相方進奏罷刺史，更置州牧，秩真二千石，位次九卿。九卿缺，以高弟補，其中材則苟自守而已，恐功效陵夷，姦軌不禁。臣請罷州牧，置刺史如故。奏可。

（漢）應劭《漢官儀》卷上　孝武元封四年始，御史丞相之遷部刺史十三人，乘驛奏事。《北堂書鈔·設官部》。

朱博言：刺史督察郡國，從來故事，居九歲，案：居下當有部字。爲守相。《北堂書鈔·設官部》。

翟方進奏：刺史位下大夫，而臨二千石，輕重失次，請罷署牧，案：署當作置，見《通典》所載何武與翟方進奏。秩二千石者也。《北堂書鈔·設官部》。

元帝時，丞相于定國條州大小，爲設吏員，治中、別駕、諸部從事，秩皆百石，同諸郡從事。《北堂書鈔·設官部》、《太平御覽·職官部》。

《後漢書》卷六《孝順帝紀》　〔永建元年〕夏五月丁丑，詔幽、并、涼州刺史，使各實二千石以下至黄綬，年老劣弱不任軍事者，上名。

《後漢書》卷三三《朱浮傳》　舊制，州牧奏二千石長吏不任位者，事皆先下三公，三公遣掾史案驗，然後黜退。帝時用明察，不復委任三府，而權歸刺舉之吏。浮復上疏曰：陛下清明履約，率禮無違，自宗室諸王、外家后親，皆奉遵繩墨，無黨執之名。至或乘牛車，齊於編人。斯固法令整齊，下無作威者也。求之於事，宜以和平，而災異猶見者，而豈徒然？天道信誠，不可不察。竊見陛下疾往者上威不行，下專國命，即位以來，不用舊典，信刺舉之官，黜鼎輔之任，至於有所劾奏，便加免退，覆案不關三府，罪譴不蒙澄察。陛下以使者爲腹心，而使者以從事爲耳目，是爲尚書之平，決於百石之吏，故羣下苛刻，各自爲能。兼以私情容長，憎愛在職，皆競張空虛，以要時利，故有罪者心不厭服，無咎者坐被空文，不可經盛衰，貽後王也。

《漢書》卷四《文帝紀》　有司請令縣道，年八十已上，賜米人月一石，肉二十斤，酒五斗。其九十已上，又賜帛人二疋，絮三斤。賜物及當稟鬻米者，長吏閱視，丞若尉致。師古曰：長吏，縣之令長也。若者，豫及之詞。致者，送至也。或丞或尉，自致之也。不滿九十，嗇夫、令史致。二千石遣都吏循行，蘇林曰：取其都吏有德也。如淳曰：律說，都吏今督郵是也。閑惠曉事，即爲文無害都吏。師古曰：如說是也。行音下孟反。不稱者督之。師古曰：循行有不如詔意者，二千石察視責罰之。刑者及有罪耐以上，不用此令。

《漢書》卷七六《尹翁歸傳》　案事發姦，窮竟事情，延年大重之，自以能不及翁歸，徙署督郵。河東二十八縣，分爲兩部，閎孺部汾北，翁歸部汾南。所舉應法，得其罪辜，屬縣長吏雖中傷，莫有怨者。舉廉爲緱氏尉，歷守郡中，所居治理，遷補都內令，舉廉爲弘農都尉。

《後漢書》志二八《百官》　其監屬縣，有五部督郵，曹掾一人。

《後漢書》卷八二上《方術傳·高獲》　昱自往問何以致雨，獲曰：急罷三部督郵，《續漢書》曰：監屬縣有三部，每部督郵書掾一人。明府當自北出，到三十里亭，雨可致也。

監察對象與内容分部

綜述

《漢書》卷八《宣帝紀》〔地節四年九月〕又曰：令甲，死者不可生，刑者不可息。此先帝之所重，而吏未稱。今繫者或以掠辜若飢寒瘐死獄中，何用心逆人道也，朕甚痛之。其令郡國歲上繫囚以掠笞若瘐死者所坐名、縣、爵、里，丞相御史課殿最以聞。

《漢書》卷八《宣帝紀》〔甘露四年二月〕詔曰：蓋聞上古之治，君臣同心，舉措曲直，各得其所。是以上下和洽，海内康平，其德弗可及已。朕既不明，數申詔公卿大夫務行寬大，順民所疾苦，將欲配三王之隆，明先帝之德也。今吏或以不禁姦邪爲寬大，縱釋有罪爲不苛，或以酷惡爲賢，皆失其中。奉詔宣化如此，豈不繆哉。方今天下少事，繇役省減，兵革不動，而民多貧，盜賊不止，其咎安在？上計簿，具文而已，務爲欺謾，以避其課。三公不以爲意，朕將何任？諸請詔省卒徒自給者皆止。御史察計簿，疑非實者，按之，使真僞毋相亂。

紀事

《史記》卷九九《叔孫通列傳》漢七年，長樂宫成，諸侯羣臣皆朝十月。【略】御史執法舉不如儀者輒引去。竟朝置酒，無敢讙譁失禮者。

《漢書》卷七二《鮑宣傳》歲餘，丞相司直郭欽奏宣舉錯煩苛，代二千石署吏聽訟，所察過詔條。行部乘傳去法駕，駕一馬，舍宿鄉亭，爲衆所非。宣坐免。【略】

龔勝爲司直，郡國皆慎選舉，三輔委輸官不敢爲姦，

《漢書》卷七四《魏相傳》復有詔守茂陵令，遷楊州刺史。考案郡國守相，多所貶退。

《漢書》卷七六《王尊傳》初，中書謁者令石顯貴幸，專權爲姦邪。丞相匡衡、御史大夫張譚皆阿附畏事顯，不敢言。久之，元帝崩，成帝初即位，顯徙爲中太僕，不復典權。衡、譚乃奏顯舊惡，請免顯等。尊於是劾奏：丞相衡、御史大夫譚位三公，典五常九德，以總方略，壹統類，廣教化，美風俗爲職。知中書謁者令顯等專權擅勢，大作威福，縱恣不制，無所畏忌，爲海内患害，不以時（皆）〔白〕奏行罰，而阿諛曲從，附下罔上，懷邪迷國，無大臣輔政之義，皆不道，在赦令前。赦後，衡、譚舉奏顯，不自陳不忠之罪，而反揚著先帝任用傾覆之徒，妄言百官畏之，甚於主上。卑君尊臣，非所宜稱，失大臣體。又正月行幸曲臺，臨饗罷衛士，衡與中二千石大鴻臚賞等會坐殿門下，衡南鄉，賞等西鄉。衡更爲賞布東鄉席，起立延賞坐，私語如食頃。衡知行臨，百官共職，萬衆會聚，而設不正之席，使下坐上，相比爲小惠於公門之下，動不中禮，亂朝廷爵秩之位。衡又使官大奴入殿中，問行起居，還言漏上十四刻行臨到，衡安坐，不變色改容。無怵惕肅敬之心，驕慢不謹。皆不敬。

《漢書》卷七七《孫寶傳》上復拜寶爲冀州刺史，遷丞相司直。時帝舅紅陽侯立使客因南郡太守李尚占墾草田數百頃，頗有民所假少府陂澤，略皆開發，上書願以入縣官。有詔郡平田予直，錢有貴一萬萬以上。寶聞之，遣丞相史按驗，發其姦，劾奏立、尚懷姦罔上，狡猾不道。尚下獄死。立雖不坐，後兄大司馬衛將軍商薨，次當代商，上度立而用其弟曲陽侯根爲大司馬票騎將軍。【略】

數月，以立秋日署文東部督郵。入見，敕曰：今日鷹隼始擊，當順天氣取姦惡，以成嚴霜之誅，掾部渠有其人乎？文卬曰：無其人不敢空受職。寶曰：誰也？文曰：霸陵杜穉季。寶曰：其次。文曰：豺狼橫道，不宜復問狐狸。寶默然。穉季者大俠，與衛尉淳于長、大鴻臚蕭育等皆厚善。寶前失車騎將軍，與紅陽侯有郤，自恐見危，時淳于長方貴幸，友寶，寶亦欲附之，始視事而長以穉季託寶，故寶窮，無以復應文。文怪寶氣索，知其有故，因曰：明府素著威名，今不敢取穉季，當且闔閤，勿有所問。如此竟歲，吏民未敢誣明府也。即度穉季而譴它事，衆口讙譁，終身自墮。寶曰：受教。穉季耳目長，聞知之，杜門不通水火，穿舍後牆爲小户，但持鉏自治園，因文所厚自陳如此。文曰：我與穉季

幸同土壤，素無睚眥，顧受將命，分當相直。誠能自改，嚴將不治前事，即不更心，但更門户，適趣禍耳。穉季遂不敢犯法，寶亦竟歲無所譴。

《漢書》卷七九《馮野王傳》 元帝時，遷隴西太守，以治行高，入爲左馮翊。歲餘，而池陽令並素行貪汙，輕野王外戚年少，治行不改。野王部督郵掾祋祤趙都案驗，得其主守盜十金罪，收捕。並不首吏，師古曰：不首吏，謂不伏從收捕也。都格殺。並家上書陳冤，事下廷尉。都詣吏自殺以明野王，京師稱其威信，遷爲大鴻臚。

《漢書》卷八三《薛宣傳》 是時，成帝初即位，宣爲中丞，執法殿中，外總部刺史，上疏曰：陛下至德仁厚，哀閔元元，躬有日仄之勞，而亡佚豫之樂，允執聖道，刑罰惟中，然而嘉氣尚凝，陰陽不和，是臣下未稱，而聖化獨有不洽者也。臣竊伏思其一端，殆吏多苛政，政教煩碎，大率咎在部刺史，或不循守條職，舉錯各以其意，多與郡縣事，至開私門，聽讒佞，以求吏民過失，譴呵及細微，責義不量力。郡縣相迫促，亦内相刻，流至衆庶。是故鄉黨闕於嘉賓之懽，九族忘其親親之恩，飲食周急之厚彌衰，送往勞來之禮不行。夫人道不通，則陰陽否鬲，和氣不興，未必不由此也。《詩》云：民之失德，乾餱以愆。鄙語曰：苛政不親，煩苦傷恩。方刺史奏事時，宜明申敕，使昭然知本朝之要務。臣愚不知治道，唯明主察焉。上嘉納之。

《漢書》卷八六《何武傳》 久之，太僕王音舉武賢良方正，徵對策，拜爲諫大夫，遷揚州刺史。所舉奏二千石長吏必先露章，服罪者爲虧除，免之而已；不服，極法奏之，抵罪或至死。

《漢書》卷八九《循吏傳·黄霸》 時上垂意於治，數下恩澤詔書，吏不奉宣。太守霸爲選擇良吏，分部宣布詔令，令民咸知上意。使郵亭鄉官皆畜雞豚，師古曰：郵行書舍，謂傳送文書所止處，亦如今之驛館矣。鄉官者，鄉所治處也。以贍鰥寡貧窮者，然後爲條教，置父老師帥伍長，班行之於民間，勸以爲善防姦之意，及務耕桑，節用殖財，種樹畜養，去食穀馬。米鹽靡密，初若煩碎，然霸精力能推行之。吏民見者，語次尋繹，問它陰伏，以相參考。嘗欲有所司察，擇長年廉吏遣行，屬令周密。吏出，不敢舍郵亭，食於道旁，烏攫其肉。民有欲詣府口言事者適見之，霸與語道此。後日吏還謁霸，霸見迎勞之，曰：甚苦，食於道旁乃爲烏所盜肉。吏大驚，以霸具知其起居，所問豪氂不敢有所隱。鰥寡孤獨有死無以葬者，鄉部書言，霸具爲區處，某所大木可以爲棺，某亭猪子可以祭，吏往皆如言。其識事聰明如此，吏民不知所出，咸稱神明。姦人去入它郡，盜賊日少。

霸力行教化而後誅罰，務在成就全安長吏。許丞老，病聾，督郵白欲逐之，霸曰：許丞廉吏，雖老，尚能拜起送迎，正頗重聽，何傷？且善助之，毋失賢者意。或問其故，霸曰：數易長吏，送故迎新之費及姦吏緣絶簿書盜財物，公私費耗甚多，皆當出於民，所易新吏又未必賢，或不如其故，徒相益爲亂。凡治道，去其泰甚者耳。

《漢書》卷九〇《酷吏傳·嚴延年》 丞義年老頗悖，素畏延年，恐見中傷。延年本嘗與義俱爲丞相史，實親厚之，無意毁傷也，饋遺之甚厚。義愈益恐，自筮得死卦，忽忽不樂，取告至長安，上書言延年罪名十事。已拜奏，因飲藥自殺，以明不欺。事下御史丞按驗，有此數事，以結延年，坐怨望非謗政治不道棄市。

《漢書》卷九二《遊俠傳·陳遵》 初，遵爲河南太守，而弟級爲荊州牧，當之官，俱過長安富人故淮陽王外家左氏飲食作樂。後司直陳崇聞之，劾奏遵兄弟幸得蒙恩超等歷位，遵爵列侯，備郡守，級州牧奉使，皆以舉直察枉宣揚聖化爲職，不正身自慎。始遵初除，乘藩車入閭巷，過寡婦左阿君置酒謌謳，遵起舞跳梁，頓仆坐上，暮因留宿，爲侍婢扶臥。遵知飲酒飫宴有節，禮不入寡婦之門，而湛酒溷肴，亂男女之別，輕辱爵位，羞汙印韍，惡不可忍聞。臣請皆免。遵既免，歸長安，賓客愈盛，飲食自若。

《後漢書》卷二四《馬嚴傳》 肅宗即位，徵拜侍御史中丞，除子鱄爲郎，令勸學省中。其冬，有日食之災，嚴上封事曰：臣聞日者衆陽之長，食者陰侵之徵。《書》曰：無曠庶官，天工人其代之。言王者代天官人也。故考績黜陟，以明褒貶。無功不黜，則陰盛陵陽。臣伏見方今刺史太守專州典郡，不務奉事盡心爲國，而司察偏阿，取與自己，同則舉爲尤異，異則中以刑法，不即垂頭塞耳，採求財賂。今益州刺史朱酺、楊州刺史倪説、涼州刺史尹業等，每行考事，輒有物故，又選舉不實，曾無貶坐，是使臣下得作威福也。故事，州郡所舉上奏，司直察能否以懲虚實。

今宜加防檢，式遵前制。舊丞相、御史親治職事，唯丙吉以年老優游，不案吏罪，於是宰府習爲常俗，更共罔養，以崇虛名，或未曉其職，便復遷徙，誠非建官賦禄之意。宜勑正百司，各責以事，州郡所舉，必得其人。若不如言，裁以法令。傳曰：上德以寬服民，其次莫如猛。故火烈則人望而畏之，水懦則人狎而翫之。爲政者寬以濟猛，猛以濟寬。如此，綏御有體，災眚消矣。書奏，帝納其言而免酺等官。

《後漢書》卷二九《鮑永傳》　建武十一年，徵爲司隸校尉。帝叔父趙王良尊戚貴重，永以事劾良大不敬，由是朝廷肅然，莫不戒慎。乃辟扶風鮑恢爲都官從事，恢亦抗直不避彊禦。帝常曰：貴戚且宜斂手，以避二鮑。其見憚如此。

《後漢書》卷三一《蘇不韋傳》　不韋字公先。父謙，初爲郡督郵。時魏郡李暠爲美陽令，與中常侍具瑗交通，貪暴爲民患，前後監司畏其埶援，莫敢糾問。及謙至，部案得其臧，論輸左校。

《後漢書》卷四一《鍾離意傳》　鍾離意字子阿，會稽山陰人也。少爲郡督郵。時部縣亭長有受人酒禮者，府下記案考之。意封還記，入言於太守曰：《春秋》先内後外，《詩》云刑於寡妻，以御于家邦，明政化之本，由近及遠。今宜先清府内，且闊略遠縣細微之愆。太守甚賢之，遂任以縣事。

《後漢書》卷四六《陳忠傳》　自帝即位以後，頻遭元二之戹，百姓流亡，盗賊並起，郡縣更相飾匿，莫肯糾發。忠獨以爲憂，上疏曰：臣聞輕者重之端，小者大之源，故隄潰蟻孔，氣洩鍼芒。是以明者慎微，智者識幾。《書》曰：小不可不殺。《詩》云：無縱詭隨，以謹無良。蓋所以崇本絶末，鉤深之慮也。臣竊見元年以來，盗賊連發，攻亭劫掠，多所傷殺。夫穿窬不禁，則致彊盗；彊盗不斷，則爲攻盗；攻盗成羣，必生大姦。故亡逃之科，憲令所急，至於通行飲食，罪致大辟。而頃者以來，莫以爲憂。州郡督録怠慢，長吏防禦不肅，皆欲採獲虛名，諱以盗賊爲負。雖有發覺，不務清澄。至有逞威濫怒，無辜僵仆。或有跼蹐比伍，轉相賦斂。或隨吏追赴，周章道路。是以盗發之家，不敢申告，鄰舍比里，共相壓迮，或出私財，以償所亡。其大章著不可掩者，乃肯發露。陵遲之漸，遂且成俗。寇攘誅咎，皆由於此。前年勃海張伯路，可爲至戒。覆車之軌，其迹不遠。蓋失之末流，求之本源。宜糾增舊科，以防來事。自今彊盗爲上官若它郡縣所糾覺，一發，部吏皆正法，尉貶秩一等，令長三月奉贖罪；二發，尉免官，令長貶秩一等；三發以上，令長免官。便可撰立科條，處爲詔文，切勑刺史，嚴加糾罰。冀以猛濟寬，驚懼姦慝。頃季夏大暑，而消息不協，寒氣錯時，水涌爲變。天之降異，必有其故。所舉有道之士，可策問國典所務，王事過差，令處煖氣不效之意。庶有讜言，以承天誡。

《後漢書》卷五一《龐參傳》　尚書僕射虞詡薦參有宰相器能，（順帝時）以爲太尉，録尚書事。是時三公之中，參名忠直，數爲左右所陷毀，以所舉用忤帝旨，司隸承風案之。

《後漢書》卷六七《黨錮傳・張儉》　延熹八年，太守翟超請爲東部督郵。時中常侍侯覽家在防東，殘暴百姓，所爲不軌。儉舉劾覽及其母罪惡，請誅之。

《後漢書》卷八二上《方術傳・謝夷吾》　謝夷吾字堯卿，會稽山陰人也。少爲郡吏，學風角占候。太守第五倫擢爲督郵。時烏程長有臧釁，倫使收案其罪。夷吾到縣，無所驗，但望閤伏哭而還。一縣驚怪，不知所爲。及還，白倫曰：竊以占候，知長當死。近三十日，遠不過六十日，遊魂假息，非刑所加，故不收之。倫聽其言，至月餘，果有驛馬齎長印綬，上言暴卒。

（唐）杜佑《通典》卷一六八《刑法・決斷》　謝夷吾爲荊州刺史，行部到南陽縣，遇章帝巡狩，幸魯陽，有詔敕夷吾入傳録見囚徒，勿廢舊儀。上臨西廂南面，夷吾處東廂，分帷於其中。夷吾首録囚徒，有亭長姦部人者，縣言和姦。上意以爲長吏以劫人而得言和，且觀刺史決當云何。須臾，夷吾呵之曰：亭長職在禁姦，今爲惡之端，何得言和。切讓三老、孝悌，免長吏之官，理亭長罪。帝善之。

監察官員選任分部

紀事

《史記》卷三《呂太后本紀》　迺以左丞相平爲右丞相，以辟陽侯審食其爲左丞相。左丞相不治事，令監宮中，如郎中令。

《史記》卷九六《張丞相列傳》　是後戚姬子如意爲趙王，年十歲，高祖憂即萬歲之後不全也。趙堯年少，爲符璽御史。趙人方與公謂御史大夫周昌曰：君之史趙堯，年雖少，然奇才也，君必異之，是且代君之位。周昌笑曰：堯年少，刀筆吏耳，何能至是乎。居頃之，趙堯侍高祖。高祖獨心不樂，悲歌，群臣不知上之所以然。趙堯進請問曰：陛下所爲不樂，非爲趙王年少而戚夫人與呂后有卻邪？備萬歲之後而趙王不能自全乎？高祖曰：然。吾私憂之，不知所出。堯曰：陛下獨宜爲趙王置貴彊相，及呂后、太子、羣臣素所敬憚乃可。高祖曰：然。吾念之欲如是，而羣臣誰可者？堯曰：御史大夫周昌，其人堅忍質直，且自呂后、太子及大臣皆素敬憚之。獨昌可。高祖曰：善。於是乃召周昌，謂曰：吾欲固煩公，公彊爲我相趙王。周昌泣曰：臣初起從陛下，陛下獨柰何中道而弃之於諸侯乎？高祖曰：吾極知其左遷，然吾私憂趙王，念非公無可者。公不得已彊行，於是徙御史大夫周昌爲趙相。

既行久之，高祖持御史大夫印弄之，曰：誰可以爲御史大夫者？孰視趙堯，曰：無以易堯。遂拜趙堯爲御史大夫。

《史記》卷一〇四《田仁列傳》　田仁上書言：天下郡太守多爲姦利，三河尤甚，臣請先刺舉三河。三河太守皆內倚中貴人，與三公有親屬，無所畏憚，宜先正三河以警天下姦吏。是時河南、河內太守皆御史大夫杜父兄子弟也，河東太守石丞相子孫也。是時石氏九人爲二千石，方盛貴。田仁數上書言之。杜大夫及石氏使人謝，謂田少卿曰：吾非敢有語言也，願少卿無相誣汙也。仁已刺三河，三河太守皆下吏誅死。仁還奏事，武帝說，以仁爲能不畏彊禦，拜仁爲丞相司直，威振天下。

《漢書》卷三〇《藝文志》　漢興，蕭何草律，亦著其法，曰：太史試學童，能諷書九千字以上，乃得爲史。又以六體試之，課最者以爲尚書御史史書令史。吏民上書，字或不正，輒舉劾。

《漢書》卷五八《卜式傳》　元鼎中，徵式代石慶爲御史大夫。式既在位，言郡國不便鹽鐵而船有算，可罷。上由是不說式。明年當封禪，式又不習文章，貶秩爲太子太傅，以兒寬代之。

《漢書》卷五八《兒寬傳》　寬爲人溫良，有廉知自將，善屬文，然懦於武，口弗能發明也。時張湯爲廷尉，廷尉府盡用文史法律之吏，而寬以儒生在其間，見謂不習事，不署曹，除爲從史，之北地視畜數年。還至府，上畜簿，會廷尉時有疑奏，已再見卻矣，掾史莫知所爲。寬爲言其意，掾史因使寬爲奏。奏成，讀之皆服，以白廷尉湯。湯大驚，召寬與語，乃奇其材，以爲掾。上寬所作奏，即時得可。異日，湯見上。問曰：前奏非俗吏所及，誰爲之者？湯言兒寬。上曰：吾固聞之久矣。湯由是鄉學，以寬爲奏讞掾，以古法義決疑獄，甚重之。及湯爲御史大夫，以寬爲掾，舉侍御史。

《漢書》卷七一《于定國傳》　定國少學法于父，父死，後定國亦爲獄史，郡決曹，補廷尉史，以選與御史中丞從事治反者獄，以材高舉侍御史，遷御史中丞。

《漢書》卷七一《彭宣傳》　宣罷數歲，諫大夫鮑宣數薦宣。會元壽元年正月朔日蝕，鮑宣復（上言）〔言，上〕乃召宣爲光祿大夫，遷御史大夫，轉爲大司空，封長平侯。

《漢書》卷七四《丙吉傳》　地節三年，立皇太子，吉爲太子太傅，數月，遷御史大夫。及霍氏誅，上躬親政，省尚書事。是時，掖庭宮婢則令民夫上書，自陳嘗有阿保之功。章下掖庭令考問，則辭引使者丙吉知狀。掖庭令將則詣御史府以視吉。吉識，謂則曰：汝嘗坐養皇曾孫不謹督笞，汝安得有功？獨渭城胡組、淮陽郭徵卿有恩耳。分別奏組等共養勞苦狀。

《漢書》卷七八《蕭望之傳》　後丞相司直緐延壽奏：侍中謁者良使（丞）〔承〕制詔望之，望之再拜已。良與望之言，望之不起，因故下手，而謂御史曰良禮不備。故事丞相病，明日御史大夫輒問病；朝奏事會庭中，差居丞相後，丞相謝，大夫少進，揖。今丞相數病，望之不問病；會庭中，與丞相鈞禮。時議事不合意，望之曰：侯年寧能父我邪。知御史有令不得擅使，望之多使守史自給車馬，之杜陵護視家事。少史冠法冠，爲妻先引，又使賣買，私所附益凡十萬三千。案望之大臣，通經術，居九卿之右，本朝所仰，至不奉法自修，踞慢不遜攘，受所監臧二百五十以上，請逮捕繫治。上於是策望之曰：有司奏君責使者禮，遇丞相亡禮，廉聲不聞，敖慢不遜，亡以扶政，帥先百僚。君不深思，陷于茲穢，朕不忍致君于理，使光祿勳惲策詔，左遷君爲太子太傅，授印。其上故印使者，便道之官。君其秉道明孝，正直是與，帥意亡諐，靡有後言。

《漢書》卷七九《馮野王傳》　數年，御史大夫李延壽病卒，在位多舉野王。上使尚書選第中二千石，而野王行能第一。上曰：吾用野王爲三公，後世必謂我私後宮親屬，以野王爲比。乃下詔曰：剛彊堅固，確然亡欲，大鴻臚野王是也。心辨善辭，可使四方，少府五鹿充宗是也。廉絜節儉，太子少傅張譚是也。其以少傅爲御史大夫。上繇下第而用譚，越次避嫌不用野王，以昭儀兄故也。野王乃歎曰：人皆以女寵貴，我兄弟獨以賤。野王雖不爲三公，甚見器重，有名當世。

《漢書》卷八三《薛宣傳》　月餘，御史大夫于永卒，谷永上疏曰：帝王之德莫大於知人，知人則百僚任職，天工不曠。故皋陶曰：知人則哲，能官人。御史大夫內承本朝之風化，外佐丞相統理天下，任重職大，非庸材所能堪。今當選於羣卿，以充其缺。得其人則萬姓欣喜，百僚説服；不得其人則大職墮斁，王功不興。虞帝之明，在茲壹舉，可不致詳。竊見少府宣，材茂行絜，達於從政，前爲御史中丞，執憲轂下，不吐剛茹柔，舉錯時當；出守臨淮、陳留，二郡稱治；爲左馮翊，崇教養善，威德並行，衆職修理，姦軌絶息，辭訟者歷年不至丞相府，赦後餘盜賊什分三輔之一。功效卓爾，自左內史初置以來未嘗有也。孔子曰：如有所譽，其有所試。宣考績功課，簡在兩府，不敢過稱以奸欺誣之罪。臣聞賢材莫大於治人，宣已有效。其法律任廷尉有餘，經術文雅足以謀王體，斷國論；身兼數器，有退食自公之節。宣無私黨游説之助，臣恐陛下忽於《羔羊》之詩，舍公實之臣，任華虛之譽，是用越職，陳宣行能，唯陛下留神考察。上然之，遂以宣爲御史大夫。

《漢書》卷八三《朱博傳》　後二歲餘，朱博爲大司空，奏言帝王之道不必相襲，各繇時務。高皇帝以聖德受命，建立鴻業，置御史大夫，位次丞相，典正法度，以職相參，總領百官，上下相監臨，歷載二百年，天下安寧。今更爲大司空，與丞相同位，未獲嘉祐。故事，選郡國守相高第爲中二千石，選中二千石爲御史大夫，任職者爲丞相，位次有序，所以尊聖德，重國相也。今中二千石未更御史大夫而爲丞相，權輕，非所以重國政也。臣愚以爲大司空官可罷，復置御史大夫，遵奉舊制。臣願盡力，以御史大夫爲百僚率。哀帝從之，乃更拜博爲御史大夫。

《漢書》卷八六《師丹傳》　建始中，州舉茂材，復補博士，出爲東平王太傅。丞相方進、御史大夫孔光舉丹論議深博，廉正守道，徵入爲光祿大夫、丞相司直。

《漢書》卷八六《何武傳》　爲刺史五歲，入爲丞相司直，丞相薛宣敬重之。出爲清河太守，數歲，坐郡中被災害什四以上免。久之，大司馬曲陽侯王根薦武，徵爲諫大夫，遷兗州刺史，入爲司隸校尉，徙京兆尹。二歲，坐舉方正所舉者召見槃辟雅拜，有司以爲詭衆虛僞。武坐左遷楚內史，遷沛郡太守，復入爲廷尉。綏和（三）〔元〕年，御史大夫孔光左遷廷尉，武爲御史大夫。成帝欲修辟雍，通三公官，即改御史大夫爲大司空。武更爲大司空，封氾鄉侯，食邑千户。氾鄉在琅邪不其，哀帝初即位，褒賞大臣，更以南陽犨之博望鄉爲氾鄉侯國，增邑千户。

（漢）荀悦《前漢紀》卷六《高后》　〔元年七月〕高后怒御史大夫趙堯之爲趙王謀也，免堯官抵罪。上党太守任敖爲御史大夫。

《後漢書》卷三二《樊準傳》　永元十五年，和帝幸南陽，準爲郡功曹，召見，帝器之，拜郎中，從車駕還宮，特補尚書郎。【略】太后深納其言，是後屢舉方正、敦樸、仁賢之士。準再遷御史中丞。

魏晉南北朝部

監察系統分部

曹 魏

綜 述

（唐）**杜佑《通典》卷二四《職官·殿中侍御史》** 殿中侍御史。魏蘭臺遣二御史居殿中，察非法，即殿中侍御史之始也。晋置四人，江左多置二人。宋徐爰自殿中侍御史轉南臺侍御史。梁有四人，掌殿内禁衛内事。後魏、北齊皆有之。

（唐）**杜佑《通典》卷二四《職官·監察侍御史》** 監察御史。初，秦以御史監理諸郡，謂之監御史，漢罷其名。至晋太元中，始置檢校御史，以吴混之爲之，掌行馬外事。《晋志》云：古司隸知行馬外事。晋過江，罷司隸官，故置檢校御史，專掌行馬外事。亦蘭臺之職。又有禁防御史。宋、齊以來無聞。後魏太和末，亦置此官，宿直外臺，不得入宿内省。北齊檢校御史十二人。後周司憲旅下士八人，蓋亦其職。

（唐）**杜佑《通典》卷二四《職官·御史大夫》** 魏黄初二年，又改御史大夫爲司空，末年復有大夫。而吴有左右焉。《晋書》曰，魏以司空何曾爲晋國丞相，以王沈爲御史大夫是也。吴孫休以丁密、孟宗爲左右御史大夫。

（唐）**杜佑《通典》卷二四《職官·中丞》** 魏初，改中丞爲宫正，舉鮑勛爲之，百僚嚴憚。陳群及司馬宣王舉勛爲之。後復爲中丞。【略】 魏置持書執法，掌奏劾，而持書侍御史掌律令，二官俱置。《宋志》曰：魏置御史八人，有持書曹，掌度支運，課第曹掌考課。不知餘復何曹。

（唐）**杜佑《通典》卷二四《職官·侍御史》** 魏置御史八人。當大會殿中，御史簪白筆，側陛而坐。帝問左右：此何官？何主？辛毗曰：此謂御史，舊時簪筆以奏不法。當如今者，直備位，但珥筆耳。

紀 事

《三國志》卷一四《魏志·程曉傳》 曉，嘉平中爲黄門侍郎。時校事放横，曉上疏曰：《周禮》云：設官分職，以爲民極。《春秋傳》曰：天有十日，人有十等。愚不得臨賢，賤不得臨貴。於是並建聖哲，樹之風聲。明試以功，九載考績。各脩厥業，思不出位。故欒書欲拯晋侯，其子不聽；死人横於街路，邴吉不問。上不責非職之功，下不務分外之賞，吏無兼統之勢，民無二事之役，斯誠爲國要道，治亂所由也。遠覽典志，近觀秦漢，雖官名改易，職司不同，至于崇上抑下，顯分明例，其致一也。初無校事之官干與庶政者也。昔武皇帝大業草創，衆官未備，而軍旅勤苦，民心不安，乃有小罪，不可不察，故置校事，取其一切耳，然檢御有方，不至縱恣也。此霸世之權宜，非帝王之正典。其後漸蒙見任，復爲疾病，轉相因仍，莫正其本。遂令上察宫廟，下攝衆司，官無局業，職無分限，隨意任情，唯心所適。法造於筆端，不依科詔；獄成於門下，不顧覆訊。其選官屬，以謹慎爲粗疏，以謥詷爲賢能。其治事，以刻暴爲公嚴，以循理爲怯弱。外則託天威以爲聲勢，内則聚羣姦以爲腹心。大臣恥與分勢，含忍而不言，小人畏其鋒芒，鬱結而無告。至使尹模公于目下肆其奸慝；罪惡之著，行路皆知，纖惡之過，積年不聞。既非《周禮》設官之意，又非《春秋》十等之義也。今外有公卿將校總統諸署，内有侍中尚書綜理萬機，司隸校尉督察京輦，御史中丞董攝宫殿，皆高選賢才以充其職，申明科詔以督其違。若此諸賢猶不足任，校事小吏，益不可信。若此諸賢各思盡忠，校事區區，亦復無益。若更高選國士以爲校事，則是中丞司隸重增一官耳。若如舊選，尹模之奸今復發矣。進退推算，無所用之。昔桑弘羊爲漢求利，卜式以爲獨烹弘羊，天乃可雨。若使政治得失必感天地，臣恐水旱之災，未必非校事之由也。曹恭公遠君子，近小人，《國風》託以爲刺。衛獻公舍大臣，與小臣謀，定姜謂之有罪。縱令校事有益於國，以禮義言之，尚傷大臣之心，況姦回暴露，而復不罷，是衮闕不補，迷而不返也。於是遂罷校事官。

《三國志》卷一五《魏志·賈逵傳》　文帝即王位，以鄴縣户數萬在都下，多不法，乃以逵爲鄴令。月餘，遷魏郡太守。大軍出征，復爲丞相主簿祭酒。逵嘗坐人爲罪，王曰：叔向猶十世宥之，況逵功德親在其身乎？從至黎陽，津渡者亂行，逵斬之，乃整。至譙，以逵爲豫州刺史。是時天下初復，州郡多不攝。逵曰：州本以御史出監諸郡，以六條詔書察長吏二千石已下，故其狀皆言嚴能鷹揚有督察之才，不言安静寬仁有愷悌之德也。今長吏慢法，盜賊公行，州知而不糾，天下復何取正乎？兵曹從事受前刺史假，逵到官數月，乃還；考竟其二千石以下阿縱不如法者，皆舉奏免之。帝曰：逵真刺史矣。布告天下，當以豫州爲法。

《三國志》卷一六《魏志·杜恕傳》〔恕上疏極諫曰〕騎都尉王才、幸樂人孟思所爲不法，振動京都，而其罪狀發於小吏，公卿大臣初無一言。自陛下踐阼以來，司隸校尉、御史中丞寧有舉綱維以督奸宄，使朝廷肅然者邪？

《三國志》卷一六《魏志·杜恕傳》　時公卿以下大議損益，恕以爲古之刺史，奉宣六條，以清静爲名，威風著稱，今可勿令領兵，以專民事。

《三國志》卷二四《魏志·高柔傳》　遷爲潁川太守，復還爲法曹掾。時置校事盧洪、趙達等，使察羣下，柔諫曰：設官分職，各有所司。今置校事，既非居上信下之旨。又達等數以憎愛擅作威福，宜檢治之。太祖曰：卿知達等，恐不如吾也。要能刺舉而辨衆事，使賢人君子爲之，則不能也。昔叔孫通用羣盜，良有以也。達等後奸利發，太祖殺之以謝於柔。【略】校事劉慈等，自黄初初數年之間，舉吏民姦罪以萬數，柔皆請徵虚實；其餘小小挂法者，不過罰金。

《三國志》卷二七《魏志·徐邈傳》　明帝以涼州絶遠，南接蜀寇，以邈爲涼州刺史，使持節領護羌校尉。至，值諸葛亮出祁山，隴右三郡反，邈輒遣參軍及金城太守等擊南安賊，破之。河右少雨，常苦乏穀，邈上脩武威、酒泉鹽池以收虜穀，又廣開水田，募貧民佃之，家家豐足，倉庫盈溢。乃支度州界軍用之餘，以市金帛犬馬，通供中國之費。以漸收斂民間私仗，藏之府庫。然後率以仁義，立學明訓，禁厚葬，斷淫祀，進善黜惡，風化大行，百姓歸心焉。西域流通，荒戎入貢，皆邈勳也。討叛羌柯吾有功，封都亭侯，邑三百户，加建威將軍。邈與羌、胡從事，不問小過；若犯大罪，先告部帥，使知，應死者乃斬以徇，是以信服畏威。賞賜皆散與將士，無入家者，妻子衣食不充；天子聞而嘉之，隨時供給其家。彈邪繩枉，州界肅清。

《三國志》卷二八《魏志·鍾會傳》　詔曰：會典綜軍事，參同計策，料敵制勝，有謀謨之勳，而推寵固讓，辭指款實，前後累重，志不可奪。夫成功不處，古人所重，其聽會所執，以成其美。遷司隸校尉。雖在外司，時政損益，當世與奪，無不綜典。

晉朝

論說

《晉書》卷三九《荀勖傳》　時又議省州郡縣半吏以赴農功，勖議以爲：【略】若欲省官，私謂九寺可并於尚書，蘭臺宜省付三府。

《晉書》卷四六《劉頌傳》　故善爲政者綱舉而網疏，綱舉則所羅者廣，網疏則小必漏，所羅者廣則爲政不苛，此爲政之要也。而自近世以來，爲監司者，類大綱不振而微過必舉。微過不足以害政，舉之則微而益亂；大綱不振，則豪強横肆，豪強横肆，則百姓失職矣，此錯所急而倒所務之由也。今宜令有司反所常之政，使天下可善化。及此非難也，人主不善碎密之案，必責犯強舉尤之奏，當以盡公，則害政之姦自然禽矣。夫大姦犯政而亂兆庶之罪者，類出富強，而豪富者其力足憚，其貨足欲，是以官長顧勢而頓筆。下吏縱姦，懼所司之不舉，則謹密網以羅微罪。使奏劾相接，狀似盡公，而撓法不亮固已在其中矣。非徒無益於政體，清議乃由此而益傷。古人有言曰：君子之過，如日之蝕焉。又曰：過而能改。又曰：不貳過。凡此數者，皆是賢人君子不能無過之言也。苟不至於害政，則皆天網之所漏；所犯在甚泰，然後王誅所必加，此舉罪淺深之大例者也。

《晉書》卷四七《傅咸傳》　咸上事以爲：按令，御史中丞督司百僚。皇太子以下，其在行馬內，有違法憲者皆彈糾之。雖在行馬外，而監司不糾，亦得奏之。如令之文，行馬之內有違法憲，謂禁防之事耳。宮內禁防，外司不得而行，故專施中丞。今道路橋梁不修，鬭訟屠沽不絕，如此之比，中丞推責州坐，即今所謂行馬內語施於禁防。既云中丞督司百僚矣，何復説行馬之內乎。既云百僚，而不得復説行馬之內者，內外衆官謂之百僚，則通內外矣。司隸所以不復説行馬內外者，禁防之事已於中丞説之故也。中丞、司隸俱糾皇太子以下，則共對司內外矣，不爲中丞專司內百僚，司隸專司外百僚。自有中丞、司隸以來，更互奏內外衆官，惟所糾得無內外之限也。而結一旦橫挫臣，臣前所以不羅縷者，冀因結奏得從私願也。今既所願不從，而敕云但爲過耳，非所不及也，以此見原。臣忝司直之任，宜當正己率人，若其有過，不敢受原。是以申陳其愚，司隸與中丞俱共糾皇太子以下，則從皇太子以下無所不糾也。得糾皇太子而不得糾尚書，臣之闇塞既所未譬。皇太子爲在行馬之內邪，皇太子在行馬之內而得糾之，尚書在行馬之內而不得糾，無有此理。此理灼然，而結以此挫臣。臣可無恨耳，其於觀聽，無乃有怪邪。臣識石公前在殿上脱衣，爲司隸荀愷所奏，先帝不以爲非，于時莫謂侵官；今臣裁糾尚書，而當有罪乎？

《晉書》卷七〇《應詹傳》 弘濟茲務，在乎官人。今南北雜錯，屬託者無保負之累，而輕舉所知，此博采所以未精，職理所以多闕。今凡有所用，宜隨其能否而與舉主同乎褒貶，則人有慎舉之恭，官無廢職之吝。昔冀缺有功，胥臣蒙先茅之賞；子玉敗軍，子文受蔿賈之責。古既有之，今亦宜然。漢朝使刺史行部，乘傳奏事，猶恐不足以辨彰幽明，弘宣政道，故復有繡衣直指。今之艱弊，過於往昔，宜分遣黄、散若中書郎等循行天下，觀採得失，舉善彈違，斷截苟且，則人不敢爲非矣。漢宣帝時，二千石有居職修明者，則入爲公卿；其不稱職免官者，皆還爲平人。懲勸必行，故歷世長久。中間以來，遷不足競，免不足懼。或有進而失意，退而得分。莅官雖美，當以素論降替；在職實劣，直以舊望登敘。校游談爲多少，不以實事爲先後。以此責成，臣未見其兆也。今宜峻左降舊制，可二千石免官，三年乃得叙用，長史六年，户口折半，道里倍之。此法必明，使天下知官難得而易失，必人慎其職，朝無惰官矣。都督可課佃二十頃，州十頃，郡五頃，縣三頃。皆取文武吏醫卜，不得撓亂百姓。三臺九府，中外諸軍，有可減損，皆令附農。市息末伎，道無游人，不過一熟，豐穰可必。然後重居職之俸，使禄足以代耕。

《晉書》卷七五《范甯傳》〔甯又陳時政曰〕夫府以統州，州以監郡，郡以莅縣，如令互相領帖，則是下官反爲上司，賦調役使無復節限。且牽曳百姓，營起廨舍，東西流遷，人人易處，文書簿籍，少有存者。先之室宇，皆爲私家，後來新官，復應修立。其爲弊也，胡可勝言。

綜述

《晉書》卷二四《職官志》 御史中丞，本秦官也。秦時，御史大夫有二丞，其一御史丞，其一爲中丞。中丞外督部刺史，內領侍御史，受公卿奏事，舉劾案章。漢因之，及成帝綏和元年，更名御史大夫爲大司空，置長史，而中丞官職如故。哀帝建平二年，復爲御史大夫。元壽二年，又爲大司空，而中丞出外爲御史臺主。歷漢東京至晋因其制，以中丞爲臺主。

治書侍御史，案漢宣帝幸宣室，齋居而决事，令侍御史二人治書侍側，後因别置，謂之治書侍御史，蓋其始也。及魏，又置治書執法，掌奏劾，而治書侍御史掌律令，二官俱置。及晋，唯置治書侍御史，員四人。泰始四年，又置黄沙獄治書侍御史一人，秩與中丞同，掌詔獄及廷尉不當者皆治之。後并河南，遂省黄沙治書侍御史。及太康中，又省治書侍御史二員。

侍御史，案二漢所掌凡有五曹：一曰令曹，掌律令；二曰印曹，掌刻印；三曰供曹，掌齋祠；四曰尉馬曹，掌厩馬；五曰乘曹，掌護駕。魏置八人。及晋，置員九人，品同治書，而有十三曹：吏曹、課第曹、直事曹、印曹、中都督曹、外都督曹、媒曹、符節曹、水曹、中壘曹、營軍曹、法曹、算曹。及江左初，省課第曹，置庫曹，掌厩牧牛馬市租，後分曹，置外左庫、內左庫云。

殿中侍御史，案魏蘭臺遣二御史居殿中，伺察非法，即其始也。及晋，置四人，江左置二人。又案魏晋官品令又有禁防御史第七品，孝武太元中有檢校御史吴琨，則此二職亦蘭臺之職也。

符節御史，秦符璽令之職也。漢因之，位次御史中丞。至魏，別爲一臺，位次御史中丞，掌授節、銅武符、竹使符。及泰始九年，武帝省并蘭臺，置符節御史掌其事焉。

《晉書》卷二四《職官志》 司隸校尉，案漢武初置十三州，刺史各一人，又置司隸校尉，察三輔、三河、弘農七郡，歷漢東京及魏晉，其官不替。屬官有功曹、都官從事、諸曹從事、部郡從事、主簿、録事、門下書佐、省事、記室書佐、諸曹書佐守從事、武猛從事等員，凡吏一百人，卒三十二人。及渡江，乃罷司隸校尉官，其職乃揚州刺史也。

《晉書》卷四七《傅玄傳》 帝初即位，廣納直言，開不諱之路，玄及散騎常侍皇甫陶共掌諫職。

《唐六典》卷一《尚書都省》 左丞一人，正四品上；右丞一人，正四品下。司馬彪《續漢書》云：尚書丞一人，秦所置，漢因之。至成帝建始四年置列曹尚書，更置丞四人。至光武減其二，惟置左、右丞各一人。丞者，承也，言承助令、僕總理臺事也。然漢列曹尚書四人，成帝加至五人，彪言成帝置列曹尚書，恐誤也。《漢宫儀》云：尚書令、左丞，惣領綱紀，無所不統；僕射、右丞，掌領廪假錢穀。晉傅咸云：左丞得奏彈八座。魏、晉已來，左丞主臺内禁令，宗廟祠祀，朝儀禮制，選用置吏，糺諸不法，無所回避；右丞掌庫藏、廬舍，凡諸器用之物，刑獄、兵器。然則右減於左，其來尚矣。魏、晉、宋已來，左、右丞銅印、墨綬，絳朝服，進賢一梁冠。自魏至宋、齊，品皆第六，秩四百石。梁左丞班第九，右丞班第八，並第四品，秩六百石。陳因之。後魏、北齊左丞正四品下，右丞從四品上。隋初，左丞從四品上，右丞從四品下；煬帝左、右丞並正四品。皇朝左丞正四品上，右丞正四品下；服絺冕、六旒，三章，兩梁冠。龍朔二年改爲左、右肅機，咸亨元年復爲左、右丞。永昌元年爲從三品，神龍二年復故。左、右丞掌管轄省事，糺舉憲章，以辨六官之儀制，而正百僚之文法，分而視焉。若左闕，則右兼知其事；右闕，則左亦如之。若御史有糺劾不當，兼得彈奏。

（唐）杜佑《通典》卷二二《職官・尚書上・尚書省》 左丞主臺内禁令，寢廟祠祀，朝儀禮制，選用署吏，急假兼糾彈之事；《傅咸答辛曠詩序》曰：尚書左丞，彈八座以下，居萬機之會，乃皇朝之司直，天臺之管轄。

（唐）杜佑《通典》卷二四《職官・中丞》 晉亦因漢，以中丞爲臺主，與司隸分督百僚。自皇太子以下，無所不糾。初不得糾尚書，後亦糾之。晉傅咸奏云：司隸、中丞得糾太子而不得糾尚書，臣所未譬。朝廷無以易之。又劉暾字長叔，兼中丞，奏免尚書僕射等十餘人，朝廷嘉之，遂以即真。晉元帝即尊號，省司直，置中丞，皇太子以下悉得糾劾之。中丞專糾行馬內，司隸專糾行馬外。雖制如是，然亦更奏衆官，實無其限。王恬字元愉，爲中丞。簡文初即位，未解嚴，大司馬桓温屯中堂，夜吹警角，恬奏劾温大不敬，請理罪。明日，温見奏事，歎曰：此兒乃敢彈我，真可畏也。【略】

〔御史中丞〕晉置四人，泰始四年，又置黄沙獄持書侍御史一人，秩與中丞同，掌詔獄及廷尉不當者皆理之，後并河南，遂省黄沙持書侍御史。及太康中，又省持書侍御史二員。魏晉以來，持書侍御史分掌侍御史所掌諸曹，若尚書二丞。

（唐）杜佑《通典》卷二四《職官・侍御史》 晉侍御史九人，頗用郡守爲之，《山公啓事》曰：舊侍御史頗用郡守，今散二千石有才能尚少者可用不？詔使八座詳之。毦音餌。品同持書，而有十三曹。十三曹者，謂吏曹、課第曹、直事曹、印曹、中都督曹、外都督曹、媒曹、符節曹、水曹、中壘曹、營軍曹、法曹、筭曹。及江左初，省課第曹，置庫曹，掌廄牧馬牛市租。後分庫曹，置左庫、外左庫二曹。

（唐）杜佑《通典》卷三二《職官・州郡上・司隸校尉》 魏晉司隸與二漢同。劉聰僭號，置左右司隸。司隸於端門外坐，在諸卿上，絶席。其入殿，按本品秩在諸卿下，不絶席。魏鍾會爲司隸，雖在外司，時政損益，當世與奪，無不必綜。《晉諸公贊》云：劉毅字仲雄，爲司隸，奏太尉何曾、尚書劉寔父子及羊琇、張佗等所犯狼藉。司郡守令事相連及覩風投印綬者甚衆，皆以爲毅能繼諸葛豐、蓋寬饒。初以司隸官屬制置如州儀，而俗稱之司州。見《太康記》。及魏晉，乃以京輔所部定名，置司州，以司隸校尉統之。及東晉渡江，罷司隸校尉官，變其職爲揚州刺史。

（宋）李昉等《太平御覽》卷二一三《職官部・左丞》 《傅咸答辛曠詩序》曰：尚書左丞彈八座以下，居萬機之會，斯乃皇朝之司直，天臺之管轄，余前爲右丞具知此職之要，後忝此任僶俛從事日慎一日。

紀事

《三國志》卷四《魏志・三少帝紀》 正元元年冬十月壬辰，遣侍中持節分適四方，觀風俗，勞士民，察冤枉失職者。

《晉書》卷三《武帝紀》〔泰始〕二年春正月丙戌，遣兼侍中侯史光等持節四方，循省風俗，除禳祝之不在祀典者。【略】〔四年〕秋七月，太山石崩，衆星西流。戊午，遣使者侯史光循行天下。

《晉書》卷二一《禮志》　及武帝泰始四年，詔刺史二千石長吏曰：古之王者，以歲時巡狩方岳，其次則二伯述職，不然則行人順省。故雖幽遐側微，心無壅隔，下情上通，上指遠諭，至于鰥寡，罔不得所，用垂風遺烈，休聲猶存。朕在位累載，如臨深川，夙興夕惕，明發不寢，坐而待旦，思四方水旱災眚，爲之怛然。勤躬約己，欲令事事當宜。常恐衆吏用情，誠心未著，萬機兼猥，慮有不周，政刑失謬，而弗獲備覽。百姓有過，在予一人。惟歲之不易，未遑卜征巡省之事，下之未乂，其何以恤之。今使持節侍中副給事黄門侍郎銜命四出，周行天下，親見刺史二千石長吏，申諭朕心，訪求得失損益諸宜，觀省政教，問人間患苦。周典有之曰：其萬姓之利害爲一書，其禮俗政事刑禁之逆順爲一書，其暴亂作慝犯令爲一書，其札喪凶荒厄貧爲一書，其康樂和親安平爲一書，每國辨異之，以返命于王。舊章前訓，令率由之。還具條奏，俾朕昭然鑒于幽遠，若親行焉。大夫君子，其各悉乃心，敬乃事，嘉謀令圖，苦言至戒，與使者盡之，無所隱諱。方將虚心以俟，其勉哉勖之，稱朕意焉。

《晉書》卷四七《傅咸傳》　時司隸荀愷從兄喪，自表赴哀，詔聽之而未下，愷乃造駿。咸因奏曰：死喪之戚，兄弟孔懷。同堂亡隕，方在信宿，聖恩矜憫，聽使臨喪。詔未下而便以行造，急諂媚之敬，無友于之情。宜加顯貶，以隆風教。

《晉書》卷五二《華譚傳》　陳敏之亂，吴士多爲其所逼。顧榮先受敏官，而潛謀圖之。譚不悟榮旨，露檄遠近，極言其非，由此爲榮所怨。又在郡政嚴，而與上司多忤。揚州刺史劉陶素與譚不善，因法收譚，下壽陽獄。

《晉書》卷五八《周處傳》　及居近侍，多所規諷。遷御史中丞，凡所糾劾，不避寵戚。梁王肜違法，處深文案之。及氐人齊萬年反，朝臣惡處強直，皆曰：處，吴之名將子也，忠烈果毅。乃使隸夏侯駿西征。

《晉書》卷八三《顧和傳》　既而導遣八部從事之部，和爲下傳還，同時俱見，諸從事各言二千石官長得失，和獨無言。導問和：卿何所聞？答曰：明公作輔，寧使網漏吞舟，何緣採聽風聞，以察察爲政。導咨嗟稱善。

南朝

綜述

《宋書》卷三《武帝紀》〔永初元年六月〕丁丑，詔曰：古之王者，巡狩省方，躬覽民物，搜揚幽隱，拯災卹患，用能風澤遐被，遠至邇安。朕以寡闇，道謝前哲，因受終之期，託兆庶之上，鑒寐屬慮，思求民瘼。才弱事艱，若無津濟，夕惕永念，心馳遐域。可遣大使分行四方，旌賢舉善，問所疾苦。其有獄訟虧濫，政刑乖愆，傷化擾治，未允民聽者，皆當具以事聞。萬事之宜，無失厥中，暢朝廷乃眷之旨，宣下民壅隔之情。

《宋書》卷五《文帝紀》〔元嘉三年五月〕詔曰：夫哲王宰世，廣達四聰，猶巡嶽省方，採風觀政。所以情僞必審，幽遐罔滯，王澤無擁，九皋有聞者也。朕以寡薄，猥纂洪緒。雖永念治道，志存昧旦，願言傅巖，發想宵寐，而丘園之秀，藏器未臻，物情民隱，尚隔視聽。乃眷區域，輟寢忘飡。今氛祲祛蕩，宇内寧晏，旌賢弘化，於是乎始。可遣大使巡行四方。其宰守稱職之良，閭華一介之善，詳悉列奏，勿或有遺。若刑獄不卹，政治乖謬，傷民害教者，具以事聞。

《宋書》卷八《明帝紀》〔泰始元年十二月〕癸酉，詔曰：朕戢亂寧民，屬膺景祚。鴻制初造，革道惟新。而國故頻罹，仁澤偏壅。每鑒寐疚心，罔識攸濟。巡方問俗，弘政所先，可分遣大使，廣求民瘼，考守宰之良，採衡閭之善。若獄犴淹枉，傷民害教者，具以事聞。鰥寡孤獨，癃殘六疾，不能自存者，郡縣優量賑給。貞婦孝子，高行力田，詳悉條奏。務詢輿誦，廣納嘉謀，每盡皇華之旨，俾若朕親覽焉。

《宋書》卷九《後廢帝紀》〔泰豫元年〕六月壬辰，詔曰：夫興王經制，實先民隱，方求廣教，刑於四維。朕以煢眇，夙膺寶歷，永言民政，未接聽覽，眷言乃顧，無忘鑒寐。可遣大使分行四方，觀採風謠，問其疾苦。令有咈民，法不便俗者，悉各條奏。若守宰威恩可紀，廉勤允著，依事騰聞。如獄訟誣枉，職事紕繆，惰公存私，害民利己者，無或隱昧。廣納芻輿之議，博求獻藝之規。巡省之道，務令精洽，深簡行識，俾若朕親覽焉。

《宋書》卷四〇《百官志》 御史中丞，一人。掌奏劾不法。秦時御史大夫有二丞，其一曰御史丞，其二曰御史中丞。殿中蘭臺祕書圖籍在焉，而中丞居之。外督部刺史，内領侍御史，受公卿奏事，舉劾按章。時中丞亦受奏事，然則分有所掌也。成帝綏和元年，更名御史大夫爲大司空，置長史，而中丞官職如故。哀帝建平二年，復爲御史大夫。元壽二年，復爲大司空。而中丞出外爲御史臺主，名御史長史。光武還曰中丞，又屬少府。獻帝時，更置御史大夫，自置長史一人，不復領中丞也。漢東京御史中丞遇尚書丞郎，則中丞止車執版揖，而丞郎坐車舉手禮之而已。不知此制何時省。中丞每月二十五日，繞行宮垣白壁。史臣按《漢志》執金吾每月三繞行宮城，疑是省金吾，以此事併中丞。中丞秩千石。

治書侍御史，掌舉劾官品第六已上。漢宣帝齋居決事，令御史二人治書，因謂之治書御史。漢東京使明法律者爲之，天下讞疑事，則以法律當其是非。魏、晋以來，則分掌侍御史所掌諸曹，若尚書二丞也。

侍御史，於周爲柱下史。《周官》有御史，掌治令，亦其任也。秦置侍御史，漢因之。二漢員並十五人。掌察舉非法，受公卿奏事，有違失者舉劾之。凡有五曹，一曰令曹，掌律令；二曰印曹，掌刻印；三曰供曹，掌齋祠；四曰尉馬曹，掌官廄馬；五曰乘曹，掌護駕。魏置御史八人，有治書曹，掌度支運，課第曹，掌考課，不知其餘曹也。晋西朝凡有吏曹、課第曹、直事曹、印曹、中都督曹、外都督曹、媒曹、符節曹、水曹、中壘曹、營軍曹、算曹、法曹，凡十三曹，而置御史九人。晋江左初，省課第曹，置庫曹，掌廄牧牛馬市租。後復分庫曹，置外左庫、内左庫二曹。宋太祖元嘉中，省外左庫，而内左庫直云左庫。世祖大明中，復置。廢帝景和元年又省。順帝初，省營軍併水曹，省算曹併法曹，吏曹不置御史，凡十御史焉。魏又有殿中侍御史二人，蓋是蘭臺遣二御史居殿内察非法也。晋西朝四人，江左二人。秦、漢有符節令，隸少府，領符璽郎、符節令史，蓋《周禮》典瑞、掌節之任也。漢至魏别爲一臺，位次御史中丞，掌授節、銅虎符、竹使符。晋武帝泰始九年，省并蘭臺，置符節御史掌其事焉。

《南齊書》卷一六《百官志》 御史中丞一人。

晋江左中丞司隸分督百僚，傅咸所云行馬内外是也。今中丞則職無不察，專道而行，騶輻禁呵，加以聲色，武將相逢，輒致侵犯，若有鹵簿，至相毆擊。宋孝建二年制，中丞與尚書令分道，雖丞郎下朝相值，亦得斷之，餘内外衆官，皆受停駐。

治書侍御史二人。

侍御史十人。

《隋書》卷二六《百官志》 御史臺，梁國初建，置大夫，天監元年，復曰中丞。置一人，掌督司百僚。皇太子已下，其在宫門行馬内違法者，皆糾彈之。雖在行馬外，而監司不糾，亦得奏之。專道而行，逢尚書丞郎，亦得停駐。其尚書令、僕、御史中丞，各給威儀十人。其八人武冠絳鞲，執青儀囊在前。囊題云宜官吉，以受辭訴。一人緗衣，執鞭杖，依列行，七人唱呼入殿，引喤至階。一人執儀囊，不喤。屬官治書侍御史二人，掌舉劾官品第六已下，分統侍御史。侍御史九人，居曹，掌知其事，糾察不法。殿中御史四人，掌殿中禁衛内。又有符節令史員。

（唐）杜佑《通典》卷二四《職官·中丞》 宋中丞一人，每月二十五日，繞行宫垣白壁。《漢志》：執金吾每月三繞行宫城。疑是省金吾，以此事併中丞也。銅印墨綬，進賢兩梁冠，佩水蒼玉，介幘，絳朝服。《職官録》兼云青綬。孝武帝孝建二年制，中丞與尚書令分道，雖丞、郎下朝相值，亦得斷之，餘内外衆官，皆受停駐。宋文帝元嘉十三年，有司奏：御史中丞劉式之議：每至出行，未知制與何官分道。舊科法唯稱中丞專道，傳詔荷信，詔唤衆官，應詔者得行，制令無分别他官之文。皇太子不宜與衆同例，中丞應與分道。揚州刺史、丹陽尹、建康令並是京輦土地之主，或檢校非違，或赴救水火，事應神速，不宜稽駐，並合分道。又尋六門則爲行馬之内，且禁衛非違，並由二衛及領軍，未詳京尹、建康令門内之從及公事，亦得與中丞分道與否？其六門内既非郡縣部界，即不合依門外也。齊中丞職無不察，專道而行，騶輻禁呵，加以聲色，武將相逢，輒致侵犯，若有鹵簿，至相毆擊。齊沈沖與兄淵、淡三人，並歷中丞。梁國初建，又置御史大夫。天監元年，復曰中丞。中丞一人，掌督司百僚。皇太子以下，其在宮門行馬內違法者，皆糾彈之。雖在行馬外而監司不糾，亦得奏之。專道而行，逢尚書丞郎，亦得停駐。其尚書令、僕、御史中丞，各給威儀十人。其八人武冠絳韝，音溝。執青儀囊，題云宜官告，以受辭訟；一人緗衣，執鞭杖，依行列行；七人唱呼入殿，引喤至階；一人執儀囊，不喤。自齊梁皆謂中丞爲南司。梁江淹字文通，爲中丞。齊明帝曰：今君爲南司，足以震肅百僚也。淹乃彈中書令謝朏等以久疾不預山陵公事。又奏收梁益二州刺史臧眪，付廷尉理罪。臨海、永嘉二太守及諸郡二千石、大縣長官等，多被劾理，內外肅然。明帝曰：君可謂近世獨步。又何敬容爲宰相，妾弟盜米，執送領軍，敬容以書解之。領軍將軍河東王譽封其書以奏，武帝怒，付南司推劾。中丞張綰奏敬容協私罔上，合棄市，詔特免職。舊制，僕射、中丞坐位東西相向。元日大會，張綰爲中丞，兄續爲僕射，及百司就列，兄弟並道騶，分趨兩陛，前代未有，時人榮之。喤音橫。陳因梁制。陳徐陵爲中丞，奏彈司空安成王頊，導從南臺官屬，列奏案而入，陳主爲斂容正坐。陵進讀奏，時安成王在殿上侍立，陵命殿中侍御史引下，遂劾免之。江左中丞雖亦一時髦彥，然膏粱名士猶不樂。宋顔延之爲御史中丞，何尚之與延之書曰：絳騶清路，白簡深刻，取之仲容，或有虧耶？王球甚矜曹地，遇從弟僧朗除御史中丞，球謂曰：汝爲此官，不復成膏粱矣。齊王僧虔遷御史中丞，甲族由來多不居憲職，王氏分枝居烏衣者，爲官微減，僧虔爲此官，乃曰：此是烏衣諸郎坐處，我亦可試爲耳。【略】

〔御史中丞〕宋代掌舉劾，齊、梁並同，皆統侍御史。自宋、齊以來，此官不重，自郎官轉持書者，謂之南奔。梁謝幾卿自尚書三公郎爲持書侍御史，頗失志，多陳疾，臺事略不復理是也。梁天監初，始重其選，車前依尚書二丞給三騶，執盛印青囊，舊事糾彈官印綬在前故也。

（唐）杜佑《通典》卷二四《職官·侍御史》 宋代多併諸曹，凡十御史焉。自漢以來，皆朝服法冠。晉武庫失火，尚書郭彰與侍御史劉暾典知修復。彰以后親輕傲，以功程之間呵暾曰：我不能截卿角耶？以御史著法冠，有兩角故也。暾厲色曰：天子法冠，而欲截角，命紙筆奏之。暾音他昆反。齊有十人，梁陳皆九人，居曹糾察不法。

紀事

《宋書》卷四七《劉真道傳》 懷敬子真道，爲錢唐令。元嘉十三年，東土饑，上遣揚州治中從事史沈演之巡行在所，演之上表曰：辛邑敷政，必以簡惠成能，莅職闡治，務以利民著績。故王奂見紀於前，叔卿流稱於後。竊見錢唐令劉真道、餘杭令劉道錫，皆奉公卹民，恪勤匪懈，百姓稱詠，訟訴希簡。又翦蕩凶非，屢能擒獲。災水之初，餘杭高堤崩潰，洪流迅激，勢不可量，道錫躬先吏民，親執板築，塘既還立，縣邑獲全。經歷諸縣，訪覈名實，並爲二邦之首最，治民之良宰。

《宋書》卷八一《顧琛傳》 寶先大明中爲尚書水部郎。先是，琛爲左丞荀萬秋所劾，及寶先爲郎，萬秋猶在職，自陳不拜。世祖詔曰：敕違糾慢，憲司之職，若理有不公，自當更有釐正。而自頃劾無輕重，輒致私絶。此風難長，主者嚴爲其科。寶先蓋依附世准，不足問。

《南齊書》卷三四《劉休傳》 建元初，爲御史中丞。頃之，休啓曰：臣自塵榮南憲，星晷交春，謬聞弱奏，劾無空月。豈唯不能使蕃邦斂手，豪右屏氣，乃遣聽已暴之辜，替網觸羅之鳥。而猶以此，里失鄉黨之和，朝絶比肩之顧，覆背騰其喉脣，武人厲其觜吻。怨之所聚，勢難久堪，議之所裁，孰懷其允。臣竊尋宋世載祀六十，歷職斯任者五十有三，校其年月，不過盈歲。於臣叨濫，宜請骸骨。上曰：卿職當國司，以威裁爲本，而忽憚世誚。卿便應辭之事始，何可獲惰晚節邪？

《南齊書》卷三四《沈沖傳》 沖與兄淡、淵名譽有優劣，世號爲腰鼓兄弟。淡、淵竝歷御史中丞，兄弟三人，皆爲司直，晉、宋未有也。中丞案裁之職，被憲者多結怨。淵永明中彈吳興太守袁彖，建武中，彖從弟昂爲中丞，到官數日，奏彈淵子繢父在僦白幰車，免官禁錮。沖母孔氏在東，隣家失火，疑爲人所焚爇，大呼曰：我三兒皆作御史中丞，與人豈有善者。

《南齊書》卷三九《陸澄傳》 尚書令褚淵奏：宋世左丞荀伯子彈彭城令張道欣等，坐界劫累發不禽，免道欣等官；中丞王准不糾，亦免官。左丞羊玄保彈豫州刺史管義之譙梁羣盜，免義之官；中丞傅隆不糾，亦免隆官。左丞羊玄保又彈兗州刺史鄭從之濫上布及加課租綿，免從之官；中丞傅隆不糾，免隆官。左丞陸展彈建康令丘珍孫、丹陽尹孔山士劫發不禽，免珍孫、山士官；中丞何勗不糾，亦免勗官。左丞劉矇彈青州刺史劉道隆失火燒府庫，免道隆官；中丞蕭惠開不糾，免惠開官。左丞徐爰彈右衞將軍薛安都屬疾不直，免安都官；中丞張永結免。澄謏聞膚見，貽撓後昆，上掩皇明，下籠朝識，請以見事免澄所居官。詔曰：澄表據多謬，不足深劾，可白衣領職。

《梁書》卷一四《江淹傳》　時明帝作相，因謂淹曰：君昔在尚書中，非公事不妄行，在官寬猛能折衷；今爲南司，足以震肅百僚。淹答曰：今日之事，可謂當官而行，更恐才劣志薄，不足以仰稱明旨耳。於是彈中書令謝朏、司徒左長史王繢、護軍長史庾弘遠，並以久疾不預山陵公事；又奏前益州刺史劉悛、梁州刺史陰智伯，並贓貨巨萬，輒收付廷尉治罪。臨海太守沈昭略、永嘉太守庾曇隆，及諸郡二千石并大縣官長，多被劾治，內外肅然。明帝謂淹曰：宋世以來，不復有嚴明中丞，君今日可謂近世獨步。

北朝

綜述

《北齊書》卷六《孝昭帝紀》〔皇建元年八月詔〕又以廷尉、中丞，執法所在，繩違按罪，不得舞文弄法。

《隋書》卷二七《百官志》〔後齊制官，多循後魏〕御史臺，掌察糾彈劾。中丞一人，治書侍御史二人，侍御史八人，殿中侍御史、檢校御史各十二人，録事四人。領符節署，令一人，符璽郎中四人。

（唐）杜佑《通典》卷二四《職官・御史臺》　梁及後魏、北齊或謂之南臺。北齊王高澄用崔暹爲御史中尉，宋遊道爲尚書左丞，謂之曰：卿一人處南臺，一人處北省，當使天下肅然。後魏之制，有公事，百官朝會，名簿自尚書令、僕以下，悉送南臺。後魏臨洮王舉哀，兼尚書左僕射元順不肯送名，又不送簿。中尉舉彈之。順奏曰：尚書百揆之本，令、僕納言之貴，不宜下隸中尉，送名御史。詔許之。後元子思爲御史中尉，朔朝，臺移尚書索應朝名帳。尚書郎裴獻伯移注云：按蔡氏《漢儀》，御史中尉逢臺郎於複道，中尉下避執版，郎中車上舉手禮之。以此而言，明非敵體。子思奏曰：臣按《漢書》，御史中丞爲獨坐。又按《魏書》曰：崔琰既爲中丞，百僚震恐。則中丞不揖省郎，亦已久矣；憲臺不屬都坐，亦非今日。又按孝文帝《職令》：朝會失時，則御史彈之。若不送名，到否何驗。獻伯等亂常變紀，請付法。詔曰：國異政，不可據以古事。檢孝文帝舊格以聞。尋從子思奏。後周曰司憲，屬秋官府。

《隋書》卷二七《百官志》　尚書省，置令、僕射，吏部、殿中、祠部、五兵、都官、度支等六尚書。又有録尚書一人，位在令上，掌與令同，但不糾察。令則彈糾見事，與御史中丞更相廉察。僕射職爲執法，置二則爲左、右僕射，皆與令同。左糾彈，而右不糾彈。

（唐）杜佑《通典》卷二二《職官・僕射》　北齊僕射，職爲執法，置二則爲左右僕射，皆與令同，左糾彈而右不糾彈。

（唐）杜佑《通典》卷二四《職官・中丞》　後魏爲御史中尉，督司百僚，其出入，千步清道，與皇太子分路，王公百辟，咸使遜避，其餘百僚，下馬弛車止路傍，其違緩者，以棒棒之。其後，洛陽令得與分道。元志爲洛陽令，與中尉李彪争路，俱入見。彪曰：御史中尉辟承華羽蓋，駐論道劍鼓，安有洛陽令與臣抗衡？志曰：臣神州縣主，普天之下，誰非編民？豈有俯同衆官，趨避中尉。孝文遂令分路。自東魏徙鄴，無復此制。北齊武成以其子瑯琊王儼兼爲御史中丞，欲雄寵之，復興舊制。儼出北宮，凡京畿之步騎，領軍之官屬，中丞之威儀，司徒之鹵簿，莫不畢備。時儼總領四職。武成觀之，遣中使馳馬趣仗，不得入，自言奉勅，赤棒應聲碎其鞍，馬騰人顛，觀者傾京邑。北齊高恭之字道穆，爲御史中丞。帝姊壽陽公主行犯清路，執以赤棒，卒呵之，不止。道穆令卒棒破其車，主泣訴於帝，帝不責穆，謂曰：家姊行路相犯，極以爲愧。後周有司憲中大夫二人，掌司寇之法，辨國之五禁，亦其任也。**【略】**

〔御史中丞〕後魏掌糾禁內朝會失時，服章違錯，饗宴會見，悉所監之。北齊亦有焉。後周有司憲上士二人，亦其任也。

（唐）杜佑《通典》卷二四《職官・侍御史》　後魏御史甚重，必以對策高第者補之。侍御史與殿中侍御史晝則外臺受事，夜則番直內臺。御史舊式不隨臺主簡代。延昌中，王顯有寵於宣武，爲御史中尉，始請革選。此後踵其事，每一中尉，則更簡代御史。北齊有八人，亦重其選。後周有司憲中士，則其任也。

紀事

《魏書》卷一四《元子思傳》 子思，字衆念，性剛暴，恒以忠烈自許。元天穆當朝權，以親從薦爲御史中尉。先是，兼尚書僕射元順奏，以尚書百揆之本，至於公事，不應送御史。至子思，奏曰：

案《御史令》云：中尉督司百僚；治書侍御史糾察禁內。又云：中尉出行，車輻前驅，除道一里，王公百辟避路。時經四帝，前後中尉二十許人，奉以周旋，未曾暫廢。府寺臺省，並從此令。唯肅宗之世，爲臨洮舉哀，故兼尚書左僕射臣順不肯與名，又不送簿。故中尉臣酈道元舉而奏之，而順復啓云：尚書百揆之本，令僕納言之貴，不宜下隸中尉，送名御史。尋亦蒙敕，聽如其奏。從此迄今，使無準一。

臣初上臺，具見其事，意欲申請決議，但以權兼，未宜便爾。日復一日，遂歷炎涼。去月朔旦，臺移尚書索應朝名帳，而省稽留不送。尋復移催并主吏，忽爲尚書郎中裴獻伯後注云：案舊事，御史中尉逢臺郎於複道，中尉下車執板，郎中車上舉手禮之。以此而言，明非敵體。臣既見此，深爲怪愕。旋省二三，未解所以。正謂都省别被新式，改易高祖舊命，即遣移問，事何所依。又獲尚書郎中王元旭報，出蔡氏《漢官》，似非穿鑿。始知裴、王亦規壞典謨，兩人心欲自矯。臣案《漢書·宣秉傳》云，詔徵秉爲御史中丞，與司隸校尉、尚書令俱會殿庭，並專席而坐，京師號之爲三獨坐。又尋《魏書·崔琰傳》、晉文陽□《傅嘏傳》，皆云既爲中丞，百僚震悚。以此而言，則中丞不揖省郎蓋已久矣，憲臺不屬都堂，亦非今日。又尋《職令》云：朝會失時，即加彈糾。則百官簿帳，應送上臺，灼然明矣。又皇太子以下違犯憲制，皆得糾察，則令僕朝名宜付御史，又亦彰矣。不付名至，否臧何驗？臣順專執，未爲平通，先朝曲遂，豈是正法？

《魏書》卷一九上《元匡傳》 肅宗初，入爲御史中尉。匡嚴於彈糾，始奏于忠，次彈高聰等免官，靈太后並不許。【略】匡每有奏請，尚書令、任城王澄時致執奪，匡剛隘，內遂不平。先所造棺猶在僧寺，乃復修事，將與澄相攻。澄頗知之。後將赴省，與匡逢遇，騶卒相撾，朝野駭愕。澄因是奏匡罪狀三十餘條，廷尉處以死刑。詔付八座議，特加原宥，削爵除官。

《魏書》卷一九中《元澄傳》 又尋御史之體，風聞是司，至於冒勳妄考，皆有處別，若一處有風謠，即應攝其一簿，研檢虛實，若差舛不同，僞情自露，然後繩以典刑，人孰不服。豈有移一省之案，取天下之簿，尋兩紀之事，窮革世之尤，如此求過，誰堪其罪，斯實聖朝所宜重慎也。

《魏書》卷三〇《安同傳》 又詔與肥如侯賀護持節循察并定二州及諸山居雜胡、丁零，宣詔撫慰，問其疾苦，糾舉守宰不法。同至并州，表曰：竊見并州所部守宰，多不奉法。又刺史擅用御府鍼工古彤爲晉陽令，交通財賄，共爲姦利。請案律治罪。太宗從之，於是郡國肅然。

《魏書》卷四〇《陸叡傳》 太和八年正月，叡與隴西公元琛並持節爲東西二道大使，褒善罰惡，聲稱聞於京師。

《魏書》卷四二《堯暄傳》 高宗以其恭謹，擢爲中散。奉使齊州，檢平原鎮將及長史貪暴事，推情診理，皆得其實。

《魏書》卷六四《張彝傳》 善於督察，每東西馳使有所巡檢，彝恒充其選，清慎嚴猛，所至人皆畏伏，儁類亦以此高之。

《魏書》卷六八《張纂傳》 纂頗涉經史，雅有氣尚，交結勝流。太和中，釋褐奉朝請，稍遷伏波將軍、任城王澄鎮北府騎兵參軍，帶魏昌縣令，吏民安之。後爲北中府司馬，久之，除樂陵太守。在郡多所受納，聞御史至，棄郡逃走，於是除名，乃卒。

《魏書》卷七七《高道穆傳》 道穆又上疏曰：臣聞舜命皋陶，姦宄是託；禹泣罪人，堯心爲念。所以舉直措枉，事切曩賢；明德慎罰，議存先典。高祖太和之初，置廷尉司直，論刑辟是非，雖事非古始，交濟時要。所謂禮樂互興，不相沿襲者矣。臣以無庸，忝當今任，所思報效，未忘寢興。但識謝知今，業慚稽古，未能進一言以利國，說一策以興邦，索米長安，豈不知愧。至於職司其憂，猶望僶俛。竊見御史出使，悉受風聞，雖時獲罪人，亦不無枉濫。何者？得堯之罰，不能不怨。守令爲政，容有愛憎。姦猾之徒，恒思報惡，多有妄造無名，共相誣謗。御史一經檢究，恥於不成，杖木之下，以虚爲實，無罪不能自雪者，豈可勝道哉。臣雖愚短，守不假器，繡衣所指，冀以清肅。若仍踵前失，或傷善人，則尸禄之責，無所逃罪。所以夙夜爲憂，思有悛革。如臣鄙見，請依太和故事，還置司直十人，名隸廷尉，秩以五品，選歷官有稱，心平性正者爲之。御史若出糾劾，即移廷尉，令知人數。廷尉遣司直與御史俱發，所到州郡，分居别館。御史檢了，移付司直覆問，事訖與御史俱還。中尉彈聞，廷尉科按，一如舊式。庶使獄成罪定，無復稽寬，爲惡取敗，不得稱枉。若御史、司直糾劾失實，悉依所斷獄罪之。聽以所檢，迭相糾發。如二使阿曲，有不盡理，聽罪家詣門下通訴，别加按檢。如此，則肺石之傍，怨訟可息；叢棘之下，受罪吞聲者矣。詔從之，復置司直。

《魏書》卷九四《抱嶷傳》 御史中尉王顯奏言：風聞前洛州刺史陰平子石榮、積射將軍抱老壽恣蕩非軌，易室而姦，臊聲布於朝野，醜音被於行路，即攝鞫問，皆與風聞無差。犯禮傷化，老壽等即主。謹案：石榮籍貫兵伍，地隔宦流，處世無入朝之期，在生絶冠冕之望。遭時之運，逢非次之擢，以犬馬延慈，簪履恩念，自微至貴，位階方岳。不能懷恩感德，上酬天施，迺咎彰遐邇，嚮穢京墟。老壽種類無聞，氏姓莫紀，丐乞刑餘之家，覆養閹人之室。蒙國殊澤，預班爵序，正宜治家假内，疑教誡閨庭。方恣其淫姦，换妻易妾。榮前在洛州，遠迎老壽妻常氏，兵人千里，疲於道路。老壽同敝笱之在梁，若其原疑之無别，男女三人，莫知誰子。人理所未聞，鳥獸之不若。請以見事，免官付廷尉理罪，鴻臚削爵。詔可。

《魏書》卷一一一《刑罰志》 〔太和八年〕是秋遣使者巡行天下，糾守宰之不法，坐贓死者四十餘人。

《北齊書》卷一二《琅邪王儼傳》 魏氏舊制，中丞出，清道，與皇太子分路行，王公皆遥住車，去牛，頓軛於地，以待中丞過，其或遲違，則赤棒棒之。自都鄴後，此儀浸絶，武成欲雄寵儼，乃使一依舊制。

《北齊書》卷二四《杜弼傳》 弼父在鄉，爲賊所害，弼行喪六年。以常調除御史，加前將軍、太中大夫，領内正字。臺中彈奏，皆弼所爲。諸御史出使所上文簿，委弼覆察，然後施行。

《北齊書》卷四二《袁聿修傳》 天統中，詔與趙郡王叡等議定五禮。出除信州刺史，即其本鄉也，時人榮之。爲政清靖，不言而治，長吏以下，爰逮鰥寡孤幼，皆得其歡心。武平初，御史普出過詣諸州，梁、鄭、兖、豫疆境連接，州之四面，悉有舉劾，御史竟不到信州，其見知如此。

《北齊書》卷四五《祖鴻勳傳》 永安初，元羅爲東道大使，署封隆之、邢邵、李渾、李象、鴻勳並爲子使。

《北齊書》卷四六《宋世軌傳》 南臺囚到廷尉，世軌多雪之。仍移攝御史，將問其濫狀，中尉畢義雲不送，移往復不止。世軌遂上書，極言義雲酷擅。顯祖引見二人，親勑世軌曰：我知臺欺寺久，卿能執理與之抗衡，但守此心，勿慮不富貴。勑義雲曰：卿比所爲誠合死，以志在疾惡，故且一恕。仍顧謂朝臣曰：此二人並我骨鯁臣也。

《北齊書》卷四六《蘇瓊傳》 畢義雲爲御史中丞，以猛暴任職，理官忌憚，莫敢有違。瓊推察務在公平，得雪者甚衆，寺署臺案，始自於瓊。

監察對象與内容分部

綜述

《晉書》卷三《武帝紀》〔泰始四年〕六月丙申朔，詔曰：郡國守相，三載一巡行屬縣，必以春，此古者所以述職宣風展義也。見長吏，觀風俗，協禮律，考度量，存問耆老，親見百年。録囚徒，理冤枉，詳察政刑得失，知百姓所患苦。無有遠近，便若朕親臨之。敦喻五教，勸務農功，勉勵學者，思勤正典，無爲百家庸末，致遠必泥。士庶有好學篤道，孝弟忠信，清白異行者，舉而進之；有不孝敬於父母，不長悌於族黨，悖禮棄常，不率法令者，糾而罪之。田疇闢，生業修，禮教設，禁令行，則長吏之能也。人窮匱，農事荒，姦盗起，刑獄煩，下陵上替，禮義不興，斯長吏之否也。若長吏在官公廉，慮不及私，正色直節，不飾名譽者，及身行貪穢，諂黷求容，公節不立，而私門日富者，並謹察之。揚清激濁，舉善彈違，此朕所以垂拱總綱，責成於良二千石也。於戲戒哉。

紀事

《晉書》卷三三《石苞傳》苞奏：州郡農桑未有賞罰之制，宜遣掾屬循行，皆當均其土宜，舉其殿最，然後黜陟焉。詔曰：農殖者，爲政之本，有國之大務也。雖欲安時興化，不先富而教之，其道無由。而至今四海多事，軍國用廣，加承征伐之後，屢有水旱之事，倉庫不充，百姓無積。古者稼穡樹蓺，司徒掌之。今雖登論道，然經國立政，惟時所急，故陶唐之世，稷官爲重。今司徒位當其任，乃心王事，有毀家紓國，乾乾匪躬之志。其使司徒督察州郡播殖，將委事任成，垂拱仰辦。若宜有所循行者，其增置掾屬十人，聽取王官更練事業者。苞在位稱爲忠勤，帝每委任焉。

《晉書》卷三三《何曾傳》嘉平中，爲司隸校尉。撫軍校事尹模憑寵作威，姦利盈積，朝野畏憚，莫敢言者。曾奏劾之，朝廷稱焉。

《晉書》卷三三《何遵傳》遵字思祖，劭庶兄也。少有幹能。起家散騎黄門郎、散騎常侍、侍中，累轉大鴻臚。性亦奢忲，役使御府工匠作禁物，又鬻行器，爲司隸劉毅所奏，免官。

《晉書》卷三七《司馬休之傳》休之還鎮，御史中丞王楨之奏休之失戍，免官。朝廷以豫州刺史魏詠之代之，徵休之還京師，拜後將軍、會稽内史。御史中丞阮歆之奏休之與尚書虞嘯父犯禁嬉戲，降號征虜將軍，尋復爲後將軍。

《晉書》卷四二《王渾傳》徵拜尚書左僕射，加散騎常侍。會朝臣立議齊王攸當之藩，渾上書諫曰：伏承聖詔，憲章古典，進齊王攸爲上公，崇其禮儀，遣攸之國。昔周氏建國，大封諸姬，以藩帝室，永世作憲。至於公旦，武王之弟，左右王事，輔濟大業，不使歸藩。明至親義著，不可遠朝故也。是故周公得以聖德光弼幼主，忠誠著於《金縢》，光述文武仁聖之德。攸於大晉，姬旦之親也。宜贊皇朝，與聞政事，實爲陛下腹心不貳之臣。且攸爲人，修潔義信，加以懿親，志存忠貞。今陛下出攸之國，假以都督虚號，而無典戎幹方之實，去離天朝，不預王政。傷母弟至親之體，虧友于款篤之義，懼非陛下追述先帝、文明太后待攸之宿意也。若以攸望重，於事宜出者，今以汝南王亮代攸。亮，宣皇帝子，文皇帝弟，伷、駿各處方任，有内外之資，論以後慮，亦不爲輕。攸今之國，適足長異同之論，以損仁慈之美耳。而令天下窺陛下有不崇親親之情，臣竊爲陛下不取也。若以妃后外親，任以朝政，則有王氏傾漢之權，吕產專朝之禍。若以同姓至親，則有吴楚七國逆亂之殃。歷觀古今，苟事輕重，所在無不爲害也。不可事事曲設疑防，慮方來之患者也，唯當任正道而求忠良。若以智計猜物，雖親見疑，至於疏遠者亦何能自保乎。人懷危懼，非爲安之理，此最有國有家者之深忌也。愚以爲太子太保缺，宜留攸居之，與太尉汝南王亮、衛將軍楊珧共爲保傅，幹理朝事。三人齊位，足相持正，進有輔納廣義之益，退無偏重相傾之勢。令陛下有篤親親之恩，使攸蒙仁覆之惠。臣同國休戚，義在盡言，心之所見，不能默已。私慕魯女存國之志，敢陳愚見，觸犯天威。欲陛下事每盡善，冀萬分之助。臣而不言，誰當言者。帝不納。

《晉書》卷四三《王戎傳》　南郡太守劉肇賂戎筒中細布五十端，爲司隸所糾，以知而未納，故得不坐，然議者尤之。帝謂朝臣曰：戎之爲行，豈懷私苟得，正當不欲爲異耳。帝雖以是言釋之，然爲清慎者所鄙，由是損名。

《晉書》卷四五《劉暾傳》　後爲酸棗令，轉侍御史。會司徒王渾主簿劉輿獄辭連暾，將收付廷尉。渾不欲使府有過，欲距劾自舉之。與暾更相曲直，渾怒，便遜位還第。暾乃奏渾曰：謹按司徒王渾，蒙國厚恩，備位鼎司，不能上佐天子，調和陰陽，下遂萬物之宜，使卿大夫各得其所。敢因劉輿拒扞詔使，私欲大府興長獄訟。昔陳平不答漢文之問，邴吉不問死人之變，誠得宰相之體也。既興刑獄，怨懟而退，舉動輕速，無大臣之節。請免渾官。右長史、楊丘亭侯劉肇，便辟善柔，苟於阿順。請大鴻臚削爵土。諸聞暾此奏者，皆歎美之。【略】尋兼御史中丞，奏免尚書僕射、東安公繇及王粹、董艾等十餘人。朝廷嘉之，遂即真。

《晉書》卷四七《傅玄傳》　泰始四年，以爲御史中丞。時頗有水旱之災，玄復上疏曰：

臣聞聖帝明王受命，天時未必無災，是以堯有九年之水，湯有七年之旱，惟能濟之以人事耳。故洪水滔天而免沈溺，野無生草而不困匱。伏惟陛下聖德欽明，時小水旱，人未大饑，下祇畏之詔，求極意之言，同禹湯之罪己，侔周文之夕惕。臣伏歡喜，上便宜五事：

其一曰，耕夫務多種而耕暵不熟，徒喪功力而無收。又舊兵持官牛者，官得六分，士得四分；自持私牛者，與官中分，施行來久，衆心安之。今一朝減持官牛者，官得八分，士得二分；持私牛及無牛者，官得七分，士得三分，人失其所，必不歡樂。臣愚以爲宜佃兵持官牛者與四分，持私牛與官中分，則天下兵作歡然悅樂，愛惜成穀，無有損棄之憂。

其二曰，以二千石雖奉務農之詔，猶不勤心以盡地利。昔漢氏以墾田不實，徵殺二千石以十數。臣愚以爲宜申漢氏舊典，以警戒天下郡縣，皆以死刑督之。

其三曰，以魏初未留意於水事，先帝統百揆，分河堤爲四部，并本凡五謁者，以水功至大，與農事並興，非一人所周故也。今謁者一人之力，行天下諸水，無時得徧。伏見河堤謁者車誼不知水勢，轉爲他職，更選知水者代之。可分爲五部，使各精其方宜。

其四曰，古以步百爲畝，今以二百四十步爲一畝，所覺過倍。近魏初課田，不務多其頃畝，但務修其功力，故白田收至十餘斛，水田收數十斛。自頃以來，日增田頃畝之課，而田兵益甚，功不能修理，至畝數斛已還，或不足以償種。非與曩時異天地，横遇災害也，其病正在於務多頃畝而功不修耳。竊見河堤謁者石恢甚精練水事及田事，知其利害，乞中書召恢，委曲問其得失，必有所補益。

其五曰，臣以爲胡夷獸心，不與華同，鮮卑最甚。本鄧艾苟欲取一時之利，不慮後患，使鮮卑數萬散居人間，此必爲害之勢也。秦州刺史胡烈素有恩信於西方，今烈往，諸胡雖已無惡，必且消弭，然獸心難保，不必其可久安也。若後有動釁，烈計能制之。惟恐胡虜適困於討擊，便能東入安定，西赴武威，外名爲降，可動復動。此二郡非烈所制，則惡胡東西有窟穴浮游之地，故復爲患，無以禁之也。宜更置一郡於高平川，因安定西州都尉募樂徙民，重其復除以充之，以通北道，漸以實邊。詳議此二郡及新置郡，皆使并屬秦州，令烈得專御邊之宜。

詔曰：得所陳便宜，言農事得失及水官興廢，又安邊御胡政事寬猛之宜，申省周備，一二具之，此誠爲國大本，當今急務也。如所論皆善，深知乃心，廣思諸宜，動静以聞也。

五年，遷太僕。時比年不登，羌胡擾邊，詔公卿會議。玄應對所問，陳事切直，雖不盡施行，而常見優容。轉司隸校尉。

獻皇后崩於弘訓宮，設喪位。舊制，司隸於端門外坐，在諸卿上，絶席。其入殿，按本品秩在諸卿下，以次坐，不絶席。而謁者以弘訓宮爲殿内，制玄位在卿下。玄恚怒，厲聲色而責謁者。謁者妄稱尚書所處，玄對百僚而罵尚書以下。御史中丞庾純奏玄不敬，玄又自表不以實，坐免官。

《晉書》卷四七《傅咸傳》　時朝廷寬弛，豪右放恣，交私請託，朝野溷淆。咸奏免河南尹澹、左將軍倩、廷尉高光、兼河南尹何攀等，京都肅然，貴戚懾伏。【略】時僕射王戎兼吏部，咸奏：戎備位台輔，兼掌選舉，不能謐静風俗，以凝庶績，至令人心傾動，開張浮競。中郎李重、李義不相匡正。請免戎等官。詔曰：政道之本，誠宜久於其職，咸奏是也。戎職在論道，吾所崇委，其解禁止。御史中丞解結以咸劾戎爲違典制，越局侵官，干非其分，奏免咸官。詔亦不許。

《晉書》卷六六《陶侃傳》　有能名，遷主簿。會州部從事之郡，欲有所按，侃閉門部勒諸吏，謂從事曰：若鄙郡有違，自當明憲直繩，不宜相逼。若不以禮，吾能禦之。從事即退。

《晉書》卷七一《陳頵傳》　陳頵字延思，陳國苦人也。少好學，有文義。父訢立宅起門，頵曰：當使容馬車。訢笑而從之。仕爲郡督郵，檢獲隱匿者三千人，爲一州尤最。太守劉享拔爲主簿，州辟部從事，乘馬車還家，宗黨榮之。

劾案沛王韜獄，未竟，會解結代楊準爲刺史，韜因河間王顒屬結。結至大會，問主簿史鳳曰：沛王貴藩，州據何法而擅拘邪？時頵在坐，對曰：《甲午詔書》，刺史銜命，國之外臺，其非所部而在境者，刺史并糾。事徵文墨，前後列上，七被詔書。如州所劾，無有違謬。結曰：衆人之言不可妄聽，宜依法窮竟。

《晉書》卷九三《羊琇傳》　琇性豪侈，費用無復齊限，而屑炭和作獸形以温酒，洛下豪貴咸競效之。又喜遊讌，以夜續晝，中外五親無男女之别，時人譏之。然黨慕勝己，其所推奉，便盡心無二。窮窘之徒，特能振恤。選用多以得意者居先，不盡銓次之理。將士有冒官位者，爲其致節，不惜軀命。然放恣犯法，每爲有司所貸。其後司隸校尉劉毅劾之，應至重刑，武帝以舊恩，直免官而已。尋以侯白衣領護軍。頃之，復職。

《宋書》卷四二《王弘傳》　宋國初建，遷尚書僕射領選，太守如故。奏彈謝靈運曰：臣聞閑厥有家，垂訓《大易》，作威專戮，致誡《周書》。斯典或違，刑茲無赦。世子左衛率康樂縣公謝靈運，力人桂興淫其嬖妾，殺興江涘，棄尸洪流。事發京畿，播聞遐邇。宜加重劾，肅正朝風。案世子左衛率康樂縣公謝靈運過蒙恩奬，頻叨榮授，聞禮知禁，爲日已久。而不能防閑闈闌，致茲紛穢，罔顧憲軌，忿殺自由。此而勿治，典刑將替。請以見事免靈運所居官，上臺削爵土，收付大理治罪。御史中丞都亭侯王准之，顯居要任，邦之司直，風聲噂喈，曾不彈舉。若知而弗糾，則情法斯撓；如其不知，則尸昧已甚。豈可復預班清階，式是國憲。請免所居官，以侯還散輩中。內臺舊體，不得用風聲舉彈，此事彰赫，曝之朝野，執憲蔑聞，羣司循舊，國典既頽，所虧者重。臣弘忝承人乏，位副朝端，若復謹守常科，則終莫之糾正。所以不敢拱默，自同秉彝。違舊之愆，伏須准裁。高祖令曰：靈運免官而已，餘如奏。端右肅正風軌，誠副所期，豈拘常儀。自今爲永制。

《宋書》卷五六《孔琳之傳》　永初二年，爲御史中丞，明憲直法，無所屈橈。奏劾尚書令徐羡之曰：臣聞事上以奉憲爲恭，臨下以威嚴爲整。然後朝典惟明，莅衆必肅。斯道或替，則憲綱其頽。臣以今月七日，預皇太子正會。會畢車去，并猥臣停門待闕。有何人乘馬，當臣車前，收捕驅遣命去。何人罵詈收捕，諮審欲録。每有公事，臣常慮有紛紜，語令勿問，而何人獨罵不止，臣乃使録。何人不肯下馬，連叫大喚，有兩威儀走來，擊臣收捕。尚書令省事倪宗又牽威儀手力，擊臣下人。宗云：中丞何得行凶，敢録令公人。凡是中丞收捕，威儀悉皆縛取。臣勅下人一不得鬬，凶勢輈張，有頃乃散。又有羣人就臣車側，録收捕樊馬子，互行築馬子頓伏，不能還臺。臣自録非，本無對校，而宗敢乘勢凶恣，篡奪罪身。尚書令臣羡之，與臣列車，紛紜若此，或云羡之不禁，或云羡之禁而不止。縱而不禁，既乖國憲；禁而不止，又不經通。陵犯監司，凶聲彰赫，容縱宗等，曾無糾問，虧損國威，無大臣之體，不有準繩，風裁何寄。羡之內居朝右，外司輦轂，位任隆重，百辟所瞻。而不能弘惜朝章，肅是風軌。致使宇下縱肆，凌暴憲司，凶赫之聲，起自京邑，所謂已有短垣，而自踰之。又宗爲篡奪之主，縱不糾問，二三虧違，宜有裁貶。請免羡之所居官，以公還第。宗等篡奪之愆，已屬掌故御史隨事檢處。詔曰：小人難可檢御，司空無所問，餘如奏。羡之任居朝端，不欲以犯憲示物。時羡之領揚州刺史，琳之弟璩之爲治中，羡之使璩之解釋琳之，停寢其事。琳之不許。璩之固陳，琳之謂曰：我觸忤宰相，正當罪止一身爾，汝必不應從坐，何須勤勤邪。自是百僚震肅，莫敢犯禁。高祖甚嘉之，行經蘭臺，親加臨幸。

《梁書》卷二六《陸杲傳》　〔天監〕五年，遷御史中丞。杲性婞直，無所顧望。山陰令虞肩在任，贓汙數百萬，杲奏收治。中書舍人黄睦之以肩事託杲，杲不答。高祖聞之，以問杲，杲答曰有之。高祖曰：卿識睦之不？杲答曰：臣不識其人。時睦之在御側，上指示杲曰：此人是也。杲謂睦之曰：君小人，何敢以罪人屬南司？睦之失色。領軍將軍張稷，是杲從舅，杲嘗以公事彈稷，稷因侍宴訴高祖曰：陸杲是臣通親，小事彈臣不貸。高祖曰：杲職司其事，卿何得爲嫌。杲在臺，號稱不畏強禦。

《梁書》卷二七《到洽傳》〔普通〕五年，復爲太子中庶子，領步兵校尉，未拜，仍遷給事黄門侍郎，領尚書左丞，準繩不避貴戚，尚書省賄賂莫敢通。時鑾輿欲親戎，軍國容禮，多自洽出。六年，遷御史中丞，彈糾無所顧望，號爲勁直，當時肅清。

《梁書》卷三三《張率傳》其父侍妓數十人，善謳者有色貌，邑子儀曹郎顧玩之求娉焉，謳者不願，遂出家爲尼。嘗因齋會率宅，玩之乃飛書言與率姦，南司以事奏聞，高祖惜其才，寢其奏，然猶致世論焉。

《梁書》卷三七《何敬容傳》〔大同〕十一年，坐妾弟費慧明爲導倉丞，夜盗官米，爲禁司所執，送領軍府。時河東王譽爲領軍將軍，敬容以書解慧明，譽即封書以奏。高祖大怒，付南司推劾，御史中丞張綰奏敬容挾私罔上，合棄市刑，詔特免職。

《魏書》卷二《太祖紀》〔皇始四年二月〕丁酉，分命使者循行州郡，聽察辭訟，糾劾不法。

《魏書》卷四上《世祖紀》〔北魏太武帝太延三年〕夏五月己丑，詔曰：方今寇逆消殄，天下漸晏。比年以來，屢詔有司，班宣惠政，與民寧息。而内外羣官及牧守令長，不能憂勤所司，糾察非法，廢公帶私，更相隱置，濁貨爲官，政存苟且。夫法之不用，自上犯之，其令天下吏民，得舉告守令不如法者。丙申，行幸雲中。

《魏書》卷五《高宗紀》〔北魏太安元年夏六月〕癸酉，詔曰：夫爲治者，因宜以設官，舉賢以任職，故上下和平，民無怨謗。若官非其人，姦邪在位，則政教陵遲，至於凋薄。思明黜陟，以隆治道。今遣尚書穆伏真等三十人，巡行州郡，觀察風俗。入其境，農不墾殖，田畝多荒，則徭役不時，廢於力也；耆老飯蔬食，少壯無衣褐，則聚斂煩數，匱於財也；閭里空虚，民多流散，則綏導無方，疏於恩也；盗賊公行，劫奪不息，則威禁不設，失於刑也；衆謗並興，大小嗟怨，善人隱伏，佞邪當途，則爲法混淆，昏於政也。諸如此比，黜而戮之。善於政者，褒而賞之。其有阿枉不能自申，聽詣使告狀，使者檢治。若信清能，衆所稱美，誣告以求直，反其罪。使者受財，斷察不平，聽詣公車上訴。其不孝父母，不順尊長，爲吏姦暴，及爲盗賊，各具以名上。其容隱者，以所匿之罪罪之。

《魏書》卷八《世宗紀》〔景明二年三月〕辛亥，詔曰：諸州刺史，不親民事，緩於督察，郡縣稽逋，旬月之間，纔一覽決。淹獄久訟，動延時序，百姓怨嗟，方成困弊。尚書可明條制，申下四方，令日親庶事，嚴勒守宰，不得因循，寬怠虧政。

《魏書》卷一九上《元遥傳》遥以諸胡先無籍貫，姦良莫辨，悉令造籍。又以諸胡設籍，當欲税之，以充軍用。胡人不願，乃共構遥，云取納金馬。御史按驗，事與胡同，遥坐除名。

《魏書》卷二一上《趙郡王幹傳》幹貪淫不遵典法，御史中尉李彪將糾劾之。會遇幹於尚書下舍，因屏左右而謂幹曰：殿下，比有風聞，即欲起彈，恐損聖明委託之旨，若改往修來，彪當不言，脱不悛改，夕聞旦發。而幹悠然不以爲意，彪乃表彈之。高祖省之忿惋，詔幹與北海王詳，俱隨太子詣行在所。既至，詳獨得朝見，幹不蒙引接。密令左右察其意色，知無憂悔，乃親數其過，杖之一百，免所居官，以王還第。

《魏書》卷二四《崔玄伯傳》太宗即位，命玄伯居門下，虚己訪問，以不受紹財帛，特賜帛二百匹。長孫嵩已下咸愧焉。詔遣使者巡行郡國，糾察守宰不如法者，令玄伯與宜都公穆觀等按之。

《魏書》卷三二《封回傳》世宗即位，以回行華州事。回在州鞭中散大夫党智孫，爲尚書左丞韋續糾奏，免。宗稱其平當。

《魏書》卷三六《李肅傳》肅爲性酒狂，熙平初從靈太后幸江陽王繼第，肅時侍飲，頗醉，言辭不遜，抗辱太傅、清河王懌，爲有司彈劾。

《魏書》卷四四《薛虎子傳》〔虎子除開府、徐州刺史。〕沛郡太守邵安、下邳太守張攀咸以贓汙，虎子案之於法。安等遣子弟上書，誣虎子南通賊虜。高祖曰：此其妄矣，朕度虎子必不然也。推案果虚。

《魏書》卷八九《酷吏傳·崔暹》初以秀才累遷南兗州刺史，盗用官瓦，贓污狼藉，爲御史中尉李平所糾，免官。後行豫州事，尋即真。坐遣子析户，分隸三縣，廣占田宅，藏匿官奴，障吝陂葦，侵盗公私，爲御史中尉王顯所彈，免官。

《北史》卷三六《薛聰傳》　太和十五年，釋褐著作佐郎。于時，孝文留心氏族，正定官品，士大夫解巾，優者不過奉朝請，聰起家便佐著作，時論美之。後遷書侍御史，凡所彈劾，不避強禦，孝文或欲寬貸者，聰輒爭之。帝每云：朕見薛聰，不能不憚，何況諸人也？自是貴戚斂手。

《北齊書》卷三五《裴讓之傳》　清河有二豪吏田轉貴、孫舍興久吏姦猾，多有侵削，因事遂脅人取財。計贓依律不至死。讓之以其亂法，殺之。時清河王岳爲司州牧，遣部從事案之。

《北齊書》卷四七《宋游道傳》　遊道入省，劾太師咸陽王坦、太保孫騰、司徒高隆之，司空侯景、録尚書元弼、尚書令司馬子如官貣金銀，催徵酬價，雖非指事贓賄，終是不避權豪。又奏駁尚書違失數百條，省中豪吏王儒之徒並鞭斥之。始依故事，於尚書省立門名，以記出入早晚，令僕已下皆側目。

《北齊書》卷四七《盧斐傳》　天保中，稍遷尚書左丞，别典京畿詔獄，酷濫非人情所爲。無問事之大小，拷掠過度，於大棒車輻下死者非一。或嚴冬至寒，置囚於冰雪之上；或盛夏酷熱，暴之日下。枉陷人致死者，前後百數。又伺察官人罪失，動即奏聞，朝士見之，莫不重跡屏氣，皆目之爲盧校事。

《周書》卷四《明帝紀》〔周明帝二年六月〕遣使分行州郡，理囚徒，察風俗，掩骼埋胔。

監察官員選任分部

紀事

《三國志》卷一二《魏志·鮑勛傳》　黄初四年，尚書令陳羣、僕射司馬宣王並舉勛爲宫正，宫正即御史中丞也。帝不得已而用之，百寮嚴憚，罔不肅然。

《三國志》卷二四《魏志·王觀傳》　明帝幸許昌，召觀爲治書侍御史，典行臺獄。時多有倉卒喜怒，而觀不阿意順指。

《晉書》卷六《元帝紀》　〔大興元年〕秋七月戊申，詔曰：王室多故，姦凶肆暴，皇綱弛墜，顛覆大猷。朕以不德，統承洪緒，夙夜憂危，思改其弊。二千石令長當祗奉舊憲，正身明法，抑齊豪強，存恤孤獨，隱實户口，勸課農桑。州牧刺史當互相檢察，不得顧私虧公。長吏有志在奉公而不見進用者，有貪惏穢濁而以財勢自安者，若有不舉，當受故縱蔽善之罪，有而不知，當受闇塞之責。各明慎奉行。

《晉書》卷四一《高光傳》　高光字宣茂，陳留圉城人，魏太尉柔之子也。光少習家業，明練刑理，初以太子舍人累遷尚書郎，出爲幽州刺史、潁州太守。是時武帝置黄沙獄，以典詔囚。以光歷世明法，用爲黄沙御史，秩與中丞同。遷廷尉。

《晉書》卷四一《李憙傳》　景帝輔政，命憙爲大將軍從事中郎，憙到，引見，謂憙曰：昔先公辟君而君不應，今孤命君而君至，何也？對曰：先君以禮見待，憙得以禮進退。明公以法見繩，憙畏法而至。帝甚重之。轉司馬，尋拜右長史。從討毌丘儉還，遷御史中丞。當官正色，不憚強禦，百僚震肅焉。【略】

憙上言：故立進令劉友、前尚書山濤、中山王睦、故尚書僕射武陔各占官三更稻田，請免濤、睦等官。陔已亡，請貶謚。詔曰：法者，天下取正，不避親貴，然後行耳，吾豈將枉縱其間哉。然案此事皆是友所作，侵剝百姓，以繆惑朝士。姦吏乃敢作此，其考竟友以懲邪佞。濤等不貳其過者，皆勿有所問。《易》稱王臣蹇蹇，匪躬之故。今憙亢志在公，當官而行，可謂邦之司直者矣。光武有云貴戚且斂手以避二鮑，豈其然乎。其申敕羣僚，各慎所司，寬宥之恩，不可數遇也。憙爲二代司隸，朝野稱之。

《晉書》卷四四《石鑒傳》　石鑒字林伯，樂陵厭次人也。出自寒素，雅志公亮。仕魏，歷尚書郎、侍御史、尚書左丞、御史中丞，多所糾正，朝廷憚之。出爲并州刺史、假節、護匈奴中郎將。

《晉書》卷四五《侯史光傳》　泰始初，拜散騎常侍，尋兼侍中。與皇甫陶、荀廙持節循省風俗，及還，奏事稱旨，轉城門校尉，進爵臨海侯。其年詔曰：光忠亮篤素，有居正執義之心，歷職内外，恪勤在公，其以光爲御史中丞。雖屈其列校之位，亦所以伸其司直之才。光在職寬而不縱。太保王祥久疾廢朝，光奏請免之，詔優祥而寢光奏。

《晉書》卷五〇《庾峻傳》　長安有大獄，久不決，拜峻侍御史，往斷之，朝野稱允。武帝踐阼，賜爵關中侯，遷司空長史，轉祕書監、御史中丞，拜侍中，加諫議大夫。

《梁書》卷三四《張緬傳》　時丹陽尹西昌侯蕭淵藻以久疾未拜，敕緬權知尹事，遷中軍宣城王長史，俄徙御史中丞。高祖遣其弟中書舍人綰宣旨曰：爲國之急，惟在執憲直繩，用人本不限升降。晉宋之世，周閔、蔡廓並以侍中爲之，卿勿疑是左遷也。時宣城王府望重，故有此旨焉。

《魏書》卷一五《元暉傳》　肅宗初，徵拜尚書左僕射，詔攝吏部選事。上疏曰：臣聞治人之本，實委牧守之官。得其才則政平物理，失其人則訟興怨結。自非察訪善惡，明加貶賞，將何以黜彼貪怠，陟此清勤也。竊以大使巡省，必廣迎送之費；御史馳糾，頗回威濫之刑。且暫爾往還，理不委悉，縱有簡舉，良未平當。愚謂宜令三司、八座、侍中、黄門，各布耳目，外訪州鎮牧將治人，守令能不。若德教有方，清白獨著，宜以名聞，即加褒陟。若治績無効，貪暴遠聞，亦便示牒，登加貶退。如此則不出庭户，坐知四方，端委垂拱，明賞審罰矣。又表以御史之職，鷹鸇是任，必逞爪牙，有所噬搏。若選後生年少、血氣方剛者，恐其輕肆勁直，傷物處廣。愚謂宜簡宿官經事、忠良平慎者爲之。詔付外，依此施行。

後詔暉與任城王澄、京兆王愉、東平王匡共決門下大事。暉又上書論政要：其一曰：御史之職，務使得賢，必得其人，不拘階秩，久於其事，責其成功。

《魏書》卷三〇《安頡傳》 太宗初，爲內侍長，令察舉百僚。糾刺姦慝，無所回避。嘗告其父陰事，太宗以爲忠，特親寵之。

宜城王奚斤，自長安追擊赫連昌，至于安定，頡爲監軍侍御史。

《魏書》卷三二《高謐傳》 顯祖之御寧光宮也，謐恒侍講讀，拜蘭臺御史。尋轉治書，掌攝內外，彈糾非法，當官而行，無所畏避，甚見稱賞。

《魏書》卷三二《崔逞傳》 逞少好學，有文才。遭亂，孤貧，躬耕于野，而講誦不廢。慕容暐時，郡舉上計掾，補著作郎，撰《燕記》。遷黄門侍郎。及苻堅并慕容暐，以爲齊郡太守。堅敗，司馬昌明以逞爲清河、平原二郡太守。爲翟遼所虜，授以中書令。慕容垂滅翟釗，以爲祕書監。慕容寶東走和龍，爲留臺吏部尚書。及慕容驎立，逞攜妻子亡歸太祖。張袞先稱美逞，及見，禮遇甚重。拜爲尚書，任以政事，録三十六曹，別給吏屬，居門下省。尋除御史中丞。

《魏書》卷六二《高道悦傳》 道悦少爲中書學生、侍御主文中散。久之，轉治書侍御史，加諫議大夫，正色當官，不憚強禦。車駕南征，徵兵秦雍，大期秋季閱集洛陽。道悦以使者治書御史薛聰、侍御主文中散元志等，稽違期會，奏舉其罪。又奏兼左僕射、吏部尚書、任城王澄，位總朝右，任屬戎機，兵使會否，曾不檢奏；尚書左丞公孫良職維樞轄，蒙冒莫舉；請以見事免良等所居官。時道悦兄觀爲外兵郎中，而澄奏道悦有黨兄之負，高祖詔責，然以事經恩宥，遂寢而不論。詔曰：道悦資性忠篤，稟操貞亮，居法樹平肅之規，處諫著必犯之節，王公憚其風鯁，朕實嘉其一至，謇諤之誠，何愧黯鮑也。其以爲主爵下大夫，諫議如故。車駕將幸鄴，又兼御史中尉，留守洛京。

《魏書》卷六二《李彪傳》 車駕還京，遷御史中尉，領著作郎。彪既爲高祖所寵，性又剛直，遂多所劾糾，遠近畏之，豪右屏氣。高祖常呼彪爲李生，於是從容謂羣臣曰：吾之有李生，猶漢之有汲黯。汾州胡叛，詔彪持節綏慰，事寧還京，除散騎常侍，仍領御史中尉，解著作事。高祖宴羣臣於流化池，謂僕射李沖曰：崔光之博，李彪之直，是我國家得賢之基。

《魏書》卷七七《高道穆傳》 御史中尉元匡高選御史，道穆奏記於匡曰：道穆生自蓬簷，長於陋巷。頗獵羣書，無純碩之德；尚好章詠，乏彫掞之工。雖欲厠影髦徒，班名俊伍，其可得哉？然凝明獨斷之主，雄才不世之君，無藉朽株之資，求人屠釣之下，不牽閽投之誚，取士商歌之中。是以聞英風而慷慨，望雲路而低佪者，天下皆是也。若得身隸繡衣，名充直指，雖謝周生騎上之敏，實有茅氏就鑊之心。匡大喜曰：吾久知其人，適欲召之。遂引爲御史。其所糾摘，不避權豪，臺中事物，多爲匡所顧問。道穆曾進説於匡曰：古人有言，罰一人當取千萬人懼，豺狼當道，不問狐狸。明公荷國重寄，宜使天下知法。匡深然之。【略】

道穆外秉直繩，內參機密，凡是益國利民之事，必以奏聞。諫諍極言，無所顧憚。選用御史，皆當世名輩，李希宗、李繪、陽休之、陽斐、封君義、邢子明、蘇淑、宋世良等四十人。【略】及尒朱榮之死也，帝召道穆付赦書，令宣於外。因謂之曰：自今日後，當得精選御史矣。先是，榮等常欲以其親黨爲御史，故有此詔。

（宋）司馬光《資治通鑑》卷一四一《齊紀七·高宗明皇帝下》

初，魏中尉李彪，家世孤微，朝無親援；初游代都，以清淵文穆公李沖好士，傾心附之。沖亦重其材學，禮遇甚厚，薦於魏主，且爲之延譽於朝，公私汲引。及爲中尉，彈劾不避貴戚，魏主賢之，以比汲黯。彪自以結知人主，不復藉沖，稍稍疏之，唯公坐斂袂而已，無復宗敬之意，沖浸銜之。

《北齊書》卷三《文襄帝紀》 自正光已後，天下多事，在任羣官，廉潔者寡。文襄乃奏吏部郎崔暹爲御史中尉，糾劾權豪，無所縱捨，於是風俗更始，私枉路絶。乃牓於街衢，具論經國政術，仍開直言之路，有論事上書苦言切至者，皆優容之。

《北齊書》卷二一《高慎傳》 元象初，出爲兗州刺史。尋徵爲御史中尉，選用御史，多其親戚鄉閭，不稱朝望，世宗奏令改選焉。

《北齊書》卷四五《李廣傳》 中尉崔暹精選御史，皆是世胄，廣獨以才學兼御史，修國史。

《北齊書》卷四七《宋游道傳》 神武執遊道手曰：甚知朝貴中有憎忌卿者，但用心，莫懷畏慮，當使卿位與之相似。於是啓以遊道爲中尉。文襄執請，乃以吏部郎中崔暹爲御史中尉，以遊道爲尚書左丞。文襄謂暹、遊道曰：卿一人處南臺，一人處北省，當使天下肅然。

《北齊書》卷四七《畢義雲傳》 文宣受禪，除治書侍御史，彈射不避勳親。累遷御史中丞，繩劾更切。然豪横不平，頻被怨訟。前爲汲郡太守翟嵩啓列：義雲從父兄僧明負官債，先任京畿長吏，不受其屬，立限切徵，由此挾嫌，數遣御史過郡訪察，欲相推繩。又坐私藏工匠，家有十餘機織錦，並造金銀器物。乃被禁止。

《周書》卷三八《李昶傳》 太祖嘗謂昶曰：卿祖昔在中朝，爲御史中尉。卿操尚貞固，理應不墜家風。但孤以中尉彈劾之官，愛憎所在，故未即授卿耳。然此職久曠，無以易卿。乃奏昶爲御史中尉。

隋唐五代部

監察系統分部

隋朝

綜述

《隋書》卷二八《百官志》　御史臺，大夫一人，治書侍御史二人，侍御史八人，殿内侍御史、監察御史，各十二人，録事二人。後魏延昌中，王顯有寵於宣武，爲御史中尉，請革選御史。此後踵其事，每一中尉，則更置御史。自開皇後，始自吏部選用，仍依舊入直禁中。【略】

〔煬帝即位〕增置謁者、司隸二臺，幷御史爲三臺。【略】御史臺增治書侍御史爲正五品。省殿内御史員，增監察御史員十六人，加階爲從七品。開皇中，御史直宿禁中，至是罷其制。又置主簿、録事員各二人。五年，又降大夫階爲正四品，減治書侍御史爲從五品，增侍御史爲正七品，唯掌侍從糾察，其臺中簿領，皆治書侍御史主之。後又增置御史，從九品，尋又省。

《隋書》卷二八《百官志》　門下省，納言二人，給事黄門侍郎四人，録事、通事令史各六人。又有散騎常侍、通直散騎常侍各四人，諫議大夫七人，散騎侍郎四人，員外散騎常侍六人，通直散騎侍郎四人，並掌部從朝直。又有給事二十人，員外散騎侍郎二十人，奉朝請四十人，並掌同散騎常侍等，兼出使勞問。

《隋書》卷二八《百官志》　謁者臺大夫一人，從四品。五年，改爲正四品。掌受詔勞問，出使慰撫，持節察授，及受寃枉而申奏之。駕出，對御史引駕。置司朝謁者二人以貳之。從五品。屬官有丞一人，主簿、録事各一人等員。又有通事謁者二十人，從六品。即内史通事舍人之職也。次有議郎二十四人，通直三十六人，將事謁者三十人，謁者七十人，皆掌出使。其後廢議郎，通直、將事謁者，謁者等員，而置員外郎八十員。尋詔門下、内史、御史、司隸、謁者五司，監受表，以爲恒式，不復專謁者矣。尋又置散騎郎，從五品，二十人，承議郎、正六品。通直郎，從六品。各三十人，宣德郎、正七品。宣義郎，從七品。各四十人，徵事郎、正八品。將仕郎、從八品。常從郎、正九品。奉信郎，從九品。各五十人，是爲正員。並得禄當品。又各有散員郎，無員無禄。尋改常從爲登仕，奉信爲散從。自散騎已下，皆主出使，量事大小，據品以發之。

《隋書》卷二八《百官志》　司隸臺大夫一人，正四品。掌諸巡察。别駕二人，從五品。分察畿内，一人案東都，一人案京師。刺史十四人，正六品。巡察畿外。諸郡從事四十人，副刺史巡察。其所掌六條：一察品官以上理政能不。二察官人貪殘害政。三察豪强姦猾，侵害下人，及田宅踰制，官司不能禁止者。四察水旱蟲災，不以實言，枉徵賦役，及無災妄蠲免者。五察部内賊盗，不能窮逐，隱而不申者。六察德行孝悌，茂才異行，隱不貢者。每年二月，乘軺巡郡縣，十月入奏。置丞、從六品。主簿、從八品。録事從九品。各一人。後又罷司隸臺，而留司隸從事之名，不爲常員。臨時選京官清明者，權攝以行。

（唐）杜佑《通典》卷三二《職官・州郡上・司隸校尉》　隋初有雍州牧。後煬帝置司隸臺，有大夫一人，掌諸巡察。薛道衡爲司隸大夫，别駕二人，分察畿内，一人按東都，一人按京師。後又罷司隸臺。裴藴爲御史大夫，欲重己權，令虞世基奏罷司隸刺史以下官屬。而留司隸從事之名，不爲常員，臨時選京官清明者權攝以行。大唐無司隸校尉，而有京畿採訪使，亦其職也。

紀事

《隋書》卷三九《骨儀傳》　骨儀，京兆長安人也。性剛鯁，有不可奪之志。開皇初，爲侍御史，處法平當，不爲勢利所回。

《隋書》卷六二《梁毗傳》　開皇初，置御史官，朝廷以毗鯁正，拜治書侍御史，名爲稱職。

《隋書》卷六二《柳彧傳》　彧見近代以來，都邑百姓每至正月十五日，作角抵之戲，遞相誇競，至於糜費財力，上奏請禁絕之，曰：臣聞昔者明王訓民治國，率履法度，動由禮典。非法不服，非道不行，道路不同，男女有別，防其邪僻，納諸軌度。竊見京邑，爰及外州，每以正月望夜，充街塞陌，聚戲朋遊。鳴鼓聒天，燎炬照地，人戴獸面，男爲女服，倡優雜技，詭狀異形。以穢嫚爲歡娛，用鄙褻爲笑樂，內外共觀，曾不相避。高棚跨路，廣幕陵雲，袨服靚粧，車馬填噎。肴醑肆陳，絲竹繁會，竭貲破產，競此一時。盡室并孥，無問貴賤，男女混雜，緇素不分。穢行因此而生，盜賊由斯而起。浸以成俗，實有由來，因循敝風，曾無先覺。非益於化，實損於民，請頒行天下，並即禁斷。康哉《雅》、《頌》，足美盛德之形容，鼓腹行歌，自表無爲之至樂。敢有犯者，請以故違勅論。詔可其奏。是歲，持節巡省河北五十二州，奏免長吏贓污不稱職者二百餘人，州縣肅然，莫不震懼。

唐朝

論說

《臣軌》卷上《匡諫章》　夫諫者，所以匡君於正也。謂匡救其君使合於正道。《易》曰：王臣謇謇，匪躬之故。《易》曰，《謇卦》六二爻辭也。王輔嗣曰：處難之時，履當其位，居不失中，以應於五，不以五在難中，私身遠害，執心不回，志匡王室者也。故曰王臣謇謇，匪躬之故也。人臣之所以謇謇爲難。臣之事君鮮能忠正，故以謇謇之材爲難也。而諫其君者，非爲身也，將欲以除君之過，矯君之失也。君有過失而不諫者，忠臣不忍爲也。忠臣則必諫其君。

《春秋》傳曰：齊景公坐於遄臺，梁丘據馳而造焉。公曰：唯據與我和夫。晏子曰：據亦同也，焉得爲和？公曰：和與同異乎？對曰：異。和如羹焉，水、火、醯、醢、鹽、梅，以享魚肉，宰夫和之，齊之以味，濟其不及。杜預曰：濟，益也。君臣亦然。杜預曰：亦如羹。君所謂可而有否焉，杜預曰：否不可也。臣獻其否以成其可；杜預曰：獻君之否，以成君之可也。君所謂否而有可焉，臣獻其可以去其否，是以政平而人無爭心。故《詩》曰：亦有和羹，既戒既平。杜預曰：《詩》頌殷中宗也。言中宗能與賢者和齊可否，其政如羹，敬戒且平也。和羹備五味，異於大羹也。今據不然。君所謂可，據亦曰可；君所謂否，據亦曰否。若以水濟水，誰能食之？同之不可也如是。

《家語》曰：哀公問於孔子曰：子從父命孝乎？臣從君命忠乎？孔子不對。又問三，皆不對。趨而出，告于子貢曰：公問如此，爾以爲何如？爾，汝也。子貢曰：子從父命，孝矣；臣從君命，忠矣。夫子奚疑焉。奚，何也。孔子曰：鄙哉，爾不知也。昔萬乘之主，有諍臣七人，則主無過舉；言舉事無過失也。《孝經》曰：天子有諍臣七人，雖無道，不失天下。千乘之國，有諍臣五人，則社稷不危；《孝經》曰：諸侯有諍臣五人，雖無道，不失其國。百乘之家，有諍臣三人，則禄位不替。替，廢也。《孝經》曰：大夫有諍臣三人，雖無道，不失其家。父有諍子，不陷無禮；《孝經》曰：父有諍子，則身不陷於不義。士有諍友，不行不義。《孝經》曰：士有諍友，則身不離於令名。子從父命，奚詎爲孝，臣從君命，奚詎爲忠。言其不得爲忠孝也。《孝經》曰：從父之令，焉得爲孝乎？鄭玄曰：委曲從君父之令，善只爲善，惡只爲惡，又焉得爲忠臣孝子乎。

《新序》曰：主暴不諫，非忠臣也；畏死不言，非勇士也。能諫暴君，不畏其死，乃爲忠勇。見過則諫，不用即死，忠之至也。見君之有過，則犯顏而諫之。諫而不用，則以死繼之。可謂忠之至也。晉平公問叔向曰：國家之患孰爲大？對曰：大臣重禄而不極諫；近臣畏罪而不敢言；下情不得上通。此患之大者也。言此三者皆國家之大患也。公曰：善。乃令曰：臣有欲進善言而謁者不通，罪至死。謁者，官名也。言臣欲有進善言於其君，而謁者之官不通聞於上，則罪至於死。

《說苑》曰從命利君謂之順；從命病君謂之諛。逆命利君謂之忠；逆命病君謂之亂。夫臣於人者，不其難乎。察通變之理，識安危之機，然後可以事其君矣。故《書》曰爲臣不易。君有過失而不諫諍，將危國家殞社稷也；見君之有過失不能盡忠以諫諍，則是將欲危其國家殞其社稷也。有能盡言於君，謂盡忠貞之言於其君，無所藏隱也。用則留，不用則去，謂之諫；君用其言則留，不用其言則去也。用則可，不用則死，謂之諍；謂能以死諍其君也。有能率群下以諫君，群下，謂衆臣也。君不能不聽，言必聽也。遂解國之大患，除國之大害，由其用諫故也。竟能尊主安國者，謂之輔；有能抗君之命，反君之事，謂奪君之私心歸於正義。以安國之危，除主之辱，而成國之大利者，謂之弼。故諫諍輔弼者，所謂社稷之臣，明君之所貴也。言諫諍輔弼，雖事迹有殊，至於安國寧人，其功不異，故俱謂社稷之臣，而明君之所貴也。又曰：夫登高棟臨危櫓而目不眴、心不懼者，此工匠之勇也；眴猶動也。入深泉刺蛟龍，抱黿鼉而出者，此漁父之勇也；入深山刺猛獸抱熊羆而出者，此獵夫之勇也；臨戰先登，暴骨流血而不辭者，此武士之勇也；居於廣廷作色端辯以犯君之嚴顔，前雖有乘軒之賞未爲之動，杜預《左傳》注曰：軒，大夫車。後雖有斧鑕之誅未爲之懼者，此忠臣之勇也。君子於此五者，以忠臣之勇爲貴也。夫武士、獵夫、工匠、漁父，雖有匹夫小勇，而不能成其大功。至於忠果之臣、公正之士，廣庭作色犯主嚴，不願乘軒之榮，不憂斧鑕之戮，而使國安人泰，理定功成，道著當時，名流後代，故爲君子之所貴也。

《代要論》曰：夫諫諍者，所以納君於道，矯枉正非，矯君之枉，正君之非。救上之謬也。救君上之謬誤。上苟有謬而無救焉，則害於事。害於理人之事。害於事則危。國不安也。故《論語》曰：危而不持，顛而不扶，則將焉用彼相矣？鄭玄曰：相，扶工者也。然則，扶危之道莫過於諫，諫則無傾危也。是以國之將興，貴在諫臣；家之將興，貴在諫子。若君父有非，臣子不諫，欲求國泰家榮，不可得也。《孝經》曰：子不可以不諍於父，臣不可以不諍於君。鄭玄曰：君父有不義，臣子不諫諍，則亡國破家之道也。

（唐）陳子昂《陳拾遺集》卷八《雜著·招諫科》 臣伏惟聖人制天下，貴能至公；能至公者，當務直道。臣伏見神皇至公應物，直道容賢，然朝廷尚未見敢諫之臣、骨鯁之士，天下直道，未得公行。臣聞聖人大德，在能聽諫，古典所說，蓋不足陳。臣伏見太宗文武聖皇帝德冠三王，名高五帝，實由能容魏徵愚直，獲盡忠誠，國史書之，明若日月。直言之路啓，從諫之道開，貞觀已來，此實爲美。今神皇坐明堂，布大政，神功聖業，能事備矣，夫骨鯁之士，能美聖功。伏惟神皇廣延直臣，旌賞諫士，使大聖之德，引納日新，書之金板，萬代有述。非神皇卓犖仁聖，臣不可獻此言也。

綜述

《唐六典》卷一三《御史臺》 御史大夫一人，從三品；《漢書》云：御史大夫，秦官，位上卿，銀印、青綬，掌副丞相。成帝綏和元年更名大司空，哀帝建平二年復爲御史大夫，元壽二年復爲大司空。歷後漢，遂爲三公之官。獻帝建安十三年，又置御史大夫。魏黄初二年，又省。歷晉、宋、齊、梁、陳、後魏、北齊、後周，並不置大夫，而以中函爲臺主。隋諱忠，依秦、漢置御史大夫，從三品；大業八年，降爲正四品。皇朝又爲從三品。龍朔二年改爲大司憲，咸亨元年復故。御史臺，漢名御史府；後漢曰憲臺，時以尚書爲中臺，謁者爲外臺，謂之三臺。魏、晉、宋、齊曰蘭臺，梁、陳、後魏、北齊、隋皆曰御史臺，皇朝因之。龍朔二年更名憲臺，咸亨元年復故。光宅元年改曰左肅政臺，專知在京百司；更置右肅政臺，專知按察諸州，加右臺大夫一人。神龍元年，改爲左、右御史臺，猶置二大夫。延和元年廢右臺，先天二年九月復置，十月又廢，而大夫隨臺廢置。中丞二人，正五品上；《漢百官表》：御史大夫有兩丞，秩一千石。一曰中丞。謂之中者，以其列在殿中，掌蘭臺秘書。外督部刺史，内領侍御史，受公卿奏事，舉劾按章。及置司隸校尉，以御史中丞督司隸、司直，司隸、司直督刺史，刺史督二千石，下至墨綬。成帝綏和元年，改爲大司空。哀帝建平二年，改大司空復爲御史大夫；元壽二年，復爲大司空，而中丞出外爲臺主，更名御史長史。後漢復曰中丞。時，宣秉拜御史中丞，光武詔與司隸校尉、尚書令三官各專席而坐，京師號爲三獨座。魏黄初，改中丞爲宫正。魏鮑勛以宫正忤旨，左遷持書執法。後又爲中丞。歷晉、宋、齊、梁、陳，並以中丞爲臺主，品第四。梁制十八班，中丞班第十一。後魏改中丞曰中尉，正三品；太和二十三年，爲從三品。北齊復曰中丞，從三品。後周秋官置司憲中大夫二人，掌丞司寇之法，以左右刑罰，蓋比御史中丞之職也。隋省中丞官，置御史大夫爲臺主，以持書侍御史二人代中丞之任。持書侍御史者，本漢宣帝元鳳中因路温舒上書宜尚德緩刑，帝深采覽之，季秋請讞時，帝幸宣室，齋居而決事，令侍御史二人持書，故曰侍書侍御史。歷代品秩並同御史，惟北齊爲從五品，隋室因之。大業六年加正五品，八年又改爲從五品。皇朝因之。貞觀中，避高宗諱，省持書侍御史，依前代置御史中丞。龍朔二年改曰司憲大夫，咸亨元年復故。自漢以來，御史中丞皆一人，隋持書侍御史二人，皇朝因之。御史大夫之職，掌邦國刑憲、典章之政令，以肅正朝列；中丞爲之貳。其百僚有姦非隱伏，得專推劾。若中書門下五品已上、尚書省四品已上、諸司三品已上，則書而進之，並送中書門下。凡天下之人有稱冤而無告者，與三司詰之。

三司：御史大夫，中書，門下。大事奏裁，小事專達。凡中外百僚主事應彈劾者，御史言於大夫，大事則方幅奏彈，小事則署名而已。舊：彈奏，皇帝視事日，御史奏之。自景龍三年已來，皆先進狀，聽進止。許則奏之，不許則止。若有制使覆囚徒，則與刑部尚書參擇之。凡國有大禮，則乘輅車以爲之導。駕幸京都，大夫從行，則令中丞一人留在臺，並殿中侍御史一人。若別敕留守，不在此限。

侍御史四人，從六品下。《周官》宗伯屬官御史，掌邦國都鄙及萬民之治令，以贊冢宰。凡治之者，受法令焉。以其在殿柱之間，亦謂之柱下史。秦改爲侍御史。《史記》：張蒼自秦時爲御史，主柱下方書。即其任也。冠法冠，一名柱後惠文，以鐵爲柱，言其審固不撓也。法冠者，《秦事》云：始皇滅楚，以其君冠賜御史。亦名獬豸冠，以獬豸獸主觸不直，故執憲者以爲冠。漢因秦，置侍御史，秩六百石，員十五人。惠帝三年，相國奏遣御史監三輔不法事，有：辭訟者，盜賊者，鑄僞錢者，獄不直者，繇賦不平者，吏不廉者，吏苛刻者，踰侈及弩力十石以上者，非所當服者，凡九條。監者每二歲一更，常十一月奏事，三月還監焉。侍御史有繡衣直指，出討姦猾，治大獄；武帝制，不常置。後漢皆公府掾屬高第者爲之，所掌有五曹：曰令曹，掌律令；印曹，掌刻印；供曹，掌齋祠之事；尉馬曹，掌廄馬之事；乘曹，掌護駕。魏置八人，品第六，所掌凡八部，有持書曹、課第曹，其餘則史闕云。晉置九人，所掌有十三曹，曰：吏曹，課第曹，直事曹，印曹，中都督曹，外都督曹，媒曹，符節曹，水曹，中壘曹，營軍曹，法曹，筭曹。東晉初，省課第曹，置庫曹；後又分庫曹爲外左庫曹、內左庫曹焉。宋置十人。元嘉中，省二庫曹，直云左庫。大明中，復置二庫；景和初，復省之。昇明初，省營軍曹，併入水曹；省筭曹，併入法曹；而吏曹罷御史掌之。齊置十人，梁、陳皆九人。後魏八人，初，從五品；太和末，爲正八品下。北齊置八人，從七品下。後魏、北齊尤重御史，選御史必答策高第始補之，並分掌諸曹內外督令史以下。後周秋官有司憲中士。隋置八人，從七品下；煬帝三年，改爲正七品。皇朝置四人，加品從六品下。又置內供奉員，不過本數，其遷改與正官資望亦齊。舊制庶僕五分減一，及崔隱甫爲大夫，奏供奉、里行並同正給。案《令》：隔品致敬。比者因循，侍御史已下皆與大夫抗禮。開元十八年，敕重申明，猶未之改。李適之爲大夫，皆受拜，時議是之。侍御史掌糺舉百僚，推鞫獄訟。其職有六：一曰奏彈，二曰三司，三曰西推，四曰東推，五曰贓贖，六曰理匭。侍御史年深者一人判臺事，知公廨雜事等；次知西推、贓贖、三司，受事監奏；次知東推、理匭之事。臺中有黄卷，不糺舉所職則罰之。其新除者未曉制度，罰有日逾萬錢者。舊例，新人罰止於四萬，及崔隱甫爲大夫，以其數太廣減之，以萬二千爲限。三院各有院長，議罰則詢於雜端也。凡有制敕付臺推者，則按其實狀以奏；若尋常之獄，推訖，斷于大理。舊，臺中無獄，未嘗禁人；有須留問，寄禁大理。李乾祐爲大夫，奏請於臺置獄，雖則按問爲便，而增鞫獄之弊。至開元十四年，御史大夫崔隱甫奏罷之，須留問者，依前寄禁大理。凡事非大夫、中丞所劾而合彈奏者，則具其事爲狀，大夫、中丞押奏。大事則冠法冠，衣朱衣、纁裳、白紗中單以彈之；小事，常服而已。法冠一名豸冠，一角，爲獬豸之形，取觸邪之義也。凡三司理事，則與給事中、中書舍人更直於朝堂受表。三司更直，每日一司正受，兩司副押，更遞如此。其鞫聽亦同。若三司所按而非其長官，則與刑部郎中・員外郎、大理司直・評事往訊之。除三司受事及推按外，每日，侍御史一人承制，諸奏事者並監而進退之。若所論繁細，不宜奏陳，則隨事奏而罷之。

主簿一人，從七品下；《漢書》：張忠爲御史大夫，署孫寶爲主簿。魏、晉已下無聞。隋煬帝大業三年始置御史臺主簿二員，皇朝省一員。録事二人，從九品下。主簿掌印及受事發辰、句檢稽失。兼知官廚及黄卷。

殿中侍御史六人，從七品上。魏氏御史二人居殿中察非法，故曰殿中侍御史。晉置四人，東晉省二人。梁、陳史不載其品秩。後魏初，從五品；太和末，爲從八品上。北齊置十二人，正八品。隋開皇初，改爲殿內侍御史，置十二人，正八品下；煬帝三年省。武德五年，置四人，正八品上；貞觀二十二年，加員、品。

監察御史十人，正八品上。監察御史，蓋取秦監郡御史以名官。《晉書》云：孝武太元中，創置檢校御史，而吴混之爲之。沈約《宋書》云：古司隸校尉知行馬外事。晉江左罷司隸，置檢校御史，專掌行馬外事。是也。歷宋、齊、梁、陳，無聞其職。後魏太和末，復置檢校御史，正九品上。北齊置檢校御史十二人，從八品上。後周秋官府有司憲旅下士八人。隋初，改爲監察御史，置十二人，從八品上。煬帝大業三年，加正八品，增置十六人；大業八年，加從七品。後又置御史一百員，從九品，尋省之，蓋更卑於監察矣。武德初，監察御史置八人。貞觀二十二年，加監察二人。其外，又置監察御史裏行。其始自馬周以布衣太宗令於監察御史裏行，自此便置裏行之名。

殿中侍御史掌殿庭供奉之儀式。每朝，與侍御史隨仗入，位在中丞下，給事中、中書舍人後。凡冬至、元正大朝會，則具服升殿。若皇帝郊祀、巡省，謂大駕與鹵簿。則具服從，於旌門往來檢察，視其文物之有虧闕則糺之。非大備，則常服。凡兩京城內則分知左、右巡，各察其所巡之內有不法之事。謂左降、流移停匿不去，及妖訛、宿宵、蒲博、盜竊、獄訟冤濫、諸州綱典貿易隱盜、賦斂不如法式，諸此之類，咸舉按而奏之。若不能糾察及故縱、蔽匿者，則量其輕重而坐所由御史。

監察御史掌分察百僚，巡按郡縣，糾視刑獄，肅整朝儀。朝庭有不肅敬，御史則糾而劾之。每二人五日分知東、西朝堂。舊例監察正門無籍，非因奏事，不得入至殿庭。開元七年三月，敕並令隨仗而入，不得供奉，位在尚書員外郎後。十道巡按，則選判官二人以爲之佐；如本道務繁，得量差官人歷官清幹者，號爲支使。凡將帥戰伐，大克殺獲，數其俘馘，審其功賞，辨其真僞。若諸道屯田及鑄錢，其審功糾過亦如之。凡嶺南及黔府選補，亦令一人監其得失。凡決囚徒，則與中書舍人、金吾將軍監之。若京師忌齋，則與殿中侍御史分察寺、觀。七品已上清官皆預行香，不到，則牒送法司。若在京都，則分察尚書六司，糾其過失，及知太府、司農出納。凡冬至祀圜丘，夏至祭方丘，孟春祈穀，季秋祀明堂，孟冬祭神州，五郊迎氣及享太廟，則二人共監之。若朝日、夕月及祭社稷、孔宣父、齊太公，蜡百神，則一人率其官屬，閱其牲牢，省其器服，辨其輕重，有不修不敬則劾之。凡尚書省有會議，亦監其過謬。尚書省諸司七品已上官會議，皆先牒報臺，亦一人往監，若據狀有違及不委議意而署名者，糾彈之。凡有敕令一御史往監，即監察受命而行。自監察御史已上，每日一人於本司當門直，以檢察臺中出入及令史領辭訟過大夫之事。若緣辭訟事須推勘者，大夫便委門直御史以推之。凡百官燕會、習射亦如之。

（唐）杜佑《通典》卷二四《職官·御史臺》 隋及大唐皆曰御史臺。龍朔二年改爲憲臺，咸亨元年復舊。門北闢，主陰殺也。按北齊楊楞伽《鄴都故事》云：御史臺在宮闕西南，其門北開，取冬殺之義。斯事久矣。今東都臺門所以不北向者，蓋欲變古之制，或建造者不習故事耳。龍朔中，改司經局爲桂坊，置司直，爲東宮之憲府，亦開北門，以象御史臺，其例明矣。或云：隋初移長安城，造御史臺，時以兵部尚書李圓通檢校御史大夫，欲於尚書省近，故開北門。此說非也。故御史爲風霜之任，彈糾不法，百僚震恐，官之雄峻，莫之比焉。舊制但聞風彈事，提綱而已。舊例，御史臺不受訴訟。有通辭狀者，立於臺門，候御史，御史徑往門外收採。知可彈者，略其姓名，皆云風聞訪知。永徽中，崔義玄爲大夫，始定受事御史，人知一日，劾狀題告人姓名或訴訟之事。其鞫案禁繫，則委之大理。貞觀末，御史中丞李乾祐以囚自大理來往，滋其姦故，又案事入法，多爲大理所反，乃奏於臺中置東西二獄，以自繫劾。開元中，大夫崔隱甫復奏罷之。其後罕有聞風彈舉之事，多受辭訟，推覆理盡，然後彈之。將有彈奏，則先牒監門禁止，勿許其入。按《宋書》云二臺劾奏，符光禄加禁止，不得入殿省，是其先例。光禄主殿門。武太后時，改御史臺爲肅政臺，凡置左、右肅政二臺，別置大夫、中丞各一人，侍御史、殿中、監察各二十人，又置肅政臺使六人，受俸於本官，略與御史同，尋罷之。左以察朝廷，右以澄郡縣。時議以右多名流，左多寒刻，其遷登南省者，右殆倍焉，以其不陵朝貴故也。二臺迭相糾正，而左加敬憚。神龍以後去肅政之名，但爲左右御史臺。初置兩臺，每年春秋發使，春曰風俗，秋曰廉察。令地官尚書韋方質爲條例，删定爲四十八條，以察州縣。載初以後，奉勅乃巡，不每年出使也。睿宗即位，詔二臺並察京師，資位既等，競爲彈糾，百僚被察，殆不堪命。太極元年，以尚書省悉隸左臺。月餘，右臺復請分綰尚書西行事。左臺大夫竇懷貞乃表請依貞觀故事，遂廢右臺，而本御史臺官復舊，廢臺之官並隸焉。其左臺，本御史臺也。又別置右臺，右臺地即今太僕寺是也。本隋長秋監地，武太后改爲司宮臺，移於街北。遂以其地置右臺。右臺既廢，以其地爲御史臺使院。開元八年，移太僕寺於此。大夫一人，中丞二人，侍御史四人，殿中侍御史六人，監察御史十人，主簿一人。內供奉、裏行者各如正員之半。太宗朝，始有裏行之名。高宗時，方置內供奉及裏行官，皆非正官也。開元初，又置御史裏使及侍御史裏使、殿中裏使、監察裏使等官，並無定員，義與裏行同。穆思泰、元光謙、吕太一、翟章並爲裏使，尋省。建中三年九月，御史臺請置推官二人，常與本推御史同推覆，奉勅依。其臺憲故事，官資輕重，則杜易簡、韓琬注記詳焉。杜易簡撰《御史雜注》四卷，韓琬撰《御史臺記》十二卷。

（唐）杜佑《通典》卷二四《職官·中丞》 隋以國諱，改中丞爲大夫。大唐因隋，亦曰大夫。龍朔二年，改爲大司憲，咸亨初復舊。武太后改置左、右肅政臺，御史大夫各一人，太極初復舊。掌肅清風俗，彈糾內外，總判臺事。自周、隋以來，無儀衛之重令，行出道路，以私騎匹馬從之而已。故事，侍御史以下，與大夫抗禮。光宅元年九月，韋思謙除右肅政大夫，遂坐受拜。或以爲言，謙曰：國家班列，自有差等，奈何姑息。其後大夫又與之抗禮。至開元十八年，有勅申明隔品致敬，其禮由之不改。至二十四年六月，李適之爲大夫，又坐受拜，其後又與之抗禮，至今不改。故事，大夫與監察競爲官政，略無承禀。至開元十四年，崔隱甫爲大夫，一切督責之，事無大小，悉令咨決。稍有忤意，列其罪，前後貶黜者過半，群僚側目。上常謂曰：卿爲大夫，深副朕委。

御史中丞，舊持書侍御史也。【略】隋又爲持書侍御史，臺中簿領，悉以主之。大唐永徽初，高宗即位，以國諱故，改持書侍御史爲御史中丞。龍朔二年，改爲司憲大夫，咸亨元年復爲中丞，二人。大足元年，張易之縱恣益横，常私引相工李弘泰占吉凶，言涉不順。御史中丞宋璟請窮究其狀。武太后曰：易之等已自上聞。璟曰：謀反大逆，無容首免。易之等分外承恩，臣知言發禍從，然義激於心，雖死不恨。太后不悦。内史姚元崇恐忤旨，遽宣勑令出。璟曰：天顔咫尺，親奉德音，不煩宰相擅宣王命。太后意解，乃收易之等入臺，尋舍之，令就宅謝罪。璟拒而不見曰：公事當公言之，若私見，法無私也。景龍二年十二月，御史中丞姚庭筠奏稱：律令格式，懸之象魏，奉而行之，事無不理。比見諸司寮宷，不能遵守章程，事無大小，皆悉聞奏。臣聞爲君者任臣，爲臣者奉法。故云汝爲君目將思明，則知萬幾務綜，不可遍覽也。所以設官分職，委任責成，百工惟時，以成垂拱之化。比者或修一水寳，或伐一枯木，並皆上聞旒扆，取斷宸衷，豈代天理物至化之道也？自今以後，若緣軍國大事及牒式無文者，任奏取進止。自餘據章程合行者，各令准法處分。其有故生疑滯，致有稽失者，請令御史隨事糾彈。上從之。亦時有内供奉，本有一人，聖曆中加一人，尋省。先天中復置。職副大夫，通判臺事。開元二十一年三月，置京畿都採訪處置使，以中丞爲之。

（唐）杜佑《通典》卷二四《職官·侍御史》　隋侍御史八人，自開皇之前，猶踵後魏革選；自開皇之後，始自吏部選用，不由臺主，仍依舊入直禁中。大業中，始罷御史直宿臺内，文簿皆持書主之，侍御史但侍從糾察而已，由是資位少減。大唐自貞觀初以法理天下，尤重憲官，故御史復爲雄要。貞觀十一年，吴王恪好畋獵，損居人田苗。侍御史柳範奏彈之。太宗因謂侍臣曰：權萬紀事我兒，不能匡正，其罪合死。範進曰：房玄齡事陛下，猶不能諫止畋獵，豈可獨坐萬紀乎？其將除拜，皆吏部與臺長官、宰相議定，然後依選例補奏，其内詔别拜者，不在其限。顯慶元年八月，中書侍郎平章事李義府恃寵用事。聞婦人淳于氏有美色，坐事繫大理，乃諷大理丞畢正義枉法出之，將納之。有言其狀者，上令給事中劉仁軌鞫之。義府恐洩其謀，遂逼正義自縊於獄中。上知，特原義府之罪。侍御史王義方奏：義府擅殺寺丞，陛下雖以釋放，然天子置三公、九卿、二十七大夫、八十吴一元士，本欲水火相濟，鹽梅相成，然後庶績咸熙，風雨交泰，則知人主不得獨是獨非。昔唐堯至聖，失之於四凶；漢祖深仁，失之於陳豨；光武聰明寬恕，失之於龐萌；魏武勇略英雄，失之於張邈。此並英傑之主，莫不失之於前，得之於後。陛下繼聖，撫有萬邦，蠻陬夷落，猶懼刑綱，況輦轂咫尺，姦臣肆虐，殺一六品寺丞，足使忠臣抗憤。縱令正義自取絞縊，此事彌不可容，便是畏義府之權勢能殺身。殺身滅口，此則生殺之威上非主出，賞罰之柄下移姦佞。請乞重勘正義，當致死之由，雪冤氣於幽泉，誅姦臣於白日。對仗叱義府令下，義府顧視不退，義方三叱，上既無言，義府趨出。義方乃讀彈文曰：義府善柔成性，佞媚爲姿。昔事馬周，分桃見寵；後交劉洎，割袖承恩。生其羽翼，長其光價，因緣際會，遂階通達。貪冶容之好，原有罪之淳于；恐漏泄其謀，殞無辜之正義。此而可恕，孰不可容？請除君側，少答鴻私，碎首玉階，庶明臣節。伏請付法推斷，以申朝典。麟德以來，用人尤重，高宗常問群臣求可爲御史者，僉舉萬年尉楊子，失其名。居數月，復問之，群臣復舉焉。上曰：吾聞斯人常以褻服居公堂視事，其可以爲準繩司乎？由是百司群寮，必表而親事。選授之命，不由銓管。及李義府掌大選，寵任既重，始得補之。神龍三年，吏部尚書蘇瓌案問鄭普思。其妻有寵於韋庶人，特飭命對御辯析，上屢抑瓌而理普思。侍御史范獻忠歷階曰：臣請先罪蘇瓌。上問其故，忠曰：蘇瓌國之大臣，荷榮貴久矣，不能斬逆賊而後聞奏，令使眩惑天聽，摇動刑柄，而普思反狀昭露，陛下曲爲申理，此則王者不死。今聖躬萬福，豈有剩天子耶。臣請先死，終不能事普思。上意乃解，獄遂定。自義府之後，無出於吏部者。舊御史遭長官於途，皆免帽降乘，長官戢轡，辭而止焉。乾封中，王本立爲侍御史，意氣頗高，途逢長官，端揖而已。自是諸人或降而立，或一足至地，或側鞍弛轡，輕重無恆。開元以來，但舉鞭聳揖而已。侍御史凡四員，本二員，顯慶中加二員。乾封二年二月，韋仁約除御史，與公卿相見，未嘗行拜禮。或勉之，約曰：鶚鵰鷹鸇，豈衆禽之偶？柰何設拜以狎之。且耳目之官，故當特立。乃曰：御史銜命出使，不能動摇山岳、震攝州縣，誠曠職耳。内供奉二員。侍御史内供奉與殿中御史内供奉、監察御史裏行，其制並同，皆無職田、庶僕。臺例：占闕者得職田、庶僕；無闕可占，則歲兩時請地子於太倉，每月受俸及庶僕於太府。掌糾察内外，受制出使，分判臺事。又分直朝堂，與給事中、中書舍人同受表理冤訟，迭知一日，謂之三司受事。其事有大者，則詔下尚書刑部、御史臺、大理寺同按之，亦謂此爲三司推事。後漢永平中，侍御史寒朗共三府案楚獄，亦今三司之例。武太后時，刑獄滋彰，凡二臺御史，多苛刻無恩，以誅暴爲事，猜阻傾奪，更相陵搆，此其爲弊也。神龍以來稍革之，其後名流慎選，侔於貞觀、永徽矣。侍御史之職有四，謂推、推者，掌推鞫也。彈、掌彈舉。公廨、知公廨事。雜事。臺事悉總判之。定殿中、監察以下職事及進名、改轉，臺内之事悉主之，號爲臺端，他人稱之曰端公。其知雜事者，謂之雜端，最爲雄劇。食坐之南設横榻，謂之南床。殿中、監察不得坐。亦謂之癡床，言處其上者，皆驕傲自得，使人如癡，是故謂之癡床。凡侍御史之例，不出累月，則遷登南省，故號爲南床。百日察其行止出入，揖讓去就，殿中以下皆稟而隨之，先後虧失者有罰。其太極以前二臺朝列之制，侍御史與殿中隨仗入，分居兩行。東行在侍中、黄門侍郎、給事中後，起居郎、常侍、正諫議大夫、御史中丞下。西行在中書令、侍郎、舍人後，起居舍人、常侍、諫議大夫、御史中丞、大夫下。承詔者各五日。有旨召御史，不呼名，則承詔者出。承詔御史舊在西，開元初制在東。侍御史或闕，則假殿中承之。自至德以來，諸道使府參佐，多以省郎及御史爲之，謂之外臺，則皆檢校、裏行及内供奉，或兼或攝。諸使官亦然。

（唐）杜佑《通典》卷二四《職官·殿中侍御史》　隋初，改曰殿内侍御史，置十二人，至煬帝省。大唐置六員，初有二員，貞觀二十二年增二員，開元中加二員。内供奉三員，初掌駕出於鹵簿内糾察非違，餘同侍御史，唯不判事。咸亨以前，遷轉及職事與侍御史相亞。自開元初以來，權歸侍御史，而遷轉猶同，兼知庫藏出納及宮門内事，知左右巡，分京畿諸州諸衛兵禁隸焉，彈舉違失，號爲副端。開元二年三月，殿中侍御史郭震劾刑部尚書趙彦昭、太子賓客韋嗣立、青州刺史韋安石曰：彦昭以女巫趙五娘左道亂常，託爲諸姑，潛相影援。既因提挈，遂踐臺階，或驅車造門，著婦人之服；或攜妻就謁，申猶子之情。同惡相濟，一至於此。又張易之兄弟勢傾朝野，嗣立此際結爲舅生。神龍之初，已合誅死，天網疏漏，腰領誤全，與安石託附阿韋，編諸屬籍。中宗晏駕，削相王輔政之制，定阿韋臨朝之策，此時朝野寃懼，人神怨憤。臣忝司清憲，敢不糾彈。彦昭等並請准法處分。於是並貶其官。閤門之外，百僚班序有離立失列、言囂而不肅者，則糾罰之。其正冬大會，則戴玄豸，乘馬加飾，大夫、中丞加金勒珂珮。具服上殿，供奉左右。或缺，則吏部以他官攝之。其郊祀、巡幸，大備鹵簿，出入由旌門者，監其隊伍。初，武太后時有殿中裏行及員外殿中御史官，或有起家爲之而即真者。神龍以來，無監察則有裏行。

（唐）杜佑《通典》卷二四《職官·監察侍御史》　隋開皇二年，改檢校御史爲監察御史，凡十二人。煬帝增置十六員，掌出使檢校。大唐監察御史十員，初有四員，貞觀二十二年加二員，顯慶中加二員，開元中加二員。裏行五員，掌内外糾察并監祭祀及監諸軍、出使等。監察御史職知朝堂，正門無籍，非因奏事，不得入至殿庭，在西鳳闕南，視殿中侍御史以上從觀象門出，若從天降。至開元七年三月，勑並令隨仗入閤。隋末亦遣御史監軍。垂拱三年十一月，鳳閣侍郎韋方質奏言：舊制有御史監軍，今未差遣，恐虧失節度。武太后曰：將出師，君授之以斧鉞，閫外之事皆使裁之。始聞比來御史監軍，乃有控制，軍中大小之事，皆須承稟，非所以委專征也。以卑制尊，理便不可。不許。罪人當笞於朝者，亦監之，分爲左右巡，糾察違失。高宗時，御史韋仁約奏劾中書令褚遂良抑買宅地，遂良貶爲同州刺史。萬歲通天元年五月，監察御史紀履忠劾奏御史中丞來俊臣犯狀有五：一專擅國權，二謀害忠善，三贓賄貪濁，四失禮義教，五淫昏狠戾。論茲五罪，合至萬誅，請下獄理罪。長安四年三月，監察御史蕭至忠彈鳳閣侍郎、同鳳閣鸞臺三品蘇味道贓污，貶官。御史大夫李承嘉嘗召諸御史，責之曰：近日彈事，不咨大夫，禮乎？衆不敢對。至忠進曰：故事，臺中無長官。御史，人君耳目，比肩事主，得各自彈事，不相關白。若先白大夫而許彈事，如彈大夫，不知白誰也。承嘉默然，憚其剛正。以承天、朱雀街爲界，每月一代。將晦，即巡刑部、大理、東西徒坊、金吾及縣獄。若蒐狩，則監圍，察斷絶失禽者，量宜劾奏。景龍三年，監察御史崔琬彈奏宰相宗楚客、紀處納等驕恣跋扈，請收劾之。舊制，大臣有被御史彈者，皆俯僂趨出，待罪朝堂。今楚客等瞋目作色，稱以忠鯁被誣。中宗令琬與楚客約爲兄弟，時人竊號爲和事天子。開元初，革以殿中掌左右巡，監察或權掌之，非本任也。職務繁雜，百司畏懼，其選拜多自京畿縣尉。京畿即赤縣也。又有監察御史裏行者，太宗置，自馬周始焉。始馬周以布衣有詔令於監察御史裏行，遂以爲名。後高宗時，王本立自忻州定襄縣尉爲之。凡裏行，皆受俸於本官，多復本官者。自王大賓後，罷本官俸，方有即真者。武太后時，復有員外監察、試監察，或有起家爲之而即真者。又有臺使八人，俸亦於本官請，餘同監察。時人呼爲六相。吏部式其試監察。神龍以來，無復員外及試，但有裏行。凡諸内供奉及裏行，其員數各居正官之半，唯俸禄有差，職事與正同。開元五年，監察御史杜暹往磧西覆屯，會郭虔瓘與史獻等不叶，更相執奏，詔暹按其事實。史獻以金遺暹，固辭。左右曰：公遠使絶域，不可失番人情。暹不得已受，埋於幕下，既去出境，乃移牒令收取之。

《舊唐書》卷四四《職官志》　御史臺秦、漢曰御史府，後漢改爲憲臺，魏、晉、宋改爲蘭臺，梁、陳、北朝咸曰御史臺。武德因之。龍朔二年改名憲臺。咸亨復。光宅元年分臺爲左右，號曰左右肅政臺。左臺專知京百司，右臺按察諸州。神龍復爲左右御史臺。延和年廢右臺，先天二年復置，十月又廢也。

大夫一員，正三品。秦、漢之制，御史大夫、副丞相爲三公之官。魏、晉之後，多不置大夫，以中丞爲臺主。隋諱中，復大夫，降爲正四品。《武德令》改爲從三品。龍朔改爲大司憲，咸亨復爲大夫。光宅分臺爲左右，置左右臺大夫。及廢右臺，去左右字。本從三品，會昌二年十二月敕：大夫，秦爲正卿，漢爲副相，漢末改爲大司空，與丞相俱爲三公。掌邦國刑憲，肅正朝廷。其任既重，品秩宜峻。准六尚書例，昇爲正三品，著之於令。中丞二員。正四品下。漢御史臺有二丞，掌殿内祕書，謂之中丞。漢末改爲御史長史，後漢復爲中丞。後魏改爲中尉正，北齊復曰中丞。後周曰司憲中大夫。隋諱中，改爲持書御史，爲從五品。武德因之。貞觀末，避高宗名，改持書御史爲中丞，置二員。龍朔改爲司憲大夫，咸亨復爲中丞。本正五品上，會昌二年十二月敕：中丞爲大夫之貳，緣大夫秩崇，官不常置，中丞爲憲臺長。今九寺少卿及諸少監、國子司業、京兆少尹，並府寺省監之貳，皆爲四品，唯中丞官重，品秩未崇，可昇爲正四品下，與丞郎出入迭用，著之於令。大夫、中丞之職，掌持邦國刑憲典章，以肅正朝廷。中丞爲之貳。凡天下之人，有稱冤而無告者，與三司訊之。凡中外百僚之事，應彈劾者，御史言於大夫。大事則方幅奏彈之，小事則署名而已。若有制使覆囚徒，則與刑部尚書參擇之。凡國有大禮，則乘輅車以爲之導。

侍御史四員。從六品下。御史之名，《周官》有之，亦名柱下史。秦改爲侍御史。後周曰司憲中士，隋爲侍御史，品第七。武德品第六也。掌糾舉百僚，推鞫獄訟。侍御史年深者一人判臺事，知公廨雜事，次一人知西推，一人知東推也。凡有別付推者，則按其實狀以奏。若尋常之獄，推訖斷于大理。凡事非大夫、中丞所劾，而合彈奏者，則具其事爲狀，大夫、中丞押奏。大事則冠法冠，衣朱衣纁裳，白紗中單以彈之。小事常服而已。凡三司理事，則與給事中、中書舍人、更直直於朝堂受表。若三司所按而非其長官，則與刑部郎中員外、大理司直評事往訊之。

主簿一人，從七品下。録事二人。從九品下。主簿掌印及受事發辰，勾檢稽失。兼知官廚及黃卷。主事二人，令史十七人，書令史二十三人。

殿中侍御史六人，從七品下。令史八人，書令史十八人。殿中侍御史掌殿廷供奉之儀式。凡冬至、元正大朝會，則具服升殿。若郊祀、巡幸，則於鹵簿中糾察非違，具服從於旌門，視文物有所虧闕，則糾之。凡兩京城内，則分知左右巡，各察其所巡之内有不法之事。

監察御史十員。正八品上。貞觀初，馬周以布衣進用，太宗令於監察御史裏行。自此因置裏行之名。龍朔元年，以王本立爲監察裏行也。監察掌分察巡按郡縣、屯田、鑄錢、嶺南選補、知太府、司農出納，監決囚徒。監祭祀則閲牲牢，省器服，不敬則劾祭官。尚書省有會議，亦監其過謬。凡百官宴會、習射，亦如之。

（宋）王溥《唐會要》卷六〇《御史臺上·御史臺》 武德初，因隋舊制爲御史臺，龍朔二年四月四日改爲憲臺，咸亨元年十月二十三日復爲御史臺，光宅元年九月五日，改爲左肅政臺，專管在京百司及監軍旅。更置右肅政臺，其職員一准左臺，令按察京城外文武官僚，以中宗英王府材石營之，殿中御史石抱貞繕造焉。神龍元年二月四日，改爲左右御史臺。景雲三年二月二日廢右臺，先天二年九月一日又置右臺，停諸道按察使。其年十月二十五日，又置諸道按察使，廢右臺。初置兩臺，每年春秋發使，春曰風俗，秋曰廉察，令地官尚書韋方質爲條例，方質删定爲四十八條，以察州縣。載初以後，奉敕乃巡，每年不出使。《鄴都故事》云：臺門北開者，法司主陰，取冬殺之義。或云隋初移都之時，兵部尚書李圓通兼御史大夫，欲使尚書省便近，故開北門。

蘇氏駁曰：此説或近之矣。若取冬殺之義，則東都臺門，亦合北開，何故南啓。況本置臺司，以察冤濫，是有國者好生之德，豈創冬殺之意，以入人罪者乎。

故事：御史臺無受詞訟之例，有詞狀在門，御史採有可彈者，即略其姓名，皆云風聞訪知。其後御史疾惡公方者少，遞相推倚，通狀人頗壅滯。至開元十四年，始定受事御史，人知一日劾狀，遂題告事人名，乖自古風聞之義，至今不改。

蘇氏駁曰：御史臺正朝廷綱紀，舉百司紊失，有彈邪佞之文，無受詞訟之例，今則重於此而忘於彼矣。

故事，臺中無獄，須留問，寄繫於大理寺。至貞觀二十二年二月，李乾祐爲大夫，別置臺獄，由是大夫而下，已各自禁人。至開元十四年，崔隱甫爲大夫，引故事奏掘去之。以後恐罪人於大理寺隔街來往，致有漏洩獄情，遂於臺中諸院寄禁，至今不改。西臺舊東鄰宗正寺，後移寺於廢右御史臺，其寺舊地，並隸臺司。故事，其百僚有奸詐隱伏，得專推劾，若中書門下五品以上，尚書省四品以上，諸司三品以上，則書而進之，並送中書門下。故事，凡天下之人，有稱冤而無告者，與三司詰之。三司御史大夫中書門下，大事奏裁，小事專達。

開元二十七年二月二十七日敕：御史臺宜置主簿録事二人。

貞元七年六月二十七日敕：御史臺每月別給贓錢二百貫文，充公廨雜費用。

八年正月，御史臺奏：伏以臺司推事，多是制獄，其中或有准敕，便須處分，要知法理。又緣大理寺刑部斷獄，亦皆申報臺司，儻或差錯，事須詳定。比來卻令刑部大理寺法直較勘，必恐自相扶會，縱有差失，無由辯明。伏請置法直一員，冀斷結之際，事無闕遺。有糧料請取臺中諸色錢物量事支給，其功優等，請准刑部大理處分。敕旨：依奏。

九年二月，御史臺奏：今後府縣諸司公事，有推問未畢，輒撾鼓進狀者，請御付本司推問斷訖，猶稱抑屈，便任詣臺司按覆。若實抑屈，所由官録奏推典，量罪決責。如告事人所訴不實，亦准法處分。

元和四年，御史臺奏：諸道州府有違法徵科者，請委鹽鐵轉運度支巡院察訪報臺，以憑舉奏。從之。

五年二月，御史中丞王播奏：監察御史，舊例在任二十五月，轉準具員，不加，今請仍舊。殿中侍御史，舊例在任十三月，轉準具員，加至十八月，今請減至十五月。侍御史，舊例在任十月，轉準具員，加至十三月，今請減至十月。從之。

十一年九月，御史臺奏：御史同制除官，承前以名字高下爲班位先後，或名在前身在外，及到卻在舊人之上，後先有紊，勞逸不均。今請以上日爲先後，未上不得計月數。從之。

十二年三月，御史中丞崔植奏：當臺新除三院御史，以受旨職事先後立。

十三年十月，御史臺奏：請應除御史職事，但據上日爲先後，未上日不得計月數者，准其年九月七日敕不逾一箇月，不在此限。行立班次，即宜以敕內先後爲定。臣伏以御史除官之時，據來處各有遠近，若據一月便爲懲創恐乖舊制殊未合宜。伏緣臺司職事各有定分，先後次第不可逾越，若行立班次既依敕令，公事先後須繫到日，則院長本職翻然在下，制置錯亂無所遵承，行之累年轉見其弊。伏請自今以後，三院御史職事行立，一切依敕文先後爲定。除拜上日便爲月數，須觀積效。豈繫旬時，如有除官以後赴職稽慢，量道路遠近，則臺司別具名聞奏，須議懲責，豈止顛倒職事而已。從之。

長慶元年十一月，御史臺奏：應十惡及殺人鬥毆、官典犯贓，並僞造計銀、劫盜竊盜，及府縣推斷訖，重論訴人等皆是奸惡之徒，推鞫之時盡皆伏罪，臨刑之次即又稱冤，每度稱冤皆須重推，與證平常，被其追擾，若無懲革，爲弊實深。伏請今後有此色賊，臺及府縣並外州，但計三度推問，不同人皆有伏款。及三度斷結訖更有論訴，一切不重推問。限其中縱有進狀，敕下，如是已經三度結斷者，亦請受敕處聞奏執論。如本推官典受賄賂，推斷不平及有冤濫詞狀，言訖便可立驗者，即請以重推。如所告及稱冤，推勘又虛，除本犯是死刑外，餘罪於本條更加一等。如官典取受有實，亦請本罪更加一等。如所訴冤屈不虛，其經第三度推官典，請於本法外，更加一等貶責。其第三度官典，亦請節級科處。從之。

二年正月，御史中丞牛僧孺奏：諸道節度觀察等使，請在臺御史充判官，臣伏見貞元二年敕：在中書門下兩省供奉官及尚書御史臺見任郎官御史諸司諸使，並不得奏請任使，仍永爲常式。近日諸道奏請，皆不守敕文。臣昨十三日，已於延英面奏，伏蒙允許舉前敕，不許更有奏請。制曰：可。時段文昌自宰相出鎮庸蜀，奏諫官御史南宮郎三人爲僚佐，以某職帶臺銜，上故可之。不逾年，又奏侍御史王申伯監察蘇景裔，留中不下，中執法舉舊章，議者以爲當。

三年十一月，御史臺奏：伏以臺司奏報，並有舊條，昨因左巡奏疏闕，已準敕科罰聞奏訖。臣今檢尋條件，本不該詳，事須添改，令可遵守，伏請添一節文，應諸司科決人致死，雖不死而事異於常，稍涉非理者，並準前條奏聞，禁城內不在此限，庶得從今已後免有遺闕。敕旨：依奏。

寶歷元年九月，御史臺奏：常參官及六品以下分司官比來淹延，動經累月，今後常參官分司，請敕下後二十日發，其六品以下分司官，請待臺牒到發。限外若妄稱事故不發，常參官聽進止，六品以下官，臺司舉罰兩月俸料。從之。

太和元年十二月御史臺奏：伏以京城囚徒準敕科決者，臣當司準舊例，差御史一人監決。如因稱冤，即收禁聞奏，便令監決御史覆勘者，伏慮監決之時各懷疑憚，務求省便，難究冤辭，恐至無告屈之人，失陛下好生之治。且臺司本定四推，以讞疑獄，六察職事以重，不合分外領推。伏請自今以後，有囚稱冤者，監察御史聞奏，敕下後便配四推，所冀獄無冤滯，事得倫理。從之。

四年九月御史奏：諸司諸使及諸州府縣並監院等，公事申牒臣當臺，各令遵守時限。並臣當司行牒勘事多緣準敕推勘刑獄，或是遠方人事有冤抑，凡於關繫，盡須勘逐，事節不精，即慮滯屈。比來行牒有累月不申兼頻牒不報者，遂使刑獄淹恤，懼涉慢官。其間或有須且禁申動經時月者，若無條約，弊恐轉深。臣等今勘責，各得遠近程限及往復日數，限外經十日不報者，其本判官勾官等各罰三十直。如兩度不報者，其本判官勾官各罰五十直。如三度不報者，其本判官勾官各罰一百直。如涉情故違敕限者，本判官勾官牒考功書下考。如經過所由，輒有停滯，其所由官等，節級別舉處分。其間如事須轉行文牒，諸處追尋，亦須具事由先報。旨：依奏。

九年八月，御史臺奏：京兆尹及少尹兩縣令合臺參官等，舊例，新除大夫中丞府縣官自京兆尹以下並就臺參見，其新除三院御史並不到臺參亦不於廊下參見。此爲闕禮尤甚。伏請自今以後，應三院有新除御史等，並請敕京兆尹及少尹兩縣令，就廊下參見，冀使稟奉之禮不虧，臨制之儀可守。臺司令史及驅使官並諸色所由，有罪犯須科決等，或有罪犯稍重者，皆是愚人常態，不可一一奏聞。便欲隨事科舉，又緣臺杖稍細，以細杖而止大罪，必恐兇狡不懲。自今以後，如有情故難容不足上陳聖聽者，許臣等據所犯判決杖下數，勒送京兆府，用常行杖科決訖報，冀得戒懼之意稍嚴，奸欺之心可革。敕旨：依奏。

大中元年四月，御史臺奏：伏以御史臺臨制百司，糾繩不法，若事簡則風憲自肅，事煩則綱紀轉輕，至如婚田兩競，息利交關，凡所陳論皆合先陳府縣，如屬諸軍諸使亦合於本司披論。近日多便詣臺論訴，煩褻既甚爲弊頗深。自今已後，伏請應有論理公私債負及婚田兩競，且令於本司本州府論理，不得即詣臺論訴。如有先進狀及接宰相下狀送到臺司勘，當審知先未經本司論理者，亦且請送本司。如已經本司論理不平，即任經臺司論訴，臺司推勘冤屈不虛，其本司本州元推官典，並請追赴臺推勘，量事情輕重科斷。本推官若罪輕，即罰直書下考。稍重，即停任貶降。以此懲責，庶免曠官。臣今月三日，已於延英面奏，令臣將狀來。敕旨：依奏。

三年十一月，御史臺奏：應三院御史新除授月限，伏以當司官三十餘員，朝廷舊例，月限守官，年勞考績。今監察御史以二十五月爲限，殿中侍御史十八月，侍御史十三月。所主公事，起自出使推劾諸色監，當經歷六察，糾繩官司，知左右巡使，監臨倉庫，四推鞫獄，兩彈舉事，皆無敗闕方得轉遷。承前遠地除官，或三月五月，然始到京，所務逗遛，積延時月，年終考課使繫虛月，官事勞苦併在舊人。侍御史周歲而遷，或到城欲及滿歲，監察二年爲限，或在外有至半年，致此依違，曾無督責。臣請自今已後，應當司官除新授者，並請以上後繫月，仍以上日在後者爲新人，不更數虛月，不唯分月直之勞苦，抑亦促遠來之道途。又三館奏請御史充職等，伏以臺司三院御史職在專臨，如繫他曹必有所紊，況推鞫公事察視百司無不急急以副期限，倘或官留此地，志在異銜，固非便宜實亦乖當。如書府或須奏請，南宮可輟郎官，兩館忽將闕人，北省自有遺補。事理至便，兼不曠官，伏乞聖慈，察臣當司公事繫重，特敕中書門下自此更不許三館奏取御史充職，兼見有者亦乞落職放還。敕旨：依奏。

其年十二月，御史臺奏：三院令史準請刑部大理寺例，許七考放選。敕旨：出使及推制獄減二年勞。餘依奏。

四年，御史臺奏：應文武常參官，本合朝日及入閤進朝不到，並連請假故久闕朝參等。臣今月二十一日，延英面奏進止，以班行務在嚴肅，令臣切加提舉者。臣伏見元和元年御史中丞武元衡奏，止於禮部兵部吏部尚書侍郎官等選舉限內，久廢朝參，雖事在奉公猶奏請釐革。近者以久絕提舉，稍涉因循，應文武常參官，多妄請假故，不妨人事，無廢宴遊，但務便安，有虧誠敬，以至上勞聖念，俾肅朝行。臣參憲司親承睿旨，苟或避事實虞曠官。臣請起自今以後，文武常參官等除准式假及疾病灼然爲衆所知外，有以事故請假者，並望許臣舉察録奏。其所陳假牌請準舊例，每牒不過三日，每月不得再陳牒。如本合朝日無故一不到，請準常條書罰，再不到臣請倍罰，頻三朝不到便請具名銜奏，聽進止。其進朝入閤近例，全合赴班，一不到準常條已倍書罰，頻兩朝不到便請具名銜奏聞。所冀臣僚稍加惕厲，班列得以整齊。敕旨：依奏。

（宋）王溥《唐會要》卷六〇《御史臺上・御史中丞》　隋以國諱改中丞爲治書侍御史，武德初因隋舊制不改，貞觀二十三年七月三日避高宗諱改爲御史中丞，龍朔二年二月四日改爲司憲大夫，咸亨元年十二月二十三日改爲御史中丞。西臺中丞同一廳，至開元二十一年，有制以賦餘修百司廨宇，西臺中丞裴寬始以舊監察創置中丞東廳東臺，二中丞亦同廳。開元二十一年十一月，大夫崔琳奏割秘書省東北地迴改修造，二中丞遂各別廳。開元二十二年三月，置京畿採訪處，置使以中丞爲之，自是不改。其時，大夫是李尚隱，不充使，以中丞盧奐爲之。至永泰元年以後，遂以大夫王翊、崔渙、李渙、崔寧、盧杞等爲使。梁華故實。

元和四年七月，御史中丞李夷簡奏京兆尹楊憑前爲江西觀察使，贓罪及他不法事，敕副御史臺刑部尚書李鄘、大理卿趙昌鞫問，貶憑賀州臨賀縣尉。又追捕憑前江西判官監察御史楊瑗，繫在臺。命大理少卿胡珦、左司員外郎胡証、侍御史韋顗同推。初，夷簡自御史出官巡屬，憑頗疏縱，不顧接之，夷簡常切齒。又憑歸朝參，修第永寧里，廣蓄妓妾於永樂里。夷簡乘衆議，舉劾前事。及下獄，置對數日，未得其事，夷簡持之益急，上聞且貶焉。上即位，以法制臨下，夷簡首舉憑罪，故時議以爲宜。然繩之太過，物論又譏其深切矣。

八年二月，僧鑒虛付京兆尹府，决重杖一頓處死，仍籍其財產。鑒虛在貞元中以講説爲事，歛用貨利，交權貴，爲奸濫。事發，中外掌權者更欲搖動之。有詔，初命釋其罪。時御史中丞薛存誠不受詔，翌日宣旨曰吾要此僧面詰其事非赦之也。存誠又奏曰：鑒虛罪狀已具，陛下將召之，請先貶臣，然後可取。上嘉其有守，遂令杖殺之。

其年，洪州監軍誣奏信州刺史李位謀大逆，追赴京師，上敕令付仗內鞫問。御史中丞存誠一日三表，請付位於御史臺。及推按無狀，位竟得雪。未幾，授存誠給事中。數月，中丞闕，上謂宰相曰持憲無如存誠，遂復授之。

九年，裴度爲御史中丞奏崔從爲侍御史，知雜事。及度作相，奏自代爲御史中丞，從正色立朝，彈奏不避權倖。事關臺閣，或付仗內者，必抗章疏論列，請歸有司。凡所取御史，必先質重勇退者。時論嘉之。

開成元年五月，上御紫宸殿，宰相李固言奏曰：御史中丞李珝在臺雖無甚過，以爲人疏易，不稱此官。此官乃天下紀綱，有司繩準，苟用人非當，則紊亂典章。上曰：李珝官業，應不甚舉，然爲人豈不長厚耶。固言對曰：臣所奏緣與御史中丞不相宜，人即長厚難任彈奏，且憲司事亦至難，官要得宜者。

會昌二年十二月，中書門下奏：諸道諸使，奏兼御史中丞。伏以御史中丞近升品秩向外兼攝亦宜相重，臣等商量，今日已後，諸道節度使及度支解縣榷鹽鐵副使等，並須帶檢校四品官方得奏請。其正郎以下，不在奏限。諸郡刺史，亦須地望雄重，兵額稍多處，方得兼授。如前任已兼中丞，須再除者，不在此例。從之。

大中三年，以御史中丞魏暮兼户部侍郎，判本司事。暮奏曰：御史臺紀綱之地，不宜與泉貨吏雜處。乞罷中司，專綜户部公事。從之。

乾符三年二月四日，御史中丞李迢奏：外州府有禁繫罪人，關連京百司，請委本州除合抵極法外，疏理訖聞奏。從之。

（宋）王溥《唐會要》卷六〇《御史臺上・侍御史》 四員，長安二年始置。内供奉在正員之外，仍不得過本數，其遷改與正官資望亦齊。舊制，庶僕五分減一，其職有六，奏彈、三司、西推、東推、贓贖、理匭。凡三司理匭，則與給事中中書舍人更直朝堂受表。臺中唯有四職，謂知雜公廨，彈事謂之推彈，廨雜今知雜侍御史，多兼省官以爲之。

（宋）王溥《唐會要》卷六〇《御史臺上・殿中侍御史》 隋末不置，武德五年三月二十二日置四員，貞觀二十二年十二月九日大夫李乾祐奏增兩員，以李文禮張敬一爲之。文明元年又制殿中裏行，以楊啓王侍徵爲之。準吏部式，以三員爲定額。監倉庫本是察院職務，近移入院，第一人監倉，第二人監庫。

龍朔三年五月，雍州司户參軍韋絢除殿中侍御史，或以爲非遷。中書侍郎上官儀聞而笑曰：此田舍翁議論。殿中侍御史赤墀下供奉，接武夔龍，簉羽鵷鷺，奈何以雍州判佐相比。以爲清議。

貞元十年四月敕：準《六典》，殿中侍御史凡兩京城内，分知左右巡察。其不法之事，謂左降流移，停匿不去，及妖訛宿宵，蒲博盜竊，獄訟冤濫，諸州綱典貿易賦斂違法，如此之類方合奏聞。比者因循，務求細事，既甚煩碎，頗失大猷。宜令自今以後，據《六典》合舉之事，所司有隱蔽者，即具狀奏聞，其餘常務不須更聞。

太和元年六月，御史大夫李固言奏：監太倉殿中侍御史一人，監左藏庫殿中侍御史一人。臺中舊例，取殿中侍御史從上第一人充監大倉使，第二人充監左藏庫使。又各領制獄，伏緣推事，皆有程限，所監遂不專精，往往空行文牒，不到倉庫，動經累月莫審盈虚，遂使錢穀之司狡吏得計，至於出入多有隱欺。臣今商量，監倉御史若當出納之時所推制獄稍大者，許五日一入倉；如非大獄許三日入倉；如不是出納之時則許一月兩入倉檢校。其左藏庫公事，尋常繁鬧，監庫御史所推制獄。大者亦許五日一入庫，如無大獄常許一旬内計會，取三日入庫句當。庶使當司公事，稍振綱條，錢穀所由，亦知警懼。敕旨：依奏。

（宋）王溥《唐會要》卷六〇《御史臺上·監察御史》 武德初，因隋舊制，置八員。貞觀二年二月九日，御史大夫李乾祐奏加兩員，以李義琛韋務静爲之。龍朔元年八月，忻州定襄縣尉王本立爲監察御史，裏行之名始於此。《六典》又云裏行始於馬周，未知孰是。初皆帶本官，禄俸於本官請。如未即真，有故停，即以本官赴選。文明元年，自王賓以後不復更銜本官，且以裏行爲名，至今不改。天后時，又有臺使八人，俸亦於本官請，餘並同監察，時人呼爲六指。吏部式，監察裏行及試，以七員爲定額。開元初，又置裏行使，無員數。監察御史職知朝堂，正門無籍，非因奏事不得入至殿庭。在棲鳳閣南望殿中侍御史以從觀象門出，若從天降。至開元七年三月，敕並令隨仗入閣。西監察院，即今中丞東廨是也。中丞裴寬因修廨宇，遂移監察院於十道使院置之，舊院遂爲中丞廨宇。

杜易簡《御史臺雜注》云：監察御史自永徽以後多是敕授，雖有吏部注擬，門下過覆，大半不成。至龍朔中，李義府掌選，寵任既崇，始注得御史。李義府敗，無吏部注者，員外左右通事舍人等亦然。

蘇氏駁曰：員外郎御史並供奉官進名敕授，是開元四年六月十九日敕，杜易簡著雜注以後猶四十年爲吏曹注擬矣。

興元二年十月四日敕：監察御史六人，承前所定，皆是從下次。舊例，從下又合出使。若一人出使兼有故，則六察御史遞相移改。今請令監察從上第一人察吏部禮部，第二人察兵部工部，第三人察户部刑部。每年終，議其殿最。

貞元二年五月，御史中丞竇參奏：得監察御史鄭襄狀，準《六典》，應郊廟祀祭皆御史監之，蓋職在省其器服閲其牲牢，有不修敬，則舉劾聞奏。主者嚴薦獻交神明，監者舉過繆糾闕誤，所務不同。準式，齋官有故，許通融行事，公事數人可得通攝，其監察御史唯有一人。舊例有故便闕者，伏以祀事肅恭，國家大典苟無糾察恐虧慎重，卻請以後監察御史誓戒後有假及改轉者，許續差御史，令沐浴潔服往。即冀官次有常，禮物嚴備。從之。【略】

元和四年五月，御史臺奏：準舊例，監察御史從下第六人，各察尚書省一司。又準興元元年十月敕，令監察御史從上第一人察吏部禮部，第二人察兵部工部，第三人察户部刑部。伏以監察第一第二人已充監察御史及館驛等使，新人出使外，並無職掌，無以觀其能否。今請守舊制，以新人分察。從之。【略】

大中四年九月十六日，御史臺奏：准舊例，京兆府准敕科決囚徒，合差監察御史一人到府門監決。御史未至，其囚已至科決處，縱有冤屈，披訴不及。今後請許令御史到府引問，如囚不稱冤，然後許行決。其河南府准此，諸州有死囚，仍委長官差官監決，並先引問。從之。

（宋）王溥《唐會要》卷六二《御史臺下·推事》 興元元年十月四日敕：知東推西推侍御史各一人。臺司以推鞫爲重務，請令第一殿中同知東推，第二殿中同知西推，仍分日受事。一人有故，同推便知。先所置推官二員，請停。

建中三年九月，御史臺奏：其推知御史差使改移，其兩推即須改入，舊例合有推官。今請置兩員，與本推御史同推，御史縱有改移，不失根本。若非職掌見任官手力外，請給十年充糧料等，取贓贖錢。敕旨：依奏。【略】

〔元和〕八年九日，御史中丞薛存誠奏當司應受事推勘等。臺中舊例，及興元元年十月四日，御史大夫崔縱重奏，取侍御史殿中侍御史各二人共成四推，猶以東西推爲名。又各分京城諸司及道州府爲東西之限。隻日則臺院受事，雙日則殿院受事。其中一人有故則同推便知者。伏以所分諸司及府州爲限，已定，事若併至無例均分，劇者則推鞫難精，閑者則吏能莫試。今請不以東西爲限，亦不以取隻日雙日受事，但請依舊請四推御史令輪環受事周而復始，如此則才用俱展勞逸必均，其餘應緣推事須有約勒，若一一聞奏慮煩聖聽。敕下後請隨事條流。敕旨：依奏。

太和二年閏三月，中書門下奏：御史臺推事縱有特宣亦須正敕，應朝官犯罪，准獄官令，先奏後推，格式具存，合共遵守。臣等請便提舉。敕旨：依奏。

《唐六典》卷八《門下省》 給事中四人，正五品上。《漢書·百官表》云：給事中亦加官，所加或大夫、博士、議郎，皆秦制。《漢儀注》：諸給事中日上朝謁，平尚書奏事，分爲左、右，以有事殿中，故曰給事中。多名儒、國親爲之，掌左右顧問，位次中常侍。後漢省其官。魏氏復置，或爲加官，或爲正員。晉氏無加官，亦無常員，隸散騎省，位次散騎常侍。《晉令》云：品第五，武冠，絳朝服。宋、齊隸集書省，位次諸散騎下、奉朝請上。梁、陳秩六百石，品第七，與諸散騎常侍侍從左右，獻納得失，省諸奏聞。後魏史闕其員，初，從第三品上；太和末，從第六品上。北齊集書省置六十員，從第六品上。後周天官府置給事中士六十人，掌理六經及諸文誌，給事於帝左右；其後，六官之外又別置給事中，曰四命。隋初於門下省置給事二十人，掌陪從朝直。煬帝名曰給事郎，減置四人，位次黄門侍郎下，從第五品，掌省讀奏案。皇朝又曰給事中。龍朔二年改爲東臺舍人，咸亨元年復舊。給事中掌侍奉左右，分判省事。凡百司奏抄，侍中審定，則先讀而署之，以駁正違失。凡制敕宣行，大事則稱揚德澤，褒美功業，覆奏而請施行；小事則署而頒之。凡國之大獄，三司詳決，若刑名不當，輕重或失，則援法例退而裁之。凡發驛遣使，則審其事宜，與黄門侍郎給之；其緩者給傳，即不應給，罷之。凡文武六品已下授職，所司奏擬，則校其仕歷深淺，功狀殿最，訪其德行，量其才藝；若官非其人，理失其事，則白侍中而退量焉。若文武進級至于三品、五品，則覆其入仕之階，考，會所由之狀而奏裁之。凡制敕文簿、授官甲曆，皆貯之於庫，監其檢覆，以出入焉。其弘文館圖書繕寫、讎校，亦課而察之。凡天下寃滯未申及官吏刻害者，必聽其訟，與御史及中書舍人同計其事宜而申理之。每日令御史一人共給事中、中書舍人受辭訟。若告言官人事害政者及抑屈者，奏聞；自外依常法。

（唐）杜佑《通典》卷二一《職官·門下省》 〔侍中〕天寶元年，改爲左相。至德初，復爲侍中。自隋至今，皆爲宰相。舊班正三品，大曆二年，升爲從二品。按令文：掌侍從，負寶，獻替，贊相禮儀，審署奏抄，駁正違失，監封題，給驛券，監起居注，總判省事。【略】

天寶元年，改爲門下侍郎，至德中復舊。舊制，正四品上。大曆三年，又改爲門下侍郎，升從三品，員二人，掌侍從，署奏抄，駁正違失，通判省事。若侍中闕，則監封題，給驛券。

給事中，加官也。秦置，漢因之，所加或大夫、博士、議郎。掌顧問應對。位次中常侍、侍中、黄門，無員。《漢官表》曰凡侍中、左右曹、諸吏、散騎、中常侍，皆加官也。諸給事中，日上朝謁，平尚書奏事，分爲左右曹，以有事殿中，故曰給事中。漢東京省。魏代復置，或爲加官，或爲正員。晉無加官，亦無常員，在散騎常侍下，給事黄門侍郎上，武冠，絳朝服。宋齊隸集書省。梁陳亦掌獻納，省諸聞奏。後魏無員。北齊亦屬集書省，凡六十人。後周天官之屬，有給事中士六十人，掌理六經，給事左右。其後別置給事中，在六官之外。隋初無，至開皇六年，始詔吏部置給事郎。凡置八郎，説在《爵命篇》。煬帝乃移吏部給事郎爲門下之職，位次黄門下，置員四人，以省讀奏案。大唐武德三年，改給事郎爲給事中，後定爲四員。龍朔二年，改爲東臺舍人，咸亨元年復舊。常侍從，讀署奏抄，駁正違失，分判省事。若侍中、侍郎並闕，則監封題，給驛券。前代雖有給事中之名，非今任也。今之給事中，蓋因秦之名，用隋之職。

（宋）王溥《唐會要》卷五四《省號上·給事中》 武德元年，因隋舊制爲給事郎。三年三月十日，改爲給事中。龍朔二年，改爲東臺舍人。咸亨元年，改爲給事中。

貞觀十五年，太宗臨軒，謂侍臣曰：朕所以不能恣情慾取樂當年而勵精苦心正爲蒼生爾。我爲人主，兼行將相之事，豈不是奪公等名。昔漢高得蕭曹韓彭天下寧晏，舜禹湯武有稷卨伊呂四海乂安，此事朕並兼行之。給事中張行成諫曰：陛下聖德含光，規模宏遠，雖文武之烈，實兼將相，何用臨朝對衆，與其較量，以萬乘至尊共臣下争功哉。臣聞天何言哉，四時行焉。臣輒陳狂直，伏待葅醢。【略】

太和三年八月敕：凡制命頒行，事有不可，給事中職合封進。省審既畢，宣布百司，稽停晷刻，皆著律令。自今尚書省御史臺，所有制敕及官屬除不當，宜封章上論。其事狀分明，亦任舉按。須指事據實，更言風聞，及滯詔旨，並不放上。如郎官御史出使訪聞按舉，自準前後敕文，不在此限。【略】

開成三年八月敕：給事中封駁制敕，宜令季終具所駁聞奏。如無，亦宜聞奏。

《唐六典》卷八《門下省》　左散騎常侍二人，從三品。秦置散騎，又置中常侍。其散騎傍乘輿，專獻可替否；中常侍得出入禁中，常侍左右。漢因之，並用士人，無常員，皆加官，所加或列侯、將軍、卿大夫等。冠武冠，皆銀璫附蟬爲文，貂尾爲飾，謂之貂蟬。後漢省散騎，而中常侍改用宦者。魏黄初復置散騎，與中常侍合爲一，直曰散騎常侍，復用士人。晋置四人，典章表、詔命、優文、策文等，雖隸門下，别爲一省，潘岳云寓直散騎之省是也。又，領六散騎則有員外散騎常侍，無常員，魏末，散騎常侍有在員外者，因名焉。又有通直散騎常侍四人，晋太始十年，使二人與散騎常侍通員直，因名焉。又有散騎侍郎四人，魏與散騎常侍同置。自魏至晋，散騎常侍、侍郎與侍中、黄門侍郎共平章尚書奏事，江左乃罷之。又有員外散騎侍郎，無常員，晋武所置。又有通直散騎侍郎四人。東晋并中書入散騎省，故庾亮《讓中書牋》曰：方今并省，不宜多官。往以中書事并附散騎，此事宜也。方今喉舌之要則任在門下，章表詔命則取之散騎，殊無事復立中書也。晋代此官選望甚重，時與黄門侍郎謂之黄散。《晋令》云：散騎常侍品第三，冠右貂、金蟬，絳朝服，佩水蒼玉。宋置散騎常侍四人，亦以加官，久次者爲祭酒，領六散騎焉；又置集書省領之。齊因省祭酒之號。梁因之，而加秩中二千石，後班第十二；高功一人爲祭酒，與散騎侍郎一人對掌禁令。自宋以來用人雜，故其官漸替。宋大明雖革選比侍中，而人終不見重。天監六年，詔曰：散騎常侍、員外散騎常侍、通直散騎常侍爲清望，宜革選，參舊例。自是，散騎視侍中，通直視中丞，員外視黄門侍郎。陳氏因之。後魏集書省置散騎常侍，第二品；太和末，從三品，亦領六散騎。北齊置六人，餘同魏氏。後周散騎常侍爲加官。隋文帝門下省置散騎常侍四人，從第三品，掌陪從朝直；亦置六散騎。開皇六年，省員外散騎常侍，煬帝三年，又省散騎常侍、散騎侍郎。武德初，散騎常侍加官。貞觀初，置散騎常侍二員，隸門下省；明慶二年，又置二員，隸中書省，始有左、右之號。並金蟬、珥貂，左散騎與侍中左貂；右散騎與中書令右貂，謂之八貂。龍朔二年改爲左侍極，咸亨元年復舊。左散騎常侍掌侍奉規諷，備顧問應對。

諫議大夫四人，正五品上。《漢書·百官表》云：秦諫大夫屬郎中令，無常員，多至數十人，掌論議。至武帝元狩五年，始因秦置之，秩比六百石。光武中興，諫議大夫置十三員。魏氏因之，史闕員、品。晋、宋、齊、梁、陳並省。至後魏始置之，正第四品。北齊集書省置諫議大夫七人，從第四品下。後周地官府置保氏下大夫一人，掌規諫於天子，蓋其任也。隋氏門下省置諫議大夫七人，從第四品下。皇朝置四人。龍朔二年改爲正諫大夫，神龍元年復舊。諫議大夫掌侍從贊相，規諫諷諭。凡諫有五：一曰諷諫，風之以言，謂之諷諫。孔子曰：諫有五，吾從風。《白虎通》曰：人懷五常之性，故有五諫也。二曰順諫，謂其所不可，不敢逆而諫之，則順其君之所欲，以微動之，若優旃之比。三曰規諫，謂陳其規而正其事。四曰致諫，謂致物以明其意。五曰直諫。謂直言君之過失，必不得已然後爲之者。

左補闕二人，從七品上；皇朝所置。言國家有過闕而補正之，故以名官焉。《詩》云：衮職有闕，仲山甫補之。蓋取此義。後漢伏湛出入禁闈，拾遺補闕。《魏志》：文帝敕侍臣曰：公卿等宜拾朕之遺，補朕之缺。晋武帝詔曰：公卿等宜補闕拾遺，獻可替否。《晋職官志》：御登殿，侍中居左，散騎常侍居右，備切問近對，拾遺補闕。後魏孝文帝命李沖補闕左右。垂拱中，因其義而創立四員，左、右各二焉。天授初，左、右各加三員，通前爲十員。神龍初，依舊各置二人。其才可則登，不拘階叙。又置内供奉，無員數，才職相當，不待闕而授，其資望亦與正官同，禄俸等並全給。右補闕亦同。左拾遺二人，從八品上。皇朝所置。言國家有遺事，拾而論之，故以名官焉。《史記》：汲黯曰：臣願爲中郎署長，出入禁闥，補過拾遺。《漢書》：元帝初立，給事中劉向、侍中金敞拾遺於左右。後漢張衡爲侍中，恒居帷幄，從容諷議，拾遺左右。後魏初，置内侍長，主拾遺應對，若今之侍中、散騎。又，孝文帝命侍中丘惟拾遺左右。垂拱中，因其義而創立四員，左、右各二焉。天授初，左、右各加三員，通前爲十員。神龍初，依舊各置二員。才可則登，不拘階叙。亦置内供奉，無員數，資望、俸禄並如正官。右拾遺亦同也。左補闕、拾遺掌供奉諷諫，扈從乘輿。凡發令奉事有不便於時，不合於道，大則廷議，小則上封。若賢良之遺滯於下，忠孝之不聞於上，則條其事狀而薦言之。

（唐）杜佑《通典》卷二一《職官·門下省》　散騎常侍掌規諫，不典事。【略】大唐貞觀二年，制諸散騎常侍皆爲散官，從三品，後悉省之。貞觀十七年，復置爲職事官，始以劉洎爲之。其後定制，置四員，屬門下，掌侍從規諫。顯慶二年，遷二員，隸中書，遂分爲左右。左屬門下，右屬中書。左散騎與侍中左貂，右散騎與中書令右貂，謂之八貂。龍朔二年，改左右散騎常侍爲左右侍極，咸亨元年復舊。【略】

隋亦曰諫議大夫，置七人，屬門下省，煬帝廢之。大唐武德五年，復置，屬門下。王珪爲諫議大夫，嘗有諫論，太宗稱善，遂詔：每宰相入内平章大計，必使諫官隨入，與聞政事。貞觀十七年，太宗問諫議大夫褚遂良曰：舜造漆器，禹雕其俎，當時諫者十有餘人。食器之間，苦諫何也？遂良對曰：雕琢害農事，纂組傷女工。首創奢淫，危亡之漸。漆器不已，必金爲之；金器不已，必玉爲之。所以諍臣必諫其漸，及其滿盈，無所復陳。上然之。龍朔二年，改諫議大夫爲正諫大夫。武后臨朝，垂拱二年六月，置匭四區，共爲一室，列於朝堂。東方春，色青，有能告以養人及勸農，可投書於青匭，銘之曰延恩。南方夏，色赤，有能正諫，論時政之得失，可投書於丹匭，銘之曰招諫。西方秋，色白，有能自陳抑屈，可投書於素匭，銘之曰申冤。北方冬，色玄，有能謀智者，可投書於玄匭，銘之曰通玄。宜令正諫大夫、補闕、拾遺等一人充使，知匭事。每日所有投書，至暮即進。天寶九載三月，改匭爲獻納。至德元年十月，復改爲匭。後又置諫議大夫，屬中書。延載元年，山人武什方拜正諫大夫平章事。開元以來，廢正諫大夫，復以諫議大夫屬門下，凡四人，掌侍從規諫。至德元年九月制：諫議大夫論事，自今以後，不須令宰相先知。乾元二年四月，兩省諫官十日一上封事，直論得失，無假文言，冀成殿最，用存沮勸。大曆七年二月，其四員外，內供奉不得過正員數。貞元四年五月，分爲左右，各四員，其右諫議隸中書省。【略】

補闕、拾遺。武太后垂拱中，置補闕、拾遺二官，以掌供奉諷諫。天授二年，各增置，通前爲五員。三年，舉人無賢愚，咸加擢用，高者試鳳閣侍郎、給事中，次或試員外郎、侍御史、補闕、拾遺、校書郎，當時頗爲濫雜，著於謠誦。謠曰：補闕連車載，拾遺平斗量。杷推侍御史，椀脱校書郎。景雲二年，左補闕辛替否論時政，上疏曰：臣請以有唐以來理國之得失，陛下之所眼見者以言。太宗文皇帝，陛下之祖，得至理之體，設簡要之方，省其官，清其吏。舉天下職司，無一虛授；用天下之財帛，無一枉費。不多造寺觀而福德自至，不多度僧尼而殃咎自滅。陛下何不取而則之？孝和皇帝，陛下之兄，不取賢良之言，而姿妻女之意。拜爵非擇，虛食禄者數千人；封建無功，妄食土者百餘户；造寺不止，枉費財者數百億；度人不休，免租庸者數十萬。倉不停半歲之儲，庫不貯兩年之帛。奪百姓口中之食，以養貪殘；剝萬民體上之衣，將塗土木。於是人怨神怒，水旱不調，享國不永，受終於凶婦人，此陛下之所眼見。今陛下族阿韋之家宗，而不改阿韋之亂政；忍棄太宗之理本，不忍棄孝和之亂階，陛下又何以繼祖宗而觀萬國？昔陛下在阿韋之時，危亡是懼，常切齒於群兇。今貴爲天子，富有海內，而不改群兇之事，臣恐復有切齒於陛下者也。先朝之時，愚智知敗，人雖有口而不敢言，言未發聲，禍將及矣。韋月將受誅於丹徼，燕欽融見殺於紫庭，此人皆不惜其身而納忠於主，身既死矣，主亦危矣。是故先朝誅之，陛下賞之，是陛下知直言之士，有裨於國。臣今日愚言，亦當代之直，伏惟察之。自開元以來，尤爲清選，左右補闕各二人，內供奉者各一人，左右拾遺亦然。兩省補闕、拾遺凡十二人。左屬門下，右屬中書。

《舊唐書》卷一八上《武宗紀》〔會昌四年六月〕癸丑，敕：諫官論事，所見不同，連狀署名，事同糾率。此後凡論公事，各隨己見，不得連署姓名。如有大政奏論，即可連署。

（宋）王溥《唐會要》卷五四《省號上·左右散騎常侍》《武德令》以爲從三品散官。貞觀十七年六月四日改爲職事官，置兩員，以黄門侍郎劉洎爲之，隸門下省。顯慶二年十二月二十八日，分左右各兩員，其左隸門下省，右隸中書省。龍朔二年改爲左右侍極，咸亨元年改爲左右常侍，廣德二年五月二十二日陞爲正二品，中書門下省，各加置四員。興元元年正月二十九日，各加一員。貞元四年正月一日敕：元額四員，其新加員，宜依元數停。【略】

貞元四年二月十八日敕：左右散騎常侍是中書門下正三品官，謂之侍極，宰臣次列，除特委方面者餘不合兼任使。先已授者，宜改與别官，自今已後更不得注授。

長慶四年五月，諫議大夫李渤奏：據《六典》，常侍奉規諷，其官久不舉職，習以成例。若設官不責其事，不如罷之，以省其費。苟未能罷，臣請特敕，令准故事行其職業。從之。

（宋）王溥《唐會要》卷五五《省號下·諫議大夫》武德五年六月一日置四員，龍朔二年二月四日改爲正諫大夫，神龍元年二月復爲諫議大夫。至德元年九月十日敕，諫議大夫論事自今以後不須令宰相先知。

乾元二年四月四日敕：兩省諫官十日一上封事，直論得失，無假文言，冀成殿最，用存沮勸。大歷七年二月十一日，其四員外，內供奉不得過正員數。貞元四年五月十五日，分爲左右，加置八員，左右各兩員。其左右諫議隸中書省。至元和元年閏六月詔，卻置四員，罷左右名。【略】

開元十二年四月敕令：自今以後諫官所獻封事不限旦晚，任封狀進來。所由門司，不得有停滯。如須側門論事，亦任隨狀面奏，即便令引對。如有除拜不稱於職，詔令不便於時，法禁乖宜，刑賞未當，徵求無節，冤抑在人，並極論失，無所迴避，以稱朕意。其常詔六品以上，亦宜准此。【略】

會昌二年十二月，檢校司徒兼太子太保牛僧孺等奏：伏奉十二月二十八日敕，中書門下奏，諫議大夫，巡《六典》，隋氏門下省署。諫議大夫七員從四品下正五品上。自大歷二年，門下中書侍郎爲正三品，兩省遂闕四品。建官之制，有所未備。謹案《左氏傳》，衮職有闕，惟仲山甫補之，能補過也。仲山甫即周之大臣。《漢書》，汲黯稱願出入禁闥，補過拾遺。張衡爲侍中，常居幃幄，從容諷議，拾遺左右，此皆大臣之任。其秩峻，其任重，則君敬其言而用其道。況謇諤之地，宜有老成之人，秩不優崇則難用耆德。其諫議大夫。望改爲正四品下，分爲左右，以備兩省四品之缺。向後爲丞郎出入叠用，以重其選。伏以前代帝王，建官設正之制互有沿革，升降廢置並於一時所宜，苟得其宜則爲當代之美。臣等伏據《六典》故事，諫議大夫官，歷代之品制，位不常定，至於諷議之所賴則古今之任不殊。今陛下方啓納諫之門，俾崇品秩，叠用丞郎，蓋千年一時之盛美也。臣等又據故事，諫議大夫掌規諫諷諭，侍從贊相。今分置左右，以備兩省四品之缺，臣等參詳事理，衆議僉同，伏請著於典章，永爲定制。敕旨：依奏。

（宋）王溥《唐會要》卷五六《左右補闕拾遺》 垂拱元年二月二十九日敕：記言書事每切於旁求，補闕拾遺未宏於注選，瞻言共理，必藉衆才，寄以登賢期之進善，可置左右補闕各二員，從七品，左右拾遺各二人，從八品上。掌供奉諷諫，行列次於左右史之下，仍附於令。至天授二年二月五日，各加置三員，通前五員。大歷四年十二月一日，補闕拾遺各置內供奉兩員。又七年五月十一日敕：補闕拾遺，宜各加置兩員。【略】

廣德二年九月二十一日，敕諫官，令每月一上封事，指陳時政得失。

永泰元年正月二十三日，敕諫官奏事不須限官品次第，於每月奏事官數內，聽一人奏對。

大歷十二年四月十二日敕：自今以後諫官所獻封事不限早晚，任封狀以進。【略】

咸通四年十一月，以長安縣尉令狐滈爲左拾遺。左拾遺劉蜕、起居郎張雲上疏，論滈父綯秉權之日廣納賂遺取李琢財物，除安南致蠻寇侵擾，不當居諫官之列。時綯鎮淮南，上表論訴，乃貶雲興元少尹，蛻華陰令。

（宋）宋敏求《唐大詔令集》卷一〇四《政事·按察下·察訪刺史縣令詔》 朕聞効官者必量力而受任，致理者亦擇才而簡能。況風化之源本資於長吏，升降之義用明於朝典。古之建方國親諸侯，蓋以撫綏黎人，宣布至化。則今之令長，古稱子男，矜孤恤貧，均徭省賦，皆是職也。朕以薄德忝膺寶位，屬殘孽猶聚戎軍未戢，雖憂國之計，且務於濟時，而恤人之心每深於惠物。將求厚俗必在審官。至於刺史治中，皆制命所授，辨其才術。蓋在朝廷，先令中書門下精加訪擇，務得其良。如非理人之才，即並量宜改授。且諸縣令員數應多，如聞處理之間廉平者少，或使司所奏以功見稱，或主司所擬循資而授。倘乖任使，空忝親人。或有案牘之間，曾未嫻於令式；征賦之際，或委任於胥徒。由是吏轉生姦，遂爲蠹政，人不堪命，流而失業，興言及此，良用憮然。

夫易柱以調弦，聲之和也，革弊而從善，政之體也。漢宣帝云：與我共理天下者其惟良二千石乎！固知方岳之任，足以委黜陟之權矣。況諸道節度皆備職防戎，政在理兵，豈遑廉問。必令郎官御史分命巡察，則乘驛暫往，難於委寄，諒無益於澄清，反有增於勞擾。其天下縣令，各仰本州府長官審加詳擇。如有衰耄暗弱，或貪財縱暴，不嫻時政，爲害於人，並具名録奏，即與改替。其才職相當者，並依舊奏定。以後有不稱者，所由官量加殿黜，庶理人之職無或謬焉。

又入仕之流，本期展用且無事實，豈可徒勞。今員外之官所在甚衆，既不釐務，空効驅馳。將適鄉閭，復拘職守，念其旅寓，良可優矜。應州縣見任員外郎官，並任其所適，計考秩滿後各與成資，仍於本色內減一兩選與留。其先緣罪累貶授者不在此限。如員外官中，材識幹濟，曾經任使州縣所資者，亦任量留。每上州不得過五人，中州不得過四人，下州不得過三人，上縣以上不得過一人。

古之任官，必寄成政，如長吏數易，則綱條不恤，所以人懷苟進之心，俗靡居常之業。比者或聞此弊，實謂未便於時。自今以後，刺史縣令更不得數有移改。善政聞於上則當議擢遷，如道失厥中亦自懲誡。黜陟之道，固有典章。又比來刺史任皆先奏州縣官屬，苟有改作，敦勉因情。自今以後，除帶使次判官外，一切不得奏改官吏。到任之後察有罪累及不稱職，具狀奏聞得請，然後令所由與替。其刺史非兼節度但有防禦使，副使判官委於本州官中推擇，亦不得別奏，並委中書門下省著爲恒法，庶使官無失位，政有常經。宣示天下，宜知朕意。乾元二年八月一日。

《新唐書》卷四八《百官志·御史臺》 凡十道巡按，以判官二人爲佐，務繁則有支使。其一，察官人善惡；其二，察户口流散，籍帳隱沒，賦役不均；其三，察農桑不勤，倉庫減耗；其四，察妖猾盗賊，不事生業，爲私蠹害；其五，察德行孝悌，茂才異等，藏器晦跡，應時用者；其六，察黠吏豪宗兼并縱暴，貧弱冤苦不能自申者。

《新唐書》卷四九下《百官志·外官》　觀察處置使，掌察所部善惡，舉大綱。凡奏請，皆屬於州。

貞觀初，遣大使十三人巡省天下諸州，水旱則遣使，有巡察、安撫、存撫之名。神龍二年，以五品以上二十人爲十道巡察使，按舉州縣，再周而代。景雲二年，置都督二十四人，察刺史以下善惡，置司舉從事二人，秩比侍御史。揚、益、并、荊四州爲大都督，汴、兗、魏、冀、蒲、綿、秦、洪、潤、越十州爲中都督，皆正三品；齊、鄜、涇、襄、安、潭、遂、通、梁、夔十州爲下都督，從三品。當時以爲權重難制，罷之，唯四大都督府如故。置十道按察使，道各一人。開元二年，曰十道按察採訪處置使，至四年罷，八年復置十道按察使，秋、冬巡視州縣，十年又罷。十七年復置十道、京都、兩畿按察使，二十年曰採訪處置使，分十五道，天寶末，又兼黜陟使，乾元元年，改曰觀察處置使。

紀事

（唐）徐堅《初學記》卷一二《職官部·御史大夫第六》　叙事：案：御史大夫，秦官也。應劭曰：侍御之率，故曰大夫。《周官》宗伯之屬有御史，掌贊書。注曰：御，侍也，進也。戰國以爲糾察之官，兼典史官。秦趙會澠池，各領御史、監察御史，置大夫以領之。漢因之，掌副丞相，九卿高第者拜之。其任職者轉爲丞相。至成帝改曰大司空，《漢書》曰：何武建言，依古置三公官，改御史大夫爲大司空，改丞相爲大司徒，與大司馬爲三公也。哀帝復爲御史大夫；尋復改曰大司空。歷後漢因之。至獻帝時，魏武爲魏王，復置大夫，魏文黄初，初復省置之。歷晋宋之後，咸因之，並以中丞爲臺主。已上並見《漢官》及《齊職儀》。至隋氏復置大夫。《五代史·百官志》云：隋室諱中，置大夫，省中丞。唐朝因之，龍朔二年改大夫爲大司憲，咸亨初復舊。事對：署梓列柏衛宏《漢舊儀》曰：御史大夫寺在司馬門内，門無扁題。署用梓板，不起郭邑，題曰御史大夫寺。《漢書》曰：朱博爲御史大夫，其府列柏樹。常有野烏數千棲宿其上，晨去暮來，號曰朝夕烏。憲臺法冠謝靈運《晋書》曰：漢官尚書爲中臺，御史爲憲臺，謁者爲外臺，是爲三臺。自漢罷御史大夫，而憲臺猶置，以丞爲臺主，中丞是也。《漢官儀》曰：侍御史，周官也，爲柱下史，冠法冠。一名柱後，以鐵爲柱，言其審固不撓，常清峻也。絳騶白簡沈約《宋書》曰：顔延之言其爲御史中丞。何尚之與延之書曰：絳騶清路，白簡深劾，取之仲容，或有虧耶。火精霜簡《黄石公陰謀秘法》曰：熒惑火之精，御史之象。主禁令刑罰，收捕糾正。崔篆《御史箴》曰：簡上霜凝，筆端風起。《漢書》：孫寶謂侯文曰：今鷹隼始擊，以成嚴霜之威。副相次卿《漢書》曰：御史大夫，秦官，掌副貳丞相。應劭《漢官》曰：御史大夫本秦官也，位次上卿。青綬蒼佩《漢書》曰：御史大夫，秦官也，位次上卿。銀印青綬，佩水蒼玉。侍御之率刀筆之吏《漢書·公卿表》曰：御史大夫，秦官也。應劭曰：侍御之率，故稱大夫。《漢帝集》曰：武帝作柏梁臺，詔群臣，二千石有能爲七言者乃得上坐。御史大夫曰：刀筆之吏，臣執之。無以易堯莫敢難錯《史記》曰：齊人方與公謂御史大夫周昌曰：君之吏趙堯，年雖少，奇士也。君其必異之，是代君位。昌笑曰：刀筆之吏，安能至是。及昌相趙，高祖以御史大夫印弄之，誰可以爲者？視趙堯曰，無以易堯。遂拜之。又曰：晁錯遷爲御史大夫，請諸侯之罪過則削其地，收其版郡，奏上，上令公卿列侯宗室集議，莫敢難錯，獨竇嬰争之。由此與嬰有隙。奏去副封涕對具獄《漢雜記事》曰：故事，上書爲二封。其一曰副，領尚書者先發一副封，有不善屏去不奏。魏相爲御史大夫，奏去副封，以防擁蔽。《漢書》曰：張歐爲御史大夫，上具獄事可者卻之，不可者不得已而爲。涕泣面而封之：其愛人若此，年老請免。天子亦寵以上大夫禄，歸老於家。請造白金願罷滄海《漢書》：張湯爲御史大夫，承上請造白金與五銖錢，籠天下鹽鐵，排富商大賈。又曰：公孫弘爲御史大夫時，又東置滄海，北置朔方之郡。弘諫以爲罷弊中國以奉無用之地，願罷滄海，專奉朔方。上許之。飾詐釣名舞文輔法《漢書》曰：汲黯謂上曰：公孫弘位在三公，俸禄甚多，然爲布被，此詐也。上問弘，弘謝曰：有之。夫三公爲布被，誠飾詐以釣名。今臣弘位爲御史大夫，九卿以下無差，誠如黯言。又曰：張湯爲御史大夫，舞文巧詆以輔法。

（唐）徐堅《初學記》卷一二《職官部·御史中丞第七》　叙事：案：御史中丞，秦官也，掌貳大夫。漢因之。御史大夫本有兩丞，其一曰御史丞，一曰御史中丞，謂之中者，以其别在殿中，掌蘭臺秘書。外督部刺史，内領侍御史，受公卿章奏，糾察百僚，休有光烈。至成哀間，改大夫爲大司空，而中丞更名御史長史，出外爲臺主。光武復曰中丞，與尚書令、司隸校尉專席而坐，京師號曰三獨坐。獻帝權置大夫，而中丞不省。魏初罷大夫，改中丞名官正，復爲臺主，尋又改曰中丞。晋宋之後並因之。已上並見《漢官》及《齊職儀》。後《魏書·官氏志》云：後魏改中丞爲中尉。《五代史・百官志》云：北齊又改爲中丞。隋室諱中，省中丞，增持書御史之品以代之。案：持書侍御史者，本漢宣帝時路温舒上書，宜尚德緩刑，帝深采覽焉。季秋後請讞時，帝幸宣室齋居而决事，令侍御史二人持書，故曰持書侍御史。後因别置，冠法冠，與符璽郎共平理廷尉奏事。其後歷代並置之。至隋增品，代御史中丞之職。唐朝初因之，貞觀末省之。唐初因之。貞觀末省持書侍御史，又置中丞。龍朔二年改爲司憲大夫，咸亨初復舊。事對：專席分路《續漢書》云：傅巨宣邦御史中丞，與司隸校尉、尚書會同，並專席而坐，故京師號曰三獨坐。《魏氏春秋》曰：故事，御史中丞與洛陽令相遇，則分路而行，以丞主多逐捕，不欲稽留。石室蘭臺《環濟要略》曰：御史中丞有石室，以藏秘書圖讖之屬。《漢官儀》曰：御史中丞二人，本御史大夫之丞。其一别在殿中，兼典蘭臺秘書，外督部刺史，内領侍御史，受公卿章奏，糾察百僚，休有烈光。舉劾案章休有烈光《漢書》曰：御史中丞二人，本御史大夫之丞。其一别在殿中，舉劾案章，故曰中丞，休有烈光。見蘭臺注中。肅内外分黑白《傅宣列傳》曰：宣爲御史中丞，明法直繩，内外震肅，甚有威風。《漢書》曰：薛宣，字貢君。宣爲中丞，執法殿中，外總部刺史郡國二千石，所貶退稱進，白黑分明，由是知名。無回避不吐茹《續漢書》曰：馬嚴，字威卿。拜御史中丞，賜冠幘衣服車馬。嚴舉劾案章，申明舊典，奉法察舉，無所回避，百寮憚之。王隱《晉書》曰：熊遠，字孝文。遷御史中丞，中宗每歎其公忠，謂遠曰：卿在朝正色，不茹柔吐剛，忠亮至勁，可謂王臣。奏彈夜警法鞭儲傅《晉中興書》曰：王恬，字元愉，爲御史中丞。值海西公廢，太宗即位。未解嚴，大司馬桓温屯中堂，夜吹警角。恬奏劾大不敬，請治罪。明日温見奏事，歎曰：此兒乃敢彈我，真可畏也。梅陶《自序》曰：余居中丞，曾以法鞭皇太子傅，親友莫不致諫。余笑而應之：堂高由陛，皇太子所以崇於上，由吾奉王者法。吾其枉道曲媚乎。後皇太子將見延請，賜以清燕，於是太子禮敬之如師。周處正繩陳謙奉法王隱《晉書》曰：周處，字子隱。爲御史中丞，奏征虜將軍石崇、大將軍梁王彤等，正繩直筆，權豪震肅。《續漢書》曰：陳謙，字伯讓，拜御史中丞。執憲奉法，多所糾正，爲百寮所敬也。

（唐）徐堅《初學記》卷一二《職官部・侍御史第八殿中監察御史附》

叙事：侍御史，秦官也。《漢官》云：老子爲周柱下史。張蒼秦時爲御史，主柱下方書，侍御史之任也。漢因之，署十五人。魏八人，晉九人，宋、齊十人，梁、陳九人，後魏、北齊、隋八人。出《漢官》及《五代史・百官志》。殿中侍御史，魏置也。初魏，蘭臺遣二御史居殿中，伺察非法，故曰殿中侍御史。晉、宋、齊置二人，梁、陳置四人，後魏置十四人，北齊置十二人。隋初改曰殿中侍御史。煬帝省之。出《齊職儀》及《五代史・百官志》。監察侍御史，隋置也。晉置檢校御史，掌行馬外事。宋、齊、梁、陳並省之。後魏、北齊復置十二人。隋改檢校御史爲監察御史，蓋亦取秦監察御史之義以名之。出《五代史・百官志》。

（唐）李華《李遐叔文集》卷三《御史大夫壁記》

君以文明照臨百官，官糾其邪，職在邦憲，由京師而端下國，王化所繫，不唯威刑。御史大夫其任也，用捨决於天心，得失震於人聽，舉直錯枉，果而不撓，則公卿屏氣，道路生風，率其屬以正於朝，瞻我衣冠，不仁者遠。苟異於是，爲君子羞。政之雄雌，與德輕重，故名公在位，天下仰賴焉。秦官有御史大夫，在漢爲三公，職副丞相。丞相闕則大夫遷，或名司空，或復舊號，史足徵也。議大政必下丞相御史，廷署古曰府，近曰臺。其衣冠章綬，品秩所視，載於甲令。聖朝臣唐虞高尚之賢，内周漢不賓之俗，登人於五福，薦樂於九歌。帝德廣運而瑞草生，天威震動而神羊至，故柱石骨鯁之老更拜焉。距義寧至先天，登宰相者十二人，以本官參政事者十三人，故相任者四人，藉威聲以稜徼外按戎律者八人。官或改稱大司、憲臺，或分爲左右肅政，罷置不恒，從所宜也。開元、天寶中，刑措不用，元元休息，由是務簡益重，地清彌尊，任難其人，多舉勳德。至宰輔者四人，宰輔兼者二人，故相任者一人，兼節度者九人，異姓封王者二人。

尊號加孝德之明年，樂成公自尚書左丞兼文部遷，崇德也。昭融禮經，嗣續文雅；張仲孝友，山甫明哲。風度可以師長人倫，動静可以訓齊天下。喬嶽鎮定，嘉量平均。心爲百行之宗，體備四時之氣。《雅》有之曰：文武吉甫，萬邦爲憲。樂成有焉。至若教行於無訟之前，慮辨於未萌之始，未萌而慮，則求煩不獲；無訟而教，則何用不臧？寬細瑕爲大體，復故事爲新政。小人畏法，君子夷心，無隱情於國家，無愧辭於神道，堂堂乎大雅之素也。初，廳壁列先政之名，記而不叙。公以爲艱難之選，將俟後人，謂華嘗備屬僚，或知故實。授簡之恩至，屬詞之藝寡，無以允副非常之待，所報者直質而少文。天寶十四載六月十五日記。

（唐）李華《李遐叔文集》卷三《御史中丞廳壁記》 皇帝受天明命，垂五十年，大道成俗，黎人於變，百官設而無事，三辟存而不論，振古未然也。猶以爲成歲資於降霜，律人本於持憲，憲司之拜，九覈名實，王猷其遠乎？夫察風俗，平寬滯，踣邪佞，延俊賢，云誰司之？職惟御史。御史亞長曰中丞，貳大夫以領其屬。士丐爲伯游之佐，司馬乃令尹之偏，古之制之。漢儀：大夫副丞相，以備其闕。參維國綱，鮮臨府事，故中丞專焉。意者殄凶人之豪，挾君子之道，各行其志，無所牽束，行止與大臣絶位，指顧則周行振聳，政體宜之。晋宋、元魏以還，無御史大夫，由是中丞威望愈尊，禮有加等，如火烈烈，如霜肅殺，不可犯也。屬時清無獄，朝尚寬政，行葦忠厚，王化根源。周室仁及草木，而愷悌流乎頌聲；漢文雅好黄老，而卿恥言人過。舉盛德而儀刑著矣，焉用察察觖觖，以恂生人哉？俗以此道行於軍旅，故東西幕府皆兼大夫，餘軍多假憲司之號，聖皇之志也。

（唐）李肇《唐國史補》卷下　御史故事：大朝會則監察押班，常參則殿中知班，入閤則侍御史監奏。蓋含元殿最遠，用八品；宣政其次，用七品；紫宸最近，用六品；殿中得立五花磚、緑衣、用紫案褥之類，號爲七貴。監察院長與同院禮隔，語曰：事長如事端。凡上堂絶言笑，有不可忍，雜端大笑，則合座皆笑，謂之烘堂。烘堂不罰，大夫中丞入三院，罰直盡放，其輕重尺寸由于吏人，而大者存之黄卷。三院上堂有除改者，不得終食，惟刑部郎官得終之。

（唐）李肇《唐國史補》卷下　王某云：往年任官同州，見御史出按回，止州驛，經宿不發，忽索雜案，又取印歷，鞭驛甚急，一州大擾。有老吏竊哂，乃因庖人以通憲胥，許百縑爲贈。明日未明，已啓驛門，盡還案牘。御史乘馬而去。

（唐）李肇《唐國史補》卷下　崔遠爲監察，巡囚至神策軍，爲吏所陷，張蓋而入，諷軍中索酒食，意欲結歡。竇文場怒奏，立敕就臺，鞭于直廳而流血。自是巡囚不至禁軍也。

（唐）李肇《唐國史補》卷下　寶應二年，大夫嚴武奏，在外新除御史，食宿私舍非宜。自此乃給公券。

（唐）李肇《唐國史補》卷下　元和中，元稹爲監察御史，與中使争驛廳，爲其所辱。始敕節度觀察使，臺官與中使先到驛者處上廳，因爲定制。

（唐）李肇《唐國史補》卷下　每大朝會，監察御史押班不足，則使下御史因朝奏者攝之。諫院以章疏之故，憂患略同。臺中則務苛禮，省中多事，旨趣不一。故言：遺補相惜，御史相憎，郎官相輕。

（唐）李肇《唐國史補》卷下　開元已前，有事于外，則命使臣，否則止。自置八節度、十採訪，始有坐而爲使，其後名號益廣。大抵生于置兵，盛于興利，普於銜命，于是爲使則重，爲官則輕。故天寶末，佩印有至四十者；大歷中，請俸有至千貫者。今在朝有太清宫使、太微宫使、度支使、鹽鐵使、轉運使、知匭使、宫苑使、閑廄使、左右巡使、分察使、監察使、館驛使、監倉使、左右街使，外任則有節度使、觀察使、諸軍使、押蕃使、防禦使、經略使、鎮遏使、招討使、榷鹽使、水陸運使、營田使、給納使、監牧使、長春宫使、團練司使、黜陟使、撫巡使、宣慰使、推覆使、選補使、會盟使、册立使、弔祭使、供軍使、糧料使、知糴使，此是大略，經置而廢者不録。宦官内外悉屬之使。舊爲權臣所管，州縣所理，今屬中人者有之。

（宋）王溥《唐會要》卷五八《尚書省諸司中·左右丞》〔會昌〕三年三月，庫部郎中知制誥崔于等言文武常參官，兼御史大夫中丞班位，奉敕，緣御史臺省，各執所見，因此須爲定制，宜令兩省官詳議聞奏者。伏以御史大夫中丞，掌邦國憲法，朝廷紀綱，崇其班位以峻風望。兼此官者，皆以所領務重，特爲寵異。須敕諸行侍郎兼御史大夫者，並在左右丞之上，相承不改，行之已久。況今使下監察御史裹行，朝謝時列在左右司郎中之上，以此參彼，足可辨明。況奉去年十月二十八日敕，御史大夫進爲正三品，中丞進爲正四品。即官望等差允爲重任，合崇憲職，式協朝章。諸准前例，諸行侍郎兼御史大夫中丞者，列于尚書左右丞之上。敕旨：班序相循已久，故事足可遵行。昨者務廣詢謀，理宜從衆，依崔于等狀，便爲定制。

（宋）王溥《唐會要》卷六〇《御史臺上·御史大夫》　會昌二年十二月，檢校司徒兼太子太保牛僧孺等奏狀：奉十一月二十八日敕中書門下奏，御史大夫，秦爲上卿，漢爲副相，又漢末復爲大司空，與丞相俱爲三公。掌邦國刑憲，肅政朝廷，其任至重，品秩殊峻，望準六尚書例，升爲正三品。御史中丞爲大夫之貳，緣大夫秩崇，官不常置，中丞爲憲臺之長。今九寺少卿及秘書少監，以國子監司業，京兆尹，並府寺省監之貳皆爲四品，唯御史中丞官業雖重品秩未崇，升爲正四品下，爲大夫之貳。令不隔品，亦與丞郎出入秩同，以重其任。緣關朝廷典制，須行之可久，必得博盡群議，詢謀僉同。望令兩省御史臺五品以上，尚書省四品以上，太子太保太常卿參議聞奏者，伏以前代帝王建官設位之制互有沿革，升降廢置蓋取於一時所宜，苟得其宜則爲當代之美。臣等伏據《六典》故事，御史大夫御史中丞等官歷代之制，位不常定，至於刑憲之所倚，則古今之任不殊。今陛下方宏約法之道，俾增崇品秩，同秩丞郎，蓋千年一時之盛美也。臣等又據故事，御史大夫總朝廷刑憲，掌邦國紀綱，峻其秩位，亦計所宜。御史中丞，雖官貳大夫，與大夫多不並置，專席既稱獨坐，隔品豈合叠居。今命秩資升遷，實爲允當。臣等參詳事理，衆議僉同，伏請著於典章，永爲定制。敕旨：依奏。

（宋）王溥《唐會要》卷六二《御史臺下·雜録》　垂拱元年正月十二日敕：兩京度人，令御史一人檢校。其月二十六日敕：御史糾獲罪狀，未經聞奏，不得輒便處分，州官府司亦不得承受。

其年二月制：朝堂所置登聞鼓及肺石不須防守，其有撾鼓石者，令御史受狀爲奏。【略】

開元十九年正月二十八日敕：左右藏太倉署，差御史監知出納。至二十一年三月十九日敕：監倉庫各定御史一人，一年一替，左右巡御史亦各定一人，一季一替，並不得改換及差使。

天寶二年八月七日敕：所置御史職在彈違，雜充判官誠非允當。其諸道節度使，先取御史充判官者，並停。自今已後更不得奏，若切須奏者不得占臺中缺。其本臺長官充使者，不在此限。

四載十一月十六日敕：御史宜依舊制，黄卷書缺失，每歲委知雜御史長官，比類能否，送中書門下，改轉日褒貶。【略】

寶應二年二月二十六日，御史大夫嚴武奏：應在外新除御史赴臺，停止店肆，事亦非宜，仍令所在給公乘發遣，以爲永例。敕旨：依奏。【略】

貞元十二年十月，御史臺奏：伏準貞元二年班序敕，諸使下三院御史，有本官是常參官兼者，即入本官班。如内供奉裹行，即入御史班。緣使下御史稍多，近例並不在内供奉班内，臣等參詳，伏請自今已後請使下御史内供奉者入門日並依宣政殿前班位，次員外郎之後，在正臺監察御史之上，便爲常式，庶協通規。敕旨：依奏。

元和六年三月，御史臺奏：準令，用未後決囚者，請不過申時。如敕到府及諸司，已未後至者，伏乞至來日仍請勒本司，準舊例，與御史同臨引決。敕旨：依奏。

長慶三年八月，御史臺行從印一面，出使二面。比來御史出使推按，或用廢印，或所在取州縣印文狀。伏以使臣銜命推案，事須用印，無非切要既於所在求印事以漏洩。伏請令有司鑄造。從之。

（宋）姚鉉《唐文粹》卷七二《御史臺新造中書院記徐元輿》　王者執生殺之柄造天下，使百度順而已矣。其或不順與順而不得其度者，皆屬於御史府。府之動静，爲朝廷紀綱之職，與百司絶類。蓋百司坐其署，但專局而已矣。入於朝與啓事於丞相府，亦不出乎其位，是以朝罷而各復其司，以無事於朝堂與中書也。若御史臺每朝會，其長總領屬官，謁於天子。道路誰何之聲，達於禁扉。至含元殿西廡，使朱衣從官傳呼，促百官就班。遲曉，文武臣僚列於兩觀之下，使監察御史二人立於東西朝堂磚道以監之。鷄人報點，監者押百官由通乾觀象入宣政門。及班於殿廷前，則左右巡使二人分押於鐘鼓樓下。若兩班就食於廊下，則又分殿中侍御史一人爲之使以莅之。内謁者承旨唤仗入東西閤門，峨冠曳組者皆趨而進，分監察御史二人，立於紫宸屏下，以監其出入。爐煙起，天子負斧扆聽政，自螭首龍池南屬於文武班，則侍御史一人，盡得專彈舉不如法者。由是吾府之屬，得入殿内，其職益繁，其風益峻。故大臣由公相而下，皆屏氣竊息，注萬目於吾曹。吾曹坐南臺則綜覈天下之法，立内朝則糾繩千官之失。百司有滯疑之事，皆就我而質。故乘輿所在，下馬成府，釐朝廷之綱目，與坐臺之判決者相半。是以御史府故事，於中書之南，常有理所。先時惟中丞得專寓於南舍一院，若雜事與左右巡使，則寓於西省小胥之廡下。遇大朝會時，吾屬皆來，則分憩於雜事、巡使之地。既寓於小胥，則我實客也。每亡事而去，則主人必坌而入，諠譁狼籍，其態萬變，向之霜稜，盡爲涕洟矣。豈吾君以天下綱紀屬之於我意耶。上元二年，侍御史劉孺之作直廳記，初拜儀云，謝宰相訖，向南入直省院候端長。又入中書儀云，到直省院，入門，揖端公訖，各就房。嗚呼，以御史之貴重，而前時作者之記，恬然以直省院爲記，君子未嘗有非之者，神羊之神，何其醫而不光耶。

聖唐太和三年己酉歲，天子擢尚書吏部郎中河南宇文公爲御史中丞。詔下之日，不仁者相弔。御史府新例，知雜事一人，中丞得以選於廷臣。河南公既拜之日，上言請尚書司勳郎中瑯琊王君以自輔。識者曰：河南、瑯琊，同心異質之人也。心苟同，雖堅金可斷，於御史乎何有。他日，雜事果以寓直省院爲歎，迺議於中丞，中丞深樂之，即時啓於中丞曰：此前日之闕也，中丞能爲之，豈直栢署之光乎，實羽衛吾府之多也。皆佐其意，事得聞於上。上曰：良有是乎？俞其請如響。即詔度支，出錢百萬以資焉。迺於政事堂直阡之南選地以作之。中書之南，實天下會計之地，不容咫尺之隙，非雄重清切之司，於此豈容足乎。我是以得規制爲之焉。

（唐）徐堅《初學記》卷一二《職官部·給事中第三》 叙事：《漢官》云：給事中，秦官也，漢因之。無常員，皆爲加官。所加或大夫博士議郎兼加之，掌顧問應對，位次中常侍。《漢儀注》：給事中曰上朝謁，平尚書奏事，以有事殿內，故曰給事中。《齊職儀》云：東漢省其官，魏晋宋齊並置，無常員，皆隸集書省。《齊職儀》云：齊給事中皆隸集書省，與諸散騎同掌侍從左右獻給，省諸文奏。北齊依後魏，置六十人，後周天官府置給事中士六十人，隋文帝門下省置給事二十人。除中字，國諱，掌陪從朝直。煬帝改名給事郎。減置四員，掌省讀案奏。唐又曰給事中，龍朔二年改爲東臺舍人，咸亨初復舊。事對：顧問侍從顧問見叙事注。胡伯始曰：給事掌侍從左右，無員，位次侍中中常侍。名儒茂親胡伯始曰：給事常侍從左右，無員，位次侍中中常侍。或名儒，或國親。漢東方朔中郎爲給事中，劉向諫議大夫爲給事中。履素立德《晋起居注》曰：武帝太康七年詔曰：郎中張建忠篤履素，爲江表士大夫所稱，宜在中朝，其以建爲給事中。王隱《晋書》曰：任熙，字伯遠。立德邈然，徵拜給事中。潔行俊才王隱《晋書》曰：陳劭，字節良。泰始六年詔曰：燕王師劭，清貞潔静，行著邦旅。荀綽《兗州記》曰：袁准，字孝居，有俊才，泰始中拜爲給事中。明經效車范曄《後漢書》曰：鄭衆，字仲師，以明經拜給事中。《傅玄子》曰：馬鈞，字德衡，爲給事中。與高堂升平秦郎争論於朝，言及指南車。二子云：無此，記虛耳。鈞曰：虛争空言，不如試之效矣。

《舊唐書》卷一四八《李藩傳》 藩尋改吏部員外郎。元和初，遷吏部郎中，掌曹事，爲吏所蔽，濫用官闕，黜爲著作郎。轉國子司業，遷給事中。制敕有不可，遂於黄敕後批之，吏曰：宜別連白紙。藩曰：別以白紙，是文狀，豈曰批敕耶。裴垍言於帝，以爲有宰相器，屬鄭絪罷免，遂拜藩門下侍郎、同平章事。

（唐）王方慶《魏鄭公諫録》卷一《諫聽諫與貞觀初不同》 太宗御兩儀殿謂公曰：朕比來所行得失、所布政化，何如昔年？對曰：若威之所加，遠夷朝貢，比於貞觀之始，不可等級而論；若德義潛通，人心悦服，比於貞觀之初，相去又亦甚遠。太宗曰：遠夷來朝，應由德義所加。德義不如昔時，功業何以得益？公曰：昔者四方未定，常以德義爲心；今以海內無虞，漸更驕奢自溢。所以功業雖盛，終是不如往時。太宗曰：今所行與往前何以爲異？公曰：貞觀之初，恐人不言，導之使諫；三年以後，見人諫争，悦而從之；四年以來，不悦人諫，雖僶勉聽受而終有難色。太宗曰：於何事如此？公遂指陳之曰：即位之初，處元律師罪死，孫伏伽諫曰：法不至死，無容濫加。遂賜蘭陵公主園准錢百萬。或曰：所言尋常而所賞太厚。答曰：我即位以來，未有諫者，所以賞之。此導之使言也。某州司户參軍柳雄於隋資妄加等級，人有言之者，陛下令其自首，不首當與死罪，遂固言是真，竟不肯首。大理推得其偽，將處雄死，少卿戴胄奏云：法止合徒。陛下曰：我已與其斷，當但與死罪。胄曰：陛下即不時殺，非臣所及，付臣法司，法不合死，不敢酷濫。陛下作色遣殺，胄争之不已，至於四五，然後欣然赦之，曰：曹司但能爲我作如此守法，豈畏濫有誅夷。此則悦以從諫也。往者，某縣丞皇甫德參上書，有忤聖者，陛下以爲訕謗，臣奏稱賈誼當漢文之代，上書云：可爲痛哭者三，長太息者五，自古上書率多激切，若不激切，不能起人主之心；激切即似訕謗。於時雖從臣言，賞物二十段，然意甚不可。此是小難於受諫。太宗曰：誠如公言，非公無能道此者。人皆苦不自覺，公向未道之時，都自言所行不變；及見公論說，始覺志意漸移。公但常保此心，朕終不違公語也。

（唐）徐堅《初學記》卷一二《職官部·諫議大夫第五》 叙事：

案：諫議大夫，秦官也。《齊職儀》云：初秦置諫議大夫，屬郎中令，無常員，多至數十人，掌論議。漢武改郎中令爲光禄勳。漢初不置。至武帝始，因秦置之。無常員，皆名儒宿德爲之，隸光禄勳。光武增議字，爲諫議大夫，置三十人，屬光禄勳。依漢氏，晋宋齊並不置。《五代史・百官志》云：梁陳亦置。北齊依後魏，集書省置諫議大夫七人。隋門下省置七人。唐因之，減置四人。龍朔二年改爲正諫議大夫，神龍初復舊。事對：清慎諒直司馬彪《續漢書》曰：周舉，字宣光，梁商表爲從事中郎。商疾甚，帝問遺言。對曰：臣從事中郎周舉，清慎高亮，可任諫議大夫。謝承《後漢書》曰：傅翻，字君成，轉諫議大夫。天性諒直，數陳讜言，武帝嘉之。方正忠謇《漢書》曰：孔光，字子夏，經學尤明。匡衡舉孔光方正，爲諫議大夫。謝承《後漢書》曰：虞承，字叔明，拜諫議大夫。雅性忠謇，在朝堂犯顔諫争，終不曲撓。散禄賑給諸生，言德無比。論得失陳讜言《漢書》：王吉，字子陽，爲諫議大夫。是時宫室車服甚盛，外戚貴寵。吉上疏論得失，上以其迂闊，不甚寵異。謝承《後漢書》曰：傅翻，字君成，轉諫議大夫。天性諒直，數陳讜言，武帝嘉之。乘高車止靈臺《東觀漢記》曰：郭丹，字少卿。從師長安，買符入函谷關，乃慨然而嘆曰：丹不乘使者車，不出此關。既至京師，嘗爲都講。更始二年爲諫議大夫，持節歸南陽。自去家十三年，果乘高車出關。《三輔決録》曰：第五頡，字子陵，爲諫議大夫。洛陽無主人，鄉里無田宅，寄止靈臺中，或十日不炊。天子納善好事從遊《漢書》曰：貢禹，字少翁。元帝徵禹爲諫議大夫，數虚己問以政事。是時年穀不登，禹奏言，宫室制度從儉省。天子納其善言。又曰：揚雄，字子雲，以耆老久次，轉爲諫議大夫。以疾免，復召爲諫議大夫。家素貧，嗜酒，人稀至其門。時有好事者，載肴酒以從遊學。持節南陽作賦東觀持節南陽見乘高車注。常璩《華陽國志》曰：李尤，字伯仁。賈逵薦尤有揚雄之才，明帝召入。作《東觀》、《辟雍》、《德陽諸觀賦銘》，遂拜諫議大夫。召入作賦從幸爲歌召入作賦見東觀注中。《漢書》曰：王褒，字子淵，爲諫議大夫。褒從獵，所幸之宫觀爲歌頌。諫者以爲淫靡不急。

（唐）吴兢《貞觀政要》卷二《任賢》 太宗後嘗謂侍臣曰：夫以銅爲鏡，可以正衣冠；以古爲鏡，可以知興替；以人爲鏡，可以明得失。朕常保此三鏡，以防己過。今魏徵殂逝，遂亡一鏡矣。因泣下久之。乃詔曰：昔惟魏徵，每顯予過。自其逝也，雖過莫彰。朕豈獨有非於往時，而皆是於茲日？故亦庶僚苟順，難觸龍鱗者歟。所以虚己外求，披迷内省。言而不用，朕所甘心。用而不言，誰之責也？自斯已後，各悉乃誠。若有是非，直言無隱。

（唐）吴兢《貞觀政要》卷二《求諫》 太宗威容儼肅，百僚進見者，皆失其舉措。太宗知其若此，每見人奏事，必假顔色，冀聞諫諍，知政教得失。貞觀初，嘗謂公卿曰：人欲自照，必須明鏡；主欲知過，必藉忠臣。主若自賢，臣不匡正，欲不危敗，豈可得乎？故君失其國，臣亦不能獨全其家。至於隋煬帝暴虐，臣下鉗口，卒令不聞其過，遂至滅亡，虞世基等，尋亦誅死。前事不遠，公等每看事有不利於人，必須極言規諫。

貞觀元年，太宗謂侍臣曰：正主任邪臣，不能致理；正臣事邪主，亦不能致理。惟君臣相遇，有同魚水，則海内可安。朕雖不明，幸諸公數相匡救，冀憑直言鯁議，致天下太平。諫議大夫王珪對曰：臣聞木從繩則正，后從諫則聖。是故古者聖主必有争臣七人，言而不用，則相繼以死。陛下開聖慮，納芻蕘，愚臣處不諱之朝，實願罄其狂瞽。太宗稱善，詔令自是宰相入内平章國計，必使諫官隨入，預聞政事。有所開説，必虚己納之。

貞觀二年，太宗謂侍臣曰：明主思短而益善，暗主護短而永愚。隋煬帝好自矜誇，護短拒諫，誠亦實難犯忤。虞世基不敢直言，或恐未爲深罪。昔箕子佯狂自全，孔子亦稱其仁。及煬帝被殺，世基合同死否？杜如晦對曰：天子有諍臣，雖無道不失其天下。仲尼稱：直哉史魚，邦有道如矢，邦無道如矢。世基豈得以煬帝無道，不納諫諍，遂杜口無言？偷安重位，又不能辭職請退，則與箕子佯狂而去，事理不同。昔晋惠帝賈后將廢愍懷太子，司空張華竟不能苦争，阿意苟免。及趙王倫舉兵廢后，遣使收華，華曰：將廢太子日，非是無言，當時不被納用。其使曰：公爲三公，太子無罪被廢，言既不從，何不引身而退？華無辭以答，遂斬之，夷其三族。古人有云：危而不持，顛而不扶，則將焉用彼相？故君子臨大節而不可奪也。張華既抗直不能成節，遜言不足全身，王臣之節固已墜矣。虞世基位居宰輔，在得言之地，竟無一言諫諍，誠亦合死。太宗曰：公言是也。人君必須忠良輔弼，乃得身安國寧。煬帝豈不以下無忠臣，身不聞過，惡積禍盈，滅亡斯及。若人主所行不當，臣下又無匡諫，苟在阿順，事皆稱美，則君爲暗主，臣爲諛臣，君暗臣諛，危亡不遠。朕今志在君臣上下，各盡至公，共相切磋，以成治道。公等各宜務盡忠讜，匡救朕惡，終不以直言忤意，輒相責怒。【略】

貞觀八年，太宗謂侍臣曰：朕每閒居靜坐，則自內省。恒恐上不稱天心，下爲百姓所怨。但思正人匡諫，欲令耳目外通，下無怨滯。又比見人來奏事者，多有怖懾，言語致失次第。尋常奏事，情猶如此，況欲諫諍，必當畏犯逆鱗。所以每有諫者，縱不合朕心，朕亦不以爲忤。若即嗔責，深恐人懷戰懼，豈肯更言。

貞觀十五年，太宗問魏徵曰：比來朝臣都不論事，何也？徵對曰：陛下虛心採納，誠宜有言者。然古人云：未信而諫，則以爲謗己；信而不諫，則謂之尸祿。但人之才器，各有不同。懦弱之人，懷忠直而不能言；疏遠之人，恐不信而不得言；懷祿之人，慮不便身而不敢言。所以相與緘默，俯仰過日。太宗曰：誠如卿言。朕每思之，人臣欲諫，輒懼死亡之禍，與夫赴鼎鑊、冒白刃，亦何異哉？故忠貞之臣，非不欲竭誠。竭誠者，乃是極難。所以禹拜昌言，豈不爲此也。朕今開懷抱，納諫諍。卿等無勞怖懼，遂不極言。

貞觀十六年，太宗謂房玄齡等曰：自知者明，信爲難矣。如屬文之士，伎巧之徒，皆自謂己長，他人不及。若名工文匠，商略詆訶，蕪詞拙跡，於是乃見。由是言之，人君須得匡諫之臣，舉其愆過。一日萬機，一人聽斷，雖復憂勞，安能盡善？常念魏徵隨事諫正，多中朕失，如明鏡鑒形，美惡必見。因舉觴賜玄齡等數人勖之。

貞觀十七年，太宗問諫議大夫褚遂良曰：昔舜造漆器，禹雕其俎，當時諫者十有餘人。食器之間，何須苦諫？遂良對曰：雕琢害農事，纂組傷女工。首創奢淫，危亡之漸。漆器不已，必金爲之。金器不已，必玉爲之。所以諍臣必諫其漸，及其滿盈，無所復諫。太宗曰：卿言是矣，朕所爲事，若有不當，或在其漸，或已將終，皆宜進諫。比見前史，或有人臣諫事，遂答云業已爲之，或道業已許之，竟不爲停改。此則危亡之禍，可反手而待也。

（唐）李絳《李相國論事集》卷二《論白居易事》　上召學士於三殿對奏，論政事。拾遺白居易言事抗直，曰陛下錯。上色莊而罷，令翰林使密宣承旨李絳對。上曰：白居易小臣不遜，須令出院。絳因切論曰：臣聞主聖臣直，宥過莫大。自陛下開納諫諍，容受善言，小臣然後敢極論得失。從而怒之，則是緘其口。若從順陛下，則安敢發言論？況居易所言，志在裨益，言雖太直，事涉不私。伏恐衆議以爲陛下惡聞直諫，斥出正人，非所以發揚聖德，納諫諍也。上悅曰：依卿所奏。遂待之如初。

（唐）李絳《李相國論事集》卷二《論諫諍事》　學士李絳浴堂論事畢，上曰：近日聞諫官諫事，頗有不實，言事朋黨，動多讟，須遠貶三兩人甚者，以勵其餘。絳因對曰：陛下此言，似非聖意，恐有邪佞之人，以誤天心。且自古聖王，未嘗不納諫則昌，拒諫則亡。故夏禹拜昌言，漢武延直諫，所以光於史策也。史傳備載，歷代帝王置敢諫之鼓，立司過之吏，木鐸徇路，以採風謠之詞，商旅謗市，以詳得失之政。故成湯聖德格於皇天，而稱改過不悋，顏回希聖四科之首，而美不貳過，則知雖至聖賢，不免有過，所貴能改，不至順非。若無諍諫，何以知過？故《書》云汝無面從，又曰從諫如流。昔太宗以聖武削平天下，奄宅萬國，而懼臣下不諫，誘之使言，至於李大亮、孫伏伽之儔，皆以上疏諫事，並蒙褒賞，魏徵、王珪，事無大小皆獻直言，諍諫切直，用裨聖德，故太宗振英聲於萬古，王、魏流芳名於千載。未聞堯、舜、禹、湯、文、武之君，洎我太宗，窒諫路以自擁蔽，不聞其過。唯失道之君，惡聞己過，夏桀、殷紂、周幽、秦皇，以拒諫飾非，反道敗德，直言者謂之誹謗，正諫者謂之妖邪，忠臣結舌，端士斂跡，故不知己過，遂至亡國。向者四君招諫使言，聞過輒改，易覆車之轍，啓忠臣之心，則當政化益光，宗社永固，殷湯、周武安得有鳴條、牧野之戰，戎人、漢祖安得有驪山、軹道之師？且今補闕、拾遺，天后所置，使在左右，司察得失，昔施之於女主，今黜之於聖時，《國史》之中，何以示後？微臣竊爲陛下惜之。

夫臣下貢言，於至尊如天，臣卑如地，加以日月之照，雷霆之威，小臣晝度夜思，將有上諫，本欲陳諫十事，至時已除五六，逮於緘封上進，又削其半，其得上達者，十無二三。何哉？啓忤意之言，干不測之禍，顧身無利，相時避禍者也。自非聖主知直言有益於己，正諫有裨於時，溫言容納，獎勵勸道，忠臣抱義，不顧其身，懷忠不避其禍，苟有致君濟時之益，不識觸忌冒諱之誅。何哉？盡節之臣，竭忠之士，顧食君之祿，推事君之道而致然也。其君上納忠如是之急也，臣下上諫如是之難也，所以明主須宥其過，恂恂納諫，切言者賞之使必進，極諫者褒之使必行，然後聖德光明，大化宣暢。今黜責諫臣，使直士杜口，非社稷之利，朝廷之福也。陛下詢於微臣，不敢不陳愚款。上曰：非卿此言，我安知諫諍之益也。

《新唐書》卷一六二《獨孤及傳》 獨孤及字至之，河南洛陽人。爲兒時，讀《孝經》，父試之曰：兒志何語？對曰：立身行道，揚名於後世。宗黨奇之。天寶末，以道舉高第補華陰尉，辟江淮都統李峘府，掌書記。

代宗以左拾遺召，既至，上疏陳政曰：

陛下屢發德音，使左右侍臣得直言極諫。壬辰詔書，召裴冕等十有三人集賢殿待制，以備詢問。此五帝盛德也。然頃者陛下雖容其直，而不録其言，所上封皆寢不報。有容下之名，無聽諫之實，遂使諫者稍稍自鉗口飽食，相招爲禄仕，此忠鯁之人所以竊歎，而臣亦恥之。十室之邑，必有忠信，況朝廷之大，卿大夫之衆，陛下選授之精歟。假令不能如文王之多士，其中豈不有温故知新，可懋陳政要而億則屢中者？陛下議政之際，曾不採其一説，堯之疇咨，禹之昌言，豈若是耶？昔堯設謗木於五達之衢。孔子曰：以能問於不能，以多問於寡。然則多聞闕疑，不恥下問，聖人之心也。願陛下以堯、孔心爲心，日降清問，其不可者罷之，可者議於朝，與執事者共之。使知之必言，言之必行，行之必公，則君臣無私論，朝廷無私政，陛下以此辨可否於獻替，而建太平之階可也。

師興不息十年矣，人之生産，空於杼軸。擁兵者第館亙街陌，奴婢厭酒肉，而貧人羸餓就役，剝膚及髓。長安城中，白晝椎剽，吏不敢詰。官亂職廢，將墮卒暴，百揆隳刺，如沸粥紛麻。民不敢訴於有司，有司不敢聞陛下，茹毒飲痛，窮而無告。今其心顒顒，獨恃於麥，麥不登，則易子齩骨矣。陛下不以此時厲精更始，思所以救之之術，忍令宗廟有累卵之危，萬姓悼心失圖，臣實懼焉。去年十一月丁巳夜，星隕如雨，昨清明降霜，三月苦熱，錯繆顛倒，沴莫大焉。此下陵上替，怨讟之氣取之也。天意丁寧譴戒，以警陛下，宜反躬罪己，旁求賢良者而師友之，黜貪佞不肖者，下哀痛之詔，去天下疾苦，廢無用之官，罷不急之費，禁止暴兵，節用愛人，兢兢乾乾，以徼福于上下，必能使天感神應，反妖災爲和氣矣。

《舊唐書》卷九四《李嶠傳》 時初置右御史臺，巡按天下，嶠上疏陳其得失曰：

陛下創置右臺，分巡天下，察吏人善惡，觀風俗得失，斯政途之綱紀，禮法之準繩，無以加也。然猶有未折衷者，臣請試論之。夫禁網尚疏，法令宜簡，簡則法易行而不煩雜，疏則所羅廣而無苛碎。竊見垂拱二年諸道巡察使所奏科目，凡有四十四件，至於别準格敕令察訪者，又有三十餘條。而巡察使率是三月已後出都，十一月終奏事，時限迫促，簿書填委，晝夜奔逐，以赴限期。而每道所察文武官，多至二千餘人，少者一千已下，皆須品量才行，褒貶得失，欲令曲盡行能，則皆不暇。此非敢墮於職而慢於官也，實才有限而力不及耳。臣望量其功程，與其節制，使器周於用，力濟於時，然後進退可以責成，得失可以精覈矣。

又曰：

今之所察，但準漢之六條，推而廣之，則無不包矣，無爲多張科目，空費簿書。且朝廷萬機，非無事也，機事之動，恆在四方，是故冠蓋相望，郵驛繼踵。今巡使既出，其外州之事，悉當委之，則傳驛大減矣。然則御史之職，故不可得閑，自非分州統理，無由濟其繁務。請大小相兼，率十州置御史一人，以周年爲限，使其親至屬縣，或入閭里，督察姦訛，觀採風俗，然後可以求其實効，課其成功。若此法果行，必大裨政化。且御史出持霜簡，入奏天闕，其於勵己自修，奉職存憲，比於他吏，可相百也。若其按劾姦邪，糾擿欺隱，比於他吏，可相十也。陛下試用臣言，妙擇賢能，委之心膂，假温言以樹之，陳賞罰以勸之，則莫不盡力而効死矣。何政事之不理，何禁令之不行，何妖孽之敢興？

則天善之，乃下制分天下爲二十道，簡擇堪爲使者。會有沮議者，竟不行。尋知天官侍郎事，遷麟臺少監。

（宋）王溥《唐會要》卷七七《諸使上・觀風俗使自貞觀八年以後不置》

貞觀八年正月二十九日，詔曰：昔者明王之御天下也，內列公卿允釐庶績，外廷侯伯司牧黎元。惟懼淳化未敷，名教或替，故有巡狩之典黜陟幽明，行人之官存省風俗，時雍之化率由茲道。宜遣大使分行四方，申諭朕心延問疾苦，觀風俗之得失，察政刑之苛弊，務盡使乎之旨，俾若朕親覿焉。於是分遣蕭瑀、李靖、楊恭仁、竇静、王珪、李大亮、劉德威、皇甫無逸、韋挺、李襲譽、張亮、杜正倫、趙宏智等巡省天下。

（宋）王溥《唐會要》卷七七《諸使上・巡察按察巡撫等使》 貞觀

十八年，遣十七道巡察。諫議大夫褚遂良諫曰：臣以爲自去年九月不雨經冬無雪，至今年二月下澤，麥苗如是小可。使人今出，正是農時，普天之下，不能無事。東州追掩，西郡呼集，兼復送迎使人供擬飲食，道路遑遑，廢於田種。使人今猶未發，時節如是小遲，望更過今夏，至來年正月初發遣。《書》曰：萬方有罪，在予一人。國家但得四方整肅，何必要須罪罰。

二十年正月，遣大理卿孫伏伽等二十二人以六條巡察四方，多所貶黜舉奏。太宗命褚遂良一其類具狀以聞，及是親自臨決，牧宰以下以能官進擢者二十人，罪死者七人，流罪以下及免黜者數百人。

儀鳳二年五月，河南河北旱，遣御史中丞崔謐等分道存問賑給。侍御史劉思立上疏曰：今麥序方秋，蠶功未畢，三時之務萬姓所先，敕使撫巡人皆悚怍忘其家業，冀此天恩踴躍參迎必難抑止，集衆既廣妨廢亦多。加以途程往還，兼之晨夕停滯，既緣賑給須立簿書，本欲安存卻成煩擾。又無驛之處取馬稍難，簡擇公私，須先追集。雨後農要特切，常情暫廢須臾，即虧歲計，每爲一馬遂勞數家，從此相承恐更滋甚。望且委州縣賑給，待秋後閒時出使褒貶。

垂拱元年，祕書省正字陳子昂上疏曰：臣伏見陛下憂勞百姓，恐不得其所，將降九道大使巡察天下諸州兼申黜陟，以求民瘼。臣竊以爲未盡善也。何以言之？陛下所以降明使，豈非欲天下黎元衆庶知陛下夙興夜寐憂勤之念。陛下必若以此而發使乎，則愚臣竊見陛下之使又未盡也。若愚臣所請使者，先常雅合時望爲衆人所推，慈愛足以恤孤惸，賢德足以振幽滯，剛直足以不避強禦，明智足以照察奸邪。然後使天下奸人畏其明而不敢爲惡也，天下強禦憚其直而不爲過也，天下英傑慕其德而樂爲之用也，天下孤寡賴其仁而欣戴其德也。夫如是，然後可以論出使，故輶軒未動於京師，天下翕然皆已知矣。今陛下使猶未出朝廷，行路市井之人皆以爲非，在朝廷之有職者亦不稱之。天子之使未出魏闕，朝廷之人皆已輕之，何況天下之衆哉。而欲黜陟求賢未可得也。陛下所以有此失者，在不選人，亦輕此使，非天下之任。故陛下遂大失於此。苟以出使爲名不求任使之實，使愈出而天下愈弊，使彌多而天下彌不寧，其故何哉？是朝廷輕其任也。徒使天下百姓修飾道路送往迎來，無益於聖教耳。臣久爲百姓實委知之，臣願陛下與宰相更妙選朝廷百官素有威重名節爲衆所推者，陛下因大朝日親御正殿集百寮公卿設禮儀，以使者之禮見之，告以出使之意，遂授以旌節而遣之。先是京師而訪豺狼，然後攬轡登車以清天下。若如是，臣知陛下聖教，不旬月之間天下家見而户聞也。此之一使，是陛下爲政之大端。諺曰：欲知其人，先觀其所使。不可不慎也。若陛下必知不可得其人，不如不出使，以煩數無益於化但勞天下之人，是猶烹小鮮而數撓之耳。四月六日尚書左丞狄仁傑充江南安撫使，吴楚多淫祠，仁傑一切焚之，凡除一千七百所。【略】

神龍二年二月敕：左右臺內外五品已上官，識治道通明無屈撓者二十人，分爲十道巡察使，二周年一替，以廉按州部。

景龍三年置十道按察使，分察天下。至開元八年五月，復置十道按察使，以陸象先、王晙等爲之。

開元元年二月，禮部侍郎張庭珪上疏曰：天下至大郡邑至多，賢牧良宰誠難盡得，兼下僚貪暴小吏侵漁，黎庶不安窮困衆矣。縱其發使廉問暫往速還，假申今冤卻招後患，各思鉗口無敢率心。臣竊見國家比置十道按察使，不限年月，懲惡勸善激濁揚清，孤窮獲安風俗一變。伏望復下明制，重選使臣，秋冬之後，令出巡察，自然貪吏望風懲革，陛下視聽恒遍於海內矣。

三年三月敕：巡察使出宜察官人善惡，其有户口流散籍帳隱沒賦役不均者，不務農桑倉庫減耗者，妖訛宿宵姦猾盜賊不事生業爲公私蠹害者，德行孝弟茂才異等藏器晦跡堪應時用者，並訪察聞奏。

興元元年正月詔：令門下平章事蕭復充山南東西、荊南、湖南、淮南、江西、鄂岳、浙江東西、福建、嶺南等道宣慰安撫使。嗚呼。往率乃職，敬敷朕命，慰勉征戍，勞來困窮，訪其所安，察其所弊，滯淹必達，冤濫必申，無憚幽遠而不被，無忽細微而不恤。

貞元八年八月，詔曰：朕以薄德託於人上，勵精庶政，思致雍熙，而誠不動天，政或多闕，陰氣作沴，暴風薦臻，自江淮而及乎荊襄，歷陳宋而施於河朔。其間郡邑，連有水災，城郭多傷，公私爲害，損壞廬舍，浸敗田苗。或親戚漂淪，或資產沈溺，言念於此當食忘飧。宜令中書舍人奚陟往江陵及襄郡隨復鄂申光蔡等州，左庶子姚齊語往陳宋亳潁徐泗濠等州，祕書少監雷咸往鎮冀德棣深趙等州，京兆少尹韋武往揚楚盧潤壽滁蘇常湖等州宣撫。應諸州百姓，因水不能自存者，委宣撫使賑給，死者各加賜物，在官爲收理埋瘞。其田苗所損，委宣撫使與所在長吏速具聞奏。於戲，一夫不獲，一物失所，刑罰不中，賦役不均，皆可以失陰陽之和，致雨旱之沴。繫囚及獄訴久不决者，委所在長吏即與疏辯，務從寬簡，俾絶冤滯。貪官暴吏苛法害公，特加懲罰，用明典憲。災傷之後，切在撫綏，咨爾方鎮之臣洎乎守宰咸宜悉乃心力，以恤凶災，宣布朕懷，使各知悉。

永貞元年八月，詔曰：治天下者先修其國，國命之重寄在方鎮，方鎮共治實維列城，列城爲政繫於屬縣。然則一夫之耕，匹婦之織，積微方著，以供國計，永懷蒸庶，厥惟難哉。頃年以上，准租賦及榷税，委在藩服，使其均平。太上皇君臨之初務從省便，遂令使府歸在中朝。或恐巡按既多職因交替，新制未立舊綱已紊，況河汴而東瀕海之右名都奥壤疆理接連，如或徵賦不均，輓輸難濟，物輕貨重，法弊人勞。又聞江淮數道，比愆時雨，深憂黎庶之不足，軍國之缺供，政有所不宣，事有所未便，牧宰有課績，官吏有臧否。爰使使臣，申我休命。宜令度支及諸道鹽鐵轉運户部侍郎兼御史大夫潘孟陽專往宣諭，慰安疲甿，詢訪便益，蠲除疾苦，安民利國，稱朕意焉。

元和四年正月，以左司郎中鄭敬使湖南宣歙，吏部郎中崔芃使浙東，司封郎中孟簡使山南東道荊南湖南，京兆少尹裴武使江西鄂岳等道宣撫。將行，並召對，上告之曰：朕宫中用度，一匹以上，皆有簿歷，惟拯救百姓，則不計所費焉。卿等今者賑恤災旱，當勤於奉職，勿如潘孟陽所到務飲酒遊山寺而已。仍許敬等以便宜行事，以孟簡獨衣緑，遣使追賜緋袍銀魚。

十四年二月，淄青都知兵馬使劉悟斬逆賊李師道，淄青兗鄆等十二州平。詔户部侍郎楊於陵以本官充淄青等州宣撫使。

（宋）王溥《唐會要》卷七八《諸使中・黜陟使》 貞觀八年將發十六道黜陟大使，畿内未有其人。上問房元齡，此道事最重，誰可充使。尚書右僕射李靖曰：畿内事大，非魏徵莫可。上曰：朕今欲向九成宫，事亦不小。朕每行不欲與其相離者，乃爲其見朕是非得失必無所隱。乃命李靖充使。

二十年正月，遣大理卿孫伏伽等以六條巡察四方，黜陟官吏。

開元二十九年十月二十一日遣使，以崔翹等爲之。

天寶五載正月遣使，以席豫等爲之。

至德三載四月遣使，以虢王巨等爲之。

建中元年正月制：諸道宜分遣黜陟使觀風俗問疾苦。自艱辛以來徵賦名目繁雜，委黜陟使與諸道觀察使刺史，計資産作兩税法。比來新舊徵科色目一切停罷，兩税外輒别配率，以枉法論。乾元元年與採訪使並權罷，至是復置之。自建中已後至今未嘗置。初，司封郎中韋楨爲山南黜陟使，薦興鳳兩州團練使嚴震，理行爲山南第一，特賜上下考，封鄖國公。在鳳州十四年，能政不替。

（宋）王溥《唐會要》卷七八《諸使中・採訪處置使宰相張九齡奏置》

開元二十二年二月十九日，初置十道採訪處置使，以御史中丞盧絢等爲之。至三月二十三日，諸道採訪處置使華州刺史李尚隱等奏請各使置印，許之。二十五年十二月二十四日，命諸道採訪使考課官人善績，三年一奏，永爲常式。至二十七年二月七日赦文：三載考績，黜陟幽明，允協大猷，以勸天下。比來諸道所通善狀，但優仕進之輩與爲選調之資，責實徇名，或乖古義。自今已後，諸道使更不須善狀，每三年朕當自擇使臣觀察風俗，有清白政理著聞者，當别擢用。

二十六年三月敕：諸道採訪使判官等，自今已後並須首末經三年，其緣事故停不得滿年限者，承優節文，準開元二十四年二月十九日敕處分。

二十九年七月敕：採訪使等所資按部，恤隱求瘼，巡撫處多，事須周細不可匆遽徒有往來，宜準刺史例入奏。

天寶九載三月敕：本置採訪使令舉大綱，若大小必由一人，豈能兼理數郡。自今已後採訪使但察訪善惡，舉其大綱，自餘郡務所有奏請並委郡守，不須干及。

十二載二月，河南道採訪處置使河東郡太守李憕、河南道採訪處置使陳留郡太守王濬等奏，請依舊通前置兩員交使，望以周載，許依元敕酬功處分。敕：諸道準此。黔中道各一人，宜依舊定。

乾元元年四月十一日，詔曰：近緣狂寇亂常每道分置節度，其管内緣徵發及文牒兼使命來往，州縣非不艱辛，仍加採訪轉益煩擾，其採訪使置來日久並諸道黜陟使便宜且停，待後當有處分。其年，改爲觀察處置使。

大歷十二年五月，中書門下奏：開元末置諸採訪使許其專停刺史務，廢置由己。請自今已後刺史有犯贓等色，本道但具狀聞奏，不得輒追赴使，及專擅停務差人權攝。其刺史亦不得輒詣使出界，未先聞奏，皆按常刑。

（宋）宋敏求《唐大詔令集》卷一〇四《政事·按察下·遣陸象先等依前按察制》　黄門：古者協和萬邦，疇咨四岳，柔遠能邇，明目達聰，以於變黎人也。自朴散醇醨，割方曲直，失於德者，格之以禮；失於禮者，助之以刑。故懼羅網而畏簡書，必振其綱而又操其柄，庶乎舉政之要也。間歲天下諸州岳牧，先充本道按察，誡以今之刺舉，昔之連率，蓋欲爲史之黜陟，審人之愁苦。中念作姦犯科，獲罪相次，棄材或由於拙匠，採葑不遺於下體，由是申命有司，咸多叙用，至於按察，蹔令休罷。夫泉有魚矣，雖見則不祥；林有獸焉，而爲之不採。與其存而勿用，孰若狎以玩之？俾便於時，復修其政。銀青光禄大夫益州大都督府長史姚僑處置兵馬使上柱國兖國公陸象先等，早藴宏量，深甄大體，清能勵俗，仁以敦風，必將檢御權豪，昭明淑慝，宜興化以樹善，佇責成而求當。可依前件，餘各如故，一事以上，並準舊例處分。本道所隷之州，有偏遠不穩便者，仍令所司量宜分割，永爲定額。訖奏聞。主者施行。開元二年閏二月七日。

五代

综述

（宋）王溥《五代會要》卷一七《御史臺》　後唐同光二年三月三十日，御史臺奏：所除諸道節度觀察防禦經略等使、刺史、縣令及諸道幕府，兼諸司帶憲銜兼官，合納光臺錢，謹具本朝元納及減落錢數如後：兼御史大夫元納三十千，減外納一十五千。兼御史中丞元納二十千，減外納一十千。兼侍御史元納八千三百，減外納四千一百五十。兼殿中侍御史元納一十一千三百，減外納五千六百五十。兼監察御史元納一十三千三百，減外納六千六百五十。已前臺司，准本朝例及減落後所徵錢數，分析如前。應有諸道節度觀察使、刺史、經略防禦等使及諸道幕府上佐官，并諸司班行新受兼官者，並合送納前件光臺憲銜禮錢，今欲准例勒辭謝樞使官申報，兼牒兵部，勒告身案，除准宣取外，准例候送納光臺禮錢畢，朱鈔到方可給付。仍轉帖諸道進奏及諸州使院等，准前事例申報催徵，無致有隳舊規。敕：從之。

周顯德五年閏七月一日，御史臺申見行事件如後：應新除節度、防禦、團練、刺史、賓幕、州縣官兼帶五院憲銜，合徵光臺禮錢，如是已曾納過，准舊例不徵。兼御史大夫元徵三十千，今徵六千。兼御史中丞元徵二十千，今徵四千。兼侍御史元徵八千三百，今徵一千六百六十。兼殿中侍御史元徵一十一千三百，今徵二千二百六十。兼監察御史元徵一十三千三百，今徵二千六百六十。

天成元年十二月十一日，御史臺奏：本朝舊例合行公事如後：應諸道進奏院，准本朝例，各合置臺巡驅使官一員，凡有公事，並合申臺巡，日逐在臺承應公事。應諸道進奏官，每四季月初及五月一日、冬至，并新除大夫、中丞，並合臺參。伏自僞朝以來，全隳舊制，今准敕命條流，請准舊例施行。應諸道節度、觀察、防禦、經略、團練使及諸州刺史，新除赴任，及郎幕上佐官等得替，及准宣進奉到闕及歸本道，並合廊參，正衙謝見辭。如遇大夫、中丞入臺，並合臺參。凡有公事，及到發日，並合申報。如違，追勘進奏官典。右僞朝已來，全隳往制，罕成倫理，頗失規繩。伏乞特降明敕指揮，免令隳紊。從之。

長興三年三月敕：近日累據御史臺奏，陳狀訴屈人，據狀內皆是訊鞫多時，卻曉示陳狀人送道，依次第論對，及州府追到本支證，本人又不到彼處，恐紊規繩，須行條理。宜令御史臺，今後諸色人論訟，稱已經州府斷遣後抑屈，更不在牒本道勘逐，便可據狀施行。若未經州府論訴，驀越陳狀，可具事由，勒本道進奏官差人齎牒監送本處，就關連人勘斷訖奏聞。

四年五月二十五日，御史中丞龍敏等奏陳事如後：

一、臺司除御史中丞隨行印，及左右巡使、監察使并出使印等外，其御史臺印一面，先准令式，即是主簿監臨。近年已來，緣無主簿，遂至內彈御史權時主持，又常隨本官，出入不定。伏緣臺中公事，不同諸司，動繫重難，常虞留滯。當申奏申堂之際，及牒州府之時，事無輕重，並使此印。今准令式，逐日有御史一員臺直，承受制敕公文。其御史臺印，今後欲勒留臺中，不令在外。選差令史一人、帖司一人同知此印。凡有諸色大案印發之時，准指揮諸司，各置印歷一道，據其事節件數，書在歷中，即於直官面前點檢印發。其印至夜封閉，俟交直轉付下次直官，共議執行。

一、御史臺事總朝綱，職司天憲，所管人吏色役最多，上至朝堂，次及班列，或在京句檢公事，或外地推勘稽遲，監守狴牢，行遣案牘，或隨從出使，或祠祭監臨，凡有係於臺司，皆須藉其人吏，俾無闕事，以贊國容。近年以來，人數極少，及月限者授官出外，爲官滿者追召未來。人力不充，公事停滯。今欲於諸州使院内量事差取十人，據臺中諸司闕人，臨時量材填補者。

一、其臺中令史，今欲條流，凡出官考滿，卻來歸司者，便具到日，申所司繫其選限。如有經年不到，追召不來，即具申堂，便乞除落姓名。奉敕：宜依。凡在京百司人吏，考滿歸司，繫其選限，亦宜令准此。

周廣順二年十月敕：今後凡有百姓訴論及言災沴，先訴於縣。縣如不治，即訴於州。州治不平，訴於觀察使。觀察使斷遣不當，即可詣臺省申訴。如或越次訴論，所司不得承接。如有誣犯，准律科懲。

（宋）王溥《五代會要》卷一七《御史大夫》 後唐天成元年六月，以李琪爲特進、行御史大夫，自後不除。

（宋）王溥《五代會要》卷一七《御史中丞》 後唐天成元年十一月，諸道進奏官等狀：臣等今月四日，中丞上事，禮合至臺，比期不越前規，依舊傳語。忽蒙處分通出，尋則再取指揮，要明審的。又蒙問：大夫相公上事日如何？臣等云：大夫曾爲宰相，進奏官伏事中書，事體之間，實爲舊吏。若以別官除受，合云傳語。又兼傳指揮，便令通出。臣等出身藩府，罕習朝儀，拒命即恐有奏陳，遵稟則全隳儀矩。伏恐此後到臺參賀，規則不定者。敕：御史臺是中朝執憲之司，乃四海繩違之地，凡居中外，皆俟整齊，藩侯尚展於公參，邸吏豈宜於抗禮？據觀論列，可驗輕誣，但以喪亂宏多，紀綱隳紊，霜威埽地，風憲銷聲。今則景運維新，皇圖重正，宜加提舉，漸止澆訛。宜令御史臺，凡關舊例，並須舉行，稍不稟承，當行朝典。時盧文紀初授中丞，領事于御史府，諸道進奏官來賀，文紀曰：事例如何？臺吏喬德威等言，朝廷在長安日，進奏官見大夫、中丞，如胥吏見長官之禮。及僞梁將革命，本朝微弱，諸藩強據，人主、大臣皆且姑息邸吏。時中丞上事，邸吏雖至，皆于客次傳語，竟不相見。自經兵亂，便以爲常。文紀令臺司諭以舊儀相見，據案端簡，通名贊拜。邸吏輩既出，怒不自勝，相率于閤門求見，騰口諠訴。上問趙鳳曰：進奏官比外何官？鳳對曰：府縣發遞祇候之流。上曰：乃吏卒耳，安得慢吾法官。乃下此敕。

晉天福五年二月，以御史中丞爲清望正四品。

（宋）王溥《五代會要》卷一七《侍御史》 晉天福四年三月，御史臺奏：按《六典》，侍御史掌糾舉百僚，推鞫獄訟。居上者判臺知公廨雜事，次知西推贓贖三司受事，次知東推理匭。伏乞今後准故事施行。敕：宜依舊制。尋以尚書駕部員外郎、兼侍御史知雜事劉皞爲河南少尹，自是無尚書郎知雜事者。其年五月，御史臺奏：尚書郎知雜事之時，赴臺禮上，軍巡邸吏咸集公參，府司兩縣皆呈印狀。今後御史判雜上事，欲准前例。從之。

開運二年八月敕：御史臺准前朝故事，以郎中員外一員兼侍御史知雜事。近年停罷，獨委年深御史知雜。振舉之司，紀綱未峻，宜遵故事，庶協通規。宜於郎署中選清慎強幹者，兼侍御史知雜事。

（宋）王溥《五代會要》卷一七《殿中侍御史》 後唐天成二年九月二日，御史臺奏：每遇入閣日，祇一員侍御史在龍墀邊祇候，彈奏公事。或有南班參雜失儀，點檢不及，難於舉奏者。今欲依常朝例，差殿中侍御史二員，於鐘鼓樓位，各綴供奉官班出入，所輩共爲糾察。從之。

（宋）王溥《五代會要》卷一七《監察御史》 後唐同光二年五月，御史臺奏：准本朝故事，六察合行職事如後：吏察，應吏部南北兩曹磨勘選人，各具駁放判成人名銜，牒報分察使，及三銓應鎖銓注官後，具前銜名，擬報分察使點檢。若有踰盜，即察使舉追本行人推鞫。户察，應户部司諸州户帳貢物，出給綴符，具事件合報察使。兵察，應兵部公事，一一合報察使。刑察，應刑部法律、赦書德音、流貶、量移、斷罪輕重，合報察使。禮察，應禮部司補轉鑄印、諸祠祭料法物，合報察使。工察，應工部司工役，合報察使。右御史臺六員監察，謂之分察使。但緣曠廢，久不舉行，今欲依條貫施行。從之。

（宋）王溥《五代會要》卷一七《御史臺主簿》 後唐天成四年八

月，御史臺孔目官閻珪狀分析：每大夫、中丞奏請雜端主事等官，承前隨廳罷任。其主簿朱穎見任，伏候敕裁。敕：諸道賓從，即隨府罷臺。主簿既爲正秩，況入選門，顯自敕恩，須終考限。朱穎宜仍舊官。

（宋）王溥《五代會要》卷一七《雜録》 後唐天成四年三月二十日御史臺奏：臺中舊有格杖，近年不行，每有決遣公事，皆於河南、洛陽縣追借人杖。今臺中嘗有囚徒勘責，若一一於兩縣追借，又緣地里遥遠，及候差人往來，各有妨滯。今臺請置常行人杖，免有住滯公事。從之。

晋開運二年八月敕：今後諸御史，宜令除准式請假外，不得以私故小事請假離京，并除奉制命差勘公事及按察外，不得以瑣細事差使出外。

漢乾祐三年五月，殿中侍御史竇文靖奏：臺中糾彈過失，舊有十六愆事，節次不舉明。臣訪聞朝官有便服徒步城市者，既通閨籍，實污朝風。敕：宜令御史臺常加察訪，具以名聞，當行譴逐。隱而不言，與之同罪。

周顯德二年四月三日敕：起今後應有自外新除御史，未經朝謝者，經過州府，不得受館驛供給及所在公禮。時有庚元晟，居秦、雍間，拜殿中侍御史，遽入秦州驛，受軍州禮。上知之，故有是敕。

（宋）王溥《五代會要》卷一三《諫議大夫》 晋天福五年二月，以左右諫議大夫爲清望正四品。

周顯德五年六月勅：諫議大夫宜依舊正五品上，仍班位在給事中之下。按《唐典》，諫議大夫四員，正五品上，皆隸門下省，班在給事中之下。至會昌二年十一月，中書門下奏升爲正四品下，仍分爲左右，以備兩省四品之闕，故其班亦升在給事中之上。近朝自諫議大夫拜給事中者，官雖序遷，位則降等，至是以其選次不倫，故改正焉。

監察對象與内容分部

綜　述

《全唐文》卷二七《元宗皇帝·令御史檢察差科詔》　關中田苗，令正成熟，若不收刈，便恐飄零。緣頓差科，時日尚遠。宜令併功收拾，不得妄有科唤，致妨農業。仍令左右御史，檢察奏聞。

《全唐文》卷二九《元宗皇帝·遣御史分巡諸道詔》　國之三典，令于四方，歲終則巡，聽其獄訟。頃因水旱，貨食不足，或徭税徵逸，多不折衷，或租調蠲除，事涉欺隱。皆吏之不稱，政之不修，是用命茲使臣，委其詳覆。徐楚璧等並清白自立，茂有政聲。必使事合權宜，刑無冤濫，不損於物，有益於公。往敷厥休，副茲推擇，並可攝監察御史，勾當租庸地税，兼覆囚。

《全唐文》卷二九《元宗皇帝·飭御史刺史縣令詔》　如聞在外官人，罕遵法式，孤弱被抑，冤不獲申。有理之家，翻遭逼迫，侵刻之吏，務欲加誣。州縣有好長官，同寮豈敢違法？御史執憲，綱紀是司。多惜人情，未聞正色，内外同此，何致至公？宜令刺史縣令嚴加捉搦，御史按其有犯彈奏。

《全唐文》卷二九《元宗皇帝·令御史分巡河南北詔》　河南河北，去歲雖熟，百姓之閒，頗聞辛苦。今農事方起，蠶作就功，宜令御史，分往巡行。其有貸糧未納者，並停到秋收。

《全唐文》卷六〇《憲宗皇帝·令御史臺勘覆諸司食料錢詔》　諸司食料錢，緣初令户部出放已久，散失頗多，須有變通，使其均濟。其中書門下兩省及尚書省御史臺，或務總樞機，或職司彈糾，而倍稱息利，於體尤乖。宜以户部除陌錢每貫先收二十文，數外更加五文，委户部别收貯，計其所費，逐處支給。其本利錢先出放者，宜各委本司勘會聞奏。其合徵收者，便充當司公廨什物添修等用。其諸司食利，亦準此勘會。其合徵錢，便充飯錢。若數少不充，以其前件除陌五文錢，量所欠添本出放，其所收五文錢，每歲不闕。添本之外，合有所餘，諸司廨宇破壞者，便充修補。緣諸司人吏，轉遷不常，新舊之間，因緣乾沒，諸稱走失，職此之繇。向後須令本判官勾當，勒令一一交割者遞相公付。仍委御史臺一人專知勘覆，仍先具條流聞奏。

《全唐文》卷七一《文宗皇帝·令御史疏決繫囚詔》　如聞時稼甚滋，人心望歲。近者時雨稍乏，憂懷載深，慮有留獄，致傷和氣。應京城諸司見禁囚徒，宜令御史臺選清強御史二人，各就司疏決處分，具輕重以聞。

《全唐文》卷七二《文宗皇帝·令出使郎官御史條奏所歷州縣政績詔》　前後制勅，應諸道違法徵科，及刑政冤濫，皆委出使郎官御史訪察聞奏。雖有此文，未嘗舉職，向外生人勞弊，朝廷莫得盡知。自今已後，應出使郎官御史，所歷州縣，其長吏政績，閭閻疾苦，及水旱災傷，並一一條録聞奏。郎官宜委左右丞勾當，法官委大理卿勾當，限朝見後五日内聞奏。並申中書門下，如訪知所奏事不實，必加懲責。其奏舉稱職者，則議優奬。

紀　事

《隋書》卷三八《劉昉傳》　後遇京師饑，上令禁酒，昉使妾賃屋，當壚沽酒。治書侍御史梁毗劾奏昉曰：臣聞處貴則戒之以奢，持滿則守之以約。昉既位列羣公，秩高庶尹，縻爵稍久，厚禄已淹，正當戒滿歸盈，鑒斯止足，何乃規麴糵之潤，競錐刀之末，身昵酒徒，家爲逋藪？若不糾繩，何以肅厲，有詔不治。

《隋書》卷四一《蘇威傳》　治書侍御史梁毗以威領五職，安繁戀劇，無舉賢自代之心，抗表劾威。上曰：蘇威朝夕孜孜，志存遠大，舉賢有闕，何遽迫之。顧謂威曰：用之則行，舍之則藏，唯我與爾有是夫。因謂朝臣曰：蘇威不值我，無以措其言；我不得蘇威，何以行其道？楊素才辯無雙，至若斟酌古今，助我宣化，非威之匹也。蘇威若逢亂世，南山四皓，豈易屈哉。其見重如此。

（唐）王方慶《魏鄭公諫録》卷一《諫貴臣遇親王下馬》 魏王師王珪奏：准令三品已上，遇親王於道不下馬。今皆失於儀准。太宗怒曰：爾等並自尊貴，卑下我子，此爲非法，我不能行。公諫曰：自古迄今，親王在京師者，班次三公，吏部尚書侍中中書令，並三品也。若此等爲王下馬，王又不可安。然訪諸故事，則無可准，行之於今，自隳國法。太宗曰：國家所以立太子者，擬朕百年之後以爲君也。然則人之存亡不在老幼，設無太子，則立嫡孫；若無嫡孫，即立諸子。以此而言，亦須崇敬。比孫於我，不亦近乎？公曰：殷家有兄終弟及之義，自周已降，立嫡必長，所以絶庶孽之覬覦，塞禍亂之源本，爲國家者所宜深慎。陛下向責王珪，乃忿怒肆情，不可以聞於臣庶。太宗怒乃解。

（唐）王方慶《魏鄭公諫録》卷二《諫閹豎妄有所奏》 閹豎使還，妄有所奏發，太宗甚怒，公進諫曰：閹豎雖微，狎近左右，時有言語，輕而易信，浸潤之譖，爲患特深。以今日之明，必無所慮；爲子孫教，不可不杜絶其原。太宗笑曰：非公，朕安得聞此言。

（唐）吴兢《貞觀政要》卷二《納諫》 貞觀初，太宗與黄門侍郎王珪宴語。時有美人侍側，本廬江王瑗之姬也，瑗敗，籍没入宫。太宗指示珪曰：廬江不道，賊殺其夫而納其室。暴虐之甚，何有不亡者乎。珪避席曰：陛下以廬江取之爲是邪，爲非邪？太宗曰：安有殺人而取其妻，卿乃問朕是非，何也？珪對曰：臣聞於《管子》曰：齊桓公之郭國，問其父老曰：郭何故亡？父老曰：以其善善而惡惡也。桓公曰：若子之言，乃賢君也，何至於亡？父老曰：不然，郭君善善而不能用，惡惡而不能去，所以亡也。今此婦人尚在左右，臣竊以爲聖心是之，陛下若以爲非，所謂知惡而不去也。太宗大悦，稱爲至善，遽令以美人還其親族。

【略】

貞觀四年，詔發卒修洛陽宫之乾元殿以備巡狩。給事中張玄素上書諫曰：

陛下智周萬物，囊括四海。令之所行，何往不應？志之所欲，何事不從？微臣竊思秦始皇之爲君也，藉周室之餘，因六國之盛，將貽之萬葉，及其子而亡，良由逞嗜奔欲，逆天害人者也。是知天下不可以力勝，神祇不可以親恃。惟當弘儉約，薄賦斂，慎終如始，可以永固。方今承百王之末，屬凋弊之餘，必欲節之以禮制，陛下宜以身爲先。東都未有幸期，即令補葺；諸王今並出藩，又須營構。興發既多，豈疲人之所望？其不可一也。陛下初平東都之始，層樓廣殿，皆令撤毁，天下翕然，同心欣仰。豈有初則惡其侈靡，今乃襲其雕麗？其不可二也。每承音旨，未即巡幸，此即事不急之務，成虚費之勞。國無兼年之積，何用兩都之好？勞役過度，怨讟將起。其不可三也。百姓承亂離之後，財力凋盡，天恩含育，粗見存立，饑寒猶切，生計未安，三五年間，未能復舊。奈何營未幸之都，而奪疲人之力？其不可四也。昔漢高祖將都洛陽，婁敬一言，即日西駕。豈不知地惟土中，貢賦所均，但以形勝不如關内也。伏惟陛下化凋弊之人，革澆漓之俗，爲日尚淺，未甚淳和，斟酌事宜，詎可東幸？其不可五也。

臣又嘗見隋室初造此殿，楹棟宏壯，大木非隨近所有，多從豫章採來。二千人拽一柱，其下施轂，皆以生鐵爲之，中間若用木輪，便即火出。略計一柱，已用數十萬功，則餘費又過倍於此。臣聞阿房成，秦人散；章華就，楚衆離；乾元畢工，隋人解體。且以陛下今時功力，何如隋日？承凋殘之後，役瘡痍之人，費億萬之功，襲百王之弊，以此言之，恐甚於煬帝遠矣。深願陛下思之，無爲由余所笑，則天下幸甚矣。

太宗謂玄素曰：卿以我不如煬帝，何如桀、紂？對曰：若此殿卒興，所謂同歸於亂。太宗歎曰：我不思量，遂至於此。顧謂房玄齡曰：今玄素上表，洛陽實亦未宜修造，後必事理須行，露坐亦復何苦？所有作役，宜即停之。然以卑干尊，古來不易，非其忠直，安能如此？且衆人之唯唯，不如一士之諤諤。可賜絹二百匹。魏徵歎曰：張公遂有回天之力，可謂仁人之言，其利博哉。**【略】**

貞觀七年，太宗將幸九成宫，散騎常侍姚思廉進諫曰：陛下高居紫極，寧濟蒼生，應須以欲從人，不可以人從欲。然則離宫遊幸，此秦皇、漢武之事，故非堯、舜、禹、湯之所爲也。言甚切至。太宗諭之曰：朕有氣疾，熱便頓劇，故非情好遊幸，甚嘉卿意。因賜帛五十段。

貞觀三年，李大亮爲涼州都督，嘗有臺使至州境，見有名鷹，諷大亮獻之。大亮密表曰：陛下久絶畋獵，而使者求鷹。若是陛下之意，深乖昔旨；如其自擅，便是使非其人。太宗下書曰：以卿兼資文武，志懷貞確，故委藩牧，當茲重寄。比在州鎮，聲績遠彰，念此忠勤，豈忘寤寐。使遣獻鷹，遂不曲順，論今引古，遠獻直言。披露腹心，非常懇到，覽用嘉嘆，不能已已。有臣若此，朕復何憂。宜守此誠，終始若一。《詩》云：靖恭爾位，好是正直。神之聽之，介爾景福。古人稱一言之重，侔於千金，卿之所言，深足貴矣。今賜卿金壺瓶、金椀各一枚，雖無千鎰之重，是朕自用之物。卿立志方直，竭節至公，處職當官，每副所委，方大任使，以申重寄。公事之閒，宜觀典籍。兼賜卿荀悦《漢紀》一部，此書叙致簡要，論議深博，極爲政之體，盡君臣之義，今以賜卿，宜加尋閲也。【略】

貞觀十五年，遣使詣西域立葉護可汗，未還，又令人多賫金帛，歷諸國市馬。魏徵諫曰：今發使以立可汗爲名，可汗未定立，即詣諸國市馬，彼必以爲意在市馬，不爲專立可汗。可汗得立，則不甚懷恩；不得立，則生深怨。諸蕃聞之，且不重中國。但使彼國安寧，則諸國之馬，不求自至。昔漢文帝有獻千里馬者，曰：吾吉行日三十，凶行日五十，鸞輿在前，屬車在後，吾獨乘千里馬，將安之乎？乃償其道里所費而返之。又光武有獻千里馬及寶劍者，馬以駕鼓車，劍以賜騎士。今陛下凡所施爲，皆邈過三王之上，奈何至此欲爲孝文、光武之下乎？又魏文帝求市西域大珠，蘇則曰：若陛下惠及四海，則不求自至，求而得之，不足貴也。陛下縱不能慕漢文之高行，可不畏蘇則之正言耶？太宗遽令止之。

（唐）吴兢《貞觀政要》卷二《直言諫争》 貞觀二年，隋通事舍人鄭仁基女，年十六七，容色絶姝，當時莫及。文德皇后訪求得之，請備嬪御。太宗乃聘爲充華。詔書已出，策使未發，魏徵聞其已許嫁陸氏，方遽進而言曰：陛下爲人父母，子愛百姓，當憂其所憂，樂其所樂。自古有道之主，以百姓之心爲心，故君處臺榭，則欲民有棟宇之安；食膏粱，則欲民無饑寒之患；顧嬪御，則欲民有室家之歡。此人主之常道也。今鄭氏之女，久已許人，陛下取之不疑，無所顧問，播之四海，豈爲民父母之義乎？臣傳聞雖或未的，然恐虧損聖德，情不敢隱。君舉必書，所願特留神慮。太宗聞之大驚，手詔答之，深自克責，遂停策使，乃令女還舊夫。左僕射房玄齡、中書令温彦博、禮部尚書王珪、御史大夫韋挺等云：女適陸氏，無顯然之狀，大禮既行，不可中止。陸氏又抗表云：其父康在日，與鄭家還往，時相贈遺資財，初無婚姻交涉親戚。並云：外人不知，妄有此説。大臣又勸進。太宗於是頗以爲疑，問徵曰：群臣或順旨，陸氏何爲過爾分疏？徵曰：以臣度之，其意可識，將以陛下同於太上皇。太宗曰：何也？徵曰：太上皇初平京城，得辛處儉婦，稍蒙寵遇。處儉時爲太子舍人，太上皇聞之不悦，遂令出東宫爲萬全縣令，每懷戰懼，常恐不全首領。陸爽以爲陛下今雖容之，恐後陰加譴謫，所以反覆自陳，意在於此，不足爲怪。太宗笑曰：外人意見，或當如此。然朕之所言，未能使人必信。乃出敕曰：今聞鄭氏之女，先已受人禮聘，前出文書之日，事不詳審，此乃朕之不是，亦爲有司之過。授充華者宜停。時莫不稱歎。

貞觀三年，詔關中免二年租税，關東給復一年。尋有敕：已役已納，並遣輸了，明年總爲准折。給事中魏徵上書曰：臣伏見八月九日詔書，率土皆給復一年。老幼相歡，或歌且舞。又聞有敕，丁已配役，即令役滿折造，餘物亦遣輸了，待至明年總爲准折。道路之人，咸失所望。此誠平分百姓，均同七子。但下民難與圖始，日用不足，皆以國家追悔前言，二三其德。臣竊聞，天之所輔者仁，人之所助者信。今陛下初膺大寶，億兆觀德。始發大號，便有二言。生八表之疑心，失四時之大信。縱國家有倒懸之急，猶必不可。况以泰山之安，而輒行此事。爲陛下爲此計者，於財利小益，於德義大損。臣誠智識淺短，竊爲陛下惜之。伏願少覽臣言，詳擇利害。冒昧之罪，臣所甘心。

簡點使出右僕射封德彝等，並欲中男十八已上簡點入軍。敕三四出，徵執奏以爲不可。德彝重奏：今見簡點者云，次男内大有壯者。太宗怒，乃出敕：中男已上，雖未十八，身形壯大亦取。徵又不從，不肯署敕。太宗召徵及王珪，作色而待之，曰：中男若實小，自不點入軍。若實大，是其詐妄，依式點取，於理何嫌？君過作如此固執，朕不解公意。徵正色曰：臣聞竭澤取魚，非不得魚，明年無魚。焚林而畋，非不獲獸，明年無獸。若次男已上盡點入軍，租賦雜徭，將何取給？且比年國家衛士，不堪攻戰。豈爲其少，但爲禮遇失所，遂使人無鬥心。若多點取人，還充雜使，其數雖多，終是無用。若精簡壯健，遇之以禮，人百其勇，何必在多？陛下每云，我之爲君，以誠信待物，欲使官人百姓，並無矯僞之心。

自登極已來，大事三數，皆是不信，復何以取信於人？太宗愕然曰：所云不信，是何等也？徵曰：陛下初即位，詔書曰：逋租宿債，欠負官物，並悉原免。即令所司，列爲事條，秦府國司，亦非官物。陛下自秦王爲天子，國司不爲官物，其餘官物復何所有？又關中免二年租調，關外給復一年。百姓蒙恩，無不歡悦。更有敕旨：今年白丁多已役訖，若從此放免，並是虚荷國恩，若已折已輸，令總納取了，所免者皆以來年爲始。散還之後，方更徵收，百姓之心，不能無怪。已徵得物，便點入軍，來年爲始，何以取信？又共理所寄，在縣令、刺史，常年檢閲，並悉委之。至於簡點，即疑其詐僞。望下誠信，不亦難乎？太宗曰：我見君固執不已，疑君蔽於此事。今論國家不信，乃人情不通。我不尋思，過亦深矣。行事往往如此錯失，若爲致理？乃停中男，賜金甕一口，賜珪絹五十四。

（唐）吴兢《貞觀政要》卷二《直諫》 貞觀六年，匈奴克平，遠夷入貢，符瑞日至，年穀頻登。岳牧等屢請封禪，群臣等又稱述功德，以爲時不可失，天不可違，今行之，臣等猶謂其晚。惟魏徵以爲不可。太宗曰：朕欲得卿直言之，勿有所隱。朕功不高耶？曰：高矣。德未厚耶？曰：厚矣。華夏未安耶？曰：安矣。遠夷未慕耶？曰：慕矣。符瑞未至耶？曰：至矣。年穀未登耶？曰：登矣。然則何爲不可？對曰：陛下功高矣，民未懷惠。德厚矣，澤未滂流。華夏安矣，未足以供事。遠夷慕矣，無以供其求。符瑞雖臻，而罻羅猶密。積歲豐稔，而倉廩尚虚。此臣所以竊謂未可。臣未能遠譬，且借近喻於人。有人十年長患疼痛，不能任持，療理且愈，皮骨僅存，便欲負一石米，日行百里，必不可得。隋氏之亂，非止十年。陛下爲之良醫，除其疾苦，雖已乂安，未甚充實，告成天地，臣竊有疑。且陛下東封，萬國咸萃，要荒之外，莫不奔走。今自伊、洛之東，暨乎海、岱，萑莽巨澤，茫茫千里，人煙斷絶，雞犬不聞，道路蕭條，進退艱阻。寧可引彼戎狄，示以虚弱？竭財以賞，未厭遠人之望；加年給復，不償百姓之勞。或遇水旱之災，風雨之變，庸夫邪議，悔不可追。豈獨臣之誠懇，亦有輿人之論。太宗稱善，於是乃止。【略】

貞觀十一年，所司奏凌敬乞貸之狀，太宗責侍中魏徵等濫進人。徵曰：臣等每蒙顧問，常具言其長短。有學識，強諫諍，是其所長。愛生活，好經營，是其所短。今凌敬爲人作碑文，教人讀《漢書》，因茲附托，回易求利，與臣等所説不同。陛下未用其長，惟見其短，以爲臣等欺罔，實不敢心服。太宗納之。

（唐）劉肅《大唐新語》卷二《極諫》 高祖即位，以舞胡安叱奴爲散騎侍郎。禮部尚書李綱諫曰：臣按《周禮》，均工樂胥，不得參士伍，雖復才如子野，妙等師襄，皆終身繼代，不改其業。故魏武帝欲使禰衡擊鼓，乃解朝衣露體而擊之。問其故，對曰：不敢以先王法服而爲伶人衣也。惟齊高緯封曹妙達爲王，授安馬駒爲開府。有國家者，俱爲殷鑒。今天下新定，開太平之運。起義功臣，行賞未遍；高才碩學，猶滯草萊。而先令舞胡致位五品；鳴玉曳組，趨馳廊廟，固非創業規模，貽厥子孫之道。高祖竟不能從。【略】

馬周，太宗將幸九成宮，上疏諫曰：伏見明敕，以二月二日幸九成宮。臣竊惟太上皇春秋已高，陛下宜朝夕侍膳，晨昏起居。今所幸黄，去京二百餘里，鑾輿動軔，俄經旬日，非可朝行暮至也。脱上皇情或思感，欲見陛下者，將何以赴之？且車駕今行，本意只爲避暑，則上皇尚留熱處，而陛下自逐涼處，温凊之道，臣切不安。文多不載。太宗稱善。【略】

袁利貞爲太常博士，高宗將會百官及命婦於宣政殿，並設九部樂。利貞諫曰：臣以前殿正寢，非命婦宴會之地；象闕路門，非倡優進御之所。望請命婦會於別殿，九部樂從東門入，散樂一色伏望停省。若於三殿別所，自可備極恩私。高宗即令移於麟德殿。至會日，使中書侍郎薛元超謂利貞曰：卿門傳忠鯁，能獻直言，不加厚賜，何以獎勸。賜綵百匹，遷祠部員外。【略】

周興、來俊臣羅織衣冠，朝野懼慴，御史大夫李嗣真上疏諫曰：臣聞陳平事漢祖，謀疏楚之君臣，乃用黄金七十斤，行反間之術。項羽果疑臣下，陳平之計遂行。今告事紛紜，虚多實少。如當有凶慝，焉知不先謀疏陛下君臣，後除國家良善。臣恐有社稷之禍。伏乞陛下回思遷慮，察臣狂瞽，然後退就鼎鑊，實無所恨。臣得殁爲忠鬼，孰與存爲諂人。如羅織之徒，即是疏間之漸，陳平反間，其遠乎哉？遂爲俊臣所構，放於嶺表。俊臣死，徵還，途次桂陽而終，贈濟州刺史。中宗朝，追復本官。

（唐）劉肅《大唐新語》卷二《剛正》 則天朝，契丹寇河北，武懿宗將兵討之，畏懦不進。比賊退散後，乃奏滄、瀛等州詿誤者數百家。左拾遺王永禮廷折之曰：素無良吏教習，城池又不完固，遇賊畏懼，苟從之以求生，豈其素有背叛之心耶？懿宗擁兵數萬，聞賊輒退走，失城邑，罪當誅戮。今乃移禍草澤詿誤之人以自解，豈爲臣之道。請斬懿宗，以謝河北百姓。懿宗惶懼，諸詿誤者悉免。

（唐）劉肅《大唐新語》卷一〇《釐革》 肅宗初即位，在彭原，第五琦以言事得召見，請於江淮分置租庸使，市輕貨以濟軍須。肅宗納之，拜監察御史。房琯諫曰：往者楊國忠厚斂以怒天下，今已亂矣。陛下即位以來，人未見德。琦，聚斂臣也，今復寵之，是除一國忠用一國忠也，將何以示遠方，收人心乎？肅宗曰：今天下方急，六軍之命若倒懸然，無輕貨則人散矣。卿惡琦可也，何所取財？琯不能對。卒用琦策，驟遷御史中丞，改鑄乾元錢，一以當十。又遷户部侍郎、平章事，兼知度支租庸使，俄被放黜。代宗即位，復判度支鹽鐵事。永泰初，奏准天下鹽斗收一百文，迄今行之。

（唐）白居易《白居易集》卷六七《判·得四軍帥令禁兵於禁街中種田。御史劾以無勅文。辭云：因循歲久，且有利於軍》 爲國勸農，田疇有制，示人知禁，衢路攸先。瞻彼三農，藝斯五稼。且町疃是務，豈是贍軍？雖轍迹不加，未爲曠土，輦轂必資於平易，康莊難縱以荒蕪。務有畔之農，秋成而利亦蓋寡；侵如砥之道，歲久而弊則滋多。請論環衛之非，式表鐵冠之劾。

《舊唐書》卷四九《食貨志》 大和七年，御史臺奏：伏準大和三年十一月十八日赦文，天下除兩税外，不得妄有科配，其擅加雜榷率，一切宜停，令御史臺嚴加察訪者。臣昨因嶺南道擅置竹練場，税法至重，害人頗深。伏請起今已後，應諸道自大和三年準赦文所停兩税外科配雜榷率等復却置者，仰敕至後十日內，具却置事由聞奏，仍申臺司。每有出使郎官御史，便令嚴加察訪，苟有此色，本判官重加懲責，長吏奏聽進止。從之。

《舊唐書》卷七七《柳澤傳》 及元之等出爲刺史，太平公主又特爲之言，有敕總令復舊職。澤上疏諫曰：

臣聞藥不毒不可以蠲疾，詞不切不可以補過。是以習甘旨者，非攝養之方；邇諛佞者，積危殆之本。臣實愚樸，志懷剛厲，或聞政之不當，事之不直，常慷慨關心，夢寐懷憤。每願殉身以諫，伏死而争，但利於社稷，有便於君上，雖蒙禍被難，殺身不悔也。竊見神龍以來，羣邪作孽，法網不振，綱維大紊，實由內寵專命，外嬖擅權，因貴憑寵，賣官鬻爵。朱紫之榮，出於僕妾之口；賞罰之命，乖於章程之典。妃主之門，有同商賈；舉選之署，實均闤闠。屠販之子，悉由邪而忝官；黜斥之人，咸因姦而冒進。天下爲亂，社稷幾危，賴陛下聰明神武，拯其將墜。此陛下耳目之所親擊，固可永爲炯誡者也。

臣聞作法於理，猶恐其亂；作法於亂，誰能救之？祇如斜封授官，皆是僕妾汲引，迷謬先帝，昧自前朝，豈是孝和情之所憐，心之所愛？陛下初即位時，納姚元之、宋璟之計，所以咸令黜之。頃日已來，又令叙之。將謂爲斜封之人不忍棄也，以爲先帝之意不可違也？若斜封之人不忍棄也，是韋月將、燕欽融之流亦不可褒贈也，李多祚、鄭克乂之徒亦不可清雪也。陛下何不能忍於此而獨能忍於彼？使善惡不定，反覆相攻，使君子道消，小人道長，爲邪者獲利，爲正者銜冤。奈何導人以爲非，勸人以爲僻，將何以懲風俗，將何以止姦邪？今海內咸稱太平公主令胡僧慧範曲引此輩，將有誤於陛下矣。謗議盈耳，咨嗟滿衢，故語曰：姚、宋爲相，邪不如正；太平用事，正不如邪。《書》曰：無偏無陂，遵王之義；無反無側，王道正直。臣恐因循，流近致遠，積小爲大，累微起高。勿謂何傷，其禍將長；勿謂何害，其禍將大。

又賞罰之典，紀綱不謬，天秩有禮，君爵有功，不可因怒以妄罰，不可因喜以妄賞。伏見尚醫奉御彭君慶，以邪巫小道，超授三品，奈何輕用名器，加非其才。昔公主爲子求郎，明帝不許；今聖朝私愛，賞及憸人。董狐不亡，豈有所隱？臣聞賞一人而千萬人悦者賞之，罰一人而千萬人勸者罰之。臣雖未覩聖朝之妄罰，已覩聖朝之妄賞矣。《書》曰：官不及私昵，惟其能；爵罔及惡德，惟其賢。臣恐近習之人爲其先容，有謬於陛下也。惟陛下熟思而察之。雖往者不可諫，而來者猶可追。願杜請謁之路，塞恩倖之門，鑒誡前非，無累後悔。申畫一之法，明不二之刑，不詢之謀勿庸，無稽之言勿聽，則天下之化，人無間焉，日新之德，天鑒不遠。

《舊唐書》卷八八《韋嗣立傳》 景龍三年，轉兵部尚書、同中書門下三品。時中宗崇飾寺觀，又濫食封邑者衆，國用虛竭。嗣立上疏諫曰：

臣聞國無九年之儲，家無三年之蓄，家非其家，國非其國。故知立國立家，皆資於儲蓄矣。夫水旱之災，關之陰陽運數，非人智力所能及也。堯遭大水，湯遭大旱，則知仁聖之君所不能免，當此時不至於困弊者，積也。今陛下倉庫之內，比稍空竭，尋常用度，不支一年。倘有水旱，人須賑給，徵發時動，兵要資裝，則將何以備之？其緣倉庫不實，妨於政化者，觸類而是。

臣竊見比者營造寺觀，其數極多，皆務取宏博，競崇瓌麗。大則費耗百十萬，小則尚用三五萬餘，略計都用資財，動至千萬已上。轉運木石，人牛不停，廢人功，害農務，事既非急，時多怨咨。故《書》曰：不作無益害有益，功乃成；不貴異物賤用物，民乃足。誠哉此言，非虛談也。且玄旨秘妙，歸於空寂，苟非修心定慧，諸法皆涉有爲。至如土木雕刻等功，唯是殫竭人力，但學相誇壯麗，豈關降伏身心。且凡所興功，皆須掘鑿，蟄蟲在土，種類實多。每日殺傷，動盈萬計，連年如此，損害可知。聖人慈悲爲心，豈有須行此事，不然之理，皎在目前。世俗衆僧，未通其旨，不慮府庫空竭，不思聖人憂勞，謂廣樹福田，即是增修法教。倘水旱爲災，人至飢餒，夷狄作梗，兵無資糧，陛下雖有龍象如雲，伽藍概日，豈能裨萬分之一，救元元之苦哉。於道法既有乖，在生人極爲損，陛下豈可不深思之。

臣竊見食封之家，其數甚衆，昨略問户部，云用六十餘萬丁，一丁兩匹，即是一百二十萬已上。臣頃在太府，知每年庸調絹數，多不過百萬，少則七八十萬已來，比諸封家，所入全少。倘有蟲霜旱澇，曾不半在，國家支供，何以取給？臣聞自封茅土，裂山河，皆須業著經綸，功申草昧，然後配宗廟之享，承帶礪之恩。皇運之初，功臣共定天下，當時食封才上三二十家，今以尋常特恩，遂至百家已上。國家租賦，太半私門，私門則資用有餘，國家則支計不足。有餘則或致奢侈，不足則坐致憂危，制國之方，豈謂爲得？封户之物，諸家自徵，或是官典，或是奴僕，多挾勢騁威，凌突州縣。凡是封户，不勝侵擾，或輸物多索裹頭，或相知要取中物，百姓怨歎，遠近共知。復有因將貨易，轉更生釁，徵打紛紛，曾不寧息，貧乏百姓，何以克堪。若必限丁物送太府，封家但於左藏請受，不得輒自徵催，則必免侵擾，人冀蘇息。

臣又聞設官分職，量事置吏，此本於理人而務安之也。故《書》曰在官人，在安人。官人則哲，安人則惠。能哲而惠，何憂乎驩兜，何畏乎有苗者也。是明官得其人，而天下自理矣。古者取人，必先採鄉曲之譽，然後辟於州郡；州郡有聲，然後辟於五府；才著五府，然後昇之天朝。此則用一人所擇者甚悉，擢一士所歷者甚深。孔子曰：譬有美錦，不可使人學製。此明用人不可不審擇也。用得其才則理，非其才則亂，理亂所繫，焉可不深擇之哉。

今之取人，有異此道，多未甚試効，即頓至遷擢。夫趨競者人之常情，僥倖者人之所趣。而今務進不避僥倖者，接踵比肩，布於文武之列。有文者用理內外，則有回邪贓汙上下敗亂之憂；有武者用將軍戎，則有庸懦怯弱師旅喪亡之患。補授無限，員闕不供，遂至員外置官，數倍正闕。曹署典吏，困於祇承，府庫倉儲，竭於資奉。國家大事，豈甚於此。古者懸爵待士，唯有才者得之，若任用無才，則有才之路塞，賢人君子所以遁迹銷聲，常懷歎恨者也。且賢人君子，守於正直之道，遠於僥倖之門，若僥倖開，則賢者不可復出矣。賢者遂退，若欲求人安化洽，復不可得也。人若不安，國將危矣，陛下安可不深慮之。

《舊唐書》卷一〇九《李多祚傳》 其年，將有事於太廟，特令多祚與安國相王登輦夾侍。監察御史王覲上疏諫曰：竊惟祔廟之禮，在於尊祖奉先；肅事之儀，豈厭惟親與德。伏見恩敕令安國相王與李多祚參乘，且多祚夷人，有功於國，適可加之寵爵，豈宜逼奉至尊，侍帝弟而連衡，與吾君而共輦？誠恐萬方之人，不允所望。昔文帝引趙談參乘，盎伏車前曰：臣聞天子所共六尺輿者，皆天下豪英。今漢雖乏人，陛下獨奈何與刀鋸之餘共載。於是斥而下之。多祚雖無趙談之累，亦非卿相之重，不自循省，無聞固讓，豈國乏良輔，更無其人。史官所書，將示於後。何袁盎之強諫，獨微臣之不及。惟陛下詳擇焉。上謂覲曰：多祚雖是夷人，緣其有功，委以心腹，特令侍輦，卿勿復言也。

《舊唐書》卷一三五《盧杞傳》 給事中袁高宿直，當草杞制，遂執以謁宰相盧翰、劉從一曰：杞作相三年，矯誣陰賊，排斥忠良，朋附者欬唾立至青雲，睚眦者顧盼已擠溝壑。傲很背德，反亂天常，播越鑾輿，瘡痍天下，皆杞之爲也。幸免誅戮，唯示貶黜，尋已稍遷近地，更授大郡，恐失天下望，惟相公執奏之，事尚可救。翰、從一不悦，遂改命舍人草制。明日詔下，袁高執奏曰：盧杞爲政，極恣兇惡。三軍將校，願食其肉，百辟卿士，嫉之若讎。諫官趙需、裴佶、宇文炫、盧景亮、張薦等上疏曰：伏以吉州長史盧杞，外矯儉簡，内藏奸邪，三年擅權，百揆失序，惡直醜正，亂國殄人，天地神祇所知，蠻夷華夏同棄。伏惟故事，皆得上聞，自杞爲相，要官大臣，動踰月不敢奏聞，百僚惴惴，常懼顛危。及京邑傾淪，皇輿播越，陛下炳然覺悟，出棄遐荒，制曰：忠讜壅於上聞，朝野爲之側目。由是忠良激勸，内外懽欣；今復用爲饒州刺史，衆情失望，皆謂非宜。臣聞君之所以臨萬姓者，政也；萬姓之所以載君者，心也。倘加巨奸之寵，必失萬姓之心，乞迴聖慈，遽輟新命。疏奏不答。諫官又論曰：盧杞蒙蔽天聽，隳紊朝典，致亂危國，職杞之由，可謂公私巨蠹，中外棄物。自聞再加擢用，忠良痛骨，士庶寒心。臣昨者瀝肝上聞，冒死不恐，冀迴宸睠，用快羣情；至今拳拳，未奉聖旨，物議騰沸，行路驚嗟。人之無良，一至於此。伏乞俯從衆望，永棄奸臣。幸免誅夷，足明恩貸；特加榮寵，恐造禍階。臣等忝列諫司，今陳狂瞽。給事中袁高堅執不下，乃改授澧州别駕。

《舊唐書》卷一五四《許孟容傳》　十七年夏，好時縣風雹傷麥，上命品官覆視，不實，詔罰京兆尹顧少連已下。敕出，孟容執奏曰：府縣上事不實，罪止奪俸停官，其於弘宥，已是殊澤。但陛下使品官覆視後，更擇憲官一人，再令驗察，覆視轉審，隱欺益明。事宜觀聽，法歸綱紀。臣受官中謝日，伏請詔敕有須詳議者，則乞停留晷刻，得以奏陳。此敕既非急宣，可以少駐。詔雖不許，公議是之。

《舊唐書》卷一八五下《良吏傳・倪若水》　〔開元〕四年，玄宗令宦官往江南採鵁鶄等諸鳥，路由汴州。若水知之，上表諫曰：方今九夏時忙，三農作苦，田夫擁耒，蠶婦持桑。而以此時採捕奇禽異鳥，供園池之玩，遠自江、嶺，達於京師，水備舟船，陸倦擔負，飯之以魚肉，間之以稻粱。道路觀者，豈不以陛下賤人貴鳥也。陛下方當以鳳皇爲凡鳥，麒麟爲凡獸，即鵁鶄、鸂鶒，曷足貴也？陛下昔潛龍藩邸，備歷艱虞。今氛祲廓清，高居九五，玉帛子女，充於後庭，職貢珍奇，盈於内府，過此之外，復何求哉？臣承國厚恩，超居重任。草芥賤命，常欲殺身以効忠；葵藿微心，常願隳肝以報主。瞻望庭闕，敢布腹心，直言忤旨，甘從鼎鑊。手詔答曰：朕先使人取少雜鳥，其使不識朕意，採鳥稍多。卿具奏其事，辭誠忠懇，深稱朕意。卿達識周材，義方敬直，故輟綱轄之重，委以方面之權。果能閑邪存誠，守節彌固，骨鯁忠烈，遇事無隱。言念忠讜，深用嘉慰。使人朕已量事決罰，禽鳥並令放訖。今賜卿物四十段，用答至言。

《舊唐書》卷一八九下《儒學傳・祝欽明》　景雲初，侍御史倪若水劾奏欽明及郭山惲曰：欽明等本自腐儒，素無操行，崇班列爵，實爲叨忝，而涓塵莫効，諂佞爲能。遂使曲臺之禮，圜丘之制，百王故事，一朝墜失。所謂亂常改作，希旨病君，人之不才，遂至於此。今聖明馭曆，賢良入用，惟兹小人，猶在朝列。臣請並從黜放，以肅周行。於是左授欽明饒州刺史。

（宋）王溥《唐會要》卷五二《忠諫》　開元二十一年，萬年縣尉李美玉得罪，上令流於嶺外。黄門侍郎韓休進諫曰：今朝廷有大奸尚不能去，豈得捨大而取小也。臣竊見金吾大將軍程伯獻恃怙恩寵，所在貪冒，第宅輿馬，僭擬過甚。臣請先出伯獻而後罪美玉。上不許。休固争曰：美玉微細尚猶不容，伯獻巨猾豈能無罪，陛下若不出伯獻臣即不敢奉詔流美玉。上以其言切直，竟從之。宋璟聞之曰：不謂韓休，乃能如此，是仁者之勇也。

二十四年，崔希逸代牛仙客爲河西節度，奏河西軍資儲蓄萬計。遂令刑部員外郎張利貞覆之，有實。上悦，將與之尚書，中書令張九齡諫曰：不可。尚書古之納言，若非歷踐内外清貴之地妙有德望者不得充之。仙客，河湟一使典耳，拔升清流齒班常伯，此官邪也。又將與之封，九齡曰：邊將積穀帛繕兵器，蓋將帥之常，而陛下賞之金帛即可，尤不可裂地而封。上怒曰：卿以仙客寒士嫌之耶，卿豈有門籍。九齡頓首謝曰：臣荒陬孤生，陛下以文學用臣。仙客起自吏胥，目不知書，韓信淮陰一壯士羞與絳灌齊列。陛下必大用仙客，臣亦恥之。

（宋）王溥《唐會要》卷五六《左右補闕拾遺》 寶歷元年閏七月，右拾遺薛廷老與同僚入閤奏事曰：臣伏見近日除拜，往往不由中書進擬，或是宣出，伏恐紀綱漸壞，奸邪恣行。上曰：更諫何事。拾遺舒元褒曰：近日宮室修造太多。廷老曰：臣等職在諫官，凡有所聞，即合論奏，乞勿罪其言。上改容勞之。

會昌四年六月，中書門下奏：諫官論事，臣等商量，望令各陳所見，不要連狀，涉於糾雜。如有大段意見及朝廷重事必須連狀者，即令同商量進狀，不得輒有代署。敕旨：依奏。

（宋）王溥《唐會要》卷六〇《御史臺上·侍御史》 〔武德〕十二年六月，侍御史竇群奏：常參官假滿，惟三品官至王府傅已上即於正衙參假，其餘不在此限。臣伏見諸司官，或位列通班，職居要劇。其左右丞、諸司侍郎、御史中丞、給事中、中書舍人並是四品五品清要官，不在參假例。或彌旬曠廢皆不上聞，或未滿一日例不舉奏。臣今請尚書省四品官，御史臺五品官，中書門下五品官請假並同三品例參假，曠廢必知，勤惰無隱。臣職當彈舉，輒陳事宜。敕旨：依奏。

太和三年，華州刺史宇文鼎、户部員外郎盧允中坐贓。文宗怒，將殺之。侍御史盧宏貞奏曰：鼎爲近輔刺史，以贓汙聞，死固恆典。但取受之首，罪在允中，監司之責，鼎當連坐。帝然之，減鼎三等。

（宋）王溥《唐會要》卷六一《御史臺中·彈劾》 故事，御史彈奏上坐日曰仗彈，至景雲三年已後皆先進狀聽進止，許即奏不許即止。儀鳳二年二月十九日敕：凡有彈糾，皆待大理斷招後録入功過。至德元年九月十日詔：御史彈事自今以後不須取大夫同置。故事，凡中外百寮之事應彈劾者，御史言於大夫，大事則方幅奏彈之，小事則署名。乾元二年四月六日，敕御史臺：所欲彈事不須先進狀，仍服豸冠。所被彈劾有稱讎嫌者，皆冀遷延以求苟免，但所舉當罪則讎亦無嫌。如憲官不舉所職降資出臺，儻涉阿容乃重貶責。舊制，凡事非大夫中丞所劾而合彈奏者，則具其事爲狀，大夫中丞押奏。大事則豸冠朱衣纁裳白紗中單以彈之，小事常服而已。【略】

〔景龍〕三年二月九日，娑葛入寇，監察御史崔琬劾奏兵部尚書宗楚客、侍中紀處訥曰：立性險詖，志越溪壑，幸以遭逢聖主，累忝殊榮，承愷悌之恩，居弼諧之地，不能克意砥礪憂國如家，遂乃潛通獫狁，納貨取資，公引頑兇，受賂無限。且境外之交，情狀難測。今娑葛反叛，邊鄙不寧，由此賊臣，取怨中國。臣忝直指，義在觸邪，請黜巨蠹，用答大造。並請收禁，差三司追鞫。

其年五月，李尚隱與監察御史李懷讓同奏吏部侍郎崔湜鄭愔有所挾附，贓汚狼籍。詔監察御史裴漼按其事。時安樂公主用事，諷漼寬之，漼遂對仗重彈奏，愔竟從貶削。一説靳常所劾，恐非。

開元二年，崔日知爲京兆尹，貪暴犯法，御史大夫李傑糾劾之，反爲日知所搆。侍御史楊瑒廷奏曰：彈劾之舉若遭恐脅以成奸人之謀，御史臺固可廢卻。上以其言切直，遽令傑依舊視事。貶日知爲黟縣丞。【略】

建中元年三月，監察御史張著冠豸冠，彈京兆尹兼御史中丞嚴郢於紫宸殿。以郢奉詔浚陵陽渠，匿詔不時行，故使奔蹙，以歸怨於上。上即位，初侍御史朱敖請復舊制，置朱衣豸冠於内廊，有犯者御史服以彈。又令御史得專彈劾，不復關白於中丞大夫。至是著首行之。乃削郢御史中丞，著特賜魚袋。自是日懸衣冠於宣政之左廊。然著希楊炎之意彈郢，人頗不直之。

貞元元年三月，宰相召諫官御史宣諭上旨曰：自今上封彈劾宜入自陳論，不得群署章奏，若涉朋黨。初，京兆尹李齊運以公事訴萬年縣丞源邃，令左右抑捽不已，邃竟死於廷，京師不直。其妻鄭氏，告冤不已，崔縱執奏如初。御史中丞張或繼論，御史連章彈齊運，齊運乃奏云臣孤立爲朋黨所擠。故命宰臣宣諭焉。

元年正月，侍御史殷永免官。初，奉誠軍節度使康日知朝覲失儀爲御史彈奏，詔捨之。因敕御史，有節將始至，朝禮小失勿劾。及是邠寧節度使張獻甫入閤，失儀，永廷劾之。獻甫素服待罪闕下，召見慰諭。以永忘其前命，故免。

元和三年三月，御史中丞盧坦舉奏前山南西道節度使柳晟，授任方隅，所寄尤重，至於敕令首合遵行，一昨歸朝固違明旨復修貢獻有紊典章，伏請付法。又奏前浙東觀察使閻濟美，到城之時亦有進獻，當時勘責，稱離越州後方見赦書，道路已遙付納無處者，既經鴻霈，須爲商量，已書罰訖。伏准今年正月赦文，自今已後諸道長史有赴闕廷者，並不得取本道錢物妄稱進奉。柳晟等既違新令不敢不奏。初，坦既奏舉晟濟美，二人皆待罪於朝堂。上召坦對，褒慰久之，曰：晟等所獻，皆以家財，朕已許原，不可失信。坦奏曰：赦令天下之大信也，天下皆知之。今二臣違令，是不畏法，陛下奈何以小信而失天下大信乎。上曰：朕已受之，如何？坦曰：歸之有司，不入内藏，使四方知之，以昭聖德。上稱善其言。

十五年三月，御史中丞崔直奏云：元和十二年，御史臺奏請知彈侍御史被彈即請向下人承次監奏，或有不到，即殿中侍御史於侍御史下立，以備其闕。臣伏以朝官入閤失儀，知彈侍御史合彈奏錯失，向下侍御史及中丞大夫遞相彈奏。事後入本班，候監奏出閤，然後合侍御史待罪，此乃殿廷舊制，於事爲宜。今若移一殿中放彈御史之下，以防向上失錯，或殿中自錯則擬更立何人向下。監奏繫於瞬息，只合知彈侍御史便了，不必別差殿中，既乖故實終慮駁雜。伏請自今已後卻依閤内故事，縱知彈侍御史自有錯失，不被彈奏，候班退監奏畢然出待罪，冀從易便，永可遵行。奏可。

長慶四年六月，侍御史溫造於閤内奏彈左金吾大將軍李祐，近違敕罷吏，請進馬以論。祐趨出待罪，宣敕放之。

太和二年，義成軍節度使李聽爲魏博所敗喪師過半，御史中丞溫造，殿中侍御史崔蠡彈之曰：賞罰不立無以示天下，李聽按甲遷延，逗撓軍政，以致狼狽就道，自圖苟免，伏請付法司論罪。上特原之。

七年九月，侍御史李款閤内彈奏前邠州行軍司馬鄭注曰：内通敕使外連朝官，兩地往來卜射財貨，晝伏夜動干竊化權，人不敢言道路以目，請付法司。奏未報，款連上十餘疏，由是授注通王府司馬。

九年六月，御史大夫李固言奏：知彈侍御史自京城百司及天下諸州府等公事應關文法者，皆先申臺司。舊例配知彈侍御史一人專掌其事，至朝日入閤，又對仗彈奏中外臣僚不如法者，事最繁重又須詳精，一人當之實恐不逮。臣商量，請知彈御史一人，專掌京城百司公事，皆彈侍御史一人，分掌諸州府之事，庶使官業各修無所遺闕。從之。

（宋）王溥《唐會要》卷六二《御史臺下・諫諍》 長安四年十一月，敕於登萊州置監牧，和市牛羊。右肅政臺監察御史張廷珪諫曰：竊見國家於河北和市牛羊及荊益等州市奴婢，擬於登萊等州置監牧，此必有人爲國用不足，或將見陶朱公孫宏卜式之事，而爲陛下陳其策耳。臣愚以爲齷齪小算有損無益，爲盛明天子行於世也何以明之。彼三人者實爲匹夫，藉空虛之地罄勤苦之功，畜牧積歲增致千金，苟以一家言之，其計得也。今聖朝疆域四海，臣妾萬方，天覆地載莫非所有，而必取於人，從牧於國。何示人之不廣，而近樹私也。況和市遞送，所在騷然，公私煩費不可勝計。今河南牛疫處十不存二，家家保之豈願輒賣，今雖和市甚於抑奪。頃者，諸州雖定估價，既緣併市，則雖平準，加以簡擇，事須賄求，侵克之端從此而出，牛羊踴貴必倍於常，百姓私賠即破家產，雖官得一羊百姓已失兩牛兩羊價矣。此則有損無利也。又聞君之所恃者人，人之所恃者食，食之所資者耕，耕之所恃者牛。失牛則廢耕，廢耕則去食，去食則人無以生，人無以生君將何恃。然則牛者君國字人之本，豈有無故而取之哉。假令畜牧能遂繁，三數歲間億萬可致，陛下豈可鬻之於中土，剖割其命爲資乎。牛之爲損則如彼，羊之無益又如此，伏願特加審慎詳圖賴益。諸有所和市及新置監牧等，倘迴聖慮即日停絶，天下蒼生不勝幸甚。其後數日御史中丞盧懷慎上表曰：臣奉使幽州推事，途經衛相等州，知河北和市，萊州監牧牛。臣聞官人百姓當土牛少市數又多，官估已屈於時價，衆户又私相賠帖，既印之後卻付本主養飼，春暮草青方送牧所，竟無斸折，侵削實深。且民惟邦本，食乃民天，牛之不存民將安寄。河北百姓尤少牛犢，賤市抑養奪取無異。聚農户之耕牛冀收孳課，奪居人之沃壤將爲牧場，益國利民未見其可，所和市牛臣望總停，爲計之上。

神龍二年，京兆韋月將上書訟皇后爲亂，中宗大怒令撲殺之。御史中丞宋璟執奏請按而後刑，中宗怒甚，謂璟曰：朕以爲斬訖，何故緩之？璟曰：韋言中宮爲亂於武三思，陛下不加勘問直言斬論事者，臣恐朝野有竊議者。中宗轉怒，璟曰：請先斬臣，不然臣不敢奉詔。上意少解，遂配流。三年八月，節愍太子誅武三思之後，安樂公主及宗楚客兄弟並冉祖雍李悛等共誣構安國相王鎮國太平公主與太子連謀舉兵，請收制獄。上召御史中丞蕭至忠，令鞫之。至忠泣而奏曰：陛下富有四海，貴爲天子，豈不容一弟一妹，忍受人羅織。宗社存亡實在於此。臣愚竊爲陛下不取。《漢書》云：一尺布尚可縫，一斗粟尚可舂，兄弟二人不相容。願陛下詳察此言。初，則天欲立相王，累日不食，請迎陛下。固讓之誠天下傳說，足明冉祖雍等所奏咸是虛構。上深納之，遂停鞫問。其時，左補闕吴競上表曰：臣聞道路竊議云宗楚客紀處納等誣構安國相王，以爲連謀於庶人重俊，將請下制獄。臣既參職諫曹安敢不奏。且安國相王實陛下同氣，六合至廣，親莫加焉。今賊臣等共加羅織，此禍亂之漸，不可不察。又王之仁孝，幽明共知，頃遭荼毒，哀毀過度，以陛下爲性命，亦陛下之手足，既孝於父母而惡於兄弟者未之有也。若信任讒邪寘之於法，必傷陛下之恩，失天下之望。所謂芟刈股肱獨任胸臆，方涉江漢棄其舟楫，可爲寒心可爲慟哭。自昔翦伐枝幹假權異族者，未有不喪其宗社也。何以明之，秦任趙高卒致傾覆，漢委王莽遂成篡逆，晉家以自相魚肉寰瀛鼎沸，隋室以猜忌子弟海內塵飛，驗之覆車安可重跡。自陛下登極，於今四稔，一子以弄兵被誅，一子以愆失遠任，唯此一弟朝夕左右，斗粟尺布之刺，可不慎乎。

景雲二年，監察御史韓琬陳時政上疏曰：臣敢以耳目所聞見而陳之，伏願少留意省察。臣竊聞永淳之初尹元任岐州雍縣，令界內婦人修路，御史彈免之。頃年婦人夫役修平道途蓋其常也。調露之際，劉憲任懷州河內縣尉，父思立在京身亡，選人有通索關者，于時選司以名教所不容，頃者以爲見機俊人矣。頃年國家和市，所由以剋剝爲公，雖以和市爲名而實抑奪其價。殊不知百姓足，君孰與不足矣。往年兩京與天下州縣學生佐史里正坊正，每一員缺，先擬者輒十人，頃年差人以充猶致亡逸。往年選司從容安閑而以禮敬待，頃年選司無復曩時引接，但仇敵估道耳。往年劾官交替者必儲畜什物以待之，頃年替人必喧競爲隙，手執省符紛然不已。往年召募之徒人百其勇爭以自效，頃年差點勒遣逃亡相繼。若此者，臣粗言之不可勝數。夫量事置官，量官置人。使官稱其人，須人不虛位。除此之外使其耕桑，任其商賈，何爲引令入仕，廢其本業。臣愚以爲國家開仕進之門廣矣，皆棄農職工商而爭趨之，當今一夫耕而供數百人食，一婦蠶而供數百人衣，遂使公私皆無儲蓄矣。若不釐革其弊，必令致政令風化，年年不等也。

開元二年十二月，嶺南市舶司右威衛中郎將周慶立、波斯僧及烈等廣造奇器異巧以進。監選司殿中侍御史柳澤上書諫曰：臣聞不見可欲，使心不亂，是知見欲而心亂必矣。臣竊見慶立等雕鐫詭物，置造奇器，用浮巧爲真玩，以詭怪爲異寶，乃理國之所巨蠹，明王之所嚴罰。紊亂聖謀，汨斁彝典。昔露臺無費，明君尚或不忍；象箸非多，忠臣猶且憤歎。《王制》曰：作異服奇器，以疑衆者殺。《月令》曰：無作淫巧，以蕩上心。巧謂奇伎怪好也，蕩謂惑亂情欲也。今慶立等皆欲求媚聖意，搖蕩上心。若陛下信而使之，是宣奢淫於天下，必若慶立矯而爲之，是禁典之無赦也。陛下即位日近，萬邦作孚，固宜昭宣菲薄，廣教節儉，則萬方幸甚。

（宋）王溥《唐會要》卷六二《御史臺下・推事》　顯慶五年正月，監察御史袁異式受宰臣李義府密旨，推青州刺史劉仁軌有所凌辱過甚，及爲侍御史，而仁軌入爲大司憲，式心不自安。後因醻倉起言之，劉公謂侍御曰：彼人對某臥而無禮，自是往事。某不介懷。式拜謝之。

（宋）王溥《唐會要》卷六二《御史臺下・出使》　元和四年，監察御史元稹出使東蜀，劾奏故節度使嚴礪違制擅賦。礪雖死，其屬郡七州刺史皆坐責罰。**【略】**

七年閏七月敕：前後累降制敕，應諸道違法徵科及刑政冤濫皆委出使郎官御史訪察聞奏。雖有此文未嘗舉職，外地生人之勞，朝廷莫得盡知。今後應出使郎官御史，所歷州縣，其長吏政俗，閭閻疾苦，水旱災傷並一一條録奏聞。郎官宜委左右丞句當，並限朝見後五日內聞奏，並申中書門下。如所奏不實，必議懲責。

（宋）王溥《唐會要》卷六二《御史臺下・知班》　貞觀六年八月，唐臨爲殿中侍御史，大夫韋待價責臨以朝列不整。臨曰：此亦小事，不足介意，請今日已後爲之。明日，江夏王道宗共大夫離立私談，臨趨進曰：王亂班。道宗曰：共大夫語，何至於是。臨曰：大夫亦亂班。韋失色而退。

顯慶四年，侍御史張由古知班，凡亂班多是尚書郎。由古每唱言，員外郎小兒難共語，喚引駕鼻衡上行，朝士側目鄙之。

大足元年，王無競爲殿中侍御史，正班於閣門外，宰相團立於班北，無競前曰：去上不遠，公雖大臣自須肅敬。以笏揮之，請齊班。當時朝議，是非參半。

景龍二年，左臺御史崔涖彈班不肅，上表曰：臣聞叔孫通睹漢朝儀多闕，尊卑失序，所以分別上下，申明禮儀，於是群臣知天子之至尊，高祖知皇帝之爲貴。此皆由班秩不忒，威儀容止不差，是故作孚萬邦，用刑四海者也。臣竊見在朝百僚，多不整肅，公門之内，詎合論私，班列之中尤須致敬。或縱觀敕目，或旁閲制詞，或交首亂言，或越班問事，或私申慶弔，或公誦詩篇，或笑語諠諠，或行立怠惰。承寬既久，積習如常，不增祇懼之容，實紊矜莊之典。臣謬膺推擇，叨掌糾彈，見無禮於朝廷，誠是臣之深恥。況西戎獻款，北狄來賓，恐觀中國之失儀，招外蕃之所誚。更若知而故犯，不革前非，望即停其入内，量行貶削。

開元元年正月，殿中侍御史出使盡，監察裏行翟璋知班，乃牒中書省勘侍郎王琚及太子左庶子竇希瓘入晚，遂爲所擠，出授岐陽縣令。

七年正月二十一日，上御紫宸殿，朝集使魏州長史敬讓、辰州長史周利貞俱欲奏事，左臺御史翟璋監殿廷，揖利貞先進。讓以父暉爲利貞所斃，不勝憤恨，遂越次而奏：利貞受武三思使，枉害臣父。璋劾讓不待監引，請付法。上曰：讓訴父枉，不可不矜，朝儀亦不可不肅，可奪一季禄而已。貶利貞爲邕州長史。

貞元十四年閏五月，侍御史殿中鄒儒立以太子詹事蘇弁入朝，班位失序，對仗彈之。弁於金吾仗待罪數刻，特放。舊制，太子詹事班次太常宗正卿。貞元三年，御史中丞竇參叙定班位移詹事班在河南太原尹之下。弁乃引舊制班立，臺官詰之，乃給云：已白宰相，請依舊制。故儒立彈之。

（宋）王溥《唐會要》卷七九《諸使下・諸使雜録下》 〔會昌〕四年二月，御史臺奏：準會昌三年十一月十三日敕，諸道進奏官，或有一人兼知四五道奏進，兼並貨殖，頗是倖門，因緣交通爲弊日甚。向後兼知不得過兩道以上者，各委本道速差替聞奏，仍委臺司糾察。如有違犯，必議重懲。又兼知三四道者，臺司檢勘，各牒本道，準敕差替訖。切慮改名補職，不離一家，元是本身，虚立名姓。伏請從今已後，如知兩道奏進外，一家之内父子兄弟更不得知諸道奏進，如有違犯臺司準前察訪。敕旨：依奏。

（宋）王溥《唐會要》卷八五《逃户》 景雲二年，監察御史韓琬上疏曰：往年人樂其業而安其土，頃年人多失業流離道路。若此者，臣粗言之，不可勝數。然流離之人豈愛羇旅而忘桑梓，顧不得已也。然以軍機屢興，賦斂重數，上下逼促，因爲遊民。遊惰既多窮詐乃作，既窮而詐犯禁相仍，又以嚴法束之，法嚴而犯者愈衆。古人譬之亂繩，則已結矣，而不務解結，乃急牽引之，則結逾固矣。今刻薄之吏是能爲結者，强舉之吏是能牽引者。解結者，未見其人。

開元九年正月二十八日，監察御史宇文融請急察色役偽濫並逃户及籍田。因令充使。於是奏勸農判官數人，華州録事參軍慕容琦、長安縣尉王冰、太原司録張均、太原兵曹宋希玉、大理評事宋珣、長安主簿韋利涉、汾州録事參軍韋洽、泛水縣尉薛侃、三原縣尉喬夢松、大理寺丞王誘、右拾遺徐楚璧、告成縣尉徐鍔、長安縣尉裴寬、萬年縣尉岑希逸、同州司法邊仲寂、大理評事班景倩、榆次縣尉郭庭倩、河南府法曹元將茂、洛陽縣尉劉日貞。至十二年，又加長安縣尉王燾、河南縣尉於孺卿、左拾遺王忠翼、奉天縣尉何千里、伊闕縣尉梁勳、富平縣尉盧怡、咸陽縣尉庫狄履温、渭南縣尉賈晋、長安縣尉李登、前大理評事盛廙等，皆當時名士。判官得人，于此爲獨盛。分往天下，安輯户口，檢責剩田，議者深以爲擾民不便。

（宋）王溥《唐會要》卷八九《泉貨》 顯慶五年九月，以天下惡錢多令官私以五惡錢酬一好錢贖取。至十月，以好錢一文博惡錢兩文。至儀鳳四年四月，以天下惡錢甚多，令東都出遠年糙米及粟就市糶斗，别納惡錢百文。其惡錢令少府司農相知，即令鑄破。其厚重徑合斤兩者，任將行用。至先天元年九月二十七日，京中用錢惡，貨物踊貴。諫議大夫楊虚受上疏曰：伏見市井用錢不勝濫惡，有加鐵錫，即非公鑄虧損正道惑亂平民，銅錫亂雜偽錢豐多，正刑漸失於科條，明罰未加於守長。帝京三市，人雜五方，淫巧競馳，侈偽成俗。至於商賈積滯，富豪藏鏹，兼併之人歲增儲蓄，貧素之士日有空虚。公錢未益于時，須禁法不當於世要。其惡錢臣望官爲博取納鑄錢州，京城並以好錢爲用。書奏，付中書門下詳議，以爲擾政不行。

（宋）宋敏求《唐大詔令集》卷一〇四《政事・按察下・遣御史大夫王晙等巡按諸道制》 苛慝不作，人斯無怨，寬猛相濟，政是以和。故《周禮》以官刑糾邦理，以官叙正羣吏，允迪前烈，式惟舊章。且夫寰宇至大不可以周覽，黎甿至殷不可以獨化，熙我庶政，實惟具寮，苟非其才，難以稱理，是以夙夜不遑晏寧。開元之初，分道遣使按部，糾摘奸犯，頗聞懲息，以其事久則煩，尋亦從其停廢，綿以歲月，浸成寬弛。今聞在外官寮，多違憲法，牧守則寄任滋重，令長則禄秩且優，亟聞侵竊，屢有章奏。雖賜金爲惠，未媿張武之心，還珠表德，罕見孟嘗之政。豈敦諭之意，未孚於就列。將貞高之節，有謝於前修，永懷於此，良用沈歎。且政寬而慢，法弊則通，弛而張之，其可致理。

御史大夫王晙等，並識通政要，位以才達，茂其聲實，宏此憲章，宜分命巡按，以時糾察。巡内有長吏貪擾，獄訟冤抑，暗懦尸禄，苛虐在官，即仰隨事按舉所犯狀，並推鞫准格斷覆訖聞奏，仍便覆囚。夫牧宰之職，教道是先，録曹之任，綱紀斯在。其有政理殊尤，清直獨立者，咸以名薦。餘官有清白著稱，及諸色不善，各别爲科目，同狀奏聞。其尋常平狀，並不須通，俾夫善取其尤，罰無所濫，疎而不漏，察不爲苛。必將正其源流，宏彼綱目，不可總此煩碎，擾其吏人，應是州縣當務，事非損益者，使人更不干預。其百姓有不支濟，應須處置，有不便於人須釐革者，與州縣商量，處分訖奏聞，宜體虚佇之懷，以光澄清之舉。開元八年八月。

〔元〕陶宗儀《説郛》卷二五下張鷟《判决録·畨異》 御史嚴宣前任洪洞縣尉，日被長史田順鞭之，宣爲御史彈順受贜二百貫，勘當是實，順訴宣挾私彈事，勘問宣挾私有實，順受贜不虚。

田順題輿晋望，讓佩汾陽，作貳分城，參榮半刺，性非卓茂，酷甚崔林。鞭威甯以振威，辱何夏而逞志。嚴宣昔爲郊尉，雌伏喬玄之班；今踐憲司，雄飛杜林之位。祁奚舉薦，不避親讎；鮑永繩愆，寧論貴賤？許揚大辟，詎顧微嫌？振白鷺之清塵，糺黄魚之濁政。貪殘有核，贜狀非虚。此乃爲國鋤凶，豈是挾私彈事？二百鐶坐，法有常科；三千獄條，刑茲罔捨。

《全唐文》卷一七四《張鷟·御史彈東宫每乘牛車微行遊諸寺觀左右清道元不設儀仗殊失禮容所由率丁讓等並請付法》 天孫東岳，有國之元儲；帝子前星，通邦之上嗣。河海重潤，控玉檻以疏源；日月重輪，順珠囊而叶度。位隆銀牓，青方列長子之宫；望重銅樓，紫極纂承祧之業。濟南鳳集，天骨已彰；清河蛇盤，靈資早應。丁讓職惟清道，務掌干城，列羽衛於瑶山，典戎旗於望苑。自可畫堂之側，肅肅霜戈；甲觀之前，森森電戟。何得安細針於座上，竟未匡毗；帶長劍於街中，曾無覺察？遂使盤遊無度，玩好非宜，日遠之對蔑聞，星流之瑞徒應。昔乘小馬，尚致譏嫌；今駕牛車，深乖典則。所由既不匡正，羣下竟未上聞，虧失朝章，理須明法。

〔宋〕王溥《五代會要》卷六《廊下餐》 後唐天成元年五月詔：每月朔望日，賜百官廊下餐。唐室升平日，常參官每日朝退賜食，謂之廊餐。自乾符亂離之後，祗遇月旦朔日入閤日賜。上初即位，命百官五日一起居，李琪以爲非故事，請罷之，唯每月朔望日合入閤賜食。至是宣旨，朔望入閤外，依舊五日一起居，遂爲定式。

二年四月，御史臺奏：今月三日廊下餐，百官坐定，兩省方來，自五品以下輟起。敕：每赴廊餐，如對御宴，若行私禮，是失朝儀，宜各罰半月俸。

長興三年三月詔：文武兩班，每遇入閤賜食，從前御史臺官及諸朝官，皆在敷政門外兩廊食，唯北省官于敷政門内别坐，既爲隔門，各不相見，致行坐不齊，難于肅整。今後每遇入閤賜食，北省官亦宜令於敷政門外東廊下設席，以北爲首，待班齊一時就坐。

晋天福二年三月，御史臺奏：唐朝令式，南衙常參官、文武百官每日朝退，於廊下賜食，謂之常食。自唐末亂離，常食漸廢，仍於入閤起居日賜食。每入閤禮畢，閤門宣放仗，羣臣俱拜，謂之謝食。至清泰年中，入閤禮畢，更差中使至正衙門口宣賜食，百官並立班重謝，交失本根。今後入閤賜食，望不差中使口宣。從之。其年四月，御史臺奏：文武百官，每月朔望入閤禮畢，賜廊下食。在京時祗於朝堂幕次兩廊下，今在行朝，於正衙門外權爲幕次，房廊狹隘，伏恐五月一日朝會禮畢，准例賜食於幕次難爲排比。伏見唐明宗時，兩省官于文明殿前廊下賜食，今未審入閤日權于正衙門内兩廊下排比賜食，爲復别有處分？敕：宜依明宗時舊規，廊下賜食。

周顯德四年正月詔曰：文武百僚，起今後每遇入閤日，賜廊下食。

〔宋〕王溥《五代會要》卷一七《知班》 周廣順三年三月十四日，殿中侍御史賈玭、殿中侍御史劉載狀申：自漢朝次，每遇内殿起居，臺司定左右巡使先入，起居後，於殿廷左右立定，百官始入起居。有失官儀，便宜彈奏者。今後欲依入閤彈奏儀折署。奏後，宣徽使言：所奏知通事舍人喝拜，再拜訖便退。如兩巡使自有失儀，亦候班退互相彈奏。

（宋）王溥《五代會要》卷一七《推事》 周顯德五年閏七月一日，御史臺申：臺司見管四推：臺一推、臺二推、殿一推、殿二推。臺或准敕命宣頭，堂帖指揮送到公事，并諸道州府論訴。准例，一人已上，三院御史從上輪次配推，兼具差定推官名銜申奏，申中書門下。如是三人已上，即本彈推勘。若四推皆有公事，外更有刑獄，即差以次官推勘，兼逐日輪差官吏臺直，點檢刑獄。

（宋）王溥《五代會要》卷一七《出使》 周顯德五年閏七月一日，御史臺申：臺司或准敕命宣頭，委臺司差官出外推勘刑獄，舊例於監察御史内從下差定，如是特敕定名，不拘此例。

《舊五代史》卷一〇《梁書·末帝紀》 龍德元年春正月癸巳，詔諸道入奏判官，宜令御史臺點檢，合從正衙退後，便於中書門下公參辭謝。如有違越，具名銜聞奏。

監察官員選任分部

論説

（唐）元結《次山集》卷一〇《辭監察御史表》 臣某言：臣伏奉某月日勅，除臣監察御史裏行，依前充山南東道節度參謀。忽承天澤，不勝慶喜，負荷恩任，伏增憂懼。臣在至德元年，舉家逃難，生幾於死，出自賊庭，遠如海濱，敢望冠冕？陛下過聽，疑臣有才謀可用，謂臣以忠正可嘉，枉以公詔徵臣，延問當時之事。言未可取，榮寵已殊；事未可行，授任過次。其時以康元狡逆，陛下憂勞，臣亦不辭疲駑，奉宣聖旨。招集士卒，師旅未成，又逢張瑾姦凶，再驚江漢，臣恐陛下憂無制變，遂曾表請用兵，陛下嘉臣懇愚，頻降恩詔，聖私殊甚，特加超擢至今。臣自布衣，未踰數月，官參風憲，任兼戎旅。今不勞兵革，凶豎伏辜，臣不可終以無能，苟安非望。自姦臣逆命，於今六年，愧無寸能，苟求禄位。分符佩印，不知慚羞，戮辱及之，死將不悔。陛下忍而從者，其可勝言。臣才弱識下，非智無謀，循涯顧分，實自知恥。臣老母多病，又無弟兄，漂流殊鄉，孤弱相養。伏願陛下矜臣愚鈍，不合齒於朝列；念臣老母，令臣得以奉養。則聖朝無辱官之士，山澤有純孝之臣。不任悃款之至，謹遣某官奉表以聞。謹言。

紀事

（唐）元稹《元氏長慶集》卷四五《制誥·授裴向左散騎常侍制》

勅：周文王侍從之臣，無可使結襪者，我知之矣。左右前後，無非令人。朕以將壯之年，臣妾天下，司其忿速，其在於持重温良之士以鑒之乎？前陝、虢等州都防禦、觀察、處置等使中散大夫守陝州大都督府長史賜紫金魚袋裴向，搢紳之徒。言其閨門之行，僅至於衣無常主、兒無常父矣。推是爲政，仁何遠乎？是以發自王畿，至於陝服，多歷年所，終無尤違。每移孝友之風，以懲強暴之俗，甘棠之下，廉讓興焉。予欲用爲垂璫夾乘之官，以代吾盤盂韋弦之戒，不亦可乎？可守左散騎常侍，餘如故。

（唐）元稹《元氏長慶集》卷四五《制誥·崔鄾授諫議大夫制》 勅鄾：昔我太宗文皇帝以魏徵爲人鏡，而姦膽形於下，逆耳聞於上；及徵沒，而猶歎過失之不聞。夫以朕之不敏不明，託於人上，月環其七，而善惡蔑聞。豈諫爭之臣，未盡規於不德耶？朕甚懼焉。以爾鄾端厚誠明，濟之文學，柔而能立，謙而逾光。命汝弼予，式冀無過。於戲，宋景公一諸侯耳，而陳星退之詞；齊威王獨何人哉，能辨日聞之佞。爾其極諫，朕不漏言。可守諫議大夫，餘如故。

（唐）元稹《元氏長慶集》卷四六《制誥·高允恭授侍御史知雜事制》 勅：御史府不以一職名官，蓋總察群司，典掌衆政。副其丞者，是選尤難。而御史丞僧孺，首以朝議郎守尚書户部郎中判度支案飛騎尉高允恭聞於予曰：允恭始以儒家子，能文入官。在監察御史時，分務東臺，無所顧慮。爲刑部郎中，能守訓典。復以人曹郎佐掌邦計，懸石允釐。撓而不煩，簡而不傲，静專動直，志行修明。乞以臺郎，兼授憲簡，雜錯之務，一以咨之。朕俞其言，爾其自勉，無俾僧孺狹於知人。可以本官兼侍御史知雜事，餘如故。

（唐）元稹《元氏長慶集》卷四七《制誥·李翊起復前監察御史制》

勅：前監察御史裏行李翊：比制多以詳練法理者行於御史府，或滿歲即真，或不時署位，亦試可之義也。以爾翊文學周敏，操行端方，執喪有聞，俯以就制。復爾故秩，勉修乃誠。可行監察御史。

（唐）元稹《元氏長慶集》卷四七《制誥·裴注等可侍御史制》

勅：諸道鹽鐵轉運東都留後兼侍御史裴注等：法者古今所公共也，一日去之，則百職盡墜。是以秦漢以降，御史府莫不用剛果勁正之士，以維持紀綱。季代而遷，埋輪破柱之徒，絶不復出，朕甚異焉。去歲以來，比命御史丞爲宰相，蓋欲慰薦人之不敢爲也。爾等或以吏最，或以文學，當僧孺慎簡之初，遇朝廷渴用之日，又安可迴惑顧慮於豪黠，而姑以揖讓步趨之際爲塞職乎？可依前件。

（唐）元稹《元氏長慶集》卷四八《制誥·杜載可監察御史制》

勑：杜載：西旅違言，侵坑縣道，雖有備無患，而予心惕然。惟爾載奉捷潛奏，乘驛以奔，吉語亟來，人用胥悅。念歐攘之略，誠在將軍；獎飛馳之勞，宜加憲秩。歸語爾帥，無忘乃庸。

（唐）元稹《元氏長慶集》卷四八《制誥・崔蒞等可檢校都官員外郎兼侍御史制》　勑：崔蒞等：自元和以來，有大勳烈於天下，先帝賚予以保衡者，惟司空度。度亦齊慄祇畏，不自滿大，慎簡其屬，毗於厥政。惟蒞及洙，咸在茲選，是用輟我糺察，副其勤求。惟爾敬玄舊，佐藩服，效誠於長，議以序遷。峨峨鐵冠，皛皛銀印，受之以任，其樂所從。

（唐）元稹《元氏長慶集》卷四九《制誥・李昆可權知滑州司馬兼監察御史制》　勑：李昆：日者王承元以成德喪師之狀來告，爾實將之，能使承元之意上通，朝廷之澤下究，昆有力焉。將議獎勞，是宜加秩，郡丞憲史，用表兼榮。

（唐）元稹《元氏長慶集補遺》卷五《制・授衛中行陝州觀察使制》

勑：邵伯聽事於棠陰之下，而人勿翦其樹，我知之，非忠信仁愛以得之耶？今自關東由洛而右，數百里之地，盡置爲軺車臣所理。蓋有以表率方夏，張皇京律，聿求其良，用副憂寄。朝請大夫守華州刺史兼御史中丞衛中行，始以詞賦深美，軒然有名，甲乙符昇，遂拾青紫。逮其書命，文鋒益銛，能搴菁華，以集麗則。出補近郡，號爲廉能，勤而不煩，簡而不苟，郊迓館穀，賓至如歸，長劭農人，咸用胥悅。移領巨鎮，疇將爾先？況封壤因連習俗，參合用之政，乂關陝之甿，吾固有虞於爾矣。至於觀聽他邑，儀刑下寮，旁臨傳説之巖，特假趙堯之印。遺風未泯，官業具存，苟能行之，無患不至。可守陝州大都督府長史兼御史大夫。充陝、虢等州都防禦、觀察、處置等使。

（唐）劉禹錫《劉賓客文集》卷一七《舉崔監察羣自代狀》　御史臺：宣歙池等州都團練判官、監察御史裏行崔羣。右。臣蒙恩授監察御史。伏準建中元年正月五日制，常參官上後三日舉一人自代者。伏以前件官在諸生中，號爲國器。縶維外府，人咸惜之。臣既深知，敢舉自代。貞元十九年閏十月日。

（唐）白居易《白居易集》卷四八《中書制誥一・張徹、宋申錫可並監察御史制》　勑：舊制，副丞相缺，中執憲得出入。御史缺，則於內外史中考覈其實，封奏其名以補之。今御史中丞僧孺奏：某官張徹、某官宋申錫，皆方直強白，可中御史。章下丞相府，丞相亦曰可。朕其從之。並可監察御史。

（唐）白居易《白居易集》卷四八《中書制誥一・魏博軍將呂晃等從弘正到鎮州，各加御史大夫、賓客等制》　勑：去年冬，命侍中弘正建大將軍旗鼓，移鎮於成德軍。而晃已下四十有一人，實從魏來。或驅或殿，被堅執鋭，可謂有勞。宜以宮坊之寮、憲府之職，隨其名秩，序而寵之。可依前件。

（唐）白居易《白居易集》卷五一《中書制誥四・嚴謨可桂管觀察使制》　勑：漢置部刺史，掌奉詔條，糾吏理，蓋今觀察使職耳。桂林，秦郡也，東控海嶺，右扼蠻荒，自隨迄今，不改戎府。地遠則權重，俗殊則理難；馴而化之，非才不可。朝議大夫、前守秘書監、驍騎尉、賜紫金魚袋嚴謨：嘗守商洛，刺黔巫，州部縣道，謐然安理。是能用寬猛相濟之政，撫夷夏雜居之人故也。跡其往効，式是南邦。況爾操行端和，文學精茂，賓寺書府，善於其官。勉副前言，佇申後命。可使持節都督桂州諸軍事，守桂州刺史兼御史中丞、桂州本管都防禦觀察處置等使，散官、勳、〔賜〕如故。

（唐）白居易《白居易集》卷五二《中書制誥五・夏州軍將二人授侍御史制》　勑：某官某等：早稱武藝，久隸軍麾，稟命元戎，服勤王事。若千里移鎮，從爲紀綱；或十乘啓行，倚爲肘腋。緜歷年月，積成勤勞。不加寵榮，何勸忠效？並命憲職，宜敬承之。並可兼侍御史，餘如故。

（唐）白居易《白居易集》卷五二《中書制誥五・京兆尹盧士玫除檢校左散騎常侍兼〔御史〕中丞、瀛漠二州觀察等使制》　勑：夫疆理天下，壤制四方，乘時省置，何常之有？故方隅未寧，務先經略，則專委方伯以總統之。及兵革甫定，思弘風化，則並命連帥以分理之。朕常以幽、薊一方，環封千里，延袤廣漠，專制實難。屬元其改轅，新帥進律，因而制置之，以叶便宜。蓋王者弛張變通之要也。京兆尹盧士玫：爲人端知，爲政寬簡，自尹京輦，人甚便安。今司徒總、籍甚爾名，叶從人望，河間到郡，乞委士玫；因而可之，必易爲理。況新造之府，經始之政，勞倈安輯，是爾所能。俾珥左貂，兼執中憲，寵任不細，勉哉是行，可依前件。

（唐）白居易《白居易集》卷五二《中書制誥五・薛戎贈左散騎常侍制》 勑：夫有名於時，有勞於國，盡忠以事上，遺愛而及下，則必生享寵禄，歿加褒崇，所以旌善人而勸來者。故浙東觀察使、越州都督兼御史中丞薛戎：挺英於冠族，擢秀於士林，凡踐官榮，皆著聲績。及授符節，委之察廉，自江而東，政成人乂。老而將智，病且知終；方覲闕庭，而捐館舍。是用廢朝軫念，加賻申恩。俾增九原之光，追備八貂之列。可依前件。

（唐）白居易《白居易集》卷五二《中書制誥五・邵同貶連州司馬制》 勑：朝議大夫、守衛州刺史兼御史中丞邵同：寵在專城，職當守土；不承制命，擅赴闕庭。違越詔條，叛離官次。將懲慢易，宜舉憲章。可連州司馬，仍馳驛發遣。

（唐）白居易《白居易集》卷五二《中書制誥五・義武軍行營兵馬使高從政等五人、河東節度行營兵馬使傅義等二十四人並破賊，可御史大夫、中丞、侍御史制》 勑：古者賞不逾時，所以勸勳庸也；爵有加等，所以激忠勇也。而某官高從政等：以義武之師，統晉陽之甲，前蹈白刃，中推赤心，大摧賊徒，連告戎捷。超榮速賞，爾實當之。故視軍功，遞遷憲秩。破竹之勢，其思有終，可依前件。

（唐）白居易《白居易集》卷五四《翰林制誥一・除范傳正宣歙觀察使制》 古之諸侯，三載考績，選其賢者，命爲長率，所以勸功行而興理化也。蘇州刺史范傳正：文學政事，二美具焉。選自郎署，出分符竹；江南列郡，連領者三。所至之部，悉心爲理：明諭朝旨，恭守詔條，謹身省事，以臨其下，政簡而肅，意誠而明，吏不能欺，人是以息。而去思之歎，來暮之謠，往復有政，聞於人聽。雖古循吏，蔑以加之。朕以陵陽奧壤，土廣人庶；其地有險，所寄非輕。跡其前効，可當此選。況黟歙之遺愛尚在，吴興之新政方播：升車便道，足慰人心。固當望風自安，計日而理。倚注於爾，往宜欽哉。

（唐）杜牧《樊川文集》卷一四《韋有翼除御史中丞制》 勑：昔貞觀、開元之爲理也，遠隱必見，情僞必知，天下如一家，兆庶如一人，無他道也，綱目皆振，法令必行。祖宗在天，方册在地，人存政舉，行之非艱，故用正臣，委之邦憲。朝請大夫、守尚書刑部侍郎、上柱國、賜紫金魚袋韋有翼，戴仁而行，抱義以處，墻仞裏峻，壇宇外寬。介特守君子之強，文學盡儒者之業，周歷華貫，擢爲諍臣。攻予甚專，言事頗切，願試佐輔，移理陝郊，馮翊之恐失倪寬，潁川之意得黄霸，壺漿迎路，襁屬攀車。徵爲公卿，愈見風彩，恤刑慎罰，守法當官，巍然立朝，爲時準直。今者跡其率理，委之糾繩，爾其念惠文弹理之言，思立秋授署之旨，三尺律令，四海紀綱，所宜公共，無即上意。古人有言曰：凡爲虎鼠，計於用舍。今者倚任，佇觀爾能，唯名知臣，無累所舉。可守御史中丞，散官勳封賜如故。

（唐）杜牧《樊川文集》卷一四《趙真齡除右散騎常侍制》 勑：仲尼曰：慎擇爾臣，爲人之導。夫語言應對之選，爲顧問耳目之官，若非善良，必致壅害。朝散大夫、守太子賓客、上柱國、漢中郡開國公、食邑二千户、賜紫金魚袋趙真齡，其先君子，祗事祖宗，出入屏毗，餘四十載。爾爲令嗣，克肖素風，好學頗專，樹善不倦。凡曰賢彦，無不與遊，雲水登臨，多聞放志，風塵趨競，殊不縈心。是以長人有慈惠之名，處官無纖介之失，其爲行己，斯亦多矣。丹墀文陛之内，貂羽金蟬之榮，超以授之，無忝所舉。可守右散騎常侍，散官勳封賜如故。

（唐）杜牧《樊川文集》卷一四《鄭處晦守職方員外郎兼侍御史知雜事制》 勑：朝議郎行尚書職方員外郎上柱國賜緋魚袋鄭處晦：御史中丞韋有翼上言曰：御史府其屬三十人，例以中臺郎官一人稽參其事，以重風憲。如曰處晦，族清冑貴，能文博學，人倫義理，無不講求，朝廷典章，飽於聞見，乞爲副貳，以佐紀綱。以爾處晦常居内庭，草具密命，自以疾去，于今惜之，頗俞其言，如我自得。有翼爲爾之知己，余爲有翼之德鄰，上下交舉，豈有私愛。勉修職業，所報非一。可守本官兼侍御史知雜事，散官勳賜如故。

（唐）杜牧《樊川文集》卷一四《盧告除左拾遺制》 勑：承奉郎、行京兆府長安縣尉、直史館盧告。朕觀不理之代，無他道也，取唯諾之士，爲耳目之官。是以太宗皇帝之理天下也，德爲聖人，尊爲聖帝，三日不諫，必責侍臣。況予寡昧，固多遺闕，不官才彦，安能知之。告是吾賢卿老之令子弟也，以甲科成名，以家行稱著，取自史閣，拔居諫垣。夫朕之不德，吏之不平，政之失中，人之不寧，四者之闕，悉陳其志，此乃漢文帝開諫諍之詔也。忠告不倦，爾當奉職；自用則小，予不吝過。勉思有犯，無事遜言。可依前件。

（唐）杜牧《樊川文集》卷一四《李蔚除侍御史盧潘除殿中侍御史等制》 勅：將仕郎守殿中侍御史李蔚，劍南西川節度判官朝議郎檢校尚書禮部員外郎兼侍御史上柱國賜緋魚袋盧潘等。夫法不立而化行，惡不去而善進，雖使堯舜在上，未之有也。故御史之舉職者，前代有埋輪都亭之奏，國朝亦有戴豸正殿之劾。若非端勁知名之士，不在斯選。蔚以文行進用，已著勞效。潘以儒雅流聞，今膺拔擢。有司列狀，詞旨頗公。使吾綱目盡張，隄防不壞，不在法吏，其在他乎？朕闢祇宮之門，開天下之口，企以待理，無有厚薄。爾等吐茹侮畏之道，能不愧於詩人，斯塞職矣，可不勉之。蔚可侍御史，散官如故。潘可殿中侍御史，散官勳如故。

（唐）杜牧《樊川文集》卷一五《李訥除浙東觀察使兼御史大夫制》

勅：仲尼以舉賢才則理，大禹以能官人則安。况西界浙河，東奄左海，機杼耕稼，提封七州，其間繭税魚鹽，衣食半天下，不有可仗，豈宜委之。正議大夫使持節華州諸軍事守華州刺史兼御史中丞充潼關防禦鎮國軍等使上柱國隴西縣開國男食邑三百户賜紫金魚袋李訥，温良恭儉，齊莊中正，實以君子之德，華以才人之辭。勮歷清顯，昭彰令聞，輟自掌言，式是近輔。子貢爲清廟之器，仲弓有南面之才，智莫能欺，剛亦不吐，表率教化，皆有法度。今者兵爲農器，革作軒車，言於共理，在擇循吏。是故用已效之績，託分寄之任，擁旗旆而服玄玉，化千里而有三軍，儒者之榮，莫過於此。孔子曰：仁者愛人，智者知人。愛人則疲羸可蘇，知人則才幹不棄。土宇既廣，殺生在我，考此二者，可以報政。榮加副相，用歷大邦，爾其勉之，無忝所舉。可使持節都督越州諸軍事守越州刺史兼御史大夫充浙江東道都團練觀察處置等使，散官勳封賜如故。

（宋）王溥《唐會要》卷五四《省號上·給事中》 元和三年，以國子司業李藩爲給事中。時制敕有不可，遂於黄敕後批之。吏曰：宜別連白紙。藩曰：祇是文狀，豈曰批敕。裴洎言之，上以爲有宰相器。俄而鄭絪罷免，遂拜藩門下侍郎平章事。

（宋）王溥《唐會要》卷五五《省號下·諫議大夫》 〔貞元〕十三年八月，以左諫議大夫薛之輿爲國子司業。之輿少居於海岱之間，永泰中，淄青節度使李正己辟爲從事。因奉使京師，之輿逗遛不歸，正己召之再三。之輿報曰：大夫既未入朝，之輿焉敢歸使。因逃匿於山險間十餘年。建中後，方復仕宦。上知之，故賞慰以爲諫議大夫。奏諫官所上封章事皆機密，每進一封，須門下中書兩省印署文牒，每有封奏，人且先知，請別鑄諫院印，須免漏洩。又累上言時事，上不説，故改官無幾，以疾免。

元和四年正月，先是，諫議大夫段平仲充册立南詔及弔祭使，諫議大夫吕元膺充河南江西宣慰，議者以爲諫官盡去恐傷大體，於是元膺罷行，平仲繼止。

六年十一月，左衛上將軍知内侍省事吐突承璀出監淮南軍。時劉希昂與承璀皆久居權任，既黜之，有李涉者託附承璀，邪險，求投匭上疏曰：承璀公忠，才用可輔政化，既承恩寵不合斥棄。諫議大夫知匭使孔戣覽其副章，大怒，命逐之。涉乃以賂進光順門，達其疏。戣聞之，因上陳古今之佞倖可爲鑒戒者，又言涉之奸險欺天，請加顯戮。上悟，貶涉而黜承璀焉。

十二年十月，以比部員外郎張宿爲權知諫議大夫。初，上欲以諫議大夫授宿，宰臣崔群王涯奏曰：諫議大夫，前時亦有拔自山林，然起於卑位者其例則少。用皆有由，或道德章明不求聞達，或材行卓異出於等倫，以此選求實愜公議。其或事跡未著，恩由一時，雖有例超升，皆時論非允。張宿本非文詞入用，望實稍輕。臣等所以累有奏，請依資且與郎中。事貴適中，非於此人有薄厚耳。授宿職方郎中。上命如初，群等乃請以權知命之。宿爲布衣時，上在藩邸，因軍使張茂宗得出入東宮辨譎敢言，洎監撫登位之時驟承顧倖擢居諫列，以舊恩數召入禁中。機事不密，貶郴州郴縣尉。十餘年，徵入，歷贊善補闕比部員外郎，擢爲諫議大夫，頗恃恩顧，掌權者往往因之搏擊。宿思逞其志，頗害清直之士。韋貫之出時人亦以爲宿有力焉，宿亦陰事左右以固恩寵。及爲淄青宣慰使，卒於道路，正直相賀焉。【略】

〔長慶〕四年八月，以諫議大夫賈直言爲檢校右庶子兼御史丞，充昭義軍司馬，仍賜金紫。初，直言父德宗時得罪死，且飲之以毒藥，直言在側適中使手中掣得藥一飲而盡，中使蒼黃復奏，德宗感其事遂不之罪。直言飲藥迷死，一日，藥潰左肋而出卻得生活，身遂偏枯。久之，又李師道請爲從事，直言具以逆順諭師道，遂以紙畫檻車二枚呈師道。師道問是何物，答曰此是檻車，囚送罪人至京師者。天子神聖，公爲反逆不悛，必當滅公父子，同載於此車，送都市顯戮，豈不悲乎。因大哭於前。師道命殺之，左右感其義，莫有應者。師道懼不敢殺，遂牢囚之。劉悟破師道，得直言於狴獄中而用之。鄆帥之情，皆因之以歸，無動摇者。後失帥，亦不變於前。宰臣上陳直言寵其官秩，遂非次除諫議大夫。劉悟累表乞留，云軍中事非直言不可。從其請改，復有斯授。

（宋）王溥《唐會要》卷五六《左右補闕拾遺》 〔大曆〕十二年七月，賜右補闕姚南仲緋，遷左拾遺何士幹爲左補闕。時葬貞懿皇后，代宗恩寵所屬，令繕陵寢，邇章敬寺後爲遊幸近地，左右莫敢言。南仲等上疏極諫，代宗覽表歎息，立從其議。因錫南仲緋，遷士幹之官以褒之。是日，遣内常侍吴承清宣諭百僚，令付史館。

元和元年九月，以拾遺杜從郁爲祕書丞。郁司徒佑之子。初，自太子司議郎爲左補闕，右拾遺崔群韋貫之，左拾遺獨孤郁等上疏，以爲宰相之子不合爲諫諍之官，於是降左拾遺。群等又奏云：拾遺與補闕雖資品不同，而皆是諫官。父爲宰相而子爲諫官，若政有得失不可使子論父。於是改授。

（宋）王溥《唐會要》卷六〇《御史臺上・侍御史》 武德四年，李素立爲監察御史，丁憂，高祖令所司奪情授一七品清要官，所司擬雍州司録參軍。上曰：此官要而不清。又擬秘書郎，上曰：此官清而不要。遂授侍御史。

（宋）王溥《唐會要》卷六二《御史臺下・雜録》 景龍元年九月十九日敕：選擇御史，令本司長官共中書門下商量，並録由歷進奏者。【略】

至德元年七月十三日敕：風憲之地，百寮準繩，頃者有司，殊非慎擇，其御史須曾任州縣理人官者，方得薦用。【略】

建中三年九月一日敕：御史大夫中丞奏授御史便充臺中職掌者，宜占缺，以後並依此處分。

（宋）王溥《唐會要》卷六二《御史臺下・推事》 龍朔二年十月，秦令言新除監察御史，推雒州長史許力士子犯法，使還將奏，諸御史謂曰：未經奏事，宜習之。笑曰：由來所便。問作手狀，又都不曉。及奏不稱臣，上問力士知否。對曰：許長史不知。上曰：對朕猶喚許長史，豈能推事。令法官重推，令言免官。【略】

天寶四載十二月十六日敕：東西兩推及左右巡使皆臺司重務，比來轉差新人數有改易，既不經久頗紊章程，宜簡擇的然公正精練者，令始末專知不得輒替换。若無缺失，至改轉時遲速間，以爲褒貶。

（宋）王溥《唐會要》卷六二《御史臺下・出使》 貞觀四年，監察御史王凝使至益州，刺史高士廉勳戚自重，從衆僚候之昇僊亭，凝不爲禮，呵卻之，士廉甚恥恚。至五年，入爲吏部尚書，會凝赴選，因出爲蘇湖令。

十七年，監察御史汲師巡獄至長安，縣令李乾祐不知御史至，巡訖將上馬，乾祐始來。師顧見，不言而去，乾祐深憾之。二十年四月，乾祐除御史中丞，遂出爲新樂令。【略】

〔乾封〕十二年四月六日敕：御史出使非充按察覆囚不得輒差判官，其出使日皆於側門進狀，取處分。

十三年三月十三日敕：御史出使，舉正不法，身苟不正焉能正人。如聞州縣祇迎相望，道路牧宰祇候，僮僕不若，作此威福，其如禮何。今後申明格式，不得更示威權。

大歷十四年六月敕：郎官御史充使絶本司務者，改與檢校及内供奉裏行。

（宋）王溥《唐會要》卷七八《諸使中・諸使雜録上》 咸亨三年十二月，頒下簡點格，其年五月十一日敕：中書門下兩省供奉官及尚書省御史臺現任郎官御史，自今已後，諸使不得奏請任使。永爲常式。

二年三月十一日，關内道覆囚，使邵師德等奉辭。上謂曰：州縣諸囚未斷，甚廢田作，今遣爾等往省之，非遺殺之，無濫刑也。至開元十年十月，宇文融除殿中侍御史，充覆囚使。

（宋）王溥《唐會要》卷七八《諸使中・諸使雜録上》 乾元二年七月九日敕：宜令御史大夫充彍騎使，令御史充判官。【略】

〔大曆十四年〕六月一日敕：郎官御史充使絶本司務者，宜改與檢校及内供奉裏行。其月三日敕：御史中丞董晋、中書舍人薛蕃、給事中劉迺宜充三司使，仍取右金吾廳一所充使院。並於西朝堂置幕屋，收詞訟。至建中二年十月停，後不常置。有大獄即命中丞、刑部侍郎、大理卿鞫之，謂之大三司使。又以刑部員外郎、御史、大理寺官爲之，以決疑獄，謂之三司使，皆事畢日罷。【略】

〔貞元〕十三年六月，加劍南西山運糧使檢校户部員外郎韋肇兼御史大夫。員外兼大夫新例。

十四年六月，罷宣、歙、池三州，鄂、嶽、沔三州都團練觀察使，陝、虢兩州都防禦觀察使，以其地分隸諸道。置東畿觀察，以留臺御史中丞爲之。

（宋）王溥《唐會要》卷七八《諸使中·諸使雜録上》〔元和〕十三年二月，浙東觀察使孟簡授代，詔書到日，援故事，署留後而行。及常州，堂牒勒還舊鎮，待割使事而後行。初，李修授浙西觀察使，中謝日，請留所替，以待交割使事。至是因舉爲例，非舊制也。【略】

〔元和〕十五年十二月，中書門下奏：内外六品已下正員官諸道諸使奏充掌職，比限兩考。及授官經二年已上，方許奏請，即與依資改轉。有才在下位者不免留滯。請今後諸道諸使應奏請正員官充職掌，經一周年，即與依資改轉。未一周年，與同類試官。從之。舊制，使府判官二周年始許改轉，通計三考，謂之得資，與同類試官。今不依舊典，物議非之。

（宋）王溥《唐會要》卷七九《諸使下·諸使雜録下》〔太和四年〕其年五月敕：置疏決囚徒使，以清強御史二人爲之。應京城諸司見禁囚徒，宜令疏決處分，具輕重聞奏。

（宋）王溥《唐會要》卷七九《諸使下·諸使雜録下》〔大中六年十二月〕其月，中書門下奏：觀察使職當廉問，位重藩維，受明王之寵寄，同國家之休戚，豈可但享崇貴，唯務優遊，羅聲色以自娱，顧凋殘而莫問。縱逃顯責，必受陰誅。自今以後，並請責其成效，專其事權，使得展意盡心，恢張皇化。敬事以守法度，節用以減征徭。有利於國者必行不以近名爲慮，有害於人者必去不以循例爲辭。絶連夜之酣歌，務盡心於議讞，常推此道，方免曠官。其巡屬州縣，須知善惡，每歲考校，具以上聞。隱而不言，罪歸廉帥。應有所論薦，須直書事績，不得虚詞。有所舉聞，須盡録奸贓，不得隱漏。懦弱不任職者奏免，不得徇情；清強能立事者上陳，不得蔽善。如此即上下相制，遠近相臨，同推至公，共成致治。敕旨：卿等所條流廉問牧宰等事，實繫生靈慘舒。並依。

（宋）徐鉉《騎省集》卷七《李匡明御史大夫制》勑：御史所職，實爲紀綱。百官之邪，得以歸正。衆目不理，得以舉明。使朝廷凜然，罔懈於位。兹朕之攸賴而和庶政也。向者治刑不暇，官業靡申。遂用省其訊鞫之煩，委以澄清之寄。庶循理本，諒在得人。通議大夫守吏部尚書柱國賜紫金魚袋隴西縣開國子食邑五百户李匡明，學術優深，德望清重。可副丞相，以鎮時風。中散大夫守右常侍判御史臺事柱國賜紫金魚袋趙丕，自掌憲司，克勤於職。而侍從之列，朝夕論思。期於弼違，宜在專任。令以庶獄，移從理官。可歸騎省，以備顧問。各踐乃位，允期懋功。匡明可御史大夫，丕可守本官罷判臺事。

（宋）徐鉉《騎省集》卷八《大理司直唐顥可監察御史制》勑：某。夫御史之列，皆一時之清選，而貴仕所由漸也。聞爾執心有常，從事以直，持刑甚平允，當官有勤勞。故升諸朝廷，俾之察視。爾其懋乃才用，修我紀綱。無傾側糾訐以爲能，依阿顧避以自守。勿貽爾悔，以忝予恩。

《全唐文》卷二五〇《蘇頲·授解琬左散騎常侍制》門下：散騎之列，豐貂入侍，選於耆艾，用均師友。金紫光禄大夫致仕上柱國解琬，文合騷雅，學殫經籍，百城分按，南憲是繩，萬里出師，西戎即序。頃以剖符從政，解印歸休，章既拜而遂行，禮及傳而則往。雖風規莫擬，而志力猶茂，乞言伊屬，寧忘賜杖之榮；替否旁求，宜副安車之命。可行左散騎常侍，散官勳如故，主者施行。

《全唐文》卷二五〇《蘇頲·授褚無量右散騎常侍制》黄門：獻納之任，虚求是屬，列於侍臣，莫匪耆舊。銀青光禄大夫前散騎常侍上柱國褚無量，佩服純行，周旋雅道，夙侍金華之講，屢膺石渠之命：故能禮自柔嘉，動多忠益。頃在艱罰，近終喪禮，覃思研精，華皓不倦；直辭讜議，清明可觀，俾重春卿之儒，還居德璉之任。可右散騎常侍，勳如故，主者施行。

《全唐文》卷二五一《蘇頲·授尹思貞御史大夫制》門下：國之副相，位亞中臺，自非邦直，孰司天憲？銀青光禄大夫將作大匠天水郡開國公尹思貞，賢良方正，碩儒耆德，剛不護缺，清而畏知。簡言易從，莊色難犯，徵先王之體要，敷衽必陳；折佞臣之怙權，拂衣而謝。故以事聞海内，名動京師，鷹隼是擊，豺狼自遠。必能條理前弊，發揮舊章，宜承弄印之榮，式允登車之志。可御史大夫，封勳如故，主者施行。

《全唐文》卷二五一《蘇頲·授宋璟御史大夫制》黄門：三臺副職，百寮之師，紀綱是任，莅事惟能。國子祭酒上柱國廣平郡開國公東都留守宋璟，含純粹之德，秉清剛之氣，學研精以辨政，文體要以經遠。吉人之寡，敷言有訓，君子之慎，擇行無違：正色而自具陽秋，立誡而不僭風雨。必能静專動直，獻忠納規，常聞沃心之任，靡憚犯顔之情。使其坐以鎮俗，嶷然當朝，則不能者退，不仁者遠。王臣蹇蹇，懦夫有立，俾光天憲，式副人瞻。可御史大夫，勳封如故，主者施行。

《全唐文》卷二五一《蘇頲·授李傑御史大夫制》黄門：副相之重，羣僚取則，爰理其綱，錫之以印。河南府尹上柱國武威縣開國子李傑，直清浩素，剛斷精密，學究文儒，才優經濟。物寧滯用，若遇盤根；人或蒙求，似開明鏡。心公而惡惡，道正以閑邪，河南擅聲，天下稱最。必檢齊霜憲，宏長風猷，俾其立朝，用爾敦俗。可御史大夫，勳封如故。仍驛赴京，主者施行。

《全唐文》卷三〇八《孫逖·授尹愔諫議大夫制》門下：右省署掌諫之官，立司過之史，所以書君舉，箴王闕，不次而授，唯才是與。道士尹愔，識洞微妙，心遊淡泊，祇服元言，宏敷聖教。雖渾齊萬物，獨諳於清真；而博通九流，兼達於儒墨。朕方貴無名之璞，期不言之化。資其妙道，實彼周行，宜居納誨之職，仍存記言之地。可朝請大夫守諫議大夫集賢院學士，兼知史官事。

《全唐文》卷三〇八《孫逖·授蕭隱之御史中丞仍充東京畿採訪等使制》門下：列彼三獨，儆於百寮，選衆爲難，舉能斯在。中大夫檢校大府少卿東都和糴等使護軍蕭隱之，敏行深識，貞標雅器。性與公清，寧欺於暗室；才優決斷，豈避於盤根。自任以長府，委之平糴，備聞堅正，深叶和均。將寄朝綱，允副人望，宜贊貳於南憲，俾肅清於東都。可行御史中丞，仍充東京畿採訪處置使兼充和市和糴使，散官、勳如故。

《全唐文》卷三六六《賈至·授王延昌諫議大夫兼侍御史制》門下：古者天子有諍臣七人，而事君有犯無隱，故能獻可替否，從諫則聖。京兆少尹知雜王延昌，學於古訓，秉心塞淵，以文藝之質，飭幹時之器。頃者彌綸省闥，紀綱臺憲，舊章克舉，雅望攸歸。貳政浩穰，雖藉其條理；列職規諷，更思其讜直。諫大夫之密，侍御史之雄，爾宜兼之，以匡予理。可諫議大夫兼侍御史知雜，餘並如故。

《全唐文》卷四一〇《常袞·授郭晞左散騎常侍制》敕：切問之司，實參朝議，僉諧之命，允屬時髦。同朔方節度副使特進試殿中監察御史大夫充朔方先鋒司馬使上柱國太原郡開國公郭晞，文武成器，公忠亮節，言多雅正，理適經通。詩禮之方，服於庭訓，韜鈐之略，稟自朝謀。以少年之才雄，有老成之持重，俾張我武，克定西疆。業其勳以象賢，大其門而出將，兵嚴既解，朝選攸歸。舉以令聞，允茲近侍。可行左散騎常侍，散官勳封如故。

《全唐文》卷四一一《常袞·授敬括御史大夫制》門下：天子綱紀，屬於風憲，所以彈肅公卿，課第牧守。姦詐不息，法令將廢，豈奉憲者道未明歟？眷求忠賢，舉我事典，金紫光禄大夫行同州刺史兼御史中丞充本州團練使守捉使上柱國平陽縣開國子敬括，河汾大儒，博達今古，清心素行，高簡自居。粲然文章，如振金石，職更要重，處以公亮。不恃禄以私身，每依經以制事。頃以馮翼近輔，化參京師，凋殘之餘，勞徠所屬。自廷尉之列，分内史之餘，清静而鎮，流庸悉歸。閭閻小康，理行第一，休有聲績，副茲厚遇。肆予命爾，亞秩臺司，無以時或多虞法有所貸，必訪故實，以澄源流。直道而行，不仁者遠，慎乃名位，爲時行之。可行御史大夫，散官勳封如故。主者施行。

《全唐文》卷四一三《常袞·授崔瓘自澧州刺史除湖南觀察使制》敕：刺史案部，外廉數州，遵俗宣風，所繫尤重。今海内甫定，方澄化源，綱理郡縣，大明黜陟。安人之寄，歷選惟難，必二千石職連最者處之，曉然明勸，以訓天下。銀青光禄大夫前澧州刺史兼侍御史上柱國義豐縣開國男崔瓘，嘗守江潭，有清静簡易之化，勤儉約己，精誠感物。小大之政，必躬必親，本於人情，參以事典。出言而信，出令而從，訟獄衰止，流庸還定。息貪官之豪奪，懲大姓之雄強，歲無札瘥，俗致康乂。及澧陽移鎮，一其教理，故郡黎庶，靡然隨之，望風欣然，如得父母，可謂明恕慈惠，更人之師也。況本之以經術，濟之以忠敬，更於臺閣，練達朝章，而識略沈達，可以專方面之任。自湘之東，制以連率，委之監郡，兼亦訓戎。彼都之人，夙所愛慕，參領中憲，以綏一方。可使持節都督潭州諸軍事潭州刺史兼御史中丞充湖南都團練守捉使及觀察處置等使，仍兼充諸道營田副使知本管營田事，散官勳封如故。

《全唐文》卷四一三《常袞・授李栖筠浙西觀察使制》 勑：《王制》千里之外設方伯，選諸侯賢者而命之，俾其遵俗宣風，大明黜陟。今以刺史條察列郡，西漢成式，厥惟舊哉。銀青光祿大夫常州刺史充本州團練守捉使上柱國贊皇縣開國子李栖筠，資樸厚之性，秉禮義之宗，其學博而精，其文簡而當。明以辨政，居官可紀，秩更三署，名重一時。抗黃扉之論駁，舉冬卿之典制，自守毗陵，尤精藩職。初翦橫江之盜，猶多擊柝之虞，言撫傷殘，克施惠訓。清静少欲，以臨其人，禮讓之風，行於東國。考其績用，實最方州，震澤之北，三吳之會，有鹽井銅山，有豪門大賈。利之所聚，姦之所生，資於大才，濟我難理。加以中憲，雄茲按部，慎乃教令，薄其征徭。無倚法作威，無割下附上，勉副朝寄，以綏一方。可使持節蘇州諸軍事蘇州刺史御史中丞充浙江西道觀察使處置都團練守捉及本道營田等使，散官勳封如故。

《全唐文》卷七二六《崔嘏・授李方右諫議大夫等制》 勑：居諫納之地，副銓綜之司，致予聰明，適彼倫要。自非端方正直之士，檢身御衆之才，則何以輸及霤之忠誠，奉提衡之藻鑑。爾等皆擢秀瑶林，飛華桂苑，早登俊造，共許清貞。入憲府而自竦孤標，歷文昌而更光列宿。分符茂績，遠繼於龔、黃。視草雄詞，舊推於賈、馬。是用擢居右省，陟彼首曹。爾宜徵五諫之司，佐三銓之任。無疑逆耳，必在精心。勉服寵光，益揚善價。可依前件。

《全唐文》卷七二六《崔嘏・授蕭鄴李元監察御史制》 勑：御史府居朝廷之中，傑出他署。蓋以圭表百吏，糾繩四方。故選其屬者，必在堅明勁峭，臨事而不撓，不獨取謹厚温文，修整咨度而已。爾等皆以詞華升于俊秀，從事賢侯之府，馳聲館閣之中，籌畫居多，操持甚固。是宜持此霜簡，峻其風標。使避馬之謠，不獨美於桓典；埋輪之志，無所愧於張綱。勉服寵榮，無忘職業。可依前件。

《全唐文》卷八〇三《李磎・授吏部侍郎徐彦若御史中丞制》 勑：御史中丞以獨坐爲稱，豈特崇貴人而已。昔韋仁約是其官僚耳，猶以雕鶚自許，不肯狎公卿，激揚清風，振駭良吏，況長其屬者，可忽慢哉？兵戈以來，紀綱廢壞，永惟提舉，未易其人。執政上言云：具官徐彦若，掌司憲臺，甚著聲績。而自轉遷稱速，憤鬱猶多，使之復爲，必或愈於前日。且其祖在天后朝爲大理，有正直詳平之聲。于公積慶，因成相門。而彦若克嗣其家，端莊自立，踐歷華貫，聲聞藹然。俾持準繩，無以易者。是用輟天官之貳，再尊任之。爾其砥礪厥心，無忝所舉。可依前件。

《全唐文》卷八〇三《李磎・授王摶兵部員外郎兼侍御史知雜事等制》 勑：持紀綱以貳於中司，書言動以歸于太史。二者亦重矣，而躁競者徒利于轉遷，闒薄者止貪于清近。問以職業，則杳如物外。遂使南臺無典章可采，東觀無注記可求。壞法曠官，莫斯爲甚。某官王摶等，並以科籍，早登朝列。而憲署以摶茂族英才，嘗雜事於亞相，皆言其所藴蓄，未盡施設。請復兼柱下進省曹以用之。丞相以杞大臣令子，日稟訓於名父，皆言其所聞見，妙得規模。請引之朕前，委直筆以觀之。是用同獎擢，無所疑焉。爾其厲乃冰霜，謹乃毫簡，勿循往例，以正時風。可依前件。

《全唐文》卷八三一《錢珝・授前兵部侍郎薛昭緯御史中丞制》 勑：國家之設公器也，君將揭而與之者，必問於朝，皆曰可與則徇公。況御史中丞，持天下所共之法，等乎庶尹，重有加焉。乃詔名卿，來承俊選。具官薛昭緯，吾閱元和遺事，嘉爾祖執憲之能。軌躅可尋，風聲自在。美延後嗣，克奉貽謀。爾又歷落開懷，精明照物。好讓不惑，寡過自強。出典誥而理勝辭豐，第甲乙而以文兼行。且屬多梗，使於列藩與諸侯，言繫安危。事自肺腸而到社稷，激意氣而誘公忠。選無虚褒，言有清論。皆入吾耳，盡知乃心。宜正衣冠，立爲繩準。將分厥職，惟聽茲言。夫太剛太柔，不折則廢。作之可久，必在居中。爾當率寮屬以講求，振綱條而審固。與其就名而生事，未若審實以業官。勉思勤行，無害有益。可依前件。

《全唐文》卷八三七《薛廷珪·授董禹左諫議大夫制》 勅：朝廷具位之臣，得直言天子過失，太平之基也。矧司我諫議，列吾軒墀。啓乃心而沃我心，盡爾言而攻我過。眷求之道，時惟艱哉。具官董禹，疊中詞科，優有文藝。西漢故事，甘泉遺儀。聞其討論，多所詳悉。逮事先帝，頗揚直聲。徵還周行，歷踐臺閣。靡所附麗，能精典墳。公論推其才術，鄉校言乎淹恤。今擢爾爲諫議大夫，置朕左右。勉揚厥職，往副旁求。夫立肺石，挹獸樽，扶將顛，祛未寤。在履正直，務去將迎。爾或推公，朕豈憚改。書紳銘座，服我訓詞。佇稱人情，勿孤朝獎。可左諫議大夫。

《全唐文》卷八三七《薛廷珪·授中書舍人獨孤損御史中丞制》 勅：漢制御史中丞入朝，得與尚書令專席而坐，示威重於百辟也。前代之盛，風猷具存。國朝用人，職業尤重。非材優望峻者，不中茲選。丞相言爾中書舍人獨孤損，儒林挺秀，卿族騰芳。文擅菁英，學窮壼奧。演之爲事業，暢之爲人文。立我明廷，號爲端士。逮予寡昧，歷事三朝，勞爾班行，向踰二紀。佪翔兩掖，尹正神京。直聲載揚，休問逾暢。自掌我誥命，垂爲典謨。煥然一家之書，擬於三代之際。器業事望，由茲而益隆。藴勵琢磨，所向而可仗。朕言念理本，係於臺綱。詢謀股肱，謂爾宜稱。今以爾爲御史中丞，其爲我峻爾風望。正言隳頹，無憚觸邪。勉思舉職，佇觀爾志。以稱我心。

宋朝部

監察系統分部

論說

（宋）**包拯《孝肅包公奏議》卷二《論臺官言事》** 臣伏見近者臺官以朝政闕失，上章論列，或令分析，或取戒勵，中外傳聞，於體不便。且國家置御史府者，蓋防臣僚不法，時政失宜，朝廷用之爲紀綱，人君委之如耳目。所以先帝特降詔書，添置侍御史以下六員，並不兼領職。當時詔令不允官曹涉私，措置乖方，刑賞踰制，並許彈奏。雖言有過當，必示曲全。若事難顯行，即令留內。蓋先帝切於求治，如是之極也。伏自陛下臨御以來，將三十載，遵守先訓，廣開言路，虛懷以待，犯顔必容，此皆陛下憂勤庶政之至深，羣臣仰望清光之不暇矣。臣欲望今後御史等，凡有彈奏，事或過當，更不令分析及取戒勵，若乃阿意徇私，即乞重行責降。如此則上彰陛下好諫之德，下免朝廷過舉之失。

（宋）**包拯《孝肅包公奏議》卷二《慎差除·請復封駁》** 臣復見朝廷近日凡有除授，制命已行，或物論未允者，則臣寮上疏論駁，因而追改者有之，然未若精擇而後用之之審也。故外議喧然，謂進退可否之柄不專於上，流聞四方，大損國體。且兩漢而下，並以左曹給事中領駁正之任，李唐尤重其選。若權用未當，則論列於內，不顯揚於外，蓋不欲明君之過，沽己之直也。近代則不然，但建一策，議一官，則必揚言於朝，以爲己功。噫，爲臣之道豈當如是乎？竊覩國家循舊例，置門下封駁司，以近臣兼領，未嘗見封一敕，駁一事，但有封駁之名，而無封駁之實，因循不振，豈不惜哉？且歷代典故，淪廢多矣，此局幸而未墜，祇在舉而行之。臣請特正封駁之職，選兩制以上，慎重介直不撓者主之，或命諫官兼掌，應有除授之制，並先由門下，其不可者，得以辨別是非，封進詔敕。如此，則差易改止，兼免漏泄，少裨聖政。

（宋）**曾鞏《曾鞏集》卷二三《制誥擬詞·左右諫議大夫制》** 諫議大夫掌議論舊矣。今列於從官，實有言責。事無大小，皆得開陳。當其可從，則爲之更命令，易取舍，固朕之所虛心而聽也。朕方於天下之忠讜，惟恐不聞，則居是任者，直己以事上，夫何間哉？某器識強敏，明於今古，俾職獻替，僉曰汝宜。夫能通上下之情，而使朕立於無蔽之地，治道之所由出，在汝能稱其任。可不勉歟。

（宋）**曾鞏《曾鞏集》卷二三《制誥擬詞·諫官制》** 某純明廣博，信古知今。用爾之長，俾有言責。夫言人之所難言，爾無不盡。而聞之如恐不及，朕豈敢忘？其尚懋哉，無或容而已矣。

（宋）**曾鞏《曾鞏集》卷二三《制誥擬詞·左右正言制》** 左右之臣，以言爲職。事有得失關於理體，利害繫於人情，或方兆於幾微，或已施於命令，論皆可及，誼無不從。選用特殊，寄屬惟重。正官之始，得士尤艱。某綽有時材，通於世用。獻替之位，宜服寵名。夫上之求乎下者，患乎難知；下之求乎上者，患乎難達。使耳目之任無蔽，藥石之規必聞。尚惟汝能，以助予治。

（宋）**曾鞏《曾鞏集》卷二四《制誥擬詞·御史中丞制》** 御史府持吾邦法，所以糾官邪，繩不恪，輔予於治。非秉義純篤、望實敷於上下，不稱其任。某強毅肅括，以禔其身。博學精識，通於世用。是以考擇於衆，寵以茲位。夫有守正向公之志，又有能辨是非之明，抗論於朝，使賢不肖忠邪不失其實，此法之所以爲治具，而能佐吾以善養人之意。使汝能宜其官，則朕爲得其所屬。尚體予訓，其惟懋哉。

（宋）**曾鞏《曾鞏集》卷二四《制誥擬詞·責御史制》** 中執法所以糾官邪、繩不恪也，其可以自爲欺且怠歟？某拔於疏遠之中，服在此位。宜殫忠力，以稱所蒙。而按劾大臣，既非其實，稽其分職，則自餒焉。朕爲之優容，俾從薄責。而進對之際，公肆誕謾。屬吏推窮，獄辭明具。論其情則懷詐，比其治則瘝官。夫身任紀綱之司，而抵冒若此，雖朕欲貸汝，而知公議何。斥守偏州，尚仍階品。往新厥志，庶蓋前愆。

（宋）**曾鞏《曾鞏集》卷二四《制誥擬詞·御史遷郎官制》** 御史董攝綱紀，肅正朝廷。於政之有不當於理，於臣之有不協於極，皆得言之。

故吾甚重其選。爾有列於此，能勤厥職。雖歲月未久，而風望甚高。今有司奏爾之課，於法當遷。吾不得留，易之郎位。使爾之自效，能不擇官，則吾於報功，亦有異賞。爾其勉矣，無忘訓言。

（宋）曾鞏《曾鞏集》卷二四《制誥擬詞・御史知雜制》　臺無大夫，中丞則御史之首。當專決庶務，實總邦憲。朕選於衆，然後屬之其人，豈不重哉？某敏茂直清，通於學問。輟自右史，往踐厥司。夫振舉紀綱以闡明法度，糾繩邪慝以肅正臣工。朕方虛心，志在於與人爲善；爾能苦口，無患於不得其言。其尚自强，以允公論。

（宋）曾鞏《曾鞏集》卷二四《制誥擬詞・監察御史制》　御史持國綱紀，所以糾官邪、齊內外。選衆而授，厥惟艱哉。爾好古知方，强於自立。刺察之任，往其欽哉。惟不回於爾心，以無撓於余法。在知所守，可不勉歟。

（宋）曾鞏《曾鞏集》卷二五《制誥擬詞・監司制》　分部而使，連數十城，事之與奪，吏之黜陟係焉。古方伯之任也，其選甚重，固無假人。爾修潔純明，治行强敏。刺督之寄，往共厥服。夫能使政舉刑清，和樂交於上下；人足家給，富饒洽於公私。皆汝守也，可不念哉。

（宋）曾鞏《曾鞏集》卷二五《制誥擬詞・諸丞制》　丞於有司，參其政事而察其稽失。以材選授。尚懋爾勤。

（宋）曾鞏《曾鞏集》卷二五《制誥擬詞・殿中丞制》　丞於殿內，參總六尚之官，而察其稽失。出於公選，首以材升。尚務欽承，方觀汝效。

（宋）王安石《臨川文集》卷六三《諫官論》　以賢治不肖，以貴治賤，古之道也。所謂貴者，何也，公卿大夫是也。所謂賤者，何也，士庶人是也。同是人也，或爲公卿，或爲士何也。爲其不能公卿也，故使之爲士，爲其賢於士也，故使之爲公卿。此所謂以賢治不肖，以貴治賤也。今之諫官者，天子之所謂士也，其貴，則天子之三公也。惟三公於安危治亂存亡之故，無所不任其責，至於一官之廢，一事之不得，無所不當言，故其位在卿大夫之上，所以貴之也。其道德必稱其位，所謂以賢也。至士則不然，修一官而百官之廢不可以預也，守一事而百事之失可以毋言也。稱其德，副其材，而命之以位也。循其名，傃其分，以事其上而不敢過也。此君臣之分也，上下之道也。今命之以士，而責之以三公，士之位而受三公之責，非古之道也。孔子曰，必也正名乎。正名也者，所以正分也。然且爲之，非所謂正名也。身不能正名，而可以正天下之名者，未之有也。蚳鼃爲士師，孟子曰，似也，爲其可以言也。鼃諫於王而不用，致爲臣而去。孟子曰，有言責者不得其言則去，有官守者不得其職則去。然則有官守者莫不有言責，有言責者莫不有官守，士師之諫於王是也。其諫也，蓋以其官而已矣，是古之道也。古者官師相規，工執藝事以諫。其或不能諫，謂之不恭，則有常刑。蓋自公卿至於百工，各以其職諫，則君孰與爲不善，自公卿至於百工，皆失其職，以阿上之所好，則諫官者，乃天子之所謂士耳，吾未見其能爲也。待之以輕而要之以重，非所以使臣之道也。其待已也輕而取重任焉，非所以事君之道也。不得已，若唐之太宗，庶乎其或可也。雖然有道而知命者，果以爲可乎，未之能處也。唐太宗之時，所謂諫官者，與丞弼俱進於前，故一言之謬，一事之失，可救之於將然，不使其命已布於天下，然後從而争之也。君不失其所以爲君，臣不失其所以爲臣，其亦庶乎其近古也。今也上之所欲爲，丞弼所以言於上，皆不得而知也。及其命之已出，然後從而争之。上聽之而改，則是士制命而君聽也，不聽而遂行，則是臣不得其言而君恥過也。臣不得其言，士制命而君聽。二者，上下所以相悖而否亂之勢也。然且爲之，其亦不知其道矣。及其諄諄而不用，然後知道之不行，其亦辨之晚矣。或曰，周官之師氏保氏司徒之屬，而大夫之秩也。曰，嘗聞周公爲師，而召公爲保矣，周官則未之學也。

（宋）吕陶《浄德集》卷八《內外制・誡厲諸路監司修舉職事詔》　朕思古之人君恭己無爲，而恩之所加者深，威之所制者遠，羣黎百姓莫不悦懷畏服，而無一夫不獲者，其道非他，蓋有法度以爲治世之具，張官置吏，奉而行之，足以整齊天下，而導其德澤，以及于遠近幽深故也。今四海之廣，判爲諸部，部有使者，以督察郡縣，乃爲朕行法度而導德澤者。比歲以來，或不勝職，以苟且爲易簡，以解縱爲寛裕，以懲奸去惡爲慘暴，以度用均財爲刻剝，政有先務，則置而不問，事有中道，則違而不循，是以賦役不均，刑罰不中，盗賊不戢，疾苦不除，其勢駸駸然，日趨於偷惰弛廢之域，而不知止，朕何望焉，元元何賴焉。朕夙興夜寐，講求治要，論議所先，詔令數下，率從寬厚者，蓋欲安養生民，而躋之富壽爾，非謂使汝一切廢事，而竊禄備位也。《詩》不云乎：彼其之子，不稱其服。《書》曰敬爾有官，亂爾有政，斯皆士大夫之所習聞也。爾其勵志意，修識業，持準繩，以肅庶務，推仁惠以蘇疲氓，使四方無怨咨憔悴之歎，而朝廷享太平之實，豈不美歟。苟蹈前愆，必罰無赦。

（宋）劉安世《盡言集》卷一一《論臺諫官章疏乞内中置籍》 臣嘗觀唐李絳之對憲宗，以謂君尊如天，臣卑如地，加以日月之照，雷霆之威，小臣晝夜思度，本欲陳諫十事，至時已除五六，逮於緘封上進，又削其半，得上達者，蓋無二三。以此推之，則人臣之所以獻於天子之前者，莫非精思熟慮而自以爲不易之言也。雖人之才智遠近小大之不齊，而其所論未必皆至於盡善，要在君相推至公之心，擇所長而行之，則天下無遺策矣。今二聖臨御，委任大臣，方此之時尤宜開廣言路以防壅塞。臣愚欲望陛下深鑒前古之弊，務通天下之情，應臺諫官有所論奏，別於内中置籍，先録事目然後付外。若三省聚議以謂可行，即於章疏之後具已施行次第繳奏。或議論少理决有難從者，亦具不可行之狀進封以聞。伏乞陛下更加參酌，苟執政與奪已得允當，並候注籍訖卻以真本降付三省。或宸衷以爲不然，即大臣奏事之際，更可面加詢訪，所貴忠言讜議，盡關聖覽，取舍至公，爲後世法，取進止。

再奏

右臣前月十二日上殿曾具劄子，乞以臺諫官章疏内中置籍先録事目然後付執政聚議，批鑿可否訖，並具繳奏，候注籍畢，卻以真本降付三省，至今未蒙施行。臣竊慮陛下以謂關防稍嚴，恐傷輔弼之意，不欲示外，所以留中。然臣之言蓋爲朝廷立萬世之法，非苟以區區之小數，而勸陛下之疑人臣也。今天下之奏付尚書省者必復送中書，中書具如何措置擬定以聞，及其得旨，送尚書省，令施行者必再送門下省覆奏然後行下。蓋朝廷綱紀互相檢制，非皆爲疑執政而設也。然則臣乞以臺諫之言，令三省擬奏可否，何以異此，臣固不敢以迂闊難行之事要君取名，止貴採擇之際至公至慎，不以人廢言而已。伏望聖慈察臣惓惓之誠，欲廣聰明之助，早以臣奏付外施行。

（宋）葉夢得《石林燕語》卷五 唐三院御史，謂侍御史與殿中侍御史、監察御史也。侍御史所居曰臺院，殿中曰殿院，監察曰察院，此其公宇之號，非官稱也。侍御史自稱端公，知雜事則稱雜端；而殿中、監察稱曰侍御，近世殿院、察院，乃以名其官，蓋失之矣。而侍御史復不稱臺院，止曰侍御；端公、雜端但私以相號，而不見於通稱，各從其所沿襲而已。

（宋）李燾《續資治通鑑長編》卷一九〇《仁宗嘉祐四年》 敝又言：伏見先帝哀矜庶獄，開釋無辜。以京師浩穰，獄訟煩多，創設糾察一司，辨理微枉，澄審繆誤，誠不欲使吏得弄法。民陷非罪，設令侵冤，有所告訴也。臣伏見諸大辟公事，或具獄既上情涉可疑，或審問之際囚自翻變者，並皆移司推劾。左軍則移右軍，右軍則移左軍，府司亦然。然此三處形勢既均，利害略同，更相顧望，自爲地道，寧伸吏典，莫念民枉。以此治獄，恐非朝廷欽恤之意。臣謂諸大辟公事，其情理可疑及囚自變者，並委糾察司奏請別差官置勘，其司獄等仍須與原勘處不相干礙，方許抽差。如此則獄無銜冤之濫，吏無試法之倖，好生之德，洽于民心矣。

（宋）李燾《續資治通鑑長編》卷一九四《仁宗嘉祐六年》 又御史府内司朝廷憲度，外察郡縣吏治。若朝廷政事之施行者，賞罰有所未當，號令有所未允，忠邪有所未辨，紀綱有所未正，則御史得以言之。若郡縣政事之施行者，官吏有所未公，法制有所未明，冤枉有所未申，貪暴有所未除，則御史得以言之。然則主於督察内外施行之事，隨所是非當否而言，上以補救朝政，下以警飭四方之吏，共適於至公之道而已；非謂朝廷之事，有所未及施行，而御史得以先之也。其所以不可得先者，將以明上下之分也；上下之分苟明，則人主之柄操執有歸，而綱紀不亂；綱紀不亂，則天下無難於爲治也。【略】

又國家開廣言路，任用臺諫官，以求天下公議。其所彈治者必廢，所稱援者必進，既爲上所信屬，故其職特爲要劇。比年士大夫乃有險詖之人，挾己憎愛，依倚形似，造浮説，奔走臺諫之門，鼓扇風波之論，幸言者得以上達。推原其情，本非公正助治之道，止於陰借權力，取快私意。當言之人，率務舉職，既所傳耳目稍異，則豈敢遂無論列？若由風聞而事得其實，朝廷從而施用之，有補聖治，茲固善矣。不幸萬有一愛憎不中之論，熒惑紊撓人主之聽明，豈不爲聽斷之累哉。臣愚謂前世風俗不平，毀譽亂公，而下詔誡勵者，有矣。欲深鑒時弊，特屈聖訓，曉勵士大夫，庶幾婾薄革心，有以激清朝路也。

（宋）李燾《續資治通鑑長編》卷三六五《哲宗元祐元年》 監察御史王巖叟言：臣竊以納忠之道貴乎盡，論事之體貴乎密，不盡則不足以感動聖心，不密則不足以成就機事。人主待臣下雖無間，而臣下自立不能無不同，既不同，則不能無忌礙而言有所不盡，事有所不密。言之不盡，事之不密，非有益於朝廷之道也。古之人有以告於君者，父子之間不以相語，況可使他人聞之哉。伏望聖慈，察臣之言，特賜指揮，依久來故事，臺諫官只令一人上殿，庶使各盡其忠，而無不密害成之失。

又言：臺諫官，天子耳目之任，當使各盡其見聞以告主上，豈可卻使互相窺察？常得志同道合之人則可，若有懷私意、持異見者，如何與之共論於上前？此不可不察也。故事，臺諫官論事，不相通議，亦不關白官長，蓋欲以各盡其忠，豈可上殿卻使兩人同也。

又言：六曹、開封府有司之事，皆有定法，所以官長與屬官同奏對。今臺諫官須二人同上，則似與六曹、開封相類，恐非體要。如蒙允臣所奏，只乞作出自宸衷批出指揮。

（宋）李燾《續資治通鑑長編》卷四〇八《哲宗元祐三年》 恭惟祖宗以來，尤以臺諫爲重，雖所言者未必盡善，所用者未必皆賢，然而借以彈擊之權，養其敢言之氣者，乃所以制姦邪之謀於未萌，防政令之失於未兆也。

（宋）李燾《續資治通鑑長編》卷五一〇《哲宗元符元年》 是月，右正言鄒浩奏：臣伏以臺諫者，人主耳目之官，所恃以除壅蔽而廣聰明者也。一有曠闕，則蔽之所由生，將有不勝慮者矣。《書》曰：無曠庶官，天工人其代之。又況耳目之官乎？然而自昔以來，備置臺諫，使奮不顧身以交修厥職，殆非朝廷用事之所樂，故必在人主獨斷而已，不可不察也。臣竊見御史臺除不置大夫外，由中丞而下，有侍御史，有殿中侍御史，有監察御史，共八員，今止三員；兩省諫官除不置散騎常侍外，由諫議大夫而下，有司諫，有正言，共六員，今止有一員，曠闕之多，於茲爲甚。仰惟陛下躬攬威柄，延見羣臣，而天鑒所知，莫不洞判，其間以身許國，無所阿徇，可以上當聖意者，宜多有之。伏望斷自宸衷，早賜選備，庶幾言路不至久闕，相與盡忠獻納，少助陛下博覽兼聽之意。

（宋）陳傅良《永嘉先生八面鋒》卷六《逆耳之言不可不聽》 聽諫人主之尊，天也。其威，雷霆也。人臣自非忘軀徇國，奮不顧私者，誰肯抗天之尊，觸雷霆之威，以自取伐辱也哉。故自昔人臣，類皆覘主意之所在，奉迎投合，惟恐其或後，以失爲得，以非爲是者，人人然也。昔梅福言於成帝曰，自陽朔以來天下以言爲諱，羣臣皆承順上旨莫有執正取民所上書陛下之所善，試下之廷尉，廷尉必曰非所宜言大不敬。魏明帝時侍中劉曄爲帝所親重，或謂帝曰：曄善伺上意所趨而合之，陛下試舉所向之意而問之，必無所復逃矣。帝如言以驗之果然，後不復敢。在羣下默視而疾趨如此。至於犯顏而諫，苦口而諍，豈人臣之所樂哉。非其所樂而奮然爲之，是必有夫不顧私者而奪之也。而人主於此，顧方痛抑而深沮怒之未足而繼之以斥，斥之未足而繼之以誅，士亦何望而不爲諂諛佞媚以自取疏外也哉。且漢高帝之創業，光武之中興，當時言聽計從無以齟齬，宜不復有阿容而不盡己意者。然詔羣臣擇有功者，以爲燕王，羣臣知上欲王盧綰，皆言太尉長安侯盧綰功多可立。光武大會羣下，問誰可傅太子者，羣臣承望上意皆言太子舅陰興可，附會投合卒無一人異辭。彼二君好賢樂諫，如此之切而當時猶有承意順志逢迎阿附之風，況夫斥之誅之而使之不敢言耶。故愚以爲朝廷之上幸而有方正之人，節義敢言之士，人主正當鑒自古人臣希合之弊，而爲優容獎借，以作天下忠直之氣。就使其言時有不中於理，猶當和顏開納，以屈於天下之公論，人心之所同是者，惡可以卻而不聽也哉。

（宋）陳傅良《永嘉先生八面鋒》卷七《諫因其明處乃能入》 人臣進忠於其君，必因其所明而後能入也。人心有所蔽，有所通。其蔽者，其闇也，其通者，其明也。因其明處而告，求信則易矣。自古能諫其君，未有不因其所明者也，故訐直強勁者，率多取忤。其溫厚辯者，其說易行。古之人有行之者，左師觸龍之於趙，子房之於漢是也。高祖愛戚姬，將易太子，是其所蔽也，羣臣爭之者衆矣，嫡庶之義長幼之序非不明也，如其蔽而不察何？四老人者，高祖素知其賢而重之，此其不蔽之明心，故因其所明而及其事，則悟之如反掌。且四老人之力孰與張良羣公卿及天下之心，其言之切孰與周昌叔孫通，然而不從彼而從此者，由攻其蔽與就其明之異耳。趙后愛其少子長安君，不使質於齊此其蔽於私愛也。大臣諫之雖強，既曰蔽矣，其能聽乎。愛其子而使之富貴長久者，其心之所明也，故左師觸龍因其明而導之以長久之計故其聽也。如嚮在《易》坎之六四曰：納約自牖。約所以進結其君之道也。自牖，因其明也。二子之言其知坎之六四與。

（宋）袁說友《東塘集》卷八《論臺諫當伸其氣》　臣聞聖人之治不務乎他，而每先其所以立國者，立國者固則其他非所慮矣。何者？立國在乎臺諫，而臺諫之紀綱則在乎士夫之氣焉耳。氣之所在，蓋將肅風采振紀綱。紀綱既振，則國之尊崇可以參天地而隆泰華矣。然而氣也者，常患於易折，而所以養之者，實在上之人。是故激之則彊，抑之則弱，厲之則鋭，消之則鈍。而彊弱鋭鈍之間倏，然而不可測者，苟不深愛而曲存之，則委靡銷鑠之氣殆無異於既痿之老，其安能正臺綱而大國勢哉。臣蓋嘗廣引曲喻而得夫爲氣之說，譬之風焉，方其始也，藏於太空而泯然寂然，常若無有。及夫小有以揚之則入乎奧室而不留，重有以發之則折乎大木而不屈，大有以鼓之則撓乎萬物而獨震。此猶氣之在人隨所激而後發。至於風不鳴而卒歸於無焉，則又似乎有以遏之，而氣且亡矣。嗚呼，聖人立國豈不欲安而無危治而無亂哉，惟無以激天下之氣，則士大夫安於軟媚之習甘於暗弱之行。凡氣之在我者非惟不能肆且不敢爲，夫以不能肆不敢爲之人而居於臺諫之地，宜其紀綱之實悉廢放而不舉，而耳目所寄徒爲文具而莫之恤。使天下之小人得以無所忌憚，國且不安而不治矣。故夫不先愛養其氣而激發之，臣未見其能立國也。今國家有臺諫之官正以爲天子耳目之寄，朝廷有大政事而臺諫得以議其不然，人主有小過失而臺諫得以救其弗逮，百官有大奸慝而臺諫得以斥其所爲。紀綱之立風采之著，悉係於國之安危者，此固非軟媚柔弱之氣能聳動而發揚之，其必有凜然若神明之不可犯者，則臺諫之紀綱可以坐舉而不廢。今若抑之而使不彊，消之而使不鋭，其煜然之光晦蝕之而無餘，淵然之精隱遏之而不露，此其爲氣將墮於小夫孺子之域，又安能振其紀綱以維持其國哉。方今天下之大固非可以一事論，而大者，如百官之賢否，庶政之得失，民情之休戚，四夷之叛順，正臺諫之臣所當竭智極論而不忘。而徃年以來，臺諫不得而自肆，惴惴然常若鼎鑊之臨其前者。故事之小者或敢於詆議，而事之大者且噤口而卷舌矣。官之卑者或敢於彈奏，而官之穹者且斂衽而下首矣。此非出於所不能言，蓋其人自視爲不可，故迄於瑟縮而不敢進。雖然陛下亦豈肯使之索然而至此哉。臣愚闇忘身妄議國事，雖未必舉得其實，而每見夫或者之言以爲臺諫之氣所以委靡者蓋有二說：其一曰，將以論某人也而某人爲有權，則某之論且不行矣。又未幾而黜之，他官意曰某人不當論某人而致此黜也。夫有權者以有罪而論，而論事者以無罪而黜，彼人臣之心莫不以遷爲榮，以黜爲戒，今且以論事而黜也，其敢復有言哉。方其自臺諫而易爲他官，雖或爲陛下不測之權，固不可以區區黜陟而論，然其心亦謂陛下心不樂其如此也，安得不稍自戒以全其身耶。此氣之所從靡也。其二曰，朝廷之官固有數路，就其間而推之如臺諫尤清且要也。然比年以臺諫而久爲侍從者，止一二人，由他官而安於侍從者亦多有矣。豈非既以言事爲職，一有所言而或犯衆怒，已不朝夕而又去，固不若捨臺諫而爲他官，唯唯不言者之速且久也。使人人而果懷是心，則臣見臺諫之司，亦幾於虛文矣。此氣之所從靡也。仰惟陛下樂聞切直之言，常若不及飭戒有司猶先於言詞之剴切者，況欲使臺諫無故而曠職哉。臣愚以爲，宜稍寬臺諫之責，凡以論某事而彈某人者陛下悉以聽之。其論而當者亟從褒賞，而其偶弗當者則亦務納其言，毋遽遷之他官以爲遏言之舉，使其氣得以日伸，於冕旒之前，可以因言而自壯。凡進擢之間，宜一視從官，使之樂於所遷務竭其獻替者以爲奏，若激而厲之者，如此則彼必謂陛下獎借臺諫者異於儔輩。此雖處以孱懦無能之人，亦必激昂而奮厲，將見氣之所遇可以狹宇宙而隘九州矣，國何患其不立而臺綱何患其不舉哉。臣嘗觀世之儒者，皆指西京爲軟熟，東都爲矯激，且曰東漢多名節慷慨之士者由光武用一卓茂以致之。而臣則曰不然，西京固非軟熟也。朱雲一言之奏至折檻而不惜，漢帝方有勿葺之語，此其氣象其真軟熟者耶。彼光武之教，實有見於前人，而李膺范滂之徒，蓋朱雲有以先之耳。陛下試熟思之，足以見氣之係於立國者如此其大也。

《歷代名賢確論》卷六七《言事告訐者以讒人罪之》　范祖禹曰，太宗欲聞直言而惡告訐，不惟堲讒而又罪之，可謂至明且遠矣，此爲君爲長之道也。

《歷代名賢確論》卷六七《諫官預聞中書門下議事》　孫之翰曰，太宗之任諫官，真得其道。夫天下之務至廣也，軍國之機至要也，雖明主聽斷，賢相謀議，思慮之失，亦不能免，一失之則爲害不細，必藉忠良之士諫正。夫忠良之士論治體補國事，乃其志爾，能密有所助，則亦志伸而道行，豈必欲張君過而取高名哉。當君相議事之際，使諫官預聞，得以關說，或有闕失，從而正之，天下但覩朝政之得宜，不知諫者之所言，上下誠通，國體豈不美乎。況大臣論事，以諫官規正於人君之前，安敢有不公之議，茲亦制御大臣，使之無過之術爾。若以諫官小臣，不可預聞國議，必衆知闕失，方許諫正事，或已行而不可救過，或已彰而不可言，則剛直之臣，有激訐不顧以争之者，君從之，猶掩其過，或不從，則君之過大，臣之罪愈大矣。觀太宗任諫官，可謂得其道。

《歷代名賢確論》卷八六《憲宗求聽諫争》　范祖禹論上謂宰相事有違宜卿當諫諍曰，憲宗以太宗納諫厲其羣臣，其有意於貞觀之治乎。夫能自防如此，庶可以寡過矣。《詩》曰，無念爾祖，聿修厥德，憲宗有焉。又論上責宰相當力諫曰，人君患不從諫，人臣患不納忠。人君唯不從諫也，是以君子日疎，小人日親。君子立人之朝，豈以疎而遂易其心哉。有官守者，不失其職，有言責者，不失其言，君從之亦諫也，君不從之亦諫也，諫而不入則去之，臣之義也。君惡正直而説諂諛，然而未嘗殺一正士，戮一諫者也，而其臣懷禄畏罪而不言，則曰君不能從，此孟子所謂賊其君者也。憲宗之責宰相，其以未盡人臣之義乎。又論上詰李絳久不諫曰，憲宗可謂能自克矣。《書》曰，僕臣正厥后克聖，夫能求諫如此，豈非親正直之益乎。《説命》曰，后克聖臣不命其承，苟能悦而從之，又責以求之，何患乎臣之不諫也。

《歷代名賢確論》卷九二《諫官疏皆匿名》　范祖禹論曰，《易》曰天下之動正夫一朝廷者，四方之極也，非至公無以絶天下之私，非至正無以正天下之邪。人君一不正其心，則無以正萬事。苟以術御下，是自行詐也，何以禁臣下之欺乎。是以術行而欺愈多，智用而心愈勞，蓋以詐勝詐未有能相一者也。《禮》曰王中心無爲也，以守至正。夫惟正不可得而欺，欺則不容於誅矣，豈不約而易守哉。

綜　述

（宋）佚名《宋大詔令集》卷一六一《政事・官制・置糾察在京刑獄詔大中祥符二年七月丁巳》　輦轂之下斯謂浩穰，獄訟之間尤爲繁劇。苟粗乖於閲實，則或陷於非辜，伏念軫懷，當食興嘆，分予憂寄。今有得焉，特進官司，察其枉撓，庶彰隱悼，以召和平。宜令金部員外郎知制誥周起、侍御史趙湘糾察在京刑獄。其御史臺開封府在京應有刑禁之處，並得糾舉。逐處斷徒已上罪，於供報内未盡理及淹延者，並追取案牘，看詳駁奏。若曠於舉職，致有枉濫，因事彰露，則重論其罪。

（宋）佚名《宋大詔令集》卷一九四《政事・誡飭・誡約臺諫詔嘉祐六年》　朕惟善治之主，不自任其聰明，以天下耳目爲視聽，守約施博，無蔽惑壅塞之失，而濟之忠厚，故王道平、國風正也。永念遐觀，思復盛烈，何嘗不諮訪羣言，端誠虚受，傅之政體，要於當然。而取之衆則泛濫難察，任之專則推擇易明，茲用寄耳目於臺諫，由公共而聽斷也。以夫四海之廣，萬事之繁，臺諫數人，不能周知，固將詢及士大夫，益資其聞見也。其間傾邪險害之徒，不惟朝廷義理所存，謂所言彈廢稱進，勢必施行，輒徇己之愛憎，依倚形似，扇造浮語，詆毁危切，務聳動富貴之人，必其聞達，設或采用，備於封奏，上營惑於朕師，下震驚於羣志，以之開納，則措置罔中，如其沮抑，則論列不已，紛亂綂紀，疵玷善良，豈朕所以待士大夫之意哉。夏后氏之時，官師相規，漢室之盛，公卿恥言人過。今吾士大夫間乃違古人厚重之守，蹈末俗薄惡之爲，其流漫不知止，其無謂也。其令中書門下明揚朕訓，開儆羣品，務敦脩於行實，無過事於言華，以忠告善道爲藥石之珍，以厚誣巧訾爲風俗之戒，好是正直，共熙天工。儻循敝風，當申顯罰，咨爾多士，審吾志意，故茲詔示，想宜知悉。

（宋）佚名《宋大詔令集》卷一九四《政事・誡飭・賜臺諫官詔》　勑某等：樞密本兵之府也，在祖宗時，固嘗得勳勞親信之武臣而參用之，邇者先帝之用郭逵，蓋有意乎此。今臺諫官爭言逵不宜在執政之地，朕嘗熟復于懷，以一言之譽進之，以一言之毁退之，豈朝廷篤于用人之意邪。至引德宗之黜常袞，憲宗之貶韋執誼，豈不傷先帝知人之明，使朕亦蹴踖而靡安也。夫言而不闊于事情，體諸朝廷之宜而易行，朕何憚而不從，毋爲徒紛紛也。其審朕言毋忽，故茲詔示，想宜知悉。

（宋）佚名《宋大詔令集》卷一九七《政事·誡飭·誡飭臺官言事御筆手詔政和元年十二月二十一日**》** 耳目之寄，臺諫是司，古之明王，責以言事，罔匪正人，故能雍容無爲，端拱於一堂之上，廣覽兼聽，信賞必罰，以收衆智，以馭辟吏，百官嚮方而萬事理。今言者不沽激以徼名，則畏避以趨利，至或陰交貴顯，□比近習，怙權撓法，慢令陵政，職所當糾，縱而弗治，盛則俛首附麗，黜則鼓舌詆訾，以此觀望窺測，追時好而取世資，廉恥之道缺，謇諤之風替，何所賴焉。朕承神考遺緒，宵旰圖治，懍乎以聽言爲難，有言責者，直道而行，將悦而從之，羣工庶僚，邪正臧否，必覈是非，毋憚大吏，將以賞刑，彰善癉惡，輔成至治，服我明命，各祇厥官。毋溺舊習，毋悼後悔。

（宋）李心傳《建炎以來朝野雜記甲集》卷一一《官制·宣諭使》 宣諭使，舊有之，以宣諭德意爲職而已，不與軍事。渡江後，所遣尤數。紹興二年冬，分遣御史五人宣諭東南諸路，觀風問俗，平反獄訟，宣布德意，踰年乃還。六年，又遣范右司直方宣諭川、陝。九年，又遣方察院庭實宣諭三京，皆使者職也。時李察院宲被旨宣諭江西，乃專督捕盜，遂罷爲廣西提刑。是年，新復陝西，詔樓仲輝以簽書樞密院事往永興宣諭，鄭亨仲以祕書少監爲參謀，予衛卒千人，因制置移屯等事，宣諭之權自此重矣。十一年，鄭亨仲宣諭川、陝，始建使名，得與邊事。三十一年，汪中丞澈宣諭京西、湖北，得旨撫勞將士、體訪事宜。三十二年，虞雍公宣諭川、陝，乃專招軍買馬。其年，王瞻叔代之，亦參軍政。蓋自鄭亨仲後，其權任在宣撫之亞焉。

（元）馬端臨《文獻通考》卷五三《職官考·御史臺》 宋仍唐制，有三院。大夫無正員，止爲兼官。中丞除正員外或帶他官者，尚書則曰某官兼御史中丞，丞、郎則曰御史中丞兼某官，給事中、諫議則曰某官權御史中丞事。次有知雜御史一員，副中丞判臺事。三院多出外任，風憲之職用他官領之。太平興國三年，以張巽爲監察御史，正名舉職自此始也。唐制，御史不專言職。至天禧中，始置言事御史。唐朝有御史裏行。至景祐中始置，以處御史之官卑者。唐儀，臺案有六監司。元豐三年，李定請復六察，於是以御史專領六察。元豐三年，御史臺言：請以吏部及審官東西院、二班院隸吏察，户部、三司及司農寺隸户察，刑部、大理寺、審刑院隸刑察，兵部、武學隸兵察，禮祠部、太常寺隸禮察，少府、將作等隸工察。從之。其後大正官名，不除大夫，檢校官帶憲銜者亦除去。自國初至元豐中，檢校官多帶憲銜，有檢校御史大夫者，至是亦罷之。以中丞爲長，知雜御史爲侍御史，言事官爲殿中侍御史，六察官爲監察御史。舊以中丞兼檢理使，殿中侍御史兼左、右巡使，左、右巡使分糾不如法者，文官違失，右巡主之；武官違失，左巡主之。監察御史兼監察使，至是使名悉罷。

（元）馬端臨《文獻通考》卷五三《職官考·中丞》 宋承唐制，無大夫，以中丞爲臺長，無正員，以兩省、給、諫權。自中丞以下，掌糾繩内外百官奸慝，肅清朝廷綱紀。大事廷辨，小事奏彈。凡除中丞而官未至者，自正言而上，皆除右諫議大夫權。熙甯初，言者以爲躐等，乃詔以本官職兼權。熙寧五年，以知雜侍御史鄧綰爲中丞，初除諫議大夫，王安石言，疑近制，除待制或可，乃以綰爲龍圖閣待制權御史中丞。中丞不遷諫議大夫自綰始。九年，鄧潤甫自正言、知制誥爲中丞，以宰相屬官不可長憲府，於是復遷右諫議大夫權。元豐五年，以承議郎徐禧爲知制誥權中丞。禧言：中丞糾彈之官，赴舍人院行詞，疑若未安。會官制行，罷知制誥，禧乃以本官試中丞。中丞職任雄峻，南渡初除官最多，隆興後被擢者少。淳熙十年，黄洽復爲之。又三年，再命蔣繼周。時施師點在政府，有咄咄逼人之疑。嘉定六年，除章良能。初，王賓以中丞兼侍講。紹興十二年，万俟卨又以中丞兼侍讀，由是言路始兼經筵。祖宗時，臺諫例不兼講讀，蓋以宰執間侍經筵，避嫌也。神宗命吕正獻，亦止命時赴講筵。中興後兼者三人，皆出上意。紹興時，万俟卨、羅汝檝以中丞、諫議兼，蓋以秦檜之弟若孫相繼爲説書，便於傳導。檜死，遂罷兼。慶元後，臺丞、諫長暨副端、正言、司諫以上，無不預經筵者。舊《臺令》，兩院御史每上、下半年分詣三省、樞密院，取索諸房文字點檢，監察御史輪詣尚書六曹按察。凡奉行稽違、付受差失，咸得糾彈。渡江後，稍闕不舉。紹興三年，因御史臺主簿陳祖禮有言，始復其舊。

（元）馬端臨《文獻通考》卷五三《職官考·侍御史》 宋仍唐制，侍御史貳中丞，隸臺院。天禧中，置言事御史，後久不除，慶曆五年復置。今御史臺中丞廳，蓋御史得兼諫職也。

（元）馬端臨《文獻通考》卷五三《職官考·殿中侍御史》 宋制，

殿中侍御史二人，正七品。掌言事，分糾大朝會及朔望、六參官班序。舊制，侍御史兼知雜事，殿中侍御史兼左、右巡使，監察御史兼察使。官卑而入殿中、監察御史者，謂之裏行。元豐八年，詔殿中侍御史兼察事，監察御史兼言事。

（元）馬端臨《文獻通考》卷五三《職官考·監察侍御史》 宋初，御史多出外任，風憲之職以他官領之。太平興國三年，詔本司自薦屬官，俾正名舉職。天禧元年，詔別置御史六員，不兼他職，月須一員奏事，專任彈舉，有急務聽非時入對。以殿中丞劉平爲監察御史，用新詔也。嘉祐四年，中丞韓絳請置裏行，從之。熙寧三年，除秀州軍事推官李定權監察御史裏行，用選人爲御史自定始也。宋敏求繳詞頭，云：去歲驟用京官，今又幕職官便昇朝著峻，處糾繩之地，臣恐未厭衆議。五年，詔秘書、殿中、内侍省不隸六察，如有違慢，委言事御史彈奏。七年，大正官名，以言事官爲殿中侍御史；六察官爲監察御史，掌吏户禮兵刑工之事，在京百司，而察其謬誤。八年，詔監察御史兼言事，殿中侍御史兼察事。徽宗時，如辟雍大成府等學、太官局、翰林儀鸞司、東西上閤門、客省引進、四方館，皆不隸臺察。崇甯間，大臣欲其便己，而南臺御史亦有不言事者。自大觀臣僚申請，而殿中六尚、辟雍大成府等學、太官局、翰林儀鸞司皆隸六察。自余應求有言，而東西上閤門、客省引進、四方館復隸御史。自胡舜陟申請，而本臺始增入御史言事之文。乾道二年，詔：自今非曾經兩任縣令，不得除監察御史，著爲條令。慶元二年，侍御史黄黼言：御史臺有三院，其一爲監察御史，高宗時嘗置六員，孝宗嘗置三員，今分察之任止二人，乞增置一員。從之。以後常置二員。

《宋史》卷一六四《職官志》 御史臺 掌糾察官邪，肅正綱紀。大事則廷辨，小事則奏彈。其屬有三院：一曰臺院，侍御史隸焉；二曰殿院，殿中侍御史隸焉；三曰察院，監察御史隸焉。凡祭祀、朝會，則率其屬正百官之班序。咸平四年，以御史二人充左右巡使，分糾不如法者。文官，右巡主之，武官，左巡主之；分其職掌，糾其違失，常參班簿、禄料、假告皆主之。祭祀則兼監祭使，掌受誓戒致齋，檢視糾劾。又有廊下使，專掌入閤監食；又有監香使，掌國忌行香，二使臨時充。通稱曰五使。元豐正官名，於是使名悉罷。

御史大夫 宋初不除正員，止爲加官。檢校官帶憲銜，有至檢校御史大夫者。元豐官制行，亦並除去。

中丞 一人，爲臺長，舊兼理檢使。凡除中丞而官未至者，皆除右諫議大夫權。熙寧五年，以知雜御史鄧綰爲中丞，初除諫議大夫，王安石言礙近制，止以綰爲龍圖閣待制權，御史中丞不遷諫議大夫自綰始。九年，鄧潤甫自正言知制誥爲中丞，以宰相屬官不可長憲府，於是復遷右諫議大夫權。元豐五年，以承議郎徐禧爲知制誥權中丞。禧言：中丞糾彈之任，赴舍人院行詞，疑若未安。會官制行，罷知制誥職，乃以本官試中丞。南渡初除官最多，隆興後被擢寖少。淳熙十年，始除黄洽，又三年再除蔣繼周。臺諫例不兼講讀，神宗命吕正獻，亦止命時赴講筵。中興兼者三人，万俟卨、羅汝檝皆以秦檜意。慶元後，司諫以上無不預經筵者矣。

侍御史 一人，掌貳臺政。

殿中侍御史 二人，掌以儀法糾百官之失。凡大朝會及朔望、六參，則東西對立，彈其失儀者。

監察御史 六人，掌分察六曹及百司之事，糾其謬誤，大事則奏劾，小事則舉正。迭監祠祭。歲詣三省、樞密院以下輪治。凡六察之事，稽其多寡當否，歲終條具殿最，以詔黜陟。百官應赴臺參謝辭者，以拜跪、書札體驗其老疾。凡事經郡縣、監司、省曹不能直者，直牒閣門，上殿論奏。官卑而入殿中監察御史者，謂之裏行。治平四年，中丞王陶言：奉詔舉臺官，而才行可舉者多以資淺不應格。乃詔舉三任以上知縣爲裏行。熙寧二年詔：御史闕，委中丞奏舉，毋拘官職高下兼權。三年，孫覺薦秀州軍事推官李定，對稱旨，爲太子中允權監察御史裏行，由選人爲御史自定始。於是知制誥宋敏求、蘇頌、李大臨以定資淺，封還詞頭，不草制，相繼罷去。

元豐八年，裁減察官兩員，餘許盡兼言事。紹聖二年復置。元祐元年，詔臺諫官許二人同上殿。又令六曹差除更改事，畫黄到，即報臺。又改六察旬奏爲季奏。四年，詔：應臺察事已彈舉而稽違踰月者，遇赦不得原減。元符二年詔吏部：守令課績最優者關臺考察，不實者重行黜責。崇寧二年，都省申明：臺官職在繩愆糾謬，自宰臣至百官，三省至百司，不循法守，有罪當劾，皆得糾正。政和六年，詔在京職事官與外任按察官，雖未升朝，並赴臺參謝辭。七年，中丞王安石奏：以本臺覺察彈奏事刊爲一書，殿中侍御史以上録本給付。從之。

靖康元年，監察御史胡舜陟言：監察御史自唐至本朝，皆論政事、擊官邪，元豐、紹聖著于甲令，崇寧大臣欲其便己，遂更成憲。乞令本臺增入監察御史言事之文。詔依祖宗法。又詔宰執不得薦舉臺諫官。舊《臺令》，御史上下半年分詣三省、樞密院點檢諸房文字，輪詣尚書六曹按察；奉行稽違，付受差失，咸得彈糾。渡江後，稍闊不舉。紹興三年，始復其舊。是年十一月，殿中侍御史常同言：元豐始置六察，上自諸部、寺監，下至廩庫、場務，無不分隸，以詔廢置。而乃有寅緣申請，乞不隸臺察者，恐非法意，宜遵舊制。從之。乾道二年詔：自今非曾經兩任縣令，不得除監察御史。慶元二年，侍御史黄黼言：監察御史高宗時嘗置六員，孝宗時置三員，今分按之任止二人，乞增置一員。自後常置三員。

檢法一人，掌檢詳法律。主簿一人，掌受事發辰，勾稽簿書。宋初置推直官二人，專治獄事。凡推直有四：曰臺一推，曰臺二推，曰殿一推，曰殿二推。咸平中，置推勘官十員。元豐官制行，定員分職，裏行、推直等官悉罷。紹興初，詔檢法、主簿特令殿中侍御史奏辟。紹熙中，侍御史林大中以論事不合去，所奏辟檢法官李謙、主簿彭龜年亦乞同罷。嘉定元年，劉榘除檢法官，范之柔除主簿，以後二職皆闕。乾道併省吏額，前司主管班次二人，正副引贊官二人，入品知班三人，知班五人，書令史四人，驅使官四人，法司二人，六察書吏九人，貼司五人，通引官三人。

三京留司御史臺　管勾臺事各一人，舊曰判臺。以朝官以上充。掌拜表行香，糾舉違失。令史二人，知班、驅使官、書吏各一人，中興以後不置。

（清）徐松《宋會要輯稿·職官一七·御史臺》

《兩朝國史志》：御史臺：大夫、中丞、侍御史知雜事、侍御史、殿中侍御史、監察御史、殿中侍御史裏行、監察御史裏行、主簿。大夫國朝未嘗除，以中丞爲臺長。凡中丞無正員，則以兩省給諫權。自中丞以下，掌糾繩内外百官姦慝，肅清朝廷紀綱，大事則廷辯，小事則奏彈。以郎中、員外兼侍御史知雜事爲之貳。其屬有三院：一曰臺院，侍御史隸焉。二曰殿院，殿中侍御史隸焉。三曰察院，監察御史隸焉。凡祭祀、朝會則率其屬正百官之班序，以御史二人充左、右巡使，分糾不如法者。文官違失，右巡主之；武官違失，左巡主之。凡祭祀則兼監祭使。三院御史四人。官卑而入殿中侍御史、監察御史者謂之裏行，景祐元年置，以三丞以上嘗歷知縣人充。慶曆三年，以兩人爲額。凡文武(嘗)〔常〕參班簿、禄料、假告皆巡使分掌。又别置推直官二人，專治獄事。凡推直有四推，曰臺一推、臺二推、殿一推、殿二推。主簿一人，掌受事發辰、勾檢稽失，兼簿書、錢穀之事。主事一人，令史十六人，主推四人，書吏四人，朝堂引贊官一人，副引贊官一人，知班三人，引事司一人，驅使官六人，四圍驅使官五人。中丞一人，秩從三品，總判臺事。侍御史一人，秩從六品。殿中侍御史二人，秩從七品，分糾朝班。殿中而上言事。監察御史六人，秩從七品，分領六察，隨事糾正，及監祭、定謚皆屬之。檢法官一人，秩從八品。主簿一人，秩從八品。檢掌凡刑法、錢穀各一人，從八品。掌凡簿書及架閣吏額。前司主管班次三人，引贊官兼令史一人，副引贊官兼令史一人，知班驅使官兼書令史五人，驅使官兼書令史五人，守闕驅使官五人，四推、主推各一人，書吏共三人。六察户察書吏四人，貼司三人；刑察書吏二人，貼司二人；吏、禮察書吏各二人，貼司各一人；兵、工察書吏、貼司各一人。

〔紹興〕二十六年十二月，詔六察貼司共存留六人、知雜司法司各一人，後減六察書吏，共以八人爲額。以上《中興會要》。

《神宗正史·職官志》御史臺大夫，從二品；中丞，從三品；侍御史，從六品，各一人。大夫掌肅正朝廷綱紀及以儀法糾治百官之罪失，而中丞、侍御史爲之貳。凡其屬有四：殿中侍御史二人，正七品，掌言事，分糾大朝會及朔望六參官班序。監察御史六人，從七品，掌以吏、户、禮、兵、刑、工之事，分京百司而察其謬誤，及監祠祭、定謚。檢法官掌檢詳法律，主簿掌鉤考簿書，各一人，從八品。歲遣御史詣三省、樞密院檢察付受稽失，其應彈治事聽長貳或言事官論奏，非吏察官司亦如之。應狀牒並參議連書，惟彈章則否，無所(開)〔闕〕白。凡察事，小事則舉正，大事則糾劾，各籍記其多寡、當否，歲終條具殿最，以詔黜陟。大禮儀仗則中丞爲使，中都推鞫命官或重繫，旬以囚由報臺，有詔獄則言、察官輪治。文武官卿監、防禦使以下到闕，授任之官應參謝辭者引見，御史體驗老疾，則試以拜起、書劄。凡事經州縣、監司、寺監、省曹不能直者，受其訟焉。舊以中丞兼理檢使，侍御史兼知雜事，殿中侍御史兼左、右巡使，監察御史兼監祭使。及行官制，定員分職，實領其事，而使名悉罷。分案十有一，設吏四十有四。以上《續國朝會要》。

三京留守司御史臺：西京於分司官內差一員權闕，或特差官權判掌；南京止令留守、通判權掌；後北京置臺，專差官領。今則三京皆有正官領之。以上《國朝會要》。

（清）徐松《宋會要輯稿·職官一七·監察御史》 宋初，御史多出外任，風憲之職以他官領之。太平興國三年，詔本司自薦屬官，俾正名舉職，用太常博士張巽爲監察御史。天禧元年，詔別置御史六員，不兼他職，月須一員奏事，專任彈舉，有急務聽非時入對，以殿中丞劉平爲監察御史，用新詔也。《長編》云：平爲鹽鐵判官，復兼省職。天聖元年，上封者以爲言，仍用鞠詠、王軫爲察官。（嘉祐）〔元豐〕四年，中丞韓絳請置裏行。從之。嘉祐五年，詔秘書、殿中、內侍省不隸六察。如有違慢，委言事御史彈奏。七年，大正官名，以言事官爲殿中侍御史，六察官爲監察御史，掌吏、户、禮、兵、刑、工之事，在京百司，而察其謬誤。八年，詔監察御史兼言事，殿中侍御史兼察事。徽宗時，如辟雍、大（成）〔晟〕府等學、太官局、翰林、儀鸞司、東、西上（閣）〔閤〕門、客省、引進、四方館，皆不隸臺察。崇寧間，大臣欲其便（已）〔己〕，而南臺御史亦有不言事者。自大觀臣僚申請，而殿中六尚、辟雍、大晟府等學、太官局、翰林、儀鸞司皆隸六察。自餘應求有言，而東、西上（閣）〔閤〕門、客省、引進、四方館復隸御史。

（清）徐松《宋會要輯稿·職官五五·御史臺》 太祖開寶七年閏七月，詔除授京官差遣、勾當、黜陟，令中書依朝堂官例降敕，御史臺修寫班簿，每十日一上中書。

太宗太平興國九年七月，詔：御史臺推勘公事，其當推御史並須當面推鞫，不得垂簾，只委所司取狀。仍令中丞、知雜御史專切提點，務在公當，不得淹延。如經勘斷後致人披訴抑屈，勘鞫不實，本推官吏重寘之法，知雜御史與中丞別取旨。【略】

〔淳化三年〕四月，詔：今後御史臺所勘公事，徒罪已上案成後，輪差丞郎、諫議已上一員就臺録問，取伏欵文狀，方得結案以聞。

四年二月，詔：御史臺追勘外州刑獄，舊例差驅使官從人賫牒徑往追取，若取受錢物，縱放罪人，漏泄公事，即勘鞫決停。

三月四日，詔：御史臺勘事，須中丞、知雜當面引問，提舉催促，看詳欵狀盡理，方得結案。若無干礙，逐旋疏放，不得淹延枝蔓。每追到罪人，即躬親問過，令史引於直官前，點檢沿身及卧物，不得將紙筆、文書、刀子入獄。直官須輪次承事直印，禁人送食，不得用甆器。先於直官前呈過，及出再呈。不得帶文書器令，以致傳達獄情。其推事須問頭碎欵連穿長欵圓寫，即經中丞、知雜看讀，録問責伏欵狀，方具奏案。其孔目、衙直、四推、令史，遇勘事日不得出中門。因有病者，勾官醫人看治，省視湯藥，日具增損由報。夏月即五日一湯刷枷杻，令罪人沐浴，直官監視，直：原作真，據《永樂大典》卷二六〇七改。勿令交雜。每酉時直官押令史點唱鏁牢，夜問公事即據房旋開。在臺公人有因緣推勘乞覓錢物者，許人陳告決停。

二十二日詔：今後御史臺所勘公事係徒罪已下，結成文案，更不差官録問，只委中丞、知雜録問，無致枉濫。

六月一日詔：臺憲之地，朝廷要司，如聞近年，頗紊前制。立朝之士，多闕於恪恭；執憲之臣，務從於拱默。宜申詔旨，用警諸司。當思遵守典章，審詳按劾，使搢紳之內，各務恭虔，囹圄之間，不聞冤抑。共致和平之氣，體兹勤恤之懷。其御史臺合行故事，並令條奏以聞。應有刑獄公事，中丞已下躬親點檢推鞫，不得信任所司，致有冤濫。

九日，詔御史臺四推主推四人，書吏八人，自今於京東、京西、淮南、河北四路選差。每有滿闕，先三兩月下轉運使指定州府，委知州、通判揀選廉幹有行止、能書札者。孔目、勾押官補主推，使、州院前行補書吏。給口券，押速赴臺試驗收補。主推四年無遺闕，與奉職。書吏三年滿轉主推，更二年亦與奉職；如無主推闕，即候滿四年與借職。若只願今州安排者，主推與都押衙，書吏與孔目官。【略】

五年正月，詔在京臣僚有過犯，差官取勘結案申者，不得隨班起居及上殿奏事。仍令御史臺具名牒閤門。

三月，詔御史臺應干刑獄機宜候朝旨者，即實封通進，常程文狀止得通封。

至道元年四月，詔御史臺於三館不得與常百司雷同行遣。

真宗咸平元年六月詔：應丁憂京朝官，所在具名銜及聞哀月日、持服去處報臺，置簿抄上，候服闋前預奏，候朝旨。【略】

二年閏三月，詔御史臺勘案，杖罪已下責保在外，不得禁留。

三年七月，詔御史臺糾察常參官進退出入。【略】

四年二月，詔御史臺差朝官録問軍巡院大辟罪人，不得與本院官相見，仍放常朝。【略】

六年二月詔：御史臺今後推勘公事，令中丞、知雜躬親披詳，必須子細詢問，御史臺推直官躬親勘鞫。仍令知雜與中丞提點勘當。其問間被推之人別有申訴，欲見中丞、知雜明理，仰引出更切審問，不得只憑元狀子，須令剖析，毋致有抑屈。如斷遣後卻有偏曲，其本推官或重寘之法，中丞、知雜別取旨。

四月，詔御史臺定職掌四十七人：主事一人，令史十六人，朝堂引贊驅使官十二人，四團驅使官五人，西臺驅使官一人，主推書吏十二人。所掌内彈六案，百司、待制、兩縣三案仍舊外，新賜、職田、六品三案不行。外彈三案，刑獄、色役二案見行，六品一案不行。雜事五案，禮錢、贓罰、月中、申支計、解補並見行。四推，臺一、臺二、殿一、殿二，並見行。五使，右巡、左巡、監祭見行，廊下、監香使，每入閤、國忌臨時差。六察，吏察、兵察、户察、刑察、禮察、工察，及宣敕、公廨二庫，並見行。本臺奏狀中書丞銜，移牒三院書銜，除閤門平空外，自餘並不平空。開封府、九寺、三監並云牒上臺，臺申中書、密院並云申狀。【略】

景德二年九月，詔御史臺應差官就勘公事，量事大小給限，牒報刑部提舉，臺司常切催促。

十二月，詔御史臺所勘罪人，並須依公盡理，即不得言語怕嚇，虛令招罪。違者重寘之法。

大中祥符二年九月，詔左、右軍巡，凡殺害人命未獲賊，令開封府别狀上御史臺，專切提舉，勒令追尋【略】

五年八月，詔南省及諸司五品已下官，各具本貫、三代、出身、歷任有無遺闕家狀上御史臺。自今新陞朝銜謝後，並須準此具家狀納審官院，逐旋牒送御史臺編聯收掌，準備非時檢閱。【略】

〔仁宗天聖〕八年六月，詔御史臺今後凡有刑獄文字，更不供報糾察刑獄司。【略】

〔元豐〕六年八月三日，六年：原作三年，據《長編》卷三三八改。詔御史勘公事權罷本職，不得與在外官吏往還，從中丞黄履奏也。履言：本臺推鞫公事，至有逾年而後畢者，迂爲行遣，以致淹久。欲乞自今本臺獨勘或外官同勘，並令宿直，仍罷本職，不與在外官吏交往，而吏人食直隨獄大小立以三等，爲之給式：大者三十日，中者二十日，小者一十日。過此，雖獄畢亦不給，而官員食緡亦少裁損。詔尚書省立法，送中書省取旨。【略】

〔哲宗元祐七年〕十二月四日，詔：應獄死罪人歲終委提刑司、在京委御史臺取索姓名、罪犯報刑部，數多者申尚書省。

紹聖元年七月十一日，詔：應御史臺見領舊糾察司職事內，録問公事令刑部右曹郎官施行，餘並仍舊。從御史劉拯言也。【略】

〔元符〕二年二月二十二日，詔吏部，守令課績在優上等，即關御史臺嚴加考察，如有不實，重行黜責。從吏部之請也。

徽宗大觀四年六月二十八日，詔：比〔覺〕〔覽〕臺諫所上章疏，論列政事，挾情觀望，迎合大臣，公肆好惡，務快私忿，乘間伺隙，枝蔓無窮。且以慶賞已行而力請追削，臣僚放廢則極意傾擠。罷革政令，損減員額，十去七分而紛紜不已；撙節用度，省罷營造，殆無虛日而裁減未止。託是以濟非，指無以爲有。逮從究治，而後交章論辯，揣度人主，竦動群聽。遂致在位在服，各懷畏縮，不安所守，發號施令，下多阻礙，莫知孚信。良由建明失中，摭已甚。君弱臣彊之漸，不可不革。自今臺諫言事若涉好惡，迎合觀望失當者，國有常刑，必罰無赦。應章疏不可施行事，並將上取旨。

政和元年十二月十一日，詔曰：耳目之寄，臺諫是司。今言者不沽激以徼名，則畏避以趍利。或陰交貴勢，顯比近習，職所當糾，縱而弗治。盛則俛首附麗，黜則鼓舌詆訾。以此觀望而取世資，何所賴焉。朕宵旰圖治，懔乎以聽言爲難。有言責者，宜直道而行，必覈是非，毋憚大吏，毋溺舊習。【略】

〔宣和〕三年五月三十日詔：臺諫耳目之官，辨忠邪，伸枉直，別勤惰，明是非，乃惟其職。近歲任非其人，懷諼罔上，同于流俗。小大之臣苟有勢援憑藉，雖犯義抵法，緘口弗言；而内外尊君事上、竭節首公、不恤怨忌、無所阿諛者，摭以他事，或受偏詞，類遭彈擊。使盡瘁之吏每懷顧避，弗敢自効，朝廷之上，亦無以器使群工，豈不大辜風憲之任。甚者至背公死黨，肆爲詭譎，阿附權貴。爲臣不忠，孰大於此。自今尚敢狃習近態，靡有革心，邦憲具存，當於衆棄。仰三省覺察，取旨竄責。仍牓御史臺。【略】

七年正月三日，手詔：持邦憲，糾官邪，責在言事之臣。往者臺綱不振，植黨交私，耳目之寄，夫何賴焉。朕既遴選臺察，廣開言路，爾其各揚乃職，毋憚大吏，毋狗私交，毋伺大臣風旨以爲鄉背，務公好惡，振紀綱。朕方虚己以聽，尚祗欽兹毋忽。【略】

〔紹興〕三年正月九日，手詔：臺屬憲臣檢察刑獄，月具所平反過刑獄以聞。御史臺狀，除行在大理寺、殿前、馬步軍司，本臺已檢察外，有臨安府幷錢塘、仁和縣係浙西路，合屬憲司檢察。刑部檢準臺令，每季詣大理寺及應有刑獄去處點檢。既稱應有刑獄去處，其臨安府錢塘、仁和縣亦係刑獄去處，合依上條每季點檢。從之。【略】

七年九月二十九日，詔御史臺守闕驅使官，令依條揀試，從本臺申明也。【略】

二十五年十二月一日，内降詔曰：臺諫風憲之地，振舉紀綱，糾逖姦邪，密贊治道。年來用人非據，與大臣爲友黨而濟其喜怒，甚非耳目之寄。朕今親除公正之士以革前弊，繼此者宜盡心迺職，惟結主知，無更合黨締交，敗亂成法。當謹兹訓，毋自貽咎。二日，右正言張修請刊聖詔於御史臺、諫院，從之。

二十六年十二月二日，御史臺言：六察貼司見管一十人，今欲減罷四人；守闕（騎）〔驅〕使官舊額一十人，今欲減罷五人；主管班次舊額五人，今管三人，見闕二人；引贊官格法一名，副引贊官格法一名，知班驅使官兼書令史格法九人，今管五人，見闕四人。待次守闕驅使官二十人，委是冗併，並合減罷。從之。以上《中興會要》。

紹興三十二年八月二十四日孝宗即位未改元。詔：御史臺今後引贊官出職已補授官之人，存留充主管班次，卻將見今主管班次之人從上一名儹出，發遣歸部。從本臺請也。

十月十九日，右正言周操言：三省有六房，其屬爲六部，而御史臺有六察，蓋所以相爲表裏也。祖宗之意，正欲御史糾六房、六部之稽違者。今之六房、六部人吏，積習玩侮，情弊百出。欲望申嚴行下六察官，每月糾察所隷官司，親加詢究，小事具奏，大事隨長貳上殿。庶幾察官雖不得言事，亦得各舉本職。詔令檢舉見行條令施行。

孝宗隆興元年三月十二日，詔御史臺將察案後推書吏，自被差到臺及五年，如有願比换之人，依察案貼司用抵保，依條比换。從本臺請也。

八月三日，御史臺狀：依指揮條具併省吏額，前司主管班次五（十）〔人〕爲額，見係右從政郎馬彦俊幷已年滿合補官人胡世昌二人充，今欲並行減罷，發遣歸部。所有見闕主管班次三名，更欲裁減一名，止以二名爲額。書令史目今見闕四人，並省減罷，自後更不立額。驅使官五人已經裁減，今乞更不省減。六察書吏一十三人，今併省二人，内成忠郎、六察點檢文字盧宗邁，成忠郎、吏察書吏馬希顔，各見依已降指揮本臺專法理爲資任。欲候逐人任滿解罷，其上件窠闕更不差人。貼司六人，已經裁減，今並乞存留。後擢書吏七人，今乞減書吏李汝楫一名。詔依，見在人且令依舊，將來遇闕，更不遷補。

乾道元年三月十七日，御史臺狀：本臺係掌行糾彈百司稽違，點檢推勘刑獄，定奪疑難刑名，婚田、錢穀幷諸色人詞訴等，事務繁重，全藉知次第人主行。今欲將察案後推書吏如有願陳乞比换之人，候比换訖，許本臺存留，依舊祗應。從之。

三年五月十一日，上宣諭曰：昨批韓曉奏狀，知隨州林嶷放罷，如此處置莫是。葉顒奏曰：臣昨見言者論罷韓曉，臣知林嶷陰遣其家屬來行在，納短卷於臺諫。臣方欲再開陳，今陛下批出，可謂明見萬里之外。陳俊卿奏曰：近日此風頗盛，惟其巧造語言以陰中傷，是使監司不敢按郡守，郡守不敢按縣官。臣嘗見之。上曰：此風誠不可長，朕方欲手敕戒諭臺諫。【略】

〔六年五月〕二十八日詔：舊制設兩省言路之臣，所以指陳政令得失，給舍則正於未然之前，臺諫則救於已然之後，故天下事無不理。今任是官者，往往以封駁章疏太頻，憚於論列，深未盡善。自今後給舍、臺諫凡封駁章疏之外，雖事之至微，亦毋致忽。少有未當，可更隨時詳具奏聞，務正天下之事。

（清）徐松《宋會要輯稿・職官三・諫院》 諫院舊常以兩省官一員判院事，其員有左、右諫議大夫、司諫、正言。天禧元年，詔別置院。《兩朝國史志》諫院：知院官六人，以兩省官充，掌供奉諫諍。凡朝政闕失，大則廷議，小則上封。由它官領者，帶知諫院。由左、右司諫、正言供職者則否。正言、司諫亦有領它職而不與諫諍者。驅使官二人。中興之初因舊制，設左、右諫議大夫、司諫、正言，屬門下中書後省。建炎三年，詔不隸兩省，別置局於後省之側，許與兩省官相見議事，以登聞檢、鼓院專隸焉。

太宗雍熙五年二月，詔曰：補闕拾遺，位居諫省，榮踐清華之列，是爲獻侍之臣。朝廷之得失須論，刑政之煩苛必舉。睠茲職業，寄任非輕，上則輔大臣，（此句當脱一字。）次則公卿庶尹，歷朝選任，何莫由斯。苟或但務因循，止思慎（點）〔默〕，忠言讜議，寂寥無聞，有乖申諷之規，曷副建官之意。宜更舊號，特立新名，庶明立制之文，咸勵匪躬之節。其左、右補闕宜改爲左、右司諫，左、右拾遺宜改爲左、右正言。太宗欲令諫官修其職業，故改其官號，特降是詔以申明。【略】

景德三年三月，詔曰：國家方闡化源，大開言路。（及）〔乃〕眷争臣之選，實爲侍從之先，當此虛懷，曾無讜議，豈詢求之未至，但循默以相高。既虧賽諤之稱，莫副詳延之意。遂使在廷之列，備陳曠職之言。將警因循，爰申戒諭。左、右諫議大夫、司諫、正言咸預軒墀之列，是爲耳目之官。所宜竭節箴規，悉心獻替，彌封闕漏，啓迪聰明，成予納（議）〔諫〕之風，顯爾匪躬之操。至若言皆詣理，事可濟時，當議必行，特加懋賞。其或尚思杜口，罔愧素□必正典章，用懲弛慢。告於有位，知朕意焉。時直集賢院任隨上疏曰：陛下焦勞庶政，開求諫之路，而諫議大夫、司諫、正言數員，但充位屍禄而已，請申甄（出）〔黜〕之典。帝覽而嘉之，故有是詔。他日，又謂輔臣曰：近詔諫官、御史各令舉職言事。昨右正言陳彭年請條制貢院復宏詞科，采擇經術士。侍御史賈翺使還，言宿州買綾擾民，此皆可采。中書宜籍記之，自彭年、翺爲始。

天禧元年二月七日，詔曰：朕大庇蒸民，隆興至治，彌綸闕政，交屬於庶僚；寤寐思規，屢班於明詔。雖增虛佇，未協翹思。夫諫諍之臣，本期述嘉謀而矯狂；風憲之任，亦當遵直指而繩愆。既列清班，宜傾亮節。儻緘默而自肆，諒考績而曷觀。況朕躬覽萬機，親披封奏，詳延百執，素靡漏言。舉職狥公，有何所避，保身箝口，（拒）〔詎〕至於斯。將戒慢官，先伸誕告；仍旌優異，以勸傾輸。自今兩省置諫官六員，御史臺除中丞、知雜、推直官外，置侍御史以下六員，並不兼領職務。每月添支錢五十千，三年內不得差出。其或詔令不允，官曹涉私，措置失宜，刑賞踰制，誅求無節，冤濫未伸，並仰諫官奏論，憲臣彈舉。每月須一員奏事。或更有切務，即許不依次入對。雖言有失當，必示曲全；若事難顯行，即令留內。但不得潛爲朋附，故作中傷。其諫官仍於諫院或兩省內選擇廳事，量置什器祗應。候（反）〔及〕三年，或屢有章疏，實能裨益，特越常例，別與陞遷。或職業無聞，公言罔覩，移授散秩，仍遺監臨。時帝謂宰臣曰：去秋螟蝗，因自内省，天下至廣，豈民政（存）〔有〕闕〔耶〕。比聞浮議，謂朝廷當容納諫諍。殊不知每聞言事，莫非虛懷聽受。然中外未悉。且朝士中負才識者非少，直言讜論，夫豈無人。然所以官，尤須謹厚端雅之士。至於用心浮薄、爲行比周者，朕不取焉。遂以劉燁、魯宗道充是選。

（清）徐松《宋會要輯稿・職官三・登聞院》 唐置匭，雍熙元年改匭爲檢，東延恩曰崇仁，南招諫曰思諫，西申冤曰申明，北通玄曰招賢，改匭院爲登聞院。

淳熙三年，又置理檢院，以兩省官判。令登聞院、鼓司，進狀人有稱冤濫沉屈者，即引送理檢院審問。【略】

景德四年，改登聞院爲登聞檢院，亦置鼓，在宣德門南街東廊，院在鼓院之西。天聖中，詔以御史中丞專領理檢院。【略】

太祖乾（道）〔德〕四年六月二十三日，詔：今後應諸色進策人，並須事關利害，情絶虛浮，益國便民，言直事當者方可爲策，即不得亂引閑詞。其所進事條，仍不得過五件已上。如是已經曉示不行者，亦不得再有投進。宜令匭院候有進策人分明曉示，先取知委文狀及通指安下處所，方得投匭。如有違越，並當劾斷。如是本官吏不切曉告，當行朝典。其餘申冤論事，不在此限。亦不得騰越，須（曹）〔曾〕經本處論訴，不與施行，有偏曲者，方得投匭。

太宗太平興國九年七月十二日，詔改匭院爲登聞院，仍令諫院依舊差諫官一員判院。

雍熙三年九月，户部郎中張去華請應機巧技術，不幹正道之人，令登聞院不須引對。從之。

（清）徐松《宋會要輯稿·職官三·登聞院》《兩朝國史志》：登聞檢院：判院官一人，以帶職郎官以上至兩省充。凡檢有四：東曰崇仁，南曰思諫，西曰申明，北曰招賢。凡機密章奏及上於鼓院而爲所（柳）〔抑〕者，咸受而達諸朝。令史二人。登聞鼓院：判院官二人，以帶職官朝官或卿監充。凡四方官吏、士民冤枉封牘，咸受而奏之於中，以達萬人之情。監鼓内侍一人，書令史二人。理檢使一人，以御史中丞兼領。吏民以冤自伸於檢、鼓院而不爲達者，以時上聞。典二人，天聖七年置。其登聞檢院匭函改爲檢匣，如（揮）〔指〕陳軍國大事、時政得失，並投檢匣，令畫時進入，常事五日一次進之。其稱冤沉屈而檢院不爲進狀者，並詣理檢使審問以聞。時上封者言，自至道中廢理檢院，而朝廷得失、天下冤枉（寖）〔寢〕不得上聞，故復置使以領之。

（清）徐松《宋會要輯稿·職官三·登聞鼓院》 鼓在宣德門南街西廊，院在門西之北廊。舊（日）〔曰〕鼓司，景德四年改。掌諸上封，受而進之，以達萬人之情狀。判院官二人，以朝官充。監鼓内侍二人，令史二人。凡文武臣僚閤門無例通進文字，並先經登聞鼓院進狀。未經鼓院者，檢院不得收接。建炎元年，因舊制置局於闕門之前。《山堂考索》：高宗即位於南京，召李綱爲宰相。綱奏曰：人主莫大於兼聽廣視，使下情得以上通。今艱難之際，四方休戚利害日欲上聞，而（仕）〔士〕民之願效其智慮者尤多。而檢、鼓院猶未（宜）〔置〕，恐非所以通下情而急先務也。遂置登聞檢院、鼓院於行在便門外。三年，專隸諫院。

（清）徐松《宋會要輯稿·職官二·進奏院》《兩朝國史志》：都進奏院監官二人，以京朝官及三班使臣充，掌受詔敕及諸司符牒，辨其州、府、軍、監以頒下之。並受天下章奏、案牘、狀牒以奏御，分授諸司。進奏官一百二十人。【略】

〔太宗太平興國八年〕十一月，詔：進奏院常切鈐轄進奏官，只令在院承發文字，不得將歸私家，致有漏泄。其場巡檢捉賊等奏報公事，各隨所屬州進奏官承接勾當。

（宋）蘇轍《欒城集》卷二七《西掖告詞六十一首·莊公岳成都提刑蘇泌利州運判》 敕：莊公岳等。守令賢否，朝廷不能自知；天下利病，吏民不能自言。宣吾德澤於下，而達民情於上者，部使者也。朕既選用舊人，而去其貪暴；詔舉新進，而汰其不以實者矣。以爾公岳，久任刺舉，所至稱治。以爾泌，家世文雅，通於吏事。益利嶮遠，民罹茶鹽苗役之害，罷瘵未復，朕念之深矣。其悉乃心，謹察苛吏，與民休息，毋廢朕命。可。依前件。

（宋）佚名《宋大詔令集》卷一六一《政事·官制·置諸路提刑詔景德四年七月辛卯》 朕勤恤臨人，勵精致治，惟寰區之至廣，念獄犴之實繁。且訊鞫之初，寧無枉撓，而處斷之際，豈盡平反，苟致沉冤，必傷和氣，方資審克，用副哀矜。今擇官諸路提點刑獄公事，具官云云，所至專察視囚禁，審詳案牘，州郡不得迎送聚會。所部，每旬具囚繫犯由訊鞫次第申報，常檢舉催督。有繫淹久者，即馳往案問。出入人罪者，移牒覆勘，劾官吏以聞。諸色詞訟，逐州斷遣不當，已經轉運司披斷未允者，並收接施行。官吏貪濁弛慢者，具名以聞，有庇匿並當加罪。仍借緋紫，以三年爲任，增給緡錢如轉運使之數。内出御前印紙麻書績效，中書樞密院籍其名，代還考課，議功行賞。如刑獄枉濫不能擿舉，官吏曠弛不能彈奏，務畏避者，置以深罪。

（宋）佚名《宋大詔令集》卷一六二《政事·官制·罷同提點刑獄使臣詔嘉祐五年八月乙酉》 勑：國家兼覆寓中，疆理天下，分州立邑，十有八路，惟吏之不平，民之失職，政之頗僻，獄之放紛，未能獨察也。故設糾虔之司，使奉欽恤之寄，專屬朝臣，貳以武吏，誠欲停疑察枉，釋煩決滯，納民於不冤，流化於無訟。而武吏或出將閫，或由軍功，文墨期會，未必深究，監司背項，適增其繁。夫非其習而望其効，違其方而冀其功，不亦難乎。其罷諸路同提點刑獄使臣，令樞密院勘會，已及二年者即令赴闕，未及二年者，與就移合入差遣，及於河北東陝西緣邊兵馬多處，相度添路分駐泊都監，以次補用，庶幾人盡所長，官不虛授。夫轉運使之任，所以寄耳目、治財賦、集事功也。江南東西荊湖南北廣南東西福建益梓利夔等十一路，此其去京師，遠者萬里，近者數千里，或跨帶山海，崎嶇蠻夷，而皆以一員主之，處則無與參慮，出則無與戮力，設有緩急之警，調輸之煩，機會一失，民受其弊，甚非豫慮先事之策也。其各增置轉運判官一員，三年爲一任，選差第二任以上知州資序人，候一任滿日與提點刑獄公事，初入知州及第二任通判資序人，候滿日與提點刑獄差遣。若居部無狀，隳職敗事，則重行其罰。蓋士常患任之不當其才，則無以見長，用之不久其任，則無以就功。今朕別異文武，使得自試，選擢賢能，使得次進，吾於士大夫可謂無負矣。其各竭力悉心，勉成功名，布告中外，咸諭朕意。

（宋）佚名《宋大詔令集》卷一九二《政事·誡飭·誡約按察官詔寶元二年閏十二月甲辰**》** 朕臨遣使臣，綱理郡縣，懼其弛職，尚或容姦，迺嚴擿發之科，俾諭寬縱之坐，念部封之至廣，或隱伏而難知，稍紓舊條，毋或自懈。自今轉運提刑，若部內知州軍通判知縣兵馬總管都監監押幕職官一員、餘官二員、知通若部內官一員，犯贓至流而失於按察，以致朝廷采訪，民吏訴論，或御史臺彈劾者，別聽旨施行。

（宋）佚名《宋大詔令集》卷一九六《政事·誡飭·誡約監司體量公事懷姦御筆手詔崇寧五年十月十六日**》** 監司分按諸路，爲耳目之任，近降指揮，體量公事，而觀望顧避，附下罔上，隱庇滅裂，變亂事實，於吳亮則以無爲有，於蔡佃則以有爲無，使朝廷刑罰失誤，其罪莫大。除已究正，量行黜責外，自今敢有懷姦挾情，不實不盡者，流二千里，斥之遠方，永不收敘。仍不以去官赦降原減，布告諸路，咸使聞知。

（宋）謝深甫等《慶元條法事類》卷四《職制門·禁謁》 職制令

諸發運、監司屬官同。在州縣者，非假日不得出謁。即謁親屬及職事相干並泛遣使命，或知州若太中大夫、觀察使、轉運判官以上者，聽。

諸知州、通判、縣令，非假日不得出謁。即謁親屬及職事相干並泛遣使命，或知州若太中大夫、觀察使、轉運判官以上者，聽。

諸監司巡按，許接見賓客，惟不報謁。

（宋）謝深甫等《慶元條法事類》卷四《職制門·上書奏事》 職制令

諸前任宰相、執政官、謂帶職者。太中大夫及待制以上守郡奉祠，如有己見利便，聽非時奏聞。即不得輒陳乞恩澤、自述勞績之類。責降未牽復人非。

諸授監司、提點坑冶鑄錢、提舉市舶同。郡守及諸路釐務總管、鈐轄，鈐轄不帶訓練職事者非。並須上殿奏事訖方得之任。授訖及任滿回，曾經上殿，在半年內再除授者免。雖曾上殿，應赴在四年外，或在外除授未經上殿人，並候闕到半年，前赴闕奏事。即見居川、廣應赴人，四川，詣制置司；二廣，詣本路轉運司稟事，精加銓量，委非昏謬老疾，結罪保明申尚書省。川、廣見闕者，准此。特旨候任滿前來奏事者非。

諸在外就除監司、知州，川、廣同。如連任過四年未經上殿人，赴闕奏事訖方得之任。見闕去處，臨時取旨。

諸監司、守臣不得自陳赴闕奏事。即轉運、提點刑獄司有要切或機密事須赴闕者，具奏聽旨。

諸監司、守臣到任及半年以上，見的實民間利病或邊防事件以聞。

諸轉運司使副、判官替罷，各以本職事若公私利害編録成册，上殿進呈，外移者，奏。仍各具副本申尚書户部。

（宋）謝深甫等《慶元條法事類》卷四《職制門·上書奏事》 吏卒令

諸授監司、郡守闕到奏事，不得先期取索遠接人從，候闕近，方許計程發遣。

（宋）謝深甫等《慶元條法事類》卷五《職制門·到罷》 諸監司之官，初入本路界交職事者，牒所替官照會解罷。

諸監司、知、通到、罷還改事故，並限當日申尚書省，諸路兵將官申樞密院，仍各申尚書吏部，並報進奏院。

諸監司守臣滿替及罷任，並開具見管錢物實數，移文後政，或以次官交割，仍申尚書户部、御史臺置籍。其後政，或以次官限一月內保明前政有無妄作名色、虛破錢物及將交到實數申本部、御史臺稽考。

（宋）謝深甫等《慶元條法事類》卷五《職制門·考課》 考課令

諸監司考課，事應互申者，謂轉運司事，提點刑獄司申之類。每歲於次年二月終以前，轉運司事申尚書户部；提舉常平司事申户部右曹，其應干刑獄事申刑部。仍並申尚書左右司。主管未及一年替罷，或他官權攝者准此。

（宋）謝深甫等《慶元條法事類》卷六《職制門·批書》 職制令

諸監司及州使臣，謂指使、准備差使、聽候使喚、緝捕盜賊。任滿雖替人未到而願先罷者，聽批書給據，放令離任。

（宋）謝深甫等《慶元條法事類》卷六《職制門·差出》 職制勅

諸監司應差在任官幹辦公事，被差官輒推避，或爲申乞占留，謂非闕官不可那差者。各杖一百。【略】

職制令

諸提點刑獄司職事應差官者，差訖關轉運司所。即至州縣，有辭狀披訴屈抑，雖未經轉運司投狀，亦許收接，牒送轉運司施行。若事干機速者，雖非本職，聽行訖報所屬。【略】

諸提點刑獄司，被受鄰路牒差官推治公事，雖於法不應鄰路差者，亦限一日差訖，具事因申尚書省。其所差官並依被差鞫獄法。

（宋）謝深甫等《慶元條法事類》卷六《職制門·權攝差委》 職制令

諸發運、轉運、提點刑獄、提舉常平茶鹽司官替移事故，本司無同職官者，各司互權，仍以序位法爲先後之次；逐司皆闕，置司所在知州權；又闕，或係侍從以上任知州者，鄰近知州權。【略】

諸監司每歲被旨分詣所部點檢、催促結絶見禁罪人者，各隨置司州地里遠近，限五月下旬起發，雖未被旨亦行。遇本司闕官，或專奉指揮躬親幹辦及鞫獄、捕盜、救護河防不可親詣，或屬縣非監司經由路，即委通判、幕職官，仍具事因申尚書省。其被委官經過州縣，月日、慮囚名件申提點刑獄司。至七月十五日以前巡遍，仍具所到去處月日被委官申到者同。申尚書省。

（宋）謝深甫等《慶元條法事類》卷七《職制門·監司巡歷》 勅

職制勅

諸監司巡歷所部不遍者，杖一百，遍而不申，減二等。

諸監司巡按，巧作名目追呼巡、尉，弓兵將帶出本界者，杖一百。

諸監司官巡按，般擔人有人應差而和雇者，徒二年。

諸監司依監司例，人凡可按刺州縣及屬官同。每歲巡歷所部州縣，若承指揮非泛幹辦，及因疾故未遍復出，雖已遍，而別因公事復出同。輒再受到、發酒食供饋，並依例外受饋送法。

諸監司每歲詣所部點檢、催促結絶見禁罪人，於令不應委官而輒委者，徒二年。

諸發運、監司巡歷，隨行吏人所在受例外供饋，以受所監臨財物論。

諸監司巡按，州縣官及屬官差出幹辦公事同。隨行公吏、兵級於所部受乞財物者，許人告。

諸州縣公吏因監司巡歷點檢輒逃避者，杖一百，因追呼整會事節者，加一等，並勒停，永不收叙。

厩庫勅

諸發運、監司巡按，提點坑冶鑄錢、提舉市舶之類若屬官及諸州通判同。隨行公吏違法出給驛券，及所給官司各徒二年。所請贓重者，自從重。

諸發運、監司巡按，以所得酒賣易，杖一百。

諸軍無家屬因差出逃亡，應申官注籍、關報、開閣舉催而於令有違者，各徒二年。發運、監司所至不檢察，與罪人同。

雜勅

諸監司屬官同。沿流應給船，非遇巡按輒差佔牽駕人兵，若巡按而差過數，或已歸本司不即發遣者：各杖一百。

捕亡勅

諸賊盜發，州取索捕盜官印紙批書而違限者，杖一百，監司所至不取索印紙點檢，減二等。

令

職制令

諸監司每歲分上下半年巡按州縣，具平反冤訟、搜訪利害，及薦舉循吏、按劾奸贓以聞。

諸監司歲以所部州縣量地里遠近更互分定，歲終巡遍，提點刑獄仍二年一遍，並次年正月具已巡所至月日申尚書省。巡未遍而移罷者，至次年歲首，新官未到，即見任官春季巡畢。

諸監司巡歷所至，應受酒食之類輒受折送錢者，許互察。

諸監司巡按，許接見賓客，唯不報謁。

諸監司巡歷所至，止據公案簿書點檢，非有違法及事節不圓，不得分令供析。無公事不得住過三日。

諸監司准指揮分詣本路州幹辦者，各依本年已分巡歷處。有妨礙處，聽互牒前去。

諸州縣禁囚，監司每季親慮。不能遍詣及有妨礙者，聽差官。若有冤抑，先疏放訖，具事因以聞。謂囚人本無罪而不應禁繫者。

諸監司每歲被旨分詣所部點檢、催促結絶見禁罪人者，各隨置司州地里遠近限五月下旬起發，雖未被旨亦行。遇本司闕官，或專奉指揮躬親幹辦及鞫獄、捕盜、救護河防不可親詣，或屬縣非監司經由路，即委通判、幕職官。仍具事因申尚書省。其被委官經過州縣、月日、慮囚名件，申提點刑獄司。至七月十五日以前巡遍。仍具所到去處月日被委官申到者同。申尚書省。

諸監司巡按，遇諸州院、司理院並縣禁罪人及品官、命婦公事各徒以上者，雖非本司事，聽審問。若情涉疑慮，或罪人聲冤，或官司挾情出入而應移推者，牒所屬監司行，若承報不行，或雖行而不當者，具事因奏。

諸監司每歲點檢州縣禁囚淹留不決或有冤濫者，具當職官職位、姓名按劾以聞。

諸生子孫而殺或棄之罪賞條約，州縣鄉村粉壁曉示，每季舉行，監司巡歷常點檢。

諸巡檢、縣尉遇在廨宇，每日躬親教閲，仍具注於曆，監司因按閲取曆點檢。

諸監司巡歷所至，按閲弓手，每歲一閲，不至者，聽差官。

諸守戍禁軍因差出枉路私歸營，若緣路托疾寄留避免征役並官司容縱及審驗不實者，監司因巡歷覺察按劾。

諸將副訓練官，應約束措置兵政軍情不便，並職事違法或勘斷不當，聽州縣長官覺察，申經略安撫、鈐轄司或提舉將兵官。事小者，移文本將改正。如應勘劾，仍權移別將。監司巡歷所至點檢。

諸將下軍須什物，轉運、提點刑獄司歲一點檢。

諸州招填禁軍，轉運司巡歷所至，聽點檢，有違法者，牒提點刑獄司行。將兵，牒提舉將兵官。

諸發運、監司公文行下所部，非置司所在，實封遞送，不得差人。其巡歷所至，逐處令人承受。

諸察訪所至，採訪在任官能否奏，仍以知州、通判治狀申尚書省，武臣申樞密院。

賞令

諸監司按閲弓手，其武藝優者，以銀楪子賞之。楪子之直，每十人不得過錢一貫。

賦役令

諸坊郭品官之家身亡者，有蔭之家若係宗室及内命婦親授官而轉至陞朝，及進納或保甲授官，或第一等户以妻之家陣亡遺表恩澤授官，並祗應有勞，進頌可採及特旨與非泛補官，因軍功、捕盜而轉至陞朝，非軍功、捕盜而轉至大夫，醫官轉至翰林醫痊以上，仍曾經入額人者同。免科配。若營運與民爭利，在鎮寨、城市及第一等；縣，第三等；州，第四等者；並不免。監司所至，常切檢舉覺察。

諸夏秋税增收錢物，謂正税租額外，分煙析生、典賣割移之類合零就整者。並以實數，每户計之，仍總都數於簿頭别項爲額。轉運司因巡歷點檢。如巡歷不至者，委官分詣，歲一周遍，候納畢，本縣與正税各具申州，州取受納倉庫曆尾截日實數，通比分數科校。

考課令

諸監司被受勸農手詔，每歲春秋檢行下所屬，遇巡歷所至，檢察知州、縣令勸農之勤惰，歲終較其尤著者爲優、劣等，如未至歲終替移者，牒後官通計。限次年正月終保奏。知州各一員，所部五十縣以上者，縣令各二員；五十縣以下者，各一員。或無，不聽闕。罷任到闕日，具任内已保奏優、劣之人以聞。外移准此。

公用令

諸監司巡歷所過州軍，到發合得供饋者，不理供給之數。

祀令

諸州縣長官到任，親謁社稷點檢壇壝，若春秋祈報，非有故不得差官。監司巡歷檢察得壇壝修飾有不如儀者，具事因奏聞。

雜令

諸監司巡按，經歷山險不可乘馬處，許於所過州縣和雇人抬轎子。屬官及朝旨專差官幹辦者准此。

諸監司巡按般擔人，所至闕廂軍、遞鋪兵差者，支係省錢和僱，仍每季申轉運司差官點檢。

吏卒令

諸監司巡按，本司屬官差出同。乘船數依之官法。牽駕人聽破十分，逐州交替，般擔人不差。

諸監司官巡按，本路、鄰路體量審復之類同。餘條稱巡按准此。事多而吏少，聽於所至處量事添差，其帶不盡當直人，聽留本家。逐州差迎送借事兵級，無廂軍，差有衣裝剩員。通計，隨行兵級不得過應破當直人數。屬官差出准此。

諸監司官巡按入本路界，應差般擔廂軍不得差遞鋪，即逃亡事故，在路無廂軍可差者，方得權差，至有廂軍處替回。

諸發運、監司官應差茶酒帳設司厨子，遇巡按許帶行。

諸當直人及十人以上，差節級一名；三十人以上，將校、節級各一名；監司巡按，所差迎送借事人同。已有節級者，止差將校一名。五十人以上，各二人；每百人，各三人，並數外差。

營繕令

諸樓店務省房歲收課利錢，十分內樁留五釐，州軍資庫、縣省錢庫寄收。充修造支用，不足，借本處係省錢，候有樁留錢撥還。縣鎮寨無都監，即令、佐主管。令遇替移，差官監交訖乃得離任，仍批書印紙，委監司巡歷點檢。

驛令

諸發運、監司，提點鑄錢官巡按，因職事赴闕，緣邊安撫奏事往回，若押兵而已有部押軍人者，不差遞鋪鋪兵。其逐司屬官差出或隨行及吏人、書表司隨本司，官給遞馬外准此。

諸巡按及因職事赴闕往還，朝廷非次差官出外，應給遞馬及鋪兵而兩應給者，聽從多。新任已除未授者，准此。

關市令

諸物價每月一估，每物具上、中、下等實值時估結罪申。價有增減者，旬具刺狀外，縣鎮寨實直仍申本州審察。監司若季點官巡按所至准此。

倉庫令

諸提點刑獄司，承榷貨務、左藏庫牒報客人入便錢數及所指州者，置每州籍，具注，依限催還訖報。仍因巡歷所至點檢，次年春季具有無未還及違法事保奏，仍申尚書户部。

給賜令

諸發運、監司若提舉茶馬、弓箭手、茶鹽、市舶、輦運、撥發、坑冶司並屬官下公人應支請給，及差出隨行於法合借請者，並於置司州軍勘給。內借請。約度所至地里，預行依條勘支。其旁曆，本轄官書印送勘給官司，緣路州縣不得輒借請。提點刑獄司所至取索檢察。

軍器令

諸將軍器，每歲委總管、安撫、鈐轄司於本路互差官詣庫檢察，內有損壞不堪者，即具名件申逐司置籍注之，送所在作院，責限修整畢申逐司勾銷。歲具有無未修整名件申樞密院。仍令提點刑獄司因歲巡處點檢。

軍防令

諸招軍按舉保明隸提點刑獄司，巡按所至，集所招人點檢，禁軍在帥府者，安撫、總管、鈐轄司。禁軍不及等杖者，改刺以次軍；不堪披帶者，改廂軍；有工藝者，試驗充工匠，更不支例物；其不堪征役者，放逐便，每歲終逐司類聚部內所招人數申所隸官司。

諸轉運、提點刑獄司歲首巡歷所至州，以見管諸事並急脚、馬遞鋪兵級與當職官同揀。若春季巡歷未到，或雖到而應揀人有故未及揀者，並令本州當職官揀，仍別項收管，候巡歷到點檢，依新招人法。三路帥府禁軍及剩員，總管司揀。禁軍自京差至者，報所屬，餘報住營處。

諸將兵安撫、總管、鈐轄司所在，每歲量勾一兩指揮覆揀，其轉運、提點刑獄司巡歷所至准此。

諸軍指揮各置籍，州用印，開具姓名、差使優重、月日、次数，即有差使，當職官按籍均其勞逸，以病免者，損日先差，一年替者，前九十日；半年替者，前三十日，檢舉差人替。若應於他處差，及廂軍闕，申轉運司。於別州應副厨子、工匠之類，無人承替，雖應差牽駕工役及接送防者，聽免。每季，禁軍，即知州、通判同點檢，提點刑獄司具有無違礙法保奏；廂軍，諸司參軍或幕職官取籍點檢，具有無不當保明申州，轉運、提點刑獄司遇巡歷覆點。

諸軍教閲，差將校逐日分番部押，其早教仍輪兵官一員巡按，每營置印曆，録巡教官姓名，五日一赴州縣，長吏書押。州長吏時往提按點名，分隊教射。闕兵器者，於甲仗庫借支。諸軍指占出戰或封樁者，亦聽權借，當日内却還。拍試者准此。三路總管司，餘帥司躬親按視。非逐司所在，即轉運、提點刑獄司各據逐年應分巡州准此，遇按，仍取印曆檢察。每季舉行訖申樞密院。

諸軍差發那移，不得占留，或經過所隸安撫、總管、鈐轄司，亦不許選留。監司巡歷取帳磨唇點檢。

捕亡令

諸賊盗發，本州即時注籍，强盗及殺人賊，限三日奏，兇惡群盗入界，或已經奏，至出界，雖不曾作過，准此。及申提點刑獄、提舉盗賊司，謀反及州縣鎮寨内劫盗，或諸軍結集强盗若强盗七人以上者，仍申轉運司。仍批書捕盗官印紙，監司所至，取索印紙點檢。提點刑獄司每歲六月、十二月終各具諸州已獲及滿百日未獲火數，限次季以聞。强盗，每月一次具已、未獲人數申尚書刑部。

斷獄令

諸監司決罪人，於所在州縣勾杖直，若巡歷非州縣者，聽就近勾，差過即遣還。餘官應論決而無杖直者，亦聽差借。

諸官司遇按察官巡歷點檢，不得移罪人於廂店鎖繫。

格

賞格

命官

監司歲終巡歷州縣，疏放冤抑禁囚差官者不理數。一百人以上，減磨勘一年；二百人以上，減磨勘二年。

諸色人

告獲監司巡按州縣官及屬官差出幹辦公事同。隨行公吏兵級於所部受乞財物：笞罪，錢二十貫；杖罪，錢三十貫；徒罪，錢五十貫；流罪，錢一百貫。

吏卒格

監司官巡按：吏人二人；應副軍期及別奉朝旨幹辦，別帶二人。通引官或客司一名；書表司一名；當直兵級一十五名；般擔軍人一十五人。發運、監司官互權遇巡按，別差擔負公案軍人五人。

雜格

山險和雇人擡轎子，每員監司及朝旨專差幹辦官，一十人；屬官，六人。

驛格

給遞、馬鋪兵數，發運、監司二匹七人。

式

職制式

監司歲具巡按奏狀

具位

准令云云，臣某年分遍歷所部州縣巡按，今有下項事件須至奏聞者：

一平反冤訟共若干件，共計若干人，無，即云無。某州某處某公事若干件。餘州依此開。

一搜訪利害共計若干件，無，即云無。某州某處某事利害若干件。餘州依此開。

一薦舉循吏若干人，無，即云無。某官任某州某縣某差遣，某人委有是何治狀顯著，臣已具奏聞訖。餘人依此開。

一按劾奸贓共若干人，無，即云無。某官任某州某縣某差遣，某人緣犯是何奸贓事，本司。於某年月日具事因、如何按劾了當。餘人依此開。

右謹件如前，謹録奏聞。謹奏

年　月　日依常式

申明

隨勅申明

職制

淳熙四年九月二日勅：監司巡歷，不得科差鄉民充夫，依條計日支給人吏券食。仍令諸州常平主管官歲終將諸司公吏借請批券、支過常平等錢別帳申繳户部，委官驅磨，其有過數取予及違戾者，並重置典憲。

旁照法

職制勑

諸發運、監司例外受供給饋送者，以自盜論。

賊盜勑

諸竊盜，得財杖六十，四百文杖七十，四百文加一等，二貫徒一年，二貫加一等，過徒三年三貫加一等，二十貫配本州。

諸監臨主守自盜財物，罪至流，配本州，謂非除免者。三十五匹絞。

給賜令

諸軍無家屬因差出而逃亡，本轄官無官即部押人。即時申所在官司，當日注籍，闕報元差處，開閣請給訖回報勾銷。計程未到，三日一舉催。有家屬者自依本法。

（宋）謝深甫等《慶元條法事類》卷七《職制門·監司知通按舉》

勑

名例勑

諸稱監司者，謂轉運、提點刑獄、提舉常平司；稱按察官者，謂諸司通判以上之官發運、轉運判官同。及知州、通判各於本部職事相統攝者。

職制勑

諸監司知所部推行法令違慢，非本職而已具事牒所屬監司，若承報不即按舉，或施行闊略，而元牒之司不舉奏者，減所屬監司應得之罪一等。即監司於職事違慢，逐司不互察者，准此。若犯贓私罪庇匿不舉者，以其罪罪之。

諸所部違法，監司及知州、通判失按舉，謂因御前及朝廷察治得實事理重者。並奏裁。

諸按察官體量所部官，各以實犯罪狀具奏，諸司不許互相關白。知州、通判仍須連狀，文臣太中大夫以上知州者，聽獨銜。其被旨體量雖先失按舉，但事得實者，除其罪。若其體量事無實者，俱狀保奏。

令

職制令

諸監司按察官，每歲終具發摘過贓吏姓名置籍，申尚書省。

諸監司分上下半年，具所部縣令有無善政顯著及謬懦不職之人申尚書省。

諸監司每歲分上下半年巡按州縣，具平反冤訟、搜訪利害及薦舉循吏、按劾奸贓以聞。

諸監司知所部推行法令違慢，雖非本職，具事因牒所屬監司施行。其命官老病不職而非隸本司者，准此，仍聽具奏。即辭訟事屬本司，聽受理。已經本司理斷，並謂已結絶而有不當者。其餘監司方許受理。

諸按察官知所部官有犯，若事理重者，躬親廉察，部民論訴縣令同。餘事聽先委不干礙清强者體究，有無實迹，結罪保明申。所委官司於按章內明坐所差官體究到事因，並不得出榜召人首告。即犯贓私罪雖已離任，被告論或因事彰露者，聽按治。

諸官司無按察官而有違法及不公事者，發運、監司按察奏，發運、監司互相覺察，逐司重祿公人因職事受乞財物，准此。其經略按撫、發運、監司屬官，聽逐互行按舉。

諸所部官有犯，監司郡守依法按治，不得倚閣俸給，仍許諸司互察。

諸災傷路分，安撫司體量措置，轉運司檢放展閣，軍糧闕乏，聽以省計通融應副。常平司糶給借貸，提點刑獄司覺察妄濫，如或違戾，許互相按舉，仍各具已行事件申尚書省。

斷獄令

諸監司有所按劾，限三十日具所按事狀及應推治人録奏，仍申尚書刑部。

諸官司按發官吏不究事實，或挾情奏劾，致降先次指揮，如勘得別無元劾罪犯，具因依奏聞。

式

職制式

監司歲具巡按奏狀

具位

准令云云，臣某年分遍歷所部州縣巡按，今有下項事件須至奏聞者：

一平反冤訟共若干件，共計若干人，無，即云無。某州某處某公事若干件。餘州依此開。

一搜訪利害共計若干件，無，即云無。某州某處某事利害若干件。餘州依此開。

一薦舉循吏若干人，無，即云無。某官任某州某縣某差遣，某人委有是何治狀顯著，臣已具奏聞訖。餘人依此開。

一按劾奸贓共若干人，無，即云無。某官任某州某縣某差遣，某人緣犯是何奸贓事，本司於某年月日具事因，如何按劾了當。餘人依此開。

右謹件如前，謹録奏聞。謹奏

年月　日依常式

申明

隨勅申明

職制

紹興二年閏四月二日勅：諸頭項分遣在諸州守戍官兵並餘統兵官等，元係朝廷遣使，依將副序位；止是軍中或帥司差委，與州都監序位；其餘使臣與監當、部隊將序位。如有違法，並依部內有犯許守臣監司按舉，其兵校於屯駐處知、通，並依階級法。

本所看詳上件指揮，係爲分遣統兵官屯戍與所在州官序位，及有違法許守臣監司按舉等事理，雖難以立爲永法，合權行存留照用。

紹興五年十月九日勅：州軍按發屬吏已申監司，如有陳訴，監司不作妨礙；其監司按發官吏，除初按發一司外，餘司並不作妨礙。

紹熙元年十一月二十九日勅：臣僚劄子奏，仰惟祖宗之制，天下諸路分遣部使者，以婚田、税賦屬之轉運，獄訟、經總屬之提刑，常平、茶鹽屬之提舉，兵將、盗賊屬之安撫。比來諸司不存事體，疏易者，雜治而失職；苛察者，振權而侵官。殊不思民訟未經結絶，而别司復受訴，則懷奸者得以規免；事任自有隸屬，而别司輒干預，則爲官吏者何所適從，欲望詔外路諸司體分職之意，若暴横賦歛以摇民心，若隱蔽水旱以欺主聽，若大吏奸贓而蠹國，若兵將包藏而干紀，則當如令互察。其餘詞訴，苟非其職，並關牒各司，隨職舉按而不得雜治侵官。奉聖旨依。

擅興

紹興二年十月九日勅：差發兵馬統領、將佐、使臣、將、校尉、兵級於經由及屯駐處陵犯知、通、縣令，或以請受之類爲名，陵犯見任命官者，統領、將佐、使臣流三千里，仍奏裁；將校、兵級依違犯階級法。以上所爲重者，自從重。令州縣、監司覺察舉劾。知而不舉，減罪人罪三等，州縣每季檢舉曉諭。

本所看詳上件指揮，係是當來差發兵馬經由及屯駐去處，一時禁約難以立爲永法。緣所立刑名嚴重，今參酌如統領、將佐、使臣陵犯知、通、縣令，並以違制論；將校、兵級依階級法；以上陵犯其餘見任命官，各減二等，所爲重者，自從重。州縣、監司知而不舉，減罪人罪三等。所有管轄若不鈐束致有違法犯理，合與犯人同罪，以上所犯並奏裁。今聲説編節作申明存留照用。

斷獄

紹興三年十一月十二日勅：宗子分寓郡縣，騷動民庶，强取其物；或攘人之物而不償其值；或欺虐良民，稍涉觸忤，則動以鐵尺，捶之致死；或挾弓帶矢，飛鷹走犬，驤駿馬驅小人，馳騁田野，踏踐穀麥；或醖造酒興販私物，有司無以禁止。令諸路帥臣、監司、守臣常切覺察，如有似此之人，具事因聞奏，取旨重作施行。

（宋）謝深甫等《慶元條法事類》卷八《職制門·定奪體量》　職制令

諸監司被旨相度審定公事而體稍重者，不得委官。遇本司闕官或有急切事故不可前去，方許差，仍保明事狀以聞。【略】

諸監司委官定奪公事，州委官同。聽量事小大立限結絶，小事不得過十五日，大事不得過三十日。置籍催驅、檢察。有故不能如限，具事因申所委官司量展，並不得過元限之半。【略】

諸按察官知所部官有犯，若事理重者，躬親廉察，部民論訴縣令同。餘事聽先委不干礙清强官體究，有無實迹，結罪保明申。所委官司於按章内明坐所差官體究到事因，並不得出榜召人首告。即犯贓私罪雖已離任，被告論或因事彰露者，聽按治。

（宋）謝深甫等《慶元條法事類》卷九《職制門·擅離職守》　諸監司屬官，輒離本司出詣所部者，徒二年。

（宋）謝深甫等《慶元條法事類》卷九《職制門·饋送》　職制勅

諸發運、監司、察訪司，外都水丞，應制置提點、提舉官並朝廷省、臺、寺、監差官出外，以上屬官同。若經略安撫、總管、鈐轄司差本司官於所部幹辦，緣邊安撫出巡，於所轄並幹辦處越等及例外受供給、饋送者，以自盜論。

諸監司依監司例，人凡可按刺州縣及屬官同。不係置司去處，輒置買非日用供家之物者，徒二年。州差官出所屬縣屬准此。即每歲巡歷所部州縣，若承指揮非泛幹辦及因疾故未遍復出，雖已遍而別因公事復出同。輒再受到、發酒食供饋，並依例外受饋送法。

諸監司、知州，非任滿替移，在任二年以上非。雖有例冊輒饋送罷任之物及受之者，並坐贓論。

諸帥司，監司守臣同。非法妄以犒設爲名輒饋送及受之者，並以坐贓論。即兵官因按教而經由州軍輒以饋送准折錢物並受之者，罪亦如之。

諸發運、監司巡歷，隨行吏人所在受例外供饋，以受所監臨財物論。

諸帥臣、監司、守、令子弟及隨行親屬、門客，於所部干托騷擾，收受饋送及非所處飲宴者，杖八十。本罪重者，自從重。知情容縱與同罪，不知情，減三等。

諸發運、監司，在路受排頓者，徒二年。

諸監司屬官，輒離本司出詣所部若行移文書下州縣，及差委幹辦公事不經詣所差處，並緣路見州縣官若受饋送者，各徒二年。【略】

職制令

諸監司巡歷所至，應受酒食之類輒受折送錢者，許互察。

諸發運、監司遇聖節開啓道場同。若傳宣使命，賜夏藥、衣襖、特支銀鞋同。國信使副許赴公筵，因點檢或議公事，許赴酒食。巡歷所至，薪炭油燭、酒食並依例聽受。權知州者，如不受監司供給，其到、發止依巡歷外供給，聽依知州例。

（宋）謝深甫等《慶元條法事類》卷一一《職制門・差破當值》 吏卒令

諸監司官巡按，本路、鄰路體量審覆之類同。餘條稱巡按准此。事多而吏少，聽於所至處量事添差，其帶不盡當直人聽留本家。逐州差迎接、借事兵級，無廂軍，差有衣裝剩員。通計隨行兵級，不得過應破當直人數。屬官差出准此。

（宋）謝深甫等《慶元條法事類》卷三二《財用門・經總制》 紹興十六年五月二十八日勅節文：户部契勘諸路經總制無額錢物，已降指揮，專委通判檢察造帳，申提刑司驅磨，攢類都帳申部。如隱落及起發違慢，並從徒二年科罪。近年州縣場務侵隱及於納給之際作弊減數，虛轉文曆，其通判、提刑司止循舊例攢申，顯見徒爲文具。依前陷失財，許理合措置，除人吏依已降指揮外，欲乞令諸路提刑司每歲開具點磨到逐州軍各有無隱落失陷分數、通判並提刑司官職位姓名、合展減磨勘，申部覆實賞罰。庶有激勸不致失陷財賦。奉聖旨依。

一諸州通判每季收支經總制無額錢物隱落失陷，謂應分撥而不分撥，應收而不收之類。不滿一分展磨勘一年，一分以上展磨勘二年，一分五釐以上展磨勘三年，二分以上展磨勘四年。

一諸路提刑司官内檢法、幹辦官仍各先次分定州軍。點磨出州縣隱落失陷錢物，欲與通判對行賞罰。謂通判應展磨勘一年者，提刑司官減一年磨勘之類。如不能用心檢察改正，亦依通判分數責罰。

一諸路提刑司申到帳狀，如本部委官點磨得有隱落失陷錢物，提刑司不能檢察改正者，欲與通判、提刑司官對行賞罰。謂如通判、提刑司官應展一年磨勘者，所委官減一年磨勘之類。

紹興二十六年九月十二日勅：諸路州軍所收經總制無額錢物，專委提刑司催督檢察驅磨，依限開具磨出一歲本路州軍侵隱失收錢物分數、通判並提刑司官職位姓名、管幹日月、合展減磨勘供申。如違限不行驅磨，開具供申及隱漏不實，即依供申帳狀違限斷罪施行。

（宋）謝深甫等《慶元條法事類》卷三二《財用門・點磨隱陷》 隨勅申明

職制

淳熙四年九月二日勅：監司巡歷，不得科差鄉民充夫，依條計日支給人吏券食，仍令諸州常平主管官，歲終將諸司公吏借請批券支過常平等錢，別帳申繳户部，委官驅磨。其有過數，取予及違戾者，並重置典憲。

（宋）謝深甫等《慶元條法事類》卷三六《庫務門・糴買糧草》 户婚勅

諸監司糴買糧草，抑令遠處輸納，若巧作名目額外誅求者，並以違制論。守令奉行及監司不互察者，與同罪，許被科抑人户越訴。

（宋）謝深甫等《慶元條法事類》卷三七《庫務門・勘給》 職制

淳熙四年九月二日勑：監司巡歷，依條計日支給人吏券食，仍令諸州常平主管官歲終將諸司公吏借請批券支過常平等錢別帳申繳户部，委官驅磨。其有過數取予及違戾者，並重置典憲。

（宋）謝深甫等《慶元條法事類》卷四八《賦役門・科敷》 户婚勑

諸監司以人户合納穀帛絲綿之類紐折增加價錢，或糴買糧草抑令遠處輸納，若巧作名目額外誅求者，並以違制論。守令奉行及監司不互察者，與同罪，許被科抑人户越訴。

（宋）謝深甫等《慶元條法事類》卷四八《農桑門・勸農桑》 考課令

諸監司被受勸農手詔，每歲春秋檢舉行下所屬，遇巡歷所至，檢察知州、縣令勸農之勤惰，歲終較其尤著者爲優劣等。如未至歲終替移者，牒後官通計。限次年正月終保奏。知州各一員，所部五十縣以上者，縣令各二員，五十縣以下者各一員，無或不足，聽闕。罷任到闕日，具任内已保奏優劣之人以聞。外移准此。

諸知州被受勸農手詔，每歲春秋檢舉行下屬縣，歲終以所部縣令勸農之勤惰，較其尤著者爲優劣等各一員，無即聽闕。歲終申監司。罷任到闕日，具任内考過優劣之人以聞。外移准此。

諸監司，每歲同具部内令、佐謂任滿者。轉運司管兩路以上，逐路依此供具。添植桑柘最多最少者一員保奏。以逐官所分堪種地畝計分爲率，即每員添植及五百株以上者，免爲少。

（清）徐松《宋會要輯稿・職官四五・監司》 神宗元豐三年四月二十六日，詔監司提舉官有所措置及申請而輒及他司者，論如非所職輒主管法。【略】

（哲宗元祐元年）十一月二十四日，詔諸道監司互分州縣，每二年巡遍。【略】

（徽宗崇寧）五年二月一日，手詔：四方之遠，視聽豈能周遍，慮有民瘼，壅於上言。可詔逐路監司察民間疾苦，具實以聞。

六月三日，詔曰：諸路監司，所與共治，而寄制舉耳目之任，顧不重哉！苟非其人，不能檢身律下，乃違法背理，貪贓違濫，全無忌憚，其能制舉一道，稱所任乎。朕方勵郡守、縣令各各循理，而按察之官身先犯令，則士民何所視傚。見今諸路監司，互相察舉如法，或庇匿不舉，以其罪罪之。仍令御史臺彈劾以聞，朕當驗實，重行黜責。故茲詔示，想宜知悉。內庇匿不舉以其罪罪之一節，仍著爲令。

八月十九日，詔：訪聞諸路監司屬官擅行文書，付下州縣，及出按所部，犯分掻擾。可令今後學事司屬官許出諸處點檢學事外，餘並不得離司，出詣所部，及不得擅移文書付下州縣。即有公事差委勾當者，徑詣所差處，沿路不許見州縣官及受饋送。違者徒三年，仍不許赦降、去官原減。

二十九日，詔：應監司到所部半年，或因赴闕奏事，許舉部内所知二人，著爲令。

（宋）謝深甫等《慶元條法事類》卷六《職制門・差出》 職制令

諸通判被差下縣決獄，不得因而催理官錢。

紀事

（宋）葉夢得《石林燕語》卷九 故事，三院御史論事皆先申中書，得劄子而後始登對。諫官則不然。熙甯初，始詔依諫官例，聽直牒閤門請對。

（宋）葉夢得《石林燕語》卷一〇 熙寧以前，臺官例少貶，間有責補外者，多是平出，未幾復召還。故臺吏事去官，每加謹爲，其治行及區處家事，無不盡力。近歲臺官進退既速，貶責復還者無幾，然吏習成風，猶不敢懈，開封官治事略如外州，督察按舉必繩以法，往往加以笞責，故府官罷，吏率掉臂不顧，至或斬侮之。時稱孝順御史臺，忤逆開封府。

（宋）李燾《續資治通鑑長編》卷四八《真宗咸平四年》 御史中丞趙昌言奏：近例，臺司多遣人吏巡察，請依故事，令左右巡使各領其職，踰越法制者，具名以聞。從之。

（宋）李燾《續資治通鑑長編》卷一五四《仁宗慶曆五年》 乙亥，復置言事御史，以殿中侍御史梅摯、監察御史李京爲之。摯，新繁人。唐制，御史不專言職，故天禧初，始置言事御史六員，其後久不除。至是，以諫官員不足，復除之。今御史臺中丞廳之南，有諫官御史廳，蓋御史得兼諫職也。

（宋）李燾《續資治通鑑長編》卷一九三《仁宗嘉祐六年》 權御史中丞王疇言：比歲兩制臣僚，不得與執政相見及臺諫官往還。議出一時，初無典故，當時論者即以爲非。今執政與諫官已弛其禁，而臺官尚設科防。臣愚以爲臺官主於議論，以補天子之聞見，豈一二人能周知天下事乎。兩制侍從之臣，皆國之選，今偶或相見，交自爲疑，非所以示朝廷之大體也。請自今兩制亦許與臺官相見。從之。

（宋）李燾《續資治通鑑長編》卷一九六《仁宗嘉祐七年》 御史中丞王疇等言：聞糾察在京刑獄司嘗奏：府司及兩軍巡皆省府所屬，其録大辟之翻異者，請下御史臺。竊惟府縣之政，各存官司，臺局所領，自有故事。若每因一囚翻異，即用御史推劾，是風憲之職，下與府司、軍巡共治京獄也，恐不可遽行。從之。

（宋）李燾《續資治通鑑長編》卷二〇〇《英宗治平元年》 同知諫院呂誨奏：先朝兩府及臺諫官奏對，即左右近侍悉引避於兩廡，故從容論議，事無洩於外者。臣近登對，皆不引避，立於殿隅板門之內。欲乞指揮，自今引避如故事。從之。

（宋）李燾《續資治通鑑長編》卷三〇九《神宗元豐三年》 御史臺言：御史所分察案，每半年令中丞、知雜取旨更易。然御史到任月日先後不齊，其更易乞分上、下半年。從之。

（宋）李燾《續資治通鑑長編》卷三一〇《神宗元豐三年》 甲寅，御史臺言：御史分領察事，逐員各領二案，文字繁簡不同，難以次第分定。欲以一員領吏、工，一員領兵、刑，一員領户、禮。從之。

（宋）李燾《續資治通鑑長編》卷三三一《神宗元豐五年》 十一月戊寅朔，上謂輔臣曰：御史分察中都官，事已多矣，又令察舉四方，將何以責治辦？且於體統非是。可罷御史察諸路，官司如有不職，令言事御史彈奏，著爲令。

（宋）李燾《續資治通鑑長編》卷三三二《神宗元豐六年》 尚書省乞都司置御史房，主行彈糾御史察案失職並六察殿最簿，從之。

（宋）李燾《續資治通鑑長編》卷三三三《神宗元豐六年》 三省言：御史臺六察案官以二年爲一任，欲置簿各書其糾劾之多寡當否爲殿最，歲終條具取旨陞黜，事重者，隨事取旨。從之。

（宋）李燾《續資治通鑑長編》卷三三四《神宗元豐六年》 御史翟思言：法有漏泄察事者杖一百。臺分言、察，正欲使察官案法而治其稽違，而法所不及，理容可議，則責有在於言官。蓋言、察理勢相須，宜不與別司同體，況朝夕同見丞雜議事，豈有所不聞？則事勢之實，果亦不能自異。臣欲乞除見推司事雖言事官不許與聞外，其餘言事官通知，不爲漏泄。從之。

（宋）李燾《續資治通鑑長編》卷三七七《哲宗元祐元年》 三省言：舊置糾察在京刑獄司，蓋欲他司總領察其違慢，所以謹重獄事。向罷歸刑部，無復申明糾舉之制，請以異時糾察職事悉委御史臺刑察兼領，刑部毋得干預，其御史臺刑獄，令尚書省右司糾察。從之。

（宋）李燾《續資治通鑑長編》卷四一〇《哲宗元祐三年》 監察御史趙挺之言：御史所言，多係省曹之失，卻降本部，自屬妨礙。請以臺官所言事付三省看詳，若合立法及衝改舊法，即乞下本部取會，如可行，從朝廷指揮。從之。

（宋）李燾《續資治通鑑長編》卷四六九《哲宗元祐七年》 太常寺言：本朝因唐之舊，以御史爲監祭使，輪知太常寺禮院官監禮。近年以博士爲獻官，遂罷監禮，惟御史專視祀事。然御史多闕員，博士雖可權攝監祭，又或不赴，遂以他官攝事，無所督察。乞每祠以博士監如故。從之。

（宋）留正《皇宋中興兩朝聖政》卷八《高宗皇帝·臺諫不當薦官》〔建炎四年九月〕壬戌，御史中丞富直柔請罷新除右司員外郎候延慶，而用直龍圖閣蘇遲爲都司。范宗尹曰：都司宰屬如大藩帥臣猶得自辟置屬官，蓋資贊畫之益，遲雖名德之後，然不可任都司。上曰：臺諫以拾遺補過爲職，不當薦某人爲某官。趙鼎曰惟可論薦臺屬，張守曰亦須得旨乃可薦，上曰然。

（宋）留正《皇宋中興兩朝聖政》卷一〇《高宗皇帝·命六察糾監司》〔紹興元年九月〕乙巳，詔百司稽違，許御史臺六察官彈奏，以侍御史沈與求援元豐故事有請也。

（宋）留正《皇宋中興兩朝聖政》卷五一《孝宗皇帝·許六察隨事彈

奏》〔乾道八年二月〕丙辰，御史臺狀得旨令開具六察所隸覺察彈劾事件，并見今監察御史職事以聞。本臺契勘覺察彈劾，日前並係殿中與長貳通行風聞彈劾，即不屬六察。其六察管取索所隸百司簿書，公案點檢，稽違差失，行遣不當等事，合依應指揮並分隸六察。虞允文等奏，祖宗時監察御史却許言事，上曰今既分隸六察，可許隨事彈奏，自此臺綱肅清矣。

（宋）洪邁《容齋續筆》卷三《臺諫不相見》 嘉祐六年，司馬公以修起居注同知諫院，上章乞立宗室爲繼嗣。對畢，詣中書，略爲宰相韓公言其旨。韓公攝饗明堂，殿中侍御史陳洙監祭，公問洙：聞殿院與司馬舍人甚熟。洙答以頃年曾同爲直講。又問：近日曾聞其上殿言何事？洙答以彼此臺、諫官不相往來，不知言何事。此一項，温公私記之甚詳。然則國朝故實，臺、諫官元不相見。故趙清獻公爲御史論陳恭公，而范蜀公以諫官與之争。元豐中，又不許兩省官相往來。鮮于子駿乞罷此禁。元祐中，諫官劉器之、梁況之等論蔡新州，而御史中丞以下，皆以無章疏罷黜。靖康時，諫議大夫馮澥論時政失當，爲侍御史李光所駁。今兩者合爲一府，居同門，出同幕，與故事異，而執政祭祠行事，與監察御史不相見云。

（宋）洪邁《容齋四筆》卷一一《御史風聞》 御史許風聞論事，相承有此言，而不究所從來，以予考之，蓋自晉、宋以下如此。齊沈約爲御史中丞，奏彈王源曰：風聞東海王源。蘇冕《會要》云：故事，御史臺無受詞訟之例，有詞狀在門，御史採狀有可彈者，即略其姓名，皆云風聞訪知。其後疾惡公方者少，遞相推倚，通狀人頗壅滯。開元十四年，始定受事御史，人知一日劾狀，遂題告事人名，乖自古風聞之義。然則向之所行，今日之短卷是也。二字本見《尉佗傳》。

（宋）洪邁《容齋四筆》卷一一《唐御史遷轉定限》 唐元和中，御史中丞王播奏：監察御史，舊例在任二十五月轉，準具員不加，今請仍舊；其殿中侍御史，舊十二月轉，具員加至十八月，今請減至十五月；侍御史，舊十月轉，加至十三月，今請減至十二月。從之。案，唐世臺官，雖職在抨彈，然進退從違，皆出宰相，不若今之雄緊，觀其遷叙定限可知矣。國朝未改官制之前，任監察滿四年而轉殿中，又四年轉侍御，又四年解臺職，始轉司封員外郎。元豐五年以後，陞沉迥別矣。

（宋）洪邁《容齋四筆》卷一四《臺諫分職》 臺、諫不相見，已書於《續筆》中，其分職不同，各自有故實。元豐中，趙彦若爲諫議大夫，論大臣不以道德承聖化，而專任小數，與群有司校計短長，失具贍體。因言門下侍郎章子厚、左丞王安禮不宜處位。神宗以彦若侵御史論事，左轉祕書監。蓋許其論議，而責其彈擊爲非也。元祐初，孫覺爲諫議大夫。是時諫官、御史論事有分限，毋得越職。覺請申《唐六典》及天禧詔書。凡發令造事之未便，皆得奏陳，然國史所載，御史掌糾察官邪，肅正綱紀，諫官掌規諫諷諭，凡朝政闕失，大臣至百官，任非其人，三省至百司，事有失當，皆得諫正。則蓋許之矣。唐人朝制，大率重諫官而薄御史，中丞温造道遇左補闕李虞，恚不避，捕從者笞辱。左拾遺舒元褒等建言：故事，供奉官惟宰相外無屈避，造棄蔑典禮，辱天子侍臣。遺、補雖卑，侍臣也，中丞雖高，法吏也。侍臣見陵，法吏自恣，請得論罪。乃詔臺官、供奉官共道路，聽先後行，相值則揖。然則居此二雄職者，在唐日了不相謀云。

（宋）李心傳《建炎以來朝野雜記甲集》卷五《朝事·隆興臺諫》 隆興初，湯慶公復除右僕射，王諫議大寶上章論列。不從。奉祠去。自是臺、諫多引退者。張忠簡闡時爲工部尚書，因奏事，面請增臺、諫員。上曰：士大夫多賣直，故難其選。忠簡曰：直言，士之所尚，陛下開納則有益於國家。胡忠簡銓時爲左史，因造朝，以張公之語質之。上曰：此語非也。朕以張闡所言，謂臺、諫論事當辨曲直，非謂賣直也。明日，張公請對，又論臺、諫一空。上曰：卿與胡銓，昨日議論一同，得非傅會？朕止欲辨所論曲直，非惡直也。忠簡曰：陛下當受垢納汙，若校曲直是非，便是拒諫。上改容納之。隆興主聖臣直，蓋如此。

（宋）李心傳《建炎以來朝野雜記甲集》卷六《朝事·御筆禁言舊事》 黨禍既作，隆慈與上欲消之。御筆：今後給舍、臺諫論奏，不必更及舊事，務在平正，以副朕救偏建中之意。時劉德秀爲諫長，與察官張德秀等上疏言：繼自今舊姦宿惡，或滋長不悛，臣等不言，則誤陛下之進用；言之，則礙今日之御札。若俟其敗壞國事復如前日，而後進言，則徒有噬臍之悔。三者皆無一而可。望下此章，播告中外，令舊姦知朝廷紀綱尚在，不致放肆。從之。尋詔改不必更及舊事爲不必專及舊事。黃元章爲殿中侍御史，獨上言：治道在黜其首惡而任其賢，使才者不失其職而不才者無所憾。故仁宗嘗曰：朕不欲留人過失於心中。此皇極之道也。至於前事有合論列，事體明證有關國家利害者，臣不敢不以正對。疏奏，元章竟徙它官。

（宋）李心傳《建炎以來朝野雜記乙集》卷一一《故事・建炎迄嘉定中臺司不至兩地者十一人》 建炎至嘉定除御史中丞凡四十人，自顔夷仲至今章達之，率皆柄用，其中間不至兩地者，十有一人而已。然或以久病，辛柄、姚愈。或以論事失指，蔣世珍、謝國昌。或與宰輔不合，王賓、周祕、常同、廖剛。或以告訐，句龍行父。或以敗事，鄧伯允。皆因有故而去。其以常伯善罷者，惟羅龍學汝楫一人。若詹端明大方者，雖以工部尚書出臺，而旋入密府云。

（清）徐松《宋會要輯稿・職官一七・御史臺》 〔大中祥符〕三年四月，詔：御史臺今後委臺官勘事，如闕人，即申中書。

四年八月，詔：自今御史須文學優長、政治尤異者特加擢拜，遇慶恩不得以他官轉入。五年，詔三院御史除差出外任及在京涖它局之外，定以六員爲制。

九年二月，詔：三院御史舊三年爲滿者，自今在臺供職並止二年。若曾糾彈公事，顯是修職，候滿日特升陟。如全無振舉者，當議比類對换別官外任差遣，仍令本臺勘會在職事狀及有無功過詣實以聞。時殿中侍御史李餗援高弁、俞獻卿例求補外郡。中書言弁在職歲餘，以親老求歸侍，特命知淄州。獻卿累更任使，得知（穎）〔潁〕州。餗裁通判一任，入臺始周歲。元詔以三年爲例，真宗因命差減年限。

天禧元年二月八日，詔：御史臺除中丞、知雜、推直外，置侍御史已下六員，並不兼領職務，每月添支十五千，三年內不得差出。

二年正月，御史中丞趙安仁言：三院御史自今望並給御寶印紙曆，録彈奏事。從之。【略】

〔慶曆〕五年五月，御史梅摯等言：臣等既不領他務，自來章奏劄子秪露白實封。竊觀本臺有出使、監察二印空閑，乞權借用。詔如有合奏文字，許用本臺印行使。皇祐二年十二月，詔：自今如臺官相率上殿，並先申中書門下取旨。

（清）徐松《宋會要輯稿・職官一七・御史臺》 元豐元年七月一日，上批：御史臺有定奪刑名及承詔治獄，皆有司所不能決者。丞屬須得人，乃可以弼佐官長，副朝廷欽卹之政。推直官盧肇、馮如晦年齒衰遲，資性疲懦，不足稱辦職事，可並送審官東院，令本臺舉官以聞。

十二月八日，詔三院御史人增剩員四人，以舊止給六人，番上故也。

十二日，御史舒亶言：今法度之在天下，其官吏之治否猶有監司按視焉。至於京師之官府，乃漫不省治，而御史莫得行其職也。誠使應在京官局御史得以檢察按治，一切若監司之於郡縣，庶幾人知畏嚮，而法度有所維持，是亦周官之遺意。詔：取編敕所海行在京官司見行條貫并一時指揮，並録送御史臺。如官司有奉行違慢，即具彈奏。除中書、樞密院外，仍許暫索文字看詳。後御史中丞李定言：乞依故事復置吏、兵、户、刑、禮、工六案，點檢在京官司文字。每案置吏二人，罷推直官二員。從之，仍增置臺官一員。《職官志》：中丞李定言：故事，臺案有內外彈、雜事、四推、五使，六察獨廢。復置吏、兵、户、刑、禮、工六案，分行檢察，即繫之。

元豐三年四月七日，詔太子中允、館閣校勘、監察御史裏行范鏜罷主管國子監，太子中允、權監察御史裏行黃顔知諫院，兼主管國子監。太子中允、權監察御史裏行何正臣爲館閣校勘，罷幹當三班院。以御史專領六察，故差遣悉罷。後鏜又自言見判尚書禮部，亦罷之。

十五日，御史臺言：奉詔復置六察，在京官司今請以吏部及審官東、西院、三班院等隸吏察，户部、三司及司農寺等隸户察，刑部、大理寺、審刑院等隸刑察，兵部、武學等隸兵察，禮、祠部、太常寺等隸禮察，少府、將作等隸工察。從之。

二十二日，權御史中丞李定言：奉行朝廷法令以致之民者諸路監司，〔而〕無鉤考之法。（令）〔今〕令御史臺分察官司違慢，若推此法以察諸路監司，宜無不可者。以户案察轉運提舉官，以刑案察提點刑獄，如此則內外官司各勤職事，朝廷法令不至隳廢。從之。

二十七日，詔：御史臺六察案官三年爲一任，以所糾劾官司稽違失職事多寡爲殿最，中書置簿，以時書之，任滿取旨陞黜。

五月一日，詔：御史臺復六察案，創法之始，職事甚劇，無容久闕正官，以稽功緒。其見闕御史二人，令李定限十日以名聞。月增添支錢中丞二十千，察案御史十千。初，御史臺請非應奏者從臺劾所屬鞫罰吏人或改正，不許。又請諸路提舉官、提點刑獄已隸臺檢察，開封府界提點、提舉司、發運、撥發、提舉、提點鹽事、糴便糧草、市易、鹽税、坑冶、鑄錢、茶場、淤田、營田司及河北屯田司、陝西制置解鹽司、經制熙河路邊防財用司、措置陝西緣邊四路邊防公事司外，都水監丞、同提舉買馬監牧司（鄰）〔麟〕府路軍馬司、諸路經略、總管、安撫、鈐轄司亦合隸臺檢察。故有是命。

六月二日，御史臺言：六察案點〔檢〕諸司庫務坊監，乞行劄子。上批：六察於諸司非統臨之官，在理不當行劄子。見頒式令，唯中書行聖旨用劄子。往時官府僭妄行遣，臺察自合糾正，而不知省察，尚有承妄申請，可劄與知。

十月一日，御史臺言：御史所分察案，每半年令中丞、知雜取旨更易。然御史到任月日先後不齊，其更易乞分上、下半年。從之。

十一月六日，詔御史六員，令三員分領察案，三員專言事。

二十六日，御史臺言：御史分領察事，逐員各領二案。而六案文字繁簡不同，難以次第分定，欲以一員領吏、工，一員領兵、刑，一員領户、禮。從之。

五年正月二十二日，侍御史知雜事滿中行言：元豐四年下半年終，御史分察案合取旨更易。詔宇文昌齡領吏、工案，王祖道兵、刑案，豐稷户、禮案。

二月四日，權知開封府王安禮言：本府奏斷公案，御史臺一例取索。竊以公事已奉旨斷，方更點檢，於（禮）〔理〕不順，欲乞自今不許取索。從之。後御史臺言：刑察案於開封府取索公案，本府稱已准朝旨奏決公案，不許御史臺取索看詳。公事未結案雖有人論訴，不許取索。已結案係奏斷，本府又奏乞不許取索公事，則是事在官司，而所行稽違，許人赴臺理訴乃爲空文。若訪聞官司鍜錬人罪，出入刑名，既無案卷，則無從考察，深恐六察之法文具實隳。詔令開封府送公案與御史臺。

五月十一日，詔：入内内侍省不隸御史臺六察，如有違慢，委言事御史彈奏。其尚書六曹分隸六察。【略】

〔元豐五年〕六月十四日，詔尚書省得彈奏六察御史失職。

八月四日，詔三省、樞密院、秘書省、殿中内侍、入内内侍省聽御史長官、言事御史彈糾。先是，置監察御史，分六察，隨所隸察省曹寺監，而三省至内侍省無所隸，故以長官、言事御史察之。【略】

十二月十一日，詔御史臺秋、冬季序差御史一員赴三省點檢諸房文字稽滯，毋得干預其事及見執政。

六年正月三日，詔造軍器及戰車所不隸御史工察。

十七日，詔御史六察罷上、下半年〔更〕易法。

二十四日，尚書省乞都司置御史房，主行彈糾御史察案失職并六察殿最簿。從之。

二月十八日，三省言：御史臺六察案官以二年爲一任，欲置簿各書其劾糾之多寡、當否爲殿最，歲終條具取旨陞黜，事重者隨事取旨。從之。

三月四日，詔：御史臺察官察諸司稽違，皆按法舉察。即諸司所施行失當，雖無法，亦聽彈劾以聞。

十七日，御史張汝賢言：彈奏之文宜存大體，有司議罪欲察細微。乞自今察案劄子徑坐要切因依具彈辭進呈，別録照用情節條貫在後，以備聖問。從之。

四月三日，御史翟思言：法有漏泄察事者杖一百。臺分言、察，正欲使察官按法而治其稽違，而法所不及，理容可議，則有責在於言官。蓋言、察理勢相須，宜不與別司同體。況朝夕同見丞、雜議事，豈有所不聞，則事勢之實果不能自異。臣欲乞除見推司事雖言事官不許與聞外，其餘言事官通知，不爲漏泄。從之。

二十四日，尚書左右司言：御史臺察開封府不置承受條貫聚廳供呈曆，據刑部、編敕所〔定奪〕，各言所察允當。然看詳敕意，止爲外州縣立法，於開封府似無所礙。其因臺察後旋置曆，亦御史所當察。詔依刑部、編敕所定。

五月十一日，御史黄絳等言：按《唐六典》，侍御史糾舉百僚，推鞫獄訟；監察御史分案尚書六司，糾其過失。今之言事官大率如唐侍御史之職，察官乃監察御史之職。國朝舊制有四推之名，而三院御史皆預領焉。今推鞫獄事獨付察官，而近准朝旨又以六曹定奪公事，亦送本察，即於檢察職事有嫌。兼言事御史於簽書行遣公事全然稀少，欲乞別定條制，以正分守。詔令〔定〕奪文字送本曹。如合再定，即送御史臺本察。

同日，御史黄絳等又言：事之最難者莫如疑獄，夫以州郡不能決而付之大理，大理不能決而付之刑部，刑部不能決而後付之御史臺，則非甚疑獄必不至付臺再定。若御史聯事之衆，非如大理、刑部，必不能勝其責矣。近有旨定奪文字送本曹，如合再定，即送本察。臣愚以謂與奪刑名，事體重大，宜仍舊衆官參定，餘事則隨曹付察，如此則大小繁簡，皆得其稱，是正疑讞，罕有不當。其後刑部請諸鞫獄言事御史輪治，其定奪刑名則衆官參定，餘事隨曹付察。從之。【略】

六月一日，詔御史臺六察案各置御史一員。

閏六月十一日，御史臺言：先准詔每半年輪御史一員，取摘三省諸房簿，點檢稽滯差失，未有輪差及置局取吏之法。詔三省各一員，言事、察官序差，以本臺吏就逐省點檢。

十月四日，御史中丞黄履言：准敕諸鞫獄言事御史輪治，緣御史共置九員，六員分領六察，其言事官止三員，欲乞言事、案察御史輪治。從之。

七年正月二十三日，尚書左、右司狀，御史房置簿書，御史六曹官糾劾之多寡、當否爲殿最，歲終取旨陞黜。御史房舉發逐察不當及失察不盡等事，歲終亦乞比較。從之。

二月十七日，詔：御史臺以侍御史知雜事爲侍御史，不帶知雜事。以言事官爲殿中侍御史，六察官爲監察御史，侍御史恩數並如知雜事。左、右巡使及監（察）〔祭〕使名並罷，左右巡案令本臺隨事併入朝堂百司案，驅使官仍除去四團字，主簿、檢法官仍舊各一人。

四月十九日，詔：自今有司上獄空，令御史臺刑察按實。上以開封府、大理寺比歲務爲獄空，恐希賞不實也。

八月二十一日，詔寺監諸司應有稽違，係所轄省曹寺監失點檢者，亦令臺察彈奏。

哲宗元祐元年五月二日，三省言：舊置糾察在京刑獄司，蓋欲它司總領，察其違擾，所以審重獄事。今罷歸刑部，無復申明糾舉之制。請以異（議）〔時〕糾察職事悉委御史臺刑察兼領，刑部（每）〔毋〕得干預，其御史臺刑獄令尚書省右司糾察。從之。

二十三日，尚書省請六察旬奏改作季奏。從之。

（清）徐松《宋會要輯稿·職官一七·御史臺》（高宗紹興）〔哲宗紹聖〕元年，臣僚言：在京官司無不隸六察者，惟糾察刑獄司職事獨歸御史。凡審問獄囚事既親領，苟有不當，無復彈治，恐非嚴重獄事之意。又本臺刑獄皆朝廷所付治，輕重可否宜取決於上。今令右司糾察，甚非尊朝廷、正官名之意。詔御史臺見領舊糾察司職事內合審録問者歸刑部右曹，餘悉仍舊。

六月十五日，詔：差殿中侍御史井亮采就左司，郭知章就右司，同取索六曹四月以前未了文字，催促結絶。如違滯多日，或故作迂曲會問，或行遣不當者，人吏等第勘罪，郎官籍記姓名類欵聞奏。從左司諫翟思請也。

七月二十五日，監察御史劉拯言：元豐中御史臺置六察案，治省曹及諸官司違慢，以防有司之弛墮不職者。

元祐七年五月十八日立法，除事干刑名因陳訴外，餘未結絶，皆不得取索。至九月三日，因臣僚言其不便，方許取索一年已上未絶公案點檢。且元祐七年諸曹未絶事纔一千二百餘件，今蒙朝廷委御史點檢，總六千件，已四倍前日，其養成有司稽違之弊如此，望依元豐條。從之。

二年四月七日，殿中侍御史郭知章、監察御史董敦逸言，乞循先帝之法，詔内外兩制及臺諫官等各舉才行一人。詔吏部尚書許將、户部尚書蔡京、御史中丞黄履、翰林學士蔡卞、翰林學士錢端、禮部尚書林希、户部侍郎王震不拘資序，各舉堪備任使二員以聞。

二年四月二十七日，殿中侍御史董敦逸言：請應隸本臺所察處依在京刑獄條例，許本察官非時就往點檢簿書。詔自今每遇上、下半年，詣三省、樞密院點檢訖，許暫赴本察所隸官司檢察。是年十二月十七日，再降詔同此。

哲宗元符元年，詔復六察聞奏舊制。

二年，御史中丞安惇言：元豐法，每半年輪臺官就三省點檢，各有日限。又恐文簿未明，須呼吏指説，難於限內詳究。詔許展日。元祐大臣不務悉心政事，遂改元條，聽於限內了畢。被差御史觀望，閱三四日便稱別無稽滯差失，竊恐因此（寖）〔寢〕失先朝遣官檢察之意。詔並依元豐法。

徽宗崇寧元年十月十七日，詔御史臺糾察案依元豐格隸刑部，其元祐元年五月二十日指揮勿行。

二年八月二十四日，都省勘會：臺官雖已分定所言職事，竊慮未至明白，除已降朝旨合遵守外，欲更申明行下。諫官職在拾遺補闕，凡朝政闕失，悉許論奏，則自宰臣至百官，自三省至百司，任非其人，事有失當，皆得（課）〔諫〕正。臺官職在繩愆糾繆，凡官司稽違，悉許彈奏，則〔自〕宰臣至百官、自三省至百司不循法守，有罪當劾，皆得糾正。從之。

四年六月二十七日，奉議郎、試御史中丞兼侍讀朱諤劄子奏：六察官彈治稽違不法，乃是本職。兼本臺條格內即並不該載察官賞罰，近蒙朝廷較考全年察事，量多者推賞，蓋出異恩。而察官不安職分，僥倖改法。臣遇欲乞今後全年比較，除察事分數至少合入殿法者依舊責罰外，其察事數多之人更不推賞，庶使本臺察官各安職守，以逭倖賞之謗。詔劄付御史臺照會。

大觀二年六月十六日，臣僚言：御史臺分置六察，所以察治稽違，實紀綱法度之所賴。今殿中六尚以供奉爲職，事目繁重，尤當嚴整，而臺不得察。辟雍、大晟府，禮樂之所自出，亦不得檢視。至於筭學、太官局、翰林、儀鸞司，其爲職局無異於他司，悉皆援例免察，臣所未諭也。乞自今皆隸六察。從之。

宣和元年三月十四日，中書省言：臣僚上言：恭惟陛下勵精庶政，凡曰御史，必親加除擢，方賴以伺察違法慢令之吏，庶以上廣陛下明目達聰。邇來官司職事曠闕，漫不省察，日甚一日，豈可概舉。若六察其以違法不當事件聞之朝廷，即送刑寺約法，其引赦原免者十常八九。間有朝廷灼見情犯，特令決罰。或不該赦宥者，又復遷延月日，以俟八節前後禁刑日結絶而已，如此則何憚而不爲姦哉！前後察彈治不法事件不知其幾章而被決罰者百無一二，行移往來，徒爲文具，官司翫習，恬不爲怪。是致本臺取索文字，率多稽滯滅裂，無復畏憚。臣恐臺綱不振，而陛下法度日以弛矣。朝廷若將六察所彈之事治胥輩，量其罪之小大，示以必罰，其違法慢令尤重者則取旨施行，如此則人人知警，官修其方，吏宿其業，紀綱復振，詔令必行，無敢弗虔者。檢會臣僚上言，伏見邇來官司因循苟簡，習爲常態，藐視臺察，若不足畏者。彼意不過謂稽留失行，罪止罰金。一遇赦恩，又可原免，事之改正與否在已未有利害也，故一切頑悍如此。矧事有因不隸察官司牽制而不得行者，臺臣既難以催督，而稽違容倖官司又復得以爲辭，久而縱之，則蹈襲不虔者愈衆矣，豈不負陛下平日訓敕勉勵之意乎！臣猥當言責，目都斯弊，不勝憤懣，伏望睿旨嚴賜約束。自今官司稽違有累經彈奏而猶不治者，雖該赦恩，亦乞重賜責貶。見今隸察官司有稽違當改正，而不隸察官司合行報應結絶者，望從本臺催督，如或違慢，按罪以聞，所貴臺綱振肅，事無底滯。詔：今後官司稽違，三經彈劾違慢如故者，吏人許直送大理寺，以違制論，餘依奏。臺察事大者不以赦降原減，餘申明行下。

二十七年二月二十一日，二十七年：宋代僅紹興爲三十年，此條所述應爲紹興二十七年事，不當植於此。下條三十年同。詔：刑部郎官循行督遣，如勘鞫失實，事理妨礙，直行移送。今後御史點檢或有移送公事，許依刑部已得指揮。

三十年四月二十七日，詔以神宗命臺臣舉忠純體國之人補御史詔重刊於御史臺。

六月四日，詔察官職守今後依官制施行。

（清）徐松《宋會要輯稿·職官一七·御史臺》 紹興元年九月十二日，侍御史沈與求言：契勘省部百司稽違，許御史臺彈察。元豐中分置六察，察案書史歲終比較彈察稽違功績而賞罰之。昨因王黼用事，舊法遽廢。詔並依舊法施行。天頭原批：此條添在二年四月上。【略】

〔三年〕八月二十二日，御史臺主簿陳祖禮言：謹按臺令，兩院御史有分（請）〔詣〕三省、密院取摘點檢之文，監察御史有輪詣尚書六曹按察之制。凡奉行稽違，付受差失，咸得糾彈。渡江之後，始不克行，孰謂公朝，尚茲闕典，乞依舊例施行。從之。續本臺申：檢准令節文，諸上下半年輪兩院御史四人就三省、樞密院取摘諸房文簿等點檢，中書、尚書省以仲月中旬，門下省、樞密院以仲月下旬。本臺勘會，依上條自來中書省以仲月中旬，門下省以孟月下旬，合輪官兩員詣兩省點檢。今來門下省、中書省已并爲一省，本臺即未敢便依上條作兩省輪官前去。詔依點檢中書省簿書條例施行。

十月十七日，御史臺言：六察案日逐不住承受諸色論訴，本臺除已將海行敕令等檢用外，有事干一司條制者，合將逐處一司條法參照施行。緣隸察官司自來各將一司見行條法及續降指揮編類成册，赴臺以備檢照。比年條册散失，諸處官司亦不復供檢。伏望許從本臺移文，應隸臺察官司將見一司條法及續降指揮重別編類赴臺照用，今後如有續降指揮，亦乞依此關報施行。從之。

二十四日，詔臨安府等處依開封府隸察條格權隸臺察，候車駕回鑾日依舊。

十一月十二日，殿中侍御史常同言：國朝自元豐三年始置六察於御史臺，上自諸部寺監，下至倉場庫務，皆分隸焉，糾察稽違，以詔廢置，循名責實，百職修舉。崇寧以後，因人廢法，故皇城司以鄆王提領，閤門、賓省、四方館以內侍鄧文誥提領，皆申請不隸臺察，至今因之。而秘書省昨緣廢罷復置，本省申明畫一，亦乞不隸臺察。以一時申明而壞累朝之成憲，其可乎！契勘靖康中監察御史余應求嘗奏請知閤門王植妄奏，以謂閤門與御史臺互彈，不合屬臺察。夫互彈者，朝班失儀耳。至於閤門簿籍、公案稽違差失，若不許本臺點檢取索，則慢令違法之事無所誰何，恐非立法之本意，欲望凡舊屬臺察官司並令遵依舊制。從之。

四年九月十九日，侍御史魏矼言願詔三省、樞密院常切遵守舊典，遇（納）〔兩〕院御史詣省院檢察日，除實係機密邊事外，悉令取索點檢。如有違戾，即具彈奏，將當行人吏送所屬根治施行，庶幾稍知忌憚，可以杜絶姦欺。詔並依祖宗自來條例施行。

十一月四日，監察御史張（絇）〔絢〕言：恭奉聖旨留治臺事，（通）〔適〕當君父臨戍、臣子竭志圖報之秋，有所聞見，悉宜論奏。緣臣本臺即今別無有司關報，應干事務無從稽察。望令留守司遇有承受朝廷文字及諸處採報，從權劄付臣照會。其留守本司處置事務，亦乞指揮許留守司簽廳逐時關申本臺，庶幾，千慮一得，或可裨助聽察。從之。

（清）徐松《宋會要輯稿·職官一七·御史中丞》 端拱二年，右諫議大夫王化基權御史中丞事，始特定班制，正衙常參立中丞塼位，內殿起居立本官班。趙昌言拜御史中丞，太宗宴金明池，特召預焉。憲官從宴自昌言始也。

真宗咸平五年五月，以禮部尚書温仲舒兼御史中丞，尚書兼中丞始也。【略】

天禧元年十二月，以景靈宮副使、尚書右丞兼宗正卿趙安仁爲御史中丞兼尚書右丞，左、右丞兼中丞始也。【略】

〔神宗熙寧九年〕十一月七日，權御史中丞鄧潤甫言：諸路置局編修制敕官，非假日不許看謁及接見賓客。今御史中丞以言事爲職，若須假日接見賓客，即無由聞知外事，乞免謁禁。詔臺諫官兼局不許接見賓客處許見客。【略】

〔元豐三年〕八月二十三日，詔自今朝廷所送御史臺公事，止令中丞與本察御史根治。

五年四月二十六日，承議郎、直龍圖閣徐禧知制誥、兼權中丞。初，召禧試知制誥，禧辭，不許。既就試，即命兼中丞。禧言：中丞糾彈之官，赴舍人院行詞似有妨嫌，乞免赴直。二十六月，詔禧守本官試中丞。【略】

〔哲宗元祐元年〕二十八日，三省檢按上殿班：御史中丞、或侍御史、或殿中、監察御史一員，諫議大夫同（諫司）〔司諫〕或正言一員。今御史臺見闕侍御史，諫官見闕左諫議大夫。詔御史臺不限御史中丞、侍御史、殿中、監察御史，諫官不同省，別省諫議大夫、司諫、正言各並許二人同上殿。【略】

〔元符〕三年十一月六日，徽宗已即位未改元。新授試御史中丞、修國史兼實録修撰王覿奏：近准告授前件職，已告謝訖，見伺候正謝赴臺供職次。竊緣御史臺受詞訴及有六察等公事，難以分減日力赴史院。兼國史、實録並係宰臣提舉，於臺職亦有妨嫌，所有修國史兼實録修撰，伏望特降睿旨許令免罷。詔覿依治平二年二月二十八日賈黯例三五日一赴院。左正言任伯雨等言：史院係宰相監修，今中丞乃爲屬官，朝夕相見，恐非所以重風憲、遠嫌疑之道。二十六日，詔覿改除翰林學士。

（清）徐松《宋會要輯稿·職官一七·殿中侍御史》 政和元年十月四日，臣僚言：朝會之儀，祖宗例以殿中侍御史分糾朝班，元豐有著令。

然每遇朝會前一日，殿中侍御史輪當臺宿，或不赴，例差監察御史或他官權攝，既非諳熟，往往自懼失儀，何暇彈糾。乞應朝會前一日，殿中侍御史當職或見推勘並免宿直，從本臺以次官權宿，所貴殿中職事振舉。從之。

（建炎）〔紹興〕十三年二月四日御史臺言：伏覩已降指揮，御垂拱殿四參官起居，并將來御文德、紫宸殿，依臺儀合用殿中侍御史二員分立，東西相向，糾彈失儀之官。緣自今止有殿中侍御史一員，欲乞每朝參於監察御史内從上牒官權攝殿中侍御史職事。從之。

（清）徐松《宋會要輯稿·職官一七·監察御史》〔元豐〕八年十月十七日，詔監察御史兼言事，殿中侍御史兼察事，仍減監察御史二員。本頁元豐六年、八年二條，原鈔録者有勾乙線，謂當移至職官一七之三一元豐五年條下。

宣和三年三月二十三日，監察御史余應求言：竊惟御史（買）〔置〕六察，所以肅紀綱、督曠怠，故上自省部寺監，下至百司庶府，皆隸焉。近年以來，迺有因臣僚陳乞不隸臺察者，以臣所職禮察觀之，如東、西上（閣）〔閤〕門、客省、引進、四方館是也，則其他察又可知矣。今陛下既遵奉祖宗舊制，欲乞凡近年特許不隸臺察者並依舊制。皆從之。

宣和三年七月二十四日，臣僚言：著令，監察御史詣三省、樞密院檢點簿書畢，聽往所隸官司點檢。近來因循，未嘗推行，致寺監庫務等處稽違廢弛，無復畏憚。詔依元豐法。

高宗建炎元年五月，詔臺官隨從巡幸，許差破親隨監察御史以上各二名、檢法官、主簿各一名，依親事官例日支食錢，候回鑾日罷。

紹（興）〔聖〕二年十二月三日，詔御史臺六察案復置監察御史三員分領。先是，元豐八年冬，詔減監察二員，令殿中侍御史兼領，而察官亦許言事，至是命復之。

同日，詔：今後臺諫官並舉未陞朝官以上，不拘資序。仍令翰林學士蔡京、御史中丞黄履各舉堪充監察御史官三員以聞。【略】

紹興十一年十月二十八日，御史臺言：檢准本臺令節文，諸監察御史闕，牒殿中侍御史權，仍奏知。每員止權一察，餘察官兼。若闕員多，兩院御史分領。又總例節文，稱諸兩院御史者，謂殿中侍御史、監察御史。契勘監察御史即日止有一員，正管兵察，所有其餘察見今闕官，本臺除已依上條差殿中侍御史胡大明權禮、吏察，監察御史陳時舉兼户、兵、刑、工察職事外，奏聞事。從之。

紹興十三年九月二十二日，詔：大禮依舊例差監察御史二員糾彈，其監祭司手分依條例差三人點檢行遣，令給色號，依明堂大禮例下所屬關借敕入壇殿號。

十七年十月十七日，詔每遇季秋差監察御史按視檢察永祐等攢宫。

紹興二十二年三月一日，詔今後遇得旨，令臺諫赴都堂議事，及特令薦舉同看詳文字，監察御史並合干預。

隆興二年八月十二日，詔每年秋季輪差監察御史檢察安穆皇后攢宫。

九月二十九日，監察御史王稽中言：臣先自宫祠召赴行在，令内殿奏事，擢臣監察御史。王之望素昧平生，然士大夫皆言臣是之望所薦，臣不能必其然否。今之望既除執政，臣若不迴避，清議不容。況龔茂良亦係王之望所薦，今茂良既已迴避，乞改差臣宫觀或外任差遣，庶允師言。詔：王稽中乃朕親擢，非王之望所（屬）〔薦〕，不當過爲迴避。

八年正月二十二日，詔令御史臺開具六察所隸覺察彈劾事件，並見今監察御史所分管職事申尚書省。【略】

元豐三年正月十七日，天頭原批：此條移在元豐六年條上。監察御史丁執禮、權監察御史裏行舒亶、何正臣自劾赴景靈宫誤乘馬入偏門。詔釋之。執禮等固乞行法，上批可依所乞，從違令贖，而命卒不下。

（清）徐松《宋會要輯稿·職官一七·御史裏行》神宗熙寧二年十月二十二日，詔三院御史及裏行今後有公事，並許直牒閤門上殿。從御史裏行張戩、程顥所奏也。

元豐四年六月十三日，詔監察御史裏行王祖道罰銅十斤，滿中行六斤。先是，判司農寺舒亶言：本寺未了文字數百件，未了帳七千餘道，催罰錢三百九十餘千，未架閣文字七萬餘件，朝廷已送大理寺根究。伏緣建置六察，正以督治官司違慢爲職，今並不彈奏。祖道、中行自劾，嘗權户察故也。

景祐元年四月二十四日，本條繫年爲景祐元年，當移至神宗熙寧之前。御史中丞韓億等言：竊見唐朝（魯）〔曾〕置御史裏行，欲乞於三丞内曾經知縣差使者舉充，候二年滿即與正御史，供職二年即與省府判官或轉運差遺。從之，仍令韓億、楊偕各舉兩員聞奏。

（清）徐松《宋會要輯稿・職官一七・御史知雜》 舊制常以郎中、員外兼侍御史知雜事，專掌臺事。中丞闕，亦專判。元豐七年，詔侍御史知雜事爲侍御史，不帶知雜事，今併入三院，推直官、檢法官、主簿並附。

仁宗皇祐四年五月十八日，御史知雜陳升之言：蒙差同糾察在京刑獄，閤門俾赴垂拱殿起居，緣舊例著位外庭，兼領職局，未有赴內殿者。詔與免之。

至和元年九月十二日，侍御史范師道首乞諫院及知雜御史，如當擢用，不計資任深淺，並且令任三司副使，其曆三部，方改授待制。詔今後諫官、知雜御史除改旋取進止。

治平三年三月，詔自今知雜御史衣緑者告謝日令閤門取旨。先是，知雜呂景初判尚書刑部，仍賜五品服。初，景初衣緑，入謝既改賜章服，故有是詔。

元豐三年，詔：中書官司違慢應面奏者，令御史臺丞、知雜同本察官上殿，或具聞奏，餘申中書。【略】

（兩朝國史志）三京留司御史臺。管勾臺事各一人，以朝官以上充，掌拜表、行香、糾舉違失。凡（史）吏有令史、知班、驅使官、書吏各一人。以上《續國朝會要》。

真宗咸平六年四月，詔西京留守司御史臺置令史、驅使官二人祗應，按院管勾兩班。

大中祥符七年十一月，詔：西京留守司御史臺今後行香拜表，不以官班高下，止以知府兼留守爲首。先是，刑部郎中、直昭文館趙湘知河南府，右諫議大夫陳象輿權御史臺事。象輿自以官高，立班湘上，衰老倨慢，本路轉運司以爲言，故有是命。

天禧四年四月，以翰林學士承旨、兵部侍郎晁迥進工部尚書、集賢院學士、判西京留司御史臺，迥累表引年求解近職故也。他官止云權，迥以三品故云判。

仁宗慶曆五年九月，詔置南京留司御史臺。

七年六月二十一日，詔置北京留司御史臺，仍差太常少卿馬絳管勾。

皇祐三年正月十八日，以光禄少卿張子立權管勾西京留司御史臺公事。

至和元年七月二十一日，太子太師致仕杜衍言：臣男訢秘書丞通判應天府，乞候成資日就差管勾南京留守御史臺公事。詔候今任滿，差權替年滿闕。衍以引年退居，仁宗卹其耆德，特從所請，非常例也。

嘉祐六年九月，以龍圖閣直學士、尚書工部侍郎李柬之爲刑部侍郎、集賢院學士、判西京留司御史臺。柬之以老自請，從之。以上《國朝會要》。

神宗熙寧二年十二月二十五日，詔：令三京留司御史臺添權判或管勾官一員，仍差大卿監並職司以上差遣人，須精神不至昏昧、堪任釐務者充，三十箇月滿替。三京留司御史臺皆有常員，至是增員以待卿監監司之老者。國子監亦增之。及宫觀仍不限員，以待知州之老者。

三年正月二十六日，詔應乞留司御史臺差遣除兩制以上臨時取旨外，餘候到闕體量定差。

七月二十七日，詔：應三京留司御史臺添支，大兩省、大卿監及職司資序人依本人見任官，知小郡、知州資序人依本人見任官通判例，武臣即比類施行。若遥郡已上罷任及遥郡南班官元係文資，內有功績殊異者，別取旨。

四年四月十八日，新知許州、端明殿學士兼翰林侍讀學士、右諫議大夫司馬光權判西京留司御史臺。

元豐五年九月十六日，詔：應尚書吏部陳乞留臺宫觀、國子監人，年六十以上兼用執政官恩例者，通不得過三任。

崇寧元年七月十一日，中書省言：熙寧中詔臣僚歷監司、知州有衰老不任職者，使食宫觀俸給，自後添支屢經裁減，而諸州供給亦無定例。今以熙、豐以來條制，參立三京留司御史臺、國子監、諸州宫觀嶽廟提舉管勾等官添支例爲八等差。七十以下，不得過三任；七十以上曾任侍御史兩任，寺監長官及職司中散大夫以上一任。從之。

（宋）徐度《却掃編》卷上 舊制諫議大夫積十一轉而至僕射，二府乃七轉。及官制行，大中大夫七轉至特進，而不分庶官與二府。元祐中始令正議光禄、銀青光禄、金紫光禄大夫並置左右，分爲二資，於是復十一轉而至特進，紹聖以後因之不改。政和中增置通奉正奉宣奉三階，而罷分左右，止十轉至特進，而庶官、二府並循此制。盖祖宗以來二府不磨勘，故每優遷。《紹興新書》乃并二府，有《磨勘法》，然亦未嘗舉行也。

（宋）李燾《續資治通鑑長編》卷三八九《哲宗元祐元年》 右司諫王覿言：諫官職事，凡執政過舉、政刑差謬，皆得彈奏。雖在中書後省供職，即不可如中書其它屬官時與執政相見。欲乞今後中書舍人暫闕，亦不許差諫官兼權。從之。

（宋）留正《皇宋中興兩朝聖政》卷一《高宗皇帝・置檢鼓院》

〔建炎元年六月壬戌〕詔：置檢鼓院於行宮便門之外，差官權攝。李綱言：今日急務在通下情，乃置院以達四方章奏。綱又請置看詳官二員，臣民封事簽擬可行者，將上取旨，從之。

（宋）留正《皇宋中興兩朝聖政》卷五《高宗皇帝・後院不隸後省》

〔建炎三年秋七月〕辛卯，詔諫院別置局，不隸後省，許與兩省官相見議事。元豐初用唐制，置諫官八員，分左右，隸兩省，至是始復之如祖宗之故。

（宋）留正《皇宋中興兩朝聖政》卷七《高宗皇帝・行布衣獻言》

〔建炎四年五月〕己巳，布衣程康國上書論分鎮十事，其一言四隣有警，即令應援。上謂大臣曰：此意雖出於布衣，若朝廷行之，人豈知其爲布衣之言。張守曰：使人知其出於布衣之言，乃朝廷美事也。遂批旨行下。

（宋）李心傳《建炎以來朝野雜記甲集》卷一〇《官制・拾遺補闕》

遺、補，唐官也。太宗以正言、司諫易之。淳熙十五年正月，兵部侍郎林栗言：國家累年以來，宰執百僚，職無虚位，御史三院，亦不乏人，獨諫諍之官，尚有闕員，居其位者，往往分行御史之職，至於箴規闕失，寂無聞焉。願依唐制，置拾遺、補闕，左右各一員，皆三年爲任，仍面加訓諭，官以遺、補爲名，不任糾彈之職。孝宗從之，以許深夫、薛象先充其職，班著在監察御史之上，請給人從，依監察御史例。光宗立，復省。

（宋）王栐《燕翼詒謀録》卷二《置登聞檢鼓院》 唐有理匭使，五代以來無聞。太宗皇帝淳化三年五月辛亥，詔置理檢司，以錢若水領之。其後改曰登聞院，又置鼓于禁門外以達下情，名曰鼓司。

真宗景德四年五月戊申，詔改鼓司爲登聞鼓院，登聞院爲檢院。應上書人並詣鼓院，如本院不行，則詣檢院，以朝官判之。判院之名始于此。

（清）徐松《宋會要輯稿・職官三・諫院》 〔天禧元年〕七月，右正言劉燁等言：自來每有奏疏，准例於閤門通進。今後或有封事，乞於通進司進入。從之。

二年二月，劉燁等又請自今有公事上殿面奏。從之，仍令前一日具名以聞，俟報入奏。

閏四月，詔：自今諫官、御史上章，除合用文飾外，仰具所見利害事狀。如事理稍多，即具劄子件（騐片）〔析〕以聞。

三年六月，屯田員外郎、主判三司開拆司范雍言：自今諫官、御史兼他職者，望令仍舊舉職，及乞增置諫官。帝令別選人充諫官、御史。

（清）徐松《宋會要輯稿・職官三・諫院》 〔仁宗天聖元年〕八月二十三日，諫院言：本院印舊以龍圖閣直學士馮元主判，今復置左正言劉隨等，合送本官。從之。

九年七月二十八日，權三司度支判官、右正言陳執中請罷職（討）〔計〕庭，專涖諫省。詔俟陳琰使還如所請，仍給諫院俸。

十年七月二十七日，御史知雜陳執中言：近以舊門下省充諫院，乞選差臣僚主判。詔諫院印并公事令石中立兼權管勾。

明道元年七月辛卯，以門下省爲諫院，徙舊省於右掖門之西。自先朝除諫官，而未嘗置諫院。謂太宗端拱元年改左、右補闕爲左、右司諫，左、右拾遺爲左、右正言也。及陳執中爲諫官，而屢請之，置諫院自此始。宋承五代之弊，官失其守，故官、職、差遣離而爲三。今之官裁用以定其奉入（文）〔爾〕，而不親職事，諫議大夫、司諫、正言皆須別降勑赴諫院供職者，乃曰諫院官。

明道二年六月七日，知諫院孫祖德言：乞下閤門，凡遇前殿殿坐日，許臣上殿奏事。詔依天禧元年二月七日指揮。

景祐三年八月二十九日，御史知雜姚仲孫言：國家開諫諍之路，諫議大夫居諫官之首，豈可以年勞覃慶序遷。今已員多，恐數年之後又倍於今。詔今後遇合改轉，具履歷職任資序取旨。

慶曆三年八月，知制誥田況言：有唐兩省自諫議大夫至拾遺、補闕共二十人，每宰相奏事，諫官隨而入，有所闕失，即時規正，其實皆中書、門下之屬官也。今諫議大夫無復職業，自司諫、正言、知諫院皆遺、補之任，而朝廷責其言如大夫之職矣，而地勢不親，位序不正，在朝廷間與衆人同進退，非所以表顯而異其分也。今莞庫冗散之吏尚赴內朝，豈諫諍之臣不得日奉朝請？臣前在諫院，每聞一事，皆諸處來問。比及論列，或至後時。今若令諫官得奉内朝，則可以日聞朝廷之事矣。兼王素、歐陽修、（秦）〔蔡〕襄皆以它官知諫院，居兩省之職，而不得預其列，於體未便。欲乞今後並令綴入兩省班次，所貴名體相稱，副陛下選求之意。詔送兩制詳定。學士承旨丁度等參詳：規諫之官，號清望之選，宴閑紬繹，最爲切近。欲乞今後比直龍圖閣及修起居注例，令每日赴内朝。從之。

四年八月，詔自今除諫官（母）〔毋〕得用見任輔臣所薦之人。

十一月十三日，詔如先朝置諫官六員，餘依天禧元年敕。

五年二月十八日，左正言錢明逸言：閤門儀制，每日上殿不得過三班。緣三司、開封府日有公事上殿外，只有一班。若有審刑院或大兩省已上班次，即其餘並皆隔下。且諫臣職在諫諍，（太）〔大〕抵言朝政得失。詔令賞罰稽頃刻，則事涉已行，隨而更張，國體非便。欲乞今後諫臣有本職事求對，雖已有三班外，亦聽上殿敷奏。從之。

七年四月二十五日，詔諫官自今除朝參外，非公事不許出入請謁。

五月一日，御史知雜李兑奏：諫院舊無條制，不私私謁，上私字疑誤。及有帶館職臣僚並尚省差諫院者，其起居、横行，並只在百官幕次交雜。乞應但係諫院供職臣僚今後一依臺官例，除朝參，非公事不得亂出入及看謁。所有起居、衡行並諸處集會，乞於兩省臺官例近別設幕次。例：疑誤。其序班立，即自依本官本品。從之。

十二月，知諫院王（質）〔贄〕言：諫官例不與臣僚過從，今請除二府不聽謁外，其兩制官並聽往還。從之。

皇祐元年七月五日，知諫院錢彦遠等言：本院除賜到九經、三史、《册府元龜》外，別無書籍。乞於國子監應見管印本書籍除本院已有外，其餘自九經正義、子史傳記下至今文各賜一部充公用，及三（管）〔館〕、祕閣見管四庫書籍特許供借。詔：國子監院本院已有外，更賜與九經正義、歷代史書、諸子書、今文。（具借）〔其借〕館閣書，以有條約不許。

十三日，諫院言：本院諫官二員，從人至少，又緣班次在知雜御史之上，若出入過爲削弱，慮辱國體。乞援昨來三院御史例添人從。詔諫官每員添差街司從人二人、神衛剩員二人。

至和二年五月，詔臺諫不許相率上殿。時中丞孫抃等與諫官同乞上殿，有違近制，乃令輪日入對也。

嘉祐元年十二月一日，右司諫吕景初言：伏覩詔書，今後雖遇辰牌，嘗留一班，令臺官上殿。欲望諫官同此。從之。

（清）徐松《宋會要輯稿・職官三・諫院》

《神宗正史・職官志》：左、右散騎常侍〔各〕一人，正三品；左、右諫議大夫各一人，從四品；左、右司諫各一人，正七品；左、右正言各一人，從七品。同掌規諫諷諭，凡朝廷有闕失，大事則廷諍，小事則論奏。

神宗熙寧八年五月，金部員外郎、直集賢院、同知諫院范百禄言：竊聞近令諫官綴左省班，續准御史臺關報，令臣歸本官班叙立。伏以謀其政者必在其位，今修起居注行起居舍人、起居郎事，直舍人院行中書舍人事，同知諫院行司諫、正言事也。國朝兩省官不必正員，苟行其事，必立其班，所以明職分而勵官守也。今修起居注、直舍人院則綴小兩省班，同知諫院則絀而不與，非明職分、勵官守之意。詔今後特令綴兩省班。

元豐三年八月十日，上批：同知諫院黄顔向以疾病，精神頓弊。自居諫職，無所建明。可罷知太常禮院、國史院編修官。

九月一日，知諫院蔡卞請應差除及改更事並令封駁司關報諫院。從之。【略】

八年哲宗已即位未改元八月二十二日，右諫議大夫孫覺言：官制事目格子，左、右諫議大夫，左、右補闕、拾遺，凡發令舉事有不便於時，不合於道，大則廷議，小則上封。若賢良之遺滯於下，忠孝之不聞於上，則條其事狀而薦言。從之。

二十八日，門下省言：中書省申明，諫議、司諫、正言合通爲一法。凡有所見，並許論奏。欲送中書省申明行下。從之。

十月十二日，詔倣《六典》置諫官，具其所置員以聞。

（清）徐松《宋會要輯稿・職官三・諫院》

哲宗元祐元年二月二十八日，三省檢按上殿班，御史中丞同侍御史或殿中、監察御史一員；諫議大夫同司諫或正言一員。今御史臺見闕侍御史，諫官見闕左諫議大夫。詔：御史臺不限御史中丞、侍御史、殿中、監察御史，諫官不限同省分省，諫議大夫、司諫、正言各並許二人同上殿。

十月七日，右司諫王覿言：諫官職事，凡執政過舉，政刑差謬，皆得彈奏。雖在中書後省供職，不可比中書其它屬官，得與執政相見。欲乞今後中書舍人暫闕，不許差諫官兼權。從之。先是，中書批狀令覲兼權故也。

（清）徐松《宋會要輯稿·職官三·諫院》 紹聖三年七月十五日，三省言：近沈銖辭右司諫，已得請。復闕右司諫，未敢具除（同）［目］。上曰：且闕之。方選其人，雖暫闕，未有所妨。或誤除，殊爲害也。

徽宗建中靖國元年十月十二日，臣僚上言：契勘言事官職在獻納，合要見中外事件的實以聞。朝廷緣自來除改事件及差除，許令六曹報諫官案外，即未有條法許令中外官司取索文字及會問事件，致其間合論列之事無由備知，亦不敢止憑詢訪，（使）［便］以爲實，顯於言職大有妨闕。伏望聖慈特賜指揮，許令兩省諫官於中外官司取索會問事件。詔今後諫官案許關牒臺察，取索文字。

崇寧元年八月二日，臣僚上言：伏見先有臣僚上言，應兩省諫官合知事件，乞於諸處官司取索照會，所貴論列得實，上副陛下求治之意。續准朝旨，令關牒臺察，取索文字者。切以諫官所論，所以獻納天子也。今來未達天子，先報臺屬，其不可一也；有事干急速而遂成留滯，其不可二也；有理合周密，而遂成漏泄，其不可三也。以三不可而必關牒臺察者，前日用事者之私意也。蓋大臣苟爲公，唯恐人之不聞見也；苟不爲公，唯恐人之聞見也。以其唯恐人之聞見，故其用意沮格如此，豈聖朝開廣言路、務資獻納之意哉！臣欲乞今後諫官應有合知事件，更不關牒臺察，並許直於諸處取索，量行照會。其被受官司，仍須畫時供報，不得隱匿漏落。所貴人情利害周知，政事得失備見，而陛下視聽加廣矣。貼黄稱：竊見朝廷每緣一事，暫置一局，其有合知事件，尚許直行取索照會。今來諫官職在獻納，天下之事宜無不知，而反取索照會，復此物礙，理屬未安。詔從之。

二年八月二十四日，都省勘會：臺諫雖已分定所言職事，竊慮未至明白。除已降朝旨合遵守外，欲更申明行下。（課）［諫］官職在拾遺補闕，凡朝政闕失，悉許論奏，則自宰臣至百官，自三省至百司，任非其人，事有失當，皆得諫正。臺官職在繩愆糾繆，凡百司稽遲，悉許彈奏，則自宰臣至百官，自三省至百司，不循法守，有罪當劾，皆得糾正。從之。

政和元年十二月二十一日，詔：耳目之寄，臺諫是司。今言者不沽激以徼名，則畏避以趨利。或陰交貴勢，顯比近習，職所當糾，縱而弗治。（盛）［甚］則俛首附麗，黜鼓鼓舌詆訾，此句疑有誤。以此觀望而取世資，何所賴焉？朕宵（肝）［旰］圖治，懔乎以聽言爲難。有言責者，宜直道而行，必覈是非，（母）［毋］憚大吏，（母）［毋］溺舊習。

欽宗靖康元年四月二十六日，詔：臺諫者天子耳目之臣，宰執不當薦舉，當出親擢，立爲定制。

六月一日，詔：朕惟頃者諫省虛位，藥石不聞，肆求忠讜直諒之士，以備諫諍之列。朕既虛心無諱，凡爾諫臣，義當自竭。自今朕躬闕失，其悉心直論，勿隱勿避，必求實是，以稱朕好直求助之意。

高宗建炎三年三月六日，詔：臺諫員闕甚多，令侍從官公共薦舉堪充臺諫二員。

六月十日，詔諫院依祖宗法。

七月十五日，詔諫院不隸門下中書後省。

十月二十八日，詔：諫議大夫富直柔遇事敢諫，謀國盡忠，其所建陳，皆合大體，艱難之中，賴其獻替，以裨朕躬。可特轉一官，報行天下，使知朕優賢納諫之意。

四年十月四日，宰執進呈諫官論列、監司體量公事滅裂等事，上天顔怡悦，顧謂范宗尹等曰：近來諫臺無有一日無章疏，亦未嘗放過一事。趙鼎曰：陛下開廣言路，獎拔言官，是以人人得盡言無隱，此朝廷美事也。

紹興元年十二月二十一日，右司諫方孟卿言：諫官自來於中書、門下省置廳事，蓋兩省朝廷政令所自出，祖宗以諫官居之，不無深意。切見行在諫省雖許於皇城内建置，緣未有指定去處。見今踏逐民間屋宇，凡朝廷設施任用，委是不獲即時預聞。詔：候移（林）［蹕］臨安，於都堂相近置局。

二年六月二十二日，詔：臺諫言事官，係非時上殿，不合在輪對條具之數。先是，降手詔，内外侍從、省臺職事官等，限半月各述所職利害，條具以聞。及應行在通直郎以上輪對。臺諫狀：勘會言事官遇有時政利害，並係非時敷奏，恐不合在輪對條具之數。故有是詔。

十二月十五日，閤門言：右諫議大夫徐俯面奉聖旨，今後凡遇有合奏稟事，並不拘早晚及假日請對。勘會臣寮內殿奉事，即不屬閤門引班。今來本官不拘早晚及假日請對，閤門即無似此體例。詔遇內殿日有急速事，令入內內侍省引對。

四年七月十三日，臣寮言：近來諫院遇全闕官，印記掌於胥（史）〔吏〕不便。乞今後諫院全闕官，印記權令中書門下後省寄收，其諫官職事並不干預。若省劄關牒之屬，每日類聚，用印封記，候除到諫官日開拆書押，庶幾有所關防，不致漏泄散逸。從之。

十月二十二日，詔：車馬進發，令諫院船次後省泊。從司諫趙霈請也。先是，降詔進發建康，故有是請。

五年五月十八日，詔：左司諫趙霈論奏，深得諫官之體，可轉一官，賜紫章服。倘令尚書省將所奏修寫成圖進入。倘：疑誤。霈疏曰：安不忘危，治不忘亂，安危治亂之機，相爲倚伏。陛下承列聖之丕基，適丁陽九之厄運，九年於茲，秣馬勵兵，而士氣始振；興（襄）〔衰〕撥亂，而武志方伸。天時既至，人事已極。比者皇威奮張，寇戎遠遁，已肇中興之業，天其或者殆將悔禍，使至於治安乎。茲者鑾輿言還，天人和悦，遠邇乂寧，所謂安危治亂之機，正不可一日忘也。漢光武初定天下，馮異來朝，詔曰：倉卒，蕪蔞亭豆粥，虖沱河麥飯。異頓首曰：願國家無忘河北之難，小臣不敢忘中軍之恩。唐太宗既平高昌，魏（證）〔徵〕舉小白無忘在莒之事以戒之。帝曰：朕不敢忘布衣時，公不得忘叔牙之爲人也。臣亦願陛下無忘親征時，臣亦無忘扈從時，則治安可保，恢復可期矣。伏望益軫聖慮，載擴遠圖，知燕安不可懷，則前日跋履之勞不可忘也。知愷樂不可極，則百日（霄）〔宵〕旰之憂不可忘也。知前日倉卒之警，則備禦之策其可忘乎？知前日餉饋之艱，則理財之道其可忘乎？臣於此當念扈蹕之勤，殫報國之誠，指陳得失，庶幾上下共享治安之美。上嘉之，故有是命。

六年四月十八日，諫議大夫趙霈言：伏聞近者中書舍人任申先繳奏沈與求詞頭，謂臺諫朋附。臣等備數言路，皆（州）〔出〕親（推）〔擢〕，初無先容之助。而申先公肆詆誣。臣等見各居家待罪。詔申先除集英殿修撰、在外宫觀，趙霈等日下供職。

九年七月十六日，尚書省劄子：御史中丞廖剛言：切緣臺諫官日逐上殿，係敷奏本職公事，即與其餘官奏對事體不同。欲乞今後臺諫官遇登對，止具有無所得聖語，應記注者依條關中書門下後省外，免申閤門別無僥求文狀，所貴得體。從之。

（清）**徐松《宋會要輯稿・職官三・諫院》**　乾道三年五月十一日，上宣諭宰執曰：昨批韓曉奏狀，知隨州林薿放罷，如此處置莫是。葉顒奏曰：臣昨見言者論罷韓曉，臣知林薿陰遣其家屬來行在，納短卷於臺諫。臣昨見言者陳令，陛下批出，可謂明見萬里之外。陳俊卿奏曰：近日此風頗盛，惟其巧造言語，以陰中傷，是使監司不敢按郡守，郡守不敢按縣官，臣嘗見之。上曰：此風誠不可長。朕方欲手敕戒諭臺諫。【略】

〔六年〕五月二十八日，詔：舊制設兩省言路之臣，所以指陳政令得失。給舍則正於未然之前，臺諫則救於已然之後，故天下事無不理。今任是官者往往以封駁章疏太疏，憚於論列，深未盡善。自今後給舍、臺（見）〔諫〕凡封駁章疏之外，雖事之至微，亦毋致忽。少有未當，可更隨時詳具奏聞，務正天下之事。

九年十二月二十七日，諫院申：契勘本院應干施行（反）〔及〕論列陳訴等文字，合要檢照條法，取索參用，不可時暫闕少諳熟舊人。所有本院吏額內點檢文字一名，昨畫降旨揮，勒留出職人新差監福州福清縣海口鹽倉蕭著充。今竊見御史臺、祕書省等處將出職人不妨注授存留，依舊祗應。欲望朝廷依逐處體例及本院昨存留蕭著例，將見存留點檢文字孫紹先不妨注授勒留在院祗應。候以次人出職，依此注授儹替施行。從之。

淳熙十三年十二月九日，詔諫院減守闕守當官一人，雜司事故更不作闕。以（農）〔司〕農少卿吴燠議減冗食，下敕令所裁定。故有是命。

十五年正月八日，詔復置左、右補闕（實）〔拾〕遺。先是，林粟劄子論諫官侵行御史之事，至於箴規闕失，寂然無聞。願倣唐舊制，置左、右補闕、拾遺各一員，皆三年爲任。仍乞面加訓諭，以遺、補爲名，不任糾劾之職。上出以示宰執曰：林粟此説甚當。朕每欲增置諫員，但以言官多任意論人，凡臺諫初除，人已逆揣其必論某人，既而果然。若諫官止於規朕過舉、朝廷闕政，誠合古人設官之意。卿等宜考前代興置本末以聞。至（於）〔是〕王淮等具《唐六典》所載與本朝舊制進呈，上曰：朕樂聞闕失。若諫官專務規正人主，不事抨彈，雖增十員，亦可。於是復置此闕。

二月七日，敕令所言：檢准（紹）〔雍〕熙（二）〔五〕年二月詔：左、右補闕宜改爲左、右司諫，左、右拾遺宜改爲左、右正言。淳熙令節文：左、右司諫爲正七品，左、右正言、監察御史爲從七品。本所看詳，今來復置左、右補闕、拾遺，欲參酌比擬，將品從、雜壓並在監察御史之上。請俸人從並視監察御史。從之。御史臺言：補闕、拾遺今參酌比擬，將品從、雜壓並在監察御史之上。每遇朝參、筵宴並忌祀行香，班於左右司諫之次，仍於臺諫幕次侍班。從之。

八日，詔奉議郎、充樞密院編修官薛叔似除左補闕，朝奉郎、行宗正寺主簿許及之除右拾遺。建炎三年，禮部侍郎張守爲翰林學士。先是，殿中侍御史趙鼎入對，論守無故不遷。上（日）〔曰〕：以其資淺。鼎曰：中丞臺綱所繫，豈計資耶？且言事官無他過，願陛下毋沮其氣。時上每除言官，即置一簿，考其所言多寡。鼎爲臺諫，三月而言四十事，上皆行之。

紹興元年九月，侍御史沈與求奏：省部百司稽違，許御史臺彈察，所以正萬事而防庶微，此祖宗深意也。元豐中分置六察察按書史，歲終比較彈察稽違功績而賞之。其賞甚微，其利甚博。昨因王黼用事，政以賄成，舊法轉廢，吏亦習爲偷惰，上下相蒙，紀綱隳弛。方陛下勵精爲治，日圖恢復之功，豈宜尚循故習。望遵用舊法，庶少振紀綱。並依舊法施行句首疑脱一詔字。紹興三年天頭原批：添在引對下。曾統言：本朝多以諫議兼紀注，且聽直前奏事。元豐始不任諫列，然亦許直前。頃者權臣用事，言路壅塞。詔依元豐舊制。

四年十一月，天頭原批：添在五年上。殿中侍御史張致遠奏：乞省罷營葺，以繫軍民之心。詔：除軍兵營寨外，其餘修葺去處，並令孫佑不得應副。如違，官吏取旨，重行黜責。上因謂宰臣曰：朕置臺諫，本所以正闕失，事有規戒，未嘗不樂聞。《詩》曰：袞職有闕，仲山甫補之。朕嘗恐言者無以補助爾。

十四年，天頭原批：添在二十五年上。進呈何若劄子，乞進君子退小人。上曰：昨宣諭何若，朕擢卿爲諫官，正要分別君子、小人。何時無小人？但時察而去，乃不害法。

二十八年正月，天頭原批：添在孝宗上。上諭大臣曰：比既詔監司刺舉守令，而監司賢否勤惰，將使誰察之？宜爲立法。乃詔：監司貪惰不法，臺諫自當彈奏。其治狀顯著之人，令臺諫侍從三人以上公共推薦，三省考察取旨。

淳熙十五年，天頭原批：夾注在除右拾遺下。兵部侍郎林栗奏言：諫諍之官尚有闕員，居其位者往往分行御史之職，至於箴規闕失，寂無聞焉。願依唐制，置拾遺、補闕左、右各一員，專掌諫諍，不許糾彈。從之。以許甫父、薛象先充其職，班著在監察御史之上。光宗立，復省。

（清）徐松《宋會要輯稿·職官三·登聞院》〔淳〕化二年四月，知制誥畢士安請特差司諫、正言一員判登聞院事。詔以右正言洪湛領之。登聞院舊舍人一員兼掌，至是始命它官。

五月，置理檢院於乾元門之西北廊，以知制誥錢若水領之，復唐制也。

六月，詔：自今詣鼓人所進狀，委判院官躬親看詳。如別添改，即並進狀人送樞密院，無使邀滯。

十二月，理檢院言：鼓司送到進狀人，若非大段冤沉，止是因事諍論而越訴者，望勒還本州。若區斷不當，即許再來陳訴。從之。

至道元年三月，詔：登聞院有稱負屈進狀人，依鼓院例印縫，引送理檢院。

（清）徐松《宋會要輯稿·職官三·登聞院》真宗咸平二年三月，詔：臣僚著述文字，許於（閣）〔閤〕門（反）〔及〕鼓司投進。朕當親覽，以擇材能。如文理稍優，仍令兩制銓簡以聞。

閏三月二十日，詔：鼓司自今除進策、獻書、上表、披訴及常程公事，即入檢進呈。其論訴公事狀內乞行推勘並進實封人，即更不隨檢，每日晝時實封投進。

二十六日，詔：登聞院應進實封直言極諫人合押送樞密院者，並責逐人住止處，令遞相委保。

四月，詔：昨以時雨稍愆，物情微欝，俾緩刑而申命，思闕政之有聞，遂降詔書，徧行詢訪，封章有取，尋已旌酬。近者如聞閭巷之徒靡閑軍國之事，願文僃筆，假手他人，浸長澆浮，須行禁止。宜令鼓司、登聞院自今更不得收接。

是月七日，命工部尚書張宏、翰林學士王旦兼知登聞院事。慮獻封者有所壅蔽故也。

三年七月，詔：幕職州縣官及在京諸色人陳訴，並令於鼓司、登聞院投狀。

五年三月，詔鼓司、檢院：諸色人投進辭狀，合係收接，其中些小誤使文字，不妨事理者不得退迴。

十一月，詔登聞院主判官不得於本院接見賓客。

六年正月十五日，登聞院言：乞今後除實封及申雪屈沉、告論公事外，其餘閑雜僥求文（收）〔狀〕更不收接。將所退詞狀抄節事目，於日奏內別開坐一項退狀緣由。從之。

景德元年四月，詔檢院：自今追官、停任、責降、貶配、逐便人經赦乞叙用者，或稱曾經刑部不蒙引見，或稱赦文雖不（皆）〔該〕説，有例合得恩澤，若已曾進狀者，不得再接。如實（核）〔該〕叙用，爲有司抑屈，明有指論，乞行推勘者，責結罪審狀，方得收接。

二年四月，詔鼓司、檢院：諸色人進實封表狀，不述事由者，委主判官當面審問。如實係機密，即畫時進入。

四年五月九日，詔改鼓司爲登聞鼓院，命知制誥周起、直史館路振同判。其登聞院改爲登聞檢院，命樞密直學士張詠判。仍差内品陳彦通、張延壽分爲兩院監門，不得闗預公事。先有内臣勾當鼓司，自此悉罷。鼓院舊屋五間迫隘，遂益門西廊三間。檢院除舊院外，別於乾元門西北廊理檢使廨十間，後爲兵部職方圖書庫，復爲檢院。又於尚書省擇令史分掌之。文武臣僚閤門無例通進文字者並諸色人進狀，並須先經鼓院。除告軍機密事及論訴在京臣僚，即實封。如進入後與審狀異同虚妄，及夾帶他事，並科違制之罪。所論事重，依格勅施行。仍令進狀人別寫劄子，節（掠）〔略〕要切事件，連黏於所進狀前。其餘所進文狀，並先拆開，看詳定奪。或要元本文字照證，速牒合屬司分取（嗦）〔索〕。若事合施行，及所進利濟可採，便與通進。若顯有違礙，即當日内告示本人知委。如不識文字者，許陳白紙，據所論事件判院官當面抄劄詣實口詞，准此施行。仍當日内據收接到所進文狀都數，逐件開（具）坐行與不行因依，因依：原誤作因而，據下文改。具單狀以聞。若進狀並過白紙人稱鼓院看詳不盡情理，即許經登聞檢院進狀論，便仰檢院詳酌事理。若鼓院所定不行爲當，即具不行緣由判押審狀，與進狀人收執。與進狀：原無，據《職官分紀》卷一四補。如鼓院所定不當，即具不當事件並（完）〔元〕進狀繳連進呈。其收接到所進文狀，亦於當日内具都數開坐行與不行因依，單狀以聞。其披訴人若不即時判審狀給付，即許於御史臺陳訴。其有登聞鼓院、檢院委實行遣不當者，方得接駕及繳所判審狀披訴，當付所司勘鞫。如披訴得實，判鼓院、檢院官必行朝典。如是虚妄，本人科上書詐不實之罪。未經鼓院進狀，檢院不得收接；未經檢院，不得接駕，進狀者依法科罪。依：原衍一依字，今删。文武官及諸色人不得用無（各）〔名〕劄子，並具表狀投進。所乞留中不出，及乞隱落姓名，作訪聞内降行遣者，今後並降付所司，明具於行。珍禽異獸、妖妄文字及諸般進奉並書劄、藥方、圖書、功名德等並不得接駕，功名德：疑有誤。及詣登聞鼓院、檢院投進。内妖妄文書，畫時勾唤司天監官一員看驗。委是妖妄，即對本人焚毁。如不係集斷文書，即取責分付。舉人、僧道、草澤諸色人等，如覩朝政闕失，並公私利濟，並許上言。其所業詩賦雜文及諸般撰述，不得投進，亦不得接駕進狀。如違，科違勅之罪。應代筆人增添情理，別入言詞，並元陳狀人本無枝蔓之言，而爲代筆人誘引，委有規求者，其代筆人爲首科罪。又民有詣登聞陳訴者，多稱已詣轉運使陳狀，不爲收接。自今令諸路轉運使子細詳閲。合施行者，即時指揮；不合行遣者，判書審狀付本人，方許詣闕陳訴。

是月，張詠言：文武臣僚並諸色人自作過犯，每至進狀，多以利見理訴爲名，别求僥倖。欲望自今詣鼓院、檢院進狀者，先取自來有無過犯一本，連於所進狀前同進。所述過犯如有隱落，並當除名。又文武臣僚、三司、京百司人吏因罪勒停進狀，□赦叙用者，望令鼓院告示，文官歸刑部投文，使臣即歸三班院，三司、京百司人吏即歸本屬，檢赦施行。施行：原作行施，今據文意改正。如稱檢赦不盡，方許執判狀經鼓院、檢院陳狀。詔：所責過犯狀內隱落贓私罪者，即科除名之罪，餘皆從請。周起等又言：諸色進狀人皆妄有僥求，自今望除軍機密事、指論在京臣僚及諸色人贓汙、偷侵官物並事干人命，或自己實有屈塞等，其三司公人職掌並經三司陳狀，中書門下省、京百司人各經本司，倉場庫務即經提點諸司庫務及提點倉場所，諸班諸軍各經所管本司，在京並府界縣鎮諸色人，並經開封府或府界提點。詔：內有差遣及抽借往別處者，並於元屬司分陳狀。如不知元犯因依，即與勘會施行。餘從其請。起又言：進狀人係常程公事者，或值日晚，引進不及，望權送軍巡寄禁具聞奏。仍請令皇城司差親事官四人赴鼓院引接詞狀。又諸色人進狀，除指論軍機密事及指論在京臣僚，自餘文狀，並寫兩本，將詣鼓院。內有合退迴者，當日將一本退與本人，一本即次日進納。如係通封，即將一本依舊進呈外，餘一本亦次日進入，仍乞留中。其過白紙人取到口詞，亦依此例。詔：除留乞留中者並降付中書，上留字疑誤。餘皆從所請。

七月，路振言：先准五月十八日敕，諸色進狀人委逐路轉運司看詳，如不合行遣，即取審狀判書付本人。自降敕後，尚有詣院陳狀者，皆無轉運司判書文字。欲望自今令諸路轉運司收到詞狀，分作三項：一項具已結絶人數姓名，一項具見行遣次第，一項具判書審狀數目因依，並次月上旬申奏，委銀臺司看詳。或有行遣不當，並令駁疏。從之。

十九日，詔登聞檢院如急速文字晝時進入，常程文字依例五日一度於檢內通進。

二十四日，詔登聞檢院日奏文狀並監門榜子並俱兩本，實封進入。

（清）徐松《宋會要輯稿·職官三·登聞院》〔大中祥符〕六年十二月，詔軍頭司：應接駕進狀人曾經檢院進狀，如稱不盡情理，再令檢院看詳。如顯是妄有指陳，令判院官於審狀後具不行緣由，仍令今後不得妄進文狀，判書給付本人收執。或再來接駕進狀，如所定不行爲當，即送開封府勘斷。

九年三月，登聞檢院言：軍頭司送到接駕進狀人故岳州刺史史詔孫立兩次接駕，不執檢院判憑。據史立稱，累經檢院進狀不接。及行審問，乃是止經鼓院，未經檢院。蓋兩司（各）〔名〕稱相近，人不能辨，其史立已蒙送開封府勘鞫。竊慮今後進狀之人有恃廕故違條貫，不執判狀，直便接駕者，望令軍頭司送開封府劾罪。如再犯者，配遠處衙前。三犯者，依法科決訖，編管如前。詔：自今進狀人令檢院分明讀示榜文，各令知委，貴免枉陷刑憲。仍取知委狀訖，給付判憑。

天禧二年正月辛亥，禮部侍郎王曾判檢院。

四年二月，同判鼓院魯宗道言：准條，凡論臣僚不公事狀，即時封進。近日以來，多有以州縣尋常細務煩瀆朝廷。今請應言受賕踰違以上罪者，即許實封論訴，自餘皆須通封。詔：自今後顯有贓汙踰違事狀及告衆者，即令實封投進，違者罪之。

五月，詔：登聞檢、鼓院手分自今於京局百司選差正名祗應，及三年者與減一選，即不得抽承闕人。

仁宗天聖元年九月，詔：自今諸色人詣登聞鼓院妄進文狀，稱內中骨肉者便令送開封府枷項取勘，依法斷遣。

七年，上因讀《唐史》，見匭函達下民冤枉之事，乃謂左右曰：天下九州之大，豈無冤枉之人。若至京師檢院、鼓院理雪者，必是州縣官吏、提點刑獄、轉運使不能理雪。又君不爲申理，則赤子無告矣。乃置匭函，仍專命御史中丞爲理檢使。

閏二月二十三日，詔曰：朕纂紹丕圖，憂勤庶政，（恩）〔思〕下情之盡達，期讜議之必聞。洪惟祖宗，誕開言路，援稽典制，具在攸司。是用遵行，式恢先烈。其登聞檢院依舊外，（宣）〔宜〕置理檢使，匭匣爲檢匣。應諸色人除奇巧技術邪妄不干正道事件不得上言，及常程公事自依久來體式，令逐處官司、鼓院收接外，如有指陳軍國大事、朝政得失、大（改）〔段〕冤枉，累經訴理未獲辨明，或事干機密，並許詣檢投進。內委是急速文字，晝時進入。其餘並依例五日一度於檢內進納。如無，即具單狀以聞。如檢院、鼓院進狀人有稱冤濫沉屈，及爲鼓院、檢院遲滯者，晝時引送理檢使，子細審問。餘依太平興國九年七月十二日敕施行。

三月六日，詔：近於鼓、檢院側別置理檢院，以御〔史〕中丞王臻充使。應諸色人詣鼓院、檢院投進文字，逐處官吏妄有邀難，不晝時收接，即許詣理檢使所，具住滯不收接因依以進。其鼓、檢院官吏當行嚴斷。內干機密公事，理檢使亦不須審問。【略】

八月，詔：昨降敕命，應諸色人凡有指陳軍國大事、朝政得失、大段冤枉，累經訴理，未獲辨明，或事干機密，並許詣檢院投進。近來所進文字多不應得敕命，宜令登聞檢院，自今詣檢院投狀人，須應得敕內許指陳名目，方得投進。如進文字卻有不同，並當嚴斷。仍先取詣實審狀以聞。

八年八月，詔：民有詣檢院進實封者，多是爭論遠年婚田公事，累經諸處斷遣者。自今令檢院，應有進實封，先責文狀。如實有枉冤，不係婚田，即得收接。其有事論婚田公事，並令依例於鼓院進狀。

九年六月一日，詔：登聞鼓門、檢院無得輒受諸行軍副使、上佐、文學、參軍奏狀。時有妄求恩澤，至起訟者，因有是戒。【略】

〔景祐元年〕六月十七日，御史中丞韓億言：准敕，取勘鼓司官吏不合收接馬季良乞致仕文狀。切以朝廷比置鼓司，蓋使人申理冤枉，豈未經奏御，便許退還？其鼓司官吏更不取勘。仁宗以韓億即合具奏取旨，不合擅納敕書，特釋之，仍取勘鼓司官吏。法寺言，登聞鼓院李晟當贖金，詔亦釋之。

慶曆五年五月十三日，詔登聞鼓院今後不得收接蠻人文狀。以溪州彭仕義等差人齎狀求進，帝令實封，於樞密院送納，乃有是詔。

（清）徐松《宋會要輯稿・職官三・登聞院》 神宗熙寧三年七月，登聞鼓院言：當院每日投進官員及諸色人詞狀並摺角實封，並依自來體例，寫兩本事目子，於通進司投下。欲乞依（請）〔諸〕處投進實封體例，更不於目子上開說事宜，只據道數，關報通進司投進，免致漏泄。從之。

哲宗元豐八年十一月十四日，已即位未改元。以登聞鼓院隸中書省，三年爲任。

元祐三年十一月四日，三省言：今裁定登聞鼓院、檢院並中書省差，俸錢依在京分數。從之。中興之初，因舊制置局於闕門之前。舊在宣德門外，隸門下省。建炎三年，專隸諫院。監官舊額二員，以文臣充。常除一員，舊稱判官。今從臣僚之請，改稱監院。主管檢匣內侍一員。舊制：檢匣一座，□擎四人，（今）〔令〕親從官充。今不差置。今以手分三人舊有書寫人一名，今不差。掌收接命官、諸色人（接）〔投〕進機密軍國重事、軍期、朝政闕失、論訴在京官員不法及公私利濟之事。今權以小匣一面，差承送親事官擎背，以匣投進文字。鼓院置監官及稱謂，如檢院之制。手分二人，書寫人二名，掌大禮奏薦勅斷及致仕遺表、已得旨恩澤、試換文資、改正過名、陳乞再任之事。舊設諫鼓一面，置看鼓及下奏共二人，以三省大程官充。今並不差置。以承送親事官（役）〔投〕進文字。兩院（關）〔闕〕官，許互權。全闕，即上諫院，從朝廷差官云。

高宗建炎元年六月四日，詔置檢鼓院於行在便門之外，差官權攝。

四年九月二十日，詔：應四方士民訴冤論事，自來經檢院投進文字，雖狂妄詆訐，未嘗加罪。今許齊賢、王師昊乃敢揭榜通衢，喧突闕門，所言略無可採，意在鼓惑即衆，即：疑誤。理合懲戒。已施行外，今後諸色人陳獻文字，並於檢、鼓院，不得少有邀阻，仍令尚書省出榜曉諭。時宰執進呈越州勘到岢嵐軍狂人王師昊怪妄惑衆事，上曰：必是狂易，可只送鄰州編管。朕大開言路，鼓、檢院進狀，日闕聽覽，言有可採，至命以官，言或不當，雖斥朕躬，亦置而不問。至於狂惑誕衆，不免略須禁止。卿等可以此意曉諭民士。故有是命。

紹興三年九月六日，侍御史辛炳言：近者手詔，以地震求直言。於在外大小之臣，孰不（顧）〔願〕盡己見，蓋與尋常投匭事體不同。如太常少卿唐恕首能應詔，乃未免同衆人押出召保，伺候逐便，有虧禮意。乞今後行在職事及釐務官應詔及逐時依格目上書，並實用公文印記，繳牒檢鼓院投進，不在召保知在逐（使）〔便〕之限，仍令本院遵守施行。從之。【略】

六年八月二日，詔：登聞檢、鼓院並去替半年，方許差人。其已差下替人並見闕未到人，並別與差遣。或歸吏部注授之人，特依省罷法，與指射差遣一次，願就宮觀嶽廟聽。

十年八月十七日，臣僚言：伏見國家置（儉）〔檢〕、鼓院，所以廣言路，通下情也。祖宗求言之要，著在甲令，蓋有名件。遠方士人初莫之知，往往肆瞽言，輒議國家大事，如登用大臣、謀任元帥之類。乞令檢、鼓兩司將甲令所載名件分明揭示，使之曉然，皆知朝廷延納之意在此不在彼。自今凡有獻陳，陳下原衍臣字，已刪。必與保人偕來，逐院監官躬親審之。如依得祖宗事目，即爲進呈。從之。

十一年六月六日，監檢院王習言：准詔，虞宰所進樂府，可令檢院給還。今後獻無益之言，不干政體者，檢、鼓院不得收接，仍令出榜曉示。切見自來投進文字皆係實封，官司無從檢察。其投進文字人多是書鋪保人同共商量。乞今後進狀與貼黃事目及審狀異同，將書鋪保人並送所屬行遣。從之。仍詔不得因而別致阻節。

二十二年六月二十一日，上宣諭宰執曰：檢、鼓兩院近日絶少論利害文字，恐有阻節，可下所屬檢察。

二十七年三月二十四日，户部侍郎王俣奏：切見舊制登聞鼓院在正陽門南之西廊，院在門西之北廊，句首疑脱一字。檢院亦相距不遠。大廈深嚴，密邇皇城，蓋所以增重其事，昭示四方。往者權臣擅朝，人情冤抑，不欲上聞，此官殆廢。是時官府治所無不增修，獨檢、鼓兩院雜於比屋之間，不過數椽，淺露狹隘，僅能揭榜而已，殆非仰稱陛下通達下情之意。望申嚴所屬，討論舊制。詔令工部措置。本部下將作監委官相視，檢、鼓院據臣寮所請，移於正陽門外，切恐士庶疑惑，難於陳訴。欲乞各於舊址增展地步，重修蓋公廳、吏舍及入出門屋，以周圍牆。其左右民舍有礙，以其他隙地給還。從之。

二十八年十月二十七日，右正言朱倬言：臣聞設敢諫之鼓，置理檢之司。凡以通下情，達冤抑，故其實封條目，鼓院有八布，檢院有六外，此則通封投陳，約束周備。初鼓院，次檢院，次理檢，此其序也。若所陳與事目異，不得收接，此其法也。而兩院出未嘗服應元立事目約束，此句疑有誤。是至微杪之事悉瀆嚴宸，有傷事體。望特加訓飭，凡與上項條目相應、次序不越者，方得收受。又試給事中楊椿言：近多有前執政大臣子孫或勳臣戚里之家干求差遣恩澤之類，臣恐自此日滋奔兢之風，有害廉退之義。望明降指揮，今後似此者不與施行，兼令下有司約束禁絶。詔令諫院照檢、鼓條法看詳措置，申尚書省取旨。今看詳兩院進狀條目，此奏無首，疑有脱誤。檢院係機密軍國重事、軍期、朝政闕失、論訴在京官員、公私利濟，許收接。鼓院係公私利濟、機密、朝政闕失、言利害事、論訴本處不公、理雪抑屈、論訴在京官員通封、大禮奏薦、勑斷、致仕遺表恩澤、已得指揮恩澤、試換文資、改正過名、陳乞再任通封許接。所有約束斷罪，非不詳備。蓋緣日近因循，並不舉行，是致將僥求差遣、希冒恩澤、坊場債負微杪之事一例收接。欲乞自今後令兩院官吏每遇進狀人，須管躬親審問。如委是依得條目，方得收接；若實封外面題寫與狀内所陳不同，依上書詐不實科罪。理檢院依此。又臣僚乞進狀人次第經由理檢院。本院契勘：在法，諸進狀初詣登聞鼓院，次檢院，次理檢院。又檢准《國朝會要》，祖宗時理檢院言：檢會勑文，登聞院鼓院除常程文字依舊施行外，如有稱冤濫沉屈者，畫時引赴理檢院，取結罪文狀。如涉虚妄狂誑，便仰曉示不行。欲乞下理檢院，照應祖宗舊法。從之。

二十八日，登聞檢院言：上書進狀人自來召土著有居止之人委保，往往以獻陳公私利濟爲名，其中多是夾帶論訴告訐及語言狂妄，不應上聞之事。比至追證，即行走逸，蓋緣所責保人甚輕。欲乞今後應上書進狀人如係有官人，即召本色有官人；進士、布衣，即召見在上庠生；僧道百姓召臨安府土著有家業居止之人，軍人召所屬將校各一人作保，仍令逐院籍書鋪户繫書保識，方許收接投進。從之。

孝宗紹興三十二年八月二十三日，已及位未改元。詔：省部係政令之原，人吏它日出職，當在民上，所宜廉謹，以立基本。詢聞積習成弊，官員士庶理訴公事，必先沮抑。法雖可行，賄賂未至，則行遣迂迴，問難不已。若取（永）〔求〕如欲，則雖不可行，亦必舞法，以遂其請。傳聞四方，何以率勸。自今有此等被抑之人，許詣登聞鼓院陳訴，當議重寘於法。其陳訴人雖曾行賂，與除其罪。隆興元年八月十四日，（設）〔詔〕登聞檢院、鼓院監官各二員，各減一員，以右諫議大夫王大寶等條具併省，故有是命。

乾道三年六月二十一日，監登聞檢院李木言：今檢、鼓院雖隸屬諫垣，旬申理檢院，不過已放逐便人姓名。至於所訴之曲直詳悉，曾不與聞，則理檢之實廢矣。欲望陛下因理檢院之名，責理檢之實。上問理檢院今尚存否，奏云：理檢之名雖存，其實已廢。上曰：甚有補於治道。令後省參照典故條畫。於是給事中王曮等奏：本朝天聖七年始制匭函，專命御史中丞爲理檢使。自元豐改官制以後，中丞銜内始不帶理檢使。今檢、鼓院依政和門下後省令隸屬諫院，而御史臺猶存理檢院之名。檢、鼓兩院旬申，不過已放逐便人姓名而已，誠與元置理檢使本意不同。臣等今看詳，欲以檢、鼓兩院依舊隸諫院外，如遇進狀人稱冤濫沉屈者，引送御史中丞，子細審問。如中丞缺，即付以次官。内有事體稍重者，特旨降付

臺諫，依給、舍擬定事理施行。從之。【略】

四年七月十三日，檢院言：檢會天聖七年八月詔：昨降敕命，應諸色人凡有指陳軍國大事、朝政得失、大段冤枉，累經訴理，未獲辨明，或事干機密，並許詣檢院投進。近來所進文字多不應得敕命，宜令登聞檢院，自今詣院投狀人，須應得敕内指陳名目，方得投進。如進文字卻有不同，並當嚴斷，仍先取詣實審狀以聞。景祐元年三月六日，中書門下言：檢會（過）〔近〕日有諸色人詣檢匣進狀，妄稱軍國機密，多是希求身名。今後如依得先降（救）〔敕〕文，即收接，仍取責審狀一處連進。詔檢坐祖宗故事，令尚書省出榜於登聞檢院曉諭。

十四日，詔：諸色人詣檢院投進文字，已有指揮約束。如歸正人投進文字，並許收接，取責審狀。内有希求狂妄，亦依條斷罪。

八月十七日，監登聞鼓院翟畋言：本院省記一司舊條例，收接四方士庶、命官、諸色人等投進文字通封實封狀，計一十六件。實封狀：公私利濟、機密、朝政闕失、言利害（利）〔事〕、論訴本處不公、理雪抑屈、論訴在京官員，已上八項，並係摺角實封。不通封狀：不字當衍。大禮奏薦、敕斷、致仕恩澤、遺表恩澤、已得指揮恩澤、試換文資、改正過名、陳乞再任，已上八項，並通封。本院依得逐項事目，方許收接投進。本院於紹興三十二年十月内准尚書省劄子，勘會自來訴事，合詣登聞鼓院進狀。訪聞本院多以狀不如式及召保等退難留滯，不即收接，致訴事之人徑邀車駕唐突，顯屬未便。得旨，今後諸色人訴事，須先詣登聞鼓院進狀，本院官畫時點勘所陳事理，即時收接投進，不得非理沮抑退難。仍限三日，不候請寶，出給告示，放令逐便。如不曾經由鼓院，往自唐突，依見行條法指揮科罪。今來登聞檢院條例，投進文字事目共止有六項：機密、朝政闕失、公私利濟、軍期、軍國重事、論訴在京官員。本院切見檢院末（成）〔承〕（大）〔乾〕道四年六月内黄榜約束進狀人指揮已前，四方士庶往往將理雪冤抑及夾帶論訴告訐、語言狂妄，不應上聞文字，詐作公私利濟爲名，實封投進。今來檢院已承黄榜指揮，門前張掛，致進狀人盡赴鼓院，投進文字。内有詞訴冤抑、請給恩賞差遣等奏狀，多是不曾經由次第，徑赴本院投進，今來若不收接，慮有違前項聖旨指揮。欲望朝廷詳酌，明賜指揮，行下本院，以憑遵守。詔依檢院已得指揮，令尚書省給榜。

七年三月三日，詔：今後士庶進狀，除軍國重事、朝政闕失、邊防機密、軍期重害、公私利濟、論訴在京官員，許於檢院投進。其餘應進狀訴事，並赴鼓院投匭。仰訴事人於狀前開坐經由，官司結絶告示，令檢、鼓院官當面審實。仍令保狀内明言委保某人，陳訴某事，方許收接進入。如狀降付朝省，稍涉異同，並依條斷罪。若檢、鼓院失行點檢，官吏亦科違制之罪。如看詳所訴委是理直，即將前來理斷失當官吏，具名取旨行遣。中書門下省檢正諸房公事司馬伋奏：勘會進狀訴事，在法次第經由所行失當，方許投匭。伏覩太祖皇帝乾（道）〔德〕四年六月詔，應諸色人進狀申冤論事，不得蓦越，須經本處，不與施行及偏曲，方得投匭。及太宗皇帝至道元年七月詔令，諸州吏民詣鼓司、登聞訴事者，須經本屬州縣、轉運司不爲理，有司乃得授。照得日來詣闕進狀之人，有不經省部陳理，不候所屬結絶，有昨日詣都省陳詞，今日便行進狀者。及有未經諸處官司理斷，恣行蓦越違戾。伏覩真宗皇帝景德二年四月（照）〔詔〕，應實封表狀不述事由，委判官當面審（結）〔問〕。如實係機密，畫時進入。又四年詔，應實封進狀，如進入後與審狀異同及夾帶他事，並科違制之罪。照得日來有事爭競產業、理雪過名、陳乞恩賞、補敘官資之類，輒作公私利濟、軍期、機密，紊瀆天聽，委是欺罔。故有是命。

（清）徐松《宋會要輯稿・職官三・登聞院》　淳熙三年七月十三日，約束書鋪進狀。既而執政言：諸色人進狀訴理不實，自有條法。近來書鋪止是要求錢物，更不照應條法，理宜約束。上曰：書鋪家崇飾虚詞，妄寫進狀，累有約束。不若行遣一二人，自然知畏。可令刑部檢坐條法行下，檢、鼓院出榜曉諭。

四年九月十七日，令兩院照應格目收接論訴。既而臣僚言：檢、鼓兩院，其建官之意雖均，而所掌之事則異。比年（寢）〔寖〕有違戾，交互收接，至於論訴不平、陳乞恩賞之類。乞檢坐條法，申嚴行下兩院，照應格目，常（均）〔切〕遵守。如有違戾，罰在必行。從之。

十三年十二月九日，詔：登聞檢、鼓院書寫人各減一人，看管剩員各減一人。以（農）〔司〕農少卿吴燠議減冗食，下敕令所裁定，故有是命。

淳熙十六年七月三日，監登聞檢院黃灝言：竊見四方婚田之訟，經檢、鼓院投進，行下有司，所宜即爲予決。今乃多有經歷歲月，再三陳訴，跡涉煩黷，或事非冤枉者。乞令有司立爲定式，應今後降出進狀，自所屬省部行下所委官司，所委官司行下州縣索案。及州縣將案申上，各限若干日。其案牘亦各隨多寡立限，使之看定。如有稽違，並令所屬省部檢察，按劾以聞。嚚訟之人所訴無理，塵紊天聽，擾害善良，亦當行下科斷。如此則進狀施行，事加嚴重，於體甚便。從之。

慶元三年十月二日，司農卿、兼知臨安府趙師□言：祖宗置檢、鼓二院，實古昔立諫鼓、嘉石之遺意。邇歲以來，頑狠之人公然騰越，至有事屬細微，巧詞飾說，一經所屬，不待施行，遽投檢鼓，或徑伏闕，或邀車駕陳訴。匪獨輕法慢令，褻瀆不恭，復有事涉虛妄，懼其章露，故欲撓蔑有司。檢、鼓二院自有明載條令，蓋謂經從次第所行失當及無所施行，方許投匭進狀。仍著令，諸進〔狀〕令詣鼓院，次檢院。如所行非理抑退，許連所判審狀，邀車駕陳訴。國家下情之通，可謂委曲（許）〔詳〕盡。今乃無所忌憚，違戾日甚。乞下檢、鼓院，繼今遇詞訴，雖經由州郡、監司、臺部、朝省，已爲受理而未予奪當否，或已結絶而無給到斷由者，不得收接。其有輒伏闕及妄邀車駕陳訴之人，並從臨安府照條科罪，所訴事不理。仍令刑部申嚴累降詔旨並前後所定條法，俾諸路提刑司遍牒郡縣，使人通知。從之。【略】

五年正月二十九日，諫議大夫陳自強〔言〕：自備數諫列，檢、鼓二院雖在所隸，然不過日知投進名件。至於陳訴之曲直、施行之始末、理斷之當否，曾不預聞，有隸局之名，而無審究之實，甚非責任之本意。欲望明詔大臣，今後朝廷遇有施行進狀事件，即劄下諫院照會，俾得以隨事稽考。若所送官司理斷之不當，結絶之淹延，並許劾奏，以行責罰。或進狀人所訴虛妄，亦坐以上書詐冒不實之罪。庶幾檢、鼓二院不爲虛設，而臣之職守亦不爲虛領矣。併乞循舊制，應進狀訴事人並於狀前畫一開坐經由官司、結絶次第，仍令保人於狀内甘立虛妄罪罰，雖無斷由，聽與投進。如是則冤民得以伸雪，而嚚訟亦不至於瀆聞。從之。

開禧三年十二月二十六日，臣僚言：國朝因唐舊制置檢匭，以通下情。天聖七年，仁宗皇帝頒降詔旨，凡有指陳軍國大事、朝政得失、大段冤枉累經訴理未獲辯明，並許投進。乾道四年，孝宗皇帝備舉天聖詔文，給黃榜下登聞檢院曉諭。近年以來，上書進狀者日益稀少，權臣畏人議己，沮抑下情，不令上達。今日朝廷清明，大開言路，乞檢照孝宗皇帝典故，令三省給降黃榜付登聞檢院曉諭士庶，凡軍國大事、朝政得失及事屬冤抑者，並許上書投進，本院官吏不得沮遏。如所言可行，即與施行；如不可行，亦與容納，庶幾下情皆得上達，亦可以爲更化之助。從之。

嘉定三年十一月一日，臣僚言：比來進狀全無（犯）〔紀〕律，皆不候所屬官司結絶，或雇倩代名，或隱下情節，以脱行遣，或恃此以凌轢承行官司，因求脱免。至若卑賤豪右之家，下及寺院，亦用管幹姓名，率然進狀。乞下檢院，院：原衍一院字，今刪。自今遇有進狀，須本家合爲狀首人，並以次知首尾家屬，方許陳理，即不許管幹人出名。庶幾法不廢於上，情可遍於下。從之。十六年九月十二日，臣僚言：周設路鼓，立肺石，以達窮民。凡惸獨老幼之情，無日不徹於下。國家檢、鼓二院，實周制也。生民之休戚，軍國之利病，函封騰之，曾不崇朝，遂登睿覽。其視君門萬里，如在咫尺。二院隸於諫院，進（收）〔狀〕之見於施行者，尚書劄下諫院，使知清朝無壅之意，德惠優渥，可謂極矣。然愚民之狃頑亡賴者，第知欲快一己之私忿，不知仰瀆九重之至尊，有事理情法之不可行者，投進之詞源源不已，何其敢爾不憚煩也。乞行下檢、鼓院，應干進狀，並遵舊制，必先經鼓院，次經檢院，兩院互相關會。投進至三者，分明開説係第三狀，俾從省部詳與看詳。如情法未協者，令所屬亟行改斷；如元斷已當，初無可改者，即行告示。今後不許妄有進狀或輒敢伏門，其有違者，酌情施行。庶幾既可伸小民之冤，復可爲健訟之警。從之。

（宋）李燾《續資治通鑑長編》卷一八九《仁宗嘉祐四年》

丙子，吏部郎中、天章閣待制何郯同知通進銀臺司兼門下封駁事。時封駁職久廢，郯上言：本朝設此司，實代給事中封駁之職，乞準王曾、王嗣宗故事，凡有詔敕，並由銀臺司。從之。

（宋）留正《皇宋中興兩朝聖政》卷四八《孝宗皇帝・命給舍臺諫舉職》

〔乾道六年五月〕戊寅，詔舊設兩省言路之臣，所以指陳政令得失，給舍則正於未然之前，臺諫則劾於已然之後，故天下事無不理。今任是官者往往以封駁章疏太頻，憚於論列，深未盡善，今後給舍臺諫凡封駁章疏之外雖是事之至微，亦毋致忽，少有未當，更可隨時詳具奏聞，務正天下之事。

（宋）王林《燕翼詒謀録》卷二《復置封駁司》 唐朝職掌，因五季之亂，遂至錯亂，或廢不舉。給事中掌封駁，不可一日無，皇朝淳化四年，太宗皇帝推考廢職始於唐末，乃命魏庠柴成務同知給事中，未幾，隸銀臺通進司爲封駁司。真宗咸平四年七月，吏部侍郎知封駁司陳恕乞鑄印，命取門下印用之，因改其名爲門下封駁司。

（宋）王林《燕翼詒謀録》卷四《創檢正檢詳》 元豐初，詔檢正官、檢詳官各以四員爲額。亦同都事、録事、承旨分房掌管，其品秩尚卑。政和更制，品秩甚高，各置一員通掌諸房，權任甚重，而所以擢用者不同，或出於人主親擢，則宰執反憚之，所請不敢不從，出於宰臣進擬，則人主反疑之，因是品位不進。近世目宰屬樞屬官爲旋窩，人不以爲樂，其人主親擢，則又有跳出旋窩之號，頗恃以自矜矣。

（清）徐松《宋會要輯稿·職官二·給事中》 元豐五年六月二十五日，給事中陸佃言：三省、樞密院文字已讀訖，皆再送令封駁，慮成重復。上批可勘會差索、重復進呈。乃詔罷封駁房。先是，故事詔旨皆付銀臺司封駁。官制既行，猶循舊，至是始罷。【略】

〔元豐六年二月〕二十五日，詔罷銀臺司取索舉奏令。故事，銀臺司凡奏狀諸處已施行者，有著令得取索行遣看詳。若有不當，聽舉劾。時官制行，封駁悉歸門下省，故罷之。

（清）徐松《宋會要輯稿·職官二·通進司》 太宗淳化四年八月十八日，命樞密直學士向敏中、張詠同點檢銀臺、通進二司公事。二司舊隸樞密院，凡內外奏覆必關二司，然後進。外則內官與樞密吏人主掌，內則尚書內省籍其數以下有司，或行或否，得緣而爲姦，禁中不知，外司無糾舉之職。至是始命敏中等謹視其出入而勾稽焉，月一奏課，事無大小，不敢留滯。

五年四月，以金部員外郎謝泌勾當通進、銀臺司封駁公事。

真宗大中祥符四年七月，詔：通進、銀臺司承受奏狀常須慎密，如有漏泄，事涉機密，情重當行極斷，輕者亦行朝典。【略】

八年三月，命吏部尚書王欽若知通進銀臺司兼門下封駁事，代李維、馮起、錢惟演。時欽若罷樞密使同平章事，因有是詔。

六月，詔：通進司文字並須未閉內門前節次通進。如是閉門後諸處傳進到機密急切實封上貼晝時通進者，及通封散狀榜子但係機密急切公事，並須依舊通進。若是常程文字，不是晝時待報公事，並須候殺點後即得入，不得輒有住滯。仍仰知通進司官員勘會在京自來於晚後經隔諸門通進奏報常程公事去處行移文字，令知悉。真宗以通進司文字不以遲速公事，直至夜深通進，故條約之。

天禧二年五月，以御史知雜事呂夷簡同勾當通進銀臺司兼門下封駁事。

仁宗慶曆五年六月二十四日，詔：今後文武臣僚內曾任兩地及節度使並丞郎已上，不曾貶黜，後來除致仕官者，如奏章文字，並許於通進司投下。先是，右屯衛上將軍致仕高化言，每有所進文字，須詣登聞鼓院，並與農民等。化嘗事先朝，爲節度使，乞依楊崇勳例，每有章表或有所見利便，乞詣通進司投下。因有是旨。

嘉祐八年八月二十二日，知通進銀臺司周沆言：准中旨指揮，爲日逐所進文字，至申牌後多是住滯，有誤進覽，令早進文字者。欲乞今後諸處申時所進文字更不收接。內係急速，晝時進入。從之。

英宗治平元年六月十一日，知通進銀臺司李柬之言：乞今後通進司本帖子並須計定未降出文書件數，繫本司臣僚姓名，寫本貼子，用印進入，不得只用白貼子。及乞內中每有本司審奏未降出文字，內有留中者，對御批封，降付知本司臣僚處。所貴別無遺失。從之。

十一月十三日，李柬之等言：應內外臣僚所進文字，不限機密及常程，但係實封者，並須依常下粘實封訖，別用紙摺角重封。有印者內外印，無印者於外封皮上臣名花押字，仍須一手書寫。所有內外諸司及諸道州府軍監並依此例。如違，仰本司不得收進。其外處有不如式樣，遞到實封文字，仰進奏院於監官前摺角重封用印，於本司投下。仍乞依三司開封府條貫，並不得官員及諸色閑雜人輒入本司。從之。

三年六月二十四日，李柬之等又言：本司先准（英宗）治平元年中指揮，今後臣僚所進文字依常下粘實封訖，別用紙摺角重封。今來諸處投進文字多作圓封，並不摺角，卻剪碎兩頭，用圓紙花子貼定，可以因緣開拆，深慮所在作弊，漏泄機密。及有外處臣僚言時政得失利害者，往往只作通封，致有傳布於外。緣素無明白約束，乞今後中外臣僚投進文字，但干機密及言時政得失利害並體量官員等事，並須㯳捺，用全張小紙，斜側摺角實封。所貴經歷官司不致作弊，漏泄事宜。仍乞下進奏院遍下在京及諸路州軍監等告示，如不依此式樣，所經官司並不收接。從之。

《哲宗正史·職官志》：通進司隸給事中，掌受三省、樞密院、六曹、寺、監、百司奏牘，文武近臣表疏及章奏房所領天下章奏、案牘，具事目進呈，而頒布於中外。

（清）徐松《宋會要輯稿·職官二·通進司》〔神宗熙寧〕二年閏十一月二十三日，中書言：制置三司條例司檢詳文字李承之言，昨奏對言舉官事，令具文字進呈。緣係選人，無處投下，乞許於通進司投進。勘會承之已除大理寺丞。詔許於通進司投進。

四年五月，樞密副都承旨李綬言：自來諸處遞角赴樞密院者，並是承旨司交領投進，至暮夜即於本司人吏家投下，開拆上曆，轉送左掖門，由通進司以進。近以巡檢兵士走失（秦）〔奏〕狀，深慮向去有遺緊急文字。兼人吏有所居僻遠，必成稽滯。乞今後合赴樞密院者，如假故本院不入，並赴左掖門，直於通進司投下以進。內有申狀，即送本院。仍令通進司將內引，並關送承旨司照會，庶有關防。詔從所請。其非假日，樞密院已出，亦准此。

五年五月八日，中書門下言：西頭供奉官劉宋卿等言，乞今後通進、銀臺司投下文字常程送中書者，並依通進司例，次日不以有無假故，送中書施行。所貴各無住滯去處。況自來銀臺司文字於奏狀前貼寫事宜一行，其奏狀前自來有貼黃，無用虛煩紙筆，亦乞減罷。取到銀臺司狀稱進奏院下到諸州軍等處奏狀，自來作四日次第供申。今欲乞作三日，更不貼寫事宜貼子，當日便寫奏目號送及寫發放曆點對，第二日對卷印押訖進呈，第三日降出，分配發放。其久來遇中書、樞密院早出及宅引並非次等假，並不入。欲乞依通進司體例，不理諸假故，每日並入，赴司收接，投進發放。從之。

徽宗大觀元年七月二十日，承議郎、試給事中兼實録修撰徐處仁劄子：勘會通進司鑿號一節，最係緊切。緣鑿號文字，並係實封奏狀。若實封文字數簡，即易爲驗認。況依條邊機急速之類，方許實封，其官司例將常程小事作實封投進，以數目混雜，不無差互。雖有崇寧元年九月十九日申明指揮，常程事不許實封，緣未有立定斷罪刑名。欲乞嚴立刑名禁戢。仍乞檢會崇寧元年九月十九日申明指揮節文，臣僚官司常程文字奏狀，於法並令通封者作實封聞奏，顯屬紊煩。今後三省、六曹並所屬官司常切點檢，如有違犯，並舉劾施行。所屬自當遵守。今修下條，諸奏事應通封而輒實封者杖一百。詔從之。

政和三年十二月二十二日，中書門下省言勘會已降指揮，置通進司官吏等。詔自政和四年正月一日奉行，內外官司候牒到日奉行。

宣和元年二月十二日，中書門下省言：通進司劄子：勘會諸處合赴通進司投進實封文字，依條並於文書前每件以千字文爲號。封面上仍依此書題。自來諸處奏事，往往只於封面上用號，既通進司不許開拆，無由點檢。進入內中，拆去封皮後，即不見得元用是何字號入進。若或未降出間奏稟，既元奏不曾於狀前貼號，致內中無可批鑿，深慮急速，事不可緩。今欲申明行下應合發奏去處，令刑部鏤版，遍報施行。外路令提刑司一面取索知委公文，繳送門下後省，行下本司照會。如尚有不遵依去處，許令本司申朝廷，乞賜施行。從之。

二年五月十四日，中書門下省言：勘會通進司不限晝夜承受投進三省、樞密院內外百司緊速文字，如遇降出御筆、御封內降，盡經本司依限發放。近來有時暫置局若奉使差遣去處，緩急內中降出文字，使本司詢問置局去處，不無住滯。欲乞今後應時暫置局官司及奉使承領差遣去處，自被旨日，並具立名局所並安置去處、所領官銜，先次關報通進司。所貴降出文字，早得發放了當。仍乞送刑部，告報中外諸司遵執施行。從之。【略】

〔高宗紹興〕十四年二月四日，通進司言：本司承受進降文字事干機密，近申明舊制，係門下省長官提舉。所有昨降旨揮，許檢正檢察，係一時申請，合行衝罷。從之。

二十六年七月二十四日，臣僚言：乞今後臣下奏陳故事，不許講筵所取索副本，就令通進司進入。從之。

二十七年二月二十三日，詔：今後本司承受內降並用黃複袋外，封曆上書時刻，付親從親事官發放所屬，依時收晝，被受官司常切檢察施

行。以中書門下後省奏，通進司親從親事官承受發放内降文字多是稽滯，或有盗拆者故也。【略】

三十一年二月十四日，給事中黄祖舜言：近被旨措置通進司弊事。一、監官乞從入内内侍省於内侍官差撥二員，分輪在司直日，專一檢察頭刃火燭及進降文字，並承轉承接親從親事官稽留作過之人。遇夜守宿，仍不得於寄班祗候内差。一、每日降出御封，本司承受，乞依舊制用黄絹夾袋盛貯，令監官重封，並親書題寫姓名時刻承受謹封等字，即令承轉親從官赴所屬發放，不得用雕造階位印子及令人代書姓名字。一、親從親事官遇闕，乞令監官具狀申點檢司，移文皇城司，日下勒通管人員選擇無過犯識字人差撥執役。依條一年替换，不許踏逐，止從上存留一名指教新人。仍不許差撥舊在本司執役人。聽本司部轄，專一承轉承接文字，不得擅離出外。其監官亦不許私役使唤，如有作過，並具所犯牒皇城司，將通管人員一例科罪。一、今後遇降出御封文字，乞令發敕官分明抄上文簿，於曆内開寫時刻，即時差承轉親事官赴所屬發放。其被受官司，即時具姓名時刻收接。若辨驗得少有留滯，即時具當行人吏姓名申門下後省施行。其抄轉、承受、發簿，乞從門下後省印押給付，日計都收件數簽押。若遇夜降出御封文字准此，於旬終繳赴省結押易换。仍令發敕官開具諸處承受名件，及（遂）〔逐〕時承准御封發放時刻，申納門下省點檢。若有遺失稽滯，並從本省科罪。内親從親事官仍行下皇城司斷遣，依舊執役。一、本司奏稟使臣二員，乞從入内内侍省依條差撥。遇有進入文字，隔三日不出，許監官具名件榜子奏稟。一、本司主管文字四人，係差後省當職人吏兼管。欲乞每日分差一名赴司宿直，仍具姓名申本省。若遇本司有違滯事，即密報本省施行。一、本司發敕官遇闕，乞令監官具狀申點檢司，批送行首司，依名次差填，不許自行陳乞。仍將本司主管文字發敕官及親從、親事官每三人結爲一保，並親書結罪文狀，申後省照會。一、本司每遇被受到頒降旨揮，乞自今起置文簿，一面抄轉，歲終赴省押易换。一、承轉承接親從、親事官若遇本司承接文字訖，晝時取索批收，便將發放文曆赴司交納發敕官驗訖，密行收掌，不許收藏在外，經宿方納。一、通進司條：無故輒入本司者流三千里，漏泄機密重者處斬。又皇城司專法：諸親從、親事官、節級、長行犯贓私罪，徒以上配千里，公罪徒斷訖送步軍司比類移配，私罪杖斷訖及公罪杖或連坐送皇城司。今欲乞將遇有盗拆御封因而泄漏者，及遇官司投下奏狀輒行阻難乞覓之人，並照應前項條法施行。其邀阻不得財者，依律不應爲從重條法斷遣。一、本司簿曆點檢、通進司提點乞並每月驅考稽失。從之。先是，臣僚言：近聞内降詔旨，未經朝廷放行，而外人已相告語，是皆通進司漏泄之過，乞行檢察。令給事中措置，而有是命。

三十二年三月八日，詔：通進司承轉承接親從、親事官年滿無過犯，並依見行條法保明申給事中，移文所屬，各支賜絹五疋，内節級七疋，及指射優輕差遣一次，仍報皇城司施行。從通進司請也。

孝宗隆興元年三月十七日，通進司言：本司昨自紹興三十一年至今日逐進降朝廷軍期機速事務、急速緊切文字並諸路奏報及沿邊探報等，並無分毫稽滯闕誤，本司官屬並已推恩。内點檢司並監司各減二年磨勘，主管文字、發敕官各減一年磨勘，乞依紹興五年四月四日指揮已推恩體例。從之。

乾道八年十二月八日，詔通進司：自今後朝廷百司、諸路州軍急速文字等並依法收接投進，其餘陳乞恩澤差遣文字不應投進不許收接，即時退回，令經由合屬官司陳乞。

九年閏正月三日，尚書省言：節次已降指揮，臣僚辭免恩命並依舊制。如過制及不合申陳者，有司不得收接。如依前違戾，令御史臺覺察聞奏。詔太中大夫、觀察使以上辭免外，餘依已降旨揮。淳熙三年九月十二日，詔：自今通進司承受御封文字依舊用黄絹夾袋，令監官重封，親題姓名，曆上書時刻，不許令人代書。發敕官親行發放，不得令親從、親事官承發。所屬依時收畫，被受官司常切檢察，如有違戾，申朝廷取旨施行。

慶元二年正月二十九日，入内内侍省言：通進司合差使臣二員，緣爲散祗候使臣差撥不敷，即日本處闕官主管。緣係日常接諸路奏狀並進降御前緊急文字及晝夜存留燈火去處，不可闕官。乞依紹興三十一年以前權差寄班祗候二員，時暫分番趁赴宿直職事，候散祗〔候〕有使臣日依舊。從之。

（清）徐松《宋會要輯稿・職官二・銀臺司》　銀臺司掌受天下奏

狀、案牘，抄寫條目，進御發付，糾其違失。樞密院主事二人，書令史八人，貼房十一人掌之。太宗淳化四年八月二十一日，詔：銀臺司承受奏狀，批鑿事宜，發赴中書、樞密院、三司外，仍逐日具所承領奏都數一本進內。所發逐處奏狀係急速事限五日，常事限半月。仍令逐處行遣訖，旋具事宜關報銀臺司點檢勾鑿，有稽滯者依條舉奏。其年閏十月，詔：中書、樞密院、三司各置急慢公事板簿。急事限次月六日，慢事以次月十六日送銀臺司，重行點檢。自是止令據板簿檢勘，更不關報。

同日，點檢銀臺、通進司公事向敏中言：請令諸州所發奏狀，自今別具內引單子道數一本，於銀臺司通下。

三十日，宣審刑院公案令供報銀臺司，依例催促提點。凡公案皆令用千字文記號訖送審刑院。

真宗咸平四年八月，銀臺司言：諸州案牘元定三等日限，自來惟據審刑院關送，月日勾鑿，大理寺未曾供報。自今據發下公案依限定斷，候案奏日隨案關報。從之。

仁宗康定元年十二月六日，知通進、銀臺司兼門下封駁事李淑言：銀臺司舊例差樞密院主事下名二人在司掌發放文字，以銀臺司主事爲名，近來卻有以管勾銀臺司公事爲名者。伏緣銀臺帝門邃嚴，門側置司，故選侍從之臣典領書奏，猶不敢以判爲目。故兩制以上止曰知司事、同知司事，未及兩省止曰勾當司事。況主事流外，僅比三班使臣，豈有丞、史之類卻竊管勾之號，在於事體未甚允適。又所領奏事本是中書門下別局，理合二府各差人關掌。只緣初置此司，便是樞密學士主判，由此差置吏曹，並係樞密，因循至是，未合舊規。欲乞自今差中書主事、樞密令史各一人兼銀臺司主事，中書守當官、樞密書令史各二人兼通進司令史，仍依舊別差樞密書令史六人兼銀臺司令史，樞密貼房十四人兼銀臺司書令史。所有樞密主事二人，更不差赴銀臺。其差到人吏，舊只樞密院告報，本無下本司文字，本下原衍本字，已刪。所以驕蹇不恪，多乖去就。欲乞自今並劄降名姓，令本司給牒補差，所貴有所稟畏，既合官曹常體，庶事或可振舉，又不違先朝置司之意。從之。

嘉祐六年二月十六日，中書勘會：已差龍圖閣直學士周沆知通進、銀臺司兼門下封駁事。自來差銀臺司官員敕內帶此，如有制敕不便，依故事封駁。自餘尋常公事，依例施行。及點檢兩司公事，應諸處申奏文字，一依先降敕命進入。候降出看詳，分明批鑿合行旨揮事件，送中書、密院、三司及逐處疾速施行。如有遲滯去處，並仰舉奏，當議重行朝典。更有合行提舉事件，並委條奏以聞。今差周沆敕內已不帶此指揮，今後所差官宜令銀臺司依此施行。

神宗熙寧三年八月二十七日，詔知通進、銀臺司范鎮、權監察御史裏行程顥同看詳銀臺司日進文字數目，定奪當進與不當進，並合減罷名件以聞。

十月，看詳銀臺司文字所言，乞於本司置局，就便檢尋文字。

三年五月二十四日，看詳銀臺司文字所言：自來進奏院逐日赴銀臺司投下諸路州軍等處狀不下四五百道，自本所擘畫減廢後來，狀數稀少。其銀臺司亦依自來日數行遣發放，虛有留滯。兼勘會奏狀，自來住滯六日，方始投進發放了當：一日貼寫奏狀事宜，一日抄寫奏目，一日抄寫發放文曆，一日進入內中，用印點檢分配，一日發送合屬去處。今來奏狀道數稀少，難依前件日數。乞下銀臺司，自今並限四日內，須貼寫投進發放了絕。如有先進及文卷奏狀，即依舊例施行。從之。

元豐五年六月二十五日，詔罷銀臺司封駁房。

（清）徐松《宋會要輯稿・職官二・門下封駁司》

門下封駁司。唐制：給事中掌封駁。唐末，其職遂廢。太宗淳化四年六月，以右諫議大夫魏庠、知制誥柴成務同知給事中事。凡制敕有所不便者宜准故事封駁，自餘常程公事依例施行者不得輒有留滯。應後來行下制敕，並仰旋具編次。更有合舉行之事，條奏以聞。九年，詔停廢知給事中封駁公事，令樞密直學士向敏中、張詠點檢、看讀、發放敕命，不得住滯差錯。所有行下敕文依舊編録，仍令發敕院應承受到中書敕令並須畫時赴向敏中等處點檢，候看讀、發放逐處。內有實封敕文，並仰逐房候印押下實封送赴向敏中等看讀點檢了，卻實封依例發放。自是始以封駁司隸銀臺。

至道元年正月，詔三司及內外官起請擘畫錢穀刑政利害文字，令中書、樞密院檢詳前後條貫，同共進呈，每月編其應行條敕作策，送封駁司。如所降宣敕重疊及有妨礙，並委駁奏。仍於門下省差令史二人專掌簿籍。十月，詔樞密院：自今除該機密外，凡行宣命，並付封駁司看詳發遣。

三年十二月，詔封駁司凡有封駁事並録本送集賢院。

真宗咸平四年九月，吏部侍郎、知封駁司陳恕請鑄本司印。詔：如有封駁事，取門下省印用之。因是遂改爲兼門下封駁事。

六年七月，兼門下封駁事王嗣宗言：京朝官受差遣者，其中有苛刻踰違犯法虐民之人，儻朝廷未能審察，復有差委，臣等不能舉駁，深非沮勸之道。乞今後風聞濫狀，許臣於審官院取索家狀，案其由歷，知得事實，特許一言。從之。

九月，詔續降宣敕令大理寺寫本送封駁司看詳。

景德三年二月，封駁司言：中書、樞密院多至午未方送到文字。比置此局，責要審詳。況諸處文字皆有常限，或及旬日、一月已來，商量施行。若當司略不看讀，便即發遣，乃是發放之司，豈曰封駁之職？望自今除急速文字外，其餘道數稍多，看詳未及，許至次日發遣。又近日多有直發文字，不由當司，欲望非涉機密皆依舊制。從之。

大中祥符九年正月，以翰林學士晁迥知通進、銀臺司兼門下封駁事。初，宰相請以迥洎盛度同知銀臺司，代王曾。真宗曰：人言曾嘗封駁詔敕，中書銜之，多沮其所奏。今罷曾，是符外議也。宰臣王旦曰：臣等本無忌曾之心，今之封駁與古不同，蓋除授差使，大小悉稟聖旨，進熟畫可，始降詔命。其檢會舛誤，實亦有之，頒下四方，誠爲不當。封駁司能詳奏釐正，乃裨臣等不逮。帝然之。遂以迥代度，而曾仍舊。

仁宗嘉祐五年七月，改新知荊南府唐介復知諫院，楊略復判吏部流内銓。時知門下封駁事何郯言：介爲諫官，有補朝廷，不當出外。以敕封還之。《續會要》以下作給事中。

（清）徐松《宋會要輯稿・職官二・進奏院》 雍熙二年十月，張文粲等以諸色人入遞家書詣後殿呈。詔自今的親實封家書許令附遞，自餘親識只令通封附去。是月，詔：都進奏院先於府縣輪差承符十五人賫送文字，宜令步軍司以剩員軍士代之，遣還本院。【略】

端拱元年正月，詔：客旅便錢遞牒，令進奏院别用牢固皮角封遞。二月，詔：進奏院自今每承受宣敕、省牒，畫時遞發，不得稽滯。【略】

淳化元年五月，詔：諸州奏案即時於銀臺司通下，不得住滯。其斷敕須當日入遞。

二年六月，詔進奏院：應藩府奏諸色官充本道幕職，知委實闕官，即時奏請。内職諸司使以上知州，不得奏請京朝官充通判。如此等狀，即時遞迴，不得收進。七月，詔進奏院，如近上臣僚奏狀揩改差錯字，即勘以次干繫人。

三年五月，詔天下奏勘公案從實封角，用印入遞，赴進奏院。九月，詔諸州遞送罪人並許於監進奏院官當面交領。

四年九月，詔進奏院日差進奏官一人承領敕文，於監院使臣當面拆封，點數入遞。應奏狀日具都目納銀臺司。【略】

〔真宗咸平〕二年六月，詔：進奏院所供報狀，每五日一寫，上樞密院定本供報。

大中祥符元年，又詔：不得非時供報朝廷事宜，令進奏官五人爲保，犯者科違制之罪。

九月，詔：諸州實封奏狀委監進奏院官看詳，驗無損動者，題封記全三字，即時進内。有損動者，重封進入。

十一月，詔進奏院：（令）〔今〕後應發敕及劄子須見發敕院官封題，方得收接。【略】

天禧二年閏四月，詔申奏文字有脱臣漏官不書事，宜於文無害者第一度與免勘，委進奏院置簿抄上。若是再犯，即劾罪以聞。

仁宗乾興元年未改元十一月，詔都進奏院告報諸州府軍監：自今所奏文字凡係實封者，並令依常式封書畢，更用紙摺角重封，准前題字，及兩摺角處並令用印。無印者細書名字，候到闕令都進奏院監官躬親點檢，無（折）〔拆〕動，即依例進納。或有損動者，具收接人姓名以聞。

天聖五年十二月，詔進奏院：候承受到在外知州府臣僚以下加恩告敕，須勘會長吏者先次入遞發。故所有通判已下，續次遞發。内雖有官高於知州者，亦不得先發及隔越住滯。

六年十月，詔都進奏院自今承受宣敕、中書密院劄子、省牒並内外諸般文字，並須畫時勾唤進奏官，於當面與保頭等同共點檢封角並開（折）〔拆〕，分明上曆印題，關防發遣。其逐州手分、進奏官等即不得於外面取便封〔折〕〔拆〕，别致去失文字。其進奏官合用隨身朱記，只令於本院内行使，不得將出外取用。

七年四月，詔進奏院：自今諸道州府更有附遞到三班使臣、幕職州縣官等實封章奏，並令收接進納。

皇祐四年九月，詔外官有所陳事，並附遞聞朝廷，毋得申御史臺。時州郡多以狀申御史臺，欲其繳奏而必行之。

《哲宗正史·職官志》：進奏院隸給事中，掌受詔、敕及三省、樞密院宣劄，六曹、寺監、百司符牒，頒降於諸路及州府軍監。天下章奏至，則具事目上門下省。若案牘及申稟文書，則分納諸司官。凡奏牘違戾法式者，貼其訖以進。【略】

〔神宗熙寧〕八年四月二十六日，知通進、銀臺司陳繹言：進奏院傳詔令差除章奏文字多有不實，或漏泄事端，惟是監官得人，可絶其弊。今勾當院林旦先任臺官，言事不實降黜，乞别與差遣。從之。【略】

欽宗靖康元年二月十七日，詔：諸路監司帥守等應投進文字不得請降指揮，徑赴入内侍省投進，並依自來條法，遞赴進奏院施行。

（清）徐松《宋會要輯稿·職官二·進奏院》〔高宗建炎元年〕九月二十一日，臣僚言：進奏院人吏分掌諸州，一吏下番則一州事廢，雖有兼權之人，要非本職，孰肯盡心典領。又馬遞鋪兵昨緣軍興，多從調發，故所在多有闕額。其應進奏院官吏並隨行在，凡文書被受謄寫入遞，並依常法，敢有違滯，乞重寘典憲，仍戒勅諸路提舉馬遞鋪官督責巡轄使臣招填鋪兵。詔進奏院監官條具申尚書省。既而本院條畫，欲乞置都承受拘收簿一面，每日如遇應干投下文字，並當監官廳開〔折〕〔拆〕，選差近上無過犯吏人二人即時抄上，付逐州進奏官承受，並用院印，單目分明投下。取收獲訖，於簿内腳下朱書銷鑿結押。及都承受到諸處投下文字，並開具次日申門下省。如進奏官不即抄上結押發放，並許人告，犯人取旨酌情編配，監官失覺察重行黜責，仍榜本院門。從之。

二年正月一日，詔：諸司諸州月具承受朝省文字遣人齎赴行在。投下文字人回日，請領遞角前去。無故不依程限到州者，各從杖一百科罪。給事中劉珏言：進奏院人吏數少，所報文字太多，抄寫不辦，諸處拖下供給，養贍不足，沿路遞鋪有力不勝而棄擲文書者，有受財賂而藏匿文書者。乞降旨揮，令諸司諸州發曆日等錢前來，令本院依月給付。仍乞令本院將諸州下文字人置簿，抄上姓名，遇回歸日請領遞角前去，依程限到州。令諸司逐州月具承受朝省文字若干件，增立亡失文書條格，委知通專一點檢。尚書省勘會：亡失文書自有條法，諸州發曆日錢見别作施行。故有是詔。

四年五月二十五日，門下後省言：進奏院屢經移蹕，事務廢弛。乞正除朝奉郎盧坤監都進奏院。從之。

十月十三日，詔：今後官員差除、降黜及外路合通知事件，令六曹各隨所行事類聚，每五日一次行下，進奏院繳連傳送所屬監司。事干茶鹽鑄錢司，即報逐司翻録施行。若事體稍重，令本部三次行移，以防失墜。稍有違慢，當行人吏取旨行遣。從江東提點刑獄王圭言也。

紹興元年十月七日，詔：今後進奏院應承受文字並仰依限投下，仍置簿抄上日收名件都數及有無違礙文字申明，門下後省嚴切檢察。如敢依前邀阻，乞覔錢物或藏匿文書，許詣尚書省越訴。犯人取旨，監官失覺察重行責黜。【略】

四年五月五日，吏部侍郎劉岑言：銓選注擬窠闕及奏舉關陞改官之類，諸處關到並會問進奏院，以憑施〔行〕。緣供報文字往往差誤，全無畏憚。乞依紹興三年四月旨揮，如有差誤，從本部徑直送所屬施行。詔：除進奏官供報差誤事涉重害，許從本部徑送所屬，仍報提轄官照會外，餘依紹興三年九月十八日指揮。後臣僚檢會建炎四年十月二十日及紹興三年九月十八日指揮，進奏院依祖宗法隸給事中。若供報差誤，徑就吏部送所屬，深慮隳廢舊典。其四年五月五日指揮乞不施行。從之。

五年閏二月十二日，詔：進奏院如將不係合報行事輒擅報行及録與諸處劄探入傳報者，許人告，賞錢三百貫，犯人並重作施行。

六年八月一日，詔：進奏官去替半年方許差人。其已差替人並見闕未到人，並别與差遣歸吏部注授之人，特依省罷法，與指射差遣一次。願就宮觀嶽廟者聽。

九年二月十三日，詔監進奏院羅萬、楊適各降一官。以三省勘會進奏院遞發正月五日赦書，内河南新復去處並合交付王倫齎行，不合一面便行入遞故也。

十一年二月十六日，門下後省言：進奏官承受外路文字，雖有都簿，自行批收，遂得私匿。今乞以進奏官二人充開拆司，應外路遞到文字，於監官當面開（折）〔拆〕，即批收上簿，付逐州進奏官書押收領。次日拘收司驅催，依限投下，仍申本省照會。其都簿亦從本省每旬印給一面，日令本院計都收件數，旬終赴本省結押，抽摘檢點。其進奏官邀阻，不即批收抄發，並都簿隱漏名件，並依不應爲辭遣，受財者從重，仍立賞許告。從之。以大理寺勘進奏官樊永壽將諸處申奏到文字匿於私家，令後省措置故也。

十六年二月七日，詔：進奏官今後六曹取會，並牒門下後省，不得一面宣送所司科罪。以進奏院言侍左考功取會不係本院承發事件，勒令回報，及尋常小節直牒大理寺施行故也。

十七年十月二十八日，監進奏院朱柔嘉言：祖宗舊制，進奏院除承六部取會承發事務供報外，餘並不許侵紊。檢准大觀進奏院令，除刑部許勾喚進奏官承發非次赦降及上下半年頒降條册，即時遣赴，並學士院、客省、四方館許勾喚進奏官整會文字暫赴外，即無六部許勾喚供報及直送所司斷遣條法。乞依舊制施行。從之。

二十二年七月六日，總領四川財賦汪召嗣言：遞角舊用皮筒，用印記。因兵部郎中黄敏行請用紙角題印，以蠟固護入筒，更不封記。緣遞鋪交換，取出辦驗，多致差互，愈長（愈）〔盗〕拆藏匿之弊。望詳酌措置。進奏院看詳：以蠟固護入筒，仍腰封撮。從之。【略】

二十六年十二月十四日，詔監進奏院官督責進奏官，凡號令章疏，時抄録，句首疑脱一字。遍下監司州軍。其逐處被受，即具到發月日回申進奏院，令所轄官逐季點檢。從中書湯鵬舉之請也。【略】

二十九年七月九日，臣僚言：伏見在内官司文移則分常、緊之限限：原誤作根，據後文改。在外州郡奏申則計地里日時，稍或稽違，皆行斷罪。紹興五年正月，常降指揮，應奏狀及申三司、樞密院文字並□填月日，著在令式，最爲詳密。欲乞應今後内□官司文移悉遵此制，按紙而得其月日，則易於考察，胥吏亦無所容其姦，然後嚴常、緊之限於内，驗地里日時之限於外，稍有稽遲，重寘於法。仍委宰執、臺諫更加點檢，庶幾革弛怠之弊。從之。

（清）徐松《宋會要輯稿・職官二・進奏院》〔孝宗隆興元年〕十一月十四日，給事中兼直學士院錢周材言：進奏院自祖宗以來依舊制係是承發官司，隸屬門下後省。今來吏部一時申請，將應在京職事官合舉改官奏狀令進奏院貼説投進，及令進奏官赴部供報，如不從實，本部一面依條施行。竊詳應在京官奏狀依條並合赴通進司投下，即不經由進奏院。其舉狀該與不該，係是吏部掌法行令，即非本院所掌。今來吏部衝改祖宗法令，混亂職事，欲乞許令進奏院依祖宗舊法施行。從之。

（清）徐松《宋會要輯稿・職官二・進奏院》乾道三年十月四日，臣僚言：盱眙軍朝報如係本軍利害者，乞用省符下本軍施行，其餘不係軍事常程文字，一切免報。自餘極邊乞皆准此。從之。

六年八月四日，尚書省言：進奏院違戾約束，擅報告詞，係廳司劉資、馮時立承發朝報，保頭人侯革。詔並送臨安府，各從杖一百斷罷。

十九日，中書門下省言：近來進奏官輒於六部等處抄録指揮，又將傳聞不實之事便行傳報。欲令左右司將六曹刺報狀内合報行事寫録定本，呈宰執訖，發赴進奏院，方許報行。詔：今後妄行傳報，如違，依聽探傳報漏泄法科罪。

九月十五日，臣僚言：進奏院自來係隸屬門下後省，内有合赴門下後省整會事件，進奏院差提舉司二人赴省行遣，並抄録書寫文字人，本院已依指揮拘收在院訖。所有整會本院差遣、遷補、敘用監官到罷批書及點檢驅刷文字，令本部置都曆一道，專差親事官或本省兵士各一名在都門外專收接赴省，日下行遣訖，發付進奏院照應施行。從之。

九年閏正月十八日，詔：今後外路官兵付身等，令拘催給發使臣每五日一次入進奏院，遞取監官到院入遞日時文狀，仍令進奏官置籍發放，每月赴左右司、承旨司驅磨。

三月二十一日，詔：進奏院依舊隸門下後省，合傳報事令本省録合報事件付本院報行，餘依已降指揮。先是，臣僚言：國朝置都進奏院，總天下之郵遞，隸門下後省。凡朝廷政事施設、號令賞罰、書詔章表、辭見朝謝、差除注擬等合播告四方令通知者，皆有令格條目，具合報事件謄報。昨紹興二十六年，因臣僚建言，罷去進奏院定本，以復祖宗之舊。至乾道六年，因左右司請將六曹刺報内所報事件去取選擇，發付進奏院，方許謄報，沿襲向來定本之弊，皆非累朝令格之制。欲望特降指揮，令進奏院一遵祖宗舊制，隸門下後省，令本省録合報事件，付進奏院報行。庶幾朝廷命令之出，天下通知，允合公議。故有是命。

淳熙八年七月四日，刑部侍郎賈選言：乞自今刑寺駁勘取會獄案文字，令進奏院置緑匣，排列字號、月日、地理，當官發放。所至鋪分即時抽摘單傳，承受官司依條限具所會並施行因依，實書到發日時，用元發匣回報，免致淹延。從之。

九年正月十二日，詔：盱眙軍自今應有合發奏報文字並承傳旨回奏知稟劄子等，並令進奏院赴通進司投進。

（宋）李燾《續資治通鑑長編》卷四一〇《哲宗元祐三年》 御史中丞胡宗愈言：竊惟朝廷外置諸路監司，以爲耳目之官，提振綱紀。天下官吏有貪墨而不廉者，有違越而無操者，有殘毒而害民者，有偷惰而弛職者，一切使之檢察其實以聞，朝廷所賴以廣聰明於天下而行廢黜。向來所擢監司，多輕鋭殘酷之徒，惟以矯激爲務，擊搏爲能，刻覈太深，以希進擢，而不恤朝廷爲治大體，以至攟拾微細，以資苛察，恣情尚氣，凌辱衣冠。朝廷略行懲革，以戒過當，如江南西路提舉官曾孝廉之類是也。訪聞近日天下貪濫殘酷偷惰之徒，惟務此以藉口，抗忽監司，以爲朝廷方行寬厚之政，監司不敢按舉，所在恣爲不法不職。爲監司者，有内無所守之人，反務觀望，不體朝廷用中之意，坐視部下官吏貪惏違越，肆爲不法，苟簡偷惰，隳廢職業，並不戒勵督察，一向縱弛，卻致養成官吏過惡，陷入深文，以至事務不舉，綱紀頽壞。此風浸長，深害治體。《書》曰寬而有制，不云姑息容姦，欲望朝廷特降指揮，明賜戒敕天下州縣官吏，仍指揮諸監司常務平允覺察，不得縱弛容長貪濫殘酷偷惰之輩，傷民弛職，庶幾官吏人人勉勵，不惟修舉職業，不致廢務，兼亦上下醇厚，有助風化。詔劄與諸路及府界監司，仍令御史臺覺察；并檢元祐二年十一月十二日孫覺所奏，劄與御史臺并府界、諸路監司。

（宋）留正《皇宋中興兩朝聖政》卷二八《高宗皇帝·論監司不按吏》 〔紹興十二年二月〕壬午，輔臣進呈殿中侍御史胡汝明論監司不按吏。上曰：朝廷分道置使正欲譏察州縣，可申嚴行下。若州縣贓汚不法而監司不能按，致臺諫論列者，當併絀之。

（宋）李心傳《建炎以來朝野雜記甲集》卷一一《官制·制置大使》 制置大使，古無有。紹興三年，趙忠簡始爲江西制置大使。其後，席大光帥潭、益，李伯紀帥江西，呂元直帥湖南，皆領之。大光在成都，得旨位宣撫副使上，凡監司不法，許舉案。八年，李泰發爲江西帥，以前執政亦帶安撫制置大使。是歲，大光以憂去，胡承公自給事中代之，始去大字，至今不改。

（清）徐松《宋會要輯稿·職官四五·監司》 〔政和元年〕八月二十日，臣僚上言：恭惟藝祖誕受天命，聖神相授，專務愛養元元，以固邦本。謂刺史、縣令於民最親，尤宜遴擇，内則諭輔臣戒飭，使保廉節，而外則責監司按察，俾不得侵漁吾民。其或弗按，則加之刑罰。天聖中，工部侍郎李應機坐守兗州日貪暴不法，機：原作幾，據《長編》卷一〇二改。下同。仁祖出之。因謂輔臣曰：應機貪墨，何由累至此？宰臣王欽若對曰：應機素無廉節，然監司未嘗按舉，故累資至此。於是監司皆罰金以懲之。當是時，外臺之官莫不悉心舉職，而郡縣之吏爭以廉白相尚矣。今陛下以聖德嗣服，遴選守宰，敦尚廉隅，勤恤民隱，同符仁祖。比肆赦罷憲司圭田，使專一檢察貪吏，多取違法害民者以聞，此雖堯、舜之用心無以加也。臣愚伏願申詔部使者振舉職業，謹察貪吏，必以名聞。其或坐視侵牟，恬不加意，因緣他故暴露失律之罪，必罰無赦。庶幾仰副遴選守宰，敦尚廉隅，勤恤民隱，以光昭祖宗之美意。從之。

九月八日，臣僚言：朝廷設置監司，所以寄四方耳目，職在糾察貪汙，勸率部屬。比來彈治多出臺諫，或是朝廷訪聞，或因事罥罣，所部監司恬然坐視，全無摘發，偷安竊禄，辜負使令，遂致惠澤弗宣，閭閻受弊。一歲中，部内有似此違犯之人如及三人以上者，雖不及三人而或曾薦舉者准此。其（司）〔監〕司並令吏、刑部開具申三省，具名取旨，不以去官、赦降原減。仍委御史臺常切覺察。從之。其後十二月二十二日，因臣僚言，又詔及二人以上者，令吏、刑部檢舉上件指揮施行。

十五日，臣僚上言：竊以審處經費，首自中都，可謂詳節於内矣。凡外之財計非不廣也，其患在於官吏經制無術，拘摧失時。欲乞明詔監司，講出納之節，樽冗費之源，郡邑之吏奉行有稱者，許以名聞，稍加旌勸。詔户部審詳以聞。【略】

〔三年〕四月十九日，詔：（請）諸道監司置簿，應一路州司録事，各以其簿授之，將事之稽違、已經糾舉者具載其上。候逐司巡歷到，檢察漕案，對簿所記，考其勤惰。歲終諸監司參較，定爲優劣，悉聞於上，以俟陞黜。【略】

六年閏正月三日，臣僚言：應監司巡按，並乞依陝西已降指揮收買飲食藥餌，其餘並禁止。從之。【略】

七年二月十二日，詳定一司敕令所奏：諸路監司供給，依置司處知州例支破。其出巡或被旨勾當公事，除沿路上下馬饋送及筵會，自依已降指揮不許收受、趁赴（所）〔外〕，所有置司所在州，上路及歸司饋送，緣知州所無，欲乞許令依舊例收受。其諸路依監司例人，並凡可按刺州縣者，亦乞（無）〔並〕依諸路監司已得指揮施行。詔依。【略】

〔八年〕八月十五日，詔：諸路監司及依監司例人，例：原作依，據前七年二月十二日條所述改。凡可按刺州縣者，今後出巡，除不許赴州郡筵會外，其上下馬供餽並依舊。所有置司依知府、知州供給之類，並遇出巡給驛券指揮更不施行。

（清）徐松《宋會要輯稿・職官四五・監司》〔宣和二年十一月〕十八日，臣僚上言：竊見監司提案一路，事干州縣法令之當檢察者，其目不一。每遇按行，指摘點檢，多不過數事。前期移文，號爲刷牒，官吏承報，必預爲備，而文之所不載者曾不加省，故吏或因循，寖多曠失，實由檢案之不嚴也。欲乞明詔部使者，巡按所至，各具所隸事目，不以巨細，臨時摘取點檢，不得預行刷牒。州縣既莫知所備，則必事爲之戒，當使庶務畢舉，罔有闕遺矣。詔依。

〔紹興〕八年正月二十一日，詔：今後諸路監司、知、通，提舉坑冶、茶鹽、市舶、（當）〔常〕平主管官，除代不得過一員。監司屬官、諸州教授除代不得過二員。【略】

二十六年二月二日，詔諸路監司仰依法分上下半年出巡，修舉職事。除坑冶司外，其諸司官屬並不許差出。

（清）徐松《宋會要輯稿・職官四五・監司》〔乾道元年正月〕十八日，臣僚上言：臣聞臺諫之與監司，雖内外不同，其爲耳目之官均也。臺諫之察郡邑，孰若監司之詳且審。今監司不刺舉，而必俟臺諫按劾，是辜陛下之委寄也。欲望特降睿旨，戒敕諸路監司，察郡縣之吏不職不法者，按劾究治，罰一懲百。如隱庇不舉，致臺諫論列，必議失察之罪。庶幾内外協心，官吏知畏。從之。【略】

〔九年〕十二月十五日，詳定一司敕令所狀：已頒乾道海行條法，其間有得旨刪改條件，合遍牒内外通知。一、諸監司准指揮分詣本路州幹辦者，各具本年已分巡歷處。有方擬處聽互牒前去。一、諸監司每歲被旨分詣所部點檢催促結絶見禁罪人，限五月下旬起發。雖未被旨亦行。遇本司闕官或專奉指揮躬親幹辦及鞫獄、捕盜、捉獲河防不可親詣者，委幕職官。仍具事因申尚書省。至七月十五日以前巡徧，仍具所到去處月日申尚書省。詔依。

（清）徐松《宋會要輯稿・職官四五・監司》〔淳熙〕七年正月十三日，起居郎木待問言：監司巡按州縣，乞如臺制，不報謁賓客。上曰：監司巡按州縣，留不過三日，若更報謁飲宴，則何戢吏姦、去民瘼耶？自今後許接見賓客，不許報謁，仍不得赴州郡宴集。【略】

〔十二年〕八月十四日，新除監察御史冷世光言：察御：原無，據《宋史全文》卷二七下補。監司歲出巡歷，吏卒誅求，所過騷然，騷：原作驗，據《宋史全文》卷二七下改。有過使錢，有輕齎錢，有遞馬券食錢，一縣之中凡數百緡，僅能應辦。否則睚眦以興怨，捃摭以生事。乞明詔諸路監司，今後巡歷所至，力革此弊。所用隨行吏卒，各於州郡差撥，逐州交替。庶幾杜絶誅求之擾。從之。

十三年七月九日，詔：監司去處守臣暫闕，令監司兼權。若監司兩員去處，則依官職次序。如遇監司巡歷，時暫令本州以次官兼權，毋得輒受知州上下馬供給公用之類。從臣僚請也。【略】

〔十六年十月〕二十三日，前權知南安軍方崧卿言：乞明戒監司，凡官吏罪之當按者，不必互相（闕）〔關〕白，各以所察之實明著罪狀。若果衆所共惡，自應不約而同；若其意見有殊，或臨部未久，更須詳核，亦不必以失按爲過。庶幾監司得以各振其職，而爲之官吏者樂於自展所長，不虞異見之罰。從之。

（清）徐松《宋會要輯稿・職官四五・監司》〔紹熙〕二年四月十一日，臣僚言：近來監司未知舉察，罕事按刺。乞詔有司考監司之績，凡其按察、刺舉之職振而風采著者，與加旌擢。倘一任之内默默全無按

刺，與一路之間官吏有不治之跡，因事自彰而失於按刺者，以不職之罪罪之。從之。【略】

〔慶元〕五年八月二十六日，臣僚言：乞備坐慶元重修條令行下諸路監司，嚴切戒飭，今後須管每歲徧詣所屬巡按。候起程有日，先次奏申。其所歷郡縣，或曾興除民間利病，刺舉官吏賢否，應有已施行事件，並於回司之後，限在半月內逐一開具聞奏，並申尚書省、諫院、御史臺。如有違戾，仍前視爲文具，委自臺諫覺察彈劾，重寘典憲。從之。

（清）徐松《宋會要輯稿·職官四五·監司》 嘉定三年五月二十六日，臣僚言：乞申儆中外，俾膺監司之任者，每歲各季輪流巡按管下州縣，稽察官吏，疏列臧否，訪求民瘼，具以實聞。雖窮荒僻左之地，尤當博采情僞。所過州縣，各差三十人祗應迎送，不許赴宴會、受饋遺。從之。【略】

十二年十月五日，臣僚言：竊惟國家設官分職，內外錯立，激揚所繫，舉刺並行。詳內略外，固非分治本意，而有舉無刺，任按察者可不究心乎！蓋人主深居九重，人才賢否不能徧察，故內而彈擊則責之御史，外而按刺則責之監司。比年以來，臺臣奏劾無月無之，而監司、郡守各不舉職。夫有舉必有刺，二者宜兼行之。今也連連累牘，紛紛來上，或舉政績，或舉所知，或舉廉吏，或舉科目，有獨銜而特薦者，有連銜而列薦者，有一狀而薦至五六人者，每至將替，尤爲猥衆。其間固有時取姦贓廉按一二，然類多吐剛茹柔，莫肯任怨。至有終歲而不按一人，終任而不劾一吏者，豈部內官吏皆賢而無可論者耶！上下相蒙，孰視不問。雖言責之地，得其風聞，不敢緘默，而外臺容庇，漏網實多。乞戒飭監司各察其屬，舉賢糾惡，參舉並行。仍令省部每遇刺舉來上，或舉多刺少，或舉少刺多，並置籍稽考，略倣臺臣月劾之例，少加旌别。如有任滿不按一吏，終歲不劾一人者，並令臺臣覺察，重與責罰。庶幾官曹肅清，姦貪知畏。從之。【略】

〔十四年〕閏十二月一日，臣僚言：竊觀慶曆中，富弼上言，乞令中書、密院通選諸路轉運使、副，令逐路轉運選轄下知州，逐州選部內知縣、縣令，於是薦張温之九人以備選擇。又觀嘉祐中，陳升之嘗言郡縣之得失固不得周知，付之十八路轉運使，遂上選用責任考課之法。二臣之言，可謂切中時病。今之監司鮮能任責，謂薦賢可以市恩，謂按吏足以召怨。或終一任而被（旗）〔旌〕擢者，多至數十，經按劾者間有一二，豈所部多賢而無可按之吏耶！臣嘗考之矣，其説有四：雅無譽望則有所隱蔽而不欲言，素乏廉隅則有所縱弛而不復言，暱於親故則有所掩覆而不容言，迫於勢要則有所顧忌而不敢言。是以州縣之吏，善惡不分，功過莫辨，朝廷有寬大之詔而吏弗宣，守宰無循良之政而民愈困。夫監司號外臺耳目，職業不修，迺至若是，豈不負陛下委寄哉！邇者近甸守令罪狀顯露，人所共知，臺臣已行彈奏矣，監司方從而按發，不幾於失職乎！州郡守倅贓證明白，見於互申，諫臣已行論列矣，監司乃爲之回護，不幾於惠姦乎！上下相師，習以成風，無怪乎吏不稱職而民不得安其業也。夫有官必有課，其來尚矣。上自州縣長官，下至一命之吏，皆有長以考察其能否。獨監司無所屬而莫爲之長，其賢不肖當使誰課之？漢法，御史中丞外督部刺史。本朝蘇洵亦欲朝臣議定職司考課之法，於御史臺别立考課之司，中丞舉其大綱，擇屬官強明者專掌其事，以舉刺多者爲上，以舉刺少者爲中，以無所舉刺者爲下。臣謂舉賢人之所樂，按吏人之所難，故歲舉率有定員，而終歲或不能按一吏。今莫若參用本臺月課之制，委自御史考察諸路監司，相視按刺多寡而定其高下，歲終以名聞於朝而行賞罰焉。庶使監司皆知自勉而不至曠職，州縣有所畏憚而不敢爲非，民生庶乎有瘳矣。欲望睿旨宣（論）〔諭〕大臣，特賜施行。從之。

（清）徐松《宋會要輯稿·職官四七·通判》 淳熙元年十一月七日，詔寧國府通判以二員爲額，改差明州通判毛幵、徐行簡填闕，各通理前任月日，已差下人依舊承替。以中書門下省言，本郡通判舊有正任、添差各一員，今立新額，故降是命。

二年六月九日，浙西提刑徐本中言：諸路州軍應差鄰州通判審問公事，而正任通判實有事故者，許差以次官權通判前去，仍不得以監當、曹官、主簿充代。從之。

十一月二十三日，詔應赴半年前奏事别與差遣人，通判以下資序並添差通判，其初授訖朝辭人亦依資格與正闕通判差遣。【略】

六年四月九日，詔：自今宗室戚里歸正官等應合用恩例添差通判，每州共不得過一員，已差下人聽依舊。簽判以下及諸司參議官等准此。【略】

九年十一月十二日，詔：自今通（州）〔判〕不得以季點爲名，輒行下縣。或因諸事差出，令量帶人從，嚴加禁戢，無得因緣騷擾。仍令監司常切覺察，其或知而不問，亦坐失察之罪。從侍御史張大經請也。

十二月三日，右諫議大夫黃治言：添差經營釐務爲今日之弊，倅則尤繫利害。乞自今應不釐務者，並不許薦舉作釐務。從之。先是，三年十二月，曾詔常州添差通判趙光夫特令釐務。

十年七月二十八日，詔辰、沅、靖州通判止許往來三州內幹當，不許差出遠處。從湖北提刑吳煥請也。

十四年八月十六日，利州路提刑張績言：乞將本路通判窠闕除藩通判合自吏部差注闕外，四州通判自制置司奏辟外，所有金、洋、興、利、文、龍等州通判窠闕，依八路法送本路轉運司擬差，庶幾不致闕官廢事。詔除已差下人外，今後依元豐舊法，令本路轉運司照應條格施行。

（清）徐松《宋會要輯稿·職官四七·通判》 紹熙元年七月二十四日，吏部言，安豐軍乞復置通判一員，其簽判卻行減罷。詔依，其闕令堂除。

二年二月七日，詔今後補授京官人歷三任（闕）〔關〕陞知縣者，如才力不能作縣，雖是堂除，未可便與通判，且令更歷一任，如簽判、屬官之類，任滿方得陳乞小郡通判差遣。

紹熙五年十一月七日，滁州奏：兩淮極邊州軍，並無添差通判（買）〔員〕闕，獨本州因朝奉大夫朱輔用戚里恩例指射陳乞，因而差注不釐務，任滿更不差人。任滿之後，又乞再任，自後作員闕，因仍差注，已更四政。緣本州係極邊僻遠窮陋之處，賦入微薄，與真、和州事體不同。乞照應昨來創行添差任滿更不差人指揮，消落上件員闕。詔從之。今後江北州軍並免差。

慶元五年四月二十七日，詔今後差注通判，並不許指授有産業去處。以臣僚言：臨安府仁和縣自慶元三年正月內推排物力造簿已定，有韓尚書户所敷和買，連歲送納多是不足。蓋其家韓杖者見任本府通判，輕視屬縣，敢爲拖延。縣酒申杖，杖大怒，輒追縣吏及里正囚繫決罰，備劇慘毒。杖放罰，故有是命。

嘉泰三年五月二十三日，詔今後知縣任滿人，曾歷總領所、安撫、制置、經略、轉運、提刑、茶馬、鑄錢司幹官，任滿與理爲通判一任。

開禧二年八月八日，中書門下省言：已降指揮，將諸司幹官理爲通判一任，以重其選。可就吏部量取二十闕，與作堂除進擬，照得試中教官人未曾該載。詔將試中教官、有資考人，許令比附前名人陳乞。【略】

嘉定六年三月二十八日，詔惠州添置通判一員，所有簽判窠闕省罷。其見任人聽令終滿，已差下次令赴部別行注授合入差遣。以廣東諸司奏請，故有是命。詳見幕職官門。

十二年六月十九日，臣僚言：班行不清，固由庸才之充塞，亦以更迭之制不嚴，展轉凝滯。乞明詔大臣，申更迭之制。凡未經作邑之人，非三丞、二著、權郎，且與通判差遣，庶令習熟民事，轉而爲州，不致臨政乖疏，輕重無措，抑亦爲官擇人，可均內外之任。從之。

十三年六月十五日，詔奉議郎、知贛州贛縣桂如淵特差簽判崇信軍節度判官廳公事，二年滿日罷，任滿理爲通判月日，將來更不作闕。

十四年七月十日，權兵部侍郎陳廣壽言：國初懲五代藩鎮之弊，始置諸州通判，詔公事並須通判簽議連書，方許行下。蓋以武臣爲之，必賴倅貳協贊，庶不致闕失。今邊方郡守往往欲事權出於一己，慮其相侵，率不謀於同列，自爲剖判，曲直失當，不合事情。而郡佐復多遠嫌疑，柔怯巽避，知享平分之樂而不能爲（闕）〔關〕決之助。邊方俶擾之餘，困於科調，而乃使不更民事之人專擅其上，未免有以狼牧羊之患。乞行下凡沿邊郡守係武臣去處，應幹獄訟、財賦，須管倅貳同心併力，公共（事）〔施〕行。苟能夤恭協濟，課最上聞，則守、倅均賞。其或貪虐肆行，冤枉無告，則守、倅同罰。庶仰合祖宗用人之意，而使邊氓拜撫摩之惠。户、刑部看詳：照得州郡刑獄、詞訟雖專決於郡守，其間蓋藉通判公心協濟，乞依今來奏請。從之。

十五年八月二十五日，臣僚言：伏見近者諫臣欲於二廣諸郡置倅，陛下即俞其請，是亦所以惠海隅之民也。臣竊照廣郡多是武臣爲守，若設倅貳，爲益非淺。儻曰郡之小者難於供給，如英德府、賀州等郡舊嘗有倅者，何嫌於復置？況是諫臣請廢本州簽判，諫：原作課，據前文改。並更省併一二冗職之俸以予倅，則誠爲可行。若得添置數郡倅，如遇闕守之郡，亦可差權，庶知顧卹。又（盧）〔慮〕已改官人不願就僻地倅，仍許經略司專行選辟。從之。

十六年五月九日，都省言：照得已降指揮，紹興府修奉攢宮，專委兩通判每月一次躬親點視葺治。竊緣通判各有本職，恐事任不專，合行添差通判一員，專以處職事官，更不分管兩廳職事，止通行簽押本府文書，專一主官攢宮修奉。其請給、人從，合依舊來添差通判體例支破，仍舊用路鈐廳作廨宇。庶幾職專事舉，不爲具文。詔紹興府特置添差通判一員，仍釐務，專一主管昭慈、永祐、永思、永阜、永崇陵攢宮修奉。

《宋史》卷二〇《徽宗紀》〔徽宗崇寧五年二月〕州縣不遵奉者監司按劾，監司推行不盡者諸司互察之。【略】

六月癸亥，立諸路監司互察法，庇匿不舉者罪之。仍令御史臺糾劾。改格州爲從州。甲子，詔求隱逸之士，令監司審覈保奏，其緣私者御史察之。

《宋史》卷三五《孝宗紀》〔淳熙五年十一月〕庚辰，復監司互察法。

《宋史》卷一六一《職官志》紹聖四年，葉祖洽言：兩省置給、舍，使之互察。今中書舍人兼權封駁，則給事中之職遂廢。

《宋史》卷三八四《陳康伯傳》康伯首請節用寬民，凡州縣取民無藝，許監司互察，臺諫彈劾。

（清）徐松《宋會要輯稿・職官一七・御史臺》〔元豐五年〕十一月一日，上批謂輔臣曰：御史分察中都官事已多矣，又令案舉四方，將何以責治辦，且於體統非是。可罷御史察諸路官司，如有不職，令言事御史彈奏，著爲令。【略】

〔六年五月〕十九日，御史黄絳言：准六察敕，諸彈奏文字本察官與丞、知雜通簽，即舊所領任內事，丞、知雜免簽書，諸案互察。看詳諸案互察，止謂察官有舊領任內事合彈劾，於義有嫌，理當互送。（令）〔今〕諸案元不承互察妨礙事，既不相關，無從察舉。若一案有失，泛責諸案，乃是一官兼有六察之責，恐法意本不如此，大理寺取索互察官吏姓名，未敢供報。詔自今諸案申臺移察，應申不申，從私坐，其互察除之。

（清）徐松《宋會要輯稿・職官四五・監司》〔哲宗元祐〕三年五月四日，御史中丞胡宗愈言：近者監司不復按舉不法，坐視部下官吏貪婪違越，苟簡偷惰，曠廢職務，並不督察。望明賜戒敕。詔劄與諸路及府界監司，仍令御史臺覺察。【略】

大觀三年四月二十二日，尚書省送到內降劄子，臣僚上言：竊見近者違例條奏之人，率多御前或朝廷得知，制下推鞫。素設知、通、監司掌舉按之職，但聞舉人之能，未見陳按人之罪，復待聖主廉察。望有御前及訪聞公事得實若干件以上，按察官司容庇不發，量立懲誡之文。詔依，立法施行。看詳：若知而容庇，自依律科外，今修立下條：（詣）〔諸〕所部違法，監司及知、通失按舉，謂因御前及朝廷察治得實，（請）〔情〕理重（旨）〔者〕，並奏裁。得旨依擬定，仍先次施行。

（清）徐松《宋會要輯稿・職官四五・監司》〔政和元年〕三月二十九日，臣僚上言：契勘法有監司互察之文，而提舉學事官例以侵官越職之故，不幹預他司事。臣以出巡所至，有百姓多是稱訴冤枉，臣以職事不相幹，不敢受理。欲望特降睿旨，提舉學事官巡歷，遇百姓有詞狀，聽詢問情實，關送所屬監司。內降黄貼子：欲從其請，恐好權之人侵越職事，宜深思講究，惟使民不失法意爲良。檢准元符令，諸監司知所部推行法令違慢，若詞訟雖非本職，具事因牒所屬監司行遣。其命官老病不職而非隸本司准此，仍聽具奏。詔依，申明行下。【略】

〔六年〕七月二日，詔：應諸路監司不得抽取縣鎮公人充本司吏職，見供職人並放罷，違者以違制論。監司互按以聞。

（清）徐松《宋會要輯稿・職官四五・監司》〔宣和〕二年六月六日，尚書省言：臣竊見遠方監司巡按所至，差人夫、户馬多不依法。雖有應破之格，而州縣夤緣多差，不以數計，走吏皁隸皆乘户馬，負荷卒乘悉代之以人夫。自至傳舍，往往又爲所轄者受賂而潛遣之，復告逃亡，再行差補。一時搔擾，至於如此。宜部使者提綱一路，當正身潔己，使州縣有所視效，而身自違戾，將何以糾察官吏乎！欲望特降指揮，嚴行戒約，申明法令而告諭之。詔申明政和六年四月二日指揮行下。【略】

〔三年〕九月一日，臣僚言：四海之廣，所與共治者在守、令，而監司刺舉之官也。近歲以來，任非其人，背公自營，倚令擾民者比比皆是，惟以附托權勢爲計，委之營緝田產，製造器用，侵用公錢，須索誅求，靡有藝極。甚則假托氣焰，強市橫斂。乞自今有敢蹈襲抵犯，重立典刑，令御史臺及廉訪使者覺察按治。設被委之者，並以枉法自盗論，知而不案與同罪。

（清）徐松《宋會要輯稿・職官四五・監司》〔高宗建炎三年〕三月二日，詔：監司緣事擅置官屬，理當重寘典憲，為累經赦宥，特免行遣。其所差官並罷。今後更敢擅自差置者，差與被受官並徒三年，所在官司不得放行請給。

（清）徐松《宋會要輯稿・職官四五・監司》〔紹興〕九年五月十六日，樞密院檢詳諸房文字晁謙之言：竊見外路監司、郡守按發之際，初不體究其實，但知便文自營，改易月日，悉作前期奏劾，習以成風，至有一郡之内凡起數獄者，或流入為深刻，或濫及於無辜。乞賜戒敕，凡案發之際，先委清彊忠厚之士體究得實，方聞於朝，庶幾人自無冤。從之。【略】

十一年九月十二日，臣僚奏：乞凡監司容縱贓吏，並不按劾，而為臺諫彈奏，勘鞫有實者，其監司亦坐之，輕從降秩，重或免所居官。俟奏斷日，令大理寺貼説取旨。從之。閏四月十一日，又詔申嚴行下。二十六年九月一日，又詔如臺諫彈奏外，人户論訴得實，其失按察監司，令刑部具名申尚書省取旨。【略】

〔二十六年〕九月十四日，詔曰：朕宵旰圖治，講求民瘼，詔旨屢頒，務行寬大，革去煩苛。監司之職，臨按一路，寄耳目之任，專刺舉之權，命令之下，是宜悉心布宣，庶使郡縣得以視傚。乃奉行不虔，徒為文具，致事有壅滯，姦弊弗除，欲實德及民，其可得乎！至如官吏廢弛，不聞有所懲治，乃或上下相蒙，習為偷惰，甚無謂也。繼自今，其究乃心，率乃職，以祗承朕命。其或不恪，委臺諫按劾以聞，當寘重憲。【略】

〔二十七年〕八月八日，左司諫凌哲言：比來州縣官吏每遇監司巡按、帥守移替，例皆傾城遠出，為監司、帥守者亦輒受而不辭。乞嚴飭於諸路監司、帥守，互相覺察，應所屬見任州縣官，不應迎送而輒出迎送，與不應受而輒受之者，並須依公按舉，寘之典憲。其或徇情容庇，委御史臺彈奏。從之。十一日，詔：諸路監司可將所借管下州軍兵士盡數發歸元差去處。今後監司接送，據依條合破人數，分下諸州差撥，候接送畢即發回。仍專委帥臣覺察。以知邵州趙不茹言：監司赴上、替移，例於管下州軍差撥廂禁軍，既而更不發回，別給口券，所費不貲，乞行禁止。故有是命。【略】

〔二十八年〕十月十二日，左正言何溥言：乞詔大臣，應監司、郡守除命既下，即日起發。或以疾故丐祠禄，俟終滿方許陳乞。如或違戾，令御史臺糾察。從之。【略】

三十一年二月二日，軍器監主簿楊民望言監司三弊，曰：按吏所以除民之蠹賊，而忤己者搜索其過，奉己者容庇其罪，以示威福，一也。巡按所以察郡縣，而卒伍菲屨之資，胥吏囊橐之賄，一縣或踰千緡，二也。居處多藉狨綿，以公使奉其奢華，不足以示儉；案會迭送錢，計其月收過於供給，不足以訓廉，三也。此三者，監司之弊。他道未必皆然，蜀去朝廷最遠，吏尤自肆，乞命四川帥臣、監司互察。察：原作從，據《建炎要録》卷一八八改。從之。

紹興三十二年八月二十三日，未改元。中書門下省付下内降寬恤事件：勘會監司巡歷，不得過數將帶人吏，於州縣乞覓，計贓坐罪。其以白狀借請州縣錢者，准盗論。所取索文案置曆，委守貳、令佐發遣。其諸司屬官過往及通判、職官季點行縣依〔如〕有違戾，監司仰御史臺彈奏，州官令提刑司按劾以聞。

十二月三日，詔曰：朕祗膺慈訓，誕保斯民，永惟戚休，繫於牧守。昔我祖宗，每思共理，乃分道遣使，以寄耳目，守之臧否，靡不周知，故累朝之民安於田里。法令猶存，而人莫克舉，是以循良不勸而貪暴未革，將何以助朕為治！咨爾使者，其悉乃心，察列城之政，舉循良，劾貪暴，及疏怠曠職者，以聽陟黜。至於任非其所長，無他大過者，亦條列以聞，朕當命以他官。刺舉以公，朕則有賞；阿私失實，罰亦隨之。其令諸路帥臣、監司，限兩月悉具部内知州治行臧否，連銜聞奏。苟違朕言，令御史臺彈劾。

（清）徐松《宋會要輯稿・職官四五・監司》〔隆興（三）〔二〕年〕九月十五日，臣僚言：乞專降指揮，應監司並不許將親隨、仆使在任所。如遇出巡，除依條合帶吏人二名，客司書表一名，當直兵級十五名，不得以承局茶酒等為名別差人數，及不得令隨行人吏、兵級於合任日數外借支食錢等乞取錢物。如違，許人越訴。監司不互覺察，與同坐。從之。

（清）徐松《宋會要輯稿·職官四五·監司》 乾道元年正月一日大禮赦文：勘會監司巡歷州縣，依條不得過三日，（詔）〔訪〕聞近來多是過數收受饋送。並隨行公吏，已降指揮，借請歲不得過兩月，卻有直判白狀，重疊過數借請，乞取搔擾。若州縣過數供送，並仰監司互察。如違，令御史臺彈劾。**【略】**

〔乾道九年十月〕二十三日，辛執進呈敕令所修立監司互察等條。上曰：監司委寄甚重，此條使互相按舉，恐於事體未是。雖如此修改，大意亦是互按。卿等更宜詳悉理會，不然，除去此條亦可。

（清）徐松《宋會要輯稿·職官四五·監司》 〔淳熙三年〕九月六日，詔諸路監司互相饋遺，及因行部輒受折送者，以贓論。以臣僚言：近歲監司臨按，多受饋餉，行部例有折送錢物，數目至多。又有無忌憚者，諸司互以錢物饋送，皆以折酒爲名，賕餉相通，專濟私欲，乞嚴寘刑章，必罰無赦，計其所受，悉以贓論。在內令御史臺彈劾，在外許諸司互察。故有是詔。**【略】**

淳熙十六年七月十四日，臣僚言：今來監司有興販木植，動以數萬，高立價直以牟厚利。至於貨賣不行，抑令所屬州郡變轉。州責之於縣，縣斂及於民，至有鬻產送納。況牌筏所過場務既免征稅，而住賣之處亦無抽解，不惟暗失官課，又且攘奪商賈之利。乞嚴立禁止，如有違戾，許令內臺糾察，重寘典憲。從之。

（清）徐松《宋會要輯稿·職官四五·監司》 〔慶元四年正月〕二十二日，右正言兼侍講劉三傑言：乞今後監司、郡守應以疾患控列、別無規避者，即與將上取旨，畀之祠祿，以均閑佚。其抱病日久，不以自陳，致有廢事者，郡守則令監司覺察，監司則令諸司互察，便賜罷斥。或有隱敝而不以聞者，則令御史臺劾奏，亦與黜責。庶幾各知廉恥，不敢養痾以負朝廷之隆委。從之。

監察對象與内容分部

論說

（宋）鄭興裔《鄭忠肅奏議遺集》卷上《請禁傳饋疏》臣竊謂本正而影自端，源潔而流斯清。故周官六計弊，吏以廉爲本，不廉雖有大事不足取也。臣祖父以來，世守清白，束髪入官，勵志冰蘖，謝絶苞苴，無敢少有隕越，以滋罪戾。伏見近時所有隣道互送禮，名曰傳饋，賄賂公行，恣無忌憚。凡帥臣監司到罷號爲上馬隣道，皆有饋遺，計其所得，動輒萬緡。其會聚之間，折俎率以三百五十千爲準，有一身而適兼數職者，則併受數人之饋，獻酬之際，一日而二千餘緡，此風在在有之，而東南爲尤甚。揚州一郡，每歲饋遺見於册籍者，至二十萬緡。江浙諸郡酒每以歲遺中都官，五六至，至必數千瓶，其無藝類如此。臣累任監司牧守，鄰道饋遺，前後不下數十萬，悉以原物歸趙，未敢分毫染指，亦不敢效逐時趨，輒相投報，以此獲戾當道，正復不少。乃其間更有影射之弊不可究竟者，臣不具論其他，祇如臣任廬州日，前揚州守臣熊飛遺使賫萬緡，傳饋至廬，臣即時謝却，此廬郡大小僚吏所見聞者。今蒙聖恩擢任，揚守按閲度支册籍，見前所却萬緡，有支無收，其或胥史乾没，或守臣入槖，皆未可定。夫牧守者，州縣之表，州縣者，親民之吏。上以此責其下，下以此應其上，國計不知，民瘼不卹，嗷嗷焉，徒事饋獻之陋規，以取悦於同寮，求容於大吏，此風不熄，臣未見其官勵素絲俗臻淳厚也。且天地之生財有數，不取於上，即取於下，取之於上則國有盗臣，取之於下則民嗟虐吏。貪墨成風，即使内外臺司按之，輒曰此成例也。且曰，此動用公使庫錢，無病國無厲民也。内外臺司亦視爲故常，而不之罪。臣竊考祖宗時，因前代牧伯，皆斂於民以佐廚傳，是以制公使錢，以給其費，懼及民也。然正賜錢不多，而歲用率數十萬，每歲終上其數於户部，率以勞軍除戎器爲名，版曹雖知之而不較，即如維揚一郡，歲輸朝廷錢不滿七八萬緡，而本州支費乃至百二十萬緡，勢不至使小民殫其地之出，盡其廬之入，剜肉割髓而無以應不止。管子曰，禮義廉恥，謂之四維，四維張則國乃安。方今敵人數數南侵江淮地方，所在騷擾，既困於兵，復困於賦，民力幾何能更勝墨吏額外之誅求乎。臣就耳目所見聞者，據實奏陳，外此病國厲民之事甚衆，不能枚舉，伏冀陛下大奮乾斷，宣詔中外，特嚴傳饋之禁，有仍踵舊轍者，罰無赦。庶重官方，即所以勵廉隅肅國紀，即所以厚民生，上下相維，而府庫充裕，輕費有制，而閭閈不擾，無負祖宗制公使錢之意，宗社幸甚，蒼生幸甚。

《宋史》載鄭興裔知廬州移知揚州，揚與廬爲鄰，初興裔在廬卻鄰道互送禮。至是按郡籍，見前所却有出無歸，遂奏嚴其禁。

（宋）鄭興裔《鄭忠肅奏議遺集》卷上《請行檢驗法疏》臣觀聖王之治天下，法而已。法立則民利，法廢則民病。法者所以安良善戢奸宄也。臣賦性迂踈，昧於法令，伏蒙陛下過於奬借，不以臣爲不才，累擢監司之任。臣受恩知報，日夕兢惕，恒思除弊興利，上副君父責成之意，下免屍位素餐之誚。竊謂立法之利民者，莫如檢驗一策。臣歷按福建浙東，逮今涖任浙西，每見諸州縣積玩成風，檢驗之法無復存者，惟是任胥吏納賄賂，出入律令，議事不原於法意，論刑不本於人情，執文以致罪，順旨以成獄，斷案前後移易，讞决多不以實，煢煢小民扼於貪汙官吏，真情未由上達，以故冤抑不得伸，而無辜者，時受枉法之累。經將不肖屬員，逐一據實劾奏區處外，輒就管見，措置格目條例行下，所屬州縣每一次檢驗，依立定字號用格目，三本一上。所屬州縣一付被害之家，一申本司照會，凡州縣受詞遣官檢驗，受牒起發，皆注日時於上，關防詳密，州縣官吏不得肆其欺朦。除分界福建兩浙屬下州縣行之，已有成緒。竊意推而措之，天下無不可行。謹具檢驗格目臚列奏聞，仰祈睿照，親留省覽，考量得失，如或可採，即賜裁定，永著爲令，宣詔諸路提刑司一體舉行，庶於國法民瘼少助萬一，臣無任虔懇悚切之至，取進止。

《宋史》載郡縣積玩檢驗法廢，興裔刱爲格目，分界屬縣，吏不得行其奸，因著爲令。

《文獻通考》載淳熙元年五月詔頒行，浙西提刑司使鄭興裔檢驗格目於諸路提刑司，初興裔言諸州縣檢驗之弊，遂措置格目行下所屬州縣，每一次檢驗依立定字號用格目三本，一上所屬州縣，一付被害之家，一申本司照會。州縣受詞差官檢驗，受牒起發，皆注日時於上，關防詳密，州縣不得爲欺。朝廷善之，乃行於諸路。

綜　述

（宋）謝深甫等《慶元條法事類》卷三二《財用門・點磨隱陷》　職制令

諸提點刑獄司每半年輪取所部三州諸軍請給旁曆、轉運司及州縣買物文憑之類點磨，有稽違、不還價及不支給或雖支而不足若不當價者，並奏劾。

諸監司守臣滿替及罷任，並開具見管錢物實數，移文後政或以次官交割，仍申尚書户部、御史臺置籍。其後政或以次官限一月內保明前政有無妄作名色、虛破錢物，及將交到實數申本部、御史臺稽考。

（宋）謝深甫等《慶元條法事類》卷三六《庫務門・給還寄庫錢物》

隨勅申明

厩庫

紹熙元年九月二十九日勅：　民間或有紛争未決之財，或有取贖未定之訟，孤幼檢校未該年格，或盜賊贓物未辨主名，或亡商失貨未有所歸，或理逋督責未及元數，如是之類，則其財皆寄於官，謂之寄庫錢。今之州縣幸其在官，不復給還。又其甚者，不應檢校輒檢校，不應追罰輒追罰。本非盜贓，指爲盜贓；本非户絶，指爲户絶，强入之官，洎至翻訴明白，其財已不復存矣。可戒郡縣應民間寄庫錢，皆令刷具，别置簿曆，專作庫眼，俟其陳請，即時給還。或非理没入，既經翻訴給還者，亦仰依限支給。如或循習弊，並許人户越訴。委自省部、御史臺取其違慢悖理尤甚者，具職位姓名取旨責罰。

紀　事

（宋）李綱《建炎時政記》卷上　〔建炎元年六月七日〕洪刍罷諫議大夫，張卿材罷刑部郎官，胡思、王及之餘大均、周懿文、陳冲並先次放罷，以御史臺勘司有請也。

（宋）李燾《續資治通鑑長編》卷一三八《仁宗慶曆二年》　戊辰，御史中丞賈昌朝上疏言：

太祖初有天下，鑒唐末五代方鎮武臣、土兵牙校之盛，盡收其權，當時以爲萬世之利。及太宗所命將帥，率多攀附舊臣親姻貴胄，賞重於罰，威不逮恩，而猶仗神靈，禀成算，出師禦寇，所向有功。自此以來，兵不復振。近歲恩倖子弟，飾厨傳，沽名譽，不由勳效，坐取武爵者多矣。其志不過利轉遷之速，俸賜之厚爾，禦侮平患，何望於兹？然乘邊鄙無事，尚得以自容。昨西羌之叛，驟擇將領，鳩集士衆，士不素練，固難指縱，將未得人，豈免屢易？以屢易之將馭不練之士，故戰必致敗。此削方鎮兵權過甚之弊也。且親舊、恩倖已任軍職者，便當爲將，兵謀戰法素不知曉，一旦付千萬士卒之命，使庸人致之死地。此用親舊恩倖之弊也。臣謂守方鎮者無數更易，管軍并刺史以上官秩，宜審其所授，以待有功。如楊崇勳、李昭亮輩恩倖之人，尚在邊任，宜速別選人代之。此臣所陳救弊之端也。方今邊備之尤切者凡六事：

其一曰馭將帥。古帝王以恩威馭將帥於内，將帥以賞罰馭士卒於外，故軍政行而戰功集。乾德中，詔王全斌等伐蜀。是冬大雪，太祖皇帝著煖帽，被貂裘，御講武殿氊幄，顧左右曰：今日此中寒不能御，况伐蜀將士乎？御脱所服裘帽，遣中使馳騎往賜全斌，此御以恩也。又曹彬、李漢瓊、田欽祚等討江南，召彬立於前，漢瓊等立於後，授匣劍曰：副將而下，不用命者，得以專戮之。漢瓊等股栗而退，此馭以威也。今命將帥，必先疑貳，非近倖不信，非姻舊不委。錫與金帛巨萬而心無感悦者，以例所當得也。蓋向來錫與，一皆用例。如舉兵之際，須特出非常，然後可以動其心也。又陝西四路，自部署而下，鈐轄、都監、巡檢之屬，軍政必相參，謀之未成，事已先漏，彼可則我否，上行則下戾，雖有主將，不專號令，故動則必敗也。請自今命將，去疑貳，推恩意，捨其小節，責以大效，爵賞威刑，皆得便宜從事。偏裨而下，有不聽令者，以軍法論。至於筦榷賦税，府庫之物，皆得而用之。如太祖監方鎮過盛，雖朘削武臣之權，然邊將一時賞罰及用財集事，則皆聽其自專，有功則必賞，有敗則必誅，此所謂馭將之道也。

其二曰復土兵。今河北河東强壯、陝西弓箭手之屬，蓋土兵遺制也。且戎居苦寒，沙磧之地，惡衣菲食，好馳善射。自古御寇，非此不可。然河北鄉兵，其廢已久，陝西土兵，屢爲賊破，其存者十有二三。臣以謂河北、河東强壯，除已詔近臣詳定法制外，每因閲習，則視其人武力兵技之優劣，又擇其家丁夫之壯者以代老弱，每鄉爲軍。其才能絶類者，籍記其名姓而遞補之。陝西蕃落弓箭手，貪召募錢物，利月入糧俸，多就黥刺，混爲營兵。今宜優復田疇，安其廬舍，使力耕死戰，世爲邊用，則可以減屯戍而省供饋，爲不易之利。內地州縣，增置弓手，亦當約如鄉軍之法而閲試之。

其三曰訓營卒。太祖朝，下令諸軍食無肉，衣無帛，營舍之門有鬻酒餚者則逐去之，士卒服繒綵者則笞責之。異時披甲鎧，冒風霜，攻苦服勞，無不一以當百。今營卒驕惰，臨敵無勇，此殆素所資用之過也。舊例三年轉員，謂之落權正授者，雖未能易此制，即不須一例使爲部署、鈐轄，且於其間擇實有材勇可任將者授之。又今之兵器多詭狀，造之不精，且不適用，虛費民力。宜按八陣之法，依五兵之用，以時教習。使啓殿有次序，左右有形勢，前御相附，上下相援，令之曰：失一隊長，則斬一隊。何患衆不爲用乎？

其四曰制外域。今遠蕃蕩然與中國通。北方諸國則臣契丹，其西諸國則臣元昊，而西、北合從，以掎角中國之勢。就使西戎來服，不免與之重賄，是朝廷歲遺二敵，不可勝計。古之備邊，西則金城、上郡，北則雲中、雁門。今自滄之秦，緜亙數千里，非有山海峻深之阻，獨恃州縣鎮戍耳。凡歲所供贍，又不下數千萬，以天下歲入之數，纔可取足，而一穀不熟，則或至狼狽也。契丹近歲兼用燕人，治國建官，一同中夏。昊賊據河南列郡，而行賞罰，善於用人，此中國之患也。宜度西戎諸國如沙州、唃厮囉、明珠、滅藏之族，近北如黑水女真、高麗、新羅等處，皆舊通中國，今爲二敵隔絶，可募人往使，誘之來朝，如此，則二敵必憾於諸國矣。敵憾則爲備，備則勢分，此中國之利也。

其五曰綏藩部。且屬户者，邊陲之屏翰也。如延有金明，府有豐州，皆戎人内附之地。朝廷恩威不立，撫馭乖方，比爲强敵脅從，而塞上諸州，藐焉孤壘，蕃部既壞，士兵亦衰，恐未有破敵之期。請令陝西諸路緣邊知州軍皆帶安撫蕃部之名，多設方略，務在招集，財賦法令，得以自專，擇其族盛而有勞者以爲酋帥，如河東折氏比，庶可爲吾藩籬之固矣。

其六曰明探候。古者守封疆，出師旅，居則有行人覘國，戰則有前茅慮無，其審謹若此。太祖命李漢超鎮關南，馬仁瑀守瀛州，韓令坤鎮常山，賀惟忠守易州，何繼筠領棣州，郭進控西山，武守琪戍晉陽，李謙溥守隰州，李繼筠鎮昭義，趙贊領延州，姚内斌守慶州，董遵誨屯環州，王彦昇守原州，馮繼業鎮靈武，筦榷之利，悉輸軍中，仍聽貿易，而免其征税，召募勇士以爲牙爪。故邊臣富於財，得以養死力爲間諜，外蕃情狀，無不預知者。二十年間，無西北之憂，善用將帥，精於覘候之所致也。今西鄙刺事者，所遣不過數千錢，但略涉境上，盜聽傳言，塞命而已，故敵情賊狀與夫山川、道路險易之利勢，絶而莫通。夫蹈不測之戎，入萬死之地，覘伺微密，探索機會，非有重賂厚賞，孰肯自效乎？願鑒藝祖任將帥之制，邊城財用一切委之，專使養勇士爲爪牙，而臨戰自衛，無殺將之辱；募死力爲覘候，而坐知敵來，免陷兵之恥也。

始，昌朝館伴契丹使者，建言和親辱國而尺地亦不可許，朝議欲以金帛啗契丹使攻元昊，昌朝曰：契丹許我而有功，則責報無窮，且以我市於元昊。昔尚結贊欲助唐討朱泚，而陸贄以爲不可，後乃知吐蕃陰與泚合。今安知契丹計不出此耶？於是，命昌朝報使契丹，昌朝力辭，因奏此疏，上嘉納之。

（宋）李燾《續資治通鑑長編》卷三二九《神宗元豐五年》 詳定官制所言：尚書省施行政令，分屬六曹之事，都省總之，或有稽違，所當察舉而任其責。今擬立法：諸六曹事有稽違而不察舉者，以律上官案省不覺坐之，令、僕、丞爲一等，左右司爲一等，都事主事爲一等，令史以下爲一等。從之。

（宋）李燾《續資治通鑑長編》卷三七一《哲宗元祐元年》 甲子，御史中丞劉摯、殿中侍御史吕陶、孫升言：臣等伏以御史臺肅正紀綱，彈劾不法。自朝廷至於州縣，由宰相及於百官，不守典法，皆合彈奏。今按中書省録黄，除安燾知樞密院事，付門下省書讀省審，給事中封駁不當，奉聖旨更不書讀，門下侍郎省審，並不執奏，付尚書省吏部出告，吏部具給事中不書讀事理申本省，尚書省亦不執奏，遂以不書讀告命降出。所有門下省、尚書省僕射、侍郎、左右丞，及付受官，并吏部等，不守典法，有損聖政，乞付有司論罪，以正朝廷紀綱，謹具彈劾以聞。

（宋）李燾《續資治通鑑長編》卷三八〇《哲宗元祐元年》 吏部言，欲將八路季闕，從吏部與轉運司隨季互使。從之。

監察御史上官均言：

臣竊見吏部昨因大名府助教鄧無方等陳狀，言八路指射勞逸不均事，朝廷依本部相度，將八路季闕，吏部與轉運司互使。竊緣昨自熙寧三年降八路差官敕，推行已十五年，大概其弊有七：

諸路選人得替赴部，須候春秋試法，預選者方得差遣。八路則不須試法，隨意指射，此不均之弊一也。諸路赴部待試，中否須經一年，既差遣，又須三年待闕，必經七年，方成一任。八路則在任去替一年，便許指射川、峽、廣南，七年之間，遂歷三任，此不均之弊二也。又八路在任犯罪停替，或體量罷任，並許再指射差遣。而見在吏部待次之人，至有歷任無過，尚須試法，候及一年，方有注擬，此不均之弊三也。選人俸給，替則隨罷，待次一年，方得差遣，待闕三年，方得赴任，是四年之外，方受廩禄。其八路士人雖有待次，亦許權攝差遣，禄無虚日，此不均之弊四也。八路本土係特奏名，得官人既免試法，又就家便，多只於本路指射，大率多年六十以上，學術凋疎，精力疲耗，又無人薦舉，不復有向進意，往往貪冒營私，職事不舉，民受其病，其弊五也。八路仕宦之人，遠者十餘年，近者六七年，居住既久，知識漸多，又本土之人，就本路指射，鄰州比縣不無親故，任情囑託，變移曲直，監司耳目，豈能盡察？其弊六也。八路監司，遠於京師，傲睨一路，無敢忤者，逐路官員雖例許指射，然運司往往任情差定，不復計功過先後之次。逐官既就本路仕宦，豈敢更自辨直，以觸恚怒？故以曲佞希合，稍有權勢者，多得先次優便差遣，而孤寒忤意之人，坐引歲月，不得注授，其弊七也。

臣竊惟熙寧三年八路差官之意，本因選人守任遠方，有往來迓送之勞，故立此法，又省赴任選還雇錢之費。然行之十有五年，事久姦生，弊多利少。八路闕多而待闕之人少，吏部闕少而待闕之人多，見今選人到部該參選者七百餘人，就殘零闕者共四百八十餘人，員多闕少，至有候一年以上方得差遣。既得差遣，待闕須近三年，七年之間，方成一任，居閒之日多，而禄仕之日少，貧匱難進，誠可嗟憫。以八路方之，實爲僥倖，雖曰惠遠官之人，而諸路之仕者實爲不便，則是惠者少而病者多，其法不得不改也。

今有司立法，八路季闕，吏部與運司互使。是前日不均之弊，其半尚存。自餘弊事，如臣之所陳，未能去也。竊聞按送雇錢，以每歲通計，數不甚多，自可以坊場、河渡錢支給，不至闕事。臣欲乞將八路選人，依昨來指揮，京朝官大小使臣員闕，並歸吏部，庶使天下仕者厚薄均一，吏部差注，不至壅併，選人待闕，不至留滯，深爲利便。

（宋）李燾《續資治通鑑長編》卷四三八《哲宗元祐五年》 丙午，門下後省請檢點進奏官文書稽失送本院，事理重者送門下後省，應决者從本省送開封府。從之。

（宋）留正《皇宋中興兩朝聖政》卷三《高宗皇帝·籍記贓吏》

〔建炎元年春正月〕乙未，詔自今犯枉法自盗贓人，令中書省籍記姓名，罪至徒者永不叙用，按察官失於舉劾者，並取旨科罪，不以去官原免。時議者以爲崇觀以來贓吏甚衆，其害民甚於盗賊，故條約之。

（宋）留正《皇宋中興兩朝聖政》卷二九《高宗皇帝·以政平訟理臧否守令》 〔紹興十三年五月〕廣西提刑張維奏曰：昔漢宣帝嘗曰，庶民各安於田里而亡歎息愁恨之聲者，政平訟理也。臣今攷察守令，以政平訟理爲臧，以政不平訟不理爲否，而臧否之中復有優劣，凡臧之品有三，否之品有一。詔諸路監司帥臣依張維所奏察本路守令，限兩月各具臧否以聞，不得連銜。

（宋）留正《皇宋中興兩朝聖政》卷五四《孝宗皇帝·禁私易官吏》

〔淳熙二年閏九月〕辛酉，浙憲徐本中言：近者州郡率用私意更易官吏，不申省部，不報監司，移郡之邑，移邑之郡，或以他官而兼攝，或以里官而任重，往往辭繁就簡，捨薄從厚，請求僥覬，惟利是趨，易置紛然，寖亂舊制，理宜戒飭。從之。

（宋）李心傳《建炎以來朝野雜記甲集》卷六《朝事·監司郡守至官交割庫金》 孝宗淳熙中，有詔：守臣任滿，以見管錢物交後政或次官收訖，申户部置籍，代者限一月核寔以聞。著爲令。九年正月乙亥。時屬人有爲總計及典方面者坐過例饋送各數萬緡，皆停官。九年正月戊子，三月乙未。

（宋）李心傳《建炎以來朝野雜記乙集》卷一二《雜事・御筆嚴監司互送之禁》 嘉泰三年，上御筆嚴監司互送之禁，然遠方自如。四年夏，馬使彭輅至成都，制使謝源明、茶使趙善宣留連踰兩月，自入境迎迓，以至折俎贈行，以楮幣、錦采、書籍、藥物計之，所得幾萬緡，而謝、趙所得亦稱是。蓋諸路互送，惟建康、成都最厚。諸司每會集，一分計三百八十千。成都三司互送，則一飯之費計三千四百餘緡。建康六司乃倍之，而鄰路監、帥司尚不與。是年六月，趙漕自成都運判除四川茶馬，時趙攝事已久，朝廷本以省將迎之費，茶、漕並置司成都城中，而去送迎迓公用水脚之費，各司爲數千緡。舊無所謂壓境錢者，謝用光始創之。趙並不離城中，而亦受壓境錢，兹又可笑也。建康所謂六司者，帥、漕、總賦、武騎二司帥，而主管行宫大内鑰匙官者與焉。每歲遇留守按行，殿中官者輒置酒自居主席，而坐留守於賓位。陳正獻公爲留守，斥去之。其後范致能來，遂復其舊。

（宋）王林《燕翼詒謀録》卷二《置審刑院於禁中》 大理寺奏案，刑部審覆，奏而行之。太宗皇帝慮刑部大理寺吏舞文巧詆，特置審刑院於禁中，以李昌齡爲之中覆，下丞相必又以聞，始論決。淳化二年八月己卯，詔行之。謹重人命如此。自官制改，並歸刑部，不復有中覆矣。

《宋史》卷二〇《徽宗紀》 〔大觀四年〕閏月辛丑，詔：諸路事有不便於民者，監司條奏之。

《宋史》卷二八八《程琳傳》 故樞密副使張遜第在武成坊，其曾孫偕才七歲，宗室女生也，貧不自給。乳嫗擅出券鬻第，琳欲得之，使開封府吏密諭嫗，以偕幼，宜得御寶許鬻乃售。乳嫗以宗室女故，入宫見章惠太后。既得御寶，琳乃市取之。又令吏市材木，買婦女。已而吏以贓敗，御史按劾得狀，降光禄卿、知潁州。

《宋史》卷三三七《范鎮傳》 除兼侍御史知雜事，鎮以言不從，固辭。執政諭鎮曰：今間言已入，爲之甚難。鎮復書執政曰：事當論其是非，不當問其難易。諸公謂今日難於前日，安知異日不難於今日乎？凡見上面陳者三，言益懇切。鎮泣，帝亦泣，曰：朕知卿忠，卿言是也，當更俟三二年。章十九上，待命百餘日，鬚髮爲白。朝廷知不能奪，乃罷知諫院，改集賢殿修撰，糾察在京刑獄，同修起居注，遂知制誥。鎮雖解言職，無歲不申前議。見帝春秋益高，每因事及之，冀以感動帝意。至是，因入謝，首言：陛下許臣，今復三年矣，願早定大計。又因祫享，獻賦以諷。其後韓琦遂定策立英宗。

（明）張四維《名公書判清明集》卷一《官吏門・儆飭・官屬不許擅離任所葉憲宰》 畔官離次，王制所誅。擅離任所，令甲有禁。南安軍教授方修職領袖生徒，職掌規矩，輒因送客，遐棄厥官，何所稟承，乃爾輕脱。近世蘇文忠公守杭，道出南京，陳后山以徐州教授越境見之，尚不免劉元城所劾。今世固無陳后山，亦未見堪爲東坡役者，教授豈欲效顰邪？事屬干犯，本合具奏，緣昨見盧直院頗稱教授之賢，必非放曠，特出不思耳，姑從闊略，帖即日還任。仍報本軍，今後官屬毋令請假出境，併牒諸州束約。

（明）張四維《名公書判清明集》卷一《官吏門・儆飭・郡僚舉措不當輕脱胡石壁》 判官爲郡僚之長，本府趨走之吏皆當屏息以聽命。李允福一推吏也，如何屢呼不至。今日蔑視郡僚，則他日必蔑視郡守，紀綱體統皆掃地矣，所係豈不重歟！勘杖八十。但追呼吏人，走卒事也，判官何必親造其家。若官司追人，必待躬行而後可獲，則居官者不亦勞乎？昏暮叩人之門户，無乃非所以示觀瞻乎？此蓋出一時血氣之怒，殊欠三思耳。今後舉措切宜自重。劉陶與李允福有何干預，而乃爲之解紛。若是士人，固不應冒然而前，自取羞辱。果是茶食人，又曾經斷，則必是姦猾矣，追問。

（明）張四維《名公書判清明集》卷一《官吏門・申牒・監司案牘不當言取索蔡久軒》 得照各司案牘除經朝廷及臺部取索外，其同路監司止有關借之例，即無行下取索，如待州縣下吏之理。本職自去冬入境，應訴婚田，念其取使司遥遠，間與受狀，不過催督州縣施行而已。其間有不得已結絶者，皆是前政追人到司，久留不經，出于弗獲已，非敢僭也。然公朝設官分職，同是爲民，豈有見其焚溺而不之救者。昨承使司取索邵元昱事理，本司爲見台判異常，即已具因依遞上，再準行下索案，又即促吏牒解。但區區賤跡，係國家建置司存，却不可以某之資淺望輕，而頓廢公朝之事體。蓋嘗太息而言曰：督贊、侍讀、判部尚書之尊，不當下兼運司之職，若兼運司之職，不當上廢朝廷之法。除已具申督贊尚書外，併牒報運司。

（明）張四維《名公書判清明集》卷二《官吏門·澄汰·汰去貪庸之官吳雨巖》　害民莫如吏，官之貪者不敢問吏，且相與爲市，官之庸者不能制吏，皆受成其手。於是吏姦縱横，百姓無所措手足。當職入信州境，若貪若庸，具有所聞，貪者更行審訪外，今且以庸者言之。元僚任一邑之長，不能婉畫而判，終日昏醉，萬事不理，至遞當職書，語誤不可讀。以此書擬，何取其能贊賢明太守之政。邑長乃百里之繫命，而上饒庸冗特甚，惟吏言是用，其擾民之事不止一端，至於獄事泛濫追擾爲尤甚。官庸則吏貪得行，則庸亦所以爲貪也。此等皆當澄汰。牒州且將二人對移，丞、簿、尉，擇其能婉畫、能字民者與之對移，庶幾郡綱紀、邑政得以振舉，只今行牒。

（清）徐松《宋會要輯稿·刑法二·禁約四》〔紹興二十六年〕三月十八日，侍御史湯鵬舉言：近年州縣許用妓樂，遂有達旦之會，監司、郡守或戒約之，則鬨然生謗。此風起於通判，行於司理，至於盜用官錢、（宫）〔官〕酒，苦刻牙人、鋪户，恣縱市買，以至縣官筵會之費盡科配於公吏。乞於天申節及人使往來之處，守臣休務之日，許用妓樂於公筵，其餘自總管、謀議官、通判以下，並不許擅用借用，違者委監司、郡守即時具奏。從之。

（清）徐松《宋會要輯稿·職官四·都司左右司》　宣和二年，臣寮疏神考肇建中臺，分六官而設之屬，以御史糾其稽違，復令都司較其功過令文，左、右司歲考六曹郎官治狀，以功過對折，分等惟三，而上、下等又有優劣，次年春申省。【略】隆興元年七月二十六日，詔：左、右司郎官各差一員，減罷二員。從右諫議大夫王大寶等議也。

（清）徐松《宋會要輯稿·職官四五·監司》　徽宗崇寧元年四月二十六日，臣僚上言：竊見諸路監司、郡守多務沽長厚之名而苟避刻薄之謗，以此奉行職事，往往失當，而民被其害。國家雖有良法美意而實惠不能及民者，以奉行之人不得其宜也，朝廷不可不察。乞特賜誡諭，使諸路監司、郡守平心悉力，守法信義，此救弊之所宜先也。詔劄與御史臺，常切覺察彈奏。

（清）徐松《宋會要輯稿·職官四五·監司》　政和元年二月二十四日，詳定一司敕令所狀：修立到條：諸被受朝旨應委監司同共管勾或分詣勾當者，並於符牒内指定合依某司所舉某官同共施行。從之。【略】

三年正月二十四日，尚書省言：勘會昨降指揮，指揮州縣、監司各修舉職事，祗備朝廷差官點檢，及已降手詔訓諭。今差官往四路按察鹽茶事，合依已降處分，應州縣監司職事並許按察點檢，若有違慢失職或修舉奉公之人，並許舉劾，保明聞奏。其畫一並依前後察訪條例施行，仍條具申尚書省。沿路不許受謁、出謁，不得受供饋及聚議會食之類，與第二等支賜，亦不得妓樂接送。有所須之物，如陳設家事什物之類，並合用官錢收買，不得取借，不得勾呼行人、市户、諸色人隨行供應。如有公事，許當職官、見任官相見。所至州縣如有冤抑，見在囚禁，照證分明，許即時疏放（乞）〔訖〕以聞。其挾私害法，妄言（感）〔惑〕衆，即仰收禁，奏取旨。詔依。奏報文字許赴入内侍省投進，仍展限五日出門。【略】

十二月十六日，詔：藝祖削平僭偽，混一區宇，監觀五代藩鎮之弊，事恣跋扈，封靡自擅，罔或率由於法度之内，失馭臣之柄，有末大之患。乃罷藩鎮，俾處環衛，遴簡儒臣，出補方面，百五十餘年，海内蒙澤。而分陜以西，大河之東，控制二虜，析路置帥，皆公卿侍從之良，州牧侯伯之選，統列城，握强兵，當重寄，廩餼之厚，卒徒之衆，華資要職，寵異之數不爲不至。比年以來，稍復縱弛，破制玩法，恃帥權、乘高勢而爲邪，無報國之心，有營私之實。或攘取帑藏，號爲公使，規牟入己；或私役禁旅，營繕第家；資給過往，虛稱白直，率米爲釀不可以數計，科配軍民，侵奪官酤，公私受害；搔擾番户，賤市貴物，不給其直，貨賂交通，汙蔑監司，耳目按察之官，曾莫敢言。至於理財備邊之術，足兵之計，所當爲者，恬不爲恤，考其治效，蔑如也。今法度具備，期於不犯，疆土日廣，期於富庶，而閫寄之臣輒肆抵冒，殊負眷注。比以數經恩宥，未欲致於理。自今已往，敢有犯者，竄殛刑戮，當不汝容。仍仰監司耳目之官，詳究逐項事理，各務按察彈奏以聞。【略】

八年正月二十五日，詔：五禮新儀，州縣推行未臻厥成，可令諸路監司因按部考察勤惰，歲擇一二以聞，當議賞罰，以勸忠厚之俗。

十九日，詔：監司審擇縣令，委有治績，連銜保奏。每路不得過三人，召赴都堂，審察録用。如人材卓異，可備除擢，取旨引對。以言者論縣令雖有審察之法，未聞褒擢，故有是詔。

（清）徐松《宋會要輯稿·職官四五·監司》〔高宗建炎元年〕十二月六日，詔諸路監司：應曾燒劫州縣，並躬親巡歷，一歲再遍。所至具月日申尚書省。仍開坐所措置過事，尚書省類聚，考其當否而爲之升黜。從臣僚之請也。**【略】**

〔三年〕十月一日，臣僚言：自宣和以來，至今爲州縣之害者，贓吏是也。贓吏不除，民無安靖之理。欲乞立法，應按察官自通判至監司，每半年具發擿過贓吏若干人，並籍記姓名，以爲殿最。或當劾而不劾，致因他事暴聞者，其不劾之官並重行貶黜。詔每年一次，令諸監司按察官具發擿過贓吏姓名申尚書省置籍。**【略】**

四年二月二十三日德音：應軍民疾苦或刑政未便事件，仰監司採訪聞奏。

（清）徐松《宋會要輯稿·職官四五·監司》紹興元年正月一日德音：方今州縣積弊，百姓疾苦，朝廷無由盡知。今令諸路監司及郡守、縣令，各據一路、一州、一縣隨所在合有可以罷行事件講究條具，申尚書省。如實便國利民，當議褒賞。**【略】**

〔二年〕十一月二十四日，詔：應寬免詔旨，令諸路監司每季具所部州縣施行實狀上聞。其奉行周悉與夫苟簡者，精加檢察，爲之賞罰。**【略】**

〔二十六年〕五月十四日，詔：近民之官，莫如郡守，其間職事修舉、治狀顯著者，可令監司連銜保明聞奏，當議甄擢。**【略】**

六月四日，詔諸路監司躬親遍歷所部州縣，詢訪廉察官吏，條具奏聞，當議黜陟。**【略】**

〔二十八年〕十一月四日，詔：諸路州軍合（依）〔供〕錢物糧斛，仰所隸監司將違限拖欠最多去處當職官吏依（然）〔條〕按治。監司如在置司州軍，或因出巡到州縣，方許時暫勾追都吏、典押整會供報。以左正言何溥言：財賦積欠，所在而有，監司帖州則追都吏，州帖縣則追典押。一歲之間，殆無虛月，徒有勞費，無益於事。故有是詔。

（清）徐松《宋會要輯稿·職官四五·監司》〔乾道元年〕六月四日，潼川府路轉運判官竇敷奏：郡守多自外除用，或在任選易，其有老病者，朝廷莫得而知之。縣令皆外臺擬注，而銓量之法益爲文具，老病者以資格得之。守令如此，斯民何賴焉！乞下諸路監司，將見任守、令公共銓量，將郡守老病者具名聞奏，縣令老病者徑從罷免。若監司容隱，亦必寘之嚴科。有旨：竇敷所奏雖當，今監司例爲文具，從來未見公劾。可劄喻本人，到官當踐其言，勿爲循習取容，稱朕臨遣之意。

七月七日，詔諸路監司將見任老病守臣限一月公共銓量聞奏，知縣委守臣體訪，申取朝廷指揮。如監司、守臣互爲容隱，御史臺覺察以聞。**【略】**

四年六月十四日，臣僚言：紹興二十八年指揮：監司、郡守按發官吏，往往只送本州或置司去處，不無觀望，致有冤濫。今後監司按發官吏，不得送置司州軍，事理重者委鄰路監司選官；郡守按發官吏，申監司於鄰州差官推勘。其法雖已詳備，而尚有可議者。如監司、郡守按發所部官，據憑一時訪聞贓私罪犯，便具申奏，致獲降指揮，先次放罷。後來勘得止係公罪，於法不至差替、衝替、追官、勒停，其被按發之官情實可怜。乞降旨，應監司、郡守按發所部官，致獲降指揮先次放罷，後來勘得止係公罪，於法不至差替、衝替、追官、勒停，如元是堂除，與本等近闕差遣，或係吏部差注，與先次注授差遣。庶幾枉被按發者不至失所。從之。**【略】**

七年二月八日，詔：方今州縣積弊，百姓疾苦，朝廷無由盡知。令諸路監司、帥守限一月各行講究，條具一路、一州、一縣便國利民事件以聞。**【略】**

九年六月八日，詔：令諸路監司、郡守不得非法聚斂，並緣申請，妄進羨餘。違者重寘典憲，令御史臺覺察彈奏。

（清）徐松《宋會要輯稿·職官四五·監司》〔慶元三年〕十二月十一日，殿中侍御史張釜言：乞四川諸路帥臣、監司，今後不許令隨侍子弟互注沿邊有賞去處窠闕。應廣西州縣見任官，諸司不得存留在置司權攝，有（坊）〔妨〕本任職事。如有違戾，在外許諸司互劾，在內委御史臺覺察彈奏，重寘典憲。從之。

（清）徐松《宋會要輯稿·職官五五·御史臺》紹興元年五月二十

五日，詔：應選人投下磨勘官文字，以姓名及到部月日關報御史臺，置簿籍定。如人吏受賂及故違條限，仍許御史臺檢舉，送大理寺依法斷遣。所有京朝官大使臣亦依此。

〔紹興四年〕五月二十三日，詔今後吏部奏鈔、刑部斷案，每鈔、案上省，限次日報御史臺。其間經涉日久，無故留滯，許本臺彈劾。【略】

〔五年〕九月十七日，詔：大理寺、臨安府等處杖以下罪，並令一面斷遣，具名申臺，從本臺檢察，有挾情曲法鬻獄等，彈劾施行。【略】

六年三月二十四日，右諫議大夫趙霈言：竊見御史臺察案近有察吏部書令史隱匿過名遷補事，史：原作吏，據《永樂大典》卷二六〇七改。既已申之朝廷，付之有司，乃私呼棘寺人吏，事涉容情，致被罪者不伏，以爲棘寺有所觀望。朝廷移赴臨安府再勘，而臺吏二人悉坐特旨編管，臺吏緣此遂有糾察之嫌，司局緣此遂有慢易之弊，寖以成風，漸不可長。詔劄與御史臺。

十月八日，詔：御史臺所受諸路詞訟，如有事理重害、日久不決者，具申尚書省取索看詳。其監司、州縣留滯經時、裁處失當，亦許依法彈奏。從監察御史趙渙之請也。十年閏六月二十日，詔應有刑獄去處，獄具違戾，令御史臺彈劾以聞。

十一年四月十七日，詔訊囚非法之具並行毀棄，尚或違戾，委御史臺彈劾以聞。

十二年四月二十一日，詔鞫獄干證等人，行在委御史臺常切檢察，月具有無違戾聞奏。【略】

十三年四月二十九日，詔今後筵宴等臣僚戴花過數，令御史臺、閤門彈奏。【略】十月十五日，詔：將來郊祀大禮，應行事官等務在嚴肅。如有懈怠不恭，令閤門取旨，送御史臺施行。

（清）徐松《宋會要輯稿·職官五五·御史臺》〔乾道〕九年五月十六日，詔：在外臣僚召赴行在或令赴行在奏事，被旨日久，往往遷延，間有托故稽留起發，令御史臺覺察以聞。

（清）徐松《宋會要輯稿·職官五五·御史臺》〔淳熙〕五年正月二十一日，詔：御史臺六察，自今如有違戾去處，許隨事具實狀彈劾，仍許令訪聞覺察聞奏。

（清）徐松《宋會要輯稿·職官六五·黜降官二》〔嘉祐三年三月〕十五日，新提點江南東路公事沈康降知常州，以知諫院陳升之言康才品下人而素無廉白之譽故也。

（清）徐松《宋會要輯稿·職官六五·黜降官二》〔英宗治平二年〕二月十六日，陝西路都轉運使、光禄卿陳述古降少府監、知忻州。初，述古權渭州，夏人圍同家堡，副總管劉凡請出兩將援之，述古不肯。凡與諸將連狀請，又不肯。凡以手詔趣，述古怒，移凡權知鳳翔，而奏凡生事，稍爲軍人所怨怒。又嘗無名出兵致寇。朝廷以總管非轉運司所得擅移，方劾而劉凡又自言爲述古所誣，於是遣御史林大年劾，述古所言皆無實狀，故貶之。【略】

〔神宗熙寧四年〕八月二十六日，司封員外郎晏成裕特勒停，經恩未得叙用，坐行檢不飾，嘗褻服狎遊里巷，爲御史言而絀之。【略】

〔九年十月〕二十六日，試秘書省校書郎馮正符追奪出身已來文字，遞歸本貫。先是，御史中丞鄧潤甫言：潤：原作閏，據《長編》卷二七八改。伏見陛下近日用大臣所言，罷出御史中丞鄧綰，既又斥逐中書習學公事練亨甫，以身備宰屬而與綰交通。然臣聞二人所以能關通者，有蜀人馮正符爲之往來傳道語言，綰信其説而幸其利，故正符以布衣直入臺謁。綰之所以懷挾回邪，回：原作固，據《長編》卷二七八改。傷辱國體者，正符者有力焉。此姦人之尤，不可不治。故有是命。

（清）徐松《宋會要輯稿·職官六六·黜降官三》〔神宗元豐二年八月〕十三日，右諫議大夫、直學士院安燾，入内都知張茂則，各罰銅二十斤。以御史何正臣彈奏，燾、茂則驗覆導洛通汴利害不當故也。【略】

〔三年正月〕二十六日，都官員外郎、大理寺丞葉武送審官東院，以御史中丞李定劾奏武同賈種民劾蘇頌，種民增移事節而武不能察，故罷之。【略】

〔九月〕十一日，中書檢正官張商英落館閣校勘，監江陵府江陵酒税。坐知諫院舒亶言商英與臣手簡，並以其婿王溈之所業示臣，事涉干請故也。【略】

四年正月二十六日，許將追龍圖閣待制、知秦州敕告，依舊蘄州。時知諫院舒亶言：將職在論思，而潛行請寄，爲亂法首，聖恩寬大，止從

薄責，未幾有此除授，伏望追寢。故有是命。【略】

〔六月〕九日，朝散大夫、判登聞檢院王琉衝替。以御史朱服言，琉父子惡行如禽獸，雖會赦降，而朝廷原情揆法，固將投棄荒裔，終身不齒。今有司雖令釐務，而琉略無愧恥，遽請朝見故也。【略】

〔六年二月〕十五日，崔台符罰銅十斤，韓晉卿、莫君陳各八斤。以御史楊畏言：大理寺近斷邵武軍婦人阿陳等案上，刑部郎中杜紘獨讞議，而侍郎崔台符等無所可否，循默苟簡，無任責之心。故有是命。

（清）徐松《宋會要輯稿·職官六七·黜降官四》〔哲宗元祐四年〕十二月二日，正議大夫章惇降授通議大夫，提舉杭州洞霄宮。先是，以左諫議大夫梁燾、左司諫劉安世、右司諫吳安詩言：章惇違法買田，罰銅十斤，所責大輕，未厭公議。況惇與蔡確、黃履、邢恕素相交結，自謂社稷之臣，天下之人指爲四凶。陛下無恤反汗之嫌，自遺養虎之患，宜候惇服闋特行廢置。八月十九日，詔章惇候服闋與宮觀差遣。故有是命。

（清）徐松《宋會要輯稿·職官六七·黜降官四》〔哲宗紹聖元年七月十八日〕同日，詔：陳衍傲狠不恭，威行宮省，遇事專肆，多不奏聞，同類畏之，莫敢指目。據其罪惡，當伏重誅，姑示寬仁，未欲置之極典。可追毀出身已來文字，除名勒停，送白州編管。以右正言張商英言：按衍與宰臣呂大防交通，干預大政。劉摯未除相前十日，人已知之；蘇頌未罷相前十日，人已知之。其姦狀明白，中外共知，欲乞削奪衍官，配流海島。故有是詔。【略】

〔二年十月〕二十五日，知開封府王震落龍圖閣直學士，降授朝散郎，知嶽州。司録參軍陳厚降爲通直郎，監浙州茶鹽酒税。時大理卿路昌衡、左正言孫諤言：震爲知章惇主張蓋漸家財，震與惇不相得，令厚節外勘出許與良借（等錢）〔錢等〕數事進呈，欲證惇庇蓋漸，事皆挾情。上批王震等陰謀附會，賊害忠良，欺罔朝廷，侮玩獄事，宜加深責，以誡中外故也。

（清）徐松《宋會要輯稿·職官七〇·黜降官七》〔高宗紹興二十二年〕四月四日，信州上饒知縣吳芑放罷。先是，臣僚論芑不法，阿徇餘堯弼，強買人田事，上曰：聞其人見訴之臺部，可先次放罷，令本路監司根勘，司：原作勘，據《建炎要録》卷一六三改。具實聞奏。所在縣令有不法者，無由盡知，昨日亦諭言官，如有所聞，可上章彈劾。

（清）徐松《宋會要輯稿·職官七一·黜降官八》〔孝宗隆興元年〕五月十六日，詔新知潭州劉章、新知南雄州廖遲並放罷。皆以右諫議大夫王大寶論列故也。

二十七日，詔新江西轉運判官史正臣罷新任。以侍御史王十朋論其操心傾險，賦性姦邪，善觀時變，以求進用，故有是命。【略】

〔二年七月〕十九日，詔左中奉大夫、直敷文閣陳漢落職，罷宮觀，今後永不得與監司、郡守差遣。以左諫議大夫王之望論列故也。

（清）徐松《宋會要輯稿·職官七一·黜降官八》〔乾道元年〕六月一日，詔左承議郎、太府寺丞、兼權兵部郎官鄒鵬降兩官放罷，筠州居住。以言者論：鵬令人買物，多不償直，有親事官因貼陪太多，遂竊鵬俸米逸去。鵬追捕其妻黨，勒令代償。其人貧不能償，畏鵬兇暴，與其母對泣，相恃赴河而死。故有是命。十四日，左朝請大夫、淮南路轉運判官姚岳特降官放罷。以右正言程叔達論其妄申淮西蝗虫抱草木而死，欲以姦諛悦上意，故有是命。十五日，詔知撫州陳森放罷。坐用刑慘酷，爲言者論列故也。十六日，詔給事中王時（外）〔升〕放罷，以殿中侍御史章服論列故也。【略】

〔五年正月〕二十九日，詔提舉福建常平茶事李元老放罷。以侍御史單時論其貪汙不法故也。【略】

〔十一月十五日〕同日，詔資政殿大學士、左中大夫、知温州王之望放罷。以言者論：其專爲身謀，不恤百姓，坐視火災，如越人視秦人之肥瘠。治第台城，舍屋間架之類，一切取辦於温，巨艦相屬，浮海而歸。私心一縱，其欲無厭。甚至縱捕酒以殘善良之家，嚴緝税以奪商旅之貨，剝膚（推）〔錐〕體，酷虐日甚。永嘉之民無所措其手足，疾視之望，有如寇讎。故有是命。

（清）徐松《宋會要輯稿·職官七一·黜降官八》〔真宗天禧〕四年十月十三日，殿中侍御史王耿言：諸州軍負罪安置人雖遇量移，亦不離本處，蓋緣失官之後，恣營生計，不革貪心，侵擾貧民，規求貨利。或持州縣公事，持：原作恃，據《長編》卷九六改。長吏稍懦則不能制，深爲民患。請自今委本處常切覺察，如侵擾官事，欺抑民庶，即奏移他所，長吏非時不得接見。從之。

（清）徐松《宋會要輯稿·職官七一·黜降官八》　神宗元豐三年四月二十八日，御史何正臣言：諸監司、郡守體量官吏，不待考實，多先乞替罷。刺舉之際，豈能無失，其間好惡不公、喜怒以意者往往而有。乞自今體量官吏，有贓狀已明、不可留本任者，取旨先替罷，餘委別司考察，或俟結正施行。詔送詳定重修編勑所。

（清）徐松《宋會要輯稿·職官七一·黜降官八》　〔高宗紹興〕二十六年六月四日，御史臺言：勘會刑部供到紹興二十五年十月以後，因言章及刑部檢舉告訐編管、安置、居住人：曹泳移吉陽軍編管；丁仲成南雄州編管；王曮建昌軍，曹雲郴州，並居住；呂愿忠封州安置；莫汲化州，王宥南恩州，王肇高州，汪召錫容州，陸升之雷州，張常先循州，康與之欽州，徐樗高州，王會循州，雍端行賓州，林東英州，鄭煒雷州，並編管。至今經涉年月，未見逐處申到收管文狀。望降指揮，下刑部並所屬監司嚴緊催督。如所在州軍故作緣故寄留人，不即押發，其當職官吏並乞令監司按劾，重作施行。從之。

（清）徐松《宋會要輯稿·職官七二·黜降官九》　〔孝宗〕淳熙九年七月十七日，四川制置使、兼知成都府陳峴放罷。以侍御史張大經論其結納趨附，貪墨無厭。使二子爲遂寧、潼川酒官，初未嘗往涖職，虛破請給，及以宗人作諸郡説書名目，妄支月廩。壻趙汝應見爲茶馬幕屬，憑恃横恣。所辟幹官吳禮乃嘗以贓敗，峴倚爲腹心，表裏交通，爲蠹滋劇。故有是命。【略】

十年正月十九日，福建運判趙師垂罷新任。以御史中丞黄洽言：師垂鄉者曾有此除，已爲言者駁奏，乞止與郡。故有是命。

（清）徐松《宋會要輯稿·職官七三·黜降官一〇》　〔紹熙元年六月二十二日〕同日，詔大理少卿張縯差主管建寧府武夷山沖佑觀。以御史中丞何澹言：縯天資傾險，貪得好進，遽爲棘卿，舉動輕肆。年來寺獄屢空，聖朝不欲崇尚虛文，不許拜表稱賀，而縯輒易其名，爲《獄空頌》以獻諛佞。故有是命。二十四日，詔前池州駐劄御前諸軍都統制李思孝特降一官。以殿中侍御史林大中言：思孝軍中兵卒行劫殺人，事發，思孝隱庇，反誣縣尉石應孫鑿空撰造，軍情不安，致其對換閑慢差遣。近池州捕到賊雷二所供，乃知作過者皆軍中所管，其誣罔可見。故有是命。同日，詔新知興國軍胡介、新通判紹興府韓杖、新知臨安府富陽縣張傑並罷新任。以殿中侍御史林大中論介嗜利無恥，杖貪殘害物，傑劫持濟私故也。二十八日，詔知徽州趙彦恂降兩官，通判李法言、盧瑢各降一官，並放罷。以本路提刑傅伯壽言新安火災，彦恂夜飲於法言之居，守倅皆醉，救撲甚緩，而又役使兵卒般挈家屬行李，人力不給，致其蔓延故也。【略】

〔七月〕二十一日，詔新知舒州李大卞罷新任。以御史中丞何澹言其累政不以百姓爲念，一意掊斂，以歸私帑故也。二十五日，詔新湖北提刑張玠罷新任。以殿中侍御史林大中言其驕横陰險，誕謾私任，不顧是否故也。【略】九月十六日，詔知南平軍任庭實別與宫觀一次，理作自陳。以本路提刑毋丘恪言其昏耄無政，聽從吏胥，招致夷人本軍界玩侮作過故也。十八日，詔肇慶府通判劉涣放罷。以本路提刑方崧卿言，涣權府日斷李次易等罪，不遵三尺，恣情輕重，故有是命。十九日，詔邕州駐劄東南第十三正將蕭世弼放罷。以本路運判朱晞顔言其不法三十餘事，及詐作小書自批印紙，又凌轢總管沙世堅，動多悖戾，乞賜罷黜故也。

（清）徐松《宋會要輯稿·職官七三·黜降官一〇》　嘉泰元年二月八日，軍器監王炎放罷。以侍御史陳讜言：炎心術詭譎，趣向貪鄙，交締僞徒，賡酬詩句。考試上庠，不獨私取知舊，其子亦在選中。十二日，少傅、觀文殿大學士周必大特降一官。以監察御史施康年言：比年以來，僞學之徒無所忌憚，深根固蔕，皆緣必大尚享亞傅之崇爵、祕殿之隆名，望賜鐫褫，俾中外皆知其倡僞植黨、欺世盜名。【略】

〔五月二十七〕同日，太常寺主簿王柵、國子録王保大並放罷。以侍御史陳讜言：柵公試偶預考官，輒用私意取鄉人爲内舍，文理紕繆；保大每遇私試，全不用心考校試卷，恣情改抹。二人皆非吉士，不宜使玷朝列。二十八日，持服保大軍節度使李孝純、持服奉寧軍節度使李孝友各特降一官，其帶恩數依承宣使體例。善輶、善濱並罷率府職。以監察御史施康年言：孝純淳熙間因作東宫僞印文帖補官吏，孝宗大怒，編置寧國。繼毆人死，鐫秩勒停。光宗登極改正，既登上閤，前愆弗改。孝友者，悖理違禁，兜攬山地爲墳，彊取民山竹木，武康之民銜冤不已。善輶、善濱，寓居括蒼僧舍，寺之田産占爲己有。今冒宗班，尤爲貪酷。乞將四人

重鐫，庶俾改過自新。故有是命。【略】

十月十二日，入内内侍省睿思殿祗候鄺安仁與轉行遥刺指揮寢罷。以給事中張巖言：安仁以年勞乞轉遥刺，勘會所理年勞，即不係授武功大夫之後歷過月日，資歷未久，況職事弛慢，兩（增）〔曾〕鐫降。【略】

〔二年〕十月十二日，吏部郎中彭演放罷。以右正言鄧友龍言其自贛守移帥五羊，支破萬緡，掩爲己有；及帥廣東，所獲以數萬計。同日，刑部郎官宋思遠放罷。以監察御史朱欽則言其擁麾臨汀，略無善狀；備員外郎，假公行私。【略】

〔三年八月〕十六日，太常丞趙師淵、諸軍糧料院趙贊夫並放罷。以殿中侍御史葉時言：師淵外示簡默，中懷險巇，本無技能，妄自摽致；贊夫資稟輕浮，操行駔儈，職業不修，趨競無恥。九日，祕書省正字趙汝談放罷。以監察御史王益祥言其妄自標牓，因是濡滯，密圖巧取，志於超躐。

（清）徐松《宋會要輯稿・職官七三・黜降官一〇》〔嘉定六年〕六月二十八日，太府寺丞張鎬放罷。以右諫議大夫鄭昭先言其試郡潮陽，專事苛斂，運銅下海，爲人所持。七月一日，大理評事王洪之放罷。以監察御史黄序言其宰長沙日用刑慘酷，科産户買鹽，委用館客，賄賂公行。

監察官員選任分部

論說

（宋）包拯《孝肅包公奏議》卷三《擇官·請選諫議大夫》　臣謹案《唐六典》隋氏門下省置諫議大夫，從四品下。龍朔中，改爲正諫大夫。開元初，復舊，凡置四人，掌侍從規諫，仗下後言朝政得失，故其秩峻、其任重，歷代以至祖宗朝未嘗輕授。近歲殊不選擇，但以年叙遷。如慎鏞等輩，昏聵不才，皆踐此職，是以朝廷名器容易假人，紊黷典常，莫斯之甚。臣欲乞今後應少卿少監等該磨勘改官，如曾經職司委是素有才望，爲衆所推者，方得轉諫議大夫。其餘不得徇入，止授以大卿監，所貴官無濫進，流品益清。

（宋）包拯《孝肅包公奏議》卷三《擇官·請復御史裏行》　臣謹案唐制，御史府其屬三十人，所以重風憲之職。國朝以來，選任尤劇。天禧中，御史六員。蓋朝廷紀綱之地，爲帝王耳目之司，必在得人，方爲稱職，自非端勁特立之士不當輕授。近歲知雜中丞不專奏辟，或命兩省臣僚參舉，而條制約束罕得應詔。雖素有才望，又限以資考，推擇之際頗慎其選。臣竊見頃年添置御史裏行二員，緣所舉之人秩序差淺，用之不次，必無畏避。自後因循而罷，物議惜之。方今臺官員數最少，抨彈之任所繫尤重，欲乞令中丞知雜依舊例於升朝親民官內，保奏堪充御史裏行二員。如稍不稱職，並嚴坐所知。

（宋）司馬光《司馬光奏議》卷二一《乞簡省舉御史條約札子治平四年五月二十二日上》　臣聞法制之設，貴於簡要，而失在煩苛。官人之道，以得賢爲本，而資序爲末。昔東漢之衰，立三互之法，婚姻之家及兩州人士，不得對相監臨，以是幽、冀二州久缺不補。蔡邕嘗上疏極陳其弊，然則詳其末而遺其本，非治世之政也。伏見國家每選御史官，須中行員外郎以下，太常博士以上，差遣須通判資序，其餘條約甚多。是以百僚之中可舉者至少，舉而得中者尤稀。近日以來，爲弊益甚。蓋以屢有覃恩，官品多高，而差遣未至。幸而有資序相值者，則又未必賢矣。夫御史之職，但當求忠亮方正之人，區區資序，何足比較？臣愚欲望朝廷自今每舉御史，其前行員外郎以上，即以本官兼侍御史。三丞以下及知縣資序，即具充裏行。不復更須逐次陳請，庶幾取人路廣，有可選擇。取進止。

（宋）司馬光《司馬光奏議》卷四〇《論監司守資格任舉主札子元祐元年上》　臣竊見御史韓川上言，諸路監司不當拘限資格，專任舉主，當令宰相自加選擇。竊緣常調之人，不可不爲之立資格，以抑躁進、塞倖門。若果有賢材，朝廷自當不次遷擢，豈拘此制？凡年高資深之人，雖未必盡賢，然累任親民，歷事頗多，知在下艱難，比於元不親民便任監司者，必小勝矣。朝廷執政止八九人，若非交舊，無以知其行能。不惟涉徇私之嫌，兼所取至狹，豈足以盡天下之賢才？若采訪聲譽，則愛憎毁譽，情僞萬端，與其聽遊談之言，曷若使之結罪保舉？故臣奏設十科以舉士，其中一科公正聰明，可備監司。誠知請屬挾私所不能無，但有不如所舉者，其舉主嚴加譴責，無所寬宥，則今後自然慎擇，不敢妄舉矣。至如楚潛等雖無聲名，安知其無實用？俟其到官無狀廢職，並舉主坐之，亦未爲晚。取進止。

（宋）呂陶《净德集》卷八《内外制·監察御史來之邵可殿中侍御史制》　敕具官某，御史以辨邪正維持法度爲稱職，朝廷以别能否進退羣吏爲至公，二者相濟，而上下兩得，則天下之事，何患不治。以爾端良之資，無所避就，言而可行，有補于政，稍遷以位，示旌勸也。古之人有歷五院者，前史載以爲美，而後世推以爲賢，汝惟勉哉，以期終譽。

（宋）蘇轍《欒城集》卷三九《右司諫論時事十五首·論差除監司不當狀》　右臣伏以天下之治，寄於守令。守令之衆，朝廷不能盡知，其要寄於監司。方今民力凋殘，疲瘵未復；見議差役，措置未定。正宜使監司得人，以督察州縣。朝廷近日沙汰殘刻之吏，多係提轉等官。民間承望此風，思見循吏。

（宋）蘇轍《欒城集》卷四三《御史中丞論時事劄子十二首·乞舉御史劄子》　臣以空疎，備位執法，當得僚佐，以助不逮。竊見兩院御史見止三人，而兩人辭免未入。不獨言者寡少，於朝廷得失有所不盡；而六察所治，事務至煩；力有不及，則百司怠廢。頃者員缺不補，動經歲月，衆論莫不疑怪。臣竊見唐制：臺官皆大夫中丞自辟，有不由此除授，敕命雖行，皆拒而不納。至本朝雖稱損其舊，然亦必令本臺與兩制分舉，而人主自擇其可者用之，初無執政用人之法也。然人才之難非獨今日，故自唐太宗以來，兼設監察裏行以待資淺之士，而祖宗舊制，亦許用京朝官知縣以上。立法稍寬，易於應格。近日舉法，須得實歷通判一考。人物衰少，莫甚於今，而獨於言事官重爲艱阻，實未允當。臣頃在內外制，見每有詔下，同列相視，患無合格可舉之人。所舉既上，又多不用，却於前任臺官中推擇任使。雖云舊人，不免出自執政所可，殊失祖宗博舉之意。臣今欲乞並詔本臺及兩制依放舊制，舉升朝官初任通判以上或第二任知縣，通判以上及知縣人所舉各半。從聖意選擇補足見闕，仍依舊置監察裏行。所貴祖宗選任臺官舊法不至隳壞，而綱紀之地易於得人，亦免遺曠。取進止。

（宋）蘇轍《欒城集》卷四三《御史中丞論時事劄子十二首·再論舉臺官劄子》 右臣等近准街書省劄子：勘會御史中丞蘇轍、侍御史孫升同舉到監察御史貳員，內壹員不曾實歷通判，不應條；壹員與執政官礙親。七月八日三省同奉聖旨，令蘇轍、孫升同別舉官二員聞奏者。檢會元祐三年六月九日尚書省劄子：三省同奉聖旨，左右司諫、左右正言、殿中侍御史、監察御史並用升朝官通判資序實歷一年以上人，舉官准此。臣等竊見後來所用諫官如吳安詩、劉唐老、司馬康三人並非實歷通判之人。緣上件所降朝旨，係諫官御史並用實歷通判一年即無分別。今來人才難得之際，若臺官獨拘苛法必至闕官。況自立法以來，前後本臺及兩制官並不曾舉到實歷通判可用一人以塞明詔，足見此法難以久行。伏乞特依近用諫官體例，於臣等前來所舉人中選擇除用，免致言事之官久闕不補，於體不便。謹録奏聞，伏候敕旨。

（宋）蘇轍《欒城集》卷四五《御史中丞論時事劄子八首·乞再舉臺官狀》 伏乞特出聖旨，下本臺及兩制分舉八員，陛下擇取四人用之，使天下曉然知朝廷招求忠言與昔無異。

（宋）袁説友《東塘集》卷三《歷郡守者始除監司狀》 臣嘗觀漢制，凡遣丞相史，必分刺諸州，未聞遽以部刺史任也。夫親民之官莫先郡守，其視部刺史之職於民事爲尤詳，蓋吏治民以考功當自二千石始。臣竊見近歲卿監郎曹，凡未典郡而補外者，往往以監司之職權重而事簡，郡守之任責重而事繁，人之情莫不遠責而就權畏繁而嗜簡，故以內而乞外者，必以監司爲首，臣竊以爲不然。監司察人者也，郡守受察者也，夫受察者然後可以察人。今使之一日得外未歷郡守即居澄察之職，所察郡縣略無能以制其心志佚氣驕未有不流於苛薄者。臣愚欲望睿旨明詔大臣應在內職事官未曾典郡而乞外者未得遽除監司，且只與除郡守豈特更歷於職任爲不輕，亦使在外之職當以次第而進，其於成就人材似非小補。

綜述

（宋）蘇轍《欒城集》卷二七《西掖告詞六十一首·傅堯俞御史中丞》 敕：枉直未定，決於繩墨之平；是非相乘，臨以法度之士。比朕纘服之始，羣議紛然。實賴耳目之司，力陳骨鯁之論。逮茲閱歲，浸以成風。然而神明存乎其人，衆正可以無咎。余欲一變至道，固須多士以寧。具官某，凜然直諒之風，出於愷悌之性。早爲御史，議禮不阿。中列諫垣，言政多悟。流落雖久，志氣益堅。俾還侍於燕閒，日有聞於禮義。執法之任，非爾而誰？蓋政無舊新，以便民爲本；人無彼此，以得賢爲先。朕將允執厥中，爾尚不牽于俗。可。

（宋）蘇轍《欒城集》卷二八《西掖告詞六十一首·韓玠通判河南》 敕：具官某，爾家世公卿，當識治體。而西南之政，俾民驚擾，達於朕聽。往貳西都，服我恩命，無怠循省。可。

（宋）蘇轍《欒城集》卷二八《西掖告詞六十一首·王佺通判荊南》 敕：具官某。南郡控引江湖，商賈之淵，而盜賊之會也，守貳之事於南方爲劇。爾游宦之久，才力有聞，往贊其治，益勉毋怠。可。

（宋）蘇轍《欒城集》卷二八《西掖告詞六十一首·張舜民監察御史》 敕：具官某。御史之官，知無不言，則朝廷肅；時然後言，則天下信。嘉謨嘉猷，朕之所急也。用人之慎，孰先於此？爾以文行風節，見紀於時。方召寘石渠，而臺以名聞。往祗厥服，使言必有物，行必有常，以稱朕命。可。

（宋）蘇轍《欒城集》卷二八《西掖告詞六十一首·顧臨給事中》

敕：朕欲網羅天下之士，而患知人之難。唯有歷試之詳，重以旋觀之久，雖復堯舜，何以尚之？具官某，樸厚之性，出於自然。直諒之才，可備三益。守道安命，端靖不回。二十餘年，晏然一節。外督漕事，公議惜之。維是東臺封駁之司，實予萬幾出納之地。宜得守法之士，以爲過舉之虞。爾其稽考典常，附以經術。令有不便，知無不言。使天下之人，不能指摘而議，則爾職舉矣。可。

（宋）佚名《宋大詔令集》卷一六〇《政事·官制·御史臺流内銓南曹刑部大理寺並三周年爲滿詔乾德四年八月壬寅》 憲府繩姦，天官選吏，秋曹讞獄，俱謂難才。循名既責於勤勞，滿歲宜行於旌賞。其間刑法之寺，斷覆之司，雖已降勑文，未明立月限，宜特頒於定制，庶各勵於當官。應御史臺、吏部流内銓南曹、刑部大理寺，自少卿郎中員外郎知雜侍御史以下及丞簿司直評事等，並以三周年滿，須常在本司涖事者，至月限滿日，便與轉官。尚書、侍郎、御史中丞、大理卿别議加恩，其奏補歸司勒留官並令史等各與減一選。

（宋）佚名《宋大詔令集》卷一六〇《政事·官制·令銓司移注嶺官詔》 朝廷初平嶺表，方布皇風，念彼黎民，久經苛政，實藉循良之吏，往施惠養之恩。宜令銓司，於鄧唐隨郢襄均房復安申等州已南，并荊湖管内見任令兩考以上，及判司簿尉兩任五考、合入令録年五十五以下者，移注嶺南管内諸州通判，兼令取便般家，仍以三考爲限，候秩滿不令守選，並據資叙與注内地幕職。

（宋）佚名《宋大詔令集》卷一六一《政事·官制·令兩省御史臺官不得以它官轉入詔大中祥符四年八月丙辰》 諫垣近臣，憲府清塗，職在弼違，任當執法。先帝勗其獻納，特改於名稱，歷代委以糾繩，必資於端直。苟非選用，曷公當官。至如軒陛承恩，榮列殊等，靡緣叙進，蓋在才難，矧復就列中宸，策名内省，宣達命令，出入禁闈。祖宗以來，邦國舊制，必由特奬，以示勗勤。昨者報本勒封，禮成慶浹，曠世所遇，固優洽以爲宜，有位例遷，非悠長之垂法，必從區别，以勵忠勤。自今兩省御史臺官，須文學優長，政治尤異者，特加擢拜，遇慶恩不得以它官轉入。其東頭供奉官至閤門祗候高品至殿頭内供奉官至崇班，並不得一例遷授，其不預改轉者，當議優與差遣，增其俸給。

（宋）佚名《宋大詔令集》卷一六二《政事·官制·省臺寺監牧守監司以三年爲任詔崇寧元年七月三日》 内外官並以三年爲任，乃元豐舊制，比歲以來，官守屢易，至有歲内再三改移，暫居官次，突不及黔，時序未更，已聞移去，惟是覬望進擢，日俟遷陞，決辭訟則鮮肯究心，視公局則猶同傳舍，簿書案牘，首尾罕詳，吏緣爲姦，民受其弊。蓋是除擬之際，愛惡未同，順親愛者，務令資任暗陞，因憎惡者欲令遷徙不定，遂致老幼懷道途之畏，吏卒疲將迎之勞，送往迎來，煩擾百出，唐虞考績，幾成虚文。自今後，内自臺省寺監，外及牧守監司，宜一切依元豐舊詔，並以三年爲任，如未及成資以上，不得輒有替移。其在衹率先猷，無或遺戾，惟吏安厥職，民懷其惠，乃稱朕紹休聖緒之志。

（宋）佚名《宋大詔令集》卷一六四《政事·官制·監司郡守自今三載成任不許替成資闕詔政和八年三月五日》 朕嘉唐虞三載考績，成周之盛，亦惟三歲大計吏治。夫監司按察一路，郡守師帥千里，數變易則下不安，民知其將久，乃服從其教化。矧簿書有緣紀之弊，部曲有迎送之勞，官司有饋送之費，賢與能者，功未及與成，姦與惰者，罪未至於著，賞以苟得，刑以幸免，殆未足以法上古黜陟誅賞之政。自今監司郡守，可依累降指揮，三載成任方替，更不許替成資闕，違者以違御筆論。二省常切遵守，御史臺覺察彈奏。

（宋）佚名《宋大詔令集》卷一六四《政事·官制·監司郡守不得申陳通理詔政和八年二月二十三日》 監司郡守，必三載而後代，然後功罪可考，而賞罰可行，先王之政也。比降手詔，勿替成資，而通理滿闕，尚未該載，附會營私，出於爲利，則數易之患，猶未盡去。今後並須實滿三歲，不得申陳通理，違者以違御筆論。

（宋）佚名《宋大詔令集》卷一六六《政事·舉薦·令待制太中大夫以上舉堪監司二人詔元祐元年二月丁卯》 朕紹承聖緒，總覽庶政，永惟四方萬里之遠，其能使吏稱其職而民蒙其澤者，以監司得其人故也。然非左右侍從之臣各舉所知，則安能盡得天下之英才而用之哉。孔子曰：如有所譽者，其有所試矣。朕將考核能否而進退誅賞焉，應内外待制太中大夫以上，限詔到一月，各舉曾歷一任知州已上、聰明公正、所至有名、堪充監司者二人，委中書籍記，遇轉運使副、提點刑獄有闕選差。若到官之後，才識昏愚，職業墮廢，薦才按罪，喜怒任情，即各依本罪大小，并舉者加懲責。

（宋）洪适《盤洲文集》卷二五《令監司舉廉吏詔》　朕聞上古之治，百僚師師，盡瘁竭節，罔不清修，淳白以振乃職，勵乃事，是以教化興行，衆庶樂業，咸以康寧。朕承洪業託士民之上，于今十有六年，數詔有司，務行廉白，撫綏吾民，將以配三王之隆，明先帝之德也。今吏率以貪漁爲常，牟賊其民，慢視厥職，弗以經意。而方絜之士，飭躬自將挺然，不徇流俗者又沉滯下僚壅於聞達，薰蕕不同，反罹詆毀。部使者罔克聞知，奉詔宣化，如此豈不謬哉。方今國家少事，繇役不興，兵革不作，而民多貧困，失職厥咎，安在是廉吏不興而貪吏未去也。部使者不以爲意，朕將何任哉。夫部使者位尊責重，所使爲朕外臺之耳目也。其各公乃心，廣及視聽，歲舉所部廉吏一人，上其功狀，朕將識擢以風在位，而律貪夫焉。

（宋）謝深甫等《慶元條法事類》卷五《職制門·考任》　考課令

諸監司、郡守在任不得陳乞通理。滿罷，若不因罪犯罷者，許通計前任考任。

（宋）謝深甫等《慶元條法事類》卷九《職制門·迎送宴會》　職制勅

諸發運、監司預妓樂宴會，自用或作名目邀迓使令及過茶湯之類同。或受迎送般擔人船，及帶公人兵級過數，若爲係公之人差借人馬者，各徒二年。即赴所部及寄居官用家妓宴會者，加二等。知州、縣令准此。以上不以失及去官原減。不應赴酒食而輒赴，及受所至在任官諸色人早晚衙並出城迎送，若迎送之者，以職事爲名而往亦是。各杖一百。近城安泊，因公事往彼會議者非。其轄下官司各減犯人罪三等。

（宋）李心傳《建炎以來朝野雜記甲集》卷九《故事·近臣舉御史》　祖宗故事，御史有闕，例命兩制、學士、舍人爲兩制。給舍、中丞、知雜、侍御史知雜事。同舉一、二人。自官制行，朝廷直除而已。淳熙初，孝宗始復故事，命近官參舉，然從官皆畏避，鮮敢以聞，故此制又廢。至紹熙末，纔一舉行耳。

（宋）李心傳《建炎以來朝野雜記甲集》卷一一《故事·近臣舉察官事始》　紹興癸丑，右相朱藏一以內艱去位，高宗手札賜學士沈必先、綦處厚，以三院御史阿附時宰，令二人共舉察官。於是以李元叔長民應詔。元叔嘗爲校書郎，奉祠去，久之通判漳州，遂召還爲監察御史。而曾、任、鄭三御史皆罷。此中興後近臣舉察官之始也。

紀事

（宋）葉夢得《石林燕語》卷一　故事，臺官皆御史中丞知雜與翰林學士互舉，其資任須中行員外郎以下，太常博士以上，曾任通判。人未歷通判，非特旨不薦，仍爲裏行，此唐馬周故事也。議者頗病太拘，難於應格。熙甯初，司馬君實爲中司，已請稍變舊制；及吕晦叔繼爲中司，遂薦張戩、王子韶，二人皆京官也。既而王荊公驟用李資深，以秀州軍事判官特除太子中允，權監察御史裏行。命下，宋次道當制，封還詞頭；已而次命李才元、蘇子容，皆不奉詔，蓋謂旋除中允而命，猶自選人而除也。三人皆謫，卒用資深。近歲有差遣，合用京官，特改官而除者，自資深始也。

（宋）李燾《續資治通鑑長編》卷四四五《哲宗元祐五年》　御史中丞蘇轍言：臣頃權吏部尚書，竊見京朝官以上皆使一年以上闕，大小使臣及選人皆使二年以上闕，雖闕少員多，事不得已，而待闕之人，已不免咨怨。近者復見堂除人亦有待闕及一年以上者，人情驚駭，昔所未見。蓋祖宗朝堂除舊例，皆見闕然後差除，因事然後超擢，所除既有限量，故用闕不至久遠。近歲監司以上員數至多，而猥更擢人，以至衍溢，所擢未必勝舊，徒使監司闕額不足以應副來者而已。至於知州以下，舊人未減，新人日增。蓋由干謁成風，除授無法，雖稱以才擢用，其實未免緣故。至於待闕久近、所任閑劇，衆口譏評，皆爲之說。只如開封司録，舊用歷知州人，頃自郭晙之後，未及三年，而迭用陳該、張淳、陳元直三人，率皆資望輕淺，政績未聞，已見新故相代，輕用堂除，於此可見。及諸寺丞，例亦如此。臣欲乞今後謹守祖宗故事，凡堂除皆俟有闕方差，且將見今堂除人輪環充補；其新擢用者，皆須功譽顯著，然後得差。蓋用人之法，要須員闕相當，不聞無闕添人，謂之擢才濟用者也。如此數歲，若見闕稍多，然後量闕選才，理無不可。庶使堂除官吏不復待闕，與四選稍異，亦旌勸之義也。

（宋）留正《皇宋中興兩朝聖政》卷一四《高宗皇帝·不許具闕乞差》〔紹興三年十二月〕壬辰，詔諸路監司令三省選擇差除自今臣僚差遣並不得自具闕乞差。時御史建言祖宗朝除用監司，必擇累任知州通曉政事實有政績或久任省府推判練達老成之人，故使按察吏治，發摘姦伏，薦舉人材，撫存百姓，無有不宜。若有本路利害，就委措置，無有不當。近年任用太易，以一路耳目之寄，付新進望輕之人，欲使政事修舉，姦宄消伏，難矣。望令中書慎簡聰明公正之人，參之衆論，書之於籍，以待有闕，按籍除授。疏入，上諭輔臣曰：今奔競之風未息，每有一闕，必致干乞，宜明戒諭，毋得具闕乞差，庶修士檢。然循習已久，終不能革也。

（宋）留正《皇宋中興兩朝聖政》卷五六《孝宗皇帝·詔舉臺官》

〔淳熙五年六月〕甲申，詔可令翰林學士諫議大夫給事中中書舍人各舉堪任監察御史二人以備擢用，遵用祖宗故事施行。壬辰，詔侍御史亦令薦舉。

（宋）李心傳《建炎以來朝野雜記甲集》卷五《朝事·籍記監司郡守》紹興初，樓仲輝資政爲左史，請命從官舉可爲監司者，令中書籍記姓名，遇闕除授。上從之。已而，謂輔臣曰：朕亦當書之屏風，以時揭貼，其不任職而無他過者，以自陳宫觀，與之。乾道初，孝宗新創選德殿，於御座後作金漆大屏，分畫諸道，各列監司、郡守爲兩行，以黄簽標識居官者職位、姓名。其背爲《華夷圖》云。

（宋）李心傳《建炎以來朝野雜記乙集》卷七《朝事·壽皇命從官議擇監司郡守》淳熙初，孝宗嘗賜侍從官手詔曰：凡監司郡守，欲盡加精選，但恐才能應選者少，而資格合入者多，如此則又有淹滯之歎。二者當如何？卿等可議定來上。趙温叔爲禮部尚書兼給事中，與同列上議，請擇第二任知縣以上有課績者，許其作郡。其初任通判以上，許其作監司。第二任通判以上，許其作職司。庶幾資格稍寬，人法並用。其或資任雖高、才能無取者，自依近制，或畀祿，或處以參議、通判，自無淹滯之歎。侍從、臺諫、兩省，皆天子之識擢以自助者。若令于知縣資序以上，歲薦堪充郡守者若干人；于通判資序以上，歲薦堪充監司者若干人，仍用漢朝雜舉之制，明言有何政績，有何才術，或共爲一奏，或各爲之，三省詳加察焉。有闕則以次除授，否則置之。縱未盡善，蓋亦十得六七矣。或有請託容私，仍望檢照前後薦舉條令，嚴爲之法。詔令侍從、臺諫、兩省官參照資序差格，不以内外雜舉監司、郡守各五人，保舉官及五員以上列銜共奏，明言所舉人有何政績、才術，堪任何等監司、帥府、大小州郡差遣，聽上下半年奏舉，中書省置籍，三省更加考察取旨。初進呈，上曰：薦舉本欲得人，又恐干求請託，即長奔競之風。龔實之等奏：天下事未有無弊，雖三代良法，久亦不免於弊。今陛下既欲精選監司、郡守，非薦舉何由知之。上曰：若令雜舉，則須衆論僉允，庶幾近公。況又經中書考察而後除授，亦足以見朕於人材博采遴選如此，非苟然也。遂降是命。三年四月戊寅降旨。然自温叔爲侍從以至秉政，前後六年，亦卒不能行其言云。

（宋）王栐《燕翼詒謀録》卷四《增置臺諫》仁宗重臺諫之選，景祐元年四月癸丑，詔御史臺置殿中侍御史，監察御史裏行。又詔舉三丞以上嘗歷知縣人除御史裏行，二年除御史，又二年除三司開封判官。自清要而歷繁劇，選任既重，一時號稱得人。明道元年七月辛卯，又以諫官無治所，乃以門下省充諫院，而別創門下省於右掖門之西。蓋朝臣皆有入局之所，獨諫院無之故也。

《宋史》卷二二《徽宗紀》〔宣和四年十二月〕乙未，詔監司未經陛對毋得之任。

《宋史》卷三一九《歐陽修傳》脩論事切直，人視之如仇，帝獨獎其敢言，面賜五品服。顧侍臣曰：如歐陽脩者，何處得來？同修起居注，遂知制誥。故事，必試而後命，帝知脩，詔特除之。

（清）徐松《宋會要輯稿·職官三·諫院》淳〔熙〕〔化〕五年三月，帝以三司判官多不守本職，拜疏言事悉非濟要，召總計使陳恕令曉諭，各揚其職。三司判官、左司諫張觀上章，云臣是諫官，兼述拾遺、補闕之官，是唐時武后所置，相循授任，二百餘年。方自聖朝，載新名目，言責之重，與古無殊。帝曰：朕苟拒諫，四海亦當共知，固不曾令兩省諫官不言時務。且（設）〔諫〕官之設，自古有之，仲尼所謂天子有爭臣七人是也。今張觀乃以武后妖亂之代比方朕躬，援引如此，迨無人臣之禮也。即出觀知道州。

（清）徐松《宋會要輯稿·職官三·諫院》 至道二年二月，宰臣因對言：臺省諫官不可令與他官循資選授，諸科舉人及無出身人亦不合在除授之限。唯登進士第及器業有文學者可膺是選。帝曰：朝廷清望名，亦當擇材而授，不可易也。真宗咸平四年二月二十一日，樞密直學士馮拯等言：看詳祕書丞陳彭年奏，乞依《六典》員數，（至）〔置〕諫議、司諫、正言爲便。真宗諭宰相曰：今後凡求諫官，並須精擇。

（清）徐松《宋會要輯稿·職官三·諫院》 〔天禧元年〕六月，上封者言：伏見召太常博士許式、武定基，欲擢升臺省。伏緣曲臺博士若踐諫垣，即拜司諫。唐之拾遺、補闕，非髦秀英偉之士，罕聞輕授。臣與式等既無素嫌，又非熟識，正爲朝廷重惜名器。式等雖無諫臣之體，必有幹事之能，方預嚴召。如臣言可采，望改一郎曹，優與〔外任〕，幸甚。帝曰：式等雖無詞藻，然皆勤幹，朝行中多所稱薦耳。既而止進秩，升其差使。

（清）徐松《宋會要輯稿·職官三·諫院》 仁宗天聖元年四月二十四日，臣僚言：自古以來置諫官、御史者，所以防臣僚不法、時政失宜，朝廷用之爲紀綱，人君視之如耳目。先帝憂勞庶政，思聞讜言，特下詔書，舉行舊典，置諫官、御史，更互言事，深有裨益。一二年間，執政之臣潛所畏忌，優加任使，因使罷之。累曾上言，復乞差除，中書終不復差。蓋臣寮不務公忠，懼其糾舉，是致頻年已來，貴近之臣多違憲法，比至彰敗，已損紀綱。伏望陛下常振朝綱，廣開言路，深防回邪，或生蒙茈，復置諫官、御史三五員，令其察臣下之非違，言時政之得失，防微杜漸，無出於茲。遂詔翰林學士已下同罪，各〔舉〕太常（太）博士已上官一員，須公正清直之人，具（各）〔名〕以聞。

（清）徐松《宋會要輯稿·職官三·諫院》 〔元豐八年〕十六日，詔：尚書、侍郎、給、舍、諫議、中丞、待制以上各舉堪充諫官二員。初，中旨除范純仁左諫議大夫，唐淑問左司諫，（先）〔朱〕光庭左正言，蘇轍右司諫，范祖禹右正言，令三省、樞密院同進呈。太皇太后問此五人何如，執政對協外望。章惇曰：故事，諫官皆令兩制以上奏舉，然後執政進擬。今除目從中出，臣不知陛下從何知之，得非左右所爲，此門不可浸啓。太皇太后曰：此皆大臣所爲，非左右也。惇曰：大臣當明揚，何以密薦？由是呂公著以范祖禹、韓（鎮）〔縝〕、司馬光以范純仁親嫌爲言。惇曰：臺諫所以糾繩執政之不法。故事，執政初除，親戚及所舉之人見爲臺諫官者皆徙它官。今皇帝幼沖，太皇太后同聽萬機，當動循故事，不可違祖宗法。光曰：純仁、祖禹作諫官，誠協衆望，不可以臣故妨賢者進，臣寧辭位。惇曰：縝、光、公著必不至有私，萬一他日有姦臣執政，援此爲例，引親戚及所舉者居臺諫，蔽塞聰明，非國之福。純仁、祖禹請除它官，仍令兩制之上各得奏舉。故有是詔。

（清）徐松《宋會要輯稿·職官三·諫院》 〔哲宗元祐〕二年八月二日，朝奉郎、右司諫賈易知懷（洲）〔州〕。以言事失當，故黜之。【略】六年三月四日，中書舍人鄭雍言：左司諫楊康國除吏部員外郎。按（政）〔故〕事，臺諫官言事稱職，甚者不次進擢，其次亦叙遷美職。或繆妄不職，則明示降黜。今康國除員外郎，謂以稱職而遷，則員外郎在司諫之下；謂以妄言而黜，則未見降黜之因。詔楊康國改爲郎中。

（清）徐松《宋會要輯稿·職官三·諫院》 〔哲宗元祐〕三年六月八日，詔左、右司諫、正言、殿中侍御史、監察御史以升朝官通判資序實歷一年以上人充。【略】八年，詔執政官親戚不除諫官。

（清）徐松《宋會要輯稿·職官三·諫院》 〔乾道三年〕十一月十九日，中書、門下後省、諫院狀：契勘兩後省、諫院人吏依條年十六聽係籍，二十以上許試。兩經試中，方補守闕守當官。遇有闕，依名次遞趲，直至令史。又實滿四年以上及五年，合行解發補官。即是七年十以上，疑誤。委是年限久遠，別無寸進。緣當時省記法內無許比換副尉之文，遂於紹興二十六年九月內申明畫降旨揮，依六曹、寺、監，許行比換。後來於紹興三十二年三月內，卻將兩後省、諫院與進奏院一例衮同，不許比換。伏覩御史臺察案後推書吏於隆興元年三月內申明許行比換了當，兩省、諫院近具申請，刑部勘當，依六曹、寺、監年限，用抵保比換，別無違礙。竊緣兩後省、諫院係與御史臺、六曹一體官司，獨無比換，委是不均。今來即無僥冒，蓋欲補圓條法。從之。

（清）徐松《宋會要輯稿·職官三·登聞院》 〔乾道七年〕七月二

十五日，宰執進呈韓玉伏闕所上書。上問：檢院收接文字皆先觀之乎？虞允文等奏曰：舊不如此，因今年三月内司馬伋申請指揮，令先審而後進。上曰：此指揮未盡善。且玉所訴刺字效用，非軍（欺）〔期〕乎？梁克家奏曰：如訴張權，亦是在京官員。但檢院以爲所問前後異同，故不收接耳。上曰：要是應得項（自）〔目〕，院官沮之非是，罷免。虞允文奏曰：恐太重。上曰：可降一官，仍取檢、鼓院見行條令再與理會。虞允文等奏曰：容（聞）〔開〕具取旨，行下敕令所别行修定。

十一月二十四日，檢鼓院言：本院收接進文字，職務至重，其人吏慮恐因漏泄傳播於外，及非理抑退，不爲收接。今後遇有投進實封文字，輒盜拆窺泄傳報，事幹（幾）〔機〕密重害者流二千里，非重害者徒三年，終事無害者杖一百。非理退所進文字，亦從杖一百斷罪。其因而乞取錢物者，依監臨主司受財科罪。從之。

（清）徐松《宋會要輯稿・職官一七・御史臺》 真宗景德四年六月，詔翰林侍讀、侍講、樞密（真）〔直〕學士各舉常參官一員充御史。

八月，詔三院御史令本臺采聽聲譽，不稱職者（直）〔具〕名以聞。

大中祥符二年七月，詔右仆射張齊賢、户部尚書温仲舒、右丞向敏中、御史中丞王嗣宗、知雜御史盧琰各舉材堪御史一人。

（清）徐松《宋會要輯稿・職官一七・御史臺》 〔天禧二年〕二月四日，詔右諫議大夫樂黄目、知制誥陳知微於常參官中舉公清強明、材中御史者各一員。從御史中丞趙安仁之請也。

四年四月，詔知制誥祖士衡、錢易、御史〔知〕雜劉燁、直龍圖閣魯宗道、馮元各於太常博士已上官舉御史一人。十一月，殿中侍御史王耿言：自今臺官或因譴累除差充知州依舊外，其充通判及監當官者並望比類對换别官。從之。時侍御史、知鳳翔府臧奎差客司宋炎與都巡檢使朱能教柘枝，降通判寧州，仍爲御史。因耿言，以奎爲都官員外郎。

乾興元年正月，御史言見闕臺官三員，詔御史中丞王臻、知雜御史王殿於太常博士已上合入同判者各舉兩員充。

七年八月，天頭原批：寄案乾興無七年，疑仁宗天聖七年。上封者言：舊制三院御史供職後多出爲知州，近歲即差充省府判官、轉運使，或改賜章服，其間多由知縣舉充者，若至知州，已免三任通判。近王沿、李紘、朱諫並是知縣，只一任省府推判官，便作轉運使副，賜金紫，深爲僥倖，乞自今請罷曾任知縣者。

仁宗寶元二年十二月十五日，手詔付中書曰：自今御史闕官，並依先朝舊制具兩省班簿來上，朕自點一名令充御史，免憲司朋黨之欺。先是，令中丞、知雜薦補御史之闕，而孔道輔舉姻家王素，仁宗以爲比周。故革其制而復故事，因令翰林學士丁度舉而易之。

慶曆二年正月，詔：御史臺舉屬官，故事太常博士以上兩任通判三人中御筆點一人。如聞難於得人，自今聽舉一任通判及三丞該磨勘者二人選之。以中丞賈昌朝上言也。三年六月，御史臺請選舉御史六員，而罷權推直官。從之。四年八月，詔自今除臺官，毋得用見任輔臣所薦之人。【略】

〔皇祐〕三年十月，仁宗宣諭宰臣曰：諫官、御史必用忠厚淳直、通明治體之人，以革澆薄之弊。

嘉祐元年九月，出侍御史范師道知常州、殿中侍御史趙抃知睦州。中書雖有臺官二年出知州條，然久不用。宰臣劉沆特申明下臺，至是師道等有請而出之。三年八月，詔今後舉臺官不拘在京與外任，並行舉奏。從權中丞包拯之請也。四年五月，詔自來兩府大臣嘗所舉薦者不得爲臺官條約除之。以慶曆嘗有此禁，而帝務推心大臣，故内降手詔除之。

英宗治平二年六月三日，命江東轉運判官、屯田員外郎范純仁爲殿中侍御史，權發遣三司〔鹽〕鐵判官、太常博士呂大防爲（臨）〔監〕察御史裏行，皆英宗親選也。近制，御史有闕則命翰林學士與中丞、知雜迭舉二人，御筆點其一。至是闕兩員，舉者未上，内出純仁、大防姓名而命之。三年二月十二日，中書門下言：近詔翰林學士承旨張方平等限一日内依條於太常博士已上曾歷一任通（前）〔判〕成資已上，或歷通判一年已上堪充三院御史，逐人保舉兩人以聞。如三丞内有合該磨勘者，亦聽。詔：如少得資序合入三院御史之人，許於數内舉陞朝官知縣已上資序人一員充御史裏行。侍御史、殿中侍御史、監察御史，舊制通爲言事官，間詔中丞、翰林學士舉之。七月十四日，詔：今後臺諫官並以二年爲一任。其言事稱職，有益時政者，候别指揮，仍候任滿日令中書勘會取旨。神宗熙寧二年七月六日，詔：御史有闕，委中丞奏舉，不拘職高下兼權。如所舉非其人，令言事官覺察聞奏。初，上患御史多不稱職，以所舉者資序所限，令具條貫進呈，而有是詔。

（清）**徐松《宋會要輯稿·職官一七·御史臺》**〔元豐五年五月〕十八日，詔兩省官各舉敏明不撓可爲御史宣德郎以上員二人。【略】

〔哲宗元祐〕二年五月二十六日，詔闕臺官，令學士院舉官二員，兩省諫議大夫以上同舉四員，御史中丞、侍御史同舉二員以聞。六年八月六年八月：紀年有誤。按：本條注文有司空吕公著云云，據《宋史》卷一七《哲宗本紀》載吕氏卒於元祐四年二月甲辰。六年八月，疑爲六月八日。詔左右司諫、正言、殿中侍御史、監察御史以陞朝官通判資序實歷一年以上人充。初，太皇太后宣諭曰：近時臺諫官多是新進，未甚更事，所論不知朝廷大體，近於求名。可依祖宗故事，選用歷第二任通判人充。司空吕公著言近制舉官不以資序，因檢會舊制而有是詔。四年四月十八日，詔應臺察事已彈察後及一月以上遇赦降者，其稽違本罪不得原減，從侍御史盛陶言也。

（清）**徐松《宋會要輯稿·職官一七·御史臺》**〔紹興〕三年正月十七日，詔：御史臺每季專委本察官一員，躬詣大理寺及應有刑職去處點檢禁囚，淹留不決或有冤濫，並（其）〔具〕當職官職位、姓名以聞。天頭原批：此條添在二十七日上。四月九日，三省進呈鄒況都堂審察，仍令上殿。上曰：鄒浩之弟，故飲権之。飲権：當誤。據下文所述疑爲旌擢。臣徐俯曰：鄒浩亦有子柄。上曰：直臣之子，旌擢用之，使復爲御史言事，聳動四方，亦足爲國家之光也。六月五日，三省進呈：殿中侍御史曾統除秘書少監，闕官，欲於監察御史鄭作肅、李長民二人中取旨差權。上曰：今有侍御史，殿中亦不必權，二人且令專於糾察。【略】

（二）〔五〕年四月一日，詔監察御史田如鼇可除郎官。因宣諭宰執曰：臺臣耳目之官，朕未嘗不謹此選。然必試之六察，度其可用，方敢除言事官。沈與求曰：臺臣與朝廷分持紀綱，要須得沉厚練達之人，則論事不苟，可以仰副聖意。上曰：用沉厚練達之人極是，然朝廷與臺諫當爲一家，不可分而爲二。若朝廷所行，臺諫輒詆之，臺諫所論，朝廷輒則沮之，則沮：原作沮則，據文意改。事何由濟？趙鼎曰：朝廷與臺諫實相爲表裏。仁宗朝王旦爲伯，韓琦爲司諫，一日琦至中書白事，旦謂琦曰：高若訥輩擇利而行，范仲淹未免近名，如司諫章疏甚好。以此見先賢用心不分彼此。與求曰：臣與趙鼎皆蒙陛下擢自臺臣，故敢詳論及此。

孝宗隆興二年三月十三日，詔晁公武除樞密院檢詳諸房文字。先是，公武由吏部郎中除監察御史。公武言：竊見慶曆中詔自今臺官毋得用見任輔臣所薦之人；至嘉祐四年，詔自來大臣所舉薦者不得爲臺官條約除之。兩者俱載國書。哲宗初政，中旨除范純仁、蘇轍爲諫官，皆大臣吕公著、司馬光等所薦，蓋用嘉祐詔也。於是章惇曰：故事執政除所薦之人見爲臺諫者皆徙他官，不可違祖宗法。蓋引慶曆詔也。議者謂公著、光雖賢，其事不可悉從。惇雖姦，其言不可盡棄。

紹興二十一年正月二十一日，本條亦爲誤植於此，當前移。宰執進呈乞差衢州守臣。上曰：可差曹筠，臺諫無大過惡當優假之，以來言者。先是，筠任侍御史，以言失當罷，至是復用。

（清）**徐松《宋會要輯稿·職官一七·御史中丞》**神宗熙寧二年閏十一月，權御史中丞吕公著言：今後除中丞者如官不及諫議大夫，即乞更不帶官，只除權御史中丞。候罷日，卻與舊官。或朝廷推恩，即於舊官上遷轉。詔官未至諫議大夫，並守本職兼權。故事，官未至諫議大夫者，自正言而上皆除右諫議大夫。

九年十月五日，右正言、知制誥、知諫院鄧潤甫爲右諫議大夫、權御史中丞。近制除中丞，官未至諫議大夫者，並守本官職兼權，更不遷官。潤甫以宰相屬官，不可長府，乃復遷右諫議大夫。

（清）**徐松《宋會要輯稿·職官一七·御史中丞》**〔元豐五年〕七月三日，詔御史中丞舒亶舉任言事或察官十員。

六年六月九日，詔御史中丞、門下中書外省官各舉人材堪充言事（政）〔或〕治察御史五員。

七年三月十三日，御史中丞黄履乞與侍御史張汝賢同薦御史。從之。【略】

八年五月十二日，詔御史中丞黄履舉堪充監察御史二員以聞。

哲宗元祐元年正月十四日，詔御史中丞黄履、侍御史劉摯同舉御史二員。【略】二月二十一日，詔新除御史中丞劉摯令舉監察御史二員。

二年五月二日，詔御史中丞傅堯俞、侍御史王巖叟同舉監察御史一人。二十六日，詔闕臺官，令學士院舉官二員，兩省諫議大夫以上同舉四員。御史中丞、侍御史闕員，詔御史中丞舉官二員。兩省諫議大夫已上未曾舉監察御史，同舉二員以聞。

六年閏八月十四日，御史中丞鄭雍言：故事，御史有闕，詔本司薦屬官，以正名（衆議）〔舉職〕。自官制初行，御史中丞與兩省合舉。按今兩省官屬門下、中書，與聞政事，互舉既非故事，省官體更有嫌，乞止從本臺奏舉。如稍涉己私，即重行降黜。詔御史中丞舉殿中侍御史二員，翰林學士、中書舍人同舉監察御史二員，給事〔中〕舉監察御史二員以聞。

二十二日，御史中丞鄭雍言：近奉旨令御史中丞舉殿中侍御史二員，翰林學士、中書舍人同舉監察御史二員，給事中舉監察御史二員。臣爲風憲之地，責任所專，儻使官屬多由他司所薦，恐非朝廷責任之本意。如未許本臺專舉，且乞用故事專舉一次。如以御史員尚少，即用兩番互舉之法。詔令御史中丞更舉監察御史二員以聞。

七年八月二十二日，詔令御史中丞、侍御史並翰林學士、中書舍人各同舉臺官二員以聞。

（清）徐松《宋會要輯稿·職官一七·御史中丞》 元符元年七月十九日，詔御史中丞安惇舉堪充臺官二員以聞。

十一月十六日，詔御史中丞安惇舉監察御史二員以聞。【略】

徽宗政和三年正月十七日，日下原衍一詔字，已删。御史中丞王甫奏：臣頃奉詔參詳官制格目，方事之初，嘗乞差總領官，仍乞避宰執。被旨委鄭居中，居中方領祠宫居家，不與朝廷政事。臣是時承乏諫路，不以糾察百官爲職，與之參詳，於理無嫌。臣今待罪憲臺，居中知樞密院，若尚與居中共事，實於分義有所未安。欲望聖慈特降睿旨，許臣罷參詳官職事。從之。

（清）徐松《宋會要輯稿·職官一七·御史中丞》 〔高宗紹興〕（二）〔二〕十六年九月二十七日，御史中丞湯鵬舉言：近緣論列故相秦檜、孫塤等，不能仰體陛下終始禮遇大臣之意，乞除一在外宫觀。詔：鵬舉比乞追奪檜、塤等職名，所言甚公。然朕既已許其保全，義難中輟。今乃未喻朕意，遽求去位，豈所望哉！令學士院降詔不允，不得更有陳請。

紹興三十二年十一月十五日，孝宗已即位未改元。詔敷文閣待制辛次膺除御史中丞。【略】

孝宗乾道（元）〔九〕年六月十六日，詔左諫議大夫姚憲可除御史中丞。憲奏：伏蒙聖慈，以臣除御史中丞，賜銀絹各一百五十疋兩，臣不敢祗受。所有降下合同憑由司支賜銀絹文字二件，臣已繳連牒入内侍省收管外，伏乞睿照。從之。

（清）徐松《宋會要輯稿·職官一七·殿中侍御史》 元祐六年四月二十四日，户部員外郎楊畏爲殿中侍御史。從中丞趙君錫舉也。五月二十日，楊畏以母老辭。從之，仍令君錫别舉官二員以聞。二十八日，詔楊畏依前降告命充殿中侍御史。從君錫再舉也。

政和三年正月二十四日，朝奉郎、殿中侍御史郭沔奏：緣臣近論列儀鸞司監官柳忞等不安分守，擅乞增添俸給，及忞自投汙賤，躬取溺器等事，奉聖旨令臣再行分析。契勘臣昨論列柳忞等擅乞增添俸給等事，已於第一劄子中各條具忞等元初自陳因依訖。所有忞躬取溺器寔狀，亦於去年十二月二十六日依奉聖旨具析奏申，稱衆臺臣見之。其時臺臣係侍御史洪彦昇、監察御史許尚志、方禧，與臣同在幕次中侍班次，並見柳忞前件事跡，咸有憤疾之語，蓋非止臣獨見而私爲之説也。惟臣狂瞽之志，動輒妄發，既乏剛明擊邪之論，但多滋蔓致訟之辭，遂使柳忞公然抵諱還視臣前累奏事寔殆盡虚妄。伏望特賜施行。詔郭沔罷殿中侍御史，通判信州。

（清）徐松《宋會要輯稿·職官一七·監察御史》 仁宗天聖四年五月，以太常丞桑懌授監察御史，出於中旨特除也。懌有至行，朝廷聞其名而特命之。【略】

元祐五年四月八日，詔給事中鄭穆、中書舍人王巖叟、左、右諫議大夫劉安世、朱光（庚）〔庭〕同舉監察御史二員以聞。

六月二十二日，詔御史中丞蘇轍、侍御史孫升同舉監察御史二員以聞。

七月八日，三省言：御史中丞蘇轍、侍御史孫升同舉到監察御史二員，内一員不曾實歷通判，不應條，一員與執政官礙親，令蘇轍、孫升同别舉官二員。轍、升言：檢會元祐三年六月九日尚書省劄子，三省同奉聖旨，左、右司諫、左、右正言、殿中侍御史、監察御史並用陞朝官通判資序實歷一年以上人，舉官准此。臣等竊見後來所用諫官如吳安詩、劉唐老、司馬康三人，並非實歷通判之人，緣上件所降朝旨係諫官、御史並用實歷通判一年，即無分別。今來人才難得之際，若臺官獨拘苛法，必至闕官。況自立法以來，前後本臺及兩制官並不曾舉到實歷通判可用一人，以塞明詔，足見此法難以久行。伏乞特依近用諫官體例，於臣等前來所舉人中選擇除用，免致言事之官久闕不補。詔依條別舉。

元豐六年十二月二十五日，詔門下中書外省同舉言事御史二員。

（清）徐松《宋會要輯稿・職官一七・監察御史》　紹（興）〔聖〕三年七月二十二日，詔職事官監察御史已上因罪罷黜，並給告。從中書舍人葉祖洽請也。

紹（興）〔聖〕四年正月十七日，詔吏部尚書黃履、翰林學士承旨蔡京、翰林學士林希各舉監察御史一員。

六月十四日，詔翰林學士承旨蔡京、翰林學士蔣之奇、權吏部尚書邢恕各舉監察御史二員以聞。

十一月十七日，詔諫議大夫已上各舉堪充監察御史一員。

（清）徐松《宋會要輯稿・職官一七・御史知雜》　元豐五年，詔試起居舍人兼崇政殿説書蔡卞試侍御史知雜事。先是，上欲以卞爲知雜御史。蔡確、王安禮皆以親嫌爲請，上曰：已嘗面諭卞，卞亦以此辭，其人有守，必不肯蔽附。故有是命。元豐五年四月六日，詔侍御史知雜事滿中行罷臺職，爲直集賢院、知無爲軍。初，中行言：王安禮奏御史臺取籍記盜賊名簿，乃本府日用文書。及令分析，乃上言以臺牒別取簿數多，遂奏逐次止取一簿隱落前奏虛稱日用文書一節，此乃安禮前後欺罔不實。上以中行奏事不實不當，故絀之。《事文類聚》：宋以中丞爲長，知雜。

（清）徐松《宋會要輯稿・職官四五・監司》　哲宗元祐元年四月十八日，三省言：奉旨，轉運使副、提刑，今後選曾任知州以上；轉運判官選曾任通判、實歷親民差遣、所至有政跡人。詔監司許降一等差授。如曾任監司，見係通判資序以上，亦許差。【略】

〔三年五月〕二十六日，詔監司秩滿，資深無過人除知州者，與理監司資序。【略】

八年十一月五日，監察御史郭知章言：竊見比年選授監司多繇寺監丞，寺監丞多以知縣資序，蒞事或半年，或一年，遂除監司。今之外官惟監司爲要任，所以助朝廷承流宣化，繫一路之休戚，其任可謂重矣。竊謂宜稍爲法以限之，除轉運判官必擇通判資序，除提點刑獄必擇知州資序。仍各須實歷一任、有治績者，然後簡拔用之。詔今後監司並依元祐元年閏二月八日條貫差人二月：原作三月，據《長編》卷三六八改。如闕人，即許降一等差授。是時來之邵亦言：祖宗朝除任諸路監司，其掄才甚密，所以待遇之體亦甚重，故當時（詣）〔諸〕監司號爲得人。比來朝廷除任監司官，其掄材甚疏，付與甚易，寺監丞之職雖自朝廷掄選，然其清濁高下蓋未嘗無間也。七寺丞則異於諸監丞矣，宗正、太常、秘書丞則又異於七寺丞矣。今之寺監丞，不問人才能否，職任高〔下〕，或一年，或二三年，例除諸路監司，付與可謂易矣。祖宗之制，監司或自內除，或自外徙，皆受命即行，未嘗有所待也。元祐初，轉運判官始有待闕，既而延及提點刑獄，今則轉運副使亦使之閑居待次，遇之之體輕矣。此士論所共惜者也。欲望應除監司，用祖宗故事，候有闕方差。其寺監丞及任滿，止可隨材擢用，不必人人盡爲監司。庶幾使者之體亦稍加重。元祐元年閏二月八日條貫未見。貫：原作符，據前文有元祐元年閏二月八日條貫語，因改。

紹聖元年十一月十五日，侍御史翟思言：請臣僚任知縣乃得關陞通判，知州乃得除監司，庶幾部使者、郡縣得材能吏。詔自今初除轉運判官、提舉官，須實歷知縣以上親民人；提點刑獄以上，須實歷知州或通判人。

（清）徐松《宋會要輯稿・職官四五・監司》　〔徽宗崇寧〕四年九月七日，中書省言：奉詔，除依元豐舊制設置監司外，所有後來增置提舉茶鹽、坑冶、鑄錢、學事、保甲、糧草官之類，可子細相度，可以併省者即行併省，不可併省者依舊存留，仍裁減屬官，嚴立出巡搔擾及受饋遺約束。其經略安撫、轉運、提刑、發運、糴便、提舉司准備差使、勾當公事官等，亦相度裁減，無令冗員侵耗那用。今依御劄指揮，契勘到監司等見管屬官計五百三十餘員，今參酌措置，欲依下項：諸路轉運司、屬官一百九員。提刑司、屬官十八員。經略安撫司、屬官一百一十三員。鈐轄司、屬官三十二員。總管司、屬官七十二員。發運司、屬官九員。措置河北糴便司、屬官六員。提舉陝西成都府等路茶馬司，屬官六員。欲除帳司、檢法官、指使外，其餘屬官據見在員數三分中罷一分。所減分數不及一員，即就釐減一員，止有一員者聽留。

（清）徐松《宋會要輯稿・職官四五・監司》〔政和元年〕十二月十三日，詔：帝王之盛，州牧侯伯致其外庸，以和庶政群吏之治，三歲誅賞。國朝以來，按察之權，分路置使，選用賢能，不輕付畀。比年擢任頗輕，職事曠廢，竊據要司，吏民姍笑。掌漕事者，歲計匱乏，土貢闕供；司憲禁者，寇賊間作，刑罰未衰。常平不修水土之利，學校未聞人材之衆。或依勢作威，妄自尊大；或嗜利自營，漫不舉職。欲重外寄，其可得乎！應今後若除提點刑獄、轉運使、副以上，須選曾任州軍、監司、臺諫官、寺監長貳、郎中、員外郎；提舉常平等官，許通選曾任通判、知縣、寺監丞、館職、博士。學行有聞，政績顯著，無贓私徒坐，非上書姦邪上等之人。並歷任具名取旨差。仍令子細批書功過，三省歲終考殿最事狀。仰三省參定立法，著於甲令，務在遵守，違者御史彈劾以聞。其後二年正月六日，臣僚言：新定監司之格，非上書姦邪上等之人亦許除授，則中、下之等皆在其選矣。比降指揮，上書姦邪等不得就試學官。夫試學官且猶不可，而況於一路按察之計，能爲陛下宣布德澤，推行善政，仰副陛下紹述之美意乎？且上、下之等，相去何若，要之操姦邪則其揆一也。矧當人材盛多之時，諸路使軺不過數十輩，奚必用姦邪中、下等之人，然後竟其額邪！願陛下深念國體所係，特降睿旨，應上書姦邪等並勿除監司。仍乞於近降指揮内刪去上等二字。詔依。

二年十月十九日，臣僚上言：竊見今日官吏，其内外親屬之有權者，玩法如無法，視監司長吏如無人。且監察御史，臺屬也，近者高宇爲之，其兄高定令襄之宜城，恣横不法，貪汙害民，刺舉按察之官非獨不繩其罪，又且薦其材。以監察御史之勢，已能屈陛下至公之法，況宰相、執政、左右近侍之親戚乎！伏望特降睿旨，監察御史以上及宰執大臣，其内外親屬敢有依勢犯法者，監司長吏不得蓋庇。如别因人言，上達淵聽，其本路、本州按察官並嚴行典憲。内曾經薦舉者，仍加等坐之，不以赦降、去官、陳首原免，則天下官吏皆知法不可屈，非特吏民受賜，亦震攝姦宄、整肅權綱之一端也。檢會政和元年八月二十日敕，臣僚上言，郡縣之間，貪汙不法，監司失職，詔部使者振舉職業，謹察貪吏。契勘朝廷設置監司，所以寄四方耳目，職在糾察貪汙，勸率部屬。比來彈治多出臺諫，或是朝廷訪聞，或因事罥罣，所部監司恬然坐視，全無摘發，偷安竊禄，辜負使令，遂致惠澤弗宣，閭閻受弊。今來所言，可令今後一歲中，部内有似此違犯之人，如及三人以上者，雖不及三人，而或有曾薦舉者准此。者：原作付，據前九月八日條相同小注改。其監司並令三省具名取旨，不以去官、赦降原減。仍委御史臺常切覺察。詔申明天下。【略】

〔三年〕二月十六日，詔監司不職者，可並依在京諸司例沙汰。【略】

閏四月一日，詔今後監司不許任本貫或產業所在路分。【略】

〔六年七月〕三十日，詳定一司敕令所奏：臣僚上言：近降睿旨，陝西路監司不得赴州郡筵會，及收受上下馬饋送。欲乞應諸路監司及依監司例人，凡可按刺州縣者，並依陝西路已降指揮施行。所有置司去處合得供給，官爲（擾）〔優〕立正數，許令收受等。詔依。令詳定一司敕令所立法，申尚書省。本所今相度，欲乞依置司州府知州應受諸色供給之類，並聽算請外，如遇出巡，給驛券一道，歸司日罷。從之。

十二月十日，詔依條立到諸監司依監司例人凡可按刺州縣者同。輒赴州縣筵會及收受上下馬供饋者，各徒二年。

（清）徐松《宋會要輯稿・職官四五・監司》宣和元年六月〔二月〕二十一日，詔：應除授監司，可遵守前後詔旨，擇材望爲衆所推、曾任通判以上資任人充。

七月二十一日，臣僚上言：先准詔：監司按察一道，祖宗以來所任必更治民，資材兩得，職事修舉。近歲有初改官爲監司者，資淺材薄，取輕一路，非使者之重。今後差除監司，並次通判以上資序人，具歷任取旨差。竊見宣教郎綦毋慮特差權發遣廣東運判，毋慮自（政）〔改〕官後曾未三數月，遽有今來除命，誠如詔所謂資淺材薄、取輕一路，非使者之重也。詔已降除命更不施行。【略】

〔二年〕十一月一日，詔：近歲諸路諸司及帥臣添設屬官冗濫，徒擾州縣，無補公私。可除學事、鹽香茶、市舶、坑冶、鑄錢、木栰、木植司、陝西都平貨務屬官及提轄直達綱運外，餘並依元豐員額，以後添置員闕並罷。内學事、坑冶、鑄錢、市舶司續添置官，及臣僚陳乞添設屬官，並（請）〔諸〕州轉運司管勾並罷。減罷官依省罷法。【略】

十二月十五日，詔監司、郡守遵依累降御筆指揮，並三年成任。今後通判准此。

三年八月二十八日，詔監司、郡守未滿三年，並遵依累降指揮，不得非時替移。雖奉特旨，令三省執奏。【略】

四年二月二十四日，詔：監司、知、通自熙豐行（宮）〔官〕制後，例替成資，可並遵依舊制。其治績顯著及專委勾當、合滿三年或令再任者，自依專降指揮。【略】

〔十二月〕十日，臣僚言：乞詔諸路監司未經上殿者，雖從外移，並令赴闕引對，方得之官。庶幾闒茸老疾者無所容，而真賢實能率職効力，足以（即）〔仰〕副爲官擇人之意。從之。

六年五月二十七日，中書省言：勘會初除監司合上殿人，其見闕官去處，初除人未有指揮。詔今後就外初除監司人，如係見闕官去處，候任滿日上殿，申明行下。

（清）**徐松《宋會要輯稿・職官四五・監司》**〔高宗建炎三年〕九月十七日，詔：諸路監司今後差官屬出幹事，不得差待闕官。如輒差，其元差官司及被差官各徒二年，不以去官、赦降原減。

（清）**徐松《宋會要輯稿・職官四五・監司》**〔紹興元年〕五月二十五日御筆：監司以侍從所薦縣令不法，不即按劾，重寘典憲。上以侍從薦縣令，如將來犯贓則與同罪，若按發一人則並坐舉者，監司必觀望，有所不敢，故戒飭之。

二年三月五日，臣僚言：近葉夢得、李回、馮澥並以曾任執政，陳乞子姪爲監司屬官，至或創添窠闕與之。且監司屬官並係堂除，若發運司則壓通判，其餘往往亦與諸州通判叙官。遇本司長官出，簽廳實行其事，其權甚重，豈可輕畀未出官人！請收還夢得等三人已降指揮，令別陳乞合入差遣。其以前未曾出官經任堂除屬官人，不以已未到任，並令放罷歸部，別選歷任三考以上、實有材能之人，以重其選。從之。【略】

九月二十八日，詔：今後諸路監司及安撫等司屬官，元額之外不得以軍期爲名輒行奏辟。及見任、罷任、待闕未出官人，並不許暫時虛作名目，差委出入。被差之人計俸坐贓，帥司、監司別行黜責。【略】

〔三年〕六月五日，工部侍郎李擢言：願擇知州資序以上人充轉運使、副與提點刑獄，第二任通判資序以上充轉運判官、坑冶提點官，初任通判資序以上充茶鹽、市舶提舉官。若資序未及，則擇嘗歷郎官、監司、郡守行治有稱者充其選。詔令三省常切遵守。五年閏二月十九日，詔：諸路監司屬官，除轉運司主管帳司、提刑檢法官外，餘並堂除。內兩浙轉運司催促糴買官減一員，往來催促剗刷起發行在米斛官二員並罷，仍並差令録以上資序曾經任人。【略】

十二月十八日，詔：監司、守貳，委寄非輕，除授非人，百姓受弊。比年員多闕少，致有除代數政去處。尚慮選擇失當，其間不無望實未副之人，可令中書省開具已除監司、守貳職位、姓名，送中書後省、御史臺照會。仍令今後遇闕到前半年，取索以次待闕官出身、歷任腳色，並加銓量。如有不可任用之人，具詣實聞奏，與改作自陳宮觀。

七年五月二十六日，中書門下省言：諸路監司係通治一路，祖宗法即不避本貫。詔監司除授依祖宗法施行，內本貫係置司州軍者，即行迴避。

閏十月二十九日，右正言李誼言：今後除授監司不以本貫人，其見任並已差下人，乞與鄰路兩易其任，庶幾公道稍開，私門稍塞。從之。繼而中書門下省勘會，福建轉運葉宗諤、提舉兩浙市舶章蔺、提舉浙西茶鹽章芰並礙本貫。詔葉宗諤改爲江西漕運使替徐林，章蔺改爲提舉廣南市舶替黄大名，並成資闕，提舉浙西茶鹽章芰與提舉江東茶鹽徐康兩易其任。【略】

〔二十六年〕十月五日，中書門下省檢正諸房公事陳正同言：監司按治之牘相踵而上，姦贓者懲戒既嚴，而不旌異循良，恐或未盡。乞更令諸路監司採訪部内有愷悌之政，宜於百姓，潔己奉公，不邀虛譽者，拔擢一二人，不次用之，庶幾威惠兼行，人知勸沮。上曰：卿此論甚合朕意。今日方有一郡守爲監司所薦，已令除職再任，任滿與陞擢差遣矣。【略】

二十九年八月十八日，詔兩浙東路提刑徐度、兩浙西路提刑吕廣問，候滿日召赴行在，除在内陞等差遣。初，度等有召命，司諫何溥言：監司擇人，每患其難，今既知其可用，復不使少安厥職，恐來者未必如舊，送迎紛紛，重爲勞擾。乞令二人依舊供職，或有顯效，寵畀職名，俟其終更，乃加召擢。故有是命。

（清）徐松《宋會要輯稿·職官四五·監司》〔隆興（三）〔二〕年〕十月五日，侍御史尹穡言：本臺每日受諸路州縣民户訟訴，多是官吏擅行科擾，肆爲貪欺，雖有監司，不爲受理，以遠在數千里外，不憚勞費，前來陳狀。欲望特降指揮，自今後許本臺取每月臺諫官所論州縣官吏貪汙罪犯，及因本處民户陳論得實施行事項，監司不曾按發究治，擇一二多者具名奏劾，將本路監司重行貶黜，庶使遠方之民得以安業。從之。

（清）徐松《宋會要輯稿·職官四五·監司》〔乾道元年〕十二月十四日，詔應已授監司、郡守人候闕到，半年前赴行在奏事訖，方得之任。如本貫川、廣，見在本鄉居住之人，即仰逐州知縣結罪保明（議）〔詣〕實，申取指揮。

三年閏七月十五日，詔：今後監司郡守除授訖已上殿，應赴在二年內者，與免將來奏事，候闕到前去之任；其赴在二年之外及除授未經上殿人，依已降指揮，闕到半年前赴行在奏事訖之任。【略】

〔四年〕六月二十六日，詔：今後守臣有罪狀顯著，或職事不舉，而監司不即按劾，卻因他事發覺，三省具姓名取旨。守臣不按知縣，亦如之。以尚書省勘會累降指揮，戒敕諸路監司按發所部官贓汙狼藉、職事昏謬，爲民害者，非不嚴切，近來往往坐視守令治政乖謬，全不按劾，未欲即加典憲，理合申嚴約束。故有是命。【略】

五年四月十三日，臣僚申請將廣西轉運使副、提刑合得到任恩澤乞罷去，候任滿與轉一官。詔從之。【略】

〔六年〕閏五月二十六日，臣僚言：國家建官以察所部，雖所掌之職不同，欲共濟王事則一也。然而監司徇私黨局，凡有施行，不相照應，從漕司則違憲司，從憲司則違提舉司，遂使州縣難於遵承。甚者或務姑息，或爲矯激，專欲沽百姓之譽，不恤州縣之難行。推原其故多由清要持節，不諳州縣事體，故所行若是。乞自今清要官補外，不曾歷州縣者，且令治郡，俟有善狀，擢爲監司未晚。詔依。【略】

七月八日，詔：川、廣監司、郡守未經上殿許先赴任之人，今後任滿，須赴行在奏事訖，方得再有除授。

八月二十五日，中書門下省檢會紹興七年五月二十六日敕：勘會諸路監司係通治一路，祖宗法即不避本貫，內本貫係置司州軍者，即行迴避。有旨：今後除授監司，可依前降指揮施行。【略】

〔九年十二月〕二十三日，權户部侍郎蔡洸言：諸路州軍起發上供並經總制等錢，各有期限賞罰。比年監司不體法意，其起發如期者皆與保明被賞，而違限者未見其舉劾也。有賞無罰，人無懲勸，乞嚴飭諸路監司依限催發。其守貳尚敢違例，許臣擇其弛慢尤甚者按劾奏聞；監司不行糾察，亦俾坐罪。從之。

淳熙元年三月七日，尚書省言：諸路帥臣、監司下文武臣准備差使並改作准備差遣，見任並已差下人，並令依舊滿任。武臣自今悉從堂除，與文臣例爲屬官。從之。

二年十二月十二（月）〔日〕七典赦：應年七十，依法不除監司、郡守，如歷任有治績而精力尚強之人，令三省取旨。詳見知府州軍監。

三年二月八日，詔除授四川監司、帥守，如已被受信劄，令不候授告敕，先次赴上。自今准此。【略】

八年二月二十七日，臣僚言：四川去朝廷最遠，其在本處授監司、太守差遣者，既免奏事，一任復一任，至有不出巴峽、周旋麾節一二十年而未嘗至輦轂者，賢否皆不可知。宜令久任四川監司、郡守人，更迭爲東南差遣。其在任未久者，既有任滿前來奏事指揮，候到闕始得別與除授。從之。

七月二十三日，詔：帥臣、監司以勸農爲名，自當朝夕諮訪，以待上問。比者數命諸道條具雨暘豐歉之候，乃或泛言某郡某縣大略如何，或云見行取會，顯屬文具。即自今行下所部，令諸縣五日一申州，州十日一申帥臣、監司。纔候指揮到日，帥臣、監司即時開具聞奏。即時：上一字原缺筆畫，據殘存筆畫推斷，似爲時字。考《宋史全文》卷二七上記作即便，據改。其或不盡不實，並當黜罰。【略】

十二年六月二十六日，進呈諸路帥臣、監司每遇歲終各以所部郡守考察臧否來上，浙東一路最近，淳熙十一年分至今尚未開具聞奏，鄭丙等擬展二年磨勘。上曰：近來廢弛事多，須當懲誡，可並降一官。【略】

〔十六年七月〕十九日，臣僚言：乞詔二三大臣，取諸路見在職任及已差除監司姓名，畫一開具，稟取聖斷，將其間素無材望又無績效之人改授州郡差遣。若昏老庸謬並無廉稱，則或與宮觀，或遂廢斥。如此，則見在不才監司可得而汰去矣。又言：乞詔侍從、臺諫集議，公舉才力可爲監司者上之，宰執所知則許自薦，籍於中書，遇有員闕，即於其間選授。如此，則將來監司可多得其才者矣。從之。

十月九日，詔川、廣監司、郡守未經上殿許先赴任之人，如連任上件差遣，任滿須赴行在奏事訖，方得再有除授。見闕取旨。

（清）徐松《宋會要輯稿·職官四五·監司》 紹熙元年二月二十三日，臣僚言：乞自今除授監司，必選擇曾任州縣之人。苟未歷州縣而爵位雖高，亦須使之試郡而後除。庶於州縣事體身曾親歷，不至於持未試之術，行偏見之私。從之。

六月十九日，詔：今後郡守、監司，其間有贓汙狼藉、曾經論列、或曾被按劾而事跡昭著者，任祠禄之後不得復任監司、郡守。從臣僚請也。

十一月二十一日，御史中丞何澹言：竊見壽皇在御，每因監司有闕，亦有闕於少監而下親自拔擢，人人感勵，號爲稱職。近日監司適有虚員，分遣以次不遠者，願陛下出自聖意，擇朝臣之久次而人材爲衆所推許者分遣以往，以爲初政特達之舉，以重諸道按察之權。詔三丞以上久次有材望、可爲監司者，選擇差除。【略】

五年九月二十一日，中書門下省言：四川、二廣，其地險遠，遇監司闕官，士大夫資望稍高者皆不願就，無以深慰遠民之意。乞今後於寺監丞内選差。從之。

二十七日，臣僚言：竊惟今日至急者，惟有拯救諸路旱傷一事。茲事甚大，責在監司，監司得人則州縣各自究心，赤子均受實惠。今救災之責尤急於常平使者，目即災傷去處尚且闕員，雖或已除，而在遠者展轉必至窮冬。救災之務，要及西成之際，或就羅他方，或移撥近地，或輸陳粟，或督種麰麥，皆在此月之内，若至天寒歲暮，則後時無及。差擇監司，豈非今日急務？近年以來，立爲二著、三丞之限，材與能者始不得以備緩急之用。只如壽皇之朝，或自寺監丞及百執事便與持節者累累相望，其人見朝廷非次擢用，必思悉力報稱。昨日伏聞已降指揮，川、廣監司得不以資格受任，臣知陛下之心與天下公議相協，但遠民之可念，未若近民邇日迫切之情。欲望亟降睿旨，去近歲監執資格之説，遵壽皇選吏之規，諸路見闕使者，俾於班列之間疾速選差真實體國愛民之吏，以收人心，以回天意。從之。

慶元元年十月二十九日，殿中侍御史黄黼言：竊詳吏部銓法，年六十五不許注知縣、巡尉。巡尉以警捕爲職，而縣有人户、社稷、財賦、獄訟，其責任之小者尚爾，而況於監司、郡守乎！乞檢舉紹興二十三年十月二日、三十二年正月十三日、隆興四年三月十四日前後指揮，令尚書省行下吏部，再行申明，監司、郡守年及七十者，其見任人不至疾病昏耄廢事，聽其終任，改畀祠禄。如有年耄疾病之人，許其自陳，以全其進退之義。自今年及七十者，不除授監司、郡守，著爲定令。從之。

十二月二十六日，臣僚言：乞今後應除授監司及已除未上之人，並須曾作州縣及歷他司者，庶幾諸路皆受大賜，又可使人材之練歷。前來三丞嘗降指揮許作監司，今亦乞考其資歷，如不曾經歷州縣，且與見闕州郡以試其材，俟有政績，即行陞擢，庶幾内外均一。從之。【略】

四年正月十六日，監察御史張巖言：孝宗皇帝有詔宰臣云：監司，民之休戚係焉。今後二三大臣宜精加考擇，既按資格，又考材行，合是二者，斯可進擬。前日臣僚之言資格已正，臣謂材行尤當深考也。欲望睿旨，凡前所除授未經作郡除監司，已在任之人，若有聲績著聞、卓然超異者，可令終任，俟解替日朝廷别與見闕州郡。如已試平平、（如）〔無〕足采録者，似不應濫居其職，即與改郡，更令詳試民事。若尚待次，即令换合入州郡，俟有治行尤異，然後畀之以節。如此，則資格、材行二者俱得，其於人情公論，方爲愜當。從之。【略】

六年正月二十三日，臣僚言：乞申敕監司，使之恪守成憲，明知分道置使，其職在於按察。若州縣吏贓汙不法，繆懦不治，劾章不以上聞，致有臺諫論列者，當併責罰。仍詔大臣，其於諸路監司，遴選賢德重厚、風采有望之士俾當其寄。庶幾上下相維，内外一體。從之。

（清）徐松《宋會要輯稿·職官四五·監司》 嘉泰二年十月四日，臣僚言：内外庶官除授監司、郡守在七十以前，而赴上之日適年及七十者，闕到之日，許其自陳，令赴闕奏事。儻於堂察、臺參及陛對之際，見得其人視聽不衰，筋力尚強，猶可委使，及自指揮下日見在任之人，並合滿此一任，然後納禄，不過踰致仕之期僅一二年爾。庶幾有志事功者，不

以年高而終棄，而監司、郡守亦多得老成更練之人。其有日暮途遠，恃老貪汙，不知止足者，則有臺諫彈劾在焉。從之。【略】

〔三年三月〕二十七日，臣僚言：選任監司，多自三丞、二著及（遺）〔諸〕寺監丞中拔擢而用之。近歲以來，獻議者必拘以曾任州郡，方許持節。夫監司之才固不可以多得，今有其才者，既以未任州郡而不預選，曾任州郡者或多遲暮而乏風采，是豈容拘之以此而不加廣耶！乞自今監司除嘗爲知州軍許選差外，其三丞、二著雖未爲知州軍而嘗任知縣者，若堪充是選，則並許通差。其未爲知縣者，雖歷三丞、二著，勿差如舊。從之。

（清）徐松《宋會要輯稿·職官四五·監司》〔嘉定〕四年二月五日，監察御史商飛卿言：監司所統一路，吏治短長，耳目易及，顧乃竊賢厚之名以自蓋，鮮所揚激。乞自今選任監司，一以孝宗之已行爲法，不必拘三丞、二著之制。倘其人委有風望，曾經作邑，雖寺監丞亦許選差。仍乞令侍從、兩省以上官各舉所知，保奏以聞。有不如所舉，並行責罰。從之。

九年二月三日，臣僚言：今之監司或掌刑獄，或董餉運、茶鹽、倉庾，各有攸司，大率以廉察爲職。教畫一攽，觀聽攸繫，好惡雖微，舒慘立見。由中朝百執而視外，一監司若未足深加之意，然列城十邑之休戚，實關係乎一臺之正否，委任一非其才，喜怒不得其中，則九重雖有如天之澤，亦將壅閼而不獲施矣。今江浙諸路監司間有闕員，未即差除，得非謹於掄選而不以輕畀乎！乞命大臣審擇中正無私、剛廉不撓之士，亟充監司闕人去處。仍詔近臣各舉一二人，以備採擇，諸路幸甚。從之。【略】

十四年六月三日，臣僚言：天子耳目，寄與臺諫，而臺之爲制，則有內臺，有外臺，外臺即監司是也。今之內臺，非已經作縣者不與茲選，則外臺之任，可輕畀之未嘗作縣者乎？且薦舉之事，外臺職之，按刺之事，外臺又職之。至於芻粟飛輓之任，犴獄平反之責，倉儲斂散之權，其上關國脈，下切民瘼，至不輕也。淳熙間，臣僚奏請，今後監司非曾歷知縣者不可輕畀，亦謂其糾察郡縣，觀覽風俗，歷任頗重，難以付諸未嘗更歷民事者也。欲望聖慈申明舊制，應凡監司，並照內臺體例，必曾作縣有聲者，然後除授，則由內外，皆可得人，而於耳目之寄不爲無補。從之。

（清）徐松《宋會要輯稿·職官五五·御史臺》欽宗靖康元年四月二十六日，詔：臺諫者，天子耳目之臣，宰執不當薦舉，當出親擢，立爲定制。

五月十七日，御史中丞陳過庭言：自祖宗以來定令，本臺僚屬非有出身，未嘗除授。近者唐恕除監察御史，恕實有行業，士類推許，儻使分領六察，固優爲之。然以蔭補入仕，有違祖宗條例，恐此一開，自是袴襦之子攀援進取者，足相躡於憲府矣。欲乞改除一等差遣。詔以恕爲郎官。【略】

〔高宗建炎〕三年三月六日，詔臺諫員闕甚多，令侍從官公共薦舉堪充臺諫官二員。【略】

〔淳熙五年〕六月二十一日，詔翰林學士、諫議大夫、給事中、中書舍人各舉堪任監察御史二人，以備擢用。

七年十月十六日，詔：監察御史張大經察到諸路刑獄奏報淹延未決者至一百六十餘件，當以奏狀付可外，令所司勾銷，未結絶者催促結絶。大經既能舉職，可與轉兩官。

八年八月十一日，詔：新權發遣舒州王藺兩經奏對，鯁亮敢言，朕甚嘉之。雖不曾作縣，可特除監察御史。【略】

十五年六月十一日，詔：冷世光身居風憲，囑託徇私，可放罷。既而以大理少卿袁樞言：奉旨令本寺勘通州百姓高楠訴兄居賢事，卻承御史臺姓閻人傳意本寺，欲責出余琢。竊詳其人係的切干證，竊恐上下觀望，乞改授差遣。奉旨，將作監丞鄭湜就臨安府置院，追王楫及姓閻人鞫實，乃殿中侍御史冷世光、閻大猷囑王楫，云余琢是殿院親戚，罪已該赦，錢有下落，可與責出知在。故有是命。以上《孝宗會要》。

（清）徐松《宋會要輯稿·職官六五·黜降官二》〔哲宗元祐三年〕十月十九日，殿中侍御史裏行唐介責授春州別駕。初，介上疏言宰臣文彥博陰結禁中，且薦富弼爲相。帝怒，召兩府以疏示，而介面（諭）〔論〕不已。樞密副使梁適叱曰：唐介下殿！介辭益堅，帝令送御史劾介。既下，彥博獨留，再拜言：臺官言事，職也，願不加罪。帝不許，乃命當制舍人就殿廬草制而貶之。當：原作告，據《長編》卷一七一改。翌日，改英州。【略】

至和元年七月二十二日，殿中侍御史馬遵知宣州，殿中侍御史李景初通判江寧府，主客員外郎、殿中侍御史裏行吴中復通判虔州。初，遵等既彈宰相梁適多私，又言三司判官李虞卿根究出客人李士宗所陷茶錢數萬緡，士宗與司門員外郎劉宗孟同販茶而宗孟與適連親，乃出虞卿爲陝西提點刑獄。及事下開封府，而宗孟未嘗與士宗販茶，又與適非親，帝以遵等言不實，故並出之。

（清）徐松《宋會要輯稿·職官六五·黜降官二》〔嘉祐五年〕四月二十九日，降右司諫、諫：原作監，據《長編》卷一九一改。秘閣校理吴及爲工部員外郎、知廬州，廬：原作盧，據《長編》卷一九一改。太常博士、監察御史裏行沈起落裏行，通判越州。初，諫官陳升之建議裁節班行補授之法，下兩制、臺諫官集議已定，及與起擅改議草，令買撲興國軍磁湖鐵冶，仍舊與班行。翰林學士胡宿等奏劾及等職在臺諫官，諫：原作課，據《長編》卷一九一改。而爲磁湖大姓程叔良家營致恩澤，乞召問其狀。既而及等引罪無以對，故並黜之。【略】

〔五月〕二十二日，右諫議大夫、權御史中丞韓絳罷職知蔡州。初，絳彈奏宰臣富弼，且言張茂實人以爲先帝子，而引用管軍，事密難測。既而居家待罪，自言不敢復稱御史中丞。自言：原倒，據《長編》卷一九一改。帝遣中使召，不出。翊日，臺屬官往勸之，乃出，又不秉笏穿朝堂，又：原作入，據《長編》卷一九一改。知諫院唐介、右正言王陶、侍御史知雜事范師道、御史陳經、吕誨、裏行陳洙等皆言絳論事不當，又失於舉錯，故黜之。

（清）徐松《宋會要輯稿·職官六五·黜降官二》〔英宗治平三年〕九月十六日，太常博士、監察御史裏行馬默落臺職，通判懷州，坐供職已來言事無狀故也。【略】

〔四年〕四月二十四日，右諫議大夫、權御史中丞王陶罷中丞，充樞密直學士、知陳州；侍御史吴申、吕景罰銅二十斤。坐不合過毁參知政事吴奎也。十一月十六日，右諫議大夫、天章閣待制陸詵知晉州，坐延州不舉職也。

（清）徐松《宋會要輯稿·職官六五·黜降官二》〔神宗熙寧元年〕八月三日，太子中允、直集賢院、同知諫院孫覺通判越州，以言事失實故也。【略】

〔二年〕六月二十二日，右諫議大夫、權御史中丞吕誨罷中丞，知鄧州。以誨論參知政事王安石見利忘義、朋姦害政、商搉財利、動摇天下等十事，安石求去位，上命出誨故也。【略】

〔三年三月〕七日，翰林學士范鎮罷知通進銀臺司、兼門下封駁事。先是，諫官李常言，州郡官吏有時不俵常平錢斛與民，而使民虚出息二分入官者，上令常具州縣所在官吏姓名聞奏，欲劾治之，而鎮封還中書劄子，以爲常但風聞言事，不當使之具析。中書以聖旨喻之使下，至數四，終不肯。會司馬光乞罷樞密副使，許之，而鎮又封還詔書，言光不可罷，且自請解封駁事，故有是命。【略】

四月八日，户部侍郎、守御史中丞吕公著爲翰林侍讀學士，知（穎）〔潁〕州，坐數言事失實也。二十二日，右正言、秘閣校理李常降太常博士，監察御史裏行張戩、太子中允權監御史裏行王子韶，並落臺職，與知縣差遣。常坐言散常平錢，州縣有不散而徒使民出息（今）〔令〕具州縣官吏姓名至五六，終不肯（其）具；戩坐侵（悔）〔侮〕柄臣，誣罔事實；子韶坐所入章疏與面奏事反覆不一故也。【略】

〔八月〕九日，侍御（史）劉琦爲都官員外郎，監處州鹽酒税，金部員外郎、御史裏行錢顗守本官，監衢州鹽税務。坐言事失實也。

十一日，殿中侍御史孫昌齡爲屯田員外郎、通判蘄州，坐論辨謀殺法不當也。

十四日，兩浙轉運使、太常少卿賈昌衡，衡：原作朝，據《長編》卷二一四改。提刑、光禄卿侯瑾，同提刑、南作坊使李惟賓，使：原無，據《長編》卷二一四補。並追一官，仍降等差遣，遣：原無，據《長編》卷二一四補。坐不能舉劾祖無擇、苗振故也。【略】

〔九年五月〕二十一日，提點京西南路刑獄公事、國子博士張復禮降殿中丞，前通判沂州、司門員外郎周禹錫特勒停，沂州判官楊維、推官王中正、司理參軍鄭延各特追一官勒停。坐前任不覺察李逢結連及勘劾鹵莽故也。

（清）徐松《宋會要輯稿·職官六六·黜降官三》〔神宗元豐元年〕四月十二日，右諫議大夫、兼侍讀、權御史中丞鄧潤甫落職，知撫州。太子中允、權監察御史裏行上官均責受光禄寺丞，知邵武軍光澤縣。

以右正言、知諫院蔡確言：被命同鞫相州獄，潤甫與均密自奏事，不令臣僉書，必以臣見其朋姦之跡，恐臣論列，恐：原無，據《長編》卷二八九補。故造非語中傷，及欲動搖獄情，陰結執政，乞早賜罷斥。上初以潤甫、均言，故疑獄詞非實，及遣使審詳，罪人卒無異辭，上以潤甫、均誕妄，故貶之。【略】

〔六年六月〕五日，通直郎、試御史中丞、權直學士院舒亶免除名，追兩官勒停。坐直學士院勘請公使受供給，妄言尚書省不置録目，詐以他簿書爲臺中録目。簿：原缺，據《長編》卷三三五補。亶身爲中丞而詐妄，不可恕。

九日，王桓論舒亶事不當，罷右正言，送尚書吏部。既黜亶，桓待罪，故有是命。【略】

十二月二日，監察御史陳師錫送尚書吏部，坐乞罷諸生習律，唱爲詖説，詖：原作陂，據《長編》卷三四一改。惑亂士聽故也。【略】

〔七年正月〕二十八日，降右諫議大夫趙彦若一官，試祕書監，坐輒侵越御史論事故也。【略】

七月十一日，侍御史張汝賢落侍御史，知信陽軍。坐論王珪、王安禮陳乞子姪差遣不實也。

（清）徐松《宋會要輯稿·職官六七·黜降官四》〔哲宗紹聖二年九月〕二十日，監察御史常安民可罷監察御史，送吏部與監當差遣。先是，安民數論事，無所阿比。論章惇：以大臣爲紹述之説，實假此名以報復私怨。一時朋附之流從而和之，遂至已甚。故凡勸陛下紹述者，皆欲託先帝以行姦謀，謂它事難感聖慮，若聞先帝則易爲感動。故欲快恩讎、陷良善者，須假此以移陛下心意。至引王鳳亂漢、林甫亂唐，以比惇擅作威福。論蔡京：巧足以移奪人主之視聽，力足以顛倒天下之是非。朝廷之臣，大半爲京死黨，它日援引群姦，布滿中外，雖欲去之無及。論張商英：在元祐之時，上呂公著詩求進，其言諛佞無恥，士夫傳笑。近爲諫官，則上疏乞毁司馬光、呂公著神道碑。周秩在元祐間爲太常博士，親定司馬光謚曰文正；近爲言官，則上疏論光、公著，乞斲棺鞭屍。陛下察此輩之言，果出於公論乎？又論林希、李琮不當違新制權尚書侍郎，吴居厚宣仁所斥，不宜復待制。惇等積怒，合（史）〔力〕排陷，譖毁日聞。它日，上問曰：聞卿嘗上呂公著書，比朕爲漢靈帝。靈：原作哀，據《宋史》卷三四六《常安民傳》改。安民對曰：臣在元祐初，獻書公著，勸其博求賢才，嘗引陳蕃、竇武、李膺事。不謂惡臣深者指摘臣言，推其世以文致臣，雖辨之何益？於是監察御史董敦逸奏論：安民前嘗稱二蘇文章士，負天下重望，不當彈擊，乃軾、轍之黨，平居論議主元祐者。詔罷安民御史，與知軍，而惇批詔語，乃擬送吏部與監當。

（清）徐松《宋會要輯稿·職官六七·黜降官四》〔元符元年〕四月十四日，御史中丞兼侍讀邢恕知汝州，以私懷怨憎，揚言排擊，妄意進用，不計後先，故有是命。【略】

〔三年十月〕二十六日，殿中侍御史錢遹提舉京湖北路常平，以遹論侍御史陳次升元祐初出使詆毁鹽法，附會姦臣，不當在言路非是，故黜之。

（清）徐松《宋會要輯稿·職官六八·黜降官五》〔徽宗大觀元年〕閏十月七日，御史中丞盧航知海州，左正言陳禾送吏部添差監信州鹽酒務，開封尹李孝壽知虢州。航以無所建明，禾以論事誕謾，孝壽以朋邪縱姦，故責之。【略】

〔二年〕十月二十四日，中大夫、御史中丞吴執中罷知處州，以無所建明、奏陳狂妄也。【略】

〔徽宗政和八年〕四月三日，詔：監察御史黄潁向因臣僚上言，有陷穽之名，豈可更爲臺屬，可送吏部與合入差遣。

（清）徐松《宋會要輯稿·職官七〇·黜降官七》〔高宗建炎元年七月十一日〕同日，顯謨閣學士、朝議大夫、知越州翟汝文特降兩官。以本路運判劾汝文擅減放和買税絹綿四十餘萬，故有是命。【略】

〔紹興二十年〕九月二十三日，詔曹筠附上罔下，可罷侍御史，日下出門。【略】

三十二年二月二十三日，中侍大夫、榮州刺史劉光輔，令樞密院别與差遣。以臣僚言其寄居平江，侵奪民産，幹擾州縣故也。

（清）徐松《宋會要輯稿·職官七一·黜降官八》〔乾道五年十一月〕八日，詔右朝散大夫、直祕閣、權發遣兩浙路計度轉運副使劉敏求，右朝奉大夫、直秘閣、權兩浙路轉運判官姚憲，各特降兩官，依前直秘

閣，並差遣如故。坐温、台水災，守臣不以時奏，而二人身爲監司，不能按舉，故有是命。【略】

〔紹興〕三年三月二十五日，殿中侍御史曾統言：近日臣僚因事罷斥，初無特放謝辭指揮，乃輒露章稱疾託故亟去，中懷怏怏，違慢彝章，風俗（寢）〔寖〕壞，甚可怪也。國朝故事，侍從近列間以罪斥、放免謝辭者，亦或出於體貌之恩，非人臣所敢希冀。犬馬去主，猶知戀軒，可以人而不如？望嚴加訓飭，今後臣僚應被降黜，不許託故自陳，規免辭謝。如敢循習近例，即乞重賜黜責。從之。【略】

孝宗乾道六年十一月六日赦：勸會親民之官無如縣令，儻非其人，爲害不細。今貪贓之令，監司、守倅公然蓋庇，致民無所赴訴。在法，所部違犯，監司、知通失按舉者奏裁，而近年以來，因朝廷訪聞及臣僚論列者甚衆，如今後更失按舉，當議重行停降。

（清）徐松《宋會要輯稿·職官七二·黜降官九》〔孝宗淳熙元年〕七月四日，右司諫詹亢宗追三官勒停，永州居住。殿中侍御史季棠追三官，罷新任。先是，右丞相曾懷言：近有以私意謗臣事跡六項，理合（辦）〔辨〕明。令吏部侍郎趙粹中同大理寺官根究，粹中等言根究並無交涉事跡。於是詔臺諫意在朋附，論事不實，有司以聞，灼見欺罔，故有是責。【略】

〔三年〕七月二十一日，監登聞鼓院王宗己、幹辦諸軍審計司林祖洽並放罷。以言論宗己爲常熟縣，括責沿河新田租賦奄爲己有；祖洽昨知鹽官（孫）〔縣〕，適與故相曾懷之子同官，專務諂媚，侵盗官錢，費用不貲。故並黜之。

（清）徐松《宋會要輯稿·職官七二·黜降官九》〔紹熙元年正月二十二〕同日，詔通判常州汪擇善特降一官，鎮江府節度推官趙伯方並放罷。以言者論：擇善爲本州監試，略無關防，縱容吏姦，毀匿名譽舉人卷子；伯方爲勘官，縱容罪人，謬言差誤，乞並賜罷黜。故有是命。【略】

〔五月〕四日，詔衡州通判張祖順放罷。以本路提刑范仲藝言其違法貪（黜）〔黷〕故也。

（清）徐松《宋會要輯稿·職官七三·黜降官一〇》〔紹熙四年四月〕八日，詔隆州通判張兼放罷。本路提刑楊王休言：兼將經總制轉移項目，別置私曆，肆行貪饕，侵欺入己。故有是命。

（清）徐松《宋會要輯稿·職官七三·黜降官一〇》〔嘉泰元年四月〕五日，武節郎、御史臺六察點檢文字楊浩特除名勒停，追毀出身文字，免真決，刺面，配萬安軍，永不得放還。以右諫議大夫程松言：浩家遺漏，其夜舉家張樂飲酒。況於廂巡急欲救撲，其子輒行叱駡箠打，不容人救，遂致延燒，被禍者不知幾萬家，死者不知幾何人，若依常法，則民何負！故有是命。【略】

〔二年〕二月十二日，中書舍人兼侍講萬鍾放罷。以殿中侍御史林采言：鍾所陳二劄，一謂上恭默太過，一謂開掘已成圍田爲不便，皆欺君罔上。二十六日，前內侍押班王德謙送新州居住。以監察御史陸峻言其竊弄威柄，姑從竄責，妄誕簧鼓，營求復還。

（清）徐松《宋會要輯稿·職官七三·黜降官一〇》〔嘉定五年〕四月三日，監登聞檢院汪杲放罷。以監察御史金式言：其昨倅廣信，月糴軍糧，載歸鄱陽，以取倍息。冬夏慮囚，所過受饋，倉司委買銀兩，取其餘直歸己。【略】

〔八年三月〕二十七日，監登聞鼓院董履道放罷。以左司諫黄序言其昨宰仙居，催科嚴峻，保長趁限訊決無虚日，庫藏充盈，肆爲席捲。

（清）徐松《宋會要輯稿·職官七五·黜降官一二》〔嘉定十二年〕八月九日，前通判盱眙軍尤爚罷祠禄。以監察御史徐龜年言其常時節義自許，俾貳邊郡，就攝軍事，顧乃見敵在前，終日憂懼，形於涕泣。平居大言，事至一籌莫措，幾致誤國。【略】二十八日，新通判臨江軍趙善雁騄鳥與祠禄。以左司諫盛章言其試邑鉛山，以科歛被按；爲屬浙漕，以納賂抨彈；（泊）〔洎〕倅黄州，以貪黷遭斥。需次鄂州糧料，別與閑慢差遣，豈可不爲他日之慮。同日，江州通判趙希惠、新台州通判韓休卿並放罷。以右正言胡衛言：希惠令倅九江，貪（惏）虐益甚；休卿蒞官所至，率無聲稱。

遼金元部

監察系統分部

遼朝

綜述

《遼史》卷四七《百官志·南面·南面朝官》　御史臺。太宗會同元年置。

御史大夫。會同九年見御史大夫耶律解里。

御史中丞。

侍御。重熙七年見南面侍御壯骨里。

殿中司。

殿中。聖宗開泰元年見殿中高可恒。

殿中丞。

尚舍局。見《遼朝雜禮》。

奉御。

尚乘局奉御。

尚輦局奉御。

尚食局奉御。

尚衣局奉御。

《遼史》卷四八《百官志·南面·南面分司官》　平理庶獄，採摭民隱，漢、唐以來，賢主以爲恤民之令典。官不常設，有詔，則選材望官爲之。分決諸道滯獄使。聖宗統和九年，命邢抱朴等五員，又命馬守瑛等三員，分決諸道滯獄。

按察諸道刑獄使。開泰五年遣劉涇等分路按察刑獄。

採訪使。太宗會同三年命于骨鄰爲採訪使。

（清）嵇璜等《續通典》卷二八《職官·御史臺》　遼置御史臺設大夫中丞侍御等官，金制與宋畧同登聞檢院亦隸御史臺。凡御史多有出使者。

（清）嵇璜等《續通典》卷二八《職官·御史大夫》　遼南面官有御史大夫，太宗會同元年以耶律呼哩爲御史大夫。金初置御史大夫掌糾察朝儀、彈劾官邪、勘鞫官府公事，凡内外刑獄所屬理斷不當有陳訴者付御史臺治之。

（清）嵇璜等《續通典》卷二八《職官·中丞》　遼御史臺有御史中丞，金御史臺亦設御史中丞。世宗大定二十四年另鑄中丞印，凡中丞之從幸上京者佩之。

金朝

論説

（元）劉祁《歸潛志》卷七　金朝近習之權甚重，置近侍局于宮中，職雖五品，其要密與宰相等，如舊日中書，故多以貴戚、世家、恩倖者居其職，士大夫不預焉。案：《金史·百官志》，近侍局提點正五品，使從五品，副使從六品，直長正八品。此志云，職五品，蓋獨據提點及局使而言之也，其除授局職多以優等之官。若《金史·完顏蘇蘭傳》，以監察御史擢近侍局直長，以正七品之臺官轉正八品之直長仍云擢，則其體特優于常秩可知。又，提點局使雖止屬五品，而兼此職者亦多用優等之官。若《内族慶善努傳》，貞祐初，遷武衛軍副都指揮使兼提點近侍局，則以正四品兼之。《完顏匡傳》，匡以秘書監及簽書樞密院事兼近侍局，則以正三品兼之。其不兼此職者獨宰執耳。南渡後，人主尤委任，大抵視宰執臺部官皆若外人，而所謂心腹則此局也。其局官以下，所謂奉御、奉職輩，本以傳詔旨、供使令，而人主委信，反在士大夫右。故大臣要官往往曲意奉承，或被命出外，帥臣郡守百計館饋，蓋以其親近易得言也。然此曹皆膏粱子弟，惟以妝飾體樣相夸，膏面鑷鬚，鞍馬、衣服鮮整，朝夕侍上，迎合諂媚。以逸樂導人主安其身，又沮壞正人招賄賂爲不法。至于大臣退黜，百官得罪，多自局中，御史之權反在其下矣。其後，欲收外望，頗雜用士人。完顔伯陽居之不歲餘亦罷。又于臺部令史選奉職數人，又于進士中亦選一二人充備。其人既入局中，則趨進舉止，曾亦未聞有正言補益者。且此曹本僕役之職，士大夫處之可羞，而一二子泰然自以爲榮，亦陋也。

綜述

《金史》卷五五《百官志・御史臺》 御史臺。登聞檢院隸焉。見《士民須知》。《總格》、《泰和令》皆不載。

御史大夫，從二品，舊正三品，大定十二年陞。掌糾察朝儀、彈劾官邪、勘鞫官府公事。凡内外刑獄所屬理斷不當，有陳訴者付臺治之。

御史中丞，從三品，貳大夫。

侍御史二員，從五品。以上官品皆大定十二年遞陞。掌奏事、判臺事。

治書侍御史二員，從六品，掌同侍御史。

殿中侍御史二員，正七品，每遇朝對立於龍墀之下，專劾朝者儀矩，凡百僚假告事具奏目進呈。

監察御史十二員，正七品，掌糾察内外非違、刷磨諸司察帳并監祭禮及出使之事。參注諸色人，大定二年八員，承安四年十員，承安五年兩司各添十二員。

典事二員，從七品。

架閣庫管勾一員，從八品。

檢法四員，從八品。

獄丞一員，從九品。

御史臺令史，女直十三人，内班内祗六人，終場舉人七人。漢人十五人，内班内祗七人，終場舉人八人。譯史四人，内班内祗二人，終場舉人二人。通事三人。

《金史》卷五五《百官志・審官院》 審官院承安四年設，大安二年罷之，若注擬失當，止令御史臺官論列。

知院一員，從三品，掌奏駁除授失當事。隨朝六品、外路五品以上官除授，並送本院審之。補闕、拾遺、監察雖七品，亦送本院。或御批亦送禀，惟部除不送。

同知審官院事一員，從四品。

掌書四人。女直、漢人各二人，以御史臺終場舉人辟充。

《金史》卷五六《百官志・諫院》 左諫議大夫、右諫議大夫，皆正四品。

左司諫、右司諫，皆從五品。

左補闕、右補闕正七品。

左拾遺、右拾遺正七品。【略】

登聞鼓院

知登聞鼓院，從五品。同知登聞鼓院事，正六品。掌奏進告御史臺、登聞檢院理斷不當事，承安二年以諫官兼。

知法二員，從八品。女直、漢人各一員。

登聞檢院

知登聞檢院，從五品。同知登聞檢院，正六品。掌奏御進告尚書省、御史臺理斷不當事。

知法，從八品。女直、漢人各一員。

（清）嵇璜等《續文獻通考》卷五四《職官考・御史臺》 金御史臺御史大夫掌糾察朝儀，彈劾官邪，勘鞫官府公事。凡内外刑獄所屬理斷不當有陳訴者，付臺治之。御史中丞貳之。又侍御史二人，掌奏事判臺事。治書侍御史二人，掌同侍御史。殿中侍御史二人，每遇朝對立於龍墀之下，專劾朝者儀矩。凡百僚假告事具奏目進呈。監察御史十二人，掌糾察内外非違，刷磨諸司察帳，并監祭禮及出使之事。其屬典事二人，架閣庫管勾一人，檢法四人，獄丞一人。世宗大定二年，敕御史臺檢察六部文移稽而不行行而不當者皆舉劾。尋又詔，御史臺自三公以下官僚善惡邪正當審察之。八年，令監察御史分路刺舉善惡以聞，尚書省具監察御史才能者疏名進呈以聽制，俟任滿，御史臺奏其能否，仍視其所察公事具書於解由以送尚書省。十九年制糾彈之官知有犯法而不舉者，減犯人一等科之，關親者許廻避。二十一年，令監察職事修舉者與遷擢不稱者，大則降罰，小則決責，仍不許去官。二十九年二月，章宗已即位，敕御史臺自今監察令本臺辟舉，任内不稱職者亦從奏罷。御史臺奏，臺官不得與人相見，蓋爲親王宰執怙勢之家恐有私徇，則無以訪知民間利病官吏善惡。詔自今許與四品以下相見，三品以上如故。明昌四年，勅自今御史臺奏事修起居注並令廻避。承安二年，勅御史臺糾察諂佞趨走有實跡者。泰和元年，制猛安謀克並隸按察司，監察御史止按部糾舉，有罪則并坐監臨之官。又御史臺奏在制按察司官比任終遣官考核，然後尚書省命官覆察之，今監察御史添設員多，宜分路巡行，每路女直漢人各一人同往。從之。二年，諭：御史臺諸訴事於臺當以實聞，不得輒稱察知。三年，詔監察等察事可二年一出。又詔遣監察御史分按諸路，所遣者女直人即以漢人朝臣偕，遣者漢人即以女直朝臣偕。七年，敕尚書省自今初授監察者令進利害帖子以待召見。宣宗貞祐元年九月，減定監察御史十二人。二年定監察御史黜陟格。王圻《續通考》載黜陟格以所察大事至五，小事至十爲稱職，數不及且無切務者爲庸常，數内有二事不實者爲不稱職。興定元年九月，更定監察御史失察法。三年，定御史上下半月勾檢省中制勅文字。四年，減監察御史四人。五年，更定監察御史違犯的決法。又敕監察所彈事同列不得與聞，著爲令。元光二年，罷行省所置監察御史兼彈之職。又所屬登聞檢院有知登聞檢院，同知登聞檢院，掌奏御進告尚書省御史臺理斷不當事。又有知法。女直漢人各一人。海陵正隆二年，詔尚書省凡事理不當者許詣登聞檢院投狀，院類奏覽訖付御史臺理問。哀宗正大元年，詔登聞檢院毋鎖閉防護，聽有冤者陳訴。又登聞鼓院有知登聞鼓院，同知登聞鼓院事，掌奏進告御史臺登聞檢院理斷不當事。宣宗承安二年，以諫官兼。知法二人。女直漢人各一人。臣等謹按：登聞鼓院雖非御史臺所屬而所掌畧與登聞檢院同，故附載之。元明倣此。又按《百官志》有審官院，承安四年設，衛紹王大安二年罷之，若注擬失當，令御史臺官論列。知院一人，掌奏駁除授失當事。隨朝六品、外路五品以上官，除授並送本院審之，補闕拾遺監察雖七品亦送本院。或御批亦送稟，惟部除不送。同知審院事一人，又掌書四人。女直漢人各二人，以御史臺終場舉人擇充。雖暫設旋罷亦併其職於臺官，特附録焉。

紀事

《金史》卷八《世宗紀》〔大定二十六年六月〕甲戌，詔曰：凡陳言文字詣登聞檢院送學士院聞奏，毋經省廷。

《金史》卷九九《孫鐸傳》鐸言：凡上訴者皆因尚書省斷不得直，若上訴者復送省，則必不行矣，乞自宸衷斷之。上以爲然。詔登聞檢院，凡上訴者，每朝日奏十事。

元朝

論説

（元）胡祇遹《紫山大全集》卷二一《雜著・論體覆之弊》功必賞，罪必罰，責任專一，則下以忠信事上，事實而不文。即今庶政，賞不必，罰不信，責任不專，下以巧偽報上，事遲惰而文具者殆非一端。最不實者，體覆是也。或出入錢穀，或軍民告貧乏，或出入户籍，或地畝争差，或官吏薦舉才能，或水旱災傷，或和雇和買，或一切造作，或給散義糧，例皆體覆。起迹于司縣，申解于州府，府下别管司縣體覆；體覆相同，復申解至府，府牒呈按察司，按察司以本府官未曾體覆，覆牒總府，總府行移同僚曰請體覆某事；同僚官體覆相同，移關總府，總府再牒呈察司體覆，察司移牒本司同僚官一員體覆；同僚官體覆相同，移牒本司按察司，迴牒總府曰體覆相同，總府才方申部，部呈省，省復下部准擬施行。少有疑難，則反復六降而至于縣，再六轉申而至於省，又三降而才至于府。每事略無凝滯，凡十六往返而始得結絶；一有疑難疏駁則倍之。噫，若之何文不繁而吏不冗哉？吏冗文繁，費時亂日，事久不決，置而無論。敢問省廷果取信者何司？果責任者何人？果可疑者何司何人？自察司以至縣司，每事無不雷同，安用其爲體覆哉？是無不可信之有司也，無不可委任之人也。舉皆可信可任，然則必須往返曲折，果孰疑而孰責之哉？推原此法，是蓋出於執政者外示公慎詳密，不敢苟且，一旦事或不完，上位見責，明其罪之不在己也。究其罪則有所歸，若歸其罪則自上而下皆能脱免，互相推遞，必至於至賤至微之人而後已。何以言之？事關兵農，則罪在於田夫野父；事關錢帛，則罪在於市井商賈行鋪户牙人。天下庶事，有司不任其責，而罪歸於細民，此姦邪胥吏之末技，省部遵而行之，寧有愧於心乎？

然則體覆之無用，更請以實事明之。且如官買諸物已赴大都送納了畢，支用盡絶，體覆之文尚未至半，體覆之人不見元物之形狀高下好弱，漫爲應答曰體覆相同，非虚文而何？舉此一事，類皆如此，雖欲不同，不可得矣。自縣司而至察司，皆爲虚文。爲政者不信仁賢，而信虚文，於國何益矣？難者若曰：如此關防，尚有欺蔽；更不關防，姦僞日甚。是蓋不知爲政之要在信賞，在必罰，在責任之專，在擇人之精，又能誠實遇下，則自無此蔽；不然，則法愈密而姦愈巧矣。以此參詳，體覆虚文即宜革罷。如虚妄不實、姦僞欺謾者坐罪于起發事頭，親臨之官吏廉能不欺者褒美之，作姦造蔽者罪之，職當糾察而失舉覺者罪之。如此則虚文可削，冗吏可減，舞文弄法之弊日消，下以情實忠信事上，事辦集而無凝滯，政治清明，百揆時序。大凡弊政，以類而推，皆當如是。故姑舉體覆之一端，以明庶政之無不如是之漫應虚答。伏乞酌斟可否而裁決之。

（元）胡祗遹《紫山大全集》卷二一《雜著·論按察失職》 不薦善，不彈惡，不振勵風俗，不因外以知内。書史、書吏、奏差擇人不精，欲精則必當程式。看原本鈞卷。照刷非良法，避形勢而威微賤，省部弊政委曲隨從，如體覆之類一切細碎煩文。一二年轉吏。府州司縣反爲省部沮抑者不肯申明。諸衙門司吏必當程試。諸官吏才有善有惡，不能人人周知。不察民情之利病，軍力不均，民差發不均。水旱之災傷。既報雨澤水旱月申，隨即合行檢踏。不察獄訟之稽遲。刑名月申，漫爲虚文，不加詰問。提舉學校，有名而無實。按《大典》内此句下註疑有闕文四字。今無從考訂，謹仍其舊。

仁義禮樂，治之本也；法令刑罰，輔治者也。人而不仁不義，不循理，不平和，爲惡而日不足，鞭撻刀鋸，竟何爲哉？抵冒頑嚚，不可救藥。風俗至此，使善人復起而治之，不百年三世之久，不可以勝殘去殺。亡宋南渡，刑罰苛刻，吏人犯法，往往黥面，何不仁不智之甚也。人之欲動情勝，不能無過，苟諄諄而教，養以廉恥，開自新之路，亦庶幾改悟而恥爲惡。人面一經黥涅，雖欲自新，人終莫之敬信；攬鏡一照，不若速死之爲愈。既不能死，則亦無所不至矣。何不思古人先爲庠序學校以教養士，則鄉舉里選，胥史必推擇而得爲，又有官爵以尊榮之，廩禄以溫飽之，雖於用人若此之精密，尚有幽明之不齊，三載之久而一黜一陟，故官得其人，民被其澤。此道一廢，取人以言，不求其素行，但使居民上，以口舌得官，放焉自肆，何者爲律己，何者爲訓民，苛刻嚴酷，貪饕污濫，包苴賄賂，奔走於權門，巧辨奸欺，脅肩諂笑，結爲朋黨，一唱百和。於斯時也，府州司縣上下如一，而欲以一二似是而非者爲監臨彈糾之官；以正攻邪尚不能勝，以邪攻邪不滿羣邪之一笑，竟何爲哉？

（元）魏初《青崖集》卷四《奏議》 〔至元二十三年十二月十一日〕竊聞欲清其流，毋濯其源；欲求治人，先須自治。憲臺爲天子耳目之寄，拾遺補闕，進賢退不肖，使百司畏肅，内外乂安，此其職也。今務訐發陰私，追究贓物，簿書堆積，過於有司。比者臺政一新，有合講究事理，開具于後：

一、御史臺官監察御史，此非常選，前代多出自宸衷。自餘糾按之職，宜中書省選奏，若有不當，御史臺劾之而已。今自作一選，其間或公或私，或可或否，不能不招物議。

一、贓罰庫，前代無此例。御史臺職當糾劾，若有合追贓罰，付之有司。令御史臺察院自行追理，另置贓罰庫，雖赤歷按驗明白，終非其體。

一、各道按察司書吏不宜止於府州司吏内選取，宜兼用儒生之通達事物者。府州司吏習雖既熟，能卓然自立者有幾？一旦處清要之地，掌進退與奪之權，所以関招物議者多本於此。

一、各道按察司奏差察事問事甚爲不便。如奏差專以察體究問，不知司官掌何等事？且操縱與奪之間豈能盡公。今後宜減奏差之員之半以補書吏，體察究問，司官當自爲之，奏差承奉使奏可也。

（元）王惲《秋澗集》卷七九《承華事略卷第四·重臺諫》 臣聞臺諫者，天子耳目，朝廷紀綱。耳目聰明則事無壅蔽，紀綱振厲則朝廷肅清。惟係重如此，故權不宜使之輕，氣不可使之沮。否則，聰明自蔽，綱紀自緩，將何所賴？惟職專糾彈，不悦者衆。又近年以來，被糾者欲緩己罪，返行誣告，權臣因之沮抑，靡所不至，究其無實，多不抵坐，致使邪氣轉盛，正人結舌，根本内撥，枝葉外瘁，甚失風憲大體。故古人有言，鷹隼獲禽，獵人隨護，不然反爲物傷，可不念哉。昔裕宗皇帝聽理東朝，審其如是，力爲扶持。今陛下即位之初，特爲倚重，一切所行，率由舊章，悠久如是，豈惟肅正朝綱，聰明有賴，執法明而尊嚴之道備矣。臣愚表而言者，爲天下賀。

（元）王惲《秋澗集》卷八五《烏臺筆補·爲添設按察司八道事狀》 竊見四道按察司，部内寬遠，一出巡按，動經半年，往返萬里，不惟官吏生受，其實艱於周察。又體知得，高麗島夷小邦，尚設按察八道，今東寧府内屬鳳州等郡縣乃一道也，況堂堂十萬里之大國乎？據見設四道按察司，每道合無添作兩道。依上勾當，實爲便益。

（元）王惲《秋澗集》卷八七《烏臺日事·論立司諫等官事狀》 蓋聞朝無諍臣，則不知過；國無達士，則不聞善。至於諸侯、卿大夫、士、庶人，皆有諍臣、諍友，則國安而令名可保矣，況萬乘之帝王歟。伏見朝廷近年以來，雖或事小，情有似重者，天威震怒，出於一時，輒至不測。欽惟聖慈隨復追悔，以至有云：當間如何無人題奏來？所聞大概如此。今憲臺雖立，或有所論執，卒不能上達得開陳利害於前。合無選近侍重臣，輔以剛正儒者，使爲司諫等官。如此，則聖益聖而明益明，且免夫既往追惟之悔，天下幸甚。

（元）王惲《秋澗集》卷九〇《便民三十五事·立審官院》 竊詳省、院、臺、部皆得選署官屬，若公當則人心自服，稍或未安，中外之人皆得指言，數年以來，省、臺壞亂，多此之由。夫省、臺大僚，近君之重臣也，古人稱投鼠忌器，當尚深戒。況天官天秩，一旦使群小無知者得恣情阻壞，非所以體重臣而存大體也。兼若輩處心鮮公，不爲己私，且泄怨謗。比之若此，合無立審官院，選用有德望公正大臣，次取知典故、識大體、剛直而敢言者爲之輔，其中外一切選舉官員，通得論列而疏駁之，不猶愈於若此紛紜之不定也。檢會亡金章宗時，臺司用一諸科人爲監察，審官院竟奏而罷之，致臺望增重，遠近肅然，當時大爲有益。或曰：若立此官，臺諫何爲？曰臺諫論列至廣，審官係封駁之事。古人設立，本意以用人爲治之本，惟其責之專，則事精詳而得實理，所謂開公道而庶人不私議也。伏乞熟慮而深思之。

（元）王惲《秋澗集》卷九〇《便民三十五事·七品以上官言任内利病》 竊詳方今大弊：國之惠化，下罔盡行；民之情僞，上不周和。今後合無令外路五品官，部内利病可以興除者，許令任内或秩滿赴部直言，要以指陳實事，一出己見。庶使民間疾苦艱難，悉得上聞；其官之盡心與否，不校可知。其當興除者，即論所司施行，日新政治，誠表裏相維、上下盡心之良法也。

（元）張養浩《爲政忠告·風憲忠告·序》 右《風憲忠告》第録如上，先臣養浩所著也。伏惟世祖皇帝建御史臺，將以舉賢良，糾姦慝，察奇衺，兼古諫官之職，復置肅政廉訪司于外，朝廷倚之而益尊，視古之風憲尤重矣。故先臣此書或可爲執法者之助。今上皇帝作新庶政，思致太平，謹繕寫上進。

至正元年十一月日，前承直郎、秘書監秘書郎臣張引昧死上。

（元）蘇天爵《滋溪文稿》卷二七《章疏·論臺察糾劾辨明之弊》 嘗謂糾劾貪邪，在乎公天下之好惡；辨明誣枉，所以著一人之是非。好惡既公，則惡黨消而奸弊息；是非既著，則善類伸而治化興。欽惟世皇肇立臺憲，登明選公，欲四海人才之來集；揚清激濁，務一時公論之持平。比者風紀之司，論列涉于輕易，或因察識之未審，故致辨論之多端。自昔國家皆有國是，國是既定，則邪正判而公道行；國是不明，則是非雜而人心惑。宋宰相王曾語諫官韓琦曰：近見章疏所陳甚佳，高若訥多是擇利，范希文未免近名。要須純意爲國家事，斯其諫論之良法歟。夫天生人才足周一世之用，作而成之則才常有餘，沮而棄之則才恒不足矣。然公族貴冑必生于閥閲之家，而謀士軼才或出于山林之下。故伊尹聘于有莘，傅説起于版築，孰曰出身之卑賤，豈論家世之寒微。此古者數路用人，未嘗滯于一也。

夫法令朝廷所定，廷尉天下之平，或笞或杖，受宣者必申稟于中臺；或降或黜，無例者必定擬于刑部。是慎重于守法，不敢輕于用刑。今動輒曰：省、院、臺勿用，則當用者宣政、資政之選乎？是降爲雜職矣。又曰：有選銜門勿用，無選者孰敢用乎？是不復得敘矣。且職官犯贓，猶有一貫至三百貫之分，至論其罪，則有殿、降、敘、不敘之別。豈有一遭論列，或犯在革前，或事涉疑似，輒坐雜職任用之科，終身不敘之罪，豈法之平允哉。且犯罪者至于流遠，家屬尚留于京師；被劾者未至當刑，起遣即歸于鄉里。蓋緣無事可尋，強生于掇拾；潔白素著，特爲之汙染。致使高尚之人聞而退藏，有志之士亦爲斂避，當路興乏全材之嘆，後世有國無人之譏，其于世道甚有關係。

夫孰賢孰否，在君子固自信而不疑；去泰去甚，當言者宜核實以詳審。今始者一人糾言其罪，次者一人辨明其非，三人共列于一堂，何以酬酢乎庶政。縱使不行報復，豈能消彌讎嫌。夫史官定千古之褒貶，臺諫判一時之是非，褒貶公則後世之人信，是非明則天下之人勸。今或好惡淪于所偏，邪正因以失實，輕則訐人之陰私，甚則誣人之父祖。是以清濁混淆，善惡錯亂，朝是而暮非，春劾而夏辨。奏請有煩于聖聽，辨論實撓于臺端。事至于斯，當究其理。大抵爲治莫先于擇人，擇人貴在于守法。蓋諸人呈言並無罪責者，所以通上下之情；臺諫論事務得其實者，所以重耳目之寄。若不申其賞罰，何以端其本原。舉人不當，今有連坐之科；論事不實，古有抵罪之禁。今後論言人者，必須赦後爲坐，果犯贓罪，並從臺憲追問。其餘罪名，仍須法司定擬。如此則事不至于及覆，法必底于允平，奏請不煩于聖聽，毀譽弗紊于朝章。刑政肅而國體尊，是非明而人心服。公論幸甚，天下幸甚。

（元）蘇天爵《元文類》卷一五許約《奏議·建言五事》　伏睹世祖皇帝登極詔書有曰：天下大業，非一聖一朝所能兼備也，切惟官有未備，政有未舉，正賴後聖補之。方今天下官職咸備，治具畢張，其所以輔成先朝之弘規者多矣。然於天朝盛典，顧尚有未暇舉行者。約以不才，猥當言路，切有管見五事，伏冀採擇。一曰開經筵，所以資聖學也；二曰立諫官，所以隆大業也；三曰祀勳臣，所以勸有功也；四曰定配享，所以明道統也；五曰廣薦舉，所以求遺逸也。

（元）蘇天爵《元文類》卷三六馬祖常《序·風憲宏綱序》　世祖肇建官制，興起文物，囑命御史臺昭布體統，振肅綱維，正儀崇化，靡不緝綏。迨及列聖繼明，屢揚寶訓，亦靡不顯示常憲，儆爾有官。欽惟皇上日月中天，燭見幽隱，紹述祖宗成法，申命臺端，嚴茲糾劾，不俾瘝官貽憂茕獨。于是臺臣協恭奉職，上體淵衷，下宣風紀，謂：古象魏有法，道路有徇。今國家肅清臺綱，激引言路，其見諸訓辭者，光大深厚，粲然有章。宜編綴成書，載在簡册，垂告內外，俾當察視司持平者，有所徵焉。既奏上，制曰：可。嗚呼盛哉，凡我耳目之官，尚知佩服之毋怠。文林郎、監察御史馬祖常謹序。

（元）許有壬《至正集》卷七四《風憲十事》　照得延祐三年六月，欽奉聖旨作新風憲一款：監察御史廉訪司官，凡利害可以興除、軍民休戚切於時政者，各宜盡心敷陳，以憑采擇。又至治改元詔書：天下之大，機務惟繁，博采輿言，庶能周悉。自今內外七品以上官有偉畫長策可以濟世安民者，實封呈省。伏念卑職一介寒微，屢叨甄録。凡偉畫長策之可采，豈淺才末學之所知？既博采於輿言，且下詢於百職，況叨言責，敢竭愚誠。嘗謂天下之事非一，設官分職，各有攸司。而官職之中，風憲尤重。所以糾百官之非違，示百官之軌範。故其用人也，必當極天下之選；而於行事也，必當盡天下之公。奉法持衡，毫髮無間，然後可以責人，未有己所不能而責人之不至者。邇來風憲之司，或已有成法，而不能奉行；或雖有舊規，而事當損益。庭荒田治，蓋所未聞，故不敢他及，而以風憲十事具陳如左。

取補書吏

書吏名役至輕，所繫至重，補用之法，屢有變更。所以不憚煩者，必欲得人而後已也。然而改法愈密，得人愈難；事壅法毀，其弊益甚。至使外而郡邑，內而朝廷，語及此徒，無不顰蹙。豈天下果無其人而立法終於不善邪，盍不究其所以然者？夫天下之才本難，而憲司之事權實重。事重則庸人力不勝任，權重則小人挾以營私。紀綱之廢，職此居多。苟能依例，令管民文資正官從公保舉，廉訪司官覆察相同，面試中程，然後補用；如有不應，元舉覆察考試正官首領官黜退，該吏斷罪勒停，則亦何患其人哉？今則所舉，大率非強有力者不得，覆察者符以虛文，甚無謂者。面試之日皆與符同，公堂秉筆、落紙成文者，蓋百無一二也。考試之官初亦豈有私意，不過謂人身事辛苦至此，忍使流離奔走不遂而歸，意則佳矣，奈國事何？後來者又復如此，久久相因，是使憲司不終於得人也。使其對面依例必試，雖元舉覆察已完，而其不實者，則皆不逐而自退矣。豈不革一切之弊哉？至於敗缺，往往有之，而所謂黜斷者，絶未聞也，人亦何憚而不因循故常哉？補用之法，以此爲綱，始終相維，但必行之，人自得矣。若夫節目之損益，亦有不容不及者。歲貢儒人，雖有明敏之資，而遽爲未試之事，殆未易也。今後須要年三十以上，覆察完備，先歷路吏一考。三臺典史，雖案牘素所習學，而資質既有不同，工拙遂致迥異。其應充書吏者，亦合先歷路吏一考，然後試補。官既獲用，彼遂達材，亦將樂於趨事也。奏差名役，雖又稍輕，今皆轉補。書吏始由州吏取充，較之路吏，所歷既淺，所進亦優，合於歲貢不盡路吏內舉察取用，依例試補。書吏若是，則曰綱曰目，交相維持，申明舊綱，參酌新目，補用之初，責以必試。若有敗缺，將元舉官吏必罰無恕。人各有警，而人才自得矣。

會議還司

照得作新風憲詔書：各道分司，若不遍歷百姓利害官吏貪廉，豈能周知？除廉訪司使守刷按置司去處，餘擬每年八月中分巡，至次年四月中還司。如不依期出巡，及巡歷未遍，托故迴還，或依期還司，不曾遍歷，及應結絶之事而不結絶者，聽總司申臺區處。竊惟外郡遠邑，小民茹苦含悲而不能赴愬，污吏竊時肆暴而恬然自安者，憲司之官非身踐其地心誠求之，蓋未易周知也。朝廷立法，謂舊制月日拘迫，不能遍歷，改擬八月中分巡，四月中還司，所以責其郡邑必遍，而事務必辦也。今則每至分司之時，總司依時分道發印，而各官因循宿留，非半月兩旬不能出户。總司未免催促，遂至構怨生隙，妨害公事。至於文移之往來，自有遞鋪，必曰重事，亦自有額設差乘驛往來。或者又有必須議論面相可否之事，須要經手諳知首尾之人，則書吏固其人也。今則每遇會議公事，司官必領吏屬躬自還司，驛馬祗應之勞費，郡邑官府之送迎，歲月因循，事務廢弛，一行之間，所失若是之多也。又每遇詔赦，不問條款拘該如何，指稱未奉通一，例回還直候，申禀明降，方行出司。雖有明白赦前應追會者，亦漫不省視。至於體覆體察之事，與赦文了無相干，一切付之不理，此尤不可不論者。且以已往通例，考之即可見也。今次遇赦，不過照出先奉例文，稱説合無比依前例一體施行。省部擬議，大率皆准舊格，至於再四，重重相因。豈有假此爲名，遂謂無事？設若一二新事，舊例所不該者，候奉明降至日施行，與其餘蓋無相妨也。推其所由，一則妻子在家，急於看視；二則辭難避事，翫廢歲月，因循苟且，培養資品而已。百姓之利病，官員之貪廉，蓋漠如也。夫外郡遠邑，望司分之來，若饑渴之待飲食。一事未畢，飄然而歸，其失望爲何如哉？況有已經論告之人未曾究問者，挾恨報讎，適足以重吾民之害耳。彼得以爲辭者，止謂無事，而虛費祗應。使其果無一事，但監臨州郡，所以消貪邪、護疲瘵者，不能盡言，祗應之費，其有幾何？況會赦而可行者，不可勝計。除出司不依期及不曾遍歷已有明文外，今後凡會議公事，重者止許差書吏還司，其分司官理宜禁止。若遇詔赦，亦合止於所分州縣聽候通例按行。其餘合辦公事，至四月中依例迴還，庶免曠弛。

文案稽遲

風紀之設，振肅綱維，宣明風化，鎮遏奸邪爲重。至於刷磨案牘，特簿書期會之末。然而刑獄之重輕，金穀之出納，舞弄於巧密之內，包括乎繁冗之中，故照刷之時，尤宜介意。且諸司文案，憲司得以治之。遲者督之使行，錯者釐之使正，隨其輕重而施其決罰。雖一檢一劄之失行，十日半月之稽緩，蓋必較而不恕也。至於憲司之事，錯者遲者何限？首領官雖有檢舉之名，分司迴還亦有照刷之説，而常人之情，無所警畏，習於故常，狃於情好，終於付之不問而已。苟以照刷有司之法待之，將何所措手足耶？有總司立案，候分司出巡施行之事。分司迴日，或以還司日近，或以巡歷不曾到彼，或轉行委官却行卷連回牒總司。明年出司，又復如此。搬卷往來，有至二三年者。本司如此，而欲責有司之遲慢，可勝歎哉。夫書吏權重，上下之所共患，而莫究其所以然者，請因是論之。夫分司之出也，官吏三四人而已。爲之官者，使皆熟於案牘，精於事情，則爲之吏者，雖欲高下其手，舞智作奸，其可得乎？其有高坐堂上，大小事務一切付之於吏，可否施行，漫不省録，事權之重，雖欲不歸之於吏，不可得也。爲吏者雖欲避之，亦不可得也。況有所見之不同，書吏所執雖是，而不能抗官長之勢，其不詭隨者鮮矣。竊照按察司設立書吏，當時議論，事事周悉，但用非其人，不能無弊，遂以爲冗員革去。今欲去事務之稽違，削書吏之權重，莫若每道依舊設立書吏四名，巡行之時，分道而出，贊畫公論，扶持紀綱。還司專一，分輪檢舉，照刷文案。其三臺察院，亦合各設一員，並於各道併行。臺察院考滿書吏，應任提控案牘，及儒貢書吏兩考之上，選充一考之後，依例入流。如此，則案牘免稽遲之患，而書吏之權不削自輕矣。

薦舉官員

爲治之要在乎得人。取人之道，必當極天下之公論，而後能盡天下之人才。薦舉之法，固取人之急務，然舉之苟不以道，恐復有遺才之恨。今日之事，試以四事論之，舉之未盡善者有三，而導之使競者則有一焉。所謂未盡善者，一曰五事舉人之弊。五事之目，因循雖古，實則虛文。户口之增，不過析居、放良、投户、還俗，或流移至此，彼減此增之數，夫何能哉？江南之田，水中圍種；齊魯之地，治盡肥磽，雖有真才，五終不備。遼海之沙漠莽蒼，巴蜀之山林溪洞，龔黄繼踵，能使田野闢乎？欲盗賊之息者，有盗匿而不申；求訟詞之簡者，將應理之事亦付不問。至於賦役，則上下貧富，品答科派，自有定規。盡能奉行亦分内事，況實效茫然，凋瘵日甚。惟其必以五事全備取之，則誰不巧飾紙上？且例文明謂所舉但有敗闕，罪及元舉察官。今敗闕者何限，而黜責未聞。宜其翫習苟且，非恩不舉也。今後莫若令監察御史、廉訪司官，凡路、府、州、縣官，各舉所知，不必拘以五事，明言其才能事政，著明實蹟，以備采擇，嚴其同坐之科必罰無恕，則人才將自得也。二曰不明所長之弊。夫人才古今所難，人各有能有不能，不可強其所短而廢其所長也。比年以來，每見所舉之文，一概無非可居風憲言路之人。若夫治民、用兵、理財、聽訟、主文、參幕、考工、明術者，世豈無之，見於薦剡者，蓋百無一二也。今後擬合各言所長，至省部籍類，以憑采擇，庶銓用之際，各適其材。三曰連名舉同之弊。監察御史舉人之際，多挽同列，連署滿紙。同署之人，復有論薦，亦復要之。雖有素不相知之人，未免委曲順從，殆如答禮，蓋以平日往復之有素也。夫人之相知，各有深淺，必欲同銜，實乖公論。今後擬合令單名薦舉，果有同識其賢，亦合別具薦狀，庶革牽聯之弊。其一事導之使競者，比見薦到五事備廉能官員，憲臺既已除擢，後又與之呈省，遂營求升等減資。且始言薦之，以其可居風紀，激勵貪濁，俾居清要，則是已賞之矣。又圖升減，不惟有礙選法，實導之使競也。今後擬合將已經臺除者再不升減；其已經省部升減之人，憲臺若欲除用，須待再舉無瑕，然後甄録，庶少抑奔競之風。

廉使頻除

分職之在外者，莫重於憲司。用得其人，則一道之間功效有不可勝言者。況廉訪使職長一道，權總副僉，分司總司，皆聽處決，是以其職尤難其人。苟得其人，可不假以歲月使之盡展其長乎？今天下二十二道，闕者蓋十常六七。遍歷精選僅得幾人，而到任未幾，尋復改授。夫天下之事，非責之專任之久，未易有成也。朝廷定制，内任以三十月，外任以三周歲爲滿，雖有明敏過人之才，至於本末之後先，輕重之緩急，布置施爲，各有條序，固非急遽之能盡也。《語》曰：苟有用我者，期月而已可也，三年有成。夫子大聖，周歲之月但能僅布紀綱。至於治功，必三年而後成。子產相鄭，一年而謗之，三年而頌之。今之所用果何人哉？苟得其人，則又或一年、或半年、或數月，紛紜改易，席不暇暖，家貲盡於遷移，筋力疲於道路。公務益毁，紀綱不振，職此故也。夫省臺所職，雖有不同，機務重輕，亦未易別，大抵事體相需同欲致治而已。今憲臺選用官員，所至之處，吏屬尚未盡識，而省部論擇，復與改除。其省用者，臺亦如之，遂使一人之身一歲數遷，一或不除，皆置不用。人才固難，而用之如此，將何以責其成效耶？今後廉使既得其人，部省不請改用，須待將滿却聽選除。庶三年之間，一道之事得以盡其所施也。

遠道闕官

天下之大，生民之衆，撫之以郡邑，綱之以憲司，可謂治具畢張矣。而遠邇之間，有不容不辨者。各道司官，除廉使守司刷按置司去處，其副使僉事分道出巡，所至詞訟填塞，公務紛紜，推問不公，審斷獄刑，照刷文卷，點視倉庫，及體覆體察一切公事。一有缺員，則巡歷未至之地，必有受其弊者。今所至闕官，或令副使僉事守司，而按治州郡皆不暇及。況腹裏邊遠，事勢不同。腹裏時有闕官，郡邑官吏猶或有所忌憚。設有縱恣不法，而禮法之民有苦而已。若夫邊遠地面，山川溪洞之險阻，猺黎夷獠之冥頑，撫字或乖，利害不淺。官吏憑恃險遠，率多貪污，漁獵繭絲，無所不至。非持憲之人監臨彈治，使之有所警畏，殆未易靖也。今年廣西一道，至今闕官，令經歷權攝司事。廣東、海南、福建悉皆闕人，蓋是已除者托故不來，而到任者不久即去。迹其所由，亦各有説。人情孰不欲身之安逸，以遂其仰事俯畜之心哉？今則不擇其地之遠近，人之便否，一概授之。雖嚴其不赴之罪，亦無以作其必往之心也。江南三省接連及廣海地面，二品至七品官員可任風憲者，豈無其人？若將各道分相近地面，官員有政績昭著曾經薦舉者，遴選銓除，庶人皆知勸，可無闕官之患。

冗食妨政

憲司設官置吏，雖大小不同，而人各有職，豈有無事安坐，贅員冗食，不能少裨治理，又復有蠹於政事者哉？且司官、首領官責任之重，固不具言，譯史則標譯文字，譯寫表章；書吏則按行照刷，審理推問；奏差則往來傳達，實爲行人，以至典史之微亦各有事。而通事之設，本爲蒙古、色目官員語言不通，俾之傳達，固亦切用之人。然而今日各道監司，大率多通漢人語言，其不通者雖時有之，而二十二道之中，蓋可屈指而知也。則是所用之時常少，而無用之時多。虛靡廪禄，又與出身，日無所事，不過挾司官之勢，凌侮吏曹，俯視官府，擅立威權，恐喝有司，囑托公事，附帶買賣，影蔽富民。誠以安坐而食，無所用心，故其爲己營私既專且精也。舉世皆知書吏握事權重之弊，而不知此曹雖不握事而事實由之，故其爲害若輕而實重。弊難盡除，去其太甚。今後莫若令譯史兼之，各路亦合一體。照磨雖曰職官，皆重慎廉恥，架閣承發，付以典吏，紙劄祗候，遂爲專司，餘則無所事而安坐冗食，亦合減去，令知事兼之。今各道照磨闕處不少，未聞兼之而有失懼者也。或謂寺監三品，清閒衙門，皆設照磨、通事，此可減乎？曰：風紀之司，一事之微，皆當極天下之公論。天下冗員，不知其幾？風紀之司，皆當建白整頓。縱不能此，忍自畜之？或者又謂欲此闕安置人員，尤非公論。孰謂風紀之司而有爲此論者乎？倘蒙詳酌議行，亦有補於風憲。

銓除御史

監察御史，前代八品之職，國朝官制爲正七品。選格内任一考與陞從六；外任兩考方進一等。握等計資，毫髮不貸。至於憲臺除用歷御史者，即除各道僉事正五品職内轉臺爲都事，必授副使正四品級。非戾於選法也，誠以御史非百職之可比，庶務之利病，皆得而敷陳，百官之奸邪，皆得而糾劾，朝廷使之位卑而言者，蓋御之有道也。人之常情，望其所未至，則必奮發激勵，勇於趨事，刀鋸在前，有所不顧。位卑禄輕，則易於棄去，無患失之心。去就既輕，作事必勇。若厭其所望，滿其所欲，則必委曲周旋，保全遮護。今也四品五品，率皆除之，甚有資歷已及三品而浮沉其中。彼果何望而奮於立事耶？故事之來也，含糊模棱，目曰老成；鈐口縮頭，號爲持重。迫晚景者顧影而自惜，計子孫者留意於將來，因仍改除，遂爲得計。今後莫若先儘縣達嚕噶齊、縣令有治迹，次及内外六品七品才德堪充之人，其資品高者，不必銓用，庶無患失之心。又比年以來，每將集賽人員除充是職，夫聰明敏達者，固亦不少，而事務生疏者，不能無焉。亦合精選上等知識而明敏剛直能勝其任者爲之，庶幾適用於憲綱，不爲小補。

贓罰賑濟

近承奉臺劄：淮西河南廉訪司，將贓罰錢賑濟饑民，奏准今後若有賑濟，没俺文字，休交動支。竊謂民以食爲天，遇時有阻饑之患；國以民爲本，救荒實爲政之先。聖朝子育黎元，鰥寡孤獨給糧養贍，災傷水旱蠲税賑恤，德音諄諄不一而足。又令所在存留義糧以待凶歲，勤恤至矣。然而州縣非才，奉行不至，不幸有水旱之不時，細民實獲其惠者，未之見也。而況經費不貲，帑藏有數，嗷嗷仰給，卒無以應之，遂至鬻子賣妻，輕則爲道路之流民，重則爲原野之餓莩。救之之道，當如拯水火中之焚溺也。夫廉訪司所收贓罰錢物，始則實出於民，皆濫污官吏掊剋聚斂之物，與其他用，不若歸之。且各處人民，必見已饑而後陳報，未有逆料將來而敢預爲申請者也。若待明文，恐有不及。如蒙詳酌，若有賑濟附近道分，擬候明降。其餘遠道有司，錢穀果有不敷，許令支用，庶望饑民不至失所。

農桑文册

農桑，生民之所天，有國之大計，人無智愚，皆知其爲重且急也。世祖皇帝内立大司農司，總挈天下農政。各處正官，歲時勸課。無成效者，御史臺、按察司糾察究治。又立行司農司、勸農司，分地管領。爲是農桑已見次第，併入按察司，添設僉事二員。後欲減省，臺官一同奏准：廉訪司事多，依舊存設。在後節次奏准：管民官提調，廉訪司體察，未聞廢弛。延祐七年四月，大司農司奏奉聖旨節該：廉訪司爲農桑兩遍添官，交依舊管行，每歲攢造文册，赴大司農司考較。夫責之廉司者，蓋以勸課官知所警畏，初不係文册之有無。文册之設，本欲歲見種植、墾闢、義糧、學校之數，考較增損勤惰，所以見廉訪司親爲之。然養民以不擾爲先，而害政惟虛文爲甚。農桑，所以養民也，今反擾之；文册，所以責實也，今實廢之。各道比及年終，令按治地面依式攢造，路、府行之州、縣，州、縣行之社長、鄉胥，社長、鄉胥則家至户到，取勘數目。幸而及額，則責其報答之需；一或不完，則持其有罪，恣其所求。雞豚盡於供餉，生計廢於奔走。人力紙札一切費用，首會箕斂，因以爲市。卑職向叨山北憲幕，蓋親見之。而事發者亦皆有按可考。以一縣觀之，自造册以來，地凡若干，連年栽植，有增無減。較其成數，雖屋垣池井盡爲其地，猶不能容，故世有紙上栽桑之語。大司農歲總虚文，照磨一畢，入架而已，於農事果何有哉？况分司所至去處，公事填委，忽忽未畢，已迫程期，豈能一一點視盤量？兼中原承平日久，地窄人稠，與江南無異。若蒙詳酌奏聞，依舊巡行勸課，舉察勤惰。籍册虚文，不必攢造，民既無擾，事亦兩成。

（明）楊士奇等《歷代名臣奏議》卷二〇七《聽言》 天麟又上策曰：臣聞夫婦之愚，可以與知焉，及其至也，聖人亦有所不知焉。由是觀之，聖人生知之資，天縱之美，未能盡知也。况於王者以拱默爲尊，無爲爲貴，眼力之所至，不過乎宫禁之間，耳力之所及，不越於軒墀之側。受天眷命，職司治下，京、府、州、縣，縷錯星分，烟火茫茫，民以億計，内委卿士，外任守令，事機情弊，奚以知之？故下情貴於上通，使萬里之遠，如泥之在鈞，灼然於廊廟之奧，而民瘼息矣。上意貴於下達，使九重之邃，如日之在天，普照於閭閻之賤，而王化敷矣。今聖朝詔許陳言，旁及山野，然無諫議之臣，實歉悦言之至。臣固知陛下丕繩祖武，圖任舊人，合九土爲一家，光百王於千載，敷天仰睿，比屋從仁，小民膺美於無窮，百司承風之不暇，又何假乎諫也？實無得而稱焉。其或覆盆難照，過事微萌，豈不累乾坤造化之功，闕衮冕焜煌之耀乎。在下之臣有言責者，則拜章飛疏以全益明之明，無言責者，則尸祝不可以代庖人，將無救之者矣。能自得師者王，惟後從諫則聖，故過事非謂之過，惟有過而不聞，是爲過也。前漢以前，有諫大夫，後漢以後，增爲諫議大夫，至於唐朝，遂分左右，是誠居極之大端也。伏望陛下因今稽古，崇置諫院，隸於都省，選天下名高德劭，才學該博之士，班分左右，立諫大夫二員，又立司諫、補闕、拾遺各二員；凡上躬之進退從容，政令之更張制作，假之以陽春之顔，厲之以風霜之節，如滄海之愈下而愈深，如寶鏡之愈磨而愈明，不亦美哉。臣又思之，不患有過，而患乎過之不聞；不患過之不聞，而患乎聞之憚改也。何則？過者，聖賢之所不免也。以孔子猶天而貴從義，以顔淵入室而不貳過，言未嘗無過也。過而不聞者，蔽塞之因也。今已上通下情，若又上立諫府，則無不聞之過，但在轉圜而已。夫迅雷之駕怒奔馳，飄風之扇勢横起，駭震天宇，蕩播海岳者，天子之威也。萬鈞懸於一縷之輕，秋毫近於洪爐之熾，似斷還連，生死相鄰者，諫臣之命也。且鳴玉曳組，翔集殿庭，豈不知阿容順指，則禄可常榮；忤上竭誠，則身難自保。然其所以爲之者，蓋以明主可爲忠言，君子貴崇高節，食其禄，當其職，上欲七廟之齊天，下欲群生之蒙惠也。忠言逆耳利於行，良藥苦口利於病。更望陛下既立諫臣，又當納諫如流，改過不吝，毋或加慍，以杜忠直骨鯁之門也。

綜述

（元）王惲《秋澗集》卷八三《烏臺筆補牒呈》 監察御史王惲今呈謹集録到御史臺典故條例，上自秦、漢，迄於宋、金，凡七十三事，逐一開列於左。有可行於今者，伏乞鈞覽采擇。須至呈者：

一、古今名號更易

御史大夫秦　大司空漢　大司憲唐　御史府漢　憲臺後漢　蘭臺魏晋宋齊　左右肅政臺唐　左右御史臺唐

一、員數品從

唐制

大夫，正三品《百官志》一員，《六典》二員。中丞二員《百官志》正四品，《六典》正五。侍御史《百官志》六員，從六；《六典》四員，正六。殿中侍御史從七，《百官志》九員，《六典》六員。〔主簿一員，從七〕　監察御史，正六《百官志》十五員，《六典》十員。録事二員，從九。

金制

大夫一員，從二。中丞一員，從三。侍御史二員，從五。治書侍御史二員，從六。殿中侍御史二員，正七。監察御史十二員，正七。典事二員，從七。檢法四員，從八。

一、三院人數

唐制

臺院

令史七十八人　書令史二十五人　亭長六人　掌固十二人

殿院

令史八人　書令史十八人

察院

計史三十四人　令史十人　掌固十二人

金制

獄丞一員　架閣庫管勾一員　令史一十人分掌名頭

上臺機密房，掌察到應干公事

下臺機密房，掌同上臺，謂監察糾到公事申臺

吏、户、禮、兵、刑、工房，斟酌繁簡，分掌刷案

一、三院例

一曰臺院。其僚曰侍御史，呼端公。知雜事謂之雜端，非知雜者號散端。

二曰殿院。其僚曰殿中侍御史，呼侍御。新入者知右巡，以次左巡，號兩巡使。

三曰察院。其僚曰監察御史，亦呼侍御。每公堂會食，雜端在南榻，主簿在北榻，皆絶笑言。

一、臺門例

舊日御史臺在宮闕西南，其門北開，取陰殺之義。

一、置獄例

舊臺中無獄，有須留問，寄禁大理。若尋常之獄，推訖斷於大理。唐李乾祐爲大夫，請於臺置獄，雖按問爲便，而增鞫獄之弊。至開元間，御史大夫崔隱甫奏罷之，須留問者〔仍〕寄禁大理。

一、班簿例

治平元年閏五月，詔御史臺、閤門，十日一具細書班簿以進。自今大書爲册，月上之。

一、兩臺發使例

舊例，兩臺歲發使八人，春曰風俗，秋曰廉察，以四十八條察州縣。

一、受事例

舊例，隻日臺院受事，雙日殿院受事。

一、職官〔如〕〔始〕置

御史大夫，秦官位上卿，銀印青綬，掌副貳丞相。其監察御史，掌監郡。

一、彈奏進止例

舊例彈奏，皇帝視事日，御史奏之。景龍後，皆先進狀聽進止，許則奏之，不許則止。

一、同詰冤獄例

凡爲三司同詰，三司爲御史大夫、中書、門下省。大事奏裁，小事專達。

一、衣冠例

秦御史冠柱。後惠文蓋用鐵爲柱，取其審固不撓。唐大夫、中丞，遇大事押奏，冠法冠謂豸冠也，衣朱衣、纁裳、白紗中單以彈之，小事常服而已。

一、大禮例

國有大禮，則乘輅車爲之前導。

一、審覆例

若有制使覆案囚徒，則刑部參擇之。

一、三司理事例

則與給事中、中書舍人，更直於朝堂受表。

一、中丞與皇太子三公相遇例

元魏朝故事，中丞出，與皇太子分路，三公皆遥駐車，去頓軛於地，以待其過，其或遲違，則前驅以赤棒棒之。

一、六職例

一曰奏彈。二曰三司。三曰西推。四曰東推。東西朝堂。五曰贓贖。六曰理匭。

一、侍御史五曹例

漢皆用公府掾屬高第者爲之。一曰令曹，掌律令。二曰印曹，掌刻印。三曰供曹，掌齋祠之事。四曰尉曹，掌廄馬之事。五曰乘曹，掌護駕之事。

一、新除有罰例

舊例，新除者未曉制度，有罰，至罰有逾萬錢者。若議罰，則詢於雜端。

一、侍御等裏行例

唐龍朔元年，置侍御裏行、殿中裏行、監察裏行。武后文明後，顯以裏行名官。長安二年，復置内供奉官。

一、供奉例

舊例，掌殿庭供奉之儀式，每朝與侍御史隨仗入位，在中丞下，給事中、中書舍人後。

一、持書故事

持書侍御史者，本漢宣帝元鳳中，因路温舒上書宜尚緩刑，帝深采覽之。季秋（清）〔請〕讞時，帝幸宣室，齋居而決事，令侍御史二人持書，故曰持書侍御史。

一、四推莅太倉左藏出納例

舊例，以殿中侍御史第一人同知東推，莅太倉出納，第二人同知西推，莅左藏出納，號四推御史。

一、大朝會例

凡冬至元正大朝會，則具服升殿。若皇帝郊祀、巡省，則〔具〕服從旌門往來檢察，視其文物之有虧闕，則糾之。

一、銜署例

凡彈劾之事，御史言於大夫。若遇大事，則方幅奏彈；小事則署名而已。

一、監察不得供奉例

舊例，監察正門無籍，非因奏事不得入至殿庭。開元間，敕並令隨仗而入，不得供奉。

一、監（察）〔祭〕例

凡冬至祀圜丘、夏至祀方丘、孟春祈穀、季夏祀明堂、季冬祀神州、五郊迎氣及享太廟，則二人共監之。朝日夕月及祭社稷、孔宣父、齊太公、蜡百神，則一人率其官屬閲其牲牢，省其器服，辨其輕重。有不修不敬，則劾之。

一、會議例

尚書省（監）〔諸〕司七品以上官會議，先牒報臺，亦一人往監。若據狀有違，及不委議意而署名者，糾彈。凡有敕令，一御史往監，即監察受命而行，亦監其過謬。

一、監齋例

凡京都忌齋日，則與殿中侍御史分察寺觀。七品以上清官皆顧行香，不到，則牒送法司。

一、監決囚徒例

凡決囚徒，則與中書舍人、金吾將〔軍〕監之。

一、在京監察例

分知左右巡，各察其所巡之内有不法之事，謂左降流移，停匿不去，及妖訛宿宵，蒲博盜竊，獄訟冤濫，諸州綱典貿易，隱盜賦斂，不如法式，諸此之類，咸舉按而奏之。若不能糾察及故縱蔽匿者，則量其輕重而坐所由御史。

一、監察御史雜例

分察百僚，巡按郡縣，糾視刑獄，肅正朝儀。朝廷有不肅欽者，御史則糾而劾之。每二人五日分知東西朝堂。

一、邊功例

凡將帥戰伐大克殺獲，數其俘馘，審其功賞，辨其真僞。

一、門直例

凡自監察御史以上，每日一人於本司當門直，以檢察臺中出入及令史領詞訟過大夫之事。若緣詞訟，事須推勘者，大夫便委門直御史以推之。

一、風聞例

舊日御史臺不受訴訟，有通詞狀者即於臺門候御史，御史徑往門外收採，知可彈者，略其姓名，皆云風聞訪知。

一、相遇例

凡御史以下遇長官於路，去戴下馬，長官斂轡止之。

一、監圍例

舊例，蒐狩則監圍，察斷絶失禽者。

一、監選例

舊例，吏部將除定員數及擬到州縣付之監察，於吏部別置監察一幕，御史閲數臨視而已。若中間或有資歷先後、品從高下及不應等事，許授除官陳告，御史即推究根因，與之改正。

一、進帖例

監察舊例，所進帖子，止是今呈子様，但内爲腰封，其囊上用黄紙作帖黄，上書奏帖二字，下書臣某謹封。

一、照刷例

舊例照刷，所司先具事目到臺，其文卷後粘連刷尾，具公事本末。赴臺照刷，監察御史於正位坐，閲朱銷簿臺，令史一人在旁亦坐，執掌具到事目，其當該人員引卷通讀。若係算數文卷，更設帳科司吏一名，與臺令史一同刷磨。其中但有違錯稽遲，監察將文卷收訖申臺，量情治罪。餘無違錯者，即令大程官於刷尾騎縫近下先用刷訖銅墨印，然後蓋以監察御史朱印，及於朱銷簿上結尾後亦用刷訖銅墨印。

一、督軍御史

《晋〔書〕·職官志》：光武建武初征伐四方，始權置督軍御史，事竟罷。東晋孝武太元六年，復置。隋煬帝時，〔置〕監軍御史。

一、符節御史

《前漢〔書〕·百官表》，其治書符璽者，印綬比二百石以上皆銅印黄綬。《漢官儀》：尚璽四人。掾史趙堯爲符璽御史，尚璽者也。《晋〔書〕·職官志》：符節御史，秦符璽令之職也。漢因之，位次御史中丞，掌綬節，銅虎符、竹使符。及泰始中，武帝省併蘭臺，置符節御史掌其事焉。

一、防禁御史

《晋〔書〕·職官志》：按魏晋官品令，又有防禁御史第七品，蘭臺之職也。

一、漢六條

《漢官儀》云：部刺史周行郡國，省察治狀，黜陟能否，斷治寃獄，以六條問事，非條所問，即不省。

其一條曰：强宗豪右田宅踰制，以强陵弱，以衆暴寡。

其二條曰：二千石不奉詔書遵承典制，背公向私，旁詔〔中〕〔守〕利，侵漁百姓，聚斂爲奸。

其三條曰：二千石不恤疑獄，風厲殺人，怒則任刑，喜則淫賞，煩（搖）〔擾〕刻暴，剝截黎元，爲百姓所病，山崩石裂，妖祥訛言。

其四條曰：二千石選署不平，苟阿所愛，蔽賢寵頑。

其五條曰：二千石子弟恃怙榮勢，請託所監。

其六條曰：二千石違公下比，阿附豪强，通行貨賂，割損政令。

一、巡按官選判官支使例

舊例，十道巡按，則選判官二人爲之佐。如本道務繁，得量差官人歷清幹者，號爲支使。

一、巡按出入例

漢監者每三歲一更，常十一月奏事，三月還監焉。唐巡按使率三月以後出都，十一月終入奏事。宰相李嶠請率州置御史一人，以周年爲限。

一、巡按州縣例

諸監司每歲分上下半年巡按州縣，具平反寃訟，按訪利害及薦舉循吏，按劾奸贜以聞。

一、按察所部有犯

諸按察官知所部官有犯，若事理重者，躬親廉察，部民訴訟縣令同。餘事聽先委不干礙清强官體究有無實迹，結罪保明申所委官司，於按章内明坐所差官體究到事因，並不得出榜召人首告。即犯贜私罪，雖已離任，被告論，或因事彰露者，聽按治。

一、具發摘過贜吏例

諸按察官每歲終具發摘過贜吏姓名，置籍申尚書省。

一、巡按許見賓客例

諸監司巡按，許接見賓客，惟不親謁。

一、直指使

漢直指使，持斧，衣綉衣。直指者，爲指事而行無阿私也，衣以綉衣，尊寵之也。出討奸猾，治大獄。

一、知班受百官及命婦入宮帖子例

舊例，百官入朝，知班一人於宮門受百官及命婦入宮帖子。其止書某官某職某爵，上用職印，令執事人授知班，蓋使知其百官。是日有疾病有故者，其所告狀謂之曹狀。

一、知班糾彈例

殿中侍御史下，設知班十人。如百官朝會，知班四人於四方臨視，如有失儀墮簡者，知班向其人前問何姓氏，然後具狀糾彈。

一、主簿例

隋大業三年始置。隋二員，唐省一員。掌印，（授）〔受〕事發辰，勾檢稽失，及管轄臺中雜務、公廨廚庫，檢督令史、奴婢，配勳散官職事。每食則執黄卷，書其譴罰。

右呈，至元三年十一月。

一、五使例

謂廊下使、入閤監食使、監香使、掌國忌行香二使，臨時充，通謂之五使。

一、三京留司御史臺

元和十三年後，但以侍御史、殿中侍御史、監察御史共主留務，三院御史亦不常備焉。宋朝西京於分司官内差一員，權闕即差官權掌。南京止令留守通判權掌。後北京置臺，專差官〔領〕。天禧四年，以翰林學士承旨、兵部侍郎、知制誥晁迥爲工部尚書、集賢院學士判西京留司御史臺，他官止云權而迥云判者，以三品故也。

理檢使

宋朝淳化三年，置院在宣德門外西北廊，鼓院之西。令登聞鼓司進狀，人有稱冤濫沉屈者，即引送理檢院審問。

登聞鼓院

宋朝鼓在宣德門南街之西廊，院在外門西之北廊，舊曰鼓司，景德四年五月改今名。凡文武臣僚閤門無例通進文字者，諸色人進狀並先經登聞鼓院，除告軍機密事及論訴在京臣僚，即依例實封。如進入後審狀有異同、虛妄及夾帶他事，並科違制之罪。所論事理，重依格敕施行。仍令進狀人别寫劄子，節略要切事件，連粘於所進〔狀前〕。其餘所進文字，並先拆開看詳定奪，或有元本文字照證，速牒合屬司分取索。若事合施行，及所進利濟有可觀採，便〔與〕通進；若顯有違礙，不可施行，即當日内告示本人知委。不識文字者，許陳白紙，據所論事件，判院官當面抄劄，詣實口詞，仍當日據收接到所進文狀，都數逐件開坐行與不行，因依

具單狀聞奏。若進狀並遇白紙人稱鼓院看詳不盡情理，即許經登聞檢院進狀披訴，仰檢院詳酌事理。若鼓院所定不行爲當，即據不行爲當緣由判押審狀，與進狀人收執；如鼓院所定不當，即具不當事件並元進狀繳連進呈。其收接所進文狀，亦於當日内具都數開坐行與不行，因依單狀聞奏。其披訴人〔若不〕即時判審狀給付，即許於御史臺陳訴。其登聞鼓院、檢院委實行遣不當者，方得接駕及繳所判審狀，披訴當付所司勘鞫。如披訴得實，判鼓、檢院官必行朝典；如是虛妄，本人科上書詐不實之罪。未經鼓院進狀，檢院不得收接；未經檢院，不得接駕進狀。違者依法科罪。

判院官二人，舊以内臣勾當，至道三年改用朝臣。監鼓内侍二人，令史一人。

登聞檢院

唐置匭。宋朝太平興國九年，改匭爲檢。東延恩，（白）〔曰〕崇仁；南招諫，曰思諫；西申冤，曰申明；北通玄，曰招賢。改匭院爲登聞院，院在宣德門東廊之北。景德四年五月，改爲登聞檢院。是月，敕：如急速文字，晝時進入；常程文字，一例每五日一次，於檢院内通進。天聖七年，上因讀唐史，見匭函達下民冤枉之事，乃謂左右曰：天下九州之大，豈無冤枉之人？若至京師檢院、鼓院理雪者，必是州縣官吏、提典刑獄、轉運使不能理雪，又若不爲申理，則赤子無告矣。乃置匭函，仍專命御史中丞爲理檢使。應諸色人，除奇巧法術，邪妄干正道事不得上言，乃常程公事自依久來體式令逐處官司並鼓院收接外，如有指陳軍國大事、朝政得失，大段冤枉累經訴理未獲辨明，或事干機密，並許詣匭函投進。内委是急速文字，晝時進入，其餘並每五日於檢内進納，如無，亦具單狀聞奏。如檢院進狀人稱冤濫沉屈者，晝時引送理檢使審問。

判院官一人，舊止舍人兼掌，淳化二年始命他官判之。

都護府

都護一人。掌所統諸蕃，慰撫、征討、斥堠、安輯蕃人，及諸賞罰、敘録勳功，總判府事。副都護二人。長史、司馬各一人。録事、功曹、户曹、倉曹、兵曹、法曹、參軍各一人，參軍事二人。其安北單于，唯有司馬、倉曹、兵曹各一人，餘並不置。

射聲校尉

漢掌待詔射聲。士工射者，冥冥中聞聲，射則中之，因以名也。須待所命而射，故曰待詔射聲。

戊己校尉

漢元帝初元元年置。甲乙丙丁庚辛壬癸皆有正位，唯戊己寄治耳，此所置校尉亦無常居，故取戊己爲名。一説戊己居中，鎮覆四方，漢所置校尉亦處城之中。撫諸國也。

散騎常侍

騎馬並乘輿，車騎而散從，無職事也。

舊日監察所行

一、差監察例，本臺且以三人爲率，本臺備具本官腳色，（伴）〔作〕奏目進呈，御筆點差，假如首先一人是臺家注意者，御筆或點卻次者，第三者。

一、無故入御史臺，杖六十，撾鼓者先杖八十。

一、臺諫、檢院、鼓院，臺既立，餘皆合行。鼓院在掖門東，檢院在掖門之西。

一、舊來監察照刷，止是徹卷看讀，但有稽遲，即有杖罪。如違錯等事，更不消説，監繫取招詑，送法司斷定，然後決罰。據勾當限次，如瘡未愈勾當，瘡已愈不出，又是罪及照閱朱銷簿。

一、金國省、院、臺爲三省。

一、舊有六臺六院。

一、上下臺：大夫、中丞爲上臺，侍御史以下爲下臺。

一、治書侍御史乃是臺奏事官，爲制一臺事也。

一、報午時省即起，然後臺起，六部視臺起，然後部起。

一、按察兼運使，其意以爲按察中間，一切欺隱不公事則不敢犯。早辰先與書史判按察司事，次乃與同知、副使判運司事。

一、舊日監察，如某吏行止不修及贓濫者，監察於本人門，或帖子或粉壁書云：某人行止如此。身事便索廢卻。

一、臺有三臺：上臺、下臺、外臺。

一、舊日監察出使，帶牌起驛馬。

一、監察有急事，至撒合門納帖子，無問早晚，自宫中傳入，奉御付傳於門娘，門娘轉於承御，承御聞奏。上如熟寢，承御直夜者不敢聲言，擊所懸之玉爲之襲聲。既寤，進讀某人奏到帖子如此等事，若上即裁決，令承御批送省、部、臺，上用小方玉印印之。所司得旨，登時勾當，趁明日朝奏對。

一、舊日監察，外路有體究公事，差部官一員並部令史。事得其實，官人申臺，吏人杖一百以下，皆決之。若有大段公事，臺司覆察得實，關所該部分，差部官與監察一同致勘；如所察不實，監察所得罪只是罰俸贖銅。

一、舊日三品以上官有罪，監察體究得〔實〕，申臺呈省聞奏。若宣勘本官不問虛實，即便承伏，如中間實有冤枉，令家屬告登聞檢院，不理，然後撾鼓以聞。

《元典章》卷二《聖政・肅臺綱》　至元三十一年七月，欽奉聖旨節文：

今命月魯那演太師、録軍國重事、御史大夫首振臺綱。凡軍民士庶諸色户計，所在官司不務存心撫治，以致軍民困苦，或冤滯不爲審理，及官員侵盜欺誑，污濫不法，若此之類，肅政廉訪司、監察御史有能用心糾察，量加遷賞。若罪狀明白，廉訪司、御史臺不爲糾彈，受賂循情，或别作過犯，諸人陳告得實，罪比常人加重。誣告者，抵罪反坐。肅政廉訪司官、監察御史察出公事，取問其間，諸人毋得攙擾沮壞。彼若悖此，非理妄行，以致人難，寧不畏罪？其御史臺、肅政廉訪司、監察御史應有大小公事，照依累降聖旨條畫施行，各盡乃心，毋曠厥職。故兹誡諭，想宜知悉。

大德五年三月□日，欽奉皇帝聖旨，中書省官人每根底、樞密院官人每根底、行中書省官人每根底、内外大小諸衙門官吏每根底宣諭的聖旨：

御史臺官人每奏：自立臺以來，糾彈罷取受的官吏數多，不知自己罪過的人每，妄生事端，沮壞臺事。元貞元年，明里不花杭州省裏行時分題説的上頭，察知宣慰司官的罪過呵，與行省同官審；知路官的罪過呵，與宣慰司官同審；州縣官的罪過，與路官同審。這中間窒礙有。宣慰司相離行省遠的，往復一萬里的也有，難以同審。又監察每，行省令（吏）

〔史〕每的稽遲違錯尋出來呵，與行省（司）〔官〕一同審了斷有。行省官終是一個勾當裏行有，同審呵，不便當。又廉訪司察知的勾當裏，事干人衆、卒難結絶的公事，管民官裏休摘委一員，一（司）〔同〕裏歸問的上頭，州縣勾當多斷推着，公事成就不得。這五年，行臺、廉訪司、監察每，累累的文字裏説將來。依在前行來的體例裏交行呵，怎生？麽道，奏來。今後但是內外勾當行的大小衙門裏官吏每，各自委付來的勾當謹慎成就者，教百姓安着。廉訪司、監察每用心體察者。勾當裏謹慎行的實迹有呵，將他每姓名申臺者。要肚皮、没體例行的，依着立廉訪司以來世祖皇帝已降聖旨事意，受敕官，廉訪司問的招了呵，行移總司，會議斷者。事重，申臺者。受宣官，申臺聞奏者。被問的官吏，他每的罪過既有顯驗，避罪番異呵，再差官問的招了呵，比本罪上加等要罪過者。監察每照刷出行省令史稽遲違錯，輕罪就便斷決，重事申臺者。廉訪司問的公事裏頭，有干礙人衆，卒難結絶，不能親到呵，管民官裏選廉幹人員歸問者。廉訪司官，監察每不爲用心體察，分外没體例行呵，罪比常人加重者。

大德五年八月，欽奉詔書內一款：

行中書省、宣慰司、肅政廉訪司列置諸路之上，本以弭盜賊，修政事，糾不法，撫良民也，近年於此略而不問。自今各修乃職，凡在所屬之內，常加檢責，期於政成民安、諸路鎮静而已。有不稱其責任者，從中書省、御史臺録其實跡，聞奏黜罰。

又一款：

近年累降詔條，各處官司有奉行不至者，仰中書省、宣慰司、廉訪司隨事舉問。

大德十年五月十八日，欽奉詔書內一款：

監察御史，廉訪司官吏，所以糾劾官邪，徇求民瘼，肅清刑政，共成治功。今後各思所職，有徇私受賂者，照依已降聖旨，加重治罪。

至大二年九月□日，尚書省欽奉詔書內一款：

風憲爲紀綱之司，民生休戚，官政廢舉，關係非輕。御史臺戒飭監察御史、廉訪司，體承美意，協贊治功。所司奉詔不虔，並行究治。

至大四年四月□日，住罷銀鈔銅錢詔書內一款：

風憲之官，職膺耳目，糾劾百司。凡政令之從違，生民之休戚，言責所關，寔要且重。惟今百度載新，圖治伊始，式遵世祖皇帝以來累朝成憲，各揚乃職，以肅政綱。

《元典章》卷五《臺綱·內臺·設立憲臺格例》　至元五年七月，欽奉皇帝聖旨：今委塔察兒爲頭行御史臺事，合行條畫，區處于後。

一、彈劾中書省、樞密院、制國用使司等内外百官奸邪非違，肅清風俗，刷磨諸司案牘，并監察祭祀及出使之事。

一、中書省、樞密院、制國用使司凡有奏稟公事，與御史臺官一同聞奏。

一、諸訴訟人等，先從本管官司陳告。如有冤抑，民户經左右部，軍户經樞密院，錢穀經制國用使司，如理斷不當，赴中書省陳告，究問歸着。若中書省看循或理斷不當，許御史臺糾彈。

一、諸官司刑名違錯，賦役不均，擅自科差，及造作不如法者，委監察糾察。

一、應合遷轉官員，如任滿不行遷轉，或遷轉不依格者，委監察糾察，仍令監選。

一、非奉朝命，擅自補注品官者，委監察糾察。

一、隨路總管府、統軍司、轉運司、漕運司、監司、及太府監并應管財物造作司分隨色文帳，委監察每季照刷。

一、官爲和買諸物，如不依時價，冒支官錢，或其中尅減給散不實者，委監察糾察。

一、諸官吏將官物侵使或移易借貸者，委監察糾察。

一、諸官吏乞受錢物，委監察糾察。

一、諸院務監當官辦到課程，除正額外，若有辦到增餘，不盡實到官者，委監察糾察。

一、應營造役工匠之處，委監察隨事彈糾。

一、諸衙門有見施行枉被囚禁及不合拷訊之人，并從初不應受理之事，委監察從實體究。如是實有冤枉，即開坐事因，行移元問官司，即早歸結改正。若元問官司有違，即許糾察。

一、諸囚禁非理死損者，委監察隨事推糾。

一、諸承追取合審重刑，及應照刷文案，若有透漏者，委監察糾察。

一、諸鞫勘罪囚，皆連職官同問，不得專委本廳及典吏推問。如違，仰監察糾察。

一、職官若有老病不勝職任者，委監究體究。

一、諸官吏若有廉能公正者，委監察體察得實，具姓名聞奏。如有汚濫者，亦行糾察。

一、諸公事行下所屬而有枉錯者，承受官司即須執申。若再申，不從不報者，申都轄上司。不從不報者，委監察糾察。

一、私鹽酒麴并應禁物貨、及盜賊生發藏匿處所，若官司禁斷不嚴，緝捕怠慢者，委監察隨事糾察。

一、沮壞鈔法澁滯者，委監察糾察。

一、虫蝻生發飛落，不即打捕申報，及部内有災傷，檢視不實，委監察並行糾察。

一、諸孤老幼疾人貧窮不能自存者，仰本路官司驗實，官爲養濟。應養濟而不收養，或不如法者，委監察糾察。

一、户口流散，籍帳隱没，農桑不勤，倉廪減耗，爲私蠹害，黠吏豪家兼併縱暴，及貧弱冤苦不能自伸者，委監察並行糾察。

一、諸求仕及訴訟人，若於應管公事官員私第謁託者，委監察糾察。

一、諸官府如書呈往來者，委監察糾察。

一、諸官吏入茶坊、酒肆者，委監察糾察。〔監察不在此限。〕

一、在都司獄司，直隸本臺。

一、從軍征討或在鎮戍，私放軍人還者，及令人冒名相替，委監察並行糾察。

一、軍官凡有所獲俘馘，申報不實，或將功賞增減隱漏者，委監察並行糾劾。

一、邊境但有聲息，不即申報者，委監察隨即糾劾。

一、邊城不完，衣甲、器仗不整，委監察並行糾彈。

一、諸監臨之官，知所部有犯法不舉劾者，減罪人罪五等。糾彈之官，知而不舉劾者，亦減罪人罪五等。

一、諸違御史臺旨揮，及上御史臺訴不以實，或訴訟人咆哮陵忽者，並行斷罪。

一、應有合奏稟事理，仰本臺就便聞奏。

一、該載不盡應合糾察事理，委監察並行糾察。

《元典章》卷五《臺綱・内臺・體察人員勾當》 御史臺咨：至元十四年五月十五日本臺官奏：俺御史臺裏、監察裏、按察司裏勾當的人每，勾當其間裏，省家俺根底不商量了呵，勾當得麽道，便遠處使唤有。奉聖旨：這的休疑惑者。您根底勾當的人每，您根底不商量了呵，休與者。欽此。

《元典章》卷五《臺綱・内臺・臺察咨稟等事》 至元二十四年三月，行臺准御史臺咨：承奉中書省劄付：葉（季）〔李〕呈：於二月十五日奏過下項事理，具呈照詳事。都省除外，今將本臺合行事理開坐前去，依聖旨事意施行。承此。本臺除外，咨請欽依施行。

一、御史臺，天子耳目之官，常程事務，可以呈省。至若監察陳言，外臺咨稟，事關軍國，利及生民，便合奏聞，以廣視聽，不應一例呈省送部講究，遂成文具。合依至元五年立臺條畫：應有合稟事理，仰本臺就便聞奏。上件事已於至元二十三年香殿有時分奏准。今再題奏，欽奉聖旨：交那般行者。

一、御史臺、按察司、監察御史，係糾彈衙門官吏，正己方可正人，不應受贓出首。今後有犯人，比之有司官吏加罪一等，經赦不赦，經減降不減降。外，有倚恃衙門氣力，爲人營求職名，把握公事，乞嚴行禁止。又據臺掾、按察司書史、書吏、奏差人等，選擇通曉法理、有行止、不作過犯人勾補，毋得捏合根脚。源清則流清，百官自正。奉聖旨：哏道的是也，交疾忙那般行者。欽此。

《元典章》卷五《臺綱・内臺・監察則管體察》 行御史臺准御史臺咨：至元二十二年十月二十一日，也可怯薛第一日，香殿前面有時分，本臺奏事畢，奉聖旨：忙古歹説監察的勾當，是誰説來？怯里馬赤阿散説：忙古歹教我説來。道：俺尋出錢來問的其間裏，監察每入去有。問的人每根底將去有。奉聖旨：玉速帖木兒，你那裏底伴當每根底説將去者。他每尋錢的其間裏，休入者，監察每則管體察者。欽此。

《元典章》卷五《臺綱・内臺・監察合行事件》 至元二十五年三月，行御史臺准御史臺咨：近奏准，赴尚書省議到監察御史合行事理。

於至元二十五年二月初二日，白寺裏北裏阿答必察迭兒裏，相哥丞相爲頭尚書省官每、玉速帖木兒大夫爲頭臺官每、一同奏讀過，奉聖旨：准。欽此。

一、諸官府文卷，在先每季照刷。其監察御史刷夏季者不照春季，刷秋季者不問夏季，其間錯失不能盡知。議得：今後上下半年通行照刷，事有違錯，若不爲盡心、透漏刷過者，量事輕重治罪。

一、凡察到公事，合就問者就問。事干人衆，申臺呈省。

一、諸官府見問未決之事，監察御史不得輒憑告人飾詞，取人追卷。候判決了畢，果有違錯，依例糾彈。其罪囚有冤，隨即究問。

一、監察御史察到不公人員，本管官司，有占悋不發者，究治。

一、監察御史任滿，驗所言事件小大多少，定擬陞降。

《元典章》卷五《臺綱・內臺・整治臺綱》 大德十一年十月十五日，欽奉聖旨節該：世祖皇帝立御史臺，中書省、樞密院、制國用使（用）〔司〕，內外但是勾當裏行的官人每，使見識行無體例的勾當呵，體察者。肅清百姓每的風俗，照刷各衙門的文卷者。麽道，教行呵，於民便益來。如今，脫脫奉國公、右丞相爲御史大夫，只兒哈郎爲御史中丞，整治臺綱者。麽道，委付了也。不以是何軍、站、民、匠管着的官人每，不用心撫治，率斂錢物，無體例橫斜差役的上頭，百姓每生受有。係官錢糧、造作物料內，克落侵盜的，移易借貸的，覷面皮，要肚皮，教百姓每生受，不公不法的官吏每根底，監察每，肅政廉訪司官人每，用心依體例體察的每根底，添與他每名分。他每無體例差池了呵，告的人每依着在先聖旨體例裏，御史臺裏，（者）〔告〕者。監察每、肅政廉訪司官每，體察不出來的勾當，問的其間，不揀誰休阻壞者。這的每道這般宣諭了也，麽道，別了體例行呵，他每不怕那甚麽？但有合行的勾當，依着在先行來的聖旨體例裏行者。各自委付着的勾當裏，用心向前行者。麽道，衆人每根底宣諭的聖旨行了也。聖旨俺的。羊兒年十月十五日。

《元典章新集至治條例・朝綱・御史臺・紀綱・整治臺綱》 延祐六年十二月初四日，欽奉聖旨：

中書省爲頭內外大小衙門官人每根底、衆百姓每根底宣諭的聖旨：世祖皇帝立御史臺，彈劾中書省以下內外但凡勾當裏委付著的官吏贓污不法、奸邪非違，肅清風俗，刷磨諸司案牘。行呵，益國便民有來。近來以來，委付着的官人每，勾當裏不肯用心行，要肚皮，壞政事，積漸的多了，教百姓每哏生受有。監察、廉訪司官不曾盡心糾彈上頭，與初立御史臺體例不斷似有。今命月魯律那顏子廣平王脫禿哈、塔察兒大夫孫帖木兒不花爲御史大夫，整治臺綱，委付了也。不以是何大小勾當裏行的官吏，更近行的每不揀是誰，軍、民、站赤、錢糧、選法、刑名、造作中間，做賊說謊、要肚皮、覷面皮、做無體例勾當、交百姓生受的，監察御史、肅政廉訪司官人每用心體察者。又做罪過來的人每使見識，教上來，休問，放了者麽道，似這般一面飾詞，不揀誰休奏者。傳來的聖旨有呵，休行者。更內外勾當裏委付着、並近行的人每自己其間，影蔽着係官錢糧，尅落了的，做無體例勾當的，御史臺官人休問，他每自識麽道與來的執把聖旨，革了者。御史臺官人每、監察、廉訪司官每，依在前體例問者。但有印信衙門文卷，依體例都照刷者。益國便民勾當，題說者。內外大小官吏不公不法、蠹政害民、別了體例的每根底，監察、廉訪司官每盡心體察行的，添與名分者。明知道，不肯糾彈呵，有罪過者。官吏每無體例勾當做了的，說監察、廉訪司官每枉問了斷罪來麽道，告的人有呵，依在前體例，御史臺裏告者。外頭有的，行臺裏告者。問的是實呵，被告的官吏每依體例要罪過者。虛呵，告的人每加等斷罪者。臺察裏勾當，不揀誰休入去者，休沮壞者。這般宣諭了呵，別了的人每根底，要罪過者。他每卻別了體例行呵，不怕那甚麽？更風憲裏合有整治勾當呵，從新整治者。凡有合行事理，照依立御史臺以來累降條畫、聖旨體例行者。聖旨。羊兒年十二月初四日。

又

至治元年□月□日，江南行臺准御史臺咨：

延祐七年三月二十三日奏過事內一件：世祖皇帝初立御史臺，彈劾中書省以下內外大小諸衙門官吏人等奸邪非違，肅清風俗，刷磨諸司案牘，做耳目委付着來。又，監察、廉訪司官明知道不公不法的，不糾彈呵，有罪過者。麽道，行了聖旨有來。在先月魯律那演爲頭臺官每奏：自中丞以下至監察御史，國家政事得失、生民休戚，但有省得的勾當，交題說呵，不空喫了俸錢。麽道，奏呵，奉世祖皇帝聖旨：俺每有的不是呵，也說。麽道，這言語道的是。恁說的是呵，行也者。不是呵，休行者，那裏肯教損着恁？俺根底說呵，別人根底怎生肯放過？說有來，桑哥事敗之後，月魯律那演等臺官每既說：您根底見的眼、聽得的耳朵委付着呵，爲甚麽不先說來？待要罪過呵，饒了來。如今皇帝新登寶位，大勾當裏更索向前出氣力行有。俺是糾彈的衙門，別了皇帝札撒、做賊說謊的人每不愛，沮壞臺綱的人多有。臺事行不的呵，做罪過的人多了，百姓每生受有。皇帝可憐見呵，臺家勾當裏添氣力交行的，上位識者。奏呵，奉聖旨：那般者。依着在先體例裏，在意行者。是呵，行也者。不是呵，您根底那裏肯交損着。麽道，聖旨了也。欽此。咨請欽依施行。

《元典章新集至治條例・朝綱・御史臺・體察・體察官員害百姓》 延祐七年四月□日，江西行省准中書省咨：

御史臺呈：延祐六年十二月二十四日，本臺官特奉聖旨：內外委付着的官人每、管民官每，做無體例勾當，交百姓多生受不安，好生失治有。麽道，我聽知說有。我尋思來，內外委付著的官人每、更管民官每，做無體例勾當，交百姓每生受的，因着監察御史、廉訪司官每不肯用心體察的上頭，這的每做賊說謊、要肚皮、交百姓每生受的緣故，是這般有。如今恁各處行將文書去，交監察、廉訪司官每用心體察行者。麽道，聖旨了也。欽此。都省咨請欽依施行。

《元典章新集至治條例・朝綱・御史臺・追問・僧尼誣告官吏廉訪司追問》 至治元年二月□日，江南行臺准御史臺咨：

來咨：浙江道廉訪司申：欽奉聖旨節該：杭州立了行宣政院衙門，文卷監察每照刷者。欽此。除欽依外，照得行宣政院杭州置司，正係本道親臨。其僧尼往往赴司陳告有司官吏人等取受不法，數內干連僧人必合勾問，或有涉虛，例應抵罪。若便區處，緣無奉到明白遵守通例。緣係爲例事理，咨請照詳。准此。呈奉中書省劄付：送據刑部呈：議得：各道廉訪司按問大小官吏人等取受不法不公，若僧尼告論有司官吏人等取受等事，如其干連僧尼有誣告之人，廉訪司既係受理元問官司，即與僧俗爭競事理不同。合准御史臺所擬，從廉訪司就便勾追取問歸結相應。具呈照詳。得此。准呈。除外，都省仰依上施行。

《元典章新集至治條例・朝綱・御史臺・照刷・照刷宣徽院文卷》 延祐七年五月□日，江南行御史臺准御史臺咨：承奉中書省劄付：

延祐七年四月十一日特奉聖旨：宣徽院裏出入的錢糧浩大，不教照刷文卷呵，怎中？您行與臺家文書，前者行了的赦前的文卷，休教照刷者，今後宣徽院並它每管着的司屬的文卷，依體例交照刷者。麽道，聖旨了也。欽此。省府除外，合下，仰照驗，仰欽依施行。

《元典章新集至治條例・朝綱・御史臺・照刷・照刷徽政院司屬文卷》 延祐七年十一月□日，江南行臺：

准御史臺咨：延祐七年六月二十七日奏奉聖旨節該：徽政院所轄外頭但有印信的諸司衙門，雖是辦着財賦、錢糧、造作一切事務呵，與有司相關的公事多有。若不按治照刷呵，好生不便當有。依着行臺監察每說將來的，將它每的文卷依體例按治照刷呵，怎生？奏呵，您哏說的是有。徽政院所轄外頭但有印信的衙門文卷，依體例照刷者。麽道，聖旨了也。欽此。咨請欽依施行。准此。仰欽依施行。

《元典章新集至治條例・朝綱・御史臺・照刷・延祐七年革後稟到刷卷例》 延祐七年八月□日，江西廉訪司奉〔行〕臺劄：

准御史臺咨：奉中書省劄付：來呈延祐七年三月十一日革後稟例，送刑部，照擬到下項事理。都省准呈，仰依上施行。承此，請依上施行。准此，仰依上施行。

一、延祐七年三月十一日以前，諸司文卷干礙錢糧、婚姻、田宅、驅良等事，及不該釋免重刑，一切應改正事理，合無指卷照刷？刑部照得延祐四年二月十二日呈准中書省劄付：御史臺呈：照得大德十一年六月二十四日奏過事內一件云至大四年革後稟取受例內指卷照刷一款。已經照會。今承見奉，本部議得：上項事理，合依前例指卷照刷相應。

（元）趙承禧《憲臺通紀・御史臺陞正二品》 至元二十七年，尚書省劄付三月十七日奏：御史臺官人每俺根底與文字：至元二十一年火魯火孫那底，皇帝根底奏了，御史臺衙門做了正二品，自月兒魯那演以下官人每根底，品從各添與了一等來。這裏的二品衙門的官人每的品從，從上至下挨次着有，俺御史臺官人每，中丞之下四品的無有。如今侍御史做正四品，治書侍御史做正五品，首領官三個都事有，教一個做從五品的經歷。說有。俺商量得：依着他每說來的，各添一等品從。三個都事內，教一個達達都事與別個的一體做經歷，與宣呵，怎生？麼道奏呵，那般者。麼道聖旨了也。欽此。仰照驗。承此。依上將達達都事秀才陞充經歷。

（元）趙承禧《憲臺通紀・更令史為掾史》　皇慶元年七月二十一日，中書省付：特奉聖旨節該：集賢院從一品衙門，令史的名兒，改做掾史者。欽此。都堂鈞旨，送吏部議：御史臺呈，衙門既陞從一品級，本臺令史改稱臺掾，以此參詳。本臺既與集賢院同品，如蒙改稱掾史相應。

（元）趙承禧《憲臺通紀・御史臺復陞從一品》　延祐七年四月十四日，本臺官奏：俺與廣平王脱禿哈大夫，一處商量了奏有：近間爲衙門冗濫，驟陞品職的教減降有。御史臺元是二品有來。曲律皇帝聖旨、普顔篤皇帝潛邸聖旨：御史臺與樞密院一般。教陞做從一品呵，怎生？麼道奏呵，奉普顔篤皇帝聖旨：我和太后一處商量來，索甚麼降有？則依舊者。麼道聖旨有來。俺商量來：御史臺是糾彈別人的職分有，減降的勾當，先從俺合説有，依舊做二品的，上位識者。奏呵，奉聖旨：索甚麼那般説有？集賢院、翰林院也先是從一品有，御史臺在先是從一品有來，只依舊做從一品者。麼道聖旨了也。欽此。

（元）趙承禧《憲臺通紀・作新風憲》　天曆元年九月二十五日，本臺官奏：近日委付俺，教交整治臺綱者麼道聖旨有來。俺商量的合整治的勾當有幾件，合題奏有：欽奉世祖皇帝，累朝聖旨，御史臺勾當其間，諸人不得入來攪擾沮壞。聖上初登寶位，凡有諸人轉行托請近侍等官，聞奏索要風憲名分。贓罰錢物的人有也者，那般人有呵，與在先體例不厮似有。今後臺裏大小一切事務，禁止諸人不許入來攪擾，風憲名分，贓罰錢物亦不得奏索。這般行呵，皇帝大福廕裏，風憲肅清，臺察的事行的也者。俺與省家文書，照依在先體例行呵，怎生？奏呵，那般者。麼道聖旨了也。欽此。

一、自立臺以來，委付都事呵，於各道廉訪司僉事內選用有來。曾（授）〔受〕宣的，除各道副使；（授）〔受〕敕的，止除僉事有來。近年（授）〔受〕宣的，（授）〔受〕敕的教做都事委付了呵，不論他每月日，便除做各道副使有。似這般呵，窒礙選法，都想望着要做都事的多去也。今後依在先體例，曾（授）〔受〕宣的，除副使，（授）〔受〕敕的除僉事呵，怎生？奏呵，奉聖旨：（授）〔受〕敕入來的，出去呵，僉事裏除者；（授）〔受〕宣入來的，出去呵，副使裏除者；資品不到的除副使呵，廣裏除者。聖旨了也。欽此。又特奉聖旨：臺經歷有根腳，資品散官到的，監司裏除者；無根腳，資品不到的，副使裏除者。更資品散官不到的呵，除監司，交遠方去者。委付臺都事呵，秀才吏道內，各用一員者。麼道聖旨了也。欽此。

一、初設立各道廉訪司，特奉世祖皇帝聖旨，委付的官員，蒙古、畏兀兒、河西、回回這四等人與漢人相參着委付有來。近年以來，不依在前體例，一色人內委付兩個三個的上頭，哏壞事有。今後只依世祖皇帝定制，蒙古色目內各用一員，與文字漢人相參委付，依在先體例行呵，怎生？奏呵，奉聖旨：正蒙古人，重委付一個呵，也中。其餘各色目內，止用一員者。聖旨了也。欽此。

一、臺裏蒙古必闍赤、怯列馬赤，月日滿了呵，事上行的好呵，除行臺監察御史的也有來。漢人充蒙古必闍赤、怯列馬赤的也有，將他每一例除做監察呵，寫不的彈章，刷不的文卷，於事上好生不便當有。今後除蒙古、色目外，漢人不通儒吏的月日滿呵，俺呈與省家，依體例定奪，與他每勾當呵，怎生？奏呵，奉聖旨：那般者。又奏：初立廉訪司時分，革了四個書吏，改做一員照磨管勾，專管架閣庫文卷，收掌贓罰錢物，文資相應人內選用來。近年以來於臺宣使、知班並色目人內一概委付有，與初立廉訪司事意不同。今後各道照磨有闕呵，依着在先例，通曉儒吏相應人內委用，做體例行呵，怎生？奏呵，奉聖旨：那般者。欽此。

一、昨前奉聖旨，各道廉訪司書吏，於職官、路吏、教授、下第舉人內教行者。遊學、歲貢秀才，休用者。麼道有聖旨呵，俺商量來：各道書吏，額設着一十六名。今後有闕呵，於終場下第舉子內用四名，教授內用四名，路司吏內用四名，通吏職官用四名。須要無過犯，行止廉慎，通達政務。照依舊例，委文資正官試驗相應，方許收補。如所舉不當，或不依例選取，從監察御史糾彈，罪及舉官。似這般選取，做體例行呵，於風憲便有。奏呵，奉聖旨：是有。用終場下第舉子四名，教授二名，路司吏五名，通吏職官五名，其餘依您奏的，今後做體例用者，麼道聖旨了也。欽此。

一、自世祖皇帝以來，廉訪司官、書吏犯贓呵，教斷没當房家産有來。次後奉完澤篤皇帝聖旨：廉訪司官吏有罪過呵，比之常人加等要罪過者。麽道説來，不曾革了斷没的體例。近年各道官吏犯贓、玷壞風憲的，也只加等斷罪呵，比世祖皇帝聖旨不厮似有。南臺幾遍合依着世祖皇帝定制行麽道咨將文書來有。俺商量來：如今整治其間，依着南臺題説將來的，今後廉訪司官吏但犯贓呵，依着世祖皇帝聖旨，要了合得罪過，斷没他每的當房家産呵，不壞了風憲，犯贓的少也者。奏呵，是有。那般行者。麽道聖旨了也。欽此。

（元）趙承禧《憲臺通紀・不許犯分糾言》 至元元年十一月二十六日，本臺官奏：監察每文書裏題説：檢會得《風憲宏綱》内，至元五年世祖皇帝立御史臺條畫内一款：彈劾中書省、樞密院、制國用使司等内外百官奸邪非違，肅清風俗，刷磨諸司案牘，並監察祭祀及出使之事。又照得至元十四年立行御史臺條畫内一款：彈劾行中書省、宣慰司及以下諸司官吏奸邪非違，刷磨案牘，委行臺監察，其餘諸官府，並委提刑按察司者。麽道有聖旨來。如今擬合申明舊章，各司乃職。説有。又元統三年三月，内監察御史文書裏説：近年以來，各道廉訪司官不率舊章，違禮犯分，互相糾言的多有，廉訪司官言臺臣的也有，體統不厮似。今後廉訪司官事干聲跡的，從監察御史體究。若有似前隔越道分，互相糾言，違禮犯分呵，並聽黜罷。麽道説有。依着監察每説的做例行呵，怎生？麽道，奏准。欽依聖旨體例，行移與兩臺各道廉訪司文書來。俺商量來：設立臺察衙門，專以糾劾，内外分治，各有攸司。今後内外臺察的勾當，果有題説的，依例題説也者。糾彈的勾當説呵，臺裏世祖皇帝立定的宏綱體例明白有。如今行與各道文書，欽依始初建立御史臺聖旨體例，教遵守行呵，怎生？奏呵，奉聖旨：這般宣諭了，隔越犯分，互相糾言呵，他每的言語休行者。他每也風憲裏怎生行？麽道聖旨了也。欽此。

（元）唐惟明《憲臺通紀續集・風憲親問》 至元四年正月初一日，欽奉詔書内一款節該：内外監察御史、各道廉訪司官一應公事，職所當爲者，往往委官追問，中間事有輕重未便，今後必須親問。欽此。

（元）唐惟明《憲臺通紀續集・贓誣風憲》 至元五年四月初九日，本臺官奏：俺根底監察御史文書裏説：刑者輔治之具，用之欲其得中，輕則失之寬縱，重則至於慘酷，二者皆非弼教之義。風憲官吏取受，比之常人加等斷罪，流遠，籍没家産，俱有定例，果其真犯，死有餘辜。比年以來，各處有司貪縱之徒，贓汙狼藉。憲司所至之處，或方受狀，或方取問，巧生奸計，以錢物置之床榻之間，以金珠投之户牖之下，彼憲司官豈能早見預防？謂之有失鈐束，致使而然，因而黜退，遂使奸計得逞。彼有司之所犯，輕者罷役，重者追奪，乃以贓誣憲司，自脱解危。及事發之後，止坐以不應，所謂失之寬縱者此也。今後若有如此所犯，其憲司官能自舉覺，就便取問明白，議擬移牒總司，反坐贓罪。其分司官，不得因而遽回，以妨巡歷。既自舉明其事，難坐有失鈐束，宜縱憲臺聞奏，遍行各處，以勵中外，庶小人之計無以自行，風憲之氣少伸。麽道。俺商量來：依着監察御史每説的，遍行中外，爲例遵守呵，怎生？奏呵，奉聖旨：那般者。麽道聖旨了也。當日，教火者禿滿迭兒太皇太后前啓呵，那般者。麽道傳懿旨來。欽此。

（元）唐惟明《憲臺通紀續集・作新風憲制》 至元六年八月初一日，欽奉聖旨：中書省、樞密院、御史臺、行中書省、行樞密院、行御史臺官人每根底，宣慰司、肅政廉訪司、轉運司官人每根底，管民官、管軍官，〔一〕應内外諸司大小官吏人等，宣諭的聖旨：洪惟世祖皇帝有天下以來，設置臺憲，膺耳目之寄。糾劾奸貪，肅清風化，審理冤滯，刷磨案牘，乃綱紀之成規，宜忠良之振翼。今命怯薛官，宣徽院使別理怯不花，嶺北省平章也先帖木兒，並爲御史大夫，振舉臺綱。凡軍民士庶諸色户計，所司失於撫字，致使困苦，或冤滯不理，官吏侵盜，贓汙不法，及朝廷得失、軍民利病，仰監察御史、肅政廉訪司用心糾言，可採則行，不可則止，並無罪責。凡風憲行事其間，諸王駙馬不揀誰休入侵擾沮壞者。又内外勾當裏行的並近侍人等，做了罪過，巧使見識，欲逭官刑，教上來者，臺察官休問，他每自問。麽道似這般今後不揀誰休奏者，傳來的聖旨有呵，休行者。別了的人每要罪過者。這般宣諭了呵，風紀之司，恃此妄行，寧不知懼？所有合行事理，款陳於後：

一、立御史臺、行御史臺，彈劾中書省樞密院以下内外諸司官吏奸邪非違，刷磨案牘，審理冤滯，並依舊制。

一、各道廉訪司官，期於照刷盡心，按治有法。俾一道肅清，乃爲稱職。若或苛細闇於大體，仰巡行監察御史具實糾呈。書吏、奏差役專案牘，若不守成憲，敗壞風紀，從司官就便黜退。行能無取者，不許申貢。未補人數，許在籍聽候，挨次取補，不得於置司處守闕。

一、監察御史、肅政廉訪司察出諸衙門公事，除行省官、首領官、鹽茶轉運司官、首領官申臺，其餘合追問者，所司毋得占吝不發，違者究治。

一、設官分職，各有攸司。今後諸衙門不得奏委監察御史、肅政廉訪司一同追問公事、收捕盜賊等事。

一、監察御史、各道廉訪司按臨去處，照刷審理，務要盡心，毋使冤濫。仍督責有司，須要公事辦集，錢糧成就。奉行不至者，黜退。

一、曾經監察御史、廉訪司糾問，犯贓斷革官吏人等，無得摭拾贓污元問元言官吏。果有冤抑，在內赴御史臺，在外赴行臺陳訴，違者仰監察御史糾察究治。革後稱冤，並仰革撥。

一、諸訴訟人等，先從本管官司自下而上陳告。或理斷不當，遷延不決，在內經由省部，在外赴行省宣慰司陳訴，違者監察御史、肅政廉訪司糾察治罪。

一、凶徒惡黨，累曾經斷之人，事非干己，風聞公事，妄搆飾詞，論告官吏，沮壞官府，仰監察御史、肅政廉訪司並行究治。

一、蒙古、漢人學校爲育材之地，農桑乃衣食之本，水利水害，尤切於民。近年以來，有司官府失於提調，以致學校廢弛，農桑闕誤，水利不便。今後仰所司提調正官用心勉勸，務要有成，毋爲文具。監察御史、肅政廉訪司常加覺察。

一、比年以來，內外舉人，殊無事實，臧否混淆，難於去取。自今伊始，監察御史、廉訪司應保廉能最官，及五事全備，有異政可任風憲者，須具著明實跡，並復察官姓名，結罪申呈，以備擢用。但犯贓私，連坐舉官，所舉得人，量加陞擢。

一、欽惟世祖皇帝臨御以來，勵精求治，事有不便於國、害及於民者，許諸人上書言事。可採者量加旌賞，言不可採者，並無罪責，載諸簡冊。其於激引言路，可謂極矣。今後監察御史、廉訪司官並依世祖皇帝舊制，極言所見，毋曠厥職。

〔一〕、諸告言官吏取受不公不法等事，須候本宗公事結絶，及自身上乾淨了，方許陳告。諸衙門不得受理。違者許監察御史、廉訪司糾治。

一、廉訪司首領官果有違枉，毋得互相訐舉。違者從巡行監察御史具實糾察，風憲不許復用。

一、其餘該載不盡事理，並依世祖皇帝立御史臺以來累降聖旨事意施行。

（元）唐惟明《憲臺通紀續集・勉勵臺察》 至元六年九月初七日，別理怯不花怯薛第一日，三疙疸納鉢裏有時分，哈麻殿中傳奉聖旨：昨前爲頂住的上頭，監察御史動文書有來，恁奏呵，不曾教行有。爲那上頭，監察御史納了印，辭職了麽道。如今我好生尋思呵，是監察御史合做的勾當有。今後監察御史言人呵，無實跡的勾當休説者。世祖皇帝行來的聖旨：監察御史題説的是呵，行也者，不是呵，那裏肯損着他每。麽道聖旨有來。如今玉樞虎兒吐華等監察御史依舊還職，但凡題説的言語，休愛惜，依先例題説者。麽道傳聖旨來。欽此。

（元）唐惟明《憲臺通紀續集・御史職專體察》 至正元年三月十三日，本臺官傳奉聖旨：省、院、臺、宗正府、翰林院官一處，將丑漢的勾當問者。麽道傳了聖旨來。立臺呵，爲體察的上頭立著有來。依前例，教他每問俺體察呵，怎生？麽道奏呵，奉聖旨：審囚去呵，監察御史一處，不去那甚麽？聖旨有呵，臺官又奏：審囚去的是體問的事有，這勾當裏一處問事呵，初問的事有，倘或有差錯呵，教誰體察有。則教他每問了的，後頭教俺體察的，聖旨知道也者。麽道奏呵，那般者。麽道聖旨了也。欽此。

（元）唐惟明《憲臺通紀續集・作新風憲制》 至正三年三月十二日，欽奉聖旨：諭中書省、樞密院、內外百司官吏人等：世祖皇帝立御史臺，膺耳目之寄，振肅紀綱，表正官府，繩糾奸貪，審理冤滯，考覆文牘，諮詢民隱。由朝廷以及萬方，清風俗而正憲度，治道所繫，委任匪輕。今命御史大夫伯撒里，御史大夫也先帖木兒，首振臺綱，作新風憲。中外之臣，恪守成規，毋曠厥職。其有不公不法，蠹政害民者，監察御史、肅政廉訪司糾按。事效着明，別加陞擢。若乃循私受賄，斁敗憲綱，加重論罪，已有定制。聲跡不佳，即聽注代。風憲追問之際，諸王附馬並各衙門及近侍人員，毋得侵擾沮壞。繼自今以往，風紀臣僚，其遵守成憲，務在必行，毋爲文具。合行事理，條列於後：

〔一〕，在內御史臺，彈劾中書省、樞密院等內外百司奸邪非違；在外行御史臺、廉訪司，彈劾行中書省、宣慰司以下諸司官吏奸邪非違。凡察出諸衙門公事，除行省官、首領官，茶鹽運司官、首領官申臺，其餘合追問者，所司即便發遣，務在明於分守，以振憲綱。

一、監察御史、廉訪司官舉薦廉能官員可任風憲者，須具德望才能，施於有政，蹟效昭着，惠利及民。具實保結舉明，移文同僚覆察，備具舉察官姓名，呈臺登薄，以備選擢，毋涉泛濫。

一、內外監察御史，今後守省體覆聲跡，不過九月初旬，必須遍歷事畢方許回還。

一、各道分司，以時巡歷，所務咨詢民庶利病，舉察官吏貪廉。今後每歲須以八月中出巡，次年四月中還司，仍具出巡還司日期申臺。夏季審囚，不過六月初旬，重囚催督有司疾早依式結案，輕囚即與疏決，具審斷過起數開申。如托故愆期，及巡歷未遍，事應結絶而以小節故延其事，從監察御史體察糾劾。書吏斷罪黜退，分巡書吏，奏差回避元籍先役處所。

一、學校育材之地，農桑衣食之本。水利水害，民政之先務也。有司官府不能舉職，以致廢弛。仰監察御史、肅政廉訪司所至之處，勉勵覺察，務臻成效，毋事虛文。

一、風憲官無故不得擅自離職。其已除官員，驗治裝月日，地里遠近，須要到任。如果必合回避，具實申臺。妄稱事故回還，及違期不即赴任者，風憲毋得録用。

一、糾言官吏，已有成憲。今後事在赦前，罪既遇原，不在糾劾之限。其風憲官吏，罪跡明白，並聽糾察。

一、設官分職，各有攸司。御史臺官、監察御史、肅政廉訪司，肅清風化，辯理冤滯，體覆體察，建言糾劾，乃其職也。今後不許與各衙門追問公事，監捕盜賊。

一、曾經監察御史、廉訪司糾問責斷之人，不得挾讎摭拾，言告元問官吏。果有稱冤事理，在內赴御史臺，在外赴行臺陳告，別行委官歸問。實有冤抑，隨時改正，元問官吏量事輕重究治。若元問是實，加等斷罪。

一、其餘風憲合行事理，並依世祖皇帝立御史臺以來累降聖旨條畫施行。

（元）唐惟明《憲臺通紀續集・辯明不覆察》 至正三年四月初六日，本臺官奏：在先，監察御史動文書彈劾的人行辯明改正呵，無覆察的文書呵，休教奏者麼道奏着有來。俺商量來：似這般行呵，事上窒礙的一般有。今後監察御史辯明改正的文書，俺看了是實呵，不着覆察。依前例教行呵，怎生？奏呵，那般者。麼道聖旨了也。欽此。

（元）唐惟明《憲臺通紀續集・御前開拆》 至正七年正月初五日，本臺官奏：監察御史文書裏說：欽惟世祖皇帝立御史臺，以爲耳目之寄、紀綱之托，不爲不重。設監察御史三十員，振揚中外，糾劾奸邪，事關機密重事，許從上聽，取自聖裁，實我皇元累朝之令典，載在方册，昭然有考。若以監察御史所言重事，令臺臣開視，然後聞奏，不惟上下之情不通，恐負世祖皇帝始設諫官之美意。如蒙聞奏，今後監察御史所言機密重事，必合上聽者，遵依世祖皇帝舊制，仍復御前開拆，公道幸甚。麼道說有。俺商量來：監察御史題說的是的一般有。皇帝開讀的詔書上並依世祖皇帝舊制，行的其間御前開拆，關係機密重情有。今後若有御前開拆的文書呵，御前開拆呵，怎生？奏呵，奉聖旨：監察御史每題說的是有。關係國家重事，依世祖皇帝舊制，咱每前面開也者。除這的外，彈劾人的文書並其餘的勾當有呵，恁臺官分揀着可行的奏者，不可行的休奏者。麼道聖旨了也。欽此。

（元）唐惟明《憲臺通紀續集・掾吏毋言官長》 至正七年三月二十四日，本臺官奏：監察御史文書裏說：禮分之端既明，風俗之本自厚。竊見幕職及爲掾吏者，多與同僚官長議論不同，常懷仇怨，及居風憲御史，輒誣言已前官長。冤屈莫伸，是非難辯，每每有此。今後嘗爲幕職及掾吏者，不得妄言已前同僚官長，庶革澆薄之風，以厚教化之本。麼道說有。俺商量來：依着監察御史題說的教行呵，怎生？奏呵，奉聖旨：那般者。欽此。

（元）唐惟明《憲臺通紀續集・糾言辯明》 至正七年五月二十七日，本臺官奏：監察御史文書裏說：切惟御史之官，以言爲責。言之可採，允自宸衷，言不可採，並不加罪。此列聖不易之規，諫官世守之法。事涉追問、照刷，書吏司文之言關機密，糾彈不與，不惟漏泄是防，實乃體統所繫，使書名於紙背，尤憲式之所無。凡開洗滌之門，誠慮吏民之枉，或尤辯者之濫，良宜分揀以行。一概置之不論，冤者何由得雪。且人之冤抑，寧有尊卑？今吏人不許辯明，是微者獨無冤抑，豈理也哉。今後莫若令監察御史、廉訪司官，凡糾言辯明，無分有司。風憲官吏及相該官長，奸惡必合糾言者，開具實迹糾言。冤抑必合辯明者，詳察情狀辯明。言官除坐罪之條，書吏去與事之弊。庶幾是非公而黜陟平，言路通而綱紀正。如蒙聞奏，公道幸甚。麼道說將來有。俺商量來：依着監察御史每題說來的教行呵，怎生？奏呵，奉聖旨：爲這的每上頭題說的言語不斷似呵，傷他每呵，如何中？將無罪過的好人入罪言的每根底是的不說，倚恃著氾濫言呵，咱每怎麼分揀，奬進好人，黜退歹人呵，這的是整治百姓緊要的勾當有。今後尋趁著誣枉將好人每入罪說的人每根底，恁將御史每言來的是的不是的，分揀了奏呵。輕重的我識也者。其餘依着監察御史每題說的行者。麼道聖旨了也。欽此。

（元）唐惟明《憲臺通紀續集·越道彈劾》　至正七年正月二十三日，特奉聖旨：內臺、行臺、廉訪司官，各有按治地面，越道言人呵，不厮似有。今後果有合言的人呵，將各自按治的地面裏人言者，越道休言者。于國便民的勾當有呵，休分揀題說者。麼道聖旨了也。欽此。

（元）唐惟明《憲臺通紀續集·毋言赦前事》　至正七年六月二十一日，本臺官特奉聖旨：赦前的舊勾當休言者麼道行了詔書來，後頭再說的上頭，大勾當裏好生窒礙有。若這般言呵，在後多人如何取信？整治勾當難有。如今恁行臺各道廉訪司裏行將文書去，詔書已前的舊事休言者。果實做賊說謊的勾當有呵，依體例言者。麼道聖旨了也。欽此。

（元）劉孟琛《南臺備要·治書侍御史陞資品》　至元二十七年八月初三日，准御史臺咨：來咨，本臺陞充正二品衙門，治書侍御史若陞五品換授相應。咨請照驗。准此。照得比咨已前，奏准貴臺治書侍御史合得資品，具呈尚書省，依例頒降宣命。外，今准前因，咨請照驗。准此。

（元）劉孟琛《南臺備要·整治臺綱制》　至大二年三月二十二日，宣諭聖旨：世祖皇帝立御史臺，自中書省爲頭，內外但凡勾當裏委付著的人每使見識，無體例勾當做呵，體察者，肅清風俗，照刷諸司文卷者麼道行呵，於國便民來。如今只兒哈（即）〔郎〕、也兒吉你兩箇爲御史大夫，整治臺綱者麼道委付了也。不以是何大小勾當裏委付著的官吏每，更近行的每，不揀是誰，軍、民、站赤，係官錢糧、差發造作中間做賊說謊，要肚皮，覷面皮，行無體例勾當，教百姓每生受的，監察每肅政廉訪司官用心體察者。又做罪過來的人每根底使見識，休問者，放了者。麼道一面詞休奏者。內外委付着的每，近行的人每，自己其間影蔽着係官錢糧裏尅落要了的、做無體例勾當的每根底，御史臺官人每休問者，他自己其間裏問者。麼道與來的執把聖旨，革了者，御史臺官人每、監察每、廉訪司官人每依先體例裏問者。應有印信衙門每的文卷，都照刷者。監察每、廉訪司官人每勾當裏用心謹慎的，添與名分，他每根底與賞也者。他每做無體例的勾當呵，告的人每依在先聖旨體例裏御史臺裏告者。這的每勾當其間，不揀誰休入去者。這般宣諭了，別了聖旨呵，有罪過者。〔他〕每卻別了體例行呵，不怕那甚麼？凡有合行事理，照依初立御史臺以來累降條畫聖旨行者。欽此。

（元）劉孟琛《南臺備要·振舉臺綱制》　至治三年正月，欽奉聖旨：諭中書省以下內外諸衙門官吏人等：中書省總理庶政，御史臺糾劾百司，猶股肱耳目，體用相助。近命拜住爲中書右丞相，整治省事，已嘗詔示天下。今命御史大夫帖實振舉臺綱，同心協力，弼成治功。期於奸貪屏息，中外乂安，式副委任責成之意。所有臺察合行事宜，條列于後：

一、方今治化更新，凡政令未便、刑賞失宜、臣下之奸邪、民間之疾苦，御史臺、監察御史、肅政廉訪司官皆得具實糾言。於事切當，量加遷賞。

一、張官置吏，本以爲民。若撫字乖方，貪縱不法，以致軍民困苦，監察御史、肅政廉訪司嚴加禁治。

一、學校，作養人材之地；農桑，生民衣食之本。仰肅政廉訪司督責有司，勉勵勸課，務要實效。

一、內外諸司，各有攸職；風憲之任，專以糾察。非奉特旨，諸衙門不得奏委監察御史、肅政廉訪司官一同追問公事。

一、除內府文卷外，其餘內外大小諸衙門，凡行文案，監察御史、肅政廉訪司並行照刷。其不該刷卷官吏人等，有犯取受不公，亦仰依例按問。承追合問人數，毋得占吝不發，違者究治。

一、肅政廉訪司官，所責非輕。能使一道鎮静，官吏畏服，乃爲稱職。苛細生事，闇於大體，紀綱廢弛，庶務不脩，是不勝任。歲終具行過事迹報臺，以言事大小，定爲陞降。仍委監察御史巡歷體察，聲迹不佳者，隨即注代。

一、監察御史、肅政廉訪司官，分司巡歷去處，毋令有司官吏人等遠出迎送，妨廢公務，飲食供帳，不得過分。

一、諸人陳告職官俸吏取受不公，監察御史、肅政廉訪司官親行追問，不得轉委有司。若事干人衆，地里窵遠，未及親到者，聽依舊制。

一、舉善薦賢，爲治之要。今後監察御史、肅政廉訪司官，每歲各舉所知職官一員，稱其材器堪充何職，以備選用。須開著明政蹟，不得泛言其善。並仰獨員保舉。覆察將來，不如所舉，或犯贓私，其舉察之官斟酌輕重黜降。懷才抱德、隱晦不仕者，亦聽薦揚。

一、御史臺、監察御史、肅政廉訪司行事之際，應管公事大小官吏及各投下諸色人等毋得侵犯沮擾，違者治罪。

一、諸官吏人等被問其間，不得摭拾元問監察御史、肅政廉訪司官。如有違犯之人，依例究治。

一、諸被問官不得推稱事故，擅自赴上；近侍人員亦不得狥私，朦朧題奏宣喚，僥倖脱罪。犯者，以違制論。

一、風憲官吏不先正己，何以責人？凡在臺察，並宜公勤奉職，廉慎律身，無忝清要，嚴行約束吏屬，毋令擅作威福。若犯非違，罪比常人加重。

一、該載不盡合行事理，照依世祖皇帝立御史臺、行御史臺、提刑按察司、肅政廉訪司及累朝頒降聖旨條畫事意施行。

（元）劉孟琛《南臺備要·開言路制》 至治三年五月十二日，欽奉聖旨：中書省、樞密院、御史臺官人每根底，行中書省、行御史臺官人每根底，内外有的諸衙門官人每根底，衆百姓每根底宣諭的聖旨：拜住題世祖皇帝立御史臺以爲耳目，糾察奸邪來。我也想着開言路有。責任官府，本爲安撫軍民，做好勾當，教天下生民得濟來。若體着咱每的意，行的好的薦揚，歹的合戒飾糾劾有。今後御史大夫帖實爲頭，臺官每、監察御史、廉訪司官似咱委付來的本意一般用心體察着。行於國家大體例上頭，但凡有得濟便益的好勾當，頻題説者。有可採的言語呵，教行；不可採的言語有呵，饒也者。臺綱正要有氣力好生行呵，官吏也不做賊説謊，即漸的行好勾當，教衆百姓每得安也者。聖旨。

（元）劉孟琛《南臺備要·振舉憲章制》 元統二年四月十五日，欽奉聖旨：中書省、樞密院、内外百司官吏人等根底宣諭的聖旨：世祖皇帝立御史臺，彈劾中書省已下内外官吏奸邪非違，廉問風俗，審理冤滯，刷磨案牘，益國便民有來。今命金紫光禄大夫、答剌罕、太平王、昭功萬户都總使、就帶已降虎符、龍翊侍衛親軍都指揮使兼管龍翊侍衛親軍千户所達魯花赤唐其勢，銀青榮禄大夫、就帶已降虎符、總管高麗女直漢軍萬户府達魯花赤馬扎兒臺，並爲御史大夫，肅清風紀，振舉憲章。凡軍站民庶諸色户計，所在有司失於撫治，囚獄冤滯不爲伸理，官吏侵盗贓汚，一切不公不法，朘剥吾民者，仰監察御史、肅政廉訪司殫心糾治，務在政舉民安。有能恪盡乃職，量加陞賞。曾經監察御史、廉訪司追斷糾劾官吏人等，不得摭拾陳告元問元言官吏。果有寃抑，在内赴御史臺，在外赴行御史臺陳告。被問之際，推稱事故，欲逭官刑，近侍人員因而題説宣喚，不揀是誰休奏者。朦朧奏的人有呵，重行治罪。凡朝廷得失、軍民利病，監察御史、廉訪司極言毋隱。其餘合行事理，並遵世祖皇帝立臺以來聖旨條畫事意施行。這般宣諭了呵，臺察勾當裏入來沮壞呵，要罪過者。内外風憲裏行的人不守常憲，恃此妄行，寧不知懼。

（元）劉孟琛《南臺備要·首振臺綱》 至元二年四月，欽奉聖旨：諭中書省、樞密院、御史臺、内外百司大小官吏、軍民諸色人等：惟我世祖皇帝，肇建御史臺，爲耳目之寄，糾劾奸貪，肅清風俗，宣明教化，審理冤滯，刷磨諸司案牘，益國便民有來，永爲綱紀之崇，式選忠良之助。今命知樞密院使帖木兒不花、中書平章政事撒迪爲御史大夫，首振臺綱委付了也。凡軍民站赤諸色户計，所司不務撫治，致使吾民困苦，錢糧選法、刑名造作及官吏贓汚，一切不公不法，仰監察御史、肅政廉訪司用心體察。臺憲之官，職應言路，凡朝廷得失、軍民利病，果能盡心題説，量加陞擢。但凡風憲勾當其間，諸王、駙馬不揀誰休入去侵擾沮壞者。又内外勾當裏行的，并近侍人等，做了罪過，巧使見識，欲逭官刑，教上來者，臺察官休問，他每自問。麽道似這般今後不揀誰休奏者；傳來的聖旨有呵，休行者，别了的人每要罪過者。這般宣諭了呵，風紀之司恃此妄行，寧不知懼？自今伊始，恪守憲章，務在必行，毋爲文具。所有合行事理，條列于後：

一、在内立御史臺，彈劾中書省、樞密院等内外百官奸邪非違，刷磨案牘；在外立行御史臺，彈劾行中書省、宣慰司以下諸司官吏奸邪非違，刷磨案牘，並依舊制。

一、各道廉訪司官，果能照刷盡公，按治有法，官吏畏服，一道肅清，乃爲稱職。若專務苛細，闇於大體，是不勝任，仰巡行監察御史〔具〕實糾呈。書吏、奏差，尤當慎選，若斁壞風紀，不守憲規，從司官就便黜退，行能無取，不許呈貢。

一、方今治政更新，凡政令未便，刑賞失宜，臣下奸邪，民間疾苦，仰監察御史、肅政廉訪司具實糾言。凡察出諸衙門公事，除行省官、首領官申臺，其餘合追問者，所司即便發遣，毋得占吝，違者究治。

一、内外百司，各有攸職，風憲之官，職專糾察。諸衙門不得奏委監察御史、肅政廉訪司一同追問公事、收捕盜賊。

一、各道廉訪司按治去處，督責有司，務要公事辦集，錢糧成就。及一切合行便民條例，若有奉行不至，隨事糾彈。

一、監察御史、肅政廉訪司每遇分巡照刷文卷、審理罪囚，務要盡心，毋致冤濫。

一、内外百司官吏人等，曾經監察御史、肅政廉訪司糾問不公不法，無得挾讎摭拾元問元言官吏，違者加重斷罪。

一、犯贓經斷官吏，若以贓證不明，按問失當，内赴御史臺，在外赴行臺陳告。如勘會不實者，加等斷罪。革後稱冤，並仰革撥。

一、諸訴訟人等，先從本管官司自下而上陳告。或理斷不當，遷延不與歸結，在内經由省、部，在外赴行省、宣慰司陳訴，監察御史、肅政廉訪司糾察。若越訴及誣告者，依條治罪。

一、兇徒惡黨，累曾經斷之人，事非干己，風聞公事，妄搆飾詞，論告官吏，沮壞官府，仰監察御史、肅政廉訪司並行究治。

一、蒙古、漢人學校爲育材之地，農桑乃衣食之源。近年以來，鮮有成効，蓋因有司奉行不至，風憲失於勸勉，以致如此。今後仰監察御史、肅政廉訪司督責所司，務要有成，毋爲文具。

一、比年以來，臺察之官所舉廉能官員，慮未盡用。若不嚴責實效，何以激勸將來？今後仰監察御史、肅政廉訪司，應保廉能最官及五事全備、有異政、才堪風憲者，開具著明實迹，并覆察官姓名，結罪申呈，以備擢用。但犯贓私，連坐舉官；所舉得人，量加陞擢。

一、其餘該載不盡事理，並依世祖皇帝立御史臺以來累降聖旨事意施行。

（元）劉孟琛《南臺備要·整治臺綱》　長生天氣力裏，大福蔭護助裏，皇帝聖旨：諭中書省、樞密院、内外百司官吏人等：朕惟臺諫之官，執憲中朝，紀綱治道，古今所重。我世祖皇帝肇立御史臺，總司耳目，糾察奸邪，垂法示訓，粲然有章，列聖繼統，罔不克紹，厥猶政肅民安，令行禁止，於茲有年。朕自即位以來，益崇斯任，屢嘗作新，播告中外，尚慮言路未通，民生未遂。知樞密院事也先帖木兒，剛方直亮，世篤忠貞，三處臺端，譽望素著，出鎮南服，入居宥密，克盡厥心，朕實嘉之。今復命爲御史大夫，首振臺綱，弼予於治。咨爾大小臣僚，恪供乃職。敢有玩法自私，循默是保者，國有常刑，寧不知懼？今有風憲合行事宜，條列於後：

一、中書省、樞密院及百司庶府有奸邪蠹政、非法不公者，仰御史臺糾劾。在外行中書省、宣慰司并以下衙門有違法病民、挾私害公者，從行御史臺、廉訪司糾劾。務協至公，毋爲顧忌。

一、臺官中丞以下及監察御史、廉訪司官，各以己見言事，載諸憲章。今後凡時政得失，軍民利害，直言無隱，以備採擇。

一、薦拔賢才，責在風紀。近年限以越道，不得舉人，致有遺賢之嘆。今後三臺監察御史、各道廉訪司官，除糾言不許隔越外，但有所知材堪風憲者，不限遠邇，悉聽舉揚。

一、監察御史體覆廉訪司官聲迹，以憑黜陟，不爲不重。比者往往輕聽浮言，不加詢訪，以致毀譽失真，淑慝難辯。今後須要據實呈報，如蹈前非，並依舊制黜退。

一、各處罪囚起數，每季申達廉訪司，已有定制。其監察御史、廉訪司官重加審理，本欲析冤決罪，不使人淹囹圄，死於非命，有傷和氣。比聞有司官吏，不體此意，惟恐按臨所至，預將囚徒非理致死，以圖自便，誠可哀憫。今後監察御史、廉訪司官審理去處，雖報無囚，必須遍歷，若有非理死損者，嚴加究治。

一、各道廉訪司官，責任至重，務在宣明教化，勸課農桑，興舉學校，其於益國便民之事，分所當爲。有能恪盡厥心，處事平允者，不次陞擢。其或苛虐生事，釋其有罪，刑及無辜，仰監察御史糾言黜退。

一、各道總司檢舉分司文卷，已有定制。近年以來，上下相容，視爲文具。今後總司苟有似前容情廢法者，仰巡歷監察御史體察糾言。

一、各道廉訪司官分巡時月，已有定例。近年以來，多不遵守，託故往返，巡歷不周，以致訟繁政弛，甚失委任之意。今後巡歷未遍及出還不依期者，聽監察御史糾言黜退。

一、比者臺察、廉訪司官，往往妄稱事故及託故不行赴任，若〔不〕加論罪，有乖憲體。今後如有託故不行赴任，及妄稱事故離職者，風憲不許再用。

一、監察御史分巡守省，體覆聲迹，若令照刷各處宣慰司元帥府文卷，地里窵遠，難於遍歷。今後宣慰司元帥府文卷，並依舊制，令拘該廉訪司照刷。

一、臺察之設，糾繩奸慝，言路通塞，有關治道。曾經彈劾被問經斷之人，無得摭拾元問元言官吏，違者究治。

一、官吏貪婪，病民爲甚，廉訪司職當追問，不得轉委有司，已有定制。比聞分司所至之處，遇有告言取受，往往憚於追問，巧爲沮遏，吾民重困，寔在於斯。仰巡歷監察御史悉心體訪，違者糾劾以聞。

一、該載不盡事理，並依世祖皇帝立御史臺以來聖旨條畫事意施行。

（元）劉孟琛《南臺備要·侍御史以上臺官皆得言事》 至元十九年十二月十六日，御史臺官崔中丞奏：御史臺自侍御史以上，不特置押監察彈文，至於國家政事得失，王公將相或有不法不公，皆得糾而繩之。今後侍御史以上臺官，各以已見陳言國事，共議可否聞奏。其下化之，爲監察者，誰敢緘默？伏取聖裁。欽奉聖旨：這言語說的是有。你說道俺每有的不是呵也說麼道，這言語道的是。你每說的是呵，行者；不是呵，休行者。不是呵，也那裏肯交損著你。俺根底說呵，別人根底怎肯放過？這言語只不是今日說，已前多說來，索甚麼多說，這的你每省的也者。欽此。

《元史》卷四一《順帝紀》 〔至正三年三月〕戊寅，詔：作新風憲。在內之官有不法者，監察御史劾之；在外之官有不法者，行臺監察御史劾之。歲以八月終出巡，次年四月中還司。

《元史》卷八六《百官志》 御史臺，秩從一品。大夫二員，從一品；中丞二員，正二品；侍御史二員，從二品；治書侍御史二員，（從二）〔正三〕品。掌糾察百官善惡、政治得失。至元五年，始立臺建官，設官七員。大夫從二品，中丞從三品，侍御史從五品，治書侍御史從六品，典事從七品，檢法二員，獄丞一員。七年，改典事爲都事。十九年，罷檢法、獄丞。二十一年，陞大夫爲從一品，中丞爲正三品，侍御史爲正五品，治書爲正六品。二十七年，大夫以下品從各陞一等，始置〔蒙古〕經歷一員。大德十一年，陞中丞爲正二品，侍御史爲從二品，治書侍御史爲正三品。皇慶元年，增中丞爲三員。二年，減一員。至治二年，大夫一員。後定置御史大夫二員、中丞二員、侍御史二員、治書侍御史二員，品秩如上。經歷一員，從五品；都事二員，正七品；照磨一員，正八品；承發管勾兼獄丞一員，正八品；架閣庫管勾兼承發一員，正九品；掾史一十五人，譯史四人，知印二人，通事二人，宣使十人，臺醫二人，蒙古書寫二人，典吏六人，庫子二人。其屬有二：

殿中司，殿中侍御史二員，正四品。至元五年始置，秩正七品，後陞正四品。凡大朝會，百官班序，其失儀失列，則糾罰之；在京百官到任假告事故，出三日不報者，則糾舉之；大臣入內奏事，則隨以入，凡不可與聞之人，則糾避之。知班四人，通事、譯史各一人。

察院，秩正七品。監察御史三十二員。司耳目之寄，任刺舉之事。至元五年，始置御史十（一）〔二〕員，悉以漢人爲之。八年，增置六員。十九年，增置一十六員，始參用蒙古人爲之。至元二十二年，參用南儒二人。書史三十二人。

（清）孫承澤《元朝典故編年考》卷三《置御史臺》 至元五年，置御史臺，秩從二品。二十一年陞正二品，大德十一年陞從一品。臺有大夫一人，後增一人，中丞二人，後又增二人，隨復故。侍御史二人，治書侍御史二人，殿中侍御史二人，治朝著之事。典事二人，掌幙府文書之事。後改爲都事三人，後又以都事之長蒙古若色目一人爲經歷。檢發二人，後廢。管勾三人，其一人兼照磨。監察御史十二人，後增至十六人，皆漢人，又增蒙古色目人如漢人之數三十二人。至元十四年，既取宋，置南行臺，二十七年專蒞江南之地，號江南諸道行御史臺，秩如内臺，而監察御史二十四人。西行臺初由雲南廉訪司陞行臺，大德元年，移治陝西，號陝西諸道行御史臺，蒞陝西、甘肅、四川、雲南之地。延祐間暫廢，隨復。其官秩如南臺，而監察御史二十人。各道提刑按察司，至元六年置，正三品，有使、副使、僉事、察判、經歷、知事。二十八年，改肅政廉訪司使、副使、僉事各二人，大司農奏罷各道勸農司，以農事歸憲司，增僉事二人，經歷、知事、照磨各一人，天下凡二十二道。

（清）嵇璜等《續文獻通考》卷五四《職官考·御史臺》 元御史臺掌糾察百官善惡政治得失，有御史大夫、中丞、侍御史、治書侍御史各二人，所屬經歷一人，都事二人，照磨一人，承發管勾兼獄丞一人，架閣庫管勾兼承發一人。

世祖至元五年始立臺建官，官七人，有大夫、中丞、侍御史、治書侍御史、典事等，又檢法二人，獄丞一人。七年改典事爲都事，十九年罷檢法獄丞，二十七年始置經歷一人，成宗大德二年令御史臺稽察樞密院案牘。仁宗皇慶元年增中丞爲三人，二年減一人。英宗至治二年增大夫一人，後定置官如上。順帝至正五年以賀惟一爲大夫，賜名太平，舊制臺非國姓不授，故特賜蒙古名。

《元史·張雄飛傳》曰雄飛言于世祖曰：古有御史臺爲天子耳目，凡政事得失民間疾苦皆得言，百官奸邪不職者即聽糾劾，如此則紀綱舉天下治矣。帝善之。

《廉希憲傳》曰阿哈瑪特言：庶務責成各路，錢穀付之轉運，必繩治之，事何由辦。希憲曰：立臺察，古制，内則彈劾奸邪，外則察視非常，訪求民瘼，裨益國政，事無大於此者。若欲罷之，必使上下專恣，貪暴公行，然後可耶。阿哈瑪特語塞。

《董文用傳》曰至元十六年阿里布復請行臺呈行省，比内臺呈都省例，詔集朝臣議之。文用曰：御史臺譬如卧虎，雖未噬人人猶畏其爲虎，一旦摧抑之則風采薾然無復望矣。伊寔特穆爾亦言其不可，事遂寢。

《崔彧傳》曰至元十九年彧言臺臣今惟御史有言，臣以爲臺官皆當建白。又選用臺察若由中書必有偏徇，合從本臺選擇御史，初用漢人十六人，今用蒙古十六人，相參巡歷。從之。

又殿中司殿中侍御史二人，至元五年始置。凡大朝會百官班序其失儀失列則糾罰之，在京百官到任假告事故出三日不報者則糾舉之，大臣入内奏事則隨以入，凡不可與聞之人則糾避之。

又察院監察御史三十二人，司耳目之寄，任刺舉之事。至元五年始置御史十二人，悉以漢人爲之。八年增置六人，十九年增置一十六人，始參用蒙古人爲之。二十二年參用南儒二人。至正三年詔作新風憲，在内之官有不法者監察御史劾之，在外之官有不法者行臺御史劾之，歲以八月終出巡，四月中還司。

《輟耕録》曰監察御史署銜無御史臺三字，以爲天子耳目之官非御史大夫以下可制也，行臺則不然。

登聞鼓院，至元十二年立。臣如爲人殺其父母兄弟夫婦寃無所訴，聽其來擊，其或以細事唐突者論如法。

臣等謹按《元史·百官志》至正十七年七月置四方獻言詳定使司掌考，其所陳之言擇其善者以聞于上而舉行之。詳定使副使掌書記各二人，中書官提調之，雖非御史臺所屬而所掌近于諫官，故亦如金之審官院，附載焉。

《元典章》卷五《臺綱·行臺·行臺體察等例》 至元十四年七月，欽奉聖旨：今南宋平定，委相威爲頭行御史臺〔事〕。所有合行條畫，逐一區處于後。

一、彈劾行中書省、宣慰司及以下諸司官吏奸邪非違，刷磨案牘。行省、宣慰司委行臺監察，其餘官府並委提刑按察司。

一、自行御史臺到任日爲始，凡察到諸職官贓罪，追問是實，若罪至斷罷停職者，咨臺聞奏。其餘盜官財者，雖在行臺已前，並聽糾察。

一、諸官司刑名違錯，賦役不均，户口流亡，倉廪減耗，擅科差發，并造作不如法，和買不給價，及諸官吏侵欺、盜用、移易、借貸官錢，一切不公等事，並仰糾察。

一、大兵渡江以來，田野之民，不無搔動。今已撫定，宜安本業。仰各處正官，每歲勸課，如無成效者，糾察。

一、邊境有聲息者，不即申報者，糾察。

一、隨處鎮戍，若約束號令不嚴，衣甲器仗不整，或管軍官取受錢物，放軍離役，并虛申逃亡，冒名代替，及私自占使商販營運或作佃户，一切不公，並行糾察。

一、管軍官，不爲約束軍人，致令掠賣歸附人口或誘説良人爲驅，一切搔擾百姓者，糾彈。

一、管軍官申報戰守功勞，循私不實者，糾察。

一、諸色官吏私使係官舡隻諸物者，糾察。

一、官員權豪之家，較固山林川澤之利，及妄生事端，恐喝小民田宅諸物，或恃勢侵奪者，糾察。

一、諸官員除正名破使人從外，占使軍民者，糾察。

一、守土官司火禁不嚴，以致疏失者，糾察，仍須常切申明火禁。

一、管屯田、營田官司，不爲用心措置，以致無成者，糾察。

一、把軍官，起補逃亡軍人，存心作弊，搔擾軍户，軍前不得實用者，糾察。

一、枉被囚禁及不合拷訊之人，并從初不應受理之事，糾察。

一、諸罪囚稱冤，按驗得實，開坐事因，行移元問官司，即行歸結改正。

一、朝廷所行政令，承受官司稽緩不行，或雖已施行而不復檢舉，致有弛廢者，糾察。

〔一、鈔法、茶、鹽、酒麯，各處官司禁治不嚴，及沮壞諸色課程者，並行糾察。〕

一、蝗蝻生發，官司不即打捕、申報，及申驗災傷不實者，糾察。

一、監臨之官，知所部有犯法不舉劾者，減罪人罪五等。糾彈之官，知而不舉劾者，亦減罪人罪五等。

一、諸〔鞫〕勘罪囚，連職官同問，不得專委本廳司吏及弓兵人等推問。違者糾察。

一、諸罪囚，〔應〕枷鎖〔監〕〔散〕禁之例，各以所犯〔輕重〕斟酌。干連之人，不關利害，及雖正犯而罪輕者，召保聽候。〔囚無家屬，官給口糧，病則差醫看治，〕毋致非理死損。違者糾察。

一、刑名詞訟，若審聽不明及擬斷不當，釋其有罪，刑及無辜，或官吏受財，故有出入，一切違枉者，糾察。

一、司獄司直隸本臺。非官府，不得私置牢獄。

一、諸承追取合審重囚及應照刷文卷，漏報者，糾察。

一、諸訴訟人，先從本管官司，自上而下，依理陳告。如有冤抑，經行中書省理斷不當者，仰行御史臺，糾察。

一、各處官員爲治有方，能使訟簡政平，民安盜息，一方鎮静者，即聽保舉。其有貪暴不諳治體，敗壞官事，蠹害百姓，及年老衰病不勝職者，並行糾察。

一、諸公事行下所屬而有枉錯者，承受官司即便執申。若再申不從不報者，糾察。

一、提刑按察司，比至任終以來，行御史臺考按，得使一道官政肅清，民無冤滞爲稱職，以苛細生事、闇於大體、官吏貪暴、民多冤抑、所察不實爲不稱職。皆視其實跡，咨臺呈省。

一、諸違行御史臺指揮，及上御史臺訴以不實，或訴訟人咆哮陵忽者，並行斷罪。

一、凡可興利除害，及一切不便於民，必當更張者，咨臺呈省，聞奏。其餘該載不盡應合糾弹事理，比附已降條畫，斟酌彼中事宜，就便施行。

又

至元十五年五月，欽奉聖旨：據行御史臺奏下項事理。今降聖旨，仰中書省、宣慰司都元帥府、都轉運鹽使司，應管軍官、管民官、管匠官，其餘大小諸司官府，照依見降聖旨事意施行。

一、諸職官犯罪，除受宣官照依已降聖旨咨臺聞奏，受敕人員應斷應罷者，聽從行御史臺區處。其餘受省劄人員，並聽提刑按察司依上施行。

一、先委監察，彈劾宣慰司官吏奸邪非違，刷磨案牘。今擬從本道提刑按察司就便依上施行。

一、應有至死罪囚，有司取問明白，追會完備，行移提刑按察司審復無冤，有司依例結案，申行中書省，移咨中書省類奏，待報施行。

一、自行中書省以下諸司官府應行公事，今後小事限七日，中事限十五日，大事限三十日。如違，照依已降聖旨，（此）〔比〕附已行體例，從行御史臺、提刑按察司就便施行。

《元典章》卷五《臺綱・行臺・立行御史臺官》 大德八年三月二十四日，欽奉皇帝聖旨：蠻子田地裏有的行中書省爲頭各衙門官人每、令史每根底，軍人每根底，衆百姓每根底，宣諭的聖旨：如今交阿里馬爲頭，做行御史臺大夫委付了也。大小勾當裏，他但行的官人每、令史每，行的是的不是的，體察者。軍民生受的，省諭者。大勾當有呵，奏將來者。小勾當有呵，他每依着體例就斷者。除這的外，合行的勾當有呵，依着在先行來的聖旨體例裏，體察者。更廉訪司官人每、監察每等，用心謹慎行者。這的每勾當其間，不揀是誰，休入去者。入去的人，不怕那。這的每更這般道來也麽道，没體例的勾當做呵，他每更不怕那？聖旨。欽此。

（元）趙承禧《憲臺通紀・立陝西行御史臺》 大德元年七月二十三日，本臺官奏：陝西等處四省，創立行御史臺，比着江南四省呵，錢糧、百姓雖是少呵，這四省地寬遠，甘州行省每年去的錢糧支持大有。臺立呵，不愛的人多去也。比着江南立定呵，勾當上有益去也。如今聖旨裏委付了爲頭大夫也，依着那立行臺的體例，提着名字宣諭的聖旨與呵，怎生？奏呵，是有，先立了臺呵，商量者。聖旨了也。欽此。

（元）趙承禧《憲臺通紀・西臺增設監察御史四人》 至大四年九月二十六日，本臺官奏：西臺官人每文書裏説將來：俺提調着四省的勾當，管的地面寬遠，先設着二十個監察有來，後裁減了四個。南臺管的地面和俺一般，如今南臺二十八個監察有，那監察裏頭摘那與俺四個呵，便當的一般。俺衆人商量來：他每説的是有。南臺二十八個監察内減做二十四個，西臺添做二十個呵。怎生？奏呵，那般者。麽道聖旨了也。欽此。

（元）趙承禧《憲臺通紀・復立陝西行御史臺》 延祐二年五月初一日，本臺官奏：昨前廉訪司裏换與銀印者麽道幾遍特奉聖旨有來，到今不曾與有。省官人每這裏有，可憐見呵，依着先了的聖旨交與的。上位識者。麽道奏呵，上位宣唤帖木迭兒丞相至御前奉聖旨：昨前廉訪司裏與銀印者道來，如今疾忙與者。麽道聖旨有呵，帖木迭兒丞相奏：依着皇帝根前我省得的奏有，爲罷了西臺的上頭，那裏衆百姓每生受。薛禪皇帝爲迤西是緊要地面上頭，教鎮遏麽道立着行臺有來。省呵，是身體一般，院是手足一般，臺是耳目一般，省院臺都只是一個勾當有。爲罷了西臺上頭，大勾當裏好生妨廢着有。可憐見呵，依先體例，教復立的上位識者。麽道奏呵，你説的是有，我也那般尋思有來，依着先例教立者，麽道聖旨了也。欽此。

（元）劉孟琛《南臺備要・立行御史臺命相威爲御史大夫制》 至元十四年，欽奉聖旨：諭行中書省、宣慰司、都元帥府、招討司、管軍萬户府，諸管軍官、隨路達魯花赤、管民官、管匠官、打捕鷹房應管公事諸色人等，遍諭的聖旨：天可憐見，得了南宋也。所委去的大小官吏，恐勾當其間裏百姓每根底没體例科取差發，非理搔擾，凡有公事，看覷面皮。如今大小公事裏，倚付去的官人每根底，揀那阿誰是的不是的，體察行者。相威爲頭，行御史臺倚付了也。欽此。

（元）劉孟琛《南臺備要・行臺移杭州》 至元二十一年五月二十九日，御史臺啓過事内一件：揚州有底行御史臺，爲行省揚州有底上頭，那裏坐來。如今行省杭州坐地者麽道聖旨了也，俺商量得：行御史臺依着那體例裏杭州坐地呵，怎生？麽道啓呵，奉令旨：那般者。敬此。閏五月初九日，奏奉聖旨：那般者。欽此。

（元）劉孟琛《南臺備要・行臺移江州》 至元二十二年三月二十五日，於大口北虎皮察只兒裏，御史臺官對安童丞相、阿必失阿平章、盧右丞、撒的迷失參政、不魯迷失海牙參政等奏：罷了行御史臺底勾當，俺題説來，聖旨到大都裏問省官人每麽道道來，奉聖旨：問省家爲甚麽罷來？安童丞相奏説：臺官家人每説有，江南盜賊幾遍生發，這行臺鎮遏來。我也俺伴當每根底説來，罷了呵，不宜的一般。聖旨：依着您底言語，教行御史臺移去江州立者。欽此。

（元）劉孟琛《南臺備要・行臺復移杭州》 至元二十二年五月十九

日，大安閣裏有時分，御史臺官奏：在先，盧右丞奏過教罷行臺有來，後頭俺衆人商量了，酌中處江州立麼道奏來。如今忙兀歹省裏説將來：蠻子田地寬有，百姓多有，錢穀大〔有〕，教行臺江州去呵，不中。依先體例，教行臺杭州省一處有呵，怎生？麼道題説將來。俺臺官伴當和省官一處商量呵：是有，上位奏者。麼道説將來。奏呵，奉聖旨：那般者。欽此。

（元）劉孟琛《南臺備要·行臺陞正二品》 至元二十七年六月十一日，准御史臺咨：承奉尚書省劄付，至元二十七年三月十七日奏過事内一件：在先這裏的御史臺印信從二品有來，在後奏了做正二品來。行臺的印信，見只依在先體例從二品有。今倒換與正二品的印信呵，怎生？麼道奏呵，那般者。麼道聖旨了也。欽此。

（元）劉孟琛《南臺備要·行臺再移建康》 至元二十九年二月十七日，御史臺奏過事内一件：行臺揚州有來，如今屬了南京省也，行臺交江南裏建康府去，淮安州有底廉訪司交揚州住呵，怎生？奏呵，那般底我那裏理會得，依你便當處者。麼道聖旨了也。欽此。

（元）劉孟琛《南臺備要·立行臺名字》 大德元年十月初三日，御史臺承奉中書省劄付：大德元年四月初四日，奏准整治御史臺事内，行臺除授官員集會翰林院官議行建康行臺爲江南諸道行御史臺，京兆行臺爲陝西諸道行御史臺。大德元年五月十九日，奏准海南道廉訪司併入廣西道。大德元年九月初六日，准御史臺咨，大德元年七月十四日奏過事内一件：廣西廉訪司根脚裏立時分，直按治到海南來。世祖皇帝時分，闊里吉思海外勾當呵，提奏來那裏另立廉訪司來。近間省、臺官商量：廉訪司官呵，這海南是最遠田地，百姓少，更詔書裏交減併衙門，將這海南廉訪司罷了，併入廣西廉訪司，依着舊体例委付八箇官人巡按呵，便當一般。商量來奏呵，那般者。聖旨了也。欽此。

（元）劉孟琛《南臺備要·整治臺綱》 大德元年四月初四日，省、臺官一同圓議定奏准整治臺綱内一件：阿老瓦丁説：在先行臺官分着各省巡按去來，在後這般行的内臺官奏了罷了來。如今依在先體例裏，臺官内將引合用的伴當，各省裏巡按去呵，怎生？如今他每根底有一顆分臺印，更索着一顆印有。俺衆人商量來：行臺官分臺按治的，臺官每奏准

罷了來。如今也不須每年分臺出去，果有臺官必合親去整治的勾當呵，休做體例，將着已有的印信斟酌出去行呵，怎生？聽讀過奏文呵，奉聖旨：您這商量來的勾當每都是也，依着您商量來的行者。欽此。

（元）劉孟琛《南臺備要·准設臺醫》 大德元年八月十三日，准御史臺咨：來咨，臺醫劉瑞考滿，除已選取建康路醫學教授李元章補填前缺外，請照驗事。呈奉中書省劄付該，本臺回呈：照得至元十六年七月二十五日，臺官奏：揚州行臺裏勾當的人每，都是迤北來的，不服水土、病的多有，誠恐悮了勾當。如今行省家見設着六箇醫人，俺比附行省體例，設兩箇醫人。奉聖旨：就那田地裏揀好醫人，要兩箇者。欽此。已呈都省照驗。具呈照詳。得此。都省合下仰照驗，依上施行。承此。咨請照驗，依上施行。准此。

（元）劉孟琛《南臺備要·〔雲南〕廣海分司出還日期》 至元元年九月，准御史臺咨，准陝西行御史臺咨，雲南廉訪司申：〔雲南〕廣海地面，多係烟瘴，又值變亂以來，生民百無一二，雖有郡名，無州縣之實。若與中原一體八月中分巡，次年四月中還司，正當烟瘴肆毒之時。出巡官吏多係〔生長〕中原，不服水土，刷按已畢，不敢輒回，坐待日期，虚喫祇應，久處瘴鄉，致有因而感冒成疾，死於邊荒，誠可哀憫。今後以十月初間分巡，次年二月末旬還司，不惟首思省久之費，抑亦分司官吏免烟瘴之害。咨請聞奏施行。准此。

元統三年七月十八日，篤憐帖木兒怯薛第三日，洪禧殿後鹿頂裏有時分，速古兒赤汪家奴、渾禿帖木兒、必闍赤沙剌班、怯薛官人篤憐帖木兒等有來，本臺官馬札兒臺大夫等圓商量了呵，察赤大夫、亦只里不花治書、忙哥不花經歷、蒙古必闍赤蔡明安答兒等奏：大都臺官准西臺備着雲南廉訪司文書説將來：雲南、廣海地面，多係烟瘴，又經值變亂以來，生民百無一二，雖有郡名，無州縣之實。若與中原一體八月中分巡，次年四月中還司，正當烟瘴肆毒之時。其出巡官吏多係生長中原，不服水土，刷按已畢，他每不敢回還，坐待日期，虚喫着祇應，久在瘴鄉，因而感冒成疾，死於邊荒，誠可哀憫。今後至十月初間分巡，二月末旬還司，首思省久之費，分司官吏免烟瘴之害。麼道説將來有。俺商量來：依着他每説將來的教行呵，怎生？奏呵，奉聖旨：那般者。欽此。除欽遵外，咨

請欽依施行。准此。

《元史》卷八六《百官志》 江南諸道行御史臺，設官品秩同內臺。至元十四年，始置江南行御史臺于揚州，尋徙杭州，又徙江州。二十三年，遷于建康，以監臨東南諸省，統制各道憲司，而總諸內臺。初置大夫、中丞、侍御史、治書侍御史各一員，統淮東、淮西、湖北、浙東、浙西、江東、江西、湖南八道提刑按察司。十五年，增江南湖北、嶺南廣西、福建廣東三道。二十三年，以淮東、淮西、山南三道，撥隸內臺。三十年，增海北海南一道。大德元年，定爲江南諸道行御史臺，設官九員，以監江浙、江西、湖廣三省，統江東、江西、浙東、浙西、湖南、湖北、廣東、廣西、福建、海南十道。大夫一員，中丞二員，侍御史二員，治書侍御史二員，經歷一員，都事二員，照磨一員，架閣庫管勾一員，承發管勾兼獄丞一員，令史一十六人，譯史四人，回回掾史、通事、知印各二人，宣使十人，典吏、庫子、臺醫各有差。

察院，品秩如內察院。至元十四年，置監察御史十員。〔書吏十員〕。二十三年，增蒙古御史十四員、書吏十四人，又增漢人御史四員、書吏四人。後定置御史二十八員、書吏二十八人。

陝西諸道行御史臺，設官品秩同內臺。至元二十七年，始置雲南諸路行御史臺，官止四員。大德元年，移雲南行臺於京兆，爲陝西行臺，而雲南改立廉訪司。延祐元年罷。二年復立，統漢中、隴北、四川、雲南四道。定置大夫一員，御史中丞二員，侍御史二員，治書侍御史二員，經歷一員，都事二員，照磨一員，架閣庫管勾一員，承發司管勾兼獄丞一員，掾史一十二人，蒙古必闍赤二人，回回掾史一人，通事二人，知印一人，宣使十人，典吏五人，庫子二人。

察院，品秩同內察院。監察御史二十員，書吏二十人。

（元）趙承禧《憲臺通紀·併海西遼東道入山北東西道按察司》 至元二十五年二月初七日，本臺官奏：女直田地裏有的按察司，他每管下的地面裏昨前日那裏行來，尋思呵，民户也少，不須立按察司的一般。把那按察司罷了，併入北京的按察司裏來呵，怎生？奏呵，那般者麽道聖旨了也。欽此。

（元）趙承禧《憲臺通紀·勸農司復併入按察司》 三月二十七日，省臺官奏：俺與御史臺、大司農司官人每一處商量來，在先腹裏城子裏頭，江南地面裏頭，一個按察司裏六個官人，一個勸農司裏四個官人委付來。如今勸農司農桑的勾當見次第也，將行司農司裏勸農司衙門罷了，依在先體例裏併入按察司裏，一個按察司再添兩個僉事，共八個官人委付。農桑的勾當有呵，大司農司裏呈者；刷卷並體察的勾當有呵，御史臺裏呈者。在先孛羅、張仲謙管時分，勸農司、按察司一處有來，在後奏了分開來。如今依在先體例裏教合併了呵，怎生？麽道奏呵，您衆人商量了，那般説有也者。麽道聖旨了也。俺與臺官每、司農司官人每衆人商量來。麽道奏呵，那般者。麽道聖旨了也。欽此。

（元）趙承禧《憲臺通紀·更提刑按察司為肅政廉訪司制》 至元二十八年，欽奉聖旨：不揀甚麽勾當成就者麽道，省官人每根底委付來，是的不是的行的根底體察者麽道，委付御史臺官人每來。省官人每做賊説謊，教百姓每生受來，御史臺官人每也不曾體察得，他每也做賊來。省家、臺家官人每這般行的上頭，大小勾當裏行的都要肚皮，壞了勾當來。如今中書省尚書省根底合併了，則依在前體例裏教做中書省也。從今已後，中書省、樞密院、御史臺、宣徽院部官每，但是勾當裏行的人每、大小官人、令史每，肚皮休要者。委付來的勾當裏，在意幹辦成就者。似在前一般要肚皮，壞勾當的人每，重要罪過也。要肚皮來麽道告的人根底，言語是實呵，與賞者。臺家糾察的官人每，明知道不糾彈呵，有罪過者。外頭有的提刑按察司官人每，在先半年裏一遍刷卷，體察勾當出去有來，各道裏不住多時，一路的過去上頭，百姓生受，官人、令史每做賊説謊的不得知來。爲那般上頭，將提刑按察司名字改了呵，立了肅政廉訪司也。這廉訪司官人每提調着各路，監臨坐地者。在先一般做賊説謊，弊倖勾當，革了者，不揀甚麽勾當成就，休教百姓生受者。麽道曉諭的聖旨行有。如今但是勾當裏行的官人每，教百姓每生受、要肚皮，壞了勾當的人每，肅政廉訪司官人每體察着。拿住呵，受敕的官人每根底取了招伏呵，杖子裏決斷的罪過有呵，他每就便要了罪過者。重罪過有呵，臺裏與將文字來，咱每根底奏者。受宣的官人每做罪過呵，取了他每招伏，奏將來者。更不要肚皮、不揀甚麽勾當成就了、不教百姓生受行的人每根底，明白文字裏奏將來呵，他每根底名分添與的，怎生般賞的咱每識也者。又鈔法鹽貨的勾當，官民得濟（得）〔的〕勾當有麽道，不揀甚麽課程錢糧，提調的官人每用心完備成就者。課程官糧從實完備，不納到官，偷盗的人每根底，廉訪司官人每用心體察者。又管民官與按察司官遞相照刷文卷有道來那般照刷呵，遞互廝掩閉者，罪過不交出來有。如今廉訪司的文卷，管民官休照刷者，管民官的文卷，肅政廉訪司官人每依舊照刷者。廉訪司官人每行的是與不是的，省裏、臺裏差的人去他每根底體察、照刷文卷者。更肅政廉訪司官吏人等，要肚皮、壞了勾當的人每根底，比別個做官的人每的，他每的罪過重者。更別個體察的勾當，依着初立按察司行來的聖旨體例裏行者，道來。欽此。

（元）**趙承禧《憲臺通紀·廉訪司增設管勾兼照磨一人》** 至元二十九年，本臺奏准，各道元設書史盡行減罷。所掌握文字繁冗，每道添設承發架閣庫管勾兼照磨一員，擬正九品，典吏一名。

（元）**趙承禧《憲臺通紀·立鄂州肅政廉訪司》** 至元二十九年二月十七日，本臺官奏：荊南府有廉訪司有，如今江北裏底南京省管著呵，這廉訪司這臺裏管着道來。在先，鄂州一道按察司有來，桑哥做官時分，要束木說了，那按察司罷了來。如今江南裏底九個城子，地面也寬有，依在前體例裏，鄂州立一處廉訪司呵，怎生？奏呵，那般者。麽道聖旨了也。欽此。

（元）**趙承禧《憲臺通紀·江南浙西道杭州置司》** 至元二十九年八月三十日，本臺官奏：杭州有底按察司，也是桑哥奏准，杭州這壁蘇州小名底城子裏交來有來。如今教廉訪司杭州省邊頭住呵，便當。麽道省官人每根底商量了。那般者。麽道聖旨了也。欽此。

（元）**唐惟明《憲臺通紀續集·分揀奏事》** 至正三年七月十五日，本臺官特奉聖旨：監察御史並廉訪司官，不揀甚麽勾當題説呵，恁臺官分揀者，合我根底奏的奏者，合結絶的恁結絶者。麽道聖旨了也。欽此。

（元）**劉孟琛《南臺備要·立江南提刑按察司條畫》** 至元十四年七月，御史臺欽奉聖旨：今南宋平定，擬立提刑按察司。合行條畫，區處如後：

一、隨處重刑，每上下半年，提刑按察司官親行參照文案，當面審視。若無異詞，行移本處官司依例結案。仍具審過起數開申行臺。其有番異，及事涉疑似者，即聽推鞫。若干人衆卒難歸結者，許委附近不干礙官司再行磨問。更有可疑，亦聽復審，毋致寃枉。其餘罪囚，亦親録問。其各處司獄，並隸提刑按察司。

一、府州司縣，凡遇鞫勘罪囚，須管公座圓問，並不得委公吏、弓手人等推勘。外據捕盗人員，如遇獲賊，略問情由，即便牒發本縣一同審問。若無寃枉，畫申本管上司。據設定弓手，專一捕盗巡防，本管官員不得別行差占，如違，並仰糾察。其應監禁之人，除官府正設牢禁外，並不得擅置牢獄，違者並行糾治。

一、守土官司，常切覺察，毋致盗賊生發。或有賊人起於不意，即時申報上司，并行移鄰近官司，併力捕捉。如申報稽遲，及有失覺察，致令滋蔓結成羣黨者，糾察。

一、訴訟人先從本管官司自下而上依理陳告。若理斷不當，許赴提刑按察司陳訴。其越訴及誣告者，亦仰治罪。

一、除去南方官員，與就用歸附官相參連署勾當，宜盡心力，共成事功。若所見不同，開申合屬上司定奪，不得妄生爭競，違者視其曲直糾察。

一、隨處鋪驛，及關津、渡口、舟楫、橋梁，若修治不如法者，及刁蹬行旅，一切違枉等事，並仰糾察。

一、隨處兇徒惡黨，不務本業，以風聞公事，妄搆飾詞，論告官吏，恐喝錢物，沮壞官府，此等之人，並行究治。

一、諸衙門應起鋪馬、站船，每季具起數行移提刑按察司。内有不應者，即便糾察。

一、諸出使人員，若非理擾各處官司、因事取受錢物者，仰提刑按察司體究得實，申行御史臺施行。

一、提刑按察司官若遇分輪巡按，並聽馳驛。經行去處，須差弓兵防送，不致疎失。其所到處，若有改正并移問公事，報本司照驗。如或不當，聽還司會議。（後）〔司〕官巡按所見不同者，亦如之。事涉疑難，申行御史臺詳酌。本司所行之事，司官有異見者，亦准此。

一、提刑按察司官所至之處，勸課農桑，省察風俗，問民疾苦，勉勵學校，宣明教化。若有不孝不弟，亂常敗俗，豪猾兇黨，及公吏人等素煩官司，侵淩細民，皆糾而繩之。其利害可以興除及一切不便於民、必當更張者，開申御史臺施行。

一、提刑按察司行移，與宣慰司、轉運司往復平牒；各路三品官司今故牒，回報牒呈上；四品以下並指揮，回報申。若諸衙門相關事務，除蒙古軍馬約會本管頭目外，其餘不須（約會）〔會約〕。仰提刑按察司依例施行。

一、應合糾彈官吏違枉不公等事，自行御史臺、按察司到任日爲始，吏員有犯，從本司就便斷決；職官有犯，每季類申行御史臺，合速申者，逐旋申覆。諸官府文案，權擬指卷照刷。若有該載不盡應合按治事件，照依已降條例，就便施行。其事關利害者，申行臺定奪。

（元）劉孟琛《南臺備要·八道按察司道分》　江北淮東道，淮安置司。

淮西江北道，廬州置司。

山南湖北道，荊南置司。

浙東海右道，紹興府置司。

江南浙西道，臨安府置司。

江東建康道，建康府置司。

江西湖東道，隆興府置司。

嶺北湖南道，潭州路置司。

（元）劉孟琛《南臺備要·浙西按察司移平江》　至元十四年十二月，御史臺：欽奉聖旨：揚州創立行御史臺，按治江南各道按察司，於酌中處立司。內淮東一道，揚州最爲酌中。當時爲行臺在揚州，將淮東按察司於淮安州設立。即目欽依聖旨，江淮行省，行臺移置杭州，若將淮東道按察司移於本道揚州置司，浙西道按察司卻移於本道平江府置立，各轄路分，酌中伺候，行省起移，一就各各起移，似爲便當。

（元）劉孟琛《南臺備要·立廣東道按察司改廣西福建兩道名字》　至元二十年三月十六日，御史臺咨：正月二十七日奏過事內一件：年時節上都奏准聖旨，交廣東創立提刑按察司，如今改作海北廣東道名字，御將福建按察司改做福建閩海道名字，廣西按察司改做廣西海北道名字。這新立了底按察司，依別箇按察司體例，今降聖旨條畫外，改名字的按察司官人每換授宣命與呵，怎生？欽奉聖旨：恁和省家官人每商量來。那不曾回話，俺商量來。聖旨：那般者。欽此。

（元）劉孟琛《南臺備要·提刑按察司增設察判》　至元二十年十月三十日，御史臺官奏：俺的按察司裏六箇官人有，刷卷行踏呵，人少有。他每那裏頭減了一箇副使，兩箇察判小名的添呵，一箇月裏多五兩俸錢有，卻添一箇人，便當有。和中書省家官人每一處商量來，有體例麼道，你就便奏者。奉聖旨：我不理會的有，那的是你底勾當有。依著你每底言語者。欽此。

（元）劉孟琛《南臺備要·廉訪司名字不改》　大德九年，御史臺奏：前者，省官俺根底傳聖旨：臺官人裏，火你赤以下都教替者，更行臺阿里馬之下都換者，廉訪司改做詳刑觀察司，官吏都換者。麼道傳聖旨來。如今俺與省官每商量來：火你赤之下合替的官人每替頭裏，達達侍御，浙西道廉訪司監司脫脫木兒；漢兒侍御，河間路總管于明安答兒；色目治書，省左司郎中烏都剌；漢兒治書，汴梁廉訪司副使王仲安。麼道。又禿赤大夫俺每商量來：俺伴當每未完裏，行臺官、廉訪司官只依在前體例勾當裏教行者。廉訪司名字不教改，只依那名兒行者。奏呵，奉聖旨：那般者。麼道聖旨了也。欽此。

（元）劉孟琛《南臺備要·廉訪司取問行省令譯史》　至大元年七月二十九日，御史臺官、脫歡丞相等奏過事內一件：薛禪皇帝時分，行省官、首領官沒體例勾當做呵，臺裏說將有來。蒙古、漢兒必闍赤、宣使人等沒體例、要肚皮勾當做呵，廉訪司官他每就便問有來。完者篤皇帝時分，阿忽歹、八都馬辛等不教廉訪司官問，教監察每問者麼道，完者篤皇帝根底奏着，教行文書有來。這般行呵，大勾當裏窒礙有，做賊說謊的人每多了有也者。可憐見呵，依著在先薛禪皇帝行來的聖旨體例裏教行呵，怎生？麼道奏呵，奉聖旨：那般者。欽此。

《元史》卷八六《百官志》　肅政廉訪司。國初，立提刑按察司四道：曰山東東西道，曰河東陝西道，曰山北東西道，曰河北河南道。至元六年，以提刑按察司兼勸農事。八年，置河東山西道、陝西四川道。十二年，分置燕南河北道。十三年，以省併衙門，罷按察司。十四年復置，增立八道：曰江北淮東道，曰淮西江北道，曰山南江北道，曰浙東海右道，曰江南浙西道，曰江東建康道，曰江西湖東道，曰嶺北湖南道。十五年，復增三道：曰江南湖北道，曰嶺南廣西道，曰福建廣東道。十九年，增西蜀四川道。二十年，增海北廣東道，改福建廣東道曰福建閩海道。以雲南七路，置雲南道。以女直之地，置海西遼東道。二十三年，以淮東、淮西、山南三道，撥隸內臺。二十四年，增河西隴右道。是年，罷雲南道。二十五年，罷海西遼東。二十七年，以雲南按察司所治，立雲南行御史臺。二十八年，改按察司曰肅政廉訪司。大德元年，徙雲南行臺于陝西，復立雲南道。三十年，增海北海南道，其後遂定爲二十二道。每道廉訪使二員，正三品；副使二員，正四品；僉事四員，兩廣、海南止二員，正五品；經歷一員，從七品；知事一員，正八品；照磨兼管勾一員，正九品；書吏十六人，譯史、通事各一人，奏差五人，典吏二人。

內道八，隸御史臺：

山東東西道，濟南路置司。
河東山西道，冀寧路置司。
燕南河北道，真定路置司。
江北河南道，汴梁路置司。
山南江北道，中興路置司。
淮西江北道，廬州路置司。
江北淮東道，揚州路置司。
山北遼東道，大寧路置司。

江南十道，隸江南行臺：

江東建康道，寧國路置司。
江西湖東道，龍興路置司。
江南浙西道，杭州路置司。
浙東海右道，婺州路置司。
江南湖北道，武昌路置司。
嶺北湖南道，天臨路置司。
嶺南廣西道，静江府置司。
海北廣東道，廣州路置司。
海北海南道，雷州路置司。
福建閩海道，福州路置司。

陝西四道，隸陝西行臺：

陝西漢中道，鳳翔府置司。
河西隴北道，甘州路置司。
西蜀四川道，成都路置司。
雲南諸路道，中慶路置司。

（清）孫承澤《元朝典故編年考》卷四《肅政廉訪司》 改提刑按察司爲肅政廉訪司，按治帥府漕司軍民司屬，兼照刷諸司文卷遲錯，責違慢官吏，運司官吏年終按問刷卷亦如之。每司廉訪使二員，長曰監司，次曰大監使司。守司次官每年九月分司，次年四月還司，獨大使於西廳置分司按治本路，司屬闕則次官代之，副使以下分按。夏六月、冬十二月二次審囚，就刷所按路分司屬上下半年文卷，餘不係分按審囚時月安坐視事。

紀事

《元史》卷六《世祖紀》〔至元五年秋七月〕癸丑，立御史臺，以右丞相塔察兒爲御史大夫，詔諭之曰：臺官職在直言，朕或有未當，其極言無隱，毋憚他人，朕當爾主。仍以詔諭天下。

《元史》卷二〇《成宗紀》〔大德四年〕十二月癸酉，御史臺臣言：所糾官吏與有司同審，所以事沮難行，乞依舊制。中書凡有改作，輒令監察御史同往，非宜，自今非奉旨勿遣。皆從之。

《元史》卷三一《明宗紀》〔天曆二年四月〕帝特命臺臣曰：太祖皇帝嘗訓敕臣下云：美色、名馬，人皆悦之，然方寸一有繫累，即能壞名敗德。卿等居風紀之司，亦嘗念及此乎？世祖初立御史臺，首命塔察兒、奔帖傑兒二人協司其政。天下國家，譬猶一人之身，中書則右手也，樞密則左手也。左右手有病，治之以良醫，省、院闕失，不以御史臺治之，可乎？凡諸王、百司，違法越禮，一聽舉劾。風紀重則貪墨懼，猶斧斤重則入木深，其勢然也。朕有闕失，卿亦以聞，朕不爾責也。

《元史》卷一六三《張德輝傳》 有旨命德輝議御史臺條例，德輝奏曰：御史，執法官。今法令未明，何據而行？此事行之不易，陛下宜慎思之。有頃，復召曰：朕慮之熟矣，卿當力行之。對曰：必欲行之，乞立宗正府以正皇族，外戚得以糾彈，女謁毋令奏事，諸局承應人皆得究治。帝良久曰：其餘行之。德輝請老，命舉任風憲者，疏烏古倫貞等二十人以聞。

《元史》卷一六三《張雄飛傳》　他日，與江孝卿同召見，帝曰：今任職者多非材，政事廢弛，譬之大廈將傾，非良工不能扶，卿輩能任此乎？孝卿謝不敢當。帝顧雄飛，雄飛對曰：古有御史臺，爲天子耳目，凡政事得失，民間疾苦，皆得言；百官姦邪貪穢不職者，即糾劾之。如此，則紀綱舉，天下治矣。帝曰：善。乃立御史臺，以前丞相塔察兒爲御史大夫，雄飛爲侍御史。

《元史》卷一七三《葉李傳》　〔至元〕二十四年，特拜御史中丞，兼商議中書省事。李固辭曰：臣本羈旅，荷蒙眷知，使備顧問，固當竭盡愚衷。御史臺總察中外機務，臣愚不足當此任。且臣昔竄瘴鄉，素染足疾，比歲尤劇。帝笑曰：卿足艱於行，心豈不可行耶？李固辭，得許。因叩首謝曰：臣今雖不居是職，然御史臺，天子耳目，常行事務，可以呈省。至若監察御史奏疏、西南兩臺咨禀，事關軍國，利及生民，宜令便宜聞奏，以廣視聽，不應一一拘律，遂成文具。臣請詔臺臣言事，各許實封，幸甚。又曰：憲臣以繩愆糾繆爲職，苟不自檢，於擊搏何有。其有貪啉敗度之人，宜付法司增條科罪，以懲欺罔。制曰可。由是臺憲得實封言事。

《元史》卷一三《世祖紀》　〔至元二十二年二月〕戊辰，車駕幸上都。帝問省臣：行御史臺何故罷之？安童曰：江南盜賊屢起，行御史臺鎮遏居多，臣以爲不可罷。然與江浙行中書省並在杭州，地甚遠僻，徙之江州，居江浙、湖南、江西三省之中爲便。從之。

（元）蘇天爵《元名臣事略》卷四《平章魯國文貞公》　時方改提刑按察爲肅政廉訪，上都留守司茂巴爾斯不便之，入言：同知西京臣言，河東山西廉副受賕楮帛爲千者五十。欲因以廢諸司。帝召問，公奏曰：是事誠有，彼何爲不陳省臺？上都留司何與而知？此必告者得罪，其司爲此誣言緩其事耳。設廉副受賕，罪止其身，天下憲司何與而盡去之？帝意乃釋。神道碑。

（元）蘇天爵《元名臣事略》卷一二《内翰王文忠公》　〔至元〕十三年冬，朝議欲汰冗官，權臣以不便按察司，欲因之省去。公奏疏曰：外路州郡，去京師遥遠，濫官污吏，侵害小民，無所控告，惟賴按察爲之申理。若指爲冗官，一例罷去，則小民冤死而無所訴矣。若曰京師有御史臺，足以糾察四方之事，是大不然。御史臺糾察朝廷百官，京畿州縣，尚有不及，況能周徧外路千百城之事乎？若欲以按察司併入運司，今之運司專以營利增課爲職，與管民官恒分彼此，豈暇顧細民之冤抑哉？臣以爲存之便。按察司由是得不罷。墓碑。

《元史》卷一三《世祖紀》　〔至元二十二年二月〕己巳，復立按察司。【略】詔：各道提刑按察司，能遵奉條畫，涖事有成者，任滿升職；贓污不稱任者，罷黜除名。

《元史》卷二九《泰定帝紀》　〔泰定二年七月〕中書省臣言：往歲征徭，廉訪司劾其濫殺，今凡出師，請廉訪司官一員涖軍糾正。從之。【略】壬申，御史臺臣言：廉訪司涖軍，非世祖舊制。賈胡鬻寶，西僧修佛事，所費不貲，於國無益，並宜除罷。從之。

《元史》卷三二《文宗紀》　〔致和元年九月〕命御史臺：凡各道廉訪司官，用蒙古二人，畏兀、河西、回回、漢人各一人。各司書吏十六人，用職官五，各路司吏五，教授二，鄉貢進士四人。本臺經歷品秩相當者，除各道廉訪使；都事除副使。本臺譯史通事考滿不得除御史。

《元史》卷二〇五《姦臣傳・桑哥》　時江南行臺與行省，並無文移，事無巨細，必咨内臺呈省聞奏。桑哥以其往復稽留誤事，宜如内臺例，分呈各省。又言：按察司文案，宜從各路民官檢覈，遞相糾舉。且自太祖時有旨，凡臨官事者互相覺察，此故事也。從之。

監察對象與內容分部

論　説

（元）胡祗遹《紫山大全集》卷二一《雜著·又稽遲違錯之弊》　違錯之姦易見，稽遲之姦難明。格例雖立小事、中事、大事之限，府州司縣上至按察司皆不舉行。縱有依格欲舉行者，多不通吏事。姦吏倒提月日，補貼虛檢，行移調發，文飾捏合，彌縫完備，應對支吾，恣爲欺謾，苦虐軍民。小民所爭，不過土田、房舍、婚姻、良賤、錢債而已，是數者皆非難問難斷可疑之大事。有爭田一二畝而稽遲不斷，受賂枉法，巧文佞説，直至三月務革，十月務開，又復如前，動經一年二年不決。按察之於司縣，鈎卷求奸，不亦踈乎？所爭之物不直數貫，隨衙經年累歲，一家起訟，連累數家，妨廢生理農功，破家壞產，寃抑百端。然則稽遲之禍民，豈爲細過？有司恬然不問，縱遇鞫問明白者，不過笞縣吏一二十下，不滿姦頑之一笑。雖立按察司，與無何異？又且動經二年，不行照刷，虎狼蛇虺，何所畏懼？朝廷仁愛，問民疾苦，使訴陳官吏姦弊，每人每月每年須上陳若干欵項及斷訖情由，牒司申臺呈省。

（元）王惲《秋澗集》卷八六《烏臺筆補·論監選典故事狀》　監選故事，吏部將受除員數及擬定州縣名職單目付之監察，本官但憑數臨視而已。若中間或有資歷先後、品從高下及不應等事，許本官陳告，御史即推究根因，與之改正。今者監選，合無依舊例施行，付之吏部以爲定式。

（元）王惲《秋澗集》卷八六《烏臺筆補·論置官吏空行簿》　天下重事，無重於州縣得人，果得其人，臺司何憂不清，州縣何憂不治？今按察司既立，請中書吏部具各州縣官吏見任姓名爲空行簿。所至州縣，先暗行體察，然後遍見官吏，一一詢考政績。得其公廉勤幹者，明注實狀於簿；其衰老無能，顯有不治之迹者，以朱書書之；又有雖是常才，能專長一事，亦以朱書書之。其有中人之才，雖別無奇效，亦不至敗闕者，以墨書書之。還臺，具奏以聞，然後付之吏部，使陞斥補充之際，可以坐見羣吏賢愚能否，不遺一人，則天下之才昭然可得已。

（元）張養浩《為政忠告·風憲忠告·自律第一》　士而律身，固不可以不嚴也，然有官守者，則當嚴於士焉；有言責者，又當嚴於有官守者焉。蓋執法之臣將以糾姦繩惡以肅中外，以正紀綱，自律不嚴，何以服衆？夫所謂嚴如處子之居室，一行一住一語一嘿必語禮法，厥德乃全；跬步有違，則人人得而訾之。苟挾權怙勢，惟殖己私，或巧規子錢，或盜行鹽帖，或荒躭麯糵，或私用親屬，或田獵不時，或宴遊無度，或潛托有司之事，或妄興不急之工，或曠官第而弗居，或縱家人而不撿，於斯數者而有一焉，皆足爲風憲之累。近年南北富民多起宅以居勢要，因濟己私，既有官舍，則不必居於彼矣。夫朝廷以中臺爲肅政，御史爲監察，以憲司爲廉訪者，政欲弭姦貪，戢侵擾，開誠布公，俾所屬知所法也，今而若是，牧民之吏將焉法哉？且他人有犯輕，則吾得而言之；又重，吾得聞於上而僇之；己之所犯，其孰得而發哉？恃人不敢發，日甚一日，將如臺察何？將如天理何？故余備載其然，俾爲憲司者有則改之，無則益知所以自重。

（元）張養浩《為政忠告·風憲忠告·示教第二》　甚矣，人之不可無教也。生知如聖人，猶胥教誨，胥訓告，況不能聖人萬一者，可忽焉而不務哉？大抵常人之情，苟非其所憚，雖耳提面命，則亦不足發其良心。何則？非所素服素畏故也。今夫庶司之職，爲衆所畏服者莫如風憲，誠因監蒞於彼，或始上之日會所屬而勗之曰：彼之官重者廷授，次者省授，又次則吏部授，大小雖殊，無非國家臣子。爲人臣子，姦污不法，人孰汝容？夫納賄營私，所得甚少，所喪甚多，與其事敗治汝，曷若先事而教之爲愈哉？吾之此言，雖曰薄汝，實厚汝也；雖若毒汝，實恩汝也。苟能如是諭之，吾知退而必有率德改行，易凶惡爲善良者矣。且刑罰不足致治，教之而使不犯，爲治之道莫尚焉。聖人謂不教而殺謂之虐；又聞治於未然者易，治於已然者難。近年劉伯宣爲浙西憲使，疏真西山《守令四箴》播告所屬，且曰：近年執憲者惟知威人以刑，而不知誨人以善。嗚呼，劉公此言，可謂仁人君子深得風憲之體者矣。

（元）張養浩《為政忠告·風憲忠告·詢訪第三》　今爲政者，往往以先入之言爲主，非彼狃徇一偏，蓋由不通上下之情故也。故通其情莫如悉心詢訪，小而一縣一州，大而一郡一國，吏孰貪邪，官孰廉正，何事病衆，何政利民，豪横有無，風俗厚薄，既得其凡，他日詳加綜覈，復驗以事，其孰得而隱哉？苟廉矣，即優之，禮貌之，薦舉之，則善者勸矣。苟貪矣，雖極品之貴，即蔑之，威拒之，糾劾之，則爲惡者懲矣。推而至於待士遇吏，亦莫不然。大抵一道之任，猶一家之務焉。善爲家者，其子弟族屬下逮奴隸，其情性良否，皆所當知；一或不及，則將甘爲所弄而不悟，久必致是非顛倒，以佞爲忠，以貪爲廉，以無能爲有能，政令不行，而紀綱替矣。前輩有云：爲宰相不難，一心正兩眼明足矣。嗚呼，彼長風憲者，其責任之重亦豈下夫宰相哉，若之何不以前輩之言爲法。

（元）張養浩《為政忠告・風憲忠告・按行第四》　將家云：多筭勝少筭，少筭勝無筭。不特用兵爲然，雖蒞官臨政，亦莫不爾。夫廉司所蒞之處，一方官吏皆惕然不自安，其所不安者，由彼爲惡日久，恐人有以發而訟之一旦故也。彼既内隱其惡，則必多方以求司官所親之人而解之。夫司官所親者，曰書吏焉，曰奏差焉，曰總領焉，曰祗候焉。夫爲人彌縫私罪，則何求不得，何請不隨。爲司官者，苟不深防預備，嚴爲禁切，萬一連己，悔將何及。若乃司官廉正，猶或庶幾；其或彼此胥貪，弊將焉救？於是乎有箕斂者，有稛載者，有篋笥充者，有囊橐盈者，微至土地所宜，靡不搜刮。昔端州出佳硯，包孝肅公出判於彼，及其代也，徒手而歸。李及知杭州，絲餽縷謁不逮門，由市白樂天文集，終身以爲慊。古人持身之廉如此，況在風憲，其所行州郡，敢假分毫之物以自溷哉。大抵憲長得人，則司官不敢恣；司官得人，則書吏不敢恣。抑聞各道公讌，司官、書吏、奏差同堂而坐，喧譁笑謔，上下不分，所以致彼操縱自如，百無忌憚。諺謂：廉訪司，書吏之權。跡此觀之，信匪虛語。誠能設法以禁之，盛威以臨之，小有所犯，即隨以鞭扑，如此庶使精鋭消沮，威福不張於外矣。凡初入風憲者，不可不知。

（元）張養浩《為政忠告・風憲忠告・審録第五》　《書》曰：庶獄庶慎。又曰：非佞折獄，惟良折獄。《易》謂：君子明慎用刑，而不留獄。嗚呼，于以見聖人好生之心與天地等矣。夫飢寒切身，自非深知義理之人，不敢保其心之無他，況蚩蚩之氓，爲守牧者教養之，不至窮而爲盜，是豈得已哉。古人有以灼其然，故爲制也恒寬而不亟促，恒哀矜而不忿疾。均之爲盜也，而有長幼疏戚之分；均之爲姦也，而有夫亡夫在之殊。有疾則醫藥之，疾革則釋梏入人而侍之。夫彼冥迷凶險之徒既麗於理矣，何足綴意，而古人爲制如此者，則其仁恕忠厚之情可見矣。昔歐陽公父治死囚之獄，求其生而不得，則掩卷而嘆，其言曰：夫常求其生，猶失之死，況世常求其死哉。後之殘忍者一切不務，而惟威刑之尚，謂其無茹冤而死者，吾不信也。夫蒞官之法無他，口威心善而已矣。口威則欲其事集，心善則不欲輕易害物。況久繫之囚，尤當示以慈祥，召之稍前，易其舊所隸卒吏，温以善色，使自陳顛末，情無所疑，然後參之以按。若據按以求其情，鮮有不誤人者。蓋州縣無良吏，所以不敢信其已具之文，毫釐或差，生死攸繫。故聖人謂：與其殺不辜，寧失不經。又曰：功疑惟重，罪疑惟輕。論囚之道，盡於此矣。君子其慎諸。

（元）張養浩《為政忠告・風憲忠告・糾彈第七》　夫臺憲之職，無内外遠邇之分，凡有所知，皆得盡言以聞於上。雖在外，苟知居中非人，糾而言之，可也。雖在内，苟知外官者不法，糾而言之，亦可也。大率惟務盡公無私，斯得之矣。夫人之仕也，有貴近焉，有疏遠焉，貴近者不少貸，則位卑而罪微者不待劾而艾矣。故前輩謂豺狼當道，安問狐狸，亦此義也。切嘗謂薦舉之體則宜先小官，糾彈之體則宜先貴官，然又當審其素行爲君子爲小人。如誠小人，雖有所長，亦不必舉。何則？其平日不善者多也。況刑憲本以待小人，君子之過苟不至甚，殆不宜輕易加之，使數十年作養之功掃地於一旦也。蓋人才難得，全才爲尤難得。昔趙清獻公在言路，彈劾不避權貴，京師號爲鐵面御史。嘗欲朝廷別白君子小人，其言曰：小人雖有小過，當力排絶之，後乃無患；君子不幸而有詿誤，則當爲國家保持愛護，以全其德。於戲，趙公之言可謂深識遠慮，真知大體之論矣。故余表而出之，以爲當路者楷式。

（元）張養浩《為政忠告・風憲忠告・奏對第八》　中外之官，莫難於風憲，莫危於風憲。曷謂難？人所趨者不敢趨，人所樂者不敢樂，人所私者不敢私，所謂嶢嶢者易缺，皦皦者易污，非難而何。曷謂危？入焉與天子争是非，出焉與大臣辨可否，至於發人之姦，貶人之爵，奪人之官，甚則罪人於死地，一或不察，反以爲辜，則終身無所於訴，非危而何。然君子居其官，則思盡其職，所謂危且難者，固有所不避焉，竭忠吐誠，置死生禍福於度外，庶上不負國，下不負所學。其或奏對於殿廷之上，平心易氣，惟事之陳。理誠直，雖從容宛轉而亦直；理誠屈，雖抗厲激切而亦屈。夫悻悻其辭色，非惟有失事上之體，而於己於事悉無所益。古之攀闌斷鞅，曳裾輈輪者，皆勢危事迫，不得已而爲之，苟事不至是，殆不可執以爲法。前輩謂：慷慨殺身者易，從容就義者難。體此而行，則蔑有不從者矣。

（元）張養浩《爲政忠告·風憲忠告·獻納第九》人臣之納言於君也，事未然而言之，則十從八九；無事則游畋般樂，日相親比，一旦有所不可，乃左遮右挽，極其力以救之，殆未見其濟者；政使或允，亦必出於勉強，而非其本心。若夫善於納言者則不然，或因進見，或因講讀，或因燕居，先事陳説如是則國安，如是則國危，如是則爲聖君，如是則爲暴主，或引古昔，或援祖宗，必使之心悟神會，表裏聳然，乃可陳善，而無扞格之患。昔孟子三見齊王而不言事，曰：我先攻其邪心。大臣事君，職當如此。古人甚至有難於自言者，往往旁召耆年宿德，置諸左右，使人君有所畏憚而不敢恣，則其爲慮亦深遠矣。雖然，臣之於君也，入則懇懇以盡忠，出則謙謙以自悔，凡所白於上者，不可洩於外而伐諸人，善則歸君，過則歸己。其若是者，非欲遠嫌避禍，大臣之體所當然也。坤之六三含章可貞，蓋亦此意。嘗見近代執政有所建白，呶呶焉惟恐人之不知，卒至讒譖乘之，中途見棄。《易·大係》所謂君不密則失臣，臣不密則失身，諒哉。

綜述

《元典章》卷六《臺綱·體察體覆附·察司體察等例》至元六年二月，中書省：欽奉聖旨：教中書省交與提刑按察司條畫者。欽此。省府擬到下項條畫，仰依奉施行。

一、若有謀反逆叛，嘯聚山林賊人，并許諸人火速告報所屬官司，隨即根捕，須管得獲，其告首人聞奏旌賞。強切盜賊捕捉得獲，欽依元奉給賞。如官司陳告，不即掩捕追理，及匿而不申者，仰提刑按察司究治。

一、邊關備禦不如法，及河渡、都水監、漕運司，軍器、鋪驛、倉庫、和買等事，并所部内應有違枉，並聽糾察。

一、沿邊應禁物貨，無得私相貿易，及奸細人等不致透漏過界。如所在官司防禁不嚴，仰究治施行。其關津因而故將行旅刁蹬阻滯，亦仰究治。

一、所在重刑，每上下半年親行參照文案，察之以情，當面審視。若無異詞，行移本路總管府結案，申部待報，仍具審過起數，復審文狀申臺。其有番異，及別有疑似者，即聽推鞫。若事關人衆卒難歸結者，移委鄰近不干礙官司，再行磨問實情。若有可疑，亦聽復行推問，無致冤枉。其餘罪囚，亦親録問，若有冤滯，隨即改正疏放。統軍司、轉運司并其餘衙門罪囚，亦仰一體施行。

一、京府州縣凡遇鞫勘罪囚，須管公座圓問，並不得委公吏人等推勘。據捕盗人員如是獲賊，依理親問得實，即便牒發本縣，同審問。若有冤枉，畫申本管上司，不得專委司吏、弓手人等私下拷問。據設定弓手，專一捕盗巡防，本管官員不得別行差占。如違，仰究治施行。

一、宣撫司、隨路總管府、統軍司、轉運司，其餘諸官府文案，每上下半年照刷。其司縣實有違枉、遷延情弊事理，聽指卷照刷。

一、隨路官員諸色人等，但犯私鹽酒麯，及沮壞鈔法，各處官司禁斷不嚴，仰提刑按察司糾察。其巡鹽官吏、弓手人等，所到之處依理巡察，若非理行者，亦行糾察。

一、訴訟人等，先從本管官司，自下而上，以次陳告。若理斷不當，許赴提刑按察司陳訴。若越訴及誣告者，欽依聖旨事意施行。

一、隨處兇徒惡黨，不務本業，以風聞公事妄搆飾詞，告論官吏，恐嚇錢物，沮壞官府，此等之人並行究治。

一、諸路軍户、奥魯，仰所在官司常加存恤，非奉樞密院明文，不得擅自科斂。其管軍官亦不得取受錢物，私放軍人及冒名代替。如違，仰體究得實，申臺呈省。

一、各路在逃軍民并漏籍户計，仰本處官吏、主首人等常切用心收拾，盡數申報。如有隱藏占使，私取差發者，仰究治施行。

一、各路民户合納絲銀、稅糧、差發，照依已立限期徵納，不得違限併徵，仰常切體究。若百姓自願併納者，聽。

一、勸課農桑事，欽依聖旨，已委各處長官兼管勾當。如不盡心，終無實效，仰究治施行。

一、隨路州縣，若有德行材能可以從政者，保申提刑按察司再行訪察得實，申臺呈省。

一、察到職官汚濫罪犯，每上下半年類申御史臺，合速申者，逐旋申覆。若年老，及雖未年老而病不勝職者，皆相驗明白，申臺呈省。如有清廉才幹者，亦仰開坐實跡申呈。

一、各路府司州縣任滿官員，如中間實有贓汚不稱職任，當該官司徇情濫給解由，或本無粘帶過犯，故行刁蹬留難者，仰提刑按察司體覆得實，申臺呈省。

一、總管府、統軍司、轉運司及諸衙門，應起鋪馬，每季具起數，行移提刑按察司，內有不應者，即便究治施行，仍委本處正官一員，不妨本職，提點站赤勾當及急遞鋪兵，羞勒各處官司常切刷勘走遞文字，毋令稽遲。

一、諸公使人員，若非理搔擾各處官司、因事取受錢物者，仰體究得實，申臺呈省。

一、隨處公吏人等，往往爲達魯花赤久任其職，結成心腹，却與新任官員中間間諜不和，凡有事務，沮壞不能得行。此等之人，並行糾治。

一、津梁道路，仰當該官司常切修整，不致陷壞停水，阻滯宣使、軍馬、客旅經行。如違，仰提刑按察司究治。

一、提刑〔案〕〔按〕察司官，若分輪巡按所管官司，須得遍歷。其有改正及行移公事，報本司照驗，如有不當，聽本司會議改正。司官巡按所見不同者，亦如之。事涉疑難，申臺詳酌。本司所行之事，司官有異見者，亦准此。

一、提刑按察司非奉朝命，不得擅自離職。

一、提刑按察司遇分輪巡按等勾當，各許將帶吏員二人，並聽馳驛。

一、提刑按察司〔官〕有聲跡不好者，仰御史臺體察，雖未任滿，許行奏代。本司除額定官吏，不得擅自增設員數，安置各官門下私己之人。非公廳，不得接受詞狀。如遇巡按，許行接受。

一、隨路京府州軍司獄，並隸提刑按察司。

一、提刑按察司官，比至任終以來，御史臺考按，得使一道鎮静、諳知大體、所察得實、民無冤滯爲稱職。苛細生事、闇於大體、所察不實、民多冤滯爲不稱職，視其實跡，呈省定奪。

一、〔提刑按察司官〕所至之處，勸課農桑，問民疾苦，勉勵學校，宣明教化。若有不孝不悌，亂常敗俗，豪猾兇黨，及公吏人等紊煩官司、侵凌細民者，皆糾而繩之。若有利害可以興除者，申臺呈省。

一、各路所管州縣，若有取會文字，立式定限，怠慢者隨即究治，並不得亂行勾攝。如須合赴府類攢文字吏人，所用飲食、油火、紙札，仰本管上司於祇應錢內斟酌從實應副。違者，仰提刑按察司究治。

一、提刑按察司行移：與宣撫司往復平牒。各路三品官司今故牒，回報牒呈上。四品以下並指揮，回報申。若諸衙門相關事務，除蒙古軍馬約會本管頭目，及干犯錢穀事理申臺外，其餘不須約會，仰提刑按察司依理施行。

一、應有其餘合行公事，照依累降聖旨事意施行。若事關利害，申臺呈省。

一、河北河南提刑按察司，彰德府置司，并分定路分：順天路，真定路，順德路，洺磁路，彰德路，衛輝路，懷孟路，南京路，河南府路。

《元典章》卷六《臺綱·體察體覆附·禁治察司等例》至元二十一年八月，御史臺：檢會立各道按察司聖旨條畫節該：按察司官，有聲跡不好者，仰御史臺體察，雖未任滿，許行奏代。欽此。夫所謂声跡不好者，其事非止一端。更化以前，雖風憲之司，声跡泯然。當時奸庸相資，既伏罰矣，更化以後，通行考覆，逐旋奏代。然訪聞官吏承積弊之後，尚有狼藉猥瑣，以爲當然。若不正言實事，曲爲之防，人情玩視，終不能一切痛革。今逐一條具于後，自今已後，按察司經歷司、知事、書史、書吏、通事、譯史、奏差人等，如有違犯，體察得知，或人首告，取問是實，照依違背聖旨斷罪，仍標私罪過名，終身廢黜。所貴絶循習之弊，勵廉勤之風。爲此商議過，御史大夫爲頭官員依准所擬。除外，咨請遍行各道按察司，依上禁治施行。

一、按察司官吏因事取受者，依至元十九年聖旨條畫斷罪。

一、凡在司或巡按，並不得與各路府州司縣應管公事官吏人等私同宴飲。

一、不得因生日、節辰、送路、洗塵受諸人禮物，違者以贓論。

一、如遇巡按差役，止宜於各處館驛或廨内安下，不得輒居本處吏民之家。

一、遇巡按差使，驗元定從人數分例應副，不得於正支應外多餘取要。如違，贓論。

一、巡按去處，並不得求娶妻妾。如違，治罪。

一、不得以私己事役使公吏人等。

一、任所并巡按去處，並不得拜識親眷，因而受人獻賀財物。如違，以贓論。

一、如遇巡按去處，不得買貨物，及陰使官吏置造私己應用諸物，或於係官局院帶造物件。如違，計取得利息以贓罰論。

一、遇巡按將引書史、書吏人等，合騎鋪馬數目，欽依聖旨條畫施行，除外，不得將帶妻子、親眷、閑人并長行馬疋同行，如違治罪。

一、不得將門下帶行人員，分付各路府州司縣官司委用。

一、書史、書吏、奏差人等宿娼飲會，已經遍行禁治。違者，依條斷罪。

《元典章》卷六《臺綱・體察體覆附・察司合察事理》至元二十五年三月，欽奉聖旨：據提刑按察司行已多年，事漸不舉。今命尚書省、御史臺議到合行事理，仰行御史臺、提刑按察司并諸官府，照依見降條畫施行。

一、按察司官所至之處，察官吏能否，問民間利病，審理冤滯，體究一切非違，務要實行，無爲文具。

一、諸官府文卷，上下半年照刷，但有違錯，依理決罰。凡干礙動支錢糧，并除户免差事理，雖文卷完備，數目不差，仍須加意體察，有詐冒不實者，隨事究治。其轉運司文卷，年終照刷，官吏盜詐違法，體察得實，申臺呈省。

一、應係合察事理，照依已降條畫，按察司官體察得實，躬親究問，不得轉委書史、書吏、奏差。據追問到錢物，應給主者，隨即面視給主，合還官者，發付合屬官司，各取明白收管，毋得寄留。其應没官錢物，牒發所在官司，於官庫内封收，半年一次赴臺解納。

一、巡按官所到，凡倉庫收貯官物及造作役使工匠去處，須管遍歷巡視，用心體察。有收貯不如法，并侵盜、移易，損壞官物，及諸造作役人不應者，隨即糾治，申臺呈省。

一、隨處若有假托正一，妄造妖言，搧惑人心，涉於背義者，嚴責各管官司常切禁治關防，按察司官多方體察。

一、凡察到官吏違法不公事理，合就問者就問，其事干人衆、卒不能了畢者，行移合屬官司追問，不實不盡者究治。

一、今後若有民户逃亡，盗賊滋殖，鈔法澁滯，錢穀有虧，文案不完，公事廢墮，其在任官員坐視不治者，雖無私罪，當以慢公失職糾彈。

一、訴訟人自下而上，若已經合屬官司斷訖，察司稱冤者，須詳審詞理，視其所斷，若實有不應，行移再問。其見問未決并越訴者，不得受理。

一、按察司官吏凡有按察去處，不許保用人吏。若買賣諸物，不得轉使官司勾當之人。違者，究治。

一、按察司係糾彈衙門，其本司官吏有犯違法不公，照依已降條畫加等治罪。

一、諸有罪被問人，不得妄行指射問事官吏。若果有合告言事理，候本宗事了結絶，聽告。

一、按察司照刷盡心，按治有法，使官吏畏謹，一道鎮静，爲稱職。若於合察大事不爲盡心，專務苛細，闇於大體者，爲不稱職。其能否實跡，行御史臺差官體究，一併黜陟。

《元典章》卷六《臺綱・體察體覆附・改立廉訪司》至元二十八年五月二十三日，欽奉聖旨節該：外頭有的提刑按察司官人每，在先半年裏一遍刷卷、體察勾當出去有來。各道裏不住多時，一路的過去上頭，百姓每生受，官人、令史每做賊説謊的，不得知來。爲那般上頭，將提刑按察司名字改了呵，立了肅政廉訪司也。這廉訪司官人每提調着各路，監臨坐地者。在先一般做賊説謊弊倖勾當，革了者。不揀甚麼勾當成就，休交百姓每生受者。麼道，曉諭的聖旨有。如今但是勾當裏行的官人每，交百姓每生受，要肚皮，壞了勾當的人每，肅政廉訪司官人每體察着，拿住呵，受敕的官人每根底取了招伏呵，杖子裏決斷的罪過有呵，他每就便要了罪過者。重罪過有呵，臺裏與將文字來，咱每根底奏者。受宣的官人每做罪過呵，取了他每招伏，奏將來者。更不要肚皮，不揀甚麼勾當成就了、不交百姓生受行的人每根底，明白文字裏奏將來呵，他每根底名分添與的，怎生般賞的，咱每識也者。又鈔法鹽貨的勾當，官民得濟的勾當有麼道（有），不揀甚麼課程、錢糧提調的官人每，用心完備成就者。課程、官糧從實完備，不納到官，偷盗的人每根底，廉訪司官人每用心體察者。又管民官與按察司官，遞相照刷文卷有道來。那般照刷呵，遞互厮掩閉（者）〔着〕，罪過不交出來者。如今廉訪司的文卷，管民官休照刷者。管民官的文卷，肅政廉訪司官人每依舊照刷者。廉訪司官人每行的是與不是的，（省裏、）臺裏差的人去，他每根底體察照刷文卷者。更肅政廉訪司官吏人等，要肚皮、壞了勾當的人每根底，比別箇做官的人每的，它每的罪過重者。更別箇體察的勾當，依着初立按察司行來的聖旨體例裏行者。道來。聖旨。兔兒年五月二十三日，上都有時分寫來。

《元典章》卷六《臺綱・體察體覆附・廉訪司合行條例》 至元二十九年正月，御史臺承奉中書省劄：欽奉聖旨，各道提刑按察司改名肅政廉訪司。其所責任，與前不同，若復循常，必致敗事。都省今議到合行事理，仰依准施行。

一、肅政廉訪司官到任之後，須要不出十日，前去分定路分監治。各具已到月日申臺。違者，究問。

一、肅政廉訪司官既委分臨監治，非奉聖旨，諸官府不得差移。

一、上司行下各路責辦之事，若不遵元行，敗誤其事，或蹈襲前弊，橫生煩擾者，所在肅政廉訪司官就便究治。

一、年終檢較，所在監治去處，能使官吏廉勤，不敢違法，凡事辦集，不致擾民，非因天災流行，百姓安業，則爲稱職。其有習弊不改、敗事擾民之人，若無所看循，糾治得當者，亦如之。聖旨已有定例。其餘在任官員，比及來歲將終，視其有治效最多、并敗事爲甚者，各備事跡，等候省、臺差去官員到彼，移文復察。

一、廉訪司官，委任既重，却不得苛細生事，闇於大體，違者同不稱職。

《元典章》卷六《臺綱・體察體覆附・體察行省官吏》 御史臺咨：至元二十九年三月初十日奏過事內一件：外頭有底行省裏，官人、令史、首領官勾當裏行當的人每，要肚皮呵，廉訪司官人每體察者。麼道，不曾道來？這裏監察每去呵，體察有來。地里遠窵處，監察一二年到不得有。俺商量來：如今，但有省處，廉訪司每，要肚皮底每根底體察尋着呵，省官人每、首領官每察知呵，俺根底交說將來者。除那底每已外底，他每就便問呵，怎生？麼道，奏呵，那般體察者。麼道，聖旨了也。欽此。

《元典章》卷六《臺綱・體察體覆附・體察使臣要肚皮》 中書省：據御史臺呈：至元三十一年七月初四日奏過事內一件：在前世祖皇帝聖旨裏，不揀甚麼勾當裏差出底使臣每，到外頭非理搔擾各處官司，因事取受錢物，更有多喫祇應，没體例交百姓生受底，交俺體察來。近間開讀聖旨詔赦哏差出去底使臣每，更不揀甚麼大小勾當裏使出去底人每，到外頭城子裏，官人每根底要肚皮，多喫祇應。那官人每推着梯己俸錢麼道，就裏動支官錢，科斂百姓，這般行底也有。如今皇帝登寶位，這般使見識、做賊說謊底人每根底不整治呵，大勾當怎生行得？百姓每怎生不交生受底。如今俺似這般底聞奏過，各道裏行文書禁治了呵，似這般犯着底人每體察出來呵，重底聞奏（過）〔了〕，要罪過，輕底俺每就斷呵，怎生？麼道，奏呵，那般者。麼道，聖旨了也。欽此。

《元典章》卷六《臺綱・體察體覆附・有司休尋廉訪司事》 至元卅一年八月，行御史臺准御史臺咨：至元卅一年五月二十三日奏過事內一件：設立御史臺體例：中書省、樞密院內外有底諸衙門官吏，行底是底不是的，他每底文書照刷體察者。中書省、樞密院凡有奏事呵，與御史臺官人每一處奏者。御史臺奏事呵，就便奏者。至元十九年，月魯那演爲頭臺官人每奏有來：自中丞之下至監察御史，但有省得的勾當，交奏說呵，不空喫了俸錢。麼道，奏呵，先皇帝聖旨：說底是呵，行也者。說底不是呵，不交損着您每也者。麼道，這般聖旨有來。又在前欽奉先皇帝聖旨：提說言語底人，說底是呵，有賞也者。說底不是呵，不要罪過。近間詔書裏：不揀誰，提說言語的人有呵，提說者。麼道，行有來。如今皇帝新即位，歹奴婢每比之在前更索向前用心出氣力。皇帝可憐見呵，裏頭臺裏，外頭行臺裏，官人每，監察每，各道肅政廉訪司官人每，各自省得底勾當有呵，欽依先皇帝聖旨體例，皇帝聖旨裏，不揀誰，提説（的）勾當者，説底是呵，皇帝識者，説底不是呵，不要罪過。這般行呵，遠近〔着〕有。自中書省爲頭諸衙門官吏，行得是底不是的，體察行有。不揀甚麽大勾當、小勾當，便當、不便當底，提奏有。機密底勾當有呵，俺空便裏奏有來。拿了桑哥底後頭，御史臺官人每，爲甚麽不先説來？麽道，先皇帝俺根底哏道不是來。待打呵，饒了來。如今俺省得底勾當不説呵，怕後頭道俺不是去也。御史臺家勾當，交行底、不交行底，皇帝識者。這般奏呵，欽奉聖旨：您底勾當厮尋呵，御史臺濟甚麽事，休交厮尋者。聖旨有呵，月魯那演奏：在前阿合馬坐省時分，臺家勾當也行不得來。拿去桑哥底後頭，俺根底哏道不是有來皇帝聖旨，理合將來俺每做底不是呵，這伴當每根底，棒子到底是來也者。交我也羞底是來。俺臺家勾當，一年來行不得也。如今交行底、不交行底，皇帝識者。麽道，奏呵，奉聖旨：説底是。麽道，聖旨了也。欽此。

《元典章》卷六《臺綱·體察體覆附·戒飭司官整治勾當》　元貞元年十一月，欽奉聖旨：御史臺、廉訪司官，交休覷面皮，糾察官吏不公，衆百姓的疾苦體知呵，咱每根底説着，委付來。如今中書省官人每，備平章明里不花言語裏奏：廉訪司官、監察每，不體委用元意，自意無體例，俺的勾當裏入來撓擾行有。有一件，將受宣敕的官人每，廉訪司官、監察每自意斷罷有。俺行省官人衆人議定行了的勾當，監察每打令史，更改俺的勾當有。又廉訪司官、監察每體察來的勾當，他每却不自問，管民官裏摘委一員交問有。這般奏來。今以後，察知受宣敕官罪過呵，他每問了，與附近省官或宣慰司官、路官，元體察官一處審問是實呵，受敕官依先體例，就那裏一同斷了，省官人每根底行文書交知者。受宣官，咱每根底奏將來，他每的罪過，咱每識也者。又行省官主着行的勾當有錯呵，監察每申臺者。令史取受，覷面皮，差錯公事，遲悮了文書呵，監察與行省官一同審問，重罪的也申行御史臺者，輕罪的就行省裏一同斷罪者。廉訪司、監察每體察的勾當，於内若有事干人衆，卒難結絶呵，委付管民官交一同裏歸問，休單摘委一員者。除外，更有合整治勾當呵，中書省、御史臺官人衆人商量，他每無體例，不便的勾當，續續的整治行者。這般宣諭了，廉訪司官、監察每，先行來無體例勾當更不改，分外自意無體例行事呵，他每不怕那甚麽？欽此。

《元典章》卷六《臺綱·體察體覆附·整治廉訪司》　大德十一年五月，中書省：照得大德十年六月廿四日，奏過下項事理。欽此。都省合行開具，咨請照驗施行。

一件：去年監察每，廉訪司官每，不守根脚裏行來的體例，分外行來的上頭，近附二百人被無體例、倚氣力革罷了來。麽道，來告呵，教俺與臺官人每一同分問者麽道，聖旨有來。略問呵，監察、廉訪司差池行來的顯跡有來。那其間遇着赦呵，不曾結絶得。因着那般，臺裏、廉訪司裏行的勾當，從新整治的，立定條畫。去年夏間，聽讀過檢子，奏了來。在後又奉聖旨：廉訪司的名兒不須更改，依先的名字有者。麽道，聖旨有呵，俺又奏來：廉訪司的名兒只依着在先有者。麽道，傳奉聖旨來。依着已了的聖旨也者。整治立來的條畫，交行那？麽道，奏呵，到大都與臺官每一同商量擬定了，奏者。麽道，聖旨有來。去年一冬不曾聚集得呵，商量不得來。前者聖旨：受敕官做罪過呵，廉訪司官他每問的明白招伏了，合要罪過的，合斷罷的，依在先體例，交他每行者。各處監治住着，不揀甚麽勾當，一同成就者。又每年一遍省臺差人去，廉訪司官行的是與不是的，依在先體例體察，交照刷他每的文卷行呵，怎生？麽道，奏呵，奉聖旨：那般者。

一件：除這的外，其餘但行合行的勾當，依着去年夏間奏來的，初立按察司時分行來的條畫體例裏交行呵，怎生？商量來。麽道，奏呵，奉聖旨：那般者。

一件，爲勸農桑勾當的上頭，立着營田司衙門來。在後奏了，革罷了那般衙門，各處添了兩員僉事，交廉訪司官提調着行來。前者商量呵，臺官每説：廉訪司合行的勾當多有，地面也寬闊，裁減了，使伴當每少也者。説有。俺衆人商量來：他每説少有，不交裁減，只依舊存留。農桑的勾當，交管民官提調着，不謹慎的，交廉訪司官體察呵，怎生？奏呵，奉聖旨：那般者。

一件，行省首領官、令史、宣使勾當的其間，被廉訪司呼喚着問有。

在先他每體察得罪過呵，臺裏與將文書去呵，臺裏監察每去問有來。只依在先體例行呵，怎生？麽道，去年俺奏了來。前者俺與臺官每商量來：近年廉訪司官問者，要罪過行有。依在先行來的體例，行省首領官、令史、宣使人等，廉訪司官休呼喚者，休問者。委實有罪過，做的差池了呵，體察的明白，臺裏與將文書來者。臺官每差監察每去教問呵，怎生？奏呵，奉聖旨：那般者。欽此。

《元典章》卷六《臺綱・體察體覆附・宣諭憲司事理》 大德十一年十月，行臺准御史臺咨：大德十一年六月十四日奏過事内一件：昨日皇太子根底啓事的其間，特奉令旨：去年您和省官人每商量來的勾當，行了來那不曾？外頭的勾當，我理會得有。做賊説謊的官人每，交刑部家擬呵，他每是一家的勾當有。他每擬呵，那裏中？受敕的職官，廉訪司就便斷罪者。省臺差人照刷廉訪司文卷呵，自其間厮等當着，攪害勾當，交百姓每生受有，休照刷者。各路裏監臨坐地呵，這勾當也不便有，休監臨坐地者。依在先體例，照刷文卷，體察勾當行者。我的言語麽道，皇帝根底奏者。特奉令旨來。上位奏的其間，阿沙不花平章奏：這勾當，省臺衆人處商量來的勾當有，您獨自休奏者。奏呵，臺官人每回奏：俺奉皇太子令旨奏有。上位識者。奏呵，奉聖旨：臺家勾當其間，阿沙不花休胡説。臺官人每的言語是有。那般行者。欽此。

《元典章》卷六《臺綱・體察體覆附・體覆獲功人員》 大德元年五月，行御史臺准御史臺咨，奉中書省劄付該：江浙行省咨，爲顧仲和節次管領民義殺獲首賊等事。准此。擬從行省所擬，於巡檢内任用。爲是顧仲和獲功事理，雖是本處官司保勘明白，終是未經廉訪司體覆，切恐中間詐冒。參詳，今後似此獲功之人，若令廉訪司體覆是實，以憑定奪，似爲不致詐冒。准此。都省仰行省合屬，依例體覆施行。

《元典章》卷六《臺綱・體察體覆附・體察體覆事理》 湖廣行省准中書省咨：大德六年正月二十日奏過事内一件：初立臺時分，則教體察來。在後立按察司時分，有水旱災傷、田禾不收呵，體覆來。後頭漸漸不問大小勾當，教俺體覆有。其間多有窒礙。麽道，説有。體覆的勾當，短少錢糧等事，一面詞因怎生作數麽道，教監察、廉訪司體覆虚實，行文書有。體覆的緣由是這般，不是新行來的勾當，行了多年也。伴當每道俺的勾當裏有窒礙，麽道，説有。何平章呵也説：在先是體察來。水旱災傷呵，合體覆。除那的外，合體察。麽道，説有。依着伴當每言語行呵，怎生？奏聞，奉聖旨：那般者。欽此。

《元典章》卷六《臺綱・體察體覆附・體察追問》 延祐二年四月，行臺劄付：准御史臺咨：延祐元年十二月初七日奏過事内一件：薛禪皇帝立御史臺，糾彈中書省爲頭諸衙門大小官吏非違，朝廷得失，軍民利害。又奉聖旨：恁説的是呵，行也者。不是呵，不教損了你。麽道，聖旨有來。皇帝登了寶位，又行了添氣力聖旨有來。近間革罷了西臺上頭，被問來的歹人每謊説道：爲問伯家奴取受來的上頭，被問來。麽道，沮壞臺察勾當。因這般體察勾當的人每，恐怕摭拾，不肯言語有。百姓的生受無處告，做賊説謊的人多去也者。俺省得的不説的後，道大勾當裏有窒礙呵，怕有。監察、廉訪司，耳目一般委付着有。可憐見呵，監察御史、廉訪司官人每，依着在先行來的聖旨體例裏，做賊説謊擾害百姓的人每根底，好生用心體察追問。俺行文書呵，怎生。奏呵，那般者。麽道，聖旨了也。欽此。咨請欽依施行。准此。仰欽依施行。

《元典章》卷六《臺綱・體察體覆附・寺家災傷體覆》 延祐四年閏正月，中書省劄付：户部呈：崇祥院關：正月十四日本院官野訥院使等奏過事内一件：平江、鎮江兩處提舉司管着的寺家常住地，每年申報水旱災傷，爲是廉訪司不曾體覆，俺難准信有。今後若有水旱災傷，有司檢踏了，交廉訪司體覆呵，怎生？奏呵，奉聖旨：那般者。欽此。除外，備呈，劄付御史臺欽依施行。都省照會，欽依施行。

《元典章》卷六《臺綱・體察體覆附・臺家聲跡體覆》 延祐四年二月二十七日，御史臺官奏過事内一件：每年差監察守省，照刷文卷，體覆廉訪司聲蹟去有。如今經了赦也，俺商量來：除未體覆去處山東、淮東、淮西，依例交體覆去，其餘的守省巡歷，到秋裏交出去。今後，守省去呵，須要依期回還。體覆聲蹟呵，在任的，并有事故、無事故離了任的每，都體覆將來。行的是的，再用也者。行的不好的，風憲裏不用呵，怎生？奏呵，那般者。麽道。

《元典章》卷六《臺綱・體察體覆附・拯濟災傷》 延祐四年四月初四日，御史臺：奏過事内一件：南臺文字裏説將來：腹裏百姓，爲饑荒的上頭流移的，來江南隆興、袁州、建康、太平、寧國等路分裏，千百成群，搔擾百姓，搶奪錢物，鬪打相爭，傷死流民男女九人。俺商量來：不早拯治呵，似這般已後，越聚的多了呵，不便當有。俺呈與省家，設法拯治呵，怎生？奏呵，那般者。麼道，聖旨了也。欽此。

《元典章》卷六《臺綱・按治・監察巡按照刷》 至元六年九月，中書省：據御史臺呈：今擬監察馳驛前往中都路管轄州郡，巡按、照刷勾當。若事係利害，或職官有犯，報臺呈省。外，公吏人等稽遲怠慢、污濫不公斷罰體例，乞明降事。省府相度：合下，仰照驗，據監察州郡巡按，遇有官吏所犯事重，或職官有犯者，報臺定奪。外，公吏人等稽遲怠慢，詳情約量施行。

《元典章》卷六《臺綱・按治・察司巡按事理》 至元二十三年三月，欽奉聖旨：據御史臺奏下項事理：

一、在先按察司官半年一出巡按，凡百姓疾苦，官吏情弊，時暫經過，不能遍知。今後各道除使二員守司，餘擬每年八月爲始，分行各道，按治勾當，至次年四月還司。類其凡合奏言事理，正官一員赴御史臺，會議聞奏。其在江南行御史臺，正官一員依上赴都。

一、按察司官不管軍民錢穀，唯官吏人等有犯非違，使之糾彈。近年以來，事頗不振，亦有告按察司官吏不公者。若糾彈之官果有違犯，擬比其它加等罪之。如按察司官凡事照依條例施行，其被察之人有挾讎妄告、沮察司者，亦行治罪。

《元典章》卷六《臺綱・按治・廉訪司巡按月日》 大德三年五月，御史臺咨：大德三年五月廿八日奏過事內一件：江南行臺各道廉訪司與將文書來：在前廉訪司巡按刷卷行呵，五月裏出司，五月裏還司有來。有理問的事呵，農忙的時月礙着有。麼道，說將來有。他每說的有體例有。俺商量來：九月初頭出司，四月初間還司呵，怎生？麼道，奏呵，是有體例有。那般者。麼道，聖旨了也。欽此。

《元典章》卷六《臺綱・按治・分巡須要遍歷》 延祐四年四月初四日，御史臺官奏過事內一件：各道廉訪分司，每年八月中分巡，次年四月中還司，須要遍歷。麼道，聖旨行了來。如今山北、四川、雲南、陝西這四道廉訪司按治的地面寬遠，巡歷遍不得有，合添司官。麼道，俺商量來：出巡還司呵，須要依着已了聖旨限次行也者。如委是上年遍不得的去處，却交下年先行巡歷呵，怎生？奏呵，那般者。麼道，聖旨了也。欽此。

《元典章》卷六《臺綱・按治・巡按一就審囚》 延祐四年四月初四日，御史臺：奏過事內一件：南臺文字裏說將來：廣東、廣西、海北煙瘴歹地面有。五六月裏省臺差去的使臣，着煙瘴，多有死了的。廉訪司官暑月審囚去呵，也着煙瘴死了有。今後審囚呵，只交巡按時分一時審呵，便當。麼道。俺商量來：這三道并雲南，俱係煙瘴重地。今後除結案重刑出去審復，暑月有的輕囚，催督交有司依例發落，毋得淹禁。其餘罪囚，巡按時分一就審呵，怎生？奏呵，那般者。麼道，聖旨了也。欽此。

《元典章》卷六《臺綱・照刷・照刷抹子》 刷住稽遲，如有前卷，即便捧照，自元發事有寫立劄子，〔取〕招議罪。

上位字樣。

改抹日月　文義差錯

辨驗印押，塗注字樣，補勘文字并倒題月日。

虛調行移，磨算錢糧。雜泛差役，驗是何分數科差。

和羅、和買已未支價，照時（佑）〔估〕合算體覆。

成造諸物有。

已斷詞訟有無（徧）〔偏〕屈。

人命事理，子細詳審初復檢驗屍狀，端的致命根因，及照死者元犯輕重罪名、責付何人燒埋、有無冤枉。

應係遠近年分和羅、和買、造作諸物未足價錢，保結開申。

照承受指揮月日有無稽遲。

卷內刷住稽遲，取甘結舉行。

爲格，爲例事理，抄上。

刷住稽遲文卷，於刷尾上標寫稽遲或違錯二字。

於刷尾紙上標照過二字。

於刷尾縫上使墨印刷訖字一半，上使司印，勿漏繫書。

照刷尾上已絕、未絕二字，須要標寫，先照後刷。

刷印并司印，須要圓正分明。

《元典章》卷六《臺綱・照刷・省部赴臺刷卷》 至元二十八年，御史臺咨：監察御史呈：會驗欽奉聖旨定到立臺條畫一款節該：彈劾内外百司，奸邪非違，肅清風俗，刷磨諸司案牘等事。欽此。自中書省已下諸司文卷，俱就御史臺照刷。近年以來，立尚書省，喪哥專權恣縱，沮抑臺綱，須要監察御史就於省部照刷。今既喪哥奸歹暴露，舊行弊政，俱各更新，照刷文卷事，理（不）合改正，欽依元奉聖旨條畫，立臺典故施行。得此。呈奉尚書省劄付該：都省議得：准呈施行。

《元典章》卷六《臺綱・照刷・刷卷須見首尾》 至元二十八年五月二十八日，江西行省准尚書省咨：照得内外諸司文卷内，有連年不决之事，其監察御史、按察司止驗上下半年合該月日照刷，被刷人員顧知己便，就行另作卷宗，刷過亦不通粘，各另架閣。切恐中間差池，於事不便。都省議得：考照文卷，若非始末詳察，不能具見違錯。除外，今後刷卷，須當勒令經手人吏，粘類首尾相見，通前照刷。

《元典章》卷六《臺綱・照刷・刷卷首尾相見體式》 某衙門吏員今照勘到某年上下半年應合該刷文卷，與委定首領官共眼同檢勘過〔么〕號，計〔幾〕張，縫，粘連刷尾完備，逐一具報前去結定，中間並無隱漏差報宗數。如後因事發露或查勘得，却有漏報該刷卷宗，首領官吏情願當罪，厘事罷役無詞。

一、摠計若干宗。

已經照刷若干宗。

已絶若干宗。

不公月分若干宗。

刷尾一宗，自幾年月日始，除前刷外，今月某年月日，甚文字，至幾年月日，是何文字爲尾，計紙幾張，縫，通前幾經照刷，計紙幾張，縫。

餘依上開。

未絶若干宗。

不及月分若干宗。

開刷尾云云。

餘依上開。

未經照刷若干宗。

已絶若干宗。

月分若干宗。

開刷尾云云。

餘依上開。

未絶若干宗。

月分若干宗。

開刷尾云云。

餘依上開。

大德十年五月，行臺准御史臺咨：據監察御史呈，會驗立臺欽奉聖旨條畫内一款節該：彈劾内外百司奸邪非違，刷磨諸司案牘。欽此。至元二十八年五月初九日，御史臺承奉尚書省劄付：内外諸司文卷，監察御史、按察司止驗上下半年合該月日照刷，吏員顧其己便，就（而）〔行〕另作卷宗，刷過亦不通粘，各另入架，切恐差池。都省議得：若非始末詳察，不能盡見違錯。今後刷卷，勒令粘類首尾相見，通前照刷。承此。除外，近奉憲臺判送，照刷諸司衙門大德八年上半年文卷，（史）〔吏〕員往往多取己便，輒將未絶文卷綻去首尾取截，止將該刷紙幅出官照刷，如事之始末，中間稽遲、過錯，不得具見。問之，或稱元行人吏已是告滿離役，但云不知，非自經手，甚費挨求，至有去失。縱有檢出前後失粘漏報，罪或經革，無益於事。蓋由不經首預官檢勘，猾吏儘得肆情掩蔽可否，縱心供報起數。不惟容啓奸門，積習爲常，無以示畏，害公不便，久患難除。可自今以始，立式該括，一體遍行。責備首領官躬督，須與該吏眼同檢勘無差，結罪供報，庶得重事首尾相見，恐難漏落。每遇照刷，仍將前刷未絶一一查對，設或差漏，隨事究治。庶幾吏畏，期於政弊病少革，抑亦免有照刷之愆。略具遲慢、隱漏文卷明顯去處，立式在前，未審可否。緣係爲例事理，具呈照詳。得此。本臺今抄所立體式在前，咨請照驗施行。

《元典章》卷六《臺綱・照刷・追照文卷三日發還》 至元三十年四月，廉訪司：奉行御史臺劄付：據龍興路新建縣民户陳寶孫告：陳解宗虚告盗賣物業，本路不行歸結，送監察御史追照取問去後，回呈：依上照過龍興路新建縣文卷本宗公事，責新建縣依理歸結去訖。所有本道廉訪司追索前項文卷，八箇月餘，未曾發下。問得本道經歷司典吏揭有光、元行書吏范元鎮、接行書吏彭毅、典吏蔡居仁，合令廉訪司就便治罪。乞照詳。憲臺除外，合下，仰今後追索有司文卷，隨時照勘了畢發還。具依准申臺。奉此。除已付各房，今後如是追照有司文卷，限三日照勘了畢，即便發還施行。移牒，可照會。

《元典章》卷六《臺綱·照刷·臺官不刷卷》 至元三十年九月，御史臺咨：七月十六日奏過事内一件：在前相威大夫江南田地裏行臺去時分，每年那裏臺裏一箇官人，將着監察、令史、通事，行省裏照刷文卷去有來。去年立了廉訪司底後頭，但立着行省底田地裏有底廉訪司官人每、那裏的行省官人每，首領官每，要肚皮、做罪過呵，廉訪司官人每察知呵，臺裏説將來者，上位奏了，差將人問去。行省裏令史、宣使人等勾當行人每，要肚皮、做罪過呵，廉訪司官人每察知呵，就便問了斷罪者。監察每行省裏照刷文卷去呵，令史每要了肚皮，合斷罷的罪過有呵，臺裏説將來者。些小遲了文書、錯了文書來底罪過有呵，監察每就便斷者。行省裏有的理問所文卷，廉訪司官人每照刷者。麽道，奏准聖旨行了來。如今，江南田地裏臺裏，相威行來的體例，每年臺裏一箇官人、監察、令史、通事，騎着鋪馬照刷文卷去呵，重了有。俺商量來：不揀有甚勾當呵，依在先奏來的聖旨體例裏，廉訪司官人每、監察每，行臺行省官人每，依這裏臺裏體例裏，只交臺裏有呵，怎生？麽道，奏呵，那般者。麽道，聖旨了也。欽此。

《元典章》卷六《臺綱·照刷·行省令史稽遲監察就斷》 至元二十九年二月，行御史臺劄付該：准御史臺咨：至元二十八年十二月十一日，也可怯薛第三日，紫檀殿西南上有時分，奏過事内一件：各處行省文卷，每年臺裏差監察照刷去來。裏頭尋出令史每錯了、遲了底勾當來呵，取了招伏，回來這臺裏定了罪過，第二年再差監察每去呵，斷來。比及斷去底人到呵，他每都使見識回避了，不曾斷底。月兒魯那顔爲頭俺商量來：今後差監察，各處行省照刷出稽遲、違錯底輕罪過呵，教監察就便斟酌斷者。外，但犯贓底，罷役底，重些箇底罪過，申臺定奪呵，怎生？這般奏呵，那般者。麽道，聖旨了也。欽此。

《元典章》卷六《臺綱·照刷·行院令史稽遲與行省令史一體斷罪》

至元二十九年三月，行御史臺准御史臺咨：據監察御史呈：依奉臺劄，前去陝西、四川，照刷兩處行中書省、行樞密院文卷。所據刷出行院令史稽遲事理，未審合無與行省令史一例斟酌斷罪。乞照詳事。得此。本臺議得：例合欽依聖旨事意，一體究治。除外，咨請依上施行。

《元典章》卷六《臺綱·照刷·稽遲罰俸不須問審》 大德二年十月，江西行省准中書省咨：來咨：廉訪司奉行臺劄付，照刷出稽遲、違錯應合罰俸事理，合准就便施行。已咨，未准回示。都省議得：諸衙門正官、首領官、吏，各有任責。今後照刷出稽違，若必合責問職官罰俸事理，依准所擬，仍令本道廉訪司就行各處官司照會，申呈合干上司施行。已咨本省，劄付御史臺照會去訖。今又據御史臺呈：七月十三日奏過事内一件：江州彭澤縣水渰了田禾，本路王總管等不曾檢踏，取了招伏。合審了斷那，不合審了斷？説將來。俺商量來：百姓被災傷不檢踏底，體例裏合有罪過。這王總管根底，從行臺斟酌罰俸者。在先聖旨體例裏，察知受宣敕官人每罪過，他每問了，附近的省官、宣慰司、路官一處審問了，要罪過來。這般是要肚皮、干礙着罷職事的罪過，依着聖旨審有。百姓田禾災傷不檢踏的，或怠慢的，并刷出稽遲、違錯公罪，合責罰的，斟酌責罰，不須問審，就便行呵，怎生？奉聖旨：那般者。欽此。

《元典章》卷六《臺綱·照刷·違錯輕的罰俸重要罪過》 至大元年十月，福建道廉訪司承奉江南行臺劄付：據江東建康道廉訪司申：准廉訪司盧正議牒該：追問照刷之際，往往一概責罰，人多玩視輕犯，甚非懲戒之意。當職所見，如字畫差訛、數目謬誤，當量情責罰。若違制違例，傷官害政，形跡可疑，僥幸顯露，雖贓濫未形，其當該人吏重者罷役，輕者降等，主行掌判官輕者的決，重者勒停。似望官吏修謹，刑政清平。申乞照詳。移准御史臺咨：照得，近奉中書省劄付：本臺今後因公事錯了底，若不問事體輕重，一概罰俸，實爲不便。本臺官奏：在先内外諸衙門有稽遲的公事，依着聖旨條畫斷罪過來。在後有省家文字裏説，若因公事文字錯了的，罰俸錢。外，别箇做罪過的，驗事輕重要罪過。這般聖旨有來。如今俺尋思得，因着公事文字裏稽遲違錯，輕的也有，重的也有。若事輕的，交罰俸錢，事重的，依着在先聖旨體例裏要罪過呵，怎生？奉聖旨：不索尋思，依着在先體例裏行者。欽此。

《元典章》卷六《臺綱・照刷・指卷照刷》　大德五年，中書省咨：御史臺呈：大德四年十二月初（三）〔二〕日奏過事內一件：在前先行了詔書的後頭，合免文卷以外，婚姻、田產、驅良的勾當錯了的，合改正的有呵，罪過免了呵，合改正的用着的文卷，指卷照刷者。麼道，聖旨有來。如今合免的文卷不照刷，人命的、錢糧的勾當，争田產、婚姻、驅良的勾當，錯了的、合改正的勾當，用着的文卷，指卷照刷呵，怎生？奏呵：那般者。麼道，聖旨了也。欽此。

（指卷照刷）〔又例〕　大德六年□月，行臺：准御史臺咨：近據在都諸衙門報到大德五年下半年合刷文卷事目，照刷間，大德六年三月三日，欽奉赦恩。欽此。照得大德四年十二月初二日，本臺官奏奉聖旨節該：在前行了詔的後頭，免了的文卷〔見上大德五年例〕。欽此。移咨御史臺，依例聞奏。去後，今准回咨：大德六年八月初三日，本臺官秃赤大夫、朵歹侍御、扎忽完歹治書、對火者歹藏吉孛夫奏過事內一件：在先詔書行了呵，免了文卷，不照刷來。那裏頭争田土的、婚姻的，又那的勾當差錯了的，指卷照刷。若是實呵，他的罪過依着詔書裏免了，差錯了的勾當，在先這般改正行有來。如今依在先體例裏行呵，怎生？麼道，上位奏呵，依在先體例裏行者。麼道，聖旨了也。欽此。

《通制條格》卷六《選舉・選格》　至大三年十一月，尚書省吏部呈：議得常選流官各有應任地方，其有年近致仕者，省部聽選之際，亦常量移近里。果有親年七十以上，别無以次侍丁，若便憑准本官自具詞因，一例近便遷除。中間恐有不實，因而壅塞腹裏窠缺，不能遷調。合從元籍官司自下而上保勘明白，至日斟酌銓注。若有詐冒，從監察御史、廉訪司體察。都省准擬。

《通制條格》卷六《選舉・到選被問》　至元二十四年七月，尚書省御史臺呈：紹興路達魯花赤嚴忠祐取受金少保錢物，却行奏准僉江浙等處行中書省事，追問得刑部令史傅若弼狀招，押過關吏部，根勾嚴忠祐文字，本官親行囑託，以此耽玖拾肆日，以致除充。本人斷訖罷役外，本臺看詳，臺察所按不公人員，具呈到省，雖令刑部勾問，仍送吏部照會。比及追問明白，不許銓除。都省准擬。

《通制條格》卷六《選舉・教官不稱》　大德八年九月，中書省兩浙江東道奉使宣撫呈：浙東廉訪副使臧奉政言，學校教化，朝廷急務，而有司視爲緩慢，宜乎教化不行，風俗不美也。今之爲教授者，半非其人。如龍興路教授閔節夫，本以道童善撫琴見知當路，遂得前缺。到任之後，席卷學糧壹萬餘碩，憲司非不追問，因緣計囑，及與隱庇回護，繼而在逃，竟置不問。乞行分揀，如德行文學可爲模範者存留，不學無術者汰出。選真儒，俾之典教，庶無負聖天子崇儒重道之美意。送禮部，回呈：准集賢院關，看詳各處教官，止憑省部連到所業文字考試中式，回關貴部銓注窠缺。若教官委不稱職，或侵盗學糧，合從廉訪司依例糾問。本部議得：合准集賢院所擬，劄付御史臺依上施行。都省准呈。

《通制條格》卷六《選舉・殿最》　大德十一年十二月，欽奉詔書內一款：張官置吏，本以爲民。禄廩既頒，承廕有叙，待遇之禮不爲不優，補報之誠其可弗盡。自今以始，各修廼職，如或不慎，監察御史、廉訪司嚴加糾察，年終考其殿最者各一人，具實申聞，以憑黜陟。

《通制條格》卷七《軍防・禁治擾害》　至元三十一年六月，御史臺准樞密院咨：近欽奉詔書內一款節該：屯戍征進軍人久服勞苦，仰奥魯官撫養，不得妄有科配。欽此。近年以來，各處起軍官遍詣軍户取要賫發，一面接受軍人詞訟，定奪氣力貼軍錢物，又勾喚欠少已債軍人家屬監收追徵，漸將軍户侵損。今後勾補逃亡事故等軍，摘委廉幹軍官行下本路勾補，若是依前遍詣軍户索要錢物，及接受詞狀勾喚欠債軍人家屬監收追徵者，令各道廉訪司體察，及許令各處奥魯官司覺察申院，取問定罪。如奥魯官知而不舉，故縱搔擾與同罪。

《通制條格》卷二七《雜令・請謁》　至元二十年十一月，中書省御史臺呈：御史中丞崔少中牒，照得欽奉聖旨立《御史臺條畫》內節該，諸訴訟人若於應管公事官員私遞謁托，又諸官吏入茶坊酒肆，及該載不盡應合糾察事理，委監察御史並行糾察。欽此。近聞求仕官員或已受宣敕必須酬謝者，雖不顯行賂遺，公然大設宴樂請托。今後省院六部諸衙門官吏，無故不得與求仕受命官員私同宴會，以通請謁。監察御史體察是實，約量責罰。都省議得：今後求仕官吏已未授除其間，不得於省院臺部等内外諸衙門當該官吏處私第謁托酬謝及邀請宴會。如違，當該官吏並求仕人員一體究治。

《通制條格》卷二七《雜令・立碑》 至元二十九年三月，中書省御史臺呈：廣濟縣達魯花赤阿魯不思，取受科斂人户錢鈔伍伯玖拾餘錠，却立德政碑於公廳。據見任官不應立碑並犯贓污已立碑者，合行除毀。都省議得：今後職官在任，雖有政績，不許立碑。其先已建立者，若犯贓污，即令除毀。違者究治。

《通制條格》卷二七《雜令・帶行人》 至元二十一年九月，中書省御史臺呈：凡務中攢攔合干人等，並從本處衆所推舉廉幹人勾當，其諸處監臨上司，並不得將私己人分付税務内營求衣食，如有違犯，許諸人首告，取問是實，量情懲治。仍標注犯人私罪過名，各道提刑按察司嚴加糾彈。都省准擬。

至元三十年三月，御史臺監察御史呈：照得提刑按察司官每遇巡按，除書吏人等合騎鋪馬數目外，不得將引妻子親眷閑人並長行馬疋同行，如違治罪。近自改立廉訪司之後，循習舊弊尚猶不除，又多引祗候從人，索要酒食，借騎馬疋，中間爲害，事有多端，致廉訪司聲跡不佳者，亦由於此，擬合嚴加禁約。憲臺准呈。【略】

大德五年十月，中書省御史臺呈：府州司縣官將引帶行人等，兜攬公事，取受錢物等事，送刑部議得：合令各道廉訪司禁治，若有違犯之人，驗事輕重歸斷。都省准擬。

《通制條格》卷二七《雜令・私宴》 至元十五年三月，御史臺欽奉《聖旨條畫》内一款節該：按察司官有聲跡不好者，御史臺體察，雖未任滿，許行奏代。憲臺議得：監司係糾彈衙門，其所設以次人員，本司亦合常加檢束，及令遞互體察，務要盡公，無致作弊。至於所屬私同宴會，亦所當禁。但有玷缺，隨即理斷。巡按去處，勿許官吏迎送，首思分例之外，亦不得多餘應副。

大德十年四月，中書省御史臺呈：户部司計楊元催起運司鹽引，飲用官吏筵會，難同賓主通禮。若以爲例，使出使人員做傚侵漁官府，深爲未便。刑部議得：凡出使人員於所至之處，如親戚故舊禮應追往之人，賓主宴樂理難斷絶，其餘不應飲用官吏筵會，侵漁官府，禁治相應。都省准擬。

《通制條格》卷二八《雜令・率斂》 元貞元年正月，中書省御史臺呈：山東道廉訪司申，見任官吏或拜識豪華以爲親戚，或接引殷富以爲交友，遍嚇鄉者、社長、里正人等，鳩斂錢物，資給去官，因緣侵漁，理宜禁止。刑部議得：誠如所言，即係設謀巧取，假手率斂，理宜糾彈，以正貪污。都省准擬。

元貞元年四月，御史臺奏：外頭行省官、宣慰司官人每拜見來呵，於他每所管的官吏俸錢齊斂來有。他每來這裏做人情，那裏路府州縣官吏生受有。從今已後拜見上來的官人每，管着的官吏俸錢休教科斂，行文書呵，怎生？麼道。奏呵，哏是有那般者。從今已後似這般科斂的要罪過者。麼道聖旨了也。欽此。

《通制條格》卷二八《雜令・差使人宿娼》 至元二十一年十二月，御史臺照得：不畏公法官吏人等每因差使去處，公明輪差娼妓寢宿。今後監察御史、按察司嚴行糾察，如有違犯之人，取問明白，申臺呈省，其應付娼妓官吏，與宿娼之人一體坐罪，仍送刑部標籍過名。

《通制條格》卷二八《雜令・冒支官物》 至大四年五月初七日，中書省奏：支散衆會襖子的上頭，重冒休索者，麼道，各愛馬裏省會了來。支散的官人每，幾枝兒重冒要的拏住有。帖木迭兒丞相等俺商量來，既奉皇帝聖旨省會了，做無體例的，將他每的分揀的孛可温每要了罪過，重冒支了襖子的人每，只於萬億庫前面教號令了，將他要了的襖子納了，要了罪過，怯薛裏教出去呵，怎生？麼道。奏呵，那般者。麼道聖旨了也。欽此。

（元）趙承禧《憲臺通紀・有司未絶公事不許弔卷》 至元二十五年三月二十七日，本臺官奏准：諸官府見行未決之事，監察御史不得輒憑告人飾詞取人追卷。候判決了畢，果有違錯，依例糾彈。罪囚有寃，隨即究治。

（元）趙承禧《憲臺通紀・體察人員勾當》 御史臺咨：至元十四年五月十五日，本臺官奏：俺御史臺裏、監察裏、按察司裏勾當的人每，勾當其間裏，省家俺根底不商量了呵，勾當得麼道，便遠處使喚有。奉聖旨：這的休疑惑者。恁根底勾當的人每，恁根底不商量了呵，休與者。欽此。

（元）趙承禧《憲臺通紀·官吏首贓》 至元二十九年六月，中書省、御史臺呈官吏首（錢）〔贓〕等事，刑部議到下項事理，都省准擬。

一、官吏出首取受之贓，既已准首免罪，難議黜降，依例附過名。若職官再犯，量事輕重科斷黜降。吏人等再首，無問所首贓物多寡，勒停。

一、官吏首罪，事重者監收，輕者召保聽候，取勘別無詐冒及未經事發者，准首原免。若知人欲告而自首者，減罪二等。或聞知別處事發，赴官陳首，若計所首日程可知，雖是不知，仍依知人欲告而自首者。亦減二等科之。詭名代替，不在原免之限。如犯人實有病故，許令親屬代首。

一、首罪不盡者，止以不實不盡之罪坐之。

（元）趙承禧《憲臺通紀·廉訪分司斷職官會議》 至元三十一年六月，本臺奏准條畫内一款：凡職官取受錢物，贓狀明白，例合斷決者，欽依元降聖旨：除受宣官員申臺聞奏外，受敕官員移牒總司，會議斷決，事有疑似，備細申臺。欽此。

（元）趙承禧《憲臺通紀·照刷徽政院文卷》 皇慶元年十一月，徽政院咨：來咨皇慶元年七月十二日欽奉聖旨節該：應有印信衙門的文卷，依例照刷者。欽此。看詳貴院所轄諸路財賦總管府大小司屬衙門，錢帛詞訟，事務繁劇，多與有司相干。江南行臺咨：財賦總管府官吏不公不法等事，請就便啓聞施行。准此。照得至大四年七月初六日特奉皇太后懿旨：小羅大都奏將來：御史臺家奉懿旨刷徽政院卷有。刷卷呵，造作有窒礙的一般有。等候造作了教刷呵，怎生？奏將來。大主人有時分，徽政院家文書不曾覷有。咱每家私的勾當，依在先文卷休教覷者。教塔思不花大都臺與將文書去者。您徽政院家小羅根底也與將文書去者。麽道懿旨了也。敬此。

（元）趙承禧《憲臺通紀·照刷樞密院文卷》 大德二年七月十三日，本臺官奏：在前世祖皇帝時分，月吕魯那演奏來軍的數目休教照刷者體例裏，院裏天下軍馬總數目，皇帝知道，院官裏頭爲頭兒的蒙古官人知道。外處行省裏頭軍馬數目，爲頭的蒙古省官每知道。這般文卷也不照刷。更這邊關機密，不合教多人每知道的勾當，這般文卷，監察也不照刷。外，樞密院裏委付萬户、千户、百户、彈壓，各自一枝兒勾當，更勾補逃亡事故軍呵，各路州縣裏的勾當，這幾年院家推辭着有軍數目麽道，不教照刷。更有人告他每不依體例，要肚皮，别了聖旨。委付人取文卷去呵，漢兒每推着蒙古官人每不與文卷。他每主意遮藏他每弊倖有。如今只兒哈郎大夫爲頭，俺每商量來：裏頭院裏、外頭行省裏軍馬總數目，這邊關軍情機密勾當，不教照刷外，委付大小軍官選各宗文卷，並勾補逃亡事故軍文卷，依著立御史臺聖旨並照刷中書省體例照刷呵，這院裏的弊倖革得少去也。奏呵，欽奉聖旨：是也，那般者。欽此。

（元）趙承禧《憲臺通紀·照刷營田提舉司文卷》 延祐三年十一月十六日，本臺官奏過事内一件：省家與俺文書，河南江北道奉使宣撫文書裏説有：襄陽路立着營田提舉司，五品衙門，屬會福院所管有。那裏官吏每爲不刷他每文卷的上頭，恣意做無體例勾當，要肚皮，好生害百姓有。教俺就便聞奏麽道有。俺商量來：依着省部擬定來的，與諸處運司、太后位下財賦、辦錢糧的衙門一體聖旨、懿旨裏，年終錢糧成就了畢呵，似這營田提舉司一般衙門的文卷，依例交廉訪司照刷呵，怎生？奏呵，那般者。麽道聖旨了也。欽此。

（元）趙承禧《憲臺通紀·照刷中政院文卷》 大德六年四月，中政院咨：大德五年十一月二十八日，本院官啓過事内一件：在先中御府時分，文卷休刷者麽道懿旨有來。如今中政院管着的怯怜口、阿塔赤、阿察赤、玉烈匠人每、管民官吏等，但是俺管的，省裏、臺裏内外衙門俺根底不商量，做罪過來麽道拿將去問。有那般啓呵您説的是有。家私的勾當有但屬您管着的，省裏臺裏休問者。這裏側近有的罪過做呵，您問者；外頭有的做罪過呵，各路有的廉訪司官人每依體例問者。是實呵，您根底文書裏説將來者，重罪過的啓者，輕罪過的您依體例行者。麽道懿旨了也。敬此。

（元）趙承禧《憲臺通紀·照刷宣徽院文卷》 至順元年六月十三日，本臺官奏：大都臺官每備着監察每文書裏説將來：世祖皇帝立御史臺，彈劾中書省以下内外百官奸邪非違，刷磨諸司案牘來。近間爲整治臺綱的上頭，内外大小應有印信衙門文卷照刷者麽道聖旨有來。宣徽院收支錢糧浩大，本院並司屬俱有印信，在前，他每指以大鍋子茶飯爲由，朦朧奏罷，不曾照刷來。因着這般上頭，出納無法，侵欺作弊，蠹耗了財物有。今後除内府大鍋子飲膳茶飯酒醴，遵依世祖皇帝定制外，其餘一切收支，各項文卷，依例合照刷。麼道。又諸王、公主、駙馬拜見上位，把茶飯筵會，既於兩淮屯田總管府、省部大司農司等處收買物內應付，其各投〔下〕納將來的茶飯錢物，宣徽院卻合解與省家作數，交監察御史隨卷照刷呵，怎生？麼道奏呵，我的大鍋子裏準備的茶飯酒醴，教依在先定制者。其餘宣徽院並所管收支錢物等文卷，監察每依體例照刷者。諸王、公主、駙馬與的筵席錢，宣徽院收着，數目交省部家知道者，不得省家言語，休動着者。麼道聖旨了也。欽此。

（元）**唐惟明**《**憲臺通紀續集・公田折價**》　至元六年七月初七日，欽奉詔書內一款節該：官員職田，近年以來多占户計，添搭價值，多收子粒，病民爲甚。今後除廣東、廣西、海北三道每石折收不過中統鈔貳錠，其餘去處，照依時值，多者不過壹錠。其濫設莊官頭目，截日革去。拘該有司，依例追徵，多餘取要者，以坐贓論罪。欽此。

（元）**唐惟明**《**憲臺通紀續集・照刷銀冶提舉司文卷**》　至元五年四月，御史臺據監察御史呈：照得宣德等處銀冶提舉司，係五品衙門。管轄提領所一十餘處，每處設官不下二三員，行使九品印信，治在僻野山場，專爲召募人民採取礦炭，煉銀辦課，若不按臨照刷文案，於事未便。近因巡歷蔚州等處，人民告稱，上項提領所將採煉洞冶去處，抽分過礦炭；部領無籍之徒，十數成群，又將興販細民，每馱重取錢物；及接受民訟，起滅事端，其冶場官司，賴以不曾照刷文案，妄此所爲。若便取問，正是辦課時月，又所辦課額，不見有無增羨。爲此看詳：宣德、雲州等處銀冶等場提舉司，並各提領所文卷，與檀景鐵冶，採金提舉司即係一體，擬合爐終，於審囚月分就便照刷相應。具呈照詳。得此。呈奉中書省劄付，送據户部呈。議得上項事理，合准監察御史所言，爐終照刷相應。宜從都省劄付御史臺照會，本部依上施行。具呈照詳。得此。都省准擬。

（元）**唐惟明**《**憲臺通紀續集・照刷內史府文卷**》　至正六年十二月，中書省劄付，至正六年十二月初九日中書省官奏：世祖皇帝時分，設立御史臺衙門，將但凡有印信衙門文卷，監察御史照刷有來。這裏的並斡耳朵思內史府衙門文卷，監察御史不曾照刷的上頭，委付來的人每勾當裏不用心，將衙門的事務好生怠慢有。監察御史建言，合照刷麼道說來。俺衆人商量來：如今行與御史臺文書，今後將這裏的並斡耳朵思內史府及司屬衙門文卷，依着其餘衙門例，教監察御史照刷呵，怎生？奏〔詞〕〔呵〕，奉聖旨：那般者。欽此。

（元）**唐惟明**《**憲臺通紀續集・糾言**》　至正七年十二月二十四日，本臺官特奉聖旨：在前，一個衙門裏斷該來的首領官吏人等，爲行事中間差的上頭，後來風憲裏行呵，記讎動文書糾言舊官長的，禁了來。在後御史每言着，卻教糾言有。我尋思來，薛禪持帝聖旨：俺每有的不是也說呵，是求言納諫的勾當有。首領官吏人等，不教言在前斷該着的官長，是厚風教的事有，與求言納諫的勾當不斷似有。如今恁遍行文書，教禁了者。麼道聖旨了也。欽此。

（元）**劉孟琛**《**南臺備要・體察聲迹**》　元貞元年三月二十一日，御史臺奏過：年例：外頭外省文卷照刷者麼道，差監察每去著。就著監察去的其間，遠處近處有的廉訪司官人每、令史每，行的好的、行的歹的，依在前聖旨體例委監察每時常體察。行的是的、不是的，明白說來呵，俺分揀了合替換的擬定奏呵，怎生？麼道奏呵，那般者。麼道聖旨了也。欽此。

（元）**劉孟琛**《**南臺備要・照刷鹽運司文卷**》　大德八年九月二十二日，御史臺承奉中書省劄付：大德二年五月初六日，奏准節該：鹽運司年終照刷文卷呵，教臘月、一月照刷了，再休照刷者，不曾限定十一月爲頭，至次年正月。這三箇月其間照刷文卷者，那其間運司勾當也得空便有。其餘事理，依已降運司聖旨體例行呵，怎生？麼道別帖木兒根底商量來，照刷文卷的，自十一月爲始至正月，三箇月其間照刷呵，遍了者。其餘事理依聖旨體例裏行者。別帖木兒那般說來。教那般行呵，怎生？商量來奏呵，奉聖旨：則那般行者。欽此。又大德七年二月二十四日奏過事內一件：臺官每說一句言語有：鹽課勾當裏行的官吏人等做賊說謊呵，到年終問者道來。若候年終問呵，影蔽了做賊說謊的。若拿住他每做賊說謊的呵，不候年終，便拿着問呵，怎生？這般說有。俺回說：在先這勾當不是不曾行來。爲辦大課程其間好生有窒礙的上頭，在前官人每多曾遞互聞奏，終不曾定體〔例〕來。如今依着您的言語，許您便教拿着問呵，這其間整治軍人氣力，并其餘支持用錢處多有。每年收的錢，鹽課辦着多一半，大課程虧兑了呵，在誰身上有？這般説呵，臺官每不曾回言語來。俺衆人商量定，只依在先聖旨體例行呵，怎生？奏呵，奉聖旨：那般者。欽此。

（元）劉孟琛《南臺備要・人衆委問》 大德十年九月，御史臺議得：今後若有干礙人衆事理，須要愼加選揀品級相壓廉正官員追問，庶革前弊。其或蹈循舊弊，委官失當，豈惟不能壓服公論，抑亦有傷肅清之治。遍行依上施行。

（元）劉孟琛《南臺備要・廉訪司取問行省令譯史》 至大元年七月二十九日，御史臺官、脱歡丞相等奏過事内一件：薛禪皇帝時分，行省官、首領官没體例勾當做呵，臺裏説將有來。蒙古、漢兒必闍赤、宣使人等没體例、要肚皮勾當做呵，廉訪司官他每就便問有來。完者篤皇帝時分，阿忽歹、八都馬辛等不教廉訪司官問，教監察每問者麽道，完者篤皇帝根底奏着，教行文書有來。這般行呵，大勾當裏窒礙有，做賊説謊的人每多了有也者。可憐見呵，依著在先薛禪皇帝行來的聖旨體例裏教行呵，怎生？麽道奏呵，奉聖旨：那般者。欽此。

（元）劉孟琛《南臺備要・職當體察》 至大二年三月，御史臺奏過事内一件：中書省將文書來，亦剌馬月傳奉聖旨：海裏做買賣的船來也麽道，昨前委着人，市舶物内合納官的教人取去呵，他每好物不將來。爲將歹物底上頭，如今省裏、臺裏、泉府司裏差好人和那裏根着的人每一處抽分着要了呵，和那裏省官一處明白封了，教送將來。麽道聖旨有來。如今行臺家與將文書來：監察每、廉訪司官似這般勾當差使的無有。麽道説有。俺商量來：他每説的是有，不揀有甚麽勾當呵，合體察有。可憐見，依着先的體例裏察呵，怎生？麽道奏呵，奉聖旨：那般者。欽此。

（元）劉孟琛《南臺備要・糾問行宣政院官吏》 延祐六年十一月，准御史臺咨：來咨，江南浙西道廉訪司申：參詳行宣政院文卷，既係監察御史照刷，行院官、首領官、令、譯史、宣使人等有犯非違，合無比同行省，一體究問。申乞照詳。得此。咨請回示。准此。

延祐六年十月十五日，拜住怯薛第一日，文德殿後鹿頂殿内有時分，速古兒赤乞兒吉歹、黑厮、黑漢、失寶赤買納等有來，本臺官秃秃哈大夫、帖木兒不花大夫、咬住侍御、納赫樞治書、帖木哥殿中等奏過事内一件：南臺官人每備着浙西廉訪司文書裏説將來：杭州立了行宣政院衙門，文卷交監察每照刷有。官人每、首領官做無體例勾當，依着行省官、首領官犯罪的例，臺裏着文書説將來者。其餘但有俸人每做無體例勾當呵，交廉訪司他每根底依着體例亦就追問。麽道説將來有。依着他每説將來的教行的，上位識者。麽道奏呵，那般者。麽道聖旨了也。欽此。咨請欽依施行。准此。

（元）劉孟琛《南臺備要・分巡違期》 至正八年五月，准御史臺咨：至正八年四月十二日御史臺奏：俺根底山東等處體覆官史聲迹去的監察御史脱火赤、楚惟善文書裏説將來：山東僉事刺思八朵兒只，稟性雖厚，莅事荒疎。本官至正七年八月十五日前往益都等處分司出巡，至正八年三月中還司。又據壽光縣人户李德口告田賦所馮提領、司吏徐吉安等因事取受錢物，爲是分巡官不曾到來本縣，根訪至昌邑等處，知得已行還司，以此前來就赴總司陳告，其分巡僉事刺思八朵兒只畏懼巡行失宜，止於置司處接受李德告狀。竊詳益都分司，按臨州縣數多，地里窵遠，比年以來水旱相仍，官府失治，盜賊蜂起，民物凋耗。本官職司風憲，分治一方，不能遵守成憲，依期遍歷，以懲官邪，以究民隱，顧乃倦於勤勞，安於怠惰，先期一月之前，無故違例還司，合行公事，尚未結絶，聲迹略無所聞。據此行爲，有乖憲體，擬合奏代。麽道説有。俺商量來：依着監察御史每題説來的行呵，怎生？奏呵，奉聖旨：説的是有。整治勾當其間，似這般恣意違期，先行還司，合整治勾當不做，那得這般體例來。恁自家整治的是有。行與各處文書，今後有這般行的呵，教監察御史每糾言者。麽道聖旨了也。

（元）劉孟琛《南臺備要・照刷宣慰司卷》 至正八年六月，准御史臺咨：至正八年五月二十二日，御史臺官根底特奉聖旨：各道宣慰使司都元帥府文卷，廉訪司照刷有來。體覆各道廉訪司聲迹的監察御史每，到彼住二三日回來呵，有司官并廉訪司官的行止好歹如何便得知道？如今宣慰使司都元帥府的文卷，休教廉訪司家照刷。内臺按治地面，交内臺監察御史每照刷者；兩行臺按治地面裏，教行臺監察御史照刷者。這般緩慢行着照刷呵，官吏行止好歹的知道也者。今後爲例遵守行者。麽道聖旨有來。第二日，御史臺奏：俺尋思來，監察御史每照刷各道宣慰使司都元帥府家文卷時分，宣慰使司都元帥府官吏人等一切不公不法等事，監察御史每糾問也者。若監察御史事畢回還之後，宣慰使司都元帥府官取受有呵，教廉訪司糾察；其餘首領官吏人等取受，教廉訪司依例取問呵，怎生？奏呵，奉聖旨：那般者。

（元）劉孟琛《南臺備要·僉補站户》 至正十二年二月二十六日，准御史臺咨：承奉中書省劄付：御史臺呈：據監察御史福安、劉繪〔呈〕：檢會到《至正條格》内一款：大德六年八月，兵部議得：逃亡消乏站户，合令親管州縣保勘，具申總管府，委不干礙五品以上管民官親行體覆是實，開具元僉增損，目今實有丁差，申覆省、部定奪，監察御史、廉訪司體察。但有不實，將保勘、體覆等官，驗數多寡責罰，標附過名，任回降等遷叙，主典人吏勒停。都省准擬。又泰定四年五月，兵部議得：各處水旱站赤消乏，有司遷延不肯保勘，廉訪司以體察例不回文，往復數年，不能補替，致將同甲貼户一併靠損。參詳站户消乏，例合隨即僉補，雖有呈准通例，令親管官司保勘，不干礙五品官體覆，監察御史、廉訪司體察，爲無所立程限，往覆淹延，民受其害。今後擬合自動文字日爲始，至監察御史、廉訪司體察了畢，通理不出一年，須要完備。若有限外不完去處，從監察御史、廉訪司常加體察。都省准擬。承此。依奉憲臺劄付，巡歷京畿東道，至三河縣，照刷出本縣文卷内一件：夏店驛站户趙信刑、運成等貳拾肆户陳告貧難消乏，累經數載遷延，不與從公保勘體覆。又，檀、順二州，平谷、昌平等縣，似此事理，遲慢者衆。已將隨處官吏量情責罰。外，竊詳比年以來，水旱站赤蓋因諸衙門給驛泛濫，使客頻繁，以致逼臨，日漸消乏。及至陳告到官，各處親管州縣官司，以保勘不完爲由，故行遷調徃復，動經數年，不能隨即補替，致使站户愈加靠損。其中質男鬻女應役者有之，抛家棄業逃亡者有之，灼其民病，莫甚於斯。雖有舊章，不出一年須要完備，多不遵守。蓋爲别無定立限外罪名，因而拘該有司視同泛常，徒爲文具。今既呈准，虛申站户消乏逃避，保勘不實，并將貧下小户虛捏事產，妄作富實人户僉充，已有關防所定罪名遍行各處，并大德六年任回降等、主典人等勒停通例外，其出違程限一節，若不嚴立科條，必致年復一年踵習前弊，又係前日虛文也。今後站户果有消乏逃亡，從各户赴當該站役官司，告稱端的不能當站貧乏緣由。及或有在逃人户不行應役，津納同甲貼户差發，即時行移元籍官司，照依該載事例扣筭首尾。不出一年，須要保勘、體覆完備，隨即飛申本管上司，於相應户内依例從公僉補替换。若有出違程限去處，當該親管州縣正官、首領官，比例照依户數多寡，坐以責罰罪名，標附其拘該上司并不干礙體覆等官。如果限外遲慢，臨時詳情究問，從監察御史、廉訪司嚴加體察。非惟站赤少甦，亦且官吏知畏，事無遲滯。所據罪名等第，宜從憲臺具呈都省，令合干部分明白定擬，遍行爲例遵守相應。具呈照詳。得此。送據兵部呈：本部議得：監察御史建言，逃亡消乏站户，親管官司保勘、不干礙體覆等官，出違程限，定立罪名等第，已有呈准定例，遍行各處，别難再擬。如蒙准呈，宜從都省劄付御史臺，本部依上施行。具呈照詳。得此。已經劄付本臺照驗，依上施行去訖。又據御史臺呈：監察御史福安、劉繪元言，今後站户果有消乏逃亡者，各户赴親管站役官司，告稱端的不能當站貧乏緣由。及有在逃人户不行應役，津納同甲貼户差發，即時行移元籍官司，照依該載事例扣筭首尾。不出一年，須要保勘、體覆完備，隨即開申本管上司，相應户内依例從公僉補替换。若有出違程限去處，當該親管州縣正官、首領官，比例照依户數多寡，坐以責罰罪名，標附其拘該上司并不干礙體覆等官。如果限外遲慢，臨時詳情究問，從監察御史、廉訪司體覆。今奉照到通例，止是虛申站户逃亡消乏，元申、體覆官司各各不實罪名。具呈照詳。得此。送據兵部呈：議得：（建）〔監〕察御史劉繪等建言，水旱站赤，比年以來諸衙門給驛泛濫，使客頻繁，以致逼臨，日漸消乏。及至陳告到官，親管州縣以保勘不完，故行遷調徃復，動經數年不能補替，致使站户愈告靠損。其中質男鬻女應役者有之，抛家棄業逃亡者有之，詢其病民，莫甚於斯。雖有舊章，不出一年須要完備，多不遵守。蓋爲别無定立限外罪名，因而視同泛常，徒爲文具。若不嚴加科條，必致年復一年，踵習前弊。以此參詳，監察御史所言整治站赤，事關急務。今後水旱站户果有端的消乏貧難，或有逃亡，委無親族同户丁產者，並聽當該站官受理，隨即行移元籍親管州縣委官體勘。不出兩月，不干礙五品官體覆；不過三月，申達省部定奪；一年之内，須要於相應户内依例僉補了畢，毋致躭懸歇役。若過違程限，本年事不結絶者，親管州縣每一户至五户，正官罰俸半月，首領官罰俸一月，司吏笞決七下；五户以上至十户，正官罰俸一月，首領官笞決七下，司吏一十七下；十户以上至二十户，正官七下，首領官一十七下，司吏二十七下；二十户之上，罪止正官一十七下，首領官二十七下，依舊勾當，司吏三十七下，革役別叙。其不干礙五品官，或引本廳司吏承管公文，顧忌違程，不行體覆回報者，驗户多寡，與親管州縣官吏一體論罪。如拘該本管上司，路府州縣准所屬申解。苟延不依程限催行，以致相躭站役，逼臨見户代當者，正官罰俸一月，首領官笞決一十七下，司吏二十七下，通行標附。從監察御史、廉訪司官嚴加照刷，體察究治。庶幾站赤少甦，而官吏知所警畏。如蒙准呈，宜從都省移咨各省，劄付御史臺，本部遍行爲例遵守相應。具呈照詳。得此。都省准擬。除外，合下仰照驗，就行依上施行。承此。除外，本臺咨請依上施行。准此。

紀事

《遼史》卷一七《聖宗紀》〔太平六年十二月〕辛巳，詔北南諸部廉察州縣及石烈、彌里之官，不治者罷之。詔大小職官有貪暴殘民者，立罷之，終身不録；其不廉直，雖處重任，即代之；能清勤自持者，在卑位亦當薦拔；其内族受賂，事發，與常人所犯同科。

《遼史》卷六一《刑法志》〔開泰八年〕嘗敕諸處刑獄有寃，不能申雪者，聽詣御史臺陳訴，委官覆問。

《遼史》卷七八《蕭護思傳》蕭護思，字延寧，世爲北院吏，累遷御史中丞，總典羣牧部籍。

應曆初，遷左客省使。未幾，拜御史大夫。時諸王多坐事繫獄，上以護思有才幹，詔窮治，稱旨，改北院樞密使，仍命世預宰相選。

（元）劉祁《歸潛志》卷一〇　赫舍哩執中，小字胡沙呼。世宗時爲護衛，得幸于章宗。爲人凶悍鷙横，爲舉朝所惡。且莅官不法，臺諫屢有言，上常右之，每曰：汝輩無他事，何止言胡沙呼？斯人止是跋扈耳。孟參政鑄時爲御史中丞，對曰：聖世豈容有跋扈之臣？上無以應。

《金史》卷五四《選舉志·廉察》廉察之制，始見於海陵時，故正隆二年六月有廉罷官復與差除之令。大定三年，命廉到廉能官第一等進官一階陞一等，其次約量注授。汚濫官第一等殿三年降二等，次二年，又次一年，皆降一等。詔廉問猛安謀克，廉能者第一等遷兩官，其次遷一官。汚濫者第一等決杖百，罷去，擇其兄弟代之。第二等杖八十，第三等杖七十，皆令復職。蒲輦決則罷去，永不補差。

八年，省臣奏御史中丞移剌道所廉之官，上曰：職官多貪汚，以致罪廢，其餘亦有因循以苟歲月者。今所察能實可甄奬，若即與升除，恐無以慰民愛留之意，且可遷加，候秩滿日升除。

十年正月，上謂宰臣曰：今天下州縣之職多闕員，朕欲不限資歷用人，何以徧知其能。擬欲遣使廉問，又慮擾民而未得其真。若令行辟舉之法，復恐久則生弊。不若選人暗察明廉，如其相同，然後陞黜之，何如？宰臣曰：當如聖訓。

十一年，奏所廉善惡官，上曰：罪重者遣官就治，所犯細微者蓋不能禁制妻孥耳，其誡勵而釋之。凡廉能官，四品以下委官覆實，同則升擢。三品以上以聞，朕自處之。時陳言者有云每三年委宰執一員廉問者，上以大臣出則郡縣動摇，誰復敢行事者。今默察明問之制，蓋得其中矣。又謂宰臣曰：朕以欲遍知天下官吏善惡，故每使採訪，其被升黜者多矣，宜知勸也。若常設訪察，恐任非其人以之生弊，是以姑罷之。皆曰：是官不設，何以知官吏之善惡也？左丞相良弼曰：自今臣等盡心親察之。上曰：宜加詳，勿使名實淆混。

十二年，以同知城陽軍山和尚等清強，上曰：此輩，暗察明訪皆著政聲。夫賞罰必信，則善者勸，惡者懼，此道久行庶可得人也。其第其政績旌賞之。三月，詔贓官既已被廉，若仍舊在職必復害民，其遣驛使遍詣諸道，即日罷之。

大定二十八年，制以閤門祇候、筆硯承奉、奉職、妃護衛、東宮入殿小底、宗室郎君、王府郎君、省郎君，始以選試才能用之，不須體察。内藏本把、不入殿小底、與入殿小底、及知把書畫，則亦不體察。

明昌三年，以所廉察則有清廉之聲，而政績則平常者，勅命不降注。以石仲淵等四人，雖清廉爲百姓所喜，而復有行事邀順人情之語，則與公正廉能人不同，勅命降注。凡治績平常者，奪元舉官俸一月。

四年，上曰：凡被舉者，或先察者不同，其後爲人再舉而察者同，或先察者同，而後察者不同，當何以處之？其議可久通行無窒之術以聞。省臣奏曰：保舉與體察不一者，可除不相攝提刑司境内職事，再令體察，如果同則依格用，不同則還本資歷。時有議凡當舉人之官，歲限以數，減資注受者，是日，省臣併奏，以謂如此恐滋久長求請僥倖之弊。遂擬被舉官如體察相同，隨長陞用，不如所舉者元舉官約量降除。如自囑求舉，或因勢要及爲人請囑而舉之者，各追一官，受賄者以枉法論，體察官亦同此。歲舉不限數，不舉不坐罪，但不如所舉則有降罰，如此則必不敢濫舉，而實材可得。上曰：是可止作條理，施行一二年，當別思其法。

承安四年，以按察司不兼採訪，遂罷平倒別路除授之制。

泰和元年，定制，自第一等闕外，第二等闕滿，合注縣令者升上令，少一任與中令，少二任與下令，少三任以上者與録事軍防判，仍減一資，注令。少五任以上者注丞簿。第三等任滿，合注縣令者升中令，少一任與下令，少二任以上者與録事防判，亦減一資，注令。少四任以上者並注丞簿。已入縣令者，秩滿日與上令，仍依各等資考内通減兩任呈省。已任七品、六品者減一資注授，經保充縣令，明問相同，依資考不待滿升除，見隨朝者考滿升注，既升除後將來覆察公正廉能者不降。

宣宗南遷，嘗以御史巡察。興定元年，以縣官或非材，監察御史一過不能備知，遂令每歲兩遣監察御史巡察，仍別選官巡訪，以行黜陟之政。

哀宗正大元年，設司農司，自卿而下迭出巡察吏治臧否，以陞黜之。

《金史》卷七六《蕭玉傳》 〔正隆〕五年，玉以司徒兼御史大夫。使參知政事李通諭旨曰：判宗正之職固重，御史大夫尤難其人。朕將行幸南京，官吏多不法受賕，卿宜專糾劾，細務非所責也。御史大夫與宰執不相遠，朕至南京，徐當思之。

《金史》卷八四《高楨傳》 楨久在臺，彈劾無所避，每進對，必以區别流品，進善退惡爲言。當路者忌之，薦張忠輔、馬諷爲中丞，二人皆險詖深刻，欲令以事中楨。正隆例封冀國公。楨因固辭曰：臣爲衆小所嫉，恐不能免，尚可受封爵耶？海陵知其忠直，慰而遣之。

《金史》卷一〇〇《孟鑄傳》 泰和四年，入爲御史中丞，召見於香閣。上謂鑄曰：朕自知卿，非因人薦舉也。御史責任甚重，往者臺官乃推求細故，彈劾小官，至於巨室重事，則畏徇不言。其勤乃職，無廢朕命。

（元）王惲《秋澗集》卷八四《烏臺筆補·彈甲局首領官張經影占工役事狀》 今體察得：中都甲局首領官張外郎，至元四年、五年影占合造甲人匠劉仲禮，私下取要工價鈔四十四兩五錢，却將本人合造甲數逐作抑令其餘人匠分造了當。今就問得張外郎名經是實。據此合行開坐糾呈。

（元）王惲《秋澗集》卷八四《烏臺筆補·彈博州總管楊庭訓不之任狀》 今體察到：前博州路總管楊庭訓，本官爰自宣州次官陞充河間路總管同知，再考授博州路總管，於今年七月内祗受宣命虎符，充延安府總管。朝廷恩私待以不薄，不期録連保狀，輒自獻投，以延安爲下路，欲難其行，以少中爲稍降，妄攀別例，一意徼求，有虧廉節。兼照得之官程限已有定例，其楊庭訓自祗受以來，經今四月有餘，推延事故，逗遛不行，恐臣子之分不當。如此事屬非違，合行糾劾。

（元）王惲《秋澗集》卷八四《烏臺筆補·論河南行省屯田子粒不實分收與民事狀》 會驗河南行中書省咨該，去歲屯田子粒一百萬石内，明該屯户收分語句，今體訪得：止收到稻穀又馬料粟通計約四十餘萬石，其收分與民數目，至今不曾給付，使失業之民二萬三千餘户往還千里，却於往貫般易餱糧以供朝夕，貧者至噉食草木，陳告無所，以致往往逃竄，至有舉屯全空者。竊惟屯田大計，當草創之際，所宜務遠圖，固根本，開布恩信，撫養新集，遵固守之道，植久駐之基。不務出此，將上項子粒公文明該除數實惠曾不及民，使官食前言，民有饑色，張虛數以邀上知，顧小利而斂衆怨，既非國家之便，又非計久成大功之遠略也。其昧上虐下，是屬姦欺，據此合行糾呈。

（元）王惲《秋澗集》卷八五《烏臺筆補·為中省兩部私使貼書事狀》 竊見中書省左右部所設掾史，其員數足以分務，俸給足以養廉，又明注出身，定擬資歷，是國家以品官待人，未嘗以胥吏相期也，所望公勤精幹，躬行所事。今則不然，私使貼書通知公務，每房少者不下六七人，官不係名，私有形勢，例皆掌案牘，主裁決，甚則至於關節導達，開閉倖門，泄露事機，滋長奸弊，私謁既行，公道多廢。近者制司偽貼事發，此其驗也。重念都省致治之源，兩部天官之列，建綱立極，所貴肅清以明庶務，奈何使幼孺無知之人混淆錯雜，紊煩官紀，其爲害弊，孰甚於此。若曰此等吏習而已，事何預焉？是中書兩省爲童子吏習之所，此尤不可之甚者。今者積弊有年，曾不更張革去冗吏，欲望激濁揚清，選擢計密，抑吏權，謹公道，帝載以之能熙，期會至於不失，不可得也。又照得省劄行下州郡，則減吏冗，使有定員，本謂省官不若省事，省事不若省吏。若此者，舍本趨末，欲清其流而反濁其本源也。兼舊例私使貼書者，律有明禁。據中書省、樞密院左右部及隨朝衙門占恡貼書等人，合行禁罷。

（元）王惲《秋澗集》卷八六《烏臺筆補・彈西夏中興路按察使高智耀不當狀》 竊惟按察司所行，輕則彈劾奸邪，重則抑按暴亂，爲使者務要剛明知體，臨事有爲，故風采所加，百城震肅。今體得：西夏中興路提刑按察兼勸農使高智耀，資性罷輭，不聞有爲，事佛敬僧，乃其所樂，迹其心行，一有髮僧耳。既乏風憲之材，難處搏擊之任。兼河西土俗，大半僧祇，初聞智耀來官，已爲望風輕易，故理任以來所行淹阻畧不見憚，欲望宣明教化問民疾苦，鎮静一道，難矣哉。如近者習良和尚等事，此其驗也。合無別選材能以代厥職。不然，雖復别有區處，既非其人，恐終不能震疊，不惟虧損朝廷威重，使五郡寃抑之民，一經赴愬，彼强暴者加怨前時，而平民轉罹殃咎。其或使之强爲，因而别生事端，尤爲未便。參詳至此，擇人而代，似不宜緩。據此合行糾呈。

（元）王惲《秋澗集》卷八七《烏臺筆補・彈順天路總管祖世傑不合支俸事狀》 照得尚書省劄付節該：今後官吏辨證私罪，但離本職，其禄不給。承此。今體察到：順天總管祖世傑，於至元七年二月，爲道大言語公事，尚書刑部勾喚本官前來歸問，至當月十七日到部，至至元八年二月二十二日纔行還府，乃本官却將正二兩月俸秩于本路盡數闕支了當。事屬違錯，合驗曠闕月日，於本官處以依數追理施行。

（元）王惲《秋澗集》卷八七《烏臺日事・彈左巡院官休和趙仲謙事狀》 今體察得：趙仲謙於至元五年十二月内，詣中都左巡院告王四打死妹趙喜蓮事，其郝警使、馬警判、蕭典史、提控張仲禮，將被論人王四不行撲捉到官，及在都見有干證人亦不勾唤，虚調行遣，及將潞縣取發到干連等人並不與原告、被論當官對問，縱放還家。其事主趙仲謙見爲巡院故意遷延，再行告到總府并右三部。行下巡院，其巡院官吏止是依前虚調行遣，並不理問，却於今年二月二十日，有郝警使、沈警副等，當廳公然省會原告、被論人等，與限二日，勸和了者。竊見巡院係京畿親民正廳，務要禮義興行，肅清所部。據前項違錯事理，合行糾彈。

（元）王惲《秋澗集》卷八七《烏臺日事・彈劉汝翼事狀》 今體得知：中路教授劉汝翼，今月初七日於崇孝寺與提學楊榮因議事間用言侵犯，遂將楊榮輒行毆詈，及攬捽髯鬚至於脱落，却行私下勸和。叅詳教官爲人倫師表，宣明教本、訓導生徒爲任，乃劉汝翼者兇悍荒酗，陵犯官長，爲細人所不爲，既傷儒風，大失士體，使京師首善之地何所矜式？應遴選師儒以代其職。據此合行糾彈。

（元）王惲《秋澗集》卷八七《烏臺日事・高唐州州尹張廷瑞稱職事狀》 今體得：高唐州州尹張廷瑞，自到任以來，甫及朞年，五事可稱，一方受賜。蓋其人强幹有爲，廉能素著，凡所興除，率先律己，如待僚佐以禮，束胥吏以法，勸課耕桑，裁抑游惰，宣明教本則首興學廟，拯濟羸劣則課習醫流，井井有條，吏安民便，而又曉暢軍機，勇於臨敵，向軍虎嘯，以肅邊聲。今尹齊西號稱治最，誠有用之全材，一時之良大夫也。理宜聞奏，擢置監司。不然百里之地不能盡其所長，爲可惜耳。據此合行具呈。

（元）王惲《秋澗集》卷八七《烏臺日事・益津縣尹張英非違等事狀》 今察到益津縣尹張英，自到任以來，甫踰四月，其逐節非違，爲私蠹害等事，開具于後，據此合行糾彈。

一、縣尹張英到任及今，兼掌尉印，凡失盗三起，明有窟穴顯跡，不即督勒弓兵嚴限緝捕，却爲擗問失盗李、鄭二家親屬，及勒要訖事主王伯英自願不行申告文狀。其縱滋盗賊，以有爲無，匿而不申，度其主意，止恐不獲，停罰月俸。本縣民心，因此失望。其張英字民之官，務在肅清所部，盗賊消弭，方爲稱職，今所行如此，非唯違錯，實爲以私滅公。

一、前益津縣尹張文郁、主薄李璋使訖鹽折粟鈔三十餘錠。其張英明知前官侵使官錢，不即依理舉問，又不正約本官，申明使州知會，於九月十九日反行送出還家去訖。及發下馬駝一千餘匹，已悮料粟，纔於十月初十，經隔二十餘日，不由所管上司，擅自赴府而越言上說，稱前官張文郁並不交代，往豐閏去訖，乞勾追發下依理交代。及總府退訖，月申縣解，却就都於州司吏李讓處，詭取本州空解，依前申覆。竊詳上項事理，非惟失悮支持，事屬欺罔詐冒。兼張英係監臨之官，知代官有犯，故不舉問，遂令還家，其徇私害公，孰甚於此。若弗糾治，竊恐因而循習，别生事端。所據前項事情，就問得州吏目王文進、司吏吕仲榮，與所察相同。

一、霸州、益津縣分，俱該河流陂浸地面，其驛程係山東要路，中間津梁，最爲急務。又照得省劄修理橋道事明該：簿、尉闕員，委自己上正官兼管，及令長官檢校。其縣尹張英，將本縣合修橋道堤口畧不省問，止委弓手盧得用管領工役，致使人夫逃散。冬月寒冷，修叠不能了畢，使經行人員、罷役城夫及發下馬駝蕩涉氷水，人幾有漂没者。就問得縣達嚕噶齊實哩布達、吏目王文進，與所察相同。其於公不幹，違錯怠慢如此，不可臨民。

一、守令百里寄命，苟非其人，則一方被害。其張英性荒嗜酒，昧于事體，又乘酒縱暴，不居公廨，將公使人符首領等非禮毆擊，致有逃避之者。及本州行下事理，如橋道見禁等事，往往違拒輙不申報。至於縣司所行，或不應者，典吏報覆，畧不聽從，恃賴曾爲部掾，蔑視上司。如委棄尉印，令弓手張典掌管，將實哩布達私己人赫舍哩爲巡捕，祗侍官見於煎茶鋪勾當。其恣意亂行如此，致將公務窒塞兩就，非止一事。兼張英前任唐縣，其部民告發不公等事，上司未曾歸結，不審緣何依前遷除益津縣尹勾當？合無一就究問。

（元）王惲《秋澗集》卷八八《烏臺筆補・彈馬全擅科鈔事狀》 今體察得：管上都路洪贊馬站貼户提領馬全，自至元二年正月至五年十月終，於所管站户劉澤等處，除正站祗應錢外，擅自科歛雜泛錢鈔二錠一十九兩九錢。問得馬全招伏是實，兼馬全年七十七歲，老病不任勾當，合行糾彈。

（元）王惲《秋澗集》卷八八《烏臺筆補・彈益津縣尹張文郁侵使鹽價事狀》 今察到：霸州益津縣前縣尹張文郁、主薄李璋，於至元五年支不盡鹽折粟内侵使訖鈔三十三錠三十五兩。爲此就問得州司吏杜唐佐，並與所察相同。據此合行糾彈。

（元）王惲《秋澗集》卷八八《烏臺筆補・彈縣尉楊政事狀》 體察得： 今年十一月内，有在都住人崔提領，將博州人户丁五十妻支丑女作逃婦捉拿，及稱被捉支丑女時有老劉等將皮帽、金經卷兒等物奪了。其崔提領與伊相識人大興縣現任縣尉楊政一同，於施仁門關不居公廨，問得支丑女不係逃婦，明有根脚，不容分析，崔提領將支丑女繩索鎖訖，分付楊縣尉收禁。責逼本婦狀稱：因夫丁五十赴都作夫患病，前來探覷，到永清縣河西務被崔提領作布哷齊捉住，夤夜强行奸污。問出如此詞因，其縣尉楊政並不行移有司理問，枉禁支丑女數日，將崔提領所摭老劉等奪訖金經卷兒等物，却勒支丑女要賠鈔六貫，方纔將支丑女保出，使本婦無處申訴。爲此就唤到大興縣尉楊政，問得所説相同。除前項支丑女等一起公事省會本縣尉司行移本縣依理施行外，據縣尉楊政係京畿捕盗正官，有此違枉，合行糾彈。

（元）王惲《秋澗集》卷八八《烏臺筆補・彈趙州平棘縣尹鄭亨事狀》 今體察得：趙州平棘縣尹鄭亨，自到任以來，聲跡至甚不佳。本官酗酒狂爲，連結朋比，遊行私家，無日不飲，及求娶娼婦，展散不公，挾弓放彈，損傷人目。如此非違事理，就問得本州司吏王柔、張才，稱與所察相同。合行具呈，伏乞御史臺照詳施行。

一、本縣西關開門户娼婦邢絨哥與鄭亨私先往來，於今年七月内求娶爲妻。照得舊例，監臨之官不得與部下百姓交婚，雖會赦，猶離之，况娶娼女户主爲婚？參詳縣尹字民之官，務在肅清所部，禮義興行。今所行如此，事屬污濫。

一、自到任至今，别無可稱聲迹，與本路扇趙史提控、王太醫、靳提控日逐朋從遊行私家，飲酒無度。如今春北寺救火，其鄭亨乘醉執持棍杖，沿街驅率人衆，致將小耿打傷頭面。參詳應救而不救，自有條禁罪名，豈得恣爲毆擊，亂行無法？足見居官素無政體，事屬違錯。

一、於今年春，令在縣祗候人屈首領引宅司鄭都管，於縣西村分發訖馬尾羅兒約三百餘箇，每箇要白米一斗，無米歛鈔一錢四分。其公然展散，無所畏避，事屬貪鄙。

一、今夏捕蝗，自佛寺爲頭，迤西村分所，至輒取要雞酒，每飯殺雞數隻。且天災如此，農民嗸嗸困於捕役，當此之際，其鄭亨恬不爲意，飲酒食肉以悦口腹，其爲不恤，無重於斯。

一、去年夏，挾弓放彈，將縣民曹博士左眼打傷，致令本人損傷訖一目，無所告訴。照得放彈及投瓦石，在庶民猶有明禁，詳此縱或誤傷，亦無一方師帥，民所具瞻，挾彈行遊，彈射烏鵲而爲少年童子之事。是爲不應，合行糾彈。

（元）王惲《秋澗集》卷八八《烏臺筆補·彈兵馬司擅自鞫斷事狀》 竊見在都兵馬司設馬步軍五百人，係專一警捕衙門。自去年至今年三月終，强竊盜賊計六十餘起，致有殺傷事主、刼掠財物及本司公廨下爲盜者。蓋當該官兵不爲用心，滋多如此。三限不獲，行下取招，並不回報，其都轄上司縱令滅裂，虚作行移，亦不申明賞罰，是作過之人無法可畏，教之公行也。都城輦轂之下，庫藏倉廩諸所在，萬一窺竊，深繫利害。又間有敗獲賊徒，除事關權勢不能歸結者方纔申上，自餘無問輕重，輒便鞫問斷遣。豈惟侵司越職，竊弄威權，但恐中間奸弊日滋，實爲害事，兼是司自來並無囚繫鞫問斷遣之理。今後有無止令兵馬司據應獲盜賊略行取問，即便解府歸結施行。外據本盜起數，已獲者賞，未獲者罰。如此庶望上無縱恣虚行之事，下革違錯自專之弊，賞罰既明，民知所畏，京畿之間，不待歲月，作過之人將自消弭。據此合行糾彈。

（元）王惲《秋澗集》卷八八《烏臺筆補·彈東安州司吏不公事狀》 今察到：東安州刑案司吏張芮贓濫不公。爲此就責得張芮招狀：於至元四年十二月終，劉仝等處免刈葦草，要訖鈔四兩五錢；至元五年免放李守政解鋸夫役，要訖鈔五兩；至元六年七月，於娼女常海棠家内飲酒。逐件是實。即追到鈔七兩五錢，再將本人審問無冤，斷訖二十七下，勒停了當。今將上項鈔七兩五錢隨呈解去，伏乞御史臺照詳施行。

（元）王惲《秋澗集》卷八八《烏臺筆補·彈四州濫給解由事狀》 欽奉聖旨條畫内一欵：諸監臨之官知所部有犯法，不舉劾者，爲欺蔽罪五等；糾彈之官知而不舉劾者，爲徇蒙亦罪五等。欽此。又會到中書省條畫内一欵節該：各路州府司縣任滿官員，當該官司徇情濫給解由，體究得實，中臺呈省。今察到涿州等處州縣去官，於任内侵使訖鹽錢工俸，累蒙上司追徵，並不還繳，其代官到任亦不依公理問，却行徇情濫給與無粘帶解由。如此遞互欺昧上司，致將合追錢鈔至今不能到官。事屬違錯，據此合行開坐糾彈。

（元）王惲《秋澗集》卷九二《事狀·彈保定路總管侯守忠狀》 檢會到中書省欽奉聖旨，定與提刑按察司條畫内一欵節該：所部内應有違枉，並聽糾察。除欽遵外，今體察得：保定路總管侯守忠，粗魯無識，凶暴有名，恣意亂行，略無忌憚，不任以職，猶恐敗羣，重之以官，凶焰何奈？以致不遵朝省，對抗使人；詈辱同僚，穢言肆口；躭悮經賦，縱而不征；引帶私人，結而成黨；取能聲，擅斷職官；樹威風，敗壞官府。其吏民枉被陵暴者，畏其凶惡，不敢聲訴。所望察司稍爲抑按，今又爲阻壞如此，中外嗟嘆，莫不失色。參詳本路近在都南，實爲要郡，所轄一十五處軍民，約十萬餘户，據根本内地，首恩澤，固民心，非良吏莫可。今使凶暴如此之人臨民辦事，正猶以豺狼守羊，無不傷之理。據此合行糾彈。

（元）陶宗儀《南村輟耕録》卷二《切諫》 太宗素嗜酒，晚年尤甚，日與大臣酣飲。耶律文正王數言之，不聽。一日持酒槽之金口以進，曰：此乃鐵耳，爲酒所蝕，尚致如此，况人之五臟有不損耶。上説，賜以金帛，仍勑左右日惟進酒三鍾而止。夫以王之切諫不已，而上終納之，可謂君明臣良者矣。

《元史》卷一〇《世祖紀》 〔至元十六年二月〕乙未，玉速帖木兒言：行臺文卷令行省檢覈，於事不便。詔改之。

《元史》卷一二《世祖紀》 〔至元十九年九月〕壬戌，禁諸人不得沮撓課程。敕：官吏受賄及倉庫官侵盜，臺察官知而不糾者，驗其輕重罪之。中外官吏贓罪，輕者杖決，重者處死。言官緘默，與受贓者一體論罪。仍詔諭天下。

《元史》卷一三《世祖紀》 〔至元二十一年春正月甲戌〕御史臺臣言：罪黜之人，久忘其名，又復奏用，乞戒約。帝曰：卿等所言固是，然其間豈無罪輕可録用者？御史大夫玉速帖木兒對曰：以各人所犯罪狀明白敷奏，用否當取聖裁。從之。

《元史》卷一九《成宗紀》 〔大德二年三月〕壬子，御史臺臣言：道州路達魯花赤阿林不花、總管周克敬虚申麥熟，不賑饑民，雖經赦宥，宜降職一等。從之。

《元史》卷二〇《成宗紀》 〔大德六年〕八月甲子，詔御史臺凡有司婚姻、土田文案，遇赦依例檢覆。

《元史》卷二二《武宗紀》 〔大德十一年六月〕丙辰，御史大夫塔思不花言：殿中司所職：中書而下奏事者，必使隨之以入；不在奏事之列者，聽其引退；班朝百官朝會失儀者，得糾劾；病故者，必以告。請如舊制。又言：舊制，內外風憲官有所彈劾，諸人勿預。而近有受賕爲監察御史所劾者，獄具，夤緣奏請，託言事入覲，以避其罪。臣等以爲今後有罪者，勿聽至京，待其對辨事竟，果有所言，方許奏陳。皆從之。

《元史》卷二四《仁宗紀》 皇慶元年春正月庚子，帝諭御史大夫塔思不花曰：凡大臣不法，卿等劾奏毋避，朕自裁之。

《元史》卷二四《仁宗紀》〔皇慶二年夏四月〕乙酉，御史臺臣言：富人夤緣特旨，濫受官爵。徽政、宣徽用人，率多罪廢之流。近侍託爲貧乏，互奏恩賞。西僧以作佛事之故，累釋重囚。外任之官，身犯刑憲，輒營求內旨以免罪。諸王、駙馬、寺觀、臣僚土田每歲徵租，亦極爲擾民。請悉革其弊。制曰可。

《元史》卷二六《仁宗紀》〔延祐五年五月〕壬申，監察御史言：比年名爵冒濫，太尉、司徒、國公，接跡于朝。昔奉詔裁罷，中外莫不欣悦。近聞禮部奉旨鑄太尉、司徒、司空等印二十有六，此輩無功於國，載在史册，貽笑將來。請自今門閥貴重、勳業昭著者存留一二，餘並革去。制曰可。

《元史》卷二六《仁宗紀》〔延祐六年九月〕癸卯，御史臺臣言：比者官以倖求，罪以賂免。乞凡內外官非勳舊有資望者，不許驟陞。諸犯贓罪已款伏及當鞫而幸免者，悉付元問官以竟其罪。其貪污受刑，奪職不叙者，夤緣近侍，出入內庭，覬倖名爵，宜斥逐之。帝皆納其言。

《元史》卷二九《泰定帝紀》〔泰定二年〕九月戊申朔，分天下爲十八道，遣使宣撫。詔曰：朕祗承洪業，夙夜惟寅，凡所以圖治者，悉遵祖宗成憲。曩屢詔中外百司，宣布德澤，蠲賦詳刑，賑恤貧民，思與黎元共享有生之樂。尚慮有司未體朕意，庶政或闕，惠澤未洽，承宣者失於撫綏，司憲者怠於糾察，俾吾民重困，朕甚憫焉。今遣奉使宣撫，分行諸道，按問官吏不法，詢民疾苦，審理冤滯，凡可以興利除害，從宜舉行。有罪者，四品以上，停職申請，五品以下，就便處決。其有政績尤異，暨晦跡丘園，才堪輔治者，具以名聞。

《元史》卷三〇《泰定帝紀》 致和元年春正月乙丑朔，高麗王遣使來朝賀，獻方物。甲戌，享太廟。命繪《蠶麥圖》。乙亥，詔諭百司：凡不赴任及擅離職者，奪其官；避差遣者，笞之。御史鄒惟亨言：時享太廟，三獻官舊皆勳戚大臣，而近以户部尚書爲亞獻，人既疏遠，禮難嚴肅。請仍舊制，以省、臺、樞密、宿衛重臣爲之。

《元史》卷三一《明宗紀》〔天曆二年四月〕乙巳，監察御史言：嶺北行省，控制一方，廣輪萬里，實爲太祖肇基之地，國家根本繫焉。方面之寄，豈可輕任。平章塔即吉素非勳舊，奴事倒剌沙，倔起宿衛，輒爲右丞，俄陞平章，年已七十，眊昏殊甚。左丞馬謀，本晋邸部民，以女妻倒剌沙，引爲都水，遂除左丞。郎中羅里，市井小人，禿魯忽乃晋邸衛卒，不諳政務。並宜黜退。臺臣以聞，帝曰：御史言甚善，其並黜之。又諭臺臣曰：御史劾嶺北省臣，朕甚嘉之。繼今所當言者，毋有所憚。被劾之人，苟營求申訴，朕必罪之。或廉非其實，毋輒以聞。

監察官員選任分部

論說

（元）**胡祗遹《紫山大全集》卷二三《雜著・民間疾苦狀》** 一、御史臺、按察司彈糾貪污，申明冤滯，實省部諸司之藥石也。省不知與己爲助，反視之如仇讎，百端沮抑。是以近年以來當是任者全身遠禍，閉口不言。爲書吏、書史者，委靡貪污，與州縣吏無異；甚者反與之文過飾非，隱比其罪惡，滋長其貪冒。自今以往，當激勵振作；碌碌無稱者退罷；少犯贓污，視州縣官吏加一等治罪，終身不復叙用。

（元）**魏初《青崖集》卷四《奏議》** 〔至元九年〕七月十七日，照得唐制常參官及刺史上訖三日後，舉一人自代，況巡行糾劾之任，與常叙例轉不同者乎。夫郡縣之職，以撫字爲功，故必以日月滿考，然後轉叙。惟按察官與監察御史則不宜然，蓋人情久則熟，熟則慢，慢則事不立矣。目今按察官已有過滿去處，未有轉代，監察御史必待例滿代官至，然後離職，皆非計之得者也。合無令按察官及監察御史在任一歲後，不問內外，各舉資望相應者一人以自代，不惟可以作新風節，起厲頑弊，亦可以廣收才能，以憑倚用。

（元）**魏初《青崖集》卷四《奏議》** 〔至元十年〕正月二十一日，竊維御史臺天子耳目之寄，自本朝官以下，宜妙選朝廷名德大臣爲主上所倚信者一員，足以坐鎮雅俗，庶幾合天下之公望，以振起臺綱。此非一人之私言，實內外之公議也。

綜述

《金史》卷五四《選舉志・省選》 凡選監察御史，尚書省具才能者疏名進呈，以聽制授。任滿，御史臺奏其能否，仍視其所察公事具書於解由，以送尚書省。如所察事皆無謬戾爲稱職，則有陞擢。庸常者臨期取旨，不稱者降除，任未滿者不許改除。大定二十七年前，嘗令六十以上者爲之。後，臺官以年老者多廢事爲言，乃勑尚書省於六品七品內取六十以下廉幹者備選。二十九年，令臺官得自辟舉。

《通制條格》卷六《選舉・五事》 延祐二年二月二十五日，御史臺奏：南臺官人每文書裏說將來，風憲用的官人每，合於監察御史、廉訪司所舉有司最官及伍事全備有異政實跡的，與風憲常選官內相參選用。不稱職呵，連坐元舉的人每。麼道說有。俺商量來，在前監察御史、廉訪司官，但凡勾當裏行的官人每根底保舉呵，他每行的實跡，無保官的名字體覆官的姓名寫將來者。他每滿呵，任內保了這些人解由內開寫將來者。他每保的人好呵，添與他名分；歹呵，黜降他每的名分。這般奏准聖旨行了來，今後監察御史、廉訪司官保舉來的最官、五事備有異政的民官每，如委是材堪風憲呵，選着委用。已後行的好呵，依着已了的聖旨添與保官名分；若犯贓私歹呵，將元舉的官黜退，風憲再不録用呵，怎生？奏呵，那般者。麼道聖旨了也。欽此。

（元）**趙承禧《憲臺通紀・廉訪司官參用色目漢人》** 至元三十年正月二十八日，奏過事內一件：昨前日省官人每商量了，一個廉訪司裏八個官人有。八個裏頭，教四個漢兒人者。那四個，蒙古河西畏吾兒回回人每相參着委付者。一個路裏，一個色目人，一個漢人，兩個根底一處委付呵。怎生？麼道奏呵，那般者。麼道聖旨有來。俺和月魯那演省官人每一處商量了：省裏部裏行底管民來底人每裏頭，外頭臺裏、廉訪司裏合委付底色目漢人五十一個有，受宣的三十八個、受敕的一十三個人有。麼道奏呵，你每底勾當有，那般者。麼道聖旨了也。欽此。

（元）**趙承禧《憲臺通紀・整治事理》** 大德元年四月初四日，本臺官奏准御史中丞崔資德建言整治事理，開列於後：

一、御史臺本無選曹，所用人員多於省選流官內公舉，其餘官員，省部自有選例。近年以來，御史臺用人，止於本臺舉用人內互相調轉。其肅政廉訪司官、監察御史、首領官任滿解由，臺呈到省，或有不即遷轉者，所以省臺之選，自分爲二。今後省部並各路管民官內有廉幹人員，憲臺各當舉用外，廉訪司官、監察御史、首領官，臺呈解由到省者，依例早爲遷轉。省臺既不分彼此，通行選用，則人無去彼就此覬覦之私，賢者進而不肖者退矣。

一、南北二十二道肅政廉訪司，糾彈諸路，不爲不重，其爲頭廉訪使，當選聖上知識、根腳深重，素有名望正蒙古人，其次漢人、回回諸色目人，欽依已奏准世祖皇帝聖旨體例，相參選用。

一、各投下色目監察御史，每年保用，到今一十五年，中間以有限窠闕，待無限人員，久而員多闕少。今後自內臺、江南、雲南兩處行臺，色目監察御史從各投下通行保用，見行體例：色目監察御史任滿，例轉各道肅政廉訪司僉事；再任滿，具行過事迹呈省，合陞用者陞用，合本等遷轉者本等遷轉。如此，則內外事體通知，亦使有所激勸。

一、御史臺凡選用內外人員，舊例除臺官、首領官、監察御史從本臺不次擢用外，各道肅政廉訪司官、首領官，自改立到今六年，其間能否糅雜，欽依見奏奉聖旨事意，從新立法度整治。今後有闕，省臺照依舊例商議，公舉通用，不惟風憲一新，人材優劣亦可見矣。

一、臺綱切要，務在得人，得人則何患不治。今既臺省公論選人，其管民官犯贓罪者，卻令行省以下再行審斷事理，是乃行省明里不花一己之見。目今奏奉聖旨：省臺商量立法度，從新整治。合從省臺集會翰林、集賢諸老、學士，商議聞奏，欽依改立肅政廉訪司聖旨並初立提刑按察司條畫，累降聖旨施行。委任既專，紀綱自振。

一、御史臺用人，除近侍當怯薛人員特旨委用外，今後並不得用不曾受宣敕人等。雖有請俸歷過月日，止合入流品。其不曾親民者，亦不許用。中間若有必合風憲內任用者，具實跡明白聞奏。

一、甘肅、陝西兩處行中書省，控禦西北邊境，諸王駙馬大軍駐劄去處，錢糧出入，支持浩大。四川、雲南兩處行省，亦係邊遠蠻夷地面，不漸聲教，形勢險惡。今雲南立行御史臺，甘肅陝西四川各立肅政廉訪司，輕重例置，耳目有所不及。若將雲南行臺移置安西路陝西等處，其雲南止設肅政廉訪司，又陝西道元立廉訪司，卻於鳳翔府酌中處設置，並甘肅四川兩處廉訪司，通計四道，隸屬陝西等處行御史臺節制，四省文卷，每年監察御史照刷。其甘肅邊境等處，每年行臺官親行鎮遏軍民、糾察非違，其於國家便益，不可盡言。

一、監察御史任滿，驗行過事蹟，高出倫輩知大體者，聞奏陞遷。其餘驗所行事迹，堪充各道廉訪司官，依例選用。合呈省遷轉者，依例呈省。比依舊例，宜立程式。

一、行御史臺監察御史，若有異政，依例不次擢用。或再歷內臺監察御史一任，內有合呈省遷轉者，依例呈省。

一、各道肅政廉訪司官任滿，憑解由開到事迹。合陞用者，臨時聞奏，不次擢用。合呈省遷轉者，依例呈省。合就便於各道本等內遷轉者，依例本等遷轉。

（元）趙承禧《憲臺通紀・風憲官吏贓罪加重》 至元三十年四月二十九日，本臺官奏過事內一件：廣裏按察司裏行來底兩個官人，一個麻剌忽思小名底副使，人根底要了貳拾伍錠鈔、一條玉繫腰，一個乞臺帖木兒小名底僉事，人根底壹拾參錠鈔、肆兩捌錢沙金要了來麼道，行臺裏官人每他每底招伏文字與將來了。俺商量來：在先，按察司官人每要肚皮呵，比別個人每重要罪過者麼道聖旨行了有來。如今這兩個根底，依體例一百七打了，後頭勾當裏不交行底體例。有重要罪過者道來底聖旨體例裏，更他底財物斷沒一半，打了，勾當裏休交行呵，怎生？麼道奏呵，那般者。麼道聖旨了也。欽此。

（元）趙承禧《憲臺通紀・省臺共議選用人員》 大德元年四月初四日，奏整治臺綱事內，別帖木兒說：自來御史臺無選法，用着人呵，於管民官內選用來。近年自其間互相保舉選用，爲那上頭，省臺選各另了也。又立廉訪司六七年間，勾當人每內，也有好的，也有歹的。今後有闕呵，省臺官一同依在先體例裏商量着委付呵，怎生？說有。阿老瓦丁也說：廉訪司官每都合從新揀擇好人委用。廉訪司官內若有自前不曾管民的，管民官裏委付呵，民間便與不便的勾當知也者。若這般更新呵，臺官與省官人處商量了委付呵，宜的一般。說有。俺衆人商量來：臺官並他每之下行的首領官、監察每，依先的體例裏則他每選用者。廉訪司官若便都從新更換呵，別無緣故動衆的勾當有，不宜也者。如今廉訪司官有闕，並未滿聲迹歹的，省臺官一同選人替換委用。監察廉訪司官裏頭，若有合呈省的呈省，依體例委用。不曾管民來的，依著阿老瓦丁所言，管民官裏委用。又廉訪司官每，衆人商量了從新委付了之後，臺官人每，省部諸衙門裏創索人呵，省裏商量者。大德元年，衆人商量了：委付來的人若自其間遷調呵，則臺官人每就便遷調者。省官人每臺官內選用呵，也依那般臺官每根底説了委付呵，怎生？這般擬定體例行麽道商量來。奏呵，奉聖旨：是您衆人商量來？那聖旨問呵，回奏：是俺衆人一處商理來。奏呵，哏商量的是也，那般行者。麽道聖旨了也。欽此。

（元）趙承禧《憲臺通紀·選用風憲官員》　大德四年十二月二十九日，本臺官奏：去年監察每、廉訪司官人每，曾管民的不教行，曾做管民官的，分揀好人委付相應麽道別帖木兒、阿老瓦丁等題説呵，依他每的言語奏過，那般行來。如今不須，則管民官裏取選揀了得的好人委付呵，怎生？伴當每卻那般説有。俺商量得，依他每的言語呵，怎生？奏呵，奉聖旨：那般者。欽此。

（元）趙承禧《憲臺通紀·選用色目監察御史》　至大四年七月二十九日，本臺官特奉聖旨：我根底近行的人，省得事的、老實的，選做色目監察。漢兒監察每，您自選者。麽道聖旨了也。欽此。

（元）趙承禧《憲臺通紀·黜陟官員》　延祐元年四月二十六日，本臺官奏：近年管民官內，一年考校一遍，殿、最官各二員，以憑黜陟。麽道詔書行了來。行臺各道廉訪司考校文書裏行的歹的，俺依體例要了罪過行了也；行的好的，省裏與了文書來。如今五事的陞一等，廉能的減一資有，這兩等根底添與名分。最官根底若不添與名分呵，向前謹慎行的人每心落後一般有。比及省家定奪陞用呵，俺臺家他每根底各與一表裏做記驗。他做官的多人每仿學着向前謹慎行呵，怎生？奏呵，那般者。麽道聖旨了也。欽此。

（元）趙承禧《憲臺通紀·臺察官吏犯贓加重》　延祐元年九月十四日，本臺官奏過事內一件：監察每文書裏説有：世祖皇帝聖旨：臺察官吏但犯贓呵，永不叙用。在後又教加等斷罪者麽道聖旨有來。如今省部家議得：臺察官吏犯贓不枉法者，加至一百七，永不叙用。與世祖皇帝聖旨體例不斷似的一般有。今後臺察官吏人等因事取受，加等斷罪，雖不枉法，合除名不叙。麽道説有。俺商量來：風憲是掌把紀綱法則的職分，若自己身上不嚴約束的乾淨呵，難正多人的一般有。依着監察每説來的行呵，怎生？奏呵，那般者。麽道聖旨了也。欽此。

（元）趙承禧《憲臺通紀·風憲官鈐束吏屬》　延祐四年四月初四日，本臺官奏過事內一件：初立行御史臺、各道廉訪司時，官吏各自守着職分，行的好來。近年以來，上下分限，比在前不斷似，事上不便當有。俺商量來：今後各道書吏，比及監察去呵，有聲迹不佳的，從司官即便退罷。行臺察院書吏，似這般的有聲跡的，亦從監察糾罷。監察每不依體例行事呵，許行臺官指陳著明實迹，就便黜退。這般體例守着行呵，怎生？奏呵，哏是有。那般做體例行者。麽道聖旨了也。欽此。

（元）趙承禧《憲臺通紀·選用風憲官員》　至治二年正月十四日，本臺官奏：世祖皇帝立御史臺，選用着好人行呵，本爲贊治國家大勾當行來，難同有司選法，理算月日，給由銓注。風憲裏選得識治體好人行呵，國家大勾當裏得濟有。今後若公事上不肯向前，風憲裏不宜入來的，將他每的腳色呈與省家遷叙；肯向前行的，俺風憲裏陞用，這般行呵，激勸多人有。奏呵，奉聖旨：那般者。欽此。

（元）趙承禧《憲臺通紀·選用官員》　至治二年正月十四日，本臺官奏：在前，臺察裏，父子叔姪弟兄內，依着裕宗皇帝聖旨，只教一個行來。在後，臺官每完者篤皇帝根底奏了，一門之內有好人呵，一處休教晝字，都委付行來。次後，普顔篤皇帝根底奏了，一門之內只教一個行有來。在後，特奉普顔篤皇帝聖旨：一門之內只交一個行的，索甚那般説有？依着在先體例，都委付者。麽道聖旨有呵，未曾行有。俺怎生呵是？麽道奏呵，奉聖旨：一門之內有好人呵，都委付者。欽此。

（元）趙承禧《憲臺通紀·舉保官員》　至治二年正月，本臺官奏：御史臺，廉訪司，糾彈諸司不公不法的衙門有，須索選識治體的好人委付。俺憑着監察、廉訪司舉保來的人每選用有，教後人肯向前謹慎行的應有。舉察的人每，或有不當過犯呵，隨事斟酌輕重，黜退元舉官呵，怎生？奏呵，奉聖旨：那般者。欽此。

（元）唐惟明《憲臺通紀續集·類申事故官員》　至元五年正月初七日，本臺官奏：監察御史文書裏俺根底説：臺察是朝廷耳目，紀綱所用，官員必由材德可稱，廉能兼備，政績昭著，行無玷瑕的人材，得與是選。或有到任之間，丁憂患病，或因侍親遷葬，闕親回避等項事故，回還不望進用，所在有司既不申聞，廉訪司官又不薦揚，使其終身沉滯，不能上聞，甚負國家選辟賢能美意。今後風憲爲前項事因還家，不希進用的官員，在外廉訪司、在京監察御史每季類申憲臺，即與甄録。其被聲跡所黜、非犯贓私並刑獄枉錯等重事，亦宜取其所長，轉達都省，驗其資品區用。這般行呵，人材無所遺棄。遍行取勘，爲例遵守。麽道説有。俺商量來：依着監察御史説來的，兩臺各道廉訪司遍行文書呵，怎生？奏呵，奉聖旨：那般者。麽道。當日，教火者當住太皇太后前啓呵，那般者。麽道傳懿旨來。欽此。

（元）唐惟明《憲臺通紀續集・宴會》 至元六年二月二十七日，本臺官奏：俺根底南臺與將文書來，監察御史互相糾言，挾妓飲酒的説有。俺商量來：監察御史職專體察、肅清風俗，朝廷得失、軍民利病是他每合説的勾當有。他每不思職分，互相糾言，於臺察體統上好生不厮似有，將這的每黜罷了。今後兩臺各道廉訪司，除聖節、正旦、迎接詔書外，其餘一切宴會，依着内臺例，不許呼喚歌妓。爲例遵守呵，怎生？奏呵，奉聖旨：那般者。麽道。當日，教火者秃滿迭兒太皇太后前啓呵，那般者，麽道傳懿旨來。欽此。

（元）唐惟明《憲臺通紀續集・不許連銜署事》 至正元年正月初七日，本臺官奏：監察御史文書裏説有：置官風紀，朝廷寄耳目之司；給印同文，柄用表威權之重。洪惟我世祖皇帝，肇建官制，中外立三臺、分廉訪司爲二十二道，欲其振揚風采而肅清民俗也。然三臺設御史七十有四人，各有印信，執法之象上應太微，政所以示職任之尊，而臨事得以自便也。夫何近年以來，或選非才，浸訛舊典，劾一官則衆人共署，保一人則闔院同僉，議論之間，高下其事，一堂之内，自相矛盾，因而乖争凌犯，並及其人。至於機事不密，則又互相彈糾，執羅誣罔，靡所不爲，殊失朝廷建官之意，大傷風憲用人之公。今後監察御史，除分省出巡、守院得以同事外，凡彈劾、保舉、建言及其餘一切章疏，既各有印信，不許連銜並署，以昭體統之大，而著禮分之宜；以彰司憲之嚴，而增紀綱之氣。登是職者，彼此相規，人人自勉，庶幾有以合朝廷初設臺察之舊制，公道幸甚。的説有。俺商量來：依着監察御史每説來的教行呵，怎生？奏呵，那般者。麽道聖旨了也。欽此。

（元）唐惟明《憲臺通紀續集・監燒昏鈔官不許差除》 至正元年二月二十四日，中書省官、本臺官奏：在先，在京燒毁昏鈔，省臺委官監燒，其間因著别差使，並其餘處聚會，誤了燒鈔的上頭，至順二年、至元三年二次奏奉聖旨：省臺已委燒鈔官，除聖節賀正、迎接詔書外，其餘聖旨御香並各寺院裏聚會，都不教去。推事故不聚會燒鈔的，教要罪過來。如今自泰定三年到今，追補下的昏鈔，至元折中統壹拾玖萬玖仟餘錠，前後十有餘年，累次委官監燒，或推託事故，或營求差除，或慮使司屬人等相約聚會日期，遷延畏避，俱不燒毁，因而耽誤，以致鈔法澀滯，奸弊滋生。似這般怠慢不整治呵，如何中有。俺和臺官每一處商量來：今後省臺官燒毁各季並積年昏鈔，除聖節、賀正、詔書，妨務一日其餘聖旨御香並各寺院裏聚會等事，俱不許妨務，及不得推託事故不聚，經營差除。須要每日赴庫，檢閘燒毁過鈔數，五日一次登答開呈，直候燒毁了畢，方許還職。本燒鈔未畢，諸衙門不得差除，雖經别除，不得之任，雖有差遣，亦不得承受。似這般不行遵守，違犯的，要罪過，黜罷。其餘行省、宣慰司、廉訪司燒鈔去處，都這般教行呵，怎生？奏呵，奉聖旨：那般者。欽此。

（元）唐惟明《憲臺通紀續集・御史不許再任》 至正元年十二月十八日，本臺官奏：監察御史呈：近年以來，曾任内臺監察御史人員，以後復擢是職。初任之人，見事可言，或有顧忌，以爲是職後可復得，必遷延歲月以待後日盡言，往往流爲廢職。今後莫若曾任内臺御史者不必復除是職。如此，則初任人員無有後日之望，則必見事力陳，公道幸甚。麽道説有。俺商量來：御史之設肅清風紀，繩糾奸邪，實要且重。若令復任，揆諸憲體，有所未宜。合准所言，今後曾任御史者，不許復職，其有選衙門，選用御史不相應者。本臺回奏：其於綱紀似爲便益。爲例遵守呵，怎生？奏呵，那般者。麽道聖旨了也。欽此。

（元）唐惟明《憲臺通紀續集・不拘資格》 至正五年三月，中書省付：至正五年二月二十四日，中書省官奏：俺根底御史臺官備著監察御史文書裏呈：爵禄者，乃勵名節之器。銓衡者，實賞罰之權。今乃限以資格，其人亦恐難其選也。今後省院臺選用，悉遵舊制，不限資格，惟務得人，度材而任職，量能而授官。如是，則賢否無並進之患，而朝廷有得人之實。麽道呈文書的上頭，教吏部定擬呵。積勞陞轉，自有常規，簡拔賢材，難拘資格。合准監察御史所言，除省院臺選用人員不在超越之限，其餘有選衙門，悉遵定制的説有。俺商量來：省院臺選用好人，依先例不限資格，其餘有選法衙門，依部家定擬來的行呵，怎生？奏呵，奉聖旨：那般者。欽此。

（元）唐惟明《憲臺通紀續集·不拘月日》 至正五年四月，中書省劄付：御史臺呈至正四年十二月二十一日本臺官奏：監察御史呈：檢會到《至元新格》內一款：諸職官，隨朝三十個月爲滿，在外三周歲爲任滿。錢穀之（日）〔官〕，各以得代爲任滿。吏員，須以九十個月方許出職。由職官轉補者，同職官例。若未及任滿，本管官司不得動公文越例保陞。果才幹不凡，有事迹可考者，從御史臺察舉，其非常選所拘。若急闕，〔擇〕人材職相應者，臨時定奪。欽此。除欽遵外，近自元統年間詔旨天下節該並依世祖皇帝定制，伏睹聖朝奄有四海，爰立省部臺院總握機務，至於錢糧、選法、禮樂、刑政，糾劾不法，一切軍國重事，靡不關係，所設官吏，若非才德兼茂者，難膺斯任，實要且重，比之其他衙門大不相侔。世祖皇帝酌古准今，已有成憲，其用人之際，雖有月日定規，然獎才俊未嘗惜爵。何也？省院臺衙門掾譯史吏員人內，果有才器不凡、行能昭著者，不以月日所拘，使之顯達以備將來之用，所任之才，往往可考行之百年。近因銓衡之官，本救一時之弊，更易良法，一概將內外大小諸衙門未換授人員，無論賢否大小，俱以九十個月爲滿，方許出職。是以棄才能而尚年勞，舍英俊而數月日。考之古今，實有任用之盛典，以此參詳，今後選用人員，果有才幹不凡、行能超異者，其中書省、樞密院、御史臺、六部、察院掾譯史，並遵舊制，或以不拘月日選擢，或以近及兩考選取。如此，則賢才不滯於下，後進得達於上。緣係爲例事理，宜從憲臺聞奏，具呈中書省施行，公道幸甚。麼道説有。又南臺家爲這事咨將文書來有。俺商量來：省院臺掌管重事有，如今行與省家文書，這三個衙門蒙古必闍赤、掾史、通事、知印、宣使，但是勾當裏行的人每內，將他每好的月日到兩考的，勾當裏委用呵，怎生？奏呵，奉聖旨：那般者。欽此。除外，具呈照詳。送據吏部呈：議得御史臺奏准：省、院、臺這三個衙門蒙古必闍赤、掾史、通事、知印、宣使，但是勾當裏行的人每，將他每好的月日到兩考，勾當裏委用。以此參詳，即係憲臺奏准聖旨事理，如蒙准呈，宜從都省欽依聞奏相應。具呈照詳。得此。至正五年四月初一日，中書省官奏：俺根底御史臺官備著監察御史文書奏了：省、院、臺，蒙古必闍赤、掾史、通事、知印、宣使，但是勾當裏行的人每內，將他每好的月日，到兩考的，勾當裏委付。麼道呈文書的上頭，教吏部定擬呵，依着臺家奏來的教行的説有。依部家定擬來的行呵，怎生？奏呵，奉聖旨：那般者。欽此。

（元）唐惟明《憲臺通紀續集·隔越行私》 至正六年十月十一日，本臺官奏：《風憲宏綱》內一款：至（正）〔元〕二十一年五月，內外臺監察御史每，有保舉人員，多不呈臺。今後凡保舉官吏及草澤之士，並須指陳實迹，呈臺定奪，不得擅行公文於各道提刑按察司及諸衙門保舉委用，其諸衙門亦不得承受。所貴公道開明，仕途清肅，無倚公濟私之弊。俺商量來：今後依舊例，監察御史、廉訪司官，內外各衙門裏來休行移保舉的文書者。若不呈臺，輒便徑直保舉呵，將他每見行的勾當裏黜退了，風憲再不録用。各衙門如承受保舉的文書呵，首領官吏依不應例斷罪呵，怎生？奏呵，奉聖旨：那般者。欽此。

（元）劉孟琛《南臺備要·監察御史不許連銜並署》 至正元年二月，准御史臺咨：據監察御史呈：嘗謂置官風紀，朝廷寄耳目之司，給印同文，柄用表威權之重。洪惟我世祖皇帝，肇建官制，中外立三臺，分廉訪司二十二道，欲其振揚風采而肅清民俗也。然三臺設御史七十有四人，各有印〔信〕，執法之象上應太微，政所以示職任之專，而臨事得以自便也。夫何近年以來，或選非才，寖訛舊典，劾一官則衆人共署，保一人則闔院同僉，議論之間，高下其事，一堂之內，自相矛盾，乖争陵犯，必吹毛求疵，併及其人。至於機事不密，則又互相糾彈，執羅誣罔，靡所不爲，殊失朝廷設官之意，大傷風憲用人之公。卑職以謂，今後監察御史除分省出巡、守院得以同事外，凡彈劾、保舉、建言及其餘一切章疏，既各有印信，不許連銜並署，以昭體統之大，而著禮分之宜；以彰司憲之嚴，而增紀綱之氣。若然，則登是職者，彼此相規，人人自勉，庶幾有以合朝廷初設臺察之舊制，公道幸甚。緣係爲例事理，具呈照詳。得此。

至正元年正月初七日，篤憐帖木兒怯薛第二日，興聖殿東鹿頂裏有時分，速古兒赤、云都赤脱歡不花等有來，伯撒里大夫、古納剌侍御、何治書、鎖南班經歷、史都事、蒙古必闍赤阿魯威等奏：監察御史常泰等文書裏説有：嘗謂置官風紀，朝廷寄耳目之司；給印同文，柄用表威權之重。洪惟我世祖皇帝，肇建官制，中外立三臺，分廉訪司二十二道，欲其振揚風采而肅清民俗也。然三臺設御史七十有四人，各有印〔信〕，執法之象上應太微，政所以示職任之專，而臨事得以自便也。夫何近年以來，或選非才，寖訛舊典，劾一官則衆人共署，保一人則闔院同僉，議論之間，高下其事，一堂之內，自相矛盾，乖争陵犯，必吹毛求疵，併及其人。至於機事不密，則又互相糾彈，執羅誣罔，靡所不爲，殊〔失〕朝廷建官之意，大傷風憲用人之公。卑職以謂：今後監察御史除分省出巡、守院得以同事外，凡彈劾、保舉、建言及其餘一切章疏，既各有印信，不許連銜並署，以昭體統之大，而著禮分之宜；以彰司憲之嚴，而增紀綱之氣。若然，則登是職者，彼此相規，人人自勉，庶幾有以合朝廷初設臺察之舊制，公道幸甚。的説有。俺商量來：依着監察御史每説來的教行呵，怎生？奏呵，那般者。麼道聖旨了也。欽此。除外，咨請照驗，欽依施行。准此。

（元）**劉孟琛《南臺備要・風憲不用樂人》** 至正八年四月，准御史臺咨：至正八年二月二十二日御史臺奏：風憲裏委付來的官吏人等，休教唤歌唱的者。麼道禁的聖旨有來。近來衙門裏不用，却於私家或別處指以筵會爲由卻用麼道，就裏玷汚風憲有。今後除天壽節、正旦、迎接詔書呵，用者，其餘不揀那裏毋得呼唤做雜劇并彈唱的婦人每者。若别了的人每根底，要了罪過，風憲裏不用呵，怎生？奏呵，似這般歹行止的每根底，糾言者。麼道聖旨了也。

（元）**劉孟琛《南臺備要・分司擅還》** 至正九年七月，准御史臺咨：至正九年四月二十七日御史臺奏：俺根底監察御史蒙速思文書裏説：奉臺劄，山北道廉訪司遼陽分司僉事燕帖木兒，按治至懿州路，元患積氣舉發，於至正八年十一月二十五日還家。奏奉聖旨：差監察御史體覆取問。欽依前去山北道，責到招伏。看詳：僉事燕帖木兒所招職居風紀，承准總司牒，遼陽等處分巡，未曾遍歷，因爲患病，弗及百日，擅自回還大都。原其所犯，擬合究問，宜從憲臺區處聞奏。俺商量來：風憲裏管得事重，似這般擅自離職了，事上不便當有。燕帖木兒根底便要罪過呵，近年爲因循著究問上頭，似這般回來了的也有。如今將他黜退了，依着至正三年例，風憲再不録用。今後臺察除授人員患病的，依例守候百日外，如有必合離職緣故，須候憲臺回准明文，方許回還。如違，依着有司官擅自離職例，要罪過。遍行文書爲例遵守呵，怎生？奏呵，那般者。麼道聖旨了也。

紀事

《金史》卷九七《焦旭傳》 登聞鼓院初設官，宰執奏司諫郭安民、補闕許安仁及旭皆堪擢用。

（元）**王惲《秋澗集》卷八九《烏臺筆補・舉三道按察使事狀》** 今山東東西、河北河南、山北遼東三道提刑按察使見行闕員，未經選注。如山東道前任陳祐，苟非其選，罔繼前聲；河北道近爲元維新事，闔司被問，威望沮弱；山北道上係重地，闕員日久。此三使舉惟其人，能復震疊安靖。竊見前中書省給事中賈居貞，揚歷朝省，積有歲年，夙夜在公，練達政體；又廉訪得濟南府總管趙炳，涖政以來，民安盗息，强幹著稱；及吏部侍郎王椅，通儻才能，和而有守，既掌銓衡，又稱公當。論其才品，俱各相應，如任以監司，必能振舉綱維，不負輿望。據此合行舉呈。

（元）**王惲《秋澗集》卷九一《事狀・薦前御史康天英狀》** 早膺劇任，備見長材，當官有通變之方，持論熟經事之慮，考據實跡，委號良能。如憲臺初立，首以材望擢拜御史，繼授南京幕職，時攻取襄樊，本官支持餽運，務繁益辦。若以材能可以從政，八路之間少見。其比自秩滿居閑，恬於仕進，於今四年，抱用未伸，中外嘆惜。伏惟聖朝方致理有爲之秋，如天英者，不宜使才德空老田間以遺明時之用，理合舉明，以激貪鄙。

（元）**王惲《秋澗集》卷九一《事狀・精選首領官員事狀》** 近年憲司首領官，多取自雜流，於案牘文墨有絶不通曉者，其儒者備員素餐，强者挾私害公，紊亂官府。若今後止於見任州縣八品、七品職官內選，兼該儒吏通曉世務、風采人望出總幕之右者，使充可也。且憲司職雖糾彈，其體面全是禮、法二者爲用，不同管民參佐衙撞辦集爲能。若必其取強梁跋扈、務尚口吻者，是無良之人假其重勢使之行私耳。伏乞詳思，以存大體。

（元）王惲《秋澗集》卷九二《事狀・精選首領官員事狀》　近年憲司首領官，多取自雜流，有案牘文墨絶不通曉者，其懦者備員素餐，强者挾私害公，紊亂官府。若今後止於息任州縣八品、七品職官内選，兼該儒吏通曉世務、風采人望出總幕之右者，使充可也。且憲司職雖糾彈，其體面全是禮法二者爲用，不同管民參佐衙撞辦集爲能。若必其取强梁跋扈、務尚口吻者，是無良之人假其重勢使之行私耳。伏乞詳思以存大體。

（元）趙承禧《憲臺通紀・命只兒哈郎為御史大夫》　元貞元年正月初八日，承奉中書省付，奏過事内一件：御史臺秃忽赤之上委付只兒哈郎的，完澤根底商量了，擬定名分説者。聖旨有來。完澤丞相等俺衆人商量來：臺的勾當大有，合委付爲頭兒底人。只兒哈郎根底大夫名分裏委付呵，怎生？奏呵，那般者。與大夫名分裏行者。聖旨了也。欽此。

（元）趙承禧《憲臺通紀・命秃忽赤為御史大夫》　元貞二年正月二十日，本臺官奏：月吕魯那演替頭裏，皇帝可憐見，教只兒哈郎右手裏畫字了也。只兒哈郎左手裏畫字的替頭底，皇帝可憐見呵，教秃忽赤做大夫畫字呵，怎生？麼道奏呵，那般者。聖旨了也。欽此。

（元）趙承禧《憲臺通紀・命頑閭為侍御史》　元貞二年二月初五日，本臺官奏：阿忽歹底兄弟頑閭，教這臺裏做侍御史呵，怎生？麼道奏呵，那般者。聖旨了也。欽此。

（元）趙承禧《憲臺通紀・命徹里為南臺御史大夫》　大德三年三月十七日，本臺官奏：中書省家俺根底與將文書來，江南行臺裏有底兩個大夫裏頭，壹個罷了者麼道聖旨了也。麼道説將來。俺商量來：依體例，徹里爲頭，是哥哥有，徹里合行有。阿老瓦丁他也説有：依體例我是兄弟，我合出去。麼道説有。奏呵，徹里教行者，阿老瓦丁出去者。麼道聖旨了也。欽此。

（元）趙承禧《憲臺通紀・命塔思不花（塔）失海牙並為御史大夫制》　皇慶元年正月，欽奉聖旨：中書省爲頭内外大小諸衙門官吏每根底、各投下官人每根底、衆百姓每根底宣諭的聖旨：世祖皇帝立御史臺，自中書省爲頭，内外但凡勾當裏委付着的人每，使見識、無體例勾當做呵，體察者，肅清風俗，照刷諸司文卷者。麼道行呵，益國便民來。如今教中書左丞相塔思不花、河南省平章塔失海牙兩個做御史大夫，整治臺綱者，麼道委付了也。不以是何大小勾當裏，但凡委付着的官吏，更近行的每，不揀是誰，軍民站係官錢糧，差發造作中間，做賊説謊、要肚皮、覷面皮、無體例做着，教百姓每生受的，監察每、肅政廉訪司官體察者。又做罪過來的人每根底使見識，休問，教放了者麼道似這般一面詞，休奏者。更内外委付着的近行的每，自己其間影蔽着係官錢糧尅落了的、做無體例勾當的每根底，不教御史臺官人每問，他每自己其間裏問。麼道與來的執把聖旨，革罷了者。御史臺官人每、監察每、廉訪司官人每，依着在先體例裏問者。應有印信衙門的文卷，依例照刷者。監察每、廉訪司官人每，勾當裏用心謹慎行的，添與名分也者。他每無體例做了，監察、廉訪司官人每俺根底枉問來麼道告的人有呵，依在先聖旨體例裏，御史臺裏告者。問的是實呵，被告的官吏每根底依體例要罪過者。若虚呵，告的人每根底加等斷罪者。這的每勾當其間，不揀誰休入去者。休沮壞者，這般宣諭了呵，别了的人每要罪過者。他每卻别了體例行呵，不怕那甚麼？凡有合行事理，照依初立御史臺以來累降條畫聖旨體例行者。衆人根底宣諭的聖旨行了也。欽此。

（元）趙承禧《憲臺通紀・命伯忽脱歡答剌罕並為御史大夫制》　延祐三年六月，欽奉聖旨：諭中書省以下内外諸衙門官吏人等：朝廷設立御史臺、肅政廉訪司，專一彈劾百官奸邪非違，刷磨案牘，肅清風俗，審理冤滯，行之已久。比間各道按治失宜，事漸不舉，有司往往多不奉職。今命太傅御史大夫伯忽，御史大夫脱歡答剌罕等，整飭臺綱，作新風憲。凡軍民衆庶所司，不務存心撫治，致使困苦，及官吏贓汙、侵盗係官錢糧、不公不法，或囚獄冤滯，不與伸理，若此等類，監察御史、肅政廉訪司官有能恪盡乃職，用心糾按，事效昭著者，量加陞擢。若或循私受賄，罪宜加重。聲迹不佳，即聽奏代。風憲勾當其間，諸人毋得侵擾沮壞。自今以往，遵守憲章，務在必行，毋爲文具。欽此。

（元）趙承禧《憲臺通紀・命朵兒只為御史中丞》　延祐四年三月初七日，本臺官特奉聖旨：御史臺在先三個中丞有來，如今教朵兒只做中丞者，休教推辭，只今日便教禮上者。麼道聖旨了也。欽此。

（元）趙承禧《憲臺通紀·命禿忽魯紐澤並為御史大夫制》 泰定元年四月初五日，欽奉聖旨： 中書省爲頭內外大小諸衙門官人每根底、衆百姓每根底宣諭的聖旨： 世祖皇帝爲天下百姓上頭，體着歷代典故，立御史臺爲耳目，彈劾中書省以下內外百司奸邪貪污、敗法亂常，刷磨案牘，觀察風俗行呵，於國家百姓好生有益來。比因委任失宜，紀綱廢弛。今命禿忽魯、紐澤兩個爲御史大夫，從新整治。不以是何大小勾當裏行的官吏，更近行的每，不揀是誰軍民站赤，錢糧，選法、刑名、造作中間做賊説謊、要肚皮、覥面皮，別了體例，教百姓生受的，監察御史、肅政廉訪司官用心體察追問者。有能盡心奉職、政迹昭著者，保舉。又做下罪過，敗露了，被問的使見識，教上來休問，放了者。麼道似這般有呵，休奏者，傳來的聖旨有呵，休行者。更各衙門勾當裏委付着的並近行的人每，做無體例勾當，犯着法度，自己其間影蔽着，休教御史臺問，他每自問。麼道有執把的聖旨呵，革了者。御史臺、監察御史、肅政廉訪司依在前體例問者。但有印信衙門文卷，依體例照刷者。又監察御史、廉訪司官職居言路，關係着國家得失、軍民利病，不揀甚麼勾當有呵，題説者。知而不言呵，有罪過者。盡心體察行的，添與名分者。官吏每別了體例，要了肚皮，監察御史、廉訪司官人每，問的明白，依體例斷了。被斷的人每御説道枉問來，麼道告的人每有呵，依在前體例，御史臺裏告者，外頭行臺裏告者。實呵，元問的官人每根底依體例問者；虛呵，告的人根底加等斷罪者。敢有逕赴御前，並別衙門裏告的，斷罪者。臺察裏凡行的勾當其間，不揀誰休入去者，休沮壞者。這般宣諭了呵，別了的人每根底有罪過者。他每卻別了體例行呵，不怕那甚麼？合整治的勾當有呵，好生整治者。凡有合行事理，照依初立御史臺以來累降聖旨體例行者。欽此。

（元）趙承禧《憲臺通紀·命伯顏亦列赤並為御史大夫制》 天曆元年十二月十七日，欽奉聖旨： 諭中書省、樞密院、御史臺，行中書省、行樞密院、行御史臺、宣慰司、肅政廉訪司、轉運司、總管府，達魯花赤、管民官、管軍官、內外諸司大小官吏人等： 世祖皇帝立御史臺，專一體察官吏一切非違，刷磨諸司案牘，肅清風俗，宣明教化，有益於國，有便於民。邇者，朕至自江陵，大河以南，奸人懷貳，行省平章伯顏慮致道路梗澀，即與誅夷，扈從北來，功迹昭著。今命伯顏爲太尉、開府儀同三司、御史大夫，亦列赤爲光禄大夫、御史大夫，一同首振臺綱。凡軍民士庶諸色户計，所在官司不務存心撫治，以致軍民困苦，或兔滯不爲審理，及官吏侵盜欺誑，贓污不法，若此之類，肅政廉訪司官、監察御史有能用心糾察，量加遷賞。若罪狀明白，廉訪司官、監察御史知而不爲糾彈，或受賄循私，及別作過犯，許諸人依例赴臺陳告。得實，罪比常人加重。誣告者抵罪反坐。凡有印信衙門，並聽照刷。若有罪被問之人，無得結托近侍諸衙門官員，朦朧奏請，免交取問。又被問其間，不得托以赴上題説勾當，窺避其事。內外風憲，諸衙門毋得侵入攪擾沮壞。彼或恃此非理妄行，寧不懼罪？其御史臺、監察御史、肅政廉訪司應有大小公事，照依世祖皇帝以來累降條畫聖旨事意施行。欽此。

《元史》卷一二《世祖紀》 〔至元十九年十二月〕 癸卯，御史中丞崔彧言： 臺臣於國家政事得失、生民休戚、百官邪正，雖王公將相亦宜糾察。近唯御史有言，臣以爲臺官皆當建言，庶於國家有補。選用臺察官，若由中書，必有偏徇之弊。御史宜從本臺選擇，初用漢人十六員，今用蒙古人十六員，相參巡歷爲宜。從之。

《元史》卷一八《成宗紀》 〔元貞元年二月〕 中書省臣言： 近者阿合馬、桑哥怙勢賣官，不別能否，止憑解由遷調，由是選法大壞。宜令廉訪司體覆以聞，省臺選官覈實，定其殿最，以明黜陟。其廉訪司官，亦令省臺同選爲宜。從之。

《元史》卷一九《成宗紀》 〔元貞二年春正月〕 己丑，御史臺臣言： 漢人爲同寮者，嘗爲姦人捃摭其罪，由是不敢盡言。請於近侍昔寶赤、速古而赤中，擇人用之。帝曰： 安用此曹。其選漢人識達事體者爲之。以御史中丞禿赤爲御史大夫。

《元史》卷一九《成宗紀》 〔大德元年〕 夏四月癸巳朔，日有食之。丙申，中書省、御史臺臣言： 阿老瓦丁及崔彧條陳臺憲諸事，臣等議，乞依舊例。御史臺不立選，其用人則於常調官選之，惟監察御史首領官，令御史臺自選。各道廉訪司必擇蒙古人爲使，或闕，則以色目世臣子孫爲之，其次參以色目、漢人。又合剌赤、阿速各舉監察御史非便，亦宜止於常選擇人。各省文案，行臺差官檢覈。宿衛近侍，奉特旨令臺憲擢用者，必須明奏，然後任之。行臺御史秩滿而有效績者，或遷內臺，或呈中書省遷調，廉訪司亦如之；其不稱職者，省、臺擇人代之。未歷有司者，授以牧民之職；經省、臺同選者，聽御史臺自調。中書省或用臺察之人，亦宜與御史臺同議，各官府憲司官，毋得輒入體察。今擬除轉運鹽使司外，其餘官府悉依舊例。制曰可。

《元史》卷二一《成宗紀》〔大德九年五月〕戊午，改各道肅政廉訪司爲詳刑觀察（使）〔司〕，聽省、臺辟人用之。

《元史》卷二二《武宗紀》〔至大元年八月〕丙申，御史臺臣言：奉敕逮監察御史撒都丁赴上都。世祖、成宗迄於陛下，累有明旨，監察御史乃朝廷耳目，中外臣僚作姦犯科，有不職者，聽其糾劾，治事之際，諸人毋得與焉。邇者，鞫問刑部尚書烏剌沙贓罪，蒙玉音獎諭，諸御史皆被錫賚，臺綱益振。今撒都丁被逮，同列皆懼，所繫非小，乞寢是命，申明臺憲之制，諸人毋得與聞。制可。

《元史》卷三二《文宗紀》〔致和元年九月〕詔諭御史臺：今後監察御史、廉訪司，凡有刺舉，並着其實，無則勿妄以言。廉訪司書吏，當以職官、教授、吏員、鄉貢進士參用。

《元史》卷一二八《相威傳》〔至元〕十四年，召拜江南諸道行臺御史大夫。乃上奏曰：陛下以臣爲耳目，臣以監察御史、按察司爲耳目。倘非其人，是人之耳目先自閉塞，下情何由上達。帝嘉之，命御史臺清其選。

《元史》卷一八二《張起巖傳》中書參政楊廷玉以墨敗，臺臣奉旨就廟堂逮之下吏。丞相倒剌沙疾其摧辱同列，悉誣臺臣罔上，欲置之重辟。起巖以新除留臺，抗章論曰：臺臣按劾百官，論列朝政，職使然也。今以奉職獲戾，風紀解體，正直結舌，忠良寒心，殊非盛世事。且世皇建臺閣，廣言路，維持治體，陛下即位詔旨，動法祖宗。今臺臣坐譴，公論杜塞，何謂法祖宗耶。章三上，不報。起巖廷争愈急，帝感悟，事乃得釋，猶皆坐罷免還鄉里。

明朝部

監察系統分部

論　說

（明）商輅《商文毅疏稿·修政弭災疏》 題爲體天道、循舊章、安人心、弭災異事。仰惟皇上臨御以來，敬天法祖，任賢使能，政事修明，紀綱振舉，是以十餘年間，海内晏然。雖天象屢示警戒而災變自消，雖水旱比歲相仍而民無離叛，實由皇上寬仁大度，省刑薄斂，慈仁愛人之心感孚於上下也。夫何近日伺察太繁，法令太急，刑網太密？官校提拏職官，事皆出於風聞，暮夜搜檢家財，不見有無駕帖，人心洶洶，各懷疑畏。内外文武重臣，託之爲股肱心膂者也，亦皆不安於位。百司庶府之官，資之以建政立事者也，舉皆不安於職。商賈不安於市，行旅不安於途，士卒不安於伍，庶民不安於業，承平之世豈宜有此？究其所以，蓋緣陛下委聽斷於汪直之一人。而汪直者，轉寄耳目於羣小。汪直之失，雖未爲甚，而羣小之中其奸謀足以顛倒是非，其巧佞足以蠱惑人心。如韋瑛者，自言親承密旨，得專予奪之柄，自謂百官進退盡在掌握之中，擅作威福，虚張聲勢，其間同惡相濟如王瑛者，則以附己而薦之，稍存公論，有所諫正者，則以異己而黜之，如狼如虎，肆無忌憚，原其立心惟知希求進用，以爲一身之榮，不思傷害良善，虧損國體，大爲聖德之累。陛下若謂防微杜漸，不得不然，則前數年間何以帖然無事？往者曹欽之反，皆由逯杲生事，有以激之。人所共知，可爲明鑒。昔唐太宗當天下甫定之後，骨肉相殘，羣雄側目，嫌疑之際，宜乎過慎也。而乃從魏徵仁義之言，拒封德彝刑罰之説，遂致海内殷富，斗米三錢，外户不閉，幾於刑措。太宗因封德彝死，謂羣臣曰：此魏徵勸我行仁義之效也，恨不令封德彝見之。夫德修而民自化，法急而民愈亂。考之前史，歷歷可驗。孔子曰：道之以政，齊之以刑，民免而無恥。道之以德，齊之以禮，有恥且格。我國家積德百有餘年，深仁厚澤浹洽於人，四方萬國孰不歸戴。陛下爲守文令主，嚴刑峻法誠非所宜。況今天鳴地震無處無之，水旱傷災日甚一日。省躬念咎弭災息患之道莫先於恤刑獄，莫要於安人心。而乃反此所爲，使人人嗟怨，感傷和氣，一旦有警變，且莫測腹心之患，可不懼乎，可不慮乎？伏願皇上體天地之包容勿察察於事情，遵祖宗之成憲勿屑屑於改易。旨意必經於六科，防將來之假冒。奏訴必由於通政，杜濫受於他門。責政事於府部，而嚴課功覈實之權。付刑獄於刑司，而申三覆五奏之令。收回伺察之人，誅逐奸邪之輩。其有謀逆奸細并貪贓壞法重情，悉依舊規，委任歷練老成之人管理。如此則讒言不入於耳，自足以頤情而養神；苛政不加於下，自足以安邦而定國。延聖壽於萬年，保皇圖於不拔，其端皆在於此。不然，此風日長，衆口嗷嗷，國之安危未可知矣。臣等荷陛下生成之德，寘諸宥密之地，一念愛君之心，拳拳朝夕，有所聞見，豈容緘默。謹條陳大略具題以聞，伏候聖斷，即賜施行，則宗社幸甚，天下幸甚。臣等謹俯伏俟命。

計開：一、舊設行事人員專一緝訪謀反妖言，强盗人命，及盗倉庫錢糧等項大事。今西廠專却搜尋細故，凡街市鬭毆罵詈争鷄縱犬，及一時躲避不及者，或加捶楚或煩瀆聖聽，致干重法，以致在城軍民驚惶不安。一、職官有犯緝訪得出請旨拏送，經該衙門問招明白有罪者奏請發落，供明者請旨還職，係是定制。今聞西廠將廣西勘事郎中武清自通州，聽選方面官劉福自歇家，俱拏到廠監禁數日，輒又釋放。且武清係五品官，劉福係正三品官，擅拏擅放，恣意所爲，紊亂朝政莫大於此。一、官員犯罪追贓者，法司自有成規。今西廠自擅封兵部武選司門，以後遇官員有犯，正身未曾問招，先將本家門封閉，或夤夜越墻進入搜檢財物，或將命婦剥去衣服用刑辱打，被害之家有同抄劄，以致各衙門大小官員驚惶不安。若從此不止，日後或有奸人强盗假名害人者，真偽何由而辨。一、京營管軍頭目俱係朝廷託以重寄之人，其公私勤惰朝廷自有賞罰。今聞西廠不論有無事情一槩令人跟緝鈐束，以致各懷危疑不安。一、各處鎮守總兵等官乃一方安危所係，既被選用，當任之無疑，待之從厚。其或有事不得不差人體察，事畢即已。今聞西廠各處差人採聽事情。彼其聞知，寧不慮恐患及退縮自保，誤事非輕。一、各布政司多有王府所在。今西廠差校尉分投去彼行事，不但官司驚疑，各王府亦未免有危事生不測。天順年間，曾差校尉各處行事，皇上即位之初即已革去。後三四年尚有假充校尉詐錢害人者，此明驗也，不可不懲。一、河道係兩京各處錢糧貨物經由之路，要在通行不宜阻滯。今聞西廠官校分布沿河一帶，遇有船到即加盤問，間有公差官員被其搜檢，以致往來客商軍民人等聞風驚疑，有未起程停止不來，有在中途寄放回還者。似此貨物不通，將來京師公私費用何以仰給，抑恐奸盗假此搜船刼人卒難禁止。一、朝廷威福不可下移。自立西廠之後，太監汪直每日出外，跟随之人數多，但遇官員人等無不喝令下馬，雖大臣亦謹迴避。如兵部尚書項忠，當早朝鼓響伺候之時，汪直令校尉就左掖門下呼叫，項忠不得朝罷，被校尉擁逼而去。其欺凌大臣如此，至於法司郎中御史等官每遇吊查文卷俱要親齎赴廠，竟日伺候，不得一見。又如東西兩長安門牌上用黄紙帖寫太監汪直奉聖旨，不書其名。滿朝官員見者，無不驚駭。一、百户韋瑛係無藉小人，累投勢要，不肯容留。從征僥倖得陞前職，貪緣投西廠，行事之後，發人事情，言多失實。又引進譎詐小人王英結爲心腹，專一訐人陰私，以固信任。凡前項拏人放人，擅封門户，搜檢家財，淩辱婦女，驚動人心，紊亂朝政等項，俱係二人所爲。一、臣等竊詳此等事情非惟與治體相關，又與天道災異相關，何也？去歲七月以後，有妖物出自西北遠城傷人。當時人言必有應驗。及妖怪方息，遂立西廠，驚駭人心，一如妖物傷人之時。以此觀之，天道豫先示戒，不可不慮。今太監汪直年幼未諳世事，止憑韋瑛等主使呈報，中間固有一二似爲禁革奸弊，奈非祖宗舊制，所革未多，其失人心，則已甚矣。中外騷然，安能保其無意外不測之變？若不早爲除革，一旦禍興卒難消弭。伏望皇上斷自宸衷，革去西廠。罷黜汪直，閒住以全其身。將韋瑛王英拿送法司會同錦衣衛推問明白，治以重罪。如此則人心可安，天意可回矣。

（明）丘濬《大學衍義補》卷八《治國平天下之要·正百官·重臺諫之任》　《周禮》：御史掌邦國都鄙，及萬民之治令，以贊冢宰。《春官》。

臣按：御史之名，始見於此。然其所職者，乃邦國都鄙之治令，以贊冢宰者也。漢因秦制而設此官，則專以司糾察之任，名雖同，而其制則異也。

《通典》唐杜佑作。御史之名，《周官》有之。蓋掌贊書，而授法令，非今任也。戰國時亦有御史，秦趙澠池之會各命書其事。又淳于髡謂齊王曰，御史在前。則皆記事之職也。至秦漢爲糾察之任。所居之署，漢謂之御史府，亦謂之御史大夫寺，亦謂之憲臺。此御史稱臺之始。後漢以來謂之御史臺，亦謂之蘭臺寺。隋及唐皆曰御史臺。龍朔二年，改爲憲臺。咸亨元年，復舊。門北闢，主陰殺也。故御史爲風霜之任，彈糾不法，百僚震恐。官之雄峻，莫之比焉。

臣按：御史臺即今都察院是也。前代有中書省，而御史臺之職，專掌糾察，不得與之並列。我朝罷中書省，而以政權分屬六部。而都察院之設，品級與六部同，其權視前代尤重云。

唐制御史大夫一人，中丞二人，其屬有三院。一曰臺院，侍御史隸焉。二曰殿院，殿中侍御史隸焉。三曰察院，監察御史隸焉。大事奏裁，小事專達。凡有彈劾，御史以白大夫。

臣按：御史大夫即今左右都御史之職。中丞，即今左右副僉都御史之職。唐有三院，今併其三於察院。祖宗設都御史六員，職專糾劾百司，辯明寃枉，提督各道。凡事之不公不法者，皆在所理。其屬有十三道，各設監察御史。曰浙江，曰江西，曰福建，曰湖廣，曰山東，曰河南，曰山西，曰陝西，曰廣東，曰廣西，曰四川，曰雲南，曰貴州。分掌其各布政司事。其京衛，并直隸府衛，則分隸焉。御史之職在糾劾百司，照刷文卷，問擬刑名，巡按郡縣。是則朝廷耳目之任，所以振肅紀綱而防邪革弊者也。六部之職，各有攸司，而都察院，惟所見聞，不繫職司，皆得以糾察焉。

御史大夫李承嘉，嘗召諸御史責曰：近日御史言事，不咨大夫，禮乎？御史蕭至忠曰：御史，人君耳目，比肩事主，得自彈事，不相關白。若先白大夫而許彈事，如彈大夫，不知白誰也。

臣按：今六部官屬，皆書其部。如吏部屬則曰吏部文選清吏司，兵部屬則曰兵部武選清吏司之類是也。惟都察院，則書其道，而不繫於都察院焉。是亦唐人之意也。

武后以法制羣下，許諫官御史得以風聞言事。胡寅曰：武后使諫官御史以風聞言事，其興姦慝，來讒譖，害忠良，傷公道之符契乎？朝廷者，衆正之原，是非所仰以決，譖愬所望以明，毀譽所賴以公。人心服與不服，一在是焉。彼風聞者，得於道聽塗説，或兩怒溢惡，豈皆真實？遽然按之，以施刑罰，其差失多矣。既以風聞，多不審諦。被言者又泯默被罪，不得申理，而寃結無告，傷平明之政亦甚矣。

臣按：後世臺諫風聞言事始此，前此未有也。有之，始自武氏。宋人因按以爲故事，而説者遂以此爲委任臺諫之專。嗟乎，此豈治朝盛德之事哉？夫泛論事情，風聞可也。若乃訐人陰私，不究其實，而輒加以惡聲，是豈忠厚誠實之道哉？夫有是實，而後可加以是名；有是罪，而後可施以是刑。苟不察其有無虚實，一聞人言，即形之奏牘，寘于憲典。嗚呼，莫須有，何以服天下哉？我祖宗著爲憲綱，許御史糾劾百司不公不法事，須要明著年月，指陳實跡，不許虚文泛言，搜求細事。蓋恐言事者假此以報復私讐，中傷善類，汙衊正人，深合聖人至誠治天下之旨。

睿宗時，侍御史楊孚彈糾不避權貴，權貴毀之，上曰：鷹搏狡兔，須急救之，不爾，必反爲所噬。御史繳姦慝亦然。苟非人主保衛之，則亦爲姦慝所噬矣。

臣按：睿宗此言，可以爲世主任用風憲之法。

肅宗在靈武時，武臣崛興，無法度。大將管崇嗣背闕坐，笑語諠縱，監察御史李勉劾其不恭。帝歎曰：吾有李勉，朝廷始尊。穆宗時，夏州節度使李祐，拜大金吾，違詔進馬，侍御史温造劾之。祐曰：吾夜入蔡州，擒吴元濟，未嘗心動，今日膽落於温御史矣。

臣按：御史之設，所以爲朝廷，非爲其人也。既授之以是職，必假之以是權。彼持其權以舉厥職，則人知所嚴憚而不敢爲惡。其爲朝廷之益大矣。唐人有言，御史爲天子之耳目，宸居之堂陛。未有耳目聰明，堂陛峻正，而天子不尊者也。天子尊，未有姦臣賊子而不滅也。姦臣賊子滅矣，可以自朝廷至於海隅，蕩蕩然，何所不理哉。觀於此言，則知古人設官之意。

宋制，御史入臺滿十旬，無章疏者，有辱臺之罰。

臣按：宋朝切責御史，以舉其職，其嚴如此，蓋惟恐其不言也。上之所以責之於其下者，必欲其言。如此，居是職者，雖欲緘默不言，不可得矣。

石介曰：君有佚豫失德，悖亂亡道，荒政咈諫，廢忠慢賢，御史府得以諫責之。相有依違順旨，蔽上罔下，貪寵忘諫，專福作威，御史府得以糾繩之。將有兇悍不順，恃武肆害，玩兵棄戰，暴刑毒民，御史府得以彈劾之。君至尊也，相與將至貴也，且得諫責糾劾之，餘可知也。

曾肇曰：御史，責人者也。將相大臣，非其人，百官有司，失其職，天下之有敗法亂紀，服讒蒐慝者，御史皆得以責之。然則御史獨無責乎？居其位有所不知，知之有所不言，言之有所不行，行之而君子病焉小人幸焉，御史之責也。

臣按：宋二臣之言，可見御史責任之重且難如此。爲御史者必如二臣所言，然後爲能舉其職。不然，則於是職有愧矣。由是觀之，則凡其在任之日，所以形於言論，見之章疏者，乃其職分之所當爲，非好爲是以求名也。以上臺官。

《周禮》：保氏掌諫王惡。《地官》。

臣按：官以保爲名，而職以諫惡爲事，蓋欲其陳王之過失，以保佑王之躬，輔之翼之，以歸諸道也。自周人有是官，漢人因之以設諫諍之員，其名雖異，而制則同也。秦始置諫議大夫，掌論議，無常員。漢武帝更置諫大夫，光武又以爲諫議大夫。唐承隋制，復置，隨宰相入閣。宋置諫院。唐置左右補闕，左右拾遺。宋改左右補闕爲左右司諫，左右拾遺爲左右正言。

臣按：諫議大夫、補闕、拾遺、司諫、正言，皆前代之諫官也。我朝革去前代中書省，并其所謂諫官者，不復置焉。惟設六科給事中，以掌封駁之政而兼以言責付之。

秦始置給事中，漢因之，唐定爲四員。宋制，凡制敕有所不便，準故事封駁。

臣按：給事中，自秦以來爲加官。至宋元豐中，始有定職，其職專以封駁而已。我朝始分爲六科，科設都給事中，左右給事中。給事中隨其科事繁簡而設員。凡章奏出入，咸必經由，有所違失牴牾更易紊亂，皆得封駁，不特此也。凡朝政之得失，百官之賢佞，皆許聯署以聞。蓋實兼前代諫議、補闕、拾遺之職也。祖宗設官，不以諫諍名官，欲人人皆得以盡其言也。而又專寓其責於科道。吁，四海無不可言之人，百官無非當言之職，又於泛然散處之中而寓隱然專責之意。祖宗設官之意深矣，求言之意切矣。

唐太宗貞觀元年制曰：自今中書門下及三品以上，入閤議事，皆命諫官隨之，有失輒奏。

臣按：宋王安石言，唐太宗之時，所謂諫官者，與丞相俱進於前。故一言之謬，一事之失，救之將然，不使其命已布於天下，然後從而爭之也。君不失其所以爲君，臣不失其所以爲臣，其亦庶乎其近古也。今也，上之所欲爲，丞弼所以言於上，皆不得而知也。及其命之已出，然後從而爭之。上聽之而改，則是士制命而君聽也。不聽之而逐，則是臣不得其言而君恥過也。臣竊以謂，唐宋之制，與今不同。前代宰相行事，諫官無由得知。今則六部之事，無一不經於六科，則雖不必隨大臣入閤議事，當其章疏初入之時，制敕始出之際，則固可以先事而諫矣。

憲宗謂李絳曰：比諫官多朋黨，論奏不實，皆陷謗訕，欲出其尤者，若何？絳曰：此非陛下意，必憸人以此熒誤上心。自古納諫者昌拒諫者亡。夫人臣進言於上，豈易哉？君尊如天，臣卑如地，如有雷霆之威，彼晝度夜思，始欲陳十事，俄而去五六，及將以聞則又憚而削其半，故上達者，財十二耳，何哉？干不測之禍，顧身不利耳。雖開納獎勵，尚恐不至，今乃欲譴訶之，使直士杜口，非社稷利也。帝曰：非卿言，我不知諫之益。

臣按：李絳此言，非但以破憸人之謀，亦使其君知諫臣之難也如此。憲宗聞其言，即知諫之爲益，此其所以爲唐令主，後世稱治者，必宗之歟。

宋歐陽修曰：諫官者，天下之得失，一時之公議繫焉。諫官雖卑，與宰相等。天子曰是，諫官曰非。天子曰必行，諫官曰必不可行。立殿陛之間，與天子爭是非者，諫官也。司馬光曰：古者，諫無官，自公卿大夫至於工商無不得諫者。漢興以來始置官，以天下之政，四海之衆，得失利病，萃於一官使言之。其爲任亦重矣。

臣按：今世諫官，雖無定職，然祖宗設立六科，實以言責付之，凡內而百司，外而藩郡，應有封章，無有不經由者。矧列署內廷，侍班殿陛，日近清光，咫尺天顏，上無所於屬，下有所分理。歐陽修所謂爭是非於殿陛之間，今雖無此，比至於司馬光所謂天下之政，四海之衆，得失利病，萃於一官，則今猶古也。然則是職也，亦豈易得其人哉。必如光所謂擇言事官，當以三事爲先。第一不愛富貴，次則重惜名節，次則曉知治體。必得如是之人，以居諫官，則上而君德必有所助，下而朝政必無所缺矣。以上諫官。

蔡襄告其君仁宗曰：任諫非難，聽諫爲難；聽諫非難，用諫爲難。陛下深憂政教未孚，賞罰未明，羣臣之邪正未分，四方之利害未究，故增耳目之官以廣言路。羣邪惡之，必有禦之之說。不過曰某人也，好名也，好進也，彰君過也。或進此說，正是邪人欲蔽天聰，不可不察焉。

臣按：自古小人欲蔽人主之聰明，恐其耳目之官攻己過，發己私，不得久安其位者，必假此三說，以誑惑其君。其君不明，或信其說，以至於屏棄正言，疎遠正人，以馴致於危亡之地者多矣。聽言者，盍反思曰：彼之言當歟，否歟。己之過有歟，無歟？彼之言果當，用之而有益於國，則其得敢言之名，進顯要之位，乃所固有者也，豈謂好哉。己之過果有焉，因之而不陷於惡，則彼有進忠之益而我有從諫之美，乃所謂善補過也，豈謂彰哉。以是而反求於心，則知其言真有益於己。雖無益焉，亦未必有損也。爲人上者，惟恐其臣之不好名，不好進，吾不得以聞其過而改之耳，尚何咎之有哉。

蘇軾言於其君神宗曰：宋朝自建隆以來，未嘗罪一言者。縱有薄責，旋即超升。許以風聞，而無官長。言及乘輿，則天子改容，事關廊廟，則宰相待罪。故仁宗之世，議者譏宰相但奉行臺諫風旨而已。聖人深意，流俗豈知。擢用臺諫固未必皆賢，所言亦未必皆是，然須養其鋭氣，而借之重權者，豈徒然哉？將以折姦臣之萌，而救內重之弊也。夫姦臣之始，以臺諫折之而有餘，及其既成，以干戈取之而不足。今法令嚴密，朝廷清明，所謂姦臣，萬無此理。然而養貓以去鼠，不以無鼠而養不捕之貓；蓄狗以防盜，不以無盜而蓄不吠之狗。陛下得不上念祖宗設此官之意，下爲子孫萬世之防？朝廷紀綱，孰大於此？紀綱一廢，何事不生？孔子曰：鄙夫可與事君也與哉。其未得之也，患得之，既得之，患失之。苟患失之，無所不至矣。臣始讀此書，疑其太過。以爲鄙夫之患失，不過備位以苟容。及觀李斯憂蒙恬之奪其權，則立二世以亡秦，盧杞憂懷光之數其惡，則誤德宗以再亂。其心本生於患失，其禍乃至於喪邦。孔子之言，良不爲過。是以知爲國者，平居必有亡軀犯顔之士，則臨難庶幾有狥義守死之臣。若平居尚不能一言，則臨難何以責其死節？人臣苟皆如此，言無不同，意無不合，更唱迭和，何者非賢？萬一有小人居其間，則人主何緣知覺？天下豈不殆哉。巨所謂存紀綱者，此之謂也。

臣按：蘇軾此言，以爲朝廷之紀綱，專在於臺諫，蓋有見之言也。有志立紀綱以正朝廷，安天下者，尚念之哉。

吕祖謙曰：天子以一身之微，處法宫之邃，百僚之邪正，吾躬之得失，皆奚自而察之？於是設爲耳目之官，以司風憲之任，故一人不必用其聰恃其明，舉天下之事無不聞而見之。漢宣之時，蕭望之遷諫議，出補郡守，則亦民之師帥，非不美也，望之上疏，且以出諫官以補郡守，所謂憂其末而忘其本，蓋朝無諍臣，則不知過，以是知臺諫之選，不容少緩。

臣按：臺諫之任，非素禀剛正者，未易居也。然人臣之禀性，剛正者恒少。間有一二，或訥於言辭，或短於章疏，求其稱是任者，蓋甚難也。幸而得其人，又使不得久居其位，而遷之於外，此望之所以有憂末忘本之論也。雖然，爲官擇人，遷而用之，固猶可也。不幸而有姦邪小人，處乎當道，惡其剛正不隱，或至發己之陰私，假遷除以去之，亦或有矣。有志於求諫者，不可不知。以上總論臺諫。

以上論重臺諫之任。

（明）王廷相《浚川奏議集》卷八《奏議・再擬憲綱未盡事宜疏》

爲遵聖諭，定條約，嚴考察，以新風紀事。嘉靖十二年八月初三日，臣等題前事，奉聖旨，覽奏，足見振揚風紀，深切時弊，都依擬，務要着實舉行。内除姦弊一事，還查照前旨，不許假以訪察爲由，誣害平民。其餘未盡事宜，着遵照《憲綱》，備細申明來説。欽此，欽遵。臣等竊惟御史之官，朝廷耳目，綱紀之寄，行止語默纖毫有違，則人人得而非議之，而寄斯忝矣。《憲綱》一書，垂示九十五條，蓋亦周爲之防，必欲憲臣之無忝其寄而後已也。但法行既久，人心易弛，故臣等不揣一得之愚，用陳六事之奏：防其因循也，則曰除革姦弊；防其苛刻也，則曰伸理冤枉；防其偏私也，則曰激揚清濁；防其淹滯也，則曰完銷勘合；防其擾也，則曰清修簡約；防其傲也，則曰撫按協和。然亦孰非《憲綱》之所包括者哉？仰瀆宸聰，俯降温旨，且以未盡事宜，責令備細申奏。臣等查得：先署掌都察院事兵部左侍郎張□□爲申明《憲綱》以勵巡按官員事，題奉聖旨，卿所奏修舉《憲綱》事件，皆切於恤民圖治要務，便行與各處巡按御史及各按察司官，務要着實遵行。若仍有蹈前弊，虚應故事的，堂上官查舉降黜。欽此，續該先任都察院右都御史汪□爲欽遵勑諭，申明《憲綱》事，題奉聖旨，御史巡歷地方，振揚風紀，關繫甚重。舊章成法，具載《憲綱》，朕已勑諭都察院舉行。但近來人心漸弛，都不遵守。覽卿所奏，深切時弊，都准行。便行各該巡按御史及各該三司等官，務要着實舉行，有不遵依的，依擬舉劾黜退。欽此！前後勑諭，申明《憲綱》，以爲巡按御史之防者，各已明備。臣等除查有大義兩相同者不開外，其事理有不相同者，盡行開具，及尚有關係地方之休戚者，臣等又增入三條。如蒙聖明採納，勑行各該巡按監察御史出巡之日，本院俱填入劄付内，一併着實遵行，回道之日，仍聽本院憑此考覈，則御史無失職之忝，而朝廷耳目綱紀之寄，亦於是乎有賴矣。緣係節該奉欽依未盡事宜，着遵照《憲綱》備細申明來説事理，未敢擅便，謹題請旨。

計開先署掌都察院事兵部左侍郎張□□申明事件

一、《憲綱》開載都察院按察司堂上官及首領官各道監察御史吏典，但有不公不法等事，許互相糾舉。今後巡按御史彈劾三司不職者，吏部斟酌舉行。按察司官果有能糾巡按失職者，亦應吏部查記，不許科道官挾私報復。其巡按清軍巡鹽刷卷御史，同事地方，固宜同寅協恭，亦須互相糾察，以清憲體。

一、《憲綱》開載：監察御史巡歷去處，不許出郭迎接；方面官相見，左右對拜分坐，自後不許伺候作揖。柰積諛成風，卑恭過甚。今後接見之間，務依《憲綱》舊禮。敢有倨肆違背，本院考察不職三司官不知自立，仍前獻諂者，吏兵二部即坐罷軟，則彌文去而實效臻矣。

一、《憲綱》開載：凡監察御史各道按察司官，每出巡審囚刷卷，必遍歷，不拘限期。近來巡按差出者，半年未見蒞任，交代者旬月不出省城。今後御史點差，各照水程赴任，仍具某年月日交代，某年月日按某地方，呈報本院查考。違限怠事者，定行參究，則郡邑皆得遍歷，而姦弊無不察矣。

一、《憲綱》開載：監察御史巡歷去處，如有陳告官吏不公等事，須要親行追問。近有不待陳告，專事訪察者；亦有不親受理，轉委下司者。今後不許訪察濫及無辜。其必須自下而上，果有斷理不公，方行受理，情重者親審。本院節次發下勘合，必須對款親理，回報事完。考察完過六七分者，方與回道管事，則事不滯而民無稱冤矣。

一、《憲綱》開載：巡按所至，博采諸司官吏行止廉勤公謹者，禮待之，薦舉之；污濫姦佞者，戒飭之，糾劾之。勸懲得體，人自敬服。近來薦舉濫加於庸流，彈劾不及於丞尉。今後歷任年深，政績卓異者，方許保舉；五品以上，贓迹顯著者，指實叅奏。若是下官不職，審實提問，不必一槩糾劾，有妨憲體。

一、《憲綱》開載：風憲之官，當存心忠厚，其於刑獄，尤須詳慎。苟不問事情輕重，而一槩淫刑以逞，鍛鍊之下，死傷必多。夫立法貴嚴，用刑貴寬。凡一切酷刑之具，皆宜屏去不用；死刑重事，必須親審無冤；庶體聖明欽恤之意。

一、《憲綱》開載：分巡所至，不許多用導從；飲食供帳，只宜從儉。今後巡按自巡捕官、護印、皂隸、清道之外，不許多帶人馬隨行；凡設綵鋪氈無名供饋之屬，一切不用。其有分外奉承者，定治以罪，庶免小民供億之繁。

先任都察院右都御史汪□申明事件

一、宣德意。仰惟皇上勵精圖治，即位以來，屢次頒降恩詔，傳奉勅旨及欽准事例，凡恤冤獄，寬賦税，輕徭役，節財省費，救患分災，興利除害，靡所不至。奈何各該有司不能仰體聖心，着意奉行，以致恩澤不得下究。御史巡按一方，事權最重，人心視以爲嚮背，官吏視以爲作止。詔令不行，御史誠不得辭其責。今後巡按御史，務要盡忠體國，督令司府州縣各該官員，凡恩詔勅旨及欽例所載各項應行應禁事宜，作速一一着實奉行，毋得視爲虚文，漫不加意；亦毋得虚應故事，苟且目前；仍要嚴立程限，頻加考較，分別勤惰，奏請黜陟。回道之日，備將各官某事已行，某事未行，某事行之已效，某事行之未效，開具揭帖，呈報查考。如是御史不能盡心督責，臣等查訪得實，叅劾罷黜。

一、精考察。伏覩《憲綱》内一欵：風憲存心，須用明白正大，不可任一己之私，昧衆人之見；凡考察官吏廉貪賢否，必於民間廣詢密察，務循公義，以協衆情；毋得輒憑里老吏胥人等之言，顛倒是非，亦毋待搜求細事，羅織人過。臣竊照先年巡按御史，率務多方廣詢密訪，如《憲綱》所云。近來巡按御史，巡歷既不能偏，安能廣詢密訪？夫既不能廣詢密訪，則安得不任一己之私，昧衆人之見乎？安得不聽里老吏胥人等之言，顛倒是非乎？又安得不搜求細事，羅織人過乎？甚至寄耳目於鄉里親戚，其爲害又有不可言者矣。合無今後巡按御史考察官吏，務要廣詢密訪，或詢諸田野鄙夫，或詢諸耆碩父老，人人致問，事事細察，毋惑於一偏，毋膠於一節。回道之日，務將詢訪所得來歷，各於本官下明白開註，以竢參考。

一、謹關防。照得巡按御史所帶書吏，倚藉聲勢，濫受贓私，御史多不能禁。蓋巡按事權既重，有事之人百計夤緣，賄通書吏，或抄摘狀詞，或洗改字樣，或沉匿案卷，或稟行牌面，或透漏消息，無所不至，御史方且墮其術中，懵然無覺。臣伏覩《憲綱》内開：所至之處，先要關防。合無今後巡按御史，務要嚴於律己，所帶衣鞋等物，止作一杠，不過百斤；其吏書監生行李，共作一杠；只此二杠，緊於御史馬前隨行，所至下馬與起程之際，御史俱要督同各該府州縣掌印官，三面將此二杠一一檢閱明白，方許收放擡行；並將書吏監生身上，一併搜檢，其卷宗簿籍等項公文，裝載卷箱，封鎖明白，另委官一員，督押至察院交割，御史督同各該掌印官，逐一搜檢明白，方許收受；其書吏監生，若有御史同鄉或親戚故舊，即當迴避，送回另差。

一、嚴督率。照得布按分司官，例該二月初出巡，五月終回司；七月初出巡，十一月終回司。奈何各官好逸惡勞，不肯依期巡歷；又因巡按御史多住省城，要得隨衆伺候，遂各託故，專於省城安坐。巡按御史樂其趨奉，竟不啓齒，督令出巡，以致地方無人管束，貪官污吏得以肆志，强竊盗賊得以横行；一有失事，互相隱蔽，廢職殃民，莫此爲甚。合無今後巡按御史，務要嚴督各官，遵照事例，依期巡歷，不得輒便回司。如敢故違，即行叅奏。每年終，布按二司將各官巡歷及回司日期，開報都察院查考。如有巡按御史徇情不行嚴督，臣等查考得實，一體叅究。

一、戒奢侈。照得風俗莫善於儉約，莫不善於奢侈。居官者奢侈則必貪，爲士者奢侈則必淫；富者以奢侈而遂貧，貧者以奢侈而爲盜。故風俗之弊，惟奢侈爲甚。兹欲移風易俗，變奢侈而爲儉約，非委任權力之重，不可爲也。御史奉皇上之命，巡按一方，令必行，禁必止，風俗轉移，變化之機，彼實能握之。合無今後巡按御史，務要躬行儉約，率先一方，日廩五升之外，秋毫毋得取費於有司；一菜一魚，必以廩米照依時值易之，仍遵照《憲綱》：御史，陸路給驛馬，水路應付站船；監生吏典承差，陸路並騎驛驢，水路應付遞運船，並不得扛擡四轎，乘坐座船，凡可減省者無不減省。然後令行司府州縣官吏軍民人等，悉從儉約：凡飲食、宴會、服飾、車馬、婚姻、喪祭等項，俱有品節限制，不得過爲侈靡；一切縱欲敗度踰禮犯分之事，無不禁革。如是御史不能以身率下，好爲侈用，不乘站船而乘座船，不乘驛馬而乘四轎，故違《憲綱》，以致地方官民人等無所觀法，奢縱如舊，臣等查訪得實，叅劾治罪。

今擬申明事件

一、巡視倉庫。伏覩《憲綱》内一欵：倉庫房屋，仰本府州縣提調官常加點視，若有損壞，即便修理；及嚴加關防官吏斗級庫子人等收支作弊。近來官司倉庫罔修，出納滋偽；或實藏不及月報之多，或濫費已過歲積之半；或匿案而通同侵欺，或乘機而私自借貸。此等姦弊，不止一端。合無今後巡按御史所至，務須親臨倉庫，嚴加點視：逐年簿籍，必挨閲以驗其收除；各官儲蓄，必分註以別其勤惰；中間如有侵欺實跡，即行叅奏拿問，毋得專一委官查盤，虚應故事。巡歷滿日，仍將查盤過錢糧等物，叅問過侵欺人員，備細數目事由開報。

一、巡察盗賊。伏覩《憲綱》内一款：境内盗賊，仰衛府州縣嚴督所屬，晝夜用心巡察擒獲，務要盡絶，無遺民患。夫盗之起，多以仍歲凶荒，賦斂横出，徭役頻興，故聚而爲盗，弄兵於山海險阻之間，或白晝突入城池，或黑夜打劫村落，捕之稍緩，勢必蔓延，其徒必衆，遂至猖獗，往往貽地方之患。各該官司上下，惟相推委以避罪責，滋亂長殃，莫此爲甚。合無今後巡按御史所按地方，如遇盗賊竊發，即嚴督巡守府衛州縣等官，動調兵快，多方剿捕。若有怠緩誤事及事機重大者，即須叅奏處治。有能薄賦平役，民各樂業，而境内不聞盗賊之儆者，仍須奏舉，以爲有司之勸。

一、撫恤軍士。伏覩《憲綱》内一欵：指揮千百户鎮撫總小旗，並要撫恤軍士，各令得所。夫人之危苦，莫甚於軍；今雖相安於承平無事之日，然或營操，或領運，或守城，或屯種，終歲勤苦，不得少寧。兼以近日管軍官役恣肆貪殘，生事虐害，遇公務輒以月米扣除，給屯田動以威力侵占；餘丁則包納役使，犯罪則拘繫索財；剥削之害，非止一端。若不禁除，而欲天下軍士得所亦難矣。合無巡按御史所至，務要稽查各衛所軍政得失；如有前項虐害軍士弊政，具實叅奏提問。其能視軍士如視己子，撫恤之政卓異衆人者，仍須一體旌舉，以爲武用之備。

嘉靖十二年八月二十八日題，九月初二日奉聖旨，這申明《憲綱》事宜，原有旨着各巡按御史及各按察司官着實舉行。但近來掌院官多務姑息，不行覈實考察，以致巡按官恣縱抗違，按察司官因循畏怯，全不舉行。這各該事件併續擬的，你每便通行曉諭，務要遵照，着實舉行。有違的，巡按官考覈黜退，按察司官指實叅奏。欽此。

（明）王廷相《浚川奏議集》卷八《奏議·定擬巡按御史及按察司造册疏》　爲遵《憲綱》以定册式事。竊惟風憲之官，責任至重，凡一切興利除害等事，開載於《憲綱》者既明且備。近該本院二次申明《憲綱》内各事理，復切時宜，例該監察御史於巡按滿日，按察司官於每年終或逐季，各將行過事蹟文册，開送本院，以憑考察，則各官職業，方得驗之實政，而不徒事乎虚文矣。近者巡按御史回道，止照舊式造報，新定條件則遺漏而不開；各按察司不惟年終季終造報愆期，其所報事蹟復踈略而不詳。若不定爲規式，難以齊一憲度。臣等欲將欽遵《憲綱》并節年題准事例及近該本院二次申明《憲綱》内各事理，係風憲官相應造册者，逐一開款於後；合候命下之日，通行各該巡按監察御史及浙江等十三按察司官，遵照造報，以憑查考；庶事體歸一而憲度益明矣。緣係遵《憲綱》以定册式事理，未敢擅便，謹題請旨。

（明）蕭彦等《掖垣人鑑》卷二《兩朝謨訓》　正統四年六月，勑諭科臣：朝廷置六科給事中，出納命令，封駁章奏，舉正欺弊，職任最爲清要。自今宜體朝廷選用之心，必公必正必廉必勤，知無不言，言則必當，務存大體以扶善抑惡，使百官有司知所警畏，然後爲能盡職。若不能盡而依阿從事，苟且度日，廢棄職掌，或循私交通肆爲欺蔽，負國家任使者，事發必罪不宥。欽此。

宣德七年六月，賜六科箴：

國家建官，內外有制，給事之臣睿邇廷陛爰准六典，分科置員，各司其務，有簡有繁。命令之出，于汝紀之，章奏之入，于汝度之。考其得失，舉其愆戾，釐革欺弊，以贊予治。敬共朝夕，無縱以逸，無易以忽，必毖以密。達夫大體，由乎至公，維汝之賢，光奮於庸，怙威以騁，不率正道，汝之不賢，辜亦自造。自昔邇臣，左右承弼，正人是資，邪佞必斥，其尚念哉，毋苟充位，往端乃志，以懋乃事。欽此。

臣彥曰：今六科座右有宋司馬光《諫院題名記》略曰：居是官者，當志其大捨其細，先其急後其緩，專利國家而不爲身謀，彼汲汲於名者猶汲汲於利者哉。其言之也然其槩也。莊誦二祖之訓以公正廉勤示之標，以縱逸易忽嚴其戒，惓惓存大體率正道而以端乃志終焉。夫志端罔弗端矣，雖唐虞命官則蔑以尚之矣，何論光故曰觀乎北辰而知列宿之小也。嗟乎，明命在上清議在下，其嚴乎願與同官者勗之，謹拜乎端書以朝夕省觀云。

（明）余繼登《典故紀聞》卷八　洪熙中，大理少卿弋謙因言事免其朝叅，自是言事者遂少。

仁宗因災異屢見，遂勑諭羣臣曰：朕以眇躬處億兆之上，御天下之大，政務之煩，殆難獨理。是以數召求言，冀匡不逮，此朕之實心也。自即位以來，臣民上章以數百計，未嘗不欣然聽納。言之而當，即與施行，苟有不當，未嘗加譴，羣臣所共知也。間因大理少卿弋謙所言過於矯激，多非實事，朕一時不能槩之於心，而羣臣有迎合朕意者，交章奏其賣直，請置諸法，朕皆拒而不聽，令謙就職，但免朝叅。而自是以來，言者益少，豈以爲無事可言與，抑懷自全之計而退爲默默歟？今自冬不雪，春亦少雨，陰陽愆和，必有其咎，豈無可言？而爲人臣者惟念保身，何以爲忠，朕於謙一時不能含容，未嘗不自愧咎。爾文武羣臣，亦各思以君子之道自勉，攄其嘉謀嘉猷，凡於國家軍民利有未興，弊有未革，及政令有未當者，咸直言之，勿以前事爲戒而有所諱，庶幾君臣相與之義。弋謙朝叅如故。

（明）余繼登《典故紀聞》卷九　宣宗嘗謂諸大臣曰：致理之道，莫先於廣言路。蓋天下之大，吏治得失，民生休戚，人不言，朝廷何由悉知？古人謂明主視天下猶一堂，滿堂飲酒，一人對隅而泣，則一座爲之不樂。若令天下有匹夫匹婦不得其所，實爲君德之累。凡有建言民瘼者，卿等勿諱，言或激切，亦其心發于忠，若以其言激切而棄之，孰肯進言，卿等宜悉此意。凡言之善者，即以聞，庶幾有補於治。

（明）顧養謙《沖菴顧先生撫遼奏議》卷八《自陳不職乞賜罷斥以嚴考察》　奏爲自陳不職乞賜罷斥以嚴考察事。萬曆十五年正月二十九日，准都察院咨爲遵舊例嚴考察以勵庶官事。該吏部題照得兩京官員每六年一次考察，除四品以上及翰林院學士例該自陳等因，題奉欽依，通行各該督撫一體欽遵施行等因，備咨到臣。切照臣由嘉靖四十四年進士，歷官戶部主事員外郎中、福建僉事、廣東叅議副使。而福建以僉事論臣復調雲南僉事，陞浙江叅議副使，調薊州副使，紆迴仕路二十餘年，無尺寸之效，而有彈劾之章，其爲不肖昭昭也。頃者皇上不以臣爲不肖，拔臣於儕伍之中，而授以撫遼之命。臣自揣非分，曾具疏懇辭而不能得，勉强受事，凡十有八月於茲矣。中間又以大帥出塞之功，併録及臣而得令官。伏念皇上命臣巡撫遼東，是責臣以安邊也，必無一夫不獲而後可以言拊循。命臣贊理軍務，是責臣以禦虜也，必使匹馬不入而後可以言保障。今者內罹重災不能保其無凍餓死徙，拊循之謂何？外逼强虜不能保其無殺略焚燒，保障之謂何？是臣實不能禦虜安邊而稱任使也，其爲不肖愈益明甚矣。且當師旅饑饉之會而日夜不暇給也則憂，因人成事而無功倖恩澤也則慙，恐貽好事喜功名而有所張皇欺蔽之譏也則懼，自反涼薄而不足以樹信於人也則憤，憂與慙結於心脾，懼與憤傷其肝膽。臣以蕞爾之軀而攻之者非一途，身非木石病從內生矣。不肖當退，病亦當退，矧不肖而又加之病也，遼何地也今又何時也，而可使不肖抱病之臣濫爲之撫耶。夫處危險之地值艱難之時，即仗節死官下而不敢避者，臣之心。不能夷險安危而弘濟艱難者，臣之力。見可而進知難而退者，臣之誼。而進賢退不肖者則有朝廷之公典在也。臣又安所逃矣。伏乞皇上俯念衝邊非竊禄之地，撫臣非備員之官，□□非任重之器，特賜罷斥，使臣得安其分，而別選賢能以充是任，不獨仕路爲清而實以計安孤塞矣。爲此具本奏聞。

（明）呂坤《實政録》卷一《明職・守巡道之職》　守巡兩道，非爲陪巡設，亦非止爲理詞設也。一省之內，凡户婚、田土、賦役、農桑，悉總之布政司。凡劫竊、鬥殺、貪酷、奸暴，悉總之按察司。兩司堂上官，勢難出巡，力難兼理，故每省四面，計近遠，分守巡，令之督察料理。所分者總司之事，所專者一路之責。凡一路之官吏不職，士民不法，冤枉不伸，奸蠹不除，廢墜不舉，地糧不均，差役偏累，衣食不足，寇盗不息，邪教不衰，土地不闢，流移不復，樹畜不蕃，武備不修，城池不飭，積貯不豐，訟獄不息，教化不行，風俗不美，游民不業，鰥寡孤獨、疲癃殘疾之人不得其所，凡接於目者，皆得舉行；聽於耳者，皆得便宜。應呈請者，呈請兩院施行；應牌劄者，牌劄各州縣條議。督責守令，詳密如主婆；守令奉法，恐懼如嚴師。務使一路風清弊絶，所部事理民安。入其疆無愁嘆之聲，見其民無憔悴之色。然後用一飧中火坐司下咽，亦自安然。收一牀枕席被褥著身，亦自妥貼。

本院做秀才時，曾見親臨本道追陪直指經歷吾邑，民間疾苦不問一聲，邑政短長不談一語，朝暮道旁迎送，每日院内作揖。直指閉門，則兩道取贖，互送折呈行票，互設酒席，問縣官索要戲子，怒該房水陸不豐。出門之日，鼓吹旌旗，前呼後擁者，每長一二里。夫馬催随，供張迎送者，不減數百人。饑疲於奔命，騷擾於閭閻者，不止數百家。蓋三過吾邑，一事未行，而百費豪奢，百般難事。留州縣茶坐，則沾沾煦煦，皆虚夸色笑之言；批州縣文書，則婉婉曲曲，無切問直駁之語。下司無不感激，以爲盛德。蓋嘉靖末年時事。近日諸君子，約己愛民，肅僚勤政，必不然矣。

夫兩道之位不爲不尊，權不爲不重。所以董督守令，愛養紳黎，修舉政事者也。六品以下，蠹政虐民者，皆得拏問，寧至甘言温色作此謙厚態乎？昔在春秋，三大夫皆同僚也。孔子中大夫耳，與下大夫言，猶侃侃有剛直之氣。豈謂臨屬乃中怯外柔若是，其何以正體統而肅紀綱乎？何以策不振而懲不法乎？何以令能行而禁能止乎？何以興治道而起頽風乎？然則一路不治，千里未安，其故可知已。至於取贖雖非入己，而查贖亦須體人。往日無礙名色已屬欠通，而預支候還尤爲可笑。州縣動輒那借官銀，庫吏每以侵欺坐罪，黏一牌票查盤，甚損去後名節，此兩院司道通弊。近日各處稱冤，已經申飭，前官拖欠，後官補賠矣。吾黨慎無復然。

（明）呂坤《實政録》卷一《明職·按察司之職》 廉訪之職，《風憲約》、《獄政》備言之矣。古者御史大夫掌西臺，行秋令。蓋熏蒸氤氲之氣，至秋始清；發生長養之機，至秋始肅。察奸刑罪，蓋癉惡之司也。後以中臺不便於察外吏，乃設按察司爲外臺，彈壓百僚，震懾羣吏，藩司以下皆得覺舉，實與御史大夫表裏均權。厥後和同溺職，乃事權歸兩院而體統屬三司矣。所可嘆者，司曰按察司，官曰按察使，按察謂何？但以刑名爲職掌，人亦以刑名吏目之。棄其尤重而獨任兼衡，可謂之提刑司提刑使乎？今内外詳皆轉都察院，人未嘗以都察院爲刑曹，奈何按察司獨謂刑名乎？舊日山西臬司以明刑弼教分扁兩坊，而堂上對聯又以五刑三尺作偶，余俱更之云。

至於刑名一事，尤多可言。夫廷尉，天下之平；提刑者，一省之平也。遣戍充徒一失其平，皆得理枉伸冤。今也，强盗人命，非兩院批駁竟不與聞矣。夫死刑必由按察司轉京詳者，豈爲直指代勞哉？謂必按察司以爲可殺而後以聞，果情法無當於心，則呈駁不嫌於再。至於一省，真正强盗人命，郡縣俱當申報，問明之日，俱當照詳，看得可疑，一體扯問，案候按臺定奪，以憑同異平反，如是庶不失提刑之職。百官不法，時加體訪，可訓迪者訓迪，可督責者督責，可獎戒者獎戒。其應參拏論劾，指事開陳兩院，使一省官吏視憲使如雷霆，莫不潔己愛民，勤政集事。宋人謂之天垣執法，人代閻羅，如是庶不失按察之職。若一崇長厚，百無聽聞，賢否取正於府官，依樣署考；重輕定擬於院道，代之轉詳，則法司之權非人我侵，而我自失之矣。此何官也，而可自失其權哉？惟執事者留意。

（明）何棟如《皇祖四大法》卷一《心法》 〔洪武元年八月〕丁丑，有風憲官二人各訐所短於廷。其一人言甚便捷，其一人言簡而緩。上曰：理原於心，言發於口，心無所虧辭出而簡，心有所蔽辭勝於理。彼二人者，其言寡者直，其言多者非，遂召廷臣詰之言寡者，果直。上謂群臣曰：彼二人者皆居風憲，當持公正以糾舉群司，何致以私怨相加乎？所以古人貴知言，能知言則邪正瞭然自辨，區區以便佞取給者，復何所庸哉。

（明）何棟如《皇祖四大法》卷一《心法》 二月壬寅朔乙未，上諭侍御史文原吉等曰：比來臺臣久無諫諍，豈朝廷庶務皆盡善耶，抑朕不能聽受故爾嘿嘿耶。爾等以言爲職，所貴者忠言日聞有益于天下國家。若君有過舉而臣不言，是臣負君，臣能直言而君不納，是君負臣。朕每思一介之士于萬乘之尊，其勢懸絶，平居能言，臨對之際或畏避不能盡其詞，或倉卒不能達其意，故嘗霽色以納之惟恐其不盡言也。至于言無實者，亦略而不究。蓋見秦漢以來季世末主護短惡諫誅戮忠直，人懷自保無肯爲言者，積咎愈深遂至不救。夫日月之行猶有薄蝕，人之所爲安能無過。惟能改過，便可成德。原吉對曰：陛下此心即大禹好聞善言，成湯不吝改過之心也。言而無實，略不之究，尤見天地之量。上曰：有其實而人言之則當益勉于善，無其實而人言之則當益戒于不善，但務納其忠誠，何庸究其差謬。

（明）何楝如《皇祖四大法》卷二《心法》〔洪武十五年〕三月庚戌朔乙亥，上諭六部都察院諸臣曰：朕觀書以元首喻君，股肱喻臣，自古君臣本同一體。若君獨用則臣職廢，臣不任則君事勞。君臣之間貴在一德一心以共濟天下。朕所以懇懇與卿等言者，以六部爲朕總理庶務都察院爲朕耳目，日與内外諸司事體相關，當思盡心贊輔共成理道以安生民。

（明）何楝如《皇祖四大法》卷二《心法》〔洪武十七年〕夏四月戊辰朔己丑，上謂諫議大夫唐鐸曰：人有公私，好惡不齊，故其言有邪有正。正言務規諫，邪言務謗諛，謗言近于忠，諛言近于愛。惟不惑于謗言，則聽日聰，而讒人自去。不眩于諛言，則智益明，而佞人自絶矣。鐸對曰：聽言之難，從古爲然，惟不爲所眩惑則讒佞自遠。陛下聖諭深得其情。上曰：朕日總萬幾，所行有得失非資人言何由以知，故廣開言路以來衆言，言有善者則奬而行之，言之非實亦不之罪。惟讒佞面諛者，決不可容也。

（明）何楝如《皇祖四大法》卷三《治法》〔甲辰〕六月癸巳朔戊戌，上謂廷臣曰：治國之道，必先通言路。言猶水也，欲其長流。水塞則衆流障遏，言塞則上下壅蔽。今予以一人而酬應天下之務，非兼聽廣詢，何以知其得失。《詩》曰先民有言，詢于芻蕘。夫芻蕘至賤者也，古人尚有取於其言，況左右前後之人，與我共事者，豈無一得之長乎。諸公有所建明，當備陳之。戊午，上諭朝臣曰：國家政治得失，生民之休戚繫焉。君臣之間，各任其責。所行未當，即當速改，不宜有所隱避。若隱避不言，相爲容默，既非事君之道，於己亦有不利。自今宜各盡乃心，直言無隱。

（明）何楝如《皇祖四大法》卷三《治法》〔丙午春正月〕是月命按察司僉事周湞等定議按察事宜，條其憲綱所當務者以進。諭之曰：風憲紀綱之司，惟在得人，則法清弊革。人言神明能行威福，鬼魅能爲妖禍，爾等若能興利除害，輔國裕民，此即神明。若陰私詭詐，蠹國害民，此即鬼魅也。凡事當存大體，有可言者，勿緘默不言。有不可言者，勿沽名賣直。苟察察以爲明，苛刻以爲能，下必有不堪之患，非吾所望於風憲矣。

《明太祖寶訓》卷一《論治道》〔洪武十二年十一月〕己亥，太祖御奉天門，視朝畢，顧謂翰林侍制吴沈曰：人主治天下進賢納諫二者甚切要事也。沈對曰：誠如聖諭，但求之於古能行者亦鮮，是以亂日常多治日常少。太祖曰：使其真知賢者能興其國，何有不好，真知諫者在於患己，何有不納？唯其知之不真，是以於己難入。若誠能好賢，則不待招徠而賢者自至，誠能納諫則不待旌賞而諫者必來。沈對曰：陛下此言誠國家興治之要。

《明太祖寶訓》卷一《論治道》〔洪武十七年〕十一月乙丑，太祖御東閣，從容謂侍臣曰：責難之辭，人所難受，明君受之爲無難，諂諛之語人所易從，昏主信之爲易入。朕觀唐虞君臣賡歌責難之際氣象雍容，後世以諂諛相勸，如陳後主江總輩汙濊簡策貽訊千古，此誠可爲戒。右春坊右贊善董倫對曰：誠如陛下所論，惟明主則能慎擇。太祖曰：責難不入於昏君，而諂諛難動于明主，人臣以道事君，惟在守之以正，若患得患失，則無所不至矣。

《明太祖寶訓》卷三《去讒佞》洪武元年二月癸卯，太祖御奉天門，謂侍臣曰：凡人之言有忠諫者，有讒佞者。忠諫之言始若難聽，然其有益，如藥石之能濟病，讒佞之言始若易聽，然其貽患不可勝言。夫小人之爲讒佞也，其謾心機巧漸漬而入，始焉必以微事可信者言於人主，以探其淺深。人主苟信之，彼他日復有言，必以爲其嘗言者可信，將不復審察。彼讒佞者因得肆其志，而妨賢病國無所不至。自古若此者甚多，而昏庸之君卒莫之悞由其言甘而不逆於耳故也。惟剛明者審擇於是非，取信於公論，不偏信人言，則讒佞之口杜矣。

《明太祖寶訓》卷三《納諫》 甲辰三月戊辰，太祖御戟門，省臣以所定官制班次圖進。太祖覽畢，因論及選諫議之官曰：論道經邦，輔弼之臣，折衝御侮，將帥之職，論思獻納，侍從之任，激濁揚清，臺察之司，此數者朝廷之要職也。至於繩愆糾謬，拾遺補過，諫諍之臣，尤難其人。抗直者或過於矯激，巽懦者又無所建明，必國爾忘家，忠爾忘身之士方可任之，不然患得患失之徒，將何所賴也。

洪武元年正月己卯，太祖諭群臣曰：吾觀史傳所載歷代君臣，或聰明之君樂聞忠讜，而臣下循默姦諂不盡其誠者有之，或臣下不欺能抗言直諫，而君上昏愚驕暴飾非拒諫者有之。臣不諫君，是不能盡臣職，君不受諫，是不能盡君道。臣有不幸，言不見聽，而反受其責，是雖得罪於昏君，然有益於社稷人民也。若君上樂於聽諫，而臣下善於進諫，則政事豈有不善，天下豈有不治？乃知明良相逢，古今所難。

洪武六年三月乙卯，太祖謂群臣曰：昔唐太宗謂人主自賢臣不匡正，欲不危敗豈可得也。朕觀湯以從諫弗咈而興，紂以飾非拒諫而亡，興亡之道在從諫與咈諫耳。大抵自賢者必自用，自用則上不畏天命下不恤人言，做僻邪侈不亡何待。從諫者則樂善，樂善則正人日親憸人日遠，號令政事必底于善，故未有不興者。太宗英傑之主，有見乎此，納言如流，小大必採，故能致貞觀之治。朕於卿等深有所望，勿懷顧忌，而忘盡言。

洪武八年五月庚申朔，太祖謂侍臣曰：人君深居高位，恐阻隔聰明，過而不聞其過，闕而不知其闕，故必有獻替之臣，忠諫之士，日處左右以拾遺補闕。言而是也，有褒嘉之美，言而非也，無譴責之患，故人思盡職竭其忠誠，無有隱諱。如此則嘉言日聞，君德日新，令聞長世，允爲賢明。至若昏庸之主，吝一己之非，拒天下之善，全軀保禄之臣或緘默而不言或畏威而莫諫，塞其聰明，昧於治理，必至淪亡而後已。由此觀之，能受諫與不能受諫之異也。

洪武九年六月甲申朔，太祖諭侍臣曰：朕觀往古任智自用之君飾非拒諫多取滅亡，成湯改過不吝故爲三代盛王，唐太宗屈己從諫亦能致貞觀之治，此皆後世罕及也。人君苟能虚己以受言，人臣能盡忠以進諫，則何事業不可成哉。

洪武十五年八月己丑，山東肥城縣知縣許好問言：報國莫如薦賢，獻忠莫如進諫，臣既不能薦賢以報國，敢不進言以獻忠。周有天下八百年，秦併周爲正統合四十餘年而漢興，漢有天下四百餘年，隋平陳混一天下甫二十九年而唐興，唐有天下二百八十八年，元起沙漠入主中國混一天下八十餘年而聖朝降興。先儒云凡能混一天下不及百年皆爲迭興之閏位，乃知秦爲漢閏，隋爲唐閏，元爲國朝之閏，亦已明矣。伏願陛下慎刑罰，昭勸懲，緩差徭，容直諫，致中和以丕顯文明之治，則皇祚傳之萬世，聖子神孫承繼於無窮矣，豈特八百年而已哉。

太祖曰：治亂相因，盛衰有時，雖出於氣運一定之數，然亦由人事之所致也。其間保民致治國祚靈長，未有不由創業垂統爲子孫繼述之基本，其所以速致亂亡者，必反是鑒之往古事有可徵。要之祈天永命固有其道，修德慎罰亦一端耳，好問所言頗合朕意。

《明太祖寶訓》卷三《求言》 洪武十年六月丁巳，太祖諭中書省臣曰：清明之朝耳目外通，昏暗之世聰明内蔽，外通則下無壅遏，内蔽則上如聾瞽，國家治否實關於此。朕常患下情不能上達，得失無由以知，故廣言路以求直言。其有言者，朕皆虚心以納之，尚慮微賤之人敢言而不得言，疏遠之士欲言而恐不信，如此則所知有限所聞不廣。其令天下臣民，凡言事者實封直達朕前。

《明太祖寶訓》卷六《諭群臣》 洪武四年閏三月庚辰，改兵部尚書劉貞爲治書侍御史，太祖諭之曰：臺憲之官不專於糾察朝廷政事，或有遺闕皆得言之。人君日理萬幾，聽斷之際豈能一一盡善。若臣下阿意順旨，不肯匡正，則貽患無窮。今擢卿爲侍御史，居朝廷之上，當懷謇諤之風，以爲百司表率。至於激濁揚清，使奸邪屏跡，善人彙進，則御史之職兼盡矣。

《明太祖寶訓》卷六《諭群臣》〔洪武三年〕甲午，各道按察司官來朝，太祖因召御史臺臣併諭之曰：風憲之任，本以折姦邪理冤抑，糾正庶事，肅清紀綱，以正朝廷，而元末臺憲每假公法挾私憤，以相溳排，今日彼傾此之親戚，明日此陷彼之故舊，譬猶蛇蝎，自相毒螫，卒致敗亡而後已，如此則何以爲臺諫也。今卿等司風紀，當以大公至正爲心，揚善遏惡辯別邪正，不可循習故常，挾公以濟私。苟或如此，不惟負朕委任亦失其職守矣。

《明太宗寶訓》卷四《諭群臣》〔永樂元年閏十一月〕庚申，上御奉天門，召都御史陳瑛等諭曰：國家重禄任官，一以爲民。慮牧守不職，又設按察司詢察糾正之。朕深居九重，下民安否未能悉知，按察司任耳目之寄，於事無不得問，無不得言，所以通下情去蒙蔽也。今聞河南數歲蝗旱水災爲民患，牧民者多失撫字，甚者又侵漁剥削之，而按察司官未嘗有一人言者。坐視民病而不留意徒費重録，何補於用。爾移檄切責之，俾采察所部軍民利病及布政司府州縣官賢否以聞。又命檄浙江等十二按察司及按治御史之在外者，一體采察上聞。

《明宣宗寶訓》卷二《納諫》洪熙元年閏七月己亥，都督府吏左輔等建言驛站養馬等事，禮部尚書呂震言其希求進用。上曰：聖人不棄芻蕘之言，前下詔書，凡軍民利病許諸人陳言。朝廷但當察其言之當否，不必計其人之貴賤。其如例會官議，果有可行者即與施行。

《明宣宗寶訓》卷二《納諫》宣德二年十月丙寅，上謂侍臣曰：漢唐諸君文帝太宗能納諫，文帝幾致刑措，太宗致貞觀之治，亦皆受善言之效。善言有益於君德，有補於治道如此，豈可不聽。

《明宣宗寶訓》卷二《納諫》宣德五年四月辛巳，有建言請設諫官者。上曰：祖宗定制不可改，但朕有過失，令中外大小之臣皆得諫而納之不爲迕，豈不所得者多歟。因謂侍臣曰：三代以下人君，唐太宗善納諫。當時之臣若魏徵、王珪亦善諫，故有貞觀之治。宋太祖曰：唐太宗受人諫疏常自引咎不以爲恥，不若己不爲非使人無可諫一者，孰是？侍臣對曰：宋太祖所言爲優。

上曰：宋太祖固是務本之論，然人所行豈能皆是。若禹聞善言則拜，湯從諫弗咈，改過不吝。禹湯猶取善於人，況其下者乎。朕以爲人君者當以太宗爲法。

綜　述

《憲綱事類・憲綱》皇帝敕諭禮部、都察院：朝廷建風憲，任之耳目，綱紀之寄，所以肅百僚而貞百度也。《憲綱》之書，肇於洪武，厥後官制不同，所宜因時改書，而中外憲臣，往往有任情增益者。我皇考宣宗章皇帝，臨御臣下，屢以爲言，遂敕禮部同翰林儒臣，考洪武舊文而申明之。並以洪武、永樂以來，祖宗所定風憲事體著在簡册者，悉載其中，永示遵守，而益之以訓戒之言。凡出臣下所自增者，並削去之。書成，先皇帝上賓，未及頒行。朕嗣位之初，切以風憲爲重，敕有司嚴選，務在得人。外之憲臣，復以《憲綱》爲言。朕今於先朝所考定中，益以見行事宜，爾禮部即用刊印，頒布中外諸司遵守。爾都察院其下各道御史及在外按察司官，欽遵奉行。其洪武以後《憲綱》，凡係臣下自增者不用。敢有故違，必罪不恕。欽哉。故諭。正統四年十月二十六日。

《憲綱事類・憲綱・糾劾百司》凡風憲任紀綱之重，爲耳目之司。内外大小衙門官員但有不公不法等事，在内從監察御史，在外從按察司糾舉。其糾舉之事，須要明著年月，指陳實跡，明白具奏。若係機密重事，實封御前開拆，並不許虚文泛言。若挾私搜求細事及糾言不實者，抵罪。

《憲綱事類・憲綱・朝會禮儀》凡大朝會行禮，若有失儀，聽糾儀御史舉劾。常朝大小衙門官員奏事理有未當及失儀者，聽侍班御史並給事中劾奏，依律罰俸。

《憲綱事類・憲綱・祭祀禮儀》凡祭祀郊社、宗廟、山川等神，若有怠於職事及失儀者，並聽糾儀御史舉劾，依律責罰。

《憲綱事類・憲綱・點差御史》凡點差御史分巡並追問審理等事，都察院具事目請旨點差。回京之日，不須經由本院，逕赴御前覆奏。

《憲綱事類・憲綱・官吏取受》凡告有司官吏人等取受或出首贓私等事，直隸赴巡按監察御史，在外赴按察司並分司及巡按監察御史處陳告。追問明白，依律施行。其應請旨者，奏聞拿問。若軍官有犯，在京從都察院，在外從巡按監察御史、按察司並分司，密切奏請施行。其各都司及衛所首領官有犯，即便拿問。

《憲綱事類・憲綱・囑託公事》凡都察院官及監察御史、按察司官吏人等，不許於各衙門囑託公事。違者，比常人加三等。有贓者從重論。

《憲綱事類・憲綱・禁再糾劾》凡糾舉官員，生殺予奪，悉聽上命。若已有旨發落，不許再劾。

《憲綱事類·憲綱·互相糾劾》　凡都察院、按察司堂上官及首領官，各道監察御史、吏典，但有不公不法及曠職廢事、貪淫暴横淩虐，皆當糾劾，毋得徇私容蔽。其所糾舉，並要明具實跡奏請。按問明白，覆奏區處。其有挾私妄奏者抵罪。

《憲綱事類·憲綱·出巡期限》　凡監察御史、各道按察司官，每出巡審囚刷卷，必須遍歷，不拘限期。

《憲綱事類·憲綱·出巡隨從》　凡監察御史巡按，許帶書吏一名；照刷文卷，許帶人吏二名；若應用監生，臨期奏請。按察司官分巡，許帶吏典二名、承差一名。皆須官吏、監生、承差同行，不許相離。御史及按察司官，陸路給驛馬，水路應付站船。監生、吏典、承差，陸路並騎驛驢，水路應付遞運船。俱支廪給。經過去處，量撥弓兵防送，不許别帶吏典、皁隸人等。

《憲綱事類·憲綱·分巡迴避》　凡分巡地面，果係原籍並先曾歷仕寓居處所，並須迴避。

《憲綱事類·憲綱·巡視倉庫》　凡在京及各布政司並巡歷地方倉庫局務等衙門，但係錢糧出納去處，從監察御史、按察司並分司官，不時巡視。若有作弊，就便究治。

《憲綱事類·憲綱·追問刑名》　凡監察御史、按察司官有追問諸衙門官員取受不公、刑名等事，除軍官、京官並勳舊之臣及在外文職五品以上官，具奏請旨，方許取問，其餘六品以下，取問明白，從公決斷之後，仍具奏聞。若奉特旨委問者，須將始終緣由，議罪回奏，取自上裁。

《憲綱事類·憲綱·親問公事》　凡監察御史、按察司官分巡去處，如有陳告官吏取受不公等事，須要親行追問，不許轉委。違者，杖一百。

《憲綱事類·憲綱·理斷詞訟》　凡有告争户婚、田土、錢糧、鬥訟等事，須於本管衙門自下而上陳告、歸問。如理斷不公，或冤抑不理者，直隸赴巡按、監察御史，在外赴按察司或分司及巡按監察御史處陳告，即與受理推問。如果得實，將原問官吏依律究治。其應請旨者，具實奏聞。若見問未經結絶，又赴本管上司告理，不許輒便受狀。追卷變易是非，須要即時附簿，發下原問官司，立限歸結。如理斷不當及應合歸結而不歸結者，即便究問。違者，監察御史、按察司體察究治。如不係分巡時月及巡歷已過所按地面，卻有陳告官吏不公不法者，隨即受理追問。

《憲綱事類·憲綱·沮壞風憲》　凡都察院並監察御史、按察司，綱紀所繫，其任非輕。行事之際，一應諸衙門官員人等，不許挾私沮壞。違者，杖八十。若有干礙合問人數，敢無故佔恡不發者，與犯人同罪。

《憲綱事類·憲綱·裝誣風憲》　凡監察御史、按察司官巡歷去處，若有官吏犯罪，畏避追問，故將財物、婦女潛入公廨，設計裝誣，沮壞風憲者，並許取問，實封奏聞，犯人重處，財物沒官，婦女發有司收問。其出巡官吏，仍不得自生嫌疑迴避，致妨巡歷。

《憲綱事類·憲綱·擬斷公事》　凡監察御史、按察司官巡歷去處，所問事有擬斷不當者，都察院、按察總司隨即改正。當該吏典，罪之如律，仍將原問御史及分司官擬斷不當事理，具奏得旨，方許取問。

《憲綱事類·憲綱·約會問事》　凡有軍民相干詞訟等事，移文到日，其應該會問官員隨即前去。若無故不即會問及偏徇佔恡者，從監察御史、按察司官按問。其應請旨者，具實奏聞。

《憲綱事類·憲綱·巡按失職》　凡監察御史、按察司官巡歷去處，但知有司等官守法奉公、廉能昭著者，隨即舉聞。若奸貪廢事、蠹政害民者，即便拏問。其應請旨者，具實奏聞。若知善不舉，見惡不拏，杖一百，發煙瘴地面安置。有贓者，從重論。

《憲綱事類·憲綱·照刷文卷》　凡在京大小有印信衙門，並直隸衛所府州縣等衙門，在外各都司、布政司、按察司文卷，除干礙軍機重事不刷外，其餘卷宗，從監察御史每歲一次或二歲、三歲一次照刷。五軍都督府、六部、大理寺令該吏具報事目，太常寺、通政司、太僕寺、光禄寺、鴻臚寺、國子監、翰林院、各衛令首領官吏具報，其餘衙門正官、首領官通署呈報，以憑查刷。都察院堂上及各道文卷，具照例送刷。中間干礙追究改正事理，照依已定行移體式施行。如有遲錯，其經該官吏應請旨者，奏請取問，其餘官吏就便依照刷文卷律治罪。其各都司、布政司、按察司所屬衛所、府州縣等衙門文卷，從本處按察分司照刷，若有遲錯，一體依例施行。其照刷之際，務要盡心，若有獄訟淹滯，刑名違錯，錢糧埋沒，賦役不均等項，依律究問。遲者舉行，錯者改正，合追理者即與追理，務要明白立案，催督結絶。不能盡職者，監察御史從都察院，按察分司從總司，體察奏聞究治。

《憲綱事類・憲綱・審理罪囚》凡各都司、布政司所屬並直隸府州縣軍民諸衙門，應有罪囚，追問完備，杖罪以下，依律決斷；徒流死罪議擬，備申上司詳審。直隸聽刑部、巡按監察御史，在外聽按察司並分司。審録無異，徒流罪名，就便斷遣，至死罪者，議擬奏聞。事内干連人數，先行摘斷不須對問者，發落寧家。必合存留待對者，如在聽候，直隸去處從刑部委官與巡按監察御史，在外從都司、布政司、按察司及巡按監察御史，公同審録處决。如翻異原招，事有冤抑者，即與從公辨理。若果冤抑，並將原問原審官吏按問。其應請旨者，奏聞區處。若審録無異，故延不决，及明稱冤枉，不與伸理者，並依律罪之。

《憲綱事類・憲綱・直言所見》凡國家政令得失、軍民利病，一切興利除害等事，並聽監察御史、按察司官各陳所見，直言無隱。若建言創行事理，必須公同評議，互相可否，務在得宜，方許實封陳奏。

《憲綱事類・憲綱・舉明孝義》凡孝子順孫、義夫節婦、忠臣烈女，志行卓異可勵民風者，所在有司舉申，監察御史、按察司覈實，移文所司，以憑奏聞旌表。

《憲綱事類・憲綱・巡按卷宗》凡監察御史行過文卷，從都察院磨勘。按察分司行過文卷，聽總司磨勘。如有遲錯，即便舉正。中間果有枉問事理，應請旨者，具實奏聞。

《憲綱事類・憲綱・聲訴冤枉》凡按察司官斷理不公不法等事，果有冤枉者，許赴巡按監察御史處聲冤。監察御史枉問，許赴通政司遞狀，送都察院伸理。都察院不與理斷或枉問者，許擊登聞鼓陳訴。

《憲綱事類・憲綱・官吏訴罪》凡風憲官問定官員贓罪，如有冤屈，許本犯從實申訴。若果真犯實跡不肯伏罪，或捏造挾讎等項爲訟，摭拾原問者，於本犯上加二等科罪。仍押至午門前，聽候再審。

《憲綱事類・憲綱・迴避讎嫌》凡監察御史、按察司官追問公事，中間如有讎嫌之人，並聽移文陳説迴避。若朦朧懷私按問，致有違枉者，於反坐上加二等科罪。所問雖實，亦以不應科斷。

《憲綱事類・憲綱・禁約迎送》凡監察御史、按察司官巡歷去處，各衙門官吏不許出郭迎送。違者，舉問如律。若容令迎送，不行舉問者，罪同。如有規避者，從重論。都司、布政司、府州官所至亦同。

《憲綱事類・憲綱・講讀律令》凡國家律令並續降條例事理，有司官吏須要熟讀詳玩，明曉其義。監察御史、按察司官所至之處，令其講讀。或有不能通曉者，依律究治。

《憲綱事類・憲綱・選用風憲》凡都察院、各道監察御史並首領官，按察司官並首領官，自今務得公明廉重老成歷練之人，奏請除授，不許以新進初仕及知印、承差、吏典出身人員充用。

《憲綱事類・憲綱・選用吏典》凡都察院及按察司吏典，須於考退生員與應取吏員相參補用，不許用曾犯奸貪罪名之人。

《憲綱事類・憲綱・比律事理》凡監察御史、按察司官追問輕重刑名，中間果有律令該載不盡者，比擬律條開具請旨。

《憲綱事類・憲綱・公用物件》凡都察院合用筆墨、心紅，具奏劄付京府。按察司合用筆墨、心紅、紙劄，行移附郭府分。監察御史、按察分司巡歷去處，合用紙、筆、硃、墨、燈、油、柴、炭，行移所在有司，並支給官鈔收買應用，具實銷算。

《憲綱事類・憲體》一、風憲爲朝廷耳目，宜上德，達下情，乃其職任。所至之處，須訪問軍民休戚，及利所當興、害所當革者，隨即舉行，或有水旱災傷當奏者，即具奏，不可因循苟且，曠廢其職。

一、風憲存心須用明白正大，不可任一己之私，昧衆人之公。凡考察官吏廉貪賢否，必於民間廣詢密訪。務循公議，以協衆情，毋得偏聽及輒憑里老吏胥人等之言，顛倒是非；亦毋得搜求細事，羅織人過，使奸人得志，善人遭屈。

一、風憲之官，當存心忠厚，其於刑獄尤須詳慎。若刻薄不仁，專行酷虐，不思罪有大小，罰有重輕，而一概毒刑以逞，動輒箠人至死，不惟有失朝廷欽恤之意，抑且禍及身家，雖悔無及。

一、居風憲者，須用持身端肅，公勤詳慎，毋得褻慢怠惰。凡飲食供帳，只宜從儉，不得踰分。

一、風憲之職，其任至重。行止語默，必須循理守法。若纖毫有違，則人人得而非議之，爲風憲之累矣。故所至州縣，取假分毫之物，即自玷涸。在我無瑕，方可律人。

一、所至之處，博採諸司官吏行止。廉勤公謹者，禮待之，薦舉之。污濫奸佞者，戒飭之，糾劾之。勸懲得體，人自敬服。大抵心正無私，則事公當。

一、所至之處，須用防閑。未行事之先，不得接見閑雜人。凡官吏稟事，除公務外，不得問此地出產何物，以防下人窺伺作弊。

一、分巡所至，不許令有司和買物貨，及盛張筵宴，邀請親識，並私役夫匠，多用導從，以張聲勢，自招罪愆。

一、巡按之處，不得令親戚人等，於各府州縣等衙門囑託公事及營充勾當。

一、出巡同事之人，須相協和。若有所見不同，而行事乖舛者，可於無人之處，從容陳説利害，以開導之。彼心既悟，必能從正。凡人有言，須虚心以聽，不可偏執己見。若聽者能從，則言者亦不可矜爲己功。大抵同僚同事，當如兄弟相親相愛，積誠相與，未有不相契者。凡有善相讓，有過相規，相規之言，只兩人自知，切不可對衆發之，庶其能從。凡處同僚，不可推惡避勢，不可妨彼利己，不可揚己抑人，必務協和以相助益。不但憲司如此，諸司處同僚者，亦皆當然。

一、學校者，禮讓之地。凡監察御史、按察司官所至下學，先詣大成殿拜謁。禮畢，退詣明倫堂。生員講説經史，監察御史、按察司官中坐，本處提調七品以上正佐官序坐於左，教授、學正、教諭、訓導序坐於右聽講，餘皆立聽。布政司官下學亦同。若布政司、按察司官與御史一同下學，御史左邊正面坐，布政司、按察司官依品級右邊正面坐。問答之際，教官、生員不許行跪禮。

一、總兵、鎮守官受朝廷委任，以防奸禦侮。凡調度軍馬，區畫邊務，風憲官皆無得干預。其相見相待之禮，尤須謙敬。如總兵、鎮守官有犯違法重事，須用體覆明白，指陳實跡，具奏請旨，不許擅自辱慢。其軍職有犯，具奏請旨，已有定例。風憲官巡歷去處，亦須以禮待之，並不得輕易凌辱。

一、在外鄉試，自有布政司官提調，按察司官監試，其巡按及公差問理等項監察御史，毋得干預，及列名於鄉試小録，甚失大體。其所試生徒，若有情弊，聽行糾舉，亦不得生事誣執。其在京鄉試及會試，合用監察御史監試。如有兄弟子姪之類在内應舉者，亦須迴避。

一、初到按臨之處，其都司、布政司、按察司及衛所、府州縣官相見之後，各回衙門辦事，每日不許伺候作揖及早晚聽事。遇有事務，許唤首領官吏抄案，或佐貳官一員前來發落，不許輒唤正官。或有合令正佐官計議事務，及正佐官自來稟白者，不在此例。按察司官分巡同，都司布政司官所至亦同。違者，從風憲官舉劾。

一、各衙門問過罪囚，或有合斷事理，干礙計稟者，先令有司定擬罪名，然後參考事例明白，方可發落，不可輒自與決。恐有别例，議論不同，宜從所長。

《憲綱事類·巡歷事例》凡巡歷所至之處，所有按治事例，合用申明，仰令本府州縣衙門並守禦官依上施行，各另回報。

府州縣：

一、農桑乃生民衣食之源，仰本府州縣行移提調官，常用心勸諭農民，趁時種植。仍將種過桑麻等項田畝計科絲綿等項，分豁舊有新收數目開報。

一、學校爲成賢育才之地，仰本府州縣提調官及學官常用心訓誨生徒，肄習課業，講論經史治道等事，以備擢用，不許懈怠。廟學損壞，即爲修理。仍將見在師生員名開報。

一、存恤孤老，仁政所先，仰本府州縣行移所屬，凡有鰥寡孤獨廢疾無依之人，俱收入養濟院，常加存恤。合得衣糧，依期按月支給，毋令失所。遇有疾病，督醫治療。仍將見在名數具報。

一、古聖帝明王、先師先賢陵墓、山川社稷祀典祠壇，仰本府州縣提調所屬，常須潔淨。有損壞者，即爲修理。仍禁牧放樵採。

一、山林隱逸懷材秉義之士，仰本府州縣官究心搜舉，送赴京以備擢用。

一、仰本府州縣取勘所屬應有孝子順孫、義夫節婦、忠臣烈女，果有志行卓異，明著實跡，舉保申達。毋得舉富遺貧，扶同作弊。

一、原設旌善亭、申明亭，但有損壞，仰本府州縣嚴督所屬，即便併工修理，榜示姓名行實，使善惡知所勸懲，毋得視爲具文因而廢弛。先將坊都設亭處所，及善惡姓名具報。

一、鄉飲酒禮，仰本府州縣行屬照依原降圖式舉行，毋得尊卑失序。其城市鄉村，所司宜一體申明遵行，毋爲具文。

一、荒閑田土，仰本府州縣行屬多方設法，召民開墾，趁時播種。其合納税糧，須候例限滿日科徵，毋致抛荒。

一、圩岸壩堰陂塘，仰本府州縣提調官常川體勘。境内應有圩岸壩堰坍缺，陂塘溝洫壅塞，務要趁時修築堅實，疏濬流通，以備旱潦，毋致失時，有傷禾稼，及因而擾害於民。

一、户口，仰本府州縣取勘所屬，籍定户口，分豁城市鄉都舊管，收除實在數目開報。

一、橋梁路道，仰本府州縣提調官常加點視，但有損壞，隨即修理，務要堅、完，毋致阻礙經行。

一、本府州縣及所屬應有印信大小衙門，並見在官吏姓名、年甲、籍貫、歷仕，脚色，到任月日，一一開報。

一、本府州縣及所屬但有急缺官員，隨即徑申吏部，以憑除授，不許稽遲。

一、歲辦錢糧，仰本府州縣提督所屬，依期徵收足備，起解所指倉庫交納，取實收回照，不許稽遲。

一、課程，仰本府州縣即將歲辦各色課程數目，逐一開報。

一、倉庫房屋，仰本府州縣提調官常加點視。若有損壞，即便修理，及嚴加關防官吏、斗級、庫子人等收支作弊，仍將見在錢糧等物，分豁新舊，收除實在備細數目繳報。

一、仰本府州縣嚴督所屬，凡有一應差役，須於黄册丁糧相應人户内，從公點差，周而復始。毋致放富差貧，挪移作弊，重擾於民。

一、境内盜賊，仰衛府州縣嚴督所屬捕盜官及應捕之人，令晝夜用心巡察，擒獲務要盡絶，無遺民患。仍將捕盜官及應捕之人職名開報。

一、巡檢司及關津把隘官兵，仰衛府州縣督令用心守把。凡經過之人，驗引明白，即便放行，不許縱放逃軍、逃囚及奸細之人。仍嚴禁約官兵人等，不許生事刁蹬，取財害民。

一、鈔法，仰本府州縣行屬嚴加省諭所管城市、鄉村商賈人民，務要流通，毋致阻滯。

一、斛斗秤尺，仰本府州縣正官照依原降式樣較勘相同，官民通用。仍將官降式樣，常於街市懸掛，聽令比較。毋容嗜利之徒，增減作弊。

一、時估，仰本府州縣行屬務要每月初旬取勘諸物時估，逐一覈實，依期開報。毋致高擡少估，虧官損民。

一、軍需軍器，國用所資，但係上司行下制造，仰本府州縣提調官嚴督工匠，如法制造。務要堅利精鋭，不許怠忽。其收買物料，務要依時估給價，不許剋減作弊。

一、上司收買一應物料，仰本府州縣照依按月時估，兩平收買，隨即給價。毋致虧官損民，及縱令吏胥、里甲、鋪户人等，因而剋落作弊。

一、站驛，仰本府州縣提調官時常整點各驛船、馬、鋪陳什物，俱要完備，仍鈐束慣熟梢水人夫馬夫，常川在驛聽候遞送，毋致失誤。先具站船、人夫、什物、馬、驢頭匹數目開報。

一、歲造緞疋等物，仰本府州縣即將織染局見在各色人匠、機張及歲辦並開支顔料等物數目開報。

一、急遞鋪，仰本府州縣行移所屬提調官及鋪長，時常點視境内鋪舍及合用什物，務要完備。如有缺壞，即便修補。仍嚴督鋪司鋪兵，晝夜在鋪聽候，走遞公文，不許暫離。凡遞公文，不許磨擦封皮及稽遲沉匿。仍出榜各鋪，禁約往來差使官員人等，不許役使鋪兵，損壞鋪舍。

一、皁隸弓兵，仰本府州縣取勘額設名數，及點充月日開報，毋得多餘濫設，欺隱爲奸，及經年不替，妨民生理。

一、仰本府州縣應有詞訟，疾早從公依律歸結。毋得淹延，妨民生理，及聽奸吏增減情詞，出入人罪。仍將見問囚數，分豁已未歸結，盡實開報，毋得隱漏。

一、獄禁所當矜恤，仰本府州縣官並司獄司官常加點視，督令獄卒，將見禁囚人，如法收禁。冬設煖柙，夏備涼漿，合得囚糧，依數支養。若有疾病，令醫治療，不許縱令獄卒人等剋落衣糧，非理凌虐，因而瘐死，及將平民枉禁違錯。仍具獄官吏卒名數及見監囚數開報。

一、應有没官金銀、緞疋、銅錢及贓罰等項，仰本府州縣取勘見數，開坐已未起解數目具報。

守御衙門：

一、指揮、千百户、鎮撫、總小旗，並要撫恤軍士，各令得所。不許生事虐害，勒取財物，及剋減月糧。

一、凡係衛所去處，務要高城深濠，門堞堅壯。如有損壞，即撥軍餘修理，不許怠慢。常常嚴督軍士，各遵紀律，守禦地方，不許擅離信地，擾害人民。仍於門禁、關津守把，盤詰奸細。但有鄉村人民，挑擔物貨、柴薪等項入城貨賣，不許指以盤詰爲由，生事刁蹬，因而勒要錢物。

一、不許縱容潑皮軍餘，出入府縣，把持官府，欺虐良善。

一、管軍官，不得縱令軍人離役，虚申逃亡，冒名代替，及私佔用營運買賣，或作佃户等項役使。

《憲綱事類·刷卷條例》 凡監察御史並按察司分司巡歷去處，先行立案，令各該軍民衙門抄案，從實取勘本衙門並所屬有印信衙門各刷卷宗，分豁已未照刷、已未結絶，印記張縫，依式粘連刷尾，同具點檢單目，並官吏不致隱漏結罪文狀。責令該吏親齎赴院，以憑逐宗照刷。如刷出卷内事無違枉，俱已完結，則批以照過。若事已施行，别無違枉，未可完結，則批以通照。若事已行，可完而不完，則批以稽遲。若事已行已完，雖有違枉而無規避，則批以失錯。若事當行不行，當舉不舉，有所規避，則批以違錯。如錢糧不追、人贓不照之類，則批以埋没。各卷内有文案不立，月日顛倒，又當推究得失，隨情擬罪。其曰照過，曰通照，曰遲錯，曰埋没，此皆照駁之總名，而照刷之方，又各有其法。今將六房照刷事例，略舉於後：

一、照刷吏房起送赴部官吏文卷，假如順天府某年月日承奉吏部劄付，仰行所屬應有合該起送官吏，取勘見數，一名名起送聽用，當日立案，行移大興等縣，取勘花名，先申到府。案催各縣，陸續照依原報名數，申解完絶，取獲批收明白，卷内行移又無遲錯事理，則卷尾批云照過。設若起解未盡，行催不絶，則批通照。其或各縣開稱事故文書到後，或半月，或數日，不行催問，則批云事屬稽遲。及有先申某、今解某，本作某，卻作某之類，則批云事屬差錯。如是原申十名，已解六名，外有四名未解，經年歇案不催，中間情弊不無，則駁之曰埋没。照刷州縣吏房卷同。

一、照刷户房開墾荒田文卷，假如保定府承奉户部劄付，仰行所屬應有荒閑田土，召人開墾，合納税糧，三年後依例科徵。據清苑等縣申報人户姓名，開過田畝數目立案。候至年限滿日，已將起科則例、花名、田糧數目，移付徵收秋糧卷，收科了當，卷内别無稽遲差錯事件，則批刷尾云照過。設若年限未滿，申報未絶，則批通照。其或各縣申稱見行開墾，先具人户花名到府，遷延三五日或數十日，不行立案，行催開過田數，則批云事屬稽遲。其有原開頃畝該科秋糧十石，卻作千石之類，則批差錯。至於原申開過田土，比候年限已滿，或逾年不行收科，或將原報項畝，減多作少，其弊顯然，則當駁以埋没。照刷州縣户房卷同。

一、照刷禮房買辦祭祀豬、羊、果品、香燭等項文卷，先看何年月日承奉禮部劄付，開到本府合該祭祀社稷、先聖先賢及風、雲、雷、雨、山、川，無祀鬼神等壇若干處，每壇計用豬若干，羊若干，果品、香燭等項若干。其價照依本處時估對物收買，仰於官鈔内放支。當日立案定限，行移所屬州縣收買。要見回報，是何行人物户時估，及差委何官眼同收買，送官應用。仍查算原估與收買價鈔相同，已用與原買之數無異，俱有行人物户領狀在卷。祭祀已畢，事無施行，則批以照過。若或已買在官，祭祀日期未臨，雖皆有發付收領明白，事無施行，則批以通照。其或經違日久，纔方立案行移，祭期將臨，其收買豬、羊等項尚有未備，顯是怠慢，則批以事屬稽遲。若或分派各行人物户所買品數皆同，而價鈔不一，且如春秋祭先師孔子，該豬六口，每口價鈔二百貫，卻共作一千二百五十貫附卷，及查行人物户領狀，實領一千二百貫，並查放支官錢卷内，亦止一千二百貫，既已明白，别無規避，則批以事屬差錯。其或豬羊等項已備，祭祀已畢，但不見所用過鈔貫花銷，不見是何行人物户收領價鈔，及有無餘下物件未用，責付何人收領，朦朧不明，顯有規避，則批以事屬埋没。照刷州縣禮房卷同。

一、照刷兵房勾補軍役文卷，先看本府何年月日承奉兵部劄付，或都司、布政司、各衛公文，坐勾補役軍丁若干名。若當日立案，行移各該州縣立定限期解府，各該州縣照依坐下名數隨即解到，卷内見有原獲合抄上司實收，事無施行，則於刷尾批以照過。若或當日立案，照依名數行下各該州縣，或先解若干，或全不解到，已經節次移文催併，差人坐守起解，雖已盡絶，而無實收，則批以通照。又或經違三五日或十數日，方纔立案行移，雖各該州縣依數起解，未見實收，則批事屬稽遲。若行移不遲，名數不缺，中間原坐張某，今解李某，案內不見審實緣由，及駁問所司官吏，雖有實收，則亦批事屬差錯。其或承上司明文，雖已立案，經年不見催舉，問或行移，如勾十名，止解到五、六名，已解者不見實收，未到者又不舉問，顯有規避，則批曰事屬埋没。照刷州縣兵房卷同。

一、照刷刑房貪贓壞法文卷，先看本府何年月日據某人所告詞狀，當日曾無立案將本人引審，或監或保。若監收原告，要見爲何緣故，明白立案取具司獄司收管在卷。若或保放原告，要見立案批差皂隸取獲保狀附卷。其狀內合問人數，查照曾無立案，分豁被告干連着落所司提解，其或當日立案，差人定限分豁被告干連着落所司提解。又看本府何年月日據所司依限解到坐提人數，要見當日立案，將各人引問，責與原告對理。且如甲告乙受丙贓五十貫，乙招如告；又告丁贓四十貫，丁供明白，甲自招虚。又看甲乙丙之招詞，丁之供狀，同甲乙丙之服辯，曾無題押入卷；乙招贓鈔，曾無立案追徵；既已追徵，曾無納足，有無庫收領狀。又看有無立案，引律擬罪發落。又於發落案內先看原發事由，中間曾無增減原狀緊關情節，查比解到月日有無淹禁。次於問擬招狀項下，詳看乙所招情節，比甲所告是否同異；卻於前件議得項下，參詳甲乙丙之罪名，比律允當，並無招涉，依例疏放。又於照行事理，要見准工者差人起解，的決者立案摘斷，免科者疏放寧家。追足乙名下招受贓鈔，責令該庫收貯取獲領狀在卷。如原發事由內，無增減原收緊關情節，問擬招罪內無故失出入人罪，前件議得下比照律條所擬允當，照行事理內無人贓埋没之弊，俱已完結，事無施行，則批以照過。若或已提未到人數累催不到，原追贓鈔催促未足，則批以通照。其或受狀不即立案，已經數日，方纔施行，以致提人未到，則批曰事屬稽遲。若案內字樣不同，粘連顛倒，以致月日參差，官不題押，吏不書名之類，事已完結而無規避，則批事屬差錯。若或囚人招出人贓，照行事理內不照追提，以致經年不行，顯有規避，則批曰事屬埋没。照刷州縣刑房卷同。

一、照刷工房成造船隻文卷，先看何年月日承奉工部劄付，坐下本府該造船若干隻，每隻計用釘線大小不等若干斤、桐油若干斤、麻穰若干斤。其價照依時估，對物收買，仰於官錢內放支。合用木植着落人夫採斫，當日立案定限，行移所屬州縣起集人夫，採辦木植，要見回報：起到人夫若干名，並所詣處所及已收買釘線等物時價，差委何人帶領各匠干名，前來某處興造。次將引各行具領狀支鈔，依數收買物料，成造船隻，查算原估與收買價鈔相同，已用與原計物料無異，船隻已起，限期不違，事無施行，俱有各行收買物料領狀在卷，則批以照過。若或行移不遲，興工不後，物料不缺，人匠不少，支用物料未盡，原定限期不違，船隻未起，事無施行，則批以通照。其或經違數日纔方立案行移，其所屬州縣合納辦物料人匠，雖已不缺，而船隻亦起，終是怠慢，則批云事屬稽遲。若或派料或多或少，用工或衆或寡，每船合辦五寸釘線二百斤，卻寫作二百五十斤之類，查考中間收買之數及價鈔並無剋落，又有各行領狀在卷，如數明白，別無規避，則批事屬差錯。其或造船已完，不見各船用過物料花銷數目，及餘下釘線等物，不見責令是何庫分收貯，原計料數多後收買數少，顯有規避，則批云事屬埋没。照刷州縣工房卷同。

《皇明詔令》卷一四《英宗睿皇帝下·申明憲綱敕天順七年六月初十日**》**

朝廷設置監察御史，爲執法之官，以糾正百僚，肅清內外，而賴爲耳目者也。近年以來，爲御史者，多有輕薄恣肆，不遵《憲綱》行事，惟務恃勢凌人。且如御史李蕃、楊璡，巡按宣府、遼東，擅作威福，虚張聲勢。所過軍衛有司，俱令擺列吹手，私用馬步官軍，遠出迎送。稍有違慢，輒加箠楚。似此所行，既自違法，何以正人。除將李蕃、楊璡拏問懲治外，今後御史出巡，務要悉遵《憲綱》內行事。凡軍民職官，但有不公不法、好貪等事，即便從實糾舉拏問，不許畏避推託。出入往來，尤須循禮守法。不許擺列吹手，私用馬匹，官軍迎送，擅打軍職。如違，輕則降調，重則發邊衛充軍。其軍衛有司，敢有畏勢奉行，出郭迎送者，一體治罪不饒。爾都察院，即便通行禁約，毋得稽遲。故諭。

《皇明詔令》卷二〇《今聖上皇帝中·申嚴憲綱敕嘉靖六年八月二十六日**》** 皇帝敕諭都察院：朕惟我祖宗設立都察院，總司風紀，管轄十三道監察御史，上貞王度，下糾官邪，是爲耳目之司，責任至重。差出巡按，一方吏治之臧否，軍民之休戚繫焉。近年爲御史公明廉重者固有，偏私浮薄者不無。論事不知大體，責人不究虚實，望風捕影，往往失真。一倡衆和，期於必勝。賢否淆混，人難執持。巡按在外有多不能正己律下，惟知以聲勢加人。激揚官屬，則以喜怒而爲取舍。鞫問刑獄，則任己情以爲出入。民冤載路，不能伸理。吏弊滿前，不能糾正。如山西馬録惑於朋言，欲陷一家無罪之人於死地，勘官轉相附會，醸成大獄。法司明知其故，不敢平反。一省如此，他處可知。傷和致災，實由於此。近日命部、院考察，黜退及緣事獲罪，廢斥者多，其間漏網，固不能無。朕以治法太甚，人貴自新，從寬不究。然當此更化善治之日，宜爲改絃易轍之圖。先儒之言曰：人臣以忠信善道事其君。又曰：立朝以忠厚正直爲本。爾張璁今署掌院事，宜宣揚朕志，昭示各官。自今伊始，痛自懲創，勉圖修改。事君以不欺爲主，律下以正己爲先，論事必明大體而略細故，論人必扶君子而抑小人。鞫獄惟平惟允，勿陷五過之疵。當官惟慎惟勤，勿忘三事之訓，勿矯伉以要名，勿偏私以玩法。庶不愧風紀之任，不忝耳目之官，朕將登簡而擢用之。倘或稔過怙終，不知修改，豈獨敗爾之官，亦將戕爾之身，悔之何及。都察院仍行南京都察院，曉諭南京及各道御史，一體遵奉施行。所有切要事宜，開具於後：

一、見在各處巡按御史，朕欲選人前去，通行更換。但其間賢否不一，月日久近不同。無所旌別，人無激勸。爾張璁即將見在各處巡按官員細加訪察，驗其所行事跡，稽其奉呈文案。若有粗疏不堪，行事乖方，清議有干者，量爲奏請，差官更換數員，回京别用。其行無失及毁譽實跡未著者，各存留任事。

一、考選御史，照依憲綱，不用新進初仕之人。近例止於行人、博士、推官、知縣、國子監官、學官内取用，但恐闕多人少，所以各處推官，知縣甫及三年之期，即得行取。貪婪不職者，亦或濫廁其間。今後除前項官内，着吏部、都察院查照祖宗朝有行舊例，將兩京主事、寺副、評事等官，訪有素行端謹，器識老成者，與行人、博士、推官、知縣等官一體考選除用。其推官、知縣不必拘定進士出身，舉人、教官出身有學行政跡者，亦量爲甄拔。進士出身，物議有干才力未稱者，量除别官，不得概授憲職。然考選全在吏部，都察院務要訪察公明，倘或少存私意，舉用非人，併爲失職，責有所歸。

一、御史試職一年，正欲其明習律令，歷練事體。舊例考得刑名疏通，方准實授，否則令其重試。近年試御史一得入道，即便倚勢作威，其於刑名律例，全不經心。一年既滿，堂上官惟務姑息，一概俱與實授。及出巡按，多有律意不通，事體不知，每爲二司等官所笑。見今在道試御史一年將滿，爾張璁嚴加考試，務要通曉刑名及章奏行移稍有條理者，方許實授。若生疏未練，仍令重試半年，甚則一年，庶使人知所警。

一、先年點差巡按，必量其才力有餘者，差去事繁大省，次則事簡小省。若才力不及者，不差巡按。近年止照年月次序差遣，不敢越過一人。今各處巡按見闕者，爾張璁勿拘次序，斟酌地方繁簡，量其才力差用。才力不及者，不許點差巡按，留備小差；待其歷練有進，一體差遣。以後都察院俱照此例施行。

一、正統六年英宗皇帝詔：中外風憲，係綱領之司，須慎選識量端弘，才行老成者任之。其有不諳大體，用心酷刻者，并從都察院堂上官考察降黜。成化七年憲宗皇帝欽准事例：巡按公差御史回京之日，本院堂上官仍依舊例查勘考察，保結稱職者，具奏照舊管事。若有不稱，奏請黜罷。近年此例雖存，不聞劾罷一人。蓋因堂上官不能振揚風紀，反爲屬官所制，避讒遠怨，以致人心怠弛。今後巡按滿日，務要嚴加訪察。果無贓私過犯，推奸避事等項實跡，取具該道結勘明白，方許回道管事。若有不職事跡，不許朦朧具奏，照例奏請黜罷。

（明）吕坤《實政録》卷六《風憲約・憲綱十要須知附》 憲綱者，法憲之紀綱，所以課吏治以安民生者也。故新官到任，先遞憲綱文册，報修舉也。但郡縣登填，原不理會，監司接受，亦不檢稽，而祖宗訓官要典遂爲無用虚文矣。夫按察以憲爲司，而憲綱不飭，守令無辭矣，責成者奚辭？第欲一一核實，則有司一一彌文，徒滋繁贅耳。今擇其要者十則，首相商確，賢有司各陳所見，以驗才能，如果加意民艱，留心官守，自有一種惻怛真誠，妥確精識，匪獨循良稱職，生民受福，將憲吏且宣失察之罪矣。設猶以文應與問而不應也，按察之謂何？豈能靦顔與二三執事素餐兹土哉。

一、人才者，天下理亂之由；學校者，人才邪正之地。今無論朔望之視學希聞，季月之考課久廢，即有植桃李者，拔英俊而厚加作興；重菁莪者，分會約而嚴行督責，不過曰舉業云爾。夫朝廷懸賓興重典，諸士争進取榮階，即不令有司提調，學官訓迪，寧乏鄉舉解額哉？如曰學校惟爲舉業，舉業專以詞章，則經書垂訓，貽後人利達之資；科目用人，開天下富貴之路，於身家誠得矣。不知朝廷取富貴利達人安用也？堂曰明倫，不亦迂腐不情之甚乎？夫特立之英，好修之彦，世不可謂無人，但自教指一迷，學政久亡，士終日聚談，無一語講求道義；終日誦讀，無一字照管身心。致知力行學術漫無用處，濟世安民事業了不相干。匪獨諸生，即吾輩何嘗非昔日諸生邪？蓋自吾父師之父師，所從來然矣。余以爲當慟哭幾絶，而聞者乃大笑欲倒也。夫教職爲守令屬官，而學校則守令提調，曰教曰諭，所教諭者何事？曰訓曰導，所訓導者何人？提者提撕，調者調習，所提調者何效？朝廷命官之意，顧名而思之，應如是否邪？思昔盛時，學有崇禮義之風，人有士君子之德。修之家，則規言矩行，不以狎昵邪肆愧峩冠博帶之身；命之仕，則髓國憂民，不以勢利紛華改羔羊素絲之節。今之人未必皆出古人下，不知當時郡邑長果繇何道而臻此也？兹欲以三物之教望今日，誠恐駭人心目，吾姑爲其卑近者。所願有司於諸生相近所在，不拘多寡，各立會約，每約給以進德、修業印信兩簿，擇年長而公直者爲約正，以察舉之。擇通敏而博洽者爲約率，以倡導之。進德則先糾十二過，如：家庭父兄，鄉曲尊長，有無薄情犯禮。淫邪婦女，官私娼優，有無姦通包占。鄰里地房，親朋財物，有無侵奪騙賴。鄉黨閒事，衙門公事，有無干預請託。逋負錢糧，交結黨與。有無挾制官府。捏貼過惡，聚談婦女，有無生事造言。宮室車馬，冠履衣裳，有無豪奢敗俗。或騙貨利，或報讎嫌，有無唆詞健訟。或以貪財，或緣醉酒，有無詈衆毆人。或包牙店，或領秤尺，有無把持行市。或交結棍惡，或扛幫惡少，有無賭博傾家。或搬弄是非，或起編綽號，有無浮薄敗羣。士有免此十二過者，即紀之進德簿中，另加優處。儻有希跡古人，留心聖學，脱凡陋之識，有獨得之真者，郡邑以報，我當賓禮之。提調教官，俱署上考。修業則先講十二政：地土不均，糧差多弊，何以釐定之？民無禮義，俗不純朴，何以化誨之？宗室禄糧不足，婚嫁失時，何以存恤之？鄉無武備，境多盜賊，何以消弭之？公無積貯，家無蓋藏，何以備兵荒？疲癃鰥寡，凍餒流離，何以使得所？一歲一督士，青衿滿學宮矣，士習何以不古？三年一舉賢，縉紳滿天下矣，民生何以不安？民疲於徵輸，軍匱於芻牧，邊餉何以使充？軍政則清勾日日，馬政則俵養年年，行伍何以稱乏？三大營九邊天下衞所，士卒怯於見敵而敢於犯上，何以使之有勇而知方？虚文日盛，糜費日廣，何以使之崇簡而尚實？士有講明此十二政者，即録之修業簿中，另加優處。儻有存心宇宙，注意民物，懷堯舜之憂，抱治平之略者，郡邑以報，我當賓禮之。提調教官，俱署上考。夫是權也，假之士，怠肆者視爲文具而不肯行；假之學官，貪鄙者藉爲利媒而反亂實，要在賢有司有倡率之實心，有稽核之成法，有激厲之良術耳。今不能一一道也。

一、國家牧養百姓，守令實其專官，及考先王養政，不出田里樹畜四字而已。自巡行勸課之法廢，而貧窮凍餒之民多。山峪溝畔，曠土逃墟，得無可耕之地乎？道邊牆下，隴上岡頭，得無宜樹之木乎？大者豚羊，小者雞鶩，得無可養之牲乎？糠粃可積，藜藿可採，得無饑歲之防乎？絲綿可織，麻藍可用，得無未試之法乎？耕種失時，耘耔不精，得無鹵莽之業乎？勤苦不甘，游逸是好，得無偷惰之民乎？地各有宜，民各有能，得無未通之利乎？百工技藝，皆足自活，得無可教之術乎？諸如此類，或上下山原，或詢謀父老，或嚴行稽察，或時其督課。或水利可興以備旱，或預防蝗蝝以救災。或立官莊，或鑿窑窠以招流。或禁殺牛，或賞積糞以廣耕。養民之政，不盡於此，而此其大都也。夫爲守令者，聽民勤惰，任其饑寒，生死吾不知，而惟繭絲是亟，恐古循良必不爾矣。余於東省得一賢令焉，今大梁僉憲許公守恩之令鄒也，鄒民不織而資布於鄰，棗土宜也，民又不樹棗，許甚恨之，令有地百畝者樹棗百，種木綿十一，又教以種法。至秋而綿成，又限以紡期，稽其匹丈。親下閭閻，視勤惰而賞罰之。明年，鄰不來鬻布。又明年，有鬻布於鄰者。值歲再饑，諸郡邑多逃亡，鄒民以棗繼賑，獨得全活。百爾有司，自昔誦讀時，凡言爲政，孰外養民，試問養民今何道也？余甚樂聞之。

一、積貯繫民間生死，當務之急有急於是者乎？今預備等倉，無郡邑不設矣，蓋凶年以備賑貸，兵年以佐軍興，何者？師行無餉則劫，城守無食則變。故米粟之積，府五萬，州三萬，縣一萬五千，歲歲出息而不貸，凶歲出貸而不賑，可當孤城三月之圍，可支三軍十日之穀。蓋常變者不可必之事，餱糧者難多備之物，倉廪之設，不獨爲歲也。今計不能圖目前，奚問異日？獨念萬曆甲申以來，五年饑饉，萬姓流亡，聽其生死而莫之哀，怒其劫掠而繩之法。喪亂稍平，恬不爲計。爲民父母，當如是否乎？忍如是否乎？昔人云：救荒無奇策，責無備也。無備之凶，雖十堯舜不能生一人，何者？仁義不能爲菽粟，空手不能活枵腹，勢也。孟子云：使有菽粟如水火。此備荒七字訣也。今欲備荒，莫如貴粟，欲貴粟，莫如一切之政皆以粟。然而事權有在，守令有不得專者，惟定廣豐年之糴，酌隨年之散，凡官銀，除正項起存外，其餘新舊貯寄在庫各色銀錢，但遇穀賤之年，盡數糴買，每年春散，分爲三等，極貧平借，至秋抵斗還倉。次貧息借，至秋加二還倉。稍貧賒借，以春放之直收秋成之穀。其三借多寡之數，悉令鄉甲長保催，以防逋負。其倉分立於鄉村，遠近之間，以便出納。不五年而粟倍，倍則以額粟還官倉，以倍粟爲社本。凶則當年緩三借之征，大凶則極貧免還，寡婦孤兒之貧者免還，流移者免還。息借、賒借者待豐而還。名曰兩利倉。此兼義倉、常平二法。自邪教盛行，民間修寺觀，崇鑄塑，進香建醮，無論富貧，随社錢者十九。可痛加省諭，改此錢爲救命會錢，一月兩會，各量其力，多者一會錢百，或五十，以次差減。極貧者錢一十，立爲簿，以約中之殷實公平者掌之，不許放借，以起争端。須穀賤之年盡數糴買，露囤一處，不必斂散，以防侵冒。至大凶之年，誓神報官，照本分給，各救身家。好義之人不願分領者，官給旌奬。其不積者，不必督責，另造名册報官，凶年公私俱不准賑。名曰鄉會倉。此即社倉之法，但不出息。中人以上之產，每歲所入分爲四項，先計糧差之用幾何，次計凶荒之備幾何，次計衣食之資幾何，次計應酬之費幾何，歲有餘則增凶荒之備，歲不足則損應酬之費，甚者寧減衣食之資，而凶荒之備勿減分毫。蓋一日一食，猶不至死；十日無食，必不可生。此民間第一要務。鄉約報其數目，鄰佑稽其虛實，積多者另加優奬，浪費者罰穀入官。名曰自救倉。此倣《周禮》耕餘之法。此三倉者，一在官，一在民，督責之則在有司。外有隋開皇轉相灌注之法，唐戴冑每畝二升之税，宋乾德每石一斗之加，熙寧五等出粟之令，皆爲備凶良策，必須奏請方行。儻郡邑更有精思，不妨條議，務期樂歲不饑不寒，凶年不逃不死。若怠意於平日而束手於臨時，此秦越其民之常態也，非所望於仁人。

一、帝王爲政，首重鰥寡孤獨，加意疲癃殘疾，曰無告之民，言哀苦之情無一可告訴者也。彼其呼爺娘於街市，忍凍餒於簷窜，爲民父母亦知有斯人否乎？當襲裘擁火之時，飫鮮饜醲之際，亦念及斯人否乎？監司不親民，佐貳不當事，舍郡邑長，斯人無所歸命矣。查得《大明律》内一款，凡鰥寡孤獨及篤廢之人，貧窮無親屬依倚，不能自存，所在官司應收養而不收養者，杖六十。未嘗限以數也，今以錢糧不足而限之數矣。未嘗不及篤疾也，今瞽目跛足全不收養矣。夫收養一人，歲給米三石六斗，布花銀四錢。錢糧原非有餘，豈能盡人養濟？本司昔在山東，分爲等差，除强壯丁男遊惰不立，及男子平日爲惡曾犯徒罪以上，婦人平日犯姦淫潑惡不孝不賢，及家道原豐自己浪費者，雖極孤貧衰老，俱不准養濟。雖孤貧衰老，而近親遠族尚可依倚，責令收存。或瞽目而能算卜絃歌，或跛足而尚能織屨編席，爲繩結網，量給工本，或凶年倍賑，亦不准養濟外，其餘孤老殘疾，但係六十以上，責令里老鄉甲盡數報官，逐一面審。某某七十以上，血氣衰羸；某某雖未七十，而老疾憔悴；某某六十以上、十歲以下，瞽目殘肢，不能爲生，共若干人，作爲一等，盡數收養。某某雖年六七十，血氣未衰，尚有夫婦相依，能爲人抱兒守户者，作爲二等，待養濟院有缺，照其年貌壯衰次序相挨撥補。某某雖係瞽目跛足，而年在五十之外、六十之内，學藝則不能，乞食則無衣，作爲三等，擇於關厢寬大處所，蓋房十五或二十間，名冬生院，作通炕，一炕可容四五十人，作數廣被，一被可容三二十人，連枕厚苫，分别男女，每五人以有目之孤老者料理其起居，仍委能幹老人三二名，火夫五七名，主其飲食，關其出入。如煮粥法。自十月初一日起，至三月初一日止，每早米粥，每三人約一升，午後炒豆，每二人約一升，守令仍於有罪犯人罰處，人給皮襖皮褲各一件，如無皮去處，或給木綿厚大襖，表裏二丈五尺，新絮二斤者一件。至罷粥之日，暫令乞食度日，待六十以上盡數收養。某某雖係瞽目而年在五十以下十三以上，與夫養濟院之十歲瞽童今已十三者，作爲四等，願學卜算，擇善卜算者一人爲師；願學絃歌，擇精於絃歌者一人爲師。其師月給穀一石，其學者如煮粥法，每日令人給以粥豆，令學古今勸民賢孝段落説書小令，使其布散閭閻，勸化愚俗。有司委人每月考驗，慢不學與傳習淫邪詞曲者，逐出記名，永不許收養。大率嚴督一年，在殘疾者終身可自存活，可省國家歲歲米布之給，而矇歌瞽誦流布民間，使婦人女子野叟村童耳滿道義之言，心泱古昔之事，較之鄉約所講，不更親切而周徧乎？昔東省令，如萊蕪呂君明倫，選集民間善爲詞傳者，其感發處，真使人涕泣俱下；其警惕處，真使人毛髮悚然。何處無賢，有司但恐不屑云云耳。富貴人家能收養此輩，選有裨風化詞曲而訓習之，是教養兼舉一大陰德事，有司申呈扁獎，不猶愈費百金教戲子，衣錦食肉，導奢靡之俗，長淫惰之風乎？是舉也，十九笑余迂，而余自謂不迂也。仁人君子，午夜深思之。

一、諺云：衙門奸弊，八分糧地。假令坐派分明，催科有法，開倉以時，收納無弊，而惟正之不供也，則雖日事敲朴，不謂煩刑。今也貴賤不均，陞擦未確，豪猾通積書而增升減合，里老瞞官府而賣富差貧。敷畝之田，差名種種；一人之稅，赤曆紛紛。官不得其要領，民不知其精詳，甚者暗增千百，十詭二三，此坐派之奸也。里老騙收，花户重納；花户逋慢，大户包賠。差催人衆，則錢糧止足供賄賂之資；地户星居，則里排日疲於奔走之役。比限不分多寡，一體鞭朴；豪猾竟不到官，專責下户。或死丁荒地，逼見在攤包；或詭隱田糧，致甲中受累，則催科之混也。民間輳辦，糶賣爲多；律法徵收，定於熟月。今有司無日不催科矣，雖各項差糧日用刻期，而青黄不接，勢必稱貸。又有司終年比較，里老終年催徵，花户終年辦納，大户終年坐櫃，則開倉之害也。及納銀到官，垂涎於大户之多收者，巧名取派；借口於有司之需索者，横肆增添。有暗加一明加二者，既重取於小民，又輕給於解役，甚者無銀而空文起解，或經歲而不問批收，此收解之弊也。其他編審頭役，或傾人之家；耗費里甲，或逼人之命。累苦者獨不見知，奸巧者公然得志。嗟夫，非賢守令，誰復留心？余舉其大都與二三執事者商之。先將概縣地畝清查，詭寄欺隱及除豁王屯匠竈外，得實在徵糧額地上中下各若干頃畝分釐，概縣應徵本折起存鹽站拋荒等糧各若干石斗升合，概縣某項某項銀力力差明坐若干兩，不許毋明子暗。各項差銀共若干兩錢分釐，概縣九則人丁共若干丁，每畝上中下地各該糧銀若干，差銀若干，每丁上中下門各該丁銀若干，門銀若干，以撒合總，條分縷析，刻一書册，人給一本，此概縣差糧一定之大較也。然後造本、折赤曆二部，本色赤曆：凡係徵收米麥等項，明開某倉，道路若干，脚價若干，斗頭若干，費用若干。每石應收一石幾斗幾升幾合。五勺以上增爲一合，四勺以下免派。如民情不便，情願收折色於所在倉口糴買者，估計稍寬，每石徵銀若干。如果徵銀，即附於折色赤曆之內。折色赤曆：内開某里第一甲一户户頭趙子各寫花户姓名不許混，以户頭名下總領概户地丁。上地若干，該銀若干。糧差俱在內，若地原無差者，只開糧銀。中地若干，該銀若干。下地若干，該銀若干。差銀若干，門銀若干，丁銀若干，以上共銀若干。一限納幾兩幾錢，完則註完，不完空之。二限納幾兩幾錢，完。三限納幾兩幾錢，完。四限納幾兩幾錢幾分幾釐，完。趙丑、趙寅、趙卯並同寄莊户，無丁，下下則，無糧，各照應出銀數分限，並同銀一錢者不必分限，俟末限一起完納，其完字大户手註，止分糧、差、丁、門四款，並不用各項差糧名色，以亂小民眼目，以費造册工力。其有地有丁花户，各照赤曆填給由帖一張，令之存留執照，其各里里長，各給完簿一本，若行鄉約，只用約中自納，妙不可言，詳見十便。每花户止占一行，如云趙子銀幾兩幾錢幾分幾釐，一完二完三完四完，其完字，亦大户手註。比限之日，里長止執完簿聽比。掌印官先查舊曆，每年完糧里分共若干，開倉之前，出一獎示，寧寬兩限，再不差人下鄉，再不鎖拏比責，以示優禮善良之意。其奸頑里分花户，擇銀數多而户則高，衆人已納二限，而彼尚不納分毫者，先點三五人，馬上鎖拏枷項，令催本里錢糧，完日始放。又出一示，各里納銀分有定日，某里某日，但過一日者不收。花户親納，里老代納者，各責其路遠銀少花户不願親納者，須親伯叔兄弟子姪、親甥舅婿岳，方許代納。糧差俱完之日，里長遞完簿，掌印官於簿尾親註本里俱完四字，以印鈐之，仍付里長收執。如有荒逃地土，查承種何人。如無承種者，須寬限招開。如磽薄不堪者，寧搭作拖欠，決不可令里排户長包賠升合。死丁即與除豁，逃丁十年以上邈無蹤跡者，亦與除豁。宗族里甲有丁者報補，如無，於各里各甲有丁者報補，如無，寧搭作拖欠，決不可令里排户長包賠分毫。其孤老廢疾無家無地之人，既不養濟，盡與除丁，不然亦不過逼之逃且死耳。所除丁地錢糧，果在八分之内，寧於見在丁地多增毫髮，亦不爲虐。蓋衆擎易舉，甚於獨累難堪。況荒糧地死逃丁未必十分之三也。今工部員外郎李公瑞者，昔令鄒平，有二三里分地荒丁貧，差糧難辦，逃者不敢復業，公招之來，以概縣之皁快門禁轎扛馬騾等夫盡給本里貧丁，令之應役，除准本身錢糧，又得各里工食，三年而逃亡盡復，荒蕪盡開。隨宜酌量，在有司者盡厥心耳。錢糧十二月皆有緊急使用，而徵收須在麥秋兩時，以一兩爲率。夏辦頗難，六月初一日開倉，七月八月完足，令納四分。秋辦頗易，十月初一日開倉，十一月十二月完足，令納六分。即下下人户，與人鋤耰田禾，掇拾柴草，輳辦亦有藉手。改移於兩時，趁攢徵收；支解於一年，消息緩急。賢者自有良法，其詳不能盡述也。緊急差糧，刻期起解支銷者，如正月用度，預於十二月編發赤曆，於上六則人户計費先徵，公私兩便。往見慢令致期者，止取辦於大户，致令負債傾家。先期催徵者，又概及於小户，至有逼極鬻子。急於前以苦頭役，緩於後以惠奸民，彼昏不知，虐孰甚焉。徵收不須加耗，自有贏餘。昔余知大同日，正行投櫃之法，較以户部法馬爲准等，約曰：多收一釐者筆如數。有收銀五錢而重三分者，余筆之三十，枷號一月。及拆封，每封掣驗，有不多者，有多三二釐者。計數萬封，總重六千兩，積出羨餘二百三十兩有奇。傾銷工食、添搭火耗、查盤罪名、循環使費、册簿、赤曆、單票、紙張、工食，盡取給焉。乃知積少成多，物理自然。或曰：使下令少納一釐者筆如數，則積羨又何如邪？蓋當時亦有行之者矣。吁，何異大户之明暗加收哉！民心如鏡，民口如川，自愛者思之。富庶之邑，宜條鞭法，一切工食收銀，在官從公給散。貧累之邑，宜由帖法，各役明坐工食給之花户，定以下上下中人户。近城一二十里之内者，令之自行討要，蓋上六則富，留以納銀，下下户零，難爲夫役，在有司調停之耳。重差自驛遞召募後，惟有大户庫役館夫買辦，里甲猶稱累苦。苟勞其身而不費其財，何苦之有？民猶稱累，有司可知。近奉明旨，里甲不許賠錢，買辦不許削帳，行户俱照民值不許賒欠，違者本司訪知，徑行參提罷斥。近日驛所，夫馬之數裁革，夫馬之銀減少，支銷走遞站銀日不可缺，比各役工食更爲緊急，而有司視爲緩圖，此近日一大累。祖軍設有三枝，第一枝從軍，是曰軍籍，則清勾者，第一枝之子孫。至於兩弟不曾從軍，即係民籍，法難混攝。犯充永軍，止用在戍所生頂役，犯前子孫並不清勾，此題准事例也。召募受賞軍人，止是終其本身，果逃則取當房兒男補役，惡騙賞也。果老且死，子孫亦不清勾，謂無籍也。今州縣不分清白，一體追呼，騷擾殊甚。至其應解軍丁，反被吏書影賣。觀清軍而有司之政可知矣。

一、宋儒羅從彦云：教化者朝廷之先務，風俗者天下之大事。故上有教化，則下有風俗，俗之美惡，其機固不在民也。三晋民俗大都鷙悍而少和平，嗜利而輕骨肉，健訟而寡忠信，椎魯而不文雅，豈獨風土，亦漸摩致。然當唐虞時，夫非所謂時雍風動，比屋可封者乎？爲廢弛者之説曰：風會日流，人心不古。以古道治今民，是障狂瀾而西也。嗟夫，斯民也，亦嘗勞來匡直輔翼之乎？亦嘗使之自得又振德之乎？倍皋陶之功而半其效，吾猶曰民可教也，況教法既已湮没，教言又復絶響。閭閻則鄙野成習，不知孝弟禮義爲何物；市井則貪詐是圖，不知忠信廉恥爲何事。爲人上者，亦相與沿襲，恬然不復動念。自昔《詩》《書》所誦習，若繪衣塑食，不可施之實用。果爾，則《詩》《書》固可焚也。念二帝三王之教未嘗不宜於今日，然有司猶謂迂遠，若皇祖教民榜文及聖諭六條，旌善申明二亭，非時王之制乎？一二三執事必有著實舉行化民成俗者，而予未盡聞。本司向巡東省，徧訪民間，有惘老父孤寒，冬月共榻煖足，因妻不悦，而遂出其妻者。有以二驢趕脚爲生，忽被鄰人盗去，後事發召之認，乃曰渠借吾驢，久商不還，非盗也，而盗遂得免者。至於貧家婦女，少年守節，艱苦終身者，往往有之。此皆窮鄉遠鎮，單族寒丁，在彼固不知何者爲名，有司亦不知此人爲善。及所稱孝子、順孫、義夫、節婦，皆力足以致聞，或城中之易知者。至於鄉飲所舉，不論有德無德，惟爵位是尊。鄉賢所入，不論公是公非，惟體面是重。其樂善好義君子，未聞奬賞一人；犯法警迹人户，未見示懲一人。嗟夫！何處無良民？何民無良心？上不重德，而望民之興行，不亦難乎？不知二亭之設何用也。所刻《鄉甲約》一書，雖近瑣屑，郡邑果能以實心行實政，責實效，免而無恥之風尚庶幾哉！若德禮則賢者自能倡之，非本司所敢概望也。

一、衙門及鎮店鄉村各色人役，皆食民以自饜，虐民以自逞者也。多一人則民受一人之害，減一人未見廢一人之事。彼其憑城勢，假虎威，小民豈敢與角？即有被其害，發其奸，有司豈肯與直哉？一失衙門之心，終身之懼；但傷一人之體，衆人之讎。此牢不可破之弊也。爲民父母，果欲子惠烝黎，則清戢衙門，最爲首政。信崇左右，是曰極昏。且如皂隸，止爲行杖把門，執殳清道。編審正額，不爲不多；掛搭綽攬，可不嚴禁？快手催促急事，防護遠行，足用而止。至於青衣提鎖，接遞老人，聽事陰陽之類，各查其事食果否相當，劳逸有無均適。門庭倉獄、守夜巡風，應否添撥火夫？公事差發、公館修葺曾否類及街民？冗者應革則革，累者應優則優，務令無偷安肆志之人，無獨苦重勞之嘆，此衙門之清也。各里既有老人里長，又有地方保伍，又有總甲小甲，又有邏官堡官，又有集頭老人，一家而數人管束，一事而亂接單票。錐末之過，張聲勢而詐錢財；瓶儲之家，指呈報而嚇酒食。懦夫蚩氓望公門如隔九閽，衙虎里豺通氣息如出一鼻。豈無抱屈嗚冤？不過賠錢受辱。蓋護庇衙門者，庸吏常情；壅蔽有司者，奸黨積習。故與其防之也，不如省。至於約正副、保正副，往年皆用貧無賴者，故屢犯屢應，僅同僕隸。今選保正副，皆殷實自愛者爲之；選約正副，皆老成有德者爲之。得人誠難，是在賢明有司經目留心，鄉甲百姓連名公舉耳。舊堡官賢，即以堡官爲保正；舊總甲可，即以總甲爲甲長。惟居之遠近是便，惟人之賢能是求。公事不必排班聽委，朔望不必作揖升堂，無事不必回呈遞結，此閭閻之清也。中外若此肅清，而賢守令總理於上，時稽其奸弊，常振其廢弛，又禁巡邏兵壯一切擾民，擺路鋪夫百凡動衆。如此，而小民得一日息肩，則得一日奔走衣食，而差糧亦易以辦納矣。

一、《憲綱》合屬衙門不有所謂醫學者乎？醫官欽送於銓曹，醫印鑄頒於禮部，醫生則其教習之人，惠民局則其施藥之所。朝廷仁壽斯民，意極懇至矣。今醫學署印者，既不識岐黄丹素爲何書；醫生在官者，又皆以接遞聽差爲本役。其開鋪標牌、挾包賣藥之人，有書者全不理會，病情藥性，懵然不知；無書者止記單方，大病危疾，悍然下藥。有餘不足同治，内傷外感倒施。以至巫婦師婆等衆，專治婦人小兒，毫髮不知，極蒙信任。有命者或活二三，誤殺者十居四五。夫兇徒折跌人肢體，尚發邊衛充軍，充軍未至死刑，猶且數經駁問。今庸醫以一劑之藥殺一人之命，病家不詳所謂，死者莫知其由，如此冥行，毫無罪過。慨自王政久衰，官業多曠，談及此事，便謂迂闊。不知陰醫二學，雖則並建，而緩急之務，奚啻霄壤？所望二三執事，以民命爲至重，以舊政爲當修。醫道雖不素習，醫書豈不認識？先修醫學一所，次置《本草》一部，或《湯液》，或《發揮》，或《發明》，或《蒙筌》。醫書一部，或《醫學正傳》，或《心法附餘》，或《古今醫鑑》或《明醫指掌》，或《醫學入門》，或《玉機微意》，或《仁齋直指》。次下令城市鄉村，不分土居流寓，但有精通醫道者，考選一人，申呈上司，給與冠帶，使掌印信。次下令四境行醫人等，不分男婦，俱委佐貳會同醫官考試，各認方科，分爲三等。上等堪以教習，授讀醫書。中等不通文理，令記單方。下等止許熬膏賣生，不許行醫。其醫各自教其妻以胎產、調經、痘疹、驚風等方藥，師婆人等，又受學於醫人之妻，但有疑難病症，必須請問醫學。如婦人不學不問，擅自行醫者，將夫男重究，婦人杖革。三等之外，不堪行醫者，盡數帖名，徧示遠近，不許招呼。凡在醫學者，置籤堂上，掌印官或暫委佐貳首領。各限以書，隨其所習。每月拘背一次，驗其生熟，問其義理。精熟者，本生量賞，醫官同賞；生疏者，量責，醫官紀過。一年之外，驗其稍通者，病家迎醫，許醫官量能撥發。仍置功、罪簿二扇，許病家親報。治效者，登功簿；不效者，登罪簿。以憑有司賞罰。三年學成，方許給帖，陸續發散各鄉村集鎮，聽其行醫。仍各給官簿一扇，治效者，病家親手登記，滿百人者，驗實送扁旌奬，仍聽四季考試。每州縣於編審均徭之年，大郡邑四十八兩，次三十六兩，次二十四兩。除醫官照雜職吏典月給倉米一石外，其銀置買藥材，雇覓炮炙，以救貧民無藥，及天行瘟疫施舍，及賞賚醫生勤敏之用，不許有司扣減藥銀，不許醫官私用藥材。其醫生量供醫官束修，及醫官出治本縣士民者，聽從其便，但不許妨誤教習。其續收新進者，仍照前規教習，庶病家不至夭其天年，醫人亦得裕其生計，亦有司仁政之大者也。

一、盜賊源委，不可不知。酒肆、娼門、賭室，其招聚之由；窑場、寺廟、孤莊，其隱窩之處。壯年僧道、乞兒，其窺探之人；各處閒懶游民，其合夥之輩。夫盜也，設從天降地出，真無奈彼何矣？彼其能不與人同里而居，朝夕相見乎？彼其生理經營，里人寧不聞乎？所與交遊，姓名面貌，里人寧不識乎？縱令孤莊，彼豈無親戚宗族朋友之往來？其行藏能盡塗人之耳目乎？乍貧乍富，潛出潛歸，或消沮閉藏，或豪雄自詫，言動不同，狀貌自別。蓋誰爲盜，誰不爲盜，里人辨若白黑，日躡足附耳談之矣。然而不以聞官者何？彼爲盜與我分毫無干，我發盜其禍旦夕立至者也。故上之責成也嚴，則里人畏吾法而不畏盜，盜雖讎里人，而不敢讎法。里人不畏盜，則盜無所容，盜雖讎里人，豈能盡讎一里之人哉？以是知舍鄉甲法，雖聖人無弭盜之術矣。今陳其略如左。

一曰禁游惰之民。夫各安生理，此聖諭也。不農不商，不工不傭，而游手妝身，亂混閒談，捕鳥門雞，彈絲蹴踘，此何物也？世未有身惡勤勞，口恣甘脆，不遂所欲而不爲盜者。以後不分貧富人家，但有此等子弟，鄉甲盡數報官，另籍一册，號曰棄民簿，言天地間之棄物也。編諸鄉甲，察其動止，朔望點卯，問何營生。地方有失事，即於此輩根求，不但防奸，亦驅民著業之一法也。

二曰嚴流寓之民。夫流來寄住，皆貧無賴之人，未有不僦人房屋，佃人土田，依人窰場者。房主地主先查來歷，更擇保人，編入莊頭，自行管理，仍各造册送官。但有防範不嚴，地方失事，獲盜之日，審係誰家居住者，不分强盜竊盜，曾否知情分贜，俱以窩主坐罪。有能早知而逐出本家者，犯後免其併究。早知而捕送到官者，俱照獲盜重賞。見《鄉甲約》。

三曰逐强壯之乞人。除瞽目跛足，及七十以上男婦，十三以下小兒不禁外，其遊食僧道，乞食壯丁，或强宿寺觀，住持須得容留，或暫寄窰場，主人不敢訶逐。或三五團坐門前，動求斗米疋布；或瞑目勁索飯食，不遂便出惡聲。官吏懵不詰奸，閭閻誰不懼禍？爲過計者之説曰：此輩不宜驅逐，聚結反爲大患。嗟夫！彼不生於空桑，寧無原來籍址？除傭佃經營，習土安業，及失迷鄉貫者，聽其寄住外，其餘一一清還原籍。僧道則令本土住持收管焚修，壯男則令本土里族收管著業。或有司別立計處閒民之法，詳在別議。凶年離散一番，豐年查歸一番。律不有發還原籍之條乎？强壯乞人，每郡邑率不過百人耳，即鄰境未肯通行，而嚴督保甲，不令容留，但係境内失事者，先坐容留之主，則此輩無潛蹤之所矣。

四曰重捕獲之賞。諸色人等，但有於劫所殺賊一名，或生捕一名，係竊者，審實賞銀五兩。係强者，審實賞銀十兩。獲久盜大盜一名者，賞銀二十兩。獲强盜三名以上者，除賞外，仍鼓樂花紅送扁。五名者，申給義男冠帶，專管巡捕，永免本身差役。其銀即懸於州縣門前，朝發暮收，獲盜得實者，准其徑取。

五曰禁淫賭之徒。四民之業，三五爲羣；良善之人，數十結社，有何不可？凡係棍徒，但有成羣合夥，寺廟賭博，或開張之家，收打頭錢者，鄉甲指實密報，除問罪外，枷號遊迎，拘當苦役，仍重賞告人。娼優之家，但有不識姓名男子，使錢寬綽，色狀張皇，即密報有司，審實者，一體重賞。貪財容隱者，事發，一體重究。

六曰緝窩盜之主。見盜賊條。夫盜之去住無常，而窩之居處有定。盜之蹤跡猶祕，而窩之舉動甚彰。盜之勢大，而窩之勢孤。語曰除蜂摘窠。故窩禁不可以不嚴也。或曰：雲集鳥散，亦有無窩者。曰：固也。無窩之家，其盜必近。豈能除劫掠良久之時，分贜擾攘之後，一更五更之間，自三十里外而來，出三十里外而止乎？故窩能首盜者免罪，獲盜者除免罪外，一盜准一盜之賞。諸人能獲窩得實者，一窩准十盜之賞。

七曰寬首盜之令。州縣平日下令，凡係三族之親，不分有服無服，但肯首盜者，與盜自首同。不犯姦殺，俱准免罪。保甲鄰里密揭報盜者，半獲盜之賞；隱忍不首者，盜犯之日，即責三族及本甲鄰佑跟捉比較，盜獲方准釋放。

八曰密遠僻之防。郊關村落，人烟輳集，保甲一嚴，盜自衰止。惟深山窮谷，人迹罕至，雖無可劫之家，多棲行劫之輩。除有莊田勢難遷移者，聽其孤莊，仍於鄰近十里之内立一團長，令其挨家三三相保，團長統之。一家爲盜，兩家同首，不首者別經發覺，團長申呈兩家，與盜同罪。其結山爲寨者，就立寨長，以保甲法統之，仍以禮義化之。負固爲盜者，或招撫而散處之，或塹其山谷，不與民通，或夷井伐木，不使安居，甚者以兵剿擒之。

九曰清邊鄙之民。三界首閒民，同里而分屬。彼詰則竄名於此郡，此拘則逃身於彼邑，三處之法，不得加焉，而守令互私其奸宄以讎鄰，此盜藪也。凡係邊境，兩下共立鄉甲，彼此會行法令，倍設保正。凡有盜發，即許所在綁縛，徑送所在有司，但有回護留難者，申呈合干上司，官吏提究參治。

十曰練鄉甲之兵。十家爲甲，家有兵。十甲爲保，保有警。祖宗之法豈欲空有此具而不許其練習哉？今家家有武備，而人人不知兵，徒資盜耳。若於各保之中，不分主客户，但係久住者，二十以上、五十以下，除傭作者，貧無衣食者，有占役者不用外，其餘盡屬保正副統之。十月納禾之後，三月未農之前，將各壯丁在城分爲四面，在鄉分爲八聚，官募各藝教師十二人，各給工食，使習之。兩保三保共覓一人更便。一二處教習弓矢，一二處教習刀鎗，一二處教習鞭棍，一二處教習擊擲，一二處教習火器。

每處分爲兩隊，隔日分番，朝食而來，夕食而散。遠近酌量，務在十里之內。一年之後，不用教師，調藝互習，彼此相傳，有司分日親臨，觀其技藝。或東面與西面角短長，或南聚與北聚比生熟。一年賞次能者，二年賞上能罰不能者，三年罰寡能者，四年而人皆知兵矣。然後各歸保甲，自行練習。如是而人懷技癢之心，惟恐無盜可擒；盜懷投死之懼，安敢公然行劫邪？是舉也，可以攻戰，可以城守，兵年保聚以防家，募時倡率以勤王，乃弭盜特餘事耳。其法詳在練鄉兵議。

十一曰嚴盤詰之法。今制，凡人出外，皆於本州衛縣告給文引，回日銷引，此法久廢，今擬以牌代之，猶有存羊之意。凡在保甲之人，不分主客貧富，各給一護身牌，如今公差年貌圓牌一樣。一面寫身長若干，年歲若干，面長圓方，有無麻疤、癍痣、鬍鬚，屬某縣某保甲軍民匠竈籍；一面寫住居城南北東西某地方，父母妻子何名姓。各保甲造送州縣官刻畫押字點硃用油而給之，凡保甲中出外之人，除所至不踰五十里，往返不過一日者，免其隨身外，其過一日及出境者，俱於保甲給假。佃户賃户給假於房主地主，傭人朝出暮歸，不許過二日。牌隨身行，出關入店，遇有盤詰者，以牌爲驗。所居地方，抄牌備照。無牌及人牌不對者，拘審行查。其在家者，交接面生之人，保甲鄰佑嚴問姓名。所得可疑之物，保甲鄰佑嚴問來歷。每出不歸之夜，保甲鄰佑記其月日。以上盤詰，皆其人素不端良，其跡素難憑信者。若忠厚謹飭之人，及有身家體面，人所共信者，不許一概瑣屑。

十二曰重保正之選。見《鄉甲約》。

十三曰明夜巡之法。夜禁之令，以一更三點禁人行，五更三點放人行。禁後放前，凡有行人，除公務急速、疾病生産死葬不禁外，其餘不分士夫，嚴禁夜行。凡夜行者，不分面目生熟，俱要拘留送問。諸人不夜行，則夜行者必盜矣。盜見無人夜行，難以影射，亦不敢夜行矣。至於夜巡，門前最緩，而宅後爲急。蓋門前多空房，無可盜之物；門前係通衢，無隱身之處。盜所從入，宅後常十九也。奈何專擊柝於通衢哉？巡城巡夜法見別議。至於集鎮鄉村，亦當輪流巡夜，即不出户，要須徹夜有聲，使知人犬非睡熟也。

十四曰責救護之疎。見《鄉甲約》。

一、國之大事在祀，而《須知》三十一款，首曰祀神。且學古入官，惟有兩重，夫非人民、社稷乎？若今之祀事，不若不祀，猶免禍於神明耳。壇壝廟宇，宿莽積塵；神主龕籠，傾敧破毀。几案皆鳥鼠之蹤，庭除有人畜之糞。及祭祀屆期，齋戒視爲虚文，執事何嘗告戒？拂拭者，垢膩重重；滌濯者，污濁纍纍。菹醢不問熟生，犧粢未知精潔，帶泥連草之菁芹，含蛀蒙塵之棗栗，凡百供陳，盡託僕隸。師生且不躬親，有司安肯省視？不過五鼓排班，勉强一拜而已。夫頒賞下人，猶必有禮，乃恭承大祭，全不經心。鬼神無知，祭可已也；鬼神有知，寧不吐乎？此與放而不祀，謂祭無益者，相去無幾矣。夫尊崇功德，以勸烝黎；祈報春秋，以福境土，是有司一身，神民所依也。況修葺整飭，爲費幾何？歷覽嚴督，爲勞幾何？是可苟也，寧有不苟者乎？外如先朝陵寢，或殘踏於芻牧牛羊；前哲子孫，或流落爲傭乞廝卒者，亦當表識優恤，以示重道之意。其餘庵觀寺院，見在者，改爲鄉約；未修者，嚴行禁止。仍查照教民榜文，使庶民之家所在鄉約，簿出會分，或豕或羊，果酒香燭，於春秋二社，報賽土穀之神，止用鼓樂，不許娼婦諠雜，婬言嫚語，褻侮明神，招生禍變。其家庭静舍，或寢室中間，各於應祀祖先，有主設主，無主爲位。家長每日早起一揖，遠行出入，焚香再拜。婚姻生子生辰，隨便陳設告慶。新物初熟，伴以酒食告薦。四時哀節忌日，牲果酒食告祭。物不在多，惟其誠；禮不在文，惟致愛。不獨報本追遠，見民德之厚，而習禮存心之人，自無凶嚚奸盜之事矣。

《諸司職掌・兵刑工都通大職掌・都察院》 右、左都御史、副都御史、僉都御史，職專糾劾百司，辯明冤枉，提督各道，及一應不公不法等事。其屬有十二道監察御史。凡遇刑名，各照道分送問發落。其有差委監察御史出巡、追問、審理、刷卷等事，各具事目，請旨點差。

十二道監察御史照刷卷宗衙門

浙江道

中軍都督府　留守中衛　廣洋衛　府軍左衛　神策衛　應天衛　和陽衛　直隸廬州府

江西道

前軍都督府　府軍前衛　豹韜衛　龍江衛　龍驤衛　天策衛　直隸淮安府

福建道

户部　金吾後衛　飛熊衛　直隸池州府　常州府

北平道

吏部　金吾前衛　旗手衛　直隸蘇州府

廣西道

通政使司　鎮南衛　五軍斷事官　直隸安慶府　徽州府

四川道

工部　府軍衛　直隸松江府　廣德州

山東道

兵部　羽林右衛　典牧所　直隸鳳陽府　徐州　遼東都司

廣東道

刑部　虎賁左衛　直隸應天府

河南道

禮部　太常司　羽林左衛　國子監　翰林院　欽天監　光禄司　儀禮司　教坊司　直隸揚州府

陝西道

後軍都督府　江陰衛　蒙古左右衛　府軍後衛　鷹揚衛　興武衛　横海衛　大理寺　行人司　直隸和州

湖廣道

右軍都督府　武德衛　水軍右衛　廣武衛　虎賁右衛　留守右衛　五城兵馬司　直隸寧國府

山西道

左軍都督府　留守左衛　英武衛　錦衣衛　水軍左衛　驍騎右衛　府軍右衛　龍虎衛　直隸鎮江府　太平府

十二道監察御史職掌

糾劾百司

凡文武大臣，果係奸邪小人，搆黨爲非，擅作威福，紊亂朝政，致令聖澤不宣，災異迭見，但有見聞，不避權貴，具奏彈劾。

凡百官有司，才不勝任，猥瑣闒茸，善政無聞，肆貪壞法者，隨即糾劾。

凡大小祭祀，敢有臨事不恭，牲幣不潔，褻瀆神明，有乖典禮，失於舉行，及刑餘疾病之人陪祭執事者，隨即糾劾。

凡朝會行禮，敢有攙越班次，言語喧嘩，有失禮儀，及不具服者，隨即糾問。

凡在外有司，擾害良善，貪贓壞法，致令田野荒蕪，民人受害，體訪得實，具奏提問。

凡學術不正之徒，上書陳言，變亂成憲，希求進用，或才德無可稱，挺身自拔者，隨即糾劾，以戒奔競。

問擬刑名

凡鼓下或通政司發下告人，連狀到院，責令供狀明白，保管聽候，照出狀内被告人數，入流官員具呈本院奏聞提取。其軍民人等給批差人提取，理對招供明白，取訖服辯，無招干連隨即保管聽候。有罪人數牢固監禁，追徵所招贓仗完足，責令庫子收貯。議擬罪名，開寫原發事由，問擬招罪照行事理，徒、流、遷徙、死罪、充軍人數，具寫奏本。笞杖以下，止具牒文，僉押完備，連囚赴堂，備説所犯情節罪名，審無異詞，然後入遞，將囚押送大理寺審録，候平允回報。若罪名不當，駁回再問。仍將所駁招罪參詳明白，再擬改正。或有番異，則監收聽候調别衙門再問。其餘審允人數，除笞、杖、徒、流、徒罪准工囚人，備開年甲、住址，略節招罪，工役限期，呈堂編發工役，的決笞杖人數，書寫斷單，開具合得罪名，會請刑部等官公同斷決，取完僉批單入卷。其充軍囚人，具手本送編軍御史處，照地方編發，取收管附卷。絞、斬死罪仍令司獄司轉送重囚監，牢固枷杻，聽候大理寺依時覆奏回報，具手本會請刑部等官公同處決，仍取決訖月日，批單附卷。無招疎放，並笞杖的決，還職着役寧家人數，另具公文，差人管送各該衙門給憑發回，取批收附卷。原收贓仗，候季終通類具呈本院，出給長單，差委御史解赴内府該庫，交納足備，取獲庫收附卷。如有追無現贓囚人，責供明白，類行原籍追徵，及照出合問人數，隨即呈提。前項審過囚人設有病故，請官相視明白，取獲批單附卷。若干係重囚，牒報大理寺知會。候本宗事完，通具結絶緣由，呈堂照驗。

餘與刑部同。

出巡

凡分巡按治州郡，必須遍歷，不拘限期。風憲官吏務要同行，不許先後相離。其經過去處，除差撥弓兵防護，依律關支廩給，應付脚力，買辦心紅紙劄之外，不許擅令所司和買貨物，私役夫匠，多用鋪陳等項，亦不得縱容官吏出部迎送。其分巡地面果係原籍，及按臨之人設有讎嫌，並宜迴辟。毋得沽恩報讎，朦朧舉問。

凡至按臨處所，先將罪囚審録、卷宗吊刷外，稍有餘暇，首先親詣各處祭祀壇場，點其祭器、墻宇有無完缺。其次存恤孤老，審問衣糧曾無支給；巡視倉庫，查算錢糧有無虧欠；勉勵學校，考課生員有無成效。中間但有欺弊，即便究問如律。

凡受軍民訴訟，審係户婚、田宅、鬥毆等事，必須置立文簿，抄寫告詞，編成字號，用印關防，立限發與所在有司追問明白，就便發落，具由回報。若告本縣官吏，則發該府。若告本府官吏，則發布政司。若告布政司官吏，則發按察司。若告按察司官吏，及伸訴各司官吏枉問刑名等項，不許轉委，必須親問。干礙軍民官員，隨即奏聞請旨，亦不得擅自提取。

凡至所在，體知有司等官，守法奉公、廉能昭著者，隨即舉奏。其奸貪廢事蠹政害民者，究問如律。

凡至地方，所有合行事件，着令首領官吏抄案承行。

一、科差賦役，仰本府凡有一應差役，須於黄册丁糧相應人户内，周而復始，從公點差，毋得放富差貧，挪移作弊，重擾於民。先具現役里長姓名，同重甘結罪文狀，並依准回報。

一、圩岸、壩堰、陂塘，仰行府縣提調官吏查勘。概管地面應有圩岸、壩堰坍缺，坡塘、溝渠湧塞，務要趁時修築堅完，疏洗流通，以備旱潦，毋致失時，及因而擾害於民。先具依准回報。

一、荒閑田土，仰本府正官多方設法，召民開墾，趁時布種。其合納秋糧，須候年限滿日科徵，毋致抛荒，仍將任内開過田畝數目，同依准繳報。

一、站驛，仰行提調官常川整點。各驛船馬鋪陳什物一切完備，仍鈐束慣熟稍水人夫，常川在驛，聽候遞送使客，毋得失誤。先具站船、人夫、什物、馬驢頭匹數目，並不致違誤結罪文狀繳報。

一、急遞鋪，仰行提調官常川點視。鋪舍合用什物完備，嚴督鋪長、司兵常川在鋪。走遞公文，毋致磨擦及稽遲沉匿。仍禁約往來差使人員，不得役使弓兵，損壞鋪舍。如有缺壞，即便修理。具各鋪司兵姓名、田糧、什物數目回報。

一、橋梁道路，仰令提調官常加點視。但有損壞去處，即於農閑時月，併工修理。務要堅完，毋致阻礙經行。具依准回報。

一、稅糧課程，仰本府即將歲辦稅糧、諸色課程，各各數目保結開報。

一、户口，仰本府取勘籍定户口，分豁城市、鄉都，舊管、收除、實在，增減數目，開坐回報。

一、學校，仰提調官凡遇廟學損壞，即爲修理完備。敦請明師，教訓生徒，務要作養成材，以備擢用。毋致因循弛廢，仍將現在師生員名繳報。

一、收買軍需等項，仰本府照依按月時估兩平收買，隨即給價，毋致虧官損民，及縱令吏胥、里甲、鋪户人等，因而尅落作弊違錯。具依准回報。

一、額造緞疋等物，仰本府即將織染局現在各色人匠、機張、歲辦數目、關支顔料等物，開坐回報。

一、升斗秤尺，仰行提調官照依原降樣式，較勘均平。毋容嗜利之徒私自造置，欺詐小民，具依准回報。

一、詞訟，仰本府應有詞訟，疾早從公依律歸結，毋得淹延，妨廢民生，及聽吏胥增減情詞，出入人罪。仍將現問應有囚數，分豁已、未完結，盡實開報，毋得隱瞞，自取罪愆。具依准回報。

一、皂隸弓兵，仰行本府並合屬取勘額設名數、籍貫、田糧數目開坐，毋得多餘濫設，有害於民。具依准回報。

一、節義，仰本府取勘境内應有孝子順孫、義夫節婦，果有志能卓異，明著實跡，結罪舉保，毋得舉富遺貧，影蔽差徭，扶同作弊。具依准回報。

一、原設申明旌善亭，但有損壞，仰本府嚴督所屬，即便併工修理，條列榜示，使善惡知所勸懲。毋得視爲文具因而廢弛。先將都隅處所，同善惡人數回報。

一、印信衙門，仰照勘本府並所屬應有印信，大小衙門保結回報。

一、上年分巡官有無寄收贓罰，仰本府取勘現數，開坐已未起解數目回報。

一、取勘，仰本府將所屬去處四至八到畫圖，貼説繳報。

一、講讀律令，仰本府並合屬官吏，須要熟讀詳玩，講明律意，取依准回報。

一、鰥寡孤獨，仰本府將所屬養濟院合支衣糧，依期按月關給，存恤養贍，毋使失所。仍具孤貧名數，同依准狀呈。

一、倉庫房屋，仰行本府提調官常川點視，若有損壞，即便修理，及設法關防斗級人等作弊。仍將現在錢糧等物，分豁上年舊管、今歲收除、實在備細數目，同官吏結罪文狀繳報。

一、官吏腳色，仰取勘本府並合屬現在官吏姓名、年甲、籍貫、歷仕腳色、到任月日回報。

刷卷

凡監察御史並按察司分司巡歷去處，先行立案，令各該軍民衙門抄案，從實取勘本衙門並所屬有印信衙門合刷卷宗，分豁已、未照刷，已、未結絶，號記張縫，依式粘連刷尾，同具點撿單目，並官吏不致隱漏結罪文狀。責令該吏親賫赴院，以憑逐宗照刷。如刷出卷內事無違枉，俱已完結，則批以照過。若事已施行，別無違枉，未可完結，則批以通照。若事已行，可完而不完，則批以稽遲。若事已行已完，雖有違枉而無規避，則批以失錯。若事當行不行，當舉不舉，有所規避，如錢糧不追，人贓不照之類，則批以埋没。各卷內有文卷不立，月日顛倒，又在乎推究得實，隨其情而擬其罪，其曰照過，曰通照，曰遲錯，曰埋没，此皆照駁之總名，而照刷之方又各有其法。今將六房照刷事例，各略舉於後：

一、照刷吏房起取罷閑官吏文卷。假如應天府某年月日承奉吏部劄付，仰行所屬應有爲事罷閑官員，取勘現數，一名名起送聽用，當日立案，行移上元等幾縣，取勘花名，先申到府。案催各縣，陸續照依原報名數，申解完絶。取獲批收明白，卷內行移又無遲錯事理，則刷尾批云照過。設若起解未盡，行催不絶，則批通照。其或各縣開稱事故文書到後，或半月，或數日，不行催問，則批云事屬稽遲。及有先申某、今解某，本作某卻作某之類，則批云事屬差錯。如是原申十名，已解六名，外有四名未解，經年歇案不催，中間情弊不無，則駁之曰埋没。照刷州縣吏房卷同。

一、照刷户房開墾荒田文卷。假如揚州府承户部劄付，仰行所屬應有荒閑田土，召人開墾，合納税糧三年後依例科徵。據江都等縣申報人户姓名，開過田畝數目立案。候至年限滿日，已將起科則例、花名、田糧數目，移付徵收秋糧卷，收科了當，卷內別無稽遲差錯事件，則批刷尾云照過。設若年限未滿，申報未絶，則批通照。其或各縣申稱現行開墾，先具人户花名到府，遷延三五日或數十日，不行立案，行催開過田數，則批云事屬稽遲。其有原開頃畝該科秋糧十石，卻作千石之類，則批差錯。至於原申開過田土，比候年限已滿，或逾年不行收科，或將原報頃畝減多作少，其弊顯然，則當駁之以埋没。照刷州縣户房卷同。

一、照刷禮房買辦祭祀猪、羊、果品、香燭等項文卷。先看何年月日承奉禮部劄付，開到本府合該祭祀社稷、先聖先賢及風、雲、雷、雨、山、川，無祀鬼神等壇若干處，每壇計用猪若干，羊若干，果品、香燭等項若干。其價照依本處時估對物收買，仰於官鈔內放支。當日立案定限，行移所屬州縣收買。要見回報，是何行人物户時估，及差委何官眼同收買，送官應用。仍查算原估與收買價鈔相同，已用與原買之數無異，俱有行人物户領狀在卷。祭祀已畢，事無施行，則批以照過。若或已買在官，祭祀日期未臨，雖皆有發付收領明白，事無施行，則批以通照。其或經違日久，纔方立案行移，祭期將臨，其收買猪羊等項尚有未備，顯是怠慢，則批以事屬稽遲。若或分派各行人物户所買品數皆同，而價鈔不一，且如春丁祭先師孔子，該猪六口，每口價鈔二百貫，卻共作一千二百五十貫附卷，及查行人物户領狀，實領一千二百貫，並查放支官錢卷內，亦止一千二百貫，既已明白，別無規避，則批以事屬差錯。其或猪羊等項已備，祭祀已畢，但不見所用過鈔貫花銷，不見是何行人物户收領價鈔，及有無餘下物件未用，責付何人收領，朦朧不明，顯有規避，則批以事屬埋没。照刷州縣禮房卷同。

一、照刷兵房勾補軍役文卷。先看本府何年月日承奉兵部劄付，或都司、布政司、各衛公文，坐勾補役軍丁若干名。若當日立案，行移各該州縣立定期限解府，各該州縣照依坐下名數隨限解到，卷內現在原獲合干上司實收，事無施行，則於刷尾批以照過。若於當日立案，照依名數行下各該州縣，或全不解到，已經節次移文催併，差人坐守起解，雖已盡絶，如無實收，則批以通照。又或經違三五日，甚至十數日，纔方立案行移，雖各該州縣依數起解，未見實收，則批事屬稽遲。若行移不遲，名數不缺，中間原坐張某，今解李某，案內不見審實緣由，及駁問所司官吏，雖有實收，則亦批事屬差錯。其或已承上司明文，雖已立案，經年不見催舉，間或行移，如勾十名，止解到五六名，已解到者不見實收，未解者又不舉問，顯有規避。則批曰事屬埋没。照刷州縣兵房卷同。

一、照刷刑房貪贓壞法文卷。先看本府何年月日據某人所告詞狀，當日曾無立案將本人引審，或監或保。若監收原告，要見爲何緣故，明白立案取具司獄司收管在卷。若或保在原告，要見立案批差皂隸取獲保狀附卷。其狀內合問人數，查照曾無立案，分豁被告、干連，着落所司提解。其或當日立案，差人定限，分豁被告、干連，着落所司提解。又當看本府何年月日據所司依期解到坐提人數，要見當日立案，將各人引問，責與原告對理。且如甲告乙受丙贓五十貫，乙招如告；又告丁贓四十貫，丁供明白，甲自招虛。又當看甲、乙、丙之招詞，丁之供狀同甲、乙、丙之服辯，曾無題押入卷；乙招贓，鈔曾無立案追徵；既已追徵，曾無納足，有無該庫收貯領狀。又看有無立案，引律擬罪發落。又於發落案內先看原發事由，中間曾無增減原狀緊關情節，查比解到月日有無淹禁。次於問擬招罪項下，詳看乙所招受贓情節，比甲所告是否同異，卻於前件議得項下，參詳甲、乙、丙之罪名，比律允當，並無招涉，依例疎放。又於照行事理，要見准工者差人起解，的決者立案摘斷，免科者疎放寧家，追足乙名下招受贓鈔，責令該庫收貯，取獲領狀在卷。如原發事由內無增減原狀緊關情節，問擬招罪內無故失出入人罪，前件議得下比照律條所擬允當，照行事理內無人贓埋没之弊，俱已完結，事無施行，則批以照過。若或已提未到人數累催不到，原追贓鈔催促未足，則批以通照。其或受狀不即立案，已經數日方纔施行，以致提人未到，則批曰事屬稽遲。若案內字樣不同，粘連顛倒，以致月日參差，官不題押，吏不書名之類，事已完結而無規避，則批事屬差錯。若或囚人招出人贓，照行事理內不照追提，以致經年不行，顯有規避，則批曰事屬埋没。照刷州縣刑房卷同。

一、照刷工房成造船隻文卷。先看何年月日承奉工部劄付，坐下本府該造船若干隻，每隻計用釘線大小不等若干斤，桐油若干斤，麻穰若干斤。其價照依時值對物收買，抑於官錢內放支。合用木植着落人夫採斫，當日立案定限，行移所屬州縣起集人夫，採辦木植，要見回報：起到人夫若干名，並所指處所及已收買釘線等物時價，差委何人帶領各匠若干名，前來場所興造。次將引各行具領收支鈔，依數收買物料，成造船隻，查算原估與收買價鈔相同，已用與原計物料無異，船隻已起，限期不違，事無施行，俱有各行收買物料領狀在卷，則批以照過。若或行移不遲，興工不後，物料不缺，人匠不少，支用物料未盡，原定限期不違，船隻未起，事有施行，則批以通照。其或經違數日纔方立案行移，其所屬州縣合辦物料人匠雖已不缺，而船隻亦起，終是怠慢，則批云事屬稽遲。若或派料或多或少，用工或衆或寡，且如每船合辦五寸釘線二百斤，卻買二百五十斤；合辦三寸釘線三百斤，卻買二百五十斤之類，以致船隻未起，又違限期，中間收買價鈔並無剋落，查考各行領狀在卷，文案明白，別無規避，則批事屬差錯。其或船隻已完，不見各船已用物料花銷餘下釘線等物，不見責令是何庫分收貯，原計料數多，已收買數少，顯有規避，則批云事屬埋没。照刷州縣工房卷同。

追問

凡在外軍民人等赴京，或擊登聞鼓，或通政司投狀陳告一應不公冤枉等事，欽差監察御史出巡追問，照出合問流品官員，就便請旨拿問，帶同原告一到追問處所，着令原告供報被告、干連人姓名、住址立案。令所在官司抄案提人案驗後，仍要抄行該吏書名畫字，如後呈解原提被告人到，不許停滯，即於來解內立案。將原、被告當官引問取訖，招供服辯判押入卷，明立文案，開具原發事由問擬招罪照行事理，除無招答、杖輕罪就彼摘斷，徒、流、死罪入卷帶回審擬奏聞發落。餘並與問擬刑名相同。

審録

凡在外布政司、按察司、都司並直隸府州刑名，有犯死罪囚人收監在彼，止開招罪申達合干上司，詳擬允當，移文本院通類具奏，點差監察御史會同刑部委管按臨審決。其到所在官司隨即令首領官吏抄案各該衙門，追吊原行文卷赴官，參詳招罪，果無出入，及審取犯人服辯無異，就令所司抄案，差委獄卒將犯人押赴法場，各照原擬處決。將原吊卷宗發還該衙門收照，仰行具本，開坐決過犯人花名回奏，仍呈原委官司知會。若囚人番異原招即合辨理，重提一干人證到官，從公對問明白，帶回審録發落。其原問官吏果有受贓出入人罪情弊，通行具奏拿問。

《大明會典》卷二〇九《都察院》 國初，置御史臺，從一品衙門。設左右御史大夫、御史中丞、侍御史、治書侍御史、殿中侍御史、經歷、都事、照磨、管勾、監察御史、譯事、引進使等官。洪武十三年，改正二品衙門，止設左右中丞。十四年，改都察院，正七品衙門，止設監察御史。分設浙江、江西、福建、北平、廣西、四川、山東、廣東、河南、陝西、湖廣、山西十二道。鑄監察御史印，文曰繩愆糾繆。十六年，陞正三品衙門，設司務。十七年，始定爲正二品衙門，設左右都御史、左右副都御史、左右僉都御史、經歷、都事、十二道監察御史。二十九年，置照磨所照磨、檢校。永樂元年，改北平道爲北京道。十九年，北京道革，添設貴州、交阯、雲南三道。宣德十年，交阯道革，定爲十三道。

風憲總例

在京都察院及十三道，在外按察司，俱稱風憲衙門，以肅政飭法爲職。見《諸司職掌》及正統中所定《憲綱》，條例甚備，各以類分列。其通行難附者載此。

洪武二十六年定：

左右都御史、副都御史、僉都御史職專糾劾百司，辯明冤枉，提督各道，及一應不公不法等事。其屬有十二道監察御史。凡遇刑名，各照道分送問發落。其有差委監察御史，出巡追問審理刷卷等事，各具事目，請旨點差。

正統四年定：

凡都察院，并監察御史、按察司，綱紀所繫，其任非輕，行事之際，一應諸衙門官員人等不許挾私沮壞，違者杖八十。若有干礙合問人數，敢無故占悋不發者，與犯人同罪。

凡都察院官及監察御史、按察司官吏人等，不許於各衙門囑託公事。違者比常人加三等，有贓者從重論。

凡監察御史行過文卷，從都察院磨勘。按察分司行過文卷，聽總司磨勘。如有遲錯，即便舉正。中間果有枉問事理，應請旨者，具實奏聞。

凡監察御史、按察司官巡歷去處，所問公事，有擬斷不當者，都察院、按察總司隨即改正。當該吏典，罪之如律。仍將原問御史及分司官，擬斷不當事理，具奏得旨，方許取問。

凡告有司官吏人等取受或出首贓私等事，直隸赴巡按監察御史，在外赴按察司并分司及巡按監察御史處陳告。追問明白，依律施行。其應請旨者，奏聞拏問。若軍官有犯，在京從都察院，在外從巡按監察御史、按察司并分司密切奏請施行。其各都司及衛所首領官有犯，即便拏問。

凡監察御史、按察司官巡歷去處，所聞有司等官，守法奉公，廉能昭著，隨即舉聞。若奸貪廢事，蠹政害民者，即便拏問。其應請旨者，具實奏聞。若知善不舉，見惡不拏，杖一百，發煙瘴地面安置。有贓，從重論。

凡國家政令得失，軍民利病，一切興利除害等事，並聽監察御史、按察司官各陳所見，直言無隱。若建言創行事理，必須公同評議，互相可否，務在得宜，方許實封陳奏。

凡按察司官斷理不公不法等事，果有冤枉者，許赴巡按監察御史處聲冤。監察御史枉問，許赴通政司遞狀，送都察院伸理。都察院不與理斷，或枉問者，許擊登聞鼓陳訴。

凡都察院及按察司吏典，須於考退生員與應取吏員相叅補用，不許用曾犯奸貪罪名之人。

凡都察院合用筆墨心紅，具奏劄付京府。按察司合用筆墨心紅紙劄，行移附郭府分。監察御史、按察分司巡歷去處，合用紙筆硃墨燈油柴炭，行移所在有司，並支給官鈔，收買應用，具實銷算。

《大明會典》卷二一〇《都察院·奏請點差》 凡差三等，兩京畿道提學道，巡按順天、真定、應天、蘇松、淮揚、浙江、湖廣、江西、福建、河南、陝西、山東、山西、四川、雲南、廣西、廣東、貴州等處御史，及巡視京營俱大差。遼東、宣大、甘肅三處巡按御史，及清軍、印馬、屯田、巡鹽、巡倉、巡關、儹運、巡茶御史，俱中差。印馬、屯田併作一差。三年滿後，准一大差。巡視光禄，舊係小差，今改中差。巡視皇城四門、馬房、巡青、十庫、蘆溝橋、五城等處御史，俱小差。

凡差御史分巡并追問審理等事，正統四年定：都察院具事目，請旨點差，回京之日，不須經由本院，徑赴御前復奏。

凡御史，除《憲綱》并詔勑內該載應合御史理辦，及軍機等項重務，如果都布按三司不能完結，或完報未明者，明白具奏，取自上裁。其餘常事，各衙門自行分管理辦者，不許輒擬奏差委。

凡巡按御史，一年已滿，差官更代。本院引御史二員，御前點差一員。

凡兩直隸提調學校御史，本院會吏禮二部，推舉學行政事俱優者奏差。

凡刷卷、清軍、巡鹽、巡河、巡關、巡茶、印馬、盤糧、勘事舊俱奏差一員。弘治十一年定，各具二員點差。其清軍刷卷等項，如各道御史員少，奏差南京御史。

凡遼東、宣大、甘肅三處巡按御史，嘉靖二十四年奏准：於中差回道御史議取二員具名上請。

凡巡城、巡視光禄寺、巡庫等項，俱本院給劄差委。

凡在京刷卷，屬京畿道，以御史咨深者差用，爲大差之首。

凡掌道管事，舊俱用年深御史。隆慶二年奏准：不拘中差大差回道御史，於內選委掌管，以二年爲滿，俱准作差。不得以巡按缺人，又行差出。

凡御史出差期限，萬曆二年令題差本內明開各地方原定限期，責令依期交代，不許枉道回家，遷延誤事。滿日仍查有無違限，一併考覈。堂上官如狥情畏庇，亦以不職論。三年，奏定期限徃回一體遵守。以辭朝交代之日爲始，如違限十日以上，量行叅罰。一月以上，重加叅罰。兩月以上，叅調別用。

真定宣大三十五日。

應天蘇松七十日。

淮揚六十五日。

浙江江西九十日。

湖廣九十日。

福建九十七日。

河南河東五十八日。

陝西七十五日。

甘肅八十五日。

山西山東五十三日。

四川一百四十五日。

廣東廣西一百二十八日。

雲南一百二十五日。

貴州一百三十五日。

遼東六十六日。

凡題差巡按御史，先儘中差回者，如中差無人，方擇巡按回道資俸淺者定擬。

凡差巡按御史，若同時進道，以中差回道先後爲序。若非同時進道，及同日回道者，以進道先後爲序。再差巡按者，俱以先差回道日期爲序。

凡中差已完，大差未滿，事故復除者，或原未中差，即差大差，已滿回道者，及原未中差，即差大差，未滿事故復除者，并已考實授未差事故復除果係同資中差差盡者，俱序在應候大差之列。若試職未考實授，事故復除者，與同考實授序論，仍差中差。俱以回道復除命下之日爲序。

凡北人，如北直隸、山東、山西、陝西、河南不差兩廣雲貴。南人，如福建、廣東、廣西、雲南、貴州不差三邊。【略】

提學

正統元年，令吏部會同禮部都察院選差監察御史才行兼備者二員，請勑提調南北直隸學校。近年遼東宣大甘肅巡按俱兼提調學校。

凡提學御史，進退人材，奉有專勑，撫按官毋得干預。其師生廩餼及修理學校等項，提學御史止是督行有司，轉申撫按施行，不得擅支及那移倉庫錢糧。

巡京營

天順八年，差給事中御史各一員巡察各營上操軍士。成化元年，令給事中御史巡察各營姦弊，凡有私役賣放，及不行如法操練等項，指實劾奏。嘉靖七年，令點軍科道官不許挨次差委，務選有風力肯任事者用心查照稽考。有作弊悮事人員，就便舉劾。若似前因循容縱，即係不職，吏部奏請黜調。又令點軍科道官今後三年一換，今一年更代。

印馬

景泰間，民間孳牧種馬，南直隸差御史一員，北直隸及山東河南地方共一員，同該管寺丞印俵。成化間定每歲九月終請差。嘉靖二年奏准：三年一差，請勑同該管寺丞查點印烙。後以地方災傷，題准行巡按御史帶管。三十年，覆差。照屯田事例，更替接管。

屯田

嘉靖八年題准：在京并直隸各衛所屯種，照南直隸事例差御史一員，領勑清查，三年一替。其原設屯田僉事裁革。後以屯田牧地，歲久法弛，設都御史專一查理。後復罷之。三十九年，奏差監察御史二員，一往山西宣大鴈門等處，一往陝西甘肅延寧等處查理。其昌薊等州，責之直隸管屯御史。隆慶三年題准：北直隸屯田，歸併印馬御史，兼領二勑。三年更代，准作大差。

清軍

宣德二年，遣給事中御史各十四員，往各處清理軍役。正統五年議准：差能幹御史一十七員，分定地方，請勑前去浙江等布政司，并直隸保定等府州清軍。每年八月終，仍具清解過軍數，回京具奏。天順二年奏准：清軍御史，三年一次，赴京查考更替。弘治十年奏准：清軍御史，三年滿日，敢有枉道回家，及年限未滿，捏造册籍回京，本院嚴加考察，奏請黜退。十五年奏准：清軍御史，自到地方日爲始，扣至三年滿日，赴京復命。嘉靖十二年，以地方災傷，題准行巡按御史帶管。二十九年，題差南北道御史一十四員，往直隸各省清理軍伍，兼照刷文卷。定以五年一次差遣。二十四年，復以災傷奏停，行巡按御史帶管。隆慶六年，復差。

巡鹽巡河附

永樂十四年，初令御史巡鹽。宣德十年，選差御史一員，於直隸揚州府通州狼山鎮提督軍衛巡司官旗弓兵人等，巡捕禁革私鹽。正統三年令兩淮、兩浙、長蘆等運司，每歲各差御史一員領勑巡視禁約，催督鹽課。十年，令長蘆巡鹽御史，兼理山東鹽法。成化八年奏准：山東濟寧州直抵南京一帶河道，兩淮巡鹽御史帶管。通州直抵濟寧州一帶河道，長蘆巡鹽御史帶管。提督所屬軍衛有司，時加疏濬修築，禁治豪强，革除姦弊及督收錢鈔，點視驛站，緝捕盜賊，盤檢馬船等項。九年，差御史一員，巡視河東運司，并陝西靈州大小二池鹽課。其陝西所屬關內關南關西河西慶陽等道，河南所屬河北汝南河南等道，各分巡官帶管鹽法者，悉聽節制。嘉靖三十年，令雲南巡按御史兼理本省鹽法。三十一年，令福建巡按御史兼理鹽法。三十三年，令四川巡按御史兼理鹽法。四十四年，令廣東巡按御史兼理鹽法。

儹運

隆慶元年題准：差監察御史一員，前往浙江并南直隸蘇松常鎮四府，監兑糧米，催儹運船，兼理濟寧迤南一帶河道。三年，停差。仍令户部司官監兑。五年，以糧運遲悮，漂失數多，復題差御史一員，同户部郎中一員催儹。萬曆六年，革催儹郎中，專差御史。

巡倉

宣德九年，差御史一員，巡視在京倉，一員巡視通州倉。嘉靖八年題准：每年差御史一員，請勑提督京通二倉，收放糧斛，兼理通惠河事務。

巡茶馬

永樂十三年，差御史三員，巡督陝西洮州河州西寧茶馬司三處，收貯官茶易换番馬。成化三年奏准：每年定差御史一員，陝西巡茶。十一年，令取回。十四年，復差御史一員請勑專理茶馬，提督都布按三司，并守備把隘等官，不許官豪勢要，及軍民之家舉販私茶，潛入番境交易。弘治十六年，取回，令馬政都御史兼理。正德二年，復奏差。

巡關

宣德七年令：居庸關直抵龍泉關一帶，山海關直抵古北口一帶，每年各差監察御史一員，請勑前去，公同各該分守守備等項内外官員，巡視關口，點閘軍士，整飭器械，操演武藝，并受理守關人等一應詞訟，就彼發落。不許軍衛有司，擅便拘提，有悞守把。如守備等官有罷軟疾弱不堪任事之人，指實具奏替换。成化十九年奏准：山海等關鎮巡等官捉獲逃軍逃囚，每半年開奏，以稽勤惰。其怠惰者，聽巡按巡關御史糾舉。若非應捕人役，捉獲軍囚者給賞。嘉靖三十七年，差御史一員閱視薊鎮邊墻。隆慶三年，革東西巡關御史，行巡按御史帶管。六年，復差，尋革。萬曆十一年，復差一員，巡視山海居庸紫荊。其西關仍屬巡按御史帶管。

巡視光禄寺

宣德四年，差監察御史一員，同給事中會同光禄寺堂上官驗收牲口果品廚料等物，并監收白糧。九年，差監察御史一員巡視光禄寺。凡内外官員人等，多支食料，及需索騷擾者，皆令執奏。正統二年，令巡視光禄寺御史同户部主事監收錢糧。嘉靖三十七年，差御史一員查刷大官等四署。一切供應各項品物，每月具揭帖進覽，一年更替。隆慶元年，令巡視御史，兼管查刷，季終更替。萬曆元年，令巡視查刷御史，一年更替。舊係小差，今改中差。

巡青

宣德九年，差監察御史一員，巡視各處收草，一員提督象牛羊等房錢糧，一員同給事中錦衣衛官巡視官軍騎操馬匹，不許閒時帶鞍騎坐。凡九門守門官軍及九門鈔法，俱巡視北城御史帶管提督整理。清到軍士，北城御史同給事中兵部委官存恤。盔甲廠，東城御史同給事中巡視。宣德四年，差監察御史九員，於京城九門整理鈔法。每日將各門收過鈔數，開具奏聞。後以巡視北城御史帶管。

監課

成化六年令：通州蘆溝橋等處抽分局監察御史一季一换，按月造册，具本會同該局官吏御前復命。七年令：在京抽分竹木局五處，仍令原設官攅照例抽分。每季差御史一員，與主事往來巡視提督。

監試

凡禮部會試，洪武十七年，差監察御史二員監試。隆慶二年，添委二員搜檢。

凡順天府鄉試，永樂三年，差御史二員監試。隆慶元年，添委二員搜檢。

凡御史監試，如有兄弟子姪應舉者，迴辟。

凡武舉，差監察御史二員監試。

雜差

凡恤軍，正統二年，令每季差監察御史一員同給事中、五城兵馬、五府錦衣衛兵部原委官存恤清到軍士。後以巡視北城御史帶管，亦不用兵馬府衛官。嘉靖七年，差御史一員，同兵部侍郎并給事中清查御馬監勇士。三十一年，差御史一員，清查五府所屬，并上直等衛官旗力士。三十七年，差御史一員解銀遼東賑饑，一員往大同糴買實邊。

凡捕盜，宣德四年，以冬月河凍選差御史錦衣衛官各三員，往良鄉固安通州三路，督令軍衛有司各照地方設法捕盜。成化二年奏准：選差監察御史二員，各請勑，一自通州直抵臨清，一自臨清直抵儀真，與巡河御史提督捕盜。十四年，以朝覲官在途，令巡捕御史錦衣衛官先於河未凍前兩月差遣。

凡盤糧，成化十三年，令遼東宣府甘肅及湖廣兩廣四川等處，每三年各差監察御史一員，同給事中一員領勑，會同巡按御史，并原管糧官，將各倉庫糧料草束銀兩，吊取收放卷簿，自某年查盤以後，續有收支見在，逐一查盤。草束亦依法丈量。并查原糴糧料，用價數目。若有陳腐糠粃，并虚出盗賣虧折等弊，應提問者提問，應叅奏者叅奏。嘉靖三十年，命四川巡按御史查理錢糧。隆慶四年，差御史往蘇州宣大固原等鎮，查兵馬錢糧，各請勑行事，一年一代。五年，復令各該巡按御史兼理。

凡監軍紀功，景泰四年，差御史一員，往兩廣監軍。嘉靖三十三年，差御史一員，往山東募兵，赴揚州征倭。四十一年，差御史一員，往廣東監軍紀功。一切兵船糧餉調遣等項，會同總鎮提督等官議行。應録應恤應叅問人員，從實具奏。隆慶三年，差御史一員，往閩廣隨軍紀功。

凡將軍有缺，差監察御史一員會同錦衣衛堂上官，兵科都給事中及管領將軍官選補。

凡監斬檢驗等差皆臨時定委。

《大明會典》卷二一〇《都察院・出巡事宜》 國初，監察御史及按察司分巡官巡歷所屬各府州縣，頡頏行事。洪武中，詳定職掌。正統間，又推廣申明，著爲《憲綱》及《憲體》。相見禮儀，事例甚備。迨後按察司官，聽御史舉劾，而御史始專行出巡之事。今俱列焉。

洪武二十六年定：

凡分巡按治州郡，必須遍歷，不拘限期。風憲官吏務要同行，不許先後相離。其經過去處，除差撥弓兵防護，依律關支廩給，應付脚力，買辦心紅紙劄之外，不許擅令所司，和買物貨，私役夫匠，多用鋪陳等項。亦不得縱容官吏出郭迎送。其分巡地面果係原籍，及按臨之人設有讐嫌，並宜迴辟，毋得沽恩報讐，朦朧舉問。

凡至按臨處所，先將罪囚審録，卷宗弔刷外，稍有餘暇，首先親詣各處祭祀壇場，點其祭器、墻宇有無完缺。其次存恤孤老，審問衣糧有無支給。巡視倉庫，查算錢糧有無虧欠。勉勵學校，考課生員有無成效。中間但有欺弊，即便究問如律。

凡受軍民詞訟，審係户婚田宅鬥毆等事，必須置立文簿，抄寫告詞，編成字號，用印關防，立限發與所在有司，追問明白，就便發落，具由回報。若告本縣官吏，則發該府。若告本府官吏，則發布政司。若告布政司官吏，則發按察司。若告按察司官吏，及伸訴各司官吏枉問刑名等項，不許轉委，必須親問。干礙軍職官員，隨即奏聞請旨，亦不得擅自提取。

凡至所在，體知有司等官，守法奉公，廉能昭著者，隨即舉奏。其姦貪廢事，蠹政害民者，究問如律。

凡至地方，所有合行事件，著令首領官吏抄案施行。

一、科差賦役，仰本府凡有一應差役，須於黄册丁糧相應人户内，週而復始，從公點差，毋得放富差貧，那移作弊，重擾於民。先具見役里長姓名，同重甘結罪文狀，依准回報。

一、圩岸壩堰陂塘，仰行府縣提調官吏查勘。該管地面應有圩岸、壩堰坍缺，陂塘溝渠湧塞，務要趁時修築堅完，疏洗流通，以備旱潦，毋致失時，及因而擾害於民。先具依准回報。

一、荒閒田土，仰本府正官多方設法，召民開墾，趁時布種。其合納秋糧，須候年限滿日科徵，毋致抛荒，仍將任内開過田畝數目，同依準繳報。

一、站驛，仰行提調官常川整點。各驛船馬鋪陳什物，一切完備，仍鈐束慣熟稍水人夫，常川在驛，聽候遞送使客，毋得失悮。先具站船、人夫、什物、馬贏頭匹數目，并不致違悮結罪文狀繳報。

一、急遞鋪，仰行提調官常川點視。鋪舍合用什物完備，嚴督鋪長司兵常川在鋪。走遞公文，毋致磨擦及稽遲沉匿。仍禁約往來差使人員，不得役使鋪兵損壞鋪舍。如有缺壞即便修理。具各鋪司兵姓名、田糧、什物數目回報。

一、橋梁道路，仰令提調官常加點視，但有損壞去處，即於農閒時月，併工修理，務要堅完，毋致阻礙經行。具依准回報。

一、税糧課程，仰本府即將歲辦税糧、諸色課程，各各數目，保結開報。

一、户口，仰本府取勘籍定户口，分豁城市鄉都，舊管、收除、實在，增減數目，開坐回報。

一、學校，仰提調官凡遇廟學損壞即爲修理完備。敦請明師，教訓生徒，務要作養成材，以備擢用，毋致因循弛廢。仍將見在師生員名繳報。

一、收買軍需等項，仰本府照依按月時估，兩平收買，隨即給價。毋致虧官損民，及縱令吏胥里甲鋪户人等，因而尅落作弊違錯。具依准回報。

一、額造叚疋等物，仰本府即將織染局見在各色人匠、機張、歲辦數目、關支顔料等物，開坐回報。

一、升斗秤尺，仰行提調官照依原降様式，較勘均平，毋容嗜利之徒，私自造置，欺詐小民。具依准回報。

一、詞訟，仰本府應用詞訟，疾早從公依律歸結，毋得淹延，妨廢民生，及聽吏胥增減情詞，出入人罪。仍將見問應有囚數，分豁已未完結畫實開報。毋得隱漏，自取罪愆。具依准回報。

一、皂隸弓兵，仰行本府并合屬取勘額設名數、籍貫、田糧數目開坐，毋得多餘濫設有害於民。具依准回報。

一、節義，仰本府取勘境内應有孝子順孫、義夫節婦，果有志能卓異，明著實跡，結罪舉保。毋得舉富遺貧影蔽差役，扶同作弊。具依准回報。

一、原設申明旌善亭，但有損壞，仰本府嚴督所屬，即便併工修理，條列榜示，使善惡知所勸懲。毋得視爲文具，因而廢弛。先將都隅處所，同善惡人數回報。

一、印信衙門，仰照勘本府并所屬應有印信大小衙門，保結回報。

一、上年分巡官有無寄收贓罰，仰本府取勘見數，開坐已未起解數目回報。

一、取勘，仰本府將所屬去處四至八到畫圖，帖説繳報。

一、講讀律令，仰本府并合屬官吏，須要熟讀詳玩，講明律意，取依准回報。

一、鰥寡孤獨，仰本府將所屬養濟院合支衣糧依期按月關給，存恤養贍，毋致失所。仍具孤貧名數，同依準狀呈。

一、倉庫房屋，仰行本府提調官常川點視，若有損壞，即便修理，及設法關防斗級人等作弊。仍將見在錢糧等物，分豁上年舊管、今歲收除、實在備細數目，同官吏結罪文狀繳報。

一、官吏脚色，仰取勘本府并合屬見在官吏姓名年甲籍貫歷仕脚色，到任月日回報。

正統四年定：

凡監察御史巡按，許帶吏書一名，照刷文卷許帶人吏二名，若應用監生，臨期奏請。按察司官分巡，許帶吏典二名，承差一名。皆須官吏、監生、承差同行，不許相離。御史及按察司官，陸路給驛馬，水路應付站船。監生吏典承差，陸路並騎驛驢，水路應付遞運船。俱支廩給。經過去處量撥弓兵防送，不許別帶吏典皂隸人等。

凡監察御史、各道按察司官，每出巡審囚刷卷，必須遍歷，不拘限期。

凡監察御史、按察司官分巡去處，如有陳告官吏取受不公等事，須要親行追問，不許轉委，違者杖一百。

凡有軍民相干詞訟等事，移文到日，應該會同官員，隨即前去。若無故不即會問，及偏狥占悋者，從監察御史按察司官按問。應請旨者具奏。

凡分巡地面，果係原籍，并先曾歷仕寓居處所，並須廻避。

凡在京及各布政司并巡歷地面倉庫局務等衙門，但係錢糧出納去處，從監察御史按察司并分司官不時巡視。若有作弊，就便究治。

凡監察御史、按察司官巡歷去處，若有官吏犯罪，畏避追問，故將財物婦女潛入公廨，設計裝誣，沮壞風憲者，並許取問實封奏聞，犯人重處，財物没官，婦女發有司收問。其出巡官吏，仍不得自生嫌疑廻避，致妨巡歷。

凡孝子順孫、義夫節婦、忠臣烈女，志行卓異可勵民風者，所在有司舉申，監察御史按察司覈實移文所司，以憑奏聞旌表。

凡監察御史、按察司官巡歷去處，各衙門官吏不許出郭迎送。違者，舉問如律。若容令迎送，不行舉問者，罪同。如有規避者，從重論。都司、布政司、府州官所至亦同。

凡國家律令并續降條例事理，有司官吏須要熟讀詳玩，明曉其義。監察御史、按察司官所至之處，令其講讀。或有不能通曉者，依律究治。以上《憲綱》

一、風憲爲朝廷耳目，宣上德，達下情，乃其職任。所至之處，須訪問軍民休戚，及利所當興害所當革者，隨即舉行。或有水旱災傷當奏者，即具奏，不可因循苟且，曠廢其職。

一、風憲存心須要明白正大，不可任一己之私，昧衆人之公。凡考察官吏廉貪賢否，必於民間廣詢密訪，務循公議，以協衆情。毋得偏聽及輒憑里老吏胥人等之言，顛倒是非。亦毋得搜求細事，羅織人過，使姦人得志，善人遭屈。

一、風憲官當存心忠厚，其於刑獄尤須詳慎。若刻薄不仁，專行酷虐，不思罪有大小，罰有重輕，一槩毒刑以逞，動輒箠人致死，不惟有失朝廷欽恤之意，抑且禍及身家，雖悔無及。

一、風憲須持身端肅，公勤謹慎，毋得褻慢怠惰。凡飲食供帳，只宜從儉，不得踰分。

一、風憲之任至重，行止語默，須循理守法。若纖毫有違，則人人得而非議之。故所至州縣，取假分毫之物，即自玷涴。在我無瑕，方可律人。

一、所至之處，博采諸司官吏，廉勤公謹者，禮待之，薦舉之。汙濫姦佞者，戒飭之，糾劾之。勸懲得體，人自敬服。大抵心正無私，則事公當。

一、所至之處須用防閑。未行事之先，不得接見閒雜人。凡官吏稟事，除公務外，不得問此地出産何物，以防下人窺伺作弊。

一、分巡所至，不許令有司和買物貨，及盛張筵宴，邀請親識，并私役夫匠，多用導從，以張聲勢，自招罪愆。

一、巡按之處，不得令親戚人等，於各所屬衙門囑託公事，及營充勾當。

一、出巡同事之人，須相協和。若有所見不同，而行事乖舛者，可於無人之處，從容陳説利害以開導之。彼心既悟，必能從正。凡人有言，須虚心以聽，不可偏執己見。若聽者能從，則言者亦不可矜爲己功。大抵同僚同事，當如兄弟，相親相愛，積誠相與，未有不相契者。凡有善相讓，有過相規，相規之言，只兩人自知，切不可對衆發之，庶其能從。凡處同僚，不可推惡避勢，不可妨彼利己，不可揚己抑人，必務協和，以相助益。不但憲司如此，諸司處同僚者亦皆當然。

一、學校者，禮讓之地。凡監察御史、按察司官所至下學，先詣大成殿拜謁。禮畢，退詣明倫堂。生員講説經史，監察御史、按察司官中坐，本處提調七品以上正佐官序坐于左，教授、學正、教諭、訓導序坐于右聽講，餘皆立聽。布政司官下學亦同。若布政司、按察司官與御史一同下學，御史左邊正面坐，布政司按察司官依品級右邊正面坐。問答之際，教官、生員，不許行跪禮。

一、總兵、鎮守官受朝廷委任，以防姦禦侮。凡調度軍馬，區畫邊務，風憲官皆無得干預。其相見相待之禮，尤須謙敬。如總兵鎮守官有犯違法重事，須用體覆明白，指陳實蹟，具奏請旨，不許擅自辱慢。其軍職有犯，具奏請旨，已有定例。風憲官巡歷去處，亦須以禮待之，並不得輕易凌辱。

一、在外鄉試，自有布政司官提調，按察司官監試，其巡按及分差問理等項監察御史毋得干預。及列名于鄉試小録，甚失大體。其所試生徒若有情弊，聽行糾舉，亦不得生事誣執。

一、初到按臨之處，其都司、布政司、按察司及衛所、府州縣官相見之後，各回衙門辦事，每日不許俟候作揖及早晚聽事。遇有事務，許喚首領官吏抄案，或佐貳官一員前來發落，不許輒喚正官。或有合令正佐官計議事務，及正佐官自來稟白者不在此例。按察司官分巡同，都司、布政司官所至亦同。違者，從風憲官舉劾。

一、各衙門問過罪囚，或有合斷事理干礙計稟者，先令有司定擬罪名，然後參考事例明白，方可發落，不可輒自與決。恐有别例，議論不同，宜從所長。以上《憲體》。

一、方面官與御史初相見，左右對拜。方面官來見御史，前門外下馬，由正道入，御史延至後堂，方面官坐左，御史坐右。及御史回望，司前下馬，由正道入，方面官延至後堂，御史坐左，方面官坐右。首領官初見，行拜禮御史中立答拜。

一、中都留守司官，各處按察司官，相見並如前儀。

一、各衛指揮、鹽運司運使、同知、各府知府初見，御史按察司官上手立，對拜。鹽運司副使判官、各府同知通判推官、各州知州同知判官、各縣知縣，及守禦千户初見，御史按察司官中立答拜。各衛并鹽運司，各府州首領官，各縣縣丞主簿初見，行拜禮，御史按察司官起身舉手。各縣典史及倉場庫務陰陽醫學僧道等官初見，行拜禮御史按察司官坐受舉手。其指揮、運使、運同、知府、知州問答之際，不許行跪禮。

一、府州縣儒學教官生員初見行拜禮，御史按察司官出位，中立答拜。教官生員相見之後，不許每日伺候作揖，有妨肄業。以上出巡相見禮儀。

凡巡歷地方，嘉靖八年，令巡按御史不許折挫凌辱守令。知府相見，不許行跪禮。十二年奏准：御史巡歷郡邑，本等導從皂隸之外，並不許多用一人。府州縣驛丞等官，亦不許隔境隨從迎候。二十七年奏准：偏僻州縣俱要一體遍歷，糾察官吏，訪求民隱。如果地方廣遠，不能遍及，亦須嚴督守巡，依期巡歷。如直隸無守巡官去處，仍要首先巡歷。

凡出巡考察，洪武六年，令御史察舉各處有司官員。永樂元年令：巡按御史及按察司，凡府州縣官，到任半年之上，察其廉貪具實奏聞。宣德十年奏准：凡在外都司衛所首領官，并斷事等官，從巡按御史按察司考察。闒茸無能者，起送赴部。正統元年議准：各處衛所官員，聽巡按御史按察司照依文職事例，一體考察。天順元年奏准：每年巡按御史將司府州縣見任官員從公詰察，除貪汙不法者就便拏問，其老疾罷軟等項起送吏部查例定奪。如有奉公守法廉能超卓者，更替回京之日，指實具奏。吏部記其姓名，候考滿到部，查考陞用。若御史考察不公，顛倒是非者，叅奏如律。嘉靖二十一年令：御史出巡務要痛革淫刑，嚴懲酷吏。如用酷刑，及打死無辜者，密拘屍屬審實，六品以下徑拏，五品以上叅題，俱照律例重治。巡按滿日，將問過酷吏名數開報。若御史自行酷虐，及縱庇不究者，回道考以不職。

凡舉劾獎戒，嘉靖六年題准：酷刑官員，雖有才守，不許推薦，仍要劾奏罷黜。二十一年奏准：御史論劾三司方面，及有司五品以上，指實叅糾。六品以下，貪酷顯著者，即便拏問。其才宜煩簡者，疏請調用。老疾等項，俱於考語內明白開報。二十七年題准：御史巡歷地方務要訪求按屬賢否，勉勵戒飭。其有戒飭不悛者，即時隨事叅奏提問，不必以無人訴告例難訪察使久爲地方之害。仍行各撫按官，一體悉心究訪。隆慶二年題准：御史出巡，果係卓異官員，方許舉薦。方面多不過六七員或三四員，有司多不過七八員或五六員。其薦詞以四五句爲止，叅語舉一二事爲證。不許煩冗鄙褻失章奏之體。其應劾官員，須先及大姦，不許止以州縣府佐等官充數，所劾之人，仍明開或貪或酷，以憑議覆。如有薦舉方行，即以事敗，官箴已壞，故爲容隱者，回道之日，考察降黜。萬曆十二年奏准：巡按官雖及半年以上，若丁憂降調者，不許舉劾所屬官員。

凡完銷勘合，成化三年奏准：各處布按司分巡分守官員，遇有陳告違法事情，并奉到勘合應該勘問事理，俱要親自勘問。及訪問軍民休戚，官吏賢否，并舉行興利除害等事，周歲滿日，交替接管，方許回司。仍備將問過囚犯，完過事件，開報本司，轉呈撫按等官稽考。若有姦慢誤事者徑自叅奏拏問。嘉靖二十七年，令御史差滿之日嚴覈司道原奉勘合，務完至七分之上。如不及數，指名叅劾。又令各邊巡按御史，查勘將官失事并究問未結事情，務要從公據實，作速奏結。使有功者早蒙録用，有罪者不至漏網。

凡開報缺官，弘治十五年奏准：各道分巡分守官有缺，該司掌印官將應委職名呈稟監臨衙門，查無違礙，依擬施行。毋致久缺誤事。其有推姦不法者，巡按御史指實劾奏。

凡鄉試，景泰元年令在外鄉試仍聽巡按御史監臨。

凡造册，嘉靖二十一年奏准：各該御史，除憲綱考語要緊文册照舊造繳外，其餘一應繁冗文册通行查革。各該撫按并中差御史叅官題奏到院，凡該奏請定奪者，照舊逐一題覆。遇有初叅提問者，本院查照各道酌量類題。止具叅語，不必具招。其竊盗三犯，及辜限外人命，例應奏請者，亦照審録事例類題。

《大明會典》卷二一一《南京都察院》 凡本院問擬刑名，審録取決重囚，及提問職官等項，俱與南京刑部同。

凡南京各衙門考滿郎中等官，本院發河南道考覈，牒送南京吏部該司，覆考停俸，赴京給由。

凡兵馬司兵馬考滿，先赴兵部考覈，咨送本院行河南道考。

凡六年一次，會同南京吏部考察南京五品以下官員，與都察院同。

凡操江官軍，本院副都御史，或僉都御史一員，奉勑提督，并巡視九江至鎮江蘇松等處江道，沿江軍衛有司盜賊之事皆屬焉。成化九年奏准：專督巡江，後復令兼督操江官軍。嘉靖十三年題准：沿江軍衛除浦子口原無水軍外，其九江、安慶、儀真、鎮江、太倉、松江等處，各照地方大小，造船置器，選熟知水利兵快，委官統領操演防守。又議准：長江上下，往來船隻數多，中間鹽徒賊盗混雜難辨。通行操江巡撫，及九江、蕪湖、龍江各鈔關抽分部屬，安慶、儀真守備等官，并各通接江洋省分各府州縣官司，但遇經過船隻，俱要灣泊投引查驗。仍各置船隻差撥兵快巡邏。又題准：巡江衙門，定委各府同知，兼管巡捕，統率壯快，常川操守。遇警會同該衛官軍緝捕，不許別項衙門差委。又題准：沿江巡檢司弓兵，各該府州縣，查點舊額僉補原設巡哨船隻，若有損壞缺少，於巡江衙門贓罰銀內，動支打造，給兵領駕，以備勦捕。二十三年奏准：沿江地方，除授府州縣同知縣丞，文憑內，明註管理巡捕字樣。令專聽操巡衙門節制。

凡各道御史，糾劾言事，與北道同。如遇清軍刷卷，北道員少，聽都察院定擬奏差。

凡奏差各道御史，清軍、刷卷、巡江、管屯、巡倉等項。成化十七年題准：各給印信，在京對道御史關領，差人給付。事完復命進繳。

凡巡上下江，舊差御史二員。一員自龍江關，上至九江。一員自龍江關，下至蘇松等處。嘉靖七年題准：兼督安慶、儀真、揚州、淮安軍衛有司，擒捕鹽徒。十一年奏准：巡視上江御史駐劄安慶，下江御史駐劄鎮江。奉勑接管行事。隆慶三年，令巡江御史清理沿江一帶蘆洲。萬曆四年，令巡視上江御史督理應天太平安慶池州寧國五府，廣德州漕糧，并京庫錢糧。

凡監收鳳陽糧斛，差御史一員。正統二年，令兼理鳳陽中等九衛所，并鳳陽府等軍民詞訟。正德二年，令兼捕盜。嘉靖四年奏准：奉勑往來查催直隸河南等處起運，鳳陽廬滁等府州軍餉。二十四年奏准：帶管湖廣黄州府額解安慶府倉糧。萬曆三年，歸併屯田御史兼管。

凡巡視屯田，差御史一員。成化四年奏准：專理江北四十二衛屯田。遇有詞訟應參奏者，備呈總督糧儲都御史，具奏處分。正德二年奏准：兼捕盜賊。十五年議准：凡遇災傷年分，先期遍歷屯所，勘定分數，依限奏免。嘉靖八年題准：以年淺御史奏差，三年滿日，方許更替。十一年題準：兼督錦衣衛，及直隸廬鳳淮揚安慶滁徐等衛屯田，照北直隸事例，督同徐穎兵備二道，嚴令所屬官耕種徵納。如有侵占違限拖欠及誤事不職者，各照律例究治。年終具徵解數目奏繳，青册送部查考。隆慶三年，令兼管南直隸印馬事務。

凡巡江巡倉等御史，嘉靖二十七年題准：受理詞訟，查盤倉庫，審問囚犯，禁革姦弊等項，於本差事有干涉者，悉遵照勑諭內事例施行。如不係本差事務，悉聽巡按御史遵照憲綱處分，不得干預。其遇有地方重大事情，巡按御史與各專差御史俱有干涉者，仍要協和行事。不許自分彼此，致誤事機。仍行所屬，如事應會處者，通行申呈。其各有專差者，不必槩行呈請。

凡南京錦衣等衛烏龍潭等倉場舊有提督南京糧儲都御史一員，及御史二員，分差監收草場糧草，及巡視各倉。隆慶四年，裁革都御史，令南京户部侍郎帶管提督。仍差御史一員巡視。

凡蘇松常鎮等處水利，及高寶湖隄，萬曆三年奏准：專差御史一員管理，三年滿日更替，仍兼管巡視下江。

凡照刷南京光禄寺，及南京內府庫文卷。給散京衛旗軍冬夏布疋，各差御史一員，事完復命。嘉靖四年奏准：免復命，止會同該部該科造册奏繳。

凡監收南京內府各庫布絹，點閘皇城門禁，比驗兵仗局軍器，驗收太常寺犧牲所牛羊，差御史一員。

凡清查後湖黄册，洪武二十四年，差御史二員，同户科給事中一員，户部主事四員，督率監生比對。如有户口田糧軍匠埋没差錯等項，造册參奏問罪改正，事完復命。

凡巡視各衛門人匠，存恤各衛新軍，監收庫房店舍等項鈔課，看裝馬快船隻，及石灰山關清水潭秤掣商鹽，各差御史，或不妨道事，暫委監視。

凡監收龍江等關抽分竹木，差御史一員，兼督江東宣課司，抽分豬羊等項。

凡巡城兼巡街道，正統間，差御史一員。弘治五年奏准差二員。一員管中南東三兵馬司，一員管西北二兵馬司地方。十四年題准：南京權要家人，承攬各處官解織造進用叚疋，强分機户銀兩者，聽巡城御史拏問。權要故縱，及占恡者，指實參奏。

凡南京各衛所軍士，差御史一員，同兵科給事中一員，兵部武庫司主事一員，清查姦弊。成化八年奏准三年一差。

凡南京各營騎操馬匹，下場牧放。弘治十八年題准：差御史一員，不時點閘。

凡南京京營每年題差御史一員管理。年終，分別將領舉劾。

凡南京各教場操練官軍，差御史二員點閘。

凡南京十三門官軍，正德十二年，差御史二員點閘，不妨道事。

凡南京府部院寺等衙門，收受俸米銀兩。嘉靖八年題准：差御史一員，會同給事中一員，監收督察。

凡聖節、正旦、冬至、千秋節各衙門先期進表箋。至期習儀，行慶賀禮，及迎接詔書開讀，俱差御史二員糾儀。

凡祭孝陵、及歷代帝王廟、先師孔子、大江之神，俱差御史二員監禮。

凡應天府鄉試，差御史二員監試。隆慶元年，添委御史二員搜檢。

（明）李日華《官制備考》卷上《都察院》 《周禮》御史掌邦國

都鄙，及萬民之治令以贊冢宰。秦御史大夫位上卿。漢仍之，選郡守相高第爲御史大夫，任職者爲丞相，復置兩丞一曰御史丞一曰中丞。及置司隸校尉，成帝更御史大夫爲大司空，秩比丞相。復置長史中丞，職如故。哀帝復改御史大夫，光武復改爲中丞，與尚書令、司隸校尉皆專席而坐，京師號爲三獨坐。晉初省御史大夫，而因漢以中丞爲臺主，與司隸分督百僚，自皇太子以下，無所不糾。蓋漢以來，御史大夫皆爲三公即今宰相之任，中丞爲臺主即今御史大夫之任，職綦重大。歷宋齊梁陳後魏北齊後周並不置大夫，而以中丞爲臺主。隋以國諱省中丞，置大夫爲臺主，復以侍書侍御史二人代中丞之任。唐初因隋。宋仍唐制，無大夫，以中丞爲臺長。元仍于宋。國初設御史臺，改中丞。不久準漢御史大夫，設左右都御史，準漢中丞，設左右副都御史，左右僉都御史。其奉勅內地，撫循外地防鎮者，或以都御史往，或以尚書侍郎兼都御史往。凡大臣奸邪，小人搆黨，行威福亂政者劾。凡百官猥茸貪冒，壞官紀者劾。凡學術不正，上書陳言變亂成憲希進用者劾。而朝覲考察，都御史入天官臺，司賢否黜陟之斷，大獄重囚，會鞫于外朝，或奉旨同刑部大理寺讞平。所居之署，在漢名御史府，亦名御史大夫寺，亦名憲臺。時以尚書爲中臺，謁者爲外臺，此爲憲臺，謂之三臺。成帝時列栢府中，有烏數千棲其上，謂之栢臺，亦謂烏臺。後漢名御史臺，亦名蘭臺寺。魏晉宋齊仍曰蘭臺。梁名南司，亦名南臺。後周名司憲，屬秋官。隋曰御史臺，唐因之，後改左肅政臺，專知在京百司。更置右肅政臺，專知在外諸州。宋元仍設御史臺。國初雖仍御史臺，改御史府，而都察院乃定名也。古臺門皆北開，主陰殺也。所領之屬，在周爲柱後史，在秦爲侍御史，監理諸郡，亦謂監察御史。在漢爲侍御史，而罷監察之名。魏置侍御史，居殿中，伺察非法，側陛而坐，始名殿中侍御史。晉置侍御員，所掌有十三曹，復置簡較御史，掌行馬外事，又置禁防御史。宋齊梁竝置侍御史，與殿中侍御史併曹而居，以糾不法。後魏侍御史與殿中簡較三者竝置。隋置侍御史，復改殿中爲殿內侍御史，改簡較爲監察御史。唐仍隋制，大要置三院，一曰臺院，侍御史隸焉，號爲臺端。二曰殿院，殿中侍御史隸焉，號爲副端。三曰察院，監察御史隸焉，號爲分察。太宗始有裏行，高宗始有供奉，稱曰端公。宋仍唐三院，以知雜御史爲侍御史，言事官爲殿中侍御史，六察官爲監察御史。今制十三道御史有分道而無專官，一人常兼數道。河南道獨掌內外官考察之事，總之十三道，職在糾劾百官，炤刷文卷，問擬刑名，巡按郡縣。凡內差京畿道刷卷，巡視京營，光祿、提學、恤軍、巡青、監課、巡倉庫城門。外差巡按、清軍、刷卷、巡鹽、巡茶、巡河、巡關、印馬、三屯田。師行則監紀，朝令糾儀祭祀監禮。凡政事得失，軍民利害，直言無避。

（明）徐石麒《官爵志》卷二《都察院》 周官有御史，秦有御史大夫，漢御史有臺中丞，以其別在殿中，掌蘭臺秘書，外督部刺史內領侍御史。北齊後周不置大夫，而以中丞爲臺主。唐分爲左右臺大夫。漢武帝始有侍御史，魏文帝始遣御史居殿中，隋文帝始有監察御史。宋爲御史臺，其屬有三院。一曰臺院，知雜御史爲侍御史隸焉。二曰殿院，言事官爲殿中侍御史隸焉。三曰察院，考察官爲監察御史隸焉。國初置御史臺，後改爲都察院，設左右都御史正二品，左右副都御史正三品，左右僉都御史正四品。職專糾劾百司，辨明冤枉，提督各道，及一應不公不法事。首領官經歷正六品，都事正七品，照磨檢校各一員，司務二員，司獄六員，品同户刑。其屬浙江等十三道監察御史正七品，凡遇刑名各照道分送問發落。

（明）徐石麒《官爵志》卷二《御史差委》 國朝宣德二年，差御史各處清軍。天順二年奏准，三年更替。正統元年差御史提督南北直隸學校，三年差御史巡視鹽課，十三年差御史巡視京城。成化三年差御史于陝西巡茶，一年更代。凡差委御史出巡追問審理刷卷等事，都御史具事自請旨點差。

（明）王世茂《仕途懸鏡》卷五《都察院巡方總約》 題疏

都察院左都御史臣某等，謹題爲酌議巡方總約以仰裨憲綱事。河南道呈，奉本院劄付，公同經歷司浙江等道，會議得巡方御史，舊有條約，所以新耳目肅紀綱也。年年更易，增損無幾，較之事體，委滋煩擾。謹照劄文，考部院責成之事，兼省直出巡之約，總爲巡方約束，乞加刪訂，恭請頒布，令各巡按御史率屬力行。以後按差御史入境，各差御史出巡，務照今約，不必再爲變更。其他該載未盡者，許各御史將本差事宜另摘簡明條欵，發案施行，具呈到臣。臣等切惟秉憲不在多言，立法貴于畫一，憲綱巡視，稱典章矣。惟隨事之興革未盡，故隨人之弛張不無，條約之頒，所由起也。御史以一年之滿，斯條約以一滿一刻。二三御史約各省者郡縣已苦于奉行，六七御史約兩畿者守令尤疲于奔命。而督撫之約，尚不與焉。使不立爲定規，議法在官者，既甲曰是而乙曰非，守法在野者，必左從因而右從革，依准方完于瓜期，約法又成乎變體，案牘奚以清省，文移安得直截，總于憲體無裨焉。臣等洞見此弊以故行令各道御史，分檢各省條約，益以近年部咨，入以見行事体，細加參酌，彙爲巡規。第一列憲綱一項，遵道遵路之義在焉。第二列辨吏一項，舉直錯枉之義在焉。第三列官守一項，藩臬文武諸司事考成在焉。第四列部約一項，吏户禮兵刑工，各部事專責在焉。第五列巡視一項，憲務禁約，按臨関防在焉。第六列約束一項，貪吏酷吏，諸防檢在焉。臣等逐一詳覈，雖省直人情異態，未能包括無遺，而紀綱大體已定，庶幾經常可守。輒敢不避煩瑣，擬爲本院總約，恭呈御覽伏候皇上再加裁酌。果于憲綱有益，著爲巡規。今兩畿十三省巡按御史，督行所屬大小衙門，永爲遵依。以後新差接管御史，止是嚴加申飭，毋再有紛更。抑或地方別有利弊，所當興革並各差御史，另有節目事関職掌許摘簡明條欵，發案施行。不得又以條約爲名，復滋刋布之擾。其司道有司等官，或以法久生玩，不肯着實遵照者，聽按臣不時參究。其按臣出巡，或因仍將就，不肯着實力行者，回道聽本院考察。斯法有定規，人有定守，其所以上宣德意，下體民隱者豈其微哉。抑臣等又有說焉，巡按御史以監察爲職，條約者，監察之迹也，吏治民生者，監察之實也。察吏何事，察其所以安民者耳。古稱直指所至，山河不動搖者，謂不稱職而攬轡澄清，貪殘吏望風解綬者，至今以爲美談。近來御史出巡，如審録批詳，應酬公事，精力時日，已奪强半，其于民間疾苦無暇細問，官吏考察，不過念腳色過堂而已。古所謂周爰諮諏，詢事考言者，恐不如是。臣謂省方之道，莫先問吏，故入其疆而賢否得其半，詢以事而賢否又得其半。察吏斯無難矣。合無行令各巡按御史以後舊套彌文，應酬俗冗，與夫不急簿書期會可裁省者，如下馬文册，七事套報，酌量省之。應歸各衙門者，責成各衙門，不必刻意瑣細，枉憊精力朝夕兢兢，只以察吏安民爲第一事。其各官賢否，或得之文移招詳，或得之問理詞訟，或得之民間口語，或得之本官條陳，即總約中一切職守事宜，隨處查訪，曾否着修舉。務要官之舉刺，一當于民情，我之臧否，大協乎衆願。考察之日，仍將各官挨次進之堂下，逐一問難，聽其言即核其事。風簷半日，而各官之才品心政，自可槩見。至于不肖官員，在事一日，百姓一日之殃。應參者，每歲不嫌數參，應拿者，便當即時拿問。一家之哭，何如一路之哭耶。惟是《憲綱》有云：在我無瑕方可律人。故巡按所至更當清嚴簡約，安静不擾，以爲肅僚貞度之本。其或喜趨承濫交際自褻憲體，即總約所載亦漫不加省，以致上下虛文相應無益民生者，容臣等另議。是又振綱肅紀，端本澄源之要。并乞天語叮嚀申飭，合候命下，臣等刋刻成書，分發各差御史遵照外，中間有事関巡撫者一體咨送施行，未敢擅入，足合開坐，謹題請旨。奉聖旨：覽奏，大關憲體，便行與各省直巡按御史着實遵行。欽此。

弛張《記》一張一弛文武之道。瓜期《左傳》管稱連至父戍瓜時而往及瓜而代，今稱交代或任滿皆曰瓜期。遵道遵路《書》無有作好，遵王之道。無有作惡，遵王之路。山河動摇唐韋思謙擢監察御史，嘗曰：御史出使不能動摇山岳鎮拝州縣爲不稱職。攬轡解綬漢范滂召爲清詔使者，滂登車攬轡，慨然有澄清天下之志，貪墨酷吏皆望風解綬。諮諏考言《詩》周爰諮諏，遣使臣之詩，言廣詢民情也。《書》詢事考言，詢其行事，考其所言也。一家哭范文正公爲參政，取班簿視不才監司姓名一筆勾之，以次更易，富公謂曰：十二丈則是一筆勾焉，知一家哭矣。公曰：一家哭何如一路哭耶。言勾彼官止是一家哭，若留此不才官，民受其害，則一路皆哭聲矣。

巡方總約條欵

《憲綱》第一

一、《憲綱》全書祖宗訓官最要典矣，中載巡歷事例，尤所以太平郡縣之具也。今守令登填者，憑舊套耳。上官接受，亦罕經目。即憲體諸類，事関撫按者，亦未見毅然身任。誠力倡各官三十六條，寔取計吏九十五條，身先表率，省直僚屬，誰敢不遵。斯正己格物，而方册人舉，御史所當首稽者也。

一、《憲綱》續申本院，先臣王廷曾奉旨着實舉行夷考其議。保舉止于卓異，供饋不許奉承，此申張孚敬議也。精覈考察，禁止奢侈，此申汪鋐議也。除奸革弊，揚清激濁，此申王廷相議也。禁酷刑，革騷擾，懲勢豪，省繁文，明職守，正士風，此申毛伯温議也。慎刑獄舉劾，慎政令責成，公激揚，懲貪酷，則又王廷之申明如此矣。隆慶而來，申明之後，法紀不加嚴于申明之前，顧力行不逮，猶之虛車耳。具廢舉墜，巡按者事也，宜首責成。

一、省直事體無窮，憲綱開載有數。巡按入境之後，守巡該道督行府州縣正官，招集父老虛心訪問。如本地方見行事規，總約之外，何者爲便當興，何者未便當革，何項冗役可裁，何項繁費可省，與夫移風易俗，救荒弭盜，簡訟防奸一切事宜，各搜見聞，開具條欵，務要簡明確當，鑿可施行。申呈撫按，以備採擇。或候按臨之日，面相訂正，酌量可行，續于總約之後。其文武將吏，紛紛條陳，可省者，宜從裁正。

總釋：方册人舉哀公問政，子曰：布在方册，其人存則其政舉云云。揚清激濁唐詔彰善癉惡激濁揚清云云。虛車車虛設而不行故曰虛車。

辨吏第二

一、潔己者必愛民，士誠廉矣，何憂民困，獨恨吏之不廉也。一切公用，既有綱銀，加以額設之餘，截長補短，無礙之費，送往迎來，肯不私諸囊槖尚無玷于簠簋。惟是犯人本無力也，而强問有力，賣兒女以完單。問罪既納銀也，而分外罰銀，變產業以銷票。王密之金，托腹心過送，貧而理直者吞聲。虞叔之璧，借題目索求，富而身卑者重足。條編欵欵議銀，既徵銀矣，又分外有里甲之費。夫馬日日供役，既力役矣，而雇募無給領之時。官價買物，特禁屢嚴也，既減值而又賒之，甚者分文不給，無異明誆。貧民賣貨，所賺幾文也，既應行而又税之，甚者權帚亦抽，何殊白奪耳。蓋錙銖入目，而塩米垂涎矣。貪肆之吏，所當辨一。

一、父母斯民之道，古人有言之者，不曰樂只，則曰豈弟，不曰慈衆，則曰親民。蓋雨露陽春，本以育物，雷霆霜雪，不得已而用以正民耳。如有異常奸暴，四境寒心，久慣刁頑，萬民切齒者，間用重法以懲首惡，非立威也。至于常犯，自有常刑，要在以刑罰爲教化，于撫字寓威嚴，有何不可。彼尚覇政者，性既善怒，心不耐煩，常事樛攅，動輒夾扛。血肉淋漓，自以爲風裁，父子扶救，自以爲讐服。一出門外，不似人形，再入獄中，多登鬼録。戕蒼赤之命，傷天地之和，莫此爲甚。而借以博風力名當世者有矣。酷暴之吏，所當辨二。

一、郡縣之職，有爲國爲民之寔心而已。監司之職，察郡縣爲國爲民之寔政而已。見合共求底績，不合反覆呈請，總之宜民止耳。彼粉飾彌縫者則不然，文移隨故套申呈意念不及，簿籍任吏書填造耳目不加。操持本有玷也，而報十一羨餘以明廉，政事本不修也，而借三五條陳以塞責。謂萬民作頌，不足以當一二者之失權也，惟于津要傾心，而不顧怨聲載道。謂一意忠誠不足以致當事者之見悦也，惟于聲華極意，而通然寔政不修。眉端粧束，文采燦然可觀，口語安排，應對犁然可聽。公差人一至庭除無不厚結，而生者入其関市，戒勿容留，甚者僞開政蹟，令父老達之監司，嚴守街衢禁諸人不許建白。又其尤者，墨行儒言以目飾，强項不悔，依賢援能以自附，陷民忍爲。權貴賣不阿矣，而勢利所在極肯甘心，寬枉負能伸矣，而繾綣交厚，不顧染指。謂人怨不足恤，謂士論不足憑。下民怒已衝冠，上官稱不虛口。如是而冒虛聲者，蓋不少矣。狡僞之吏，尤當辨三。

一、君子之立身天地間，須有正大胸襟，勁直骨力，而後可以不愧不怍。故上交下交，禮節所在，未可亢亦未可阿。議論所及，未可激亦未可隨，持己之道當如是耳。近見患得患失之鄙夫，奔走以爲恭，奉承以取悦。覩眉睫爲應對，不顧是非。探意指爲從違，惟狥喜怒。鑽刺勢利門墻甘爲奴顔婢膝而不羞，開創污辱徑竇樂于登龍乞墦而自得。奬薦誤加，富貴坐致，即薦人者，與薦于人者，品格胥卑之甚矣。諂諛之吏所當辨四。

一、任勞任怨，立官之本無偏無黨，王道之平，有司以正大之心敷公平之政，豈不可對天日，可信士民乎。今也不然，苟可利己，不嫌虐民。大户等重差，火夫等雜役，濫免多免，盡加派于窮民。夫爲馬等私恩，賑貸等實惠，私與私求，盡便宜夫豪猾。催科寬士夫之包占，聽斷受貴達之囑託。甚者以勢力之大小爲曲直，以人情之炎涼爲出入，使柔良抱寃，貧賤負屈。藉法市恩，難卑人心之服。狥情報怨，益傷天理之公。惟知顧忌以保官，罔思抑鬱而苦民，豈當容于堯舜之世哉。柔邪之吏，所當辨五。

一、百姓休戚，惟賴守令之一身，即日宣上德，不無戴盆之民日達下情，猶有向隅之泣是官也，非當夙夜匪懈者耶。惟夫怠心一生，諸移高閣志不關于民社而飲酒賦詩，口不問乎乘麻而飽食高臥。里甲均徑，任民苦樂輕重，文移簿書，任吏沉閣躭延。上官之牌票屢催，常不入目，下民之繫逮累月，多不寧家。《憲綱》呈送，驗政績也，何曾體認，前件項下，不曰見今，則曰並無而已。須知領來，示法守也，何曾細檢，大察到時，或捏遵行，或捏完報而已。百事無成，四境不治，亦有誤認爲安靜者。惰慢之吏，所當辨六。

一、罔咈百姓以從己欲，長民之首務也。今民窮財盡百姓僅存皮骨耳，苟軫飢寒困若之念，自無豪奢愉快之以。彼浮夸者流，酒席欲其豐美，又好張筵，下程極其整齊，又濫餽送。金鼓旌旗，滿路詫兒女之懽聲，絲竹劇戲，諠筵競俗人之好尚。身家念重，恣行箠楚，民有因坐褥圍裙而賣兒女者。耳目欲狥，横肆科罰，民有因建舘修亭而喪性命者。蒼赤之脂已竭，侈靡之欲無厭，尤有百計悦人，而虚譽不羞，斯亦惡在其爲民父母乎。耗蠹之吏，所當辨七。

一、張官置吏，以安民也。擇一守令而付之郡邑，誠謂廉幹足以分吾憂，而慰民望耳。爲守令者，果能滿腔真不忍人之心，思飢思寒，視民如傷，知癢知疼，保民若赤。一用刑也，無異加諸身。一費民也，無異出諸己。見流離困苦者，如子孫之痛心。見昏愚兇悍者，如子弟之疾首。有此美意，何患良法。今天下有司，誰不身有愛民責者，然于百姓之困窮，盲爾全不動色，民間之抑鬱，褎然了不関心。庖有肥肉，廄有肥馬，不知損上以益下。人有飢色，野有餓孚，罔思足國以足民。所謂休戚一體，好惡同情者，蓋無望矣。木痺之吏所當辨八。

一、立政之體用愛尤須用威，爲政之方知柔必先知剛。明此以臨民，不出户庭而四境内外翕然稱治平矣。今郡縣之吏，有長厚之心者，鞭朴不事，嚴猾介之守者，苞苴不通，豈不仁廉君子。然而吏書爲奸，弊端叢出，皂快肆虐，詐索公行。指賊者，拷掠徧于閭閻；行暴者，毆奪横于市井。剽竊滿路，雞犬不寧，追呼盈庭，農桑盡廢。彼知木偶在堂，既不能爲尋良出一寃氣，又不能爲奸宄發一惡聲。堂下諠嘩，無復一毫之懼，案邊撥置，何殊衆楚之咻，郡邑安用此人爲哉。昏庸之吏，所當辨九。

一、欲與聚，惡勿施，撫字之方，莫善于此。惟是錢糧不能從其逋負，奸暴不能從其横恣，本業不能從其惰慢，風俗不能從其薄惡，如斯而已。至于一切舉動，須先求同民心，求從民便，必衆謂當爲，然後修舉，衆謂當革，然後改畐。又權利害之大小，念興廢之始終，若意雖愛民，而不合人情，拂衆以始禍。以實爲善，而不諳事勢，妄動以擾民。或信禍福，興不急之土木，或忽斟酌，造無益之坊牌。諸如此類自謂品格無虧大于民生有損，多事之吏所當辨十。

總釋：玷于簠簋《賈誼策》古者大臣有坐不廉而廢者，不謂不廉則曰簠簋不飾，言不謂其貪，則曰簠簋之器不精潔也。王密之金楊震初薦王密爲茂才，後密爲昌邑令，震過之，密夜懷金十斤餽震，震曰：故人知君，君不知故人。密曰：暮夜無知者。震曰：天知地知子知我知，何謂無知。虞叔之璧《左傳》虞叔有璧玉，虞公求之，獻之。又求其寶劍，虞叔曰：是無厭也。遂伐虞公。重足。漢武帝時用張湯酷刑，天下皆重足而立，言足如帶重物不能止動。錙銖《阿房宫賦》取之盡錙銖，用之如泥沙。十黍重曰銖，二十四銖曰兩，八兩曰錙。樂只豈弟《詩》樂只君子，民之父母。又豈弟君子，民之父母。登鬼録魏文帝與吴質書，昔年疾疫親故多懼其災，觀其姓名已登鬼録。人死則爲鬼，陰司録寫其姓名故曰鬼録。底績《書》乃言底可績。底，致。績，功也。言可致有功也。塞責漢高祖建捕趙王敖，趙相貫高對獄獨白趙王不反上，赦趙王貫。高曰：今王已出，吾責已塞。塞，止也，責，罪責也，言罪責已止也。强項漢董宣爲洛陽令，光武姊明陽公主蒼頭殺人，宣格殺之，主怒訴帝，帝怒召宣欲捶殺之。宣曰：縱奴殺人，何以治天下。帝怒解，令小黄門持宣使謝主，宣兩手據地不肯俯。帝勅强項令出。强項言其不肯伏也。染指宋子公食指動，對子家曰：當嘗異味。因相視而笑，宋公問對以故。少頃有進大黿者，公命鼎烹之，遍享朝士而不及子公。子公怒，遂染指于鼎，嘗之而出。怒衝冠藺相如捧璧如秦，秦王無竟償城，相如給璧于懷怒髪衝冠曰：臣頸血可濺王庭，璧不可得。秦王曰：壯士也。禮遣之而歸。上交未亢史謂晏子上交不諂，下交不亢。登壟乞墦見《孟子》。無黨無偏《書》無黨無偏，王道平平。日宣上德《書》日宣三德，夙夜浚明有家。戴盆司馬光曰：戴盆何以望天。言民之冤抑，如戴盆于首不能望見天日也。向隅泣《漢·刑法志》古人有言滿堂飲酒，一人向隅悲泣，則一堂皆爲不樂。夙夜匪懈句出《詩》，夙早也，懈怠惰也。罔咈百姓《書》罔違道以于百姓之譽，罔咈百姓以從己之欲。咈逆也。思飢如傷稷思天下有飢者由己飢之也，文王視民如傷。保民若赤《書》著保赤子惟民其康義。褎音又，《詩》褎如充耳。注塞耳填也。損上益下《易·益掛》象曰：益損上益下，民説無疆云云。苞苴記見苞苴之禮行。苞苴裹魚肉以行餽者。衆楚咻《孟》一齊人傅之衆楚人咻之。與聚勿施《孟》所欲與之聚之，所惡勿施爾也。撫字陽城爲道州刺史，自署其老曰催科政拙，撫字心勞。撫，撫恤也。字，愛養也。

官守第三

一、布政司職在保釐，爲諸司領袖。凡一省官吏臧否，軍民利病，政治得失，風教盛衰，無不由之，責任甚矩。其各項錢糧，自會計而徵收，而支解，靡不督覈周詳，使上下公私之間，風清弊絶，自是該司職掌。此外如課農業，均户口，清冗濫，禁奢靡，簡獄訟，恤孤窮，正士風，通商賈，僚屬之品評必當，衙門之弊蠹必釐，蠲停之德意必宣，册籍之稽查必慎，皆當苦心而計，殫力而圖。或徑自施行，或呈詳撫按，期于事事合宜，人人得所，庶不負承宣之職。其應造報一應錢穀册揭，照舊規行。

一、一方風紀，寄重臬司。彈壓百僚，肅清庶務，吏治民生，関係匪渺。故死刑皆由按察司轉京詳者，謂必該司以爲可殺，然後以聞，誠重之也。今後凡遇各屬申呈重辟招由到司，再三參閲，果無冤枉，即與轉詳。倘有可矜可疑，不妨徑自批駁，期于情法允恊。每季終，將轉詳駁問過起數，揭報巡按，查考其新例，每歲清審囚犯，有死罪矜疑，及軍徒杖笞，情可原宥者，並須該司覆覈妥確，呈詳撫按，會疏題請。至于郡縣官邪吏蠹，土豪勢惡，與一切不公不法事情，俱要多方廣訪，不時參呈拿究。其餘凡可明刑飭吏，裨益風紀者，悉聽該司便宜督察行之。

一、都司控制衛所，保障封疆，國初設官之意最重。近來事權漸覺凌夷，職業亦多隳廢，掌印者陋習相訟，領班者戎政無裨，其餘僉佐，總屬備員，所從來遠矣。今後該司務須身先表樹，志切報酬，凡吏胥見面，與保送襲替敝規，痛加洗剔。仍嚴督所屬各官，撫恤軍士，簡練戎伍，于該管城池關隘，水陸要害處所，用心隄備，以請地方。仍令各查原設額軍，見在逃故，差撥役占各數，并軍器屯糧料價，收除完欠緣由，開造一册，候巡按御史按臨呈送。各該官軍俸糧，照常造報。各府倉庫册内，亦將各衛所按季支領過銀米明白填註，以憑互查。

一、清軍道專理軍匠，職在清勾。近來載入考成，督責光切，該道宜嚴行各屬掌印清軍官，備查原奉單册，未經銷繳若干，續奉清勾若干，見今清出若干，曾否起解有無批收，未清若干，是否逃亡。如果丁盡户絶，挨無名籍，曾經結勘五次者，即與查豁轉繳部單。每季終，各將解過名數揭報。仍聽該道年終甄別分數造册，備呈巡按，覈實具奏。其各處掛號銷號，與衛所遇有逃亡，應請巡按印發單册俱照舊行。若吏書里老，通同受賄埋没，或長解賣放，久不獲批及清軍官需求常例，衛所官凌虐新軍，種種積弊，皆聽該道拿究重處。

一、糧儲道專理錢糧，國計民生所係極重。但各處積弊相訟，如花分飛灑，明重暗加，包攬侵欺，那移乾没等弊，紛紛百出莫可究詰。該道會同各該分守道，備行所屬，一應起存本折錢糧，會計到日即將派糧書算封閉公所，正官親自監督。如本户田地人丁若干，應派某項某項錢糧若干，填完由票，互相磨對。總撒俱同，再行抽查，不許洗補，責令里長領回，近者三日遠者五日，盡數散完。仍出示通行曉諭，倘有數目不同，花户即時赴告。如果無弊，即便立法追徵，依期完解。俱照隆慶四年，原降法馬，再行府州縣較勘歸一，平收平解，不許假以火耗等名色，加重毫厘。如有猾吏積書暗派私增，以完抵欠，與夫包侵那借等項，不時訪拿處治。其奉文蠲免，帶徵分數，貪官污吏，往往朦朧混徵，因而侵没，弊非一端，更當遵照屢旨加意清理，使小民獲沾實惠。惟是徵收支解，比較俱銷之法各處人情事體不一，難于畫一，聽各從長計議而行。

驛傳道之職，在清冒濫以甦疲困。近奉頒行驛傳條例，已極森嚴，第在着實查覈之耳。該道備行各府州縣驛遞等衙門，除真正坐名勘合，照常應付，但廩糧夫馬等項，不許過濫本數。如假借銜名，洗改年月，及隔省牌票，未經兩院，及各衙門掛號者，不准應付。倘公差員役，仍有倚勢作威，凌虐官卒，或多孛折乾，濫用夫馬，行令據實申報院道，拿問參處。亦不許故意刁難，或因而冒破取究，支應錢糧，以時催給，勿令揭債賠累，應付循環按季倒換。該道年終，仍類查各驛遞站銀原額及支用數目，該驛有無節省，各屬有無掛欠，據實册報撫按，以憑照例查參。

一、屯田水利等道責任不同，所關軍民利害非淺，如各衛所屯地多屬膏腴，顧奸猾典賣，勢豪侵奪，那移飛詭，日甚一日。該道宜出示曉諭，許令首正免罪。仍督所屬，備查某衛所原額屯田地若干，坐落何處，見係何人承種，應納子粒若干，果否依期完納，逓年作何支銷。清出還官者，曾否另給何人領種，遂一查明。册報巡按查者仍嚴禁管屯員役，不許横索屯軍，或滋侵盗之弊。至于水利，猶關民瘼，該道嚴行各屬，將所轄堤埝陂塘，親行踏勘，度高下之勢，酌緩急之宜。應修築者修築，應疏濬者疏濬，期于蓄洩有備，旱澇無虞。倘工程浩大，官爲議處通詳，不得轉委陰醫等官，徒滋擾害。亦不許勢豪大户，肆行阻撓，違者重究。如别有美意良法，可爲軍民永利，亦聽呈詳兩院定奪。

一、各省既設布按二司，又設守巡二道，分地督責，所賴以巡行郡邑，察吏觀民，最爲喫緊。邇來各官，多不依期巡歷，以致地方無人管束，貪官污吏得以肆志，强竊盜賊得以横行。一有失事，互相隱蔽，又有喜人非禮奉承，或待屬謙卑太過，紀綱不振，績効罕聞，職此三由，以後宜遵照憲規，每歲巡行該管郡邑，躬行阡陌，體察民隱。如官吏有無貪殘，閭閻有無愁嘆，流移有無招復，荒蕪有無開墾，賦役有無清省，積貯有無充盈，教化風俗有無修舉，與夫農桑水利，寇盜奸宄，城池庫獄等項，皆當隨在講求。應調停者即爲調停，應禁治者即爲禁治，必使一路政平訟理，事集民安。尤宜于騶從廚傳之間，痛自節省，使地方見其利，而不見其擾，斯爲實效。巡畢，仍將行過事蹟，并官吏賢否，地方利病，揭送撫按，核實轉報。各州縣照舊將該道起駐日期，申報查考。

一、學校人才自出，世道污隆，全係士風善敗，此非督學者之任而誰任也。今之士風，日益壞矣。視學較爲利禄之場，以詩書爲富貴之籍，理義身心之學，槩置不講，世道將焉賴之。今後督學該道，項首端身範，倡明正學各屬師生，有能講究身心，砥礪名節，卓有行誼者，特加薦拔，明示之趍，不肖之猶者，叅拿黜革。必使士風丕變，他日得實學真才之用，顧不偉歟。至于公校閲，密關防，布章程，正文體，該道自能修舉。仍飭提調官，如意作興，相□共崇實行，毋徒畏狥以長奔競之風。應置生員出入門簿，與巡按觀風考校，俱照舊行。

一、各省直兵備海防江防等道，或隄防倭虜，或節制苗責，或督捕盜賊，皆有安攘重寄。即今中外多故，倚籍非輕，各宜嚴督所屬文武將吏，先事周防，多方節偹，增修險隘，相廢情形，平時則申令嚴明，有警則協力擒捕，毋逗遛而遺患，毋輕動而損威。倘有疎虞，不論失事輕重，即時飛報督撫巡按等衙門，以憑勘處，無容隱匿，自干明例。其大小將領，及佐貳巡司等官，但有包占剥削等弊，或縱容部卒捕兵等役，賣放真夷真賊，誣害無辜，搶奪商民，貽害地方者，徑聽該道叅拿處治。其各宣慰宣撫土司等衙門，該道申諭，宜益虔修職貢，永保疆土，毋聽奸徒撥置生事，干犯天威。各土舍應襲，查勘明白，應與代奏者，俱照題准事例施行。

一、塩運司專理塩務，轉運錢糧，所關民用邊儲最切。而運使之官，近奉欽依，務在得人，與兩司官一體從優陞轉。且得評隲有司賢否，事權且益重，該司又何可不自重也。今後首宜潔己奉公，督率各分司官，照依節次申明塩法事例，着實修舉，務期上不病國，下不病民，中不病商，乃爲稱職。一切總催包攬，秤掣派散，及私煎私販等弊，嚴加稽防。其各該行塩地方，與引目斤數之多少，課銀之完欠，及捕獲私塩分數，俱聽各巡塩御史查理施行。

一、苑馬行太僕二寺，戎馬攸寄，近來各題改憲職，一體崇重，豈宜復以閒局厭薄之。今後各宜查照職掌，依時舉行，仍將節年沿革事宜，逐一開具原行略節，并利弊所當調停振刷者，偹造書册，呈送巡按，及茶馬御史查考。行過事蹟，亦按季填報，以觀勞勩。如有司武弁，敢仍前玩視，不遵約束，不時叅呈重處。

一、長史教授，職司輔導，即今各省宗儀蕃衍，恐官校軍民人等投充，撥置生事害人，難保必無。各官務要盡心匡弼，恪共祖宗訓典，以成諸王令德。近題准設立宗孝事例，着實遵行。如事干有司，合行問訊者，并聽從公問理，毋得占悋不發。倘有切己事情，准具印信公文，申呈職掌衙門分理。情重者轉詳撫按定奪。至于名封婚禮等項，條例具在，所司查照奉行。應得禄米，布政司督催解給，不許軍旗徑赴州縣催擾。長史等官賢否，聽撫按一體查訪薦劾。郡守即古二千石，庶民所得安其田里，無愁嘆之聲者，全賴此官。邇來寬假成風，只以簿書期會，便了本分，僚屬署考，十九稱賢，又極其粧點，不知知府爲一方領袖，即自己廉愛嚴明，公誠勤慎，而所屬州縣，但有一不肖之吏，有一失所之民，有一未興之利，未除之害，便不得謂之稱職。今後務深惟師帥之義，一洗模稜之習，必使所屬之吏，皆廉愛嚴明，分誠勤慎，如我一身。所屬之政，皆廢興墜舉，弊革奸除，如我一堂。所屬之民，皆安生樂業，老恬少熙，如我一家。能此者署以上考，無論卑微，不能者署以下考，無附炎熱。毫髮不相假借，千里頓見澄清，郡守之職不當如是耶。至于屬官歲時叅謁，節令餽遺，一切陋規，俱宜嚴禁以端表率。

一、各府統州縣之政，事務繁多，又設佐貳以分理之。同知通判，職掌不同，大率清軍捕盜，督糧管馬，水利塩法數者，而理刑則推官事也。責既有專職亦易稱，倘亦因循度日，于諸務漫無裨補，寧不虛負此官。誠念國家設官分職，非只備員，有一事便有一事之利，亦便有一事之害。利之所在吾興之，害之所在吾革之，造福地方亦自不淺。其清軍各廳書辦皂快，往往與州縣房科通同作弊，藉口各項未完前件，寫成牌票，朦稟標發，一到州縣便紛紛科索打點，得錢均分，而官不知也。至于刑廳各役，假稱上司委訪賢否，誆騙生事，與夫巡捕巡塩積快賣放嚇詐，爲害滋甚。俱宜嚴加防範，勿令利歸此輩，而怨歸官府。若各色常例，查盤魄儀關涉名檢者，各官當知自愛，無俟齒及。

一、州縣各官，朝廷與之分土而治，古人比之乳保，百姓稱之爲父母，此最宜顧名思義。居是職者，試自反觀種種作用，果能無忝乳保之託，真如父母之愛其子否？出而前呼後擁，千百人環視皆愛我乎，敬我乎，怨恶我乎，竊咲而鄙夷我乎？民心至神，天日在上，誰能欺之。即近日以貧酷聞者，往往提問發遣，或逮之闕下，三尺亦自可畏。今後各宜痛自省悟，恪守官箴，毋炫聲華，毋濫差遣，毋酷虐民命，毋淹滯訟獄，毋科擾里甲，毋坐視孤窮，毋勒收錢糧耗餘，毋虧損舖行價值，毋以紛更爲振作，毋以軟熟爲寬仁。及近該部院題奉欽依，省刑罰諸約束條件與招撫流移等五事，各置之座右，着實遵守。但地方一利未興，一害未除，一夫不得其所，便當拊心自愧，勵精而啚。撫按衙門，第從民間察其實政有不如約，或虛文搪塞者，不時劾治拿問，追悔何及。

一、州縣佐貳首領下及倉巡驛遞等官，或以監貢曾經作養，或以吏承備歷辛勤，品秩雖卑，蓋均受朝廷一命。語云一命之士，苟存心于愛物，于人必有所濟。且賢能小官，容易出色，但經薦獎，便得優陞，胡乃不自激昂。惟利是視一至敗露，俛首棄官即身冒刑罪，不以爲耻，愚熟甚焉。自後各宜洗心滌慮，隨事盡職。佐領各官，不許仍前假以管糧清軍巡捕等名色，誅求常例，擅受呈詞。勿多問罪贖以悦堂官，勿偏聽左右以開騙局。一切勾攝牌票，非掌印官印發，不許擅自施行。至于倉庫之抑勒加增，税課之多收少報，驛遞之需求見面，司獄之凌虐罪囚，種種弊端，牢不可破。而巡捕巡司等官，通同積役，指盗嚇詐，誣陷平民，其害尤烈，俱宜省改。但有違犯，該正官即據實揭報兩院，戒革拿問。倘院道別有訪聞，或被告發，而掌印官曲庇者，另議。

一、師道立則善人多，朝廷以郡邑青衿之士，遍設教官作養，意欲何爲。邇來則溺其職甚矣。無論成德達材之効，渺爾無聞而課業并踈，驕蹇難制，玩視教官，直若土偶。士習之壞，誰其挽之。今後教官務要規言矩行，爲諸士倡，正其心術端其趨向，使皆知言憚切磋，相與講論經史治道等事。上之可需世用，次之亦不辱其身，斯爲稱職。撫按及提學官，便當破格優禮薦揚。其以日暮途窮，學政盡弛者，分別戒斥，或報部劣轉，未可姑息，致壞士風。

一、各處副總叅遊守執等官，推旄專閫，止爲朝廷禦外侮，奠封域一事耳，與諸司職務如蝟者不同，豈不可枕戈宣力，以啚報効。即今倭虜交訌，四郊多壘，而江洋山谷之間盗賊時時竊發，安危緩急，全係各官。所當志奮請纓，身先嘗膽，無公行役占，無私自扣除，無生事擾民，無偷安玩寇。凡信地山川險隘，戰守機宜，器械作何整修，兵馬作何簡練，消息如何哨探，膽氣如何鼓舞，俱要時時講習，常如敵在目前。一遇警息，即躍馬當先，滅之而後朝食，仍馳報合于衙門施行。前賢有言，疆場未靖，何以家爲，願請將共勗之。中間果能不愛錢，不怕死，謀勇超卓，茂著忠猷，撫按自當優叙。如或貪婪暴戾，觀望逗遛，以致失人心，悮事機者，不時叅奏處治。應報撫按官員賢否，軍馬錢糧等項册簿，及地里畫啚貼說，俱查照舊規造送。

一、衛所武弱冠組弁，即受國恩豢養多年，本以備一朝緩急之用，乃今四方多故動稱世職乏人，不得已取之白丁，搜之岩穴，汝輩寧無愧赧。今後各宜痛自策勵，恪守職業，仍講究韜鈐，勤習弓馬以啚上進。中間果有勇略出衆，志向不羣，足備干城之選，該道印揭報撫按，一面委用，仍俟優薦。若素行欠謹，能知省悟，亦不得仍襲舊考，阻其自新。惟是怙終不悛，貪淫無忌，或管事而科斂侵漁，虐害軍士，或空閒而姦盗詐僞，敗壞官常。撫按官輕則戒罰，重則叅提，決不少貸。應襲舍人但年十五以上俱要讀書習射，候巡按下操之日，造册呈送，一體校閱，不許隱漏。應起送襲替者，先赴巡按衙門告給限票，批查無礙，聽該道考核。務將所守矢數，所問兵條，粘連起送巡按衙門。若射不中三矢以上，武經不通三書以上者，照例駁回。該衛所官吏，有刁難需索，或隱情扶結者，坐贓重究。

總釋：保釐《書》命畢公保釐東郊，保，安。釐，理也。領袖魏舒甚有時望，裴楷曰：魏舒堂堂人之領袖。承宣謂承流宣化也。明刑《書》明于五刑，以弼五教。保障言如屏障以遮蔽也，事見尹鐸。畫一漢蕭何死，曹叅代爲相，舉事無所變更，一遵何約束。二年百姓歌之曰：蕭何爲法較若畫一，曹參代之守而勿失。載其清浄民以寧壹。二千石漢宣帝曰：庶民所以安其田里而無勤息愁恨之聲者，政平訟理也。與我共此者其惟良二千石乎。注二千石，每年一千四百四十石，大守俸也。師帥《董仲舒策》今之郡守縣令民之師帥，所使承流而宣化也。模稜唐蘇味道爲相，謂人曰：決事不欲明白，悞則有悔，模稜持兩端可也。世號模稜，手模手捉也。端，頭也，稜木稜角也。決事之際若以手持木兩頭而捉其稜在兩可之間。日暮途窮伍員父奢兄尚皆爲楚平王所殺，奔吳謀伐楚，鞭平王之尸。申包胥曰：子之報仇不已甚乎。員曰：吾日暮途遠，是以倒行而逆施。如蝟蝟音位，虫似豪豬而小。《賈誼傳》蝟毛而起，言事如蝟毛之多。枕戈劉琨與祖逖爲友，嘗與親故書曰：吾枕戈待旦，志梟逆虜，嘗恐祖生先我着鞭。請纓漢終軍嘗詣闕願請長纓繫南越王尉佗頭致之闕下。嘗膽越王勾踐反國臥薪嘗膽以思報仇。滅之朝食《左傳》晋與齊戰，齊侯曰：余姑剪滅此而後朝食。何以家爲漢衛青爲大將軍甚得寵幸，上嘗欲爲其治宅第，青曰：疆埸未靖，何以家爲。緩急用漢淳于意當刑，嘆曰：生女不生男，緩急無所用。女緹縈上書代父死，遂除肉刑。干城《詩》赳赳武夫，公侯干城。怙恃怙，恃也。悛，改也。

部約第四大槩與他項相類此不重載

巡視第五

一、巡按出巡按臨處每府不下月余，二道分駐一郡，職守在焉。今後如出巡守道駐劄地方，事即與守道計議，巡道不必並至相候，俟審録考察完日前來。巡道駐劄去處與兵備各道俱倣此行之，不惟可省勞費，且不至久妨職守，計之甚便者。若兩直隸地方，該道別有分務相訪，亦不必盡拘此例。各衙門應送《憲綱》審録等項册簿，止令佐貳或守領官呈遞，掌印官非奉調取明文，不許擅離。至期量留佐貳，或首領教官一員護守庫獄，候正官回日補考。公差患病者，差回病痊，即令赴補，不許規避遷延。各該吏典，備造年貫，叅撥日月小册。掌印官留心稽察，某奸污壞法，某賭博姦淫，另開事蹟，分別應拿問，應革戒，密封呈送。見役書手，有舞文弄法，横索民財者，每處亦要開報一二人，俱毋曲庇，自招嫌議。各吏如有畏避脱逃，倩人代考，吏房吏不舉，同罪革役。

一、巡按駐劄衙門，関防係焉，掌印官先期修葺墻垣，厚鋪棘茨，內外水道，毋留空隙，壁間字跡，盡行刮洗。書吏房，另一廚厠，仍置總門以便封鎖，勿令奸人留藏私帖，及將財物埋地寄廚，妄意打點。門窓鎖鑰，及合用什物，俱要堅完。大堂廁置長盤磁礶水缸，每日進送水菜，當堂倒換，外不許入，內不許出。仍開載白牌，付內班人役收掌。如有缺少，責令賠償。凡供用，選忠寔人役，俱給腰牌，開寫姓名年貌，以便查點，不許積年頂充，希啚作弊。巡捕員役，晝夜巡邏，嚴加防範。但有窺伺喧嘩者，便擒拿責問。

一、巡按出巡，上巡捕官量帶兵快，于交界地方候接。一應人役夫馬，俱在本衙門首伺候，一程經送一程。兵快執肅靜牌于執事前，廻避牌于監書前。監書馬貼轎緩行，馬擇調良，拴椿繫鞭，聽便上下。雨具臨時稟發，轉灣或水路泊船去處，巡捕員役，預驅閒人，屏去雜船，不許逼近監書。有投遞私書者，即行迸逐，但不許乘機嚇騙，使民間閉門罷市，雞犬不寧。經行地方，小民有負屈于豪右，見抑于有司，不敢入城控訴者，聽其沿途赴告，不得攔阻。若奸徒逞刁溷擾，審出重究。公署各官相見，以次稟報，俱止兩拜，謫官師生禮，同府衛首領千百户，州縣佐貳以下，俱免稟拜。其余搜檢交卸起馬，及初到一切儀節，悉照舊規。行香後，止朔望入揖，非有公事稟白，即五日一揖免。鄉約里老人等，候約日入見，詢問民情，餘日不必再見。其各院新任離任不係駐劄所在地方，道府以下官員特來謁送者，遵照近題事例，從事叅究。

一、騶從以辨等威，似不可廢，而在內公卿止有導引一對，未嘗不尊。況旗識鼓樂，已經題禁，而民間雇馬，爲費頗多。以後兩院出巡，本等執事之外，量用藍旗，以備差遣。其司道府官過客，亦令一體遵行。夫老成簡素君子之美德，而紛華炫赫，市里之童心，覩人品者，此亦一證。至于一官出入，百官送迎，追隨人馬，奔走遠途，于己分毫無益，而小民饑疲可憫，以後嚴申約束。官吏迎送，止于關廂，生員止于門首，但過一里者，即係非禮奉承，吏提究，官另議。

一、按臨日用蔬菜，及監書每日薪米，驛官進領供應簿，次早照註定數目辦送，不許多添一味。柴炭油燭，五日一送，紙筆硃墨，遇缺取用，俱動官銀易買，不許累及里甲舖行。起馬之日，通將用過銀數，造册繳查。一應書册手本，不用綾殻。近有用紅腳色，紅稟帖者，尤爲壞俗，所宜痛革。公舘一切器具，先遞一單，起馬之日，照數驗發。鍾盞不用金銀，街坊不用焚香結綵，不用揮水洒塵，不用鋪毡及銷金帳幔，一切可仍者，不必更新。門外不設旗鼓，中火不許搭掤，司道府俱要一體安静，毋得張筵折席。至于書吏扛廂，不係緊關必用者，不得閑帶多擡，以擾地方。兩院承差，多不過五六人，仍分兩班，所至只帶三二人，以備賫奏。其賫奏者，不許背重大包箱，致累夫馬，致起嫌疑。巡歷駐劄地方，有司閉之公所，量給口糧，勿令出外生事。其吏承人等，央求分上投送兩院希啚聽差害民者，定不准理。仍重責究革。

一、舘穀餼廩，在新潔不在靡費。以後兩院出巡，及司道府官經過中火同過客，果菜各五楪，腥素共十器，湯飯三道，家眷量增一桌，吏書童僕，加米麵肉豆腐，求可足用。上官經宿處所，皆預將應用之物，發票坐取。有驛遞者，州縣不許備辦。此外但有送下程飯桌者，除不收外，該吏提究。至于舖陳，除過客量爲呈送外，本地方官，自帶衾枕一副，儘與身體相宜。吏書兩人，自帶一副似於搜檢更便。若飲食之外，又折廩給口糧過關索要稻米小飯，又要折銀者，過客間一有之，賢者必所不屑。該地方官，防意奉承者，不准開銷。

約束第六

一、省刑罰。該本院官刑部時，議得酷吏藉刑，每以制人之命，貪吏藉罰，每以破人之產。各擬約束刑罰兩端，共一十六條，通行天下。撫按令所轄縣，照依國初戒石事例，各書守令公署，以示遵守。其撫按舉制獎戒，務考刑罰，計寬嚴，有無破敗人產，有無鞭朴人命，有無貪酷形狀，而賢否之以示激勸，奉有允旨。違者重究。

省刑約束八則

一、律例原無宜省刑四條：

勿用磨骨釘寸寸緊枷棍，

勿用數百斤三四人立枷，

勿用帶根板水缸杖生樹棍，

勿用腦箍竹簽鞝掌背花。

二、倫理當重宜省刑四條：

父子兄弟告者恕父兄刑，

夫妻尊長告者恕夫與尊長刑，

子弟替父兄誣告者省子弟刑，

妻妾替夫誣告者省妻妾刑。

三、刑流防過者刑四條：

先枷撻者後莫枷撻，

人枷撻者我莫枷撻，

已刑下體莫刑上體，

已撻輸家莫撻贏家。

四、情偏防過省刑四條：

勿偏聽原被告加刑，

勿過擬誣佐加刑，

勿出我聰明加刑，

勿怒人强項加刑。

五、避天時者刑四條：

早晨宜省刑，

寒暑宜省刑，

霜雪宜省刑，

節令宜省刑。

六、體人情省刑四條：

屍親宜省刑，

口訥宜省刑，

救尊長者宜省刑，

訴冤枉者宜省刑。

七、人可矜者省刑四條：

老少者宜省刑，

飢寒者宜省刑，

病初愈者宜省刑，

殘廢篤疾者宜省刑。

八、人可疑者省刑四條：

官員宜省刑，

生儒宜省刑，
婦女宜省刑，
賊情曖昧宜省刑。
省罰約束八則：
一、省罪內罰四條：
勿輕罪已擬而又罰，
勿重罪輕擬而加罰，
勿改無力贖爲有力贖，
勿改輕罪贖爲重罪贖。
二、省罪外罰四條：
勿因事白罰富民，
勿脅短明取罪民，
勿罰紙穀暗收折價，
勿受賄賂故出人罪。
三、省錢糧罰四條：
勿取常例寬限，
勿取重收秤頭，
勿染投櫃拆封，
勿留多派大户。
四、省里甲罰四條：
勿明徵會銀暗用里甲，
勿里長輪支又派殷實，
勿用銀多而累管支包補，
勿用銀少而令行户出物。
五、省指公費罰四條：
勿指迎送科罰，
勿指來朝科罰，
勿指士夫科罰，
勿指截糧科罰。
六、省指上司罰四條：
勿指上司取無礙銀罰，
勿指上司送長夫銀罰，
勿指上司發獎勵銀罰，
勿指上司送節壽禮罰。
七、省尅扣罰四條：
勿尅扣船車官銀，
勿尅扣各役工食，
勿尅扣各行稅銀，
勿派取地方土宜。
八、省紙穀罰四條：
勿尅上司官銀倉穀抵數，
勿尅自理贖銀餘穀作正，
勿尅賑濟銀兩發倉欺人，
勿尅修理公銀勸借肥己。

《明史》卷七三《職官志》 都察院。左、右都御史，正二品，左、右副都御史，正三品，左、右僉都御史，正四品。其屬，經歷司，經歷一人，正六品，都事一人，正七品。司務聽，司務二人，從九品。初設四人，後革二人。照磨所，照磨，正八品，檢校，正九品，司獄司，司獄，從九品。初設六人，後革五人。各一人。十三道監察御史一百十人，正七品，浙江、江西、河南、山東各十人，福建、廣東、廣西、四川、貴州各七人，陝西、湖廣、山西各八人，雲南十一人。其在外加都御史或副、僉都御史銜者，有總督，有提督，有巡撫，有總督兼巡撫，提督兼巡撫，及經略、總理、贊理、巡視、撫治等員。巡撫之名，起於懿文太子巡撫陝西。永樂十九年遣尚書蹇義等二十六人巡行天下，安撫軍民。以後不拘尚書、侍郎、都御史、少卿等官，事畢復命，即或停遣。初名巡撫，或名鎮守，後以鎮守侍郎與巡按御史不相統屬，文移窒礙，定爲都御史巡撫兼軍務者加提督，有總兵地方加贊理或參贊，所轄多、事重者加總管。他如整飭、撫治、巡治、總理等項，皆因事特設。其以尚書、侍郎任總督軍務者，皆兼都御史，以便行事。

都御史職專糾劾百司，辯明冤枉，提督各道，爲天子耳目風紀之司。凡大臣姦邪、小人搆黨、作威福亂政者，劾。凡百官猥茸貪冒壞官紀者，劾。凡學術不正、上書陳言變亂成憲、希進用者，劾。遇朝覲、考察，同吏部司賢否陟黜。大獄重囚會鞫於外朝，偕刑部、大理讞平之。其奉敕內地，拊循外地，各專其敕行事。

十三道監察御史，主察糾內外百司之官邪，或露章面劾，或封章奏劾。在內兩京刷卷，巡視京營，監臨鄉、會試及武舉，巡視光禄，巡視倉場，巡視內庫、皇城、五城，輪值登聞鼓。後改科員。在外巡按，北直隸二人，南直隸三人，宣大一人，遼東一人，甘肅一人，十三省各一人。清軍，提督學校，兩京各一人，萬曆末，南京增設一人。巡鹽，兩淮一人，長蘆一人，河東一人。茶馬，陝西。巡漕，巡關，宣德四年設立鈔關御史，至正統十年始遣主事。儹運，印馬，屯田。師行則監軍紀功，各以其事專監察。而巡按則代天子巡狩，所按藩服大臣、府州縣官諸考察，舉劾尤專，大事奏裁，小事立斷。按臨所至，必先審録罪囚，弔刷案卷，有故出入者理辯之。諸祭祀壇場，省其墻宇祭器。存恤孤老，巡視倉庫，查算錢糧，勉勵學校，表揚善類，翦除豪蠹，以正風俗，振綱紀。凡朝會糾儀，祭祀監禮。凡政事得失，軍民利病，皆得直言無避。有大政，集闕廷預議焉。蓋六部至重，然有專司，而都察院總憲綱，惟所見聞得糾察。諸御史糾劾，務明著實跡，開寫年月，毋虛文泛詆，訐拾細瑣。出按復命，都御史覆劾其稱職不稱職以聞。凡御史犯罪，加三等，有贓從重論。

十三道各協管兩京、直隸衙門；而都察院衙門分屬河南道，獨專諸內外考察。

浙江道協管中軍都督府，在京府軍左、金吾左、金吾右、金吾前、留守中、神策、應天、和陽、廣洋、武功中、武功後、茂陵十二衛，牧馬千户所，及直隸廬州府，廬州、六安二衛。

江西道協管前軍都督府，在京府軍前、燕山左、龍江左、龍江右、龍驤、豹韜、天策、寬河八衛，及直隸淮安府，淮安、大河、邳州、九江、武清、龍門各衛。

福建道協管户部，寶鈔提舉司，鈔紙、印鈔二局，承運、廣惠、廣積、廣盈、贓罰、甲乙丙丁戊字、天財、軍儲、供用、行用各庫，在京金吾後、武成中、飛熊、武功左、武功右、武功前、獻陵、景陵、裕陵、泰陵十衛，及直隸常州、池州二府，定邊、開平中屯二衛，美峪千户所。

四川道協管工部，營繕所，文思院，御用、司設、神宮、尚衣、都知等監，惜薪司，兵仗、銀作、巾帽、鍼工、器皿、盔甲、軍器、寶源、皮作、鞍轡、織染、柴炭、抽分竹木各局，僧、道録司，在京府軍、濟州、大寧前、蔚州左、永清左五衛，蕃牧千户所，及直隸松江府，廣德州，金山、懷安、懷來各衛，神木千户所，播州宣慰司，石砫、西陽等宣撫司，天全六番招討司。

陝西道協管後軍都督府，大理寺，行人司，在京府軍後、鷹揚、興武、義勇右、橫海、江陰、康陵、昭陵八衛，敢勇、報效二營，韓、秦、慶、安化四府，及直隸和州，保定左、右、中、前四衛。

雲南道協管順天府，廣備庫，在京羽林前、通州二衛，及直隸永平、廣平二府，通州左、通州右、涿鹿、涿鹿左、涿鹿中、密雲中、密雲後、永平、山海、盧龍、撫寧、東勝左、東勝右、大同中屯、營州五屯、延慶、延慶左、延慶右、萬全左、萬全右各衛，居庸關、黃花鎮、寬河、武定各千户所。

河南道協管禮部，都察院，翰林院，國子監，太常寺，光禄寺，鴻臚寺，尚寶司，中書舍人，欽天監，太醫院，司禮、尚膳、尚寶、直殿等監，酒醋麵局，鐘鼓司，教坊司，在京羽林左、留守前、留守後、神武左、神武前、彭城六衛，伊、唐、周、鄭四府，及兩淮鹽運司，直隸揚州、大名二府，揚州、高郵、儀真、歸德、寧山、潼關、神武右各衛，泰州、通州、汝寧各千户所。

廣西道協管通政司，六科，在京燕山右、燕山前、大興左、騰驤左、騰驤右、武驤左、鎮南、瀋陽左、會州、富峪、忠義前、忠義後十二衛，及直隸安慶、徽州、保定、真定四府，安慶、新安、鎮武、真定各衛，紫荆關、倒馬關、廣昌各千户所。

廣東道協管刑部，應天府，在京虎賁左、濟陽、武驤右、瀋陽右、武功左、武功右、孝陵、長陵八衛，及直隸延慶州，開平中屯衛。

山西道協管左軍都督府，在京錦衣、府軍右、留守左、驍騎左、驍騎右、龍虎、龍虎左、大寧中、義勇前、義勇後、英武、水軍左十二衛，晉府長史司，及直隸鎮江、太平二府，鎮江、建陽、瀋陽中屯各衛，平定、蒲州二千户所。

山東道協管宗人府，兵部，會同館，御馬監，典牧所，大通關，在京羽林右、永清右、濟川三衛，及中都留守司，遼東都司，直隸鳳陽府，徐、滁二州，中都留守左、留守中、鳳陽、鳳陽中、鳳陽右、皇陵、長淮、懷遠、徐州、滁州、泗州、壽州、宿州、武平、沂州、德州、德州左、保定後、瀋陽中各衛，洪塘千户所。

湖廣道協管右軍都督府，五城兵馬司，在京留守右、武德、忠義右、虎賁右、廣武、水軍右、江淮、永陵八衛，遼、梁、岷、吉、華陽五府，荆、襄、楚三府長史司，及興都留守司，直隸寧國府，寧國、宣州、神武中、定州、茂山各衛。

貴州道協管吏部，太僕寺，上林苑監，內官、印綬二監，在京旗手衛，及長蘆鹽運司，大寧都司，萬全都司，直隸蘇州、河間、順德三府，保安州、蘇州、太倉、鎮海、薊州、遵化、鎮朔、興州五屯、忠義中、河間、天津、天津左、天津右、宣府前、宣府左、宣府右、開平、保安右、蔚州、永寧各衛，嘉興、吳淞江、梁城、滄州、興和、長安、龍門各千户所。

初，吳元年置御史臺，設左、右御史大夫，從一品，御史中丞，正二品，侍御史，從二品，治書侍御史，正三品，殿中侍御史，正五品，察院監察御史，正七品，經歷，從五品，都事，正七品，照磨、管勾，正八品。以鄧愈、湯和爲御史大夫，劉基、章溢爲御史中丞，諭之曰：國家立三大府，中書總政事，都督掌軍旅，御史掌糾察。朝廷紀綱盡繫於此，而臺察之任尤清要。卿等當正己以率下，忠勤以事上，毋委靡因循以縱姦，毋假公濟私以害物。洪武九年汰侍御史及治書、殿中侍御史。十年七月詔遣監察御史巡按州縣。十三年專設左、右中丞，正二品，左、右侍御史，正四品。尋罷御史臺。十五年更置都察院，設監察都御史八人，秩正七品。分監察御史爲浙江、河南、山東、北平、山西、陝西、湖廣、福建、江西、廣東、廣西、四川十二道，各道置御史或五人或三、四人，秩正九品。每道鑄印二，一畀御史久次者掌之，一藏內府，有事受印以出，既事納之。文曰繩愆糾繆。以秀才李原名、詹徽等爲都御史，吳荃等爲試監察御史。試御史，一年後實授。又有理刑進士、理刑知縣，理都察院刑獄，半年實授。正德中革。十六年陞都察院爲正三品，設左、右都御史各一人，正三品，左、右副都御史各一人，正四品，左、右僉都御史各二人，正五品，經歷一人，正七品，知事一人，正八品。十七年陞都御史正二品，副都御史正三品，僉都御史正四品，十二道監察御史正七品。二十三年，左副都御史袁泰言，各道印篆相同，慮有詐僞，乃更鑄監察御史印曰某道監察御史印，其巡按印曰巡按某處監察御史印。建文元年改設都御史一人，革僉都御史。二年改爲御史府，設御史大夫，改十二道爲左、右兩院，止設御史二十八人。成祖復舊制。

永樂元年改北平道爲北京道。十八年罷北京道，增設貴州、雲南、交阯三道。洪熙元年稱行在都察院，同六部，又定巡按以八月出巡。宣德十年罷交阯道，始定爲十三道。正統中，去行在字。嘉靖中，以清屯，增副都御史三人，尋罷。隆慶中，以提督京營，增右都御史三人，尋亦罷。

《明史》卷七五《職官志》 都察院。右都御史一人，右副都御史一人，右僉都御史一人，司務、經歷、都事、照磨各一人，司獄二人。嘉靖三十七年革司獄一人。隆慶四年革都事。浙江、江西、河南、山東、山西、陝西、四川、雲南、貴州九道，各御史二人。福建、湖廣、廣東、廣西四道，各御史三人。嘉靖後不全設，恒以一人兼數道。凡刷卷、巡倉、巡江、巡城、屯田、印馬、巡視糧儲、監收糧斛、點閘軍士、管理京營、比驗軍器，皆敘而差之。清軍，則偕兵部、兵科。覈後湖黄册，則偕户部、户科。

提督操江一人，以副僉都御史爲之，領上下江防之事。

（明）黄訓《名臣經濟録》卷一四《內閣·嘉靖登極詔草楊廷和》

一、給事中御史職當言路，今後凡朝廷政事得失，天下軍民利病，許直言無隱。文武官員有貪暴奸邪者，務要指陳實跡糾劾，在外從巡按御史糾劾。

（明）蕭彦等《掖垣人鑑》卷一《官制沿革》 蕭彦曰：諫有官非古也，自漢始也。自漢始則何以因之？可因也。可因者何？言路繫人國大矣，官不設，其誰不曰我無言責也，故官設焉，百官邪正，兆民利弊，詎一二耳目能知之乎。四目四聰，自堯舜不求備於一人，故額廣焉。然不以諫名也。其古之意與頃歲議省官併及科臣，未幾皇上特詔復若干員於休哉。聖天子闢言路以圖化理若是丞也，居是官者忍負之哉，忍負之哉，謹書其沿革於右。

甲辰年三月置給事中。此設官之始。

吳元年十一月，定給事中秩正五品。

洪武四年四月，改給事中秩正七品。

六年三月，始分吏户禮兵刑工六科，各設給事中二人，秩從七品。鑄給事中印一，推年長一人掌之。此分科之始。

六月，陞給事中秩從六品。

九年三月，定給事中十人秩正七品。

十月，定給事中秩從七品。

十年七月，改承勅監令丞爲郎，設官二人，秩從七品。給事中中書舍人咸隸焉。

十二年十二月，以給事中隸通政司。

十三年，置諫院，左右司諫各一人，左右正言各二人。

十五年，以兵部尚書唐鐸爲諫議大夫。

二十二年三月，改給事中魏敏卓敬等八十一人爲士源。初敏等爲給事中，上以其數符古元士，改爲元士，至是以六科政事本源改爲士源，尋復爲給事中。

二十四年十二月，更置六科給事中品秩，每科設都給事中一人，正八品，左右給事中二人從八品。給事中吏科四人，户科八人，禮科六人，兵科十人，刑科八人，工科四人，並正九品。

三十一年，革左右給事中。

三十三年十二月，定都給事中秩正七品，給事中從七品。今因之。

三十五年七月，靖難後仍設左右給事中，秩從七品。今因之。

景泰三年，令都左右給事中坐衙御史上。

正統七年十一月，更鑄六科印。

萬曆八年，議省官，户科裁給事中四員，兵科五員，刑科四員，禮科二員。

十一年，户兵刑各復設給事中二員，禮科復設一員。

《大明會典》卷二一三《六科》 國初，設給事中，正五品。洪武四年，改正七品。六年，始分吏户禮兵刑工六科，各設給事中二員，秩從七品。推年長者一人掌科事。尋隸承勑監，隸通政司。十三年，置諫院，設左右司諫各一人，左右正言各二人。已改名元士，又曰士源。或增至八十一人。二十四年，始更定六科給事中品秩，每科設都給事中一人，正八品，左右給事中二人，從八品。給事中，吏科四人，户科八人，禮科六人，兵科十人，刑科八人，工科四人。俱正九品。三十三年定：都給事中正七品，給事中從七品，而不置左右。永樂間仍設左右給事中，亦從七品。正統七年，更鑄六科印。萬曆八年，裁户科給事中四員，兵科五員，刑科四員，禮科二員。十一年，復户兵刑科給事中各二員，禮科一員，今共爲五十員，職專主封駁糾劾等事。

凡每日早朝，六科輪官一員，於殿廷左右，執筆紀録聖旨。仍於文簿内註寫某日某官某欽記相同，以防壅蔽。

凡各衙門題奏本狀，奉旨發落事件，開坐具本。户禮兵工刑五科，俱送吏科。每日早朝，六科掌科官，同於御前進呈。

凡内官内使傳旨，各該衙門補本覆奏。再得旨，然後施行。

凡六科每日收到各衙門題奏本狀，奉有聖旨者，各具奏目送司禮監交收。又置文簿陸續編號開具本狀，俱送監交收。

凡六科每日接到各衙門題奏本章，逐一抄寫書册。五日一送内閣，以備編纂。

凡禮儀邊務等事，及軍民人等陳言有關大體者，掌科官奉旨同文武大臣會議。弘治元年題准：假以陳言希進，市恩報怨，及紛更舊法者，叅駁究治。

凡内閣及吏兵二部尚書，在外總督總兵，奉旨會推，掌科官皆預。

凡兩京大臣方面等官，有不職者，俱得劾奏或大班面劾。及諸人有不公不法等事，俱得劾奏。正德元年題准：若係重事，特旨令科道記著者，即時糾舉，不得隱漏。

凡三年天下諸司官朝覲，除考察黜退外，其存留官員，公事未完等項，大班露章面奏。嘉靖六年題准：被誣奪職者，各科即時論辯。

凡一應題奏本，成化十三年題准：若有違礙事情及字様差訛，洗補迹污等項，叅出該衙門抄行。

凡各衙門援不爲例事奏請者，正德三年，令該科指實劾奏。

凡各衙門抄出該科叅語，正德十六年題准：俱要寫入本内覆奏。及行在外勘事衙門，若任情增減削去者，指實劾奏。

凡文武官違例乘轎，及武職上馬用交牀，出入乘小轎者，嘉靖五年題准：聽六科糾劾，從重罰治降調。

凡各衙門題奏本奉到聖旨，堂上官一員，隨赴本科，批押于後。

凡各衙門題奏過本狀，俱附寫文簿。後五日，各衙門具發落日期，赴科註銷。過期延緩者，叅奏。

凡在外司府衙門，每年將完銷過兩京六部行移勘合填寫底簿，送各科收貯，以備查考。

凡内外一應章奏，該部院題覆，行各撫按官俱立限奏報。仍具考成簿二扇，每月赴科倒换。并開已未完手本註銷。每上下半年，各科將過限未完事件，并撫按職名，先行該部查明，類送應題科分，查覆欠數多寡，具本題叅。

凡登聞鼓樓，每日各科輪官一員。如有申訴冤枉，并陳告機密重情者，受狀具題本封進。其訴狀人先自殘傷者，叅奏。如決囚之日，有訴冤者，受狀後，批校尉手，傳令停決候旨。嘉靖七年議准：重囚家屬於臨決前一日，即訴鼓狀，薄暮封進。

凡遇闕朝，給事中二員，分東西班與糾儀御史會同鴻臚寺錦衣衛清查。

凡各衛該朝官，各具職名置卯曆一扇輪送各科。每日早，各官赴科領曆畫卯，仍將前曆送科，月終查考。若五卯以上不至者，叅究。

凡各衙門大小官員，公差串病，開註門籍。文職屬吏户禮三科輪掌，武職屬兵刑工三科輪掌。各衙門有堂上印信手本到科，方准收照備註。

凡每歲大祀天地，都給事中入壇陪祀，給事中各一員從駕供事。嘉靖十五年題準：凡遇宗廟祭祀，都給事中俱令陪祭。

凡遇聖駕親行耕耤禮，各科掌印官陪祀，給事中各一員供事，一體侍宴。

凡遇聖駕上陵，各科官扈從。

凡大閱演武，遇聖駕親臨，各科掌印官各一員隨從。

凡殿試舉人，掌科官，充受卷等執事官。

凡禮部會試，科官三員，充同考試官。兵部武舉會試，掌科官二員充同考試官。

凡册封宗室，及蕃王，或告諭夷邦，以各科官充副使或正使。

凡三法司奉旨於午門前鞫問罪囚，掌科官亦預。

凡六科掌印員缺，俱該科左右等給事中，具題請旨署印。如一科全缺，吏科具題，以次序相應官員署掌。

凡六科員缺，如本科都左右給事中止有一員，而各科官多者，許坐名題請一員暫委協理。候本科官到日，仍回該科。

凡各科左右給事中，缺至五員以上，吏科開缺，送吏部題缺請補。各官歷俸，照依次序開列。如遇都給事中員缺，即日開缺，送部具題。

凡各科官員并監生俸糧，於通政司帶支，今自行關支。

凡各科官員并監生，每日酒飯，俱光禄寺供給。

凡各科公用紙劄，每季面奏取旨。春秋二季於刑部，夏冬二季於都察院關用。印色，順天府買用。

凡各科行移各衙門，俱經通政司轉行。

吏科

凡吏部引選文職官員，掌科官一員，與本部尚書侍郎同赴御前請旨選用。并看用選官印子填寫榜文。

凡吏部選除在外衙門官員，該領赴任文憑，俱先赴本科畫字定限，考滿官復任同。如在京領憑後患病未即出京，在外因公事稽遲未即離任，具奏具狀到部告改憑限者，亦送科定改發行。

凡吏部初選有司官，該領爲政須知，俱先赴本科畫字。

凡吏部累次選過官缺，除大選外，每一月或兩月堂上官赴科附簿，以備查考。

凡吏部貼黄，本科官一員會同稽勳司官赴印綬監領貼。

凡吏部累次選除過官員職名，除寫文簿用寶。年終，本科奏送印綬監，轉送古今通集庫收貯。

凡尚寶司奏過文職官員，合給誥勑用寶。本科官、中書舍人、吏部驗封司官同赴皇極門監視。其合追奪，從吏部奏繳者，亦會本科官燒燬。

凡長安左右門守衛官，繳到文職朝官門籍，查有填註公差患病等項，于次月具奏。

凡在京文職官員丁憂，該領孝字號勘合，吏部開送本科填寫，各官俱先赴科畫字。嘉靖二十七年令：公差在外聞喪官員，免其赴京，差人齎執勘結公文，赴部告領。館局司所倉庫等官，止給引照會。

凡天下諸司文職官員考滿到京，各具給由奏本文册，送科稽考。其有違限差錯等項，俱叅出施行。

凡督撫官，三年考滿到部，俱以交代入境之日爲始，足三十六個月爲一考。其在京在途月日，俱不准。如月日不足，未滿先奏，及隱匿過名者，本科叅奏。

凡天下諸司官吏，三年朝覲到京，奏繳須知文册到科，查出錢糧等項數目差錯者，經該官吏叅奏究治。

凡外官三年考察，京官六年考察，自陳之後，本科官同各科具奏拾遺。

凡各衙門大小官員，不由吏部銓選推舉，徑自朦朧奏請乞恩，傳旨陞除等項，本科叅出施行。

凡雜流異途出身，及年遠違例妄行陳乞録廕者，本科叅奏治罪。

凡大臣乞恩贈謚，弘治四年令吏部斟酌可否，務合公論，不許一槩狥情，比例濫請，該科記著。

凡吏部推陞官員，正德四年題准：若將才力不及改除教授等官，朦朧奏陞有司者，本科劾奏。

凡内外衙門，及巡撫巡按等官保舉官員未當，或交通囑託狥私濫保者，撫按等官復命，將任淺官員槩薦，及有舉無劾，或將已致仕官員混劾充數者，各差御史於本等職業之外，濫保市恩者，俱聽本科叅出，請旨究處。

凡各處領勑方面官員，嘉靖二十七年令撫按官不許輒放離任，違者本科糾奏。

凡各衙門於北安門進出一應錢糧，先該本科編成字號勘合，具底簿，户部用印發各門吏收掌。將勘合比對，硃墨相同，仍以略節填寫底簿，送本科稽考。

户科

凡有司徵收秋糧，南京户部照例刊印勘合，給付糧長。將本區合徵税糧，依期送納。各該倉庫，填寫實收數目奏繳。其勘合，仍送本科註銷。

凡漕運錢糧，每年終，户部各司具手本赴科註銷。

凡各鹽運司提舉司合辦鹽課，年終具辦完實數造册奏繳。就差該吏，赴科註銷。

凡户部差官監收各處糧米，及鈔關船料錢鈔，本科赴司禮監，領精微勘合批文一道，定限給付。歲滿更替回還，仍將原批，赴監查明，送本科銷繳。

凡各邊錢糧，成化二十一年題准：巡撫都御史郎中等官造到文册，户部查明，造青册八本，每年八月終題知。堂上官并該司郎中，送科批押收候。各處報到收放數目，赴科添註註銷。遲錯故違等項，本科糾舉。其遼東宣府大同延綏寧夏每季終，甘肅每半年，造册奏繳送科。

凡各都司，每年終，將屯種旗軍舍餘栽種桑棗數目，奏繳送科。

凡各河泊所魚課，年終具辦過數目，填完原降勘合，奏繳送科收查。

凡各府州縣管糧官員及各倉場大使等官，考滿給由，各親賫本册，赴科交查。

凡應天府龍江關，每年三月，將批過各處進關糧米數目，差吏來奏，本科官引奏，令該衙門查理。

凡甲字等庫官遇考滿等項，本科官一員引奏。將收過錢糧等物，委官查盤。

凡查盤邊方糧草，本科官與各科輪差。

凡甲字等十庫，該收錢鈔等物，每季，本科與各科輪差官一員監收。

凡光禄寺該收錢糧，每季，本科差官一員監收。

凡順天府錢糧，每年一次，本科題差給事中一員，會同御史查盤。嘉靖二十七年題准：照節慎庫例，三年一次題差。

凡内府各監局象馬牛羊等倉場，及府部等衙門收受俸米。嘉靖八年題准：本科會推各科給事中共三員奏差，同御史分投巡視監收。

凡巡視各處牧馬草場，及種苜宿園地，本科與各科官輪差。嘉靖七年題准：户部委官每月科官旗呈報到牛馬收除實在數目，開報本科，并巡視官稽考。其各倉場内使，及養馬指揮千百户，有勤能廉静或貪刻廢弛者，年終聽本科及巡視官察其畜産繁耗指實旌劾。若私占旗罕包納月錢，及内外官軍醫獸到死餧養馬牛等畜提督等官，故縱容隱者，指實叅奏。嘉靖二十七年題准：兼管京伍草場。

凡各邊鹽糧，成化四年題准：内外官豪包占開中者，本科叅奏。嘉靖六年題准：奏討殘鹽餘鹽減價報中，任場買補，不候挨單者，本科查叅。

凡違例奏討地土，混占侵賴者，本科叅奏。

凡户部關給京官折俸絹布等物文册到科，及各衛開具關給數目，送科掛號。磨算差者，叅奏。

凡户部關給軍官折俸銀兩，每季，本科差官一員會同給散。

凡賞賜京衛軍士冬衣布花，例出榜文，本科掌科官同給事中一員捧榜面奏，付長安右門守衛官，領出張掛。其冬衣布花，本科與各科官每年輪差一員，會同給散。

凡遇節日等項，賞賜各衙門官吏監生人等鈔錠，本科於午門裏，照數給散。若各科監生，辦事半年已滿，每人例賞胡椒折鈔，亦從本科給散。

凡順天府宛大二縣，及通州鋪户。成化十二年議准：十年一次，差科道官清理。嘉靖十三年題准：本科給事中一員，會同御史審編。

凡每年户部將五府、六部、都察院、國子監，并京通武成中等衛，長安等四門倉，一應見在糧斛數目，磨算明白，分豁廒座，各另造册，奏聞送科，收候各衙門放過糧斛，照數註銷。

凡光禄寺每月該進奉先殿供養，乾清等宮湯飯，製造御酒，及内閣兩房六科官員司禮等監局人匠飯食等項，用過粳米糯米白米數目，每月開數，送科註銷。

禮科

凡每日各衙門御前面奏并封進奏本等項事理，俱先具印信奏目，送本科類寫，送司禮監進呈。

凡御史出巡印信，及鎮巡等官關防，俱從本科畫字，出給字號關繳。

凡行人序班監生差往王府祭葬報訃，伴送夷人等項，該給内府精微批文，俱從本科定限。事畢，送科銷繳。

凡朝叅官員，關領牙牌，及改造者，俱從禮部手本，赴本科畫字，出給字號，赴尚寶司關領。

凡差官出使外國，嘉靖二十四年，令選差儀度修偉官員，不許一槩輪差。或所用非人，本科糾舉。

凡内外給由公差官吏人等朝見，本科官引奏該衙門整理。

凡錦衣衛差人勘提囚犯到京，本科引奏請旨。

凡禮部給度僧道，本科差官一員，會同考試。

凡行慶賀大禮，導駕官十員導表二員，傳制導駕員數同。東宮行慶賀禮，導駕導箋各二員。郊祀慶成，侍宴官每科一員，俱本科查取職名，轉送禮部。

凡經筵，本科照序取各科官二員，侍儀。

凡奏討蟒衣飛魚等衣，弘治十三年題准：除文武大臣并各處鎮守守備等官，果有勳勞德望，特恩給賜外，若有夤緣比例奏討者，本科叅劾。

凡大臣曾經糾劾削奪，公論不與者。弘治四年，令本科記著，不許濫請贈謚。

凡祭葬贈謚廕子，正德二年題准：三品以上未經三年考滿，未及關誥命，違例陳請者，本科糾奏。

凡豹房豹隻，嘉靖七年，令本科記著，不許再行進取。

凡官員人等節錢路費鈔錠，及辦事已滿監生折鈔胡椒，并外夷賞賜衣服等件，俱本科出票給賞，仍面奏數目。其前月總數，仍於月終面奏。

凡禮部填發各王府名封婚禮等項勘合，及行兩直隸十三布政司各項勘合，每季終，精膳司將發過日期開造文册送科備照，候銷繳稽查。

兵科

凡兵部引選襲替武職官員，掌科官一員，與本部尚書侍郎，御前奉旨同選。并看用選官印子。

凡兵部選過官員赴任，俱先赴本科畫字。其文憑，定限給付。

凡内外武職比試，及總小旗併鎗，本科官一員會同監試，定其對偶，并批中否，送兵部施行。其不中者，本科仍行叅奏。

凡内府各門進出事件，并内官出入，皆有印信大小勘合，填寫關防。本科官編成字號，并置底簿。小勘合，用本科印。大勘合，用司禮監精微印，領出。每三日，俱給與守衛官員，填寫出入事件。填完，小勘合，送内府收，大勘合，送本科收，以憑查考。

凡皇城内外守衛官軍，三日更代。每班，各衛經歷，開寫名數，具奏本送本科，類寫揭帖。次日早，掌科官于御前奏進。及祭享朝賀圜宿官軍，并朔望東駕侍衛官軍，五府各衛，俱開寫名數，具啓本，送本科，類寫揭帖。先一日，於御前奏進。

凡長安左右門守衛官，繳到武職朝官門籍，查有填註公差患病等項，於月終具奏。

凡揀選大漢將軍，本科掌印官會選。

凡揀選守衛，及操練官軍，本科差官一員會選。

凡東南西北四城兵馬司官，每三日一點各城守門官軍。點過，本日晚，各具奏本送科，類寫揭帖。次日早，送司禮監。

凡兵部造完武職貼黄，及續附貼黄，并中書舍人寫完武職誥勑，尚寶司官用寶，本科官一員監視。其誥勑有應追奪者，亦同尚寶司官燒燬。

凡五府差官僉押解犯人，本府先將聽差人員挨次編簿送科收執，遇有差遣應差官舍，赴科報名，將所差衛分，并限期填簿。差回之日，赴科註銷，以憑查叅。

凡在京各衙門公差人員，合給內府批文，俱赴本科關領鑰匙，赴司禮監開門給付，事完，仍赴本科關領銷繳。

凡登聞鼓下所受狀詞，并虜中投降男子該收勇士，夷人習儀該撥馬騎，年例打冰打蓼草等事該撥軍士，但奉旨該本科承行者，錦衣衛當直官填寫駕帖，送本科僉名，給與施行。

凡午門外直宿將軍，於夜間或因祭祀遞出鑰匙，或以物投下試驗警急，將軍即赴科來報，早朝本科官引至御前奏知。

凡邊方險阻關堡并衝要地方，每三年，各邊官畫圖送本科收貯。

凡各邊鎮巡等官，造獲功及陣亡官軍，若出境燒荒里數，并撥過官軍文册，俱送本科收查。

凡在京衛所官軍馬羸揭帖，五年一次，送本科查算。差錯叅問。

凡各邊巡撫官，并南北直隸奏差御史，印烙過馬駒，及南北太僕寺、苑馬寺、各都司等衙門印俵過馬牛等數，及天下給過驛馬數，南京造過馬快等船并差過起數，各造册，送本科收照。

凡天下清軍御史，清過軍士，三年一造册，巡按御史及二司府州縣官，問過充軍人，每年一造册。送本科收照。

凡兵部清理在京各衛軍士，本科差官一員。

凡每年巡視各倉場，收放馬匹官軍，本科差官一員。

凡兵部存恤京衛勾到各處軍士，每月，本科差官一員。

凡每月巡視官馬，本科與各科輪差官一員。

凡每月單日，巡視皇城宿直官軍，本科與各科輪差官二員。

凡南京內官出入公幹，并皇城四門出入事件，填過精微勘合將盡，先行具奏。兵部轉行本科，將該給勘合，編完字號，赴司禮監用精微印，并附底簿給出，發南京兵科給用。

凡點閘各營操練官軍，本科與各科輪差官一員。嘉靖七年題准：三年一換，不時巡歷，糾舉奸弊。提督坐營等官，賣放役占，及貪污庸懦者，指實叅奏。

凡各邊提督軍務等官，奏帶軍民職官。錦衣衛旗校，冒濫報功，及要求奏帶者，本科叅奏。

凡武職賢否，嘉靖八年題准：兵部按季將兩京五府，各營及親軍衛分堂上管事，在外鎮守、分守、守備、方面等官，開寫履歷貫址年歲，及曾經舉劾考語，開造揭帖二本。每孟月一日，差官送科，次日早朝，掌科官，將一本御前奏進，一本留科查考。

凡廠衛獲功人員，每三年一次，類奏覈實遵照格例陞賞。嘉靖二十五年令：凡違例者，本科劾奏。

凡錦衣衛官旗校軍，有假幫工役希求恩澤者，本科指實叅奏重治。

凡推用將官。嘉靖二十六年令：兩廣雲貴四川地方生長者，不許推入京營及西北邊用。本科記著。

凡五年一次，考選軍政官員，兩京五府掌印僉書公侯伯，并管紅盔將軍侯伯，及錦衣衛堂上掌印僉書等官，照例自陳。及兵部考察畢日，本科會同各科諮訪。有不職者，連名具題叅劾。

凡府衛應朝官員，遇有公差患病等項開注門籍。本科及刑工二科輪掌，每月終，輪掌科分將門籍送本科查明具題。

凡各衙門奉差官員，兵部出給勘合，封送本科掛號。如有例外加增者，即行裁革。自外差到員役勘合，赴科銷號，驗有真正本批，方准換給。每季終，本科官一員，車駕司官一員，將銷繳勘合，公同查對。如有假偽併洗改等弊，聽本科叅究。

凡法司問擬充軍，及欽發充軍，五府差官押解。每府預將聽差官舍姓名編定次序，具印簿送科。遇有軍犯，該府將押解官舍，給付批文，定以限期，赴科登記原簿。回日，仍赴科查銷。如有違限，照例叅究。

刑科

凡法司送到原報并續收實在囚人數目揭帖，每月三次，本科早朝奏進。

凡法司具奏斬絞罪囚，決不待時，并秋後處決者，本科仍三覆奏，得旨然後行刑。其梟首重犯，在獄病故，刑部奏請押赴市曹處決者，本科亦三覆奏請旨。

凡擊登聞鼓訴冤，并錦衣衛等衙門捉獲人犯，三法司處決罪囚奉欽依者，俱該錦衣衛直日官將原給駕帖填寫緣由并人犯姓名，除鼓下詞狀，從各科直鼓官批送外。其餘俱送本科，列名批鈐，以憑送問處决。

凡法司見監斬絞罪囚在獄病故者，具題後，用手本送本科類註，以備覆奏。

凡法司問過罪囚，各用揭帖，每月初一日輪報各科，查對相同，領精微文簿填寫畢，仍類送本科收貯。

凡每年正月初，刑部、都察院開具上年南北囚數揭帖送科。於二月二十一日，轉送兵科，次早面進。

凡每月五城兵馬司捉獲囚數，具奏本，送本科備照。西北二城兵馬司，具有無掘窋禁山等項結狀，送本科查考。

凡每月初，法司問過軍職住俸，京軍犯罪，各具報本科附簿以憑查考。

凡奉旨差官勘問在外事情，本科與各科輪差。

凡錦衣衛奉旨提取罪犯，從本科批駕帖。

凡歲終，法司問擬過輕重罪囚，開數送本科類奏。

凡法司奏差勘事審録决囚等項官員，都察院奏差御史巡按，及監生書吏人等赴各該清軍刷卷提學巡鹽巡茶巡關等項御史處書辦，各該請給內府精微批文，各具手本，赴本科，照各批文定限，轉發各衙門給付。事完，各齎原批赴本科，轉送內府銷繳。

凡各衙門於東安等門進出一應錢糧，先該本科編成字號勘合底簿，户部用印，底簿發門吏收掌。將勘合比對，硃墨相同，仍以略節，填寫底簿，并勘合送本科銷繳。

工科

凡工部軍器局製造軍器，本科差官一員試驗。

凡囚人運甎贖罪，工部於司禮監關領精微簿二扇，法司附簿，送本科，每月一註，以憑稽考。

凡工部奏差造墳抽分等項官員，各該請給內府精微批文，各具手本，送本科，照批定限給付。事完，各齎原批赴本科，轉送內府銷繳。

凡蘆溝橋通州廣積通積抽分竹木局，每月初一日，將前月分支過竹木等項數目，開具手本。大使等官，赴科投報查考。

凡南京龍江瓦屑壩二處，抽分竹木等物，每季，將收放過數目造册，差人齎繳。本科官引奏查理。

凡南京差軍士栽種過漆桐椶樹苗秧，管領百户具數前來，本科官引奏。

凡囚人工役運灰等項，工科按季委辦事官管領，遇有逃者本科官引奏挨拏。

凡營建監工，本科與各科官輪差。

凡虜中走回男子收充勇士該給房價者，錦衣衛齎帖到科，批寫送部。

凡各衙門於午門西安門進出一應錢糧，該本科編成字號勘合底簿，户部用印發各門吏收掌。將勘合比對，硃墨相同，仍以略節填寫底簿。候完，俱送本科銷繳。

凡南京六畜場并在京宣課司等衙門，抽分猪羊等物，本科編成字號勘合用印，送司禮監等衙門，轉發填用。

凡寶源局鑄錢。弘治十七年題准：按季稽考工料，并錢數，本科與各科官輪差。

凡內府派出各項錢糧。嘉靖七年題准：本科與各科，輪差官一員，會同工部該司掌印官估計。開行原派衙門，公同收受。

凡內庫用青字仁字號勘合，本科於乙字庫關領紙劄，編寫完備，同尚寶司官，奏請用寶，連底簿送司禮監交收。

凡工部盔甲王恭二廠軍器，及各處解到弓箭弦條，本科官一員會同巡視東城御史，及工部司官一員，於戊字庫監收。年終，造册奏報。本科官及東城御史，仍兼巡視節慎庫錢糧。

凡工部各項料價，每年上下半年，本科差官一員，同巡視科道，四司掌印官，會估時價一次，造册奏報。

凡京通二倉，每年工部修理倉廒。工完，開具手本送科。本科官一員，查驗有無冒破。年終，造册奏繳。

凡各直省司府，解納錢糧完欠分數。工部開載考成簿內，每月赴科註銷一次。本科查對分數不及者，每上下半年，會同各科題參。

《大明會典》卷二一三《南京六科》 凡糾劾言事，及行移俸給等項，俱與六科同。

凡每年錦衣等衛所軍士，該給冬衣布鈔，各科輪會御史、户部官給散具奏。

凡估計兩京光祿寺等處錢糧，各科輪管。

凡南京皇城內外守衛及京城內外守門官軍，各科輪點。

凡各處解到軍人，於各衛所存恤。各科輪管。

凡南京內府進出各項錢糧填銷勘合，六科按季輪管。

凡三年一造陳言文册，各科同御史部官查審。

凡應天府各項鋪行，每十年各科輪會御史户工二部官審編造册奏繳。

凡應天府各行料價，各科輪會御史、户工二部官估計。

凡南京光祿寺及應天府，每月開具時估結狀，送輪管科官查考。

凡南京各衛所關支折俸布絹，六科輪會御史及户部差官給散。

凡南京各衛所軍校匠役，關支過月糧。三年一次，六科輪會御史及兵部委官，清查具奏。

凡南京中和橋等三草場并內府各監局，及光祿寺錢糧，部院寺等衙門俸米，六科輪會御史監收督察，年終各造册奏繳。

南京吏科

凡南京吏部考覈過直隸府州所屬司獄司等衙門給由官員，及准南京法司送到直隸所屬還職官員，該給文憑俱赴本科，定限填給。

凡南京各衙門官丁憂，除堂上官外，其餘該給孝字號勘合者，俱赴本科填給。

凡南京吏部差官類齎各項文册文憑等項，合給內府批文，本科填給。

凡南京四品以上官，每六年，例於各官自陳之後有不職者，本科會同各科具本糾劾。

凡南京各衙門五品以下官，每六年南京吏部考察畢日有遺漏不職者，本科會同各科具本拾遺。

凡在外官員每三年朝覲考察，其方面官有不職者，本科先期會同各科具本糾劾，以備考察。

凡朝覲考察畢，三年之內在外方面陞任京堂中有冒濫不職者，本科會同各科具本糾劾。

南京户科

凡南京文武衙門月支糧料，及內府九庫收放錢糧，每月造册赴本科註銷。

凡天下造到户口黄册，俱送後湖收貯。本科官與南京户部官，專管查理曬晾。

凡南京户部茶鹽引印及鹽糧勘合并茶鹽引由契本銅板，俱收貯本科。其編號木記，收貯南京户部。遇該開中，户部差官到科，印刷編定，齎赴開中處所給發。引文、印文，洪武間止稱户部，正統十一年始各增南京二字於户部之上。印及銅板木記，用使年久模糊平乏，則奏請改鑄刊造。正德四年，令南京户科委給事中一員，專一收掌鹽引板片紙料。督率人匠，印刷畢日，本部委主事一員，赴科領出，督匠編號用印收候各運司關領。十六年，以兩淮兩浙等六轉運鹽使司，四川廣東等三鹽課司，并應天府批驗茶引所，茶鹽引目銅板，年久模糊，令南京工部查理字樣依數鑄完，仍送本科收掌。其不堪舊板，亦封貯本科。

計南京户部鹽引之印一顆，

南京户部茶引之印一顆，

鹽糧勘合銅板一片，

茶糧勘合銅板一片，

鳳陽府廣濟關勘合銅板一片，長淮關勘合銅板一片，

兩淮都轉運鹽使司銅板二十四片，見用一十一片。

兩浙都轉運鹽使司銅板二十一片，見用一十一片。

山東都轉運鹽使司銅板四片，

福建都轉運鹽使司銅板四片，

廣東鹽課提舉司銅板二片，

梧州府銅板二片，

海北鹽課提舉司銅板二片，

黑鹽井鹽課提舉司銅板二片，

河東都轉運鹽使司銅板四片，

安寧鹽井鹽課提舉司銅板二片，

白鹽井鹽課提舉司銅板一片，

河間長蘆都轉運鹽使司銅板二片，

四川鹽課提舉司銅板一片，

五井鹽課提舉司銅板一片，
靈州鹽課司銅板一片，
鞏昌府銅板一片，
威楚鹽使司銅板二片，
延安府銅板三片，
廣西布政司銅板二片，
茶鹽銅板三片，
涼州鹽課司銅板一片，
契本銅板五片，
安寧鹽使司銅板二片，
龍江鹽倉銅板一片，
建昌府銅板二片，
茶由銅板一十片，
應天府置石灰山關銅板一片，
龍江關半印勘合銅板一片。

凡南京皇城四門照進照出照過照馬銷訖銅記，各一顆，併起銷勘合，俱本科收掌給發。

凡南直隸江浙糧長勘合，本科印發。

凡南京各關鈔貫，每月赴本科報銷。

凡南京户部，差官管理各處鈔關倉糧精微批文，本科給銷。

凡上江二縣鋪户辦納過孝陵等處供祀黃白紙錢，及光禄寺應用雞鵞等牲，該應天府開具堂本，赴本科關領應惠字號勘合。該府查明，給發價銀。

凡甲字等九庫，并各監局，及光禄寺監督收放錢糧。每遇年終，本科題差給事中一員，同御史及部官巡視。

南京禮科

凡南京各衙門差官等項精微批文，俱赴本科附簿，回日註銷。

凡南京禮部，差官查點和州等處牛隻，精微批文，本科給銷。

凡歲時南京文武官員行禮，本科會同糾儀官及禮部該司官點閘。

凡南京教坊司，名該事因，隨即具報本科。每月仍具甘結。

南京兵科

凡直隸各衛所總小旗併鎗，本科官監視。

凡南京各教場該操軍時月，本科官同御史兵部官點閘。

凡南京各營騎操馬匹，本科會兵部官查點。

凡馬快船裝載進鮮并進用物件，本科官會御史兵部車駕司官驗裝定撥。

凡南京内府各衙門進出事件并内官出入，皆有印信大小勘合，填寫關防。本科官編成字號，并置底簿。小勘合，用本科印。大勘合，用司禮監印。俱給與守衛官員，填寫出入事件。填完，小勘合送内府收，大勘合送本科收，以備查考。

凡南京皇城内外守衛官軍，三日更代。每班，各衛經歷開寫名數，呈報本科，類寫揭帖。每月終，送南京司禮監。

凡南京五城兵馬司官，每三日，一點各城守門官軍，呈報本科。月終，送南京司禮監。

凡南京各衛所運糧軍餘，每年本科同御史兵部官清撥補。事完，造册奏繳。

凡南京五軍都督府差官押解軍犯，兵部差官押解聽守馬快船隻，及齎文進京等項批文，本科給銷。

凡南京各衙門公差人員合給内府批文，俱赴本科關領銷繳。各領出勘合，俱由本科查覈掛號。

凡南京新江口改差操備官軍名數，每月把總官員開具揭帖，呈報本科。

凡南京兵部武庫司，柴薪直堂銀兩，每三年，本科同御史會該部堂上官一員清查，造册奏繳。

凡南京新江口戰巡哨各船，季終，本科同南京兵工二部主事查點。

凡遇考選軍政官員之年，本科關巡視皇城給事中，將守衛官員考覈賢否造册，送南京兵部備考。

凡南京内府衙門起運赴京扛櫃錢糧合用民夫，經該衙門具手本送本科查覈，批行上江二縣撥送，應用。

凡南京五軍都督府掌印僉書并錦衣衛堂上官，每五年各官自陳之後有不職者，本科會同各科，連名具本覈奏。

凡南京營務，本科官同南京該道御史領勅巡視。每年終，照例舉劾將領等官。

南京刑科

凡每歲秋後審録重囚，本科與各科官皆預。

凡南京都察院出巡御史并書吏批文，本科給銷。

凡南京三法司差人奏繳季册，本科給批，回還銷繳，俱月終類送司禮監。

凡南京五城兵馬司每月捕獲過盜數及奉過各衙門發問犯人叅送南京刑部緣由，赴科註銷。

南京工科

凡南京内府衙門及皇城門鋪等處損壞，合該修理工程大者，本科官與南京工部等官會勘具奏修理。

凡南京丁字戊字等庫軍器錢糧，本科會内官同收。

凡南京龍江瓦屑壩二處抽分竹木等物，工部局官每季具收放數目造册呈報本科。

凡南京工部差官管運軍需及催儹木料等項批文，本科填給銷繳。

凡南京工部寶源局鼓鑄銅錢，本科同御史會該部主事估驗。軍器局成造軍器，會該部堂上官試驗。

凡南京工部營繕等四司錢糧，每三年一次差本科官及南京該道御史同本部堂上官查盤，具造本册奏繳。

（明）何棟如《皇祖四大法》卷五《治法》 〔洪武六年〕三月癸卯朔乙巳，定設給事中十二人，秩正七品，看詳諸司奏本及日録旨意等事，分爲吏户禮兵刑工六科，每科二人。凡省府及諸司奏事，給事中各隨所掌於殿庭左右執筆紀録，具批旨意可否於奏本之後。仍於文簿内注寫本日給事中某欽記相同，以防壅遏欺蔽之弊。如有特旨皆纂録付外施行。鑄給事中印一，推年長者一人掌之。置欽録簿三，中書省一文職官録之，大都督府一武職官録之，御史臺一監察御史録之。凡奏本用厚白紙楷書，紙後必書紙若干，起某字，止某字，背書該吏并書寫人某。於皇太子親王前謂之啓本，其式皆同，但易奏爲啓。若係邊報及錢糧機密事重不待朝會合奏聞者，於給事中處報知引奏省府臺各置銅櫃，凡所録旨意文簿收貯於内，以憑稽考。

（明）李日華《官制備考》卷上《六科》 《周禮》有保氏掌諫王惡，而後世因之。秦爲黄門侍郎，給事黄門，又爲諫大夫、郎中令。漢因之。至後漢曰給事黄門侍郎，增諫大夫曰諫議大夫。諸給事中，日上朝謁，衆尚書奏事，分爲左右曹，以有事殿中，故曰給事中。唐增左右補闕拾遺，屬之門下省。開元改曰黄門省。宋太宗置封駁司，詔令有不便者，輒封去之。又增置司諫正言，皆今給事中之任也。給事中，唐龍朔又改爲東臺舍人，垂拱改爲鸞臺。

（明）李日華《官制備考》卷上《諫院》 國初以給事本古門下省，掌封駁之官，乃特重六科。科列署于掖門内，已乃遷掖門之兩翼。洪武初名起居注，已準周官制名元士，置八十一人。又稱源士，謂政事本源也。後定用部名。分六科都給事中，左右給事中，給事中，科視事繁簡爲制員。凡章奏出入咸必經由，有所遺失牴牾，更易紊亂，皆得封駁。凡朝政之得失，百官之賢佞，皆許聯署以聞。凡日朝，六科輪一人主殿左右，珥筆記旨。凡大事廷議，大臣廷推，大獄廷鞫，六掌科皆與。凡諸司題奏，日附科籍，五日一銷，註覈羈緩，朝奏門籍，六科流掌。内傳旨下覆奏，得旨而後行。定秩僅七品，而地親切專糾駁，防專恣之漸也。

（明）徐石麒《官爵志》卷二《六科》 古諫官，秦有諫大夫，後漢有諫議大夫，唐分爲左右。武后置左右補闕拾遺。宋太宗改爲司諫正言。秦漢別有給事黄門之職，後漢有給事黄門侍郎，左右給事中，以有事殿中故曰給事中。今設吏户禮兵刑工六科爲諫官。每科都給事中正七品，左右給事中、給事中俱從七品，專職叅駁糾劾等事。

（明）徐石麒《官爵志》卷二《六科廊》 國朝六科本與尚寶司相隣，今工部委官製衣處猶稱六科廊是也。永樂間失火，遷出于午門之外，今遂爲定居。

《明宣宗寶訓》卷二《防微》 宣德元年七月己亥，上諭六科給事中曰：爾官近侍職在記注，凡朕一言一令内使傳出者，爾當備録覆奏，再得旨而後可行，庶幾関防欺蔽，不然必有詐偽者。爾等自今恪謹乃職，不許依阿隨附。

（清）查繼佐《罪惟録》志卷二七《職官志・初制文職》 給事中，甲辰年統設一人，正五品。洪武四年，改正七品。六年，始分爲六科給事中，從七品。十年，隸承勅監。十二年，改隸通政司。十三年，置諫院左右司監各一人，左右正言各二人。時給事中數適符元士，改爲元士。又改爲士源，未幾，復舊。二十四年，科增都給事中一人，正八品，以下品殺。又侍禮郎、引進使、天門待詔、尚賓大使、左右拾遺、左右監院、正言司諫、觀察使、考功監令、監丞、侍儀使、通贊舍人，尋革。

《明史》卷七四《職官志》 吏、户、禮、兵、刑、工六科。各都給事中一人，正七品，左、右給事中各一人，從七品。給事中，吏科四人，户科八人，禮科六人，兵科十人，刑科八人，工科四人，並從七品。後增、減員數不常。萬曆九年裁兵科五人，户、刑二科各四人，禮科二人。十一年復設户、兵、刑三科各二人，禮科一人。

六科，掌侍從、規諫、補闕、拾遺、稽察六部百司之事。凡制敕宣行，大事覆奏，小事署而頒之；有失，封還執奏。凡内外所上章疏下，分類抄出，參署付部，駁正其違誤。吏科，凡吏部引選，則掌科即都給事中，以掌本科印，故名，六科同。同至御前請旨。外官領文憑，皆先赴科畫字。内外官考察自陳後，則與各科具奏。拾遺糾其不職者。户科，監光禄寺歲入金穀，甲字等十庫錢鈔雜物，與各科兼涖之，皆三月而代。内外有陳乞田土、隱占侵奪者，糾之。禮科，監訂禮部儀制，凡大臣曾經糾劾削奪、有玷士論者紀録之，以核贈謚之典。兵科，凡武臣貼黄誥敕，本科一人監視。其引選畫憑之制，如吏科。刑科，每歲二月下旬，上前一年南北罪囚之數，歲終類上一歲蔽獄之數，閲十日一上實在罪囚之數，皆憑法司移報而奏御焉。工科，閲試軍器局，同御史巡視節慎庫，與各科稽查寶源局。而主德闕違，朝政失得，百官賢佞，各科或單疏專達，或公疏聯署奏聞。雖分隸六科，其事屬重大者，各科皆得通奏。但事屬某科，則列某科爲首。

凡日朝，六科輪一人立殿左右，珥筆記旨。凡題奏，日附科籍，五日一送内閣，備編纂。其諸司奉旨處分事目，五日一注銷，覈稽緩。内官傳旨必覆奏，復得旨而後行。鄉試充考試官，會試充同考官，殿試充受卷官。册封宗室、諸蕃或告諭外國，充正、副使。朝參門籍，六科流掌之。登聞鼓樓，日一人，皆錦衣衛官監涖。洪武元年以監察御史一人監登聞鼓，後令六科與錦衣衛輪直。受牒，則具題本封上。遇決囚，有投牒訟冤者，則判停刑請旨。凡大事廷議，大臣廷推，大獄廷鞫，六掌科皆預焉。

明初，統設給事中，正五品，後數更其秩，與起居注同。洪武六年設給事中十二人，秩正七品，始分爲六科，每科二人，鑄給事中印一，推年長者一人掌之。九年定給事中十人。十年隸承敕監。十二年改隸通政司。十三年置諫院，左、右司諫各一人，正七品，左、右正言各二人，從七品。十五年又置諫議大夫。以兵部尚書唐鐸爲之。尋皆罷。二十二年改給事中爲源士，增至八十一人。初，魏敏、卓敬等凡八十一人爲給事中。上以其適符古元士之數，改爲元士。至是，又以六科爲事之本源，改爲源士。未幾，復爲給事中。二十四年更定科員，每科都給事中一人，正八品。左、右給事中二人，從八品。給事中共四十人，正九品。各科分設員數，如前所列。建文中，改都給事中，正七品，給事中，從七品，不置左、右給事中。增設拾遺、補闕。成祖初，革拾遺、補闕，仍置左、右給事中，亦從七品。尋改六科，置於午門外直房涖事。六科衙門舊在磚門内尚寶司西。永樂中災，移午門外東西，每夜一科直宿。宣德八年增户科給事中，專理黄册。

《明史》卷七五《職官志》 吏、户、禮、兵、刑、工六科。給事中六人。又户科給事中一人，管理後湖黄册。

《諸司職掌・兵刑工都通大職掌・通政司》 本司官職專出納帝命，通達下情，關防諸司出入公文，奏報四方臣民實封建言、陳情申訴及軍情、聲息、災異等事。出納帝命，凡有帝命必當詳審，覆奏允當，然後施行。

通達下情

凡有四方陳情建言、伸訴冤枉、民間疾苦善惡等事，知必隨即奏聞。及告不法、不公等事，事重者於底簿内謄寫所告緣由，賫狀奏聞，仍將所奉旨意於上批寫，送該科給事中，轉令該衙門抄行。常事者另置底簿，將文狀編號，用使關防，明立前件，連人狀送當該衙門整理。月終奏繳底簿，送該科督併承行衙門回銷。

開拆實封

凡天下臣民實封入遞，或人賫到司，須於公廳眼同開拆，仔細檢看。事干軍情機密，調撥軍馬，及外國來降、進貢方物、急缺官員、提問軍職有司官員，並請旨定奪事務，即於底簿內謄寫略節緣由，當將原來實封御前陳奏畢，就於奏本後批寫旨意，送該科給事中收轉，令該衙門抄出施行。其進繳税糧文册、勘合通關、起解軍囚等項，附簿明白，止送該科收，不須入奏。

關防諸司公文勘合

本司置立出入文簿，令各房令典分掌。凡內外衙門公文到司，必須辨驗允當，隨即於簿內編號，注寫某衙門行某處，爲某事，公文用日照之記，勘合用驗正之記。關防畢，令鋪兵於文簿內書名畫字遞送。若行移不當，及違式差錯洗補、互相推調等項，事理重者，入奏區處；常事，照依欽定事例：在京衙門，退回改正。在外，貼送當該衙門如律。將發過公文並差錯件數，月終類奏，文簿繳進。若各處公文事干軍情、災異、機密重事，隨即入奏，送該科給事中收。如呈稟五軍、六部、都察院等衙門公文，緊要者入奏，仍用欽降勘合，用使本衙門印信，云寫旨意，貼送當該衙門覆奏施行。若誤遞到，有施行者奏訖，亦貼送當該衙門；無施行者亦入奏，送該科給事中收照。

月奏

凡本司發過五軍、六部、都察院及內外諸司衙門公文，並照駁各衙門差錯公文，實封等件及行移勘合、原告文狀、拿人起數，給由人員，每月類奏，年終通行類數開奏。

《大明會典》卷二一二《通政使司》 洪武三年，初置察言司，設司令掌受四方章奏，尋革。十年，始置通政使司，正三品衙門。設通政使，左右通政，左右參議，經歷司經歷、知事。職專出納帝命，通達下情，關防諸司出入公文，奏報四方章奏實封建言、陳情伸訴、及軍情聲息災異等事。成化二年，增設謄黄右通政，列銜本司，不與司事。今革。

出納帝命

洪武十四年令：本司職專出納，與內外諸司俱無文移。有徑行本司者，以違制論。二十六年定：凡有帝命，必當詳審覆奏允當，然後施行。

通達下情

洪武二十六年定：凡有四方陳情建言伸訴冤枉民間疾苦善惡等事，知必隨即奏聞。及告不公不法等事，事重者，於底簿內謄寫所告緣由，齎狀奏聞，仍將所奉旨意於上批寫送該科給事中，轉令該衙門抄行。常事者，另置底簿，將文狀編號，用使關防，明立前件，連人狀送當該衙門整理。月終奏繳底簿，送該科督併承行該衙門回銷。永樂四年，令本司奏事，雖小必聞。

凡每日早朝，引奏天下臣民及入遞所奏事。或五事、七事。遇大寒大暑，減免奏數不一。

開拆實封

凡天下臣民實封入遞，或人齎到司，須於公廳眼同開拆，仔細檢看。事干軍情機密，調撥軍馬，及外國來降、進貢方物，急缺官員，提問軍職有司官員，并請旨定奪事務，即於底簿內謄寫略節緣由，當交原來實封御前陳奏畢，就於奏本後批寫旨意，送該科給事中收轉，令該衙門抄出施行。其進繳税糧文册、勘合通關、起解軍囚等項，附簿明白，止送該科收，不必入奏。

凡邊方腹裏盜賊機密重情。正德六年奏准：各處撫按官題奏到司隨即封進，不許遲留。副本亦要隨本封實。咨呈等文免掛號。待事已施行方許開拆附卷。各該承行衙門，俱要慎密關防。如有漏泄，一體治罪。嘉靖十二年，令凡內外奏報軍機并兵部議處賊情，不拘齋戒日期，照常封進。

凡題本奏本。嘉靖八年題准：照原定長短廣狹格式，刊印頒降，令內外臣民遵守，不許違越。奏本字樣，務與題本大略相似，毋得細小。違者，本司參駁治罪。

凡在京大小衙門，但係奏本不分公事私事，并在外守備等項內臣，陳情己事，巡撫都御史巡按等項御史、總兵副參，及分守守備備倭等項武職，宣慰宣撫招討等司，及府州縣等衙門，一應錢糧軍馬刑名，乞恩認罪繳勅等項本册，俱赴本司投進。嘉靖八年題准：有徑自封進者，本司參駁治罪。

凡軍民人等奏告詞訟，本司參詳，除謀逆機密重情，無主人命，全家被人殘害，侵欺係官錢糧，偽造寶鈔，私鑄銅錢，并干己事情外，中間看係革前并不干己事及審出添捏等項虛情例不該奏告，就于本後明白參出，抄送法司，該道再加詳審，立案不行。嘉靖八年題准：有硃語太長浮詞太多，及一應違錯不敬者，本司參駁治罪。

凡內外各衙門一應公事用題本，其雖係公事而循例奏報奏賀，若乞恩認罪繳勑謝恩，并軍民人等陳情建言伸訴等事，俱用奏本。嘉靖十八年定：皇太子監國，用啓本。奏題皆曰啓。伏候勑旨，曰令旨。

關防公文勘合

洪武二十六年定：本司置立出入文簿，令各房令典分掌。內外衙門公文到司，必須辨驗允當，隨即於簿內編號，註寫某衙門行某處爲某事。公文，用日照之記。勘合，用驗正之記。關防畢，令鋪兵於文簿內書名畫字遞送。若行移不當，及違式差錯洗補，互相推調等項，事重者，入奏區處。常事，照依欽定事例，在外貼送當該衙門如律，在京衙門退回改正。將發過公文，并差錯件數，月終類奏，文簿繳進。若各處公文，事干軍情災異機密重事，隨即入奏，送該科給事中收。如呈稟五府六部都察院等衙門公文緊要者入奏，仍用欽降勘合，用使本衙門印信，云寫旨意貼送當該衙門覆奏施行。若誤遞到有施行者，奏訖，亦貼送當該衙門。無施行者，亦入奏，送該科給事中收照。宣德四年令：在京諸司行移，在外三司軍衛府州縣催辦事務，悉聽本衙門自行分管辦理。有輒差掌印正官，及坐名差官者，通政司糾舉，處以重罪。

月奏

凡本司發過五府六部都察院及內外諸司衙門公文，并照駁各衙門差錯公文實封等件，及行移勘合原告文狀，拏人起數給由人員，每月類奏。年終通行類數開奏。

凡每月終，五府等衙門，出入公文等項數目，面奏送科外。其給由起復官員，仍奏令吏部查理。

雜行

凡天下府州縣奏到本年雨澤，本年終面奏，類送户科。萬曆六年革。

凡本司日逐收下奏本夾板，年終面奏，令錦衣衛差人運送司禮監交收。

凡本司合用紙劄，於刑部見收囚人紙劄內關用。印色等項，原從順天府買用，後奏准於刑部支給官錢買用，今仍於順天府關用。

凡命官會議大事，會問大獄，秋後審録重囚，及會推文職大臣、總兵官，本司官皆預。

凡六科中書舍人行移各衙門，俱經本司轉行。

凡尚寶司六科中書舍人官員俸糧，俱從本司帶支。今自行關支。

《大明會典》卷二一二《南京通政使司》 凡南京軍民人等陳告狀詞，置立底簿，將狀編號，用使關防，明立前件，連人狀送各該衙門整理。弘治十三年奏准：南京詞訟干係地方者，許內外守備官員受理。其餘一應詞訟悉遵舊制，赴南京通政司，告送法司問理。其在外軍衛有司，不係掌印官，不許受詞訟。

凡南京各衙門公文出入，俱赴本司掛號。

凡每月朔望日，各衙門堂上官會議，本司掌印官預。

凡每歲秋後，法司會各衙門官審録重囚，本司掌印官預。

凡南京六科中書舍人行移各衙門，俱從本司轉行。

凡南京尚寶司、六科、中書舍人俸糧，俱於本司帶支。

（明）何棟如《皇祖四大法》卷五《治法》 〔洪武十年〕秋七月丁丑朔甲申，置通政使司，設通政使一人，正三品。左右通政各一人，正四品。左右參議各一人，正五品。經歷一人，正七品。知事一人，正八品。掌出納諸司文書敷奏封駁之事。時官制初立上重其任，頗難其人。刑部主事魯秉正新擢陝西參政未行，遂命秉正爲通政使，以應天府尹劉仁爲左通政，諭之曰：壅蔽干言者，禍亂之萌，專恣干事者，權奸之漸。故必有喉舌之司，以通上下之情，以達天下之政。昔者虞之納言，唐之門下省，皆其職也。今以是職命卿等，官以通政爲名。政猶水也，欲其常通無壅遏之患，卿其審命令以正百司，達幽隱以通庶務，當執奏者勿忌避，當駁正者勿阿隨，當敷陳者無隱蔽，當引見者無留難，毋巧言以取容，毋苛察以邀功，毋譎間以欺罔，公清直亮，以處厥心，庶不負委任之意。秉正等頓首謝曰：臣等駑鈍，幸蒙聖眷，膺茲重任，敢不盡心，圖報萬一。

（明）李日華《官制備考》卷上《通政司》 通政司，即唐虞納言之職，以出納帝命者。《周官·司冠》以嘉石平罷民，以肺石達窮民。內史掌叙事之法，受納訪以詔王所治，實其職也。秦漢以來，統于三省。蓋門下省侍中黄門侍郎掌出納帝命，中書省中書令中書侍郎掌制詔宣傳文章獻納，尚書省令丞掌通章奏。唐置匭使院，以正諫大夫補闕一人充知匭使。天寶改獻納使，以御史中丞侍御史爲之。宋景德改爲登聞鼓院，登聞簡院，即今通政之任也。我朝初曰察言，設司令，尋革。始置通政使司，設通政使、左右通政、左右叅議、經歷、知事。建文中改司爲寺，通政使爲通政卿，叅議爲少卿。寺丞增置左右補闕、左右拾遺各一人。靖難復故。通政使掌出納帝命，通達下情，關防諸司出入，移狀，奏報四方臣民寔封，及軍情聲息災異，皆實署叅覆，面上下焉。通政叅議爲之貳，經歷知事典勘對題奏移狀。通政司與六部都察院大理寺竝爲大九卿。

（明）徐石麒《官爵志》卷二《通政使司》 唐虞納言官也。今通政使正三品，左右通政使正四品，左右叅議正五品。職專司出納帝命，通達下情，關防諸司出入公文，奏報四方臣民實封建言，陳情伸訴以及于軍情、聲息、災異等事。首領官經歷正七品，知事正八品。

（清）查繼佐《罪惟録》志卷二七《職官志·初制文職》 察言司：設司令，尋革。洪武十年，始置通政使。

《明史》卷七三《職官志》 通政使司。通政使一人，正三品。左、右通政各一人，正四品。左、右參議各一人，正五品。其屬，經歷司，經歷一人，正七品。知事一人，正八品。

通政使掌受內外章疏敷奏封駁之事。凡四方陳情建言，申訴冤滯，或告不法等事，於底簿內謄寫訴告緣由，齎狀奏聞。凡天下臣民實封入遞，即於公廳啓視，節寫副本，然後奏聞。即五軍、六部、都察院等衙門，有事關機密重大者，其入奏仍用本司印信。凡諸司公文、勘合辨驗允當，編號注寫，公文用日照之記、勘合用驗正之記關防之。凡在外之題本、奏本，在京之奏本，並受之，於早朝彙而進之。有徑自封進者則參駁。午朝則引奏臣民之言事者，有機密則不時入奏。有違誤則籍而彙請。凡抄發、照駁諸司公移及勘合、訟牒，勾提件數，給繇人員，月終類奏，歲終通奏。凡議大政、大獄及會推文武大臣，必參預。

初，洪武三年置察言司，設司令二人，掌受四方章奏，尋罷。十年置通政使司，以曾秉正爲通政使，劉仁爲左通政，諭之曰：政猶水也，欲其常通，故以通政名官。卿其審命令以正百司，達幽隱以通庶務。當執奏者勿忌避，當駁正者勿阿隨，當敷陳者毋隱蔽，當引見者勿留難。十二年撥承敕監給事中、殿廷儀禮司、九關通事使隸焉。建文中，改司爲寺，通政使爲通政卿，通政參議爲少卿，寺丞增置左、右補闕，左、右拾遺各一人。成祖復舊制。成化二年置提督謄黄右通政，不理司事，録武官黄衛所襲替之故，以徵選事。萬曆九年革。

《明史》卷七五《職官志》 通政使司。通政使一人，右通政一人，右參議一人，掌收呈狀，付刑部審理。經歷一人。

《節行事例·內外官員優免户下差役例》 一、敬遵令旨事。查得弘治十三年十月內，該巡撫四川右副都御史鐘蕃題該禮部議得，今後巡撫、巡按並都、布、按三司以下衙門，遇有各長史司行到一應令旨事務，其巡撫、巡按、三司等官，務要會同看詳計議。應施行者，即便施行，不許故違。若事情重大，該奏聞者，作急會本奏聞，請旨。其各長史司官員，職專輔導。今後奉王令旨行事，務要停當，如有窒礙難行者，亦當竭忠諫止。有懷奸倚勢，撥置親王，輒以私情傳行令旨於各衙門，以致驚擾有司軍民，貽害地方者，許巡撫、巡按、三司等官，會同參奏治罪。

《嘉隆新例·吏例》 嘉靖十一年十一月都察院題，奉聖旨：是。這撫、按官職掌，並相接禮文，你每既議處停當，都依擬着永遠遵守，不許侵越紛更。

議處職掌一十一條：

一、巡撫都御史係撫安地方之官，如徭役之編審，里甲之出辦，糧料之徵派，官錢之出入，驛傳之處給，廩禄之興廢，與夫大户、糧長、民壯、快手之僉點，城池、堡隘兵馬、軍餉督調。凡關地方之事，俱聽巡撫處置。都、布、按三司將處置緣由，仍呈巡按知會。巡按御史按臨之處，其已行之事，查考得失，糾正奸弊，使民安政舉，地方有賴。不必另出已見，多立法例。蓋巡按御史職在監察利弊，一年一更，與地方久任之官自是不同。縱立有良法，後來接替者未必踵行，徒使政體紛更，人無定守。其有大利弊當興革者，奏行部院議擬上請，俾所司永爲遵守。

一、巡按御史糾察一方之利弊，凡可以肅僚貞度者，莫非其責。至若文科之賓興，武舉之掄材，處決重闢，審録冤刑，吏農之參撥，功賞之紀驗，則又御史之所獨專者。巡撫官不得干預。巡撫所更歷之處，止可督責有司明刑恤獄，初無審録矜疑之舉。其操江、巡視、理鹽都御史並巡關、巡鹽、巡江、巡茶馬及清軍御史不論囚犯大小，俱不許審録，亦不許有司送審，以垂政體。至於五年審録，往往巡按與欽差、部、寺官爭論相悖。今後若所見不同，許各奏請施行。部、寺官須遵照刑部題准，及欽奉敕諭內事理，止可將見監罪囚有冤抑者，具奏審録。其餘徒、流、笞、杖只應減等釋放，亦不得將巡按等衙門問結事情，一概准詞辯理，以起事端。

一、舊規，各府、州、縣等衙門有死罪招由，如係自問及奉撫、按批行者，俱申呈撫、按照詳，仍監候會審。如奉巡撫及中差御史並布、按二司，及守、巡等道批行者，止申原奉衙門照詳，俱候巡按會審。近年但係死刑，無分兩司、各道，並府、州、縣等衙門，通行申呈巡撫、巡按定奪。夫巡按御史，係提綱挈領申冤理枉之官，一應在監囚犯俱聽審録施行。今既欲照詳於先，又復會審於後，不惟重爲煩復，抑亦多勞自弊。及至會審，未免涉於有我拘泥前案，重於改從。以後死刑凡兩司、各道自行批行者，不必呈詳撫、按，止候會審。其奉撫、按批者，照舊呈詳都、司、衛、所與府、州、縣事體同。

查得《問刑條例》，凡有充軍，係巡撫有行者，巡撫定衛。巡按有行者，巡按定衛。其所屬自問者，有巡撫處，申呈巡撫。無巡撫處，巡按定發。遵行已久，但開載欠詳，以致彼此互異者尚多。今後各衙門凡奉到撫、按及公差都御史、御史一應批詞牌案，內有充軍、徒流及口外爲民者，如一事而彼此相干，定發，以原行衙門在先者爲主。若事起於所司，通行申呈合干上司者，俱候巡撫定發。無巡撫處，巡按定發。所司須將各奉到先後緣由，及通行申呈字語開具明白，以俟批答。中間有應該駁行者，仍各據理而行。

一、撫按遇有地方大事，及批定守、巡等道，並進表等項公差，官員舊規，俱是會行其區處。目前，常事與批委府、州、縣等官署掌印信，亦皆會同而行。但彼此偶值出巡，相隔窵遠，若待回到，不無誤事。所有兩處批行，往往互異，難以遵守。今後如常行事務，委署印信，止以文書先到者爲主，奉行官吏不必觀望兩請。

一、奏報災傷，係巡撫之事，巡按御史止是覈實。近來，有司或有不申撫、按，或巡撫不候巡按覈勘，各徑自具奏。户部未免仍行巡按覈報，以致往復過期。有司慮恐失時，先行設法徵收，無知小民多被糧里乘機全徵，後雖遇免，不沾實惠。今後災傷之年，撫、按官先督行各府、州、縣及早申報，巡按即行委官分投，覈定分數，行所司造報。庶事體歸一，不致往復耽誤，致有增減分數，及仍前蓦越具奏。應參奏者，聽撫、按官參奏。應提問者，就便提問。

一、賑濟饑民。近來各處公私匱乏，巡撫官一遇災傷之年，束手無策。有等有司不諳事體，本無甚大饑荒，過爲申擾，要得先時博施甚者，且欲賑及師生與致仕官吏，以市私恩。曾不計錢糧出於何處？即使那移、勸借，倒廩、傾囊以副之，萬一明年復饑，或有甚於今年，及寺方卒起變故，將何應用？今後賑濟之事，須專責巡撫會同司、府、州、縣等官，備查倉廩盈縮，酌量災傷重輕，應時樽節給散。巡按毋得輕聽前項好事，有司輒與准行。如賑濟失策，聽巡按糾舉。

一、考選軍政，係撫、按職掌。中間或有係關邊關班操者，中差御史不得指職業干預。其軍政所定官員，俱經題奉欽依。中差御史有事，止可暫委或行帶管，不許更改、取用。其空閑在衛者不拘。

一、公差都御史、御史職務，各奉有專敕，一應興革區處事宜，撫按官毋得干預。其舉劾賢否，准受詞狀，須與本等職務相關，方可不得泛濫侵越。其更調地方官員，俱聽撫、按區處。

一、提學御史進退人才，奉有專敕，撫、按官毋得干預。其師生廩餼及脩理學校等項，提學御史止是督行有司轉申撫、按施行，不得行文擅支，那移倉庫錢糧。

一、巡按御史不許同巡撫報捷，如無巡撫，聽總兵領兵官奏報。巡按止是紀驗功次，以明賞罰。其浙江、福建舊無巡撫，與有巡撫而偶缺者，一應事務俱巡按處置。如撫按官一時俱缺，聽中差總理。

《嘉隆新例・吏例》 隆慶二年五月吏部題准，守巡等官遵照《憲綱》，於分轄州、縣，無論遠近衝僻，俱要不時巡歷。一應興革，着實舉行。年終仍將各有司賢否報撫、按，送部院考察。如不巡歷者，撫、按官參奏，重治降黜。

《嘉隆新例・吏例》 隆慶五年三月吏部題准，以後撫按官逐年量薦卓異數員，以備大計。之後題請宴賜。如徇私濫舉，聽部院該科參治。仍著爲令甲，永遠遵守。

《大明會典》卷二〇九《都察院・督撫建置》 國初，遣尚書侍郎、都御史、少卿等官巡撫各處地方，事畢復命，或即停遣。初名巡撫，或名鎮守。後以鎮守侍郎與巡按御史不相統屬，又文移往來，亦多窒礙，定爲都御史巡撫。兼軍務者，加提督。有總兵地方，加贊理。管糧餉者，加總督兼理。他如整飭邊備，提督邊關，及撫治流民，總理河道等項，皆因事特設。今具列焉。其邊境以尚書、侍郎任總督軍務者，皆兼都御史，以便行事。

總理漕運兼提督軍務巡撫鳳陽等處兼管河道一員。永樂間，設漕運武臣。至景泰二年，因漕運不繼，特命都御史總督與總兵、參將同理其事，因兼巡撫淮揚廬鳳，徐和滁三州。成化八年，分巡撫總漕各設一員。九年復舊，正德十三年又各設，十六年復舊。嘉靖三十六年，以倭警，添設提督軍務巡撫鳳陽都御史。四十年，會議歸併，改總督漕運兼督軍務，巡撫鳳陽等處地方。萬曆七年，加兼管河道。

總督薊遼保定等處軍務兼理糧餉一員。先年薊遼有警，間遣重臣巡視，或稱提督。嘉靖二十九年，以虜患，始改爲總督薊州保定遼東軍務。鎮巡以下，悉聽節制。三十三年，以密雲咫尺陵京接連黄花渤海，去石塘嶺、古北口、墻子嶺各不滿百里，移總督駐密雲，巡撫駐薊州。防秋之日，改駐昌平。而總督遂定設不革。萬曆九年，加兼巡撫順天等府地方。十一年，除巡撫如舊。

總督宣大山西等處地方軍務兼理糧餉一員。正統元年，始遣都御史巡撫宣大。景泰二年，宣大各設巡撫，而遣尚書總理宣大軍務。成化弘治間，有警則遣，無事則止。正德八年，設總制一員。鎮巡以下，并管糧郎中，俱聽節制。嘉靖間，命總督官兼督偏保，及理糧餉，時設時革。至二十九年，始定設。去偏保，改山西。三十八年，令防秋日總督領標兵駐宣府東路，巡撫領標兵車兵游兵駐岔道。四十三年，命宣大山西總督移駐懷來，以備南山一帶。宣府鎮巡官移駐延慶，山西鎮巡官移駐廣昌。隆慶四年，令總督移駐陽和。六年，命防秋畢日，各兵備副參以下文武官，悉聽總督官查覈功罪舉劾。

總督陝西三邊軍務一員。弘治十年，議遣重臣總制陝西甘肅延綏寧夏軍務。十五年以後，或設或革。至嘉靖四年，始定設。四鎮兵馬錢糧，一應軍務，從宜處置。鎮巡以下，悉聽節制。軍前不用命者，都指揮以下，聽以軍法從事。十八年奏准：三邊總督，於五六月間親臨花馬池，調集延寧奇游等兵，赴平虜城等處，併力防禦。其陝西巡撫，亦於五六月間，往固原調度兵食，候探無大勢虜情，及秋盡冬初，邊腹收成俱畢，方許照常居中調度。巡撫官仍還本鎮。

總督兩廣軍務兼理糧餉帶管鹽法兼巡撫廣東地方一員。永樂初，遣官巡撫廣西。十九年，遣官巡撫廣東。至正統景泰間，以兩廣宜協濟應援始設總制。成化元年，命兼巡撫。定於梧州駐劄，處置猺獞流賊，一應事務，聽便宜行事。各該將官，并三司官，悉聽節制。巡撫不復設。正德十一年，改總督爲提督。嘉靖四十五年，以廣東有警，命總督止兼巡撫廣西，駐肇慶，而于廣東另設巡撫，駐惠州。隆慶三年，添設廣西巡撫，除兼職。四年，復革廣東巡撫，改爲提督兩廣軍務，兼理糧餉，巡撫廣東。其廣西新設巡撫，與兩廣總兵參游守備，并三司等官，俱聽節制。萬曆二年，以惠潮有寇，暫移提督駐潮州。事平，復歸肇慶。三年，仍改總督，加帶管鹽法。

總理糧儲提督軍務兼巡撫應天等府地方一員。永樂初，遣尚書往江南治水患，兼理農務。十九年，勑尚書巡撫畿甸，然未有專設。宣德五年，命侍郎總督稅糧，兼巡撫應天等府，始有專職。至景泰四年，定遣都御史。嘉靖三十三年，以倭警令應天巡撫都御史提督軍務。當風汛時，駐劄蘇州，嚴督防守。

提督軍務巡撫浙江等處地方一員。永樂初，遣尚書治兩浙農事。以後或巡視，或督鹾，有事則遣，無定設。至嘉靖二十六年，以海警始命都御史巡撫浙江，兼管福建福興建寧漳泉海道地方，提督軍務。二十七年，改巡撫爲巡視。二十八年，停遣。三十一年，復遣僉都提督軍務，巡視浙江，兼管福興泉漳地方。三十三年，倭夷入犯杭州，特命尚書提督浙江福建南直隸軍務。又專設都御史提督軍務，巡撫浙江，兼福興泉漳地方。其提督三省者，改總督，至兼節制江西。後罷。至四十一年，止設提督軍務巡撫浙江都御史。

提督軍務兼巡撫福建地方一員。永樂間，遣侍郎巡視。以後或鎮守，或督軍，以事間遣。至嘉靖二十六年，始命都御史巡撫浙江，兼管福興建寧漳泉等處。三十五年，以閩浙道遠，專設提督軍務，兼巡視福興泉漳福寧海道都御史。仍聽總督節制。後改巡撫福建地方，統轄全省。四十年，總督亦罷。其南贛軍門所轄汀州一府，仍兩屬。

巡撫江西地方兼理軍務一員。永樂十九年，勑工部侍郎巡視。以後間遣鎮守巡撫。成化以後，始定爲巡撫。然或時革。嘉靖六年，始定設。四十年，定今銜。

巡撫南贛汀韶等處地方提督軍務一員。弘治十年，閩廣湖湘之間多盗，始設巡撫。所轄則江西之南安、贛州、建昌，福建之汀州，廣東之潮州、南雄，湖廣之郴州，四省三司，皆聽節制。駐劄贛州。尋增隸韶州、漳州，除建昌。正德十一年，改提督軍務。嘉靖八年，以吉安之萬安、龍泉、泰和、永豐、永寧，撫州之樂安增轄。四十五年，福建廣東並設巡撫。以惠潮漳州三府，還隸本處，定今名。所轄南安、贛州、南雄、韶州、汀州、并郴州地方。

巡撫湖廣等處地方兼提督軍務一員。正統三年，命都御史鎮守。以後或以侍郎、大理卿出撫。至景泰元年，定設都御史，巡撫湖廣地方，兼贊理軍務。萬曆八年，改贊理爲提督。十二年，復爲贊理。

提督軍務兼撫治鄖陽等處地方一員。成化十二年，以鄖襄流民，遣都御史安撫。因奏立鄖陽行都司，并府衛。割陝西之漢中、商州，河南之南陽唐鄧，四川之夔瞿，湖廣之荊襄安沔，設都御史提督撫治之。至萬曆二年，以本鎮所轄四省，撫治事權不專，添提督軍務兼撫治鄖陽等處地方職銜。九年，裁革，命湖廣巡撫兼理。十一年復設。

巡撫河南等處地方兼管河道兼提督軍務一員。宣德五年，遣侍郎巡撫山西河南。正統十四年，命都御史巡撫河南湖廣。至景泰元年，始專設河南巡撫。萬曆七年，加兼管河道。八年，加提督軍務。

巡撫山東等處地方督理營田兼管河道提督軍務一員。正統五年，遣大理少卿巡撫山東地方。十三年，始定設都御史。嘉靖四十二年，加督理營田。萬曆七年，加兼管河道。八年，加提督軍務。

整飭蘇州等處邊備兼巡撫順天等府地方一員。永樂十九年，命侍郎等官，巡行畿甸。正統十四年，命都御史提督軍務總督糧儲，兼巡撫順天永平二府，紫荊倒馬二關。然未有專設。成化二年，始設都御史，贊理軍務，巡撫順永二府。後兼撫河間真保定，凡五府。七年，兼理八府。八年，以畿輔地廣，從居庸關中分爲二巡撫。其東爲整飭薊州等處邊備，巡撫順永二府都御史。以居庸等關隸之，駐遵化，遂定設。嘉靖二十九年，增設通州昌平易州三都御史，旋議革。惟薊州仍舊。萬曆九年革。十一年復設。

巡撫保定等府提督紫荊等關兼管河道一員。正統十年命侍郎巡撫保定等處，未有專設。成化八年，始從居庸關中分爲二巡撫。遂專設都御史，巡撫保定、真定、河間、順德、大名、廣平六府，提督倒馬、紫荊龍泉等關，駐真定。萬曆七年，加兼管河道。

巡撫遼東地方贊理軍務一員。正統元年，遣都御史巡撫，遂爲定制。復加贊理軍務。

巡撫宣府地方贊理軍務一員。正統元年，命都御史出巡塞北，凡兵糧邊備，並聽釐正。巡撫之設自此始。然或兼理大同，不專一鎮。至成化十四年，始定設。後加贊理軍務。

巡撫大同地方贊理軍務一員。永樂六年，命都御史出鎮大同，旋罷。正統元年，始與宣府共設巡撫。至景泰三年，大同始專設。後復兼理。至成化十年，復專設，加贊理軍務。

提督鴈門等關兼巡撫山西地方一員。宣德五年，命兵部侍郎巡撫河南山西。至正統十三年，始命都御史專撫山西，鎮守鴈門。天順成化間，暫革。尋復置。嘉靖間，給旗牌四面副。隆慶三年，令秋冬暫駐寧武關就近調度，定爲巡撫山西提督鴈門等關都御史。

巡撫延綏等處贊理軍務一員。宣德十年，遣都御史出鎮，而無專設。景泰元年，以都御史叅贊軍務，遂爲定制。成化九年，徙鎮榆林。隆慶六年，加贊理軍務。

巡撫寧夏地方贊理軍務一員。宣德六年，命侍郎理陝西甘肅寧夏屯政。十年，命都御史鎮守陝西延綏寧夏等處，未有專職。正統元年，以都御史鎮撫寧夏地方，叅贊軍務，整飭邊備，遂爲定制。天順元年革，二年復設，去叅贊軍務。隆慶六年，加贊理軍務。

巡撫陝西地方贊理軍務一員。宣德間，命尚書侍郎出鎮。正統間，命右都御史出入更代鎮守。景泰三年，改都御史巡撫遂爲定制。成化二年，加提督軍務。後改贊理軍務。

巡撫甘肅等處地方贊理軍務一員。宣德十年，命侍郎鎮守甘肅地方。正統元年，甘涼多事，命侍郎叅贊軍務出鎮。於是甘肅以文臣叅贊，遂爲定制。景泰元年，定爲巡撫都御史。至隆慶六年，改贊理軍務。

提督軍務巡撫四川等處地方一員。宣德五年，命都御史撫鎮，事寧停遣。正統十四年，遣都御史巡撫四川，遂定設。萬曆十一年，加提督軍務。

巡撫雲南兼建昌畢節等處地方贊理軍務兼督川貴糧餉一員。正統九年，命侍郎叅贊軍務，十年，始命侍郎鎮撫。天順元年，革。成化十二年，復設。嘉靖三十年，加兼理軍務。四十三年，改贊理。隆慶二年，加兼建昌畢節等處地方。

巡撫貴州兼督理湖北川東等處地方提督軍務一員。正統四年，命都御史出鎮。十四年，以土苗亂，命侍郎總督軍務鎮守其地。景泰元年，大理寺丞巡撫，始有專職。成化八年革。十一年復設。正德二年革，五年復設。嘉靖七年，設雲貴四川湖廣等處總制撫勦苗蠻土夷，事平，革。二十七年復設，沅州駐劄。四十二年，復革，令貴州巡撫兼督湖北川東提督軍務。

巡撫廣西地方一員。廣西舊有巡撫，沿革不常。隆慶元年，改總督兩廣都御史，兼巡撫廣西地方。三年，復設廣西巡撫。

以上俱見在督撫。

總制宣大偏關保定等處軍務一員。

總督湖廣川貴軍務一員。

巡撫鳳陽等處地方一員。

總理河漕兼提督軍務一員。永樂九年，遣尚書治河。自後，間遣侍郎或都御史。成化弘治間，始稱總督河道。正德四年，始定設都御史提督，駐濟寧。凡漕河事，悉聽區處。嘉靖二十年，以都御史加工部職銜，提督河南山東直隸三省河患。隆慶四年，加提督軍務。萬曆五年，改總理河漕，兼提督軍務。八年，革。

總督南京糧儲一員。

整飭北直隸山西河南等處軍備糧餉一員。

巡撫廣東地方兼贊理軍務一員。

以上俱嘉靖二十年以前設，陸續住補。

總督宣大山西偏保等處軍餉一員。

勘處湖廣貴州夷情一員。

督理承天工務一員。

巡撫浙江兼管福建福興建寧漳泉等處海道地方提督軍務一員。

巡視浙江兼制鄰境福建沿海地方一員。

採木左副都御史一員，右副都御史一員。

經略居庸山海東西二路關一員。

清理兩淮兩浙山東長蘆等處鹽法都御史一員。

淮徐兗州等處地方招撫營田一員。

北直隸地方督理屯政一員。

山西宣大地方督理屯政一員。

經略易州地方一員。

駐守昌平州地方一員。

通州駐劄右僉都御史一員。

總理江南等處屯鹽副都御史一員。

總理江北等處屯鹽僉都御史一員。

總理山西等處屯鹽副都御史一員。

山西宣大等處行邊侍郎一員。

薊遼保定等處行邊侍郎一員。

陝西延綏寧夏固原甘肅等處行邊侍郎一員。

以上俱嘉靖十九年以後因事題設，事畢住補。

永樂十九年，勑大臣十三員，各同給事中一員，巡行天下。宣德間，令巡撫官每歲八月，一赴京議事。五年，定巡撫官赴京議事例。遼東、大同每年一次。寧夏、延綏、甘肅，二年一次。俱四月初一日至京。南北直隸，及北方腹裏者，仍每年一次。四川及南方者亦二年一次。俱八月初一日至京。其二年一次者，若果地方寧靖，事有應議者，聽從一年一次。成化十年，免巡撫官赴京議事。嘉靖三年令：各巡撫都御史，遇有遷秩，或以憂去者，必候代離任，代者亦宜亟往。如違，言官劾奏。隆慶二年題准：凡遇推補督撫員缺，吏部移咨兵部，差人賫文前去。如以别官陞遷巡撫及在原籍起用者，限文到五日。以巡撫陞總督者，限交代次日，即各起程赴任。仍將起程日期，于所在衙門申報各巡按具奏。如咨文已到，不即起程，或已交代，未便離任，或未交代，擅自回籍者，並參治。萬曆三年題准：文到之日，限半月以裏，起程赴任。

《大明會典》卷二〇九《都察院·各道分隸》 國初，設十二道監察御史，照刷卷宗，衙門各有分屬，具載《諸司職掌》。後定爲十三道，各理本布政司，及帶管内府監局在京各衙門，直隸府州衛所刑名等事。

（明）王世貞《弇州史料後集》卷三八《筆記·巡撫之始》 偶有問巡撫所始者，記《會典》始永樂十九年，然不得其實也。《聖政記》志之永樂十九年勑吏部尚書蹇義、給事中馬俊往直隸應天等府州，尚書金純、給事中葛紹祖往四川，都御史王彰、給事中王勵往河南，都御史虞謙、給事中許能往浙江，侍郎郭進、給事中張雲往江西，侍郎楊勉、給事中徐初往福建，侍郎郭敦、給事中陶衍往順天等府州，侍郎李昶、給事中劉渙往山東，少卿周納、給事中劉蓋往湖廣，大理寺丞郭瑄、給事中艾某往廣東，大理寺丞孫時、給事中蕭奇往山西，通政參議朱侃、給事中楊春往廣西，共二十六人巡行天下撫安軍民。

（明）佚名《條例備考》卷一《都察院·銓註河西守巡九》 一、都察院題該巡按陝西監察御史王紳奏爲乞賜查議銓註河西守巡嚴限赴任管事以安邊鎮事。奏將西寧二道比照遼東定註守巡事例，并欲各官領憑到任方繳事故必交代後行等因抄呈到院。臣等看得官有定員則無難易之妄圖，居有常地則無險易之推避。蓋人情每安於私便，而事務多廢於遲延。切以陝西甘肅一鎮孤縣腹裏之外，北邊大虜之寇，南方西海之賊，橫衝其中，往往西寧守巡二道官員懼其道途危險即行用計求脱，以致經時累月不到地方，邊圉事情因而稽廢。本官具奏前因足見周詳邊務，相應依擬，覆奉欽依移咨吏部將甘肅守巡官員查照遼東事例定名銓註，令其到任管事及改官一節徑自查覆施行。

（明）史繼辰等《增修條例備考》卷二《都察院·守巡官出巡限期二》 一、正德十六年二月内都察院題該巡按浙江御史周卿奏爲嚴法令以肅庶官修舉職業事。奏行各該撫按官嚴督各該都布按三司及府州縣衛所遵守守巡等官務要每年俱於春二月中出巡，七月中回司，九月中出巡，十二月終回司。年終，分巡官將問過贓官贓吏名數，追過贓罰數目，及完過勘合，并一應案驗批申呈詞事件； 分守將催完過錢糧，撫安過人民，并一應合行事件； 清軍督屯鹽法學校兵備守備官各將清解過軍士，徵收過屯糧，督辦過鹽課，考校過師生，操練修理過軍馬城池，撫勘撫處過夷情邊務，及各完銷過一應勘合批申呈詞等項事件，各開具揭帖呈報巡撫巡按稽考。若有律身欠謹，操守可議，貪聲大著，清譽未彰，及推奸避事，曠職苟禄，以致任内一應事件舉無成效，及委後遷延不即起程，不遵奏准限期，巡歷不遍，歷偏僻州縣不將行過事跡開報查考。撫按官先將跟隨吏典查提問革，各該官員應住俸者照例住俸一年，應參奏者照例參奏提問黜罰降調。若有地方緊急事情及婚喪等項，聽具揭帖禀知撫按方許回司。若出巡未久不許擅回。年終撫按官各將嚴督查考過各官勤惰緣由明白奏報，覆奉欽依通行遵照。

（明）史繼辰等《增修條例備考》卷二《都察院·議專責任及明憲體二十五》 一、嘉靖十一年十一月内都察院題該本院右副都御史王奏爲條陳時政以弭災變事。内稱審録刑名參撥吏農，巡撫雖有行而事責重于巡按。民兵里甲徭役錢糧，巡按雖有行而事責重于巡撫。近來陞遷數易法紀屢更，而巡按又或立有新法，文移未周而代者已至，甲可乙否以致申呈之批答不同，軍徒之定發相悖，撫按相持何以肅寮貞度等因。本院公同浙江等道御史王重賢等看得，職掌禮文雖若兩端而實則一體，未聞禮讓謙恭之人復有侵越職掌之事。國家設撫按之官均有地方之寄，巡按御史出巡親承面命，所以振綱肅紀，激濁揚清，監察奸弊，糾劾百僚，責任至重，體面亦隆。但官非久任，每歲一更，故後來復設巡撫都御史以處置地方之事。官以久任，權假便宜，不惟撫鎮一方抑亦總持風紀。查得《憲綱》内一欵，鎮守官受朝廷委任以防奸禦侮，凡調度軍馬區畫邊務，風憲官皆無得干預。其相見相待之禮尤須謙敬。如鎮守官有犯違法重事須用體覈明白指陳實跡具奏請旨，不許擅自辱慢。又查得《大明會典》内一欵，凡各處巡撫官初遣尚書都御史少卿等官，後專用都御史，初名巡撫或名鎮守，後定名巡撫，是《憲綱》所謂鎮守官即今之巡撫都御史也。既云尤須謙敬，又云不許辱慢，則知撫按之相接亦自有定分矣。況舊禮有相沿，其來已久，夷考其實亦皆得體。至於職掌事宜具在《憲綱》及各欽差勅諭，該載甚明。中間雖有一二未悉者列欵開陳上請，覆奉世宗皇帝聖旨：是，這撫按官職掌并相接禮文你每既議處停當都依擬。著永遠遵守，不許侵越紛更。欽此。

一、巡撫職掌係撫安地方之官，如徭役編審，里甲出辦，糧料派徵，官錢出入，驛傳處給，廩禄興廢，與夫大户糧長民壯快手僉點，城池堡隘兵馬軍餉督調。凡該地方之事，俱聽巡撫處置。都布按三司將處置緣由，及呈巡按知會。巡按御史按臨之處，將已行之事查考糾正，不必另出己見，多立法例。其有大利弊當興革者，奏行部院議擬上請，俾所司永爲遵守。

一、巡按職掌糾察一方利弊，肅寮貞度。至若文科賓興，武舉掄材，處決重辟，審録寃刑，吏農叅撥，功賞紀驗，則又御史之所獨專者，巡撫官不得干預。巡撫所歷之處，止可獨責有司明刑恤獄，初無審録寃刑之行。部寺官須照刑部題准，及欽奉勑諭内事理，止可將見監罪囚有寃抑者舉。其操江、巡視、理鹽都御史并巡關、巡鹽、巡江、巡茶馬及清軍御史，不論囚犯大小，俱不許審録，亦不許有司送審，以乖政體。至於五年審録，往往巡按與欽差部寺官争論相悖。今後若所見不同，許各奏請施具奏審録。其餘徒流笞杖只應減等釋放，亦不得將巡按衙門問結事情一槩准辯，以起事端。

一、撫按詳定軍徒，查得《問刑條例》，凡問充軍，係巡撫有行者，巡撫定衛。巡按有行者，巡按定衛。其所屬自問者，有巡撫處申呈巡撫，無巡撫處巡按定發。遵行已久。但開載欠詳，以致彼此互異。今後各衙門凡奉到撫按及欽差都御史一應批詞牌案，内有充軍徒罪及口外爲民者，如一事而彼此相干，定發，以原行衙門在先者爲主。若事起於所司，通行申呈合干上司者，俱候巡撫定發。無巡撫者，巡按定發。所司須將各奉到先後緣由及通行申呈等語開具明白，以俟批答。中間有應該駁行者，仍據理而行。有奉奏行及奉欽依者，其允詳定發俱歸於欽奉衙門。

一、撫按會批事件遇有地方大事，及批定守巡道，并進奏等項公差，官員舊規，俱是會行。其區處目前常事與批委府州縣等官署掌印信，亦皆會同而行。但彼此偶值出巡，相隔窵遠，若待會到守候必致遲悞。今後如常行事務委署印信，止以文書先到者爲主，奉行官吏不必觀望兩請。

一、奏報災傷係巡撫之事，巡按御史止是覈實。近來有司或有不申撫按，或巡撫不候巡按覈勘，各徑自具奏。户部未免仍行巡按覈實以致往復過期。有司慮恐失時，先行設法徵收，無知小民多被糧長乘機全收，後雖遇免，不沾實惠。今後災傷之年，撫按官須先督行各府州縣及早申報巡按，即行委官分投，覈定分數，行所司造報巡撫，具奏議免。如無巡撫巡按奏報，庶事體歸一，不致往復躭誤。敢有增減分數，及仍前驀越具奏。應叅奏者，聽撫按叅奏，應提問者就便提問。

一、賑濟饑民。近來各處公私匱乏，巡撫官一遇災傷之年束手無策。有等有司不諳事體，本無甚大饑荒，過爲申擾，要得先時溥施甚者，且欲賑及師生與致仕官吏，以市私恩。曾不計錢糧出於何處？即使那移，勸借、倒廩、傾囊以副之，萬一明年復饑，或有甚於今年，及地方卒起變故，將何應用。今後賑濟之時，須專責巡撫會同司府州縣等官備查倉廩盈縮，酌量災傷重輕，應時樽節給散。巡按毋得輕聽前項好事有司輒與准行。如賑濟失策，聽巡按糾舉。

一、考選軍政，係撫按職掌。中或有官邊關班操者，中差御史不得指以職業干預。其軍政所定官員俱經題奏欽差，中差御史有事止可暫委或行帶管，不許更改取用。其空閑在衛者不拘。

一、提學御史進退人才，奉有專勑，撫按官毋得干預。其師生廩餼及修理學校等項，提學御史止是督行有司轉申撫按施行，不得行文擅支那移倉庫錢糧。

一、巡按御史不許同巡撫報捷，如無巡撫，聽總兵領兵官奏報。巡按止是紀驗功次以明賞罰。其浙江福建舊無巡撫，與有巡撫而偶缺者，一應事務俱巡按處置。如撫按官一時俱缺，聽中差御史綜理議處。

（明）史繼辰等《增修條例備考》卷二《都察院·酌議巡按查盤論劾官員併奏繳本册事規三十一》 一、嘉靖四十五年十一月内都察院題，該江西道御史李輔題爲酌議憲條以肅風紀事。條陳專勑巡按歲盤邊海錢糧及舉劾疏於交代十日前封送，并被論文武官員先行革去管事，列欵上請。覆奉世宗皇帝聖旨：依擬行。欽此。

一、各邊及腹裏用兵處所每五年差科道官查盤一次，委屬虚文，近時專勑巡按御史深爲便益。及稱撫按會查未免牽制，并要户部將各處奏到實在錢糧文册發各巡按查對盤核。合無今後不拘沿邊沿海地方，凡係用兵處所俱於每年户部如議將一年發過并先年支剩或本地奏留等銀俱開送巡按御史及本地鹽課徵編，但係軍需錢糧俱聽巡按御史逐一如法清查。中間如有侵欺冒破情弊，應拿問者即便拿問，應叅奏者一併叅奏。事完之日，分別管收。除在造册奏繳青册賫部院備查，仍於御史初差之日行户部請給坐名勑書一道遵奉行事。至於巡按御史每年出巡查盤，不必會同巡撫。其巡撫應查經管錢糧，或止在任一行，或接管三年一舉各另委官行事。如此則錢糧之出納既明，文案之揑補可杜，撫按之體面可全，而事體之牽制亦免矣。

一、被劾之官進無名位之可圖，乘未奪之勢以肆其漁獵之術。或先自逃回，及至移文行提乃揑寫亡故，不得明正刑典。至於各處犯罪將官尤爲蔑視，朝失事於東壁暮即張蓋於西隅，而總督軍門又甘心爲逋逃之主，故叅提十而問結者不能一二，法紀蕩然莫此爲甚。合無今後將被論文武官員先行革去，見管事務就便委官代管。應提問者先行提問，應叅奏者羈留候旨，俱不許擅自離任。如經該官司縱容逃去者，治以連坐之法，仍移咨各督撫衙門，今後但係被論武職，不許容留避罪長姦蔑法。違者，聽巡按御史叅究。庶國法丕振而勘合易於完銷矣。

一、舊規巡按交代之際多於出境偏僻地方，寫本發案造册駐劄，或至浹旬或至三四十日。地非所轄，未免啓人之疑。合無今後巡按御史一應舉劾疏奏俱在交代前十餘日内差人賫進，并賢否文册封送部院，其獎戒案驗亦即作急發行，則一出境之外人已兩無干與。仍行兩京十三省御史一體欽遵，將差滿一應舉劾奏疏併獎戒文移，俱於交代前數日發行。交代之後出境即行，不得遲留致生物議。其回道考察之日，查無犯贓過名者，疏内免開犯贓二字，以示聖明優待風紀之意。

（明）史繼辰等《增修條例備考》卷二《都察院・屯田印馬併作一差兩關閲視巡按不與三十三》

一、隆慶三年五月内都察院題，該吏科給事中鄭大經等題爲酌處任官事，内開併差遣一節。該本院看得，本官議將北直隸巡按御史止差一員，其各差事務可兼者通行酌議裁省等因，爲照畿輔係根本重地，額設巡按二員，相沿已久。東西兩關御史兼攝雖便，但山海密邇京畿，居庸拱護山陵，巡鹽巡倉各有職掌，各差勢若應併而事各有碍。查得屯田印馬事體相關，合無屯田一差歸併印馬御史，請添給勑書一道准作一差。及照兩關閲視，舊係兵部差郎，中歲一舉行，後該總督楊選題准始將郎中免差，責令巡按會同巡關閲視。但兩關既有巡關則閲視乃其專職，巡按復行干預不無增擾，合無以後閲視止聽巡關管理，巡按不必干預。覆奉穆宗皇帝聖旨：依擬行。欽此。

（明）史繼辰等《增修條例備考》卷三《都察院・申明撫按職掌一》

一、萬曆十二年二月内都察院題爲因事效愚敬陳末議以備採擇事。覆户科都給事中蕭彦等欵開申明撫按職掌，該本院議看得巡撫主撫循地方，凡賦役甲兵城池寇盜並以屬之，巡按主糾劾，勘事審録查盤訪察，文科武舉專以屬之。至於操江巡視，總理各都御史，巡江巡鹽巡關巡茶印馬屯田各御史本差詞訟例得徑行。遇有重辟，則必批行監候巡按會審，載在《憲綱》。相應再行申飭，以後除重大事情應該會行者，撫按照舊會行外，其餘務遵明例各舉其職，有違犯者糾舉究治等因。奉聖旨：是。今後撫按官務遵照《憲綱》職掌行事，毋得互相侵越，致乖政體。提問貪官該部院嚴限考成，有故意躭延的，着實叅奏處治。欽此。

（明）史繼辰等《增修條例備考》卷三《都察院・撫按各另具奏無嫌異同二》

一、萬曆十三年三月内都察院爲申明撫按會同事宜以彰聖德事。該左都御史趙等題稱近年以來撫按敷奏往往有巡撫不及致詳而巡按遂踵其謬，巡按失之風聞而巡撫亦襲其訛，未必盡當人心。今後除例不會同及事不必會同外，其餘應會同者照舊會同。若意見不同並聽各另具奏。至於撫按出巡地方隔遠而事有緊急難待者，雖例合會題，亦聽各另具奏以防稽誤。奉聖旨：卿等説的是。撫按官受朝廷耳目之寄，凡有議奏舉劾必須知見真確乃可上聞，豈得遷就雷同狥情塞責。今後處置地方事宜及叅論屬官，有意見不同的，着遵前旨各另據實陳情，不必一一會同。欽此。

（明）史繼辰等《增修條例備考》卷三《都察院・撫按贓罰互相稽查三》

一、萬曆十三年八月内都察院題爲仰承德意條舉清查未盡事宜以肅吏治以安民生事。條陳欵開撫按贓罰收貯各府州縣，置立循環倒換查考。今後巡按將滿，巡撫徑行各府州縣查將巡按贓罰分別起解支放數目造册，送本院查考，不行巡按知會。巡撫起解支放過贓贖，每年終巡按御史亦徑行各府州縣取齊，於次年春季類報，亦不行巡撫知會。遇有擅支濫用，巡按回道考察，巡撫隨時叅論。總督與巡撫同，各差御史與巡按同，一體互相稽查。覆奉欽依，通行遵照。

（明）史繼辰等《增修條例備考》卷三《都察院・撫按隨巡不必多官

滋擾五》一、萬曆十五年九月内都察院題爲敬陳切要事宜乞賜採納以隆治安事。覆吏科給事中楊其休條陳，撫按駐劄省會，倘遇地方有事可暫移駐調度。按院出巡之處止應本道隨巡推官中止用本府一員以備咨訪，不必擁多官滋濫費。題奉聖旨：是。邊鎮及有事地方巡撫官還照舊巡閲調度。各處司道等官陪巡奔走曠廢職業着嚴行禁革。如沿習弊套，故違明旨的你都察院訪實糸治。欽此。

（明）史繼辰等《增修條例備考》卷三《都察院・遴選撫按憲臣十八》一、萬曆二十二年十月内都察院題爲欽奉聖諭申嚴差用事宜以奠黎元以光盛治事。該本院同吏部尚書孫等於會極門接奉聖諭：朝廷設立撫按官專爲保障一方，惠養黎庶，除奸革弊。爾吏部既掌銓衡之任，甄别賢否，如何任用匪人擾害地方，殘及師儒好生，有負委任，大傷國體，姑且不究。今後務要遴選真才實心惠民者方可推委，不可以浮妄之徒濫行選用。如再有狗私不遵的着該科糸來一體治罪不宥。故諭。欽此。隨該本院題稱以後恪遵諭旨，凡遇各處撫臣員缺聽吏部會推共加慎重外，其按臣員缺，務選才堪保障方敢差委。如或奉差之後妄逞胸臆仍蹈前轍者，聽臣等嚴核題請議處，不容回道。其有力任怨勞，扶植風紀，挽回頹敝，不避强禦者，又當徐察審聽，曲全憲體。仍通行各該撫按官務以實心行政等因。奉聖旨：覽奏具見卿以忠體國之心，可與尚書孫丕揚同心協力，着實舉行，以副朕責成之意。欽此。

（明）史繼辰等《增修條例備考》卷三《都察院・御史偶缺議改城差以應按差十九》一、萬曆二十四年二月内都察院左都御史衷題爲急缺按差乞查復舊規以便差用事。據經歷司呈照得，各御史巡按一方責任至重，近奉明旨降用各省直大差共缺七人，京營一人，又報滿應代三人，一時員缺難以久懸，雖有新資數人，亦只可補中差。即欲行取，非惟不能即到，抑且未便大差。若不照舊酌處，安能濟此燃眉。查得五城御史向係季差，不過半載，近例改爲一年。今值急缺之時，況見在御史已逾半載，合無將各官照舊以六箇月爲滿，准頂前項差缺，遺下城差將空閑并小差御史接管，以後仍以此爲例等因。該本院看得，先年五城之差原係四季或半年一换，近議改爲一年，法雖云善，但今在道御史一時欽降多人，而應補大差等缺共計用一十餘員。目前差委甚乏，即有新資數人僅可補中差及侍班之用。況巡按大差乃一方重任，誠難久虚，若今不以巡城御史通融酌差，非惟無以救目前之急，而且在前者止守中差在後者反得大差，資序參差俱屬未妥。合將見在巡城御史准令更補大差，嗣後五城御史毋拘實授試職，仍以半年爲期，遇缺循序更换，庶得濟一時之急亦爲可久之規。奉聖旨：是。欽此。

（明）吕坤《實政録》卷一《明職・督撫之職》吏治無良，未有不自大吏始者。我潔己而後責人之廉，我愛民而後責人之薄，我秉公而後責人之私，我勤政而後責人之慢。以有諸己者非人，止多衆口耳，勢必不行。以藏身不恕也而遂恕人，同爲民賊耳，法必不貸。

夫百司庶僚以治軍民，督撫者治治軍民者也。三關兵馬統於總兵，分於參將、遊擊、守備、操防。十七衛所軍士統於都司，分於衛所指揮、千百户。監臨節制者兵備，而本院則提督之者也。伍不充足，士不精强，器不堅利，藝不熟嫺，馬不健練，令不嚴明，將無勇略，陣無節制，戰無方略，邊圉不固，城池不飭，墩堡不修，烽堠不明，險隘不防，栽種不密，哨探不實，儲積不富，屯田不墾，剥削不懲，騷擾不禁，疾苦不知，機密不慎，先事不周，應變不敏，有如此者，三關將吏責有攸歸；而提調無方，督責不嚴，致邊備日弛，而兵威不振，本院安所歸咎邪？

三晋民物分治於州縣，總治於府，監臨於守巡道，統屬於布政司，彈壓於按察司，而本院則拊綏之者也。樹畜不教，荒蕪不闢，流移不復，衣食不足，煢獨不收，寇盗不息，奸暴不戢，衙蠹不除，諸弊不革，積衰不振，教化不行，邪民不禁，流民不察，游民不業，量衡不式，學政不嚴，地土不均，賦役不平，雜累不蠲，山澤不殖，訟獄不清，倉庫不慎，僭奢不約，積貯不充，錢糧不急，道塗不治，商旅不集，鄉甲不聯，貪酷不斥，昏庸不戒，勢豪不斂，餽遺不省，驛遞不節，虚彌不去，幽隱不燭，有如此者，三晋司府責有攸歸；而倡率無道，驅策難前，致吏治不修而民生不遂，本院安所歸咎邪？

顧本院所自信者，除本省鄉士夫吉凶禮節不敢盡廢，亦不能過豐外，其餘不彼此交際，假手以潤身家；不餽送要津，結心以固榮寵。不以奉承善屬吏，不以虚套責有司。紙贖商税酒課獲功及一切不義等物，分毫不入私篋，以遺子孫之殃；酒席下程供張騶從及一切公會等事，分毫不費民財，以爲州縣之累。本院與衙役日用所需，止有題准公費及驛傳小菜，諸所舉動，不能欺百司庶僚，不能欺吏書門皂。顧如此硜硜，亦只了自家身上事耳。苟於地方不足爲輕，不足爲重，則是官也，焉能爲有，焉能爲無？前所云云，所賴監司守令共力同心，次第舉行，爲軍民造無窮之福，爲地方垂永久之利。凡本院牌劄條示，苟於民情無當，不妨明白申呈。苟於事體可行，豈宜延遲廢格？本院無德，既不能閉閤以格羣心，又不宜代庖以侵衆職，仰屋竊嘆，祇應自劾以明曠職之罪耳。諸君子其奮揚精采，殫竭心思，詳觀往哲良規，痛革俗吏積套，匡我愚迷，規我舛謬，共圖治理，是所惓惓注望者也。

《明職》既刻，以視友人，友人曰：君言過直矣。余曰：三友先直，余僭首，諸僚安得爲涵蓄語？且余云云，皆爲不肖者發也，賢者惡惡有同心，不罪余直。不肖而罪余，是自謂不肖也。儻聞言而悟，斯改焉，即罪余奚病？矧余所謂職，匪曰能稱；所謂不職，匪曰能免。善則與諸僚共爲之，不善與諸僚共改之，是余亦未嘗不自直也。嗚呼，士君子良心炯炯，靈明固知，不罪余直矣。

（明）徐石麒《官爵志》卷二《巡撫》　永樂間遣尚書侍郎少卿等官鎮守，景泰間因與巡按不相統屬，難以行事，遂定爲都御史巡撫兼軍務事者，加總督贊理，掌糧餉事者，加總督兼理。他如整飭邊備提督邊關及撫治流民等項者，皆隨事異名。若邊境有事，又有總督提督總制衆贊贊理及經略巡視之名。近例尚書侍郎治事于外者，兼都御史以使行事，畢而罷。

《明穆宗寶訓》卷二《振法紀》〔隆慶五年〕三月丙子，都察院左都御史葛守禮申明巡按事宜：一、正體統，爲監司之於守令，上下相維，按臣不當及手屬官考註藩臬以致政弛民玩，權柄倒持。二、修本務，謂御史職在肅官僚，振綱紀，摘奸伏，理寃滯，宜力舉其職，諸細故有司存毋得侵官。三、慎訪察，謂官以察爲名，毋自眯昧徒寄耳目，宜虚心諮訪酌用僉言，則摘發所及無不讋伏。四、簡受詞，謂訟必興於險健，聽受稍輕，則告訐蜂起，奉行過當，所傷必多，自非有司所不能治，監司所不能決，不宜輕受。五、完勘合，謂本院考察例以完結分數爲較，毋以文移細故塞責，考課時必核其實。六、公舉劾，言撫按之於所屬，每恕於甲科，而嚴於舉監，今無論其出身惟當核其名實，舉刺之疏無俟出境以啓他議。七、覈查盤，謂委屬宜在得人，一人無過三處，則磨勘精核而弊端可釐。八、倡節儉，謂減騶從，薄供億，戒承奉，以身率物則其下不渝。上嘉其議，令所在巡按御史從實舉行，回道之日，仍嚴考核，毋事姑息。

《明史》卷七三《職官志》　總督漕運兼提督軍務巡撫鳳陽等處兼管河道一員。太祖時，嘗置京畿都漕運司，設漕運使。洪武元年置漕運使，正四品，知事，正八品，提控案牘，從九品，屬官監運，正九品，都綱，省注。十四年罷。永樂間，設漕運總兵官，以平江伯陳瑄治漕。宣德中，又遣侍郎、都御史、少卿等官督運。至景泰二年，因漕運不繼，始命副都御史王竑總督，因兼巡撫淮、揚、廬、鳳四府，徐、和、滁三州，治淮安。成化八年分設巡撫，總督各一員。九年復舊。正德十三年又分設。十六年又復舊。嘉靖三十六年，以倭警，添設提督軍務巡撫鳳陽都御史。四十年歸併，改總督漕運兼提督軍務。萬曆七年，加兼管河道。

總督薊遼、保定等處軍務兼理糧餉一員。嘉靖二十九年置。先是，薊、遼有警，間遣重臣巡視，或稱提督。至是以邊患益甚，始置總督，開府密雲，轄順天、保定、遼東三巡撫，兼理糧餉。萬曆九年加兼巡撫順天等處。十一年復舊。天啓元年置遼東經略。經略之名，起於萬曆二十年宋應昌暨後楊鎬。至天啓元年，又以内閣孫承宗督師經略山海關，稱樞輔。崇禎四年併入總督。十一年又增設總督於保定。

總督宣大、山西等處軍務兼理糧餉一員。正統元年始遣僉都御史巡撫宣大。景泰二年，宣府、大同各設巡撫，遣尚書石璞總理軍務。成化、弘治間，有警則遣。正德八年設總制。嘉靖初，兼轄偏、保。二十九年去偏、保，定設總督宣大、山西等處銜。三十八年令防秋日駐宣府。四十三年移駐懷來。隆慶四年移駐陽和。

總督陝西三邊軍務一員。弘治十年，火篩入寇，議遣重臣總督陝西、甘肅、延綏、寧夏軍務，乃起左都御史王越任之。十五年以後，或設或罷。至嘉靖四年，始定設，初稱提督軍務。七年改爲總制。十九年避制字，改爲總督，開府固原，防秋駐花馬池。

總督兩廣軍務兼理糧餉帶管鹽法兼巡撫廣東地方一員。永樂二年遣給事中雷填巡撫廣西。十九年遣郭瑄、艾廣巡撫廣東。景泰三年，苗寇起，以兩廣宜協濟應援，乃設總督。成化元年兼巡撫事，駐梧州。正德十四年改總督爲總制，尋改提督。嘉靖四十五年另設廣東巡撫，改提督爲總督，止兼巡撫廣西，駐肇慶。隆慶三年又設廣西巡撫，除兼職。四年革廣東巡撫，改爲提督兩廣軍務兼理糧餉，巡撫廣東。萬曆三年仍改總督，加帶管鹽法。

總督四川、陝西、河南、湖廣等處軍務一員。正德五年設，尋罷。嘉靖二十七年，以苗患，又設總督四川、湖廣、貴州、雲南等處軍務。四十二年罷。天啓元年，以土官奢崇明反，又設四川、湖廣、雲南、貴州、廣西五省總督。四年兼巡撫貴州。

總督浙江、福建、江南兼制江西軍務一員。嘉靖三十三年，以倭犯杭州置。四十一年革。

總督陝西、山西、河南、湖廣、四川五省軍務一員。崇禎七年置，或兼七省。十二年後，俱以内閣督師。

總督鳳陽地方兼制河南、湖廣軍務一員。崇禎十四年設。

總督保定地方軍務一員。崇禎十一年設。

總督河南、湖廣軍務兼巡撫河南一員。崇禎十六年設。

總督九江地方兼制江西、湖廣軍務一員。崇禎十六年設。

總理南直隸、河南、山東、湖廣、四川軍務一員。崇禎八年設，以盧象昇爲之，與總督或分或併。

總理河漕兼提督軍務一員。永樂九年遣尚書治河，自後間遣侍郎、都御史。成化後，始稱總督河道。正德四年定設都御史。嘉靖二十年以都御史加工部職銜，提督河南、山東、直隸河道。隆慶四年加提督軍務。萬曆五年改總理河漕兼提督軍務。八年革。

總理糧儲提督軍務兼巡撫應天等府一員。宣德五年初命侍郎總督糧儲兼巡撫。景泰四年定遣都御史。嘉靖三十三年以海警，加提督軍務，駐蘇州。萬曆中，移駐句容，已復駐蘇州。

《明史》卷七三《職官志》 巡撫浙江等處地方兼提督軍務一員。永樂初，遣尚書治兩浙農事。以後或巡視或督鹺，有事則遣。嘉靖二十六年以海警，始命都御史巡撫浙江，兼管福建、福興、建寧、漳、泉海道地方，提督軍務。二十七年改巡撫爲巡視。二十八年罷。三十一年復設。

巡撫福建地方兼提督軍務一員。嘉靖二十六年既設浙江巡撫兼轄福、興、漳、泉等處，三十五年以閩、浙道遠，又設提督軍務兼巡福興、漳、泉、福寧海道都御史。後改巡撫福建，統轄全省。

巡撫順天等府地方兼整飭薊州等處邊備一員。成化二年始專設都御史贊理軍務，巡撫順天、永平二府，尋兼撫河間、真定、保定，凡五府。七年兼理八府。八年以畿輔地廣，從居庸關中分，設二巡撫，其東爲巡撫順天、永平二府，駐遵化。崇禎二年又於永平分設巡撫兼提督山海軍務，其舊者止轄順天。

巡撫保定等府提督紫荊等關兼管河道一員。成化八年分居庸關以西，另設巡撫保定、真定、河間、順德、大名、廣平六府，提督紫荊、倒馬、龍泉等關，駐真定。萬曆七年兼管河道。

巡撫河南等處地方兼管河道提督軍務一員。宣德五年遣兵部侍郎于謙巡撫山西、河南。正統十四年以左副都御史王來巡撫湖廣、河南。景泰元年始專設河南巡撫。萬曆七年兼管河道。八年加提督軍務。

巡撫山西地方兼提督雁門等關軍務一員。宣德五年以侍郎巡撫河南、山西。正統十三年始命都御史專撫山西，鎮守雁門。天順、成化間暫革，尋復置。

巡撫山東等處地方督理營田兼管河道提督軍務一員。正統五年始設巡撫。十三年定遣都御史。嘉靖四十二年加督理營田。萬曆七年兼管河道。八年加提督軍務。

巡撫遼東地方贊理軍務一員。正統元年設，舊駐遼陽，後地日蹙，移駐廣寧，駐山海關，後又駐寧遠。

巡撫宣府地方贊理軍務一員。正統元年命都御史出巡塞北，因奏設巡撫兼理大同。景泰二年另設大同巡撫，後復併爲一。成化十年復分設。十四年加贊理軍務。

巡撫大同地方贊理軍務一員。初與宣府共一巡撫，後或分或併。成化十年復專設，加贊理軍務。

巡撫延綏等處贊理軍務一員。宣德十年遣都御史出鎮。景泰元年專設巡撫加參贊軍務。成化九年徙鎮榆林。隆慶六年改贊理軍務。

巡撫寧夏地方贊理軍務一員。正統元年以右僉都御史郭智鎮撫寧夏，參贊軍務。天順元年罷。二年復設，去參贊。隆慶六年加贊理軍務。

巡撫甘肅等處贊理軍務一員。宣德十年命侍郎鎮守。正統元年，甘、涼用兵，命侍郎參贊軍務。景泰元年定設巡撫都御史。隆慶六年改贊理軍務。

巡撫陝西地方贊理軍務一員。宣德初，遣尚書、侍郎出鎮。正統間，命右都御史陳鎰、王文等出入更代。景泰初，耿九疇以刑部侍郎出鎮，文移不得徑下按察司，特改都御史巡撫。成化二年加提督軍務，後改贊理，駐西安，防秋駐固原。

巡撫四川等處地方兼提督軍務一員。宣德五年命都御史鎮撫，後停遣。正統十四年始設巡撫。萬曆十一年加提督軍務。

巡撫湖廣等處地方兼贊理軍務一員。正統三年命都御史賈諒鎮守，以後或侍郎或大理卿出撫。景泰元年定設巡撫都御史兼贊理軍務。萬曆八年改爲提督軍務。十二年仍爲贊理。

巡撫江西地方兼理軍務一員。永樂後，間設巡撫鎮守。成化以後，定爲巡撫，或有時罷遣。嘉靖六年始定設。四十年加兼理軍務。

巡撫南贛汀韶等處地方提督軍務一員。弘治十年始設巡撫。正德十一年改提督軍務。嘉靖四十五年定巡撫銜，所轄南安、贛州、南雄、韶州、汀州并郴州地方，駐贛州。

巡撫廣東地方兼贊理軍務一員。永樂中，設巡撫，後以總督兼巡撫事，遂罷不設。嘉靖四十五年復另設巡撫，加贊理軍務。隆慶四年又罷。

巡撫廣西地方一員。廣西舊有巡撫，沿革不常。隆慶三年復專設。

巡撫雲南兼建昌、畢節等處地方贊理軍務兼督川、貴糧餉一員。正統九年命侍郎參贊軍務。十年設鎮撫。天順元年罷。成化十二年復設。嘉靖三十年加兼理軍務。四十三年改贊理。隆慶二年兼撫建昌、畢節等處。

巡撫貴州兼督理湖北、川東等處地方提督軍務一員。正統十四年以苗亂置總督，鎮守貴州、湖北、川東等處。景泰元年另設貴州巡撫。成化八年罷。十一年復設。正德二年又罷。五年又復設。嘉靖四十二年裁革總督，令巡撫兼理湖北、川東等處提督軍務。

巡撫天津地方贊理軍務一員。萬曆二十五年以倭陷朝鮮，暫設，尋爲定制。

巡撫登萊地方贊理軍務一員。天啓元年設。崇禎二年罷。三年復設。

巡撫安廬地方贊理軍務一員。崇禎十年設，以史可法爲之。十六年又增設安、太、池、廬四府巡撫。

巡撫偏沅地方贊理軍務一員。萬曆二十七年以征播暫設，尋罷。天啓二年後，或置或罷。崇禎二年定設。

巡撫密雲地方贊理軍務一員。崇禎十一年設。

巡撫淮揚地方贊理軍務一員。崇禎十一年設。

巡撫承天贊理軍務一員。崇禎十六年設。

撫治鄖陽等處地方兼提督軍務一員。成化十二年以鄖、襄流民屢叛，遣都御史安撫，因奏設官撫治之。萬曆二年以撫治事權不專，添提督軍務兼撫治職銜。九年裁革，十一年復設。

贊理松潘地方軍務一員。正統四年以王翱爲之。

（明）何棟如《皇祖四大法》卷六《治法》〔洪武十五年十一月〕戊辰，命都察院以巡按事宜頒各處提刑按察司，俾各舉其職。凡府州縣社稷山川壇壝帝王陵廟，必令修潔，祭祀以時。忠臣烈士，未入祀典者，孝子順孫、義夫節婦，未旌表者，必詢訪具實以聞。興舉學校，察吏治得失，戢豪强，均賦役，存問鰥寡孤獨廢疾無以自振者。舉行鄉飲酒禮，及民間欣戚慶慰宴會之際，必以齒序。伸理獄囚寃滯，稽考諸司案牘，官吏廉能者舉之，貪鄙者黜之。徵求遺逸以進諸朝，賑贍流民以復其業。倉庫錢穀，必會其贏縮。山川道里風俗物産，必知其所宜。來朝之日，則條列以聞。著爲令。

（明）何棟如《皇祖四大法》卷六《治法》〔洪武十五年九月〕癸亥，特置天下府州縣提刑按察分司，以儒士王存中等五百三十一人爲試僉事，人按治二縣，期以周歲遷官陞辭。諭之曰：吏治之弊，莫甚於貪墨，而庸鄙者次之。今天下府州縣官於斯二者往往有之，是以弊政日滋，民受其害，故命爾等按治其地。凡官吏賢否軍民利病，皆得廉問糾舉，勿蹈因循。

（明）李日華《官制備考》卷下《按察司》　按察亦漢刺史，唐十道觀察諸吏，宋轉運諸使之職。但唐宋諸史，或兼領，無專官，或因事權設，事竣即省。胡元於行中書之外，各道別置提刑按察使，有副使僉書公事爲之貳，而更有經歷知事焉。

國初各省設提刑按察司，有按察使副使僉事。按察使掌糾所屬府州縣官司，及一省刑名按劾之事。諸官吏奸邪貪酷罷軟，得糾察擒治。平讞刑獄，雪寃枉，禁詰官私豪猾之干治者，以振揚風紀。大者暨都布二司會議，告撫按以聽于部院。凡朝覲慶賀弔祭之禮，具如布政司副使僉事，分道覈察其兵備、提學、撫民、巡海、清軍、監軍，各專事，置無常員。首領官有經歷、知事、照磨、簡較、司獄。崇寧置提舉學事司，掌一路州縣學政，以察師儒之優劣，而舉刺之。今之提學道也。置提舉三白渠公事，掌瀦泄三白渠，以給關中灌溉之利。撥發司，輦運司，以時起發綱運，以供京師之用。今之水利糧儲道也。置提舉弓箭司，掌沿邊郡縣射地弓箭手之籍，及團結訓練賞罰之事，視其優者而進賞之。今之兵備道也。置邊防財用司，掌經畫錢帛芻糧，以佐邊費，及番部弓箭手。今沿邊兵備道也。置提舉羅便、提舉解鹽兩司，一掌羅便芻糧，一掌鹽澤之政令。今之鹽法道也。總之布政使司與分道，按察使司與分道，皆監司也。

（明）徐石麒《官爵志》卷三《十三省提刑按察司》 唐置十道按察司，宋轉運使兼之按察司，元各道置提刑按察使，有副使簽書公事爲之貳，又置經歷知事等員，後改肅政廉訪司。今按察使一員，正三品，副使正四品，僉事正五品，添設無定員。首領經歷正七品，知事正八品，照磨正九品，檢校從九品，司獄司司獄從九品。

《明史》卷七五《職官志》 提刑按察使司。按察使一人，正三品，副使，正四品。僉事無定員，正五品。詳見諸道。經歷司，經歷一人，正七品。知事一人，正八品。照磨所，照磨一人，正九品。檢校一人，從九品。司獄司，司獄一人，從九品。

按察使掌一省刑名按劾之事。糾官邪，戢奸暴，平獄訟，雪寃抑，以振揚風紀，而澄清其吏治。大者暨都、布二司會議，告撫、按，以聽於部、院。凡朝覲慶弔之禮，具如布政司。副使、僉事，分道巡察，其兵備、提學、撫民、巡海、清軍、驛傳、水利、屯田、招練、監軍，各專事置，併分員巡備京畿。

明初，置提刑按察司。吳元年置各道按察司，設按察使，正三品，副使，正四品，僉事，正五品。十三年改使秩正四品，尋罷。十四年復置，並置各道按察分司。十五年又置天下府州縣按察分司。以儒士王存中等五百三十一人爲試僉事，人按二縣。凡官吏賢否、軍民利病，皆得廉問糾舉。十六年盡罷試僉事，改按察使爲從三品，副使二人，從四品，僉事，從五品，多寡從其分道之數。二十二年復定按察使爲正三品。二十九年改置按察分司爲四十一道。【略】三十年始置雲南按察司。先是，命布政司兼理。建文時，改爲十三道肅政按察司。成祖初，復舊。永樂五年置交阯按察司，又增設各按察司僉事。因督軍衛屯糧，增浙江、江西、廣東、廣西、湖廣、河南、雲南、四川各一人，陝西、福建、山東、山西各二人。此增設監司之始。十二年置貴州按察司。宣德五年革交阯按察司。除兩京不設，共十三按察司。正統三年增設理倉副使、僉事，又設僉事與布政司參議各一員於甘肅，監收倉糧。八年增設僉事，專理屯田。景泰二年增巡河僉事。自後，各省因事添設，或置或罷，不可勝紀。今總布、按二司所分諸道詳左。【略】

按察司副使、僉事分司諸道。提督學道，清軍道，驛傳道，十三布政司俱各一員，惟湖廣提學二員，浙江、山西、陝西、福建、廣西、貴州清軍兼驛傳，江西右布政使清軍。

分巡道。浙江杭嚴道，寧紹道，嘉湖道，金衢道。江西饒南九江道，駐饒州。湖西道，駐吉安。南昌道，湖東道，嶺北道。山東兗州道，駐沂州。濟寧道，青州海防道，濟南道，移德州。海右道，駐省。海道，駐萊州。登萊道，遼海道。山西冀寧道，冀南道，駐潞安。雁門道。陝西關內道，駐邠州。關西道，駐平涼。隴右道，駐秦州。河西道，駐鄜州。西寧道。河南大梁道，汝南道，駐信陽州。河南道，駐汝州。河北道，駐磁州。湖廣武昌道，荊西道，駐沔陽。上荊南道，下荊南道，湖北道，上湖南道，下湖南道，沅靖道。福建巡海道，兼理糧儲。福寧道，興泉道，駐泉州。建南道，駐建寧。武平道，漳南道，駐上杭縣。建寧道，海道，駐漳州。汀漳道。廣東嶺東道，駐惠州。嶺西道，駐肇慶。嶺南道，駐省。海北道，駐雷州。海南道，駐瓊州。四川上東道，駐重慶。下東道，駐達州。川西道，川北道，駐保寧。下川南道，上川南道。廣西府江兵巡道，駐平樂。桂林兵巡道，駐省。蒼梧兵巡道，駐梧州，移鬱林州。左江兵巡道，駐南寧。右江兵巡道，駐賓州。上五道俱兼兵備。貴州貴寧道，思石道，駐銅仁。都清道，兼兵備，駐都勻。雲南安普道，臨沅道，洱海道，金滄道。

整飭兵備道。浙江寧紹道，嘉興道，温處道，台海道。江西南瑞道，廣建道，駐建昌。山東臨清道，武德道，駐武定州，曹濮道，駐曹州，沂州道，遼東道。山西雁北道，駐代州，大同道，二員，一駐大同，一駐朔州，陽和道，潞安道，岢嵐道。陝西肅州道，固原道，臨洮道，駐蘭州，洮岷道，駐岷州，靖遠道，榆林中路道，榆林東路道，駐神木縣，寧夏河西道，駐寧夏，寧夏河東兵糧道，駐花馬池，莊浪道，漢羌道，潼關道。湖廣辰沅道。河南睢東道。福建兵備道，巡海道。廣東南韶道，南雄道。四川松潘道，威茂道，建昌道，重夔道，安綿道，叙瀘道。廣西，分巡兼兵備。五道俱見分巡。貴州威清道，駐安順，畢節道。雲南曲靖道。

其外又有協堂道，副使，河南、浙江間設，水利道，浙江，屯田道，江西、河南、四川三省屯田兼驛傳，管河道，河南，鹽法道，撫治道，陝西撫治商洛道，湖廣又有撫民、撫苗道，監軍道，因事不常設，招練道，山東間設。其北直隸之道寄銜於山東者，則爲密雲道，大名道，天津道，霸州道；寄銜於山西者，則爲易州道，口北道，昌平道，井陘道，蘇州、永平等道。南直隸之道寄銜於山東者，太倉道，潁州道，徐州道；寄銜浙江、江西、湖廣者，蘇松道，漕儲道，常鎮道，廬鳳道，徽寧池太道，淮揚道。

按明初制，恐守令貪鄙不法，故於直隸府州縣設巡按御史，各布政司所屬設試僉事。已罷試僉事，改按察分司四十一道，此分巡之始也。分守起於永樂間，每令方面官巡視民瘼。後遂定右參政、右參議分守各屬府州縣。兵道之設，仿自洪熙間，以武臣疏於文墨，遣參政副使沈固、劉紹等往各總兵處整理文書，商榷機密，未嘗身領軍務也。至弘治中，本兵馬文升慮武職不修，議增副僉一員敕之。自是兵備之員盈天下。兩京不設布、按二司，故督學以御史。後置守、巡諸員無所屬，則寄銜於鄰近省布、按司官。

《大明會典》卷二二八《上二十二衛》　在京在外各衛所，並見兵部職方司，其官制資格見武選司。而錦衣等上二十二衛號爲親軍，其職掌異於諸衛，故別具於此。其餘統軍行事，彼此相同者，不復備載。

錦衣衛

錦衣衛，本儀鑾司。

國初設拱衛司，領校尉，隸都督府。洪武二年，定爲親軍都尉府，統中左右前後五衛軍士，而儀鑾司隸焉。十五年，罷府及司，置錦衣衛，統軍與諸衛同。所屬有南北鎮撫司十四所，所隸又有將軍力士校尉人等。其職掌直駕、侍衛、巡察、捕緝等事。恩功寄禄無常員，恒以都指揮都督統之。永樂定都後照例開設，雖職事仍舊，而任遇漸加，視諸衛獨重焉。

凡遇親王出府，錦衣衛撥隨侍校尉六百名。弘治七年題准：親王隨侍校尉，至就國之日，聽以一半從行。

凡奉旨於午門外，或京畿道鞫問罪囚，本衛堂上官同三法司官會問。

凡錦衣衛囚人病故，監察御史、刑部主事同往相視。其有奉欽依相視者，次日早赴御前復命。

凡撃登聞鼓訴寃，并錦衣衛等衙門捉獲人犯，三法司處決罪囚，奉欽依者，俱該錦衣衛直日官將原給駕帖填寫緣由列名批銷，以憑送問處決。

凡登聞鼓下所受詞狀，并虜中投降男子，該收勇士，夷人習儀該給馬騎，年例打冰打蓼草等事該撥軍士，俱奉旨該兵科承行者，錦衣衛當直官填寫駕帖，送兵科僉名，給與施行。

凡每歲秋後，承天門外審録重囚，本衛堂上官同三法司及各衙門官會審。

凡奉旨處決重囚，本衛從刑科給駕帖，差官同法司監決。其囚人家屬或奏訴得旨姑留者，校尉從刑科批手，馳至市曹停刑。

凡奉旨差官出外勘問事情，係會同三法司堂上官者，於指揮内具名上請。會同科道部屬官者，於千户内具名上請。嘉靖十五年題准：本衛帶俸官奉命勘事外夷者，添註見任管事。

凡錦衣衛差人勘提囚犯到京，禮科給事中引奏請旨。

凡奉旨提取罪犯，本衛從刑科給駕帖，都察院給批，差官前去。其差官，就於該直千百户内具名上請。

凡殿試舉人，本衛堂上官充巡綽官。其歲貢生員，於午門内考試，俱本衛官校看守。

凡錦衣衛缺掌印管事官，於本衛及各衛指揮内推舉。

凡五軍官舍比試，總小旗併鎗，本衛堂上官同内外官監視。仍差撥官校看守。

凡侍衛將軍有缺，本衛堂上官會同管領將軍官、兵科都給事中、御史選補。其五年一次考選欽命堂上官一員，會同管領將軍官、兵部侍郎、兵科都給事中甄別去留。

凡錦衣衛侍衛將軍，自爲一營。遇下班之日，照例操練，從管領侍衛官提督。

凡本衛軍政官員，例免考察。

凡各衛官員，嘉靖十三年，令只於原衛帶俸。錦衣衛係近侍衙門，各衛官無故不得擅入。

凡本衛官員，隨從皂隸。正統中奏准：管事指揮鎮撫司管事鎮撫俱照文官品級例。帶俸都督，各六名，帶俸都指揮、指揮，各四名，錦衣衛直堂二十名，鎮撫司直廳五名，看監三十三名，經歷司直廳四名。

凡山陵巡禁樵採，每季委百户二員，旗校二十名。

凡朝覲官員到京之時，本衛選差千户一員，百户一員，帶領旗校三十名，在於吏部門首，訪察姦弊。

凡緝捕京城内外盜賊，本衛指揮一員，奉勑專管，領屬官五員，旗校一百名。

凡緝訪京城内外姦宄，本衛掌印官奉勑專管，領屬官二員，旗校八十名。其東廠内臣奉勑緝訪，别領官校，俱本衛差撥。

凡净身男子潛住京師者。成化十五年，令巡城御史、錦衣衛官，督同五城兵馬逐回原籍。若該城内外有容留者，并火甲鄰佑人等一體究治。本身枷號一箇月，滿日打一百押回。如再來京，并其父兄等俱治罪。弘治元年，令錦衣衛拘審净身人，送順天府遞回原籍官司，五日一點閘。不在者，即杖併户頭，追回見官，不許容縱。

凡京城内外，修理街道，疏通溝渠，本衛指揮一員，奉旨專管，領屬官二員，旗校五十名。

凡五城兵馬司地方，每季委千户一員，百户十員，旗校二百五十名分管。城外地方，千户五員，百户十員，旗校二百五十名分巡。各緝捕盜賊。

凡京城内外喇唬兇徒，每季委千户一員，百户一員，旗校五十名緝捕。

凡通州、張家灣、河西務地方姦盜，每季委千户一員，百户一員，旗校五十名緝捕。俱支給口糧。

凡京城各門課鈔，每季委百户九員監收。

凡會同館夷人乘坐馬匹，每季委百户一員監撥。

（明）王世貞《弇州史料前集》卷一七《志·錦衣志》　客有徵錦衣事者不能詳，余以所聞答之，退而詮其語曰《錦衣志》。

高皇帝初即位，置司曰儀鸞，掌侍衛法駕鹵簿，使冠文冠。十五年罷置司，改設錦衣衛，指揮使一人秩三品，同知二人從三品，僉事三人四品，鎮撫二人五品，所千户五品，副千户從五品，百户六品，鎮撫七品，冠武冠。所統曰將軍、力士、校尉人。凡上大朝賀宴群臣，指揮自使而下得刀介，侍左右，廷列其從校五百人，夜則殺十之九，入圍宿候指使。京師衛四十八，獨錦衣金吾龍驤虎賁等凡八衛毋隸大都府稱親軍云。而上時時有所誅殺，或下鎮撫司雜治，取詔行得毋徑法曹。其禄秩名號無以越異諸軍也，乃勢則奕奕。不啻過之二十年治錦衣事者失其名，頗恣而舞文有所操舍，上徵其狀執退之，悉火榜掠具。又六年，詔内外獄毋得上錦衣衛，諸大小咸徑法曹。終高皇帝世，錦衣衛不復典詔獄，稍稍夷它軍矣。

【略】

憲宗朝，上幸太監汪直，欲尊寵之，别爲置西廠，所領緹騎倍東廠，而選得糾察中外文武大小及民間事。嘗入郎署，紲掠郎至死，擅乘傳凌漕河人陪京而縛留守大臣，海内脅惕，摇手毋論東廠詎翦錦衣，久之始罷西廠不設。

（明）李日華《官制備考》卷下《錦衣衛》　本朝十二衛即唐人十六衛之遺制，凡諸衛親軍皆以番直宿衛，執戈戟嚴巡警監門禁，而錦衣所掌者乃鹵簿儀仗之事，旗手所司者乃旗纛金鼓之物。諸衛皆統軍卒，而錦衣獨領校尉、力士，即周之虎賁旅賁也。諸軍皆世卒，而府軍獨簽幼軍，即漢之六郡良家子也。諸衛正倅，一惟其世，獨錦衣之任則不以世而以能。蓋御座則夾陛而立，御輦則扶轅以行，出警而入蹕，承旨而傳宣，皆在所司，而詔獄所寄則又重矣。

又按錦衣衛，本國初儀鑾司，後定爲親軍都督府，而司隸焉。十五年，罷府及司，置錦衣親軍指揮使司。鎮撫司，理衛中刑名，如列衛，而兼簡軍匠，所謂南鎮撫司也。北鎮撫司，本添設專理詔獄得直達上下法司覆擬。經歷一人，典出納文移。

《明史》卷七六《職官志》　錦衣衛，掌侍衛、緝捕、刑獄之事，恒以勳戚都督領之，恩廕寄禄無常員。凡朝會、巡幸，則具鹵簿儀仗，率大漢將軍共一千五百七員等侍從扈行。宿衛則分番入直。朝日、夕月、耕耤、視牲，則服飛魚服，佩繡春刀，侍左右。盗賊奸宄，街塗溝洫，密緝而時省之。凡承制鞫獄録囚勘事，偕三法司。五軍官舍比試併鎗，同兵部涖視。統所凡十有七。中、左、右、前、後五所，領軍士。五所分鑾輿、擎蓋、扇手、旌節、旛幢、班劍、斧鉞、弋戟、弓矢、馴馬十司，各領將軍校尉，以備法駕。上中、上左、上右、上前、上後、中後六親軍所，分領將軍、力士、軍匠。馴象所，領象奴養象，以供朝會陳列、駕輦、馱寶之事。

明初，置拱衛司，秩正七品，管領校尉，屬都督府。後改拱衛指揮使司，秩正三品。尋又改爲都尉司。洪武三年改爲親軍都尉府，管左、右、中、前、後五衛軍士，而設儀鸞司隸焉。四年定儀鸞司爲正五品，設大使一人，副使二人。十五年罷儀鸞司，改置錦衣衛，秩從三品，其屬有御椅等七員，皆正六品。設經歷司，掌文移出入；鎮撫司，掌本衛刑名，兼理軍匠。十七年改錦衣衛指揮使爲正三品。二十年以治錦衣衛者多非法凌虐，乃焚刑具，出繫囚，送刑部審録，詔內外獄咸歸三法司，罷錦衣獄。成祖時復置。尋增北鎮撫司，專治詔獄。成化間，刻印畀之，獄成得專達，不關白錦衣，錦衣官亦不得干預。而以舊所設爲南鎮撫司，專理軍匠。

旗手衛，本旗手千户所，洪武十八年改置。掌大駕金鼓、旗纛，帥力士隨駕宿衛。校尉、力士，僉民間壯丁爲之。校尉專職擎執鹵簿儀杖，及駕前宣召官員，差遣幹辦，隸錦衣衛。力士專領金鼓、旗幟，隨駕出入，及守衛四門，隸旗手衛。凡歲祭旗頭六纛之神，八月於壇，十二月於承天門外，皆衛官涖事，統所五。

府軍前衛，掌統領幼軍，輪番帶刀侍衛。明初，有帶刀舍人。洪武時，府軍等衛皆有習技幼軍。永樂十三年爲皇太孫特選幼軍，置府軍前衛，設官屬，指揮使五人，指揮同知十人，指揮僉事二十人，衛鎮撫十人，經歷五人，統所二十有五。

金吾、羽林等十九衛，掌守衛巡警，統所凡一百有二。

騰驤等四衛，掌帥力士直駕、隨駕，統所三十有二。

紀事

《皇明條法事類纂》卷九《吏部類・點差御史》　成化九年十二月十六日，都察院左副都御史李等題，該刑科給事中王詮題：合無今後本院凡差御史巡按，不必拘定年分及曾與不曾，(?)但酌量各處地方事〔體〕繁簡，臨期選(期)〔取〕才堪爲彼處巡按者，具名請旨點差，前去巡按。奉聖旨：是。欽此。

《皇明條法事類纂》卷二一《禮部類・御史主事坐次》　弘治二年四月二十九日，廣東道等監察御史奏，爲抑浮薄，以遵成憲事。仰惟朝廷設官分職，各有所司，所司不同，而責任所繫亦異，故有拘於品級，有不拘於品級者。此我祖宗酌古定制盡善盡美處。〔置〕股肱大臣於至近之地，列科道錦衣衛官於御座之前，不與百官群臣序品秩者，其立法之意深有在也。非特科道等官爲然，如翰林院侍講、侍讀學士、司經局洗馬、左右諭德，俱從五品，視各部中正五品者，品級次也。侍講、侍讀、修撰、(在)〔左〕右中允俱六品，視各部員外五品者品級卑也，編修、檢討俱七品，又下主事一品也。今皆立坐於郎中之上，員外〔郎〕、主事俱在下列。通政司左右參議、大理寺左右寺丞俱正五品，與郎中等也。卻與尚書、侍郎頡(頑)〔頏〕。太常寺、太僕寺等小卿俱正四品，不得與僉都御史齒列，每與部屬公會，皆坐於郎中等官之下。又如京縣知縣、五城兵馬指揮俱正六品，不得與主事并(縣)〔列〕。至如華蓋等殿及東閣大學士俱正五品，凡文武班中三品、四品，如太僕寺等卿及少卿，未嘗可(别)〔列〕於大學士之上。此皆不拘品秩，皎然明白者也。故遇慶成賜宴。翰林坐於科道之前，科道坐於郎中之上，自祖宗以來，至於聖聖相承，成憲已定，遵行已久。若不原祖宗立法之意，一概以品級相拘，則侍講等學士、修撰、編修、都給事中、御史等官，皆當列於郎中、員外〔郎〕、主事之下。京縣知縣、兵馬指揮皆當列於御史、給事中之上矣。此稍畏禮法者(政)〔敢〕爲此言？成化年間止有部郎中金文奏，要與御史照品級序坐。該先任禮部尚書鄒議奏稱，御史係風憲官，郎中、員外〔郎〕、主事一向（智）〔知〕讓御史〔坐〕左，合無各衙門内外一應公差，有關會御史者，仍照平日遜讓序坐。若別無正務相關，只依照品級相序。至今人皆以鄒所議，尤非祖宗立法之本意。竊照虞衡清吏司主事林沂，微末無狀之徒，（罔）〔固〕不足論（列）〔列〕。但（恕）〔恐〕浮薄，倣效成風，（繁）〔紊〕亂朝政，爲患非細。訪得本官先任推官之時，貪名大著及濫與行取。到京計圖風憲，因不（逐）〔遂〕意，交結浮薄，不次出位妄言，荷蒙聖恩優容，不即加罪。豈期本官以爲得志，肆無忌憚，因差浙江抽分，幸而漏網。又不務本等職業，仍駕浮詞，煩瀆聖聽。要得攪亂朝儀，以快己私。跡其用心，不過欲執品級次序之説以取勝，但不知奏事之時，文武百官布列位次，何人所議之禮也。明白欺罔，若不重加懲治，無以警戒將來。伏望皇上獨施宸斷，將林沂拿送法司，明正其罪，黜退爲民。京官坐立班次，不拘有無政務相關，委照依祖宗前項已定成規，諸人不許紊亂。如此，則浮薄知懼而成憲不壞矣。緣林沂係京官，未敢擅便等因，具題。奉聖旨：是。林沂這廝浮薄，妄奏擾攪，刑科記著，待他公幹回日來説。欽此。

（明）沈德符《萬曆野獲編》卷七《輔臣掌都察院》 都察院之長即漢御史大夫，號爲亞相，今爲風紀重臣，主糾察百僚，未有以閣臣兼者。本朝惟有嘉靖六年丁亥張永嘉、隆慶四年庚午趙内江二人而已。張初用大禮暴貴，又起大獄，以媚郭勛，遂以侍郎學士兼掌西臺，下三法司官刑部尚書顔頤壽等，原問官山西巡按御史馬録等於獄，盡反張寅、李福達之案。獄成，戍斥者百餘人。永嘉因以功進兼文淵閣大學士，再晋尚書，仍掌院事。次年晋宫保，始歸閣。趙因高新鄭踞吏部，欲非時考察科道，恐人議之，乃以内江掌院共事，然舉計典時，趙多所牴牾，察完未匝月，高即嗾門人吏科都給事中韓楫論其庸横。趙辨疏直發其謀，云横非庸臣所能也。臣直庸臣耳，若拱乃可謂横，且有楫爲之腹心羽翼，他日將不可制。其言甚辨，則不勝而去。二公兼署，雖各有本末，然總之非制也。張寅即妖賊李福達，人人知之，著辨者亦衆，後蔡伯貫□於蜀被擒，其讞詞中載其事甚詳。雖永嘉以一時私臆，且邀上命，刻《欽明大獄録》以箝天下，而是非終不可滅，福達孫仍以叛誅。庚午高、趙同事，所斥謫臺垣如魏時亮、陳瓚等數人，俱先後起廢，登八座，稱名臣，則閣臣領憲，亦未足爲重也。

（明）何楝如《皇祖四大法》卷四《治法》 〔洪武四年春正月〕己亥，御史臺進擬憲綱四十條。上覽之，親加删定，詔刊行頒給，因謂臺臣曰：元時任官，但貴本族，輕中國之士，南人至不得入風憲，豈是公道。朕之用人，惟才是使，無問南北。風憲作朕耳目，任得其人，則自無壅蔽之患。殿中侍御史唐鐸對曰：臣聞元時遣使宣撫百姓，初出之時，四方驚動，及至略無所爲而去，百姓爲之語曰：奉使宣撫，問民疾苦，來若雷霆，去如敗鼓。至今傳以爲笑。今陛下一視同仁，任官惟賢，尤重風憲，明立法度，所以安百姓，興太平。天下幸甚。臣等敢不精白一心，欽承聖意。

《明實録》洪武十五年十月 〔丙子〕更置都察院，設監察都御史八人，正七品，以秀才李原明、詹徽等爲之。設浙江、河南、山東、北平、山西、陝西、湖廣、福建、江西、廣東、廣西、四川十二道監察御史，正九品。其文移則都察院故牒各道監察御史，監察御史呈都察院。

《明太祖寶訓》卷六《諭群臣》 〔吴元年〕十月壬子，以湯和爲左御史大夫，鄧愈爲右御史大夫，劉基章溢爲御史中丞，文原吉范顯祖爲治書侍御史，安慶爲殿中侍御史，錢用壬爲經歷，何士弘吴去疾等爲監察御史，基仍兼太史院使。

太祖諭之曰：國家新立，惟三大府總天下之政。中書政之本，都督府掌軍旅，御史臺糾察百司，朝廷紀綱，盡繫於此，卿等當思正己以率下，忠勤以事上。蓋己不正則不能正人，是故治人者必先自治，能自治則人有所瞻仰。毋徒擁虚位而漫不可否，毋委靡因循以縱奸長惡，毋假公濟私以傷人害物。《詩》云：剛亦不吐，柔亦不茹。此大臣之體也，卿等勉之。又諭御史大夫湯和曰：卿以武臣而處文職，當求儒者講論自古人臣立身行己事君治人之道，盡心所事，以成功業。他日名書史册，垂耀千載，豈不美哉。和頓首謝。

《明太宗寶訓》卷四《諭群臣》 〔永樂元年〕閏十一月癸丑，上諭都察院臣曰：朝廷置風憲爲耳目，糾察百僚，綱維庶政，比來有司奸弊，生民疾苦，豈無可言而因循翫愒略無建明。爾其申明憲章，在内令監察御史，在外令按察司官各舉其職。庶副朕之委任。不能舉職者，有罰。

《明仁宗寶訓》卷二《戒飭臣下》〔洪熙元年三月〕丁亥，上諭刑部尚書金純、都察院左都御史劉觀、大理寺卿虞謙曰：往者法司無公平寬厚之意，尚羅織爲功能，稍有片言涉及國事輒論誹謗，中外相率成風。姦民欲嫁禍良善者輒飾造誣罔以誹謗爲説，一罣名於此身家破滅，莫復辨理。今數日間覺此風又萌。夫治道所急者求言，所患者以言爲諱，況今所急尤在於通下情。卿等宜體朕心，自今告誹謗者悉勿治。顧大學士楊士奇等曰：此事必以詔書行之。

《明宣宗寶訓》卷二《納諫》〔宣德四年〕四月庚辰，監察御史張純言四事，上皆從之，謂右都御史顧佐等曰：朝廷立法，凡諸司官員及百工技藝之人皆許言事，況風憲官職當言路，朕所倚信者，豈可有所顧忌。爾宜以其職喻之，若當言不言，以失職論。

《明宣宗寶訓》卷三《勵風紀》宣德元年三月乙卯，行在都察院奏引監察御史唐舟等二十一人分往各布政司直隸諸府州照刷文卷。上諭舟等曰：刷文卷以察奸弊正違錯，須以清潔無私爲本，不然則是非黑白不能分別，然又當安詳平恕，勿事煩苛。爾等宜識朕意。

《明英宗寶訓》卷二《正憲綱》正統四年十月庚子，勑諭行在禮部都察院曰：朝廷建風憲任之耳目，綱紀之寄，所以肅百僚而貞百度也。《憲綱》一書肇於洪武，厥後官制不同，所宜因時改書，而中外憲臣往往有任情增益者。我皇考宣宗章皇帝嘗勑禮部同翰林儒臣考舊文而申明之，并以祖宗所定風憲事體著在簡册者，悉載其中，永示遵守，而益之以訓戒之言，凡出臣下所自增者，並削去之。書成先皇帝上賓未及頒行，朕嗣位之初尤以風憲爲重，嘗勑有司嚴選，務在得人，而憲臣復以《憲綱》爲言。朕今於先朝所考定中益以見行事宜，爾禮部即用刊印頒布中外諸司遵守，爾都察院其通行各道御史及按察司官欽遵奉行，敢有故違，必罪不恕。欽哉。

《明憲宗寶訓》卷二《定令》成化三年二月丁巳，監察御史趙敔言：內外風憲官出巡，遇機密事情，及糾劾姦邪，自書奏題本多不熟韻書，不免倩人代筆，因而泄漏事機，請自今重事仍依韻書寫奏，常事從便書寫許用題本。上命在外官宜如舊制，其京官公差在外者宜依韻書，若有急切事情恐有漏泄許寫題本，務使字畫真楷，不許草率。

《明史》卷二《太祖紀》〔洪武十三年五月〕是月，罷御史臺。

《明史》卷三《太祖紀》〔洪武十五年〕冬十月丙子，置都察院。

《明史》卷四《恭閔帝紀》〔建文二年春正月〕甲子，復以都察院爲御史府。

（明）卜世昌《皇明通紀述遺》卷五《宣宗章皇帝》〔宣德四年〕八月，上諭六科給事中曰：朝廷置給事中所以出納命令，封駁章奏，朝政闕失，民情休戚，皆得言之，非他職比也。朕嗣承大統，期于庶政修和，爾等尚思委任之重，夙夜在公，庶幾朝無失政，官無廢事，不惟國家有賴，爾亦有聞於後矣。其懋勉之。

（明）蕭彦等《掖垣人鑑附録》許讚《吏科題名記》皇明受命天眷歸圖，太祖開創造之鴻謨，成祖立丕承之駿烈，誕分六部而天地四時之政咸總於範維，爰建六科而中外百司之務悉從其簡覈。密邇龍樓弘開省闥，壯依鳳闕大啓黄門。漢以瑣闈主喉舌之論，今日之設置，有因唐以鸞臺典機樞之司，當朝之輔翼，有自詔勑頒施許稽詳於可否，奏章出入許執論其是非。唯是吏科實關天政，大庭之班領，內府之贊司，左省清高東臺雄峻。掄才貢藝得指顧而審詳，考績除官得品評而精察。百七十年餘，職是科者舉端雅敏博之才，率純正剛方之士，蓋屢選而方躋近侍，須明揚而后陟要津。允矣回天之力，張元素之遺範可尋，卓手批勑之風，李叔翰之先猷何忝。揚清激濁則君子用小人退，糾繆繩愆則善政行而弊政消。是以輔弼戴翊之功，論諫贊襄之効，九葉以來萬方所至，聖德格天無高不届，皇仁被物無遠不施。天化地育，雲行雨施，風俗雍熙，教養咸遂。仰列聖共讃洪休，在諫臣豈曰小補。迨於今上皇帝奉天繼統乘運中興，道純德厚仁至義精，制作整釐煥乎有序，肅清震盪赫然有威，是以蠻貊來賓中夏寧謐，聖治神功真可以並駕唐虞而益昌萬萬之基業矣。深荷聖明納諫之如流，亦由諸賢進言之得體也。乃嘉靖甲辰之歲仲夏之月，都給事中縉雲盧君、左給事中嘉魚尹君、右給事中滇南席君、給事中蒲田鄭君、巴渝李君、灤江厲君，夙夜在公寅恭協力風猷表著補翊良多。每稽考舊典或檢閲故書，盧君不覺嘆曰：政尚舊章，德崇先哲，在位去位安能常如一日，身存身亡轉盻奚啻百年。任吏科者多往歲之英耆率先朝之彦達，吾輩終日言而不得其詳，今日題名之碑不可不建也。遂與諸君重加校勘，凡本朝仕吏科者得二百十八人，考録其鄉貫履歷之詳，伐石爲碑，備書深刻，尚留餘畔以待續題。既而徵文於予用記歲月，予久忝銓部屢陳退休蚊負愧不暇，豈敢文此以益己愧，辭不獲已，則爲之言曰：盛矣哉國家設官之制致治之隆也，甚矣哉諸君舉職之賢作事之善也。事貴於紀，紀事所以昭勸戒也。名必有實，循名所以責實用也。既可以備往昔之遺忘，又可以續將來之聞見，題名一建而人才之純庇，建白之顯微，注目須臾指掌洞見。德言卓卓，姚文敏之芳躅猶存。事業昭昭，林莊敏之清風自在。譬之冰鑑高懸而研媸自分，瓊玉滿前而瑜瑕莫掩。夫天下之事莫先於吏治，吏治所關悉閑於科省。今日諸君題名之舉不獨可記可傳而已，猶將使中外百司咸知儆勸，悉喻箴規，相與磨礱，樹立以熙昭代之治，其意豈不彰彰明甚矣乎。予嘗謂題名爲史氏之遺意不識諸君子以爲然否，是爲記。

（明）蕭彦等《掖垣人鑑附録》張璧《户科題名記》　今天下大政寄六科，六科舊署實隸右掖門内西廊。宣德間以弗戒于燬徙置掖外直南並東西嚮，其官有都給事中，有左右給事中，有給事中。給事中則無常員，視事繁簡爲數，每大朝賀導儀御前，督察封拜，咸以職業祇使事。乃吏治臧否，時政美慝，民生休戚，無所不當問。户科且專邦計，凡今海内財賦調度，錢穀出入，亦得簡覈条詳，厥惟重矣。嘉靖甲辰春，虚江林君庭壆始總科事，暇嘗語諸同寅扈君永通、張君元沖、鮑君道明、吕君時中、劉君洵、張君秉壺曰：署必題名，所以循名責實，彰往勸來，蓋有由也。顧闕馬弗講曷遠是圖，乃謀立石于長安東街之直廬，繙閲往牘得洪武年以後凡若干人，勒其上虚下方以俟來者，乃相與詣予請記。仰惟我聖明建官不以諫名，惟置六科，職親地近，靡所統隸，樹之風采而作其氣，蓋有深慮焉。其所繇入，或從儲選或由侍從或取循良，必負剛方端鯁之節，挺魁梧儁拔之資，而後克與，蓋有慎選焉。宅是官者指事陳辭，争可否論是非，謇謇諤諤弗伉弗隨，蓋有顯名焉。夫慮深則委任專而耳目攸寄，選慎則譯品精而愚哲罔淆，名顯則不以言爲諱，而治朝有道之風於是乎見。故題名之舉君子所不廢也。然位不必其皆崇，惟賢斯儁，賢不必其並奇，惟有恒斯貴。璧嘗諦觀名之在人，或勳庸垂百世與宇宙相悠久則不求名而名自彰，或榮耀冒一時與草木同朽腐即欲掩其名而名不可掩，是名之相懸也如此。夫故君子之於名其取之必臧，其辨之必嚴，其爲往者必可彰，其爲來者必可勸。於氏里之常而表其世焉，於官履之素而核其真焉。夫斯爲善也，是故觀是舉也，則知諸君重若責任，志在尚友，匪直備遐遺而存故事。然又知嗣諸君者其能景行思齊以恒爲貴而不虚名自務也，有必然矣。然則貞哉茲石，其將恒乎，虢虢乎，爲世鑑也乎。是爲記。

（明）蕭彦等《掖垣人鑑附録》張潮《禮科題名記》　皇朝稽古建官初設給事中，後分科如六部，增置都一人，左右各一人，給事中以繁簡爲差數亦未恒滿也。署舊列掖門内西，既因燬改置闕南，東西向。每天子御朝，立百官前，大朝會則導行，升殿章下付所司録行。政令違失，百官賢否，皆得奏舉，蓋兼古侍從獻納封駁糸糾之任。雖不以諫名官，而言責實寓焉。且無統攝如前代之隸中書門下者，任重而體嚴，職親而地近。凡所見聞，朝夕可上，用是人主聰聽明遠幽隱悉達而治天下若身之運四肢然。吁懿哉制乎莫可尚已。東之列次吏户，而南者爲禮科。嘉靖癸卯，都諫岷州劉君始攝科事，稽閲仕籍闕軼散漫靡可儔遠，乃與同寅尹君、介石章君、九華陳君、文岡齊君定溪謀曰：禁地尊嚴雖不得如諸司立石署中，顧有直廬在長安左門外，此豈不可爲邪。遂相與協力圖之共攷制典及諸譜牒集録，自今嘉靖上泝洪武，闕疑傳信凡得若干人，命工刻之石，仍各虚其左方以俟來者。余忝禮曹因屬爲記。夫題名之例，自名氏邑里遷次日月之外不加一詞。《春秋》之法有文無褒貶而得失自見者，此義近之矣。昔司馬公記諫院，以忠詐直回四言爲後人所指議。吁臣子忠直根于天性，豈必懼人之庇議而後然哉。乃若所慮則有之記曰：安上治民莫善於禮，是故禮之用大矣。虞廷以寅清直命官，孔門以忠信敬讓爲教，是則禮之本固有在也。六科於天下事無不得言者，况職思在是，固將以禮正夫人也。己或未正而能正諸人者，鮮矣。抑先民有言太上立德，其次立功，其次立言，此之謂不朽者，是三者人不得兼也，兼之者其惟言官乎。寅清忠直，德也。德信則言行，言行則功懋，是其所不朽者在此而不在夫石之名也。雖然人者己之師，前者後之鑑，實者名之主。擇于人而己之從違定矣，觀于前而後之勸戒昭矣，核于實而名之情偽辨矣。夫是舉也，相勸以成諸君之力也，相觀而善則諸君之志也，因言而警于心余之所大懼也，因余言而警夫人亦夫人之所同也。《詩》曰伐柯伐柯，其則不遠。其斯之謂與。

（明）蕭彥等《掖垣人鑑附録》歐陽德《兵科題名記》 六科各有題名之石，不得樹之禁署，則於其待漏之廬樹焉。而兵科獨久缺也。都給事中胡君叔廉始謀於同官諸君子成之，爰稽往牒，得永樂以來都給事中倪君竣而下若干人，左右給事中欒君惲、馮君惠而下若干人，給事中單君浩而下若干人，區別其官序次以年，而各虛其後以待來者。蓋所題者名也，而監戒亦既大備。自今觀之有舉其名而咸願爲之執鞭者，有因名起問而感憤思齊者，有國人莫知問之其鄉人而後知者，有鄉人亦莫知之有或所諱言故諉於不知者，其取舍相懸，低昂不啻，銖兩之間如此。蓋自國初設源士八十一人，日給事禁中以爲庶政臧否，此其源也，其責望甚重。尋改給事中分爲六科，以六部之名名之，又增置都左右焉，非若部有分職，而凡敷奏命下科受之以達於部，亦各有司存，故六科與六部實相表裏。而糾繆繩違，獻可替否，公卿或杜門而待罪，天子或動容而改命，其稱責塞望甚艱。況兵政有繫國安危於呼吸之頃者，其重且艱，不尤有甚焉者乎。吾聞君子通天下爲一身，故憂君如親，慮國如家，言必可行，行必可達。其次則志於策勳垂聞，各因其質之所近，力之所及，而温厚明辨，强毅激直，各有所濟。其下則修仁義之似以濟其富貴之欲，無足算者。是故正其志而後能篤其實，盡其道而後成其名。凡登名斯石，其逝者已矣。由後以觀者，誠思夫設官之重如此，當其時所以動於天子公卿如此。苟身世未遠，鄉人莫知，或知之而自諉於不知，則雖至懦之性將有因之而赧然思奮者。茲固樹石題名意也。與胡君同事者，左給事中吕君時中，右給事中俞君欒，給事中杜君汝禎，劉君體乾，張君廷槐、文君方、楊君允繩，皆一時之選而顯然有遠志焉。嗟乎，使後世舉其名，願爲執鞭而不可得者，彼獨何人當仁者將誰讓乎。

（明）蕭彥等《掖垣人鑑附録》徐階《刑科題名記》 刑科舊未有題名，嘉靖丁未夏，都給事中鮑君道明始謀於左給事中胡君叔廉、右給事中張君汝棟、諸葛君峴、張君侃、張君鍊襄諸仕焉者之姓名，與其踐歷鑱之石以置直廬之左。夫刑者聖王所以使人遷善遠罪，協於中而已者也。周衰，孔子之言曰：古之聽獄者求所以生之，今之聽獄者求所以殺之，則在孔子時有司之用刑其亦已異乎古之意矣。然韓非申不害世所謂深於刑者也，乃其志則欲以正君臣上下之分，引繩墨明是非，施之有名實猶知爲國也。至於近世士大夫急於身圖，而其用刑因亦規以自利，蓋自予有知至於今三十年耳，而用刑者幾再變。其在正德間士大夫沐浴孝皇之澤，恥言慘礉，則或故爲縱弛以邀寬厚之名。至我皇上振綱維飭法守，赫然裁之以義，則或競爲深苛以避不任職之咎，而其所志乃更出申韓下。夫豈非論世道者所深慨乎。

國家設六科畀之言責，凡彝章政事以及大小之吏罔不得論奏。其有所請而戾於法者，則封駁隨之。夫觀於所志而其人之賢否可知也，觀於所論奏與其封駁又準，是以觀其身則凡仕於是科者其賢否又可知也。然則茲石豈非鏡戒之林而挽回世道者所必資乎？古之君子將有所爲，其於世道果有繫也，雖廢必舉。否則雖或倡之，莫敢從也。是科題名缺於昔而始備於今，而其於世道所繫如此，予以是知諸君子之所爲有古之風矣。爲書其歲月俾鑱諸上方。

（明）蕭彥等《掖垣人鑑附録》楊慎《工科題名記》 六科爲天子親吏，列署舊在掖門内，會值欝攸變乃移置掖門外之兩翼，其爲禁近同也。官名在國初爲起居注，尋因在列者八十一人適合周士數遂稱元士，又改源士，謂政事本源也。後乃用部名分六科官稱爲給事中，有都有左右，定秩爲七品，其爲侍從同也。所掌章有封駁，人有糾劾，小有專達，大有合舉，其爲出納同也。厥制大凡如此。諸科故事皆有題名，以署切中禁多建於東長安之直廬，在工科者舊有仕版登首，景泰而止耳。弘治中，都給事中王君漢英鑱石記之，則自弘治而上遡洪武，比仕版加詳。正德中，左給事中王君拱之因廬災碑闕恐墜其存，復鍥之版。而續以繼者，今都給事中石君季瞻，又惟前所題名有掛漏也，乃取之《聖政記》，取之名臣録，取之文人之集，取之世家之乘，以所續考重合二籍再立石焉，蓋於前大備矣。夫耳目之官聰明攸寄，百度萬務悉在見聞，聯事交承忽以諉焉，曰非職思之内也。人其謂斯何故君子謂是舉也，見設官之意焉，見納諫之美焉，見前人之績焉，見後事之師焉，見相觀之善焉，見勸忠之誼焉，見官常之暇焉，見墜務之修焉。傳所謂言之可名作而可記者，夫是舉也，季瞻實創之，王君明遇、祝君遥緒、翟君廷獻相之諸科之長，若黄君伯魁、俞君國昌、朱君應周、汪君天啓、王君存約相與觀厥成焉。

（明）余繼登《典故紀聞》卷一一 正統時，給事中張固言：六科都左右給事中多缺員，乞選各科年深者以次陞補。英宗謂吏部臣曰：給事中乃近侍之官，凡朝廷政令得失，軍民休戚，百官邪惡，舉得言之，況都左右給事中爲之領袖，非識達大體者不可畀也。固乃欲循資而用之，不亦泛乎。

（明）余繼登《典故紀聞》卷一四　成化初，南京給事中王徽言事疏中有開言路一欵，甚切時弊，大略言：皇上下求言之詔，始命諫官直言，覆許諸人直言，是以讜言日進於朝。然發下所司施行者，多因不便己私，託以他故，妄奏不行，或有施行，亦虛應故事。言者見其如此，皆曰：言既如此，不如不言。此言路所以不開也。至於奸佞在位，尤懼直言，故於進言之人多方鉗制，或指爲輕薄，或目爲狂妄，或尋其瑕疵，或幸其差失。凡有更張，則曰變亂成法，凡有薦舉，則曰專擅選官，凡有彈劾，則曰排陷大臣，明則加以重刑，暗則私懷怨恨。言官見其如此，皆曰：非徒無益於國，實足自禍其身。此言路所以不開也。

（明）余繼登《典故紀聞》卷一六　舊制，六科行移，通政司俱用呈文。弘治時，南通政徐説欲媚科臣，始用手本，繼説者爲通叅夏崇文，欲復舊制，南科囂然劾之，而北科亦爲助駁。

（明）余繼登《典故紀聞》卷一七　嘉靖時，都給事中夏言奏：國家舊制給事中有缺，止於進士三十以上者選補，弘治間始以行人博士兼選，正德間始以推官知縣兼選，正德末年始盡廢進士考選之例。蓋中大臣陰爲沮止，輒以未經世故爲言。夫古之人固有未嘗徒勞州縣而經綸素具，又有致身台輔而功名反損於治郡者，人品才器不可一律拘也。況朝廷設立言官，當取其風裁，不當取其德量，當取其戇直，不當取其疏通，當取其有廊廟珪璋之度，不當取其簿書米鹽之能。司馬光曰：凡擇言官，當以三事爲先：第一不愛富貴，次則重惜名節，次則曉知治體。臣以爲當以光言爲取人之則，用臣言求建官之體。若徒以老成諳練爲言，是不過欲得脂韋媕阿、愛身固禄之流，利其不爲己害而已。

（明）余繼登《典故紀聞》卷一七　嘉靖初，給事中顧濟言：陛下首闢言路，羣臣莫不因事納忠，以賛成新政。然高遠者似涉於迂濶，切直者或過於犯顔。若怒其犯顔，則言必不入，視爲迂濶，則計必不行。如此而欲忠言日聞，不可得也。

《明實録》洪武二十二年三月〔戊戌〕改給事中魏敏、卓敬凡八十一人爲源士。初敏等爲給事中，上以其適古元士之數，改爲元士，至是又以六科爲事之本源，遂爲源士，後復爲給事中。

《明太宗寶訓》卷三《求言》〔永樂二年〕四月丙戌，上御奉天門視朝罷，召六科給事中諭曰：朕日臨百官可否庶務或有失中，爾等宜直言毋隱。又顧翰林院學士解縉等曰：敢爲之臣易求，敢言之臣難得。敢爲者强於己，敢言者强於君。所以王魏之風世不多見。若使進言者無所畏，聽言者無所忤，天下何患不治。朕與爾等皆勉之。

《明仁宗寶訓》卷一《明治體》　永樂八年五月甲午，上爲皇太子監國南京，吏科給事中陶瑋有罪下獄，時瑋啓其鄉一工匠不赴公役而私買於外。上曰：爾以是爲忠耶？朝廷置六科雖以考察奏牘防閑欺蔽，亦欲聞政事之闕失，下人之休戚。今朝廷政事兵民休戚豈無當言者，皆未聞汝言，而瑣瑣及此，豈汝嘗有私憾乎。命刑召匠訊之。刑部還言：匠已役滿，將歸暫賈以給路費，其家居與瑋隣，素有私忿，蓋誣之。遂下瑋獄。

《明穆宗寶訓》卷一《聽納》〔隆慶元年〕七月丙辰，上諭内閣曰：朕即位以來賴卿等輔弼，乃科道官不諳事體，屢肆欺言，卿等宜有以處之。於是工科都給事中馮成能上疏極言：聖明之世不當以言爲諱，宜發德音明示天下使曉然知前日之諭乃一時有爲之言，而非皇上本意，庶忠言日聞無壅蔽之患。上報曰：聽諫朕之素心，若所言當理，無不嘉納，昨諭乃謂妄言失實者。此後爾等進言各宜審擇，以稱朕意。

（明）余繼登《典故紀聞》卷七　通政司所受四方奏疏，凡非重務，悉不以聞，徑送六科。成祖知之，召叅議賀銀等責曰：設通政司所以決壅蔽達下情，今四方言事，朕不得悉聞，則是無通政司矣。朕主天下，欲周知民情，雖細微事不敢忽。蓋上下交則泰，不交則否，自古昏君，其不知民事者多至亡國，爾欲朕效之乎。自今宜深懲前過，凡書奏關民休戚者，雖小事必聞，朕於聽受不厭倦也。【略】

成祖嘗謂通政司臣曰：在外有司官來朝，朕命言民間利病，率云田穀豐稔，閭閻樂業。比聞山西饑民有食樹皮草根者，未聞有一人言之。自今言民情者，悉記之，如境内有灾傷饑饉不自言致他人言之者，必正其欺隱之罪。

（明）沈德符《萬曆野獲編》卷二〇《通政司官》　通政爲大九卿之一，然兩參議以讀本爲職，皆選儀貌整而聲音洪者。其選時以大璫同大臣涖之，跪一香案前，震喉疾呼。間亦有不中選者，且一轉參議，須滿三考始一遷，俱在本衙門。即加至尚書，亦無出局者。以故有志者俱不屑就，或郎署爲堂官所開送，多宛轉避之，至有堂屬相詬詈者。往時有倪光薦由瑣垣選入，積官工部尚書，領司事司空朝班，例居都察院之前。時吾鄉趙麟陽錦爲左都御史，恚不肯出，云我不能尾謳兒之後。政府爲請改加兵部尚書領西臺，趙始視事。按六部有子部，都察院有十三道，大理有左右寺丞，惟通政無屬。聞之前輩博洽者，如臨朐馮宗伯、交河余宗伯輩云：六科乃通政司屬官，以承内旨封駁，故列署於内府，以後事權漸重，僅有文移往還，其文猶用呈字。今則判然不相關涉矣。都給事在國初僅正八品，左右從八，散乃正九品耳。相傳通參選中後，例於涖選大璫投刺稱門生，其説舊矣。今上初年，言官舉以入疏，以爲仕紳恥陋之證，時銀臺之長爲倪光薦，加秩已高，力辨其無是事。倪入通政已久，莫知其有無也。

（明）何棟如《皇祖四大法》卷三《治法》　〔洪武元年〕十二月丁卯朔己巳，置登聞鼓于午門外，日令監察御史一人監之。凡民間詞訟，皆自下而上，或府州縣省官及按察司不爲伸理，及有冤抑重事不能自達者，許擊登聞鼓。監察御史隨即引奏。敢沮告者死。其户婚田土諸細事，皆歸有司，不許擊鼓。

《明仁宗實訓》卷一《求言》　〔永樂二十二年〕十二月辛亥，上諭户部尚書夏原吉曰：鈔法不通兩日與卿等商略未決，朕思之稼穡問農，絲枲問婦，此事須詢之閭閻市井間庶盡委曲。可揭榜通衢，令官吏軍民中凡有所見許詣闕自陳，或赴通政司投進言，當者從之，否者不罪。

《皇明條法事類纂》卷一一《吏部類·巡按御史事關巡撫都御史者徑自具呈》　弘治二年三月　日，爲儹運糧儲事。該總督漕運左副都御史秦緣奏，該吏部等衙門太子太保、尚書等官王等會議題准今後巡（撫）〔按〕御史，巡撫都御史事有相關者，仍照行移體式，一體具呈。

（明）陳洪謨《繼世紀聞》卷三　逆瑾又欲革天下巡撫官，云舊制所無，天順間亦曾革罷，遂將各處巡撫都御史取回。後與内閣議不可，止將腹裏巡撫革去，其漕運及邊方都御史俱不革。又欲將各衙門添設官及提學、兵備悉行裁革，後内閣議提學不可革，從之。

《明實録》洪武三十五年秋七月　〔丁亥〕復設都察院十二道，以御史揚得安任江西道，朱懋廣東道，王煜湖廣道，劉從政浙江道，李樂陝西道，俞士吉廣西道，張壽四川道，李貞、劉履節山西道，羅貫、徐新福建道，李祥河南道，王振北平道，康郁山東道。

《明實録》成化六年二月　〔辛未〕遣刑部左侍郎曾翬等循行天下，考察官吏得失，訪求軍民利病。時兵部尚書白圭等言，陝西延慶、平涼等處，人民屢遭寇掠，加以官府酷虐，轉徙流離，困苦已極。今東作將興，倘有不加意賑恤，使得盡力耕農，竊恐秋成失望，民饑盜起。況又四川瘡痍未瘳，兩廣盜攘未息，疫癘大行于閩粵，災異迭見于淮南，且連年四方旱潦相仍，南北畿甸、河南、山東雨雪衍期，二麥槁死。而荊襄流民以數十萬計，衣食所迫，奸盜由之，思患預防，不可無策。乞簡命兩京賢能大臣循行天下，考核政事得失，黜罷不才官吏，詢究軍民利病，便宜興辦。其有巡撫官，就委施行，務使人沾實惠，以副委任之意。上諭圭曰：恤民安邊，誠爲急務，卿與吏部即計劃以聞。于是圭與吏部尚書姚夔等議：陝西、山西、山東、湖廣荊襄、兩廣、貴州、南北直隸俱有巡撫都御史，江西亦有撫民按察使趙敔，雲南多系土司官衙門，不必遣官，惟河南、四川、浙江、福建及直隸大名等府無巡撫官，擬南京户部右侍郎黄琛往河南，南京右僉都御史吴琛往四川，户部左侍郎原杰往浙江，右副都御史滕昭往福建，大理寺少卿宋旻往大名等府。議入，上命刑部左侍郎曾翬往浙江，而以杰往河南，昭往福建，琛往四川，旻往大名。令召趙敔還京待缺，而命南京大理寺卿夏時正往江西，召巡撫湖廣都御史羅篪掌南京都察院事，而以吴琛代之巡撫。賜翬等敕曰：朕自臨御以來，勵精圖治，惓惓以保民爲心，而比歲水旱相仍，民多艱窘，所在有司默不以聞，致下情不得上通，上澤不得下施，軫念及此，良切朕懷。今特命爾等巡視府縣，奉宣德意，考政治得失，問生民疾苦，選委都布按三司各一員，督令撫安軍民，禁捕盜賊。民有流移未復者，設法招撫；饑窘無聊者，量爲賑濟；無牛具種子者，悉爲措給；强暴害衆者，嚴加懲治；冤抑未伸者，即與辨理；徭役可省者省之，科徵可停者停之，務使人受實惠，不致失所。仍考察諸司官員，奉公守法，廉明仁恕者，以禮勸奬；貪酷害民者，爲民；老疾罷軟誤事者，致仕，冠帶閑往。須察民情好惡之公以爲去留。軍職害軍誤事，詢察得實，一體罷黜。應問罪者，四品以上參奏拿問，五品以下并軍民詞訟，俱巡按察司巡按御史問理，或爾就量情發落，一應軍務民情，利所當興，害所當革者，悉聽便宜處置，干礙地方重務，宜具奏區處。爾受茲簡委，務上體朝廷仁恤之意，下念地方關系之重，盡心所事，俾盜息民安，無意外之虞，斯稱所委。如或施爲苟且，處置乖方，事無實效，責有所歸，勉之慎之，毋自怠忽。待秋成無事之後，俱奏回京。

《明實録》弘治元年十月〔乙卯〕兵部奏：四川松潘番夷雜處，竊掠不常，舊有專設巡撫官，邇年革去，止令腹裏都御史兼之。今地方多災，恐生他變，請增置巡撫官一人，專理軍務，撫治地方。從之。

《明實録》正德五年六月〔甲辰〕山西按察司提學副使陳鳳梧疏言：提學所奉敕諭，不許布按二司及巡按御史侵越職事。頃年，各布政司鄉試，提學官已將應試儒生考定入場，而巡按御史又會二司覆考，重加去取，實爲侵越。上曰：巡按者自有監臨職任，如有奸弊，則當糾察，考試屬之提學，各官亦勿預。

《明實録》正德五年八月〔壬子〕復設雲南、貴州、山東、河南、山西、江西、鄖陽、薊州、保定、蘇、松、鳳陽巡撫都御史各一員。先是巡撫爲劉瑾所革，吏部以請，得旨：此累朝定制，其復之。時右僉都御史王哲巡視江西，遂改爲巡撫。

《明實録》嘉靖四十五年九月〔癸丑〕改設整飭荊夔兵備湖廣按察司副使一員，專駐施州，以湖廣、荊州等處，四川重慶、夔州等處屬之，兼聽川、湖、貴州按官節制。仍分重慶、夔州二府爲上下川東二道，以整飭下川東道兵備副使即兼守巡，仍駐達州，專轄夔州府衛州縣并石砫土司。分巡上川東道僉事即兼兵備，專轄重慶府衛州縣并播州、酉陽等土司。其分守涪州參議，令兼理忠州、長壽、墊江、南川、豐都、彭水、武隆、黔江九州縣，初，土寇黄中既平，吏部已覆湖廣撫按官谷中虛等奏添設兵備僉事于施州矣。既而給事中邢守庭、主事羅青霄，貴州巡撫陳洪濛俱請復設川、湖、貴州總督，洪濛又請改添設僉事爲副使，重其事權。獨給事中何起鳴以爲設總督不如專設兵備副使便，事下兵部，行四川巡撫譚綸會議，竟從起鳴言。

《明實録》萬曆六年七月〔甲寅〕以原任都察院右僉都御史耿定向以原職巡撫福建地方。

《明憲宗實訓》卷一《遵舊制》〔成化十年〕七月庚申，雲南總兵官黔國公沐琮請如鎮守兩廣總兵官陳鋭事例，節制雲南三司。兵部覆奏謂：琮世守雲南，與鋭事體不同，若令節制，事權太重，唐之藩鎮可鑒也。或三司避事，宜復設巡撫爲便。上曰：國朝建官之制，文武相頡頏，雖嘗暫勑總兵節制三司乃一時權宜難以著令，兵部議是。巡撫亦不必設。

（清）谷應泰《明史紀事本末》卷二八《仁宣致治》〔宣德五年〕九月，初設巡撫。

（明）何棟如《皇祖四大法》卷五《治法》〔洪武七年五月〕壬辰，以兵部員外郎楊基爲山西按察司副使，監察御史荅禄與權爲廣西按察司僉事，吕本爲北平按察司僉事。上諭之曰：風憲之設，本在整肅紀綱，澄清吏治，非專理刑名。爾等往修厥職，務明大體。毋徒效俗吏，拘拘於繩墨之末。至於處事之際，毫忽須謹。善雖小，爲之不已將爲全德；過雖小，積之不已將爲大慼。豈不見干雲之臺，由寸土之積，燎原之火本一爝之微。可不慎歟。

《明實録》洪武十四年三月 丁亥，復置各道提刑按察司，并定各道按察分司。

《明實録》洪武十六年三月〔壬申〕罷天下府州縣提刑按察分司。初，言者多陳守令貪鄙不法，故于直隸府州縣設巡按監察御史、各布政司所屬設試僉事，皆秀才爲之，各有印章，布列郡縣。既而所行多違戾，故悉罷之。

《明實録》洪武二十五年九月〔乙酉〕命鑄各按察分司印。先是，各按察分司所分巡按地方多有未當，至是命都察院六部官會議，更定凡四十八道。

《明實録》洪武二十九年冬十月〔甲寅〕改置天下按察分司爲四十一道。初，以天下爲四十八道，至是，上欲省之，且以名稱有未安者，因欲易之，命廷臣集議之。于是，太子少保兼兵部尚書茹瑺等議改置爲四十一道。

《明實録》景泰七年夏四月〔癸丑〕添設雲南按察司管屯副使

一員。

《明實録》成化二年十月〔丙寅〕增置四川按察司僉事一員，以大理寺右寺副王稽爲之。先是都御史汪浩言：四川按察司舊制，僉事四員分巡四道，而僉事張晥在建昌，奉敕整飭兵備，兼巡叙州、馬湖等府縣地二千餘里，顧此失彼，非便。請增置僉事一員。於是吏部以稽奏補。上從之。

《明實録》成化十四年二月〔己酉〕增設雲南按察司副使一員，整飭臨安兵備，以監察御史何純爲之。

《明實録》成化二十年十一月〔庚寅〕增設山東按察司東寧道。巡撫遼東副都御史馬文升奏：遼東地廣，山東按察司分巡東寧道者僅一員，不能遍歷。請增設僉事一員，會諸守將修繕墻堡，三年一代。其舊東寧道諸務，仍令分巡河東僉事理之。兵部復奏。詔可。

《明實録》弘治元年七月〔甲戌〕增設陝西按察司副使一員，專在西寧衛地方撫治番夷。時四川按察司副使王軾丁憂服闋，吏部謂其才力可任，遂奏用之。賜之敕曰：陝西西寧衛設在萬山之中，道路偏僻，上司少到，守備撫夷官不無掊剋漁獵，兼且番族數多，反側難制。今特命爾專一撫治番夷，整飭兵備，提督該衛，操練軍馬，保固城池，經理糧儲，禁革奸弊。遇有番賊出沒，量調衛所官軍，相機撫捕。軍職有賣放軍士，不行守把關隘及縱容軍民人等通同番賊交易惹禍等項，許爾徑自參奏挐問。守備、把總、撫夷等官，敢有似前掊剋苦害軍士、騷擾番夷者，聽爾指實呈巡撫官參提問罪。爾爲憲職，受茲委任，尤須正己律人，以安邊境，不許徇私妄爲，乖方誤事，致有激變。如違，罪不輕宥。

《明仁宗寶訓》卷二《卹刑》永樂二十二年五月戊子，上爲皇太子監國，謂刑部都察院臣曰：軍民詞訟自下而上陳告已有定律，今頑民動輒赴京赴訴，及逮問十率五六不實，雖平民終無罪，然道路往還數千里，不耐辛苦而死者多矣。今後所告非重事，悉發巡按監察御史及按察司理問，無干涉者，就遣寧家，有罪者送赴京。

（清）谷應泰《明史紀事本末》卷一二《太祖平滇》〔洪武〕三十年春正月，置雲南按察司。

（明）卜世昌《皇明通紀述遺》卷四《成祖文皇帝》〔永樂十八年八月〕立東廠，命內官一人主之，刺大小事情以聞。

（清）谷應泰《明史紀事本末》卷三七《汪直用事》憲宗成化十三年春正月，置西廠，命太監汪直詗刺外事。汪直者，大藤峽瑶〔種〕也。瑶賊平，直以幼男入禁中，爲昭德宫內使，尋掌御馬監事。年少黠譎，上寵之。【略】

五月，罷西廠，時汪直開西廠，羅織數起大獄，臣民悚怵。大學士商輅疏言：近日伺察太繁，政令太急，刑網太密，人情疑畏，洶洶不安。蓋緣陛下委聽斷於汪直，而直又寄耳目於羣小也。中外騷然，安保其無意外不測之變。往者曹欽之反，皆逯杲有以激之。一旦禍興，卒難消弭。望陛下斷自宸衷，革去西廠，罷汪直以全其身，誅韋瑛以正其罪。疏入，上怒曰：一內豎輒危天下乎。太監懷恩傳旨詰責甚厲，輅曰：朝臣無大小，有罪皆請旨收問，直敢擅逮三品以上京官。大同、宣府，北門鎖鑰，守備不可一日缺，直則一日擒械數人。南京祖宗根本重地，留守大臣，直輒收捕。諸近侍，直輒易置。直不黜，國家安得不危。恩詘指而退，奏上，上立命去西廠。召懷恩數直罪責之，謫韋瑛戍宣府。【略】

六月，以御史戴縉、王億言，復西廠，命汪直仍刺事。縉言：近年災變洊臻，未聞大臣進何賢，退何不肖。惟太監汪直釐奸剔弊，允合公論。而止以官校韋瑛張皇行事，遂革西廠。伏望推誠任人，命兩京大臣自陳去留，斷自聖衷。上悦。時縉九年不遷，以覬進，故頌直。其自陳一事，尤直所喜，蓋直常惡商輅、李賓難於施行也。億言：汪直所行，不獨可爲今日法，且可爲萬世法。天下聞而唾之。【略】

十八年春三月，復罷西廠。先是，有盜越皇城入西內，東廠校尉緝獲，太監尚銘以聞，上喜甚，厚賜賚。直聞怒曰：銘吾所用，乃背吾獨擅功。思有以傾之。銘懼，潛以直搆禍事達於上。上自直行後，李孜省用事，萬安結昭德宫，頗攬權，惡直浸淫，上亦漸疎之。於是科道交章奏西廠苛察，非國體。萬安亦謂宜罷，劉珝不可。上竟罷西廠，中外欣然，珝有慚色。

《明史》卷一四《憲宗紀》〔成化十三年〕己巳，置西廠，太監汪直提督官校刺事。【略】〔五月〕丙子，大學士商輅、尚書項忠請罷西廠，從之。六月甲辰，罷項忠爲民。庚戌，復設西廠。

實糾劾，治以重罪。如此則爵禄日重，而廩禄不費矣。

監察對象與内容分部

綜述

《大明令·吏令》 凡各處府、州、縣官員，任内以户口增、田野闢爲尚。所行事蹟，從監察御史、按察司考覈明白，開坐實跡申聞，以憑黜陟。

《大明令·吏令》 凡諸衙門官吏，照刷出遲錯公罪，未曾決罰，或得代、改除、遷發者，皆聽罰、贖。丁憂、致仕、黜革者，勿論。

《大明令·吏令》 凡中書省吏房行止科，置立文簿一扇，編排字號，當該掾典掌管，首領官一員提調。將在選官員各三代年甲、籍貫、歷事、根腳，到任考滿、得代、改除月日，資品、等第，逐一備細附寫，以憑照勘。如有漏附者，依律治罪。

（明）何廣《律解辯疑·大明律卷第一·職官有犯》 凡京官及在外五品以上官有犯，奏聞請旨，不許擅問，六品以下〔止〕聞奏區處。

講曰：京官及五品以上，職重貴也，須要奏聞。奏聞者，嚴重之意。六品以下職重稍輕，須要奏聞。聞奏者，寬緩之辭，然隨文設語，更無別例。

（明）何廣《律解辯疑·大明律卷第一·文武官犯公罪》 條内：公罪收贖黜陟。

議曰：公罪，緣公事致罪而無私曲。笞，小罪名，收贖。又謂老幼疾病之人，亦應收贖者，即罰贖，謂犯罪而贖免者。黜則退而不任，陟則登而上進也。

（明）何廣《律解辯疑·大明律卷第一·文武官犯私罪》 條内：雜職於邊遠叙用。杖一百〔者〕，罷職不叙。又曰：若未入流品官，杖六十，罷職役不叙。

講曰：雜職者或曰流外之官，即係未入流品官，但犯杖六十即罷其職，而雜職邊遠叙用，杖一百，〔非〕罷其職，不同，何也？

解曰：流官，於雜職内叙用者，凡流内之官，犯該杖降者，於等級内降用；若該降於流外者，於流外雜職等分内叙用；若授雜職等分，又

論説

（明）潘希曾《竹澗先生奏議》卷三《旌舉方面官員疏嘉靖六年十一月二十一日》 題爲旌舉方面官員事。臣奉命提督南贛汀漳等處軍務，一應軍馬錢糧，弭盜安民事宜，督行江西福建廣東湖廣各布按二司掌印守巡兵備等官共濟厥事。中間賢能官員相應旌舉，除已經陞轉不開外，訪得江西布政司左布政使葉相才敏達而優於劇繁，志正大而足以任重，右布政使張羽飭行謹而賢聲式著，涖事勤而藩政以脩，左參政方楷分守有保障之勞，接管無因循之弊，按察司副使林大輅領兵雖非所長，司憲素稱執法，副使喻漢風裁之持久聞兵戎之備克振，僉事鍾雲瑞言行本於敬慎，姦貪憚其嚴明。福建布政司左布政使陳錫性端雅而行脩，才諳練而政舉，左參政查約政疏通而不遺，性嚴毅而有守，按察司按察使周廣斷獄有明決之才，總憲得嚴肅之體。廣東布政司左布政使周宣剛嚴著風紀之司和厚敷承宣之政，左參政胡璉政不擾而惠流，才有爲而名起，按察司僉事謝汝儀肅憲足以禁姦，飭兵復能靖寇。湖廣布政司左布政使丁沂先任福建而聲績已著，所守清約而終始不渝，右布政使潘珍廉慎之行孚於人人，練達之才優於事事，按察司按察使盛儀操持慎而士行脩，才識長而憲度舉。以上賢能皆堪旌舉，乞劾吏部再加察訪將各官量爲擢用，則明揚得人，而臣工知勸矣。緣係旌舉方面官員事理，未敢擅便，爲此具本專差舍人來儀親賫，謹題請旨。

（明）余繼登《典故紀聞》卷一四 給事中李森言事疏内有重名器一段，其略言：名爵者天下之公器，近乃有無軍功而陞侯伯都督者，有無才德而陞大臣重任者，有因琴棋繪巧而陞文職者，有因醫卜技能而陞軍職者，爵禄日輕，廩禄日費。請今後陞侯伯都督者必考其有何軍功，大臣重任者必察其有何才德。至于各處方面，既公同推舉，有不當者，許科道指

犯杖降者，蓋爲歷過勛階，不忍遠棄，故發邊遠叙用，至杖一百，罷職不叙。其未入流品官，官初命之士，而授流外之官，與白丁無異，所以與吏典同條共制。但凡杖六十者，並罷職不叙。講解者不可蹈襲宋制比論，當遵聖朝官制爲主，依文尋意則不惑矣。

（明）何廣《律解辯疑·大明律卷第二·擅離職役》 凡官吏無故擅離職役者，笞四十。若避難因而在逃者，杖一百，罷職役不叙。所避事重者，各從重論。

議曰：（如）事重，謂如杖一百者，如官吏在任，或受贓私，或故出入人罪，若此之類，因而避難在逃者，各從所犯重罪科之。

其在官應直不直，應宿不宿，各笞二十。若主守倉庫、務場、獄囚、雜物之類，應直不直，（止）各笞四十。

議曰：謂主守倉庫等項者，不問幾人，但有不直宿者，彼此同科笞四十。

（明）何廣《律解辯疑·大明律卷第二·無故不朝參公座》 條內云並附過還職。

議曰：並者，謂如在內不朝，在外不公座，給假限滿不還職役罪等科附過者，犯罪既决，又附寫其罪名也。

（明）何廣《律解辯疑·大明律卷第十二·禁止迎送》 凡上司官及使客經過，若監察御史、按察司官出巡按治，而所在衙門官吏，（止）罪亦如之。

議曰：罪亦如之，謂上司官知禁止不許迎送，故施上品，□遇迎不禁，知送不止，與迎送官罪同，故如之。

（明）何廣《律解辯疑·大明律卷第十二·上書陳言》 凡國家政令得失，軍民利病，一切興利除害之事，並從五軍都督府、六部官面奏，（止）在外從按察司糾察。

議曰：若內外大小官員，但有本衙門不便事件者，知而不言。因被糾察得出，應有不言官員，合依事應奏不奏者，杖八十。

若百工技藝之人，應有可言之事，亦許直至御前奏聞。其言可用，即付所司施行。（止）不許虛飾繁文。

議曰：謂如陳言事理，不依直言簡易，虛飾繁文者，依違令，皆笞五十。

若縱橫之徒，假以上書，巧言令色，希求進用者，杖一百。

議曰：謂如合縱連横之術，巧言令色，顛倒是非，無益於政治，希求進用者，杖一百。

《洪武永樂榜文》 爲禁約事。該刑科署都給事中曹潤等奏：乞敕下法司：今後人民倡優，裝扮雜劇，除依律神仙道扮，義夫節婦，孝子順孫，勸人爲善，及歡樂太平者不禁外，但有褻瀆帝王聖賢之詞曲、駕頭雜劇，非律所該載者，敢有收藏傳誦印賣，一時拏赴法司究治。永樂九年七月初一日奉聖旨：但這等詞曲，出榜後，限他五日都要乾净將赴官燒毁了。敢有收藏的，全家殺了。

（明）姚鏌《東泉文集》卷八《督撫事宜》 一、收支奸弊。訪得各該府州縣監督收放官員，奉公守法者鮮，貪婪無恥者多。往往通同官攢斗級人等，每遇納户人等運解糧米到倉，既不依奉降下鐵斛收受，却又索要解户財物，混收粗粃濕碎糧米上倉，以致積經歲年，遂致腐爛。及至放支官軍月行糧米，却又串合積年小脚作弊，乘機夾帶，出外侵欺，盜賣肥己。又有一等倉廒門首，積年光棍，用强包攬糧户糧米花費，不行上納，以致糧户受累，苦楚難伸。此等奸弊，通合查禁。仰各監收監放糧米官并倉場官攢斗級人等，痛改前非，毋貽後悔。今後收放一應糧米，府倉責令通判縣倉掌印正官各親詣該倉監督，懲究奸弊，務在收受如法，不得槩收粗粃浥爛，虛充正數。放支亦必以時，毋致過期，及或短少。敢有官攢人等不遵禁約，仍前侵欺盜賣，或索受納户分例財物，通同作弊，及容縱光棍包攬者，仰各監收官指實呈來，提問究治。監收官上下相蒙者，仍從管糧等道，嚴切訪察舉究，以祛宿弊。

（明）陳儒《芹山集》卷二六《總憲事宜》 禁書筭。查得見行事例一款：一各處司府州縣衛所等衙門主文書筭快手皁隸總甲門禁庫子人等，久戀衙門，説事過錢，把持官府，飛詭税糧，起滅詞訟，陷害良善，及賣放强盜誣執平民爲從事發有顯跡情重者，旗軍問發邊衛，民并軍丁發附近，俱充軍。情輕者，問罪枷號一箇月。縱容官員作罷軟黜退失覺察者，照常發落。欽此。照得各屬府州縣積年書手往往瞞官作弊，凡派糧則買富差貧，凡取招則移輕爲重，其有司賢明者固莫受其欺，而庸闒者則惟其所使而莫之覺矣，遂致貧困小民坐受其害敢怒而不敢言，良可痛恨。除已往不究外，自今以始若各衙門吏典有缺書辦不前者，止令其在衙書寫文移，不許干預公事。如有仍前那移飛詭輕重情罪等項情弊，除本司徑行訪拏外，許諸人指實赴司陳告以憑照例發遣充軍。其見當門皂快手等項文書到日，掌印官一體清查，如有積年稔惡出入衙門者，通行查革，肅清政本。仍將查革過名數造册繳報。若有仍前縱容者，本司不時體訪得出，官以罷軟黜退，承行該吏一體拏問重治不恕。

（明）陳儒《芹山集》卷二六《總憲事宜》 禁吏承。夫布按二司設有吏承用以在司書辦供役，原非差之勾攝公事者，近因各司奉有撫按衙門明文，該府州縣久未完報者，只得差人守取。其差去吏承乃遂孤假虎威，誆騙銀兩，需索酒食。其下官以爲若不之與恐致嫁禍，日侍左右恣行毁譽，不知吾曹一脉豈肯聽此萋菲之言而爲縉紳之害。爲此合行省諭，今後各府州縣凡本司奉有勘合并查取賢否及一應未完事件，遇到易完者限十日，難完者限半月或一月，務要早爲完報，免致差人騷擾。如有吏承不悛仍前在彼求索者，係本司承差就行肘鎖，差人解送前來以憑問擬發遣充軍，若係別衙門人役亦就指實申呈撫按衙門或該管衙門處置。若有依阿奉承者，本司體訪得出，官以罷軟議黜，該史亦坐以打點重罪，決不輕恕。

（明）陳儒《芹山集》卷二六《總憲事宜》 禁取受。伏讀《憲綱》，凡告有司官吏人等取受咸出首贓私等事，直隸赴巡按，在外赴按察司及巡按衙門陳告，追問明白依律施行。其應請旨者，奏聞拏問。若軍官有犯，在京從都察院，在外從巡按衙門、按察司并分司密切奏請施行。其各都司及衛所首領官有犯，即便拏問。又一款：凡按察司官巡歷去處，但知有司等官守法奉公廉能昭著者，隨即舉聞。若奸貪廢事蠹政害民者，即便拏問。其應請旨者，具實奏聞。若知善不舉，見惡不拏，杖一百，發煙瘴地面安置。有賍者，從重論。欽此。爲照國家設官置吏所以愛養軍民，而當官之法則惟以清之一字爲首務，其有貪贓違法害及軍民者，則或爲民或充軍或調衛，祖宗成法森然具在。近來各官向上者固有，而違法者恒多，其爲軍官者或剥削軍士或私役軍人或扣除月糧，爲有司驛遞者或陰受屬官餽遺或索要里甲分例銀兩或索要馬驢夫見面等錢，若此之類不可枚舉，除有司前二條已經戒諭外，誠恐武職并首領等官安於故常不知放省，合再通行丁寧申諭。示出之後，凡官吏有犯如前者，除本司徑行拏問外，許被害之人即時赴司陳告，以憑參究問擬施行。此爲守成法慎官箴保名節之道，其各體之慎之毋直視爲空談，自貽罪悔噬臍無及。

《嘉隆新例·吏例》 隆慶四年八月吏部題准，撫按糾劾官員，具本之日，即革任聽處，候命下。題覆其所，去者照依考察事例，不得復用。其所留者，待文書到日管事。

《嘉隆新例·吏例》 萬曆六年二月吏部等衙門題准，以後撫、按隨到地方，於方面有司等官查贓跡，果有的據，遵照《憲綱》：五品以上，一面題參，一面審鞫；六品以下，徑自拿問，完日具奏。凡奉旨提問者，務要遵照法例重究。如破調從輕者，巡撫聽科、道官聞風參劾。巡按復命之日，都察院以別賢否處分。各項罷官，若在原籍規利害人、惡聲著者，亦聽撫、按糾舉。

《大明會典》卷一三《吏部·舉劾》 舊制在外官員，有旌異保留糾劾之例，今撫按官皆得行之。所至地方，又有不時論劾，有復命舉劾，歷年事例不同故備著之。

凡有司舉奏旌異。洪武四年，令監察御史、按察司官巡歷去處，但有守法奉公，廉能昭著者，隨即舉聞。宣德十年詔：府州縣官廉能公正，能恤民者，親臨上司，宜以禮待。仍具政蹟奏聞，以憑旌擢。弘治六年奏准：各處撫按并布按二司，遇府州縣官才行俱優者，無分歲貢吏員出身，一體保舉。五品以上官員，果有才德出衆者，開報吏部，奏請定奪。九年奏准：在外布按二司府州縣等官，及教官，有政蹟才行者，並許撫按奏舉。十八年奏准：凡天下諸司官員，才行超卓者，撫按官從公訪舉。待後朝覲日，照例旌奬，以勵庶官。嘉靖元年，勅撫按官，各屬官但有誠心愛民者，雖雜流出身，一體旌奬。

凡有司任滿保留。宣德八年奏准：在外官員九年考滿，有保留者，行所屬布政司按察司及直隸巡按巡撫官覆勘。天順元年奏准：有司官員，政蹟顯著，能得民心者，考滿去後，許所屬人民赴巡按御史處保留。御史仍會各該上司覆勘，即與奏聞，以憑旌異陞用。若有作弊妄保者，罪坐所由。

凡撫按舉劾有司。成化七年奏准：有司官必待三年六年，政蹟卓異，方許薦舉。仍令吏部先察舉主，舉者廉即用其人，不必覆勘。舉者非人，雖有政蹟，亦必覆勘。正德十一年，令有司歷任二年之上，果有卓異政蹟，方許撫按薦舉，贓濫連坐。嘉靖九年題准：撫按薦舉官員，須歷任年深，政蹟卓異，方許舉奏。若有不公，及所舉之人，或以貪酷等項問革，吏部舉奏連坐。十一年題准：朝覲年分，考察既畢，備查被黜方面有司官員，追究所舉。巡按御史，四人以上，革職閒住，二人以上，降一級調外任。一人，罰俸半年。嘉靖十七年詔：撫按官有濫舉市恩，及賢否倒置，舉劾異同者，該科不行糾奏，一體究治。二十一年題准：撫按官不許將陞遷任淺，及去任久者，一槩薦舉。仍通行直隸各府，浙江等按察司，每年終將撫按及別差御史，獎勸過官員批詞，造册送部。查所薦劾，并開報考語。或一人自相牴牾，或彼此薦劾不同，考語賢否各異，題調勘實，罪其誣者。四十一年題准：如有被劾考察革任致仕聽勘聽調等項，撫按官不許更行舉劾，如違叅究，仍將奏詞立案。四十三年議准：養病丁憂陞遷去任官員，撫按若有舉無劾，聽吏部一體查究。四十五年議准：撫按官在地方未及半年丁憂養病者，俱不許一槩舉劾。隆慶六年題准：今後各撫按衙門，糾劾庶官，擬爲民者，必述其貪酷之實。擬閒住者，必述其不謹罷軟之實。擬致仕者，必述其老疾之實。擬降調改教者，必述其行止未虧，不宜繁劇之實。應提問者，不得止論罷官。已經降調者，不得再論不及。如有仍前議擬失當者，聽本部叅究。萬曆十年議准：撫按官被論不拘罷降勘調聽用，及丁憂雖係半年之上，不許舉劾。若遇考察年近撫按止有一員見在，而見在復有丁憂被論者，不在此例。又議准：撫按官舉劾，應會同者，照例會同。如果獨見甚真，即從直具奏，不必以異同爲嫌。十一年，令撫按官復命，論劾到部，不分考察年分，即與題覆。若考察將近，不必又行不時論劾。十三年題准：撫按叅奏所屬官員，法當提問者，先擬革職，俟得旨後擬議奏聞。不得先擬爲民，而後行提問。

凡總督官及中差御史舉劾。嘉靖二十三年，令只於專職所屬論列，不許一槩濫及。二十五年題准：中差御史舉劾官員，內係專屬者，量爲查覆。其餘仍候撫按奏到之日，叅酌相同，一併題請。二十六年，令總督都御史，并中差御史所劾，吏部查訪相同，即與題覆，不必候撫按奏到。三十八年，令中差御史，止許舉劾本差事內官員，如違叅治。

凡巡視五城御史舉劾。嘉靖四十年題准：將兵馬等官，每歲終會本舉劾。四十三年題准：南京五城兵馬，照在京事體行。隆慶四年題准：今後兩京五城兵馬司官，歲終舉劾不必行，只令各城御史，差滿備造考語，送部院以憑查考。萬曆五年題准：五城兵馬，歲終仍會本舉劾。六年題准：五城兵馬于歲終舉劾之外，如有貪酷顯著，壞法殃民者，仍不時叅劾。

凡論劾查勘。隆慶二年，令各撫按官，都著嚴察奸貪，訪有實跡者，不論官職崇卑，遵依律例，追贓治罪。虧枉者，亦許從實辯雪。但有容奸撓法，著科道官指實叅劾。萬曆四年，令各撫按官或以風聞論劾，奉旨查勘，務要虛心從公問擬，不許偏執成説，及以出身資格任意低昂，致枉公論。十一年，令部院奉旨立限，務查道里遠近，酌量定擬。其追徵錢糧，緝捕盜賊，及隔别地方人犯，勢難速結者，方准奏明改限。

《大明會典》卷二〇九《都察院・糾劾官邪》 洪武二十六年定：凡文武大臣，果係姦邪小人，搆黨爲非，擅作威福，紊亂朝政，致令聖澤不宣，災異迭見，但有見聞，不避權貴，具奏彈劾。

凡百官有司，才不勝任，猥瑣闒茸，善政無聞，肆貪壞法者，隨即糾劾。凡在外有司，擾害善良，貪贓壞法，致令田野荒蕪民人受害，體訪得實，具奏提問。凡學術不正之徒，上書陳言，變亂成憲，希求進用，或才德無可稱述，而挺身自拔者，隨即糾劾，以戒奔競。正統四年定：凡風憲任紀綱之重，爲耳目之司，內外大小衙門官員，但有不公不法等事，在內從監察御史，在外從按察司糾舉。其糾舉之事，須要明著年月，指陳實跡，明白具奏。若係機密重事，實封御前開拆，並不許虛文泛言。若挾私搜求細事，及糾言不實者，抵罪。凡糾舉官員，生殺予奪，悉聽上命。若已有旨發落，不許再劾。凡都察院按察司堂上官及首領官，各道監察御史吏典，但有不公不法，及曠職廢事，貪淫暴横者，許互相糾舉，毋得狥私容蔽。其所糾舉，并要明具實跡，奏請按問明白，覈奏區處。其有挾私妄奏者，抵罪。正德元年令：凡不公不法之事，奉有明旨，令科道官記著者，務要即時糾舉，不許隱匿遺漏。十四年令：撫按官不許互相薦舉。如有不公不法，仍照憲綱，互相糾劾。嘉靖二十七年題准：凡巡按御史，彈劾三司不職，按察司官亦得糾巡按失職，不許科道官挾私報復。巡按清軍巡鹽刷卷御史，同事地方，固宜同寅協恭，亦要互相糾察，以清憲體。

《大明會典》卷二〇九《都察院·考覈百官》　凡在外布政司、按察司、并鹽運司、苑馬寺、行太僕寺，在內順天府，五品以下堂上官，考滿赴部，俱從本院考覈。

凡在京各衙門郎中員外郎主事等官，及直隸府州等官，各衛所首領官，在外按察司首領官，考滿，本院俱發河南道考覈。各出考語，牒送吏部，該司候考。

凡在外司府州縣等衙門官，每三年朝覲，吏部會同本院考察。在京五品以下官，六年一次，吏部會本院，并各該衙門掌印官及堂上官考察。

凡天下諸司官，三年朝覲，除考察黜退外，其存留官員公事未完等項，大班露章面劾。

凡京官五品以下，六年一次考察，及四品以上自陳，有遺漏者，科道糾舉。

《大明會典》卷二一〇《都察院·照刷文卷》　洪武二十六年定：凡監察御史，并按察司分司巡歷去處，先行立案，令各該軍民衙門抄案，從實取勘本衙門并所屬有印信衙門合刷卷宗，分豁已未照刷，已未結絶，號計張縫，依左粘連刷尾，同具點檢單目，并官吏不致隱漏結罪文狀。責令該吏親齎赴院，以憑逐宗照刷。如刷出卷內事無違枉，俱已完結，則批以照過。若事已施行，別無違枉，未可完結，則批以通照。若事已行，可完而不完，則批以稽遲。若事已行已完，雖有違枉而無規避，則批以失錯。若事當行不行，當舉不舉，有所規避，如錢糧不追，人贓不照之類，則批以埋沒。各卷內有文案不立，月日顛倒，又在乎推究得實，隨其情而擬其罪。其曰照過、曰通照、曰稽遲、曰埋沒，此皆照駁之總名，而照刷之方，又各有其法。今將六房照刷事例，各畧舉于後。

一、照刷吏房起取罷閒官吏文卷，假如應天府某年月日承奉吏部劄付，仰行所屬應有爲事罷閒官員，取勘見數，一名名起送聽用，當日立案，行移上元等幾縣，取勘花名，先申到府，案催各縣，陸續照依原報名數，申解完絶。取獲實收明白，卷內行移又無遲錯事理，則刷尾批云照過。設若起解未盡行催不絶，則批通照。其或各縣開稱事故文書到後，或半月或數日不行催問，則批云事屬稽遲。及有先申某，今解某，本作某，卻作某之類，則批云事屬差錯。如是原申十名，已解六名，外有四名未解，經年歇案不催，中間情弊不無，則駁之曰埋沒。照刷州縣吏房卷同。

一、照刷户房開懇荒田文卷。假如揚州府承奉户部劄付，仰行所屬，應有荒閒田土，召人開懇，合納税糧，三年後依例科徵。據江都等縣申報人户姓名，開過田畝數目立案，候至年限滿日，具將起科則例花名，田糧數目，移付徵收秋糧卷，收科了當，卷內別無稽遲差錯事件，則批刷尾云照過。設若年限未滿，申報未絶，則批通照。其或各縣申稱見行開懇，先具人户花名到府，遷延三五日，或數十日，不行立案，行催開過田數，則批云事屬稽遲。其有原開畝數，該科秋糧十石，卻作千石之類，則批差錯。至於原申開過田土，比候年限已滿，或逾年不行收科，或將原報頃畝減多作少，其弊顯然，則當駁之以埋沒。照刷州縣户房卷同。

一、照刷禮房買辦祭祀豬羊果品香燭等項文卷，先看何年月日承奉禮部劄付，開到本府，合該祭祀社稷先聖先賢及風雲雷雨山川無祀鬼神等壇若干處，每壇計用豬若干，羊若干，果品香燭等項若干。其價照依本處時估，對物收買，仰於官鈔內放支。當日立案定限，行移所屬州縣收買。要見回報是何行人物户時估，及差委何官，眼同收買，送官應用。仍查算原估，與收買價鈔相同，已用與原買之數無異，俱有行人物户領狀在卷。祭祀已畢，事無施行，則批以照過。若或已買在官，祭祀日期未臨，雖皆有發付收領明白，事無施行，則批以通照。其或經違日久，纔方立案行移，祭期將臨，其收買豬羊等項尚有未備，顯是怠慢，則批以事屬稽遲。若或分派各行人物户，所買品數皆同，而價鈔不一，且如春丁祭先師孔子，該豬六口，每口價鈔二百貫，卻共作一千二百五十貫附卷，及查行人物户領狀，實領一千二百貫，并查放支官錢卷內亦止一千二百貫，既以明白，別無規避，則批以事屬差錯。其或豬羊等項已備，祭祀已畢，但不見所用過鈔貫花銷，不見是何行人物户收領價鈔，及有無餘下物件未用，責付何人收領，朦朧不明，顯有規避，則批以事屬埋沒。照刷州縣禮房卷同。

一、照刷兵房勾補軍役文卷，先看本府何年月日承奉兵部劄付，或都司、布政司、各衛公文，坐勾補役軍丁若干名。若當日立案，行移各該州縣，立定限期解府，各該州縣照依坐下名數隨即解到，卷內見有原獲合干上司實收，事無施行，則於刷尾批以照過。若或當日立案，照依名數行下各該州縣，或全不解到，已經節次移文催併，差人坐守起解，雖已盡絶而無實收，則批以通照。又或經違三五日，甚至十數日，纔方立案行移，雖各該州縣依數起解，未見實收，則批事屬稽遲。若行移不遲，名數不缺，中間原坐張某，今解李某，案內不見審實緣由，及駁問所司官吏，雖有實收，則亦批事屬差錯。其或已承上司明文，雖已立案，經年不見催舉，間或行移，如勾十名止解到五六名，已解者不見實收，未到者又不舉問，顯是規避，則批曰事屬埋沒。照刷州縣兵房卷同。

一、照刷刑房貪贓壞法文卷，先看本府何年月日，據某人所告詞狀，當日曾無立案，將本人引審，或監或保。若監收原告，要見爲何緣故，明白立案，取具司獄司收管在卷。若或保在原告，要見立案批差皂隸，取獲保狀附卷。其狀內合問人數，查照曾無立案，分豁被告干連著落所司提解。又當看本府何年月日據所司依限解到坐提人數，要見當日立案，將各人引問，責與原告對理。且如甲告乙受丙贓五十貫，乙招如告；又告丁贓四十貫，丁供明白，甲自招虛。又當看甲乙丙之招詞，丁之供狀，同甲乙丙之服辯，曾無題押入卷；乙招贓鈔，曾無立案追徵，既已追徵，曾無納足，有無該庫收貯領狀。又看有無立案，引律擬罪發落。又於發落案內，先看原發事由，中間曾無增減原狀緊關情節，查比解到月日，有無淹禁。次於問擬招罪項下，詳看乙所招受贓情節，比甲所告是否同異，卻於前件議得項下，參詳甲乙丙之罪名，比律允當，並無招涉，依例疎放。又於照行事理，要見准工者差人起解，的決者立案摘斷，免科者疎放寧家。追足乙名下招受贓鈔，責令該庫收貯，取獲領狀在卷。如原發事由內，無增減原狀緊關情節，問擬招罪內無故失出入人罪，前件議得下，比照律條所擬允當，照行事理內無人贓埋沒之弊，俱已完結，事無施行，則批以照過。若或已提未到人數累催不到，原追贓鈔催促未足，則批以通照。其或受狀不即立案，已經數日方纔施行，以致提人未到，則批曰事屬稽遲。若案內字樣不同，粘連顛倒，以致月日參差，官不題押，吏不書名之類，事已完結而無規避，則批事屬差錯。若或因人招出人贓，照行事理內，不照追提，以致經年不行，顯有規避，則批曰事屬埋沒。照刷州縣刑房卷同。

一、照刷工房成造船隻文卷，先看何年月日，承奉工部劄付，坐下本府該造船若干隻，每隻計用丁線大小不等若干斤，桐油若干斤，麻穰若干斤。其價照依時值，對物收買，仰於官錢內放支。合用木植著落人夫採斫，當日立案定限，行移所屬州縣起集人夫，採辦木植。要見回報：起到人夫若干名，并所詣處所，及見收買丁線等物時價，差委何人帶領各匠若干名前來場所興造。次將引各行具領狀支鈔，依數收買物料，成造船隻，查算原估與收買價鈔相同，已用與原計物料無異，船隻已起，限期不違，事無施行，俱有各行收買物料領狀在卷，則批以照過。若或行移不遲，興工不後，物料不缺，人匠不少，支用物料未盡。原定限期不違，船隻未起，事有施行，則批以通照。其或經違數日，纔方立案行移，其所屬州縣合辦物料人匠，雖已不缺而船隻亦起，終是怠慢，則批云事屬稽遲。若或派料或多或少，用工或衆或寡，且如每船合辦五寸丁線二百斤卻買二百五十斤，合辦三寸丁線三百斤卻買二百五十斤之類，以致船隻未起又違限期，中間收買價鈔並無剋落，查考各行領狀在卷文案明白別無規避，則批事屬差錯。其或船隻已完不見各船已用物料花銷，餘下丁線等物不見責令是何庫分收貯，原計料數多已收買數少，顯有規避，則批云事屬埋沒。照刷州縣工房卷同。

正統四年定：凡在京大小有印信衙門，并直隸衛所府州縣等衙門，在外各都司、布政司、按察司文卷，除干礙軍機重事不刷外，其餘卷宗從監察御史每歲一次或二歲三歲一次照刷。五軍都督府、六部、大理寺，令該吏具報事目。太常寺、通政司、太僕寺、光禄寺、鴻臚寺、國子監、翰林院、各衛，令首領官吏具報。其餘衙門，正官首領官通署呈報，以憑查刷。都察院堂上及各道文卷，俱照例送刷。中間干礙追究改正事理，照依已定行移體式施行。如有遲錯，其經該官員，應請旨者，奏請取問。其餘官吏，就便依照刷文卷律治罪。其各都司、布政司、按察司所屬衛所府州縣等衙門文卷，從本處按察分司照刷。若有遲錯，一體依例施行。其照刷之際，務要盡心。若有獄訟淹滯，刑名違錯，錢糧埋沒，賦役不均等項，依律究問。遲者舉行，錯者改正，合追理者，即與追理，務要明白立案，催督結絶。不能盡職者，監察御史從都察院，按察分司從總司，體察奏聞究治。

在京十三道照刷卷宗衙門見各道分隸。

在外各處按察分司

浙江按察司：浙東道、浙西道。

江西按察司：南昌道、湖東道、湖西道、九江道、嶺北道。

福建按察司：福寧道、建寧道、武平道、漳南道。

廣東按察司：嶺南道、嶺東道、嶺西道、海南道、海北道。

廣西按察司：桂林道、蒼梧道、左江道、右江道。

四川按察司：川東道、川西道、川南道、川北道。

湖廣按察司：武昌道、湖南道、上下二道。湖北道、荊南道、上下二道。荊西道。

山東按察司：濟南道、東兗道、海右道、遼海東寧道。

河南按察司：河南道、河北道、大梁道、汝南道。

陝西按察司：關內道、關南道、關西道、隴右道、西寧道、河西道。

山西按察司：冀寧道、冀南道、冀北道、河東道、口北道。

雲南按察司：普南道、臨沅道、金滄道、洱海道。

貴州按察司：貴寧道、新鎮道、安平道、思石道。

凡光禄寺一應文卷，每三年照常京畿道通刷。其供應物料文卷，各道御史，按月輪流照刷，刷畢面奏。

凡南京各衙門文卷，照在京例，三年一次差御史一員徃刷。其印文，俱曰京畿道監察御史之印。

凡南北直隸及各布政司文卷，成化九年定：三年一次差御史照刷。嘉靖十二年，命巡按御史兼理。二十八年復差，以後或遇地方災傷，奏請停刷，通候六年總刷。三十九年，令清軍御史兼管照刷文卷，近年俱巡按御史兼理。

《大明會典》卷二一一《都察院·問擬刑名》 洪武二十六年定：

凡鼓下或通政司發下告人，連狀到院，責令供狀明白，保管聽候。照出狀內被告人數，入流官員，具呈本院奏聞提取。其軍民人等給批差人提取。對理招供明白，取訖服辯，無招干連，隨即保管聽候。有罪人數，牢固監候，追徵所招贓仗完足，責令庫子收貯。議擬罪名，開寫原發事由，問擬招罪，照行事理，徒流遷徙死罪充軍人數，具寫奏本。笞杖以下，止具牒文，僉押完備，連囚赴堂，備説所犯情節罪名，審無異詞，然後入遞。將囚押送大理寺審録，候平允回報。若罪名不當駁回再問，仍將所駁招罪，叅詳明白，再擬改正。或有審異，則監收聽候，調別衙門再問。其餘審允人數，除笞杖徒流徙罪准工囚人，備開年甲工址，畧節招罪，工役限期呈堂編發工役，的決笞杖人數書寫斷單，開具合得罪名，會請刑部等官公同斷決，取完僉批單入卷。其充軍囚人，具手本，送編軍御史處照地方編發，取收管附卷。絞斬死罪，仍令司獄司轉送重囚監牢枷收聽候，大理寺依時覆奏回報，具手本會請刑部等官公同處決。仍取決訖月日批單附卷。無招踈放，并笞杖的決，還職著役寧家人數，另具公文，差人管送各該衙門，給憑發回，取批收附卷。原收贓仗，候季終通類具呈本院，出給長單，差委御史解赴內府該庫交納足備，取獲庫收附卷。如有追無見贓囚人，責供明白，類行原籍追徵。及照出合問人數，隨即呈提。前項審過囚人，設有病故，請官相視明白，取獲批單附卷。若干係重囚，牒報大理寺知會，候本宗事完通具結絶緣由，呈堂照驗。餘與刑部同。正統四年定：凡監察御史、按察司官追問輕重刑名，中間果有律令該載不盡者，比擬律條，開具請旨。凡各道，每月以問過輕重罪囚，自月初起至月終止，將已未發落實在數目各若干，具呈本院轉具揭帖，開報刑科查照。

《大明會典》卷二一一《都察院·追問公事》 洪武二十六年定：

凡在外軍民人等赴京，或撃登聞鼓，或通政司投狀，陳告一應不公寃枉等事，欽差監察御史，出巡追問，照出合問流品官員就便請旨拏問。帶同原告，一到追問處所，著令原告供報被告干連人姓名住址立案。令所在官司，抄案提人。案驗後，仍要抄行該吏書名畫字。如後呈解原提被告人到，不許停滯，即於未解內立案。將原被告當官引問，取訖招供服辯，判押入卷，明立文案，開具原發事由，問擬招罪，照行事理。除無招笞杖輕罪就彼摘斷，徒流死罪連人卷帶回審擬，奏聞發落。

正統四年定：凡監察御史、按察司官追問公事，中間如有讐嫌之人，並聽移文陳説廻避。若懷私按問，敢有違枉者，於反坐上加二等科罪。所問雖實亦以不應科斷。凡監察御史、按察司官有追問諸衙門官員取受不公刑名等事，除軍官京官并勳舊之臣及在外文職五品以上官，具奏請旨，方許取問。其餘六品以下，取問明白，從公決斷之後，仍具奏聞。若奉特旨委問者，須將始終緣由，議罪回奏，取自上裁。凡有告争户婚田土錢糧鬭訟等事，須於本管衙門自下而上陳告歸問。如理斷不公，或冤抑不理者，直隸赴巡按監察御史，各省赴按察司或分巡及巡按監察御史處陳告，即與受理推問。如果得實，將原問官吏依律究治。其應請旨者，具實奏聞。若見問未經結絶，又赴本管上司告理，不許輒便受狀追卷變易是非，須要即時附簿發下原問官司立限歸結。如斷理不當及應合歸結而不歸結者，即便究問。違者監察御史、按察司體察究治。如不係分巡時月，及巡歷已過所按地面御有陳告官吏不公不法者，隨即受理追問。凡風憲官問定官員贓罪，如有冤屈許本犯從實聲訴。若果真犯實跡不肯伏罪，或捏造挾讐等項爲詞攙入原問者，於本犯上加二等科罪。仍押至午門前聽候再審。

《大明會典》卷二一一《都察院·審録罪囚》 天順二年令：每年霜降後，本院以各道問擬該决重囚具奏，引赴承天門外，會官審録。弘治七年令：凡捕獲强盜綁赴御前引奏者，本院同刑部、大理寺、錦衣衛堂上官於午門前會問。九年令：每年天氣炎熱之時，本院與刑部大理寺奉勑審録見監罪囚。嘉靖四十五年題准：五年大審獄囚，河南道掌道御史亦與審。以上在内罪囚。

洪武十四年，差監察御史分按各道罪囚。凡罪重者，悉送京師。二十四年，差刑部官及監察御史清審天下獄訟。二十六年定：凡在外布政司、按察司、都司并直隸府州刑名，有犯死罪囚人收監在彼，止開招罪申達合干上司，詳議允當移文本院通類具奏。點差監察御史會同刑部委官按監審决。其到所在官司隨即令首領官吏抄案各該衙門追吊原行人卷赴官叅詳招罪，果無出入及審取犯人服辯無異，就令所司抄案差委獄卒將犯人押赴法場各照原擬處决，將原吊卷宗發還各衙門收照，御行具本開坐决過犯人花名回奏，仍呈原委官司知會。若囚人番異原招，即合辯理。重提一干人證到官，從公對問明白，帶回審録發落。其原問官吏果有受贓出入人罪情弊，通行具奏拏問。永樂元年令：各布政司死罪重囚，至百人以上者，差御史審决。宣德八年，諭法司：天下重囚，遣的當官分臨各處，公同巡按御史詳審處决。正統四年令：凡各都司、布政司所屬，并直隸府州縣軍民諸衙門，應有罪囚追問完備，杖罪以下依律决斷，徒流死罪議擬備申上司詳審。直隸，聽刑部、巡按監察御史，在外，聽按察司并分司。審録無異，徒流罪名，就便斷遣。至死罪者，議擬奏聞。事内干連人數，先行摘斷，不須對問者，發落寧家。必合存留待對者知在聽候。直隸去處，從刑部委官與巡按御史。在外，從都司、布政司、按察司及巡按御史公同審録處决。如番異原招事有寬抑者，即與從公辯理。若果冤抑，并將原問審官吏按問。其應請旨者，奏聞區處。若審録無異，故延不决，及明稱冤枉，不與申理者，並依律罪之。嘉靖二十七年題准：巡按御史遇有囚犯應辯正者，務要虚心審處。勿以審録官有行，自分彼此，干礙原問官員，一體舉究。仍將辯正過人犯起數，奏行本院查考。又題准：巡按御史于審録官奏審過矜疑等項罪囚，責令所在官司類報，矜疑發遣者，於何日起解；釋放寧家者，於何日發落；駁回再問者，於何日結勘。備達刑部查考。如有偏執阻撓，擅爲更改，又因審録官駁回，淩虐致死者，刑部指實叅奏治罪。以上在外罪囚。

《大明會典》卷二一一《都察院·監禮糾儀》 凡朔望日，皇極殿朝叅，丹墀、皇極門外，各侍班二員。每日常朝，丹墀、午門外，各侍班二員。凡賀萬壽聖節、正旦、冬至，皇極殿行禮，殿上侍班四員，丹墀十二員。賀大祀禮成，册立皇后、東宫，殿上丹墀各侍班二員。賀聖駕視學還，皇極門行禮，丹墀侍班二員。凡頒詔，殿上侍班四員，丹墀、午門外、承天門外各二員。登極頒詔，殿上侍班四員，丹墀十二員。午門外、承天門外，各二員。凡册立東宫傳制，殿上侍班四員，丹墀十二員。午門外、承天門外，各二員。大祀誓戒，及一應傳制，殿上丹墀各侍班二員。凡祭郊廟社稷神祇，諸陵歷代帝王，先師孔子，俱監禮二員。聖駕幸學行釋奠禮，監禮四員。凡慶成宴，殿上侍班二員，丹墀糾儀四員。凡經筵，侍班二員。凡冬夏至大祀齋戒，點齋二十四員。凡救護日月食，糾儀六員。凡賀皇太子，文華殿行禮，殿上門外各侍班二員。凡皇子行冠禮，殿上丹墀各侍班二員。凡祭酒等官率諸生上表謝聖駕視學，狀元率諸進士上表謝恩，及進春進曆，殿上丹墀俱各侍班二員。進實録，殿上侍班四員，丹墀十二員。

凡大朝會行禮，若有失儀，聽糾儀御史舉劾。常朝大小衙門官員奉事，理有未當及失儀者，聽侍班御史并給事中劾奏，依律罰俸。

凡朝會行禮，敢有攙越班次，言語諠譁，有失禮儀及不具服者，隨即糾問。

凡大小祭祀，敢有臨事不恭，牲幣不潔，褻瀆神明，有乖典禮，失於舉行，及刑餘疾病之人，陪祭執事者，隨即糾劾。

凡祭祀郊社宗廟山川等神，若有怠於執事及失儀者，並聽糾儀御史舉劾，依律責罰。

凡早朝遇雨雪，司禮監傳旨有事進無事退。有事者，即從東西廊行至皇極門上，東西對立。糾儀御史序班，俱北向立。凡京堂四品官員失儀，照三品事例，具本劾奏。近題准：翰林學士，亦不面糾。

《大明會典》卷二一一《都察院・撫按通例》 嘉靖元年，令各處守巡官務照分管地方及舊定限期躬親巡歷著實幹事。撫按官亦要正身率下，禁止迎送嚴加督察。十一年題准：凡各衙門奉到撫按及公差都御史，一應批詞牌案內，有充軍徒罪及口外爲民者，如一事而彼此相干，其定發以原行衙門在先爲主。若事起於所司，通行申呈合干上司者，俱候巡撫定發。無巡撫處，巡按御史定發。所司須將各奉到先後緣由，及通行申呈字語開具明白，以便批答。中間有應該駁行，仍各據理而行。若奉奏行，及奉欽依者，其允詳定發，俱歸於欽奉衙門。凡徭役、里甲、錢糧、驛傳、倉廩、城池、堡隘、兵馬、軍餉，及審編大户糧長民壯快手等項，地方之事，俱聽巡撫處置。都布按三司，將處置緣由，備呈巡按知會。巡按御史出巡，據其已行之事，查考得失，糾正姦弊，不必另出己見，多立法例。其文科、武舉、處決重辟、審録冤刑、叅撥吏農、紀驗功賞，係御史獨專者，巡撫亦不得干預。凡撫按，遇有地方大事，皆會同而行。如常行事務，與委署印信，止以文書先到者爲主，奉行官吏不必觀望兩請。凡考選軍政，中間有係邊關班操者，中差御史不得指以職業干預。撫按職掌軍政，所定官員，中差御史有行，止可暫委，或行帶管，不許更改取用。空閒在衛者不拘。其公差都御史職務，各奉有專勑，一應興革區處事宜，撫按官亦毋得干預。凡巡按御史，不許同巡撫報捷。如無巡撫，聽總兵領兵官奏報。巡按止是紀驗功次，以明賞罰。其浙江、福建舊無巡撫，與有巡撫而偶缺者，一應事務與巡按處置。如撫按官一時俱缺，聽中差御史綜理。凡在外撫按官相接，巡撫望巡按到儀門下轎馬。巡按迎至後堂，巡撫坐上席，巡按前席隅坐。巡按望巡撫，前門下馬，由偏門而入。巡按隅坐，巡撫坐前席。如遇會勘公事，巡撫正面居中坐，巡按正面隅坐。習儀、拜牌、祭丁、及迎接詔勑等項，巡撫居左，巡按居右。巡按仍讓巡撫於前。其巡按與提學中差御史相接，如常處，照依進道先後次序。公會，須讓巡按。凡死刑，各府州縣等衙門自問，及奉撫按批行者，俱申呈撫按照詳，仍監候會審。如各道自行批行者，不必呈詳撫按，止候會審。其奉撫按批行者，照舊呈詳。都司衛所，與府州縣事體同。凡遇災傷之年，撫按官先督行各府州縣，及早申報巡按，即行委官，分投覈定分數，行所司造報巡撫，具奏議免。如無巡撫，巡按奏報。凡賑濟，專責巡撫，會同司府州縣等官，備查倉廩盈縮，酌量災傷重輕，應時撙節給散。巡按毋得准行。如賑濟失策，聽巡按糾舉。十二年奏准：凡巡按御史在外接待巡撫，不論副都僉都，其坐旁坐，其班後列。不遜者，回道之日，考以不諳憲體，奏請降調。十四年奏准：江南蘇松常鎮四府地方兵備衙門，凡一應事宜，原係撫按，并巡江操江巡鹽等衙門有行者，止申詳原行衙門定奪。其係兵備衙門自己所行，地方人命强竊盜賊等事，叅詳合律，即便允發監候，巡按御史會審轉詳。其餘衙門，不必再行申請。其所屬各府州縣等衙門一應事情，於撫按巡江巡鹽操江有行者，申呈定奪。與各衙門無行者，亦止申呈兵備衙門詳允。二十七年題准：撫按官巡歷一處事完，更歷一處即令官員俱回任辦事，不許任意隨帶。如有承委未結者，省令速結，具文回報。其或越境迎送，即行舉問。有司官恃才妄作害政者，尤要悉心查訪，逐一究正。又題准：撫按官於各所屬，務在平時加意咨訪務求其實。如有誘迫生員里老人等妄稱賢能投遞保狀者，嚴行禁革。計令姦民鼓衆建祠者，即將祠像拆毁。干問人員，如法究問。隆慶元年題准：撫按等官嚴禁所屬，不許擅撥長夫長馬，及差遣官吏，越境迎送。其修置衙宇家火等項，各照衙門酌立規則，於應動官銀內取辦，不得科斂里甲。凡所屬佐貳，不許擅受一詞，及私出牌票，以滋騷擾。掌印官，置簿查考。又題准：撫按并公差大小官員，保奬屬官，不許行謝禮。與者受者俱坐贜論。凡風憲官行事務要慎重，不得輕變舊制，爲地方之擾。其有法久弊生，利少害多，果不便於民者，必須撫按斟酌會議，務求上下相安，遠邇稱便，方許施行。凡撫按官，動用錢糧，互相覺察。如用銀一百兩以上，及派用軍需，例應查覈。如事在從容，則先期商訂，會案施行。若事機不便，則完日具數通呈知會。其餘一應公費出入，一體互報。至於存問私禮，通行禁革。二年題准：巡按出巡查盤不必會同巡撫。其事關撫按兩院者，仍照例委官會案發落。南北直隸各差御史，凡事體干係本衙門者，委官一體申呈，從一歸結，不得另行分委，以滋煩擾。又題准：凡奉有欽依勘合，如查勘功罪，提問官員等項，務要上緊完報。若查係司道等官有所規避，或納賄不行速理者，撫按等官指名參究。如應勘應問官員，或屢提不出，及勢要囑託，故意抗違者，許參奏拏問。如事干重大，巡撫不依期完報，許科道官查參。巡按不依期完報，回道之日，本院查參。凡撫按及公差內外官員，各遵照宣德四年勑諭，遇有事務，不許輒差都布按三司，及軍衛府州縣正官掌印官幹辦。又題准：撫按官舉劾不得任意輕重，自相矛盾。已提問者，不得止論罷官。已降調者，不得再論不及。據實分別，有不合格例，輕重失倫者，治罪。

（明）佚名《條例備考》卷一《都察院·宗室毆死尊長差官會勘四十一》 一、都察院題該巡按山西監察御史趙元夫奏爲惡逆擠害尊長搆賊殺死多命賄官故禁生靈乞恩差官急救以伸大寃事。奏會問得犯人李儒等招由，及參山西都司汾洲衛把門鎮撫李裳等又奏稱慶成王府革爵庶人奇瀊等各項情罪，雖云輕重不一，既已勘明似難別議。但今奇瀊復有此奏要將奇澣比照奇溋身故開棺檢驗等因，抄呈到院。臣等切詳奇瀊之意不過欲震動屍骸，使表檬等痛切以快己憤耳。今查得招內開稱奇瀊用鎗將奇瀚左腿劄訖一鎗刺破浮皮流血，當時俱有証佐已經勘明，原非致命重傷何須開檢，況與奇溋事情大有不同似難依勘。但彼此訐奏違法事件尚未盡明，且宮闈事情外官難以審究。今撫按擬奏欲行晉府差承奉審檢。臣等詳察事勢，奇瀊素性難調累年奏訐不已，雖撫按所勘猶云捏參，使承奉勘問豈能輸服。必須勑差司禮監官一員，錦衣衛三法司堂上官各一員，前去將宮闈隱事并先今各奏內事情會同彼處撫按，逐一從公再行研審明白，據實取具歸一定執供結一併奏請定奪。覆奉欽依，行司禮監、刑部、錦衣衛各奏差明法持正官一員，遵照會勘。

（明）史繼辰等《增修條例備考》卷二《都察院·宗室毀罵 親王及內官婬濫結宗婚十一》 一、都察院題該巡撫山西都御史韓、巡按御史蘇祐奏爲曾經犯闕革爵中尉，故違祖訓稔惡不悛時時懷恨，率領奴僕大肆欺凌毀罵親王，綑打官校，懇乞天恩急救孤弱宗藩以靖地方事。會問得犯人劉相比依奴僕罵家長律絞，秋後處決。本院參詳情罪俱合，相應依擬。及參稱晉府長史司左長史馬朋、承奉楊保，寧化王府尚溪鄉君儀賓賈梅前項事情委俱有違。內查得馬朋楊保各已遇革，賈梅雖稱罪犯深重亦係遇宥，似難別議，俱應免罪。又稱楊保係內官，伊姪楊佑不當濫配宗婚，但楊佑與楚雄郡君成婚已久難以再處論理。據法楊保似亦不當任職，及查制書委不開載內官之家應否與王府結親，合無止將楊保不許任事仍在本府閑住。楊佑儀賓仍舊。又稱本府鎮國中尉表樲表棬輔國中尉知焥知焌俱各有違祖訓，內表樲招集無賴橫及官民制縛無辜公行打詐，且上罵親王，罪犯重大。今既體勘明白參奏前來，宜重加降奪以爲宗室懲戒。表棬知焌知焥不行諫阻，亦應量加革罰，合無仍行山西撫按官各查照施行。覆奉聖旨：表樲革去祿米三分之一，表棬、知焌、知焥罰住祿米一年，楊保罷職，其餘依擬。欽此。

（明）史繼辰等《增修條例備考》卷二《都察院·將官久不赴任失悞邊事降級十二》 一、都察院題該巡按陝西御史楊時參奏爲番賊出沒事。問得犯人王正依守備不設，被賊侵入境內擄掠人民者減等律杖九十，免杖依律發邊遠充軍等因。本院參詳合律，但本犯原領官軍九十一員名與本院題准近例官軍不及百五十名之數相符，爲照王正不行赴任防禦却乃故意回家避住日久以致被賊入境，逼趕婦女三口，跌死搶去頭畜數多，實犯不行設備有誤邊事之罪。若照本院近日題准前例官軍不及百五十名者照常發落似涉輕縱，若依律問擬充軍又似過重，合無降職一級，情法允當。移咨兵部將王正降級示警。覆奉聖旨：王正姑從輕准降一級。欽此。

（明）史繼辰等《增修條例備考》卷二《都察院·條陳詳慎刑獄疏通寃滯十四》 一、都察院左都御史胡世寧題議，御史審看本狀及勘問辯審矜疑等項刑獄開欵上請，題奉聖旨：覽卿所奏無非慎重刑獄疏理寃滯之意，都依擬行。該行內外問刑衙門的行去着一體遵守。朝覲考退官員已有累朝禁例難以輕收，今後果有執法被誣奪職的許大臣言官即時與他辯論，吏部仍查訪可否具奏定奪。欽此。

一、奏訐本狀到院，堂官不能盡看連人分送各道，御史務要親自審看明白。本道有案者則吊其原招原訐，無案者則于刑部抄招或請卷，各比對參詳。如刑部無招開到者，止摘抱本人口辭與本折辯，務要逐一參看原問情罪有無允當，今訢情節有無指證可辯，或雖可辯而看係一面之辭未可劇信，或該立案不行者，亦明開其所當立案之故，各具一帖，如刑部各司問刑招帖之狀，前一日送堂再加參詳批照，次日當堂稟議可否方纔註簿施行。

一、本狀中參出情節寃枉當與辯者行巡按或按察司，原經巡按辯問者則行巡撫，各與提問。初審初辯官既與辯出者，原勘原問官仍不追究。若審辯官明知寃枉，因忌原問官故不與辯，或更誣重情者，後或他官辯出十分寃抑奏至本院辯出者，原問經審官俱從重追問。其若本無寃枉而循私曲辯縱脱者，亦追究重罪。

一、初經撫按司府等衙門問成重罪，奏訢寃枉，例該與行而參看其間無有緊關該辯情節者，則行巡按。原經巡按辯問者，則行巡撫。先將見在人卷查審，似有寃枉方與提人證辯。如無寃枉，仍依原問監候。會審奏詞就彼立案，不許一槩提人以致累死平民。其有累次奏辯，累經再問開報，今復奏訢者，雖例該立案，若參看其間委有可辯情節亦與照前施行。

一、重罪監至五年以上曾經再問無寃，轉詳評允及奉欽依處決而臨秋怕死每年奏辯一次者，若係上半年奏至，照前行撫按吊審見監人卷似有寃枉方與捉人辯證，如無寃枉仍依原問監候審決。奏詞就彼立案，仍備由呈報。若係下半年奏至者，本院即與立案不行。

一、各道新任御史每日各分與本狀一二件令其照前參看開由具帖送堂，緣此見其刑獄用心能通與否，後考實授亦有所據。

一、凡在外重囚多係强盗人命，惟謀殺者最爲難問。有司凡遇此等，唯于其事發之初虚心審察參以詢訪方得真情。若遽嚴刑鞫問，鮮有不致誣服者。至於强盗或因情有疑似即便嚴訊，或因誣指讐攀不能辯察，多致寃枉，或有小官一時誤拿不敢脱放而遂致之死以圖免究者。又有同起數人皆係平民誤死而真盗不獲者，又有真盗既獲而審供同盗之人或因先有誓約或圖後爲營辯劫奪不肯供出好漢而惟供報新誘數人或更讐攀平民以抵數者，至于失主或冒供不曾被刦之家以爲其後辯脱之計者，有司一時輕信誤事不小。又或巡捕職役賣放真盗而逼其妄攀平民以詐錢者，又有獲賊得錢而延緩不追真贓爲其辯脱者。凡此情弊多端不可枚舉，故凡獲真盗數人必須隔

別一一各審。其同盗姓名年貌來歷及失主住居刦分財物件數，有一不同即辯其誣，不可遂紀其名以作未獲之數。合無行令各處巡按御史嚴行所屬軍衛有司問刑捕盗官，今後人命强盗務各痛懲前弊，多方用心審捕，如若率意狥私有所脱枉必行重治。其巡按分巡官所至地方見監重罪囚犯俱要逐一親審，有寃者即與申辯，不許避嫌推調不理。巡按歲滿回京各要將辯過寃枉名數事跡開報本院，以憑查考。

一、差官審録事例，原勘原問官出入等罪悉免究問。夫原勘原問官一時誤信人誣告曲證失入枉問不行追究以免其回護執誣，亦我聖朝急于救人之仁也。若乃日久事定，明知其枉而顧忌原問私避嫌謗，故不與辯，或誣重情以必致之死者，則其人之忍心害理背公行私大可究罪。合無今後重囚果有寃枉而初審初辯官既與辯出者，原勘原問官仍不追究。若審辯官明知寃枉因忌原問官故不與辯，或更誣重情者，後或他官辯出或十分寃抑奏題至本院辯出者，原問經審官俱從重追問。其若本無寃枉而狥私曲辯縱脱者，亦追究重罪。

一、差官出外審録重囚可疑者再問，無容議矣。惟可矜者奏發邊衛充軍一節，則其事情輕重利害不同有所當議者。蓋此等罪犯或因致死人命，而其所致死之人多有被慘毒而死者，有致將屍骨拆散蒸檢二三次或五六次者，又或遞年奏辯累死屍親及干證平民三五人或十數人者。今此人止發充軍，及至觧衛即逃，又累死長觧二人，及買妻代作軍妻，一經審録，官但知此有罪一人之命爲可矜而不知前後累死無罪多人之命尤可憫。今後此等罪犯問有情非得已事實可矜者，則明與辯釋，或徑發隣近衛所永遠充軍，或編隣近州縣驛遞永充機兵民壯水馬夫等役，以代出貧民差使。其若情雖可矜而法該抵命及曾累死平民者，則務追真正當房妻小差人管押遞觧邊衛永遠充軍。仍定撥見任軍職之家以作軍伴爲之種田，使有收管不致脱逃。若其情苦無可矜者，必須抵死，不宜輕縱。

一、竊盗三犯係是怙終之人，《舜典》所稱賊刑者。至于僞造印信多是狡猾通曉文義之人爲此以誆人財物，盗官錢糧，或以刑人殺人，祖宗制爲重律使人畏而不敢犯。今累次審録輒作可矜開奏，類得充軍不死，以故人多故犯，合無今後審録官不得以此開入可矜之列，混奏得辯之數，每年秋後會審開奏。聖恩若未忍遽決，止令監候，必待朝廷有大慶會大肆赦而

後釋之，庶恩不濫而法不廢矣。

一、問刑執法被誣奪職，如僉事彭占祺者，乞勅吏部再訪無異奏復其官，以爲獨立守正之勸。更乞斟酌舊例，凡朝覲考察去官自行奏辯者，仍照前例重遣。其若大臣出身與辯者，當議奏覆。若大臣所辯不公不實者，許科道彈劾，吏部參奏罷職。

（明）史繼辰等《增修條例備考》卷三《都察院・隱庇屬官事發連坐四》 一、萬曆十五年八月内都察院題爲申飭撫按專督監司事宜責實効以慰聖衷事。内稱守令之不職由於賢否之倒置，合無今後撫按督監司，監司督守令。至於舉劾有互異，或前薦而後劾，或前劣而後優，如前被舉兩年以内有以贓敗者用連坐法，容臣與吏部查五花册，貪墨而註優者，罰治。則舉者慮爲他日之累，不得不求其真。又有在任彌縫離任敗露者，有上官不舉而醜聲傳播，大察被黜及提問者，一併追論。其五品以上例宜糾舉，要明註年月指陳實跡。若挾私搜求細事及糾論不實者抵罪。奉聖旨：是。近來撫按官濫寄耳目以致各司道體統陵夷，畏徇成習，何能督察屬官。今後撫按官務責成司道甄別有司，即以開報當否定其優劣。如有曲庇贓吏避怨市恩的不時參治。其有司薦後犯贓你都察院及該科還將原薦官員一併查參。欽此。

（明）史繼辰等《增修條例備考》卷三《都察院・勘問民本半年一類六》 一、萬曆十六年四月内都察院爲族惡挾讐搆黨劫財殺死一門三命，恨告操謀匿名誣陷屈擬冤獄等事，據湖廣平江縣民人凌朝策抱奏前事。奉聖旨：都察院知道，以後民本行下撫按官勘問的或實或虚俱開報本院，每半年一類奏。欽此。除將本民所奏事情劄行該省巡按御史勘問外，通行各省直撫按官，凡遇勘問民本，一一報院依期類奏施行。

（明）史繼辰等《增修條例備考》卷三《都察院・犯官自盡免贓追勅九》 一、萬曆二十一年七月内都察院題爲貪酷縣令追勘已明懇乞聖斷以飭吏治事。覆陝西巡按御史錢夢得題參平利知縣姚世卿犯贓數多法應擬徒，及稱石泉知縣楊文會入己贓逾二百，杖斃無辜四命，已經勘明自縊身死，贓可勿徵，仍追奪原給勅命。覆奉聖旨：姚世卿依擬追贓，完日爲民。楊文會姑免追贓。忿而死也亦未可知，總之死雖自盡而節則難稱。獨謂大臣致仕家居當兢兢持禮法以表正風俗，而李氏夫亡甫二七寧能遽無哀情亦豈無服制。奈何國光一不計念而徒取適己之欲，致生意外之變也。但主婚尚有翁姑，用財初無强狀，固不得遽坐威逼□埋之律。然查見行事例，凡官員素行不謹者，革職冠帶閑住。若以此議國光誠不敢遷就而爲之諱。但係一品致仕大臣年逾八十，國家自有議貴優老之典，非臣下所敢擅擬。奉聖旨：王國光姑照不謹例革職閑住。欽此。

（明）史繼辰等《增修條例備考》卷三《都察院・申禁參謁迎送宴會十五》 一、萬曆二十二年四月内都察院題爲目覩時艱謹陳救濟事宜懇乞聖明採納以裨治安事。覆陝西道試御史趙文炳題稱附郭官員止許朔望一揖，所過地方不許出郭迎送，衝途過客迎送供應自有衙門，所在大小官員不許分外交接宴會，其遠來參謁境上迎送一切禁止等因。本院覆議，通行各省直撫按司道一體嚴禁。如有仍踵前轍下司查照律例處治，上官聽科道參論。題奉聖旨：是。欽此。

（明）史繼辰等《增修條例備考》卷三《都察院・稽查保民實政併嚴保薦連坐之法十六》 一、萬曆二十二年五月内都察院題爲治平要務急在保民懇乞聖明責成撫按重民事以實吏治以固邦本事。一曰責守令以實兆民之户口，二曰責守令以闢兆民之荒蕪，三曰責守令以供兆民之額賦，四曰責守令以興兆民之禮教，五曰責守令以備兆民之荒歉。定爲民事實政簿，撫按諸臣考察郡縣發守巡道逐事核實以爲舉刺獎戒之據。及各官考滿總將五事核實定爲稱職、平常、不稱職之等，送吏部本院以憑品題黜陟，等因。奉聖旨：卿等説得是。近來有司事事虚飾，撫按薦舉止憑簿書末務搏擊虚聲通不查訪循良實政，朝廷屢次嚴旨，徒托空言，小民何由得安。這奏内五事依擬著實行。你部院還查撫按奏保及司道開薦不實的務要如法連坐，不許姑息。欽此。

（明）史繼辰等《增修條例備考》卷三《都察院・考成參罰四十五》

一、爲稽查章奏隨事考成等事。户部咨該禮科等科都給事中帥蘭等題，萬曆元年十一月内該大學士張等題前事，奉聖旨：卿等説的是。事不考成何由底績，這所奏都依擬行。其節年未完事件係緊要的著該部另立限期，責令完銷。若不係錢糧緊要及年遠難完的明白奏請開除，毋費文移煩擾。欽此。先該户科等科都給事中等官郝維喬等查參各省直未完事件，奉聖旨：這摘參未完事件數多，着上緊奏報完銷。今後司道等官有推諉推延的着撫按官即便指名叅治，毋得姑息容隱自甘罪罰。該部院知道。欽此。即今夏季已終復當糾舉曾經屢次摘叅者顯是違慢，今按察使張純等均膺督理之責各蹈違誤之愆，相應罰治等因。萬曆九年七月奉聖旨：今次考成未完事件頗少，且都饒他每這遭着上緊奏報完銷，不許恃恩怠玩。其司道等官承行違慢的張純等六員，各罰俸三箇月。今後再有這等的着各撫按官務遵前旨明白叅治，有含糊曲庇的你每一體查叅，其餘依擬。該部院知道。欽此。

（明）吕坤《實政録》卷六《風憲約・按察事宜二十款》 夫潔己愛民，修政立事，有司之職也。按問不法，察舉失職，本司之職也。今府州縣衙門繫之承宣布政使司，而按察司下不繫焉者何？布政司其統屬，而按察司其監臨也。統屬則倡率之任專，監臨則糾察之權重，故按察名司，按察其所司也。今按察司若贅疣，其失職也甚矣。已則失職，而望守令以盡職也，不亦難乎？今欲修吾職，未有不笑且駭者；不修吾職，則吾愧且懼。伏覩累朝制書所載本司職掌，如云：有司等官守法奉公，廉能昭著，隨即舉聞。若奸貪廢事，蠹政害民者，即便挐問。其應請旨者，具實奏聞，若知善不舉，見惡不挐，杖一百，發烟瘴地面安置。吾職之不修，安得不懼？當紀法陵替之後，慮陰傷，憂反噬，隱忍煦嫗而從俗，以苟此官，安得不愧？是居已於贅疣而自失其職，非有司之過也。吾姑與之約，約之而駭我笑我也，即國有昭憲，我罪且無辭矣，而何暇恤百執事哉？

按察十吏

一、朝廷設官，本以我從民，非强民從我，故曰從欲以治。又曰同民心而出治道。惟是糧差不能從其逋負，奸暴不能從其横恣，本業不能從其惰慢，風俗不能從其薄惡，如斯而已。至於一切舉動，須先謀及士夫，謀及閭閻，必衆謂當爲，然後修舉；必衆謂當革，然後改圖。又權利害之大小，念興廢之始終。若意雖愛民而不合人情，拂衆以始禍；心實爲善而不諳事勢，妄動以擾民。或信堪輿禍福，輒興不急土木，罔恤從事之勞；或因一二詭隱，便欲概縣清均，又滋無窮之弊。諸如此類，不可殫述。雖於品格無虧，實於生民有損，是曰喜事之吏。

一、朝廷張官置吏，凡以安民，故擇一守而付之郡，則無憂於一郡；擇一令而付之邑，則無憂於一邑。誠謂作養賢才，選擇廉幹，足以分吾憂而慰民望耳。且環郡邑士民，無貴賤、大小、婦人、孺子，皆稱之曰父母、祖父母，謂其子孫我也。爲有司者，果能有一腔不忍人真真實實底熱心腸，視彼小民知癢知疼，如兒如女，刑民若加諸身，費民如出諸己。見饑寒困苦者酸鼻痛心，如自家子孫失所；見昏愚兇悍者撫膺頓足，如自家子弟顓蒙。汲汲皇皇，既有此美意，晝思夜想，何患無良法？《書》云：心誠求之，不中不遠。吾輩才即有短，不短於婦人；民間事即難知，不難於赤子，特患無此心爾。近日有司愛民者固多，亦有見百姓困窮，盲爾全不動色；聞民間抑鬱，褎然了不關心。所謂君民一體，好惡同情者，豈徒泰然尊於民上而已哉？是曰木痺之吏。

一、政體主於寬厚，政令全要嚴明。故君子之德風，坐於一堂，而四境之内，善良氣伸，奸暴股栗；四境之外，盗不入疆，民皆復業者，風之謂也。今吏之貪鄙者姑無論，即有存長厚之心，鞭朴不事；嚴狷介之守，苞苴不通，豈不仁廉君子哉？然而吏書爲奸，弊端叢出；皂快肆虐，詐索公行。指賊者，考掠徧於閭閻；行暴者，毆奪横於市井。剽竊滿路，雞犬不寧。追呼盈庭，農桑盡廢。彼如木偶在堂，既不能爲柔良出一冤氣，又不敢爲奸宄發一惡聲。堂下諠譁，無復一毫之懼；案邊撥置，不殊衆楚之咻。郡邑安用此人爲哉？是曰昏庸之吏。

一、近日民窮財盡，百姓但存皮骨。苟軫饑寒困苦之念，自無豪奢愉快之心。彼浮夸者，酒席欲其豐美，又好張筵；下程極其整齊，又濫餽送。金鼓旌旗滿路，詫兒女之歡聲；絲竹劇戲諠筵，競俗人之好尚。或爲身家之奉，百事求精，不遂則恣行捶楚，民有因坐褥圍裙而賣兒女者。或徇耳目之欲，動輒修造，不足則横肆科罰，民有因建館修亭而喪性命者。古帝王露臺惜金，蒸羊念費，孰非百姓膏脂？乃欲悦吾耳目，誇張侈大，縱欲殃民，是曰耗蠹之吏。

一、廟堂之事，備於郡邑，故一日常萃百責，萬姓賴我一身。即日宣上德，不無戴盆之民；日達下情，猶有向隅之泣。縱使政簡地僻，豈皆事理民安？夫怠心一生，則無所不已；留心一想，則何事曾行。乃有心不關民社，飲酒賦詩；口不問農桑，飽食高卧。斛斗秤尺，任民大小輕重；文移簿書，任吏沈閣耽延。上官之牌票屢催，常不入目；下民之繫逮累月，多不寧家。《憲綱》呈送，所以驗政績也，何曾體認《憲綱》？而前件項下，不曰見今，則曰並無。《須知》領來，所以示法守也，何曾細看《須知》？及大察到時，或捏遵行，或捏完報，百事無成，四境不治，是曰惰慢之吏。

一、官員除受，不於本鄉，豈不念夫馬勞費，道路奔馳，曠廢時日哉？固以爲疎薄隔遠之人，無鄉曲故舊之雅，得以冷面公心，易於奉法耳。爲有司者，上可以對天日，下可以信士民，然後爲正大公平之政。今也，大户等重差，火夫等雜役，濫免多免，盡加派於窮民；夫馬等私恩，賑貸等實惠，私與私求，盡便宜夫豪猾。催科寬士夫之包占，聽斷受貴達之囑託。甚者以勢力之大小爲曲直，以人情之炎涼爲出入，使柔良抱冤，貧賤負屈。藉法市恩，難俾人心之服；徇情報怨，益傷天理之公。汝顧忌以保官民抑鬱而受誣，豈容於堯舜之世哉？是曰柔邪之吏。

一、郡縣之政，非爲國則爲民。監司於郡縣，無非督以爲國爲民之事，其實心實政有司，上之所責成，正彼之所欲自盡者也。見合則意氣相孚，共求底績；見不合則反覆呈請，務俾宜民。彼粉飾彌縫者則不然，文移隨故套申呈，意念不及；簿籍任吏書填造，耳目不經。操持本有玷也，而報十一羡餘以明廉；政事本不修也，而借三五條陳以塞責。謂萬民作頌，不足以當一二者之失歡也，惟於津要傾心，即怨聲載道，豈能徹於九重？謂一意忠誠，不足以致當事者之見悦也，惟於聲華極意，即實政不修，誰曾綜核一事？眉端妝束，文采燦然可觀；口語安排，應對犁然可聽。公差人一至庭除，無不厚結；面生者入其闤市，戒勿容留。甚者偽開政蹟，令父老達之監司；嚴守街衢，禁諸人不許建白。日夜苦心積慮，全與百姓無干。下民怒不敢言，上官稱不虚口。朝廷安賴此人爲哉？是曰狡偽之吏。

一、士君子生天地間，七尺之軀，等於二大，六合之事，任於兩肩，須有正大胸襟，勁直骨力。禮節所在，不亢亦不足恭；議論所及，不激亦不詭隨。此非以干名犯分，敖物陵人，持己之道，當如是耳。若奔走以爲恭，奉承以取悦。觀眉睫爲應對，不顧是非；探意指爲從違，惟徇喜怒。鑽刺勢利門牆，開創污辱徑竇，富貴利達，豈不坐致？而品格最卑卑矣，是曰諂諛之吏。

一、自教化陵夷，頑悍成俗，衣食缺乏，姦盗滋多，此不獨百姓之罪也。故爲民父母之道，不曰樂只，則曰豈弟；不曰慈衆，則曰親民。蓋雷霆霜雪在法司，而雨露陽春在守令。如有異常奸暴，四境寒心，久慣刁頑，萬民切齒者，間用重法以懲。首惡甚者，申呈遣戍，益見法紀嚴明，有何不可？至於常犯，自有常刑，要在以刑罰爲教化，於撫字寓威嚴而已。彼尚霸政者，性既善怒，心不耐煩，常事拶攢，動輒夾扛。一出門外，不似人形；一入獄中，或登鬼録。其事已詳之《提刑事宜》矣，是曰酷暴之吏。

一、一塵不染，廉士所難，本司不敢以苦節望天下。但念一切公用既有綱銀，加以額設之餘，截長補短，無礙之費，送往迎來，苟不私諸囊橐，尚無玷於簠簋。惟是犯人本無力也，而强問有力，賣兒女以完單。問罪，既納銀也，而分外罰銀，變産業以銷票。王密之金，託腹心過送，貧而理直者吞聲；虞叔之璧，借題目索求，富而身卑者重足。條編款款議銀，既徵銀矣，又分外有里甲之費，怨徹閭閻。夫馬日日供役，既力役矣，而雇募無給領之時，謗聞驛遞。官價買物，明旨屢禁也，既減值而又賒之，甚者分文不給，無異明誆貧民。賣貨所賺幾文也，既應行而又税之，甚者杈帚亦抽，何殊白奪？蓋眈眈入目，而事事垂涎，有不屑道者，是曰貪鄙之吏。

茲十吏者，上負朝廷，下殃黎庶，友邦之賢者莫不共以爲非，矧曰憲司？乃庇不肖以久民殃，則余之罪浮於所庇者矣。故列其狀而不指其人，尚冀改圖。夫惟使民不告病，官不告難，而予不失長厚之道也，則幸矣。

（明）佚名《重刻律條告示活套》卷一《擅離職役》 前件巡按監察御史某爲禁約事。嘗謂官供厥職，方無尸位之誚，吏供厥役，庶免素飧之譏。官吏賢否而職役備曠所関。當職欽承上命來按是方，雖無綜理設施之才，恒懷激濁揚清之志，其官吏應修職役豈容坐視不察。今訪得按屬司府州縣官吏，有因推奸而擅自離職者，有因避事而輕自擅役者，致將錢穀之數刑獄之議各因交代之類而簿書易爲更移情節，易爲增減，因偷一時之安有失庫獄之大。以及學校倉場閘垻巡司驛遞等衙門官吏亦各有所務職役，一有擅離俱有所失，若不禁約，深爲未便。合出告示，發仰按屬大小衙門，各于公堂粘帖一張，務使各該官吏常接于目，每警于心。今后但有非奉明文而擅離耽役者，定行拏問，決不輕原。

（明）佚名《重刻律條告示活套》卷一《罷閑官吏干預官事結攬寫發》　前件巡按監察御史某爲禁約事。竊惟罷黜官員善于弄法，退閑吏典熟于舞文，二者爲害莫甚于此。今訪得按屬大小衙門官吏中間有等不才者，明知此輩已喪良心不惜行檢，但有官事干預必能作弊害人，似此之端既不能禁，又不能遠，圖資其一才一藝之能不顧其殃國殃民之害。或邀入各官私宅敬爲上賓，或延至各吏房科尊爲師範，凡一應莅民之事悉皆聽其主使。錢糧多被其詭計，田地多被其飛洒，刑獄每任其增減，庫藏每任其破費，或放富以差貧，或那上以償下，但有貪取無所不爲。言及于此，實可傷心。若不禁約，深爲未便。合出告示發仰按屬大小衙門常川張掛，嚴加禁約。今后但有容縱罷閑官吏在于各衙門干預官事，結攬寫發，蠹政害人者，定行問擬。充軍容留之人亦不輕貸。

（明）佚名《重刻律條告示活套》卷一《官員襲廕》　前件巡按監察御史某爲禁約事。竊惟世禄及于勳臣迺朝廷報功之典，襲廕先于嫡長實綱常倫序之宜，所係匪輕，不可不慎。今訪得按屬軍衛衙門官員但知自便不顧大體，有嫡庶紊亂而所立非人者，有兄弟顛倒而倫序不當者，有承繼已絶預收乞養者，有宗派不明而支庶犯堂者。緣此數端起送之際，雖有隣佑保勘甘結收生洗浴姓名，皆是用財買求，虚應故事，上下通情，肆意妄爲。及至該部駁查或乃拘舊案回塘，或纂奇意遮餙千方百計乘隙塞穴。奈何以官員襲廕之大事爲奸徒取利之因由，輕易與之，輕易得之。言及于此，誠爲可恨，若不禁約，深爲未便。爲此合出告示發去軍衛有司大小衙門一體遵守，敢有仍前故犯者，事發定行拏問，決不輕恕。

《明太宗寶訓》卷四《諭群臣》　永樂九年閏十二月乙丑，上諭右順門諭都察院左副都御史李慶曰：爲朕養民，其先在于守令得人，然守令賢否在按察司考察黜勸，考察按察司又係於都御史，卿等豈可不慎。如卿等不能舉職，即按察司之職亦廢，何望守令能盡職哉？其勉之。蓋廉則無私，無私則舉措當，而人心服矣。更審察各按察司官，但非廉明正直者，皆罪黜之。

《明憲宗寶訓》卷三《禁非為》　天順八年正月戊寅，上諭都察院臣曰：朝廷行事一遵祖宗成法，除姦革弊悉從公道，不逞之徒不便己私，往往造言生謗，甚至寫匿名帖子揭於內府及京城內外，指其姓名明言傷害，沮撓朝政敗壞風俗莫此爲甚。爾都察院即出榜嚴加禁約，如有不改前非仍投匿名文書者，許諸人首出緝拿赴官，皆處以死，首者緝拿者視捉獲强盗事例陞賞。

《明孝宗寶訓》卷二《慎用人》　弘治十七年五月丙午，勅吏部都察院曰：三年一次朝覲，考察天下諸司官員，甄別賢否明示黜陟，此祖宗法古圖治之盛典也。比年以來考察之後群議籍籍奏訴紛紜，蓋因巡撫巡按官員開報考語多不得實，而爾等詢訪稽察亦欠周詳，勤敏有爲，廉直自持者或被屈抑，貪黷無狀，夤緣結納者，或得苟爲，以致人無勸懲，士風日壞。夫生民之休戚係於有司之賢否，有司之不得其人則民被其害，而愁苦怨嘆之聲上干和氣，即今四方災異迭見水旱相仍，率由於此。朕方所畏□戒董正庶官在京羣僚已有所處。其在外諸司官員明年正旦適當朝覲考察之期，宜預行各巡撫巡按官將所屬司府州縣等衙門官員或才行卓異政績彰聞，或貪酷害民老懦不職等項逐一從公開報。爾等仍廣詢博訪，備細叅詳明白具奏黜陟。若撫按官員仍前狥情率意開報不公，指實叅究，併示黜罰。爾等受茲重託，宜精白一心，秉持公道，毋或有所偏狥，務俾賢否精別，黜陟大明，庶幾澤被生民，上回天意。爾等其欽承之。

《明武宗寶訓》卷二《嚴考察》　正德八年三月己丑，吏部言：《諸司職掌》內外官考察黜陟，及《憲綱》內御史巡歷糾劾有司各有定制，劉瑾乃創爲不時考察之例。近給事中王萱等各因流賊災異進言，奉旨令將內外官訪察糾黜，此固專爲有賊地方，非通例也。各撫按及奉差科道等官乃循以爲制，劾奏太煩。今去朝覲甚邇，若使一槩舉行，則是每歲皆朝覲之年在處行考察之典，而舊制反爲虚設矣。且人才難得，將責其成，尤須久任，亟黜亟補，廢事愈多，請命都察院轉行各御史等官，除事干軍情者許劾，其餘悉照《憲綱》，則事有定體，人有固志矣。上曰：內外官考察如舊制行之，仍諭撫按官一體遵守。

《明史》卷三《太祖紀》〔洪武十七年冬十月〕閏月癸丑，詔天下罪囚，刑部、都察院詳議，大理寺覆讞後奏決。

《明史》卷六《成組紀》〔永樂元年二月〕乙卯，遣御史分巡天下，爲定制。

紀　事

《皇明條法事類纂》卷九《吏部類・各處分巡分守官遇有應勘事情俱要親躬勘問及於巡守地方常川往來例》　成化三年二月初三日，都察院右副都御史賈等題，爲禁約曠職事。該雲南按察司呈，准洱海道關一起陳情違制聚衆，開賣官封銀場等事。據委官洱海衛鎮撫孫謙呈，問得犯人陶祥誣告減等徒罪，照例納米。李三兒供明，照出指揮等官李嵩等無干。又准金滄道關一起貪暴違法等事。據委官楚雄府碍嘉縣知縣王章等，問得犯人楊隆、羅痢等各徒杖罪。杜文海供明聚衆劫財，燒毀房屋、人命等事。（俱）〔據〕委官王章呈，問得阿伱、阿襄等各徒杖笞罪。張迪等供明，照出主簿張瑞等無干。除參詳允當，及行原委官員，將各犯依擬發落外，各將委官問過招罪緣由，備關本司，呈繳前來。查得先該楚雄衛軍人陶祥奏稱，本衛指揮等官李嵩等擅開銀場，侵占官軍，起蓋違式房屋，打造銀器皿，糾合不知名男子一千餘人空開麻嵩等洞，每月要銀一百兩，並姦淫婦女等情。又該大理府趙州雲南縣民人羅痢奏，被土官舍人楊隆强占田地，刁引弟婦爲妾，累次具告。又有本縣流官知縣郭凱因受楊隆賄賂，不行問理。及楊隆亦奏王鐸佐使賊人羅痢等將隆房屋拆毀，搶去稻穀，投屬本府知府李遜，將姪楊文英淹禁苦打，受銀一百二十兩等情。又該大理府太和縣民人阿伱奏，被賊人羅虧等打劫家財，告蒙巡捕官緝獲收監，不期羅虧係雲南縣土官主簿張瑞心（復）〔腹〕伴當，要得替伊報讎，帶領伊姪張顯等，將伱捉拿綁縛，乘機搶去家財，（禊）〔挾〕火燒毀房屋等情，已經節行雲南按察司從公勘問發落，干礙應奏官員，徑自奏請提問去後。今該前因，看得陶祥等誣告人罪犯，在成化元年十一月二十七日大赦以前，不該納米贖罪。及羅痢、楊隆原奏知縣郭凱、知府李遜受要賄賂銀兩，俱不照出有無干礙及應否發落。阿襄等十名雖經問理發落，亦不見各犯供招，與阿伱招結有無相干，俱屬未當。及節（因）該伏覩欽定《憲綱》：凡按察司分巡去處，如有陳告官吏取受不公等事，須要親行追問，不許轉委。欽此。今前項各起奏詞，本院俱行按察司勘問。其本（詞）〔司〕分巡設道官員照《憲綱》並本院原行勘合，〔應〕先行取問明白，親自問結回報。部將奏內有礙指揮等官事情轉委衛鎮撫，有礙知府等官事情轉委知縣等官勘問，〔竟〕如此顛倒行事。參照雲南按察司分巡洱海等道官員，不照本院原行勘合，將軍人陶祥等所奏指揮、知府等官李嵩等違法事情親自勘問，（劫）〔卻〕乃轉所屬衛鎮撫、知縣等官。及至問擬不當，又不參駁改正。似此推奸避事，故違《憲綱》，（令）〔合〕當問罪。其總司掌印官員亦不參詳駁正，輒與呈覆，亦屬有違。及照各處布、按二司分守、分巡官員中間，亦有此等推奸避事，將奉到勘合應該勘問事件，俱各轉委所屬官員問理，只是依（依）〔式〕回繳勘合。非惟有乖常憲，抑且所委官員多有罔識事體，不諳刑名，以是爲非，以非爲是。甚至聽受財物，出入情罪，枉抑無辜，致使受抑無伸，往往再詞越訴，煩瀆聖（德）〔聽〕。又有一等分守、分巡官員，耽於安逸，不行親詣巡守地方，理斷公事。公然在於總司，並占據城内係額設衙門。及受到詞訟，不分事情輕重，一概拘提人證前來勘合。近者三四百里，遠者八九〔百〕里，往往遞解，負累人難。及有布、按二司應合各委堂上官員會同勘合事件，其佐貳官或推托牙機，或畏誤利害，〔知〕事掌印官員莫敢移文坐委，以致經年累歲，事無完結。若不通行禁約，深爲未便。欲行巡按雲南監察御史朱愷，將雲南按察司前項分巡洱海、金滄二道官員查提到官，問擬如律，照例發落。及取本（詞）〔司〕掌印官員不行駁正的本（昭）〔招〕服，繳報本院。仍行本司會同布政司各委堂上官公正官一員，將陶祥等所奏事情，再行從公勘問明白，依律議擬，照例發落。干礙應奏官員，徑自奏請提問。務在公道（照）〔昭〕明，人心信服。仍通行各布、按二司分守、分巡官員，今後遇有陳告官吏違法事情，並奉到勘合，應該勘問事理，俱〔要〕親躬勘問。其於分巡、〔分〕守地方，常川往來，勘問公事，並訪問軍民休戚，官吏賢否，興利除害，以求無負朝廷任使。若有行令布、按二司委官會問事件，各司掌印官將佐貳官職名，開赴巡撫、巡按官處公同坐委。其承委官員務要隨即會同前去勘理，不許推託，延調誤事。敢有似前故違者，許巡撫、都御史、巡按御史指實參奏提問。仍將問過緣由，備行本院知會，（從）〔候〕本官考滿至日，查照明白，轉行吏部，以憑黜陟。如此，庶得官無曠職，事（務）〔無〕耽誤等因，具題。奉聖旨：是。欽此。

《皇明條法事類纂》卷九《吏部類・分巡分守官年終將行過事蹟奏繳仍行本處巡按巡撫官考覈例》 成化九年三月二十三日，户部尚書楊等題，爲災異事。陝西清吏司案呈，奉本部送内府抄出鎮守陝西太監劉祥題稱，會同鎮守陝西署右都督白玉、巡撫陝西左副都御史馬、巡按陝西監察御史蘇盛、都布按三司都指揮同知等官顧緣等，會議安民事理。成化九年三月初十日具題。奉聖旨：所言多切事宜。該衙門看了來説。欽此。欽遵抄出。内一件開：朝廷外設都、布、按三司，其布、按二司各設管〔領〕官員，無非欲其巡歷郡縣，糾察奸臣，奉宣德意，撫（完）〔治〕黎元，保障地方於無事，隆治道於攸久也。良法美意無（矣）以加〔矣〕。奈何二司官員之中顧戀妻小，隨出隨入，苟延歲月。亦有出外，（正）〔止〕在經行去處住坐，其餘偏僻州縣，畏避路途阻險，經年不肯前去。人民失所，罔肯用心撫恤。罪囚冤枉，不肯前去辦理。盗賊生發，視爲無事。官員貪污，若罔聞知。累次行文，痛加責怪，而各官好逸惡勞，罔知警戒。若不立法稽考，終難責其成效。如蒙乞敕户部、都察院轉行陝西布、按二司，各行分巡官分守官員，照依巡按御史事例，今後年終，布（按）〔政〕司分管地方〔官〕，將催督過錢糧、賑濟過貧民、招撫過復業人户，並奉到各部勘合完過事件；按察司分巡官將問過贓官、追過贓罰、捕過盗賊、審辦過罪囚犯、完過都察院勘合事件，並一應行過事蹟，各另具本，徑自具奏。以後各官考（過）〔滿〕到京，就將所屬事蹟查考，以爲功蹟。如各官所奏不實，仍行臣等查考覈實，庶使方面官員各盡厥職，所屬地方得保無事。抄出到部送司。看得本官所奏，要將布、按〔二〕司分管地方官員，將催過錢糧、賑濟過貧民、招撫過復業人户，並奉到勘合，照依巡按御史事例，年終具奏。以後各官考滿到京，將所奏事蹟查考以爲功蹟，恐各官所奏不實，仍行巡撫官員查考覈實一節，深爲有理，痛切時弊。但陝西錢糧等項，亦有按察司官員分管案呈。合准其所擬，本部行移陝西布政司，轉行本司並按察司分守各該地方官員，今後一年滿日，務要〔將〕督完〔過〕收放錢糧、賑濟過饑民並招撫過復業人户、完過各部勘合、行過一應事蹟，候年終各另造册，一樣二本，徑自奏繳本部並吏部等部查考。各部仍行彼處巡撫官員，將各該分管官員所奏行過事蹟，逐一覆奏明白。如有虛應故事，不行着實分理，徑自參奏。緣係事例，具題。次日奉聖旨：是。欽此。

《皇明條法事類纂》卷九《吏部類・分巡分守按月出巡不許回司延住例》 一件，陳言振肅風紀，裨益治道事。弘治元年正月内，該都察院左都御史馬題准，布、按二司分巡、分守官員，每年春二月中出巡，七月中回司；九月中出巡，十二月中回司。務要遍歷所屬每處，所住不拘日期。凡貪官污吏蠹政害民及一切興利除害之事，或人告發，或詢訪得出。當拿問者，就便拿問；當舉行者，作急舉行。錢糧、賦役，悉與查考。倉庫城垣，俱令修葺。與夫生民之休戚，教條之廢墜，務在宣布申明。候年終，分巡官〔各〕將問過贓官贓吏名數、追過贓罰數目及〔完〕過〔勘〕合分守官，各將催完過錢糧、撫安過人民，並一應合行事件，備由咨關本司，總類開奏，以憑查考。候三年、六年考滿之日，據此黜陟。若推奸避事，曠職苟禄，不依限期，擅自回司，許巡按御史指實參奏拿問。若有地方緊急事情，應回與巡按、巡撫官計議者，不拘此例。

《皇明條法事類纂》卷九《吏部類・巡按回京具訪察過官員賢否揭帖》 弘治元年閏正月二十日，都察院左副都御史馬等題，爲應（照）詔陳言事。工科給事中王敞奏：臣聞事有當行者而行之，斯有以快天下之心；弊有當革者而革之，斯有以慰天下之（至）〔望〕。使當行者而行之不（快）〔決〕，當革者而〔革〕之不盡，抑何以快天下之心而慰天下之望哉。仰惟皇帝陛下，明斷有爲，英明普照，聽言納諫，崇儉去奢，故庶政（惟）〔維〕新，群邪讋伏，天下臣民已拭目傾耳，心（腹）〔服〕瞻落，而揄揚稱頌之（莫）〔至〕矣。但事有當行而宜決，弊有當革而宜盡。臣者敢不（整）〔罄〕一得之（過）〔愚〕而上（臣）〔塵〕睿覽乎。具本。該通政使司官奏，奉聖旨：該衙門知道，看了來説。欽此。欽遵。看得給事中王敞所奏禁派私茶等五件，逐一看議明白，開立前件，伏乞上裁。具題。奉聖旨：准擬。欽此。

一件，（又）南北直隸及天下十三布政司廷乞敕委都御史、巡撫、巡按（正欲）肅振風紀，禁革奸弊，興利除害，爲民造福。其間甄别司府州縣官員賢否得失，尤爲急務。故（事）〔敕〕巡撫、巡按等官將按臨地方所屬官員賢否得失，開具揭帖，申達吏部都察院等衙門，遇朝覲之年以憑〔黜〕陟。近年以來，廉恥遁消，奔（兢）〔競〕蜂起。有司官員或倚托權要，或公行賄賂。貪聲大著者，（畏）〔猥〕蒙擢用。老耄無耻者，不見退出。雖巡撫、巡按具有揭帖，間或畏避權勢，首（鼠）〔舉〕兩端，品題不當，賢否混淆，以致黜陟不公，輿論不愜，蠹政害民，莫此爲甚。如蒙乞敕都察院轉行南北直隸及十三布政司巡撫、巡按等官，今後司府州縣官員賢否得失，務要從公訪察，逐一開報。各具揭帖，申達吏部、都察院，以憑黜陟。不許（循）〔徇〕私（僞）〔偏〕向，及畏避權勢，開報不公，有乖憲體。前件，看得天下司府州縣官員中間，人材不同，賢否不一，都御史撫巡一方，風紀所在，品（地）〔第〕之間，（熟）〔孰〕肯輕重其心，高下其手，以乖憲體，以招物議。但有珉中玉表，鳳鳴（警輸）〔鷙翰〕者，萬一耳目有所不及，漏網之魚，容或有之。其都察院都御史，係在京堂上官，與各部禮體相等，素無開具揭帖申報吏部事例。本院合無通行各處巡按監察御史，今後每遇朝覲之年，並出巡回還之日，將各該司府州縣等衙門官員賢否，務要從公訪察的確，填註考語，開具印信手本，呈送本院，臨期以憑會官查考。

《皇明條法事類纂》卷九《吏部類・佐貳官無（過）〔故〕不公座及於私第幹辦》 弘治二年二月初十日，吏部尚書王等題，爲陳言邊方時政事。廣東潮州府周鵬奏前事，内一件：臣竊聞建官爲政，設公座花押，以視其勤惰，立公堂理事，以彰其無私。今在外官員，政出多門，一何濫歟。臣在刑部任員外郎時，奉命出浙江、山東按獄，親見各處文武職官，不分正佐，尚安逸者，無故不坐；好張威者，以私第爲公堂。欲遂奸狡，非私衙不行事。欲受賄賂，非私衙不理訟。甚者不用吏典、承差、文案，私出票帖拘人。御（欲）〔於〕私衙擺列皀隸，酷打軍民。是皆小智自私，協恭何有。（誅）〔殊〕失爲政之本。殃民壞事，莫甚如此。乞敕吏部申明舊章，通行禁革大小衙門文武官員，無故俱令公座。私衙非公堂之比，一切（正物）〔政務〕不許在〔私〕衙幹辦、打人。非正官理刑，毋得受訟。違者事發，以不（暗）〔諳〕事體降（出）〔黜〕，則法度立而貪官畏也。等因具本。該通政使司官奏，奉聖旨：該衙門知道。欽此。欽遵。照得在外大小衙門文武官員，公〔座〕花押，公堂理事。及佐貳首領官，不得濫受民詞，（致）〔政〕出多門，俱有禁約，（俱）〔係〕見行事例。但（係）禁弛而弊或滋，例久而人或玩。有等官員習安逸而肆奸貪，誠有如知府周鵬所言。合無通行各處巡撫、巡視官出榜，無巡撫巡視官，（出）聽巡按御史出榜禁約。今後一應文武官員，無故俱要日逐公座。

《皇明條法事類纂》卷九《吏部類・在外問刑官員不許別項差遣例》

成化二年二月初九日，都察院左都御史李等題，爲陳言事。江西道呈，禮（部）〔科〕抄出巡按江西監察御史呈圯奏前事：仰惟皇上嗣登寶位，勵精圖治。憫愚民犯法，則下詔以寬宥，慮所獄淹禁，則會官以審録。奈何（禁）〔近〕來刁民玩法，屢教唆而誣告。刑官問囚，因差占而有妨。無籍之徒得以營求於役使，久病官員乃敢虚位而竊禄。其弊若此，（矣）〔豈〕容欺蔽。將所言事件開坐具本。該通政使司官奏，奉聖旨：該衙門知道。欽此。欽遵，抄送到道，具呈到院。參看得所言内一件：息刁風以安良善，要將教唆詞訟、代書本狀、挾制官府之人及誣告十人以上者，〔提〕問（擬）明〔白〕。在京軍民匠餘人等有犯，奏請發落；在外軍民匠餘人等有犯，連當房家小解京再問，軍發口外充軍，民發口外爲民。或不須解京，定擬月日，就於本處枷號示衆一節。查得近該巡按直隸監察御史李傑爲陳言時政事，奏要照天順年間事例，凡有蓦越赴京伸訴，將不干己事並赦前事告言，及輕事告（實）〔言〕重事，招虚誣告十人以上者，軍發口外充軍，民發口外爲民。並追究教唆寫本狀之人，發邊衛充軍等因。本院查得蓦越誣告，已有大理寺卿王概奏行事例。若再紛更，人難遵守，所言難准。其教唆寫本狀之人問充軍一節，合無將巡撫南北直隸、本院右副都御史劉孜比先陳言事例，通行内外問刑衙門，一體欽遵。已經覆奏，於成化二年二月初六日（奏）奉聖旨：是。欽此。欽遵外，今御史呈圯又奏前因，難再施行。所言理刑獄以蘇淹滯，要將理問斷事推官專一在任問刑，不許別委辦（官）〔事〕。有故違，許巡按御史、按察司官一體究治一節。合無准其所言，通行各處司、府衙門，今後理問斷事推官，專一在任問理刑名，不許（差）委〔派〕別項〔差〕遣，有妨理刑，淹滯獄囚。違者聽巡按御史、按察司官糾舉，拿問如律。如此，庶責有攸歸，獄無淹滯。緣係陳言事例及奉欽依該衙門知道事理，未敢擅便。具題。次日奉聖旨：是。欽此。

《皇明條法事類纂》附編《非言路建言沽名等項聽通政司六科參駁究

治例》 弘治元年八月初三日，太子少保禮部尚書周等題，爲陳言修省庫收制。清吏司案呈，該大理寺左寺丞楊澄奏：臣惟天將福人之國，必先俾其君以大聖大德俾登大位、紹大業，恢弘大一統之治。又必於天休滋呈之中，疊降災異，使之困心衡慮，動其備者之誠，堅其志意，所以愛之而福之者，無乎不用其極，故忘〔洚〕水警予，桑林禱旱。天豈無心於堯、湯乎？雷風交變，雲漢爲災，天豈無意於成王、宣王乎？仰惟皇上嗣祖宗之大寶，遵祖宗之成憲，總攬乾綱，躬親庶務，憲天聰明，庶政爲之一新，法天刑賞，天威以之丕振。凡在臣民靡日〔不〕歡（所）〔忻〕愛戴，引領以望太平，宜莫以私君和，而開我國家宗社億萬年無疆之福，（未）〔爲〕何邇來兩京並各處奏報災異數多，是蓋天心以昔之眷湯、成、宣者，眷我陛下於今日也。

陛下正宜（例）〔側〕身修德，以應天（匠）〔休〕，庶尤當共戚同憂以輔治，不謂世已安，而（澤）〔擇〕圖治之道；福已隆，而忽致災之由。《易》曰：視履考祥，其旋充（告）〔吉〕。《傳》曰：禍福無門，惟人所召。自古及今，未有天變作而不關於人事，亦有乘人事循而不足以弭天變，天人相應，誠如影響，胡可視爲泛常不修者哉？臣（切）〔竊〕以爲今日所當重者，其事有四，百務簡靜，以守至正。自古人君之家六合，必以簡靜。爲此，簡則不繁、靜則不擾，故（皇）〔黃〕帝垂衣裳而天下治，舜光爲而治。陛下嗣决，歷服未期，言路大開，中外軍民翕然奏獻，章疏不下萬有餘本，然其辭理鑿實，切中時弊，資補治道者固有，馳騁浮辭、沽名釣譽希求進用者不少，甚者，喜好生事（這）〔建〕言欲更成憲而立新法。幸蒙陛下天涵地育，兼收並（手）〔蓄〕，裁處允當，人心稱快。且祖宗之天下譬之居室，然美輪美奐，弊則修之，完者守之，若必更張，則榱題梁棟未免摇撼，柱乃之爲不安，誠非宗廟福也。願陛下守至簡以御繁，處至靜以制動。於凡朝政得失，軍民科弊，言諸人直言無隱。其糾劾大臣之壅蔽、百僚庶尹之姦貪，乃科道官之責任，敢有越職候以建言，羅織人過、陰復私讐、起用姦（）〔佞〕、釀成黨禍，及巧言希求進用違式等項，悉聽通政司六科參駁究問。具本。該通政使司官奏。奉聖旨：這本所言該衙門看了來説。欽此。欽遵。抄送。看得：所奏稱，簡靜以守至謹，考三代以前未設言事之官，上而公卿大夫皆得以納忠，下而百工庶民猶執藝事以諫。三代以後（護省）〔?〕是官，則糾劾諫諍之任，各有攸司。其他出位言者，不無越職之罪。欽惟皇上嗣守鴻圖，大開言路，非特言官得以糾劾諫諍，凡爲臣民者亦皆得以奏獻章疏，誠足以追配三代之盛，但諫言者，其心不能背公兼私，是以（治）〔沽〕名求進、報怨市恩，及紛更變法等項亦多有之。若此之類，誠爲煩擾，使非簡以御之、靜以制之，而守其至正之道，則忠言（説）〔邪〕説益進、邪正混淆，是非易位、進言之路，未必不由此而塞。且亂生於謊，治生於忠；治亂之機，尤爲可慮。今大理寺寺丞楊澄奏有前詞，蓋亦有見於此，合無准其所言。今復糾劾諫諍等事，惟科道官公其言之，其餘興利除害等事，諸人直言簡易，毋饕繁文。其間若有假以建言爲由，（治）〔沽〕名求進、報怨市恩與（夫）〔欲〕紛更舊法等項，聽通政司、六科（恭）〔參〕駁究治。如此，則讒説不得横行，言端不至阻塞，由是天變消、人心悦，而政治之效著矣。弘治元年八月初二日（大年）〔太子〕少保、本部尚書周等題。奉聖旨：是。欽此。

（明）佚名《新纂四六合律判語》卷上《吏律·磨勘卷宗》 洗垢索瘢，卷牘既經於磨勘；遷善改過，事體宜審於遵裁。況昭昭錯謬之有徵，當僕僕奉行之無緩。安得徇其宿弊，乃弗勉於新圖。今某不思君子之懷刑，甘如小人之〔文〕過。因循自是，一朝罔急於更弦；《史》：改弦易轍。更即改也。又《國策》：辟之琴瑟不調，必解而更張之乃可，故也。勾檢徒勞，歷季當遲於完璧。悠悠成誤事之失，泄泄積怠政之愆。户口僞增，終蹈王成之詐；刑名倒置，竟違徐恕之平。恣爾奸欺，陳賈之飾非可惡；居然規避，距心之知罪難同。請無宥於嚴刑，庶有懲於慢令。

（明）佚名《新纂四六合律判語》卷上《吏律·照刷文卷》 勾檢簿書，蓋欲釐於宿弊；獻呈案牘，宜無徇於私謀。惟能守法之嚴，斯表奉公之美。今某弄兹刀筆，玩爾刑章。卷積重山，雖暢心於照刷；奸深黠鼠，乃恣意於遲留。罔克懷刑，藉口寇準卻乎例簿；宋寇準在中書，喜用寒雋，舉錯多自任。同列忌之，嘗除官，同列屢目吏持簿以進。準曰：丞相所以器百官，若用例簿，非所謂進賢退不肖也。卻而不視。惟知貪惠，駕言宋道揭乎條科。錯謬何止於數宗，埋沒無嫌於百紙；居然隱報，直洞漏網之魚；肆爾欺公，欲作障天之霧。罪之著矣，法可逃乎？

（明）余繼登《典故紀聞》卷七　成祖嘗謂都察院臣曰：自昔閹宦弄權，假朝廷之號令，擅調軍馬，私役人民，以逞威福，生事造釁傾覆宗社者多矣。我太祖皇帝監前代之失，立綱紀明號令，調發軍馬，必以御寶文書。朕即位以來，一遵舊制，愛恤軍民，首詔天下，一軍一民，不許擅差。復命所司嚴切禁約。去年曾命内使李進往山西採天花，此一時之過，後甚悔之，更不令採。近聞李進詐傳詔旨，僞作勘合，於彼召集軍民，復以採天花爲名，假公營私，大爲軍民之害，及今炎暑之月，亦不散遣。計李進所爲，與昔之弄權者何異？若後來倣傚益多，朝廷威福之柄下移，嗣君何以統治天下。今進所爲，所在軍民官都不奏來，此亦與胡監齊黄欲壞國家事者何異？爾即差御史二員徑詣山西，將李進一干爲非之人鞫問明白，械送京師，必寘重法。若都司布政司有干涉者，併鞫治之，雖闕皇親，亦不恕。仍令御史用心推治，不可容縱。

（明）余繼登《典故紀聞》卷九　宣宗嘗諭左都御史劉觀曰：中外文武諸司文卷，已遣御史照刷，其内府諸衙門，皆有錢糧出納。近聞其弊甚多，即選能幹御史率監生於東華門外廡下取各監局文卷簿籍，詳加磨勘，有隱匿錢糧虚冒支給者，悉以聞。

（明）余繼登《典故紀聞》卷一〇　宣宗嘗諭右都御史熊槩曰：朝廷優恤軍士，給以衣食，欲其得所。比聞官旗吏胥人等，妄意誅求，多立名目，裒取月糧，尅減冬衣綿花。亦有都指揮指揮假托公事，偏歷取財，乃以軍糧布花變易金銀饋送，所以軍士衣食不充，多致逃竄。朝廷任彼撫綏乃更肆爲刻削，俾恩不下究，情不上通，欲便按法行誅，則是不教而殺。爾都察院即揭榜禁戒，仍令巡按御史及按察司巡察，有再犯者處死，家屬戍邊。

（明）余繼登《典故紀聞》卷一〇　宣德十年，勑諭都察院：朝廷設風憲，所以重耳目之寄，嚴紀綱之任。凡政事得失，軍民休戚，皆所當言，糾舉邪慝，伸理寃抑，皆所當務，比之庶官，所係甚重。近年以來未盡得人，或道理不明，操行不立，或法律不通，行移不諳，或逞小才以張威福，或搜細過以陷善良，甚至假其權位，貪圖賄賂，以致是非倒置，寃抑無伸，而風紀之道遂致廢弛。自今監察御史有贓濫及失職者，及都御史及各道御史糾舉黜退。按察司官有贓濫及不稱職者，令按察使及其同僚糾舉黜退。仍令吏部，今後初仕者，不許銓除風憲，凡監察御史有闕，令都察院堂上及各道官保舉。務要開具實行聞奏，吏部審察不謬，然後奏除，其後有犯贓濫及不稱職，舉者同罪。

（明）余繼登《典故紀聞》卷一五　成化時，給事中白昂言：大理寺審録，有詞稱寃，人犯駁回在外衙門再問，多偏執己見不與辯明，或用非法重刑鍛鍊成獄。囚人慮其駁回，必加酷刑，雖有寃枉，不敢再言。今後有問招不明擬罪不當者，俱乞改調相應官員問理，不許鍛鍊成獄，違者雖無贓，亦依律問罪，送吏部改調。從之。

成化時，都御史李賓言：在外官司聽斷官民詞訟，動輒罰人財物，始則暫寄官庫以欺人，終則通同庫役以入己。又預備稽考告訐，假立文簿，虚作支銷。宜行禁革，嚴治其罪。從之。

（明）余繼登《典故紀聞》卷一六　初，正佐首領官每以事相訐，即以同僚不和，不分曲直，槩行黜罷。灤州知州潘齡言：正佐雖共事，而立心不同，稍加規正，輒起釁端，或倚其粗猛公肆欺凌，或恃其年老不顧廉恥。乞更易以别善惡。都察院以齡言爲是，請自今佐貳首領官有貪暴殃民倚强恃老欺壓正官者，許正官具奏斥退，正官有贓濫不法者，許佐貳官申稟舉行，各坐正犯罪名。若彼此皆貪因忿致争者，方以同僚不和論斷。從之。

（明）余繼登《典故紀聞》卷一六　弘治六年閏五月，太常少卿兼侍講學士李東陽言：講官不必高，所貴實任，苟非其人，不宜濫置，既授之任，必重其官。近日講官小有遺誤，遽遭糾劾，苟蒙聖恩，時置不問。朝廷優之以講道之禮，而有司律之以奉事之儀，自開設經筵以來，未嘗有此。臣伏覩累朝所定儀注，止有侍儀官御史二員，給事中二員，序班二員，無所謂糾儀者。先帝臨朝極嚴，御史等官奏對，不敢毫髪縱貸，即如大學士陳文、侍講周良臣等進講，差錯不聞糾劾，朝廷亦不以責糾劾之官。請自今凡進講差錯者，勿得糾劾，以仰成陛下優禮儒臣之盛意。孝廟從之。

（明）余繼登《典故紀聞》卷一六　嘉靖時，都給事中周瑯言：律令所載，凡逮繫囚犯，老疾必散收，輕重以類分。枷紐薦蓆，必以時飭，涼槳暖匣，必以時備。無家者給之衣米，有疾者給之醫藥，淹禁有科，疏決有詔，此祖宗良法美意。今無論輕重，槩爲幽囚，動引歲時，主者苦爲讞覆之煩，吏卒憚於防閑之久，奏未成而罪人之骨已糜矣。伏乞嚴爲禁約，酷吏知警，而民命無枉。世廟深然其言，令今後中外理官務平心推鞫，不得任意出入，以致冤濫。在外責之監司，在京令部院及科道糾察。但有用法深刻，致戕民命者，即黜爲民，即才守可觀不許推薦，務期用刑得中，以稱朕欽恤之意。

（明）呂坤《實政録》卷八《安民實務》 欽差提督鴈門等關兼巡撫山西地方都察院右僉都御史呂，爲振刷邊務以固疆防事。照得款貢以來，二十餘年，虜情日以驕恣，我兵日以怠廢。夫親朋尚失一時之歡，夷夏豈有百年之好？況久和之終，乃失和之始；養玩之極，乃養禍之深者也。虜輕中國久矣，中國之懼虜亦久矣。輕者之心必勇，懼者之氣常衰。以積衰之氣，用不學之將，率不精之兵，操不試之器，乘不習之馬，守不戒之邊，以當敢死之胡，逞長驅之勢，恣殺掠之暴，不待籌策而勝敗之數可知矣。今之爲將者，每曰我寡彼衆，我弱彼强，何敢與戰？不過排營結陣，遥望於五七十里百里間，任其屠劫，飽則自去，待彼出邊，徐尾其後，如斯而已。嗟夫，朝廷歲以六十萬養三關將士，所得僅若此耳。即無三關將士，所失又將何如？是州縣黎民既納賦税以養軍，又陪財命以供虜，談及於此，將士無用生爲矣。而甘作處堂燕雀，羞逢怒路螳蛙，優游歲月以待陞遷，督府與兵備道，得無汗顔泚顙矣乎？不佞俎豆尚未庸心，軍旅豈宜哆口？顧謬肩兹任，難諉弗能，因拾筋畫之唾餘，雜以管窺之膚説，與三關體國憂時之士商確之，如或弗遜於心，不妨各對以意，務求濟事，匪托空言。須至册者，萬曆壬辰八月望日。

（明）何棟如《皇祖四大法》卷三《治法》 〔洪武元年十二月〕辛未，監察御史高原侃言京師人民循習元民舊俗，凡有喪葬設宴會親友作樂娱尸，惟較酒殽厚薄，無哀戚之情，流俗之壞至此，甚非所以爲治。且京師者天下之本萬民之所取則，一事非禮，則海内之人，轉相視傚，弊可勝言，況送終禮之大者，不可不謹。乞禁止以厚風化。上是其言，乃詔中書省，令禮官定官民喪服之制。

（明）何棟如《皇祖四大法》卷四《治法》 〔洪武三年〕秋七月丁亥朔己亥，以殿中侍御史尋适爲廣西按察使，監察御史王子啓胡子祺爲僉事。上諭之曰：廣西地控諸蠻，民未熟化，況兵戈凋瘵之際，未遂生業，恐有司不能撫卹又從而蠹害之。兹特命爾等往司風憲，須嚴明以馭吏，寬裕以待民。如有奸貪强暴虐良善者，爾等就逮其人鞫問，審决然後以聞。若俟聞而後決，道里遼遠，往復不無淹滯。适等皆頓首受命。上又曰：凡爲治者無責近效，若官守職，民安業，爾等但安静以撫之。

（明）何棟如《皇祖四大法》卷五《治法》 〔洪武六年二月〕壬寅，命御史臺令監察御史及各道按察司，察舉天下有司官有無過犯奏報黜陟。上諭臺臣曰：古人言禮義以待君子，刑戮加於小人。蓋君子有犯，或出於過誤，可以情恕，小人之心，奸詭百端，無所不至，若有犯當按法去之，不爾則遺民患。君子過誤，責之以禮義，則自知愧悚必思改爲。彼小人者不識廉恥終無忌憚，所以不得不去之也。故朕於廉能之官雖或有過常加宥免，若貪虐之徒雖小罪亦不赦也。

（明）何棟如《皇祖四大法》卷五《治法》 〔洪武十年秋七月〕乙巳，詔遣監察御史巡按州縣，入辭，上諭之曰：近日山東王基言事不務正論，乃用財利之術以惑朕聽，甚乖朕意。今汝等出巡天下，事有當言者須以實論列，勿事虚文。凡爲治以安民爲本，民安則國安，爾等當詢民疾苦，廉察風俗，申明教化，處事之際須據法守正務得民情，惟專志以立功勿要名以取譽。朕深居九重之中，所賴以宣布條章申達民情者，皆在汝等，汝其慎之。

（明）何棟如《皇祖四大法》卷五《治法》 〔洪武十四年〕冬十月壬子朔癸亥，遣監察御史林愿孫榮等分按各道罪囚。時上欲革天下刑獄壅蔽之弊，故分遣御史四出按治，凡罪重者悉送京師，從大理寺詳議。於是愿等往湖廣等處，石恒等往直隸蘇松諸府，勑諭之曰：王者順天時以修政令，古之制也。今天氣嚴肅，當修刑典。御史職在法司，伸理寃抑，今遣爾等往各處審決獄囚，其罪重者悉送京師，令大理寺詳讞，無任情以屈法，枉道以厲民，期於律應人心，法當天理。欽哉，毋違朕命。

（明）何棟如《皇祖四大法》卷六《治法》 〔洪武十五年八月〕庚辰，遣監察御史余公大往泰州審决重刑，勑曰：雨露滋生，萬物以榮，霜雪肅殺，萬物以悴，榮悴各當其時斯二儀之常經，古今所不易者也。今命爾往泰州審决刑獄，爾其慎法天時，務從至公，毋獲罪于人神。欽哉。

（明）何棟如《皇祖四大法》卷六《治法》〔洪武十六年〕八月壬申朔甲戌，上諭僉都御史詹徽等曰：民之休戚係於牧民者之賢否，咨詢得失，激濁揚清，則係乎風紀之職。近來人情習於故常，政事安於苟且，上下相蒙，彼此無憚，乃至闔郡連歲不聞有所激勸。或者乃云吏稱民安，豈知善惡踐于旌別，舉措在于得宜。今有司受牧民之寄者，豈皆舉職，宜有以考察之。其令御史及按察司官巡歷郡縣，凡官吏之賢否，政事之得失，風俗之美惡，軍民之利病，悉宜究心。若狥私背公，矯直沽名，妄興大役，苛察瑣細，遺奸不擒，見善不舉，皆爲失職。卿等其宜布朕意，令其知之。

（明）何棟如《皇祖四大法》卷八《治法》〔洪武二十九年〕夏四月戊子朔丙午，監察御史王仲和言：湘陰縣丞劉英以生革爲鞭，長三尺，中夾銅錢撻人，至皮肉皆裂。嘗出行以巡檢弗出迎，怒而撻其妻幾死，請逮英罪之。上曰：刑者不得已而用之，故聖人常加欽卹，惟恐濫及無辜。英一縣丞耳，酷虐乃至於此，獨不聞劉寬蒲鞭之事哉。且律載刑具明有定制，乃棄不用，而殘酷如是，是廢吾法也，難論常律。遂逮英至，戮之於市。

（明）涂山《明政統宗》卷三〔洪武十年〕六月，初勑監察御史巡按郡縣。上諭之曰：近日山東王基不務正論，乃用財利之術以惑朕聽。今女等出巡事有當言者須以實論列，勿事虛文。凡爲治以安民爲本，民安則國安，女當詢民疾苦，廉察風俗，申明教化，處事之際須據法守正務得民情，惟專志以立功，勿要名以取譽。朕深居九重之中，所賴以宣布條章，申達民情者，皆在女等，其慎之。

（明）佚名《仁廟聖政記》卷上〔永樂二十二年十一月〕癸未，遣監察御史湯熒等十四人分巡天下，考察官吏。上諭之曰：國以民爲本，民安則國安。比年在外牧民之官不體朝廷恤民之意，侵削擾害，民不聊生，故今遣爾分行考察。然人才器不同，有專爲脂韋諂媚而政事不理殃及於民者，有沈静篤實不善逢迎而爲政簡易民悦服之者，有虐於用刑巧於取索而能集事者，有廉潔無私謹謹自守而政務不舉者，爾當明白具實以聞，無惑於小人，無屈於勢要，無私於親故。詢之於衆，斷之以公可也。各賜鈔二十錠爲道里費。又諭之曰：御史朕之耳目，當勉副朕心，必先自治乃可治人。若棄廉恥違禮法，則朕亦不汝貸，汝往勉之。

《明實録》洪武十五年七月〔壬申〕遣監察御史馬守中往福建審刑獄。

《明實録》洪武二十二年四月〔丁卯〕是月遣監察御史按郯城、沂水諸縣官罪。初，山東郯城等縣殞霜傷稼，縣官不以聞。至是遣御史按之。

《明實録》永樂元年二月〔乙卯〕命監察御史分詣各布政司巡視民瘼，陛辭。上諭之曰：父母于赤子先寒而備之衣，先饑而備之食，適其温飽之宜避温就燥以處之，無所不盡其心，人主爲民父母理亦當然。朕居深宫一飲一食未嘗不念及軍民，然在下之情不能周知。爾等爲朝廷耳目，其往用心咨訪，但水旱災傷之處有司不言者悉具奏來，軍民之間何利當興，何弊當革者，亦悉以聞。

《明實録》永樂元年六月 甲子，户部尚書郁新言：河南郡縣蝗所司不以聞，請罪之。上曰：朝廷置守資其惠民，凡民疾苦皆當恤之。今蝗入境不能撲捕，又蔽不以聞，何望其能惠民也，此而不罪何以懲後。命都察院遣監察御史按治之。

《明實録》永樂元年十一月 乙未，上御右順門，詔六科給事朱原貞等使申諭各科辦事官令言民間利害。先是，上欲聞民所疾苦，命吏部尚書蹇義等凡郡縣官考滿至京，選其識達治體知恤民者於六科辦事，令各言所治郡縣事，至是尚未有言者。上諭原貞等曰：朕夙夜慮天下之民有失所者爲爾曹未能盡知，故遣郡縣考滿官假辦事之名俾于六科隨爾等在朕左右，如朕有所欲聞即可之，彼有所欲言即可達，而至今不聞有一人言者。夫郡邑之間豈都無一事利害可言？今在朕左右尚猶默然，況遠千里尚肯言乎？爾等退以朕意申諭之，其所治何利當興，何弊當去，皆直言勿隱。於今不言，將有他人言之，則不能逃罪矣。

《明實録》永樂八年八月〔丁酉〕宥福建鹽場官吏罪。先是，監察御史李琳言，福建各鹽場累歲虧折鹽課，悉論其官吏死罪。上察知煎辦之難，遣人馳驛宥之。

《明實録》洪熙元年正月〔乙卯〕監察御史尹崇高等劾奏福建左布政使顧鼎前犯贓罪，遇赦還職，仍不悛改，貪肆無恥。命錦衣衛執付都察院治之。

《明實録》洪熙元年七月〔庚午〕巡按福建監察御史彭謙奏，建寧知府同知皆鄙懦無爲，推官以下或肆貪虐，或酣飲廢事，宜加黜罰，悉以名聞。上曰：果如御史言，典銓選者不得辭其責，其令吏部黜罰如例，務存公論，毋速後愆。【略】

〔甲戌〕巡按福建監察御史彭謙具奏，所考察官實跡，建陽縣官非才曠職，或酷虐，皆當黜。上命吏部黜罰如例。

《明實録》洪熙元年冬十月〔戊辰〕復安正臨洮府知府，升正三品禄。九載考績當升，以其民奏乞留，故復之。降江西按察司副使蘇弼爲兗州府魚臺縣知縣，陝西按察司副使華嵩爲湖州府歸安縣知縣，北京道監察御史宜順爲池肝陽縣丞。弼、嵩以巡按監察御史劉鼎貫等其考不勝任，順以出使枉道還鄉也。

《明實録》洪熙元年十二月〔乙亥〕降河南布政司左參政周鎬爲保定府唐縣知縣，福建布政司右參政祖述爲蘇州府嘉定縣知縣，湖廣布政司右參政杜濳爲九江府德安縣知縣，河南布政司右參政彭存善爲饒州府余千縣知縣，廣西按察司僉事張敞爲廣平府文平縣知縣，俱以巡按監察御史考其不勝任也。

《明實録》宣德元年三月〔乙卯〕行在都察院奏：遣御史唐舟等二十一人分往各布政司、直隸諸府州照刷文卷。上諭舟等曰：刷文卷以察奸弊、正違錯，須以清潔無私爲本，不然則是非黑白不能分別，然又當安詳平恕，勿事煩苛，爾等宜識朕意。

《明實録》宣德三年閏四月〔癸卯〕復行在刑部右侍郎樊敬官。初，敬等督兩廣糧餉赴交阯給軍，闞賊勢猖獗，畏縮不進，爲都察院所劾，下獄。至是命宥其罪，復其官。

《明實録》宣德三年閏四月〔壬寅〕降山東布政司左參議直銀爲宜興縣知縣。以監察御史言其不勝任也。

《明實録》宣德三年十一月〔乙亥〕升貴州思州府通判檀凱爲應天府治事。黜四川道監察御史曾令得爲浙江温州府推官，江西道監察御史陳羆爲江西贛州府推官，皆以都御史言其不任職也。

《明實録》宣德四年十一月〔庚戌〕黜山東道監察御史張釗爲山東益都縣知縣、陝西道監察御史任確爲陝西高陵縣知縣、北京道監察御史沈潤爲潁上縣知縣、山東道監察御史許所爲江西廣昌縣知縣。以都御史言其不勝任也。

《明實録》宣德五年閏十二月〔壬戌〕巡按直隸監察御史張琦，奏所考太平府貪贓闒茸同知黨睿等五人。上謂都御史顧佐等曰：比聞御史考官，亦有以好惡爲進退者，卿風憲之長，宜詳審之，必有實跡，乃可黜罰。

《明實録》宣德六年四月〔壬戌〕福建邵武縣奏，布政司參議陳羽至縣，所隨皁隸有微過杖殺之。羽又逼里役備布九千餘匹與皁隸妻柳，令瘞之。其妻陳訴。上諭右御史顧佐曰：從人有微罪，輒杖殺之，是豈有愛民之心，任情肆酷如此，何可使在民。上命巡按御史治其罪。

《明實録》宣德六年五月〔辛未〕行在都察院奏：近遣御史高舉照刷四川三司卷牘，今已還京。以所刷按察司卷比本院所行事，猶未及半。切以都司、布政司，上承五府六部，下轄軍衛有司，其行事比按察司當加數倍，今未經照刷，亦必尚多，其間豈無埋沒。錢糧出入，刑名重事，諸司既不盡送照刷，御史亦不追究，俱屬違法。請再遣御史按問其首領官吏，仍追刷所匿餘卷。高舉宜正其罪。上從之。

《明實録》宣德六年十一月〔丙戌〕汀州府知府許敬軒奏，參議陳羽至寧化縣，用大杖擊死無罪人及逼取死者之家財物。上諭行在都察院臣曰：布政司官府縣之表率，固當奉法循理。此人嘗擊殺皁隸，今復以貪暴，爲屬官所奏，稔惡不悛如此。令巡按御史鞫治如律。

《明實録》宣德七年六月〔壬子〕巡按福建監察御史邵宗奏，在外諸司文卷皆屬按察司照刷，今福建所屬自永樂二十年至今未刷，錢糧埋沒，刑名出入何由得知。若天下皆然，則積弊滋多。宜令各處按察司遵依成法，每年八月分巡刷卷，年終則上其籍于都察院，如此則官吏知戒，案牘可清而政事以理。命行在都察院戒飭各按察司以時舉行。

《明實録》正統四年八月〔戊子〕湖廣按察司副使魯鼎言：朝廷增置風憲之官，專理學政，然往往督責太嚴，欲成太速，其生員惟事記誦陳腐、講習偏僻，以免黜罰，圖僥幸而已。所謂涵養薰陶，明體適用之學，茫然不知。流風日靡，士習日陋，乞敕所司詳議條約。所習經史，務令貫通；所述論義，欲明道理。提學之官所至須留旬日，難疑答問。先興起其孝弟、忠信、禮義、廉耻之行，然後考其文詞，期以十年，無成者黜爲吏，庶幾教導有方，學成而適用。事下行在禮部，覆奏：宜行各處提學官員痛懲前弊，其條約一遵元年所奉敕書。具有成法，無庸更改。從之。

《明實録》**正統六年六月**　甲戌，巡按山東監察御史等官何永芳奏：山東樂陵、陽信、海豐因與直隸滄州天津衛地相接，蝗飛入境，延及章丘、歷城、新城并青萊等府，博興等縣。已專委指揮江源，添委左參議李雯等設法捕瘞。上命馳驛諭三司御史，務在嚴督盡絶，稽遲怠誤者，具實究問。

《明實録》**正統七年七月**〔戊辰〕福建按察司僉事李在修，因公杖死軍民八人，罪應贖徒，監察御史刑端等劾其酷刑難居風憲。上曰：在修輕視人命如此，可以常律處乎？其發戍邊衛。

《明實録》**正統十年二月**〔甲寅〕廣東左參議楊信民言：凡今官市物必須巡按御史及按察司官估直，臣以出納乃有司事，非風憲官所職，宜令布政司掌之，有奸弊則聽風憲官糾察。事下工部言：專主于布政司或有偏執己見，虧官損民者，縱使風憲官察知，民已被其擾害，宜勿改。從之。

《明實録》**正統十一年五月**〔甲戌〕吏部言：南北直隸府州縣缺吏典，大寧都司缺承差，請于各布政司僉充參用，或有不公，許巡按監察御史糾劾究治。從之。

《明實録》**正統十一年十月**〔辛丑〕巡按福建監察御史丁澄，劾行都司署都指揮僉事蔣貴匿軍以輸月錢，請治其罪。從之。

《明實録》**正統十二年六月**〔丙戌〕福建建湯縣主簿錢琬斂民錢，餽其府官。御史問以不入己，當贖徒還職。上曰，琬削下以媚上，其罷職不用。

《明實録》**正統十三年六月**〔辛酉〕命山東濮州觀城縣知縣王用復任。用以任滿九載當代去，民奏乞留之。事下，巡按御史等官核實以聞，故有是命。

《明實録》**正統十三年十一月**〔丙申〕十三道監察御史言：臣等嘗劾福建三司失職，致賊徒鄧茂七等爲亂，已蒙遣官追究。今左參政彭森賫賀聖節表至京，請收森下獄。上令還任，待賊平罪之。

《明實録》**正統十四年四月**〔乙丑〕命監察御史李俊等十三員各帶監生，同内使聞辦浙江、福建銀場。

《明實録》**正統十四年十一月**〔庚辰〕先是，平江伯陳豫充副總兵，往征福建叛寇，擅起復丁憂門館訓導陳晃隨軍。至是，吏科都給事中張固劾豫徇私擅舉，晃貪緣奪情，俱請正其罪。命姑宥之。

《明實録》**景泰二年十一月**〔癸卯〕鎮守福建刑部尚書薛希璉奏，乞會同右監丞戴細保考察文武方面官員。吏科言，舊例之任不以屬内臣，希璉乃欲會同内臣考察，不惟假以媚權貴，抑且因以縱黜陟，殊失大體，有孤重任，請正其罪。詔宥希璉不問，考察官員仍如舊例。

《明實録》**景泰三年閏九月**〔癸亥〕福建巡按監察御史許仕達奏，按察使陳璞受賂脱毆死人者，且謂璞素貪懦，不顧名節。命執問之。

《明實録》**景泰四年八月**〔戊申〕吏科給事中曹衡言，比者以福建等處盜賊竊發，由有司貪酷不才所致，皆降職示罰。今通州知州夏昂奏，准許令各處鎮守等官薦拔，則此輩得以出位圖謀，而後來者無所戒矣，請下昂于法。帝曰：建言人不究問，鎮守等官薦人務秉至公，不可徇私濫舉。

《明實録》**景泰七年十二月**〔甲寅〕巡按福建監察御史夏埙劾奏福建左布政使黄輿以富民爲馬夫，收其銀貨；巡按四川監察御史黄用劾四川右布政使高寅、參議史儀受所屬縣官賂遺。事下都察院，復奏，輿、寅今來朝覲，請候朝覲畢下獄，儀其令用收鞫。從之。

《明實録》**天順八年二月**〔丙申〕户科給事中童軒言五事，一曰隆聖德，皇上萬幾之暇宜時引翰林儒臣講求祖宗成憲與夫古先哲王修身用人賞善懲惡，凡可以資聖德者類次成編，以爲大明不刊之典。二曰用賢才，請維今方面之職宜預令在廷三品以上大臣各舉一人以備采擇，仍嚴退黜連連坐之令，主於進用卿佐，亦乞宣召大臣同赴便殿面舉一人以對。仍令給事中御史隨侍左右，敢有徇私濫舉者，劾奏拏問。三曰納忠諫，謂近年臺諫耳目之官類多以直言得罪，由是以言爲諱，結舌自保。請繼今凡有上書敷陳治道者，果於聖意有合，乞厚加賞賚，其或乖謬有瀆上聽亦必曲加寬貸。四曰愛小民，謂近年災傷旱澇之報率以難准議覆，由是以災告者抱苦冀怨，請繼今凡有被災無徵旱澇可驗，曾經巡撫巡按等官覆實明白者，即依詔書事例悉與除豁。五曰謹邊備，乞特降詔書告諭中外，凡文武官員人等中間果有智勇超卓明習戰事者，不拘閣閱世胄山林行伍，並許上書自陳。該部試其上者舉爲上將，次者用爲偏裨。上曰：軒所言俱有理，修德用人納諫朕當自勉，其餘可行者所司宜即行之。

《明實録》天順八年三月 〔丁巳〕刑科給事中金紳上言八事，其目曰：持恒久以守新政，勤接見以論治道，納忠言以致躬行，舉賢才以備任事，擇重臣以備邊患，明黜陟以行新政，設學武以育將材，用武勇以除寇賊。上以其言皆有理，報曰前三事朕自行之，後五事該部會議以聞。【略】

〔戊午〕十三道監察御史呂洪等言八事，有曰人君一心萬化之原，一心既定則大本由之而立，大化由之而成，大位由之而安矣。欲定此心於悠久尤貴致知而力行。皇上退朝之餘即御經筵日與儒臣講求至道，則所聞者莫非正言而知無不致矣。至於裁决萬幾亦必宣召文武大臣賜見便殿相與商確可否務求至當，則所行者罔非正事而行無不力矣。又曰天人感應之機捷於影響天道之乖和，未有不關於人事之得失，揆自去冬以來陰霧四塞，日月晦冥，雨雪愆期，沙土迭雨，蓋由陰氣太盛上干陽明。且君爲陽臣爲陰，君子爲陽小人爲陰，中國爲陽外夷爲陰，欲君陰陽之和可不謹於斯乎。兩京大臣所與共天位而亮天工者也，無才德者冒居倖進，老疾罷輭者貪位固寵，不惟不能燮理陰陽，抑且足以招致災異。迤北孛來屢侵朵顔三衛，去冬遣使來貢其實覘我虛實，況其要求無厭難滿其意，此皆陰之盛也。皇上斷自宸衷，將兩京文武大臣嚴加揀擇，才德優贍者年老必留，奸政怙寵者即時罷去。仍勑守邊文武重臣整飭邊備，來則擊之去則勿追，務使將士用命戰勝，守固則人可勝天而禍患自消天變自弭矣。又曰曩因權姦欲肆謀逆設法箝制言官，翰林院修撰岳正、監察御史楊宣各言吉祥石亨之姦連遭貶竄窮邊之地，又有御史周斌盛顒等十有三員同劾石亨罪惡，亦被降調外用。皇上即位大赦天下，犯私罪者尚霑雨澤，況岳正楊宣等因言召禍衆所共知，伏望特降玉音取回。

《明實録》天順八年四月 庚戌，南京監察御史鄭安等上言八事，曰開經筵以廣聖學，廣廷納以通下情，復言職以風直臣，公選舉以收賢才，黜貪汙以彰政化，省煩擾以裕民黎，徙戎狄以安中國，平賊寇以靖邊疆。其言廣廷納以通下情曰：群臣有獻可替否責難陳善者，時召對內殿使之曲盡其辭。軍國大政事須謀畫者，親與大臣参議裁决。言官直言敢諫者推以右職，緘然畏懦者罷黜不用，如此則上下之情通而天下無不治矣。其言復言職以風直臣曰：漢宣帝感曲突徙薪之喻而竟録徐福之功，往者賊臣石亨當英宗睿皇帝復辟之初怙功驕恣陰蓄異圖，監察御史楊瑄等相維論之，尋皆中以他罪，或竄或黜，自是言官閉口結舌以致石亨曹欽相維爲變。姦惡雖以伏誅，言官尚未別白。陛下其推漢宣賞福之義，重曲徙薪之策，歷考以前因言被謫者悉還原職，則臺諫振言之風而姦臣無覬覦之患矣。上以所言多可行，命該衙門斟酌奏行之。

《明實録》天順八年七月 〔庚辰〕巡按山東河南左副都御史賈銓奏黜兩布政司老疾庸懦貪暴官，山東五十六員，河南十二員。

《明實録》天順八年八月 乙酉，巡撫湖廣左僉都御史王儉奏黜老疾庸懦不謹官黄州府知府陳旺等百十有三員。

《明實録》天順八年十二月 〔丙午〕巡按福建監察御史魏翰言五事：【略】一、擇守令。臣伏睹皇上嗣位以來，廉察吏治，問民疾苦，凡郡縣之官，貪沓衰眊以不稱職閑者，悉令罷黜，斯誠惠養生民之要道也。但恐今日之進用者，未必皆精力廉介，其邊遠郡邑之官，以按察稀少，害民尤甚。乞敕該部今後守令之職，當加慎選，知府必以府佐縣正，素著聲績，并京職材力堪任者爲之，知縣必以縣佐司府幕官之有聲稱及進士舉人教官年力富强者任之，京職年幾六十而素之譽望監生年踰五旬而無志效用者，俱令致仕，或與冠帶閑住，如此非惟郡縣得人生民獲安，而壅滯之患亦可疏通矣。

《明實録》成化元年二月 〔戊子〕監察御史趙敔上言：一、乞罷兩廣御史清軍，勑按察司官一員任之。二、欲禁進貢馬駕船附載商貨并賑恤挽船夫卒。其餘亦多兵民利病未舉行者，下兵部議，擇其切時弊者取旨行之。

《明實録》成化六年十二月 〔乙丑〕巡視福建右副都御史滕昭奏罷老疾、罷軟、貪酷官左布政使張斌等二百二員，都指揮劉勝等三百二十二員。

《明實録》成化九年三月 〔己亥〕都察院奏：兩京并天下諸司，

文卷自天順元年七月十二日起至成化八年十二月終止，例遣御史照刷，有旨如所奏，既而納給事中虞瑶等言南、北直隸、山西、山東、陝西、河南頻年災傷，暫且停止，及念兩廣民未蘇息，亦待半年。于是所遣御史僅七員：兩京聶友良、洪性，浙江龔盛，江西程宏，福建馬震，四川魏秉，湖廣樊瑩，巡按兼照刷者四員：雲南董韜，貴州吴道宏，遼東王衡，萬全都司并隆慶州劉必賢。

《明實録》成化九年十月〔辛酉〕户部議巡按陝西監察御史范鏌所奏茶馬事：一、茶粗不堪易馬，欲行四川并漢中府，今後收課必須細茶，或將粗者二斤折收一斤，庶得馬用。

一、照原差行人禁茶事例，仍敕御史一員巡禁私茶，于松潘各番買馬，及提督各該州、縣歲辦茶課。

一、漢中等府、州、縣宜專委官一員，各選精壯弓兵一百名，每衛所各委指揮、千、百户各一員，各選精壯餘丁一百名專一統領巡茶。如此則私茶不得出境，而番馬争趨以易矣。

疏入，詔御史免差，止令巡撫、巡按官并行人嚴禁之。

《明實録》成化十一年八月〔丁亥〕命取陝西巡茶御史還京，仍令選差行人二員禁茶如舊。從巡撫左副都御史馬文升言也。【略】

〔十二年五月丙寅〕復罷遣陝西巡茶行人。陝西布政司奏：行人巡茶，無益于事，請以按察司官兼領。從之。

《明實録》成化十四年冬十月 庚寅，罷山東布政司右參政唐濂、都轉運鹽使司運使李璵俱致仕。從巡按監察御史許進言也。

《明實録》成化二十年十一月 丙申，增置山東武定、東平、高唐、濱、曹、濮六州判官各一員。巡撫都御史馬文升等奏：遼東定遼左等二十五衛所共三十二倉，俱隸山東布政司。每倉大使各一員，職專收糧，比來因緣爲奸。乞增設有司官監收。故有是命。

《明實録》成化二十三年二月〔戊戌〕巡按福建監察御史張昺照刷都行布按四司文卷，劾奏都司都指揮同知馬澄、僉事辛晟，行都司都指揮同知張福、僉事王皞，布政司左布政使章格，右布政使徐貫，左參政陳賓，右參政劉大夏，右參議沈暉、葉祚，按察司按察使王繼，副使汪進、胡榮、高崧，僉事楊峻、任彦常，俱有稽遲差錯，失錯當治罪。都察院復請下御史逮治如律。有旨：稽遲差錯者停俸一月，失錯者宥之。

《明實録》弘治元年九月〔己丑〕魯府鎮國將軍陽□上疏陳六事，其一：欲請考察各王府長史以下官之不職者。吏部言：舊制各王府官不系常選，任滿黜陟取自上裁，今欲考察似非舊制。上曰：王府輔導官，其令巡撫巡按官會同考察奏聞處置，不爲例。

《明實録》弘治二年二月〔丁巳〕降山東按察司按察使張玘爲廣東布政司右參政。以擅釋重囚，爲巡按御史所劾也。

《明實録》弘治二年十一月〔丁巳〕巡撫四川都御史丘鼐及巡按御史俞俊奉例考察，請黜老疾等官蜀府紀善張猛等九員。吏部復奏。從之。

《明實録》弘治四年六月 丙午，山東按察司副使趙鶴齡言：青、登、萊三府屬縣，國初設巡檢司二十，每司弓兵百人，防禦海寇。近分守參議尚絅奏革各司兵三之一，遂缺人防守，請復設便。奏下巡撫都御史覆勘，以爲宜，兵部議復，從之。

《明實録》弘治十二年八月〔壬子〕福建邵武縣知縣高遷侵漁官庫銀五百餘兩，他所得賂以千數。巡按監察御史嘗薦之，或先期准其考績。邵武人通判湯珍心不平，又遷嘗慢之，奏發其事，并誣及都御史洪鍾、副使韋斌、僉事王寅等。命給事中熊偉等往按，奏擬遷監守自盗追贓，發原籍爲民。珍誣奏十人以上，革職，冠帶閑住。下刑部議，請如所擬。上以遷侵盗官錢，索取賄賂數多，難處以常例，并其家屬發廣東海南衛充軍。

《明實録》弘治十五年正月〔乙未〕吏部會同都察院，考察天下諸司來朝并在任官請黜方面及府縣等官一千二百一十九員，雜職一千二百六十五員。上復謂：所黜太多，命依前旨再斟酌停當，毋枉濫，致有後言。于是吏部都察院文言：臣等自奉命以來，盡心查訪，既據各撫按官平日開具考語，以驗其實，復即今日科道所劾奏者，以求其故，參互考訂，至再至三，乃敢疏名上請，今考察既定，别難再處，伏惟聖明裁察。上曰：朕念人才難得，恐有所枉，故命爾等再加斟酌。今爾等所言如是，其悉依前擬發落，于是【略】等十三人，以罷軟或不謹，俱冠帶閑住。

《明實録》隆慶元年五月〔壬申〕户部言：本部專理財賦，内供國用，外給軍需，必周知天倉庫盈虛之數，然後可以通融、節縮。調停經費。祖宗時，令天下所歲以文册報部，立法明備，爲慮深遠。而邇者有司以爲虚文漫不加意，或久而不報，或報而不詳，欺慢混淆，弊難枚舉。今聖明臨御之時，百度維新，雖是舊典，相應振飭，請遣御史四人分行天下，奉勅行事，查盤各倉庫所積多寡，有無登記文册御覽，備户部稽考，其（胃）〔冒〕破營私，一切弊政，勿論官之大小，歲之遠近，從實劾治。從之。乃命御史張問明往湖廣、四川、雲南、貴州。

《明實録》隆慶三年二月〔壬辰〕監察御史馬明謨劾奏福建副使唐九德、江西副使于錦、胡帛不職狀。得旨，九德、錦策勵供職，帛回籍聽勘。

《明實録》正德四年六月〔戊寅〕兵科給事中蔡潮查盤福建布按二司并運司庫貯銀兩，起運到京。詔以布按二司銀三十萬一千四百七十四兩輸内承運庫，其鹽價銀九千三百三十兩貯部備蓄倉之用。

《明實録》正德四年九月己巳，兵科給事中屈銓奏：遼東地方雖稱邊境，其分巡分守等官以至錢糧吏役俱出山東，近年巡撫都御史多山東人。土壤相連，行事不便，後宜推别省人，萬一邊情重大，急于用人，即不在回避之例。吏部復議，從之。

《明實録》正德十年十一月〔甲辰〕福建巡按御史毛伯温劾奏，大理寺卿陳珂先任福建左布政使，參補吏役，大肆科求，起解官銀，盡侵餘耗，至于一切錢穀不用州縣解人，而使承差吏胥領之，侵利無算。觀其在任，出百餘金以修理還珠門，欲藉之掩飾也。離任而還千餘金以歸諸庫，蓋恐其告訐也。律于受戒，雖一貫以下必置之法，而方面重臣獲利無厭，顧猶偃然在九卿之列，望即罷黜，或令自陳，以爲人臣謀利者之戒。吏部請從伯温之言，不許。

《明實録》正德十三年五月丙午，巡按直隸監察御史劉士元言：近者聖駕遠出，北至密雲，東經漁陽，又東北直抵喜峰口，獵于古北，漁于灤澂。且聞將招朵顔三衛夷人納貢宴勞。以臣論之，有不可者四：王者之馭夷，狄來則受之，去則不追，所以嚴夷夏之防也。今必欲招徠而强致之，與古人制馭之道異矣。此其不可一也。夷人狼子野心，雖閫外之將，尚不輕與之接，況屈萬乘之尊，履其地，而狎其人乎。此其不可二也。萬一梗而不來，來而不禮，損威失重，關繫非小。且牛酒氊布之賜，今日與之矣，自是以後，援爲歲例，其何以待之？此其不可三也。往年賊虜犯順，殘我邊將，耻尚未雪，恩又濫施。示夷狄以威信者，固如是乎？此其不可四也。請亟回深宫，恪守大禮，以政務責諸公卿，以邊務責諸邊將領。天下幸甚。兵科都給事中亦以爲言。俱不報。

《明實録》正德十三年七月〔甲辰〕十三道御史袁宗儒等言：陛下近年以來憂勤罔念，逸樂自恣，北幸山陵，南幸海子，西幸宣、大，東幸漁陽。或旬月，或半年，今又遠事宣、大，直抵榆林、寧夏、甘肅及河南、山東、山西、南北直隸，則是車轍馬迹將遍子海内，回鑾之期殆未可以歲月計也。今天下府庫皆空，公私交匱，水旱相仍，賦役繁重，困苦流離，怨咨思亂者在在皆是，設有不逞之徒一旦倡亂，緩急將何所禦邪？古者聖五居重馭輕，修内攘外，未聞重夷狄而輕中國，事外攘而忘内治者也。伏愿大奮乾綱，翻然改悟。不報。

《明實録》嘉靖九年八月庚辰，革湖廣布政司左參政韓士奇職，閑住，以御史張禄劾其貪污不職故也。

《明實録》嘉靖十五年十二月〔戊戌〕巡撫直隸御史姜潤身奏請每三年專差御史一員查對文卷。都察院復：磨勘宗卷，所以稽查奸弊，按臣務劇，固不可兼，而各省專差又病于擾，請敕各清軍御史兼理之。報如議。

《明實録》嘉靖二十二年五月丁未，黜應天府府尹洪珠冠帶閑住，以貪污爲直隸巡按御史江濬所論也。

《明實録》嘉靖四十年十一月〔庚戌〕南京給事中馬出圖等言，閩中八郡群盗充斥，巡撫劉燾縱寇殃民，請加切責。兵部復，燾北人，不便于南，恐督責難效，宜更置之，而專責（胡）宗憲經略閩事。上謂：閩寇猖獗，數陷城池，流劫鄰省，燾巡撫二年，討賊不效，本宜治罪。第既言風土不便，姑調外任。

《明實録》嘉靖四十五年六月〔戊寅〕時都御史汪道昆巡撫福建，南京給事中岑用賓聞之。因劾道昆先任監軍副使，以酷刑激變，又素行貪污不檢，衆心不附，故雖以附臣之威不行于士卒，益養成桀悍之氣，白晝大都之中賊虐近臣恬不爲怪。請亟罷道昆，然後按治諸驕軍以法。疏入，上從部議，罷昆回籍聽調，而令福建巡按御史陳萬言名捕首惡把總曹一麒等。萬言以屬監軍副使金淅。淅恐生變，乃白萬言，待一麒獲客兵歸日捕之。一麒等乘間脱身亡。久之不獲，萬言以聞，浙坐奪俸一月。

《明實録》萬曆十一年十月〔丁丑〕户部覆巡按山東御史吴定奏言：各省直地方旱潦，災傷雖同，而被災分數不一，宜令各撫按先查禾稼被傷輕重分數，若概縣被災如一，即以概縣奏報，如一縣之内某里被災幾分應免幾分，不得輕重倒置勘報不實。得旨：各州縣災傷有司不行履畝勘實，止以虚文申報上司，撫按官據以奏聞，致有混冒，朝廷雖屢行蠲賑，實惠何繇及民，這所議俱依疑著實行。

《明實録》萬曆二十四年十月 辛未，革江西左布政使張世則職，閑住，以吏科給事中劉道亨再論貪肆故也。

《明實録》萬曆三十五年十月〔乙酉〕湖廣道御史唐之菱請飭銓屬之規，以息異同之議，爲兩廣銓司發也。故事銓司凡十四員，兩直、江、浙、福、河南、山東西、陝、川各一員，兩廣共一員，爲十二員，又二員分兩直。以江、浙、福、湖人衆者通融互補。

《明實録》萬曆四十三年正月〔甲子〕工部爲驗四川大木及會勘舊巡撫李三才用木占廠事情，推兵科給事中吴亮嗣同監察御史往勘。從之。

《明實録》天啓三年五月〔甲寅〕刑科右給事中許可徵奏：臣承乏巡青時，糾參山東兖州府單縣縣丞金有華，串通積棍謝岳侵匿解京糧銀，前後數萬。已經主事石維嶽等問，擬金有華重刑、謝岳軍罪。後經原任江西道御史胡繼升會問，遂於有華等陰伏出入之根，預爲解脱之地。乞聖繼嚴勅法司，究追正罪。得旨：金有華等著嚴查，侵欠錢比對正法，不得輕縱。如違，并問官參奏處治。

《明太祖寶訓》卷六《辯邪正》 洪武二十五年正月丁亥，右都御史袁泰奏：監察御史胡昌齡等四十一人緘口不言時政，王惟名等四人門茸不稱職，當罪之。太祖曰：言之非難言而當理者爲難，昌齡輩安知其終不言乎？若闒茸不稱職者，罷之。泰復執奏曰：昌齡等非不能言，但心懷譎詐不肯言耳。太祖曰：人臣進言於君，必有關於國之利病，民之休戚，亦豈得輕易。若遽以心懷譎詐罪之，此何異張湯復誹之法。於是泰不敢復言。

《明太宗寶訓》卷二《賑貸》〔永樂十年〕十二月壬申，户部臣言邳州今歲淫雨傷稼，民乏食，命監察御史乘傳往賑之，陛辭。上諭之曰：民命朝不保夕，爾往當如救焚拯溺，不可頃刻稽滯。【略】

永樂十二年二月庚申，有自陝西來者言鳳翔隴州民饑。上諭行在户部臣曰：水旱世恒有之，國家廣儲積正以備民之急。朕數詔有司卹民，今乃坐視其饑寒不言。亟令監察御史發廩賑之，并按問其長史坐視不言者罪。

《明太宗寶訓》卷三《用人》〔永樂二年〕十月壬申，御史有言甘肅總兵官左都督宋晟擅竊威權事。上諭侍臣曰：任人不專則不能成功，況大將受邊寄豈可盡拘文法。今當明與晟言，使之釋疑。遂勅晟曰：比御史言卿專擅，蓋言官欲舉其職而未諳事理。夫爲將不專則功不立，朕既付卿以閫外之寄，事有便宜即先行之而後以聞。自古明君任將率用此道，而忠臣事君亦惟在成國家之大事豈拘細故。況朕知卿有素而委以重任，豈他人所能間也。卿勿以置意，但盡心邊務，終始一致，以副朕懷。

《明太宗寶訓》卷四《諭群臣》〔永樂十三年正月〕戊午，遣監察御史吴文等分行天下，詢察吏治得失，及問民間疾苦。文等陛辭。上諭之曰：百姓艱難，有司蔽不以聞，爾等受朕耳目之寄，宜悉心諮訪。凡朝廷所差人及郡縣官有貪刻不律者，執之。郡縣官有闒茸不職及老病者，悉送京師。惟布政司、按察司堂上官以狀來聞，毋枉毋縱，必合公道。軍民利病宜一一奏來。汝不恭命，汝則有罪。【略】

永樂十六年正月癸丑，時天下布政司按察司各府州縣及土官衙門官吏來朝，六部都察院及六科給事中交奏其職業廢惰，請付法司正其罪。

《明仁宗寶訓》卷二《戒飭臣下》 永樂八年二月癸丑，上爲皇太子監國南京，謂都察院左都御史陳瑛曰：五城兵馬專以巡警京城，若畏避權勢，縱惡長奸，將小人得志，善良受害，爾其戒勵之，使各修厥職。

《明宣宗寶訓》卷三《勵風紀》 宣德五年五月壬寅，行在都察院請差御史巡按福建廣東。上命章杲陳汭，因諭之曰：御史出巡，先須考察官吏，官吏守法然後百姓受福。凡爲惡有跡者易於懲治，其有貪暴虐民而强辯飾詐及外示善柔心實險惡者最要明白究實。若徇私廢公，婞婀姑息，容惡長奸，使百姓受害，則爾罪均。杲等頓首受命。

《明宣宗寶訓》卷三《戒飭臣下》 宣德四年七月丙寅，給事中賈諒、張居傑言户部郎中蕭翊等不理職務，惟日挾妓酣飲，命悉下之獄。上諭尚書夏原吉等曰：飲酒人之常情，朕未嘗禁，但君子當以廉恥相尚，倡優賤人豈宜褻狎近。頗聞此風盛行，如劉觀輩尤甚，每赴人邀請輒以妓自隨，故此輩倣傚。若流而不返，豈不壞禮俗。大臣者小臣之表也，卿當以朕此言徧諭之。

《明宣宗寶訓》卷四《任將帥》宣德五年二月丁丑，上御奉天門謂侍臣曰：武備國家重事，今軍政不修，實由將校之不職，宜詳察其實以示勸懲。遂遣勑諭各都司按察司巡按御史用心察訪，務盡至公。

《明宣宗寶訓》卷五《退不肖》宣德五年正月庚午，南京都察院考送貪污官郎中黄玘等十七人懶惰不治事。郎中陳懋等十四人至，上謂行在吏部臣曰：官無大小，皆務廉勤，況郎中尤重。此輩貪污懶惰，即如例降黜。自今當慎擇人，不可濫授。

《明英宗寶訓》卷一《嚴考察》宣德十年七月戊戌，命直隸懷寧縣知縣宋顯復任。先是巡按監察御史張清考顯闒茸不勝任，顯訴冤狀，復命巡撫侍郎等官公察其實以聞，遂復顯職，論清之罪。上因諭行在吏部曰：考察有司，本欲去貪存廉，以示勸懲，一或偏狥，則所枉多矣。卿等宜戒之。

《明英宗寶訓》卷一《謹天戒》〔正統六年六月〕壬午，掌行在後軍都督府事太子太保成國公朱勇、吏部尚書郭璡等上章自訟，以爲災沴之興實由臣等冒昧所致，伏乞聖恩涵貸，許令戴罪修省，以圖自新。其屬官中有不職者，臣等考覈奏聞，在外官吏先令巡按御史考察，然後選擇大臣偏歷詢訪，務在官得其人，軍民安業，以上回天意。

上曰：爾等宅心公私處事得失皆朕所素知，但念爾等爲朝廷重臣，非有大故悉置不問。奈何善不加修，過不知悔，致滋物議之紛紛也。繼自今宜革心改行，以贖前愆。往歲遣令考外任官進退多有心，今始行之，其貪酷虐害軍民者，令御史三司官體實來聞。

《明英宗寶訓》卷一《聽言》正統九年四月乙酉，江西道監察御史俞本等以天時亢旱饑饉薦臻，上陳三事：其一，黜貪酷官吏以召天和。其二，選諳律刑官以聽獄訟。其三，擇明經師儒以育人才。上納其言，因諭吏部尚書王直等曰：在廷群臣務俾恪共乃職，在外布按二司官聽巡按御史舉劾，府州縣官亦令巡按御史同布按二司廉察。有不職者，具名以聞。貪酷病民者，黜罷之。刑名官選通律意，若教官選有文學者任之。

《明英宗寶訓》卷一《仁政》正統九年閏七月甲申，勑諭都察院曰：近聞各處軍民往往發人墳冢，爾等職總風紀，其嚴行各處巡按御史及按察司督令各司府州縣官，凡境内但有暴骨在田野道路者，悉令所在里老人等即時掩瘞。仍嚴諭軍民不許再犯，違者罪之。若該管官故縱不禁者，聽風憲官論罪不宥。

《明憲宗寶訓》卷一《聖孝》成化十六年七月丁亥，巡撫鳳陽等處右副都御史張瓚奏欲以鳳陽一府今年供應物料及追陪馬匹暫停以資中都新城外别築土城之費，工部議其難從。上曰：春雨秋霜人子履之尚興悽愴怵惕之心，況鳳陽祖宗陵寢所在，新城既迫，長淮屢有水患，誠宜及時設法修理。今張瓚欲停止歲辦及馬價以資工費，爾工部以爲不可，然則事將已乎。其令守臣支在庫官錢剋期興工修築，毋得遲悞。

《明憲宗寶訓》卷一《遵舊制》〔成化十六年〕十二月己未，吏科給事中王瑞等言：比湖廣江西等處巡撫等官各奏所部連年災傷民饑盜起，請免有司明年朝覲。夫地方多事自宜設法拯濟，何至故違舊制，使朝覲大典漸至廢弛。今有司畏避考察，而巡撫官輒狥之均爲不當。

上曰：二年述職，國家舊典，豈可以一時一事廢之。若狥所司使各庇其屬，天下官吏將藉以爲辭。雖有貪暴怠荒者烏得而覈之，給事中言是。自後一如所奏，嚴爲禁戒，其令吏部知之。

《明憲宗寶訓》卷一《遵舊制》〔成化十五年〕十二月壬子，監察御史許進以各布政司鄉舉考試官緣狥私情，所聘多非其人，乞如兩京例命翰林官爲是。上諭禮部臣曰：布政司鄉舉自聘主司乃祖宗舊制，行之已久，許進何得具奏欲改之。且科目選賢，國家重事，若聘主司狥私作弊無往而不爲姦利矣。爾其行各巡按御史并布按二司，今後敢有作弊者，令互相糾舉，或爾部中看詳體訪得其人，必重治之。

《明憲宗寶訓》卷一《謹天戒》成化三年七月己卯，工科給事中黄甄等上言：南京乃祖宗創業之基，邇者午門正樓爲雷雨所損，實上天示警之意，乞勑諭中外臣工同加修省。因劾守備成國公朱儀叅贊機務，兵部尚書李賓昏迷欺罔之罪，請擇能者代之。

上曰：上天垂戒非一二人所致，朕當與文武大臣同加修省，儀等姑宥不治，仍移文諭之。既而監察御史丁川等亦以爲言，且勸上屏遠聲色親近書史，及勤政等事。上以所言有理，謂事未舉行者，朕當勉之。

《明憲宗寶訓》卷一《仁政》〔成化九年〕四月戊辰，有言京畿内外多有棄屍道路者，上命巡街巡河御史嚴加禁約，仍督所在埋瘞或勸募置棺自相義助。

《明憲宗寶訓》卷一《仁政》 成化三年九月甲子，巡撫宣府右僉都御史葉盛奏：虜中走回男子例充勇士，其不堪者發回原籍。所司不知憐恤，致彼復走虜中爲孽。又民年高者，所司例有養贍，或給與冠帶榮身，乞令軍衛高年者一體編及，以均沾恩典。上曰：中國人不幸陷虜中，既而來歸，其情義可嘉。民年至于八九十，王政所當優者，安有軍民之間，盛言有理。所司其詳議以聞。

《明憲宗寶訓》卷二《興學》 成化十七年二月癸酉，巡撫雲南右副都御史吴誠奏乞令土官衙門各遣應襲子於附近府學讀書，使知忠孝禮義，庶夷俗可變，而争襲之弊可息。仍禁約師生不許索其束脩饋送。禮部覆奏以爲有益風化，事在可行。如地遠年幼者，督令開一社學，延鄰境有學者以爲之師，仍聽提學官稽考。上曰：然雲南土官世脩職貢，無敢違越，但争襲之弊往往有之，蓋雖由於政而未化於教也。其令土官各遣應襲子就學，如巡撫官及爾禮部所言，使蠻貊乖争之風潛消，而華夏禮義之化遠暨，顧不美歟。

《明憲宗寶訓》卷二《恤民》〔成化十六年〕八月辛酉，户部奏順天府收養孤老，歲給糧布多爲人侵欺，乞命御史并本部委官督同有司查勘，仍通行天下巡撫巡按官一體禁治。上曰：養濟院之設所以收養孤老無告之民，蓋體天地好生之德，以盡人君司牧之責也。何有司視爲常事，全不加意奉行，以致姦弊滋生。京師如此，四方之遠可知矣。其悉如户部所言，通行禁約，務使朝廷德澤下流，而顛連之民皆沾實惠。如有仍前怠忽者，巡按御史奏聞處治。

《明憲宗寶訓》卷二《明斷》 成化六年正月乙酉，巡撫陝西都御史馬文升、王鋭各奏去冬虜入延綏葭州保安等縣，寧寨安邊等營，殺掠人畜，焚燬室廬，因劾守備都指揮陳英等閉門坐視，守堡指揮盛銘隋能等捍禦無策，且言知州孟泰等不先移民入堡亦當治罪。上曰：州縣官不係統兵守備之任，且方給軍需難於概問。若邊將弛備之罪良由法令不振而然，陳英等宜行巡按御史究治，其有功勞可贖者，仍具實來聞。

《明憲宗寶訓》卷二《厚勳戚》 成化五年九月丁亥，六科給事中十三道監察御史奏會昌侯孫繼宗叨居戚畹掌握重兵，又命其子璳理錦衣衛事，内外之權歸于一門，非所以保全之也。上曰：朕念皇祖妣遺德故特用璳，今爾等陳保全之道，深得治理，其即罷之。

《明憲宗寶訓》卷二《明刑》 成化十八年閏八月乙未，巡撫山西左副都御史何喬新劾奏按察司僉事尚敬劉源滯囚之罪，且請通行天下禁約。上曰：刑獄重事也，《周書》曰要囚服念五六日至于旬時特言未得其情者，詳審不苟。如此苟既得之不即結斷，桎梏縲絏，拘繫其身，往往有瘐死獄中者矣。夫其人罪不至死而死，是刑官殺之也。故律特著淹禁罪囚之條，喬新劾奏甚當。其即究治二人，仍令天下刑官皆知所謹，以副朕欽恤之意。

《明憲宗寶訓》卷二《正風化》 成化十八年十一月乙巳，巡撫河南都御史孫洪請禁諸王府以親屬爲婚姻。上曰：婚姻人道之始，禮之大者，不可不謹。矧藩府爲朝廷親屬，宜爲朕遵行，以先天下。著爲令。

《明憲宗寶訓》卷二《正法》 成化元年正月甲戌，上以征兩廣所調番漢官軍及隨行吏士若不嚴加禁約，恐所過騷擾，勑遣監察御史汪霖、劉慶二人分道約束。有犯者聽收考重治，仍械送總兵官號令示衆，干連將領具實劾奏區處。

《明憲宗寶訓》卷二《正法》 成化十五年十一月丙戌，廣西按察使張黼朝覲後歸家久不赴任，爲巡按御史所劾。上曰：按察使之設，所以司一方風紀，常以身率先勤慎其下猶有不事者，況以怠慢導之乎？張黼以朝覲至京黜幽之典，非不親見，不以自懲，乃復歸家眷戀私事，久不赴任，所謂荒廢職務。誠如御史所論，其令致仕，勿復用。

《明憲宗寶訓》卷二《正法》 成化十八年五月壬午，靈丘王府有將軍三人擅出平陽府城，於佛寺止宿，言欲赴京奏事。巡撫山東右副都御史何喬新等以聞，禮部覆議：靈丘王既不鈐束又不舉奏，宜降勑切責，本府教授及守城官亦宜治罪。上曰：宗室擅出王府，朝廷累有明禁，將軍輩乃故犯之，若諸府效尤何可復制，其本府教授并守城官，令巡按御史究

治其罪，以戒其餘。【略】

成化十九年八月壬申，降南京御馬監太監汪直爲奉御，除威寧伯王越名，安置安陸州，革南京工部尚書戴縉、錦衣衛帶俸指揮吴綬職俱爲民，工部右侍郎張順致仕。越等皆附直取富貴，已而事漸敗多見疎斥，至是科道復交劾直八罪請俱逮治。上曰：直等結黨亂政，欺罔弄權，開啓邊釁，排擯正直，引用姦邪，當置重典。姑從輕處治，乃降黜直等，仍追奪越誥券編發，其餘黨七人悉爲民充軍。

《明憲宗寶訓》卷二《定令》　成化十五年二月甲午，巡視倉場監察御史蔣昺言：收受錢糧實户部之事，巡察姦弊乃御史之職，憲綱事例具有成規。今户部尚書翁世資欲令御史與户部委官同收，有失大體，爲非宜。上曰：糧草出納乃户部職掌，舊例御史巡視所以糾察姦弊也，若令御史同事姦弊誰從而革之。户部所言殊乖事體，可寢不行。

《明憲宗寶訓》卷二《崇儒》　成化四年二月辛亥，六科給事中十三道監察御史皆言掌太常寺事禮部尚書李希安發身道士，不宜令預經筵。上曰：經筵之設所以講明道學關係甚重，故侍從皆用文學之臣。希安既非儒流，可罷侍班，但令供禮官之職。

《明憲宗寶訓》卷二《聽言》　成化六年五月甲辰，上欲於西山建佛閣，六科給事中言：天災迭見，且歲荒民饑，不宜興此無益之工，以傷治體。上曰：歲荒民饑，朕所深恤，雖不得已之役猶當停免，彼西山佛閣何益於事，其亟已之。

《明憲宗寶訓》卷二《諭臣下》　成化元年十甲申，都察院决囚失於覆奏，檢舉請罪。上諭六部臣曰：天工人其代之，若事當行而緩於覆奏是怠天也，怠其可乎？自今各衙門一應奏題旨意即明白覆奏，毋得稽緩，五日内不覆奏者，該科劾之。

《明憲宗寶訓》卷三《伸冤抑》　成化元年二月己丑，監察御史趙敔言：往年尚書于謙等爲石亨等設誣陷害，榜示天下，冤抑無伸。其後亨等不一二年亦皆敗露，實天道好還之明驗。今陳循俞士悦等前後俱蒙恩宥，獨正統十四年虜犯京城賴于謙一人保固，其功不小，而已冤死矣，餘亦可憫，乞收回前榜。凡死者贈官遺祭，存者復職致仕，或擇其可用者取用。上曰：自昔奸宄之徒不誣人以惡則不能甚人之罪，不甚人之罪則不能大已之功。朕在青宫稔聞謙冤，蓋謙實有安社稷之功，而濫受無辜之慘，比之同時騈首就戮者其冤尤甚。所司其如御史言亟行之。

《明憲宗寶訓》卷三《兵政》　成化二年三月己酉，南京吏科給事中王讓言南京皇城衛卒多老弱，器械俱朽鈍，都督等官皆不乘馬，且以禁中之地爲蔬圃，宜加禁治。上覽其奏，謂兵部臣曰：南京祖宗根本重地，法度廢弛一至於此，爾等其移文内外守衛官令簡衛兵脩戎器以振揚威武，禁中之地敢有鋤犂污穢者重罪之，武職衰病不便鞍馬者令退任閒住。

《明憲宗寶訓》卷三《戒貪》　成化六年正月癸卯，刑科給事中虞瑶等勘報巡撫四川右副都御史汪浩，鎮守都督芮成相訐事。上命法司會官廷鞫，浩坐因公杖死二十餘人，成縱子索取部内金銀等物，當浩罪贖杖爲民，成還職帶俸。上以浩酷暴杖死人命數多，免贖，責戍獨石衛。成貪財無厭，降一級，帶俸差操。

《明憲宗寶訓》卷三《荒政》　成化七年七月乙未，户部奏請推選風憲重臣二員巡視京畿，并令天下巡撫官及布按二司督府州縣脩舉預備倉以備荒歉。上命副都御史楊璿往直隸順天等八府整理，其餘重巡撫官，無巡撫官處則令司府州縣衛所正官，務在隨宜設法，不許擾民。其司府以下官，有怠慢無成效者，聽巡按御史糾劾。

《明憲宗寶訓》卷三《荒政》　成化二十三年二月戊申，巡按福建監察御史董復以福州等府災傷，乞存留本處勸借塩商銀以備賑濟。户部覆奏言：陝西等處邊報未寧，宜悉起運，以充邊儲。上諭户部曰：前日勸借塩商，正所以備今日之用。况小民既知官府有積，皆日夜嗷嗷仰給於此，今盡取來寧不缺所望耶。宜暫留本處賑濟，如或邊儲不足，爾等當别爲之圖，慎勿顧彼失此，以輕一方民命也。

《明憲宗寶訓》卷三《明賞罰》　成化十年三月丁酉，工科給事中韓文自慶陽還奏：奉勅辨驗得郎中張謹所劾總兵官劉聚等所報功次多虚。上曰：此曹濫殺妄報功次，本宜重罪，但今虜賊既遁，不爲無功。總兵糸將巡撫等官姑宥其罪，報功得實者如例陞賞，疑似難辨者不准亦不問，殺幼男婦女者免逮問俱調發邊遠立功瞭哨五年，虚多者停俸。【略】

〔成化十七年〕十二月乙卯，初廣西糸將馬義毆磐進討八寨以捷聞，既而巡按御史戴中言：既征之後賊猶縱横，且其間有殺同行軍士以爲首級而銀牌銀椀之賜已不貲矣，其所奏功宜勿録。上曰：朝廷念軍功之難未嘗吝惜官賞，顧各邊將士不體朕心，往往有冒功希賞者，今八寨報捷之後賊勢未衰情弊已著，雖從功疑惟重之典，茲不復咎已往，亦勿録其功。惟死事之臣深可悼念，其子孫廕職代役者可各陞一級。【略】

成化十八年閏八月丙戌，巡撫陝西右副都御史阮勤等奏：洮州滿松等簇番賊出沒殺掠人畜，惟分巡指揮馮潔陳文率軍敗之，其委守指揮張翰等皆怠忽事機，宜究其功罪，以行賞罰。上曰：御將之道惟明其功罪以行賞罰，軍旅之間人心自無不服者，使皆如潔文輩勇敢禦敵賊何足滅，而翰等怠忽悞事如此，兵部宜稽其籍務使賞罰明信以爲勸懲。其賊黨方盛，仍令巡撫大臣調兵勦殺無緩。

《明憲宗實訓》卷三《革姦弊》 成化十三年正月壬戌，大興左衛指揮使周廣奏：近年鈔法不行，在京勢要殷富之家往往在於各布政司府州縣公行囑託，其利十倍，乞行禁約。上曰：今後依勢賣鈔并有司聽從者，重罪不宥。令巡按御史糾舉以聞。【略】

〔成化十二年〕十一月戊子，上以天下諸司官吏朝覲至京，姦詐之徒或緣私讎妄相告訐，嚇騙財物，及陰構以事，中傷善良，大傷治體。其朝覲官賢否不同，朝廷黜陟自有常典，亦不許與京官往來交通賄賂營求作弊。命都察院揭榜通行禁約，違犯者概治以罪。【略】

成化十四年正月丁亥，上諭都察院臣曰：京通二倉并各場糧草俱國用所係，近各衛監支官多不守法度，私立大小把總名色，不肯依期收放，故爲刁蹬遷延，以致軍士到倉日久，不得関支。其貪婪委官通同官攢人等，以斛面高低爲名，就中扣除者有之，軍吏人等指以答應爲由於內尅減者有之。及関糧到倉十不得七，以致軍士多饑窘失所，及有官旗舍餘人等倚勢用强，攪擾倉場，需索財物者，似此姦弊非止一端，事覺之日，從重處治。巡視御史及管糧委官坐視不理者，一體治罪。其出榜禁約之。

《明憲宗實訓》卷三《防患》 成化十八年二月壬寅，鎮守山東太監韋焕奏日照縣諸處盜起潛入大山已成巢穴。事下兵部，議請增設巡撫官。上曰：民饑盜起，事勢必然，有司不能撫字於無事之時，豈可不防禦於有警之日。其令巡按御史督三司等官責限擒捕，巡撫官姑不設。

《明孝宗實訓》卷二《惜人才》 弘治六年正月己丑，吏部都察院會同考察天下布按二司及府州縣等官年老有疾，并罷輭不謹貪酷才力不及者共一千四百員，又雜職一千一百三十五員，請如例罷黜并調用。上曰：諸考退官俱照舊例，行其方面知府仍指陳老疾等項實跡以聞，毋虚文泛言，以致枉人。府州以下有到任未及三年者，亦通查具奏。既而尚書王恕等各開具上請，且言府州以下官勤慎盡職者固多，貪鄙無用者不少。貪鄙無用者留一日，則民受一日之殃，若必待三年而後黜之，於彼則固當感激，於民則未免怨嗟。昔人有言，一家哭何如一路哭，此殃民誤事官雖年淺亦不可不黜也。上曰：人才難得，事貴得實，人貴改過。祖宗愛惜人才，凡百官考滿，初任再任，有平常不稱者俱令復職，必待九年然後黜降。今或因一人無根之言而遂革其積勤所得之官，使之泯默不敢伸理，是豈治世所宜有。爾等皆因襲舊弊，不能改正，今姑從所開具者處之。其方面知府，年老未滿六十，有疾不妨治事，素行不謹在陞任之先，及見任不謹罷輭無爲，非本官訪有實跡，或有巡撫巡按只是一處開報，并其餘官員到任未及二年非老疾貪酷顯著，俱留治事。今後朝覲之年，先期行文布按二司考合屬，巡撫巡按考方面，年終具奏，行下該衙門立案，待來朝日從公詳審考察。如有不公，許其伸理。其科道官必待吏部考察後，有失當者，方許指名糾劾。

《明穆宗實訓》卷一《抑近習》 隆慶三年六月壬午，初御用監太監趙遷劾工部主事劉佩違納鈔税，擅留皇船，事下工部，行山東巡按御史勘詳以聞。至是御史羅鳳翔奏遷語受之湖州通判仝祉，祉初以部運私裝貨物爲佩所持，因族遷，以禍中之。佩無罪，當反坐祉，而責遷誤聽之過。上是之。

《明穆宗實訓》卷一《聽納》 〔隆慶元年〕九月丙辰，兵科都給事中歐陽一敬等巡視京營，給事中孫枝、御史韓君恩等各上疏言：内臣不當坐營，且團營裁革已久亦無可坐，乞追寢前命。上以示輔臣，徐階等言：太祖時原無團營，團營之設起於景泰年間，至嘉靖二十九年已經先帝裁革。特以《大明會典》脩於正德中，未及明載。今内臣委無團營可坐事體有礙施行，言官所言無非仰望皇上遠遵太祖之初制近守先帝之定制以應俯從。上不悦，因詰階等何故不奉詔令，且以意對。階等對言：皇上有旨臣等豈敢不遵，但團營先於嘉靖二十九年先帝因虜賊入犯懲戎務之廢弛。考太祖之初制將團營裁革，內臣取回，數年以來事權稍得歸一，操練漸覺有效，良法美意誠萬世所當遵行者也。今命內臣坐營，若據見在之制則已無營可坐，若必欲用內臣則須將先帝定制盡行更變，不惟臣等不敢，竊惟聖心亦有所未安者。且團營始於景泰革於先帝，臣等下情實願皇上惟以先帝爲法，是以昨蒙發下科道之疏輒有陳奏，無他意也。上納其言，遂命罷之。

《明穆宗寶訓》卷二《專委任》〔隆慶二年〕七月戊申，巡按直隸御史劉翾、巡視山海関御史孫代上言：近都御史譚綸獻議，欲以練兵事專責之總督，不令臣等與聞。夫臣等既受命閱視，則兵之練否，所宜糾察，而綸果於自用逆折人口惟上加裁定。於是兵部都察院覆言：補練責之總督，所以重事權，閱視聽之憲臣，所以稽實効，彼此各不相妨。宜令協恭和衷，共濟國事。而綸與總兵戚繼光必稍寬以文法，俾得自展。上然之。命悉以兵事付綸，御史每歲一巡視，三歲一報功，其餘將官竝聽舉劾如故。

《明熹宗寶訓》卷三《嚴計典》天啓四年三月己卯，吏科都給事中阮大鋮言：今日民窮財盡極矣，而不肖者尚恣攫取以朘其生，間省提問者往往虛應了事。請自今嚴著爲令，凡撫按論劾各官贓私，見任追之任所，去任追之原籍，載入考成，轉解户部。若慮開報過實，不妨於中量免，以示寬政。至于歲終，仍著户垣考成起解贓銀完欠，如梗玩不解不如數者并將地方官從重条處，以爲黨庇之戒。上曰：貪吏提問追贓令甲甚嚴，著通行申飭撫按各官論列處分，即行定擬追贓，贓銀照限查核，有不遵的即係不職。著該部条處。【略】

〔天啓四年〕四月丁酉，禮科給事中劉懋言：民日益貧，吏日益黷，宜令道府廳官每月報所屬州縣廉貪昏明事件于撫按，一月一冊，巡歷之日即照冊開面詰。若他有所訪，他有所犯，則開者之貪昏可知，一體罷斥。撫按不妨異同，不必會稿。薦者止如舊額，劾者不妨倍加。上曰：這本説吏弊民隱最悉，撫按官薦劾不當貪廉何所懲勸。道府開報連坐，前已有旨，這所奏一併申飭著實行。

（清）谷應泰《明史紀事本末》卷一四《開國規模》〔洪武六年〕冬十月壬辰，令考究前代糾劾內官法。

（清）谷應泰《明史紀事本末》卷二八《仁宣致治》〔永樂二十二年十二月〕命刑部、都察院、通政司，自今內外官貪贓者，録其姓名藏于官，以便稽閱。

《明史》卷二《太祖紀》〔洪武六年二月〕壬寅，命御史及按察使考察有司。【略】

〔十年秋七月〕是月，始遣御史巡按州縣。

《明史》卷五《成祖紀》〔建文四年八月〕丁巳，分遣御史察天下利弊。

《明史》卷六《成祖紀》〔永樂元年六月〕癸丑，遣給事中、御史分行天下，撫安軍民，有司奸貪者逮治。

《明史》卷八《仁宗紀》〔永樂二十二年十一月〕丙子，遣御史巡察邊衛。癸未，遣御史分巡天下，考察官吏。

《明史》卷一七《世宗紀》〔嘉靖元年〕夏四月壬辰，命各邊巡按御史三年一閱軍馬器械。

監察官員選任分部

論說

（明）王廷相《浚川奏議集》卷八《奏議·遵憲綱考察御史疏》 爲遵聖諭，定條例，嚴考察，以新風紀事。臣等伏覩嘉靖六年八月内，皇上勑諭都察院有云：正統六年，英宗皇帝詔：中外風憲係綱領之司，須慎選識量端弘，才行老成者任之；其有不諳大禮，用心酷刻者，竝從都察院堂上官考察降黜。成化七年，憲宗皇帝欽准事例：巡按公差御史回京之日，本院堂上官仍依舊例，查勘考察保結稱職者，具奏照舊管事；若有不稱，奏請罷黜。近年此例雖存，不聞劾罷一人。蓋因堂上官不能振揚風紀，反爲屬官所制，避讒遠怨，以致人心怠弛。今後巡按滿日，務要嚴加訪察，果無贓私過犯推姦避事等項實蹟，取具該道結勘明白，方許回道管事。若有不識事蹟，不許朦朧具奏，照例奏請罷黜。欽此，欽遵。臣等伏讀之餘，仰見皇上慎重風紀之司，必欲御史得人，使德化宣流，生民得所而後已，真帝王之盛典，萬世之所當守也。臣等查得御史出巡舊規，除盤糧等差，與給事中同行，互相關防，免其考察外；其餘巡按巡鹽巡關巡茶清軍刷卷印馬等差，一年滿日，及事完回京，各具行過事蹟，御前復命，仍備呈都察院，考覈出巡有無贓犯及乖違等項違碍，劄仰該道從公保勘，委無違碍，方許奏准，照舊管事。但御史出巡，責任甚多。今考察之例，止言贓犯乖違，未曾明具條件，使御史無所據守，以之盡職，本院無所憑藉，以之覈實；漫言指摘，似爲未便。臣等議得：今後御史出巡，回京考察，除犯該贓私，據有實蹟，照例奏請提問，及過違限期，照依舊定水程查筭外；今將關係職守之大者六事，定爲出巡規格，凡御史有差，備開載於劄付之内，行令一一遵守，照欵考其脩否，以別勤惰。臣等另有訪察，不在此限。如此則御史目覩耳聞之餘，必能警省惕勵，無怠職廢事之愆；而朝廷之風紀，亦於是乎振揚矣。臣等欲候命下，咨行各巡撫都御史，劄行十三道並各巡按等項御史，各一體欽遵施行。緣係遵聖諭，定條約，嚴考察，以新風紀事理，未敢擅便，具本開坐，謹題請聖旨。

計開

一、除姦革弊，御史之職。方今天下官邪民玩甚矣：錢糧出納之侵欺，驛傳往來之氾濫；里甲困於無藝之供，糧長苦於應官之饋；巡鹽即販私鹽，捕盜與盜通贓；入官有見面之錢，管事有常例之賄；假以公用而科歛任情，指稱修理而罰金無度；吏典受賄而文書不行，豪富通財而差役得免；隱姦蓄慝，不可枚舉。近年以來，御史出巡，惟務作威作福以聳人之耳目，不事廣諏博採以察下之隱微。況巡歷所在，止二三日，飄風驟雨，一過不返。若不用心體察，民間姦弊深隱，何由以知？合無今後御史出巡，務要悉心廉訪，但有姦弊發露，即當置之法理，使按屬之地風清弊絶，以副皇上救弊衈民之心；回京之日，仍將革除過各項姦弊事由，開造文册呈院，以憑考察職業修否。

一、伸冤理枉，御史之職。切惟推情訊獄，非上智之才，公平之心，鮮有能得其真者。況權勢之家，問官懾於利害；富豪之室，賄賂靈如神明；朴實之民，鈍口奪於狡佞；酷暴之官，殺人輕於草菅；麤疎之吏，才情拙於淑問。由是情僞莫分，冤枉無愬，小民不得其生者多矣。既不能體皇上好生之心，且有以干上天至和之氣，致災召眚，莫不由此。合無今後御史出巡，務要慎明刑獄，及一應詞訟勘問之事，虛心推理，緣情求實，但有枉抑，勿拘成案，即與伸理，使按屬之地，刑罰得理，獄無冤民；回京之日，仍將伸理過各項冤枉事由，開造文册呈院，以憑考察職業修否。

一、揚清激濁，御史之職。切惟御史爲朝廷耳目，出巡於外，人才臧否，賴之采訪，部院考察憑之黜陟，其關係至重也。近年以來，御史旌舉司府州縣等官，不問其人品高下，立心行事曾有卓異政績與否，但見其奉承齊備，禮貌足恭，便以爲好，即一槩濫舉，多至數十餘人，致使賢否同途，薰蕕竝器而不辯。其所糾者，類取一二塞責，甚至糾及縣丞典史等官；其大貪大姦蠹政而害民者，則以鄉里同年親故之情，掩蔽而不發，惟念私情，全不爲國，大壞風紀，於斯爲甚。合無今後御史出巡，於司府州縣官員，務要即事察政，即政察心，果見其人品高明，心術正大，政事卓異，在司府官斷可爲公輔之臣者，在州縣官斷可爲科道郎署之臣者，方許薦舉；其中人以下，平常之才，止可註在考語，不得渾同高流，以辱薦章。其所糾劾，首先貪酷殃民不法之人，次及罷軟無爲，老疾之輩，務要據其實跡，奏行罷黜，不許挾私報怨，以害賢善。回京之日，備將舉劾過各官賢否實蹟，造册呈院，以憑考察。若才賢者，以不能奉承，舍之而不舉；中才平常之人，反挾雜一二，以盡私情，及大貪極酷，隱蔽而不劾者；臣等體訪得出，考以不職。

一、本院劄去巡按御史勘合公文，皆關係地方重大事情，及官民冤苦奏詞。有等公勤盡職御史，督行二司及守巡官員，一一依期完報。其有等漫無才志者，則悠悠度日，傳食郡縣，多致緊急事情廢閣不省。又有等乖猾利巧及阿私偏黨者，每遇干係利害之事，則推託閃避，遲留而不爲；干碍御史糾劾不實者，雖容易勘明而不報，以致終年累歲，事無歸結，此等御史，尤爲不職。今後差去御史，按管承行，凡先次御史勘合，務要作急勘報；其自己任內劄付者，除滿前兩箇月待續差御史勘完，其餘十箇月內，務要一一勘明銷繳；回道之日，備將先差御史及自己任內勘合開具已未完數目，造册呈院，以憑考察。其有邊夷等項事情，難於提人行勘者，亦要明白開造。

一、監察御史出巡，所以上宣德意，下達民隱，風四方，貞百度，此大節也。爲御史者，必須清修簡約，鎮静不擾，庶足以安民格物，以振風紀。近年以來，御史出巡在外，動輒人馬千百，擺列兵衛，吹打響器，以張大聲勢，擅作威福；又隨帶府縣能幹官員及乖猾驛丞十數不等，以備任使，導從如雲，飲食若流，全無清約之節，反生騷擾之害。所至州縣，計其一日之費，每至百數十兩，本爲安民而反以勞民，欲振風紀而反壞風紀。此等御史，乃淺陋無識，從假聲於外以自大，求其中未必有者也。合無今後御史巡歷郡邑，務要安静不擾，本等導從，皂隸之外，並不許多用一人。其府州縣驛丞等官，亦不許隔境隨從迎候，以爲有司之害。違者，許巡撫巡按互相糾劾。臣等察訪得實，回道之日，考以不職。

一、巡撫巡按兩相和協，則能開誠布公，以共成王事。近年以來，輒因小忿，遂成嫌隙，至相訐奏，安望其同心戮力，有益地方乎？臣等嘗求其故，皆巡按御史無禮不遜致之。都御史正坐，御史旁坐，禮也。近年以來，御史每與都御史上下賓主坐矣。都御史前班，御史後班，禮也。近年以來，御史每與都御史同班並列矣。豈非執法者不法，貞度者無度乎？巡撫柔和忍事者，則隱忍而不與之較；若遇剛毅正直者，則必與之相講；講論不從，則嫌隙成矣。由是巡撫所行者，巡按則不行；巡按所允者，巡撫則不允。官吏人等答應巡撫者，巡按則惡之；答應巡按者，巡撫則惡之；至有無罪拏問，因而革去職役者。撫巡自相搆隙而禍及平人，豈不冤哉。以斯人所行，乘勢驕傲，爲患如此，欲望一方政令之平，民庶之安，胡可得哉？臣等以爲《春秋》之義，王人加於諸侯之上，禮也。巡按御史在三司則可，在巡撫都御史則不可，何也？都御史列銜内臺，奉勑巡撫一方，非在外守土之臣可比也。地方事情可以共議，而名分體統則不可越。近日本院題准都御史正坐，御史隅坐。臣等以爲此只以私情非禮議處，非所以論於朝廷之上也。若據禮制名分，御史仍當旁坐，仍居後班爲宜。合無今後巡按御史，不論副都僉都，其坐旁坐，其班後列，以正體統。若有仍前不遜者，臣等察訪得實，回道之時，考以不諳憲體，奏請降調。嘉靖十二年八月初三日，奉聖旨：覽奏，足見振揚風紀，深切時弊，都依擬，務要着實舉行。内除姦弊一事，還查照前旨，不許假以訪察爲由，誣害平民。其餘未盡事宜，着遵照《憲綱》，備細申明來説。

（明）卜世昌《皇明通紀述遺》卷五《宣宗章皇帝》〔宣德七年七月〕蘇州知府況鍾言：《憲綱》有云：御史所至之處博採諸司官吏廉勤公謹者，禮之薦之，汙濫姦佞者，威之糾之。勸懲得體，人自畏服。至於御史與外官相見禮儀，及凡迎詔勑請學校皆有一定禮制，比來各處公差御史多有逆越禮分，各府知府亦自顧闒茸貪暴，畏其糾劾諂諛拜跪甘受詈辱。間有奉法持己不肯阿屈者，御史輒求小過，擅作威福，使賢良不安於位，而邪佞得以苟全。伏乞禁約。上命禮部同翰林院會議申明。

（明）卜世昌《皇明通紀述遺》卷一〇《世宗肅皇帝》〔嘉靖十二年〕八月，都御史王廷相因考察差回御史條例六事以聞：一、御史職在除奸革弊，今天下官邪民玩甚矣，而御史出巡祗作威福以聳觀聽罔事咨詢以察下情，自今按部但有姦弊發覺即置之法，以肅風紀。一、御史職在申冤理枉，今權門利害如響，富室財賄通神，鈍口奪干佞詞，人命輕於酷吏，自今務虛心推鞫，但有冤獄弗拘成案即與辯明。一、御史職在激濁揚清，近所奏薦不問人品第取趨承，至於論劾頻以一二質訥少文者塞責，其奸貪蠹耗反以私意掩之，自今宜覈實考察，舉刺必合公議。一、御史所奏勘合公文類皆重大事情及官民冤狀，其漫無才智者悉廢閣不省，而利巧偏私者每遇事干利害，即推避稽留以致竟無歸，自今須一一勘明銷繳，其最後二月付之代者勘報。一、御史責在清修簡静，邇者按部所出導從如雲，而又多挾屬吏供億不貲，自今直省約騎從禁止迎送，屬吏亦毋越境參隨以爲民擾。一、撫按責在協和共襄王事，邇者動以小忿遂致構嫌，多以按臣不遜致之，自今按臣之於撫臣無論僉副必側坐後班以正體統，其有不遜如故者即以不諳憲體奏請降調。上嘉之。

（明）王世貞《弇州史料後集》卷三一《國朝叢記・勒科道相糾》

嘉靖六年七月，禮部右侍郎桂萼言：兩京科道官宜照憲宗朝例互相糾劾以清言路。下吏部覆言：弘治十七年有之，憲宗朝則無例。且萼疏出於言官論劾之後，跡涉報復，恐無以厭衆心。詔不許。萼復言：此成化三年三月《憲綱》事例也。詔切責吏部，仍令科道互相糾劾。吏科都給事中王俊民等，御史劉隅等言：今六科已去四人，十三道已去十人，比之諸曹不爲不嚴，使有遺漏，安敢緘默。上怒切責俊民隅等，奪俸有差。而令吏部都察院覆覈。擬江西道御史儲良材不謹當閒住，兵科給事中劉良御史王道曹弘浮躁當謫。詔：良材如擬，劉良留用，王道曹弘既終養不必考，獨謫兵科都給事中鄭自壁、户科給事中孟奇降二級調外任。而責部院徇私掩覆，仍責再考。刑科給事中余經、御史任鈿浮躁，御史楊瑞張鵬翰不及，降一級調外。十月南京給事中方紀逵等劾先任御史趙洸不職，御史毛麟之劾先任吏科給事中彭汝寔、先任户科給事中顧溱不職，吏部覆俱革職閒住。十二年四月，科臣劾御史張相鄭洛書汪似李循義蘇信，臺臣劾給事中張潤身饒秀商大節曹汴徐俊民戴儒各不職。詔：相、洛書、似、秀、儒俱閒住，信、大節、汴各降一級調外，循義、潤身、俊民留用。仍令吏部覆覈。都給事中魏良弼、御史段汝礪陳亶唐愈賢俱不謹。都給事中李仁，給事中郭應奎秦鰲劉望之葉洪，御史王重賢余鞠邵幽吴麟王朝用俱浮躁。給事中李鶴鳴傅學禮，御史施山張澍許廷桂周寵徐淮王橋萬夔詹寬蔣瑜俱不及。詔：黜調俱如擬。時給事中饒秀爲臺劾，乃劾御史王重賢段汝礪施山鄭洛書周寵徐淮許廷桂萬夔張澍各貪污闒冗，又劾通政司右參議兼給事中李鳳來、都給事魏良弼奸貪誤國，又言鳳來每同考功郎中余胤緒及御史浦鋐段汝礪於御史張禄家私會。都給事中戴儒亦劾御史周寵吴麟朱孔易不法事。吏部覆疏内言：鋐等私會以考察詢訪，非有他也。詔：責吏部更議。於是鳳來鋐禄俱閒住。六月，南京科臣劾御史張鳳翀賈世祥，臺臣劾給事中何祉。俱詔：冠帶閒住。尋以所劾官俱非見任，責令再劾。七月，給事中朱潤等劾御史劉景蒙劉宗仁，御史王密等朱潤，給事中王希文李士文。部覆：希文革職，景蒙降外，宗仁士文潤留用。

考桂萼舉成化三年蓋在八月内巡撫延綏，都御史員缺，吏兵二部會推都給事中黄甄、御史魏瀚俱堪任，而十三道御史會劾二人俱不堪。上責吏部覆覈，令瀚降一級，與黄甄俱調外任。且曰：科道言官其中豈無行止不端如二人者，比令各科舉來聞。於是御史劾左給事中董振、右給事中紀叙、給事中王秉彝侯祥，給事中劾御史騰霄曹英姚綬。御史降知縣，給事降州判官。弘治十七年卻無所謂科道相糾劾事，惟吏科給事中吴彝、户科給事王蓋論劾吏部尚書馬文升、左都御史戴珊陰私事。於是御史馮允中等劾彝蓋自知考察當黜預污其當事以爲脱罪。地下錦衣衛究問，部院查其事跡以聞。彝爲民，蓋冠帶閒住，僅如是而已。

綜述

《皇明詔令》卷二一《今聖上皇帝下・初上皇天祖考尊號詔嘉靖十七年十一月二十一日》 一、近年各處巡按御史及二司守巡官員，在外擅作威福，凌虐下司卑官，所在科索民財，饋送供億，及故違節年詔旨。訪察害人的二司官，著巡按御史敕奏；御史著都察院考察，俱黜退不叙。詔書到日，但係訪察犯人，即時釋放。

一、各邊將官並各處軍職官，近年以來，各巡撫都御史及巡按清軍、巡關、巡倉各項差出御史，往往捃摭細故，動輒參敕前來，兵部無所皂白，便稱查訪相同，即時奏革。及至推補，卻又仍用各官保薦，多係在前劾退閒住之人。此不過市權要賄，朝四暮三，何曾有益國事？况武職俱由先世軍功，大小有數，非如文官出身多途。今數數更易不常，是使人無固志，旦夕苟且，自保不暇，豈能奮身報國？今後撫、按等官，宜各秉忠謀，務持大體。其餘邊將、軍官，宜存作養愛惜之意，不許輕易任意參敕。兵部亦要酌量事體，不許一概奉行，重取物議。

一、兩京科道官，均有言責，近來全不舉職，往往遇事緘默容隱。及至有言，卻又浮泛乖刺，不當事理，有負朝廷耳目重寄。今後各科給事中及在道御史，著專一舉正各衙門欺弊，糾察官邪。不問內外文武大小官員，但有貪酷奸邪，徇私壞法者，即時指據實跡，明白劾奏。

一、各處地方災傷，小民困苦。朕思一夫一婦，皆吾赤子，司府州縣官，今後務要加意撫摩愛養。如有貪酷官員，違例取財，非法用刑，破人家產，戕害人命者，巡撫、巡按官指實奏來，處以重典。所獲贓賄，盡追入官。撫、按官坐視不舉，事發連坐。

一、科道官互相糾劾，原非定制。近年拘例塞責，往往挾私報復，排擠善類，甚非治體。今後不許互糾。其給事中、御史賢否，著吏部、都察院從公考察。

一、近時各處撫、按官，舉劾官員賢否，極爲泛濫，往往將陞任年淺、不當保舉者，掇名於前。每舉不下數十人，一人保語不下數十字。及奏舉遺聞，則盡境內之人，并書薦剡。公私心跡，覽疏皎然。吏部不以爲非，都察院不考其過，以致臧否不分，舉錯倒置。今後敢有仍前濫舉，甚至當劾而舉，當舉而劾，及撫、按官舉劾異同者，該科不行糾奏，一體究治。

（明）黄訓《名臣經濟録》卷一四《内閣·嘉靖登極詔草楊廷和》　今後照依舊例，給事中有缺，於進士内考選奏補，御史有缺，進士與行取人員相兼考選除授。

《大明會典》卷二〇九《都察院·急缺選用》　洪武元年詔：御史臺監察御史、提刑按察司，耳目之寄，肅清百司。今後慎選賢良方正之人，以副朕意。合行事宜，仰中書省、御史臺集議舉行。宣德三年令：都察院選進士監生教官，堪任御史者，於各道歷政三箇月，考其賢否，第爲三等。上中二等，授御史。下等，送回吏部。正統四年令：凡都察院各道監察御史并首領官，按察司官并首領官，自今務得公明廉重，老成歷練之人，奏請除授。不許以新進初仕，及知印承差吏典出身人員充用。又令：御史缺，從吏部於進士、監生、教官、儒士出身，曾歷一任者，選送都察院，理刑半年，考試除授。六年奏准：凡御史員缺，於行人、博士、知縣、推官、斷事、理問，及各衙門司務，各按察司首領官，進士監生出身，一考兩考者，吏部揀選送院，問刑半年，堂上官考試除授。景泰六年奏准：進士年三十以上，并歷事聽選監生原係舉人者，及考滿在部教官該陞者，通取赴吏部考選試職。一年滿日，仍從本院堂上官考察實授。不堪用者，送回吏部別用。成化十年令：御史缺，選進士年三十以上者，問刑半年，考試除授。博士行人推官知縣兼選，仍試職。二十年奏准：試監察御史一年已滿刑名未熟，再試半年，仍前考試實授。弘治元年奏准：行人知縣等官送都察院理刑半年滿日，聽本院考察。各註考語，連人送吏部，查照選用。六年奏准：御史員缺，不必限定幾年一次行取。但缺至八員以上，會同吏部考選，照原職分送理刑。或理刑半年，或試職一年，本院仍考其堪任者除授。嘉靖三年題准：試御史丁憂復任，不預會考者，雖未及半年，題請實授。六年奏准：御史有缺，兼取主事評事資望相應者考補。二十五年題准：兼取南京國子監、太常寺、博士等官考補。隆慶四年題准：取歷俸將及三年中書行人，并已及三年博士助教等官，及各部員外郎主事選改。萬曆二年令：各部員外郎，不准改授御史。三年令：試御史務照舊例，一年滿日，方考實授。

《大明會典》卷二一一《都察院·回道考察》　正統六年詔：中外風憲，係綱紀之司，須慎選識量端弘，才行老成者任之。其有不諳事體，用心酷刻者，並從都察院堂上官，考察降黜。十四年令：御史差回，都察院堂上官考其稱否具奏。成化六年奏准：各處巡按御史，俱要親理詞訟。仍將本院遞年發去勘合逐一問結繳報。御史回還，備開接管已未完勘合件數，具呈本院查考。七年奏准：巡按公差御史回京，本院堂上官依舊例查勘考察，保結稱職者，具奏照舊管事，若有不稱，奏請罷黜。弘治十年奏准：各處清軍并巡按等項御史回京，本院考察，果有不職事跡，及過違限期者，參奏罷黜。嘉靖十七年詔：巡按御史及兩司守巡官，在外擅作威福，故違節年詔旨，訪察官人者，二司官聽巡按御史劾奏，御史聽都察院考察。二十七年題准：巡按御史接管承行先次御史勘合，俱要作急勘報。其自己任內劄付者，除滿前兩箇月待續差御史勘完，其餘十箇月內務要一一勘明銷繳，回道之日備開已未完數目，造册呈院，以憑考察。其邊夷等項事體難於提人行勘者，亦要明白開造。

巡按御史滿日造報册式嘉靖十三年定。

一、薦舉過文武職官若干員。如各官廉勤公謹，俱要指摘所行實事若干件開報，不得用籠通考語塞責。

一、禮待過文武職官若干員。凡各官賢能，以何政事奬勵，明白開報。

一、糾劾過文武職官若干員。如各官汙濫姦佞罷輭等項，俱要指摘所行實事若干件開報。

一、戒飭過文武職官若干員。將各官誤事等項件數，明白開報。

一、舉明過孝義節婦若干起，俱要開具查勘過實事緣由。

一、問革過文武職官若干員。凡各官所犯情罪，俱要開具畧節招由。

一、查理過倉庫錢糧若干數。舊管新收開除實在，逐項明白開報。

一、提督過學校生員，要將作養過人材，後日堪爲世用者若干名開報。

一、興革過軍民利病共若干事。如某處興某利，某處除某害，逐一開報。

一、存恤過孤老若干名口。要將各府州縣收入養濟院見在人數，各廢疾并無依緣由開報。

一、會審過罪囚若干起。如審允轉詳處決，及辯理過原擬罪名，俱將各犯畧節招由開報。

一、問理過輕重罪犯若干起。凡凌遲斬絞徒流杖笞等罪，各計若干名口，具實開報。

一、追過贓罰若干數。如還官、入官、贖罪、給主等項，逐一明白開報。

一、督捕過境内盜賊若干名。凡各府州縣官，於某年月日，獲過强竊盜名數，具實開報。

一、督修過城濠圩岸塘壩共若干所。要將某官於何年月日，修過某處塘圩等項，明白開報。

一、禁約過囑託公事若干起。凡按屬地方，有無拏獲權豪勢要，本土刁民，挾制囑託者，具實開報。

一、禁約過非法用刑官若干員。凡所屬軍民職官，有用非法刑具，殘害人命者，除叅問外，仍須指實造報。

一、禁約過剋害軍士若干起。凡拏問過所屬管軍官旗人等，剋減月糧，索納月錢等項情弊，逐項開報。

一、禁約過倉糧姦弊若干起。凡各府州縣倉厫處所，曾經拏獲包攬侵盜之徒，具實開報。

一、禁約過軍民刁訟若干起。所屬地方，曾經拏獲教唆健訟刁徒，各誣害過良善事蹟，逐件開報。

一、禁約過科害里甲若干起。凡所屬州縣等衙門官員，不體小民貧苦，專務奢侈行事，浪費民財，不知節省，甚至科取侵用。除拏問外，仍指實開報。

一、禁約過罰害軍民若干起。凡所屬官員，若有指稱修理，恣意罰害軍民者，除叅問外，仍指實開報。

一、禁約過淹禁罪囚若干起。凡司府州縣衛所，如有不才官吏受賄聽囑及庸闒不能訊決，將輕重囚犯淹禁日久不理者，除叅問外，仍指實開報。

一、禁約過科差姦弊若干起。凡各府州縣掌印官，派科點差。或有任用姦邪，聽受賄囑，偏私不均者，除叅問外，仍指實開報。

一、禁約過土豪凶徒害人若干起。凡所屬地方，曾經拏獲凶惡土豪倚恃族大，或假仕宦勢力，聚衆執持凶器，圍繞房屋，欺打良善，或至搶檢家財姦淫婦女者，逐事逐名開報。

一、禁約過賭博爲非若干起，凡所屬地方，曾經拏獲有等好閒之徒，聚集賭博，因而爲非者，逐起開報。

一、禁約過民間奢侈若干事。凡所屬地方，曾經拏問過婚喪踰禮，服舍違式，及羣聚宴會，盛張糖卓，繁供餚饌，以奢僭壞民俗者，各逐起開報。

一、完銷過勘合共若干起。要將接管并自奉各項勘合，已未完數目緣由，明白開報。

按察司官造報册式附

一、每季終，將所屬州縣驛遞等衙門，各應付過關文夫馬船隻廩給，并錢糧數目，備細造報。

一、每季終，將巡按御史并布按二司官，巡歷地方有無導從兵快人馬衆多，及隨帶官員人等盛設飲食供帳之具以勞州縣等項，開報。

一、每季終，將巡按御史并布按二司官各巡歷地方，及回省日期，開報。

一、每年終，將本司官行過事蹟除薦舉禮待糾劾戒飭文武職官，及舉明孝義，完銷勘合外，其餘與巡按御史同者，共二十一件，備細開報。

一、每年終，將奉到府部院一應勘合已未完數目，開報。

一、每年終，將所屬府州縣衛所等衙門查盤過各倉積貯稻穀多寡數目造報。

一、每年終，將各衙門見役吏典備細腳色并問革過吏役招由，造冊備考。

一、每年終，將所屬地方已未獲盜賊數目開報。

一、每年終，將問過充軍犯人姓名鄉貫要緊畧節招由，編發過衛分，起程日期，造冊奏繳。

一、每年終，將所屬地方疏通過水利緣由造冊申報。

一、每年終將追解過贓物數目備造奏報。

（明）佚名《條例備考》卷二《都察院・議掌道及專管考察御史三十八》 一、都察院題該巡按直隸監察御史吴悌奏爲專職掌以振風紀事。奏稱十三道掌印御史更代不常恐非法體。每更一道或一月而二三其人，或一事而先後其手，緣此官無相師之規，吏無專事之役，以致文卷散逸，臺評欝塞，吏胥偷墮廢事以爲掌道不專之弊。又稱河南道職在考察，關係特重，故本道推舉各道年深御史掌印蓋慎之也。今簡賢之義未明，久任之法莫立，徒以其年而已，計資遞遷終無抵定。況來歲適當考察京官之期，乃天下賢否進退世道升降倚仗之機，所在非可細。故視者又稱吏部所與冢宰相可否是非以進退人者乃考功司郎中也，都察院所與都御史相可否是非以進退人者掌河南道御史也。乞要將河南道掌印御史於各道年深御史中衆合衆論推舉一員專管本道，以後雖有年資稍深而才望不相上下者毋得輒議更改。其各道掌印御史有缺即於考察疏內坐委承掌，仍須先儘本道次及別道。其差遣仍畧限以掌道年資以爲酌擬各一節。除所言無稽，畧而不論外，臣等查得各道御史官同一衙非如別衙門設官有大小掌印有定員可比，以故百凡惟以實授名次先後爲官序。如本道有缺先儘本道御史掌管，如本道御史有二三員在道先儘入道年深者掌管，其餘委掌別道。若別道御史年深者回道必須掌管本道，其見掌道者例應退遜仍回本道聽掌別道。此事體之大順，理法之中行，永永不可易者。若各道御史掌管已定，有巡按中差事竣回道者又係年深之人，既不得掌管本道又不得掌管別道，是資淺者得以躐等而年深者反棄而不用，其於事體官序人情未免有乖，此不可常掌者一也。又如監收大木，監視大工，點閘京營，兩京刷卷等項大差，舊例一遇有缺皆於掌道御史中推選年深者請旨點用，此事體之必然，不得以掌道之故而不差者，此不可常掌者二也。又如巡按回道中差回道及實授在道御史舊例皆得掌道，巡按巡茶印馬刷卷巡倉巡鹽清軍巡關有缺，必須於掌道御史中差遣，計一年之内差用御史更替不下四五十員。若專掌道，此等差遣不可停止，又無餘剩御史以備奏擬豈不悮事。此不可常掌者三也。此皆事勢不得已者，雖參差難於齊一實並行而不相背，故歷年以來遞相循襲不能更改，非不能更改，有不可改也。況各道職掌其大者各處撫按題奏已成事件，各道御史不過呈堂覆題而已，一時鞫問止是各處奏本人犯越關不應之罪，殊無緊要事情。時有大事奉旨推問亦不過百分之一耳，有經歷司簿書稽查，有堂上官案呈催行，即使掌道御史數易亦不見有廢閣害事，何若於舊規之不可行而徒事於更張滯礙之紛紜乎。其河南道掌道御史舊規亦惟年深御史掌管，若必欲簡論賢否勢亦難行。蓋御史至於年深必是中差巡按二三次者，更事既多識見亦定，其餘考論人之賢否一節亦未必不稱。且人才超越出衆者常少，其餘中人皆不相上下，若不論其年資而惟事於簡選，將見所選者未必過人而其法已涉於可議矣。況自啓徼倖不遜之門而日長其奔兢爭奪之風乎。又稱河南道御史職在考察，與吏部考功司郎中與冢宰相可否是非以進退人材相等。此不知考察事體者也。吏部當考察之時，惟考功司郎中得與其事，文選等司官皆不得干與。都察院考察之時，十三道掌道事御史皆得與聞。以御史之職均有監察彈劾之司而出巡在道聞見廣博，故皆得與採訪之列。河南止是考課一事寄於其道，而考察内外官員與各道相等，實不得專主如考功司也。此歷年以來事體如此，今欲選擇一人掌道專主考察，恐一人之見疏漏者多，亦非集衆思廣忠益盡善之道也。所據御史常掌道事與夫選擇河南道御史專管考察俱涉滯礙，覆奉欽依，仍照歷年舊規施行。

（明）史繼辰等《增修條例備考》卷三《都察院·差出御史寧稍寬限不許托疾十四》 一、萬曆二十二年二月内都察院左都御史孫題爲議處御史告病以肅風紀事。内稱御史患病，奉旨不許輕放。近查見在止五十七員，養病至三十二員。嘉靖間養病者甚少，非御史不病也，蓋緣御史巡方入京有限以防其怠，出京勿論以卹其私。自萬曆初始以入限定出限而病者紛然告矣。若不調停，將有不勝其煩者。如御史顧龍禎擬差廣東，妻頂病已似不得不聽其瘞。宋興祖應差遼東，原籍四川，計徃返送家眷路遥限迫豈能縮地。與其因情告病限以歲計，何如因事稍寬限以月計，官守無妨内顧亦濟。合無將顧龍禎寬限，令其瘞妻，宋興祖寬限，俾得送家眷。以後奉差御史入京之限，原屬單騎照舊遵守外，其出京之限果有苦情，如龍禎興祖者，容臣酌量題差疏内稍爲寬日。再有告病非真痾沉不輕。題請。奉聖旨：是。奉差御史既酌量寬限，以後如再有托疾避事的着就爲民。欽此。

（明）史繼辰等《增修條例備考》卷三《都察院·酌定御史掌道按差巡視事規十二》 一、萬曆二十一年閏十一月内都察院左都御史孫 等題爲懇乞聖明酌舉臺章舊體以圖澄清事。内稱掌道御史風紀之總會也，相習爲乍掌乍更；巡按御史省直之具瞻也，相習爲重内輕外；巡視御史畿會之首善也，相習爲月易季易。如是而望以澄清，誰其任之。謹攄千慮仰塵上覽。一曰，御史掌道數易非體，當專其任使，使掌河南道者兼管福建道，掌浙江道者兼管雲南道，掌山東道者兼管廣西道，掌江西道者兼管四川道，掌山西道者兼管廣東道，掌陜西道者兼管湖廣道貴州道，一如河南道考察不變之體，而道有定掌焉。掌道之御史仍用年深，先三差回者，次兩差回者，又次中差回者。俱照隆慶二年事例劄委掌管一年爲滿，即准筭差。倘遇缺人差用亦必掌踰半年始更易之，而又立交代公私文簿以稽職業。斯則道務掌有定員，事有專屬，所當議者一。二曰，御史按差多無定體宜仍舊貫。順天即近，不專資深以防擇人。廣貴即遠，不差初授以防擇地。江浙即大，不再酌量以防擇差。不中差者，非甚缺人，不按差焉。不歲滿者，即甚遐方，不擬代焉。不循次者，非果南北原籍不易處焉。差鮮躐等人乏欲速豈非光明正大之憲猷乎。所當議者二。三曰，御史巡視不專，爲喧閙設者，事有奸弊，依法送理，正統間例也。禁約賭博，緝捕盜賊，坐舖火夫，究問優免，成化間例也。查問九門官吏多勒客商財物，弘治間例也。訪察參奏打點餽送，嘉靖間例也。至於禁止科歛詐騙，裁抑豪横奸頑，安卹孤獨良善，懲創奢侈遊戲，舉劾兵馬善惡，何莫非御史事哉。當專責成使替差必滇一年，憲度必期力舉，而又省其外班以杜請託，立爲歲册以報滿政。斯都人蝟冗之綰轂蚕食之輻輳俱彈壓之有資矣。所當議者三。奉聖旨：這所議有裨憲體，着著爲定規。欽此。

（明）佚名《仁廟聖政記》卷下 〔洪熙元年〕五月丙午朔辛未，上諭少師兼吏部尚書蹇義曰：御史朝廷耳目之官，惟老成識治體者可任，新進小生遽受斯職，未達政治之體，而有可爲之權，遇事風生以喜怒爲威福，以好惡爲是非，甚者貪穢無藉。賢人君子正直不阿往往被其凌辱，小人阿順從臾之則相與爲膠漆，其於政事得失，軍民利病畧不用心，安在其爲耳目也。爾吏部自今須慎選擢以清風紀。既又嘆曰：都御史十三道之表，如都御史皆廉清公正，各道御史雖間有不才亦當知畏憚。今之不才者無畏憚矣，爾其咨訪可任都御史者以聞。

《明太宗寶訓》卷三《任官》 永樂二年九月丁卯，上謂吏部尚書蹇義等曰：徃者慮各處守令未必皆得人，故命御史分巡考察。比聞御史至郡邑，但坐公館，召諸生及庶人之役於官者詢之，輒以爲信，如此何由得實。如入其境，田野闢，人民安，禮讓興，風俗厚，境無盜賊，吏無奸欺，即守令賢能可知。無是數者，即守令無所可取矣。且詢言之弊非一端，人好惡不同，則毁譽亦異，若只憑在官數人之言以定賢否，其君子中正自守，小人賂遺求譽，而即墨及阿之毁譽出矣。故孟子論取舍必徵諸國人。自今御史及按察司考察有司賢否，皆令具實績以聞。【略】

永樂八年十二月癸丑，上諭吏部尚書兼詹事府詹事蹇義曰：御史國之司首，必有學識達治體廉正不阿乃可任之。前有以刀筆吏爲之者，刀筆吏知利不知義，知刻簿不知大體，用此徒任風紀秖使人輕視朝廷。前之由吏爲御史者，悉罷之矣，繼今風憲更不得用吏。著爲令。

《明英宗寶訓》卷三《振風紀》 正統十二年六月乙亥，上諭吏部臣曰：御史朝廷耳目之官，所以糾正群工肅清百度責任匪輕，近聞有以吏人任是職者，甚非遴選風紀之意。自今毋得濫授，有乖治體。

《明史》卷六《成祖紀》〔永樂七年六月〕丁卯，斥御史洪秉等四人，詔自今御史勿用吏員。

《明史》卷八《仁宗紀》〔永樂二十二年九月〕丙戌，以風憲官備外任，命給事中蕭奇等三十五人爲州縣官。

紀事

《大誥三編・御史劉志仁等不才》 朝廷設置百官，分理庶務，於中恐有未當，所以特設御史，司朕耳目，糾察百司，得以風聞言事，激濁揚清，號爲風憲之官。士生何幸，獲居是任。自昔有志之士，雖位登宰輔，而先不得爲御史者，於心終有未愜，其任可謂重矣。今朕設監察御史，任同乎古，往往由進士、監生即授是任。其中有等不才之徒，不知官之清要，不知職之在乎糾人，乃假御史之名，揚威脅衆，恣肆貪淫。如劉志仁、周士良二人，俱由監生擢任監察御史，爲追問剋落課程等事前往淮安，暗行體察，明彰追問。其劉志仁等一到淮安，輒欲非爲，恐爲淮安、大河二衛守禦官所覺，於是提取二衛卷宗查刷。查出二衛俱將積年害民皀隸人等二百六名收補軍役，心喜其弊，聲言具奏，實肆把持之術，并不以狀來聞。自是與衛官日相往來，飲酒遊獵，因得大肆貪婪之心，時常挾妓飲宴，并不將巡闌陳五等原侵欺課程追徵還官，卻乃指以追贜爲由，故縱巡闌誣指平民，帖下鄉村，遍邑科擾。又行容留里長鞠七等説事過錢，受銀一百五十兩，金三十四兩，鈔二萬五千二百貫，如此害民。豈止如此，乃敢將民人夏良等故以指贜爲由，拘收各人妻小，捶楚威逼，因而姦騙。如此妄爲百端，以致事發。及至差錦衣衛千户蔣福前去追提，其劉志仁等自知罪不容誅，卻用銀七十兩、金四兩、鈔五十貫、紵絲四表裏及綿布等物，買求本官至京好言，欲以掩其罪惡。嗚呼！既已爲惡，事已發露，方用取受之贜轉賂於人，欲以求免，其可得乎！當其設計之初，把持軍衛，然後肆惡貪淫，自以爲不致敗露，豈知罪惡貫盈，神人共怒，罪將焉逃！所以劉志仁等凌遲示衆，以快吾被害良民之心，凡百有官君子，觀之戒之。

《皇明條法事類纂》卷九《吏部類・御史不許養病省親例》 成化二年十一月初三日，吏部爲（此）〔風〕憲官員患病事。考功清吏司案呈，奉本部送吏科抄出都察院右副都御史李等題：查得舊例，在京各衙門官員患病，許回原籍調治。天順二年十一月初四日，該吏部官奏奉英宗皇帝聖旨：今後御史再不許養病省親。欽此。欽遵。以後各衙門官員仍有例告回原籍養病，惟御史患病者，因有奉到前項旨意，俱各在京自（有）〔行〕請醫調治，不敢告回原籍養病。多無親人跟隨在任，乏人請醫調治，以致病死於官。且如湖廣道監察御史李麟、龔謙，河南道御史伍驥，俱患風弱等病，在京月久，或乏醫藥之費，或無主病之親，調理不痊，俱致身故。今又查得户部奏准内外文武衙門，遇有官員患病三個月之上者，即將該得俸糧截日住支。臣竊惟御史中間，家道充實及有精裝親人跟隨者，患病（因）〔固〕無足慮，其或家貧，及止有幼男婦女在任，得患久病者，仍照前例不許放回〔治〕養，及三個月之後又行依律住俸，誠恐（月）〔日〕久，衣食不給。又兼無人請醫治調，致使在官病故，不惟喪柩回家艱難，抑恐妻子失所無歸。伏乞聖明敕吏部，今後御史如果久病，照依各衙門官員患病事例，查勘是實，許令回原籍調治。候病痊之日，即便回任管事。如此，庶使事例歸一，而聖恩均沐矣。具題。奉聖旨：是。今後御史果有病的，放回養病。詐病照舊不許。吏部知道。欽此。欽遵，抄出到部送司。查得天順二年十月三十日該太監牛玉傳奉聖旨：着吏部查丁憂、養病省親御史，寫來看。欽此。欽遵，將查出丁憂御史姓名開坐具題。次日奉聖旨：丁憂的着服滿了來。養病省親的，便都取將來。果有病的，就着在京養。今後御史再不許養病省親。欽此。

《皇明條法事類纂》卷九《吏部類・巡按御史按察司〔並〕分司不許含糊批狀發令該府州縣一概將屬官提問例》 成化元年四月初十日，都察院左都御史李等題，爲提屬官事。吏部抄出欽差巡撫陝西都察院右副都御史項忠奏前事。伏覩節該《大明律》内一款：在外六品以下官員，聽巡按御史、按察司取問。若府州縣官犯罪，所轄上司不得擅自勾問，止許開具揭帖將所犯事由，實封奏聞。欽此。欽遵。竊見各處巡按御史接受詞狀於内，有告州縣、場庫、驛遞等衙門六品以下官員科斂貪酷等情，因詳事情虛多實少，批仰該府提問。有該府不（暗）〔諳〕政體官員，以爲御史批狀，就將屬官行提，監禁問理。且六品以下官員論罪，布政司尚且不得擅提，豈有該府拿問之理！蓋因上司發（恐）〔令〕，不曾批有先提事內人犯問理，以致所屬有率爾妄爲（事）〔之〕官，（律）〔肆〕意（欲）行（止）〔事〕。（實事在革前）非但陝西，誠恐各處按察司亦有此失。如蒙乞敕通行都察院各處巡按御史並按察司，今後有告府州縣並倉庫、驛遞等衙門六品以下官員貪酷等情，參詳情重者，御史、按察司就行提問。事輕，有不實者，行令該府先將事內人犯問理，不許含糊批狀，致將屬官一概妄提。若問〔理〕有干礙，許將招由呈報御史、按察司提問，仍行各府禁約等因，具本。奏奉聖旨：該衙門知道。欽此。欽遵，抄呈到院，臣等參看得巡按陝西右副都御史項忠奏稱，各處御史接受詞狀，批仰該府提問。該府官員輒將屬官行提監問，有乖律意。誠恐各處按察司亦有此失，要行各處巡按御史、按察司，今後有告在外六品以下官員，情重者，御史、按察司自行提問；情輕者，行令該府先將事內人犯問理。若有干礙，許〔將〕招由呈報提問。伏覩節該《大明律》內一款：監察御史、按察司及分司巡歷去處，應有詞訟，未經本管官司陳告，及本宗公事未絕者，並聽置簿立限，發（落）〔當〕該官司追問，取具歸結緣由勾補。欽此。又復覩《憲綱》內一款：凡監察御史、按察司官分巡去處，如有陳告官吏取受不公等事，須要親行追問，不許轉委。違，杖一百。欽此。今副都御史項忠奏稱前因，無非欲申明律例，使人知所遵守。合無准其所奏，通行各處巡按御史及按察司分巡官，今後凡有受告在外府州縣並驛遞、倉庫等衙門官不公不法等項事情，除五品以上例應奏請外，其六品以下應該提問，及應有詞訟，未經本管官陳告，或已告在官，本宗公事未絕者，御史、按察司〔及〕分司務要遵依《大明律》並《憲綱》內事理施行。應追問者，發屬追問；應提問者，親行（應）〔審〕問。不許含糊批狀，發令各該府州縣，一概將官（題）〔提〕問。其巡撫（當）若有受到詞狀，批發軍衛有司並問刑衙門問理者，各該承行官司亦要先提事內人犯推問明白，照依律例發落。果礙五品以上職官，開具所犯事由，徑自奏請提問。六品以下職官，備由申呈巡撫官處行提，轉發問理，亦不許輒便擅提屬官。如此，則律意不違，人知遵守。具題。次日奉聖旨：是。欽此。

《皇明條法事類纂》卷一一《吏部類・進士講習法律遇有御史員缺考補例》 成化二年三月十三日，吏部尚書等題，爲激勵人才，選用風憲事。吏科抄出都察院左都御史李題稱，取士之道，在乎明體，而適用在官之法，在乎端本而澄源。苟爲士而徒事文藝，不諳律法，則非有用之才。任官而惟事格（例）〔律〕，不重科目，又何以得真才之用哉！（洪）〔宏〕惟我朝設科取士，固非一途，而首重者進士之科。故豪傑之士由之而進，於是布列庶位，彬彬濟濟。中間顧名思義，建功立業，（充）〔允〕稱任士者固多，然其昧於法律，疏於事體，誤罹憲章者，間亦有之。（惟）〔推〕原其故，蓋由分撥辦事，有不係刑名衙門者。日惟旅（健）〔進旅〕退，以科第自足。其於刑名律法，全不經目，未嘗究心。一旦任用，罔知攸措。照得御史之職，係朝廷耳目綱紀之司，所以肅百僚而（貞者）〔張法〕度，理冤抑而察幽隱。較之他官，所係尤重，必得才行端敏，刑名練達之士以處之，庶幾知所自重，而職務克舉矣。近年以來，御史員缺，於進士、監生中相兼考選。其所考文字止策論，而進士之與選者有限。以是欲其平日用心於刑名之學，固不可得，以之而列官內外，安保其不爲刀筆吏所眩哉！如蒙乞敕吏部等衙門，將分撥辦事進士，俱令講讀律法，遇有御史員缺，吏部會同本院官從公考選年貌相應、學問優長、通曉律意、行止端方，及監生係舉人者。（未）〔凡〕有才行出衆，諳曉刑名，通行考送本部及南京都察院，分撥各道照依舊制，理刑半年，考補御史員缺。則士皆爭先琢磨練習律學，其與選者，不患刑名之不精，而不與者，亦能曉（鴨）〔暢〕律意之詳等因，具本。奏奉聖旨：吏部知道。欽此。欽遵抄出。查得見行舊例，各道監察御史有缺，本部各衙門辦事進士及聽選係舉人監生者，並在部聽選行人、推官、知縣、教官內科目出身者，選考人物端莊、言語正當、文理優長者，送院問刑半年，（半）〔滿〕日從本院堂上官考〔覈〕其諳曉刑名堪用者，送部奏請除授御史。不堪者送部別用，已是見行舊例。今左都御史李秉又奏前因，及要將各衙門辦事進士（不）俱令講習法律。合無通行各衙門辦事進士，不妨辦事，俱令講習法律。遇有御史員缺，本部仍照見行舊例選考問刑。未敢擅便，具題。奏奉聖旨：是。欽此。

《皇明條法事類纂》卷一一《吏部類・按察司勘合未完十五件以上取

（相）〔招〕該吏並首領官吏提問五十件以上參問》 一件，查究稽緩公務事。弘治元年二月內，都察院左都御史馬等題准，行移各該巡按御史，將原發去各該勘合事，就便逐條查對。若遇赦不該宥，未完十五〔件〕以上者，先將首領官吏並該道吏典提問如律，照例發落。堂上官取具的本招服，嚴（家）〔加〕完報。若五十件以上不完者，招實具奏提問。仍於年終各將已完勘合事件，（件）備造文冊呈繳本院，以憑查考定奪。

《皇明條法事類纂》卷二一《禮部類·風憲官不許與都布二司官飲酒例》 成化二年閏三月十九日，都察院左都御史李等題，雲南道呈准兵部武選司手本，奉本部送禮科抄出，巡按雲南御史王祥奏，欽蒙差往雲南巡按，除欽遵外，今將巡歷去處所見所聞合當奏請事宜罄竭愚（裡）〔衷〕，各立前件，干冒天威，伏望聖明採而行之，誠爲便益等因，開坐具本。該通政使司官奏。奉聖旨，該衙門知道。欽此。欽遵抄出，除推選軍職等件另行外，將禁治土官並崇重風憲二件抄出，備行到道，具〔呈〕到院。臣等參看得御史王祥所奏納米等項，土官除授文官六品以下者犯罪，要行依律，就便提問。及（告）〔各〕處按察司官，無故不許與都、布二司官和同宴戲等因，誠爲有理。合無准其所言，通行各處巡撫、巡按及按察司等衙門遵守施行。緣係事（理）例，及奉欽依該衙門知道事理，未敢擅便。次日，奉聖旨：是。欽此。

《皇明條法事類纂》附編《申明御史巡按迴還俱要本院考覈例》 成化十年三月初三日，都察院左都御史李等題，爲陳言事。准吏部咨開户部題，户科給事中徐興等題，一件酌量地方以殷巡撫。乞敕該部酌量地方各處巡撫官員：察其年力衰邁，〔辦〕事乖方者，放迴田里；年力精壯，公正有爲者，取迴本衙門辦事。巡按御史不能節制左右、布政不能提調、分巡等官不能辦（里）〔理〕，以〔致〕地方不寧者，重則照例處置，輕則降職黜退等因。本部〔議〕擬，緣無指實姓名，合令吏部、都察院訪察得實，指實奏處置等因。該户部官具題。節該奉聖旨：巡撫、巡按等官不稱的，吏部、都察院從公訪察來說。欽此。欽遵。移咨吏部會同都察院議。北〔直〕隸等處右副都御史葉冕等年力衰邁〔聽〕取自聖裁外，其舊例每年例差監察御史一員前去南北直隸、浙江等一十三布政使司巡按等項中間，即今有纔及到彼者、有未及半年者、有將滿未到者，更代久近不同，難便查奏，合候各巡按等項滿日迴還，仍從本院官查照（欽）定憲綱並先年舊例，考其勤怠稱否，內有不稱者，具奏定奪等因。該吏部等衙門官具題。節該奉聖旨：是。欽此。欽遵。備咨到院。查得：景（太）〔泰〕年間舊例，各處查（去）〔訪〕御史多有姦猾，不肯整理事務，遇緊急賊盜生發，去應推避，住別處去，所至官吏賢否不察，人民受害。凡遇御史、巡按公差迴還，本院堂上考覈稱否，行仰本道並干地方該管道分查，若行過事跡有無怠惰廢事及違法贓犯等項，取去闔道官吏保結，呈報到院，再加考實。如果稱職，具奏，照舊管事。數內若有不稱者，奏請黜罷。天順元年正月二十一日，欽奉詔書內一（肆）〔款〕：自天順二年正月十七日以前，內外文武衙門但有事務，悉照原奉遵行，不必更易。欽此。欽遵。本院仍依舊例考覈，稱考具奏天順八年三月初一日，節該欽奉詔書內一（肆）〔款〕：今後御史公差迴還本院停考，俱令照舊管事。成化六年十一月二十三日，爲肅清風紀事。該本院左都御〔史〕李等題稱：各處巡按公差御史，俱要悉遵憲綱親事詞訟。仍將本院遞年發去勘合逐一問結繳報，御史迴還備開接管。自奉已、未完勘合件數，具呈院查考。敢有怠惰廢事者，本院明白奏請定奪。具題。奉聖旨：是。欽此。欽遵。成化七年三月初八日，又爲陳言慎選守令事。該本院左都御史李等題稱：各處巡按御史照依憲綱，務要（偏）〔遍〕歷該管地方，廣（旬）〔詢〕博采守令、廉勤、公勤六事：克舉備荒、救荒有册者，禮待之、薦舉之；汚濫姦妄六事，廢惰備荒、救荒無策者，咸（飾）〔飭〕之、糾（刻）〔劾〕之：務臻實效，無事虛文。若有不行用心訪察，稽考究治。具（提）〔題〕。奉聖旨：是。御史迴來還要通行稽考。欽此。欽遵。本院每遇巡外任官丁憂，俱申候上司查無違礙，給之執照。若有爲事歸結，方許出任。

一件聞訪詐僞以清選法事。成化十年閏十月內，吏部題，准今後在外見任大小官員遇有例該承祖父母並父母病故，各官家屬即將新故年月日期、姓名開告原籍官，轉申各該布政司、直隸、府、州、縣等衙門於每年終類造文册一本，繳送本部查考。其在任聞喪，雖以聞喪日期爲始，俱要申候本管上司衙門查無（爲）〔違〕礙，給與明文。若布政司隔送亦查奉本管、本府州縣文憑執照，但任內犯有一應私罪、若被人呈告未結，俱轉勒提，歸結無礙，告奉明文，方許出任。後到家起復之日，將適申明文告繳原籍官司，粘連起送赴部。其各該布政司堂、直隸府、州、縣在任病故丁憂，陸續照例呈奏作缺。仍將丁憂去任無礙　由並父母病故聞喪年月日期，逐一查造文册，一年一次送部，查與原籍造到文册相同，方准收選。各該官司敢有朦朧〔扶〕捏文結，將革職爲民閑住等官吏冒送前來，或容令無喪詐稱有喪、舊喪詐稱新喪，及無去任明文、或有虧弊者，查對得出、或因別事發露，正犯悉照見行事例發落。經該官吏，以枉法從重論罪。按公差御史迴還，通行查考勘合已未完報件數，及將守令賢否造册繳報稽考勤怠外，今吏部備咨前因。臣等伏睹節該欽定憲綱内一款：風憲爲朝廷耳目，宣上德達下情，乃其職任所至之處，須〔妨〕〔訪〕問軍民休戚，及利所當興、害所當革者，隨即舉行，不可因循苟且曠廢其職。又一款：風憲存心須用明白正大，不可任己之私，昧衆人之公，凡考察官吏廉貪賢否，必〔與〕〔於〕民間廣詢密訪，徇公義以協衆情，毋得偏聽。又一款：居風憲者，須用將身端，須公勤詳慎，毋得侵衆怠惰。凡飲食供帳只宜從儉，不得過分。欽此。欽遵。今照本院節有前項考察舊例，不過舉行憲綱，必欲御史得人，無愧風紀之任而已。但本部今咨會奏上稱考其勤怠稱否，内有不稱者，具奏定奪，不曾開有考其稱者，具奏照舊管事。合無將前項事例申明通行各道並巡按、公差、御史知會，今後御史出外，俱要一遵舊例欽定憲綱事體行事。迴京之日，本院堂上仍依舊例查勘保結。如果稱職，具奏照舊管事；若不稱者，奏請黜罷。庶〔機〕〔幾〕各知〔驚飾〕〔警懼〕，不致妨誤政〔無〕〔務〕。具題。次日奉聖旨：是。今後御史迴京，照例嚴加考察，務要從公，不許偏徇。欽此。

（明）余繼登《典故紀聞》卷一二　景泰三年，命尚書都御史等官分行諸郡國考察方面及有司官，諭之曰：朕惟治理以任官爲本，任官以得人爲先。任得其人，則官使皆賢才，而政事無不理，政得其理，則民庶皆安養，而天下無不治。近聞各處方面有司等衙門官，固有持心公正操行端潔之人，雖其作爲長短不同，然不失爲君子，此等之人長於作爲者，當明陳其事績，可旌可擢；短於作爲者，當明陳其老壯，可存可放。所以待君子，使人有所勸。亦有貪淫無恥酷暴不仁之徒，雖其能否老壯不同，然不免爲小人。此等之徒，不必問其能否老壯，當明陳其過犯，顯然證佐，可罪可黜。所以待小人，使人有所懲。然知人之難，從古以爲病，固有行實貪淫而善於結交要譽以自固者，心實酷暴而巧於容悅逢迎以自掩者，小人固如是矣。君子或不能然反見嗔於人者有之，欲得存舍之公未之有也。今特命爾等分往浙江等布政司，考察方面文職有司等衙門官，務在躬親徧歷，廣詢博訪，果有前項君子之人，宜加禮待，存留在任管事。其有可以旌擢及或老疾罷軟不能辦理例應致仕及革職者，明白開具實踪奏來，并送吏部，應放免者就彼放免。果有前項小人闒茸不才所爲太甚的然爲民害者，明白開其過惡顯然證佐實跡奏送來京處治。當送問者，送按察司并巡按御史處問理，依律照例發落。夫進退人才非易事，爾須廉以立己之本，明以求人之實，公以正己之權度，恕以處人之用舍，毋惑於恩讎之囑託，毋私於親故之情好，毋徇於勢要之使令，毋狃於利害之報復，庶副委任。

（明）何棟如《皇祖四大法》卷三《治法》〔洪武元年八月癸巳〕時有御史上言陶安隱微之過。上曰：朕素知安，安豈有此。且爾何由知之？對曰：聞之於道路。上曰：御史但取道路之言以毁譽人，以此爲盡職乎。命中書省黜之。省臣進曰：御史當言路，言之有失乞容之。上曰：不然。植嘉木者必去蟫蠹，長良苗者必芟稂莠，任正士者必絶邪人。凡邪人之事君必先結以小信而後逞其大詐，此人嘗有所言朕不疑而聽之，故今日乃爲此妄言。夫去小人當如撲火，及其未盛而撲之則易爲力，不然害滋大矣。竟黜之。【略】

〔十一月〕丁未，上諭侍御史文原吉曰：朕近以儒者爲御史，蓋儒者通經史識道理，爲政能知大體，但恐其不諳臺憲故實，卿等宜悉以告之，庶幾臨事有所持循也。蓋臺官之長，即御史之師，卿等毋惜善導之也。

（明）何棟如《皇祖四大法》卷四《治法》〔洪武二年秋七月〕癸丑，監察御史謝恕巡按松江，以欺隱官租逮繫一百九十餘人至京師，多有稱寃者。治書侍御史文原吉等以其事聞。上命召數人親問之，悉得其情。乃責恕曰：御史耳目之官，當與民辨是非，明曲直，不使寃抑，方爲稱職。今爾爲御史，不能爲民伸寃理枉，反陷民於無辜，朝廷耳目將何賴耶。於是盡釋其人，命以恕下吏，原吉等不蔽聰明，賞綵幣有差。

《明實録》洪武十七年五月〔丙寅〕以張文通爲都察院左僉都御

史，阮仲志爲試右僉都御史，皆以明經舉也。諫議大夫唐鐸坐事降爲監察御史。

《明實録》洪武三十一年二月〔己丑〕降浙江按察使龍鐔爲知縣，以不任職爲人所劾故也。

《明實録》洪熙元年秋七月〔癸酉〕巡按四川監察御史何文淵奏：按察司副使張岳、僉事章銘貪鄙不稱，銘再犯贓罪，岳以瞌睡得名，事高暐，性質庸常，且善避事，皆宜黜降。上諭行在吏部臣曰：按察司官如此，何以律人？宜如御史言，别選賢者任之。

《明實録》宣德二年二月〔己巳〕黜行在福建道監察御史孫景明爲揚州府推官，行在河南道監察御史鄭堅爲安慶府推官，以都御史言其不勝任也。

《明實録》宣德三年八月〔乙巳〕山東按察司劾奏：前巡按監察御史李素至歷城，與縣民孫讓女奸，因娶爲妾。御史趙純亦娶門子鄭能妹爲妾。皆在按臨之地，有玷風紀。今素已陞福建按察副使，純陞河南按察僉事，事雖經赦，終不可居風憲。上曰：按察所言是，命行在都察院逮治。時素已卒，惟逮純下獄。

《明實録》宣德三年八月〔乙未〕黜雲南道監察御史霍莘爲慶雲縣知縣，降福建按察司僉事徐隆爲沭陽縣知縣。莘以受賂事覺未結正，雖遇赦，仍黜之。隆以巡按御史言其不任職，故降之。

《明實録》宣德三年十一月〔乙亥〕監察御史楊昺、朱惠俱九年考滿，行在吏部言：昺練達政務，惠政績未著。上曰：考績黜陟所以示勸懲興事功，果得其宜則能者益勸，中才亦將自勉。昺仍於風憲陞用，惠循常例而已。於是以昺爲浙江按察僉事，惠爲太僕寺丞。陞貴州思州府通判檀凱爲應天府治中，黜四川道監察御史曾令得爲浙江温州府推官，江西道監察御史陳羆爲江西贛州府推官，皆以都御史言其不任職也。

《明實録》宣德四年二月〔壬寅〕陞行在吏科給事中徐儀爲行在大理寺左侍丞，仍於徐州吕梁二洪理漕事，行在刑科給事中劉容爲北京行太僕寺丞，行在工部營繕司主事毛俊爲行在宗人府經歷，行在中書舍人劉謙爲廣東布政司右參議，河南按察司僉事劉咸爲本司副使，行在湖廣道監察御史劉芬爲福建按察司副使，陶純爲四川按察司僉事，皆以九年考最故也。復張信尚寶司卿，張守信行在刑科給事中，王綱行在廣東道監察御史，丁浚行在湖廣道監察御史，皆以親喪服闋也。

《明實録》宣德四年三月〔辛亥〕行在都察院右都御史顧佐劾奏：交阯道監察御史顧達巡按淮安，考通判何正不稱職，遭正辱駡；往鳳陽清理軍伍，復酣酒廢事。玷辱風憲，請黜之。上諭行在吏部曰：風憲官爲人所辱而甘受之，不任可知。其改用之。

《明實録》宣德四年夏四月〔丙戌〕行在陝西道監察御史石璞爲江西按察司副使，四川布政司右布政使敫序爲本司左布政使，陝西布政司左參議吴存爲湖廣布政司左參政，湖廣按察司僉事朱與言爲四川按察司副使，皆以三考無過，故陞。

《明實録》宣德四年九月〔甲寅〕山東按察司僉事李涵仰責民物，爲副使童貞所劾。上曰：風憲不務操守，是不知耻之人，豈可用。其罷爲民。

《明實録》宣德四年十一月〔庚戌〕黜山東道監察御史張釗爲山東益都縣知縣，陝西道監察御史任確爲陝西高陵縣知縣，北京道監察御史沈潤爲潁上縣知縣，山東道監察御史許昕爲江西廣昌縣知縣，以都御史言其不勝任也。

《明實録》宣德四年十二月〔丁亥〕黜南京湖廣道監察御史裴亨爲山西清源縣知縣，以不勝任也。行在湖廣道監察御史潘純爲山東陽信縣知縣，工部屯田司主事程釿爲延平府通判，以僞疾家居，不治職務也。

《明實録》宣德五年三月〔丙寅〕黜行在監察御史張升爲蕪湖縣知縣，李光學爲高郵州興化縣知縣，鄧敬爲永福縣知縣，以都御史言升、光學怠於職務，敬不勝任故也。

《明實録》宣德六年五月〔己巳〕申明御史巡按，有司迎送之禁。初，御史傅吉巡按江西，布政使孟桓等率官屬出郭迎候，又陪朝王。寧府官奏，具違法。上命吉等自陳，皆服罪。上宥之，諭都御史顧佐等曰：風憲官須守法，乃能以法治人。今御史多輕薄少年，不以禮法自治，喜人諛諂，苟失迎送，輒生事挫辱；在外官亦不能自執禮法，諂佞成風。其榜示禁約，違者悉罪之。

《明實録》宣德六年六月　戊午，以虞城縣知縣□和爲南京、福建道監察御史，南宮縣知縣隆英爲行在山西道監察御史。和、英俱九年考最至京史，吏民奏其公廉平恕，乞令復任，吏部言已除知縣代之矣。上曰：近御史多缺，正欲得人，知縣歷來事久必知爲政大體，俱令爲監察御史。

《明實録》**宣德六年八月**〔癸丑〕以不勝任黜監察御史符節爲饒州府餘干縣知縣，吕珪爲順德府任縣知縣。以奸利事黜監察御史尹崇高爲寧國府推官。

《明實録》**宣德九年三月**〔癸未〕湖廣布政司左參議郝琦爲江西布政司左參政【略】行在貴州道監察御史羅閏爲廣東按察司副使，俱以九載考最故也。

《明實録》**宣德十年五月**〔庚子〕罷監察御史楊政爲民。初，政巡按福建，有民以發冢事相訐，政鞫之，當逮數十人，其一已逮而奪諸途。政怒，因文致其家死罪者一人，杖死其戚屬三人，其仇家所當得罪則悉寬縱之。事覺，下行在都察院獄坐徒贖畢，上特命罷爲民。

《明實録》**正統二年七月**〔乙卯〕巡按四川監察御史姚勉奏：四川都司〔及行都司〕所屬松潘等衛，系邊境去處，無官監收，倉糧攬納，作弊多端，無所稽考。上命增置四川按察司僉事一員，巡收邊儲。

《明實録》**正統二年七月**〔癸巳〕謫行在福建道監察御史王學敏戍邊。學敏納巡檢陳永澄賂，挾勢囑行在工部郎中崔鏞薦升知縣。事覺，行在刑部論當贖絞。上命杖一百，枷示于各衙門三月，戍邊遼東衛。

《明實録》**正統三年九月**〔乙巳〕監察御史丁俊初巡按福建，參政顔澤等以朝覲斂民財物，下俊鞫問，俊徇私釋之。至是，給事中御史劾俊，逮系法司，擬贖徒還職。上以俊立如此，何以勝風紀之任，命吏部改用之。

《明實録》**正統三年十一月**〔甲申〕陞四川按察司副使阮存爲山西布政司右參政，浙江按察司僉事候輒爲福建按察司副使。以任滿考最故也。

《明實録》**正統四年秋七月**〔己酉〕命山東按察使李縉、副使楊勛、僉事李瑒致仕。以行在吏部言縉等老疾，且嘗有過，宜汰之故也。

《明實録》**正統五年九月**〔甲子〕行在都察院右都御史陳智等論，福建盗采銀礦者以徒杖罪。時有新例，盗爲首者即其處斬以徇，從者發戍雲南，智等所論與例異。上命查例以聞。智等復奏，犯者在例前。行在刑科都給事中郭瑾等劾奏智等擅出囚罪，且奏不輸情，乞正以法。上特宥之，第命犯者悉從新例。

《明實録》**正統五年十一月**〔庚戌〕擢行人司左司副劉克彦爲行在山西道監察御史。克彦先以廷臣薦舉理刑，至是考通法律，故有是命。

《明實録》**正統五年十一月**〔辛亥〕擢河南鄭州等儒學學正沈衡、訓導陳永、張斌、史濡爲監察御史。先是御史俱以廷臣薦舉理刑半年，考稱授職。後工科給事中吴升言御史宜歸吏部擇用，上從其言，自是屬吏部送都察院理刑考擢。

《明實録》**正統六年春正月**丁卯，擢江西饒州府推官艾茂爲行在山西道監察御史。茂先以會舉理刑，至是考稱，故擢之。

《明實録》**正統六年秋七月**〔乙卯〕擢行人等官方員、羅鵠、丁澄、蔡愈濟、丁瑄等爲行在福建等道監察御史。先是員等以行在吏部選送行在都察院理刑，至是右都御史王文言御史缺多，乞不拘例考授之，故有是命。

《明實録》**正統七年三月**〔丁亥〕陞雲南道監察御史曹習古爲山西按察司按察使。以大臣會舉也。

《明實録》**正統七年十一月**庚午，擢萊州府推官牛宣爲山東道監察御史。宣以吏部選送都察院理刑，至是考稱，故擢用之。

《明實録》**正統八年春正月**〔甲戌〕擢浙江寧波府推官陳克昌爲四川道監察御史。克昌先以推選送都察院問刑，至是考稱，故有是命。

《明實録》**正統八年二月**〔丁酉〕湖廣道監察御史丁俊巡按福建，鞫治參政顔澤贓罪，爲之掩護，上命調俊爲河南府推官。

《明實録》**正統八年五月**〔甲戌〕擢知縣胡新、推官操安爲監察御史，以吏部選送都察院理刑，至是考中也。

《明實録》**正統八年八月**〔戊子〕陞陝西按察司僉事卜謙爲山東按察司副使，專理河道，以九載考稱故也。

《明實録》**正統八年十二月**〔癸未〕擢學正劉泓、教諭馮靖、訓導潘楷、盛琦爲監察御史。泓等先以吏部選送都察院理刑，至是考中，故擢之。

《明實録》正統九年八月〔甲寅〕擢進士畢鸞、胡貫、任寧、章文爲監察御史。從右都御史王文薦舉也。

《明實録》正統九年九月　庚寅，擢訓導等官孫譓、周文、李琮、周文盛、陳雍、曹敬爲監察御史。譓等初以吏部選送都察院理刑，至是考中，故擢之。

《明實録》正統九年十一月　壬寅，陞遼東提督屯種監察御史李純爲都察院右僉都御史，仍理舊事。以九載考最故也。

《明實録》正統十年三月〔己亥〕命推官劉琚、行人吕囦、劉文、知縣王鐣、胡拱辰、莫源爲兩京監察御史。琚等從吏部選送都察院理刑，至是以考中擢之。

《明實録》正統十年十二月〔乙巳〕陞都察院右僉都御史曹翼爲右副都御史。翼在甘肅參贊軍務，九年考滿，吏部以聞，上念其勞，故陞之。

《明實録》正統十一年夏四月〔甲子〕擢訓導李俊、祝傑、戴驥、王岷爲監察御史，專辦銀課。

《明實録》正統十二年冬十月〔己巳〕陞都察院右僉都御史盧睿爲右副都御史，仍舊參贊寧夏軍務。

《明實録》正統十二年十一月〔癸巳〕山東按察司僉事陳仲華、都指揮僉事張英，坐勘濟寧左衛屯種地不實，都察院請下巡按御史究治。從之。

《明實録》正統十四年二月〔乙卯〕擢行人張諫爲福建道監察御史。

《明實録》景泰元年五月　癸亥，都察院左都御史王文任滿九載，詔復職。

《明實録》景泰二年四月〔庚午〕初，鎮守福建太監廖秀奏，巡按御史許仕達，專權失機及耽溺游樂，需索供奉等事。詔鎮守福建右侍郎薛希璉等案其狀。至是，仕達亦奏希璉貪婪不法，濫署官員及縱子弟擾所部等事。詔遣給事中御史公正者往按之。【略】

〔八月庚辰〕刑科給事中曹凱、監察御史王豪核鎮守福建侍郎薛希璉、巡按御史許仕達訐奏諸罪互有虚實。都察院謂，凱、豪於事有未核者，奏令御史邱宥更核之，具得希璉所奏仕達多誣，命希璉自陳。希璉服罪，且謂豪宥以仕達同僚，多庇仕達。仕達亦自陳所以得罪於希璉狀。詔皆宥焉。

《明實録》景泰三年十二月〔庚子〕十三道御史練綱等言：舉用方面事例，有旨令禮部集議。吏部不俟議定，即奏陞福建按察司僉事李顒爲參政，楊珏爲按察使，蓋吏部恐議定莫遂其姦，故即爾銓註。夫所舉縱皆得其人，亦當避嫌，况楊珏見爲副使曹祥發其贓私，且吏部推選多不公【略】帝曰：御史職居言路，凡事當言，今所俱是【略】自今選官，其務洗心滌慮，廣詢博訪，必從公道，毋得徇私。

《明實録》天順元年三月〔甲子〕命南京四川道試監察御史蔡潔實授監察御史。以試職一年考稱也。

《明實録》天順元年四月〔丙辰〕改監察御史李周爲江西新淦縣知縣，薛驥爲永新縣知縣，龍晋爲直隸嘉定縣知縣，張瑄爲婺源縣知縣，張僖爲河南永寧縣知縣。周等俱奏分俸養親，六科劾其私事用公印，又不由通政司以進。十三道惧，亦舉之。下法司論罪，贖杖還職。上以其不達憲體，俱改外任。

《明實録》天順元年十月〔庚申〕都察院左都御史寇深等奏，御史夏塤巡按福建，考點僉事宋詢奏塤貪贓及枉道回家，宜訊塤罪。從之。

《明實録》天順二年夏四月〔丙子〕陞太僕寺卿程信爲都察院左僉都御史，仍支從三品俸，巡撫遼東。

《明實録》天順八年七月〔己巳〕都察院臣奏奉旨考察五品以下官。竊御史之職所以振揚風紀，糾察百僚，斷決獄訟，伸理冤枉，必須操履端慎，通曉刑名，方可勝任。欲將本院御史先行考察，若有操履不謹，貪酷庸懦等項，及刑名欠通文移不曉者，送吏部照例定奪。上曰：御史已經本院考通刑名除授不必再考刑名，只考察實蹟。

《明實録》成化五年十月〔甲寅〕實授南京四川等道試監察御史鄒儒、吴禋、王漢俱爲監察御史。以試職一年考稱也。

《明實録》成化六年冬十月〔辛亥〕都察院左都御史李賓等言：謹按憲綱，監察御史務得公明、廉重、老成、歷練之人，奏請除授，不用以新近初仕人員充用。今兩京都察院各道御史缺員數多，欲照天順五年本院奏准事例，通行各處布、按二司正官會同彼處巡按御史、南北直隷巡按御史同該府正官，將本處推官、知縣內但有廉能昭著、歷練老成、人物端莊、語言真正、年三十以上五十以下、在任三年之上、系中舉及進士出身者，不拘員數，從公陸續推舉，起送吏部核實，分送各道問刑半年，考其刑名，堪任用者，奏送吏部，奏請除用。不堪任用者送回本部，仍復原職。若知而不舉及所舉不公者，皆坐以罪。詔從之，仍命巡撫官一體公同推舉。

《明實録》成化七年冬十月〔壬申〕都察院左都御史李賓等言：本院先奏御史缺員數多，請敕天下巡按御史並布、按二司正官，選推官、知縣中廉能名著、歷練老成、言貌相宜，年三十以上五十以下，進士、舉人出身，歷任三年之上，不限旌異與否，舉送吏部核實，分送兩京各道問刑半年，照例實授。其有知而舉、舉而不公者罪之。已蒙俞允，兼命巡撫大臣公同推舉。自是，唯南直隸巡撫、巡按及浙江兩司會舉數人，其他顧忌畏避，未見敢舉一人者。又其後止許推舉曾經旌異者，且旌異多出好惡之私，又有避嫌而不肯旌異者，巡按御史每年一更，有前以旌異而後不肯復勘者，其中有年貌不相宜者，有非科目出身者，有旌異之後易其初心者。古稱立賢無方，不可拘泥。又曰：薦賢受上賞，蔽賢蒙顯戮。若不納賄賂，不私故舊，不聽請託，不執偏見，協於公論，自然得人，況今御史多缺而緊急用人之際。乞如前例，仍行天下巡撫、巡按並布、按二司正官，各舉所部推官、知縣凡以科舉出身，三年秩滿堪爲御史者，雖未旌異當亦舉之。若復知而不舉、舉而不公者，仍論如法。如此，則振揚風紀，皆得其人，而天下有司亦知所勸勉矣。疏入，上嘉納之。

《明實録》成化二十二年十二月〔甲申〕監察御史程春震巡按廣西，歲滿代還。右副都御史邊鏞等以例考察，言春震雖無推奸避事及贓犯等情，但行事疏略，難居風憲，當送吏部別用。制可。（仍命今後考）察只照比例行，春震調四川安嶽縣。

《明實録》弘治十一年十二月〔丁巳〕陞吏部左侍郎侶鍾爲都察院右都御史，以九年秩滿也。

《明實録》弘治十三年六月〔癸卯〕陞工部左侍郎兼都察院左僉都御史史琳爲本院右都御史，仍經略紫荊等關，以九年秩滿也。

《明實録》弘治十三年九月 庚申，陞兵部右侍郎兼都察院左僉都御史王宗彝爲都察院右都御史，仍經略密雲、湖、河、川等處邊務。以九年秩滿也。

《明實録》弘治十八年五月〔癸巳〕陞南京兵部右侍郎金澤爲南京都察院右都御史。以九年任滿也。澤疏辭，不允。

《明實録》弘治十八年九月〔甲午〕陞刑部左侍郎屠勛爲都察院右都御史。以九年任滿也。

《明實録》正德元年十一月〔辛卯〕陞工部右侍郎兼都察院左僉都御史張憲爲右都御史，仍整理兩浙鹽法。以九年秩滿也。

《明實録》正德二年五月 甲辰，總督漕運兼巡撫鳳陽等處都察院右副都御史洪鍾，以九年考滿也，陞本院右都御史。

《明實録》正德五年三月〔戊辰〕改刑部署郎中等官李嵩【略】許諫俱爲監察御史【略】。先是，御史多缺員，詔於兩京在外五六品以下陞改。至是，吏〔部〕擬授由京五六品改任者，俸級敘遷一以原任爲准。

《明實録》正德十二年六月 乙卯，陞刑部左侍郎張綸爲都察院右都御史，以九年秩滿也。

《明實録》正德十五年冬十月〔壬寅〕實授南京試監察御史余翺等爲監察御史。翺，四川道。

《明實録》嘉靖四年十月 辛卯，陞都察院右僉都御史張潤爲左副都御史，以九年任滿也。

《明實録》嘉靖六年九月〔戊寅〕署都察院事兵部左侍郎張璁，考察各道不職御史共十二人，酷暴爲民。浙江巡按王璜不謹閒住【略】上既斥璜等，因命自今巡按員缺，須選老成風力代之，不許枉道還鄉及過家延住，其見任巡按者俱嚴加戒諭。

《明實録》嘉靖二十二年八月〔丁酉〕黜福建按察司僉事侯廷訓爲民。初，廷訓分巡上杭，貪濫酷虐，巡按御史徐宗魯按其事劾之。詔廷訓回籍聽（勸）〔勘〕，廷訓辯訐不置。至是，巡按御史高封核上廷訓諸貪虐狀俱實，故黜之。

《明實録》嘉靖二十二年十一月〔癸卯〕以舉劾泛濫降御史王德溢爲松江府推官。

《明實録》嘉靖二十四年閏正月〔甲申〕先是，都御史戴時宗，以子湖抑奪鄉人田産，爲怨家所奏。有旨，令回籍聽勘。前福建巡按御史王瑛，因劾時宗貪横，宜罷。時宗疏辯，並下撫按會勘。於是巡撫虞守愚，巡按何維柏，各奏湖所犯雖不系時宗，而故縱之罪亦自難免。詔褫職閑住。

《明實録》嘉靖三十二年十月　壬寅，總督薊遼保定兵部左侍郎兼都察院右僉都御史何棟三年考滿，陞右御史，仍兼兵部左侍郎，總督如故。

《明實録》嘉靖四十三年三月〔甲辰〕吏部都給事中趙灼等，河南道御史羅元禎等，糾拾各撫按官。奉詔參劾所遣方面有司不職官員：四川左布政使亢思謙、右參政徐楚、四川按察司僉事李彦士、陝西右參政張巽言及福建漳州府知府李光宸、建寧府同知應鏕、崇安知縣王葵、東昌知縣王三聘、湖廣潛江知縣揭思孔、蘄水知縣倪民悦等，各貪肆不職狀。上從部擬，令彦士、鏕、三聘爲民，思謙、巽言、楚、光宸、思孔、民悦、葵，冠帶閑住。

《明實録》萬曆十四年十月〔壬午〕陞都察院左僉都御史賈待問爲左副都御史，提督軍務，兼巡撫福建地方。

《明實録》萬曆二十七年七月〔乙亥〕陞巡撫浙江右僉都御史劉元霖爲右副都御史，以六年秩滿也。

《明實録》萬曆二十八年三月　己未，陞總督兵部右侍郎李化龍爲右都御史，總督如故，以三年考滿也。

《明實録》萬曆二十八年八月　乙未，以三年考滿加陞岢嵐道副使劉廣業爲陝西按察使，各照舊管理原道事務。

《明實録》萬曆二十八年九月〔庚午〕陞巡撫寧夏兵部右侍郎揭時寧爲右都御史，以考績加恩也。

《明實録》萬曆三十年九月〔庚午〕總督薊遼兵部右侍郎萬世德以三年考滿，陞都察院右都御史兼兵部右侍郎，仍舊總督。

《明實録》萬曆三十二年五月　甲寅，提督操江南京都察院右僉都御史耿定力九年考滿，陞副都御史，仍管操江事務。

《明實録》萬曆三十三年九月〔辛巳〕以三品六年滿考陞順天巡撫劉四科爲都察院右都御史兼兵部右侍郎，照舊巡撫。

《明實録》萬曆三十三年九月〔辛巳〕以三年滿考陞大同巡撫張悌爲右副都御史。

《明實録》萬曆三十七年五月　甲午，以歷三品俸考九年滿加陞總督陝西兵部右僉都御史顧其志爲右都御史兼兵部左侍郎。

《明實録》萬曆三十九年八月〔乙酉〕陞福建左布政使丁繼嗣爲都察院右副都御史，提督軍務，巡撫福建地方。

《明實録》萬曆四十三年閏八月〔乙丑〕以保定巡撫王紀正四品考滿，陞爲都察院右副都御史，巡撫如舊。

《明實録》萬曆四十四年二月〔丁巳〕總督薊遼兵部右侍郎兼僉都御史薛三才以考績加陞都察院右都御史。

《明太宗寶訓》卷三《用人》　永樂四年四月甲申，都察院左都御史陳瑛言：監察御史車舒怠惰不事事，請繩以法。上召舒諭曰：朝廷擢爾憲紀之職，爾日所治何事，試言之。舒不能對。又問：人謂爾都不事事，惟嗜安佚信，有之乎？又無以對。遂謫戍邊。顧謂瑛曰：御史當用清謹介直之士，清則無私，謹則無忽，介直則敢言，不能是者悉出之。又諭吏部尚書蹇義曰：御史將以敬肅百僚，苟非其人不可輕授。又曰：豈但御史，百官大小之職皆須擇人，庶不瘝官廢事。

《明仁宗寶訓》卷二《退不肖》　永樂七年六月壬戌，上爲皇太子監國南京，江西道監察御史方恢父喪不丁憂，事覺。上曰：御史朝廷紀綱之職，彼既不孝，何以糾正百僚。令錦衣衛執送行在，奏請罪之。

《明仁宗寶訓》卷二《振風紀》　永樂二十二年十一月丙子，上謂都察院左都御史劉觀曰：御史朝廷耳目，當清心正己以振憲綱，比年貪黷之風甚矣。自今有差遣者，循洪武中例，賜以衣鈔。若復貪黷，罪之不恕。

《明宣宗寶訓》卷三《勵風紀》　洪熙元年十一月丁酉，擢翰林庶吉士王璉等爲監察御史。上諭之曰：爾在翰林久，故擢爾爲御史，爾亦知御史之職乎？正其身，端其志，振肅憲綱，糾擊奸宄，反冤獄，庶幾其可。或屍位素餐，或擅威虐下，或貪黷貨賄，有玷風紀必罰必黜，不爾貸也。

《明宣宗寶訓》卷三《勵風紀》　宣德三年八月庚寅，行在都察院右都御史顧佐奏監察御史多缺，臣訪舉進士鄧棨等十四人，監生程富等十一人，聽選教官方端等二十人，志操端謹堪任御史。上曰：風憲固當用端謹者，亦須有才猷方稱，未可遽授此職。俱令於各道歷政三月，爾察其言行，考其賢否，第爲三等，朕將選擇而任之。

《明宣宗寶訓》卷三《勵風紀》〔宣德六年〕十月己亥，上諭行在吏部尚書郭璡等曰：朝廷置御史託之耳目，凡政務闕失，民生利病，百官賢否，皆得奏舉，豈可以任匪人。比來有相朋比同流合汙者，有依勢作威淩篾良善者，甚至貪淫穢濁不可以言者，如此何望其能舉職。雖以逐之，自今必擇老成謹厚識達治體者以聞，朕將試用之。又諭之曰：在外按察司掌一道風紀，亦宜慎選，毋任匪才。

《明英宗寶訓》卷一《寬宥》正統元年六月壬寅，行在吏部尚書郭璡等言，監察御史邵宗歷任九年，已經本院考稱送部。今右都御史顧佐等又作見任考宗法律不通，宗不服，乞辯。上以佐等顛倒是非，特責戒之。行在浙江等道監察御史張鵬等又攟摭宗微過劾之。上曰：佐等不循公道，槩將不在任官員考退塞責，今各道御史又附會佐等，其朋奸欺罔明矣。姑記其罪，再犯不宥。

《明英宗寶訓》卷一《聽言》正統九年四月丙申，巡按山東監察御史曹泰言：今布政使即古之州牧，按察使即古之監司，寔在外百官有司之長，其任至重且要。近年是職有缺，必令大臣會舉，然所舉者或循資格，或涉親故，多有不公。乞加嚴選，使藩憲得人，則庶官咸舉其職矣。上然其言，因諭吏部臣曰：自今布政使、按察使務廉舉才德俱優練達老成之人爲之，如徇私濫舉及容情不言者，必罪不貸。

《明英宗寶訓》卷一《嚴考察》正統元年五月壬辰，行在都察院右都御史顧佐等奏：考得監察御史傅誠毛宗魯邵嵩王濬胡正陳懋陶鏞俱素行不立，秦瓛邵宗章杲李縉俱法律不通，張璘盧琉張慶邵新俱老疾不任事。

上命：素行不立者爲民，法律不通者降黜，老疾者致仕。

《明英宗寶訓》卷三《振風紀》宣德十年五月癸酉，勑諭行在都察院及各處按察司曰：朝廷設風憲所以重耳目之寄，嚴綱紀之任，凡政事得失，軍民休戚，皆民當言，糾舉邪慝，伸理冤抑，皆所當務，比之庶官所係甚重。近年以來未盡得之，或道理不明，操行不立，或法律不通，行移不諳，或逞小才以張威福，或搜細過以陷善良，甚至假其權位貪圖賄賂，以致是非倒置冤抑無伸，而風紀之道遂至廢弛。自今監察御史有贓濫及失職者，令都御史及各道御史糾舉黜退，按察司官有贓濫及不稱職者令按察使及其同僚糾舉黜退。仍令吏部今後初仕者，不許銓除風憲。凡監察御史有闕，令都察院堂上及各道官舉保，務要開具實行以聞，吏部當察不謬然後奏除。其後有犯贓濫及不稱職，舉者同罪。爾等其欽承毋忽。

《明英宗寶訓》卷三《振風紀》正統七年十一月甲申，勑諭三法司錦衣衛曰：朝廷以紀綱爲首，御史職紀綱之任，不可不慎擇也。如監察御史時紀因差往陝西，枉道回家，及與長垣縣縣丞蕭節之僉緣交結，挾勢娶民間女子爲妾，背違禮法，有玷風紀，已付法司問罪。自今爾等差官出外，必精選知禮義廉恥明達大體無貪汙淫穢之行，然後遣之，仍嚴加戒飭，庶紀綱以正，不辱朝廷之使命。如所遣及在任敢有不遵戒飭違禮犯法者，爾堂上官即具實舉奏，以憑降黜。若堂上徇情黨比，以致賢否混淆，曠職廢事，并罪不宥。

《明憲宗寶訓》卷二《嚴考察》成化二十一年七月丁卯，都察院以監察御史巡按滿回者考稱，上聞。上曰：御史出巡往往有行事過當，擅作威福，不稱任使者，今後務嚴加考察，不許徇情。

《明憲宗寶訓》卷二《用人》〔天順八年〕八月辛卯，六科給事中十三道御史皆言總督漕運左副都御史王竑、巡撫宣府右副都御史李秉可大用，詔下廷議，尚書王翺、大學士李賢等皆以爲然。上曰：古之人君夢卜求賢，今獨不能因輿論所予者而用之乎。王竑李秉廷議皆以爲可大用，朕因而用之何必夢卜邪。竑可陞兵部尚書，秉可陞都察院左都御史。

《明憲宗寶訓》卷二《用人》成化十九年四月乙酉，都察院奏試監察御史陸淵等理刑勤能，堪任風憲，其刑名生疏者二人，宜調別任。上曰：御史之設所以肅百僚而貞百度也，責任甚重，所職不止刑名一事，爾等自今宜慎選老成有學行者用之，勿徒取其諳練刑名而已。

《明穆宗寶訓》卷二《戒諭臣下》隆慶四年十月壬戌，吏部都察院奉旨考察科道官，素行不謹者九人，浮躁淺露者八人，才力不及者十人。上命閑住降調如例，且曰：科道朝廷耳目，責任至重，自今務秉持公議，遵守成憲，謹修其職。毋得恣意妄言，搖亂國是，倚借言路報復恩仇。仍蹈前弊者，重論不宥。

《明穆宗寶訓》卷二《禁貪墨》〔隆慶二年〕八月庚子，都察院右都御史王廷論淮楊巡鹽御史孫以仁貪穢不職狀。上曰：風憲官犯贓何以糾正官邪，禁革奸弊。以仁姑先褫職，聽勘。自今御史差滿當嚴加考察，毋得槩令回道管事。

（清）谷應泰《明史紀事本末》卷一四《開國規模》〔洪武十年〕六月，詔天下臣民言事，得實封直達御前。

（清）谷應泰《明史紀事本末》卷二八《仁宣致治》〔洪熙元年〕五月，諭吏部慎選御史，以清風紀，咨訪可任都御史以聞。上曰：都御史，十三道之表，都御史廉，御史雖不才，亦知畏憚。今不才者無復畏憚矣。時左都御史劉觀有貪名。

清朝部

監察系統分部

論說

《天聰朝臣工奏議》卷上《馬光遠請設六科奏十一月二十九日》 正藍旗總兵官臣馬光遠謹奏。臣請設六科一事，所看雖輕，所關最重。自古帝王公卿有六曹，即有六科，官吏稽查姦弊，通達民情，非細事也。今國政初立，事多繁難，凡在下大小官民人等下情，有應在六部伸訴者，有應在皇上陳奏者，六部有六部貝勒代爲轉奏，皇上有書房榜什代爲轉奏，可謂便當。臣近見各部事體，或壅或滯，無人稽察，書房事體或推、或諉，率多羈悞，概因責任不專，六科不設之故也。伏乞皇上不必勞繁多費，止選老成練達六人，立爲六科，每科專理一部，注定前件文簿一本，凡該吏部事，責令吏部科記奏、稽查，户部事責令户科記奏、稽查，禮部事責令禮科記奏、稽查，兵部事責令兵科記奏、稽查，刑部事責令刑科記奏、稽查，工部事責令工科記奏、稽查。每月終或年終，各科稽查各部。前件如有羈遲欺弊等情，許本科據實查參，以聽朝廷處分。每日遇有陳奏皇上事情。各照各科代爲轉奏，不許似前推諉。如此則下情得以上達，國政不致壅悞矣，伏乞上裁謹奏。

《天聰朝臣工奏議》卷中《馬國柱請更養人舊例及設言官奏正月十九日》 書房秀才馬國柱謹奏。臣蒙召留書房四年有餘，進言無效，從征罔功，上不能裨益於汗，下不能勤勞於貝勒，年華易邁，有鬚髮班白，誠爲天下一棄人也。但恩蒙知遇，情切同舟。今歲律換舊之時，乃聖政維新之會，願竭駑鈍，再爲汗一言焉。

一、言路官員宜設。臣向同高、鮑、寧、范諸臣上疏言：言官當立。汗應云：何必立言官，我國人人得以進言，若立言官，是隘言路也。汗見未嘗不是，但未睹不立言官之害也。請詳言之。言官不立，無責成，而有嫌疑，誰肯言之？即有言者，必私而不公，是開人以報復之門，而擾亂國家也。汗試思連年以來，誰曾公道說幾件事來？即有言者，果是爲汗爲國？抑是報怨報仇？汗一詳思而自明矣。建立言官，乃千古帝王之美意良法。後世人主，雖有神聖亦不得棄而不置。若言官一立，汗之過失得聞，貝勒是非不掩，國中善惡可辨，小民冤苦得伸。雖言官至私，必不敢少隱父兄之過者，職分使然也。臣觀我國近日欺隱成風，朋黨搏擊，善惡混淆，真假莫辨，實可爲寒心而扼腕者。祛弊防姦之著，莫要於言官之設也。伏乞聖裁。我國不妥事體，觸目皆是，但恐未信而諫，不惟無補於汗國，亦且有累於身家，倘肯採行一二，後有見聞處，願時時進言焉。謹奏。

《天聰朝臣工奏議》卷中《扈應元條陳七事奏十二月二十二日》 一、用諫官之事。自古明君治世，必設鞀懸鐸，納諫如流。今我國立六部，設立書房，又分爲六夾喇，八固山，獨無諫官衙門，不免有作弊之事矣，所以不公不平？有自來也。以愚生言之，朝無諫官，姦佞不去，國無諫官，民害不除。欲成大事者，必要先立諫官，選忠良爲國之臣，正直無私之官，如孫副將三二人者，方才做得。叫他秉公而行，聞風而奏，使貪酷不干國事者，亦膽戰而心驚矣。伏乞上裁。

《天聰朝臣工奏議》卷下《許世昌敬陳四事奏二月初四日》 一曰朝廷言路宜開。自古帝王靡不於建元之始，求直言亟諫爲先，何也？夫諫者，所以宣上意，達下情，内而糾彈姦邪，外而緝訪民隱，有裨於國家，實益於社稷者也。而我朝則未之設。臣愚以爲宜立中丞、都御史總其綱，設東西兩臺御史司其職。凡國家政令之得失，百僚任事之忠佞，許其風聞，不時論劾。所言者時而可行，即宜擢賞，所言者詞雖涉虎，亦宜包容；務使敢言不諱，乃爲聖朝納諫之美。至於假公濟私，報復讎怨，始加斥逐。庶朝廷開耳目之官，群小消欺罔之弊矣。伏乞聖裁。

《天聰朝臣工奏議》卷下《徐明遠條陳時事奏二月二十二日》 一、宜立言官以剔姦弊。自古首稱爲君之善者，必先堯舜。堯建聞善之鼓，舜立誹謗之木，資衆人之善以爲善，所以歷朝之君，莫不遵法堯、舜以立言官。今我國之不立言官者，或汗之意，以爲幾人言不如舉國之人言。殊不知人無言責，不是爲己爲情，凡可得已，孰肯上言。故我國多有不公、不法、大利、大病之事，從未見有面折廷諍之臣。雖汗聰明天縱，必不能備悉隱情，以照聖明之治。故宜擇訪公直廉節者，立爲言官，此乃今日之急務也。

（清）熊伯龍《熊學士詩文集》卷下《策·納諫》　立國者不可以瑱也，諫官，國之威神也，凡天下大姦大害之所伏。其始也，以諫官折之而有餘。其後也，以君相制之而不足。故諫官有彈壓，而後朝廷有綱紀，而後天下有風俗，人君有正一官而百官莫不正者，其惟臺諫哉。我皇上宵衣旰食，勵精唯勤，凡內而宮庭外而臨御，其所以昭德塞違者，毖飭不惜餘力，而天下亦未嘗有大姦隱害之不可詰也，宜若無需于犯顏敢諫者，雖然養貓所以捕鼠，不可以無鼠而養不捕之貓。畜狗所以防盜，不可以無盜而畜不吠之狗。君之畜犯顏敢諫者亦若是也。古者合宮之聽，衢室之訪，總章之問，無論已。賈山之《至言》陳於露臺惜費者，魏徵之《十漸》陳於道不拾遺者，其時皆英主也，治朝也。而兩臣至秦之隋之豈其迂戇而過計乎。蓋天下政事之修救唯可望之治朝，唯可望之英主。彼蔽明而覿禍者奚用以說爲矣，然則君之畜犯顏敢諫者誠莫此時若也。然而致此則又有道矣，蘇軾曰人主能聽言而不能使其臣之必言不可謂真能聽言之主，人臣能進言而不能使君之必聽其言不可謂真能進言之臣。言乎上與下之相感以誠也。以愚論之，臣之進言其遇主誠有命，殊不可強，所可自主者，聽言者耳。楚莊王出而謀其臣，其臣不逮，退有憂色。唐太宗神采英毅，羣臣對之多畏沮者，每遇言官必霽色以待之。夫不得其言則爲憂，得其言則爲霽，二君之性情過於韜鐸矣。此申臣之所以賀而貞觀之治之所以成也，此其道人主莫不知而卒不爲者則以顧忌之心中之耳。夫人非堯舜，豈必每事盡善。漢高非創業之君哉，以酈生之言而刻印，以張良之言而銷印。一銷一刻有同兒戲，而後世稱之者，不足累高帝之知人，適足明聖人之無我也。後之人君，問宏農則喜，問南陽則怒，問府中則喜，問宮中則怒，內外彼此之形膠結而不可解，雖百汲黯其能爭之乎。則請進一箴曰：夫如荼之悶腸者不少也。石戛戛，其性可以攻玉。願皇上察邇言。則又進一箴曰：康莊之仁我也，是不如太行。願皇上明詔臣工曰：朕不似漢文帝命釋之，卑之勿甚高論也。則又進一箴曰：夜行者前其手，然而橋足也。開明於東，不圭寶而萬卷皆燭。願皇上窮理以知人，知人以知言，而四聰廓如也。

（清）武億《授堂文鈔》卷一《諫官考》　諫有官自商周以來亦已備員也，或曰夫如是則温公之記諫院題名也非與？曰公固失考而以古者諫無官也。《呂氏春秋·自知篇》湯有司過之士，《先識覽》周威公得史驎、趙駢以爲諫臣。諫臣與司過之士皆守官以名職也。又周之羣諸侯諫以名其官者，《呂覽·勿躬篇》管子復於桓公曰：蚤入晏出，犯君顏色，進諫必忠，不避死亡，不重貴富，臣不如東郭牙，請置以爲大諫臣。管子又云使鮑叔牙爲大諫。宣四年《左氏傳》其孫箴尹克黃。襄十五年《傳》公子追舒爲箴尹。杜氏唯云箴尹，官名。以高氏《呂覽注》証之，楚有箴尹之官，亦諫臣也。然則齊與楚之有是官也，其所從遠矣。《晉書·武帝紀》詔曰百官箴王闕。然保氏特以諫諍爲職。今案其文云，保氏掌諫王惡是也。而司諫司救蓋又於萬民亦爲之官，以道正其行，以禮防其過。故曰諫有官古也。温公之言漢興以來始置官，不足據也。

（清）趙翼《陔餘叢考》卷二六《監司官非刺史》　范文正公爲人作墓誌，以轉運使爲刺史，尹師魯言其誤，即改之。今人以各巡道比古之刺史，亦非也。古刺史正如前明巡按御史耳。巡按御史以七品官彈劾督撫以下，蓋取其官輕而權重。官輕則愛惜身家之念輕，而權重則整飭吏治之威重。漢武設十三部刺史，正是如此。其秩僅六百石，而以六條察二千石，其官皆屬御史中丞。《薛宣傳》宣爲中丞，執法殿中外總部刺史是也。《漢官儀》亦云：御史中丞外督部刺史，內領侍御史。其制本起於秦，《史記》秦泗川監平注云：秦時御史監郡，若今刺史，是秦已有此職。漢惠帝因之，文帝改用丞相史。《漢官舊儀》丞相初置吏十五人，皆六百石，爲東西曹。東曹九人，出督州爲刺史是也。改置部刺史，乃武帝元封元年之制。凡刺史稱傳車，吏稱從事，居無常處，吏不成臣，見《魏書·夏侯元傳》。此其大較也。郡守不得面奏事，而刺史得面奏事。《京房傳》云：臣爲刺史，又當奏事，而議者不悅，乃以臣爲太守，所以隔絕臣是也。按漢郡守亦得奏事。王温舒爲河內守，私置馬五十匹驛奏是也，但不得面奏事耳。《後漢書·百官志》：刺史每歲終詣京師奏事，光武改制，乃詔刺史因計吏奏事，不必赴京。有既爲刺史之後，仍遷郡守者，蓋其秩本卑，遷守非黜。如黃霸以揚州刺史爲潁川太守，陳咸以部刺史歷東郡太守是也。是刺史本御史中丞所屬，其秩甚卑，而可以彈治大吏，與前明巡按御史一一相似。其稍有不同者，漢刺史專察二千石長吏，而丞尉以下則二千石所察，刺史不與焉。《朱博傳》博爲冀州刺史，吏民遮道訴事，博下令曰：欲言縣丞尉者，刺史不察黄綬，各自詣郡。欲言二千石墨綬長吏者，刺史還治所受以治之。是漢刺史不察丞尉，而明巡按則無所不察耳。其沿革亦有可考者，西漢至成帝時，翟方進以爲春秋之義，用貴治賤，不以卑臨尊。刺史位下大夫，而臨二千石，輕重不相準。乃奏罷刺史，改制州牧。後朱博爲御史大夫，仍奏復刺史。王莽時，又置州牧，如《劉聖公傳》荊州牧發兵攻緑林兵，反爲緑林所敗是也。更始因之，亦置州牧，如幽州牧苗曾爲光武所誅是也。公孫述亦假益州牧以起事，而光武初亦仍州牧之制，如以朱浮爲幽州牧，郭伋爲雍州牧是也。至建武十八年，乃罷州牧，仍置刺史十二人，而其制比西漢稍異舊制。州牧奏二千石長吏不任職者，事皆先下三公，遣掾史案驗，然後黜退。光武不復委任三府，而權歸刺史。見《朱浮傳》。又舊制諸刺史常以八月巡郡國，録囚徒，考殿最，歲盡詣京奏事。光武改令但因計吏奏事，此西東漢刺史不同之制也。靈帝末，四方兵起，劉焉建議，以爲刺史威輕，宜改置牧伯，選重臣以鎮之。遂以焉爲益州牧，黄琬爲豫州牧，劉虞爲幽州牧，州任之重自此始。見《劉焉傳》。獻帝時，韓馥爲冀州牧，袁紹爲渤海太守。荀諶説馥曰：渤海雖郡，實一州也。今將軍處其上，袁氏必不能爲下，馥遂以州牧讓紹。又劉表爲荊州刺史，統領八郡，貢至京師，詔加表爲荊州牧。公孫度據遼東，自稱平州牧，分置太守以下官。此又漢末改刺史爲州牧之制也。故《三國志》論曰：漢季以來，刺史總統諸郡，賦政於外，非但如曩時司察而已。魏晋因之，刺史任重者爲使持節都督，有一刺史而都督十數州軍事者，其次爲持節，又次爲假節。其時郡各有太守丞尉，而刺史統之。隋開皇三年罷郡，以州統縣，自是刺史之名存而職廢。所謂刺史者，乃太守之互名耳，唐武德中，改太守爲刺史。名雖屢更，而其職即郡守之職也。其大將爲刺史者，則加節度使之號，連制數郡。而其屬郡爲刺史者，則曰支使，故刺史之職人益輕，非復漢之舊矣。開元中置諸道採訪使，得專停刺史。顧寧人云：漢刺史猶明之巡按御史，魏晉後刺史猶今之總督，隋以後刺史猶今之知府知州而已。

（清）吴榮光《石雲山人文集》卷一《非先王之法言不敢論道考御史》

嘗考唐虞之世詢事考言，又曰敷奏以言，人臣靖共爾位，其所以勤勵翼而備采納者，言可苟焉而已哉。當嘉言罔伏之朝而欲少有建白，則平生之學術係之即一心之誠僞見之。如《經》言卿大夫之孝曰：非先王之法言不敢道，其所以爲臣道訓者備矣。夫人自策名委贄以後修之家而獻之廷者，先資所由拜獻也。拾其遺而補其闕者，嘉謨之所以入告也，盡其職即所以保其家也。伊昔盛時都俞吁咈交儆一堂，禹有九功，惟叙之言；皋有九德，有常之言。以至伊則有訓，旦則陳書。君明臣良之會，言皆可績，事皆可法，非所謂先王之法言哉。蓋觀於正德厚生之董戒則知後世重農貴粟之奏不足言也。蓋觀於惇典庸禮之懋勅，則知後世治性正家之疏不足言也。抑觀於顧禔明命所其無逸之告，則後世十思十漸之論不足言也。非然者徇私而不本乎法，則敬事後食之義不講矣。偏倚而不衷乎法，則窮理格物之用未至矣。戇直而不凜乎法，則積誠上格之學不聞矣。亨廩禄之厚，職獻納之司，而顧旅進旅退人云亦云，所謂能教忠者安在哉。即所謂保其家者安在哉。夫盛明之世不廢芻蕘對揚之體要，惟敬慎爲人臣者所當書思對命効片言之可采，以求合於夙夜匪懈，以事一人之義也。

（清）賀長齡《皇朝經世文編》卷九《治體三・政本上・請開言路疏》胡德邁康熙三十六年》

奏爲請寬言路之處分，併賜召對諸臣，以收聽言之實效事。竊惟朝廷慎選台垣，以資諫諍，原欲其啓迪皇躬，匡弼國政也。恭讀太宗文皇帝諭諫官：朕躬如有不德，即行規諫，如實允行，如虚亦不加爾罪，并不令爾等質對。世祖章皇帝，令言官各據見聞，極言無隱，所言果是，即與採用。若未當，不必加罪。煌煌祖訓，已垂法萬世矣。近來吏風逾壞，寵賂日章，聖心業已洞曉，諸臣豈皆聾聵，總以夤緣行賄，事最曖昧，明知而無確據，不敢妄瀆，且與受同罪，定以發覺者爲虚誣，公然行私，實無可如何。皆因臣等不肖，顧忌畏縮，不能冒例糾劾，緘默之愆，抑又何辭。兹當聖主省己求言之日，亦諸臣實心悔過之時，合無寬其處分之定例，俾得率臆直陳，發姦剔弊。其有骨鯁無私者，褒勵一二。過于戇直者，亦曲示優容。兩班諸臣，日侍御前，秉公挾私，何難立辨。惟在皇上平素留心，黜陟時自有甄别。臣聞古帝有鞀鐸之求，漢世設極諫之科，求之如此其切，尚有不肯盡言者，豈拘以處分之例，猶望其直言無隱乎。至各衙門三品以上官，或即係科道內陞，或歷事中外最久，此皆諳練之員，豈無識見。但定例開載，非係言官條陳者降調等語，因而忠君愛國之念，不勝其愛功名之念者有之。凡遇災異修省，便許直言，事過即止，夫有聞必告臣誼當然，豈得分災異與平時爲二致乎。合無以後但聽一例條陳，則言路愈寬，而人心愈奮矣。若夫治道之大，貴通上下之情，我皇上憂勤蒞政，每日令部院各衙門堂官，及科道等官，以次近前奏事，原於宵衣旰食之中，寓鑑別人材之法也。但進趨唯諾，不過片時一二語，即章疏徹覽，亦或不能盡悉隱情。竊觀歷來督撫提鎮諸臣，皆得特諭陛見，面諮方略，口陳利弊，豈在京近臣獨不可瞻對天顔盡抒胸臆乎。伏乞皇上於萬幾之暇，不拘在京衙門大小官員，聖衷所稍知者，皆得不時召對，詢以政事闕失，民情疾苦。并令各舉所知，以備擢用。夫獨聽則私，合聽則公，進見人少則被召者或得挾偏私之見以干冒宸聰，惟聖聰既廣，自可折衷至當，而人亦難逃洞鑒之中矣。語云：芻蕘之言，聖人擇焉。況此皆股肱耳目之臣，甯無一得自獻乎。大凡條奏，或有虛實可否，至於口陳，必當知無不言，言無不盡。是則諸臣才具之短長，心術之邪正，品行之優劣，皆爲皇上淵衷所默識，會推簡用之際，可以立斷無疑。不但通達下情，而且周知舉朝之賢否矣。至於容貌辭氣，人各不同。天威咫尺，或恐有畏懼忌諱而不敢言者，惟望假以霽顔，誘之納誨，以壯敢言之氣。是又在如天之涵覆，非微臣所敢知也。更有請者，明良交儆，乃盛世吁咈之風。近諸臣章疏，每多浮泛譽詞，是不以堯舜期望吾君，雖白簡時陳，夫亦何益。今後闗切皇躬，一遵祖制，許令規諫。其頌美浮詞，相應飭禁。臣言官也，惟知以言效忱，而管見有限，伏願我皇上集思廣益，兼聽並收，則忠告日聞，太平可立致矣。

（清）張之洞《張文襄公全集》卷六《奏議·籌議七廳改制事宜摺光緒九年九月二十九日》 一、巡牧宜議停也。查歸化城、察哈爾遊牧，每届五年由都察院於蒙古科道司員內，奏請二員分巡一次。外省稱爲巡察遊牧御史。一員巡歸綏道所屬五廳，一員巡直隸口北道所屬三廳，並山西豐、寧二廳。隨帶之員，多係兄弟子侄，於到境後由將軍都統派給巡捕戈什哈，並所帶之丁役約百餘人，周行各廳，種種搜剔爲需索之計。歸、綏兩廳供支最久，約費二千餘金，其次各廳亦約費千金及數百金不等。各官皆有饋贈，旗民均有攤派，徒滋繁擾，累及兵民。其實一無事事，於蒙情牧政毫無所益。溯查從前土默特地方，雖設有都統、副都統等員，皆由土默特蒙古世襲，如同土官，故須派員巡察。今副都統由京簡放，又有將軍移駐綏遠城鎮守，道員督率各廳分治，即與內地州縣無異。豐、寧兩廳情形一律，應請將山西歸化、薩拉齊、和林格爾、托克托、清水河、豐鎮、寧遠等七廳遊牧，每届五年巡察舊例，即行裁停，以歸簡易，而免擾累。

旨：該部議奏。單并發。欽此。

綜述

《大清會典則例（乾隆朝）》卷一四五《都察院一》 一、憲綱。天聰十年諭：凡有政事背謬及貝勒大臣有驕肆慢上、貪酷不法、無禮妄行者，許都察院直言無隱，即所奏涉虛亦不坐罪。倘知情蒙蔽，以誤國論。如盡心職業，秉公矢行，三年考滿，定加升賞。欽此。崇德元年諭：都察院各官皆朝廷諫諍之臣，朕躬如有不親政務，忠良失職，姦邪得位，有罪者録用，有功者降謫等事，爾等有所見聞，即行規諫。至於諸王貝勒大臣有曠廢職掌，耽酒色好逸樂，取民財物婦女，或朝會輕慢，冠服不具，及以不適己意，託病偷安、不朝叅入署者，禮部稽察。若禮部徇情容隱，爾等察奏。或六部斷事偏謬，及事未審結誑奏已結者，爾等亦稽察奏聞。凡人在部控告未經審結又赴告於爾衙門者，爾等公議，應奏者奏，不應奏者逐之。至爾衙門有受賄之弊，須互相防檢，若以私讐誣劾，定加爾等之罪。其餘所奏是者即爲允從，非者亦不加罪，並不令爾等與被劾之人質對。欽此。順治九年諭：都察院爲朝廷耳目之官，上至諸王，下至諸臣，孰爲忠勤與否，及內外官員之勤惰，政事之修廢，皆令盡言。如滿漢各官有賢有否，督撫按各官有廉有貪，鎮守駐防各官有捍禦勤慎者，有擾害地方者，皆令分別察奏。其推舉銓用與黜革降罰，及內外各衙門條陳章奏，有從公起見者，有專恣徇私者，皆令明白糾駁。欽此。十年諭：朝廷設立言官，原爲繩愆糾謬，事關朕躬，尚許直言無隱，況諸司過失理當糾舉。其言果當，宜虛心靜聽，即言有未當，正宜分晰事理，聽候朕裁，不許私嗔報復。至言官論事，亦須明白確指，不得摭拾風影，挾私妄訐。欽此。十一年諭：凡言官務在知無不言，言無不實，庶使僉壬屏跡，中外肅清。若緘默苟容，顛倒黑白，徇私報怨，明知姦惡，庇護黨類，不肯糾叅，而誣陷良善，驅除異己，溷淆國是者，定行重懲。欽此。又諭：凡事關政治得失、民生休戚，大利大害，應興應革，切實可行者，言官宜悉心條奏，直言無隱。如果能抒誠有裨政事，朕自不靳懋賞。欽此。十二年諭：凡事關朕躬，何令不信，何政有差，諸王貝勒在事、諸臣曠職之愆，叢弊之處，及内外各司何害未除，何利未興，言官各據見聞極言無隱。一切啓迪朕躬匡弼國政者，所言果是，即與採用，如有未當，必不加罪，毋得浮泛塞責。欽此。又題準：言官糾叅，實指姦貪是其職掌，若結黨挾私，肆行陷害者，反坐。十三年諭：科道爲耳目之官，職在察姦剔弊。凡大姦大惡從未經人糾劾者，果有見聞，即據實直陳，不許徇私黨比，摭拾塞責，將人已糾叅之事勦襲妄陳。欽此。十八年題準：文武大臣果係姦邪小人，搆黨爲非，擅作威福，紊亂朝政，致令膏澤不宣，災異迭見，但有見聞，不避權貴，具疏彈劾。内外各衙門大小官有不公不法等事，皆得糾劾。其糾舉之事，須明注年月，指實陳奏，若係機密重事，實封御前開拆，並不許挾私苛求，泛言塞責。又題準：官民果有冤枉，許赴院辨明，除大事奏聞外，小事立予裁斷，或行令該督撫覆審昭雪。又題準：言官題奏應密不密者，罰俸六月。康熙九年題準：言官列款糾叅貪婪官吏，有一二事審實者，免議。若審問全虛及條陳事件隱含譏刺，或不據實回奏，或叅官員老病衰庸涉虛者，皆降二級調用。十五年議準：言官條陳譏刺及回奏不實，或凡事不據實陳奏，或並無可據稱風聞具題者，降一級調用。三十一年諭：國家設立言官，職司耳目，一切吏治民生得失利弊，皆宜殫思極慮，據實直陳。近見滿漢科道官建白甚少，殊非朕責望言路之意。嗣後應各矢公忠研求時務，凡有可以裨益國家之事，悉據所見奏聞，以俟採擇。但不得懷挾私情，紛更定例，勦襲陳言，浮泛塞責。其有真知灼見，應糾劾者，即行叅奏，亦不得暗受囑託，代人報復，苛責細事，希圖傾陷。欽此。三十六年諭：國家設立都御史科道官，以建白爲專責，所以達下情而袪壅蔽，職任至重。使言官果能奉法秉公實心盡職，則閭閻疾苦咸得上聞，官吏貪邪皆可釐剔，故廣開言路爲圖治第一要務。近時言官奏疏寥寥，間有入告而深切時政從實直陳者甚少，此豈委任言路之初指乎。嗣後凡事關國計民生及吏治臧否，但有確見，即應指陳。其所言可行與否，裁酌自在朝廷。雖言有不當，言官亦不坐罪。自皇子諸王及内外大小官有所爲貪虐不法並交相比附傾軋黨援理應糾舉之事，務必大破情面，據實指叅，勿得畏怯貴要，瞻徇容隱。即朕躬有失，亦宜進言，朕決不加責。其有懷挾偏私藉端傾陷者，朕因言察情，隱微自能洞悉。凡屬言官尚各精白乃心力矢忠讜，以無負朕殷切責望至意。欽此。三十九年御製臺省箴：臺省之設，言責斯專，寄以耳目，寧取具員，通明無滯，公正無偏，黨援宜化，畛域宜捐，洞達政體，斯曰能賢。古昔諍臣，風規凛然，訏謨讜論，垂光簡編。朕每覽繹，如鑒在懸。居是官者，表裏方直，精白乃心，充廣基識，國計民生，臧否黜陟，凡所敷陳，敬將悃愊。風霜之任，以懲姦慝，搏擊之威，以儆貪墨。毋摭細務，苟塞言職，毋紛成憲，妄逞胸臆。書思入告，當寧對揚，沽名匪正，營私孔傷，或藏嫌怨，謬爲雌黄。受人指囑，尤爲不臧，形諸奏牘，有玷皂囊。職司獻替，亟宜審詳，敬爾在公，風紀巖廊，辭箴用勖，誕告聯常。雍正元年諭：朕仰承大統，遵守成憲，首以求言爲急。科道諸臣原爲朝廷耳目之官，與朕躬最親，與國家最切。凡有所見，自應竭誠入告。今雖備位臺垣，即將來之公卿大吏。爲科道時不能盡言，則日後官至大僚豈能期爾建白乎。今後各科道每日一人上一密摺，輪流具奏。或二三人同日具奏一摺，一摺止言一事，無論大小事務，皆可據實陳之。即或無事可言，摺内亦必申明無可言之故。具摺後在外候旨，或召進面見，或令且退。所言果是，朕即施行。或未甚切當，朕亦留中不發，決不令一人知之。倘有徇私挾讐顯係情弊巧爲瀆奏者，亦不能惑朕之耳目也。密摺不許人叅酌，如有漏洩或同僚中知而言之，則同僚即可據以密聞，朕將兩人之摺合驗，情事能隱諱推諉乎。至於有面奏廷諍，或彈劾權要，或更革弊端，不妨仍照例露章奏聞，朕亦不拒禁，爾諸臣其敬承明諭，各抒忠悃，無負朕懸軺設鐸之意。欽此。又諭：外任旗員受該旗都統叅領及五旗本王恣意需索者，許本官據實封章密詳，督撫轉奏。倘督撫瞻顧容隱，許本官封章揭，都察院轉爲密奏。倘不爲奏聞，即各御史亦得據揭密奏，務期通達下情，以除積弊。欽此。又諭：勘合之外有多索一夫一馬者，許前塗州縣據實揭報，都察院糾叅。欽此。又議準：大臣爲小臣之表率，若屬官簠簋不飭虧空錢糧者，多即繫上司不能以清操爲率，盜賊繁多、諸務廢弛，即繫上司不能以勤慎爲率，皆許科道於年終察實題參。二年奉旨：以六科隸都察院。又奉旨：凡科道露章必候朕御門聽政之日進奏，在各部院奏事之後陳奏。又諭：諸王貝勒屬下人繫累世効力舊人，或念其先世豢養之恩，見幼主有過直言規諫，或因需索不遂並聽讒佞之言將効力之人妄加殘害，藉端送部治罪，則忠直之輩人人箝口，而讒佞小人轉得任意横行矣。嗣後如此等曾在其先世効力之人幼主無故尋釁妄行陷辱藉端送部治罪者，準其聲明冤抑或赴宗人府或赴都察院呈訴。該衙門奏聞詳審，果繫冤情，或撥於別旗，或撥於他王門下。若所訴盡誣，加等治罪。欽此。又諭：外省督撫有懷私背法逞威等事，給事中御史等受其請託賄賂，爲之徇隱，經朕聞知，將都察院堂官一並議處。至上彈劾本章或有畏難之心，亦未可定，將本章封固秖稱条本，不必聲明姓名事由。欽此。三年諭：朕爲天下臣民之主，一夫不獲，尚厪朕懷，豈可令郡縣司牧枉受冤抑乎。朕屢降諭旨，令督撫秉公體卹屬官，尚恐有冤抑之人。嗣後道府以下知縣以上各官有實在冤抑被条降革者，令赴都察院具呈，確察原条緣由，覈實具奏。其並無冤抑實有罪愆人品不端才力不及之人妄行具呈者，亦必重治其罪。欽此。四年議準：直省州縣交代舊任官虧空各上司逼勒新任官接受者，許被勒之人直揭，部科代爲陳奏。其有干連督撫者，將具揭之人與虧空之人押赴來京，交與都察院察審明確，將該督撫一並從重議處。如繫誣揭，交與刑部加倍治罪。至出揭之人調任別省，該管上司有因其從前揭報之故多方搜求籍端誣陷者，該員赴院呈辯，果繫条處冤抑，將該上司交部議處，如誣辯不實，加倍治罪。七年諭：科道乃朝廷耳目之官，專以進言爲職，朕令其於露章之外復行密奏者，蓋欲其時進讜言，匡朕不逮，有益於吏治民生也。既繫密奏，則當謹慎，不謀於人，不洩於外，方無忝於事君之義，而不愧言官之任。嗣後倘有密奏之事，朕未將本人姓名發出而本人自行露洩或私自存稿者，一經發覺，朕必嚴究重治其罪。欽此。十三年十一月諭：往者聖祖仁皇帝特制臺省之箴，以重言責。皇考世宗憲皇帝諭旨亦諄諄及之，洵以耳目之司乃國是所由彰，官常所由肅也。朕以藐躬纘承丕緒，一日萬幾，常恐措置失宜，以負皇考付託之重。繩愆糾謬正爾諸臣得自竭其忠誠之會也。中外大臣或有詭法行私及昏庸不能任職者，近者實跡有徵，遠者輿論不協，皆宜據實彈劾，以廣朕之聰明。而近觀諸臣所奏，大率毛舉細故，無關體要。朕以實心求言，而專司言責者仍以虚文塞責，無乃内負夙心而外慚清議乎。其各自砥勗，凡有關於國政民依者，知無不言，無或畏葸，若仍以不急之務漫充奏牘，或其人已自敗露而後摭拾其非，又安用此。至於懷私挾怨受人指囑互相攻訐，乃皇祖之箴所謂尤爲不臧者，有或蹈此，乃自貽伊戚也。勉之慎之。欽此。又諭：朕御極之初，一時見聞未徧，恐不能周知天下之庶務，欲開言路以期集益廣思。爰遵皇考時舊例，令滿漢文武大臣官員科道等輪班條奏，使各抒己見，用備採擇。茲者條奏已將一周，其中固有通達治體可以見諸施行之事，而胸無確見真知因迫於班次已屆勉强湊合支贅成篇者亦復不少。自今一輪之後，不必拘定班次，倘有所見隨時陳奏，此朕切望廷臣嘉謨入告實有裨於政治之意，並非奏牘繁多厭於披覽也。欽此。乾隆元年諭：國家設科道官原以發抒忠悃隨時獻替爲專職，而進諫之道莫大乎繩愆糾謬，上佐君德，其規切用人行政，指陳吏治民生者次之，此古名臣之所以志在格君而嘉猷碩畫有造於國是民依也。朕近敬閱世祖章皇帝《實録》，見當時言官奏疏尚有骨鯁謇諤之風，竟能直指君德之得失而不顧一己利害之私。朕輒改容誦之，以爲我朝人物挺生忠良之佐，匪躬之節，未嘗遠遜古人也。朕御極以來，求言之詔屢下，而司諫之臣從未聞有忠言讜論可藉以爲啓沃之助者。計其封章條奏不過摭拾細事苟且塞責，即欲求其切中政體痛斥官方之言尚不可得，何論上及朕躬塞違昭德以盡納誨之實乎。夫朕之一身，豈無闕失，正賴廷臣直言以襄不逮。即云大德不踰而日理萬幾，或發號施令之失其宜，或慶賞刑威之過其則，或進退黜陟之乖其分，或輕重緩急之爽其衡，皆朕所不能自信者，乃朕誠心求之而諸臣不能以誠心應之，則諸臣不能辭曠職之咎也。繼自今大臣暨科道等務以古處自期，各矢忠藎，爲上爲德爲下爲民，悉盡言無隱，以修臣職，以繼芳蹤，毋使先正氣骨獨自擅美於前，庶稱朕拳拳冀望之心。至本朝定鼎以來，從前臣工章疏有忠讜剴切卓然可傳者，著内閣翰林院委官精選進呈刊刻以垂示將來，俾後進奉爲模楷。其入選章疏諸臣内有素行端純完名全節者，準入祀賢良祠，用昭朕崇禮直臣風勵百僚之意。欽此。又諭：朕即位以來，屢下求言之詔，至再至三，出於誠切，並非尚納諫之虚文，誠以朕躬闕失無由自知，必賴直言匡正。而隨時納誨者，乃臣子之大義。胸有所見，即當直陳，使言之果當，朕當即改易，可收轉圜之益，言之不當，朕亦得以己意明白剖示釋其疑心，亦開誠布公之道也。惟是公私之辨不可不嚴倘有藉直諫之名以自行其私妄冀惑亂朕聽，亦斷不能逃朕之洞鑒也。欽此。又諭：人臣奏事理宜慎密，若叅劾既非露章而用封奏，尤不當漏洩於外，以自作威福。欽此。又奉旨：嗣後倘有被步軍統領衙門番役等騙害者，準本人赴刑部都察院控告，該部院即據實奏聞，朕必將番役嚴審治罪，不少寬貸。二年諭：國家設立科道專司建言之責，必心本無私又能通達治理乃爲無忝厥職。若識見雖未明通而居心樸誠，則言雖愚戇尚無害於事理，朕亦鑒其忱悃而優容之。惟胸懷愛憎之私，藉奏章以展其巧詐者，則有玷臺垣，國法不可以輕恕。即如並未深悉地方民情而奏稱某地某事甚善，而承辦之人已暗受其推薦，奏稱某地某事不善，而承辦之人已暗受其中傷。是其敷陳之時並未據實秉公匡襄政務，而言在於此，意注於彼，其居心尚可問乎。近見科道中此等習氣頗不能免，亦難逃朕之洞鑒。科道官當捫心自問，如稍有愛憎之私未泯於中者，各宜猛省悛改，毋蹈罪戾。欽此。又諭：從來言官陋習相沿，多由迎合。若人主意在綜覈，率刻意吹毛求疵，巧避瞻徇之跡，而置君德於不問。若人主意在樂聞己過，則又往往於朝廷之政事、吏治之得失不一言及。甚有臣工不能靖共，幫僚或植黨援，曾不敢一指摘以遠嫌避害，惟事摭拾陳言以自沽能正君心之名，是其居心之陰巧，乃國家之大蠹也。朕孜孜求治，常恐不及，使偶有闕失，言官果能切實指陳，朕自樂於聽受。即大臣中或有過眚，果能據實彈劾，亦足爲用人鑒戒。若徒勦襲膚辭，則史册具在，盡足披覽，何用伊等喋喋陳奏乎。倘錯會朕意，轉生畏葸之念，則又不知朕推誠布公之心者也。欽此。三年諭：朕令科道條陳事件，原許各陳所見以裨政治。雖所陳奏不能盡合機宜，且往往有揣摩朕意有心迎合者，此等固不足採，但伊等職司言路，條陳既多，其中豈無可行之事。朕勑交九卿會議，爾等自宜虛公斟酌，不可稍有偏執。欽此。四年奏準：本院職司稽察，凡有冤枉均得陳奏準理。嗣後候補候選及曾經議處官弁如有應行呈明情節，許赴吏兵二部具呈，交與該司將應準應駁緣由詳加察覈，逐款明晰批示，分別辦理。果有實在冤抑，應令其親自赴院具呈，察明應行準理者，即行文調取該部辦理原案及一應定例。如實繫舛錯，即爲奏請更正。該部堂司官如有辦理未協，亦即奏明請旨察議，倘有營私受託等弊，經院訪確即行叅奏。八年奉旨：嗣後有交部發議事件，科道不待部覆參差具奏者，該部於議覆本內將伊等意見參差之處聲明請旨。十三年奉旨：各衙門京堂屢經酌定，仍不免參差，僉都御史有漢官無滿官，應作何裁改，著該部定議具奏。遵旨議準：裁僉都御史，竢員闕時停止奏請簡用。又題準：御史原繫言官，凡遇有應行奏聞事件，各御史果訪聞確切，不必拘定省分衙門，仍聽隨時據實陳奏。

《大清會典事例（嘉慶朝）》卷七五四《都察院·憲綱諭旨一》 順治八年諭：自今以後，凡有奏告之人，在外者，應先於各該管司道府州縣衙門控訴。若司道府州縣官不與審理，應於該管總督巡撫巡按衙門控訴。若總督巡撫巡按不準，或審斷冤枉，再赴都察院衙門擊鼓鳴冤。都察院問果冤枉，應奏聞者不與奏聞，準赴通政使司衙門具本奏聞。在京有冤枉者，應於五城御史及順天府宛大二縣告理。若御史府縣接狀不準或審斷不公，再赴都察院衙門通政使司衙門具奏申告。至於六部，其應呈應訴者，照舊例準理。若內外大小衙門，明知枉情蔽不上聞，許具本至午門前進奏，傳諭之後，有仍前聲冤告奏者，問以重罪。該部將此諭刑刻告示，廣布通知。又諭：近日痘疹甚多，朕避處凈地，凡滿漢蒙古官民有被冤控告者，內而赴各該衙門，外而赴各該地方官告理。此時奏告之人，概行禁止。如有違旨奏告者，按律治罪。如有枉斷負屈迫情訴告者，當赴都察院通政使司衙門。如不準理，亦必俟過此時再行奏告。爾衙門傳與刑部，刊刻告示，曉諭滿漢蒙古官民知之。九年諭：設立都察院，原爲有益於國家，凡宜言者言之。儻官員勤惰，政事修廢，遇有宜言之處徇情不言，被旁人叅論，雖悔無益。宜謹慎勉勵，欽哉。又諭：都察院爲朝廷耳目之官，上至諸王，下至諸臣，孰爲忠勤與否，及內外官員之勤惰，政事之修廢，皆令盡言。如滿漢各官，有賢有否；督撫按各官，有廉有貪；鎮守駐防各官，有捍禦勤慎者，有擾害地方者，皆令分別察奏。其推舉銓用，與黜革降罰，及內外各衙門條陳章奏有從公起見者，有專恣徇私者，皆令明白糾駮。十年諭：朝廷設立言官，原爲繩愆糾謬，事關朕躬，尚許直言無隱，況諸司過失，理當糾舉。其言果當，宜虛心靜聽。即言有未當，止宜分晰事理，聽候朕裁，不許私逞報復。至言官論事，亦須明白確指，不得摭拾風影，挾私妄訐。又諭：總督管轄數省，巡撫專任一方，得其人，則事治民安，非其人，則叢姦滋弊、民受其害。如不行考覈，賢否無辨，何以示勸懲。著以順治十一年正月起，爾部會同都察院，矢公矢慎，將各地方總督巡撫嚴加考覈，分別確議具奏，不許通賄私行朦弊徇縱。向來推用督撫但止舉侍郎布按，嗣後遇有督撫員缺，不拘品級，務從公會推。擇其品行才猷素著者，將政蹟事實詳註會推本內，毋得聽受鑽營，濫舉匪人。朕以澄清吏治責令督撫，考覈督撫責之部院，如推舉不公，著都察院科道官指實糾參。又諭：凡糾拾反坐言官，有壞吏治，塞言路，以後科道糾拾官員，照大計一例處分。有挾私妄糾者，吏部都察院指實參奏。十一年諭：凡言官務在知無不言，言無不實，庶使僉壬屏跡，中外肅清。若緘默苟容，顛倒黑白，徇私報怨，明知姦惡庇護黨類，不肯糾參而誣陷良善，驅除異己，混淆國是者，定行重懲。又諭：凡事關政治得失，民生休戚，大利大害，應與應革，切實可行者，言官宜悉心條奏，直言無隱。如果能抒誠有裨政事，朕自不靳懋賞。十二年諭：凡事關朕躬，何令不信，何政有差，諸王貝勒在事諸臣，曠職之愆，叢弊之處，及內外各司，何害未除，何利未興，言官各據見聞，極言無隱。一切啓迪朕躬，匡弼國政者所言果是即與採用，如有未當必不加罪，毋得浮泛塞責。十三年諭：科道爲耳目之官，職在察姦剔弊。凡大姦大惡從未經人糾劾者，果有見聞，即據實直陳，不許徇私黨比，摭拾塞責，將人已糾參之事，勦襲妄陳。十八年諭：凡言官建白，每一事著爲一疏，不許一疏臚列多款具奏。康熙十八年諭：自古設立臺省，原係朝廷耳目之官。上之則匡過陳善，下之則激濁揚清，務求知無不言，言無不盡，乃稱厥職。近見言官徇私好名者，不可勝數。朕自臨御以來，每期言路諸臣化其偏私實陳得失，輔登上理，頃有以風聞言事請者，試約略論之。如今之章奏已見施行者，雖不明言爲風聞，何嘗不是風聞。今若開風聞之條，使言事者果能奉公無私，知之既確，言之當理，即當敷陳，何必名爲風聞方入告也。儻生事之小人，恃爲可以風聞入告，但徇己之好惡，必致擅作威福，以行其私。彼言之者既無確見，聽之者安能問其是非。故曰無稽之言勿聽，弗詢之謀勿庸，正所以誡言之無據謀之自專也。況天下之大，臣民之衆，道之以理，曉之以法。待臣下須寬仁有容，不因細事而即黜之，所以體群工也。用人則隨才器使，無求全責備之心，蓋以人材有不齊也。若關天下之重，朋黨徇私之情，皆國家可參可言之大事，不但科道而已，有志之臣民，概可以言之，何在區區風聞之言，能斂戢姦貪之志氣哉。治國家者在有治人，不患無治法耳。又諭：今將科道兩衙門本章情弊，無益國計民生之處，一一講晰，卿等必至公之論，但有所見，即直言無隱。即如科道條陳一事，部議准行。又有科道官言其不可者，儻朝更夕改，何以取信於天下。如舉才能一事，人之材具不一，有能理繁者，有操守好者，有練習事務者。自古選賢任能爲治之大道，與論俸不同，其法未嘗不善，即世祖章皇帝時亦曾行之。偶有徇私作弊之人，將不肖寡廉者薦之，因一人而其法遂壞。自朕親政以來，如鹽差關差，數行更換，以後條陳不知又改幾次也。又如户部銷算錢糧一事，因督撫所報不合時價，故部議駁回，而科道輒有言者，以爲督撫地方大臣，斷無虛估價值肥己行私，凡有銷算，皆不應駁查。及部議已經準督撫之銷算不行更駁，則科道又以督撫冒破錢糧。如草豆馬匹等項，事事皆有虛冒，部中不行詳查概徇情面。由此觀之，應駁不應駁，何者爲是，兩説俱無定論，是皆大者，餘難悉述。由此觀之，風聞言事，明末之陋習。此例一開，恐有不肖言官藉端挾制，罔上行私，顛倒是非，誣害良善等弊。嗣後如有大姦大貪參劾得實，朕法在必行，決不姑貸。二十七年諭：邇來科道官，絶無章奏。條陳乃科道專責，惟在中無私意而已。嗣後如有條陳，著到暢春園面奏。三十一年諭：國家設立言官，職司耳目，一切吏治民生，得失利弊，皆宜殫思竭慮，據實直陳。近見滿漢科道官建白甚少，殊非朕責望言路之意。嗣後應各矢公忠，研求時務，凡有可以裨益國家之事，悉據所見奏聞以俟採擇。但不得懷挾私情，紛更定例，勦襲陳言，泛浮塞責。其有真知灼見，應糾劾者，即行參奏。亦不得暗受囑託，代人報復苛責細事，希圖傾陷。三十三年諭：設立科道官員，特爲條奏政事。今觀都御史以至科道條奏者甚少，國家應言之事頗多。嗣後各宜端其心術，以有益國家之事條奏。三十六年諭：國家設立都御史科道官，以建白爲專責，所以達下情而袪壅蔽，職任至重。使言官果能奉法秉公、實心盡職，則閭閻疾苦，咸得上聞，官吏貪邪，皆可釐剔。故廣開言路，爲圖治第一要務。近時言官奏疏寥寥，雖間有入告，而深切時政，從實直陳者甚少，此豈委任言路之初指乎。嗣後，凡事關國計民生及吏治臧否，但有確見，即應指陳。其所言可行與否，裁酌自在朝廷，雖言有不當，言官亦不坐罪。自皇子諸王，及內外大小官員，有所爲貪虐不法，並交相比附、傾軋黨援，理應糾舉之事，務必大破情面，據實指叅。勿得畏怯貴要，瞻徇容隱。即朕躬有失，亦宜進言，朕決不加責。其有懷挾偏私藉端傾陷者，朕因言察情，隱微自能洞悉。凡屬言官，尚各精白乃心，力矢忠讜，以無負朕殷切責望至意。三十九年，御製臺省箴。臺省之設，言責斯專，寄以耳目，寧取具員。通明無滯，公正無偏。黨援宜化，畛域宜捐。洞達政體，斯曰能賢。古昔諍臣，風規凛然，訏謨讜論，垂光簡編。朕每覽繹，如鑒在懸。居是官者，表裏方直，精白乃心，充廣其識。國計民生，臧否黜陟，凡所敷陳，敬將悃愊。風霜之任，以懲姦慝。捕擊之威，以儆貪墨。毋摭細務，苟塞言職。毋紛成憲，妄逞智臆。書思入告，當寧對揚，沽名匪正，營私孔傷，或藏嫌怨，謬爲雌黃。受人指囑，尤爲不藏。形諸奏牘，有玷皁囊。職司獻替，亟宜審詳。敬爾在公，風紀巖廊，辭箴用勗，誕告聯常。雍正元年諭：朕仰承大統，遵守成憲，首以求言爲急。科道諸臣，原爲朝廷耳目之官，與朕躬最親，與國家最切，凡有所見，自應竭誠入告。今雖備位臺垣，即將來之公卿大吏，爲科道時不能盡言，則日後官至大僚，豈能期爾建白乎。今後各科道，每日一人上一密摺，輪流具奏。或二三人同日具奏一摺。一摺止言一事，無論大小事務，皆可據實陳之。即或無事可言，摺內亦必聲明無可言之故。具摺後在外候旨，或召進面見，或令且退。所言果是，朕即施行。或未甚切當，朕亦留中不發，決不令一人知之。儻有徇私挾讐，顯係情弊，巧爲瀆奏者，亦不能惑朕之耳目也。密摺不許人叅酌，如有漏洩，或同僚中知而言之，則同僚即可據以密聞。朕將兩人之摺，合驗情事，能隱諱推諉乎。至於有能面折廷諍，或彈劾權要，或更革弊端，不妨仍照舊露章奏聞，朕亦不拒禁。爾諸臣其敬承明諭，各抒忠悃，無負朕懸鞀設鐸之意。又諭：外任旗員，受該旗都統叅領及五旗本王公恣意需索者，許本官據實封章密詳督撫轉奏。儻督撫瞻顧容隱，許本官封章揭都察院轉爲密奏。儻不爲奏聞，即各御史亦得據揭密奏，務期通達下情，以除積弊。又諭：兵部驛站關繫重大，嗣後照勘合之外，有多索一夫一馬者，許前途州縣據實揭報都察院糾叅。又諭：天時亢旱，朕夙夜焦勞，敬謹齋戒，久未得雨。意者用人行政之間，尚有缺失，不能感召天和，以致甘霖未沛。朕欲在廷諸臣，直言得失，猶恐視爲具文，概以諛詞頌揚，負朕實心求言之意。今特諭爾諸臣，各具密摺，凡朕所行之事，或有過失，務須盡言無隱。即所行無過，或更有應行事宜，爾等各據己見陳奏務期盡善，使朕有則改之，無則加勉，方得古大臣責難於君之義。至用人一途，或有未當，爾等務必據實指陳，勿避嫌怨。即朕親信重臣，亦不妨指出。上古君臣，都俞吁咈，至今傳爲盛事，爾等若能披肝露膽，極言直陳，即所奏未盡合宜，朕亦重其人品。儻仍瞻徇依違，浮詞塞責，朕亦薄其爲人。此諭出於至誠，爾等各宜副朕實心，不可虛應故事。果有嘉謨嘉猷，得見之政事，將召天和而蘇民困，胥在於此矣。二年奉旨，以六科隸都察院。又奉旨：凡科道露章，必候朕御門聽政之日進奏，在各部院奏事之後陳奏。又諭：諸王貝勒屬下人，係累世効力舊人，或念其先世豢養之恩，見幼主有過，直言規諫。或因需索不遂，並聽讒佞之言，將効力之人，妄加殘害，藉端送部治罪。則忠直之輩，人人箝口，而讒佞小人，轉得任意橫行矣。嗣後如此等曾在其先世効力之人，幼主無故尋釁，妄行陷辱，藉端送部治罪者，準其聲明冤抑，或赴宗人府，或赴都察院呈訴。該衙門奏聞詳審，果係冤情，或撥於別旗，或撥於他王門下。若所訴盡誣，加等治罪。又諭：外省督撫，有懷私背法逞威等事，給事中御史等受其請託賄賂，爲之徇隱，經朕聞知，將都察院堂官一並議處。至上彈劾本章，或有畏難之心，亦未可定。將本章封固，衹稱叅本，不必聲明姓名事由。三年諭：朕爲天下臣民之主，一夫不獲，尚廑朕懷，豈可令郡縣司牧，枉受冤抑乎。朕屢降諭旨，令督撫秉公體卹屬官，尚恐有冤抑之人。嗣後道府以下，知縣以上各官，有實在冤抑被叅降革者，令赴都察院具呈，確察原叅緣由，覈實具奏。其並無冤抑、實有罪愆、人品不端、才力不及之人，妄行具呈者，亦必重治其罪。又諭：昔聖祖仁皇帝明目達聰，無微不照，而關繫國計民生之事，尤殷採訪。屢降諭旨，令內外臣工各抒所見，不時條奏，無非欲洞悉下情、興利剔弊，以期治臻上理也。在廷諸臣，不能仰體聖懷，往往挾私自利，未見有剴切敷陳，裨益政事者。如科道等官之章奏，或請開例捐納，或請開設礦廠，或請節省錢糧，種種假公濟私之處，不可枚舉，皆在聖祖仁皇帝洞鑒之中。故近年來條奏之事，聖心裁擇其可行者，見之施行，其不可行者，概置弗用。而言官之不得遂其私者，反有聖祖仁皇帝不甚納諫之妄議。此等小人情狀，朕在藩邸，知之甚悉，疾之甚深。故臨御以來，諄諄告戒，期其各矢公忠，直陳無隱。夫條奏者，原欲上以匡君，下以澤民，非爲臣子沽名之具也。朕原有旨，即密奏中朕不行者，若有真知灼見，力懇施行，仍準其露章陳奏，非必止於密奏也。因念諸臣之欲進言者，或有所顧忌，或有恐招怨尤，或有牽制之情，或有不便顯言之處，故令各人密封進呈。其中言有可採，招怨結冤者，朕將摺內職名裁去發出，或令諸臣會議，或即見諸施行，而外間不知何人所奏。其所以如此者，無非欲人人盡其所言，無所瞻顧迴避，而朕得收聽言之實效，於治理大有裨益之意也。乃有詐僞之人，見其所奏既行，而誇耀於人者。亦有因裁去銜名無可稽考竟將他人陳奏之事，而據爲己有者。亦有謂出之自朕，託言諸臣而實非諸臣之條奏者。種種浮言，深可痛恨。現令已發之條奏正多，諸臣不妨自己直認，某事係我所奏。儻目今不肯明言，日後私相誇耀，或攘人之名以爲己有，或貪天之功以爲己力，朕則不能聽其肆行巧詐而置之不問也。又常見人文集中有擬稿未上之奏疏。夫既有此疏，何以未上，既云未上何故存稿。此乃欺罔之徒，內懷詐僞，外託忠誠，遇事不敢直言，故飾虛詞，傳播人口，以欺世盜名，無恥之甚。且更有以特恩施行之事，而冒爲己功者。如蠲免蘇松浮糧一事，係户部所奏，恩自朕出，並無一員條陳。近聞有人自稱爲彼之密奏者，人而無恥，至於此極。朕念爲政之道，首在得人，故自即位以來，於文武大小臣工皆留意簡選。而於伊等陛見之日，必召入面詢親加訓誨，欲其潔己奉公、勤修職業、謹守法度、愛養兵民，往往丁寧誥誡，至再至三，無非諭及內外事務，及勉勵官方之語。而諸臣出外，每每任意增減，多方粉飾，以誇示於衆。竟有與原降諭旨甚不相符者，此皆大有關繫。著凡文武官員曾經面奉諭旨，除不能記載者，俱將訓旨一一詳細將年月日一同繕寫進呈。內外文武大臣著自行封進。其不應摺奏之員，著封固交與該上司轉奏。自今以後，凡面奉諭旨者，亦俱著繕寫進呈。若不繕寫進呈但私相傳播，及私自記載者，即係假捏旨意，定當從重治罪。又諭：滿漢科道凡有關內外朝政吏治，每人各條奏一摺，封固進呈。若有二三事者，一事用一摺，限兩日內彙齊繳上。不可互相通知訪問，亦不可商之親友，各據己見奏聞。四年諭：御史謝濟世特參河南巡撫田文鏡貪贓壞法等款，以田文鏡之秉公持正實心辦事，乃天下督撫中所罕見者。貪贓壞法之事，朕可以保其必無。無謝濟世於天下督撫中獨參田文鏡，朕不知其何心。從前聖祖仁皇帝見科道官員，朋比作姦，互相黨與，潛通聲氣，網利徇情，私賣本章，嚇詐財賄，薦舉悉出於請求，參劾多由於囑託。至於請開捐納，請開礦廠，種種情弊，不可枚舉。及至敗露之後，則藉口風聞言事，未曾確訪，以此解免其罪。此等惡習，深可痛恨。是以皇考屢降諭旨切責，至再至三，並停止風聞言事。朕即位以來，因初理政務，惟恐未能周知，是以令滿漢文武諸臣及科道等官，皆用密摺奏事。蓋欲明目達聰、盡去壅蔽以收實效也。乃科道等官所密陳者，未見有裨益政治之事，而科臣崔致遠等，挾私妄奏、不遵國憲。朕是以停止科道之密摺，令其專用本章。而猶恐其惡習尚存、頽風不改，是以諄諄訓誡，往復周詳。誠以科道乃朝廷耳目之官，關繫甚重，欲正人心、端風俗，必自科道始。科道無私，方能彈劾人之有私者。若自恃爲言官可以白簡從事，而胷懷詭詐，聽人指使，顛倒是非，擾亂國政，此等之人，實大有害於人心世道，爲國法之所斷不可容。朕豈不知誅戮諫官，史書所戒。然審其緩急權其輕重，誅戮諫官之過小，而釀成人心世道之害大也。古人云：禮義不愆，何恤於人言。朕爲天下主，豈惜此區區之小節，而忘經國之遠圖哉。謝濟世身爲御史，不聞別有建白而獨將巡撫中秉公持正之田文鏡，加以貪贓壞法之名，特疏糾參，且自稱風聞言事，顯悖聖祖仁皇帝之諭旨。而於欽差大臣審定之事，盡欲翻案，並將各案始末情由，及田文鏡之納賄徇情諸事，委曲描寫。若伊在旁目覩者則其受人囑託、聽人指使，欲傾陷田文鏡以快其報復，不問可知矣。若不嚴加訊問，則如鬼如蜮之伎倆，得行於光天化日之下，人心何由而正，風俗何由而端乎。著將謝濟世革職，令大學士九卿詹事科道等嚴訊，務將其中實情審出，不得稍有含糊。儻九卿詹事科道中，有謂言官不應加刑者，亦即據實陳奏，不得面從而退有後言。謝濟世由翰林揀選補授御史，著將揀選之翰林院掌院交部察議具奏。又諭：科道乃朝廷耳目之官所關甚大，果能秉公持正據實敷陳，方合天下之公是公非，而於朝廷政事有所裨益。昨日謝濟世參劾田文鏡貪贓壞法之事，爾等滿漢大小臣工，今日俱在朕前，朕特面加詢問，爾等若知田文鏡果有劣跡，謝濟世所叅不誣，可即出班陳奏。儻心知田文鏡居官貪婪，此時不行陳奏，而退有後言，則大有虧於臣節，尚可以爲人乎。朕既歷問再四，而滿漢大小諸臣，衆口同聲，僉云田文鏡並無貪婪之事，謝濟世所叅各款事事皆虛，可見公道在人，難於掩蔽矣。夫身爲言官，背公懷私，朋比結黨，將造作並無實據之浮言，轉相買囑慫慂糾彈，以洩私忿而報宿怨，令無知狂悖之人，愚弄指使。借風聞言事之名，以酬報私恩小惠，則顛倒是非，擾亂國政，其有害於人心風俗者不淺。我聖祖仁皇帝神明天縱，深知其弊，屢頒諭旨，屢加訓誡，停止風聞言事。蓋以人君圖治，固貴於明目達聰，而無稽之言勿聽，弗詢之謀勿庸，則訪聞不確者，尚不可採，而況於徇私搆黨，彼此傾陷。此等風習，豈可長哉。朕即位以來，所用在廷大臣，外省督撫，皆出於至公，並無平素熟識之人，惟年羹堯、傅鼐係藩邸舊屬，而此二人罪惡敗露，朕即按律置之於法，未嘗稍加寬貸。至田文鏡者，朕在藩邸時，不但不識其面，並不知其姓名。因雍正元年年羹堯來京陛見時，言山西年歲歉收，皇上宜早爲賑恤，朕因降旨與巡撫德音令其查奏。及德音回奏，稱山西去年收成甚好，道途亦無飢民，實無可賑濟之處。朕以德音身爲巡撫，所言如此，年羹堯之陳奏，或有未確。時田文鏡適告祭華山回京復命，將山西通省荒歉情形，激切敷陳，備極周詳。朕以田文鏡係告祭之員，經過山西地方，閭閻疾苦，非伊責任，乃目擊民瘼、直言無隱，深屬可嘉。若非忠國愛民之人，何能如此。因遂令田文鏡往山西任賑濟之事。田文鏡到彼盡心竭力，辦理甚妥，即以田文鏡爲山西布政使，令其與諾岷料理山西一應未清案件。二人秉公和衷，將積年虧空及地方宿弊剔除清理，吏治整頓一新。嗣因河南諸事廢馳，巡撫石文焯不能任怨任勞，實心辦理，故將田文鏡調爲河南布政使，令其協理。旋以石文焯調任陝西，即以田文鏡爲河南巡撫。朕之所以擢用田文鏡之原委如此，即此乃田文鏡在朕前營求諂媚之事也。及爲巡撫之後，三年以來整飭河工、堤岸堅固，河汛安瀾，年歲豐稔，紳衿畏法，正己率屬，地方寧謐。而每事秉公潔己，謝絶私交，實爲巡撫中之第一。李紱自廣西來京陛見時，即奏田文鏡叅劾黃振國、汪誠、邵言綸甚爲冤抑。張球居官聲名甚劣，田文鏡並不糾叅。且言黃振國，此時已爲田文鏡監斃滅口。未幾黃振國已從河南解赴來京，依然無恙，朕不知李紱受何人意指，而揑造此不稽之言，敢於冒昧陳奏也。至田文鏡所叅黃振國各案，皆係田文鏡自行奏請，特遣大臣前往審理。朕因差侍郎海壽史貽直到豫將各案重審，皆已究訊明白定擬具奏。其張球一案，田文鏡已經任過請罪，部議亦於張球諱盜案內，已將田文鏡處分矣。夫督撫統轄通省，地方甚廣，屬員甚衆，其居心辦事，安能盡保其無過。田文鏡始而誤信張球爲可用，既而察知其不肖，即深自愧悔據實叅奏，亦可以解其從前誤用之愆。若必追究已往借端苛責，則督撫大吏，將何道而始能免於指摘乎。即如朕之誤用年羹堯、隆科多，始見其可用則委任之，既覺其姦回則法治之，一皆本乎大中至正之心，準乎公是公非之理，豈得加朕以誤用匪人之名乎。至汪誠、邵言綸，即令田文鏡叅劾或有未當，亦屬偶然之事。況汪減、邵言綸，皆係庸劣不堪之人，田文鏡叅處並無冤抑。乃謝濟世於九卿議覆欽差所審各案進本之前一日，特叅田文鏡貪贓壞法各款，其中所言黃振國張球邵言綸汪誠等事，與從前李紱自廣西來京陛見時所奏一一脗合。朕思封疆大臣，能爲朝廷實心任事，即爲國之棟樑，朕之股肱。若不爲保護，而任人傾陷，則朕何顏對天下封疆大臣乎。況從前特頒諭旨，言天下巡撫中實心任事，不避嫌怨，爲國爲民者，惟田文鏡李衛楊文乾三人。今謝濟世聽人指使，將田文鏡糾叅，顯與朕之明旨相悖。且田文鏡並不可謂之權要，亦斷不能加以貪污之名。而謝濟世爲此叅奏者，其意不過欲使天下督撫，皆因循苟且、庸碌偷安，邀衆人之虛譽，保一己之身家，而不爲國家實心効力，以快其黨錮之私心。此種結黨營私排擠傾陷之惡習，不可不嚴加懲治，是以令內閣九卿等公同研究，務得實情，將謝濟世正法，以爲言官不法戒。昨日有人密奏朕云：看謝濟世乃邊遠無知愚蠢鹵莽亡命小人，而敢以無理之事妄陳者，其中必有大姦大詐之輩，暗中指使，動以直言敢諫之美譽，使激皇上之怒，皇上必秉公執法、置之重典。令皇上有殺言官之名，其心術甚爲狡獪。皇上既洞悉其姦，此時若行嚴究，何情不得。況案內必牽連多人，而謝濟世斷不肯供出實在指使之人。且使姦詐之徒，反謂得計等語。朕是其奏，暫寬此一事。今內閣九卿等審問謝濟世時，將伊所奏田文鏡各款，逐一究訊。謝濟世皆茫無憑據，俯首無詞，則其受人指使，情弊顯然。李紱前任廣西巡撫，謝濟世係廣西人，自供曾於本省晉接，又於京師相見，則平日二人原有往來，未必不因李紱有私惠於彼，而欲借此酬報之也。謝濟世既自命爲報効國家之人，著革職令往阿爾泰軍前効力贖罪。此案亦免深究。如李紱蔡珽等，設有暗中指使之事，聞朕此諭，不知可自知愧悔與否。前朕曾降諭旨，凡天下官員有被上司參劾冤抑者，許令赴都察院控訴。若黄振國汪諴邵言綸關嗽被參情由，果有冤抑，何不遵旨赴都察院辦理。乃黄振國汪諴邵言綸暗結黨援，摇唇鼓舌，將本身所犯之罪，巧爲掩飾，布散浮言，鑽營李紱密奏朕前。今又指使謝濟世挺身陳奏，關嗽以行賄被劾，乃不安本分，囑託佟鎮寄信隆科多，在朕前稱揚其善，以圖僥倖。在黄振國挾勢婪贓，狂妄不法，已罷重罪。而汪諴邵言綸關嗽等處分，不過罷官，何至要結黨與，請託權要，必欲更翻前案，報復私仇。姦險至此，實爲法所難容。是以將黄振國汪諴置之重典，邵言綸關嗽俱令發遣邊衛充軍。正如謝濟世奏内所云，如此則中州士庶，罔不歡欣，而百爾臣工，咸知儆戒矣。半月以前，朕面諭九卿翰詹科道戒以搆黨營私、徇情請託，言之可謂諄切矣。乃今有無理妄奏如謝濟世者，與朕前旨顯爲悖謬，可見此風一時難於悛改。而朕之所以姑寛謝濟世者，蓋以不教而殺，實所不忍，教而不久，朕亦不忍即加誅也。爾等諸臣皆由科甲出身，將來爲督撫、爲學政，果能公忠體國，朕必當加恩保護，斷不使萋斐之人，得以行其傾陷之計。儻懷私挾詐顛倒是非，朕亦决不姑貸。凡此搆黨排陷之風，朕必加整頓者，乃正所以爲爾等諸臣之身家子孫保全久遠之計。若諸臣果能遵朕訓旨，凡事秉公持正，合乎公是公非，則上下一心，君臣合德，永享昇平之福，豈不美歟。諸臣當共勉之。又諭：朕自臨御以來，凡文武大小官員進見時，其諄諄訓誨，諭以國計民生之要務。至於近日廷臣科道等官，輪班條奏，其實在可行者，即降旨施行。其似有可採者，即發令查議。其有言之未當者，或局於一偏之見，或失之迂濶難行。甚至懷挾私心，不顧大體，敷陳鄙瑣，識見庸愚，朕多召令入見，面加訓誨，剖晰其説，諭以不可施行之故。蓋朕意欲使其人曉然明白，自知識見之淺鄙。是以降旨之時，周詳往復，不憚煩勞。儻其人退而録記，果能深會朕心，詳繹朕旨，一一記載，略無舛錯遺漏，豈不甚善。但其事有甚難者，彼於倉猝之際，敬畏矜持，或則錯會朕旨，或則記憶不全，又或書寫之間，詞不達意，或有意捏成顛倒朕諭。所謂差之毫釐謬以千里者，正復不少。即如啓奏摺本時大學士及學士滿漢多人，皆每日進見素常熟習者，而面奉諭旨，退而繕寫進呈，尚且未能悉協，何況出於一人一時之奏對者乎。前者科道翰林八九十人同奉面諭，朕令其各書呈覽，乃諸臣所寫參差，八九十員，人皆互異，且與朕旨多不相符，可見理會記載之難矣。設或漫自記録、謬相流傳，有失降旨之本意，則所關非細。從前屢經曉諭，曾命在廷大臣與外省文武官弁等面奉之旨，皆書寫進呈朕覽，以防訛錯。今再行申飭，凡内外大小臣工，不論從前嗣後，儻有欲記面奉之旨者，將所記呈奏，方許存録。儻有未經奏覽私自存録者，一經查出，照詐僞制書之律治罪。著各部院衙門，將此諭旨録貼堂壁，俾現任及接任官員共知之。其各省文武官弁等，著該督撫提鎮，將朕此旨每年通行曉諭一次。儻屬員等有不知此旨者，朕惟該上司是問。又諭：朕自即位以來，思念皇考付託之重，惟恐天下之人，有一夫一婦不獲其所。自朝至夜，殫心竭慮，晷刻靡寧，無非欲休養民生、澄清吏治，使中外永享昇平之福，以仰慰我聖祖仁皇帝在天之靈。即如前歲雨澤偶愆，去歲畿輔被潦，朕在宫中虔禱上天，叩首至於傷腫。中夜屢起，瞻望雲色，以卜晴雨。祈禱之時，嘗終日飲膳不御，不止減膳而已，此皆朕默盡其心，不肯令人知之。在朕心以爲敬天勤民勵精圖治之意，至真至切，可以自保無少愧歉於中。故凡下詔求言之事，未曾舉行。今夏二麥登場之時，適值連雨。目前雨雖暫晴，尚未開霽，朕爲小民深切軫念，且姦民郭允進私貼謡歌，有軍民怨新主之語。朕心因此反躬自省，不能無疑，或用人行政之間，在朕已實盡其心，而衆人親論，尚有以爲未當之處，亦未可知。總之千萬人中有一二人或有異議，朕心即欲省察而權衡之，爾内閣九卿翰詹科道等官，皆朕簡用之員，職在匡襄，誼同休戚。若朕身有過可直言無隱，政治得失，亦即各抒己見，據實陳奏，朕必嘉納。勿視爲具文，勿有所瞻顧，苟且塞責，重負朕真切清問之至意。七年諭：自古明目達聰之道，欲以周知庶務博採羣情，其責端在於臣工之襄贊，然必公正居心，斯能以忠言讜論裨益政治。苟或植黨營私，辯言亂政，此倡彼和，顛倒是非，實國家之罪人，爲王章所不宥。嘗觀前明季世，一二新進後生，竊居言路，遂朋比固結，挾制大臣，把持朝政，以致國是日非而不可挽，此其炯鑒也。我世祖章皇帝聖祖仁皇帝聖神御極，大觀在上，言路宏開，羣邪屏息，一切猖狂澆薄之風，早已翕然丕變。雖有不肖之徒，亦無能施其伎倆矣。朕即位以來，以公聽並觀爲務，以納忠廣益爲先，既命滿漢文武大臣密陳政務，又命科道等於露章之外，準其密摺奏事。蓋以國家事務殷繁，人情弊端種種，諸臣有陳奏之心，或有不便顯言之處，故令密封進呈，所以免其瞻顧，去其嫌疑，俾得各抒所見，盡言無隱。庶國計民生，均有攸賴。又如國家任事出力勤慎素著之大臣，所辦公務既多，豈能保其無所錯誤。若因此而被指摘，殊非情理。其他偶罹過愆，或其子弟家人生事，失於覺察，一經彈劾，若朕不加處分，則近於護庇。若加以處分，則彼之宣力甚多，而不能恕其一眚，朕心實爲不忍。不若言事者密陳朕前，待朕爲之斟酌輕重，訓誨區處，亦兩全之道。凡此皆須出於至公至當，方有裨益於風俗人心，非使不肖言官，藉密奏以自便其私也。乃營私植黨之徒，竟欲以此逞其姦黠。如崔致遠等不肯爲都察院堂官管轄，遂邀約同官密行告訐，狂妄恣肆，詆毀大臣，思欲撓亂國政。此風斷不可長。朕是以降旨停止科道官之密奏，止令各用露章。蓋以其在大廷廣衆之間，自不敢挾私心而昧公道也。乃復有結黨營私之謝濟世，阿附李紱蔡珽等，參劾田文鏡貪贓納賄，公然紊亂黑白，顛倒是非。又如汪浩之請改選法，輒欲輕變舊章，錢廷獻之條奏本省命案等件，擅作威福於鄉里。其餘則摭拾陳言，苟且塞責。又或相率而爲依違緘默之計，竟未見一人一事，實有所建白，裨益於國計民生者。夫以朝廷耳目之官，視國家之政治如陌路，而又欲以進諫之美譽歸之於己，以不能納諫之名歸之於君上，忍心害理，莫此爲甚。人臣事君之義，固可存此等狡詐之心乎。自古以來，言官以進言爲職，豈容以國家之事，沽一己之名。朕之廣開言路者，實欲以衆人之耳目，爲朕之耳目，使民隱得聞，萬事就理。並非邀虛懷受諫之名，博建鞀置鐸之頌也。乃向來科道官密奏之弊如此，近來露章之習又如此，此中外所共知共見者，奚待朕之指示宣諭耶。然朕之再行訓飭者，誠以言官有補闕拾遺之職，切望其痛改頹風洗滌故習，盡讜言獻替之道，成蕩平正直之風。如此則科道不愧諫議之官，國家得收納言之效，豈不美歟。儻復蹈昔年之故轍，則有害而無益也。又諭：科道乃朝廷耳目之官，專以進言爲職。朕令其於露章之外復行密奏者，蓋欲其時進讜言，匡朕不逮，有益於吏治民生也。既係密奏，則當謹慎，不謀於人，不洩於外，方無忝於事君之義，而不愧言官之任。嗣後儻有密奏之事，朕未將本人姓名發出，而本人自行露洩，或私自存藁者，一經發覺，朕必嚴究，重治其罪。十年諭：文武大臣科道等官，向有輪班條奏之例。近年以來，軍務殷繁，暫時停止。今恐耳目或有未周，下情或有壅於上達者，著仍照前例輪班條奏。十三年九月諭：帝王御宇，必周知庶務，洞悉民依，方能措置咸宜，敷施悉協，是以明目達聰，廣咨博採，俾上無不知之隱，下無不達之情，乃治平天下之要道也。我皇考聖明天縱，生知安行，智周道濟，昭晰靡遺，然猶虛衷延訪，公聽並觀。時令在廷臣工條奏事件，凡有敷陳當理裨益庶政者，立見施行並加獎敘。十三年以來，政治澄清，蕩平正直，貽天下萬世以久安長治之庥。蓋所取於集思廣益者，非淺鮮也。以朕藐躬，何敢上擬皇考盛德於萬一。且自幼讀書宮中，從未聞外事，耳目未及之處甚多，允宜恪遵皇考開誠佈公之舊典，令在京滿漢文武諸臣，仍照舊例輪班條奏。其各抒所見，深籌國計民生之要務，詳酌人心風俗之攸宜，毋欺毋隱，小心慎密，不得互相商榷及私爲指授。如此，則朕採擇有資，既可爲萬幾之助，而條奏之人，其識見心胸，朕亦可見其大略矣。十一月諭：往者聖祖仁皇帝特制臺省之箴，以重言責。皇考世宗憲皇帝諭旨，亦諄諄及之。洵以耳目之司，乃國是所由彰，官常所由肅也。朕以藐躬，纘承丕緒，一日萬幾，常恐措置失宜，以負皇考付託之重，繩愆糾謬，正爾諸臣得自竭其忠誠之會也。中外大臣，或有詭法行私，及昏庸不能任職者，近者實跡有徵，遠者輿論不協，皆宜據實彈劾，以廣朕之聰明。而近觀諸臣所奏，大率毛舉細故無關體要。朕以實心求言，而專司言責者，仍以虛文塞責，無乃內負夙心，而外慚清議乎。其各自砥勗，凡有關於國政民依者，知無不言，無或畏葸。若仍以不急之務，漫充奏牘，或其人已自敗露，而後摭拾其非，又安用此。至於懷私挾怨，受人指囑，互相攻訐，乃皇祖之箴所謂尤爲不臧者。有或蹈此，乃自貽伊戚也。勉之慎之。又諭：朕御極之初，一時見聞未徧，恐不能周知天下之庶務，欲開言路，以期集思廣益爰遵皇考時舊例。令滿漢文武大臣官員科道等輪班條奏，使各抒己見，用備採擇。茲者條奏已將一周，其中固有通達治體，可以見諸施行之事，而胷無確見真知，因迫於班次已屆，勉强湊合，支贅成篇者，亦復不少。自今一輪之後，不必拘定班次。儻有所見，隨時陳奏。此朕切望廷臣嘉謨入告，實有裨於政治之意，並非奏牘繁多，厭於披覽也。

《大清會典事例（嘉慶朝）》卷七五五《都察院·憲綱諭旨二》 乾隆

元年諭：國家設科道官，原以發抒忠悃，隨時獻替爲專職。而進諫之道，莫大乎繩愆糾謬，上佐君德。其規切用人行政，指陳吏治民生者次之。此古名臣之所以志在格君，而嘉猷碩畫，有造於國是民依也。朕近敬閲世祖章皇帝實録，見當時言官奏疏，尚有骨鯁謇諤之風，竟能直指君德之得失，而不顧一己利害之私。朕輒改容誦之，以爲我朝人物挺生，忠良之佐，匪躬之節，未嘗遠遜古人也。朕御極以來，求言之詔屢下，而司諫之臣，從未聞有忠言讜論可藉以爲啓沃之助者。計其對章條奏，不過摭拾細事，苟且塞責而已。即欲求其切中政體痛斥官方之言，尚不可得，何論上及朕躬，塞違昭德，以盡納誨之實乎。夫朕之一身，豈無缺失。正賴廷臣直言以襄不逮，即云大德不踰，而日理萬幾，或發號施令之失其宜，或慶賞刑威之過其則，或進退黜陟之乖其分，或輕重緩急之爽其衡，皆朕所不能自信者。乃朕誠心求之而諸臣不能以誠心應之，則諸臣不能辭曠職之咎也。繼自今大臣暨科道等，務以古處自期，各矢忠藎。爲上爲德，爲下爲民，悉盡言無隱，以修臣職，以繼芳蹤，毋使先正氣骨獨自擅美於前，庶稱朕拳拳冀望之心。至本朝定鼎以來，從前臣工章疏，有忠讜剴切卓然可傳者，著内閣翰林院委官精選進呈刊刻，以垂示將來，俾後進奉爲模楷。其人選章疏諸臣内有素行端純完名全節者，準入祀賢良祠，用昭朕崇禮直臣，風勵百僚之意。又諭：朕即位以來，屢下求言之詔，至再至三，出於誠切，並非尚納諫之虚文，誠以朕躬闕失，無由自知，必賴直言匡正，而隨時納誨者。乃臣子之大義，胷有所見，即當直陳。使言之果當，朕當即改易，可收轉圜之益。言之不當，朕亦得以己意明白剖示，釋其疑心，亦開誠布公之道也。惟是公私之辨，不可不嚴。儻有借直諫之名，以自行其私，妄冀惑亂朕聽，亦斷不能逃朕之洞鑒也。又奉旨：嗣後儻有被步軍統領衙門番役等騙害者，準本人赴刑部都察院控告。該部院即據實奏聞。朕必將番役嚴審治罪，不少寬貸。又諭：人臣陳奏事件，理宜慎密，若有条劾，既非露章而用密摺，尤不當漏洩於外，以自作威福。前給事中曹一士糾条王士俊，用密摺封奏，朕念君不密則失臣之義，未嘗向一人諭及。乃數日之後，外間已共相傳播，若非曹一士自向人言，則衆人何從而知之。似此輕浮躁妄，自取過愆，深負朕求言之意。著交該部察議，以爲密奏而漏言之戒。此正所以教勉諸臣，而非以阻塞言路也。可一並曉諭知之。又諭：朕自繼序以來，勤思治理，廣開言路，俾大小臣工，皆得密封摺奏。蓋深慮民隱或壅，庶事失理，故公聽并觀，以求濟於實用。諸臣必宅心虚公，見理明徹，慮事周詳，各抒忠悃。實有切於國政民依官方吏弊，然後可以佐朕不逮。故凡言有裨益，立見施行。而邇來諸臣所奏，或昧於大體，或空言而無補於國事，非朕求言之本意也。故前降諭旨，諄諄訓迪。其中尤可詫怪者謝濟世請用其自註學庸易朱子章句，頒行天下，獨不自揣己與朱子分量相隔如雲泥，而肆口詆毁，狂悖已極。且謂明代以同鄉同姓尊崇朱子之書，則直如爨下老婢，陳説古事，雖鄉里小兒，亦將聞而失笑也。李徽欲以孝經與四書並列爲五，立義支離，屬辭鄙淺，於宋元大儒所論孝經源流離合，曾未寓目，即欲變亂歷代論定列於學宫數百年不易之舊章，亦不自量之甚矣。至於在任守制，事本不可常行，考之《禮記》，諸侯既葬，王政入於國，大夫士既葬，公政入於家。故戴德喪服變除，言古者壓降之服。其居處飲食哭泣思慕，一如其常期。蓋禮有以權而制者，苟能自盡居喪之實心，亦可無憾也。今薄海奏請勒令從前在任守制者，雖喪期既滿，仍令解任追服。朕令羣臣守制者，原以行於將來，非以論其已往。且時過事遠，而勒令衰絰三年，於傳所謂喪事即遠之義，亦未有當。至於配享孔廟，千秋禮教所關，典至鉅也。兩漢傳經之儒，久升孔廡，後代復議絀之者，且數數然也。陳世倌乃連舉數人，無乃輕率。至若準噶爾侵擾藩屬部落，我聖祖爲邊疆久遠之計，設兵彈壓，本非有耀武窮荒之意，皇考念我軍屯戍日久，彼國亦甚困敝，故遣使宣諭減撤戍兵，休養士馬。皆因時制宜，以撫綏中外。陳世倌請修方畧，意涉逢迎，如謂調兵籌餉之屬，可爲後式，則各部具有册籍，何用别爲一書。凡此類皆無當於實用，而有關於國體。夫此數人者，皆輿論所推服爲讀書人而久不見用者也。今朕拔而用之，而數人之識見若此，陳奏若此，豈不有愧於士林之清議，與朕特擢之恩乎。朕若因其妄行瀆奏，交部議處，不爲無名。但朕志切求言，諸臣言雖不當，不惟從寬免其譴訶，亦並不介意。然不得不明白訓示者，恐無知之徒，爭相效尤，肆言無忌。天下無識者之聽聞志慮，未免爲所惑亂，則所關於世道人心者非淺鮮也。故使言者自省，而聞者知戒，各務竭忠效誠，指事當物，以副朕諄切求言之本意。二年諭：國家設立科道，專司建言之責，必心本無私，又能通達治理，乃爲無忝厥職。若識見雖未明通，而居心樸誠，則言雖愚戇，尚無害於事理，朕亦鑒其忱悃而優容之。惟胷懷愛憎之私，藉奏章以展其巧詐者，則有玷臺垣，國法不可以輕恕。即如並未深悉地方民情，而奏稱某地某事甚善，而承辦之人，已暗受其推薦，奏稱某地某事不善，而承辦之人，已暗受其中傷。是其敷陳之時，並未據實秉公，匡襄政務，而言在於此，意注於彼，其居心尚可問乎。近見科道中，此等習氣頗不能免，亦難逃朕之洞鑒。科道官捫心自問，如稍有愛憎之私未泯於中者，各宜猛省悛改，毋蹈罪戾。又諭：從來言官陋習相沿，多由迎合。若人主意在綜覈，率刻意吹毛求疵，巧避瞻徇之迹，而置君德於不問。若人主意在樂聞己過，則又往往於朝廷之政事，吏治之得失，不一言及。甚有臣工不能靖共，羣僚或植黨援。曾不敢一指摘以遠嫌避害，惟是摭拾陳言，以自沽能正君心之名，是其居心之陰巧，乃國家之大蠹也。朕孜孜求治，常恐不及，使偶有闕失，言官果能切實指陳，朕自樂於聽受。即大臣中或有過眚，果能據實彈劾，亦足爲用人鑒戒。若徒勦襲膚辭，則史册具在，盡足披覽，何用伊等喋喋陳奏乎。儻錯會朕意，轉生畏葸之念，則又不知朕推誠布公之心者也。又諭：日來廷臣奏事甚稀，科道官亦少所建白，得無謂天久不雨，朕心憂惻，恐重以煩朕，以是爲愛君耶。陽愆陰伏，正宜君臣交警，恐懼修省，勤思治道，不敢少自暇逸，以仰邀天鑒。若以是爲愛君，非朕所樂受，亦非古賢臣所以愛君之道也。總理事務處及九卿八旗，所有應辦應奏諸務，各當悉心體國，日夜孜孜。科道官於民生之疾苦，時政之得失，尤當直陳不諱，俾朕得察納善言，釐清庶務，以踐畏天憫民之實事。儻因循緘默，懈事廢時，不獨非愛君之道，且將重朕不德。豈朕之所望於諸臣，亦豈爾諸臣厚於自待之道歟。其咸喻朕意毋忽。又諭：朕在潛邸，六經諸史，皆嘗誦習。自承大統，勑毖萬幾，稍有餘閒，未嘗不稽經讀禮。今祥練既逾，畢誼所奏，令諸臣日繕經史奏議，理得施行。在朕廣挹羣言，可以因事鑒觀，隨時觸發，而覽諸臣所進，亦可考驗其學識。或召見議論，則性資心術，必因此可覘。但畢誼所奏，止及史臣，而朕意科道職司獻替，應令一體録呈。其規條應如何酌定，並分日按班呈奏事宜，著總理事務王大臣定議具奏，欽此。績經王大臣覆奏，奉旨依議，每日繕進書摺，朕披閱後，交南書房收存。其或召見講論，朕所降旨，令本人於次日繕寫呈覽，亦交南書房收存。將來行之日久，不特集思廣益，亦可薈萃成書以資觀覽。三年諭：朕令科道條陳事件，原許各陳所見，以裨政治。雖所陳奏不能盡合機宜，且往往有揣摩朕意，有心迎合者，此等固不足採。但伊等職司言路，條陳既多，其中豈無可行之事。朕勑交九卿會議，爾等自宜虚公斟酌不可稍有偏執。又諭：人君宅中出治，建極綏民，自有千古不易之理，萬年一定之經，以爲敷政寧人之本。至於政務之日陳於前，亦惟物來順應，初無成見成心。若豫立意見於事先，則寬嚴賞罰之間，必有不得其平者矣。人臣事君，於事之是非可否，一當以禮爲準。若存揣摩迎合之念，妄希有當上意，而不顧事理當然之則，則偏陂輕重之弊，不可勝數矣。數年以來，朕屢以此訓戒臣工，而無如積習已深，猝難變化。即如朕於當寬之事，降一寬恤之旨，而諸臣遂以爲朕意在寬，凡所辦理所條奏之事，悉趨於寬之一路矣。朕於當嚴之事降一嚴厲之旨，而諸臣遂以爲朕意在嚴，凡所辦理所條奏之事悉趨於嚴之一路矣。且有今日之號令甫頒，而明日之摹擬旋至，一人未改面貌，兩事迴異先後。人心不古，何至於茲。夫朕本無心，而臣工視爲有意，朕以公心出之，而臣工以私心測之。所謂差之毫釐謬以千里，豈朕之所望於諸臣者哉。即朕已經降旨施行之事，儻有幾微未協，猶當據理直陳，不難收回成命。如此方不愧獻可替否之義。朕自嘉獎重待之。豈可徇流俗之見，怀觀望之心，揣度意旨，以爲容悦，而適爲朕之所輕鄙哉。用是再頒諭旨，願內外諸臣各矢悃忱，屏除舊習，以贊成國家蕩平正直之治。特諭。五年諭：今年春間雨澤尚屬調勻，自四月以來，漸覺愆期。昨雖得微雨，仍未霑足。若再遲至旬日之後，便成旱象，二麥收成，必至有減分數，著禮部虔誠祈禱。朕因近日少雨，宵旰焦勞，無時或釋，屢向大學士等咨詢籌畫，感召天和，惠濟閭閻之道。今日特召爾九卿等面降諭旨，朕之念切憂勤，無非爲百姓起見。蓋以百姓皆朕之赤子也，君臣一體，朕之赤子，獨非諸大臣之赤子乎。儻或年歲歉收，朕與諸大臣官員，豈至有饑餒之患，而百姓饔飱不給，嗷嗷待哺，是猶爲父母者晏然飽餐，而聽其子之啼饑於側，於心忍乎。此數日中得邀上天慈恩，甘霖大霈，自可仍望豐收。設或竟成亢旱，則當豫爲未雨綢繆之計。凡可以裨益閭閻者，爾等悉心籌議，及時料理，庶幾有備無患。朕御極五年以來，畿輔之地，雨陽不能時若。上年秋成，稍覺豐稔，今歲春初頻得時雨，朕心方爲慶慰。不意目下又有旱象，朕於用人行政之間，返躬自省，仰承上天眷顧之隆，皇考付託之重，兢兢業業，不敢有負，此朕心可以自信者。然一日萬幾，不敢信爲一無闕失也。即大學士等預參機務，隨朕辦事，又豈能保其無一過愆。人苦不自知，見人之過易，見己之過難，如鏡之能照物而不能自照也。爾等現居九卿之列，皆爲朕之股肱。儻政事或有失於寬縱，及失於嚴刻之處，爾等宜平心細想，有應入告者，或聯銜具奏，或各抒所見，據實直陳，務期於國計民生實有裨益。儻摭拾虚詞，以用人行政爲無可置議。或搜索瑣事，苟且塞責，皆非朕所諄諄期望於爾等者。夫朋友之間，尚有規勸之義，況我君臣誼屬一體者乎。至科道爲朝廷耳目之官，朕廣開言路，獎勵多方，並令翰林院郎中叅領等官皆得建言，原冀有裨國是，乃數年中條奏雖多，非猥瑣陋見，即勦襲陳言，求其見諸施行能收實效者何事乎。近日即科道官敷奏者，亦屬寥寥。即間有條奏，多無可採。即如官福叅奏工部一事，有意苛求，皆係空中樓閣，毫無實據，朕不准行，降旨申飭。如此者謂之不開言路可乎。部院奏事，近日亦覺簡少，或因朕躬欠安之後，尚須調養，有意減省遲延耶。雖現在事務未至貽誤，然如此存心，乃婦寺之忠愛，非人臣事君之大義也。若因朕此旨，又復陳奏一二無關緊要之事，以見供職維勤者，又毫無見識者矣。即如各部司官中，頗有年力老邁不能辦事之員，該堂官多以無甚過失，姑爲優容，不知此輩久占員缺，凡行取知縣及額外候補人員才具可用者，轉致壅滯，無缺可補。應將現任司員老邁者，甄别沙汰，令其休致。此等素餐之人，仍得原品回籍，亦非過刻之舉，此即各部所應辦之事也。總之我君臣皆當以實心行實事，刻刻以民生爲念，不得稍有粉飾，視爲具文，乃可上感天和，下裨庶政。爾諸臣當交相勸勉，以仰副朕意，並將此旨傳與科道翰林等俾共知之。又諭：朕命翰林科道諸臣，每日進呈經史講義，原欲探聖人之精藴，爲致治寧人之本。道統學術，無所不該，亦無往不貫。而兩年來諸臣條舉經史，各就所見爲説，未有將宋儒性理諸書切實敷陳，與先儒相表裏者。蓋近來留心詞章之學者，尚不乏人，而究心理學者蓋鮮，即諸臣亦有於講章中系以箴銘者。古人鑑盤几杖，有箴有銘。其文也，即其道也。今則以詞藻相尚，不過爲應製之具，是歧道與文而二之矣。總因居恒肄業，未曾於宋儒之書，沈潛往復，體之身心，以求聖賢之道。故其見於議論，止於如此。夫治統原於道統，學而不正則道不明，有宋周程張朱諸子，於天人性命大本大原之所在，與夫用功節目之詳，得孔孟之心傳。而於理欲公私義利之界，辨之至明，循之則爲君子，悖之則爲小人。爲國家者，由之則治，失之則亂。實有裨於化民成俗，修己治人之要。所謂入聖之階梯，求道之塗轍也。學者精察而力行之，則藴之爲德行。學皆實學，行之爲事業，治皆實功，此宋儒之書，所以有功後學，不可不講明而切究之也。今之説經者，間或援引漢唐箋疏之説，夫典章制度，漢儒有所傳述，考據固不可廢，而經術之精微，必得宋儒參考而闡發之，然後聖人之微言大義，如揭日月而行也。惟是講學之人，有誠有僞。誠者不可多得，而僞者託於道德性命之説，欺世盗名，漸啓標榜門户之害。此朕所深知，亦朕所深惡。然不可以僞託者之獲罪於名教，遂置理學於不事，此何異於因噎而廢食乎。蓋爲己爲人之分，自孔子時，早已明辨而切戒之。學者正當持擇審處，存誠去僞，毋蹈徇外鶩名之陋習。崇正學則可以得醇儒，正人心厚風俗，培養國家之元氣，所係綦重。非徒口耳之勤，近功小補之術也。朕願諸臣研精宋儒之書，以上溯六經之閫奥，涵泳從容，優遊漸漬，知爲灼知，得爲實得，明體達用，以爲啓沃之資。治心修身，以端教化之本。將國家收端人正士之用，而先儒性命道德之旨，有功於世道人心者，顯著於國家天下，朕於諸臣重有望焉。七年諭：朕令翰林科道，輪進經史講解，以闡發經義，考訂史學也。而年來諸臣所進，往往借經史以牽引時事，或進獻詩賦，與經史本題無涉，甚失朕降旨之本意。即如今日翰林周長發進呈禮記講章，内稱皇上詣齋宫齋宿，審定郊祀樂章，禮明樂備千載一時，宜其誠敬感格。未郊之先，瑞雪屢降，齋祀之際，風日晴和。大禮既成，宜付史官等語。夫郊廟禮樂，乃皇祖皇考久定之成規，朕不過略加叅定，並非創爲制作也。至於郊祀之時，風日晴和，亦適逢其會耳。況江南淮徐，現被水災，朕方憂勞儆惕，宵旰不遑，豈肯聽受諛詞而遂以爲瑞應乎。周長發著嚴飭行，並將此旨傳諭翰林科道等知之。又諭：朕御極以來，廣開言路，凡臣工條奏，有當於事理者，無不見諸施行。其在可行可止之間者，則發交部議。外廷皆共知之。至於陳奏錯誤乖舛，必不可行者，往往姑容留中未發。又或所言近是而尚須緩酌者，或有陳奏之件，出於淺識曲見，朕明知其無益，即勅交該部，亦必不議行者。或有勸襲規勉之陳言，而不達事情無補政治者，如此等類，俱在留中之內。此朕略陳奏之是非，寓隱揚之深意，正以導之使言，惟恐伊等有所顧忌而甘於緘默也。乃近日御史中，有謂一切條奏，皆不應留中者。一人所奏如此，衆人未必不存此見。竟似朕不樂聞諫，將應施行之事，故爲中寢，此則不知朕意之甚者矣。特頒此旨，曉諭言路諸臣知之。八年諭：御史胡定叅劾許容誣叅謝濟世一案，今據侍郎阿里衮逐一審明，胡定所叅俱實。此案朕特命孫嘉淦前往湖南，會同許容虚公查審，倉德又復揭報張燦等致札换詳等弊，亦交孫嘉淦審理。乃孫嘉淦一概朦混具題，經侍郎阿里衮研審，始得實情。朕思胡定身爲言官，若言事不實，自有應得處分。今既實矣，若止爲謝濟世辨白冤抑，其事尚小。因此察出督撫等之挾私誣陷，徇隱扶同，使人人知所警戒。此則有裨於政治，爲益良多。胡定著交部議叙，至於各省督撫身任封疆，必舉劾悉秉公心，方不負朕之委任。若以愛憎爲舉劾，如許容孫嘉淦之居心行事，豈不抱愧大廷，負慚夙夜。各督撫等當深自警省，以許容孫嘉淦爲炯戒。又諭：本日御史沈懋華進呈經史講義，朕方將召見訓諭，伊已散去。科道等官輪班進呈經史，數月不過一次，安知朕不召見，竟不候旨而去，殊非人臣敬爾在公之道。著該部嚴察議奏。又奉旨：嗣後有交部發議事件，科道不待部覆參差具奏者，該部於議覆本內，將伊等意見參差之處，聲明請旨。

九年諭：上年御史沈廷芳條奏行營事件，顛倒繆妄，金溶陳奏孫嘉淦袒護師門。二人身居言路，顯挾私心不得不加處分，以示懲儆，是以降旨分别降革。諒伊等此時亦自知愧悔矣。朕以廣開言路爲心，於諸言官寧可待之以寬，沈廷芳金溶俱著復還原官，遇缺補用，以觀後效。十年諭：朕覽御史馮元欽所奏，甚屬紕謬。國家經理庶政，事貴持平，廷臣集議，自宜一秉公心，各屏偏私。然亦無取於一唱百和，諾諾唯唯，故即偶有參差，適昭公正。至於刑名案件，法司會議，更宜再三詳慎，公同叅覈以求情理之當。或所見不同，正不妨彼此商榷，歸於平允，間有立意各殊，兩議具奏者，朕則擇其善者而從之。若有負氣相争，立言失體者，朕必加以申飭。乃馮元欽奏稱部臣剖白之言，近於詆訶。尚憶張照爲尚書時，於議稿中，有一二逞其筆鋒迅利，失當過中之語，朕曾訓誡之，近則無是也。至稱各持是非，竟成水火，分門别户，儼然敵讐，不可不防其弊。在馮元欽之意，以爲防微杜漸，而不知伊正蹈分門别户之見，故不覺輕出其口。將來若有黨同伐異之事，即自此語開之也。馮元欽著嚴飭行。朕以廣開言路爲心，故寬待言官，以收進言之益，而伊等遂恃朕之不加譴責，漸無忌憚。試問近日臺諫諸臣，誠心獻替，有裨於政治者幾人哉。朕留心察其隱微，一生積慮，總不出名利二途。即偶有建白者，亦並非爲國爲民。思盡言官之責，不過博取虚譽，冀朕之賞識，加以陞遷外用多得養廉耳。即如謝濟世當日於皇考時，竊戇直之名。及復爲御史，則以養母爲辭，懇請外用。甫到道員之任，即請加增養廉操守，耿介者固如是乎。吴煒爲御史時，曾以河務叅劾高斌，及朕用伊爲口北道，伊畏首畏尾之意，甚覺卑鄙。朕諭之曰高斌斷不存此意見，若存此意見，亦不成其爲高斌矣。汝若因此與高斌牴牾，則過又在汝矣，莫謂高斌不能執法也。及朕今年巡幸宣化召伊進見，因諭之曰，汝在任能受此荒涼否，謂其南人或不習邊地也。伊乃奏稱臣每年有養廉二千兩，甚覺豐足矣，其志量乃不過沾沾於利禄耳。向之敢言，果出何心耶。李慎條自負鯁直，不知者亦以是稱之。有人言其色厲而內荏，其鯁直乃致飾於外，以爲欺世盗名計耳，非真鯁直也。朕初不深信，及用爲御史，其所陳奏，皆膠執不通之説，無一可見之施行，且有荒悖過甚者。朕降旨訓飭，宥其狂瞽，仍用爲外道，以觀其後效。伊請訓之時，頓改爲委靡巽順，以保全此監司之職，不復作讜直之象。設其鯁直性成，如古人之願留臺中以盡言職可也，是其志亦祇在於温飽。朕始信人言之不謬耳。昔司馬光論臺諫之官，其汲汲於名者，則深戒之。是沽名且大不可，况惟利是圖乎。彼三人頗負一時之名，而在儔人中，伊亦岸然自異，乃志趣鄙陋若此，全不知聖人謀道不謀食之訓，何况其下焉者乎。爰因馮元欽之奏，頒發此旨，俾言路諸臣各加警惕，痛洗從前陋習，以副朕期望之意。又諭：御史楊朝鼎前奏豫省盗案一事，朕已勅交廷議。今御史范廷楷痛斥楊朝鼎陳奏之非，且云豫省失盗，查乾隆七年共二十四案，八年祇十九案，九年祇五案，較之往年不爲加多，奈何張大其事，議請重典。楊朝鼎即係協理河南道御史，忽然將無作有，騁此刻深之談，其意甚不可解。又云：楊朝鼎請將盗犯之父兄伯叔等，不同住址者，一體治罪。自昔虞廷罰弗及嗣，周室罪人不孥。前史所載，楊朝鼎豈其未知，而貿貿若是等語。范廷楷詞氣激切，幾於詈罵。夫御史互相標榜，一唱百和，暗結黨援，固爲人心風俗之害。設各執意見以攻擊相尚，不顧國家政體，若相詈然，此風亦不可長。且楊朝鼎所奏，現在交議大臣等，自有持平之論。如果所議准行，范廷楷據伊意見以爲必不可行，再行陳奏未遲，亦未爲不可。所謂拾遺補闕，自有其時也。今乃於甫經交議之際，急行參奏，負氣紛爭，爲此過甚之語，誠鄒一桂從前所云不待部覆，而摭拾浮囂攙越瀆陳者，朕早已降旨禁約，范廷楷獨不知之乎。至於請朕撤回原摺，無庸交議，竟似國家政務，弗資六卿，皆伊等御史可以操其行止者，甚屬妄誕，著嚴飭行。十一年諭：從前交部議覆事件，科道等官往往不待部覆，紛紛具奏，甚屬非體。經鄒一桂陳奏，彼時朕已降旨，訓諭諸臣。並令嗣後議覆時，將條奏意見參差之處，聲明請旨。昨據張允隋陳奏卡瓦一事，朕已交議政王大臣速議。乃未經議覆之先，御史彭肇洙即行陳奏，以爲事不可行。前一日少詹事裘日修亦爲此言，是從前攙越瀆奏習氣，至今未改也。人臣從政有體，進言有序，分職宣猷者，廷臣之事也。繩愆糾謬者，言官之責也。即如一事既已交議，即應候其覆奏，待朕降旨。若廷議未當而朕旨允行，不妨據所奏再行陳奏，亦未爲遲，朕不難收回成命以從之。此時廷議未上，朕旨未下，則有何愆可繩，何謬可糾，而豫料廷議之不當，爭先入告，竟若迫不及待者然。若果各據所知，與其拾遺於事後，毋寧匡正於未行，亦未爲不可。但此案朕聞議政處，羣以爲不可行矣，則是人所共知之事，何待急急敷陳乎。若不訓飭，則徒滋紛擾，非政貴有恒辭尚體要之意也。又諭：朕覽御史周禮奏請將户部侍郎李元亮開缺守制一摺，所奏似是而非，且有意以行其私。國家用人，其權斷不可下移，或倣照定例，或偶爾變通。朕心自有權衡，總期得人任事耳，豈臣下所可意爲進退者。如果所用之人或有不當，所行之政或有缺矢，言官自當陳奏以盡繩愆糾謬之責，豈可於用人大事，懷挾私心，借守禮之名，以阻撓國政乎。且守禮之議，明朝爲甚，竟成門户，操戈相向，試問於彼時政務曾有何益乎。是以雍正年間，有令諸臣在任守制者，而亦絶無守禮之議。此正政治清明，下無浮議之善驗也。祇以外任官員，多有鑽營督撫保題之弊，幾至習爲故常。朕是以降旨停止，其必不可少之人，無能相代者仍準保題覈奪。即外任大員有丁憂者，亦令回京守制，或內用爲卿貳，或外缺又復需人，仍令前往署理。其在外必需之有司官員斷難更易者，經督撫題請不令回籍，間亦允從。此皆因地因人，於禮制之中稍爲權宜，並未於滿漢有所區别也。乃周禮奏稱李元亮雖屬旗員，究不可與滿洲並論。不知漢軍百年以來，與滿洲無異。即有事故，亦皆遵百日成服之例，過期即照舊任事。李元亮現爲都統，例不開缺，豈伊可爲都統，而侍郎反不可乎。周禮之意，不過以爲復占漢人一缺耳。又奏稱何必與前旨相違，以致聖諭洋洋頓成反汗等語，朕前旨内原有無人相代仍準保題之例，今春令大學士尚書侍郎內保舉能勝侍郎之員，而所舉率多不能勝任之人，經朕召見一一指出，面加申飭。周禮獨不聞知而爲此奏，抑何憒憒至於此極。目前應補侍郎之人，朕再四籌度，或曾經擢用，知其不能勝任者。或新進未久，難以遽加陞遷者。是以仍留李元亮，與旗例相符。即從前韓光基亦係如此，蓋因得人之難。周禮如何輕言天下事，而遽以不患代職無人，喋喋陳奏乎。此必有師生親舊，覬覦此缺，授意爲之者。且借朕所頒諭旨，以博敢言之名而行其假公濟私之實。朕何如主，豈伊狡獪伎倆所能搖奪乎。前明言官各立門户，互相排擊，矢口譏訕，以致混淆國是，釀成尾大不掉之患。近來御史各逞胸臆非借以沽譽，即意在徇私，如此等非所應言之事，而亦肆其簧鼓，大有關於政務，此風斷不可長。周禮著嚴飭行，並曉諭科道等官共知之。又諭：據御史薛澂奏稱雲南省向有供應學臣轎馬損夫日用薪水等項，每一州縣，費數十兩至百餘兩不等，學臣即借端需索，多方周旋，認州縣爲年誼世好，種種弊端，不可究詰。復又奏稱歷來積習相沿，非始於一人，非始於一時，未便指參，請飭下該省學政自行禁止等語。該省學政，果有如此弊竇，薛澂既知其認爲年誼世好，毋論前任現任，俱可指參。乃既不實指其人，又復奏請勅令自行禁止。如此陳奏，是欲博敢言之名，而又示寬解之意，有此事君之道乎。夫言官風聞言事，如大小臣工等簠簋不飭之類。若實有確據，明目張膽，見之彈章，國家自有憲典，焉可如此信口譏彈。以一言污人名節，而又不足以示國家法度，在伊等不過有意取巧，殊非朝廷設立言官之意也。昨御史楊開鼎參奏白鍾山一摺，內稱請旨訓飭，今薛澂又爲此奏，與楊開鼎情事相同。此向來科道習氣，今則連日見之，此風斷不可長。特行降旨申飭，各科道務當各自省改，毋蹈前轍。薛澂此摺，著交雲南總督張允隨秉公確查據實具奏。十二年諭：御史爲朝廷耳目，果有關國計民生，自應不時入告。乃今日張日譽奏請酌定差拘限期，范宏賓則奏八旗內外武職大臣及提鎮等，亦應薦賢自代。九成則奏請將各學教習人員，分別勤惰。朕詳閲三人奏摺，皆屬瑣屑拘牽，無關緊要，且非因時就事，必應目下陳奏之言。向來內陞外轉届期，科道多有摭拾條奏，以希擢用者，朕曾降旨訓飭。今不免仍蹈前轍，可再傳諭科道等，令其各自省改，毋存鄙見，以副朕真切求言之意。

十三年諭：昨據奉差山東辦賑科道同寧、馬宏琦、趙青藜、沈廷芳等奏請回京，已降旨申飭。伊等乃隨同高斌劉統勳辦事之員，應否來京，理應告知高斌劉統勳，乃竟冒昧陳請。且高斌身爲大學士，劉統勳現任左都御史爲伊堂官，而伊等並不告知，自行具奏，高斌劉統勳等亦視爲故常，殊於體統有礙。此等風氣斷不可長，高斌劉統勳，未便因科道之故，明降諭旨申飭，可傳諭令知此意。又諭：御史馮鈐奏東省辦賑大臣官員，查看經由之處，該地方因豫備牲口，牌頭里長人等需索滋擾等語。山左被災之後，民食艱難，朕深爲軫念，亟於拯救，特命高斌等辦理賑務，遍歷巡行以查有司奉行之善與否，此誠期有利益民生之舉也。但馮鈐所奏情節，亦事之所必有，所謂有一利即有一弊。向來此等陳奏，朕恐有累於民，不容稍緩，往往即降旨申飭該大吏，或更加以處分。此言官所以不問虛實，有所聞即入告，而民風之漸習驕悍，不畏官長，亦率由於此。現在高斌劉統勳，即至四御史，朕可保其本人必無需索之事，而家人等則不可知。馮鈐既有所聞，應有確據。山東被災之州縣，可以指數，查賑之欽差，亦不過此數人，或係伊等家人勒索，或地方官有意逢迎應付，或巡撫授意整備，以及吏役之借端苛派。著馮鈐將何地何人一一指出，據實具奏。朕將降旨究問，以爲擾累地方者戒。嗣後科道等凡有陳奏，俱遵照此例。使事事俱歸確實，則言官既得各盡其職，昌言不諱，而糾察皆有柄據，亦不得借風聞言事之名，架空誣揑。而朕行政用中，亦不致因噎廢食。該衙門知道。十四年諭：進呈經史一事，朕初意欲博綜古義廣益羣言，以成執兩用中之治。且可因言觀人，究悉諸臣學識之高下，心術之真僞。其有闌入時政，於事理未當者，間加訓飭。自舉行以來，諸臣按日奏御，朕一一披閲，十餘年於兹矣，所稱洞達天人發明道奧者，亦殊不概見。兹據該御史金相奏稱分班進書，人數多寡不齊，請均勻輪派，則是以進書爲煩苦。朕前亦聞有此論而不信，今金相既顯爲此言，是諸臣未必不各有此見。且已行之十餘載，漸成故套，進呈經史之處著停止。所有積年留存諸摺，交南書房翰林擇其有裨經義政治者，薈萃成編，用廣中秘之藏，朕將親覽焉。

十五年諭：御史歐堪善所奏梁詩正一摺，昨經召見軍機大臣吏部堂官掌院學士及該御史，面降諭旨，虛衷剖悉務得情理之平。令該御史中心允服，並無偏向梁詩正之意，此諸臣之所共知也。摺內高山金烈二事，係吏部堂官公同辦理，非由梁詩正一人。其京察列爲一等之姚範陳兆崙，現在丁憂，乃因上次京察原列一等，此番仍照前填註，亦係向來習套。其有無瞻徇，衹於輪班引見一事，查明是否攙越調換，可得實情。如果實有私弊，則姚範陳光崙之列一等，亦爲有意瞻徇。今經軍機大臣查詢該御史所奏，本月初十日應帶輪班翰林內路斯道一員，本日原已引見。其廖鴻章出科聯莊有信湯大紳，則係第一班已經引見之員，所奏調換之蔣元益，是日又並未引見，是梁詩正並無徇私更換之處，已屬顯然。在該御史一聞廖鴻章出科聯之言，不及查考，此亦風聞言事之常，如必將辦理曲折，備細周知，然後入告，則幾無可言之事矣。梁詩正既無瞻徇，亦無庸察議。歐堪善雖得自傳聞，而事屬有因，並非誣揑，亦無庸置議。其廖鴻章出科聯，妄以己意揣度，謂其更換引見，不無騰其口説，歸怨掌院之意，其素日之不能安静守分可知。著交部察議。近日朕望雨心殷，夙夜焦勞，側身修省，大臣等日經召對，自所共信。御史爲朝廷耳目，凡有見聞，應隨時入告，不必待有求言之旨。若爲修省進言，則如近日所奏，豈足裨闕補失，感召天和，徒煩朕於乾惕靡寧之中，一一詳爲剖示。在朕雖無厭怠之心，而諸臣亦可謂不知體要矣。數月前學士世臣補授盛京兵部侍郎，伊曾以良鄉等處除道妨農一事入奏，建言者或疑其因此擢用，遂相率紛紛而至。由此觀之，是仍爲己躁進之念重，而愛君憂國之念輕，亦不可不知內省也。至大臣等招權植黨之事，可以信其必無。設或有之，朕亦豈能姑容。如古所稱烹宏羊天乃雨之説，此時本無其事，若於同鄉師生情面，遇事稍爲瞻徇，似亦不能盡絶。此雖無傷大體，然身爲大臣，必當以秉公持正自勉，使人無瑕可指，方不愧精白自矢之節。苟其有干物議，即其平日不能深信於人，朕故謂此奏雖虛，未始非梁詩正之福。且凡爲大臣者，因此而砥礪衾影，倍加自檢，則歐堪善之奏，亦未必無小補耳。若謂濟時要務豈足當之，並諭中外，知朕意焉。二十年，軍機大臣等奏，審擬御史胡定条奏琉璃廠監督劉浩侵帑剋商一案，奉旨：此案胡定条奏，監督劉浩剋扣情節，朕因其條奏詳明，非身在局中者，不能如此備晰，即知其必有所從來。是以面加詢問，乃兩經召見，伊止稱得在道路聽聞。及朕特派大臣公同研鞫，始將潘復興私囑緣由，逐一究出，此非伊面謾而何。御史爲朝廷耳目，如果道路見聞所及，即能留心查察，據實陳奏，此乃實心爲國之人，未可多得，朕所深嘉。若因瞻徇同鄉，摭拾入告，復規避矯飾，甘爲面欺，在朕前則沽實心任事之名，而外則邀譽於衆商，市惠於鄉里，一舉而名實兼得，有是理乎。至嗔叱李有捷説及要謝之語，即信以爲日後並無希冀酬謝之確據，此殊不然。即如劉浩短發價值，現在並未入己，何嘗不自稱循照部議，悉心撙節。但其果否歸公，必於任滿後始見。而此時被議，彼固樂爲是言。胡定卻謝之語，正亦類此。在言官陳事，如使毫無干請瞻徇情弊，即所奏有未確，誤出無心，朕尚可原宥，不加處分。今乃始終面奏欺詐，實難居風憲之任。胡定著革職，以爲挾私取巧者戒。所有杖徒本罪，著加恩寬免，餘依議。二十一年諭：此案王明一恐嚇詐財，雖屬書吏舞弊小事，然王安國既聞之許伯政，則當刑部咨詢之時，即應據實指出，乃以得之訪聞無從咨送聲覆，意以渾厚自居。若非御史李綏条奏，則官吏夤緣情弊，無憑根究，必致賄賂公行，尾大不掉。即此一事，可知各部院胥吏營私之弊，原未盡除。而漢大臣如王安國之流者，方且以是爲忠厚得體，滿大臣之謬託於文者，亦效尤爲之，不知涓涓不已，將成江河。杜漸防微，正當事事省察。至御史職司糾察，風聞尚許言事。許伯政既聞王明一詐財之事，並不據實指条，伊等平日藉口於建言，又藉口於不得盡言。即如朕初年何嘗不鼓舞言路，然所陳条，不過摭拾浮言，空談塞責，而因以爲姦取利者，實復不少。數年以來，略示懲創，則又箝口不言。即如鄂樂舜勒索商人銀兩一事，御史中籍隸浙省甚多，豈一無見聞，而竟未有一人奏及者。設非富勒渾指条，何由發覺。在廷諸臣爲朕所倚賴任使，人人緘默自安，股肱耳目之寄，朕將誰任。王安國降調處分，已降旨從寬留任。然令伊捫心自問，固應愧赧無地。諸臣有似此居心者，尤當引以爲戒也。許伯政僅照部議察議，不足示懲，著交部嚴察議奏。言官等俱著嚴行申飭，李綏著交部議敘。

二十三年諭：御史朱嵇奏請改發巴里坤人犯，酌量仍復舊例發遣一摺，雖以遞解多費口糧及漸染邊地習俗爲辭，而其意實爲遣犯而發，且於現在辦理此事本意，全未知悉。從前御史劉宗魏條奏，經軍機大臣及該部議準，著爲定例。蓋因向來免死減等人犯，原有發遣黑龍江等處爲奴者，今西陲既定，巴里坤久屬內地，則改發人犯，原與黑龍江等處無異。後經軍營辦理屯糧大臣等拘泥發往屯種之一語，甚且議及爲之建屋撥地。種種拮据情狀，朕以此等減死之人，情罪本重，發給屯兵爲奴，或在彼不能安分，自有定例可援，命且自安西爲始，由近及遠。今閱該御史所奏，朕意或以原議遣犯內，或有情罪稍輕，可不必發往者，重命檢覈該部所列條款，則免死減等之外，所有軍流人犯定爲改發，均係情罪重大，有心犯法之徒，並非情輕者概令改發也。夫此等作姦犯科之人，投畀有北，亦何可惜。而該御史爲之隱躍繁文，多方顧慮耶。然以軍營管理屯糧之大臣等，尚未能洞悉端委，豈該御史小臣淺識所能遥度。朕固不暇深責，但以今歲二月間甫經劉宗魏奏準之事，朱嵇係其同官，曾不逾時，輒行駁改，於政體殊有關繫。從前明季科道，動借公事互相傾軋，翻案互訐之疏，幾無虚日，究於國家無補，最爲言官惡習。朱嵇所奏，縱未必有意，然此風漸不可長。朱嵇著傳旨申飭。又諭：御史朱嵇条奏侍郎于敏中兩次親喪朦混爲一，恝然赴任一摺，前于敏中守制回籍，陳請歸宗，原爲伊本生父母起見。若非歸宗，則於例不得受封，此亦人子至情。至於回籍後復丁母憂，伊聞命暫署刑部侍郎時，未經具摺奏聞，此一節原未免啓人訾議，而該御史遽用張大其詞，見之彈劾，污人名節，不無過當。摺內引梁詩正回籍終養，以爲比例，此猶未悉朕心。梁詩正之父年已衰邁，而梁詩正欲回之意，亦不甚切，且其時有人謂朕不喜漢大臣回鄉里者，朕是以轉令其回籍侍養，俾遂父子之情，且免求全之毀。而呂熾彭啓豐二人，在卿貳中本屬無所短長，故亦準其終養。若于敏中才力尚可造就，非呂熾等比。刑部侍郎缺出，一時未得其人，是以降旨起用，凡遇燕會不令預列，此正與從前用蔣炳莊有恭爲巡撫，同一不得已之苦心。所降諭旨甚明，而該御史輒以侍郎巡撫，意爲區別，豈外任封疆，不妨從權起用，而內任部務，不必需人辦理耶。且雍正年間，有因員缺緊要，特令在任守制，如朱軾嵇曾筠孫嘉淦等指不勝屈。今所用者，不過此一二人而已，若必謂在籍終喪，方爲盡孝，無論一切居鄉守制人員，未必盡皆廬墓。即昔時築室居廬之人，借此釣名干進，徒滋物議者，不一而足，於風教並無裨益。該御史又稱梁詩正等準其告養，海內聞風嚮化。試思四海甚大，此數人得請家居，即能澆風盡息，然耶否耶。明季科道陋習，動以奪情視事，交章争論，嘵嘵不已，徒起黨援攻訐之端，於國是究屬何補。殊不思科道爲朝廷耳目之官，如果政事有所闕失，官僚貪黷敗檢，即據實舉劾，朕方深爲嘉予，以風言路。若所陳不過如此，冀以博敢言之名，朕不取也。又諭：昨日都察院奏留西城吏目方正一摺，副都御史孫灝，未經列銜，朕意堂官留一吏目，或爲該員以捐納爲規避之地，不令得售其計，乃情理所有。且其事尚小，不足深論，但以同官辦事，自宜彼此商酌。若旗人漢人意見不合，輒生異同形跡，於體制甚有關繫。彼時猶以爲曲在孫灝，自有應得之咎，特命軍機大臣詢問情節。據孫灝所奏，則該城所請不過以陞銜留任。而都察院摺內，乃增入遇缺咨部題補之語，恐於選法有礙，且開巧便奔競之漸，反覆辯論。吴拜趙宏恩皆不以爲非，而廣成堅執不移，必欲獨行其意等語。是孫灝並無不合之處，其咎皆在吴拜等三人。而廣成之偏執己見，爲尤甚也。此案冒昧陳奏，雖尚非有心弊混，但其風實不可長。廣成不必管理副都御史事務，交部嚴加察議。吴拜趙宏恩交部察議，所奏方正留任一事不准行。又諭：御史周照所奏一摺，並不敷陳實政，仍屬摭拾浮詞。如所稱行政急於觀成，必條例繁多，法令嚴密，承於下者轉得以空文相應等語。綱紀所在，隨時損益，其要不過爲整頓風俗人心起見。試問今日之行政，有視昔加嚴者乎。繁者何條，密者何令，何不一一據實指陳。昨於湯先甲並未治罪之故，周照又相繼爲此，以博進言之虚名也。至稱用人急於求效，便給近利之臣，以小效炫其才智，而老成持重，轉因而退阻等語。御史職司糾劾，人有不稱其職者，即執白簡從事，便給近利者何人，老成持重者又何人，何不指名奏出。周照隱躍其言，其意中必有所指。若令伊一一明白回奏，又似因求言而加罪，姑恕勿論。然朕若不明白指出，則言官操用人行政之權，而朋黨門户之風將由此起。今日適恭閲聖祖仁皇帝實録，有言路不可不開，亦不可太雜，明朝國事，全爲言官所壞之諭，大哉聖謨，億萬年訓行之準，吾子孫所當世守無斁者。昨者降旨求言，原冀得一二補闕拾遺之奏，庶幾有裨實政。乃其中並無所見，而藉詞應詔，妄肆簧鼓。朕又以優容之故不爲加罪，何怪乎周照之無所憚而踵行之耶。但言官習氣，其所關於行政用人者，實非淺鮮。朕若復崇尚虚文，故爲曲奬，則明季弊政，炯鑒具在，而欲稍爲因循姑息，朕斷斷不肯出此。周照著嚴行申飭。嗣後儻更有似此空言塞責實行其私者，朕必明治其罪。又諭：春秋書日食，不書月食，古聖克警天戒，惟是爲兢兢。茲者季冬之朔，日食至八分之多，堅日又值月食，斯不得以不書爲解。而一月之間，雙曜薄蝕，災莫大焉。我君臣當動色相誡，側席修省。念邇年來西陲底定，殊域來歸，克奏膚功，皆仰賴上蒼福佑。在朕宵旰殷懷，無刻不以持盈保泰爲惕，並非出於矯强，亦中外臣民所共知。第人情當順適之時，檢持或有未至。昔人所稱人苦不自知，良非虚語。夫天心仁愛，人事宜修。儻用人行政之間，有所闕失，而不力爲振飭，何以裨政治而召休和。在廷諸臣，共襄治理，寅恭夙夜，宜有同心。著傳諭大學士九卿科道等各抒所見，據實敷陳，無有隱諱。若因此旨而徒摭拾浮言，毛舉細故，甚且鋪張稱頌，轉貢諛詞，則不獨負朕求言之苦衷，即清夜捫心，能無内愧。應天以實不以文，朕於諸臣有厚望焉。

《大清會典事例（嘉慶朝）》卷七五六《都察院·憲綱諭旨三》 乾隆二十四年諭：朕恭閲皇祖聖祖仁皇帝實録，康熙五十五年九月内，諭大學士九卿翰詹科道等曰：國家設立科道，寄以耳目重任，建言叅劾，乃其專責。九卿及督撫提鎮内，居官貪婪行止不端者，亦或有之，科道官員即當從公叅劾。迺或因係某大臣保舉，或因係某大臣門生故舊，彼此瞻徇情面，並不題叅。間有條奏彈章，亦止受人請託，或使人畏懼，自立威名耳。仰見聖訓周詳，洞燭情僞，不獨明季科道惡習如見肺肝，即自古以來言官風氣，關繫政治得失，莫不包括無遺，允宜垂示子孫爲萬世炯戒也。朕臨御之初，側席求言，冀裨上理，無如言官藉此以行其私者不少。可見科道中原無實心爲國之人，導之使言，不過黨援同異，冀快其私。甚至各立門户，有害國家。若置而不作興之，則率以緘默爲苟容，究其通病，何一能逃我皇祖聖神坐照中也。殊不思朝廷設官分職，畀以耳目重寄，凡國家用人行政之大端，分宜屏去私心，隨時獻納，以資實用。使不言者既瘝厥官，而言者又惟以門户恩讐爲計，是不惟無補國是，且非立官之本意矣。可將此旨傳諭知之。二十五年諭：御史朱丕烈參奏覆勘試卷大臣秦蕙田等瞻徇不公一摺，經朕詳悉面諭，並特派大臣等會同軍機大臣提取各原卷逐一詳加覆對。今據覆奏有該御史原經簽出，而覆勘大臣誤行指駁者，江西省汪其度一卷，未經列入奏單者，湖北省陶大朋廣西省蕭鼎揆二卷。秦蕙田等既經司事覆勘，乃未將原勘官簽出各條，應存應駁，及應行聲明之處，悉心分別查辦，咎本難辭。至摺内所稱瞻徇考官鄉情世好，爲本生巧爲開脱不能無疑之處，則現在細覈各卷，如考官錢維城王鳴盛錢載等勘過試卷内，其處分已有部議應行降調及罰俸數年者，即增入摺内所指各條，亦並無所加損。是該御史所參，俱無確據，經朕復召入面詢，該御史亦不能更指其非。此其涇渭較然，固非此次派出大臣所能偏袒並調停中立，如和事老人之爲也。但磨勘一事，向來視爲具文，以致士子應試，考官衡文，無由大彰懲勸。近因士子習尚紛歧，罔識行文正鵠，不得不亟爲釐正，是以詳定磨勘條例。然舉行伊始，朕本意實不過欲去其太甚，俾知警覺提撕，豈必逐字逐意吹求，致獲雋者無一自全，而典試者盡干吏議，斯不已太甚乎。然考官銜命掄才，既優其廩餼路資，又復獲爾許桃李。既試卷有疵，若罰俸停陞之類，實所應得。設致罷官降調，朕必曲宥，此中自有權衡。若官官相獲，即此罰一年兩載之俸，亦必冀爲開脱，則不獨覆勘者罪所難容，即考官等朕亦豈能輕貸。今秦蕙田等既無此等情弊，則疎漏各條，所謂公過，非朕所深惡矣。朱丕烈以心疑或然之語，彈劾屬虚，朕亦不能爲之匿其所短，正所謂瑕瑜各不相掩者也。況直省硃墨卷，汗牛充棟，不但秦蕙田等三四人之力，未必精覈無遺。即自謂悉心推勘，如朱丕烈所分衹有數十卷，設令再派大臣爲之檢校，伊能自信更無掛漏乎。明季科道惡習，專以黨援抨擊爲務，遇事交章傾軋，而九列中又或各樹私黨，互相報復，固由駕馭失宜所致。而臣工中各自便其門户之私，不惜害及朝章國是，其所關於治道者甚大。朕心存炯戒，乾綱獨攬，務期朝寧肅清，諸臣中諒不敢稍存狃玩之見。即有此等伎倆，亦何所復施。今磨勘一事，嘵嘵不已。然杜漸防微，其端實不可長。所有覆勘疎忽之秦蕙田觀保錢汝誠著交部議處，御史朱丕烈所奏不實，亦著交部議處。若因其參劾大臣，而該部遂有意從嚴，思以箝制言官之口，更難逃朕洞鑒。將此通行傳諭中外知之。

二十六年諭：吏部察議眭朝棟照溺職例革職一本，所以留中不發者，朕意以爲若總裁大員中，查無應行迴避之人，則該御史所奏，不過博一時虚譽，其罪尚屬可原。今據知貢舉熊學鵬查奏應行迴避士子，則有總裁劉統勳之胞弟胞姪二人，于敏中之堂姪一人。劉統勳于敏中既係軍機大臣，而眭朝棟現係軍機處行走之員，此次劉統勳于敏中二人，不令隨駕，外間已揣其豫典試事，而軍機之人，固不待言矣。況朕召見劉統勳等，曾面諭及之，眭朝棟豈有不知之理。則其所奏，顯屬迎合上官，此風斷不可長。前明師生堂屬黨援門户之弊，往往假公濟私，害及朝廷，最爲言路惡習。我皇考十三年以來，大加整頓，風紀肅清。朕臨御二十有六年，於臺垣章疏，苟有一二可採者，未嘗不見之施行。若其意有所屬，瞻顧徇私者亦斷難逃洞鑒。眭朝棟何人，而敢以此等伎倆巧爲嘗試乎。此在諸科道尚屬不可，況該御史之在軍機處行走者乎。今歲恩科會試，已屬格外曠典，臣工得與文衡，已可云寵榮逾分，而更欲爲宗戚倖中，是於不知足之中又加甚焉，號稱讀書者宜如是乎。此於政體官方士習，均有關繫。眭朝棟革職不足蔽辜，著拏交刑部治罪。劉統勳于敏中之授意與否，姑不深究，然致屬員之如此假言獻媚，則二人亦不得謂無咎。其劉統勳于敏中之弟姪應行迴避者，概著罰停鄉會試一次，以示儆戒。二十八年諭：御史吉夢熊奏劾方觀承玩視民瘼，徇縱天津道那親阿啓閘遲延不能早籌宣洩一摺。此奏方觀承實無從置喙，但前命兆惠等赴勘督辦時，已有旨將該督交部議處革職。特因在直年久，是以從寬留任。則其貽誤之愆，不獨該督難以自文，即朕亦安肯稍爲迴護。該御史甫經補缺，即行陳奏，不得謂之無益空言，亦不得謂之事後取巧。至在京科道等，身膺言責，於封疆大吏不克早拯民艱，況天津近在畿輔，道路之口豈竟毫無知覺。乃自去冬以至今春，並不聞有糾彈之舉，而必俟朕巡省疇咨，始得刻期濬導耶。是因吉夢熊此奏，而寒蟬之誚，朕亦不能爲凡任言官者解矣。方觀承已經議處無可再議，摺内所奏那親阿借書吏名色，用輕價承買捐田一節，八旗官員，近京置産，原所不禁，但既任本地監司，而圖踞所部之業，則於官方大有關繫。那親阿現在尚未起程，著交軍機大臣嚴訊具奏。至所稱訪聞文安大城等縣，因培築長堤，該處胥役鄉老，有至四五十里之外，遍令平民赴工承辦挑培之事，著交裘日修會同方觀承即行據實嚴查，奏聞請旨治罪。又諭：今日御史蔡觀瀾所奏二摺，一爲粥廠人數加多，給賑米石，請酌量加增。其事自屬應行，且朕既降旨加恩展賑，各廠均應先事妥辦，不獨東壩一處爲然。凡監賑御史，於廠中米石約略需用時，即當告知該堂官豫爲咨取，更何待散給不敷，始行入奏。所有各廠應行添支之處，即照所請速行。至另摺所參副都御史蔣檙參處給事中巴延三到廠遲延一案，謂蔣檙前後頓殊，因將辰刻及辰正二三刻，曉曉置辯，不惟於事理甚紕謬。並以袒庇同官，詆訶臺辰，其所關於官方政體者甚大，不得不明白宣示，以明杜漸防微之意。前蔣檙初奏御史到廠遲延時，朕方以其不即據實參處，而先爲奏聞請旨之舉，已不免姑息卻慮。及至巴延三等因循到遲，始行指名參議，實不可謂其察覈之過苛矣。況堂官於辰正前後到廠，御史不應於辰初前後到廠耶。朕夏令御勤政殿視事，必在卯正之前，然已不啻三竿之日矣。辰初到廠，何致顛倒無暇乎。即此交部察議，實不過奪俸數月，若有紀録，尚可抵免，有何輕重。蔡觀瀾乃用此妄生議論，謂非有心藉詞報復可乎。明季科道惡習，狃於官官相護之見，遇事交彈互擊，以致國政日隳，不可究詰，足爲炯戒。我朝乾綱獨攬，班列清肅，此等伎倆，廷臣中諒亦不敢巧爲嘗試。然涓涓不息，將爲江河之慮，何可不豫爲懲儆，以彰國紀而正人心。蔡觀瀾著交部嚴加議處。朕於羣工奏牘，虚衷採擇，從來不設成見。如蔡觀瀾所奏乖謬若此，而於同日所陳廠中應理事宜，固不以人廢言也。將此諭令中外，使明知朕意。

二十九年諭：御史秦蕢以户部郎中馮光熊、刑部郎中杜玉林，俱係丁憂之員，該堂官不應奏留不摺，內稱若遇陞選外任，又未聞以幹練留部，其持論實中事情，即該堂官等亦無辭可對。官員遇有事故，並聽離任終制，原係恤下常經。朕自臨御以來，於臣工進退，一切皆循定制，間有特旨令仍在署任事者，本屬寥寥無幾。第以堂官而請留司員，督撫而請留屬吏，則上官之推情瞻顧，與下僚之因事干求，流弊何所不有。況國家分職任材，豈必少此一二人，與此一二人二三年少待之期，而必權宜破格而爲之，誠亦可以不必。若該御史遽謂因此斤斤執持，即廣爲教孝，則又不然。人臣移孝作忠，原無二理，既已名通朝籍，致身之義，豈未之前聞。儻如明季科道門户惡習，爭論奪情，如王錫爵之於張居正等，忿詈交攻，無所不至，而於國是究鮮絲毫之益。此又政體所關，不可不懲其漸者。朕虚公御下，從無成見。嗣後凡朕特旨酌量令其留任外，內而部院堂官，外而督撫等，不得率行請留，著爲例。又諭：前日御史羅暹春參劾蘇昌保舉運使王槩一摺，在蘇昌於屬員虧帑，既漫無覺察，又登之卓薦，自有應得之咎。言官據實指參，乃職所應爾，是以批諭發京，初不以爲非是。特其摺內有若非年老糊塗，即屬有意瞻徇，措詞忿激，幾於唾罵。其意若有必欲甘心於蘇昌者，蹤跡殊爲可怪。昨閱刑部審擬廣東參革知縣劉紹汜一摺，該犯即係與羅暹春江西同鄉，而蘇昌又即參處該犯之總督。其爲藉詞潛行報復，實啓黨援朋比之風，不可不悉心體究創懲，以防流弊。因諭刑部堂官，詳悉查訊。今據奏到羅暹春與劉紹汜，雖無瞻徇實蹟，然該御史具摺參劾，不即於蘇昌失察原案發抄之時，又不於劉紹汜審擬已經定案之後。該御史亦自稱形迹之間，百喙莫辯等語。此等以鄉情各酬私怨，其事本無實證，豈對簿駁詰，遽肯輸情吐露，然亦不至因此即革職審問也。封疆大吏，果有罔上行私確據，臺垣自應據實糾彈，顧立言亦自有體。中外大臣，皆經朕簡用，苟其事不干大戾，即朕亦不遽加以斥詈。御史雖欲自著風力，亦豈得以年老大臣，盡斥之爲糊塗。前如來保，今如尹繼善傅森陳宏謨諸臣，屢經勷歷，其齒安得不老。而生平奉職無愆。豈遂一例概以衰庸肆爲詆訕可乎。明季科道惡習，立幟分門，借敢言之號，行傾險之謀，假公濟私，無所不至，爲害甚大。我朝百餘年來，整綱飭紀，朝政肅清，斷不容有營私搏擊之人，復得稍萌故智。但遏邪防弊，持之不可不堅。今羅暹春之奏，其爲劉紹汜而發，本非有證佐可質，而任意訢毀，已情見乎詞。且不先不後之間，自供亦無庸置喙。此而陽爲不知，於人心政事所關非細，羅暹春著交部嚴加議處。又諭：御史李宜青條陳臺灣事宜一摺，所奏應行與否，且不具論，而其用意之取巧器小，已大失言官之體。該御史奉差巡臺，地方之事，皆其職分所難諉。第同差滿漢二員考成，均屬一體。見聞所及，理宜和衷共酌，會銜入告。即意見略有參差，亦應據實聲明，專摺奏請。乃李宜青既不於在臺時彼此會商，至回京復命亦未聞一言及此，直至差滿日久，挾此爲獨得之秘，羅列見長，彼以建白博名高者，存心鄙瑣，固當如是耶。此等伎倆，猶得以嘗試爲得計耶。李宜青著傳旨申飭。至所奏各條，亦不必以人廢言，仍著交部議奏。又諭：御史曹學閔參奏熊學鵬於丁憂後拜發奏章一摺，所見拘墟，於事理無關輕重。各省督撫大吏，設有徇私骫法，御史列款糾彈者，如其事審實，朕必深爲嘉予。若其人適遇丁憂事故，一切經手案件，及交代印篆日期，不得不具摺奏聞，乃情理所應有，而必斤斤較量於拜摺衣冠儀節之間，遂指爲忘親不敬，正所謂吹毛求疵，於國家政務有何裨益。明季言官陋習，專務摭拾浮文，陽博建言之名，陰行箝制之計，使封疆大吏望風生畏，內外官僚，動成水火，最爲弊政。此時綱紀肅清，科道等諒不敢以此種狡獪伎倆，輕爲嘗試，然不可不防其漸。曹學閔著飭行。

三十二年諭：御史爲朝廷耳目之官，內外大臣果有婪贓骫法，任意徇私，見聞既確，立登白簡，不獨被叅之人，立即重治其罪。其據實糾劾之該御史，朕亦必深加獎勵，用昭彰癉之公。若徒毛舉風聞細故，肆意鋪張，紛呶不已，顯博建白之名，陰行排擠之實，所關於政體官方者甚大。即如前明臺諫諸臣，遇事生風，肆行抨擊，以致各分門户，挾制大臣，究之國是日非，積重難返，可爲炯鑒。當此綱紀肅清，言官中諒不敢遽挾私心，於異己之人藉詞齮齕，以速重愆。但杜漸防微，不得不豫爲明切禁制。儻言官等不知猛省，有以愛憎挾私巧爲嘗試者，朕察出必執法從重治罪，以爲分門排擠者戒。其大員等或自甘敗檢，致掛彈章，則言者被殊褒，而犯者膺顯罰，雖欲强顔狡辯，又可得耶。著將此通諭中外知之。三十四年諭：向來御門日期，奏事處人員，遇各衙門及科道封口奏章，概不轉遞。此乃伊等拘泥舊例，甚屬無謂。朕綜理庶政，凡內外臣工章奏，無日不進御披覽，豈有納之於平時，而於御門聽政之日，轉卻而弗納之理。且御門不過片刻，既退，仍照常辦事，本屬兩不相妨。而此等封口奏章，或係糾彈，或關建白，其中緊要之事，並有須即予施行者。若既至宫門，復行駁回，於公務既不無延緩，且恐無識者轉疑奏函有壅於上聞之處，於政體亦屬未協。嗣後御門日期，凡有封奏事件，俱著一體接收呈覽，著爲令。

三十五年諭：貴州省劉標虧空銅鉛價本，至二十餘萬之多，自來侵虧帑項犯案從未有若此之甚者。乃巡撫良卿明知故縱，授意彌補，並冀爲移局鑄錢，通融掩覆。及經部駁，自知事必敗露，始以一叅塞責。經朕察見其中隱弊，特派大臣前往查審，其事始水落石出，究出良卿負恩徇縱之罪，及與高積交通骫法諸弊，並方世儁永泰等勒索營私各款蹟。黔省吏治，狼籍至此，實出情理之外。科道爲朝廷耳目之官，於大吏等有簠簋不飭蠹國剥民之事，皆當隨時舉劾，知無不言。乃劉標在任多年，虧空積至如許，且以衰年瞽目之人，該上司姑容戀棧，外間豈竟毫無見聞。而自劉標經管銅務以來，豈無一二黔省之人曾任科道者，更不得諉爲詢訪所不及。何此案未經發覺以前，並未有一人劾奏其事者。言官職司糾察，若惟知掎摭細故，毛舉瀆奏，或見通行一事，從而推廣其端，或因特降一旨，復爲引伸其説，於政治全無裨益，而置此等侵虧敗檢大案於不問，國家亦安用此委蛇緘默之言官爲耶。若將歷年來籍隸黔省之科道治以曠官之罪，亦所應得。但恐議處一二人，而遇事生風之輩，轉藉此爲臺諫得操本省大員之短長，或從而夤緣交結，致啓搢紳把持公事之漸，且釀成黨援惡習。是以朕不爲耳。但科道等於如此侵欺罔上大案，漠不關心，甘以寒蟬自處，經朕舉出指示，能不各懷愧恧乎。著將此旨傳集各科道通行申飭，並宣諭中外知之。

四十年諭：御史叅劾部院堂官，如其言果確，朕必不肯於大臣稍存庇護。若語涉無稽，撏摭失實，欲以此自命敢言，深所不取。明季科道，往往與部臣牴牾，遇事生風，攻訐不已，久之遂成門户。朕披閲史册，每深惡而痛絶之。方今政治肅清，不願言官蹈此惡習。著將此傳諭各科道，如有劾奏各部事件，查無實據者，即將言事之人交部議處。又諭：科場定例毋許臨場條奏，如臣工果有見於考試規條未盡妥協之處即當早行入告。文會試不得過上年冬月，武會試不得過本年春月，何得於考試臨期紛紛陳請。嗣後如再有違例臨期陳奏者，該部將其事於議覆摺內一並將該員察議具奏。四十一年諭：御史炳文奏請嗣後科道京察止令都御史帶領引見，去留俱候欽定一摺。此奏殊爲錯謬。科道職司言路，遇有內外大臣贓私不法及吏治民生所係，如果確有見聞原準其自行具摺據實糾陳，朕必徹底清查，覈實辦理，是國家待言官之道已屬從優。設或京察時都御史舉劾不公，科道原可指名叅奏，乃炳文於舉行京察之前輒思變更成例，隱占身分，冀諸事得以自專，其有關於世道人心者良非淺鮮。明季臺諫諸臣遇事生風，紛呶不已，遂至黨同伐異，貽害無窮，最爲彼時粃政。我朝綱紀肅清，科道咸知奉法不敢復蹈前轍。惟雍正初年因六科改隸都察院，給事中等連章争競，經皇考嚴加懲儆力爲整飭。炳文身係宗室尤不應爲此沽名之事，豈堪復爲御史。炳文著即革去御史，發往伊犂以司官効力贖罪。將此通諭知之。四十五年諭：浙江海寧改建石塘，以王亶望曾爲浙撫，且肯擔當其事，因命在工督辦。但伊在服中，是以令馳驛回籍治喪，事畢即至浙辦理塘工，原爲公務起見。其家屬自應即回本籍守制，以盡私情。乃據李質穎奏，伊家屬仍住杭州，安然聚處，朕聞之爲之心動。王亶望並非無力令眷屬回籍之人，似此忘親越禮，實於大節有虧。爲大臣者如此，何以表率屬員，維持風教。從前伊父王師，品行甚正，無負讀書，不應有此等忘親越禮之子。養心殿暖閣，恭懸皇祖聖訓，有孝爲百行之首，不孝之人，斷不可用。朕每日敬仰天語煌煌，實爲萬世準則。王亶望著革職，仍留塘工自備資斧，効力贖罪。至三寶以大學士管理總督，爲維持風化之首，今日當面問彼，乃稱實知其事，亦不以爲怪。富勒渾現爲總督，於此等有乖名義之事，何不據實參奏。均著交部嚴加議處。李質穎到浙已久，亦並未奏及，直待降旨詢問，始據實具陳，亦著一並交部議處。至科道於尋常細故，往往摭拾具奏，似此爲大臣之人，於名教攸關者，轉更緘默不言。設如有貪酷擅權者，亦將寒蟬矣，國家又何藉此言官爲乎。其籍隸浙省之科道，尤不應毫無見聞，何以並無一人入告，斯豈風聞所弗聞乎。著令該省科道等明白回奏。又諭：前以王亶望留辦浙江海塘工程，不令家眷回籍守制，而籍隸浙省之科道並無一人入告，因傳旨令其明白回奏。今據該科道等奏稱，王亶望於制中眷屬聚處一事，實無所聞，殊屬巧辯，巡撫家屬留住省城，本屬人所共知，本省科道何至毫無聞見。昨以三實李質穎知有此事，經朕面詢，即據實具奏。但其不知大義，視爲故常，不以爲怪，已非情理。若似該科道等於傳旨詢問時，猶復託詞巧辯，並不各自引咎，其不是更大。該科道等俱著交部嚴加議處。

五十年諭：科道職司風憲，有奏事之責，果有能參劾大臣，指陳時事，言有可採者，自當准予施行。即或所奏失實，亦不加之譴責。蓋以職業所在，若因言事得罪，非所以風勵臺司。昨費孝昌陳奏摺內，有君設身以處並若日等語。該員係科目出身，由學正洊陞御史，豈不知君臣之際，體分尊嚴，乃以此等字様，竟比尋常泛論，公然直陳朕前乎。是費孝昌之罪不在言事不當，而在措辭乖體。伊在京服官有年，而奏章全不知敬謹之道，如此糊塗庸鄙之人，豈可復令其供職辦事。但此時若將伊革職治罪，律以大不敬之條，轉不值如此嚴辦。費孝昌著休致勒令回籍，至其所奏請定官員終養章程，前經吏部議定，昨又降旨通諭，於教孝之中，仍寓體恤之意，業已周詳備至。中外大小官員俱當敬遵功令，各盡其臣子之分也。五十一年諭：嗣後科道等，凡遇鄉會兩試届期，前一月之內，除特參大員，申理冤枉，迫不及待者，仍準其入奏外。其有關科場事務，及尋常事件，概不準届期違例具奏，以杜僥倖陋習。著爲令。又諭：朕愛養黎元，勤求民瘼，各省每遇地方偏災，一經奏報，即降旨蠲賑兼施，並屢諭該督撫，實心實力，督率各屬妥協辦理。不惜千百萬帑金，務俾災黎均霑實惠。此朕五十餘年如一日，亦天下臣民所共見共聞者。上年湖北荒歉，已發五百萬帑金賑卹。若地方官辦理得宜，何至復有貧民乏食，搶奪糧食之事。乃劉金立等因借貸不遂，輒將穀麥搬搶，而劣衿梅調元父子，竟敢糾衆逞兇，活埋多命。此必該省督撫司道並不認真查辦，一任貪官污吏浮冒侵漁，以致朕恩不得下逮閭閻，乃有飢民乏食，搶奪滋事。及釀成重案之後，大小各員恐從此究出弊端，遂爾通同諱匿，聯爲一氣。吏治如此，實出情理之外。試思活埋三十人，俱經起出屍身，尚有毆縛傷痕，及悶蒸血暈。證據確鑿，是豈李侍堯等所能揑造者。而籍隸湖北之御史等，並無一人奏及。科道爲朝廷耳目之官，各省閭閻疾苦，及官吏侵貪諱匿命盜各事，理應據實直陳方爲不負言職。今湖北省竟有如此不法重案，本省輿論，本省之官必有風聞該員等家信鄉親中豈無言及，而得諉爲不知可乎。所有未能參奏湖北搶掠活埋人命二案之籍隸該省前任給事中梁景陽、御史許兆椿，著交部議處。其餘各省有無似此重大案件，而地方官諱匿不辦者，著軍機大臣傳詢各科道令其據實直陳，朕必嚴加懲治。儻各科道因朕有此旨，遂心存挾制本省督撫，致令地方諸事掣肘，亦難逃朕洞鑒。一經查出，亦必重治其罪。將此通諭知之。五十五年諭：都察院奏六科給事中十五道御史所辦案件，俱係筆帖式代爲呈畫。惟京畿道辦理案件，偶有上堂之時，其餘六科並不進署，其十四道雖同京畿道進署並不上堂。舒常到任一載，認識尚未周徧，兹奏新例漢科道截取道府，均應出具考語。京察届期，並須甄别賢否。若一年之內，不過見面數次，優劣究未深知，嗣後十五道六科分日進署上堂等語，此奏想係舒常一人主見，所言却是。向來科道俱歸都察院衙門統屬，其京察保送等事，皆由該堂官考覈。近又降旨將科道俸滿四年者，截取道府，其堪勝外任與否，亦責成該堂官出具考語覈實保送，是都御史之與科道考覈攸關，即不得循俗例謂之有統無屬。且俗例乃明朝惡習相沿，會典本無也。若並不上堂見面，認識尚難周徧，其才具優絀，更無從知其底蘊。從前雍正年間，將六科統歸都察院，彼時給事中御史等紛紛陳奏，互相爭執，仰蒙皇考降旨嚴飭，始行更定。今科道等既由都察院堂官出考，自應照舒常等所奏分日進署上堂接見辦事。至於科道本有奏事之責，如遇民生國計所關，原許其條陳利弊，即如本日給事中李鬴条奏韓鑅之子假冒籍貫，並停止吏員分發一事。朕以其所言尚是，即交部議奏。儻或內外大臣及都察院堂官舒常等，果有不公不法之事，科道等亦可列之彈章。所言若實，朕尚當加之優獎，將被劾者治以應得之罪，並不因有上堂接見之例，遂致壅塞言路。若科道等因更定此例後，有復行瀆奏自爭身分者，必當重治其罪。或以此奏係舒常主見，將來藉端糾劾，意圖報復，亦斷難逃朕洞鑒也。舒常等所奏著依議。

五十六年諭：向來各省民人赴京呈控案件，都察院步軍統領衙門，不敢壅於上聞，即行據呈轉奏。朕勤求民隱，惟恐鄉曲小民含冤莫訴。每遇來京具控之案，無不特派大臣，前往審辦。其中屈抑者固有，而近日不安本分之徒，見來京者控無不準，準無不辦。赴愬求理者，遂覺接踵而來。及欽差大臣提集案犯，認真研鞫，所控情節多屬子虛，不過挾嫌逞忿，妄砌誣捏之詞，冀遂其施累之計。即被控之人訊明省釋，而輾轉審解拘禁囹圄，胥役等又復借事生風，從中嚇詐，事雖得白而身家已破，情形殊堪憐憫。且欽派審案大臣，經過地方，徒勞驛馬，糜費供支，於沿途驛站，亦恐不無擾累。此等刁健訟棍，各省多有，若不嚴加懲創，則枉累無辜，藉端傾陷之風，伊於何底。嗣後著各省督撫，轉飭所屬剴切出示，諭以小民等如果實有冤抑，地方官不爲審理，原不禁其赴京具控，但若稍涉虛誣，亦必加倍治罪，務使家諭户曉，咸懷儆惕。庶告訐刁風，漸知斂戢，而良善鄉氓免致株累，亦整飭風俗人心之一端也。五十八年諭：福崧在浙江巡撫任內驕縱乖張，膽敢向鹽道婪索多贓，以致柴楨虧缺庫項，挪移填補。浙省紳士或尚可推爲此係地方官私相授受之事，無由知悉。至福崧之母，游玩西湖，派令鹽道豫備食用鐙綵船隻等項，每次費銀數千兩，劣蹟彰著，浙省紳士則不得諉爲不知矣。其籍隸杭州者，近在同城，共見共聞，尤無不知之理。該省科道，雖在京服官，但本省地方大吏似此任意妄爲，其親友往來，斷無不互相傳説，何以總未據一人条奏。國家設立言官，原令職司糾察。雖本籍地方事件不便越職干預，若督撫等似福崧之恣意貪縱，款蹟昭然，自當據實糾条，方爲無忝厥職。乃竟始終緘默，又安用此科道爲耶。本應將該員等交部嚴議，姑念事屬已往，不加深究。所有籍隸浙省杭州府屬之給事中御史，俱著停陞二年。其籍隸浙省外府者，俱著停陞一年。此係朕從寬辦理，該科道務宜各自愧勵，以期無負職守。

六十年諭：前據魁倫奏，風聞各屬倉庫空虛。昨錢受椿來京，復令軍機大臣傳詢，據稱漳泉二府倉穀均非實貯，其餘各屬亦多短缺等語。是該省虧空情弊顯然。現已將該督撫藩司等革審，並交魁倫等詳細嚴查。前年因浙江省福崧柴楨通同侵挪審明治罪，曾降旨將籍隸浙江之科道停陞示儆。此次閩省倉庫多屬空虛，尤非浙省可比。現因查明科道中並無籍隸福建之人，是以未經交部議處。但科道職司糾察，有風聞言事之責，閩省虧空纍纍，即別省科道等豈竟毫無聞見，何竟無一人奏及。著傳旨通行申飭，嗣後遇有此等地方重大事件，務當據實奏聞，毋得自同寒蟬，致蹈素餐而忝言責。

《大清會典事例（嘉慶朝）》卷七五七《都察院·憲綱諭旨四》　嘉慶四年諭：朕仰承皇考付託之重，兢兢業業，勤求治理，惟懼政事或有缺失。敬念皇祖皇考御極以後，俱頒詔旨求言，蓋以九州之大，臣民之衆，幾務至繁。兼聽則明，偏聽則蔽。若僅一二人之言，即使出於至公，亦不能周知天下之務，況未必盡公也。粤稽二典，分設九官十二牧，博採疇咨，共襄郅治。是以聖德如皇祖皇考，踐阼之初，即以求言爲急務，矧朕德薄，何敢不虛懷延訪，聽受讜言，特此通行曉諭。凡九卿科道有奏事之責者，於用人行政，一切事宜，皆得封章密奏，俾民隱得以上聞，庶事不致失理。諸臣務須宅心虛公，將用人行政，興利除弊有裨實政者，各抒誠悃，據實敷陳，佐朕不逮，用副集思廣益至意。又諭：朕近閱臣工條奏，累牘連篇，率多摭拾浮詞，毛舉細故，其中荒唐可笑，留中不肯宣示者，尚不知凡幾。若諸臣無所建白，原不必有意搜求，希圖塞責。朕於未經條奏之科道，又何嘗加之責備耶。嗣後有官守者，各盡官守，有言責者，各盡言責。即風聞陳奏，不應以漫無憑據者，肆意指摘，開報復之漸。如內外大臣中，有應舉應劾之人，必須列其實蹟，秉公入告，何得以瑣事空言，逞意瀆聽乎。朕宣諭及此，並非因封事紛陳厭於聽納，所望者直言正論，有裨國是，諸臣亦不得因有此旨，誤會朕意也。又諭：各部院衙門，嗣後遇有呈控事件，如係本人喊禀及露章投遞者，自不妨先行閱看。儻係本人自行緘封，即應將原封呈覽，不許私自拆閱。即所遞封事内，或有違悖詞語，亦與轉奏之人無涉，以杜壅蔽而昭慎密。又諭：朕惟治天下之道，莫要於去壅蔽，自古帝王，達聰明目，兼聽並觀，是以庶績咸釐，下情無不上達。朕自親政以來，首下求言之詔，虚己咨詢，冀裨國是。數月以來，凡諸臣之敷陳得當，皆已見之施行，而其中妄抒臆見，荒唐可笑者，若律以妄言之條，原難曲貸，但朕既令人盡言，又復以言罪人，豈非誘之言而陷之罪乎，是以留中未經宣示之摺，雖軍機大臣，亦不使預聞者甚多。惟近來言事諸臣，往往不爲國計民生起見，揆厥本衷，大約不出乎名利之兩途，其沾名者如議添八旗内務府甲缺，加增廉俸，賞賚兵弁等事，其意以爲若蒙允準，則可以市惠於人，不準則又以歸怨於上，似此居心，其巧詐尚可問乎。其牟利者，如請於圓明園明善堂開濬河道，請修南苑寺廟，皆係不急之務，至若請將局錢易銀之事，所言尤不足道，以朝廷與小民競利，更復成何政體耶。況在官言官，各有職守，邇日併有現在任封疆大吏將他省之事越俎陳奏，或干預京師政務，是欲自見其長，而忘其爲出位之思矣。朕非以諸臣陳奏過繁倦於披覽，特以人臣事君之義，全在滌除私念，方可冀其進獻嘉謨，若先有沾名牟利之見存於中，是舉念即已涉私，尚安望其忠言入告耶。嗣後王公及内外大小臣工等，當善體朕意，於關繫政治，糾劾貪污要務，原當隨時具奏，若懷挾私見，不出爲名爲利二者，斷難逃朕洞鑒，不得不治以妄言之罪。今朕特降此旨，杜莠言，正所以來讜論，並非欲諸臣安於緘默，切勿錯會朕求正言之意也。將此通諭知之。又諭：向來各省民人，赴都察院步軍統領衙門呈控案件，該衙門有具摺奏聞者，有咨回各該省督撫審辦者，亦有徑行駁斥者，辦理之法有三，似此則伊等準駁，竟可意爲高下。現當廣開言路，明目達聰，原俾下情無不上達，若將具控之案，擅自駁斥，設遇有控告該省督撫貪黷不職，及關涉權要等事，或瞻顧情面，壓擱不辦，恐啓賄囑消弭之漸，所關非小。嗣後都察院步軍統領衙門遇有各省呈控之案，俱不準駁斥，其案情較重者，自應即行具奏。即有應咨回本省審辦之案，亦應於一月，或兩月，視控案之多寡彙奏一次，並將各案情節於摺内分晰註明，候朕披閱。儻有案情較重，不即具奏，僅咨回本籍辦理者，經朕看出，必將各堂官交部嚴加議處。著爲令。又諭：本年朕親政之始，即下詔求言，博採周諮，俾下情無不上達，内而大學士九卿科道等，本應封章入告，而外省奏事者，向例至兩司而止。朕復降旨令各省道員，亦得具摺奏事，廣諮詢之路，原以除壅蔽之端。自降旨以來，内外臣工條陳時事者甚多，其言若有可採，當即見之施行，或交部臣議奏。即言之未當，而所論尚無大謬者，亦從不加罪。然在京之各部郎中以下，及外省知府以下，從未有封奏之事，伊等俱係現任官員，深知國家體制，不敢越職言事，實屬分所宜然。而數月以來，候補捐納微員，以及平民，俱有自具封章，於軍機處，及部院大臣前投遞者，在大臣因廣開言路之時，不敢壅於上聞。朕閲其所言，稍有足録，間加恩奬，而望恩倖澤者，遂視爲干進之階，紛紛具摺呈遞，累牘連篇，不過首列頌揚虚語，後述干乞私情，於公事毫無裨益。且此等干乞之事，不獨大臣等不敢於朕前陳請，即各部院司員等亦不當於堂官前徑情直達，而微員百姓，豈轉得於朕前瀆請乎？夫國家求言之意，原冀諸臣各抒讜論，上弼朕躬，下通民隱，以成郅治。然必定以官階，予以限制，有言責者而不言，無言責者而妄言，即屬越分。豈可令微賤之人，以自私自便之事，冒昧陳奏耶？且伊等果有冤抑之案，急於陳訴，原可向該管衙門具呈審理，該衙門斷不敢壅遏不奏，何必伊等違例自行具摺。況三年以來，軍務紛繁，教匪肆擾，從未有一人情願投營効力，此時軍務就緒，大功指日可成，遂紛紛乞請投營，止爲一身便宜，不顧國家體制，焉有如許閒缺，以應如許無厭之求耶。嗣後不應言事之人，不得妄行封奏，違者按律治罪。其應行奏事臣工，如有實裨國政，深中利弊者，仍當直陳無隱，以收兼聽並觀之效，即日披萬言，亦所深願。諸臣不可誤會朕旨，相率緘默，用副朕諄切求言至意。又諭：朕恭閲皇考高宗純皇帝實録，内載李禧條奏在京漢軍兵丁，請借四箇月錢糧，並懇格外施恩，賞給資生銀兩一事。其時王大臣等，以李禧諸事敗露，且將密奏之件，宣揚市恩，所奏且不必施行。欽奉諭旨，李禧劣蹟，雖已敗露，其人甚屬可惡，而其言未必一無可採。此魯《論》所謂不以人廢言也。至於以市恩歸咎臣下，朕不爲也。何則？條陳在臣下，而允行則出朕旨。臣下之承流宣化，即朕之恩施臣民也。若臣下恐居市恩之名，而將應行之事，格而不行，以致膏澤不能下逮，朕實不忍。其賞給漢軍兵丁生息一事，豈可因李禧陳奏而中止，著交部定議，恭繹訓言。仰見聖謨廣遠。勤民求治之道，實爲包舉靡遺。夫人臣事君，惟在秉公持正，任事實心，於旗民利病，據實上陳，固不當懷市恩邀譽之念。但諸臣等若豫存此見，將一切應行陳請加恩事件，匿不以聞，則下情何由上達。且臣下心跡之公私，惟係乎其人，在深知獻納之義者，嘉謨嘉猷，入告我后，而順之於外。曰惟我后之德，此歸美於上，誼所當然。若挾私干譽者，即實係恩出上意之事，方將攘爲己功，揭言於衆，尚安冀其有忠君體國之心乎？是市恩與否，惟在諸臣問心自省。朕斷不以此逆億，況各省雨暘豐歉，及小民疾苦，豈朕所能周悉。若内外諸臣相率緘默，何以抒下情而宣上德耶？茲仰誦遺謨，特爲剴切申諭。凡諸臣應行奏請加恩事宜，務當臚陳入告，切不可以跡涉沽譽，恐因此獲譴，引嫌不奏，則甚非朕殷殷圖治，諮詢民瘼之意矣。至於封章入奏，理宜慎密，所謂君不密則失臣，臣不密則失身。内外諸臣，果實心爲國，於裨益政治民生之事，封達朕前，即至親密友，亦不可稍有洩漏。是又在諸臣屏去私衷，各抒讜論，朕實有厚望焉。又諭：從前已故御史曹錫寶曾經條奏和珅家人劉全倚勢營私家貲豐厚一事。彼時和珅正當聲勢薰灼之際，舉朝並無一人敢於糾劾，而曹錫寶獨能抗辭執奏，殊爲可嘉，不愧諍臣之職。今和珅治罪後，查辦劉全家產，竟有二十餘萬之多，是曹錫寶前此所劾，信屬不虚，自宜加之優獎，以旌直言。曹錫寶著加恩追贈副都御史銜，並將伊子照加贈官給予廕生。五年諭：朕勤求治理，明目達聰，令都察院步軍統領等衙門接到呈詞，即行奏明申理，以期民隱上通，不使案情稍有屈抑。但國家設官分職，自有等差，各省民人遇有屈抑之事，本應先赴州縣衙門具控，如審斷不公，再赴該管上司呈明，若再有冤抑，原準來京控訴，但外省由府縣而上至督撫，豈無一二公正之員，何至無從昭雪。乃近日來京呈訴之案，殆無虚日，其中多有以閭閻細故，瑣屑上控，甚或挾嫌圖詐，任意株連。并聞有不肖之徒，以不干己事，挺身包攬，糾斂錢文，作爲資斧，既遂貪心，復稱仗義，此等莠民，平日賦稅則任催不納，詞訟則抗斷不遵，地方官決獄催科，小施刑罰，輒即捏詞上控，希圖報復，似此逞刁滋訟，若不稍示限制，於人心風俗，殊有關繫。向來民人越訴，定例綦嚴，而藉端傾陷，赴京告訐，歷有明禁。嗣後各省軍民人等，凡有赴京呈控之案，如果係實在冤枉，曾赴該管上司控訴，仍不準理，或批斷失當，及關涉官吏骫法營私者，審明得實，自當將原審各員，及所控官吏按律辦理。若未經在本籍地方及該上司先行具控，或現在審辦，未經結案，遽來京控告者，即所告屬實，仍當治以越訴之罪。著傳知都察院步軍統領等衙門，遇有外省民人來京呈控之案，具奏後，交刑部訊明，如係越訴者，即按例先行懲治，再將本案審辦。又諭：朕恭閲乾隆六年實録，内載左都御史劉統勳奏二疏。一以大學士張廷玉歷任三朝，晚節當慎，乃外間輿論，動云桐城張姚二姓，占卻半部搢紳。此即盈滿之候，傾覆之機所伏。請令張廷玉會同吏部，將張姚二姓部册有名者，詳悉查明，若係親房近支，累世密戚，開列奏聞，三年之内停其陞轉。一以尚書公訥親承辦事務太多，任事過鋭，請量行省減各等因。詞義極爲嚴正，其時我皇考整飭綱紀，勵精圖治，大臣中尚無骫法行私者。即張廷玉訥親二人，亦無款蹟可指，而劉統勳獨能抗疏指陳，豫防盈滿，其意自已見及張廷玉訥親聲勢赫奕，形迹之間，晚節難保，故爲此防微杜漸之奏。迨數年後，張廷玉因事獲譴，訥親身罹重罪，果如老成先見，是劉統勳立朝風節，實能侃侃不阿。是以仰蒙皇考眷注優隆，用爲大學士，身故後飾終備禮，易名之典，賜謚文正，而其子劉墉亦擢任綸扉。受恩兩世，可見臣工建白惟當於用人行政諸大端，剴切敷陳，以收兼聽並觀之效，不在毛舉細故，敷衍塞責也。即如和珅從前專擅貪黷各款，若諸大臣及有言責者，能早爲條奏，皇考必立將和珅懲治，和珅亦不敢恣意妄行，是轉可保全末路，何至釀成巨案耶。嗣後臣工等居心立言，皆當以劉統勳爲法。其大臣中有所管事務雖多，並無私弊者，固不必有意苛求。儻所管事務雖少，而有專擅營私不公不法等事，即當據實指條，以期肅清朝列，裨益政事。君臣一德，庶幾可望郅治矣。將此通諭知之。六年諭：從前和珅總理吏户刑三部，事無鉅細，俱係伊一人主見，其餘祗隨同畫稿，專擅已極。朕親政以後，曾明降諭旨，裁去總理之名。年來各部院大臣，尚能小心謹飭，而吏刑兩部及理藩院，政務較繁，是以特派慶桂董誥管理，此亦不過多設堂官一員，俾收集思廣益之效。若一衙門大小事件，俱由一人主持，則其他長貳，皆成虛設。此在管理之員，尚不可有自專之事，況並非管理者乎。嗣後部院大臣，遇事務宜互相商酌，不得偏執己見。若有獨斷獨行實蹟，許監察御史指名嚴參，不得緘默，總期以公事爲重，和衷共濟，同寅協恭，以副朕諄諄訓諭至意。

七年諭：據砥柱奏，署直隸總督熊枚請將御史費錫章隨往在署幫辦事務，殊屬冒昧。請嗣後嚴飭在京大臣奉命署理督撫者，不得援以爲例等語。所奏甚是。御史係屬言官，本非大臣可以隨帶之員，前熊枚奏懇將費錫章隨往，朕即覺其所奏未協。因伊署任暫時，姑允所請，嗣熊枚到任後，旋據奏稱先令費錫章回京供職。業經批諭該署督奏請帶往，原屬冒昧，並令費錫章即行回京。今砥柱適有此奏，與朕批諭適相符合。國家設官，內外各有體制，督撫身任封疆，自司道以下，皆係幫同辦事之人，至署中一切案牘自有幕友襄理，若由部院簡放督撫者，皆得各帶所屬司員前往辦事，恐司員等揣知該堂官堪膺外擢，豫爲趨奉。一經簡放督撫，即可帶往辦事，補用道府，易啓屬官營求之弊，亦不可不防其漸。嗣後在京部院大臣，除有兵差審案等事，仍準隨帶司員外，其簡放督撫及署理督撫者，不但不準請帶御史，即所屬官員，亦均不准奏請隨帶。如有違例陳請者，即著交部議處，以肅政體而杜弊端。將此通諭知之。又諭：本年八月朔日食九分有奇，望日又值月食。朕仰惟上天示儆，戰兢惕勵，時深悚懼，愧無以格昊佑而弭眚災。因命軍機大臣恭查乾隆年間日食時，皇考節次所降德音，內載乾隆二十三年十二月朔日食八分，望日亦值月食，恭奉諭旨：省過求言，仰見皇考持盈保泰之盛心。今一月之間，雙曜薄蝕，而日食至九分有奇，視八分殆又過之。朕觀象省躬，惟恐用人行政，或有闕失，朝夕寅畏，莫敢或遑，而四海之大，萬民之衆，或智慮未周，德意未孚，心甚歉焉。凡內外大小臣工，佐襄郅理，各宜勤思職業，恐懼修省，尤當齊心研慮，於朝廷政治安內寧外之大者，剴切敷陳，讜言無隱，即如勦捕川楚邪匪一事，七載於茲，現在軍營連次克捷，已將著名首逆殄除殆盡，而一二敗殘餘孽尚在逋誅，或應靖以兵威，或應廸以德化。諸臣苟有真知灼見，不妨據事直陳。此外政事措施，或有不便於民，及一時行之，日久易滋流弊者，均當指陳利害，匡朕不逮。但不得毛舉細故，摭拾浮言。如條陳更改部院則例等事，試思現行則例，皆前人諮謀審定，可垂久遠，若其中有應因時變通者，我列祖列宗，早經斟酌盡善。朕監於成憲，不敢輕更，而在廷諸臣才識，又豈能邁越前人，輒思更改舊制乎。況近日臣工條奏改例之事，交議後往往有格礙難通，仍行駁斥者，徒勞奏牘，於政事何補。若能於國計民生，實有裨益，朕因言求治，可見施行，此乃修德之大者。至月食修刑，見諸載籍，但人命至重，總當慎審於平時，原不待月食始懷矜卹。況以肆赦爲修刑，本非善政，昔人亦曾言之，我皇考明降諭旨，申諭甚詳。誠以刑以輔德，道貴協中，若狃於救生不救死之俗論，將行兇釀命之犯，有心輕縱，不顧死者銜冤，是欲博寬大之名，而轉失平允之道，所謂修刑者安在。夫修刑之實，惟當於定讞時，悉心研究，無枉無縱，使生者死者兩無所憾，方有合於詳慎庶獄之意。即停免勾決，間一舉行，閱歲仍當予勾，並非施恩以貸姦宄。總之爲人君者，克儆天戒，修德修刑，惟在本身徵民，規乎遠大，所謂應天以實不以文，朕與在廷諸臣所當交修共勉。自大學士九卿科道，及應行奏事者，其詳繹諭旨，各抒所見，即時陳奏，朕將采納焉。又諭：御史王寧焯奏請重軍機大臣責成以肅綸言一摺。自雍正年間，初設軍機處，於大學士各部院尚書侍郎中遴派數人在內行走，本爲籌辦軍務，而各直省寄信事件，以及在京各衙門，遇有應降諭旨，勢不能紛紛令羣工承繕，是以俱由軍機處擬寫交發，令事有統彙，以昭畫一，是軍機大臣承旨書諭，並非將臣工翊贊之職，盡責之此數人也。內外滿漢大臣，俱經朕特加擢用，誰不宜盡心匡弼，必專責之軍機大臣，則其權過重。若承奉諭旨之事，軍機大臣得以力阻不行，則外人又將以攬權指摘矣。況我朝列聖相承，乾綱獨攬，皇考高宗純皇帝臨御六十年，於一切綸音宣布，無非斷自宸衷，從不令臣下阻撓國是。即朕親政辦理庶務，悉遵皇考遺訓，雖虛懷延納，博採羣言，而至用人行政，令出惟行，大權從無旁落。朕初閱該御史所奏，以爲必有指陳時務臚舉切要者，及詳閱摺內，乃專指上年停止前往盛京一節。謁陵展敬，爲登極後應行大典。朕彼時明降諭旨，於六年秋孟啓行，事關禮制，豈臣下所可阻止。嗣因御史沈琨張鵬展等以軍務未竣，懇請展期，交王大臣等會同妥議，以爲應如所請，是以降旨暫行停止。即上年春間曾有旨巡幸木蘭，後因夏間雨水過多，亦停止秋獮，此皆朕臨期酌度，豈軍機大臣能於春間即逆料夏雨情形，豫爲阻止耶。至該御史稱鑾輅所經，地方官早爲備辦，永平一帶，糜費已多，不能開銷等語。謁陵諭旨，係五年十一月初二日頒發，至六年年正月二十七日降旨停止，爲時無幾，且距七月啓鑾之期又遠，地方官有何豫辦不能開銷之處乎。至該御史所奏前諭已發，復行改擬，不敬於先，遂致不信於後等語。試思前史所稱爲詔令不信者，如恩旨已降，或應行蠲貸而實未均沾，或業已豁除而仍行科斂，我國家曾有此等事乎。至於明發諭旨，有經朕再四思維，尚有未盡周妥之處，或臣工陳奏未便，因而復行停止者，此正欲事臻盡善，故不厭反覆精詳，若必迴護前旨，固執己見，勢將文過飾非，蹈言莫予違之習，豈古帝王從善如轉圜之道乎。又所稱軍機大臣昧於大體，不當僅於語句筆畫小誤，始行自請議處，所論亦屬非是。謄寫諭旨雖係章京之責，但軍機大臣於進呈事件，理當敬謹校覈，既有錯誤，自應請議。況朕亦時加寬免，何嘗僅於細務加之責備耶。國家設立言官，原期於國計民生，指陳利弊，近日科道陳奏，其略有確據者，朕無不立加根究。即如朕擢用明安，因御史汪鏞条奏鬬鶉一案，經軍機大臣會同刑部，審出明安聽情受賄情節請旨解任，當即將明安革職，至定擬時，承審大臣奏請發往烏嚕木齊，又經特旨改發伊犁，而汪鏞即予陞擢，何嘗不奬言路以宏採納。但其敷奏毫無指據者，安能概予施行。現在邪教餘匪未净，科道等並未將如何設法綏緝，如何籌及生計，及功竣後如何辦理善後事宜，即外省地方倉庫如何積貯充實等事，一一酌籌切實具奏，而直隸州縣被災飢民節次發帑設賑者至二萬五六千人，現又於城外增添飯廠，亦從未有御史一言奏及，其嘵嘵瀆奏者，如用平恕則王蘇以爲不應復任江蘇學政，用黃永沛則游光繹以爲不應僅循資格用人。黜陟爲朝廷大柄，該御史等於諭旨既發後，欲奏請撤回，而王寧焯於應行改撤之旨，轉以爲不宜更易。若國家用人行政，其是非得失，悉聽諸言官臆說，勢必假公濟私，把持朝政。如明季科道劣習，亦豈能於朕前嘗試耶。王寧焯所奏謬妄，著將原摺擲還。嗣後科道等遇有應行陳奏者，仍直言無隱，毋似此率意妄陳，自干咎戾。將此通諭知之。又諭：給事中魯蘭枝奏本年木蘭行圍請旨展期一摺，實屬不知我國家典故。行圍之事，在前朝則爲盤於遊田，在本朝敬因家法昭垂，舉行已久。凡以習勞肄武，款洽外藩。祖宗成憲具在，朕所以必當遵守。前經降旨甚明，毋庸一一申諭。即就該給事中摺內指陳各條而言，亦斷不能因此遽停秋獮大典也。如所稱本年麥收不足六七分之數，現在麪價仍貴等語。直隸麥收，前據熊枚奏通省實有七分，即間有歉薄之區，牽算不滿七分，亦總在六分以上，若如該給事中所言，豈必待十分豐收之歲，方可行圍乎。又據稱物價倍之又倍，物力艱且益艱一節，國家生齒日繁，物力艱難，勢所必至，固不因行圍而物價頓增，亦豈因停圍而遽能平減耶。再該給事中慮及近日錢價增昂，更與行圍無涉。此事朕未嘗不多方調劑，或加卯鼓鑄，或搭放俸餉，總未能減落。推原其故，皆由年來所發内帑過多，輾轉通流，以致銀價日賤，錢價日增。即現在有軍務省分，因鼓鑄稀少，錢價亦多昂，此近日情形大率如此，亦不必因停圍即驟能平價。至隨圍官員兵丁，向例俱賞給幫銀，並豫支俸餉，用示體卹。豈伊隨從需費，而家中即無需食耶。至謂草價稍貴幾文錢，此乃瑣屑細故，朕即因此降旨停圍，有是理乎。該給事中所稱展至明歲，或展遲一月於中秋節後啓鑾，其時秋氣晴霽，道路橋梁，易於集事等語。上年秋間即因雨水過多，降旨停止秋獮。本年七月內，若果雨勢稍大，差探道路橋梁，艱於行走，自必改期八月。儻八月內仍復陰雨泥濘，亦必降旨停止。朕非剛愎自用不聽人言之主，斷無執意必行之事，又何待該給事中鰓鰓過慮耶。總之魯蘭枝此摺，不過藉此謬附於昔人諫獵章奏，而並不權事理之能行與否，甚屬邀譽沽名，若不降旨宣諭，伊等又必以爲疏入留中不報矣。言官之言必當聽，若不經之瞽說，朕亦不肯沽納諫賢主之名，聽而用之也。魯蘭枝原摺著擲還，將此通諭知之。又諭：朕惟求治之道，必期明目達聰，廣爲諮諏，庶民隱得以周知。古帝王懸鞀設鐸，自臣工以逮士庶，悉令各陳所藴，以備采納，但必視其言之有當與否。如果指陳確實，有裨國是，即無言職者亦當加採録。儻率逞臆見，妄意紛更，甚至莠言亂政，雖係言官之言，亦不可輕爲聽用。近來科道中每有奏事失當，經朕降旨駁斥，此係權衡事理，隨事訓飭，並非懶於辦事，怠惰偷安。朕承皇考付託，曷敢不勤政事。若言官誤會朕旨，遂爾相率緘默，轉非朕廣開言路之意矣。本日據步軍統領呈遞陜西恩貢生加捐州同職銜何泰條奏一件，朕詳加披閱，其所陳敬天勤民，敦崇治本，澄叙官方，整飭士習，以及黜奢崇儉挽回風化各大端，俱能援引古書，切陳時事，其中不無可採。何泰係恩貢出身加捐州同職銜，非齊民可比，果有志上進，於鄉會試中式後原可臨軒試策，直陳無隱。今抒陳各款，於風俗人心均有關繫，且文理亦屬通順，著加恩賞給大緞二疋，交禄康將伊傳到祇領，並諭何泰回家安静讀書，勉圖進取，以備量材録用，所有原遞各條，留備省覽。又諭：昨日據董誥等查議給事中魯蘭枝条奏吏部將額外司務吴侍曾越次挽補等因一事，已降旨將堂司官分别察議議處矣。惟據該給事中等稱吴侍曾係尚書劉權之取進入學，誼屬師生，來往甚密，外間嘖有煩言一節，不可不詳詢明確。復令董誥等傳到魯蘭枝施履亨吴侍曾與劉權之當面質對，兹據奏稱詢之該給事中等，均稱外間係何人所説，不能指出姓名等語。科道等職司糾劾，原許風聞言事，其条奏不實者，亦有應得處分。今魯蘭枝施履亨条劾吏部堂司官，其疏漏之處，已查詢明確，該給事中等原奏，或因該部辦理未協，致滋浮議，據以入奏，既經公同詢明，並無他弊，該給事中所奏已非虚妄，何必務求其人以實之，復爲此風影無據之談，藉以塞責乎。劉權之身任吏部尚書，居六曹之首，苟非實有款蹟，豈可任情污衊，至六部堂司各官，原無師生迴避之例。如果堂官有意徇私，即其門生不在本部所屬者，亦可輾轉請託。若竟係營私受賄，又豈必誼屬師生，始有情弊耶。朕召見吏部各堂官時，曾詢及此事，僉稱奏留吴侍曾，實係意見相同，豈有劉權之因係師生轉行遏抑之理。該給事中所稱來往甚密，嘖有煩言，全屬懸揣虚詞，毫無指實。若如此任意捃摭，甚或有交通賄囑等語，即續經辦白已成瑕玷。科道爲朝廷耳目之官，如大臣中實有營私舞弊確據，原應列入彈章，以儆有位。即朕有失德，亦可犯顔直諫，朕必樂從。若徒託空言，污人名節，以自見風厲，豈用言官之意耶。魯蘭枝施履亨均著傳旨申飭。八年諭：近來各省民人控告之案，據都察院步軍統領衙門陳奏較多，朕隨時披閲，大率皆地畝銀錢，及蠧役把持，土豪陵壓等事，因本處地方官不爲速結或致拖弊人命，案越多年，無所控告，始不得已攢湊盤費，跋涉道途，來京呈訴。此等尋常案件，當其控告之初，原不難隨時辦理，無如外省積習廢弛，因循怠玩，其視民間争訟細故，以爲無足重輕，任意延擱，不以公務爲重，惟知剥削肥己，實爲可恨。殊不知小民等致衅之由，原不在大。即如數十金錢債之事，在地方官不以介意，而小民生計攸關，賴以度日。若不迅爲剖斷，計無復之，勢必情急上控。此等民人既經到京呈控，自不得不徹底究辦，而一經發交該省，該督撫等非袒庇屬員，即瞻徇前任，往往以誣告審結，民隱終不上聞。若派欽差嚴審，則控案繁多，又焉能一一派員前往，疲勞驛傳。且外省尋常案件，俱必俟赴京呈控，始爲申理，又安用各地方官爲耶。嗣後各督撫當嚴飭屬員，於地方詞訟申詳事件，務須依限審結，不得遲逾。即自理詞訟，亦須迅速完結。設有久延不結之案，在本省上控，該督撫等尤當迅速催結，將延玩之地方官，照例条處。儻督撫等狃於積習，仍不秉公查辦，任意延宕，以致小民抱屈含冤，遠來呈訴，審明後必將該上司一並嚴懲，不稍姑貸。將此通諭知之。又諭：給事中魯蘭枝奏圖薩踢斃伊炳阿一案，本係鬬殺罪名，部臣照誤殺之例辦理，已屬從寬，且以甫經定案監候，尚未得經秋審，即蒙恩予以責放，似未減之外又有末減等語。所奏非是，此案圖薩踢傷伊炳阿斃命，當經三法司審明，即從鬬毆本律，擬以絞候，經朕詳覈其起衅之由，實緣伊炳阿與圖薩先有口角，迨其昏夜尋鬧，圖薩欲向撲毆，因家人倪三攔住，欲行踢開，適踢傷伊炳阿致命身斃，念其究屬誤傷，尚非恃强逞兇，明年辦理朝讞亦不應在情實之列。適恭值南郊大祀，念伊父扎郎阿典禮熟諳，趨承敬謹，特格外施恩，將圖薩寬釋，仍予以滿杖，交伊父在家圈禁，勿許出外滋事，並非法司衙門初定案時，竟援照誤殺之條，遽爲開脱。且原降諭旨，令大臣等嚴行約束子弟，若因有此旨而故爲犯法者，必當從嚴懲辦。該給事中於朕一再申諭之旨，寧未寓目耶。至摺内稱圖薩雖經奉旨嚴行圈禁，但止在其家，究尚不如宗室獲罪圈禁高牆，猶必在宗人府衙門之内等語，更不成話。凡係宗室獲罪之人，原以其派屬天潢，未便宜與尋常人犯一體在刑部拘繫，是以圈禁高牆，即與監獄無異，並非減其罪名仍加圈禁，與圖薩迥然不同，所奏尤屬牽混。夫生殺予奪之權，操之自上，即如每年秋讞大典，其緩決人犯，向不呈進黄册，所辦者皆係情實之犯，罪在不赦，原無可寬，朕體上天好生之念，於萬無可貸之中，擇其有一綫可原者免其勾决。若科道等以經朕寬宥一人，輒欲拘照例文，持其輕重，紛紛瀆奏，勢必至如明季臺臣把持朝政，肆意妄陳，此風斷不可長。從前皇考高宗純皇帝以舒赫德李侍堯等身獲重譴，屢經議死，旋蒙俯賜矜全，復加重用。迨朕親政以來，以明亮勒保永保景安辦理軍務稽遲，先後降旨拏問，均已定擬重辟，亦經朕法外原情，棄瑕録用，予以自新之路。我朝家法，刑賞大權悉由乾斷，若朕赦一人，用一人，該科道等即欲執簡而爭，尚復成何政體，豈不蹈勝朝陋習耶。朕非拒諫飾非之君，然亦不肯庸懦自居，博納言之虚名，受莠言之實害。大臣等尚不敢攬生殺之權，犯則必誅。魯蘭枝竟敢以此嘗試，欲擅朝政，朕斷不能允準。況扎郎阿與朕有何私恩，圖薩仍行圈禁，並未免罪，曉曉置辯，其意何居。且朕廣開言路，原欲科道中直陳，近年科道中如汪鏞之參奏明安，日内王麟書之參奏祿康等，俱經朕以持正嘉奬，即本日賈允升同有條奏請恭纂皇考高宗純皇帝本紀，其奏甚是，現已准行。朕於臣工嘉言讜論，無不詳加採納。若如魯蘭枝此奏，實屬率意妄陳，竟欲干預刑名大柄，不可不示以懲儆，魯蘭枝著交部議處。嗣後言官遇有關繫國政民生諸大端，仍當切實敷奏，朕必嘉其公直。若所奏謬妄不經，朕惟執法，不能曲爲原宥也。將此通諭中外知之。又諭：魯蘭枝前奏圖薩踢斃伊炳阿一案，並不明悉案由。惟以前降諭旨内所叙情節，係圖薩欲將家人倪三踢開，誤傷伊炳阿致斃，誤字出於朕旨，並非該部錯擬，魯蘭枝將誤殺二字輾轉糾纏，實屬謬妄。此案經朕量予施恩，復明白曉示大臣子弟等各宜加意檢束，仍將圖薩在家圈禁，並未除其罪名。魯蘭枝豈不知之，乃於業已施恩之案，曉曉不休，意欲干預刑名大柄，是以降旨將伊交部議處。今據吏部議以革職，本屬咎所應得，姑念魯蘭枝究屬言官，若因此將伊斥革，恐科道等不曉事體，妄謂魯蘭枝因言事褫職，相率緘默。且此事若係滿洲臣僕，如此妄言，朕必照部議行。魯蘭枝係屬漢員，書生迂腐，罔識政體，著從寬改爲降三級調用。若各科道因朕懲治魯蘭枝，遂不敢陳奏事件，則大非朕意。朕節次降旨廣開言路，其條陳可採及參劾得實者，無不立予施行，或量加陞擢，如魯蘭枝之懷挾私心，妄陳臆見，是直蹈明季臺諫陋習矣，豈可置之不問乎？嗣後各科道等，惟當勉思職守。如果於興利除弊確有所見，或部院及外省本籍辦事，有應參劾之處，仍應剴切敷陳，朕必加之嘉納，慎勿謂魯蘭枝以妄言獲咎，遂自同寒蟬也。將此通諭知之。又諭：昨因顔檢奏江南上元縣民麗大椿呈稱節次在都察院衙門呈遞策語，經陳嗣龍繼善等許可其策，並不代爲陳奏，特命軍機大臣傳訊陳嗣龍，令其將因何不奏之處，明白迴奏。茲據陳嗣龍繼善等，均稱從前在該衙門具呈者甚多。凡有呈詞，俱各公商分別應奏應咨辦理，如或有抄襲膚詞尚無違悖字句者，當即將原呈發還，伊等於麗大椿未經咨部遞解，自認拘泥，均請交部察議。本日復據步軍統領衙門具奏，拏獲麗大椿素識之麗洪智，及伊親屬沈德祥到案。並訊據麗洪智供出於嘉慶五年間，曾親見麗大椿赴都察院呈遞策語。該堂官當發司坊官看守三日，將原呈擲還，令其往各督撫並河漕諸衙門呈遞。嗣後麗大椿復向都察院具呈，仍不接收，並稱還是遵旨還是遵你等語。此等草野無識之徒，妄思獻策希圖倖進，雖經降旨飭禁，然該民人等既經冒犯功令，或所抒陳竟有可採之言，有裨國政，亦未可概行擯而弗録。該衙門堂官自應將呈詞代爲陳奏候旨遵行，若竟有別項違礙字句，更當奏請嚴辦。儻呈詞瑣細不成文理，亦應咨交刑部遞解回籍，交地方官嚴行管束。乃都察院堂官等於民人麗大椿遞呈時，既不代奏，又不將伊遞回，轉令其向外省衙門投遞，是何意見。至所稱還是遵旨還是遵你之語，尤不成話。國家廣開言路，原不妨詢及芻蕘，其僅止摭拾浮詞，希冀邀榮者，於例本應飭禁，但既有違例冒瀆之人，亦應將原呈奏明候旨，或免其究問或量予懲治，若似此一味含糊壓擱不辦，内外朦混，恐啓壅蔽之漸。除馮光熊業經身故毋庸置議外，陳嗣龍繼善伊二人，僅自認拘泥，懇請察議。此非拘泥乃觀望耳，著改爲交部議處，此外公同商議之都察院堂官，並著吏部查取職名，一並分別議處。又諭：給事中汪鏞奏，據捐職照磨金庚嶺呈遞封口摺件，懇求轉奏，當將原封進呈。該給事中職司言事，於此等呈遞封摺，即行奏明呈覽，使草野敷陳，不致壅於上聞，所奏尚是。至金庚嶺陳奏各條，朕詳加披閱，尚均與時務有裨，如所稱申禁私用鎗棒一條，小民等生長昇平，自應循分守法，是以私藏軍器，本干例禁，收繳鳥鎗，歲有常令。鄉閭無賴之徒，即不敢擅用鳥鎗，或執持刀棒各項軍械開場鬭舞，賣藝斂錢，而無知惡少，被其愚惑，必致結黨逞兇，釀成事端。地方官等自當申明嚴禁，其械馬流伎，以致抓杆盤槓蹬罈掇梯等事，男女混雜，最爲風俗人心之害。從前教匪首逆齊王氏即係械馬倡伎，始則淫蕩惑人，旋且勾結滋事，亦應申嚴例禁，以正民風。至職官蒞任，多帶官親僕役，稽察難周，以致百弊叢生，實所不免。即如前次玉慶簡放長蘆監政時，朕詢之伊父琳寧，據稱外薦長隨有百餘人，實屬可鄙，當經降旨諭令裁減。此等外官積習，該督撫自當通飭屬員，定以限制。至於同寅會賭，文武同局，或堂屬合場，尤爲有玷官方，必當嚴切查勘。至審理獄訟，本有定制。若州縣等遲逾不結，或任胥吏勒索耽延，民間苦累難堪，往往致來京籲訴，案牘繁滋。如朕日理萬幾，遇有應行查辦之事，即飭所司訊斷，從無稽擱，地方官果能似此急公自失，則依限審結，獄訟自當減息，而閭閻亦不致爲所拖累。又所稱肅營伍以重戎政，查關津以便行旅，國家修明武備，訓練本有常經，設立關郵，稅榷亦著有定額。如果有廢弛抑勒等弊，自當嚴行整頓。其清除漕糧潮溼虧折之弊，及將運丁應領餘米羨剩等銀，全抵茶果二款，是否可行，著倉場侍郎詳細覈議具奏。又據稱勅令河督等派官辦理埽料，及豫防隄堰二條，均係爲河防起見，金庚嶺著即以本職前往豫省河工，交與那彥寶等差遣委用。如該職員到工後，果能勤奮辦公，有格外出力之處，著那彥寶等於衡工合龍後據實保奏，加恩録用。汪鏞摺並金庚嶺條陳各款并發。又諭：都察院衙門代奏革職主事魏若虛呈遞封事一摺，魏若虛係屬廢員，非例應具摺奏事之人。伊向都察院衙門呈遞時，該堂官等即不應遽行收受。即使代爲奏遞，亦當將原封進呈，何以令其拆封，並逐加披閱，分別可行與否，此與該堂官等自行拆閱何異。除將魏若虛原奏各條另行降旨外，所有都察院堂官，著先交部察議。九年諭：浙江巡撫阮元，議奏給事中蕭芝陳請採買海運難於舉行一摺。上年豫省衡家樓漫溢之後，黃水下游，由山東張秋穿運徑行，運道不無妨礙，自應就現在應行事宜，亟爲籌畫，經朕特派那彥寶前赴豫省會同嵇承志等上緊堵築，並派費淳前往山東會同鐵保設法辦理運道，挑挖淤淺，疏導泉源。並於各決口溜急之處，詳細籌備。續又降旨有漕省分各督撫，催令幫船及早開行。現在豫省堵築工程，已得十之七八，其餘亦均辦有頭緒，誠以重運北來，至關緊要，是以前次不憚煩勞，妥爲經理，而外間議論紛然。即有以山東運道難通，宜改爲海運者，而給事中蕭芝，竟以此入奏。朕原知其窒礙難行，若不交議，則無識之徒，或疑朕不能虛衷采納，是以彼時未經降旨將原摺擲還，仍發交江浙各督撫妥議奏聞，並諭令勿存成見。前據陳大文汪志伊奏事屬掣肘，不能辦理。而本日阮元摺内亦稱海道險遠，不敢輕試，且現無舊辦章程堪以循照，若於額漕之外，再爲採買，必致有妨民食，實不能輕議舉行等語。該督撫等久任封圻，諳習政務，前後所奏，不謀而同，是其事之不可行，較然共見，並非朕自行獨斷也。所有蕭芝原奏著毋庸議。科道等有言事之責，若果於朝廷政務，實有裨益者，自當切實敷陳，朕必加之採納。若以必不可行之事，率臆瀆陳，輕更成憲，則非朕周咨博採之意矣。將此通諭知之。又諭：科道爲朝廷耳目之官，責任至重。凡政治利弊攸關，如有真知灼見，自應據實上陳，直言無隱。乃近年各科道等，多有摭拾浮詞，毛舉細故，封章入告徒博建白之名，而敷陳毫無實濟，且每遇查辦事件，率於事後紛紛條奏，即如日前查出户局銅斤虧短一案後，科道即相率以銅斤章程連篇具奏。此次吏部書吏舞弊壓缺一案，業經查辦完竣，而昨日御史韓克均始有詳校則例之請，已諭令各部院堂官議奏。本日給事中費振勳又有請定章程以肅銓政之奏。此二事皆非科道所劾，及至發覺之後，始行補奏，殊失言事之任。部中例案均關緊要，各科道等既知姦吏舞文結習，思欲立法除弊，自應早行陳奏豫杜未萌，況吏科及河南道係稽覈吏部事務，職有專司，尤宜隨時查察。儻風聞有書吏舞弊之案，即當立時劾奏，方爲無忝厥職。從前皇考高宗純皇帝時，曾有因外省吏治廢弛，而本籍科道未經叅奏者，均經量予處分。此在距家已遠之言官，尚因其漫無聞見，示以創懲。況科道與部院同係在京供職，又有糾叅之責乎？今該給事中等，於應行稽察之部務，並不於事前陳奏，迨至弊端發覺始行臚款上聞，殊屬非是。但念事屬既往，姑不深究。各該科道等，均著傳旨申飭。嗣後惟當共相勉勗，實心奉職。遇有國計民生所繫，及官方吏治，一切弊端應行釐剔者，該科道等確有所見，總應先期剴切抒陳，爲杜漸防微之舉。朕必加以採納，切勿徒作事後空言，補苴罅漏，尤不可以捕風捉影之談，輒行執簡而陳。又有諫草已定，復行改易，遲迴觀望，皆非忠正入告之道，所有費振勳原奏，著交該部一並歸入詳晰議奏。又諭：本日副都御史陳嗣龍叅奏北城横街地方編修朱方增家有賊夥突入捆縛事主孫宗起一案，該吏目冷暟同都司佟國良赴伊宅内懇請暫緩行文，希圖諱盜不報等語，已明降諭旨，將該吏目等革職，交刑部審訊矣。朕召見陳嗣龍並據奏汪承霈好逸惡勞，惟恐早起奏事，又慮礙外省大吏情面，每見有訴冤之人輒云一面之詞，何足憑信。現在北城捆縛事主一案，恭阿拉本云應奏，汪承霈則稱此事全是虛詞，以致京畿道轉向事主究訊。該吏目係應叅之人，公然自己審訊，甚至謂捆縛事主，乃其自己所爲，人人不服。舒聘入場監臨，欲開通更路，經陳嗣龍告以係傳遞捷徑。舒聘堅持己見，必欲撤牆，及示以條例，始無可置喙各等語。汪承霈性耽安逸，此言不爲無因，即如每歲舉行秋獮，爲我朝家法相承，世世子孫，必應遵守。汪承霈上年奏請停止行圍，全不顧國家習勞肄武大典，其偷安好逸之情，已可概見，朕是以將伊罷退尚書，授爲左都御史。臺垣職司言事遇有控案尤應據實奏明，申冤理枉，以冀下情有上達。若總持風憲者，遇事輒思顢頇消弭，何以稱朝廷耳目之官，諸臺臣復何所效法乎。汪承霈年就衰邁，眼目昏花，若自揣精力不勝，即應早爲引退。乃經朕屢次詢問，尚云勉力供職，並無請告之意。及辦理公事，毫無振作，現在北城捆縛事主一案，陳嗣龍欲咨劄嚴緝，汪承霈初亦不以爲非，何以繼又稱此事全是虛詞。試思事主若無被縛刀嚇等情，何必虛爲裝點。豈有不緝正盜，轉向事主苦爲究詰之理。至謂捆縛係事主所自爲，實屬奇談。若云有意誣良，豈有將不知誰何之人加之誣罔乎，尤出情理之外。著傳到汪承霈及審辦此案之京畿道滿漢御史，交軍機大臣將陳嗣龍所奏情節，令其一一登答。恭阿拉於此案初報時見情節可駭，本云應奏，何以耽延數日，並不奏聞，著伊自行明白回奏。至舒聘派令入闈監臨本應嚴除弊竇，闈中更道，既係向來傳遞捷徑，久經築墻隔斷，何以必欲撤墻開通，以便作弊，是何主見。亦著將舒聘傳至軍機處，令其據實登覆，統俟奏上時再降諭旨。又諭：外省遇有盜刼重案，州縣官輒思規避疎防處分，諱匿不報。該管上司往往迴護屬員，顢頇了事。即如前此邪匪滋事，亦由地方官慮干失察邪教處分，並不認真查辦，而督撫等亦不及早奏聞，以致輾轉蔓延，養癰貽害，是其始不過欲爲屬員倖免叅處，而其後遂釀成地方巨案。朕節經訓諭，力加整飭，方冀積習日漸湔除，乃不意輦轂之下，竟有揑供朦詳，如北城吏目冷⿰口豈諱盜一案，實深愧恨。此事既經事主呈報，有捆縛刀嚇情節，該衙門即應一面具奏，一面飭緝，方爲正辦。而都察院堂官及步軍統領衙門，均不免有迴護屬員之見，意存壓擱不辦。該吏目冷⿰口豈聽聞陳嗣龍畫稿行文北城，及步軍統領衙門緝盜，竟敢邀同都司佟國良至陳嗣龍私宅懇求。若非陳嗣龍叅奏，特派軍機大臣會同刑部秉公審訊，必不能水落石出。現據訊取供詞，此案呈報都察院，經京畿道訊問事主家人更夫等，以供詞不甚明確，復又交該吏目帶回。冷⿰口豈以微末之員，邀同都司佟國良到坊强逼事主，供認自行捆縛，並誘囑家人陳升令其誣賴伊主朱方增教供糊點情節，甚至代寫供詞，硬行塗押事主等手指摹印，晝夜熬訊，必欲將此案化爲子虛，殊出情理之外，竟與刼盜無異。此而不嚴行懲辦，何以肅吏治而戢盜風。冷⿰口豈挾私故勘，實爲案內罪魁。佟國良身係營員，衹有緝捕之責，輒敢聽從冷⿰口豈，先赴陳嗣龍私宅懇求，並違例至坊官署內會訊，意存消弭。冷⿰口豈佟國良均著分別從重定擬，即速具奏。汪承霈性耽安逸，已於前旨明白宣示，至伊總持風憲，於此案報到時，恭阿拉見情節可駭，以爲應奏，而汪承霈忽倡爲全是虛詞之說，意欲化有爲無，以致屬員迎合其意，改供朦詳。且伊年力衰邁，眼目昏花，實不勝臺長之任，本應褫職，姑念伊係原任尚書汪由敦之子，舊臣後裔，著加恩以二品頂戴休致。舒聘於此案遲延未奏，其咎尚輕，惟伊平日居官，據陳嗣龍奏詢之英和成書自悉，經朕先後詢問，俱言其前任詹事時有懷私褫革供事一事，同官羅國俊成書，欲行叅奏，經和珅阻止，彼時舒聘自必有向和珅昏夜乞憐情弊，事經既往姑弗深究。至本年入闈監臨，將瞭望亭臺階下墻垣，擅行開門，又欲開通更道，此係傳遞捷徑，雖事經中止，然其初心難保無豫留弊竇情事。特尚無確據，朕亦不爲已甚耳。舒聘卑鄙糊塗，斷不勝副都御史之任，著降爲公中佐領。如本係兼攝，即專辦旗務，儻未有實缺，著遇缺補用。恭阿拉於盜案初報時，見情節較重，本云應奏，乃耽延數日，若非陳嗣龍叅劾，亦未必即行具奏，著與萬寧均交部議處。禄康范建豐於統轄訊地，平日未能督率營員，認真緝捕，迨佟國良聽從冷⿰口豈私向陳嗣龍懇求，並違例至坊署會審，已屬失於覺察。乃伊二人經朕召對，猶俱以盜案在疑似之間，爲袒護營員地步，僅自請察議，尚屬過輕。禄康范建豐先著交部議處，仍嚴緝正盜。儻日久不獲，決不再恕。陳嗣龍持正直陳，本應予以甄叙，但汪承霈性耽安逸，已非一日。舒聘與陳嗣龍同事有年，行爲乖謬，既經稔知，均應早爲叅奏，何至經朕召見，始行面陳，且陳奏亦不甚明晰，不必交部議叙。餘著原審之大臣等詳悉定擬具奏。

《大清會典事例（嘉慶朝）》卷七五八《都察院・憲綱諭旨五》

嘉慶十一年諭：朕恭閱皇考高宗純皇帝實録，內載乾隆五十一年六月欽奉聖諭，前據曹錫寶叅奏和珅家人全兒服用奢侈，器具完美，恐有招搖撞騙等事，著留京王大臣詳細訪查詢問，務得實在情形。朕於此案總期根究明白，留京王大臣不可誤會朕旨，將曹錫寶加以詞色，有意吹求，務須平心靜氣，虛衷詳問。如果和珅有營私舞弊款蹟，不妨據實指出，朕必質訊明確。如果得實，不妨將和珅治罪等因。欽此。仰見皇考至公至明，纖微畢照，彼時御史曹錫寶參劾和珅家人全兒各款蹟，其意本欲參劾和珅，又不敢明言，故以家人爲由，隱躍其詞，以爲旁敲側擊之計。皇考因該御史陳奏，即恐和珅有營私舞弊情事，令王大臣虛衷詳訊，並令曹錫寶指出實據，其時該御史若果能臚列款蹟，皇考必徹底嚴辦，立將和珅懲治，乃該御史僅一奏了事，迨疊經開示，令其指實，曹錫寶毫不能指出確據，而王大臣於審辦此事，存投鼠忌器之鄙見，顢頇完案，以致和珅並無忌憚，驕縱日甚，必致身罹重辟而後已。在當日王大臣等，以私意揣測高深，竟似查辦和珅，未必仰合聖意。今恭閱實録所載節次聖旨，指示明切，至再至三，可見皇考於和珅種種不法，早經照及，當時大小臣工，無一人舉劾，是以未及究辦耳。朕廣開言路，整飭官常，惟期内外各大臣奉公守法，若有敗檢營私之事，必不肯稍有迴護。嗣後言官若彈劾大臣，必須將其貪劣款蹟指明參奏，朕必執法嚴辦，但不得隱躍其詞，徒博建白之名，轉滋疑似之跡，於吏治官方，庶有裨補。特此宣諭知之。又諭：近日朕屢降諭旨，訓飭各部院衙門辦事遲緩，以防怠玩積壓之弊，本日御史英綸因有請定進署畫稿章程之奏，所言亦是，但此事惟在各部院大臣恪遵諭旨，實力奉公。若如摺内所稱將各大臣進署散署，俱定立一準時刻，殊覺於事無益，各衙門事務繁簡不同，即稿件之多寡不一，該大臣等果能每日早進公署，將應辦事件一一清釐完結，即爲無曠厥官。若定以時刻，在不實心任事之人，終日在署端坐，而於事理概不置可否，其事務較簡衙門，公事早畢，二三僚友，静坐燕談，又於政治奚裨乎。至謂各衙門送畫稿件，經旬累月，不能畫回，此則實無其事。部院事件本有限期，其書畫題奏咨行，亦俱有月日可憑，朕勤求治理，時加考察，該大臣等亦何敢將稿件存留私宅，任意耽延。設有一二怠惰之人，該御史應指名參奏，不得籠統聲叙。總之國家庶事繁多，各部院堂官身膺顯秩，董正庶僚，惟當勤以莅事，公以率屬，自能贊襄國是，百度修明，原不在更定科條，務名鮮實，所謂治事不如治官。身爲大臣者，仰體朕日理萬幾孜孜求治之意，毋致言事者，有曠官之誚，實所厚望焉。又諭：前經屢降諭旨，令各衙門遇有應奏事件，即隨時陳奏，毋涉需緩積壓。乃本日奏事者又復寥寥，惟理藩院具奏謝恩，内務府奏回子學生二事，此外各衙門竟無一陳奏事件，因檢查憲書，今日適係破日，諸臣等自緣意存拘忌，將應奏事件，暫緩呈遞，亦屬非是。朝廷政事繁多，惟日孜孜，猶恐不及，若稍涉延緩，勢必輾轉沉擱，豈不漸滋叢脞之弊。向來惟萬壽慶節元旦除夕及齋戒期内，刑部例不奏事，此外並無停止章奏日期。若拘於日者家言，則繙閱憲書，動多禁忌，如本月二十七二十八兩日，皆係破日，又豈皆不奏事，所謂一日二日萬幾無曠庶官者，顧如是乎。著再傳諭各部院等衙門，嗣後於一切應奏事件，隨時呈遞，勿再存此等拘忌俗見，以副朕勤政勑幾至意。

十二年諭：左都御史賡音等條奏各省來京控案，應請分別查辦一摺，據稱嗣後都察院收閲控案，果係案關重大，實在冤枉，曾赴該管上司呈訴，不爲申理，及官吏骩法營私，確鑿有據者，即奏請查辦。若未經在本籍地方及各上司先行具訴，並現在審辦尚未結案，遽行到京控告者，即咨行各該省歸案速結等語，所奏非是。各省民人來京控訴，其案關重大者，固應奏明辦理，若未經在本籍地方具訴，遽行驀越來京者，自可奏明嚴辦，治以越訴之罪。至外省審辦未結之案，或因案情屈抑，奔赴來京控訴，若不具奏審訊，冤獄何由昭雪。即或逞刁挾嫌，砌詞妄訴，亦可隨時懲辦，以杜訟端。今賡音等概請咨回原省審辦，自係因近日各省控案繁多，憚於逐件具奏，豈大臣敬事之道。朕日理萬幾，勤求民隱，即各衙門奏事較多，從未倦於披閲，若以改奏爲咨，免致煩瀆，遂將該衙門應奏事件，率意壓擱，是名爲仰體朕躬，實則自耽安逸。賡音等著傳旨申飭。嗣後總當酌量案情輕重，分別奏咨，不得將現辦章程，妄思更改。其户婚田土錢債細務各案，仍照例將原呈發還，聽其在地方官衙門呈告申理，以符體制。又諭：本日都察院彙奏咨交各省查辦之案，朕披閲清單内，有山東莘縣民人魯名魁，控告漕書朱吉甫重徵伊家應納漕糧一案，係咨交山東巡撫查辦。又圓明園汛兵馬德之母張氏，復控伊子被馬兵王三等兇毆斃命，該營縱放正兇一案，係咨交刑部查辦，殊屬非是。外省州縣書吏舞弊重徵，最爲閭閻之害，遇有來京控案，都察院亟應專摺奏聞，以便交該撫作速審辦，或交欽差就近審訊，嚴加懲創，庶除莠安良，姦蠹日漸斂跡。都察院歷來奏辦重徵之案，本自不少，此案何以改奏爲咨。若以此案魯名魁所控，祇係重徵伊一家漕糧，殊不知姦胥滑吏，膽玩營私，既可將一家漕糧重徵舞弊，則其餘花户，又安能保其無勒索苛求，何得以一咨完事。此等重徵之案，尚不具奏，豈專待謀反大逆之事，始行具奏耶。至馬張氏復控之案，雖係尋常命案，現在刑部亦已審辦，但此案犯事地方，在御園附近處所，亦當隨時陳奏。都察院堂官於此二案應奏之件，率行咨辦，實屬偷安懈怠，著傳旨申飭。嗣後務斟酌案情，分别奏咨，毋得率意辦理。

又諭：周廷棟奏請杜訟風以肅吏治一摺，據稱近來各省控案，有受訟師主唆，代作呈詞者；有事不干己，得財挺身包攬者；有案尚未定，情虛先遁，希圖脱罪者；有案已擬結，遣人上控妄思翻異者。應請於凡遇具呈時訊明酌辦等語。近來訟讞繁多，固緣地方官辦理不能持平，又復聽斷不勤，以致日久玩延，激成上控，而訟師土棍，所在皆有，往往將毫不干己之事，從中唆使，代作呈詞，甚或從中漁利，包攬具控。又或於地方官審案未定之先，情虛遁逃來京呈控。且有結案時本無枉縱，亦俱妄思翻控希冀倖免者。其間情僞甚多，豈能以一面之詞遽行憑信，自應查明虛實，分别覈辦，嗣後都察院步軍統領衙門，於接受呈詞時，著先向原告逐款詳訊，除實係冤抑難伸，情詞真切，及地方官審斷不公，草率辦結，並官吏營私骫法確鑿有據者，仍當立時奏聞，另候辦理無稍壓擱外。如所訊之供，竟與原呈迥異，或係包攬代訴，被人挑唆，其情節顯有不實，及原告未經在本省赴案質訊，録供成招，不免有挾嫌傾陷藉端拖累情事，著照周廷棟所請咨回本省覈辦，仍交該衙門按期嚴催，開單進奏。其距京較近省分，並著照周廷棟所請，先將原告暫交刑部散禁，提取本省全案卷宗細加覈閲，再行分别酌辦。至周廷棟摺内所稱山東近日情形，有婦女自盡，母家率衆需索騷擾者；有自盡及路斃等案，屍親藉端訛詐者；有原告遠颺無蹤，圖准不圖審者；有不候審結，即行上控者，應即行飭禁等語。此等風氣，不獨山東爲然，各處刁詐之徒，如出一轍，於民風吏治大有關繫，不可不通行嚴禁。並著各直省督撫一體嚴飭所屬，先行剴切曉示，有犯此者，隨案重懲，毋稍姑息，庶刁風不敢肆長，而訟源亦可稍清矣。將此通諭知之。又諭：吏部議處御史汪如淵，請照徇庇例降三級調用一摺。此案先據楊世英糸奏富爾瑚訥，有旨交都察院堂官秉公查奏，嗣都察院查明奏上。朕詳覈情節，以富爾瑚訥楊世英二員，均各任性挾私，逞忿濫責，都察院原奏，未請將楊世英議處，不免疎漏，特降旨將該二員一並撤去城差，革退御史，分别降補，仍俱交部議處。乃汪如淵率以都察院查辦此案情節未確，奏請另行覆訊。因復交軍機大臣查辦，其所訊情節，仍與都察院原奏無異。試思富爾瑚訥之責王魏氏魏二，原係案内之人，其是否面辱楊世英，尚屬懸揣，而楊世英責處墻外拏到二人，則係案外無干之人，顯爲羞辱富爾瑚訥顔面，此而不加懲處，豈爲情理之平。設都察院將楊世英一並請付吏議，汪如淵係屬同官，即不應意存袒護，輒行論奏。況原議疏漏，出自上裁特行交議，復有何屈抑乎。朕辦理庶政，一秉至公，如所降諭旨，於事理稍有畸重畸輕，或臣工獻可替否，朕必虚己樂從。今此案處分，本無偏倚，即在廷諸臣，亦僉以爲平允，而該御史妄摭浮議，袒庇同官，此風斷不可長。即照部議將該員降三級調用，實屬咎由自取，念其究係言官，汪如淵著加恩改爲降一級，以六部主事用。此案朕因係初次示懲，姑從輕議，嗣後各科道蹈官官相護惡習，遇有公事本無錯誤，而逞其私見妄行争執，必當從嚴懲辦，不能復邀寬典也。十三年諭：莫晋奏請申明定例嚴懲誣告一摺，所奏是。定例誣告人罪者，照所誣加等治罪。立法之意，原以刁健之徒，誣陷善良致使無辜被累，貽害身家，是以審明後將誣告之人加等問擬，息訟端即以安民業也。無如近來外省風氣，遇有誣控案件，雖將其險詐情形審訊得實，多不肯按律懲辦，推原其故，總緣地方官於控案事件，實未能平情確訊，因而爲調停遷就之計，不惟不能加等問擬，且曲爲之説，或以爲誤聽人言，或以爲到案旋即供明，從而末減，以致刁惡衿棍，視爲得計，訛詐平民，挾制官長，訟獄日繁，大半由此。嗣後大小執法衙門，務當簡乎獄訟，於兩造曲直，無令稍有隱抑，其架詞誣告，或誣輕爲重，輕實重虛者，均照本律加等治罪，不得權詞開脱，從寬改擬。若原告脱逃，及案未結而越訴者，亦均照定例辦理，以儆誣罔而省拖累。然此仍不過於許訟之後，遏止其流之一法，若清理訟源，則在地方官公正廉明，勤於聽斷。凡閭閻一切户婚田土之事，均令曲直分明，各得其理，即險詐之徒，亦無從生心搆衅。即如山東省前此來京控案甚多，自吉綸到任後提審，並飭屬審結積案七百餘件，近日該省已控案寥寥，即其明驗。直省督撫果能各率所屬，虚衷以平案牘，冤抑者立時昭雪，譸張爲幻者按律懲治，並嚴拏訟師，毋使播惑鄉愚，斷無捨近求遠來京妄訴之理，由是詞訟日省，革薄還淳，以端人心，以勵風俗，朕實有厚望焉。將此通諭知之。

十四年諭：前因審辦廣興出差婪贓一案，言官等竟無一人彈劾，特令將籍隸山東之科道查取職名，交部議處，本日吏部奏請將該員等均議降二級留任，尚覺過輕。科道職司糾劾，遇有不公不法者，原應隨時叅奏，乃廣興兩次奉差前往山東審案時，擅作威福，贓私累累，聲名狼藉，其籍隸山東之科道，豈無聞見。即一時不能得其貪婪實據，按款叅奏，亦應將外間傳聞周全天下事廣聚世間財之謡，及早密陳，以備查訪，朕自能權衡辦理。乃心存觀望，相率緘默不言，殊非國家設立臺諫之意。近日科道各員條奏，大率摭拾細故，或由部院衙門擢用者，即將原衙門成例多方挑剔，有意紛更，細覈多不可行。此内或挾私報復，或受人囑托，均未可定，而於此等敗檢婪贓之大臣，並無一人指名登諸白簡，若不嚴加處分，何以示懲。所有光禄寺卿前任兵科給事中汪鏞，光禄寺少卿前任刑科給事中賈允升，兵科給事中周廷森，掌廣東道御史李本楡，掌江西道御史孔昭虔，江西南安府知府前任掌京畿道御史蘇兆登，均著於現任内降一級調用。又諭：朕勤求治理，整飭官方，遇有貪黷不法者，隨時懲治，原期辟以止辟。本年正月内，因廣興奉差東省性情乖戾，任意貪婪，當即明正典刑，其逢迎餽送之地方官亦經分别懲處，自應共知儆惕，守法奉公。乃甫逾數月，英綸巡視東漕，諸凡挑斥，婪索多贓，與廣興如出一轍，甚至唤妓住宿，較廣興尤爲卑污，而該省州縣官曲意餽造，又與餽送廣興之事，如出一轍。相習成風，毫無畏懼，殊爲可惡。在英綸等貪黷性成，見利忘害，而山東官員，竟以一味逢迎爲事，其吏治廢弛，實不可問。除英綸現在審辦外，所有東省送銀各員，無論多寡，或英綸勒索及該員自送者，均著吉綸查明，奏請交部嚴加議處，不可一名漏網。廣興性喜多言，畏其叅奏，今英綸又屬何故，如此曲盡迎合，何東省之官吏大半卑鄙，殊不可解，必應嚴辦以示懲儆。至御史職司臺諫，理應擇其平日品行廉潔者，方可保送，今英綸如此貪鄙，其從前濫行保送之兵部滿漢堂官，一並查明交部議處。又諭：朕恭閲聖祖仁皇帝實録，康熙四十一年正月癸卯，諭大學士等曰：朕觀諸臣任科道時，多有敢言沽名直陳以得陞遷者。及爲大僚，輒不敢言，問以小吏，皆言不知。前後頓不相符，因顧起居注官等曰：朕言可詳記之。仰見聖明燭照，洞悉人情，百餘年來，前後如出一轍。近日朕觀科道諸臣，尚時有章奏，而部院大臣都御史副都御史等，則寂寂無聞。近日山東兩案，皆係朕訪察所得，並非言官彈劾。蓋科道身居臺諫，冀博敢言之稱，數上封事，欲朕識其姓名，究其所言，或議改成例，或毛舉細故，亦未有能除大姦釐大弊者。及洊歷陞階，考其行事，與其言論，前後多不相侔。揆厥初意，本以建言爲梯榮之具，甚或邀名聽囑，潛遂己私，如斯人者，尚安望其爲國宣猷乎。至大臣等職分既優，倚任尤重，並非無言責者，且不時召對，遇事皆可敷陳，乃邇來罕有以直言著者。都御史除間日具奏控案之外，别無建白，其何以副朕明目達聰之意。夫人臣事君之道，首在無欺。當以嘉謨入告，一切毁譽榮辱之念，俱不應存於中，惟於國計民生，實有裨益，或除姦剔弊，確有見聞，均當剴切直陳，毋有隱諱。至於揣摩陋習，心有所冀，則矯訐以沽名，意無所圖，則緘默以保位，尤當深以爲誡。言行相顧，終始不渝，朝廷收讜言之益，國家得直臣之效，朕實有厚望也，特此通諭知之。

十五年諭：王集等明白迴奏並請交部議處一摺。向來都察院衙門，遇有各省呈控案件，其情節較重者具奏，即情節較輕，咨迴本省審辦者，仍俱分晰案由彙奏。昨日誠安所奏内湖南民人塗正通四川民人王正明所控，關繫人命，情節較重，自應具奏。其直隸民人王琚呈控毆傷奪取財物縣役縱賊一案，今據王集等所叙情節，尚可不奏。本日召見潤祥曹師曾，據稱係公同酌議畫閲，誠安亦曾畫稿二次，及召詢誠安，據稱前日是伊續陳所見，似此控案，無論虚實，俱應具奏請旨等語。若如誠安所言，是不覈案情輕重，僅以一奏了事，則都察院衙門，不過一接收呈詞之官，並供情亦可不必詳訊，豈國家設立臺垣之意乎。嗣後該衙門遇有外省控案，仍著覈其情節，分别奏咨辦理，所有前案未行具奏之都察院堂官，除帥承瀛尚未到任未經畫稿外，王集邵自昌潤祥曹師曾温汝适俱著加恩改爲交部察議，誠安於塗正通咨稿銜名下註寫接駕未畫，其王正明等二稿，亦俱畫諾，且既已隨同畫稿，復行具奏，亦有不合，並著交部察議。又諭：科道本有言事之責，第近來言官條奏，毛舉細故者多，而於關繫官方不公不法等事，迴護瞻徇，轉多緘默。其陳奏之件，非受人請託，即有意露名，希冀簡擢，實爲近時積習。即如上年廣興因奉差審案，威嚇取財，款跡敗露，嚴辦示懲。當其在山東時，傳播歌謡，該省科道等豈無見聞，何以竟無一人登諸白簡乎。前日御史伯依保奏請禁止小説，此等刊本久干例禁，若使近日坊間又有新編小説，語涉不經，該御史自應隨時陳奏，乃所請查禁者，皆係數十年舊有名目，且該員平日毫無建白，何以不先不後，必於出有科缺之時，將例禁事件，摭拾敷衍。本日帶領科缺引見，察看該員，實屬年老平庸，可見該員不過藉此一奏，妄思陞用，果不出朕所料，若即予休致，又謂朕杜言者之口矣。然此等伎倆，既知又不能不辨，所有該員應得陞途及一切差使，俱不準開列引見。著通諭各科道，除緊要事件並實有確據，應行彈劾者，準其隨時具奏外，其餘條奏，概不準於出有陞缺未經簡放以前，妄行瀆陳。如違，即著照伯依保之例辦理。又諭：本日都察院奏山東民人張連呈控伊兄張丹被李連承謀財害命，官不據實申理一案。已有旨交該撫吉綸親提審辦矣。近日各省民人來京控案甚多，皆緣地方官先不據實審辦，迨往各該上司衙門控告，而該上司又不肯親自提審，往往仍批交該府州縣審訊。試思該州縣既有原審供勘在前，即另有冤枉別情，又豈肯自行平反，不過設法彌縫，多方消弭，其有不能消弭者，或監斃滅口，或付之延宕，以致小民負屈莫伸，惟有來京赴愬。人但知控案紛紜，刁風日甚，而不知率皆官員之闒冗有以啓之也。各督撫經朕簡派前往，查察閭省官民，申冤理枉，即係欽差。如果隨案親提，秉公剖斷，則百姓豈肯舍本省上司，轉遠來京師呈控之理。嗣後各省上司，凡遇控案，若在督撫衙門控告，即著督撫親審。若在臬司衙門控告，即著臬司親審，如須派員隨同研鞫，亦當另行遴派。毋得仍批本屬，及原審之員，自行覆審，致蹈迴護瞻徇之弊。如尚不凜遵，致小民等仍來京控告，彼時查明曾在本省控告，係發交原問官審辦，必先將該省不行提審之上司，懲治不貸。將此通諭知之。

十六年諭：國家設立都察院堂官六科各道，凡內自王公大臣，外自督撫藩臬，以至百職庶司，如有營私骫法辜恩負職者，言官據實糾彈，立即按款嚴究，執法重懲。我朝列聖相承，綱紀肅清，力除蒙蔽之弊，朕祇遵成憲，太阿在握，懲蠹鋤姦，亦從不稍事姑息，然事必覈實，斯罰不妄施。乃近年言官中，竟有懷挾私怨陽沽鯁直之名，陰施報復之計，以巧試其術者。其初列款上聞，浮言聳聽，及查明毫無證據。若將言官懲罰過重，似杜敢言之路，而被劾之大臣，一登白簡，雖辨明心跡，譴責不加，究以枉受誣衊，使在廷之議，謂其曾遭指摘，不免中懷畏怯，損其精白之衷。且君臣之間，亦不若無此芥蔕，益合股肱心膂之義也。即如原任大學士戴衢亨，果於任事，惟性急語直，每遇部院公事，判別是非，或從或違，安能盡協人意，因此爲怨者所詆，或亦不免。伊前被御史花杰封章條奏，指稱伊與貢士洪瑩，交往情密，拔置一甲一名，又黃旭試卷行楷相間，濫置二甲。經朕密取殿試各卷，加封呈覽，特將洪瑩帶至尚書房，命二阿哥監看，令其默寫試策，惟時距殿試已閱兩月有餘，洪瑩所默試卷，與原卷悉相符合，不過數虛字間有異同，其黃旭原卷末數行稍欠工整，並無一筆行書，當即明白宣示，判分曲直。本年己巳科庶吉士散館，朕料洪瑩黃旭二人，文藝必應考試前列，若抑置在後，非有心屏黜，即權衡未當，及閱卷大臣公擬進呈，拆閱彌封，洪瑩黃旭，同列一等，設戴衢亨尚在，派令閱卷，必謂其徇情拔取，即不與閱卷之列，亦或疑其轉相囑託。今戴衢亨已故，可見文章自有定評，豈同列諸大臣，至今日尚曲爲附和乎。戴衢亨蓋棺論定，心跡已明，應含笑泉下矣。花杰從前憑空捏造，誣陷大臣，是誠何心，姑置勿論。嗣後諸言官，務當各矢天良，遇有不公不法之事，必求確據，直列彈章，不可因有此旨，緘默不言。若以毫無影響之談，誣人名節，天鑒難逃，國法具在，凜之慎之。又諭：御史景德奏請於萬壽賜酺十日，令城內雜耍館俱準演戲，並請年年准此爲例等語。所奏殊不成話。賜酺並非令典，在本朝從未舉行。朕敦尚樸質，裁抑靡文，飭令天下崇儉去奢，各安正業，屢經降旨飭禁京城演戲，期屏除游蕩之風。前年朕五旬萬壽慶辰，誠恐臣民等稍涉浮華，尚經再三降諭禁止。至每歲萬壽節，更無令衢巷廣陳戲樂之事。況本年南河李家樓等處漫水泛濫，下游被淹，朕軫念民瘼，宵旰焦勞，災黎一日不寧，朕心一刻不釋，又豈肯侈言同樂，令京城百姓歌舞駢闐，臚祝萬壽耶。至該御史摺內所稱，近來風俗儉戢，惟是拘謹過甚，亦覺可矜，小事遊戲，寬猛濟之，耳目翻可一新，於歌詠太平之盛軌，亦相脗合等語，尤爲紕繆之至。民人等果能漸趨淳樸，則風氣蒸蒸日上，太平景象，即在於此，正深可慶幸之事，何以謂之可矜。且爲政自有大體，禁止戲劇，豈得爲猛，縱民遊戲，豈足云寬。若如該御史所奏，謂之耳目一新，不特悖理傷化，即文義亦屬支離。景德著交部嚴加議處，以爲言官任意妄言者戒。又諭：向來九卿科道等遇有條陳糾劾，俱係封章入奏，呈遞時，面交外奏事官，轉交內奏事太監，直達朕前拆封，朕親行披覽。其摺內所奏何事，無論外間不應有人傳播，即內奏事太監等，亦無由得見，杜漸防微，立法至爲嚴密。上月二十八日，御史韓鼎晋奏內城有開場聚賭之事，當命軍機大臣傳到該御史，詢以所指何人，即於二十九日由該御史自行覆奏，朕始諭令步軍統領禄康等密行查拏。節據先後拏獲賭局共一十六起，內有八起，於五月二十八二十九兩日散局，顯係得信逃匿，此非有人洩漏或有人探聽御史條奏此事，潛向告知，致令逃逸而何？比時朕姑不深究其人，嗣後九卿科道等，有條奏事件，如呈遞之前，或奏事處及在朝之人，詢其所奏何事，著即指名叅奏。若無人詢問，而摺內陳奏之後，或向外人叙説，亦著聞其言者，立即揭叅，均當加之懲治，庶不致嘉猷入告，以採納之資，啓漏言之漸。蓋君不密則失臣，朕斷不肯先行曉喻，以致敢言之臣招怨，而臣不密則失身，近日此風甚熾。朕生平最惡者，探聽朝政先欲得信之人，樞機之發，榮辱所關，有不可不慎者，勿謂朕誥誡之不早也。如敢干犯，決不輕恕。將此通諭知之。十七年諭：御史常文奏請申禁庶民呈遞封章以歸畫一一摺。朕前因近日人情險詐，每以瑣屑訟案，封詞投遞，挾制官員，代爲陳奏，特降諭旨嚴行飭禁，令刑部分別定擬，以懲刁風。刑部於議奏條例內，有令本人將呈遞事件開具略節，一並進呈。如接收官員不爲具奏，照應奏不奏例議處一節，所擬本未允協國家定制。臣工奏牘，或露章上達，或密封進呈，原爲職應言事者而設，至小民身有冤抑，分當具呈控訴，聽候審辦，內外大小衙門，法制相維，何敢不爲申理。若尋常詞訟，直達朕前，或妄議建言，希榮干進，此等狡黠之徒，必應嚴罰示懲，所謂天下有道則庶人不議也。今若令其開具略節，即爲呈遞，姦民巧詐百出，其所開略節，未必皆與封詞符合，接受官無從查考，轉致案無鉅細，悉以上聞，仍不足以杜刁頑而清訟獄。著申諭文武臺諫各員，嗣後如有民人呈遞封章者，接收之員，一面將所遞封章具奏，一面即將該犯鎖拏，先行送交刑部押禁，附於摺內陳明。朕查閱封章，覈其案情輕重，或即照封遞呈詞新例治罪，或詞語悖謬，再加等治罪，交刑部分別懲辦，所有刑部前議開呈略節一條，著即删除。

《大清會典事例（光緒朝）》卷一〇〇五《都察院・憲綱諭旨八》

〔嘉慶〕十八年御製都察院箴，明目達聰，責在御史。彰善癉邪，整綱飭紀，鐵面霜威，糾慝繩詭。私惠毋酬，私讎毋毁，敢諫不阿，忠貞常矢。言出如山，心清似水。勉盡丹忱，非圖譽美。民隱敷陳，治隆患弭。又諭：御史馮大中奏京外各衙門辦事遲延怠緩，請旨設法稽覈，以符例限一摺。所奏甚是。爲政之道，敏則有功。京外各衙門積習相仍，狃於疲玩，經朕節次訓飭，而公事積壓之弊，仍不能盡除。近日部院堂官等奏事直日，亦皆夙興待漏，循節無愆。然詢以本衙門題奏事件，或有不能條舉原委者，是但勞其身而不勞其心，亦於政治奚裨。夫大臣坐而論道，殫心竭慮，全在於公署剖析例案，釐剔弊端，使所屬憚其嚴明，不敢怠忽從事，則物無遁情，案無留牘，自然百務就理，若但以奔走趨蹌爲盡職，失之遠矣。即如議處議叙，所以明示賞罰，惟辦理迅速，則身受者立知感畏，旁觀者共起勸懲。乃任意遷延，藉行查加級紀録爲名，竟有經旬累月始行議上者，殊不足以儆人心而動觀感。嗣後各衙門辦理議處議叙，皆著依限趕辦，無得藉口詳查級紀，展緩時日。其應行議抵與否，不妨於摺內先行聲叙請旨，再行查明辦理，以免延閣。各部院司官，尤應手理案牘，隨事稽覈，使吏胥無所售其姦。其有蠹吏敢於惰慢者，隨時責革嚴儆，毋稍寬假。庶上下相攝，可期明作有功。至於外省因循之習，更不可問。地方要務，不過刑名錢穀二端。其於刑名案件，不爲速結，以致株連拕累，案情愈益譸張。於錢穀事務，亦不趕緊清釐報銷，題覆動輒數年。其間任催罔應，轇轕牽混，百弊叢生，皆由該督撫不能精心敏力，時加振作，遂至吏治日即廢弛。嗣後部中題奏事件，著照該御史所奏，將科鈔咨文何日到部，該衙門於何日具題，俱於本尾聲明。如有遲延，即行附叅。至題本奉旨後行文，以及咨行外省事件，著各衙門設立號簿登記。如有遲延，分別記過叅處。其外省遇有特交咨交審辦各案件，如實有不能依限完結者，均著分別奏咨，以備查覈。即聲覆部院咨查事件，亦著將何日接準部文，何日咨覆，一並詳叙，違限者均予叅處。經此次申飭之後，內外大小官員，其各振刷精神，力除痼習，無即怠荒，以期熙績亮工，共臻上理。又諭：我朝定鼎以來，列祖列宗，愛民如子，深仁厚澤，洽於寰區。朕纘承大統，保惠黎元，惟恐一夫不得其所。凡食毛踐土之倫，不能家諭户曉，豈身享太平，亦竟忘其所自。乃本月十五日，忽有教匪七十餘衆突入禁門，將至大內，幸皇次子親執鳥槍，連斃二賊，逆黨始退。王大臣督率官兵，殲戮净盡。仰賴天祖庇佑，渠魁就獲，餘孽悉平。越三日朕由行在還宮，京城內外安堵如常。事定思痛，此實非常未有之變。寇賊叛逆，何代無之，今事起倉卒，擾及宮禁，傳之道路，駭人聽聞，非朕之涼德何以致此。但諸王大臣同國休戚，今使皇子親執火器禦賊於禁籞之中，諸臣其何以爲顔。返而思之，更何以爲心乎。本日特於乾清宮召見諸皇子及諸王文武大臣面加訓諭，令王大臣等各殫忠竭慮，以匡國治，毋再因循怠玩。平日文恬武嬉，事至則措置失宜，事過則泄沓如故，素餐尸位，益重朕辜。夫涓涓不塞，將爲江河，禍變之來，必有由致。不究其本，患將未已。諸王大臣及各言官，如能洞見致患之原，官常吏治，有亟須整飭修明者，各據所知，剴切直陳，朕必衷而行之。若瑣瑣焉摘一事，改一例，博建言之名以圖塞責，朕甚無取焉。將此通諭知之。又諭：户部奏御史李仲昭私向書吏索取文案不遂，濫行杖責一摺。部院衙門案卷，例不許書吏私攜出署，各科道如因公查取，或奏請飭查，或行文咨取，均無不可。李仲昭籍隸廣東，乃以本省洋商事件，自書紙條，向户部書吏私行索取，此與作弊何異。書吏范徵雲答以案非本司承辦，並稱不敢私行帶出，所言本無不合。該御史輒將范徵雲擅行杖責，實屬肆意妄爲。李仲昭著交部嚴加議處。

十九年諭：御史蔡炯奏請禁粵民製造竹銃，以弭兇鬬一摺。所奏非是。直省鞫審命案，分别謀故鬬殺，其致命之傷，則有火器金刃他物手足之不同，讞獄時但準情援律，定擬罪名。其殺人器具，不能强爲厲禁。若謂竹銃可以殺人，禁民製造，凡民間日用金木器物，何一不可戕命，豈將概登例禁。其手足傷人者，又將何法以治之耶。況增一禁令，適爲胥役增一訛索賄縱之門，於戢暴懲兇，毫無裨益。至該御史所稱竹銃斃命之案，招册内不得聲叙希圖嚇退等詞。火器殺人，刑部均擬情實，秋審時亦必予勾，其希圖嚇退，乃案情所時有，並不以此加之寬宥。招册據情聲叙，豈可概事删除。該御史此奏，所謂因噎廢食，著毋庸議。又諭：御史魯垂紳奏請申明典禮，以崇體制一摺。向例每逢祭祀大典，朕出入禁城，各衙門派有官員在禁門外迎送。近日迎送之員，甚屬寥寥，殊非敬慎之道。著通諭各衙門，嗣後該堂官將迎送官員，酌定名數派出後，先期造册咨送都察院。届時由齊班御史將迎送各員職名，按册查收覈對。如有曠誤者，該御史指名參處。又諭：都察院具奏控案，每於摺內聲請，敕交該督撫審辦，或因其曾在督撫衙門控告，即請欽派大臣審辦，甚且因有欽差大員在外查辦事件，輒指名請交欽差某某審辦。舊習相沿，大屬非是。各衙門具奏控案，朕覈其案情輕重，或飭交督撫提訊，或派員前往審辦，其中自有權衡，豈臣下所得妄擬。嗣後該衙門具奏控案，止應將情節詳悉叙明。其曾在本省何衙門具控幾次，一並聲叙，不準用請旨敕交查辦字樣。如再有率行擬請者，必將該堂官懲處不貸。又諭：御史賈聲槐奏戒遊惰以重本業，崇節儉以厚民生一摺。食爲民天，崇本抑末，儆惰黜奢，爲藏富閭閻之計。朕節次頒示御製文，諄諄以化民成俗爲訓，凡所以飭吏治而阜民生者，至詳且備。地方官果能實力奉行，留心勸課，自可漸返淳風。今該御史所奏仍不過勦襲緒論，且因本年會試以生之者衆四句命題，借此衍説，殊屬無謂。國家設立言官，使之上章敷奏，凡遇地方大吏貪黷營私，及小民冤抑情狀，原準其指事上聞，以憑覈辦。若似此摭拾浮言，於國事有何裨益。著通諭各科道，嗣後均不許以無益空言，濫陳奏牘。賈聲槐所奏，著毋庸議。又諭：御史烏爾袞保奏稽查内監出入章程一摺，所奏紕繆不可行。内監給使宫廷，出入各門事所時有，原有定例。若每日逐一搜檢，不特事涉紛擾，且人人而疑之，推而至於官員吏卒出入，概事搜查豈昇平時之政乎。至於搜出雜藥，即令帶藥之人自喫，尤覺繁苛可笑，豈成政體。此摺若係漢御史呈遞，或不諳宫禁規制，尚可將原摺擲還。烏爾袞保係滿洲御史，乃如此妄行陳奏，瀆言亂政，不勝御史之任。伊本由内閣侍讀升補，著仍回内閣以侍讀用。又諭：御史陶澍奏刑部員外郎張師泌親病危急，請飭令回籍一摺，所奏殊爲多事。張師泌前於引見時，朕因張師誠先有親病乞假之奏，當令英和傳旨詢問。據張師泌覆稱伊父母所患病證，漸已向愈，張師誠即擬來京陛見等語。各官員遇有匿喪等事，關繫倫常風化，言官有所見聞，自當據實參劾。若父母偶患疾病，言官即謄章入告，請旨勒令回籍，恐開攻訐之風。所奏不准行，原摺著擲還。又諭：御史黄中傑條陳優貢考試事例一摺，各省優生，三年舉報一次，與拔貢十二年舉行一次者，年數懸殊。如一體加以廷試，引見録用，實於體制未協。該御史所奏不可行。又諭：御史何彤然奏請令民人自行捕盗，並將斂錢與賊之愚民，免其究治一摺，所奏紕繆不可行。地方設有文武各員，詰盗安民，是其專責。如果地方官諱盗不辦，以及兵役等有得贓通盗情事，原準百姓據實申理，必當嚴治其罪。若不責成官弁督拏，率聽所在民人自行捕盜，此令一出，愚民勢必各糾黨與，擅製器械，挾讎妄拏，彼此搆釁，豈不大張械鬭之風。至民人斂錢與賊，本干厲禁，若概免究治，則是縱令豢賊，使齎盜糧，欲弭亂而轉以長亂也。何彤然罔識政體，不稱言官之職，著斥退御史，仍回編修之任，原摺著擲還。又諭：前據御史申啓賢參奏河南滑縣知縣孟圮瞻劣蹟多款，當特派侍郎盧蔭溥成格前往查訊。昨據盧蔭溥等奏，查得孟圮瞻前在滑縣任內，私留被難婦女蘇大葵爲妾，並另將蘇二葵等婦女多人，分賞家人車夫等。又將應行入官之叛匪衣服車馬，售賣入己，並縱令家人王泰，將客店内無主紅花數十包，賣錢使用，與該御史所奏多符。孟圮瞻身爲縣令，值地方蹂躪之餘，不知加意拊循，轉肆意貪淫，罔顧廉恥。地方有如此劣員，科道等自當奏聞查辦。該御史得有風聞，詳加訪察，其所奏現已得實，殊爲可嘉，申啓賢著賞加一級。至前日御史石承藻，參奏步軍統領衙門，因查拏張三妄行擾累一事。張三係案犯英啓供指白蓮教應行傳訊之人，原供本無年貌。番役等遵照票開住址，挨户細查，適章寅新近移居到彼，與張三之姓同音，因此向其查問。如果該番役等藉端滋擾，勒索銀錢，該御史自當奏請嚴辦。今查明並無鎖拏勒逼情事。目下正值查拏邪匪之時，何能不留心盤詰。該御史輕聽風聞，不加詳察，冒昧入奏，殊屬非是。石承藻著罰俸一年。又諭：本月初二日，據都察院及巡視西城御史陳用光具奏，九月三十日夜間，西城正指揮署内，有賊七八人持刀點燭，擄執婢女一人，索要本官見面。該指揮王慶長出外追趕，見有人在廚房内擲出菜刀，旋即逃逸，並未失物。適先於二十九日，盤獲形跡可疑之曹七一名，在指揮衙署暫押，恐或有奪犯情事等語。朕詳加披閱，該賊人等七八人持刀點燭擄執婢女，索取本官，其勢甚張，何以該指揮出外，賊人並不行兇劫物，即行逃逸。且持刀不砍，轉在廚房擲出菜刀，殊於情事不合，當經降旨交刑部審訊。本日刑部奏訊據婢女來喜供稱，伊本係被劉祥姦拐，賣給該指揮爲婢。劉祥現又到該指揮衙署，替充皁班，續姦誘令逃走，於是夜進屋，要將伊引出等語，與都察院及巡城御史等原奏迥異。其與曹七等一案，更全不相涉。巡城御史既據指揮報有此案，親赴勘訊，自應查明原委，乃率據該指揮稟報之詞，張皇入奏。都察院堂官伊沖阿等，亦率據該御史及該指揮之詞，並不自行傳訊明白，即行據奏，均屬忙亂。除交刑部將此案徹底審訊明確定擬外，左都御史伊沖阿茹棻，副都御史扎拉芬李宗瀚陸以莊，俱著交部察議。景禄刑名熟習，又係屢次棄瑕録用，更屬冒昧，同巡視西城御史陳用光，俱著交部議處。二十年諭：給事中黄中傑奏請復禁銅收銅舊例，以裕錢法一摺，所奏甚屬不知政體。國家因時立政，期於便民。自乾隆初年停止銅禁以來，已八十年，民間無不稱便，而京省各局銅斤，亦並無缺額之虞。昨歲朕降旨停止外省呈進銅鑪火盆，以節糜費而裕鼓鑄，酌盈劑虚，道貴適中。至民間日用所需，安能以數十年弛禁之物，一旦設爲苛令，察及錙銖。從前永祚楊懌曾節次奏請禁用銅器，皆經户部議駁。今該給事中復請申嚴銅禁，並請敕令官民家内，所存黄銅器皿，概以三年爲限，悉數繳官。如逾限不繳者，查出以違制論罪。此令一出，必至紛紛擾累，胥役訛索，鄰里控訐，訟案煩滋，究與錢法奚裨耶。所奏不可行，著毋庸議。又諭：御史夏國培奏宗室移駐盛京，應請飭交宗人府秉公詳查，不得混行派往一摺。盛京爲我朝根本重地，宗室移駐盛京，即與漢人回居祖籍無異。到彼後授宅分田，觀摩善俗，實屬教養兼備，良法善政。所有應行移駐各户，皆係於嘉慶十八年早經派定，分三撥行走。前兩撥已於是年秋間移駐，此次係第三撥，其續行添派二人。因該宗室有獲咎之案，特旨添入。現在即日起程，該御史忽以挑派不公，妄行陳奏，干預多事，殊屬冒昧。夏國培不勝御史之任，著仍以翰林院編修用。又諭：御史魯垂紳奏請嚴查各省遊民一摺，所奏太不曉事。各直隸地方遼闊，無藉遊民，不可億計，安能徧行查察。即以京城而論，五方雜處，若必人人究所從來，辦理已日不暇給。況此等遊民，出外營生，亦不盡皆爲匪。前次林清一案，首夥各犯，即係土著，又豈外來遊民。若如該御史所奏，京外流寓之人，多立科條，按名稽覈，殊屬紛擾，其事斷不可行。又諭：御史焦景新奏長蘆鹽務，宜設法整頓一摺。長蘆商力疲乏，朕所稔知，節經施恩展緩正課加價借帑，隨時調劑，俾裕商力。茲據該御史奏稱鹽務廢弛，其匱乏受弊之由，不能指出，請敕下直隸督臣會同鹽政，將近年積弊，設法整頓，不過爲該商乞恩調劑起見。該御史籍隸天津，顯係受人屬託，妄行陳奏。復自稱與該處商人素無往來，捏詞掩飾，其誰信之。至鹽政之設，例係一年更替，屆任滿之期，朕每酌予留任。即如廣惠簡任長蘆鹽政，已閲兩年，該御史甯未知耶。所奏俱毋庸議，原摺著擲還。又諭：御史福漳阿奏留京王大臣，每遇赴閣請安，及驗放職官日期，離恭設合符之處較遠，請令不直宿之王大臣前往，專責直宿者看守合符。並隨園護寶，添派内務府郎中員外一二員，護寶請寶官員，每次加領馬一匹，以備更换等語。所奏糊塗已極，太不曉事。從前留京王大臣，並不日夜在内直宿，嗣派令輪班内直稽察一切，並看守合符，已足以昭慎重。若如該御史所奏，由文華門至内閣，跬步之地，已不可離，豈必將合符刻刻護持，方爲慎重乎。至隨園護寶，内閣例派官員，已不爲少，兼有兵丁隨護。該御史忽請派内務府司員協同照料，更屬毫無干涉。護寶請寶官員，定例每員領馬二匹，從無遲誤，兹遽請加增，若他項緊要差使，俱援以爲請，又安得如許官馬增給耶。所奏俱不可行，著毋庸議。又諭：御史胡承珙條陳釐整風俗一摺，所奏多不可行。如所稱賣藥之徒，刊方牟利，應由該坊官自行查禁，不值降旨嚴辦。其小民拜認義父義子，習俗相沿，亦難明示厲禁。至歸女入廟燒香，牙儈把持行市，久已載在禁例。若如該御史所稱，市口停車，井邊担水，皆須一一查禁。科條繁瑣，實以病民，殊於政治無裨也。所奏均毋庸議。又諭：朕閲内務府則例，内載雍正四年欽奉諭旨，圓明園奏事八旗及六部都察院内務府等衙門分爲九日，每日一旗一部輪流奏事。遇直班之日，若該旗該部無應奏之事，亦著隨班伺候。儻有緊要之事，許其不論班次啓奏。欽此。我皇祖世宗憲皇帝勤求治理，整飭官聯，自是以後圓明園奏事文職衙門，輪爲九班，武職衙門輪爲十班。皇考高宗純皇帝遵行六十餘年，朕嗣二十年以來，亦恪遵罔懈。誠以我朝家法，勤政爲先，駐蹕御園，與宮内辦事，從無一日少間。部院臣僚，書思對命，既應在園儤直。而衙署有應行坐辦之事，亦不可僕僕往來，致有曠誤。分班輪直，法至善也。惟文職九班内，六部各衙門直班之日，俱多陳奏事件。其鑾儀衛光禄寺直班之日，無事可奏，殊覺閒曠。除武職十班仍照舊例外，所有文職九班，著減去一班，以都察院歸入刑部大理寺，合三法司爲第五班。以内務府國子監爲第七班，理藩院與鑾儀衛光禄寺爲第八班。如此酌量變通，則繁簡適均，庶無一日曠閒。其事繁之部院衙門，仍不論班次，隨時來園奏事。即自本月十九日，吏部直班之日爲始，各照新例按班輪直。朕孜孜圖治，宵旰不遑，惟以克勤自勗。本日御製勤政愛民論，宣示臣工，諸臣務仰體朕意各職乃心，無忝厥職，以亮天功，以熙庶績。朕實有厚望焉。又諭：都察院奏山西民婦冀劉氏，呈遞封口，將原封呈覽一摺。冀劉氏係一婦人，有何封口呈遞。該氏現以墊辦運課等款，日久未償，赴都察院申訴。該堂官等明知即係此事，或因封口不便拆閲，亦當令該氏自行拆封，乃率將原封入奏。經朕看閲，仍係申訴呈詞，其詞内稱謂，皆係指該堂官而言，並非奏章款式。該堂官等，遇事不加體察，一味顢頇，實屬有心因循推諉。都察院堂官，俱著交部議處。

《大清會典事例（光緒朝）》卷一〇〇六《都察院・憲綱諭旨九》

嘉慶二十一年諭：巡視東漕御史蘇繹奏東省續虧案内之六府二州，請飭該撫酌展奏限一摺。東省十五年以後，虧缺倉庫錢糧之泰安兗州沂州登州四府屬州縣，經朕特降諭旨，從嚴示懲。其餘六府二州，尚未奏到，應如何分别嚴辦，係巡撫陳預本任之事。乃該御史率行陳奏，此事既與漕務無干，又非關繫民瘼，似此越職妄言，變亂是非，明係袒護貪官，甚屬多事。蘇繹不勝巡漕之任，著即撤回，交部議處。又吏部奏議處都察院左都御史茹棻等，失察子弟夤緣受賄一摺。奉旨：都察院衙門職司風憲，尚當察弊除姦，乃左都御史茹棻，給事中李培元，於伊子茹壽彭李之琯，攬訟受財，毫無覺察。雖贓數無多，其平日不能管束，咎無可辭。著照部議，茹棻降二級調用，李培元降四級調用。四川松茂道黄思宸，雖遠任外省，其子黄華攬訟滋事，平日失於教導，著降一級調用。又諭：前據御史秦緗曾参奏托津擅管覆校實録，當經降旨，令留京辦事王大臣，傳到該御史及承辦覆校之員，查明原委覆奏。本日據留京王大臣等奏稱，詢據該御史以十九年議叙摺内，係董誥托津聯銜，而摺内未將奉旨派托津接管之處聲叙，是以参奏。詢之承辦覆校之禮部員外郎軍機章京王鳳翰，則稱十八年慶桂休致後，内閣所進紅綾本，有指出錯誤之處，均係董誥托津傳旨覆奏。是以十九年覆校完竣摺，係董誥托津聯銜畫稿等語。朕恭閲皇考高宗純皇帝實録，内有錯誤之處，即令軍機大學士敬謹更正。如漢字本則令董誥托津承辦，清字本則令托津承辦。此係隨時降旨交辦之事，向不降旨特派。托津既承辦其事，則與曹振鏞不同，於覆校完竣奏議叙時，一同列銜，並無不合。乃該御史輒以此参奏，加以專擅重詞。該御史曾充軍機章京，久知此事，如心以爲非，則於擢用御史後，即應参奏。乃該御史奏事二次，均未及此，茲於八月初二日，簡放順天鄉試考官之期，忽爲此奏，自因伊本年曾考試差，有此彈章，冀朕見其公正，用爲同考官。伊本年考差，本未録取，即先經録取，朕亦斷不將伊點用。似此借事妄言，實屬取巧，本應斥革。姑念係屬言官，若示罰過重，恐科道等又相率緘默。秦繩曾著革去御史，以吏禮兵工四部主事補用，終身不準升轉，以示薄懲。又諭：國家設立部院衙門，遇有交議事件，各堂官應虛衷商榷，俟詢謀僉同，方可畫稿，聯銜會奏。如事關重大，有交大學士軍機大臣會同各該衙門議奏者，原以一人之心思有限，衆人之才識無窮，尤應公同籌酌，以期事臻盡善。或其事衆人皆以爲是，中有一人獨覺其非，即應抒其所見。向衆人剴切陳說，其言果當，衆人自當擇善而從。其言不當，衆人亦可面折其非。如其人心仍不服，朝廷本有兩議之例，即當自抒己見，據實直陳，候朕裁定。朕執兩用中，言之是者，即降旨俞允。言之非者，亦必降旨駁正。乃近有公同會議之事，有一二人又於召見時，以所議未協，向朕前密陳，是竟强勉唯阿，而復退有後言，其心實私而不公，豈忠臣體國之義乎。嗣後凡遇特交會議事件，務須公同定議，必意見毫無異同，方可會銜陳奏。若意見不合，即單銜具奏。其會奏摺內，毋庸列名。此時在廷並無攬權專擅之臣，儻有遏抑羣言，阻其獨奏者，準其人指名叅劾。若於畫稿具奏之後，向朕前別生異議，則是首鼠兩端，其人殊不足取。茲特明降諭旨，詳悉曉諭，以後凡特交會議摺內，俱先將此旨恭録於前。所有此次御史羅家彦條奏籌畫旗民生計，交八旗都統會議一摺，奏上時，即著將此旨載入。又諭：八旗都統等奏駁御史羅家彦條奏籌畫旗民生計章程一摺，所駁甚是。該御史條陳，以爲旗民生計艱難，欲令八旗老幼男婦，皆以紡織爲業。當奏上時，朕即覺其事不可行。今該都統等所奏果衆論俱以爲事多窒礙，公同議駁。本日特召見諸皇子軍機大臣等，明白宣諭，我八旗滿洲，首以清語騎射爲本務，其次則誦讀經書，以爲明理治事之用。若文藝即非所重，不學亦可。是以皇子等在内廷讀書，從不令學作制藝，恐類文士之所爲。凡以端本務實，示所趨嚮。我朝列聖垂訓，命後嗣無改衣冠，以清語騎射爲重，聖謨深遠，我子孫所當萬世遵守。若如該御史所奏，八旗男婦皆以紡織爲務，則騎射將置之不講，且營謀小利，勢必至漸以貿易爲生，紛紛四出，於國家贍養八旗勁旅，屯住京師本計，豈不大相刺謬乎。近日旗人耳濡目漸，已不免稍染漢人習氣，正應竭力挽回，以身率先，豈可導以外務，益遠本計。即如朕三年一次，閲選秀女，其寒素之家，衣服尚仍儉樸。至大臣官員之女，則衣袖寬廣踰度，竟與漢人婦女衣袖相似。此風斷不可長。現在宮中衣服，悉依國初舊制，乃旗人風氣，日就華靡，甚屬非是。各王公大臣之家，皆當力敦舊俗，倡挽時趨。不能齊家，焉能治國。以副朕崇實黜華至意。羅家彦此摺，若出於滿洲御史，必當重責四十板，發往伊犁。姑念該御史係屬漢人，罔識國家規制，但伊識見如此，竟欲更我舊俗，豈能復勝言官之任。著革退御史，仍回原衙門以編修用。二十二年諭：向來科道奏事，無論事之應密與否，皆係實封進呈。本日御史余本敦奏直省審案延玩，責令該管上司清釐一摺，露封陳奏，奏事處官員不行駁回，亦即接收轉遞，均屬違例。余本敦及接收之奏事官員，俱著交部議處。又諭：本年京師入夏以來，雨澤稀少，朕省咎思愆，恐政事或有闕失，及内外臣工，怠玩不職，以致昊蒼垂象示儆。又或因逆匪潛伏近畿，致沴氣所結，上干天和。特降旨令在廷諸臣，各矢忠誠，讜言入告。並令職司緝捕各衙門，嚴緝逆匪，摘發伏匿。原冀諸臣仰體朕懷，有言責者，剴切敷陳，司捕務者，認真訪緝，庶可除否塞而成交泰，消氛戾而召祥和。孰意上以誠求，下仍虛應。自降旨以來，科道等紛紛陳奏，並無經國遠猷。或糾一事，或改一例，大率皆與吏部銓法相關，其餘五部，俱無論及者。揆其意向，不過各私親故，改一條例，爲一二人早得除授地步。不思法令數更，最乖政體。銓法遵行已久，若朝夕改易，人將何所適從。如果吏部事務叢脞，英和戴均元等，或有貪黷廢法，及實不稱職者，該科道實有證據，不妨指名叅奏，朕必嚴行查辦。若旁敲側擊，毛舉細故，輕改舊章，遂其私意，豈朕求言之意耶。其步軍統領衙門及五城順天府，近日屢奏獲犯，止係看香治病，拜廟誦經，及逃遣疊竊各細事，並未緝獲逆匪一名。此不過因降旨飭責，藉此以見其認真訪緝，掩飾目前。朕以誠心待諸臣，諸臣不以忠悃事上，惟思苟且塞責，此上天所以昭示旱象，未能兆成康阜也。特再降旨通行曉諭，嗣後上言者當於國計民生要務，指陳利弊，或確知内外大臣營私骫法，據實叅奏，以肅綱紀。職司緝捕者，將飭拏最要次要各逆犯，認真偵緝，期於必獲，不得捨本逐末，以副朕宵旰勤求至意。又諭：前據御史葉申萬奏藩司李賡芸自盡一案，閩省輿論，咸謂由於張均之多方激成。張均前已奉旨革職，熙昌等不應奏請開復原官，交部察議，當即降旨交董教增秉公確查。茲據奏稱確加查訪，閩省實有此案係張均激成之論，以張均接收交代，朱履中短缺鹽課二千餘兩，欲將書欠作抵，張均不允，催交現銀，朱履中情急，遂有稟訐原管道府收受陋規之事。儻張均稍肯通融，朱履中必無此稟，亦可無李賡芸自縊之事。竟委窮源，羣歸咎於張均交代刁難等語。朱履中短缺鹽課，以書欠作抵，本屬違例。張均不肯接收，尚爲持正。外省州縣交代，互相牽混，接任者不加詳查，扶同徇隱，以致虧缺相仍。張均之不肯通融，正係照例辦理，安得謂之有心挑剔。至朱履中之情急捏稟，李賡芸之被誣自盡，皆非張均之所能逆料。該員之過，惟在代朱履中墊銀三百兩，以圖自免交代遲延處分。又代朱履中改削揑造家人何佳姓名，混請銷案稟帖。有此二節，均干吏議。若張均並此而無之，即察議亦毋庸矣。此案業已查明，張均著仍照熙昌等原擬開復原官，交部察議。熙昌王引之所擬並無輕縱，著毋庸議。又御製諫臣論曰：人君治政臨民，未能盡美盡善也。天下幾務極繁，百官庶司，豈能毫無欺隱乎。若無諫諍之臣，政不綱矣。是以特設科道，事上存有犯無隱之忠心，效學朱雲魏徵之勁節。立志公正，不畏權要。見壞法亂紀之事，直進彈章，毫無瞻顧，斯不負設官之意也。明目達聰之職，責任至重。君有失德，尚欲繩愆糾謬，格其非心。若一味緘默，徒貽寒蟬之誚耳。內外臣工，儻有營私作弊而上不知者，立時封奏叅劾，不避嫌怨，斯爲盡心盡職之言官，朝廷之大福也。世道人心，日流日下，近年諸臣，爲公者少，爲私者多，避人焚草者少，張揚於衆者多。甚至假借題目，作弄威福，營私納賄，枉法貪財。此端豈可開，此風不可長也。若不力加整飭，馴至於前明結黨惡習，誠朝廷之大患也。忠告必嘉納，佞口必屏斥。若不論忠佞公私，惟言官之言信用，博納諫之虛名，受亂政之實禍矣。惟望言官洗心滌慮，大公無私，常存以言事君之誠，盡屏取巧謀利之僞，作天子之耳目，爲朝廷之腹心，上章進諫，置禍福於度外，密封不露，雖至親手足，不令與聞，方不愧此職任。顧名思義，王章不可玩也，以執法之臣，爲犯法之事，甚辜朕求言之誠意矣。爲私之一二敗類，不得不除。爲公之諸臣，益當勉勵，不必妄生疑懼，當言則言，言必有中。若仍存私見，自此絕口不言，竟以朕爲拒諫之主，心更不可問，罪浮於彼矣。又諭：我朝列聖相承，廣開言路，朕虛懷納諫，凡科道所上章疏，其言是者，無不采納施行。即或識見迂陋，所言不當，亦每曲示包容。不特不肯誅戮言官，即如前朝秕政，廷杖諫臣，亦從無其事。本日期審勾到官犯內伊綿泰蕭鎮二名，俱予勾決。伊綿泰枉法婪贓，法所難宥，至蕭鎮職居言路，得以上章言事，徇情聽屬，已干法紀。乃竟賄賣條陳，以奏事爲納賄之具，欺君罔上，孰大於此。若不加嚴懲，則言以賄行，顛倒是非，變亂黑白，勢將何所不至。特將該犯明正典刑，以昭炯戒。內外臣工，當知朕所誅者，乃壞法營私，行同市儈之小人，於上章言事之諫官，毫不相涉也。將此明白通諭知之。二十三年諭：昨日酉初三刻，有暴風自東南來，俄頃之間，塵霾四塞，室中然燭，始能辨色。其象甚異，朕心中震懼，夙夜不遑，惕思上蒼示儆之因，稽諸洪範咎徵，恆風爲蒙之象，皆朕辨事不明用人不當之故。或意存怠忽，不能力勤，或有下情不能上達者，其政事闕失無所匡正歟。抑小民冤苦，壅遏莫聞歟。或內外大臣，有姦佞傾邪，而朕不及覺歟。有言事之責者，體朕遇災而懼之心，其各屏除私意，獻納忠言。如朝廷所行之事，有似前代秕政，應行改革者，即剴切論列，無有所隱。下民橫被冤抑，有覆盆莫白者，亦據事直陳，代爲昭雪。其姦邪之病國虐民者，或模棱巧宦，旅進旅退者，即列款糾叅，指其實迹，登之彈章。如此則言者出於爲國之公心，朕聽之即爲應天之實政。若懷挾私意，止圖便一身之謀，又或造作無稽，以報夙嫌而洩私忿，則顛倒黑白，淆亂是非，不特負朕求言之意，更足以增晦蒙之象矣。且如近日人心險惡，匿名訐告之案，接踵而出。良民受其拕累，以致蕩産亡身，皆足以召災沴。又風從東南而來，或東南一帶，逋逃逆惡，相聚潛藏，地方官不能覺察，以致上干天和。朕恐懼修省，反復思維，虛懷延訪。內外大小臣工，各當自省咎愆，殫心竭力，共勤職業，以副朕修德弭災之意。又諭：巡視五城御史，審理詞訟，稽查姦宄，近在輦轂之下，責任匪輕，必須品行端方，聽斷明允者，方爲稱職。向來都察院遇有巡城缺出，一概列名請簡，並不詳加遴選。如蕭鎮之貪黷營私，蔣詩之昏謬溺職，均有玷風紀之司。嗣後巡城御史缺出，著該堂官於科道內，揀選公正廉明者，每一缺保奏二員，帶領引見，候朕簡用。亦不必拘定曾經巡城次數，該員一年任內，辦理妥協則已。儻有貪黷如蕭鎮者，將原保堂官，交部嚴加議處。昏謬如蔣詩者，將原保堂官交部議處。又諭：昨因風霾示儆，朕降旨求言，原冀聞政事之闕失，下民之冤苦，令各言官據實直陳。乃連日京堂御史中，竟有三人以松筠降謫之事爲言，請仍召還內用者，實屬莠言亂政矣。上年松筠陳奏阻止盛京謁陵大典，朕欽遵皇考高宗純皇帝聖訓，宣示其罪。猶念其陳奏尚在未經明降諭旨以前，曲從寬典，僅革去大學士，降爲二品頂戴，仍授以察哈爾都統一品職任。此朕準情示罰，不得已之苦衷。曾令松筠跪讀聖訓，松筠亦惶悚知罪，並無幾微負屈之意。朕以松筠多年舊臣，歲時賞賚無缺，意欲俟一二年後，仍復召用。乃該京堂御史等，妄將此事牽引論列，以應風霾之異，其言太覺支離荒謬矣。松筠謫降，係上年六月之事，彼時何以不見有眚災告儆。且言者果以松筠爲屈抑，又何以去年不交章諫諍，坐待今日，乃爲此無稽之論。況風霾之象，專爲松筠，必無是理。復召與否，其權在上，豈小臣所得干預耶。是言者止意圖邀名市惠，而並不計及政體所關。國家進退大臣，功罪較然，豈容逞臆妄言，撓朕黜陟之大柄。此風斷不可長。特明白宣諭言事諸臣，務各屏除偏見，毋徇私好私惡，以淆公是公非，負朕虛懷納諫之誠也。又諭：御史卿祖培奏武職都司以下各官，請照文職一體欽派大臣，公同揀選一摺。當奏上時，朕即以其言爲是，批交大學士軍機大臣會同兵部議奏。茲托津等議覆，應如所奏辦理。向例文職揀發各官，佐雜微員，尚奏請欽派大臣揀選。武舉於會試後，揀選營衛，亦由兵部奏派王大臣考驗，何獨於武職都司守備，轉由兵部堂官，自行揀選。辦理原不畫一，自應一體欽派大臣，公同揀選，以昭公慎。卿祖培此奏，毫無私見，甚屬可嘉。言官陳奏事件，總當屏除私念，如果出於至公，實能有裨國事，朕必鑒其悃誠，降旨嘉許，立予施行。若聽囑徇私，亦不能曲從所請，沽納諫之名，誤國家之政也。又諭：昨據給事中李振祜叅奏都察院，此次京察，有給事中色成額一員，先經列入六法，嗣該給事中獨赴公堂，辯論干求，演習拜跪，該堂官劄行吏科，改列三等，前後反覆，視若兒戲等語。當交軍機大臣查明具奏。茲據奏調查該衙門册劄等件，並詢之色成額，及該院經歷等官，原册內色成額先填有疾，復經都察院劄知吏科，改入三等屬實。至色成額上堂銷假，曾演習起跪，廳官百昌陶定中親見，實未求改三等。該給事中下堂後，各堂公商劄行吏科，改入三等，請將都察院堂官，分別嚴議議處。京察爲激揚大典，舉劾皆當慎重，況都察院職司風憲，尤不應稍涉游移。此案都察院堂官，所定京察册籍，雖未過部，但業經公同註考，乃輒將六法之員，劄行吏科，改列供職，實屬輕率。色成額仍著列爲有疾。是日在署公同議改之都察院堂官景禄吴芳培蔣祥墀齊布森，俱著交部嚴加議處，和桂隨同畫諾，著交部議處。

二十四年諭：御史唐鑑奏請復輪班日講官員，及繕進經史講義一摺。經書史鑑，皆關治道。人君日理萬幾，不廢典學，我朝列聖相承，皆本聖學以成聖治。朕仰紹詒謀，孜孜求治，每值歲暇，亦惟披覽經史，學於古訓。然念帝王之學，在於貫徹天人，明體達用，以見諸施行，與經生尋章索句者不同。從前康熙年間，聖祖仁皇帝曾有翰林輪班入直之令，旋亦停罷。乾隆初年，高宗純皇帝命翰林科道，輪進經史講義，其後即有借進講經書，隱諷時事，行其詐僞者，特降旨訓飭。至乾隆十四年，因御史金相之奏，聖諭以諸臣按日奏御，所稱洞達天人，發明道奧者，殊不概見，行之十餘載，漸成故套，敕令停止。自後數十年，總未舉行，是以朕嗣位以來，亦未議及此事。今該御史請復此舉，朕每日召見臣工，多至十餘起，披覽章奏，動輒數十件。即使添見翰林四人，多閱講義數篇，亦斷不以爲煩苦。惟朕召見大臣，皆以諮諏庶政，即京堂各官，近年增有冬季輪班直日之例，其學識之淺深，心術之邪正，於召見時亦均可鑒察。至翰林資格本淺，俟升轉至學士以上，或擢用京堂，改補科道，自可敷奏以言。如此時遽令撰進講義，輪班入對，其能闡聖賢之精義，陳古今之治忽者，能有幾人。若徒摭拾陳言，敷衍入奏，或以頌揚塞責，甚至妄議時事，豈非徒亂人意乎。朕圖治維殷，然一切皆求之於實，所謂爲政不在多言，顧力行何如耳。使但博稽古之名，而無裨實政，殊不如其已也。該御史所奏，著毋庸議。又諭：御史袁銑奏考試請飭恪遵功令一摺，所奏是。順天鄉試會試，向於午門宣旨，點出各員，例有關防。其不入闈者，自應迴避，即時散去，不許片刻逗遛。至未經考差者，尤不應至彼窺探，接耳交談。如有此等情形，御史即應叅奏，交部審訊。自本科爲始，點派考官密本。朕不先發交批本處，於初六日特派乾清門侍衛二員，齎至午門前，交大學士拆封，眼同稽察御史宣旨唱名。其內廷行走，不能前赴午門候旨者，朕於點出後，是日豫行飭知前往聽宣。既宣旨之後，如有不入闈之員，仍在彼逗遛聚談者，即著稽察御史，指名參奏。至殿試朝考，應行與考之貢士進士等，例不準在紫禁城内住宿。其無職事人員，於是日更不應至太和門左右掖門探伺。嗣後並著直班護軍統領，及稽察御史，嚴行查察。如有違令者，據實糾參。又諭：御史于德培參奏九卿從耕，未及九推一摺，所參甚是。本年耕耤，朕因祗謁東陵，即於是日啓鑾，是以躬耕後，不御觀耕臺。然必四推四返禮成，始行啓蹕。並先期降旨，諭知壇内有執事人員，俱毋庸赴朝陽門外送駕，俾令從容成禮。乃是日三王仍照常行五推禮，其九卿於王等五推五返後，東班即行散去，西班周系英徘徊觀望，又一推一返而散。彭希濂則一推後並未親手扶犂，實屬怠玩。三王等雖係循分將事，然以視九卿，則能知以典禮爲重，殊堪嘉獎。著各賞加紀録一次。該九卿等，以特派從耕，朕偶未親觀，輒如此玩泄，若派赴外省，專辦一事，更不知如何怠忽，不可不嚴行懲創。著留京王大臣查明，交吏部都察院嚴加議處。御史于德培在西班監禮，即據實參奏，著賞加紀録二次。其東班監禮御史，係屬何員，著留京王大臣查明。如同在監禮，僅止不行參奏，著交部議處。若先行散去，並未在彼監禮，著交部嚴加議處。又諭：前據御史于德培參奏九卿從耕，俱未九推成禮，朕以九卿等特派從耕，如此玩泄，實屬可惡，當降旨交留京辦事王大臣查明，交吏部都察院嚴加議處。兹據綿課等奏稱，飭傳禮部鴻臚寺順天府各執事人員，並東班監禮之御史舒英蔣雲寬，西班監禮之御史托明，逐加詢問，僉稱東西兩班從耕九卿，均係九推九返。周系英因耕牛行遲，於八推八返後，見東班先已禮成，自言尚少一推，如何就散，因即補足一推。彭希濂則因耕牛行疾，伊病後步遲，扶犂脱手二次，亦仍九推九返，禮成方散等語。從耕事關典禮，如果該九卿等，俱未成禮而散，則其咎甚重，議上時，朕必將伊等概予罷黜，斷不以人數衆多，稍從寬縱。今查明是日九卿從耕，俱已九推，其先後參差不齊，係因耕牛遲速之故。朕向來觀耕時，曾經目覩。周系英見東班禮成，自計推數補足，均毫無不合。惟彭希濂脱犂二次，實屬失儀，業已降二級調用，罰無可加。著與周系英姚文田王宗誠吴芳培陸以莊善慶奎耀齡椿，均毋庸嚴議。東班監禮御史舒英蔣雲寬，無可議處。英和自請交議之處，亦毋庸議。至三王等從耕禮成，本係照常之事，前因與九卿相較，是以各賞加紀録一次，今既同係成禮，其所加紀録，著即撤銷。于德培與托明同在西班監禮，見彭希濂扶犂脱手二次，理應會同參奏。如托明徇情不肯列銜，即應將托明一並參奏。此事非對章條奏可比，乃一人單銜具奏，並率稱九卿俱未成禮，不顧事之輕重虚實，妄劾多人，其意何居。朕辦理庶政，一秉至公，從無成見。于德培甫經擢任言官，如此多事，實屬冒昧浮躁。著將紀録撤銷，交部議處。托明於彭希濂愆儀之處，並未會參，亦屬無能，著交部察議。此次議處察議，英和周系英不必與聞。其餘堂官，秉公議奏。又諭：御史李遠烈奏請禁各部院衙門，繕寫清字稿件，私攜出署一摺，所奏甚是，必應嚴禁。部院衙門，一應稿案，均應在公署辦理。若如該御史所奏，筆帖式繕寫清字稿件，竟各攜回私寓，顯係倩人替代。且恐有私行漏洩情弊，殊非慎重辦公之道。著通諭各部院堂官，嚴飭司員，隨時稽察，如有不能在署繕寫之筆帖式，將文稿私攜出署，及書吏擅送私寓者，立即革職，呈堂參奏，以儆惰玩。又諭：國家神武開基，清語騎射，乃滿洲舊俗，根本重務，必當萬年無忘，是以巡幸盛京，最爲鉅典。我皇考高宗純皇帝曾因親詣盛京，垂諭後嗣，當睠懷遼瀋舊疆，再三周歷。或無識臣工，妄以爲不宜，當律以悖命之罪，誅之無赦。其次即木蘭秋獮，肄武習勞，亦必當恪遵成憲，永守勿怠。皇考聖製避暑山莊後序，追述聖祖仁皇帝始建山莊，所以詰戎綏遠，崇樸愛物之義。世宗憲皇帝聖訓，後世子孫，當習武木蘭，無忘家法，並申諭以敬告後人。若後人忘予此言，則與國休戚相關之大臣，以及骨鯁忠直之言官，執予此言以諫之可也。煌煌聖訓，昭垂奕禩。上年朕東巡，祗謁三陵，松筠因畿輔小旱，上章阻止。此奏若出於他人，朕必律以悖命之罪，即予正法。因松筠身爲首輔，且素有忠悃，中外之人，皆可諒其無他，故止以降謫示懲，曲從寬典。木蘭秋獮，皇考慮及後嗣之不能式循，尚有望於忠諫。設有從而阻止者，亦不可不嚴示罰懲。兹特明降諭旨，嗣後每歲舉行獮典，或偶值天時水旱，朕心自有權衡。如此次降旨，啓鑾届期，適遇大雨，橋座被衝，即降旨改期，並非因人奏請。儻有無識之徒，敢於朕前建言阻止者，必將其人立予革職，發往伊犂，以爲阻撓大典，委靡不振者戒。朕言不再，懔之勿忽。又諭：御史盧炳濤奏河工動撥銀兩，請由工部覈議，會同户部撥款一摺，所奏甚屬迂謬。河工每年應領歲修銀兩，俱有定額。先期請撥，豫備工料，須俟事竣報銷，工部方能分別準駁。當該省奏請之時，工部本無可覆議，至遇有要工，承辦大員，約計工需，請撥帑項。若先交工部覆議，該部並未身親目覩，其需用銀款，或多或寡，應準應駁，憑何定議，徒然遷延時日，轉致有誤要工。該御史太不曉事，原摺著擲還。

二十五年諭：御史邱煌奏請禁科道遇缺奏事一摺，所奏非是。朝廷設立言官，遇有應奏事件，原許不時入告。如其言果是，即奏章一上，朕必獎勵優加。儻摭拾浮言，雖累牘不休，亦不能遽邀識拔。每次引見給事中，朕所簡用之人，非但不論開列之先後，實不計條陳之多寡也。若如該御史所奏，遇有給事中缺出，未經引見之先，即不準御史呈遞封章，是將使言官瞻顧徬徨，相率緘默。且又稱實係機密重務，仍許入告。設言官奏事，專爲圖謀進階，將必有以緊要事件，故意延閣，俟有科缺，始行呈奏者，又將何以辨其真僞耶。總之言官奏事，其心當爲公而不爲私，轉不必豫存避嫌之見。如該御史摺內，聲明現有漢給事中一缺，業已呈明扣除引見，是又近於取巧，殊可不必也。又諭：給事中葉繼雯奏擬絞犯婦，情有可原，刑部不應列入秋審情實一摺，所奏甚屬非是。此案保杜氏，因伊翁保三雄利資，縱伊與保緒文暨賈生俊，先後通姦，該氏恐妬姦生隙，告知伊翁移避，致伊翁被保緒文踢斃。該給事中以保三雄之死，非杜氏意料所及，籤商刑部改緩，刑部援引歷辦服制成案，礙難改緩咨覆。刑名案件，遇有倫紀攸關者，刑部執法定擬，例應擬實。至情節不同，將來勾決時，其權衡出自上裁。若如該給事中所奏，服制之案，此類甚多，若俱擬緩決，不但有紊成例，朕亦無可免勾之案矣。葉繼雯不勝御史之任，著以吏禮兵工四部員外郎補用。又諭：賈允升奏各省京控案件請降旨不準發還一摺，所奏非是。各省民人，赴都察院呈控案件，向來有奏聞者，有咨回者，有駁斥者。嘉慶四年，朕降旨不準駁斥，以防壅閉，係指案情重大者而言。若如賈允升所奏，無論案情大小，不準駁斥，即不準發還，則一切户婚田土錢債細事，一經京控，悉皆奏咨辦理，亦於政體非宜。國家設官分職，大小相維，若以部院衙門，理及瑣屑之務，則直省地方官，所司何事。且近來訟風日熾，使姦民臆計赴京控訴，必當一概準理，豈不益長刁風，倍增訟獄，拕累株連，流弊更大。賈允升所請不準發還控案之處，著毋庸議。惟都察院向有一兩月彙奏咨案之例，嗣後凡發還案件，亦著存記檔册，摘叙案情，一兩月彙奏一次，即可防掩重爲輕之弊。其近京旗民控告細事，劄交五城司坊審斷者，仍照舊例辦理，毋庸彙奏。又諭：從前軍機處滿漢章京，皆由軍機大臣，於內閣等衙門傳取。嘉慶四年，改由內閣六部理藩院保送引見。嗣後將保送人員，先令軍機大臣考試，分别棄取，帶領引見。其記名者，挨次傳補，立法至爲允當。惟大員子弟，設有迴避之例，殊可不必。防弊之道，初不在此，如大臣子弟，有挑入軍機處者，藉以學習政事，未嘗不可造就人材。嗣後保送軍機章京，著毋庸迴避大員子弟。其軍機章京，有升至通政司副使大理寺少卿，及補授科道者，即回本衙門行走。著仍照舊例行。

《大清會典事例（光緒朝）》卷一〇〇七《都察院・憲綱諭旨十》 道光元年諭：給事中盛唐奏撿拾匿名揭帖，請飭訪拏究辦一摺，甚屬非是。律載匿名文書告言人罪，見者即爲燒毁，若將送入官者杖八十，官司受而爲理者杖一百，被告者雖實不坐。定例久經著明。嘉慶二十三年，復奉皇考仁宗睿皇帝諭旨，以匿名揭告，最爲風俗人心之害，凡有黏貼匿名揭帖，即將原貼銷毁，不準具奏。惟關繫國家重大事務者，密行奏聞。是惟叛逆重情，乃準入告，此外皆應遵旨銷毁。聖諭煌煌，至爲嚴切，該給事中豈無見聞，乃以匿名呈控土棍細故，違例具奏。除所告毋庸查辦外，盛唐著交部議處。又頒《御制聲色貨利論》曰：孔子曰：放鄭聲，《書》曰：比頑童，時謂亂風。又曰：不役耳目，百度惟貞，玩人喪德，玩物喪志。《記》曰：姦聲亂色，不留聰明，淫樂慝禮，不接心術。由是觀之，聲色之爲害大矣。因思我朝定制，皇子皇孫均於六歲入學讀書，凡聖賢之所發言，自幼無不誦讀講肄，以爲修身立志之本，其奈終身抱道克己復禮者甚難。蓋知之非艱，而行之艱也。在常人猶不可不檢束身心，屏除聲色，爲人君者，尤當以禮自防，無爲所惑。常人惑之，害及一身。人君惑之，害及天下。敬思朕受皇考教育付畀深恩，欽承密諭，必當立除此弊，有損無增。茲難於概行除御者，實朕之苦衷，不能以言喻之也。後世子孫，若能體朕之心，法朕之行，成朕未竟之事，造次無忘不邇聲色之諭，即我大清萬世天下臣民之福也。其後宮嬪御之制，簡約詳明，毋庸復贅，遵而毋改可也。孔子曰：百姓足君孰與不足，百姓不足君孰與足。宮中府中，原屬一體，非同士庶之私自蓋藏也。故人君不可有私財，有私財必有私事，有私事必有私人，有私人則不爲其所愚者鮮矣。是以貨利之害尚小，而立身行政之害大矣。我朝立法嚴明，言利之臣，立加貶斥，惠民之政，不惜帑金。故任土作貢，自古有之，惟是行之既久，未免世俗相因，漸生侈靡。要在爲人上者，知稼穡之艱難，力崇節儉，返本還淳。然節儉之風，豈空言所能感化也，務在身踐力行，概從樸實，毋尚虛文。即向應入貢者，亦必察其義之所在，定以限制，不可稍存自奉之心。在諂諛者，必曰尋常之物，非珠玉可比，價廉直賤，獨不思一絲一粟，從何而出哉。且由數千里而來，以至達於九重，其費不知凡幾矣。故省一分，天下陰受一分之福，於史治民生，不無小補也。至於亭臺苑囿，夙有規模，淳樸之風，盡美盡備，足以供幾餘游憩，其可復待經營乎。《書》曰：峻宇彫墻。又曰：惟宮室臺榭陂池侈服，不可不引爲龜鑑也。即以當時而言，每歲應修理者，即不能及時措置，何暇復有所加增乎。設遇容悅之臣，侵漁之吏，多方獻諛取巧，逢迎主意，則必曰內廷之興造不同往昔，今則自內發帑募夫，並非勞民力傷民財而成之也。此乃我大清萬世之罪人，即應立正典刑，暴白天下。試思府庫之藏，來自何所耶。變其名色，分其出納，又將誰欺耶。嗚呼，仍是吾民脂膏也。設非壇廟宮室城郭官署外，又何忍以有常之費，恣意消耗於無用之地耶。我後世子孫，若不遵循舊制，縱欲無厭。或有讒佞熒惑，罔顧是非，當時之滿漢大學士軍機大臣都察院堂官暨科道等即持朕諭，交章進諫。若諫而弗納，則爲君者甘爲祖宗之罪人，臣工無與焉。若不能犯顏强諫，唯知自顧身家，苟且旁觀，尸禄保位，則是自外生成，爲萬世不忠之臣矣。著將此諭交內閣軍機處都察院各録一道，慎密存記。特諭。

二年諭：御史董國華奏請嚴汰各部冗員一摺，所奏似是而非。各部截取外用簡缺知府人員，其未經銓選以前，仍在本衙門辦事，各有本缺職任，正可藉資練習。若概令出缺候選，是徒與該員以自便之途，既非所以造就人才，而於部務仍無裨益，所奏不可行。至京察註入三等人員，例得留任，以觀後效。該堂官原應隨時察看，如該員果能奮勉，下屆京察，尚準列爲上考。若如所奏，必剋期分別去留休改，則三年後察典，轉無可汰之員，於事理殊覺未協，所奏亦毋庸議。又諭：前據御史魏成憲条奏户部郎中張甲三丁培緒員外郎丁嘉幹刑部主事高賜禮聲名平常一摺，當交軍機大臣，令其指出實據，復將該御史登覆各款，交户刑二部當官秉公確查。茲據查明各該員所辦稿件，皆屬按例準駁，在署亦無別項劣迹。該御史所指人證，傳詢各員，據稱並無其事。御史有糾繩之責，例許風聞言事，但必須確鑿可憑，方能據實查辦。今該御史摭拾空言，臚款指劾，殊失建白之體，魏成憲著傳旨申飭，嗣後各科道等如遇条揭事件，務當確切指陳，真知灼見，不得以捕風捉影之談，徒博彈劾之名也。又諭：御史邱家煒奏請申禁士子懷挾，並嚴查坊刻小本書籍售賣一摺。會試爲掄才大典，有志之士，束身自愛，何至故犯科條。據該御史奏稱，近有倩人寫成小卷，或將坊刻小本書籍攜帶入場，甚至有貢院夫役包攬代爲帶入者，殊屬大干功令。嗣後著辦理科場及搜檢各官，凡遇考試，務遵科場條例，認真查辦，不得視爲具文，亦不得任聽搜檢人役有意栽害。其坊刻小本講章策略等書，著該地方官出示嚴禁，以杜弊端。至本年係鄉試年分，邱家煒違例條奏科場事宜，著交該部察議。又諭：御史郭泰成奏請疏通河渠以工代賑一摺。據稱直隸入夏以來，大雨時行，田禾被淹，由河渠淤淺，水無所歸，如果河渠通暢，田廬未必受傷，年歲仍可豐稔等語。疏通河渠，以備水潦時宣洩流通，固是該地方應行之事，但今歲直隸一百四十三州縣，被水者有八十州縣之多，經朕特發帑金，分投賑濟災黎，計口授食，待賑不暇，又何忍藉此可緩之工，使民力作。若如該御史所奏，以賑濟之帑金，作興工之費用，是未給民食，先用民力，俾數萬飢民，驅令枵腹從事，大失朕拯恤窮黎之意。且被災非一區，疏通非一處，直隸各州縣所屬河渠，難以數計，如盡使嗷嗷待哺之民，赴功趨事，實屬窒礙難行。況天氣嚴寒伊邇，小民衣食尚艱，又迫以力役，是未蒙賑而先受其擾也。該御史不諳事體，所奏紕繆，斷不可行。又諭：都察院奏遞，著即於明日呈覽。嗣後該衙門應奏控案，遇有此等陳進事件，無論有無違悖字樣，俱著一並封奏。又諭：朕恭閱皇曾祖世宗憲皇帝實録，內載雍正四年十月奉聖諭，有謂朕進人太驟，退人太速者。朕在藩邸時，從未與外廷諸臣往還，即認識者甚少。及即位後，有內外員缺，甯能不用人乎。而素無認識之人，不得不博採旁求以用之。及用之，而徐觀其人實不可用，則不得不更易之。故大自督撫提鎮至於道府參遊洲縣，每一缺出，苟不得其人，朕將吏兵二部月摺翻閱再四，每至中於不寢，必得其人方釋然於中。此爲君之難，實不可以言語形容者也。等因欽此。仰見皇曾祖勤求郅治進賢如不得已之至意。本日給事中張鑒奏稱，督撫司道等官，升調太驟。各員履任未幾，旋即更調，該員於民風土俗，不暇周悉，屬吏尚未徧識，莅官之日少，奔馳之日多。胥吏乘新舊交代之際，玩法舞文，家人利本官歷任之多，飽索規禮，弊俱相因而至。嗣後請俟數年後察看該員治效，再爲升調等語。所見未嘗不是。惟是國家設官分職，所以登崇俊良，俾列庶位，因地擇人，權衡務求至當。朕敬體上天付託之重，恭繹列聖寶訓之貽，永思治益求治，安益求安，一遇督撫司道缺出，不得不廣諮博訪，擇其可用者而用之，此朕不得已之苦衷。即如督撫中孫玉庭阮元琦善等，何嘗不久任封圻。昨盧坤由甘肅藩司簡放廣西巡撫，朕因其於陝西情形較爲熟悉，因畀以陝西巡撫之任。於簡任之中，仍寓人地相需之義。如果二三年後，各督撫司道俱能盡心職守，吏治民風蒸蒸日上，朕又何嘗必欲更調，令該督撫等僕僕道途爲耶。至所稱督撫兩司，滿漢參用，當無分畛域，以免更調之煩，朕已早論及此。惟期大小相維，共臻上理。凡在臣僚，皆朕股肱心膂，視同一體，原不豫設成心，意存防檢，如該給事中所云也。將此通諭知之。又諭：本日大學士軍機大臣議駁給事中袁銑奏，嗣後遇有慶典，請無議蠲一摺，所議甚是。我朝列聖相承，深仁厚澤，培養元元，恤災減賦，不惜數千萬帑金，隨時舉行。至遇慶典之年，復將各省地漕民欠，分別蠲除，廣布恩膏，有加無已。煌煌令典，允宜遵循勿替。該給事中輒云遇有慶典，總無議蠲，是欲改變舊章，使朝廷之膏澤，不下逮於閭閻，大乖行慶施惠之義。給事中袁銑言利亂政，妄更祖宗成憲，致朕於不仁不惠，是誠何心，豈可復任言官。著以六部主事降補。

三年諭：御史趙柄奏請敕停各省停止分發佐雜人員一摺。向來佐雜等官，因部中銓選較難，照例加捐分發各省試用，挨次輪補。嗣以歷年分發既多，各該省人浮於缺，日形壅滯，節經直隸山東河南山西陝西江蘇等省，奏請暫停分發，均已降旨准行。原因該員等一經分發，在省差委，各督撫隨時甄覈，其流品才具固所深悉，補缺後既得及時自效，亦可造就人材，將來漸次疏通，仍照常辦理，並非使各省遞相仿傚，永遠停止。若如該御史所奏，令各督撫設法調劑，不得請停分發，是佐雜等選期本屬遙遠，分發到省，又復擁擠至數百人之多，守候至數十年之久，旅進旅退，得缺無期，甚非所以恤微末而權銓政也。所奏著毋庸議。又諭：御史陳澐奏徐淮控告鹽商匿報侵吞一案，既據汪葆仁自首短交餘引，請敕江蘇巡撫就汪葆仁呈出殘引細册，切究黄淼泰等侵吞確數等語。此案前據韓文綺叅奏在籍郎中汪葆仁恃符插訟，業經降旨將該員革職歸案審訊，尚未據該撫奏結。如果該撫審斷不公，有枉縱情弊，原許科道叅奏，朕必嚴行根究。乃以未定之案，該御史臆爲懸斷，並請旨敕下撫臣辦理，遽列封章，甚屬謬妄冒昧。陳澐著傳旨嚴行申飭。又諭：御史王世紱奏請嚴京察一摺。國家澄叙官方，三載考績，爲激揚之大典。朕恭讀嘉慶五年十一月皇考仁宗睿皇帝特諭，近年以來，六部堂官所拔識之司員，大率以迎合己意者爲曉事之人，以執稿剖辯者爲不曉事之輩，以每日傴謁卑詞巧捷者爲勤慎，以在司坐辦口齒木訥者爲迂拙，遂至趨承卑鄙，乞憐昏夜，白晝驕人，仕路頹風，幾不可問。朕思轉移風氣之方，須立矜式觀摩之準。現已將屆京察之期，各部俱應慎重選舉，以公心辦公事，毋存絲毫私意，問心無愧，斯可對君。此旨著通行曉諭，各録一道，懸於公署，朝夕觀覽等因欽此。聖訓煌煌，至爲詳備，部院各堂官果能實力奉行，自可黜陟允當。朕即再降旨申諭，亦不能出聖諭之範圍。如該御史所奏，歷届京察，有出任道府，督撫撤令回京者。堂官薦之於前，督撫劾之於後。或保或叅，互相矛盾，此言未嘗不是。然猷守兼優者，固屬攸往咸宜。其資格較久，謹愿樸實之員，原有部務熟悉，而初膺外任未必裕如者，朕屢飭直省督撫隨時甄別，原非一經薦舉，即不復加以叅劾也。其衰庸各員，該堂官等自應嚴加甄汰。儻憐其衰憊，特予矜全，曲徇人情，好爲姑息，一經發覺，惟該堂官是問。至所稱候補各員，有才堪造就，不妨試以例案，策勵使前，似爲得人起見。然候補人員，於稿案事件，原應一律講求，以期熟悉，至補缺先後，挨次序用，自有一定成例。各衙門有例可循，尚恐堂官以愛憎爲取舍，不盡公允。若妄更成例，越次揀選，名爲鼓勵人才，實以開奔競之門。躁進者遂捷足先得，守分者必致補缺無期。此端一開，流弊滋深，所奏斷不可行。至各員簡擢外任，或因貪劣被叅，原保各官，吏部本有處分定例，亦毋庸更立科條也。

四年諭：山西榆次縣民閻思虎强姦趙二姑一案，前經趙添中以該知縣當堂逼認和姦，致趙二姑忿激自盡等情，赴京呈控，降旨交邸樹棠親提嚴審。嗣該撫仍以和姦擬結，御史梁中靖糸奏，復諭令將人證卷宗提解刑部審訊，始據刑部審明，據實平反。並將該省承審各員賄囑舞弊各情，逐一究出。此案閻思虎强姦釀命，實屬淫兇，著照例斬監候，入於本年朝審情實辦理。趙二姑猝遭强暴，捐軀明志，洵屬貞烈可嘉，著禮部照例旌表。已革榆次縣知縣吕錫齡首先承審，膽敢骫法營私，致釀人命，昏墨欺蒙，情殊可惡，著發往伊犂充當苦差。解任太原府知府沈琮，於所屬知縣聽從賄囑各情，毫無覺察，及提府審訊，又復有心回護，其代慶純等揑叙説單，爲消弭刑逼勒結地步，尤屬詭譎。沈琮著革職發往烏魯木齊效力贖罪。解任忻州知州慶純，平定州知州賈亮采，未能悉心推鞫，率照和姦取供，意存迎合上司非尋常失出可比。慶純賈亮采俱著革職發往軍臺效力贖罪。解任太原縣知縣章頌椿，於填寫屍格，迹涉含混，並誤取犯供，實屬無能溺職。章頌椿著即革職。按察使盧元偉督審重案，所訊各情，均係輕重倒置，種種錯謬，幾成冤獄。盧元偉著即革職。巡撫邱樹棠，以特旨交審之案，不即親提審訊，任聽屬員草率遷就，顢頇入奏，實屬辜恩溺職，即將該撫革職，亦係罪所應得，姑著加恩降爲按察使以觀後效。刑部堂官及承審此案司員秉公研鞫，伸雪沈冤，使兇徒不敢漏網，辦理尚屬認真，俱著加恩交部議叙。御史梁中靖糸奏得實，著加恩賞給四品頂戴，仍交部議叙，以示獎勵。又諭：朕於道光元年御制《聲色貨利論》，仿書紳之義，以爲座右箴銘，交內閣軍機處都察院各録一道。科道等身列諫垣，自所深悉，即應恪遵前旨，慎密存記。乃本日御史善年奏請將《聲色貨利論》，或每月宣讀一次，或一年宣讀數次，無端發此昏繆之語，甚屬狂妄。善年有心見好，不知大體，豈復勝御史之任。著以員外郎降補，歸部銓選。

五年諭：本日松筠到軍機處告知軍機大臣代爲奏請，帶內閣中書徐松隨往熱河審案。向來各部院大臣，經朕派令出差，例帶本衙門司員，或本衙門無熟悉刑名之人，准將刑部司員奏明帶往。此次濟克默特札布及色楞旺楚克互控一案，係蒙古事件，前經松筠奏帶理藩院司員，尚屬可行。松筠係都察院堂官，中書非其所屬，率請隨帶徐松，又不於召見時面奏，迹近專擅，任意妄爲，不知檢點。且此端一開，將來出差大臣，皆可於所屬意之人，奏請帶往，夤緣奔競，尚復成何政體。松筠所請不准行，著傳旨嚴行申飭。又諭：朕檢閱去歲封章，有巡城御史武爾通阿劉尹衡具奏拏獲形迹可疑之人一摺，業經刑部審明，按律奏辦矣。因思該逆犯張浡雖無主使黨與等情，其悖逆形狀已屬確鑿，該御史等巡查尚屬認真，武爾通阿劉尹衡俱著交部議叙。又諭：前據給事中郭泰成奏二麥豐收，請暫弛囤積之禁一摺。據稱例載各鋪户所存米麥雜糧等項，不準逾數囤積，係因年歲歉收，恐姦商壟斷居奇，有妨民食，爲此權宜之制等語。京師爲五方輻輳之地，人煙稠密，必使米糧流通無滯，庶居民無食貴之虞，原非專爲歉歲設此例禁。從前因米價昂貴，曾降旨嚴拏囤户，現當二麥豐收之時，民食正可稍裕。若如該給事中所奏，勿限囤積數目，是使姦商乘此豐稔之年，恣意收買，將來囤積居奇，必至糧價增昂，有妨民食。該給事中顯係受人慫慂，與本日萬方雍所奏公私迥別。身爲言官，豈可稍存私見，輒請變通成例。所奏斷不可行，郭泰成著傳旨嚴行申飭。又諭：御史劉尹衡奏接據揭帖二紙，列款控告嵩縣知縣各情，雖書有高珩之名，其人不知去向，將所收印照揭帖呈覽，請飭交辦等語。匿名文書，告言人罪，最爲風俗人心之害，有拾獲者即應燒毁，前降諭旨與律文所載甚明。該御史所收揭帖，雖書有姓名，而其人避匿，焉知非駕名揑控，何得以有執照印信爲詞，不行燒毁，殊屬非是。除將封呈各件，擲交該御史自行銷毁外，劉尹衡著交部議處。

六年諭：前據御史錢儀吉糸奏浙江學政朱士彦任性錯謬各款，當經降旨交程含章詳細確查。兹據該撫奏稱，原糸該學政終日沈湎，及教職小誤，輒加夏楚二款，查詢並無其事。又創爲小枷，令士子帶枷謄録一款，查係因童生夾帶文字，用小枷枷號示衆。所枷之人，不得入場作文，無所用其謄録。又貧生拖欠錢糧，無論奇零悉行扣考一款，查係該府縣教官詳報欠糧扣考，所欠銀米，自數兩數石至千餘兩數百石不等，並非貧生小户，完糧後即準補考。所糸皆屬不實。惟該學政之父，隨棚分閱試卷，出題割截太甚，不成句讀，取進童生，寫字錯訛，令教官掌責，及嘉興試院於場事畢後演劇各款，原糸有因而未盡實等語。浙省士風輕薄，朕所夙知。該學政遇事整頓，原無不合，惟伊父朱彬迎養到浙，止宜在署居住，不應隨棚閱卷。若亦幫同校閱，豈不與干預公事者無異。試院演戲，雖係場事全竣，亦不應漫無關防。至生童勦襲舊文及字畫錯訛，原應豫行出示曉諭誥誡，有犯者棄置不録，究不宜出題割裂句讀，取進後輒予掌責，致滋物議。此數節朱士彦不能辭咎，著交部議處。至御史職司糾察，遇有不公不法之事，原應立加叅劾，然亦當訪查確切。錢儀吉所叅朱士彦各款，若皆屬實，該學政當得何罪。今查明數款尚出有因，而措詞未免過當，且有數款查無其事，錢儀吉何得率行陳奏。念其究係言官，從寬著交部察議。又諭：昨據户部會同吏部議奏，推廣常例酌增事例條款一摺，已依議行矣。同日又據御史黄德濂奏稱，滿漢廕生世職及各正途出身之子孫弟姪，俱準報捐，易滋流弊，更恐新例一開，且將常例條款議增，必不能及每年常捐之數等語。古人籌備軍儲，原有輸粟於邊之議，現值剿辦逆回，軍需繁重，雖口外存糧充裕，而轉運一切經費，必須寬籌，斷不能以内地歲入之常經，盡出爲荒徼行軍之用。兹經部臣會同議奏，於現行常例之外，不得已推廣酌增條款，專爲現在軍興而設。仍嚴定限制，以免流品混淆。其常捐事例參酌情形，分别應增應減，並未一律加增，更與另開新例者不同。御史職司言路，凡遇臣工議奏之事，有未允協者，原可於具奏通行後，據實直陳。如果所言可採，即已經施行，亦不難飭令改議。乃該御史於該部會奏時，同日陳奏，試問該衙門所議條款，尚未具奏通行，該御史何由得知。非有意沽名，即近於取巧，此風斷不可長。黄德濂本應重究，念係言官，著從寬交部議處。

七年諭：昨因元旦朝賀禮成，百官甫退，有穿補服二人自東而西，在太和門階下趨過，降旨查詢。本日據那清安等奏，向來朝會，有御史禮部司官侍衛等分列左右，糾察失儀，請將該員等察議等語。朝會大典，自應整齊嚴肅，該員等於任意趨走之人，竟不照例指拏，所司何事。并聞侍衛處久未派員，自係相沿積習，亦屬疏忽。本應照例將該堂官懲處，姑念由來已久，並非起自近年，著吏部查取此次專司越班失儀御史及禮部司員各職名照例察議。嗣後丹墀南仍派禮部司員四人，儀仗後仍派御史四人，禮部司員四人，並著添派侍衛四人，分列昭德貞度門内階下左右，專司朝儀。遇有越班行走者，立即指拏奏辦。儻再怠忽從事，定將各堂官一並懲處不貸。又諭：昨據五城御史會奏散放貧民錢文完竣，朕召見摺内列名之東城御史寶瑛南城御史但明倫俱未進内聽候，當令軍機大臣查詢。尚有東城御史汪琳、南城御史安豐、西城御史錢儀吉三員，亦俱未到，各衙門呈遞奏章，凡摺内列銜之員，理應進内祇候，該御史等五人，皆無故不到，殊屬不合，俱著交部議處。

九年諭：御史何輝綬奏請定保舉御史章程一摺，所奏甚是。御史爲風憲之官，必當慎重遴選。此次保送御史内，兵部郎中李熉，曾任湖北荊州府知府，因才不勝任，改用今職。刑部郎中錢學彬，前在福建泉州府知府任内，有意規避，以才不勝任，請改京職，部議革職。旋經捐復員外郎，推升郎中，復蒙混截取繁缺知府，部議降調，又經捐復郎中。此等人員，何得濫行保送御史。李熉錢學彬均著該部即行扣除，毋庸帶領引見。嗣後各部院堂官，於所屬司員内，凡因私罪降補京職，及不勝外任，特旨改用人員，不準保送御史，並不得截取外用。又諭：禮部議準御史牛鑑奏請以李容從祀文廟一摺。先儒升祔學宫，祀典至鉅，必其人學術精純，經綸卓越，方可俎豆馨香，用昭崇報。若僅著述家言，闡明心性，未有躬行實踐，超越等倫，列祀鄉賢，已足彰褒旌之義，豈宜升祔廟庭，稍滋冒濫。綜覈李容生平學行，雖足爲閭黨矜式，然似此者亦豈乏人，何能盡登兩廡，該部請如該御史所奏，準其從祀文廟之處，著毋庸議。十年諭：向來刑部承審案件，本有定限完結。惟案内有提犯未到，或行查未覆，及患病之犯，應行扣限，各衙門與刑部定例，尚未畫一。至鬭毆之案，必以辜限傷痕，定罪名輕重。其疑難重案，遴員接審，應照例扣限，以專責成。若罪止杖笞，及無罪可科之人，分别交各旗及司坊官等帶訊，亦應定立傳限。著照刑部所擬，嗣後在京衙門承審事件，限一箇月完結，刑部現審事件，杖責等罪，限十日完結。發遣軍流等罪，應入彙題者，限二十日完結。命盜等案應會三法司者，限一箇月完結。其鬭毆殺傷之犯，到案後，以傷經平復及因傷身死之日爲始，行查及提質並案犯患病，以查覆及提到並病愈之日爲始，接審者以接審之日爲始，仍將應行扣限及三法司會審日期，並於科道衙門註銷内聲明。儻司員因循，或法司不即會審，以致逾限，如係書役作弊者，將書役嚴加治罪。承審司員及會審遲延之堂司官，一並交部分别議處，内外移咨行查。如催文三次無回文者，照例題叅，行文八旗内務府五城順天府提人。於文到三日内，無故不行送部者，亦照例叅處。又諭：御史寅德奏崇文門税務，仿照倉庫等例，特派御史專司查察一摺。崇文門設立税局，原以稽察行商，盤詰姦宄。應税貨物，固不容稍有偷漏，而往來行旅，尤不可任令胥吏等恣意婪索。若如該御史所奏，近來税局巡役過多，該役等所有親戚及熟識閒雜人等，每向該管委員請討諭帖，因此藉端影射，輒用白役多人需索訛詐，以致往來官民人等，視爲畏途。且聞各門税局，遇有裝載行李車輛到門，每一衣箱，索取銀四兩至八兩十兩不等，其姦商私販違禁等物，夾帶進城，胥吏等轉得受錢文，私行賣放。京師爲萬方輻輳之區，似此滋擾舞弊，不可不嚴行查禁。嗣後著都察院堂官揀選滿漢御史，擬定正陪帶領引見，候旨派往該處專司查察。其更换之期，以一年爲滿。如胥役人等，於不應盤查之人，故事勒措遲留，而於例應訪拏違禁貨物，輒行受賄賣放，該御史等一經查出，即行指名叅奏懲辦。所有該處税務，不準該御史等干預。儻該御史等有心攙越，或受人情託，有授意免税及縱容家丁需索滋擾情事，即著該管大臣等據實叅奏，務須各循職守，互相稽覈，於國課民生兩有裨益，不可日久視爲具文。又諭：托津等奏會議稽查役滿書吏回籍章程一摺，在京各衙門役滿書吏，並不回籍，往往逗留京師，招摇影射，骫法營私。據托津等遵旨會議章程具奏，所有已滿書吏，逾限不即起程，及半年不到原籍，潛行來京，分别革去職銜治罪。司坊官分别勸懲，疏縱之原籍地方官叅處，告退革退之吏，勒限回籍。五城司坊官督率總甲認真查報，冒籍大宛兩縣者，役滿令歸原籍。其籍隸大宛者，不準充當書吏。至貼寫酌定額數，責令該經承連環取保。其有加捐佐貳等官，毋庸在部投供者，勒令回籍。並著都察院堂官滿漢科道留心查察，如有役滿逗遛，及地方官容留疏縱等弊，隨事隨時據實嚴叅懲辦，不得日久視爲具文。又諭：前因各省京控咨交案件，提解逾限各員，惟江蘇彙奏請旨交部議處，安徽彙奏咨叅，其餘各省均係定案時隨案咨叅，辦理兩歧，降旨交吏部明定章程，改歸畫一。兹據奏查明各省京控咨交案件，前於嘉慶十五年，經都察院會同步軍統領衙門奏準，統計一年之内，咨催兩次，彙叅兩次。並令該督撫每届半年，詳察逾限各案，將承審各官開列揭叅，交部查取職名議處，久經定有章程。惟各省案件，多寡不同，以致辦理兩歧，請飭一體照例遵辦。嗣後各該督撫府尹，均將京控咨交逾限未結之案，每届半年，彙奏請旨交部議處一次，以歸畫一。俾承辦各員，咸知儆畏。又諭：前因七品以下人員，違例僭用素金帽頂，經大學士九卿議定章程，降旨嚴申例禁。兹據給事中陶廷杰奏，違例僭用者現尚不免，朝廷制用頂戴，彰别等威，何得濫行僭越。況經降旨申諭，並責成科道等據實糾叅，豈容視爲具文，不加察劾。朕思吏部月選官驗看時，每次遴派各部堂官八員，科道各四員。其驗看官内有八九品未入流等項人員，如違用素金頂者，著即指名嚴叅。嗣後若再有七品以下人員僭用素金帽頂者，並著科道等隨時糾叅，按律懲處，以重名器。

十一年諭：大學士九卿會議整飭各部院註銷章程一摺，各部院辦理事件，每月兩次造册，赴科道衙門註銷，載明已完未完各若干件。科道月終題奏，如有遺漏逾限者叅處。各部又設立督催所，查催各司所辦事件，以防積壓。其現辦事件，按季具奏。各部院復於年終赴河南道照刷文卷，由河南道彙題，必註明有無漏辦難結事件，似此層層稽覈，立法至爲周詳。承辦各員，果能依限辦竣，認真查察，何至有積壓未辦之事，任令該書吏於註銷時混行填寫。且各司收文，均有號簿，每件之下，必註明收文辦稿呈堂行文各日期，如果細心查閲，自不至遺漏遲延。據大學士等奏稱，若有專員稽覈，自更有所責成。著照所議令各部院於各司中揀派滿漢司員各一人，專司查覈。於文書收發，逐件清釐，填寫註銷時，再爲詳細覈對。掌印主稿司員，仍不時留心稽察，不得以派有專員管理，即置之不問。其督催所司員，又將各司事件按限查催趕辦，恐日久視爲具文，該科道等必應認真稽察，於每月註銷事件，年終照刷文卷之時，逐條磨對。儻有未完事件，書吏捏填已完者，著隨時叅奏懲辦，以防延閣而杜弊端。又諭：左副都御史德厚蔣祥墀，以職司糾儀之大臣，先已失儀遲誤，又不具摺請罪，有意含混，實屬膽大。俱著照部議降二級調用，毋庸查加級議抵。其不據實叅劾之糾儀科道覺羅明奎、孫善寶、續齡周貽徽祥安隆勛寅德劉光山阿成徐法績景斌邵正笏富明舒德承光恆謙文達奎秀朱壬林范承祖徐培深卞士雲韓大信汪報原松桂吉爾敏慶昌伊克精額那瑪善和豐程煥采吴清鵬彭玉田陳焯瞿溶馮贊勳，俱著降二級留任。未經叅奏之左副都御史德興，著降一級留任。均不準其抵銷。又諭：前據御史姜梅奏東城副指揮張懷涑久病曠職，請勒令開缺，當降旨令都察院堂官查明具奏。兹據那清安等奏，該副指揮張懷涑因病請假，扣除兩次銷假日期，並未逾告病例限。至吏目法位幫同照料飯廠，係照向辦章程，該副指揮並無私託法位料理情事。惟該副指揮患病日久，一時未能就痊，張懷涑著即開缺，病痊後交吏部照例辦理。所有東城副指揮一缺，著照例揀補。嗣後司坊官員，如有久病曠公，即著隨時查明覈辦，以重職守。

《大清會典事例（光緒朝）》卷一〇〇八《都察院·憲綱諭旨十二》

道光十二年諭：據御史景斌奏稽察右翼前鋒統領四旗護軍統領事務，每於挑缺時赴教場監看，內印務筆帖式一項，弓力較輭者居多。即有勉强用硬弓者，大半不能中的。此項筆帖式，除前鋒校護軍校之外，別無升階，請照景運門內火器營領辦筆帖式之例，於各旗營印務筆帖式二員之外，添設領辦筆帖式一員。俟三年期滿，如果始終奮勉，該管官出具考語，咨行吏部，遇有本旗各衙門筆帖式缺出，即行銓選等語。弓箭乃旗人分內應習之事，該筆帖式等辦理行文繕摺事務，雖不能如兵丁等常川操演，亦宜隨時習練，以資得力。若如該御史所奏，因其無暇私操，弓力較輭，不能升補前鋒校等職，請添設領辦筆帖式，俾得量邀升轉，是始因弓力較輭，終歸於另開升路，未免更張舊制，爲該員等倖進地步。且恐各處紛紛效尤瀆請，亦屬不成政體。該御史所奏，著不准行。又諭：科道風聞言事，原應以重大事件入奏，於國計民生俾有關繫，方爲不負厥職。所有會匪王老頭子即王法中等習教一案，係給事中隆勛於上年冬間訪聞，奏請拏辦。茲據軍機大臣等會同刑部，審出該犯等拜師傳徒斂錢惑衆實情，分別定擬。復究出尹老須姬三白等犯習教重情，尚在研訊。此等匪徒，任其潛匿煽惑，日久蔓延，爲害閭閻不小。若非隆勛奏請懲辦，該犯等反得倖逃法網，實非戢暴安良之道。且所關甚鉅，消惡於未萌，實有裨於國家匪淺，足見隆勛於此種重大案件，頗能留心訪察，不愧言官，殊堪嘉尚。隆勛著加恩超擢太常寺卿，以示獎勵。又諭：嗣後凡遇貢院考試，著都察院衙門奏派滿漢堂官各一員，專司稽查。如有士子不遵功令，承管各衙門因循疏懈者，著即據實叅奏，以肅場規而端士習。上年給事中劉光三陳奏科場各條，經軍機大臣等會議奏準遵行，已屬周備。此後鄉會試時，著承辦各衙門務須實力奉行，毋得視爲具文。儻有因循滋弊之處，一經發覺，必將承管之員懲處不貸。又諭：京師入夏以來，甚形亢旱，節過夏至，風日炎燥，深切憂勞。月前兩次設壇，并親禱三壇，小雨廉纖，未蒙優渥。昨經躬祀社稷壇，虔誠步禱，風威雖斂，仍未渥沛甘霖，朕甚懼焉。因思致旱之由，必有所自，應天以實不以文，恐懼修省，在平時即當夙夜維寅，以召和甘而消祲沴。至遇災而懼，已屬補救於臨時，況敢以規爲瑱乎。朕一日萬幾，兢兢業業，不敢自信一無闕失。今者恆暘示儆，惟應省愆修政，以期仰格天心。本日閱給事中劉光三摺所奏，亦爲弭災起見，著在京各衙門例准奏事人員，於恆暘之由，請雨之事，國計民生之大，用人行政之宜，攄誠直言，各抒所見，有可以上感天和者，朕必見之施行，以冀和甘速沛，轉歉爲豐。惟不得摭拾浮詞，空談塞責，布告在廷，咸喻朕意。又諭：御史耆綱奏請飭查降革人員，懇予恩施，免致廢棄一摺。用人爲行政之要，朕綜覈庶政，一本大公，凡文武大小官員，其有咎屬因公，或失察詿議，覈其情節較輕，量從末減，原未嘗因一眚擯棄終身。惟寬宥之典，恩出自上，豈容臣下建言，售其沽名市恩之計。近因京師亢旱，降旨求言，苟有裨於國計民生，用人行政，朕必立見施行。惟不得摭拾浮詞，空談塞責，所降諭旨甚明。茲據該御史奏稱，近年以來，獲咎降革各員，雖經肆赦，未能普霑恩澤，請飭交吏兵二部查辦，冀施法外之仁，試思遇災修省，當如何憂勤惕厲，求所以默感天和。凡清理庶獄整飭吏治籌備民食諸大端，或特旨飭辦，或因奏允行。若該御史所奏，是因亢旱而欲加恩廢員，從來弭災之術，有如是之曲徇人情者乎。求得此等之言，何益政事，何能感召。身列言官，不能直陳利弊，仰副朕意，一味徇私乞恩，意存見好於人，以是爲攄誠應詔，令人慨歎而已。該御史所奏，實屬紕繆不可行。又諭：本日據大學士會同軍機大臣議奏京員揀發河工學習章程。河防關繫重大，必得通曉熟練之員，方有裨益。著於內閣翰詹六部都察院各衙門，不分滿洲漢人，擇其正途出身，清慎勤敏者，每衙門保送一員，咨交吏部帶領引見，候旨發往東南兩河學習。如不得其人，毋庸濫保。並著定爲兩年揀派一次。該員到工後，隨同該河督等，專心學習估工查料，及一切疏濬堵築各事宜，不必承辦要工，亦不準經管錢糧。並著該河督量才差遣，周歷河湖隄堰，查勘情形，俾資歷練。其有謬妄滋事者，不但該河督應隨時叅劾，即兩江總督，山東河南各巡撫，均有兼轄之責。並準其據實劾叅，毋稍瞻徇。其黽勉勤慎，尚堪造就者，二年差竣，著該河督出具切實考語，送部引見，候旨録用。此係爲慎重河務起見。其不諳河務者，準其仍回本任，不準乞恩改補地方。如遇大挑年分，仍照舊例分發試用。著該河督隨時甄別，各該員等務須實心學習，期於熟諳宣防，釐工熙績，以備國家任使。又諭：前任稽查銀庫工科給事中邵正笏著解任，前任銀庫司庫解任內閣中書豐盛額著革職。邵正笏現出福建試差，業已起程，著沿途各督撫派員伴送來京，歸案質訊。雲南道御史宗室容和著一並革職，歸案嚴究確情，按律定擬具奏。又諭：昨日御史徐寶善奏請飭禁私書請託一摺，內有謁選之吏未行，請託之書已去，及怵於權要，習教猺匪等三案疆吏掣肘等語。朕詳加披閱，意必實有其人，實有其事，交軍機大臣傳到該御史詢問，令其據實登答。茲據軍機大臣將該御史親筆登答呈覽，其人其事毫無指實，均係泛論。御史職任言官，原許風聞陳奏，如內外大臣，有營私骫法，以及朝廷政事闕失，自應據實敷陳，直言無隱，何得以莫須有之事，逞其筆端，出於捏造乎。湖南猺匪趙金隴滋事，朕特派禧恩等前往，盧坤調度有方，羅思舉奮勉出力，將逆匪埽數蕩平。盧坤等保舉各員，均經交禧恩等覆議，奉旨准行。廣東連州猺匪滋事，李鴻賓劉榮慶辦理不善，又派禧恩等由楚赴粵，督率余步雲曾勝勦辦迅速，特旨加恩獎勵。諸臣和衷共濟，疆吏並未掣肘。至臺灣匪徒滋事，現派瑚松額等前往，其起釁根由，尚未查明，各路官兵亦未到齊，更毋庸議。該御史妄以揣度之詞，作爲切實之語，阻撓國政，搖惑人心，於用人行政，大有關繫，此風斷不可長。徐寶善著交部議處。

十三年諭：此案庫丁戴雲峯因解官並不眼同交兑，起意虛立印付，侵盜餉銀。繼因奎秀等恐虧庫項未允，該犯輒敢飾詞慫慂，以致阿成等舞弊得贓，實爲此案罪魁，藐法已極，此而不嚴行懲辦，何以儆姦蠹而肅紀綱。戴雲峯著即處斬，已革給事中阿成聽信戴雲峯等，虛出通關截留侵餉，得受贓銀一千兩之多。該革員身任查庫御史，職司風憲，盤點是其專責，乃舞弊即係查弊之人，尤出情理之外。阿成著即處絞。又諭：御史朱嶟奏請慎重名器一摺，所奏甚是，可嘉之至。國家設科取士，三年大比，録其文藝優長者，試於禮部，量才而後官之。並於正科之外，開設恩科，原以加惠士子，甄拔真才，以備朝廷任使。上年畿輔荒旱，收成歉薄，節經賑糶頻施，而春雨未透，百姓嗷嗷待哺。該地方官倡議勸捐，適有直省紳士捐輸，經該府尹等奏請，朕因花翎以待軍功，未便率行賞給。而該員等不分畛域，急公好義，亦不能不量予獎勵，是以仿照年老諸生，未經登第，賞給舉人副榜之例，分別辦理，姑允所議。原係一時權宜，未嘗著爲定例也。若如該御史所奏，未登仕版者，將可報捐中書，已列部曹者，又將保送御史。甚至買通關節，雇倩槍替，識趣日卑，術業漸廢。生富人儌幸之心，阻寒儒進修之志，亦不可不防其漸。嗣後各直省督撫及順天府尹等，偶遇水旱偏災，如有抒誠捐輸應須嘉獎之處，在士庶或酌給扁額，或議叙職銜。在官紳或準其加級，或予以升途，概不準請賞舉人。即使援引成案，妄行瀆請，亦斷不能仰邀允準。其已經賞給者，如有關節槍替等弊，國法具在，亦不能因加恩在先，概予寬宥。朕於勸善之經，求賢之道，總期並行不悖。該士子等務須經明行修，敦崇實學，自然登進有階，無妄生冀倖之心也。又諭：昇寅等奏此次太廟孟秋時饗，東班監禮之御史，並未將陪祀不到人員叅奏，請先行交部察議。御史費開綬帥方蔚既見東班陪祀之員，止有受慶一人，理宜據實叅奏。乃該御史並未詳查陳奏，殊有不合。著先行交部議處。又諭：前據御史趙敦詩奏請禁奔競以維氣節，據稱各部院司員謁見堂官，多有屈膝請安。其遇堂官生辰喜慶等事，遞送如意。即有公正堂官，礙於靦面，不斥其非。當即明降諭旨，申明舊定儀注，司員謁見堂官，止應侍立回堂，毋許屈膝請安。並令該御史將遞送如意者何人，收受者何人，公正堂官何人，據實陳奏。即據奏稱，道光十一年三月在户部山東司見有賣玉器安姓，持如意數柄求售，詢係尚書禧恩生日，司員要買如意，備送壽禮。迨至五月初間，復見安姓持如意進署，聞係侍郎李宗昉之父生日，户部司官多在伊宅遞送如意等語。一面令禧恩李宗昉明白回奏，一面飭步軍統領衙門查傳安姓，並令軍機大臣詢問該御史。據伊親筆登覆，買遞如意何人，實不能記憶清楚。如前任户部郎中今升山西大同府知府珠瀾，户部候補郎中黄立誠，外間傳説，遞送如意，旋據禧恩李宗昉先後覆奏，均無收受司員如意之事。復令軍機大臣傳到該御史復詳加詢問，婉言開導，並將賣玉器之安姓令其識認。據安姓供稱，道光十一年曾在户部賣售如意，該御史向伊詢問，信口答應尚書禧恩生日將近，想來必有司官購買如意，該御史稱亦相同。詢以何人曾買安姓如意，是否向禧恩呈遞，該御史則稱並未目擊。復據安姓供稱，賣買姓名物件俱登賬簿，徧加查覈，既無珠瀾黄立誠買過如意，並無伊二人姓氏列入簿內。該御史乃稱珠瀾黄立誠遞送如意，及李宗昉之父生日，司官在伊宅遞送如意，均係風聞，俱與安姓無涉。復詢以户部司員甚多，何以獨指珠瀾黃立誠。據稱伊與珠瀾曾同在福建司行走，見向賣玉器人評論如意價值，又見賣玉器人往廣東司售賣。詢係黃立誠需買，至買過與否無由得知，亦不知此外再有何人買過如意。詢以賣玉器人，既非安姓，係何姓名，則又不能指出，是該御史以毫無指證之事，捕風捉影，妄登奏牘。及再三詢問，一味含混其詞，牽拉支離，終無指實。朕用人行政，惟知一秉大公，事事務歸確實。禧恩李宗昉身列一二品大員，於君父之前，諒不敢一字含混，自蹈欺飾。如果該御史確有指證，不難再傳人證，嚴行究詰。乃僅以安姓信口問答之詞，遽登白簡，豈能憑此臆說，加罪臣工耶。趙敦詩著交部嚴加議處。又諭：向來武會試內場取中試卷，先於雙好字號內選取。如不足額，再於單好字號內選取。是以各武舉試卷彌封後，仍送外簾御史，各照原箭册印明雙單好字號。馬箭地球步箭弓刀石，於各卷面上分六項填註，移送內簾，以憑去取，此定例也。武科之設，以外場爲主。其弓力强弱，尤足定其優劣。至馬步箭本有一日之長短，第能合式，自可命中。即如朕御紫光閣閱試中式武舉馬步箭，其能全中者，再閱時未必仍能疊中。至默寫武經，又其餘事，斷不能憑此爲去取。本科會試特派白鎔胡達源爲正副考官，宜如何認真考覈，爲國求材，乃殿試後特命軍機大臣覆覈箭册，除貴州本無雙好，此次中式單好武舉王家燮陳正坤應毋庸議外。辰字闈，福建武舉現有雙好一名，取中單好許逢時一名。陝甘有雙好四名，除吕廷彪丁定國二人中式外，取中單好馬興臨一名。宿字闈，滿漢蒙古有雙好五名，除慶喜隆山雅爾胡善三人中式外，取中單好烏和哩一名。列字闈，山東有雙好六名，除紀冠軍唐汝藩樓夢麟三人中式外，取中單好楊雲鳳一名。廣東有雙好五名，除韓南輝何如啟二人中式外，取中單好李達元池化鼇二名。此數人俱僅開十力弓，惟烏和哩開十二力弓。及派員覆試，又復不符。其馬興臨許逢時二人覆試弓亦不符，尤不可解。究竟該考官等置雙好而中單好，以何爲憑。若以中箭多寡辭，則陝甘雙好中均係馬步全中，何以捨此取彼。若以默寫武經爲去取，則是重其所輕。伊等有心支吾欺飾，强詞奪理，其咎更重。至內簾監試御史蘇芳阿，給事中黃爵滋，試卷原不寓目，亦不應干預考官取中之事。第現有雙好字號，考官取中單好，出闈後即應據實劾參，何竟緘默不言，亦安用此監試爲耶。白鎔胡達源蘇芳阿黃爵滋俱著單銜各具摺明白回奏，不準會商連銜。又諭：本科武會試正副考官白鎔胡達源取中武舉，有置雙好而中單好者，監試御史蘇芳阿，給事中黃爵滋，出闈後並未據實參劾。昨降旨令白鎔等各具專摺明白回奏，茲據白鎔等先後奏覆，白鎔自認錯誤，强爲說辭。衡材大典，斷不容稍紊舊章，任意去取，似此錯謬，非尋常疏忽可比。白鎔著先行開缺，交部嚴加議處。胡達源則稱伊所取中之卷，並未置雙好而中單好，惟於白鎔中卷錯誤，未能查覈更正。正副考官，皆朕特加簡任，必應公同商酌。中卷如此錯謬，亦屬咎無可辭。胡達源著一並交部嚴加議處。至蘇芳阿黃爵滋均稱未能查明參奏，實屬不合，俱著交部議處。又諭：本日據吏部奏嚴議武會試正副考官白鎔等分別降調降留，均屬咎有應得。歷科武會試內場取中試卷，先於雙好字號內選取。如不足額，再於單好字號內選取。此定例也。本科會試，特派白鎔胡達源爲正副考官，自當認真考覈，以備干城之選，乃置雙好而中單好至有六名之多。及至派員覆試，許逢時馬興臨烏和哩均以弓力不符停科，其未經停科之楊雲鳳李達元池化鼇均以衛守備用。可見此次中式單好武舉六名，技藝俱極平常。其外場監射較射王大臣，考校尚屬秉公，並未屈抑人才。而白鎔等悍然不顧，以千人共見之技，竟至上下其手，實不平允。朕不爲已甚，姑勿深究。白鎔著降補大理寺卿，胡達源著降補翰林院侍講，以示薄懲。御史蘇芳阿給事中黃爵滋部議降二級留任之處，均著加恩改爲降一級留任，不準抵銷。

十四年諭：御史那斯洪阿奏倉庾重地，宜慎選人才，畀以久任，以收實效而除積弊一摺。朕詳加披閱，實屬窒礙難行。京通各倉爲天庾正供，該管監督出納攸司，職任自最關緊要。各衙門保送監督，秉公選擇，定爲三年更換之例。且自道光四年間，明定激勸章程，所以祛積弊而慎倉儲者，立法已極詳備。總在該倉場侍郎等實心整頓，剔除弊竇，俾在任者責無諉卸，接任者事有稟承。該監督等俱當激發天良，不敢意存玩泄，如果振刷精神，謹遵成法辦理，自臻妥協，不在變通舊章。若如該御史所奏，倉差定以年限，難以得人，請變通三年更換之例，將各倉監督，仿照倉場侍郎鹽務河防等官，亦皆定爲專缺。且謂各省州縣有倉庫之守，畀以久任，倉庚重地必須久任等語。倉差三年更換，原以慎防弊竇，賢否易於稽查。若久於其任，更事既熟，則玩泄易生，必至通同作弊，牢不可破。且外省州縣經管係一省之倉庫，京通各倉關繫天下之倉儲，其事之輕重，責之大小，所不待言。何得援州縣久任以例倉差，妄議更改成法。總之近來通弊，在於有治法而無治人，若辦理不善，徒思變易舊章，以爲補偏救弊，恐除弊適以滋弊也。該御史所奏甚謬，著毋庸議。又諭：本年武鄉試，特派桂齡龔鏜爲正副考官，自當認真考覈，遵例去取。乃於内場取中試卷，置雙好而中單好，辦理錯謬，復蹈上年白鎔胡達源等前轍，當降旨將該考官等交都察院吏部分别嚴議議處。茲據奏請將桂齡龔鏜降四級調用，八十二降二級留任。桂齡著降爲從三品候補，龔鏜著降爲正四品候補。其不具摺參奏之監試御史八十二，著降二級留任，不準抵銷。

十五年諭：科道爲朝廷耳目之官，責任至重，凡政治利弊攸關，如有真知灼見，俱應據實上陳，直言無隱。近來科道中馮贊勳金應麟黄爵滋曾望顔等，平日遇事均屬敢言，間有指陳，亦皆明白曉事。其有關繫國是，切中時宜者，無不量加採納，立見施行。是以將該員等擢任京卿，所以風勵言官，即是廣開忠諫之路，該員等益當仰體朕意，遇事敢言，一切毁譽榮辱之念，俱不應存於中。惟於國計民生，實有裨益，或除姦剔弊，確有見聞，均當剴切直陳，毋有隱諱。儻謂既非言官，遂甘緘默，則是以建言爲梯榮之具，驟得升階，即圖保位，似此沽直聲於前，而思緘口於後，不幾與朕用人圖治之意，大相刺謬耶。嗣後務當屏除私見，盡心盡職，不避嫌怨，力矢公忠。不特政務關繫民生國計，及牽涉内外臣工者，仍應據實指陳，不可妄生疑懼。即朕用人行政之際，稍有闕失，亦當隨時進言，以資採納。朕總理庶政，一秉大公，即聽言一節，深望諸臣切實敷陳，不憚再三誥誡，期以察天下之治忽，非徒博納諫之虚名。其有徇隱姑容前後易轍者，尤當深以爲戒，言行相顧，始終不渝，朝廷收讜言之益，國家著直臣之效，朕實有厚望焉。將此通諭知之。又諭：本年九月間，舉行奉安孝穆皇后孝慎皇后梓宫典禮，嵩曜等係工部派充總辦事宜司員，載銓於事畢後，在梁格莊行營查詢沿途差務，率指嵩曜爲家裏人。嵩曜當以哈哴阿明白登覆，差旋後復向敬敏等呈請代奏，當降旨令載銓明白回奏，並派大學士軍機大臣傳集嵩曜等訊明具奏。隨據將傳訊各供詞呈覽，與載銓所奏情節相符，朕因載銓措詞過當，並嵩曜負氣具呈，恐開屬員訐告之漸，復降旨將載銓交宗人府嵩曜交部議處。旋經宗人府將載銓照例議罰職任俸一年，吏部將嵩曜照例議罰俸九箇月。朕酌覈情節，均屬允協，業經降旨准行。此案載銓以堂官查詢司員差務，係爲慎重公事起見，本無不合。使非載銓措詞過當，嵩曜敢於負氣具呈，朕必將載銓處分寬免，重治嵩曜訐告長官之罪。公是公非，權衡至當，本無畸輕畸重於其間。茲事隔兩月之久，御史湯鵬率行奏稱載銓處分過輕，請再交宗人府量加議處，並請將嵩曜處分寬免等語。朕綜理庶政，一秉大公，從不設以成見。遇有應行處分事件，或特旨施行，或交部覈議，總期情理悉協，衆論允符。若事經數月，於奏定准行事件，紛紛瀆請妄議改更，無此政體。且賞罰爲朝廷大權，豈容臣下妄行干預。湯鵬此奏，率意瀆陳，實屬不知事禮體輕重，不勝御史之任。著仍回原衙門行走。

十六年諭：朕於本月十三日御門辦事，兵部司員陳宗疇輪班引見，傾跌失儀。本日據炳輝等奏，請將該員交部議處，並將吏部押班司員交都察院察議。陳宗疇是否偶爾失足，抑係年力衰老所致，著兵部堂官查明據實具奏。至吏部押班司員，無從防範，所請察議之處，著毋庸議。該給事中等侍班糾儀，目擊情形，理應即行具摺奏參。且此事無待商酌，何以遲至本日，始行具奏。炳輝等著傳旨申飭。又諭：前據給事中富彰奏兵部保題漢缺，遴選正陪不盡允協，當交長齡穆彰阿查明具奏。茲據長齡等查明，兵部保題漢缺，遴選正陪，歷屆並無不合。朕詳加披閲，所叙原委，均屬有案可憑。是兵部遴選正陪，於題選兩途，毫無歧視。科道職司言責，外省事件，尚可以風聞未確爲詞，至如部院大臣，如果有不公不法舞弊營私情節，見聞確實，自應據實指參，朕方爲之嘉許。被劾之員，必當審明重治其罪。若指摘一二案件，不問是非虚實，有意吹求，及至降旨令其明白回奏，仍復堅執前説，以懷疑不解等詞，嘵嘵置辯，似此攻訐不已，尚復成何事體。富彰不勝給事中之任，著以員外郎降補，以示薄懲。嗣後各科道遇有事關國計民瘼，惟當據實敷陳，不得以捕風捉影之談，遽形奏牘。經此次訓誡之後，如再有似此劾奏各項事件，查無實據者，即將言事之人懲處不貸。又諭：向來科道等官，於京外各省事件，如有風聞，原許據實陳奏，請旨查辦。至應如何辦理之處，豈容妄逞臆見，率行瀆請。茲據給事中寅德奏，江西廩生陳泰來前因呈報開採銅鉛，致被斥革，請開復廩生，飭令前往採辦，實屬糊塗冒昧。寅德不勝給事中之任，著回原衙門行走。又諭：給事中鮑文淳奏陶澍違禁私刊奏疏一摺，並將原刊奏疏呈覽。朕詳加披閱，其所刊刻俱係發鈔事件，惟封疆大吏，身膺重任，所奉硃批，理當慎密，方爲不負委任。陶澍輒行刊布，迹近沽名，殊失公爾忘私之義。陶澍著交部議處。至另片奏淮北票鹽辦理不善等語，淮北改行票鹽，總期於國課民食兩有裨益。如該督於每年奏銷鹽課短絀，該部自能叅奏。即令民食不便，其所行票鹽，各省該督撫亦必具陳利弊，候朕施行。鮑文淯此奏，捃摭瑣屑，意涉挾嫌，此風斷不可長。鮑文淯著一併交部議處。又諭：御史富隆額奏請究查揑造浮言一摺。國家設立科道等官，廣開言路，原期興利除弊，摘伏懲姦，於國計民生兩有裨益。數年來科道中每有陳奏，朕無不虚衷採納。其建言得體，有裨政治者，或加恩外擢，或簡畀京卿。其或事涉瑣屑，指陳無據，亦不予以嚴譴，所以獎勵激勸，俾令知無不言，言無不盡。乃近來妄肆譏彈，捕風捉影，甚且挾嫌誣陷，報復逞私，尚復成何事體，經朕將該員等分別懲處，實朕萬不得已之苦心。在廷臣工，有言事之責者，宜如何仰體朕心，靖共獻納，勉副朕孜孜求治之意。若如該御史所奏，言官奏事，應究問風之所自起，聞之所由來，是使進言之人，心存畏葸，瞻顧不前，必至民生疾苦，吏治廢弛，悉壅上聞，豈不於朝廷設立言官之意，與朕達聰明目之心，大相徑庭耶。所奏著毋庸議。又諭：前據馮贊勳奏叅廣西宣化縣知縣楊時行，署任月餘，責斃數命，當交恩銘趙盛奎秉公確查具奏。嗣據查明該員實無濫刑斃命情事，復據馮贊勳將楊時行責斃各犯姓名案由月日開單呈覽，並奏請密飭覆查。適因新任廣西巡撫梁章鉅來京陛見，當將原摺清單交該撫帶往嚴密訪查，務得確據。茲據該撫奏稱，檢查案卷，覈對各犯被押月日，並無將卷宗抽換消滅之弊。其用小竹板笞訊賊犯，亦無杖以百計之事。且各犯發保病故，相距自一二十日至數月不等。現經查明民人馮大學開場誘賭，經楊時行訪聞拏獲，該犯口稱伊姪現居京職，求全顏面，該員仍照例責懲，毫無瞻徇，可稱不畏彊禦，甚屬難得。著該撫察其才具，如果始終奮勉，遇有應升之缺，酌量保奏，以爲州縣各官，實能除暴安良者勸。梁章鉅甫經升任巡撫，於交查之案，即能悉心體訪，據實奏聞，使賢能之員，不致屈抑，甚屬可嘉，著加恩交部議叙。至言官風聞奏事，當爲國計民生起見。馮贊勳兩次陳奏，俱云得自家書，並將責斃各犯，開具姓名月日，乃一經查訪，全不相符。且具所奏，竟係一片私心，輕信族人無據之辭，意圖報復。似此紳士書役挾制地方官，其風斷不可長。馮贊勳著交部嚴加議處。又諭：本日據吏部遵旨將馮贊勳嚴議具奏，言官爲朝廷耳目所寄，責任綦重，凡所敷陳，當爲國計民生起見。其有關繫國是，切中時宜者，朕必量加採納，立見施行。即或偶爾失實，而所奏尚屬因公，亦必曲爲寬恕，從不遽加譴責。朕於大小臣工，賞功罰罪，一秉大公，斷不稍存私見。即如本年高喀鼐於黑龍江歷久遵辦之事，輒因私意，妄託該將軍更改章程，慫慂具奏。尚係爲地方公事，惟不自行據實陳奏，膽敢私致書函，囑其奏辦，即屬有心干預，是以於訊明後立予重懲，不稍寬貸。馮贊勳前任言官時，遇事敢言，間有指陳，尚堪採取，經朕加恩擢至四品京堂，宜何如屏除私念，力圖報效，以慰朕用人求治之意。乃逞其一片私心，於署宣化縣知縣楊時行杖責竊匪，本無濫刑斃命情事，輕聽族人無據之詞，兩次嘵嘵瀆奏，意圖誣陷地方官，隱遂其報復之計，其居心實不可問。此端一開，在京大員，藉端挾制地方官，必至每事掣肘，吏治尚可問耶。馮贊勳著即照部議革職，以爲徇私忘公者戒。又諭：宗人府奏御史永桐因揀選貝勒，未經入選，具禀瀆辯。永桐係宏昨之子，乾隆年間，宏昨因莊頭事件，使人至通永道囑託，革去貝子都統治罪。是宏昨所犯本係私罪，何得謂爲無罪之人。即嘉慶年間，賞給奉恩將軍，准其隨班入朝，係屬特恩棄瑕録用。此次宗人府揀選承襲貝勒，未將該員入選，辦理本無錯誤。乃永桐率行具禀，嘵嘵陳訴，實屬不合，著交部議處。

十七年諭：嗣後凡京堂御史緣案降補，以及原係京職降調補官指明以何官降補，或仍回本任。並廢員起用捐復降捐人員，如係一體升轉，其原案内並無不勝外任及奉特旨停升者，計俸合例，俱著准其保送京察一等。並著吏部於本内將該員等原案情節，詳晰聲叙。吏部即纂入則例，通行各該衙門遵照辦理。又諭：御史柏齡奏請選將訓兵，整頓營伍以衛京師一摺，我朝武備修明，兵制已臻盡善。京營兵弁，有各營大臣統領，隨時訓練，分別勸懲。操演既不爲不勤，俸餉亦不爲不厚，惟在遵循舊制，豈容妄議更張。若如該御史所奏，請簡派久歷戎行之將軍提鎮副將九員，分駐九門，提鎮四員，分駐圓明園，官爲給辦氈棚，晝夜棲止。試思外省將軍提鎮，各有專司，若紛紛調京，成何事體。至所奏滿洲人員内，挑取火器護軍健鋭各營曾經出師之章京；漢員内，挑取緑營曾經出師之參遊，帶同滿漢兵丁，各隨該大臣晝夜棲止，早晚操演二次，每月合操一次。事涉紛更，且駭人聽聞。該御史於訓練將士，有勇知方之道，茫乎未聞，率意妄陳，乖謬已極，不勝御史之任。柏齡著以六部主事降補。

十八年諭：昨據吏部議奏五城事宜，業經降旨將城内户婚田土詞訟案件，均改歸正指揮衙門詳城覈辦，毋許吏目干預。是該正指揮等責任綦重，嗣後著巡城御史留心查察，如該正指揮等有縱容吏役，營私舞弊，及才具平庸，不能稱職者，隨時叅奏，毋稍姑容。儻該吏目等仍有干預擅受情弊，亦即嚴叅懲辦，以專職守而儆官邪。又諭：本日據吏部奏遵旨照例議處，請將姚元之降二級調用一摺。在京部院大臣，於外省督撫舉劾屬員，本不容妄有干預。左都御史姚元之，以一品大員，與南昌府知府張寅係屬姻親，乃於該員被叅之案，指稱該撫迹近挾私，並將該員去任時，百姓祖道甚多，生員臚陳政績，代爲陳奏，實屬冒昧非是。若使事關重大，必當嚴治其罪。姑念姚元之究係言官，且其所奏，止爲張寅申辨，其事尚小。姚元之著照部議降二級調用，以示薄懲。

十九年諭：御史有言事之責，向不准摭拾空言，妄行陳瀆，至於見聞所及，確有指實之處，豈得徇情遷避，緘默不言。此案已革未入流劉禮恭，以職官吸食鴉片煙，並售賣烟膏圖利。給事中巫宜禊既已知情，並不叅奏，顯係回護同鄉。部議降二級留任，尚覺稍輕，著改爲降三級留任，不准抵銷。又諭：嗣後滿洲京堂缺出，輪應科道到班，具題請旨簡放者，俱著改爲吏部帶領引見。著爲令。又諭：御史有言事之責，凡條奏事件，皆應覈其情節。或遇有重大案件，亦准入奏。若尋常控案，各衙門自有專司，該御史等不得摭拾瀆陳，紛紛越俎。即如御史汪于泗前奏屈雙業訐告一案，事關重大，該御史迅即奏聞，所辦甚是。本日御史焦友麟代民人孫承基呈遞狀稿一摺，甚屬冒昧。此等控呈，不過捐糧細故，該民人自當赴理事衙門呈遞，該御史何得妄行代奏。若尋常事件皆入封奏，又安用設立各衙門爲耶。焦友麟著傳旨嚴行申飭，該民人原呈，著交都察院查明照例辦理。

二十年諭：科道有風聞言事之責，内外官吏，貪庸不職，原許列款糾叅。至賞罰大權，操之自上，豈容疏逖小臣，妄行干預。前據給事中周春祺奏叅浙江提督祝廷彪應行治罪等語，已屬非是。至祝廷彪年逾七旬，精力就衰，恐其調遣不能得力，是以降旨休致，並不因該給事中奏叅，始有此諭。本日又據周春祺具摺言事，輒謂休致祝廷彪之旨，係伊叅奏所致，竟似朝廷用舍，賞罰大權，言官可以意爲操縱。若相率效尤，成何政體，此風斷不可長。周春祺不勝給事中之任，著回原衙門行走。

二十一年諭：昨召見五城會奏御史雙壽陳光亨喬邦憲宜崇，並未到園，本日據該御史等奏請議處，或因審案或因感冒等，尚非無因。惟於聯銜摺内，未經註明，究屬不合。雙壽陳光亨喬邦憲宜崇均著交部議處。二十三年諭：户部銀庫，設有管庫司員，專司出納，管庫大臣，總領其事，復疊次派出王大臣盤查，近年又添設查庫滿漢御史。各該員等果能認真經理，覈實稽查，何至羣相蒙混，釀成巨案。本年因庫丁張誠保偷盗庫銀破案，特派大臣將新舊各項，逐一盤查。本日據惟勤等覆奏，新收常捐等款，均與應存之數相符。舊存正項飯銀，竟虧空銀至九百二十五萬二千餘兩之多，實屬從來未有之事，覽奏曷勝忿恨。以國家正項錢糧，膽敢通同作弊，任意攫取，似此喪心昧良，行同偝國盗賊，本應立置重典，以肅法紀。惟事閱多年，官非一任，即書吏丁役等，亦人數衆多，儻不確切查明，恐致遺漏，倖逃法網。其自嘉慶五年以來，歷次管庫，及歷次派出查庫王大臣，皆係親信大員，亦復相率因循，毫無覺察，並無一人能發其姦，甚負委任，不知諸王大臣有愧於心否。朕自咎無知人之明，抱愧良深，均著交部查取職名，嚴加議處。此案著派載銓穆彰阿敬徵裕誠賽尚阿覈實查辦，所有歷任管庫司員，查庫御史，並丁書人等，著逐細查明，嚴行治罪。又諭：御史蘇廷魁奏因災陳言，請虛懷求諫一摺。朕君臨天下二十餘年，兢兢業業，日慎一日，即無上蒼垂儆，豈敢稍涉怠荒。乃近年災患頻仍，朕深宫循省，負疚良多，自當刻意慎修，勉益加勉。在廷諸臣，其各盡心獻替，匡弼朕躬，毋辜期望。至求言納諫，係朕本心，近來科道建言，凡有裨於實政者，無不立見施行。即如翰林院編修吴嘉賓户部郎中湯鵬主事丁守存等，以本無言責之人，條陳事件，亦未嘗不虛懷聽納，是言路並無壅塞。況應天以實不以文，正不必特詔求言，反似虛應故事。嗣後大小臣工，務各力矢公忠，屏除私見，遇有用人行政闕失，盡言無隱。朕非飾非文過之君，諸臣不必存畏罪取容之見。但必揆諸時勢，實在可行，方可登之奏牘。儻泥古不化，徒託空言，仍於國計民生毫無裨益，則大非朕虛己聽言之本意也。又諭：本日據御史陳慶鏞奏琦善等三人起用，爲刑賞失措，無以服民等語。前因琦善奕經文蔚先後辦理夷務，未能奏效，當將琦善等革職治罪。因思從前辦理不善，總由朕無知人之明，以致琦善奕經文蔚諸人，喪師失律，迄無成功。朕惟有返躬自責，愧悔交深，何肯諉罪臣工，以自寬解。琦善等韜略未嫻，限於才力，現在年力正强，是以棄瑕録用，予以自新。今據該御史剴切指陳，請收成命，覽其所奏，亢直敢言。朕非飾非文過之君，用人行政，一秉至公，初無成見，豈肯因業有成命，不便收還，自存回護耶。琦善奕經文蔚均著革職，即令閉門思過，以昭賞罰之平。至黜陟之權，操之自上，本非臣下所能干。儻該御史所奏，於情法未能持平，朕亦不能曲從以邀譽。中外臣民，應曉然於朕撫躬引咎虛懷納諫之至意也。

二十七年諭：前據御史王東槐奏山東地方官玩縱盜賊，措置乖方各情形，當交柏葰等嚴密訪查。茲據柏葰等奏稱，訪查該臬司刊刻告示一本，與該御史所奏相同，並將編查保甲，司道聯銜札示一併呈覽。保甲之法，原爲弭盜良規，乃平日既不能實力奉行，及至盜匪充斥，僅託空言，全無實效。巡撫有統轄全省之責，司道等亦職在察吏安民，於該省緝捕重務，先事不思豫防，臨事復不能妥速籌辦，以致延及鄰省，所司何事，實屬咎有應得。崇恩王篤徐經王懿德英桂岳齡均著先行交部嚴加議處。至臬司徐思莊告示居民，則稱巨盜進莊，止許鳴鑼集衆，勿許驟攖其鋒，賊去始令追捕。並有以縱爲捡，以予爲取之語。其意何居，實屬縱繆不通之至。徐思莊著即行革職。御史王東槐陳奏得實，著遇有給事中缺出，即行升補，仍交部議敘。又巡視中城河南道御史志魁等奏，編查保甲，拏獲吸食鴉片逸犯杜焜，請飭交刑部審辦。奉旨，杜景胡即杜焜，著交刑部審辦。中城御史志魁給事中路愼莊督查保甲認眞，著交部議敘。從來編查保甲，爲緝姦要務，若奉行故事，實無裨益。該御史等按册逐户點查，竟能將前經降旨飭拏逸犯杜焜訪獲，並查出人數姓名不符，及形迹可疑多起，分別辦理。可見一經嚴查，該匪等即無駐足之處。是認眞稽查門牌，大有實效。因思各城各有專轄地面，自應一律認眞清查，毋令姦宄溷匿。該巡城科道等，必應督飭所屬，實力奉行，認眞查察，遇有形迹可疑，及門牌人數不符之處，立即嚴拏究辦，毋得視爲具文，有名無實。仍不時稽察丁胥人役等，毋得藉端騷擾需索，以緝姦宄而靖閭閻。

二十八年諭：前據御史楊彤如奏河南賈魯河挑空糜費，將國帑百萬輕擲，迄無成功，並未將辦理不善之員，分別叅處賠修，河陝汝道施熙貪名素著，所至侵蝕錢糧等語。當交福濟駱秉章親往履勘訪察，據實具奏。茲據福濟等奏稱，查明該省興挑賈魯河，三次共用銀五十四萬餘兩，錢四萬串，覈與原奏百萬數目不符。惟甫經完工，即行淤墊，總由勘估未能認真，承挑工員，復草率從事，糜帑誤工，咎無可辭。所有初次承挑賈魯河總管委員前任開封府知府現升河北道長臻，總辦委員前任開封府同知現升四川成緜龍茂道馬秀儒，前候補同知捐升知府鄭熒，東河捕河通判朱品金，二次歲修總辦委員前任祥符縣知縣現升許州直隸州知州金梁，著暫行革職。仍著該撫勒限飭令認眞賠修。儻河道不能深通利運，即著嚴叅懲辦。並著琦善催令馬秀儒迅即前赴河南辦工，成緜龍茂道缺亦即派員署理。河陝汝道施熙雖查無貪墨實迹，惟承辦改挑河道，未能一律寬深，亦屬辦理不善，著交部議處，仍即行送部引見。河南巡撫鄂順安於此等鉅工，未能先事詳勘辦理，及河道淤塞，又不將辦理不善之員，據實嚴叅。迨經捐廉改挑，復不奏明，實屬草率於前，徇隱於後。著交部嚴加議處。所有賈魯河工程，應如何責成各員按成賠修之處，著該撫酌定章程，依限興工，務須加展寬深，沿河橋牐，均令修整，不准稍形草率，以期經久，工竣專摺具奏。又奏前賈魯河完工後，經該撫奏明將捐輸錢六千萬串，交典鋪生息，作爲歲修之用。今既責令各員賠修，此項錢文，毋庸再作開銷等語。著該撫即飭藩司查明貯庫，咨報户工二部備覈，御史楊彤如著賞加二級。

《大清會典事例（光緒朝）》卷一〇〇九《都察院·憲綱諭旨十二》

道光三十年三月諭：左副都御史文瑞奏陳四事，朕詳加披閱，所論剴切眞摯，深協朕懷。並録進乾隆元年左都御史孫嘉淦三習一弊疏，其論爲君之道，洵屬切直精深，堪爲聽言臨政之助。臺端爲言路表率，文瑞首進讜言，朕虛懷納受，諒九卿科道，斷不緘默畏葸，負朕諄切求言之意也。

咸豐元年諭：都察院及糾儀科道等奏叅吏部侍郎明訓元旦朝賀錯入班次，明訓著交都察院照例議處。惟昨日行禮後，一人由西嚮東，趨過班末，糾儀御史未阻，著查取職名，送吏部議處。又諭：給事中蘇廷魁陳奏一摺，朕詳加披覽，所稱求宏濟之道，防驕泰之萌，意在推誠任賢，慎始圖治，能見其大，朕甚嘉之。其論孝廉方正一條，亦合循名責實之意，著各省督撫學政認真訪擇，務將品學兼優衆所推服之人，切實保舉，以備録用。毋得虚應故事，名實不符。如所舉非人，惟濫保之員是問。其各慎之。又諭：昨因塞尚阿出差，特旨將内閣侍讀穆蔭開缺以五品京堂候補，在軍機大臣上學習行走。穆蔭係軍機章京，行走多年，尚稱熟悉，故令隨同學習，籍資造就。兹據給事中蘇廷魁奏稱超擢太驟，易啓倖進之門，已不成話。並稱俟賽尚阿回京後，仍令該員回章京當差。黜陟自下，巧爲嘗試，尤屬亂道。該給事中人甚端方，此奏似不出其手，但所言尚無大謬，姑置不問。又諭：嗣後各城指揮等官，如能查拏鄰境要犯，方准請旨量予鼓勵。若僅於該管地面訪獲尋常案犯，仍不得濫行請奬。又諭：近日各城御史奏拏獲鄰境案犯，懇將獲犯各員，量加奬勵。疊經降旨，令刑部於定案時聲明請旨矣。各城司坊等官，捕盜是其專責，既能弋獲鄰境重案，自應量予鼓勵，以奬微勞。但恐該員等希圖甄叙，專以緝拏鄰境匪犯爲事，而於本任捕務，轉多廢弛。從前道光十三年曾奉諭旨：凡有拏獲鄰境要犯之員，必確覈本任緝捕，並無未獲之案，方准酌請鼓勵，仍於摺内隨案聲明。儻將本任緝捕，漏不叙入，即係違例保奏。著該部概行議駮，並將該御史議處。聖諭煌煌，於微勞必録之中，仍寓隨事覈實之意。近來各城保奏摺内，間有叙及該員前此緝捕案件，而於本任有無未獲之案，並未詳細申叙，似此有勸無懲，於捕務仍無裨益。嗣後各城御史，均當恪遵前奉諭旨，遇有奏請奬勵之案，將該員本任緝捕並無未獲之案，隨摺聲明，毋得違例保奏，致開冒濫之端。至緝獲鄰境重犯，既予議叙，則本境疏防之員，自應奏請議處，方足以昭平允。所有現在各城所奏拏獲鄰境人犯，交部審訊各案，即著該部查明該員等本任有無未獲之案，照例辦理。並將疏防要犯應議各員，一併飭查聲明具奏。二年，江南道御史隆慶奏請飭九卿科道督撫大臣，共籌理財長策，以收實效。諭：所奏不爲無見，汝非户部之員，言之甚易。使汝現爲户部司員，恐未必言行相符。若如汝所奏，令原奏者會議，朕先曰窒礙難行。看汝並非真有見解，不過摭拾陳言，希圖塞責。嗣後各大員若真有前項弊端者，風憲官必應據實參奏，斷不可因有此旨，相率緘默不言。將此通諭各部院衙門知之。又諭：吕賢基奏請求直言一摺，朕登極後特詔求言，内外臣工條奏，凡有可採取者，均已見諸施行。現在粤西軍務未平，豐北河工漫口未合，内外諸務，因循未能振作。畿輔自入春以來，缺少雨澤，朕焦勞宵旰，方矢憂勤惕勵之忱。爾諸臣目擊時艱，自當與國家同其休戚，豈可泄泄沓沓，自謂循分盡職乎。著再申諭各部院大臣九卿科道等，有言事之責者，於政治得失，民生利病，有可補偏去弊力圖挽救之處，各據見聞，直陳無隱。朕非好諛惡直之主，亦非欲博下詔求言之名。爾諸臣其各矢公忠，悉心獻替，惟不得徒託空言，浮泛塞責。若或受人指使，詐僞居心，或欲沽直名，置國事於不問，殊負朕集思廣益之苦衷也。又諭：前據給事中袁甲三奏參定郡王載銓刑部尚書恒春侍郎書元直隸總督訥爾經額各摺片，已據該郡王等各具摺明白回奏。復派大學士裕誠會同軍機大臣，將該給事中回奏指出之御史瑞昌，祭酒彦昌，刑部郎中吴德清，前任刑部郎中直隸知府吴廷棟等，傳到查詢，先後覆奏。如原參載銓題升步軍統領衙門主事與查辦刑部擬補主事並奏咨刑部各案，或會同部臣議結，或隨時酌量辦理，其訥爾經額向伊雙滕請安一節，查明並無其事，均毋庸議。惟諸王與在廷臣工，不得往來交接，疊奉聖訓，垂誡周詳。前歲冬間，朕復特降諭旨申儆，自應敬謹遵守。乃恒春書元，因審辦案件，盛氣相凌，俱至載銓府第私謁。當時載銓既未拒絶，事後又不參奏，至拜認師生，例有明禁。據載銓奏稱於保舉之人，欲以師生稱謂者，不能豫爲攔阻等語，均屬不知避嫌，有違定例。載銓著交宗人府嚴加議處。恒春至載銓府中私謁，並將審案略節面交，已據載銓奏明。乃恒春回奏，率稱於隨扈回京後，從未謁見，並無送給案據之事，顯係意存欺飾。書元初次回奏，既不將私謁載銓府第一節聲叙，迨降旨詰問，仍復含混回奏，且於召見奏對之言，輒屢向同堂洩漏。並以相契談心，曲爲解説，實屬不知慎密，有負委任。恒春、書元均著交部嚴加議處。至載銓所繪息肩圖，題詠甚多，内閣學士載齡、内閣侍讀許誦恒均係師生稱謂，顯違例禁。載齡許誦恒均著交部議處。其題圖之潘世恩、卓秉恬、祁寯藻、柏葰、周祖培、麟魁、吴鍾駿、黄贊湯、錫齡、文慶、慧成、富呢雅杭阿、潘曾瑩、潘曾綬、葉名灃等，亦有不合，著一併交各該衙門分别議處。所有傳訊各員，毋庸置議。吴廷棟著回直隸知府署任，給事中袁甲三例許風聞言事，且所奏尚非盡虚。惟覆奏片内，所稱名節攸關難以隱忍等詞，自謂白其心迹，未免負氣争辯。古來諍臣謇諤之風，本於忠愛，豈爲沽名。若將該給事中加以譴責，恐言事諸臣，誤會朕意，率安緘默，殊非朕芻蕘必採之本意。嗣後科道等官，惟當各秉公忠，靖共獻納，毋避嫌怨，確實指陳。但不得以傳聞影響之談，輕率入告，徒博彈劾之名也。

三年諭：御史孟洋奏請飭各省嚴緝土匪一摺。土匪藉端滋擾，原應嚴拏懲辦，以靖地方。即如近日直隸通州灤州寶坻玉田等州縣，梟匪劫奪，經科道糸奏，已疊降諭旨，飭令嚴行查緝。該御史奏請通飭各省嚴緝土匪，並未指明一案，徒託空言。該員由部曹擢任御史，自應建白國事，朕覽此奏，不過因新升臺諫，摭拾外省套言，苟且塞責。若皆似此敷衍，甚非朕虚衷求言之本意也。從前嘉慶年間，屢降諭旨，各御史遇有科缺，及各項差使，前期數日，必有建白，以冀上知其名。近來風氣，似此頗多。著傳知各科道，不准勦襲陳言，以爲上進地步。凡有建白，必須據事直陳，毋稍徇隱，莫先存沽直之心，莫豫期傳誦之美，朕實有厚望焉。又諭：國家設官分職，體制相維。大小臣工，同朝共事，無論事關重大，議貴和衷，即尋常會辦事宜，亦應虚心商榷。前據惠親王等奏派兵籌餉一摺，特派大學士軍機大臣九卿會同議奏，原以軍國重情，冀收集思廣益之效。與議諸臣，宜如何各抒所見，爲朕分憂，豈容意氣相陵，致失大臣之體。本日據左副都御史文瑞奏稱會議時，以現有暫救之術，商之户部尚書孫瑞珍。該尚書因述其家貲若干，出語粗俗，形同市井無賴，至有賭咒之言等語。朕於諸臣以禮相接，推誠相待，從無逆詐億不信之心。前因御史富興阿等陳奏，朕以其摺内有應議之條，是以發交部議。迨孫瑞珍等自陳産業數目，朕亦不疑其隱匿諱飾。文瑞於會議時如果平心静氣，婉語相商，孫瑞珍何至遽行憤激。即孫瑞珍以文端詞色陵厲，亦何必遽出矢言。且古人所謂同寅協恭者，文瑞豈未之前聞，而竟以議論牴牾，直斥該尚書爲市井無賴，登諸奏牘，將使朕於萬幾之暇，更爲諸臣排難解紛耶。孫瑞珍文瑞均屬不知大體，一併交部議處。又諭：巡視五城給事中鳳寶等奏京城近日巡查情形一摺。前因賊匪竄擾，特派王大臣等督辦巡防事宜，嗣復派王茂蔭等辦理團防，令與五城御史等公同籌畫，緝匪安民，原欲先事豫防，有備無患。該給事中等職司巡查，應如何協力同心，妥爲布置。乃據奏稱巡防團防，所辦均不足恃等語，是徒諉過於人，爲自占地步之計，殊屬非是。現在王茂蔭等與五城御史共辦一事，豈不能詳細會籌，和衷商辦，即時勢孔亟，措置維艱，亦宜悉心講求，以期有濟。若先存彼此之見，遇事齟齬，置公事於不問，又安用該給事中等爲耶。所有五城巡查各事宜，著責成鳳寶等會同王茂蔭等認真籌辦，務當聯爲一氣，訪拏姦宄，安輯商民，毋得心存畛域，轉致貽誤。又諭：步軍統領衙門奏拏獲刊刻並未發鈔奏章人犯，請交部審辦一摺。羅祥、張義興、王得均、王繼遠均著交刑部審訊。所刊奏摺既據羅祥等供係吴廷溥交給刊刻，而鳳寶等回奏摺内，並未據實指明係何人發交，已屬有心含混。且以報房前此漏刻諭旨等詞，牽砌入奏，尤爲意存飾辯。給事中吴廷溥，於並未發鈔摺件，輒即擅行刊刻，實屬任性妄爲，著先行交部嚴加議處。給事中鳳寶陳枚玉山聯福，御史彭慶鍾隆慶蔡徵藩孫鳴珂志文於回奏時聲叙模糊，顯有瞻徇情弊，均著先行交部議處。

四年諭：御史英匯呈進《金陵被難記》並請照刊散給廣勸團練一摺。各省賊氛竄擾，地方辦理團練，保衛鄉閭，本係禦賊要務。前已疊降諭旨，並將嘉慶年間團練章程，刊刻頒行，原期薄海臣民，共見共聞，遵行罔懈。若該御史所進《金陵被難記》，不過巷議街談，叙述一地一時之事。民間流傳，原所不禁，若必官爲刊刻，尚復成何政體。至逆匪擾害地方，慘酷詭詐情形，凡罹其毒者，孰不恨深刺骨，志切同讎，奚待刊刻此書，家諭户曉，始能振興民志耶。英匯所奏，殊屬冒昧。原摺及所進《金陵被難記》，均著擲還。又諭：給事中張祥晋奏請將欠交房租補行徵足一摺。前因軍餉浩繁，於京師地面，暫收房租，原係一時權宜之計。據該給事中奏稱數月以來，租數減少，請將欠交之租，定限勒追等語，所奏殊屬鄙瑣，不惟無此政體，轉恐别滋弊端。且該給事中即係巡城，如果所屬地面，官商民户，抗不交租，當時何難覈實嚴查，催令完交，迨既經停止之後，始奏請令八旗五城勒限補追，徒增擾累，有何裨益。所請著不准行。又諭：前因御史孟洋奏山西洪洞襄垣襄陵垣曲等縣，徵收錢糧，不協輿情，當經降旨交恆春確查嚴糸。兹據該撫奏稱，委員查明洪洞等縣，徵收錢糧，並無抑勒浮收辦理不善之處。該御史所奏，著毋庸議。言官例准風聞奏事，然不當以毫無影響之詞，率行入奏。況孟洋籍隸山西，陳奏本省事件，更應見聞較確，何以經該撫飭查，所奏各款，無一確據。嗣後御史言事，務當訪查確實，不得以傳聞無據之詞，妄行彈劾，亦不得有意模棱，自甘緘默。至各省大吏，遇有特旨交查之案，尤當細心訪察，務得真情，不准袒護屬員，輒以查無實迹一奏塞責。如御史有受人慫恿，挾嫌誣陷，督撫有瞻徇情面，開脱消弭者，日後别經發覺，必治以欺飾之罪。又諭：御史薛鳴皋奏形迹可疑人犯，請從寬典審辦一摺。前因侍郎王茂蔭奏稱各處拏獲人犯，多先用煙薰取供，當經降旨交問刑各衙門查明。如果屬實，即將原拏承審之員，指名參辦。並因雨澤愆期，特飭刑部及順天府，將犯案悉心推求，逐一清釐，原爲人命至重，斷不可以疑獄即成信讞，致殺不辜。至巡防王大臣審辦形迹可疑人犯，數月以來，分别問遣及開釋者，不下七八百人。其情罪較重，法無可貸，立置重辟者，止數十人。且審訊時並未刑求，豈得謂有冤抑。該御史未知確實，輒以自拔來歸，請從寬典，不知此等重罪人犯，受賊指使來京，或探聽消息，或圖偷買火藥，或隨賊抗拒，戕害官兵，其非自拔來歸，已無疑義。若各處軍營所奏，自拔來歸，殺賊自效者，皆係確有憑據，不但開釋罪名，且破格恩施，以昭激勸。該御史所奏，煦煦爲仁，漫無區别，豈以縱姦養惡，爲好生之德，遂足消除沴氣耶。所奏實不可行，著毋庸議。又河南巡撫英桂奏請將在籍給事中陳壇被參情節，覆審另擬具奏。諭：陳壇身任給諫，又係奉旨回籍，辦理團練，乃如此喪心，若不從嚴懲辦，何以勸各省出力紳民。著迅速奏來，斷難任其避就欺罔，倖逃法網。又諭：御史唐壬森奏私鑄大錢情實人犯，請量從末減等語，所奏殊屬非是。此等姦民，趨利冒死，明知禁令所在，法不容寬，猶復甘蹈刑章，以身嘗試。該御史既稱處以情實，誠足蔽辜，又稱其情可憫，請從末減，何自相矛盾至此。且該御史亦知斬決已有數起，私鑄仍未衰息，是繩以重法，猶恐未能盡絶姦萌，乃稱齊民不專恃重典，豈故示寬縱，轉足以懲姦化莠乎。即如所奏，或令出錢贖罪，或令效死殺賊，尤屬不成政體。定例納銀贖罪，即徒杖以下，均以有力無力爲斷。若斬絞情實人犯，則從無納贖之條，該犯等私鑄圖利，多係因貧起意，豈能責納罰鍰，託空言而撓憲典。至此項人犯，貪利玩法，無論其不能悔過自新，縱使真能效死，而各路兵勇，累萬盈千，何至少此數十刑餘之人，必欲藉其死力耶。該御史所奏，著毋庸議。

五年諭：前因袁甲三奏請將安徽署宿州知州郭世亨開缺，專辦蒙亳等處捻匪，並請以補用直隸州知州王啓秀接署宿州知州。朕以地方公事，應由該撫覈辦，批令會同和春福濟具奏。嗣據袁甲三奏稱和春等函令單銜入奏，兹據和春等奏袁甲三接奉批摺後，仍堅持己見，無從會銜。並稱宿州地方緊要，請留熟手接辦，毋庸更易，以期官民相安，自係實在情形。所有郭世亨王啓秀開缺接署之處，著毋庸議。各省辦理防勦大員，遇有官吏廉能出衆者，原准保奏。貪汙不職者，亦許糾參。惟於升補委署，總應會商地方大吏，豈容擅自更調。袁甲三經朕屢次批諭，輒敢固執不遵，又敢飾詞具奏，以遂其專擅之私，實屬大負委任。都察院左副都御史袁甲三著先行交部嚴加議處，即著來京候旨。又諭：御史宗稷辰奏請展緩謁陵一年，以恤民力一摺。每年祇謁山陵，事關典禮，朕惟有恪遵祖制，敬展慕思。如果畿輔地方，民力未逮，亦必權衡時勢，暫緩舉行。現在並未降旨何日謁陵，該御史輒以直隸南境間被偏災，奏請閒歲展謁，殊屬冒昧。言官條陳時事，匡救過舉，如果確有見聞，朕必俯加採納。若以揣度之詞，率行陳奏，是徒博敢諫之名，而無其實，此風斷不可長。宗稷辰著交部議處。

六年諭：御史李鶴年奏獲咎大員恐難復膺重任一摺。陸應穀前在河南巡撫任内，辦理軍務，未能實力防勦，罪有應得，業經罷斥。兹因該員久歷外任，是以賞給四品頂戴，補授直隸按察使以觀後效。向來緣事斥革人員，棄瑕録用，仍能奮勉圖功者，亦復不少。況直隸既非軍務省分，臬司專理刑名，亦非統轄全省。朕進退人才，一秉大公，如果陸應穀不知振作，仍不難重治其罪，豈得以曾經獲咎人員，逆料其必有貽誤，概令終身廢棄耶。該御史所奏，著毋庸議。

七年諭：御史尹耕雲奏大員獲咎太重，請收回成命，以嚴賞罰一摺。前任大學士直隸總督訥爾經額，因逆匪北竄，堵勦不力，革職治罪，原以行軍失律，法所必懲。嗣因北路肅清，量從末減，兹由西陵當差回京，念伊久膺疆寄，曾入綸扉，予以四品京堂，俾知感愧，並非假以事權。即使訥爾經額年力未衰，尚堪重任，朕用一威望頓減之員，實難期其振作，正與從前棄瑕録用，復任封圻者，不可同日而語。況人才黜陟，朕心自有權衡，該御史所奏，著毋庸議。

八年諭：前因御史錢桂森奏請將候補尚書陳孚恩，即予擢用，語多荒謬，當交大學士六部尚書侍郎等，將如何示懲之處，酌議具奏。本日據裕誠等奏稱該御史輒敢將在京候補大員，請賜擢用，已屬不合。並擅擬令入直樞廷，專辦夷務，所奏實屬荒謬，不勝御史之任，請旨懲處等語。錢桂森著回原衙門行走，以示薄懲。至御史本有言責，即或所言未當，朕必曲爲含容，未嘗加以重譴。今錢桂森豈不知陳孚恩曾任大員，非末僚湮没無聞者可比。如何録用，朕自有權衡，乃敢妄言保奏，以爲嘗試。若非受人屬託，即屬有意市恩，黨援朋比之風，斷不可長，不得不予以薄懲。嗣後身任言官者，仍當留心時務，遇事敷陳，以備採擇，固不可徇私干譽，自蹈愆尤，亦不可因此次錢桂森改官，共安緘默。將此通諭科道等知之，以副朕明目達聰至意。

九年諭：朕御極以來，屢經特詔求言，内外臣工，敷陳時事，凡有關國計民生者，無不隨時採擇，立見施行。本日據許彭壽潘祖蔭楊泗孫奏，入春雨澤稀少，請誡諭諸臣，臚陳得失等語。夫遇災修省，原非博納諫之虚名，況現在軍務未平，民困未蘇，朕祗承祖訓，上迓天庥，宵旰焦勞，無時少釋。在廷諸臣，自各部院堂官至科道等，原准其隨時獻納，並未豫飭其緘默旁觀。各大員等羣力匡襄，尚有能喻朕意者。至科道等身列諫垣，遇事直言，方爲不負職守。近來頗有不盡爲公者，即如去歲科場案出，率皆諉爲不知，不獨巧避怨讟，兼可瞻徇年誼。世道人心，若斯澆薄，誠堪浩歎，朕深愧訓諭無方。繼自今，若不激發天良，敷陳要政，以補救時艱，國家安用此臺諫爲耶。將此詳諭在廷諸臣知之。又諭：御史豐麟奏請飭軍營保舉人員，會辦地方軍務一摺。據稱自軍興以來，每遇克復城池，保舉者動輒數十百人。至失事案内，則惟地方官照例懲處，此項人員，均不在糾參之列。請飭統兵大臣，於克復一城後，即在本案保舉人員内，擇留一二員，協同該地方官防守。儻有疏虞，即與守土官一同治罪等語。軍營帶兵各員，如派留防城邑，失事後一併獲咎，並非不在糾參之列。至糧臺文案各員，其得邀獎勵者，均須隨營辦事，勢難到處留防。若以軍營無用之人，使之協同守禦，安能有益地方。該御史所奏，著毋庸議。又都察院左都御史綿森等奏，遵旨覆覈朝審人犯，應由緩改實之浙江絞犯張汰聰應照原擬，仍入緩決辦理。其吕瀰儀一案，請飭浙江巡撫再行研鞫。諭：此事朕兩次諭旨，想該堂官等並未看明。初云悉心定擬者何，不過順水行舟，得推則推。盈廷若皆如斯卿貳，朕圖治何所賴焉。著派惠親王載垣，專會同都察院堂官，再爲悉心定擬覆覈具奏。

十一年諭：給事中哲臣奏請嚴定京察章程，先期開單進呈一摺。京察爲考績大典，各該衙門堂官保列一等人員，出具考語，由吏部帶領引見，本非專爲簡用外任而設，其特行圈出之員，令該堂官再出具切實考語，覆行引見，始量予録用，立法本極周密。該給事中奏請令各該堂官將應行保列堪勝道府之員，先期出具考語，開單進呈，圈出後再行帶領引見。既與定例不符，且失京察本意。況所保之員，未經引見，豈能僅據該堂官考語，遽定其人之才具。所奏殊屬非是，著毋庸議。原摺著即擲還。

十月諭：前因朕御極之初詔求直言，嗣據恭親王以議政任重，籲懇諭飭中外臣工，各抒所見。復經降旨諭令諸臣，凡有見聞，務各切實直言無隱。本日據給事中博桂密封具奏一摺，詞意龐雜，意在嘗試，於政體毫無裨益。若皆似此任意瑣瀆，尚復成何事體。博桂原摺著即行擲還。至諸臣中實有所見，於政務確有補救者，仍各據實臚陳，用副朕諄諄求言至意。又諭：前因繙譯副考官富廉，擅帶私人入闈，交部嚴加議處。茲據吏部奏稱富廉於入闈時，擅將伊孫及通曉繙譯之張二，私行帶入，實屬有干例禁。都察院左副都御史富廉著照部議革職，以昭炯戒。考試爲掄才大典，科條具在，例禁綦嚴。嗣後考官有衡文之責者，務當奉公守法，恪謹將事，毋得違例妄行，自取咎戾。又諭：御史鍾佩賢、給事中孫楫奏請將載垣等造作之諭旨銷除各摺片。載垣等假傳諭旨，造作贊襄政務名目，並於御史董元醇條奏一摺，擬旨時擅自改寫各情形，業經疊次降旨，明白宣示矣。茲據該給事中等奏，載垣等造作擅改之件，不應載之實録，儼同顧命，亦不應登之册籍。假託綸音，擬請降旨銷除，以期信今傳後等語。朕奉母后皇太后聖母皇太后懿旨，所奏不爲無見。載垣等種種悖逆欺蒙之罪，中外臣民，皆已備悉，所有造作贊襄政務諭旨，確係矯傳，自不應纂入實録中。惟遽將其銷毀，又恐無以示將來而徵罪案。至董元醇所奏一摺，當日發交載垣等擬旨，原令其將所請垂簾暫理朝政，飭令廷臣會議。其請於親王中簡派一二人輔弼，開具空名諭旨，祗候簡派，並於大臣中擇其可充師傅之任者，公同保舉。乃載垣等奏對時，即已嘵嘵置辯，及擬諭旨，遂敢陽奉陰違，擅自改寫。一切駁斥，迨述旨時未即允照所擬宣發。而載垣等膽敢於次日發交摺件，壓閣不辦，竟將所擬諭旨，堅請發下。又以未用御印，不足爲憑，再行瀆請。斯時駐蹕木蘭，遠距京師，未能即日回鑾，若不暫允所請，載垣等跋扈情形，其勢將有不可問者。是以隱忍姑從，將所擅擬諭旨，鈐蓋御印，實出於不得已。言念及此，能無痛恨。所有載垣等矯傳贊襄名目，及擅擬駁斥董元醇諭旨，著即銷除。惟此案係王大臣大學士六部九卿等於内閣會同刑部議定罪名，伊等造作之諭旨二道，即著内閣刑部隨同本案檔册録存，以著信讞。並著軍機處即隨此次諭旨，照録一分存檔，另録一分，交南書房收存，均著低二格書寫，以示區别。庶使姦邪逆迹，不得溷載方策，以重綸音而昭炯戒。又諭：大學士桂良等奏遵議御史華祝三奏部議京察截俸日期，窒礙難行一摺。京察爲激揚大典，前經吏部奏准，展緩一年，截俸日期，欽奉諭旨，扣至咸豐十一年三月十五日截止，自當欽遵辦理。至一切停升註考事宜，亦經吏部奏明分别覈辦，尚無窒礙。該御史原奏内稱，京察必視差使之優劣，定等第之高下。上年差使，應列一等，至本年三月升調别衙門，若仍與一等，則與截俸不符。不與一等，則資俸以酉年爲限，勞績不以酉年爲憑等語。向來升調人員，一年以外，仍准統計前俸。至填註政績考語，半年以外，即由新任衙門出考。若捨新任之資俸，論原衙門之差使，辦理更難畫一。又稱一等升遷，三等降調等語，向來一等加級，三等照舊供職，並無升遷降調之説，所奏係屬錯誤。又稱酉年三月以後，病痊服闋升調銓補得缺各員，均不應在考察之列，將不分等第，從無實缺人員不加甄别之理，仍分等第，列入三等者，必有置辦等語。升調得缺，本係實缺人員，該御史謂與病痊服闋銓補得缺各員，均不在考察之列，已屬聲叙未明。至應否分别等第，業經吏部奏明，例應考察及不應考察之員，統以三月十五日爲斷，亦與截俸兩無窒礙。又稱禮兵等部員缺本少，本年三月以後，各員中或以事故去，而此後得缺者，皆係不合例人員，恐致無員可保等語。歷届京察保薦，不得其人，即任缺無濫。聖訓煌煌，允宜遵守，豈該御史尚未之知。又稱本年三月後考察各員，有屢經升轉者，有註誤停升者，論其體制，則新階叙用，與舊階叙用，判然各别。論其處分，則考察在前，註誤在後，難以持平，恐升轉易致冒濫，被議者不能折服其心，截俸亦多扞格等語。向來考察期内，凡有升轉議處事件，概行停止。此次展緩一年，勢難一切停止不辦，亦經准吏部所奏註考等項事宜，均照現在官職辦理。今該御史所指窒礙各情，俱應歸停升之例辦理，與截俸毫無干涉。又片奏此次京察，需以四載不爲遲，將來縮以二年不爲速等語。三載考績，古有明訓，該御史强爲二年四載之説，尤屬不諳政體，所奏著毋庸議。又諭：前據給事中林壽圖奏叅刑部尚書趙光，有爲其壻工部主事光熙求送實録館校對之事，當以事屬未行，未經降旨查辦。兹據御史劉毓楠奏稱，自簡派實録館總裁後，各衙門官員，營求保送差使，物議沸騰，所有總纂等官，請飭該總裁官暨各部院堂官應送各員，按資開單，奏請欽派等語。恭修實録，爲闡揚謨烈大典，垂示萬世，必須品學純正之員，敬謹編輯。儻任聽劣員鑽營奔走，濫竽充數，殊不足以昭慎重。該監修總裁正副總裁等，經朕特簡，自應恪恭將事，慎選賢員，藉資襄理。即各部院堂官揀員保送，亦須悉秉至公，萬不准稍有徇情，自干咎戾。其趙光爲伊壻光熙請託一節，據該給事中奏稱得自傳聞，姑免深究。然無論事之有無，總應慎益加慎，不得以朕寛厚待人，遂謂闇昧之事，可以幸逃鑒察也。至總纂等官，向由各部院衙門保送，到館以後，由該總裁官點派。若必紛紛奏請欽派，事涉瑣屑。且該總裁官及各部院堂官，均係一二品大員，朕所倚任，但能勤慎自矢，亦豈稍存疑忌。該給事中所請開單奏請簡派之處，著毋庸議。又諭：科道有風聞言事之責，自詔開言路以來，科道章奏，有原本經術，指陳時弊者，無不虛懷採納。其彈劾章疏，如果情形確實，亦無不立見施行。本日據御史曹登庸奏，陵工規制已成，毋庸率議紛更，並請嚴防浮冒一摺。前因宋晉奏慕陵規制樸實儉約，定陵可否仿照辦理，當交王大臣大學士九卿翰詹科道敬謹會同妥議具奏，該御史亦在會議之列，如有所見，儘可會議時自抒其説。或議稿已定，意見不合，方可單銜具奏。若衆論僉同，即應敬候聯銜覆奏，何得以雷同勦説之詞，率自專摺先行奏陳。是會議時明知宋晉所奏，揆諸時事，窒礙難行，因於王大臣等未經覆奏之先，故爲此請，以爲自己見長之地，巧爲嘗試，已屬不知大體。摺内又將前旨撤去之周祖培所派監修張福佑等爲詞，臚列多人，曉曉瀆奏。其所請一體撤回之彭蘊章之子彭祖賢，綿森之子未詳其名，查該二員現在並未派辦工程，不知該御史何以一併牽引，率行叅奏。又因全慶等繳還一成銀兩，遂謂其下在工人等，盡皆染指，亦係臆度之詞，毫無實據。至所參工部主事光熙，因轉託該御史同居之同知張載型，向周祖培求派工頭，並將名條呈覽，事涉瑣屑，殊多冒昧。曹登庸實屬不稱御史之職，著以六部員外郎降補。

《大清會典事例（光緒朝）》卷一〇一〇《都察院·憲綱諭旨十三》

同治元年諭：王茂蔭奏言官宜從優容等語。我兩宮皇太后親裁大政，言路宏開，虛心採納，樂聞讜言。前因御史曹登庸於會議定陵規制，衆論僉同之事，先自陳奏，不知大體。並於派辦工程司員，率以無據之詞，牽涉彭蘊章綿森等，恐啓揣摩嘗試摭拾曖昧之漸，於世道人心，甚有關繫。特降補員外郎，用端習尚。其餘如博桂所奏，詞意龐雜，無裨政治，僅將原摺擲還，亦未加以譴責。本年御史劉慶奏請飭正奏疏體裁，所言甚屬非是，且意近迎合。伊古名臣奏議，無非以國計民生重大諸務爲經緯，該御史既爲言官，茫昧無知，率請飭正體裁，豈言官建白，必有故套可循，亦將原摺留中以示優容。至糾劾劣員，條陳時政者，無不立予施行。即或事有窒礙，言涉浮泛者，亦各節取所長，以宏達聰明之意。嗣後該科道等官，於一切政務，確有所見，足以裨益時政者，仍著據實直陳，毋稍徇隱。朝廷將細察其才識言論，破格獎勵，以作敢言之氣，用旌直臣而收成效。將此諭知科道等官知之。劉慶摺並著交內閣發鈔。又諭：本日據大學士等奏會議何桂清罪名一摺。其户部侍郎董恂，以堂司迴避，都察院左副都御史志和等，以師生迴避，均未列銜。國家設立科條，凡官吏於訴訟人有關受業師，及舊爲上司者，例應迴避。至臣下於奉旨派審案件，亦有具摺呈請迴避者，其准否均須候旨。此案何桂清以一品大員，朝廷慎重刑章，特降旨令大學士六部九卿翰詹科道再行會議，原欲參之衆議，用示大公，豈尋常聽訟之例可比。各該員等，自應准情科罪，各據所見奏聞。如有迴避，亦可於奉旨後具摺陳奏，候旨遵行，何得並不奏明，臨時藉詞迴避，置身事外，以私情廢公論，爲諉卸取巧地步。所有此次會議，未經列銜之董恂、志和、孫如僅、潘祖蔭、董元章、衍秀、孫楫、劉毓楠、梅啓照、朱潮、吕序程、任兆堅等，均著交部議處，以爲藉詞取巧者戒。

二年諭：前因御史吴台壽奏陳勝保獲罪一摺，荒謬誕妄，肆無忌憚，實爲臺諫中卑鄙無恥之員。惟因勝保案情尚未審明，未經降旨將該御史懲辦。茲據御史劉其年奏稱，吴台壽朋黨撓法，飾詞挾制，並稱伊兄吴台郎，夤緣入勝保軍營，保至道員花翎，招權肆惡，中外皆知。吴台壽效命私門，甘心鷹犬各等語。所論該御史挾私誣罔各情，朝廷早洞悉，諒大小臣工，亦無不知其姦詐。吴台壽甫升御史，即敢肆意妄爲，將來伊於胡底，著即行革職。山東候補道吴台朗，本係因案革職之員，復夤緣勝保軍營，招權肆惡，此次吴台壽挾私陳奏，其爲感激私恩，已可概見。吴台朗著一併革職，拔去花翎，以爲夤緣朋比者戒。近來科道中因朝廷詔求直言，隱惡揚善，遂有讒間忠良，袒庇私人，冀圖營惑者，殊不乏人。該科道以諫爲職，宜如何正直剛方，指陳得失，何得巧爲嘗試，顛倒是非。朝廷格外優容，不加譴責，該科道等清夜捫心，能無自愧乎。經此次訓飭之後，務當各矢公忠，遇事直陳，不得稍存私曲，亦不得緘默自容，用副厥職。又諭：給事中徵麟奏外省寄有匿名公啓，關繫地方情形，據實奏聞一摺。投遞匿名揭帖，例不准行，雖據該給事中所陳各情，有關軍務吏治，與挾讎訐告，似稍有間。何以不在都察院步軍統領衙門呈訴，輒用匿名公啓，假託泰安府署緘寄。又何以知鴻儀錢鋪之鋪夥，與給事中徵麟認識，令其轉送私宅。情節輾轉支離，難保其中無別項情弊。所有投遞匿名公啓之鴻儀錢鋪鋪夥李連珠一名，著交刑部嚴訊。所遞匿名公啓，究係何人寄交，務即確切根究，奏明辦理。又諭：昨因御史奎齡承繼瑞亨引見科缺未到，面諭議政王軍機大臣查明該御史等不到次數，據實具奏。茲據奏，查據吏部文稱，御史奎齡引見科缺四次，承繼引見科缺六次，均止此次告假未到。瑞亨引見科缺八次，共計四次告假未到等語。京畿道御史，遇有京察年分，向來均得保列一等。瑞亨調任京畿道後，引見科缺，四次未到，其爲意存趨避，顯而易見。此等取巧之風，斷不可長。瑞亨著撤去京畿道，以各道御史調補，用示薄懲。其所遺京畿道一缺，著都察院堂官揀員請補。奎齡承繼均係初次未到，姑從寬免其置議。向來都察院章程，因京畿道及巡視西北兩城御史，差務較繁，京察保列一等，以致捷徑爭趨，反以升轉爲迂途。陋習相沿，殊屬非是。嗣後都察院堂官，務當認真察覈，所有京畿道及巡視西北兩城科道，如果才品兼優，勤能稱職，仍准照舊保薦。其不勝繁劇者，即當隨時奏撤，毋得以揀補在前，稍存迴護。至各科道中有品行端方，才具開展者，亦當列爲上考，不必拘定成案，致令向隅也。至漢員保送御史，例須考試，滿員則向不與考，殊非慎簡言官之道。以後保送滿洲御史，著即由各衙門堂官認真考試，擇其通曉清漢文字，品行端謹者，出具切實考語，保送候簡，以期臺諫得人，力除積習。又諭：都察院左都御史載齡奏特參庸劣不職之科道，請分別勒休辦理等語。給事中鳳寶，老悖昏庸形同木偶，惟尚無劣迹，著即勒令休致。御史許其光，把持京畿道事務，於尋常案件，任意延閣，即特旨交辦之案，經該堂官等屢向催問，仍復一味枝梧。御史慶保，聲名平常，亦難勝任，均著回原衙門行走。御史福珠隆阿，不知自愛，有玷官箴，著即革職。都察院職司風憲，各科道具有稽察糾彈之責，必須學問優長，人品端正，方能無忝厥職。嗣後該堂官遇有似此不能稱職之員，即行隨時參劾，毋稍姑容。其有平日辦事勤奮，品行端謹，遇事敢言，有裨國計者，該堂官亦當酌量保薦，以收得人之效。至京察年分列考，仍遵照前奉諭旨，不必拘定成案，以抑奔競而肅臺規。又諭：前因內閣侍讀學士鍾佩賢奏左都御史載齡參劾科道，單銜具奏，是否並未商及同官，所參能否允當，當經諭令都察院堂官明白回奏。茲據單懋謙等奏，載齡此次參劾科道，並未與該堂官等會商，無從列銜。至所劾鳳寶各員，均非無因，即著毋庸置議。惟各部院堂官甄別屬員，向皆公商會銜具奏，原以杜專擅而重考察。矧都察院爲風憲之官，科道各有言事之責，黜陟考覈，尤宜審慎。載齡此次甄別各員，並不商及同官，輒竟單銜具奏，雖非專恣，亦屬輕率，殊於體制未協。載齡著交部議處。嗣後各部院堂官於本署應行條奏事務，以及舉劾所屬官員，務當公同認真覈議。如事理確鑿，而各堂官意見不合者，准其單銜具奏，仍於摺內聲明，以符定例。至都察院科道各員，尤宜委用得人，方能無忝厥職。嗣後仍著該堂官分別考覈，如有聲名平常庸劣不職之員，仍當隨時甄別。其平日品行端方辦公勤奮者，亦即酌量保薦，不得以載齡業經議處，遂於該衙門科道中賢否，一併緘默不言也。又諭：御史張瀛奏本年勾到黃册，刑部於情實出語後，另行黏籤，體制未協，請照舊辦理一摺。本年刑部呈進勾到黃册，曾諭令議政王軍機大臣大學士會同刑部逐起詳覈，黏籤進呈，請旨施行，原因朕在沖齡，兩宮皇太后親裁大政，是以變通辦理。至情實各犯，應決應寬，均係該王大臣等公同詳覈，逐起黏籤，刑部何從擅爲擬議。即如奉天省之范庭向一犯，情有可原，該王大臣等亦僅能聲明雙請，未敢遽懇寬宥。是生殺之權，操之自上，並非竟委之於部臣也。張瀛於此中原委，並未深悉，遽謂黃册黏籤，恐啓刑部擅擬之漸，識見殊屬膠滯，所請照舊辦理之處，俟朕親政後，自應率由舊章，此時著毋庸議。又諭：御史張盛藻奏靖儲將才以衛京師一摺。據稱京師爲根本重地，懇請嗣後簡用京師都統統領總兵大員，及兵部尚書侍郎，必擇知兵善戰之人，畀此重任。或在外省軍營，擇其帶兵得力者，先調來京，任以都統總兵之職，即將現在都統總兵等官，酌發軍營學習，陸續調回，仍歸京職等語。所奏殊屬非是。我朝京營額設重兵，分隸八旗都統及步軍統領衙門，一切操防訓練章程，經畫至爲周備。各都統統領總兵大員，均受朝廷特簡，與外省將軍督撫等體制相將。果能懍遵成憲，講求武備，於該管各營認真教練，何難悉成勁旅，以備折衝。若如該御史所奏，勢必將外省軍營知兵善戰之人，全數調京，而以舉朝都統等大員，盡發軍營學習。此等政體，實從來所未有。該御史初膺言職，於國家政務，並不求其事之可行，輒以此等荒謬窒礙之言，率行陳奏，實屬冒昧。至所奏六部司員，請仿河工學習之例，由六部堂官保送軍營學習，亦適啓鑽營僥幸之路，徒事紛擾，無裨部務，所奏亦不可行。另片奏近來升擢外省督撫，往往令其毋庸來京請訓，而藩臬道府各員，亦多因督撫代奏，緩其陛見，竟有由微員擢至一二品官，尚不知朝覲述職爲何事者。所奏雖爲整肅紀綱起見，惟近來各省軍務緊要，朝廷爲地擇人，原冀地方早就肅清，故稍爲變通，以期於事有濟。至予奪黜陟之權，操之自上，魁柄並不下移，亦何至外省屬吏，止知趨承督撫，並不尊奉朝廷。所奏亦屬失當，均著毋庸置議。又諭：都察院奏世襲輕車都尉佛保，刑部筆帖式秀林，以投效軍營等詞，赴該衙門呈訴。據稱佛保秀林之祖父兄弟，或在四川江南陣亡，或在直隸山東陣亡，佛保秀林志切殺賊，各請投效軍營等語。前據都察院節次奏稱知縣王宜[illegible]等，情願投營報效，先後降旨允准，發往軍營差委，原因各路軍務方殷，各該員等志切復讎，情殷殺賊，是以俯允所請，以作其忠義之氣。惟邇來各處軍營，頗不乏人，若復紛紛投效，藉此進身，以爲將來保舉地步，未免開僥幸取巧之門，不可不示以限制。所有佛保秀林呈請投效軍營之處，著不准行。嗣後如有似此呈請投效者，該衙門即不必具奏。又諭：昨據御史孟傳金奏，直隸南宮縣辦團紳士二品頂戴候選同知郝來麟，獨力捐貲，帶團禦賊，捐辦團費，約有二萬九千餘兩。該員前在崇厚軍營，捐銀一萬二千兩，以道員不論雙單月儘先選用，並賞換花翎，又經部覈議銀數不敷，飭令補交銀七千九百六十兩。令郝來麟辦理團練，又捐如許鉅款，覈與補交銀數，尚餘銀二萬一千兩，請旨仍以道員不論雙單月儘先選用，並賞換花翎。如蒙俞允，仍請飭直隸總督查明奏辦，謹將該員辦團禦賊情形，及捐貲細數，開具清單呈覽等語。各省辦理團練，紳民捐貲出力，經該督撫奏請鼓勵，無不立沛恩施，優加獎敘。其間有未經給獎者，原准言官隨時奏聞，請旨辦理。郝來麟及其叔郝開周，連年捐輸軍餉，疊經分別賞給舉人翎枝官階頂戴，其急公好義，久已著聞，並非湮没未彰者可比。此次捐辦團練經費，勦賊出力，孟傳金如有所聞，原不妨奏請飭查，交部覈獎。乃孟傳金輒爲該員擅請以道員不論雙單月儘先選用，並賞換花翎，既不俟部臣確覈，復不待外省詳查，僅憑該御史一言即欲仰邀俞允，試問有此政體否。且另單所開辦團捐數，分毫必載，孟傳金既云得自訪聞，何以計及錙銖，詳悉至於如此，難保無輾轉屬託情弊。孟傳金不勝御史之任，姑從寬免其深究，著仍回原衙門行走，以示薄懲。

三年諭：御史官亮奏聞直隸灤州稻地邨，有地棍郭俊傑，與鹽店管事鄭九德，句通書吏，捏作該州諭帖，令屠户尹朝等，夥充落花生行秤，科派勒索，請飭查拏嚴懲等語。御史風聞言事，苟於國計民生稍有補益，未嘗不立見施行。即使其中偶有毛舉細故以爲塞責者，亦皆優予含容，期於言路無稍阻塞。若如官亮所奏，細民夥充落花生行秤一節，瑣屑已極，即使有干例禁，亦不過爲州縣衙門所應查辦之事，何得輒行登諸奏牘。似此任情紛紛摭拾，將來伊於胡底，且據所陳該處能否添設落花生行秤，請飭查明辦理，可得牙税歸公，所見尤爲猥鄙，實屬不知大禮。姑念該御史本日所奏摺片内，尚有可採擇之處，官亮著姑免其置議，即傳旨嚴行申飭。又諭：前據給事中博桂奏熱河土棍趙秀渭等，聚衆傳徒，製造槍械，與都統衙門門丁王守齋，係屬姻親，圖典官地承種，並構釁焚搶莊頭范幗鼎家産。王守齋從中貪緣，反將范幗鼎押禁，以致衆佃心俱不服，當經降旨交劉長佑密派妥員，前往熱河，查拏提審。茲據麟慶奏稱，查得趙秀渭等聚衆置械各款，全無端倪。其搶奪范幗鼎家産一節，覈與本案情事，顯然相反。至都統衙門，向無總辦門丁名目，家人中並無王守齋其人。即該都統批呈，亦無飭將范幗鼎鎖押，原奏種種舛誤等語。御史風聞言事，原不能盡屬可憑，若舛錯太甚，致令無辜平民，反受拖累，殊非朝廷申理冤抑之意。著麟慶將全案人證卷宗，飭交委員瑞珊，帶赴直隸省城，交劉長佑親提嚴訊，務將此案是非曲直，徹底根究，以成信讞。范幗鼎搶奪趙幅渭家産，已據趙幅渭在熱河都統衙門呈控有案，何以博桂原奏則稱趙秀渭等搶奪范幗鼎家産，情節相反。所稱門丁王守齋等，亦屬子虚。其爲有人屬託出奏，顯而易見。著劉長佑提集案内要證，嚴切根究，何人從中屬託，有無賄賂，務須盡情吐露，據實具奏。儻仍有不實不盡，含混了事，將來別經發覺，惟劉長佑是問。又諭：前因御史富稼面向議政王軍機大臣，以伊子筆帖式延序，隨同欽差明善，赴順義縣捕拏土匪多名正法，得有軍功加級等情，繕遞呈詞，情節支離，當經降旨將延序革職，交部嚴訊，富稼解任候質。復因富稼到軍機處面稱伊子畏罪潛逃，難保非富稼有心藏匿。並諭將富稼革職，派議政王軍機大臣會同刑部審訊，仍飭步軍統領等衙門，將延序拏獲，歸案訊辦。旋據延序赴部投首，並經順天府等衙門，將案内要證韓姓等，先後拏獲送部。茲據議政王等會同刑部，遴派章京司員，分別研訊，按律定擬。此案已革吏部筆帖式延序，因王七即王富城告知順義縣有已故鑲黄旗人德銘地畝十四頃九十六畝，年久無人取租，起意冒稱伊係德銘本家，商允王七等前往認領地畝，共分租錢。延序未向富稼告知實情，捏稱隨同明善赴順義縣查辦事件，當於十月初三日約同王七等，前赴該縣，找向韓姓即韓起，吳四即吳仲沅，述悉前情。因吳仲沅告以聽聞高得昌等，因辦此地在慎刑司涉訟，勸其不必辦理，延序即未至該縣遞呈，旋於初八日回京，復向富稼捏稱跟隨明善，行抵順義縣，該處土匪聚衆，欲行滋擾，經明善委伊訪查屬實，調兵拏獲土匪多名，請旨正法，並得有軍功加級等情。雖訊明未向外人傳説，亦無另項招摇詐騙情事，究屬荒誕已極。惟訊止在家向伊父私相告語，與詐傳詔旨自内傳出者，尚屬有間。延序除擅離職役，及冒認田宅各輕罪不議外，著照所擬，從重發往軍臺，效力贖罪。已革御史富稼，於伊子延序捏詞出外滋事，未能覺察，輒以伊子得有軍功加級等詞，赴軍機處請示，迨將延序革職交部，復稱業已潛逃，雖訊非有心藏匿，殊屬糊塗謬妄。該革員以伊子支離荒謬之詞，尚不能辦別真僞，平日居官莅事，受人欺蒙，已可概見。富稼業經革職，仍著永不敘用，以爲身列諫垣，闒茸不職者戒。又諭：前因已革御史富稼奏參山東候補知縣劉時霖，以奴僕蒙捐，倚勢殃民，誣良索賄，當經諭令閻敬銘查明具奏。兹據奏稱，劉時霖奏派赴濟陽查拏匪犯，所帶勇丁，約束得宜，並無騷擾搶掠情事。陳迥即陳銅，係圍城抗糧，歷年在逃，奉旨飭拏之犯。劉時霖於本年夏間，將陳迥即陳銅，並其弟陳鐔拏獲，經委員徐大容李翼清審明，該犯等供認聚衆圍城奪犯抗糧等案不諱，與原參劉時霖索錢未遂，致將陳銅等捆搏，屬徐大容等刑偪誣陷情節迥異。至劉時霖之父，曾經出仕，且與丁寶楨素不認識，原參隨侍多年聞警救主各節，實無其事等語。劉時霖等被參各款，既據閻敬銘查明毫無影響，著毋庸議。陳迥即陳銅，稔惡多年，豈容倖逃顯戮，著俟定案時即行正法，以昭炯戒。至富稼奏參此案，情節舛錯，是非顛倒。御史聞風言事，何至爲罪惡衆著之犯，捏詞解脱，希圖翻案，殊不可解。恐該犯陳銅等自知罪大惡極，冀圖解免，輾轉屬託，有授意該革員出奏情事。著派周祖培存誠，會同都察院堂官，將富稼傳訊，務得確情，毋稍含混。

四年諭：都察院奏訪查巡城御史辦公未能妥協，請旨撤退一摺。據稱巡視西城御史奎英，稍涉事權，漸改前轍，近遇地方公事，每多率意任情，不克和衷共濟，辦理殊未妥協各等語。朝廷設立滿漢巡城御史，原期遇事商同辦理，固不可諉謝因循，亦不宜偏執己見，致有貽誤。該堂官等未敢以保奏在前，自行迴護，自爲慎重公事起見，惟未將該御史率意任情各事蹟指參，殊非覈實之道。即著全慶等，將該御史如何辦理不能妥協之處，據實再行陳奏，毋稍徇隱。又諭：昨因都察院奏參巡視西城御史奎英，近遇地方公事，每多率意任情，未將各事蹟指參，降旨令全慶等將該御史如何辦理不能妥協之處，據實陳奏。兹據奏稱，據巡視西城漢給事中何兆瀛呈稱，管理街道御史，移送西城藍靛廠不挂錢幌私换銀兩之李姓一案，飭交坊官辦理。並將李姓交坊看押，經本城滿御史奎英，親赴該坊，自行釋放等情。當將此案劄交東城御史查辦，因訊問尚需時日，未敢遽以此案原委具奏。惟西城事務殷繁，儻仍聽奎英辦理，恐滋貽誤，是以先請撤去該御史巡城差使等語。奎英於私换銀兩交坊看押之李姓，虚實並未訊明，輒行私往屬官衙門，勒令釋放，實屬任性妄爲，有乖體制。都察院堂官於昨日奏參摺内，並未將私放李姓情事，詳晰奏陳，殊屬含混。至李姓經街道衙門於十二月十二日交坊看押，十七日始由街道衙門移交西城，何以奎英於十四日即知有此案。其中是否另有别情，著派綿森趙光，會同都察院堂官，秉公研訊確情，據實具奏。奎英著先行撤退巡城差使，聽候查辦。又諭：前因御史譚鍾麟奏請申明保送御史定例一摺，當經諭令吏部議奏。兹據該部奏稱，向來御史保送後，有犯貪汙劣蹟，原保堂官，例無議處明文。惟保送時，各衙門皆得遴員咨送，實與京察體例無殊，自應比例定擬，以專責成等語。御史爲朝廷耳目之官，職司彈劾，較之保送京察人員，更須認真遴選。著各部院衙門，嗣後保送御史，毋得但計資俸，務須認真考覈，選擇得人。如保送後有犯貪汙劣蹟者，即將原保之堂官，比照京察保送不實例，由該部奏明議處。如能訪出揭參者免議。此旨並著該部纂入則例，通行知照。又諭：前因給事中博桂奏直隸文安縣兇犯寇玉林，綽號豆二憨，與衙役劉元和，有派捐分肥，及斃命私埋各節，當經諭令萬青藜卞寶第派員查辦。旋據奏稱，查明該給事中所奏各情，均無實據，而寇玉林等，又赴縣呈控，有牽涉該給事中之件，復經諭令將該犯等均交刑部訊辦。兹據該部奏稱，訊明案内人證，韓七即韓雪泉鈕寶卿洪燮堂等供稱，博桂奏拏寇玉林摺，係文安縣人胡沅瀣輾轉賄託，由該衙門書吏全渭西代辦摺稿，命洪燮堂繕寫。該給事中原奏，係上年十一月二十九日呈遞。而寇玉林先期於是月二十七日在縣呈訴，其爲營私漏洩，情弊顯然，請旨將博桂解任等語。案關風憲官犯贓，亟應徹底根究，以期水落石出。户科給事中博桂，著解任聽候傳質。其在逃之都察院書吏全渭西，並陳九胡得堂，著步軍統領衙門順天府五城一體嚴密訪拏，務獲送部究辦。又諭：御史汪朝棨奏請嚴禁外省人員，混入五城團防，希圖保舉一摺。五城設立團防局，向係各該御史，遴選籍隸順天之公正紳富，及寄籍鋪户人等，充當局董，會同司坊各官，緝拏盜賊，藉以保衛地面。若如該御史所奏，竟有籍隸外省之六部司員，紛紛冒充順天籍貫，蒙混入局，爲將來保舉地步，實屬拋荒本務，居心卑鄙。著五城御史查明，實係籍隸順天之紳富，及寄籍鋪户人等，准其在局辦公外，其籍隸外省之京外大小各官，如有冒充順天籍貫，蒙混入局，鑽謀保舉者，即著指名奏參。儻該城御史及紳董等通同容隱，别經發覺，即將該城御史及紳董人等，交部議處。又諭：前因萬青藜卞寶第奏遵查給事中博桂奏文安縣兇犯寇玉林，與衙役劉沅和朋比爲姦各情，並無實據，當以案關捏詞誣陷，牽涉言官，降旨交刑部嚴行審訊。並先後將户科給事中博桂等，解任革職，歸案審訊。茲據該部奏稱，審明言官聽屬受贓，並以財行求各犯按律定擬具奏一摺。此案博桂聽從全錕池即全渭西慫慂，以寇玉林等不法各情，率行入奏。業據胡沅瀣等僉供用銀一百六十兩，博桂以風憲官得贓四十五兩，實屬枉法。著照該部所擬，從重改發黑龍江效力贖罪。雖據稱母老丁單，仍不准其留養。該革員於熱河范幗鼎一案，尚有牽涉，著先行擬結，暫緩起解。仍著該部催提范幗鼎一案人證，嚴行審訊，分別辦理。又諭：前因内閣學士殷兆鏞，給事中王憲成，先後陳奏江蘇橫徵暴斂之害，當經諭令李鴻章，裁汰委員，歸併釐卡，將捐款收支數目，造册報部，並禁革浮增田畝占居民房等弊。茲據李鴻章覆奏，江蘇水陸兵勇，約有七萬餘人，不得不藉捐項以供軍餉。目前江境雖已肅清，而援勦各省，及分防本境，兵數仍未稍減，需餉甚繁釐捐勢難裁撤。所立卡座，均經明定章程，於總卡收捐，分卡驗票，每千錢取三十四十不等，實無十里五里設卡重徵，及十錢抽三之事。釐卡委員，仿照兩湖辦法，官紳並用，一有弊竇，立予參撤，亦無擅作威福情弊。釐捐一項，前數年歲收約有三百萬兩，近來日以減色，衰旺牽算，月不過二十萬兩。其餘收支各款，業已疊次開明報部，從無如原奏所稱歲收銀四千萬之數。至辦理租捐，丈量田畝，並無抑勒浮增情事。居民房屋，亦經次第給領等語。江蘇地方新復，該省兵勇留防要隘，及援應鄰疆，一時斷難裁撤，全賴釐捐等項，藉資接濟。李鴻章自簡任江蘇巡撫以來，於辦理軍務及地方事宜，均能振作有爲，不避嫌怨。茲覽所奏各節，尚係實在情形。該撫惟當事事實心經理，期於國計民生均有裨益，以無負朝廷委任之意。至京卿科道，遇有敷陳，亦應訪查確切，據實入奏。若如殷兆鏞摺内所稱，薙頭擔糞等項，皆有捐款，實覺言之過甚。王憲成片内，則稱江蘇各項捐款，歲可收銀四千萬兩之數，亦事所必無，該學士等徒以離奇荒唐之詞，率行陳奏，冀圖聳聽，假公濟私，要譽鄉黨，本應治以妄言之罪。惟當此言路宏開，若遽予嚴譴，恐抒陳讜論者，轉因而有畏阻之心。殷兆鏞王憲成所奏均毋庸議。嗣後言事各員，務須詳察事理輕重，覈實具奏，毋得捉影捕風，言過其實，用副朝廷實事求是至意。又諭：昨因御史汪朝棨奏參聯捷片内，有聯捷奉旨發往原任陝甘總督熙麟差遣委用之語。何時有此諭旨，令汪朝棨明白回奏。茲據奏稱，聯捷並無發交熙麟差委之旨委係具摺時繕寫錯誤，迨經查出，因係參劾之件，不敢奏請更正，疏忽難辭等語。諭旨係宣示中外之件，該御史何得憑空臆撰，任意書寫，實屬荒謬，非尋常錯誤可比。汪朝棨著交部議處。又諭：前據刑部奏審明已革刑部郎中薩隆阿，偷竊僞印一案，將該革員按盜内府財物，照盜倉庫錢糧本例，定擬絞監候秋後處決，入於明年朝審情實，業經降旨依議。茲據御史張觀鈞奏，請飭部將該犯按職官犯法酌覈，照依常犯加等，再擬立決等語。此案薩隆阿以職官而犯竊盜，固屬衣冠敗類，然法者天下之公，既經刑部照例定擬，豈得意爲輕重。即謂職官犯法，照依常犯加等，亦無再擬立決之條。該御史輒稱薩隆阿久爲覆載所不容，臣民同深憤恨，儻倖逃顯戮，無以快國人皆曰可殺之心，是直以叛逆目之，比擬非倫，語殊失當，所奏著毋庸議。

《大清會典事例（光緒朝）》卷一〇一一《都察院·憲綱諭旨十四》

同治五年諭：御史賈鐸奏五城團防，保舉過濫，請嚴定限制一摺，所奏不爲無見。京城設立五城團防局，原以緝姦宄而安善良。惟在局官紳，捕獲盜賊，止應援照外省州縣各官獲盜之例，酌給獎勵。乃近來各城團防保舉，竟有獲盜二三名，保舉至十數員之多者，有以微末職員，疊膺保薦，遞予崇階者。且有候補選人員，豫保升階，並請賞給頂載優銜者。倖進取巧，相習成風，亟應嚴定限制，以杜奔競。嗣後各城團防出力之四五品實缺人員，無論獲盜若干名，止准保加升銜。其候補選人員，止准保加選補班次。如班次已優，亦止准保給升銜，或交部議叙，概不准擅保道府。至團防紳董，除實係舉貢出身者，仍准酌保州縣正印官外，其監生俊秀出身各員，無論獲盜若干名，止准保舉八九品丞倅，及五六七品佐貳等官，以示區別。實缺人員，准其保舉升階。其候補候選各員，止准保加班次。如班次已無可加，止准保加升銜，概不准保舉選缺補缺後以某官升用。每案無論獲盜多寡，所保首先獲盜之人，俱不准過二員，會同獲盜之人，俱不准過三員。除未經分部之候選司員，及政事較簡之卿寺衙門屬員，准其留局辦事外，其各部實缺候補學習司員，均著飭令仍回本部當差，概不准留局差委，以致抛荒部務。嗣後五城御史，遇有團防保案，務當覈實保舉，毋得意存見好，致涉冒濫。又諭：給事中徵麟奏請將候選道員桂昌，發往陝西差委一摺。桂昌著發往甘肅，交左宗棠差遣委用。科道爲朝廷耳目之官，職司彈劾，其各省發往差委人員，或經該省奏請揀發，或由該督撫指名奏調，豈煩科道越俎代謀。且指省差委，尤屬非是。此風一開，恐鑽營請託者紛紛干進，尚復成何事體。嗣後有言責各官，務當秉公糾劾，不得濫行保薦，干譽市恩，以肅官常而正言路。又諭：前因給事中尋鑾煒奏參山西絳縣知縣陳懷璋，劣蹟多端聲名狼藉各情，當經降旨交護理巡撫王榕吉嚴切查明，據實具奏。茲據趙長齡於到任後，逐款查明，陳懷璋於同治元年，辦理團練，勸諭捐輸，並無扣留軍需情事。其辦團章程，共分六團，按期操演，至今尚有三百三十名，並無虛冒充數。絳縣城垣，年久未修，陳懷璋先自倡捐，並攤徵籌辦，所餘銀兩，修理書院，添設生童膏火。因捐户尚未交齊，未經請獎，並無擅加錢糧，及有意延緩不行請獎情事。惟縣屬試用訓導靳執鎮倚恃職官，求免捐輸，挾嫌上控，該訓導畏審，潛逃來京，其餘陳懷璋並無被控之案。絳縣錢糧，向係五家銀鑪包攬，索費過多，縣民不服，陳懷璋因改令花户自封投櫃，另募銀匠傾鎔，亦非私開銀鑪。陳懷璋聽斷最勤，不使原被人證守候受累，實無起滅自由之事。原參所稱以典吏王萬選爲心腹等情，或事出有因，或查無其事，均著毋庸置議。試用訓導靳執鎮，始則挾嫌妄控，繼則畏審潛逃，殊屬刁詐。著趙長齡飭屬嚴拏，毋令遠颺。並令步軍統領衙門順天府五城一體嚴緝，歸案審訊，以儆刁頑。惟絳縣知縣陳懷璋在任有年，據該縣紳士等，因其被參，赴省呈訴，並據該管絳州及河東道查明，亦稱樸實清勤，民情愛戴，是陳懷璋平日居官，實能興利除弊，無忝厥職。何以尋鑾煒不加詳察，遽行參劾，實屬輕率。科道爲朝廷耳目之官，原准風聞言事，但當訪查明確，方可入告，豈得輕聽人言，横加誣毁。儻朝廷輕信其言，致令廉明之官，轉受冤抑，何由使吏安其職，民服其上乎。是非之介，即綱紀所關。嗣後該科道於參劾事件，務當慎重訪查，不得稍涉輕忽，懔之慎之。又諭：御史佛爾國春奏各省典鋪，取贖限期，未能畫一，請飭部會議章程通行一摺，所陳殊屬鄙瑣。國家設立言官，原冀拾遺補闕，如於民生國計，確有關繫，自必立予嘉納。近來科道等官，往往摭拾細故，率意敷陳，然未有如該御史所奏之謬者。典鋪原以便民，各省情形不一，相沿已久，自有成規。如有不肖州縣，任意左袒，該省大吏，不難訪聞參處。且此等事件，何值令户刑二部會議通行，所奏著毋庸議，原摺擲還。

六年諭：御史阿凌阿奏參疆臣驕妄，請旨嚴飭一摺。據稱曾國藩不肯回兩江總督本任，仍刊用江督字樣關防，復欲以散員留營，並已回徐州又不接印等語。曾國藩公忠謀國，勳望素著，且時以盛滿爲慮，屢次陳情開缺，並以辦捻無功，自請量加譴責，註銷侯爵，謹畏出於至誠。朝廷念其前功，且籌李鴻章餉糈，亦極緊要，是以仍令回兩江總督本任。該督復請留營自效，以免避勞就逸之嫌。至所刊江督木質關防，係在河南境内行營所用。其時並未開兩江總督之缺，亦尚未折回徐州。現已恪遵諭旨，受篆視事，是曾國藩本無驕妄情形，該御史不查明原委，率以臆揣之詞，列諸彈章，迹涉任意攻訐，此風斷不可長。原摺著即擲還。又諭：御史張盛藻奏天文算學等事，宜歸欽天監工部，毋庸招集正途學習一摺。前據總理各國事務衙門奏請設同文館，專用正途科甲人員，學習天文算術，並擬章程六條呈覽，當經降旨依議。茲據張盛藻奏，科甲正途，讀書學道，何必令其習爲機巧，於士習人心，大有關繫等語。朝廷設立同文館，取用正途學習，原以天文算學，爲儒者所當知，不得目爲機巧。正途人員，用心較精，則學習自易，亦於讀書學道，無所偏廢，是以派令徐繼畬總管其事，以專責成，不過借西法以印證中法，並非舍聖道而入歧途，何至有礙於人心士習耶。該御史請飭廷臣妥議之處，著毋庸議。又諭：前因循史佛爾國春奏湖北竹木商捐一款，曾國荃前於過境時，曾用銀三千兩，及歷任巡撫到任，辦理鋪陳，修理衙署，皆於此款領用各節，當諭令譚廷襄查訊。茲據譚廷襄奏稱，前於查辦官文被參案内，業將調到清摺覈明，並無曾國荃用銀之款。復訊據委員孫振銓供稱，同治三年，曾國荃過境，曾由糧臺解過舊欠餉銀四萬二千餘兩，係屬正款，並未支竹木商捐。歷任巡撫到任，該員並未辦過支送鋪陳等項。又據總局司道詳稱，歷年在竹木商捐項下，領過辦公等項銀錢，如兵差隄工城工修理衙署，皆確有案據，並非鋪陳規費各等語。此案曾國荃被參動用竹木商捐等款，既無其事，著毋庸議。至佛爾國春原奏内所稱曾國荃原參官文賄通肅順，貪婪期罔各款，據綿森等查屬子虛，曾國荃宜照律反坐一節，官文受文宗顯皇帝特達之知，十數年來，歷著勳績，諒不至辜恩昧良，肆行貪罔。且其重膺疆寄，尚在肅順未經用事之先，亦無所用其夤緣。朕御極之初，曾特諭内外臣工，既往不咎。曾國荃以影響之事，臚列入奏，本屬不諳大體。佛爾國春遽引加以反坐之罪，尤屬迹近報復，故爲苛論。嗣後風聞言事，必宜慎重，黨援攻訐之風，斷不可開，所奏並毋庸議。又諭：前因興平等倉，逾限未領滿漢俸米，經户部奏明，照例一律註銷，業經降旨允行。乃本日給事中廣誠奏，米價日昂，請將註銷俸米仍准給領等語。向來官員俸米，逾限不領，照例註銷，原以杜花户串同米鋪勒掯賤買蒙領分肥等弊。例意極爲周市，該給事中於此中弊端，豈不知悉，乃敢冒昧陳奏，並以民生益蹙等詞，希圖聳聽，顯係受花户倉蠹等輩慫慂，實屬不知自愛。廣誠著傳旨申飭，所請著不准行。又諭：前因御史朱鎮奏參江蘇長洲縣知縣蒯德模浮收漕糧護庇漕書等情，當經諭令曾國藩等查明覆奏。茲據曾國藩郭柏蔭奏稱，查明蒯德模折徵錢數，均與定章相符。漕書徐海珊，並無拜蒯德模爲師，餽送贄敬。徐海珊之子徐小海，亦未包攬漕糧，蒯德模亦未嘗與候選道徐佩瑞結拜兄弟，並查抄錢鋪，致令商民罷市。並稱該員潔己愛民，爲地方興利除弊，於徵漕一事，並能不避嫌怨，大小户一律徵收各等情。御史風聞奏事，各省地方官如有劣蹟，自應訪聞確實，隨時糾參。若如曾國藩等所奏蒯德模被參各款，毫無實據，且能盡心民事，辦理漕糧，破除情面，訪諸輿論，亦皆稱爲好官，與該御史所奏大相徑庭。原參各情，實屬是非倒置，朱鎮著傳旨申飭。

七年諭：御史職司糾察，原許風聞言事，向來遇有參劾人員，交各該省督撫查無實據者，原皆置之不議，所以開言路而防壅蔽。至業經被劾之員，既無屈抑，何得妄引舊案，率行陳奏，以致淆亂是非。今該御史所參孫成竹等朋比貪墨等款，經李鶴年覈實查覆，均屬毫無影響，姑置勿論。至所奏李瑞椿被參屈抑，其爲挾私妄奏，已可概見。且前任知縣蘊琛開復原官之案，曾經欽派曾國藩秉公查奏，該員實係甚洽民心，著有勞績，是以降旨開復原官。乃該御史引爲成案，代爲李瑞椿率行奏請，其中情節，尤屬顯然易見。此等惡劣風氣，斷不可長。佛爾國春著回原衙門行走，以示薄懲。又諭：前日據御史德泰奏請修理園庭，以復舊制，並稱內務府庫守貴祥，有擬就章程五條，既不動用庫款，又可代濟民生，條理得宜，安置有法各等語。當諭軍機大臣，將德泰代遞貴祥所擬章程呈覽，祥加披閲，荒謬離奇，實出情理之外。當此軍務未平，民生困苦流離，朝廷方欲加意撫恤，乃該庫守則請於京外各地方，按户按畝按鄉，鱗次收捐，如此擾害閭閻，尚復成何政體。前明加餉派餉，以致民怨沸騰，國事不可復問。我列祖列宗屢次引爲殷鑒，中外大小臣工，詎不深知。況御史爲言事之官，其於國計民生有礙者，正當力陳其弊，藉資補救，不意德泰所陳，顯違列聖之彝訓，反欲朝廷剥削小民，動摇邦本，並以貴祥所擬章程爲可取，且云於國計民生兩有裨益，喪心病狂，莫此爲甚。德泰著即革職。又諭：前因萬青藜等奏，遵旨審辦直隸懷柔縣土棍杜申苛派捐米一案，有已革鄉保張傑，輾轉營求賄買摺子情事，當諭令將全案送交刑部嚴訊。茲據刑部奏稱，審得此案張傑因挾杜申欺壓之嫌，輒添砌多款，輾轉賄求給事中徵麟，具摺陳奏。據張傑等供據確鑿，請將該給事中解任歸案質訊等語。徵麟職任言官，輒敢聽受賄屬奏事，殊屬不知自愛，著即行解任，交部歸案質訊，務得確情，毋任狡展。並著將家丁西四即西升，迅即交出，以憑審辦。

八年諭：刑部奏審明言官聽受賄屬，並案內各犯，定擬具奏一摺。此案給事中徵麟，因聽受犖進年等，代張傑賄買摺奏，率以杜申捐糧入己等情，具摺陳奏。雖經刑部訊明贓未接受，而輒藉言事爲納賄之資，其情節甚屬可惡。吏科給事中徵麟，著照部議即行革職，發往軍臺效力贖罪。又諭：前因都察院奏編修朱福基等呈稱，前任廣西巡撫鄒鳴鶴，在江甯殉難，與御史朱鎮所奏情形迥殊，當經諭令馬新貽丁日昌查明具奏。茲據奏稱，徧訪當時在城紳耆，僉稱鄒鳴鶴協同防守，事有條理，及城垂破，誓以身殉，旋因罵賊不屈被戕，並無避匿民居之説。朱鎮所奏，係屬傳聞之誤，仍請優卹予謚等語。朝廷褒忠之典，綱紀攸關，鄒鳴鶴殉難情形，既據訪查確實，著仍照曾國藩原請，照巡撫例從優議卹予謚，以彰忠烈。御史原許風聞言事，惟事關人之名節，亦豈得冒昧瀆陳。茲朱鎮於鄒鳴鶴死事情形，並未詳查，經曾國藩察訪明確，奏准賜卹予謚後，輒以傳聞無據之詞，遽請撤銷，實屬不勝言官之任。朱鎮著回原衙門行走，以示薄懲。又諭：御史賈瑚奏請將道員長賡處分，飭部另議，劉嶽昭傳旨申飭，不足以昭炯戒一摺，所奏不爲無見。惟山東兗沂曹濟道長賡，前以濫刑斃命，降旨革職留任。因丁寶楨附片聲明，該道員係爲整頓地方起見，且在蘭山縣沂州府任內，均能賊畏民懷，爲東省必不可少之員，是以僅予革職留任，以示薄懲，非謂嚴酷之員，概可稍從末減也。總督劉嶽昭，據傳聞失實之辭，率行彈劾大員，原應治以應得之罪。因李鴻章密陳時事多艱，朝廷用人，不能不節取其長。且劉嶽昭前在各路軍營，尚有微勞，現當雲南軍務需人，正資勤辦，該督前經革職留任，僅予嚴行申飭，以儆將來。該御史於朝廷曲成人才之意，尚未深悉，所奏著毋庸置議。

十一年諭：刑部奏訊出書吏賄買摺奏各情一摺。據稱薊州書吏，賄買御史彝昌，奏參知州宋彭壽一案，訊明周開等輾轉賄買，及該御史供認得受銀兩等情。彝昌身任御史，輒敢聽受賄屬，挾私彈事，實爲言官中之敗類。彝昌著先行革職，從嚴訊究。又諭：昨日御史李宏謨奏請勤召對一摺，覽奏實堪詫異。自朕御極後，兩宮皇太后垂簾訓政，勵精圖治，惟日孜孜，召見臣工，訪求治理。本年入春以來，慈禧皇太后聖躬時有不適，仍以勤政爲心，無間召對，迨三月初旬以後，聖體違和，久未痊癒，始月餘未經視朝，然四月二十六日，猶力疾召見軍機大臣。嗣因聖體尚未大安，是以連日仍未召見。李宏謨近在京師，豈獨毫無聞見，竟以逐日召見爲請，嘵嘵瀆陳，冒昧已極。朕意本欲從重懲處，乃我皇太后以廣開言路之時，特降懿旨加恩免其褫革，仍傳旨嚴行申飭。

十二年諭：前據劉坤一奏，左都御史胡家玉，陳奏江西加徵錢糧，語多失實。並謂胡家玉及其弟姪田畝，久未完糧，兼有干預公事信函各節，當令胡家玉明白回奏。茲據奏本籍祖遺湖田四五百畝，其父兄弟五人，各分田不及百畝，歷年未完銀米，均因災歉緩徵。劉坤一間或貽書詢問地方公事，亦曾函答。此次丁漕改章，適江西藩司有書前來，據實答復，並函致劉坤一，實非意存恫喝等語。該撫此次所奏，措詞固多激切，惟胡家玉致書本籍地方官，雖爲公事起見，殊屬不合。著交部照例議處。所稱地畝被淹緩徵，是否屬實，歷次往來信件，是否該撫先行致函，均著劉坤一據實具奏。又諭：御史鄧慶麟奏京控發交案件，承審不公，請提交刑部審辦，或派大員前往審理一摺。國家設立都察院步軍統領衙門，准各直省民人呈訴冤抑，原所以通達下情。一經各該衙門具奏，無不立降諭旨，交各該督撫親提研審。其關涉命案者，並令督同臬司嚴行訊究。如該督撫等承審不公，仍准其赴各該衙門呈控。儻遇案情重大，或地方官有貪婪不法情事，自當提交刑部，或特派大員前往審辦。若如該御史所奏，直隸遵化州民人郝越生員王晴川京控兩案，俱係尋常案件，獨不思總督爲國家大員，自有承審之責，如紛紛提交刑部，或欽派大員，尚復成何體制。該御史不達事理，率行陳奏，著毋庸議。又諭：前據軍機大臣會同刑部審明已革烏魯木齊提督成祿罪名，比例擬以斬立決，聲明應否改爲斬監候，恭候欽定。旋因御史吳可讀奏，請將成祿立正典刑，當令御前大臣大學士六部九卿再行覈議，定擬具奏。茲據該王大臣等奏稱，成祿罪名，請仍照原議辦理。其未經畫稿之通政使于凌辰，大理寺少卿王家璧，亦據另摺陳明，均無異議。成祿著改爲斬監候，餘均照軍機大臣等所請辦理。至御史職任言官，雖准風聞奏事，何得以私意揣測，形諸奏章。該王大臣等謂吳可讀刺聽朝政，與風聞言事不同，請旨究詰實據等語。御史吳可讀，著降三級調用，毋庸究詰。又諭：劉坤一奏遵旨據實覆奏一摺，據稱查明胡家玉及其弟姪田畝，歷年應完錢糧，實有未曾被災辦緩，仍未完納者。丁漕改章一案，胡家玉曾貽該撫書信，並非該撫先行致函等語。胡家玉本籍田畝應完錢糧，既未完納，又將丁漕改章一事，致書地方官，均屬不合。降調左都御史胡家玉，著交部議處。又諭：御史英震等另片奏宗室住居外城，匪徒畏官役查拏，多串結宗室以爲護符，請飭禁止等語。著宗人府嚴飭宗室，遵照向例，在內城居住。除在京城外塋地居住者，仍從其舊外，不得寄居前三門外南城地面。並著五城御史會同營汛，認真稽查，儻有匪徒假冒宗室，藉勢訛詐情事，即行拏究。

《大清會典事例（光緒朝）》卷一〇一二《都察院・憲綱諭旨十五》

光緒元年諭：延煦畢道遠奏抽查漕糧，滿御史耽延運務，據實奏參一摺。京通轉運漕糧，必須迅速查驗，庶免剥船守候，漕糧亦不致受傷。乃抽查漕糧滿御史全善，不肯多加驗數，經延煦等兩次行文催促，該御史置若罔聞，實屬任意耽延。且據奏稱該御史操守亦甚平常等語，全善著回原衙門行走，並交部嚴加議處。所有滿御史抽查漕糧差使，著都察院開單奏請簡派。

二年諭：御史袁承業奏雨澤愆期，請修明政體一摺。據稱近來濫捐濫保過多，內外臣工，或有徇私圖便，情同蔽惑，請飭各衙門恪遵成法，力挽頹風，並下詔求言等語。本年雨澤愆期，屢經設壇祈禱，並降諭旨清理刑獄。惟刑濫固傷天和，而僭賞亦非國體。嗣後內外臣工，務宜各矢公忠，悉除奔競之風，勿用調停之說，勸懲賞罰，胥得其平。朝廷政事如有闕失，必當直言無隱，庶幾集思廣益，國是民隱，不壅上聞，以期上下交儆，感召和甘，毋稍玩忽因循，共安緘默。

三年諭：都察院奏湖北民人胡佐懷，以朦例壞法等詞，赴該衙門呈訴。據稱該民人之父胡士禮，前被詹啓綸毆斃一案，詹啓綸業經奉旨絞候，旋有營官吴東山，主使詹煥章來京，商通提塘田明經等，爲詹啓綸營脱罪名。適有御史鄧慶麟具奏軍營官弁獲罪，例許聲敘。詹煥章吴希之即在刑部及黄安縣本籍，捏呈詹啓綸家陣亡有人，並有田明經等持鄧慶麟奏稿，到詹家索銀之事等語。案關人命重情，朋謀脱罪，牽涉言官，虚實亟應澈底根究。著交刑部嚴行訊究，務得確情。所有在逃之吴希之詹煥章，著步軍統領衙門順天府五城直隸總督一體嚴拏務獲，歸案審訊。御史鄧慶麟著聽候傳質。

四年諭：御史張觀準奏邪臣宜黜庸臣宜儆一摺。據稱内務府於明奉裁減宫闈費用之旨，乃以無可裁減覆奏，顯逞其揣摩嘗試之私，陰便其浮冒侵吞之計，懷姦不忠，請立予罷黜。又聞侍郎慶福於召對時問以本衙門所奏事件，茫然不曉，未聞飭責各等語。宫闈一切用款，本非外人所得周知，近已疊加節省。昨復諭令該總管大臣，將各項用款，詳細查覈，開單呈覽，候旨施行，該衙門亦何所用其揣摩。乃該御史概以邪臣目之，措詞殊屬過當。至臣工黜陟，朝廷自有權衡，慶福召對時情形，尤非外間所應與聞，該御史輒以傳聞之辭，捃摭入奏，亦屬冒昧。張觀準著傳旨申飭。又諭：給事中郭從矩奏上天感應甚神，請益加祗敬一摺。前因京師及近畿各省亢旱，我兩宫皇太后軫念災黎，虔誠祈禱，用能仰邀昊貺，甘澤優霑。惟是饑饉薦臻，死者不可復生，生者無所得食。大田雖經播種，而秋成尚遠。此後雨暘未能逆料，深宫廑念，何敢以天心甫轉，遽弛寅畏之忱。況近日風多揚沙，日有赤色，上蒼示儆，惕厲尤深。爾中外臣工，務當仰體朝廷宵旰憂勞之意，各修職業，矢慎矢勤，以期共濟時艱。郭從矩原摺，著存毓慶宫以資省覽。

五年諭：前因御史英震家人林六，有干預保奬情事，諭令該御史交出送部訊辦。嗣據刑部奏該御史呈報林六病故，恐有别情，當降旨，將英震解任，聽候傳質。茲據宗人府刑部會同訊明具奏，此案御史英震咨奬弁兵，雖非林六所求，惟該御史抽查漕糧，於委員巡役摻查之外，並不照章咨調巡糧兵丁，輒據書吏稟求，任令王耀德等投效。内朱玉祥等四名，並未當差入伍，而該御史單内，填寫守兵字様，均賞六品頂戴，實屬冒濫。英震著交部議處。又諭：御史孔憲瑴奏碩輔不宜遠離，請收回崇綺外補成命一摺。國家用人，内外並重，熱河素稱繁劇，治理需人，茲特簡崇綺爲都統，具有權衡。該御史謂使之效用邊隅，甚爲可惜，殊未悉朝廷用人之意。至所稱請置左右，俾資啓沃，是欲使崇綺在毓慶宫行走也。毓慶宫行走重任，出自朝廷特簡，豈臣下所宜妄預。且前此崇綺任京職時，該御史何以不言，而乃於簡放外任之後，亟思位置，所奏殊屬冒昧，著不准行。又諭：翰林院侍講王先謙奏言路宜防流弊，請旨飭諭以肅政體一摺。國家廣開言路，遇有陳奏事件，無不採擇施行，原期廣益集思，有裨政治。近來言事諸臣，雖頗有攙越陳奏者，念其遇事敢言，亦無不虚懷聽納，分别辦理，第恐無識之人，以朝廷從諫如流，遂至逞其私見，率意上陳，必至是非淆亂，漸開攻訐之端。甚至此唱彼和，議論紛騰。亦恐啓黨援之漸，於風俗人心大有關繫。乾隆八年，因給事中鄒一桂奏發交部議事件，科道不待部覆，攙越瀆陳，徒滋繁擾，欽奉諭旨訓飭，自宜永遠遵守。嗣後言事諸臣，於政事闕失，民生利病，仍當各抒所見，剴切敷陳。至交部議奏之事，不得率爾攙越陳奏，更不得以雷同附和之詞，相率瀆陳，致滋流弊，用副實事求是之至意。又諭：御史李端棻奏莠言亂政，請旨懲戒一摺。朝廷日理萬幾，惟恐政事偶有闕失，疊經諭令有言責諸臣，各抒所見，以備採擇。近來言事諸臣，洞悉利弊，切實陳奏者，固不乏人，而摭拾吹求，率意瀆陳者，亦所不免。雖是非可否，朝廷自有權衡，若每遇一事，或各執一説，議論繁興，或隨聲附和，相率瀆奏，衆口紛騰，亦足以淆觀聽。至黨援攻訐之風，乃前明臺諫惡習，我朝向無此等風氣，然亦不可不防其漸。侍講王先謙前奏言路宜防流弊，所見未嘗不是，是以降旨宣示，且仍令言事諸臣，於政事闕失，民生利病，剴切敷陳，言路何嘗阻塞。乃李端棻輒以王先謙爲莠言亂政，並請將該侍講立予斥革治罪，措詞過當，適開攻訐之漸，所奏殊屬冒昧，著毋庸議。嗣後言事諸臣，仍當遇事直陳，不得自安緘默，亦不得稍存私見，任意妄言，毋負諄諄誥誡至意。又諭：順天府尹梁肇煌御史阿克敦等，奏叅武闈監試御史漏印卷面，暨御史文敬奏漏印卷面，自請議處各一摺。本科武鄉試内場夜字十四號一卷，列字圍監試御史，漏印單好字様，實屬疏忽。文敬著交部議處。

六年諭：御史世泰秀文奏庫儲支絀，放款不敷，請量爲變通一摺。據稱內務府銀庫款項，入不敷出，必應寬爲籌備。各省捐例已停，惟户部尚有常捐之例，擬將內務府三旗人員，報捐虛銜各等花樣，均歸內務府自行酌辦。該捐生上兑後，即將實收赴該御史衙門换照，以便互相覈對等語。覽奏實堪詫異，國家制節謹度，量入爲出，自有常經。如果內務府放款不敷，該總管大臣自當斟酌情形，豫籌辦理，何待該御史越俎代謀，瑣屑言利。況常捐向由户部覈辦，乃世泰等輒請於內務府設局報捐，由該衙門覈對换照，紛更舊章，尤非政體。世泰秀文不勝御史之任，均著回原衙門行走。

七年諭：御史李暎奏近來督撫於屬員被參，奉旨查辦之件，往往避重就輕，化有爲無，掩飾迴護，積習相仍，請旨嚴申誡諭一摺。各省吏治，全在封疆大吏，隨時考察，認真整頓，遇有查辦事件，尤應秉公確查，據實覆陳。若意存袒護，曲爲彌縫，將官方何由整肅，民隱何由上達耶。該督撫等嗣後務當破除情面，力求覈實，毋得稍有隱飾，自干咎戾。至臣工陳奏摺件，理宜敬謹繕寫，豈得草率從事。該御史摺片內譌字甚多，殊非敬慎之道，李暎著傳旨申飭。

八年諭：前因御史俊乂奏正紅旗護軍營領餉，不候回平，先行散放，當令索布多爾札布明白回奏。茲據奏稱本月初三日，該營應發餉銀，時已戌刻，是以未經等候查營御史到營，照常散放等語。該護軍營支發兵餉，並未先期知會該御史到署回平，殊屬不合。索布多爾札布著交部察議。該護軍參領等，均著查取職名，一併察議。嗣後應放兵餉，著先期知會查營御史回平，以昭覈實。又諭：廣壽閻敬銘奏遵查臺臣被參各款，據實覆陳一摺。據稱都察院左副都御史崇勳，自履任以來，於城坊公事，每喚司坊官到其私宅授意，多所干預，人言藉藉，衆論僉同。並查明正陽門永順乾洋貨鋪扁額招牌，係崇勳所書。該鋪開張之日，崇勳親往賀喜，實有其事等語。崇勳以三品大員，職司風憲，似此不知檢束，實屬有玷臺班。崇勳著即行革職，以示懲儆。

九年諭：都察院奏遵旨整肅臺綱一摺。據稱吏科掌印給事中戈靖，老而務得，頓改清操。户科給事中周聲澍，嗜好已深，頗招物議。掌浙江道御史英俊，與庫書往來，殊玷臺職。掌福建道御史劉治平，身體輭弱，痼疾難除。福建道御史伊里布，前巡城時收受陋規，聲名近劣。掌廣東道御史徐克剛，比昵匪人等語。既據該堂官訪察確鑿，應即予以懲處。其所參各節，姑免深究。戈靖、周聲澍、英俊、劉治平、伊里布、徐克剛，均著勒令休致，以肅官方。又諭：昨據給事中鄧承脩奏已故戍員陳國瑞，請予褒卹一摺，並非迫不及待之事，輒於花衣期內呈遞，殊屬不諳體制。鄧承脩著交部議處。又諭：前據已革御史載彩，大理寺少卿劉緒，先後奏參呼蘭協領巴彦孟庫，於滋墾地畝一案，設局斂資，恣意誅求各節，當諭令文緒確查具奏。業據奏請將巴彦孟庫先行解任，歸案質訊。茲據文緒等奏稱究出已革鄉約潘廷思，於光緒五年九月間，斂錢進京，面見御史英俊，交付銀兩，商辦條奏，並有部書金姓，設法求免花利各事。民人張作霖呈出信件，附有英俊奏底，覈與六年九月間該御史奏請查辦開禁通肯荒場，鈔給定安閲看之件相符等語。案關言官得賄句串，亟應澈底根究。著刑部於此案要犯潘廷思等解到時，確切嚴訊，據實具奏。休致御史英俊，著該旗即行看管，聽候質訊。載彩劉緒有無别項情節，並著聽候傳質。又諭：前據御史黄兆檉奏請飭查已革道員啓續，前在户部所辦各事，及被參各款，當諭令户部堂官查奏，嗣據給事中鄧承脩奏參黄兆檉罔上徇私，請旨嚴懲等語。茲據麟書等奏稱啓續在部所辦各事，前經寶鋆等查辦，有錯誤遲延之處，該員旋即捐升道員，此後並未承辦部務。其爲人心性伶俐，語言便捷，當年在部，並非精實正大之才，自其被參，亦不聞有惜此人材者。革員啓續，既據查明被參並無屈抑，即著毋庸置議。至該御史爲廢員乞恩，迹近徇私，此風斷不可長。黄兆檉著交部議處。

十年諭：前據給事中鄭溥元奏參編修尹琳基貪鄙苛刻，縱酒滋事各節，嗣據給事中鄧承脩奏參鄭溥元挾私逞忿等情，先後降旨，令翰林院掌院學士都察院堂官分别查奏。茲據翰林院奏稱尹琳基被參各款，雖無實據，惟其人性情粗慢，細行不矜，致招物議。都察院奏鄭溥元參奏尹琳基一疏，任意吹求，迹涉私嫌，請旨懲處各等語。尹琳基鄭溥元名列清班，宜如何束身寡過，精白無私，乃種種謬妄，實屬不能稱職。尹琳基鄭溥元均著休致，餘依議。又諭：御史趙爾巽奏捐納保舉到省人員，請特沛恩綸，准其應試等語。此事前經尚賢條奏，經部議駁，近日陳學棻復以爲請，又降旨交部議奏。應准應駁，自應聽候部議，何得率行瀆請，殊屬非是。趙爾巽著交部議處。又諭：御史劉恩溥奏請於劉銘傳張佩綸二員中，簡任一人，暫權閩督等語。封疆大吏，出自朝廷特簡，豈臣下所能擅請。該御史所奏實屬冒昧，劉恩溥著交部議處。又諭：御史吴峋奏樞臣聲名日敗，懇予矜全一摺。據稱籌兵籌餉，責在軍機，閻敬銘專俟諭旨，並不豫爲區畫等語。前因恭親王等辦事因循，不能振作有爲，欽奉慈禧端佑康頤昭豫莊誠皇太后懿旨，分别開去差使，休致降調，特簡禮親王世鐸等入直樞廷。當積習之餘，又值多事之際，内外大臣，間有游移顧忌，所見未能遠大，不能專責閻敬銘一人。嗣後務各殫竭忠誠，於一切事宜，實心實力，妥籌辦理，和衷商榷，共濟艱難，不得稍有疏懈。此次法人肆意要挾，先開兵釁，中國屢予優容，已屬仁至義盡。現在戰局已成，儻再有以賠償等詞進者，即交刑部治罪。總理各國事務衙門大臣，辦理中外交涉事件，必須體用兼備，能持大體之員，方足勝任。周家楣、吴廷芬在該衙門行走年久，辦理未能合宜。崑岡於洋務未能講求，周德潤於應行公商事件，輒單銜陳奏，其爲不能和衷，已可概見。張蔭桓屢經叅奏，衆望不孚。陳蘭彬年力漸衰，難勝繁劇，均著毋庸在總理各國事務衙門行走。至閻敬銘辦事練達，清操久著，吴峋輒以執拗剛愎怙過任性等語，形諸奏牘，實屬措詞過當。吴峋著傳旨申飭。又諭：御史劉恩溥奏録用廢員，殊恩不宜濫施一摺。朝廷進退人才，一秉大公，毫無成見，所有從前獲咎各員，其或一時被議，而才具尚堪節取，棄瑕録用，亦屬馭下之常，豈能以一眚廢其終身。儻情節較重，才本庸下，何至濫予恩施。該御史輕信傳聞，隱約其詞，妄生揣測，以一己臆度之見，干預朝廷用舍之權，所奏殊屬紕繆，原摺著即擲還。又諭：詹事府左中允樊恭煦奏請申諭言事諸臣一摺。據稱徐致祥因言獲咎，恐中外臣工，致生揣測，轉昧求言本懷等語。前降旨將徐致祥予以處分，因其詆訐，並不因其言事。爾諸臣有言事之責者，果於政治得失，確有所見，自當直陳無隱。若謂言路因此而阻，則該中允何以又有此奏耶。分别門户，標榜攻訐，爲前明惡習，我朝紀綱嚴肅，豈容有此等風氣，不得不示以懲誡。總之朝廷明目達聰，實事求是，期於行政用人，確有裨益。爾諸臣務當精白乃心，懔遵疊次諭旨，各攄忠讜，不得妄生揣測。樊恭煦於朝廷用意，並未深悉，輒妄行陳奏，殊屬冒昧，著交部察議。又諭：鴻臚寺卿鄧承脩奏講官被議，罰重情輕，請將樊恭煦降調處分寬免一摺，所奏非是。近來言事諸臣，每多肆口議評，並不平心論事，此次徐致祥獲咎，因其有意詆訐。前經降旨甚明，樊恭煦未能體會，輒行陳奏，是以僅予薄懲。該員前在陝西學政任内，聲名尚好，朝廷早有所聞，將來是否録用，自有權衡。該京卿何得輒稱有乖衆論，請將處分寬免，使用人之權，操之自下，尚復成何政體。摺内所稱祖宗因時垂訓，不僅以分别門户，標榜攻訐，訓斥諸臣等語。試思門户標榜，最爲惡習，恭閲乾隆年間聖諭，屢以暗結黨援，混淆國是爲戒，並恭引聖祖仁皇帝實録内，有言路不可不開，亦不可太雜之諭，嚴切申誡，實爲億萬世訓行之準。本年三月間欽奉懿旨，亦以門户標榜傾軋攻訐等弊，諄諄訓飭。方今時事多艱，廣開言路，中外臣工陳奏事件，如果切中事理，無不立見施行，即偶有語言文字之疵，亦不輕加責備。獨至妄逞胸臆，挾私揣測，不得不切實訓諭。徐致祥降調後，陳奏時事，如萬培因、汪鑑、汪正、元惲、彦彬、黄自元等摺，或留備觀覽，或分别飭議，無非集思廣益，可爲言路無阻之明徵，何至臣下相率緘口，如該京卿所慮耶。鄧承脩於本年春間，奏叅徐延旭庸妄等情，已在該革員僨事之後，成敗論人，並無遠見。此類章奏，往往有之，從未稍加申飭，正是優容言官，不從苛責。該京卿自負敢言，竟以言出禍隨等語，登諸奏牘，純臣忠愛之心，必不出此，是直故激朝廷之怒，以博直諫之名。此等伎倆，難逃洞鑒。著將原摺擲還，並交部議處。

十一年諭：御史吴峋奏聖學日新，亟宜杜漸防微。上年鄧承脩疏内恭録聖訓，原摺不應擲還等語，所見似是而非。臣工陳奏事件，專以持論之是非爲斷，所言果是，即獨抒己見，朝廷無不虚衷採納，或立予施行，或留備觀覽。若識解紕繆，措詞失當，豈能因摺内有恭引聖訓數語，遂可寬其責備。鄧承脩前奏，矯激沽名，挾私揣測，是以將原摺擲還。前降諭旨甚明，吴峋並不詳細尋繹，輒以擲還二字，勉强牽合，謬附糾繩，其居心殊不可問。自徐致祥降調，樊恭煦言之，樊恭煦被議，鄧承脩言之。今該御史又有此奏，託爲思深慮遠之詞，仍是門户黨援之習。立説雖巧，亦難逃洞鑒也。吴峋著傳旨嚴行申飭。又諭：國家廣開言路，原期各抒忠讜，俾得集思廣益，上有補於國計，下有裨於民生。諸臣建言，自應審時度勢，悉泯偏私，以至誠剴切之心，平情敷奏，庶幾切中事理，言必可行。上年用兵以來，章奏不爲不多，其中言之得宜，或立見施行，或量爲節取，無不虛衷採納，並一一默識其人，以備隨時器使。至措詞失當，從不苛求。即陳奏迂謬，語涉鄙俚者，亦未加以斥責。若挾私妄奏，信口譏彈，既失敬恭之義，兼開攻訐之風，於人心政治，大有關繫。恭讀高宗純皇帝聖諭，中外大臣，皆經朕簡用，苟其事不干大戾，即朕亦不遽加以斥詈。御史雖欲自著風力，肆爲抵訕可乎。又恭讀仁宗睿皇帝聖諭，內自王公大臣，外自督撫藩臬，以至百職庶司，如有營私骫法辜恩負職者，言官據實糾彈，立即嚴究重懲。若以毫無影響之談，誣人名節，天鑒難逃，國法具在等因欽此。訓諭煌煌，允宜遵行。如上年御史吴峋叅劾閻敬銘，目爲漢姦，編修梁鼎芬叅劾李鴻章，摭拾多款，深文周內，竟至指爲可殺。誣謗大臣，至於此極，不能不示以懲儆。吴峋梁鼎芬均著交部嚴加議處。總之朝廷聽言行政，一秉大公，博訪周諮，惟期實事求是，非徒博納諫之虛名。爾諸臣務當精白乃心，竭誠獻替，毋負諄諄誥誡之意，勉之慎之。又諭：御史恩隆奏請將奉省大凌河一帶牧羣裁撤牧地開墾等語。奉天大凌河牧廠，曾於嘉慶道光年間，疊奉諭旨，禁止開墾。聖謨具有深意，何得妄議更張，致滋流弊。該御史並未詳稽典則，率行奏請，殊屬非是。恩隆著傳旨申飭。

十二年，欽奉慈禧端佑康頤昭豫莊誠皇太后懿旨，前於四月間，派醇親王奕譞，巡閱北洋海口，因該親王遠涉風濤，實深眷念，皇帝亦時切廑系，故於召見時，諭知欲派宮監帶領御醫全順隨往，以時調護，當據該親王面稱總管太監李連英，人極謹飭，請派隨往。迨回京時召見該親王，詢以李連英有無招摇情事，據稱該總管太監，沿途小心伺應，均與府中隨往太監無異，絕無絲毫干預外事。茲據御史朱一新奏遇災脩省，豫防宦寺流弊一摺，意以李連英隨該親王前往，恐蹈唐代監軍覆轍，危詞聳聽，已屬擬不於倫。又謂近來各省水災，朝廷不無過舉，未能感召天和。一若因此一事，竟致咎徵，尤屬附會不經。我朝優禮近支親藩，宮廷太監賫送往來，係屬常有之事。此次該親王巡閱洋面，迥非尋常差使可比，特派太監帶同御醫隨行，尤係深宮眷注體恤之意，於公事毫無干涉。該御史既未悉內廷規制，又復砌詞牽引，語多支離，姑置勿論。惟所稱李連英隨至天津，道路譁傳，士庶駭愕，與該親王面奏各語，大相徑庭。是否確有實據，又稱深宮或別有不得已之苦衷，語意尤不可解。以上兩節，著朱一新明白回奏，不得稍涉含混。另片奏出治之原，莫先無逸，圖治之要，莫切求言等語。自垂簾聽政以來，二十餘年，無時無事不以國計民生爲念，憂勤惕厲，惟日孜孜，從未敢稍自暇逸，此天下臣民所共見。至言官條陳事件，無不虛懷採擇。惟言之用否，總以是非爲衡，其是者固必立見施行，即或摭拾浮詞，無關緊要，但使其心無他，亦可存而不論。至於託名忠讜，肆口妄言，或植黨營私，或違道干譽，若不予以懲儆，必至顛倒是非，紊亂朝政。況現在言路並無阻塞，即因陳奏失當獲咎之員，朝廷寬大爲懷，亦多宥其既往，酌量録用。總之聽言行政，悉秉大公，正不在屢下詔書，從飾觀聽也。該御史所請明降諭旨之處，應毋庸議。又欽奉懿旨，御史朱一新明白回奏一摺。據稱前奏不得已之苦衷一語，即係仰測深宮體恤醇親王，因令宮監隨行之意。至李連英隨往天津，道路譁傳，士庶駭愕一節，風聞醇親王不受北洋所派座船，該太監遂乘之，沿途辦差者誤謂王舟，駭人觀聽，該太監一不詳慎，流弊遂已至斯等語。因召見醇親王奕譞面詢，據稱由通至津，李鴻章派來座船一隻，該親王乘坐。又備船一隻，係護衛等乘坐。李連英與隨行府中太監等所乘，係常船數隻。其伙食船隻，係李鴻章出貲豫備，派令隨行，並無沿途地方辦差之人，亦無誤認之事。是該御史風聞不實，確無疑義。我朝優待諫臣，廣開言路，凡前代粃政，悉就蠲除。朱一新所奏，如僅止李連英一人之事，無論如何誣枉，斷不因宮監而加罪言官。惟該御史既料及內侍隨行，係深宮體恤之意，何以又目爲朝廷過舉。且當時並不陳奏，迨事過數月，忽牽引水災，砌詞妄瀆，於垂簾以來救災恤民有加無已至意，全無體會。應如何補救民艱，亦無建白，徒以虛誕之詞，希圖聳聽。一加詰問，自知詞窮，輒以書生迂拘，强爲解免。是其才識執謬，實不足勝獻替之任。朱一新著以主事降補。其前次片奏留中兩次摺件，均著擲還。嗣後近支親藩，遇有外差，內廷派令御前總管太監等隨行，絕不干預公事。外廷臣工，不必妄生擬議。至諸臣陳奏事件，總應專就本事，剴切敷陳，若僅取快詞鋒，不顧事理，勢必藉端立說，以遂其傾軋之私。即如從前茂林慶林侵佔官地，本有應得之罪，而余上華叅摺，牽入禱雨無靈，張佩綸謂朝廷慰留王文韶，是日致地震。彼時從寬未加責飭，以致相習成風，至今未已，殊與整飭紀綱，實事求是之意，大相刺謬。此後各省偶遇偏災，或民隱不能上達，或膏澤未能下逮，以及不肖官吏，種種弊端，均當切實上陳，以副兼聽並觀之意。至朝廷或有闕遺，及臣工確有過失，均著就本事立時論奏。儻於事後挾私臆測，附會災祥，除原奏不准行外，定必加以懲處，以爲妄言者戒。將此通諭內外大小臣工知之。又欽奉懿旨：吏部都察院奏總理事務衙門，請將御史常明暫留當差，查無成案，請旨遵行各一摺。總理海軍事務衙門，創辦伊始，一切事宜，關繫綦重，自需委員經理，與各衙門尋常奏留不同。御史常明著准其暫留當差。又諭：御史魏迺勷奏薛福辰玩視大典，請旨嚴議一摺。玉粒納倉，與壇廟大典不同，且邵曰濂獲咎，係因久曠職守。該御史叅劾府尹薛福辰臨期不到，輒謂較邵曰濂情節有加，深文周內，措詞已屬失當。至請以太醫院官改用，尤屬瞻大妄言，不可不予以懲儆，以杜攻訐之漸。魏迺勷著交部議處。玉粒納倉，向係兼尹府尹職銜具題，届期躬詣太常寺交收，此次薛福辰因何臨期不到，畢道遠曾否前往，均著明白回奏。又諭：御史金壽松奏芷江童生鬧考之案，知府辦理不善一摺。湖南芷江縣童生聚衆滋鬧，從嚴懲辦。前經特降諭旨，通行曉諭，正是辟以止辟之義。各省縣府試，例應分別棄取，本不准濫送院試。知府鄧天符認真録取，辦理並無不合。若如該御史所稱，於童生擁衆求補時，從權暫允，未始不可息事，是畏葸敷衍，適長刁風。近來各省鬧考之案，層見疊出，正由於此。至牽引髮捻肇釁等語，尤不成話。該御史以愛護士類爲名，實則縱姦廢法，不知政體，著傳旨申飭，原摺擲還。又諭：前據御史升任給事中何崇光奏廣東順德縣土豪，占築圍壩壅塞水道各節，當經諭令張之洞等澈底查辦。茲據該督確切查明，奏稱粤省沙田，向爲豪紳利藪。順德縣屬圈築圍基，本有三處，內浮墟一圍，係何崇光之父何太英創辦，大南沙圍，踵而行之，並無阻水串賄放槍拒逐情事。闔縣衆論，僉謂何太英争利搆訟，囑令其子妄奏，何崇光之弟姪，種種恃符謬妄，控告有案等語。此案既據張之洞分析查明，舉人黄玉書禀請圈築圍基，知縣蕭丙堃批准，均係沿案辦理，尚無不合，既著毋庸置議。言官條陳本省事件，但係秉公論奏，朝廷因其見聞較確，無不立予查辦，豈容掩匿己私，飾詞妄瀆。何崇光之父兄弟姪，在籍倚勢横行，欺官藐法，何崇光不得諉爲不知，乃於伊家先築圍基，及與大南沙圍構衅之事，隱匿不言，反以土豪强築，請飭嚴辦，並申禁嗣後私築圍壩爲詞，冀遂其專利營私之計，居心實屬險詐。給事中何崇光著交部嚴加議處。編修黄玉堂於伊弟黄玉書訟案未結之際，隨衆列名呈控，亦有不合，著交部察議。其何太英、何祖棨等被控各案，仍著張之洞認真究辦，毋稍含混，以懲澆俗而肅官方。

十三年諭：本日御史王會英陳奏事件，摺內東陵字樣，未經擡寫，非尋常疏忽可比。王會英著交部嚴加議處。又諭：御史金壽松奏請飭唐仁廉赴廣東提督本任，及請澈查內務府柴炭庫各等語。提鎮大員，留帶他省勇營，事所常有，朝廷慎重防務，具有權衡。唐仁廉簡授提督後，仍留通永鎮署任，如果現在防營，無須該提督管帶，李鴻章定行具奏。或廣東本任緊要，必須唐仁廉赴任，張之洞亦必據實上陳，何待言官疊次陳請。前經御史殷李堯慶祥先後請飭該提督赴任，均經存而不論，今金壽松復有此奏，殊不可解。至所稱內務府柴炭庫各節，事屬瑣屑。該御史並無稽查內務府之責，何以知之詳盡如此，所奏均毋庸議。御史風聞言事，所言果有可採，無不立見施行。儻竟不知體要，或別有請託情事，斷難倖逃洞鑒。嗣後有言事之責者，務當秉公持正，切實敷奏，不得摭拾細故，挾私妄陳，用副孜孜求治之意。又諭：御史金壽松條陳事件兩摺，內恭引康熙乾隆嘉慶道光年間諭旨，自次行以下，均未擡寫，殊屬不合。著交部察議。

《大清會典事例（光緒朝）》卷一〇一三《都察院·憲綱陳奏　鼓廳》

陳奏。順治初年定，給事中與御史同有進言之責，凡朝廷政事得失，民生利弊，以時條上。百官有姦貪劣蹟，亦得據實糾彈。又定：凡貪汙枉法暴戾殃民者，都察院指實糾叅。其六部卿寺大小官員，宜從公舉劾。賢者實稱其賢，內毋避親，外毋避讎。不肖者實指其不肖，毋徇私情，毋畏權勢。如黨同伐異，誣陷私讎者，必置重法。

六年定：凡言官論人善惡，雖有不實，必命廷臣公同議擬。如果挾讎誣陷者，革職下刑部治罪。八年奏准：巡按察吏安民，其任綦重，向議暫停，爲不得其人故也。夫巡按出有差規，入則考覈，整肅憲綱，全在堂官。今都察院滿漢憲臣八九員，御史等近六十員，半年以來，不聞疏請甄別。皇上親政之始，不聞奏請特遣。堂官愈多，憲綱愈壞。欲巡按之得人，宜自澄清都察院諸臣始。十年題准：設建白牌，各道輪管，除平時條奏，隨人各抒忠藎外，遇有政事大闕失，司建白者，即具本稿會各道御史公覽酌議，全列各道職名，公同封進。事不重大，不必合詞。言不切當，無取衆瀆。十八年停止。又題准：都察院職司糾劾，儻各衙門有保舉未當者，或有未與保舉之人，心懷忿嫉，阻壞良法者，俱令糾叅。十二年題准：言官糾叅，實指姦貪，是其職掌。若結黨挾私，肆行陷害者，反坐。十七年議准：科道令互相糾叅。十八年題准：文武大臣，果係姦邪小人，搆黨爲非，擅作威福，紊亂朝政，致令聖澤不宣，災異疊見，但有見聞，不避權貴，具疏彈劾。內外各衙門大小官員，有不公不法等事，皆得糾劾。其糾舉之事，須明註年月，指實陳奏。若係機密重事，實封御前開拆，但不許挾私苛求，泛言塞責。又題准：官民果有冤枉，許赴院辯明。除大事奏聞外，小事立予裁斷，或行令該督撫覆審昭雪。又題准：言官題奏，應密不密者，罰俸六月。又題准：都察院職掌糾劾百司，辨明冤枉，及一應不公不法事。如本院堂官，及各監察御史，不公不法，曠廢職事，貪淫暴横者，令互相糾舉，毋得徇私容弊。其所糾舉，並須明具實蹟，奏請按問，有挾私妄奏者抵罪。康熙九年題准：言官列款糾叅貪婪官吏，有一二事審實者免議。若審問全虛，及條陳事件，隱含譏刺，或不據實回奏，或叅官員老病衰庸涉虛者，皆降二級調用。十年題准：御史條奏，止寫漢字揭帖呈送。若照揭帖繙譯，恐與紅本內言詞參差不一。嗣後本衙門御史條奏事件，科衙門除發該部科鈔外，仍發與本衙門科鈔，照此造册進呈。十五年議准：言官條奏譏刺，及回奏不實，或凡事不據實陳奏，或並無可據，稱風聞具題者，降一級調用。

雍正元年議准：大臣爲小臣之表率，若屬官簠簋不飭，虧空錢糧者多，即係上司不能以清操爲率。盜賊繁多，諸務廢弛，即係上司不能以勤慎爲率。皆許科道於年終察實題叅。二年定：凡進叅奏條陳露章，於御門日，該員親送，候部院各衙門奏事畢，捧本由左階上。至本案前跪，將本敬謹安放案上，退立。復退行出門閾，望左躔過中階。由左階上，進殿斜跪案傍，奏明所奏事件。奏畢，退出。四年議准：直省州縣交代，舊任官虧空，各上司逼勒新任官接受者，許被勒之人，直揭部科，代爲陳奏。其有干連督撫者，將具結之人，與虧空之人，押赴來京，交與都察院查審明確，將該督撫一併從重議處。如係誣揭，交與刑部加倍治罪。至出揭之人，調任別省，該管上司，有因其從前揭報之故，多方摻求，藉端誣陷者，該員赴院呈辯，果係叅處冤抑，將該上司交部議處。如誣辯不實，加倍治罪。乾隆四年奏准：都察院職司稽察，凡有冤枉，均得陳奏准理。嗣後候補候選，及曾經議處官弁，如有應行呈明情節，許赴吏兵二部具呈，交與該司，將應准應駁緣由詳加察覈，逐款明晰批示，分别辦理。至既經具呈一次之後復行揑詞妄控者，一概不准收録。儻此內果有實在冤抑，應令自行赴都察院具呈。查明應行准理者，行文調取該部辦理原案，即奏請察議。儻有營私受託等弊，都察院一經訪確，即行查叅。十三年題准：御史原係言官，凡遇有應行奏聞事件，各御史果訪聞確切，不必拘定省分衙門，仍聽隨時據實陳奏。三十四年議准：嗣後外省民人赴京控訴案件，如州縣判斷不公，曾赴該管上司，暨督撫衙門控告，仍不准理。或批斷失當，及雖未經在督撫衙門控告有案，而所控案情重大，事屬有據者，刑部都察院等衙門，覈其情節，奏聞請旨查辦。其命盗等案，事關罪名出入者，即將呈內事理，行知各該督撫秉公查審，分别題咨報部。如地方官審斷有案，即提案覈奪，或奏或咨，分别辦理。若審係刁民希圖陷害，揑詞妄控，報復私讎，即按律治罪。其僅止户婚田土細事，則將原呈發還，聽其在地方官衙門告理。五十六年議准：嗣後凡來京呈控案件，先向具呈之人究問，在本省各衙門曾否呈告有案，令出具切實甘結。如未經在該省院司道府州縣衙門控理者，將該犯解回原籍，令督撫秉公審擬題報。至先曾歷控本省各衙門，已經督撫審結題咨到部有案，復經翻控，或本犯脱逃來京，及親屬代爲訴理者，即交刑部將現控呈詞，覈對已結原案。如所控情事，與原案相同，止有些小情節，不甚符合，無關罪名輕重者，則案經督撫審定，毋庸再爲審理，即將翻控之犯，從重治以脱逃越訴之罪。若現控情節，覈與達部案情迥不相同，而又案關重大，抑或曾在本省歷控，尚未審結報部，虛實難以懸定者，即交刑部暫行監禁，酌覈案情，分别奏咨，提取該省全案卷宗來京，質訊虛實。或交該省督撫審辦，或請欽派大臣前往，臨時酌量請旨。如本省未經呈告，而揑稱已告者，即照誣告例，加倍治罪。嘉慶十一年奏准：各督撫凡遇交審事件，務必親提審訊。如所控屬實，即將官吏糾叅嚴懲。如所控屬虛，即將原告照本例，治罪。均不得以事出有因，巧爲開脱，抛舍本例，從輕率結。同治八年奏准：各直省督撫查明賊擾地方，如有臨危授命，大節無虧者，隨時彙案奏請旌卹，不得任聽屬員延閣不辦，致有書吏需索情事。至言官果有採訪確實，仍隨時奏請，不得冒濫。光緒十一年議准：嗣後遇有割臂療親及烈婦殉夫者，由實缺京官具呈都察院，咨禮部覈辦。十二年定：嗣後直省應行旌表婦女，仍由該督撫題請，或由同鄉官赴部具呈，均著禮部照例覈辦。其滿漢內外臣工，概不准率行瀆請。

鼓廳。順治元年定：內外各衙門有真正貪贓虐害，不公不法，地方重大緊急事情，六部督撫按不行處治，又不奏聞者，例設登聞鼓於都察院門首，每日輪流御史一員監直。十三年覆准：照會典舊制，仍將登聞鼓移設於長安右門外，科道滿漢官員輪流監直。其准駁事宜，應照舊行。至在外總督巡撫巡按三衙門內，曾經二衙門告理，不爲審理，又審而不公者，許其擊鼓。又題准：軍民人等，果有冤抑事情，應先赴撫按，或撫按審斷不公，再赴總督。如有未曾徧告，便來京擊鼓者，不准。十四年題准：有擊鼓告狀者，即據冤狀查問，並取原問衙門册籍，詳明磨對。果係真情，題請敕該衙門審理。又題准：告狀人係滿洲，交本旗撥什庫，漢人發該司坊羈候。其以赦前事告理者，概不准行。誣告流罪以上者，依律反坐。若漢人借滿洲家住歇，滿洲借漢人家住歇，投遞鼓狀者，除原狀不准外，查有無教唆主使情節，依律治罪。又題准：鼓狀除合例者，封進，違例者，駁回。有事情重大、迹涉冤抑、虚實未明者，許連人狀咨行各部院督撫審確酌奏，仍將咨過件數歲終彙題。十五年題准：值鼓官收狀，會同本科本道，滿漢掌印官會議。狀詞滿漢字限五日譯完會議，審理限二十日完結。如往各衙門查取文卷，限三日即發。若各部遲延，應封者於本內題明，不應封者於案內註明，以便稽考。十七年題准：令鼓廳刊刻木榜於鼓門前：一、狀內事情，必關繫軍國重務、大貪大惡、奇冤異慘，方許擊鼓。其户婚田土鬭毆相争等事，及在內未經該衙門告理，在外未經督撫按處告理，有已經告理，尚未結案者，並不准封進。仍重責三十板。如係職官，送刑部折贖，舉人送禮部，監生送國子監，生員發順天府責治。一、登聞鼓之設，原以伸冤辨枉，如有棍徒本無冤枉，希圖報復，或受人主使，劈鼓抹項，以圖倖准者，除原狀不准外，將本犯送刑部責四十板，照例於長安門外枷示一箇月。一、登聞鼓之設，恐民間受屈於貪官汙吏，及官民被陷重罪，冤枉無伸，俾得直達天聽。其被革被降之員，欲辨復官職者，俱赴通政司具奏。一、凡告鼓狀，必開明情節，不許黏列款單，違者不與准理。狀後仍書代書人姓名，如不書者，亦不與准理。一、民間冤抑，必親身赴告，果本身羈禁，令其親屬確寫籍貫年貌保結，方准抱告，違者不准。其有棍徒代人擊鼓挾騙者，令值鼓官即時拏送五城嚴訊的實，照光棍例，治罪。

康熙十一年議准：在鼓廳控告者，照所告事情輕重，應看守者看守，應取保者令的當人取保。審結之日釋放。十二年題准：鼓廳係伸理冤枉之事，令滿漢御史各一員論俸題差，六箇月一换。漢軍監察御史，應入滿洲御史內，論俸差遣。所收詞狀，各該任內完結。有卷案可查者，限二十日。無卷案可查者，限十日完結。令河南道按月稽查具題。其議結事件，俱造滿漢清册存案。又覆准：鼓廳係審理冤枉之事，應令專員料理。嗣後將滿漢給事中滿漢御史各一員坐名具題差遣，滿漢御史，論俸題差。六十一年定：鼓廳事務，歸併通政司，停差御史管理。

（清）牛天宿《百僚金鑑》卷五《都憲總考》 按秦御史大夫，位上卿。漢仍之，選郡守相高第爲御史大夫，任職者爲丞相。復置兩丞，一曰御史丞，一曰中丞。及置司隸校尉，以御史中丞，督司隸司直，司直督刺史，刺史督二千石至墨綬。成帝綏和元年，更名御史大夫爲大司空，秩比丞相。復置長史丞，職如故。哀帝後更復不常。蓋自漢以來，御史大夫皆爲三公，即今宰相之任。中丞爲臺主，即今御史大夫之任，職綦重矣。明初設御史臺，改中丞，未久準漢御史大夫，設左右都御史。準漢中丞，設左右副都御史，左右僉都御史。其奉勅內地，撫循外地。防鎮者或以都御史往，或以尚書侍郎兼都御史往矣。都御史主天子耳目，風紀之司率其屬肅紀守法，以贊天子。凡大臣奸邪，小人搆黨，作威福亂政者，劾。凡百官猥茸貪冒壞官紀者，劾。凡學術不正、上書陳言变亂成憲、希進用者，劾。而朝覲考察，都御史入天官臺司賢否黜陟之，斷大獄囚會鞫於外朝，或奉旨同刑部大理寺讞平，職位雄峻甚矣。

《大清會典（康熙朝）》卷一四六《都察院》 都察院，係正二品衙門，設滿漢左都御史各一員，滿漢左副都御史各二員，漢左僉都御史一員。其屬，有滿監察御史二十三員，漢軍監察御史八員，漢監察御史，江南、浙江、湖廣、陝西、山東、山西、河南、福建、廣西、雲南道各二員，江西、廣東四川、貴州道各一員，共二十四員。堂上滿文筆帖式十五員，滿漢文筆帖式十五員。京畿道，滿文筆帖式四員，滿漢文筆帖式四員。五城，每城滿文筆帖式各二員，滿漢文筆帖式各二員。其首領，有滿漢經歷各一員，滿都事二員，漢軍都事一員。其沿革，詳見吏部官制。

風憲總例

都察院爲風憲衙門，以整綱肅紀爲職。凡政事得失，官方邪正，有關於國計民生之大利害者，皆得言之。今載其總例而各以事類分列於後。

天聰十年諭：凡有政事背謬，及貝勒大臣等有驕肆慢上貪酷不法無禮妄行者，許都察院直陳毋隱，即所奏涉虛亦不坐罪。倘知情蒙蔽，以誤國論。如盡心職業秉公矢行，三年考滿，定加陞賞。崇德元年諭：都察院各官皆係朝廷諫諍之臣，朕躬如有不親政務，忠良失職，奸邪得位，有罪者録用有功者降謫等事，爾等有所見聞，即行規諫。至於諸王貝勒大臣，有廣廢職掌，耽酒色，好逸樂，取民財物，奪民婦女或朝會輕慢，冠服不具，及以不適己意，託病偷安，不朝參入署者，禮部稽察。若禮部徇情容隱，爾等察奏。或六部斷事偏謬，及事未審結，誑奏已結者，爾等亦稽察奏聞。凡人在部控告，未經審結，又赴告於爾衙門者，爾等公議，應奏者奏，不應奏者逐之。至爾衙門有受賄之弊，須互相防檢。若以私讎誣劾，定加爾罪。其餘所奏，是者即爲允從，非者亦不加罪，并不令爾等與被劾之人質對，順治元年定：凡貪污枉法，暴戾殃民者，都察院指實糾參，其六部卿寺大小官員，宜從公舉劾。賢者實稱其賢，內勿避親，外勿避讎。不肖者實指其不肖，勿狥私情，勿畏權勢。如黨同伐異誣陷私讐者，必置重法。九年諭：設立都察院，原爲有益於國家，凡宜言者言之。倘官員勤惰、政事修廢，遇有宜言之處，狥情不言，被旁人參論，雖悔無益。宜謹慎勉勵。欽哉。又諭：都察院爲朝廷耳目之官，上至諸王，下至諸臣，孰爲忠勤與否，及內外官員之勤惰、各衙門政事之脩廢，皆令盡言。如滿漢各官有賢有否，督撫按各官有廉有貪，鎮守駐防各官有捍禦勤慎者，有擾害地方者，俱著分別察奏。其推舉銓用與黜革降罰及內外各衙門條陳章奏有從公起見者，有專恣狥私者，俱著明白糾駁。十年題准：都察院職司糾劾，倘各衙門有保舉未當者，或有未與保舉之人，心懷忿嫉，沮壞良法者，俱令糾參。十一年諭：凡言官務要知無不言，言無不實，庶使憸壬屏跡中外肅清。若緘默苟容，顛倒黑白，狥私報怨，明知奸惡庇護黨類，不肯糾參，而誣陷良善，驅除異己，混淆國是者，定行重治。又諭：凡事關政治得失、民生休戚、大利大害，應興應革，切實可行者，言路各官俱要悉心條奏，直言無隱。如果爲抒誠，有裨政事，朕自不靳懋賞。十八年題准：都察院職專糾劾百司，辨明冤枉，及一應不公不法事，如本院堂官，及各道監察御史，有不公不法，廣職廢事，貪淫暴横者，令互相糾舉，毋得狥私容弊。其所糾舉，並要明具實跡奏請按問，有挾私妄奏者，抵罪。

（清）陳枚輯《憑山閣增輯留青新集》卷一九《古今官制・都察院》

建置：《周禮》御史掌邦國都鄙，及萬民治令，以佐冢宰。秦漢御史大夫爲次相，復置御史丞，中丞，兩丞所屬爲侍御史。漢成帝更御史大夫爲大司空，秩比丞相，復置長史中丞，職如故。哀帝復改中丞爲御史大夫，光武復改爲中丞。魏中丞屬有殿中侍御史，晉中丞屬有侍御員所掌十三曹，復置簡蛟御史及制防制防御史。宋齊梁並置侍御史及殿中侍御史。後魏侍御史與殿中簡較並置。自晉迄後周以中丞爲臺主，俱省御史大夫。隋臺主置大夫，以侍書侍御史代中丞，改殿中爲殿內侍御史，簡較爲監察御史。唐宋元仍其制。明置左右都御史及左右副都僉都御史，并十三道御史。凡內差外差各御史亦悉屬焉。今職如左。

名號：柏府、漢成帝時御史府列栢有烏數千集其上亦稱烏府。栢臺、烏臺。蘭臺、後漢御史臺亦名蘭臺寺，魏晉宋齊仍之。南司。梁名南司亦名南臺。

都御史。正二品。名號：憲臺、亦稱臺主。掌憲。稱呼：大都憲。亦稱大司憲。

副都御史正三品。

僉都御史正四品。名號：御史史丞、端公。稱呼：大司憲。

掌各道事監察御史。正七品，下同。河南道、京畿道、江南道、浙江道、山東道、山西道、陝西道。名號：柱史，周爲柱後史。侍御、簡較御史、六察。宋以六察官爲監察御史。稱呼：同前大司憲。

管理錢局監察御史。

巡視五城監察御史。中城東城南城西城北城。名號：同前簡較御史、分察。唐監察御史院號爲分察。稱呼：同前大直指。

各道御史江南、浙江、江西、福建、湖廣、河南、山東、山西、陝西、四川、廣東、廣西、雲南、貴州。名號、稱呼同前，掌各道事。

經歷正六品。

都事正八品。名號、稱呼酌用。號統署稱大贊司。凡各衙門司務經歷都事檢較照磨知事俱運同。

巡鹽監察御史長蘆、兩淮、兩浙、河東，新設福建兩廣。名號：巡鹽直指。稱呼：大鹺憲。

（清）慧中《欽定臺規》卷一《官制》都御史。滿漢左都御史各一員，從一品。初定滿洲一品漢人二品。順治十六年俱改爲二品，康熙六年復改滿洲爲一品，九年俱定爲正二品，雍正七年改定滿漢俱從一品。

初制增減不一，順治五年定滿漢各一員。漢銜崇德間稱承政，順治元年改爲左都御史。滿漢左副都御史各二員，正三品。初制增減不一，順治三年定滿漢各二員。漢銜崇德間稱參政，順治元年改爲副都御史，漢左僉都御史一員，正四品。右都御史、右副都御史、右僉都御史，按此三項無京員，但爲督撫坐銜，故都察院在京衙門唯左直省督撫雖加部堂銜，其院銜不去。又舊設啓心郎滿一員漢軍二員，順治十五年裁。

附録。

御史大夫，秦官，侍御史之率故稱大夫，漢因之。

位上卿，掌副丞相。綏和二年更名大司空，建平二年罷大司空，復爲御史大夫。後漢初廢，建安十三年始復置之，不領中丞，置長史一人。魏黄初二年又改御史大夫爲司空，末年復有大夫，而吴有左右焉。晋初省之。此皆爲三公非今御史大夫也，今御史大夫即漢以來中丞是也。初御史大夫更名大司空而中丞官職如故，元壽二年御史中丞更名御史長史，後漢光武復改爲中丞，與尚書令、司隸校尉朝會皆耑席而坐，京師號爲三獨坐，言其尊也。魏初改中丞爲宫正，後復爲中丞，晋亦因漢以中丞爲臺主。梁國初建又置御史大夫，天監元年復曰中丞。自齊梁皆謂中丞爲南司，後魏爲御史中尉，隋改中丞爲大夫，唐龍朔二年改爲大司憲，咸亨初復舊。武后改置，左右肅政臺御史大夫各一人，太極初復舊。初漢御史大夫有兩丞，一曰御史丞一曰中丞，亦謂中丞爲御史中執法中丞，在殿中蘭臺，掌圖籍秘書，外督部刺史內領侍御史十五員。受公卿奏事舉劾按章，蓋居殿中察舉非法也。及御史大夫轉爲大司空而中丞出外爲御史臺，率即今之御史大夫任也。《通典》。

御史中丞舊持書侍御史也，漢宣帝幸宣室齋居而決事令侍御史二人持書，持書御史起於此，後因别置。魏置持書執法，掌奏劾，而持舊侍御史掌律令，二官俱置。太始四年又置持書侍御史一人，秩與中丞同，尋省。魏晋以來持書侍御史分掌侍御史所掌諸曹，皆統侍御史。後周有司憲上士二人，亦其制也。隋又爲持書侍御史，臺中簿領，悉以主之。唐永徽初以國諱故改持書侍御史爲御史中丞，龍朔二年改爲司憲大夫，咸亨元年復爲中丞，亦時有內供奉職副大夫通判臺事。唐中丞二人，正四品，或大夫掌糾正百官罪慝。宋承唐制無大夫，以中丞爲臺長，典正員以兩省給諫權。《文獻通考》。

左右都御史掌風紀，副僉都御史爲之貳，督監察御史。凡監察御史出巡復命覈其稱職不稱職聞上。《文獻通考》。

大夫中丞之職掌持邦刑憲典章以肅正朝廷，中丞爲之貳。《舊唐書》。

吴元年，設左右御史大夫、御史中丞、侍御史治書侍御史、殿中侍御史、察院監察御史。洪武九年汰侍御史及治書殿中侍御史，十三年耑設左右中丞、左右侍御史，十五年更置都察院，設監察都御史八人。十六年設左右都御史各一人，左右副都御史各一人，左右僉都御史各二人。十七年陞都御史正二品，副都御史正三品，僉都御史正四品。建文元年改設都御史一人，革僉都御史。成祖復舊制，嘉靖中以清屯增副都御史三人，尋罷。隆慶中以提督京營增右都御史三人，尋亦罷。《明史》。

十三道御史滿洲滿軍御史初係三品，順治六年改爲七品，康熙六年改爲四品，九年定爲正七品，雍正七年改定五品。漢御史原係七品，雍正七年改爲正五品，由主事、中書、行人、評事博士者，選者定爲正六品。滿監察御史二十四員，初設六員，順治元年後增十七員，康熙二十八年增一員。

蒙古監察御史二員，初設蒙古章京二員，康熙九年裁，五十七年增設御史二員。

漢軍監察御史五員，初設八員，康熙三十九年裁三員。乾隆六年將漢軍御史五缺改爲漢缺不分漢軍漢人例補授。

漢江南道監察御史三員，初設五員，順治十八年裁一員，康熙七年裁二員，雍正四年增一員。

漢浙江道監察御史三員，初設六員，順治九年裁一員，十八年裁二員，康熙七年裁一員，雍正四年增一員。

漢江西道監察御史二員。乾隆六年將漢軍御史五員內分入江西道□員共□員。初設六員，順治十年裁一員，十六年裁一員，十八年裁二員，康熙七年裁一員，雍正四年增一員。

漢福建道監察御史二員。乾隆六年將漢軍御史五員內分入福建道一員，共二員。初設五員，順治十年裁一員，康熙七年裁二員。

漢湖廣道監察御史三員，初設六員，順治八年裁一員，九年裁一員，十五年裁一員，康熙七年裁一員，雍正四年增一員。

漢河南道監察御史二員。乾隆六年將漢軍御史五員內分入河南道一員，共三員。初設六員，順治十年裁一員，十八年裁一員，康熙七年裁二員。

漢山東道監察御史二員，乾隆六年將漢軍御史五員內分入山東道一員，共三員。初設五員，順治十八年裁二員，康熙七年裁一員。

漢山西道監察御史二員。乾隆六年將漢軍御史五員內分入山西道一員，共三員。初設五員，順治十年裁一員，十八年裁一員。

漢陝西道監察御史三員，初設四員，順治十八年裁二員，雍正四年增一員。

漢四川道監察御史二員，初設四員，順治十八年裁二員，康熙七年裁一員，雍正四年增一員。

漢廣東道監察御史二員，初設五員，順治十八年裁二員，康熙七年裁二員，雍正四年增一員。

漢廣西道監察御史二員，初設四員，順治十八年裁一員，康熙七年裁一員。

漢雲南道監察御史二員，初設四員，順治十八年裁一員，康熙七年裁一員。

漢貴州道監察御史二員，初設四員，順治十八年裁二員，康熙七年裁一員，雍正四年增一員。

宗室御史二員，雍正五年設。

內務府御史四員，雍正四年設，後裁汰。乾隆三年派滿洲漢軍御史各一員辦理稽察內務府事。

滿筆帖式三十五員，初設滿文三十一員，滿漢文二十員，共五十一員。康熙三十八年裁滿文十一員，滿漢文五員。

漢軍筆帖式五員，初設七員，康熙三十八年裁二員。

附録。侍御史於周爲柱下史，秦爲柱下御史一名，柱御史亦爲侍御史，漢因之。所掌凡有五曹，一曰令曹，二曰印曹，三曰供曹，四曰尉馬曹，五曰乘曹，豹尾之內使爲禁省。魏置御史當大會殿中，御史簪白筆，側陛而坐。晉侍御史品同持書，而有十三曹，宋代多併諸曹，後魏御史甚重，侍御史與殿中侍御史者則外臺奏事夜則番直內臺，北齊亦重其選。後周有司憲中士，則具任也。隋大業中始罷御史直宿臺內，文簿皆持書主之，侍御史但侍從糾察而已。唐貞觀中尤重憲官，故御史復爲雄要。殿史侍御史，魏蘭臺遣二御史居殿中，察非法，即殿中侍御史之始也。隋初改曰殿內侍御史，後省。唐置六員，內供奉三員，同侍御史，唯不判事。彈舉違失，號爲副端。秦以御史兼理諸郡，謂之監察御史。漢初罷其名，至晉太元中始置檢校御史掌行馬外事，亦蘭臺之職。宋齊以來無聞，魏太和末亦置此官，宿直外臺，不得入宿內省。後周司憲旅下士八人，蓋亦其職。隋開皇二年改檢校御史爲監察御史，凡十二人。大業中增置十六員，掌出使檢校。唐監察御史十員，裏行五員，掌內外糾察。監察御史職知朝堂，正門無籍，非因奏事，不得入。開元七年勑並令隨仗入閣。監察御史裏行者，太宗置，自馬周始。武后時復有員外監察，試監察，或有起家爲之而即真者。又有臺史八，人餘同監察。《通典》

唐三院御史謂侍御史，與殿中侍御史監察御史也。侍御史所居曰臺院，殿中曰殿院，監察曰察院。此其公宇之號，非官稱也。侍御史自稱端公，知雜事則稱雜端，而殿中監察稱曰侍御。近世殿院察院乃以名其官，蓋失之矣。葉夢得《石林燕語》

宋元豐中以中丞爲長，知雜御史爲侍御史，言事官爲殿中侍御史，六察官爲監察御史。宋仍唐制，侍御史貳中丞隸臺院，天禧中置言事御史。舊制侍御史兼知雜事，殿中侍御史兼左右巡使，監察御史兼察使，官卑而入殿中監察御史者謂之裏行。元豐八年詔殿中侍御史兼察事，監察御史兼言事。《文獻通考》。御史分爲十三道，御史巡按以至他公委出則奏請，還則考劾。然御史獨不繫都察院以示得相糾察之意。《續文獻通考》。

明洪武十五年，分監察御史爲浙江河南山東北平山西陝西湖廣福建江西廣東廣西四川十二道，各道置御史或五人或三四人。每道鑄印二，一畀御史久次者掌之，一藏內務府，有事受印以出，既事納之，文曰繩愆糾謬。十六年定十二道監察御史正七品，二十三年以各道印篆相同慮有詐僞，更置某道監察御史印。其巡按印曰巡按某處監察御史印。建文二年改十二道爲左右兩院，止設御史二十八人。成祖復舊制，永樂元年改北平道爲北京道，十九年罷北京道，增設貴州雲南交阯三道。宣德十年罷交阯道始定爲十三道。《明史》。

今六部官屬皆書其部，如吏部屬則曰吏部文選清吏司，兵部屬則曰兵部武選清吏司之類是也。唯監察御史則書其道而不繫於都察院焉。《大學衍義補》。

詹事府左右春坊司經局皆東宮從官，雖居同署而各有印信，不相統攝。今文移章奏往往稱詹事府春坊者謬也。亦如十三道御史例不冠以都察院，今或稱都察院監察御史者謬也。王士正《香祖筆記》。

今諸司官初選即實授，唯監察御史、中書舍人心先授試職一年滿，內閣都察院方題實授，沿明舊例也。按明初范敏李冕徐恢茹常開濟俱試各部尚書，楊靖王暹試侍郎，詹徽茹太素試都御史，又有試給事中。正德中陸完爲試都御史。王士正《池北偶談》。

首領官，滿漢經歷各一員，正六品。初稱司務，後改爲經歷。滿洲都事二員，正六品。係滿文一員，滿漢文一員。舊有漢軍都事一員，康熙三十九年裁。

附録。漢有御史主簿，隋兼置録事員。唐初置主簿一員，掌付事勾稽省置抄目監印給紙筆。《通典》。宋御史臺置官四人，耑治獄事。凡推直有四推曰臺一推，臺二推，殿一推，殿二推。主簿一人掌受事發辰勾檢稽失兼簿書錢穀之事。元豐時推直悉罷，檢法官掌檢詳法律，主簿掌勾稽簿書各一人。《文獻通考》。明初御史臺設經歷、都事，照磨管勾。洪武十六年定經歷一人正七品，知事一人正八品。《明史》。

各省督撫加銜，康熙三十一年題准：凡總督由侍郎簡命者授右副都御史，由巡撫簡命者亦授右副都御史。雍正元年議准：凡巡撫由侍郎副都御史大理寺卿等官簡命者，俱授右副都御史，由布政司簡命者亦授右副都御史，由府尹光禄寺卿鴻臚寺卿講讀學士僉都御史等官簡命者俱授右僉都御史，爲按察司簡命者亦授右僉都御史。

六科。雍正二年定，六月改隸都察院。吏科滿漢掌印給事中各一員，滿漢給事中各一員。户科滿漢掌印給事中各一員，滿漢給事中各一員。禮科滿漢掌印給事中各一員，滿漢給事中各一員。兵科滿漢掌印給事中各一員，滿漢給事中各一員。刑科滿漢掌印給事中各一員，滿漢給事中各一員。工科滿漢掌印給事中各一員，滿漢給事中各一員。凡六科掌印給事中及給事中並正五品。【略】各科滿筆帖式共八十七員。

附録。

給事中，加官也。秦置，漢因之，所加或大夫、博士、議郎，掌顧問應對。位次中掌侍、侍中、黄門，無員。諸給事中，日上朝謁，平尚書奏事，分爲左右曹，以有事殿中，故曰給事中。漢東京省，魏代復置，或爲加官，或爲正員。晉無加官，亦無常員，在散騎常侍下，給事黄門侍郎上。宋齊隸集書省，梁陳亦掌獻納，省諸聞奏，後魏無員。北齊亦屬集書省。後周天官之屬，有給事中六十人，掌理六官，給事左右。其後別置給事中，在六官之外。隋初無，至開皇六年始詔吏部置給事郎。大業中乃移吏部給事郎爲門下之職，位次黄門下，置員四人，以省讀奏案。唐武德三年改給事郎爲給事中，後定爲四員。龍朔二年改爲東臺舍人，咸亨元年復舊。常侍從，讀署奏抄，駁正違失，分判省事。《通典》。

諫議大夫，秦置，無常員，二漢並屬光禄勳。後周地官府有保氏，此其任也。隋亦曰諫議大夫，後廢。唐武德五年復置，屬門下省，掌侍從規諷。《玉海》。宋初諫議大夫、司諫、正言皆須别降敕許赴諫院供職方爲諫官，亦有領他職而不與諫諍。其由他官領者帶知諫院，以兩省官充，掌供奉諫諍。明道初以門下省爲諫院，天禧元年詔兩省置諫官六員，不兼職務，後復兼職如故。元豐中左右諫議大夫爲諫垣之長專言責焉。左隸門下，右隸中書。《文獻通考》。明初統攝給事中，洪武六年設給事中十二人，始分爲六科，每科二人。鑄給事中印一，推年長者一人掌之。九年定給事中十人，十年隸承勑監，十二年改隸通政司。十三年置諫院左右司諫各一人，左右正言各一人。十五年又置諫議大夫，尋皆罷。二十二年改給事中爲源士，增至八十一人，未幾復爲給事中。二十四年更定科員，六科都給事中一人，左右給事中二人，給事中共四十人。建文中改都給事中正七品，給事中從七品，不置左右給事中，增設拾遺補闕。成祖初，革拾遺補闕，仍置左右給事中，亦從七品。尋改六科，置於午門外直房涖事。《明史》。六科都左右給事中、給事中共二十四員，康熙元年後裁去左右給事中十二員，六科止留十二員。改都給事中爲掌印。按《永東日記》公文承旨，舊稱五府六部都察院六科給事中，景泰間李顯爲給事中强加都字，則知去都字爲復古制云。王士正《居易録》。

（清）慧中《欽定臺規》卷一《掌協》 康熙二年，吏部等覆准：河南道除管理本衙門事務及三法司鼓廳會議等事外，今新增内外文武考滿及吏兵二部選補封簽掣簽，又每月公同吏部推陞議官四五次。現在河南道滿漢御史及漢軍御史止有三員，料理乏人，應將滿御史一員漢御史一員添設協理。舊在河南道漢軍御史原不更替，今應照滿洲協理御史一年一换，漢御史用兩差御史劄委協理，如無差過兩次御史，或差過一次，或試御史，劄委協理，因漢官多員六個月一换，以後期滿更替不再具題。康熙四年都察院題准： 河南道因事繁將滿漢御史各一員協理，今既六道均同設官辦事，其協理相應停止。康熙七年都察院題准：除河南道京畿道照俸深者掌管不議外，其五道亦照俸深者題請掌管一年，五城亦照俸深者具題差遣，仍以六個月一换。若掌五道御史有缺將五城御史及在衙門御史内論俸掌管道事。康熙八年都察院題准： 查得凡遇道缺將差遣巡城御史有未及一二月者取回掌管道事。若如此論俸履行差遣，則新資御史掌道巡城反不得均。嗣後掌道巡城應照先定例遵行。康熙十年都察院題准： 掌道官員會推會議審理刑名等項關係甚重，今臣衙門内無兩差官員，俱係一差及未差者，若照舊例掌管六個月一换爲時無幾，有悮道務。嗣後五掌道將差過一次及未差御史序俸具題，一年一换。其未差官員遇差遣時仍行列名具題。康熙十年吏部題定： 滿監察御史品級考内既不分三品四品，俱一體陞轉，其掌管之處應聽都察院酌量令其掌管。康熙十二年都察院題准：掌河南道滿洲監察御史二年一换，以前有論俸次掌管者亦有酌量掌管者，嗣後亦論俸次請旨掌管，仍二年一换。康熙二十八年都察院覆准： 五掌道漢御史亦照滿御史不具題論俸掌管，仍行吏部知照。其無專差者亦分派各道協理。

俸資條例

掌道協理巡城鼓廳錢局向有成例，後漸紛更致遵行不一。嗣後掌道缺出照例俸深者挨道掌管，城差缺出以未經巡城者照俸次巡城。如俱已差過，新資無人，除掌道錢局鼓廳不差外，則以俸深協理者挨次差遣。鼓廳先儘掌道，如掌道差完則以俸深協理者值鼓廳錢局，照協理俸次差遣，差過不得重差。六道協理缺出先論資序再論俸次挨道派换，如協理人少先儘河南江南山東陝西四道。至於掌道巡城錢局各有專司不得兼帶協理，新資補授者除各道原有協理照道分增添挨次協理。凡一應職任協理糾儀等事序資，其餘概行論俸，同資論俸、同俸論資皆不易之例。今就臺規彚酌永遠遵守，不致任意更張以滋趨避爭競之弊，庶憲綱勿替矣。

各道協理員數

河南道二員，江南道二員，浙江道一員，山西道二員，山東道二員，陝西道二員。凡河南道京畿道印都察院另疏具題令其掌管，餘俱照例俸深者依次掌官。

六科掌印

雍正元年都察院題請掌科印事奉旨： 掌印，給事中責任要緊交與都察院堂官公同揀選保奏。乾隆四年奉旨： 前據户科給事中汪榯奏稱科員掌印缺出，向例係都察院堂官於不掌印之給事中内揀選二員分别正陪具題補授。臣謂科臣不比他員，若令都察院揀選轉補，恐彼此之間有市恩感恩之意，異時之黨同瞻狥不免已開其隙，應請通行帶領引見，伏候欽定等語。朕看來似屬可行，已降允行之旨，令都察院堂官奏稱科員轉補掌印舊例按俸具題補授。雍正元年欽奉世宗憲皇帝諭旨： 掌印給事中責任緊要交與都察院堂官公同揀選保舉。欽此。欽遵在案。本年出有户科掌印一缺，臣等按其俸次擬將汪榯列名在前，邵錦濤列名居次。嗣因查出吏部原議京察一等人員，遇有保舉時即於此項人員内揀選薦舉。再查上年京察邵錦濤一等汪榯二等，因將邵錦濤列名在前汪榯列名居次。今汪榯不將世宗憲皇帝諭旨及現任辦理情形據實陳明，只稱堂官不宜揀選，恐開黨同瞻狥之隙，此中情隱難逃洞察等語。前日汪榯陳奏時並不將皇考當日諭旨叙入奏中，至於都察院保舉掌印時將汪㭎邵錦濤移置前後之處，伊俱隱匿不陳希圖矇混。今覽都察院堂官所奏始知汪㭎以名字不能居首懷挾私心飾辭瀆奏，欲欺朕以不知，遂請更變舊例，且誣憲臣等以黨同瞻狥，爲己身進取之計也。前張湄奏稱一切條陳懇求宸衷獨斷，勿令廷議，果如張湄所言恐將來之假公濟私如汪㭎者不少矣。給事中補授掌印之處仍照舊例交都察院堂官保舉，汪㭎著交部嚴察議奏。

《大清會典（乾隆朝）》卷八一《都察院》 左都御史滿漢各一人，左副都御史滿漢各二人，掌察覈官常整飭綱紀。右都御史、右副都御史。均爲督撫兼銜。經歷滿漢各一人，都事滿漢各一人，筆帖式十人。

給事中滿漢各十有二人，掌傳達綸音稽考庶政。吏科掌印給事中滿漢各一人，給事中滿漢各一人，分稽銓衡注銷吏部順天府文卷。户科掌印給事中滿漢各一人，給事中滿漢各一人，分稽財賦注銷户部文卷。禮科掌印給事中滿漢各一人，給事中滿漢各一人，分稽典禮，注銷禮部、宗人府、理藩院、太常寺、光禄寺、鴻臚寺、國子監、欽天監文卷。兵科掌印給事中滿漢各一人，給事中滿漢各一人，分稽戎政，注銷兵部、太僕寺、鑾儀衛文卷。刑科掌印給事中滿漢各一人，給事中滿漢各一人，分稽刑名，注銷刑部、通政使司、大理寺文卷。工科掌印給事中滿漢各一人，給事中滿漢各一人，分稽工程，注銷工部文卷。筆帖式吏科、户科、兵科、刑科、各十有五人，禮科、工科各十人。

監察御史滿漢各二十八人，宗室二人，蒙古二人，在滿御史額内。掌糾劾官邪條陳治道。京畿道掌印監察御史滿漢各一人，監察御史滿漢各一人，分理院事及直隸盛京刑名，稽察内閣、順天府、大興、宛平縣。河南道掌印監察御史滿漢各一人，監察御史滿漢各一人，分理河南刑名，照刷部院諸司卷宗，稽察吏部、詹事府、步軍統領、五城。江南道掌印監察御史滿漢各一人，監察御史滿漢各三人，分理江南刑名，稽察户部寶泉局宣課司左右翼，監督在京十有二倉，總督漕運，磨勘三庫，月終奏銷之籍。浙江道掌印監察御史滿漢各一人，監察御史滿漢各一人，分理浙江刑名，稽察禮部都察院。山西道掌印監察御史滿漢各一人，監察御史滿漢各一人，分理山西刑名，稽察兵部、翰林院、六科、中書科，總督倉場坐糧廳大通橋，監督通州二倉。山東道掌印監察御史滿漢各一人，監察御史滿漢各二人，分理山東刑名，稽察刑部太醫院，總督河道，催比五城命盗案牘緝捕之事。陝西道掌印監察御史滿漢各一人，監察御史滿漢各一人，分理陝西刑名，稽察工部寶源局，覈勘在京工程。湖廣道掌印監察御史滿漢各一人，監察御史滿漢各一人，分理湖廣刑名，稽察通政使司、國子監。江西道掌印監察御史滿漢各一人，監察御史滿漢各一人，分理江西刑名，稽察光禄寺。福建道掌印監察御史滿漢各一人，監察御史滿漢各一人，分理福建刑名，稽察太常寺。四川道掌印監察御史滿漢各一人，分理四川刑名，稽察鑾儀衛。廣東道掌印監察御史滿漢各一人，分理廣東刑名，稽察大理寺。廣西道掌印監察御史滿漢各一人，分理廣西刑名，稽察太僕寺。雲南道掌印監察御史滿漢各一人，分理雲南刑名，稽察理藩院、欽天監。貴州道掌印監察御史滿漢各一人，分理貴州刑名，稽察鴻臚寺。筆帖式，京畿道、江南道各三人，河南、浙江、山西、山東、陝西、湖廣、江西、福建、四川、廣東、廣西、雲南、貴州道各二人。

巡視五城分中東南西北，每城給事中或御史滿漢各一人。於六科十五道内奏委，二年更代。掌彈壓地方，釐剔姦弊，其屬兵馬司指揮副指揮吏目各一人。凡憲綱左都御史給事中御史皆許風聞言事，事關朝政得失、民生利弊、大臣徇私骫法、不飭簠簋，並聽據實陳奏。摭拾陳言及瑣屑傷治體者不得瀆告。官民冤枉，所司不受理及受理不得伸者，許赴院陳愬，鞫實，大事奏請上裁，小事立予昭雪。奏章奉旨後給事中録送吏科，御史録送京畿道，封貯。如奉旨褒獎或經訓飭備著於册，三年一次進呈。

凡科鈔。中外疏章既上，旨下内閣日，以給事中一人詣内閣祗領分致各科備録。諭旨及原疏發所司奉行豫定注銷日期，事涉數衙門者，以主稾衙門爲正鈔，會稾及應關白之衙門爲外鈔。鈔畢別録二通，敬謹校對鈐蓋印信，一送内閣曰史書，一貯科垣曰録書，歲終還原疏於内閣。

凡封駁。奉旨事理確有未便施行者，封還執奏。閣臣擬旨批答字句舛錯，部院督撫疏章事有謬誤者，並聽駁正。

凡頒給勅書。直省總督巡撫由吏科，總督漕運總督倉場坐糧廳監督各關監督、各鹽政由户科，學政由禮科，提督總兵官由兵科，總督河道及各關監督之隸工部者由工科，均於午門外授本官祗領。如由外任升轉給該省提塘官賫往，任滿各送科繳内閣。

凡掌察部院諸司所治之事，以六科十五道分掌稽察，月以已結未結之數兩次具册分送注銷，月終各具題。直省督撫題達之案具揭各科道察覈，事有難結者，歲終彙題罣漏及易結不結者劾。宗人府以宗室御史二人，內務府以滿御史二人，專司稽察，別給印信注銷具題同。八旗各以滿給事中或御史一人稽察，月一注銷，月終奏聞，滿洲蒙古漢軍同。八旗暨九卿奉旨會議之事以滿漢御史各一人稽察，無故不到者，劾。巡視五城科道審理之事，歲委滿漢御史各一人，督催月具册申院送刑部者，兩月具題。五城振濟平糶左都御史左副都御史分城親察以絶弊端。

凡考覈中外文武官，三歲京察大計，五歲軍政，均由本院吏科兵科京畿道會吏兵二部覈實具疏。宗人府吏部有奉旨議處之事由院咨取職名定議。各關監督任滿由户科考覈。鹽政任滿由京畿道考覈。驗視月選官列掌印給事中御史名，咨吏部奏請簡命滿漢各二人，隨班察覈。文職司道以下，武職副將以下，由吏兵二科給與赴任文憑，違限者劾。五城司坊官三年俸滿堪列薦剡者，巡城科道詳具政蹟申院覈實咨吏部引見。

凡監試。順天鄉試禮部會試外場以滿漢御史各二人外簾同內簾各一人，殿試各二人。順天武鄉試兵部會試外場兼外簾滿漢御史各二人，會試內簾一人，殿試各二人。考校見任筆帖式考取中書官學教習各館謄録生選拔貢生朝考貢監生考授職銜均滿漢御史各一人。有潛通關節懷挾及傳遞文字冒名代考，武場選入好字號覆校技勇不符者並劾。順天府考試文童滿漢御史各一人，會府丞審音劾冒籍者。

凡讞獄重囚審案勅下三法司會覈定擬者，虚公擬斷期於明允，或所見不同往復詳議以歸一是，若始終不能畫一，許兩議並陳，恭候上裁，不得一衙門爲一議，及用夾單申明前議指駁後議。刑部見審之犯罪應死者，承審司官録初供移知該道定期滿漢御史各一人至刑部會大理寺官公審，既定讞左都御史左副都御史會刑部大理寺堂官詳審覈擬具題，不得據稾定擬草率從事。秋審給事中御史皆與議。御史不掌印者則分省與議。朝審給事中及各道之掌印者與議，京畿道不掌印亦與。秋審勾决由各道具題刑科覆奏。朝審勾决由京畿道具題刑科三覆奏，均候命下各道御史齎本授刑部施行。朝審决囚刑科給事中監視行刑。熱審期內薄刑小罪院道皆與議。刑部獄因及各門枷犯每月滿漢御史各一人稽察。

凡侍儀。朝會御殿，左都御史、左副都御史均於殿檐下西第三柱序立，躬祀壇廟，滿漢各一人於西南隅序立。

凡糾儀。朝會御殿以滿御史十有四人，漢御史八人。皇帝率羣臣詣皇太后宫行禮以滿御史四人漢御史六人，御門給事中御史滿漢各二人，御經筵給事中御史滿漢各一人。車駕出入午門耕耤、常朝坐班、天安門宣詔、午門頒朔頒賞、中式舉人進士詣闕謝恩，均滿漢御史各二人。有紊越班行言語喧譁威儀不肅者劾。壇廟祭祀以滿漢御史各四人，告祀各二人，救護日、月食各四人，祈雨報祀各二人，祭祀宰牲監視各一人，有臨事不共牲幣不潔或刑餘喪服有隱疾之人濫與祀典，齋期有違戒令，齋宿不於其所，及行禮失儀者並劾。

凡差遣巡視鹽政，長蘆河東兩淮各一人，均給勅書，一年更代。巡察京師通州十有四倉，每倉給事中或御史一人，一年更代。巡視漕運，以給事中或御史瓜儀濟寧每處一人，楊村通州每處二人。舊駐淮安今移瓜儀，舊駐天津今移楊村。歲以次奏請，各給關防，事竣復命濟寧巡漕兼理疏濬運河之事。巡察盛京、吉林、黑龍江各以滿給事中或御史一人，福建臺灣府以給事中或御史滿漢各一人，均閱三年奏請候旨差遣，事竣復命。稽察宗人府銀庫、理藩院內外館銀庫、鄂羅斯來京貿易，各以滿給事中或御史一人。銀庫三年期滿，奏請更代，餘事竣即還。給事中御史奉旨離任在一年外者，題請署理。一年內者，由院委署。先奉差不離任繼奉別差離任，其任其差署理亦如之。

凡升遷。給事中御史三年內升，滿漢各一人，外轉宗室不與。各一人，由院覆無降革事故者序俸列疏，並彙其任內敷陳奏章繕册進呈，候旨簡用。六科給事中員闕，由院列御史無降革事故者，咨吏部引見簡用。科道掌印六科及京畿河南兩道由院於給事中御史內簡選正陪疏請補授，餘以本道見任資深者轉補。

凡五城地方各以巡視科道爲統轄官，指揮爲專管官，副指揮吏目爲分管官，各治一坊，中城中西、中東二坊，東城崇南、朝陽二坊，南城東南、正東二坊，西城宣南、關外二坊，北城日南、靈中二坊。

凡條教。每月朔望巡城科道率司坊各官集衆於公所，令鄉約一人宣講聖諭，孝父母敬長上睦鄉里教子孫各安生理毋作非爲。

凡辭訟。司坊各官分職而理，各依限審訊録供詳報應解審者，解犯送本城覆審定議完結。事有疑竇，駁令再審，不得草率結案。徒罪以上概送刑部，每月二次以已結未結之數造册申院注銷。

凡禁令，首嚴邪教傳造妖言，私銷私鑄，聚衆開窰燒炭，及書吏招摇骫法役滿逗遛，寺院坊店容留行踪詭秘之人，巡城科道率所屬隨時稽察以儆姦邪。至於使酒罵街，見即逮治，不得以地非所屬過而不問。

凡平糶，五城各設廠二，遇米價騰貴，由户部奏請酌撥京倉成色米分給各城減價平糶。巡城科道率指揮副指揮經理其事。

凡振濟，歲於十月初一日至次年三月二十日，每城各設廠二日，支京倉米二石柴薪銀一兩，煮飲以振貧民。巡城科道率指揮副指揮吏目經理其事。

凡棲流所中東南北城各一，西城二。流民無依及衢巷臥病者，總甲即報指揮，悉令入所日給薪米，病給醫藥，冬給絮衣布被，病故者給棺木。巡城科道以時親察勿致屯膏。

凡承追承緝承變承驗傷痕，並內外問刑衙門行提人犯或遞解回籍及各公事差委，令副指揮吏目分任驗屍專委指揮。

《大清會典（嘉慶朝）》卷五四《都察院·左都御史左副都御史》

都察院左都御史，滿洲一人，漢一人。左副都御史，滿洲二人，漢二人。掌司風紀，察中外百司之職，辨其治之得失與其人之邪正，率科道官而各矢其言責，科道陳奏或邀褒獎，或經訓飭，奉旨後皆鈔録呈堂，遇開列及引見，摘其事由，咨吏部開單進呈御覽。以飭官常以秉國憲，率京畿道以治其考察處分辨訴之事。京察大計軍政，都察院皆與考察。鹽政差滿，由都察院考覈，吏部官應議處議叙者，由都察院議奏。官民冤抑陳訴，都察院鞫實奏聞，皆令京畿道查覈，呈堂定議。大政事下九卿議者則與焉。六部都察院通政使司大理寺爲九卿。凡重辟，則會刑部大理寺以定讞。刑部都察院大理寺爲三法司。與秋審朝審，大祭祀則侍儀，【略】。朝會亦如之，【略】皇帝御經筵亦如之，【略】臨雍亦如之。

《大清會典（光緒朝）》卷六九《都察院·左都御史左副都御史職掌》

都察院，左都御史，滿洲一人，漢一人，左副都御史，滿洲二人、漢二人。掌司風紀，察中外百司之職，辨其治之得失，與其人之邪正，率科道官而各矢其言責。科道陳奏，或邀褒獎，或經訓飭，奉旨後皆鈔録呈堂。遇開列及引見，摘其事由，咨吏部開單進呈御覽。以飭官常，以秉國憲，率京畿道以治其考察處分辨訴之事。京察大計軍政，都察院皆與考察。吏部官應議處議叙者，由都察院議奏。官民冤抑陳訴，都察院鞫實奏聞。皆令京畿道查覈，呈堂定議。大政事下九卿議者則與焉，六部都察院通政使司大理寺爲九卿。凡重辟，則會刑部大理寺以定讞。刑部都察院大理寺爲三法司。與秋審朝審，大祭祀則侍儀。【略】朝會亦如之，【略】皇帝御經筵亦如之，【略】臨雍亦如之。

《清實録》同治四年二月〔庚辰〕諭內閣：前因御史譚鍾麟奏請申明保送御史定例一摺，當經諭令吏部議奏。茲據該部奏稱，向來御史保送後，有犯貪污劣跡，原保堂官，例無議處明文。惟保送時各衙門皆得遴員咨送，實與京察體例無殊，自應比例定擬以專責成等語。御史爲朝廷耳目之官，職司彈劾，較之保送京察人員，更須認真遴選。著各部院衙門，嗣後保送御史，毋得但計資俸，務須認真考覈，選擇得人。如保送後有犯貪污劣跡者，即將原保之堂官，比照京察保送不實例，由該部奏明議處。如能訪出揭參者免議。此皆並著該部纂入則例，通行知照。

（清）牛天宿《百僚金鑑》卷五《給諫總考》 按六科，在秦爲黄門侍郎，給事黄門。又秦諫大夫、郎中令之屬，又置散騎中常侍，漢因之。後漢曰給事黄門郎。增諫大夫，曰諫議大夫，官名雖殊，而皆侍從儐相盡規獻納，糾正缺違也。黄門侍郎，每日暮對青瑣門拜，亦謂之夕郎。唐增左右補缺拾遺，宋增司諫正言，皆令給事中之任也。給事中，唐龍朔二年改爲東臺舍人，垂拱改爲鸞臺諫大夫。漢属光官禄勳，北齊属集書省，未知諫院。明初以給事本古門下省，掌封駁之官，乃特重六科，列署於掖門內，已乃遷掖門之兩翼。洪武初名起居注，已準周制，名元士，置八十一人，又稱源士，謂政事本源也。後定用部名，分六科，科名都給事中，左右給事中，今因之。後改爲六科掌印給事中，滿漢各二人。裁都給事左右給事之名。按科員爲天子親吏，掌侍從規諫，補缺拾遺，分察六部有司之事，而糾其弊誤。凡制勅宣行，大事覆奏，小事署而頒之，有失封還執奏。凡百司軍民所上章下，讀而署之，糾正其違悞。主德缺違，朝政得失，百官賢佞，小許專達，大許聯署奏聞。凡日朝六科輪一人上殿左右，執筆記旨。凡大事庭議，大臣廷推，大獄廷鞫，六掌科皆與。凡諸司題奏，日附科籍，五日一銷註覈覊。後朝奏門籍，六科流掌，內傳旨，下覆奏，淂旨而後行。定秩僅七品，而地親切，專糾駁，防專恣之漸也。

《大清會典（康熙朝）》卷一六〇《六科》　順治初，置六科滿漢官，裁設不一。十八年設滿漢都給事中各一員，滿漢左右給事中各一員，漢給事中二員。康熙四年，每科止留滿漢給事中各一員。五年，每科增設滿漢掌印給事中各一員，其職專主封駁糾劾等事。凡六科，每日收到奉旨本章，次日抄發該部，吏科抄發吏部，户科抄發户部，禮科抄發宗人府、禮部、理藩院，兵科抄發兵部、督捕，刑科抄發刑部、都察院、通政司、大理寺、鼓廳、京畿道，工科抄發工部。並分發各部院外抄。凡內閣發出密本，由各該科掛號，即將原封送各該部，取職名附簿備查。凡奉旨本章，抄發後，即繕寫滿漢文繳送內閣，以備編纂。其録疏存貯該科。凡抄發過紅本密本，該科彙齊，繳送內閣。凡各部題覆本章，該科於每月終註銷，已完者具本題知，未完者造册題參。凡每年抄發過各部事件，有無未完，限次年四月內該科彙題請銷。凡該科所奉詔勅，有不便者，封還執奏。部院督撫本章，有情理未協者，俱得駁正題參。至於朝政得失，百官賢佞，或特疏，或公本，奏聞。凡遇壇廟祭典，六科掌印給事中陪祭。凡奉旨會推官員，及會議諸事，六科掌印給事中皆預。凡管理登聞鼓廳，六科滿漢官各一員輪管，半年差滿題請更換。如有申訴冤枉，併陳告機密重情者，收准具題。應批駁者，即行批駁。凡稽查錢局，六科滿漢給事中各一員輪差，一年差滿，題請更換。凡每年朝審，刑部及各直省罪犯招册，先期分散每科清漢字各一本，六科掌印給事中皆預，刑科給事中亦預。凡各部院衙門，及直隸各省一應題奏本章，有字樣差訛，洗補漬污等項，各科抄參。

吏科。

凡京官六年京察，外官三年大計，所註考語，如有狥庇不符等弊，本科官與各科官公同拾遺。凡六科漢官內陞外轉，舊例每年二八月，各科將條陳彙劾本章造册移送本科，序俸開列，題請欽定，內陞一員，外轉一員。康熙四年題定，每年八月陞轉一次。題請之期，不得踰八月初一日。凡登聞鼓廳詞訟，有無未完，本科每月註銷具題。凡考選行取散館候補科員，並起復假滿科員，人文到科，遇各科缺出，本科照次序坐名移送吏部題補。凡大選急選官員，文選司送到文憑，本科定期各官齊集畫憑後，酌定程限，移送吏部按員散給。如有年老殘疾官員，於畫憑日驗視明白，即指名題參。凡布政使按察使以下官員，如不赴本科畫憑過兩月者，將憑移送吏部查銷。凡赴任違限官員，據各直省册報，本科查明遲延緣由，有無印結，具本摘參。凡遇大計，各該督撫送到五花册籍，本科會同考功司河南道同日封門閲册。完日，照例具題後，仍同吏部會議，查照八法定例處分，並察核卓異各官實蹟，具題註册。凡遇六年京察，各衙門送到賢否册籍，本科會同吏部都察院，公定去留，具題請旨。

户科。

凡各關差應給精微批文，由户部送本科掛號，轉送內閣，請用寶發出。本科引奉差官赴午門外跪領到科，按程定限，差滿回日，將原領批文，送科查核銷號，轉繳內閣。如違限者，本科題參。凡各關差官員，赴本科親領四季印簿，令本商自填納税數目，按季送科。差滿，仍造送總册，本科移取户部紅單磨對。如有舛混違限者，題參。凡兩淮、兩浙、長蘆、河東鹽差，一應領引銷引，起解鹽課銀兩，該運司具批文投報。其各省運司提舉司合辦鹽課，年終將辦完實數，造册奏繳，赴科註銷。俟各差回日，本科據册考覈。凡直省解户部錢糧完欠，及地丁雜税，兵馬錢糧各項奏銷文册有數目不符，朦混舛錯者，本科據實指參。凡各直省賦役全書，易知由單，俱送本科查核。凡各運官交納漕糧白糧全單，赴科投驗，其隨漕輕賫銀兩，起解月日數目，該糧道具批報科。至糧艘兑完開幫，各省糧道奏銷文册，俱由本科查勘。凡京通各倉奏繳糧斛册，坐糧廳奏繳漕白糧米册，俱由本科磨對。凡直隸守道，各省布政使，交代册結，俱由本科稽查。凡各直省朝覲册籍，俱送本科查覈。

禮科。

凡遇頒詔册封，各科開列給事中職名，移送本科，轉送禮部題請欽點。凡遇經筵，本科照次序取六科滿漢官各一員，侍儀。凡殿試收掌彌封試卷各執事，及會試同考，直省鄉試主考，各科開列應差職名，移送本科，轉送禮部題請欽點。凡各直省督撫慶賀奏啓本章，有違悮舛錯者，本科題參。凡各直省朝覲册籍，送本科查覈。凡遇日食月食，本科給事中與各科輪流救護。其各寺院、五城司坊、僧録司、道録司、救護各官職名，投報本科。凡各直省鄉試硃墨卷，俱依限解部，送本科磨勘。凡各直省提學院道，報明到任日期後，將考過生童名數册籍，按期報科稽查。如有違限遲悮，及溷冒情弊，本科題參。凡巡視光禄寺估計錢糧，順治十八年，奉旨歸併禮科。康熙四年停止。凡各直省提學院道，考過生童試卷，舊例解部，送本科磨勘。如有文體荒謬，及徇情冒籍等弊，會同禮部題參。康熙十三年停止。

兵科。

凡各直省驛遞錢糧册籍，每年限五月内投科查覈。有浮冒舛錯者，題參。凡各省奉差勘合火牌，由本科銷號轉號，送部换給，仍送本科掛號。在京奉差，及赴任勘合火牌，由本科掛號，送部給發，如有違例，年終會同兵部題參。凡奏繳郵符册籍，直隸各省，通限本年五月内，造册送本科查覈。凡各直省兵馬朋椿奏銷册籍，每年造送本科查覈。有浮冒舛錯者，題參。凡五年軍政，各該督撫提送到五花册籍本科會同兵部河南道同日封門閲册。完日，照例具題後，仍同兵部會議，查照八法定例處分，併察核卓異各官實蹟。凡推補武職各官，職方武選兩司移送限票，本科畫憑定限。凡武職官員畫憑，示期齊集，如三次不到，將限票移送兵部題參。凡武職官員到任違限，不及一月者免議。違限一月者，照例摘參。凡磨勘武闈試卷，各直省鄉試後，俱依限解部，送本科磨勘。如有文理悖謬，親供籍貫年貌互異者，會同兵部題參。凡各省布按，直隸守巡道員，三年朝覲；有關兵馬驛站錢糧册籍，俱送本科查核。

刑科。

凡御史條陳本章，各科送本科外抄轉發都察院。凡三法司具題在京監候秋後處決斬絞罪囚本科三覆奏，奉旨然後行刑。凡在外問刑衙門，每年將已未完銷過大獄各案，備造文册送科，以備查覈。凡直省贖鍰贓罰銀穀細數，每年終，造册送科磨勘。凡巡鹽御史一年差滿，造報贖鍰銀兩文册，送本科查核。凡遇差恤刑官員，差滿日，審過罪犯文册，造送本科查核。凡直省承問過秋審招册，每年限七月終備造清册，送本科查核。凡直省每年承問過熱審减等文册，送本科查核。凡直省朝覲刑名贓罰文册，送本科查核。凡巡按茶馬等差御史，舊例各該差請給精微批文，本科照例批定限期，該差赴本科領取。差滿回日，原批繳科，轉送内閣銷繳。順治十八年停止。

工科。

凡河工錢糧册籍併河道圖式，送本科查閲，每年限於八月内奏銷。凡工部各差官員，應給精微批文，由工部送本科掛號，轉送内閣，請用寶發出。本科，引奉差官赴午門外跪領到科，按程定限回繳日期，差滿回日將原領批文，送科查核銷號，轉繳内閣。違限者本科題參。凡工部各關口河差，俱赴本科親領四季印簿令本商自填船料税課，及竹木炭等項數目，按季送科。差滿，仍造送總册。本科移取工部紅單磨對，有舛悮違限者，題參。凡皇城外修造城垣公署倉庫牌樓街道河渠橋梁等處，及各旗新造房屋，估計自一百兩以上者將所估各項零總數目，造册送科查核。仍將逐日所用工匠單開送，聽本科不時稽查。工畢將用過木石磚瓦灰顔料等項錢糧細數開報，本科會同陝西道查核。若修造不如式，責令原修官另造。如有浮冒不符等弊，會同御史題參。凡奉旨建造親王以下，及大臣墳塋，所用木石等料價值監造官備具細數報科查核。凡直省修造城垣官署兵房，及開濬池塘，併脩提壩石閘橋梁等項工料，俱造細册報科查核。凡各省糧艘兵船，及一切應差船，或奉旨新造，或經朽爛拆取釘板，併脩造工料細數，彙造清册，送科查核。凡各省製造盔甲弓箭器械鐵炮火藥鉛彈等項，併分給某旗某營，俱詳造經費出入細册，送科查核。凡三年大計，各省關係工部銷算，併蘆課錢糧，俱彙造細册，送科查核。

（清）陳枚輯《憑山閣增輯留青新集》卷一九《古今官制·六科》

建置：《周禮》有保氏，掌諫王惡，後世因之。秦漢爲黄門侍郎，給事黄門，又爲諫大夫、郎中令。後漢曰給事黄門侍郎，增諫大夫曰諫議大夫，諸給事中。唐增左右補闕拾遺，屬之門下省，開元改曰黄門省。宋太宗置封駁司，又增置左右司諫正言。明置六科，設都給事中、左右給事中、給事中。今職如左。

名號：鸞臺、唐龍朔時爲東臺，垂拱改爲鸞臺，亦稱鸞司。諫院、宋明道以門下右爲諫院，遷舊省於左掖之西亦稱諫曹。左掖、亦稱仙掖。紫垣。亦稱大垣。

六科掌印給事中。正七品。名號：司諫、夕郎。黄門令日暮入對青瑣門故名。稱呼：大都諫亦稱大給諫。

登聞科登聞院建置：古者朝有誹謗之木，敢諫之鼓，所以通治道而來諫者也。宋設鼓司，内臣掌之，至景德改登聞鼓院隸司諫正言。凡無例通達文字者，並先經登聞鼓院進狀。建炎因舊制，置局闕門之前，專隸諫院。名號：掌封事。稱呼：大掌奏。

《大清會典則例（乾隆朝）》卷一四六《都察院二》　一、六科接本。順治年間定：凡紅本批發到内閣日，以給事中一人赴内閣祇領分發各科。雍正六年議準：嗣後紅本到内閣，不拘滿漢給事中一人親赴内閣祇領。十三年議準：嗣後九卿會議定稾畫押之後，令主稾之部院謄録副稾鈐蓋堂印，送於應稽察之科收貯，候命下之日，該科將副稾與紅本覈對，倘有私行更改以致不符者，本科叅奏。乾隆十三年諭：内閣每日進呈本章，朕批發後，由六科親領發鈔，以昭慎重。乃近來該給事中等怠忽成習，竟有不親身祇領，委之筆帖式等代行者，往往不待接本，先已散去，至次日始行發鈔，朕所聞如此，夫本章關繫緊要，承領乃科臣專責，似此因循玩愒必致貽誤。朕姑寛其既往，著大學士等傳旨申飭，將來若不親身承領或發銷遲延，必嚴加議處。大學士等亦宜留心稽察，如有仍蹈前轍者，即行叅奏。欽此。

一、發鈔。順治初年定：凡本章命下，事屬某部院者，由某科即日鈔清漢文諭旨，發交某部爲正鈔。如一事關涉數處者，將本章送於別科轉發爲外鈔。原領本章各貯本科，年終彙繳内閣。又議準：凡内閣發出密本，由該科登號，原封送部，取承領官職名附於號簿，該部辦理畢，仍密封送科。康熙十七年議準：紅本已奉旨到科未經到部，有豫鈔洩漏者，將本科給事中議處，洩漏之人交刑部治罪。雍正元年覆準：凡書吏提塘京報人等，除紅本上諭外，如有訛造無影之辭者，本科給事中察拏治罪。五年議準：凡紅本科鈔關繫甚重，令承辦官詳悉校對敬謹奉行，如有增減錯漏，繫何衙門所奉諭旨，將承辦校對官照錯誤本章例議處。乾隆六年議準：凡特降諭旨及批發章奏到内閣，繫該部承鈔辦理者，令該科同赴内閣鈔出，並傳知都察院暨衆科道。

一、史書録書。順治初年定：凡紅本發銷後，本科別録二通，供史官記注者，曰史書。存貯科署以備編纂者，曰録書。敬謹校對鈐蓋印信，史書送内閣，録書分貯六科。雍正八年諭：史書、録書，每年令滿漢翰林各二人悉心稽察，專司其事，倘有玩忽潦草之處，據實奏聞，如徇隱不奏，察出一并議處。欽此。

一、封駁。順治初年定：凡部院督撫本章已經奉旨，如確有未便施行之處，許該科封還執奏。如内閣票籤批本錯誤，及部院督撫本内事理未協，並聽駁正。

一、陳奏。順治初年定：給事中與御史同有進言之責，凡朝廷政事得失，民生利弊，以時條上，百官有姦貪劣蹟，亦得據實糾彈。

一、注銷。吏科稽覈吏部、順天府。户科稽覈户部。禮科稽覈禮部、宗人府、理藩院、太常寺、光禄寺、鴻臚寺、國子監、欽天監。兵科稽覈兵部、太僕寺、鑾儀衛。刑科稽覈刑部、通政使司、大理寺。工科稽覈工部。各衙門所辦之事，每月兩次造册送稽覈之科注銷。依限完結者開除，限内未完及逾限有因者，於注銷本内聲明，無故逾限者指叅，各於月杪繕本具題。乾隆十四年奏準：都察院向無注銷之案，稽覈歸於刑科。

一、京察。順治十三年議準：凡各衙門京察册籍定期於三月十五日以前封送吏科，吏科準吏部考功司移會，會同河南道今京畿道。各封門察覈，應移詢者密封移詢，應改正者即行改正。届期過堂吏科掌印給事中滿漢各一人，同河南道掌印滿漢御史赴吏部公座會同考察，公定去留，繕本具題。

一、大計。順治四年議準：凡直省督撫送到册籍由吏科會覈具題。

一、文職畫憑。順治初年定：外任司道以下各官，命下五日内吏部文選司繕寫文憑用印送吏科填限，吏科定期令各官齊集畫憑，依限填注，限十日内送部。知縣以上行一揖禮，知縣以下均跪。如不赴科畫憑逾兩月者，將憑送吏部覈銷。又議準：經歷以下雜職等官皆寄憑與該督撫給發，該員領憑赴任，取具地方官文結報明吏科存案。康熙五年議準：官員畫憑不到者，吏科即移會吏部察覈有無事故。如一月内呈明事故到部者，知照本科準其補畫文憑。如無事故又未呈明逾一月以上者，罰俸一年，亦準其補畫，逾兩月不到者革職。八年議準：畫憑官繫候補候選者，須覈其投科文結。如先無文結投科，漢官取同鄉京官印結，滿官取具該旗印結，捐納出身者驗明捐照，方準畫憑。又奏準：在外推升各官扣除交代日期，有錢糧者，扣兩月之限，無錢糧者，扣一月之限。在籍候選佐雜各官扣除督撫驗看日期，順天府扣一月之限，奉天扣四十五日之限，其餘直省皆扣兩月之限。在外題補教職亦扣限兩月，考試驗看以上扣除日期皆填入憑内，鈐印送部轉發。又題準：凡官員領憑到任後，該巡撫布政使將原領文憑並到任日期按季繳報，有違限者由科題叅。十一年題準：官員赴任在途有躭延事故及患病者，取具中塗地方官印結咨報吏科，免叅。至在外推升各官領憑後，如原任内錢糧盜案未完或候交代及患病以致違限者，督撫藩司將情由咨部改限，令其赴任，仍知會吏科稽覈。雍正七年覆準：凡官員領憑赴任，以京師至該省扣算限期，但各省會城及所屬之府治距京遠近不一，其憑限日期自應詳加分别，除順天、奉天、保定等處原限繫將各府計算與驛站相符，無庸增減，其餘各省憑限將自京至該省會城及府治驛站分别遠近酌量增減。其正八品以下在籍候選及在外推升各官文憑封發該督撫驗看給發者，將發憑到省日期逐一扣除外，應以得官省分與原籍原任之地比較遠近酌定憑限，一并造册移送吏科，依限填注。

《大清會典（嘉慶朝）》卷五四《都察院·六科》 六科。吏科掌印給事中，滿洲一人、漢一人。給事中，滿洲一人、漢一人。户科掌印給事中，滿洲一人、漢一人，給事中，滿洲一人、漢一人。禮科掌印給事中，滿洲一人、漢一人。給事中，滿洲一人、漢一人。兵科掌印給事中，滿洲一人、漢一人。給事中，滿洲一人、漢一人。刑科掌印給事中，滿洲一人、漢一人。給事中，滿洲一人、漢一人。工科掌印給事中，滿洲一人、漢一人。給事中，滿洲一人、漢一人。

掌發科抄，稽察在京各衙門之政事而註銷其文卷。吏科稽察吏部順天府，户科稽察户部，禮科稽察禮部、宗人府、理藩院、太常寺、光禄寺、國子監、欽天監，兵科稽察兵部、太僕寺、鑾儀衛，刑科稽察刑部、通政使司、大理寺，及河南道刷卷。工科稽察工部。每月兩次以各衙門所辦之事造册送科註銷，其逾限有因者，皆令於册内聲明。無故逾限者，由科指糸，皆於月終具題。皆任以言事。皇帝御門則侍班，御門，侍班給事中滿洲二人漢二人，在西階下東嚮立。御經筵亦如之。御經筵，侍班給事中滿洲一人漢一人，在文華殿内西嚮立。臨雍亦如之。臨雍，侍班給事中滿洲一人漢一人在辟雍東西檐柱内東西嚮立。朝會則糾其儀。皇帝陞殿，糾儀給事中與御史凡三十六人，於甬道旁每一層品級山之次北嚮立。

凡科抄，給事中親接本於内閣，以給事中一人直日，赴内閣接本。各分其正抄外抄而下於部。本章命下，事屬某部者，即由某科抄清漢文交出某部爲正抄，如關涉數處者，即以本送於别科轉發爲外抄。應封駁則以聞。部院督撫本章已經奉旨如確有未便施行之處，許該科封還執奏。如内閣票籤批本錯誤，及部院督撫本内事理未協，並聽駁正。歲終，則彙其本以納於内閣。

凡抄本皆副以史書録書，紅本發抄後，由科别録二通，供史官記注者曰史書，貯科以備編纂者曰録書。皆校對鈐印，史書送内閣，録書存科。惟密本則不抄。密本由科登號以原封送部，該部辦畢仍密封送科。

凡直，以給事中一人，二日而代。六科官署皆在端門内。又於端門外東朝房内給吏科三間，户科六間，禮科二間，西朝房内給兵科刑科各三間，工科二間，收貯册卷。凡六科移取册卷，並知會護軍營直班官同啓封識，每日以給事中一人，在六科署輪直上宿。聖製臺省箴之碑，即令守護焉。聖祖仁皇帝聖制臺省箴，臺省之設，言責斯專，寄以耳目，寧取具員，通明無滯，公正無偏，黨援宜化，畛域宜捐，洞達政體，斯曰能賢。古昔諍臣，風規凜然，訏謨讜論，秉光簡編，朕每覽繹，如鑒在懸。居是官者，表裏方直，精白乃心，充廣其識，國計民生，臧否黜陟，凡所敷陳，敬將悃愊。風霜之任，以懲姦慝，搏擊之威，以儆貪墨。毋摭細務苛塞言職，毋紛成憲妄逞胷臆。書思入告，當寧對揚，沽名匪正，營私孔傷，或藏嫌怨，謬爲雌黄，受人指囑，尤爲不臧，形諸奏牘，有玷皀襄。職司獻替，丞宜審詳。敬爾在公，風紀嚴廊。辭箴用勗，誕告聯常。雍正八年，奉世宗憲皇帝諭旨，午門外朝房之南，科垣之北，有碑亭一所，供奉聖祖仁皇帝御製臺省箴碑文，著六科輪班撥人守護。常朝，六科更番而察其朝單。每月逢五常朝，給事中輪流稽察。吏部禮部以各部院所送之朝單，及所收職名，交輪直之科覈對。若勅書。總督巡撫布政使按察使道，漕運總督倉督倉場總督坐糧廳監督鹽政各户關監督，及户部錢法堂勅書由户科。學政勅書，及旌表宗室節婦勅諭，由禮科。提督總兵官副將糸將遊擊勅書，由兵科。河道總督各工關監督，及工部錢法堂勅書，由工科。内閣豫開省分官銜，併勅書若干道，傳知到科。每勅書一道，具印領一紙。本官在京都傳至午門親領，如交提塘官齎送者，由科登號，取提塘官領狀存案。計籍、京察大計册籍，由吏科察覈，軍政册籍由兵科察覈。文憑、各官赴任文憑，文職由吏部送吏科註限，武職由兵部送兵科註限，傳各官到科畫憑，仍送吏部兵部給領。

《大清會典（光緒朝）》卷六九《都察院·六科》 常朝，六科更番而察其朝單。每月逢五常朝，給事中輪流稽察。吏部禮部以各部院所送之朝單，及所收職名，交輪直之科覈對。若敕書【略】、賦册、在京部院衙門支領户部銀物月册、各省收成分數易知由單、並奏銷錢糧册、錢糧交盤册、漕糧全單及漕運交兑册、各倉收放米豆册、坐糧廳歲報抵通漕白册、鹽課奏銷册、各户關一年彙報册，皆由户科察覈。官兵俸餉册、朋椿奏銷册、驛站奏銷册，由兵科察覈，贓贖銀穀册，由刑科察覈。工程奏銷册、工關一年彙報册，由工科察覈。批迴、各省運解户部錢糧及各物料批迴，由户科磨對。運解工部物料批迴，由工科磨對。試卷、各省歲科試卷及鄉會試卷，皆由禮部會同禮科，並請旨派員磨勘。學案、各省學政造送文生童學册，由禮科察覈，武生童學册，由兵科察覈。郵符、各省督撫提鎮學政按察使等，每年領過勘合火牌，皆由兵科察覈。爰書，秋審情實人犯，刑科皆覆奏一次。朝審情實人犯，覆奏三次。其内外立决人犯，奉旨後刑科發鈔，密封下刑部施行。至朝審决囚，則刑科給事中監視行刑。則科各分其職。

《大清會典（康熙朝）》卷一四六《都察院·各道分隸》 監察御史，分設十四道，職有專屬。又設六道以掌之，分理在京各衙門，及直隸盛京，各省刑名等事。掌河南道兼理福建道，掌江南道兼理江西四川道，掌浙江道兼理雲南道，掌山東道兼理廣西道，掌山西道兼理廣東貴州道，掌陝西道兼理湖廣道。凡稽察部院各衙門，及會審事件，俱照直省分隸焉。康熙四年議准：御史稽察各部院衙門，河南道稽察吏部，江西道稽察户部，浙江道稽察禮部，山東道稽察刑部，山西道稽察兵部，陝西道稽察工部，月終察明，用各該道印信具題。【略】

凡掌道，順治初定：掌河南、江南、浙江、山西、山東陝西道，滿漢監察御史各一員，協理河南道漢軍監察御史一員。其滿洲漢軍御史無專差者，俱派五道協理。十八年題准：河南道用俸深御史，題請掌管。江南、浙江、山東、山西、陝西五掌道，用差過兩次御史，題請掌管一年，不再註差。如無差過兩次御史，或差過一次，或試御史，劄委掌管六個月，遇差，仍按序註差。又議准：凡遇選期，吏部會同吏科、河南道，封簽掣簽。康熙元年諭：推選武職官員，著照銓選文官例行。二年議准：凡遇大選、急選、推陞，滿漢科道官，與吏部司官俱先期議缺，疏内同列銜具題。又議准：河南道管理事煩，滿漢掌道御史及漢軍協理御史止有三員，料理乏人，添設滿漢御史各一員協理。其滿洲、漢軍協理河南道御史，照例一年一换。漢協理御史，用差過兩次者協理，無差過兩次者，或差過一次，或試御史，劄委協理六個月一换。期滿更替，不再具題。四年題准：河南道添設滿漢協理御史各一員，俱應停止。七年題准：河南道，既照俸深者掌管，其五道，亦照俸深者，題請掌管一年。五城亦照俸深者，具題差遣，仍以六個月一换。若掌五道御史有缺，將五城御史，及在衙門御史内，論俸掌管道事。又題准：停止河南道會同吏兵二部，議缺掣簽之例。十年題准：五掌道御史，關係會推會議審理刑名等事，其員缺將差過一次，及未差御史挨俸具題，一年一换。又題准：滿監察御史不分三品四品，一體令其掌印。又題准：辦買草豆米麪顏料細緞布疋等項，户部會同稽察御史，公議定價。十二年議准：各省刑名事件分道御史，與掌道官，一同稽核。又題准：掌河南道滿御史，亦論俸次請旨掌管，二年一换。十六年諭：凡各衙門審理事件，須速爲完結，照註銷欽件例，定限。每月造册，赴都察院稽察。又議准：内而部院，外而督撫具題，并科抄事件，俱造册移送都察院，并六道，以便稽察。十七年議准：各省關係三法司具題事件，一揭送都察院，一揭送該道，以便移會公議。至別項具題事，止送都察院及河南道各一揭，以便稽察。

《大清會典（嘉慶朝）》卷五四《都察院·十五道》 十五道：京畿道掌印監察御史，滿洲一人、漢一人，監察御史，滿洲一人、漢一人。河南道掌印監察御史，滿洲一人、漢一人。監察御史，滿洲一人、漢一人。江南道掌印監察御史，滿洲一人、漢一人。監察御史，滿洲三人、漢三人。浙江道掌印監察御史，滿洲一人、漢一人。監察御史，滿洲一人、漢一人。山西道掌印監察御史，滿洲一人、漢一人。監察御史，滿洲一人、漢一人。山東道掌印監察御史，滿洲一人、漢一人。監察御史，滿洲二人、漢二人。陝西道掌印監察御史，滿洲一人、漢一人。監察御史，滿洲一人、漢一人。湖廣道掌印監察御史，滿洲一人、漢一人。監察御史，滿洲一人、漢一人。江西道掌印監察御史，滿洲一人、漢一人。監察御史，滿洲一人、漢一人。福建道掌印監察御史，滿洲一人、漢一人。監察御史，滿洲一人、漢一人。四川道掌印監察御史，滿洲一人、漢一人。廣東道掌印監察御史，滿洲一人、漢一人。廣西道掌印監察御史，滿洲一人、漢一人。雲南道掌印監察御史，滿洲一人、漢一人。貴州道掌印監察御史，滿洲一人、漢一人。滿洲御史二十八人内，有宗室御史四人，蒙古御史二人。漢御史二十八人内，兼用漢軍。掌稽察在京各衙門之政事，京畿道稽察内閣、順天府、大興縣、宛平縣，河南道稽察吏部、詹事府、步軍統領衙門、五城，江南道稽察户部寶泉局三庫左右兩翼税務衙門在京十二倉，浙江道稽察禮部都察院，山西道稽察兵部翰林院六科中書科總督倉場坐糧廳大通橋監督通州二倉，山東道稽察刑部太醫院，陝西道稽察工部寶源局，湖廣道稽察通政使司國子監，江西道稽察光禄寺，福建道稽察太常寺，四川道稽察鑾儀衛，廣東道稽察大理寺，廣西道稽察太僕寺，雲南道稽察理藩院欽天監，貴州道稽察鴻臚寺。而註銷其限，各衙門文卷，皆由稽察之造依限註銷，與六科同。分覈各省之刑名。京畿道掌直隸盛京刑名，河南道掌河南刑名，江南道掌江蘇安徽刑名，浙江道掌浙江刑名，山西道掌山西刑名，山東道掌山東刑名，陝西道掌陝西甘肅刑名，湖廣道掌湖北湖南刑名，江西道掌江西刑名，福建道掌福建刑名，四川道掌四川刑名，廣東道掌廣東刑名，廣西道掌廣西刑名，雲南道掌雲南刑名，貴州道掌貴州刑名。凡重辟會審會覆並熱審減等，皆會刑部各司及大理寺左右寺覈議呈堂。秋審朝審，各題以俟勾決。秋審勾決，由各道具題，刑科覆奏。朝審由京畿道具題，刑科三覆奏，命下，各道御史齎本授刑部施行。皆任以言事。皇帝御門、御經筵、臨雍，則偕給事中而侍班，御門御經筵臨雍各以御史滿洲一人漢一人於給事中之次侍班。朝會則糾其儀，皇帝陞殿，以御史與給事中各三十六人左右分立品級山之次糾儀。常朝及天安門外宣詔，午門外頒時憲書，頒賞文武鄉會試，進士舉人謝恩，臨雍之次日衍聖公率五經博士各氏後裔，國子監堂官率六堂及各學師生謝恩，各以御史滿洲二人漢二人，分東西二班糾儀。祭祀亦如之，【略】耕耤亦如之。耕耤以御史滿洲二人漢二人分東西班侍儀。救護日月食亦如之。救護日月食，以御史滿洲一人漢一人分東西班侍儀。凡有旨令御史監察者，月選官以掌科掌道開列，候欽點會九卿驗看。大挑舉人亦以御史四人監視，孝廉方正堪備召用者，以科道會九卿翰詹驗看。會試順天鄉試，內簾監試以御史二人，內場監試以御史四人，號舍巡綽以御史四人，外場巡綽以御史四人，棘墻外巡綽以御史八人。武會試順天武鄉試，外圍監試以御史四人，即爲內場監試。武會試，內簾監試以御史二人，殿試監察以御史四人，朝考監察以御史四人。拔貢生朝考，內簾監試以御史二人，內場監試以御史四人，外場以御史二人。各項考試人數在百名以下者，監試以御史二人；百名以上者，監試以御史四人。至士子出場後，即以外場監試籤掣一二人入內簾監試。磨勘稽察分卷，以御史四人。順天府童試審音以御史二人。巡視者。查旗，八旗滿洲蒙古漢軍驍騎營每營以御史一人，前鋒營護軍營，每翼各以御史一人，火器營以御史一人。凡御史二十九人，於滿洲蒙古漢軍御史內點派。清理街道，以御史二人。查倉，京通倉以御史十五人，內倉以御史一人。通州抽查漕糧以御史二人。巡漕，淮安濟寧天津通州各以御史一人。巡鹽，長盧兩淮兩浙各以御史一人。皆並列以科道。各處監察，由承辦衙門咨取給事中御史職名，開列請旨點派。巡城巡倉巡漕由都察院以給事中御史引見。巡鹽非經奉旨特放者，由都察院以給事中御史開列具題，均請旨簡用。惟稽察宗人府內務府以御史。稽察宗人府以宗室御史二人，另設印信，於稽察二人內，一人掌印，一人協理。內有轉補科缺者，仍行按辦。出缺後復補用御史。稽察內務府以滿洲御史二人。若掣籤、文職月選籤，河南道御史監掣，武職月選籤，山西道御史監掣。拾餉、局錢搭放兵餉，寶泉局以江南道御史監放，寶源局以陝西道御史監放。刷卷、在京部院諸司關繫錢糧卷宗，皆由河南道照刷。磨册、三庫月終奏銷之册，由江南道磨勘。比緝、五城命盜緝捕之事，由山東道催比。勘工，在京工程，除內務府承辦及特派大臣承辦者由承辦大臣收工外，其由工部承辦之工，皆由陝西道覆勘。則道各分其職。

筆帖式，三十有二人，京畿道江南道各三人，河南道浙江道山西道山東道陝西道湖廣道江西道福建道四川道廣東道廣西道雲南道貴州道各一人。掌繙譯。

《大清會典（光緒朝）》卷六九《都察院・十五道》 掌稽察在京各衙門之政事，京畿道稽察內閣、順天府、大興縣、宛平縣，河南道稽察吏部、詹事府、步軍統領衙門、五城，江南道稽察户部宣課司、寶泉局、三庫、左右兩翼稅務衙門、在京十三倉，浙江道稽察禮部、都察院，山西道稽察兵部、翰林院、六科、中書科、總督倉場、坐糧廳、大通橋監督、通州二倉，山東道稽察刑部、太醫院，陝西道稽察工部、寶源局，湖廣道稽察通政使司、國子監，江西道稽察光禄寺，福建道稽察太常寺，四川道稽察鑾儀衛，廣東道稽察大理寺，廣西道稽察太僕寺，雲南道稽察理藩院、欽天監，貴州道稽察鴻臚寺，而註銷其限。各衙門文卷，皆由稽察之道依限註銷，與六科同。分覈各省之刑名，京畿道掌直隸盛京刑名，河南道掌河南刑名，江南道掌江蘇安徽刑名，浙江道掌浙江刑名，山西道掌山西刑名，山東道掌山東刑名，陝西道掌陝西甘肅新疆刑名，湖廣道掌湖北湖南刑名，江西道掌江西刑名，福建道掌福建刑名，四川道掌四川刑名，廣東道掌廣東刑名，廣西道掌廣西刑名，雲南道掌雲南刑名，貴州道掌貴州刑名。凡重辟會審會覆並熱審減等，皆會刑部各司及大理寺左右寺覈議呈堂。秋審朝審，各題以俟勾決，秋審勾決，由各道具題，刑科覆奏。朝審由京畿道具題，刑科三覆奏，命下，各道御史齎本授刑部施行。皆任以言事。皇帝御門、御經筵、臨雍，則偕給事中而侍班，御門、御經筵、臨雍，各以御史滿洲一人、漢一人，於給事中之次侍班。朝會則糾其儀。皇帝升殿，以御史與給事中共三十六人，左右分立品級山之次糾儀。常朝及天安門外宣詔，午門外頒時憲書，頒賞文武鄉會試進士舉人謝恩。臨雍之次日，衍聖公率五經博士各氏後裔，國子監堂官率六堂及各學師生謝恩。各以御史滿洲二人，漢二人，分東西二班糾儀。祭祀亦如之，壇廟祭祀，皇帝親詣行禮，以御史滿洲二人分左右班，於陪祀王公行禮處監儀。御史漢四人分左右班，於百官行禮處監儀。午門以御史滿洲二人漢二人分左右班，稽察迎送百官，如遣官恭代，則遣官行禮處，以御史滿洲二人漢二人監禮。百官行禮處，以御史滿洲二人漢二人監禮。告祭圜丘、方澤太廟、社稷，祫祭前朝一日告祭中殿、後殿，祈禱三壇報祀，各以御史滿洲二人，漢二人監禮。祭祀宰牲，以京畿道御史滿洲一人漢一人監視。耕耤亦如之，耕耤以御史滿洲二人，漢二人，分東西班侍儀。救護日月食亦如之。救護日月食，以御史滿洲一人，漢一人，分東西班糾儀。

凡有旨令御史監察者，月選官以掌科掌道開列，候欽點會九卿驗看。大挑舉人亦以御史四人監視，孝廉方正堪備召用者，以科道會九卿翰詹驗看。會試順天鄉試，內簾監試以御史二人，內場監試以御史四人，號舍巡綽以御史四人，外場巡綽以御史四人，棘墻外巡綽以御史八人。武會試順天武鄉試，外圍監試，以御史四人，即爲內場監試。武會試內簾監試，以御史二人。殿試監察，以御史四人。朝考監察，以御史四人。拔貢生朝考，內簾監試以御史二人，內場監試以御史四人，外場以御史二人。各項考試，人數在百名以下者，監試以御史二人。百名以上者，監試以御史四人。至士子出場後，即以外場監試籤掣一二人，入內簾監試。磨勘稽察分卷，以御史四人。順天府童試審音，以御史二人。巡視者，查旗，八旗滿洲蒙古漢軍驍騎營，每營以御史一人。前鋒營護軍營，每翼各以御史一人。火器營以御史一人。凡御史二十九人，於滿洲蒙古漢軍御史內點派。清理街道，以御史二人。查倉，京通倉以御史十五人，內倉以御史一人。通州抽查漕糧，以御史二人。皆並列以科道。各處監察，由承辦衙門咨取給事中御史職名開列，請旨點派。巡城巡倉由都察院以給事中御史引見，候旨簡用。惟稽察宗人府內務府以御史。稽察宗人府以宗室御史二人，另設印信於稽察二人內，一人掌印，一人協理。內有轉補科缺者，仍行接辦，出缺後復補用御史。稽查內務府以滿洲御史二人。若掣籤、文職月選籤，河南道御史監掣。武職月選籤，山西道御史監掣。搭餉、局錢搭放兵餉，寶泉局以江南道御史監放，寶源局以陝西道御史監放。刷卷、在京部院諸司關繫錢糧卷宗，皆由河南道照刷。磨冊、三庫月終奏銷之冊，由江南道磨勘。比緝，五城命盜緝捕之事，由山東道催比。勘工，在京工程，除內務府承辦及特派大臣承辦者，由承辦大臣收工外，其由工部承辦之工，皆由陝西道覆勘。則道各分其職。

《清實録》乾隆十三年十二月〔戊戌〕都察院等衙門議奏，酌定滿漢御史分理十五省、並稽察在京各部院衙門事件之例。從前御史，祇六道分查各部院衙門事件，而分省祇十四。雖有京畿一道，專刷各部院衙門卷宗，並不稽查直隸事件。其直隸事件，俱分隸各道。今請將京畿道併入十四道，共爲十五道。京畿道，仍照舊刷各部院衙門卷宗，並辦理直隸及盛京等處地方刑名案件，稽查內閣、順天府、大、宛二縣。應設滿漢御史各二員。次河南道，辦理河南案件，稽查吏部、詹事府、提督衙門、五城，並特交、轉交，及文武官員考覈，一應具控呈詞。應設滿漢御史各二員。次江南道，辦理江南案件，稽查户部及寶泉局、宣課司、左右兩翼在京十二倉、通州左右翼米局、漕運總督衙門，兼查三庫月摺事件。應設滿漢御史各四員。次浙江道，辦理浙江案件，稽查宗人府、禮部、都察院。應設滿漢御史各二員。次山西道，辦理山西案件，稽查兵部、翰林院、六科、中書科、倉場總督、坐糧廳、大通橋、通州三倉。應設滿漢御史各二員。次山東道，辦理山東案件，稽查刑部、太醫院、河道總督衙門，兼查核五城竊盜命案。應設滿漢御史各三員。次陝西道，辦理陝西案件，稽查工部及寶源局。應設滿漢御史各二員。次湖廣道，辦理湖廣案件，稽查通政司、國子監。應設滿漢御史各二員。次江西道，辦理江西案件，稽查光禄寺，應設滿漢御史各二員。次福建道，辦理福建案件，稽查太常寺，應設滿漢御史各二員。次四川道，辦理四川案件，稽察鑾儀衛，應設滿漢御史各一員。次廣東道，辦理廣東案件，稽查大理寺，應設滿漢御史各一員。次廣西道，辦理廣西案件，稽查太僕寺，應設滿漢御史各一員。次雲南道，辦理雲南案件，稽查理藩院、欽天監。應設滿漢御史各一員。次貴州道，辦理貴州案件，稽查鴻臚寺，應設滿漢御史各一員。以上十五道，滿漢御史各二十八員。除河南道、京畿道掌印，仍照舊例聽都察院揀選保題外，餘各道俱以滿漢各一員爲掌印。再，稽查宗室事件，係宗室御史專責。宗室御史，今既與各道御史一體升遷，應與各道御史一體辦事。其餘滿漢御史稽查八旗、內務府，及滿漢御史序次、差務秋審等項，仍照舊辦理。至御史原係言官，凡遇有應行奏聞事件，不必拘定省分衙門，仍聽隨時據實陳奏。所有應添設湖廣、江西、四川、廣東、廣西、雲南、貴州八道印信，行文禮部鑄給。得旨：依議。各御史風聞言事，不域以地，但既按省分道，專司稽察該省事務，則本省之人自應迴避本省。其應如何定例之處，著再行妥議具奏。尋議，除現任漢御史內，有本省人現在本省道缺辦理者，都察院遵旨令其迴避，酌撥別道，移會吏部註册。嗣後御史缺出，吏部將所出之缺，分別省分。如有奉旨記名，應行迴避者，查明扣除，即以其次之人帶領引見補放。從之。

《大清會典（康熙朝）》卷一六一《五城兵馬指揮司》 中、東、西、南、北五城兵馬司，各設指揮一員，副指揮一員，吏目一員，職專京城詰緝逃盜，稽察奸宄等事。

凡各部人犯，應逓解者，發司逓解。刑部、都察院，照勘提人。檢屍、追贓，分委該司承行。

凡緝捕盜賊、盤獲逃人、查詰奸民妄造謡言、棍役指官嚇詐，及禁約賭博驅逐匪類潛住地方者，以至邪教惑衆、聚夥燒香、僧道尼姑坊店等處，俱令時加巡察。

凡行使私錢者，俱令查緝。

凡巡城御史批發囚犯，該司取供轉申，聽院擬罪發落。

凡各衙門應用桌櫈，及朝審時動用器皿，俱五城泒借承值。

凡鄉會場搜檢更夫，每城泒搜檢夫六十名，更夫四十名聽用。

凡每年冬三月，遵旨令各城每月發米六十石，柴銀三十兩，煮粥以賑濟貧民。

凡兵民人等在街市鬭毆，及姦淫搶奪，一應不務生理之徒，俱令挐究。

凡官民房舍火起，不分地方，各司坊督領總甲人等，俱持器具救火。康熙二十二年議准：各司所屬地方有失火者，責令即行救滅。若延燒十間以下者，免議。十間以上，按間數多寡，分別議處。詳見刑部。

凡禁止戲館，康熙十年議准：京城内地，不許開設戲館，令永行嚴禁。十五年議准：城外戲館，如有惡棍藉端生事者，令五城各司不時察拏。

凡京城外屍傷，康熙二十二年議准：令五城各司官親行檢驗。

（清）陳枚輯《憑山閣增輯留青新集》卷一九《古今官制·五城兵馬司》 建置：宋有兵馬都監之設兼在城巡簡，或雜用文臣爲之。明始置五城兵馬司城各一指揮，掌巡捕盜賊街道溝渠囚犯火禁之事，各副指揮爲之貳。今職如左。亦武職，從縉紳便覽列此。

名號：無列名。

兵馬指揮，正六品，中城、東城、西城、南城、北城，下同。

兵馬副指揮。正七品。名號：兵馬都監。稱呼：大司城。吏目。未入流。名號、稱呼，酌用。

《大清會典（嘉慶朝）》卷五四《都察院·五城》 五城，中城巡城御史，滿洲一人、漢一人，兵馬司指揮一人，副指揮一人，吏目一人。東城巡城御史，滿洲一人、漢一人，兵馬司指揮一人，副指揮一人，吏目一人。南城巡城御史，滿洲一人、漢一人，兵馬司指揮一人，副指揮一人，吏目一人。西城巡城御史，滿洲一人、漢一人，兵馬司指揮一人，副指揮一人，吏目一人。北城巡城御史，滿洲一人、漢一人，兵馬司指揮一人，副指揮一人，吏目一人。五城御史由都察院以科道引見請旨簡派，一年更替。掌分轄京師五城十坊之境，中城二坊，副指揮分管曰中西坊，吏目分管曰中東坊。東城二坊，副指揮分管曰朝陽坊，吏目分管曰崇南坊。南城二坊，副指揮分管曰東南坊，吏目分管曰正東坊。西城二坊，副指揮分管曰關外坊，吏目分管曰宣南坊。北城二坊，副指揮分管曰靈中坊，吏目分管曰日南坊。而平其獄訟，詰其姦慝，弭其盜竊。人命案件，五城指揮相驗。盜賊案件，十坊副指揮吏目踏勘，即準挐犯審解。其餘詞訟皆由巡城御史聽斷。杖罪以下自行完結，徒罪以上送部按擬。月吉各率其鄉約而宣條教。五城各設公所，每月朔望御史司坊官督率鄉約，宣講世祖章皇帝六諭文，聖祖仁皇帝聖諭十六條，世宗憲皇帝廣訓。掌凡振卹之政令。五城設棲流所，收卹無依流民及街衢病臥者，給其衣食醫藥。中城設所一，東城設所一，南城設所一，西城設所二，北城設所一，指揮司之。西城地方設有普濟堂，東城地方設有育嬰堂，皆由順天府經理，交巡城御史稽察。冬季煮賑，五城設十廠，副指揮吏目分司之。京城市糶價昂，有旨撥給倉米平糶者，於京城内外設廠十，五城指揮副指揮分司之，皆由巡城御史督察。凡五城街道溝渠柵欄房舍，則會街道廳以稽察。

《大清會典（光緒朝）》卷六九《都察院·五城》 五城：中城巡城御史，滿洲一人、漢一人，兵馬司指揮一人，副指揮一人，吏目一人。東城巡城御史，滿洲一人、漢一人，兵馬司指揮一人，副指揮一人，吏目一人。南城巡城御史，滿洲一人、漢一人，兵馬司指揮一人，副指揮一人，吏目一人。西城巡城御史，滿洲一人、漢一人，兵馬司指揮一人，副指揮一人，吏目一人。北城巡城御史，滿洲一人、漢一人，兵馬司指揮一人，副指揮一人，吏目一人。五城御史，由都察院以科道引見請旨簡派，一年更替。掌分轄京師五城十坊之境，中城二坊，副指揮分管曰中西坊，吏目分管曰中東坊。東城二坊，副指揮分管曰朝陽坊，吏目分管曰崇南坊。南城二坊，副指揮分管曰東南坊，吏目分管曰正東坊。西城二坊，副指揮分管曰關外坊，吏目分管曰宣南坊。北城二坊，副指揮分管曰靈中坊，吏目分管曰日南坊。而平其獄訟，詰其姦慝，弭其盜竊。人命案件，五城指揮相驗。盜賊案件，十坊副指揮吏目踏勘，即準挐犯審解。其餘詞訟皆由巡城御史聽斷，杖罪以下，自行完結，徒罪以上，送部按擬。月吉，各率其鄉約而宣條教。五城各設公所，每月朔望，御史司坊官督率鄉約，宣講世祖章皇帝六諭文，聖祖仁皇帝聖諭十六條、世宗憲皇帝廣訓。掌凡振恤之政令。五城設棲流所，收恤無依流民，及街衢病臥者，給其衣食醫藥。中城設所一，東城設所一，南城設所一，西城設所二，北城設所一。指揮司之。西城地方，設有普濟堂，東城地方，設有育嬰堂，皆由順天府經理，交巡城御史稽察。冬季煮賑，五城設十廠，副指揮吏目分司之。京城市糶價昂，有旨撥給倉米平糶者，於京城内外設廠十，五城指揮副指揮分司之，皆由巡城御史督察。凡五城街道溝渠柵欄房舍，則會街道廳以稽察。

《清實録》康熙五十八年六月 〔丁巳〕都察院題：舊例五城一應事件俱五日一報臣衙門，今五城止將審送刑部事件呈送，兩有一次奏聞。其本城自理案件並不呈送，無憑查察。或恐承行司坊，借端生事擾民亦未可定。請嗣後令五城官員每日進署辦事所行案件，俱五日一次報臣衙門，依限完結。若將案件遲延，不於限内完結，或有縱容衙役、混行訛詐等事，即行題參議處。再各部院交發兵馬司，羈禁緝拏要緊人犯，令兵馬司一面羈禁緝拏，一面申報臣衙門。又查定例，兵馬司正指揮拏獲逃人三十名，副指揮、吏目，拏逃人十五名，各加一級。至特交緝拏之重犯，雖經拏獲，無議叙之例。故拏獲逃人者時有，而拏獲要緊人犯者甚少。嗣後緝拏要犯，並逃人，能照數拏獲者，准其加級。若只將逃人拏獲而不能拏獲要犯者，不准加級。若知係要犯與逃人，不行查拏，而縱容在其地方者，察出題參交部嚴加議處。從之。

《清實録》乾隆五十九年十一月 軍機大臣議准，御史陳昌齊奏，請定五城審案，及書役當差事宜。一、巡城滿漢御史，承辦各案，遇有同旗同籍者，難保無瞻徇情弊。請嗣後滿漢各員，有應迴避者，會同别城滿漢御史辦理。均應迴避者，將原案移交别城。一、五城額設書吏，向係自備資斧，較各衙門未免偏枯。請於都察院衙門所得飯食銀兩，量爲撥給，以資辦公。一、五城捕役，向係京畿、河南、山東道及都察院經歷司、督催所，五處該管。但充補後，每月赴各處應卯，每致誤差，應酌歸專管等語。查五城甲捕等，惟都察院經歷司暨山東道，有督催比較之責，應歸二處專管。其餘概停應卯。從之。

《大清會典（康熙朝）》卷一四六《都察院·督撫建置》 都察院右都御史、右副都御史、右僉都御史等官，俱不專設，但爲直省總督巡撫兼銜。凡遇補授命下之後，其應兼職銜由吏部議擬，具題請旨。要皆因事設裁，隨地分並，歷年員額多寡不一。

（清）陳枚輯《憑山閣增輯留青新集》卷一九《古今官制·督撫建置》 督撫之任，歷古有之。在秦遣御史監郡，至漢遣丞相出刺。魏置都督諸州軍事，或領刺史。晋置大都統，後周改爲總管。隋遣刺史巡察諸郡。唐初復有總管加持節，號爲節度使。貞觀邊州别置經略，各省分遣大使以巡，有巡察安撫存撫等名。聖曆置防禦使，開元置采訪處置使，乾元改置觀察。宋置諸道轉運使，初爲漕司，後遂無所不領。明開府有總制，巡撫及總理鹽法、屯田、漕儲、河渠。無論尚書侍郎皆得兼都御史以往。今職如左。名號：制將。總督亦稱督府。開府、巡撫亦稱都府。憲府。督撫同。

總督部院，正二品兼都察院銜或右都御史或右副都御史。

總督河道，從二品。

總督漕運，從二品。

巡撫都察院從二品。兼都察院銜或右副都御史或右僉都御史，品註都察院。如侍郎授此即稱巡撫都院。

名號：制臺、總督亦稱制閫。掌漕、漕運亦稱總漕。掌河、河道亦稱總河。撫軍。巡撫。

稱呼：大總制、總督亦稱大樞臺。大司漕、漕運。大督河、河道漕運，河道亦稱大總制。大司憲。巡撫亦稱大都憲、大中丞。

巡鹽監察御史。正七品。

（清）牛天宿《百僚金鑑》卷三《通政考略》 按通政司即唐虞納言之職，以出納帝命者。《周官·司寇》以嘉石平罷民，以肺石達窮民。内史掌叙事之法，受納訪以詔王所治。寔其職也。秦漢以來，統於三省，蓋門下省侍中黄門侍郎，掌出納帝命。中書省中書令、中書侍郎，掌制誥，宣傳文章獻納。尚書省令丞，掌通章奏。雖三省之設□総領綱紀，無所不統，而宣上達下亦分任其喉舌之任矣。唐置匭使院，以正諫大夫補闕一人充知匭使。天寶九年，改爲獻納使，以御史中丞、侍御史爲之。宋雍熙元年，改匭爲檢，景德四年改爲登聞鼓院，登聞院即今通政之任也。明初置通政司，正三品，設通政使、左右通政、左右參議。建文中改司爲寺，通政使爲通政卿，參議爲少卿、寺丞。增置左右補闕、左右拾遺各一人，掌出納帝命，通達下情，關防諸司出入移狀奏報，四方臣民實封及軍情聲息災異，皆實署叅覆而上下焉。

《大清會典（康熙朝）》卷一四八《通政使司》 通政使司，正三品衙門，設滿漢通政使各一員，滿漢左右通政四員，滿漢左右叅議六員，滿漢經歷各一員，滿洲漢軍知事各一員，滿筆帖式八員，漢軍筆帖式二員。職專收受四方章奏，臣民密封建言陳情伸訴等事。

凡章奏。順治二年定：在外督撫鎮按臣到任奏報，及賀捷本章，俱准封進，謝恩槩免。司道等官一切事情，悉聽撫按代題。總兵官，除事關軍機，及兵馬錢糧外，其餘俱歸督撫。違者，執法叅駁。又令：在外督撫鎮按等官，一應漢字本章，及在京各衙門，除題本外，一切奏本，不分公私，俱赴通政司投進，違式者，一體叅駁。八年題准：題本、奏本，各有格式，令禮部查照原式，通行頒發。每幅六行，一行二十格，擡頭二字，平行十八字，出格擡頭加一字，頭行書衙門官銜。違錯者，照例察叅。十年題准：遇大計年，各省布按都司運司，及府州縣等官，俱具本造册，投送通政司。康熙三年題准：督撫提鎮等官題奏本章，無貼黄者，通政司題叅。四年題准：凡有滿漢字本章，無貼黄者，免其查叅。若止漢字本章，無貼黄者，仍照常題叅。十年議准：遇大計年，各省布按都司，仍照舊例封投本册。其府州縣衛所，停其具本造册。二十四年議准：直省本章，多係要務，提塘承差，不即投送，遲延作弊，俱令原題衙門，計算程途遠近，於本章揭帖批內，填定限期，並鈐印於日期上發行。違限者，交與該部治罪。其原題將軍督撫提鎮等官，不填寫日期，至京後，方於印信上填註者，題叅，一併交該部議處。

凡密封。順治八年題准：督撫鎮按衙門，密封投司者，止具正本，其副本槩行停止。十二年題定：賫送密封本章，原有程限，違限者，查日期多寡，叅送法司，分別治罪。康熙七年題准：凡密本內，若有假公牽引私事，希圖僥倖，或借端生事，擾害良民，謊稱密事者，下部查議，題叅，交刑部，照例從重治罪。二十一年諭：除現任職官密本，照常封進外，其廢閒官員，及無籍棍徒，所具密本，該司先行看閲。應封者，封進，不應封者，嚴加駁回。

凡民本通狀。順治八年題准：民本應審理者，將本人付兵馬司羈管，候旨。應行督撫按者，交與刑部，差人解送。又題准：凡民本有奇謀異計，及所告貪酷官吏，干己受害，曾經陳告督撫按，不得上達者，訊明，方准封進。如未向地方官陳告，或已告尚未審結者，俱駁赴本管官陳訴結案。其借端計騙官吏，挾詐持刁者，照例叅送法司治罪。十八年題准：凡民本通狀，須將某年月日，經某衙門覆告，如何結斷，是何批語，詳明叙述。若詐稱覆告，不詳載緣由者，不准封進。凡官員被革被降者，必先由該管衙門陳訴。凡告職官者，在外，先由各該撫按衙門，在京，先由各該衙門具告。凡在京人民互相訐告，及旗民互相訐告者，先由五城。若事關重大，許五城具題，下部審問。以上各項，若果有冤抑，而各該衙門不爲伸理者，方許詳開緣由，赴通政司控陳。越訴者，不准入奏。康熙十二年題准：在外民人告旗下人，及旗下家人告主强壓覇占者，俱令赴刑部具告。審結後，果係冤枉，仍向原問衙門復告。如不與准理，許告狀人，詳開年月日期事情，並審駁言詞，赴通政司告理。詳察情節，取閲原案，果係冤枉，方准具疏。其餘仍照例用印，送該衙門復審。

凡月奏。順治九年題准：每日接到通狀，有應送者，即明立前件，用印，連人狀送各該衙門審理。每月將姓名註語，備造清册。具疏奏聞，發該科，察催承行衙門回銷。十二年題准：凡咨送督撫審理民本通狀，不論地方遠近，年終未結，俱俟奏銷查叅。康熙元年題准：凡咨送督撫民本通狀，俱照部件定限奏結，仍將奉到日期，預報通政司。倘事有難結，應備開情由，題請展限。如逾限不完，聽通政司查叅。其通政司舊例，年終奏銷，今既經立限，應於月終奏銷。

〔清〕陳枚輯《憑山閣增輯留青新集》卷一九《古今官制·通政司》

建置：此即唐虞納言之職，秦漢以來統於尚書門下中書三省。唐置匭使院，以正諫大夫補闕一人充知匭使。天寶改獻納使，以御史中丞侍御史爲之。宋景德改爲登聞鼓院、登聞簡院。明始置通政使司，設通政使、左右通政、左右叅議，并經歷、知事，與六部、都察院、大理寺並爲大九卿。今職如左。

名號：銀臺司、外臺。晉時三臺：尚書爲中臺，御史爲憲臺，謁者爲外臺。謁者準今職。

通政使正三品。名號：匭使。稱呼：大納言。亦稱大獻納。

左右通政正四品。

左右叅議正五品。名號、稱呼，同前。亦稱大叅知。

經歷正七品。知事正八品。名號、稱呼酌用。

《大清會典（乾隆朝）》卷八一《通政使司》 通政使滿漢各一人，副使滿漢各一人，叅議滿漢各一人，掌達天下章奏。經歷滿漢各一人，知事滿二人，掌出納文移。筆帖式滿六人，漢軍二人，掌繙譯。登聞鼓筆帖式滿一人，漢軍一人。

凡內外臣工封事許自達，其陳事之疏，在京徑送內閣，在外皆郵遞至司，移送內閣進呈御覽。

凡疏章定式，每幅六行，行二十格，平行空二格，疏語稱宮殿者上一格，稱皇帝、上諭、稱旨、稱御者上二格，稱天地、宗廟、山陵、廟號、列祖諭旨者，逾格一字，首列官銜姓名，末書年月日鈐以印，別紙摘録疏中要語，黏於疏尾曰貼黃。

凡疏章不拘字數，期於辭達，其頌而諛繁以支者禁之。

凡上疏陳事，在內由部院堂官，在外由將軍督撫提鎮，餘令上司官代奏，毋得越職陳事。

凡接受疏章，設案於堂正中，經歷、知事二人左右侍立，通政使或副使叅議一人出聽事，至案側齎奏人奉疏及霤跪，經歷恭接陳案上，退迺校閲封送內閣，五日後以隨疏齎到之牒應致各部院者授提塘官分投。

凡馳奏程限由具疏官計程刻日登注文內，鈐印申司覈驗，違限者罪坐所由，失注日期者並劾之。如雨潦阻行，致逾定限，由所在官司具結申司者，免議。

凡封發疏章篋內污損，議處具疏之官。篋外污損，有專差者罪奉差官吏，無專差者罪驛遞官役。其錯誤遺漏及不合體式者，由司勘明，重則叅處，輕則請旨飭行。

凡軍民實有冤抑所司不受理擊登聞鼓陳訴者，初專設登聞鼓院，後裁，隸本司。由司覈實奏聞，得旨下所司昭雪。誣控越訴者，論如法。

《大清會典（嘉慶朝）》卷五四《通政使司·通政使副使參議職掌》 通政使司。通政使，滿洲一人、漢一人。副使，滿洲一人、漢一人。叅議，滿洲一人、漢一人。掌納各省之題本以達於內閣，凡大政事下九卿議者則與焉。

凡本，視其所題之繁簡以斷幅，幅六行，行二十格而空其二，遇尊敬乃別而書之。本內稱朝稱國稱宮殿者上一格，稱皇帝稱上諭稱旨稱御者上二格，稱天地宗廟山陵廟號列聖諭旨者逾格一字。具其銜名月日，首列官銜姓名末書年月日。鈐印而加貼黃焉。別紙摘録本中要語黏於本之尾，曰貼黃。

凡受本，則承以案，設黃案於司堂正中，堂官一人侍案旁，齎本人捧本至堂檐跪，經歷接本陳案上，乃退。及校閲乃送閣。五日，則以隨本之揭帖畀提塘官以投於部科。隨本之揭帖三，一存司，一送部，一送科。題本封送內閣後五日，乃以部科揭帖交提塘官分投。惟題本有關員缺者，送本內閣之日即以揭帖移送吏部，不拘五日之期。凡本違式者，本內擡寫錯誤，本面挖補摺皺、沾污破損、譌字遺字、接縫處遺漏背印、空台空幅、首行官銜雙列、年月下遺書官銜、前後官銜不符、本內僅書某官不書名者均爲違式。由司揭送內閣，請旨飭行，重者叅處。貼黃違式同。逾限者，【略】皆察焉。

《大清會典（嘉慶朝）》卷五四《通政使司·登聞鼓廳》 登聞鼓廳，以叅議一人分直，以知事飭役巡查。筆帖式，滿洲一人漢軍一人。

掌達冤民。有擊鼓之人，由通政司訊供，果有冤抑確據，奏聞請旨交部昭雪。若誣妄越訴，即送部按律治罪，加一等發落。

（清）陳枚輯《憑山閣增輯留青新集》卷一九《古今官制·按察司》

建置：按察，亦漢刺史，唐觀察，宋轉運之職。元於行中書外，各道別置提刑按察使。明按察司有按察使、副使、僉事。按察使掌糾治所屬官吏及一省刑名事。副使僉事，分任兵備、提學、撫民、巡海、清軍、監軍。首領官有經歷、知事、照磨、檢較、司獄。今職如左。

名號：廉鎮，亦稱外臺。右司。

按察使。正三品。名號：臬司、臬，法也。周書汝陳時臬。觀察、廉訪。稱呼：大總憲。亦稱大廉憲，大觀察。

副使正四品，分爲海防兵備、驛傳，分巡各道僉事同。

僉事正五品。名號：憲副、副使。僉憲僉事。稱呼：大中憲，副使僉事同。各道別稱酌用。

經歷、正七品。知事、正八品。照磨、正九品。檢較、從九品。斷事。從九品。名號、稱呼，同布政司或稱大憲幕。

司獄從九品。名號：士官。稱呼：大司禁。

監察對象與内容分部

論　説

（清）魏裔介《兼濟堂文集》卷一《奏疏・請定督撫舉劾疏》　兵科都給事中臣魏裔介謹題，爲請定督撫舉劾之例，以清吏治，以安民生事。臣竊見我皇上邇來留意吏治，凡點用督撫等官必再三詳審而後用之。葢知人之明，雖古之帝堯不能過也。然皇上之所以慎用督撫者，以其爲直省民命所係，得其人則百姓安，不得其人則百姓不安。故不厭其諮詢耳。然而督撫安民之大務莫過於舉賢劾不肖，乃年來止息巡方御史，凡一切事務歸併督撫，而舉劾之典例未經奏明，則督撫不便於遵行，將吏治何日清，民生何日泰乎。臣考吏部職掌開載，撫按官員凡在地方未及半年有丁憂養病者，俱不許一槩舉劾。有陞遷者，所屬地方恐巡歷未周，除貪酷異常查訪得實者，許不時論劾奏請。此外如果知見未真，亦不必循例舉行。葢舉劾之典苦是其慎也，豈我皇上鋭意圖治之時而可不著爲一定之例乎。臣請自今以後凡督撫官員除境内貪酷不肖文武官員不時糾劾無定期外，若督撫丁憂養病者應照職掌所載不許舉劾。督撫降處休致者，不許舉劾。惟是到任後滿一年者舉劾文武一次，滿二年者舉劾文武二次。凡文官遇朝覲年，武職遇軍政年，既有舉劾則不必另行。葢督撫在地方既久方能知有司之賢否，且一年一次，以督撫而兼當日巡方之事，規條既定，庶幾留心採訪於以察吏安民，激濁揚清，實爲至便。至於吏治不清，全由衙蠹作奸侵漁小民。舊例巡方所到必行訪拿，今其事歸併督撫，豈可不力除民害。但此么麼之輩例不足以汚辱簡牘，請乞天語勅下督撫，照舊一年嚴拏一次，年終造册，將蠹犯罪名贓銀分報部院該科以憑稽核。如有狥庇無所拏懲者，該道府廳即以罷軟不及注其考語，甚者立行題參。如是而人心警惕，清吏治而安民生，或不負我皇上慎用督撫之意也。如果臣言不謬，伏冀聖鑒勅下部院確議覆奏施行。順治十一年十月十七日奉聖旨該部議奏。

（清）魏裔介《兼濟堂文集》卷二《奏疏・明藩臬之職掌疏》　都察院左都御史加一級臣魏裔介謹題，爲明藩臬之職掌以行察吏安民之實政事。臣前疏言舉劾之綱領既已責成撫按以旌善黜惡之實政矣。然而藩臬之職掌未明，則因循度日，諸事叢脞，將是非多乖，賢否以溷，故必正藩臬之職掌，然後撫按之耳目靈通，手足振舉，實政得以修立也。臣查舊典，布政司職在保釐，爲諸司領袖。凡一省官吏臧否，軍民利病，政治得失，風教盛衰，無不由之，其各項錢糧，自會計徵收支解，靡不督覈周詳。此外如課農桑、均户口，清冗濫，禁奢靡、簡獄訟、恤孤窮、正士風、通商販、品評僚屬、釐剔蠹弊、宣達德意、稽察册籍，或徑自施行，或呈詳撫按，期於事事合宜，庶不負承宣之職。乃臣觀近日藩司自催辦錢糧開報賢否而外，其餘職掌所載多不修舉。尤可異者，官分左右，職掌則一，不知起自何時左布政使登堂獨坐，右布政使退避私寓，竟爲曠閒無事之人。設官初意，豈是如此。夫一人之心思何如二人之心思更爲詳密，一人之精力何如二人之精力更爲周到。臣以爲掌印自當歸左布政使，而一切料理事務必二人同之。自今以後，如左布政攬權自便，俾右布政不得登堂理事者，題參重治。其餘農桑户口等事逐件從實舉行登報撫按。臣所謂藩司之職掌宜明者此也。又察得舊典臬司職司風紀，肅清庶務，故死刑皆由按察司轉京詳者，蓋必該司以爲可殺而後以聞，誠重之也。若可矜可疑及軍徒杖笞情可原宥者該司皆得批駁覆覈，呈詳撫按會疏題請。至於郡縣官邪吏蠹土豪勢惡邪教，一切不公不法事情俱得參呈拿究。臣觀近日臬司數月即陞藩司，故以官爲傳舍而盡心者少。即如臣忝厠憲院以來會同刑部審理恤刑京詳等事不下數千餘件，其中多有自元年以來陳積舊案，則知從前臬司全未料理。況各道兵備皆係按察分司，若不立法稽察，何由申冤理滯，俾政簡刑清。臣以爲各府州縣獄中罪人因何事故，自何年，緣事何官審理，因何未結，各府州縣每季俱要造册一本，申報本道。本道呈送按察總司，總司呈報撫按。若有無故繫獄及淹滯困斃者，將府州縣職官察參從重治罪。其按察司既將每歲府州縣獄犯呈報撫按，撫按仍歲報刑部及臣衙門以憑察考，如此則刑獄得清，不致淹滯以傷天地之和。其餘官邪吏蠹等事逐件從實舉行登報撫按。臣所謂臬司之職掌宜明者，此也。藩臬之職掌明，撫按之考察藩臬也，惟視其職掌之修廢以爲舉劾，則其餘道府州縣誰不各盡其職掌者。所謂貞度肅憲，激濁揚清之規矩準繩也。自明季以來，憒憒已久，當今皇上求治若渴，責成撫按以澄清吏治，必先自澄清藩臬始。臣謹臚列其職掌之所宜明，爲撫按澄清大吏之法，以革積習相沿之弊。如果臣言不謬，伏冀睿鑒施行。順治十五年三月初八日奉旨，該部議奏。

綜述

《盛京滿文檔案中的律令》崇德元年五月 十四日，寬温仁聖汗諭都察院諸臣曰：爾等既職司諫諍，我身有過，或奢侈無度，糜費財貨，或殺黜功臣，或逸樂游畋，不理政務，或耽於酒色，不勤國事，或廢棄忠良，信任奸佞，或陟有罪，黜有功，凡此種種，一經聞知，當即直諫。至諸王、貝勒及大臣等，如有怠職守，貪酒色，好逸樂，取民財物，搶奪美女，或朝會不敬，冠服違式，或朝參入署，一不稱心，託病偷安，凡此種種，均由禮部稽查。倘禮部之人，徇情容隱，則其未盡之事，爾等即應查奏。至六部之事〔原檔殘缺〕冤枉，未完之事，誑奏已結者，爾等亦查奏。凡罪人赴部控告，該部王、承政等尚未擬罪審結，又預先赴告於爾衙門者，爾等公議，當奏者奏，不當奏者，則由爾等議駁之。明國習俗，爾都察院亦通行賄賂之所，爾等當互相妥爲防檢。再者，爾等若以私仇誣劾，一經察出，唯爾等是罪。此外，所有奏事，是則從之，非亦不加罪。斷不令被參者與爾等面質也。至無職庶人，即禮節錯誤，亦不必指奏。我國初興禮節，禮儀多未嫻習，爾等當教誡而寬釋之。

《盛京滿文檔案中的律令》崇德元年六月 二十四日，都察院諸臣入奏聖汗曰：刑部官郎位，貪財好色，不法不義。擬此首惡者，當急訐發，以彰國紀。郎位所犯罪惡，據實開列於後：審理鑲白旗下周新玉一案，受銀十六兩，並受其子周麻子銀二十兩。審理周新玉家罪人孟萬一案，受銀十兩。審理正白旗下生員王仁聰一案，受銀六十兩，後又追索銀十兩。審理鑲白旗下羅生員、戴千總一案，共受銀三十兩。審理鑲白旗下長史曹金顏一案，受銀二十兩，又致函以借債爲名索銀十五兩。審理毓章京一案，受銀二十兩。冒取正黃旗下梅勒章京祖澤潤下婦人一，冒取梅勒章京祖可法下婦人一。奸其兄郎生員之妻，並娶爲己妻。奸己其族兄郎萬蔭之妾劉氏，並擄至家中奸宿。逼奸其父之妾，並娶爲己妻。下法司鞫問，郎位犯奸受賄是實，擬死以聞。聖汗命免死，革甲喇章京職爲民，罰銀百兩，追還贓銀二百一兩，共索銀三百一兩。以郎位一案，傳詢孫得功，孫得功言我不知。奉上諭詢問闊多，闊多供稱：孫得功告於鮑章京，高章京。及詢問高章京、鮑章京，實係孫得功告。高章京，當初孫得功供稱不知情時，爾言孫得功所供是實，何爲不舉孫得功謊供？及詢問闊多後，對曰是實。是以擬罰高章京銀五十兩。鑲白旗下長史曹金顏聲言並未行賄，是以擬鞭八十。毓章京身死，不追究其罪。孫得功曾言知毓章京行賄一事，今反稱不知，是以擬鞭八十。結案入奏。聖汗諭孫得功一案詢問闊多。奉汗諭旨，詢問闊多，郎位受賄一事，孫得功告於白喇嘛、鮑章京、高章京是實。及詢問孫得功，孫得功反云未告。是以罰孫得功銀五十兩。至與劉氏通姦一案，據知鑲紅旗下郎紹正知之。及詢之，竟稱不知，是以罰銀三十兩。〔《滿文老檔》〕

《大清律集解附例》卷三《吏律・公式・照刷文卷》 凡照刷有司有印信衙門文卷，可完不完。遲一宗、二宗，吏典笞一十；三宗至五宗，笞二十；每五宗加一等，罪止笞四十。府、州、縣首領官，及倉庫、務場、局所、河泊等官，各減一等。失錯漏使印信，不僉姓名之類。及漏報，卷宗本多而不送照刷。一宗，吏典笞二十；二宗、三宗，笞三十；每三宗加一等，罪止笞五十。府、州、縣首領官，及倉庫、務場、局所、河泊等官，非吏典之比。各減一等。其府、州、縣正官、巡檢，非首領官之比。一宗至五宗，罰俸錢一十日；每五宗加一等，罰止一月。若文卷刷出。錢糧不見下落。埋沒，刑名不依正律曰違枉等事，有所規避者，各從重論。

《大清律集解附例》卷一二《禮律・儀制・上書陳言》 凡國家政令得失、軍民利病，一切興利除害之事，並從六部官，面奏區處，及聽監察御史、提刑按察司官，各陳所見，直言無隱。若內外大小官員，但有本衙門不便事件，許令明白條陳，實封進呈，取自上裁。若知而不言，苟延歲月者，在內從監察御史，在外從按察司糾察。犯者以事應奏不奏論。若百工技藝之人，應有可言之事，亦許直至御前奏聞，其言可用，即付所司施行。各衙門但有阻當者，鞫問明白，阻當之故，方斬。監候。其陳言事理，並要直言簡易，每事各開前件，不許虛飾繁文。若縱橫之徒，假以上書巧言令色，希求進用者，杖一百。若稱訴冤枉，於軍民官司借用印信封皮入遞者，及借與者，皆斬。雜犯。

條例

一、內外大小衙門官員，但有不公、不法等事，在內從臺省，在外從按察司糾舉，須要明著年月，指陳實跡，明白具奏。若係機密重事，實封御前開拆，並不許虛文泛言。若挾私搜求細事，及糾言不實者，抵罪。惟生員不許一言建白，違者，革黜，以違制論。

一、各處斷發充軍及安置人數，不許進言，其所管衛所官員，毋得容許。

《大清會典（康熙朝）》卷一一《吏部·糾劾參奏》 國家建置臺垣，職司糾劾條陳，以弘言路。其或糾參失實，及越位妄奏者，又各分別罪之，所以慎核言責也。

凡參奏不實處分。舊例言官奏事，必有詳確款項，方可據實糾參。若無親見確實，具題者，降二級調用。康熙九年題准：言官列款糾參貪婪官員，有一二事審實者，免議。若審問全虛，及條陳事件疏內，隱含譏刺，奉旨議處者，或不據實回奏，奉旨議處者，或參官員老病衰庸涉虛者，俱降二級調用。十五年議准：條陳譏刺，及回奏不實，奉旨議處者，或凡事不據實陳奏，或並無可據，稱風聞具題者，俱降一級調用。

凡妄行瀆奏處分。康熙四年題准：內外無言責官員，借公行私，將私事具奏者，或妄行條陳事件者，俱不准行。仍各降二級調用。十四年議准：言官借端條陳，陷異護黨，挾詐報復，並陰受囑託，及行賄作弊具奏者，發覺之日，本官革職交刑部治罪。若不係言官，有犯此者，處分同。

凡密奏本章。順治十八年題准：督撫言官題奏，應密不密者，罰俸六個月。康熙九年議准：不應密而密者，處分同。十四年議准：內外無言責官員，本無密事，妄行密奏者，降二級調用。

《大清會典（康熙朝）》卷一四六《都察院·考覈百官》 凡在外司府州縣等衙門官三年一次大計，吏部吏科會同本院，並河南道考察。其武官五年一次軍政，兵部兵科會同本院，並河南道考察。凡在京五品以下，六年一次京察。吏部吏科會同本院，及河南道，併各該衙門堂官考察。凡在京五品以下漢官考滿，各該衙門堂官開注考語，送到本院，批河南道考覈，移送吏部覆考。凡甄別部院官員，吏部會同本院，並河南道考察。

《大清會典（康熙朝）》卷一四六《都察院·監禮糾儀》 朝會祭祀，並設御史監禮糾儀。其有舉止失錯乖於典禮者，咸得舉劾焉。凡慶賀萬壽聖節、元旦、冬至、尊上徽號、册立皇后、册立東宮、進呈實録、頒詔、傳臚、狀元率諸進士謝表，及每月朝期，恭遇皇上陞殿，輪直侍班糾儀殿西簷下滿御史二員。諸王行禮處，東西兩班，滿御史各二員。各官行禮處，東西兩班，滿漢御史各二員。各官排坐處，東西兩班，滿漢御史各二員。太皇太后皇太后聖誕、元旦、冬至令節、恭上徽號，一應慶賀大典，諸王大臣，詣太皇太后宮行禮，輪直糾儀，慈寧門外，滿御史二員。永康左門外，滿漢御史各二員。皇太后宮行禮，輪直糾儀，寧壽宮門外，滿御史二員，班末滿漢御史各二員。文武各官，在午門外隨同行禮，輪直糾儀，東西兩班，滿漢御史各二員。經筵、侍班，滿漢御史各一員。天安門外宣詔，監禮，滿漢御史各二員。廷對貢士，監試漢御史二員。午門外頒曆、頒賞，監禮，滿漢御史各二員。會試鄉試，放榜後考試官、進士、舉人午門外謝恩，監禮，東西兩班，滿漢御史各二員。康熙二十五年題准：部院衙門，及科道官員啓奏時，乾清門西傍簷下，侍班糾儀，滿漢御史各一員。皇太子出閣講書，各官在主敬殿丹墀下，排立，侍儀滿漢御史各一員。凡祭祀天壇監禮，壇上並第二成臺堦，滿御史各二員。壇下東西兩班，滿漢御史各二員。監宰牲，滿漢御史各一員。地壇監禮，壇上東西，滿御史各二員。壇下東西兩班滿漢御史各二員。監宰牲，滿漢御史各一員。祈穀壇監禮，東西兩簷下，滿御史各二員。壇下東西兩班，滿漢御史各二員。監宰牲，滿漢御史各一員。凡時享祫祀太廟監禮，後殿東西兩簷下，滿御史各二員。前殿東西兩簷下，滿御史各二員。東西兩班，滿漢御史各二員。監宰牲，滿漢御史各一員。凡祭祀社稷壇監禮，壇上滿御史二員。壇下東西兩班，滿漢御史各二員。監宰牲，滿漢御史各一員。朝日壇、夕月壇，監禮，壇上左右，滿御史各二員。壇下左右兩班，滿漢御史各二員。監宰牲，滿漢御史各一員。文廟監禮，東西兩簷下，滿御史各二員。東西兩班滿漢御史各二員。監宰牲，滿漢御史各一員。凡祫祭前期一日告祭太廟，監禮，前殿東西兩簷下，滿御史各二員。後殿東西兩簷下，滿漢御史各一員。凡告祭天壇、地壇、太廟、社稷，監禮，滿漢御史各二員。凡祭祀歷代帝王廟監禮，東西兩簷下，滿漢御史各二員。東西兩班，滿漢御史各二員。監宰牲，滿漢御史各一員。凡救護日月食監禮，滿漢御史各二員。順治十八年題准：祭祀齋戒，各衙門滿漢官職名，俱由太常寺開送，令滿漢御史稽查。至臨祭，滿官，由都察院察點；漢官，由鴻臚寺察點，收取職名。又題准：凡遇朝期、祭祀，糾儀齋宿，差滿漢御史稽察部院各衙門官，有失誤者，題請議處。康熙二年議准：祭祀處，滿漢官俱聽都察院查點。五年題准：凡遇朝期，鴻臚寺將謝恩等官員數，先送印册到都察院。臨期，糾儀御史，照册查收職名。九年題准：覺羅官員齋戒，及尋常察點宗人府官員，俱聽都察院察點。二十二年議准：布按朝覲，引見條陳，令掌道滿漢御史，左右兩傍侍班。二十五年議准：凡致祭壇廟各官排列班次，有喧語失儀，及祭未畢時，先行趨走往來者，御史指名叅奏。

《大清會典（康熙朝）》卷一四六《都察院·監試》 順治八年題准：順天文武鄉試，及文武會試，差滿漢御史各二員監試。十四年題准：滿洲蒙古漢軍考試，已經停止，其監試亦停差滿洲御史。十八年題准：凡文武殿試，差滿漢御史各二員，監試。順天府鄉試，差漢御史二員，入院總理諸務。又差巡城御史二員，搜檢各生儒進場。會試，差漢御史二員爲内監試，二員爲外巡察。武鄉會場，俱差漢御史二員監試。康熙三年諭：監試巡察御史除應迴避者不開外，其餘各員都察院開送禮部，列名題請。五年題准：武鄉會試亦照康熙三年例行。十年題准：滿洲蒙古漢軍復行鄉會試。一應點查出入關防内外，仍兼差滿洲御史點察。十二年諭：監試御史奏章，兼書滿漢字，著帶筆帖式。十八年題准：順天鄉試，内簾添設滿漢御史各一員，不與文事，專行糾察弊竇。會試内簾添設滿漢御史，照鄉試例行。

《大清會典（康熙朝）》卷一四六《都察院·察荒》 順治十五年諭：慎選廉幹御史二員，領勅前往河南、山東，清丈荒熟地畝。

《大清會典（康熙朝）》卷一四六《都察院·查工》 康熙十年題准：紫禁城外，修造工程一百兩以上者，令御史稽查。工完日，將用過物料錢糧數目開明，咨送御史查核。如相符者，回文知會。十八年定：修造工程等所甚多，或有遲延浮冒，侵蝕情弊，除内務府監造工程外，其餘修造之處俱令都察院逐一稽查。

《大清會典（康熙朝）》卷一四六《都察院·問擬刑名》 順治十年題准：犯罪至死者，刑部審擬成招奏請。奉旨下三法司者，本院會同部寺覆核。十五年議准：御史理刑，是其職掌。凡人命重情，奉旨三法司核擬者，御史會同刑部大理寺司官，審議。十八年題准：凡係重犯，及遇熱審，本院會同刑部大理寺公審。

《大清會典（康熙朝）》卷一四六《都察院·監决罪囚》 順治十年題准：情真各囚，已經三覆奏旨下，通綁赴市曹，都察院委新資滿漢御史各一員，同刑部司官爲監斬官，於法場内將各犯花名具本題覆。奉有御筆勾除者，遵照行刑，其餘監候。

《大清會典（康熙朝）》卷一四六《都察院·糾劾建白》 順治六年定：凡言官論人善惡，雖有不實，必命廷臣公同議擬。如果挾仇誣陷者，革職，下刑部治罪。十年諭：朝廷設立言官，原爲繩愆糾謬，事關朕躬，尚許直言無隱，況諸司過失，理當糾舉。其言果當，宜虚心静聽。即言有未當，止宜分析事理，聽候朕裁，不許私嗔報復。至言官論事，亦須明白確指，不得摭拾風影，挾私妄訐。又諭：凡糾拾反坐言官，有壞吏治，塞言路。以後科道糾拾官員，照大計一例處分。有挾私妄糾者，吏部都察院，指實叅奏。又題准：設建白牌，各道輪流司管，除平時條奏，隨人各抒忠藎外，遇有政事大闕失，司建白者即具本稿，會各道御史公覽酌議，全列各道職名，公同封進。事不重大，不必合詞。言不切當，無取衆瀆。十二年諭：凡事關朕躬，何令不信，何政有差，諸王貝勒，在事諸臣，曠職之愆，叢弊之處，及内外各司，何害未除，何利未興，言官各據見聞，極言無隱。一切啓廸朕躬，匡弼國政者，所言果是，即與採用。如有未當，必不加罪，毋得浮泛塞責。又題准：言官糾叅須實指奸貪，若結黨挾私肆行陷害者，反坐。十三年諭：科道爲耳目之官，職在發奸剔弊。凡大奸大惡，從未經人糾劾者，果有見聞即據實直陳，不許徇私黨比，摭拾塞責，將人已糾叅之事，勦襲妄陳。十七年議准：科道令互相糾叅。十八年停止建白牌。又諭：凡言官建白，每事者爲一疏，不許臚列多欵具奏。又題准：文武大臣，果係奸邪小人，構黨爲非，擅作威福，紊亂朝政，致令聖澤不宣，災異迭見，但有見聞，不避權貴，具奏彈劾。內外大小各衙門官員，有不公不法等事，俱得糾劾。其糾舉之事，須明注年月，指陳實奏。若係機密重事，實封御前開拆，並不許挾私苛求，泛言塞責。

《大清會典（康熙朝）》卷一四六《都察院·各差舊例》 公差御史，歷年裁復，例各不同。在京，則有巡視光禄、巡視十庫、掌本科；在外，則有巡按、督學、巡漕、巡江、屯田、茶馬等差。今存其舊制，以備稽考。

巡視光禄

順治十六年題准：巡視光禄御史，照巡城事例，差用新資御史，六個月一次更替。其應行事宜，該差御史自行具題。十八年諭：巡視光禄著歸併稽察禮部御史。

巡視十庫

順治十六年題准：巡視十庫御史，照巡視光禄事例，差用新資御史，六個月一次更替。其應行事宜，該差御史自行具題。十八年題准：十庫本折各項錢糧，既歸户部，停差御史巡視。

掌本科

順治十六年題准：詳閱疏揭題本，設掌本科御史一員。康熙七年題准：本章既有該道御史，併番譯滿漢文都事查閱，停其另差御史。

巡按

順治元年，直隸各省，差巡按御史各一員，一年一次更替。七年題准：巡按暫行停止，嗣後不拘年限，候旨差遣。八年題准：復差巡按御史，一年六個月，差滿更替。十年議准：巡按槩行停止。十二年題准：復差巡按御史，於各部院衙門內，不分新舊，理事官郎中以下，吏部、都察院會同考選才能清廉、品望素優者，授爲御史差遣。十五年諭：巡方得人，斯能稱職。內外各差，除現在御史外，應預爲添設員數，以備差遣。又議准：巡按所屬地方，應巡歷周遍，以訪民生利害，有司賢否。仍將巡到地方，登記彙報。十七年諭：巡方官奉命出差，須大破從前積習。潔己，必賄賂盡絶。愛民，必痌瘝相關。舉劾，必確當貪廉。興除，必熟籌利弊。問擬刑名，必無冤無縱。訪拿豪蠹，必大惡大奸。地方遇有盜賊災荒，必據實馳奏，不許躭延欺蒙。減騶從以恤驛困，禁鋪設以舒民力，拒衆謁以杜逢迎。督撫共事，不許私受餽遺。如不恪遵，一經發覺，必行重處。其將所屬官員，違例薦舉者，併所屬之員，一體嚴加處分。十八年議准：停止巡按各差。

凡巡按事宜，順治十五年題准：一、出巡按治，府州縣必須遍歷。其巡歷各處，隨從不過十人。除依例差撥兵丁防護外，不許擅令有司私買貨物、多用鋪陳等項，亦不得縱容官吏出郭迎送。若分巡地面，果係原籍，即宜迴避。

一、巡歷地方，體知方面有司等官，守法奉公、廉能昭著者，俟差滿復命，照例薦舉。其貪酷廢事、蠹政害民者，訪實，限入境三月以內題參。後有察知，不時糾劾。

一、農桑爲生民衣食之本。仰該道轉行府州縣官，時常勸諭農民，趁時種植。若有水旱災傷踏勘得實，即將數目開報。

一、學校爲成賢育才之地，仰該道行府州縣官及學官時常訓誨生徒，講論經史治道等事，以備擢用，不許懈怠。廟學損壞，即爲修理。嚴查異端邪説，重處懲戒。仍將見在師生名數開報。

一、存恤孤老，仁政所先。仰該道轉行府州縣官，凡有鰥寡孤獨、廢疾無倚之人，察收入養濟院，常加存恤。合得衣糧，依期按月交給，毋令失所。遇有疾病，督醫治療。仍將見在名數具報。

一、古聖帝明王先師先賢陵墓山川社稷祀典祠壇等處，仰該道轉行府州縣提調，常須潔凈。有損壞者，即爲修理，仍禁牧放樵採。

一、所屬地方，有孝子順孫義夫節婦忠臣烈女志行卓異，可勵民風者，仰該道行府州縣官明著實跡，保舉申解，以憑奏聞旌表，毋得舉富遺貧，扶同滋弊。

一、原設旌善亭、申明亭，但有損壞，仰該道行府州縣官即便嚴查修理，將善惡姓名行實具報。覆勘得實，發告示張掛亭內，使善惡知所勸懲，毋得視爲具文。

一、鄉飲酒禮，仰該道行府州縣官舉行，必須年高有德者，敦請爲賓，毋得濫及匪人，尊卑失序。

一、各直省藩司，應報解各部錢糧，除清完外有拖欠數目，清造一册。廵歷所過州縣招集紳士耆老，與州縣官當面磨對，果係百姓未完者該管官勒限催比。若係衙役烹肥，有司侵蝕，藩司朦混，及豪紳劣衿，地棍衙蠹抗糧不納者，各州縣申報得實，一併具疏糾參。

一、荒閒田土，仰該道行府州縣官多方設法招民開墾，趂時布種。其合納税糧，須候例限滿日科徵，毋致抛荒。

一、圩岸垻堰陂塘，仰該道行府州縣官常行體勘。境内有圩岸垻堰陂塘溝渠，塌缺壅塞，務要趂時修築堅完，疏濬流通，以備旱澇。毋致有傷禾稼，亦勿得擾害於民。

一、户口，仰該道行府州縣官取勘所屬籍定户口，分豁城市鄉都，舊管收除，實在增減數目開報。

一、橋梁道路，仰該道行府州縣官常加點視，但有損壞，隨即修理，務要堅完，毋致阻碍經行。

一、府州縣及所屬應有印信大小衙門並見在官吏姓名、年甲籍貫、歷仕脚色、到任日月，一一開報。但有急缺官員，隨即呈報都察院，轉咨吏部，以憑除授，不許稽遲。

一、歲辦錢糧，仰該道行府州縣官，提督所屬，依期徵收，起解倉庫交納，取實收回照，不許稽遲。

一、倉庫房屋，仰該道行府州縣官常加點視。若有損壞，即便修理。及嚴加關防官吏斗級庫子人等，收支作弊，仍將見在錢糧等物，分豁新舊收除，實在備細數目開報。

一、仰該道行府州縣官，嚴督所屬。凡有一應差役，須從公點差，週而復始，毋致放富差貧，那移作弊。

一、直省兵馬，按臨地方，即同該道親點比較武藝。若有將勇兵精，弓箭技藝超羣者，具疏題薦。其有營伍虚冒，技藝庸劣者，即行糾參。

一、境内盗賊，仰該道行府州縣嚴督所屬，捕盗官，及應捕官軍人役，令晝夜用心廵察擒獲，務要盡除賊盗，無遺民患。仍將捕盗官及應捕之人，職名開報。如有盗賊生發，不能勦捕，及隱匿不報者，具疏糾參。

一、廵檢司及關津把隘官兵，仰該道行州縣將備，督令用心把守。凡經過之人，驗引放行，仍嚴禁約官兵人等，不許藉端盤詰，生事索詐，刁蹬取財，蠹害民人。

一、斛斗秤尺，仰該道行府州縣正官，照依原頒式樣，較看相同，官民永行。仍將原頒式樣，常於街市懸掛，聽令比較，毋容增減作弊。

一、軍需國用所資，仰該道行府州縣官收買物料，務依時估給價，不許借端收買，尅減侵欺，致令作弊。

一、仰該道行府州縣，凡官員買辦日用什物，按時價平買，隨即給價，毋致損民，及縱令吏役人等尅落作弊。

一、驛站，仰該道行府州縣官時常整點各驛船馬、應用什物，俱要完備，仍鈐束慣熟稍水之人夫馬夫，常川在驛聽候遞送，毋致錯悮。先具站船人夫什物，馬騾頭匹數目開報。

一、歲造緞疋等物，仰該道行府州縣官即將織染局見在各色人匠機張，及歲辦並關支顔料等物，數目開報。

一、急遞鋪，仰該道行府州縣轉行所屬鋪長時常點視境内鋪舍，及該用什物，務要完備。如有缺壞，即便修補。仍嚴督鋪司鋪兵，晝夜在鋪伺候，走遞公文，不許遲延沉匿。仍出告示各鋪，禁約往來差吏官員人等，不許役使鋪兵，損壞鋪舍。

一、皂快民壯，仰該道行府州縣取勘額設名數，及點充日月開報，毋得多餘濫設，欺隱爲奸。其應役五年者，即應革换，不許久在衙門。

一、仰該道行府州縣，僧道尼姑，嚴查度牒。如無度牒，將僧道官治罪。仍將無度牒僧尼，還俗當差。

一、受軍民詞訟，審係户婚田產鬬毆等，事發與各有司追問明白，就便發落，將發落原由回報。若告本縣官吏，則發該府。若本府官吏，則發該道。若告布政司，並各道官吏，則發按察司。若告按察司官吏，及申訴各司官吏枉問刑名等項，不許轉委，必須廵按親問，干碍官員，隨即奏聞請旨。

一、道府州縣應有詞訟，速爲從公依律歸結，毋得淹延，妨民生理。及聽信奸吏、增減情詞、出脱罪人、入坐無辜之弊，仍將見問囚數，分豁已未歸結，盡數開報，毋得隱漏。

一、廵歷所到，即將各項衙門胥役逐名親點，仍曉示通衢。照舊制，各給腰牌一面，以防詐僞。如有幫差暗竄等弊，告發審治。其有冗濫多役者，不拘道府州縣，一體糾參。

一、審究蠹役，遵奉上諭，不許援引無祿輕條。一、獄禁所當矜恤，仰該道行府州縣官並司獄司官，常加點視，督令獄卒，遵奉上諭，不許擅用柙牀。將見今囚犯，如法收禁，冬設暖湯，夏備涼漿，合得囚糧依數支養。若有疾病，令醫治療，不許縱令獄卒人等尅落衣糧，逞意凌虐，因而瘐死，及將平民枉禁，仍具獄官吏卒名數，及見監囚數，開報。

一、應有沒官金銀緞疋銅錢，及贓罰等項，仰本府州縣取勘見數，開坐已未起解數目具報。

一、嚴察逃人。於巡歷地方，務立十家長木牌，嚴責守令衛所等官，留心緝拿。如地方官踈玩不實遵行者，指名題叅。

一、刷卷事宜。凡監察御史巡歷去處，所屬有印信衙門，合刷卷宗，分別已未完結，編成號記，依式粘連，並官吏不致隱漏結狀，責令該吏親賫赴院。如刷出卷內事無違碍，俱已完結，則批已完過。若尚未完結，則批以照過。若事可完未完，則批以稽遲。若事已完，內有違碍，則批以失錯。若事當行不行，有所規避，如錢糧不追贓贖不完之類，則批以埋沒。各卷內有文卷不立，日月顛倒，須推究得實，量情擬罪，應發落者發落，應叅究者叅究。

一、薦舉。每省方面官，不過六七員，或三四員。有司官，不過七八員，或五六員。

一、在外軍民人等，果有冤枉重情，督撫按未能申雪者，或擊登聞鼓，或通政司投狀。如發本省巡按御史追問，即批問刑衙門，從公刻期審結，不得就延時日，連累無辜。事體重大者，該巡按親審。

一、直省府州縣等處刑名，有犯死罪重囚，曾經督撫按批允監固審録定奪等件，候巡按御史按臨之日，本道造送審録招册，併府廳州縣看語，俱預先投巡按御史，檢閱全招，仔細叅詳。不得倚任書役，漫不經心。待考察事畢，出牌審録。在省城，同按察司、守巡道。在外，同該道。將解到審録人犯，逐件審明，情罪無枉。

一、在外成招重囚，應死罪發落者，該巡按御史會同該撫及布按二司等官，比照朝審事例，面加詳審。有應秋後處決者，有應監候緩決者，有可矜可疑、應開釋減等者，有詞應監候再審者，定於霜降之前，會同該撫奏明。

一、文武官民，服色器用輿馬等項，俱照禮部頒行定制，每年責成各道行府州縣嚴加申飭。如有違例越分者，官聽叅處，軍民人等，即行治罪。

督學

順治元年，直隸、江寧、蘇松三處，各差御史一員提督學政。七年題准：江南督學歸併一員。八年題准：江寧、蘇松學政，復差御史二員。十年題准：提督學政，停差御史，俱歸翰林院差遣。

巡漕

順治二年，差御史一員，催趲漕運。七年題准：停差巡漕。八年題准：復差巡漕御史。十四年議准：停差巡漕。

巡江

順治二年題准：江南上下兩江，添差巡江御史二員。六年題准：江南上下兩江，既設巡按，其巡江二員，俱停差遣。

屯田

順治二年，差御史一員，巡視屯田。四年議准：停差屯田御史，其事宜歸併各該巡按兼理。

茶馬

順治二年題准：陝西甘肅洮寧等處，差御史一員，督理茶馬事務。康熙七年議准：停差茶馬御史，其事宜歸併甘肅巡撫兼理。

《大清會典（康熙朝）》卷一四七《都察院・奏請點差》 御史各差，在京，則有京畿道，巡視五城，管理鼓廳，稽察錢局，京通巡倉等差。在外，則有巡視兩淮、兩浙、長蘆、河東鹽課等差。俱照資序俸次，有派擬具題請旨者，有開列題請簡用者。事例不一，具列於後。

凡奏點各差。順治十年題准：巡倉巡鹽等差同日至任御史，按次差遣，同日回道。或二人，或三人，俱照進道先後差遣。差滿回道御史，以回道命下之日，定爲次序。若差滿回京，先已陛見，後因事故未得回道，後到御史陛見在後，而回道在先者，即以回道命下之日扣筭差遣。各差一年爲滿者，預於將滿二月前，經歷司呈河南道，詳請更替。十五年議准：已差巡鹽者，不許再差。原籍，並巡按過地方，俱令回避。又題准：凡遇差缺，俱由本院開列題請。十八年題准：除差巡視五城御史，不用陪差外，其餘各差，俱列名先行題請，奉旨着開列正陪，方挨序開列正陪各一員具題。康熙二年諭：各御史差遣、差回者，論其回道日期。未差者，論其到任日期。差未滿撤回，及復補者，論其繳勑及補任日期。不必照前新舊間開，就其中月日深者在前，開列具奏。

凡出差條約。順治十八年題准：奉差御史命下，門上即大書迴避，不見客不收書不受送。書辦人役，不赴宴會餞送，俟領勑三日內，即出京。信宿不停，沿途及入境後，私書、私餽，俱不接受。入境及出巡地方，原有額設儀從，執事人役，其鋪陳，俱自行携帶。所用蔬薪等物，自發公費銀兩買辦。若分外旗幟鼓吹，結彩鋪氊，供應鮮艷品物，係地方官獻媚取榮，及奉差御史之主文書役家人前站等，額外苛索、擾驛累民者，督撫訪確，即題參議處。倘督撫狥情隱諱，事發，一併治罪。至所屬官員越境參謁者，該差御史指名題參。御史、督撫，既有互糾之例。除公事會同料理外，有宴會結納，彼此餽遺者，都察院及科道查參，一並議處。

凡回道考覈。順治二年定：御史察吏安民，全以糾彈爲主。其有舉劾不當者，俟回道之日，嚴加考覈。八年題准：各差御史，都察院不拘定期，常加察訪。果有察吏安民、聲望大著者，即請特旨褒嘉。若不遵禁約怠玩溺職，即題參議處，另行差遣。又題准：凡御史差滿回京，河南道，及掌本道御史考覈。十三年議准：出差官員，回京考覈，有不狥情面，忠廉稱職者，陞用。生事擾民，受賄溺職者，治以重罪。十四年諭：差回御史，務期考覈至當，方與內陞，以示鼓勵，不得輕議陞用。十六年議准：出差各官，一差稱職者，停其即與優陞之例，仍回原衙門管事，酌量加級紀録。至三差稱職者，請旨擢用。十八年題准：巡視鹽茶倉等差，俱關錢糧。御史差滿之時，户兵二部題覆咨院，發河南道，據咨册查考。如催徵錢糧，足額溢額，號件全完者，准與紀録加級，回道管事。或催徵怠緩，錢糧虧額，號件不完，照定例題參處分。康熙十六年議准：巡鹽四差御史，有不病商民，查出鹽務隱匿情弊，多得課銀，以濟國賦者，回道考覈得實，從優議叙。

京畿道

順治初，設掌京畿道滿漢監察御史各一員。二年議准，停止。九年題准：復設京畿道，專管照刷在京大小各衙門文卷。除軍機大事不刷外，其餘事件，一年一次稽察。十一年題准：京畿道照刷文卷，內有訟獄淹滯、刑名違錯、錢糧埋没、賦役不均等弊，應請旨者，奏請取問。應治罪者，依律治罪。其移送照刷文卷，俱用印信册結。照刷事畢，具疏奏繳。十八年題准：京畿道用俸深御史，題請掌管。康熙元年題准：凡有錢糧各衙門，須將收存并支放實數，詳細開送京畿道，以憑稽核。七年題准：凡在京各衙門文卷，俱於每年八月內送刷。十二年議准：京畿道差滿漢御史俱六個月，更換一次。

巡視五城

凡巡視五城，每城差滿洲、漢軍、漢御史各一員。

順治十年題准：新資漢御史，必先試差巡城，三月一換。十五年題准：巡城差，例應新資漢御史，六個月一換。如新資乏人，差用回道御史。十六年題准：巡視五城御史，遇朝會祭祀之期，不論滿洲、漢軍，俱隨都察院各官，同上朝齋戒。康熙二年題准：五城審理事件，限二十日完結。每月兩次，將已未完之案，分別開報都察院註銷。其未完事件，兩個月一奏報。如限內難結者，令呈明寬限。十二年議准：巡城滿洲、漢軍御史，亦照例六個月更換一次。十五年題准：巡城滿洲、漢軍、漢御史，俱一年一次更差。

凡巡城事宜。順治三年題准：布按諸司入京朝覲，聽部院科道考察賢否，恐有鑽營囑託，交通賄賂，不肖官寮，張席宴會，及無籍棍徒，肆行索詐，少不遂意，遍布匿名揭帖，設謀陷害者，五城御史，督令司坊官員，時加拿緝，違者題參。十四年題准：在京私鑄、私販，責令緝拿，失察官并聽題參。十六年題准：京城內外十六門，責令不時嚴查。十七年題准：竊盗事件，係民者，該城審結。十八年題准：緝捕盗賊、審理人命、盤獲逃人，及禁約賭博、稽查奸宄，并訪拿衙蠹惡棍，邪教謡言，煽惑人心等犯，并寺院坊店等處，責令通行嚴飭。凡捕盗，官兵人等，遇該城有殺人刼財事件，不行緝捕者，聽指實題參。凡奸人潛住京師，通同邊方腹裏盗賊，探聽撫按題參副封，傳報消息者，責令訪拿參究。凡在京積棍，代人起滅詞訟，及在外官員，差人入都夤緣打點者，責令嚴緝指參。至無籍奸棍，揑造單欵，投貼揭帖，誣衊詐騙者，聽不時拿緝。凡民間詞訟，係鞭一百，責四十板以下之罪，竟行審結。若罪重者，審明，送刑部歸結。如應題者，竟自具題。凡豪强覇佔店市，强欺客商者，查明指參。凡京城内平治街道，有侵佔者，五城御史、兵馬司分各城地方，同步軍總尉、副尉等清理。凡五城兵馬司指揮等官，俱係五城御史統轄，其考察甄别、考滿，俱令五城御史，開送賢否。凡司坊各官，年終甄别，稱職者舉薦，不肖者題參。康熙十年題准：部院應用各項夫匠，俱行交都察院，轉行五城取用。十二年題准：失火致傷人命者，杖一百，交該城照律發落。十五年題准：寺廟庵觀内，有婦女違禁燒香行走者，責令查拿。

管理鼓廳

順治元年定：内外各衙門，有真正貪贓虐害，不公不法，地方重大緊急事情，六部督撫按不行處治，又不奏聞者，設登聞鼓於都察院門首，每日輪流御史一員監值。十三年議准：移設登聞鼓於長安右門外，科道滿漢官員，輪流監值。十四年題准：有擊鼓告狀者，即據冤狀查問，並取原衙門册籍詳明磨對，果係真情，題請勅該衙門審理。十五年題准：值鼓官收狀，會同本科、本道滿漢掌印官會議。狀詞滿漢字，限五日譯完。會議審理，限二十日完結。如往各衙門查取文卷，限三日即發。若各部遲延，應封者，於本内題明。不應封者，於案内註明，以便稽考。康熙十二年題准：鼓廳係伸理冤枉之事，令滿漢御史各一員，論俸題差，六個月一换。漢軍監察御史，應入滿御史内，論俸差遣。所收詞狀，各該任内完結。有卷案可查者，限二十日。無卷案可查者，限十日完結。令河南道按月稽查具題。其議結事件，俱造滿漢清册存案。

凡登聞事例，順治十三年題准：軍民人等，果有冤抑事情，先赴撫按告理。撫按審斷不公，再赴總督告理。如未行遍告，或不候審結，即來京擊鼓者，不准。十四年題准：告狀人，係滿洲，交本旗撥什庫；漢人，發該司坊羈候。其以赦前事告理者，槩不准行。誣告流罪以上者，依律反坐。若漢人借滿洲家住歇，滿洲借漢人家住歇，投遞鼓狀者，除原狀不准外，查有無教唆主使情節，依律治罪。又題准：鼓狀除合例者封進，違例者駁回。有事情重大，迹涉冤抑、虚實未明者，許連人狀，咨行各部院督撫，審確酌奏。仍將咨過件數，歲終彙題。十七年題准：令鼓廳刊刻木榜於鼓門前。一、狀内事情，必關係軍國重務、大貪大惡，奇冤異慘方許擊鼓。其户婚田土、鬪毆相争等事，及在内未經該衙門告理，在外未經督撫按處告理，有已經告理，尚未結案者，並不准封進，仍重責三十板。如係職官，送刑部折贖。舉人，送禮部。監生，送國子監。生員，發順天府責治。一、登聞鼓之設，原以伸冤辨枉，如有棍徒本無冤枉，希圖報復，或受人主使，劈鼓抹項，以圖倖准者，除原狀不准外，將本犯送刑部，責四十板。照例於長安門外，枷示一個月。一、登聞鼓之設，恐民間受屈於貪官污吏及官民被陷重罪，冤枉無伸，俾得直達天聽。其被革被降之員，欲辯復官職者，俱赴通政司具奏。一、凡告鼓狀，必開明情節，不許粘列欵單，違者不與准理。狀後，仍書代書人姓名，如不書者，亦不與准理。一、民間冤抑，必親身赴告。果本身羈禁，令其親屬確寫籍貫年貌保結，方准抱告，違者不准。其有棍徒代人擊鼓挾騙者，令值鼓官，即時拿送五城，嚴訊的實，照光棍例治罪。康熙十一年議准：在鼓廳控告者，照所告事情輕重，應看守者，看守。應取保者，令的當人取保，審結之日釋放。

稽察錢局

康熙十九年題准：每年差滿漢御史各一員，稽察錢局，照鼓廳例，具題差遣。至各關差解送銅觔，崇文門監督，會同御史查驗。

巡倉

順治二年題准：差御史一員，巡視京通各倉。七年題准：停止倉差。八年題准：京通各倉，仍差御史巡視。十年題准：巡倉差，照巡鹽例，一年一次更替。十八年議准：巡倉所屬方面官四員，有司官九員，共應薦一員。武職官二十一員，應薦一員。康熙七年題准：停差巡倉御史。二十年題准：倉糧關係緊要，應差滿漢御史各一員稽查。

巡鹽

順治元年定：兩淮、兩浙、長蘆、河東，各差御史一員，巡視鹽課。八年題准：巡鹽御史，一年一次更差。十年議准：停止鹽差御史，責成各運司管理鹽務。十二年議准：兩淮等四處鹽課，仍差御史巡視。康熙七年議准：巡視鹽課，於六部郎中、員外郎、及監察御史内，每處選擇賢能滿漢官各一員差遣。八年議准：出差巡鹽，有舉劾地方官員賢否，及察拿惡棍之責。應停六部官員差遣，仍差御史。十年議准：巡鹽御史，不拘滿漢，每處止差一員。十一年議准：停差巡鹽御史，稽察題報事宜，歸併巡撫。兩淮，歸併安徽巡撫。兩浙，歸併浙江巡撫。長蘆，歸併直隸巡撫。山東，運司歸併山東巡撫。河東，歸併山西巡撫。十二年議准：巡撫事務殷繁，鹽差勢難兼理，仍差御史巡視。

凡鹽差隨帶筆帖式。康熙七年題准：巡視鹽課，各帶番譯滿漢文筆帖式一員隨往。十年題准：添帶滿文筆帖式一員。十六年議准：習漢文滿洲御史，及漢御史巡鹽，不必差筆帖式隨往。其不習漢文滿洲御史，仍帶漢文筆帖式一員。

凡鹽差舉劾。順治十六年議准：直省方面有司等官，有關涉鹽法者，令巡鹽御史舉劾。共無關涉鹽法者，槩不准舉劾。十八年題准：各項錢糧既有考成則例，薦舉槩不准行。如有不肖官員，仍聽糾叅。康熙七年議准：巡鹽御史，將地方官員，賢者薦舉，不肖者題叅，以示勸懲。長蘆所轄方面官三十七員，應薦一員。有司官三百四十四員，應薦五員。河東所轄方面官三十九員，應薦一員。有司官二百四十四員，應薦三員。兩淮所轄方面官四十五員，應薦二員。有司官三百一十七員，應薦五員。兩浙所轄方面官二十七員，應薦一員。有司官一百五十七員，應薦二員。如無堪薦官員，停其薦舉。

凡巡鹽事宜，順治八年題准：鹽差赴任，回道，除長蘆離京城甚近，照例不立限期外。兩淮定五十日，兩浙定六十日，河東定三十日。在內以辭朝日爲始，在外以交代日爲始，計程往回，並不許枉道回家。如違限十日以上，量行叅罰。一月以上，重加叅處。兩月以上者，題叅調用。十五年議准：鹽差關係錢糧，候親身交代，奉差御史，命下之後，將鹽引親自帶去。十八年諭：鹽課錢糧，關係軍國急需。內外大小官員勢豪之家，多有貿易販鹽，倚勢不納課銀，巡鹽官員，有不畏勢力、不狥情面、盡心催徵、多得課銀者，著以稱職從優議叙。其畏勢狥情、額課虧欠者，以溺職從重治罪。至官員倚勢漏課情弊，該管官務嚴加察叅，本主並行重處。巡鹽等官，如仍前狥隱，亦並從重治罪。康熙五年題准：巡鹽除長蘆差近不議外。兩淮、兩浙、河東御史，以到任日爲始，扣至九個月，即行報滿，都察院預爲題差。新差御史，照定期赴任接徵，不得一日空懸。六年題准：鹽察御史，遇閏月之年，令連閏在任十三個月，算一年差滿考覈。近差扣至十一個月報滿，遠差扣至十個月報滿。如無閏之年仍舊照例遵行。十年題准：巡鹽御史有原定駐劄衙門，催徵錢糧整理鹽法，除秤掣鹽觔地方，仍舊秤掣外，其循例出巡，通行停止。十二年題准：舊差報滿日，遴遣承差，迎接新任。及衙役出入署中，俱行嚴禁。各差御史，不許額外多帶家人。到任後，亦不許諸人妄行出入衙署。其四差駐劄，多在衝津，過往親朋官長，往來交際，概行停止。

（清）周夢熊輯《合例判慶雲集・磨勘卷宗吏》 照刷主乎法司，考成最慎。奉行在于下吏，職守特嚴。故勾檢簿書惟選精勤之士考詳卷牘，斷推諳練之才。令某怠玩相秉，恪恭罔念，聽提調爲故習，一任案峙如山，置磨勘爲具文，每欲心清如水，宜改正而不改正，當督催而不督催。輕固計日加笞，重且以贓坐法。

新例：凡磨勘出各衙門未完文卷，曾經監察御史、提刑按察司照刷駁問遲錯。經隔一季之後，錢糧不行追徵足備者，提調官吏，以未足之數，十分爲率，一分笞五十。每一分加一等，罪止杖一百。刑名造作等事，可完而不完，應改正而不改正者，笞四十。每一月加一等，罪止杖八十。受財者，計贓以枉法從重論。若有隱漏不報磨勘者，一宗笞四十，每一宗加一等，罪止杖八十。事干錢糧者，一宗杖八十，每一宗加一等，罪止杖一百。有所規避者從重論。

《大清會典（雍正朝）》卷一七《吏部・糾劾條奏》 國家建置臺垣，職司糾劾條陳，以弘言路。其或糾叅失實，及越位妄奏者，又各分別罪之，所以慎核言責也。

凡叅奏不實處分。舊例，言官奏事，必有詳確欵項，方可據實糾叅。若無親見確實，具題者，降二級調用。康熙九年題准：言官列欵糾叅貪婪官員，有一二事審實者，免議。若審問全虛，及條陳事件疏內，隱含譏刺，奉旨議處者，或不據實回奏，奉旨議處者，或叅官員老病衰庸涉虛者，俱降二級調用。十五年議准：條陳譏刺，及回奏不實，奉旨議處者，或凡事不據實陳奏，或並無可據稱風聞具題者，俱降一級調用。

凡妄行瀆奏處分，康熙四年題准：內外無言責官員借公行私，將私事具奏者，或妄行條陳事件者，俱不准行。仍各降二級調用。十四年議准：言官借端條陳，陷異護黨，挾詐報復并陰受囑托，及行賄作弊具奏者，發覺之日，本官革職，交刑部治罪。若不係言官，有犯此者，處分同。

凡密奏本章。順治十八年題准：督撫、言官題奏，應密不密者，罰俸六箇月。康熙九年議准：不應密而密者，處分同。十四年議准：內外無言責官員，本無密事，妄行密奏者，降二級調用。

凡條奏議叙。雍正五年諭：朕日理萬幾，惟欲周知庶務，通達下情，是以廣開言路，令人條奏事件，冀於政事有所裨益。近見條陳人員內，頗有能據實陳奏，不避嫌怨，切中情弊者，朕思此等之人，其言既可採録，則其善亦不可泯。嗣後凡內外大小引見人員，有所條陳，曾經發交廷議允行者，著吏部將姓名事件，記明檔册。其人日後，或被堂官參劾，或被督撫糾參，該部議處覆本之時，著將該員某年條奏某事，曾經允行之處，寫籤，夾於本內進呈，以便斟酌其事之輕重，量與寬減。則國家政治，既得條奏之益，而其人亦身受敢言之效，庶可共加勗勵。

《大清律例》卷七《吏律·公式·照刷文卷》 凡照刷有司有印信衙門文卷，可完不完，遲一宗、二宗，吏典，笞一十；三宗至五宗，笞二十；每五宗加一等，罪止笞四十。府、州、縣首領官及倉庫、務場、局所、河泊等官，非吏典之比。各減一等。失錯漏使印信、不簽姓名之類。及漏報，卷宗本多，而不送照刷。一宗，吏典，笞二十；二宗、三宗，笞三十；每三宗加一等，罪止笞五十。府、州、縣首領官、及倉庫、務場、局所、河泊等官，各減一等。其府、州、縣正官、巡檢，非首領官之比。一宗至五宗，罰俸一月；每五宗加一等，罰止三月。

若文卷刷出，錢糧埋没，刑名違枉等事有所規避者，各從重論。

條例

一、各部院衙門每月將已結、未結、科抄事件造册分送六科，科抄並見理事件造册分送各道勘對，限期其各部註銷。會稿事件即於註銷册內將會稿衙門定議日期，逐一詳開移會，科道查核，倘有遲延違誤者，察參。

一、在京各衙門，凡關錢糧、刑名案件，每年八月內彙造印册，送京畿道刷卷，有遲錯者，察參。

《大清律例》卷七《吏律·公式·磨勘卷宗》 凡照磨所官磨勘出各衙門未完文卷，曾經布政司、按察司照刷駁問遲錯，經隔一季之後，錢糧不行追徵足備者，提調掌印官吏，以未足之數十分爲率，一分，笞五十，每一分加一等，罪止杖一百。刑名、造作等事，可完而不完，應改正而不改正者，過一季，笞四十，一季後，每一月加一等，罪止杖八十。受財者，計贓，以枉法從重論。

若有隱漏，已照刷過卷宗，不報磨勘者，一宗，笞四十，每一宗加一等，罪止杖八十。事干錢糧者，一宗，杖八十，每一宗加一等，罪止杖一百。有所規避者，從重論。

若官吏，文書內或有稽遲未行，或有差錯未改，聞知事發將調查，旋補文案，未完，捏作已完；未改正，捏作已改正。以避遲錯者，錢糧，計所增數，以虛出通關論；刑名等事，以增減官文書論。同僚若本管上司，知而不舉，及扶同旋補作弊者，同罪。不知情及不同署文案者，不坐。

《大清律例》卷三一《刑律·受贓·風憲官吏犯贓》 凡風憲官吏受財，及於所按治去處，求索借貸人財物，若賣買多取價利，及受餽送之類，各加其餘官吏受財以下各款罪二等。加罪不得加至於死。如枉法贓須至八十兩方坐絞。不枉法贓須至一百二十兩之上方坐絞。風憲吏無禄者，亦就無禄枉法、不枉法本律斷。其家人如確係求索借貸，得減本官所加之罪二等；若因事受財，不准減等，本官知情與同罪，不知者不坐。

（清）雅爾圖《雅公心政録》卷四《檄示·為通飭修省政治以邀天和以祈瑞雪事》 一、稽查玩縱，查各屬官役本部院不時察訪，入夏以來稍知畏法。近日巡查兩鎮公事倥偬不肖官役或以本部院事務繁冗乘機舞弊，或借事生風，或因公科斂，以致民怨未消，時雪未降。今當徧行察訪，如有前弊，官則嚴參，役拿杖斃，以慰民望。【略】乾隆五年十一月十二日。

（清）慧中《欽定臺規》卷二《建白》 順治十年都察院題准：設建白牌各道輪流司管，除平時條奏隨人各抒忠藎外，遇有政事大關失該上公疏司建白者，即具本稿會各道御史公覽酌議，全列各道職名公同封進。事不重大不必合詞，言不切當無取衆瀆。十八年停止建白牌。

順治十八年上諭：都察院六科言官奏事，每一疏開列數欵，以至觀覽未便，且應行應止難以裁決。以後凡言官建白每一事著爲一疏，不許仍前一疏臚列多欵具奏。

康熙十年都察院題准：御史條奏止寫漢字揭帖呈送，若照揭帖翻譯恐與紅本內言詞參差不一。嗣後本衙門御史條奏事件，科衙門除發該部科抄外仍發與臣衙門科抄，照此造册進呈。

雍正元年上諭：朕仰承大統，一切遵守成憲，首以求言爲急。在京滿漢大臣，外省督撫提鎮，仍令奏摺外，爾等科道諸臣原爲朝廷耳目之官與朕躬最親，與國家最切，凡有所見自應竭誠入告，皆當絕去避嫌顧忌之私乃爲忠藎。爾等今雖備位臺垣，即將來之公卿大吏。爲科道時若不能盡言，則後日官至大僚豈能期爾建白謀猷乎。今著爾等各科道每日一人上一密摺，輪流具奏。或二三人同日各奏一摺，一摺祇言一事，無論大小時務皆許據實陳之。即或無事可言，摺內亦必聲明無可言之故。在外候旨或召進面見或令且退。其所言果是，朕即施行，即或未甚切當朕亦留中不發，決不令一人知之。倘有狥私挾讐顯係情弊巧爲瀆奏者，亦不能惑朕之耳目也。密摺不許與人叅酌，如有漏洩或同僚中知而言之，則同僚即可據以密聞。朕將兩人之摺合驗情事，爾等能隱諱推諉乎。至於有能面折廷諍，或彈劾權要或更革弊端，不妨仍照舊露章奏聞。

雍正三年上諭：滿漢科道凡有關內外朝政吏治，每人各條奏一摺封固進呈。若有奏二三事者，一事用一摺，限兩日內彙齊繳上，不可互相通知訪問，亦不可商之親友，各據己見奏聞。

雍正十年上諭：文武大臣科道等官向有輪班條奏之例，近年以來軍務殷繁暫時停止。今恐耳目或有未周，下情或有壅於上達者，著仍照前例輪班條奏。

雍正十三年上諭：朕御極之初，一時見聞未遍恐不能周知天下之庶務，欲開言路以期集益廣思。爰遵皇考時舊例，令滿漢文武大臣官員科道等輪班條奏，使各抒己見用備採擇。茲者條奏已將一週，其中固有通達治體可以見諸施行之事，而胸無確見真知因迫於班次已届勉強湊合支贅成篇者亦復不少。自今一輪之後不必拘定班次，倘有所見隨時陳奏朕前以資治理。此朕切望廷臣嘉謨入告實有裨於政治之意，並非以奏牘繁多厭於披覽也。附録

宣帝地節二年令羣臣得奏封事以知下情。《漢書》。

諫議大夫掌侍從贊襄，規諫諷諭。凡諫有五：一諷諫，二順諫，三規諫，四致諫，五直諫。補闕、拾遺之職，掌供奉諷諫。凡發令舉事有不便於時，不合於道，大則廷議，小則上封。若賢良之遺滯於下，忠孝之不聞於上，則條其事狀而薦言之。《舊唐書》。

至德元年制，諫議大夫論事自今以後不須令宰相先知。乾元二年，兩省諫官十日上封事直論得失無假文書。《通典》。

景龍二年，御史中丞姚廷均奏稱律令格式懸諸象魏，奉而行之自無不理。比見諸司寮宷不能遵守章程，事無大小並皆上聞，旒扆取斷宸聰，豈代天理物至化之道也。自今以後若緣軍國大事及牒式無文者任奏取進止，自餘據章程合行者，各令准法處分。其有故生疑滯，致有稽失者，請令御史隨事奏彈。從之。《唐會要》。

唐制，御史不專言責，至宋天禧中始置言事御史。天禧中兩省置諫官六員，御史臺中丞知雜推直外置御史六員，並不兼領職務，三年內不得差出。其或詔令乖當、官曹涉私、措置失宜、刑賞踰制、賦斂繁暴、獄犴稽留並令諫官奏論，憲臣彈舉。每月須一員奏事，或有急務亦許非時入對。元豐中，左右諫議大夫爲諫垣之長，左隸門下，右隸中書，同掌規諫。凡朝政闕失至百官任非其人，皆得諫正。建炎三年詔：臺諫言事官，繫非時上殿，不合在輪對條具之數。《文獻通考》。

故事三院御史論事皆先申中書，得劄子而後始登對，諫官則不然。熙寧初始照依諫官例，聽直牒閤門請對。臣僚上殿劄子末槩言取進止，猶言進退也。蓋唐日輪清望官兩員於禁中以待名對，故有進止之辭。崔祐甫奏待制官候奏事官盡，然後趨出，於內廊賜食，待進止，至酉時放是也。今乃以爲可否取決之辭，自三省大臣論事皆同一體，著爲定式。若爾自當爲取聖旨，蓋沿習唐制不悟也。葉夢得《石林》。

宋時入臺有十旬不言事，輒舉辱臺之罰。竊謂過矣，使時無可言固毋庸强聒也。故嘗謂臺諫之言事當論其大小不當，論其疏密，論其緩急，不當論其早暮。孫承澤《春明夢餘録》。

按古時諫無專官，《書》曰工執藝事以諫。《詩》曰先民有言詢於芻蕘。《國語》所載天子聽政使公卿至於列士獻詩，瞽獻典，史獻書，師箴，瞍賦，矇誦，百工諫，庶人傳語，近臣盡規，親戚補察，瞽史教誨，耆艾修之，而後王斟酌焉，是無人不進諫也。自秦專署諫議大夫，掌論議，無常員，多至數十人，屬郎中令。漢屬光祿勳，北齊屬集書省。後周地官府有保氏下大夫規諫於天子亦其任也。隋始屬門下省。唐龍朔二年改

置正諫大夫，後又置諫議大夫，屬中書省。開元後廢正諫大夫，後以諫議大夫屬門下。凡四人，掌侍從規諫。宋初諫議大夫司諫正言皆須別降勑許赴諫院供職方爲諫【略】呈經史講義。

乾隆二年奉旨：朕在潛邸六經諸史皆嘗誦習，自承大統勅毖萬幾，少有餘閒，未嘗不稽經讀禮。今祥練既逾，畢誼所奏令諸臣日繕經史奏議理得施行。在朕廣挹羣言可以因事鑒觀隨時觸發，而覽諸臣所進亦可考驗其學識。或召見講論，則性資心術必因此可覘。但畢誼所奏止及史臣，而朕意科道職司獻替，應令一體録呈。其規條應如何酌定，並分日按班呈奏事宜，著總理事務王大臣定議具奏。乾隆二年三月，總理事務王大臣覆奏，奉旨依議，每日繕進書摺朕披閱後交南書房收存。其或召見講論朕所降旨，令本人於次日繕寫呈覽亦交南書房收存。將來行之日久不特集思廣益亦可薈萃成書以資觀覽。

乾隆二年上諭：朕命翰林詹事科道諸臣録呈經史本欲以明義理之指歸，審設施之體要，所望切實敷陳，昌言不諱。如《大易》否泰剥復之幾，《尚書》危微治忽之旨，《風雅》正變美刺之殊，《春秋》褒貶是非之實。與夫歷朝史鑑興衰理亂所由，人才之進退，民生之疾苦，鑒往古以儆無虞，善爲法而惡爲戒。庶披覽之下，近之有助於正心誠意，推之有益於國計民生。涑水《通鑑》之編，西山《衍義》之輯，政治所資，前規具在。若有避諱之心，言得不言失，言治不言亂，則非所謂竭誠納誨之道矣。朕於六經諸史，誦覽研究，再三熟復，義理之精妙，固樂於探求，怠荒之覆轍，亦時凜於洞鑒。諸臣各就意見所及，無専取吉祥頌美之，論理必極其切當，務裨實用，勿尚膚詞。朕虚心採納，於諸臣章奏尚屢降諭旨，令勿拘忌諱，況經傳之舊文，載籍之往事，更復何所避忌。若以忌諱爲恭敬是大謬古人獻替之意，亦且不知朕兼聽並觀之虚懷矣。特諭。

乾隆五年上諭：朕命翰林科道諸臣每日進呈經史講義，原欲探聖人之精藴，爲致治寧人之本。道統學術無所不該亦無往不貫，而兩年來諸臣條舉經史各就所見爲説，而未有將宋儒性理諸書切實敷陳與先儒相表裏者。蓋近來留心詞章之學者尚不乏人，而究心理學者蓋鮮。即諸儒亦有於講章中係以箴銘者，古人鑑盤几杖有箴有銘，其文也即其道也。今則以詞藻相尚，不過爲應制之具，是岐道與文而二之矣。總因居恒肄業，未曾於宋儒之書沉潛往復，體之身心以求聖賢之道，故其見於議論，止於如此。夫治統源於道統，學而不正則道不明。有宋周程張朱諸子，於天人性命大本大原之所在，與夫用功節目之詳，得孔孟之心傳，而於理欲公私義利之界，辨之至明。循之則爲君子，悖之則爲小人。爲國家者由之則治，失之則亂，實有裨於化民成俗。修己治人之要，所謂入聖之階梯，求道之塗轍也。學者精察而力行之則藴之爲德行，學皆實學行之爲事業治皆實功，此宋儒之書所以有功後學不可不講明而切究之也。今之説經者間或援引漢唐箋疏之説，夫典章制度漢儒有所傳述考據固不可廢，而經術之精微必得宋儒參考而闡發之，然後聖人之微言大義如揭日月而行也。惟是講學之人有誠有僞，誠者不可多得而僞者托於道德性命之説欺世盜名，漸啓標榜門户之害，此朕所深知亦朕所深惡。然不可以僞托者之獲罪於名教遂置理學於不事，此何異於因噎而廢食乎。蓋爲己爲人之分自孔子時早已明辨而切戒之，學者正當持擇審處存誠去僞，毋蹈狥外騖名之陋習。崇正學則可以得醇儒，正人心，厚風俗，培養國家之元氣，所係綦重，非徒口耳之勤近功小補之術也。朕願諸臣研精宋儒之書，以上溯六經之閫奥，涵泳從容，優遊漸漬，知爲灼知，得爲實得，明體達用，以爲啓沃之資，治心修身以端教化之本。將國家收端人正士之用，而儒先性命道德之旨，有功於世道人心者，顯若於家國天下，朕於諸臣重有望焉。

乾隆七年上諭：朕令翰林科道輪進經史講解，原以闡發經義考訂史學也。而年來諸臣所進往往借經史以牽引時事，或進獻詩賦與經史本題無涉，甚失朕降旨之本意。即如今日翰林周長發進呈《禮記》講章内稱皇上詣齋宫齋宿，審定郊祀樂章，禮明樂備千載一時，宜其誠敬感格。未郊之先瑞雪屢降，齋祀之際風日晴和，大禮既成宜付史館等語。夫郊廟禮樂乃皇祖皇考久定之成規，朕不過略加參定，並非創爲制作也。致於郊祀之時風日晴和，亦適逢其會耳。況江南淮徐現被水災，朕方憂勞儆惕宵旰不遑，豈肯聽受諛詞而遂以爲瑞應乎。周長發著嚴飭行，並將此旨傳諭翰林科道等知之。

（清）慧中《欽定臺規》卷二《糾彈》 順治九年上諭：都察院爲朝廷耳目之官，上至諸王，下至諸臣，孰爲忠勤孰爲不忠勤，及内外官員之勤惰，各衙門政事之修廢，皆令盡言。如滿漢各官有賢有不賢，督撫按各官有廉有貪，有明有暗，鎮守駐防各官有捍禦勤慎者，有擾害地方者，俱著分別察奏。其推舉銓用與黜革降罰，及內外各衙門條陳章奏有從公起見者，有專恣狥私者，俱著明白糾駁。

順治十年上諭：朝廷設言官原爲繩愆糾謬，事關朕躬尚許直言無隱，況諸司過失，理當糾舉。其言果當，宜虛心靜聽。即言有未當，止宜分晰事理，聽候朕裁，不許私嗔報復。至言官論事亦須明白確指，不得摭拾風影挾私妄訐。

順治十年上諭：凡糾拾返坐言官有壞吏治塞言路。以後科道糾拾官員照大計一例處分，有挾私妄糾者，吏部、都察院指實參奏。順治十二年題定：言官糾參實指奸貪是其職掌，若結黨挾私肆行陷害者，反坐。

順治十三年上諭：科道爲耳目之官，職在發奸剔弊。凡大奸大惡從未經人糾劾者，果有見聞，即據實直陳，不許摭拾塞責，將人已糾參之事隨聲附和。

順治十七年吏部覆准：科道互相糾參，舊有此例，今應再行申飭。

順治十八年都察院題定：凡文武大臣果係奸邪小人搆黨爲非擅作威福紊亂朝政，致令聖澤不宣災異迭見，但有聞見，不避權貴，具奏彈劾。

順治十八年題准：都察院職掌糾劾百司，辨明冤枉，及一應不公不法事。如本院堂官及各道監察御史有不公不法、曠廢職事、貪淫暴横者，令互相糾舉，毋得狥私容弊。其所糾舉並須明具實跡奏請按問，有挾私妄奏者，抵罪。凡內外大小各衙門官員但有不公不法等事，俱得糾劾。其糾舉之事須要註明年月指陳實跡，明白具奏。若係機密重事實封御前開拆，並不許挾私苛求，泛言塞責。

康熙十年吏部議覆：左都御史艾元徵條奏，言官奏事必自行確見欵項方可據實題參，若一無可據，指借風聞具奏，照言官不據實陳奏之例處分。

康熙三十六年上諭：近觀言官條奏之事殊不切當，或有爲而條陳，或懷讐而參奏，於國事全無裨益。目前時務以開言路爲最要，果能不狥情面秉公參奏，內外所行不端等官自懼而知戒，如此則於言路大有益矣。科道等官如有所見即據實直陳，不得隱諱所奏。果是，朕即施行，如或不是亦不議罪。

康熙三十九上諭：文武大小官員有貪污不職者，言官得以風聞參奏。

雍正二年上諭：外省督撫有懷私背法逞威等事，給事中御史受其請託賄賂，瞻狥隱瞞，經朕於別處聞知，將都察院堂官一並議處。至上參劾本章或有畏難之心亦未可定，將本章封固，祇稱參本，不必聲明姓名事由。

雍正二年上諭：嗣後凡科道露章條奏，必俟朕御門之日進奏。按凡進參奏條陳露章於御門日，該員親送，候部院各衙門奏事畢，捧本由左階上，至本案前跪，將本敬謹安放案上，退立。

（清）慧中《欽定臺規》卷三《稽察》　康熙四年都察院覆准：稽察各部院衙門咨申呈狀事件既歸併臣衙門，今將吏部事務歸併河南道，户部事務歸併江南道，禮部事務歸併浙江道，兵部事務歸併山西道，刑部事務歸併山東道，工部事務歸併陝西道。辦理照科衙門之例，各該道官員月終查明，用本道印信具題，都察院覆查。部院具題事件，在外督撫具題，并科抄事件臣衙門原未稽察，嗣後六科照常稽查外，照赴科註銷之例造冊移送臣衙門并六道以便稽察。

乾隆六年都察院奏准：除密議密奏外其餘所奉一切傳抄諭旨及批發摺奏事件，查係何衙門承抄辦理，并傳該科一同抄録報明臣院轉發衆科道閱看。

康熙十六年諭：吏部等大小衙門，向來各衙門事件關係重大者雖有定限赴科道稽察，但事有易結者即宜速結，必俟限滿方行題覆多致壅滯。更有各項呈狀不係註銷者任意耽延，借端拘提人犯，數月不爲審結，無辜牽連殊堪憫惻。以後具題本章俱著速行料理，不必盡拘定限。至於審理事件，亦速爲完結。著照註銷欽件例，定限每月造册赴都察院科道稽察具奏。爾等各宜力圖振作體恤民隱以副朕孳孳求治之意。

康熙十七年都察院覆准：各省關係三法司具題事件，一揭送臣衙門一揭送該道以便核議。至於別項具題事件，止送臣衙門及河南道各一揭，其各道揭帖俱停其造送。康熙四十五年都察院題准：嗣後凡一切奏聞事件，彼此照常行文事件，各部院衙門令該司官員俱親身造送各科道，令科道每月註銷，月終奏聞。

雍正元年議准：户部經管事件繁冗，且皆係銷算會同稽考錢糧之事，較别部加倍繁多，其題覆事件著於原限之外加增十日。乾隆五年改定：吏禮兵工等部正限十日者准餘限十日，正限三十日者准餘限十五日。户部正限二十日者准餘限二十日，正限四十日者亦准餘限二十日。刑部事件照户部扣限。雍正三年議定：凡一應奉旨交議事件與摺奏事件，俱令於到部之日即將緣由聲明，知會內閣并科道衙門，如有逾限即行題參。

雍正三年上諭：凡速議事件與平常事件業已定有限期，嗣後務遵定限議覆歸結。倘事件之内有行查他處咨提人犯不能依限歸結者，可於限滿之日將情由寫明交送内閣奏聞。如並無别項情由而逾限不結，科道即行查參。倘科道不行查參，著内閣都察院一併參奏。

雍正六年上諭：凡各衙門事件交與科道官員稽察，欲其按限歸結不致遲悮。近見科道行查之案，其衙門隨便託詞回覆而科道遂不復問情由，是科道之稽察不過查其遺漏而已，其遲延之故並未致問，殊非差委科道之本意。嗣後若但以行查塞責，遇有不應遲延之案該衙門託詞回覆，而科道官並不詳查其應否，定將科道官一併處分。雍正七年奉旨：太常寺、光禄寺、大理寺、鴻臚寺、順天府、鑾儀衛、欽天監等衙門既有與各部院衙門互相移咨往來行查之事，又有關係錢糧之事。著將所辦一應事件每月兩次，亦造册送科道衙門依限查核。

乾隆四年議准：理藩院衙門每月註銷册并三法司會題稿，即令該道筆帖式譯漢字，該道滿御史詳加查核校正與漢御史公同閲看一體畫題。其順天府註銷案件亦令該道滿漢各員一體公同註銷畫題。康熙十八年議准：大小官員在衙門不待事畢推諉滿官早歸遲進宴會嬉游者，或料理公務瞻徇遲延不行即結者，司屬聽堂官題參，堂官聽科道題參。雍正三年議准：凡各部奏銷黄册令稽察各部院之科道官詳細查核具奏，奏完之日黄册仍送内閣貯庫。雍正四年定：内務府設監察御史四員，鑄給印信。凡七司三院并上三旂内佐領管下事務令其稽察，照各部院衙門註銷之例，每月杪具題。其内務府一應支銷錢糧等項事件，照京畿道刷卷之例，該御史查對磨勘，歲底具題。

雍正五年上諭：添設宗室御史二員，稽察宗人府事務。每月兩次註銷，另給印信月杪具題。又上諭：提督衙門事務著都察院派滿漢御史各一員稽察，每月兩次註銷，用河南道印信月杪具題。

順治十八年議准：凡遇選期，吏部會吏科河南道封簽掣簽。【略】康熙十年題准：辦買草豆米麵顔料細緞布疋等項，户部會同江南道御史公議定價。康熙三十四年覆准：辦買草豆改設監督專管，嗣後停其會同江南道御史公議定價。雍正五年題准：户部三庫出入數目每月進呈御覽，奉旨後即交都察院將各處所領銀緞顔料等物原稿支取數目查核。如有多出不符之處即將情由舉出題參。【略】乾隆六年奏准：五城竊案，嗣後各該坊逐案報明山東道，該道按限傳集承緝捕役嚴加責比。如五城坊官有縱捕豢竊等弊，聽該道據實指參。至年終該道逐一查核，將新舊共被竊若干案，拏獲若干案彙題註銷，以專責成。倘該道瞻狥不實力嚴比，即行參奏，交部察議。

乾隆八年四月議准：嗣後凡五城地方有失竊案件，該司坊官即行申報巡城御史及都察院山東道御史，於失事之日起勒限四個月緝拏。如限内全獲，或拏獲及半者，俱免其查參。如四個月之内賊犯尚未全獲，或雖拏獲不能及半者，該城御史參送到部，將該司坊官住俸勒限一年緝拿。限内全獲或拏獲及半，准其開復。如逾限不獲，該城御史按限查參，再將該司坊官罰俸一年。賊犯照案緝拿。其未經案緝之先俱著山東道御史按限提比，其有廢弛怠玩之處應聽山東道御史據實查參。如該巡城御史有不據實報參，山東道御史有不實力稽察者，應令都察院將該御史等查明參奏，交部議處。

康熙十年題准：紫禁城外修造工程，一百兩以上者令御史稽察查，工完日將用過物料錢糧數目開列咨送該道御史查勘。若修造不如式，責令原修官另造。如有浮冒不符等弊，會同工科題參。康熙十八年議定：修造工程等處甚多有遲延浮冒侵蝕情弊，除内務府監造工程外，其餘修造之處俱令都察院逐一稽查。康熙四十三年題准：凡一應修造之處，匠夫工價至五十兩以上者，御史會同工科查銷。康熙六十年題准：將一應修理工程工價五十兩以上物料二百兩以上者，著該處料估咨奏到日御史會同工科覆加核估，工完奏銷。

順治九年都察院題准：除軍機大事不刷外其餘事件一年一次稽察。順治十一年題准：京畿道照刷文卷内有訟獄淹滯、刑名違錯、錢糧埋没、賦役不均等弊應請旨者奏請取問，應治罪者依律治罪。其移送照刷文卷俱用印信册結，照刷事畢具疏奏繳。康熙元年都察院題准：京畿道查刷各衙門文卷及錢糧等項，以稽核埋没違誤等弊，各衙門只開收存數目而支放之數未開，如有冒破從何稽察。嗣後有錢糧各衙門要將支放數目詳細開送以憑稽核。康熙七年題准：凡在京各衙門文卷俱於每年八月内送刷。康熙三十九年議准：户部工部光禄寺等衙門於年底奏銷黄册後，將按月啓奏細數之底册一併送京畿道刷卷。雍正元年議准：嗣後凡還庫銀兩并繳還俸銀公費等項，逐一造入刷卷册内，移送京畿道查對。又議准：刑部銀庫給發過各司辦買秋審朝審板片紙張工價等項銀兩數目，各司俱造清册送京畿道刷卷。又議准：刑部十四司嗣後將各省解送贓贖銀兩申文同刷卷册一併移送京畿道查對。又議准：户部山東司嗣後將所領鹽引紙硃銀兩造入刷卷册内送京畿道查對。又議准：工部營繕司俟月檔奏銷命下之日即行造册送京畿道刷卷。又議准：嗣後坐糧廳修閘挑淺動用税課并贏餘銀兩編造清册送京畿道刷卷。

雍正三年議准：凡秋審朝審派滿漢御史各一員在班稽察，倘有無故不到之員指名題參。

康熙五十七年上諭：八旗補放佐領世職承襲事件有遲至數年不奏者，交都察院查明參奏。

康熙六十一年上諭：丁憂廢職之人，該旗如有隱瞞者，著科道官員查察，將該旗大人一併題參。

雍正元年上諭：八旗内每旗派出滿洲御史二員，照稽察各部院衙門例，令其稽察。凡有應奏應參事件即行密奏，五旗王等使用旗員以及治罪之處有違定例者亦著查參。所派御史，調旗派出。議定：凡八旗奏過事件并八旗與各衙門彼此行文事件，每月細造清册送該御史稽察。凡八旗一應關係錢糧事件，按月稽察。凡八旗放官襲職并各省在旗武官其出缺補授日期有無逾限，按月稽察。

雍正二年議准：嗣後各旗赴部候選人員，令在本旗佐領具呈定限，五日内出具甘結，回明都統即具印文咨部。如遲至十日不行咨部者，許本員赴部具呈。部内一面行催該旗，一面行文該御史查明。如有故壓勒索等弊，該御史即行奏聞。

雍正三年上諭：朕前曾降諭旨，著八旗將歲底所奏黄册於十二月初間具奏，八旗畫一繕寫。今既遲於具奏而八旗之册又書寫各異，彼此並不畫一。著傳集稽察八旗御史，將此八旗奏册閲看有無錯謬，擇一式樣善者呈覽。嗣後即照此式樣，於每年歲底繕寫具奏。再前令八旗輪班當月者，蓋欲事件速行完結，不令堆積之意。今當月大臣但圖苟且過去，至下月交代自謂其責已塞，因而事件益至堆積遲誤。今交稽察旗務御史等將以前當月旗之事件，於限内已完結未完結之處，一併稽察。其一月所承接事件若干，已完事件未完事件若干，俱著查明。如有逾限堆積等事，一經查出即行參奏。

雍正三年議准：嗣後八旗行文部院衙門事件，令該司官員登記號簿，依限完結送科道衙門，每月兩次註銷。雍正四年上諭：嗣後應於旗下完結事件不行完結推諉部院者，都察院即行參奏。應於部院完結事件不行完結推諉旗下者，亦行參奏。雍正四年上諭：從前每旗特派御史二員令其稽察八旗事務，近聞得八旗大臣等於午門前徒有會議之名並不議事以致諸務遲誤，御史乃視以爲常不行嚴察。夫旗務不比部院事件，部院事件俱有條理又有限期，旗務並無一定條例限期，所以特派伊等令其稽察。乃伊等仍行怠惰，致令事俱遲誤，可將此再行嚴飭伊等嗣後務加嚴察不可稍徇情面，若仍前懈惰必將伊等一併治罪，斷不輕釋。

乾隆三年上諭：從前八旗事務原設有查旗參領侍衛等官，後俱裁汰，每旗惟留御史二員查察，是一切旗務皆應綜覈非徒註銷文册考訂已完事件已也。前經吏部議覆，給事中德山條奏八旗案件有未妥協以至錯謬遲延等事，該查旗御史不行參奏，别經發覺者，將該御史分别議處。朕已降旨允行，乃數月以來八旗都統副都統等因辦理事務舛錯處分者往往有之，何以查旗御史並未見一體議處。著都察院查明具奏。至於内務府向有專設之御史，亦經裁汰，現在無稽察之員，著派御史恩特和穆沈瑜稽察，照八旗之例不必逐年更换。將來頂補伊二人員缺者即著辦理稽察内務府之事。

乾隆三年奉旨：命爾御史等稽察八旗事務者非祇令稽察補官註銷事件而已，如都統等勒索屬下，旗員等舞文弄弊皆當查明奏聞。前以察旗章京侍衛煩瑣因而裁汰，是專令爾等畫一稽察也，爾等責任愈重。今八旗大臣内有被參議處者，有經朕特交議處者，爾等並未查參，從前不知則已，嗣後如仍不留心稽察，朕必將爾等嚴加治罪。乾隆三年奉旨：嗣後如有察議查旂御史之案，著兵部分别移咨都察院，都察院核明轉行吏部察議。

康熙三十七年覆准：上司官員借訪事爲名，令家人衙役迭出勒取州縣餽遺進奉者，許州縣官員揭報督撫指名題參。如督撫狥庇不行題參，令科道官員訪實，指名題參。

雍正元年議准：大臣爲小臣之表率，若屬員虧空錢糧者多即係上司不能以清慎爲率，盜賊繁多諸務廢弛即係上司不能以勤慎爲率。如各省屬員内有虧空多盜案繁廢弛甚者，許科道官年底查實題參，將該督撫照才力不及例降二級調用，加級紀録不准抵銷。雍正元年諭：都察院各衙門募設書辦不過令其繕寫文書收貯檔案，但書辦五年方滿，爲日既久熟於作弊，甚至已經考滿復改换姓名竄入别部潛踪淹跡無所不爲。更有一等名爲缺主，獨掌一司之事，盤踞其中，事無大小一手握定，而不肖司官交通賄賂倚爲心腹，上下朋奸莫能查究。總之書辦尚可更换，缺主總無改移，子孫相承，竟成世業。各衙門奸弊叢生未有不由於缺主者。自今以後書辦五年考滿，各部院堂司官查明勒令回籍候選。逗遛不歸者，著都察院飭五城司坊官稽查遣逐。至於缺主多捐納官職，原有勢力可以抗違，爾衙門職掌糾參立刻查明缺主的名題參革究押解回籍。庶作弊之本源永絶，而官方可以肅清矣。

又奉上諭：嗣後缺主與年滿書辦發回原籍之處，著各部院一年一次保結具奏。倘仍有潛居京師者或經朕聞知或被科道題參，將保結具奏之大臣官員一併治罪。

雍正十三年吏部議覆：各部貼寫一案奉旨依議，著都察院派出滿漢御史輪流稽察。倘有隱匿捏飾等弊，一經發覺，即於都察院堂官及稽察之御史是問。

雍正十三年奉上諭：今之書吏即古之府史胥徒也，各部院衙門皆額設召募，所以檢收檔案繕寫文書。乃役滿之後，每復改换姓名竄入别部舞文作弊，更有一種缺主已身並未充役，居然盤踞都中呼朋引類，遇事生風影射撞騙靡所不爲，此十數年以前之積弊也。皇考洞悉此種惡習，屢降諭旨，著都察院飭五城坊官嚴查訪緝，其有潛匿京師及附京州縣者，該地方官定以失察處分。有能拿獲者，以名數多寡分别議叙，載入欽定條例中，俾各實力奉行用是元二年以後奸徒漸知斂跡，部務得以整齊，此皇考之所以芟鋤稂莠而滋植良苗，民生吏治均受裨益也。朕御極以來仰遵皇考遺詔，每事務從寬厚。凡八旗直省以及窮邊極壤無不殫慮精思周詳體恤，冀臻惇大成裕之治。然寬厚二字非可一槩視也，厚民生紓民力，加惠於兵丁施恩於百姓，乃爲寬厚。朕所以仰承先志而日夜孳孳者此耳。若夫姑息以養奸，優柔以縱惡，聽若輩貽民害而蠹國事，以待善良者待奸蠹，則適所以成其慘刻殘忍而爲不寬厚之尤者也。朕深恐此輩不知朕所以用寬厚之意而故智復萌以身試法，用是特爲申諭。著都察院、五城坊官、順天府、宛大二縣及九門提督各文武衙門不時嚴查訪緝。倘有此輩潛匿京城或混入貼寫之中，并有罪遞回原籍之後仍潛入京師或附京地方者，事發之日除本犯治罪外，定將各失察衙門照例處分，必不姑貸。特諭。

乾隆元年奉上諭：據都察院審訊，李長泰首告劉四因事行賄刑部司官周琬得銀五百兩一案，全係步軍統領衙門番役等夥同匪類捏詞誣陷，供證確鑿。都察院又稱番役私用白役人等，俗名圓扁子，並非額設衙役，亦無定額。每借番役名色唬詐生事，若遂其所欲則將事件消弭，否則告知番役捕治得受賞銀飽其谿壑，且往往出銀設計誘人犯法，民間甚爲擾累等語。向來提督衙門番役及内務府番役恣行不法，往往遇事生風戕賊良善，其索詐騙害之惡不可枚舉，是以我皇考特派王大臣等不時約束稽查。比時稍知畏法斂跡，今則日久廢弛復逞故智。如李長泰首告一案，即目前之顯然敗露者，其他更不知凡幾。朕又問得番役等竟將京城内外地方各人私自分管，且將六部等衙門事件各派一人訪查，此則可惡之尤甚者。從來番役之設不過查捕潛藏之盜賊逃竄之罪人與賭博宰牛等類，至於部院之事自有該管之大臣與職司稽察之官員，番役何人而敢於私自窺伺以持其短長乎。著步軍統領嚴行禁止，并將白役圓扁子之類盡行革退，不許私留一人，致滋閭閻之擾。嗣後倘有被番役等騙害者，准本人赴刑部都察院控告，該部院即據實奏聞，朕必將番役嚴審治罪，不少寬貸。

雍正六年刑部議准：御史職司稽察，遇有違例犯禁之事皆可不時察劾。況統領衙門事件，向在河南道註銷，則番役人等令其一併實心協查，更爲妥協。嗣後俱照各部院經承貼寫送查之例，將正身番役開載年貌籍貫，按季造册，并出具並無白役圓扁子印結，移送河南道御史考覈。倘册結不實别經發覺，將該統領及不行詳查之該御史一併交部議處。

又議准：內外各衙門拘拿人犯，該管官必給印票往拿，所以防滋擾而杜詐冒也。該統衙門提拿人犯有指名查拿者，有巡緝拘拿者，即如竊盜鬪毆之類巡緝所至隨遇隨拿，不能少待。可每名預給印票一張，令其不時查緝。仍令該統領查明何等案犯應預行給票，亦並於票內開明欵項交發該番役收執，并將預給印票之欵項移明河南道查核。

（清）慧中《欽定臺規》卷三《理刑》 順治十年都察院題准：刑部送到在京人犯有犯罪至死者，亦有所犯事情不應至死者，若以不至死之罪概經三法司擬議恐於典例不合。自今以後凡犯罪至死者，刑部必詳加審擬成招定罪，奏請奉旨下三法司者，然後臣衙門會同部寺覆核。

順治十五年都察院覆准：御史理刑是其職掌，凡人命重情，舊例刑部抄招分送先閱。前奉有上諭：文移往來虛費日月，且事不同審稿不面議豈能得平，未便抄招分送。嗣後凡奉旨三法司核擬事情，御史會同刑部大理寺官面審同議。順治十八年題准：凡係重犯及遇熱審，刑部會同都察院大理寺公審。

康熙十二年議准：各省刑名事件，分道御史與掌道官一同稽核。

康熙二十七年議准：凡現審重案，刑部即將原供送該道御史看閱，其外省揭帖到日御史預□全招。俟三法司核擬旨下會議定稿之時如有不符情節回堂另議。

雍正二年上諭：楊纘緒田嘉穀俱有言職，風聞事件尚許奏聞。焦弘勳一案，三法司堂官俱已畫題，伊等並不畫題。若議罪之處與伊等意見不合，即應另行啓奏。伊等既不畫題又不另奏，非欲沽名即係徇私。爾等傳諭楊纘緒田嘉穀令其明白回奏。此案既有御史二人不肯畫題，該部不行聲明亦屬不合。嗣後凡會稿事件如有不畫題者，爾部即行聲明具奏。

雍正三年議准：凡會審事件，刑部移會到日該道滿漢御史到部公同確審取供。刑部定稿先送刑部堂官畫題，續送都察院畫題。若意見不符或有兩議者，應於五日內繕稿送部一併具題。至外省會稿事件或有另議者，亦於五日內繕稿送部，不得遲延。雍正十二年奏准：秋審朝審事件會審各官將本日應審案內有不應如該督撫所擬者，各據所見摘出，另寫一單，開列罪犯姓名註明作何改擬字樣，先交查班御史收查。

乾隆六年奉上諭：兩議之事間或一二人意見不同則可，三法司本屬一體，與刑部判然兩議，將來一衙門立一意見甚有關係，著訓諭知之。

附録

初漢宣帝元鳳中，感路温舒尚德緩刑之言，秋季後請讞。時帝幸宣室齋居，而決事令侍御史二人持書，持書御史起於此也。後因別置，冠法冠，有印綬，與符節郎共平廷尉奏事，罪當輕重。後漢亦二人，銅印青綬，選明法律者爲之。凡天下諸讞疑事，掌以法律當其是非。侍御史分直朝堂，與給事中、中書舍人同受表裏冤訟，迭知一日，謂之三司受事。其事有大者，則詔下尚書刑部、御史臺、大理寺同按之，亦謂此爲三司推事。《通典》。

凡冤而無告者，三司詰之。三司謂御史大夫、中書、門下也，有制覆囚則與刑部尚書平閱。《文獻通考》。

故事，百僚有奸匿隱伏得專推劾。若中書門下五品以上，尚書省四品以上，諸司三品以上，則書而進之，并送中書門下。凡天下之人有稱冤而無告者，三司詰之。建中元年，勅軍城諸軍諸使及府縣季終命御史分曹巡按繫囚，省其冤濫以聞。《唐會要》。

給事中凡國之大獄三司詳決，若刑名不當，輕重或失，則援法例退而裁之。凡天下冤滯未申及官吏刻害者，必聽其訟，與御史中書舍人同計其事宜而申理之。《舊唐書》。

凡內外刑獄所屬理斷不當有陳訴者，付臺治之。《金史》。大獄重囚會鞫於外朝偕刑部大理讞平之。《明史》。

決囚

順治十年題准：查決囚事例，該科三覆奏，旨下，凡情真各囚通綁赴市曹。都察院委御史一員，刑部委司官一員爲監斬官，將各犯花名具本題覆，當於法場內候旨。奉有御筆勾除者，遵照行刑，其餘監候。今相應添都察院刑部滿官各一員同漢御史司官監斬。凡決囚劄委新資御史。

附録

決囚徒則監察御史與中書舍人金吾將軍莅之。《文獻通考》。

附管理皷廳

管理皷廳事務，滿漢監察御史各一員。順治元年題定：凡內外各衙門有真正貪贓虐害不公不法地方重大緊急事情，六部督撫按不行處治，又不奏聞者，例設登聞鼓於都察院門首，每日輪流御史一員監值。

順治十三年九卿覆准：照會典舊制仍將登聞鼓移設於長安右門外，科道滿漢官員輪流監值。其准駁事宜應照舊行，至在外總督巡撫巡按三衙門内曾經二衙門告理不爲審理又審而不公者，許其擊鼓。順治十三年都察院題准：軍民人等果有冤抑事情應先赴撫按，撫按審斷不公再赴總督。如有未曾遍告便來京擊鼓者，照例不准。順治十四年吏科等衙門題准：有擊鼓告狀者即據冤狀原告查問并取原問衙門册檔詳明磨對，果係真情具題候旨勑下該衙門審理。

順治十五年吏科等衙門題准：按現行事例，值鼓官每收一狀會同六科六道滿漢掌印官公同會議，分别題駁，以致有日久而不結者。嗣後止令同本科本道滿漢掌印官商議，狀詞清漢字俱限五日譯完，以憑會議審理，照本部之例限二十日完結。如往各衙門查取文卷，各衙門亦限三日即發。若各部遲延應封進者於本内題明，不應封進者於案内註明，以便稽考。

康熙十二年都察院覆准：鼓廳係伸理冤枉之事，應令專員料理。嗣後將滿漢給事中、滿漢御史各一員坐名具題，差遣滿漢御史論俸題差，六個月一换。漢軍監察御史應入滿御史内論俸差遣，所收之狀俱令各該任内完結。所告之事有檔案可查者，限二十日；無檔案可查者，限十日完結。令吏科河南道按月稽查具題。其議結事件一槩造滿漢清册存案。

登聞則例

順治十四年吏科等衙門題定：一、告狀人羈候處所係滿洲交送本旂撥什庫，漢人查照歇家發該司坊。一、屢奉恩赦如有以赦前事告理者，槩不准行。一、誣告流罪以上者依律反坐。一、漢人借滿洲之家住歇，滿洲借漢人之家住歇投遞鼓狀者，除原狀不准外，仍查有無教唆主使情節，依律治罪。一、鼓狀除合例者封進，違例者駁回，有事情重大迹涉冤抑虚實未明者，許連人狀咨行各部院督撫，聽其審確酌奏，仍將咨過件數歲終彙奏。

順治十七年刑部覆准：令鼓廳刋刻木榜於鼓門前。一、狀内事情必關係軍國重務、大貪大惡、奇冤異慘方許擊鼓。其户婚田土鬦毆相争等事，及在内未經該衙門告理，在外未經督撫按處告理，有已經告理尚未結案者，並不准封進。仍重責三十板。如係職官應送刑部折贖，舉人送禮部，監生送國子監，生員送發順天府責治。一、登聞鼓之設，原以伸冤辨枉，近有無賴棍徒本無冤枉，或希圖報復或受人主使，劈鼓抹項拿刀詐害以圖倖准者，明係刁徒。嗣後如有此等人犯除原狀不准外，將本犯送刑部責四十板，照例於長安門外枷示一個月。又於順治十七年三月奉上諭，諭刑部：民間果有冤抑事情自當據實陳告，以求伸理。乃近來刁風日熾，常有持刀抹項故爲情急以圖倖准，深爲可惡。以後再有這等的，除所告不與准理，本人按法究懲，其妻子流尚陽堡，爾部即遵諭行。仍行直隸各省地方官刋刻榜示，嚴加禁誡。一、設鼓原恐民間受屈於貪官污吏，及官民被陷重罪冤枉無伸，俾得自達天聽。近見復辨官職者紛紛見告，案牘事多虚罔，不惟長囂凌之風，且原非國家建鼓之初意也。嗣後凡官員被革被降欲辨者，既係職官俱應赴通政司具疏，庶蠅營之徒不致日集都門，覬仕宦之捷徑矣。至於奸民假託條陳希圖倖進尤可痛恨，相應嚴禁。一、凡告鼓狀必明白開具情節不許粘列欵單，如列欵單不與准理，狀後仍書代書人姓名，如不書代書者，亦不與審理。

（清）慧中《欽定臺規》卷四《祭祀》 凡祭祀天壇監禮，壇上并第二成臺階滿御史各二員，壇下東西滿漢御史各二員。監宰牲，滿漢御史各一員。地壇監禮，壇上東西兩班滿御史各二員，壇下東西兩班滿漢御史各二員，監宰牲滿漢御史各一員。祈穀壇監禮，東西兩簷下滿御史各二員，壇下東西兩班滿漢御史各二員，監宰牲滿漢御史各一員。

雍正五年奉上諭：壇廟祭祀關係甚要理宜潔净齋戒。聞得大臣官員於齋戒處飲酒嬉戲殊非敬謹齋戒之體，應派官稽察。嗣後派御史二員，派各部院衙門司官四員，每旂派好章京一員，包衣章京二員，三旂侍衛二員，前往壇内嚴行稽察。如被查出即行叅奏。再天壇内有放鷹打鎗，成羣飲酒遊戲者，應令禮部、太常寺嚴行出示禁止。仍不時派司官前往稽查，如有此等之人即行嚴拿交部治罪。

附載

圜丘正陽門外五里，其制三成以日月星辰雲雨風雷爲四從壇配享。方澤在安定門外北郊，其制二成以五嶽五鎮四海四瀆爲四從壇配享，每歲冬至祀天圜丘，夏至祀地方澤。正月上辛日祭上帝於大享殿，行祈穀禮。

（清）慧中《欽定臺規》卷五《監試》 順治八年都察院題准：順

天文武鄉試及文武會試，差滿漢御史各二員監試。

順治十四年都察院題准：今停滿洲蒙古漢軍考試，其監試應停差滿洲御史。

順治十八年題准：凡文武殿試差滿漢監察御史各二員監試。順天鄉試，差漢監察御史二員，入院總理諸務。又差巡城御史二員，搜檢各生儒進場。會試差漢監察御史，内監試二員，外巡察二員。凡武場鄉試會試差漢監察御史二員監試。

康熙三年都察院題差監試，奉旨：監試巡察監察御史，爾衙門預行指名題請不合。爾衙門御史内除有兄弟子姪進場應迴避者不開外，其餘各員將姓名開送禮部。著禮部與各部官員一同開列姓名題請。康熙五年九月都察院題准：武鄉會試亦照此例行。

康熙十年禮部題准：滿洲蒙古漢軍復行鄉會試，點察止用漢御史，未經議及滿員。今鄉試旗下生監漸多，一應查點出入關防内外不可無滿洲監察御史。嗣後鄉會試仍兼差滿洲監察御史。

康熙十二年，都察院題爲監試事，奉旨：監試御史啓奏本章理應兼書滿漢字，照爾衙門所議著帶筆帖式。

康熙十八年禮部等衙門覆准：順天鄉試會試内簾應添設滿漢御史各一員。

內簾監試條例

內簾監試御史在聚奎堂向上設座，帶筆帖式一員，在會經堂左右歇宿，不與文事，專行糾察弊竇。場内擬題四書製定幾章，每題每人各擬一道，五經製定幾章，每題每人各擬十道，俱送正副主考寫簽入筒，聽御史當堂拈掣。正副主考同考入闈，各歸本房，不許私訪聚談。至擬題閱卷，同考官將各薦卷置放當中案上，御史驗看，若無私通小帖，正副主考收閱。如有此等情弊，聽御史糾糸。正副主考同考分閱之時，御史同坐一堂，每日天晚停閱之時將所閱硃卷查取數目入箱，正副主考與御史共加封鎮，次日公同開閱，不許私帶入房。如違，聽御史糾糸。同考如有暗通正副主考，姑容取中，御史即刻題糸。若同考不將佳卷盡數呈薦，並將荒謬之卷妄薦者，正副主考會同御史查明題糸。同考不許將不應密圈密點之文滿篇圈點，呈主考止用句圈句點，御史驗明送正副主考詳閱圈點，照例注批填榜之後即行封鎖。進場之時主考各帶三人，同考各帶二人，御史照定數搜檢放入。如正副主考同考暗帶主文相公假粧僕從跟入内簾者，御史查出將本官交與吏部從重議處。其跟進之人，交與刑部從重治罪。頭場二場三場如有埋藏偷換等弊，聽御史嚴行根究題糸重處。以前順天鄉試内簾未設御史，其封門分卷等項俱係正副主考管理。今後内簾既設御史，其封門發題進卷分卷關防一應諸事俱應御史管理。會試内簾悉照鄉試各欵遵行。

雍正元年特開恩科。欽定順天鄉試第一場四書題，欽定會試第一場四書題。後每科順天鄉試會試並同。京闈進呈三場題目，内簾先莊寫一通，向闕設案，恭捧安置，主考等官行一跪三叩頭禮，進呈不過卯辰二時。鄉試順天府尹捧進，會試禮部堂官於朝房等候，儀制司於場前等候，監試御史俟内簾傳出進呈題紙，同提調官賫捧出至大門内立覿面明交，即將場門封閉。

康熙十八年都察院覆准：内簾添設滿漢御史糾糸奏疏，出場後具揭到都察院及河南道，於二八月一並入册進呈御覽。

康熙二十六年，禮部等衙門會覆，内簾添設滿漢御史實屬無益，應行停止。

康熙三十九年，禮部等衙門會覆，外簾監察御史，内簾弊竇無由稽察，應仍設滿漢御史各一員糾察。

雍正十一年禮部議准：酌定會試外簾等事，查至公堂監試御史向例隨帶筆帖式二員，並無委派之事，請停其隨帶，即以筆帖式所住官房一所，令至公堂書吏辦事，以便與謄録人等一例封鎖關防，不必於至公堂上搭蓋蓆棚，則内外清肅而燈火廚竈亦可無虞。

乾隆四年奉上諭：科場試士時夾帶文字入闈乃士子最不堪之劣習，若不嚴行查禁則荒疎不學之人多得僥倖入彀，而真才轉致遺棄，於掄才之典大有關係。著監試御史先行出示曉諭，臨點名時再加告誡，務將夾帶之弊盡行革除。仍有不肖之徒玩視功令者，即行糸奏，交部照例治罪，毋得姑容。

附録

禮部會試，洪武十七年差監察御史二員監試。隆慶二年添委二員搜檢。順天府鄉試，永樂二年差御史二員監試，隆慶二年添委二員搜檢。武舉差監察御史二員監試。景泰元年令在外鄉試仍聽巡按御史監臨。《明會典》。

考試翻譯監試

雍正元年定：設立滿洲蒙古考試翻譯科，一應點查出入關防內外專差滿洲御史五員。定例：滿洲蒙古漢軍文舉人、翻譯舉人、貢生、監生、文生員、翻譯生員、官學生、義學生等俱係應用筆帖式之人。每遇考試，吏部行文各旗查送到部，彙齊奏聞，造册備卷，劄送順天府彌封，吏部將大學士以下侍郎以上及都察院御史職名開列具奏。欽點閱試大臣、監考御史，恭請欽定翻譯題目一道。在貢院內公同考試滿漢翻譯分別等第進呈御覽，發部出榜。

乾隆三年禮部議准：嗣後翻譯鄉場遵照世宗憲皇帝原旨取用筆帖式謄録清字外，應令內外監試御史於筆帖式入場之時嚴加搜檢，並令監臨監試等官不時稽查。如有夾帶黑墨私行改抹等弊，即行指名叅奏，交部按律治罪。

乾隆四年禮部議准：向來翻譯鄉試科場只派御史六員，今科翻譯會試新添入號巡查御史四員，共需十員。滿御史雖額設二十八員，而每遇派差之時，除出差並有事故外，其開列者不過十三四人。況鄉會場期正值春秋享祀需員監禮之際，若逢二事並舉，滿員實不敷用。請嗣後翻譯科場除同考官只派滿官外，其監試各御史應照漢文場並武會試例滿漢兼派，庶臨時任使不致乏員，而科場事例亦得畫一。

貢監考職監試

雍正六年議准：貢監生考職照科場式例，凡取具地方官文結到京及國子監肄業期滿文到部者，將原捐貢監執照呈驗。並將年貌三代籍貫投具親供京官主事以上印結及同考五人互結，再於卷面填注。考試之所，定在貢院。每年吏部奏請欽點閱卷官，並派滿漢御史二員，吏部滿漢司官各二員點名給卷編列字號分坐。如有包攬代作等弊，該御史查叅。

督學

順治元年，直隸江寧蘇松三處各差御史一員提督學政。

順治七年題准：江南督學歸併一員。

順治八年題准：江寧蘇松學政復差御史二員。

順治十年題准：提督學政停差御史，俱歸翰林院差遣。

康熙四十四年，提督學政將監察御史一體開列。

康熙四十七年，提督學政停止開列御史。

附録

正統元年，令吏部會同禮部都察院選差監察御史才行兼備者一員，請勅提調南北直隸學校。其後遼東宣大甘肅巡撫俱兼提調學校。凡兩直隸提調學校御史，都察院會吏禮二部推舉學行政事俱優者奏差。凡提學御史進退人才奉有專勅，撫按官毋得干預。其師生廩饌及修理學校等項，提學御史止是督行，有司轉申撫按施行，不得擅支及那移倉庫錢糧。《明會典》。

（清）慧中《欽定臺規》卷五《巡倉》 順治二年都察院題准：差御史一員巡視京通各倉。

順治七年户部題准：停止巡倉差。

順治八年都察院題准：京通倉差不便裁去，應復差御史巡視。

順治十年題准：巡倉差照巡鹽例一年一次更替。

順治十八年都察院覆准：巡倉所屬方面官四員、有司官九員共應薦一員，武職官二十一員應薦一員。

康熙七年都察院題准：管理京通各倉有侍郎二員，管勘收進等事，有户部專差滿漢郎中員外郎等官，巡倉御史並無另有專管之責，相應裁去。

康熙二十年户部題准：倉糧關係緊要，應差滿漢御史各一員稽察。

康熙二十年都察院題准：題差巡倉舊例出過兩差，差過兩浙兩淮巡鹽一次者，并掌河南道、京畿道事御史不行開列。查巡倉差屬緊要，其差過兩浙兩淮巡鹽及掌河南道京畿道御史應一體開列。

康熙二十六年，吏部等衙門會覆：倉場侍郎、巡倉御史所理俱係一事，並無另有料理，應行之處，應將巡倉滿漢御史俱行裁去。

雍正二年奉旨：特設巡察御史一員，總查倉場弊端。

雍正五年，特命京通每倉各派御史一員稽查。

雍正三年奉上諭：今年天津等處地方被水，米價甚是騰貴。去歲盛京曾由海運糧十萬石，著行文將軍府尹等，將伊等地方糧十萬石由海運至天津新倉，俟到日交與地方官收貯。將盛京等處倉內收貯舊米每年糶賣易進新米，所出舊米若足十萬石即行運送。倘不足十萬石，著酌量賤價，買足十萬石之數運送。再若有自海運糧之商人不必禁止，聽其運至天津貿易，不許他往。著給事中增壽前往，再著都察院派漢御史一員。

雍正五年上諭：倉場米石乃國家第一要務，關係最爲重大。試思此項米石民間輸納何等辛苦，官員徵解何等煩勞，且糧艘運送京師何等繁難。一顆一粒皆當愛惜不忍輕忽。朕爲此一事宵旰焦勞，時時切加訓飭至再至三。且曾降旨令修理倉廒等項，不惜多費帑金務期完固。若不嚴行稽察，無以儆怠忽而清弊端。在京十倉，每倉或都統或副都統各派一員。御史不論滿漢御史中每倉各派一員，專任稽察之責，其米石出入支放奏銷事件不必經管，仍屬倉場侍郎管理。其房屋滲漏、墻垣損壞，與倉內鋪墊及匪類偷竊一切情弊俱交與派出之都統、副都統、御史稽察。遇有查出之處即行知會倉場侍郎。若倉場侍郎不即辦理妥協，敢致遲延，著派出之都統、副都統、御史奏聞。倘有應行查出之處不行查出，則將缺少米石應賠之項著落倉場監督等官與派出之都統、副都都統、御史分賠。其通州三倉即照此例交與通永道通州副將稽察，其失察分賠之處亦照依京倉施行。

雍正七年奉上諭：向來各倉米石蓋藏不謹，每每攙和灰土，純雜不一，是以領米之時勾通賄囑，使費繁多，弊端種種。數年以來，嚴飭該管事等官慎守倉儲，屏除陋弊，米色既已匀净。則在倉執役之人及赴倉領米之人均當凜遵法紀，不應仍存作弊之心，復蹈故轍。著八旗都統等通行傳諭該旗，並令倉場侍郎出示曉諭。若本人赴倉領米之時其所得之米果有攙和灰土等弊，令其當時在倉將不淨之米交與該監督封貯，或到倉場侍郎處或到巡倉御史處據實呈明，即行查究。倘有希圖作弊以及倉場人役等暗中勾通賄囑者，一經發覺將與受之人一同從重治罪，决不姑貸。

雍正十二年奉上諭：向因倉場米石關係緊要，在京十倉每倉或都統或副都統各派一員，御史各派一員專行稽察之責，於倉場不無裨益。但從前未定更替之期，現在各員中有歷至三四五年尚未更换者。朕思日久因循易生懈怠，且或偶有疎虞，該員慮干失察因而掩飾彌縫亦未可定。著定爲三年更换之例，届期各倉一同更换。若有接任之員未滿三年即届更换之期者，亦一體更换。

附録

開元五年，監察御史杜暹往磧西覆屯倉。開成元年，中書門下奏監察太倉左藏庫御史請於新入臺監察中擇清强幹用兩人分監倉庫全放朝謁。《通典》。

開元十九年，以監察御史二人涖太倉左藏庫三院御史，皆初領繁劇外府推事，其後以殿中侍御史上一人爲監太倉使，第二人爲監左藏庫使。《文獻通考》。

太和元年，御史大夫李固言奏監太倉及左藏庫御史各領制獄，伏緣推事皆有程限，監遂不專精，往往空行文牒不到倉庫，動經累月莫審盈虛，遂使錢穀之司狡吏得計，至於出入多有隱欺。請自今監倉御史若當出納之時，所推制獄稍大者許五日一入倉，如非大獄許三日入倉。如不是出納之時，則許一月兩入倉，檢校其左藏庫公事。尋常繁鬧監庫御史所推制獄大者亦許五日一入庫，如無大獄常許一旬內計會取三日入庫勾當，庶使當司公事稍振綱條錢穀所由亦知警懼。《唐會要》。

宣德九年，差御史一員巡視在京倉，一員巡視通州倉。嘉靖八年題准：每年差御史一員請勅提督京通二倉收放糧斛兼理通惠河事務。

成化十三年，令遼東宣府甘肅及湖廣兩廣四川等處每三年各差監察御史一員同給事中一員領勅，會同巡按御史並原管糧官，將各倉庫糧料草束銀兩吊取收放卷簿自某年查盤以後續有收支，現在逐一查盤。草束亦依法丈量。並查原糴糧斛用價數目。若有陳腐糠粃並虛坐盜賣虧折等弊，應提問者提問，應參奏者參奏。《明會典》。

附京差舊例

掌本

順治十六年都察院題准：凡詳閱疏揭題本應設掌本科御史一員。康熙七年都察院題：凡本章既有該道各官并翻譯滿漢字都事查閱相應停止另設御史。

巡視光禄

順治十六年都察院題准：查得《會典》，本衙門原有巡視光禄御史，相應照依巡城事例差用新資御史，六個月一次更替，其應行事宜該差御史自行具題。

順治十八年，都察院題爲請更巡視光禄官員事，奉旨：巡視光禄著歸併稽察禮部御史。

巡視十庫

順治十六年都察院題准：查得《會典》，原有巡視十庫之差，應照巡視光禄事例，六個月一次更替差用新資御史。其應行事宜該差御史會同科臣自行具題。

順治十八年都察院題：查得巡視十庫御史原爲驗收内監各項本折錢糧而設，今十庫本折各項錢糧既歸户部，其巡視十庫御史相應裁止。

錢局

康熙十九年户部題准：各關差解送銅斤至崇文門，監督官會同科道官員查驗。至於查覈錢局，應將滿漢科道官員每年各差一員，該衙門照鼓廳之例具題差遣。

（清）慧中《欽定臺規》卷五《巡城》 巡視五城，每城滿洲漢軍漢監察御史各一員。順治十年都察院題准：新資御史必先試差巡城相應三月一换。

順治十五年九卿覆准：巡城等差例應新資御史六箇月一换，如新資乏人，差用回道御史。

順治十六年都察院題准：五城滿洲漢軍御史，遇常朝齋戒俱隨各旗班次之内。查五城一應辦理事務俱由臣衙門給劄施行，其官員之賢否亦聽臣衙門考覈，相應將五城滿洲漢軍御史，凡遇常朝齋戒之時，俱隨臣衙門各官一同上朝齋戒。

康熙二年都察院題准：五城向來各該地方等事俱五日一報臣院，今應將五城審理事件每月兩次開報已未完到臣院，限二十日完結，一月兩次註銷。未完事件兩箇月一奏報，如限内難結，呈明寬限。

康熙十二年都察院覆准：查五城京畿道各差若不更换，難以盡知其賢否，相應照例六箇月更换一次，將八員漢軍御史作爲滿洲御史數内差遣。

康熙十五年都察院題准：京師乃五方雜處之地，御史巡城正在訪詢民隱究察姦宄之際，未幾而差滿更换。嗣後滿漢御史巡城應一年一换。

雍正元年上諭：巡視五城御史甚爲緊要，滿洲漢軍漢人三員，人多有一不肖掣肘廢弛。嗣後一城只派二人，漢軍著歸併漢人班内，筆帖式亦著隨御史更换。如有生事不守分者，即行題參。御史狥情或被查出，或朕另有所聞，將御史從重治罪。爾都察院堂官不時訪察，該御史内有聲名不好者，不必等待一年，量其輕重或題參革職降級，或掣回本衙門。其聲名好者，即行保留巡城二三年。

雍正二年上諭：御史巡城關係緊要，嗣後缺出著都察院通行開列，候朕點用。

雍正二年上諭：御史巡城揀選行止好人去得者一二員開列於前，其餘照常開列具奏。

雍正五年上諭：巡視五城甚屬緊要，嗣後巡城缺出著將御史給事中一並開列引見。

乾隆元年都察院奏准：滿漢御史巡城之例，請以一年更换滿員，一年更换漢員，輪流更替，則滿漢各員涖任俱有二年之久，事務可以周知。其滿員任事之日漢員已經熟悉，漢員任事之時滿員亦已諳練。凡遇一切公事，官吏無由欺隱，而地方亦加整理。

巡城事宜

順治三年都察院奏准：天下諸司入京朝覲，部院科道考察賢否，誠恐有鑽營囑託拜謁當道交通賄賂，不肖官寮巧生機變，假稱接風爲名，大張筵席，及無籍棍徒串通京棍肆行詐索，少有不遂遍布匿名揭帖設謀陷害者。著五城御史督令司坊官員時加躧緝，違者題參。

順治十四年户部題准：在京私鑄私販，巡城御史緝拿。如係何官失察，指名題參。順治十六年兵部題定：京城内外十六門巡城滿漢御史不時嚴查。

順治十七年督捕奏准：竊盜不係旗下者送該城審結。

順治十七年工部題准：城外民居地方有侵佔搭蓋并街中立牌難以行走，通行拆卸。如違，該城應題參者題參，應治罪者治罪。

順治十八年都察院題定：緝捕盜賊、審理人命、盤獲逃人，及禁約賭博，稽查奸宄邪教謠言煽惑人心、惡棍衙蠹指官嚇詐、奸徒惡宦潛住地方、聚夥燒香並僧道寺院坊店等項事務，責令巡城御史通行嚴飭。

順治十八年都察院題定：在城捕盗官兵人等遇有地方殺人劫財事件不行用心緝捕，聽巡城御史指實題參。

順治十八年都察院題定：在京積棍及地方官托人入都揑訟打點者，五城御史嚴緝指奏。

順治十八年都察院題定：京城奸人通同邊方腹裏盜賊探聽撫按題參副封傳報消息，巡城御史訪拿參究。

順治十八年都察院題定：有無藉棍徒揑造是非、粘寫揭帖、蠛誣詐騙者，五城御史不時緝訪拿究。

順治十八年都察院題定：民間詞訟事情如係滿洲責一百鞭，如民責四十板以下之罪竟行審結。若罪重者，審明送刑部歸結。如有應題事務，竟自具題。

順治十八年都察院題定：凡豪强霸佔店市强欺客商者，御史查明指參。

順治十八年都察院題定：京城內平治街道，如有侵佔者，五城御史兵馬司分各城地方同步軍總尉、副尉等清理。

順治十八年兵部題准：五城兵馬司指揮等官俱係五城御史統轄，嗣後考察甄別考滿俱令五城御史將賢否開送。

順治十八年都察院題定：司坊各官年終甄別稱職者舉薦不肖者題參。

康熙十年工部題准：以後凡部院應用各項夫匠俱行文都察院轉行五城取用。

康熙十二年刑部題准：凡失火致傷人命者杖一百，與該城照例發落。

康熙十三年吏部題准：嗣後承緝盜案各官病故並因事革職離任無有承緝官員者，相應停其具題。俟盜案限期滿日，該督撫查明接緝官員職名，咨明臣部查覈餘賊照案緝拿。五城例同。

康熙十五年禮部題准：寺廟庵觀內婦女違禁燒香行走甚多，責令五城查拿。

康熙二十七年議准：凡有奸宄聚衆結黨設阱流毒者，五城御史不時緝訪。重則題參，輕則懲處。

又議准：城外居住旗人有在城控告者，笞杖以下事件，該城御史審理歸結。

康熙二十八年上諭：今歲年穀不登，民人就食者必多，煮粥銀米著加一倍，再展限兩個月，專差官員親身散給，仍著都察院堂官不時察看。

康熙三十三年上諭：今年四方之民就食京城者多，若較往年增一倍，展限兩個月，令五城御史親行散給。

康熙四十九年議准：每年煮粥散賑展期至三月二十日止。

雍正元年上諭：五城設立粥廠，著展期一月，煮粥散賑至四月二十日止，每日各增加銀米一倍。

雍正二年，奏請將散給流民餘剩銀兩仍留五城以備賑飯柴薪之用。奉旨：此銀存貯五城備用甚好，遇有倒臥之人亦於此項銀兩動用。但須核實，不得冒濫。

雍正三年上諭：今年天氣寒冷，聞在外無屋居止之窮民竟有受凍傷損者。朕思居民中豈無愷悌好善之人，但因慮及稽查牽累不敢輕易收留。爾等可留心照看，使寒夜不致露處。若有好義之人容其棲息者，不必禁阻。巡城之職固在禁民爲非，爾等亦當恤窮救困。嗣後倘有凍斃之人經朕訪聞，爾等不得辭其責。

雍正三年上諭：五城煮粥，舊例自十月初一日起至次年三月二十日止，每城每日發米二石、柴薪銀一兩。今歲直隸各州縣雖已經截留漕運並送通倉米石散賑平糶，恐各處來京就食之民尚多，每城舊給米二石或不敷用，著每日各增米二石，柴薪亦倍之。各該巡城御史親率司坊官散給，都察院堂官不時稽查。

雍正四年上諭：東直、西直、安定、右安、廣寧五門向來未設飯廠，著每日每城賑米六石外加米二石，再於東直等門添設飯廠五處，每日每廠給米二石。著都察院派滿漢御史五員專管辦理。

雍正四年上諭：聞京城近日白米價騰貴，恐有奸人囤積射利擾亂情弊。著都察院轉飭五城曉諭各行户不得高價勒索。有囤積遏糴不遵勸諭者，該城御史密行訪察，從重治罪。再將京倉米發五萬石分給五城，每城領米一萬石立廠委員平糶。俟市價平減即行停止，將餘米存貯該城，市價一貴即將此米平糶以濟窮民。

康熙二十九年議准：凡軍流人犯有祖父母父母告稱老疾無倚家無以次成丁者，令掌印兵馬司出結，該城御史確查轉送。

康熙三十八年覆准：令都察院嚴飭五城及司坊官員細加親查，凡年滿書辦即催回籍。倘有潛住在京及藏頓之家一並從重治罪。五城官員如有狥情容留者，照容留廢官之例處分。如司坊官有借端需索掯勒等弊，或經訪出，或係告發，將司坊官嚴加處分。

雍正五年上諭：京師爲輦轂重地，各省游手奸僞之徒潛來居住，就其住處稽查自可得其踪跡。令步軍統領、巡城御史、順天府督率屬員，於九門五城地方嚴加察訪。曉諭京城内外客店寺廟以及官民人等，倘有面生可疑踪跡莫定，或人雖熟識而生事妄行者，槩不許容留居住。若狥情受賄一時姑容，經該管官員訪出或本人日後事蹟敗露，必將容留居住之人連坐治罪。

雍正七年上諭：聞民間竟有私宰耕牛之事，著該部步軍統領、順天府府尹、五城御史等通行曉諭京城直省並嚴行查訪。如有違禁私宰，立即鎖拿，按律究治。如該管官不實力嚴查，致有干犯者，定行從重議處。

雍正十二年，工科給事中永泰奏稱，近有天壇居住之提點道士等將房屋租與平民，多借賣茶爲名實以賣酒爲業。道士等復於所居院内栽植花木招引遊人以圖利益。遂有閑蕩之徒賃借地方鋪設酒席邀朋喚友喧嚷狂呼者，殊爲不敬。甚或攜帶幼童，於飲酒之後繼續歌唱者有之，種種褻瀆尤宜申禁。乞嚴飭禮部太常寺官員將壇内開設茶坊酒肆者，槩行驅出。該城御史不時巡查，遇有賣酒飲酒之人即行拿究。如道士等再有招留在室嬉戲飲唱者，將該道士一並治罪。並將失察之該官查出叅奏，交部議處等因，奉旨：所奏是。著照所請行交與禮部、太常寺不時稽查。倘日下奉行而日久漸至懈弛，定將禮部、太常寺堂官一併議處。

乾隆八年禮部議准：莊親王奏天壇聽人貿易一摺。臣等細查從前雍正五年禁止飲酒游戲者，永泰條奏亦止請禁賣酒飲酒之人。而居住人等奉法畏罪，遂致一切貿易者俱不敢租賃。臣等酌議應如莊親王等所奏，仍聽南北兩廊内圍墻外居住者租賃貿易，弛往來懋遷之禁，唯禁游蕩酣飲之徒以及腥膻酒脯垂帘列肆者。仍令該城御史及司坊各官不時巡察，倘有藉端生事，立行查拿。

乾隆二年總理事務處議准：禮科給事中畢誼條奏場後編造匿名歌謠宜嚴禁一條。查向來下第舉子每於場後藏匿姓名編造歌謠對聯任意誣揑粘帖街衢，最爲不法。從前屢經嚴禁，今場期在即，應請勅下步軍統領、順天府、五城御史出示曉諭。如有違犯即行嚴拿送部，照律治罪。

附録

劉宋時，中丞一人每月二十五日繞行宮垣白壁。《漢志》執金吾每月一日繞行宮城，宜是省金吾此事並中丞也。殿中侍御史主左右巡分，京畿諸州諸衛兵禁隸焉。監察御史分爲左右巡糾察違失，以承天朱雀街爲界，每月一代，將晦即巡刑部大理東西徒坊金吾及縣獄。《通典》。

貞元十年，勅准《六典》，殿中侍御史兩京城分知左右，巡察其不法之事，謂左降流移停匿不去及妖訛宿宵蒲博盜竊獄訟冤濫賦斂違法，如此之類，方合奏聞。比者因循，務求細事，既甚煩碎，頗失大猷，宜令自今以後據《六典》合舉之事，所司有隱蔽者即具奏聞，其餘常務不須處問。

開元二十三年置京畿採訪處置使，以中丞爲之。《唐會要》。

正統十三年，令五城巡視御史凡事有姦弊聽其依法受理送問。成化四年，令錦衣衛五城兵馬司禁約賭博緝捕盜賊，巡城御史通行提調。凡九門守門官軍及九門鈔法俱巡視北城御史帶管提督整理，清到軍士北城御史同給事中兵部委官存恤，盔甲廠東城御史同給事中巡視。

五城兵馬指揮司

康熙四十年覆准：嗣後五城兵馬司正副指揮吏目著將順天府之人一概迴避，如有現任及捐職者俱令對品改授。

中東南西北五城兵馬各設指揮一員，副指揮一員，吏目一員。職司稽察京城奸宄人命案件。指揮管理逃盜等件，副指揮、吏目按地分理。【略】

凡各部人犯應遞解者發司遞解，刑部都察院照勘提人，檢屍追贓分委該司承行。凡查禁事件，定例，查緝行使私錢，緝捕盜賊盤獲逃人，查詰奸民妄造謠言、棍役指官嚇詐及禁約賭博，驅逐匪類，潛住地方者，以至邪教惑衆、聚夥燒香、僧道尼姑坊店等處，俱令時加巡察。

康熙三十年覆准：嗣後有造紙牌骰子者，嚴行禁止。京城現在所有之紙牌骰子，俱限一月内銷燬。

康熙四十八年題准：凡鳴鑼擊鼓、聚衆燒香、男女混雜等弊，並扶鸞書符招搖僉緣之輩及淫詞小説等書，俱責令五城司坊官永行嚴禁。

雍正元年覆准：凡有開鵪鶉圈鬬雞坑蟋蟀盆並賭鬬者，五城官員嚴行禁止。

雍正二年題准：婦人成羣聚會往寺廟進香者，令五城嚴禁。

凡巡城御史批發囚犯，該司取供轉申聽院擬罪發落。

康熙四十五年覆准：五城副指揮、吏目係佐貳官除逃人盜案照舊管理，其餘一切民詞非奉御史批發正印官移行不得准理動刑。倘有擅准民詞及拘禁濫刑縱役索詐等弊，或被人首告，或被科道及該城御史糾參，照例嚴加議處。

康熙五十七年覆准：嗣後五城司坊官奉行牌票，除提督及各部、都察院、通政司、大理寺、順天府尹、河南等道本城御史批發事件外，其餘各衙門不得擅行牌票交與司坊鎖禁人犯。如果有緊要案件必須印文咨明巡城御史轉行司坊。

康熙五十八年題准：兵馬司案件五日一報都察院，依限完結。

雍正元年覆准：司坊官員不許擅受民詞，至鬭毆賭博係司坊官職分應管之事，隨到隨審，定限五日内完結詳報。

凡各衙門應用桌櫈及朝審時動用器皿，俱五城派借承值。

雍正元年定：貢院應用桌椅等器向俱五城借用民間之物，惡蠹衙役借端科派，種種累民。嗣後貢院應用之物，著工部備造，俟考試之年取用。

凡部院應用各項夫役俱行文都察院轉行五城取用。

雍正二年議准：嗣後祭祀壇廟，凡芟除打掃應用夫役歸工部辦理，停其五城取用。

凡鄉會場每城派搜檢夫六十名、更夫四十名聽用。

凡每年冬三月遵旨，令各城每月發米六十石、柴銀三十兩煮粥以賑濟窮民。詳見前巡城事宜内。

凡其民人等在街市鬭毆及姦淫搶奪一應不務生理之徒俱令拿究。

凡官民房舍火起，不分地方，各司坊督領總甲人等俱持器具救火。

康熙二十二年議准：各司所屬地方有失火者責令即行救滅，若延燒十間以下者免議，十間以上者按間數多寡分別議處。

凡禁止戲館，康熙十年議准：京師內城不許開設戲館，永行禁止。城外戲館如有惡棍借端生事，該司訪察拿。

凡京城外各地方檢驗屍傷，康熙二十二年議准：令五城各司親行檢驗。

康熙五十七年覆准：嗣後五城司坊官如有聲名不好者，都察院不時查參處分。其歷俸已滿三年果有操守清廉、辦事勤敏並無事故者，聽五城御史註明事實，呈都察院查覈薦舉。

康熙六十一年議准：嗣後凡補放官員領憑後令都察院轉行五城司坊官嚴查。如有在京藏住躲避地方不依限赴任者，即行報部題參。

康熙五十八年都察院題准：查舊例五城所行事件俱五日一報都察院衙門，今只將審送刑部案件呈送，其本城自理事件並不呈送，無憑查察。請嗣後令五城官員每日進署辦事，其五城案件併兵馬司案件仍照舊例令其五日一次彙報，依限完結。若仍前不每日進署將案件叢積遲延不於限內完結，或有縱容衙役混行誆詐等事，一經都察院衙門察出或被受害人首告，即行題參，交部嚴加議處。

各部院交發兵馬司羈禁緝拿要緊人犯，令兵馬司一面羈禁緝拿，一面申報都察院衙門。查定例，兵馬司正指揮拿獲逃人三十名，副指揮、吏目拿獲逃人十五名，各加一級。至特交緝拿之重犯，雖經拿獲無議叙之例。故拿獲逃人而得級者時有，而拿獲要緊人犯者甚少。嗣後緝拿要犯並逃人能照數拿獲者，准其加級。若只將逃人拿獲，而不能拿獲要犯者，不准加級。若知係要犯與逃人不行查拿而縱容在該地方者，事發之日題參，交該部嚴行議處。

雍正元年覆准：巡城御史所准詞訟，除人命盜案送部外，其餘俱自行審理，不得批發司坊官。又覆准：書吏提塘京報人等除紅本上傳外，如有任意訛造無影之詞者，巡城御史司坊官嚴行查拿。

乾隆元年都察院奏准：申明司坊職守以專責成事，查雍正元年御史梁文燕條奏司坊官槩不許收受民詞，五城御史亦不許批審詞訟，惟鬭毆賭博係司坊官應管之事准令隨到隨審，議准在案。但御史衙門皆在城內，凡城外之事報往批來尚需時日，兇身正賊多有遠颺。且竊盜事件御史原無承緝之責，不過據報批飭司坊。而司坊又因定例不准審理祇照批差役捕捉，並不即時親身勘驗究緝，以致人贓無獲。請嗣後司坊職守仍遵《會典》舊例，人命案件指揮管理，竊盜案件副指揮、吏目按地分理。遇有屍親事主稟報者，該司坊官即行收受，一面詳報該城御史，即一面親往相驗踏勘。其本案人犯即行查拿審明解院，不得遲延時刻。如有推諉遲誤以致賊犯濳逃及借端滋擾拖累平民等弊，即將該司坊官照例叅處。其逃人土娼亦宜責令該坊官按地分查，一經告發准其收受緝拿。至賭博打架則係議明應管之事。嗣後五城御史及該司坊官所屬地方有毆賭等件固宜隨拿隨審，即别城隔屬途行夜宿，但遇酗酒罵街角口打架開場賭錢小綹竊物等事，隨見隨拿，移交該管衙門審理。至民間一切詞訟仍遵定例不許擅受，皆歸該城御史衙門審理。

附五城巡檢令裁。

雍正七年遵旨定議設立五城巡檢一案。奉旨：各舖巡檢，著都察院堂官及御史於候補候選雜職人員内揀選補用。倘有不能稱職及生事妄行者，著該城御史及揀選該員之堂官御史即行叅革。倘狥情失察，經朕訪聞，將該員及揀選之堂官御史等一並議處。

雍正八年，都察院將設立五城巡檢具題，奉上諭：疏内稱設立巡檢原以助兵馬司耳目之所不及，該舖内一應逃盜以及黄銅賭博宰牛鬬毆打降酗酒等項，應令該巡檢協理稽查，不得專擅，以侵司坊官之職守。凡遇有地方應報事件，當令該巡檢一面申報該城御史，仍一面報明該司坊官，庶不致生事滋擾等語。夫設一官必有一官之職，若止許其報明則與番捕無異，何必設此巡檢。如恐其生事滋擾則當議令一面拘拿一面詳報，不許擅自審理。倘有不應拘拿之人牽連被累，該城御史審明之日，將該巡檢叅處，方爲妥協。

乾隆元年上諭：國家設官所以寧人也，京師爲輦轂之地，五方之人雲集輻輳，是以於五城分命滿漢御史及兵馬司正副指揮吏目等官糾察而稽查之。又有步軍統領專掌九門巡捕營員，查匪類、緝盜賊、察賭博等事。犯法者輕則自行懲治，重則送部究擬，立法亦綦詳矣。嗣以外城街巷孔多，慮藏姦匪，各樹柵欄以司啓閉，因而設巡檢官數十員，於在京考職候選雜職人員内揀選補用。此等之人本係微職，一膺此任，妄謂得操地方之權。所用衙役率皆本地無藉之徒望風應募，遂於管轄之内欺詐愚民，遇事生風，多方擾累。甚至卑鄙無耻散帖斂分、科索銀錢、官役烹肥，於地方並無查察防範之效，而司坊各官反得推諉卸咎，又安用此冗雜之員也。著將巡檢槩行裁革，其柵欄仍照舊交與都察院五城及步軍統領酌派兵役看守。至裁退之各巡檢，著都察院分别等次，交部酌量補用。其未補者仍歸伊等原班銓選。

（清）慧中《欽定臺規》卷六《巡鹽》 順治元年定：兩淮兩浙長蘆河東各差御史一員巡視鹽課。順治八年題准：巡鹽御史一年一次更差。

順治十年吏部等衙門覆准：停止御史巡方，鹽差御史亦應停止，鹽務責成各運司。

順治十二年户部覆准：運司未完銀兩甚多，兩淮等四處鹽法仍差御史巡視。

順治十五年九卿覆准：巡鹽之後不許再差巡鹽，原籍並已經巡按過地方俱應迴避。

康熙二年都察院題，爲請差巡鹽官員事，奉旨：以後各御史差遣差回者論其回道日期，未差者，論其到任日期，差未滿撤回及復補者論其繳勅及補任日期，不必照前新舊間開，就其中日月深者在前開列具奏。

康熙三年奉旨：差過兩淮兩浙巡鹽一次者不必再開。

康熙七年吏部等衙門覆准：鹽差應將六部郎中員外郎及監察御史每處選擇賢能滿漢官各一員差遣。

康熙八年九卿覆准：出差巡鹽有舉劾地方官員賢否及察拿惡棍之責，應停六部官員差遣，仍差御史。

康熙十年都察院覆准：鹽差向係一員，並無廢事，或滿或漢每處應止差一員。

康熙十一年九卿覆准：停差巡鹽御史將稽察題報事宜歸併巡撫，兩淮歸併安徽巡撫，兩浙歸併浙江巡撫，長蘆歸併直隸巡撫，山東運司歸併山東巡撫，河東歸併山西巡撫。

康熙十二年九卿覆准：巡撫事務殷繁，鹽差勢難兼理，應仍差御史巡視。

康熙三十年，添設兩廣福建二差。

康熙五十五年奉上諭：長蘆鹽差滿洲内無應開列之員，將漢軍一並開列。

康熙五十九年議准：兩廣鹽務交與總督管理，停差巡鹽御史。

雍正元年議准：福建鹽課銀兩均攤各場交與州縣照數收解，停差巡鹽御史。

雍正二年奉上諭：河東鹽務交與川陝總督兼理，停差巡鹽御史。

雍正三年復差河東巡鹽御史。

雍正四年奉上諭：兩浙鹽務交與巡撫兼理，停差巡鹽御史。

凡鹽差隨帶筆帖式，康熙七年題准：巡視鹽務各帶繙譯滿漢文筆帖式一員隨往。十年題准：添帶滿文筆帖式一員。十六年議准：習漢文滿洲御史及漢御史巡鹽不必差筆帖式隨往，其不習漢文滿洲御史仍帶滿漢文筆帖式一員。

雍正元年議准：停止各鹽差筆帖式隨往。

巡監事宜

順治八年都察院題准：除長蘆離都城甚近舊不立限期，兩淮定五十日，兩浙定六十日，河東定三十日。在内以辭朝日爲始，在外以交代日爲始，計程往回並不許枉道回家。如違限十日以上，量行參罰。一月以上，重加參處。兩月以上，題參調用。

順治八年都察院題准：巡鹽御史差應一年一换。

順治十五年九卿覆准：鹽倉等差俱關係錢糧，候親身交代，凡御史奉旨之後將鹽引親身帶去。

順治十八年上諭：鹽課錢糧關係軍國急需，内外大小官員勢豪之家多有貿易販鹽倚勢不納課銀。巡視鹽課官員有不畏勢力、不狥情面，盡心催征者，即能多得課銀。其畏勢狥情者，即致課銀虧欠。以後管鹽各官多得課銀者，著以稱職從優議叙，其畏勢狥情，課額虧欠者，以溺職從重治罪。其官員貿易倚勢漏課情弊，該管官務須嚴加稽察參奏，本主並行重處。巡鹽等官如仍前狥隱，定行一並從重治罪不饒。

康熙五年都察院題准：除巡倉長蘆□地近不議外，以後兩淮兩浙河東御史以到任日爲始扣至九箇月足即行報滿，臣衙門預爲題差。新差御史照定期赴任接征，不得一日空懸。康熙六年户部題准：以後鹽差御史遇閏之年，應令連閏在任十三箇月算一年，差滿考核。

康熙六年都察院題准：四差遇閏月之年，照户部題定新例作十三箇月，近差扣至十一箇月仍於兩箇月前報滿，遠差扣至十箇月仍於三箇月前報滿。如無閏月之年，照康熙五年舊例遵行。

康熙十年都察院題准：巡鹽御史向來俱有一定駐劄衙門，一應催征錢糧整理鹽法俱可責成御史實心綜核，亦不致悞事。此後除秤掣鹽斤地方仍舊秤掣外，其循例出巡通行停止。

康熙十二年都察院覆准：舊差報滿之日必遴承差或一人或二人前來迎接新差，以後差役長接及出入衙署應嚴行禁止。其從前巡按必令單騎就道，不許私帶家人巡鹽，自宜悉遵此體，嚴行各差御史家人不許額外多帶。到任之後亦不許諸人妄行出入衙署。其四差駐劄多在衝津，凡有過往親朋官長往來交際概行停止。

康熙十六年吏部覆准：巡鹽四差御史如有不病商民，查出鹽務隱匿情弊，多得課銀以濟國賦，應從優議叙。

康熙四十六年吏部奉上諭：行各省督撫，巡鹽御史將所交事件分晰已未完結有無逾限，一年四季奏聞。

康熙五十年户部覆准：運使官員交代亦照藩司交代之例，造具册結呈詳巡鹽御史具題查核。如有遲延狥隱等弊，照例題參，照依藩司交代例議處。至雲南等省未設運使，其管鹽課官員交代亦照此例造册呈送巡撫具題。其運同運判提舉等官均照州縣官交代例，令巡撫御史取具册結報部。

康熙五十一年都察院題准：福建兩廣兩差定限四箇月回京，如逾限照例議處。

鹽差舉劾

順治十六年吏部覆准：方面有司等官有關涉鹽法者，准行舉劾。其無關涉鹽法等官，一概不準舉劾。

順治十八年都察院題定：各項錢糧向有考成則例，薦舉概不准行。其有不肖官員仍行糾參。

康熙七年九卿覆准：鹽差御史向例將所轄地方官員賢者薦舉，不肖者題參。於順治十八年停止薦舉。查得賢者薦舉，不肖者題參，以示勸懲相應仍照舊行。

康熙七年都察院覆准：長蘆所轄方面官三十七員應薦一員，有司官三百四十四員應薦五員，河東所轄方面官三十九員應薦一員，有司官二百四十四員應薦三員，兩淮所轄方面官四十五員應薦二員，有司官三百十七員應薦五員，兩浙所轄方面官二十七員應薦一員，有司官一百五十七員應薦二員。如果無堪薦官員，停其薦舉。

附録

治粟内史更名大司農，屬官有幹官、鐵寺兩長丞。初幹官屬少府，中屬主爵，後屬大司農。注：主均輸之事，所謂幹鹽鐵而榷酒酤也。《漢書·百官表》。

晋杜預拜度支尚書，較鹽運制課調。揚子院，鹽鐵轉運之委藏也。程昇爲揚子院留後。崔造爲相，以户侍元琇判鹽鐵。諸道有鹽鐵處，仍置院，歲盡宰相計殿最以聞。杜中立宣宗出爲義武節度。舊徭車三千乘歲輓鹽，海瀕民苦之。中立置飛雪將數百人具舟以載，民不勞而軍食足。《玉海》。

開元二年，左拾遺劉彤上表論鹽鐵，請官收其利。遂令將作大匠姜思度、户部侍郎强循俱攝御史中丞，與諸道按察使檢校鹽鐵之課。景雲四年，蒲州刺史充關内鹽池使。《唐會要》。

永樂十四年初，令御史巡鹽。宣德十年，選差御史一員於直隸揚州府通州狼山鎮提督軍衛。世祖章皇帝時，時用各部主事及中書舍人、行人、評事博士等官以監察御史銜巡按各直省，差竣，都察院殿最之最者得内陞京堂五品，餘則仍回居本職。後專差御史而巡方亦停不遣。康熙六七年間復用各部郎中以監察御史銜巡視鹽課，未幾復舊。

（清）慧中《欽定臺規》卷六《巡察》 雍正三年上諭吏部、都察院：安民必先弭盜，盜風不息皆由有司諱盜不報之故。不但江南地方盜賊素多，近聞河南湖廣路上有過往官員被劫者，州縣官賄賂事主通同隱匿。司道既無覺察，督撫亦受蒙蔽，以致盜賊無忌，貽害不少。此必有平日窩藏之處，不可不嚴行稽察。朕思巡按御史久經裁汰，自不可復，今或於滿漢御史并部員内揀選賢能官，酌量於湖廣、江南、浙、閩、山東、河南等省，每省或差二員或一員或兩省差一員兼理，令其耑司稽察盜賊并巡查驛站煙墩。倘有縱容盜賊隱諱不報者，許據實題參。一切地方事務，差員不得干預。若生事滋擾，必從重治罪。爾等詳細酌議，如有不可行之處，亦即據實具奏。

雍正三年九卿議設各省巡察官員，奉上諭：浙閩二省目前且不必派官前往，江寧安徽二處共派一員，湖北湖南二處共派一員，山東河南二處各派一員。著大學士九卿等於小京堂及科道各部郎中内揀選引見。

雍正三年議定：江南、湖廣、山東、河南等省盜案較多，御史司員内挑選賢能每省各差二員，令其耑司稽察盜案並驛站煙墩。其差以一年爲限，嗣後或某省盜案漸少可以停差，或某省可間一二年一差或可通行暫停，俟一年之後請旨遵行。

雍正四年上諭：直隸地方旗民雜處，往往以强凌弱勢力相加，而謹樸良民常被欺壓，因而相習於强悍之風不知悛改。今欲將滿洲漢軍漢御史各差二員，令其巡查八府地方。凡旗下告退之官員及在屯之庄頭，内監之族戚與在籍之鄉紳衿監，倘有不安本分凌虐良民，不畏官吏恣行暴悍者，或即行懲治或具本參奏。其地方命盜案件亦聽其查訪。有應在本地方歸結者即會同地方有司秉公歸結，有應奏聞者即行奏聞。其如何遣官分巡之處，著定議具奏。遵旨議定：直隸八府及順天各屬共九府，應差往御史分爲三路。將順天各屬並永平宣化二府爲一路，派御史二員。保定、正定、河間三府爲一路，派御史二員。順德、廣平、大名三府爲一路，派御史二員。其各直隸州原由各府新分改設，應隨原隸府分附於各路令其巡查。

雍正三年議定巡察事宜。一、出差官職司巡察往來文移以印信爲憑，應令禮部鑄給巡察某省官關防以重職掌。一、出差官令於所經地方察訪盜賊窩藏之處，務得確實會同地方文武官弁協力捕緝以清盜源。一、各州縣盜案於出差官一體通報，以憑稽察。倘有不肖州縣諱盜不報者，即具實題參。一、凡衝途驛站有豪强差使肆行騷擾者，許詳報差員，據實題參。其驛站馬匹有缺數不敷定額者，並令不時稽查。一、道路煙墩原以緝拿逃盜，關係最爲緊要，應令出差官加意查察。倘有防守疎懈者即將該兵丁革退，本管營汛官題參議處。一、出差官務於一年内遍經通省各府悉力訪察，所至之處隨便於公所居住不必拘定駐劄之地，亦無容另設衙門。其需用書役，於所在地方官衙門調取。一、出差官既膺特簡，職司巡察，自當公忠効力，務於地方實有裨益。如果一年之内盜息民寧克稱厥職，交吏部從優議敘。若遇有盜案通同隱匿，或干預地方諸務生事滋擾，該督撫確查報參，從重治罪。

雍正五年上諭：修舉水利種植樹木等事原爲利濟民生，必須詳諭訓導令其鼓舞從事方有裨益，不得繩之以法。若地方官員因關係考成督課嚴急，則小民轉受其擾矣。著直隸學臣轉飭教職各官切加曉諭，不時勸課，使小民踴躍興作。若地方官員怠忽不加勸導，或有逼勒過嚴者，著學臣稽察奏報三路巡察御史。亦著善爲勸導悉心稽察。如地方官有奉行不善之處即行據實奏聞。

雍正五年上諭：八旗大臣内務府總管行文直隸總督及巡察御史，嗣後内務府庄頭及鄉居旗人家中有窩藏逃盜者，地方官差役搜捕，有抗拒者即將窩家一並拏究。再或有不守本分酗酒生事妄爲者，該地方官即行詳報總督。或係旗人，由總督移咨該旗，係内府庄頭，移咨内務府。該旗及内務府將應行辦理者即行辦理，應行拏送者即行拏送。其總督移咨事件每月彙題一次，以備朕之詢問。其移咨爾等事件若有遲延以致違誤者，將爾等治罪。若地方狥隱不行詳報總督，或已詳報總督而總督不行移咨各該管處者，被巡察御史查出題參，將不行詳報之州縣及不行移咨之總督一並嚴加議處。巡察御史狥隱不行查參，或別經發覺，或經朕訪聞，務必重治其罪。

乾隆元年奉上諭：各省巡察俱已停止，山西巡察亦著停止，派往巡視臺灣。

康熙六十年覆准：派滿漢御史各一員往臺灣巡查，一年一換。如有應行條奏事件，具本條奏。

雍正五年奉上諭：臺灣遠隔海洋，向來督學官員難以按臨考試，是以將學政交與臺灣道兼管。朕思道員管理地方之事又兼學政未免稍繁，每年既派御史二員前往臺灣巡察，應將學政交與漢御史管理，甚爲妥協。現今御史在彼，著即辦理臺灣學政，嗣後永爲例。

雍正六年上諭：駐臺兵丁軍器誠屬緊要，但此項軍器悉係各營自行製備，是以易於破壞。然將内地精良之器給與臺軍，亦非善榘。嗣後換臺兵丁軍器，著該督撫於存公銀内動支製造，務必堅利精良，該督撫驗看給發。俟兵丁至臺之日，該巡視御史會同該鎮查驗檢收。倘有不堪使用者，巡視御史等即據實題參，將該督撫及承辦官交部議處。如三年之内有應更造者，亦令該督撫製造給送。

雍正九年都察院奏請更巡視臺灣官員，奉旨：臺灣地方關係緊要，巡察御史新舊兼用，始爲有益。希德慎已留任一年，這差著御史柏修去高山，著再留巡視一年。

巡視黑龍江船廠

雍正元年諭：黑龍江船廠等處人口孳生，各處之人聚彼貿易甚多。地方有應料理之事，祇將軍武官料理，致有於例不合之處。此兩處或御史或部院賢能官員酌量派出一二員到彼料理事體。遵旨議定：嗣後令各該衙門保送滿漢科道部院賢能官員，黑龍江派滿官一員，船廠派滿漢官各一員。並將定例帶往，會同該將軍料理事務。一年一次更換，每年於七月内引見差派，務令十月初旬至彼處更換。其換回之員即令至盛京會同將軍刑部審理偷窃人參案件，務於年内回京。

雍正七年兵部議准：從前船廠旗民事務俱係將軍衙門辦理，現今設立州縣耑理民人事務，將軍衙門止料理旗分事務，滿官一員足用。相應交與都察院將滿給事中御史等帶領引見，派往一員可也。

稽查奉天文武衙門

雍正三年議准：每年差御史一員前往盛京稽察五部並將軍衙門事件，如有逾限不完以及推諉越辦等弊，即行據實題參，照例議處。其差一年更換一次。

附外差舊制：

巡按

順治元年，直隸各省差巡按御史一員，一年一次更替。

順治七年户部題准：將巡按暫行停止，嗣後不拘年限，候旨簡選賢能官員差遣。

順治八年吏部覆准：巡方既停之後，貪官蠹役縱恣日甚，百姓受害，按差誠當速復。

順治八年都察院題准：巡按差俱一年六箇月差滿更替。

順治十年議政王題覆：在外各差槩行停止。

順治十二年議政王覆准：巡方原未嘗永久停止，此時當遣出巡。其差遣之時，於各部院等衙門内不分新舊，理事官郎中以下，吏部都察院會同考選才能清廉品望素優者授爲御史差遣，不許預設御史之名輪班差遣。嗣後續遣亦照此規。

順治十五年都察院題爲欽奉上諭事，奉旨：巡方得人斯能稱職，遇缺取用與預行選擇備差無異，內外各差應用御史幾員，除現在御史外應預爲添設員數以備差遣。

順治十七年又議准：巡按所屬地方應巡視周徧以訪民生利害有司賢能，仍將巡到地方登記彙報。

順治十七年上諭：巡方官奉命出差須大破從前積習，潔己必賄賂盡絶，愛民必痌瘝相關，舉劾必確當貪廉，興除必熟籌利弊，問擬刑名必無冤無縱，訪拿豪蠹必大惡大奸，地方遇有盜賊災荒必據實馳奏不許躭延欺矇。減騶從以恤驛困，禁鋪設以舒民力，拒叅謁以杜逢迎。督撫共事不許私受餽遺，如不恪遵，一經發覺必行重處。其將所屬官員違例薦舉者，並所屬之員一體嚴加處分。

順治十八年議政王覆准：巡方各差均應停止，一二三年後該衙門題請。

順治十五年題定巡按應行事宜：一、出巡按治府州縣必須遍歷，其巡歷各處隨從不過十人，除依例差撥兵丁防護外，不許擅令有司私買貨物多用鋪陳等項，亦不得縱容官吏出郭迎送。若分巡地面果係原籍即宜迴避。一、巡歷地方體知方面有司等官守法奉公廉能昭著者，俟差滿復命，照例薦舉。其貪酷廢事蠹政害民者，訪實限入境三月以內題叅。以後如有詳察聞知，不時糾叅。一、農桑乃生民衣食之本，仰該道轉行府州縣官時常勸諭農民趁時種植。若有水旱災傷，踏勘得實即將數目開報。一、學校爲成賢育才之地，仰該道行府州縣官及學官時常訓誨生徒，講論經史治道等事以備擢用，不許懈怠。廟學損壞，即爲修理。嚴查異端邪説，重處懲戒，仍將現在師生名數開報。一、存恤孤老，仁政所先仰。該道轉行府州縣官，凡有鰥寡孤獨廢疾無依之人，察收入養濟院常加存恤，合得衣糧依期按月交給，毋令失所。遇有疾病督醫治療，仍將現在名數具報。一、古聖帝明王先師先賢陵墓山川社稷祀典祠壇等處，仰該道轉行府州縣官提調，常須潔净，有損壞者，即爲修理，仍禁牧放樵採。一、所屬地方，有孝子順孫義夫節婦忠臣烈女志行卓異，可勵民風者，仰該道轉行府州縣官明著實跡，保舉申送，以憑奏聞旌表，毋得舉富遺貧，扶同滋弊。一、原設旌善亭、申明亭，但有損壞，仰該道行府州縣官即便嚴查修理，將善惡姓名行實具報。覆勘得實，發告示張掛亭內，使善惡知所勸懲，毋得視爲具文。一、鄉飲酒禮，仰該道行府州縣官舉行，必須年高有德者，敦請爲賓，毋得濫及匪人，尊卑失序。一、各直省藩司，應報解各部錢糧，除清完外有拖欠數目，清造一册。巡歷所過州縣招集紳士耆老與州縣當面磨對，果係百姓未完者，該管官勒限催比。若係差役烹肥有司侵蝕者，藩司朦混及豪紳劣衿地棍衙蠹抗糧不納者，各州縣申報得實，一並具疏糾叅。一、荒閒田土，仰該道行府州縣官多方設法招民開墾，趁時播種。其合納税糧，須候例限滿日科征，毋致抛荒。一、圩岸壩堰陂塘，仰該道行府州縣官常行體勘，境內有圩岸壩堰陂塘溝渠，塌缺壅塞，務要趁時修築堅完，疏濬流通，以備旱澇，毋致有傷禾稼，亦勿得擾害於民。一、户口仰該道行府州縣官取勘，所屬籍定户口，分豁城市鄉都，舊管收除，實在增減數目開報。一、橋梁道路，仰該道行府州縣官常加點視，但有損壞，隨即修理，務要堅完，毋致阻礙經行。一、府州縣及所屬應有印信大小衙門，並現在官吏姓名、年甲、籍貫、歷仕腳色、到任日月，一一開報，但有急缺官員，隨即呈報都察院，轉咨吏部，以憑除授，不許稽遲。一、歲辦錢糧，仰該道行府州縣官，提督所屬，依期征收，起解倉庫交納，取實收回照，不許稽遲。一、倉庫房屋仰該道行府州縣官常加點視。若有損壞，即便修理。及嚴加關防官吏斗級庫子人等，收支作弊，仍將現在錢糧等物，分豁新舊收除，實在備細數目開報。一、仰該道行府州縣官嚴督所屬，凡有一應差役須從公點差，週而復始，毋致放富差貧移那作弊。一、直省兵馬，按臨地方即同該道親點比較武藝，若有將勇兵精，弓箭技藝超羣者，具疏題薦。其有營伍虚冒，技藝庸劣者，即行糾叅。一、境內盜賊，仰該道行府州縣嚴督所屬，捕盜官及應捕官軍人役，令晝夜用心巡察擒獲，務要盡除盜賊，無遺民患。仍將捕盜官及應捕之人職名開報，如有賊盜生發不能剿捕及隱匿不報者，具疏糾叅。一、巡檢司及關津把隘官兵，仰該道行州縣將備，督令用心把守，防範逃軍逃人逃囚及奸細之人。其凡經過之人驗引明白即便放行，仍嚴禁約官兵人等，不許藉端盤詰，生事索詐，刁蹬取財，蠹害民人。一、斛斗秤尺，仰該道行府州縣正官照依原頒式樣，較勘相同，官民永行。仍將原額式樣常於街市懸掛，聽令比較，毋容增減作弊。一、軍需國用所資，仰該道行府州縣官收買，物料務依時估給價，不許借端收買尅減欺隱，致令作弊。一、仰該道行府州縣，凡官員買辦日用什物，按時價平買，隨即給價，毋致損民，及縱令吏役人等尅落作弊。一、驛站，仰該道行府州縣官時常整點各驛船馬、應用什物俱要完備。仍鈐束慣熟梢水人夫馬夫，常川在驛聽候遞送，毋致錯誤。先具站船人夫什物馬騾頭匹數目開報。一、歲造緞疋等物，仰該道行府州縣官即將織染局現在各色人匠機張，及歲辦並闕支顔料等物，數目開報。一、急遞補，仰該道行府州縣轉行所屬舖長時常點視境内舖舍，及該用什物，務要完備。如有缺壞，即便修補。仍嚴督舖司舖兵晝夜在舖伺候，走遞公文不許暫離。凡遞公文不許遲延沉匿。仍出告示各舖，禁約往來差吏官員人等，不許役使舖兵，損壞舖舍。一、皂快民壯，仰該道行府州縣取勘額設名數及點充日月開報，毋得多餘濫設，欺隱爲奸。其應役五年者，即應革換，不許久在衙門。一、仰該道行府州縣僧道尼姑，嚴查度牒。如無度牒，將僧道官治罪，仍將無度牒僧尼還俗當差。一、軍民控訴受其詞訟，審係户婚田産鬬毆等，事發與各該有司追問明白，就便發落，將發落緣由回報。若告本縣官吏，則發該府，若告本府官吏則發該道，若告布政司並各道官吏則發按察司，若告按察司官吏及申訴各司官吏枉問刑名等項，不許轉委，必須巡按親問，干礙官員隨即奏聞請旨。一、道府州縣應有詞訟，速爲從公依律歸結，毋得淹延，妨民生理。及聽信姦吏，增減情詞，出脱罪人，入坐無辜之弊，仍將見問囚數分豁已未歸結，盡數開報，毋得隱漏。一、巡歷所到，即將各項衙門胥役逐名親點。其點過各役仍曉示通衢，照舊制各給腰牌一面，以防詐僞。如有幫差暗竄等弊，告發審治。其有冗濫多役者，不拘道府州縣一體糾參。一、審究蠹役，遵奉上諭，不許援引無禄輕條。一、獄禁所當矜恤，仰該道行府州縣官並司獄官常加點視，督令獄卒，遵奉上諭，不許擅用柙床。將現今囚犯如法收禁，冬設煖湯，夏備涼漿，合得囚糧依數支養。若有疾病，令醫治療，不許縱令獄卒人等尅落衣糧，逞意凌虐，因而瘐死，及將平民枉禁，仍具獄官吏卒名數及現監囚數開報。一、應有没官金銀緞疋銅錢及贓罰等項，仰本府州縣取勘見數，開坐已未起解數目具報。一、嚴察逃人，於巡歷地方務立十家長木牌，嚴責守令衛所等官留心緝獲。如地方疎玩不實遵行者，指名題參。一、監察御史巡歷去處，所屬有印信衙門，合刷卷宗，分别已未完結，編成號記，依式粘連，並官吏不致隱漏結狀，責令該吏親賫赴院。如刷出卷内事無違礙俱已完結，則批已完過。若尚未完結，則批已照過。若事有可完未完，則批以稽遲。若事已完，内有違礙，則批以失錯。若事當行不行，有所規避，如錢糧不追贓贖不完之類，則批以埋没。各卷内有文卷不立，日月顛倒，須推究得實，量情擬罪，應發落者發落，應叅究者叅究。一、題定薦舉例，每省方面官不過六七員或三四員，有司官不過七八員或五六員。一、在外軍民人等，果有冤枉重情，督撫按未能申雪者，或擊登聞鼓，或通政司投狀。如發本省巡按御史追問，即批問刑衙門，從公刻期審結，不得躭延時日，連累無辜。事體重大者，該巡按親審。一、直省府州縣等處刑名，有犯死罪重囚，曾經督撫按批允監固審録定奪等件，候巡按御史按臨之日，本道造送審録招册，並府廳州縣看語，俱預先投巡按御史，檢閲全招，仔細叅詳。不得倚任書役，漫不經心。待考察事畢，出牌審録。在省城，同按察司、守巡道。在外，同該道。將解到審録人犯逐件審明，情罪無枉。一、在外成招重囚，應死罪發落者，該巡按御史會同該撫及布按二司等官，比照朝審事例，面加詳審。有應秋後處決者，有應監候緩決者，有可矜可疑應開釋減等者，有詞應監候再審者，定於霜降之前會同該撫奏明。一、文武官民，服舍器用輿馬等項，俱照禮部頒行定制，每年責成各道行府州縣嚴加申飭。如有違例越分者，官聽叅處，軍民人等即行治罪。

附録

武帝時侍御史有繡衣直指者，出討姦猾理大獄而不常置。後漢譙元爲繡衣侍御史，持節分巡天下，觀覽風俗，所到專行誅賞。沈約云：繡衣御史光武省，順帝復置，魏罷之。《通典》。

唐武后時初置兩臺，每年春秋發使，春曰風俗，秋曰廉察。令地官尚書韋方質爲條例，删定爲四十八條，以察州縣。自載初以後奉勑乃巡，不每年出使也。《唐會要》。

漢惠帝初遣御史監三輔郡，其後又置監御史。《漢官儀》曰：侍御史出督州郡賦税運漕軍糧，至後漢復有護漕都尉官。建武七年省。晉太元六年又置督運御史官。唐十道巡按以判官二人爲佐，務繁則有支使。其一察官人善惡，其二察户口流散籍帳隱没不均，其三察農桑不勤倉庫減耗，其四察妖猾盜賊不事生業爲私蠹害，其五察德行孝弟茂才異數藏器晦跡應時用者，其六察黠吏豪宗兼併縱暴貧弱冤苦不能自申者。初，開元中，監察御史兼巡傳驛，至二十五年以監察御史檢校兩京館驛。大曆十四年，兩京以御史一人知驛號館驛使。《文獻通考》。

凡巡按御史一年已滿，差官更代。都察院引御史二員，御前點差一員。凡提差巡按御史元儘中差回者，如中差無人，方擇巡按回道資俸淺者定擬。明初監察御史及按察司分巡官巡歷所屬各府州縣頡頏行事。洪武中詳定職掌。正統間又推廣申明，著爲憲綱及憲體，相見禮儀事列甚備，迨後按察司官聽御史舉劾而御史始專行出巡之事。《明會典》。

漢武帝遣刺史周行郡國，省察治狀，黜陟能否，斷治冤獄。以六條問事：一條，强宗豪右，田宅踰制，以强凌弱，以衆暴寡。二條，二千石不奉詔書，倍公向私，旁詔牟利，侵漁百姓，聚斂爲奸。三條，二千石不恤疑獄，風厲殺人，怒則任刑，喜則任賞，煩擾刻暴，剥削黎元，爲百姓所疾，山崩石裂，妖祥訛言。四條，二千石選署不平，苟阿所愛，蔽賢寵頑。五條，二千石子弟恃怙榮勢，請託所監。六條，二千石違公下比，阿附豪强，通行貨賂，割損政令。又令歲中得乘傳奏事。夫秩卑而命之尊，官小而權之重，此小大相制内外相維之意也。唐自太宗貞觀二十年遣大理孫伏伽、黄門侍郎褚遂良等二十二人以六條巡察四方，黜陟官吏。帝親自臨決，牧守以下以賢能進擢者二十人，以罪死者七人，其流罪以下及免黜者數百人。已後頻遣使者或名按察或名巡撫。至元宗天寶五載正月，命禮部尚書席豫等分道巡按天下風俗及黜陟官吏。此則巡按之名所由始也。元時風憲之制，在内諸司有不法者監察劾之，在外諸司有不法者行臺御史劾之。即今在内道長，在外按臺之法也。惟所謂行臺御史者竟屬行臺，歲以八月出巡四月還治，乃長官差遣非由朝命，其體輕矣。明朝御史總屬内臺，奉命出按，一歲而更，與漢遣刺史法同。顧炎武《日知録》。

巡江

順治二年都察院題准：江南向有巡江二差，商賈往來，常有盜賊嘯聚擾害商民，今上下兩江應添設二差。

順治六年户部題准：上下兩江既設巡按，其巡江二員俱停差遣。

察荒

順治十五年户部題差察荒，奉旨：著慎選廉幹御史一員領勅前往河南山東清丈荒熟地畝。

巡視茶馬

順治二年題准：陝西甘肅洮寧等處差御史一員督理茶馬事務。

康熙七年都察院題差巡視茶馬官員，奉旨：巡視茶馬一差無益地方，著裁去。其茶馬事宜應歸何官管理，該部確議具奏，户兵二部會覆，歸併甘肅巡撫兼理。

康熙三十四年户部等衙門會覆請酌定中馬之額等事，奉旨：茶馬事務關係緊要，著差專官管理，應差官員開列具奏。户部啓奏，或開列御史或將各部院衙門賢能官員開列具題。奉旨：著將部院賢能官員開列具題。

康熙四十三年停差，仍歸甘肅巡撫。

屯田

順治二年差御史一員巡視屯田。

順治四年議准：停差屯田御史，其事宜歸併各該巡按兼理。

巡視湖河

雍正元年議定：差巡視山東河湖工務監察御史一員，修復水櫃蓄水濟運專任責成地方官不得掣肘。若有違誤之事，令其自行具題。三年停止。

巡農

雍正七年奉上諭：農事爲國家首務，督率貴有專司。前有人條奏請於各省設立農官以司勸課，或設巡農御史一員以司稽察。現今畿輔之地營種水田，年來收獲甚多，行之已有成效，設立巡農御史之事當先行於直隸。著每年特差御史一員，於二月田功初起之時巡歷州縣，查察農民之勤惰，地畝之修廢，以定天下之考成。其有因循推諉以致荒廢農田者，即行条處。該御史亦勤加勸課督令耕耘。九十月間稼穡納場之後回京復旨，至明年二月照例另派一員前往。其該御史出巡一應供給車馬，俱照現今巡察御史之例給發。

附點差例

順治十年都察院題准：巡倉巡鹽等差一年一换，同日到任御史遵依臺規按次差遣，同日回道或二人或三人俱照進道先後差遣。差滿回道御史以回道命下之日定爲次序。差遣御史差滿回京先已陛見，後以事故未得回道，後到御史陛見在後而回道在先者，即以回道命下之日扣算。差遣各差一年爲滿者，照舊例於將滿二月前經歷司、河南道查其到任日期，十月已滿即呈請更替。

順治十八年都察院題定：凡出差御史命下，門上即大書迴避，不見客、不收書。凡送書辦人役一概不收，宴會餞送俱不許赴。俟領敕，三日內即出京，信宿不停，沿途及入境後私書私餽一概不許接受。御史入境及出巡地方，原有本等儀從執事人役，其鋪陳等物原係自行攜帶，所用蔬菜米麵原係自發公費銀兩買辦。如分外旗幟鼓吹、結綵鋪氈、供應艷鮮菜果奇品異物，皆係地方官獻媚取容。及御史攜帶主文書役家人廚役前站之類，以致擾驛累民，久經禁革。除額設事物儀從外，如有前項等弊，督撫訪確即將所用之物所帶之役拿問題參議處。如督撫狥情隱諱，事發一並治罪。出差御史入境之後，各官遠接參謁久奉嚴旨禁革。如所屬官員越境參謁者，該差指名題參。其出差御史與督撫既有糾參之例，如係公事許會同料理。此外如擺席會酒彼此餽送互相結納者，曾經禁革。如有前項等事，本衙門及科道查參一並議處。

順治十八年都察院題定：除差巡視五城御史不用陪差外，其餘各差俱列名先行題請，奉旨著開列正陪，方挨序開列一正一陪具題。

（清）慧中《欽定臺規》卷六《巡漕》　順治二年差御史一員催趲漕運。順治七年户部題准：巡漕御史停止差遣。順治八年都察院題准：查得巡漕御史業經奉裁，今復設巡方，巡漕亦應復差。順治十四年停差巡漕。

雍正七年上諭：糧船過淮之時，著派御史二員前往淮安專司稽察之任，不許官吏人等向旗丁額外需索，以致擾累。其糧艘中攜帶物件除照例許帶外，該旗丁如有夾帶私鹽及違禁等物者，亦著該御史稽查。至糧船抵通之時，其該管衙門官吏及經紀車户人等恐有向伊額外需索，亦著派御史二員前往稽查。此差往淮安之員著於二月初派往，差往通州之員著於三四月內派往，不必拘定，滿漢各一員，著都察院按期開列請旨。【略】

驛馬

乾隆三年，經吏部議覆：都察院奏請巡漕御史四員各給關防勘合，應如所請。駐劄濟寧、天津、通州巡漕御史准其照駐劄淮安之例一體給與欽差官員關防堪合，禮部遵照轉給可也。

乾隆三年上諭：向例漕運進京俱派御史前往山東、江南巡視稽查。今年十一月山東挑濬運河必須過完回空糧艘，方可興工。著都察院堂官即將派往濟寧查漕之御史，先行帶領引見，即令前往山東，督押回空尾幫南下，俟尾幫出山東境後即駐劄濟寧，協同河道總督白鍾山料理築壩挑河事務。

乾隆四年八月內經兵部覆准：吏科給中馬宏琦修奏，嗣後巡查北漕御史二員，除不給與驛馬外，其駐劄天津御史一員出巡以臨清爲界，往返千有餘里，所用船隻及廩給口糧應照巡查南漕之例支給。至駐劄通州御史一員出巡僅抵天津，且有坐糧廳舡隻可以乘坐，毋庸撥給船隻。其廩給口糧照例一體給與。

乾隆七年奉上諭：今年糧艘抵通較往年爲遲，若回空再復需滯，則明春更不能如期北上矣。可再派御史二員於收米之後督令迅速南回，並行文沿途督撫催趲，毋令停擱。

附録

漢朱博爲護漕都尉，土尊爲護羌將軍轉校尉護送軍糧委輸。建武七年罷護漕都尉官。《玉海》。

晋太元六年，初置督運御史官。《通典》。

隆慶元年題准：差監察御史一員前往浙江，並南直隸蘇松常鎮四府監兑糧米、催趲運船，兼理濟寧迆南一帶河道。三年停差，仍令户部司官監兑。五年以糧運遲誤漂失數多復題差御史一員同户部郎中一員催趲。萬曆六年，革催趲郎中，耑差御史。成化二年，選差監察御史二員各請敕，一自通州直抵臨清，一自臨清直抵儀真，與巡河御史提督捕盜。《明會典》。

（清）慧中《欽定臺規》卷八《雜綴》　《周禮・春官》御史掌邦國都鄙及萬民之治令，以贊冢宰。凡治者受法令焉。掌贊書。凡數從政者。

御史之名，《周官》有之。蓋掌贊書而授法令，非今任也。戰國時亦有御史，秦趙澠池之會，各命書其事，又淳于髡謂齊王曰，御史在前，則皆記事之職也。至秦漢，爲糾察之任。侍御史冠法冠，一名柱後，惠文以鐵爲柱也。法冠者，秦事云：始皇滅楚，以其君冠賜御史，亦名獬豸冠。獬豸，獸名，一角，以觸不直也，故執法者冠之。漢中丞有石室以藏秘書圖讖之屬，以其居殿中，故曰中丞。武帝置繡衣直指，直指而行，無苟私也。衣以繡者，尊寵之也。漢武帝欲修辟雍，建三公官，故改御史大夫爲大司空。建平二年，朱博奏請罷大司空，以御史大夫爲百僚師，從之。建元元年，光武東巡泰山，以張純視御史大夫從封禪，禮畢罷。晉武後，置御史大夫，皆中丞之互名，非漢時大夫之任。唯劉聰建置，御史大夫亞於三公，頗似漢制。顔師古曰：官曹通名爲寺。又應劭《官儀》曰：廷尉案責上御史臺。又謝靈運《晉書》曰：漢尚書爲中臺，御史爲憲臺，謁者爲外臺，是謂三臺。後漢蔡邕以侍御史轉侍書御史，遷尚書，三日之間周遷三臺。後漢桓典爲侍御史，執政無所避，常乘驄馬，京都畏之，爲之語曰：行行且止，避驄馬御史。自漢以來皆猶服法冠。晉武庫失火，尚書郭彰與侍御史劉暾典知修復，彰呵暾曰：我不能截卿角耶。以御史著法冠有兩角故也。暾作色曰：天子法冠而欲截角，命紙筆奏之。後漢中丞兩梁冠銅印青綬，與尚書令、司隸校尉朝會皆耑席而坐，京師號爲三獨坐，言其尊也。北宋時，中丞銅印墨綬，進賢兩梁冠，佩水蒼玉，介幘，絳朝服。自周隋以來無儀衛之重令，行出道路，以私騎馬匹從之而已。北齊楊伽《鄴都故事》云：御史臺在宮闕西南，其門北開，取冬殺之義。今東都臺門不北向或建造者不習故事耳。龍朔中，改司經局爲桂坊，置司直，爲東宮之憲府，亦開北門，以象御史臺，其例明矣。或云：隋初移長安城造御史臺，時以兵部尚書李員通檢校御史大夫，欲與尚書省近，故開北門，此説非也。貞觀末，御史中丞李乾祐以囚自大理來往滋其奸，又案事入法多爲大理所反，乃奏於臺中置東西二獄，以自繫劾。開元中，大夫崔隱甫復奏罷之。其後罕有聞風彈舉之事，多受詞訟推覆理盡然後彈之。舊例：御史臺不受訴訟，有通詞狀者立於臺門，候御史，御史竟往門外搜採。知可彈者，略其姓名，皆云風聞訪知。永徽中，崔義元爲大夫，始定受事御史，人知一日，劾狀題告人姓名或訴訟之事。《宋書》云二臺劾奏，符光禄加禁止，不得入殿省，是其先例。光禄主殿門。侍御史號爲臺端，他人稱之曰端公。其知雜事者，謂之雜端，最爲雄劇。食坐之南設横榻，謂之南床。殿中、監察不得坐。凡侍御史之例，不出累月則遷登南省，故號爲南床。百日察其行止出入，揖讓去就，殿中以下皆稟而隨之，先後虧失者有罰。監察御史分察尚書省，由下第一人爲始。興元元年以第一人察吏部、禮部，兼監察使。第二人察兵部、工部，兼館驛使。第三人察户部、刑部。歲終議殿最。元和中，以新人不出使無以觀能否，乃命顓察尚書省，號曰六察官。自至德以來諸道使府參佐多以省郎及御史爲之，謂之外臺。則皆檢校、裏行及内供奉，或兼或攝。諸使官亦然。侍御史與殿中侍御史，晝則外臺受事，夜則番直内臺。隋大業中，始罷御史直宿。臺内文簿皆持書主之，侍御史但侍從糾察而已。監察御史掌行馬外事，直宿外臺，不得入宿内省。監察御史裏行者太宗置，自馬周始。周以布衣有詔令於御史裏行，遂以爲名。《通典》。

《周官》小宰之職，掌建邦之宫刑，以理王宫之政令，凡宫之糾禁。鄭注：若今御史中丞。《周禮注》。

張蒼爲御史，主柱下方書。如淳曰：方板也。謂事在板上也。秦以上置柱下史，蒼爲御史，主柱下事。或曰主四方文書也。漢高帝詔徵賢良，御史大夫下相國，相國下諸侯王，御史中執法，晉灼曰：所詔中執法，乃中丞也。《史記注》。

魏置御史八人。當大會殿中，御史簪白筆，側陛而坐。帝問左右曰：此何官？何主？辛毗曰：此謂御史，舊時簪筆以奏不法。何當如今者，直備位，但眊筆耳。唐垂拱中，置匭四道，共爲一室，列於朝堂。東方春，色青，有能告以養人及勸農，可投書於青匭，銘之曰延恩。南方夏，色赤，有能正諫，論時政之得失，可投書於丹匭，銘之曰招諫。西方秋，色白，有能自陳屈抑，可投書於素匭，銘之曰申冤。北方冬，色元，有能謀智者，可投書於元匭，銘之曰通元。宜令正諫大夫、補缺、拾遺等一人充使，知匭事。每日所有投書，至暮即進。天寶九載，改匭爲獻納。至德元年，復改爲匭。自大觀臣僚申請，而殿中六尚、辟雍、大晟府等學、大官局、翰林儀鸞司，皆隸六察。自余應求有言，而東西上閤門、客省引進、四方館復隸御史。自胡舜陟申請，而本臺始增入御史言事之文。《文獻通考》。

張綱爲侍御史，安帝時遣八使案行風俗，惟綱最年少官卑，餘皆宿儒重位，同日受命，各之所部。綱獨埋其車輪於洛陽都亭，曰：豺狼當道，安問狐狸。遂奏大將軍梁冀兄弟罪惡。《後漢書》。

北齊武成以其子瑯琊王儼兼爲御史中丞，欲雄寵之。儼出北宮，凡京畿之步騎，領車之官屬，中丞之威儀，司徒之鹵簿。時儼總領四職，莫不畢備。武成觀之，遣使馳馬趣仗，不得入，自言奉敕，赤棒應聲碎其鞍，馬騰人顛，觀者傾京邑。高恭之字道穆，爲御史中丞。帝姊壽陽公主行犯清路，以赤棒呵之，不止。道穆令卒棒破其車。主泣訴於帝，帝不責，謂穆曰：家姊行路相犯，極以爲愧。北齊高澄用崔暹爲御史中尉，宋游道爲尚書左丞，謂之曰：卿一人處南臺，一人處北省，當使天下肅然。《北齊書》。

故事，御史臺不受訟。有即風聞者，略其姓名，託以風聞。其後，御史疾惡者少，通狀壅絶。開元十四年，乃定受事御史一人，知其日劾狀題告事人姓名。其後宰相以御史權重，建議彈奏先白中丞大夫，後通狀中書門下，然後得奏。自是御史之任輕矣。建中元年，以侍御史分掌公廨推彈，自是雜端之議輕矣。元和八年，命四班御史受事周而復始，罷東西分日之限。監察御史職知朝堂，正門無籍，非因奏事，不得入至殿庭，在西鳳闕南。殿中侍御史以上從觀象門出，若從天降。至開元七年，敕並令隨仗入閤。西監察院即中丞東廨是也。中丞裴寬因修廨宇，遂移監察院於十道使院，置之薦院，遂爲中丞廨宇。《唐會要》。

凡三司理事，侍御史與給事中、中書舍人更直於朝堂受表。若三司所按而非其長官，則與刑部郎中員外、大理司直評事往訊之。《舊唐書》。

御史許風聞言事，相承有此言，而不究所從來，以予考之，蓋自晉宋以下如此。沈約爲御史中丞，奏彈王源曰：風聞東海王源。自唐時御史臺受詞訟，開元中始定受事御史。人知一日劾狀，遂題告事人名，乖自古風聞之義。宋朝故事，臺諫官元不相見，故趙清獻公爲御史論蔡新州，而范蜀公以諫官與之爭。元豐中，又不許兩省官相往來，鮮于子駿乞罷此禁。臺諫分職不同，各自有故實，元祐初孫覺爲諫議大夫，是時諫官御史論事有分限，毋得越職。覺申請《唐六典》及天禧詔書，凡發令造事之未便皆得奏陳。然國史所載御史掌糾察官邪、肅正紀綱，諫官掌規諫諷諭，凡朝政闕失，大臣至百官任非其人，三省至百司事有失當，皆得諫正。則蓋許之矣。《刑統》載唐大和七年敕，准令國忌日唯禁飲酒舉樂，至於科罰人吏都無明文，但緣其日不應釐務官曹即不得決斷刑獄，其小小笞責在禮律固無所妨。起今以後縱有此類，臺府更不要舉奏。《舊唐書》載此事因御史臺奏均王傅王堪男國忌日於私第科決作人，故降此詔。蓋唐世國忌休務，正與私忌義等，故雖刑獄亦不決斷，謂之不合釐務者此也。洪邁《容齋隨筆》。

唐正衙宣政殿庭皆植松。開成中，詔入閤賜對，官班退立東階松樹下是也。殿門外復有欒樹，元微之詩云：松間待制應全遠，欒樹監搜可得知。自晉魏以來凡入殿奏事官以御史一人立殿門外搜索，而後許入，謂之監搜。御史立欒樹下至唐猶然，太和中始罷之。兩京留臺皆有公宇，亦榜曰御史臺。舊爲前執政重臣休老養疾之地，故例不事事。皇祐間，吴正肅公爲西京留臺，獨舉其職。時張堯佐以宣徽使知河南府，郡政不當，有訴於臺者，正肅即爲移文詰之。堯佐惶恐奉行，不敢異。其後司馬温公，熙寧、元豐間相繼爲者十七年，雖不甚預府事，然亦守其法令甚嚴，如國忌行香等，班列有不肅，亦必繩治。自創制宫觀後，重臣不復爲，率用常調庶官，比宫觀給使請俸差優爾。朝廷既但以此爲恩，故來者奔走府庭，殆與屬吏無異矣。俗稱翰林學士爲坡，蓋唐德宗時，嘗移學士院於金鑾坡上，故亦稱鑾坡。唐制學士院無常處，駕在大內則置於明福門，在興慶宫則置於金明門，不專在翰林院也。然明福、金明不以爲稱，不常居之爾。諫議大夫亦稱坡，此乃出唐人之語。諫議大夫班本在給舍上，其遷轉則諫議歲滿方遷給事中，自給事中遷舍人。故當時語云：饒道斗上坡去，亦須御下坡來。以諫議爲上坡，故因以爲稱。葉夢得《石林燕語》。

諸司印玖疊篆，御史印別疊文，文淵閣印玉箸，將軍掛印柳葉。鄭曉《今言》。

《文昌雜録》載宋時百官日赴文德殿，東西向對立，宰相一員押班，再拜，退。謂之常朝。又云唐制京師職事官有朔望叅、有五日叅，唯職事官五品並供奉官八品以上及員外郎、監察御史、太常博士則每日叅。有常叅官、九叅官、六叅官等云云。《春明退朝録》有職事者謂之常叅，今隷外朝不釐務者謂之常叅。本朝順治中，月凡六朝，後定以三旬逢五日常朝。壬戌夏有旨：文武官每日五更入朝，列班午門外，候部院啓奏官出始散歸署。既而大理寺司務趙時楫上疏言之，時有旨：九卿詹事給事中掌道御史如故，餘並停。王士正《池北偶談》。

按御史糾察之任也，唐杜佑《通典》謂御史之名《周官》有之，蓋掌贊書而授法令，非令任也。至秦漢爲糾察之任，是亦未考《周官》之法而得其意也。《周禮·春官》御史之職掌邦國都鄙及萬民之治令，以贊冢宰。凡治者受法令焉。夫冢宰以六典治邦國，以八則治都鄙，以八統馭萬民。其法備而令詳焉，安所待於御史之贊耶。而曰掌治令、贊冢宰，是冢宰操其法於上，庶司奉其令於下，而御史贊之。凡爲治之法令，羣受於御史。其有不如法者，御史得而糾繩之也。又曰掌贊書，夫内史掌書王命，外史掌書外令，而御史贊書，則王命外令皆得參之。又曰凡數從政者，從政謂公卿以下至胥徒數計也。凡從政則計數之亦糾舉之事也。由《周官》考之，是御史自古爲糾察之任，非至秦漢而後任糾察也明矣。蓋御史之設，先王命官之深意存焉。冢宰兼總六官，其權最重，御史以卑官侍御於君前，而一切治令冢宰主之，御史從而贊之，則張弛操縱皆得執法以議。其後冢宰之權雖重，而不得以自擅也。至於王命之出入所關甚鉅，内史書之，御史贊之，謹審詳度，則如綸如綍之王言知其可行而無弊。而外令之掌於外史者，一事之施，一令之布皆經參考委曲審定，而舞文者不得以售其技。《傳》曰令重則君尊，又曰國之安危在出令。凡此皆慎重之意也。推而至於從政者，御史皆得計數之則，大而公卿之謀猷，小而官司之施爲，無不有所畏忌而不敢以私意行乎其間。故御史雖卑而糾察之任重，此《周官》御史之職也。秦漢而後以迄隋唐，官制雖屢更，而糾察之職守無異。及宋置言事御史，而御史始得兼諫職，蓋《周官》師氏掌以媺詔，王保氏掌諫王惡，是皆諫官之職。漢晋以來之侍中給事，唐之補闕拾遺，宋之司諫正言，皆言職也，與御史所掌各異。故宋臣有臺諫不相往來之言，自御史兼言職而臺諫合爲一官，其職任尤重矣。

《大清會典則例（乾隆朝）》卷一四七《都察院三》 一、稽察部院事件。康熙四年議準：御史稽察各部院事件，月終用該道印具題。十六年諭：向來各衙門事件關繫重大者，雖有定限，赴科道稽察。但事有易結者，即應速結，必俟限滿，方行題覆，多致壅滯。更有各項呈狀不繫註銷者，任意躭延，藉端拘提人犯，數月不爲審結，無辜牽連，殊堪憫惻，以後具題本章，悉令速行辦理，不必盡拘定限。至於審理事件亦速爲完結，著照註銷欽件例定限，每月造册，赴都察院、科道稽察具奏。爾等各宜力圖振作，體卹民隱，以副朕意。欽此。又議準：部院、督撫具題，及科鈔事件，皆令造册，送各道稽察。十八年議準：大小官員在衙門不待事畢，推諉滿官，早歸遲進，燕會、嬉游者，或辦理公務瞻徇遲延不行即結者，司官聽堂官題參，堂官聽科道題參。四十四年覆準：各衙門科鈔及彙題事件註銷日，將原案賫送察覈。四十五年題準：嗣後，凡奏聞及照常行文事件，各部院衙門令該司官親自造册，送各科道註銷，月終奏聞。

雍正元年議準：各部院一應咨提行詢事件，一面咨行該處，一面知會科道存案，若逾限期，令行文之部院參劾。如行文之部院徇隱不參，科道即將逾限各官及不行參劾之部院，一並列參。又議準：寶泉局、寶源局，停止滿漢科道註銷。

三年諭：凡速議事件與尋常事件業已定有限期，嗣後務遵定限，議覆歸結。倘有行詢他處，咨提人犯不能依限歸結者，於限滿之日，聲明情由，交送内閣奏聞。如並無別項情由而逾限不結，科道即行糾參。倘科道不參，著内閣都察院一并參奏。欽此。又奏準：部院各衙門每月將已未結科鈔事件造册分送科道勘對，限期有遲延違誤者覈參。又覆準：八旗行各部院事件均送科道衙門註銷，但八旗皆清字公文必須譯出漢文始可定稾結案。嗣後行文各部院衙門事件無論應具題不應具題之件均限三十日完結。又議準：凡一應奉旨交議事件與摺奏事件均令於到部之日即將緣由聲明知會内閣並科道，如有逾限，即行題參。

四年諭：嗣後應於八旗完結事件不行完結，推諉部院者，都察院即行參奏。應於部院完結事件不行完結，推諉八旗者，亦行參奏。欽此。五年諭：向來督撫提鎮陳奏本章例有副本投遞通政使司，又有揭帖知會關涉之各部院，往往緊要之事未達朕前而先已傳播於衆口。又如内外咨呈文書往來，該衙門尤易疎忽，以致匪類探聽，多生弊端。間有緝拏之犯聞風遠颺遂至漏網，此皆不慎不密之故，貽誤匪輕。嗣後一切本章咨呈文書，除尋常通行事件外，其有案關緊要及緝拏人犯，内外各衙門應密封投遞，各該管官應謹慎辦理以防漏洩。倘有疎忽事發，究明根由，必將洩漏之人及該管官從重治罪。其稽察之處交與科道官。倘有疎忽漏洩之事科道不行察出，一並處分。欽此。遵旨議準：嗣後應密之事並不密封以致漏洩者，將封發官參劾。如收受承辦官不慎以致漏洩者，將收受承辦官參劾。事理重者降一級留任，輕者罰俸九月。該管科道官不稽察糾叅，罰俸六月。六年議準：嗣後除漏洩密封事件仍照定例分別議處治罪外，其雖非密封但未經御覽批發之本章，一槩嚴禁，不許刊刻傳播。如報房與書吏彼此勾通，本章一到即鈔録刊刻圖利，及捏造訛名並招摇詐騙情弊，各照例分別治罪。該管官失於覺察，科道不行糾叅，皆照漏洩密封事件例，分別議處。又諭：各衙門事件交與科道官稽察，欲其按限歸結，不致遲誤。近見科道行詢之案，該衙門隨便托辭回覆，而科道遂不復問情由，是科道之稽察不過察其遺漏而已，其遲延之故並未致問，殊非差委科道之本意。嗣後該衙門托辭回覆，科道官並不詳察，定將科道官一並處分。欽此。

七年奉旨：崇文門税課司事務繁多，不必按月註銷。又奏準：太常寺光禄寺大理寺鴻臚寺順天府鑾儀衛欽天監，既與各部院文移往來，又有關繫錢糧之事，著將所辦一應事件每月兩次造册送科道依限察覈。乾隆四年議準：各部院議覆一應條奏事件，奉旨後，將原奏知會各道存案以備稽察。又奏準：各部院註銷，惟户兵二部將事件原稾並册赴科道檢覆。其餘各衙門皆不送原稾，止將事由册填寫已完未完字樣。嗣後令各司將已未完結詳造清册送督催所，該所就近傳取各號簿勘對明確。如果無朦溷，該督催所於各司册尾填寫勘對明確並無遺漏遲延字樣，列銜畫押鈐印付各司經承持送科道衙門註銷。如有遺漏遲延，該督催所即行呈堂酌量辦理，科道仍不時稽察，分别奏聞。倘督催所不行察出回堂，經科道察出，將該司督催所一並議處。又議準：各部院八旗辦理案件有將不應駁之事濫駁者，均令科道覈叅。又議準：理藩院堂司各官均繫滿洲蒙古，一切册籍均繫清字，是以造送註銷册並三法司會稾亦繫清字，只滿御史註銷畫題。嗣後理藩院註銷册並三法司會稾，該道筆帖式譯出漢文，滿御史較正，與漢御史公閱畫題。至順天府衙門均繫漢官，是以註銷册專用漢字，只漢御史註銷。嗣後滿漢御史公同註銷畫題。

六年奏準：除密議密奏外，其餘所奉一切傳鈔諭旨，批發摺奏事件，應某衙門承鈔辦理，並傳該科一同鈔録報院轉發衆科道閱看。

十四年奏準：在京各衙門見行註銷事件，雖六部事務繁多，其餘衙門有每月僅十數件及數件不等者，今既遵旨定爲十五道分管稽察，自應按照十五道分辦註銷事件各繕一本具題。又題準：内閣、翰林院、詹事府、都察院、六科、中書科、五城、宣課司、左右翼監督、寶泉局、寶源局、漕運總督、河道總督向不註銷揆厥由來。内閣爲綸扉重地，專辦進本票籤事宜。且見有欽奉上諭處專司稽察，翰林院、詹事府專備經筵日講入直撰文，六科專司封駁發鈔，中書科專辦誥勅與部院所辦事件原屬不同，故向例並不造册送道註銷。至宣課司、寶泉局、寶源局於雍正年間欽奉諭旨不必按月註銷。左右翼監督繫專官收税自行覈實具奏，向例亦不造册。五城事件見經本院奏準設督催所，專委御史按限覈催。又五城審送刑部事件例繫察院兩月一次，具題註銷。漕運總督、河道總督駐劄外省，其題達事件向繫揭報該道稽察，嗣後仍令各道照舊辦理。

十八年議準：各旗應領禄米兵餉所造册籍於何日咨部，部内於何日劄倉，各倉於何日開放，均報明都察院察覈。倘有遲延，即行指叅。

十九年議準：直省所辦旌表壽民節孝賜卹祭葬等事，由禮部定議，無論單題彙題，奉旨之日皆鈔録原案，開載姓名，知會經管衙門及直省辦完彙入奏銷，經管衙門自可就原案覈對。如有不符，大則題駁小則咨駁，亦皆有成例可循，無如書吏漫不經心只圖展限並不覈對原案一槩行詢，視其來文亦並無可登答，惟再鈔原題原奏咨覆而已。嗣後如無應駁之處，徒藉行詢爲展限之計，該稽察衙門即行糾叅。

一、註銷限期。康熙四年定各部科鈔咨呈事件在本部題覆者，定限二十日完結，行詢會稾。各部院衙門者，定限三十日完結。雍正元年定：户部案件繁冗，嗣後凡在該部題覆者，限三十日完結，行詢會稾。各部院衙門者，限四十日完結。五年定：一應不待察覈易辦事件，如吏禮兵刑工等衙門，向例二十日完結者，今定限十日完結。户部向例三十日完結者，今定限二十日完結。八旗及直月旗分所辦易結事件，均定限十日完結。議政及九卿會議，如有行詢事件定限三十日完結，不待行詢易辦事件限十日完結。八旗行各部院衙門事件，限三十日完結。如有違限未結者，皆照欽部事件按其違限月日分別議處。逾限不及一月者，罰俸三月。如事已完結者，免議。逾限一月並一月以上者，罰俸一年。

乾隆五年議奏：按例内違限不及一月事已完結免議之條，原因外省事件皆限四月，是以違限不及一月事已完結準其免議。至在京各部院衙門雖明定以十日二十日三十日四十日之限，實各暗增二十九日，承辦之人不免任意躭延。嗣後凡在京各部院衙門事件，定限十日二十日完結者，如違限不及十日，事已完結者，始準免議。定限三十日四十日完結者，如違限不及二十日，事已完結者，始準免議。如違限十日二十日以外，事雖完結，仍照定例。逾限一月以內者，罰俸三月。一月以上者，罰俸一年。再移咨各部院衙門者，移咨衙門定限十日咨覆承辦衙門，準其扣除移咨日期，按限辦理。具題事件準其扣至交本日期爲止，按限察覈。九卿會議事件，準其扣至九卿上班會議畫題日期爲止，按限察覈。如逾限不完，照例議處。奉旨，外省欽部事件，正限四月者，方準餘限一月。在京各部院事件，正限原繫二十日，於雍正五年皇考勅交九卿酌議，將各部院二十日、户部三十日限期，各減去十日，亦繫在正限內酌減。見在議定餘限自應以正限日期爲主。嗣後吏禮兵工等部正限十日者準餘限十日，正限三十日者準餘限十五日。户部正限二十日者準餘限二十日，正限四十日者亦準餘限二十日。刑部事件人命攸關應倍加詳慎，著照户部扣限餘仍照所議辦理。又奏準：凡在京文衙門餘限之例均照六部之限畫一稽察。均以各部堂到日期扣算。

十四年諭：向來定有正限又有餘限，是以照例酌減。朕思正限餘限名雖不同，其實則在，餘限內完結者與未出正限之案一例免議。而各部院辦理案件又少肯在正限內趕辦完結，則又何必多設名目列爲章程非所謂政尚簡要也。嗣後各部事件在本部題結者，吏禮兵工四部及各衙門各定限二十日。户刑二部定限三十日。行詢會稾繫吏禮兵工及各衙門主稾者定限四十日，户刑二部定限五十日內所會各衙門各定限五日，户刑二部各定限十日，逾限即行叅處。欽此。

十七年奏準：同隸一衙門之司官，彼此移付事件有關題奏者，均照各衙門會稾定限移覆。並令各司於移付時聲明應題應奏情由，付督催所存案，仍於註銷之日彙送科道衙門覈對。倘有違限，照例叅奏。附各衙門赴院註銷日期，河南道，今京畿道。每月初二日繫上月十五日前事，十二日繫上月十五日後事，餘仿此。京畿道，今河南道。初八日二十日，江南道初八日二十二日，浙江道初七日二十二日，山西道初六日二十日，山東道十一日二十一日，陝西道初八日二十二日，湖廣道初六日二十日，江西道初八日二十二日，福建道初七日二十二日，廣東道初七日二十日，廣西道初十日二十日，四川道初八日二十二日，雲南道初八日二十一日，貴州道初七日二十二日，又河南道十二日二十二日。註銷步軍統領衙門事件，均繫上月事次月具題，至各部院承辦科鈔有轉行內外衙門不能依限完結者，於註銷冊內逐一聲明。其奉旨特交轉交事件具題後仍知照內閣註銷。如月終並無特交轉交之事，亦知照內閣存案。

一、稽察部院書吏。康熙三十八年覆準：各衙門年滿書辦由都察院嚴飭，五城及司坊官親加緝察，即催回籍。倘有潛住在京，及藏頓之家一並從重治罪。五城官員如有徇情容留者，照容留廢官之例處分。

雍正元年諭：都察院各衙門募設書辦，不過令其繕録文書收貯册籍。但書辦五年方滿，爲日既久熟於作弊，甚至已經考滿，復改姓名竄入別部，潛踪掩跡無所不爲，甚至獨掌一司之事盤踞其中，事無大小一手握定。而不肖司官交通賄賂，倚爲心腹，上下朋姦，莫能察究。書辦尚可更換，而此等人總無改移，子孫相承竟成世業。各衙門姦弊叢生，未有不由於此者。嗣後書辦五年考滿，部院堂司嚴行稽察，勒令回籍候選。逗遛不歸者，著都察院飭五城司坊官稽察驅逐。至於盤踞之人多捐納官職，原有勢力可以抗違，爾衙門職掌糾察，立即題叅革究押解回籍，庶作弊之本源永絶而官方可以肅清矣。著各部院會同確議具奏。欽此。遵旨議奏，各部院盤踞之吏，並年滿書辦奉旨察拏，除拏獲者已解原籍外，餘皆聞風逃遁。但此輩行踪詭秘，或潛匿京師或暫去復回，應令各部院司官嚴察並飭五城司坊大宛二縣不時稽察。如有潛匿京中及回籍復來者，拏送刑部審究，遞回原籍取具該地方官收管印結。其有捐納官職敢於抗違者，由院題叅究革。如各司官通同徇隱，司坊等官不行嚴察，經人首告或被科道察出，將部院司官及司坊各官一並叅處。嗣後考滿書辦部院移咨到院行令五城立押回籍，毋許逗遛。奉旨：著各部院一年一次保結具奏，倘有潛居京師者或經朕聞知或被科道題叅，將保結具奏之大小官員一並治罪。又定：各部院一年一次將並無盤踞之吏及年滿書吏更名重充之處，保結送院，由院每年七月內題達。

十三年諭：各部貼寫，著都察院委出滿漢御史輪流稽察。倘有徇隱揑飾等弊，一經發覺，則咎在堂官並稽察之御史。欽此。又定：各部院經承及貼寫書吏，每年四季滿漢御史各一人，按應稽察之衙門點名稽察。

十三年十二月諭：今之書吏即古之府史胥徒也。各部院皆額設召募，所以檢收册籍，繕録文書。乃役滿之後，復改名竄入别部，舞文作弊，更有己身並未充役，居然盤踞都中呼朋引類，遇事生風影射撞騙靡所不爲，此十數年以前之積弊。皇考洞悉此種惡習，屢降諭旨，著都察院飭五城司坊官嚴察訪緝，其有潛匿京師及近京州縣者，該地方官定以失察處分。有能拏獲者，以名數多寡分别議叙，載入欽定條例，俾各實力奉行。用是元二年以後姦徒斂跡部務整齊，此皇考之所以芟鋤稂莠而滋植良苗，民生吏治均受裨益也。朕御極以來仰遵皇考遺詔，每事務從寬厚。凡八旗直省以及窮邊極壤無不殫慮精思，周詳體卹，冀臻惇大，成裕之治。然寬厚二字非可一槩視也，厚民生紓民力，加惠於兵丁，施恩於百姓，乃爲寬厚。朕所以仰承先志而日夜孜孜者，此耳。朕深恐此輩不知朕所以用寬厚之意，而故智復萌，以身試法。著都察院、五城司坊官、順天府、大宛二縣，及步軍統領不時嚴察。倘有此輩潛匿京城或溷入貼寫之中，並有罪遞回原籍之後仍潛入京師或近京地方者，事發之日，除本犯治罪外，定將失察各衙門照例處分。欽此。

一、刷卷。順治九年題準：設京畿道，今河南道。專管照刷在京大小衙門文卷。除軍機大事外其餘事件一年一次稽察。十一年題準：照刷文卷內有訟獄淹滯、刑名違錯、錢糧埋没、賦役不均等弊，應請旨者，奏請取問。應治罪者，依律治罪。其移送照刷文卷，均用印信册結照刷事畢具疏奏繳。

康熙元年題準：照刷各衙門文卷及錢糧等項以稽覈埋没違誤等弊，各衙門只開收存數目而支放之數未開，如有破冒從何稽察。嗣後有錢糧各衙門將支放數目，詳細開送以憑稽覈。六年覆準：直省錢糧户部不必别設磨勘司，責成各司於奏銷時詳加磨勘，按年送京畿道刷卷。七年題準：在京各衙門上年所辦文卷均於次年八月內送刷。三十九年議準：光禄寺於年終奏銷黄册後，將按月啓奏細數底册一並送刷。

雍正元年議準：凡還庫銀並繳還俸銀公費等項逐一造入刷卷册內送覈。又議準：刑部銀庫給發過各司辦買秋審朝審紙版等項工價，及各省解送贓贖銀一並送刷。又議準：户部山東司所領鹽引心紅紙張銀造入刷卷册內送覈。又議準：工部營繕等四司並料估所節慎庫月册奏銷之後，均造册送刷。又議準：坐糧廳修艌濬淺動用税課，並贏餘銀造册送刷。三年奏準：在京各衙門凡關錢糧刑名案件，每年八月內彙造印册，送京畿道刷卷。除遲錯者覈參外，餘令該道陸續磨對，限十二月封印前繕黄册進呈。十一年議準：吏兵二部議結各省補參之案，知照三法司造册送刷。又議準：在京各衙門領取刷過卷宗，定期於每年二月內該道照衙門次序豫定領卷日期，知照各衙門令該經承按所定日期赴道領卷。該御史覈明，即行給發。倘該道書役有藉端勒索等弊，計贓以枉法論，照知法犯法例加等治罪。該御史知情者，照故縱例議處。不知情者，照失察例議處。至各衙門遲延月日不依期，令該經承領回者，該御史參奏照刷卷遲延律議處。若各衙門已經依限赴領，不按期給發者，亦照此例處分。若給領之時，其案卷或有遺失不全給者，照遺失科鈔例議處。

乾隆二年議準：户部三庫一應交納錢糧均繫户部各司承辦，每歲各司已將原案送刷。凡各處交納錢糧數目即可覈對，且三庫案件自交院覈對以來，若有冒領冒銷即能察出，毋庸三庫造册送刷。又議準：五城司坊承追贓罰收贖，五城振濟貧民飯食銀米，並一應支領公項均造册送刷。

一、稽察户部三庫。雍正五年題準：户部三庫出入數目，每月進呈御覽，奉旨後，即交都察院將各處所領銀段顔料等物，原稟數目察覈。如有不符，即行題參。

乾隆十三年奏準：各部院將所領三庫銀段顔料等項務於下月初十日以內造具細數總册，並原稟送江南道逐一察覈，歲終彙題。倘各該處有不按月咨送及遺漏遲延等弊，該道即據實參奏。其各處所送支領清册，務按月詳對，呈堂存案。該堂官等留心稽察，其數目相符者，該道按月注册於歲終彙題本內聲明。如有不符，即行參奏，交部察究。倘有重支冒領等弊，該道不行覈參，别經發覺，將該道並該堂官交部察議。又題準：見在稽察三庫月奏，與部院各衙門原稟印册逐一較對，內有內閣典籍領侍衛內大臣處一統志館、會典館、鄂羅斯文館、六科稽察。內務府、御史衙門、左右翼税務監督、寶泉局監督、大通橋監督、鷹房、狗房等處止有印册並無原稟，嗣後不具稟之各該處均令立稟鈐印同清册一並咨送察覈。再本年二月分起至九月分月摺業經於年終彙題，至十月分月摺例於十二月初十日內移送覈對，年終不及覈辦應將十月以後支領各項入於次年終彙題，嗣後照此辦理。其三庫所送月摺，江南道按月鈔録注册，俟題明後將月摺送回。十五年奏準：各衙門所取物料如有餘剩應行繳回者，皆令行文户部，該庫官即將原文加謹收貯，限五日内赴庫交納。如逾限不交，該庫官呈堂行文催交，再有遲延，咨取職名參處。再各該處交回物料該庫即將所收數目造具清册，每於月終彙稾，呈堂存案，仍移送江南道察覈，並行文各衙門將應交回物料細數亦造具清册移送江南道以便覈對。其叚疋庫一應收發察覈之處，亦照顔料庫辦理。又議準：各衙門支領顔料叚疋等項有應行繳回者，一得庫收即造具清漢細册註明行文户部及交庫各日期，並將原稾庫收移送江南道察覈，五日後仍出具印領赴江南道將原稾庫收領回。倘有遲延遺漏，一經察出，即行參奏。

一、稽察工程。康熙十八年題準：修造工程甚多，或有遲延浮冒侵蝕情弊，除内務府監造外其餘修造之處均令都察院逐一稽察。六十年題準：一應修理工程工價五十兩以内物價二百兩以内者，照依各處印文工部準其修理。其工價五十兩以上物價二百兩以上者，著該處料估啓奏到日，陝西道御史會同工科覆覈工完察銷。

雍正元年奏準：宫殿各門門簾對聯門神，遇更换時陝西道滿御史、内務府官各一人會同製造庫官驗明應修應造確覈具題。

一、稽察宗人府事件。雍正五年諭：宗人府事務設宗室御史二人稽察，每月兩次註銷鑄給印信，月終具題。欽此。六年議準：宗室御史稽察銀庫錢糧册籍行文八旗將每月宗室等婚喪事優卹銀、借給八旗官員銀拖欠還過細數造册移送覈對。如有不符，宗室御史覈參，年終將稽察過數目詳細覈算奏聞。十三年奏準：宗人府銀庫繫特恩設立，宗室等所得優卹銀及借給八旗官員等滋生坐扣等項不可無人稽察。嗣後請照理藩院之例，委御史一人不令辦事只令稽察錢糧數目。

一、稽察内務府事件。雍正四年諭：部院事件均有御史監察，應將内務府官員内簡選四人授爲御史互相稽察，於事務有益。欽此。又奏準：稽察内務府事務請照各部院衙門註銷之例將三院七司並上三旗内府佐領内管領令其稽察，凡有欽案事件，咨文呈狀照部院定限完結。其有不能依限完結者，豫行聲明，令該御史酌量展限稽察註銷，月終奏聞。十三年裁内務府御史。

乾隆三年諭：内務府向有專設之御史，近經裁汰見在無稽察之人，著專委御史二人，稽察照八旗之例不必逐年更换，將來員闕頂補即著辦理稽察内務府之事。欽此。五年奏準：武備院每年用過錢糧數目照司院之例將舊管新收開除實在按欵開造黄册，歲終進呈御覽，仍送稽察内務府御史衙門察覈註銷。十三年奏準：内務府廣儲司六庫等官遇更調交盤及取用存貯物件之數，該御史不時稽察，每月初五日二十五日註銷。

一、稽察理藩院銀庫内外館及照看鄂羅斯來使。雍正二年議準：理藩院銀庫簡御史一人，令其協同司官辦理庫務兼察庫弊，三年更代。四年奏準：理藩院内外館務本院選滿科道各一人送理藩院與各部院滿司官一同引見簡用。又奏準：鄂羅斯來使進京委滿科道照看開列職名送理藩院與滿侍讀學士等引見簡用。十一年奏準：稽察理藩院銀庫御史停其辦理錢糧事務只令親行監放蒙古等口糧銀，稽察庫弊。若司庫之官有營私作弊該御史瞻徇情面不行參奏者，發覺之日一並參處。

一、稽察八旗事件。雍正元年諭：滿洲御史事務無多，八旗各委二人照稽察部院之例，一應事務令其稽察。凡有應奏應參事件即行察奏。再五旗王等有不按定例使用旗員及濫行治罪者，亦著稽察，所用御史著調分委。欽此。遵旨議準：八旗奏過事件與各衙門彼此行文事件，一應關繫糧錢事件及補官襲爵，並各省在旗武官員闕補授日期有無逾限，每月造具清册送該御史稽察。三年議準：八旗補授佐領承襲世爵並補授前鋒參領、前鋒侍衛、護軍參領、護軍校有不能於限内完結者，該旗將情由聲明行知稽察該旗御史。倘有隱匿徇庇等弊，著該御史糾參。四年諭：從前每旗特令御史二人稽察事務，近聞八旗大臣等於午門前徒有會議之名並不議事以致諸務遲誤，御史視以爲常不行嚴察。夫旗務不比部院事件均有條理又有限期，所以特令伊等稽察。乃伊等仍行怠惰致令事皆遲誤，可將此再行嚴飭，嗣後務加嚴察，不可稍徇情面。若仍前懈惰必一並治罪，斷不輕釋。欽此。又奏準：八旗各部院互相行文必鈐用印信，惟封印後方用白文。近見尋常時亦有用白文者，嗣後除年節封印外，用白文之處永行禁止，稽察旗務御史嚴行稽察。五年議準：八旗及直月旗所辦易結事件限十日完結。七年諭：八旗操練兵丁如都統等有托故不往者，稽察御史即行參奏。若瞻徇不奏，經朕聞如，一並議處。欽此。又奏準：八旗事件照部院之例，令其每月一次送御史稽察，月終彙奏。如有逾限遺漏等弊一並題參。又議準：刑部及各部院行詢八旗事件易於完結者令於十日內即行完結。倘有輾轉移詢調取不能依限回文者，該旗將緣由聲明咨部，如有故爲遲延者，令該衙門於註銷冊內聲明，咨送科道詳察，將該旗遲延月日情由入於註銷本內一並參奏。又奏準：凡奉諭旨禁約及條奏準行之事交與八旗各按款項彙成一册送院稽察。八年奉旨：八旗官兵婚喪等事果有違例僭越者，著稽察旗務御史即行參奏。九年奉旨：八旗都統訓練兵丁，著稽察旗務御史前往稽察。

乾隆二年議準：八旗都統參領所辦案件有未妥協以及錯謬遲延等事，該稽察旗務御史不行察出參奏别經發覺，照不行詳察例罰俸六月。倘有瞻徇情面明知錯謬不行參奏者，照徇情例降二級調用。三年諭：命御史等稽察八旗事務者非衹令稽察補官註銷事件而已，如都統等勒索所屬旗員等舞文弄弊皆當察明奏聞。前以稽察旗務參領侍衛煩瑣因而裁汰，是專令爾等畫一稽察也，爾等責任愈重。今八旗大臣内有被參議處者，有經朕特交議處者，爾等並未察出參奏。從前不知則已，嗣後如仍不留心稽察，朕必將爾等嚴加治罪。欽此。又奏準：旗人如有冤抑具呈本旗都統者，即將具呈月日移咨稽察旗務御史存案，續將如何完結移咨察覈。倘辦理遲延或有應行辦理而將呈辭發還者，即行奏聞。四年奏準：每旗有滿洲、蒙古、漢軍三都統，並護軍統領、前鋒統領等處，見在稽察旗務每旗御史二人實屬不敷，令部院註銷科道一例稽察。又漢軍御史雖在漢御史數内實屬旗員，請每旗再增一人，令各察一旗，將滿洲漢軍科道並見在稽察旗務御史共簡二十四人，列名奏聞。仍照例調旗分察，遇有遠差入闈服制等事以俸淺之人挨補。其蒙古漢軍事件較滿洲旗分稍簡，請將每月護軍統領事件並入蒙古旗分註銷，前鋒統領事件並入漢軍旗分註銷，月一奏聞。又議準：八旗婚喪優卹銀按月將銀數事件緣由移送内務府稽察，仍移送稽察旗務御史察覈。五年議準：八旗事件易結者仍限十日完結外，其各參領會同察辦事件十日限内不能完結者，將情由呈明都統限二十日完結，仍移咨原行衙門察覈，並於註銷冊內聲明移送御史稽察。九年議準：八旗承辦事件如實不能依限完結，務於餘限內開明情由呈請都統展限，照舊例正限限二十日，餘限限二十日完結，仍移會原行衙門並稽察旗務御史稽察。如遲延至餘限外始呈請展限者，將承辦官計違限月日參處。又奏準：八旗註銷册務於每月十五日以前移送察覈，倘有過十五日以後者，稽察旗務御史即將承辦官參處。十一年奉旨：八旗每逢較射之期，著稽察旗務御史前往稽察。又議準：某旗直月即令稽察該旗御史於進呈月摺時將直月旗事務有無逾限沉積之處聲明。十二年議準：八旗公産地價五限内交納之事仍遵原奏無庸造入註銷冊內，其餘一應辦理公産地畝案件均一例造入註銷冊移送稽察旗務御史察覈。如有遺漏遲延，照例參處。十六年奏準：八旗直月處一應已完未完皆於月終造冊，繫某旗造送之冊即繫稽察某旗之科道詳覈奏聞。今既特簡王大臣專辦直年事務，則稽察旗務之科道亦應特簡四人，令其專司稽察一年旗務。

一、稽察五城事件。康熙初年定：五城御史審理之事每月一次註銷，送刑部者兩月一次具題。

雍正八年諭：五城振濟貧民飯食銀米，著都察院堂官不時察看。欽此。遵旨議準：五城振濟各設循還簿登記所振數目，一日一換，平糶設簿亦如之，五日一換。均由院察覈其振粥米糧柴薪及糶米數目並棲流所用銀，均報明户部覈銷，由院確察轉送。十二年覆準：五城自理事件訪拏者以獲犯日，控告者以具呈日，均扣限十日完結，五日一次呈報，半月一次註銷。

乾隆二年定：五城竊案委山東道代比，每月初三日十七日，該坊官將從前所報竊案造册一本開明事主所失物件並承緝差捕的確姓名呈堂察覈外，仍一面造册將正身捕役押赴山東道聽比。六年奏準：五城三營地方遇有盜案，本院與步軍統領彼此關白協同緝究，以報官日爲始三月無獲即會疏題參。又奏準：五城竊案該坊官逐案報明山東道，該道按限傳集承緝捕役嚴比。如司坊官有縱捕豢竊等弊，聽該道據實指參。年終該道逐一察覈，將新舊共被竊若干案捕獲若干案彙題註銷以專責成。倘該道瞻徇不實力嚴比，即參奏交部察議。八年覆準：五城竊案該坊官即申報廵城御史並山東道，以報官之日爲始勒限四月緝捕。如限內全獲或獲及半者，免參。如限内尚未全獲或雖獲不能及半者，該城御史參送到部，將該坊官住俸勒限一年緝捕。限內全獲或獲及半者，準其開復。如逾限不獲，該城覈參罰俸一年，賊犯照案緝捕。其未經案緝之先山東道御史按限提比，其有廢弛怠玩，山東道御史覈參。如該城不據實報參，山東道不實力稽察，由院察明參奏交部議處。

一、稽察步軍統領衙門事件。雍正五年奉旨：步軍統領衙門事務著委滿漢御史稽察。乾隆六年議準：御史職司稽察，遇有違例犯禁之事皆可不時察劾，況步軍統領衙門事件向在河南道註銷，則番役人等令其一並稽察更爲妥協。嗣後皆照各部院經承貼寫送察之例，將正身番役開載年貌籍貫按季造册出具並無白役等結移送河南道御史考覈。倘册結不實別經發覺，將該統領及不行詳察之該御史一並議處。又議準：內外各衙門拘拏人犯，該管官必給印票以杜詐冒滋擾之弊。獨步軍統領衙門有指名訪拏者，有巡緝拘拏者，即如竊盜鬭毆之類，巡緝所至隨遇隨拏不能少待，應每名豫給印票一張令其不時訪緝。仍令該統領覈明何等案犯應豫行給票，並於票內開明欵項給發，該番役收執並將豫給印票欵項移明河南道察覈。

一、稽察直省補參事件。雍正元年諭：刑部直省命盗案件主稾雖在刑部，然亦由三法司公同確勘畫題方行請旨。今刑部議覆被盗疎防及人命失察等案，有該督撫未將所屬地方官弁報參者，刑部於具題完結本尾聲明行令覈參到日再議。該督撫有照例補參者，亦有援例請免者，止用咨覆刑部，既不再題又不照會都察院大理寺，是以部中姦猾胥吏得以操縱其事暗地招摇。有部費者，則爲援引輕例，且有竟將咨文沉匿日久潛消者。如無部費，雖督撫聲明在所可寬亦不準邀免，欺隱朦溷事同議異。嗣後三法司會議案件本尾有行令補參者，督撫咨覆到部，其或處分或寬免作何完結之後，令刑部知會畫題衙門公同刷卷，如此則胥吏不得萌逞故智上下其手矣。欽此。十一年議準：三法司行令督撫補參文武各官案件，該督撫咨覆刑部隨轉咨吏兵二部定議，該部議結後將如何完結知照三法司，並令刑部行知各省，凡遇補參之案一咨刑部一咨本院一咨大理寺以憑稽察。

一、稽察直省難結事件。雍正六年議準：直省難結事件咨部展限時一并報明科道，事結後題覆本內聲明註銷，科道於年終分别已未完結彙題。其有久不題覆又不展限者，科道察明題參。十一年定：直省難結事件，督撫提鎮府尹等衙門每季將已未完結及曾否展限造具細册，分送科道察覈。如本季並無難結事件，亦即聲明。乾隆十四年定：除直省應行揭報事件仍照例按省分揭各道外，其難結事件隸吏部者季報河南道，隸户部者季報江南道，隸禮部者季報浙江道，隸兵部者季報山西道，隸刑部者季報山東道，隸工部者季報陝西道。如無難結事件亦各按季聲明以憑察覈彙題。

一、稽察移咨直省事件。乾隆十四年奏準：由院據呈移咨案件，該省督撫一面即將準咨日期先行咨報，一面速飭承辦各官依限察覆，果有難結緣由即於正限四月內詳報咨展。如並無難結而逾限不行咨覆者，照事件遲延例分别議處。如限內任意躭延至逾限之後揑辭朦溷托故申覆者，經院參奏，將承辦官照朦溷造册例降一級調用，轉報之上司罰俸一年，不行詳察之督撫罰俸六月。

一、稽察會議會審。雍正三年議準：秋審朝審令滿漢御史各一人稽察，無故不到班者題參。七年諭：凡會議會審九卿因有他務不能到班者，仍照例行文知會主稾衙門。嗣後著令滿漢御史二人將有事不到之九卿注册備考不必參奏，至於宗人府府丞、太常寺太僕寺光禄寺正卿少卿，嗣後凡遇會議會審秋審之時皆令在旁觀聽，使之與聞，但不得參議，亦不必畫題。倘九卿所議未當或伊等别有所見準其密奏。欽此。又諭：嗣後八旗大臣會議，著擬定時候。若有事故不能到班，豫先知會。若逾時未至，先集之大臣即便會議。若無故逾時，始集者著御史詢問緣由具奏，毋得瞻徇。欽此。又議準：八旗會議分别左右翼，按旗序品列坐。如有越次不整者，稽察御史題參。乾隆三年議準：八旗會議大臣內有出差患病服制不得上班者，均移報直月旗，今直年都統。造册轉送御史稽察。

一、京察。順治十三年議準：六年考察一次，在京各衙門官屬均聽本衙門堂官考覈，照考察格式填注考語。事跡或賢或否應去應留造册密送吏部、都察院、吏科、河南道今京畿道。會考。如將應考遺漏不應考者造入，聽部院糾參。又題準：各部院衙門筆帖式照有職掌官員例一例考察。十五年題準：凡京察，吏部、都察院、吏科、河南道封門閲册公同磨對，過堂考察畢即行具題。十七年議準：凡京察時各衙門堂官不許接見屬官。吏部、都察院、吏科、河南道門上各貼迴避字樣，不許接見賓客，如有囑托者自行舉發。倘徇庇隱匿，聽科道糾參。康熙六年題準：盛京及奉天府各官照在京官一例考察。雍正元年議準：三年考察一次，在京各衙門屬官於雍正四年三月內該堂官填注考語造册密送吏部、都察院、吏科、河南道詳加考察，分別去留。又議準：盛京五部屬官及奉天府府丞以下城內官均令該部府堂官填注考語，於雍正四年三月內造册移送吏部、都察院、吏科、河南道，照在京官例一并考察，分別去留。四年奉旨：嗣後京察著大學士吏部都察院吏科河南道公同閲看。著爲例。又題準：六科滿漢官將行過事實開列册內送院，堂官填注考語送部會同考察。又題準：御史考察由院填注考語，司坊官考察由本城御史填注考語，送院覈定。

一、大計。順治四年定外官大計三年一次，永爲例。吏部吏科會都察院河南道今京畿道。考察。十二年議準：大計督撫造册三本，一送吏部一送都察院一送吏科，毋得叅差。十五年議準：外官大計果有奇貪大酷令督撫按露章糾叅，勿庇見任而苛去任，勿寬大吏而責卑官。如開報不實，聽科道糾叅。又議準：大計册內考注優等而科道以貪酷指叅發審有據者，該督撫一并治罪。十八年議準：大計，吏部考功司吏科河南道詳覈，各官應去應留者，照八法議處，吏部都察院堂官詳覈。如册內賢否倒置造報不實者，科道特疏糾叅。又定：外任官評全憑撫按，如有賢否倒置不合公論者，聽部院堂官暨科道據實糾叅。康熙十二年定：大計册限十二月內送到。二十五年議準：督撫將屬官賢否造册三本分送吏部都察院吏科，其布按二司所造各官賢否錢穀刑名等册分送各部院者，停止。

一、軍政。順治年間定：督撫將武職賢否五年一次造册送覈。如遇展限具揭送都察院並河南道今京畿道。察覈。

一、鹽政考覈。順治年間定：凡鹽政一年差滿，將任內經徵鹽課及部院勘劄事件揭報户部，户部會本院並河南道今京畿道。考覈具題。

一、議處。順治初年定：宗人府吏兵二部皆有議處人員之責，至該衙門有應議處者自應交別衙門議處。嗣後宗人府、吏部有應議處之案均交都察院辦理，兵部交吏部辦理。

一、驗看月官。順治初年定：月選文職官科道同九卿秉公驗看。乾隆元年議準：凡月官内有才品優長知之有素及行止不端出身不正者，科道各舉以聞。十七年奏準：嗣後驗看月官開列掌科掌道職名恭候簡命一二人隨簡命之九卿公同驗看，倘有瞻徇即行陳奏。十九年奏準：直省選拔貢生朝考取入一二等者，照驗看月官之例開列滿漢九卿及掌印給事中御史等職名，移送禮部奏請簡命，公同簡選。

一、驗看因公降革人員。雍正十三年諭：在京筆帖式驍騎校以下等官應去應留者，若一槩引見未免太繁。著該管官出具考語，分別去留之後，都察院秉公驗看，若去留允當即行奏明，若將應去者議留應留者議去或人材可用或在行間曾出格効力者，著都察院堂官將情由聲明引見。欽此。乾隆四年議準：在京部院司官暨八旗武職因公降革者，該管官即將該員降革之案確實察明咨送到院秉公察覈送回。各該處非繫因公者，無庸引見。果繫因公者，該管官出具考語自行引見。再在京巡捕營之叅將遊擊守備等官，照在京八旗武職例辦理。外省駐防武職已經歸旗者，照在京文職例辦理。十二年諭：各省文武官弁有因公罣誤部議降調繫該員應得之處分，部覆時酌其情罪，或令該督撫出具考語送部引見酌量録用已屬格外之恩。至於降旨依議降調之人自應照所降之級赴部候補，乃又有送都察院考覈引見之例。此等人員有因原叅督撫所出考語平常遲至數年俟督撫離任始行赴部，更有降調時並不請咨赴部及督撫屢更復以無憑出具考語呈請引見者，既滋弊竇且事屬重複。大抵爲政貴簡而得要，例愈繁而弊愈多。嗣後著停止其在京文武官並旗員及各省駐防人員因公降革，有令該堂官該旗大臣出具考語引見者，又有送都察院考覈之例，亦覺繁多不免啓趨避之途。其如何删繁就簡，酌中定例，著大學士九卿八旗都統詳議具奏。欽此。遵旨議準，屬官之優劣惟該堂官該旗都統知之最悉，定例既許該管官出具考語引見自無庸咨送都察院察覈。嗣後在京部院司官及五城正指揮等官並旗員各省駐防官、巡捕營叅將、遊擊守備因公罣誤至於降革者，其中如有辦事勤練人材可用，任內並無錢糧不清及治罪之案，該管大員會同都察院詳覈。如果應引見交與該管大員出具切實考語保奏引見。其各省駐防官員著咨送該旗引見，應否去留，候旨定奪。

一、科道降革留任三年期滿本院咨部開復。

一、議叙人員補授滿經歷都事者，試俸三年期滿由院具題實授。

一、滿洲廕生在院學習者，二年期滿，由院具奏，或仍留本衙門，遇有經歷都事闕題補或奏明咨部補用。

一、筆帖式如有通曉繙譯諳練事務者，遇有經歷都事員闕，由院保奏請旨補授。

一、六科筆帖式遇有升遷由院劄行，該科出具考語送院覈定轉咨吏部。

一、筆帖式考試繙譯。雍正十一年議準：都察院筆帖式每月或以上諭或以揭帖爲題，該堂官酌量令其繙譯，分别等第以示懲勸。並交與各道御史察其勤惰，如有托故不進署及不實心學習者，該堂官叅處。

一、司坊官俸滿保題。康熙五十七年覆準：五城司坊官如有聲名不好者，本院不時叅劾處分。其食俸已滿三年，果有操守清廉、辦事勤敏並無事故者，聽五城御史註明事實呈堂察覈薦舉。乾隆三年議准：司坊官如一年限内所轄地方竊賊稀少，或竊賊雖多緝獲過半者，准其記功，遇保題之時准其開明保奏。如年内竊賊甚多緝獲不能過半者，分别記過。七年議准：司坊官能獲别城竊犯至三案以上者，照本城緝獲竊案之例量與記功。十二年諭：京師爲五方雜處之地，察拏匪竊原以肅清輦轂，考校較嚴。但地廣人稠姦良莫辨，其躧緝之案甚多，若定例過嚴則司坊官動罹叅處永無上進之階，其作何定例使寬嚴得中，著妥議具奏。欽此。遵旨議准：嗣後司坊官三年俸滿，有堪保薦者，將該員三年任内事主被竊未報當經捕役躧獲贓賊有據之案入於承緝已未獲各案内通算，獲賊過半者准其保題，不能過半者仍行記過不准保題。倘該員記過之後果能實心訪緝獲賊有功，准其將記過之案註銷，再行覈明保題。十八年奏准：五城司坊官到任已滿三年果繫辦事勤謹、才能練達之員，該城御史出具切實考語，送院覈實，移咨吏部引見，奉旨後察其降革留任之案原繫因公者應准其一例升用，其降革留任之案帶於新任扣滿年限别請開復。

《大清會典事例（嘉慶朝）》卷七六六《都察院·各道》 乾隆十九年奏准：各省舉行大計，年老、有疾二項，向多以教職填註，應令直省督撫將佐雜等官詳加考察，其中有年老有疾之員，俱據實填註，不得稍爲姑容。如有僅以教職數員塞責者，經吏部都察院查明，即行叅奏。二十四年諭：嗣後三年計典内，如有不謹浮躁等官，俱著確按實蹟，詳悉登註，不得籠統叅劾，以昭慎重。著爲令。

《大清會典事例（嘉慶朝）》卷七六六《都察院·各道》 監放兵餉錢文。嘉慶四年議准：寶泉、寶源二局，搭放兵餉錢文之日，令稽察户工二部御史赴局監放。

《大清會典事例（嘉慶朝）》卷七六六《都察院·各道》 嘉慶五年諭：繼善奏，四五品京堂及翰詹學士等官停止驗看，請照三品京堂一體帶領引見等語。所奏甚是。向來四五品京堂及翰林院讀講學士，並左右庶子等官，每遇京察之年，係吏部開列王大臣名單，請旨簡派驗看，分别等第，由吏部帶領引見。但此等人員，職分較大，俱係朕特加簡擢，伊等與王大臣向無交涉事件，又無統屬，其賢否何由深知，所定等第亦未必確當，況於驗看後仍須帶領引見，又何必多此一番驗看爲耶。嗣後四五品京堂及翰林院學士等官，即照三品京堂之例，一體帶領引見，不必由王大臣驗看。著爲令。又諭：三載考績始自唐虞，至今日則爲京察。用人之典至要，而選士之方，必推氣節，未有阿諛諂媚之徒，而能有廉明之政者也。近年以來，六部堂官所拔識之司員，大率以迎合己意者爲曉事之人，以執稿剖辯者爲不曉事之輩，以每日傴謁卑詞巧捷者爲謹慎，以在司坐辦口齒木訥者爲迂拙，遂至趨承卑鄙，乞憐昏夜，白晝驕人，仕路頹風，幾不可問，氣節消磨殆盡，成何事體。即今日堂司各官，雖比前稍知檢束，奔競之風，恐未能盡改，總由積習相沿，狂瀾難返。朕思轉移風氣之方，須立矜式觀摩之准。現已將屆京察之期，各部俱應慎重選舉，詢謀僉同。果有猷守兼優者，自應首薦，餘則寧取資格較久謹厚樸實之員，其少年囂薄才華發越者，亦應令其經練，下屆再行保列，則相觀益善，更足以礪後起之後，黜華崇實，於政治不無小補。再京察之事，尚書侍郎應各備一册，密識賢否，公議之日，再行同覽，衆所獎許者拔之，衆所屏棄者黜之，以公心辦公事，勿存絲毫私意，問心無愧，斯可對君。覈辦之時，不准司官書吏家人在旁觀視，亦不准豫爲露洩，邀譽市恩。此旨著通行曉諭，各録一通，懸於公署，朝夕觀覽，觸目警心，以副朕循名責實務得真才之意。特諭。十四年諭：京察爲三載考績之典，自應覈其辦事勤惰以示黜陟，但必擇其品行素端，才猷茂著者，登之上考，方足以昭激勸。若祇取浮華奔競之徒，喜其趨走言語便捷，工於迎合者，即予保薦，而不按其平日之品行，慎加甄别，則心術稍有不端，才具又何足取。且一等人員於保薦後，可以帶領引見，記名簡擢，其次者例不得預。若猷守素優之人，不獲仰邀登進，於人才已多屈抑，儻一等中竟有倖列之人，一經記名擢用，即可由道府洊擢大員，其居心辦事，素不可問，將來必致貪酷僨事，關繫尤重。前於嘉慶五年特降諭旨，令各衙門慎重保薦，茲因京察届期特諭。儻有不鑒擇人品，率意保薦，致記名擢用之後，有營私敗檢，貽誤地方，釀成重大案件，則惟原保官是問。

《大清會典事例（嘉慶朝）》卷七六六《都察院・各道》 監視掣籤。

嘉慶四年議准：河南道御史有稽察吏部之責。嗣後每月二十五日，文職月選掣籤。令該道御史，赴天安門吏部朝房，會同監掣。又奏准：援例報捐人員，該部掣籤時，由都察院奏請欽派科道數員，赴部監掣。五年議准：武職月選掣籤，令稽察兵部御史會同監掣。

《大清會典事例（嘉慶朝）》卷七六六《都察院・各道》 驗看月官。

順治初年，定月選文職官科道同九卿秉公驗看。乾隆元年議准：凡月官內，有才品優長，知之有素，及行止不端，出身不正者，科道各據實具奏。十七年奏准：嗣後驗看月官，開列掌科掌道職名，恭候簡命一二人，隨簡命之九卿，公同驗看。儻有瞻徇，即行陳奏。十九年奏准：直省選拔貢生，朝考取入一二等者，照驗看月官之例，開列滿漢九卿，及掌印給事中御史等職名，移送禮部，奏請簡命，公同揀選。五十五年停止。四十一年諭：朕向來駐蹕熱河，所有月選文武各員，令該堂官帶至行在引見。如遇巡幸各省，則月選之文員通判州縣等官，武員驍騎校千總等官，即令留京辦事王大臣驗放，不使選員久羈旅食，所以示體恤也。第王大臣驗放，除照九卿等所驗衰頹者，照例改教外，並未見有所更調，固屬不敢擅專之意。但缺之繁簡不同，人之能否不一，若人地或不相宜，當官即不免於叢脞，是以朕於月官引見時，每慎重甄覈。如有年力强壯，人尚明白，而掣得簡缺者，亦有人本平庸，齒復就衰，而掣得繁缺者，必得斟酌對調，以協量才授官之意，從不肯以輕心掉之。今王大臣於驗看月官，惟恐更調易招物議，遂爲依樣葫蘆。儻用違其才，於吏治未爲有益，是避嫌事小，誤公事大，不可不權其輕重是也。嗣後王大臣等驗看月官，見有人缺不相當者，即爲悉心商搉，酌擬對調，仍令派出之九卿科道覆看。如意見相同，所擬自屬公當，即一體聯銜具奏，請旨遵行。若九卿科道中，或有言所擬尚有未允協者，著吏部將所言之人記名，並將擬調之員扣存，候朕回鑾後引見定奪。如擬調果未愜當，則留京辦事王大臣自難辭咎，若所擬本屬不爽，而一二人意獨參差，即難保其無懷私偏徇之弊，惟於異議之人是問。其武職內有應分別營衛者，亦一並酌覈妥辦。即自此巡幸山東爲始，著爲令。五十二年議准：嗣後大挑舉人，應照驗看月選官員例，請派滿漢御史各二員，稽察監視。若挑選不公，准其指名糾劾。

《大清會典事例（嘉慶朝）》卷七六六《都察院・各道》 驗看孝廉方正。

乾隆元年議准：各省欽奉恩詔保舉孝廉方正，督撫覈實保題，給以六品頂戴榮身。如其中果有德行才識兼優堪備召用者，准該督撫出具切實考語破格保薦，給咨赴部，會同九卿翰詹科道公同驗看。如衆論相符，引見候旨簡用。

《大清會典事例（嘉慶朝）》卷七六六《都察院・各道》 驗看因公降革人員。

雍正十三年諭：在京筆帖式驍騎校以下等官應去應留者，若一概引見，未免太繁，著該管官出具考語，分別去留之後，都察院秉公驗看。若去留允當，即行奏明。若將應去者議留，應留者議去，或人材可用，或在行間曾出格効力者，著都察院堂官將情由聲明引見。

乾隆元年諭：聞各省被叅人員在爾衙門具呈者甚多，辦理頗難。夫叅革之員許其呈訴者，惟恐下有冤抑難申之處，或其中不無有可用之才，然不可長刁風而開僥倖之門也。爾等惟慎加分別，果係事屬因公審無贓私者，驗看其才力可用奏聞引見，其因私事被叅或審有贓罪者，不得准理。至階級崇卑，亦宜定有界限。文官自知縣以上，武官自守備以上，方許查奏，其佐雜微員不得妄行呈訴。四年議准：在京部院司官暨八旗武職，因公降革者，該管官即將該員降革之案確實查明，咨送到院，秉公察覈，送回各該處。非係因公者，無庸引見，果係因公者，該管官出具考語，自行帶領引見。再在京巡捕營之叅將遊擊守備等官，照在京八旗文職例辦理。外省駐防武職已經歸旗者，照在京文職例辦理。十二年諭：各省文武官弁，有因公罣誤，部議降調，係該員應得之處分，部覆時酌其情罪，或令該督撫出具考語，送部引見，酌量録用，已屬格外之恩。至於降旨依議降調之人，自應照所降之級赴部候補。乃又有送都察院考覈引見之例，此等人員，有因原叅督撫所出考語平常，遲至數年，俟督撫離任始行赴部。更有降調時並不請咨赴部，及督撫屢更，復以無憑出具考語呈請引見者，既滋弊竇，且事屬重複。大抵爲政貴簡而得要，例愈繁而弊愈多，嗣後著停止。其在京文武官並旗員及各省駐防人員，因公降革，有令該堂官該旗大臣出具考語引見者，又有送都察院考覈之例，亦覺繁多，不免啓趨避之途，其如何删繁就簡，酌中定例，著大學士九卿八旗都統詳議具奏。欽此。遵旨議定：屬官之優劣，惟該堂官該旗都統知之最悉，定例既許該管官出具考語引見，自無庸咨送都察院察覈。嗣後在京部院司官及五城正指揮等官，並旗員，各省駐防官，巡捕營叅將遊擊守備，因公罣誤，至於降革者，其中如有辦事勤練，人材可用，任内並無錢糧不清及治罪之案，該管大員會同都察院詳覈。如果應引見，交與該管大員，出具切實考語，保奏引見，其各省駐防官員著咨送該旗引見，應否去留，候旨定奪。

《大清會典事例（嘉慶朝）》卷七六六《都察院・各道》　筆帖式考試繙譯。雍正十一年議准：都察院筆帖式，每月或以上諭，或以揭帖爲題，該堂官酌量令其繙譯，分别等第以示懲勸，並交與各道御史察其勤惰。如有托故不進署，及不實心學習者，該堂官叅處。乾隆五十二年奏准：嗣後各道俱設立考勤簿一本，筆帖式入署，先赴各道眼同御史畫到，如有應辦事件，即行辦理。如無應辦事件，仍赴兩廳隨同廳員辦事。

（清）江峰《大清律例略記》卷一《磨勘卷宗略記吏律》　各衙文卷稽延，磨出催督宜嚴。刑名可理不理，錢糧應完不完，照磨按月計罪，笞杖各有定端。若或隱漏不報，每宗加等難寬。有所規避從重，贓以枉法同參。及至聞知事發，方補文案幹旋，欲避遲錯罪戾，罪更無可相原。上司知而不舉，一應坐罪同看。

（清）江峰《大清律例略記》卷一《照刷文卷略記吏律》　設官照刷文卷，有司當急從公。事端可結不結，遲至三宗五宗，吏典按數科罪，多則加等相從。首領倉庫官等，不與吏典罪同。若有失錯漏報，仍責典吏當躬，餘官各減一等，巡檢罰以俸充。刷出錢糧埋没，以及刑名朦朧，如或有所規避，從重治罪難容。

《欽定武場條例》卷五《武鄉會試通例三・御史稽察入闈時刻》

一、武會試及順天武鄉試午門聽宣之日，稽察宣旨御史於聽宣事畢即赴貢院門前將正副考官及執事各員入闈時刻詳細查明，次日覆奏。原案

一、咸豐九年八月内奉上諭：向例會試及順天鄉試正副考官同考官以及内外簾執事等員，一經派出即應迅速入闈。乃昨日朕特派御前大臣景壽等前往貢院稽察，方悉本年順天鄉試考官及執事各員有遲延至申刻及酉刻始行入闈者，殊非慎重關防之道。姑念相習成風免其置議，嗣後鄉會試年分午門聽宣之日，著即責成稽察御史於聽宣事畢即赴貢院門前，將正副考官同考官及派出場内執事各員入闈時刻詳細查明，於次日覆奏。儻該考官等有是日並無别項差使入闈遲延者，即著指名叅奏，以肅功令。欽此。

（清）薛允升《唐明清三律彙編・吏律・公式・照刷文卷》　刑部爲請定彙題章程限期以嚴考覈事：竊查各省彙題事件，例係專案。咨部完結，仍於歲底分晰瞭項彙案具題，所以嚴稽查而防遺漏也。第向例並未著有定限，是以各省督撫相沿成習，題報日期遲速不等。臣部亦止隨案覈覆，不加查催，以致命盗彙題之案多有遲延。伏查彙題案件款項不一，有各省一例通行者，有就各本省所有事宜特設名目者，又有同爲一事或此有而彼無、或此分而彼合者。原其始因，各省事例本屬不同，致有參差，而各司各辦亦未畫一，臣等現將各司徹底清查，逐款逐年挨次考覈。其題報之期，或有春季具題者，或有夏季具題者，或有遲至冬季並次年補題者。總緣成例未曾著有定限，是以各省題報多有互異。臣等悉心籌酌，查彙題事件，原統計一年所辦之案彙總造報。各省督撫於封印之時，將一年内應行彙題各案查封明晰，於開印後兩月内繕本具題爲期甚裕。應請嗣後各省一切彙題事件，統限開印後兩個月具題。如有遲延，臣部隨本查參，交與該部議處。再查各省相沿成例，有辦理向未畫一者，亦應酌覈整齊立定章程，庶無案牘分歧之弊。臣等詳加籌酌，另繕清單，恭呈御鑒。等因。乾隆二十三年十二月十一日奏，奉旨：依議。欽此。

大學士臣劉等謹奏：查上年五月以各省年終彙奏事件有於三四月間始行奏到者，殊覺太遲，奉旨交臣等分别酌議。如甄别教職等十二款，定於年内即行彙奏。藩庫實存銀數等六款，定於開印後彙奏。即遠省亦可於二三月内奏到。臣等統於三月内查明是否奏齊及具奏日期有無逾限之處，詳加覈辦。等因。奉旨：依議。交部通行。遵照在案。今查上年各省彙奏案件，其年内應奏之事，已奏齊者計五款，未奏齊者計七款；其開印後應奏之事，已奏齊者計一款，未奏齊者計五款。所有奏到各摺，臣等覈計發摺日期，俱尚無逾限。謹將已未奏齊各款分别開列清單，恭呈御覽。此内如官員不准濫行宴會，交庫銀號舞弊，城垣是否完固，藩庫實存銀數等款，均係各省相同之事；甄别千總拏獲尋常案件，緝獲盗案功過，盗竊已未緝獲等款，均係每年應行辦理之事；何以尚有未經具奏者？理合奏明，令各該督撫等，將因何未經專摺具奏緣由明白回奏。其估變物料，

遺犯脱逃，義倉穀數，修理船隻等款，或該省向無辦理之案，亦應具奏聲明，統俟覆奏到日再請覈辦。並請旨令各督撫等，嗣後彙奏事件於發摺後，並將具奏日期咨明各該部存案，庶彼此稽查更爲周備。再查幕友有無違例一事，係上年十月内奉旨每年彙奏一次。今臣等詳悉查覈，臣等現在遵旨，將已奏到之直隸等十七省幕友單内，各粘簽存記年限以備查覈。其未奏到之四川、雲南二省，統俟具奏到日一並照辦。如有年滿不行更換者，臣等統於彙奏時查明摘參。再查上年吏部原議，督撫幕友隨時報部存案，司道以下州、縣各官幕友申報督撫，年終彙齊咨部存案。如查出違例延請及逾限不換者，以降二級留任議處。等因。奉旨，令各督撫於年終彙奏一次，而現在各省查奏此案，有祗及司道以上、未及各府、州、縣者，辦理未能畫一。今臣等酌議，在外大小各衙門幕友人數繁多，若概令入奏未免繁瑣。應令嗣後督撫、司道幕友，除隨時咨部外，均於年終彙奏。其府、州、縣衙門幕友，仍行彙齊咨部存案，即由吏部查覈。如有逾限違例者，亦於年底摘參，以歸簡便。乾隆三十八年四月初十日奏，奉旨：依議。欽此。

刑部爲通行事，山西道監察御史蔣奏：爲申明查辦減等章程以重赦典事，竊查向來遇有軍、流減等恩旨，經刑部奏明一應查辦人犯，未起解者由犯事省分造報，已到配者由配所造報。令各督撫、將軍、都統、府尹迅飭所屬趕緊辦理，於文到日一月内全行咨部。定限綦嚴，原期各犯早邀寬減，恩膏不致久屯。乃外省視爲泛常，總不能依限造報，往往有遲至經年再行咨催始行報部者，甚至將應行援減之人並不逐細查明一一登造。臣所知者，嘉慶十四年恭遇恩赦，有湖南省發配山西之流犯許華一名漏未查辦。嗣許華之堂弟許信昌赴部具呈，經刑部行文咨查，並令查取遺漏職名送部議處，始據補報援減。設該犯無人爲其具呈，刑部既無從知其遺漏，而在本犯轉疑原犯罪名不在查辦之列，亦不敢自行申訴，必致久羈戍所，永無減釋之期。似此疏忽遺漏之案，恐不止許華一人爲然。此次恭逢恩赦，愷澤深仁，期予迅速下逮，周徧無遺。雖經刑部議定章程行文各省聲明無許遲延遺漏，但未奉嚴旨切飭，仍恐未免視爲泛常。應請特頒諭旨，敕令各督撫、將軍、都統、府尹，於接到部文之日即行飭屬，查明應行查辦各犯，趕緊造具清册，依限咨報，並於文内何日接到部文之處一並聲明。倘有遲逾定限，即令刑部咨交吏部、兵部，查取職名議處。仍令各督撫、將軍、都統、府尹，取具各屬並無遺漏印結報部備覈，以期恩施普徧，仰副皇上恤刑宥罪至意。臣再有請旨，各省軍、流等罪，經刑部議覆後，犯事省分接到部文，定地發配及解到配所安置，向來均不報刑部。遇有重大案件，牽涉發配之犯，刑部無從稽考，輾轉行查耽延時日，甚非慎重刑名之道。應令嗣後各省發配軍、流等犯及到配安置，俱著專咨報明刑部，仍於年終逐案摘叙事由造册彙報一次，以備稽查。而將來遇有減等恩旨，即可由刑部覈定應減各犯，徑行飛咨各省遵照辦理。謹奏。嘉慶二十四年正月二十一日奉上諭：御史蔣雲寬奏申明減等章程一摺，各省軍、流人犯，遇有減等恩旨，該督撫等自應迅速辦理。乃近日外省辦理遲延，且有遺漏，殊乖矜恤之意。此次恩詔内查辦減等，著各督撫、將軍、都統、府尹等飭屬查明，按限造册報部，並聲明接奉部文日期。倘逾定限，該部照例查參。仍令各督撫等，取具各屬並無遺漏印結報部備查。再，各省軍、流人犯定地發配及到配安置，向來均不報部，遇有別案牽涉，輾轉行查徒延時日。嗣後俱著耑咨報部，年終仍造册彙報，以備稽覈。欽此。欽遵。查各省軍、流人犯，恭遇此次減等恩旨，各督撫自應遵奉諭旨迅飭所屬，查明應行查辦各犯，趕緊造具清册，依限報部。倘有逾限，定行查參。再，各省軍、流人犯定地發配及到部定置，向來均不報部。自此次欽奉諭旨，應令各省將發配軍、流等犯及到配安置除耑咨報部外，仍於年終逐案摘叙簡明事由，並將何司案呈逐案聲明造册彙報，以備稽查。

《清實録》**崇德元年五月** 丁巳，上諭都察院諸臣曰：爾等身任憲臣，職司諫諍，朕躬有過，或奢侈無度，或誤譴功臣，或逸樂游畋，不理政務，或荒耽酒色，不勤國事，或廢棄忠良，信任姦佞，及陟有罪，黜有功，俱當直諫無隱。至於諸王、貝勒大臣，如有荒廢職業，貪酒色，好逸樂，取民財物，奪民婦女，或朝會不敬，冠服違式，及欲適己意，托病偷安，而不朝參入署者，該禮部稽察。若禮部徇情容隱，爾等即應察奏。或六部斷事偏謬，及事未審結，誑奏已結者，爾等亦稽察奏聞。凡人在部控告，該部王及承政未經審結，又赴告於爾衙門者，爾等公議，當奏者奏，不當奏者公議逐之。明國陋規，都察院衙門亦通行賄賂之所，爾等當互相防檢。有即據實奏聞，若以私讐誣劾，朕察出，定加以罪。其餘章奏，所言是朕即從之，所言非亦不加罪。必不令被劾者與爾面質也。爾等亦何憚而不直陳乎。至於無職庶人，禮節錯誤，不必指奏，我國初興，制度多未嫻習，爾等教誡而寬釋之可也。

《清實録》康熙五十七年七月　吏部等衙門議覆都察院左都御史蔡升元條奏五款。一、督撫參處郡縣之本章，有可裁省者如交代遲延、承緝不力、承追不力俱不必具本題參，各照定例咨明各部處分，該部彙題完結。一、督撫審擬案件有宜駁正者如所引律例不符，或前後情詞互異，經部院衙門駁回令其詳審。該督撫恐承審各官，有失入失出之罪，而伊等亦自涉朦混之愆，遂始終徇庇，不即改正。嗣後部駁再審事件，該督撫務虚心細按律例，將舛錯處即行改正具題。其承審官從前錯擬，免其議處。若始終不行改正，令該部院衙門提取全案覆核改正，將承審各官及該督撫並交部議處。一、六部侍郎開列之例，有應畫一者。查吏部侍郎有一兼學士銜者，缺出，開列禮部左右侍郎、内閣學士、翰林院掌院學士、講讀學士、正少詹，祭酒共十七員。有一不兼學士銜者，缺出，開列户、兵、刑、工四部侍郎、副都御史，共十員。又禮部左右侍郎缺出，開列内閣學士、翰林院掌院學士、講讀學士、正少詹、祭酒。其户、兵、刑、工四部侍郎缺出，開列副都御史、宗人府丞、通政使、大理寺卿。是由翰林院出身者，以十五員而升兩缺，由京堂出身者，以五員而升八缺，不無稍偏。嗣後凡遇有六部侍郎缺出，不論翰林、京堂應升官員通行開列。一、刑部罪輕之犯有宜從寬者，查拏送人犯至當月司官處即行收監。因案内人犯提拏不齊，遂至遲延時日直至審結擬罪方彙題發落，此等輕罪人犯，久禁獄中似屬可憫。嗣後部中監犯凡徒罪以下，不必監禁獄中，交與該佐領及地方官保出候審。俟刑部審結具題後即行發落。一、五城兵馬司之奉行牌票有宜禁飭者。查五城司坊官拘拏人犯，差役紛繁，究其所奉牌票衙門甚多。嗣後五城司坊官奉行牌除提督及部院堂官、通政使司、大理寺堂官、順天府府尹、本城御史批發事件外，其各衙門不得擅行牌票交與司坊銷禁人犯。均應如所請。從之。

《清實録》乾隆十四年正月　〔乙亥〕福建道監察御史金相奏：一、各道御史稽查各省事務，宜徹底分清以專職守。一、照刷卷宗，户部三庫月摺，與各衙門支領原稿，既按月交江南道磨對，應將每年送刷上年支領給發原摺原稿停止。一、呈進經史，人數多寡不齊，請先翰林，次詹事，次六科，次各道，周而復始。一、三品以上降革開復，宜令吏部每年查明匯題。得旨：金相此摺，著大學士會同都察院議奏。至進呈經史一事，朕初意欲博綜古義，廣挹群言，以成執兩用中之治。且可因言觀人，究悉諸臣學識之高下，心術之真僞。其有闌入時政，於事理未當者，間加訓飭。自舉行以來，諸臣按日奏御，朕一一披閱，十餘年於兹矣。所稱洞達天人，發明道奥者，亦殊不概見。兹據御史金相奏稱分班進書，人數多寡不齊，請均匀輪派，則是以進書爲煩苦。朕前亦聞有此論而不信，今金相既顯爲此言，是諸臣未必不各有此見。且已行之十餘載，漸成故套，進呈經史之處，著停止。所有積年留存諸摺，交南書房翰林擇其有裨經義政治者，薈萃成編，用廣中秘之藏。朕將親覽焉。尋議：一、六部向系河南、江南、浙江、山西、陝西、京畿六道稽查外省題咨案件，一無滲漏。若以六部匯辦之事，須查明省分，分送十五道，則十五道有行查六部之責，部務皆須按查分送，册籍繁瑣，無益公務。一、江南道稽核月摺事宜，凡各衙門支領原稿，責令與三庫給發原摺磨對。而每年八月，將上年辦過卷宗，造册送京畿道照刷，所以防遺漏而察弊端。事關出入錢糧，慎重周詳，不應停止。惟所稱官員自陳開復，非所以崇廉退，示百寮，應如所請。凡在外督撫，在京三品以上，降革留任，扣滿年限，隨時諮報吏部行查匯題。從之。

紀事

（清）李漁《資治新書二集》卷七《官常・取各官賢否牌》　爲察取文武官員賢否，以備糾劾事。照得本部院奉命撫豫，致治之要，察吏爲先；恤民之道，除害爲本。目前爲民大害者，莫若文吏貪酷、武弁播惡之爲禍烈也。各官一有劣狀，遐邇播聞，況親歷其地，同居其城，而可托言不知乎？各官賢否，本部院雖以司道爲憑，仍不時密訪。在司道以府廳爲憑，豈可不倍加諮詢，有聞即報，使無辜赤子日罹荼毒乎？若懲一大貪大酷，除一方之巨害，快一方之人心，佐本部院激濁有效，不但顯自己風力才能，實與民間造無窮厚福。若舍大僚而開報卑官，舍大貪而開報微迹，雖則圖了目前，獨不思道路有口，本部院斷不能爲司道等官寬也。因取各官賢否，合併嚴飭。爲此牌仰布政司官吏：即便移文都司，嚴查衛所各官，再移文各道，並行各府及推官，大家秉公持正，備將大小文武各官賢否據實察訪，開造清册，呈送本部院。其有奸貪酷虐爲害之最甚者，廉其劣狀，務要至真至確，詳開密揭，同册呈送，不得止以不謹、不及、罷軟、浮躁等項塞責，而置大貪大酷於罔聞。本部院另有訪聞，定以徇縱不職特疏並參，不惟功名不能保，身家亦不能保矣。各宜自愛，勿得從井救人。須至牌者。

（清）李漁《資治新書二集》卷七《官常·取賢否册》 爲匯取官員賢否事。照得本部院職任撫綏。撫綏之權首在察吏，未有吏治不清而能嘉惠元元者也。茲值莅任之初，激揚伊始，當有罰一人而使四境震疊者。但有司布列既廣，一人耳目難周。因思各郡之賢否，不能欺司道；各邑之賢否，不能欺府廳；佐貳首領之賢否，不能欺堂官；若肯從公品騭，絶無混淆，何難肅清吏治？但恐司、道、府、廳等官不無養驕市恩之習、憂讒畏譏之心，或以資格爲拘泥，或徇情托爲委蛇，或保全親識，或瞻顧津要，或喜趨承而隱庇大奸，或聽誣謗而中傷正直，或惜窮途而姑容竊位，一路之哭徒聞，三褫之法莫逮，不幾以朝廷彰善癉惡之典，竟爲宵人顛倒漁利之資乎？言之拊心，急宜痛革。本部院敦本澄源，期於貪墨解緩，所有各官賢否，合行查取。爲此仰司官吏：即將撫屬大小官員秉公采訪，嚴加品題。某官德政卓犖，某官治行平常，某官才不稱職，務令繪心肖貌，刻畫逼真，據實開填，援事證考，總不得虛應故事。中有不肖之尤者，另開事迹，密揭呈報，以憑糾參。本部院即以品定賢否之真僞，定秉筆者之賢否，所謂不知其人，視其所與者是也。如或瞻徇故縱，毁譽失真，則本官之治行可知，白簡無情，恐不獨問之下吏也。慎之，速速。

（清）鄭端《日知堂文集》卷一《湖南奏疏》 巡撫偏沅等處地方提督軍務兼理糧餉都察院右副都御史臣鄭端謹題爲薦舉必不可停事。案准吏部咨司道府州縣正佐教職等官照例二年舉劾一次，其有舉無劾者將所薦官員不准等因。奉旨：依議。通行欽遵在案。竊惟兩載課吏，激濁與揚清並行；按期舉劾，飭善與懲惡同施。蓋清者既揚而濁者不激，僅可以勵賢智。善者雖勸而惡者不懲，亦不足以儆愚不肖。臣自履任以來，仰體我
皇上仁恩如天萬物並育之意，嚴以克己，恕以待人，原欲大小屬員相觀而善，以爲省事寧人之本，孰知人心不古，利令智昏，必須震其如聾如聵，方可望其革面革心。如科派累民之湘鄉縣知縣李兆仁，業已立刻糾叅不敢寬待，與夫再有蕩檢敗閑隨事發覺者，不時另行指叅外，茲當舉劾之年再加細心體察分别澄叙。並令司道各就所真知確見者，從實開列去後，茲據布政使黄性震、按察使線一信、長沙府知府劉承家之揭報與臣所訪聞無異。除應薦賢員另疏具題外，今有貪婪昏庸之湘潭縣知縣張天士劣蹟謹臚列爲我皇上陳之。計開：應劾有司官一員湘潭縣知縣張天士劣蹟。

一、本官聽信工房劉三書、差頭張瑞楊啓，借解京桅杉木植運費名色科派六七八三甲，現年里長每糧一石派銀三分共糧四千五百餘石，約派銀一百三十餘兩，差役現在斂收，怨聲載道，里民郭金澤、陳又一等証。一、本官聽信蠹書史帝載楊介撥制簽差張瑞劉遠驅逐娼婦，各蠹得銀一百二十兩，始稟銷簽，仍舊容留娼户。吴鳳彩、曹鳳先等証。一、本官昏庸已甚，聽斷無能，以致百姓有堂上一木偶，是非曲直難分剖之謡。此一官者不念官箴，瀆貨無厭，藉運費而科派民財，因驅娼而縱蠹索詐，物議沸騰，穢蹟彰著，所當特耽糾叅，請旨革職，與有名蠹役一併提問究擬者也。臣謹具題伏乞敕部議覆施行。

（清）田文鏡《撫豫宣化録》卷二《條奏·題為恭請特留巡察以資政治事題留巡察户科》 欽惟我皇上聰明日亶，學問日新。宵旰勤求固已無遠之勿届，勵精圖治又極措置之咸宜，特設巡查官周流查察，專管保甲、墩臺、驛站三事。一年以來，所屬府州縣不敢不力行保甲、修葺墩鋪，即營汛官兵亦知警惕，協力防護。至於驛站夫馬亦復膘壯足數，不敢虛糜。實有益於地方，更有以補臣之不逮，仰見皇上至聖至明，從古未有盡善盡美無以復加者也。今河南巡察户科臣張元懷於雍正五年正月二十九日一年期滿，臣接準揭帖，已經題報，現在候旨回京復命。臣查張元懷操守清廉，辦事勤慎，輶軒到處，吏畏民懷，臣不揣愚昧，仰祈皇上天恩，將張元懷仍留豫省，再巡一年。如蒙俞允，臣查雍正二年三月十七日準兵部咨，各州縣每處設立民壯五十名，每民歲給工銀三兩三分三厘零，使之學習長槍、鳥槍、弓箭，以資捍禦。臣恐操演不勤，未免技藝生疏，稽查不及，未免老少缺額。再：大路兩旁所栽樹木，不特足以蔭庇行人，而青

蒽表道，實屬王道之大端。臣恐地方官奉行不力，以至枯活不齊。以上二事，臣雖竭力訪查，不時嚴飭，而幅員遼闊，耳目不周。在勤緊之地方官自能料理，而不肖之府州縣未免欺朦。臣再查民壯一項，原與保甲捕務相爲表裏，應請歸巡察官於巡到之處就近調試技勇，考其勤惰。大洛栽樹，巡察官往來經由必及，亦應請歸巡察官順便查驗。以上二事，如查有技藝生疏、老弱缺額及奉行不力、枯活不齊者，許巡察官與臣會疏題參，請旨敕部議處。臣仍行嚴查申飭。非敢諉諸巡察於此二事，臣即可以卸責偷安也。是否可行，伏乞皇上敕部議覆施行。

雍正五年正月　日

（清）田文鏡《撫豫宣化録》卷三下《文移·再行嚴飭事察訪賢能貪劣之員據實舉報》　照得朝廷設官，大小各有所司，同寅協恭耳目，共期有濟，雖意見或各有不同，而賢否自不能倒置。本都院深受國恩，撫豫兩年，無日不以吏治民生爲念，諄諄勸誡，幾至舌弊而穎秃；刻刻留心，不容陽奉而陰違。寧居過於刻簿之名，不敢少有嫌怨之避。無如各屬以本都院一人之耳目爲可欺，以各上司通同之徇庇爲可恃，甚至面加誡飭，或口是而心非，退有後言。備檄通行，不留心而寓目，視同故紙。似此上下異轍，彼此異心，豈能於吏治有絲毫之益而民生有日起之色哉？揆厥所由，皆因各上司避忌嫌疑，欲做好人之故。屬官之賢能廉潔者，平日宜有所知，不妨公同薦舉而避嫌不肯言矣；屬官之賢能廉潔者，平日豈無所聞，何難據實揭而避怨不肯爲矣。且與州縣最親者，莫過於府州，知之最詳且悉者，亦莫過於府州。本都院屢經飭諭，令其將所屬賢否開報，而各府州所報政績，人人皆卓異之才，處處皆精明之吏。則其言之不足信可知，則其心之不可問更可知也。彼其心蓋以爲屬員之賢否，巡撫自能查察，如劣績昭著，巡撫自能糾參，糾參之後，巡撫自令補揭，於我仍無處分，於彼可免結怨，何放着好人不做，必欲尋事討惱乎？計誠可謂得矣。亦知夫既食君之禄，當忠君之事，素餐貽譏，曠官足誚，又何貴乎爲官也？本都院焚香自矢明與諸公約，合再通飭，爲此牌仰該司道府州官吏照牌事理，嗣後各宜放出良心勤加體訪，賢而能者即行薦揚，貪而劣者即行揭報。本都院自當秉公區别，務期舉劾得宜。倘仍前各做好人，默無一言，本都院自行訪確，疏內即不敢借重銜名，參後亦不敢違例補揭。如本都院是非顛倒、賢否混淆，諸公即遵例赴部院寺科各衙門申辨，本都院自當恭聽也。各宜慎之，勿謂言之不早。致切，致切。

雍正四年八月　日

（清）蔣良騏《東華録》順治十年五月　停止各省巡按，其十四道京畿道御史，止留二十員，餘俱裁。命駐防江寧府昂邦章京哈哈木爲靖南將軍，往征廣東逆冦。命大學士洪承疇爲太保、都察院右副都御史兼太子太師、內國史翰林院大學士、兵部尚書，經略湖廣、廣東、廣西、雲南、貴州等處地方，總督軍務兼理糧餉，聽擇扼要處所駐札，撫提鎮以下悉聽節制。

（清）左宗棠《左文襄公奏稿》卷四《甄别道員廳縣摺同治二年正月十五日會銜》　奏爲甄别道員廳縣請旨分别勒休革職以肅吏治事。竊維戡亂之道在修軍政，尤在飭吏事。軍政者，弭亂之已形；吏事者，弭亂之未發也。用人之道重才具尤重心術。才具者，政事所由濟；心術者，習尚所由成也。浙江吏事因循廢弛已久，故大亂隨之。紳輕其官，民疾視其長上。上無嘉德，下有違心。馴致盜賊縱横，莫能遏抑。臣自提軍入浙目覩殘民疾苦情形無日不痛心疾首，深維致亂之原於屬吏之庸鄙猥詐者，實不覺恨之深而繩之峻。除有别案應行劾治容俟訊明辦理外，查見任温處道支方廉年老才庸難膺表率之任，應請旨勒令休致。署玉環廳同知白讓卿年力衰頽昏鄙不職，署常山縣知縣王蘭貌似有才心殊狡詐，開化縣知縣曹建春庸懦糊塗不堪造就，試用知縣江允中輕佻放縱有玷官箴，先用知縣劉心濂性情狡猾工於作僞，升用知縣候補縣丞王恩溥性情乖謬嗜好甚多，應請旨一併革職，永不叙用。謹會同閩浙總督臣耆齡恭摺具奏。伏候聖鑒訓示施行。謹奏。同治二年二月初一日內閣奉上諭：左宗棠奏甄别道員廳縣請分别勒休革職一摺，浙江温處道支方廉年老才庸難膺表率之任，著勒令休致。署玉環廳同知白讓卿年力衰頽昏鄙不職，署常山縣知縣王蘭貌似有才心殊狡詐，開化縣知縣曹建春庸懦糊塗不堪造就，試用知縣江允中輕佻放縱有玷官箴，先用知縣劉心濂性情狡猾工於作僞，升用知縣候補縣丞王恩溥性情乖謬嗜好甚多，著一併革職，永不叙用，以肅吏治。欽此。

《清實録》康熙十八年三月　〔壬申〕吏部議覆都察院奏，京師五城原各設有滿御史二員，於順治十五年八月遵旨裁汰一員。今五城事繁，請仍各添滿官一員。應如所請。從之。

《清實録》**康熙五十三年十二月**〔辛巳〕兵部議覆，都察院左都御史揆叙疏言，近聞在京各省提塘，及刷寫報文者，除科抄外，將大小事件采聽寫録名曰小報，送與各處。甚至任意捏造，駭人耳目。祈嚴加禁止，庶好事不端之人有所畏懼等語。應如所請嚴行禁止，違者從重治罪。從之。

《清實録》**康熙五十九年五月**〔己卯〕刑部等衙門議覆，都察院左都御史田從典等，察審鳳陽府潁州知州王承勛訐告安徽布政使年希堯、鳳陽府知府蔣國正需索規禮，逼勒交代，將虧空銀兩捏造民欠冒蠲錢糧等款。除年希堯需索規禮、逼勒交代之處並無證據無庸議外。其蔣國正於交代之時雖未向王承勛逼勒出結，但曾受王承勛規禮銀八百餘兩。又前任潁州知州王盛文虧空帑銀捏造民欠，蔣國正不行查出，迨王盛文病故之後承認代賠並無完解。復因康熙四十六七等年分蠲免民欠錢糧，將伊應賠帑銀三千七百九十餘兩混入民欠册内希圖冒蠲，情實。蔣國正應照侵盜錢例，擬斬監候。其捏造民欠，及收受規禮銀兩，俱著落蔣國正名下，照數追完。布政使年希堯於蔣國正冒蠲錢糧之事不行查出，應照失察例，革職。從之。

《清實録》**乾隆五十五年九月**　乙巳，諭：都察院奏六科給事中十五道御史所辦案件，俱係筆帖式代爲呈畫。惟京畿道辦理案件，偶有上堂之時，其餘六科，並不進署。其十四道，雖同京畿道進署，並不上堂。舒常到任一載，認識尚未周遍。茲奉新例，漢科道截取道府，均應出具考語。京察屆期，並須甄别賢否。若一年之内，不過見面數次，優劣究未深知。請嗣後十五道、六科，分日進署上堂等語。此奏想係舒常一人主見，所言卻是。向來科道俱歸都察院衙門統屬，其京察保送等事，皆由該堂官考覈。近又降旨將科道俸滿四年者，截取道府，其堪勝外任與否，亦責成該堂官出具考語，覈實保送。是都御史與科道，考覈攸關，即不得循俗例，謂之有統無屬。且俗例乃明朝惡習相沿，會典本無也。若並不上堂見面，認識尚難周遍，其才具優絀，更無從知其底藴。從前雍正年間，六科統歸都察院，彼時給事中御史等紛紛陳奏，互相争執，仰蒙皇考降旨嚴飭，始行更定。今科道等既由都察院堂官出考，自應照舒常等所奏，分日進署，上堂接見辦事。至於科道本有奏事之責，如遇民生國計所關，原許其條陳利弊。即如本日給事中李翮參奏韓鑅之子，假借籍貫，並停止吏員分發一事，朕以其所言尚是，即交部議奏。倘或内外大臣及都察院堂官舒常等，果有不公不法之事，科道等亦可列之彈章。所言若是，朕尚當加之優奬，將被劾者治以應得之罪，並不因有上堂接見之例，遂致壅塞言路。若科道等因更定此例後，有復行瀆奏，自争身分者，必當重治其罪。或以此奏係舒常主見，將來藉端糾劾，意圖報復，亦斷難逃朕洞鑒也。舒常等所奏，著依議。

《清實録》**咸豐元年正月**〔己丑〕諭内閣、都察院及糾儀科道等，奏參吏部侍郎明訓元旦朝賀，錯入班次。明訓著交都察院照例議處。惟昨日行禮後，一人由西向東，趨過班末，糾儀御史未阻，著查取職名，送吏部議處。

《清實録》**咸豐元年八月**〔丁卯〕又諭：前經都察院奏湖北已革巡檢潘箴遣抱告赴該衙門具控各款，已降旨交龔裕提訊。並查該參員被劾劣迹具奏，本日據程矞采、龔裕奏稱，該革員於違例擅受詞訟被參革職之後，稟訐藩司家丁倚勢弄法，漢陽府家丁勒薦長隨，漢陽縣知縣侵蝕賑銀等款。該革員並不將應訊家丁薦函交出，顯有挾私報復情事。潘箴著即孥問，仍交龔裕提同全案人証，研訊確情，按律懲辦，毋稍徇縱。

《清實録》**咸豐三年九月**〔壬戌〕諭内閣：何彤雲奏請派御史巡查各門一摺，前因京師地方緊要，特於五城添派御史，稽查防範。如能實力奉行，立法已極周密。著都察院堂官督同五城及添派各御史，於内外城各門，隨時認真巡查，毋稍疏懈。如守門官弁，有曠誤賄縱等弊，即行據實嚴參。如此互相稽察，不至過涉煩苛。正無庸多派人員，轉政推諉也。

《清實録》**咸豐九年十二月**　甲辰，諭内閣：查倉御史恩霙奏參監督有曠職守一摺，北新倉空廒内，有多人在内安鍋造飯。經該御史往查，並無住班監督，僅有官役一名。倉廒重地，詎容任聽夫役等在内舉火，該倉監督並不在倉住班，實屬有曠職守。著倉場侍郎查明曠班之監督，交部議處，以示懲儆。其並未住班之兵役，並在廒内舉火造飯之夫役，均著一並查明，嚴行懲辦，以重倉儲。

《清實録》**同治元年八月**〔乙巳〕諭内閣：前因御史胡壽椿奏參山西臬司瑞昌等貪劣各款，當經諭令愛仁、王茂蔭從嚴查辦。茲據愛仁、王茂蔭逐加研詰定擬具奏。此案暫革山西按察使瑞昌，雖訊無婪實迹，惟當防務喫緊之際，兑换多金致招物議，實屬不知檢束。著開復原官，仍交部嚴加議處。暫革候選道沈巢生，雖訊無把持鹽厘實迹，惟以監司大員，捏名充當商夥，實屬有玷官箴，著即行革職。暫革山西候補知府沈長材，雖訊無買缺實迹，惟伊父沈巢生既在山西開設鹽店，該革員並不遵照新章聲明迴避，著交部照例議處。沉長材現在另有應行查辦案件，其暫行革職處分，著俟另案辦結時，聲明請旨。其訊無實迹之山西冀甯道鍾秀、代州知州程國觀，均著無庸置議。候補道穆克金布，雖訊無夤緣改委各情，惟是否不諳公事，著英桂隨時留心察看，據實具奏。山西巡撫英桂於已發摺件，輒行追回，實屬不合，著交部議處。雁平道崇泰，雖訊無週案索銀情事，惟性喜宴安，且年力就衰難期振作，著以原品休致。尋吏部議瑞昌照不應重私罪例加等降四級調用，不準抵銷。英桂照違令公罪例罰俸九個月，準其抵銷。從之。

藝文

（清）慧中《欽定臺規》卷八《藝文》 御制扁額序文頌并載翰林院、都察院、詹事府原摺。掌院尚書臣韓菼、左都御史臣李枏、詹事臣徐秉義等謹奏，恭請皇上聖躬萬安。今月十五日尚書陳廷敬等宣至乾清門頒給御製臣等衙門扁額序文三幅，臣等跪捧虔展伏覩天言，精切已煥堯文乃行，在萬幾遄飛玉管尤見，天行不息廣運如神，顆顆驪珠永寶萬世。又於御書年月後空數行許臣等敬識數言低寫下方，仰惟日月麗天豈容螢光爝火，而山海育物不遺土壤細流，亘古遭逢鮮此異數，千秋琬琰，附及微名，臣等不勝歡忭，隨叩頭謝恩。當蒙臣廷敬等具摺轉奏，訖今臣等謹階在署，諸臣公同擬出數語，事關大典，深愧文義淺陋，不足傳之後來，繕呈御覽懇祈皇上教誨，俯賜改定，俟發下方敢莊寫，庶雜響繁哇得均調於天籟，下才末質咸受鑄於大鑪。臣等尤感激慶幸之至，爲此合詞具摺上奏以聞。都察院恭譔唐虞盛世賡歌喜起，宸章垂訓，中天齊軌，文符二典，書兼八體，象乾行健。臣鄰仰止欽乃言職之綱之紀，晨夕對揚聖顏如咫。

徐元文《都察院題名記》：都察院，明初爲御史臺，洪武中始定爲今制。長爲都御史，貳爲副僉都御史。又設分道監察御史。其職主諫諍掌風紀，於內外百司政治得失刑獄出入無所不當問。本朝尤重其選，自開國至今幾四十年，居是職者衆矣。而前後姓氏紀録闕如，更數十年漫無所徵考，何由使後之論世者一覽而知其人之能稱否耶。惟世祖章皇帝及我皇上所以選用甄别以風厲乎天下而冀臻一世於太平之盛者，具在固不可以無紀也。余往者以學士受事來此居三年，謫官久之，伯兄復涖事數月遷去，而余復起閒散被命再入臺。自惟一家蒙此異數，懼無所報稱，爰録四十年以來先後居是官者爲題名記而鑱諸院壁，冀以自警，且欲與同事者勉之。昔明三百年有重名臺中者自劉青田後直數人而已，履斯任者厥惟艱哉。初龍泉章公溢爲中丞，其言曰：憲臺百司之儀表，當先養人以廉恥，使人避而不敢犯，非直恃博擊爲能也。嗚呼，士大夫而不知廉恥，非有國者之大患乎。然欲養人以廉恥，莫如以身先之。身以名教自厲，有幽獨不欺之誠，有一介不取之節，則其事上必忠，其待物必公。以恕忠以事上，公且恕以報物。如是則上將信用其言，而人知奉法而趨事。使人人皆奉法而趨事，國家亦何求而不得安，用區區摭拾一二薄物細故苛而塞其責乎哉。善夫章公之言，誠可謂知大體者也。然使懷諼挾詐欺罔作姦苟相容隱，廉恥之不立而務爲委蛇選愞以託於存大體之名，此又章公之罪人矣。今之列名是碑者，異日國史記其言書其事，其善敗美惡甚易以見也。後之覽者有所起敬肅然而思傚乎，抑有所觀感而知懼乎。余與諸君子居是官也，去來不常矣，而斯名常存不可得而磨滅也。嗚呼可不戒哉。

附録

明宣宗《都察院箴》：歷代建官，皆有御史，任之耳目，委以綱紀。糾違繩愆，激濁揚清，用獻嘉言，惟直與明。祖宗之制，有長有貳，其下之屬，凡十有四。敷達民隱，舉察官邪，必究大體，毋尅毋頗，必由中道，毋過不及，毋以賄遷，毋以勢懾。敦仁之存，篤義之行，冰霜之清，松栢之貞。凡爾憲臣，敬慎以勗，庶幾朝政，資爾以肅。媕婀緘默，徒取充位，職是用弛，國則何賴。必端諸心，必修諸己，庶懋爾績，庶輔予理。

唐舒元輿《御史臺新造中書院記》：王者執生殺之柄造天下，使百度順而已矣。其或不順與順而不得其度者，皆屬於御史府。府之動静，爲朝廷紀綱之職，與百司絶類。蓋百司坐其署，但專局而已矣。入於朝與啓事於丞相府，亦不出乎其位，是以朝罷而各復其司，以無事於朝堂與中書也。若御史臺每朝會，其長總領屬官，謁於天子。道路誰何之聲，達於禁扉。至含元殿西廡，使朱衣從官傳呼，促百官就班。遲曉，文武臣僚列於兩觀之下，使監察御史二人，立於東西朝堂甎道以監之。雞人報點，監者押百官由通乾觀象入宣政門。及班於殿庭，則左右巡使二人分押於鐘鼓樓下。若兩班就食於廊下，則又分殿中侍御史一人爲之使以涖之。內謁者承旨喚仗入東西閤門，峨冠曳組者皆趨而進，分監察御史二人，立於紫宸屏下，以監其出入。爐煙起，天子負斧扆聽政，自螭首龍池南屬於文武班，則侍御史一人，盡得耑彈舉不如法者。由是吾府之屬入殿內，其職益繁，其風益峻。故大臣由公相已下，皆屏氣竊息，注萬目於吾曹。吾曹坐南臺則綜覈天下之法，立內朝則約繩千官之失。百司有滯疑之事，皆就我而質。故乘輿所在，下馬成府，釐朝廷之綱目，與坐臺之判決者相半。是以御史府故事，於中書之南，常有理所。先時惟中丞得耑寓於尚舍一院，若雜事與左右巡使，則寓於西省小胥之廡下。遇大朝會時，吾屬皆來，則息憩於雜事、巡使之地。既寓於小胥，則我實客也。每亡事而去，則主人必坌而入，諠譁狼籍，其態萬變，向之霜稜，盡爲涕涶矣。豈吾君以天下綱紀屬之於我之意耶。上元二年，侍御史劉孺之作直廳記，初拜儀云，謝宰相訖，向南直省院候端長。又入中書儀云，到直省院，入門，揖端公訖，各就房。嗚呼，以御史之重，以前時作者之記，恬然以直省院爲記，君子未嘗有非之者，有羊之神，何其翳而不光耶。聖唐大和三年己酉歲，天子擢尚書吏部郎中河南宇文公爲御史中丞。詔下之日，不仁者相弔。御史府新例知雜事一人，中丞得以選於廷臣。河南公既拜之日，上言請尚書司勳郎中瑯琊王君以自輔。識者曰：河南瑯琊，同心異質之人也。心苟同，雖堅金可斷，於御史乎何有。他日，雜事果以寓直省院爲歎，乃議於中丞曰：此前日之闕也，中丞能爲之，豈直栢署之光乎，實羽儀吾府之多也。事得聞於上。上曰：良有是乎？俞其請如響。即詔度支，出錢百萬以資焉。乃於政事堂直阡之南選地以作之。中書之南，實天下會計之地，不容咫尺之隙，非雄重清切之司，於此豈容足乎。我是以得制焉。舊中丞院在西，與西院相絕。遂以其地易大京兆院，合爲三院，東西四十六步，南北四十步。由東爲首，其一爲中丞，其二爲雜事，其三爲左右巡使。若中丞升爲大夫，改官不改院。若三院必朝集，臺院附於雜事，殿察附於巡使，其名總號爲御史臺中書南院。院門北闢，以取其嚮朝廷也。其制自中書南廊，加南北爲軒。入院門分東西廂，爲拜揖折旋之地。內外皆有廡，蟠迴詰曲，矚之盈盈然。梁棟甚宏，柱石甚偉。椽欒楶棁，麗而不華；門牕户牖，華而不侈。名木修篁，奇葩秀實若升緑雲若編青簾。以至於几案筆研，簾幌茵榻，果籩茗器，皆新作也。從官胥士，役夫走馬，勾稽案牘，飲食休息之地，皆得其所。若百官之請事，羣吏之叅謁，入吾門，將抵於屏者，見吾軒堂堦闥之嚴，固不俟戒而自肅。爲此者何？尊天子也。吾府爲天子耳目，宸居堂陛，未有耳目聰明堂陛峻正而天子不尊也。天子尊，未有奸臣賊子而不滅也。奸臣賊子盡滅矣，可以自朝廷至於海隅，盪盪然何所不理哉。吾之作，豈是志小者近者之心邪。謹按：高宗天皇大帝作大明宫，將二百矣。當時有司經度，曾不是思將以待我而作，我之所以作，蓋前補二百年之遺事，後貽千萬年之不朽。搢紳觀者命爲御史北臺，聞者謂之知言。君子曰：移中丞、雜事今之心於大柄，天下豈有遺事哉。某備於寮屬，得聞君子之論，且承公命其記，於是乎書。乃題中丞雜事洎三院主主簿官封名氏於其後，以爲一時之盛事。

唐李華《御史大夫壁記》：君以文明照臨百官，官糾其邪，職在邦憲，由京師而端下國，王化所繫，不惟威行。御史大夫其任也。用舍決於天心，得失震於人聽，舉直錯枉，果而不撓，則公卿屏氣，道路生風，率其屬以正於朝，瞻我衣冠，不仁者遠。苟異於是，爲君子羞。政之雄雌，與德輕重，故名公在位，天下仰賴焉。秦官有御史大夫，在漢爲三公，職副丞相。丞相闕則大夫遷，或名司空，或名舊號，史足徵也。議大政必下丞相御史。其廷署古曰府，近曰臺。其衣冠章綬，品秩所視，載於甲令。聖朝臣唐虞高尚之賢，內周漢不賓之俗，登人於五福，薦樂於九歌。帝德廣運而瑞草生，天威震動而神羊至，故桂石骨鯁之老更拜焉。距義寧至先天，登宰相者十二人，以本官叅政事者十三人，故相任者四人，藉威聲以稜徼外按戒律者八人。官或改稱大司、憲臺，或分爲左右肅政，罷置不恒，從其宜也。開元天寶中，刑措不用，元元休息，由是務簡益重，地清彌尊，任難其人，多舉勳德。至宰輔者四人，宰輔兼者一人，故相任者一人，兼節度者九人，異姓封王者二人。尊號加孝德之明年，樂成公自尚書左丞兼文部遷，崇德也。昭融禮經，嗣續文雅，張仲孝友，出甫將明。

風度可以師長人倫，動靜可以訓齊天下。喬嶽鎮定，嘉量平均。心爲百行之宗，體備四時之氣。《雅》有之曰：文武吉甫，萬邦爲憲。樂成有焉。至若教行於無訟之前，慮辨於未萌之始，未萌而慮，則求煩不獲；無訟而教，則何用不臧？寬細瑕爲大體，復故事爲新政。小人畏法，君子夷心，無隱情於國家，無愧辭於神道，堂堂乎大雅之素也。初，廳壁列先政之名，記而不叙。公以爲艱難之選，將俟後人，謂華嘗備屬僚，或知故實。授簡之恩至，屬辭之藝寡，無以允副非常之待，所報者直質而少文。

唐李華《御史中丞壁記》：皇帝受天明命，垂五十年，大道成俗，黎民於變，百官設而無事，三辟存而不論，振古未然也。猶以爲成歲資於降霜，律人本於持憲，憲司之拜，尤覈名實，王猷其遠乎？夫察風俗，平寃滯，踣邪佞，延俊賢，云誰司之？職爲御史。御史亞長曰中丞，貳大夫以領其屬。士丐爲伯游之佐，司馬乃令尹之偏，古之制也。漢儀：大夫副丞相以備其闕。參維國綱，鮮臨府事，故中丞耑焉。意者殄兇人之豪，挾君子之道，各行其志，無所牽束，行止與大臣絕位，指顧則周行振聳，政體宜之。晉宋元魏以還，無御史大夫，由是中丞威望愈尊，禮有加等，如火烈烈，如霜肅殺，不可犯也。屬時清無獄，朝尚寬政，行葦忠厚，王化根源。周室仁及草木，而愷悌流乎頌聲。漢文好黃老，而公卿恥言人過。舉盛德則儀形著矣，焉用察察缺缺，以憫生人哉？欲以此道行於軍旅，故東西幕府皆兼大夫，餘軍多假憲司之號，聖皇之志也。天寶中，君臣於道德之間，又新其化，以尚書左丞張公爲大夫，太府少卿庾公爲中丞。天下翕然，名教知勸。大夫睦中丞也，羽翮得清風之助；中丞奉大夫也，律以本黃鍾之宮。耆儒碩老，罕云遇此盛矣。公中和備體，沈潛經德，易直且武，温文而清，遵王路以整多方，由夫身而貞百度，此外盡餘事也。古之制記者，先諸德而後諸事，至若命官之始，省復之代，名號冠綏之差，禄秩位員之數，辭尚體要，況皆知之。今不書，省文也。華昧學淺藝，承命維谷，羣言之首，非所克堪，然故史也，勉以酬德。

唐趙曄《東都留臺石柱記》：天垂象，聖人則之。故星有執法，職有持憲。皆鐵冠綉衣，直指不阿，俾在位者肅如也。日者天子在鎬，庶官分守，於是乎有留臺，所以上至中司、鶚峙都邑。夫洛陽有明堂、辟雍，太倉、武庫，郊廟百祀，邦畿百役，有不如法，得舉劾之。至若密網峻威，微文深詆，衆所嚴憚，愈於京師。蓋由臨之者耑也，奉之者一也。耑則權有獨斷，一則政無多門。前達以之，立名於此。暨皇運中興，與人休息，雖風移代變，煩簡則殊，而舉直錯枉，典刑猶在。殿中侍御史河東薛公，朝之望也。復修舊職，凜然生風，秦官漢儀，斯不替矣。乃篆石題記，使人不遺，聊紀於近，庶昭厥德。始自乾元歲，掌留務者，次而書之，以垂於後。

唐柳宗元《監察使壁記》：《禮・檀弓》曰：祭禮，與其敬不足而禮有餘也，不若禮不足而敬有餘也。是必禮與敬皆足，而後祭之義行焉。唐《開元禮》凡大祠若干，中祠若干，咸以御史監祠，祠官有不如儀者以聞。其刻印移書，則曰監察使。寶應中，尤異其禮，更號祠祭使，俄復其初。又凡制供祠羣吏，雖當齋戒，得以決罰，由是禮與敬無不足者。聖人之於祭祀，非必神之也，蓋亦附之教焉。事於天地者，示有尊也，不肅則無以教敬；事於宗廟者，示廣孝也，不肅則無以教愛；事於有功烈者，示報德也，不肅則無以勸善。凡肅之道，自法制始，奉法守制，由御史出者也。故將有事焉，則祠部上其日，吏部上其官，奉制書以來告，然後頒於有司，以謹百事。太常修其禮，光禄合其物，百工之役，先一日咸至於祠而考閲焉。御史會公卿有司執簡而臨之，故其粢盛牲牢酒醴菜果之饌，必實在於庖廚；鐘鼓笙竽琴瑟戛擊之樂，簨簴綴兆之數，必具於庭内；樽彝罍洗俎豆醆斚之器，必絜於壇堂之上。奉奠之士，贊禮之童，樂工舞師洎執役而衛者，咸引數其實，設箠朴於堂下，以修官刑，而羣吏莫敢不備物，羅奏牘於几上以嚴天憲，而衆官莫敢不盡誠。而祭之日，先昇立於西堦之上，以待卒事。其禮之周旋，樂之節奏，必周知之，退而視其燔燎瘞埋，終之以敬也。居常則飭四方祀貢之物，以時登於王府。服器之修具，祠宇之繕理，牛羊毛滌之節，三宮御廩之實，畢備而聽命焉。舊以監察御史長居是職，貞元十九年十二月，御史多闕，子班在三人之下，進而領焉。明年，中山劉禹錫始復舊制。由禮與敬以臨其人，而官事益理，制令有不宜於時者，必復於上，革而正之。於是始爲記，求簿書，得爲是職者若干爲書記。

宋司馬光《諫院題名記》：古者諫無耑官，自公卿大夫至於工商無不得諫者。漢興以來始置官。夫以天下之政，四海之衆，得失利病，萃於一官使言之，其爲任亦重矣。居是官者當志其大舍其細，先其急後其緩，尚利國家而不爲身謀。彼汲汲於名猶汲汲於利也，其間相去何遠哉。天禧初，眞宗詔置諫官六員，責以職事。慶曆中，錢君始書其名於版，猶恐久而漫滅。嘉祐八年，刻著於石。後之人將歷指其名而議之曰某也忠某也詐某也直某也曲。嗚呼，可不懼哉。

明方孝孺《御史府記》：皇上嗣位之初，即下明詔，行寬政，赦有罪，蠲逋税鉅萬計，去事之妨民者。明年，以紀元賜高年米肉絮帛，民鬻子者官爲之贖，免田之租税幾年。分遣使者問海内所患苦，賞廉平吏，罪至死者多全活之。於是刑部、都察院論囚，視往歲減三分之二，人皆重於犯法。二年春二月甲子，有詔：若曰頃以訴狀繁，易御史臺號都察院，與刑部分治庶獄。今賴祖宗神靈，斷獄頗簡，其更都院仍漢制爲御史府，專以糾貪殘，舉循良，匡政事，宣教化爲職。省御史員定爲二十八人，務爲忠厚，以底治平。三月戊辰，賜御史衣，明日己巳，以都院舊署在太平之北，於朝謁爲難，命即詹事府爲御史府。賜宴於新治，復命文武大臣皆預，以寵綏之。既而有勑命臣某記其事，臣惟斯民之生，以德養之則安於爲善，以刑制之則棄於爲惡。聖人之治天下豈有他術哉，使人人皆知去惡以從善而民治成矣。惟御史之官始於周，其職之所治與權任之輕重雖屢變不常，然得其人則紀綱振而國體尊，非其人則人望不肅而是非錯謬。然專任以刑獄則自近代始。曩者法吏持刑深刻犯者滋衆，先皇帝甚厭苦之，欲有所更革而未暇。今皇上以德養人，羣生喜悦，訟者衰止，復古官名以修善政，實行先帝之遺志。自今居是府者其敬承聖訓，凡便於國利於民者則言之，爲民之蠹爲國之病者則去之。毋溺於私而枉其所守，毋懾於勢而屈所當爲，一以道輔佐天子行德教，使黎民醇厚如三代時，斯不負建官圖治之意。苟爲不然，舍其大而務其細，或事小忠末節以市名，或爲詭行憸言以規榮利，於民之治否國之安危無預焉。則是官之名雖更而實之可厭，苦者自若也，奚可哉。臣幸執筆從太史後，夫紀政教明職守以示後世，史氏職也。故書其事以爲居位者規。

明王世貞《都察院左右都御史表序》：明興，初制一循元舊。當是時左右大夫湯和、鄧愈數膺斧鉞寄外權，而中丞劉基、章溢理臺事。其後汪廣洋陳寧輩俱遷大夫。洪武十三年，御史臺僅設左右中丞，俱正二品，侍御史正四品而已。十四年，始改爲都察院，然僅正七品。其官有御史而無都御史。十六年仍爲正三品，明年爲正二品，於是定設左右都御史正二品，左右副都御史正三品，左右僉都御史正四品。職糾劾官邪，申辯冤抑。而所屬御史分爲十三道御史巡按，以至他公委出則奏請，還則考覈。然御史獨不繫都察院，以示得相糾察之意。建文初改爲御史府，設都御史一員，左右副都御史各一員，品如故十三道御史，曰左右兩院監察御史。永樂鼎革悉復洪武之制，其後移都察院於北京，而留者曰南京都察院，略如六部矣。其以左右都御史而下總督提督叅贊巡撫各鎮，初自本院出，曰公差，事完或得代，則回理院事。其後不勝多則往往自部佐卿寺藩臬遷轉，亦不復歸院，以爲恒。

明徐階《京畿道題名記》：御史以監察爲職，出入中外，激揚刺舉，無避大吏。京畿道又在十三道之右，爲特置焉。説者謂始以僉都御史領之，後乃易以御史之久次者。然其沿革不見於《會典》，而今兩京畿道印，其一有文曰洪熙元年造，則其領以御史也久矣。豈僉都御史之設乃洪武永樂間事，而御史其定制歟。嘉靖丙午，今中丞王君某以御史視道事，值署舍爲雨所圮修復之，既而稽前之莅斯道者其姓名往往不存，喟然慨文獻之湮没也。於是即所聞見扁之署中，而請予記其後。御史黨君某、今廷尉魏君某張君某、太僕鄢君某、御史邢君某繼至，遂相與勒石題名，以申前請。予惟國朝建立諸司條理品式燦然備具，而又於文案嚴照刷之條，重埋没違枉規避之罰，期以杜吏欺飭法守。故每省必命御史董之，而是道之設則又居京師重地，凡六曹五府暨百司庶正文案之照刷咸屬焉。故其文移之體視諸道有加，益重其任，俾得行其法也。及其久也，吏既視以爲常，而御史兼亦習於姑息。送刷者舉其一或遺其二，照刷者詳於細或略於大。而當時建署設官之良法美意且將爲彌文故事，日以墜失，則前此姓名之不存復何怪哉。今諸君精明剛毅，咸克舉其職，而肆其餘力搜羅前人列之貞石，將俾來者指其名第其政於以審淑慝之辨，其慮遠矣。然予又聞今世文人學士往往重史籍，而於文卷則詆爲鄙俗，至卻去不欲觀。夫文卷視史籍雖其文不同，然而國之故實與夫賢人君子經世佐時之具，民生政治休戚興替之由舉於是，在其有資於見聞政理宜無不同，而輕重之若是其異是大惑也。嗚呼，士誠知文卷之不可鄙，則其從事於照刷有不思盡其心以舉其職者乎。

監察官員選任分部

綜　述

（清）慧中《欽定臺規》卷三《考覈》　順治二年定：御史察吏安民全以糾彈爲主，至有舉劾不當者，俟回道之日嚴加考覈。順治八年都察院題定：凡各差御史本衙門不拘定年月，常加查訪，果有察吏安民、聲望大著，即請特旨褒嘉。若不遵憲約怠玩溺職，不過數月半載即題參議處，另行差遣。順治八年都察院題准：凡御史差滿回京，河南道及本掌道御史考覈。順治十三年，議政王覆准，出差官員回京之日聽都察院考覈。有不狥情面忠廉稱職者，陞用。有生事擾民，狥私受賄溺職者，治以重罪。順治十四年，都察院題爲考覈事，奉旨：以後差回御史務期考覈至當方與內陞，以示鼓勵，不得輕議陞用。順治十六年吏部覆准：查舊制，御史三差稱職內陞，其典原自慎重。一差即優陞未免太驟。今後巡方各官一差稱職仍回各原衙門管事，酌量加級紀録。應將一差優陞例槩行停止，至三差稱職者恭候皇上親裁擢用。順治十八年都察院題定：巡視鹽茶倉等差俱關係錢糧，御史差滿之時，户兵二部題覆咨院發河南道據咨册查考。如催征錢糧或足額溢額號件全完，准紀録加級，回道管事。或催征怠緩、錢糧虧額、號件不完，照户部定例處分。

凡京官考察，舊例以六年爲期，康熙二十四年停止，雍正元年復議舉行，以三年爲期。順治十三年都察院議准：在京各衙門屬官不論現任陞遷公差丁憂告病養親給假降調及行查未結者，俱聽本衙門堂官考覈，照外官考察格式填註考語事跡。或賢或否，應去應留，造册密送吏部、都察院、吏科、河南道以憑會考。如將應考官員遺漏，不應考官員造入册內者，聽部院糾參。又題准：吏部都察院吏科河南道封門閲册公同磨對過堂考察畢，各衙門掌印官俱赴吏部衙門面議後，即行具題。又題准：各部院衙門覺羅官由該部院衙門註考，移送吏部都察院考察。

又四品京堂，康熙元年都察院題准：四品京堂令咨呈部院考察，唯僉都御史在京者有考察之責。在外者，係封疆大吏，令其自陳。康熙六年題准：在京僉都御史、各衙門少卿以下官員俱由各衙門開列考語，移送部院。雍正元年議定：在京部院等衙門所屬官員於雍正四年三月內該堂官填註考語，造册密送吏部、都察院、吏科、河南道。俟文册到齊，吏部請旨另派大學士大臣會同都察院吏科河南道詳加考察，分別去留。

雍正四年奉上諭：嗣後遇京察之年著內閣滿漢大學士、吏部、都察院、吏科河南道公同閲看，著爲例。不必另派大臣。

凡內閣翰林院詹事府各官，順治十三年議准：少詹講讀學士左右庶子俱令自陳，其餘各官令部院會同大學士、學士、詹事府堂官一體考察。十八年題准：少詹事以下各官亦聽詹事填註考語移送部院考察。

凡六科給事中，順治十三年題准：吏科都給事中將六科各官行過事蹟開列册內不註考語彙送部院。康熙元年題准：六科左右給事中并給事中俱聽都給事中填註考語。雍正四年題准：嗣後六科滿漢官員不分掌印給事中并給事中，應令俱將行過事實開列册內，送都察院堂官填註考語，移送吏部會同考察。

凡盛京五部所屬官員及奉天府府丞以下城內官員，雍正四年議定：俱令該部府堂官填註考語，造册移送吏部、都察院、吏科、河南道，照在京官例，一體考察，分別去留。

順治十年論：在京官員除吏禮二部侍郎、學士、詹事等官親加考試區別外，其六部等衙門有年老疾病不能任事及素行不孚衆論或才力可外任者，俱令本衙門堂官詳察嚴核，彙送吏部、都察院同吏科、河南道議奏。其通政司、大理寺、太常寺、太僕寺等衙門堂官開送吏部、都察院、吏科、河南道察核。其六科各道御史，吏部都察院察核具奏。各衙門務秉公開列，俱限五日內即爲分別，不得遲延推諉以滋賄託。

凡甄別部院官員，吏部會同都察院並河南道考察。順治十七年議准：京察甄別時各衙門堂官不接見屬吏。吏部、都察院、吏科、河南道門上各帖迴避字樣，不許接見賓客。如有囑托者，自行舉發。倘狥庇隱匿，聽科道糾參。順治十八年議准：五城將私書餽送，察出題參者，紀録一次。

凡外官大計，順治四年定：三年一舉，永爲定制。凡在外司府州縣等衙門官三年一次大計，吏部吏科會同都察院并河南道考察。

凡大計文册，順治三年定：賢否册籍限十一月内到部以憑磨勘會參。順治十二年議准：各督撫造册三本，一投吏部，一投都察院，一投吏科，毋得參差。康熙九年定：大計文册限十二月内到部。康熙二十五年覆准：督撫將所屬官員賢否文册止造三本，送吏部都察院吏科。其布按二司所造各官賢否錢穀刑名等項册籍分送各部院衙門者，俱停止。

凡大計考察，順治十八年議准：吏部考功司、吏科、河南道詳核各官應去應留者，照八法議處。吏部都察院堂官嚴核，如册内賢否倒置造報不實者，科道特疏指參。又定：在外官評全憑撫按，如有賢否倒置不合公論者，聽部院堂官及科道據實糾參，以溺職論。順治十年議准：考察處分官果冤抑情實，許督撫按據實代奏，吏部都察院覆核無異即爲昭雪還職。如督撫按明知誣罔不爲申理，并行議處。至本無冤抑妄行反噬者，從重治罪。

凡武官五年一次軍政，兵部兵科會同都察院并河南道考察。凡在京五品以下漢官考滿，各該衙門堂官開註考語，送到都察院發河南道考覈，移送吏部覆考具奏。康熙二年議准：考滿各官將任内錢糧事實造册送布政使，糧道并按察使經管，道府申詳督撫核實註考造册，咨送吏部都察院覈考具題。如部院衙門需索，許科道據實糾參。若外省借名暗派民間者，該督撫嚴加參處。又議准：外官考滿據督撫開報并無未完錢糧事件，部院按册磨對查其果無參罰事故即准考滿，不必於户禮兵工四部咨查。又題准：考滿各官以本官申文日爲始扣至督撫咨送日期定限三個月，咨册内將本官申詳月日并駁查寬限緣由，詳明載入。如司道各衙門遲延，聽督撫指參，督撫遲延聽部院指參。

康熙六年題准：直省督撫應將所屬官員事蹟過犯逐員指實開註。如賢否倒置，令部院科道指參。

凡計察遺漏官員聽科道糾參。順治四年定：糾拾官員與計册賢否互異，各撫按或據開報失實，或因道里遥遠一時不及周知，槩行免究。仍著該撫按照原參欵單虚公詳審，不得枉縱。

順治十年諭：科道糾拾官員照大計例議處。如科道官挾私妄奏，聽吏部都察院題參。又題准：科道糾拾官員下部覆核按八法處分。其賍私有據者，提問追擬。或有冤抑者，於督撫按處辨理，果係虚罔，准其還職。其原糾拾科道查無挾私情弊亦免處分。順治十二年題准：科道糾拾非奇貪異酷必巨惡神奸，非布按兩司必道府方面，不得苛求細節槩及有司。順治十三年題准：京察官員亦聽科道糾拾。又題准：科道官内應降黜而考察遺漏者，仍令科道互相糾舉。又題准：科道糾拾令公疏指參以杜報復風影之弊，至所糾者必係緊要衙門或有關吏治刑名錢穀諸大事，不得濫及散秩摘發細故。順治十五年議准：外官於大計册内考注優等，科道以貪酷指參，發審有據者，該撫按一并治罪。康熙六年奉上諭：言官若有所聞有所見既許不時陳奏，其拾遺永行停止。

凡外官朝覲，順治四年定：三年一朝，朝畢吏部會同都察院吏科河南道考察，奏請定奪。來朝官引至御前，宣讀誡諭，仍各賜敕一道。若有廉能卓異貪酷異常則行黜陟之典。又定：吏部考功司會同吏科河南道即於開印次日會同封門詳閲册籍，吏部都察院堂官再加察核。考功司先期知會吏科河南道，赴部開門出示曉諭。來朝官查照限期入城，先赴考功司投遞職名，候過堂考察。康熙元年議准：朝覲事畢，各官赴任水程吏部移送吏科註限給發。康熙二十二年題准：布按及代覲道官條奏本章不必投通通政司，於各衙門啓奏後面陳。令通政司滿漢堂官各一員指引科道掌印滿漢官左右侍班，先一日知會都察院通政司吏科遵行。

凡雙單月掣簽後，吏部將月選内外大小各官名單咨送各衙門會同九卿詹事科道驗看。如此内有行止不端、出身不正，并年老衰疾、祖父有錢糧虧空者，即行舉出。有素知其品行端謹、才具優長者，即舉出，交吏部於月選履歷進呈時一併奏聞。又推陞官員到部，及患病未經驗看者，俱附於每月月選官後補行驗看。乾隆七年上諭：今日引見月官内如王華賁王兆鰲俱已年老，劉岐亦不勝繁劇之任，朕已降旨分别改補。此皆經九卿驗看之員也。夫州縣爲親民之官，若稍從姑息必致貽悞地方，所關匪細。向例月選吏部過堂後復令九卿驗看者原屬慎重吏治之意。如其中行止不端等類或一時不能辨别，而年老衰庸者原可一望而知，乃吏部九卿從未舉出，是非不能知乃出於避嫌，知而不言耳。蓋視驗看爲具文，故示寬容，俾得引見赴任即可了事。所謂銓衡人材者何在。況庸員赴任之後，督撫見其衰老不能辨事亦須試看數月始行題參，而於地方事務已貽悞不少矣。且該員甫經到任旋被參回籍，往返道途資斧拮據，於該員亦有何益。嗣後務須秉公詳加驗看，有庸老不能勝任者，或應勒令休致或應改補教職等官，即據實具奏，不得仍前因循聊且塞責。

雍正十三年奉旨：在京筆帖式驍騎校以下等官應去應留者若一槩帶領引見未免太繁，著於該管衙門出具考語分別去留之後交與都察院大臣秉公驗看。若去留允當即具摺奏聞，若將應去者議留應留者議去，或内中有人才可用，或在行間曾出格効力者，著都察院堂官將情由聲明帶領引見。

乾隆元年都察院奉上諭：聞各省被參人員在爾衙門具呈者甚多，辦理頗難。夫參革之員許其呈訴者，唯恐下有冤抑難伸之處，或其中不無可用之才。然不可長刁風而開僥倖之門也。爾等惟慎加分別，果係事屬因公審無贓私者，驗看其才力可用奏聞引見。其因私事被參或審有贓罪者，不得准理。至階級崇卑亦宜定有界限，文官自知縣以上，武官自守備以上方許查奏。其佐雜微員不得妄行呈訴。乾隆二年，大學士等奏稽查辦廢員已歷一年之久，其實在屈抑才堪驅策者諒已到齊呈訴。而現在具呈各員多係從前會核不準，以及驗看不取之人，希圖僥倖呈辦不休，應請停止。至果有真正屈抑才尚可用之員令其自赴各該督撫具呈，查明原案，驗看其人年力出具考語，具題送部引見。

乾隆四年吏部奏准：嗣後各省降調官員俱令於離任之後交代清楚，該省督撫照例分別優劣出具考語，給咨送部。請照查辦廢員之例將該員原參降調之案查明，咨送都察院秉公察核。分別果係事屬因公或並非因公者詳悉聲明，咨送吏部，彙齊人數。將都察院核明因公降調人員註明考語帶領引見。其非係因公降調者，亦於摺内一併奏明，令其照例候補，毋庸帶領引見。又奏准：文武官員原事屬一體，外省文職由道府以至知縣等官因公降調者，既有查核引見之例，則外省武職亦應照文職之例查核。嗣後各省武職自副將以至守備等官，委係因公降調者，該督撫提鎮等出具考語，給咨赴部。兵部將該員原案咨送都察院秉公查核，並非因公降調者，咨回兵部照例候補。如果係因公降調者，咨回兵部逐一詳細註明帶領引見。至外省武員革職各官一槩毋庸查辦。又吏部兵部議覆：凡在京文職，小京官以上郎中以下，旂員武職五品以上三品以下，遇有因公罣悮降革等事，該部堂官及該管武職大臣即將該員降革之案確實查明，咨送都察院秉公察核送回各該處。如非因公者，毋庸帶領引見。果係因公者，各部堂官及各該處武職大臣出具考語，自行帶領引見。至都察院所屬經歷都事等官係屬都察院司官，如有因公罣悮降革者，准其咨送吏部查核。果係因公，咨回都察院出具考語，自行帶領引見。

又巡捕三營各官亦係在京武職。參游守備各官遇有降革者，亦應照在京八旗武職之例查辦。外省駐防武職雖非京員俱係旗人，如已經歸旗者，亦准照在京文員之例查核。

乾隆四年，吏部會同兵部奏准：都察院衙門職司稽察，凡有冤枉俱得陳奏准理。嗣後候補候選以及曾經議處人員，如有應行呈明情節，俱准其赴部具呈，交與該司將應準應駁緣由詳加查核，逐欵明晰批示，分别辦理。至既經具呈一次之後，如有復行捏詞妄控者，一槩不准收録。倘此内果有真正冤抑，應令其自行赴都察院具呈。查明應行准理者，行文調取該部辦理原案及一應定例。如實係舛錯，即爲奏請更正。該部堂司官如有辦理未協，亦即奏明請旨察議。倘有營私受托等弊，都察院一經訪確即令查參。

（清）慧中《欽定臺規》卷七《陞轉》 凡科道官舊例科員缺出，吏科開送，御史缺由都察院開送，照人文到部先後具題陞轉，後俱歸都察院開送。

内陞漢軍、漢監察御史補授太常寺少卿、提督四譯館少卿、鴻臚寺卿、太僕寺少卿、兵部督捕理事官、今裁。順天府、奉天府府丞。如無此等員缺，借補通政使司左右參議、大理寺寺丞、今裁。光禄寺少卿、鴻臚寺少卿，支正四品俸，與太常寺少卿等官論俸陞轉。外轉漢軍、漢監察御史補授布政使司參議。

順治元年至十一年漢御史内陞外轉俱由都察院論資俸酌定，咨送吏部陞轉。順治十二年，都察院題爲考補巡方事，奉旨：以後科道官考選差遣内陞外轉俱朕裁定，永著爲例。順治十二年吏部覆准：臺員現在三十員，二年内内陞三人，外轉三人。順治十三年吏部覆准：御史添至三十員，與從前則例不同，每年二八月内陞二人，外轉一人。順治十五年吏部覆准：御史增至六十員，每年内陞三人，外轉三人。順治十六年吏部覆准：御史今留四十員，每年内陞二人，外轉二人。順治十六年題准：科道內陞補小四品京堂應陞之缺，巡按內陞補五品京堂應陞之缺。順治十六年議准：巡按御史三差稱職方准內陞。順治十七年議准：御史有叅大姦大蠹興利除弊者另爲一册以定本官優劣，陞轉時可即據爲甄別。至科員陞轉亦應詳開平日奏章旨意，題請欽定。順治十八年議准：御史每年二八月內陞外轉各一員。

康熙四年題准：科員每年八月內陞外轉各一員。

康熙九年八月，掌河南道李之芳內陞，奉旨：以前內陞各官未經補用者尚多，李之芳著以內陞應得品級留原任。

康熙十一年題准：內陞官員借補五品京堂仍與小四品京堂論俸陞轉。

又題准：科道外轉官不必驗到，於單月遇缺先補。

康熙十二年題准：給事中內陞亦得補授太常寺少卿等缺。

康熙十二年題准：外轉掌印給事中以副使用，給事中監察御史以叅議用。

康熙十二年吏部題准：漢軍監察御史應入漢御史內一體論俸次開列職名陞轉。

康熙十九年上諭：本年內陞科道官員仍留原任，辦事員缺暫且不出。本年行取以科道用人員補授額外試監察御史。

康熙二十四年題准：凡科道吏部外轉官不另起赴補之文，於單月遇缺先補。

康熙三十八年上諭：內陞官員俱係科道內選拔賢員，因暫無伊等應陞之缺，或有候缺回家者，亦有借補小衙門者，將此選拔之員借補小衙門反在無事之處，將此等內陞官員雖借補小衙門堂官，仍應兼伊原科道之銜。覆准：嗣後內陞科道官員，如有應陞之缺擬補者不議外，其餘俱照姚文然等之例留管原任候缺。如無應陞之缺借補小衙門堂官者，俱仍兼科道，候伊應陞之缺。

康熙四十一年上諭：嗣後內陞科道官員陞補者俱停其兼科道任。以前陞補科道官員兼科道任者通查出缺。

康熙五十九年九卿遵旨覆奏，嗣後科道內陞由郎中補授者，歷俸二年方准開列。由員外郎補授者，歷俸三年方准開列。由主事等官補授者，歷俸四年方准開列。

雍正五年議定：科員缺出將監察御史引見補授。

雍正十年奉旨：翰林官曾奉旨記名褒獎議敘及申飭訓誨處分之處，著繕寫一單，於題請陞轉派差時將單隨本進呈，以備查閱。科道亦照此例行。

乾隆元年上諭：向來科道官員奉旨內陞外轉之日即離原任，俸祿公費俱不支領。嗣後科道官內陞外轉者，俟得缺後再離原任，其未得缺之先，仍食原官之俸，照舊辦事。吏部議定：向例科道內陞外轉俱離任候缺，若必專俟小四品京堂方准補用，恐一時無缺，未免守候稽遲，是以定有借補五品京堂之例。今科道內陞者，業經奉旨令其在任候缺，應將借補五品京堂之例擬删。

乾隆三年吏部議覆：都察院條奏滿科道應照漢科道例，每年內陞外轉。查滿科道應陞之缺只有左通政、大理寺、太常寺、太僕寺少卿、鴻臚寺卿，仍與各部院郎中等官一體較俸補放，應陞之缺無幾。請嗣後滿洲蒙古科道亦照漢科道之例，令都察院於每年二月八月內一並開列，具題恭候欽點，內陞一員，外轉一員。遇有京堂缺出與俸深郎中等官以次分缺間用。

乾隆八年吏部議覆：宗室御史准其遇滿洲御史內陞之時，令都察院一體開列。如有奉旨內陞者，遇有應陞缺出，照例開列辦理。各科給事中缺出亦准其一體開列。如將宗室御史轉補科員，其所遺宗室御史員缺原係設立二員不便額外增添，應將滿洲人員補放。

附録

漢時選郡守相高第爲御史大夫，任職者爲丞相。蔡質《漢儀》曰：持書侍御史選御史高第者補之。漢中丞故二千石爲之，或選侍御史高第執憲中司出爲二千石。後漢侍御史初上稱守滿歲拜真出，劇爲刺史二千石平遷補縣令。後漢蔡邕以侍御史轉持書御史，遷尚書，三日之間，周遷三臺。凡侍御史之例，不出累月則遷登南省。《通典》。

宋承唐制，有三院大夫，無正員，止爲兼官。中丞除正員外或帶他官者，尚書則曰某官兼御史中丞，丞、郎則曰御史中丞兼某官，給事中、諫議則曰某官權御史中丞事。次有知雜御史一員，副中丞判臺事。三院多出外任，風憲之職用他官領之。唐制無大夫，以中丞爲臺長。無正員，以兩省給諫權。宋制，凡除中丞而官未至者，自正言以上皆除右諫議大夫權。熙寧初，言者以爲躐等，乃詔以本官職兼權。臺諫例不兼經筵講讀，葢以宰執間侍經筵避嫌也。神宗命吴正獻，亦止命時赴講筵。慶元後，臺臣諫長暨副端正言司諫以上無不預經筵者。（《文獻通考》）

（清）慧中《欽定臺規》卷七《考選》 凡給事中監察御史考選，順治元年議准：大理寺評事、太常寺博士、中書科中書、行人司行人歷俸二年者，及在外俸深有薦推官知縣考取。若遇缺急補間用部屬改授。

順治二年議定：由各部郎中、員外郎主事、大理寺評事、太常寺博士、中書科中書、行人司行人、内院中書、國子監博士、京府推官考選。

順治三年，都察院題爲臺員不敷事，奉旨：在外薦舉推官知縣著詳開履歷及薦舉人等姓名一並開列具奏。凡科道員缺，滿漢一體選用。前補授部員乃一時權宜，後不必行。

順治八年議准：令該堂官選擇才守兼優之員與應考選各官開送吏部會同都察院選取。又題准：外官錢糧全完歷俸三年，薦二次無叅罰者，方准行取紀録，亦准作一薦。京官曾經行取者，不得再與考選。

順治十年定：府同知及漢軍各官亦一體考選。順治十一年定准：貢生出身者不與考選。

順治十二年定：内院中書停止考選。

順治十三年題准：現任三品以上堂官，其子弟不得考選科道。若父兄赴部候補而子弟現在科道者，查照資俸調吏部主事。

順治十五年上諭，諭吏部都察院：現在御史甚少，不足供差遣之用，前旨行取各官尚未到齊，著暫於各部郎中、員外、主事内察取才品堪用者改授御史差用，以後除授御史仍照行取考選例行。

順治十五年九卿覆准：凡試監察御史歷事一年考覈實授，如未及一年奉差差滿回日考覈回道者准實授監察御史。

康熙元年吏部覆准：科道員缺俱由六部郎中改授。

康熙元年都察院題准：凡有御史缺出，吏部將應補各職名開列過院，臣衙門將某人派給某道移咨吏部題補。今查得凡陞授官員既係吏部職掌，以後凡御史缺出，臣衙門只將道銜先後開送過部，應聽吏部將應補之人按缺題補。

康熙七年吏部覆准：科道缺行取將在外知縣不論舉人進士，督撫詳確選擇，開列職名咨送。

康熙九年吏部題定：御史員缺由六部主事、大理寺評事、太常寺博士、中書、行人、知縣考授。

康熙九年議准：主事由中行評博陞者，通理前俸准其考選，由别項陞者，歷俸二年方准考選。

康熙十九年吏部覆准：凡試監察御史一年滿日聽都察院考覈，果係稱職者，具題實授。如不稱職者，停其再試，亦行具題咨送臣部照伊對品改補。

康熙十九年議准：各官非正途出身者雖經保舉不准考選。

康熙二十年覆准：捐納歲貢不准作正途考選。京官三品以上及總督巡撫子弟，俱不准考選。

康熙三十六年上諭：言官責任甚屬緊要，漢郎中、員外郎果係居官優人材好，著各部院堂官保舉引見。

康熙三十八年覆准：嗣後行取官員，令各督撫開列各官實績列名具題到日，吏部查核果否合例，有無駁察題覆，請旨定奪。其行取人員不得照各省平常程限，於文到之日槩令兼程赴部以便彙齊引見考選，如有躭延遲悮照例議處。

康熙三十九年上諭：翰林官員内有堪補科道者，著翰林院學士等選擇保奏。康熙四十三年覆准：嗣後行取知縣停止督撫選擇之例，除降級還級革職還職等官仍不行取外，照給事中御史缺出之數，每一缺出查直隸各省俸滿在前正途出身知縣三員，無論有無卓異薦舉，但係三年俸滿無錢糧盜案等項處分官員内，查明俸深者開列姓名籍貫履歷具題行取。康熙四十四年議准：嗣後行取在外知縣到部引見後，以各部主事挨班補用，遇考選時方准考選。中行評博等官除知縣陞任者照舊例考選外，其初任選授者俟陞任主事後方准考選。凡遇考選時將正途出身之各部郎中、員外郎、主事照三十六年例，令各堂官保送翰林院編修、檢討，照三十九年例令該衙門保送引見簡用。

康熙四十五年，九卿會覆停止初任之主事、中行評博考選，將合例之編修、檢討、郎中員外主事及由知縣陞中行評博者一體開列。

康熙四十五年議准：　嗣後考選科道官員照各項次序開列，恭候欽點補授，俱停其由本堂官保送。

康熙五十一年題准：　給事中御史員缺，編修、檢討停止開列。又定：　滿洲給事中、滿洲蒙古御史員缺，由員外郎、內閣侍讀按旗論俸擬正陞陣補，漢軍御史員缺，由漢軍郎中不論旗分論俸擬正陪陞補。　又定：滿洲給事中員缺應陞官內先儘科甲出身之人陞補，如無科甲出身之人仍照常陞補。

雍正元年命總理事務王大臣大學士、尚書左都御史、掌院學士等於編修檢討內揀選八人引見補授御史。

雍正二年奏准：　科員六缺將編修、檢討中才品優長俸深之人咨送吏部題請，命題考試引見補授。又都察院奏請揀選御史，奉旨：　爾等會同吏部將各部司官多揀選數員引見，所選係何部司官仍會同伊本部堂官。

雍正三年上諭：　應開科道人員俱係正途出身，再考文字亦屬無益。今次著於翰林各部衙門應行開列人員內，令各堂官薦舉。

雍正三年議准：　御史試俸之例，有一年限期已滿未能深信者，請再試一年考覈。

雍正五年議准：　嗣後科道缺出，在京則令各部院堂官於各屬司官內不論科甲貢監擇其勤敏練達、立心正直者保送。翰林院掌院於編修、檢討內保送。吏部列名引見，恭候選擢。倘有舉送不實或因夤緣保送者，將該堂官等照例議處。其在外之州縣官，各省督撫保送之員，到京之日吏部帶領引見，恭候選定。其留京者以科道補用。雍正六年定：　滿洲科道缺出，不必限定旗分，亦不必拘定科目，於應陞官內除出差外任不行開列外，將在京人員每缺論俸開列四人帶領引見，恭候簡用。蒙古御史員缺，由六部蒙古員外郎不論旗分通行較俸擬正陪陞補。

雍正七年上諭：　向凡由員外郎以下授爲御史者有試俸一年稱職然後題請實授之例，若該御史奉差在外，乃由揀選命往辦理公事者，自應與在京之御史一體題請實授。乃從前該衙門疎忽，未曾題請，遂致出差之御史試俸數年而不得實授，深爲未協。著將出差之御史試俸一年期滿者與在京之員一同具題請旨，永著爲例。

雍正七年上諭：　向來漢御史多由主事、中行評博及行取之知縣補授，是以定爲七品。今由郎中、員外補授者甚多，不便仍拘七品之例，且滿漢御史品級亦不畫一，應酌量更定，著該部議奏。

雍正八年吏部奏准：　漢軍御史員缺，如無合例應陞之員，令各部堂官將漢軍郎中員外郎保送，吏部帶領引見補授。

又定：　滿漢科道兼部內郎中員外郎行走者俱授爲額外郎中，兼內閣侍讀行走者亦授爲額外侍讀，員缺另行陞選。

乾隆三年上諭：　科道爲朝廷耳目之司，關係甚重，向來俱係各部院堂官將合例司員揀選保送，翰林院編修、檢討時亦在保送之列，由吏部帶領引見，朕親加簡拔，用爲科道，此定例也。但思部院司員及翰林編檢人數甚多，各堂官保送皆就伊等所見舉出，統計一衙門官員不過什之一二，其餘衆員朕未經遍覽，此中或有可任科道而不在保送之列者亦未可定。朕意欲將例應考選翰林部屬等官一槩通行引見。司員每日在本衙門辦事，其才品之短長賢否該堂官皆所熟悉，著逐名出具考語。有由州縣行取補用者，亦著註明，即著該堂官帶領引見。至編檢官員職司文墨，其辦事之能否未經試驗，毋庸出具考語，著掌院學士帶領引見，朕自有鑑別。現在御史員缺應行考選，且記名之人即可備將來考選之用。至於考選人員，著各衙門於圓明園該班奏事之日帶領引見。翰林編檢人多分作三班，部院酌量人數，每班二三十人爲率，記名之後，陸續交與吏部。俟有御史缺出，按其品級俸次開列引見，候旨補授。補用將完之日，吏部再將如何考選之處另行請旨。

乾隆三年奉上諭：　朕將翰林部屬等官例應考選御史者引見記名，以備將來數年之用。其未用御史以前，若該員論俸應陞，仍著照例陞用，若應行開列請旨亦仍照舊開列，但於本名之下將御史記名之處開註奏聞，其應出差者亦然。著傳諭各該衙門知之。

乾隆七年奉上諭：　朕御極以來廣開言路，虛心納諫，其言之是者不次超擢，未是者曲予優容，科道官當體朕心於國家綱紀，政事利弊、官吏賢否、生民休戚一一據實指陳，方爲無忝厥職。乃黽勉盡言者固不乏人，而或者以訐爲直務自取爲名高，而朝廷卒不獲其益者亦復不少，此皆用匪其人，官不稱職，朕亦不能辭其咎也。夫言官爲風紀所關，若止爲自謀則將來或因以分門樹異，或因以植黨營私，必至惑人心而搖國是，史册所垂足爲殷鑒。古者諫無專官，故進言之路廣。三代而下始設官而責之以言，然馬周陽城之起布衣而爲御史，其事猶可風也。茲特降諭旨，著大學士九卿擇其素所深知，其人有骨鯁之氣，質樸之風，而復明通内外政治者，不拘資格，列名封奏，朕將量加録用焉。其外而督撫於各屬員中有深知灼見可備繩糾之任者，亦准列名封奏。

乾隆八年將編檢部曹合例人員奏請考試取定後，吏部帶領引見，記名補用。

附録

後漢侍御史以公府掾屬高第補之，或故牧守議郎郎中爲之，唯德所在。順帝後絶他選，專用宰士，有三缺三輔各一。後魏御史甚重，必以對策高第者補之，御史舊式不隨臺主簡代。延昌中，王顯爲御史中尉始請革選，此後踵其事，每一中尉則更簡代御史。隋開皇之前，猶踵後魏革選，開皇之後，始自吏部選用，不由臺主。唐太宗朝始有裏行之名，高宗時始置内供奉及裏行官，皆非正官也。開元初，又置御史裏使及侍御史裏使、殿中裏使、監察裏使等官，並無定員，議與裏行同尋省。建中二年，御史臺請置推官二人，常與本推御史同推覆。開元初，以殿中掌左右巡監察，或權掌之，非本任也，職務繁雜，百官畏懼，其選拜多自京畿縣尉。《通典》。

唐貞觀初，尤重憲官，故御史復爲雄要，其將除拜皆吏部與臺長官宰相議定，然後依選例補奏，其内詔别拜者，不在其限。麟德以來，用人尤重，選授之命不由銓管。《唐會要》。

治平四年，中丞王陶言：奉詔舉臺官，而才行可舉者多以資淺不應格。乃詔舉三丞以上知縣爲裏行。熙寧二年詔：御史闕，委中丞奏舉，毋拘官職高下皆權。三年，孫覺薦秀州軍事推官李定，對稱旨，爲太子中允監察御史裏行，由選人爲御史自定始。靖康初，詔宰執不得薦舉臺諫官。乾道二年詔：自今非曾經兩任縣令，不得除監察御史。《宋史》。

元至元五年始置御史十一員，悉以漢人爲之。十九年增置一十六員，始參用蒙古人爲之。《元史》。

宣德三年，令都察院選進士監生教官堪任御史者，於各道歷政三箇月，考其賢否第爲三等。上中二等授御史，下等送回吏部。正統四年，令凡都察院各道監察御史並首領官務將公明廉重老成歷練之人奏請除授，不許以新進初仕及知印承差吏典出身之人員充用。成化二年奏准：試監察御史一年已滿刑名未熟，再試半年，仍前考試實授。弘治六年，御史員缺不必限定一年一次行取，但缺至八員以上，會同吏部考選，照原職分送理刑，或理刑半年，或試職一年，本院仍考其堪任者除授。《明會典》。

《大清會典事例（嘉慶朝）》卷四四《吏部・漢員遴選・考選科道》

原定：郎中編修檢討補授御史停其試俸。内閣侍讀員外郎主事試俸一年，都察院考覈稱職，具題實授。康熙九年議准：由中書行人評事博士陞主事者，不拘年限，准其考選。由别項官員陞授者，食俸二年方准考選。十九年議準：漢官非正途出身者雖經保舉，不准考選。二十年覆准：捐納貢生，不准作正途考選。京官三品以上，及總督巡撫子弟皆不准考選。三十年議准，凡父兄現任三品京堂，外任督撫，子弟均不准考選科道。其父兄在籍起文赴補，及後經陞任者，有子弟現任科道，皆令迴避，改補各部郎中。四十四年議准：中行評博等官，除由知縣陞任者，照舊考選外，其初任選授者，俟陞任主事後，方准考選。凡遇考選時，將正途出身之各部郎中員外郎主事令各該堂官保送引見簡用。雍正四年定：内閣侍讀准其一體考選御史。五年議准：給事中員缺，將監察御史帶領引見補授。御史員缺，將應考選人員帶領引見補授。其候補科道人員人文到部，遇有員缺，由部帶領引見補授。又定：不拘科甲貢監，一體考選御史。七年議准：滿漢給事中及滿洲漢軍御史，均改爲正五品。漢御史由郎中員外郎内閣侍讀編修檢討補授者，定爲正五品。由中行評博及行取知縣補授者，定爲正六品。十三年議准：考選御史，仍專用正途。乾隆三年諭：御史員缺，向來皆係部院堂官，將合例司官揀選保送。翰林編檢，亦在保送之列，由吏部引見，朕親加簡用，此定例也。但思部院司官及編檢人數甚多，各堂官保送，皆就所見舉出不過什之一二，其餘衆員朕未遍覽。或有可任科道而不在保送之列者，亦未可定。朕意欲將翰林部屬，通行引見。司官著該堂官出具考語引見，編檢毋庸出具考語，著掌院學士引見。記名之後，續交吏部，俟有御史員缺，按其品級俸次開列引見候旨補授。補用將完之日，吏部再將如何考選，别行請旨。六年諭：漢軍漢人，既係一體陞轉，而科員亦不分漢軍漢人，俱可陞補。其漢軍御史，自應歸併漢缺，不必分設。八年諭：凡由御史降調之員，不准考試。九年奏准：御史員缺，每缺於記名人員內，論俸分班，以編檢一人部屬等官二人帶領引見，恭候欽定補授。十一年諭：向例御史員缺由保舉考選補授，後因臣工條奏，請朕於翰林部屬引見時記名特用，今看來不若仍復舊制之爲妥。著九卿於應行考選人員內，秉公保舉，請旨考試，候朕簡用。十三年奏准：以御史用之滿漢人員，按記名之先後，俟前次記名之人用完再將後次記名之人引見。十六年諭：科道近列臺垣，優絀尤爲易見，自可不時擢用。而定例內陞外轉，給事中則一年一次，御史則一年兩次。每逢奏請時，自康熙雍正年間以至今日，亦率降旨停止者多，每年徒增此題奏繁文，於吏治亦復無益。嗣後內陞外轉，三年舉行一次，著爲例。十七年諭：翰林部曹小京官補用御史，既經簡擢，同列諫垣，即應無所區別。乃舊有五品六品之分，試俸不試俸之異，舊例相沿，宜歸畫一。嗣後給事中著仍爲正五品，御史皆著改從五品，不必試俸。二十年諭：嗣後郎中等官補授御史，如有諳練部務者，仍准各該堂官奏請引見，朕酌量令其兼官。著爲例。二十九年奏准：嗣後考選漢御史，除翰林院編修檢討各部郎中員外郎內閣侍讀班秩相等，毋庸更議外。其主事評事博士中書，均不准其考選御史。三十三年諭：向來各部司員補授御史，該堂官有奏請仍兼本部行走者，雖爲熟練部務起見，但御史有稽察部務之責，若仍令兼司部事，不無意存瞻顧，究與政體未協。嗣後司員改任御史，而該員於本部素稱得力者，仍許該堂官奏請兼部行走。三十八年奏准：嗣後編修檢討等官，均俟散館授職後，歷俸已滿三年，方准保送御史。其授職未及三年者，概不得與。四十年奏准：嗣後如有記名御史，復記名知府，而又遵例加捐知府即用先用者，即將記名御史註銷，歸入捐納知府班內選用，不得以知府銓選無期，呈請註銷，仍歸記名御史班內，一體引見。四十五年諭：向來各部院司員陞調別處者，有准留原衙門行走之例，固爲熟練事務起見。但部院人材不乏，斷無少此一二人即不能辦事之理。況司員中簡用外任者，又未見該堂官等奏留，可見此事原可不必。所有現在各部院奏留人員，俱不必仍兼行走。至刑部爲刑名總滙，必得諳悉律例之員；理藩院有外藩事件，必得蒙古旗員能習蒙古文語者。奏留之例，尚屬可行。然必帶領引見，候朕鑒定，方可准其仍兼行走。著爲令。四十八年諭：各部院司員陞調別處，奏留原衙門行走之例，業經降旨停止。因刑部爲刑名總滙，理藩院有蒙古事件，是以准其仍兼行走。但思奏留人員內，如翰詹等官本屬閒曹，兼各部行走，尚無關礙。至科道有糾劾之責，未便令其仍兼各衙門辦理司員事務。即刑部理藩院之熟習部務司員，本部留以辦事，有何不可。何必又送科道，博陞職之虚名，資掣肘之浮議乎。嗣後刑部理藩院，亦概不准兼科道。其果能始終出力，該堂官據實奏聞，候朕以四五品京堂，酌量補用，仍可兼部行走。六十年諭：此後各衙門保送滿漢御史，初次引見未經記名者，下次不得再行保送。著爲令。嘉慶二年諭：吏部奏現在記名御史之部屬，尚有八員，翰林祇有一員，應請考選等語。向來御史缺出，吏部帶領一排三人，翰林前列，以致多用。現在部屬人員不少，而翰林祇有一員。若再將翰林保送，部屬未免壅積偏枯。所有未用之翰林一員，著暫停引見。此時遇有御史缺出，先儘部屬帶領引見，俟部屬僅餘一二員時，再將翰林部屬，一同照例引見。又奏定：翰林院保送御史人員，現在不敷揀選，御史中部屬過多，翰林太少，仍照舊例保送。四年諭：嗣後各衙門保送御史，其年齒過輕，固不便率行送列。如年逾耆艾各員，精力尚强者，仍准保送。以六十五歲爲率，過此者不准保送。又議准：御史轉科，漢員計俸，滿員按資，殊未畫一。嗣後遇有科缺，滿漢均按俸次，帶領引見轉補。又定：由科道降補部屬，及捐復改補部員，併由科道陞任後，因科道職掌，緣事降至部屬等官者，俱不准再行保送。如陞任京堂，並非因科道任內降至部屬者，仍准保送。十年諭：向來御史缺出，吏部將翰林一員，部屬二員，帶領引見。朕隨時酌覈人材，量加録用，豈能記憶前次所用係屬何項人員。嗣後遇有漢御史缺出，吏部即將曾經記名以御史用之翰林部屬各員，輪班帶領引見。十一年奏定：漢官廕生出身人員，准其一體考選御史。十七年諭：向例科道各員，遇有應行開列引見補授之缺，都察院將各該員條陳事件，曾否准駁咨送吏部，開單呈覽，以備考覈。嗣後都察院於開列科道條奏清單，如該員等出差循例奏報事件，無關建白者，著毋庸列入。

《大清會典事例（嘉慶朝）》卷七七二《都察院・各道》 考選御史。

順治元年定考選給事中監察御史，以大理寺評事、太常寺博士、中書科中書、行人司人行人，歷俸二年者，及在外俸深有薦之推官知縣考取。若遇缺急補，間用部屬改授。二年議定：由各部郎中員外郎主事、大理寺評事、太常寺博士、中書科中書、行人司行人、內院中書、國子監博士、京府推官考選。三年奉旨：在外薦舉推官知縣，著詳開履歷，及薦舉人等姓名一併開列具奏。凡科道員缺，滿漢一體選用，前補授部員，乃一時權宜，後不必行。八年議准：令該堂官選擇才守兼優之員，與應考選各官開送吏部，會同都察院選取。又題准：外官錢糧全完，歷俸三年，薦一次，無叅罰者，方准行取，紀録亦准作一薦。京官曾經行取者不得再與考選。十年定：府同知及漢軍各官，亦一體考選。十一年定：漢官由貢生出身者，不准考選。十二年定：內院中書，停止考選。十三年題准：漢人現任三品以上堂官子弟，不准考選。十五年議准：凡試御史任事一年，考覈實授，如奉差在外，差滿考覈。又諭：現在御史甚少，不足供差遣之用，前旨行取各官尚未到齊，著暫於各部郎中員外郎主事內察取才品堪用者，改授御史差用。以後除授御史，仍照行取考選例行。康熙元年覆准：科道員缺，俱由六部郎中改授。又題准：凡有御史缺出，吏部將應補各職名開列過院，由都察院將某人派給某道，移咨吏部題補。今查得凡陞授官員，即係吏部職掌，以後凡御史缺出，都察院只將道銜先後開送過部，應聽吏部將應補之人，按缺題補。七年覆准：科道缺行取，將在外知縣不論舉人進士，督撫詳確選擇，開列職名咨送。九年定：御史員缺，由六部主事、大理寺評事、太常寺博士、中書、行人、知縣考授。十九年議准：漢官非正途出身者，雖經保舉，不准考選。又覆准：凡試監察御史，一年滿日，聽都察院教覈，果係稱職者，具題實授。如不稱職者，停其再試，亦行具題咨送吏部，照伊對品改補。又諭：科道爲耳目之官關繫最要，必選用得人，方能稱職。漢官皆由行取考選補授，惟滿官論俸叙陞，著吏部都察院，將現在滿洲給事中監察御史會同選擇，堪用者仍留原任，不稱職者對品調於部院衙門用。二十年議准：捐納歲貢，不准作正途考選。漢人督撫子弟，亦不准考選。三十年議准：父兄現任三品京堂、外任督撫子弟，例不准考選科道。其父兄在籍起文赴補及後經陞任者，有子弟現任科道，令其呈明都察院具奏迴避，移咨吏部，改補各部郎中。三十六年諭：言官責任甚屬緊要，漢郎中員外郎，果係居官優人材好，著各部院堂官保舉引見。三十九年諭：翰林官員內有堪補科道者，著翰林院學士等選擇保奏。四十三年覆准：嗣後行取知縣，停止督撫選擇之例，除降級還級革職還職等官，仍不行取外，照給事中御史缺出之數，每一缺出，查直隸各省，俸滿在前正途出身知縣三員，無論有無卓異薦舉，但係三年俸滿，無錢糧盜案等項處分官員內，查明俸深者，開列姓名籍貫履歷，具題行取。四十四年奉旨：嗣後郎中補授御史，停用試字，員外郎主事照常用試字。又議准：嗣後行取在外知縣，到部引見後，以各部主事挨班補用。遇考選時，方准考選。中行評博等官，除知縣陞任者，照舊例考選外，其初任選授者，俟陞任主事後，方准考選。凡遇考選時，將正途出身之各部郎中員外郎主事照三十六年例，令各堂官保送。翰林院編修檢討照三十九年例，令該衙門保送，引見簡用。四十五年，九卿會覆，停止初任之主事中行評博考選，將合例之編修檢討郎中員外郎主事及由知縣陞中行評博者，一體開列。又議准：嗣後考選科道官員，照各項次第開列，恭候欽點補授，俱停其由本堂官保送。五十一年題准：給事中御史員缺，編修檢討，停止開列。又定：滿洲給事中滿洲蒙古御史員缺，由員外郎內閣侍讀，按旗論俸，擬正陪陞補漢軍御史員缺，由漢軍郎中，不論旗分，論俸擬正陪陞補。又定：滿洲給事中員缺，應陞官內，先儘科甲出身之人陞補。如無科甲出身之人，仍照常陞補。雍正元年諭：總理事務王大臣、大學士、尚書、左都御史、掌院學士等，於編修檢討內揀選八人，引見補授御史。二年奏准：科員六缺，將編修檢討中材品優長俸深之人，咨送吏部，題請命題考試，引見補授。又奉旨：爾等會同吏部，將各部司官多揀選數員引見，所選係何部司官，仍會同伊本部堂官。三年議准：御史試俸，如有一年期滿未能深信者，再試一年考覈。又諭：應開科道人員，俱係正途出身，再考文字，亦屬無益。今次著於翰林各部院衙門應行開列人員內，令各堂官薦舉。五年遵旨議准：稽察人府御史二員，由宗人府於宗室內簡選引見補授。又議准：嗣後科道缺出，在京則令各部院堂官於各屬司官內，不論科甲貢監，擇其勤敏練達立心正直者保送，翰林院掌院於編修儉討內保送，吏部列名引見，恭候簡定。儻有選舉不實，或夤緣保送者，將該堂官等照例議處。其在外之州縣官，各省督撫保送之員，到京之日，吏部帶領引見，恭候簡定。其留京者，以科道補用。六年定：滿洲科道缺出，不必限定旗分，亦不必拘定科目，於應陞官內，除出差外任不行開列外，將在京人員，每缺論俸開列四人，帶領引見，恭候簡用。蒙古御史員缺，由六部蒙古員外郎，不論旗分通行較俸，擬正陪陞補。七年諭：向來由員外郎以下，授爲御史者，有試俸一年稱職，然後題請實授之例。若該御史奉差在外，乃由揀選命往辦理公事者，自應與在京之御史一體題請實授。乃從前該衙門疎忽未曾題請，遂致出差之御史試俸數年而不得實授，深爲未協。嗣後著將出差之御史試俸一年期滿者，與在京之員一同具題請旨，永著爲例。又諭：向來漢御史多由主事中行評博，及行取之知縣補授，是以定爲七品。今由郎中員外郎補授者甚多，不便仍拘七品之例。且滿漢御史品級亦不畫一，應酌量更定，著該部議奏。又議准：滿漢給事中及滿洲漢軍御史均改爲正五品，漢御史由郎中員外郎內閣侍讀編檢補授者定爲正五品，由中行評博及行取知縣補授者定爲正六品。八年奏准：漢軍御史員缺，如無合例應陞之員，令各部堂官將漢軍郎中員外郎保送，吏部帶領引見補授。又定：滿漢科道兼部內郎中員外郎行走者，俱爲額外郎中，兼內閣侍讀行走者，亦授爲額外侍讀，員缺另行陞選。九年奏准：御史員缺，每缺於記名人員內論俸分班，以編檢一人，部屬等官二人，引見候旨補授。十三年議准：滿漢蒙古御史員缺，照漢御史之例，於郎中員外郎等官內保送，引見補授。漢御史員缺，由郎中員外郎編修檢討考選。主事由中行評博陞任者，不拘食俸年限，准其考選。由別項陞授者，食俸二年，方准考選。中行評博，由知縣陞任者准其考選。又議准：漢軍御史照滿洲御史之例，由郎中員外郎等官內保舉引見補授。又奏准：以御史用之滿漢人員，按記名之先後，俟前次記名之人用完，再將後次記名之人引見。乾隆元年奏准：行取知縣，三年舉行一次，由吏部於正途出身知縣內，食俸已滿三年，任內無叅罰事故者，大省行取三人，中省二人，小省一人，開列職名具題請旨。並令各該督撫，於所屬正途出身知縣內，遴選才能出衆者，不論何項叅罰事故，亦照行取之數，大省三人，中省二人，小省一人，具題請旨。三年諭：科道爲朝廷耳目之司，關繫甚重，向來俱係各部院堂官將合例司員揀選保送，翰林院編修檢討亦在揀選保送之例，由吏部帶領引見，朕親加簡拔，用爲科道，此定例也。但思部院司員及翰林院編檢人數甚多，各堂官保送，皆就伊等所見舉出，統計一衙門官員，不過十之一二，其餘衆員，朕未經遍覽，此中或有可任科道而不在保送之列者，亦未可定。朕意欲將例應考選翰林部屬等官一概通行引見，司員每日在本衙門辦事，其才品之短長賢否，該堂官皆所熟悉，著逐名出具考語，有由州縣行取補用者，亦著註明，即著該堂官帶領引見。至編檢官員，職司文墨，其辦事之能否，未經試驗，毋庸出具考語，著掌院學士帶領引見，記名之後，陸續交與吏部，俟有御史缺出，按其品級俸次開列引見候旨補授。補用將完之日，吏部再將如何考選之處另行請旨。又諭：現在所出滿漢御史員缺，著將記名人員，每缺論俸帶領三員引見，嗣後御史缺出，俱照此論俸，每缺帶領二三人引見。又諭：朕將翰林部屬等官，例應考選御史者，引見記名，以備將來數年之用。其未用御史以前，若該員論俸應陞，仍著照例陞用。若應行開列請旨，亦仍照舊開列，但於本名之下，將御史記名之處，開註奏聞，其應出差者亦然。著傳諭各衙門知之。又奏准：將應行遴選之各部院滿洲郎中員外郎，通行引見。其奉旨記名者，遇有御史員缺，將奉旨記名之郎中員外郎各論俸次，郎中二人，員外郎一人，引見補授。六年奏准：漢軍御史，歸併漢人內一例補授。七年諭：古者諫無專官，故進言之路廣，三代而下，始設官而責之以言。然如馬周陽城之起布衣而爲御史，其事猶可風也。茲特降諭旨，著大學士九卿擇其素所深知其人有骨鯁之氣樸質之風，而復明通內外政治者，不拘資格列名封奏，朕將量加録用焉。八年，給事中陳大玠奏請將各衙門合例人員願考選者，通行考試引見，恭候簡用。奉旨：陳大玠所奏亦是，著吏部於立秋後請旨。又吏部將選用御史舊案具奏請旨，奉旨：著各衙門保舉請旨考試後，該部帶領引見。又御史李清芳奏，保任之法，本不可偏廢，若專用保任一途，恐開受禄天朝拜恩私室之漸。請令吏部將部曹編檢合例人員，奏請考試後吏部引見，記名補用。奉旨：朕以保舉可得賢材，李清芳所慮亦是，著照所請行該部知道。十一年諭：向例御史由保舉考試補授，後因臣工條奏請朕於翰林部屬引見時記名特用。今看來不若仍復舊制之爲妥，著九卿於應行考選人員內秉公保舉，請旨考試引見，候朕簡用。十三年奏准：嗣後滿漢人員記名御史者，按記名之先後，照例引見補授。又諭：各御史風聞言事，不域以地，但既按省分道，專司稽察該省事務，則本省之人自應迴避本省，其應如何定例，著妥議具奏。欽此。遵旨議定，除現任御史內，其所任之道在本省者，由院酌撥別道，移咨吏部註册外，嗣後遇有御史員缺，如有記名及應補人員應迴避本省者，查明扣除，即將其次之人，引見補授。十六年諭：向例直省知縣三年行取一次，吏部按期奏請。康熙雍正年間少舉多停。當朕臨御之初，臣工中有援行取成規入告者，朕以舊制可循，勅部議覆，旋經准行。由今觀之，此特相仍故套，而於吏治人材毫無裨益，所當永行停止。十七年諭：國家設官分職，期於有裨實政，若同一官而差分階級，於官制體統未協。如翰林、部曹、小京官補用御史，既經簡擢，同列諫垣，即應無所區別，乃舊有五品六品之分，試俸不試俸之異，舊例相沿，宜歸畫一。嗣後給事中著仍爲正五品，御史皆改爲從五品，不必試俸。二十九年奏准：現在滿洲御史員缺，由郎中員外郎內閣侍讀揀補，並無主事評博等官准用御史之例，滿漢係屬一體，嗣後考選漢御史，除編修檢討，各部郎中員外郎內閣侍讀仍准保送外，其主事、評事、博士、中書均不准考選。又定：監察御史考選，由各部院郎中員外郎內閣侍讀，歷俸三年之翰林院編修檢討保送滿洲蒙古不考試。漢軍漢人，由吏部奏請考試。引見記名後，遇滿洲蒙古員缺，以郎中二員，員外郎等官一員。漢員缺，以翰林一員，部屬二員，引見簡用。三十八年議准：嗣後編檢等官，散館授職後，閱俸三年，始准保送御史，其授職後未及三年者，概不得與。六十年諭：此後各該衙門保送滿漢御史，初次引見未經記名者下次不得再行保送。著爲令。嘉慶二年奉旨：向來御史缺出，吏部帶領一排三人，翰林前列，以至多用，現在部屬人員不少，而翰林祇有一員，若再將翰林保送，部屬未免壅積偏枯。所有未用之翰林一員，著暫停引見。此時遇有御史缺出，先將部屬帶領引見，俟部屬僅餘二三員時，再將翰林部屬一同照例引見。四年議准：宗室額設御史四缺，向由正副理事官引見補授。今部院增設宗室郎中員外郎，遇保送御史時准其一體保送，記名後，咨送宗人府註册，遇有宗室御史缺出，由宗人府與應陞人員，論俸帶領引見補授。又諭：嗣後各衙門保送御史，其年齒過輕者，固不便率行保列，如年逾耆艾各員精力尚强者，仍准保送，以六十五歲爲率，過此者不准保送。又奏准：由科道降補部屬，及捐復改補部屬，併由科道陞任後，仍因科道職掌如陞任京堂，仍巡視漕務之類。緣事降至部屬等官，均不准再行保送。如陞任京堂，並非因科道任內事故，降至部屬者，仍准保送。六年奏准：向例保送御史，部屬翰林各爲一班，不相遲待，自改爲一同保送，編檢每不敷遴選，請仍照舊例，陸續分班保送，庶免窒礙。十一年奏准：查考選御史各官，如非正途雖經保舉，不准考選。其廕行應否准令考選御史之處，例內並無明文。查乾隆五年有刑部郎中楊朝鼎，十年有户部郎中范宜賓，三十五年有工部郎中趙復元三員，均由廕生得官，經各該堂官保舉御史在案。今刑部保送郎中紀樹馨，亦係廕生出身，與楊朝鼎等事同一律，惟例內並無廕生考選御史明文，請旨於考選御史條內增入廕生一項，准其一體考選。

坐道職掌。乾隆十三年諭：御史向有坐道協道之分，坐道徒屬空銜，並不辦本道之事，協道則以次遞遷，其制沿自前明，糾紛無謂。今既定爲二十八員，與滿御史畫一，應就現在十有五省，即以此二十八人分理之。省分事繁者，多分數人，併令稽察在京各部院衙門，則可省紛更而專職業，於體制方爲允協，著定議具奏。欽此。遵旨議定，按從前御史，止有河南江南浙江山西山東陝西六道，分察各部院事件，其餘各道，皆附於六道之中。今既各歸各道，其稽察事件，自應分隸各道，按事繁簡，以定額數。再十有五省，御史舊例，止有十四道，雖有京畿一道，專刷卷宗，並不稽察直隸事件。其直隸事件，均分隸各道。今將京畿道與河南等道，合爲十五道。京畿道照舊刷各部院卷宗，併辦理直隸及盛京等處刑名案件，稽察內閣順天府大興宛平二縣，應設滿漢御史各二人。河南道辦理河南省案件，稽察吏部、詹事府、步軍統領衙門、五城，併辦理本衙門特交轉交之事，及文武考覈，一應具控呈辭，應設滿漢御史各二人。江南道辦理江南省案件，稽察户部寶泉局、宣課司、左右翼監督、在京十二倉，總督漕運衙門，兼察三庫月摺事件，應設滿漢御史各四人。浙江道辦理浙江省案件，稽察禮部、都察院，應設滿漢御史各二人。山西道辦理山西省案件，稽察兵部、翰林院、六科、中書科、總督倉場衙門、坐糧廳、大通橋監督、通州倉，應設滿漢御史各二人。山東道辦理山東省案件，稽察刑部、太醫院、河道總督衙門，兼察覈五城竊盜命案，應設滿漢御史各三人。陝西道辦理陝西省案件，稽察工部及寶源局，應設滿漢御史各二人。湖廣道辦理湖廣省案件，稽察通政使司、國子監，應設滿漢御史各二人。江西道辦理江西省案件，稽察光禄寺，應設滿漢御史各二人。福建道辦理福建省案件，稽察太常寺，應設滿漢御史各二人。四川道辦理四川省案件，稽察鑾儀衛，應設滿漢御史各一人。廣東道辦理廣東省案件，稽察大理寺，應設滿漢御史各一人。廣西道辦理廣西省案件，稽察太僕寺，應設滿漢御史各一人。雲南道辦理雲南省案件，稽察理藩院欽天監，應設滿漢御史各一人。貴州道辦理貴州省案件，稽察鴻臚寺，應設滿漢御史各一人。除河南京畿道掌印，仍由院揀選保題外，其餘各道，均令滿漢各一人爲掌印。其一道內有御史數人者，即以資深者爲掌印。嗣後如有出差事故，該道乏人辦理者，應聽院酌委署理。再宗人府事件，專責宗室御史稽察，仍與蒙古御史同列滿洲御史之內，一例陞遷，一同辦事。其餘滿洲御史，稽察八旗內務府及滿漢御史序次差務秋審等項，仍照舊辦理。所有增設湖廣等八道印信，照例鑄給。又議准：滿洲御史並無坐道，概稱監察御史，殊未畫一。嗣後應照漢御史之例，分隸十五道，定爲某道監察御史。二十年奉旨：京畿道著列於河南道之前，舊隸河南道之事，著京畿道辦理，舊隸京畿道之事，著河南道辦理。御史不准兼部行走。乾隆二十年諭：向來由各部院司員補授御史者，原有准該堂官奏請仍兼部務之例，後經定議停止，但御史雖職司稽察，而事務簡少，且既經保送考選，必係尚能辦事之員。嗣後郎中等官補授御史，如有諳練部務者，仍准各部堂官奏請引見，朕酌量令其兼管。著爲例。三十三年諭：向來各部司員補授御史，該堂官等，有奏請仍兼本部行走者，雖爲熟諸部務起見，但御史有稽察各部之責，若令兼司部事，不無意存瞻顧，究於政體未協。嗣後司員改任御史，奏請留部之處，著永行停止，其現在御史中兼部行走者，並著撤回。三十五年諭：御史陳聖時奏火器營房工程，經督辦大臣奏請交內閣六部都察院派員承辦。御史有稽察刷卷之責，若分辦工程，恐彼此意存瞻顧，與從前兼部事屬相類，合行停止等語。所奏非是。工程處派送御史於承辦之中，兼寓稽察之責。該工支放奏銷，其中如有情弊，自當隨時糾劾，其職掌正屬並行不悖。況派工御史數止二員，其言官之未經司工者，尚有數十人，該工設有弊端，伊等一有風聞，獨不當據實舉發耶。其於官制職掌，有何妨礙。至該御史以御史停止兼辦部務爲詞，不過借爲援引之名，欲巧行其敦體好名之計，於政體尤有關繫。從前御史兼辦部務，其來已久，於事並無窒礙，因傅爲詝曾經奏及，以衙門各有專司，本任或難兼顧，此例遂爾中止。其實御史在部兼辦，該堂官或有行私舞弊情事，較之不在部中者，見聞確近，即行據實參奏，朕必以其不憚上官，深爲嘉許。即該堂官尚在本部，善於彌縫，朕亦必秉公究理，所派大員，當此綱紀肅清之時，亦誰敢徇官官相護之情，不惜以身試法，自貽伊戚耶。況兼部御史，即因堂官稍存隱忍之見，其他專司稽察該部之御史及兼部務各員，又豈毫無見聞，甘心緘默耶。近日兼部之例一停，各部或於保送御史時，以平日幹練司員，不肯聽其離部，將中材碌碌者舉出充數，乃係情勢所必至，則停例之舉，爲有益乎，爲無益乎？我朝乾綱獨斷，大權不稍下移。皇考世宗憲皇帝，曾令六科歸都察院堂官管理，彼時無識之徒，尚有惑於臺無長官之陋說，連名瀆奏者，賴我皇考睿斷舉行，至今諸事整飭。該御史復囿於積習，輒以言官不涉司員職任，妄自尊大，欲於朕前巧售其術，能乎不能。明季科道頹風，專務自矜標榜，馴致黨援門户，牢不可破。其時國事敗壞，此輩實爲厲階，此真可引爲前車炯戒者，不可不力防其漸也。嗣後各部司員，有已用御史，而該員於本部素稱得力者，仍許該堂官奏請兼部行走，陳聖時所奏不可行，著傳旨申飭。四十一年諭：各部院司員補放御史，向曾禁止不令仍兼本衙門辦事，嗣因各部院欲得諳練人員，仍准該堂官保留，兼原衙門行走，誠以公務爲重，特予通融酌辦。乃近年以來，凡部院司員補放御史者，該堂官率以熟手奏留兼辦，竟似成例相沿漫無區別，於政體既屬未協。且御史有稽察部務之責，一經留部，則兼吏部者必不肯糾舉吏部之事，兼户部者必不肯糾舉户部之事，其他可以類推，久之恐滋流弊。嗣後由各部院改補御史者，非實係練習部務必不可少之人，該堂官不得擅行奏留。四十八年諭：各部院司員陞調別處，奏留原衙門行走之例，業經降旨停止。因刑部爲刑名總匯，理藩院有蒙古事件，必得熟悉之員，是以准其仍兼行走。但思奏留人員內，如京堂翰林等官，本屬閒曹，兼各部行走，尚無關礙，至科道有糾劾之責，未便令其仍兼各衙門辦理司員事務。即刑部理藩院之熟習部務司員，本部留以辦事，有何不可，何必又送科道，博陞職之虛名，資掣肘之浮議乎。嗣後刑部理藩院亦概不准兼科道，其果能始終出力，該堂官據實奏聞，帶領引見，候朕以四五品京堂酌量補用，仍可兼部行走。嘉慶四年議准：此後在軍機人員，遇有補放御史者，即回本衙門任事，不必在軍機處行走。

《大清會典事例（嘉慶朝）》卷七七三《都察院·各道》 內陞外轉。

順治元年定：漢御史內陞外轉俱由都察院論資俸酌定咨送吏部陞轉。十二年奉旨：以後科道官考選差遣內陞外轉俱候朕裁定，永著爲例。又吏部覆准：臺員現在三十員，二年內，內陞三人，外轉三人。又諭：國家官人，原當內外互用，以勵群材。近見外官內轉京官外任者，多能稱職，宜再行互用。除翰林官員，朕自裁定，其六部卿寺等衙門官員，有才優經濟堪任養民者，著各堂官開列，六科官員著吏科開列，各道御史著都察院開列，通送吏部會同都察院查覈速奏。其在外司道等官，品行著聞政治卓越者，確察實蹟，遇缺內轉，務使內外得人，職事修舉，以副朕圖治安民至意。十三年覆准：每年二八月，內陞二人，外轉一人。十四年奉旨：十以後差回御史，務期考覈至當，方與內陞，以示鼓勵，不得輕議陞用。十五年覆准：御史增至六十員，每年內陞三人，外轉三人。十六年覆准：御史今留四十員，內陞二人，外轉二人。又題准：科道內陞補四品京堂應陞之缺，巡按內陞補五品京堂應陞之缺。又覆准：查舊制巡方御史三差稱職內陞，其典原自慎重，若一差即優陞，未免太驟。今後巡方各官，一差稱職，仍回各原衙門管事，酌量加級紀録。應將一差優陞例概行停止，至三差稱職者，恭候親裁擢用。十七年議准：御史有糸大姦大蠹興利除弊者，別爲一册，以定優劣，陞轉時可即據爲甄別。十八年議准：御史每年二月八月內陞外轉各一人。康熙四年題准：科員每年八月內陞外轉各一員。九年八月，掌河南道李之芳內陞，奉旨：以前內陞各員，未經補用者尚多，李之芳著以內陞應得品級留原任。十一年題准：內陞官員借補五品京堂，仍與小四品京堂論俸陞轉。又題准：科道外轉官，不必驗到，於單月遇缺先補。十二年題准：漢軍御史應入漢御史內論俸陞轉。又題准：給事中內陞，亦得補授太常寺少卿等缺。又題准：外轉官掌印給事中以副使用，給事中監察御史以糸議用。十九年諭：科道官內陞外轉，原以示勸懲也。今見才優者猶知憚於外轉，其或才力不及，不稱言職之人，安於外轉道員者甚多。是但以示勸，非所以示懲也。故令九卿科道詹事會議，務期得當。魏象樞等奏稱，恐天下不肖之輩不識朝廷慎重道員之意，疑爲厭薄言路之端等語。邇年以來，姚文然、李之芳、施維翰等，內陞未久，即任以大僚督撫，亦因其克盡言職，才能素著之故也。此無論天下至愚不肖，當亦知朝廷無厭薄言路之意矣。其外轉者，或係素無建白，或係昧於事理，或係任意妄言，或係才力不及，原非因其條奏而外轉也。又稱近年外轉之科道，並無貪污溺職之一人，而各部郎中俸深陞道，如范永茂、高恒豫、盧元培、程汝璞等，贓私纍纍劣跡彰彰者，不知凡幾等語。科道外轉者，豈無溺職之一人乎。各部俸深陞道員者甚多，豈盡係貪劣之人乎。如陳丹赤等優者匿而不言，獨舉范永茂等四人，不辨賢否而概言之，可乎。魏象樞去歲七月內曾於朕前面奏科道所行，皆係徇私，有負朝廷耳目之任，罪皆應死。今甫數月，復言歷年外轉者，並無溺職之一人。前後參差，何其速耶。爾等所奏，理不宜批答，因註語內以存國體之語，故令諸臣知之。至若外轉科道，以小品官員用，遂致有傷國體，朕殊不解。故特諭諸臣，示以朕意。二十四年題准：凡科道吏部外轉官，不另起赴補之文，於單月遇缺先補。三十八年諭：內陞官員俱係科道內選拔賢員，因暫無伊等應陞之缺，或有候缺回家者，亦有借補小衙門者，但此等選拔之員，借補小衙門，反在無事之處。應將此等內陞官員，雖借補小衙門堂官，仍應兼伊原科道之銜。欽此。遵旨覆准：嗣後內陞科道官員，如有應陞之缺擬補者不議外，其餘俱照姚文然之例，留管原任候補。如無應陞之缺借補小衙門堂官者，俱仍兼科道，候應陞之缺。三十九年諭：本年內陞科道官員，仍留原任辦事，員缺暫且不出。本年行取以科道用人員，補授額外試監察御史。四十一年諭：嗣後內陞科道官員陞補者，俱停其兼科道任，以前陞補科道官員兼科道任者，通查出缺。五十二年諭：言路不可不開，亦不可太雜。明朝國事，全爲言官所壞。今之進言者，輒云某爲上所喜，某爲上所惡，每揣摩朕意，私心窺伺，以圖迎合。朕並無所愛憎之人，其居官善者則愛之，不善者則憎之耳。即如噶禮居官如此不善，不但無一人劾奏，反有從而譽之者。後噶禮與張伯行互糸，差往審事滿漢大臣，謂朕意有偏向，故審理俱不公平。朕亦不露意旨，直至議定奏聞，方向九卿明諭，於是衆乃知朕無偏向之意。大凡人臣事君之道，公爾忘私，乃爲正理。且性理諸書中，亦不過辨別公私二字。事君者果能以公勝私，於治天下何難。若挾其私心，則天下必不能治。今科道於內外官員，亦有明知其不善者，或其人有所倚仗，或其人素有聲勢，不可搖動，遂莫敢叅劾，亦由學淺膽小故耳。爲清官者，惟潔己不要錢猶是易事，若論公爾忘私，誠爲難得。科道官員內，朕無深知者，今條奏亦稀，將伊等照例挨次陞轉可也。五十九年諭：科道官係從部員內揀選補授，每年內陞外轉，並未論其原陞品級，一體開列。今科道官內陞，有即超擢至堂官者，果其卓然特出，雖爲布衣，朕亦可不次任用，況科道乎。若本屬平常，而不查原任品級，竟一體內陞超用，未免越次。著交與九卿，將科道官由何銜陞任，應作何分别開列之處，會議具奏。欽此。遵旨議覆：科道官內陞外轉，應查原任之官，係郎中補授者，歷俸二年，員外郎補授者，歷俸三年，主事補授者，歷俸四年，然後准其開列。雍正元年諭：嗣後科道內陞外轉，不必拘定食俸年限，盡行開列。三年諭：朕初即位時，內外官員俱未識認，惟科道官每日輪班條奏進見，因見外省事務緊要，故令科道中可用之人補授外任。但科道外轉，向屬降用，是以令其將科道原銜帶於新任。前御史陳時夏越分奏事，朕曾嚴飭，他省所用道員，倚恃身有科道職銜，抗違上司，亦未可定。除新用許容柯喬年陸賜書三人，仍帶科道職銜外，爾部查明凡有兼科道銜之各省道員，行文各該督撫問明本人，有情願不兼科道銜在道員任內効力者，該督撫據實具奏留任，其有不願在道員任內効力者，亦令據實奏明，仍調回原任。十年定：科道曾奉旨記名褒獎議叙及申飭訓誨處分，著繕一單，於題請陞轉點差時將單隨本進呈備覽。乾隆元年奉旨：嗣後科道官內陞外轉者，俟補官日離任，其未得陞之先，仍食原俸辦事。又議准：舊例小四品京堂員缺，將科道內陞官員，不論年分，補完四員之後，將五品京堂陞用一員，請嗣後小四品京堂缺出，仍照舊例將內陞之科道具題請旨，俟簡用四員之後，再將五品京堂開列陞補一員。如無內陞科道，方以應陞京堂科道通行開列具題。再科道內陞官員，如無小四品京堂缺出，遇有五品京堂缺出借補，仍支四品俸，與小四品京堂論俸開列。又議准：舊例道員缺出，有叅政叅議副使僉事兼銜之分，各按雙單月將科道外轉，并俸深郎中外省道員知府論俸陞轉。嗣後道員單月應選缺出，先儘科道外轉人員，無外轉人員，用應補之人。單月無人，歸雙月以郎中知府論俸，內外各陞一次，其兼銜之處，仍照現行之例兼銜。又議定：向例科道內陞外轉，俱離任候缺，若必專俟小四品京堂方准補用，恐一時無缺，未免守候稽遲，是以定有借補五品京堂之例。今科道內陞者，業經奉旨令其在任候缺，應將借補五品京堂之例擬刪。三年議准：滿洲蒙古科道照漢科道之例，於每年二月八月內一併開列具題，恭候欽定，內陞外轉各一人。五年奏准：記名各官，如由科道記名者，遇有應陞，與內陞之科道論奉旨日期先後，開列具題，一同引見，候旨簡用。又奏准：議叙應陞四品京堂之科道郎中等官，均論其議叙奉旨日期先後，遇有員缺，依次引見，候旨簡用。又奏准：內陞外轉官均按品級考註册，在任候補。係內陞者，候缺具題，外轉者，不必投候補之文驗到，亦不必論已未五十五日，於單月遇缺先補。其未經得缺以前，如遇丁憂告假降革事故後，經服滿假滿開復，遇有應陞，即准具題陞補。單月應轉員缺，亦准即行轉補。若一時無應陞應補之缺，仍令以原官補用，在任候陞。八年議准：宗室御史遇滿洲御史陞轉之時，一例開列，只令內陞，不令外轉。十六年諭：科道近列臺垣，優絀易見，自可不時擢用，而定例內陞外轉，給事中則一年一次，御史則一年兩次。每逢奏請時，自康熙雍正年間至今，率降旨停止者多。每年徒增此題奏繁文，於治理亦復無益。嗣後三年舉行一次，著爲例。十七年定：內閣漢軍侍讀學士兼用漢人，以京堂科道各部郎中俸深者引見簡用。十九年定：內陞外轉，京畿道將各道條奏繕造黃册進呈，滿道稿漢道畫題，漢道稿滿道畫題。二十六年議准：嗣後滿太常寺少卿、鴻臚寺卿缺出，由內閣侍讀學士、五品京堂、欽天監監正、科道各保一員，併該寺鳴贊引見補放。五十二年諭：嗣後滿漢科道應陞缺出，該部開列具題及帶領引見時，著將該科道有無條奏，其所奏事件部議或准或駁，並奉特旨允准或嘗經駁飭之處，均於各科道名下綠頭籤上註明，以便較其優劣。著爲令。五十五年諭：向來滿漢科道相沿前明內陞外轉之例，徒資奔緣。都察院三年題請一次，殊爲具文。滿漢科道果有才具出衆供職勤慎者，京察之年，原准該衙門分别保送，引見時記名以道府陞用，或亦時有令各部院保送道府者，是陞遷不致久滯，又何用相沿舊例，屆期題本，徒滋案牘耶。嗣後滿漢科道內陞外轉三年請旨之例，著停止，毋庸題本。又諭：科道三年內陞外轉之例，原屬具文，昨已降旨停止。今思京察之期，都察院堂官原有保送記名道府之例，但外轉祇此一途，熱中之輩，未免以壅滯竊議。嗣後漢科道當照六部漢郎中之例，都察院堂官覈其才具分别繁簡送部截取，御史以知府用，科員以道用，照例截取，則選用道府者人數較多，所有漢郎中科道論俸截取，俱著定以四年之俸，准其截取。又奏准：內閣侍讀學士員缺，由通政司參議等官併科道各保一人，引見一次，六部郎中各保一人，引見一次。鴻臚寺少卿缺出，由科道通行開列具題一次，由各部郎中各保一員，開列具題一次。五十九年定：給事中御史郎中，連閏歷俸四年，方准截取。嘉慶四年議准：漢郎中四年截取，銓補稍遲，酌定閱俸三年，即行截取。漢科道事同一例，亦照此辦理。又議准：內閣漢侍讀學士及鴻臚寺漢少卿缺出，輪用科道時，將科道照依俸次通行開列。輪用部員時，將郎中照依俸次通行開列，不准保送。又議准：漢給事中御史開列京堂，按照衙門前後，其御史轉科，則係按其俸次。滿洲給事中開列京堂，亦按照衙門前後，其御史開列轉科，均係按其到院原資。相沿已久，辦理殊未允協。嗣後滿漢科道遇有通行開列及引見科缺之時，均按俸以爲前後，並於例內註明論俸字樣，以昭畫一。五年諭：科道開列應陞本內，例應將科道條奏事件摘叙事由，開單進呈。朕留心披閱，往往奉旨准行者，開叙單內，而於降旨擲還及經部駁各條奏，多不叙入，殊非覈實之道。嗣後著都察院左都御史等於科道開列應陞吏部咨查時，務須詳細查明，各該員條陳事件，無論准行與否統行咨覆吏部，不得僅交各科道自行開報，致有遺漏掩飾之弊。又奏准：內閣侍讀學士員缺，京堂照品級開列一次，科道照俸次通行開列一次，郎中照俸次通行開列一次。八年議准：嗣後滿洲鴻臚寺卿缺出，鳴贊不准保送，其各衙門應陞人員，改爲開列請旨補放。至滿洲少卿缺出，應改爲科道郎中，分班引見。輪用科道時，將科道各保一員，與該寺所保之鳴贊，一同引見補放。

《大清會典事例（光緒朝）》卷八三《吏部・處分例・言官奏事不實》

康熙九年題准：言官如將貪婪官員，列款糾參，審問全虛者，或參官員老病衰庸，若虛者，皆降二級調用。其譏刺條議，奉旨議處者，或因不據實回奏，奉旨議處者，或凡事不據實陳奏，及並無可據，稱風聞具奏者，皆降一級調用。如將官員列款糾參，有一二處實者，免議。十四年議准：內外無言責大小官員，如不係密事，妄行密奏，及借公將私事具奏者，除所奏不准外，各降二級調用。或言官及無言責各官，藉端條奏，陷異護黨，挾詐報復，並允受囑託，及行賄作弊具奏者，事發，將本官革職，交與刑部。如督撫科道題參，應密而不密，不應密而密者，皆各罰俸六月。三十九年諭：嗣後各省督撫將軍提鎮以下，教官典史千把總以上，官員賢否，若有關繫民生者，許科道官以風聞入奏。儻懷恩怨，互相朋比，受囑託者，國法自在。雍正十三年議准：科道被人參劾之後，並不靜聽部議，候旨裁奪，倚恃言官之職，妄行具揭陳辯者，降三級調用。

《大清法規大全・吏政部》卷四《選補・吏部奏酌擬傳補滿御史辦法摺》 查臣部變通傳補漢御史章程內開新章保送御史，既經欽奉諭旨照例考試，擬仿特科保薦之例，按照欽定試卷名次帶領引見，俟記名後通行宣示，將來即以記名之前後爲傳補之次序，仍每缺帶領三人，恭候簡用一員。所有京外各衙門憲綱及各員官階俸次，但係新章准其保送之員，概免比較。又舊記名貪祇餘一員，即專以一員擬補各等因。光緒三十三年九月二十二日具奏，奉旨：依議。欽此。欽遵辦理在案。今查滿洲記名御史舊例中僅有玉春一員，三十一年九月遵旨記名，尚未傳補，臣等竊維此項記名御史一切考試保送悉照漢員辦理，核與滿員舊例迥不相同。若於傳補時仍以官階俸次爲傳補先後，殊不足以照畫一。擬請嗣後遇有缺出，除宗室人員向由宗人府辦理應仍照舊外，其滿洲新舊記名各員即按照臣部奏定變通新章以記名先後爲傳補次序，以期仰副朝廷因時制宜融洽滿漢之至意。再蒙古御史缺出，亦擬仿此辦理，謹奏。光緒三十四年十二月十九日奉旨：依議。欽此。

《光緒新法令・諭旨・光緒三十年五月二十一日上諭》 御史爲朝廷耳目之官，必須學識明通，方足以資獻替。嗣後宗室滿洲御史，均著照漢員之例，一體考試。惟滿員五品人數不敷，自應量爲推廣，所有各衙門六七品實任京官，著各該堂官擇其品端守潔者，切實保送。其內務府五品以下滿蒙人員，如有堪膺此選者，准其一律保送考試。欽此。

中華大典·法律典

行政法分典　引用書目

引用書目

書名	作者	朝代	版本	備註
經部				
經部・易類				
伊川易傳	程頤	宋	文淵閣四庫全書本	
經部・書類				
尚書正義	漢孔安國傳　唐孔穎達正義		中華書局一九八〇年版	
尚書詳解	陳經	宋	文淵閣四庫全書本	
書纂言	吴澄	元	文淵閣四庫全書本	
經部・詩類				
毛詩正義	漢毛公傳　鄭元箋　唐孔穎達等正義		中華書局一九八〇年版	
韓詩外傳	韓嬰	漢	中華書局一九八〇年版	
經部・禮類・周禮之屬				
周禮注疏	漢鄭玄注　唐賈公彦疏		中華書局一九八〇年版	
周官新義	王安石	宋	文淵閣四庫全書本	
周禮詳解	王昭禹	宋	文淵閣四庫全書本	
周官總義	易祓	宋	文淵閣四庫全書本	
周禮訂義	王與之	宋	文淵閣四庫全書本	
經部・禮類・禮記之屬				
禮記正義	漢鄭玄注　唐孔穎達等正義		中華書局一九八〇年版	
經部・春秋類				
春秋左傳正義	晉杜預注　唐孔穎達正義		中華書局一九八〇年版	
春秋公羊傳注疏	晉范甯注　唐楊士勛疏		中華書局一九八〇年版	
春秋繁露	董仲舒	漢	商務印書館二〇〇五年版	
春秋職官考略	程廷祚	清	嘉慶刻本	藝海珠塵本
左傳職官	沈淑	清	嘉慶刻本	藝海珠塵本
經部・四書類				
論語			影印宋刊本	四部叢刊
論語注疏	魏何晏等注　宋邢昺疏		中華書局一九八〇年版	
孟子注疏	漢趙岐注　宋孫奭疏		中華書局一九八〇年版	
經部・小學類				
釋名	劉熙	漢	文淵閣四庫全書本	
説文解字	許慎	漢	文淵閣四庫全書本	

史部

史部・正史類

史記	司馬遷	漢	中華書局一九六三年版
漢書	班固	漢	中華書局一九六二年版
後漢書	范曄	南朝宋	中華書局一九六五年版
三國志	陳壽	晋	四川出版集團巴蜀書社二〇一二年版
晋書	房玄齡等	唐	中華書局一九七四年版
宋書	沈約	南朝梁	中華書局一九七四年版
南齊書	蕭子顯	南朝梁	中華書局一九七二年版
梁書	姚思廉	唐	四川出版集團巴蜀書社二〇一二年版
陳書	姚思廉	唐	中華書局一九七二年版
魏書	魏收	北齊	中華書局一九七四年版
北齊書	李百藥	唐	中華書局一九七二年版
周書	令狐德棻等	唐	中華書局一九七一年版
隋書	魏徵等	唐	中華書局一九七三年版
南史	李延壽	唐	中華書局一九七五年版
北史	李延壽	唐	中華書局一九七四年版
舊唐書	劉昫等	後晋	中華書局一九七五年版
新唐書	歐陽修　宋祁	宋	中華書局一九七五年版
舊五代史	薛居正等	宋	中華書局一九七六年版
新五代史	歐陽修	宋	中華書局一九七四年版
宋史	脱脱等	元	中華書局一九七七年版
遼史	脱脱等	元	中華書局一九七四年版
金史	脱脱等	元	中華書局一九七五年版
元史	宋濂等	明	中華書局一九七六年版
明史	張廷玉等	清	中華書局一九七四年版

史部・編年類

前漢紀	荀悦	漢	文淵閣四庫全書本
大唐創業起居注	温大雅	唐	中華書局一九八五年版
資治通鑑	司馬光	宋	中華書局一九五六年版
皇宋中興兩朝聖政	留正等	宋	上海古籍出版社二〇〇二年版
續資治通鑑長編	李燾	宋	中華書局一九七九年版
建炎以來繫年要録	李心傳	宋	中華書局一九五六年版
宋季三朝政要	佚名	宋	文淵閣四庫全書本
皇明通紀述遺	卜世昌	明	萬曆刻本　四庫存目

明實録		明	上海書店一九八四年版	
崇禎長編	汪楫	清	上海書店一九八四年版	
東華録	蔣良騏	清	中華書局一九八〇年版	
清實録		清	中華書局一九八五年版	
史部・紀事本末類				
明史紀事本末	谷應泰	清	中華書局一九七七年版	
明史紀事本末補編	彭孫貽	清	中華書局一九七七年版	
史部・別史類				
逸周書	晉孔晁注		文淵閣四庫全書本	
東觀漢記		漢	文淵閣四庫全書本	
契丹國志	葉隆禮	宋	上海古籍出版社一九八五年版	
大金國志	宇文懋昭	宋	齊魯書社一九九九年版	
蒙古秘史			内蒙古人民出版社一九七八年版	
遼小史	楊循吉	明	遼海叢書本	
金小史	楊循吉	明	遼海叢書本	
罪惟録	查繼佐	清	浙江古籍出版社一九八六年版	
續通志	嵇璜等	清	文淵閣四庫全書本	
史部・雜史類				
國語			上海古籍出版社二〇〇七年版	
戰國策			上海古籍出版社一九八五年版	
貞觀政要	吴兢	唐	上海古籍出版社一九七八年版	
東觀奏記	裴庭裕	唐	文淵閣四庫全書本	
建炎時政記	李綱	宋	光緒刻本	邵武徐氏叢書
松漠紀聞	洪皓	宋	文淵閣四庫全書本	
松漠紀聞補遺	洪遵	宋	清抄本	
燕翼詒謀録	王栐	宋	中華書局一九八一年版	
仁廟聖政記	佚名	明	上海書店一九九四年版	
治世餘聞	陳洪謨	明	中華書局一九九七年版	
繼世紀聞	陳洪謨	明	中華書局一九九七年版	
典故紀聞	余繼登	明	萬曆王象乾刻本	
皇祖四大法	何棟如輯	明	萬曆四十二年刻本	
萬曆野獲編	沈德符	明	中華書局一九五九年版	
明政統宗	涂山輯	明	萬曆刻本	
明實訓		明	上海書店一九八四年版	
廣治平略	蔡方炳	清	康熙刻本	四庫禁毀

史部·詔令奏議類·詔令之屬				
唐大詔令集	宋敏求	宋	文淵閣四庫全書本	
宋大詔令集	佚名	宋	中華書局一九六二年版	
史部·詔令奏議類·奏議之屬				
孝肅包公奏議	包拯	宋	粵雅堂叢書本	
盡言集	劉安世	宋	畿輔叢書本	
司馬光奏議	司馬光	宋	山西人民出版社一九八六年版	
李忠定公奏議	李綱	宋	乾隆二十七年補刊本	
許國公奏議	吴潛	宋	十萬卷樓叢書本	
歷代名臣奏議	楊士奇等	明	文淵閣四庫全書本	
商文毅疏稿	商輅	明	文淵閣四庫全書本	
王端毅奏議	王恕	明	文淵閣四庫全書本	
竹澗先生奏議	潘希曾	明	明刻本	續金華叢書
南宫奏議	嚴嵩	明	嘉靖二十四年嚴氏鈐山堂刻本	
名臣經濟録	黄訓編	明	文淵閣四庫全書本	
冲菴顧先生撫遼奏議	顧養謙	明	萬曆刻本	
綸扉奏草	葉向高	明	明刻本	續修四庫全書
奏牘	凌義渠	明	崇禎刻本	
大司馬盧公奏議	盧象昇	明	道光九年刻本	
天聰朝臣工奏議		清	中國人民大學出版社一九八九年版	
撫豫宣化録	田文鏡	清	中州古籍出版社一九九五年版	
退厓公牘文字	賈臻	清	清故城賈氏躬自厚齋叢書本	
史部·傳記類·名人之屬				
晏子春秋			上海書店一九八六年版	諸子集成
魏鄭公諫録	王方慶輯	唐	康熙年間刊本	
李相國論事集	蔣偕編	唐	文淵閣四庫全書本	
史部·傳記類·總録之屬				
元名臣事略	蘇天爵	元	文淵閣四庫全書本	
天台日記	顧廷綸	清	道光年間刻本	
宦游紀略	桂超萬	清	咸豐三年刻本	明清法制史料輯刊
史部·載記類				
吴越春秋	趙煜	漢	文淵閣四庫全書本	
史部·地理類·都會郡縣之屬				
全陝政要	龔輝	明	嘉靖刊本	
史部·地理類·外紀之屬				

連陽八排風土記　李來章　清　康熙四十七年刻本

史部·職官類·官制之屬

唐六典　李林甫等　唐　中華書局二〇〇八年版
翰林志　李肇　唐　文淵閣四庫全書本
麟臺故事　程俱　宋　中華書局二〇〇四年版
翰苑群書　洪遵　宋　文淵閣四庫全書本
秘書監志　王士點　元　浙江古籍出版社一九九二年版
翰林記　黄佐　明　文淵閣四庫全書本
掖垣人鑑　蕭彦等　明　萬曆十二年序刻本
太常續考　太常寺撰　明　文淵閣四庫全書本
三國職官表　洪飴孫　清　中華書局一九九一年版

史部·職官類·官箴之屬

晝簾緒論　胡太初　宋　文淵閣四庫全書本
爲政忠告　張養浩　元　浙江古籍出版社一九八八年版
憲臺通紀　趙承禧　元　浙江古籍出版社二〇〇二年版
憲臺通紀續集　唐惟明　元　浙江古籍出版社二〇〇二年版
南臺備要　劉孟琛　元　浙江古籍出版社二〇〇二年版
實政録　吕坤　明　中華書局二〇〇八年版
官制備考　李日華　明　崇禎元年武林魯氏刻四六全書本
官爵志　徐石麒　明　清抄本
古今治平略　朱健　明　崇禎鍾鉉刻本
仕途懸鏡　王世茂　明　明抄本
古今官制沿革圖　王光魯　明　上海古籍出版社一九九五年版
百僚金鑑　牛天宿　清　中華書局一九八五年版
蒞蒙平政録　陳朝君　清　康熙二十八年刊本
未信編　潘杓燦　清　康熙間刻本
未信編二集　施宏　清　康熙刊本
治安文獻　陸壽名　韓訥輯　清　康熙刻本
天台治畧　戴兆佳　清　嘉慶九年活字重印本
佐治藥言　汪輝祖　清　中華書局一九八五年版
庸吏庸言　劉衡　清　同治三年四川藩署刊本
晉政輯要　剛毅　清　光緒刻本
政學録　鄭端　清　光緒五年王氏謙德堂刻畿輔叢書本
陝衛治略　嚴作霖　清　光緒十九年刻本

史部·政書類·通制之屬

通典　杜佑　唐　中華書局一九八八年版
唐會要　王溥　宋　中華書局一九五五年版
五代會要　王溥　宋　中華書局一九九八年版
宋朝事實　李攸　宋　商務印書館一九八三年版
建炎以來朝野雜記　李心傳　宋　中華書局二〇〇〇年版
元典章　元　中華書局 天津古籍出版社二〇一一年版
文獻通考　馬端臨　元　中華書局一九八六年版　萬有文庫本
大明會典　明　萬曆内府刻本
續文獻通考　王圻　明　萬曆三十年松江府刻本
七國考　董説　明　中華書局一九五六年版
大清會典(康熙朝)　清　康熙二十九年刻本
大清會典(雍正朝)　清　雍正十年刻本
大清會典(乾隆朝)　清　文淵閣四庫全書本
大清會典則例(乾隆朝)　清　文淵閣四庫全書本
大清會典(嘉慶朝)　清　嘉慶二十三年刻本
大清會典事例(嘉慶朝)　清　嘉慶二十三年刻本
大清會典(光緒朝)　清　光緒二十五年抄本
大清會典事例(光緒朝)　清　光緒二十五年抄本
續文獻通考　嵇璜等　清　文淵閣四庫全書本
續通典　嵇璜等　清　文淵閣四庫全書本
欽定臺規　慧中　清　清刻本　中國監察制度文獻輯要
元朝典故編年考　孫承澤　清　文淵閣四庫全書本
宋會要輯稿　徐松輯　清　中華書局一九五七年版
秦會要　孫楷　清　上海古籍出版社二〇〇四年版
清朝續文獻通考　劉錦藻　清　浙江古籍出版社二〇〇〇年版

史部·政書類·儀制之屬

漢官　佚名　漢　中華書局一九九〇年版
漢官解詁　王隆　漢　中華書局一九九〇年版
漢官舊儀　衛宏　漢　中華書局一九九〇年版
漢舊儀　衛宏　漢　中華書局一九九〇年版
漢官儀　應劭　漢　中華書局一九九〇年版
漢官典職儀式選用　蔡質　漢　中華書局一九九〇年版
大唐開元禮　蕭嵩等　唐　民族出版社二〇〇〇年版
貢舉叙略　陳彭年　宋　學海類編叢書本
大金集禮　金　中華書局一九九一年版

廟學典禮		元	浙江古籍出版社一九九二年版	
洪武禮制		明	黑龍江人民出版社二〇〇二年版	中國珍稀法律典籍續編
孝慈録		明	中華書局一九八五年版	中國珍稀法律典籍續編
科場條貫	陸深	明		
皇明貢舉考	張朝瑞	明	萬曆刻本	續修四庫全書
歷代貢舉志	馮夢禎	明	中華書局一九八五年版	
賓興事宜		清	黑龍江人民出版社二〇〇二年版	中國珍稀法律典籍續編
漢官答問	陳樹鏞	清	光緒二十五年刻本	

史部·政書類·軍政之屬

歷代兵制	陳傅良	宋	中華書局一九九一年版	
補漢兵志	錢文子	宋	文淵閣四庫全書本	
軍政條例類考		明	黑龍江人民出版社二〇〇二年版	中國珍稀法律典籍續編
歷代武舉考	譚吉璁	清	中華書局一九八五年版	

史部·政書類·法令之屬

唐律疏議	長孫無忌等	唐	中華書局一九八三年版	
宋刑統	竇儀等	宋	法律出版社一九九九年版	
天一閣藏明鈔本天聖令校證			中華書局二〇〇六年版	
慶元條法事類	謝深甫等	宋	黑龍江人民出版社二〇〇二年版	中國珍稀法律典籍續編
吏部條法		宋	黑龍江人民出版社二〇〇二年版	中國珍稀法律典籍續編
通制條格		元	黑龍江人民出版社二〇〇二年版	中國珍稀法律典籍續編
至元雜令		元	浙江古籍出版社一九八八年版	
大明令		明	科學出版社一九九四年版	中國珍稀法律典籍集成乙編
大誥		明	科學出版社一九九四年版	中國珍稀法律典籍集成乙編
大誥續編		明	科學出版社一九九四年版	中國珍稀法律典籍集成乙編
大誥三編		明	科學出版社一九九四年版	中國珍稀法律典籍集成乙編
大誥武臣		明	科學出版社一九九四年版	中國珍稀法律典籍集成乙編
諸司職掌		明	黑龍江人民出版社二〇〇二年版	中國珍稀法律典籍續編
洪武永樂榜文		明	黑龍江人民出版社二〇〇二年版	中國珍稀法律典籍續編
大明律		明	法律出版社一九九九年版	
律解辯疑	何廣	明	黑龍江人民出版社二〇〇二年版	中國珍稀法律典籍續編
大明律直解所載明律		明	科學出版社一九九四年版	中國珍稀法律典籍集成乙編
憲綱事類		明	科學出版社一九九四年版	中國珍稀法律典籍集成乙編
皇明成化二十三年條例		明	科學出版社一九九四年版	中國珍稀法律典籍集成乙編
皇明弘治六年條例		明	科學出版社一九九四年版	中國珍稀法律典籍集成乙編
皇明條法事類纂	戴金等	明	科學出版社一九九四年版	中國珍稀法律典籍集成乙編

吏部條例		明	科學出版社一九九四年版	中國珍稀法律典籍集成乙編
問刑條例		明	科學出版社一九九四年版	中國珍稀法律典籍集成乙編
大明律直引所附問刑條例和比附律條		明	科學出版社一九九四年版	中國珍稀法律典籍集成乙編
皇明詔令		明	科學出版社一九九四年版	中國珍稀法律典籍集成乙編
嘉靖新例		明	科學出版社一九九四年版	中國珍稀法律典籍集成乙編
重修問刑條例		明	科學出版社一九九四年版	中國珍稀法律典籍集成乙編
節行事例		明	黑龍江人民出版社二〇〇二年版	中國珍稀法律典籍續編
嘉靖事例		明	黑龍江人民出版社二〇〇二年版	中國珍稀法律典籍續編
嘉隆新例		明	科學出版社一九九四年版	中國珍稀法律典籍集成乙編
條例備考	佚名	明	明刊本	中國監察制度文獻輯要
增修條例備考	史繼辰等	明	萬曆二十五年刊本	中國監察制度文獻輯要
盛京滿文檔案中的律令			科學出版社一九九四年版	中國珍稀法律典籍集成丙編
大清律附		清	黑龍江人民出版社二〇〇二年版	中國珍稀法律典籍續編
大清律集解附例		清	黑龍江人民出版社二〇〇二年版	中國珍稀法律典籍續編
禮部題准更定科場條例		清	黑龍江人民出版社二〇〇二年版	中國珍稀法律典籍續編
刑部現行則例		清	科學出版社一九九四年版	中國珍稀法律典籍集成丙編
西寧青海番夷成例		清	科學出版社一九九四年版	中國珍稀法律典籍集成丙編
大清律例		清	科學出版社一九九四年版	中國珍稀法律典籍集成丙編
蒙古律例		清	科學出版社一九九四年版	中國珍稀法律典籍集成丙編
欽定八旗則例		清	黑龍江人民出版社二〇〇二年版	中國珍稀法律典籍續編
乾隆朝旗鈔各部通行條例		清	黑龍江人民出版社二〇〇二年版	中國珍稀法律典籍續編
欽定王公處分則例		清	黑龍江人民出版社二〇〇二年版	中國珍稀法律典籍續編
則例便覽	沈書城	清	江蘇書局同治九年刻本	
大清律續纂條例		清	科學出版社一九九四年版	中國珍稀法律典籍集成丙編
乾隆朝山東憲規	佚名	清	黑龍江人民出版社二〇〇二年版	中國珍稀法律典籍續編
欽定回疆則例		清	科學出版社一九九四年版	中國珍稀法律典籍集成丙編
欽定禮部則例		清	嘉慶二十五年刻本	
欽定科場條例	杜受田等修　英匯等纂	清	咸豐二年刻本	
欽定户部則例		清	同治十三年刻本	
大清律例略記	江峰	清	光緒十年刻本	
欽定吏部則例		清	光緒十二年刻本	續修四庫全書
欽定六部處分則例		清	光緒十八年鉛印本	
欽定武場條例	景清等	清	光緒二十一年刻本	
唐明清三律彙編	薛允升	清	黑龍江人民出版社二〇〇二年版	中國珍稀法律典籍續編
律例校勘記	沈家本	清	科學出版社一九九四年版	中國珍稀法律典籍集成丙編

叙雪堂故事	沈家本	清	科學出版社一九九四年版	中國珍稀法律典籍集成丙編
福建省例		清	人民日報出版社二〇〇九年版	台灣文獻史料叢刊
大清法規大全		清	宣統元年政學社石印本	
大清新法令		清	商務印書館二〇一一年版	
史部・政書類・公牘檔册之屬				
黔牘偶存	劉錫玄	明	明末刻本	中國古代地方法律文獻甲編
重刻律條告示活套	佚名	明	社會科學文獻出版社二〇〇六年版	古代榜文告示彙存
四川地方司法檔案	佚名	明	中國社會科學出版社二〇〇五年版	歷代判例判牘
重刻釋音參審批駁四語活套	蕭良泮	明	中國社會科學出版社二〇〇五年版	歷代判例判牘
新纂四六讞語	佚名	明	中國社會科學出版社二〇〇五年版	歷代判例判牘
新纂四六合律判語	佚名	明	中國社會科學出版社二〇〇五年版	歷代判例判牘
新鐫官板律例臨民寶鏡	蘇茂相	明	中國社會科學出版社二〇〇五年版	歷代判例判牘
㽞辭	張肯堂	明	中國社會科學出版社二〇〇五年版	歷代判例判牘
按吴親審檄稿	祁彪佳	明	中國社會科學出版社二〇〇五年版	歷代判例判牘
折獄新語	李清	明	中國社會科學出版社二〇〇五年版	歷代判例判牘
滿文老檔		清	中華書局一九九〇年版	
于山奏牘	于成龍	清	康熙二十二年刊本	
撫粵政略	李士楨	清	清刻本	
守禾日紀	盧崇興	清	中國社會科學出版社二〇〇五年版	歷代判例判牘
牧愛堂編告諭	趙吉士	清	康熙刊本	
趙恭毅公自治官書類集	趙申喬	清	雍正五年何祖柱懷策堂刊本	
刑事命案開參	佚名	清	中國社會科學出版社二〇〇五年版	歷代判例判牘
風行録	張五緯輯	清	中國社會科學出版社二〇〇五年版	歷代判例判牘
風行録續集	張五緯輯	清	中國社會科學出版社二〇〇五年版	歷代判例判牘
講求共濟録	張五緯	清	嘉慶十七年刊本	
比照案件	佚名輯	清	中國社會科學出版社二〇〇五年版	歷代判例判牘
潤經堂自治官書	李彥章	清	道光刊本	
念宛齋官書	左輔	清	道光刊本	
槐卿政蹟	沈衍慶	清	中國社會科學出版社二〇〇五年版	歷代判例判牘
谿州官牘乙集	張修府	清	同治四年刊本	
安順黎平府公牘	常恩	清	清抄本	
四西齋决事	孫鼎烈	清	中國社會科學出版社二〇〇五年版	歷代判例判牘
復盦公牘	曹允源	清	民國三年刊本	
清末籌備立憲檔案史料		清	中華書局一九七九年版	
史部・史評類				

廿二史劄記	趙翼	清	中華書局一九八四年版	
十七史商榷	王鳴盛	清	上海書店二〇〇五年版	
歷代名賢確論	不著撰人		文淵閣四庫全書本	
子 部				
子部・儒家類				
荀子			商務印書館一九四九年版	
孔叢子	孔鮒	漢	商務印書館二〇〇五年版	
鹽鐵論	桓寬	漢	中華書局一九九二年版	
說苑	劉向	漢	吉林大學出版社一九九二年版	
新序	劉向	漢	吉林大學出版社一九九二年版	
忠經	馬融	漢	中華書局一九八五年版	
潛夫論	王符	漢	中華書局一九八五年版	
申鑒	荀悅	漢	上海古籍出版社一九九〇年版	
中論	徐幹	漢	文淵閣四庫全書本	
孔子家語	魏王肅注		文淵閣四庫全書本	
臣軌	武則天	唐	咸豐六年刊本	粵雅堂叢書
大學衍義補	丘濬	明	文淵閣四庫全書本	
平書訂	李塨	清	清抄本	
子部・法家類				
管子			影印宋刊本	四部叢刊
鄧析子			同治十一年劉履芬刻本	
商君書			上海書店一九八六年版	諸子集成
韓非子			上海涵芬樓藏本	四部叢刊
折獄龜鑒	鄭克	宋	中華書局一九八五年版	
吏學指南	徐元瑞	元	浙江古籍出版社一九八八年版	
詞狀新式	佚名	元	浙江古籍出版社一九八八年版	
告狀新式		元	浙江古籍出版社一九八八年版	
名公書判清明集	張四維	明	中華書局一九八七年版	
讀律瑣言	雷夢麟	明	嘉靖四十二年歙縣知縣熊秉元刻本	
合例判慶雲集	周夢熊輯	清	雍正七年大盛堂等刻本	
子部・雜家類・雜學之屬				
墨子			上海古籍出版社一九八六年版	
呂氏春秋	呂不韋	戰國	上海書店一九八六年版	諸子集成
淮南子	劉安撰 高誘注	漢	上海書店一九八六年版	諸子集成
墨子閒詁	孫詒讓	清	中華書局二〇〇一年版	

子部・雜家類・雜考之屬

白虎通義　班固　漢　文淵閣四庫全書本
獨斷　蔡邕　漢　文淵閣四庫全書本
朝野類要　趙昇　宋　文淵閣四庫全書本
容齋隨筆　洪邁　宋　文淵閣四庫全書本
容齋續筆　洪邁　宋　文淵閣四庫全書本
容齋三筆　洪邁　宋　文淵閣四庫全書本
容齋四筆　洪邁　宋　文淵閣四庫全書本
容齋五筆　洪邁　宋　文淵閣四庫全書本
日知録　顧炎武　清　文淵閣四庫全書本
陔餘叢考　趙翼　清　商務印書館一九五七年版
明内廷規制考　佚名　借月山房彙鈔本

子部・雜家類・雜説之屬

風俗通義　應劭　漢　中華書局一九八一年版
群書治要　魏徵　唐　影印日本天明七年刊本　四部叢刊
春明退朝録　宋敏求　宋　文淵閣四庫全書本
文昌雜録　龐元英　宋　中華書局一九八五年版
石林燕語　葉夢得　宋　文淵閣四庫全書本
却掃編　徐度　宋　文淵閣四庫全書本
雲麓漫抄　趙彦衛　宋　文淵閣四庫全書本
愧郯録　岳珂　宋　學海類編本
四友齋叢説　何良俊　明　中華書局一九九七年版
松窗夢語　張瀚　明　中華書局一九九七年版
宛署雜記　沈榜　明　北京古籍出版社一九八〇年版
三垣筆記　李清　明　中華書局一九九七年版
癸巳類稿　俞正燮　清　道光十三年刻本

子部・雜家類・雜纂之屬

説郛　陶宗儀　明　文淵閣四庫全書本

子部・類書類

藝文類聚　歐陽詢　唐　中華書局一九八二年版
北堂書鈔　虞世南　唐　文淵閣四庫全書本
初學記　徐堅　唐　文淵閣四庫全書本
龍筋鳳髓判　張鷟　唐　文淵閣四庫全書本
太平御覽　李昉等　宋　中華書局一九六〇年版
册府元龜　王欽若等　宋　中華書局一九六〇年版

永嘉先生八面鋒	陳傅良	宋	嘉慶湖海樓叢書本
古今合璧事類備要前集	謝維新	宋	文淵閣四庫全書本
玉海	王應麟	宋	文淵閣四庫全書本

子部・小説家類・雜事之屬

大唐新語	劉肅	唐	中華書局一九八四年版
唐國史補	李肇	唐	文淵閣四庫全書本
唐摭言	王定保	五代	中華書局一九六〇年版
揮麈録	王明清	宋	中華書局一九六二年版
癸辛雜識	周密	宋	中華書局一九八八年版
歸潛志	劉祁	元	文淵閣四庫全書本
南村輟耕録	陶宗儀	元	齊魯書社二〇〇七年版

子部・小説家類・異聞之屬

拾遺記	王嘉	晉	文淵閣四庫全書本

子部・道釋類

抱朴子	葛洪	晉	上海書店一九八六年版　諸子集成
廣弘明集	釋道宣	唐	文淵閣四庫全書本

集　部

集部・別集類・漢至五代

諸葛亮集	諸葛亮	三國	中華書局二〇〇九年版
鮑明遠集	鮑照	南朝宋	文淵閣四庫全書本
陳拾遺集	陳子昂	唐	文淵閣四庫全書本
曲江集	張九齡	唐	文淵閣四庫全書本
次山集	元結	唐	文淵閣四庫全書本
李遐叔文集	李華	唐	文淵閣四庫全書本
翰苑集	陸贄	唐	文淵閣四庫全書本
劉賓客文集	劉禹錫	唐	文淵閣四庫全書本
會昌一品集	李德裕	唐	文淵閣四庫全書本
元氏長慶集	元稹	唐	文淵閣四庫全書本
白居易集	白居易	唐	中華書局一九七九年版
白氏長慶集	白居易	唐	文淵閣四庫全書本
樊川文集	杜牧	唐	文淵閣四庫全書本

集部・別集類・北宋建隆至靖康

騎省集	徐鉉	宋	文淵閣四庫全書本
直講李先生文集	李覯	宋	上海書店一九八九年版
曾鞏集	曾鞏	宋	中華書局二〇〇四年版

臨川文集 王安石 宋 文淵閣四庫全書本
樂全集 張方平 宋 文淵閣四庫全書本
范太史集 范祖禹 宋 文淵閣四庫全書本
净德集 吕陶 宋 文淵閣四庫全書本
欒城集 蘇轍 宋 上海古籍出版社一九八七年版

集部・别集類・南宋建炎至德祐

盤洲文集 洪适 宋 文淵閣四庫全書本
鄭忠肅奏議遺集 鄭興裔 宋 文淵閣四庫全書本
東塘集 袁説友 宋 文淵閣四庫全書本
攻媿集 樓鑰 宋 文淵閣四庫全書本
西山政訓 真德秀 宋 寶顔堂秘笈本

集部・别集類・金至元

元好問全集 元好問 元 山西古籍出版社二〇〇四年版
許文正公遺書 許衡 元 光緒十三年刻本 清麓叢書
紫山大全集 胡祗遹 元 文淵閣四庫全書本
青崖集 魏初 元 文淵閣四庫全書本
秋澗集 王惲 元 江蘇古籍出版社二〇〇二年版
牧庵集 姚燧 元 文淵閣四庫全書本
中庵集 劉敏中 元 文淵閣四庫全書本
雪樓集 程文海 元 文淵閣四庫全書本
待制集 柳貫 元 文淵閣四庫全書本
馬石田文集 馬祖常 元 清抄本
虞集文集 虞集 元 鳳凰出版社二〇〇四年版
滋溪文稿 蘇天爵 元 中華書局一九九七年版
文獻集 黄溍 元 文淵閣四庫全書本
玩齋集 貢師泰 元 文淵閣四庫全書本
圭塘小藁 許有壬 元 文淵閣四庫全書本
至正集 許有壬 元 文淵閣四庫全書本
東維子集 楊維楨 元 鳳凰出版社二〇〇四年版 全元文

集部・别集類・明洪武至崇禎

彭惠安集 彭韶 明 文淵閣四庫全書本
堇山文集 李堂 明 嘉靖刻本
王陽明全集 王守仁 明 上海古籍出版社一九九二年版
陽明先生要書 王守仁撰 陳龍正輯 明 崇禎八年陳龍正刊本
東泉文集 姚鏌 明 嘉靖刻清修本

浚川奏議集	王廷相	明	中華書局一九八九年版
忠諫静思張公遺集	張選	明	康熙三十三年刻本
芝園別集	張時徹	明	嘉靖刻本
芹山集	陳儒	明	隆慶陳一龍刻本
郭襄靖公遺集	郭應聘	明	萬曆郭良翰刻本
弇州史料前集	王世貞	明	萬曆四十二年刻本
弇州史料後集	王世貞	明	萬曆四十二年刻本
石洞集	葉春及	明	文淵閣四庫全書本
方初菴先生集	方揚	明	萬曆四十年方時化刻本存目
趙忠毅公文集	趙南星	明	崇禎十一年范景文等刻本
寶坻政書	袁黃	明	萬曆刻本
集部·別集類·清代			
熊學士詩文集	熊伯龍	清	康熙九年刻乾隆五十一年熊光補修本
梅村家藏藳	吴偉業	清	宣統三年董氏誦芬室刻本
撫江集	蔡士英	清	順治刻本
四此堂稿	魏際瑞	清	康熙刊本
資治新書	李漁	清	浙江古籍出版社一九九一年版
資治新書二集	李漁	清	康熙刊本
遯菴文集	儲方慶	清	康熙四十年儲右文等刻本
于清端政書	于成龍	清	文淵閣四庫全書本
兼濟堂文集	魏裔介	清	文淵閣四庫全書本
含經堂集	徐元文	清	清刻本
日知堂文集	鄭端	清	康熙刻本
三魚堂外集	陸隴其	清	文淵閣四庫全書本
憺園文集	徐乾学	清	康熙間冠山堂刻本
讀書堂綵衣全集	趙士麟	清	康熙三十五年刻本
古愚心言	彭鵬	清	康熙愚齋刊本
有懷堂文稿	韓菼	清	康熙四十二年刻本
曝書亭集	朱彝尊	清	上海涵芬樓藏原刊本
西陂類稿	宋犖	清	康熙五十年刻本
解舂集文鈔	馮景	清	乾隆盧氏刻抱經堂叢書本
陳清端公文集	陳瓊	清	乾隆三十年兼山堂刻本
冶古堂文集	吕履恒	清	乾隆十五年吕憲曾刊本
德星堂文集	許汝霖	清	康熙刻本
憑山閣增輯留青新集	陳枚輯 陳德裕增輯	清	康熙刻本

正誼堂文集	張伯行	清	乾隆刻本
正誼堂續集	張伯行	清	乾隆刻本
同安紀略	朱奇政	清	雍正十三年刊本
豐川續集	王心敬	清	康熙五十五年額倫特刻本
望溪先生文集	方苞	清	咸豐年間戴鈞衡刻本
穆堂初稿	李紱	清	道光十一年刻本
穆堂別稿	李紱	清	道光十一年刻本
澄懷園文存	張廷玉	清	乾隆刻本
鮚埼亭集	全祖望	清	上海涵芬樓藏經韵樓刊本
鮚埼亭集外編	全祖望	清	嘉慶十六年刻本
雅公心政録	雅爾圖	清	乾隆六年刊本
香樹齋文集	錢陳群	清	乾隆刻本
切問齋集	陸耀	清	光緒十八年刻本
擇石齋文集	錢載	清	乾隆刊本
崇雅堂稿	王植	清	乾隆刻本
抱經堂文集	盧文弨	清	乾隆六十年刻本
小倉山房文集	袁枚	清	光緒十八年刻本
授堂文鈔	武億	清	道光二十三年刻本
童山文集	李調元	清	道光五年增修本
潛研堂文集	錢大昕	清	影印清嘉慶十一年刻本
惜抱軒文集	姚鼐	清	嘉慶三年刻增修本
復初齋文集	翁方綱	清	影印清李彥章校刻本
平津館文稿	孫星衍	清	嘉慶刻本
雕菰集	焦循	清	道光四年阮福嶺南節署刻本
左海文集	陳壽祺	清	清刻本
初月樓文鈔	吳德旋	清	光緒十年刻本
石雲山人文集	吳榮光	清	道光二十一年刻本
揅經室集	阮元	清	道光阮氏文選樓刻本
籀經堂類藁	陳慶鏞	清	光緒九年刻本
林則徐全集	林則徐	清	海峽文藝出版社二〇〇二年版
曾文正公全集	曾國藩	清	中國書店二〇一一年版
東州草堂文鈔	何紹基	清	光緒刻本
校邠廬抗議	馮桂芬	清	光緒十年刻本
沈文肅公政書	沈葆楨	清	光緒六年吳門節署刊本
寶韋齋類稿	李桓	清	光緒六年刻本

東塾集	陳澧	清	光緒十八年菊坡精舍刻本	
廣經室文鈔	劉恭冕	清	光緒十五年廣雅書局刻本	
左文襄公奏稿	左宗棠	清	中國書店一九八六年版	
求益齋文集	强汝詢	清	光緒二十四年江蘇書局刻本	
儀顧堂集	陸心源	清	光緒刻本	
遜學齋文鈔	孫衣言	清	同治十二年刻本	
問心齋學治雜録	張聯桂	清	光緒十一年刻本	
李文忠公全集	李鴻章	清	台北文海出版社一九七二年版	近代中國史料叢刊
劉坤一遺集	劉坤一	清	中華書局一九五九年版	
敬孚類稿	蕭穆	清	光緒三十三年刻本	
賓萌集	俞樾	清	光緒二十五年刻春在堂全書本	
師伏堂駢文	皮錫瑞	清	光緒二十一年刻本	
張文襄公全集	張之洞	清	中國書店一九九〇年版	
告示集	佚名	清	清末抄本	
虚受堂文集	王先謙	清	光緒二十六年刻本	
太炎文録初編	章炳麟	清	張氏叢書本	續修四庫全書
集部·總集類				
文選	梁蕭統編 唐李善注		中華書局一九七七年版	
羣書考索	章如愚	宋	文淵閣四庫全書本	
文苑英華	李昉等	宋	中華書局一九六六年版	
唐文粹	姚鉉編	宋	文淵閣四庫全書本	
元文類	蘇天爵	元	文淵閣四庫全書本	
東漢文紀	梅鼎祚編	明	文淵閣四庫全書本	
西晋文紀	梅鼎祚編	明	文淵閣四庫全書本	
宋文紀	梅鼎祚編	明	文淵閣四庫全書本	
梁文紀	梅鼎祚編	明	文淵閣四庫全書本	
全唐文	董誥	清	中華書局一九八三年版	
皇朝經世文編	賀長齡輯	清	台北文海出版社一九七二年版	近代中國史料叢刊

圖書在版編目（CIP）數據

中華大典·法律典·行政法分典 / 《中華大典》工作委員會，《中華大典》編纂委員會編纂. -- 重慶 :西南師範大学出版社 ; 成都 : 巴蜀書社， 2013.5
ISBN 978-7-5621-6208-7

I. ①中… II. ①中… ②中… III. ①百科全書－中國②行政法－中國－古代 IV. ①Z227②D922.1

中國版本圖書館 CIP 數據核字(2013)第 081661 號

中華大典·法律典·行政法分典

編纂：《中華大典》工作委員會
《中華大典》編纂委員會

出版：西南師範大學出版社
（重慶市北碚区天生路二號 郵政編碼 四〇〇七一五）
巴蜀書社
（成都市槐樹街二號四川出版大厦 郵政編碼 六一〇〇三一）

印刷：三河弘翰印務有限公司
（三河市黄土莊鎮二百户北）

經銷：全國新華書店

開本：七八七毫米×一〇九二毫米 十六開

印張：二四七點三七五 字數：七六〇〇千字

二〇一三年五月第一版 二〇一三年五月第一次印刷

ISBN 978-7-5621-6208-7

定價（全四册）：一八六〇〇圓